ARCHIVES

PARLEMENTAIRES

PARIS. — IMPRIMERIE PAUL DUPONT (Cl.)

ARCHIVES
PARLEMENTAIRES
DE 1787 A 1860

RECUEIL COMPLET

DES

DÉBATS LÉGISLATIFS ET POLITIQUES DES CHAMBRES FRANÇAISES

IMPRIMÉ PAR ORDRE DU SÉNAT ET DE LA CHAMBRE DES DÉPUTÉS

FONDÉ PAR

MM. MAVIDAL et E. LAURENT

CONTINUÉ PAR

M. L. LATASTE
CHEF-ADJOINT DU BUREAU DES PROCÈS-VERBAUX
ET DE
L'EXPÉDITION DES LOIS DE LA CHAMBRE DES DÉPUTÉS

M. CONSTANT PIONNIER
SOUS-BIBLIOTHÉCAIRE
DE LA CHAMBRE DES DÉPUTÉS

M. LOUIS CLAVEAU
SECRÉTAIRE-RÉDACTEUR DE LA CHAMBRE DES DÉPUTÉS

M. ANDRÉ DUCOM
ARCHIVISTE PALÉOGRAPHE, COMMIS PRINCIPAL
DU BUREAU DES ARCHIVES DE LA CHAMBRE DES DÉPUTÉS

PREMIÈRE SÉRIE (1787 à 1799)

TOME LXII

DU 13 AVRIL 1793 AU 19 AVRIL 1793

PARIS

IMPRIMERIE ET LIBRAIRIE ADMINISTRATIVES ET DES CHEMINS DE FER

PAUL DUPONT, Éditeur

4, RUE DU BOULOI, 4

1902

NOTE

Nous rappelons au lecteur, ainsi que nous l'avons dit au début de la publication des séances de la Convention (Tome LII), qu'en vue de donner un compte rendu de chaque séance aussi complet que possible, nous nous servons du *Procès-verbal*, qui est notre premier guide, comme le seul compte rendu officiel, authentique, des débats de l'Assemblée. Ce procès-verbal est celui qui, à partir du 17 juin 1789, fut imprimé sur l'ordre de l'Assemblée constituante. Il porte la signature du président et des secrétaires. Nous en avons collationné les épreuves avec la minute originale qui se trouve déposée aux Archives de la Chambre des députés.

Nous y ajoutons les développements donnés par les *Annales patriotiques*, *l'Auditeur national*, *l'Assemblée nationale* (Perlet), le *Bulletin de la Convention*, le *Défenseur de la Constitution*, le *Journal des Débats et des Décrets*, le *Logotachigraphe*, le *Mercure universel*, le *Moniteur universel* et le *Point du Jour* ou premier journal de la Convention nationale.

Nous nous sommes servis, pour contrôler le texte des lois qui figurent dans notre Recueil, de la réimpression qu'en a faite Duvergier, après nous être assurés, par une comparaison sévère avec le texte de la collection Baudouin, que cette réimpression était fidèle.

Nous continuons à indiquer, par des notes au bas des pages, les sources où nous puisons tous les documents, discours, rapports *in extenso* que nous retrouvons, pour la plus grande partie, soit aux Archives nationales, soit à la Bibliothèque nationale, soit dans la collection des textes imprimés par ordre de l'Assemblée, réunis par le conventionnel Portiez (de l'Oise), et qui se trouvent à la Bibliothèque de la Chambre des députés.

Pour les développements empruntés aux différents journaux, nous continuons également à distinguer les additions qui y sont faites, par une note indiquant, au début de chaque paragraphe intercalé, le nom du journal auquel le texte est emprunté. Lorsque nous n'avons pas le texte exact d'un discours dont l'auteur a joué un rôle important sous la Révolution, nous établissons le texte en coordonnant les journaux de l'époque, et pour permettre au lecteur de comparer les différences qui existent entre chacun d'eux, nous donnons en Annexe la version de ces divers journaux.

ARCHIVES PARLEMENTAIRES

RÉPUBLIQUE FRANÇAISE

CONVENTION NATIONALE.

Séance permanente du samedi 13 avril 1793.

PRÉSIDENCE DE THURIOT, *vice-président.*

La séance est reprise à dix heures cinq minutes du matin.

Sergent (1). Je demande qu'on fasse imprimer et distribuer aux armées toutes les lettres de Dumouriez dans lesquelles ce traître a indignement accusé les soldats d'être des lâches, des brigands et des assassins. Elles contrastent avec le dévouement des braves défenseurs de la patrie *(Applaudissements.)*

(La Convention décrète l'impression et la distribution aux armées de toutes les lettres de Dumouriez.)

Gossuin (2). Je suis averti, et je tiens à avertir la Convention, que l'armée de Hollande est rentrée tout entière sur le territoire français; les généraux seuls sont restés à Tournay. Cette armée a juré de défendre la République, et non le traître qui l'avait trompée. *(Applaudissements.)*

Les administrateurs du département du Nord me font également savoir qu'ils tiendront un journal des opérations militaires et qu'ils l'enverront chaque jour au comité de Salut public. *(Nouveaux applaudissements.)*

Une députation des citoyens de la section du Luxembourg se présente à la barre (3).

L'orateur de la députation demande la sus-

pension de la vente du séminaire de Saint-Sulpice, devenu l'asile des mères des défenseurs de la patrie.

Le Président répond à l'orateur et accorde à la députation les honneurs de la séance.

(La Convention suspend provisoirement la vente décrétée du séminaire de Saint-Sulpice où des femmes et enfants sont logés.)

Une députation des officiers municipaux de la commune de Chevreuse est admise à la barre (1).

L'orateur de la députation s'exprime ainsi :

Législateurs, la commune de Chevreuse voulant prévenir les horreurs de la famine qui menace les indigents qui ne peuvent s'élever à la cherté du prix actuel des grains, a cru devoir vous proposer des mesures salutaires. Elle nous envoie vers vous et demande que vous décrétiez :

1° Que les journées de travail seront payées proportionnellement au prix du pain;

2° Que les fermiers seront tenus d'approvisionner les marchés;

3° Qu'il sera fait un recensement général des grains dans chaque département.

Le Président répond à l'orateur et accorde à la députation les honneurs de la séance.)

(La Convention renvoie la demande au comité d'agriculture.)

Boyer-Fonfrède, *secrétaire*, donne lecture des lettres, adresses et pétitions suivantes :

1° *Lettre des citoyens Du Bois Du Bais et Briez, commissaires de la Convention à Valenciennes*, qui lui adressent quelques détails militaires sur les opérations de l'armée, et lui

---

(1) *Journal des Débats et des décrets*, n° 209, page 230.

(2) *Moniteur universel*, 1er semestre de 1793, page 473, 3e colonne, et *Journal des Débats et des décrets*, n° 209, page 230.

(3) *Logotachigraphe*, n° 106, page 370, 1re colonne.

(1) *Logotachigraphe*, n° 106, page 170, 1re colonne.

transmettent différentes pièces concernant le général autrichien Cobourg et la trahison de Dumouriez; cette lettre est ainsi conçue (1) :

Valenciennes, le 11 avril 1793, l'an II de la République française.

« Citoyens nos collègues,

« Depuis notre dépêche d'hier, l'armée de la République n'a entrepris aucune opération, l'ennemi est toujours devant Condé; il n'a pas encore établi de batteries. La communication de cette place avec Valenciennes continue d'être interceptée. Nous sommes informés que celle avec la place Duquesnoy l'est également. Il sera cependant nécessaire que le général Dampierre fasse (sic) des dispositions pour les rétablir.

« La nouvelle la plus importante d'aujourd'hui, citoyens nos collègues, est l'envoi de deux trompettes de la part du général ennemi au général en chef Dampierre. Ces deux trompettes le croyant à Valenciennes, s'y sont rendus; ils ont été conduits chez le général Ferrand. Aussitôt ce dernier nous a fait appeler près de lui. Nous avons trouvé ces deux trompettes chargés d'un paquet d'imprimés sans être sous enveloppe et d'une lettre à l'adresse du général Dampierre. Les imprimés sont : une lettre aux Français de la part du général autrichien Cobourg et un mémoire du traître Dumouriez sur ses projets liberticides et les motifs imposteurs sur lesquels il les fondait. Nous vous adressons ci-joint un exemplaire de chacun de ces imprimés, afin que la Convention nationale en prenne connaissance.

« Nous avons fait sur-le-champ une réponse à l'adresse de Cobourg, dont nous vous ferons passer copie ou un exemplaire (2).

« Il paraît que nos ennemis adoptent un système opposé à celui de l'année dernière; ils veulent faire les bons pour mieux séduire le peuple et l'enchaîner plus aisément. Nous craignons encore, lorsqu'ils assurent qu'ils feront respecter rigoureusement les propriétés sur le territoire français, que ce ne soit une ruse pour engager les cultivateurs à garder leurs grains et fourrages chez eux, afin d'en profiter au besoin, et en même temps nous en priver. Nous ne pouvons être trop en garde contre leurs manœuvres, et employer assez de moyens pour les déconcerter.

« Les trompettes qui ont été au quartier général à Bouchain, remettre au général Dampierre la lettre dont ils étaient chargés, ont repassé ce soir sur les huit heures; mais le général Dampierre ne nous a pas encore communiqué ce qu'elle contenait, ni sa réponse au général ennemi. Nous serons sans doute à même d'en instruire la Convention par le courrier de demain. Nous vous adressons ci-joint un exemplaire d'une intruction de la société des Amis de la liberté et de l'égalité de cette ville à leurs concitoyens soldats, sur les projets du perfide Dumouriez.

« Nous vous prévenons, citoyens, que nous ne recevons ni bulletin ni décrets; il serait cependant essentiel de nous faire parvenir ceux qui concernent la nouvelle organisation des cours martiales et le nouveau Code pénal militaire.

« Les députés commissaires de la Convention nationale à Valenciennes.

« Signé : Du Bois Du Bais, Briez. »

Plusieurs membres demandent la lecture des pièces annoncées au cours de cette lettre.

Lidon (1). Je tiens auparavant à annoncer à la Convention que le comité de législation présentera incessamment ce Code pénal militaire; je demande même à l'Assemblée d'en fixer la discussion à lundi prochain.

(La Convention ajourne à la séance de lundi prochain la discussion sur le Code pénal militaire.)

Maximilien Robespierre (2). Je m'oppose à la lecture de la proclamation de Cobourg, et en général à celle d'aucunes pièces envoyées par les généraux ennemis. Voici ma raison. Quoique les propositions de transaction soient d'abord rejetées avec horreur, il est des esprits qui, à force de les entendre répéter, pourraient s'y accoutumer, et je ne serai point accusé de concevoir de vaines terreurs par tous ceux qui sauront que déjà des propositions de transaction ont été faites par des rebelles, qui sauront que l'aristocratie même bourgeoise se propose d'y entendre. Il est temps d'étouffer ces idées dangereuses; car il y a en France non seulement des aristocrates, mais de ces lâches égoïstes qui sont prêts à sacrifier la cause du peuple à leurs molles jouissances.

Je demande que, pour écarter de nous le danger, le seul que nous puissions redouter de la part des puissances étrangères qui sont liguées avec les ennemis de l'intérieur... (Murmures), et pour ôter tout espoir à ces différentes sortes d'ennemis de la patrie, vous décrétiez la peine de mort contre quiconque proposerait, de quelque manière que ce soit, de transiger avec les ennemis; mais ce n'est pas assez de la peine de mort; telle est l'importance de la mesure qu'il faut prendre à cet égard, que je demande qu'il soit mis hors de la loi. (Applaudissements.)

Camille Desmoulins. Je demande que nos généraux ne puissent correspondre avec l'ennemi; je demande qu'ils ne puissent ouvrir aucun paquet venant de l'ennemi sans la pré-

---

(1) *Archives nationales*, Carton C II 252, chemise 440, pièce n° 28.

(2) Voir ci-après cette réponse à la séance du 15 avril 1793.

---

(1) *Journal des Débats et des décrets*, n° 209, page 234 et *Moniteur universel*, 1er semestre de 1793, page 474, 2e colonne.

(2) Le *Logotachigraphe*, n° 106, p. 373, le *Moniteur universel*, 1er semestre de 1793, page 474 et le *Journal des Débats et des décrets*, n° 209 sont les seuls journaux qui donnent une relation assez étendue de la motion de Robespierre et de la proposition de Danton; c'est à eux que nous avons emprunté le texte que nous donnons. Le *Mercure*, l'*Auditeur national* et les autres journaux se bornent à mentionner le décret et ne donnent que quelques développements très succincts.

sence de deux commissaires. L'exemple de Dumouriez doit nous servir de leçon.

Danton. Il faut bien saisir le véritable objet de la motion qui vient d'être faite, et ne pas lui donner une étendue que n'a pas voulu lui attribuer son auteur. Je demande qu'elle soit ainsi posée : « La peine de mort est décrétée contre quiconque proposerait à la République de transiger avec des ennemis qui, pour préliminaire, ne reconnaîtraient pas la souveraineté du peuple. » Il est temps, citoyens, que la Convention nationale fasse connaître à l'Europe qu'elle sait allier la politique aux vertus républicaines. Nous touchons au moment où il faut dégager la liberté, pour mieux la préserver de tous ces enthousiasmes. Je m'explique : vous avez rendu, dans un moment d'enthousiasme, un décret dont le motif était beau sans doute, puisque vous vous obligiez de donner protection aux peuples qui voudraient résister à l'oppression de leurs tyrans. Ce décret semblerait vous engager à secourir quelques patriotes qui voudraient faire une révolution en Chine. Il faut, avant tout, songer à la conservation de notre corps politique, et fonder la grandeur française. (*Applaudissements.*) Que la République s'affermisse, et la France, par ses lumières et son énergie, fera attraction sur tous les peuples.

Mais voyez ce que votre position a d'avantageux, malgré les revers que nous avons éprouvés. La trahison de Dumouriez nous donne l'occasion de faire un nouveau scrutin épuratoire de l'armée. L'ennemi va être forcé de reconnaître que la nation veut absolument la liberté, puisqu'un général victorieux qui avait promis à nos ennemis de leur livrer et son armée tout entière, et une partie de la nation, ne leur a porté que son misérable individu. (*Applaudissements.*) Citoyens, c'est le génie de la Liberté qui a lancé le char de la Révolution. Le peuple tout entier le tire, et il s'arrêtera aux termes de la raison. Décrétons que nous ne nous mêlerons pas de ce qui se passe chez nos voisins ; mais décrétons aussi que la République vivra, et condamnons à mort celui qui proposerait une transaction autre que celle qui aurait pour base les principes de notre liberté. (*Double salve d'applaudissements.*)

Barbaroux. Ce que Danton a dit, avait déjà été exposé lorsqu'il fut question que vous donneriez secours à ceux de nos voisins, aux peuples qui vous les demanderaient contre les tyrans. Vous n'adoptâtes par cette idée et vous y paraissez revenus aujourd'hui : ce qui prouve qu'en discutant on en vient aux principes de la raison et de la justice. A cette heure vous êtes décidés à décréter la peine de mort contre quiconque proposerait de transiger avec les puissances étrangères, si cette transaction n'avait pour base la déclaration de la souveraineté et de l'indépendance de la nation... (*Murmures sur la Montagne.*)

Plusieurs membres : Aux voix ! aux voix !

Barbaroux. Voulez-vous bien me laisser achever mes phrases, comme vous avez fait pour Danton ?... et conséquemment la République une et indivisible. Eh bien, je soutiens que cette mesure n'est pas suffisante ; car un

usurpateur pourrait faire reconnaître aux ennemis extérieurs de la souveraineté du peuple, l'unité et l'indivisibilité de la République, tous les principes enfin qui doivent assurer notre liberté, et s'en jouer ensuite. Comme il est évident que dans un cas quelconque nous ne pouvons transiger pour le peuple sans sa ratification, je demande que tous nos actes à cet égard soient soumis à sa sanction.

Les mêmes membres : Non, non, aux voix, aux voix la proposition de Danton !

Barbaroux. Je retire ma motion, mais je suis persuadé que, dans peu de temps, cette proposition sera faite par Danton et adoptée.

La Convention décrète la proposition de Danton en ces termes (1) :

« La Convention nationale déclare, au nom du peuple français, qu'elle ne s'immiscera, en aucune manière, dans le gouvernement des autres puissances; mais elle déclare, en même temps, qu'elle s'ensevelira plutôt sous ses propres ruines, que de souffrir qu'aucune puissance s'immisce dans le régime intérieur de la République, et influence la création de la Constitution qu'elle veut se donner.

« La Convention décrète la peine de mort contre quiconque proposerait de négocier ou de traiter avec des puissances ennemies, qui n'auraient pas préalablement reconnu solennellement l'indépendance de la nation française, sa souveraineté, l'indivisibilité et l'unité de la République, fondée sur la liberté et l'égalité. »

Maximilien Robespierre (2). Je demande à faire une addition au décret que vous venez de rendre sur la proposition de Danton. Je demande que la disposition ne préjudicie point aux pays amis.

Delacroix. Je demande l'ordre du jour, motivé sur ce que ces pays font partie de la République.

Plusieurs autres membres réclament l'ordre du jour pur et simple.

Ducos (*Gironde*). Vous ne pouvez pas passer à l'ordre du jour pur et simple; vous avez engagé la foi de la nation française à ces peuples, et vous ne pouvez pas rendre la nation parjure. Il est ensuite des considérations politiques qui doivent vous engager à motiver votre ordre du jour. Vos armées sont dans ces pays, et vous ne doutez pas qu'il n'y existe quantité de personnes ennemies de votre révolution. Doutez-vous qu'elles ne profitent de cette déloyauté, j'oserai même dire de cette trahison, pour exaspérer le peuple, et vous, au lieu de conserver ces contrées à la liberté, vous les verrez retomber sous le despotisme qui, après en avoir fait le tombeau de nos armées, s'ouvrira facilement les barrières de la République. Je demande l'ordre du jour motivé sur

---

(1) *Collection Baudouin*, tome 28, page 79 et **P. V.**, tome 9, page 242.

(2) *Moniteur universel*, 1ᵉʳ semestre de 1793, page 474, 2ᵉ colonne.

ce que les pays réunis font partie de la République française.

(La Convention adopte l'ordre du jour ainsi motivé (1).

Le citoyen Cambray-Wagmestre, général de l'armée de la Moselle et député de Sarrelouis, est admis à la barre (2).

Il informe la Convention nationale que la société populaire et la garnison de Sarrelouis ont fait le serment de faire exécuter les lois qui émaneront de la Convention, de soutenir et maintenir l'unité, l'indivisibilité de la République, et qu'à l'instant où ils ont appris la trahison du perfide Dumouriez, ils ont, par un mouvement spontané, pris l'engagement formel de donner la mort aux tyrans et aux factieux qui oseraient tenter de la dissoudre.

Cette société, composée de la majeure partie de la garnison, ne s'est pas bornée à déposer un grand nombre de dons patriotiques, elle a offert ses bras pour travailler aux fortifications de cette place gratuitement. Cette garnison est composée de braves défenseurs de Thionville et de bataillons vraiment républicains qui ont juré de s'anéantir sous les ruines de cette ville plutôt que de se rendre.

Le Président, *répond au citoyen Cambray-Wagmestre.* L'horreur de la trahison est profondément imprimée dans l'âme de tous les Français qui chérissent la liberté. La Convention nationale applaudit au zèle, au courage, au civisme et au patriotisme de la garnison de Sarrelouis. Custine a dit que le jour où la France aurait un roi, serait le jour de son émigration. Eh bien, je dis sans hésiter : le jour où la France aurait un roi serait le jour de mort de tous les Français.

(La Convention décrète la mention honorable au *Bulletin* tant du discours que de la réponse du Président ; renvoie la pétition au comité de Salut public et accorde les honneurs de la séance à ce député.)

Un membre annonce que les garnisons de Givet et de Charlemont, à la nouvelle de la trahison de Dumouriez, ont juré de rester fidèles aux drapeaux de la République. Les soldats de ligne et les volontaires se sont promis union et fraternité. Les canonniers ont résolu de visiter, deux fois par jour, les canons, de vérifier la qualité de la poudre et d'éprouver les boulets et les gargousses (3).

(La Convention décrète la mention honorable et l'insertion au *Bulletin* du patriotisme des garnisons de Givet et de Charlemont.)

Boyer-Fonfrède, *secrétaire,* reprend la

lecture des lettres, adresses et pétitions envoyées à l'Assemblée :

2° *Lettre des administrateurs du district de Beauvais,* qui annoncent que le recrutement s'est fait et que les volontaires ont été armés et équipés ; ils offrent un don de vingt-sept paires de souliers ; cette lettre est ainsi conçue (1) :

Beauvais, 10 avril 1793, l'an II de la République française.

« Citoyens représentants,

« Nous venons de mettre à la disposition du ministre de la guerre vingt-sept paires de souliers dont nous faisons hommage aux braves défenseurs de la République.

« Le recrutement s'est fait sans obstacle dans notre district ; 200 hommes, bien armés, bien équipés, sont partis. Les autres ne tarderont pas à les joindre.

« Nous vous en adressons l'état exact et sans avoir recours à des calculs forcés. Vous verrez, citoyens représentants, que le district de Beauvais soutient dignement la réputation de patriotisme dont il n'a cessé de donner des preuves.

« Les administrateurs composant le conseil permanent du district de Beauvais.

« *Signé* : BLANCHARD-CHAUGY, PATIN, DUMESNIL, MINET, MÉSANGUY, *secrétaire.* »

(La Convention décrète la mention honorable de cette lettre et en ordonne l'insertion au *Bulletin.*)

3° *Lettre de Dalbarade, ministre de la marine,* qui adresse à la Convention nationale la souscription faite par les citoyens français résidant à Naples pour acquitter la dépense que le gouvernement de Naples a faite pour le vaisseau de la République *Le Languedoc,* lors de sa relâche en ce port, après la tempête qu'il a essuyée; cette souscription se monte à 25,991 l. 16 s. ; la lettre du ministre est ainsi conçue (2) :

Paris, le 12 avril 1793, l'an II de la République française.

« Citoyen Président,

« Je m'empresse de donner connaissance à la Convention nationale de la souscription que les citoyens français résidant à Naples ont faite pour acquitter la dépense des trois mâts que le gouvernement de Naples a fournis au vaisseau de la République *le Languedoc,* lors de sa relâche en ce port, après la tempête qu'il a essuyée.

« Je joins ici, en conséquence, copie de la liste des contribuables ainsi que la traite de 25,991 livres 16 sols qui fait le montant de cette souscription, et la lettre du consul Aillaud, qui m'a adressé l'un et l'autre.

« *Le Ministre de la marine,*

« *Signé :* DALBARADE. »

A cette lettre, se trouve jointe la pièce suivante (1) :

Naples, le 27 janvier 1793.

« Copie de la souscription patriotique arrêtée à la convocation tenue le 26 décembre 1792 l'an Ier de la République française, dans la maison du citoyen ministre Makau, ayant pour objet de contribuer aux frais des trois mâts que le gouvernement de Naples a fournis au vaisseau *Le Languedoc,* commandé par le citoyen La Touche, dont les contribuables sont les ci-après, au change de 15 grains la livre tournois ;

Savoir :

		Ducats.	
Jean Peschaire............	600 l. » à 15 g.	90	»
Charles Forquet, Deloste et Cie....'............	1.800 »	270	»
Jean-Pierre Raby	600 »	90	»
Meuricoffre et Cie........	1.800 »	270	»
Liquier, Falconet et Cie....	1.800 »	270	»
Jean-Jacques Vieussieux...	600 »	90	»
Simon Boitel	600 »	90	»
François Angleis	300 »	45	»
Hippolyte Angleis	200 »	30	»
Jacques-Philippe Pagliano..	400 »	60	»
B. Pagliano...............	200 »	30	»
Pradez, Presteau et Cie....	1.000 »	150	»
J. Boudon et Cie..........	600 »	90	»
Dozel....................	250 »	37	50
Vieusseux et Cartier	500 »	75	»
François Deborde	500 »	75	»
J. Michel Benaven, Goirau et Cie ....'.......	400 »	60	»
Marcha Febvrel et Cie	600 »	90	»
Mackau...................	1.200 »	180	»
Aillaud...................	100 »	15	»
Giraud et Lyon......	400 »	60	»
André Bosse..............	100 »	15	»
Jacques Delzeuse.........	150 »	22	50
Joseph-Polycarpe Mérande.	150 »	22	50
Christophe Brison........	50 »	7	50
Jacques André............	50 »	7	50
François Arthaud........	100 »	15	»
Les héritiers d'Etienne Guiestous	500 »	75	»
Jean Desserre............	300 »	45	»
Laurent Rollin...........	200 »	30	»
François Boucanier.......	100 »	15	»
Rose Rollin..............	100 »	15	»
Thérèse Bernard.........	100 »	15	»
Henry Grand.............	666 13 6	100	»
Mennain.................	30 »	4	50
Jeanne Giguet............	100 »	15	»
Augé.....................	12 »	1	80
Parent, maître de langue ..	50 »	7	50
Maraval.................	150 »	22	50
La femme du susdit Maraval.	50 »	7	50
Alexandre Branche........	100 »	15	»
Jean Baudent.............	200 »	30	»
Jean-François Le Prêtre...	50 »	7	50
Les frères Chabaud........	200 »	30	»
Jean-Joseph Douzé........	100 »	15	»
Louise Cogliano..........	100 »	15	»
Claude Parent	50 »	7	50
Deschamps	6 »	»	90
Jean-Baptiste Juibert......	24 »	3	60
Jean-Antoine Gravier......	200 »	30	»
Pierre Pérossier..........	60 »	9	»
André Segond et neveu....	200 »	30	»
Jean Duclin...............	60 »	9	»
François Corcelles........	50 »	7	50
Michel Perrier............	600 »	90	»
Gavaudan (al cavone di St-Esteff.................	25 »	3	75
Laflèche, de Marseille	600 »	90	»
André Revoil..........	60 »	9	»
Duval, père et fils........	600 »	90	»
Laurent-Antoine Clemaron.	12 »	1	80
Joseph Boyer.............	50 »	7	50
Pierre-François Pelletier Nicetty...................	50 »	7	50
Claude Perret............	25 »	3	75
B. Paraudier pour sa maide de Lyon..........	250 »	37	50
Louise Sella, née Fontaine.	50 »	7	50
Ve Laffaugi Perrossier	50 »	7	50
Robert Mauban...........	72 »	10	80
Estienne Blanchet.........	25 »	3	75
Claude Duchard..........	24 »	3	60
J. Huet..................	30 »	4	50
Marc Dresson et L. Chapellat	100 »	15	»
François Roussel,........	12 »	1	80
L. Ferriol...............	50 »	7	50
Jacques Dupré............	200 »	30	»
Desronès................	120 »	18	»
L. Baston................	100 »	15	»
Barthélemy Choudan	50 »	7	50
Jean-Pierre d'Aussel, dit d'Olivier................	25 »	3	75
Pierre Claverie (graveur)..	25 »	3	7
Isidore Bardin............	50 »	7	
Les citoyens français de Rome...................	666 13 6	100	»
Jean-Baptiste Lambert.....	50 »	7	
Total de la souscription...	22.780 7 » à 15 g.	3.417	»
A déduire les parties détaillées qui ne sont pas entrées.................	2.100	315	
	22.680 7 »	3.102	5
A déduire la perte sur 750 l. d'assignats, pris et payés à 20 g. au citoyen Thirat, capitaine de vaisseau l'*Entreprenant*, dont la valeur est de 150 l., a été appliquée à ses officiers, à compte de leurs appointements. Les dits assignats ayant été cédés au citoyen Etienne Moutte, de Rome, à 15 g., il en est résulté 5 g. par livre de pertes qui ont été bonifiés à la maison Meuricoffre et Cie, d'ordre du citoyen Mackau pour faire supporter la différence au présent don patriotique.....	250 »	37	50
	20.430 l. 7	3.064 d. 55	

(1) *Archives nationales,* Carton CII 252, chemise 436, pièce nº 36.

Note des parties qui ne sont pas entrées déduite de la recette du don patriotique, savoir :

		Ducats.	
Les citoyens Charles Forquet, Deloste et Cᵗᵉ ont déclaré qu'ils remettront ou feront payer eux-mêmes à Paris la valeur de la souscription de...	1.800 »	270 »	
Le citoyen Louis Ferriol a déclaré qu'il s'inscrirait avec les susdits Forquet, Deloste et Cᵗᵉ..........	50 »	7 50	
Les citoyennes :			
Louise Cogliano..........	100 »	15 »	
Thérèse Bernard..........	100 »	15 »	
(Ont déclaré avoir des raisons personnelles à retracter leur souscription).			
Les citoyens :			
D'Aussel dit Olivier......	25 »	3 75	
Gavaudan.............	25 »	3 75	
(On a plusieurs fois envoyé chez eux sans les trouver).			
	2.100 l. »	315 d. »	

« Arrêté, le 4 mars 1793, l'an II de la République française et payé la susdite recette de trois mille soixante-quatre ducats et cinquante-cinq grains regno en police du banco Giacomo au citoyen Joseph Aillaud, chargé des affaires du consulat de France.

« Donné quatre copies collationnées et signées par moi.

« *Signé* : MEURICOFFRE. »

La recette des ducats 3,064,55 regno mentionnés ci-dessus, au cours de g. 12 4/5 font.............	23.941 l. 16s.
A ajouter les suivantes souscriptions qui sont entrées en papier :	
De Pierre Maloet, médecin, en un assignat de......	200 »
De Charles Forquet, Deloste et Cᵗᵉ en une lettre de change sur Lamande l'aîné de.................	1.800 »
De Louis Fevriol, comme dessus	50 »
Total valeur en assignats..	23.991 l. 16 s. »

« Réunis par le citoyen Joseph Aillaud, chargé des affaires du consulat de France, les susdites 25,991 livres 16 sols tournois au citoyen ministre de la marine à Paris, en une lettre de change, tiré par la maison Meuricoffre et Cᵗᵉ de cette ville, du 16 mars, à 60 jours de date, sur la maison Bidermann et Cᵗᵉ de Paris, à l'ordre dudit Aillaud qui l'a endossée au citoyen Président de la Convention nationale, valeur reçue des citoyens français établis et résidant en cete ville de Naples, pour don patriotique.

« *Signé* : AILLAUD. »

(La Convention décrète la mention honorable de l'offrande et ordonne l'insertion au *Bulletin* du nom des donateurs).

4° *Lettre du citoyen Deperey, vérificateur en chefs des assignats* (1), par laquelle, il annonce

(1) *Mercure universel*, tome 26, page 217.

qu'il sera brûlé aujourd'hui pour cinq millions en assignats, lesquels joints aux 718 millions déjà brûlés, donnent un total de 723 millions ; le tout provenant de la vente des biens nationaux.

(La Convention renvoie la lettre au comité des finances, après en avoir ordonné l'insertion au *Bulletin*).

5° *Lettre des administrateurs au département de la police de Paris* (1), relative à l'adjudant général Duperier.

(La Convention renvoie la lettre au comité de sûreté général).

6° *Lettre de Gohier, ministre de la justice* (2), en date du 12.

Ce ministre expose que, d'après le décret de la Convention, du 3 de ce mois, le général de brigade de la gendarmerie a jugé à propos d'envoyer en état d'arrestation à Paris les citoyens Dalley et Longeville, l'un commandant l'artillerie, l'autre général de brigade de l'artillerie à Douai, tandis qu'il est ordonné seulement que le commandant en chef de l'artillerie à Douai serait mis en état d'arrestation.

(La Convention charge son comité de la guerre de vérifier les faits dans le plus court délai).

7° *Lettre de Bouchotte, ministre de la guerre*, par laquelle il demande que les chevaux amenés par les déserteurs étrangers leur soient payés d'après l'estimation qui en sera faite par experts ; cette lettre est ainsi conçue (3) :

Paris, 11 avril 1793, l'an II de la République française.

« Citoyen Président,

« J'ai reçu de plusieurs généraux de l'armée des réclamations sur la modicité de la gratification accordée aux déserteurs étrangers pour le prix de leurs chevaux : la disproportion de leur valeur réelle avec la modique somme qui leur est allouée engage le plus grand nombre de ces déserteurs à se défaire clandestinement de leurs chevaux et prive l'armée d'une ressource précieuse pour sa remonte.

« Les généraux proposent une mesure qui doit remédier à cette fraude : c'est de faire payer à chaque déserteur étranger la valeur de son cheval, d'après l'estimation qui en sera faite par les experts.

« Je vous prie, citoyen Président, de soumettre cette proposition à la sagesse de la Convention.

« Le ministre de la guerre.

« *Signé* : BOUCHOTTE. »

(La Convention décrète la demande du ministre, convertie en motion par un de ses membres.)

8° *Lettre de Bouchotte, ministre de la guerre* (4), qui demande une décision sur le

(1) P. V., tome 9, page 237.
(2) *Ibdem.*
(3) *Archives nationales*, Carton Cᴵᴵ 252, chemise 432 pièce n° 14.
(4) P. V., tome 9, page 237.

licenciement de 26 officiers de la gendarmerie fait par le général Custine.

(La Convention renvoie cette lettre au comité de la guerre.).

L'adjudant major du cinquième bataillon du Calvados est admis à la barre (1).

Il s'exprime ainsi:

Citoyen Président, le cinquième bataillon du Calvados était en route pour se rendre à Rennes en Bretagne. Les commissaires de la Convention l'ont arrêté à Saint-Dizier, et m'ont chargé de vous apporter une lettre adressée aux représentants du peuple français pour lui demander si ce bataillon doit continuer sa route jusqu'à Rennes ou s'il doit aller à l'armée du Rhin.

Delacroix. Citoyens, je vous observe que les délibérations de vos commissaires doivent être exécutées provisoirement à la charge de vous en rendre compte. Faites-vous lire la lettre qui a vous être remise, vous verrez les motifs qui ont dirigé les délibérations provisoires de vos commissaires et alors vous jugerez.

L'adjudant-major du cinquième bataillon du Calvados dépose sur le bureau la lettre dont il est le porteur.

Le Président félicite cet officier de son zèle et lui accorde les honneurs de la séance.

Boyer-Fonfrède, *secrétaire,* donne ensuite lecture de la lettre des commissaires de la Convention, qui est ainsi conçue (1) :

Saint-Dizier, le 12 avril 1793, l'an II de la République française.

« Citoyen nos Collègues,

« Une légère indisposition nous ayant empêché de courir la nuit dernière, Hausmann et Soubrany ont continué leur route et pris les devants.

Nous sommes arrivés à Saint-Dizier, le 11 à dix heures du soir; nous y avons trouvé le 5e bataillon du Calvados qui occupait le poste important de Neuhoff, à une lieue de Manheim, par où les ennemis sont entrés deux jours après son départ.

« Ce bataillon, ainsi que ceux dont nous vous envoyons la liste, a reçu l'ordre du ministre Beurnonville de se rendre à Rennes, en Bretagne. Nous ne ferons aucune réflexion sur l'inconvénient qu'il y avait de déplacer six bataillons en présence de l'ennemi pour leur faire faire une route de trente-huit jours de marche, mais à notre avis il eût été plus prudent de renforcer ce poste au lieu de l'affaiblir. Mayence bloqué, les forces imposantes qui nous menacent dans cette partie, les demandes réitérées de Custine, nous ont déterminés à arrêter la marche de ce bataillon ainsi que celle du 6e bataillon du Calvados, dit de Bayeux, qui couche ce soir à Ligny. Nous prendrons les mêmes mesures à l'égard des autres bataillons, si nous les rencontrons, si toutefois

elles n'ont déjà été prises par nos collègues. Le sixième bataillon continuera sa route: il est actuellement à Orléans.

« Vous trouverez ci-joint, copie des ordres que nous avons donnés aux administrateurs du district de Saint-Dizier, du département de la Meuse, et aux commandants de ces deux bataillons.

« Nous pensons que vous approuverez les mesures que nous avons prises ; elles nous ont paru indispensables.

« Dans ce dernier cas, il sera nécessaire que le comité de Salut public donne des ordres pour que ces deux bataillons se rendent à Strasbourg pour se compléter par les recrues qui arrivent de toutes parts et marcher à l'ennemi, il serait utile que le même ordre fut donné au 4e et au 5e bataillon du département de l'Eure et au 6e du Calvados qui font la même route que ceux que nous avons arrêtés.

« Nous vous demandons, citoyens nos collègues, promptitude et célérité dans l'exécution. L'adjudant-major du 5e bataillon du Calvados, patriote très intelligent qui a bien voulu se charger de nos dépêches, prendra les vôtres.

« *Les commissaires de la Convention près les armées du Rhin, des Vosges et de la Moselle.*

« *Signé :* RUAMPS, MARIBON-MONTAUT. »

Delacroix. Je demande le renvoi des mesures prises par les commissaires et le renvoi du surplus au comité.

(La Convention approuve les divers arrêtés pris par ses commissaires et en ordonne le renvoi au comité de Salut public.)

Dubois-Crancé (1). Je demande que la Convention se fasse rendre compte, par son comité de Salut public, du mouvement des troupes depuis quinze jours. Elle y verra que Beurnonville a fait partir des forces des départements du Nord, devant lesquelles se trouvait l'ennemi, pour garnir le Midi et nos côtes.

Delaporte (2). Je dois vous attester comme commissaire à l'armée de la Moselle, qu'à l'instant où l'ennemi était à presque toutes les portes de nos places, qu'à l'instant de nos défaites dans la Belgique, dans le moment où le général qui commandait l'armée des Ardennes, avait été requis par le général en chef de faire des mouvements sur le pays ennemi, afin d'obliger nos adversaires, dans cette prévention, à diviser leurs forces je dois vous attester, dis-je, qu'à cette heure où il n'était pas trop de tous nos défenseurs pour occuper les troupes des tyrans, qui se montraient sur nos frontières de l'Est agressives et menaçantes, 4 bataillons furent retirés de Montmédy, si bien qu'il ne resta plus pour les villes de Sedan, Philippeville, Rocroy, Verdun et Givet que 3,200 hommes de garnison. Nous

_____

(1) *Logotachigraphe*, n° 106, page 375, 1re colonne.
(2) *Archives nationales*, Carton Cir 152, chemise 432, pièce n° 17.

(1) *Moniteur universel*, 1er semestre de 1793, page 465, 1re colonne.
(2) *Logotachigraphe*, n° 106, page 375, 1re colonne.

fûmes obligés de mettre en état de réquisition tous les volontaires de ces départements.

C'est par ce fait et d'autres analogues qu'on a désorganisé l'armée de la Moselle et qu'on l'a mise dans l'impossibilité de faire les mouvements nécessaires pour contenir l'ennemi en arrêt sur le Luxembourg. Qu'est-il arrivé ? C'est que, voyant que nous restions bien tranquilles dans nos cantonnements et que nous ne nous préparions aucunement à le déloger de ses positions, il s'est mis à battre nos armées de droite et de gauche ; et nous avons été les spectateurs bénévoles de la défaite.

Dans ce moment, Beurnonville était ministre de la guerre et en même temps général d'armée. Il avait mis dans ce poste difficile Ligneville qui était son vil esclave, de manière que lorsque nous avons témoigné à ce dernier notre étonnement, en voyant défiler les forces de droite et de gauche sur les armées de Custine, de Valence et de la Belgique, sans faire un mouvement pour forcer l'ennemi à se diviser et à laisser dans le Luxembourg une partie de ses contingents, alors Ligneville nous a répondu : 1° qu'il ne connaissait pas encore de plan de campagne ; 2° qu'il n'avait pas reçu d'ordre du ministère de la guerre ; 3° que son armée manquait de tout.

Et remarquez bien que lorsque Beurnonville est venu au ministère, il a tout promis à cette armée dont la nudité aurait touché le cœur le plus dur. Il a été accablé de pétitions, et tous les bataillons m'ont attesté qu'il ne leur faisait pas même l'honneur de leur donner une réponse. A la fin, il a été forcé d'avoir l'air de faire quelque chose pour ces bataillons. Il a écrit à Ligneville une lettre portant à peu près ces mots :

« Je viens de donner ordre de faire distribuer à chaque bataillon une somme de 5,000 livres, afin de les habiller et de les mettre en état de rentrer en campagne. Je vous enjoins à tenir la main à ce que cela s'exécute promptement. »

Il y avait déjà quelque temps que cette lettre était parvenue et que tous les bataillons avaient donné l'état de leurs besoins, certifié et visé ; tout cela était dans les mains de Ligneville. Eh bien, lorsqu'ils allaient toucher ces sommes, on leur répondait qu'il n'y avait point d'ordre.

Interrogé par nous sur cet objet, Ligneville a fait le pleureur ; il a dit que cela lui faisait beaucoup de peine. Nous nous sommes vu, malgré les décrets de l'Assemblée, qui défendent aux commissaires de déléguer sur les caisses de la République, de donner nous-mêmes des ordres à Ligneville. Nous l'avons forcé, par là, de faire délivrer à chaque bataillon la somme qu'il attendait depuis trois mois et nous avons déjoué ainsi la ruse de Beurnonville et de tous ceux qui tiennent à la clique. Eh bien, citoyens, lorsque nous avons dénoncé à la Convention nationale le vice et la désorganisation de nos armées, nous lui avons dit : les grands vices de l'Administration viennent de ce qu'il n'existe pas un seul régiment, pas un seul bataillon, qui se trouve entier dans l'armée. Ceci remonte à la trahison de Lafayette, lors de ses marches et contremarches de l'armée du Centre à l'armée du Nord et de l'armée du Nord à l'armée du Centre.

Voici le fait. Tous les régiments étant divisés de manière qu'une portion se trouve à l'armée de Custine, une autre portion à l'armée du Midi, puis les dépôts qui se trouvent à 30, 40 ou 50 lieues du régiment, qu'est-il arrivé ? C'est qu'il n'y a jamais eu de revue de commissaires ou si vous préférez de contrôle. C'est ainsi qu'on a pillé des millions à la République et que nous en sommes encore presqu'au même point qu'au début. Je termine par un exemple qui vous fera saisir sur le vif le vice de notre organisation militaire. Nous avons vu, dans l'armée de la Moselle, un régiment de hussards, qui ne demande qu'à entrer en campagne, bien qu'il en ait fait une très laborieuse l'an passé et qu'il ait besoin de repos. Il ne peut marcher faute d'équipement. Or, il est vêtu à la hongroise. Cette sorte d'accoutrement ne convient pas à nos ouvriers ordinaires et leurs ouvriers à son dépôt, à 30 ou 40 lieues. Conclusion : la campagne s'ouvre, et comme il n'a pas même le moyen de communiquer avec son dépôt, ce régiment n'est pas encore en état de partir.

Je vous demande, citoyens, de bien veiller à ce que les différents bataillons de vos régiments ne se trouvent pas dispersés dans vos armées. C'est là une question d'intérêt vital pour la patrie et pour la République.

Delacroix. Le comité de Salut public s'est déjà fait rendre compte du mouvement des troupes ; il donnera là-dessus des renseignements très précieux à la Convention.

(La Convention passe à l'ordre du jour ainsi motivé.)

Loiseau (1). Citoyens, le département d'Eure-et-Loir a envoyé 800 hommes avec des canons, au secours du département de la Vendée. Eh bien, aujourd'hui, persuadés que ces hommes sont inutiles, puisque le général Berruyer a l'intention de renvoyer 4,000 hommes, nous demandons au ministre de la guerre le rappel de ces 800 hommes, tous gens mariés, des patriotes purs et la crème des départements.

Delacroix. On attendait le départ de ces 800 hommes, tous pères de famille pour mettre le département le plus tranquille, celui d'Eure-et-Loir, en état d'insurrection. Aussitôt après le départ de ces 800 hommes qui en imposaient aux contre-révolutionnaires, les malveillants levèrent la tête : des cantons entiers se sont révoltés. J'appuie la demande de Loiseau et je propose de décréter que le ministre de la guerre sera tenu de faire revenir ces 800 hommes dans leur département, pour y faire la police et y entretenir la paix.

Guyomard. Je demande que le comité de Salut public se fasse rendre compte par le ministre de la guerre des troupes qui sont dans ce département.

(La Convention adopte la proposition de Guyomard.)

Maximilien Robespierre (2). On vous a dénoncé une grande conspiration ; tous les jours on vous dénonce des crimes particuliers qui en sont la conséquence, et tous les jours se passent sans que vous preniez aucune mesure.

Il y a déjà longtemps que Beurnonville est convaincu de conspiration. Il l'était lorsque, trompés vous-mêmes, vous l'envoyâtes à Dumouriez. Il n'était pas moins coupable que ce général perfide ; c'était lui qui était le centre de toutes les trames. Il n'était parvenu au ministère que pour en favoriser le développement.

Un membre : C'est toi qui l'as nommé.

Un autre membre : J'observe que ce sont les Jacobins et Robespierre qui, les premiers, le portèrent au ministère.

Maximilien Robespierre. Je dénonce un traître et l'on m'accuse...

Plusieurs membres : Non, mais vous avez commis une erreur.

Maximilien Robespierre. Eh bien, je dis qu'il faut sévir contre tous les traîtres. Il n'est pas douteux que Beurnonville ne soit entouré de conspirateurs tels que lui; car, certes, un conspirateur ne pouvait s'environner de bons citoyens. Je demande donc que la Convention purge toute l'administration de la guerre, et les armées, de toutes les créatures de Beurnonville ; que sa tête soit mise à prix, comme celle du général avec lequel il conspirait. Je demande, en outre, que cette mesure soit étendue à tous les traîtres, comme une preuve que vous voulez ôter tout moyen de transiger avec eux.

Un membre : Je m'oppose à la seconde partie de la motion de Robespierre. Si l'on eut promis 100,000 écus à Brutus, je ne sais s'il eût assassiné César. N'est-ce pas, en effet, par ces promesses d'argent, affaiblir la vertu de sa puissance. Mais il y a un autre motif. C'est que si nous mettons à prix les têtes des Bourbons fugitifs, on égorgera nos commissaires qui sont à Maëstricht. Il y a plus, si nous mettons à prix leurs têtes, on mettra les nôtres aussi.

Je n'appuie donc que la première partie de la motion qu'il a faite d'examiner la conduite des adjoints du ministre de la guerre ; je propose l'ordre du jour sur la seconde.

(La Convention charge son comité de sûreté générale d'examiner la conduite des adjoints du ministre de la guerre.)

Dubois-Crancé (1). Je demande que le comité de Salut public, en même temps qu'il examinera toutes les propositions qui lui ont été envoyées, soit tenu de vérifier le fait que je vais vous dénoncer. Un courrier est venu au ci-devant comité de défense générale ; nous y étions seuls alors avec Gensonné. Il nous déclara qu'il revenait de l'armée, où Beurnonville l'avait envoyé à Dumouriez, six heures avant le départ de vos commissaires.

(La Convention renvoie l'examen de ce fait au comité de sûreté générale, pour le vérifier sur les papiers de Beurnonville.)

Delmas (2). Quand, dans le séance, vous rendez des décrets relatifs au comité de Salut public, ces décrets ne lui parviennent même pas. Je propose de décréter qu'un secrétaire-commis se tiendra constamment au bureau de l'Assemblée, pour y expédier sur-le-champ, et séance par séance, tous les décrets de renvoi au comité de Salut public, ainsi que tous ceux qui pourront être relatifs à ses travaux, et les lui fera parvenir sans délai, avec toutes les pièces dont le renvoi à ce comité sera décrété.

(La Convention adopte la proposition de Delmas.)

Boyer-Fonfrède, *secrétaire*, reprend la lecture des lettres, adresses et pétitions envoyées à l'Assemblée.

9° *Lettre de Lebrun, ministre des affaires étrangères*, qui rend compte à la Convention d'une belle action des citoyens Faussin, Bourège et autres Français établis à Tunis, pour soulager des naufragés de leur nation; il prie la Convention de permettre, par exception à la loi du 15 mai, qu'ils achètent à Tunis les prises du gouvernement, pour les réarmer en course; cette lettre est ainsi conçue (1) :

Paris, 12 avril 1793, l'an II de la République française.

« Citoyen Président,

« Tous les actes louables, de quelque nature qu'ils soient, doivent être communiqués à la Convention nationale. C'est leur assurer la plus flatteuse de toutes les récompenses, les applaudissements des législateurs de la France.

« Le 12 décembre dernier, un ouragan furieux fit naufrager quatre bâtiments français, ancrés dans la rade de Tunis. A la première nouvelle de ce désastre, deux négociants français, les citoyens Faussin et Bourège, partirent, malgré le mauvais temps, et arrivèrent de nuit sur une plage éloignée de quatre lieues où ils trouvèrent dix-neuf malheureux que les Arabes, plus cruels encore que la mer, avaient entièrement dépouillés; ils les couvrirent de leurs propres hardes, leur donnèrent des provisions et eurent la satisfaction de les rappeler à la vie. Le lendemain, ils continuèrent au loin leurs recherches, qui ne leur offrirent aucune occasion de donner de nouvelles preuves d'humanité. Tous les Français de Tunis se sont empressés de venir au secours de ces infortunés. Plusieurs ont fait des dons pécuniaires. Un artiste, qui pousse la modestie jusqu'à vouloir rester inconnu, a donné 60 piastres. Les négociants se sont ensuite assemblés et ont arrêté d'acheter des bâtiments pour remonter les capitaines dégradés. Ils sollicitent la permission d'acheter, à Tunis, des prises du gouvernement. Leur motif est si beau que je me flatte que la Convention nationale ne se refusera pas à cette demande. J'espère qu'elle voudra bien, pour cette fois, déroger aux dispositions de la loi du 15 mai. Son refus entraverait l'exécution de ce généreux projet : il empêcherait un acte d'humanité et de bienfaisance, et la Convention n'a

---

(1) *Moniteur universel*, 1er semestre de 1793, page 475, 2e colonne.
(2) *Mercure universel*, tome 26, page 222.

(1) *Archives nationales*, Carton C II 232, chemise 432, pièce n° 15.

rien plus à cœur que de favoriser l'exercice des vertus.

« *Le ministre des affaires étrangères.*

« *Signé* : LE BRUN. »

(La Convention décrète la mention honorable et l'insertion au *Bulletin* de la conduite desdits Français. Elle adopte ensuite la demande du ministre convertie en motion par un de ses membres.)

10° *Lettre de Dalbarade, ministre de la marine,* qui informe la Convention de l'alliance contractée avec la République par Zaca-Vola, roi de la province de Bettsmessar, dans Madagascar, qui a reçu le ruban tricolore ; cette lettre est ainsi conçue (1) :

12 avril 1793, l'an II de la
République française.

« Citoyen Président,

« Je crois devoir transmettre à la Convention nationale la copie d'une lettre que je viens de recevoir du citoyen Lescalier, l'un des commissaires civils pour les établissements français au delà du Cap de Bonne-Espérance. Cette lettre, datée des îles Séchelles, contient le procès-verbal de ce qui s'est passé entre l'agent du Conseil exécutif et Zaca-Vola, roi et chef principal de la province de Bettsmessar.

« Je joins aussi copie d'un procès-verbal dans lequel la Convention verra sans doute avec plaisir que le pavillon tricolore a bien été reçu à Madagascar et que le ruban national, jusqu'à aujourd'hui la terreur et l'épouvante des rois, est enfin devenu l'ornement de l'un d'eux.

« La Convention nationale approuvera sans doute que le Conseil exécutif prenne toutes les mesures qui pourront tendre à conserver l'alliance et l'amitié de Zaca-Vola ; il ne négligera rien pour y réussir : mais ce prince ayant paru désirer une marque de décoration extérieure, le Conseil exécutif croit devoir attendre, pour satisfaire cette demande, que l'exécution d'une médaille, qui fixera l'époque glorieuse de notre constitution républicaine, ait été ordonnée par la Convention.

« *Le ministre de la marine,*

« *Signé* : MONGE. »

Extrait de la lettre du citoyen Lescalier, datée de l'île Sainte-Anne, le 7 septembre 1792 (2).

« Je dois vous rendre compte de la suite des opérations que j'ai faites à Madagascar. Elles consistent en un serment prêté entre nous et le roi Zaca-Vola et ses chefs, et une patente ou certificat que ce roi m'a prié de lui laisser, pour m'assurer de l'amitié de la France et empêcher les Français de lui faire la guerre ou aucun acte de violence.

« J'ai pensé qu'il était d'un très grand intérêt d'accéder au désir de ce prince sur ces deux

objets, et que le premier surtout montre l'excellent caractère d'un peuple qui a à opposer 50,000 hommes armés contre 20 ou 30 Français...

« J'observe, au sujet de la prestation du serment dans cette occasion authentique, l'usage barbare qui avait lieu dans ce pays, qui était prêté anciennement. Il consistait à se tirer mutuellement du sang de la poitrine et à en faire un mélange avec de la poudre à feu, de gingembre, de l'or, du plomb et à boire chacun de ce mélange avec des exclamations et des imprécations barbares.

« Cet usage superstitieux, peu convenable à des hommes policés, était observé par tous les Français qui voulaient se lier avec ces peuples. J'espère qu'il finira là et qu'ils adopteront la forme plus raisonnable que je leur ai donnée.

« *Pour copie conforme* :

« *L'adjoint de la 5 division.*

« *Signé* : RAJAC. »

Extrait du procès-verbal de la prestation de serment entre les Français et le roi Zaca-Vola (1).

« Rama-Effa, premier ministre de Zaca-Vola, assis à terre à côté de tous les autres chefs de la province de Bettsmessar, tenait dans sa main un bâton, dont il a frappé la terre à chaque nom et à chaque période de ses phrases, a parlé à peu près en ces termes avec beaucoup de vivacité.

« Nous, Zaca-Vola et le chef principal de la province de Bettsmessar, son représentant et principal ministre, et tous les chefs de la province de Bettsmessar, jurons et promettons affection à la nation française, de traiter avec justice et égard les Français ; nous protestons que nous les avons toujours aimés, quoique nous ayons éprouvé des atrocités de la part de plusieurs d'entre eux. Nous n'avons jamais exercé de vengeance contre eux ; nous n'avons jamais mis les mains dans le sang des Français, malgré les vexations que nous avons éprouvées de la part d'un nommé La Bigarne, qu'a chassé le grand-père de Zaca-Vola, malgré le mal que nous a fait un autre blanc, nommé Biane, qui a fait la guerre au père de Zaca-Vola. Nous nous sommes contentés de le rendre à la palissade française (établissement français), pour être renvoyé à l'île de France.

« Nous jurons et promettons sur la terre, et en présence de Laanhar (nom de Dieu en langue de ce pays) de faire rendre justice à tous les Français, de leur faire payer ce qui leur est dû par la Madégasse, de punir ceux qui pourraient leur faire tort.

« Et nous, Zaca-Vola, Rama-Effa, etc., voulons, si nous manquons à notre serment envers les Français, que le Ciel nous fasse souffrir mille maux, que nos os soient éparpillés sur la terre et rongés par des chiens; que la terre s'entr'ouvre et nous engloutisse, et nous donnons Laanhar, notre Dieu, pour un chien, si nous manquons à notre serment et à nos promesses.

(1) *Archives nationales*, Carton C^{II} 251, chemise 421, pièce n° 12.
(2) *Bulletin de la Convention* du 13 avril 1793, et *Mercure universel*, tome 26, page 260.

(1) *Mercure universel*, tome 26, page 261.

« Avant de se séparer, Lescalier a fait porter au roi Zaca-Vola la marque distinctive qu'il lui avait demandée, consistant en un ruban tricolore et un écu de six livres pour porter en guise de collier, en attendant la médaille demandée par lui.

« Lescalier a remis aussi à Rama-Effa un certificat qu'il lui avait demandé, de la part de Zaca-Vola, pour empêcher aucun Français de leur faire la guerre ou de leur faire éprouver des injustices. Le papier était conçu en ces termes :

« Nous, Daniel Lescalier, l'un des commissaires civils pour les établissements français au delà du Cap de Bonne-Espérance, certifions au roi Zaca-Vola et aux chefs de la province de Bettsmessar, à tous ceux qu'il appartiendra, avoir laissé au chef de l'administration française de Toute-Pointe, un règlement par lequel ladite province doit être regardée comme amie de la France et protégée par elle, avec ordre d'employer tous les moyens possibles pour y maintenir la paix et pour concilier tous les différents avec les peuples voisins, avec injonction à tous les Français résidant dans le pays et qui pourront y venir, de traiter les Madégasses avec douceur et équité, d'avoir les égards convenables pour le roi et les chefs. Certifions en outre avoir indiqué des précautions dans les règlements pour que, dans le cas ou quelque individu français commettrait quelque injustice ou violence contre les naturels du pays, il soit réprimé ; comme aussi nous requérons du roi et de ses chefs bonne et prompte justice pour les Français qui seraient dans le cas de la réclamation.

« *Signé* : LESCALIER. »

(La Convention décrète l'insertion de ces pièces au *Bulletin* et en ordonne le renvoi au comité diplomatique.)

11° *Lettre des administrateurs du département du Morbihan*, qui rendent un compte très satisfaisant de l'état de défense où est Belle-Isle. (1)

(La Convention renvoie cette lettre au comité de Salut public.)

12° *Lettre de Clavière, ministre des contributions publiques*, qui envoie à la Convention l'état de situation de la confection des rôles pour la contribution foncière de 1792.

(La Convention renvoie cette lettre au comité des finances.)

13° *Lettre du président, du comité de la trésorerie*, qui envoie l'état des recettes et dépenses pendant le mois de mars.

(La Convention renvoie cette lettre au comité des finances.)

14° *Lettre de Clavière, ministre des contributions publiques*, par laquelle il transmet à la Convention une lettre des administrateurs

du département de la Vendée qui demandent des secours pécuniaires, attendu la suspension du recouvrement des districts occupés par les rebelles.

(La Convention renvoie cette lettre au comité des finances.)

15° *Lettre de Gohier, ministre de la justice*, qui écrit à la Convention pour lui demander des éclaircissements sur l'apposition et la levée des scellés mis dans les maisons des Bourbons, et notamment dans celle d'Orléans.

(La Convention renvoie la lettre au comité de législation, qui proposera incessamment les mesures nécessaires.)

16° *Lettre du citoyen Lescuyer, maréchal de camp, commandant la gendarmerie de l'armée du Nord*, datée de l'Abbaye, qui demande à être entendu à la barre le plus tôt possible.

(La Convention renvoie cette lettre aux comités de sûreté générale et de la guerre réunis.)

17° *Lettre de Bouchotte, ministre de la guerre*, qui informe la Convention que l'administration des charrois des armées fait offre de 800 chevaux de cavalerie, pour monter une nouvelle légion ; cette lettre est ainsi conçue (1) :

Paris, 12 avril 1792, l'an II de la République française.

« Citoyen Président,

« Les dangers de la patrie réveillent l'amour de la liberté dans tous les cœurs, et lorsque les traîtres et les tyrans la menacent, il est beau de voir les citoyens réunis en faisceau, offrir une force imposante à l'ennemi et plonger dans l'abîme qu'on creusait sous leurs pas les lâches, les traîtres et les esclaves.

« Vous avez déjà été témoin de ces traits sublimes, dont l'âme seule du républicain est capable et toujours dans les grands dangers. La patrie a trouvé de grandes ressources.

« L'administration des charrois des armées n'a pas plus tôt appris la formation de deux nouveaux camps qu'elle a offert 800 chevaux de cavalerie pour monter une nouvelle légion. Cette offre civique n'a pas besoin d'éloges et la Convention nationale saura en apprécier tout le mérite et marquer elle-même sa satisfaction aux administrateurs qui, dans toutes les circonstances, ont donné les preuves d'un zèle et d'un activité infatigables.

« Je prie la Convention nationale de prononcer sur cet objet et alors ces chevaux seront mis à la disposition du général Santerre, auquel ils ont déjà été offerts par les administrateurs. L'approbation des représentants du peuple, et la gloire de servir la patrie, sont la récompense la plus flatteuse qu'ils puissent ambitionner.

« *Le ministre de la guerre,*

« *Signé* : J. BOUCHOTTE. »

---

(1) Nous donnons, pour les lettres qui figurent sous les numéros 11 à 16 et dont nous n'avons pu retrouver la minute originale aux *Archives nationales*, l'analyse qui se trouve au *Procès-verbal*. Voy. P. V., tome 9, pages 238, 240, 241.

(1) *Archives nationales*, Carton Cⁱⁱ 252, chemise 436, pièce n° 16.

Plusieurs membres (1) demandent la mention honorable de cette offre patriotique.

Sergent. Non. Je demande l'ajournement jusqu'au rapport de la commission de l'examen des marchés, sur cette compagnie, qui est accusée d'avoir commis des dilapidations énormes.

(La Convention nationale décrète la mention honorable de cette offre patriotique.)

18° *Lettre du général Dampierre*, qui propose des mesures pour la formation au service, des hommes de nouvelle levée; cette lettre est ainsi conçue (2) :

Bouchain, le 9 avril 1793, l'an II
de la République française.

« Citoyen Président,

« L'armée que j'ai l'honneur de commander est maintenant campée en avant de Bouchain, dans une position qui me met à même de me porter rapidement au secours de toutes nos villes frontières, en cas que l'ennemi songeât à les attaquer. Les travaux de la campagne présente, les manœuvres qu'a employées Dumouriez, le traître, pour la désorganiser, l'ont considérablement affaibli : le salut de la République dépend peut-être de l'activité que l'on mettra à la compléter et à la recruter.

« Voici la mesure que je vous propose :
« L'Assemblée nationale a décrété une levée de 40,000 hommes, les gardes nationales de plusieurs départements sont en réquisition permanente. Je proposerai, citoyen Président, d'envoyer pour compléter les anciens cadres, tous les volontaires de nouvelle levée, dont on peut disposer maintenant.

« Les troupes dans lesquelles ils seraient incorporés ont fait la campagne, connaissent le feu et savent ce que c'est que la guerre. Les Français, que les dangers de la patrie appellent sur la frontière, trouveraient dans ces troupes de bons soldats, bien instruits, qui, dans peu de temps, les mettraient en état de combattre avec avantage pour la gloire et les intérêts de la République.

« Ce moyen est peut-être le seul pour former sur-le-champ une armée respectable.

« Les recrues me seraient envoyées avec de bons conducteurs, et je les répartirais dans les anciens bataillons de volontaires ou régiments de ligne, suivant la connaissance que j'ai de la bonté de ces différents régiments ou bataillons ».

« *Signé :* DAMPIERRE. »

(La Convention renvoie cette lettre au comité de Salut public.)

19° *Lettre des citoyens Collot-d'Herbois et Goyre-Laplanche, commissaires dans les départements de la Nièvre et du Loiret*, par laquelle ils font part des différentes mesures qu'ils ont prises contre les ennemis de l'intérieur; en voici l'extrait (3).

(1) *Moniteur universel*, 1er semestre de 1793, page 474, 2e colonne.
(2) *Archives nationales*, Carton C II 252, chemise 432, pièce n° 13.
(3) *Bulletin de la Convention* du 13 avril 1793.

« Nevers, le 8 avril 1793.

« Citoyens nos collègues,

« En quittant Orléans nous n'avons pas perdu de vue la généreuse armée qui s'est formée sur les bords de la Loire ; vers laquelle nous vous avons dit avoir fait passer les bataillons du Var et du Finistère.

« Le département de la Nièvre y a fait passer aussi nouvellement 300 hommes, et de nouvelles compagnies bien armées, viennent encore de partir sous nos yeux ; il est essentiel qu'on y arrive avec des armes, et nous y avons pourvu autant qu'il a été possible sans diminuer celles qui sont destinées au recrutement.

« Nous avons aussi réclamé de plusieurs districts des envois de subsistances ; car c'est de quoi il faut s'inquiéter pour un si grand nombre de braves gens portés tout à coup vers le même point par un dévouement tout patriotique. Nous allons faire filer à Tours, au dépôt qui y est établi, une partie des chevaux de luxe que nous avons rassemblés. Nous en ferons partir 50 au moins des plus forts et des plus vigoureux. Il n'y a sorte de moyens que l'égoïsme ne mette en usage pour éluder cette livraison des chevaux de luxe en laissant tous ceux que vos décrets ont réservés pour l'utilité publique. Nous sommes très sévères pour tout ce qui tient à l'utilité et aux commodités particulières. Nous avons fait exécuter les mesures de sûreté générale, soit pour la réclusion des prêtres et individus suspects, soit pour la formation des comités de surveillance et la destitution des fonctionnaires publics qui sont douteux. Nous avons ordonné la fabrication des piques nécessaires aux citoyens qui ont consacré leurs fusils au recrutement. Nous ferons en sorte que chaque citoyen soit muni d'une pique, un sabre effilé et une paire de pistolets. Nous avons annulé plusieurs certificats de civisme, d'abord refusés à des hommes équivoques, obtenus par séduction et accordés par la faiblesse des municipalités. Tel est le résultat de nos principales opérations depuis notre départ d'Orléans. Nous faisons partir pour le tribunal révolutionnaire trois prévenus d'avoir coopéré à ces trames infernales. Nous adressons à votre comité de sûreté générale les pièces nécessaires pour l'instruction de leur procédure.

(La Convention décrète l'insertion au *Bulletin* et ordonne, en outre, le renvoi au comité de sûreté générale.)

20° *Lettre des administrateurs du directoire du département du Finistère* par laquelle ils informent la Convention qu'ils ont été instruits que le gouvernement espagnol entretient auprès des émigrés français l'ambassadeur Fernand-Nuñez, qui est chargé de leur faire donner, ainsi qu'à nos prêtres réfractaires, protection et secours. Ils ont en conséquence ordonné le séquestre des biens dépendant de la succession de Rohan-Chabot, qui sont situés dans leur ressort et qui reviennent à cet ambassadeur (1).

(La Convention approuve la conduite de

(1) *Bulletin de la Convention* du 13 avril 1793.

ces administrateurs et renvoie la lettre aux comités des domaines et de législation.)

21° *Lettre des administrateurs du directoire du département de l'Isère* (1), qui demandent à la Convention un secours en grains proportionné aux besoins que les circonstances y ont fait naître.

(La Convention renvoie cette lettre au ministre de l'intérieur.)

22° *Lettre du citoyen Gleizal, commissaire de la Convention dans les départements de la Lozère et de l'Ardèche*, qui adresse à cette Assemblée un exemplaire de l'arrêté qu'il a cru devoir prendre avec son collègue Servière pour anéantir le fanatisme et l'aristocratie; cette lettre est ainsi conçue (2) :

Mende, le 4 avril 1793, l'an II de la République française.

« Citoyens nos collègues,

« Nous vous adressons un arrêté que nous avons pris le 3 de ce mois et que nous avons fait imprimer. Nous espérons que vous voudrez bien approuver les dispositions qu'il renferme et qui étaient indispensables. Nous demandons qu'il soit renvoyé au comité de défense générale pour qu'il vous présente un projet de décret sur ce que nous réclamons par l'article 11 pour mettre les départements de l'Ardèche et de la Lozère à l'abri de toute insurrection contre-révolutionnaire et anéantir le fanatisme et l'aristocratie pour toujours.

« *Le commissaire de la Convention nationale dans les départements de l'Ardèche et de la Lozère.*

« *Signé :* GLEIZAL. »

Suit le texte de l'arrêté rendu par lesdits commissaires (3) :

Arrêté des commissaires de la Convention nationale dans les départements de l'Ardèche et de la Lozère du mercredi, 3 avril 1793, l'an II de la République française, dans la salle où le directoire du département de la Lozère tient ses séances, à Mende.

« Les commissaires de la Convention nationale, voulant accélérer le recrutement dans le département de l'Ardèche et de la Lozère et y assurer, autant qu'il est en leur pouvoir, l'exécution de la loi et la tranquillité publique, arrêtent et ordonnent ce qui suit :

Art. 1er.

« La délibération et les mesures prises par les directoires des départements de l'Ardèche et de la Lozère, relativement au recrutement de l'armée, sont autorisées. Les directoires desdits départements et ceux de leurs districts, continueront à surveiller l'exécution de la loi du 24 février dernier ; et conformé-

ment à cette loi, les municipalités fourniront sans délai, et sous leur responsabilité personnelle, le nombre d'hommes qui leur est demandé, suivant la répartition faite par leurs districts respectifs : elles répondront aussi personnellement du retard que leur négligence ou le refus d'obéir à la loi, pourrait porter à cette opération, et les corps administratifs ou leurs commissaires en instruiront de suite les commissaires de la Convention nationale, pour qu'ils prennent les mesures de rigueur convenables contre les municipalités refusantes ou négligentes.

« Les directoires de district s'informeront sur-le-champ, par la voie de leurs commissaires dans les cantons, de l'état actuel de l'habillement, équipement et armement que chaque commune doit fournir, et les suppléeront de suite à leur défaut, à peine de responsabilité. Les commissaires suppléants et les agents militaires, feront aussi exécuter, le plus promptement possible, chacun comme les concerne, les dispositions de ladite loi; ils feront toutes les diligences nécessaires pour que le départ des volontaires ne soit pas différé plus longtemps, et ils feront connaître deux fois par semaine les mesures qu'ils auront prises aux directoires de département, qui useront de tous les moyens qui sont en leur pouvoir pour les rendre plus actives et plus efficaces.

Art. 2.

« Les commissaires des départements près les districts et ceux des districts près les municipalités, feront un rapport résumé de toutes leurs opérations relatives au recrutement ; ils y désigneront les communes qui se seront conformées à la loi du 24 février, et celles qui auront refusé ou négligé de l'exécuter ; ils mentionneront le nombre d'hommes, de fusils et d'habits que chaque commune aura réellement fourni ; ils indiqueront les obstacles qu'ils auront éprouvés dans leurs missions; ils feront connaître les individus qui auront cherché à s'opposer au recrutement et à détourner leurs concitoyens, en leur prêchant le fanatisme de la royauté ou de la religion, ou par quelque autre voie que ce soit, de même que ceux qui auront cherché à opérer des troubles dans les communes ; ils donneront une idée de l'esprit public qui règne dans les différentes parties du département qu'ils auront parcourues : enfin, ils indiqueront les mesures qu'ils croiront nécessaires pour prévenir tous les événements. Ce rapport sera remis aux corps administratifs qui en transmettront une copie aux commissaires de la Convention nationale, en y joignant les observations qu'elles trouveront à propos de faire.

Art. 3.

« Tout individu qui sera prévenu d'avoir directement ou indirectement empêché, par quel moyen que ce soit, le recrutement de l'armée, sera arrêté à la diligence des corps administratifs ou de leurs commissaires, accusateur public ou juge de paix, lesquels en instruiront les commissaires de la Convention nationale, à l'effet par eux de faire traduire les coupables à Paris, pour y être jugés au tribunal extraordinaire créé pour la punition des conspirateurs, conformément à la loi du

---

(1) P. V., tome 9, page 240.
(2) *Archives nationales*, Carton AF¹¹ 182, chemise 1497, pièce n° 9.
(3) *Archives nationales*, Carton AF¹¹ 182, chemise 1497, pièce n° 10.

17 mars dernier ou, s'il y a lieu, de les faire juger par le tribunal du département, conformément à la loi du 19 du même mois.

Art. 4.

« Les commissaires, considérant que les communes sont obligées de remettre leurs fusils aux volontaires qui marchent pour la défense de la patrie, et qu'il est instant d'armer de piques les citoyens qui restent dans leurs foyers, pour la police et la défense intérieure des départements, enjoignent aux corps administratifs de faire exécuter, sans délai, les dispositions de la loi du 3 août 1792, relative à la fabrication des piques, à peine de responsabilité.

Art. 5.

« Les directoires de district fourniront, dans le délai de huitaine, à ceux de département, et ces derniers aux commissaires de la Convention nationale, un état des chevaux de luxe qui se trouvent dans l'étendue de leur territoire, avec les noms des citoyens à qui lesdits chevaux appartiennent, conformément à l'article 7 de la loi du 9 mars dernier, et leur fourniront les renseignements nécessaires pour l'exécution de l'article 5 de la même loi; le tout leur sera adressé aux chefs-lieux des départements de l'Ardèche et de la Lozère.

Art. 6.

« Les corps administratifs donneront les ordres les plus prompts et les plus positifs aux militaires de tous grades, soit officiers, sous-officiers, volontaires nationaux et soldats, qui auront quitté leurs corps avec permission, ou sans congé, d'aller rejoindre leurs drapeaux, savoir : les officiers, dans la huitaine, et les autres à raison de sept lieues par jour. S'ils s'y refusent, ils seront conduits de brigade en brigade. Il en sera usé de même à l'égard des gendarmes qui ont quitté l'armée, avec ou sans congé; et il est défendu provisoirement, et jusqu'à ce que la Convention nationale en ait autrement ordonné, aux corps administratifs, aux tribunaux, aux chefs de la gendarmerie et à tous les citoyens, de les reconnaître comme gendarmes de leurs départements, de les employer en ladite qualité, et même de leur fournir aucun logement, ni payer aucun traitement.

Art. 7.

« Chaque citoyen sera tenu de porter la cocarde nationale, conformément à l'article 14 de la loi du 8 juillet 1792, et celui qui, après une sommation verbale de sa municipalité, refuserait de la porter, sera noté comme mauvais citoyen, par la municipalité, qui en dressera procès-verbal, et le remettra au juge de paix, lequel fera les diligences nécessaires, pour la punition de cette infraction à la loi, le tout à peine de responsabilité.

Art. 8.

« Les corps constitués, notamment les corps administratifs, les municipalités et les gardes nationales, exécuteront, à la rigueur, les lois relatives aux passeports, en date des 28 mars, 29 juillet, 7 septembre 1792 et 26 février der-

nier; ils n'auront aucun égard aux passeports délivrés avant la promulgation de la loi du 26 février. Les citoyens qui voyageront dans l'intérieur de la République seront tenus de se pourvoir de nouveaux passeports.

Art. 9.

« Les lois des 29, 31 janvier et 5 février derniers, relatives aux certificats de civisme, dont les notaires, avoués, hommes de loi, receveurs de districts, fonctionnaires publics non élus par le peuple, et employés, payés des deniers de la République, doivent se pourvoir, pour être admis à continuer leurs fonctions, seront rigoureusement exécutées par les municipalités et les corps administratifs, à peine de responsabilité; et attendu que des mauvais citoyens se répandent dans les départements de l'Ardèche et de la Lozère, nantis des certificats qu'ils ont surpris aux municipalités, et dont quelques municipalités ont elles-mêmes surpris le visa aux corps administratifs, les commissaires déclarent les certificats de civisme, délivrés par les municipalités de ces départements, avant le premier avril courant, nul et de nul effet; et ceux qui en étaient pourvus, seront tenus d'en prendre de nouveaux.

« Il est défendu aux municipalités et aux corps administratifs de délivrer ou viser des certificats à d'autres qu'à ceux qui auront donné des preuves de civisme, à peine de forfaiture. Dans tous les cas, aucun individu ne pourra obtenir ni passeport, ni certificat de civisme, ni certificat de résidence qu'en rapportant la quittance de ses contributions.

« Il est aussi défendu, sous la même peine, aux municipalités, de délivrer des certificats de civisme, et aux corps administratifs de les approuver ou viser à ceux qui cumuleraient sur leurs têtes des fonctions incompatibles, telles que celles de notaires avec les fonctions d'avoués ou de greffiers, ou de receveurs des contributions publiques, ou de juges de paix.

« Il est de même défendu aux tribunaux d'admettre les avoués, les hommes de loi et les défenseurs officieux, à l'exercice de leurs fonctions devant lesdits tribunaux, s'ils n'ont produit un certificat de civisme, visé par les corps administratifs, constatant le paiement de leurs contributions jusqu'au 1er janvier 1793.

« Enfin, il est défendu aux municipalités, corps administratifs et aux corps constitués d'avoir égard aux passeports et aux certificats de résidence et de civisme faits à Lyon, et portant une date antérieure au 15 mars dernier.

Art. 10.

« Les directoires de département, ceux de district et les municipalités, l'accusateur public, les juges de paix et les chefs de la garde nationale feront ponctuellement exécuter, à peine de responsabilité, toutes les dispositions des lois rendues contre les émigrés et les prêtres sujets à la déportation, notamment celle du 18 mars dernier, qui porte que les émigrés et les prêtres déportés qui, huitaine après la publication de ladite loi, seraient surpris sur le territoire de la République, seront à l'instant arrêtés et conduits dans les prisons, soit du district, soit du département, et que ceux qui seront convaincus d'émigration ou qui étaient dans le cas de la déportation, seront punis de mort dans les vingt-quatre heures. En conséquence, les municipalités et les corps administratifs feront, de temps en temps, les visites domiciliaires, auxquelles ils sont autorisés par la loi du 25 février dernier; et tout individu qui indiquera ou fera connaître un émigré ou un prêtre sujet à la déportation, recevra une gratification de 100 livres, conformément à la loi du 14 février dernier.

« Ceux qui récèlent les émigrés et les prêtres sujets à la déportation, étant coupables de complicité, les tribunaux leur feraient subir la peine portée contre eux par les lois; et attendu que leur crime est aussi grave que celui des personnes qu'ils récèlent, la Convention nationale sera priée de porter contre eux la peine de mort, ou la déportation, et la confiscation de leurs biens au profit de la nation.

« Les prêtres élus, par le peuple, aux places de curés ou de vicaires seront tenus de se rendre à leur poste dans la huitaine, à compter de la publication du présent arrêté, pour y remplir les fonctions auxquelles ils sont appelés : ils requerront, s'il le faut, la force publique, pour leur sûreté personnelle; et quiconque sera convaincu de les avoir menacés ou inquiétés dans leurs fonctions, sera regardé comme conspirateur, et puni comme tel, d'après les formalités indiquées par la loi du 19 mars dernier, relative aux révoltes et émeutes contre-révolutionnaires. Les chefs de la garde nationale et les officiers municipaux répondront personnellement de tous les accidents qui pourraient arriver auxdits prêtres et qu'ils auraient pu prévenir. Les citoyens qui ne se seront pas opposés auxdites menaces, insultes ou voies de fait, seront traités comme complices, et leurs personnes et leurs biens répondront de tous les événements qu'ils auraient pu éviter. Si lesdits curés et vicaires refusent d'obéir au présent article, ils seront déchus de leurs places.

Art. 11.

« Aussitôt que les corps administratifs seront instruits de quelque émeute, rébellion ou révolte contre-révolutionnaire, ils requerront la force publique de marcher sur les lieux où elles auront éclaté et faire exécuter, contre les coupables, la loi du 19 mars dernier. Les frais seront à la charge de tous les habitants, solidairement, sauf leurs recours contre qui de droit; et si, après la sommation qui leur sera faite, par le commissaire qui dirigera la force armée, ils ne désignent pas les chefs de la conspiration et ne les font arrêter, les maires, officiers municipaux et procureur de la commune seront arrêtés sur-le-champ, et gardés en otages, jusqu'à ce qu'il ait été statué contre les coupables.
Les municipalités et les gardes nationales qui refuseront de déférer aux réquisitions des corps administratifs seront regardés comme traîtres à la patrie, et traités comme complices : et afin d'assurer encore plus l'exécution du présent article, la Convention nationale sera priée de créer, dans chacun des départements de l'Ardèche et de la Lozère, une commission extraordinaire, qui ait la même attribution que le tribunal révolutionnaire

établi à Paris, de faire passer, dans chacun de ces deux départements, un bataillon de volontaires nationaux, pour y être à la disposition de ladite commission et des corps administratifs, et d'accorder au département de l'Ardèche et à celui de la Lozère quatre pièces de canon de la fabrique de Lyon, à la charge, par eux, d'en rembourser l'équivalent en métal des cloches. En attendant, les directoires des départements de l'Ardèche et de la Lozère mettront en état de réquisition permanente les gardes nationales de leur département, qu'ils jugeront convenables, pour les employer, en cas de besoin, contre les révoltés et les rebelles. Et attendu que le tribunal criminel du département de la Lozère sera mieux à portée d'exécuter la loi du 19 mars dernier, lorsqu'il siégera à Mende, il est enjoint aux membres composant ledit tribunal, actuellement à Marvéjols, de se transporter sur-le-champ dans la ville de Mende, chef-lieu du département de la Lozère, et d'établir le tribunal dans cette dernière ville, conformément à la loi de son institution.

Art. 12.

« Les directoires des départements et les districts de la Lozère veilleront à l'exécution de l'arrêté de ce département, du 19 décembre dernier, et ils auront soin de suspendre toutes les municipalités qui ne se seront pas conformées à cet arrêté, et de les remplacer eux-mêmes provisoirement. Les mêmes corps administratifs et ceux du département de l'Ardèche sont aussi spécialement chargés de suspendre les membres composant les administrations de district, les municipalités, les chefs des gardes nationales, qui par leur désobéissance à la loi, leurs mauvaises actions, ou leurs propos inciviques, seraient reconnus indignes de la confiance de leurs concitoyens. Ils sont, en outre, invités de dénoncer aux commissaires de la Convention les membres composant les tribunaux, les juges de paix, officiers de police, et tous officiers ou fonctionnaires publics qu'ils croiront indignes des places qu'ils occupent, pour être pourvu, s'il y a lieu, à leur remplacement.

Art. 13.

« Les municipalités qui, en vertu des lois, ont dû inscrire dans leurs registres les noms des gens sans aveu de leur commune, soigneront la conduite de ces individus, qu'elles pourront même faire arrêter, si elles le trouvent à propos; et elles sont expressément chargées d'expulser du territoire de leur commune, les étrangers non domiciliés, qui ne se seraient point conformées à la loi du 28 février 1793, et qui ne rapporteront ni passeport ni certificat de civisme, et ceux qui seront convaincus d'avoir récélé lesdits étrangers, après la défense qui leur en aura été faite, seront mis en état d'arrestation, et punis selon la rigueur des lois.

Art. 14.

« Les municipalités des départements de la Lozère et de l'Ardèche dresseront un état de toutes les armes et munitions de guerre qui sont dans leurs communes respectives, soit fusil de guerre, fusil de chasse, baïonnettes, piques, poudres, plomb, et autres. Cet état sera remis au directoire du district et par eux transmis au directoire du département qui ordonnera aux communes suspectes, de porter, dans le délai de trois jours, lesdites armes et munitions dans les lieux qu'il leur indiquera, pour y être à la disposition des corps administratifs jusques à ce qu'il en sera autrement ordonné. Si quelques municipalités ou communes refusent ou négligent d'exécuter les dispositions du présent article, la force publique sera requise pour les désarmer et le désarmement sera à leurs frais; ce qui aura également lieu, si les communes sont convaincues d'infidélité dans l'état qu'elles auront fourni ou d'avoir retenu ou caché des armes ou munitions de guerre; et non seulement les armes et munitions découvertes seront confisquées, mais encore chaque détenteur sera condamné à une amende triple des objets confisqués, et la moitié de cette amende appartiendra au dénonciateur, l'autre moitié sera distribuée aux pauvres.

Art. 15.

« Les corps administratifs, les municipalités et les receveurs de district poursuivront en toute diligence la rentrée des contributions publiques. Lesdits receveurs poursuivront aussi en toute diligence la rentrée des annuités échues des biens nationaux vendus; les corps administratifs feront incessamment procéder à l'adjudication de ceux qui restent à vendre, et tous rendront compte, chacun comme concerne, dans le délai de huitaine, aux commissaires de la Convention, de l'état des choses à cet égard, de tout ce qu'ils ont fait relativement à ces objets et à la régie des biens émigrés.

Art. 16.

« Les corps administratifs et les municipalités feront exécuter promptement, s'ils ne l'ont déjà fait, à peine de responsabilité personnelle, les lois relatives aux marques seigneuriales, notamment celle du 14 août 1792, et ils rendront également compte aux commissaires de ce qu'ils auront fait pour abattre les signes distinctifs des anciens privilégiés de leur territoire.

Art. 17.

« Les commissaires de la Convention nationale, instruits que quelques particuliers du département de la Lozère, dans la vue de faire hausser le prix des denrées et d'opérer la disette dans leurs pays, ont enfermé leurs grains de deux années, arrêtent et ordonnent que les individus dudit département, qui auront dans leurs maisons, ou à leur disposition, des grains au delà de leur nécessaire, en feront la déclaration dans trois jours, à compter de la publication du présent arrêté, au directoire de leur district, qui leur enjoindra de porter au marché leur superflu, et le vendre au prix courant. Ceux qui seront convaincus d'avoir fait des fausses déclarations, ou qui n'en auront fait aucune, seront punis par la voie de la police correctionnelle, et en outre les denrées qui seront trouvées lors des visites que les corps administratifs pourront réitérer

autant qu'ils le jugeront à propos, seront confisquées au profit des pauvres du district où la découverte aura été faite. Chaque contrevenant sera, de plus, condamné à une amende égale à la valeur de l'objet confisqué, et la moitié de cette amende appartiendra au dénonciateur, l'autre moitié sera distribuée aux pauvres du district.

« Chaque directoire du district fournira de suite aux commissaires de la Convention l'état des subsistances et les éclaircissements nécessaires sur les causes de la disette fictive et de la non-circulation des grains dans chaque district, conformément à la loi du 10 mars dernier.

Art. 18.

« Il est enjoint aux officiers de police de faire arrêter et punir, selon la rigueur de la loi du 22 décembre 1792, tous ceux qui, par quelque moyen que ce soit, chercheraient à discréditer les assignats et à faire augmenter le prix des denrées.

Art. 19.

« Les commissaires de la Convention nationale recommandent, au nom de la République, de l'intérêt national et du salut public, l'exécution du présent arrêté, à la surveillance des corps administratifs, tribunaux, municipalités, juges de paix, sociétés populaires et tous les amis de la liberté : ils les invitent à soigner la conduite de toutes les personnes suspectes, à dénoncer et poursuivre rigoureusement les perturbateurs de l'ordre et tous ceux qui, par quelque voie que ce soit, tenteraient d'opérer des troubles ou des révoltes dans l'intérieur, pour favoriser les projets et les attaques des ennemis du dehors.

Art. 20.

« Le présent arrêté sera imprimé et envoyé aux corps administratifs, à leurs commissaires, aux receveurs des districts et aux municipalités où il sera affiché, lu et publié avec toute la solennité possible ; il en sera adressé des extraits à la Convention nationale, au ministre de la guerre et aux agents de ce dernier dans les départements de l'Ardèche et de la Lozère. Les procureurs généraux syndics de ces départements certifieront aux commissaires de la Convention, dans le délai de huitaine, la publication du présent arrêté.

« *Les commissaires de la Convention nationale,*

« *Signé :* GLEIZAL, SERVIÈRE. »

(La Convention renvoie ces deux pièces au comité de sûreté générale.)

23° *Lettre des citoyens Du Bois Du Bais et Briez, commissaires de la Convention à Valenciennes,* par laquelle ils font connaître la réponse du général Chancel au général autrichien et annoncent que le 5e bataillon des volontaires de Saône-et-Loire a désapprouvé une adresse envoyée par 26 d'entre eux au général Dumouriez : elle est ainsi conçue (1) :

_____

(1) *Bulletin de la Convention* du 13 avril 1793.

« Valenciennes, 11 avril 1793.

« Nous informons la Convention nationale que l'ennemi fait des mouvements sur Condé : il commença à se montrer hier sur plusieurs colonnes, et parut se disposer à établir des batteries. La place l'a canonné toute la journée. Toute la nuit il a allumé beaucoup de feux. On ne sait encore si son attaque est feinte ou véritable ; mais dans ce moment la communication entre cette place et Valenciennes est interceptée.

« Nous recevons à l'instant des lettres des citoyens le général chef de brigade Chancel, et le commandant temporaire Langlois, qui nous annoncent les bonnes dispositions de la garnison et la résolution où sont les braves soldats qui la composent pour se défendre en vrais républicains. (Applaudissements.)

« Le général autrichien a renvoyé un parlementaire au général chef de brigade, Chancel, par lequel il lui a fait dire verbalement que l'empereur était disposé à bien traiter tous ceux qui voudraient reconnaître l'ancienne Constitution française; il lui a répondu, aussi verbalement, que lui et sa brave garnison resteraient invariablement fidèles à la République, et qu'ils sauraient se défendre et mourir même, s'il fallait, en républicains.

« Le bon esprit se rétablit sensiblement dans nos troupes, et quand elles seront entièrement détrompées sur le compte de Dumouriez, qui leur avait promis monts et merveilles ; quand elles seront bien convaincues que l'appas trompeur et perfide de cette Constitution qu'on leur offre, n'est qu'une ruse de tyran pour les séduire et remettre la nation sous le joug du plus odieux despotisme, alors leur erreur se changera en une profonde indignation, leur courage se relèvera et nos revers se changeront en victoires.

« Nos collègues Bellegarde, Lequinio et Cochon viennent de nous quitter pour se rendre à la Convention, ce qui nous oblige, vu l'approche de l'ennemi, de ne pas désemparer de Valenciennes, et de nous tenir à portée du camp de Denain; il serait cependant nécessaire, d'après les rapports que nous recevons, qu'il y eût des députés de la Convention nationale à Maubeuge pour ranimer, dans la garnison de cette ville et les troupes du camp, l'esprit public et achever de les déroyaliser; nous croyons donc, citoyens nos collègues, qu'il est urgent que vous y fassiez passer deux députés; ils auront dans leur arrondissement la ville et le camp de Maubeuge, et les villes d'Avesnes, de Landrecies, de Philippeville et de Givet. Le nôtre sera formé de la ville de Valenciennes et du camp de Denain, des villes de Condé, Dusquesnoy, de Bouchain et de Cambrai : les quatre autres députés auront les autres villes et camp jusqu'à Dunkerque inclusivement.

« Nous ne négligerons pas, citoyens nos collègues, de vous instruire des mouvements ultérieurs de l'ennemi et des opérations de notre armée. Nous adressons ci-joint à la Convention nationale un exemplaire de l'improbation du 5e bataillon des volontaires nationaux du département de Saône-et-Loire, de l'adresse des 26 individus de leur bataillon au traître Dumouriez ; il abjure hautement leur égarement et leur perfidie ; il nous donne l'assurance

la plus positive de son attachement à la République, et de la fidélité au serment qu'il a fait de le maintenir ou de mourir en le défendant ; il doit nous dénoncer nominativement les signataires et en demander justice ; nous croyons que ce bataillon mérite la mention honorable de l'indignation qu'il a témoignée de la conduite lâche de 26 signataires, avec l'envoi de l'extrait du procès-verbal.

« Nous croyons aussi, citoyens nos collègues, devoir vous adresser copie de la lettre que nous venons d'écrire au citoyen général, chef de brigade, Chancel, commandant la place de Condé, en réponse à la sienne et à celle du commandant temporaire. Sur les avis qu'ils nous ont donnés de l'approche de l'ennemi et de ses desseins contre cette place, ainsi que des bonnes dispositions de la garnison pour la défendre, nous n'avons pu faire parvenir ces lettres à la Convention, parce que nous avons été obligés de les rendre sur-le-champ au citoyen général d'armée Dampierre, afin qu'il règle en conséquence ses dispositions. »

« Les commissaires de la Convention nationale à Valenciennes.

« Signés : DU BOIS DU BAIS et BRIEZ. »

Suit le texte des pièces mentionnées dans la lettre desdits commissaires :

I

Adresse de 26 volontaires du 5e bataillon de Saône-et-Loire au général Dumouriez (1).

Au citoyen général Dumouriez, chef des armées françaises.

« Citoyen,

« Le 5e bataillon des volontaires nationaux du département de Saône-et-Loire, 9e de la réserve, s'empresse de vous témoigner sa douleur sur les soupçons qui vous environnent, et les maux dont les ennemis désireraient vous envelopper ; il n'est pas un officier, un seul volontaire, qui n'ait gémi à cette nouvelle, et dont le cœur n'en soit sincèrement navré ; bientôt assurément l'armée vous confirmera son affliction générale.

« Les méchants qui vous persécutent sont vos ennemis sans doute, et ce sont vos vertus qui vous les attirent, mais ils sont bien plus encore les nôtres, et nous les détestons sans les craindre.

« Toujours ces méchants ont fait le mal; aujourd'hui ils veulent le porter à son comble ; nous les bravons ; c'est en désorganisant la force armée pour s'en créer une à leur gré, servir par ce moyen leurs passions, bouleverser l'ordre social, et s'emparer ensuite de tous les pouvoirs.

« O insensé ! quel que soit ton nombre, songe que le sort qui t'est préparé et va bientôt t'atteindre, est celui que la société fait subir aux scélérats; songe aussi et songe-le bien, que les vertus des hommes que tu ne cesses de calomnier et persécuter, prévaudront sur les vices, et que quels que soient tes projets destructeurs, tes pièges et tes intrigues, tout absolument sera anéanti.

« Ah général ! Si vous doutez de la confiance

(1) *Bulletin de la Convention* du 13 avril 1793.

de vos soldats, vous ne pensez donc plus qu'ils ont été et sont les témoins journellement de vos valeureuses actions, que toujours vos vertus leur ont servi de guides, et qu'ils sont convaincus que sans votre prudence, votre sagesse et vos lumières, ils ne seraient plus ; déjà ne voyez-vous pas la désolation que votre doute cause à ces braves militaires ; n'entendez-vous pas aussi leurs cris de douleur qui precent de toute part, pour vous conjurer de ne pas les abandonner ! Vous vous êtes dit leur père, ils se rappellent de cette expression de tendresse qui tant de fois les a soulagés dans leurs peines ; ils se sont dit vos enfants, auriez-vous la force de les quitter, et une telle idée ne déchire-t-elle pas d'avance vos entrailles ? Hélas, général, épargnez de tristes victimes, sauvez l'armée, sauvez encore votre patrie ! C'est au nom de cette mère commune, au nom des bons citoyens, que nous vous en conjurons ; la victoire a marché à votre voix, elle vous suivra partout, notre obéissance et notre confiance vous en sont de sûrs garants. Vos collègues et ceux qui partagent vos travaux, ont bien mérité, et ils ont comme vous, à juste titre, notre confiance intime, c'est du moins là une faible reconnaissance. Nous pleurons aussi l'arrestation du brave d'Harville, et nous regrettons que tous nos pouvoirs se bornent à cela.

« Tels sont, général, nos sentiments ; nous y ajouterons l'inviolabilité de nos serments, daignez en croire la sincérité.

« *Signé :* CHAPIEUX, *premier lieutenant-colonel, commandant le bataillon ;* LELONG, *adjudant-major.* »

(*Suivent les signatures des autres officiers, sous-officiers et volontaires dudit bataillon, au nombre de 26.*)

Improbation de l'adresse ci-dessus par les volontaires du 5ᵉ bataillon de Saône-et-Loire (1).

« *Au citoyen général en chef de l'armée du centre, Dampierre.*

« Le 9ᵉ bataillon de la réserve étant indigné de l'adresse présentée le 2 de ce mois par leur commandant, Chapieux, au ci-devant général Dumouriez, qui ne leur a été nullement communiquée, et qui a été imprimée, lue et affichée par les ordres du ci-devant général, dont nos camarades frères d'armes, composant l'armée du traître général, ont connaissance, et pour laquelle adresse ils ont cru qu'elle était individuellement signée de nous tous. Comme nous sommes Français et soldats de la République, nous espérons, citoyen général, que vous voudrez bien faire connaître, par un imprimé à l'armée, à nos frères, nos sentiments patriotiques au sujet de notre patrie, et que le vœu général du bataillon est de nous demander qu'il nous soit accordé le droit de destituer un lâche commandant, que par ses liaisons avec un ennemi de la République, nous trouvons incapable de nous commander.

« Tel est le vœu général dudit bataillon, qui regrette le crime d'un traître commandant, et qui vous prie d'assurer la République que nous

soutiendrons nos premiers serments jusqu'à la dernière goutte de notre sang.

« Fait sous les glacis de Valenciennes, le 6 avril, l'an II de la République française.

« *Suivent les signatures :* CANNON, *fourrier ;* JURGENT, *sergent-major des grenadiers ;* BÉCHEZ, *sous-lieutenant de grenadiers ;* PONSART, CARTIER, *grenadiers ;* HENON, *sergent ;* SOUCHARD, *caporal ;* MAREINGE, PETEL, *capitaine de la 2ᵉ compagnie ;* BARAUX, BROCHETON, *grenadiers ;* CROURAZ, J. L'ENFANT, *volontaires ;* SERVANT, *capitaine ;* HILAIRE, *sergent des grenadiers ;* LELONG, *adjudant-major ;* DESVIGNE, *lieutenant ;* MADIN, C. BONIN, *sous-lieutenants ;* LECLERCQ, *capitaine :* BOUY, J.-B. BERTIER, NIVET, *lieutenants ;* FOSSE, *sergent :* PAILLARD, *sergent-major ;* GOSELIN, *sergent-major ;* TAURET, *caporal ;* MARTIN, MODESTE, JOLY, Jules GILLOT, COLLIN, *lieutenants ;* GRILLE, *sergent-major ;* Antoine CHASSENOT, *sergents ;* Charles MÉRAS : MASCELLIER, *caporal ;* NÉZERAT, *caporal.*

« *Suivent les noms des trois députés dudit bataillon :* Etienne BECHEZ, BONIN, *sous-lieutenant ;* et CARTIER, *grenadiers* ».

III

Lettre des citoyens Du Bois Du Bois et Briez, députés par la Convention nationale à Valenciennes, au général de brigade Chancel, à Condé (1).

« Nous recevons à l'instant, citoyen général, la lettre que vous adressiez à nos collègues Bellegarde. Lequinio et Cochon, qui viennent de nous quitter pour se rendre à Bouchain auprès du général en chef de l'armée ; nous leur faisons passer sur-le-champ votre lettre et celle du citoyen Langlois, commandant de la place, et le général Ferrand en écrit aussi une au général Dampierre. Nous voyons avec un extrême plaisir les bonnes dispositions que vous avez faites, et le courage qui vous anime et partage la brave garnison de Condé ; tous ses frères d'armes de l'armée sont prêts à voler à son secours : nous vous adressons une quantité d'exemplaires de la proclamation de la Convention nationale, qui ne contribuera pas peu à maintenir le courage et à réchauffer de plus en plus le zèle des braves défenseurs de la patrie ; assurez-les qu'ils peuvent entièrement compter sur la reconnaissance de la nation et de ses représentants. La garnison de Condé est appelée aux plus hautes destinées ; c'est à elle qu'il est réservé de réparer tous les malheurs occasionnés par l'infâme trahison du scélérat Dumouriez ; elle le fera en opposant une résistance ferme et vigoureuse ; son courage anéantira des ennemis qui n'ont follement calculé leurs succès qu'en fomentant une division funeste dans les esprits. Cette lâche ressource prouve évidemment leur insuffisance pour combattre les ennemis de la liberté et de l'égalité ; mais nos braves soldats se souviendront qu'ils sont Français et républicains, et qu'ils ne doivent pas être plus longtemps vaincus par les vils satellites des despotes ; ils vou-

---

(1) *Bulletin de a Convention* du 13 avril 1793.

(1) *Bulletin de la Convention* du 13 avril 1793.

dront, sans doute, imiter leurs frères des armées du Rhin, de Nice et des Pyrénées, partout victorieuses. La dernière vient de battre les Espagnols, et ils seront jaloux d'attacher au nom français la même gloire et les mêmes succès.

« Nous avons tous juré de vivre libres ou de mourir ».

« *Signé* : Du Bois Du Bais et Briez,

« *Commissaires de la Convention nationale à Valenciennes* ».

Génissieu (1). Je propose à la Convention de décréter qu'elle est satisfaite de la conduite du général en chef de brigade Chancel, et des braves militaires qu'il commande, et qu'extrait du procès-verbal sera envoyé à la brigade.

(La Convention adopte la proposition de Génissieu.

Gélin (2). J'observe à la Convention que par la même lettre les commissaires annoncent que le 5e bataillon des volontaires nationaux du département de Saône-et-Loire a improvisé l'adresse faite au traître Dumouriez par 26 individus de ce bataillon et réitère son attachement à la République : je propose qu'il en soit également décrété mention honorable et qu'extrait du procès-verbal en soit envoyé au bataillon (*Applaudissements*.) (3).

_____

(1) *Moniteur universel*, 1er semestre de 1793, page 473, 2e colonne.
(2) *Ibdem*.
(3) Nous donnons en note l'appel fait par Gélin et ses collègues, représentants du département de Saône-et-Loire, aux soldats volontaires du 5e bataillon pour flétrir la conduite des 26 citoyens restés fidèles à Dumouriez et encourager les autres à rentrer dans le devoir. La minute originale de ce document se trouve aux Archives nationales, sous la cote : Carton Cii, 252, chemise 444, pièce n° 21; elle est ainsi conçue :

« Soldats citoyens,

« Le traître Dumouriez vous a trompé. Dans votre aveuglement, vous avez juré de suivre sa bannière et de tourner contre la patrie le fer qu'elle a mis dans vos mains pour la défendre. Quoi! vous qui avez marché aux cris de la République, vous pourriez suivre celui qui s'annonce avec l'audacieux dessein de rétablir la royauté; vous oseriez combattre vos pères, vos femmes, vos enfants, qui tous portent dans leur cœur l'amour de la liberté et la haine des rois! avez-vous bien pensé que c'est un lâche abandon de vos devoirs les plus chers, de vos serments les plus sacrés? Est-ce là l'exemple que vous reçûtes de vos frères du 2e bataillon, lorsque sous les murs de Sedan, ils repoussèrent avec mépris Lafayette et coururent presque seuls, et sans autre guide que la liberté, défendre à la côte de Biesme l'honneur et la gloire du peuple français! Tous les volontaires de Saône-et-Loire, généreux compagnons de nos travaux révolutionnaires, n'ont cessé d'attaquer et de frapper la tyrannie partout où elle a osé s'opposer aux élans du patriotisme et vous, enfants dégénérés, vous n'arrivez aux champs du combat que pour vous signaler par les accents de la servitude.

« Si l'affection de vos familles vous touche encore, si la gloire vous est chère, hâtez-vous de répondre à la voix de la nature, à celle de la patrie qui vous rappelle à la dignité d'hommes libres. Lavez dans le sang du traître, l'opprobre dont il a voulu vous couvrir, et s'il échappe à votre vaillance, que votre bras ne se repose qu'avec l'extinction totale de la tyrannie.

« A ce prix, et à ce prix seul, la patrie peut encore vous compter au nombre de ses enfants.

« Les *députés du département de Saône-et-Loire*.

« *Signé* : Gélin, Masuyer, Guillermin, Guillemardet, Moreau, Mailly, Montgilbert, Bertucat; M.-A. Baudot. »

Quant à Chapieux, premier lieutenant-colonel commandant ce régiment et l'un des 26 signataires de ladite adresse, je demande qu'il soit arrêté et traduit devant le tribunal révolutionnaire.

(La Convention adopte ces nouvelles propositions.)

Suit le texte définitif du décret rendu (1) :

« La Convention, sur la motion d'un membre, décrète qu'elle est satisfaite de la conduite du général chef de brigade Chancel et des braves militaires qu'il commande, et qu'extrait du procès-verbal sera envoyé à la brigade.

« Sur la motion d'un autre membre, qui observe que par la même lettre les commissaires annoncent que le 5e bataillon des volontaires nationaux du département de Saône-et-Loire a improvisé l'adresse faite au traître Dumouriez par 26 individus de ce bataillon et réitère son attachement à la République; lecture faite de cette improbation, datée du 6 avril, la Convention en décrète la mention honorable et l'insertion au *Bulletin*, et ordonne qu'extrait du procès-verbal sera envoyé au bataillon.

« Lecture faite de l'adresse susdite au ci-devant général Dumouriez, la Convention décrète que Chapieux, premier lieutenant-colonel commandant le 5e bataillon des volontaires de Saône-et-Loire, et l'un des 26 signataires de ladite adresse, sera arrêté et traduit devant le tribunal révolutionnaire, pour être poursuivi et jugé suivant les formes de la loi. »

Sergent, *inspecteur de la salle* (2), annonce que des malveillants ont brisé, la nuit précédente, quelques-uns des chefs-d'œuvre de sculpture placés dans le jardin des Tuileries; il propose à la Convention d'autoriser le ministre de l'intérieur à faire faire des patrouilles fréquentes dans ce jardin et de prononcer la peine de deux années de fers contre ceux qui se rendront coupables de semblables délits.

(La Convention adopte les propositions de Sergent.)

Suit le texte définitif du décret rendu (3) :

« L'Assemblée décrète que ceux qui seront convaincus d'avoir mutilé ou cassé les chefs-d'œuvre de sculpture dans le jardin des Tuileries et autres lieux publics appartenant à la République, seront punis de deux années de détention.

« Charge le ministre de l'intérieur de faire faire, dans le jardin des Tuileries, des patrouilles le soir, pour la conservation de ses monuments. »

Garran-Coulon, *secrétaire*, donne lecture du *procès-verbal de la séance du mardi 9 avril 1793, au matin* (4).

(La Convention en adopte la rédaction.)

_____

(1) *Collection Baudouin*, tome 28, p. 81, et P. V., tome 9, page 241.
(2) *Moniteur universel*, 1er semestre de 1793, page 473, 2e colonne.
(3) *Collection Baudouin*, tome 28, page 79 et P. V., tome 9, page 243.
(4) *Mercure universel*, tome 26, page 217.

Boyer-Fonfrède, *secrétaire*, donne lecture du procès-verbal de la séance du mercredi, 10 avril 1793 (1)

(La Convention en adopte la rédaction.)

Pétion (2). Citoyens, il faut autant de courage pour défendre l'innocence que l'on en a pour accuser les traîtres ou les conspirateurs. Hier, on a surpris un décret à la Convention, sur un exposé inexact et contre une loi précise; hier, vous avez renvoyé un homme qui était l'ennemi de Dumouriez, avec les complices de ce traître. Vous avez décrété que Miranda serait traduit devant le tribunal révolutionnaire sans l'avoir entendu, sans avoir examiné sa conduite et si les faits articulés contre lui étaient vrais. J'ignore s'il est coupable, j'avance même que, s'il l'est, je serai un des premiers à voter contre lui d'une manière plus sévère que tout autre, parce qu'il était un de mes amis; mais je dois lui rendre témoignage; je n'ai pas connu d'homme d'un patriotisme plus pur, j'ai connu ses principes, ils étaient ceux d'un vrai républicain; il n'a pris de place que lorsque la patrie a été en danger; il a rendu de grands services dans la Champagne; tous les commissaires qui ont eu occasion de le voir, en ont dit beaucoup de bien. Qu'a-t-on fait? Parce que Dumouriez l'a poursuivi, parce que Dumouriez l'a dénoncé, parce qu'il l'a livré, sans l'écouter, sans même lire le compte qu'il a livré à ses concitoyens, on vient vous dire : Il faut le renvoyer au tribunal révolutionnaire. Cependant, quel est le décret que vous avez rendu? Vous avez décrété que ni les ministres, ni les généraux, ni les membres de la Convention ne pourraient être renvoyés devant un tribunal sans un décret d'accusation.

Je demande, citoyens, l'exécution de la loi; je demande que Miranda ne soit pas confondu avec Steingel et avec Lanoue. On vous a fait l'exposé le plus faux, on vous a dit que Miranda était le chef de l'armée, tandis qu'il ne commandait que sous Valence.

Il faut que le comité de la guerre examine le bien fondé de toutes ces assertions. Je ne demande pas pour cela que Miranda soit soustrait à l'examen que vous devez faire de sa conduite, mais je demande qu'en rapportant le décret le comité militaire ait à s'expliquer et qu'enfin la Convention juge en connaissance de cause.

Qu'on ne me dise pas ce que plus d'une fois on a osé dire : C'est un général, donc il est coupable. Je dis, moi : C'est un général, donc il faut examiner. Je demande la suspension du décret rendu contre lui, jusqu'à ce que le comité ait fait son rapport.

Bentabole. Citoyens, il me semble que la proposition du préopinant tendrait à rapporter le décret par lequel l'Assemblée a renvoyé collectivement au tribunal révolutionnaire le général Miranda avec trois autres généraux, inculpés dans une conspiration qui paraît s'étendre sur tous les chefs de l'état-major de Dumouriez. On oppose qu'on n'a pas fait de rapport, que le comité n'a pas été entendu; mais la notoriété publique n'a-t-elle pas convaincu votre sagesse? (*Murmures.*) Il ne faut pas faire de distinction entre les généraux. (*Nouveaux murmures.*) J'observe que le motif qui a déterminé la Convention à renvoyer Miranda au tribunal révolutionnaire, a été que la conspiration avait été ourdie presque par les conspira..; que l'instruction, qui avait tous les chefs avait un rapport direct rapport à l'un conséquent c'était avec l'autre; que parce que les généraux au tribunal qui allait entendre le Steingel, Lanoue et Miaczin..ous à craindre général Miranda. Qu'avez-vous coupable... d'ailleurs? Si Miranda n'est pas quittera. Ce tribunal révolutionnaire l'acquittera les pas un tribunal de sang; il sente à la justice. Vous porteriez atteinte tous vos principes et à la confiance que le peuple a dans vos décrets si, après avoir renvoyé hier ce général devant le tribunal révolutionnaire, vous reveniez aujourd'hui sur votre décision avant que le tribunal ait prononcé. Je demande le maintien du décret.

Lehardy (*Morbihan*). Les généraux Lanoue et Steingel vous ont dit dans leur interrogatoire, qu'ils n'avaient fait qu'obéir aux ordres qui leur avaient été donnés par les généraux en chef; et sur une erreur de mot, un membre a dit : C'est Miranda; donc il faut le mettre en état d'arrestation. Citoyens, si l'on eût voulu m'écouter hier, j'aurais donné tous les développements et les éclaircissements nécessaires. J'estime que ce n'est pas sur de simples observations, sur des inculpations hasardées d'un individu, sans connaissance, qu'on peut juger pour ou contre. J'appuie la proposition de Pétion, je demande le renvoi de cette affaire à un comité pour que la Convention puisse fixer son jugement à cet égard.

Méaulle. Citoyens, vous avez dans votre distribution d'aujourd'hui l'interrogatoire de Lanoue. Prenez-le, et vous verrez que la première question qu'on lui a faite est celle-ci : *Par quels ordres êtes-vous allé à tel endroit?* Il a répondu : *Par ordre du général Miranda. Cet ordre m'a été donné le 16 et je l'ai exécuté le 18.* — Il est dit dans une nouvelle question : *N'avez-vous pas trouvé que les postes étaient trop éloignés l'un de l'autre; qu'ils occupaient une trop grande étendue de terrain?* Lanoue répond : *Je l'ai trouvé, en effet, et je l'ai écrit au général Miranda, je lui ai demandé un renfort de troupes et d'artillerie; j'ai encore copie de la lettre dans mes papiers.*

Je vous demande, après cela, si dans la trahison qui a eu lieu au siège de Maëstricht, Miranda ne s'y trouve pas compromis? Si Miranda a des faits explicatifs, il fera valoir sa justification devant le tribunal. Je soutiens que devant les charges qui se présentent contre lui, il est impossible que vous ne le décrétiez pas d'accusation. (*Murmures à droite et au centre.*)

Quant aux principes, je déclare que Pétion

---

(1) *Mercure universel*, tome 26, page 218.

(2) La discussion sur le rapport du décret rendu la veille contre Miranda est empruntée plus particulièrement au *Logotachigraphe*, n° 106, page 370 et suivante. Après ce journal, le *Mercure universel*, tome 28, page 218 et le *Journal des Débats et des décrets*, n° 209, page 231, nous ont encore fourni quelques détails. Le *Moniteur universel*, 1er semestre, page 473, 2e colonne, est fort peu complet, il se borne à indiquer la demande de Pétion et l'intervention de Bentabole. Les autres journaux ne mentionnent que le fait sans développements.

a fait erreur. Il n'est pas besoin d'un décret d'accusation contre les ministres et les généraux, mais seulement contre les représentants du peuple.

Aubry. Je demande la parole.

Un membre (sur la Montagne) : On veut sauver les traîtres ! (*Applaudissements des tribunes.*)

Aubry. C'est au nom des membres du comité de la guerre présents à l'interrogatoire de Miranda que je viens ici vous faire connaître la vérité pour que vous puissiez fixer votre opinion. Certes, je répondrai en leur nom que ce ne sont pas des coupables qu'on veut sauver, mais qu'on ne doit pas être des assassins. Il est bien étonnant de voir conclure par un membre que Miranda est coupable, parce qu'il a ordonné aux généraux Lanoue et Steingel d'aller prendre un poste ! Avez-vous donc oublié que le général Lanoue n'a commandé que dix jours et que pendant ce temps, Valence, qui était alors absent, est venu reprendre le commandement en chef? C'est de Valence que ressortait directement Miranda; il n'était que le second. Vous verrez le fait attesté par les pièces qui sont au comité de la guerre.

Vous avez entendu hier le sévère Lecointre, qui certainement ne cherche point à sauver les coupables, vous dire que d'après l'interrogatoire et l'examen des pièces justificatives, il ne croyait pas en son âme et conscience que Miranda fût coupable. C'est le témoignage unanime des membres du comité qui ont assisté à cet interrogatoire qui a duré près de trois nuits.

Un préopinant vous a dit que la notoriété publique prouvait contre ces généraux. Certes, je ne comprends pas ce que signifient ces mots « *d'opinion publique et de notoriété publique* » dont on vient sans cesse vous faire un intermédiaire continuel entre le peuple et vous. Je regarde ces mots, non comme une perfidie, mais comme une erreur condamnable, qui doit être bannie de cette enceinte, parce que l'opinion publique est formée non par les tribunes, non par les crieurs qui nous environnent ici et qui sont payés par le cabinet de Saint-James (*Murmures prolongés sur la Montagne.*) mais par la très grande majorité des citoyens français. (*Nouvelles interruptions sur les mêmes bancs.*)

Président, j'attendrai le silence, car, dans ce moment, je dirai mon opinion avec une fermeté qui fera trembler les factieux.

Comment sans décret d'accusation, sans lecture de pièces, peut-on se permettre de renvoyer un prévenu devant le tribunal révolutionnaire? Rappelez-vous ces paroles de Miranda répondant à Dumouriez qui lui demandait : « Est-ce que vous m'arrêteriez? » « Oui, je vous arrêterai, s'il y avait contre vous un décret de la Convention. »

De telles paroles ne sont pas d'un traître : en mon âme et conscience, je crois Miranda innocent, et je demande, avec Pétion, le rapport du décret ou du moins sa suspension jusqu'à ce que l'Assemblée ait entendu la lecture du rapport qui lui sera faite dans cette séance par le comité de la guerre.

Poultier. J'annonce à la Convention que je connais un témoin oculaire des opérations de Miranda qui se porte son accusateur. Je demande qu'il soit entendu par le comité de sûreté générale.

Plusieurs membres : Pourquoi pas au comité de la guerre ?

Poultier. Non, car je m'aperçois que Miranda a des avocats dans ce comité. (*Murmures à droite et au centre. Applaudissements sur la Montagne et dans les tribunes.*)

Aubry. Je ne sais pas pourquoi l'on accuse ainsi le comité de la guerre, car on verra par l'interrogatoire qu'on ne pouvait pas prendre plus de précautions pour découvrir la vérité.

Féraud demande à Bentabole ce qu'il entend par la *notoriété publique* pour accuser un général. Pour moi, dit-il, je ne connais que l'exacte justice ; je ne veux prononcer sur ces généraux qu'après avoir entendu leur interrogatoire ; je demande qu'on en fasse lecture.

Albitte *l'aîné.* Quand des corps militaires ont été accusés par des généraux vous les avez renvoyés devant des cours martiales sans les faire interroger ; pourquoi vous faudrait-il un interrogatoire pour livrer au tribunal des généraux que des faits publics, que toute l'armée, que la France entière accusent? Dans un pays où la justice est bien rendue, il ne faut point d'exception. C'est sur les dépositions, c'est sur les faits seulement que l'on peut voir si un prévenu peut être mis en état d'arrestation ou en état d'accusation. Je demande le maintien du décret.

Chambon. Miranda fut arrêté par ordre de Dumouriez : cela prouve qu'il n'était pas son complice. On ne fait pas arrêter celui qui entre dans les projets qu'on peut avoir combinés. Or, quand on vous dit que le tribunal révolutionnaire examinera pour rassurer l'innocence, on parle contre sa conscience, car on sait bien que ce tribunal ne procède point par des formes légales, mais selon les dangers de la patrie. Je demande la lecture de l'interrogatoire de Miranda.

Plusieurs membres : Aux voix, aux voix ; nous demandons la suspension du décret !

D'autres membres : Non, non, l'ordre du jour !

(La Convention rejette la proposition de passer à l'ordre du jour.)

Panis. Pour l'honneur de la Convention je demande l'ordre du jour. (*Les tribunes applaudissent et s'écrient : Oui! oui! oui!*)

David, Maure, Armonville, Dumont, Fabre d'Eglantine et *plusieurs autres membres courent au bureau pour signer l'appel nominal.*

Le Président. C'est inutile, tout le monde est d'accord.

Boyer-Fonfrède, *secrétaire,* monte à la tribune pour procéder à cet appel.

Barbaroux. Je désire, autant qu'aucun de vous, que l'appel nominal ait lieu, et même séance tenante, sur la question de savoir si le décret qui renvoie Miranda devant le tribunal révolutionnaire sera momentanément suspendu, mais je demande auparavant que vous suspendiez cet appel nominal pour une heure seulement, pendant laquelle nous nous occuperons d'objets d'intérêt public, et pendant laquelle le comité de législation préparera le rapport que vous lui avez ordonné de faire sur les exceptions à la loi qui investit l'accusateur public du droit terrible d'accuser tous les citoyens... (Vives interruptions sur la Montagne.)

Plusieurs membres : Non! non! avant tout l'appel nominal!

Chambon. Citoyens, je vous demande de ne pas perdre de vue cette grande vérité, qu'avant tout un tribunal révolutionnaire n'est nécessaire que dans ces moments malheureux où la patrie est en danger; car vous n'ignorez pas combien ce tribunal peut être dangereux entre les mains de ceux qui veulent s'emparer de l'autorité. Prenez donc bien garde de ne pas confondre les délits particuliers avec les trahisons qui intéressent la sûreté générale. Dans votre sagesse vous avez pris une grande mesure; d'un côté, pour observer la justice et pour l'assurer; de l'autre, afin que les conspirateurs soient punis. Vous avez résolu de vous réserver le droit d'examiner vous-mêmes les délits de ceux qui pourraient être regardés comme conspirateurs, et de renvoyer à vos comités pour vous faire un rapport à l'effet de savoir s'ils devaient, ou ou non, être renvoyés au tribunal révolutionnaire...

Boutabole. Mais là n'est pas la question. Président, Chambon discute à la tribune un projet qui n'est pas à l'ordre du jour. Je demande qu'on lui retire la parole et qu'on procède de suite à l'appel nominal.

Un grand nombre de membres : Oui! oui! l'appel nominal!

Mathieu. C'est faute de s'entendre que l'Assemblée va s'engager dans les lenteurs pénibles et fatigantes d'un appel nominal sur une question qu'il n'est pourtant pas difficile de résoudre, car j'estime qu'il n'est pas un membre de cette Assemblée, qui ne soit convaincu que Miranda doit être renvoyé au tribunal révolutionnaire. Je crois qu'il me suffira de vous présenter en très peu de mots, l'ensemble des événements au milieu desquels nous sommes en ce moment, pour montrer au plus aveugle et au plus confiant d'entre vous le développement patent, irrécusable de la plus coupable machination qui ait peut-être jamais été tramée contre la République. Je dis qu'il est impossible que l'abandon de la Belgique, l'évacuation précipitée des villes que nous avions prises, le désordre de l'armée, les troubles de la Bretagne et les agitations sourdes de l'intérieur ne soient pas le résultat de la trame la plus infâme comme la plus odieuse, et je crois qu'il n'est pas un seul de nos généraux sur lequel, d'après ce simple exposé des faits, on ne puisse prononcer un décret d'accusation. (Murmures.)

Remarquez bien la chaîne de tous ces événements désastreux, au moment de l'évacuation précipitée de la Belgique, et voyez Custine, celui que nous pouvons peut-être considérer comme le plus républicain et le plus patriote de tous, quitter tout à coup son poste. Par quel concours de circonstances revient-il sur nos frontières, lorsqu'il pouvait nous faire

espérer de conserver pendant six mois la place qu'il avait conquise, lui qui avait des approvisionnements et des munitions considérables, lui qui avait un grand nombre de troupes bien disciplinées et du courage desquelles il n'y avait pas à douter? C'est que tous ces généraux, liés tous ensemble en quelque sorte par une intrigue, obéissent à la même impulsion et concourent tous au même but.

Citoyens, il est heureux que quelques-uns de ces généraux soient entre nos mains; ils pourront seuls nous découvrir ces mystères. C'est notre devoir de les interroger, car il faut enfin que la nation connaisse quels sont les hommes qui l'ont réellement servie et quels sont ceux qui l'ont trahie. Aussi permettez-moi de m'étonner qu'on livre Lanoue et Steingel comme des victimes subalternes et qu'on veuille sauver Miranda parce qu'il a commandé en chef. J'ai vu ici le rapporteur du comité vous présenter leur interrogatoire. Cet interrogatoire vous a paru long, et vous avez très bien senti que ce n'était pas sur la défense d'un simple récusé que l'on pouvait prononcer. Vous avez senti la nécessité de réunir toutes les preuves. Comment se fait-il qu'ayant prononcé si promptement et d'une manière aussi décidée vous trouviez des lenteurs plus favorables et plus commodes pour le général Miranda que pour ses coaccusés?

Je ne crois pas que l'Assemblée doive laisser peser le moindre doute, le moindre soupçon, sur les dispositions dans lesquelles elle doit être à l'égard des généraux. Il faut punir sévèrement tous ceux qui se sont joués de nos destinées ou qui ont fait plus encore, puisqu'ils ont calomnié le courage des soldats français. On peut leur pardonner tout le reste, mais cette perfidie on ne la leur pardonnera jamais. (Vifs applaudissements.)

(La Convention passe à l'ordre du jour sur toutes ces propositions.)

Sergent [1]. Il y a beaucoup de soldats qui pourraient déposer contre les généraux Steingel et Lanoue. Je demande que les comités de législation et de la guerre nous présentent un projet de décret sur le mode de recevoir ces dépositions.

Mühl. Non, car votre comité militaire, à qui je voulais faire interroger Steingel et Miranda sur ce fait : *qu'ils avaient joué au vingt-et-un chez Mme La Vallière, à Aix-la-Chapelle, et qu'ils avaient dit qu'ils faisaient la guerre à contre-cœur,* m'a répondu que cette question ne méritait pas la peine d'être traité.

La Convention, après quelques débats, adopte la rédaction suivante présentée par Génissieu [2];

« La Convention nationale charge ses comités de législation et de la guerre, réunis, de lui présenter demain un projet de décret sur le mode : 1° de reconnaître les témoins militaires qui seront dans le cas de déposer contre les ministres ou généraux que l'accusateur public auprès du tribunal révolutionnaire sera autorisé à poursuivre; 2° de faire entendre ensuite judiciairement ceux desdits témoins qui, par leurs déclarations préliminaires, auront été reconnus, par le tribunal ou par l'accusateur public, propres à établir la conviction ou la justification. »

Un membre (1) : Citoyens, vous apprendrez sans doute avec satisfaction les nouvelles que je reçois à l'instant même du commandant de la place de Fontenay. L'armée des Sables vient de remporter une victoire complète sur les rebelles dans le département de la Vendée. Dans deux combats qui ont eu lieu, les révoltés ont laissé 500 hommes sur la place ; 30 ont été pris les armes à la main ; une correspondance intéressante est entre nos mains. (*Vifs applaudissements.*)

J'observe à l'Assemblée que les commissaires de la Convention dans les départements de la Vendée et des Deux-Sèvres, demandent qu'on leur adjoigne le citoyen Gaudin, au courage et à l'intelligence duquel ils reconnaissent que l'on doit le salut de ce département.

(La Convention décrète que le citoyen Gaudin sera adjoint aux autres commissaires envoyés dans le département de la Vendée.)

Le Président. Je suis saisi à l'instant *d'une* lettre de Marat...

Plusieurs membres : Qu'on la lise ! qu'on la lise !

Boyer-Fonfrède, *secrétaire,* donne lecture de cette lettre ; elle est ainsi conçue (2) :

« *A la Convention nationale de France.*

« Citoyens représentants,

« Il est des faits que l'on ne peut trop souvent remettre sous les yeux du peuple. Or, il est notoire que le traître Dumouriez, qui a levé l'étendard de la révolte contre la nation, et tourné contre elle ses propres forces, pour lui donner un maître et anéantir la liberté, a pour complices, au sein même de la Convention, les meneurs et les suppôts de la faction des hommes d'Etat, qu'il appelle la saine majorité des membres de l'Assemblée nationale. Dans la lettre menaçante qu'il adressa, il y a quelques jours, au Président de la Convention et au ministre de la guerre, — lettre dont on a donné lecture à la tribune, et dont on aurait dû ordonner l'insertion au *Bulletin,* afin que la France pût juger quels sont ses fidèles représentants, — le traître Dumouriez annonce qu'il va marcher sur Paris, pour appuyer, par la force des armes, cette faction scélérate, et pour réduire les patriotes de la Montagne qu'il traite d'anarchistes, et les forcer par la terreur, à n'oser soutenir la cause du peuple.

« Effrayés de voir le traître Dumouriez les déclarer ses protégés et ses complices, à la face de l'univers, ils n'ont plus songé qu'à détourner l'attention publique de dessus leur propre conspiration, malheureusement trop réelle, pour la fixer sur une conjuration imaginaire, qui aurait pour but de mettre Louis-Philippe d'Orléans sur le trône.

« Convaincu que cette fable n'a été inventée

que pour donner le change au public sur les desseins criminels de Dumouriez, des meneurs de la Convention et des puissances ennemies, qui tendent à mettre la couronne sur la tête du fils de Louis Capet, et de constituer régent le ci-devant Monsieur, j'ai cru devoir forcer, dans leurs derniers retranchements, les lâches et hypocrites partisans du royalisme, en proposant, jeudi dernier, comme véritable pierre de touche du civisme des membres de la Convention, de décréter que Louis-Philippe d'Orléans serait traduit devant le tribunal révolutionnaire, et que la tête des Capets émigrés et rebelles serait mise à prix ; mes vues ont été remplies. A la vivacité avec laquelle les patriotes de la Montagne se sont tous prononcés, en demandant qu'on mît à l'instant ces propositions aux voix, et à la violence avec laquelle les hommes d'Etat s'y sont opposés, on a vu clairement de quel côté sont les suppôts des Capets fugitifs et conspirateurs, les partisans de d'Orléans, les amis de la royauté.

« Désespérés et furieux d'avoir été réduits de la sorte à se démasquer eux-mêmes, les meneurs et les suppôts de la faction royaliste se sont flattés de faire tomber mes propositions et d'en imposer au peuple, en me poursuivant comme un écrivain incendiaire. En conséquence, ils se sont attachés à une adresse de la société des Jacobins, présentée à ma dernière comme président, et ils ont demandé un décret d'accusation contre moi, pour avoir signé cet écrit patriotique, qui invite le peuple à prendre les armes pour repousser les armées ennemies et les légions rebelles qui s'avancent pour nous remettre aux fers.

« Pour toute réponse, j'ai continué à dévoiler le charlatanisme des meneurs de la faction, et à les rappeler à la même épreuve ; Danton, qui m'a suivi à la tribune, a développé la nécessité de ces mesures indispensables. Ses propositions contre d'Orléans et les Capets rebelles et conspirateurs, ont été écartées par les hommes d'Etat, qui ont refusé de les adopter, aimant mieux se reconnaître aux yeux de la nation entière, pour de vils suppôts du monarchisme, que de s'exposer aux vengeances du maître qu'ils désirent ; ils se sont donc uniquement attachés à ma poursuite ; et n'osant pas prononcer contre moi un décret d'accusation sans rapport préalable, ils ont décidé que je serais mis en état d'arrestation à l'Abbaye. Hé quoi ! les dilapidateurs Malus et d'Espagnac ont été simplement détenus chez eux ; Sillery lui-même, suspect de connivence avec le traître Dumouriez, gardé à vue ; et moi, le défenseur incorruptible de la liberté, je serais incarcéré par mes féroces ennemis, pour les avoir dénoncés comme machinateurs, et les avoir forcés à s'avouer des traîtres, d'infâmes suppôts de la royauté ! Non, il n'en sera rien. Comme ils mènent aujourd'hui le Sénat ; comme ils ont blessé à mon égard tous les principes de la justice et de la liberté ; comme rien au monde n'a pu les ramener au devoir ; comme ils sont déterminés à consommer la contre-révolution et à rétablir le despotisme ; comme je suis leur accusateur, et qu'ils sont les coupables ; comme ils travaillent à perdre les patriotes énergiques, pour n'être pas perdus eux-mêmes, ils veulent, à quelque prix que ce soit, se débarrasser de moi, dont ils redoutent la surveillance. S'ils réussissaient à consommer à mon égard leurs projets criminels, bientôt ils en viendraient à Robespierre, puis à Danton, puis à tous les députés patriotes qui ont montré du caractère.

« D'accusateur, je ne serai pas seul réduit au rôle d'accusé. Je ne veux point soustraire ma conduite à l'examen de mes juges ; mais je ne m'exposerai pas non plus aux fureurs de mes ennemis. Je ne veux, ni être égorgé par leurs émissaires ni empoisonné dans une prison. Ainsi, tant que Salle, qui a cherché à soulever son département pour attenter à la liberté des commissaires de la Convention, et qui a cherché à avilir la Convention elle-même, en la déclarant du parti d'Orléans ; tant que Barbaroux, qui a donné l'ordre à un bataillon de Marseillais de s'emparer des avenues de la Convention, pour faire passer l'appel au peuple ; tant que Gensonné, qui a entretenu une correspondance suivie avec le traître Dumouriez ; tant que Lasource, parasite de Sillery et auteur de l'évasion de Valence, tant que Brissot, Guadet, Buzot, Vergniaud, etc., qui ont tenu des conciliabules nocturnes avec Dumouriez, et qui le disculpaient encore, il y a quelques jours, au comité de défense générale, n'auront pas été mis en état d'arrestation, je regarderai comme l'effet d'une conjuration liberticide, le décret qui m'ôte la liberté, le décret qui n'a pour but que d'ouvrir les portes de l'Abbaye aux généraux traîtres à la patrie, aux rebelles de la ville d'Orléans qui ont fait massacrer les députés patriotes, et aux machinateurs détenus, dans l'espoir que le peuple s'y porterait pour me mettre en liberté.

« Avant d'appartenir à la Convention j'appartenais à la patrie ; je me dois au peuple dont je suis l'œil (*Applaudissements dans les tribunes*) ; je vais donc me mettre à couvert des attentats des scélérats soudoyés, pour pouvoir continuer à démasquer les traîtres et à déjouer leurs complots, jusqu'à ce que la nation ait connu leurs trames perfides et en ait fait justice.

« Déjà 47 départements ont demandé l'expulsion des députés qui ont voté l'appel au peuple et la détention du tyran ; les autres sont prêts à émettre le même vœu. Un peu de patience encore, et la nation en fera justice. Je ne veux pas que la Convention soit dissoute ; je demande qu'elle soit purgée des traîtres qui s'efforcent de perdre la nation en rétablissant le despotisme.

« *Signé* : MARAT. »
(*Applaudissements sur la Montagne et dans les tribunes.*)

Levasseur (*Meurthe*) se présente à la tribune pour dénoncer Salle.

Un grand nombre de membres : Non, non, l'ordre du jour !

Le Président (1). L'ordre du jour est le rapport du comité de législation sur les délits imputés à Marat. Je vais donner la parole à Delaunay, mais auparavant je vous demande la permission de faire lire une lettre de la Commune de Paris, qui invite la Convention

à la fête donnée par la municipalité en l'honneur des Liégeois.

Roy, d'entrée, *secrétaire,* donne lecture de cette lettre qui est ainsi conçue :

Paris, le 13 avril, l'an II
de la République.

« Citoyen Président,

« Les infortunés Liégeois se sont présentés pour se soustraire à l'esclavage. Ils ont recueilli leurs canons et nous ont demandé les secours de l'hospitalité. La salle de l'égalité leur a été accordée pour y déposer leurs archives.

« La Commune a arrêté de célébrer une fête civique, dimanche prochain 14 avril. Elle m'a chargé d'inviter la Convention à honorer de sa présence cette touchante cérémonie. Je vous prie, citoyen Président, d'être notre organe pour cette proposition.

« *Signé : le maire de Paris,* PACHE. »
(La Convention décrète qu'elle assistera par députation à cette fête civique.)

Delaunay, *le jeune, au nom du comité de législation,* fait un rapport (1) sur les délits imputés à Marat, membre de la Convention nationale ; il s'exprime ainsi (2) :

« Citoyens,

« Vous avez décrété hier que Marat, l'un des membres de la Convention nationale, serait mis en état d'arrestation à l'Abbaye. Vous avez ordonné au comité de législation de vous présenter, dans cette séance, un rapport sur tous les délits imputés à ce représentant du peuple.

« Je viens, organe de ce comité, vous faire le rapport que vous attendez. Depuis longtemps, cette enceinte retentissait des plaintes faites contre Marat. Depuis longtemps, des corps administratifs, des sociétés populaires provoquaient sur lui le glaive de la loi...

Bentabole. Je demande que le rapport ne soit pas fait par les ennemis de Marat.

Delaunay, *le jeune, rapporteur.* Je préviens la Convention que le rapport a été lu en entier au comité, et qu'il l'a approuvé unanimement.

Thirion. Je demande qu'on déclare que Dumouriez a eu raison.

Panis. Je demande qu'on inscrive au procès-verbal toutes les réclamations faites pour ou contre Marat.

Albitte *l'aîné.* Je demande que le rapport soit entendu ; on y verra le nom des traîtres que Marat a dénoncés.

Delaunay, *le jeune, rapporteur, poursuit :* ...lorsqu'une circulaire adressée *au nom de la*

---

(1) *Logotachigraphe,* n° 106, page 373, 2° colonne.

(1) *Bibliothèque nationale,* Le³⁸, n° 1762.
(2) La discussion qu'a provoquée la lecture du rapport de Delaunay et toutes les interruptions survenues au cours de cette lecture, ont été plus particulièrement empruntées au *Logotachigraphe,* n° 106, pages 376 et suiv., au *Moniteur universel,* 2° semestre de 1793, pages 475 et suiv., au *Journal des Débats et des décrets,* n° 209, page 240 et suiv., au *Mercure universel,* tome 26, pages 223 et suiv. Les autres journaux ne nous ont fourni, après eux, que fort peu de détails.

société des Amis de la liberté et de l'égalité de Paris, à leurs frères des départements, signée *Marat*, député, président ; *Dubuisson*, vice-président ; *Jay*, *Duquesnoy*, députés ; *Coindre*, *Deperret*, *Champertois*, *Prieur*, secrétaires, vous a été dénoncée. (*Murmures sur la Montagne.*)

Voulez-vous que je vous en donne lecture ?

Plusieurs membres : Oui ! oui !

Delaunay, *le jeune, rapporteur*. Voici :

CORRESPONDANCE DE LA SOCIÉTÉ.

La société des Amis de la liberté et de l'égalité de Paris, à leurs frères des départements.

« Amis, nous sommes trahis ! Aux armes ! aux armes ! Voici l'heure terrible où les défenseurs de la patrie doivent vaincre ou s'ensevelir sous les décombres sanglants de la République. Français, jamais votre liberté ne fut en plus grand péril ! Nos ennemis ont enfin mis le sceau à leur noire perfidie, et pour le consommer, Dumouriez, leur complice, marche sur Paris. Les trahisons manifestes des généraux, coalisés avec lui, ne laissent pas douter que ce plan de rébellion et cette insolente audace ne soient dirigées par la criminelle faction qui l'a maintenu, déifié, ainsi que La Fayette, et qui nous a trompés, jusqu'au moment décisif, sur sa conduite, les menées, les défaites et les attentats de ce traître, de cet impie qui vient de faire mettre en état d'arrestation les quatre commissaires de la Convention, et qui prétend la dissoudre ; trois membres de notre société, commissaires du Conseil exécutif, les avaient précédés ; ce sont eux qui, en risquant leur existence, ont déchiré le voile, et fait décider l'infâme Dumouriez.

« Mais, frères, ce ne sont pas là tous vos dangers ! Il faut vous convaincre d'une vérité bien douloureuse ! Vos plus grands ennemis sont au milieu de vous, ils dirigent vos opérations : ô vengeance ! ils conduisent vos moyens de défense !

« *Oui, frères et amis, c'est dans le Sénat que de parricides mains déchirent vos entrailles ! Oui, la contre-révolution est dans le gouvernement, dans la Convention nationale ; c'est là, c'est au centre de votre sûreté et de vos espérances, que de criminels délégués tiennent les fils de la trame qu'ils ont ourdie avec la horde des despotes qui viennent nous égorger ! C'est là qu'une cabale sacrilège dirigée par la Cour d'Angleterre et autres...*

« Mais déjà l'indignation enflamme votre courageux civisme. Allons, républicains, armons-nous ! Et sans nous laisser amollir par de vaines terreurs sur nos calamités, que notre sagesse s'arrête sur les moyens de salut qui nous restent ; les voici :

« Levons-nous ! Oui, levons-nous tous ! Mettons en état d'arrestation tous les ennemis de notre révolution, et toutes personnes suspectes. Exterminons sans pitié tous les conspirateurs, si nous ne voulons être exterminés nous-mêmes. Pour rendre à la Convention nationale, qui seule peut nous sauver, sa force et son énergie, que les députés patriotes qui sont en mission dans les quatre-vingt-trois départements, soient renvoyés à leur poste, qu'ils y reviennent le plus promptement possible ; et à l'exemple des généreux Marseillais, que de nouveaux apôtres de la liberté, choisis par vous, au milieu de vous, remplacent ces commissaires ; qu'ils soient envoyés dans les villes et dans les campagnes, soit pour faciliter le plus prompt recrutement, soit pour échauffer le civisme et signaler les traîtres.

« Que les départements, les districts, les municipalités, que toutes les sociétés populaires s'unissent et s'accordent à réclamer auprès de la Convention, à y envoyer, à y faire pleuvoir des pétitions qui manifestent le vœu formel du rappel instant de tous les membres infidèles qui ont trahi leur devoir, en ne voulant pas la mort du tyran, et sur tout contre ceux qui ont égaré un si grand nombre de leurs collègues. *De tels délégués sont des traîtres, des royalistes ou des hommes ineptes.* La République réprouve les amis des rois ; ce sont eux qui la morcellent, la ruinent, et ont juré de l'anéantir. Oui, citoyens, ce sont eux qui ont formé cette faction criminelle et désastreuse. Avec eux c'en est fait de votre liberté, et par leur prompte expulsion la patrie est sauvée !

« Que tous s'unissent également pour demander que le tonnerre des décrets d'accusation soit lancé et sur les généraux traîtres à la République, et sur les ministres prévaricateurs, et sur les administrateurs des postes, et sur tous les agents infidèles du gouvernement. Voilà les plus salutaires moyens de défense, mais repoussons les traîtres et les tyrans.

« Le foyer de leur conspiration est ici : c'est à Paris que nos perfides ennemis veulent consommer leur crime. Paris, le berceau, le boulevard de la liberté, est, n'en doutez pas, le lieu où ils ont juré d'anéantir, sous les cadavres des patriotes, la cause sainte de l'humanité.

« C'est sur Paris que Dumouriez dirige ses vengeances, en ralliant à son parti tous les royalistes, les feuillants, les modérés et tous les lâches ennemis de notre liberté. C'est donc à Paris que nous devons tous la défendre ; et pénétrez-vous bien de cette vérité, que Paris, sans vous, ne peut sauver la République. Déjà les intrépides Marseillais sont debout, et c'est pour prévenir leur arrivée, que la cabale scélérate presse l'accomplissement des forfaits du traître Dumouriez.

« Français, la patrie est menacée du plus grand danger ! Dumouriez déclare la guerre au peuple, et devenu tout à coup l'avant-garde des féroces ennemis de la France, une partie de son armée, séduite par ce grand criminel, marche sur Paris pour rétablir la royauté, et dissoudre la Convention nationale.

« Aux armes ! Républicains ! Volez à Paris : c'est là le rendez-vous de la France. Paris doit être le quartier général de la République. Aux armes ! aux armes !... Point de délibération, point de délai, ou la liberté est perdue ! Tous moyens d'accélérer votre marche doivent être mis en usage. Si nous sommes attaqués avant votre arrivée, nous saurons combattre et mourir, et nous ne livrerons Paris que réduit en cendres.

« *Signé :* MARAT, *député, président ;* DUBUISSON, *vice-président ;* JAY, DUQUESNOY, *députés ;* COINDRE, DEPERRET, CHAMPERTOIS, PRIEUR, *secrétaires.* »

Dubois-Crancé. Si cette adresse est coupable, décrétez-moi d'accusation, car je l'approuve.

Un grand nombre de membres (sur la Montagne) se levant spontanément : Nous l'approuvons tous ! Nous sommes prêts à la signer !

(La salle retentit de ces cris et des applaudissements des tribunes.)

David. Je demande que cette adresse soit déposée sur le bureau, et que tous les patriotes aillent la signer...

Les mêmes membres : Oui ! oui !...

David, Thirion, Dubois-Crancé, Desmoulins, *se précipitent vers le bureau ; un mouvement rapide et simultané entraîne à leur suite une centaine de membres. On les entend plusieurs fois s'écrier :* Décrétez-nous tous d'accusation !

L'adresse est à l'instant couverte des noms suivants :

Les soussignés adhèrent à l'adresse de Marat, à Paris, le 13 avril 1793:

Courtois.
Grosse-du-Rocher.
Dumont (Somme).
Calès.
L. Louchet.
Anacharsis Cloots.
Levasseur (Sarthe).
Armonville.
Bar.
Clauzel.
Panis.
Dupuis.
Barbeau-du-Barran.
Gay-Vernon.
Bal (2).
Foussedoire.
Osselin.
G. Bonneval.
Dubois (Julien) (Orne).
Baille (Pierre).
Lemoine (Jean-Angélique) (Manche).
Gelin.
Bouquier, aîné.
Campmas.
Valdruche.
Dyzez.
Laloy, le jeune (Pierre-Antoine).
S.-E. Monnel.
Bresson.
Coupé (Jacques-Nicolas) (Oise).
Roux.
Sallengros.

Loiseau.
Baudot.
Julien.
Pérard, comme amant de la République une et indivisible et ennemi de Dumouriez.
Bonnet (sans désignation).
Albitte.
Guyardin.
Boutroué.
Ducos (Roger), adoptant les principes dont dérive l'adresse seulement.
Monestier (Lozère).
Peyris.
Berdejan (1).
Javogues (Claude).
Chazaud. J'approuve tout, excepté que la contre-révolution soit dans la Convention.
Malherbe (2).
Nioche, ami des principes et de la République.
Robespierre, le jeune.
Cusset.
Châteauneuf-Randon. Mourir pour la République ; ennemi né des traîtres, des factieux et des ambitieux.
Martel, inviolablement attaché aux principes républicains.
Lavicomterie.
Dherbez-Latour.
Fabre d'Églantine.
P.-J. Audouin.
F. Granet.
Vadier.
Poultier.
H. Cochet.
A.-B. Reynaud.
Robert (de Paris).
Bassal.
Laurens.
David.
Maure, l'aîné.
Desmoulins (Camille).
J.-B Massieu.
Duval (Charles).
Jay.
Gaül (3).
Taillefer.
Ricord.
Thirion.
Brival.
Ingrand.
Lanot.

----

(1) *Bibliothèque nationale* ; Le³⁸, n° 222.
(2) Ce député ne figure pas sur la liste des Conventionnels.

(1) Ce député ne figure pas sur la liste des Conventionnels.
(2) Ce député ne figure pas sur la liste des Conventionnels.
(3) Ce député ne figure pas sur la liste des Conventionnels.

(Ici un nom qu'il a été impossible de lire).

Calon.

Artauld-Blanval.

Bollet.

Robert (*Ardennes*).

Fremanger. Pour adhésion.

Maignet.

Pinet aîné.

Dubois-Crancé.

Rühl (Philippe).

Bentabole.

Laignelot.

Villetard-Prunières.

Colombel-de-Boisaulard.

Mallarmé.

Pomme.

Deville.

Delacroix (Charles).

Drouet.

Romme. Que la justice éternelle punisse tous les ennemis de notre liberté !

Granet. Je demande que cette adresse soit imprimée, envoyée aux départements et aux armées. (*Oui ! oui ! s'écrie-t-on à la fois dans toutes les parties de la salle.*)

Maximilien Robespierre. Je demande la parole sur cette proposition.

Vergniaud. Je l'appuie, car il faut que l'on connaisse dans les départements ceux qui proclament la guerre civile.

(*L'Assemblée paraît, pendant plusieurs moments, tumultueusement agitée par le désordre des altercations particulières.*)

Taveau. Si l'Assemblée décrète cette mesure, elle décrète la guerre civile. Une partie des départements ne manquera pas de donner son adhésion à l'adresse ; d'autres, dans des principes contraires, l'improuveront, et il en résultera nécessairement que vous diviserez la République en deux partis.

Lacaze. Vous avez bien tort, si vous croyez que la République sera divisée d'opinions sur cette adresse.

Taveau. Où en sommes-nous donc réduits, si nous nous déchirons avec un acharnement dont les Autrichiens sont incapables ? Nous ne sommes pas envoyés ici pour servir nos passions, mais pour sauver la chose publique. Nous ne pouvons le faire, si nous ne sommes unis. Rallions-nous autour de la Constitution que nous allons faire. Je demande qu'on ne donne aucune suite à la démarche que plusieurs membres ont faite, en donnant leur adhésion à l'adresse des Jacobins. Je demande la question préalable sur l'impression et l'envoi de cette adresse.

Delacroix. Une mesure indiscrète a été proposée à la Convention nationale. Ceux qui l'appuient, justifieraient ce qu'a dit Marat, ou plutôt les Jacobins, dans leur adresse, qu'il y a ici un point de contre-révolution. (*Murmures.*)

Plusieurs membres : Les Jacobins l'ont envoyée.

Delacroix. Tous ceux qui se sont présentés au bureau, et y ont apposé leurs signatures, ont émis un vœu individuel; mais la Convention ne peut ni ne doit approuver de tels principes, car elle déclarerait que nous n'avons plus la confiance de nos commettants (*Nouveaux murmures*); et si vous l'avez perdue, il faut convoquer les assemblées primaires. (*Murmures prolongés sur un grand nombre de bancs.*)

Plusieurs membres (sur la Montagne) : Eh bien oui !

Delacroix. En descendant de la tribune, Président, je demande acte qu'aujourd'hui, comme hier, on m'a refusé la parole, et que j'ai été obligé d'abandonner la tribune.

Gensonné. J'appuie les deux propositions de l'impression de l'adresse et des signatures qui y sont apposées, l'envoi aux départements et la convocation des assemblées primaires sur-le-champ. Je les appuie par deux considérations puissantes. Je prie l'Assemblée de me permettre de les développer.

Un membre (sur la Montagne) : Il faut vous faire votre procès auparavant. (*Applaudissements des tribunes.*)

Gensonné. Je demande acte de chaque interruption.

Laignelot. Je demande acte de ce que le côté droit a forcé Delacroix de quitter la tribune.

Gensonné. Il n'est plus possible de se le dissimuler, d'après la scission qui vient d'éclater dans cette Assemblée; tous les hommes de bonne foi doivent convenir que tous les liens d'une confiance mutuelle sont rompus.

Plusieurs membres (sur la Montagne) Oui, oui !

Masuyer. Mais observez donc que ces cris partent d'une minorité.

Gensonné. Je n'examine point de quel côté est la majorité; mais il n'en est pas moins vrai que tel est l'état de l'Assemblée, qu'indépendamment des menaces formelles que contient l'adresse que viennent de signer quelques membres, elle renferme aussi, dans la partie que je veux pas caractériser, un appel au peuple contre ses représentants. Eh bien ! c'est cet appel que j'ai toujours demandé, et que je sollicite encore. Il est temps que le peuple français sache si c'est lui qui doit faire la loi, ou si c'est une misérable faction......

Un membre : Pourquoi donc demander le décret d'accusation contre Marat pour cette adresse.

Gensonné. Je le demande au nom de mon département; j'en ai la mission. Dans l'état de division et de haine où l'on nous a jetés, nous ne pouvons avoir de juge que le peuple; c'est son jugement que je réclame, un appel au peuple; et peut-être ai-je à me reprocher d'avoir cédé, dans les premiers jours de la Convention, à l'opinion de quelques-uns de mes collègues que j'estimais, et de n'avoir pas demandé que chaque base constitutionnelle fût envoyée séparément à la sanction du peuple. Dans les circonstances fâcheuses où nous sommes, en partant des principes même de l'adresse des Jacobins, il est impossible d'éluder la proposition que j'ai faite; elle contient un véritable appel au peuple contre ses représentants. Elle est signée par une partie de l'Assemblée; et dès lors il est de la dignité de la Convention, de son respect pour la souveraineté du peuple, d'adhérer à cet appel (*Murmures.*) Et certes, il n'est personne ici qui ne sente que nos discussions sont peut-être le plus grand des dangers que court la République. Déjà dans quelques parties on sollicite le rappel de quelques députés; on demande contre quelques autres le décret d'accusation. Voilà donc, et le fait est trop certain, la République divisée. Je ne sais s'il est possible de faire cesser cet état de choses, autrement que par l'expression du vœu national.

Mais ce que je sais bien, c'est que ce n'est pas par des adresses qu'on arrivera à cette concorde si désirée; et ici je m'appuierai d'un principe que cette partie de la Convention ne contestera pas, car j'invoque Robespierre lui-même et je vais rappeler ses propres expressions. Robespierre a dit, en parlant du décret de suspension de Louis, que le vœu des Jacobins de Paris n'avait pas été émis avant le décret, mais que le comité de correspondance des Jacobins, livré, disait-il, à une intrigue, avait écrit à une partie des départements, et que l'opinion des départements s'était formée et s'était émise d'après ces écrits.

Maximilien Robespierre. Ce n'est pas le sens exact de ma pensée.

Gensonné. On a donc présenté contre l'opinion de la volonté nationale ce qui n'était que l'effet d'une faction. Eh bien! n'exposez plus la nation à une faction, car ce qui m'est arrivé peut arriver encore. Il faut une opinion réelle et non supposée: c'est au peuple seul, et non à des comités de correspondance, que nous devons nous en rapporter. C'est au peuple dans ses assemblées primaires à prononcer quelle est l'opinion qu'il adopte, quelle est la loi qu'il nous dicte, quelle est celle qu'il dicte à toutes les minorités.

Je demande donc la convocation des assemblées primaires.

Gossuin. Excepté dans les départements où la guerre civile est déclarée. (*Nouveaux murmures.*)

Gensonné. Citoyens, je ne vous ai présenté ma proposition que sous un point de vue; il en est un plus important, celui des circonstances où se trouve la République entière : il existe une conjuration, voyez quel en est le but, quels sont ses moyens. Son but est de donner un régent à la France, et la Constitution de 1789.

Panis. Vous en savez quelque chose.

Gensonné. Président, faites-moi justice de ces interruptions. Oui, le but de cette conspiration est de rétablir la Constitution de 89, de donner à la France un roi ou un régent.

Par quels moyens peut-elle réussir? C'est évidemment en profitant de nos divisions; c'est en faisant germer dans le peuple français l'opinion d'une contre-révolution; car les puissances étrangères et les conjurés savent bien que, tant que l'opinion publique, en France, sera républicaine, il est impossible de réussir. C'est enfin en essayant de désunir la Convention nationale, en faisant envisager au peuple que l'espèce de gouvernement qu'il s'est choisi ne donne que du désordre, avec tous les fléaux de l'anarchie; en faisant tolérer le brigandage ; en appelant la dissolution de cette Assemblée.

Eh bien, citoyens, tous ces moyens-là sont dans les mains de vos ennemis, dès l'instant où le peuple français n'aura pas ici une réputation ferme, qui terrasse l'anarchie, qui impose silence et au brigandage et aux hommes qui appellent la dissolution des autorités constituées. Pour que le peuple français jouisse de ce bienfait, il faut que la représentation nationale soit investie de la confiance générale de la République. Comment donc, dans de pareilles circonstances, balanceriez-vous à mettre le peuple à même de se donner ce centre que nos discussions lui ont ôté, en envoyant de nouveaux représentants investis de la force et de la confiance nécessaires pour abattre l'anarchie et maintenir l'ordre.

Je dis plus, voyez combien l'attaque que vous font ces conjurés est dangereuse. Ils ont tout fait pour vous empêcher de présenter une constitution au peuple; on en a dénaturé d'avance le plan; on a annoncé publiquement que ce plan, à qui on ne reprochera dans quelques années qu'un excès de démocratie, faisait tout en faveur des riches et rien en faveur des pauvres. Ceux qui lui ont fait ce reproche avaient annoncé un plan de constitution; ils ne l'ont pas présenté. Le peuple s'attend que le projet de constitution entraînera plusieurs mois de discussion; vos ennemis lui en présentent une toute faite qui a marché quelque temps : quel avantage n'ont-ils pas sur vous! Ne souffrez pas qu'ils consultent le peuple avant vous; songez que si la République est perdue, elle devra vous imputer sa perte.

Vous avez un moyen bien simple de prévenir sa ruine. Nous ne pouvons pas être discordants sur les bases constitutionnelles; que les hommes les plus méfiants s'accordent entre eux, qu'ils nous présentent l'organisation de la France en République (*Applaudissements*); la déclaration que cette République est une et indivisible (*Applaudissements*), qu'il n'existera aucune distinction quelconque entre les citoyens (*Applaudissements*); que toutes les élections se feront par le peuple lui-même (*Applaudissements*); arrêtons les bases et présentons-les au peuple. Si vous donnez ce point d'appui à tous les Français, vous n'avez rien à craindre de toutes les factions (*Applaudissements*). Ne tardons pas un seul instant à consulter le peuple; arrachons aux ambitieux, à nos ennemis, l'armée terrible qu'ils peuvent se forger par une fausse opinion publique. (*Applaudissements.*)

J'ai appuyé l'appel au peuple lorsqu'on demanda la déchéance de Louis, et j'insiste sur la même idée.

Maximilien Robespierre. J'avoue que je ne puis contenir mon indignation en entendant proférer des blasphèmes contre la liberté.

Gensonné. Je ne sais, citoyens, si ma proposition est un blasphème, mais je ne sais si Robespierre......

Maximilien Robespierre. Je n'ai pas parlé de toi.

Méaulle. Je demande que Robespierre dise si c'est ce qu'il a entendu à la tribune ou ce qu'il a entendu de ses voisins, qui est un blasphème contre la liberté.

Maximilien Robespierre. Je vais m'expliquer si l'on veut.

Gensonné. Je déclare devant tous, citoyens, que mon opinion a toujours été la même et que je n'en ai point changé : Je ne vois pas d'autre moyen de sauver la chose publique. Et, puisqu'on m'a reproché mon opinion sur la déchéance, je dois dire qu'à cette époque nous étions à peu près dans la même situation où nous sommes aujourd'hui. J'entrevis, dans l'Assemblée législative, un moyen infaillible d'attirer la guerre civile en prononçant la déchéance. Je demandai alors, qu'au lieu de faire prononcer la déchéance par une assemblée législative, on convoquât le peuple dans ses assemblées primaires pour appeler une Convention, qui, revêtue de toute la confiance, de toute la force du peuple, déterminât ou présentât les bases d'une Constitution que le peuple accepterait. Ces principes prévalurent; je n'en ai point changé. Dans une autre circonstance, où l'on m'a calomnié pour avoir émis une telle opinion, j'espère qu'aujourd'hui on ne me calomniera plus, car je veux sauver quelqu'un ici, c'est la République. (*Violente interruption sur la Montagne.*)

Je demande donc que l'Assemblée établisse sans délai les premières bases d'une Constitution républicaine... (*Nouvelles interruptions sur la Montagne.*) J'ai déjà indiqué quelques-unes de ces bases, on en proposera d'autres si l'on veut. Les bases que j'indique sont celles-ci : 1° que le peuple français se constitue en République une et indivisible... (*Murmures.*)

Un membre : Cela est déjà fait.

Gensonné : Ce n'est pas sanctionné.

2° Qu'il ne pourra y avoir aucune distinction entre les citoyens ; 3° que toutes les élections se fassent par le peuple lui-même. Je demande, enfin, qu'au lieu d'un appel au peuple, qui ne le mettant pas à même de former son opinion paisiblement dans les assemblées primaires, le pourrait l'amener à autre chose qu'à des guerres civiles, vous le convoquiez dans les assemblées primaires pour nommer à une prolongation de mandat dans la Convention les députés qu'il jugera dignes de sa confiance.

Plusieurs membres : Appuyé ! appuyé !

Vernier. Vous ne serez pas fâchés d'entendre quelqu'un qui n'a jamais adopté aucun des partis qui vous divisent, qui ne s'est jamais mêlé de leurs querelles, qui ne communique avec personne.

Quand vous avez jugé le ci-devant roi, j'ai eu la simplicité de croire que les opinions étaient libres ; je me suis trompé ; je suis un de ces scélérats qui ont été assez grands pour voter, sous les poignards, l'appel au peuple et le bannissement du tyran. (*Murmures des tribunes.*) Ma lettre à mes commettants n'en a pas été moins sévère ; j'y ai soutenu que l'opinion qui avait prévalu était la meilleure. Je suis un de ces scélérats avec qui l'on ne veut ni paix ni trêve ; et comme je crains d'échapper à cette noble proscription, je viens me dénoncer publiquement. (*Nouveaux murmures.*)

Avant notre réunion, une coalition funeste était déjà formée dans Paris entre le club des prétendus Amis de la liberté, la Commune, la force armée, les corps administratifs ; elle a éclaté dès les premières séances de cette Assemblée.

Dans tous les départements où il existait des clubs affiliés, une coupable influence se faisait sentir. Dans cet état de choses, il était presque impossible de faire le bien et de se promettre quelques succès. On ne pouvait remédier au mal qu'avec une sage lenteur et une prudente circonspection : mais des hommes vertueux, trop sensibles, trop frappés de ce qu'ils voyaient, ont précipité les mesures. De là les schismes, les divisions, l'esprit de parti ; de là les débats éternels au milieu desquels la chose publique a été en quelque sorte oubliée.

Ceux-ci guidés par l'amour-propre, s'inquiètent peu de l'objet en lui-même, pourvu qu'ils fassent triompher leurs opinions ou les projets insensés.

Ceux-là ne les combattent que par des ruses, des subtilités, des subterfuges.

Les uns ne se présentent qu'avec une opinion formée, préparée, et provoquent un décret avec autant de hauteur que les candidats de César sollicitaient une place.

Les autres, préoccupés d'une défiance juste peut-être dans son principe, mais trop active, repoussent sans examen les propositions faites. Entre ces deux extrémités, sont les avis mobiles, insignifiants, toujours inutiles au salut public.

Il en est qui s'égarent par une confiance aveugle, et qui suivent sans réflexion l'impulsion du moment.

Il en est aussi qui, par indifférence, par pusillanimité, par tolérance, adoptent toujours, comme le meilleur, le dernier avis.

Mais les plus dangereux, les plus coupables, sont ceux qui accusent sans cesse, sans raison, comme sans motif.

Les plus vils et les plus perfides, sont ceux qui, au lieu de suivre le peuple, s'abaissent à l'aduler, à le flagorner, plutôt qu'à le servir.

Il est temps d'abjurer les haines, les divisions ; il est temps de se réunir pour s'occuper de la chose publique et du salut de la patrie ; elle ne doit pas être victime de nos malheureux débats.

Citoyens, puisque nous sommes arrivés à un tel degré de discorde et de défiance réciproque, qu'il nous est impossible, au poste où nous sommes, de bien servir la patrie ; que les deux partis montrent du civisme et de la générosité ; que les plus passionnés, de part et d'autre, devenus simples soldats, marchent à l'armée pour y donner l'exemple de la soumission et du courage. (*Vifs applaudissements des tribunes.*)

Cambon. Je remarque que plusieurs membres rétractent les signatures données à l'adresse des Jacobins ; ils craignent donc la publicité.

Barbaroux. Je demande que l'adresse, qui est sur le bureau, soit conservée intacte et que ceux qui l'ont signée n'aient pas la lâcheté de la retirer. (*Murmures.*)

Boyer-Fonfrède, secrétaire. Je déclare, pour ma responsabilité, que la liste où sont les signatures ne m'a pas été remise.

Plusieurs membres : Chassez du bureau les secrétaires qui y sont.

Romme, secrétaire. Citoyens, les signatures ont été apposées sur plusieurs colonnes et quelques personnes en voulaient prendre copie, mais nous avons pensé qu'il serait prudent de n'en permettre aucune. En conséquence, je me suis chargé de rassembler toutes les feuilles. J'en suis dépositaire ; je déclare que j'ai pris la ferme résolution de ne point m'en dessaisir que par un décret de la Convention, si elle juge devoir donner suite à cette adresse.

Un grand nombre de membres : Oui ! oui !

Génissieu. Il faut que cette liste soit paraphée.

Barbaroux. Je demande que Romme remette cette liste sur le bureau et que le bureau tout entier en soit dépositaire. Je propose, en outre, que lecture en soit faite à la tribune.

Merlin (de Douai). Je déclare n'avoir signé l'adresse que pour manifester mon opinion sur les principes, mais j'ajoute que j'ai rayé ma signature lorsque j'ai vu l'usage perfide qu'on voulait en faire. (*Murmures sur certains bancs.*)

Guillemardet. Et moi aussi.

Leclerc. Puisque c'est une lâcheté de retirer sa signature et de ne pas vouloir contribuer à la guerre civile, je déclare que j'ai fait comme Merlin.

Un membre : Je demande à retirer la mienne.

Camille Desmoulins. Eh bien, je m'honore d'avoir apposé ma signature sur cette adresse et je ne la retirerai pas. (*Nouveaux murmures.*)

Lasource. Il est impossible que nous continuions cet état de choses, ces délibérations troublées sans cesse, ces interruptions continuelles, ces calomnies sans fondement, ces haines, ces chocs des passions. Il faut que ce trouble finisse, ou nous ne pouvons faire le bien.

Camille Desmoulins. Ecoutez ! ces Messieurs savent bien que les 48 sections de Paris, les corps constitués, les départements doivent venir demain vous demander, non pas en l'air, mais sur des faits bien positifs, l'expulsion de 22 royalistes, complices de Dumouriez. Or, ces Messieurs, qui voient pour eux le plus grand danger et qui se croient sur le point d'être submergés, mettent le feu à la Sainte-Barbe et veulent faire sauter le vaisseau. Ces Messieurs disent : Puisque nous devons périr dans deux ou trois jours... (*Murmures et interruptions prolongées sur un grand nombre de bancs.*)

Un grand nombre de membres : Le décret d'accusation contre Desmoulins. Quoi, on veut nous assassiner !

Camille Desmoulins. Malheureux, vous interprétez malignement ma pensée. Lorsque j'ai dit qu'on voulait mettre le feu à la Sainte-Barbe, j'ai parlé par métaphore. (*Les murmures continuent.*)

Un citoyen des tribunes insulte Barbaroux. — Le Président donne l'ordre de l'arrêter. — A peine les gendarmes se présentent, qu'un cri s'élève dans les tribunes ; les femmes se portent en avant et s'opposent à l'arrestation du coupable. Les gendarmes se retirent et laissent le citoyen interrupteur.)

Un membre : Citoyens, je vous déclare que le Président ne peut pas faire arrêter un individu, parce qu'il craint une insurrection.

Le Président. Plusieurs membres se sont plaints qu'un citoyen dans la tribune les avait insultés. Dès l'instant j'ai donné l'ordre de le faire arrêter. Plusieurs gendarmes m'ont dit que cela ne leur avait pas été possible ; voici le commandant qui est à la barre, qu'il s'explique.

Le commandant à la barre : Nous avons reçu l'ordre d'arrêter un citoyen qui a insulté, dit-on, des députés. J'y suis allé moi-même avec plusieurs canonniers et sapeurs de la garde nationale que j'ai trouvés là. L'homme était déjà sorti...

Plusieurs membres : Non, non, il est encore là.

Le commandant : L'individu sortait, mais les citoyens des tribunes s'y sont opposés. (*Violents murmures à droite et au centre.*)

Birotteau. Je viens d'apprendre que le scélérat qui avait menacé les membres de la Convention a été arrêté malgré l'opposition des tribunes. Je demande qu'il soit constaté dans le procès-verbal que les tribunes ont menacé et insulté les membres de la Convention.

Couppé (Côtes-du-Nord). Je demande l'ordre du jour sur cette proposition, parce qu'elle tend à confondre avec un petit nombre de scélérats payés, les bons citoyens des tribunes qui sont beaucoup plus nombreux. Remarquez, en effet, ce qui vient de se passer. Il y a certainement dans les tribunes des scélérats payés. Ces hommes ont essayé de provoquer un soulèvement ; ils n'ont pas réussi. Le coupable a été arrêté malgré quelques déclamateurs qui étaient là et qui n'ont pu parvenir à exciter du trouble. Je les ai vus, je les ai entendus. La masse des tribunes ne s'est pas opposée à l'arrestation ; cela tient à ce que les bons citoyens sont quatre contre un, et qu'à la fin ils vomiront de leur sein cette poignée de scélérats ou les étoufferont en se serrant.

(La Convention décrète qu'il n'y a pas lieu à délibérer sur la proposition de Birotteau).

Un membre : Après deux séances des plus orageuses, il s'était fait une motion que la séance fût suspendue. Je conçois qu'on a dû rejeter cette motion dans un instant où les tribunes paraissent être dans une fermentation qui ne nous permettait pas de quitter notre pou... Cette fermentation a cessé et les bons citoyens ont rétabli l'ordre et le silence. En conséquence, je demande que la séance soit suspendue.

D'autres membres (sur la Montagne): Appuyé, appuyé !

(La Convention décrète que la séance sera continuée).

Camille Desmoulins. Je ne reviens pas sur l'incident tumultueux que, sans le vouloir, j'ai provoqué. Je regrette seulement qu'on m'ait fait un crime d'une métaphore et qu'on n'ait pas vu qu'ayant comparé la Convention à un vaisseau, je devais me servir du terme *périr*.

Je disais qu'avant de décréter l'appel au peuple, il fallait lui donner du pain ; je dirais que l'erreur d'un grand nombre d'entre vous, c'est que vous croyez les complices de d'Orléans ici *(il désigne le côté gauche)*, tandis que par des faits nous sommes assurés qu'il sont là *(il désigne le côté droit)*. Je vous dirai ce que dit Gensonné, lorsqu'il dénonça le comité autrichien, qu'en matière de dénonciations on ne pouvait pas exiger de preuves juridiques, les présomptions suffisent ; et certes, il ne peut exister de plus fortes présomptions de complicité avec un traître, que d'avoir entretenu avec lui une correspondance suivie. Ceci est l'aveu même de Gensonné.

Gensonné. N'altérez rien, Camille, soyez exact. Je vous ai dit au comité que j'avais entretenu une correspondance avec Dumouriez jusqu'à son retour de la Belgique ; j'ai cessé de l'entretenir depuis cette époque où votre faction s'est emparée de lui, où Danton lui a donné son neveu pour secrétaire.

Brival. Il vous envoyait copie de toutes les lettres qu'il écrivait au ministre.

Buzot. Après les assertions de Desmoulins, nous ne pouvons nous dispenser de traiter cette question, la seule mesure peut-être qui nous reste pour sauver la patrie. Si les sections de Paris ont le droit de se convoquer pour venir demander elles-mêmes l'expulsion de quelques membres de la Convention, les départements peuvent suivre leur exemple pour se sauver eux-mêmes. C'est dans les assemblées primaires que j'appelle mes dénonciateurs, c'est là qu'on nous jugera, c'est là que nous verrons quels sont les plus agréables au peuple ; mais comme il faut qu'aucune loi ne soit décrétée par lassitude, je demande l'ajournement à lundi des propositions faites par Gensonné.

Quant aux autres questions, il en est deux qui nous restent à terminer.

D'abord celle de l'impression de l'adresse avec les signatures et leur envoi aux départements. Eh bien, je demande encore que cette question soit ajournée ; car, il ne s'agit pas de nous ici, mais de la France entière. Il faut apporter tous nos soins et toutes nos préoccupations à son bonheur, il faut qu'en cette occasion, du moins, toutes les questions des personnes disparaissent pour ne voir qu'elle. Il suffit, qu'en attendant, les signatures avec la pétition des Jacobins restent sous la responsabilit... phées du bureau et qu'elles soient para-P du président et du secrétaire.

M.... pour la seconde question, celle qui regarde Marat, permettez-moi de vous dire qu'il est inconcevable que cet homme jette encore la division dans cette Assemblée. *(Murmures).* Il est fort étrange que cet homme ait seul le droit d'être au-dessus de la loi. La Convention n'a jamais assez connu sa puissance ; elle pourrait dans cette ville qu'on a tant calomniée, trouver cent mille défenseurs, en appelant autour d'elle les bons citoyens. Je demande que Marat soit décrété d'accusation. *(Nouveaux murmures des tribunes).*

Quels sont ces individus qui viennent interrompre le représentant du peuple et de quel droit prétend-on commander à nos opinions ? Qui peut, à moi, me faire un seul reproche. Ma vie entière parle pour moi.

Mais il est un homme qui s'élève au-dessus de la loi. Quand vous défendez aux journalistes de s'asseoir parmi vous, eh bien, en fait un ; quand vous lui ordonnez de se rendre à l'Abbaye, il vous écrit qu'il ne s'y rendra pas. Quel est donc cette espèce d'homoncule qui ose vous dire qu'il n'obéira pas à la loi ? Et quels sont ces êtres vils qui peuvent associer leur nom au sien. La Convention doit enfin réprimer un homme qui a dégradé la morale publique, dont l'âme est toute calomnie, et la vie entière un tissu de crimes. Les départements béniront le jour où vous aurez délivré l'espèce humaine d'un homme qui la déshonore.

Pour le moment, il faut qu'il soit traduit à l'Abbaye... *(Murmures sur la Montagne).*

Plusieurs membres : Non, non, il n'ira pas !

Buzot. Ordonnez, Président, l'Assemblée, est toute-puissante ; il suffit que prenant un caractère digne d'elle, après avoir écouté son rapporteur en silence, elle décrète Marat d'accusation.

Je demande la continuation immédiate du rapport de Delaunay et l'ajournement à lundi de toutes les propositions qui vous ont été faites.

Gensonné. Je rappelle à la Convention que c'est au 15, autrement dit à lundi, qu'est fixée l'époque pour la discussion de la Constitution. C'est de cette discussion que doit sortir le salut de la patrie et que la Convention doit être vengée de tous les outrages. Je demande, en conséquence, qu'il ne soit pas fixé à lundi d'autre ajournement que celui de la discussion des bases constitutionnelles.

Buzot. La motion du préopinant ne diffère en rien de la mienne. Que demande, en effet, Gensonné ? que l'on discute les bases constitutionnelles, et que ces bases discutées, on réunisse les assemblées primaires pour voter sur ces bases. Eh bien, on discutera toutes ces questions à la fois.

(La Convention ajourne toutes ces questions au lundi suivant).

Delaunay, *le jeune, rapporteur,* continue la lecture de son *rapport sur les délits imputés à Marat, membre de la Convention nationale ;* il poursuit ainsi :

Citoyens, les écrivains qui abusent de la liberté et de la presse pour égarer et porter au meurtre et au pillage ; qui se jouent des décrets de la Convention ; appellent le. t, et gnards sur les membres qui la composen, les avilissent les autorités constituées et tous re fonctionnaires publics ; qui provoquent vo dissolution, et ne reconnaissent qu'eux au-des sus de la loi ; ces écrivains sont les hommes qui veulent la contre-révolution, qui cherchent a substituer l'anarchie et le despotisme au règne de la liberté et de l'égalité, et que vous devez sacrifier au salut public, quel que soit le caractère dont ils se trouvent investis : tels sont les rapports sous lesquels Marat vous est dénoncé.

Vous n'avez pas sans doute oublié votre décret du premier de ce mois, ainsi conçu : « La Convention nationale, considérant *que le salut du peuple est la suprême loi*, décrète que, sans avoir égard à *l'inviolabilité d'un représentant de la nation française*, elle décrétera d'accusation celui ou ceux de ses membres contre lesquels il y aura *de fortes présomptions* de sa complicité avec les ennemis *de la liberté, de l'égalité et du gouvernement républicain* ».

Ainsi, vous avez décidé la question de savoir si un mandataire du peuple peut être décrété, et vous allez examiner s'il y a lieu à accusation contre Marat, à raison de tous les délits qui lui sont imputés.

Celui qui trouble l'ordre de la société, et n'en veut pas connaître les lois ; qui, sans respect pour les propriétés, en ordonne le pillage ; qui veut que les riches soient dépouillés de leur patrimoine, souvent le fruit de leur propre industrie, pour en investir des citoyens séduits, et se livrant au pillage, ou des individus accoutumés au brigandage, enfin qui conseille le meurtre, est un fléau dont il faut le purger.

Eh bien ! Marat, le 25 février dernier, prêcha dans ses écrits *le pillage et le meurtre*. Le numéro 133 de son journal en donne la preuve.

« En attendant que la nation, fatiguée de ces désordres révoltants, prenne elle-même le parti de purger la terre de la liberté de cette race criminelle, que *ses lâches mandataires encouragent au crime par l'impunité*, on ne doit point trouver étrange que le peuple, poussé au désespoir dans cette ville, se fasse lui-même justice. *Dans tous pays où les droits du peuple ne sont pas de vains titres, consignés fastueusement dans une simple déclaration, le pillage de quelques magasins, à la porte desquels on pendrait les accapareurs, mettrait bientôt fin à ces malversations qui réduisent cinq millions d'hommes au désespoir, et qui en font périr des milliers de misère. Les députés du peuple ne sauront-ils donc jamais que bavarder sur les maux, sans en présenter jamais le remède ?*

« Laissons-là les mesures répressives des lois ; il n'est que trop évident qu'elles ont toujours été, et qu'elles seront toujours sans effet contre les ennemis publics : les seules efficaces sont des mesures révolutionnaires. Or, je n'en connais aucune autre qui puisse s'adapter à nos faibles conceptions, si ce n'est d'investir le comité actuel de sûreté générale, tout composé de bons patriotes, du pouvoir de rechercher les principaux accapareurs, et de les livrer à un tribunal d'Etat formé de cinq membres pris parmi les hommes connus les plus intègres et les plus sévères, pour les juger comme traîtres à la patrie ».

Citoyens, Marat n'a pas prêché en vain : le pillage a eu lieu chez les marchands chande-

liers et épiciers de la ville de Paris le jour même où son journal a paru.

Marat, quoique mandataire, est soumis à la loi qui plane, sans distinction, sur tous les citoyens, et Marat législateur ne pouvait i r que la loi pun comme elle protège.

Votre comité a mettre la loi sous vos yeux : « Toute espèce de pillage ou dégât de marchandises, denrées et de propriétés mobilières, commis avec attroupement, et à force ouverte, sera puni de la peine de six années de fers. » (Art. 34, sect. 2, titre II, partie du Code pénal).

« Lorsqu'un crime aura été commis, quiconque sera convaincu d'avoir provoqué directement à le commettre, soit par des discours prononcés dans les lieux publics, soit par des placards ou bulletins affichés ou répandus dans lesdits lieux, soit par des écrits rendus publics par la voie de l'impression, sera puni de la même peine prononcée par la loi contre les auteurs du crime.» (Article 2, titre III, même partie du Code pénal).

Après avoir, par un décret du 22 septembre 1792, mis solennellement toutes les propriétés sous la sauvegarde de la nation et de la loi, les pillages de février vous ont paru entrer dans le plan des ennemis de la chose publique, et vous les avez considérés comme des actes contre-révolutionnaires. Par votre décret du 29 mars vous avez voulu que ceux « qui provoqueraient par leurs écrits le meurtre et la violation des propriétés, fussent punis de mort, si le délit a suivi la provocation, et de six années de fers, s'il n'a pas suivi ».

Marat a prêché le pillage le 25 février, et le pillage a eu lieu le 25 février ; aussi votre comité pense-t-il que Marat doit être mis en état d'accusation pour ce premier grief.

Une grande nation, citoyens, ne passe jamais de l'esclavage à la liberté, du monarchisme à l'état républicain sans éprouver de violentes secousses. Ce passage laisse après lui une tourbe de faux patriotes qui, sous le masque du civisme le plus exagéré, cherchent à vivre dans l'anarchie, parce que des intérêts particuliers le leur commandent impérieusement.

Notre révolution a vu naître de ces individus qui ont employé tout ce que la malveillance peut fournir d'armes, pour l'arrêter dans sa marche, avilir les autorités constituées, présenter les corps administratifs comme des hommes atroces qui chaque jour cherchent à nous enfoncer plus avant dans l'anarchie et la guerre civile.

Avilir la Convention et s'efforcer de la dissoudre : voilà les principaux moyens dont ils se servent : et ces moyens les plus dangereux de tous, Marat n'a cessé de les consigner dans ses écrits.

« Jamais la patrie ne se trouva menacée de plus grands dangers, dit-il, dans le numéro 148 de son journal : ce ne sont pas seulement les puissances ennemies qui conspirent la perte de la République française, mais les meneurs de la faction criminelle des hommes d'Etat, *tous suppôts du royalisme*, conjurés avec nos perfides généraux, *les directoires de districts et de départements, les membres des tribunaux*, les aristocrates et les émigrés qu'ils protègent ouvertement. C'est à leurs menées infernales que nous devons attribuer les mouvements, les troubles et les désordres qui éclatent depuis quelque temps à Paris et dans les départements.

« C'est aux libelles dont ils ont infecté la République entière, et aux lettres mensongères qu'ils écrivent à leurs commettants, contre les plus zélés défenseurs de la liberté, que l'on doit attribuer les dissensions intestines, les attentats contre les amis de la patrie, et les assassinats des députés patriotes ».

Que l'on parcoure tous les numéros du journal de Marat, vous le verrez annoncer à la République entière, qu'une partie de la Convention, qu'il désigne sous le nom des hommes d'État, est *royaliste;* vous y lirez ses vociférations continuelles contre les membres qui n'ont pas voté la mort du tyran ; vous le verrez presser, solliciter tous les départements de les rappeler ; vous frémirez en lisant, pour ainsi dire, à chaque page, le ton audacieux avec lequel il ordonne la dissolution de la Convention.

Vous avez décrété, citoyens, la peine de mort contre tout provocateur à la dissolution de votre Assemblée. Qui plus que Marat l'a provoquée? écoutons son langage : « C'est dans le Sénat, dit-il, que de parricides mains déchirent les entrailles de la République ; c'est dans la Convention nationale qu'est le centre de la contre-révolution ; c'est là qu'une cabale sacrilège dirigée par la cour d'Angleterre, et autres tient les fils de la trame ourdie avec la horde des despotes. »

Comment, Marat après avoir peint une partie de la Convention comme suspecte et ennemie de la Révolution, s'écrie : *exterminons, sans pitié, tous les conspirateurs,* et l'on dira encore qu'il n'appelle pas le fer sur la tête d'une partie d'entre vous, sur les votants pour l'appel au peuple ou pour la détention du tyran ou le sursis de son jugement !

Comment, Marat invoque les sections de la République à faire pleuvoir des pétitions qui demandent le rappel de tous les membres qui n'ont pas voté la mort, et l'on dira qu'il ne provoque pas la *dissolution* de la Convention !

Comment, lorsque les départements frontières, maritimes et de l'intérieur ne s'occupent qu'à repousser nos ennemis, Marat ne craint pas de leur assurer que Dumouriez marche sur Paris, d'accord avec ce qu'il appelle les hommes d'État ; et l'on dira que Marat ne prêche pas votre *dissolution !*

Examinez ensuite la conduite de ce citoyen, depuis la Révolution. Sous l'Assemblée constituante, il est décrété d'accusation, pour la rédaction d'un journal.

Sous l'Assemblée législative, l'abbé Royou et Marat, tous les journalistes, sont décrétés d'accusation ; la fuite soustrait Marat au décret. C'est à Versailles qu'il se réfugie.

Qu'a fait Marat depuis le 10 août? Ne vous rappelez-vous donc plus cette circulaire aux communes de la République, leur annonçant les journées de septembre, signée de Marat?

Ne vous rappelez-vous donc plus qu'il demandait *par civisme, par philanthropie, par humanité,* 250,000 *têtes, un dictateur, un triumvirat ou un tribun militaire.*

Avez-vous oublié le mépris qu'il a fait de

votre décret, portant que tout membre de la Convention sera tenu d'opter entre les fonctions de député et celles de rédacteur de journal?

Avez-vous oublié qu'à cette tribune il vous a déclaré qu'il était au-dessus de vos décrets? Montrez aujourd'hui que nul n'est au-dessus de la loi, et que si l'un de vous est coupable, elle l'atteindra comme les autres citoyens.

La République entière vous contemple en ce moment : un homme avait dit, il y a quelques jours dans les lieux publics, qu'il voulait un roi, et que la République en aurait un ; il a subi la peine prononcée par la loi, et la République a été vengée. Marat a provoqué le pillage, le meurtre, la dissolution de la Convention ; c'est à vous de prononcer.

Ce mandataire vous a dit hier, que son arrestation pourrait produire de grands mouvements dans cette ville. Ce motif n'a pas arrêté votre comité.

Il rend au peuple de Paris la justice qui lui est due : il est bon, il vous aime, et il existe une foule d'habitants dans cette cité, qui se précipiteraient au-devant des coups que l'on voudrait vous porter. Votre comité ne suivant que son devoir vous propose le décret suivant :

« La Convention nationale, après avoir entendu le rapport de son comité de législation sur les délits imputés à Marat, le décrète d'accusation, comme ayant provoqué : 1° le pillage ; 2° le meurtre ; 3° la dissolution de la Convention ; ordonne qu'il sera traduit devant le tribunal criminel extraordinaire. »

Plusieurs membres : Aux voix ! aux voix ! le décret d'accusation contre Marat.

La Revellière-Lépeaux. Le plus grand des crimes aux yeux des Amis de la liberté, c'est de provoquer un maître. Je rappelle à la Convention, à ce sujet, que la loi du 4 décembre 1792, prononce la mort contre quiconque proposerait un roi ou tout autre pouvoir attentatoire à la souveraineté du peuple sous quelque dénomination que ce soit. Marat s'en est rendu coupable. Vous devez vous souvenir que le 25 du même mois de décembre, des numéros du journal de Marat ont été dénoncés à la Convention nationale par Chabot, qui avait conclu au décret d'accusation contre ce dernier pour avoir dit *qu'il n'y avait qu'un maître qui pût sauver la France.* Le rapporteur l'a oublié. Je demande que ces faits soient énoncés parmi ceux dont Marat est inculpé dans l'acte d'accusation (1).

_____

(1) Nous donnons en note les passages du Journal de Marat, dénoncés par Chabot et visés par La Revellière Lépeaux ; ce sont les suivants :

N° 84. « Je déclare que, si les énormes dilapidations « des agents du nouveau régime, les perfidies alar- « mantes des traîtres qui commandent les armées de la « République; l'excès de la misère du peuple, les désor- « dres de l'affreuse anarchie, portés à leur comble, for- « çaient jamais la nation à renoncer à la démocratie, « *pour se donner un chef,* comme *je crois la chose « inévitable,* si la Convention ne s'élève à la hauteur « de ses importantes fonctions, d'Orléans me paraît le « dernier des hommes, sur lequel il conviendrait de jeter « les yeux ».

(N° 80 du même journal, cité à la séance du 25 décembre, par le membre qui dénonçait Marat, pour justifier que, suivant ce dernier, la Convention ne pouvait faire le bien, ni s'élever à la hauteur de ses fonctions):

Charlier. Le dénouement de la sanglante tragédie qui s'est passée dans la Belgique, approche ; vous en tenez un des fils. Vous allez livrer un représentant du peuple au glaive de la loi ; et, comme dans le rapport qui vient de vous être fait, il peut se trouver des faits inexacts, je demande l'impression, l'envoi aux départements et aux armées, et l'ajournement de la discussion à mercredi. C'est avant tout à la République entière à connaître et à juger les faits.

Plusieurs membres : Appuyé ! appuyé !

Un membre : Je n'ai pas voté l'appel au peuple pour la mort de Capet, je ne voterai pas l'appel au peuple pour le décret d'accusation de Marat. Voilà le cercle vicieux dans lequel on nous entraîne.

Charlier. Je n'ai point parlé d'appel a peuple, mais je veux plaider pour la représentation nationale.

Un membre (sur la Montagne) : Toutes les pièces relatives au tyran ont été imprimées.

Birotteau. La question est de savoir si Marat est contre-révolutionnaire. (*Murmures des tribunes.*) Je demande l'appel nominal.

Lecointe-Puyraveau. S'il est une circonstance favorable pour que la Convention nationale sorte de cet avilissement où on l'a plongée, c'est sans contredit celle où nous nous trouvons. Je crois que vous devez mettre dans la discussion dont il s'agit, dans ce moment, toute la sagesse et toute la maturité dont vous êtes susceptibles. Un mandataire du peuple, au lieu de maintenir la liberté a peut-être cherché de la détruire. On vous a posé pour base de la conduite que vous deviez tenir, celle qu'on avait tenue vis-à-vis d'un tyran dont les crimes étaient sans nombre et qui avait obtenu un délai de trois jours pour défendre sa cause. Quoique l'on puisse dire, vous devez avant tout être grands dans votre conduite. Empêchez qu'on dise que vous avez craint des mouvements de la part des partisans de Marat ; bravez les poignards, bravez tous les assassins s'il en existe et montrez qu'un mandataire du peuple n'éprouvera pas plus de défaveur qu'un tyran. Oui, à mes yeux, je le déclare, je le répète, Marat est aussi coupable que le tyran. (*Murmures dans les tribunes.*)

Le Président. Je recommande aux bons citoyens des tribunes de maintenir l'ordre.

« Voilà les législateurs de l'Empire français ! *Je désire*
« *que le ciel les illumine et les convertisse : quant à*
« *moi, je n'attends d'eux rien de bon.* Je le répète, les
« dégoûts que j'éprouve au milieu d'eux m'auraient
« déjà déterminé à donner ma démission, si je n'atten-
« dais des événements qui sont inévitables, pendant
« lesquels les vrais défenseurs du peuple pourront faire
« entendre leurs voix, et répandre des lumières utiles.

« Ce n'est pas à présent que le peuple peut voir
« clair ; c'est quand il aura reconnu *que la Convention,*
« *dans laquelle il a placé ses dernières espérances, ne*
« *saurait aller jusqu'au but,* composée comme elle est ;
« c'est quand il aura senti que jamais la machine ne
« marchera, *qu'il n'ait fait justice de 200,000 scélé-*
« rats, tous suppôts de l'ancien régime ; c'est quand il
« sera convaincu qu'il ne doit investir d'autorité que
« les hommes dignes de sa confiance, *et qu'il doit ré-*
« *duire au quart ses mandataires et ses agents* ».

Lecointe-Puyraveau. Je fais comme mandataire du peuple entendre la voix de ma conscience. Ces cris sont ceux d'un peuple égaré, mais qui ne le sera pas longtemps. (*Nouveaux murmures des tribunes.*) Oui, ceux qui m'ont interrompu reconnaîtront la solidité de mes raisons : on verra si les départements approuvent la conduite de Marat. Je suis certain que quand ce rapport y paraîtra, un cri général s'élèvera et vous dira : Vous nous représentez ; forts de la justice de nos droits, punissez celui qui vous a calomniés, qui a voulu détruire la liberté. Je demande qu'on aille aux voix sur la proposition de Charlier, en d'autres termes, que vous fassiez imprimer le rapport et que vous ajourniez la discussion du décret contre Marat à trois jours.

« **Boyer-Fonfrède.** Je demande que si la Convention ajourne, elle décrète que Marat se rendra à l'Abbaye ; je rappelle à la Convention que je lui ai lu une lettre de Marat, dans laquelle il déclarait qu'il n'avait pas obéi au décret qui le mettait en arrestation à l'Abbaye, et qu'il n'y obéirait pas.

Massieu. Il vous a dit qu'il serait assassiné ou empoisonné dans la prison.

Pénières. L'ajournement demandé par Charlier est parfaitement inutile. Pourquoi ajourneriez-vous ? Tous les chefs d'accusation portés contre Marat, vous sont connus depuis longtemps ; je demande qu'on aille aux voix sur le décret d'accusation.

Maximilien Robespierre demande la parole.

Plusieurs membres : La clôture, la clôture (*Murmures.*)

Maximilien Robespierre. Je ne prends pas au mot ceux qui disent que la Convention ne peut sauver la nation et que les dissensions qui l'agitent l'empêchent de se rallier aux principes.

Plusieurs membres observent que la question est celle de la priorité.

Maximilien Robespierre. La question dont il s'agit doit exciter toute votre attention et vous devez la décider comme si vous ne connaissiez pas l'individu, comme si l'individu n'avait pas parlé contre aucun de vous, comme s'il n'y avait qu'un simple citoyen à juger et les principes de l'intérêt public seul à considérer. (*Murmures à droite et au centre.*)

Je vous prie de ne pas murmurer, car les murmures nuisent à l'union et à la liberté.

On vous a fait un rapport sur la question de savoir si vous mettrez en état d'accusation un représentant du peuple, que là on qualifie de telle manière, et qu'ici on juge autrement, et sur lequel je ne prononce rien, jusqu'à ce que la Convention ait voulu m'entendre avec impartialité. (*Nouveaux murmures.*) Remarquez, citoyens, quelle est votre position : vous vous trouvez entre le décret d'accusation et l'ajournement ; mais vous ne pouvez porter le décret d'accusation, car vous n'avez pas discuté ; vous ne pouvez non plus ajourner, car ce représentant du peuple est en état d'arrestation, car vous envoyez dans les départements un rapport injurieux... (*Vifs applaudissements des tribunes*) qui est le fruit des passions et des conjurations liberticides. (*Nouveaux applaudissements.*)

D'après les principes du bon sens, de l'équité, je montrerai que l'accusation n'étant pas discutée, il y a un vice dans la délibération...

Plusieurs membres (au centre) : Et Miranda.

Chambon. Si Robespierre ne s'était pas amusé à dîner pendant que l'on discutait, il saurait qu'à cette heure la discussion pour et contre est terminée et qu'on ne parle plus que pour la priorité.

Un grand nombre de membres : Aux voix ! aux voix et la clôture définitive !

Le Président met les différentes propositions aux voix.

« La Convention décrète successivement :

« 1° L'impression du rapport de Delaunay contre Marat, avec la clause que les numéros de son journal, dénoncés par Chabot et visés par La Revellière-Lépeaux, y seront réunis ;

« 2° L'impression de la lettre écrite de ce jour même par Marat à l'Assemblée, ainsi que l'opinion de chaque membre sur la question de savoir s'il y a lieu à accusation contre Marat ;

« 3° L'envoi de ces différentes pièces aux départements et aux armées. »

Maximilien Robespierre. Je demande la parole pour un article additionnel : je demande qu'à la suite de toutes les propositions que vous venez de décréter, soit envoyé l'acte que je vais vous proposer ; je le crois nécessaire pour démasquer les traîtres, et démontrer le véritable esprit d'oppression qui préside à vos délibérations. Je déclare que je sais apprécier Marat ; il a commis des erreurs, des fautes de style ; mais de l'autre côté sont les conspirateurs et les traîtres. (*Murmures et interruptions à droite.*)

Plusieurs membres demandant le décret d'accusation contre Robespierre.

Maximilien Robespierre. Les incident se multiplient dans cette étrange affaire où, quoi qu'on dise, j'ai le droit de distinguer ce qui me regarde. Je mérite, en effet, un décret d'accusation, car je dénonce et dénoncerai éternellement les ennemis de la liberté, car je servirai toujours la patrie. (*Applaudissements des tribunes.*) Il y a quelque différence, je puis vous le dire à vous qui êtes abusés, entre les écrits que j'ai tracés et ceux de Marat, et vous tous qui vous liguez contre moi...

Les mêmes membres : Non ! non ! (*Si ! si ! crie-t-on dans les tribunes.*)

Le Président rappelle Robespierre à la question.

Maximilien Robespierre. Je sais très bien que ce que je dis doit être écouté ; ce n'est pas par de vaines formes qu'on peut me fermer la bouche. Vous demandez mon article additionnel et, n'avez-vous pas hier, durant trois heures, entendu d'autres hommes que moi ? Vous pouvez opprimer, égorger, mais vous n'étoufferez pas ma voix ! Le voilà l'homme égorgé par le fer des assassins (*Il montre le tableau de Lepeletier*)... (*Interruptions violentes à droite ; applaudissements des tribunes.*) Si en vous parlant le langage de la raison je ne puis être entendu, mes principes sont purs, mon cœur est connu : Je veux vous dire que si des hommes, des membres de cette Assemblée croient avoir des ressentiments contre moi, je puis leur déclarer que nul ne porte plus que moi en lui le désir de faire respecter la Convention.

Cela dit, je vais revenir aux principes, et vous faire une proposition, non pour qu'elle soit adoptée, mais pour bien montrer à la France et à l'Europe entière que vous désirez la guerre civile. (*Nouveaux applaudissements des tribunes.*) Comme ce n'est pas contre Marat seul qu'on veut porter le décret d'accusation ; comme c'est plutôt contre vous, vrais Républicains, contre vous, qui avez déplu par la chaleur de vos âmes ; contre moi-même peut-être, malgré que je me sois constamment attaché à n'aigrir personne, à n'offenser personne ; je demande, qu'à la suite du rapport soit joint un acte qui constate qu'on a refusé d'entendre un accusé qui n'a jamais été mon ami, dont je n'ai point partagé les erreurs que l'on travestit ici en crimes, mais que je regarde comme un bon citoyen, zélé défenseur de la cause du peuple, et tout à fait étranger aux crimes qu'on lui impute. (*Vifs applaudissements des tribunes.*)

(La Convention décrète qu'il n'y a pas lieu à délibérer sur ces propositions.)

Le Président donne l'ordre de commencer l'appel nominal et pose la question : *Y a-t-il lieu à accusation contre Marat, membre de la Convention nationale ?* Oui ou non.

Boyer-Fonfrède, *secrétaire,* commence *cet appel par le département de la Meuse*, ce département ayant été désigné par le sort pour être nommé le premier (1).

DÉPARTEMENT DE LA MEUSE

Moreau, oui.

Marquis, absent.

Tocquot, oui.

Pons. J'étais absent pendant le rapport... (*Murmures.*)

Charlier. Pourquoi, ces murmures ? Je demande que l'on puisse motiver son opinion.

Plusieurs membres : Non ! non !

Un membre : N'ayez pas deux poids et deux mesures. A la discussion pour le roi, au moment du sursis, nous voulions motiver nos opinions ; cette forme nous a été refusée.

Le Président manifeste le désir de se faire remplacer et prie Delacroix de prendre le fauteuil.

___

(1) La discussion ouverte au début de l'appel nominal contre Marat est empruntée au *Mercure universel*, tome 26, page 233. — Les autres journaux, sauf le *Moniteur universel* qui est très succinct sur ce point, n'en font pas mention. — Le texte de l'appel nominal est tiré du document imprimé : *Bibliothèque nationale* Le³⁸, n° 223.

Delacroix. Je déclare que je ne veux pas présider pour l'exécution d'une cause si contraire aux principes. (*Vifs applaudissements des tribunes.*)

Buzot monte à la tribune et veut parler. (*Huées et tumulte prolongé.*)

Le Président est obligé de se couvrir.

Lidon. Je demande que l'extrait du procès-verbal soit envoyé par des courriers extraordinaires à tous les départements et l'on verra comme la représentation nationale a été violée. (*Murmures dans les tribunes.*)

Buzot essaie de parler; il est de nouveau hué par les tribunes.

Un membre : Président, quels ordres avez-vous donnés à la garde pour maintenir le respect dû à la Convention.

Le Président. Je viens de donner la consigne à l'officier de garde d'inviter les tribunes à se mieux comporter.

Plusieurs membres (sur la Montagne) : C'est nous ! c'est nous ! (*Murmures.*)

Le même membre : Ce qui me force à vous faire cette demande, c'est que Pétion et Buzot ont dit qu'ils avaient 400 hommes et des canons prêts à marcher sur la Convention. (*Murmures sur plusieurs bancs au centre; applaudissements des tribunes.*)

Pétion, *s'élançant à la tribune.* Quel homme peut être si fourbe pour m'accuser ainsi... (*Murmures et interruptions violentes sur la Montagne et dans les tribunes.*)

(La Convention décrète de procéder, sans discontinuer, à l'appel nominal et autorise les membres, qui le désirent, à motiver leur opinion.)

Boyer-Fonfrède. Je demande que ceux qui désirent motiver leur opinion en déposent copie sur le bureau, qu'insertion en soit faite au procès-verbal et que l'impression en soit ordonnée à la suite du procès-verbal, pour être envoyé avec les pièces ci-dessus aux départements et aux armées.

(La Convention adopte la proposition de Boyer-Fonfrède.)

Un membre : Je demande que ceux qui ont accusé Marat ne puissent voter contre lui.

(La Convention décrète qu'il n'y a pas lieu de délibérer sur cette proposition.)

Un membre du comité de sûreté générale demande à lire des pièces importantes.

(La Convention en ajourne la lecture après l'appel nominal.)

Boyer-Fonfrède, *secrétaire,* poursuit *l'appel nominal sur la question de savoir s'il y a lieu à accusation contre Marat.*

Pons. J'étais absent pendant le rapport; je ne l'ai point entendu; je ne saurais donc voter en conscience sur le projet de décret qui le termine comme juré d'accusation.

Roussel, oui.
Bazoche, oui.
Humbert, oui.
Harmand, absent.

DÉPARTEMENT DU MORBIHAN.

Lemalliaud, absent.
Lehardy, oui.
Corbel, oui.
Lequinio, absent.
Audrein, oui.
Gillet, absent.
Michel, oui.
Roüault, oui.

DÉPARTEMENT DU MONT-BLANC

Balmain, oui.
Duport, absent.
Gumery, oui.
Marcoz, oui.
Carelli de Bassy, absent.
Marin, absent.

DÉPARTEMENT DE LA MOSELLE

Merlin (de Thionville), absent.
Anthoine, absent.
Couturier, absent.
Hentz, absent.
Blaux, absent.

Thirion. Je déclare à la Convention qu'en ma qualité de représentant du peuple, et pour faire usage de la liberté des suffrages, qui m'a été déléguée par mes commettants, je ne désempare pas de cette tribune, que je n'aie motivé mon opinion. Comme, dans cette étrange affaire, les principes et les formes les plus sacrés de la justice et de la raison ont été oubliés ou violés; comme l'acte énonciatif des griefs articulés contre un de nos collègues, un des représentants du peuple, n'a pas encore été communiqué à l'accusé; qu'il n'a pas eu la faculté d'y répondre; que personne de nous n'a eu celle de le défendre; que plusieurs faits articulés contre lui m'ont paru faux ou malignement interprétés; comme enfin ceux qui l'accusent, ont été eux-mêmes antérieurement accusés par lui, et qu'il a droit de les récuser, jusqu'à ce qu'ils aient purgé sa propre accusation contre eux; comme enfin je vois dans toute cette affaire, dirigée contre Marat, une précipitation et des passions indignes du législateur, et une continuation manifeste du système de Dumouriez qui a aussi accusé Marat; je déclare que, quant à présent, je ne puis, en ma conscience, exprimer aucun vœu.

Becker, absent.

Bar. Comme j'ai vu, dans le rapport qui a été présenté dans cette affaire, le langage de la passion, et celui de la prévention et de l'animosité, je ne peux donner aux faits qui y sont énoncés, la confiance propre à déterminer la décision d'un représentant du peuple. Ainsi je déclare que je ne puis, quant à présent, émettre d'opinion.

DÉPARTEMENT DE LA NIÈVRE

Sautereau, absent.

Dameron. Je n'ai entendu qu'une partie du rapport contre Marat; mais je l'ai entendu, lui, il y a peu de temps, dire à cette tribune : je *déteste* les hommes d'Etat, j'abhorre leurs principes ; mais si un assassin osait marcher contre le plus abominable d'entre eux, je jure que l'assassin ne parviendrait jusqu'à lui qu'après m'avoir percé la poitrine : d'après cela, citoyens, je dois rester dans l'incertitude sur le compte de *Marat*, et cette incertitude m'impose le devoir de déclarer que je crois qu'il n'y pas lieu à délibérer contre lui.

Leflot. Le défaut d'examen et de discussion me fait douter ; et dans le doute, je ne dois point être sévère : non.

Guillerault, absent.

Legendre, absent.

Goyre-Laplanche, absent.

Jourdan, oui.

DÉPARTEMENT DU NORD

Merlin, point de voix jusqu'à l'impression.

Duhem, absent.

Gossuin, absent.

Cochet, absent.

Fockedey, absent.

J. Lesage-Senault, absent.

Carpentier, oui.

Sallengros : Parmi les raisons déduites par Thirion, auxquelles je me réfère, pour ne point tomber dans des répétitions, je déclare ne pouvoir voter quant à présent.

Poultier. Attendu que le rapport sur Marat n'a point été discuté, qu'il est manifestement dicté par la vengeance la plus atroce et la passion la plus acharnée, que ce rapport est le fruit de la haine qu'ont voué à ce représentant les complices de Dumouriez, qu'il a constamment dénoncé; que j'ai toujours regardé Marat, depuis la Révolution, comme une sentinelle vigilante de la liberté, qui a toujours déjoué les infâmes projets des contre-révolutionnaires ; que cet homme vraiment courageux, a été, depuis la Révolution, l'épouvantail des traîtres, des aristocrates, des Lafayette, des Dumouriez et de leurs adhérents ; je demande que la Convention qui a mis quatre mois à juger un tyran, donne au moins quelques jours à l'examen de la cause d'un représentant du peuple.

Aoust (Jean-Marie), absent.

Boyaval (Laurent).

Briez, absent.

DÉPARTEMENT DE L'OISE

Coupé. Attendu que le rapport du comité de législation, sur l'affaire de Marat, n'a été ni discuté ni imprimé, qu'il me paraît être l'ouvrage de la passion et de la vengeance, et visiblement une suite de la conspiration tramée par Dumouriez, je déclare que je ne puis voter ainsi sur le sort d'un représentant du peuple, quant à présent.

Calon. Je déclare qu'attendu l'oppression qui s'est manifestée dans une circonstance si importante, je n'émets pas mon vœu.

Massieu. Je déclare que je n'ai point de vœu à émettre dans une délibération qui, en mon âme et conscience, blesse, de la manière la plus révoltante, tous les principes de la justice.

Ch. Villette, absent.

Mathieu. Oui; au surplus, je déclare que l'adresse lue aujourd'hui à l'Assemblée, ne me paraissant pas un motif suffisant d'accusation, mon opinion, pour l'affirmative, a pour base les autres faits énoncés au rapport.

Anacharsis Cloots. Comme je ne suis pas le complice de Dumouriez, je dis non.

L. Portiez, absent.

Godefroy, absent.

Bezard, absent.

Isoré, absent.

Delamarre, oui.

Bourdon, absent.

DÉPARTEMENT DE L'ORNE

Dufriche-Valazé, oui.

Bertrand de La Hosdinière. Comme je ne suis pas assez lâche pour ne dire ni oui ni non, comme je ne suis pas prussien, je dis, oui.

Plet-Beauprey, absent.

Duboë, oui.

Dugué Dassé, oui.

Desgroüas, absent.

Thomas-La-Prise, absent.

Fourmy, oui.

Jullien Dubois, absent.

Colombel de Boisaulard. J'ai dit non à l'appel nominal, parce que la discussion sur le rapport n'a point été ouverte, et qu'il en méritait une bien approfondie : c'est une contravention manifeste à tous les principes.

DÉPARTEMENT DE PARIS

Maximilien Robespierre. Comme la République ne peut être fondée que sur la vertu, et que celle-ci ne peut admettre l'oubli des premiers principes de l'équité; comme le caractère de représentant du peuple doit être respecté par ceux que le peuple a choisis pour défendre sa cause, lors même qu'ils ne respecteraient ni ceux des hommes, ni ceux des citoyens; comme tous ces principes ont été violés, et par la fureur avec laquelle un décret d'accusation a été provoqué, et par le refus d'entendre l'accusé et tous ceux qui voulaient discuter l'accusation; comme cette accusation a été intentée, la discussion interdite par ceux qui avaient été accusés d'avance par un grand nombre de citoyens, par Marseille, par Paris, et par le même membre qui est l'objet de l'accusation; comme l'indulgence accordée au tyran des Français par les accusateurs les plus fougueux du membre inculpé, contraste scandaleusement avec l'acharnement qu'ils montrent contre un de leurs collègues; comme ils n'ont consenti à un décret sévère, contre Dumouriez qu'à la dernière extrémité, et qu'ils veulent décréter en une minute celui qui a dénoncé Dumouriez et ses complices;

comme plusieurs d'entre eux ont absous Lafayette, et que les autres ne l'ont condamné qu'avec une extrême lenteur, et qu'ils ont voulu condamner sans examen ceux qui l'ont dénoncé dans le temps où ils le protégeaient; comme ils ont refusé de porter un décret de proscription, plusieurs fois demandé contre le ci-devant Monsieur, le ci-devant comte d'Artois, le ci-devant prince de Condé, le ci-devant duc d'Orléans, le ci-devant duc de Chartres, le ci-devant comte de Valence, le ci-devant marquis de Sillery, et tous les autres complices de Dumouriez; et qu'ils ne trouvent aucune difficulté à proscrire d'emblée l'un des représentants du peuple qui ont vainement provoqué ces décrets nécessaires;

Comme l'adresse des Jacobins qui a été le prétexte de cette affaire scandaleuse, malgré l'énergie des expressions provoquée par le danger extrême de la patrie, et par les trahisons éclatantes des agents militaires et civils de la République, ne contient que des faits notoires et des principes avoués par les amis de la République; comme la destinée des Jacobins fut toujours d'être calomniée par les tyrans, et qu'il est peu de différence entre Lafayette, Louis XVI et Léopold qui leur déclaraient la guerre il y a quelques mois, et Dumouriez, Brunswick, Cobourg, Pitt et leurs complices que j'ai dénoncés moi-même il y a peu de jours, et qui ne veulent pas aujourd'hui que je puisse même discuter l'acte d'accusation intenté contre un de nos collègues;

Comme la phrase de Marat, qui dit que la liberté ne sera établie que quand les traîtres et les conspirateurs seront exterminés, quelque illégale qu'elle puisse paraître, n'a jamais tué un seul traître et un seul conspirateur, et que les hypocrites ennemis du peuple ont déjà fait égorger 300,000 patriotes, et conspirent pour égorger le reste;

Comme ce ne sont point les anathèmes d'un écrivain contre les accapareurs, mais les émissaires de l'aristocratie et des cours étrangères qui ont excité un attroupement chez les épiciers, pour calomnier le peuple de Paris qui n'y a pris aucune part, les défenseurs de la liberté qui l'ont arrêté, et pour fournir à Dumouriez le prétexte du manifeste qu'il vient de publier contre Paris et contre la République;

Comme ceux qui poursuivent les moindres écarts du patriotisme se montrèrent de tout temps très exorables pour les crimes de tyrannie;

Attendu que je ne vois dans cette délibération que partialité, vengeance, injustice, esprit de parti, que la continuation du système de calomnie entretenu aux dépens du Trésor public par une faction qui, depuis longtemps, dispose de nos finances et de la puissance du gouvernement, et qui cherche à identifier avec Marat auquel on reproche des exagérations, tous les amis de la République qui lui sont étrangers, et enfin que l'oubli des premiers principes de la morale et de la raison;

Comme je n'aperçois dans toute cette affaire que l'esprit développé des Feuillants, des modérés et de tous les lâches assassins de la liberté, qu'une vile intrigue ourdie pour déshonorer le patriotisme, les départements infestés depuis longtemps des écrits liberti-

cides de royalistes, je repousse avec mépris le décret d'accusation proposé.

Danton, absent.

Collot-d'Herbois, absent.

Boursault. Comme bon républicain, et ne me trouvant pas assez éclairé, dans ce moment, dans l'affaire de Marat, je m'abstiens de voter, jusqu'à ce que nous connaissions les vrais coupables, et parce que je suis persuadé que nous sommes au moins 700 dupes de quelques intrigants qui voudraient nous replonger dans les fers.

Billaud-Varenne, absent.

Camille Desmoulins. Comme je ne juge pas un écrivain sur le délire d'un jour, mais sur une vie tout entière passée dans le souterrain, à combattre tous les tyrans et les conspirateurs; comme je respecte, dans Marat, un citoyen couvert d'honorables décrets de prise de corps, et martyr de la Révolution, et qu'il ne manquait à sa gloire que d'être poursuivi par Cobourg et Dumouriez; comme je vois Marat envoyé à l'Abbaye par les mêmes hommes qui ont fait sortir l'émigré Rivarol de l'Abbaye; comme je professe, sur la liberté de la presse, le même principe, que des hommes qui demandent aujourd'hui le décret d'accusation contre Marat; je parle de Brissot et Lanthenas, et qui soutenaient, il y a trois ans, que la liberté la plus illimitée, la plus indéfinie de la presse, était le *palladium* de la liberté; comme J.-J. Rousseau dit, quelque part, que M. le lieutenant de police aurait fait pendre le bon Dieu sur le sermon de la Montagne; je ne veux pas me déshonorer, en votant le décret d'accusation contre un écrivain trop souvent prophète, à qui la postérité donnera des statues.

Marat, absent.

Lavicomterie. J'ai toujours regardé Marat comme un homme intrépide, nécessaire dans un temps de révolution; et pour la liberté de la presse, je dis non: il n'y a pas lieu à accusation.

Legendre, absent.

Raffron du Trouillet, absent.

Panis, absent.

Sergent. Lorsque le dénonciateur de Marat s'est présenté à la tribune, je me suis retiré, parce que je n'aime ni les passions privées, ni les vengeances. Je ne connais pas les ouvrages de Marat; je n'ai point entendu le rapport qui a été fait; enfin, je ne connais de dénonciateur de Marat que Dumouriez. Dumouriez a trahi la patrie; je ne puis, sans être son complice, condamner un citoyen qu'il accuse; et comme on a voulu, par un décret, me faire voter contre un représentant du peuple, sans examen, sans discussion, sans vérification de pièces avec l'accusé, formes qui ont été observées avec beaucoup de soin et de lenteur vis-à-vis le tyran qui avait fait égorger des milliers de Français; comme mes collègues me paraissaient plus sacrés qu'un roi parjure, fussent-ils mêmes coupables, comme enfin Dieu même ne peut m'ôter la faculté de dérouler ma conscience, en exprimant ma pensée tout haut, à moins qu'il ne me prive de la vie, je déclare que non; il n'y a pas lieu à accusation.

Robert, absent.

Dusaulx, oui.

Fréron, absent.

Beauvais, absent.

Fabre d'Églantine. Toutes les formes sont écartées, tous les principes sont violés dans l'acte sur lequel on réclame ma voix. La justice m'ordonne de ne pas prononcer sur les faits que j'ignore, encore moins sur ceux dont on me refuse la preuve. Attendu le refus illégal, oppressif et inouï de discuter le rapport du comité, attendu l'absence au rapport des pièces qui doivent constater les griefs énoncés ; convaincu de la partialité, de la passion et de l'aveuglement qui caractérisent le cri des accusateurs, frappé de la vraisemblance remarquable qui se trouve entre l'acte énonciatif contre Marat, et le langage de Dumouriez contre la République ; je déclare que ma conscience ne me permet pas de voter.

Osselin. Je ne vois dans Marat qu'un représentant du peuple. Le mandat national investit celui qui en est chargé d'un caractère sacré.

Un décret d'accusation contre un député est un acte attentatoire, au moins par provision, à l'exercice des fonctions du mandataire du peuple; on ne doit jamais le porter à un tel excès que par des motifs assez puissants, profondément médités, clairement établis, et sévèrement discutés.

Je ne lis jamais les feuilles de Marat; la lecture des pièces sur lesquelles l'accusation est proposée, a été inutilement requise par plusieurs membres de la Convention, et par moi-même; je ne puis donner d'avis, dans ma conscience; je m'abstiendrai donc de voter, jusques après la lecture des pièces que je requiers, et la discussion que je demande sur leur contenu.

Robespierre, *le jeune.* Convaincu que l'accusation intentée contre Marat est une suite des machinations liberticides tramées par les conspirateurs, je ne puis voir un conspirateur ni un contre-révolutionnaire dans celui qui n'a cessé de les dénoncer. Convaincu que l'accusation actuelle est un moyen de consommer les crimes des fauteurs de la tyrannie, qui ont peint Marat, non pas tel qu'il est, mais tel qu'ils le veulent, afin de déshonorer les patriotes, en les couvrant de ce masque hideux, manœuvres coupables avouées par Buzot, au comité de défense générale, en présence de plus de 40 membres, que le pillage qu'on reproche à Marat est le fait de ses ennemis, puisque ce délit a été commis par des jeunes et des hommes bien vêtus, ce qui m'a été certifié par deux épiciers de Paris, à l'un desquels on est venu réclamer une canne à pomme d'or; que la *feuille qui est dénoncée* n'a point provoqué le pillage, commencé de plus de 2 heures avant que cette feuille ne parût; convaincu enfin que cette accusation n'est qu'un prétexte pour perdre un patriote ardent, d'un caractère nécessaire dans un temps de révolution, l'homme enfin qui, tant qu'il vivra, fera trembler les fripons de toute couleur; je dis, non.

David. Si Maury et Cazalès, si Dumouriez et Cobourg votaient dans cette affaire, ils diraient, oui; un républicain dit, non.

Boucher. Je déclare que je regarde les provocateurs du décret contre Marat, comme les amis du traître Dumouriez, et que je me regarderais comme leur complice, si je ne disais pas non.

Laignelot. J'ai toujours vu dans Marat le vrai défenseur de la liberté; il manquait peut-être à sa gloire d'en être le martyr : mais comme je ne veux pas, moi patriote, être mis au nombre de ses assassins; et qu'en voyant aujourd'hui, dans la persécution qu'il éprouve, toutes les formes violées, toutes les convenances blessées, la représentation nationale outragée, la justice des lois foulée aux pieds, il est clair, pour tout être qui pense, que ce n'est que le prélude de scènes désastreuses; comme j'ai entendu au comité de défense générale Gensonné, le plus dangereux des conspirateurs, avouer, parce que cela était avoué de tous, sa correspondance avec le traître Dumouriez; comme depuis la Révolution je n'ai pas perdu de vue le perfide Brissot, que j'ai pénétré, malgré sa profonde et lâche hypocrisie, et qu'il m'est démontré, à moi, que tous ces intrigants et leur suite infernale, ont juré la ruine de la République et le rétablissement de la royauté; comme une faction puissante, égarée ou corrompue, a choisi l'instant où les patriotes de la Montagne sont absents, pour travestir un accusateur en accusé, et le juger sans l'entendre; comme, malgré tous les efforts que l'on tente pour renverser la République, je suis convaincu qu'elle demeurera debout; comme enfin je méprise autant que j'abjure les principes des hommes que j'ai dénommés; et que, ne partageant point leurs projets liberticides, je ne veux point partager leur infamie, ni l'échafaud qui les attend : je dis, non.

Thomas. Attendu qu'il m'a été impossible de prendre une connaissance suffisante de l'affaire, je déclare qu'il m'est également impossible de voter, quant à présent.

L.-P. Égalité, absent.

DÉPARTEMENT DU PAS-DE-CALAIS

Carnot, absent.

Duquesnoy, absent.

Lebas. Comme on a fait précéder d'une foule de formalités la cause d'un tyran pris la main dans le sang du peuple, comme la même solennité est au moins due à la cause d'un représentant du peuple; comme rien n'a été éclairci dans cette affaire, et que les seuls crimes dont Marat paraisse jusqu'à présent coupable, sont d'avoir dénoncé Dumouriez, ses complices et tous les contre-révolutionnaires, je dis, non.

Thomas Paine, absent.

Personne. Comme je suis le véritable ami du peuple; comme véritablement attaché à la République; comme qui que ce soit ne peut se mettre au-dessous des lois; oui.

Guffroy, absent.

Eulart. Je n'ai entendu que la partie du rapport qui était relative à l'adresse de la société des Jacobins, et je dois déclarer que je n'ai trouvé, dans cette adresse, rien qui puisse motiver le décret d'accusation contre

Marat; cependant n'ayant pas entendu le surplus du rapport, et ne connaissant par conséquent pas les motifs qui ont pu déterminer le comité à proposer l'acte d'accusation, je déclare ne pouvoir émettre de vœu quant à présent.

Bollet. Comme un vrai républicain ne compose jamais avec les principes, je dis non.

Maguiez, non.

Daunou, absent.

Varlet, oui.

DEPARTEMENT DU PUY-DE-DOME

Couthon, absent.

Gibergues, oui.

Maignet, absent.

Romme (Gilbert). Le rapport du comité de législation sur Marat, ne m'est connu que par une seule lecture souvent interrompue. On n'a voulu, ni ouvrir la discussion, ni l'ajourner, quoique plusieurs membres aient offert de prouver les faussetés des faits allégués : la précipitation qu'on met dans cette affaire, et l'acharnement scandaleux avec lequel on éloigne tous les moyens d'éclairer l'opinion de la Convention, me rendent le rapport suspect. Je crains de tremper dans une injustice qui, en se dirigeant contre un représentant du peuple, prendrait le caractère d'un crime de lèse-nation.

Je déclare que ne voulant pas me souiller d'un violation aussi criminelle de tous les principes, je pense qu'il n'y a pas lieu à accusation quant à présent.

Soubrany, absent.

Bancal (Henri), absent.

Girot-Pouzol, oui.

Rudel, absent.

Artauld-Blanval, absent.

Monestier, absent.

Dulaure, absent.

Laloüe, oui.

DÉPARTEMENT DES HAUTES-PYRÉNÉES

Barère (Bertrand), absent.

Dupont. J'ai voué une haine implacable aux tyrans et aux agents de la tyrannie. La voix de ma conscience et l'amour de la patrie m'ont montré Marat comme un de leurs instruments les plus dangereux. Si je l'ai vu, comme conspirateur même, aussi supérieur à toute espèce de séduction par caractère, qu'au-dessus de la crainte des assassins et des poignards par courage, je dis, oui.

Gertoux, oui.

Piequé, oui.

Féraud. Quand j'ai accepté mon mandat, j'ai juré entre les mains de mes commettants d'être aussi terrible contre les tyrans, que contre les faux patriotes qui ont avili la liberté, attaqué la représentation nationale, cherché à la faire assassiner, prêché sans cesse l'incendie, le meurtre, le pillage et l'anarchie. Marat est un représentant du peuple, oui sans doute ; mais, à mon sens, un représentant du peuple doit être plus sévèrement puni, lorsqu'il trahit ses devoirs, et son inviolabilité disparaît à mes yeux devant les crimes. Je vous rappelle ici au surplus vos principes. Pour décréter d'accusation, il suffirait, d'après vos décrets, d'après ce qui s'est passé mille fois, que des indices graves appelassent votre fermeté, et c'est au juré de jugement à obtenir la première preuve ; mais ici nous avons des preuves très entières : ainsi donc estimant que si Marat a rendu quelques services à la patrie, il n'a fait que son devoir, et n'a pas par là obtenu l'impunité de ses provocations criminelles ; pensant surtout que les Républiques ne se soutiennent que par la force de la vertu, et que la roche Tarpéienne doit être toujours à côté du Capitole, je vote le décret d'accusation avec le même courage que j'ai voté la mort du tyran.

Lacrampe, oui.

DÉPARTEMENT DES BASSES-PYRÉNÉES

Sanadon, absent.

Conte, oui.

Pémartin, oui.

Meillan, oui.

Casenave. Dès que les délits graves qui fondent l'accusation sont constants, et que le prévenu a hautement persisté, même à la tribune, dans ceux qui compromettent essentiellement les plus grands intérêts de la société ; puisque le meurtre et le pillage sont les éléments de sa doctrine, qu'il a constamment allié aux poisons de la plus atroce calomnie ; que tant d'excès, en pervertissant l'opinion publique pouvaient amener la dissolution de l'Etat et anéantir la liberté ; le vrai citoyen, qui ne sait pas transiger au préjudice des principes sacrés de la justice, ne doit point balancer à provoquer la sévérité des lois contre l'individu coupable qui a osé les violer. Je vote pour le décret d'accusation.

Neveu, absent.

DÉPARTEMENT DES PYRÉNÉES-ORIENTALES

Guiter, oui.

Fabre, absent.

Birotteau, oui.

Montégut *l'aîné* Comme cultivateur, que j'aime à travailler pour nourrir ma famille, que je n'aime point le pillage, ni le carnage, je dis, oui.

Cassanyès. D'après le rapport du comité de législation appuyé par des preuves qu'on devra tirer par différents numéros du *Journal de Marat*, que j'ai lus dans le temps et dont j'ai pleine mémoire, il résulte qu'il y a de fortes suspicions contre Marat. Un homme accusé n'est pas jugé. Il a toujours le droit de se défendre par devant le tribunal. Je dis : oui

DÉPARTEMENT DU HAUT-RHIN

Rewbell, absent.

Ritter, absent.

Laporte. Comme je ne connais pas l'art de juger un homme, quel qu'il soit, sans l'entendre ; comme je ne connais pas l'art tyrannique de plonger dans les cachots pour étouffer la voix, je déclare que si je votais aujourd'hui pour le décret d'accusation contre Marat, je croirais avoir acquis le droit de demander demain une couronne civique pour Dumouriez. Non.

Johannot, absent.

Pflieger, *aîné*, absent.

Albert, *aîné*, oui.

Dubois, absent.

DÉPARTEMENT DU BAS-RHIN

Rühl, absent.

Laurent, absent.

Bentabole. Attendu que le rapport sur l'accusation intentée contre Marat, n'a point été discuté ;

Attendu que Dumouriez, en se déclarant l'ennemi de la patrie, a dénoncé lui-même Marat comme un objet d'opposition à ses principes ;

Attendu que Dumouriez, en levant l'étendard de la révolte, a manifesté sa coalition avec une partie des membres de la Convention qui accusent et qui votent contre Marat, en approuvant leurs principes et leur conduite ;

Attendu que cette accusation n'est qu'une suite de l'audace qu'inspire aux partisans de Dumouriez, le projet de renverser la République ;

Attendu que cette accusation n'a été intentée que pour détourner l'attention de la nation, des inculpations faites à plusieurs membres de la Convention prévenus d'avoir été en intelligence avec Dumouriez, et d'être ses complices ; et que malgré les réclamations de quantité de membres de la Convention, connus par leur patriotisme, ces inculpations ont été arbitrairement écartées et étouffées ;

Attendu enfin que sans m'arrêter au style de Marat, ni à ses idées, je suis forcé de reconnaître en lui un des plus fermes appuis de la Révolution ; que ce citoyen a constamment dénoncé les traîtres et les plus grands conspirateurs, malgré les persécutions les plus fortes, je déclare en mon âme et conscience qu'il n'y a pas lieu à accusation.

Dentzel, absent.

Louis, absent.

Ehrmann, absent.

Arbogast, point de vœu, quant à présent.

Christiani, absent.

Simond (Philibert), absent.

DÉPARTEMENT DE RHONE-ET-LOIRE

Chasset, oui.

Dupuy, *fils*. Je n'ai jamais lu les ouvrages de Marat ; les pièces énoncées contre lui ne me paraissent point constantes. La majorité a refusé de m'instruire. Je vois un esprit de faction ; l'intrigue, avec le traître Dumouriez, est évidente pour moi ; je ne veux pas servir les conspirateurs. Je déclare donc que je ne saurais voter quant à présent.

Vitet, absent.

Dubouchet. Comme dans la malheureuse affaire qui nous occupe, les premiers principes de la justice, de la raison, de l'humanité ont été violés ; comme les droits imprescriptibles et sacrés de l'homme et du citoyen ont été méconnus ; comme la majesté du peuple a été outragée dans la personne d'un de ses représentants ; comme le rapport qui sert de base au décret d'accusation qui doit frapper Marat, laisse jaillir l'esprit de parti, d'animosité, de haine, de vengeance ; comme enfin toutes les formes tutélaires de la sûreté et de la liberté des citoyens ont été violées, je croirais être le complice de ses dignes accusateurs, si je ne me disais pas, non.

Marcellin Béraud, absent.

Pressavin, absent.

Patrin, absent.

Moulin, oui.

Michet, oui.

Forest, oui.

Noël **Pointe**, absent.

Cusset. J'ai voté la mort du tyran ; par conséquent, celle de ceux qui voulaient le sauver ; j'aimais donc le peuple ; je remplissais donc mes devoirs en aimant le peuple ; j'aime ses défenseurs ; je suis donc l'ami du peuple ; l'ami du peuple est Marat, et je vote, non.

Javogues. Je déclare en ma foi et conscience, que Marat, loin d'avoir donné lieu à un décret d'accusation par sa conduite, a, au contraire, mérité des éloges par sa fermeté à dénoncer tous les abus, toutes les conjurations, et notamment celle de Dumouriez et ses complices : comme il est aisé de reconnaître dans les ennemis de Marat le projet infâme de faire assassiner tous ceux qui ont voté la mort du tyran, et qui ne sont pas ici hypocrites, mais les vrais fondateurs de la République, je déclare qu'il n'y a pas lieu à accusation contre Marat.

Lanthenas. J'ai défendu la liberté indéfinie de la presse, et j'en soutiens aujourd'hui comme autrefois le principe.

Je crois que Marat devrait être traduit devant un tribunal de censure publique, que nous aurions dû depuis longtemps avoir établi, pour y être censuré pour des fautes très graves qui ont compromis la chose publique, et être suspendu par ce tribunal de toute fonction ; mais quand il s'agit de mettre sous le glaive de la loi, des hommes en qui je ne vois que folie, zèle exagéré, frénésie, au milieu des passions nourries depuis six mois dans cette Assemblée ; je frissonne d'effroi, car je vois ici des hommes dans tous les partis qui sont coupables de fautes *très graves*, qui, à mon avis, sont cependant distincts du crime de *trahison*.

Je n'ai point entendu le rapport des comités sur Marat. J'entends mes collègues se plaindre qu'il n'ait pas été discuté et assurer qu'il n'inculpe pas Marat de crime. Mon avis est qu'il soit aussitôt formé un tribunal de censure publique, que ce tribunal puisse juger rétroactivement nos fautes, nos délires, et suspendre de leurs fonctions ceux de nous qui seront convaincus d'avoir compromis le salut de la chose publique par leurs travers, leurs défauts de caractère, d'esprit et de cœur, ou même de leurs vices.

Je pense encore qu'il y aurait lieu à commettre des médecins pour examiner si Marat, comme beaucoup d'autres parmi nous que je nommerais, s'il y avait lieu, n'est pas réellement atteint, comme je l'en soupçonne depuis longtemps, de folie et de frénésie.

Mais je crois, sur le décret d'accusation dont il s'agit, qu'il n'y a pas lieu : je vote contre. Je dis, non.

Fournier, absent.

DÉPARTEMENT
DE LA HAUTE-SAONE

Gourdan. Je ne connais point de liberté sans lois, point de lois sans morale et sans justice ; et celui qui se met au-dessus des lois, qui fait de continuels efforts pour détruire la justice et pervertir la morale, me parait l'ennemi de la liberté comme l'ami des rois. Je dis, oui.

Vigneron, oui.

Siblot, oui.

Chauvier, oui.

Balivet, oui.

Dornier. Je ne suis ni un Cazalès, ni un Maury, ni un complice de Dumouriez, ni d'Orléans : entièrement indépendant de parti et ne consultant que ma conscience, comme je l'ai fait lorsque j'ai voté dans toutes les questions contre le tyran, je ne puis applaudir ni favoriser ceux qui provoquent au meurtre, au pillage, au rétablissement de la royauté, ou de la dictature. Comme je suis convaincu que Marat a commis tous ces crimes, je dis, oui.

Bolot, absent.

DÉPARTEMENT DE SAONE-ET-LOIRE

Gélin, absent.

Masuyer, oui.

J. Carra, absent.

Guillermin, absent.

Reverchon, absent.

Guillemardet, absent.

Baudot, absent.

Bertucat. Comme je suis du nombre de ceux qui dans l'affaire de Louis Capet n'ont pas voté comme Marat, et qu'il a en conséquence voués au glaive des assassins, ma délicatesse m'a obligé de voter pour l'ajournement à mercredi. de la question qui nous occupe, pour n'être pas suspect de m'être livré à un premier mouvement de vengeance et de représailles. L'ajournement a été rejeté, et la même délicatesse me fait un même devoir de rejeter en ce moment le décret d'accusation, fondé sur les mêmes motifs qui m'avaient fait demander l'ajournement.

Mailly, absent.

Moreau, absent.

Montgilbert, absent.

DÉPARTEMENT DE LA SARTHE

Richard, absent.

Primaudière (François), absent.

Salmon, oui.

Philippeaux. Si j'étais assez vil pour vouloir satisfaire ma vengeance contre Marat aux dépens de la justice, je voterais pour le décret d'accusation, car cet homme m'a calomnié dans ses feuilles. Mais je dois oublier mon injure personnelle, au moment où je deviens juge, et ne consulter que les principes austères de la justice. Or, ces règles ont été violées dans l'affaire que vous voulez juger sans observer aucune forme capable d'éclairer la conscience des votants. Je déclare donc qu'il m'est impossible d'émettre aucun vœu, jusqu'à ce que ces formes essentielles aient été remplies. Et quant à présent, je dis non.

Boutroue. J'adopte les motifs énoncés par Thirion ; j'ajoute que je ne puis décréter d'accusation un patriote, pour avoir appelé le glaive vengeur du peuple sur la tête des conspirateurs : en conséquence, je dis non.

Levasseur. Les pièces sur lesquelles le rapporteur a fondé le décret d'accusation n'ayant point été communiquées, et n'ayant pu entendre distinctement le rapporteur, je ne puis voter sans discussion pour un décret d'accusation contre un représentant du peuple qui n'a pas été entendu, et qui me paraît, en ce moment, d'autant moins suspect, que depuis longtemps, il a annoncé les trahisons de Dumouriez et de Beurnonville, et que Dumouriez lui-même, dans une de ses lettres, a dénoncé Marat et Robespierre, comme s'opposant à ses projets : non.

Chevalier, oui.

Froger-Plisson, oui.

Sieyes, absent.

Le Tourneur, absent.

DÉPARTEMENT DE SEINE-ET-OISE

Lecointre, absent.

Haussmann, absent.

Bassal, absent.

Alquier, absent.

Gorsas, oui.

Audouin. Comme je suis convaincu que Marat a constamment dénoncé les traîtres et les conspirateurs depuis le commencement de la Révolution; comme je suis convaincu qu'il a été poursuivi par Necker qu'il avait dévoilé, par Lafayette dont il déjouait les complots, par les Malouet de l'Assemblée constituante et les Ramond de l'Assemblée législative, dont il déconcertait les desseins criminels ; comme je suis convaincu qu'il est poursuivi par des hommes qui n'ont rien épargné pour sauver Louis Capet, après avoir marchandé avec lui sa déchéance, par des hommes qui n'ayant pu arracher la tête du tyran à l'échafaud, choisissent, pour les offrir aux mânes de ce despote, des victimes parmi les députés qui l'ont condamné au dernier supplice ; par des hommes, dont Dumouriez, l'ami de Cobourg, s'est déclaré le protecteur ; par des hommes qui adhèrent, par leur conduite, aux proclamations du général perfide qui s'est acharné contre l'accusé, et aux désirs duquel on le sacrifie ; comme d'ailleurs je n'ai vu, dans le rapport qui a été présenté contre Marat. qu'un ramas indigeste de plates méchancetés et d'absurdes dénonciations, et que je n'ai pu défendre, au moyen d'un ajournement, les principes violés, la liberté outragée, la patrie veuve d'un de ses représentants, traîné devant les tribunaux par une lâche vengeance, que dis-je? par une suite du système de royalisme et de contre-révolution dont voilà une victime ; je déclare que je veux la République, en disant que je ne veux pas voter pour un décret qui couvrira d'opprobre ceux qui l'ont provoqué, mais en disant que Marat a bien mérité de la patrie.

Treilhard, absent.

Roy, absent.

Tallien, absent.

Hérault de Séchelles, absent.

Mercier, oui.

Chénier, absent.

Dupuis, absent.

Richaud. Comme aucune considération ne peut, ne doit m'arrêter, quand il s'agit d'émettre mon vœu sur des faits que la loi condamne, d'après le rapport que j'ai entendu, je dis oui.

DÉPARTEMENT
DE LA SEINE-INFÉRIEURE

Albitte. Je n'ai point entendu la dernière partie du rapport sur Marat ; de plus, je sais positivement qu'il a dénoncé les Lameth, les Lafayette, les tyrans et Dumouriez ; je sais encore particulièrement qu'il a été accusé par Dumouriez comme son plus grand ennemi ; et quand on ne cherche dans cette affaire aucun des principes de la justice, en conséquence je dis que, quant à présent, il n'y a pas lieu à accusation.

Pocholle, absent.

Hardy, absent.

Yger, absent.

Hecquet, oui.

Duval, absent.

Vincent, oui.

Faure, absent.

Lefebvre, oui.

Biutel, absent.

Bailleul, absent.

Mariette, absent.

Doublet, oui.

Ruault, oui.

Bourgois, oui.

Delahaye. Le rapport fait dans cette affaire est appuyé par des preuves écrites à mes yeux ; il n'est point dicté par la prévention. Marat accusé n'est point jugé ; il a le droit de se défendre : un jury d'accusation n'entend jamais de défenses, et Marat a été entendu. Je suis intimement convaincu que Marat était d'intelligence avec d'Orléans dont on l'accuse d'avoir reçu 15,000 livres, dont il a toujours pris la défense. Je déclare sur ma conscience et sur mon honneur qu'il y a lieu à accusation.

DÉPARTEMENT DE SEINE-ET-MARNE

Mauduyt, absent.

Bailly, oui.

Tellier. Quand il s'agit de la liberté d'un représentant du peuple, il est de la plus haute importance de ne pas prononcer avant une discussion mûre et approfondie qui commande le respect au décret à rendre par la Convention. Ce n'est point pour Marat, c'est pour tous les représentants du peuple que je refuse de voter avant la discussion.

Cordier. Je déclare que n'ayant point entendu le rapport ni vu aucune pièce, je dis non.

Viquy, oui.

Geoffroy, *jeune*, oui.

Bernard des Sablons, refus de voter.

Bimbert, absent.

Opoix, absent.

Defrance, absent.

Bernier. Si j'étais l'ennemi du peuple et le complice de Dumouriez, si j'étais jaloux des applaudissements des tribunes, ou si je craignais leurs menaces, je dirais comme si je n'eus jamais d'autre guide que ma raison, ma conscience et le bien de ma patrie, je déclare être convaincu que Marat est le plus hardi contre-révolutionnaire... Vous qui m'interrompez par vos clameurs, qui m'accablez d'injures lorsque je remplis mon devoir, me connaissez-vous ? non : eh bien ! il est un moyen de mettre un terme à tant d'audace. Provoquons mutuellement la censure publique sur nos actions ; que chacun soit tenu de justifier de ce qu'il a fait pour le peuple avant et depuis la Révolution ; qu'il en soit fait un tableau soumis à la contradiction des citoyens: alors le peuple distinguera ses vrais amis ; il ne sera plus dupe de ceux qui ne le flattent tant aujourd'hui, que pour mieux l'asservir: je me réserve d'en faire la motion expresse. Je prononce avec sécurité ce que la France entière demande depuis six mois, le décret d'accusation contre Marat.

DÉPARTEMENT DES DEUX-SÈVRES

Lecointe-Puyraveau, absent.

Jard-Panvillier, oui.

Auguis, absent.

Duchastel, oui.

Dubreüil-Chambardel, absent.

Lofficial, oui.

Cochon-Lapparent (Charles), absent.

DÉPARTEMENT DE LA SOMME

Saladin, absent.

Rivery, absent.

Gantois, oui.

Devérité, absent.

Asselin, absent.

Delecloy, absent.

Louvet, absent.

Dufestel, oui.

Sillery, absent.

François. Comme l'expérience de tous tous les jours m'a convaincu que je ne devais pas ajouter foi, aussi facilement que l'un de mes collègues, à la conversion prétendue des conspirateurs, lorsque leurs discours sont démentis continuellement par leurs écrits liberticides, je dis oui, avec toute la fermeté d'un Brutus. J'ai été convaincu des crimes de

Louis le dernier ; je le suis aussi de ceux de Marat ; je dis que je ne sais pas composer avec les principes : je dis *oui*.

Hourier-Eloy, absent.

Martin, absent.

André Dumont, absent.

DÉPARTEMENT DU TARN

Lasource. Au-dessus des clameurs et des injures, au-dessus des craintes et des terreurs, je déclare qu'à mes yeux Marat est un homme très dangereux pour la liberté, un homme qui tend à la détruire par le désordre, et à ramener le despotisme par l'anarchie. J'ai pour lui le mépris et la haine qu'un sincère républicain a pour l'ennemi de son pays. Si je ne consultais que les principes de l'ordre social, les lois et ma conscience, je voterais sur-le-champ le décret d'accusation : je déclare qu'il le mérite ; mais j'ai un genre de grandeur que mes calomniateurs ne connaissent pas, et que les hommes de bien seuls apprécient. Marat m'a souvent calomnié, il m'a désigné personnellement dans la lettre qu'il a écrite aujourd'hui à la Convention nationale ; c'est assez, je ne vote pas.

Lacombe-Saint-Michel, absent.

Solomiac, absent.

Campmas, non.

Marvejouls, absent.

Daubermesnil, absent.

Gouzy, oui.

Rochegude, absent.

Meyer, oui.

DÉPARTEMENT DU VAR

Escudier. Comme je ne veux pas être le complice d'un acte d'oppression ; comme je veux être convaincu avant de condamner ; comme je vois tous les principes de justice sacrifiés à des sentiments de haine et de vengeance, je refuse de voter, et dans ce moment je dis *non*.

Charbonnier. Comme il n'y a que les ennemis de la liberté et les conspirateurs contre la patrie qui doivent craindre la liberté de Marat, je dis non.

Ricord. Comme le refus oppressif de permettre de discuter le rapport du comité de législation, de la fausseté duquel je suis pleinement convaincu, et que je ne puis considérer que comme l'ouvrage de la haine et le comble des fureurs aristocratiques ; que d'ailleurs l'on a opiniâtrement refusé d'écouter les membres de la Convention qui se sont présentés pour parler dans cette discussion, et que je suis infiniment persuadé que Marat n'a d'autres torts aux yeux de ses accusateurs que celui d'avoir constamment dénoncé le traître Dumouriez et ses complices, je déclare que Marat, bien loin de mériter le décret d'accusation, mérite une couronne civique pour avoir eu le courage de dénoncer les traîtres à la patrie ; je dis non.

Isnard. Je déclare avec franchise que j'étais prêt à décréter Marat d'accusation, parce qu'en mon âme et conscience je déclare

qu'il le mérite ; mais l'acharnement que l'on a mis à porter ce décret avant toute discussion préalable, et la crainte d'être moi-même la dupe d'une intrigue, m'engagent à ne point voter le décret d'accusation quant à présent.

Despinassy, absent.

Roubaud, absent.

Antiboul. J'ai lu, j'ai entendu Marat : je croyais, avant le rapport, que Marat avait mérité le décret d'accusation ; mais j'ai ouï dire çà et là, que Marat n'était qu'un mannequin et un fou. Je m'en suis convaincu par la conduite de Marat dans l'Assemblée ; je croirais ne pouvoir voter que pour qu'il demeurât enfermé ; mais forcé de m'expliquer par oui ou par non, je dis non.

Barras, absent.

DÉPARTEMENT DE LA VENDÉE

Goupilleau (J.-F.), absent.

Goupilleau (P.-C.), absent.

Gaudin, absent.

Maignen, absent.

Fayau, absent.

Musset, absent.

Morisson, absent.

Girard-Villars, absent.

Garos, absent.

DÉPARTEMENT DE LA VIENNE

Piorry, absent.

Ingrand. Comme il m'est bien démontré que Marat n'a cessé de servir avec chaleur et succès la cause de la liberté, en démasquant avec le plus grand courage les traîtres les plus accrédités ;

Comme il m'est bien démontré que les lâches qui ont provoqué contre Marat le décret d'accusation, ne s'y sont déterminés que pour se soustraire à son active surveillance ; qu'il en est plusieurs dont les écrits auraient dû faire tomber sur leur tête le glaive vengeur des lois, je déclare que je vote pour que Marat soit de suite rendu à ses fonctions pour nous montrer au doigt les coquins, comme il l'a toujours fait.

Dutrou-Bornier, oui.

Martineau, oui.

Bion, oui.

Creuzé-Latouche, oui.

Thibaudeau, absent.

Creuzé (Pascal), oui.

DÉPARTEMENT DE LA HAUTE-VIENNE

Lacroix, absent.

Lesterpt-Beauvais. Je vois des faits criminels que Marat a avoués ; j'aime la justice, et je ne sais pas opiner d'une manière évasive : ainsi je dis oui.

Bordas, absent.

Gay-Vernon. L'accusé n'ayant pas été entendu, ne connaissant pas les feuilles de Marat, le rapport n'ayant pas été discuté, et voulant me conserver le droit et la liberté de m'opposer aux décrets d'accusation qui pourraient être lancés sans discussion d'une manière irréfléchie et précipitée contre les accusateurs même de Marat, je dis non quant à présent.

Faye. Les noms dont on se masque ne m'en imposent pas. Sous celui d'Egalité, je ne vois en effet qu'un ambitieux qui brigue pour s'emparer de la souveraineté nationale ; et sous celui de l'ami du peuple, je ne vois qu'un traître, un des principaux agents de cet ambitieux, un vil calomniateur, un homme de sang, qui ne discontinue pas de prêcher le meurtre, le carnage et le pillage, un désorganisateur, et enfin un réfractaire continuel à la loi ; je vote pour le décret d'accusation contre Marat.

Rivaud. Parce qu'il résulte des écrits de Marat dénoncés dans l'acte énonciatif des chefs d'accusation portés contre lui, qu'il a provoqué le meurtre, le pillage et la dissolution de la Convention nationale ; parce que Marat a avoué lui-même ces écrits dans cette Assemblée ; parce que dans une de ses feuilles, dénoncée ici par Chabot, il a annoncé que la France ne pouvait être sauvée sans qu'elle se donnât un maître, et que Marat n'a pas désavoué cette idée liberticide ; parce que personne n'a eu le courage de se présenter pour le justifier, si ce n'est après que la discussion a été fermée ; et enfin, parce que Marat lui-même a été antérieurement entendu sur les accusations portées à diverses fois contre lui, je déclare qu'il y a lieu à accusation.

Soulignac, oui.

DÉPARTEMENT DES VOSGES

Poullain-Grandprey. Comme il ne s'agit pas ici de condamner, mais d'accuser; comme aucun décret d'accusation n'a été prononcé depuis la réunion de la Convention nationale avec autant de solennité que dans cette occasion ; comme il ne faut, aux termes de la loi, que de fortes présomptions pour accuser, et non des preuves; comme il résulte au moins de fortes présomptions contre Marat, des écrits cités au rapport du comité de législation; comme il serait possible d'en concevoir de son empressement à prendre la défense d'Orléans, lorsque le décret d'accusation a été prononcé contre ce dernier; comme ces présomptions ne peuvent s'apprécier que par l'instruction d'une procédure; comme cette instruction seule peut réaliser, ou faire disparaître les soupçons qui flottent sur la tête de Marat, et lui donner les moyens de se justifier s'il est innocent je vote pour le décret d'accusation, et je dis, oui.

Hugo, oui.

Perrin, absent.

Noël, oui.

Julien **Souhait.** Les amis de Marat cherchent à jeter des doutes sur les sentiments de ceux qui n'adoptent pas tous ses principes. J'observe à cet égard, que je suis député du département des Vosges; qu'aucun de mes collègues n'est maratiste ; qu'un département qui a dans ce moment aux frontières le tiers de sa population en état de porter les armes, qui est honoré de plusieurs décrets qui l'ont déclaré avoir bien mérité de la patrie, qui s'est constamment distingué par le patriotisme le plus éclairé, le plus pur et le plus ardent, ne peut être soupçonné d'avoir envoyé ici une députation suspecte. Il nous a expressément chargés d'y concourir à la formation de bonnes lois; il nous a chargés de fonder la liberté du peuple français sur des bases solides, sur les principes de la vraie liberté et de l'égalité, sur le respect sacré des personnes et des propriétés; il nous a chargés de ramener le bonheur et la paix, en poursuivant l'anarchie et le désordre, sous quelque masque qu'ils se couvrent. Fidèles à son mandat, à ses vœux, nous devons nous prononcer contre Marat, contre un homme qui, dans l'oubli de son caractère et de ses devoirs, a osé provoquer l'anarchie, l'assassinat, le mépris des lois, le pillage, la violation des personnes et des propriétés, la dissolution de la représentation nationale et la tyrannie d'un maître ou dictateur. C'est en vain que l'on nous menace d'un mouvement prétendu populaire; nous ne craignons rien; le malheur pour nous ne serait pas de périr, mais de trahir notre conscience, nos devoirs et la patrie. Je vote pour le décret d'accusation contre Marat.

Bresson, oui.

Couhey, oui.

Balland, oui.

DÉPARTEMENT DE L'YONNE

Maure, *l'aîné.* Comme depuis trois jours l'Assemblée m'a honoré de sa confiance, en me chargeant de l'inventaire des papiers du traître Dumouriez;

Comme j'ai été exact à mon devoir, et presque toujours seul occupé à cette importante opération, qu'on semble négliger;

Comme le tumulte seul m'a appelé hier soir à l'Assemblée;

Comme j'y ai vu des hommes passionnés, et indignes des fonctions augustes qui leur sont déléguées, accuser un de leurs collègues;

Comme je ne connais pas les griefs qu'on impute à Marat, je déclare en ma conscience que je ne peux voter.

Tureau-Linières, absent.

J. **Boilleau.** Il semble que l'on ne ne puisse manifester ici qu'une seule opinion : cependant, comme nous n'avons pas tous les mêmes yeux pour voir de la même manière, nous n'avons pas non plus tous le même esprit pour penser uniformément; nous n'avons pas le même cœur pour éprouver les mêmes sensations : la justice la plus simple exige donc que chacun puisse émettre son opinion et la motiver à sa manière. Je demande à n'être point interrompu; lorsque j'aurai tout dit, que l'on me persifle, que l'on me hue, que l'on entreprenne davantage si l'on veut sur ma personne; j'endurerai tout en souriant au plaisir d'avoir fait mon devoir.

Je déclare qu'ayant voté la mort du tyran sans appel, par cette haine implacable que je porte naturellement à ces scélérats hypocrites, à tout homme qui est sans morale et sans principes comme sans vertus, il m'est impossible de voir avec indulgence les crimes de Marat.

A mon sens, cet homme a reculé d'un demi-siècle la liberté et la félicité publiques. Marat, que je n'ai d'abord considéré que comme un fou, m'a prouvé par sa conduite qu'il avait une âme profondément perverse. Je ne pense pas qu'il y ait en France un homme, même parmi les plus forcenés aristocrates, qui tende plus directement que lui à la destruction de la République.

Les Républiques ne peuvent se soutenir que par des mœurs et des vertus, que par la plus exacte soumission aux lois. Les lois sont le seul frein qui puisse arrêter au bord de l'abîme du despotisme que creuse toujours l'anarchie : oui, c'est le seul frein du peuple, lorsque la philosophie a été obligée de soulever à ses yeux le voile des erreurs humaines qui s'opposaient aux progrès de sa raison : eh bien ! Marat, qui sans doute ne l'ignore pas, a travaillé sans cesse à corrompre et à perdre les mœurs et les vertus du peuple. Marat a provoqué le peuple au désordre, à l'anarchie, au meurtre, au pillage; il lui a conseillé plus d'une fois le massacre des députés. Marat a dit à la tribune qu'il était au-dessus des décrets, Marat a refusé d'y obéir.

Marat, malgré la loi qui inflige la peine de mort contre quiconque provoquera la dissolution de la Convention, seul refuge de la liberté, a provoqué cette dissolution. Il a demandé un roi, lorsque nous avions décrété la République. Il a refusé d'obéir au décret d'arrestation : par ce fait seul, il se déclare l'ennemi de la nation, puisqu'il méconnaît la Convention, comme faisaient les protestants de l'Assemblée constituante. Marat donne l'exemple de l'anarchie la plus complète; il prêche la violation des personnes et des propriétés. Il calomnie les bons comme les méchants, ce qui fait qu'il est impossible que quelquefois il ne frappe pas juste. Marat est un agitateur du peuple, au lieu d'être son ami. Tout m'annonce que Marat est un agent de la faction d'Orléans, payé par elle; car, dans ses calomnies, d'Orléans est le seul qu'il ait épargné. Marat, en un mot, est à mes yeux non pas un Romulus allaité par une louve, mais un tigre qui veut égorger jusqu'à la liberté.

Le tyran a employé tous ses efforts pour soutenir le despotisme, Marat a employé tous les siens pour le faire renaître. Marat est donc digne de mort comme le tyran, et je le condamnerais comme lui, si j'en avais la faculté. Je le décrète d'accusation.

J'ajoute que si l'on me fournit des preuves de complicité avec Dumouriez, contre ceux que Marat a inculpés, je ne les épargnerai pas plus que lui.

Precy, oui.

Bourbotte, absent.

Hérard, oui.

Finot, absent.

Chastellain, oui.

DÉPARTEMENT DE L'ILE DE CORSE

Salicetti, absent.

Chiappe. J'ai suivi constamment Marat dans son journal, et je l'ai toujours reconnu comme l'auteur d'une feuille liberticide. Marat a prêché le meurtre, le pillage et l'anarchie la plus complète; mais il a fait plus que cela : Marat a appelé les poignards contre les représentants du peuple. Il s'est constamment attaché à dissoudre la Convention nationale; chacun sait bien que le massacre et la dissolution de la Convention nous mèneraient encore une fois au despotisme. Suivant moi, rien ne pouvait mieux seconder les vues des ennemis coalisés de la République, que la doctrine infâme de Marat. Je l'ai toujours regardé comme indigne d'être membre de la Convention nationale. Je sais bien que les hommes faibles ne sont pas libres ici; je sais bien aussi que la représentation nationale a été sifflée et avilie principalement dans cette séance; mais c'est la faute, c'est la faiblesse de votre président.

Un Corse ne craint, ni les factions, ni les tribunes. Quand je me demande la cause de l'anarchie et des malheurs que la France éprouve dans un temps où elle devrait être la plus heureuse et la plus tranquille des nations, je dis : c'est Marat et ses partisans; j'attribue à Marat plus qu'à tout autre la cause de nos revers, parce que sa morale fait paraître la liberté française comme odieuse aux nations. J'abhorre les partis, et je ne suis que de celui de la raison, de la liberté et de l'égalité. Je suis de l'avis du comité, c'est-à-dire qu'il y a lieu à accusation. Je demande que nous nous occupions sérieusement et d'accord de la chose publique.

Casabianca, absent.

Andrei, absent.

Bozi, absent.

Moltédo, absent.

DÉPARTEMENT DE L'AIN

Deydier, non. J'ai voté pour l'ajournement, parce que je voulais être instruit, d'autant mieux que les pièces rappelées dans le rapport n'ont point été lues, malgré l'interpellation que j'en ai faite.

Quand la discussion précipitée de cette affaire n'a pu y jeter toutes les lumières nécessaires, je croirais manquer à la représentation nationale, si je prenais un parti quelconque en ce moment surtout, me rappelant du décret qui renvoie aux tribunaux un des chefs d'accusation compris dans le rapport; que, d'une autre part, j'aurais désiré que Marat fût, au préalable, entendu; ce que j'ai encore demandé, sans cependant approuver la conduite de Marat ; je déclare que je ne puis voter en ce moment; mais j'entends que mon vote serait la peine la plus douce.

Gauthier, absent.

Royer, oui.

Jagot, absent.

Mollet, absent.

Merlino, absent (1).

DÉPARTEMENT DE L'AISNE

Quinette, absent.

Jean Debry, absent.

Beffroy, absent.

Bouchereau, absent.

---

(1) Le document imprimé que nous avons sous les yeux, porte : *Merlinot.*

Saint-Just, absent.

Belin, oui.

Petit, absent.

Condorcet, absent.

Fiquet, absent.

Lecarlier, ne vote pas quant à présent.

Loysel, oui.

Dupin, *jeune*, absent.

DÉPARTEMENT DE L'ALLIER

Chevalier, oui.

Martel. Comme un juge doit être sévèrement instruit des faits sur lesquels il a à prononcer; comme jusqu'à présent je n'ai vu en Marat qu'un défenseur intrépide de la liberté et de l'égalité, que je n'ai vu en Marat, que le surveillant et le dénonciateur des Lafayette, des Dumouriez et de tous les traîtres qui ont trahi la patrie; comme les faits qu'on impute à Marat ne sont pour moi ni prouvés ni discutés avec les principes de l'éternelle justice, qui seront toujours supérieurs à la brigue des vils satellites des tyrans et des traîtres; je déclare donc que, fidèle à la voix de ma conscience, je croirais la trahir en faisant un acte oppressif, et servir l'infâme Dumouriez et ses adhérents, si, jusqu'à la preuve des crimes qu'on veut imputer à Marat, je ne disais pas jusqu'à présent, non.

Petitjean, absent.

Forestier, absent.

Beauchamp, absent.

Giraud, absent.

Vidalin. Occupé, depuis plusieurs jours' pendant sept heures, au comptage des bouts de séries à la fabrication des assignats, je n'ai point de connaissance de ce qui s'est passé à la Convention; d'ailleurs, je n'ai point lu les écrits de Marat : je ne puis voter sur ce que je ne connais pas.

DÉPARTEMENT DES HAUTES-ALPES

Barety, oui.

Borel, absent.

Izoard, ajournement.

Serre. Comme les moyens qu'on a employés pour soustraire Marat au décret d'accusation, m'ont paru visiblement liberticides; comme je ne suis point le complice de Dumouriez; comme je ne suis point égaré, et surtout comme j'ai la conviction physique et morale des délits qu'on impute à Marat, je réponds oui.

Cazeneuve, oui.

DÉPARTEMENT DES BASSES-ALPES

Claude-Louis Réguis, oui.

Dherbez-Latour. Comme j'ai toujours reconnu dans Marat un intrépide défenseur de la liberté et de l'égalité, un ami sincère de la République une et indivisible, comme il a toujours poursuivi et démasqué les conspirateurs;

Comme, depuis longtemps, Dumouriez et ses complices lui ont déclaré une guerre ou-

verte, et voué une haine implacable; qu'elle a redoublé depuis qu'on a proposé de mettre à prix la tête des Bourbons transfuges;

Que son crime est dans la basse vengeance et la passion des traîtres dont il a arraché le masque ; que le rapport fait contre lui est évidemment l'ouvrage d'une main ennemie ;

Que je crois qu'il n'y a que ses ennemis qui méritent le décret d'accusation, parce qu'on n'est son ennemi qu'autant qu'on est contre-révolutionnaire et royaliste ; que ceux qui l'accusent de scélératesse mentent impudemment à leur conscience et à la nation, et lui prêtent leurs vices; en conséquence, je dis non.

Maisse, absent.

Peyre, absent.

Marc-Antoine Savornin, absent.

DÉPARTEMENT DE L'ARDÈCHE

Boissy-d'Anglas, oui.

Saint-Prix, oui.

Gamon, oui.

Saint-Martin, oui.

Garilhe, oui.

Gleizal, absent.

Coreufustier, oui.

DÉPARTEMENT DES ARDENNES

Blondel, oui.

Ferry, absent.

Mennesson, absent.

Dubois-Crancé. Je déclare que le rapport qui nous a été fait sur Marat se trouve, dans les objets principaux qu'il renferme, faux et calomnieux, et je m'étais proposé d'en démontrer le faux, si l'Assemblée l'eût permis.

Ce rapport est calomnieux en ce que, sous le prétexte de chercher un crime à Marat, on l'accuse d'avoir signé une adresse de la société des Amis de la liberté et de l'égalité de Paris, laquelle adresse renferme les principes les plus purs, principes que nul ne pourrait désavouer sans s'afficher comme un contre-révolutionnaire.

Je déclare que ce rapport sur lequel on nous force de prononcer sans avoir été soumis à aucune discussion, sans avoir été communiqué à l'accusé, ce qui est une violation de tous les principes, est évidemment l'ouvrage d'une faction qui a déjà investi de ses intrigues le Corps législatif, et qui s'est accrue dans la Convention de toutes les préventions qu'elle y a introduites à force de dénonciations calomnieuses dont cette tribune a retenti depuis six mois, au grand scandale de la nation.

Cette faction, que je n'accuse pas, moi, d'être conspiratrice, de ne pas vouloir de la République, mais que j'accuse de la soif de dominer, est celle qui, dans le Corps législatif, se plaça entre la Cour et le peuple pour dominer l'un par l'autre. Elle a fait quelques actes de patriotisme apparents, parce qu'elle avait besoin de popularité pour se rendre imposante à la Cour, parce qu'elle combattait entre les Jacobins, qui voulaient la liberté et l'égalité, et les Dumas, les Ramond, les Vaublanc, qui voulaient le despotisme.

Les Lameth aussi ont fait des actes apparents de patriotisme, et n'étaient que de profonds intrigants.

J'ai connu les hommes de cette faction au commencement de 1792 ; je les ai aimés, estimés, et alors ils étaient abhorrés des aristocrates : passant à Lyon à cette époque pour me rendre à l'armée du Var, j'ai vu que ces hommes y étaient envisagés comme des scélérats parmi toute la classe feuillantine de cette ville. A mon retour pour me rendre à la Convention, ces mêmes Feuillants chantaient leurs louanges ; j'en fus ridicule et la calomnie sur la clef de cette métamorphose.

Citoyens, la patrie est dans le plus grand péril ; la Convention est dans un état de division effrayant ; nos maux sont presque à leur comble. Eh bien ! je n'accuse pas, encore une fois, cette faction d'être conspiratrice, mais son existence est bien mieux prouvée que ne le fut celle du comité autrichien, en 1792, à l'Assemblée législative. Personne n'ignore que c'est elle qui a fait nommer les ministres, qui vit habituellement avec eux, qui a garni leurs bureaux de ses créatures, qui a eu des liaisons, des rapports intimes avec les généraux qui nous ont trahis ; personne n'ignore que cette faction influence la Convention par ses discours captieux, les départements par les feuilles publiques qui lui sont dévouées : c'est donc elle qui depuis six mois a tout gouverné. Qu'en est-il résulté ?

Après l'expulsion des Prussiens du territoire français, la sagesse nous commandait de garnir nos frontières et d'assurer la République en nous préparant à une vigoureuse défense au printemps. Au lieu de cela, on nous a fait envahir la Belgique, ouvrir le canal de l'Escaut pour effrayer la Hollande et l'Angleterre ; on nous a fait déclarer la guerre à toute l'Europe, on ne s'est mis en mesure de la faire nulle part ; on nous a fait consommer pendant cet hiver 600 millions d'extraordinaire, toutes nos munitions de guerre et de bouche ; 200,000 hommes ont péri de faim et de froid, ou du feu de l'ennemi, ou ont été forcés de déserter ; on n'a pas voulu que nous profitions, dans la Belgique, ou du droit de conquête ou des avantages de la fraternité ; et une promenade de quelques jours, faite par une colonne de 20,000 autrichiens, a dissipé tous nos succès, dévoré toutes nos ressources, et laissé nos frontières sans défense.

D'un autre côté, la division, l'anarchie s'est établie dans le sein de la Convention ; le peuple, qui suit l'impulsion de ses représentants, s'est également divisé dans tous les départements, et dans plusieurs le feu de la guerre civile y a consumé les meilleurs citoyens. Voilà le fruit de l'influence de cette faction dans toutes les parties du gouvernement. Si ce n'est pas criminelle, elle est au moins imbécile ; et si vous continuez à lui donner votre confiance, la patrie est perdue.

Je reviens à Marat : je déclare que je ne le connais pas, que je ne lui ai jamais parlé qu'ici, comme à tous mes collègues ; je n'ai vu en lui que la fièvre du patriotisme ; mais supposer que Marat, qui, dès le commencement de la Révolution, a dénoncé tous les traîtres, tous les complots de la Cour ; que Marat, qui a vécu trois ans dans une cave pour se soustraire aux poignards de Lafayette ; que Marat, qui dénonce tous les intrigants, soit un

contre-révolutionnaire, c'est le comble de l'absurdité.

C'est vous qui avez donné à cet homme ignoré jusqu'ici, dont l'existence même fut longtemps un problème, une consistance qu'il ne cherchait pas ; mais il vous était utile pour effrayer le peuple des départements d'une prétendue secte de *Maratistes*, c'est-à-dire pour jeter à la fois le ridicule et la calomnie sur les patriotes de la *Montagne*, sur ceux qu'avant le 10 août tous les royalistes appelaient républicains ; et, dans leur langage, ce mot alors était synonyme de *factieux*. Vous avez tellement réussi à fasciner les yeux des hommes simples et purs de cette Assemblée, que moi, dont certes la vie privée et publique ne craint pas le plus sévère examen, soit que j'aie monté à cette tribune, soit que j'aie eu l'honneur de vous présider, j'ai constamment été assailli des injures les plus grossières. Pourquoi ? parce que, dans cette enceinte, j'habite la Montagne. Ah ! cette Montagne est aussi pure que moi : elle a fait la Révolution ; elle sauvera la République.

Vous voulez mettre Marat en état d'accusation : eh bien ! voilà votre dessein, car les intrigants ne sauraient pas leur métier, s'ils ne se servaient pas toujours d'un fer à deux tranchants.

Vous voulez que Marat soit condamné, et alors vous serez vengés par la mort de votre accusateur ; ou le tribunal révolutionnaire l'absoudra, et alors vous dénoncerez à vos départements ce tribunal qui vous effraye, contre lequel vous vous êtes tant élevés, comme complice des crimes de Marat, et de la prétendue faction d'Orléans.

Vous êtes bien impolitiques : Marat était ignoré, seul avec ses lubies, souvent très lumineuses, mais enfin il était sans consistance. Vous avez eu la faiblesse de vouloir vous venger de lui. Cazalès, Maury, Malouet ont eu aussi cette faiblesse ; eh bien ! voici ce qui arrivera : la dénonciation est absurde, le fond du procès n'a aucun des caractères qu'a voulu lui donner le rapporteur ; on en sentira toute l'injustice, Marat sera absous, innocenté, et le peuple vous le rapportera en triomphe dans cette enceinte.

Je déclare, en ma conscience, qu'il n'y a pas lieu à accusation.

Vermon, absent.

Robert, absent.

Baudin, oui.

Thierriet, absent.

DÉPARTEMENT DE L'ARIÈGE

Vadier. Citoyens, il m'est impossible d'asseoir une opinion sur un rapport qui me paraît l'ouvrage de la passion et de la vengeance, dans une affaire où une faction oppressive a refusé toute discussion, tout ajournement, sans vouloir même entendre l'accusé, et où l'on a violé scandaleusement les lois de la justice et de l'humanité.

Je ne lis point les feuilles de Marat, je ne lui connais d'autre crime que le fanatisme de la liberté et une sainte horreur pour les conspirateurs et les tyrans. Je l'ai vu dénoncer l'hypocrite Necker, le traître Lafayette ; je l'ai vu censurer les Maury, les Cazalès, les lâches réviseurs de l'Assemblée constituante, se déchaîner ensuite contre les Ramond, les Vaublanc du Corps législatif et démasquer enfin les continuateurs de Lafayette dans la Convention, en dénonçant leur complicité avec le scélérat Dumouriez.

Marat ne peut donc être une ennemi de la République, puisque tous les hommes qui l'ont trahie sont les siens.

J'ai vu avec indignation, dans cette séance, les mêmes hommes qui ont voulu sauver le tyran, voter un décret d'accusation pour se venger des dénonciations de Marat, et demander, par un contraste révoltant, le rapport du décret qui envoie les traîtres Miranda, Steingel et Lanoue au tribunal révolutionnaire. Je n'ai pu m'empêcher de reconnaître dans cette tactique les collaborateurs de Dumouriez.

Ces mêmes hommes avaient surpris hier un décret d'arrestation contre Marat, sur le fondement d'une adresse énergique et conforme aux principes de la liberté, adresse que j'ai signée avec tous les députés de la Montagne, et que je signerais encore de mon sang. Le rapporteur a ajouté à ce premier grief certains numéros de Marat dont ce rapporteur est accusé d'avoir tronqué et envenimé les passages. On a dit que ces numéros sont liberticides, désorganisateurs, et qu'ils provoquent le meurtre et le pillage : mais s'il en est ainsi, je demanderai pourquoi Dumouriez n'a point disséminé ces feuilles incendiaires dans l'armée qu'il voulait désorganiser et corrompre, au lieu d'y répandre les plates infamies de Gorsas et de ses pareils, et de dissimuler à l'armée le bulletin véridique de la Convention.

D'après ces motifs, je conclus qu'il n'y a pas lieu, quant à présent, à accusation contre Marat, de cela seul que Dumouriez demande sa tête.

Clauzel. Comme je suis persuadé que la République française, l'univers et la postérité ne pourront croire qu'il ait existé une assemblée de représentants du peuple dont l'oubli de toute justice et la barbarie soient allés jusqu'à condamner un de ses membres, sans vouloir approfondir les griefs qu'on lui impute, sans l'avoir entendu ;

Comme Marat ne fut interrogé qu'hier que sur une phrase isolée de l'adresse des Jacobins;

Comme, lorsqu'il a dénoncé ses accusateurs (que j'aime à croire innocents jusqu'à ce qu'on m'ait démontré qu'ils sont coupables) j'ai demandé le renvoi de cet objet au comité de législation, et que nul d'entre eux n'a eu la pudeur d'appuyer ma motion, qui aurait opéré un prompt éclaircissement sur une malheureuse affaire dont l'indécision ou l'inextricabilité nuisent aussi évidemment à la chose publique, puisqu'elle tient la Convention nationale dans une agitation perpétuelle, et l'empêche de s'occuper du bonheur du peuple ;

Comme les faits articulés contre Marat dans le rapport du comité, n'ont presque pas été discutés par l'Assemblée; que ses accusateurs ont induit la Convention à refuser aux âmes timorées un simple ajournement à trois jours, pour les examiner attentivement, tandis qu'au mépris des principes éternels de l'égalité en droits, ces mêmes personnes ont, au grand détriment de la nation, fait employer

trois mois entiers pour entendre le tyran et ses défenseurs ;

Je déclare que, quant à présent, ma conscience n'est pas suffisamment éclairée pour prononcer le décret d'accusation contre Marat. Je dis non ; quoique je sois très éloigné d'adopter tous les principes de ce fanatique ami de la Révolution.

Campmartin, absent.

Espert, absent.

Lakanal. Vous avez consumé trois mois à discuter la cause d'un tyran, tout couvert de sang de plusieurs milliers de nos frères, et vous refusez d'accorder trois jours à un représentant du peuple, pour éclairer votre décision ! Ainsi vous avez épuisé toutes les mesures de prudence, pour sauver les oppresseurs du peuple, et vous rejetez toutes celles qui pourraient arracher au supplice les mandataires de son choix. Ce parti prompt et terrible est fort bon pour des hommes qui, dédaignant les droits du peuple, ne cherchent qu'à satisfaire de misérables passions ; pour moi qui ne cherche que la vérité, moi qui la trouverais belle même dans la bouche de Marat, je déclare à mes commettants que je ne voterai dans cette cause, que lorsque les passions qui déchirent cette Assemblée, se seront tues, et que l'on aura abordé franchement la question sur laquelle vous voulez prononcer, sans aucun examen préliminaire.

Gaston, absent.

DÉPARTEMENT DE L'AUBE

Courtois. Attendu l'illégalité de l'acte accusatif intenté contre un représentant du peuple ; attendu les crimes de Dumouriez, la complicité connue et prouvée de quelques membres qui siègent ici, avec le traître ; attendu que ces mêmes hommes sont les ennemis implacables de Marat, leur courageux dénonciateur ; je soutiens qu'il n'y a pas matière à décréter la guerre civile ; et je dis, non.

Robin, absent.

Perrin, oui.

Duval. J'ai entendu la dénonciation contre Marat ; j'ai entendu aussi ce qu'il a répondu hier à deux reprises différentes, à la tribune. J'ai également entendu le rapport du comité ; l'intérêt de la République, mon devoir et ma conscience m'ordonnent de dire oui. Que l'on me fasse connaître d'autres coupables, je serais également inflexible à leur égard.

Bonnemain, oui.

Pierret, oui.

Douge, oui.

Garnier, absent.

Rabaud-Saint-Étienne, oui.

DÉPARTEMENT DE L'AUDE

Azéma, absent.

Bonnet (Pierre). Une amère diatribe dans laquelle aucune des grandes questions que présente une cause qui peut compromettre la représentation nationale tout entière, n'a été discutée, ni même présentée, n'est pas un rapport. Il n'y a eu non plus aucune espèce de discussion : une accusation fondée sur des pièces imprimées qui n'ont été ni avouées, ni contestées, qui n'ont pas même été communiquées, ne pouvant suffisamment éclairer mon opinion, je déclare, en mon âme et conscience, que je ne puis voter, quant à présent.

Ramel-Nogaret, même avis.

Tournier, oui.

Marragon. Je ne considère pas l'individu ; mais je considère la représentation nationale, qui émane de la souveraineté du peuple; et je crois que, dans une question aussi intéressante, une discussion impartiale et approfondie aurait dû précéder l'acte d'accusation : d'ailleurs, n'ayant pas entendu le rapport du comité, je déclare ne pouvoir voter quant à présent.

Periès, *jeune*, oui.

Morin, oui.

Girard, oui.

DÉPARTEMENT DE L'AVEYRON

Bo, absent.

Saint-Martin-Valogne, oui.

Lobinhes, absent.

Bernard de Saint-Affrique, oui.

Camboulas, absent.

Seconds. Quelqu'un dit *oui* pour lui, alors absent.

Joseph Lacombe, absent.

Louchet. Je me rappelle que dans le temps où les chefs de la faction qui poursuit Marat nouaient leur complot avec Dumouriez, leur premier acte contre les républicains fut de vouloir étouffer les cris de la sentinelle la plus vigilante du patriotisme, Marat. Un homme se présenta à cette tribune, où, par l'arme de la raison et la force du civisme, il défendit Marat, et le premier fit pâlir les conjurés. Cet homme courageux, éclairé et républicain, ce fut Lepeletier. Souvenez-vous-en, citoyens, Lepeletier fut le premier qui frappa de terreur les perfides accusateurs de Marat. Que vois-je écrit, législateur immortel, dans le sang que tu as versé pour la patrie ? J'y lis, avec les républicains de France, qu'il faut exterminer les traîtres. Ce langage, citoyens, fut toujours celui de Marat.

Je regarde Marat comme un homme exaspéré par les infâmes trahisons auxquelles le peuple est en proie depuis quatre ans, mais révolutionnaire et sincère ami de la liberté et de l'égalité, comme le fléau le plus terrible du royalisme, du feuillantisme et du modérantisme ; comme la première victime que les Lafayette, les Dumouriez et les tyrans coalisés immoleraient à leur rage, si la contre-révolution n'était pas impossible ; je dis, non.

Izarn de Valady, absent.

DÉPARTEMENT DES BOUCHES-DU-RHONE

Jean Duprat, oui.

Rebecqui, absent.

Barbaroux. Indépendamment des faits relatés dans les rapports du comité de législation, il en est deux particuliers qui déterminent mon opinion. Ces faits sont connus de Granet et Pierre Bayle, deux de mes collègues, qui siègent à la Montagne, et qui ne peuvent les nier, puisqu'ils les ont signés de leur main et fait afficher. Je les rapporte :

Le premier fait, c'est que les feuilles de Marat étaient distribuées l'année dernière à la porte de cette enceinte par des valets portant les livrées du roi, tant elles favorisaient les projets de la cour, en propageant l'anarchie !

Le second fait, c'est que dans le mois de juillet dernier, lorsque les Marseillais, qui, à ma demande, venaient à Paris pour attaquer le château des Tuileries, étaient près d'arriver, Marat m'envoya un écrit qui fut lu par Granet et Pierre Bayle, dans lequel il provoquait les Marseillais à dissoudre l'Assemblée législative, et à conserver religieusement le roi et sa famille.

En conséquence, je dis, oui.

Granet. Comme je ne suis pas bâtard de la Montagne de France, mais enfant avoué de la fière Marseille, qui s'est toujours moquée des grands tyrans et des tyranneaux ; comme le 10 août je n'étais pas caché avec Barbaroux, mais à mon poste, où je votais tranquillement la réclusion du tyran, en attendant sa mort ; je ne devrais pas voter dans une affaire que la passion, l'intrigue et la peur, et non l'amour du bien public, ont dictée à tous ceux que Marseille a signalés depuis lontemps, comme les ennemis de la liberté et de l'égalité ; mais malgré cela je vote pour le non.

Durand-Maillane, absent.

Gasparin, absent.

Moyse Bayle, absent.

Baille. Barbaroux est trop méprisé et trop méprisable, pour que je m'abaisse à lui répondre. Tout le monde sait que Marseille lui a donné une cartouche jaune. Je ne rappelerai qu'un seul fait : Barbaroux a séduit le deuxième bataillon des républicains Marseillais, et a voulu les faire fondre sur la Convention, le jour où l'on devait voter la mort du tyran, pour soutenir l'appel au peuple. Il est temps que le rapport se fasse, pour savoir enfin quels sont ceux qui ont voulu dissoudre la Convention nationale. Je viens à Marat.

Attendu qu'il est évident que c'est ici un complot formé contre la liberté, concerté avec Dumouriez; attendu qu'on n'a provoqué contre Marat un décret d'accusation, que parce qu'il avait proposé de mettre à prix la tête des Bourbons, et de renvoyer à un tribunal révolutionnaire Egalité père, pour découvrir les complices d'une faction qu'un excès de machiavélisme voulait faire rejeter sur nous ;

Attendu que le principal grief contre Marat est cette adresse des Jacobins qu'il a signée, et à laquelle je me fais gloire d'avoir adhéré ;

Attendu que le rapporteur a voulu donner un effet rétroactif à une loi rendue dans le mois de mars, en y appliquant un numéro de Marat, du 25 février dernier ;

Attendu que tous les principes de l'équité se trouvent violés, puisque l'acte d'accusation n'a pas même été signifié à l'accusé, puisque ceux qui ont provoqué le décret avaient été eux-mêmes accusés antérieurement par Marat, et qu'ils ne peuvent être juges et parties ;

Attendu qu'il faut enfin que le peuple connaisse ses ennemis ; et puisque le rapport que j'attaque de faux n'a pas été discuté, je ne vote pas. Je dis au peuple : voilà ceux qui te trahissent.

Rovère, absent.

Lauze-Deperret, absent.

Pellissier, absent.

Laurens, non.

DÉPARTEMENT DU CALVADOS

Fauchet. J'ai défendu Marat contre Lafayette ; je le défendrais encore plus volontiers contre Dumouriez devenu traître ; mais je ne le défendrai pas contre la justice, la morale, la liberté, la République ; il a prêché le pillage, la désorganisation et le meurtre ; il a écrit textuellement qu'il fallait un maître à la France : je vote pour le décret d'accusation.

Du Bois Du Bais (Thibault), absent.

Lomont. Citoyens, ne respirant et ne votant que pour le bien public, et particulièrement interprète, en cette circonstance, des braves républicains du Calvados, qui rendent à Marat toute la justice qu'il mérite, c'est-à-dire qui lui vouent un profond et éternel mépris, je vote pour le décret d'accusation.

Henry Larivière, oui.

Bonnet, absent.

Vardon, oui.

Doulcet de Pontécoulant, oui.

Taveau. J'ai voulu éviter à ma patrie les malheurs que je vois prêts à fondre sur elle. J'ai fait ce matin de vains efforts ; ma voix n'a pu se faire entendre, ou plutôt on n'a eu aucun égard à mes observations. Les passions qu'on a eu soin d'exciter dans le sein de cette Assemblée, sont un obstacle insurmontable au bien qu'elle pourrait faire. Elles entraîneront bientôt la ruine de la République, si on ne s'occupe promptement de les faire cesser.

Je ne lis jamais les ouvrages de Marat ; on lui suppose des torts bien graves ; je blâme hautement la morale qu'il professe, mais n'ayant point entendu le rapport du comité de législation, ignorant absolument quels sont les griefs sur lesquels repose le projet qui vous est présenté, j'ai voté pour l'ajournement à mercredi.

Dans une affaire aussi importante, la précipitation peut avoir des suites funestes. On ne doit se décider qu'après un examen réfléchi, qui puisse porter la conviction dans les esprits. Je ne veux prononcer qu'après cet examen ; en conséquence, je persiste à demander l'ajournement à mercredi, et que Marat reste en état d'arrestation jusqu'à ce que l'Assemblée ait pris une décision.

Jouenne-Lonchamp, oui.

Dumont, oui.

Cussy, oui.

Legot, absent.

Philippe Delleville, oui.

CANTAL

Thibault, absent.

Milhaud. Marat dénonça Necker ; les aristocrates crièrent contre Marat, et Necker fut un traître. Marat dénonça Lafayette ; les aristocrates crièrent contre Marat, et Lafayette fut un traître. Marat dénonça Louis Capet ; les aristocrates crièrent contre Marat, et Louis Capet fut un traître. Marat a dénoncé Dumouriez ; les aristocrates ont crié contre lui, et Dumouriez est un traître. Il a donc été le prophète de tous nos malheurs : c'est lui qui a toujours éveillé au peuple sur les trames de tous ses ennemis les plus cruels, et tous ses avis n'ont été malheureusement que trop fondés. La misère profonde du peuple a déchiré le cœur de cet homme révolutionnaire, et il a demandé qu'au défaut de la loi, le glaive populaire frappât la tête des accapareurs. Les complots liberticides et les trahisons innombrables qui ont si souvent mis la patrie au bord de l'abîme ont exalté son âme abreuvée des persécutions du despotisme, et il a crié au peuple de se lever et d'exterminer tous les conspirateurs qui déchirent la République. Et quel est le patriote, qui, comme lui, ne voudrait pas voir anéantir les complices de l'infâme Pâris, et ces hordes de brigands, qui dans plusieurs de nos départements, ravagent les villes et les campagnes, égorgent les femmes et les enfants des républicains ; en criant : *vive le roi, périssent les régicides !* N'est-ce pas Marat qui a appelé avec plus d'énergie l'opprobre et la vengeance nationale sur la tête des Bourbons ? Et ceux qui l'accusent aujourd'hui, ne sont-ils pas les mêmes hommes qui ont éloigné cette mesure salutaire ? Le scélérat Dumouriez, principal agent de la faction royaliste, désigne Marat comme sa première victime ; et c'est Marat qu'on a l'impudeur de proscrire, tandis que Salle, qui provoquait dans son département la violation de la représentation nationale, et un attentat semblable à l'attentat de Dumouriez, l'arrestation des commissaires envoyés par la Convention, siège encore parmi nous, et se compte au rang des accusateurs du républicain, ennemi le plus redoutable du traître Dumouriez et de tous ses complices.

Ah ! s'il existait une liste civile pour la défense de Marat, sans doute qu'alors une discussion longue et profondément combinée se serait ouverte sur son sort ; mais Marat n'est que l'ami du peuple sans-culotte. J'ai voté la mort du tyran, sans appel et sans sursis, et je vote de même contre le décret d'accusation dont on veut frapper un fidèle représentant du peuple.

Nota. Lorsque Marat eut dénoncé Lafayette, il fut forcé de s'expatrier en Angleterre, pour se soustraire à la vengeance du traître ; et pendant son absence, on faisait fabriquer à Paris des feuilles sous son nom qui contenaient des mesures contraires à l'esprit de Marat. Donc, il fallait vérifier les pièces, et accorder un délai à un législateur accusé, puisqu'on nous avait si lâchement traînés sur le procès du tyran.

Mejansac, absent.

Lacoste, absent.

Carrier, absent.

Pierre Malhes (1), ne vote pas.

Chabanon, absent.

Peuvergne, absent.

(1) D'après le *Dictionnaire des Parlementaires*, l'acte d'état civil de ce législateur porte *Mailhes*.

DÉPARTEMENT DE CAYENNE ET GUYANE FRANÇAISE

Pomme. Entré depuis deux jours dans dans le sein de la Convention, je n'ai pu prendre une connaissance exacte de tous les faits avancés pour ou contre le citoyen Marat. J'y ai vu une lutte scandaleuse entre deux partis acharnés l'un contre l'autre. L'esprit interdit, la mémoire absorbée, le cœur navré de tout ce que j'ai vu, entendu dans les deux dernières séances, je ne puis rien débrouiller dans un chaos de dénonciations réciproques : cependant, citoyens, dans un élan de patriotisme et de l'amour pour la République, après la lecture de la circulaire qu'on impute à Marat, et qui n'est que celle d'une société qu'il présidait, dont je ne suis point membre, et que je n'ai jamais fréquentée; un membre ayant dit que tous les amis de la liberté et les ennemis de Dumouriez ne pouvaient se dispenser de la signer, je l'ai signée, parce que je n'en adopte que les principes républicains, et non les conséquences criminelles qu'on voudrait en tirer : je ne puis donc voter, quant à présent .

DÉPARTEMENT DE LA CHARENTE

Dubois de Bellegarde, absent.

Guimberteau, absent.

Chazaud, absent.

Chedaneau, non.

Ribereau, oui.

Devars. Je suis convaincu que Marat est coupable de la majorité des délits qui lui sont imputés, et fortement suspecté des autres; mais j'ai pensé que la représentation nationale exige que la question dont il s'agit soit examinée d'une manière plus approfondie, et que l'ajournement proposé à mercredi prochain doit être adopté. En conséquence, je déclare ne pouvoir émettre d'autre vœu quant à présent.

Brun, absent.

Crevelier, absent.

Maulde, oui.

DÉPARTEMENT DE LA CHARENTE-INFÉRIEURE

Bernard, absent.

Bréard, *l'aîné*, absent.

Eschasseriaux, *l'aîné*, absent.

Niou, absent.

Ruamps, absent.

Garnier. Je ne viens point ici justifier Marat : mais depuis quand a-t-on puni, dans le législateur, la faute du journaliste? Depuis quand les accusés condamnent-ils l'accusateur ?

En suivant le fil des passions qui nous déchirent, une série de faits donne lieu à de profondes réflexions,

Lepeletier a été assassiné; il était patriote : Bourdon a été atteint d'un fer parricide; il est patriote. Dumouriez demande la tête de Marat; Dumouriez a trahi la patrie; et c'est à Dumouriez du côté droit sacrifie Marat. Citoyens, où est la conjuration?

Ombre sacrée de Lepeletier, qui reposes au milieu de nous! toi qui as défendu avec courage, dans cette enceinte, la liberté de la presse, garde-toi bien de désirer le réveil, car la liberté de la presse n'existe plus. Le temple des lois n'est plus qu'une arène où l'on pardonne à ceux qui tirent le poignard contre les patriotes, et où il n'est point de pardon pour ceux qui dénoncent les traîtres et les conspirateurs. Défenseurs des principes éternels, je ne vois point ici Marat, mais les droits de l'homme qu'on viole; et je dis, non.

Dechézeaux. Convaincu que Marat est coupable, je n'hésite pas à le déclarer; mais ayant voté pour l'ajournement à mercredi, parce qu'il me semblait nécessaire qu'il y eût de l'intervalle, que la discussion fût ouverte, et que le décret d'accusation en fût le résultat réfléchi,

Je déclare ne pas voter.

Lozeau. Je déclare ne point partager les erreurs de Marat; mais comme je ne suis point convaincu par le rapport du comité de législation; comme je ne veux servir aucune passion particulière, et que je n'ai d'autre passion que celle de la liberté de mon pays; comme je suis intimement persuadé d'ailleurs que le maintien de la liberté et de l'égalité ne dépendra jamais d'un individu, quelle que soit d'ailleurs sa folie ou sa méchanceté, Je déclare ne point voter quant à présent.

Giraud, absent.

Vinet, absent.

Dautriche, absent.

DÉPARTEMENT DU CHER

Allasœur, oui.

Foucher, absent.

Baucheton. Comme je ne suis, ni de la faction de Dumouriez, ni de celle des anarchistes et des provocateurs au meurtre et au pillage, je dis, oui.

Fauvre-Labrunerie, absent.

Dugenne, oui.

Pelletier. Comme il est de principe que le juré d'accusation ne peut ni ne doit prononcer sur le sort d'un prévenu, sans qu'on ait mis sous ses yeux la dénonciation, l'interrogatoire et l'information; que la liberté et la vie des citoyens reposent sur cette formalité qui n'a pas été observée dans cette affaire, et et qu'il ne m'a pas été possible d'entendre le rapport du comité de législation, et la lecture des pièces qui en sont la base, je déclare que je ne peux, quant à présent, émettre mon vœu.

DÉPARTEMENT DE LA CORRÈZE

Brival. Pendant longtemps j'ai regardé les écrits de Marat comme exagérés, parce que je ne croyais pas à la perfidie de certains personnages, c'est-à-dire des meneurs d'une partie de cette Assemblée; depuis que j'ai vu que ces hommes ont tout mis en œuvre pour sauver Louis Capet; depuis que j'ai vu que ces mêmes hommes voudraient rétablir sur le trône le fils de ce dernier tyran, avec lequel ils avaient transigé; depuis que j'ai vu qu'ils entretenaient une correspondance criminelle avec Dumouriez; depuis enfin que je me suis assuré de leur perfidie, je n'ai vu dans Marat qu'un bon patriote, qu'un ami de la République, et je déclare que je regarderais un décret d'accusation rendu contre lui, comme le jour de la mort de la liberté, si la liberté pouvait mourir; et quoique j'espère toujours que le peuple de toute la République levée en masse fera rentrer dans la poussière les conspirateurs et les exterminera; qu'il détruirait même, s'il le fallait, par sa toute puissance, l'effet d'un décret dicté par la passion, la vengeance et l'injustice; comme je me souviens d'avoir entendu Marat déclarer formellement à cette tribune que malgré la scélératesse de certains membres de cette Assemblée, s'il savait qu'ils fussent exposés, il se placerait entre eux et l'assassin; que le rapporteur a eu la perfidie d'oublier ce fait, qui seul justifiait Marat; que le rapporteur a tout altéré, tout dénaturé dans son rapport; qu'on n'a pas même voulu laisser discuter ce rapport, ni entendre les preuves d'une conspiration contre Marat, annoncé par le comité de sûreté générale; que ses accusateurs ont eu la lâcheté et l'infamie de demeurer ses juges, et qu'ils ont eu pour motif, en précipitant le décret d'accusation, que de se débarrasser d'un surveillant qui les gêne, je dis, non.

Borie, absent.

Chambon, oui : Si des vociférations et des opérations poussées jusqu'à la fureur, pouvaient arracher ou faire balancer celle d'un honnête homme, je ne pourrais conserver la mienne; mais comme la conscience d'un homme de bien est au-dessus de toute crainte, et que je suis convaincu que Marat est l'instrument d'une faction redoutable, qui n'a cessé de travailler à la résurrection de la royauté; comme Marat et ses partisans ont toujours été les constants affidés du ci-devant d'Orléans, dont les pièges sont heureusement découverts; et comme j'ai toujours reconnu Marat prêchant de parole et par écrit le meurtre, l'assassinat, l'attaque des propriétés, le pillage; pour être en même temps l'instrument dangereux dont des hommes plus habiles se servaient, n'osant se couvrir eux-mêmes des crimes qu'ils lui faisaient commettre; comme aussi Marat a osé déclarer, par écrit, qu'il fallait un maître pour sauver l'État, je déclare que Marat a mérité le décret d'accusation auquel je conclus, et je demande, d'après cela, qui de moi ou de ceux qui m'improuvent, méritent mieux de leur pays.

Lidon, oui.

Lanot, non.

Pénières, oui.

Lafon, absent.

DÉPARTEMENT DE LA COTE-D'OR

Basire, absent.

Guyton-Morveau, absent.

Prieur-Duvernois, absent.

Oudot, ajournement.

Guiot (Florent), absent.

Lambert de Belan, absent.

Marey, *jeune*, oui.

Trullard, absent.

Rameau, oui.

Berlier, absent.

DÉPARTEMENT DES COTES-DU-NORD

Couppé, oui.

Palasne de Champeaux, oui.

Gaultier, *jeune*, oui.

Guyomar, oui. Citoyens, ici nous employons tous le même langage. Jugeons les hommes par les actions : on parle de patriotisme, de sans-culotterie; eh bien! je déclare que la Révolution actuelle a donné des culottes à ceux qui n'en avaient pas auparavant. Ce sont ceux-là qui se vantent d'être les patriotes par excellence, et de vouloir sauver seuls la chose publique : eh bien! je puis me vanter aussi d'être républicain très incorruptible, et votre comité de sûreté générale peut me rendre justice, ainsi qu'à toute la députation. Ennemi juré des rois, des aristocrates, des prêtres réfractaires, en un mot, de tous les ex-gentilhommes et ex-prêtres métamorphosés, à mon grand étonnement, en citoyens toutefois partisans de l'ancien régime, je combattrai leurs manœuvres, et leur arracherai le masque du patriotisme : c'est à moi, qui ne tiens à aucun parti, à aucun, je le répète; c'est à moi à les démasquer à l'instant où ils affichent le fanatisme et le délire du patriotisme; sa boussole est la loi : or, l'homme qui se met au-dessus de la loi est coupable à mes yeux, Marat a prêché la violation des personnes et des propriétés, violation subversive de toute société. Marat, vil esclave d'Orléans qui le soudoyait, a demandé un maître. Marat a demandé la dissolution de la Convention nationale, point central de la nation française. Marat est donc le complice de Dumouriez, agent de la faction d'Orléans, et je défie que l'on m'y trouve compliqué, ou dans toute autre; je le trouve coupable des trames infernales que ses amis emploient au grand scandale de la nation souveraine, outragée par les vociférations de gens soudoyés ou égarés. Marat fait mouvoir bien des partisans qui, comme lui, entravent aujourd'hui la marche de la Convention, entrave que je regarde comme le marasme patriotique : je serais coupable si je balançais entre un homme et ma patrie. Le salut du peuple français est ma loi suprême : je veux la République une, indivisible, parfaitement démocratique; je ne veux ni tribun, ni dictateur, ni triumvir, mais la souveraineté du peuple : je dois donc demander un décret d'accusation contre Marat, qui a tenté de le renverser; et je dis avec la fermeté et le courage inné dans un ex-Breton, oui.

Fleury, oui.

Girault, absent.

Loncle, oui.

Goudelin, oui.

DÉPARTEMENT DE LA CREUSE

Huguet, absent.

Debourges, absent.

Coutisson-Dumas, oui. Comme j'aime autant la République, une et indivisible, que je déteste la royauté; comme j'aime à ne pas trouver de coupables, je désire que Marat puisse se justifier des différentes conspirations qu'il a manifestées dans plusieurs de ses numéros; mais quant à présent, je vote pour l'accusation.

Guyès, non.

Jorrand, non : Si j'étais convaincu que Marat ne fût pas un fou, je le regarderais comme un grand criminel, et je n'hésiterais pas à dire oui; mais j'ai pensé, j'ai dit, j'ai écrit qu'il était fou, et méritait plus de mépris que d'animadversion ; je le pense encore : je crois donc, jusqu'à de plus amples éclaircissements, que sa place est aux Petites-Maisons.

Barailon, absent.

Texier, absent.

DÉPARTEMENT DE LA DORDOGNE

Lamarque, absent.

Pinet, *aîné*, non, quant à présent : Si j'avais pu douter jusqu'à présent que Dumouriez et Cobourg eussent des amis parmi nous, j'en serais convaincu maintenant, après avoir entendu contre un représentant du peuple un rapport où respirent la passion, l'esprit de vengeance et la bassesse; après avoir été témoin de la partialité, de l'injustice et de la tyrannie exercée dans cette occasion, pour condamner sans l'entendre un mandataire du peuple, sans avoir voulu même ouvrir de discussion, écouter aucune justification, et mettre sous les yeux des juges les pièces à l'appui des griefs qu'on lui impute ; dans le temps qu'on a eu l'impudeur, la lâcheté de discuter pendant quatre mois si l'assassin du peuple serait envoyé à l'échafaud : ne pouvant pas empêcher une infamie, je ne la partagerai pas du moins avec les officieux défenseurs du tyran, avec les Vergniaud, les Gensonné, les Guadet, les Barbaroux, les Buzot, que Marat a démasqués ; ainsi, sans approuver toutes ses opinions, je déclare qu'ayant toujours regardé Marat comme un bon citoyen, dont les plus grands ennemis sont Dumouriez et ses scélérats complices, ma conscience m'ordonne de dire non, quant à présent.

Lacoste, absent.

Roux-Fazillac, absent.

Taillefer, non : Si mon cœur répugne de juger un accusé sans avoir déployé en sa faveur toutes les formes conservatoires, je déclare qu'à plus forte raison il m'est impossible d'opiner contre un de mes collègues, sans qu'il ait été entendu dans sa justification, en personne ou par ses défenseurs. D'ailleurs, je ne connais pas l'adresse des Jacobins, encore moins les numéros de Marat ; j'ai peu suivi les faits relatés par le rapporteur : le rapport m'a paru indigeste et inexact ; la délibération qui l'a suivi, commencée sans discussion préalable : en conséquence, je ne puis prononcer : je vois dans cette affaire précipitation, oubli des formes, esprit de parti ; je craindrais de servir des passions étrangères à l'intérêt de l'État, et je rejette l'accusation.

Peyssard, absent.

Borie-Cambort, absent.

Allafort, absent.

Meynard, absent.

Bouquier, *aîné*, non. Comme ce n'est pas d'après des feuilles qu'un colporteur crie à deux sous, mais d'après des pièces écrites et signées de la main d'un individu, ou d'après des accusations légales rendues contre un individu, qu'on peut l'accuser, je déclare que jusqu'à ce qu'on ait mis sous mes yeux des pièces probantes contre Marat, il n'y a pas lieu à accuser contre lui.

DÉPARTEMENT DU DOUBS

Quirot, absent.

Michaud, absent.

Seguin, absent.

Monnot, absent.

Vernerey, absent.

Besson, absent.

DÉPARTEMENT DE LA DROME

Jullien, absent.

Sautayra, absent.

Olivier de Gérente, oui.

Marbos, oui.

Boisset, absent.

Colaud de La Salcette, absent.

Jacomin, absent.

Fayolle, oui.

Martinel, absent.

DÉPARTEMENT DE L'EURE

Buzot (Léonard), demande à s'abstenir.

Duroy, absent.

Lindet (Thomas), absent.

Richou, oui.

Le Maréchal, oui. Personne ne respecte plus que moi la liberté des opinions, et je gémis toutes les fois que j'y vois porter atteinte, parce que je suis convaincu que sans cette liberté, il n'y a plus que despotisme et tyrannie ; mais je suis en même temps l'ennemi le plus irréconciliable des scélérats qui provoquent sans cesse au meurtre, à l'assassinat, au pillage et à la destruction des propriétés : au reste, comme je ne tiens à aucune secte, à aucun parti, et que j'ai déjà prouvé que ni les circonstances, ni les menaces, ni les poignards ne pouvaient me faire dévier des principes de la justice et du désir le plus ardent de délivrer ma patrie de tous les genres d'oppression, je brave d'avance tous les traits de la calomnie, et je déclare qu'il y a lieu à accusation contre Marat.

Topsent, absent.

Bouillerot, absent.

Vallée, absent.

Savary, absent.

Dubusc, absent.

Lindet (Robert), non : Marat a servi son pays ; il a servi le genre humain ; il s'est déclaré l'ami du peuple et l'ennemi des tyrans ; il a méprisé et rejeté les faveurs de la fortune ; il a bravé les dangers, il a mis en péril sa liberté et sa vie, pour combattre le despotisme et proclamer les droits de l'homme. Il a soutenu constamment, et avec courage, le même caractère avant et depuis la Révolution.

On l'accuse aujourd'hui d'avoir provoqué au meurtre et au pillage, d'avoir préparé la dissolution de la Convention nationale, et l'anarchie qui doit ramener le despotisme.

Marat a eu le courage d'accuser et de dénoncer avec persévérance tous les traîtres, les généraux, les fonctionnaires publics, civils et militaires, les prêtres et les ex-privilégiés.

Il a dénoncé et accusé les capitalistes agioteurs et les accapareurs

Il a rempli la tâche pénible et dangereuse de poursuivre ces deux espèces d'ennemis de la liberté, qui sont les plus redoutables fléaux que la France ait à combattre.

Il me semble qu'on dénature d'une manière criminelle, l'objet de ses travaux et ses intentions connues. Je n'ai vu en lui que le plus ardent investigateur des crimes des traîtres, des contre-révolutionnaires et des ennemis de la liberté et de l'égalité.

On l'accuse d'avoir provoqué au meurtre : mais il n'a cessé de réclamer contre la négligence des tribunaux, contre l'impunité dont s'étaient toujours couverts les grands coupables.

On l'accuse d'avoir provoqué le pillage. Aurait-on la perfidie de confondre des dénonciations civiques contre l'agiotage et l'accaparement, avec la provocation au pillage?

On l'accuse encore d'avoir voulu livrer la France à l'anarchie ; mais il s'est attaché persévéramment à démasquer les traîtres, à nous avertir des maux qui nous menaçaient. Il s'est efforcé, et souvent, afin de nous inspirer une défiance salutaire, de combattre une funeste sécurité, de provoquer la vigilance des fonctionnaires et des autorités constituées ; il s'est plaint des hommes faibles, complaisants ou politiques ; il a dû le faire.

Sa censure a été amère et quelquefois injuste ; il a quelquefois confondu des amis de la République, dont il désapprouvait quelques opinions, avec ses ennemis. On peut être quelquefois injuste, quand on s'est chargé, comme lui, de la tâche de dévoiler tous les complots et toutes les machinations des traîtres et des politiques.

Est-ce dans des temps de révolution, est-ce dans les malheureux temps où nous sommes, et au milieu des périls qui nous environnent, que l'on doit examiner froidement les conceptions d'un écrivain patriote? faut-il réprimer les élans de la liberté? faut-il juger la sentinelle de la liberté, qui écrit au milieu des orages et des tempêtes, comme un journaliste indifférent qui exerce une censure inutile, dans les temps d'une profond paix? quelles sont les bornes voudriez-vous assigner au génie de l'homme libre et indépendant? la ligne de démarcation est-elle connue? peut-on la tracer dans les circonstances qui nous pressent?

Marat a voulu la République ; il a appelé le concours de tous les bons citoyens, pour la fonder et la maintenir : il n'a jamais pu avoir l'intention de provoquer au meurtre et au pillage ; ses accusateurs même ne croient pas qu'il l'ait eue. Son délit ne consisterait donc que dans la violence de ses dénonciations, et l'impétuosité de son caractère, dans cette haine qu'il a manifestée contre les traîtres et les ennemis de la patrie.

On vous l'a représenté comme un écrivain incendiaire, parce qu'il a souvent prévenu l'opinion publique, qu'il a attaqué des hommes puissants qui étaient encore investis de votre confiance, et dont vous n'aviez pas pénétré les perfides desseins. Ainsi la démarche du peuple de Paris, du 20 juin, fut calomniée, parce que la France n'était pas encore assez éclairée sur les trahisons de la Cour et de La-fayette, que l'Assemblée nationale était encore indécise ; ce ne fut que la célèbre journée du 10 août qui éclaira tous les départements, rallia tous les Français à la liberté, et en fit un peuple de frères.

Marat avait jugé Dumouriez, et il l'avait dénoncé à la Convention nationale et à la France, avant que le traître eût levé le masque, et que forcés par ses événements, vous eussiez prononcé que Dumouriez avait trahi sa patrie.

Marat a dénoncé l'agiotage et les accaparements ; il a encore été le fanal de l'opinion. On ne croyait peut-être pas, au commencement de mars, que l'on en viendrait à ces grandes mesures de salut public que vous avez décrétées les 8 et 11 de ce mois. Vous avez prohibé la vente du numéraire ; vous avez frappé l'agiotage dans sa source : la loi que vous avez rendue, appelle de nouvelles mesures que vous ne laisserez sans doute pas attendre longtemps ; et vous saurez préserver la classe indigente du peuple, du renchérissement subit des denrées de première nécessité, et de ces jeux de la hausse et de la baisse qui font disparaître ou resserrer les subsistances.

Le but que s'était proposé Marat est rempli. On a blâmé ses plaintes, ses emportements; mais il ne provoquait pas le pillage qui a eu lieu et qui a été exagéré ; il a provoqué le bien que vous avez fait, et qu'il désirait que l'on pût faire plus tôt.

Je ne puis apercevoir dans la conduite de Marat un motif de l'accuser. Eh! quel temps, citoyens, prenez-vous pour accuser un de vos collègues et vous abandonner à toutes les passions qui vous agitent! La France ne croira pas que l'objet actuel de votre délibération intéresse le bonheur de la patrie ; elle n'y verra que le jeu de vos passions. Vous devez aux Français un grand exemple : c'est celui du courage, de l'union et de l'amour de la patrie. Quel jugement portera de nous la postérité, lorsqu'elle lira qu'environnée de périls, pressée par les ennemis au dehors et au dedans, la Convention nationale, au lieu de poursuivre les conspirateurs et les contre-révolutionnaires, a employé plusieurs séances à attaquer la représentation nationale, à porter un décret d'accusation contre un de ses membres?

Si vous voulez remplir vos devoirs, poursuivez les traîtres ; faites punir les complices de Dumouriez : il a pris soin de vous les désigner ; Miranda les a nommés. Pour moi, je me croirais coupable d'attentat contre la liberté publique et la représentation nationale, si je votais un décret d'accusation contre un de mes collègues, un représentant du peuple, qui a servi sa patrie, combattu le despotisme et démasqué les traîtres. Vous avez refusé d'entendre votre collègue : vous ne vous êtes pas même assurés s'il est l'auteur des numéros que l'on vous a lus, et dont le public vous accusera peut-être d'avoir méconnu l'intention.

DÉPARTEMENT D'EURE-ET-LOIR

Delacroix, non : A mon sens, la conduite de Marat n'est pas à l'abri de tout reproche ; il a été dénoncé : il fallait vérifier les faits articulés contre lui, les discuter froidement, les examiner et prononcer.

Ce n'est pas ce qu'on a fait ; les ennemis de Marat ont réuni tout à la fois les rôles d'accusateurs, de témoins, de juges : ils ont fait plus, ils n'ont pas voulu souffrir qu'on vérifiât les délits qu'on imputait à Marat, et dont quelques-uns cependant étaient maintenus faux par plusieurs de nos collègues. Ils nous ont forcé à délibérer sur un rapport spécial, fait à la hâte, dicté par la passion ; ils se sont opposés à un ajournement de trois jours, qui nous aurait laissé le temps de vérifier les faits et d'examiner les pièces : dans cette espèce d'instruction, on a substitué l'acharnement le plus indécent, le plus tyrannique, à cette impartialité qui doit accompagner et caractériser toutes les actions des législateurs.

Citoyens, un des plus grands malheurs de la République, est le départ de nos collègues patriotes envoyés dans les départements. Leur absence a donné la majorité à cette faction ambitieuse, qui nous tyrannise si cruellement : oui, depuis le départ de nos collègues patriotes, les principes ont été violés, la souveraineté du peuple, méconnue, la liberté persécutée, égorgée. J'en ai fait, moi, deux fois de suite l'expérience ; deux fois aujourd'hui j'ai été conduit par le côté droit de cette tribune, où je me suis présenté pour jouir du droit que j'ai reçu de mes commettants, d'émettre mon opinion, après avoir obtenu la parole du président, qui n'a pu me la maintenir, ni m'obtenir du silence.

Citoyens, prononcer le décret d'accusation qui vous est proposé, ce serait souscrire à l'article préliminaire de la négociation ou de la capitulation qui sera sans doute incessamment proposé par Cobourg et Dumouriez, qui ont fait proclamer, à la tête de leurs armées, le fils de Louis Capet, roi de France et de Navarre, sous le nom de Louis XVII, négociation qui ne pourra être acceptée que par ceux d'entre nous qui ont fait tous leurs efforts pour sauver le tyran, qui ont des espérances sur son fils, et qui attendent, pour assassiner la République et établir la royauté, une circonstance qu'ils ont cru prochaine, d'après nos premiers revers, qui sont l'ouvrage de la trahison et de la perfidie de Dumouriez.

Accusé pendant mon absence d'avoir été le complice de ce traître, dénoncé comme un conspirateur le jour même que je me dévouais pour en débarrasser ma patrie, je demande que la Convention nationale fixe un jour pour entendre le compte général de la commission dans la Belgique, et pour entendre ma justification personnelle, car mon calomniateur a le soin de m'isoler de mes collègues, de mes collaborateurs dans la mission qui nous avait été confiée. J'établirai, pièces en main, que j'ai été calomnié sciemment et avec intention. Je prouverai que je n'ai eu avec Dumouriez qu'une seule conférence, pendant la nuit, au retour de la bataille devant Louvain ; que, depuis le mois de décembre ou de janvier, je n'ai pas vu Dumouriez ; qu'il était à Paris pendant que j'étais à Liège ; que lorsque je suis revenu à Paris, il est parti pour l'expédition de la Hollande, et que depuis mon retour dans la Belgique, je ne l'ai vu que quelques heures à Louvain. Tous ces faits sont prouvés par des actes et des lettres adressées à la Convention dans le temps, et lues dans son sein. Et si, d'après les explications palpables que je donnerai de mon innocence, il reste encore des soupçons sur ma conduite à un seul de mes ennemis, (et j'en ai beaucoup ici) je demanderai à être envoyé au tribunal révolutionnaire ; et je déclare d'avance que je regarderai et proclamerai comme des lâches, ceux de mes calomniateurs et de leurs adhérents qui n'auront pas le courage de voter cette mesure que je provoquerai moi-même.

Je suis d'avis sur l'affaire de Marat, qu'il y a lieu à ajourner, et non à accusation quant à présent.

Brissot, absent.

Pétion, s'abstient.

Giroust, oui.

Lesage, absent.

Loiseau, absent.

Bourgeois, absent.

Chasles, absent.

Frémanger. Parce que Marat a constamment lutté contre les passions dégoûtantes d'une faction criminelle ; parce que Marat a manifesté une opinion que je partage, opinion pour laquelle il est, à la honte de cette Assemblée, détenu à l'Abbaye, je déclare que je rougirais de prononcer contre ce citoyen le décret d'accusation : c'est pourquoi je dis non.

DÉPARTEMENT DU FINISTÈRE

Bohan, ne vote pas.

Blad, oui.

Guezno, absent.

Marec. Marat m'a fait l'honneur de me calomnier deux fois dans ses feuilles : ce motif m'interdit la faculté de voter dans cette question.

Queinnec (J.), oui.

Kervélégan s'abstient de voter par les mêmes motifs qu'a donnés son collègue Marec.

Guermeur, absent.

Gomaire. Comme j'ai été plusieurs fois cité et nommé comme aristocrate et conspirateur par Marat dans ses feuilles, et même à la tribune dans ses discours, je m'abstiens de voter.

DÉPARTEMENT DU GARD

Leyris. Comme ce qui se passe dans ce moment au sujet de Marat, est le résultat de mille passions diverses et indignes de législateurs, comme on y viole tous les principes, comme on y outrage tous les droits de l'humanité et de la justice, comme l'accusé n'a pu se défendre et répondre à ses accusateurs, comme on ne lui a pas donné communication des pièces, comme je ne les connais pas moi-même ; comme je regarde beaucoup de ces pièces comme fausses et où beaucoup de sujets de dénonciation sont méchamment interprétés ; comme je vois que c'est une victime livrée à l'aristocratie, à la malveillance, à Dumouriez ; comme je vois parmi ceux qui ont lancé le décret d'accusation, plusieurs de ceux qu'il a démasqués, et dont il a dénoncé les complots; comme ils devraient se récuser s'ils ne sont pas aussi injustes que barbares ; comme Dumouriez, tous les conspirateurs, les tyrans et leurs vils satellites, Cobourg et tous les malveillants qui attendent de se ranger sous sa bannière, poursuivent Marat; comme c'est une guerre à mort entre le peuple, à la cause duquel je m'attacherai sans cesse, et que je défendrai de toutes mes forces ; comme c'est une guerre à mort, dis-je, entre le peuple et l'aristocratie, les nobles, les égoïstes, les modérés, et tous les hommes vils à qui tous les gouvernements sont indifférents, qui, sans vertu comme sans caractère, laissent la justice et tous les sentiments généreux pour courber la tête sous la tyrannie : je déclare qu'il n'y a pas lieu à accusation.

Bertezène, absent.

Henri Voulland, absent.

Aubry, oui.

Jac, absent.

Balla, absent.

Rabaut-Pomier, oui.

Chazal *fils*, oui.

DÉPARTEMENT DE LA HAUTE-GARONNE

Mailhe, absent.

Delmas, non, quant à présent.

Projean, absent.

Pérès de Lagesse, absent.

Julien, absent.

Calès, absent.

Estadens, oui.

Ayral, absent.

De Sacy, absent.

Drulhe, absent.

Mazade-Percin, absent.

Rouzet. J'applaudis à la délicatesse de ceux de nos collègues qui se sont retenus d'opiner, parce que Marat les avait inculpés, et j'y applaudis d'une manière d'autant moins équivoque, que je suis leur exemple. Je me permettrai cependant une observation bien simple, c'est que je me serais attendu que les membres qui ont été préconisés par Marat, et qu'on pourrait regarder pour quelque chose de plus que ses partisans, n'ont pas été aussi recherchés.

DÉPARTEMENT DU GERS

Laplaigne, absent.

Maribon-Montaut, absent.

Descamps, absent.

Cappin, absent,

Barbeau Du Barran. Citoyens, je regarde comme impossible d'abonder dans le sens d'une délibération où l'on a enfreint tous les principes de justice et de morale. C'est lorsqu'il s'agit d'accuser un représentant du peuple, de le priver de sa liberté, d'attaquer directement la représentation nationale, c'est précisément alors que l'on semble prendre à tâche d'éloigner tous les moyens d'instruction propres à éclairer l'opinion d'un juge. Refus d'impression du rapport avant qu'on ait fait passer le décret d'accusation dont il contient le projet ; refus d'ajournement à un délai quelconque ; enfin, refus formel de laisser ouvrir une discussion calme et raisonnée sur le fond de cette affaire : tels sont les traits d'injustice, de tyrannie et d'oppression que les patriotes, les défenseurs des vrais principes ont eu à essuyer dans un combat qui se sera prolongé près de vingt heures. Voilà la position des représentants d'un peuple libre.

Eh ! contre qui encore soutenons-nous une lutte aussi pénible ? Contre des hommes qui, quand il fut question de savoir si le tyran était jugeable, nous plongèrent dans des débats d'autant plus affligeants, qu'ils ont été vraiment funestes à la République, en ce que, pendant le cours de leur durée, on a sensiblement perdu de vue l'urgent besoin de pourvoir à sa défense... ; contre des hommes qui n'ont pas laissé rendre contre le tyran le jugement de mort qu'après des incidents et des délais interminables... ; contre des hommes qui, aujourd'hui même, voulaient arracher le général Miranda aux poursuites du tribunal révolutionnaire, que l'on chargea hier de ce procès... ; contre des hommes qui, pendant plusieurs jours, ont eu le crédit de tenir cachées les perfidies de l'exécrable Dumouriez, et de faire imposer silence aux patriotes qui voulaient les dévoiler... ; contre des hommes qui, pour tout dire, ont jeté l'Assemblée depuis trois jours dans un tumulte affreux. Le résultat de ces orages ne saurait être plus inquiétant pour la chose publique. Les ennemis nous cernent de toutes parts ; l'intérieur est en proie à des dissensions cruelles, et l'on nous force d'employer un temps précieux, dont nous devons compte à la patrie, nous l'employons à écouter des dénonciations virulentes qui ne sont que le fruit de vengeances particulières !

D'où vient donc cet acharnement sans exemple contre un citoyen qui quelquefois, je l'avoue, peut avoir professé des opinions exagérées, mais que je ne sache pas avoir commis de crimes ? à moins qu'on ne lui en fasse un, de s'être montré l'une des plus fermes colonnes de la Révolution ; d'avoir défendu la cause des sociétés populaires ; d'avoir poursuivi sans relâche les rois, leurs courtisans, leurs créatures ; d'avoir osé prédire, il y a trois mois, qu'avant le mois d'avril Dumouriez trahirait la France ; d'avoir enfin déclaré guerre ouverte aux contre-révolutionnaires, aux fripons, aux intrigants qui, ne calculant dans la Révolution que leur intérêt propre, ne cherchent qu'à transiger sur la liberté du peuple, et à le livrer à la merci de vils tyrans qui l'entourent.

Le rapport fait au nom du comité ne me paraît pas suffisant pour déterminer de ma part une opinion sévère contre un homme que je ne vois pas encore coupable. Nous n'avons pu voir ni discuter les écrits sur lesquels on fonde l'accusation, et ce préliminaire est pourtant indispensable. Je le dis avec franchise, ce rapport n'a pas en soi ces caractères de candeur et d'impartialité qui doivent seuls captiver la confiance ; il est l'ouvrage de la plupart de ceux-là mêmes que Marat accuse : quoique personnellement intéressés, ils se rendent à la fois dénonciateurs, témoins et juges. Un juré d'accusation peut-il réunir autant de rôles ?

Je conclus qu'il n'y a lieu, quant à présent, au décret d'accusation contre Marat.

Laguire, absent.

Ichon, absent.

Bousquet, absent.

Moysset, absent.

DÉPARTEMENT DE LA GIRONDE

Vergniaud, *absent.*

Guadet, se récuse.

Gensonné, se récuse.

Grangeneuve. Dumouriez n'a point nommé Marat comme ayant empêché ses projets liberticides, mais bien comme lui en ayant fourni le prétexte : je dis oui.

Jay (de Sainte-Foy), non.

Ducos *fils*, ne vote pas.

Garrau, absent.

Boyer-Fonfrède. Mes concitoyens m'ont loué d'avoir voté la mort du tyran ; ils me loueront d'avoir demandé l'exclusion d'Orléans; ils attendent avec impatience le décret d'accusation contre Marat : je dis oui.

Duplantier, absent.

Deleyre, absent.

Lacaze, oui.

Bergoeing, oui.

DÉPARTEMENT DE L'HÉRAULT

Cambon, absent.

Bonnier, absent.

Curée, oui.

Viennet, oui.

Rouyer, absent.

Cambacérès. Je n'aime point les longs discours dans les propositions évidentes ; or, il est évident que lorsque la Convention exerce les fonctions judiciaires, elle doit laisser à chacun de ses membres toute la latitude dont il peut avoir besoin pour fixer son opinion. C'est donc une erreur en politique et en morale, que d'avoir rejeté l'ajournement vivement réclamé par plusieurs de nos collègues, et d'avoir mis aux voix par appel nominal le projet de décret, sans l'avoir soumis à une discussion préalable : nous devons nous hâter de réparer cette erreur ; nous ne devons pas craindre des mouvements rétrogrades, lorsqu'il s'agit de nous procurer de plus grandes lumières et de prévenir des plaintes.

Les faits imputés à *Marat* peuvent donner lieu à une accusation ; mais aucun de nous n'ignore qu'il y a une grande différence entre les moyens qui déterminent à accuser, et ceux qui opèrent la conviction des jurés : c'est ici une raison de plus en faveur de l'examen pour lequel je vote.

Brunel, absent.

Fabre. Je ne suis jamais monté à la tribune pour parler des hommes, pour dénoncer ou pour accuser. Je crois qu'il est assez extraordinaire, dans un moment où les ennemis nous pressent de toutes parts, de nous occuper des limites qu'on doit imposer aux journalistes, et que plusieurs séances comme celle-ci ne sauveront pas la chose publique.

Mais sans s'occuper du citoyen dénoncé, je ne verrai que le représentant du peuple, et, en cette qualité, je pense qu'il ne peut être traduit en jugement, sans avoir été entendu sur l'acte d'accusation, sans qu'une discussion solennelle n'ait été ouverte, sans que tous ceux qui veulent parler en sa faveur n'aient été entendus.

D'après ces principes incontestables, je déclare qu'il n'y a pas lieu, dans le moment, à accusation.

Castilhon, oui.

DÉPARTEMENT D'ILLE-ET-VILAINE

Lanjuinais. Les vérités de fait sont indescriptibles ; elles ne cessent pas d'être vérités, pour avoir été reconnues par des perfides comme Dumouriez, ou contestées par des exaltés qui le servent : je crois, sans le vouloir. Il y a des vérités qu'on doit à sa patrie, et qu'aucune terreur, aucun respect humain, aucun sentiment d'amour-propre ou de fausse grandeur, ne doit nous empêcher de proclamer hautement : de ce nombre sont plusieurs crimes de Marat.

Il a provoqué directement et expressément, publiquement, de vive voix et par écrit, le rétablissement de la tyrannie en demandant la dictature et le triumvirat.

Il l'a provoqué directement en appelant le poignard sur les représentants du peuple ; il l'a provoqué indirectement, en prêchant et conseillant l'anarchie, le pillage et le meurtre après avoir souillé la cause de la liberté par l'affreuse circulaire de septembre, dont le sens est : *tuez ; nous avons tué.*

Il a encore provoqué indirectement la tyrannie en se faisant l'aviliseur perpétuel, le plus souvent le calomniateur banal, et toujours le dénonciateur de tous les fonctionnaires, à l'exception des conspirateurs soi-disant *Egalité*, dont il était devenu le familier, et dont, à cette tribune, il s'est efforcé en vain d'empêcher l'arrestation, du moins relativement à Egalité père.

D'après tous ces faits, dont j'ai, avec presque toute la République, la conviction la plus intime, ne me connaissant point le droit de faire grâce, je me croirais un lâche et un traître à la patrie, si je ne disais pas : *il y a lieu à accusation.*

Defermon, absent.

Duval, absent.

Sevestre, absent.

Chaumont, absent.

Le Breton, oui.

Du Bignon, oui.

Obelin, oui.

Beaugeard, non.

Maurel, non quant à présent.

DÉPARTEMENT DE L'INDRE

Porcher-Lissonnay, absent.

Thabaud, absent.

Pépin, absent.

Boudin, absent.

Lejeune, absent.

Derazey, oui.

DÉPARTEMENT D'INDRE-ET-LOIRE

Nioche. Ennemi irréconciliable de toutes les passions haineuses, ami imperturbable des règles et des principes conservateurs de la sûreté et de la liberté des citoyens, j'ai vu ces règles et ces principes violés, dans la mesure qui vous a été proposée de passer au décret d'accusation contre Marat, sans l'entendre et sans permettre qu'on examinât les pièces du procès. Je dis que la violation de ces principes serait à peine tolérée dans l'inquisition de Goa. Je déclare donc, en mon âme et conscience, qu'il n'y a pas lieu à accusation, et je prononce, non.

Dupont (Jacob), absent.

Pottier, absent.

Gardien. Comme j'ai la conviction intime que Marat est coupable ; comme il faut être aveugle, égaré, ou profondément scélérat, pour ne pas voir, dans ce prétendu ami du peuple, un provocateur au meurtre et au pillage ; comme je me croirais déshonoré aux yeux de la République entière, si je disais que Marat mérite une couronne civique ; comme je serais indigne de la confiance de mes commettants, et que je trahirais évidemment mes devoirs et mes obligations, si, par de lâches et perfides détours, je proposais un ajournement ; comme enfin les injures et les menaces des partisans de Marat ne m'en imposent nullement, non plus que les huées indécentes et scandaleuses des tribunes soudoyées : je déclare, en mon âme et conscience, que je vote pour *le décret d'accusation*.

Ruelle. On propose un décret d'accusation contre Marat, l'un de nos collègues ; ce système me paraît, jusqu'à présent, injuste et contraire aux principes les plus sacrés ; d'un côté, parce que les faits consignés dans le rapport qui vient d'être fait par le comité de législation, ne sont pas justifiés, et qu'ils n'ont pas même été discutés ; de l'autre, parce que ses accusateurs eux-mêmes se sont opposés à l'ajournement vivement réclamé pour vérifier les chefs d'accusation et délibérer avec justice ; enfin, parce qu'on a refusé d'entendre préalablement Marat, ce qui est une violation du droit des gens, à l'égard surtout d'un représentant du peuple. Je déclare donc que je ne suis pas convaincu des délits imputés à Marat ; que je ne dois conséquemment pas le supposer coupable ; et je pense qu'il n'y a pas lieu à accusation, quant à présent, contre lui.

Clément Champigny. Marat inculpé n'a pu faire entendre ses moyens de défense ; on s'est opposé avec chaleur à la discussion de l'accusation intentée contre lui ; ces motifs suffiraient pour me faire voter la négative ; mais j'en ai d'autres bien déterminants. En rapprochant les faits, j'observe que ceux qui ont mis tout en œuvre pour sauver Capet, sont les accusateurs de Marat ; que ce sont les mêmes hommes qui ont plaidé, pendant plusieurs mois, en faveur du tyran, qui veulent faire condamner, sans réflexion et sans exa-

men, celui qui vota avec énergie sa mort ; j'observe que ces mêmes hommes sont d'ailleurs désignés par Dumouriez, comme ses amis ; et l'accusé, comme s'opposant à ses projets perfides. D'après ces considérations, je dis avec la fermeté républicaine, que je crois voir dans l'accusation intentée, un mystère d'iniquité et non un coupable : je prononce donc *non* aussi affirmativement que j'ai dit *oui*, lorsqu'il a fallu envoyer le tyran à l'échafaut.

Ysabeau, absent.

Bodin, absent.

DÉPARTEMENT DE L'ISÈRE

Baudran, absent.

Génevois, absent.

Servonat, absent.

Amar, absent.

Prunelle de Lière, non.

Réal, absent.

Boissieu. Quoiqu'il soit assez difficile à l'homme même qui vit seul avec sa conscience, de bien juger si, ou non, au milieu des passions, au milieu des événements de cette journée, et de la foule d'opinions si disparates et si empreintes en même temps pour la plupart de toute autre forme que de celle d'un jugement ; quoique (dis-je) il lui soit assez difficile de juger si les passions et les événements n'ont pas agi ou influé sur lui au moment où il se croit indépendant ;

Quelque douloureux qu'il soit d'ailleurs pour un représentant calme et impartial de voter au milieu de l'orage de ces passions diverses, le décret rendu m'en faisant un devoir, je ne crois pas pouvoir dire qu'en l'état, faute d'ajournement et de discussion, je ne puis voter ; si d'ailleurs, je sens que je suis assez convaincu, quoique je suis forcé de prononcer aujourd'hui dans une affaire dont l'ajournement avait été demandé, et que malheureusement on a rejeté ; ajournement que j'avais fortement appuyé ; ajournement que d'excellents motifs et de puissantes raisons auraient dû faire prononcer, n'eût-ce été que pour chacun, d'après un examen plus réfléchi et dans le calme surtout de l'impartialité, comme je vais le faire, pût prononcer ;

Sur le décret, quel qu'il soit qui sera rendu, entouré de telles circonstances et sur ses suites, je ne ferai aucunes réflexions ; on les a toutes faites : je vous y rappelle, et je laisse à votre sagacité celles que j'aurais pu y ajouter moi-même. Ainsi, fort de ma conscience et intime conviction, me guidant d'après elles, sans m'inquiéter des passions des autres, quelles qu'elles soient et quels que soient les sentiments qui les ont produites ; sans regarder non plus si l'on pourra dire ou penser que je suis mû par aucune d'elles ou que je les partage, je dirai, d'après l'ensemble des faits et la conviction qu'ils portent à mon âme..., oui.

Génissieu. Citoyens, vous n'avez pas oublié la scène malheureusement scandaleuse à laquelle Marat donna dernièrement lieu à la tribune, et où je fus acteur. Depuis, il m'a injurié dans une de ses feuilles. Je n'en ai pas de ressentiment contre lui, parce que je ne l'estime pas. Je sens donc que je pourrais voter avec impartialité ; mais je ne veux pas lui fournir une arme. Le sentiment de ma délicatesse me suffirait pour satisfaire à ma conscience, mais il faut que le public ne puisse pas en douter : par ces considérations, je m'abstiens de voter.

Charrel. Citoyens, vous avez rejeté l'ajournement ; vous avez fait une grande faute : vous auriez instruit beaucoup de membres qui sont restés dans l'incertitude ; mais pour moi, Marat est assez prévenu pour que je dise oui.

DÉPARTEMENT DU JURA

Vernier, oui.
Laurenceot, oui.
Grenot, oui.
Prost, absent.
Amyon, ne vote pas.
Babey. Un opinant nous a dit que si l'on eût suivi les écrits de Marat, on aurait prévenu la faction de Dumouriez ; j'en suis d'accord avec lui : mais, en s'attachant à la rigueur à ce principe, on aurait dû, par une conséquence nécessaire couper 250,000 têtes, nommer un dictateur, autoriser le pillage et avilir les autorités constituées, car ces maximes se trouvent à chaque page des écrits de Marat. Je laisse à l'Assemblée à faire les réflexions qui découlent naturellement de cette observation, et je dis oui.

Ferroux, oui.
Bonguyod. Lorsque je suis venu à la Convention, je ne croyais pas être dans le cas de donner mon opinion sur aucun de ses membres que pour applaudir à sa conduite. Puisque je suis forcé d'examiner celle de Marat, voici mes principes sur les personnes. Un représentant du peuple ne peut tenir d'autre langage que celui qui conduit à la justice, à l'humanité et à la bienfaisance. Marat a tenu un langage contraire à ces principes sacrés en conseillant le pillage, : voilà le seul fait que je connaisse. Je borne mon accusation à ce fait ; mais Marat ayant dénoncé le plus scélérat et le plus infâme des hommes, Dumouriez, il me paraît que la Convention devrait au lieu d'un décret d'accusation, envoyer Marat à l'Abbaye.

DÉPARTEMENT DES LANDES

Dartigœyte, absent.
Lefranc, absent.
Cadroy, absent.
Ducos *aîné*, absent.
Dyzez, non.
Saurine, oui.

DÉPARTEMENT DE LOIR-ET-CHER

Grégoire (H.), absent.
Chabot, absent.
Brisson. Comme je n'ai point entendu le rapport contre Marat, et qu'on a d'ailleurs violé toutes les formes dont était susceptible cette affaire, dans laquelle il était néanmoins d'autant plus indispensable de porter l'instruction et les lumières qu'elle paraît être le

fruit de la passion, de la vengeance et des machinations contre-révolutionnaires les plus condamnables : je dis, quant à présent, non.

Frécine, absent.
Leclerc. Considérant que la provocation à l'insurrection, au pillage, au meurtre et à la dissolution de l'Assemblée nationale, est un crime de lèse-nation ; que Marat n'a cessé de prêcher cette doctrine infâme et meurtrière, surtout depuis six mois, et qu'il n'a atteint quelques vérités politiques qu'à l'aide d'une calomnie continuelle ; considérant que Marat a été entendu plusieurs fois sur ces faits dont il est prévenu, sans pouvoir se disculper, même à l'aide de la chaleur de la défense de ses apologistes ; comme tous ces faits me sont confirmés par un rapport fidèle, et que j'en suis convaincu, même depuis la découverte d'une conspiration contre le salut public, mon avis est qu'il y a lieu à accusation contre Marat.

Venaille. Citoyens, je ne chercherai pas à disculper la conduite de Marat, je ne la connais pas, et je lis peu son journal : mais comme sur les reproches faits à Marat d'avoir, dans sa feuille du 25 ou 28 février dernier, provoqué au pillage et au meurtre, il a répondu, en ma présence, qu'il désavouait cette feuille comme le produit de son indignation, et le fruit d'une fureur patriotique contre les accapareurs, dont l'insolence était montée à son comble ; et vous l'avez entendu dire à la tribune que, quoiqu'il fût contraire aux opinions d'une partie des membres de cette Assemblée, dont il déteste les principes, parce qu'il les croit opposés au succès de la Révolution ; cependant, s'il se présentait quelque assassin contre eux il serait le premier à leur servir de bouclier ; comme les poursuites de ces pillages ont été envoyés à la diligence du ministre de la justice, qui doit en faire punir les auteurs et instigateurs ; comme enfin le rapport qui a été lu à la tribune n'a été suivi d'aucune discussion, et que l'impression ordonnée ne peut avoir pour but que d'instruire l'opinion des votants, et de mettre le prévenu dans le cas de produire ses moyens de défenses, je déclare qu'il n'y a pas lieu, quant à présent, à délibérer sur l'accusation de Marat.

Foussedoire, absent.

DÉPARTEMENT DE LA HAUTE-LOIRE

Reynaud. Après l'opinion de Bonet que je dédaigne d'appeler mon collègue, j'ai dénoncé à la Convention qu'il avait écrit deux lettres à l'époque du jugement de Louis Capet, aux corps administratifs du département de Haute-Loire, d'envoyer la force départementale contre les députés de la Montagne, et de retenir les caisses publiques. Mon collègue Faure et moi avons dénoncé au comité de sûreté générale le fait ; et celui-ci a écrit aux administrateurs, qui ont méprisé la réquisition du comité.

Lorsque mes commettants m'ont revêtu du pouvoir de législateur, ils m'ont fait jurer de défendre les intérêts du peuple, sa liberté et son indépendance. Pour répondre à sa confiance, j'ai voté pour la mort du tyran, rassasié du sang des Français : me voilà donc acquitté en partie. Aujourd'hui, Marat, défenseur chaud et ami dévoué du peuple est accusé; s'il est coupable, je déclare que je n'en suis pas convaincu par le rapport qui me paraît dicté plutôt par la vengeance, la haine et la tyrannie, que par la justice, puisqu'à son égard on viole les principes et les formes. Au surplus bien éloigné d'augmenter le nombre des complices de Dumouriez et consorts, qui poursuivent aujourd'hui la tête de Marat, parce qu'il leur a arraché le masque hypocrite du patriotisme, ce qui est démontré par des pièces dont on a refusé d'entendre la lecture, je dis non.

Faure, absent.

Delcher, absent.

Rongier, absent,

Bouet (Joseph), oui.

Camus, absent.

Barthélemy, oui.

DÉPARTEMENT DE LA LOIRE-INFÉRIEURE

Méaulle. Citoyens, depuis quelques jours nous oublions le salut de la République, et nous suivons la route où veulent nous égarer nos ennemis les plus perfides. Ce sera une époque remarquable dans l'histoire de notre Révolution, que celle où Marat aura été décrété d'accusation, au moment même où ses prophéties funestes viennent de se réaliser. Marat vous a dit sans cesse que Dumouriez trahirait sa patrie avant le mois d'avril; la trahison vient d'éclater dans le temps marqué; et c'est lorsque son opinion devait triompher, que sa perte semble plus assurée. Si Marat a commis des erreurs, s'il s'est quelquefois égaré, ne lui devriez-vous aucune reconnaissance, pour les conseils salutaires que vous n'avez écoutés que trop tard?

Mais examinons froidement les faits qu'on lui impute.

D'abord, on rappelle ici qu'il a excité au pillage. Sur cela, vous avez renvoyé la connaissance du délit au tribunal du département de Seine-et-Oise : est-il possible que vous fassiez aujourd'hui un chef d'accusation d'un fait de la connaissance duquel vous vous êtes déjà dessaisis? Vit-on jamais accuser le même homme, pour le même fait, devant deux tribunaux? La déclaration des droits permettrait-elle donc de faire juger et d'accuser itérativement un citoyen?

On reproche à Marat d'avoir provoqué au meurtre. Cette allégation est vague : supposons que vous puissiez la préciser. Eh bien! la provocation n'a été suivie d'aucun effet; et avant la loi que vous avez rendue tout récemment, la simple provocation ne pouvait être imputée à crime. La liberté de la presse était illimitée. Marat a-t-il fait quelque provocation depuis votre loi? Non, sans doute. Comment donc voudriez-vous le faire juger sur une loi postérieure au délit? La déclaration des droits ne le permet point encore. Mais vous oubliez que vos décrets d'accusation ne peuvent être fondés que sur des crimes de haute trahison et de conspiration. Il ne vous appartient pas d'accuser les citoyens pour des délits particuliers, tels que vos prétendues provocations au meurtre et au pillage. Ici vous devriez bien moins envisager l'homme que la nature des crimes qui font la matière de cette discussion, où les passions l'ont emporté sur le sang-froid.

Mais venons-en donc aux conspirations. J'en connais deux: la première a été formée antérieurement au jugement du tyran: elle était dirigée contre les membres qui siègent à la Montagne, où je ne me place point. J'en ai eu connaissance, et j'ai frémi d'horreur : elle a failli être consommée au sein même de la Convention. Laissez donc enfin instruire cette affaire, où Barbaroux se trouve impliqué.

Il est encore une autre conspiration : c'est celle de Dumouriez; celle-ci est vaste et compliquée : elle n'est peut-être que la suite de la première. Marat a poursuivi, avec une persévérance infatigable, le traître Dumouriez; et vous prétendez, avant de vous occuper des hommes accusés par Marat, le mettre lui-même en jugement! Vous allez lui lier les pieds et les mains, afin qu'il ne puisse agir contre les conspirateurs. Vous changez l'accusateur en accusé. Vous dites que Marat est complice de Dumouriez; mais cela n'est pas facile à persuader... Eh ! si vous aviez voulu entendre la lecture des pièces qui vous ont été présentées par votre comité de Sûreté générale, vous eussiez eu connaissance d'une lettre écrite à Dumouriez par un particulier de Paris, dans laquelle on félicite le traître sur l'arrestation de vos quatre commissaires, et on lui témoigne le regret de ne pas y voir Danton, Robespierre et Marat, en lui assurant qu'ils touchent à l'échafaud. Jugez donc maintenant si Marat est le complice de Dumouriez... Jugez si vous servez bien celui qui trahit la nation... Jugez si vous n'entrez point dans ses vues de dissoudre la représentation nationale, en l'attaquant dans la personne d'un député. Pour moi, je ne vois dans les circonstances où nous nous trouvons, et à travers toutes les intrigues qui nous enveloppent, je ne vois, dis-je, qu'une victime immolée à Dumouriez et aux tyrans qui conspirent avec lui. Au reste, je soutiens toujours qu'en principe, on ne pouvez accuser Marat sans faire juger d'abord ceux qu'il a accusés, et je ne suis nullement d'avis du décret d'accusation que l'on vous propose contre lui.

Lefebvre de Chailly, absent.

Chaillon, oui.

Mellinet, absent.

Villers, absent.

Fouché, absent.

Jarry, oui.

Coustard, oui.

DÉPARTEMENT DU LOIRET

Gentil. Citoyens, depuis que je suis à la Convention, j'ai malheureusement reconnu que Marat était plus fort qu'elle ; ce que je vois aujourd'hui, m'en convainc encore plus que jamais : un décret d'accusation contre lui me semble donc une mesure qui ne sera pas plus exécutée que celle de son envoi à l'Abbaye : je la crois donc, par cette raison, au moins inutile, et je ne consens pas facilement à me décider pour ce qui est inutile : je déclare donc que je ne vote pas.

Garran Coulon. J'ai annoncé mo opinion pour l'accusation, sur le fond de la question ; mais mon opinion n'est rien auprès des principes conservateurs de la liberté. Je me suis toujours opposé aux délibérations tumultueuses qui sont influencées par les passions. J'ai toujours cru qu'il était impossible que des décrets rendus parmi des orages si violents, eussent les caractères d'impartialité qui peuvent seuls en garantir la justice et la sagesse au peuple. Cette vérité me paraît plus incontestable encore, quand il s'agit de statuer sur les personnes ; quand les détails dans lesquels sont entrés plusieurs des votants, peuvent avoir changé des opinions ; quand plusieurs de nos collègues observent qu'ils n'ont pas entendu le rapport ; quand une séance si longtemps prolongée, après tant d'autres, ne permet plus de jouir de toutes ses facultés ; quand, excédé des dernières veilles, je n'ai pu, malgré tous mes efforts, me soustraire au sommeil. Dans l'état actuel des choses, je demande aussi l'ajournement et le renouvellement immédiat de la Convention, qui ne me paraît plus capable de sauver la chose publique.

Lepage, absent.

Pelé, absent.

Lombard-Lachaux, absent.

Guérin des Marchais, non.

Delagueulle de Coinces. Comme je n'ai pas entendu le rapport, je ne crois pas pouvoir, en ce moment, donner un avis justement motivé. Ainsi, je demande, sur cette question, l'ajournement et une plus ample discussion ; et provisoirement, je déclare qu'il n'y a pas lieu à accusation, par le principe avoué de tous les législateurs et de tous les amis de la patrie, que, dans le doute, il faut se déterminer pour le plus doux, et pour la décharge de l'accusé.

Louvet de Couvrai, se récuse.

Léonard Bourdon, absent.

DÉPARTEMENE DU LOT

La Boissière, absent.

Clédel, absent.

Sallèles, oui.

Jean-Bon-Saint-André, absent.

Monmayou, absent.

Cavaixnac. Je déclare que je ne prononcerai sur le compte de Marat, qu'autant que je verrai qu'on observera, à son égard, les principes et les formes conservatrices des droits de tout accusé, et qu'il aura joui de la faculté que vous n'avez pas refusée à Dumouriez lui-même ; car, remarquez bien, citoyens, qu'avant de décréter ce traître d'accusation, vous l'avez mandé à votre barre, lors même que vous étiez convaincus de sa scélératesse. Je déclare donc que je ne vote pas, quant à présent.

Bouygues, oui.

Delbrel, absent.

Albouys, oui.

DÉPARTEMENT DE LOT-ET-GARONNE

Vidalot. Je n'ai jamais su composer avec ma conscience.

Dans Lafayette, ma conscience m'a montré un traître, un audacieux contre-révolutionnaire. J'ai constamment voté contre Lafayette, jusqu'au décret d'accusation, inclusivement.

Dans Louis Capet, ma conscience m'a montré un roi perfide, le chef des contre-révolutionnaires. J'ai constamment voté contre Louis Capet, jusqu'au décret de mort, inclusivement, sans appel, sans sursis, sans amendement quelconque.

Dans Marat, ma conscience me montre un ennemi déclaré de toutes les lois, et conséquemment du peuple, dont il a l'audace de se proclamer *l'ami*... un impudent provocateur au meurtre, au pillage... le persécuteur acharné de la Convention nationale, qu'il a perpétuellement cherché à troubler, à diviser, à avilir, à faire égorger...

Avec la même fermeté, le même courage que j'ai opiné contre un général et contre un roi conspirateur, je vais donc opiner contre Marat, et malgré les vociférations, les hurlements, les outrages dont on m'accable de toute part, en dépit des poignards que je brave, je dis, oui... mille fois *oui*. Il y a lieu à accusation contre Marat.

Signé : Vidalot, qui a demandé acte de la révolte ouverte des tribunes et de la violation, en sa personne, de la représentation nationale.

Laurent, absent.

Paganel, absent.

Claverye, absent.

Larroche, absent.

Boussion, absent.

Guyet-Laprade, oui.

Fournel, oui.

Noguères, oui.

DÉPARTEMENT DE LA LOZÈRE

Barrot. J'ai déjà voté l'ajournement de la discussion jusqu'après l'impression et la distribution du rapport fait contre Marat ; et d'après les motifs qui m'ont déterminé à émettre ce vœu, je déclare que je ne puis voter, quant à présent, ni pour, ni contre le décret d'accusation contre Marat.

Châteauneuf-Randon. Je partage avec mes collègues de la Montagne, l'indignation que nous éprouvons tous sur la manière précipitée, passionnée et injuste, avec laquelle l'on a présenté le rapport et le décret d'accusation contre Marat : en conséquence, je dis non... Mais, citoyens, ne croyons pas que cette fatale journée soit perdue pour la chose publique. Les départements dont on a cherché depuis longtemps à prévenir l'opinion contre les fermes et chauds amis de la liberté et de l'égalité, dont les sentiments que je partage seront inaltérables jusqu'à la mort, les départements, dis-je, vont ouvrir les yeux ; et le peuple souverain jugera définitivement enfin quels sont les vrais complices de Dumouriez et les ennemis de la République.

Servière, absent.

Monestier. Citoyens, il s'agit non seulement d'un accusé, mais d'un représentant du peuple. En considérant Marat sous ce dernier rapport, je pense non seulement que les délits qu'on lui impute, devraient être connus de la nation entière, dont il est le mandataire, mais je dirai, ce me semble avec plus de fondement, qu'ils devraient être connus, démontrés à la Convention entière qui va le juger. L'état de l'Assemblée dément victorieusement ce fait, puisque les délits imputés sont convenus par les uns, et contestés par les autres de ses membres. Je dirai en outre que Marat aurait dû être entendu, non seulement comme représentant, mais comme tout accusé a le droit de l'être. Il ne l'a pas été, et j'en conclurai avec raison que les principes de la justice et de la probité, ceux surtout de la liberté politique et individuelle, la violation en un mot de ces principes et de toutes les règles, ne me permettront jamais d'émettre une opinion qui préjugeât coupable un individu quelconque, même le fût-il. J'ajouterai que dans les circonstances actuelles, ce serait la mesure la plus funeste à l'établissement de la République, que de porter atteinte à la représentation nationale; et, sous tous ces rapports, je conclus au rejet de l'accusation contre Marat.

Pelet, absent.

DÉPARTEMENT DE MAINE-ET-LOIRE

Choudieu, absent.

Delaunay (d'Angers), *l'aîné*, absent.

Dehoulière, oui.

La Révellière-Lépeaux, oui.

Pilastre, oui,

Leclerc, oui.

Dandenac, *l'aîné*, absent.

Delaunay, *le jeune*, absent.

Pérard. Pour l'honneur de la Convention et pour la conservation des principes, je dis, non.

Dandenac, *le jeune*, oui.

Lemaignan, oui.

DÉPARTEMENT DE LA MANCHE

Sauvé. Lorsque la discussion s'est ouverte au commencement du rapport du comité de législation, j'ai été nécessité de sortir pour réparer mes forces épuisées. Lorsque je suis rentré, la lecture du rapport était faite. On a mis aux voix l'ajournement; j'ai voté pour l'ajournement. Quoique je croie Marat coupable, je ne peux prendre sur ma conscience de prononcer le décret d'accusation, sans être instruit des délits qu'on lui impute, et consignés dans le rapport : je conclus donc à l'ajournement.

Poisson, oui.

Lemoine. N'ayant entendu que les accusations qui ont été portées contre Marat, sans que les accusateurs aient voulu permettre qu'elles lui fussent au moins communiquées, et qu'il fût entendu dans ses réponses, je dis qu'il ne peut pas y avoir lieu à admettre de pareilles accusations, quant à présent, contre un républicain dont Louis Capet et toute sa cour, Lafayette et Dumouriez ont désiré tant de fois de boire le sang jusqu'à la dernière goutte ; et je répète : non.

Le Tourneur, absent.

Ribet, absent.

Pinel, oui.

Le Carpentier, absent.

Havin, absent.

Bonnesœur-Bourginière, oui.

Engerran-Deslandes, oui.

Regnauld-Bretel, absent.

Laurence, oui,

Hubert-Dumanoir, oui.

DÉPARTEMENT DE LA MARNE

Prieur, absent.

Thuriot, absent.

Charlier. Un membre a demandé avant l'appel nominal qu'il soit permis à chacun des représentants du peuple, de motiver son vœu.

La question préalable a été mise aux voix et décrétée.

Delacroix (Charles). L'adresse des Jacobins, souscrite par Marat, ne me paraissant pas présenter un corps de délit ; le rapport du comité me paraissant évidemment dicté par la prévention et par la haine, l'accusation n'ayant point été communiquée à Marat, votre précipitation me mettant dans l'impossibilité de les vérifier moi-même, je ne veux pas violer tous les principes de la justice éternelle ; je ne serai pas l'écho de Cobourg et de Dumouriez ; je m'abstiens de voter quant à présent.

Deville. Les aristocrates de toutes les époques ont toujours dit du mal de Marat, ont toujours persécuté Marat ; en conséquence, je vote qu'il n'y a pas lieu à accusation contre Marat.

Poulain-Boutancourt, oui.

Drouet. La liberté de mon pays est le seul mobile de toutes mes actions ; mes commettants, certains de mon attachement aux principes républicains qui font la base de notre Révolution, m'ont envoyé ici pour discuter leurs intérêts, et non pour être l'agent d'une faction. Je me croirais indigne de ma mission, si je m'abaissais à servir un parti qui est parfaitement d'accord avec les ennemis de la République.

On demande un décret d'accusation contre Marat ; je déclare que je le regarde comme un homme qui, par son exaltation, nuit beaucoup aux vrais patriotes ; mais aussi, je dis que ceux qui demandent contre lui ce décret d'accusation, ne raisonnent pas autrement que Dumouriez, le roi de Prusse, le roi de Hongrie, et généralement tous les tyrans et les aristocrates qui se trouvent disséminés sur la surface de la terre.

En conséquence, je crois qu'un homme simple et de bonne foi ne doit jamais être d'accord avec ces ennemis de la liberté des peuples.

C'est pourquoi je m'oppose au décret d'accusation contre un représentant de la nation, dont tout le crime est d'avoir vomi des injures et dit des vérités terribles contre les ennemis de la République. Si ce décret passe, j'en appelle à l'opinion publique.

Armonville. Comme ayant vu dans cette Assemblée violer les lois les plus sacrées, ainsi que la sûreté de la représentation nationale dans la scélérate personne de Deperret, indigne d'être représentant de la nation française par son action criminelle, en tirant son épée contre la Montagne, soustrait à un décret d'accusation par les amis de Dumouriez, qui ont déshonoré la nation, en passant à l'ordre du jour, me fait connaître une conspiration; donc, je ne croirais indigne de vivre, si j'imitais leur scélérate conduite. Je dis, non.

Blanc, oui.

Battellier. Citoyens, je ne serai jamais dissemblable à moi. J'ai, comme un autre, mon opinion morale et physique sur Marat; mais je m'oppse de toutes mes forces à la violation des principes éternels de la justice. Je ne connais pas les écrits reprochés à mon collègue. Je ne connais pas non plus le rapport du comité de législation, mais ce que je connais bien, c'est qu'on ne doit pas accuser, légèrement et sans un mûr examen, un représentant du peuple; en conséquence, je ne puis voter, quant à présent, pour le décret d'accusation sollicité contre le citoyen Marat.

DÉPARTEMENT DE LA HAUTE-MARNE

Guyardin. Il y a quatre ans que Marat est régulièrement dénoncé par les principaux personnages qui ont successivement occupé la scène de la contre-révolution.

En 1790 et 1791, les Malouet, les Maury, les Cazalès l'accusèrent de prêcher le meurtre et le pillage. Robespierre, Pétion et Buzot le défendirent. Ils combattaient alors de front au haut de la Montagne; j'étais à leurs côtés, et nous triomphâmes; Marat n'était pas au nombre des représentants du peuple, et le seul principe de la liberté de la presse suffit à sa justification.

En 1792, les Ramond, les Vaublanc, les Becquet renouvelèrent la même accusation. Lafayette leur promettait l'appui de l'armée qu'il commandait. La Montagne le défendit encore, et les Vergniaud, les Guadet, les Gensonné, qui y siégeaient alors, adhérèrent autorrent; Marat fut accusé, mais bientôt ses concitoyens le vengèrent par son élection à la Convention.

Aujourd'hui Dumouriez, plus audacieux que Lafayette, menace comme lui la Montagne, et demande pour première victime Marat qui l'habite cette fois. Pétion, Buzot, Vergniaud, Guadet, Gensonné, qui l'ont désertée, appuient la dénonciation de Dumouriez. Pour moi, fidèle aux principes qui sont les bases de la Révolution, je suis rentré sur la Montagne dans le camp retranché de la liberté et de l'égalité, résolu de le défendre jusqu'à la mort. Pour nous vaincre, on cherche à nous diviser, et l'on profite du moment où plus de cent de nos frères d'armes sont dispersés sur la surface de la République; mais pour résister encore avec succès, nous nous serrerons de plus près, et formerons un rempart formidable. Je ne veux pas qu'on en détache une seule pierre, à moins que, dans sa chûte, elle ne dût écraser une colonne de Prussiens, d'Autrichiens, ou des milliers de leurs partisans.

Je pense que l'on peut reprocher à Marat des égarements d'esprit, mais je ne le crois coupable d'aucun crime, et je dis non.

Monnel. Jusqu'à ce que Marat ait été entendu, jusqu'à ce que les pièces de conviction qu'on lui oppose lui aient été représentées, jusqu'à ce que le rapport du comité qui l'inculpe ait été discuté, je dis non.

Roux, non.

Valdruche, absent.

Chaudron-Roussau, absent.

Laloy. Citoyens, je viens remplir une fonction aussi auguste que pénible. Vous m'appelez pour accuser un de mes collègues; mais je n'aperçois, ni faits, ni pièces, et je m'arrête sur les allégations.

Je vais parler en républicain, par conséquent en homme impartial.

Je ne vois point Marat dans cette affaire; je ne vois qu'un représentant du peuple français.

C'est à ce seul titre qu'il est dénoncé à la Convention; et le fait sur lequel pose cette accusation, ne lui est pas personnel, et ne peut lui être imputé.

Ne parlons pas des autres faits; ils ont été empruntés, travaillés, altérés pour colorer un rapport qui respirait la passion : d'ailleurs, l'accusation ne pouvait, ni ne devait avoir ces faits pour base, puisque d'une part ils avaient servi de motifs à une dénonciation renvoyée devant les tribunaux, que d'un autre côté, on a refusé la lecture des pièces en faveur de cet accusé.

Je dis donc qu'il n'y a pas lieu à accusation.

Wandelaincourt, absent.

DÉPARTEMENT DE LA MAYENNE

Bissy, *le jeune*, absent.

Esnüe de la Vallée (Joachim), absent.

Grosse-Du-Rocher. Citoyens, je crois qu'il est impossible à un honnête homme de condamner Marat, sans l'avoir entendu. C'est pourquoi je dis qu'il n'y a pas lieu à accusation, quant à présent.

Enjubault. Comme je déteste les provocateurs au meurtre, au pillage et à la dissolution de la Convention nationale; que je déteste également les tyrans, sous quelque dénomination que ce soit, ainsi que ceux qui veulent soutenir leur cause; comme Marat, contumax, est en révolte avec les lois, je dis oui.

Serveau-Touche-Vallier, oui.

Plaichard-Choltière, oui.

Villar, oui.

Lejeune (René-François), oui.

DÉPARTEMENT DE LA MEURTHE

Salle. Marat m'a fait l'honneur de me nommer personnellement dans ses feuilles : il m'a proscrit; ce matin encore, il m'a dénoncé dans sa lettre à l'Assemblée : je n'en ai éprouvé aucun ressentiment, et si je prononçais, je me rends cette justice, que ce serait sans passion. Marat n'est pas devenu plus innocent à mes yeux depuis le 26 février, jour auquel je demandais contre lui le décret d'accusation pour avoir provoqué les pillages de la veille; mais je dois à ma délicatesse de ne pas laisser le moindre doute sur mes intentions : je prie l'Assemblée de me permettre de ne pas voter.

Mallarmé. Vous exigez que je vote sur une question de fait, que je prononce sur un objet des plus importants, puisqu'il est relatif à la représentation nationale, sans qu'au préalable l'accusé ait été entendu sur toutes les inculpations qui lui sont faites; et vous exigez que j'émette mon vœu après une simple lecture, et la lecture rapide d'un rapport fait dans un court intervalle, depuis que l'accusation a été intentée. Je déclare que je ne le puis quant à présent; que je voudrais, avant tout, l'impression du rapport, et l'ajournement de la question à un délai court. Marat est en état d'arrestation : la chose publique ne peut péricliter, quand on différerait de quelques jours. Des faits plus graves ont été posés contre Louis-Philippe, ci-devant duc d'Orléans, et la Convention nationale a cru, dans sa sagesse, devoir différer son décret d'accusation contre lui. J'ai d'autant plus de raison à demander l'ajournement, que, depuis longtemps, il est constant que la Convention nationale est agitée par des passions, des haines particulières, que, depuis quatre jours, le trouble est porté à son comble; que, mercredi dernier, on a vu beaucoup de membres du côté droit se porter avec fureur contre Danton, au moment où il allait à la tribune s'expliquer sur une motion d'ordre; que, le lendemain, une grande partie du côté droit s'est avancée sur les membres qui siègent à la Montagne; que l'un d'eux a osé tirer le sabre, et menacer les députés qui siègent à cet endroit; que, malgré les justes réclamations de beaucoup de membres contre cet attentat, la Convention nationale est passée à l'ordre du jour; qu'hier seulement on a accusé notre collègue; qu'au même instant, sans aucune vérification, sans aucun examen, j'ai vu tout un côté manifester la passion, et crier au décret d'accusation. Tous ces faits me donnent les plus grands soupçons, et me déterminent à déclarer qu'il n'y a pa lieu à prononcer le décret d'accusation contre Marat quant à présent, puisque la Convention a rejeté l'impression du rapport et l'ajournement à un délai suffisant pour nous instruire, et nous procurer tous les renseignements nécessaires.

Levasseur, absent.

Mollevaut, oui.

Bonneval, absent.

Lalande, absent.

Michel, absent.

Zangiacomi, *fils*, oui.

L'appel nominal est terminé.

Le Président en proclame le résultat (1). Sur 360 votants, la majorité était de 181; 220 membres ont voté pour le décret d'accusation; 92 ont voté contre; 41 ont déclaré n'avoir point de vœu quant à présent; 7 ont

demandé l'ajournement; 4 se sont abstenus de voter, et 3 se sont récusés.

« Le Convention nationale décrète en conséquence qu'il y a lieu à accusation contre Marat, l'un de ses membres. » (*Murmures prolongés dans les tribunes.*)

Un membre (1) : Je propose à la Convention de décréter que le comité de législation lui présentera dans la séance prochaine l'acte d'accusation contre Marat.

(La Convention décrète cette proposition.)

Un membre (2) demande que la Convention ne rende aucun décret, parce qu'il ne reste pas 200 membres dans la salle.

Un autre membre (3) demande le rapport du décret d'accusation contre Marat.

(La Convention passe à l'ordre du jour sur ces deux dernières propositions.)

Boyer-Fonfrède, *secrétaire*, donne lecture en fin de séance, de *l'état des dons patriotiques faits depuis et y compris le 7 avril jusqu'au 13 inclusivement*; cet état est ainsi conçu (4) :

État des dons patriotiques faits depuis et compris le 7 avril jusqu'au 13 inclusivement.

Du 7 avril.

Un inconnu a fait parvenir, pour les frais de la guerre, 687 livres en assignats, en un billet patriotique de la ville de Troyes, 3 livres, en argent 150 livres, en tout 840 livres; plus une épaulette, une contre-épaulette, une décoration militaire.

Une citoyenne artiste, qui ne veut pas être connue, a fait parvenir, en assignats, pour les frais de la guerre, 100 livres.

La commune de Fays-Billot, département de la Haute-Marne, a fait parvenir, par l'intermission du ministre de la guerre, une somme de 168 livres 15 sous, qu'elle destine pour le bataillon de son département.

Le citoyen Peignier, de la ville de Lille, a donné 100 livres en assignats, pour les frais de la guerre.

Du 8.

Le citoyen Tourouaire, capitaine au 2e bataillon de Vaucluse, envoie de Nice, par l'intermission du ministre Lebrun, un assignat de 50 livres, pour les frais de la guerre.

Le bataillon de Saint-Antoine, de la ville de Bar-sur-Ornain, jadis Bar-le-Duc, a donné, pour les frais de la guerre, 120 livres en assignats.

Le citoyen Assier Périca a donné, pour les frais de la guerre, un assignat de cent sous.

Les officiers de santé et employés de l'Hôtel-Dieu ont envoyé 202 livres 10 sous en assignats, pour le troisième trimestre de la solde de trois volontaires qu'ils ont armés et équipés pour la défense de la République.

---

(1) P. V., tome 9, page 245. — Voy. ci-après, aux annexes de la séance, page 69, l'appel nominal sur le décret d'accusation contre Marat, par ordre alphabétique des noms des députés.

(1) P. V., tome 9, page 246.
(2) P. V., tome 9, page 246.
(3) P. V., tome 9, page 246.
(4) P. V., tome 9, page 246.

Du 9.

Le citoyen Jean-Marie Lacatte, officier retiré à Avesnes, département du Nord, et ci-devant lieutenant en troisième au régiment d'artillerie de Toul, a fait parvenir sa décoration militaire et son brevet du 18 décembre 1781.

Le citoyen Lebeufve, lieutenant-colonel du 1ᵉʳ bataillon des chasseurs francs, cantonné à Coslar, près Juliers, a fait déposer sa décoration militaire et sa médaille de la Bastille.

Du 10.

La commune de Moirasse, en faisant l'envoi de 13 paires de souliers pour nos frères d'armes, y a joint la garde d'une épée en argent.

Les comédiens de la Nation ont envoyé, pour les frais de la guerre, 1,500 livres en assignats.

Du 11.

La citoyenne Prévôt, ci-devant Bizot, demeurant à Gray, département de la Haute-Saône, a fait déposer, pour les frais de la guerre, 600 livres en assignats.

La commune de Vivevol, district d'Ambert, département du Puy-de-Dôme, a envoyé, pour les frais de la guerre, 87 livres en assignats.

Du 12.

Rien.

Du 13.

Le citoyen Demengon de Hadigny, étudiant en pays étranger, a fait offrir, pour les frais de la guerre, 13 livres en assignats et 12 livres en argent.

La séance est suspendue à sept heures du matin du dimanche 14.

PREMIÈRE ANNEXE (1)

A LA SÉANCE DE LA CONVENTION NATIONALE DU SAMEDI 13 AVRIL 1793.

Pièces annexes à la lettre des citoyens Du Bois Du Bais et Briez, commissaires de la Convention nationale à Valenciennes.

I

Adresse du général autrichien Cobourg aux Français (2).

Le 9 avril 1793, l'an II de la République française.

« Français,

« La déclaration que j'ai donnée de mon quartier général de Mons, le 5 avril 1793 (3), est un témoignage public de mes sentiments

(1) Voy. ci-dessus même séance, page 2, la lettre des commissaires Du Bois Du Bais et Briez.
(2) *Bibliothèque nationale* (*Mémoire de Dumouriez*, tome 4, note F); La³³ 46.
(3) Voy. *Archives parlementaires* (1ʳᵉ série), t. LXI, séance du 11 avril 1793, la proclamation du prince de Cobourg du 5 avril.

personnels pour ramener, le plus tôt possible, le calme et la tranquillité en Europe. J'y ai manifesté, d'une manière franche et ouverte, mon vœu particulier pour que la nation française eût un gouvernement solide, durable, qui reposât sur les bases inébranlables de la justice et de l'humanité, qui donnât à l'Europe la paix, et à la France le bonheur. Maintenant que les résultats de cette déclaration sont si opposés aux effets qu'elle devrait produire, et qu'ils me prouvent que trop combien les sentiments qui l'ont dictée ont été méconnus, il ne me reste qu'à la révoquer dans toute son étendue, et à démontrer formellement « que l'état de guerre qui subsiste entre la cour de Vienne, les puissances coalisées et la France, se trouve dès à présent malheureusement rétabli. » Je me vois donc forcé par l'empire des circonstances, que des hommes profondément criminels se sont obstinés à diriger vers le bouleversement et le malheur de leur patrie, d'annuler complètement ma déclaration susdite, et de faire connaître que cet état de guerre si funeste se trouvait rétabli, j'ai donné les ordres nécessaires pour y donner suite de concert avec les puissances coalisées, avec toute l'énergie et la vigueur dont les armées victorieuses sont susceptibles. La rupture de l'armistice est la première démarche hostile que la funeste combinaison des événements m'ait forcé de faire. Il ne subsistera donc de ma première déclaration que l'engagement inviolable que je renouvelle ici avec plaisir, que la discipline la plus sévère sera observée et maintenue par mes troupes sur le territoire français ; que toute contravention sera punie avec la dernière rigueur.

« La franchise et la loyauté, qui de tout temps ont été le mobile de nos actions, m'obligent à donner à cette nouvelle *adresse à la nation française* toute la publicité dont elle peut être susceptible, pour en laisser aucun doute sur les suites qui en pourraient résulter.

« Donné à mon quartier général de Mons, le 9 avril 1793.

« *Signé* : PRINCE DE COBOURG. »

II

Mémoire de Dumouriez à la nation française (1).

« Français,

« Depuis le commencement de la Révolution, je me suis consacré au soutien de la liberté et de l'honneur de la nation. L'année 1792 est la plus mémorable par les services que j'ai rendus. Ministre des affaires étrangères pendant trois mois, j'ai relevé et soutenu la dignité du nom français dans toute l'Europe. Une cabale odieuse m'a calomnié, en m'accusant d'avoir volé six millions destinés aux dépenses secrètes. J'ai prouvé que, sur ce fonds, je n'avais pas dépensé 500,000 francs.

« Ayant quitté la carrière politique vers la fin du mois de juin, j'ai commandé un petit corps d'armée dans le département du Nord. On m'a ordonné de quitter ce département

(1) *Bibliothèque nationale* (*Mémoire de Dumouriez* tome 4 note D); La³³ 46.

avec mes troupes, dans le temps même où les Autrichiens y entraient avec force. J'ai désobéi ; j'ai sauvé ce département ; on a voulu m'enlever pour me mener à la citadelle de Metz, et me condamner à mort par un conseil de guerre.

« Le 28 août, j'ai pris, en Champagne, le commandement d'une armée de 20,000 hommes, faible et désorganisée. J'ai arrêté 80,000 Prussiens et Hessois, et je les ai forcés à la retraite, après leur avoir fait perdre la moitié de leur armée. J'ai alors été le sauveur de la France ; dès lors, le plus scélérat des hommes, l'opprobre des Français, Marat, en un mot, s'est acharné à me calomnier. Avec une portion d'une armée victorieuse de la Champagne, et quelques autres troupes, je suis entré le 5 novembre, dans la Belgique ; j'ai gagné la bataille à jamais mémorable de Jemmapes ; et, après une suite d'avantages, je suis entré dans Liège et dans Aix-la-Chapelle à la fin de novembre. Dès lors, ma perte a été résolue : on m'a accusé de vouloir être, tantôt duc de Brabant, tantôt stathouder, tantôt dictateur. Pour retarder et anéantir mes succès, le ministre Pache, soutenu par la faction criminelle qui produit tous nos maux, a laissé manquer de tout à cette armée victorieuse et est parvenu à la désorganiser par la famine, par la nudité. Plus de 15,000 hommes ont été aux hôpitaux, plus de 25,000 sont désertés par misère et par dégoût ; plus de 10,000 chevaux sont morts de faim.

« J'ai porté les plaintes les plus fortes à la Convention nationale ; j'ai été moi-même à Paris, pour l'engager au mal : elle n'a pas daigné lire quatre mémoires que je lui ai donnés. Pendant les vingt-six jours que j'ai passés à Paris, j'ai presque tous les soirs entendu des bandes de prétendus fédérés qui demandaient ma tête ; et des calomnies de tous les genres, les menaces et les insultes m'ont poursuivi jusque dans la maison de campagne où je m'étais retiré.

« Ayant offert ma démission, j'ai été retenu au service de ma patrie, parce qu'on m'a proposé de négocier la suspension de la guerre avec l'Angleterre et la Hollande ; et, en cas de non-succès, l'expédition de la Hollande, que j'avais conçue comme indispensable pour sauver les Pays-Bas. Pendant que je négociais, et même avec succès, la Convention nationale s'est hâtée de déclarer elle-même la guerre sans s'occuper des préparatifs, sans pourvoir aux moyens de la soutenir ; on ne m'en a pas prévenu, et je ne l'ai appris que par les gazettes ; je me suis hâté de former un petit corps d'armée de troupes nouvelles qui n'avaient jamais combattu. Avec ces troupes, que la confiance rendait invincibles, j'ai pris trois places fortes, et j'étais prêt à pénétrer dans le centre de la Hollande, lorsque j'ai appris les désordres d'Aix-la-Chapelle, la levée du siège de Maëstricht et la fameuse retraite de l'armée : elle m'appelait à grands cris. J'ai abandonné mes conquêtes pour voler à son secours. Je jugeais que je ne pouvais relever nos affaires que par un prompt succès. J'ai ramené mes compagnons d'armes à l'ennemi. Le 16 mars, j'ai eu un avantage considérable à Tirlemont ; le 18, j'ai donné une grande bataille : la droite et le centre, que je conduisais, ont vaincu ; la gauche, après avoir

attaqué imprudemment, a fui. Nous avons fait, le 19, une retraite honorable avec les braves qui me restent, car une partie de l'armée était débandée. Le 21 et le 22, nous avons combattu avec le même courage, et c'est à notre fermeté qu'on doit la conservation du reste d'une armée qui ne respire que pour une liberté sage, pour le règne des lois et pour l'extinction de l'anarchie.

« Dès lors, les Marat, les Robespierre et la secte criminelle des Jacobins de Paris ont conspiré la perte des généraux et surtout la mienne. Ces scélérats, mus par l'or des puissances étrangères pour achever de désorganiser les armées, ont fait arrêter presque tous les généraux ; il les tiennent dans les prisons à Paris, pour les septembriser. C'est ainsi que ces monstres ont forgé un mot pour conserver à la postérité le souvenir des affreux massacres des six premiers jours de septembre.

« Pendant que je suis occupé à récompenser l'armée, que j'y travaille jour et nuit, hier, sont arrivés quatre commissaires de la Convention nationale, avec un décret pour me traduire à la barre ; le ministre de la guerre, Beurnonville, mon élève, a eu la faiblesse de les accompagner pour succéder à mon commandement. Les gens qui étaient à la suite de ces perfides émissaires m'ont averti eux-mêmes que différents groupes d'assassins chassés ou fuyards de mon armée, étaient dispersés sur la route pour me tuer avant mon entrée à Paris. J'ai passé plusieurs heures à chercher à les convaincre de l'imprudence de cette arrestation. Rien n'a pu ébranler leur orgueil : je les ai fait arrêter tous pour me servir d'otages contre les crimes de Paris. J'ai, sur-le-champ, arrangé une suspension d'armes avec les Impériaux, et je marche vers la capitale pour éteindre le plus tôt possible les germes de la guerre civile.

« Il faut, mes chers compatriotes, qu'un homme vrai et courageux vous arrache le bandeau dont on couvrait tous nos crimes et nos malheurs. Nous avions fait, en 1789, de grands efforts pour obtenir la liberté, l'égalité et la souveraineté du peuple. Nos principes ont été consacrés dans la déclaration des droits de l'homme. Il est résulté des travaux de nos législateurs, d'abord la déclaration qui dit : que la France est et restera une monarchie ; 2° une Constitution que nous avons jurée en 1789, 1790, 1791. Cette Constitution devait et pouvait être imparfaite, mais on devait et on pouvait croire qu'avec le temps et l'expérience, on rectifierait les erreurs, et que la lutte nécessaire entre le pouvoir législatif et le pouvoir exécutif, établirait un équilibre sage qui empêcherait l'un des deux pouvoirs de saisir toute l'autorité et d'arriver au despotisme. Si le despotisme d'un seul est dangereux pour la liberté, combien plus est odieux celui des 700 hommes, dont beaucoup sont sans principes, sans mœurs, et ne sont parvenus à cette supériorité que par des cabales ou des crimes !

« L'exagération et la licence ont bientôt trouvé insupportable le joug d'une Constitution qui donnait des lois. Les tribunes influençaient l'Assemblée des représentants, et étaient elles-mêmes soufflées par le club dangereux des Jacobins de Paris. La lutte entre les deux pouvoirs est devenue un combat à mort. Dès lors, l'équilibre a été détruit. La France s'est trouvée sans roi : la victoire du 10 août a été souillée par les crimes atroces des premiers jours de septembre.

« Tous les départements mais surtout la malheureuse ville de Paris, ont été livrés au pillage, aux dénonciations, aux proscriptions, aux massacres. Nul Français, excepté les assassins et leurs complices, n'était sûr de sa vie ni de ses propriétés : la consternation de l'esclavage était augmentée par les bruyantes orgies des scélérats : des bandes de prétendus fédérés couraient les départements et les dévastaient ; des 700 individus qui composaient les corps despotique et anarchique, 400 ou 500 gémissaient et décrétaient sous le glaive des satellites des Marat et des Robespierre. C'est ainsi que l'infortuné Louis XVI a péri sans procédure juridique et sans tribunal.

« C'est ainsi que le décret du 19 novembre provoque toutes les nations et leur promet notre secours, si elles se désorganisent.

« C'est ainsi que le décret injuste et impolitique du 15 décembre nous a aliéné les cœurs des Belges, nous a chassés des Pays-Bas, et aurait fait massacrer toute notre armée par ce peuple révolté contre nos vexations et nos crimes, si je n'avais sauvé cette même armée par mes proclamations : c'est ainsi que s'est établi, par un décret, le tribunal féroce qui met la vie des citoyens à la merci d'un petit nombre de juges iniques, sans secours et sans appel à aucun tribunal : c'est ainsi que, depuis un mois, tous les décrets sont marqués au coin de l'avarice insatiable, de l'orgueil le plus aveugle, et surtout du désir de conserver le pouvoir, en n'appelant aux places les plus importantes de l'État que des hommes audacieux, incapables et criminels ; en chassant ou massacrant les hommes éclairés et à grand caractère ; en soutenant un fantôme de République que leurs erreurs en administration et en politique ainsi que leurs crimes, ont rendu impraticable : ces 700 individus se méprisent, se détestent, se calomnient, se déchirent, et ont déjà pensé souvent à se poignarder. En ce moment, leur ambition aveugle vient de les porter à se coaliser de nouveau : le crime audacieux s'allie avec la vertu faible pour conserver un pouvoir aussi injuste que chancelant ; leurs comités dévorent tout ; celui de la trésorerie nationale absorbe les fonds publics sans pouvoir en rendre compte.

« Qu'a fait cette Convention pour soutenir la guerre contre toutes les puissances de l'Europe qu'elle a provoquées ? Elle a désorganisé les armées, au lieu de renforcer et recruter ses troupes de ligne et ses anciens bataillons de volontaires nationaux, qui lui auraient formé une armée respectable ; au lieu de récompenser ces braves guerriers par de l'avancement et par des éloges, elle laisse les bataillons incomplets, nus, désarmés et mécontents ; elle traite de même son excellente cavalerie ; la brave artillerie française est de même épuisée, abandonnée et dénuée de tout ; et elle crée des corps nouveaux composés des satellites du 2 septembre, commandés par des hommes qui n'ont jamais servi, et qui ne sont dangereux qu'aux armées qu'ils surchargent et qu'ils désorganisent ; elle sacrifie tout pour ces satellites de la tyrannie, pour ces lâches coupeurs de têtes. Le choix des officiers, le choix des administrateurs dans toutes les

parties est le même : on voit partout la tyrannie qui flatte les méchants, parce que les méchants seuls peuvent soutenir la tyrannie, et, dans son orgueil et son ignorance, cette Convention ordonne la conquête et la désorganisation de l'univers ; elle dit à un de ses généraux d'aller prendre Rome, à un autre d'aller conquérir l'Espagne, pour pouvoir y envoyer des commissaires spoliateurs, semblables à ces affreux proconsuls romains contre lesquels déclamait Cicéron ; elle envoie, dans la plus mauvaise saison de l'année, la seule flotte qu'elle ait dans la Méditerranée, se briser contre les rochers de la Sardaigne ; elle fait battre par les tempêtes les flottes de Brest pour aller contre la flotte anglaise qui n'est pas encore sortie. Pendant ce temps-là, la guerre civile s'étend dans tous les départements : les uns, excités par le fanatisme qui dérive nécessairement de la persécution ; les autres, par l'indignation de la mort tragique et inutile de Louis XVI ; les autres, enfin, par le principe naturel de résister à l'oppression, prennent les armes partout : partout on s'égorge, partout on arrête les moyens pécuniaires et les subsistances. Les Anglais fomentent ces troubles, et les alimenteront par des secours quand ils voudront. Bientôt il ne restera pas un de nos corsaires en mer ; bientôt les départements méridionaux ne recevront plus de grains de l'Italie et de l'Afrique, déjà ceux du Nord et de l'Amérique sont interceptés par les escadres ennemies ; la famine se joindra aux autres fléaux, et la férocité de nos cannibales ne fera que croître avec nos calamités.

« Français, nous avons un point de ralliement pour étouffer le monstre de l'anarchie ; c'est la Constitution que nous avons jurée en 1789, 1790 et 1791 ; c'est l'œuvre d'un peuple libre, et nous resterons libres, et nous retrouverons notre gloire en reprenant cette Constitution. Développons nos vertus, surtout celle de la douceur ; déjà trop de sang a été versé.

« Si les monstres qui nous ont désorganisés veulent fuir, laissons-leur trouver ailleurs leur punition, s'ils ne la trouvent pas dans leurs âmes corrompues ; mais s'ils veulent soutenir l'anarchie par de nouveaux crimes, alors l'armée les punira.

« J'ai trouvé dans la générosité des ennemis que nous avons tant offensés, la sûreté de la paix extérieure : non seulement ils traitent avec humanité et honnêteté nos blessés, malades et prisonniers qui tombent en leurs mains, malgré les calomnies que répandent nos agitateurs pour nous rendre féroces, mais ils s'engagent à suspendre leur marche, ne point passer les frontières, et à laisser notre brave armée terminer toutes nos dissensions intérieures.

« Que le flambeau sacré de l'amour de la patrie réveille en nous la vertu et le courage ! Au seul nom de la Constitution la guerre civile cessera, ou ne pourra exister que contre quelques malveillants qui ne seront plus soutenus par les puissances étrangères qui n'ont de haine que contre nos criminels factieux, et qui ne demandent qu'à rendre leur estime et leur amitié à une nation dont les erreurs et l'anarchie inquiètent et troublent toute l'Europe. La paix sera le fruit de cette Révolution, et les troupes de ligne, ainsi que les braves volontaires nationaux qui, depuis un an, se sont sacrifiés pour la liberté et qui abhorrent l'anarchie, iront se reposer au sein de leurs familles, après avoir accompli ce noble ouvrage.

« Quant à moi j'ai déjà fait le serment et je le réitère devant toute l'Europe, qu'aussitôt après avoir opéré le salut de ma patrie par le rétablissement de la Constitution, de l'ordre et de la paix, je cesserai toute fonction publique, et j'irai jouir dans la solitude du bonheur de mes citoyens.

« *Le général en chef de l'armée française.*
Signé : DUMOURIEZ.

DEUXIÈME ANNEXE (1)

A LA SÉANCE DE LA CONVENTION NATIONALE DU SAMEDI 13 AVRIL 1793.

APPEL NOMINAL PAR ORDRE ALPHABÉTIQUE DES DÉPUTÉS *sur cette question :* Y *a-t-il lieu, oui ou non, à accusation contre* MARAT, *membre de la Convention nationale.*

Par suite de l'admission de six députés du département du Mont-Blanc et d'un député de la Guyane le nombre des membres de la Convention s'élevait à...... 756.

Ont voté oui....................	226	⎫
Ont voté non...................	93	⎪
Se sont abstenus...............	47	⎪
Se sont récusés................	3	⎬ 377
Ont demandé l'ajournement.....	7	⎪
A motivé son vote en termes équivoques..................	1	⎭
En mission, en congé ou absents.	374	⎱ 379
Non mentionnés...............	5	⎰

Total égal.............. 756

ONT VOTÉ : OUI

Albert (*Haut-Rhin*).
Albouys (*Lot*).
Allasœur (*Cher*).
Aubry (*Gard*).
Audrein (*Morbihan*).
Babey (*Jura*).
Bailleul (*Seine-Inférieure*).
Bailly (*Seine-et-Marne*).
Balivet (*Haute-Saône*).
Balland (*Vosges*).

---

(1) Voy. ci-dessus, même séance, page 35, l'appel nominal par ordre alphabétique de départements. Les chiffres que nous donnons ici, et qui ont été vérifiés avec soin, diffèrent légèrement de ceux annoncés en séance. Nous avons tenu compte des *errata* insérés à la suite du document de la Bibliothèque nationale. Toutefois nous n'avons pas cru devoir introduire dans ce scrutin les rectifications transmises au Président de la Convention dans les séances ultérieures, par Robert Lindet, Duval (Ille-et-Vilaine), André Dumont (Somme) et Ehrmann. Nous les avons simplement indiquées par une note.

Balmain (*Mont-Blanc*).
Barbaroux (*Bouches-du-Rhône*).
Barety (*Hautes-Alpes*)
Barthélemy (*Haute-Loire*).
Baucheton (*Cher*).
Baudin (*Ardennes*).
Bazoche (*Meuse*).
Belin (*Aisne*).
Bergoeing, aîné (*Gironde*).
Bernard de Saint-Affrique (*Aveyron*).
Bernier (*Seine-et-Marne*).
Bertrand de La Hosdinière (*Orne*).
Bion (*Vienne*).
Birotteau (*Pyrénées-Orientales*).
Blad (*Finistère*).
Blanc (*Marne*).
Blondel (*Ardennes*).
Boilleau, le jeune (*Yonne*).
Boissieu (*Isère*).
Boissy-d'Anglas (*Ardèche*).
Bonet (*Haute-Loire*).
Bonguyod (*Jura*).
Bonnemain (*Aube*).
Bonnescœur-Bourginière (*Manche*).
Bourgois (*Seine-Inférieure*).
Bouygues (*Lot*).
Boyer-Fonfrède (*Gironde*).
Bresson (*Vosges*).
Carpentier (*Nord*).
Casenave (*Basses-Pyrénées*).
Cassanyes (*Pyrénées-Orientales*).
Castilhon (*Hérault*).
Cazeneuve (*Hautes-Alpes*).
Chaillon (*Loire-Inférieure*).
Chambon (*Corrèze*).
Charrel (*Isère*).
Chasset (*Rhône-et-Loire*).
Chastellain (*Yonne*).
Chauvier (*Haute-Saône*).
Chazal (*Gard*).
Chevalier (*Allier*).
Chevalier (*Sarthe*).
Chiappe (*Corse*).
Conte (*Basses-Pyrénées*).
Corbel (*Morbihan*).
Corenfustier (*Ardèche*).
Couhey (*Vosges*).
Couppé (*Côtes-du-Nord*).
Coustard (*Loire-Inférieure*).
Coutisson-Dumas (*Creuse*).
Creuzé-Latouche (*Vienne*).
Creuzé (*Michel-Pascal*) (*Vienne*).
Curée (*Hérault*).
Cussy (*Calvados*).
Dandenac, le jeune (*Maine-et-Loire*.
Dehoulière (*Maine-et-Loire*).
Delahaye (*Seine-Inférieure*).
Delamarre (*Oise*).
Delleville (*Calvados*).

Derazey (*Indre*).
Dornier, *l'aîné* (*Haute-Saône*).
Doublet (*Seine-Inférieure*).
Douge (*Aube*).
Doulcet de Pontécoulant (*Calvados*).
Du Bignon (*Ille-et-Vilaine*).
Duboë (*Orne*).
Dubuse (*Eure*).
Duchastel (*Deux-Sèvres*).
Dufestel (*Somme*).
Dufriche-Valazé (*Orne*).
Dugenne (*Cher*).
Dugué d'Assé (*Orne*).
Dumont (*Calvados*).
Dupont (*Pierre*) (*Hautes-Pyrénées*).
Duprat (*Bouches-du-Rhône*).
Dusaulx (*Paris*).
Dutrou-Bornier (*Vienne*).
Duval (*Claude*) (*Aube*).
Engerran-Deslandes (*Manche*).
Enjubault (*Mayenne*).
Estadens (*Haute-Garonne*).
Fauchet (*Calvados*).
Faye (*Haute-Vienne*).
Fayolle (*Drôme*).
Feraud (*Hautes-Pyrénées*).
Ferroux (*Jura*).
Fleury (*Côtes-du-Nord*).
Forest (*Rhône-et-Loire*).
Fourmy (*Orne*).
Fournel (*Lot-et-Garonne*).
François (*Somme*).
Froger-Plisson (*Sarthe*).
Gamon (*Ardèche*).
Gantois (*Somme*).
Gardien (*Indre-et-Loire*).
Garilhe (*Ardèche*).
Gaultier (*Côtes-du-Nord*).
Geoffroy, *le jeune* (*Seine-et-Marne*).
Gertoux (*Hautes-Pyrénées*).
Gibergues (*Puy-de-Dôme*).
Girard (*Aude*).
Girot-Pouzol (*Puy-de-Dôme*).
Giroust (*Eure-et-Loir*).
Gorsas (*Orne*).
Goudelin (*Côtes-du-Nord*).
Gourdan (*Haute-Saône*).
Gouzy (*Tarn*).
Grangeneuve (*Gironde*).
Grenot (*Jura*).
Guiter (*Pyrénées-Orientales*).
Gumery (*Mont-Blanc*).
Gueyet-Laprade (*Lot-et-Garonne*).
Guyomar (*Côtes-du-Nord*).
Hecquet (*Seine-Inférieure*).
Hérard (*Yonne*).
Hubert-Dumanoir (*Manche*).
Hugo (*Vosges*).
Humbert (*Meuse*).

Jard-Panvillier (*Deux-Sèvres*).
Jary (ou *Jarry*) (*Loire-Inférieure*).
Jouënne-Lonchamp (*Calvados*).
Jourdan (*Nièvre*).
Lacaze, *fils aîné* (*Gironde*).
Lacrampe (*Hautes-Pyrénées*).
Laloüe (*Puy-de-Dôme*).
Lanjuinais (*Ille-et-Vilaine*).
La Revellière-Lépeaux (*Maine-et-Loire*).
Larivière (*Henry*) (*Calvados*).
Laurence (*Manche*).
Laurenceot (*Jura*).
Le Breton (*Ille-et-Vilaine*).
Leclerc (*Claude-Nicolas*) (*Loir-et-Cher*)
Leclerc (*Jean-Baptiste*)(*Maine-et-Loire*)
Lefebvre (*Seine-Inférieure*).
Lehardy (*Morbihan*).
Lejeune (*René*) (*Mayenne*).
Lemaignan (*Maine-et-Loire*).
Lesterpt-Beauvais (*Haute-Vienne*).
Lidon (*Corrèze*).
Loflicial (*Deux-Sèvres*).
Lomont (*Calvados*).
Lonele (*Côtes-du-Nord*).
Loysel (*Aisne*).
Marbos (*Drôme*).
Marcoz (*Mont-Blanc*).
Maréchal (*Le*) (*Eure*).
Marey, *le jeune* (*Côte-d'Or*).
Martineau (*Vienne*).
Masuyer (*Saône-et-Loire*).
Mathieu (*Oise*).
Maulde (*Charente*).
Meillan (*Basses-Pyrénées*).
Mercier (*Seine-et-Oise*).
Meyer (*Tarn*).
Michel (*Morbihan*).
Michet (*Rhône-et-Loire*).
Mollevaut (*Meurthe*).
Montegut, *l'aîné* (*Pyrénées-Orientales*).
Moreau (*Jean*) (*Meuse*).
Morin (*Aude*).
Moulin (*Rhône-et-Loire*).
Noël (*Vosges*).
Noguères (*Lot-et-Garonne*).
Obelin (*Ille-et-Vilaine*).
Olivier de Gérente (*Drôme*).
Palasne de Champeaux (*Côtes-du-Nord*).
Pemartin (*Basses-Pyrénées*).
Pénières (*Corrèze*).
Periès, *jeune* (*Aude*).
Perrin (*Pierre*) (*Aube*).
Personne (*Pas-de-Calais*).
Picqué (*Hautes-Pyrénées*).
Pierret (*Aube*).
Pilastre (*Maine-et-Loire*).
Pinel (*Manche*).

Plaichard-Choltière (*Mayenne*).
Poisson (*Manche*).
Poulain-Boutancourt (*Marne*).
Poullain-Grandprey (*Vosges*).
Précy (*Yonne*).
Queinnec (*Finistère*).
Rabaut de Saint-Étienne (*Aube*).
Rabaut-Pomier (*Gard*).
Rameau (*Côte-d'Or*).
Reguis (*Basses-Alpes*).
Ribereau (*Charente*).
Richaud (*Seine-et-Oise*).
Richou (*Eure*).
Rivaud (*Haute-Vienne*).
Rouault (*Morbihan*).
Roussel (*Meuse*).
Royer (*Ain*).
Ruault (*Seine-Inférieure*).
Saint-Martin (*Ardèche*).
Saint-Martin-Valogne (*Aveyron*),
Saint-Prix (*Soubeyran de*) (*Ardèche*).
Sallèles (*Lot*).
Salmon (*Sarthe*).
Saurine (*Landes*).
Seconds (*Aveyron*).
Serre (*Hautes-Alpes*).
Serveau-Touche-Vallier (*Mayenne*).
Souhait (*Vosges*).
Soulignac (*Haute-Vienne*).
Tocquot (*Meuse*).
Tournier (*Aude*).
Vardon (*Calvados*).
Varlet (*Pas-de-Calais*).
Vernier (*Jura*).
Vidalot (*Lot-et-Garonne*).
Viennet (*Hérault*).
Vigneron (*Haute-Saône*).
Villar (*Mayenne*).
Vincent (*Seine-Inférieure*).
Viquy (*Seine-et-Marne*).
Zangiacomi fils (*Meurthe*).

ONT VOTÉ : NON

Albitte, *l'aîné* (*Seine-Inférieure*).
Antiboul (*Var*).
Armonville (*Marne*).
Audoin (*Seine-et-Oise*).
Barbeau du Barran (*Gers*).
Battellier (*Marne*).
Beaugeard (*Ille-et-Vilaine*).
Bentabole (*Bas-Rhin*).
Bertucat (*Saône-et-Loire*).
Bollet (*Pas-de-Calais*).
Boucher (*Paris*).
Bouquier *aîné* (*Dordogne*).
Boutrouë (*Sarthe*).
Brisson (*Loir-et-Cher*).
Brival (*Corrèze*).

Campmas (*Tarn*).
Champigny-Clément (*Indre-et-Loire*).
Charbonnier (*Var*).
Chateauneuf-Randon (*Lozère*).
Chedaneau (*Charente*).
Clauzel (*Ariège*).
Cloots (*Anacharsis*) (*Oise*).
Colombel de Boisaulard (*Orne*).
Cordier (*Seine-et-Marne*).
Courtois (*Aube*).
Cusset (*Rhône-et-Loire*).
Dameron (*Nièvre*).
David (*Paris*).
Delacroix (*Eure-et-Loir*).
Delagueulle de Coinces (*Loiret*).
Delmas (*Haute-Garonne*).
Desmoulins (*Camille*) (*Paris*).
Deville (*Marne*).
Deydier (*Ain*).
Dherbez-Latour (*Basses-Alpes*,
Droüet (*Marne*).
Dubois-Crancé (*Ardennes*).
Dubouchet (*Rhône-et-Loire*).
Dyzez (*Landes*).
Escudier (*Var*).
Fabre (*Claude*) (*Hérault*).
Frémanger (*Eure-et-Loir*).
Garnier (*Charente-Inférieure*).
Gay-Vernon (*Haute-Vienne*).
Granet (*Bouches-du-Rhône*).
Grosse-du-Rocher (*Mayenne*).
Guérin des Marchais (*Loiret*).
Guyardin (*Haute-Marne*).
Guyès (*Creuse*).
Ingrand (*Vienne*).
Isnard (*Var*).
Javogues, fils (*Rhône-et-Loire*).
Jay (*Gironde*).
Jorrand (*Creuse*).
Laignelot (*Paris*).
Laloy, *le jeune* (*Haute-Marne*).
Lanot (*Corrèze*).
Lanthenas (*Rhône-et-Loire*).
Laporte (*Haut-Rhin*).
Laurens (*Bouches-du-Rhône*).
Lavicomterie (*Paris*).
Le Bas (*Pas-de-Calais*).
Lefiot (*Nièvre*).
Lemoine (*Manche*).
Levasseur (*René*) (*Sarthe*).
Leyris (*Gard*).
Lindet (*Jean-Baptiste*) (*Eure*).
Louchet (*Aveyron*).
Magniez (*Pas-de-Calais*).
Mallarmé (*Meurthe*).
Martel (*Allier*).
Maurel (*Ille-et-Vilaine*).
Méaulle (*Loire-Inférieure*).
Meynard (*Dordogne*).

Milhaud (*Cantal*).
Monestier (*Lozère*).
Monnel (*Haute-Marne*).
Nioche (*Indre-et-Loire*).
Pérard (*Maine-et-Loire*).
Philippeaux (*Sarthe*).
Pinet, *l'aîné* (*Dordogne*).
Prunelle de Lière (*Isère*).
Reynaud (*Haute-Loire*).
Ricord (*Var*).
Robespierre, *le jeune* (*Paris*).
Robespierre, *l'aîné* (*Paris*).
Romme (*Puy-de-Dôme*).
Roux (*Louis*) (*Haute-Marne*).
Ruelle (*Indre-et-Loire*).
Sergent (*Paris*).
Taillefer (*Dordogne*).
Vadier (*Ariège*).
Venaille (*Loir-et-Cher*).

SE SONT ABSTENUS :

Amyon (*Jura*).
Arbogast (*Bas-Rhin*).
Baille (*Pierre*) (*Bouches-du-Rhône*).
Bar (*Moselle*).
Barrot (*Lozère*).
Bernard des Sablons(*Seine-et-Marne*).
Bohan (*Finistère*).
Bonnet (*Aude*).
Boursault (*Paris*).
Buzot (*Eure*).
Calon (*Oise*).
Cavaignae (*Lot*).
Coupé (*Oise*).
Dechézeaux (*Charente-Inférieure*).
Delacroix (*Charles*) (*Marne*).
Devars (*Charente*).
Ducos *fils* (*Gironde*).
Dupuy *fils* (*Rhône-et-Loire*).
Enlart (*Pas-de-Calais*).
Fabre d'Eglantine (*Paris*).
Génissieu (*Isère*).
Gentil (*Michel*) (*Loiret*).
Gomaire (*Finistère*).
Kervélégan (*Finistère*).
Lakanal (*Ariège*).
Lasource (*Tarn*).
Lecarlier (*Aisne*).
Lozeau (*Charente-Inférieure*).
Malhes (*Pierre*) (*Cantal*).
Maree (*Pierre*) (*Finistère*).
Marragon (*Aude*).
Massieu (*Oise*).
Maure *l'aîné* (*Yonne*).
Merlin (*de Douai*) (*Nord*).
Osselin (*Paris*).
Pelletier (*Cher*).
Pétion (*Eure-et-Loir*).

Pomme (*Guyane*).
Pons (*Meuse*).
Ramel-Nogaret (*Aude*),
Rouzet (*Haute-Garonne*).
Salle (*Meurthe*).
Sallengros (*Nord*).
Tellier (*Seine-et-Marne*).
Thirion (*Moselle*).
Thomas (*Paris*).
Vidalin (*Allier*).

ONT DEMANDÉ L'AJOURNEMENT :

Cambacérès (*Hérault*).
Garran-de-Coulon (*Loiret*).
Izoard (*Hautes-Alpes*).
Oudot (*Côte-d'Or*).
Poultier (*Nord*).
Sauvé (*Manche*).
Taveau (*Calvados*).

SE SONT RECUSÉS :

Gensonné (*Gironde*).
Guadet (*Gironde*).
Louvet de Couvrai (*Loiret*).

A MOTIVÉ SON VOTE EN TERMES ÉQUIVOQUES :

Charlier (*Marne*).

EN MISSION, EN CONGÉ, OU ABSENTS :

Allafort (*Dordogne*).
Alquier (*Seine-et-Oise*).
Amar (*Isère*).
Andrei (*Corse*).
Anthoine (*Moselle*).
Aoust (*d'*) (*Nord*).
Artauid-Blanval (*Puy-de-Dôme*).
Asselin (*Somme*).
Auguis (*Deux-Sèvres*).
Aÿral (*Haute-Garonne*).
Azema (*Aude*).
Bancal (*Puy-de-Dôme*).
Barailon (*Creuse*).
Barère (*Hautes-Pyrénées*).
Barras (*Var*).
Basire (*Côte-d'Or*).
Bassal (*Seine-et-Oise*).
Baudot (*Saône-et-Loire*).
Baudran (*Isère*).
Bayle (*Bouches-du-Rhône*).
Beauchamp (*Allier*).
Beauvais (*Paris*).
Becker (*Moselle*).
Beffroy (*Aisne*).

Béraud (*Rhône-et-Loire*).
Berlier (*Côte-d'Or*).
Bernard (*Charente-Inférieure*).
Bertezène (*Gard*).
Besson (*Doubs*).
Bezard (*Oise*).
Billaud-Varenne (*Paris*).
Bissy le jeune (*Mayenne*).
Blaux (*Moselle*).
Blutel (*Seine-Inférieure*).
Bo (*Aveyron*).
Bodin (*Indre-et-Loire*).
Boisset (*Drôme*).
Bolot (*Haute-Saône*).
Bonnet (*Pierre-Louis*) (*Calvados*).
Bonneval (*Meurthe*).
Bonnier (*Hérault*).
Bordas (*Haute-Vienne*).
Borel (*Hautes-Alpes*).
Borie (*Corrèze*).
Borie-Cambort (*Dordogne*).
Bouchereau (*Aisne*).
Boudin (*Indre*).
Bouillerot (*Eure*).
Bourbotte (*Yonne*).
Bourdon (*François*) (*Oise*).
Bourdon (*Léonard*) (*Loiret*).
Bourgeois (*Eure-et-Loir*).
Bousquet (*Gers*).
Boussion (*Lot-et-Garonne*).
Boÿaval (*Nord*).
Bozi (*Corse*).
Bréard l'aîné (*Charente-Inférieure*).
Briez (*Nord*).
Brissot de Warville (*Eure-et-Loir*).
Brun (*Charente*).
Brunel (*Hérault*).
Cadroy (*Landes*).
Calès (*Haute-Garonne*).
Cambon fils aîné (*Hérault*).
Camboulas (*Aveyron*).
Campmartin (*Ariège*).
Camus (*Haute-Loire*).
Cappin (*Gers*).
Carelli-de-Bassy (*Mont-Blanc*).
Carnot (*Lazare*) (*Pas-de-Calais*).
Carra (*Saône-et-Loire*).
Carrier (*Cantal*).
Casabianca (*Corse*).
Chabanon (*Cantal*).
Chabot (*Loir-et-Cher*).
Chales (*Eure-et-Loir*).
Chaudron-Roussau (*Haute-Marne*).
Chaumont (*Ille-et-Vilaine*).
Chazaud (*Charente*).
Chenier (*Seine-et-Oise*).
Choudieu (*Maine-et-Loire*).
Christiani (*Bas-Rhin*).
Claverye (*Lot-et-Garonne*).

Clédel (*Lot*).
Cochet (*Nord*).
Cochon-Lapparent (*Deux-Sèvres*).
Colaud de La Salcette (*Drôme*).
Collot d'Herbois (*Paris*).
Condorcet (*Aisne*).
Couthon (*Puy-de-Dôme*).
Couturier (*Moselle*).
Crevelier (*Charente*).
Dandenac l'aîné (*Maine-et-Loire*).
Danton (*Paris*).
Dartigoeyte (*Landes*).
Daubermesnil (*Tarn*).
Daunou (*Pas-de-Calais*).
Dautriche (*Charente-Inférieure*).
Debourges (*Creuse*).
Debry (*Aisne*).
Defermon (*Ille-et-Vilaine*).
Defrance (*Seine-et-Marne*).
Delaunay l'aîné (*Maine-et-Loire*).
Delaunay le jeune (*Maine-et-Loire*).
Delbrel (*Lot*).
Delcher (*Haute-Loire*).
Delecloy (*Somme*).
Deleyre (*Gironde*).
Dentzel (*Bas-Rhin*).
De Sacy (*Haute-Garonne*).
Descamps (*Gers*).
Desgroüas (*Orne*).
Despinassy (*Var*).
Devérité (*Somme*).
Drulhe (*Haute-Garonne*).
Dubois (*François*) (*Haut-Rhin*).
Dubois (*Louis*) (*Orne*).
Dubois de Bellegarde (*Charente*).
Du Bois Du Bais (*Calvados*).
Dubreüil-Chambardel (*Deux-Sèvres*).
Ducos l'aîné (*Landes*).
Duhem (*Nord*).
Dulaure (*Puy-de-Dôme*).
Dumont (*André*) (*Somme*).
Dupin le jeune (*Aisne*).
Duplantier (*Gironde*).
Dupont (*Jacob-Louis*) (*Indre-et-Loire*).
Duport (*Mont-Blanc*).
Dupuis (*Charles*) (*Seine-et-Oise*).
Duquesnoy (*Pas-de-Calais*).
Durand de Maillane (*Bouches-du-Rhône*).
Duroy (*Eure*).
Duval (*Charles*) (*Ille-et-Vilaine*).
Duval (*Jean-Pierre*) (*Seine-Inférieure*).
Ehrmann (*Bas-Rhin*).
Eschasseriaux l'aîné (*Charente-Inférieure*).
Esnüe de La Vallée (*Mayenne*).
Espert (*Ariège*).
Fabre (*Pyrénées-Orientales*).
Faure (*Balthazar*) (*Haute-Loire*).

Faure (*Pierre*) (*Seine-Inférieure*).
Fauvre-Labrunerie (*Cher*).
Fayau (*Vendée*).
Ferry (*Ardennes*).
Finot (*Yonne*).
Fiquet (*Aisne*).
Forestier (*Allier*).
Fouché (*Joseph*) (*Loire-Inférieure*).
Foucher (*Jacques*) (*Cher*).
Fournier (*Rhône-et-Loire*).
Foussedoire (*Loir-et-Cher*).
François-Primaudière (*Sarthe*).
Frécine (*Loir-et-Cher*).
Fréron (*Paris*).
Garnier (*Antoine*) (*Aube*).
Garos (*Vendée*).
Garrau (*Gironde*).
Gasparin (*Bouches-du-Rhône*).
Gaston (*Ariège*).
Gaudin (*Vendée*).
Gauthier (*Ain*).
Gélin (*Saône-et-Loire*).
Génevois (*Isère*).
Gillet (*Morbihan*).
Girard-Villars (*Vendée*).
Giraud (*Marc-Antoine*) (*Charente-Inférieure*).
Giraud (*Pierre*) (*Allier*).
Girault (*Claude*) (*Côtes-du-Nord*).
Gleizal (*Ardèche*).
Godefroy (*Oise*).
Gossuin (*Nord*).
Goupilleau (*de Fontenay*) (*Vendée*).
Goupilleau (*de Montaigu*) (*Vendée*).
Goyre-Laplanche (*Nièvre*).
Grégoire (*Loir-et-Cher*).
Guermeur (*Finistère*).
Guezno (*Finistère*).
Guffroy (*Pas-de-Calais*).
Guillemardet (*Saône-et-Loire*).
Guillerault (*Nièvre*).
Guillermin (*Saône-et-Loire*).
Guimberteau (*Charente*).
Guiot (*Côte-d'Or*).
Guyton-Morveau (*Côte-d'Or*).
Hardy (*Seine-Inférieure*).
Harmand (*Meuse*).
Haussmann (*Seine-et-Oise*).
Havin (*Manche*).
Hentz (*Moselle*).
Hérault de Séchelles (*Seine-et-Oise*).
Himbert (*Seine-et-Marne*).
Hourier-Eloy (*Somme*).
Huguet (*Creuse*).
Ichon (*Gers*).
Isoré (*Oise*).
Izarn de Valady (*Aveyron*).
Jac (*Gard*).
Jacomin (*Drôme*).
Jagot (*Ain*).
Jean-Bon-Saint-André (*Lot*).
Johannot (*Haut-Rhin*).
Julien (*Haute-Garonne*).
Jullien (*Drôme*).
La Boissière (*Lot*).
Lacombe (*Aveyron*).

Lacombe-Saint-Michel (*Tarn*).
Lacoste (*Dordogne*).
Lacoste (*Cantal*).
Lacroix (*Haute-Vienne*).
Lafon (*Corrèze*).
Laguire (*Gers*).
Lalande (*Meurthe*).
Lamarque (*Dordogne*).
Lambert de Belan (*Côte-d'Or*).
Laplaïgne (*Gers*).
Larroche (*Lot-et-Garonne*).
Laurent (*Lot-et-Garonne*).
Laurent (*Bas-Rhin*).
Lauze-Deperret (*Bouches-du-Rhône*).
Le Carpentier (*Manche*).
Lecointe-Puyraveau (*Deux-Sèvres*).
Lecointre (*Seine-et-Oise*).
Lefebvre de Chailly (*Loire-Inférieure*).
Lefranc (*Landes*).
Legendre (*Nièvre*).
Legendre (*Paris*).
Legot (*Calvados*).
Lejeune (*Sylvain*) (*Indre*).
Lemalliaud (*Morbihan*).
Lepage (*Loiret*).
Lequinio (*Morbihan*).
Lesage (*Eure-et-Loir*).
Lesage-Sénault (*Nord*).
Le Tourneur (*Sarthe*).
Le Tourneur (*Manche*).
Levasseur (*Antoine*) (*Meurthe*).
Lindet (*Eure*).
Lobinhes (*Aveyron*).
Loiseau (*Eure-et-Loir*).
Lombard-Lachaux (*Loiret*).
Louis (*Bas-Rhin*).
Louvet (*Somme*).
Maignen (*Vendée*).
Maignet (*Puy-de-Dôme*).
Mailhe (*Haute-Garonne*).
Mailly (*Saône-et-Loire*).
Maisse (*Basses-Alpes*).
Marat (*Paris*).
Maribon-Montaut (*Gers*).
Mariette (*Seine-Inférieure*).
Marin (*Mont-Blanc*).
Marquis (*Meuse*).
Martin (*Somme*).
Martinel (*Drôme*).
Marvejouls (*Tarn*).
Mauduyt (*Seine-et-Marne*).
Mazade-Percin (*Haute-Garonne*).
Méjansac (*Cantal*).
Mellinet (*Loire-Inférieure*).
Mennesson (*Ardennes*).
Merlin de Thionville (*Moselle*).
Merlino (*Ain*).
Michaud (*Doubs*).
Michel (*Meurthe*).
Mollet (*Ain*).
Moltedo (*Corse*).
Monestier (*Puy-de-Dôme*).
Monmayou (*Lot*).
Monnot (*Doubs*).
Montgilbert (*Saône-et-Loire*).

Moreau (Saône-et-Loire).
Morisson (Vendée).
Moÿsset (Gers).
Musset (Vendée).
Neveu (Basses-Pyrénées).
Niou (Charente-Inférieure).
Opoix (Seine-et-Marne).
Orléans (Paris).
Paganel (Lot-et-Garonne).
Paine (Pas-de-Calais).
Panis (Paris).
Patrin (Rhône-et-Loire).
Pelé (Loiret).
Pelet (Lozère).
Pellissier (Bouches-du-Rhône).
Pepin (Indre).
Pérès de Lagesse (Haute-Garonne).
Perrin (Vosges).
Petit (Aisne).
Petitjean (Allier).
Peyre (Basses-Alpes).
Peyssard (Dordogne).
Pflieger (Haut-Rhin).
Piorry (Vienne).
Plet-Beauprey (Orne).
Pocholle (Seine-Inférieure).
Pointe, cadet (Rhône-et-Loire).
Porcher-Lissonnay (Indre).
Portiez (Oise).
Pottier (Indre-et-Loire).
Pressavin (Rhône-et-Loire).
Prieur (Marne).
Prieur-Duvernois (Côte-d'Or).
Projean (Haute-Garonne).
Prost (Jura).
Quinette (Aisne).
Quirot (Doubs).
Raffron du Trouillet (Paris).
Réal (Isère).
Rebecquy (Bouches-du-Rhône).
Regnauld-Bretel (Manche).
Reverchon (Saône-et-Loire).
Rewbell (Haut-Rhin).
Ribet (Manche).
Richard (Sarthe).
Ritter (Haut-Rhin).
Rivery (Somme).
Robert (Ardennes).
Robert (Paris).
Robin (Aube).
Rochegude (de) (Tarn).
Rongier (Haute-Loire).
Roubaud (Var).
Roux-Fazillac (Dordogne).
Rouyer (Hérault).
Rovère (Bouches-du-Rhône).
Roy (Seine-et-Oise).
Ruamps (Charente-Inférieure).
Rudel (Puy-de-Dôme).
Rühl (Bas-Rhin).
Saint-Just (Aisne).
Saladin (Somme).
Salicetti (Corse).
Sanadon (Basses-Pyrénées).
Sautayra (Drôme).

Sautereau (Nièvre).
Savary (Eure).
Savornin (Basses-Alpes).
Seguin (Doubs).
Servière (Lozère).
Servonat (Isère).
Sevestre (Ille-et-Vilaine).
Siblot (Haute-Saône).
Sieyès (Sarthe).
Sillery (Somme).
Simond (Bas-Rhin).
Solomiac (Tarn).
Soubrany (Puy-de-Dôme).
Tallien (Seine-et-Oise).
Texier (Creuse).
Thabaud (Indre).
Thibaudeau (Vienne).
Thibault (Cantal).
Thierriet (Ardennes).
Thomas-La-Prise (Orne).
Thuriot (Marne).
Topsent (Eure).
Treilhard (Seine-et-Oise).
Trullard (Côte-d'Or).
Turreau-Linières (Yonne).
Valdruche (Haute-Marne).
Vallée (Eure).
Verdollin (Basses-Alpes).
Vergniaud (Gironde).
Vermon (Ardennes).
Vernerey (Doubs).
Villers (Loire-Inférieure).
Vinet (Charente-Inférieure).
Vitet (Rhône-et-Loire).
Voulland (Gard).
Wandelaincourt (Haute-Marne).
Yger (Seine-Inférieure).
Ysabeau (Indre-et-Loire).

NON MENTIONNÉS :

Bertrand (Cantal) (1).
Blaviel (Lot) (2).
Chambon-Latour (Gard) (3).
Mallet (Nord) (4).
Villetard-Prunières (Yonne) (5).

CONVENTION NATIONALE

*Séance permanente du dimanche
14 avril 1793 (6).*

PRÉSIDENCE DE THURIOT, *vice-président.*

La séance est reprise à midi.

Le Président annonce qu'il lui a été remis
une *lettre du général Dampierre, à l'adresse*

(1) Avait remplacé, le 10 avril 1793, Peuvergue, démissionnaire.
(2) Avait remplacé, le 14 mars 1793, Cayla décédé.
(3) Avait remplacé, le 1er avril 1793, Balla démissionnaire.
(4) Avait remplacé, le 5 avril 1793, Fockedey démissionnaire.
(5) Avait remplacé, le 25 janvier 1793, Lepeletier de Saint-Fargeau assassiné.
(6) P. V., tome IX, page 249.

des citoyens Lequinio et Cochon. Il consulte l'Assemblée pour savoir s'il ne conviendrait pas d'ouvrir cette lettre, qui peut contenir des objets très pressés pour le service des armées.

(La Convention décrète cette proposition.)

La Revellière-Lépeaux, *secrétaire,* donne lecture des lettres, adresses et pétitions suivantes :

1° *Lettre du citoyen Machet-Vélye* (1), qui fait hommage à la Convention nationale d'un ouvrage relatif à la construction d'un canal de navigation depuis Paris jusqu'à Dieppe et Rouen (2).

(La Convention décrète la mention honorable, l'insertion au *Bulletin,* et le renvoi au comité des ponts et chaussées.)

2° *Lettre du citoyen Ferru, ci-devant commissaire des guerres près l'armée du Var,* qui demande à la Convention nationale d'être autorisé à rester en état d'arrestation chez lui ; cette lettre est ainsi conçue (3) :

Paris, 13 avril 1793, l'an II
de la République française.

« Citoyen Président,

« D'après le rapport qui a été fait par les commissaires à Nice, la Convention nationale a décrété que je serais mis en état d'arrestation.

« Dès que j'ai été instruit de cette décision, je me suis empressé de venir justifier ma conduite des inculpations faites contre moi. Si j'avais eu des reproches à me faire, je ne me fusse point rendu à Paris pour y venir provoquer mon jugement, mais j'eusse profité des facilités que j'avais de m'y soustraire étant sur la frontière. Peu de temps après mon arrivée en cette ville, j'ai été arrêté par la police, parce que je n'étais pas muni d'une carte de section.

« Dois-je être traité plus rigoureusement que le ci-devant général Anselme ? Si j'étais coupable, je ne pourrais l'être plus que lui, et je réclame en cela l'égalité des droits.

« On m'accuse d'inaction et d'enlèvement de bestiaux. Je n'ai agi qu'en vertu d'ordres supérieurs et j'ai en main les titres du général qui rendent hommage à mon zèle. Ce zèle, citoyens, vous l'eussiez approuvé vous-mêmes, si vous aviez été témoins de l'état de dénuement où se trouvait l'armée du Var, du côté des subsistances.

« Je vous prie, citoyen Président, de faire part de ma réclamation à la Convention nationale. J'espère qu'elle ordonnera que je sois rendu à mon domicile, afin que j'aie la liberté de produire mes moyens de justification devant les comités auxquels mon affaire a été renvoyée.

« Je ne parlerai point de mon civisme ; mes principes sont connus dans le département du Var, des Bouches-du-Rhône, Basses et Hautes-Alpes, où j'ai servi la Révolution avec succès.

« Je défie qu'on puisse prouver qu'il se soit jamais démenti.

« *Signé :* FERRU, *ci-devant commissaire des guerres près l'armée du Var.* »

(La Convention nationale décrète que le citoyen Ferru, actuellement détenu à la Conciergerie, sera mis en état d'arrestation chez lui.)

3° *Lettre du citoyen Alexandre Lamotte, chasseur de la compagnie de Picard, dans le 11° régiment de chasseurs à cheval, ci-devant Normandie* (1), qui demande à servir dans une des armées de la République parce qu'étant estropié du bras gauche, il ne peut plus servir dans son régiment. Il demande des secours.

(La Convention renvoie cette lettre au Conseil exécutif qui prendra en considération les services et les blessures du pétitionnaire.)

4° *Lettre du citoyen Hérault-de-Séchelles, commissaire de la Convention dans le département du Mont-Blanc,* par laquelle il annonce qu'il a invité le général Kellermann à rassembler les soldats de l'armée des Alpes pour leur communiquer le décret qui ordonne de se saisir du traître Dumouriez ; il demande en outre 6,000 fusils ; la lettre est ainsi conçue (2) :

Chambéry, 10 avril 1793, an II
de la République française.

« Citoyens collègues,

« Aussitôt après la réception du décret qui ordonne de se saisir du traître Dumouriez, je me suis empressé (en l'absence de mon collègue Simond que des circonstances importantes ont obligé de se transporter dans le district d'Annecy) d'inviter le général Kellermann à rassembler les soldats de l'armée des Alpes, troupes de ligne et volontaires nationaux, à leur donner lecture de la loi et à publier devant eux son indignation d'une perfidie aussi exécrable. Le département du Mont-Blanc et les autorités constituées s'y sont rendus. Ce moment offrait un grand spectacle. J'ai adressé quelques paroles à ces généreux républicains ; ils ont tous juré sur leurs armes, avec des cris énergiques, de sauver la République française et la liberté.

« Nous avons souvent demandé, tant au comité de défense générale qu'au ministre, le nombre d'armes que la situation politique du Mont-Blanc et les circonstances exigent. Nous réitérons cette demande. Nous vous prions, citoyens collègues, d'ordonner sans délai qu'on nous envoie enfin au moins 6,000 fusils.

« Nous sommes impatients de retourner partager vos travaux. Le recrutement qui va assez bien, les besoins de l'armée des Alpes qui

_____

(1) P. V, tome IX, page 249.

(2) Voyez ci-après, ce mémoire, aux annexes de la séance, page 98.

(3) *Archives nationales,* Carton Cu 252, chemise 444, pièce n° 22.

_____

(1) P. V., tome IX, page 249.

(2) Ministère de la guerre : *Armée des Alpes et d'Italie.*

sont nombreux et la nécessité très pressante de veiller autour de nous réclament encore notre présence.

« *Signé :* HÉRAULT. »

(La Convention renvoie cette lettre au comité de Salut public.)

4° *Lettre du citoyen Lebrun, président du Conseil exécutif provisoire* (1), qui rend compte de ce qui s'est passé dans le département de la Vendée ; cette lettre est ainsi conçue :

Paris, le 13 avril 1793.

« Citoyen Président, »

« Les succès des Français républicains continuent dans le département de la Vendée. Le 7 avril, des généreux volontaires, sous la conduite du général Bouchard, ont fait quelques mouvements sur les rebelles près de Noirmoutiers.

« *Signé :* LEBRUN. »

(La Convention renvoie cette lettre au comité de Salut public.)

5° *Lettre des citoyens Anthoine et Le Vasseur, commissaires de la Convention dans les départements de la Meurthe et de la Moselle,* par laquelle ils rendent compte de l'excellent esprit de ces départements et de quelques suspensions qu'ils ont faites ; elle est ainsi conçue (2) :

« Metz, 7 avril 1793, an II
de la République, »

«Citoyens nos collègues, »

« A notre arrivée dans les départements de la Meurthe et de la Moselle nous avons trouvé le recrutement presque entièrement achevé. Le zèle des citoyens et des corps administratifs n'a pas été moindre pour l'armement et l'équipement, et déjà un très grand nombre de recrues sont parties pour compléter les bataillons de nos armées. Nous avons vu le commissaire supérieur du Conseil exécutif et une partie de ses délégués ; nous leur avons recommandé exactitude et célérité ; ainsi, à la réserve de quelques districts que nous nous proposons de parcourir encore, notre mission ne tardera pas à être remplie, et nous sommes impatients d'aller partager votre gloire et vos travaux.

« Il règne un excellent esprit dans la plus grande partie de ces deux départements, et toutes les autorités constituées se sont portées avec la plus grande énergie à toutes les mesures salutaires que nous leur avons indiquées. Nous allons établir un comité de surveillance dans chaque ville des deux départements ; plusieurs sont déjà en pleine activité.

« A Pont-à-Mousson, nous avons suspendu, d'après le vœu universel des autorités et des citoyens, quelques fonctionnaires inciviques ; nous les avons fait remplacer par le district, qui est rempli de lumière et de patriotisme.

Dans le nombre de ces fonctionnaires suspendus est le nommé Poncy, garde magasin des vivres, qui continuera ses fonctions jusqu'à ce qu'il soit remplacé par l'administration des vivres. Nous en joignons la note sous le n° 1. Dans la même ville, nous avons autorisé l'arrestation de prêtres non assermentés qui opéraient des rassemblements dangereux ; notre arrêté sur ce point est dans le n° 2.

« Sur la dénonciation à nous faite par le district de Sarrebourg du nommé Mulet, dit la Gerouzière, ancien commandant militaire de cette ville, de l'incivisme et de conduite manifestement contre-révolutionnaire et dangereuse de ce particulier, nous l'avons fait mettre en état d'arrestation à Nancy ; nos arrêtés à cet égard sont sous les n°s 3 et 4.

« A Metz nous avons pareillement suspendu et fait remplacer par les trois corps administratifs plusieurs fonctionnaires généralement dénoncés comme des mauvais citoyens et qui n'avaient point de certificat de civisme. Nous en avons confié le remplacement provisoire aux trois corps administratifs réunis, à l'exception de Lardenelle, garde magasin des vivres, qui continuera jusqu'à ce que l'administration l'ait remplacé. Vous trouverez notre arrêté sur cet objet dans les n°s 5 et 6.

« Nous avons autorisé un mandat d'arrêt décerné par les comités de surveillance des corps administratifs réunis de la même ville contre neuf particuliers notoirement suspects et dangereux ; sept d'entre eux sont arrêtés. L'adjudant de la place, Valombre, est aussi en état d'arrestation ; nous l'avons fait remplacer par le commandant temporaire. Nos arrêtés sur ces objets sont joints sous les n°s 7, 8 et 9.

« Nous n'avons pas cru devoir user du pouvoir à nous conféré par votre décret du 9 mars, en nommant nous mêmes provisoirement aux remplacements de ces derniers ; quoique nous soyons assurés partout de la confiance publique, nous n'avons pas voulu qu'on pût nous accuser de haine, de prévention ou de complaisance.

« *Les commissaires de la Convention nationale.*

« *Signé :* F. P. N. ANTHOINE; LE VASSEUR. »

P. S. Nous vous adressons pareillement, citoyens nos collègues, un exemplaire du jugement que nous avons provoqué à Metz contre le manifeste insolent des frères du ci-devant roi.

Suit le texte des arrêtés et autres pièces signalés dans cette lettre :

I

Arrêté contre les sieurs Pichon, Subvier et Poncy (1).

« Antoine Louis Le Vasseur et François Paul Anthoine, députés commissaires de la Convention nationale pour les départements de la Meurthe et de la Moselle, par décret du 9 du présent mois de mars, sur les dénonciations à nous faites par les corps administratifs et judiciaires réunis du district et de la ville de Pont-à-Mousson, contre l'incivisme dangereux des sieurs Pichon, maître particulier, Subvier, commissaire national de la maîtrise des eaux et forêts et Poncy, garde magasin des fourrages, sans que personne ait entrepris de justifier ces individus ;

« Considérant que ces particuliers, en négligeant de demander et d'obtenir le certificat de civisme voulu par la loi, sont doublement suspects ;

« Que les plaintes portées unanimement contre eux constatent suffisamment la suspicion, et que la capacité qu'ils peuvent avoir dans leurs fonctions respectives ne saurait contrebalancer le danger de leurs opinions trop manifestement contre-révolutionnaires ;

« Vu la liste et les notes à nous remises ce jourd'hui par la municipalité de Pont-à-Mousson, signées du maire et du secrétaire greffier, qui sont restées entre nos mains;

« Après en avoir délibéré ;

« Nous avons, en vertu de l'article 8 de nos pouvoirs, suspendu de leurs fonctions Pichon, maître particulier, Subvier, commissaire national de la maîtrise des eaux et forêts et Poncy, garde-magasin des fourrages ;

« Par un arrêté postérieur, il a été ordonné que Poncy continuerait ses fonctions jusqu'à ce qu'il soit remplacé par la direction générale des vivres et fourrages ;

« Requérons le directoire du district de Pont-à-Mousson de les faire sur-le-champ remplacer par des citoyens instruits, énergiques, amis de la liberté et de l'égalité ;

« Défendons auxdits Pichon, Subvier et Poncy de ne plus s'immiscer dans l'exercice de leurs fonctions respectives à peine d'emprisonnement et de plus grande, s'il échoit ;

« Chargeons le même directoire du district de Pont-à-Mousson de nous rendre compte de l'exécution du présent arrêté, dans les trois jours.

« Fait et délibéré à Pont-à-Mousson, le 24 mars 1793, l'an II de la République française.

« *Pour copie conforme,*

« *Signé :* ANTHOINE ; LE VASSEUR. »

II

Lettre du citoyen Joly (1).

Vesoul, 25 mars 1793, l'an II de la République française.

« Citoyen Président,

« Les citoyens Siblot et Michaud, députés à la Convention nationale, commissaires près les départements de la Haute-Saône et du Doubs, m'ont conféré, par arrêtés des 17 et 22 mars courant, les pouvoirs nécessaires pour remplir les fonctions du commissaire supérieur que le conseil exécutif devait nommer

(1) *Archives nationales,* Carton AFII 147, chemise 1182, pièce n° 36.

en exécution du décret du 24 février, relatif au recrutement des armées.

« C'est avec bien de la satisfaction, citoyen Président, que j'ai l'honneur de vous annoncer que le recrutement est terminé dans le département de la Haute-Saône ; les douze cents hommes qu'il a fournis pour son contingent sont en route et seront dans peu de jours rendus à leur destination ; malgré le dénuement de bras où l'avait mis les douze bataillons qu'il avait précédemment envoyés aux frontières, les citoyens ont tout abandonné pour voler au secours de la patrie, de sorte que l'agriculture, seule ressource de ce département, est très languissante. Les corps administratifs n'ont rien négligé pour accélérer le recrutement qui s'est opéré sans bruit et sans réclamations majeures.

« *Le citoyen faisant provisoirement les fonctions de commissaire supérieur du Conseil exécutif,*

« *Signé :* JOLY. »

III.

Arrêté contre le sieur Mulet, dit la Géronzière (1).

« Vu par nous, Antoine Louis Le Vasseur et François Paul Nicolas Anthoine, députés commissaires de la Convention nationale, envoyés dans les départements de la Meurthe et de la Moselle, par décret du 9 mars dernier, l'arrêté pris par la direction du district de Sarrebourg, le 28 dudit mois de mars, par lequel Pierre Henri Mulet, dit la Géronzière, ci-devant commandant à Sarrebourg, nous est dénoncé comme suspect depuis longtemps aux bons citoyens par son incivisme manifeste et notoire et comme dangereux par sa conduite et ses propos contre-révolutionnaires dans cette partie de département de la Meurthe rapprochée de la frontière et exposé aux premières attaques de l'ennemi ; la procédure instruite par devant le juge de paix et le tribunal de police correctionnelle de la dite ville de Sarrebourg, tant contre ledit Mulet que contre Nicolas Bour, son fermier ;

« Nous, commissaires susdits, après en avoir délibéré, ordonnons provisoirement, en vertu de l'article 8 de nos pouvoirs, que Pierre Henri Mulet, dit la Géronzière, sera mis en état d'arrestation et conduit sans délai; sous bonne et sûre garde, au tribunal révolutionnaire à Paris ;

« Ordonnons, en outre, que, provisoirement, par les juges des lieux, les scellés seront mis et apposés sur les papiers dudit Mulet, tant en son domicile ordinaire à Sarrebourg que partout où il pourrait avoir établi sa résidence ;

« Mandons au directoire du district de Sarrebourg poursuites et diligences du procureur syndic, de faire le présent arrêté à due et entière exécution, et de requérir à cet effet, la gendarmerie nationale et toute autre force publique, comme aussi de nous rendre

(1) *Archives nationales,* Carton AFII 147, chemise 1182, pièce n° 37.

compte de son exécution dans le délai de huit jours.

« Fait et délibéré à Nancy, le 2 avril 1793, l'an II de la République française.

« *Pour copie conforme,*

« *Signé :* ANTHOINE ; LE VASSEUR. »

IV

Arrêté relatif au citoyen Mulet, dit la Géronzière (1).

« Vu par nous, commissaires de la Convention nationale envoyés dans les départements de la Meurthe et de la Moselle par décret du 9 mars dernier, l'arrêté pris par le directoire du district de Sarrebourg, le 28 dudit mois de mars, par lequel Pierre Henri Mulet, dit la Géronzière, ci-devant commandant militaire à Sarrebourg, nous est dénoncé comme suspect depuis longtemps aux bons citoyens par son incivisme manifeste et notoire et comme dangereux par sa conduite et ses propos contre-révolutionnaires dans cette partie de département de la Meurthe rapprochée de la frontière et exposée aux premières attaques de l'ennemi ; la procédure instruite par le juge de paix et le tribunal de la police correctionnelle de ladite ville de Sarrebourg, tant contre ledit Mulet que contre Nicolas Bour, son fermier ; la délibération par nous prise le 2 du présent mois d'avril ; en conséquence dudit arrêté portant mandat d'arrestation contre ledit Mulet dit la Géronzière, pour être conduit et transféré au tribunal contre-révolutionnaire à Paris ;

« Nous, commissaires susdits, après en avoir délibéré de nouveau, en rapportant notre susdit arrêté du 2 du présent mois, pour la partie seulement qui concerne l'envoi et conduite dudit Mulet, dit la Géronzière, au tribunal révolutionnaire à Paris ;

« Ordonnons que ledit Pierre Henri Mulet, dit la Géronzière, restera provisoirement en état d'arrestation à Nancy, soit dans la maison d'arrêt, soit dans toute autre maison de réclusion de ladite ville, qui sera désignée par le directoire du département de la Meurthe ;

« Mandons audit directoire et au citoyen Rampont, capitaine de la gendarmerie nationale à Nancy, chargé de la garde et conduite dudit Mulet, dit la Géronzière, de tenir la main à l'exécution du présent arrêté, chacun en ce qui le concerne ;

« Ordonnons, pour le surplus, que notre arrêté du 2 du présent mois, sera exécuté selon la forme et teneur.

« Fait et délibéré à Metz, le 5 avril 1793, l'an II de la République française.

« *Pour copie conforme,*

« *Signé :* ANTHOINE ; LE VASSEUR. »

V

Arrêté contre les sieurs Cattand, Pelle, Manneau, Haillecourt, Rehm et Lardemelle (1).

« Vu par nous, Antoine Louis Le Vasseur et François Paul Nicolas Anthoine, députés commissaires de la Convention nationale pour les départements de la Meurthe et de la Moselle, par décret du 9 du présent mois de mars, la délibération prise par les corps administratifs et judiciaires réunis de la ville de Metz, dont copie signée Adant, secrétaire-greffier de la commune, nous a été remise, et la dénonciation à nous faite contre l'incivisme manifeste et dangereux des nommés Cattand, commissaire national à l'Hôtel de la monnaie de Metz ;

« Claude Christophe Pelle, receveur du droit d'enregistrement ;

« Nicolas Manneau, receveur des loteries ;

« Pierre Haillecourt, garde des écluses ;

« Pierre Rehm, aussi garde des écluses ;

« Et Lardemelle, garde-magasin des vivres ;

« Considérant que tous ces fonctionnaires n'ayant pu, à cause de leur incivisme et les plaintes unanimement portées contre eux, obtenir le certificat de civisme voulu par la loi, et que la capacité qu'ils peuvent avoir dans leurs fonctions respectives ne saurait contre-balancer le danger de leurs opinions trop manifestement contre-révolutionnaires ;

« Nous, après en avoir délibéré, avons, en vertu de l'article 8 de nos pouvoirs, suspendu de leurs fonctions lesdits Cattand, Pelle, Manneau, Haillecourt, Rehm et Lardemelle ;

« Requérons et ordonnons au directoire du département de la Moselle, à celui du district et au conseil général de la commune de Metz, de les faire sur-le-champ remplacer par des citoyens instruits, énergiques, amis de la liberté et de l'égalité ;

« Défendons aux susnommés de ne plus s'immiscer dans l'exercice de leurs fonctions respectives, à peine de prison et de plus grande, s'il échoit ;

« Chargeons lesdits trois corps administratifs de nous rendre compte de l'exécution du présent arrêté, dans les trois jours.

« Fait et délibéré à Metz, le 29 mars 1793, l'an II de la République française.

« *Pour copie conforme,*

« *Signé :* ANTHOINE ; LE VASSEUR. »

VI

Arrêté relatif au citoyen Lardemelle (2).

« Les commissaires de la Convention nationale pour les départements de la Meurthe et de la Moselle, sur les représentations qui leur ont été faites sur la suspension du citoyen Lardemelle, garde-magasin des vivres à Metz ;

« Requièrent les corps administratifs de cette ville, sans avoir égard à l'arrêté par

---

(1) *Archives nationales*, Carton AFɪɪ 147, chemise 1182, pièce nº 38.

(1) *Archives nationales*, Carton AFɪɪ 147, chemise 1182, pièce nº 39.

(2) *Archives nationales*, Carton AFɪɪ 147, chemise 1182, pièce nº 40.

eux pris le 3 du présent mois, de requérir le dit citoyen Lardemelle de continuer provisoirement ses fonctions de garde-magasin, jusqu'à ce qu'il ait été remplacé par la direction générale des vivres.

« Fait à Metz, le 5 avril 1793, l'an II de la République française.

« *Pour copie conforme,*
« *Signé :* ANTHOINE ; LE VASSEUR. »

VII

Arrêté contre les sieurs Turmel, Valombre, Menessier père et fils, Marc, Villavicensio, Frantz, Poutet, Emmery et d'Ecosse (1).

« Vu par nous, François Paul Nicolas Anthoine et Antoine Louis le Vasseur, députés, commissaires de la Convention nationale, envoyés dans les départements de la Meurthe et de la Moselle, par décret du 9 mars dernier, le mandat d'arrêt décerné par les comités de surveillance des trois corps administratifs de la ville de Metz, en date de ce jourd'hui, dont copie signée des membres desdits comités nous a été remise contre les nommés Turmel, Valombre, adjudant de la place, Menessier père, Menessier fils, ex-employé à la régie, Villavicensio, ex-chanoine, Frantz, huissier, Poutet, ex-procureur général syndic du département de la Moselle, Emmery, ex-procureur, et d'Ecosse, ex-officier;

« Vu aussi la gravité des circonstances et attendu le vœu unanime des administrateurs et des citoyens qui nous ont été manifestés dans plusieurs séances particulières et publiques ;

« Nous, commissaires susdits, en vertu de l'article 8 de nos pouvoirs, et après en avoir délibéré, avons approuvé les mandats d'arrêt et autorisé lesdits corps administratifs à le faire mettre en exécution, à l'exception néanmoins dudit Valombre, adjudant de la place, dont nous déférons l'arrestation jusqu'à son remplacement.

« Fait à Metz, le 4 avril 1793, l'an II de la République française.

« *Pour copie conforme,*
« *Signé :* ANTHOINE ; LE VASSEUR. »

VIII.

Arrêté relatif au citoyen Valombre (2).

« Vu par nous, commissaires de la Convention nationale envoyés dans les départements de la Meurthe et de la Moselle, par décret du 9 mars dernier, notre arrêté de ce jourd'hui, en suite des réquisitions à nous données par les corps administratifs de la ville de Metz réunis, portant que Valombre, adjudant de la place, soit mis provisoirement en état d'arrestation comme suspect et dangereux par son incivisme;

« Nous, commissaires susdits, après en avoir

délibéré, avons suspendu le dit Valombre de ses fonctions d'adjudant de la place de Metz, autorisons le commandant de ladite place de le faire remplacer provisoirement par un citoyen d'une capacité et d'un civisme qui puissent lui asurer la confiance publique dans ces fonctions importantes.

« Fait et délibéré à Metz, le 4 avril 1793, l'an II de la République française.

« *Pour copie conforme,*
« *Signé :* ANTHOINE ; LE VASSEUR. »

IX

Arrêté relatif au citoyen Sequère (1).

« Aujourd'hui, vingt-six mars mil sept cent quatre-vingt-treize, l'an deuxième de la République française;

« François-Paul-Nicolas Anthoine et Antoine-Louis Le Vasseur, députés commissaires de la Convention nationale pour les départements de la Meurthe et de la Moselle, nommés par décret du 9 du courant ;

« Vu la pétition à nous présentée par un grand nombre de citoyens de cette ville, et l'extrait du procès-verbal de la Société des amis de la liberté et de l'égalité, et d'après la connaissance que nous avons de l'incivisme du nommé Sequere, homme dangereux et prêchant hautement le fanatisme et la contre-révolution;

« Considérant que le salut de la République exige impérieusement que tous les ennemis de la liberté et de l'égalité soient soustraits du sein de la société dans le moment où ils tendent la main à tous les tyrans de l'Europe et à leurs esclaves coalisés contre la France;

« Nous ordonnons, après en avoir délibéré en commun que Sequere, ci-devant demeurant à Metz, ci-devant membre du directoire du département de la Moselle, ci-devant chassé de cette place par le général Favart, lorsqu'elle a été mise en état de siège, sera arrêté et conduit sous bonne et sûre garde dans la maison d'arrêt du district de Metz, ou dans tout autre lieu de détention sûr, qui sera indiqué par le directoire du département;

« Mandons à toutes les autorités civiles et militaires de tenir la main à l'exécution du présent arrêté.

« Fait à Metz, les jour, mois et an que dessus.

« *Pour copie conforme,*
« *Signé :* ANTHOINE ; LE VASSEUR. »

X

Jugement du tribunal criminel du département de la Moselle, qui ordonne que deux imprimés ayant pour titre, l'un : *Déclaration du Régent de France,* et l'autre : *Lettres patentes du Régent de France pour nommer un lieutenant-général dans le royaume,* seront livrés à l'exécuteur des jugements criminels pour être par lui brûlés sur l'échafaud établi sur la place de la liberté de cette ville, comme sédi-

(1) *Archives nationales,* Carton AFᴵᴵ 147, chemise 1182, pièce n° 41.
(2) *Archives nationales,* Carton AFᴵᴵ 147, chemise 1182, pièce n° 42.

(1) *Archives nationales,* Carton AFᴵᴵ 174, chemise 1182, pièce n° 43.

tieux et contraires à l'unité de la République française, tendant au rétablissement de la royauté en France et à l'anéantissement de la souveraineté du peuple (1).

Vu par le tribunal criminel du département de la Moselle, la réquisition en forme d'accusation des citoyens François-Paul-Nicolas Anthoine et Antoine-Louis Le Vasseur, membres de la Convention nationale, et par elle, commissaires députés dans les départements de la Moselle et de la Meurthe, par décret du 9 du présent mois, dont la teneur suit :

« Vu par nous François-Paul-Nicolas Anthoine, et Antoine-Louis Le Vasseur, députés commissaires de la Convention nationale, envoyés dans les départements de la Moselle et de la Meurthe, par décret du 9 du présent mois de mars, deux imprimés séditieux répandus avec profusion en cette ville de Metz, ayant pour titres, l'un : *Déclaration du régent de France*, et l'autre : *Lettres patentes du régent de France pour nommer un lieutenant général dans le royaume;* vu aussi la pétition des citoyens composant la Société des amis de la liberté et de l'égalité séante en cette ville, à laquelle est joint un exemplaire de chacun de ces imprimés; considérant qu'il importe de faire promptement justice de ces écrits séditieux et de les vouer à l'exécration publique qu'ils méritent; requérons l'accusateur public du tribunal criminel du département de la Moselle, à qui nous renvoyons lesdits imprimés, de les remettre et dénoncer au juré du jugement, pour y être statué sans délai, ce qu'au cas appartiendra, sans qu'il soit besoin d'y être prononcé par le juré d'accusation; comme aussi de faire imprimer, publier et afficher le jugement à intervenir dans toute l'étendue du département, et d'en envoyer expédition en forme à la Convention nationale; requérons, en outre, le dit accusateur public de faire informer contre les auteurs, distributeurs et colporteurs desdits écrits séditieux, pour être leur procès fait et parfait dans les formes de droit.

« Fait à Metz, le vingt-six mars mil sept cent quatre-vingt-treize, l'an II de la République française, et avons, avec le secrétaire de notre commission, signé.

« *Signé :* F.-P.-N. ANTHOINE; LE VASSEUR *et* CAMUS, *secrétaire de la commission.* »

La requête de l'accusateur public, du jour d'hier, tendant à ce qu'il plût au tribunal faire convoquer extraordinairement un juré de jugement, à l'effet de procéder à l'examen des deux écrits dont s'agit, pour, sur leurs déclarations, être par ledit accusateur public pris telles réquisitions, et par le tribunal statué ce qu'au cas appartiendrait; le jugement du tribunal dudit jour, qui ordonne que le juré de jugement sera convoqué à ce jour-d'hui dix heures du matin; vu aussi les dits deux imprimés, et la déclaration du juré de jugement de ce jourd'hui, portant : « qu'il est constant qu'il y a délit dans les deux impri-

més, l'un ayant pour titre : *Déclaration du régent de France*, le second ayant aussi pour titre : *Lettres patentes du régent de France pour nommer un lieutenant-général du royaume*, tous deux donnés à Hamm en Westphalie, le vingt-huit janvier mil sept cent quatre-vingt-treize, en ce que les deux imprimés tendent à détruire l'unité de la République française et à rétablir la royauté en France; » le tribunal a rendu le jugement suivant :

« Le tribunal, ouï l'accusateur public en ses réquisitions, retenues au procès-verbal de la séance de ce jour, ordonne que les deux imprimés dont s'agit, l'un portant pour titre : *Déclaration du régent de France*, et l'autre : *Lettres patentes du régent de France pour nommer un lieutenant-général du royaume*, tous deux datés de Hamm en Westphalie, du vingt-huit janvier mil sept cent quatre-vingt-treize, le premier finissant par ces mots : *Signé :* LOUIS-STANISLAS-XAVIER, et plus bas, *par le régent de France, le maréchal duc de Broglie, le maréchal de Castries;* le second finissant aussi par les mêmes mots, seront livrés à l'exécuteur des jugements criminels, pour être par lui brûlés sur l'échafaud établi sur la place de la Liberté de cette ville, comme séditieux et contraires à l'unité de la République française, tendant au rétablissement de la royauté en France, et à l'anéantissement de la souveraineté du peuple;

« Enjoint à tous les citoyens de cette ville et du département, d'apporter au greffe du tribunal, en ce qui concerne les citoyens du district de Metz, et en ce qui touche les citoyens des autres districts d'administrations, dans les vingt-quatre heures de l'affiche du présent jugement, les exemplaires qu'ils pourront avoir desdits deux imprimés, pour y demeurer supprimés, sous peine d'être poursuivis extraordinairement, comme complices des attentats portés par lesdits imprimés à l'unité de la République, et à la souveraineté du peuple, et d'être punis suivant la rigueur des décrets;

« Ordonne que le présent jugement sera imprimé et affiché partout où besoin sera, envoyé à tous les officiers de police du ressort du tribunal, qui informeront sans délai, et feront toutes poursuites et diligences nécessaires dans les formes voulues par les décrets, contre les auteurs, imprimeurs, colporteurs et distributeurs desdits deux imprimés;

« Ordonne, en outre, que le présent jugement sera envoyé à tous les curés des paroisses du ressort du tribunal, pour être par eux lu et publié aux prônes, à ce que personne n'en prétende cause d'ignorance; que copies en forme dudit jugement seront aussi adressées à la Convention nationale et au ministre de la Justice, le tout à la diligence de l'accusateur public près le tribunal.

« Fait à Metz, le vingt-huit mars mil sept cent quatre-vingt-treize, l'an II de la République française, en l'audience du tribunal, où étaient présents les citoyens *Delattre*, président, *Marion*, *Steinmetz* et *Mutel*, juges du tribunal, qui ont signé.

« *Signé :* DELATTRE, *président;* DAUPHIN, *greffier en chef.*

(La Convention renvoie ces différentes pièces

(1) *Archives nationales*, Carton AFII 174, chemise 1182, pièce n° 44.

1re SÉRIE. T. LXII.

6

au comité de Salut public, après avoir approuvé les arrêtés de ses commissaires et applaudi à la conduite des juges du tribunal criminel de Metz.)

6° *Lettre de plusieurs citoyens du 23e régiment d'infanterie*, qui offrent, en don patriotique, 40 livres en assignats; cette lettre est ainsi conçue (1) :

Bramans, le 5 avril 1793, l'an II
de la République française.

« Citoyen président,

« Le désir ardent de voler au secours de nos frères d'armes qui ne cessent de combattre les tyrans nous engage à nous réunir pour faire à notre patrie le faible don de 40 livres en assignats, pour subvenir aux frais de la guerre qu'elle a à soutenir contre ses ennemis communs.

« Nous les méprisons, ces vils satellites des despotes couronnés et nous verrons avec plaisir leurs têtes infâmes sur l'échafaud.

Nous adhérons au décret qui a terrassé l'hydre et nous soumettons avec une entière confiance aux lois qui émaneront des pères de la patrie.

« Notre seule devise, citoyen président, est : *République ou la mort!*

« *Signé* : L. ALBERT, *garde-magasin des fourrages*, à Bramans, armée du Mont-Blanc; ROGER, *sergent des grenadiers* du 23e régiment d'infanterie, ci-devant cantonné à Bramans; Marie MELON, femme ALBERT, BAILLY, *sergent-major* au 4e régiment d'artillerie, cantonné à Bramans. »

(La Convention décrète la mention honorable de cette offrande qu'elle accepte et ordonne l'insertion de la lettre au *Bulletin*.)

7° *Lettre des membres du directoire du département de la Seine-Inférieure*, qui envoient une croix de Saint-Louis, offerte en don patriotique par le citoyen Le Tellier, de la commune de la Pêcherie; cette lettre est ainsi conçue (2) :

Rouen, 10 avril 1793, l'an II
de la République française,

« Citoyen président,

« Nous vous envoyons une croix de Saint-Louis, dont le citoyen Le Tellier, de la commune de la Pêcherie, faubourg d'Harfleur, district de Montivilliers, fait don à la patrie pour subvenir aux frais de la guerre. Nous y joignons l'acte de cette offrande patriotique, dressé par la municipalité de la Pêcherie. Nous vous prions, citoyen président, de dé-

poser le tout sur le bureau de la Convention nationale et de nous en accuser réception.

« *Les membres du directoire
du département de la Seine-Inférieure.*
« *Signé* : BELHOUL; BASIRE; DUMAJERT;
GRANDIN.

Suit le texte de l'extrait des registres de la municipalité de la Pêcherie :

*Extrait des registres de la municipalité
de la Pêcherie* (1).

Offrande à la Patrie.

« Le citoyen Jean-Baptiste Le Tellier, domicilié dans la commune de la Pêcherie, fait hommage à la République de sa croix de Saint-Louis qu'il destine pour les frais de la guerre et, en conséquence, il l'a déposée sur notre bureau, pour par nous la faire parvenir à la Convention nationale dans le plus bref délai.

« Fait et arrêté en conseil municipal, au lieu des séances ordinaires de la Pêcherie, le 28 mars 1793, l'an II de la République française.

« *Signé* : Jean-Baptiste-Pierre QUESNEL, *maire*; LE TELLIER, Nicolas FAMERY, DUREAU, PIGEON, *procureur de la commune*; LE SAGE, *secrétaire*. »

« *Collationné conforme au registre,*

« *Signé* : PIGEON, *procureur de la
commune.*

(La Convention décrète la mention honorable de cette offrande qu'elle accepte et ordonne l'insertion de ces deux pièces au *Bulletin*.)

8° *Lettre du général Custine*, qui transmet à la Convention : 1° Sa proclamation aux soldats de l'armée du Rhin; 2° une lettre du général Houchard au roi de Prusse pour lui reprocher la conduite de ses troupes envers le 4e bataillon des Vosges; 3° une proclamation de ce même général aux troupes composant l'avant-garde de l'armée du Rhin.

Suit la teneur de ces trois pièces :

*Proclamation du général Custine aux soldats
de l'armée du Rhin* (2).

I

« Wissembourg, le 8 avril 1793, l'an II
de la République française.

« Citoyens soldats,

« Vous êtes désormais l'appui, l'espoir et le soutien de la République. Les circonstances vous appellent à cette haute destinée, du moment où l'armée de la Belgique détruite par

---

(1) *Archives nationales*, Carton CII 252, chemise 444, pièce n° 18.

(2) *Archives nationales*, Carton CII 252, chemise 440, pièce n° 1er.

(1) *Archives nationales*, Carton CII 252, chemise 440, pièce n° 18.

(2) *Archives nationales*, Carton CII 252, chemise 432, pièce n° 18.

la licence, par les désorganisateurs et par la trahison infâme de son chef, n'offre plus à nos ennemis ces mêmes phalanges qui l'écrasèrent à Jemmapes. On dit que notre frontière de Flandre leur est ouverte : mais vous leur défendrez celle de l'Alsace; mais vous couvrirez de votre bravoure ces départements dont la munificence est venue cet hiver au secours de vos besoins; mais vous ne souffrirez pas que votre patrie, déchirée par d'avides étrangers, reçoive les lois qui la gouverneront, des prêtres, des nobles et des rois. Mes amis, mes enfants, car je suis un des plus vieux soldats de la République, pour votre intérêt même, conservez votre discipline. Je n'ai jamais donné à l'exercice de mon pouvoir, le caractère de la sévérité que pour la maintenir. Elle est la force; elle est la gloire des armées, tant qu'elle y règne : par elle seule, vous vaincrez vos ennemis. Vous allez, dans ce moment de crise, être entourés d'hommes pervers qui, sous l'habit des bons citoyens, et sous le voile d'une fausse pitié, vous peindront vos dangers, vos souffrances, vos privations et vous engageront à l'impatience, au dégoût et à la désertion. Mes enfants, je vous en avertis en père, ces hommes sont des traîtres, ce sont les agents honteux de la cabale, et de l'aristocratie; ce sont eux qui correspondent avec les fomentateurs des troubles intérieurs : ce sont eux qui veulent vous rendre un roi et des fers. Arrêtez-les, chassez-les, ou livrez-les à ma justice, je saurai apprendre à ces scélérats de quelque grade et de quelque espèce qu'ils soient, qu'il faut savoir souffrir et mourir pour la République. Croyez-vous que je ne souffre pas de ce que vous souffrez? que je n'admire pas votre patience; que je ne sois pas sensible au dévouement et à la confiance que vous me témoignez? Mes camarades, je sens tout ce que vous faites pour la patrie et je vous en remercie. Je serai toujours digne de vous par mon fidèle attachement à la liberté et à la République; ma rudesse contre les lâches et les faibles vous est un garant de mon horreur pour les traîtres, et de mon estime pour les vertus civiques que vous développez. Nous avons repoussé les ennemis à Ober-Flersheim; nous les battrons encore. Le septième bataillon d'infanterie légère, celui de la Corrèze, la brigade du 13e, le 8e de chasseurs à cheval, le 9e de cavalerie, et l'artillerie y ont fait particulièrement leurs preuves de valeur : vous les imiterez dans l'occasion, vous ne vous laisserez point effrayer par ces nuées de hussards qui vous menacent par des hurlements, et qui ne vous attaqueront jamais, tant que vous resterez en masse. Vous avez du canon et des baïonnettes; vous ménagerez votre feu, vous mettrez du calme dans votre défense, et l'ennemi sera toujours repoussé; mais, mes amis, je dois vous le dire, vous ne vous gardez pas avec assez de précaution de façon que l'ennemi entreprenant pénètre dans vos postes, vous surprend et rend par la rapidité de son attaque votre bravoure inutile; souvenez-vous que c'est la vigilance qui prévient les défaites, que c'est l'opiniâtreté qui prépare les victoires, et que c'est l'instant saisi par la valeur tranquille, qui les décide.

« Qu'il me sera doux, un jour, rentré dans l'ordre des simples citoyens, de jouir avec vous de la conquête de notre liberté, après

l'avoir obtenue au milieu de tant d'orages; cette liberté sainte est le seul bien auquel j'aspire, et nous l'obtiendrons, car j'aime à le penser, cette crise est la dernière qui puisse paraître la faire momentanément chanceler.

« Le général en chef de l'armée du Rhin,

« Signé : CUSTINE.

II

Lettre du général Houchard au roi de Prusse (1).

Nussdorf, le 4 avril 1793 l'an II de la République française.

« Sire,

« Le quatrième bataillon des Vosges s'est défendu contre vos troupes avec le courage qu'inspire l'amour de la liberté, et lorsqu'après avoir usé ses cartouches, il ne lui est plus resté que le parti de se rendre, il a été massacré alors qu'il avait mis bas les armes. Cet événement m'étonne à tel point qu'il est pour moi un besoin de vous en écrire. Dans toutes les circonstances, Sire, notamment à Limbourg, loin d'en agir ainsi, la générosité et l'humanité ont réglé nos mouvements. J'ai moi-même, ainsi que les officiers servant près de moi, embrassé vos prisonniers, pour arrêter l'impulsion de nos soldats et leur rappeler qu'il fallait respecter l'ennemi vaincu. Vos blessés ont même été pansés avant les nôtres.

« Serait-ce une invitation que vous nous auriez faite de vous traiter réciproquement sans quartier ? Nous l'accepterions ; les Français veulent être libres et la mort est pour eux du moindre prix. Soyez assuré, Sire, que ce sentiment est bien gravé dans leur cœur et qu'aucune puissance ne leur fera accepter de milieu. Un intérêt contraire vous dirige, si vous pouvez en avoir à nous faire la guerre ; cependant ne peut-on la faire sans être cruel ? Pour moi j'aimai toujours à me battre loyalement. Les esclaves qui servent les rois ne sont pas assez odieux aux hommes qui ne servent que leur propre intérêt pour se faire à l'idée de les poignarder après les avoir vaincus. Les esclaves ne sont pas susceptibles du même sentiment, mais leurs maîtres doivent être leurs guides, et pour arriver à leur but, quel qu'il soit, ils doivent être le moins possible prodigues de sang. Pardonnez à ma franchise, elle ne peut m'ôter votre estime, alors que je m'en estime moi-même davantage.

« Le général de division, commandant l'avant-garde de l'armée du Rhin.

« Signé : HOUCHARD.

« Approuvé par nous, général en chef de l'armée,

« Signé : CUSTINE. »

---

(1) *Archives nationales*, Carton Cu 252, chemise 432 pièce 19.

III

Proclamation du général Houchard aux troupes composant l'avant-garde de l'armée du Rhin (1).

« Officiers et Soldats,

« Le citoyen Houchard se fait un devoir d'instruire de ses dispositions, les soldats républicains qu'il commande ; il sait qu'ils partagent ses sentiments ; mais pour faire vivre la République et vaincre ses ennemis, le citoyen Houchard sent la nécessité d'augmenter ses mesures, de mettre en vigueur les lois militaires et d'obliger enfin tous les individus de l'avant-garde à faire leur devoir.

« Les chevaux de la cavalerie et surtout de l'artillerie volante sont extrêmement fatigués. Cela vient plus de ce qu'on les fait galoper mal à propos en ordonnance et hors du service, que des fatigues du service même.

« Dans les marches, on ne trouve que traîneurs et gens qui s'arrêtent dans les cabarets : la République perd plus d'hommes de cette manière que dans les combats.

« Le pillage semble être devenu de mode ; le fourrage n'est pas distribué avec soin ; quelques hommes ne s'empressent pas d'y prendre part, parce que s'oubliant eux-mêmes, ils croient pouvoir en prendre où ils en trouvent. Les officiers et sous-officiers voient le désordre et ne l'arrêtent point, mais les exemples aussi terribles que la loi les prononce seront mis en usage. Les officiers répondront dans la suite de la présence et de la conduite des soldats ; ils doivent être toujours avec eux et veiller à leurs démarches ; jusqu'alors la République n'a eu qu'à se louer de l'armée du Rhin ; il faut faire encore davantage ; la patrie l'attend de nous et il faut que tous les braves gens dénoncent le petit nombre qui méconnaît ses devoirs, et les livre au glaive de la loi.

« Les ordres journaliers ne sont pas lus à la troupe ; quelque fois même, personne ne les lit. Les rassemblements des compagnies, les appels, la police, tout est oublié.

« Le soldat, il faut le dire, ne trouve pas dans les officiers et sous-officiers, plus d'attention pour leurs besoins, que d'exigence à leur faire faire leur devoir et à veiller sur eux. Si chacun remplissait sa tâche ou au moins cherchait à la remplir, la République n'aurait pas de revers à craindre avec des soldats instruits de leurs droits, prévenus de la reconnaissance de la patrie, et aussi désireux de se battre.

« Ces vérités frappent tout le monde, elles n'échappent pas au général d'avant-garde ; il prévient, en conséquence, tous les individus de l'Armée que, jaloux de sauver la République en ce qui le concerne, il exercera les lois militaires avec la dernière rigueur et cherchera à purger l'armée de tous les hommes insouciants ou insubordonnés, en les faisant connaître au chef de l'armée, investi de l'autorité de la loi. Que chacun se trouve donc prévenu pour éviter la douleur d'avoir à servir d'exemple, et malheur au lâche égoïste qui ne

remplira pas ses devoirs. Le temps est venu de se battre à outrance, et le plus grand moyen de vaincre est de s'assurer d'avance de l'ordre et de la discipline.

« *Le général d'avant-garde,*

« *Signé* : HOUCHARD.

« *Approuvé par nous, général en chef de l'armée.*

« *Signé* : CUSTINE. »

9° *Lettre de Bouchotte, ministre de la guerre* (1), qui annonce que sur la demande du citoyen Bertèche il lui a fait payer la somme de 10,000 livres ; savoir : 4,000 livres à titre d'indemnité et 6,000 livres pour aller prendre les eaux de Bourbonne.

(La Convention renvoie cette lettre au comité des finances.)

10° *Lettre de Dalbarade, ministre de la Marine*, qui demande que les employés aux forges de la Chaussade soient dispensés de l'enrôlement ; cette lettre est ainsi conçue (2) :

Paris, 13 avril 1793, l'an II de la République française.

« Citoyen président,

« Je vous prie de vouloir bien mettre sous les yeux de la Convention nationale un fait qui mérite toute son attention.

« Dans les enrôlements qu'avaient à fournir pour la frontière les municipalités de Cosne, Claveau et Guérigny, sont compris le contrôleur aux clouteries de la direction de Cosne, le commis aux écritures du directeur de la Vache et celui attaché au bureau du régiment des forges de la Chaussade. Dans les quatre hommes nommés à Guérigny se trouvent deux compagnons du souffletier qui est chargé de l'entretien des soufflets, des fourneaux et des forges de la Régie. La privation de ces deux compagnons le met dans l'impossibilité de suffire à son entreprise et cette nouvelle entrave, jointe au défaut de coupeurs et de dresseurs dans les bois, de chevaux et de charretiers en quantité suffisante pour le transport des matières aux mines, rendra leur chômage plus permanent.

« Le régisseur général de ces forges annonce que tout est désespérant pour lui dans la position malheureuse où il est, parce qu'il ne lui est plus possible de partir d'aucun calcul pour assurer l'exécution des fournitures demandées par les ports à la Régie et qu'il est réduit à déclarer qu'ils recevront le peu qu'elle pourra fabriquer.

« Je ne puis trop fortement vous présenter, citoyen président, combien il importe au service de la marine de prévenir, dans les circonstances où nous sommes, l'anéantissement des forges de la Chaussade qui serait inévitable, si on leur enlevait irrévocablement les ouvriers précieux qui conduisent leurs tra-

---

(1) *Archives nationales*, Carton C II 252, chemise 432, pièce 20.

(1) P. V., tome IX, page 250.

(2) *Archives nationales*, Carton C II 252, chemise 432, pièce n° 20.

vaux et qu'il serait absolument impossible de remplacer. Je pense, d'ailleurs, que ces ouvriers sont dans le cas de jouir du bénéfice de la loi du 11 mars 1793, qui excepte de l'enrôlement pour les frontières les employés au service de la marine dans les arsenaux. Il existe encore une loi précédente qui excepte également tous les ouvriers employés dans les manufactures d'armes destinées au service de la République.

« Je vous prie donc, citoyen président, de faire percevoir à la Convention nationale la nécessité impérieuse de dispenser particulièrement de l'enrôlement les ouvriers ou employés quelconques aux forges de la Chaussade, dont l'existence importe infiniment au service de la marine, puisque cet établissement est spécialement employé aux service des ports et arsenaux. S'il en était autrement, la chose publique serait infailliblement compromise par l'impossibilité où se trouverait réduit le régisseur général de ces forges de satisfaire aux demandes très multipliées qui lui sont adressées journellement par les administrateurs des ports.

« Je vous aurai beaucoup d'obligation si vous voulez bien vous occuper promptement de cet objet essentiel et me mander le parti que l'Assemblée aura cru devoir prendre.

Le ministre de la marine,

« *Signé :* DALBARADE.

(La Convention décrète la proposition du ministre de la marine.)

11° *Lettre de Bouchotte, ministre de la guerre,* qui demande à être autorisé à prendre, sur les fonds destinés à la guerre, les sommes nécessaires pour l'achat des chevaux, l'habillement, l'équipement et l'armement des deux régiments de chasseurs, dont la Convention nationale a ordonné la levée par son décret du 7 mars dernier.

(La Convention renvoie cette lettre aux comités de la guerre et des finances, pour en faire leur rapport demain.)

12° *Lettre du citoyen Lindet, député du département de l'Eure,* qui demande à être inscrit parmi ceux qui n'ont pas voté le *décret d'accusation porté contre le citoyen Marat;* cette lettre est ainsi conçue (1) :

Paris, 14 avril 1793 l'an II de la République française.

« Citoyen président,

« Retenu par la maladie, je n'ai pu émettre mon opinion sur la question soumise hier à l'appel nominal. Je vous prie de faire agréer à la Convention nationale que mon vote soit inscrit à la suite de l'appel nominal dont l'impression est décrétée et dont j'ignore le résultat.

« J'aurais voté contre le décret d'accusation prononcé contre le citoyen Marat, parce qu'il

me paraît très dangereux de favoriser les dispositions de Dumouriez en décrétant d'accusation celui qui a été son plus ardent dénonciateur.

« J'aurais voté contre le décret d'accusation, si on avait refusé d'entendre Marat ou ceux qui voulaient parler pour sa justification.

« *Signé :* Robert-Thomas LINDET, *député de l'Eure,* rue de la Sourdière, n° 68. »

13° *Lettre du citoyen Duval, député d'Ille-et-Vilaine,* qui demande *le rapport du décret d'accusation contre Marat;* cette lettre est ainsi conçue (1) :

Paris, 14 avril 1793, l'an II de la République.

« Président,

« Indisposé depuis dix jours et n'ayant pu rester hier que quelques heures à la Convention, n'ayant pas encore la tête et la santé assez fortes, je n'ai su que ce matin les débats et l'appel nominal qui ont eu lieu cette nuit et où, quelque chose que eût pu m'en arriver, je me serais fait porter, si j'en avais eu connaissance. Mais je dois compte à mes commettants et à mes collègues et des raisons qui m'ont empêché d'y assister et même de l'opinion que j'en ai eu en l'apprenant.

« Habitué depuis longtemps à me ranger sous la bannière, non d'un homme, mais des principes, des principes seuls, je n'aurais jamais pu me résoudre, sur la parole d'un rapporteur qui a pu mal voir et se tromper, ou même d'un comité qui peut également avoir mal envisagé les objets et se tromper aussi, je n'aurais jamais pu, dis-je, me résoudre à porter un décret d'accusation contre un homme, qu'on aurait refusé d'entendre, sans une discussion préalable qu'on aurait même refusé d'ouvrir. J'aurais craint de paraître partager des préventions, des animosités, des passions. Sans doute, il faut que les coupables soient punis, mais les principes et la justice marchent avant tout, et comme l'ont observé Lacroix et plusieurs membres, ils me paraissent avoir été méconnus ou totalement oubliés dans le refus qu'on a fait d'entendre la défense de l'accusé et d'ouvrir une discussion sur les faits allégués contre lui, discussion à laquelle les principes et la justice ne permettaient pas de s'opposer.

« Je déclare donc à mes commettants et à mes collègues que si j'avais été présent, j'aurais rejeté le décret d'accusation contre Marat, dans l'état où était la question. Je déclare qu'aujourd'hui, si je n'étais retenu forcément chez moi, j'en demanderais le rapport de vive voix, et que je le demande par écrit, fondé sur ce que ce décret a été rendu contre tous les principes, et contre le règlement même de l'Assemblée qui ne permet d'en porter qu'après une discussion préalable. Certes, on était plus indulgent, hier matin pour Miranda qui, loin d'avoir dénoncé Dumouriez, en est presque sûrement le complice.

---

(1) *Archives nationales,* Carton C ɪɪ 252, chemise 438 pièce n° 9.

(1) *Archives nationales,* Carton C ɪɪ 252, chemise 438 pièce n° 10.

« Je te prie donc, président, de donner connaissance à la Convention de ma lettre de ma déclaration, et de ma demande en rapport qui, j'aime à le croire, sera appuyée. Je te prie, de plus, de demander pour moi à l'Assemblée qu'on me compte à l'appel nominal, au nombre de ceux qui se sont refusés à une injustice. (*Applaudissements dans les tribunes.*)

« *Signé* : Charles DUVAL, *député du département d'Ille-et-Vilaine.*

Lauze-Deperret. Puisqu'il est question du décret rendu contre Marat, je déclare que si je m'étais trouvé hier à la séance au moment où on a voté le décret d'accusation contre Marat, j'aurais voté *pour l'accusation*. Je regrette bien d'avoir été malade et de n'avoir pu voter contre ce monstre.

Plusieurs membres demandent l'insertion des lettres de Lindet et de Duval à la suite du procès-verbal de la veille.

Lauze-Deperret. Je demande que ma déclaration y soit également annexée. (*Murmures sur la Montagne*).

(Deux épreuves sont faites et déclarées douteuses.)

Le Président met la question aux voix.

Battellier propose que les réclamations à charge et à décharge qui pourraient survenir soient inscrites au procès-verbal.

Rabaut-Saint-Étienne. Je m'oppose à cette proposition : il vous en viendrait quinze ou vingt par jour ; le procès-verbal en serait surchargé et ce serait créer un précédent qui dégénérerait vite en habitude pour tous les décrets. Il en résulterait aussitôt une confusion dans les rédactions, une incertitude dans tous les décrets et un relâchement du devoir qui nuirait aux travaux de l'Assemblée.

(La Convention passe à l'ordre du jour sur les réclamations à faire par ses membres relativement au décret d'accusation contre Marat) (1).

La Reveillière-Lépeaux, *secrétaire*, poursuit la lecture des lettres, adresses et pétitions envoyées à l'Assemblée :

14° *Lettre du citoyen Mathias Flaan, ci-devant receveur du comté de Créhange* (2), qui demande le remboursement du cautionnement qu'il avait donné pour occuper ladite place de receveur.

(La Convention renvoie cette lettre aux comités des domaines et des finances réunis.)

15° *Lettre des administrateurs et employés de la régie des loteries* qui déposent, pour les frais de la guerre, une somme de 472 livres

---

(1) *Le Mercure universel*, tome XXVI, page 237, est le seul journal qui rapporte la discussion survenue sur les rectifications demandées au décret d'accusation contre Marat. C'est à lui que nous avons emprunté la relation que nous donnons en texte.

(2) P. V., tome IX, page 251.

15 sols en assignats ; cette lettre est ainsi conçue (1) :

« Citoyen président,

« Les citoyens administrateurs, directeurs, employés, receveurs, imprimeurs et garçons de bureaux de la régie des loteries déposent pour l'acquit du douzième mois de leur soumission volontaire pour subvenir aux frais de la guerre, la somme de quatre cent soixante-douze livres quinze sols en assignats, savoir :

2 assignats	de 10 l. » s.	20 l.	» s.
53 —	de 5 » s.	265	» s.
40 —	de 2 10 s.	100	» s.
28 —	de 1 5 s.	28	15 s.
12 —	de » 15 s.	28	15 s.
100 —	de » 10 s.	50	» s.

Total...... 472 15 s.

« *Signé : Illisible.* »

(La Convention décrète la mention honorable et ordonne l'insertion de cette lettre au *Bulletin.*)

16° *Lettre des membres de la municipalité de Narbonne,* qui annoncent que les habitants de cette ville n'ont pas attendu la loi du recrutement pour voler sur les frontières et que de nombreux dons patriotiques ont été faits ; cette lettre est ainsi conçue (2) :

Narbonne, le 4 avril 1793, l'an II de la République française.

« Citoyen président,

« Il existe une intelligence criminelle entre les despotes du dehors et les ennemis de l'intérieur. La grande coalition a éclaté ; le sort de la République est dans vos mains. Frappez les conspirateurs ; soyez aussi fermes qu'ils sont scélérats ; qu'aucune place, qu'aucune fonction, qu'aucun titre ne puisse les soustraire à vos coups ; nos frères vont nous faire raison à l'audace des tyrans couronnés ; ils n'ont pas attendu la loi du recrutement. Le 7° bataillon de l'Aude va être à son complet : l'artiste, le cultivateur ont changé leurs outils pour les armes de la République et la malveillance en a pâli de désespoir : une noble émulation s'est emparée de tous les cœurs : le peu de jeunes citoyens qui nous restent est en réquisition permanente pour la garde des côtes maritimes ; les citoyennes consacrent les travaux de leurs mains à faire des guêtres pour les soldats : dans huit jours, 121 paires de guêtres ont été fournies ; 128 paires de souliers et deux capotes ont été déposées au directoire du district ; 12,000 livres ont été employées par la commune à l'équipement de 57 volontaires ; 100,000 livres ont servi à acheter des subsistances, particulièrement pour les parents de nos défenseurs, et sans

---

(1) *Archives nationales*, Carton C II 252, chemise 386, pièce n° 5.

(2) *Archives nationales*, Carton C II 252, chemise 44, pièce n° 27.

parler des sacrifices antérieurs, nous avons lieu d'en attendre d'autres. Courage, législateurs, rendez-vous dignes de ce noble zèle, qui anime tous les Français ; nous vous jurons de faire observer la loi ; nous soumettrons sous son joug les têtes indociles et l'ennemi ne portera ses pas sur le territoire de la République que lorsque, n'étant plus qu'un vaste désert, il aura franchi à ses frontières tous les Français morts pour la défense de la liberté.

Les maire et officiers municipaux. de Narbonne.

« Signé : DUPAIRIER, *maire* ; DUPONT, *officier municipal* ; CADAS, *officier municipal* ; LAUGIER, *officier municipal* ; COGOMBLIS, *officier municipal* ; FRAISSE, *officier municipal* ; BARON, *fils, procureur de la commune.* »

(La Convention décrète la mention honorable et ordonne l'insertion de cette lettre au *Bulletin.*)

17° *Lettre des officiers municipaux de la commune du Bu, département d'Eure-et-Loir* (1), qui rendent compte de quelques troubles qui ont eu lieu dans cette commune.

(La Convention renvoie cette lettre au comité de sûreté générale.)

18° *Lettre de Genneau, commissaire national de la monnaie d'Orléans* (2), qui demande l'ajournement à jour fixe du rapport qui doit être fait sur son compte par le comité des finances.

(La Convention nationale décrète que le rapport sera fait mardi matin.)

19° *Lettre du citoyen Brunet, général de division, employé à l'armée du Var,* qui présente des observations sur la conduite et le mémoire du général Anselme ; cette lettre est ainsi conçue (3 :

Au camp de Braons, le 1er avril 1793, l'an II de la République française.

« Citoyen président,

« Il paraît un mémoire du citoyen Anselme, répandu avec profusion, rempli de dénonciations vagues, des plus noires calomnies, contre les officiers et l'armée du Var. Sans doute qu'il les motivera et qu'il nommera les officiers dont il dit avoir été mal entouré. Je suis bien assuré qu'il ne saurait en citer aucun. Anselme veut persuader qu'il a des ennemis nombreux, jaloux de sa gloire et de sa place. Ses fautes — voilà les seules.

« Quant à l'armée, dont on peut dire avec vérité (ses vertus sont à elles, ses fautes sont à lui), il n'y a vu que des cabaleurs, des agitateurs, recevant à pleines mains l'or de

Turin et de Rome. J'ai pris le commandement de cette armée, je n'y ai trouvé que de braves soldats, pleins de zèle et d'ardeur, gémissant d'une inaction trop longtemps prolongée, rougissant d'avoir savouré les délices de la Capoue du Var, qui aurait pu les énerver, rougissant des excès de quelques individus que l'oisiveté avait entraînés et qui n'en auraient jamais eu l'idée, si on les avait mis en action dans les camps ou par la guerre.

« Anselme était dans une bien grande erreur. Il prenait pour cabales et agitations l'effet d'un mécontentement général produit par sa seule inconduite ; des régiments renvoyés de l'armée pour se venger de quelques particuliers ; des louanges outrées à des corps nouvellement levés qui n'avaient pas encore pu les mériter ; des injures, des mépris, des dédains pour ceux qui avaient essuyé toutes les fatigues de la campagne ; des prédilections pour les cantonnements ; la hiérarchie militaire détruite en confondant les pouvoirs ; des ordres donnés sans s'occuper de l'exécution, nul journal, nul bulletin, qui aurait pu faire connaître les actions des corps et des individus qui composaient l'avant-garde : voilà les véritables causes.

« J'ai loué ceux qui méritaient de l'être ; j'ai mis chacun à sa place ; j'ai fait partager les peines, les travaux ; j'ai fait punir avec sévérité ; l'ordre et la discipline ont été parfaitement rétablis ; et cette armée, depuis l'arrivée du général Biron, en battant les ennemis dans toutes les occasions qui se sont présentées, a montré, par son intrépide valeur et son énergie, qu'elle était digne de partager la gloire des armes de la République.

« Comme cet odieux mémoire, citoyen président, peut égarer l'opinion publique sur le bon esprit qui règne dans l'armée du Var et qu'il lui importe que la nation et ses frères d'armes lui rendent toute la justice qu'elle a droit d'en attendre, et qu'elle jouisse de la réputation qu'elle a si vaillamment acquise, je vous prie de donner à cette lettre la plus grande publicité.

« *Le général de division employé à l'armée du Var,*

« *Signé :* BRUNET. »

(La Convention décrète l'insertion de cette lettre au *Bulletin.*)

20° *Lettre de Gohier, ministre de la justice,* pour transmettre une lettre de la citoyenne Bourbon par laquelle elle renouvelle sa demande de rester en état d'arrestation chez elle; cette lettre est ainsi conçue (1) :

Paris, 13 avril 1793, l'an II de la République française.

« Citoyen président,

« J'ai l'honneur de transmettre à la Convention nationale une pétition de la citoyenne Bourbon dans laquelle elle expose qu'elle se trouve *hors d'état de pouvoir continuer une*

(1) P. V., tome IX, page 252.
(2) P. V., tome IX, page 252..
(3) *Archives nationales,* Carton C11 252 chemise 432, pièce n° 20.

(1) *Archives nationales,* Carton C11 252, chem pièce n° 21.

route aussi fatigante, sans risquer de tomber tout à fait malade, et demande à rester chez elle en état d'arrestation.

« Cette pétition m'a été adressée par les commissaires civils que le conseil exécutif a nommés pour surveiller le transfèrement de tous les individus de la famille des Bourbons. Ils certifient qu'un *rhume affreux qui a donné une fièvre assez forte à la citoyenne de Bourbon, a entravé leur marche*, et peut nuire beaucoup à la célérité si nécessaire du voyage.

« Cependant ils sont parvenus, à force de représentations et avec tous les égards que dicte l'humanité, à la décider à partir pour Moulins, où le patriotisme des habitants et de la municipalité leur permettront de rester quelques instants, si l'état de la citoyenne Bourbon présente des dangers réels pour sa vie.

« J'ai fait passer au comité de salut public et de sûreté générale copie de la lettre des commissaires, qui est un journal exact de ce qui s'est passé sur leur route depuis Paris jusqu'à Nogent-sur-Vernisson, d'où ils m'écrivent. Ce journal contient des détails dont la Convention seule pourrait ordonner la publicité.

« Mais je ne dois pas laisser ignorer à la Convention que les commissaires civils ont remarqué que la citoyenne Bourbon paraît avoir compté pour sa délivrance sur l'affection des esclaves lui ont témoignée à Nogent, et qu'elle a été jusqu'à leur dire dans sa colère que tous les moyens par lesquels on parviendrait à l'empêcher d'être emprisonnée à Marseille lui paraîtraient excellents.

« La Convention nationale pèsera, dans sa sagesse, les motifs de la demande de la citoyenne Bourbon. J'attends la détermination qu'elle va prendre pour l'adresser sur-le-champ à Moulins, aux commissaires civils.

« *Le ministre de la justice*,
« *Signé*: Gohier. »

Suit le texte de la lettre de la citoyenne Bourbon (1) :

Paris, 13 avril 1793, l'an II
de la République française.

« Législateurs,

« La demande que je vous avais faite était d'autant plus juste que je me trouve maintenant hors d'état de pouvoir continuer une route aussi fatigante sans risquer de tomber tout à fait malade. Pourquoi me traiter plus rigoureusement que ma belle-sœur, à qui l'on a permis de rester chez elle, en état d'arrestation. Je ne demande que cette même grâce, n'étant pas plus coupable qu'elle. Ne puis-je l'espérer de votre justice ? J'en attends l'effet avec d'autant plus d'impatience que l'on me force, malgré l'état de ma santé, de continuer un voyage bien pénible, lorsqu'on est entièrement innocente. Rendez-moi, législateurs, à une infinité d'êtres que je faisais vivre et qui croient avoir perdu leur mère en me voyant partir. Mon civisme vous étant connu, je ne

pense pas que vous puissiez refuser une aussi juste demande ; ma reconnaissance en sera éternelle.

« *Signé*: Louise d'Orléans. »

(La Convention passe à l'ordre du jour.)

21° *Adresse des administrateurs du département d'Eure-et-Loir* (1) qui dénoncent un abus qui cause le renchérissement des grains, et peut occasionner des troubles.

(La Convention nationale décrète l'impression de cette adresse (2), le renvoi au comité de Salut public, et la mention honorable du zèle des citoyens.)

22° *Lettre du deuxième bataillon du Lot* qui renouvelle son serment de maintenir la République, de mourir à son poste, de repousser les insinuations des traîtres et de venger la mort des victimes de la scélératesse de Dumouriez; cette lettre est ainsi conçue (3) :

Le 10 avril 1793, l'an II
de la République française.

« Représentants,

« Les républicains composant le deuxième bataillon du Lot jurent de ne reconnaître d'autre souveraineté que celle du peuple français et d'autre autorité que celle qui émane de lui ; de repousser avec horreur les insinuations perfides des traîtres qui se couvrent du manteau du patriotisme pour servir la tyrannie ; de venger la mort de nos camarades, victimes de la scélératesse de l'infâme Dumouriez et de mourir à notre poste pour la défense de la liberté.

« *Aux cantonnements sous Thionville, de Haute-Zieut, de Basse-Zieut et Maquenon.*

« *Signé*: Jean-Jacques Ambert, *chef de bataillon* ; Depeyre, *lieutenant* ; Du Baon, *commandant* ; Paraire, *capitaine* ; Joseph Duvaud, *capitaine* ; Valette, *sous-lieutenant* ; Pierre-Joseph Lavaisse, Lagaspie, *capitaine* ; Dufour, *lieutenant* ; Marty, *lieutenant* ; Vieussan, *lieutenant* ; Bonnet, *capitaine* ; Barrat, *capitaine* ; Ramond, *sous-lieutenant* ; Defraissé, *capitaine* ; Sabrat, *sergent - major* ; Perié, *adjudant - major* ; Guieu, *lieutenant* ; Laroque, *capitaine* ; Pradel, *adjudant* ; Nabannelly, *capitaine* ; Durseil, *capitaine* ; Lagarrique, *capitaine* ; Bouldaire, *sous-lieutenant* ; Guyot, *cadet* ; Laville, *lieutenant* ; Pourlié, *républicain* ; Fabre, *capitaine* ; Saint-Pierre, *sous-lieutenant* ; Gay, *capitaine* ; Dufour, *caporal* ; Lagarrique, *sergent-major* ; Arène, *grenadier* ; Sarret, *grenadier* ; Artiglie, *grenadier* ; Decamp, *grenadier* ; Camberne, *sergent - major* ; Delory, *sergent - major* ; Richard, *sergent-major* ; Constanty, *sous-lieutenant* ; Charrajat, *grenadier* ; Fournie, *grenadier* ; Saint-Just, *grenadier* ; Bataille, *grenadier* ; Vaussens, *chirurgien au bataillon*. »

---

(1) *Archives nationales*, Carton Cii 252, chemise 432, pièce n° 12.

(1) *Journal des Débats et des décrets* n° 210, page 250.
(2) Malgré nos recherches, nous n'avons pu arriver à retrouver ce document.
(3) *Archives nationales*, Carton Cii 252, chemise 444, pièce n° 15.

(La Convention décrète la mention honorable et ordonne l'insertion de cette lettre au *Bulletin.*)

23° *Lettre des citoyens Rovère, Legendre et C. Basire, commissaires de la Convention à Lyon*, par laquelle ils annoncent que Kellermann leur inspire de la défiance; cette lettre est ainsi conçue (1) :

Lyon, le 11 avril, l'an II de la République, une heure après-midi.

« Citoyens nos collègues,

« Sur les avis très sérieux qui nous avaient été donnés des dispositions liberticides de quelques-uns des machinateurs envoyés par Beurnonville dans l'armée de Kellermann...

Un membre (2) : Cette lettre contient des faits très importants qui ne doivent pas être lus encore, j'en demande le renvoi au comité de Salut public.

(La Convention renvoie au comité de Salut public la lettre de ses commissaires (3).

_____

(1) Le procès-verbal ne fait pas mention de cette lettre, qui se trouve cependant relatée dans le *Logotachigraphe*, n° 107, page 384, 1re colonne, et dans le *Journal de Perlet*, n° 206, page 116.
(2) *Logotachigraphe*, n° 107, page 384, 1re colonne.
(3) Nous donnons en note cette lettre, dont la lecture n'a pas été faite en séance, et que nous avons trouvée au ministère de la guerre (*Armée des Alpes et d'Italie*). Il y est question d'une autre lettre de Kellermann à Garat, que *Mortimer-Ternaux* relate dans son *Histoire de la Terreur, tome VII, page* 491; nous publions également en note cette seconde lettre, ainsi qu'une troisième d'Hérault de Séchelles sur le même objet (Voir *Mortimer-Ternaux, Histoire de la Terreur, tome VII, page* 489.)

I.

Lettre des citoyens Rovère, Legendre et C. Basire, commissaires de la Convention à Lyon.

« Lyon, 11 avril, an II de la République, une heure après-midi.

« Citoyens nos collègues,

« Sur les avis très sérieux qui nous avaient été donnés des dispositions liberticides de quelques-uns des machinateurs envoyés par Beurnonville dans l'armée de Kellermann, notamment de la proposition formelle qui a été faite à ce général par M. Batidoux de marcher sur Paris à la tête de 6,000 hommes et s'est intrigant se flattait d'y faire arriver sur le soir du dixième jour, nous avons cru devoir faire arrêter deux de ses courriers dont nous avons scrupuleusement examiné les dépêches. Il en résulte que Kellermann ne veut plus être environné que de troupes de ligne, qu'il désire surtout commander beaucoup de régiments suisses et qu'enfin, si l'on ne veut lui composer son armée de cette manière, il demande à la cantonner pour l'exercer, en abandonnant à l'ennemi quelques-unes de nos places frontières qu'il prétend pouvoir reprendre quand il lui plaira, se réservant de lui donner, s'il le faut, une superbe bataille sur notre territoire et de mettre à profit l'estime des Prussiens qu'il a militairement acquise dans les dernières campagnes pour traiter définitivement de la paix avec eux. C'est ce qu'on verra clairement dans sa lettre au ministre de l'intérieur, si l'on veut la lire avec quelque attention. Nous adressons à votre comité de Salut public, et les avis que nous avons reçus, et les dépêches que nous avons cru devoir ouvrir en totalité à l'exception de celles adressées à la Conven-

Le Président donne l'ordre d'ouvrir la barre aux pétitionnaires.

Une députation de la section des gardes-françaises est admise à la barre.

_____

tion. Notre position nous mettant à même de prévenir plus promptement toutes les démarches hostiles du général, nous nous flattons que vous approuverez notre conduite à cet égard, dont il vous sera probablement rendu compte par votre comité, et que vous sentirez qu'il est temps de prendre un parti sur Kellermann.

« *Les représentants du peuple français envoyés par la Convention nationale à Lyon,*

« *Signé : J. J. Rovère, Legendre, C. Basire.* »

II.

Lettre de Kellermann, commandant en chef de l'armée des Alpes, à Garat, ministre de l'intérieur.

« Au quartier général, à Chambéry, le 5 avril 1793, l'an II, de la République.

« Je ne vous écris pas officiellement, citoyen ministre Garat, mais bien comme à quelqu'un que j'estime sous tous les rapports d'amitié, que je veux causer d'amitié et de confiance sur les circonstances actuelles; vous savez mes actes, mieux que personne, combien ma franchise, mon attachement au bien de ma patrie et mes connaissances militaires ont été mal écoutés : c'est de là qu'est résulté ce qui se passe maintenant. J'avais la paix la plus glorieuse, que j'ai eue ce jour (*sic*) proposé une entrevue que j'ai eue ce jour avec le duc de Brunswick, prince de Hohenloe, commandant l'armée autrichienne, le prince de Hesse, ministre de l'empereur à la Cour de Berlin, et Longuesing, ministre de Prusse à celle d'Autriche; dans cette conférence où a assisté le général Valence, il a été convenu que l'Autriche et la Prusse reconnaîtraient le plus authentiquement la République française en premier lieu ; il a été convenu ensuite que ni l'une ni l'autre de ces puissances se mêleraient, ni directement, ni indirectement, du ci-devant roi, ni des émigrés; du reste les puissances se retireraient chacune dans leurs Etats respectifs et que la paix serait faite; j'en ai rendu compte sur-le-champ aux trois commissaires Carra... qui étaient chez eux à Longvy et ai dépêché un courrier extraordinaire au ministre Pache pour lui en rendre compte et que, de son côté, il en fasse part au Pouvoir exécutif.

« Je vous rappelle, citoyen, ce fait pour que vous puissiez juger de la différence de notre position si l'on eût accepté; j'avais d'ailleurs l'assurance positive qu'il eût été facile de brouiller les Autrichiens et les Prussiens de façon à engager une guerre entre ces deux puissances et faire un traité avec ces derniers : je dois même vous ajouter que je jouissais de l'estime de vos ennemis et de leur crainte, les ayant chassés avec 32,000 hommes dépourvus de tout espèce d'habillement contre des forces le double des miennes qui n'osèrent pas bouger devant moi, quoique Valence m'ait quitté avec sa division de 16,000 hommes le 24 pour se rendre à Givet; je ne vous fais pas d'autres réflexions; il faut donc venir à notre position actuelle; les événements de la Belgique sont fâcheux, mais tout cela peut se redresser, l'ennemi ne paraît pas être en mesure pour entreprendre quelque chose sur nos places de guerre frontières. Pourquoi les déroutes? la raison en est simple, cette armée a été trop longtemps en campagne et sans repos on l'a recommencée; beaucoup de recrues et point d'instruction; de cette manière il est impossible d'obtenir de l'ensemble, et, sans ce préalable, point de succès contre des troupes aguerries, ce n'est pas la quantité d'hommes qui gagne des batailles; c'est la qualité bien organisée, bien disciplinée et bien dressée; c'est avec une poignée de soldats que j'ai combattu à l'affaire du 20 septembre contre trois fois plus de monde que je n'avais. Quelle en a été la raison? c'est que nos soldats étaient instruits, disciplinés, qu'ils ont fait des marches forcées, qu'ils ont fait plus de 60 camps avant cette fameuse journée qu'il leur a fait tant d'honneur ;

L'orateur de la députation donne lecture d'une *adresse aux armées françaises* à laquelle 28 sections ont adhéré et qui est ainsi conçue (1) :

Adresse des parisiens aux armées françaises.

« Guerriers nos frères,

« La Révolution devait produire des crimes comme elle enfanta des vertus. Un traître qui connaissait tout ce que vous valiez, et qui ne pouvait, à l'exemple de César, espérer vous attacher à lui qu'en vous menant à la victoire; Dumouriez vient de jeter le masque ; c'est en vous faisant combattre pour la liberté, qu'il

———

il faut donc profiter du relâche que nos ennemis sont forcés de donner à leurs opérations pour apprendre à nos bataillons à manœuvrer ensemble, à bien connaître leurs armes, à bien tirer; alors nos troupes iront parfaitement bien, et je vous réponds que *cela ira*, mais de la patience, de la fermeté et jamais de l'abattement. »

. . . .

III.

Lettre du citoyen Hérault de Séchelles aux citoyens Legendre, Basire et Rovère, commissaires de la Convention à Lyon, dans laquelle il exprime ses soupçons sur la loyauté de Kellermann.

Chambéry, le 10 avril 1793, l'an III, de la République.

Chers amis et collègues,

Après l'événement du traître Dumouriez, il est permis de ne rien ménager ; je n'ai encore aucune preuve positive, mais Kellermann nous est suspect ainsi qu'aux vrais patriotes. Son état-major n'a pas l'air de valoir mieux. Je vous envoie quelques pièces d'après lesquelles vous jugerez. Boutidoux, son homme, reste ici, quoique interdit de la place de commissaire général de l'armée des Alpes que Kellermann lui avait obtenue de Beurnonville, et dans laquelle nous avons maintenu le patriote Alexandre. Ce Boutidoux a présenté hier au général un mémoire aussi fou que dangereux et dérisoire ; je vous l'envoie, il semble qu'il y ait un projet de n'avoir que des troupes de ligne et de décourager les volontaires. Kellermann que j'avais forcé à se prononcer dans la solennité où j'ai demandé qu'on lût à l'armée le décret et où j'ai adressé aux soldats quelques discours qui ont été suivis d'un véritable enthousiasme pour la République et la liberté, n'a jamais rien voulu dire qui prouvât authentiquement qu'il désavouerait Dumouriez. Tout cela nous effarouche ; s'il bronche, nous sommes ici quelques patriotes qui lui brûlerons la cervelle.

Kellermann envoie un courrier à Paris ; il doit-être important. Comme nous sommes fort poliment ensemble, et qu'il a même des formes carressantes, il m'a fait prévenir qu'il envoyait un courrier à Paris, il demande mes dépêches ; je n'écris pas à la Convention nationale. Mais je remets à ce courrier une lettre insignifiante pour Rovère en le chargeant spécialement de la lui remettre. Ne veillez pas moins à l'arrivée de ce courrier à Lyon ; faites-le arrêter et voyez ses lettres, et marquez-moi ce qu'il en est.

Peut-être, comme les nouvelles qu'on a ici sont un peu moins mauvaises, au moins quant aux dispositions de l'armée, ces messieurs de chez nous auront modifié leur plan et mis de l'eau dans leur vin. Faites pour la confiance dont nous avons encore besoin pendant quelque temps auprès du général qui a besoin d'être étudié, que cette arrestation de courrier vienne de vous et non pas de nous.

Simond est à quelques lieues d'ici ; je vous embrasse pour lui et pour moi.

Signé : HÉRAULT.

(1) *Bulletin de la Convention* du 14 avril 1793.

avait formé l'horrible projet de vous redonner un maître.

« Toujours il se vanta de ses succès, et c'était les vôtres ; il se crut redoutable, et c'était vous qui l'étiez. Ce délire de son ambition a été suivi d'un forfait plus atroce ; il a cru pouvoir faire servir les mêmes armes, toujours victorieuses dans vos mains, à détruire le grand ouvrage que vous étiez commencé. Le malheureux ! il osait attendre que vous seconderiez ses audacieuses prétentions et que vous étoufferiez la liberté dans sa marche triomphale, après vous être couverts de gloire en la défendant à son berceau

« Non, sa démence fut aussi grande que votre courage est sublime ; avec vous, c'était un géant ; sans vous, ce n'est qu'un pygmée ridicule, impuissant, dont les extravagantes rodomontades n'inspireraient que l'indignation profonde qui doit paralyser ses coupables efforts.

« Ce révolté perfide prodigua votre sang et notre or pour nous fatiguer, nous épuiser et nous asservir.

« Entouré de vos forces, il s'érige tout à coup en souverain arbitre de nos destinées et prétend, à lui seul, dicter des lois à la nation ; d'une main scélérate il prépara vos revers, de l'autre il offre à des hommes libres un maître et l'esclavage pour les en dédommager, comme si la servitude n'était pas le plus grand des maux, comme si de nouveaux fers pouvaient remplacer vos lauriers.

« C'est sur Paris, le sanctuaire de la liberté ; c'est sur Paris, qui combla la caverne du despotisme, et renversa les tyrans, tant flattés, encensés et divinisés par la stupidité, le fanatisme et l'ignorance de dix-huit siècles, qu'à l'exemple d'un roi de Prusse, d'un Brunswick, d'un Lafayette, il prétendait marcher à la tête de ces soldats, dont il avait l'imprudence de se dire le père, lorsqu'il n'en était que le détracteur et le bourreau.

« Français, à l'instant qu'il vous flattait, en vous disant qu'il voulait employer votre courage à sauver la patrie, il vous peignait à la Convention qu'il calomniait, à la nation entière qu'il trompait, comme une horde de soldats indisciplinés, comme des lâches incapables de résister à l'ennemi.

« Ah ! chers amis, que n'étiez-vous au milieu de nous, au moment où ces astucieuses calomnies parvinrent jusqu'à nous ! vous eussiez vu les Parisiens qu'il accusait plus calmes que jamais ; vous n'eussiez entendu qu'un seul cri. Non, tout couverts encore du sang antichien, ils ne viendront point répandre celui de leurs amis, de leurs parents, de leurs frères : ils ne viendront point déchirer les flancs de la patrie, leur mère, qui les chérit, qui les soulage ; de cette patrie qu'ils ont juré de défendre jusqu'à la mort. Viendraient-ils, sous le vain prétexte d'apaiser les factions et les désordres payés par les traîtres eux-mêmes ? Viendraient-ils avec des canons, destinés à foudroyer les rois, nous ordonner d'accepter un tyran ? Voudraient-ils soumettre cette grande ville qui vit naître les plus ardents défenseurs de la France ? Voudraient-ils renverser le trône de la liberté, pour élever sur ses débris sanglants, celui d'une pagode insolente et fastueuse ? Viendraient-ils en un instant détruire l'espérance de quatre années de sacrifices et de vertus républicaines ? Viendraient-ils arracher l'arbre sacré de la liberté, et le remplacer par l'odieuse statue d'un despote ? Viendraient-ils enfin, violant les serments solennels répétés tant de fois sur l'autel de la patrie, et scellés du plus pur sang des Français, anéantir la représentation nationale, fouler aux pieds les lois, empêcher qu'elle offre un grand exemple au monde, en nous donnant une Constitution sage, républicaine et protectrice de nos droits? Non, mille fois non ; l'on ne craint point ceux qu'on estime et qu'on aime ; de héros magnanimes on ne devient pas tout à coup de méprisables rebelles. Les Parisiens vos frères n'ont donc pas voulu vous prémunir contre les séductions d'un scélérat adroit ; mais pleins de confiance en vous, vous invitent seulement à redoubler de courage, à soutenir le leur, à venger l'horrible atrocité commise sur nos représentants, enchaînés et livrés à l'ennemi par un monstre. Ils ont voulu vous convaincre qu'il était instant de continuer à mériter toujours le titre glorieux de défenseurs de la République, et des droits éternels de l'homme. Paris a fait la révolution, Paris la soutiendra, ou Paris ne sera plus ; telle est l'inébranlable résolution de tous les habitants ; telle est aussi la vôtre, vous venez de le prouver ; le sentiment a suffi pour vous guider. Vous n'avez pas eu besoin de songer au sort que réservent aux traîtres ceux même qui profitent de leur trahison. Les ennemis que vous avez à combattre sont nombreux, mais ils n'en sont pas plus redoutables ; jugez-en par les efforts qu'ils ont employés pour vous séduire. Mais, chers amis, si la cause de la liberté, si nos armes éprouvaient un échec qui pût ébranler les fondements du temple d'une nouvelle divinité ; si la fortune pouvait un instant s'éloigner de nos drapeaux, *la France entière en armes volera à votre secours ; les Parisiens en seront l'avant-garde.*

Le Président, *répondant à la députation, s'exprime ainsi :* Citoyens, l'adresse que vous venez de soumettre à la sagesse de la Convention nationale, présente tous les traits sublimes et qui peignent avec la plus grande justesse les sentiments dont s'est toujours honorée la section des gardes françaises. Non les hommes du 14 juillet et du 10 août ne souffriront jamais que les satellites criminels du lâche Dumouriez souillent la terre de la liberté. Les Français se lèveront en masse, s'il le faut, et dissoudront tous les camps des tyrans ligués contre la France.

L'existence de l'infâme Dumouriez était déjà une trahison faite à la nature ; son élément est le crime ; bientôt il trahira Cobourg lui-même, et il serait possible que nous ne tardions pas à apprendre qu'il a été l'assassin de ce général qui jouit de l'effet de sa scélératesse.

Croyons-le, citoyens, la vérité aux honneurs les nuages, la justice souveraine s'exercera, et tous les complices du scélérat périront comme lui sur l'échafaud.

La Convention vous invite aux honneurs de la séance. (*Vifs applaudissements.*)

Les pétitionnaires regagnent leurs places. En passant devant le bureau l'orateur de la

députation remet au président l'extrait du registre des délibérations de la section des gardes françaises qui l'accrédite auprès de l'Assemblée (1).

(La Convention décrète que cette adresse sera imprimée et envoyée aux armées.)

Des citoyens de la ville de Tours se présentent à la barre.

L'orateur de la députation s'exprime ainsi (2) :

Législateurs, les administrateurs du département d'Indre-et-Loire nous ont député vers vous; l'adresse que nous vous présentons est chargée de 19 pages de signatures.

Malgré les trahisons de nos généraux et les efforts des malveillants de l'intérieur, nous avons résolu de ne jamais désespérer du salut public et juré de défendre la liberté au péril de notre vie. L'expérience nous a appris d'ailleurs que les revers et leur courage ont toujours sauvé les Français.

Cependant, citoyens, il faut nous aider; il faut seconder notre bonne volonté. Purgez les armées et les corps politiques des modérés, des feuillants et de tous les amis secrets du despotisme; les braves sans-culottes sauront bien ensuite sauver la patrie.

Législateurs, nous adhérons du fond du cœur à tous vos décrets, nous les maintiendrons, mais il en est d'autres que nous attendons de votre sagesse. Les propriétés des émigrés devraient être déjà morcelées entre des milliers de citoyens, hâtez-vous de confisquer et de vendre les biens de tous ceux qui ont quitté la France depuis l'époque de la Révolution. Appelez tous les citoyens à un nouveau serment civique, ou plutôt, puisque ce frein n'a point retenu les traîtres, ordonnez à tous de déclarer sur leur honneur et sur leur tête de défendre la liberté, l'égalité, l'unité et l'indivisibilité de la République. Portez la peine de mort contre ceux qui voudraient rétablir un pouvoir prohibé par la loi; vouez à l'infamie les égoïstes, les modérés, les insouciants sur le

---

(1) Nous donnons en note le texte de cette délibération que nous avons trouvée aux *Archives nationales*, Carton CII 252, chemise 444, pièce n° 19.

SECTION DES GARDES FRANÇAISES.

« *Extrait du registre des délibérations de l'assemblée du 13 avril 1793, l'an II° de la République française.*

« Sur la motion d'un de ses membres, l'assemblée a arrêté que l'adresse des Parisiens aux armées françaises, en date du 9 avril présent mois, sera portée à la Convention avec invitation de l'insérer dans le *Bulletin* pour la faire parvenir aux armées françaises.

L'Assemblée a nommé pour porter ladite adresse à la Convention les citoyens Maison, Varangue, Boussel, Chazot, Lemaire, Burgubure, Lemétayer, Gonet, Milard, Brochelon, Thieble, *capitaine.*

« *Signé :* MACÉ, *président*; CHOZOT, *secrétaire.*

Pour extrait conforme,

« *Signé :* GOURDAULT, *secrétaire-greffier* ».

(2) Le texte de cette adresse a été coordonné par nous d'après le *Journal des Débats et des décrets,* n° 210, page 251 ; le *Mercure universel,* tome XXVI, page 238 ; le *Journal de Perlet,* n° 206, page 116 ; l'*Auditeur national,* n° 207, page 1.

salut public; établissez, dans chaque département, un tribunal révolutionnaire qui puisse atteindre tous les conspirateurs; déclarez hors de la loi tous ceux qui proposeraient de capituler avec les ennemis de la République. Que les ci-devant nobles et leurs partisans soient détenus pendant la guerre qu'ils ont suscitée, ainsi que les gens dénoncés par les bons citoyens comme tels; destituez-les des fonctions civiles et militaires qu'ils occupent encore; n'admettez dans quelque place que ce soit, qu'après l'exhibition de certificats de civisme constaté depuis le premier instant de la Révolution; rendez responsables ceux qui auront accordé ces certificats; interdisez l'usage des domestiques mâles afin de donner plus de bras à l'agriculture ou au service militaire; appelez aux droits de citoyens actifs tous les Français sans distinction; garantissez enfin les propriétés en diminuant l'excès des fortunes et que des impositions croissantes et progressives diminuent le fardeau du pauvre. (Vifs applaudissements.)

Nous comptons, législateurs, qu'aucune crainte ne nous empêchera de faire ces lois justes, nous jurons de garantir vos têtes au péril des nôtres.

Le Président répond à l'orateur et accorde à la députation les honneurs de la séance.

Bentabole demande l'impression de cette adresse pour être distribuée à tous les membres et discutée après le rapport du comité de législation.

(La Convention décrète cette proposition) (1).

Plusieurs créanciers de Louis-Philippe-Egalité sont admis à la barre (2).

L'un d'eux réclame, pour lui et ses collègues, un décret qui ordonne la levée des scellés apposés sur les propriétés mobilières de ce citoyen.

Le Président répond aux pétitionnaires et leur accorde les honneurs de la séance.

(La Convention renvoie cette demande au comité de législation.)

Le citoyen Pierron, capitaine de la 9ᵉ compagnie de la section armée du Louvre, se présente à la barre (3).

Il fait hommage à la Convention nationale de son ouvrage sur les moyens de redoubler l'ardeur de nos troupes, de procurer de prompts recrutements en hommes forts et robustes et d'assurer la subordination dans nos armées (4).

Le Président remercie le pétitionnaire et lui accorde les honneurs de la séance.

(La Convention décrète la mention honorable.)

Un député extraordinaire de la commune de Toulouse est admis à la barre (5).

(1) *Le Procès-verbal* ne fait pas mention de ce décret qui est porté, d'autre part, par tous les journaux.
(2) *Journal des Débats et des décrets,* nᵒ 210, page 249.
(3) P.V., tome IX, page 254.
(4) Voy. ci-après, aux annexes de la séance, page 102, e texte de ce mémoire.
(5) *Logotachigraphe,* nᵒ 107, page 384, 2ᵉ colonne.

Il s'exprime ainsi :

Législateurs, les besoins de la ville de Toulouse sont grands; ils sont urgents; la classe des citoyens pauvres est considérable. Nous nous occupons de faire contribuer les riches au soulagement de cette portion intéressante de la République; nous vous demanderons, citoyens, une somme de 400,000 livres à titre d'avance.

Le Président répond à l'orateur et lui accorde les honneurs de la séance.

Rouzet. Je propose de renvoyer cette demande au comité des finances avec mission de nous présenter un rapport dès demain.

(La Convention décrète la proposition de Rouzet.)

Les citoyens Notaire, Delaguesne et Bouillard sont admis à la barre.

L'un d'eux s'exprime ainsi (1) :

Législateurs,

Les citoyens que vous voyez à votre barre sont des pères de famille, des officiers municipaux victimes de leur patriotisme et de l'aristocratie sacerdotale.

Immédiatement après le 10 août, les citoyens Roussin et Lacroix sont envoyés par le pouvoir exécutif dans le département de Seine-et-Marne pour y propager l'esprit de civisme; un curé est dénoncé par la clameur publique, comme perturbateur et liberticide; les commissaires décernent un mandat d'arrêt contre lui, le signent; sur leur réquisitoire, nous le signons également : voilà tout notre crime.

Le curé est conduit dans la maison d'arrêt, en est relaxé quelques jours après; il reste cinq mois dans le silence; ensuite il nous dénonce ainsi que les commissaires.

Le 21 janvier, époque à jamais mémorable de la justice du peuple, nous sommes injustement décrétés d'accusation par un juré de district.

Plusieurs d'entre nous sont fonctionnaires publics et, par conséquent, suspendus de leurs fonctions : l'un est juge, l'autre, gendarme national.

Depuis trois mois, nous vous avons adressé des pétitions tendant à notre justification vous les avez renvoyées au ministre de la justice.

Ce ministre, auquel toute la procédure a été envoyée, vous en a fait son rapport; il vous a exposé les vexations exercées contre nous par ce prêtre liberticide, et par un accusateur public partial et il a conclu à l'annihilation de toute la procédure, comme illégale, injuste et vexatoire.

Mais avant de prononcer, vous avez cru devoir renvoyer cette affaire à votre comité de législation pour en faire son rapport incessamment.

Législateurs, nous réclamons votre justice. Nous demandons que vous fixiez un jour très prochain à votre comité pour entendre ce rap-

(1) *Archives nationales,* Carton Cɪɪ 252, chemise 444, pièce nᵒ 18.

port; nous vous le demandons avec d'autant plus d'instance que les aristocrates triomphent de nous voir si longtemps dans l'esclavage.

Jugez de cette cruelle situation pour des hommes qui ne respirent que pour la liberté, pour cette liberté qu'ils ont juré de maintenir et qu'ils défendront jusqu'à la mort.

Le Président répond aux pétitionnaires et leur accorde les honneurs de la séance.

Un membre propose que ce rapport soit fait sous trois jours.

(La Convention adopte cette proposition.)

Plusieurs hussards de la liberté sont admis à la barre (1).

Ils demandent l'élargissement de leurs chefs mis en prison par ordre de Dumouriez, la confirmation du choix qu'ils ont fait du citoyen Montmayence pour leur lieutenant-colonel-commandant, l'arrestation du colonel Morgan, la permission de recruter, et un rapport sous deux jours sur la totalité de leurs demandes.

Le Président répond aux pétitionnaires et leur accorde les honneurs de la séance.

Un membre propose de renvoyer la pétition au comité militaire et aux commissaires qui sont sur les lieux, avec pouvoir à ceux-ci d'ordonner ce qu'ils jugeront convenable pour l'élargissement des prisonniers.

(La Convention décrète cette proposition.)

Une députation des citoyens de Vincennes est admise à la barre (2).

L'orateur demande que la Convention nationale décrète l'aliénation du château de Vincennes et de ses dépendances, et qu'elle lui accorde, à titre d'avance, sur le seizième du produit de la vente, une certaine somme remboursable à mesure que la vente s'opèrera.

Le Président répond à l'orateur et accorde à la députation les honneurs de la séance.

(La Convention renvoie la demande au comité d'aliénation.)

Un membre du directoire du département de Saône-et-Loire, se présente à la barre.

Il donne lecture de l'adresse suivante (3) :

Paray, 3 avril 1793, l'an II
de la République française.

« Citoyens représentants,

« La patrie est en danger; et quand ses intérêts les plus chers vous sont confiés, de misérables querelles de partis emploient le temps de vos séances. N'est-ce donc pas assez des forces de l'Europe entière à combattre ? N'est-ce pas assez des cris du fanatisme à éviter, des trames sacerdotales à prévenir, des intrigues aristocratiques à déjouer ? Faut-il encore affaiblir la chose publique par les divisions des patriotes eux-mêmes.

« La nation entière vous a revêtu de la plénitude de ses pouvoirs; suffit-il d'avoir obtenu sa confiance ? Non ! Il faut la mériter. Elle vous a chargé d'assurer son bonheur par une Constitution et des lois stables. Si vos premiers travaux l'ont remplie d'espérances, elle n'a pas tardé à gémir sur les maux auxquels l'expose cet acharnement des partis et ce choc des passions individuelles qui usent les ressorts de votre énergie en dirigeant son action à des objets étrangers à la chose publique.

« Nous venons vous inviter à une réunion que tout sollicite... Ce n'est ni la Montagne, ni la plaine, ni la droite, ni la gauche, qui ont notre confiance : c'est la Convention nationale, tout entière, une et indivisible, comme la République, que nous avons chargée de nos intérêts.

« Cessez donc vos débats, abjurez ces distinctions qui présentent à la République des ennemis d'une part ou d'une autre !

« Que les principes seuls soient invoqués dans vos discussions.

« Les personnalités sont indignes de vous et de votre mission.

« Que la liberté des opinions soit surtout respectée, mais que la minorité sache, dans tous les cas, se soumettre au vœu du plus grand nombre. Eh quoi ! Les Français peuvent-ils se croire libres, si leurs représentants sont exposés à être persécutés, pour n'avoir pu soumettre leurs opinions à celles des autres. Et quand 25 millions d'hommes se soumettent à l'exécution de vos décrets, une minorité législative peut-elle, sans crime, opposer l'intrigue et l'astuce à la volonté générale légalement présumée.

« Citoyens représentants, vous avez besoin de la confiance publique, pour opérer le bien; vous l'avez laissé altérer; il dépend de vous de la retrouver encore .Mais si vous la perdez et par votre faute, songez-y, vous vous verrez privés de la tâche glorieuse de faire le bonheur de vos concitoyens et ils vous demanderont compte de tout le bien que vous n'aurez pas fait et du mal que vous aurez laissé faire.

« Tel est le vœu des citoyens libres du département de Saône-et-Loire, réunis fraternellement à Paray. Tel est celui, sans doute, de tous les patriotes ennemis du despotisme et de l'anarchie. »

« *Signé* : Jean LEVÊQUE, BERTHELOT, Etienne PAIN, DULLÈS, Pierre CHAUVET, DELONCHAMPS, VERDARON, PETIT, BER, GRUEBER, DIOT, BERNARD, PAPILLON, DAMET, CALLARD, BIBALLIER, CHAMBON, CHARMOT, MALARD, TROUILLET, DEVOIT, SOLLIARD, BUY, DEFFORGES, CRELIN *fils;* GUIGNIAUX, SAUVAGE, CHOULLY, VERNEAU *aîné*; DEUBE, VERNERET, CONTÉ, DARGAUD *puîné, secrétaire;* BÉNARD, CLÉMENT, ROZET, SACHER, BRUCHET, LORANT, COLLIGNON, VUILLEMIN, CRETON, VILLETTE, GAUTHIER, VERNEAU, CRÉTIN *fils;* GENTY *fils;* GATELLE, René PIQUET, C. REY, LENOT *fils;* GUARET, GADNIL, LAVAUD, J.-M. MALARD, VALENTIN, COUILLE, BOUILLIN, CHARD, BERNARD, GROSET, COLIN, ROUTHIÈRE, CHAUVET, DERON *fils;* CHARTIER, FAUCONET, MARINGUE, DUBOIS, CHORONDIER, CORNETTE, GUICHARD, AUPETIT, MARTENS, FAUX, CLÉMET, Jean-Marie LORÉAL, POCLY, CHEVALIER, VERDARET, DUBOIS, COLIN *fils;* BRIGAUD, BUZENAT.

---

(1) *Journal des Débats et des décrets*, nº 210, page 232.
(2) *P. V.*, tome IX, page 237.
(3) *Archives nationales*, Carton C11 232, chemise 444, pièce nº 16.

Le Président répond à l'orateur et accorde à la députation les honneurs de la séance.

Un membre propose de décréter la mention honorable de cette adresse, l'impression et l'insertion au *Bulletin*.

(La Convention adopte cette proposition.)

La citoyenne Aufère, dont le mari fut tué à la prise de la Bastille et qui est elle-même actuellement engagée dans les canonniers, se présente à la barre.

Elle donne lecture de la pétition suivante (1) :

« Citoyens,

« La citoyenne veuve Aufrère vous expose que sur la demande légitime qu'elle a faite au comité de secours en indemnité et à la Convention pour demander la pension qu'elle a droit de prétendre pour raison de la perte qu'elle a faite de son mari qui a été tué à la prise de la Bastille, ainsi qu'il a été légalement reconnu par tous les papiers et certificats dont cette citoyenne est munie.

« Sur ces différentes demandes, il a été accordé à cette citoyenne d'un côté quatre cents livres de secours provisoires, par le comité de secours et, d'un autre côté, elle a été fixée à deux cents livres de pension. Aujourd'hui l'exposante s'est présentée pour savoir en quel état était le travail de sa pension, mais elle n'a jamais été si surprise de voir qu'on lui oppose la loi du 17 juin 1791, qui rejette tous ceux qui sont compris dans les vainqueurs de la Bastille et qui n'ont pas fait leurs réclamations à l'époque de cette loi.

« L'exposante a de bonnes raisons à donner à cet égard et qui sont très sensibles; c'est qu'elle est éloignée de cette cité de cent vingt lieues; par conséquent, elle a été très longtemps sans connaître les dispositions de cette loi qui ne doit nullement rejaillir sur elle; cependant, sitôt qu'elle apprît la mort de son mari, elle n'eût rien de si empressé que de mettre tout de suite ses pièces entre les mains du maire de son endroit qui les lui a gardées très longtemps, sans avoir fait aucune démarche pour cette malheureuse veuve. C'est d'après une pareille négligence que l'exposante s'est vue forcée de se retirer et de se transporter en cette cité, au mois de septembre dernier, pour faire les démarches nécessaires auprès de la Convention, relativement aux justes réclamations qu'elle avait droit d'exiger et où il ne lui a été possible que d'avoir justice à présent, ayant été forcée de rester pour cela, ayant été promenée de bureau en bureau pendant près de cinq mois. En conséquence, cette citoyenne ne doit donc pas être regardée comme négligente d'avoir formé sa demande d'après tous ces motifs de considérations, qui méritent tous les égards possibles.

« Dans ces circonstances et d'après un exposé aussi sincère que véritable, cette malheureuse citoyenne ose espérer, citoyens, que vous voudrez bien faire prendre en grande considéra-

tion sa légitime demande, ayant égard que vous voudrez bien lui faire conserver sa pension, et lui faire délivrer les titres nécessaires à ce sujet; considérant qu'elle serait très malheureuse, si elle était privée de sa pension, étant sans fortune et sans ressource, ayant des enfants. C'est la grâce qu'elle attend, citoyens, de votre humanité et de votre justice ordinaire, vous priant de croire qu'elle ne cessera d'être reconnaissante.

« *Signé :* Veuve AUFRÈRE.

« *P.-S.* La veuve Aufrère, citoyens, vous observe que vous n'ignorez pas qu'elle est engagée dans les canonniers et qu'elle s'attend de jour en jour à partir; c'est pourquoi elle vous prie de faire attention que son affaire devient très urgente et pressante.

« *Signé :* Veuve AUFRÈRE. »

Le Président répond à la pétitionnaire et lui accorde les honneurs de la séance.

Un membre : (1) Je propose, en considération de ce que la veuve Aufrère est actuellement au service de la République en qualité de canonnier, qu'elle soit exceptée de la loi, et que la pension lui soit accordée, sans tirer à conséquence.

(La Convention nationale décrète la proposition).

Une députation des citoyens du canton de Passy-lès-Paris est admise à la barre (2).

L'orateur de la députation se plaint de l'inégalité des prix dans les subsistances; il observe que le pain en vaut 3 sous à Paris, tandis qu'il en vaut 4 à Passy; il représente que, quand on a besoin de fermer les barrières, les habitants de Passy font le service avec les parisiens; il demande l'unité des prix. En terminant, il rappelle que cette commune est remplie de malheureux parents, dont les enfants seuls sont au secours de la patrie, et il sollicite des secours.

Le Président répond à l'orateur et accorde à la députation les honneurs de la séance.

(La Convention renvoie la demande aux comités des secours et des finances réunis.)

Le même orateur, avant de se retirer : Législateur voici un jeune élève (*montrant le citoyen Verrier, élève du citoyen Vacquery*); ses forces ne lui permettent pas de voler aux frontières; il vous offre le fruit de ses travaux; voici sa bourse, elle contient 22 livres, 4 sous. (*Applaudissements.*)

Le Président remercie le jeune orateur et le félicite de son zèle.

(La Convention décrète la mention honorable et l'insertion du nom du jeune élève au procès-verbal.)

Des députés extraordinaires de la commune de Notre-Dame-de-Fontaine, département de Rhône-et-Loire, se présentant à la barre (3).

---

(1) *Archives nationales*, Carton C II 252, chemise 444, pièce n° 28.

(1) *Logotachigraphe*, n° 107, page 384, 2° colonne.
(2) *Mercure universel*, tome XXVI, page 239.
(3) P. V., tome IV, page 258.

L'orateur de la députation rappelle une pétition qu'ils avaient déjà présentée depuis longtemps et qui paraît s'être perdue dans la poussière d'un comité. Cette pétition avait pour but d'obtenir la réunion de cette commune à une autre qui en est fort éloignée.

Le Président répond à l'orateur et accorde à la députation les honneurs de la séance.

(La Convention renvoie la demande au comité de division.)

Rabaut-Saint-Étienne (1) demande que le comité de législation présente un mode d'organisation de tous les travaux de l'Assemblée et établisse une responsabilité pour les diverses pièces qui seront déposées dans les comités et dans les bureaux.

(La Convention adopte cette proposition.)

Suit le texte définitif du décret rendu (2) :

« La Convention décrète que le comité de législation est chargé de lui présenter un mode d'organisation de tous les travaux de la Convention nationale, qui établisse une responsabilité pour les diverses pièces qui sont déposées dans les comités et les bureaux. »

Une députation des blessés du 10 août est admise à la barre (3).

L'orateur de la députation, demande, pour lui et ses camarades, la faveur de former une compagnie de gendarmerie, dans laquelle ils ont été admis par décret.

Le Président répond à l'orateur et accorde à la députation les honneurs de la séance.

(La Convention renvoie la demande au Comité de la guerre pour en faire un prompt rapport.)

Le citoyen Biez, soldat engagé volontairement dans les troupes de ligne, est admis à la barre (4).

Il expose que sa femme n'a pas encore joui de la faveur du décret de janvier 1792.

Le Président répond à l'orateur et lui accorde les honneurs de la séance.

Un membre : Je propose le renvoi de cette pétition au comité de la guerre, pour faire décréter le plus promptement possible la manière de secourir les femmes et enfants de ceux qui se sont engagés volontairement dans les troupes de ligne.

(La Convention adopte cette proposition.)

La citoyenne Anne Ryvert, femme Claude, se présente à la barre (5).

Elle réclame un mémoire qu'elle a présenté à la Convention et qui a été envoyé au comité des secours ; elle renouvelle la demande de la liquidation des arrérages d'appointements dus à son mari.

Le Président répond à la pétitionnaire et lui accorde les honneurs de la séance.

(La Convention renvoie la demande aux comités réunis des finances et de liquidation.)

Le citoyen Gerbault est admis à la barre (1).

Il donne lecture de la pétition suivante (2) :

« Législateurs,

« Le citoyen Gerbault ayant été instruit par un avis du pouvoir exécutif qui invitait les artistes à chercher un moyen de frapper la monnaie de la République qui fut plus économique que les balanciers et les moutons et s'en étant sérieusement occupé, il a enfin trouvé une machine qui remplit absolument toutes les vues d'économie et la perfection que l'on désire obtenir depuis longtemps.

« Cette machine présente une économie de 12 à 15,000 livres par an et, du côté de la perfection, elle présente un moyen de frapper 96 pièces par révolution, ou 288 pièces par minute, ce qui fait 17280 pièces par heure ; elle peut même atteindre le nombre de 2,000 livres, en précipitant un peu son mouvement révolutionnaire.

« Le citoyen Gerbault reçut l'ordre du ministre Clavière de faire l'expérience de sa machine, ce qui fut fait à l'hôtel des monnaies de Bordeaux, en présence du commissaire national et des experts nommés à cet effet par le directoire du département de la Gironde ; ils reconnurent la supériorité de cette machine sur toutes celles qui avaient parues jusqu'alors; il fut de suite appelé à Paris avec sa machine qui fut déposée à l'hôtel des monnaies de cette ville.

« La première expérience fut faite en présence de la commission des monnaies qui nomma des experts mécaniciens pour juger des effets de cette machine ; ils rendirent justice à cette ingénieuse invention et en firent de grands éloges au comité monétaire.

« La seconde fut faite par devant la même commission qui substitua aux premiers experts des artistes, qui étaient eux-mêmes occupés d'une pareille recherche et qui, par conséquent, n'ont pas rendu à l'auteur toute la justice qu'il devait en attendre, et ils mettaient beaucoup au-dessus d'une manœuvre d'une pompe à feu, comme si une pompe à feu était un moyen d'économie.

« La troisième expérience fut faite au bureau de consultation de l'académie des sciences par devant des commissaires qu'il avait nommés, au nombre de six ; mais il ne s'y en trouva que quatre, dont deux furent reconnus par l'auteur pour avoir assisté à la deuxième expérience, et alors ils lui parurent suspects ; la preuve en est dans le mouvement que firent tous les mécaniciens attachés à l'hôtel des monnaies pour trouver un moyen d'éloigner l'auteur du but où il tendait, et de lui faire perdre l'espérance de voir mettre son plan à exécution. Mais cela ne l'effraya point ; il s'attendait à beaucoup de résistance en combattant

(1) *Journal des Débats et des décrets*, n° 210, page 253.
(2) *Collection Baudouin*, tome XXVIII, page 83 et P. V. tome IX, page 259.
(3) P. V., tome IX, page 259.
(4) P. V., tome IX, page 259.
(5) P. V., tome IX, page 259.

(1) *Mercure universel*, tome XXVI, page 239.
(2) *Archives nationales*, Carton CII 252, chemise 444, pièce n° 15.

tant d'ambition, ce qui arrive toujours quand il s'agit d'économie.

« Ces derniers experts ne se sont appuyés que sur le défaut de solidité, qui disparaîtrait si cette machine était établie à demeure et dans ses propositions de force et de résistance; mais quant à l'économie et la perfection, l'auteur défie que l'on présente jamais des moyens plus propres à atteindre le but qu'on se propose.

« Dans cet état de choses, le citoyen Gerbault réclame le rapport du comité monétaire qui est depuis longtemps à l'ordre du jour, persuadé qu'il trouvera dans le sein de la Convention nationale la justice qu'il a droit d'attendre des représentants du peuple, et il insiste toujours sur l'établissement d'un objet si intéressant dans toutes ses parties, car s'il ne peut parvenir à l'établir, que pourra lui offrir la nation qui puisse le dédommager de la sensibilité qu'il éprouvera de n'avoir pu parvenir à être utile à son pays, et comment pourra-t-il jamais rétablir l'ordre qui régnait dans son état avant de s'occuper de cet objet précieux ?

« *Signé* : GERBAULT. »

Le Président. Je suis prévenu que le comité des assignats et monnaies tient à la disposition de la Convention un projet de décret sur cet objet ; je donne la parole au rapporteur pour en faire lecture.

Un membre, au nom du comité des assignats et monnaies, donne lecture d'un rapport et présente un projet de décret, tendant à allouer, au citoyen Gerbault, une somme de 6,000 livres, pour la récompense de son invention d'une nouvelle machine à monnayer, reconnue utile pour les arts ; ce projet de décret est ainsi conçu (1) :

« La Convention nationale, après avoir entendu le rapport de son comité des finances, décrète :

« Il sera accordé au citoyen Gerbault, artiste de la ville de Bordeaux, inventeur d'une nouvelle machine à monnayer, reconnue utile pour les arts, une somme de 6,000 livres à titre de récompense et d'indemnité pour ses avances, son voyage et sa longue attente. En conséquence, ladite somme de 6,000 livres sera prise sur celle mise à la disposition du ministre de l'intérieur. »

(La Convention adopte ce projet et accorde au citoyen Gerbault les honneurs de la séance.)

Lidon. Je demande la parole pour présenter une motion (2).

Citoyens, chaque jour le ministre de la guerre reçoit de toutes parts des réclamations d'indemnités des volontaires qui ont perdu leurs bagages...

Mallarmé. Eh bien ! qu'on renvoie le principe au comité de la guerre afin qu'il fasse un rapport sur le mode de distribution.

Lidon. Non : car chaque bataillon a un conseil d'administration qui est chargé de

constater les pertes et d'envoyer les procès-verbaux au ministre de la guerre. Il suffira, à mon avis, de décréter que le ministre de la guerre est autorisé à payer ces sortes d'indemnités.

Plusieurs membres : Appuyé, appuyé !

(La Convention décrète la proposition de Lidon.)

Lidon. J'ai une autre proposition à présenter (1).

Le citoyen Janserin, capitaine d'un bataillon de la Corrèze, me charge de vous exposer qu'ayant été blessé d'un coup de feu, il n'a pas de quoi pourvoir à sa guérison. Je demande pour lui une somme de 300 livres.

Camboulas. Si vous accordez aujourd'hui cette somme, je vous en demanderai demain autant pour les pauvres blessés de mon département. Je demande que les officiers, soldats, volontaires blessés, s'adressent, non à la Convention, mais au pouvoir exécutif que la loi charge d'accorder ces secours, sous réserve de vous en rendre compte.

(La Convention décrète la proposition de Camboulas.)

Guermeur (2). Je suis heureux de faire part à la Convention que les communes composant le district de Pont-Croix, n'ont eu aucune part aux troubles qui ont désolé quelques parties du département du Finistère ; que le recrutement s'est fait avec calme, et s'est complété avec célérité dans toutes les municipalités de ce district, et que, grâce au patriotisme des citoyens et à l'active surveillance de leurs administrateurs, les dix-huit lieues de frontières maritimes, confiées à leur garde, ont été soustraites aux ravages des traîtres et aux incursions des Anglais.

(La Convention nationale décrète la mention honorable de la conduite des citoyens et administrateurs du district de Pont-Croix, et l'insertion du décret au *Bulletin*.)

La Revellière-Lépeaux, *secrétaire*, reprend la lecture des lettres, adresses et pétitions envoyées à l'Assemblée :

24° *Lettre du citoyen Boivaud, soldat invalide*, qui demande le paiement d'une pension de 600 livres qui lui a été accordée par l'assemblée de Saint-Domingue ; cette lettre est ainsi conçue (3) :

Paris, le 30 mars 1793, l'an II de la République française.

« Citoyen Président,

« Je présente à la Convention une pétition tendant à obtenir le paiement d'une pension de six cents livres qui m'a été accordée par l'assemblée coloniale de Saint-Domingue, pour récompense des services militaires que j'ai faits dans cette colonie et pour les bles-

(1) *Collection Baudouin*, tome XXVIII, page 83 et P. V., tome IX, page 259.
(2) *Logotachigaphe*, n° 107, page 384, 1re colonne.

(1) *Logotachigraphe*, n° 107, page 384, 1re colonne.
(2) P. V. tome IX, page 254.
(3) *Archives nationales*, Carton CII 252, chemise 444, pièce n° 23.

sures que j'y ai reçues. Je vous prie de la renvoyer au comité de marine et des colonies pour en faire un prompt rapport.

« *Signé :* BOIVAUD, *soldat invalide.*

Cette lettre est suivie de la pétition suivante (1) :

Paris, le 30 mars 1793, l'an II
de la République française.

« Citoyens législateurs,

« François Boivaud, soldat licencié du régiment du Port-au-Prince, natif et habitant du village de la Lande, communauté de Saint-Martin, canton de Thénon, district de Montignac, au département de la Dordogne, vous expose qu'il lui a été accordé, par l'assemblée coloniale de la partie française de Saint-Domingue, une pension de la somme de 900 livres, monnaie des colonies, faisant six cents livres tournois, suivant ses arrêtés des 8 septembre, 24 et 31 décembre 1791, dont elle fait jouir toutes les personnes blessées au service et à la défense de la colonie.

« Forcé de repasser en France par suite des blessures qu'il avait reçues, le pétitionnaire n'a pu réclamer de la colonie de Saint-Domingue la pension qui lui est due, ni aucun des secours qui lui sont essentiellement nécessaires. En conséquence, il vous prie, attendu son état d'invalidité, de lui faire compter en avance sur la colonie de Saint-Domingue la somme de 750 livres qui lui sont dues pour le montant de sa pension, à compter du 24 décembre 1791 jusqu'à ce jour, ou de lui fournir tout autre secours que vous estimerez convenable.

« Salut !

« *Signé :* BOIVAUD, hôpital Saint-Louis, salle Sainte-Marthe, n° 30. »

Un membre (2) : Je propose de décréter que les pensions accordées par les assemblées coloniales, aux soldats de la République, blessés dans les combats, seront fixées sur le même pied que les pensions accordées en France, et que lesdites assemblées seront tenues de justifier des titres desdites pensions.

(La Convention adopte cette proposition.)

25° *Lettre des citoyens Sauveur, Louis Sherlock, Jean Clarck, Raymond et autres officiers du 92° régiment d'infanterie* (3), en garnison à Saint-Domingue. Ils exposent que revenus en France, en vertu des congés signés par les commissaires civils, ils ont été destitués de leur grade et privés de leurs appointements. Ils réclament la justice de la Convention et demandent d'être réintégrés dans leurs places.

(La Convention renvoie leur lettre au comité colonial et de la guerre réunis.)

26° *Lettre des administrateurs du directoire du district de Corbeil* (4), qui demandent

que le prix du blé soit fixé à 10 livres le quintal.

(La Convention renvoie la demande au comité d'agriculture pour en faire rapport incessamment.)

27° *Lettre du citoyen Jean-Jacques Lefebvre* (1), *habitant de la commune de Crécy-sur-Serre, district de Laon, département de l'Aisne,* père de dix enfants, dont six sont au service de la patrie sur les frontières, les autres en bas âge, qui demande des secours pour sa subsistance. Le pétitionnaire rappelle dans cette lettre qu'il a déjà présenté une pétition semblable à la Convention nationale, dans laquelle il annonçait avoir servi lui-même sa patrie et demandait une pension.

(La Convention ordonne le renvoi des deux pétitions aux comités réunis de la guerre et des secours.)

28° *Lettre des commissaires du 1ᵉʳ bataillon des volontaires du Puy-de-Dôme,* qui font le serment de rester unis à la République et qui envoient un don patriotique de 942 livres ; cette lettre est ainsi conçue (2) :

Blodelsheim, le 8 avril 1793, l'an II
de la République française

« Représentants,

« Nous apprenons que Dumouriez demande un roi. Eh bien ! quand tous les généraux penseraient comme lui, les soldats resteraient fermes : nous jurons de rester unis à la République et nous nous montrerons dignes d'être républicains.

« Le 1ᵉʳ bataillon des volontaires du Puy-de-Dôme vous envoie la somme de 942 livres, fruit de ses épargnes, pour être employée aux besoins de l'État.

« *Les commissaires du 1ᵉʳ bataillon des volontaires du Puy-de-Dôme,*

« *Signé :* SAUVAT, DENIBÈRE, Jean-Baptiste BOURNEY. »

(La Convention décrète la mention honorable, l'insertion au *Bulletin* et l'envoi de l'extrait du procès-verbal audit bataillon.)

29° *Lettre du citoyen Blaux, commissaire de la Convention* dans le Bas-Rhin, la Meurthe et la Moselle, qui transmet cinq croix de Saint-Louis qui lui ont été remises en don patriotique; cette lettre est ainsi conçue (3) :

Sarreguemines, le 9 avril 1793, l'an II
de la République française

« Citoyen Président,

« Cinq croix de Saint-Louis m'ont été remises il y a deux mois par des militaires qui n'ont pas su comment les faire passer à la

---

(1) *Archives nationales,* Carton Cᴵᴵ 252, chemise 444, pièce n° 24.
(2) P. V., tome IX, page 254.
(3) *Journal des Débats et des décrets,* n° 210, page 250.
(4) P. V., tome IX, page 256.

(1) *Journal des Débats et des décrets,* n° 210, page 253.
(2) *Archives nationales,* carton Cᴵᴵ 252, chemise 436, pièce n° 3.
(3) *Archives nationales,* Carton Cᴵᴵ 252, chemise 436, page 83, pièce n° 22.

Convention nationale. Les citoyens qui ont fait ces dons sont les citoyens :

« Jean-Baptiste Eblé, capitaine, commandant d'une compagnie du 6ᵉ régiment d'artillerie à Bitche ; Antoine Figuet, second capitaine d'artillerie, même compagnie et régiment à Bitche ; François Théodore Lang, lieutenant en 3ᵉ, garde d'artillerie, à Bitche ; Nicolas May, ancien garçon-major d'artillerie, à Bitche ; Cuirieu, ci-devant commandant à Lichtemberg.

« Les citoyens ont désiré de donner leurs croix dès les premiers moments, mais ils ne savaient par quelle voie les faire passer. Il y a deux mois qu'ils me les ont remises ; je croyais pouvoir les déposer moi-même sur le bureau; mais enfin je les hasarde.

« *Signé* : BLAUX, commissaire de la Convention.

(La Convention décrète la mention honorable de ces offrandes qu'elle accepte et ordonne l'insertion de la lettre du citoyen Blaux au *Bulletin.*)

30° *Lettre de la citoyenne Louise Lefebvre, épouse du citoyen Barthelemi, directeur de la comptabilité pour les fourrages de l'armée du Nord* (1), qui demande si l'Assemblée a entendu comprendre dans un de ses précédents décrets les employés dans l'administration des subsistances militaires.

(La Convention renvoie cette lettre au comité de sûreté générale.)

31° *Lettre de la citoyenne Christo* (2), qui offre en don patriotique la somme de 15 livres.

Elle dénonce des troubles qui sont prêts d'éclater dans la commune d'Ivry, banlieue de Paris.

(La Convention décrète la mention honorable de l'offrande de la citoyenne Christo et renvoie sa dénonciation au comité de sûreté générale.)

32° *Lettre des citoyens de la ville du Puy* (3), qui demandent que, dans toutes les villes et bourgs où il y aura des marchés, les municipalités soient autorisées à y faire construire une halle au blé.

(La Convention renvoie cette lettre aux comités de commerce et d'agriculture réunis.)

33° *Lettre du procureur de la commune de Quend (Somme)* (4), qui réclame, au nom de cette commune, des biens communaux qui lui ont été injustement ravis.

(La Convention renvoie cette lettre au comité des domaines.)

34° *Lettre des administrateurs du département du Bas-Rhin* (5), qui écrivent à la Convention nationale pour la prier de vouloir bien faire passer des forces, des approvisionnements et des effets de campement dans le département qui est sur le point d'être attaqué par l'ennemi.

Bentabole (1). J'appuie la demande formulée par les administrateurs du département du Bas-Rhin. Il est d'autant plus urgent de procurer à ce département des moyens de défense, que l'ennemi n'est plus sur le point d'envahir son territoire, mais en occupe une partie. Je demande le renvoi de cette pétition au comité de Salut public.

(La Convention renvoie cette lettre au comité de Salut public.)

PROPOSITION
portant création d'une écharpe tricolore.

Sur la proposition d'**Albitte**, la Convention rend le décret suivant (2) :

« La Convention nationale décrète que les notables, membres des conseils généraux des communes, pourront porter, en forme d'écharpe, et comme marque distinctive, un ruban tricolore, lorsqu'ils exerceront, soit par délégation, soit par commission, quelques fonctions municipales et délibéreront au conseil. »

(La séance est suspendue à quatre heures du soir et renvoyée au lendemain matin dix heures.)

———

PREMIÈRE ANNEXE (3)

A LA SÉANCE DE LA CONVENTION NATIONALE
DU DIMANCHE 14 AVRIL 1793.

MÉMOIRE (4), *sur la nécessité de construire un canal de navigation, depuis Paris jusqu'à Dieppe et Rouen, avec l'exposé des moyens d'exécution*, par Machet-Vélye.

Les sources qui vivifiaient Paris n'existent plus, et cette ville ne peut se régénérer que par le commerce ; mais les grandes spéculations du négociant sont subordonnées à la navigation maritime sans laquelle le génie des affaires de ce genre est nécessairement borné à de bien faibles résultats, qui ne suffiraient pas pour rendre à cette ville l'éclat qu'un nouvel ordre de choses vient de lui faire perdre.

Sur quoi, considérant que Paris ne communique à la mer que par des sinuosités excessivement longues et coûteuses, en raison des difficultés à vaincre ; qu'alors le commerce languit dans ce trajet, et ne peut être en rapport actif avec les expéditions maritimes qui ne permettent pas des chances d'incertitudes sur l'arrivée des cargaisons ; il n'est qu'un moyen de le faire participer aux grands in-

---

(1) *Le Point du Jour*, 1793, tome II, page 59.
(2) *P. V.*, tome IX, page 258.
(3) *P. V.*, tome IX, page 260.
(4) *P. V.*, tome IX, page 260.
(5) *Logotachigraphe*, n° 137, page 382, 2ᵉ colonne.

(1) *Le Point du Jour*, 1793, tome II, page 59.
(2) *Collection Baudouin*, tome XXVIII, et P. V., tome IX, page 260.
(3) Voy. ci-dessus, même séance, page 76, la lettre d'envoi de Machet-Vélye.
(4) *Archives nationales*, Carton Cii 251, chemise 423, pièce n° 38.

térêts d'un port de mer ; et c'est en réalisant la confection d'un canal de navigation jusqu'à Dieppe, avec un embranchement sur Rouen, de manière que les barques de commerce puissent aller à la mer en quatre jours, au lieu de trente, et souvent plus, et que les bateaux de poste, ainsi que la marée, fassent le même trajet en un, par le moyen des petites écluses construites à cet effet, à côté des grandes.

Cette superbe opération a été conçue depuis très longtemps ; elle a même été proposée nombre de fois ; mais toujours avec des moyens insuffisants pour l'exécuter, soit en raison des détails de l'art, soit à cause des fonds considérables qu'elle exige.

Considérant aussi qu'il existe maintenant des ouvrages précieux pour cet objet, composés d'une suite de plans levés géométriquement, du terrain où passe le canal tracé ; ses coupes, nivellements, écluses, élévations, et des devis détaillés, il en résulte que la partie de l'art est démontrée d'une exécution certaine.

Mais il n'en est pas de même de la possibilité de se procurer les fonds nécessaires à cette dépense, d'autant plus difficiles à assurer, qu'il s'agit de trente-six millions, et que le gouvernement n'en chargerait pas le trésor public, parce que les trois-quarts de la France peuvent être très indifférents aux succès d'un canal en faveur de Paris.

D'un autre côté, il est très difficile de faire naître la confiance et l'harmonie entre les individus d'une compagnie particulière, nécessairement nombreuse pour une entreprise aussi considérable, d'autant qu'ils seraient obligés d'en faire chacun l'objet unique de leur fortune, d'après l'étendue de leurs engagements personnels ; et sous ce rapport seul, la réunion des fonds est impossible.

Ainsi donc, voilà les deux écueils contre lesquels ce projet a toujours fait naufrage, et le ferait encore pendant des siècles, s'il n'était possible de faire naître un autre mode pour se procurer les trente-six millions dont il s'agit.

C'est à ce but auquel j'espère arriver par une démonstration convaincante sur les avantages réels de ma proposition, après avoir soumis à mes concitoyens quelques faits préliminaires qui doivent les déterminer à prendre en grande considération les mesures que je leur soumettrai, dans la vue de réaliser cette entreprise avec des moyens presque insensibles.

Non seulement les consommations de la Cour ne subsistent plus, mais les grandes fortunes de ceux qui y étaient attachés, avec celles de la magistrature et de ses suites, ont également disparu pour Paris, ainsi que les richesses financières, non moins considérables, qui vivifiaient toutes ses branches d'industrie.

A ces quatre importantes observations, relatives aux principes du commerce de cette ville, il faut ajouter celle qui se rapporte encore aux bénéfices que ses habitants faisaient avec l'affluence des étrangers qui y étaient attirés par le concours des motifs qui donnaient à Paris l'éclat le plus séduisant, et cet objet seul y apportait un immense numéraire, d'autant plus précieux qu'il était tout entier au profit de l'industrie des citoyens occupés des ouvrages de goût et de modes, à peu près son seul commerce, et dont les valeurs de matières premières n'équivalent souvent pas au sixième du prix de la vente ; si on considère, entre autres articles, que six mille livres, produit de deux candélabres, se répartissent, presqu'en totalité, à plus de dix artistes et ouvriers qui les ont travaillés ; de même qu'une aune de gaze, avec quelques fleurs arrangées par l'intelligence et les grâces françaises, assurent un égal bénéfice ; qu'enfin ce sont ces talents, concentrés dans Paris, qui ont établi l'empire des modes et du goût que ses habitants exercent sur toutes les nations, mais qui peut se détruire, si cette ville ne fait renaître d'autres attraits pour ces mêmes étrangers, qui, ne venant plus à Paris, ne pourraient être tentés de ses ouvrages, parce que l'on ne désire, dans ce genre, que les objets qui séduisent la vue.

Par conséquent, voilà presque toutes les sources de richesses de l'ancienne capitale de la France qui sont desséchées.

Mais nous pouvons relever notre espoir, en jetant les yeux sur la prospérité des villes où le commerce est le seul mobile de l'opulence. Londres même ne tire pas son éclat de la résidence d'un roi, dont la Cour est d'ailleurs plus simple que somptueuse : l'industrie commerciale a tout fait pour sa gloire, parce qu'elle en a pris l'esprit avec celui de la liberté, qui doivent être inséparables pour se soutenir l'une par l'autre ; et c'est enfin le sentiment dont il faut que les habitants de Paris se pénètrent pour obtenir le dédommagement de tous les sacrifices qu'ils ont fait, en préférant le bien général de la France à la conservation de leurs intérêts personnels, puisque jamais la Révolution ne se serait effectuée sans la grande énergie avec laquelle ils ont déployé une force formidable de cent mille hommes, aussi imposants par leur civisme que par l'activité régulière de leur service, pour détruire les abus de l'ancien gouvernement.

C'est donc dans ce principe honorable que les citoyens de Paris doivent puiser la même énergie pour diriger leur industrie vers la mer, par de nouveaux débouchés, en érigeant un superbe canal qui leur facilite les moyens de communiquer avec toutes les nations maritimes, et s'assurer l'entrepôt naturel de la France, eu égard à toutes les autres parties de navigation qui aboutissent à cette ville, d'autant mieux qu'elle va devenir encore le point central de la nouvelle jonction des deux mers par le canal de la Saône à l'Yonne ; et les obstacles vaincus jusqu'à Dieppe, compléteront la gloire des Parisiens par le grand caractère qui les aura dirigés dans les deux plus importantes actions de leur existence politique, en assurant le bonheur général de la France, et la régénération particulière de Paris.

Pour parvenir à réaliser ce dernier objet, il me reste à établir :

1° Les moyens de réunir les fonds nécessaires à la dépense du canal proposé ;

2° Les mesures les plus justes pour en assurer l'exécution, en peu d'années, sans qu'elles puissent être entravées d'aucune manière, et que la confiance la mieux méritée en soit le gage.

Avant de traiter la première proposition, je dois la faire précéder d'un exemple frappant, qui donnera plus que la probabilité de la source des trente-six millions nécessaires à l'entreprise, et voici mon autorité :

« Le citoyen La Farge a conçu le plan, très heureusement, d'une tontine en deux classes, par actions de chacune 90 livres, portant intérêt à 5 0/0, avec une augmentation progressive, d'après les extinctions, jusqu'à 3,000 livres pour le maximum, laquelle tontine est fondée en contrats sur l'Etat. »

« Dans une seule année, le citoyen La Farge a reconstitué, en viager, au profit des actionnaires de sa tontine, environ trente-trois millions, composant plus de 360,000 actions de 90 livres, et la seconde tontine, ouverte à présent, se soutient avec le même succès. »

Or, si le citoyen La Farge a pu obtenir un concours aussi favorable à l'exécution de son plan, qui ne donne d'abord que 5 0/0 aux intéressés, ne doit-on pas croire à la certitude de placer 300,000 actions de 120 livres, payables en six années, seulement par vingt livres, pour la confection du canal dont il s'agit, lorsque l'intérêt de l'action atteindra, au moins, 10 0/0 la cinquième année, et qu'elle augmentera jusqu'au maximum de quatre mille livres, par les effets d'une tontine à peu près semblable, mais dont les classes, infiniment moins nombreuses en actions, présenteront beaucoup plus grande rapidité vers la chance du maximum.

Je dois, sans doute, ajouter encore aux motifs de préférence pour les actions du canal de Paris, le sentiment de mes concitoyens, relativement à l'intérêt de la chose publique ; et s'il était nécessaire de ranimer leur énergie pour soutenir une cause aussi importante, je leur citerais nombre d'exemples de ce que les Anglais, leurs rivaux, ont créé par de simples souscriptions, sans autre intérêt que la prospérité générale du commerce ; mais les habitants de Paris ont aussi fait leurs preuves à cet égard, autant que les entraves ministérielles le leur permettaient, parce que les sacrifices de cette nature auraient diminué d'autant la source abondante dans laquelle ces administrateurs puisaient des impôts extraordinaires, ou au moins des emprunts qui faisaient naître la nécessité d'augmenter les anciennes taxes, pour en payer les intérêts.

D'ailleurs, quel est le citoyen de Paris qui, depuis quatre ans, n'a pas dépensé, pour son habillement et son armement, ainsi que pour tous les frais extraordinaires que la Révolution a occasionnés, plus de six cents livres en faveur de la liberté française !

Ainsi donc, j'ose croire que le plan qui subdivise l'intérêt de la masse des trente-six millions en une infinité de mains, doit être bon, parce qu'une très légère partie des forces de chacune, agissant sur la même mesure, ne sera pénible pour personne, en assurant néanmoins le succès, tant par l'impulsion générale de l'esprit public, que par les résultats avantageux de l'intérêt personnel, et qu'enfin c'est le moment, ou jamais, de réaliser ce projet, avant que l'industrie de Paris se trouve trop fatiguée de ses pertes.

Je ne présente pas ici le plan détaillé de la tontine résultant de trois cent mille actions à 120 livres, faisant trente-six millions ; ce sera l'objet d'un autre exposé.

Il est maintenant nécessaire de présenter les avantages de l'entreprise, en faveur des actionnaires personnellement ; et, à cet effet, l'exemple le plus simple donnera la preuve

des produits considérables qui en proviendront.

D'après la taxe moyenne de six deniers du quintal par lieue de 2,000 toises, à l'instar du même tarif qui vient d'être décrété pour le canal de la ci-devant Bretagne, et conforme à celui de Languedoc, (qui a toujours été une mine précieuse pour ses propriétaires) il s'ensuit qu'un bateau à charge de deux cents milliers, paiera 50 livres par lieue, et 2,000 livres pour un trajet de quarante sur le canal ; tandis que la même charge, par les voies accoutumées, coûte à présent le triple, et met dix fois plus de temps pour le transport, au grand préjudice des consommateurs et de la célérité nécessaire aux opérations commerciales : par conséquent, le seul produit de deux cents milliers de charge en navigation, pendant 260 jours de l'année, qui auront parcouru quarante lieues chaque jour, s'élève à 520,000 livres.

L'on peut juger à présent de quelle importance sera le revenu de cette entreprise, si on considère qu'aucune ville de France n'est aussi bien placée que Paris pour ses rapports intérieurs, par toutes les rivières et canaux qui y aboutissent déjà ; et parce qu'encore une fois, le canal de la ci-devant Bourgogne, avec celui-ci, va faire une jonction de la Manche à la Méditerranée, beaucoup plus avantageuse pour le commerce et les armements, puisqu'elle en prendra et portera tous les objets dans la direction du milieu de la France ; en sorte qu'il est impossible de ne pas admettre que le canal de Paris produira, au moins, 10 0/0 net aux actionnaires, non compris la progression de la tontine par les extinctions.

Il me reste à traiter la seconde proposition sur la mesure qui devra être la plus exempte de fautes dans l'exécution du canal, et à cet effet j'observe :

Que les actionnaires nommeront, parmi eux, les personnes qui devront gérer les intérêts communs, sauf ce qui sera ci-après expliqué pour la partie de l'art, et que ce comité sera être formé de trois administrateurs, un caissier, un contrôleur et un notaire, non compris le directeur général.

L'Administration étant ainsi établie, elle choisira un ingénieur en chef, deux ingénieurs en second, parmi ceux qui ont le plus de célébrité dans l'art hydraulique et la construction, pour diriger les travaux de l'entreprise, conformément aux plans qui seront arrêtés ; lesquels ingénieurs auront séance et voix délibérative dans les comités d'administration, en ce qui concernera la partie de l'art.

La caisse générale sera fermée par quatre serrures différentes dont les clefs seront sous la garde du directeur, d'un administrateur, du notaire et du caissier, lequel aura en outre la manutention d'une caisse particulière, pour les recettes et dépenses journalières dont il comptera, toutes les semaines, à l'Administration, qui arrêtera son livre de caisse, ainsi que celui du contrôleur, d'après l'examen préalable d'une registre tenu sous les ordres du directeur général, dont la signature sera indispensable sur les pièces de recettes et de dépenses, à cause de cet enregistrement nécessaire.

L'émission des trois cent mille actions de chacune 120 livres, payables par sixième de 20 livres annuellement, sera faite dans la forme la mieux prévue pour la sécurité générale et particulière des actionnaires.

Aucun marché ne sera fait que par adjudication et au rabais, sous caution solvable, et après, au moins, quinze jours d'affiches et publications, tant à Paris, Dieppe, Rouen et Beauvais, que dans les lieux où devront se faire les travaux.

L'Administration tiendra une séance publique tous les six mois, pour rendre compte de sa gestion aux actionnaires, et le résultat de ce compte sera affiché dans ses bureaux, de manière à ce que chacun desdits actionnaires puisse encore le méditer au besoin.

L'on conçoit que, d'après ces bases principales, il ne pourra résulter, du travail général, que des mesures sages qui tendront toutes à la perfection des travaux, ainsi qu'à l'économie et à la célérité.

Mais comme une aussi importante affaire exige encore beaucoup de préalables, auxquels l'esprit public doit concourir aussi, avant d'être en mesure pour arriver au succès des premières dispositions seulement, et qu'il serait indiscret de l'annoncer avec la confiance, trop ordinaire, de ceux qui ne doutent de rien dans les grandes entreprises qu'ils proposent, et qui finissent souvent par occasionner le décri des meilleures choses, tant par leur insuffisance, que parce qu'ils rapportent à eux seuls l'ordonnation générale;

J'estime donc, qu'avant de surcharger l'attention publique de quantité de détails sur les moyens d'exécution de ce projet, il faut savoir si ce même public le désire, et le conçoit sous tous les rapports avantageux que je crois trouver dans ma proposition. « Et, à cet effet, je me borne à inviter ceux qui voudront s'intéresser à la confection du canal dont il s'agit, de m'envoyer seulement (franc de port) leurs noms et demeures, dans le terme, de trois mois, à compter de ce jour, en s'expliquant sur la quantité d'actions qu'ils pourraient prendre, afin de réunir ces premières intentions, pour avoir un aperçu de l'opinion générale à cet égard. » Et si elle se prononce en faveur du projet, alors j'inviterai un certain nombre de souscripteurs, parmi ceux qui ont l'habitude des affaires d'Administration, de joindre leurs lumières à mon zèle, pour former un comité *provisoire*, auquel seraient invités aussi des ingénieurs, tant pour prendre connaissance des détails de l'art que du plan de finances qui peut faire marcher cette opération.

Et enfin, si lesdits commissaires sont convaincus de la solidité de tous les moyens que j'ai à leur présenter, ils en soumettront le procès-verbal qui en aura été dressé, avec les pièces à l'appui, à la Convention nationale qui prononcera, dans sa sagesse, sur la demande du décret d'exécution.

Cette proposition sera subordonnée à la faculté de percevoir sur la navigation du canal, un droit d'indemnité à l'instar du tarif qui vient d'être décrété pour le canal de la ci-devant Bretagne, et à la réversion de cette propriété au domaine national, après l'extinction des actionnaires de la tontine, suivant la mesure établie pour le maximum du produit de chaque action.

Et si, comme je l'espère, la Convention nationale accorde ce décret aux personnes qui s'associeront à cette entreprise, en y prenant des actions, alors leur émission commencera sous une responsabilité exempte d'aucun doute.

C'est à cette époque que l'administration permanente sera établie sur les principes ci-devant indiqués, afin de commencer à opérer depuis Paris jusqu'à Saint-Denis, de manière que dix-huit mois après, cette première partie du canal produise déjà une portion essentielle de revenu; ensuite jusqu'à l'Oise, et successivement la totalité en cinq ans.

J'observe enfin qu'avec la réunion de la force de 300,000 actions, qui peuvent être dans autant de mains, le degré d'impulsion sera insensible pour chacune, et que néanmoins tous ces petits leviers, dirigés vers le même point, opéreront le grand mouvement qu'il s'agit d'établir pour la prospérité du commerce de Paris; que d'ailleurs, avec une administration composée d'actionnaires choisis par leurs co-associés, auxquels ils rendront compte tous les six mois, il est moralement impossible que cette entreprise n'ait pas le succès le plus heureux, et il paraît encore probable que c'est la seule mesure facile pour créer un mouvement de cette importance, qui, s'il était entrepris par une compagnie particulière, n'aurait jamais le grand caractère de perfection désirable, parce que les membres de cette compagnie, qui prendraient l'engagement de fournir chacun plusieurs millions, en feraient nécessairement l'objet le plus important de leurs fortunes, et dès lors beaucoup de parcimonie sur les dépenses relatives à la solidité des ouvrages, toujours calculés par un usufruitier, en raison de sa jouissance.

On peut croire encore que des engagements aussi considérables pour les mises de fonds partiels sont sujets à beaucoup d'incertitudes, et même d'impossibilités personnelles pour le plus grand nombre des sociétaires; d'où il s'ensuit que les travaux languissent et se détruisent, surtout ceux de cette nature, qui exigent célérité pour se garantir des éboulis de terre occasionnés par les intempéries de la saison d'hiver, sur les ouvrages imparfaits.

Si, d'ailleurs, mon plan n'embrasse pas, comme je l'ai désiré, tout ce qui doit établir la confiance des actionnaires, je livre mes idées aux additions et corrections qui seront jugées nécessaires dans le comité préparatoire de personnes qui voudront se réunir à moi pour concourir à la réussite de cette grande opération, que je crois très importante pour la prospérité du commerce.

J'en ai conçu le désir d'après l'esprit public qui m'anime, et dans la confiance où je suis que ce sentiment est inséparable du véritable amour de la patrie, sans lequel l'homme n'a jamais le caractère national que lui prescrit la liberté, s'il veut jouir de ses bienfaits; par conséquent, la mesure que je propose sera le thermomètre qui marquera, d'une manière évidente, le degré où peut s'élever l'énergie spéculative de l'intérêt général. Puissé-je ne pas trouver, en opposition à mes principes, l'égoïsme qui paralyse les objets étrangers à ses jouissances particulières.

« *Signé* : MACHET-VÉLYE, *rue du Théâtre-Français*, n° 15.

DEUXIÈME ANNEXE (1)

A LA SÉANCE DE LA CONVENTION NATIONALE
DU DIMANCHE 14 AVRIL 1793.

Moyens infaillibles de redoubler l'ardeur de nos troupes, de procurer de prompts recrutements en hommes forts et robustes, et d'assurer la subordination dans nos armées, par le citoyen Pierron, capitaine de la neuvième compagnie de la section armée du Louvre (2).

La guerre actuelle de la France est un combat à mort entre la liberté et la tyrannie : Ou les Français rentreront sous la verge du despotisme, ou les despotes, leurs ennemis, seront anéantis ; ainsi vaincre ou mourir, voilà la devise de tous les bons citoyens français.

Jamais les fastes de l'histoire n'ont fait mention d'une guerre aussi juste et aussi nécessaire ; elle n'est pas comme toutes celles qui l'ont précédée, l'effet du caprice et de l'ambition d'un despote; elle n'est pas de l'intérêt d'un jour, mais de celui des siècles; elle n'est pas soutenue pour la liberté de la seule nation française, mais pour celle de toutes les nations de l'Europe. Et puisque cette guerre est extraordinaire et qu'elle doit nous procurer les plus précieux avantages, nous devons aussi employer des moyens extraordinaires pour qu'elle ait le succès que nous en attendons; or, ce succès ne dépendra pas seulement du grand nombre des soldats qu'on emploiera, mais de leur bravoure, de leur courageuse intrépidité, de leur subordination, et voici l'unique moyen qui peut efficacement procurer ces vaillants soldats.

On sait que la seconde législature a rendu un décret qui assure à tous les déserteurs de troupes ennemies qui viendront en France une somme de 50 livres en arrivant et 100 livres de pension par an, avec progression jusqu'à la somme de 500 livres.

Si alors on a cru qu'il ne fallait rien épargner pour affaiblir les armées de nos ennemis, pourquoi n'employerions-nous pas le même moyen pour fortifier les nôtres surtout dans un moment de crise qui doit décider du salut ou de la perte de la patrie ?

Qu'on ne dise pas que ce ne sont pas les récompenses et l'intérêt qui guident les soldats français! S'il y en a 100 sur 1,000 qui pensent ainsi, il en est au moins 900 qui n'ont pas ces principes désintéressés et sur le patriotisme desquels nous ne pouvons compter, qu'autant qu'ils seront encouragés par une perspective intéressante pour eux; présentons leur donc cette perspective dans le point de vue le plus attrayant, en leur assurant un avenir heureux; qu'à cet effet la Convention nationale ajoute aux avantages qu'elle a décrétés déjà ceux qui suivent :

_____

(1) Voyez ci-dessus, même séance, page 92 l'admission à la barre du citoyen Pierron.
(2) *Archives nationales*, Carton C II, 252, chemise 444, pièce n° 13.

Art. 1er.

Tous les citoyens depuis 18 jusqu'à 50 ans, de la taille de cinq pieds deux pouces, ou même de cinq pieds, forts et robustes, et par préférence ceux qui auront servi dans les troupes de ligne, ou qui auront fait le service dans les villes ou villages de la République, en qualité de gardes nationaux, seront invités à servir dans nos armées pendant la durée de la guerre actuelle, moyennant une somme de 50 livres; en outre, ils jouiront à la paix, fut-elle faite dans cette campagne, d'une pension de 100 livres qui, par progression, devra se porter à 600 livres.

Art. 2.

Ceux qui ne voudront servir que pendant une ou deux campagnes recevront une gratification de 100 livres à la fin de chaque campagne.

Art. 3.

Ceux qui prendront l'engagement de servir pendant la durée de la guerre actuelle, et par conséquent auront mérité, à la paix, la pension de 100 livres avec l'assurance de la progression jusqu'à 600 livres, jouiront de cette pension tant qu'ils vivront et sans aucune déduction, quelles que soient ensuite les places qu'ils occuperont dans la République, et tels émoluments qui puissent être attachés.

Art. 4.

Ils auront aussi la préférence, à mérite égal, pour toutes les places et dans tous les emplois de la République.

Art. 5.

Tous les soldats, soit gardes nationaux ou troupes de ligne de quelques armes qu'ils puissent être, qui composent actuellement les armées de la République, et qui prendront le même engagement de servir pendant toute la durée de la guerre actuelle, jouiront à la paix de la même pension de 100 livres avec progression jusqu'à 600 livres ainsi que de la prérogative des places et emplois à la disposition de la République.

Observations.

Indépendamment de ces récompenses, on pourrait y ajouter encore celle de faire participer les troupes aux prises qu'elles feront, soit sur les despotes ou sur les gouvernements ennemis. Cette concession paraît d'autant plus nécessaire qu'elle deviendrait un puissant véhicule de courage pour nos guerriers qui tenteraient tout pour faire des prises considérables. On sait que nos ennemis n'ont pas de plus grands moyens d'exciter leurs satellites que celui de leur promettre le pillage dans toute la France, s'ils y pouvaient entrer. Peut-on donc trop récompenser ceux qui les empêcheront et qui les détruiront ? en supposant que la part qui serait abandonnée aux troupes fut d'un tiers, ce tiers pourrait être divisé en trois autres tiers, dont l'un appartiendrait exclusivement à l'armée qui aurait fait la prise, et les deux autres tiers seraient mis en masse entre les mains des trésoriers de la République, pour être partagés à la paix, entre tous les soldats et comme la même forme de répartition serait observée dans toutes les armées, il ne pourrait y avoir aucun sujet de jalousie entre elles, pour la préférence de leur placement.

Les veuves et enfants de ceux qui seraient morts, soit pendant le combat de la prise ou après, jouiraient des parts qui leur appartiendraient dans ce tiers; il en serait de même pour leurs parts dans les deux autres tiers mis en masse, lorsque la répartition s'en ferait à la paix.

On dira peut-être que ces pensions et concessions sont trop considérables, qu'elles deviendraient trop onéreuses à la République; mais on répondra que rien ne peut lui être plus onéreux que la guerre actuelle, et qu'on ne peut payer trop chèrement des soldats qui pourront la terminer promptement par leur ardeur et leur courageuse intrépidité. Or, pour avoir et pour se procurer ces guerriers courageux et intrépides, il faut les récompenser généreusement, et de la manière proposée; alors il s'en présentera en foule dans tous les départements : et comme il y aura à choisir, on n'enrôlera que ceux qui seront forts, robustes, et en état de résister aux fatigues de la guerre. Les dépenses d'une année de la guerre actuelle, se portent à environ 1,200 millions. Or, comme en formant des armées formidables tout d'un coup, par l'attrait des récompenses proposées, nous accablerions nos ennemis de toutes parts, probablement nous aurions la paix dans cette seule campagne : par conséquent, en supposant que nos braves défenseurs ne nous épargneraient que les dépenses d'une année de guerre, ces dépenses suffiraient et bien audelà pour payer les pensions proposées; d'ailleurs, les prises immenses qu'ils nous procureraient sur les despotes et gouvernements ennemis, nous indemniseraient en grande partie de nos dépenses.

Cette observation mérite d'être prise en grande considération.

Si l'on objectait que le recrutement de nos armées pourra s'exécuter, sans qu'il soit besoin de faire les sacrifices proposés, on répondra que cela peut être, mais se fera-t-il en hommes forts et robustes, tels que nous en avons besoin? c'est ce qui est bien douteux! car, l'expérience nous prouve que l'on enrôle journellement des enfants faibles, délicats, et qui vraisemblablement ne pourront pas soutenir les fatigues de la guerre et dont, par conséquent, il y en aura toujours un grand nombre dans les hôpitaux : ainsi de pareils soldats seront plus nuisibles que profitables dans les armées. En effet, ce n'est pas sur le grand nombre des soldats que l'on doit fonder le succès, mais sur leur valeur et leur courageuse intrépidité; et, pour se les procurer ces soldats courageux et pour exciter leur zèle et leur ardeur, il n'est point de moyen plus efficace que celui que l'on vient de proposer, parce que la brillante perspective qu'on leur présenterait, en ferait autant de héros, qui auraient le plus grand intérêt à combattre et à vaincre, pour le salut de la prospérité d'une patrie si généreuse, et à la conservation de laquelle leur sort serait si étroitement lié.

Indépendamment du zèle et de l'ardeur que de pareilles récompenses exciteraient parmi nos guerriers, elles y maintiendraient encore la subordination et la discipline si nécessaire dans les armées, parce qu'alors il n'y aurait plus de volontaires, mais des soldats engagés et liés envers la République, et auxquels elle pourrait, en conséquence, faire infliger les peines qui seraient décrétées contre tout soldat qui manquerait à son devoir; d'ailleurs, comme alors le plus grand châtiment serait d'être chassé honteusement et par conséquent privé des récompenses avantageuses promises par la République, chaque soldat craindrait de manquer; et cette crainte salutaire le contiendrait dans les bornes de l'exacte discipline.

Quoique nos volontaires nationaux aient fait des prodiges de valeur dans la dernière campagne, il n'est pas moins vrai que ce sont des volontaires et qu'il est bien plus difficile de leur faire observer la subordination qu'à des troupes qui auraient pris l'engagement de servir la patrie pendant la durée de la guerre actuelle; qui seraient, par conséquent, des soldats de la République et, en cette qualité tenus de se soumettre à la plus exacte discipline militaire, si nécessaire dans les armées.

Plus on fera de réflexions sur l'utilité du décret proposé, plus on sera convaincu qu'il est d'une nécessité absolue : 1° pour exciter le zèle et la courageuse intrépidité de nos troupes; 2° pour procurer un prompt recrutement de nos armées en hommes forts et robustes, toutes les fois qu'elles en auront besoin; 3° pour y maintenir la plus exacte discipline, parce que l'on ne ferait aucune grâce aux soldats qui y manqueraient, et que les fautes graves seraient au moins punies par l'expulsion; 4° enfin ce décret dispenserait les citoyens de tirer au sort pour le recrutement de nos armées, parce que, comme on l'a déjà dit, il se présenterait alors beaucoup plus de monde pour s'enrôler qu'on n'en aurait besoin.

Dans un Etat libre, aucun citoyen ne doit être contraint d'aller à la guerre malgré lui. Si on a besoin de soldats pour le soutenir, il n'y a qu'à les bien payer et on n'en manquera pas, surtout dans la France.

D'ailleurs, qu'est-ce qu'un recrutement de trois ou quatre cent mille hommes, dans un Etat? C'est une contribution extraordinaire nécessitée par les circonstances. Or, comment les contributions doivent-elles être payées? Par tous les citoyens, et en proportion de leurs revenus. Par conséquent, si un citoyen qui a mille livres de revenu, doit fournir un soldat, celui qui en a cent mille doit, dans cette proportion, en fournir cent. Mais, si au lieu de faire ainsi ce recrutement, en proportion des revenus des citoyens, il se faisait en raison des individus, alors cette contribution extraordinaire serait presque toute à la charge des pauvres citoyens. En effet, la classe des riches ne forme pas la vingtième partie des individus de la République, et cependant cette vingtième partie possède au moins les trois quarts des richesses et propriétés de la

France ; or, elle devrait, en cette proportion, fournir les trois quarts du recrutement : mais par un abus étrange des principes, au lieu d'en fournir les trois quarts, elle n'en fournit pas la vingtième partie; en effet, les riches, en proportion de leurs propriétés, devraient fournir soixante hommes sur quatre-vingts, et en suivant le mode actuel, ils en fournissent au plus quatre, et les pauvres soixante-seize. Cela n'est-il pas abusif? et les pauvres ne sont-ils pas fondés à demander la réforme d'un pareil mode de répartition à la Convention nationale? de lui demander de rendre le décret proposé, qui remédierait à une aussi criante injustice?

Il y a, en France, plus d'un million de citoyens sans fortune, cependant forts, robustes, et propres à faire de bons soldats, s'ils prenaient le parti des armes; ces citoyens végètent pour la plupart, et ne gagnent leur vie qu'en travaillant et en fatiguant beaucoup; mais ces individus n'en sont pas moins égoïstes et très indifférents pour le bien général; ils n'ont que leur intérêt particulier en vue, et ne peuvent être émus que par la perspective d'une chance plus avantageuse que celle qu'ils courent; il ne s'agirait donc que de leur offrir cette chance qui se trouve précisément dans le décret proposé, et comme ils y verraient leur sort bien-être assuré pour le reste de leurs jours, après la paix, ils s'empresseraient tous de voler à la défense d'une patrie si généreuse et si reconnaissante envers ses défenseurs; alors ces enfants tièdes et indifférents reviendraient tout de feu pour une si bonne mère qui, par ses récompenses, en ferait autant de propriétaires dans la République, et on sait qu'il n'y a pas de meilleurs soldats que ceux qui défendent leurs propriétés.

Une considération sans réplique, qui nous oblige à faire de grands sacrifices, c'est que la patrie est dans le plus grand danger, puisque tous les despotes de l'Europe se sont coalisés contre elle et ont juré sa destruction : il est donc indispensable de leur opposer des armées de guerriers forts et robustes; et comme probablement ce ne sera que parmi nos frères les Sans-Culottes que nous pourrons les trouver, n'épargnons rien de ce qui peut les engager à voler au secours de la patrie, et rien n'est plus capable de les y décider, que de les intéresser à sa défense par une propriété; et plus tôt elle leur sera assurée, plus tôt aussi la République en sentira les favorables effets.

On pourrait croire au premier abord que des pensions de 100 livres pour 4 ou pour 500 mille hommes, formeraient des sommes immenses, mais ce ne serait qu'un objet de 40 à 50 millions par an et en viager; pour que ces pensions pussent monter à 40 ou 50 millions, il faudrait qu'à la paix il existât 4 à 500 mille soldats. Mais malheureusement le nombre n'en sera pas aussi considérable. La liste civile ne coûtait guère moins : ainsi, pourrait-on regretter de payer à nos défenseurs, à nos libérateurs ce que nous donnions à notre tyran? les pensions des prêtres coûtent bien davantage, et de tous temps ils ont été les suppôts du fanatisme et du despotisme. Ils n'ont jamais rendu service à la patrie; cependant on leur paie, ainsi qu'aux religieuses, des pensions de 7, 8 et 900 livres; devons-nous être moins généreux envers nos braves guerriers; et pourrions-nous souffrir qu'après nous avoir procuré une paix glorieuse, au péril de leur vie, ils fussent réduits à mendier leur pain?

« Gardons-nous bien surtout d'employer le sort ou la contrainte pour recruter nos armées! La France est trop puissante et trop généreuse pour employer de pareils moyens : elle ne doit admettre que ceux qui sont compatibles avec sa gloire, et on estime que ce sont ceux qu'on a proposés; si la Convention nationale les décrète, non seulement nos recrutements se feront toujours avec promptitude, mais toutes nos troupes redoubleront d'ardeur et de courageuse intrépidité.

« Si la Convention nationale rend le décret proposé, au lieu d'avoir besoin de faire tirer au sort pour le recrutement de nos armées, on aurait toujours plus de 100,000 hommes qui se feraient inscrire à l'avance, pour remplaçants, parce qu'il serait décrété que les plus anciens inscrits passeraient les premiers.

« Mais, pourrait-on dire encore, si la nation faisait de si grands sacrifices, elle se trouverait bientôt accablée sous leurs poids : elle est donc obligée de modérer les récompenses, pour ne pas trop augmenter les charges publiques;

« Oui, il faut économiser les dépenses de la République; mais ce ne doit pas être dans cette circonstance; ce ne doit pas être dans le moment où la patrie est dans le plus grand danger et qu'il est indispensable, pour la sauver, de faire de grands sacrifices; car si nous avions le malheur d'être vaincus, nous ne pouvons pas douter que la plus grande partie de la France (Paris surtout) serait réduite en cendres; toutes nos richesses, nos fortunes seraient mises au pillage, et deviendraient la proie de nos ennemis; la banqueroute de l'Etat serait certaine; nos assignats ne seraient d'aucune valeur; par conséquent, la désolation serait générale. Ainsi, pour avoir voulu économiser mal à propos, et n'avoir pas eu le bon esprit de sacrifier une partie de nos revenus, ou peut-être même de notre superflu, nous nous exposerions à tout perdre, et à rentrer dans le plus cruel esclavage.

« Ne marchandons donc pas sur le prix de notre liberté et de notre gloire; faisons de bonne grâce et généreusement les sacrifices proposés, et nous verrons de tous les départements accourir une brillante jeunesse, pour se faire enrôler et composer des armées formidables, dont la seule formation, dans un délai de quinze jours au plus, ferait trembler tous les despotes, nos ennemis, puisqu'ils seraient incapables d'en fournir autant dans quinze mois.

« Ce serait faute de réflexion qu'on ne décréterait pas les récompenses proposées pour nos braves défenseurs; en effet, nous ne pouvons nous dissimuler que si nous étions vaincus, la France serait partagée entre tous les despotes, nos ennemis. Si, au contraire, nous sommes victorieux, ainsi que tout nous le prouve, les nations qu'ils tiennent en esclavage, et à qui nous aurions procuré la liberté, s'empresseraient de nous indemniser de nos dépenses; de plus, ils s'empresseraient de payer les pensions que nous aurions promises à nos braves guerriers; ainsi ces pensions ne doivent pas nous inquiéter. D'ailleurs, cette guerre est, comme on l'a déjà dit, une guerre extraordinaire; elle est probablement la dernière que la République aura à soutenir; car si nous détruisons les despotes, nos ennemis, toutes les nations de l'Europe seront nos amies et fraterniseront avec nous. N'épargnons donc rien pour parvenir à un but aussi désiré; accablons tout d'un coup ces despotes; qu'à cet effet, au lieu d'avoir des armées de 40 à 50,000 hommes, portons-les à 80 ou 100,000, et nous serons assurés de réussir, surtout lorsque les soldats qui les composeront seront excités et encouragés par les récompenses proposées, et qu'ils seront assujettis à la plus exacte discipline, sans laquelle les armées les plus nombreuses ne peuvent avoir que des succès éphémères.

« Qu'on ne dise pas que les décrets déjà rendus présentent d'assez grandes récompenses pour encourager nos défenseurs; ces récompenses, il est vrai, auraient paru de la plus grande munificence sous le despotisme; mais sous le règne de la liberté et de l'égalité où un soldat, un défenseur de la patrie est aussi précieux, aux yeux de la République, qu'un législateur, qu'un ministre, de pareilles récompenses ne peuvent être regardées que comme une parcimonie. Sous le règne de l'égalité, les législateurs, les ministres, les généraux, tous les fonctionnaires publics, sont tous soldats de la République, puisqu'ils doivent tous mourir à leur poste pour sa défense.

« Il résulte donc de ces observations, et de beaucoup d'autres aussi puissantes, qu'il serait de la plus urgente nécessité, pour le salut de la République, que la Convention nationale rendît le décret proposé. Car, si elle le fait, il en résultera que la France se procurera facilement les plus vaillants et les plus intrépides défenseurs qui, en moins de deux ans, la feront jouir d'une paix glorieuse. Après avoir procuré la liberté à toutes les nations ses voisines, celles-ci, par reconnaissance, ne manqueraient pas de l'indemniser d'une partie des dépenses immenses qu'elle aurait faites pour détruire la tyrannie; et tout cela serait l'effet d'un décret rendu à propos, et avec équité. Quel serait le Français assez égoïste et assez peu reconnaissant envers nos défenseurs pour n'y pas applaudir?

« Je me résume.

« On ne peut pas disconvenir que le décret proposé ne soit absolument nécessaire dans les circonstances critiques où se trouve actuellement la République; et que, s'il était adopté, il n'en résultât bientôt les plus grands avantages pour la patrie; en effet, il redoublerait infailliblement l'ardeur et le courage de nos troupes, il maintiendrait la subordination et la discipline dans nos armées, parce qu'alors elles ne seraient plus composées de volontaires, mais de soldats engagés au service de la République pendant la durée de la guerre actuelle; il assurerait de prompts recrutements en hommes forts et robustes, toutes les fois qu'on en aurait besoin, ce qui éviterait le désagrément de faire tirer au sort des citoyens peu faits pour le métier de la guerre, et qui ne l'embrasseraient que malgré eux; car tirer au sort pour aller à la guerre, c'est tirer pour n'y pas aller; enfin ce décret formerait tout d'un coup, 5 à 600,000 propriétaires de plus dans la République; et comme leurs propriétés dépendraient de sa conservation, ils en se-

raient les plus zélés et les plus intrépides défenseurs.

« Qu'on ne dise pas que ce n'est que l'honneur et le patriotisme qui excitent l'ardeur et le courage des soldats français, car ce serait peu connaître les hommes. Solon les appréciait beaucoup mieux, lorsqu'il disait que, pour les bien gouverner, il était absolument nécessaire d'employer les récompenses et les peines à propos; en effet, lorsqu'au bien général on aura réuni le bien particulier, on peut être assuré de trouver en tous temps d'intrépides défenseurs de la patrie; parce qu'alors, en combattant pour la chose publique, ils combattraient en même temps pour leur bien-être particulier. Ce puissant véhicule donne de la force aux faibles, et du courage aux lâches.

« Telle est l'opinion d'un citoyen qui ne désire que la gloire et la prospérité de la République, et qui croit, qu'en l'adoptant, la Convention nationale procurera infailliblement le salut de la Patrie.

« *Signé* : PIERRON, *capitaine de la 9ᵉ compagnie de la section armée du Louvre.* »

CONVENTION NATIONALE.

Séance permanente du lundi 15 avril 1793.

PRÉSIDENCE DE THURIOT, *vice-président*, ET DE RABAUT-SAINT-ÉTIENNE, *ancien président.*

PRÉSIDENCE DE THURIOT, *vice-président.*

La séance est reprise à 10 heures 8 minutes du matin.

Le Président fait part à la Convention du décès de Verdollin, député des Basses-Alpes (1).

(La Convention décrète qu'une délégation de douze membres la représentera aux obsèques.)

Chasset (2) demande l'admission à la barre de trois délégués de Lyon, qui sollicitent d'être entendus par la Convention pour lui faire le récit exact des événements survenus dans cette ville.

(La Convention décrète leur admission à la séance du soir.) (3).

Mellinet, *secrétaire*, donne lecture des lettres, adresses et pétitions suivantes :

1° *Lettre des citoyens composant la société des amis de la Liberté et de l'Egalité de Dijon (4)*, qui remettent un mémoire imprimé de la société républicaine de la Ciotat, sur la

---

(1) P. V., tome IX, page 261.
(2) P. V., tome IX, page 261.
(3) Voy. ci-après, même séance, page 126, le rapport de ce décret et l'admission à la barre des députés de Lyon.
(4) P. V., tome IX, page 261.

nécessité de retirer une partie des assignats, en circulation, et sur les moyens d'y parvenir.

(La Convention renvoie la lettre au comité des finances.)

2° *Lettre des citoyens de Dijon* (1), du 10 de ce mois, par laquelle ils demandent que dès à présent tous les ci-devant nobles ou privilégiés, ainsi que tous ministres de cultes quelconques, soient exclus de tous emplois civils et militaires, et que tous les états-majors de l'armée soient renouvelés sans délai.

(La Convention renvoie cette lettre aux comités de législation et de la guerre, réunis.)

3° *Lettre des citoyens Grégoire et Jagot, commissaires de la Convention dans les départements du Mont-Blanc et des Alpes-Maritimes*, par laquelle ils adressent à l'Assemblée quatre proclamations, imprimées dans les deux langues italienne et française, qui contiennent la suite de leurs opérations pour l'organisation du département des Alpes-Maritimes; elle est ainsi conçue (2) :

Nice, 4 avril 1793.

« Nous adressons à la Convention nationale quatre proclamations imprimées dans les deux langues italienne et française (3). Elles contiennent la suite de nos opérations pour l'organisation du département des Alpes-Maritimes.

« Nous avons divisé en vingt cantons ce département, sans doute le plus petit de la République, puisqu'il n'est composé que de 96 communes, dont 13 sont encore au pouvoir de l'ennemi.

« On sera surpris peut-être du nombre des cantons et de la grande disproportion que présente leur population respective, notamment celui de Gilette, qui ne compte que 1,561 habitants, tandis que celui de Nice en contient plus de 26.000. Mais nous avons été commandés par les localités. Ici, les hommes sont, pour ainsi dire, entassés; là, au contraire, ils sont disséminés sur une vaste surface où les défilés et les contours des montagnes rendent les communications très difficiles.

« Les vingt cantons forment trois districts dont les chef-lieux sont : Nice, Menton et Puget-Théniers. Des raisons puissantes nous ont déterminés à placer le tribunal du district de Menton à Monaco.

« A défaut d'états préexistants de population, nous avons ordonné qu'il serait fait dans chaque commune un recensement qui, n'ayant pas été effectué dans plusieurs et notamment dans celles qui sont occupées par les Piémontais, nous a forcés de prendre à l'égard de celle-ci pour base de nos opérations l'état par aperçu que l'administration provisoire nous a fourni. Ces états font monter la population locale à 96,585 individus, ce qui donne 161 électeurs.

« Les assemblées primaires s'ouvriront le 14 de ce mois. L'assemblée électorale de ce département commencera le 21 et celles du district suivront immédiatement.

« La ville de Nice avait une amirauté, et, conformément au décret du 31 décembre 1790, nous y avons établi un tribunal de commerce.

« Dans l'intervalle des élections, nous nous occuperons particulièrement des objets relatifs à l'armée d'Italie. Nous nous proposons de visiter divers postes et de parcourir les communes où notre présence nous paraîtra le plus nécessaire, soit pour y aviver l'esprit public, soit pour porter la consolation dans le sein des familles dont les maisons et les propriétés ont été livrées dans le mois d'octobre dernier à des atrocités et au pillage.

« Les cris impérieux du besoin qui les dévore nous ont conduits à prendre un arrêté sur un mémoire qui nous a été présenté par l'administration provisoire, et dont nous joignons ici la copie (1).

« Cette lettre est la quatrième que nous adressons à la Convention nationale, pour lui rendre compte de nos travaux. La première est du 9 mars (2), la deuxième du 14 (3) et la troisième du 1er de ce mois (4). Cependant nous n'avons vu ni dans le *Bulletin* ni dans aucun papier public que les deux premières aient été lues ou annoncées dans ses séances.

« *Signé :* GRÉGOIRE ; JAGOT. »

(La Convention renvoie cette lettre, et le dossier y annexé, aux comités réunis de division et des finances.)

4° *Pétition du citoyen Gonnet* (5), datée de Paris, le 15 de ce mois. Il s'adresse avec confiance aux représentants du souverain pour demander si après 11 campagnes, dont 10 au régiment de l'Ile-de-France (ce qui compte double) il peut, quoique blessé, obtenir un congé avec gratification, et du service dans la gendarmerie à pied à Paris.

(La Convention renvoie cette lettre au comité de la guerre.)

5° *Lettre des membres composant la société des Républicains français de Nîmes* (6), qui offrent des témoignages des corps administratifs pour repousser les calomnies de leurs ennemis.

(La Convention renvoie cette lettre au comité de sûreté générale.)

6° *Lettre du commissaire-ordonnateur Malus* (7), datée de Paris, le 15 de ce mois, demande à être admis à la barre pour y recevoir les ordres de la Convention.

(La Convention renvoie le pétitionnaire

(1) P. V., tome IX, page 281.
(2) *Archives nationales*, D § 1er n° 25.
(3) Voy. ci-après ces proclamations aux annexes de la séance, page 141.

(1) Cette pièce manque.
(2) Voyez ci-après cette lettre aux annexes de la séance, page 141.
(3) Cette lettre a été insérée à la séance du 24 mars, (Voyez *Archives Parlementaires*, 1re série, tome LX, page 508.)
(4) Voyez, ci-après cette lettre aux annexes de la séance.
(5) P. V., tome IX, p. 262.
(6) P. V., tome IX, p. 262.
(7) P. V., tome IX, p. 262.

aux comités de sûreté générale et de la guerre, pour y être interrogé.)

7° *Lettre des citoyens Courvoisier et Jacquelin, attachés à François Bourbon, par laquelle ils réclament la faveur de lui continuer leurs services, en autorisant la municipalité à leur délivrer un passeport pour se rendre auprès de lui; cette lettre est ainsi conçue* (1);

« Citoyens législateurs,

« En prenant des mesures de sûreté générale envers la famille des Bourbons, vous n'avez pas voulu les priver des secours que l'humanité réclame et leur ôter des soulagements que sollicitent leurs infirmités.

« Le citoyen Conti, affligé d'une descente et d'une rétention d'urine, est habitué depuis longtemps aux soins des citoyens Courvoisier et Jacquelin, tous deux attachés à son service depuis 30 ans et pères de famille, âgés de plus de 55 ans. Il demande avec instance que ces deux hommes qui connaissent ses maux et savent en suspendre les douleurs cuisantes, soient autorisés à lui continuer dans sa prison des soins qui lui sont indispensables. Ils y sont autorisés par leur section où l'on connaît leur probité et leur soumission aux lois, mais la municipalité de Paris n'a pas voulu leur délivrer de passeport, sans l'ordre de la Convention. Ils sollicitent cet ordre instamment et osent espérer qu'en les assujettissant à toutes les mesures de précaution, les représentants du peuple, toujours justes et humains, leur permettront de se rendre auprès d'un homme dont tout le crime est de porter un nom coupable, et auquel ils sont attachés par ses malheurs et une reconnaissance que la Convention ne peut blâmer.

« *Signé :* COURVOISIER; JACQUELIN. »

« Les deux citoyens pétitionnaires ont déposé à la municipalité tous les papiers exigés par les lois pour se mettre en règle et on leur aurait délivré un passeport, s'ils n'eussent pas annoncé leur attachement de services auprès de François de Bourbon.

« *Signé :* COURVOISIER; JACQUELIN. »

(La Convention accorde aux pétitionnaires l'autorisation demandée.)

8° *Lettre du général Lanoue* (2), en date du 14 avril, par laquelle il demande à rétablir les faits qui, énoncés à la tribune, sont en contradiction avec ceux qu'on constate dans son mémoire et son interrogatoire, dont il atteste la vérité. Il déclare que le citoyen Pétion, en disant samedi que Miranda n'avait pas le commandement général, mais Valence, s'était étrangement trompé. Il prie les membres de la Convention de lire attentivement son mémoire et son interrogatoire. Il demande que le citoyen Annis, employé au parc d'artillerie de Paris et témoin oculaire de l'affaire de l'avant-garde, soit interrogé.

(La Convention renvoie cette lettre au tribunal extraordinaire.)

9° *Arrêté du directoire du département du Mont-Blanc* (1), du 9 mars, expositif de la nécessité de procéder à la formation et organisation de la gendarmerie nationale de ce département, d'après les lois portées par l'Assemblée constituante.

(La Convention renvoie cette pièce au comité de la guerre.)

10° *Lettre du citoyen Lemaire* (2), du 14 de ce mois, qui se plaint de l'état d'arrestation dans lequel on le tient depuis la nuit du 31 mars, sous la fausse qualification de trésorier du citoyen Egalité; il observe qu'il n'en a jamais eu ni le titre ni les fonctions. Il demande sa liberté.

(La Convention renvoie cette lettre au comité de sûreté générale).

11° *Lettre de Clavière, ministre des Contributions publiques*, à laquelle est jointe la proclamation du Conseil exécutif provisoire, du 5 de ce mois, relative à la délivrance, sur estimation de cent mille pieds cubes de bois pour le service de la marine ; ces pièces sont ainsi conçues :

I

Lettre du ministre des Contributions publiques au Président de la Convention nationale (3).

Paris, le 11 avril 1793, l'an II de la République française.

« Citoyen Président,

« Le département de la marine a demandé qu'il fût accordé au citoyen Pain une coupe d'arbres suffisante, dans quelques bois du département de la Sarthe, pour fournir au port de Nantes, jusqu'à concurrence de cent mille pieds cubes de bois. L'urgence des approvisionnements de la marine, à cet égard, a déterminé le conseil exécutif provisoire à rendre une proclamation qui ordonne cette coupe. Mais comme elle est extraordinaire, je vous prie de la faire confirmer par un décret.

« *Le ministre des contributions publiques, Signé :* CLAVIÈRE. »

II

Copie de la proclamation du Conseil exécutif provisoire du 5 avril 1793, relative à la délivrance sur estimation de 100,000 pieds cubes de bois, pour le service de la marine (4).

« Sur ce qui a été représenté au Conseil exécutif provisoire que les chantiers de la marine ne sont pas suffisamment approvisionnés en bois de construction, qu'il est instant de prendre des mesures pour y faire parvenir tout ce que sera possible, qu'il existe

---

(1) *Archives nationales*, Carton Cii 252, chemise 444, pièce n° 26.
(2) *Mercure universel*, tome 26, page 245.

(1) P. V., tome IX, page 263.
(2) P. V., tome IX, page 263.
(3) *Archives nationales*, Carton Cii 252, chemise 432, pièce n° 25.
(4) *Archives nationales*, Carton Cii 252, chemise 432, pièce n° 26.

tant sur 23 arpents de bois de haute futaie provenant de la ci-devant abbaye du Pré que sur deux autres petites portions de bois d'environ 6 arpents au territoire d'Alon, une quantité considérable de bois d'échantillon, propre pour la construction des vaisseaux de la République ; que le sieur Louis Pain, cultivateur et ancien fournisseur de bois pour la marine, propose de se charger de faire exploiter dans ces bois et conduire au port de Nantes dans un bref délai jusqu'à concurrence de 100,000 pieds cubes de bois propres pour le service de ce département et que l'intérêt de la République exige que ce citoyen soit mis à portée de remplir promptement ses engagements à cet égard ;

« Vu les lettres du ministre de la marine des 20 et 30 mars dernier;

« Au nom de la République, le Conseil exécutif provisoire, attendu l'urgence, a autorisé et autorise les administrateurs du département de la Sarthe à faire délivrer, d'après une estimation d'experts qui sera faite contradictoirement avec les officiers de la ci-devant maîtrise des lieux, au citoyen Louis Pain, ancien fournisseur des bois de la marine, demeurant à Alon, tant dans les 23 arpents de bois de haute futaie dont jouissait la ci-devant abbaye du Pré, que sur deux autres petites portions de bois d'environ 6 arpents situées au territoire d'Alon. Ceux des arbres qui seront indiqués par ledit Pain, comme étant propres pour le service de la marine et ce, jusqu'à concurrence de cent mille pieds cubes, lesquels arbres seront pris de préférence dans les endroits où l'exploitation et l'enlèvement pourront s'en faire avec le moins de dommages possibles ; à la charge par ledit Pain de faire l'exploitation desdits arbres en temps et saison convenables, de se conformer aux ordonnances et règlements rendus à cet égard, de la faire sous l'inspection des corps administratifs et des officiers de la ci-devant maîtrise ; de demeurer personnellement garant et responsable des délits qui pourraient s'y commettre dans lesdits bois, pendant ladite exploitation, conformément aux dites ordonnances et règlements et de se rendre au port de Nantes, dans le courant de la présente année ; ladite quantité de 100,000 pieds cubes de bois à l'effet de quoi ledit citoyen Pain sera tenu de faire et souscrire toutes soumissions requises et nécessaires, à la charge aussi que le montant de ladite estimation tant en principal que deux sols pour livre sera versé entre les mains du préposé de la régie de l'enregistrement, qui sera tenu d'en compter ainsi et de la même manière que des autres deniers de sa recette dont et de tout quoi il sera dressé procès-verbal qui sera déposé tant au greffe de ladite maîtrise qu'au secrétariat du district et dont copie sera envoyée au ministre des contributions publiques;

« Mande et ordonne le Conseil exécutif provisoire aux corps administratifs et tribunaux, chacun en ce qui les concerne, de tenir la main à l'exécution de la présente proclamation.

« Fait au Conseil exécutif provisoire, tenu à Paris, le 5 avril 1793, l'an second de la République française. »

(La Convention approuve la déclaration du ministre des Contributions publiques.)

12° Lettre de Pache, maire de Paris (1), du 13 de ce mois, à laquelle est jointe le montant des adjudications faites pendant le mois dernier, estimées 796,359 livres 8 sols 7 deniers, et adjugées pour la somme de 1,251,671 livres 6 sols 11 deniers.

(La Convention renvoie cette lettre au comité d'aliénation.)

13° Pétition des citoyens et citoyennes ci-devant liés par des vœux (2), par laquelle ils demandent que le comité de législation prenne connaissance d'un plan du citoyen Chamoulaud pour accélérer l'extinction des pensions des citoyens de cette classe, et anéantir une partie de la dette constituée.

(La Convention renvoie cette lettre aux comités des finances et de législation.)

14° Adresse des administrateurs du district du Château-du-Loir, département de la Sarthe (3). Ils annoncent que, malgré les traîtres qui provoquaient la révolte dans les départements, 38 communes de ce district ont fourni dans le recrutement un excédent au nombre qui leur était réparti ; que 900 citoyens volent au secours de leurs frères des départements de Maine-et-Loire et Loire-Inférieure, et qu'avides de gloire, ils ne demandent que des fusils et l'ordre de marcher pour aller combattre les ennemis de la République.

(La Convention décrète la mention honorable, l'insertion au Bulletin, et l'envoi de l'adresse au comité de la guerre.)

15° Lettre des administrateurs du département de la Haute-Vienne (4), du 11 de ce mois.

« Représentants, disent-ils, 3,000 soldats républicains, prêts à voler à la défense de la liberté, nous demandent avec l'impatience de la valeur, et des armes pour combattre, et des ordres pour partir ».

(La Convention renvoie cette lettre au ministre de la guerre.)

16° Lettre des citoyens de Rennes (5) composant la société de la liberté et de l'égalité, qui demandent des armes avec lesquelles la jeunesse courageuse de cette ville jure d'exterminer les despotes et leurs satellites.

(La Convention renvoie cette lettre au comité de la guerre.)

17° Lettre du citoyen André Dumont, député de la Somme, retenu chez lui pour raison de santé, qui écrit que les formes les plus sacrées de la justice lui paraissent avoir été

---

(1) P. V., tome IX, page 263.
(2) P. V., tome IX, page 263.
(3) P. V., tome IX, page 264.
(4) P. V., tome IX, page 264.
(5) P. V., tome IX, page 264.

violées par le *décret d'accusation contre Marat;* cette lettre est ainsi conçue (1) :

Paris, le 14 avril 1793, l'an II de la République française.

« Citoyen président,

« Attaqué depuis plus de quinze jours d'un rhume violent et d'accès de fièvre, je n'ai pu assister à toute la séance d'hier ; arrivé à dix heures, j'y suis resté jusqu'à pareille heure du soir sans interruption. Ne voulant pas laisser ignorer mon opinion relative au décret qui a donné lieu à l'appel nominal, je vous prie, citoyen Président, de déclarer pour moi à l'Assemblée, qu'étranger à toutes factions et n'ayant pour but que le salut de ma patrie, je me serais bien gardé de me prêter à la violation des principes en portant un décret d'accusation sans une discussion préalable. Je ne vois en rien les hommes, mais partout la chose et je préférerais la mort à donner jamais les mains au renversement des principes et de la justice.

« *Signé* André DUMONT,

député de la Somme. »

« *P. S.* — C'est pour ne pas faire perdre de temps à la Convention que j'ai préféré écrire, à réclamer de vive voix.

« *Signé :* DUMONT. »

(La Convention décrète la mention de cette lettre au procès-verbal.)

18° *Lettre du citoyen Ehrmann, député du Bas-Rhin,* qui déolare que les formes les plus sacrées de la justice lui paraissent avoir été violées par le *décret d'accusation contre Marat;* cette lettre est ainsi conçue (2) :

Paris, ce 14 avril 1793, l'an II de la République.

« Citoyen Président,

« Une convalescence lente et pénible ne me permet guère d'assister aux séances du soir. J'apprends que l'on a fait un appel nominal sur le décret d'accusation contre Marat.

« Les faits que j'ai pu recueillir sur la nature des discussions relatives à cet objet m'imposent le devoir de déclarer à la République entière que je crois que les formes les plus sacrées de la justice me paraissent violées par le décret d'accusation contre Marat.

« *Signé :* EHRMANN, *député du Bas-Rhin.* »

(La Convention décrète qu'il sera également fait mention de la lettre d'Ehrmann au procès-verbal.)

19° *Lettre du procureur général syndic du département de la Loire-Inférieure* (3), par

laquelle il annonce à la Convention qu'il a fait arrêter la femme de Devaux, adjudant de Dumouriez.

(La Convention renvoie cette lettre au comité de Salut public.)

20° *Lettre des membres de la société des amis de la Liberté et de l'Egalité de Condom,* qui félicite la Convention sur les mesures de Salut public qu'il a prises et annonce une souscription de 360 livres ; cette lettre est ainsi conçue (1) :

Condom, département du Gers, le 27 mars 1793, l'an II de la République française.

« Citoyens législateurs,

« Grâces immortelles vous soient rendues ; pendant que nos braves défenseurs repoussent l'ennemi du dehors et réparent un léger échec par des triomphes multipliés ; vous combattez, par des mesures sages, fermes et vigoureuses nos ennemis de l'intérieur, ces vils agitateurs qui ne tendent, soit à Paris, soit dans les départements, qu'à corrompre et à anéantir l'esprit public.

« Nous avons applaudi à la formation d'un tribunal extraordinaire qui purgera la terre de la liberté des agents de ces odieuses conspirations auxquelles elle est en butte et qui osent la menacer.

«Nous avons applaudi à la sagesse du décret qui délègue dans les départements des commissaires pris dans le sein de la Convention.

« Nous avons eu le bonheur de posséder, dans le lieu de nos séances, les citoyens Ichon et Dartigoeyte, commissaires dans notre département ; leurs sages instructions ont pénétré nos âmes d'une nouvelle ardeur de ce pur patriotisme dont ils sont animés.

« Nous avons renouvelé en leur présence le serment sacré de maintenir la liberté et l'égalité ou de mourir en les défendant, de maintenir la République, une et indivisible ; de haïr, d'exterminer les tyrans et les vils suppôts de la tyrannie.

« Ils ont été les témoins des nouvelles protestations de notre sincère adhésion aux grandes mesures de Salut public, déjà employées par les représentants de la nation française, principalement à l'abolition de la royauté et à la condamnation du dernier roi.

« Ils ont excité une profonde indignation a excité dans nos âmes la nouvelle de l'horrible attentat commis à Orléans sur la personne de Léonard Bourdon, et nous nous sommes écriés : « S'il existait dans cette ville, s'il existait dans notre département de ces vils assassins, vendus aux puissances coalisées ; qu'ils sachent que nos corps serviraient de remparts à nos vertueux représentants, et qu'ils nous arracheraient mille vies avant de parvenir jusqu'à eux. »

« Enfin, citoyens législateurs, vos commissaires ont jeté un coup d'œil sur un registre

---

(1) *Archives nationales,* Carton C II 252, chemise 438, pièce n° 11.

(2) *Archives nationales,* Carton C II 252, chemise 438, pièce n° 12.

(3) P. V., tome IX, page 266.

---

(1) *Archives nationales,* Carton C II 252, chemise 436 pièce n° 28.

de souscription ouvert dans notre société pour l'équipement de l'armée.

« Cette souscription a déjà produit une somme de trois cent soixante livres, que nous convertissons en souliers : elle a produit de plus, jusqu'à présent, douze paires de souliers en nature, quelques habits, plusieurs paires de bas, tricotées par nos généreuses républicaines, des chemises, etc., et nous espérons que lorsque nous ferons l'envoi de ces effets au général, il méritera quelque attention.

« *Les membres de la société des amis de la Liberté et de l'Egalité séante à Condom.*

« *Signé :* DAUMASSANT, *président ;* J.-L. SOULEDET, *secrétaire ;* SANTORAN, *secrétaire ;* DUFFAU, *secrétaire.* »

(La Convention décrète la mention honorable et ordonne l'insertion de cette lettre au *Bulletin.*)

21° *Lettre des administrateurs du directoire du district de Cherbourg,* qui annonce que leur contingent pour le recrutement de l'armée des côtes est porté, au-delà du complet, pour se rendre à sa destination, à Saint-Malo. Cette lettre est ainsi conçue (1) :

Cherbourg, 5 avril 1793, l'an II de la République française.

« Cher concitoyen,

« Notre contingent pour le recrutement de l'armée des côtes est parti hier plus que complet, pour se rendre à sa destination à Saint-Malo.

« Notre district est, nous pensons, le premier qui ait fourni son contingent complet,

armé, équipé et marchant pour sa destination. Ce détachement est le plus beau et le mieux équipé qui soit parti d'ici. Tous nos volontaires sont presque d'une taille avantageuse, pleins de courage et de patriotisme : ce sont tous des laboureurs, robustes, bons et dociles. Jamais troupe ne fut plus propre à faire d'excellents soldats.

« La célérité de notre succès ne vous étonne pas, vous qui connaissez le zèle de vos concitoyens ; mais ce qui vous paraîtra digne de remarque, c'est que nous nous sommes bornés à une simple proclamation. Si nous avions usé des moyens d'éclat et d'appareils usités pour les recrutements, nous aurions dépeuplé un pays qui a besoin de bras pour sa propre défense.

« Nous vous prions de faire part de ces détails à la Convention à laquelle ils ne peuvent être qu'agréables.

« *Les administrateurs du Directoire du district de Cherbourg.*

« *Signé :* SIMON ; BROMARD ; NOU. »

Ribet (2). Je demande la mention honorable, l'insertion au *Bulletin,* et vu la célérité dans le recrutement, vu que le district a fourni plus que son contingent, que la Convention décrète que le district de Cherbourg a bien mérité de la patrie.

(La Convention ordonne la mention honorable, l'insertion au procès-verbal et décrète que le département de la Manche a bien mérité de la patrie.)

22° *Lettre de Garat, ministre de l'intérieur,* qui adresse à la Convention l'état des décrets envoyés aux départements à la date du 14 avril 1793 ; cet état est ainsi conçu (3) :

ÉTAT des décrets de la Convention nationale, *envoyés aux départements, par le ministre de l'intérieur,* le 27 mars 1793, *l'An II de la République française.*

DATES DES DÉCRETS.	TITRES DES DÉCRETS.	DÉPARTEMENTS auxquels l'envoi a été fait.	OBSERVATIONS
Mars. 20 n° 635........	Décret relatif aux troubles de la ville d'Arles..	Bouches-du-Rhône.	Imprimé.
— 25 n° 645........	Décret pour remplacer les sommes payées ou avancées par la Trésorerie nationale dans le courant du mois de février................	A tous les départements.	
— 26 n° 661........	Décret relatif aux citoyens d'Orléans mis en état d'arrestation................	Loiret.	—
— 28 n° 683........	Décret portant que les corps administratifs feront passer à la Convention les noms et qualifications des contre-révolutionnaires qui seront arrêtés................	A tous les départements.	
— 28 n° 684........	Décret portant que les ingénieurs des ponts et chaussées resteront à la disposition du ministre de l'intérieur................	Id.	
— 29 n° 659........	Décret portant que les ministres seuls seront responsables des marchés qu'ils ont conclus..	Id.	
— 29 n° 669........	Décret relatif aux vexations que Hamet-Moktar, chef de la tribu des Maures Braknas s'est permises envers les Français................	Id.	

(1) *Archives nationales,* Carton Cₙ 252, chemise 440, pièce n° 26.
(2) *Archives nationales,* Carton Cₙ 252, chemise 440, pièce n° 27.
(3) *Archives nationales,* Carton Cₙ 252, chemise 432, pièce n° 20.

DATES DES DÉCRETS.	TITRES DES DÉCRETS.	DÉPARTEMENTS auxquels l'envoi a été fait.	OBSERVATIONS.
Mars. 29 n° 670.......	Décret relatif au don fait par David d'un tableau représentant Michel Lepeletier sur son lit de mort...	A tous les départements.	
— 29 n° 671........	Décrets relatifs aux écrits tendant : 1° à provoquer le meurtre et la violation des propriétés; 2° la dissolution de la représentation nationale et le rétablissement de la royauté, ou tout autre pouvoir attentatoire à la souveraineté du peuple..	Id.	
— 30 n° 686........	Décret qui suspend l'exécution de la loi du 2 de ce mois, relative à la suppression des barrières entre le département de Jemmapes et celui du Nord....................................	Nord.	Imprimé.
Avril. 4 n° 693........	Décret portant qu'il sera pris 14 membres parmi les commissaires envoyés dans les départements du Nord et de l'Est, pour faire mettre en état de défense les places de guerre......	A tous les départements.	
— 5 n° 703........	Décret relatif à la poursuite des crimes de conspiration et des délits nationaux par le Tribunal extraordinaire............................	Id.	
— 3 n° 734........	Décret relatif aux certificats de civisme.........	Paris.	Manuscrit.
— 6 n° 735........	Décret relatif aux ouvriers employés à l'impression des assignats..........................	Id.	—
— 8 n° 728........	Décret qui change le nom de Villiers-le-Duc et de Bar-le-Duc..............................	Meuse et Côte-d'Or.	—
— 12 n° 764........	Décret qui autorise le département des Deux-Sèvres à retenir sur le remboursement des contributions 300,000 livres pour le paiement des fonctionnaires publics...................	Deux-Sèvres.	—
Mars. 23 n° 642........	Décret relatif à l'acquittement des prix des piques fabriquées en exécution de la loi du mois d'août 1792...........................	A tous les départements.	
— 26 et 29 n° 666..	Décret relatif aux relations commerciales des Etats-Unis, avec les colonies françaises......	Id.	
— 30 n° 685........	Décret qui charge le Conseil exécutif de tirer des fabriques des départements dévastés par les révoltes les toiles nécessaires pour l'approvisionnement des armées....................	Id.	
— 31 n° 699........	Décret portant que la loi de suspension des passeports ne s'étend pas aux agents ni membres des ambassades des puissances étrangères, reconnus par le pouvoir exécutif..............	Id.	
— 31 n° 695........	Décret qui suspend pendant la guerre le droit de frêt imposé sur les navires génois et autres employés au transport des grains en France.....	Id.	
Avril 1er n° 663........	Décret qui exige des certificats de civisme des citoyens nommés pour remplacer provisoirement les administrateurs suspendus, et annule la nomination des citoyens Couturier et Bourgas.	Id.	
— 2 n° 673........	Décret qui enjoint aux citoyens commandants en chef des armées, de donner toutes les 24 heures l'état de la situation.......................	Id.	
— 2 n° 675........	Décret qui supprime la commission des Six chargée de surveiller le tribunal extraordinaire...	Id.	
— 2 n° 688........	Décret qui rapporte celui qui enjoint aux membres de la Convention nationale d'opter entre cette qualité et celle de feuilliste..................	Id.	
— 2 n° 690........	Décret qui réunit au 12e régiment de chasseurs, l'escadron formé à Arras	Id.	
— 3 n° 772........	Décret qui autorise les officiers municipaux de Montauban à faire un emprunt................	Lot.	—
— 3 n° 774........	Décret qui autorise les officiers municipaux de Millau à faire un emprunt	Aveyron.	—
— 3 n° 773........	Décret relatif au remplacement d'un million avancé au département du Var................	Var.	—
— 4...............	Décret portant qu'il sera nommé un ministre de la guerre et qui détermine les fonctions des six commissaires qui seront envoyés près des armées du Nord et des Ardennes..............	A tous les départements.	
— 4 n° 704........	Décret qui mande à la barre les généraux Valence, Ligneville, Westermann et autres......	Id.	
— 6 n° 720........	Décret qui ordonne le paiement d'une somme de 1,609 livres au citoyen Gayon de Montevaux...	Paris.	—
— 6 n° 771........	Décret portant qu'il sera prêté 300,000 livres à la ville de Besançon	Doubs.	—

DATES DES DÉCRETS.	TITRES DES DÉCRETS.	DÉPARTEMENTS auxquels l'envoi a été fait.	OBSERVATIONS.
Avril. 6 n° 776........	Décret qui ordonne de mettre en état d'arrestation les citoyens élargis par le citoyen Badon, juge du tribunal du district d'Argenton et mande à la barre le citoyen Badon....................	Indre.	Manuscrit.
— 6 n° 783........	Décret relatif au paiement des demi-soldes conservées aux sous-officiers, cavaliers et soldats de l'ancienne garde de Paris................	Paris.	—
— 8 n° 742........	Décrets relatifs aux soldats de l'armée qui se sont éloignés de leurs drapeaux...................	A tous les départements.	
— 11 n° 769........	Décret portant qu'il sera prêté un million à la ville de Grenoble pour achat de subsistances..	Isère.	—
— 10 et 11 n° 736 ..	Décrets relatifs au citoyen Orléans.............	Orne.	—

Le ministre de l'intérieur,

Signé : GARAT.

23° *Lettre des citoyens Gasparin et Duhem, commissaires de la Convention aux armées du Nord et des Ardennes,* par laquelle ils donnent des détails sur la situation du corps d'armée du général O'Moran et demandent qu'on leur adjoigne leur collègue Lesage-Sénault ; en voici l'extrait (1) :

Lille, le 11 avril.

« Nous arrivons de Cassel, citoyens nos collègues ; nous avons là, dans une position très avantageuse, 14,181 hommes aux ordres du général O'Moran ; il était essentiel que nous vissions cette troupe qui a renouvelé en nos mains le serment de fidélité à la République ; nous prendrons toutes les mesures convenables pour la maintenir et la fortifier dans ses dispositions patriotiques ; nous avons eu le plaisir d'y embrasser le citoyen Ravier, lieutenant au 3° régiment, qui ramenait dans le moment 30 dragons de son régiment, qui ont échappé à Dumouriez, avec partie des équipages du régiment, et la forge de campagne ; il nous a assuré que presque tout le reste de son corps s'était aussi échappé des mains du traître, et qu'il ne lui restait qu'environ 100 hommes et 6 officiers de ce corps.

« Nos opérations se multiplient ; deux d'entre nous seront obligés d'être continuellement en campagne pour visiter les différents camps et cantonnements ; nous vous proposons de nous adjoindre notre collègue Lesage-Sénault, qui a si bien secondé Carnot avant notre arrivée, et qui nous aide encore puissamment.

« On nous rapporte à l'instant que 6,000 Autrichiens sont campés à Bezieux, 4,000 à Maulde, 3,000 à Saint-Amand, et que Condé est investi.

« Dampierre nous envoie Lamarlière pour commander le camp sous Lille qui se grossit tous les jours, nous pourrons demain vous envoyer l'état de l'effectif de toutes les troupes qui sont sur la frontière, que le conseil exécutif ne néglige pas de nous faire parvenir des effets de campement, dont on est dépourvu, et qui sont annoncés depuis longtemps.

« *Signé :* GASPARIN; DUHEM. »

(La Convention renvoie cette lettre au comité de Salut public.)

24° *Lettre des administrateurs du district des Sables, département de la Vendée,* par laquelle ils démentent la nouvelle de la prise de cette ville : en voici l'extrait (1) :

« Nous nous empressons de détruire la nouvelle de la prise de la ville des Sables, annoncée dans quelques papiers publics ; cette place a été, dans l'espace de cinq jours, assiégée deux fois par les brigands, le 24 et le 29 du mois dernier. Le premier jour elle fut attaquée par 4 à 5,000 hommes, qui furent repoussés avec une perte d'une trentaine d'hommes, notre garnison n'était alors composée que de 800 hommes. Le 29 les brigands revinrent à la charge, au nombre de plus de 7,000. Le premier coup de canon fut tiré de leur part à 4 heures du matin ; le combat s'engagea et dura 5 heures ; nos canonniers eurent l'adresse de mettre le feu à leur magasin ; la déroute fut générale, chaque rebelle cherchait son salut dans la souplesse de ses jarrets, ils furent poursuivis l'espace d'une lieue ; on estime le nombre des morts à 400, et celui des blessés à 200. Ils ont perdu 16 pièces d'artillerie, 5 barils de poudre, beaucoup de munitions et plusieurs voitures de vivres. Depuis la Révolution, cette ville est la seconde de la République qui ait soutenu un siège à boulets rouges. »

(La Convention renvoie cette lettre au comité de Salut public.)

25° *Lettre des citoyens Carra et Auguis, commissaires de la Convention dans les dépar-*

_____

(1) *Bulletin de la Convention* du 15 avril 1793.

(1) *Bulletin de la Convention* du 15 avril 1793.

tements des Deux-Sèvres et de la Vendée, par laquelle ils annoncent un avantage remporté par les troupes de la République sur les rebelles de la Vendée ; elle est ainsi conçue (1) :

Fontenay-le-Peuple, 9 avril 1793, an II de la République française

« Citoyens nos collègues,

« Les succès des armées de la République se continuent contre les brigands fanatiques de la Vendée.

« Le 7 de ce mois, la division du chef de brigade Bouland les a forcés au poste de La Mothe-Achard, district des Sables, et celle du lieutenant-colonel Baudry les a chassés de La Gachère, de La Grève et de Véray, de sorte que nous avons toute espérance d'en purger les côtes depuis Saint-Gilles jusqu'à l'île Noirmoutier, avant huit ou dix jours au plus tard. Baudry s'est rendu maître d'une correspondance très précieuse qui fait connaître la situation politique des rebelles. Cette correspondance est entre les mains de Niou, qui ne manquera sûrement pas de l'envoyer au comité de Salut public de la Convention nationale. La copie ci-incluse de la lettre vous donnera tous les détails de cette affaire.

« Nous ne vous cacherons pas, citoyens nos collègues, qu'avant d'emporter le pont de La Grassière, à un quart de lieue de La Mothe-Achard, 2 ou 3 volontaires, frappés de cette maudite terreur panique qui sans doute est un effet des vapeurs de la lune du mois de mars, ont jeté bas leurs sacs et leurs fusils devant 150 brigands armés de fourches et de bâtons ; mais la deuxième compagnie des grenadiers de Bordeaux, avec 4 compagnies de fusiliers du même bataillon, qui n'étaient point atteints de la maladie anti-martiale, a réparé tout le mal à coups de baïonnettes et a culbuté les brigands qui ont pris la fuite à leur tour. Nous espérons que le soleil du printemps et le feu sacré de l'amour de la liberté, qui doit être au plus haut degré d'incandescence après la trahison trois fois horrible du trois fois infâme Dumouriez, guériront entièrement ceux qui ont pris pendant l'hiver la désastreuse habitude de fuir devant des esclaves ou des brigands.

« Nous nous flattons de vous donner bientôt la nouvelle de plusieurs autres succès concertés dans notre petite sphère, et qui, suivant les précautions prises, ne peuvent pas manquer de se réaliser.

« *Signé :* CARRA. »

« Pour lui et son collègue Auguis de présent à Niort pour le bien de la chose publique. »

(La Convention renvoie cette lettre au comité de Salut public.)

26° *Lettre du citoyen Gallet, commissaire du département de la Vendée, près le district des Sables, à ses collègues, les membres et administrateurs du directoire et conseil du département*, à Fontenay-le-Peuple ; elle est ainsi conçue (1) :

« Citoyens collègues,

« L'armée réunie aux Sables s'est enfin mise hier en mouvement, elle marche sur deux colonnes. La première, aux ordres du général Boulard, s'est portée sur La Mothe-Achard ; elle a rencontré l'armée ennemie au pont de La Grassière, qu'elle avait coupé pour empêcher notre artillerie d'aller en avant, et disputer avec avantage le passage de la rivière ; après une vive canonnade et une résistance opiniâtre, elle a été forcée et mise en déroute. La majeure partie, croyant que toutes nos forces étaient de ce côté, se porta sur la grève où était l'armée retranchée. Une division que Boulard avait postée sur cette route, étant tombée sur eux, a fait mordre la poussière à un grand nombre. Le général a continué sa route, mais la nuit étant survenue il a cru qu'il était prudent, crainte de surprise, de faire bivouaquer sa troupe, et n'est entré que ce matin à La Mothe-Achard. Le nombre des morts est considérable, on l'a porté à plus de 500, parmi lesquels il paraît qu'il y a des chefs. J'aime à croire que Boulard ne restera pas longtemps à ce poste.

« La seconde colonne, marchant sur Saint-Gilles a été arrêtée à La Grève. Les brigands avaient, sur le bord de la rivière, des retranchements considérables. J'ai été témoin oculaire de cette attaque ; notre artillerie leur a tué du monde ; mais la nuit étant survenue, ce passage n'a pu être forcé que ce matin, après quoi nous nous sommes emparés, sans coup férir, de Véray. Là, nous avons trouvé leur correspondance, de laquelle il résulte qu'ils comptaient cerner les Sables de manière à prendre cette ville, sinon par force, mais tout au moins par famine. Ils convenaient encore que si nous eussions su profiter de leur défaite du 29 du mois dernier, ils étaient perdus sans retour.

« Le commissaire Niou est nanti de cette correspondance, et vous pouvez être assurés que je ferai en sorte de vous en faire passer une copie littérale.

« L'armée de Baudry se porte sur Saint-Gilles, où elle arrivera sans doute aujourd'hui ou demain ; il nous a envoyé 30 prisonniers faits, les armes à la main, lors de son entrée à Véray. »

« *Signé :* GALLET. »

(La Convention renvoie cette lettre au comité de Salut public.)

27° *Lettre du citoyen Niou, commissaire de la Convention aux côtes de Lorient à Bayonne*, par laquelle il rend compte des mouvements du corps d'armée réuni aux Sables et se plaint des accusations portées contre lui, à la barre de la Convention, par un administrateur du département des Deux-Sèvres ; elle est ainsi conçue (2) :

_____

(1) Ministère de la guerre : *Armée de l'Ouest.*

(1) *Bulletin de la Convention* du 15 avril 1793.
(2) Ministère de la guerre : *Armée de l'Ouest.*

Les Sables d'Olonne, 7 avril 1793,
an II de la République,

« Citoyens,

« Par ma dernière, je vous ai fait le détail de la victoire remportée sur les brigands par les habitants de la ville des Sables et les braves défenseurs que l'île de Ré et La Rochelle lui ont fournis. Maintenant j'ai l'honneur de vous rendre compte que les troupes rendues en cette ville sur ma réquisition et formant une armée d'environ 4,000 hommes, viennent de partir dans l'instant en deux colonnes, la première commandée par le citoyen Boulard, chef de brigade, dirige sa marche sur La Mothe-Achard et Saint-Gilles ; et la seconde commandée par le lieutenant-colonel Baudry, marche sur les camps de La Grève et de La Gamache où on assure que les ennemis ont osé se retrancher. Il serait de la plus haute importance de faire évacuer aux rebelles les divers postes dont ils se sont emparés sur la côte du ci-devant Poitou jusqu'à l'embouchure de la Loire, ainsi que l'île de Noirmoutier. En conséquence, j'ai requis des forces maritimes des chefs du port de Rochefort, pour agir de concert aussitôt leur arrivée avec l'armée du général Boulard. Malheureusement les vents contrarient cette opération. Malgré cela l'ardeur de nos troupes est sans borne et j'ai lieu d'espérer qu'elles auront un heureux succès.

« J'ai lu dans le Bulletin de la Convention du 23 du mois dernier qu'un administrateur du département des Deux-Sèvres avait osé dire, à votre barre, que j'avais empêché le départ des deux frégates que l'administration de ce département avait demandées pour croiser devant le port des Sables. Cette inculpation est une calomnie dont je vous demande justice. Je me suis si peu opposé à cette opération que, sans savoir les démarches des administrateurs des Deux-Sèvres, mon collègue Trullard et moi avons mis tout en œuvre pour que les frégates La Gracieuse, l'Hermione, ainsi que l'aviso, l'Espoir se rendissent, sans délai, dans cette place. Je me suis même embarqué sur ces frégates avec des troupes de débarquement, et la frégate La Gracieuse a croisé dans ces parages tant que le vent l'a permis. La corvette La Perdrix a dû remplir la même mission dans les environs de Noirmoutier et de l'île d'Yeu. Enfin, depuis près d'un mois et sur ma réquisition, la goëlette La Cousine et le yacht l'Enfant parcourent la rade des Sables. Tous ces faits seront attestés, s'il en est besoin, par tous les habitants de cette ville, par les équipages des vaisseaux dont je viens de parler, et peuvent se prouver encore par ma correspondance avec les administrateurs du port de Rochefort, avec le ministre de la marine et enfin par les réquisitions que j'ai données, soit seul, soit avec mes collègues.

« Je vous avoue, citoyens, que j'ai été d'autant plus sensible à cette fausse inculpation qu'elle est moins méritée. Les villes de Saintes, de Rochefort, de La Rochelle, l'île de Ré, les Sables ont été témoins de mon zèle et de mon dévouement. Et tous les hommes qui habitent ces contrées rendront justice, j'en suis sûr, à ma bonne volonté. Ils savent qu'aucuns dangers, aucunes fatigues ne m'ont ar-

rêté pour remédier aux maux qui désolent le malheureux pays où je me trouve dans ce moment. »

« Signé : Niou. »

(La Convention renvoie cette lettre au comité de Salut public).

28° Lettre des citoyens Villers et Fouché, commissaires de la Convention dans les départements de la Loire-Inférieure et de la Mayenne, sur la situation du département de la Loire-Inférieure et sur l'état de défense de la ville de Paimbœuf ; en voici l'extrait (1) :

Nantes, le 12 avril 1793.

« Ils sont bien perfides, ces hommes qui vous donnent avec tant d'empressement des nouvelles si rassurantes sur la situation du département de la Loire-Inférieure. Il est vrai que la rive droite de la Loire est purgée du plus grand nombre des brigands qui la désolaient ; mais la rive gauche est plus que jamais dans un état déplorable ; les séditieux s'y fortifient chaque jour ; ils sortent de leurs repaires pour porter l'épouvante et le brigandage dans les campagnes qui les avoisinent ; il est instant que les secours que le pouvoir exécutif nous promet arrivent promptement ; nous les attendons avec impatience ; nos forces suffisent à peine pour préserver la cité de Nantes des malheurs qui ont affligé les principales villes de ce département.

« L'un de nous vient de visiter la ville de Paimbœuf, que nos ennemis voulaient envahir à tout prix : elle est dans un bon état de défense ; mais le salut repose seulement sur le courage intrépide de ses habitants, sur l'énergie et la valeur des braves marins, sur la fermeté et l'intelligence des administrations, et nous devons le dire, sur l'attachement inaltérable qu'on porte dans ce pays aux principes républicains. Jour et nuit le patriotisme veille sur les côtes ; les brigands les ont attaqués plusieurs fois, et en grand nombre ; ils ont toujours été vivement repoussés. Nous ne pouvons donner trop d'éloges à cette cité, et nous pensons qu'il est de notre justice de déclarer qu'elle a bien mérité de la patrie.

« Nous vous envoyons copie de l'arrêté que nous avons pris concernant l'administration des biens des condamnés en exécution de la loi du 19 mars. »

(La Convention décrète la mention honorable du patriotisme des citoyens de Paimbœuf, approuve l'arrêté de ses commissaires et renvoie leur lettre au comité de Salut public.)

Un membre (2) annonce que le 2e bataillon du Calvados, en cantonnement près Maubeuge, le charge d'exprimer à la Convention nationale la profonde indignation qu'a excitée dans l'âme de tous les volontaires la trahison de Dumouriez, et de l'informer qu'à la première nouvelle qu'il en a reçue, le bataillon s'est réuni pour prêter de nouveau le ser-

_____

(1) Bulletin de la Convention du 18 avril 1793.
(2) P. V., tome IX, page 266.

ment de maintenir de tout son pouvoir l'unité, l'indivisibilité et l'indépendance de la République française.

Il demande mention honorable et insertion au *Bulletin* de l'adresse du 2e bataillon du Calvados.

(La Convention adopte cette proposition.)

Un membre, au nom du comité de législation, fait un rapport et présente un projet de décret tendant à casser l'arrêté pris par le corps électoral de la Haute-Garonne et à improuver la conduite de la commune d'Aurignac; ce projet de décret est ainsi conçu (1) :

« La Convention nationale, ouï le rapport de son comité de législation, casse et annule l'arrêté pris par le corps électoral du département de la Haute-Garonne; improuve la conduite de la municipalité d'Aurignac, et ordonne l'exécution des arrêtés du directoire du département de la Haute-Garonne, des 23 juillet et 11 septembre derniers. »

(La Convention adopte ce projet de décret.)

Lozeau (2). Citoyens, je viens intéresser votre justice autant que votre humanité. Un pauvre agriculteur a vendu sa récolte de 1792 pour la somme de 180 livres. Il a été payé en assignats, savoir deux de 50 livres et deux de 25 livres, deux de 10 livres et deux de 5 livres. Il n'avait pu placer son trésor, fruit du travail d'une année entière, qu'un vieux tiroir, tellement mauvais que les rats s'y étaient menagé leurs entrées libres. La pauvreté de ce citoyen ne leur présentant rien pour assouvir leur voracité, ils ont rongé les assignats, de manière que les deux de 50 livres et les deux de 5 livres, il n'est pas même resté un seul fragment. Ils ont été un peu plus réservés à l'égard des deux de 25 livres et des deux de 10 livres; quoiqu'ils soient endommagés, il en reste cependant assez de morceaux pour les faire reconnaître. L'espérance est la consolation du malheureux; elle a soutenu, dans cette circonstance, le citoyen dont je vous parle. On s'est adressé aux commissaires de la Trésorerie nationale qui ont prétendu que des quatre assignats endommagés un seulement de 10 livres, pouvait être remboursé, mais que la loi du 31 décembre ne permet pas le remboursement des trois autres. Cette loi porte que les receveurs de district seront chargés de l'échange des assignats mutilés, toutes les fois que le fragment qu'on présentera formera plus de la moitié de l'assignat. Il n'est pas mathématiquement démontré que les fragments qu'on présente n'excèdent pas la moitié de la totalité de chaque assignat; mais ce qui est certain, c'est que ce sont des fragments d'assignats et qu'ainsi il est de votre justice d'en ordonner l'échange, et quand bien même cet échange ne serait pas de la justice la plus rigoureuse, j'invoquerais votre humanité pour un bon citoyen qui n'a d'autres ressources pour vivre jusqu'à la récolte prochaine que ces mêmes assignats, l'unique fruit de la ré-

colte précédente. Je propose à la Convention nationale le projet de décret suivant :

« Sur la réclamation faite en faveur d'un malheureux agriculteur, du remboursement de trois assignats, dont deux de 25 livres et un de 10 livres;

« La Convention nationale décrète le renvoi desdits assignats au bureau de vérification près la direction générale de la fabrication des assignats, à l'effet de procéder à l'échange desdits assignats, s'ils sont dans le cas d'être échangés conformément à la loi; et dans le cas où ils ne rempliraient pas les conditions prescrites par la loi, le comité de secours public est chargé de faire incessamment un rapport sur le secours à accorder au proprié taire desdits assignats. »

(La Convention adopte ce projet de décret) (1).

Mellinet, *secrétaire,* donne lecture *d'une lettre des citoyens Servière et Gleizal, commissaires de la Convention dans les départements de l'Ardèche et de la Lozère, par laquelle ils rendent compte des mesures qu'ils ont prises tant pour le recrutement que contre les mouvements séditieux;* cette lettre est ainsi conçue (2) :

Mende, 1er avril 1793, l'an II de la République française.

« Citoyens nos collègues,

« Vous avez dû voir, dans notre présente lettre, que nous avons quitté le département de l'Ardèche, où le recrutement est presque fini, pour nous rendre à celui de la Lozère, où les contre-révolutionnaires avaient opéré un mouvement, que la vigilance de l'administration et la garde nationale du district de Florac ont dissipé dès sa formation.

« Nous avons parcouru le district de Villefort, et nous avons vu que ce district a fait la répartition entre les communes, et que celles-ci ont fourni leur contingent. Nous arrivâmes hier à Mende, où nous fûmes reçus avec beaucoup d'éclat; les corps administratifs, la municipalité, la garde nationale, les enfants et tous les citoyens vinrent au-devant de nous, à quelque distance de la ville et nous accompagnaient jusque dans notre logement, au bruit du canon, des cloches, du tambour et des cris de : *Vive la République! vive la Convention nationale!*

« Nous nous rendîmes, de suite, au directoire du département et nous fûmes très satisfaits des mesures qu'il avait prises, soit pour arrêter le mouvement dont nous vous avons parlé, soit pour accélérer le recrutement. Il nous instruisit du travail déjà fait par les districts; aujourd'hui, nous avons reçu la visite de tous les corps constitués, et nous avons appris que presque toutes les communes ont fourni leur contingent; mais leurs opérations donnent lieu à des difficultés sans nombre : la disposition de la loi qui laisse aux

(1) *Collection Baudouin*, tome XXVIII, page 85, et P. V., tome IX, page 266.

(2) *Archives nationales*, Carton Cii 251, chemise 422, pièce n° 29.

(1) *Collection Baudouin*, tome XXVIII, page 84, et P. V., tome IX, page 267.

(2) *Archives nationales*, Carton Cii 252, chemise 432, pièce n° 28.

citoyens la faculté d'adopter le mode qu'ils trouveront à propos, a été funeste aux patriotes de ce département; les aristocrates et les fanatiques y sont en grande majorité; ils ont adopté le mode de scrutin, et le choix est tombé sur des bergers, sur des enfants et sur d'autres citoyens, dont la plupart sont incapables de servir; une foule de réclamations ont été faites et sur nos représentations, quelques communes se sont déterminées à refaire leur opération et à adopter la voie du sort, cette circonstance nous a fourni l'occasion de désiller les yeux aux réclamants sur le compte de ceux qui, jusqu'ici, les ont égarés; ils ont convenu de la vérité de ce que nous leur disions et nous les avons vus pleurer sur leurs fautes passées. Nous nous sommes parfaitement convaincus que l'ignorance et le fanatisme ont été la cause des désordres qui ont eu lieu jusqu'ici dans cette contrée.

« Les prêtres et les suppôts des émigrés y ont corrompu l'esprit public, dans presque toutes les parties du département; il n'y a pas de moyen qu'ils n'aient imaginé pour y réussir; on a surtout remarqué que des prêtres habillés en bergers, chargés de haillons, demandant l'aumône, et portant des hosties dans leurs poches, allaient dans les maisons recevoir la confession des paysans et leur donner la communion. Un de ces malheureux, nommé Giraud, ci-devant religieux de Montpellier, vient d'être pris et demain nous le faisons déporter. D'un autre côté, les agents des contre-révolutionnaires, pour arrêter le départ des nouveaux défenseurs de la patrie, leur disent de différer leur départ autant qu'ils le pourront, que les émigrés vont rentrer et que la contre-révolution les dispensera de partir.

« Nous allons prendre toutes les mesures convenables pour faire arrêter quelques-uns de ces scélérats, et nous croyons y parvenir avec le secours d'une partie du troisième bataillon des volontaires de l'Ardèche, que nous avons avec nous : ce corps, qui est très bien composé, nous est d'un grand secours; il brûle de patriotisme, et il inspire la terreur aux aristocrates; il est dommage qu'il n'ait point encore été pourvu à son habillement.

« Demain, nous vous ferons passer un arrêté que nous avons pris; nous espérons que vous voudrez bien approuver les dispositions qu'il renferme.

« Au reste, nous ne pouvons que donner beaucoup d'éloges à la conduite prudente et ferme du directoire du département de la Lozère et de la municipalité de Mende. Le directoire a su arrêter, à propos, en employant la force armée, un mouvement qui s'était manifesté à Rieutort, au sujet du recrutement et qui, vingt-quatre heures après, aurait embrasé tout ce pays. Il a su aussi prévenir les événements que les malveillants y préparaient, sous le prétexte de la rareté des subsistances et nous ne pouvons qu'approuver les mesures sages et vigoureuses qu'il a prises à cet égard. De son côté, la municipalité de Mende a très bien secondé le directoire. Elle a fourni son contingent de volontaires, au nombre de soixante-deux; ils sont habillés, armés et équipés, et ils partiront demain.

« Nous avons assisté aujourd'hui à la séance de la société populaire de Mende, où nous avons été reçus avec transport. Cette société rend les plus grands services à cette ville, en surveillant les conspirateurs. Elle est peu nombreuse, et même une partie de ses membres sont étrangers, mais nous nous sommes convaincus de l'ardeur de son patriotisme, par l'adresse énergique qui a été arrêtée en notre présence, contre les prêtres. Elle a délibéré de rayer de son tableau tous ceux qui ne l'ont signée ni approuvée.

« Les commissaires de la Convention nationale des départements de l'Ardèche et de la Lozère.

« Signé : GLEIZAL et SERVIÈRE.»

Un membre (1) : Je vous demande de compléter ces mesures, en revenant sur le décret rendu le 26 mars 1793 et en ordonnant que le tribunal criminel du département de la Lozère, transféré provisoirement à Marvejols, retournera à Mende, lieu de sa première résidence, auprès du directoire de département. J'estime que ce déplacement s'impose, à la suite surtout des mouvements séditieux qui viennent de se faire sentir et qui vous sont signalés par vos commissaires. Il vous est d'ailleurs demandé par de nombreuses pétitions émanant du département.

Je demande, en outre, qu'on approuve les mesures qui ont été prises et qu'il soit fait mention honorable de la conduite ferme que le directoire du département de la Lozère a tenue dans cette circonstance.

(La Convention adopte ces différentes propositions.)

Suit le texte définitif des deux décrets rendus :

Premier décret (2).

«La Convention nationale, après avoir entendu les différentes pétitions sur le retour du tribunal criminel du département de la Lozère dans la ville de Mende; considérant qu'il importe que ce tribunal soit à portée de l'administration du département, surtout dans les mouvements séditieux qui viennent de se faire sentir dans ce département, décrète :

« Que le tribunal criminel du département de la Lozère, transféré provisoirement à Marvejols par le décret de l'Assemblée législative, du 26 mars 1792, retournera à Mende, auprès du directoire du département, lieu de sa première résidence. »

Deuxième décret (3).

« La Convention nationale, sur la lecture d'une lettre de ses commissaires envoyés dans les départements de l'Ardèche et de la Lozère, datée de Mende, chef-lieu de ce département, décrète :

« Qu'elle approuve les mesures qu'ils ont

(1) *Mercure universel*, tome XXVI, page 246.
(2) *Collection Baudouin*, tome XXVIII, page 84 et P. V., tome IX, page 267.
(3) *Collection Baudouin*, tome XXVIII, page 85 et P. V., tome IX, page 267.

prises dans le département de la Lozère, tant pour le recrutement que contre les mouvements séditieux que le fanatisme a opérés dans ce département, et qu'il sera fait mention honorable de la conduite ferme que le directoire du département de la Lozère a tenue dans cette circonstance. »

Poultier (1). Je demande que les commissaires qui sont dans les départements où le recrutement est fini et où il n'y a plus de troubles soient rappelés sur-le-champ.

(La Convention nationale décrète que son comité de Salut public lui présentera, dans ce jour, la liste des commissaires envoyés dans les départements qui peuvent être rappelés sur-le-champ, sans compromettre le salut public (2).

Mellinet, *secrétaire*, donne lecture d'une *lettre de plusieurs citoyens canonniers et ouvriers d'artillerie, attachés à la légion nationale des Pyrénées*, tendant à ce que les officiers et sous-officiers de ces deux compagnies soient élus par elles; cette lettre est ainsi conçue (3) :

Toulouse, 9 avril 1793, l'an II
de la République française.

« Législateurs,

« Le premier et le plus heureux fruit de l'arbre de la liberté, c'est le respect universel pour la justice : sur l'écorce de cet arbre sacré sont écrits ces caractères : honneur à la loi. On ne pourrait effacer cette divine empreinte, sans voir à l'instant sécher ses rameaux; mais, tandis que vous veillez autour de lui, a-t-il à craindre un tel outrage? Non, non, vous surprenez jusqu'aux plus légères menaces qui lui sont faites et votre zèle à prévenir le crime épargne le plus souvent la peine de punir. Pour donner un nouveau succès à vos efforts, accueillez les avertissements que vous font des canonniers de la légion des Pyrénées.

« Soyez instruits, citoyens, que, suivant la loi du 16 septembre 1792, portant création d'un corps de troupes légères, sous la dénomination de la légion nationale des Pyrénées, les hommes d'artillerie et les ouvriers doivent, en s'organisant, nommer eux-mêmes tous les officiers, après les capitaines commandant les compagnies.

« En effet, l'article 7 de cette loi de 1792 est ça en ces termes : « Le pouvoir exécutif « nommera le colonel commandant légion- « naire ; les officiers composant l'état-major « et les capitaines commandant les compa- « gnies seront nommés par le pouvoir exécu- « tif sur la proposition du commandant « légionnaire. Tous les autres officiers et « sous-officiers seront nommés par les chas- « seurs ».

« Une loi si claire pouvait-elle souffrir des

difficultés? A son premier aspect, les plus subtils interprètes ne désespéraient-ils pas de lui prêter un autre sens que celui que présentent ses termes? Les canonniers, qui l'invoquent, craindraient de nuire à sa simplicité, si, pour expliquer en quoi elle est favorable pour eux, ils ne se contentaient pas de répéter : *que les capitaines commandant les compagnies seront nommés par le pouvoir exécutif, et que tous les autres officiers et sous-officiers seront nommés par les chasseurs.*

« En vain l'esprit le plus litigieux voudrait analyser cette loi, qu'il ne se flatte pas de parvenir à un résultat contraire à l'article 7, parce que cet article concerne toutes les troupes légères, au rang desquelles sont les troupes d'artillerie et d'ouvriers, car lisez le premier article de la loi :

« Il sera créé un corps de troupes légères sous la dénomination de Légion nationale des « Pyrénées. Ce corps sera composé d'infan- « terie et de cavalerie, savoir : seize cents « chasseurs à pied, six cents à cheval, deux « cents hommes d'artillerie, cent ouvriers ; « total : deux mille cinquante hommes. »

« D'après ce calcul, les deux cents hommes d'artillerie et les cent ouvriers, ne font-ils pas partie de ce corps de troupes légères? Donc, le mot chasseur qu'on lit à l'article 7 leur convient ainsi qu'aux autres. Donc, ils doivent nommer tous les officiers et sous-officiers, après les capitaines commandant les compagnies. Donc, ils doivent nommer leurs seconds capitaines. Donc le pouvoir exécutif n'a pas rempli parfaitement la loi quand il les a nommés lui-même. Il est vrai qu'on lui en a écarté en lui demandant ces places de seconds capitaines, comme des places vacantes, et non comme des places de création.

« Les lettres d'avis qui sont parvenues au corps le 20 du mois de mars en font foi. Les pétitionnaires ont réclamé l'exécution de cette loi et se sont adressés, à cet effet, aux commissaires de la Convention, Mailhet et Lombard, qui ont pris un arrêté qui annonce leur intime conviction de la validité des prétentions des chasseurs canonniers, mais qui ne prononce pas d'une manière assurée sur la question. Ils vous en ont donné connaissance pour vous témoigner leur circonspection dans les décisions relatives au militaire ; mais ils ne doutent pas, non plus que nous, que vous ne mettiez le sceau à leur ouvrage.

« Vous ne pouvez point vous livrer à d'autres considérations qu'à celle de faire exécuter la loi ; toute autre serait funeste et tendrait à la désorganisation de l'armée : car les soldats de la liberté ne croiraient plus combattre pour elle, s'ils voyaient maintenir un pouvoir arbitraire par ceux qui s'en sont déclarés les plus grands ennemis. Prévenez ce malheur qu'ils redoutent et ils verseront leur sang pour écarter tous ceux qui vous menacent, comme tous les vrais citoyens.

« Toulouse, ce 9 avril 1793, l'an II
de la République française.

Signé : Joseph TROUPEL; CHEVALIER; DANIEL; BERGERET; BERTAGNAC; BRANCHE; EBRARD.

Un membre convertit en motion la demande des pétitionnaires.

(1) *Moniteur universel*, 1er semestre de 1793, p. 480, 2e colonne.
(2) *Collection Baudouin*, tome XXVIII, page 86 et P. V., tome IX, page 268.
(3) *Archives nationales*, Carton CII 252, chemise 444, pièce n° 25.

La Convention rend le décret suivant (1) :

« Sur la réclamation des citoyens canonniers et ouvriers d'artillerie attachés à la légion nationale des Pyrénées, tendant à ce que les officiers de ces deux compagnies soient élus par elles, la Convention nationale passe à l'ordre du jour, motivé sur ce que la loi du 16 décembre dernier, qui donne aux chasseurs de la légion des Pyrénées la faculté d'élire les officiers et sous-officiers de ce corps, autres que le colonel commandant légionnaire, les officiers composant l'état-major, et les capitaines, qui seront nommés par le Conseil exécutif, est également applicable auxdits ouvriers d'artillerie et canonniers, et doit avoir son exécution. »

Mellinet, *secrétaire*, donne lecture d'une *lettre, datée de Coran, département de Maine-et-Loire, le 11 avril 1793* (2), dans laquelle il est dit que les patriotes ont attaqué cette ville à 6 heures du matin et s'en sont rendus maîtres à sept heures du soir. Le feu n'a cessé dans cet intervalle qu'une demi-heure. Les brigands qui s'en étaient emparés étaient au nombre de 4,000 : ils ont été complètement battus et dispersés. On leur a fait 30 prisonniers pris les armes à la main, un drapeau blanc, presque toute leur poudre, une grande partie de leur artillerie, de leurs munitions et de leurs vivres, 30 bœufs et 20 vaches. Les patriotes n'ont eu qu'un homme tué et deux blessés .

(La Convention décrète la mention honorable et ordonne l'insertion de cette lettre au *Bulletin.*)

Laurent Lecointre, *au nom du comité de la guerre,* donne lecture *d'un rapport* (3) *et présente deux projets de décret tendant à mettre en état d'accusation;* le premier, *les généraux Auguste Harville et Benoît-Louis Bouchet, ainsi que le commissaire des guerres Nicolas-Denis-François Barneville;* le second, *le colonel Montchoisy, l'adjudant général Froissac et les commissaires des guerres Quivit et Osselin.*

Il résulte, dit-il, de l'interrogatoire subi par ces trois citoyens, et de la déposition de plusieurs témoins :

1° Que Harville a apporté la négligence la moins excusable dans l'évacuation de Namur. Il a fait partir les convois très tard et sans escorte, de manière que la plupart de nos effets sont tombés au pouvoir de l'ennemi;

2° Que le général Bouchet a fait travailler aux fortifications de Namur, le jour même de l'évacuation, comme s'il avait été bien aise que les ennemis profitassent de nos ouvrages.

3° Enfin le commissaire des guerres Barneville est prévenu de la plus grande négligence dans la disposition des moyens convenables pour accélérer le départ des convois.

Le rapporteur ajoute, au sujet de Harville, que trois jours avant l'évacuation de Namur,

il avait fait partir sa famille, ses chevaux, ses effets, sous bonne et sûre garde à Givet et qu'il n'a pas donné l'ordre de jeter dans la rivière les vivres et fourrages qu'il ne pouvait enlever.

Quant au général Bouchet, chargé plus spécialement de la défense de la place, il a été remarqué que les boulets, dont il s'est servi, ne pouvaient rougir par la mauvaise qualité du charbon, et que les grilles et les fourneaux ne pouvaient servir au siège. Il est avéré que le dit général ne fit pas sauter les anciens forts de Namur, que, d'après les règles les plus élémentaires de la guerre, il aurait dû détruire; il est prouvé qu'il fit mettre des munitions et des canons dans des bateaux, sans les faire escorter et que lesdits bateaux furent pris ; il est confirmé par divers témoignages qu'il partit trois jours d'avance de Namur, qu'il refusa de se rendre aux ordres des commissaires de la Convention et qu'après avoir juré de mourir plutôt que d'obéir, il ne céda qu'à la force.

Pour le commissaire des guerres Barneville, il n'est pas moins coupable que les autres. Le rapporteur cite encore d'autres noms contre lesquels le comité de la guerre a relevé différents chefs de trahison, entre autres l'adjudant général Froissac, le colonel Montchoisy, les commissaires ordonnateurs Quivit et Osselin. Il demande, aussi bien contre eux que contre les premiers, la mise en état d'arrestation et la traduction, sous bonne et sûre escorte, à Paris, pour y être jugés par le tribunal révolutionnaire.

Suit le texte des deux projets de décret proposés par le comité :

Premier projet (1) :

« La Convention nationale, après avoir entendu son comité de la guerre,

« Décrète qu'Auguste Harville, général de division des armées de la République, Benoit-Louis Bouchet, aussi général de division, et Nicolas-Denis-François Barneville, commissaire des guerres, sont mis en état d'accusation, et qu'ils seront traduits sous bonne et sûre garde à Paris, pour y être jugés par le tribunal extraordinaire établi en cette ville; décrète, en outre, que les minutes des interrogatoires desdits généraux et commissaire des guerres, restées en dépôt chez le juge de paix de Mézières, ainsi que leurs papiers, partout où il en sera trouvé, seront remis audit tribunal, conjointement avec les pièces annexées au rapport ».

Second projet (2).

« La Convention nationale décrète que le colonel Montchoisy, l'adjudant général Froissac et les commissaires des guerres Quivit et Osselin, seront amenés à Paris, où ils resteront en état d'arrestation chez eux, jusqu'à ce qu'ils soient, par suite de la procédure contre

\1) *Collection Baudouin*, tome XXVIII, page 86 et
2) tom IX, page 268.
(3) *Le Point du Jour*, 1793, tome II, page 63.
(c *Moniteur universel*, 1er semestre de 1793, p. 480,
1re colonne. *Le Point du Jour*, 1793, tome II, page 63 et
Mercure universel, tome XXVI, page 246.

(1) *Collection Baudouin*, tome XXVIII, page 87 et
P. V., tome IX, page 270.
(2) *Collection Baudouin*, tome XXVIII, page 87 et
P. V, tome IX, page 270.

les généraux Harville et Bouchet et Barneville, commissaires des guerres, entendus devant le tribunal révolutionnaire. »

(La Convention adopte ces deux projets de décret.)

Une députation des citoyens de Versailles est admise à la barre (1).

L'orateur de la députation demande que la Convention mette à son ordre du jour, sans délai, la loi relative aux dispositions qui doivent établir la proportion entre le prix du blé et celui des journées.

Le Président répond à l'orateur et accorde à la députation les honneurs de la séance.

(La Convention renvoie cette pétition aux comités d'agriculture et de commerce pour en faire le plus prompt rapport.)

Mellinet, *secrétaire*, donne lecture *d'une pétition des employés aux devoirs de la ci-devant province de Bretagne* (2), qui demandent que les administrations soient autorisées à leur faire payer, par les caisses de district, des avances à leurs pensions proportionnellement à leurs besoins.

(La Convention nationale décrète que le comité de liquidation fera son rapport demain sur les pensions accordées aux employés supprimés.)

MOTIONS D'ORDRE.

Laurent Lecointre (3). Citoyens, témoin des derniers débats qui ont semé le trouble dans cette Assemblée, trop impartial pour y avoir pris une part active, et trop inquiet sur le sort de mon pays pour les avoir vus avec indifférence, je viens vous proposer une mesure extraordinaire, mais indispensable, pour arrêter les désordres et sauver la République. La Convention nationale, avec tous les éléments dont elle est composée, ne peut réussir à faire le bien. J'en appelle à vous, mes collègues, à vous qui composez cette immense majorité, dont le zèle du bien public absorbe tous les vœux; ne voulez-vous pas conserver la confiance du peuple, assurer son bonheur, et forcer l'Europe entière à vous respecter ? Eh bien ! rétablissez le calme et la dignité dans cette enceinte; et pour y réussir, écartez loin de vous tout ce qui peut détruire la dignité et le calme de vos séances.

Je ne crains donc pas de vous proposer, citoyens, de retirer du milieu de vous, une douzaine d'hommes de *chaque côté;* car il faut s'exprimer ainsi, puisqu'ils ont eux-mêmes établi une ligne de séparation dans cette Assemblée.

La mesure que je propose, loin d'attaquer les principes, tend à leur inviolabilité, et son exécution sera facile, en y procédant par le scrutin épuratoire. Citoyens, écoutez la voix de la nation ; elle vous dit, elle vous répète chaque jour : s'il existe parmi vous des ambitieux, des intrigants, des agitateurs, ne souffrez pas qu'ils siègent plus longtemps à vos côtés, et vous sauverez la République.

(1) *Mercure universel*, tome 26, page 243.
(2) P. V., tome IX, page 269.
(3) *Logotachigraphe*, n° 107, page 385, 1re colonne et *Journal des Débats et des décrets*, n° 210, page 255.

Dupont (*Jacob*). Appuyé ! appuyé !

Lanjuinais (1). Citoyens, je ne m'attendais pas que le jour où nous devions ouvrir la discussion solennelle sur les bases de la Constitution, fût celui où un de nos collègues viendrait semer parmi nous un nouveau germe de division. À Dieu ne plaise que je veuille attaquer ses intentions ; je sais combien elles sont pures, et c'est une grande douceur pour moi, de pouvoir lui rendre ce témoignage ; mais je vous dis que le moyen qu'il propose n'est propre qu'à augmenter le mal, et qu'il doit être écarté par la question préalable, ou en passant simplement à l'ordre du jour.

Un membre : Oui, oui, l'ordre du jour !

(La Convention décrète qu'il n'y a pas lieu à délibérer sur la proposition de Laurent Lecointre.)

Lanjuinais (2). Je veux vous faire maintenant une proposition qui n'a besoin que d'être énoncée et qui se recommande d'elle-même. Je demande qu'à compter d'aujourd'hui, la Convention s'occupe les lundis, mercredis et samedis, de la discussion sur la Déclaration des droits et la Constitution.

Gossuin. J'appuie cette proposition, mais pour la compléter, comme il faut donner à cette discussion toute la rapidité possible, je demande qu'il soit interdit à tout membre de venir ici, pendant ce temps, jeter le trouble par de nouvelles dénonciations. (*Murmures.*) Mon intention n'est pas d'empêcher la surveillance, ni d'ôter aux citoyens le droit de dénoncer des traîtres et des intrigants, je demande seulement qu'elles soient ajournées au sein de la Convention, mais qu'elles soient reçues au comité de Salut public; que les inculpés répondent aussi par écrit, et que le comité en rende un compte sévère.

Génissieu. Je demande, par amendement, que l'on écarte toute désignation de personnes pendant la discussion de la Constitution, parce que le principe est bon dans tous les temps.

Gamon. Génissieu a raison, la proposition de Gossuin n'atteindrait pas le but qu'elle se propose, si désormais les dénonciations entre députés ou contre les députés pouvaient être faites à cette barre ; leur publicité, en effet, nécessiterait la publicité de la réponse et votre but serait manqué.

David. Il est facile de voir qu'on veut prévenir la pétition des sections de Paris ; ces messieurs abusent tyranniquement de leur majorité; je demande la question préalable.

Birotteau. Si les amendements de Génissieu et de Gamon sont rejetés, je demande que ceux d'entre nous qui seront dénoncés aient le droit

(1) *Logotachigraphe*, n° 107, page 385, 1re colonne.
(2) Cette seconde proposition de Lanjuinais, amendée par Gossuin, Génissieu, Gamon, Birotteau et combattue par David, est empruntée au *Moniteur universel*, 1er semestre de 1792, page 480, 3e colonne, et au *Logotachigraphe*, n° 107, page 385, 1re colonne. Le *Journal des Débats et des décrets*, n° 210, page 256 et le *Mercure universel*, tome XXVI, page 247, nous ont également fourni quelques détails.

de répondre sur-le-champ et d'être entendus sans interruptions.

(La Convention adopte les propositions de Gossuin et de Lanjuinais, et passe à l'ordre du jour sur la proposition de Birotteau, motivée sur ce que que son objet est de droit.)

Lasource (1). Je propose qu'en pareil cas il ne s'ouvre point de discussion sur les explications données par un membre inculpé et que le tout soit renvoyé à un comité.

(La Convention passe également à l'ordre du jour, motivé sur ce qu'il faut un rapport avant qu'elle puisse prononcer.)

Charlier (2). Il est une motion conforme à votre mandat, conforme à la dignité de la Convention, celle qui tend à ce que vous preniez l'engagement de ne pas vous séparer avant d'avoir donné une Constitution à la France. (Applaudissements.)

Plusieurs membres réclament l'ordre du jour, motivé sur ce que c'est le devoir de la Convention.

(La Convention passe à l'ordre du jour ainsi motivé.)

DISCUSSION PRÉLIMINAIRE SUR LA CONSTITUTION

Lanjuinais (3). Citoyens, votre comité des Six, chargé de l'examen des projets de Constitution, s'est distribué le travail, et il est presque achevé ; pour suivre avec lui la discussion qui va s'entamer, je crois devoir vous proposer d'entendre un rapport sur la déclaration des Droits, et de nommer un rapporteur qui sera chargé de répondre aux objections qui seront faites contre le projet qui doit vous être présenté.

Buzot. Citoyens, je pense que nous devons d'abord ouvrir une discussion générale sur les bases de la Constitution et nous renfermer dans les bornes du décret, que nous avons rendu hier sur les considérations développées par Gensonné, et dont il paraîtrait qu'on veut vous faire sortir. Il n'en est pas d'une Constitution comme d'un projet de décret ordinaire : ici, toutes les idées se correspondent, et s'il n'y a pas d'ensemble, si toutes les parties ne se trouvent pas d'accord, la Constitution ne vaut rien. Il faut donc que les principes fondamentaux soient discutés ; il faut surtout établir entre eux la plus parfaite harmonie. C'est par la discussion que vous verrez si ce qu'on a dit tant de fois est vrai, que cette Constitution était purement aristocratique ; c'est là, où il faut que ceux qui ont vu des principes aristocratiques dans les bases qui

vous ont été présentées, développent leurs idées, non pas dans des phrases vagues, mais dans des discussions raisonnables : alors peut être sera-t-il évident qu'on a calomnié et le projets et ses auteurs.

Je demande donc que la discussion s'engage sur les bases fondamentales de la Constitution, et non sur ses immenses détails.

Romme. Citoyens, vous avez senti qu'avant de s'occuper de leur existence sociale, les hommes devaient se connaître ; or, cette connaissance est l'objet de la Déclaration des droits ; vous devez donc commencer par elle ; elle seule doit former un acte. Si elle sort incomplète de nos mains, chaque siècle pourra y ajouter, et elle deviendra par là l'ouvrage du genre humain. C'est après avoir fait cette Déclaration des droits, que vous vous occuperez d'organiser la société. Je demande que l'on commence par sa discussion.

Lanjuinais. Je conviens que la base doit être assez large pour y faire reposer tout l'édifice de la Constitution, et je demande aussi que l'on discute la Déclaration des droits. Si nous voulons un point de ralliement, nous devons fixer ces principes et renoncer à la convocation des assemblées primaires, car elle donnerait à la France une représentation composée des mêmes éléments.

Boyer-Fonfrède, *secrétaire*, donne lecture, au nom de Boucher, de la motion suivante, qui est ainsi conçue :

« On est parvenu à mettre à l'ordre du jour la discussion sur les bases de la Constitution ; et dans quel moment un pareille proposition vous a-t-elle été faite ? Dans un moment où la Convention nationale se trouve divisée en deux parties fortement prononcées... (*Murmures.*)

Plusieurs membres réclament l'ordre du jour.

Boyer-Fonfrède, *secrétaire*, poursuit : « Dans un moment où l'un de ces partis, fort de sa majorité, vient d'arracher à la Convention nationale, un décret qui la prive d'un de ses membres, dont la surveillance et l'énergie étaient nécessaires à la liberté, et ne pouvaient être redoutables qu'aux malveillants. (*Nouveaux murmures.*)

Les mêmes membres : L'ordre du jour !

Boyer-Fonfrède, *secrétaire continue :* « Je demande donc l'ajournement de cette discussion, jusqu'au retour des commissaires envoyés dans les départements. Je demande, en outre, que la Convention nationale s'occupe de l'organisation de l'armée de 40,000 hommes, qu'elle a décrétée, et de l'objet des subsistances. Consacrez, puisque vous l'avez décidé, trois jours par semaine à la Constitution, mais donnez les trois autres jours aux autres objets dont l'urgence ne se fait pas moins sentir, c'est-à-dire les lois sur le partage des biens communaux, sur la prohibition du commerce de l'argent, sur les secours publics, sur le code militaire et sur tout ce qui regarde les finances et les armées. »

Lasource. Je ne pense pas qu'il puisse s'ouvrir, dans ce moment, de discussion sur l'avis qui vient de vous être présenté par Boucher : il ne s'oppose pas d'ailleurs au décret que vous avez rendu. Les bases de la Constitu-

_____

(1) *Journal des Débats et des décrets*, n° 210, page 256
(2) *Moniteur universel*, 1er semestre de 1793, page 480 2e colonne.
(3) Deux journaux seulement, le *Logotachigraphe* et le *Journal des Débats et des décrets*, relatent d'une façon un peu étendue cette discussion préliminaire sur la Constitution, encore devrait-on dire que pour un bon nombre d'opinions, notamment celles de Robespierre, de Lasource et de Buzot, le *Journal des Débats* ne fait-il que reproduire, en les résumant parfois, le *Logotachigraphe*. Pour le discours de Valdruche, néanmoins, et celui de Boucher, nous avonstrouvé quelques renseignements supplémentaires dans le *Mercure*. (Voyez *Logotachigraphe*, n° 107, pages 185 et suiv., *Journal des Débats et des décrets*, n° 210, page 256 et suiv., *Mercure universel*. tome XXVI, pages 247 et 248.) Le *Moniteur universel*, est presque muet sur toute cette discussion.

tion vont donc bientôt être le point central autour duquel la République entière va être réunie, et serviront à la Convention nationale d'un bouclier qu'elle opposera à ses ennemis : Chacun sent la nécessité de voir ces bases promptement arrêtées. Je vous demande la permission d'examiner quelques instants devant vous les diverses propositions qui vous sont faites : si elles paraissent discordantes entre elles, c'est qu'on ne s'est point entendu.

En effet, Buzot propose de discuter les bases de la Constitution nouvelle que vous allez donner aux Français ; de leur côté, Lanjuinais et Romme ont pensé que la Déclaration des droits devait être d'abord discutée. J'observe que les propositions de Buzot, de Lanjuinais et de Romme sont les mêmes, car il ne peut y avoir d'autres bases de la Constitution qu'une Déclaration des droits de l'homme.

Ce principe posé, la discussion de priorité devient inutile et illusoire. Tout le monde se réunit donc à discuter la Déclaration des droits. Eh bien ! avez-vous plusieurs projets de Déclaration ? Discutez-les, et choisissez le meilleur. Si vous n'en avez qu'un seul, soumettez-le à la discussion, et voyez s'il renferme les bases de la Constitution libre et républicaine, que vous devez donner à la France. Comparez-le, s'il est nécessaire avec celui adopté par l'Assemblée constituante, qui, sans doute, n'est pas sans mérite, et que moi je regarde comme préférable à celui que votre comité vous a présenté : L'important, c'est que le résultat de cette discussion soit l'adoption d'un de ces projets, qui doit être la base plutôt que le préambule de la Constitution nouvelle.

Rabaut-Pomier. C'est à tort que l'on a confondu deux propositions absolument distinctes : il y a différents projets de Déclaration ; l'analyse doit vous en être faite. C'est cette analyse que vous devez d'abord entendre, puis vous arrêterez les bases de votre nouveau gouvernement. Voilà ce que l'intérêt public vous commande, c'est à cela que vous devez d'abord vous attacher. Je demande que la discussion s'ouvre sur les bases générales de la Constitution.

Valdruche. Sur les arts de pur agrément nous avons des règles, des principes, tandis que sur la législation nous possédons à peine quelques aperçus. On parle d'une Déclaration des droits, mais nos droits naissent du contrat que nous avons formé ; ils naissent du Contrat social, de la nature des engagements politiques que nous aurons pris. Comment donc se fait-il que votre comité n'ait point rédigé ce Contrat social, dans lequel seraient inscrits tous nos droits et tous nos devoirs. Sans ce contrat, lorsque vous me présenterez une déclaration de mes droits, je vous dirai : Sont-ce là mes droits ? Y sont-ils tous ? N'y a-t-il là que mes droits ? J'estime qu'avant de présenter au peuple les conséquences du Contrat social, c'est-à-dire une Constitution, nous devons lui présenter d'abord les bases de ce contrat, lui dire qu'elle sera la quotité de liberté individuelle, la portion des sacrifices particuliers dont devra être composée la liberté politique de la France. Vous devez donner ces bases au peuple, c'est en elles seule-

ment qu'il reconnaîtra, qu'il appréciera les avantages du régime nouveau, qu'il ne pourrait juger dans l'exposé métaphysique d'une Déclaration des droits. Fort de ces bases, appuyé sur ces fondements inébranlables de son indépendance, je saurai bien mieux les défendre contre les propositions des despotes et les efforts de leurs stellites. Je demande qu'on s'occupe immédiatement de la rdaction des bases d'un Contrat social.

Buzot. Si on eût examiné ce qu'est une Déclaration des droits, ce qu'est une Constitution, on n'eût pas trouvé que mon opinion était la même que celle de Romme. La Déclaration des droits de l'homme et du citoyen, et son état politique dans une position donnée, sont bien loin d'être la même chose. Parcourons les chances possibles des événements; supposons la dissolution de la Convention nationale. Une Déclaration des droits, « système métaphysique », pourrait-elle devenir le point de ralliement des Français dans la commotion qui suivrait cette dissolution ? Cependant, dans cette circonstance, ce serait un point de ralliement qui serait nécessaire pour sauver la patrie ; mais où le trouver ? Je soutiens qu'il est dans les bases de l'organisation du gouvernement. Voilà le point de ralliement ; là toutes les parties du corps politique, un moment dispersés, viennent se réunir. Par elles, tout peut se reconstruire, tout peut exister. Rappelez-vous les judicieuses observations de Gensonné ? Qui sème de la division dans la France ? Qui y entretient les espérances de nos ennemis ? Qui laisse flotter les âmes dans une incertitude destructive de tout progrès d'esprit public ? C'est l'existence d'une Constitution ancienne, offerte par vos ennemis, et la non existence d'une Constitution présentée par vous, et qui supplée à celle qui n'est plus.

On vous propose de fixer les choses d'une Déclaration des droits ; il en existe une déjà. Mais la nouvelle que vous feriez ne donnera pas au peuple un gouvernement, ou au moins les bases de gouvernement auquel il puisse s'attacher.

Ainsi la Déclaration des droits n'est pas précisément les bases de la Constitution, ni ce que, bien plus sagement à mon avis, le préopinant appelait le contrat social. Le contrat social doit contenir ce que chacun met de sa liberté individuelle dans la société. Je vous trouvez la vraie Déclaration des droits de tous les citoyens; c'est là, peut-être, ce qui doit former le Contrat social.

J'aurais bien d'autres idées sur le gouvernement démocratique, qu'il faudra discuter en un autre temps ; mais, au milieu de tous les futurs contingents qui, pour ainsi dire nous dévorent, il faut une planche dans le naufrage ; il faut au moment où les ennemis nous pressent, que nous puissions présenter un point quelconque autour duquel tous les citoyens puissent se rallier.

L'espérance ne se nourrit pas toujours de probabilités elle se nourrit de faits ; et, certes, jusqu'à présent, elle n'a que des probabilités très incertaines. Si, au contraire, vous vous occupez de ces bases, les regards se portent vers vous ; quelque chose qu'il arrive, vous pourrez opposer à ce que vos ennemis feront, ce que vous aurez fait, et ce choix ne sera pas douteux. Mais si vous vous livrez à la discussion d'une Déclaration des droits qui, de quelque part qu'elle vienne, mérite, sur chaque article, une discussion approfondie, il est possible que cela dure un mois, six semaines, deux mois, trois mois peut-être ; et lorsque le temps est si précieux, pourquoi ne pas employer d'abord le premier mois à la discussion du gouvernement, c'est-à-dire former le centre commun où toutes volontés doivent aboutir pour organiser votre République. Si le temps presse encore plus, on pourrait ne pas même discuter les choses ; car, lorsqu'on est dans pareille circonstance on ne peut agir comme si nous pouvions répondre de tout ce qui nous environne. Mais alors vous aurez encore un grand avantage sur vos ennemis ; car, si Dumouriez, Cobourg ou quelqu'autre, reconnaissant la souveraineté du peuple, voulait marcher contre vous, le peuple qui serait alors assemblé soutiendrait encore plus ses droits et sa propre souveraineté.

Rappelez-vous un fait bien important dans l'histoire. Cromwel voulait asservir son pays. Le Long-Parlement imagina un moyen de l'en empêcher ; ce fut de s'occuper à rassembler le peuple et de former une Convention. Déjà on s'occupait à réunir la représentation de l'Irlande et de l'Ecosse ; Cromwel sentit qu'il était perdu, si le peuple réuni secondait l'action du gouvernement et il dit : le temps est arrivé où il faut agir et il agit. En effet, si le peuple eût été assemblé, si le peuple se fût défendu, Cromwel n'aurait pas asservi l'Angleterre. De même aujourd'hui, si le peuple pouvait faire entendre sa voix, le gouvernement prendrait une assiette ferme, et la convocation des assemblées primaires est le véritable moyen révolutionnaire. le seul peut-être légal de soulever toute la masse du peuple contre l'ennemi ; d'arrêter ses efforts et d'interrompre sa marche.

Si vous n'avez qu'une Déclaration des droits applicable à toutes les Constitutions, et qui n'en détermine aucune, ce n'est pas le moyen de réunir le peuple et de le fixer à vous ; mais donnez-lui les bases d'un gouvernement, qui lui présente l'absence prochaine de l'anarchie, dès lors tout le monde se porte à ce centre commun ; la volonté nationale se prononce ; le commerce reprend toute son activité ; vous donnez aux arts même un nouvel espoir qui anime tous les cœurs, les porte avec complaisance vers l'Assemblée nationale qui s'occupe de leur bonheur.

Je demande, citoyens, que mettant à l'écart toutes les abstractions métaphysiques, toutes les distinctions particulières qui existent déjà dans la Déclaration des droits, dont ici jusqu'à nos enfants, tout se plaît déjà à retenir et à répéter les termes : que mettant, dis-je, à l'écart tout ce qui n'est point de salut public, nous nous bornions à ce qui constitue le gouvernement, à ce qui forme l'association,.

Je propose qu'à cet instant même on passe à la discussion sur les bases constitutionnelles, et que si quelques personnes ont des meilleurs plans à nous donner sur cet objet, ils soient tenus de le faire sur-le-champ.

Maximilien Robespierre (1). La question

(1) Nous aurions pu, au besoin, ne pas présenter la co

que vous avez à examiner est de savoir si vous commencerez la discussion du nouveau projet de Constitution, que la nation attend, par la déclaration des Droits. Buzot vous a dit qu'il fallait commencer par l'organisation du gouvernement. J'avance que je ne conçois pas bien cette proposition. Qu'est-ce, en effet, que l'organisation du gouvernement d'un peuple, sinon les lois fondamentales qui forment sa Constitution, qui *constituent son gouvernement* ? Quelle est la base de la Constitution, sinon les Droits des hommes ? Quel est le but du gouvernement, sinon la conservation de ces droits ? Il faut donc, avant d'établir ce gouvernement, bien déterminer la nature et l'étendue des droits dont la conservation est l'objet du gouvernement. Proposer de commencer par le gouvernement, c'est ne rien proposer, ou proposer de tirer les conséquences avant de poser les principes.

Citoyens, quand la nation française voulut se donner une Constitution et la fonder sur les débris du despotisme, elle commença par proclamer les Droits de l'homme, ou, si vous préférez, par déclarer les droits de tous les Français. L'Amérique en avait donné l'exemple. Dans l'Assemblée constituante le premier combat qui s'engagea entre nous et les deux ordres privilégiés qui existaient alors, eut pour objet de décider si nous commencerions par cette Déclaration des droits des hommes : ce droit, comme disait Rousseau, qui seul doit être la règle de tout gouvernement, et qui devait, à lui seul, former les bases sur lesquelles la nation pourrait juger par elle-même, la Constitution que nous devons lui présenter. Il n'est pas d'efforts que ne firent les ordres privilégiés pour nous en empêcher et nous amener de suite, comme essaie de le faire Buzot à cette heure, à nous occuper tout d'abord de la forme du gouvernement. Le patriotisme l'emporta.

Citoyens, aujourd'hui comme alors, reconnaissez que si les principes ne sont pas fixés, il est impossible d'en tirer les conséquences. C'est pour avoir trop souvent méconnu cette vérité qu'on a vu, à plusieurs reprises, les discussions s'égarer en dehors de leurs bases et ne rouler plus particulièrement que sur des détails. Comme chacun, avec son mode de procéder part souvent de tendances et de vues opposées, qu'il modifie et présente à son gré, parce qu'elles ne sont pas discutées dans l'opinion générale, il en résulte que la quantité des opinions est infinie et que les débats deviennent interminables, quand ils ne sont pas tumultueux. Au contraire, si vous posez d'avance ces principes, chacun partant du même point, marche dans la même route et arrive au même but.

Dès le commencement de l'Assemblée cons-

ordination de ce discours, étant donné que des trois journaux, le *Logotachigraphe* et le *Journal des Débats* et le *Mercure*, qui relatent cette opinion, les deux derniers ne sont qu'une copie, souvent fort résumée, du premier. Si nous n'avons pas cédé à notre premier mouvement, c'est que le récit donné par le *Logotachigraphe* fourmille de redites et est écrit dans un style tel, que la lecture en devient, sinon incompréhensible, du moins fort difficile. Voy. ci-après aux annexes le texte de ce discours, d'après le *Logotachigraphe*, le *Journal des Débats* et le *Mercure*.

tituante, dans les premiers élans de notre ferveur patriotique et révolutionnaire, nous avons dit à la nation, à l'univers, que nous mettions en tête de notre projet la Déclaration des droits de l'homme, afin que le monde pût sur ses données, suivre notre marche et juger notre ouvrage, et que la nation pût reconnaître si nous avions compris ses droits et consulté ses véritables intérêts, en rapprochant ses lois constitutionnelles de ces principes immortels qui doivent en être la base. Ce que nous avons déjà dit à la nation, citoyens, pourquoi ne le dirions-nous pas aujourd'hui ? Avons-nous moins d'attachement pour ces principes ? Est-il moins nécessaire que les citoyens les aient sous les yeux pour se conduire et nous juger ? Non, citoyens, nous devons à la nation une Constitution fondée sur les droits imprescriptibles de l'homme, de l'homme à l'état de nature et de l'homme dans la société. C'est le seul moyen de donner un gage à la nation que nous respecterons véritablement sa liberté, car le plus sûr garant que nous puissions lui donner de nos principes et du zèle avec lequel nous lui donnerons une Constitution conforme à ses droits, c'est de proclamer franchement ces droits. A cette heure, après une première proclamation des droits, regardée avec juste raison comme imparfaite, mais qui néanmoins a rendu à l'humanité l'éternel service de consacrer ces principes, si nous arrivions au gouvernement, sans faire précéder notre ouvrage de cette déclaration, on croira que nous voulons nous dégager de la nécessité de suivre la règle de ces principes sacrés, auxquels l'Assemblée constituante, dans le temps de son patriotisme, s'était attachée, en disant à la nation et à l'univers : « Voilà vos droits. » Or, ni le législateur, ni le gouvernement n'ont le droit de les violer.

Toutes les réflexions qu'on vous a faites, citoyens, pour vous engager à suivre une autre marche, sont frivoles. Qu'importe en effet, de gagner quelques heures, quand il s'agit d'une Constitution qui doit fonder le bonheur de notre pays et qui contient peut-être en germe le bonheur de toutes les nations. Il ne doit pas être question de minutes et d'heures, lorsqu'il s'agit de la félicité du genre humain. D'ailleurs, je vous l'ai déjà dit, le moyen de marcher vite, c'est de poser d'abord les principes, dont il ne reste plus ensuite qu'à tirer les conséquences.

Pour vous faire adopter un système contradictoire, on vous a représenté les dangers dont nous sommes environnés. On vous a dit qu'il fallait vous hâter de jeter un gouvernement quelconque au milieu de la nation, pour être son point de ralliement contre les ennemis, dans le cas où des revers viendraient troubler nos travaux. Citoyens, loin de nous ces idées funestes ; gardons-nous, quel qu'en soit le motif, de ne pas aller droit au but ; il ne faut pas que le prétexte de dangers extérieurs, dont la patrie est menacée, et des craintes indignes de nous, puissent jamais influer sur la Constitution que nous devons donner à la France. Nous devons être aussi calmes, aussi immobiles, au milieu des orages politiques, que si nous étions environnés de la paix la plus profonde. S'il en était autrement, ne serait-il pas évident, aux yeux du pays et de l'univers

tout entier, que la crainte des nations étrangères et l'influence des armées ennemies, pourraient nous faire violer les lois de la liberté publique ? (Applaudissements.)

Citoyens, voulez-vous ne pas craindre ces dangers dont on vous parle ? Eh bien, déployons toute l'énergie d'un grand caractère, déployons toutes les forces nationales contre nos ennemis. Occupons-nous de prendre de suite les mesures sages et pressantes qu'exige le salut public ; appliquons-nous surtout à soulager l'indigence. Par là, vous exulterez d'une part le patriotisme du peuple et de l'autre vous ferez trembler tous les tyrans. Les tyrans ! Ah, ce n'est pas à vous qu'il appartient de les craindre, si vous voulez décréter ces lois terribles qui sont la condamnation définitive des despotes et le sépulcre fatal de la tyrannie ! Parlez seulement, et vous verrez la France entière écraser l'Europe conjurée contre vous. (Nouveaux applaudissements.)

On nous a dit, citoyens, qu'il fallait laisser de côté la Déclaration des droits s'occuper du gouvernement, afin que le peuple français eût un intérêt plus sensible et plus pressant de défendre sa liberté. Rien n'est moins vrai, car, avec la Déclaration des droits, les Français ont des motifs bien plus pressants de s'ensevelir sous les ruines de la patrie, avant de composer avec les tyrans. Ils ignorent, en effet, le gouvernement que vous leur prépareriez sans elle, tandis que si vous l'inscrivez au début de votre œuvre, serait-ce même celle de l'Assemblée constituante, pourtant si imparfaite, ils peuvent toujours considérer définitivement acquis ces principes éternels de la raison et de l'humanité.

Citoyens, je vous l'avoue, il n'est pas nécessaire de violer toutes les règles (Murmures), et de séparer la Constitution de tous les principes qui en sont la base pour arriver à donner un gouvernement à ce pays. (Nouveaux murmures.) Il m'est impossible de parler au milieu des interruptions et des sarcasmes qui m'environnent... (1)

Isnard. Je dois déclarer à la France que jamais personne n'a joui d'un silence pareil à celui qui règne dans la Convention au moment où Robespierre parle ; il se tourne sans cesse et semble désirer des interruptions.

Le Président (2). J'annonce que les commissaires des quarante-huit sections de Paris demandent à présenter une pétition. Voici leur lettre :

« Citoyen Président,

« Les commissaires des 48 sections de Paris ont rédigé une adresse qui a obtenu les suffrages de la majorité des sections. Ils viennent à la barre pour la prononcer.

« *Le maire de Paris,*
Signé : PACHE. »

(1) Voy. la fin du discours de Robespierre, ci-après, page 125.

(2) La discussion provoquée par la demande d'admission à la barre de la députation des 48 sections de Paris, est empruntée presque dans son entier au *Logotachigraphe*, n° 107, pages 398 et 399, qui seul nous en donne une relation complète. Le *Journal des Débats et des décrets*, n° 211, page 263 et le *Mercure universel*, tome XXVI, page 250 nous ont à peine fourni quelques détails complémentaires. Le *Moniteur* est à peu près muet sur cette discussion.

Boyer-Fonfrède. On la connaît déjà cette pétition; elle a pour but le renvoi de plusieurs membres de cette Assemblée. Je demande que ces commissaires soient admis à l'instant, afin de montrer aux départements qu'ils ont le droit d'imiter Paris, et de rappeler ceux de leurs mandataires qui ont perdu leur confiance; or, vous sentez que ce système est celui du fédéralisme et tend à dissoudre la Convention.

Plusieurs membres : A dimanche !

Dautres membres : A ce soir !

Boissy d'Anglas. Je demande qu'il n'y ait plus de séance le soir, sauf pour la nomination du bureau, et tout le monde en sait la raison. Les comités sont exténués; il est un terme aux forces humaines; nous avons passé des nuits, nous ne pouvons plus y tenir. J'accepte que les séances du matin se prolongent autant qu'il le faudra, et personnellement je m'engage à rester jusqu'à la fin; mais je m'inscris contre toute séance du soir, attendu ce que je viens de dire.

(La Convention décrète que dorénavant il n'y aura plus de *séances du soir* que pour la nomination du bureau.)

Chasset. J'observe à la Convention qu'elle a déjà rendu, au début de cette séance, un décret autorisant les députés extraordinaires de Lyon à se présenter ce soir à la barre. Je demande que si on entend présentement les députés des sections de Paris, on entende auparavant ceux que la ville de Lyon vous a délégués. Ils doivent jouir du droit de priorité que vous leur avez accordée.

Le Président. Au moment où on m'a remis la lettre, j'ai envoyé deux fois l'huissier à la députation de Paris, pour annoncer que l'admission ne pourrait avoir lieu que ce soir. On a insisté sur ce qu'il y avait des personnes des environs de Paris, et alors j'ai été obligé de lire. Je vais consulter l'Assemblée sur l'heure à laquelle vous désirez admettre cette députation.

Buzot. J'ai auparavant une proposition à faire. Comme il est très intéressant que ceux qui veulent dissoudre la Convention soient connus; comme d'autre part le droit de pétition est un droit purement individuel, je demande que cette pétition soit signée individuellement, avant d'être déposée sur le bureau. Il ne faut pas, en effet, que vingt ou vingt-cinq individus aient le droit de représenter tous les citoyens d'une section sans leur avis. Je pourrais citer une section où, la séance levée, une vingtaine d'individus se sont réunis, et soi-disant au nom de leur section, ont adhéré à la pétition qu'on va vous présenter. Il y a même eu des signatures de femme. Comme je suis parmi les inculpés et que j'ai l'intention de poursuivre ceux qui m'accusent, la Convention comprendra mon insistance et adoptera ma proposition.

Barère. Quelle que soit la pétition, quel qu'en soit l'objet, je demande que l'on n'interrompe pas une discussion politique aussi importante par une pétition ridicule, le produit des passions, de la haine et de l'intrigue. C'est aujourd'hui que vous avez commencé à remplir l'objet de votre mandat, c'est aujourd'hui, 15 avril, que vous devez à la cessation de l'anarchie, que vous devez à votre mission, à la tranquillité des citoyens, à la stabilité de la République que vous avez proclamée, de constater que vous voulez un gouvernement, que vous voulez une Constitution qui assure un gouvernement. Il faut que les amis de la République se montrent, et j'appelle amis de la République ceux qui veulent une Constitution. *(Applaudissements).* Je demande que l'on traite la grande question de la Constitution et de ses bases, ensuite l'Assemblée statuera sur la pétition, si elle le veut.

Boyer-Fonfrède. S'il ne s'agissait que d'une pétition ordinaire qui n'ait pas été annoncée à cette tribune par Camille Desmoulins, je vous dirais : « Continuez la discussion et renvoyez à dimanche les pétitionnaires »; mais je crois que la situation dans laquelle se trouve la Convention nationale doit entrer pour quelque chose dans sa détermination. Or voici quelle est sa situation... *(Murmures.)* J'ai droit d'être entendu et je me plains, comme le faisait tout à l'heure Robespierre, d'être interrompu.

Plusieurs membres : Continuez, continuez !

Boyer-Fonfrède. Je continue, puisque l'Assemblée m'y autorise. Je disais donc que l'on avait annoncé, il y a quelques jours, à cette tribune, que les sections de Paris, qu'un département de la République devaient demander le rappel d'un certain nombre de membres de la Convention nationale. C'est là un fait qui n'est plus un secret, puisque les journaux l'ont fait connaître à tous. Eh bien, j'estime qu'il faut, à cette heure, déchirer le voile et qu'on ne doit plus laisser le pays dans l'incertitude et dans l'alarme. Il faut que les départements sachent s'ils ont le même droit que les sections de Paris, ou plutôt si une pareille pétition n'est pas une proposition du fédéralisme faite à la République. Je demande que, lorsqu'on aura entendu Robespierre qu'on ne doit pas interrompre, on admette à l'instant les pétitionnaires, et, comme il s'élève déjà dans Paris des inquiétudes sur les subsistances, comme depuis quelques jours les portes des boulangers sont environnées de citoyens qui attendent très longtemps pour avoir du pain, je demande que le maire, tandis qu'il sera à la barre, soit interrogé sur cet objet.

Cela dit, j'appuie la motion de Buzot, et je propose qu'après la lecture de la pétition, ceux qui l'auront faite soient tenus de la signer et qu'elle soit renvoyée dans les sections, pour que ceux qui auront envie de la signer, y apposent leur signature.

(La Convention adopte ces différentes propositions.)

Suit le texte définitif du décret rendu (1) :

« La Convention nationale décrète que la pétition annoncée au nom des quarante-huit sections de Paris sera entendue séance

_____

(1) *Collection Baudoin*, tome XXVIII, page 84 et P. V. tome IX, page 272.

tenante, après néanmoins l'audition à la barre de la députation des citoyens de Lyon; qu'après sa lecture, les pétitionnaires seront tenus de la signer individuellement et qu'elle sera ensuite renvoyée aux quarante-huit sections, afin que tous les citoyens qui l'ont faite ou qui y ont donné leur adhésion, soient tenus d'y apposer leur signature individuelle dans leur section respective.

« La Convention décrète, en outre, que le maire de Paris, tandis qu'il sera à la barre sera interrogé sur l'état des subsistances. »

Le Président. La parole est à Robespierre.

Maximilien Robespierre (1). La discussion de la Constitution qui doit fixer le bonheur du peuple est un acte religieux qui doit faire taire toutes les passions. Je déclare, et je dois cette déclaration à l'Assemblée, qu'il n'a pas été dans mon intention de soulever des colères; je ne me suis pas plaint d'un tumulte qui n'existait pas, je me suis simplement élevé contre certaines interruptions particulières et désagréables.

Je reprends la discussion. Citoyens, je suis bien convaincu que tous les membres de cette Assemblée veulent une Constitution, et cela parce qu'il est impossible que quelques hommes se groupent ensemble sous un gouvernement quelconque. Mais, si je ne crois pas qu'il existe sur terre des anarchistes, je suis, au contraire, convaincu que nombreux sont les ambitieux et les intrigants. Or, le genre humain se partage en deux classes d'hommes : les uns qui oppriment les peuples, les autres qui aiment la liberté. Les premiers veulent une Constitution despotique, comme fut celle de la royauté, comme serait encore celle d'un gouvernement aristocratique; les seconds désirent une Constitution libre, fondée sur le bonheur de tous et sur celui de chaque individu, une Constitution basée sur les droits.

Certes, c'est ce dernier mode de gouvernement, cette Constitution républicaine, fondée sur les principes éternels de la raison et de l'humanité, que nous désirons tous ici; mais pour y arriver, il faut proclamer les droits éternels de l'homme : car quelque pure que soit l'âme du législateur, quelque dégagée qu'elle soit de toutes les passions, de tout esprit de parti et de vues ambitieuses, nous sommes avant tout comptables au peuple de notre conduite et à ce titre nous devons nous prescrire des règles à nous-mêmes. Or, ces règles sont les principes de justice dont je demande la consécration dans la Déclaration des droits.

Je vous demande la permission de rappeler en quelques mots quelle fut notre œuvre sous l'Assemblée Constituante. Nous déclarâmes alors à la nation, qu'il était absolument nécessaire que les lois constitutionnelles, que nous voulions donner au peuple, fussent précédées de la Déclaration des droits, afin que tous les citoyens pussent se rendre compte que nous, législateurs, qu'on avait investi de grands pouvoirs, nous donnions véritablement à tous les Français des droits conformes aux droits

sacrés de la nature et de l'humanité. Nous reconnûmes également, que nous devions, nous-mêmes, mettre devant nos yeux l'archétype de nos lois, le modèle d'une Constitution libre, afin de ne nous laisser égarer, ni par les préjugés, ni par les passions. Citoyens, le moment est venu pour vous d'imiter cette Assemblée constituante, qui, sans être entièrement vertueuse, a cependant marché d'un pas rapide vers la félicité publique. Il dépend de vous de verser sur le peuple l'urne des bienfaits; si vous adoptez ces principes, j'estime que vous aurez sagement agi et pour le genre humain et pour la garantie que vous devez à la nation.

J'ajoute maintenant que toutes les objections formulées contre ces principes, non seulement sont vaines en elles-mêmes, mais infiniment dangereuses. C'est à tort, à mon avis, qu'on représente à vos yeux la nécessité de jeter promptement, au milieu du peuple français, un gouvernement auquel il pût se rallier dans le cas où les armées étrangères viendraient vous troubler dans l'exercice de vos travaux. Il faut répudier bien loin ces idées qui tendent à influencer vos délibérations et pourraient étouffer l'énergie de la Convention et celle du peuple tout entier. Je répète ce que je vous ai déjà dit, que le plus sûr moyen d'aller vite, c'est de commencer par la discussion des principes généraux, dont il sera possible ensuite à chaque individu de tirer les conséquences. Je déclare que, dans ce moment, les despotes ne doivent rien être pour nous; que nous devons appeler autour de nous tous les citoyens et ne songer qu'au bonheur du monde. Quand il s'agit de poser sur la terre le trône de la liberté et de l'égalité, notre devoir est de ne penser qu'au peuple, de ne considérer que les principes et ne songer qu'au législateur éternel qui nous regarde. Et que nous font d'ailleurs les despotes! Ou vous les craignez, et alors vous êtes indignes de représenter le peuple français *(Applaudissements),* ou vous ne les craignez pas, et alors vous devez travailler paisiblement à sa félicité.

On vous a dit encore qu'il fallait que le pays sût pourquoi il combattait, qu'il eût un motif sacré de se défendre contre tous les tyrans de l'Europe. Je réponds qu'il est dangereux de mettre en question aujourd'hui, si le peuple a le plus puissant des motifs pour combattre jusqu'à la mort les ennemis qui ont osé l'attaquer. Si cela pouvait être une question pour la nation française, il s'en suivrait qu'avant de donner un gouvernement à ce pays, il faudrait nous déterminer par des considérations étrangères. J'aime à croire que nous ne serons jamais assez imprudents pour entrer en composition avec les despotes de l'étranger, dans de pareilles conditions.

Citoyens, le peuple français a, pour le moment, un gouvernement, une Constitution provisoire, qui jusqu'à ce que vous lui en ayez donné une meilleure, doit être le point de ralliement autour duquel doivent se rallier tous les dévouements et toutes les bonnes volontés. Cette Constitution est dégagée, d'une part, de la royauté, qui en était le véritable fléau; d'autre part, elle s'est dépouillée de l'odieuse distinction entre les citoyens passifs et les citoyens actifs, qui était une injure pour l'humanité. La Constitution française, telle qu'elle est, est encore la meilleure qui existe dans le monde. Elles est non seulement supérieure à celles de tous les peuples qui existent de nos jours, mais encore à celles des peuples de l'antiquité la plus reculée ; car partout vous voyez l'aristocratie conservée dans des petits territoires, tandis qu'ici vous avez l'égalité des droits consacrée dans son intégrité absolue.

Le peuple français a donc, dans ce moment, le motif le plus puissant de les défendre jusqu'à la mort. Il est évident que quoi que vous changiez à sa Constitution, elle sera toujours de beaucoup meilleure à celle que pourrait lui offrir le meilleur des tyrans du monde.

Citoyens, il faut, avant tout, inspirer aux Français le respect pour les lois existantes, et vous y arriverez en veillant à leur exécution jusqu'à ce que vous en ayez fait de meilleures ; en réprimant le plus puissant des défenseurs infidèles qui failliront à leurs devoirs ; en ordonnant l'application des mesures rigoureuses établies contre les mauvais citoyens et les traîtres.

Législateurs, depuis qu'il n'y a plus que des hommes et des tyrans égaux devant la loi, depuis qu'il n'y a plus de roi, l'autorité et la puissance du gouvernement sont entre vos mains ; il dépend de vous, par conséquent, de faire le bonheur du peuple français et de verser sur lui l'ivresse de tous les biens qui découlent de la Constitution. Songez donc à vous rallier, à vous unir et non à vous dissoudre en vous calomniant vous-mêmes. Songez à marcher ensemble ; soulagez les besoins du peuple et exterminez les ennemis extérieurs ; voilà vos devoirs.

Plusieurs membres : Tout cela, c'est très bien ; mais commencera-t-on par le gouvernement : oui, ou non ?

Maximilien Robespierre. Qu'entendez-vous par là ; parlez-vous de la forme ? Nul aristocrate n'osera, je l'espère, vous proposer un roi dans les assemblées primaires : il serait puni de mort. Est-ce une forme aristocratique ? Elle est réprouvée par tous les citoyens. Est-ce la forme fédérative ? Vous donnerez au peuple moins qu'il n'a......

Les mêmes membres : Il n'est pas dans la question ; la clôture, la clôture !

Maximilien Robespierre. Eh bien, puisqu'on demande la clôture, je demande qu'avant tout l'on s'occupe de la Déclaration des droits.

(La Convention décrète que la discussion sur la Constitution s'ouvrira d'abord par une discussion générale sur les Droits de l'homme et du citoyen.)

Suit le texte définitif de ce décret relatif à l'ordre du jour de la Convention à partir du 15 avril 1793 (1) :

« La Convention nationale décrète qu'à compter de ce jour les questions constitutionnelles seront au grand ordre du jour les lundi, mercredi et vendredi de chaque semaine, et qu'il s'ouvrira d'abord une discussion géné-

rale sur les Droits de l'homme et du citoyen ; les autres jours de la semaine seront consacrés à discuter la suite des lois sur le partage des biens communaux, sur la prohibition du commerce d'argent, sur les secours publics, sur le code militaire, et sur tout ce qui regarde les finances et les armées.

Elle décrète, en outre, qu'elle n'entendra plus aucune dénonciation contre aucun de ses membres à la tribune ; ceux qui en auront à faire seront tenus de les déposer, signées d'eux, au comité de Salut public, qui lui en rendra compte dans le délai qui sera fixé ».

Le Président cède le fauteuil à **Rabaut-Saint-Etienne,** *ancien président.*

PRÉSIDENCE DE RABAUT-SAINT-ETIENNE,
ancien président.

Trois délégués de la ville de Lyon, les citoyens Genet-Bronze aîné, Pelzin et Badger sont admis à la barre (1).

L'un deux s'exprime ainsi :

Citoyens législateurs, la ville de Lyon, profondément affligée des mouvements contre-révolutionnaires qui ont eu lieu dans son sein et de la calomnie qui les a imputés à la malveillance et à l'incivisme de ses habitants, nous envoie vers vous avec un mémoire justificatif. Vous y verrez que la faction, à la tête de laquelle était Chalier, a été cause des troubles. La souveraineté nationale a été violée et influencée dans toutes les élections, et la Convention nationale a été profondément induite en erreur sur tous les événements qui ont eu lieu dans cette ville.

Voici le texte de ce mémoire (2) :

« Représentants d'un peuple libre,

« La calomnie a flétri la ville de Lyon à votre tribune, et de là elle a parcouru avec rapidité tous les départements de la République.

« Nos concitoyens nous envoient pour vous dire et à la République entière qu'il est faux que des projets de contre-révolution se soient manifestés dans nos murs. S'il a existé de criminelles trames, ce ne peut être que celles qui avaient pour objet l'institution d'un tribunal de sang, et ce n'est pas nous qui en sommes souillés.

« Si des entreprises coupables ont éclaté, ce ne peut être que celles qui ont porté atteinte au respect dû aux propriétés et ce n'est pas nous qui nous sommes chargés de ce délit. Ce n'est pas nous non plus qui avons attenté arbitrairement à la liberté de nos concitoyens ; nous n'étions revêtus d'aucun caractère, d'aucun pouvoir dont nous puissions abuser.

« Mandataires du peuple, Lyon vous a été représenté comme étant en état d'insurrection. Eh bien ! vous et le rapporteur Tallien, avez été trompés et sur les faits et sur les causes. Notre municipalité qui vous a jetés dans l'erreur, y a été malheureusement plongée elle-même par un homme prêtre et noble tout à la

---

(1) *Logotachigraphe,* n° 108, page 391, 1re colonne.
(2) *Archives nationales,* Carton Cll 251, chemise 422, pièce n° 8.

fois. C'en était déjà trop qu'un de ces titres pour le rendre suspect. Appelé aux fonctions de procureur de la commune, combien il nous a fait du mal !

« Nous appartenons, nous, organes de nos concitoyens, à cette classe d'hommes qui vit de son travail journalier. Longtemps avant la journée du 10 août, nous avions crié hautement : *Guerre aux tyrans, guerre, éternelle guerre !* Longtemps avant le décret qui consacra l'égalité, nous avions dit aux hommes superbes, que la nature était notre commune mère, et que nous n'étions pas moins qu'eux ses enfants.

« Nous sommes fiers de notre mission, et notre acceptation a été un hommage rendu au civisme de ceux qui nous ont envoyés.

« La ville de Lyon jouissait depuis plusieurs mois d'un calme désespérant pour les désorganisateurs, lorsqu'on apprend que la tête de Capet vient de tomber sous le glaive vengeur de la justice. Un homme vole aussitôt à la tribune du comité central des sociétés populaires, et cet homme c'est Chalier, président du tribunal de district. Il s'écrie : « Peuple, « le grand jour des vengeances est arrivé ; « 500 têtes sont parmi vous qui méritent le « même sort que celle du tyran ; je vous en « donnerai la liste, il ne vous restera plus qu'à « frapper. » Il finit en proposant l'érection d'un tribunal redoutable.

« Quelques jours s'écoulent, pendant lesquels on prépare, dans l'ombre, les moyens d'exécution.

« Et d'abord, une députation remarquable par le nombre de ses membres, se présente, le 4 février, à la municipalité, demande une visite domiciliaire, et en motive la nécessité pressante sur le grand nombre d'inconnus qui, depuis quelque temps, remplissaient la ville. Elle est accordée ; le procureur de la commune, par qui la municipalité est subjuguée, Laussel, avait conclu affirmativement.

« Les dispositions se font, les précautions se prennent pour que le projet de visite ne puisse transpirer. Il s'agit de nommer dix citoyens par sections pour l'opérer, et la députation se hâte de se charger de ce choix.

« Le 5, à 4 heures du matin, la force armée est assemblée au bruit inattendu de la générale. 34 bataillons présentent un appareil formidable et la visite commence.

« La terreur se répand aussitôt dans la ville. Les paroles de proscription, prononcées naguère au club central par Chalier, viennent se retracer à tous les esprits.

« Enfin la visite fut terminée le soir, vers les 6 heures seulement, et non, ainsi que l'a dit Tallien, dans le court espace de deux heures.

« Quel fut le résultat de cette opération si pressante? L'arrestation d'environ 300 individus, dont le tribunal municipal fut obligé, le jour même, de mettre en liberté plus des trois quarts. Les autres ne furent renfermés que parce qu'ils ne purent dans le moment donner des preuves de leur civisme. Plusieurs ont été élargis depuis ; il n'est resté en détention que quelques prévenus de filouterie. Au reste, nous sommes d'accord avec Tallien que tout se passa dans le plus grand ordre.

« Lyon n'était donc pas, à cette époque, le refuge des ennemis de la chose publique. Ce n'était donc pas des contre-révolutionnaires que ces 20,000 hommes de garde nationale que la municipalité requit alors, et dont elle a rejeté le service quinze jours après, pour ne s'environner que de bataillons pris hors de son sein, contre lesquels elle vient, dans ces derniers jours, d'élever aussi ses plaintes.

« Une proclamation avait annoncé le soir, dans chaque section, que les visites domiciliaires étaient terminées. Les citoyens étaient revenus insensiblement de leur première frayeur. Si on éprouvait encore quelques sentiments de crainte, ce n'était que pour ceux qui avaient été arrêtés.

« Quel ne fut pas, le lendemain 6, notre étonnement, lorsque la première nouvelle qui frappa nos oreilles, fut celle de l'arrestation nocturne de nombre de citoyens des plus connus par l'étendue de leur commerce, par les places qu'ils avaient occupées ou qu'ils occupaient encore, par leur haine contre les agitateurs; arrestation faite à l'insu du maire et de quelques autres municipes, et sur la simple réquisition du procureur de la commune. On crut alors toucher au moment où les projets sanguinaires de Chalier allaient se réaliser ; les craintes redoublèrent surtout lorsqu'on apprit que Laussel, de son chef, avait requis le commandant de l'artillerie de faire amener à l'hôtel commun huit pièces de canon. Ces craintes n'étaient que trop fondées. La tribune des sociétés populaires, assemblées à huis clos, retentissait, dans ce moment, des provocations meurtrières ; Chalier y hurlait le massacre, et des magistrats du peuple présents en concertaient froidement l'exécution pour la nuit. Parmi ceux-ci figuraient les municipes Carteron et Roullot, le procureur de la commune Laussel, les notables Montfalcon et Revol, le commissaire national Hidins et le juge du tribunal du district Fernex. Montfalcon avait signé la circulaire de convocation; elle était conçue en ces termes : « Citoyens, on conspire contre « vous et contre vos magistrats; levez-vous, « courez au centre; aux armes! immolons « nos ennemis ! »

« Nous passerons rapidement sur ce complot affreux, non que son existence soit douteuse, mais pour ne point vous affliger de détails qui ne peuvent qu'exciter une indignation profonde dans l'âme des véritables amis de la patrie et de l'humanité. Nous nous bornerons à vous indiquer les grandes mesures et les principales dispositions pour le succès :

« Formation d'un tribunal redoutable et nomination de trois jurés par section.

« Cartouches distribuées avec profusion aux conjurés.

« L'ordre et la direction de tous les mouvements confiés aux chefs de légion Riard et Pelletier.

« Arrestation des principaux chefs de la garde nationale qui n'étaient pas du complot.

« Tambours consignés dans le lieu de leurs assemblées.

« La place des Terreaux désignée pour le lieu du rendez-vous général.

« Invasion de la maison commune.

« Attaque des prisons et incursions dans différents domiciles.

« L'instrument de mort placé sur le pont

Morand, pour jeter à mesure les corps dans la rivière.

« Le maire et le commandant général condamnés à être les premières victimes.

« Laussel promit du canon ; il promit le consentement et l'aide d'une partie de la commune. Il était décoré de son écharpe. Ce fut lui qui, lorsqu'il fut question du choix d'un bourreau dit, pour encourager à l'acceptation : « Il n'y a qu'une ficelle à tirer et la guillotine va toute seule. »

On n'avait appelé à la séance que les affidés et on s'était, avant tout, lié au secret par ce serment : « Nous jurons tous d'immoler, par le glaive des Sans-Culottes, quiconque osera parler de ce qui se dira et se fera dans cette séance, ceux même qui en parleraient à leurs femmes. » Les chefs, pour s'assurer encore plus du secret, avaient eu soin de faire apporter des provisions. Le fauteuil de la présidence fut occupé successivement par Revol et par Hidins.

« On avait ainsi rédigé la formule du jugement : « Il est aussi impossible que vous restiez sur la terre, comme il l'est que deux bouts de baguettes rompus se rejoignent. Faites passer le pont à monsieur. »

« Mais tous n'avaient pas été trouvés dignes du privilège d'être jugés par le tribunal. On avait fait une liste de 3 à 400 personnes, condamnées à être massacrées sans formalités préalables. Chalier s'était rendu maître de la clef et sur son refus d'ouvrir à quelques individus qui ne pouvaient être plus longtemps témoins de tant d'horreurs, une voix forte s'écrie : « Qui es-tu donc, Charlier, es-tu souverain ici? » Et la porte est forcée.

« Dans la journée, plusieurs particuliers, se disant commissaires, étaient venus aux prisons de Roanne s'assurer des guichetiers si la guillotine était en bon état. A l'entrée de la nuit, la cour de l'hôtel commun avait commencé à se remplir d'une multitude extraordinaire, et le département s'était vu investi dans le lieu de ses séances ; mais enfin, grâce à quelques bons citoyens qui ne se crurent pas engagés au secret par un serment criminel, grâce à la vertu du maire, la cité fut sauvée.

« Quelle était, dans ces circonstances périlleuses, la conduite du conseil général de la commune ? Instruit des mesures que le maire avait prises contre le danger, il le mande, et quelques membres osent taxer ses craintes de terreurs paniques ; les avis qu'il a reçus, de rapports faux ou captieux ; et ils osent provoquer de faire révoquer les réquisitions données à la force publique !

« Un officier très connu de la garde nationale vient dénoncer que, contre le vœu de la loi, des citoyens s'arment dans sa section, pour obéir à une invitation du club central. Il appelle en témoignage un notable présent ; et sa déposition est traitée de rêveries.

« Mais, nous aimons à le répéter, grâce aux avis donnés à temps par quelques bons citoyens, grâce aux mesures prises par le maire, la cité fut sauvée.

« Le lendemain, le maire est déclaré par le club central avoir perdu la confiance du peuple, comme si le peuple d'une cité résidait dans un club, et la déclaration en est portée au conseil général de la commune.

« Le maire donne sa démission.

« Le peuple qu'il venait de sauver, le réélit, et une majorité d'environ 9,000 voix sur 10,000 démontre à tous qu'il est faux qu'il ait perdu la confiance.

« La nouvelle de la réélection du maire fait éclater la joie de toutes parts; mille cris de : « Vive Nivière! » se font entendre; on illumine, on se répand dans les rues, précédé de la musique qui joue successivement tous les airs chéris des Français : la Carmagnole, les Sans-Culottes, Ça ira, l'Hymne Marseillaise. Au milieu de l'ivresse générale, un citoyen crie : « A bas Chalier! » La municipalité le fait arrêter. Dans ce même moment on est instruit que Chalier se déchaîne en forcené à la tribune du club central, contre le maire, qu'il invite à ne pas reconnaître, et contre les scélérats qui l'ont réélu; que les imprécations les plus atroces se succèdent rapidement dans sa bouche. Ce rapport électrise le souvenir de la conjuration à laquelle on venait d'échapper. Quelques voix proposent de voler au Club central et d'arrêter Chalier. De sages citoyens s'y opposent, mais le sentiment du passé et du présent l'emporte. On va au Club central. Chalier venait de disparaître. On se saisit de Gaillard, juge au tribunal de district, et digne émule de Chalier ; il se défend à coups de canif et blesse un citoyen. On se contente de le conduire et de le déposer à l'hôtel commun.

« Eh bien ! lorsque les prétendus ennemis de la patrie s'interdisaient toute violence contre Gaillard, ses prétendus amis assassinaient lâchement dans la rue Saint-Jean un homme confié à leur garde; les autres membres du Club s'étaient retirés paisiblement. Après leur retraite, quelques individus qui étaient restés se livrent malheureusement à des excès qui ont appelé la vengeance des lois. Le droit de propriété est violé; la tribune, les tables, les bancs sont brisés; leurs débris portés aux Brotteaux et livrés aux flammes : les registres cependant sont conservés et consignés au corps-de-garde de l'hôtel commun.

« Mais ces excès, qu'aucun prétexte ne saurait couvrir, n'ont jamais été l'effet d'un complot liberticide; non... Les coupables étaient en trop petit nombre, ils n'avaient eu d'autres instigateurs qu'eux-mêmes ; car le moment qui a vu le délit a vu l'indignation éclater contre ses auteurs et cette indignation a été générale. Les coupables étaient d'ailleurs sans armes et en se souillant du crime de dévastation, ils ont respecté quoi qu'en disent les procès-verbaux de la municipalité, ils ont respecté, nous l'attestons avec serment, les signes augustes et sacrés de notre sainte liberté; ils les ont portés en pompe et avec vénération, et les ont érigés en trophées religieux au pied de tes mânes en témoignage !

« Et cet arbre de la Liberté qu'on avait dit brûlé, il existe... Il existe toujours majestueux; il ne sera jamais abattu que par la calomnie.

« Soyons justes, et nous ne verrons dans l'incursion faite au Club central, que l'effet du souvenir trop récent des projets de massacre formés dans son enceinte, et encore la soirée n'eût-elle jamais été souillée si Chalier n'eût point, dans sa rage, insulté sans pudeur à la réélection du maire et à la joie publique.

« Cependant le conseil général de la commune, craignant les suites du désordre avait sagement requis un renfort de gardes nationales pour le poste de l'Arsenal. Dans la nuit, un citoyen, deux municipes, un membre du directoire du district viennent successivement demander, au nom de la municipalité, la remise de 8 canons.

« On observe à chacun des messages que, n'étant porteur d'aucun ordre émané du commandant général, cette remise ne peut lui être faite ; mais qu'au reste les bras de tous les citoyens du poste sont aux magistrats qui en réclameront le secours.

« Et c'est sur ce refus, fondé sur la défense du commandant de la garde nationale, apportée par un adjudant général, de ne livrer aucun canon sans réquisition de sa part, que les citoyens de l'Arsenal ont été traités de contre-révolutionnaires ; que le commandant du poste, Fleury Guy, a été flétri de deux mandats d'arrêt; qu'on s'est permis les désarmements arbitraires et sans nombre.

« Le lendemain de ce fatal événement, c'est-à-dire de la violation du club central, un bureau de dénonciation est ouvert à la commune, et la municipalité en fait l'annonce par une affiche ; Laussel y paie les dénonciations, et y est payé à son tour par les dénoncés.

« Le soir du même jour, les bataillons des environs, qui avaient été appelés au secours, font leur entrée. En passant sur la place des Terreaux, ils contemplent, dans le plus grand étonnement, l'arbre de la Liberté, et le calme qui règne dans la ville ajoute à leur surprise.

« Dans un clin d'œil, toutes les avenues de l'hôtel commun se hérissent de canons ; des piquets nombreux sont placés de toutes parts; la ville est comme mise en état de guerre et, pour laisser croire que les citoyens sont en pleine contre-révolution, le service de la garde nationale est réduit au service journalier.

« Mais cette garde nationale qu'on déshonore ainsi est cependant la même qui, requise lors des pillages des magasins, donna la marque la plus éclatante de soumission à ses chefs, en mettant bas les armes devant un troupeau de femmes dont elle aurait pu arrêter le brigandage par sa seule contenance et par qui elle se vit aussitôt assaillie et dispersée à coups de pierres.

« Lyon continue de se remplir de troupes étrangères. Le bataillon de Marseille était attendu. Le jour de son arrivée, une députation à cheval, de la commune, va le recevoir et le bataillon entre, au milieu des plus vifs et des plus justes applaudissements. La municipalité, toujours prodigue de placards qui puissent entretenir la division parmi les citoyens, et surtout entre le pauvre et le riche, peu soucieuse de broyer du faux ou du vrai, avait saisi la circonstance de l'arrivée des Marseillais pour faire afficher que le pauvre seul se privait de tout pour loger les soldats de la patrie, tandis que les propriétaires fermaient leurs maisons sous un triple verrou, leur refusaient un grabat, et les laissaient tomber de défaillance sur le pavé ! C'était de toutes les calomnies la plus atroce.

« Jamais l'empressement à accueillir nos frères d'armes n'a été plus constamment égal qu'à Lyon, chez les citoyens de toutes les classes; et jamais, certes, il n'avait été besoin ni d'invitation, ni de règlements coercitifs pour y contraindre.

« Du jour même, on ne sait trop pourquoi, toutes les bouches marseillaises font retentir les rues de ce refrain :

> Plutôt la mort que le pillage !
> C'est la devise des Marseillais.

(Vifs applaudissements).

« Dès ce moment, on ne sut d'abord trop pourquoi, toute leur bonne renommée auprès de la municipalité se dissipa comme une vapeur. Une affiche nous apprit enfin que les soldats du bataillon, dit de Marseille, avaient affligé la municipalité par leur incivisme et leurs excès, puis que c'étaient des fauteurs du parti contre-révolutionnaire, puis que c'étaient des assassins. Par la même affiche, les propriétaires ne se trouvèrent plus des aristocrates qui laissaient tomber de défaillance les soldats de la patrie sur le pavé, mais des aristocrates qui les saturaient et les désaltéraient ouvertement et avec scandale.

« Enfin, le départ du bataillon, dit de Marseille, fut requis le plus formellement et ordonné comme mesure de sûreté générale.

« Cependant le maire réélu avait envoyé sa non-acceptation à la commune.

« Nouvelle convocation des assemblées primaires. Bertrand, d'une part, Gilibert et Carret (de l'autre), sont les concurrents à la mairie, désignés par l'opinion publique. En conséquence, dénonciation contre Gilibert, dénonciation contre Carret, au bureau de Laussel, pour favoriser la nomination de Bertrand. En outre, mandats d'amener, mandats d'arrêt délivrés sans nombre pour éloigner les citoyens des assemblées.

« Le recensement ne donne point de majorité absolue ; mais Bertrand et Gilibert emportent le plus de suffrages. On arrête dans la nuit Gilibert, et l'on ne fait aucun usage de la dénonciation portée contre Carret, parce qu'il a cessé d'être un concurrent dangereux. Cependant Gilibert est nommé. Son élection le fait descendre de la prison dans un cachot; il donne sa démission et le traitement devient plus doux.

« Les assemblées primaires sont convoquées pour la troisième fois, et précédées de nouveau par des arrestations arbitraires. Quelques sections refusent de concourir à la nomination du maire, et observent que Gilibert étant dans les fers, n'a pu ni accepter ni se démettre ; qu'on doit attendre la décision de la Convention qui a été consultée, et qu'enfin la municipalité a méconnu la loi qui ordonne que lesdites assemblées seront convoquées huit jours d'avance, par affiche. Il est passé outre sur leurs réclamations et le nouveau maire est installé.

« La multiplicité inique des premières arrestations avait déterminé nombre de sections à se former en assemblées particulières, pour réclamer avec plus de force contre un arbitraire qui devenait tous les jours plus oppressif, et qui éloignait de la ville une multitude de citoyens.

« On avait rempli le vœu de la loi, qui prescrit de donner connaissance au greffe de la municipalité de la tenue de ces assemblées. La municipalité, marchant sur les traces du despotisme, ordonne qu'on se sépare, et Laussel ajoute qu'il dissoudra, par le canon, les assemblées qui se montreront rebelles. Promesse d'obéir et obéissance, sont l'unique réponse.

« Quelques citoyens de la section de Saint-Nizier persuadés, qu'au terme de la loi, le droit de s'assembler est acquis par l'avis pur et simple donné aux officiers municipaux, du jour et du lieu de l'assemblée, étaient demeurés réunis. Ils sont investis, arrêtés et conduits à l'hôtel commun. La soumission des autres sections ne les mit pas à l'abri des poursuites. Tous ceux qui, fiers d'être républicains, avaient parlé avec quelque énergie, furent recherchés. On cessa enfin de réclamer contre les arrestations, par la crainte de les rendre plus nombreuses, et l'on attendit dans le silence, les commissaires envoyés par la Convention.

« Ils arrivent. On crut qu'au règne de la Terreur allait succéder celui de la Justice. On se flatta au moins qu'ils se porteraient médiateurs entre les administrateurs et les administrés. On espéra enfin qu'il s'établirait devant eux, entre le mensonge et la vérité, une lutte d'où celle-ci sortirait infailliblement victorieuse. En conséquence, environ 5,000 citoyens s'assemblent, paisiblement et sans armes, dans le jardin des ci-devant « Augustins », et après avoir satisfait strictement à toutes les formalités préalables, on rédige avec confiance une pétition expositive de nos principaux griefs contre la municipalité, et tendant à demander la convocation des assemblées de sections, pour éclairer les commissaires de la Convention sur les événements qui se sont passés depuis le 4 février, époque de la naissance de nos troubles, et pour aviser aux moyens de ramener l'ordre et la tranquillité publique. On signe la pétition, et dix citoyens sont nommés, conformément à la loi, pour aller la présenter aux commissaires.

« Rovère la reçoit et en donne lecture à ses collègues. A peine a-t-il fini que Legendre la lui arrache des mains et demande si elle est revêtue de signatures. On répond que oui.

« — Et de combien ?

« — De 7 à 800.

« — La loi n'en veut que 150.

« — La loi en exige au moins 140.

« — Taisez-vous, vous êtes des factieux.

« — Mais citoyen commissaire...

« — Vous êtes des factieux vous dis-je ; et « vos 7 à 800 signataires me répondront sur leur « tête de ce qui va arriver ; j'irai moi-même « les dissoudre avec la force armée. Je périrai « sans doute ; hé, bien ! ils partageront mon « corps et l'enverront aux 84 départements « pour attester leur infamie. »

« On se récrie vivement contre des préventions aussi injurieuses. Le reproche de rébellion et d'attentat prémédité contre la vie des commissaires est repoussé avec horreur. Nous leur demandons, nous nous demandons à nous-mêmes, quelle phrase, quelle ligne, quel mot de la pétition dénote que nous sommes des factieux. Nous représentons qu'elle n'a

d'autre but que de leur faire connaître la vérité sur la cause de nos troubles ; que la recherche de la vérité est l'objet de leur mission et qu'ils ne la rencontreront, cette vérité, que dans les assemblées du peuple. Nous invoquons l'éternelle justice, la loi sacrée sur les pétitions. Nous invoquons l'égalité des droits. Vous avez entendu, nous écrions-nous, la municipalité qui accuse, vous entendrez les sections qui sont accusées.

« Les commissaires persistent dans leur refus et les porteurs de la pétition se retirent.

« Ils reviennent à l'assemblée, et après avoir rendu compte du mauvais succès de leur mission, ils invitent tous les citoyens à se séparer paisiblement. Un moment après, la force armée se présente pour opérer leur dissolution ; mais, beaucoup plus puissant, notre respect pour la volonté de vos envoyés, avait prévenu l'arrivée des baïonnettes.

« Depuis le voile a commencé à se lever. Le procureur de la commune a été mis en état d'arrestation ; et les deux dénonciateurs de Gilibert, cédant au remords qui les déchirait, sont venus déclarer au greffe de leur juge de paix que le dénoncé était innocent, et que la séduction seule les avait entraînés dans leur criminelle démarche.

« Espérons que bientôt le voile se lèvera tout entier. Qu'ils seront affreux les objets qu'alors il va découvrir à nos yeux !

« Tel est, citoyens représentants, le tableau fidèle des événements qui ont agité notre ville, tableau bien différent de celui qui vous a été présenté par la municipalité. Nous nous interdisons toute réflexion. Mais nous vous dirons hardiment et avec une franchise républicaine que vos commissaires n'ont pas montré cette impartialité qu'exigeait d'eux le caractère dont vous les avez revêtus.

« Nous dirons à Legendre, qui, sans venir dans notre assemblée, n'y a vu que des assassins : Non, tu n'aurais point péri ; non, ton corps n'aurait point été partagé. C'est toi le premier qui as présenté à notre pensée l'image horrible d'un pareil attentat. Aucun bras ne serait levé contre toi, car mille, au même instant, se seraient levés pour ta défense. Avant de nous juger, ne venais-tu au milieu de nous ? Tu n'aurais vu que des citoyens, amis des lois, et ne voulant être esclaves que d'elles ; connaissant leur devoir, mais jaloux de leurs droits ; voulant fermement la République, et la voulant une et indivisible, abhorrant les traîtres ; prêts à se lever contre tout prétendant à la dictature, au protectorat, ou à tout autre pouvoir qui ne serait pas celui du peuple. Que ne venais-tu, te dis-je, au milieu de nous ? Combien tu te serais repenti de nous avoir mal connus, outragés !

« Nous dirons à Laussel : tu as accusé les citoyens de Lyon de projets contre-révolutionnaires ; nous t'avons démenti victorieusement. Mais toi, prêtre et noble, toi, dévoré de la soif de l'or, tu as constamment entretenu la division dans nos murs, pourquoi ?... Tu n'as cessé d'égarer les uns et de provoquer les autres, pourquoi ?... Tu t'es efforcé, par ton despotisme, de rendre odieux le nouvel ordre de choses, pourquoi ?... Ne nous aurais-tu pas accusé de tes propres forfaits ?...

« Représentants du peuple français, l'Assemblée constituante nous a donné la liberté ; nous tenons l'égalité de l'Assemblée législative ; vous avez fait plus, vous avez décrété la République ; asseyez-la sur les bases immuables de la justice.

« Nous demandons :

« 1° Que la Convention nationale fasse poursuivre les auteurs du complot d'assassinat projeté au comité central, le 5 février dernier, et les violences qui y ont été exercées ;

« 2° Qu'elle fasse également poursuivre les arrestations arbitraires auxquelles on s'est livré depuis ces complots jusqu'à ce jour ;

« 3° Que Laussel, procureur de la commune, actuellement en état d'arrestation, soit détenu jusqu'à ce qu'il ait été informé desdites arrestations arbitraires et des concussions par lui ——cées ensuite d'icelles ; et en cas qu'il se ——rouve en liberté, qu'il soit remis en état d'arrestation ;

« 4° Que la Convention nationale déclare —ulle l'élection du maire actuel, comme étant —n contravention au code municipal, en ce qu'on n'a pas laissé écouler la huitaine entre —a convocation et l'élection, et comme ayant —té faite à la suite d'un acte de démission for—ée du citoyen Gilibert, alors détenu au secret;

« 5° Enfin, qu'il soit permis aux sections —e la ville de Lyon, ou plutôt qu'on ne les —mpêche pas de s'assembler et de délibérer sur —ous ces objets. en, par elles, se conformant à —a loi.

« *Signé :* GENET-BRONZE, *aîné ;* PELZIN et BADGER, *députés, fondés de pouvoirs.* »

Le Président. Citoyens, la Convention —royait avoir pris toutes les mesures néces—aires pour assurer la tranquillité de Lyon ; —lle en prendra de supplémentaires. Vous —ous plaignez des calomnies, vous vous plai—nez que les commissaires ont excédé leurs —ouvoirs, elle examinera dans sa justice .vos —éclamations et vous invite aux honneurs de —a séance.

(*Avant de se retirer les pétitionnaires dé—osent sur le bureau leurs pouvoirs et dix —ièces annexes à leur pétition.*)

Cusset (1). Je m'offre à prouver que les —étitionnaires sont des imposteurs et je sou—iens que vous devez avoir la plus grande con—ance en vos commissaires.

Chasset. Et moi, je demande que la ville —e Lyon soit convoquée en sections, de façon —connaître le vœu de tous ses habitants et non —elui d'une faction.

Danton. Il serait bon de savoir auparavant —i les illustres négociants de cette ville sont —evenus patriotes.

Chasset. Puisque Danton insiste, je de—ande à présenter quelques observations sur

(1) Le texte de cette discussion, à laquelle prend part —e partie de la députation de Lyon, est emprunté au —*ogotachtgraphe*, n° 108, page 391, 1re colonne, au *Jour*—*al des Débats et des décrets* n°, 214, page 326 ; à —'*Auditeur national*, n° 207, page 6, et surtout au —*ercure universel*, tome XXVI, page 251 et suiv. — Le —*oniteur universel* se borne à mentionner cette au—tion.

la pétition qui vient de vous être faite. Citoyens, il y a dans la pétition des députés de Lyon, des objets qui doivent être renvoyés à un comité ; je demande donc ce renvoi au comité de législation : mais il en est d'autres qui peuvent recevoir une solution immédiate, et ceux-là. je les convertis en motion.

Vous connaissez, citoyens, les causes de l'arrestation du procureur de la commune, Laussel ; ce sont ses concussions. Ce malheureux, dont les ordres entassaient dans les caves de l'hôtel de ville ceux qu'il désignait à la proscription, faisait un criminel trafic de la liberté des ces infortunés. (*Murmures d'indignation.*) Voici un mémoire imprimé de Louis Girerd, épicier à Lyon, qui atteste ces faits. Une femme le sachant détenu dans cette cave offre deux cents livres pour sa liberté et l'obtient, momentanément du moins, car le bruit s'en étant répandu. Girerd fut de nouveau incarcéré. Il n'était pas hélas, le seul qui eût payé.

Vos commissaires ont fait arrêter Laussel, à la suite des dénonciations qui lui furent faites. Je demande qu'il continue à être détenu et que si, dans le moment où je vous parle, le mouvement qu'on assure exister à Lyon lui avait donné la liberté, il soit réintégré dans les prisons.

Un second motif à l'appui de ma demande est le projet que déposa Laussel au club populaire de faire égorger les citoyens condamnés par le tribunal révolutionnaire de cette ville. Ce projet est punissable bien qu'il n'ait pas été suivi d'exécution, car le Code pénal condamne à dix années de fers le fonctionnaire public qui propose des mesures contraires à la loi et tendant à égarer le peuple. Un malheureux citoyen de Lyon, nommé Boissonnat, qui fut porteur de la pétition des Augustins, a été arrêté pour cet objet et livré au tribunal révolutionnaire. Il est à l'Abbaye; il n'y a pas un moment à perdre pour le sauver : je demande qu'il ne puisse être poursuivi par ce tribunal avant que le ministre de la justice vous ait fait un rapport sur les causes de la détention de ce citoyen.

Je reviens, enfin, sur la demande que j'avais précédemment formulée et je propose que les sections de Lyon jouissent du droit de s'assembler, droit que vous ne pouvez ôter à aucune commune, à la charge, par elles, d'observer les formes exigées par la loi, droit qu'aucun membre de cette assemblée n'a contesté aux sections de Paris. Ce ne seront pas les illustres négociants de Lyon qui se rendront dans les sections, ainsi que l'a dit ironiquement Danton ; non, les illustres négociants de Lyon n'y sont plus, les vexations les en ont chassés, si bien qu'à cette heure un bon nombre d'ouvriers sont sans travail. Ceux qui viendront dans les sections, ceux qui voteront seront les ouvriers ; nous-mêmes d'ailleurs, qui sommes à cette barre à cette heure, nous sommes des ouvriers.

C'étaient huit cents ouvriers qui avaient signé la pétition des Augustins pour demander la convocation des sections ; pouvait-on la leur refuser ? Je ne pense pas, et pourtant vos commissaires l'ont fait.

Ordonnez donc, citoyens, que les sections de Lyon puissent s'assembler librement ; les sections de Paris sont permanentes, elles n'ont pas pourtant un autre droit.

Cusset. Chasset ne vous dit pas qu'il existe à Lyon un projet de contre-révolution, comme celui qui existe dans les Deux-Sèvres ; il ne vous dit pas que ces messieurs, par des barils de poudre, par d'autre moyens, voulaient égorger la société populaire. Il ne vous a pas dit qu'on s'y est porté depuis en armes ; que, sur la place des Terreaux, la statue de la Liberté a été insultée, et qu'on a crié : « Vive le roi vive la guerre civile. » J'affirme que l'un des pétitionnaires, lui-même a écrit sur l'arbre de la liberté de la place Saint-Vincent: la Constitution rien que la Constitution. *(Murmures prolongés.)*

(Les pétitionnaires se précipitent à la barre.)

Javogues. Il y a un mois que les pétitionnaires sont à Paris ; c'est ici qu'ils ont rédigé leur pétition.

Plusieurs membres : Laissez parler les pétitionnaires.

L'orateur de la députation : Les faits allégués par Cusset ne sont pas exacts. Quant à la pétition que nous avons présentée, elle a été écrite à Lyon, signée de 800 citoyens ; c'est la même que l'on a remise aux commissaires. Ce que nous avons dit est une exposition des faits à laquelle nous avons été autorisés et que nous avons appuyé de preuves justificatives.

Chasset. C'est moi qui ai retardé l'admission des pétitionnaires. Je crus que vos commissaires rétabliraient l'ordre, ils n'en ont rien fait ; j'affirme que ce que l'on vous expose est la vérité.

Lanthenas annonce que la réunion des assemblées primaires à Lyon serait le signal de la guerre civile, parce dans cette ville se sont assemblés une foule de contre-révolutionnaires ; il accuse les pétitionnaires d'avoir travesti et défiguré la vérité à leur avantage, d'avoir tu les excès auxquels s'étaient portés, non le peuple, mais des hommes vendus à l'aristocratie, des nobles et des riches. Il parle de Laussel dans le même sens que Chasset et conclut au renvoi de tout au comité de législation.

Dubouchet. Vous avez nommé des commissaires choisis par vous, vous devez avoir en eux toute confiance.

(La Convention, après quelques débats, décrète que Laussel, procureur de la commune de Lyon, en état d'arrestation, comme prévenu de concussion, continuera d'y rester jusqu'à ce qu'il ait été statué sur la pétition des citoyens de Lyon, dont le rapport doit être fait par le comité de législation. Elle ordonne ensuite que le ministre de la justice rendra compte, dans la séance de demain, des motifs de la détention de Boissonnat, de Lyon, à l'Abbaye, des causes de son arrestation, et ordonne qu'il sera sursis au jugement jusqu'après ledit compte. Elle renvoie le surplus de la pétition, avec les pièces, au comité de législation, pour en faire un prompt rapport (1).)

---

(1) *Collection Baudouin*, tome XXVIII, page 88 et P. V. tome IX, page 272.

Thuriot, *vice-président*, remonte au fauteuil où **Rabaut-Saint-Etienne** l'avait remplacé (1). *(Vifs applaudissements et bravo répétés sur la Montagne et dans les tribunes.)*

PRÉSIDENCE DE THURIOT, *vice-président.*

Les commissaires de la majorité des sections de Paris, le maire à leur tête, sont introduits à la barre.

Le Président leur fait lecture du décret de l'Assemblée qui est ainsi conçu (2) :

« La Convention nationale décrète que la pétition, annoncée au nom de la majorité des sections de Paris, sera entendue ; qu'après lecture, les pétitionnaires seront tenus de la signer individuellement, et qu'elle sera ensuite renvoyée aux sections, afin que tous les citoyens qui l'ont faite ou qui y ont donné leur adhésion, soient tenus aussi d'y apposer leur signature individuelle dans leur section respective.

« Elle décrète, en outre, que le maire de Paris rendra compte en même temps de l'état des subsistances à Paris.

Il donne ensuite la parole au citoyen *Pache, maire de Paris,* qui s'exprime ainsi (3) :

Législateurs, les 48 sections ont nommé des commissaires pour rédiger une pétition cette pétition rédigée a été reportée aux sections et dans les communes du département 35 sections et une seule commune y on adhéré; les procès-verbaux en font foi. Mais qu'il me soit permis d'observer que, lorsqu'il fut question de la déchéance du ci-devant roi, les sections nommèrent des commissaires pour rédiger une pétition. Cette pétition, après avoir été rédigée, fut renvoyée aux sections, qui l'adoptèrent; le maire la présenta à la tête des commissaires, et l'Assemblée n'exigea alors que les pouvoirs de ces commissaires.

La pétition que les commissaires des sections présentent aujourd'hui a été envoyée au conseil général de la commune, qui y a adhéré, et a chargé le maire d'accompagner les commissaires. Un d'eux va en donner lecture, mais auparavant laissez-moi vous faire connaître l'arrêté qu'a pris le conseil général de la Commune sur la demande de la majorité des sections de Paris.

Voici cet arrêté (4) :

MUNICIPALITÉ DE PARIS

Extrait du registre des délibérations du conseil général du 15 avril 1793, l'an II de la République française.

.... du matin.

« Le conseil général, extraordinairement convoqué, lecture faite d'une adresse à la

---

(1) *Mercure universel*, tome XXVI, page 253.
(2) P. V., tome IX, page 272.
(3) *Moniteur universel*, 1er semestre de 1793, page 480, 1re colonne.
(4) *Archives nationales*, Carton C II 252, chemise 440, pièce n° 23.

Convention nationale, provoquée par la section de la Halle-aux-Blés, à fin de rappel de divers membres de la Convention, dénommés à ladite adresse, aussitôt que la majorité des départements y aura donné son adhésion ;

« Vu les adhésions données à icelle par les sections du Mail, Bondi, Butte-des-Moulins, 1792, Gravilliers, Cité, Faubourg Montmartre, Tuileries, Sans-Culottes, Mont-Blanc, Droits de l'Homme, Louvre, des Lombards, Fédérés, Quinze-Vingts, Arsenal, Faubourg-du-Nord, Bon-Conseil, Maison Commune, Amis de la Patrie, Gardes-Françaises, Bonne-Nouvelle, Pont-Neuf, République, Montreuil, Marais, Temple, Luxembourg, des Halles, Piques, Molière et La Fontaine, Arcis de l'Unité, de la commune d'Arcueil;

« Le conseil général adopte la rédaction de la municipalité de se présenter à la Convention nationale à la tête desdits commissaires pour en donner lecture;

« Arrête, en outre, qu'elle sera imprimée et envoyée à toutes les municipalités de la République.

« *Signé:* PACHE, *maire;* COULOMBEAU, *secrétaire-greffier.* »

« Pour copie conforme :

« *Signé :* COULOMBEAU. »

ROUSSELIN, *orateur de la députation,* donne alors lecture de la pétition des sections; elle est ainsi conçue (1) :

« Législateurs,

« Les rois n'aiment pas la vérité, leur règne passera : le peuple la veut partout et toujours, ses droits ne passeront point.

« Nous venons demander vengeance des outrages sanglants faits à sa liberté depuis si longtemps.

« Les Parisiens ont commencé les premiers la Révolution, en renversant la Bastille, parce qu'elle pendait de plus près sur leurs têtes; c'est ainsi qu'ils viennent aujourd'hui attaquer la nouvelle tyrannie, parce qu'ils en sont les premiers témoins. Ils doivent jeter les premiers dans le sein de la France le cri de l'indignation.

« Ils ne veulent point faire acte exclusif de souveraineté, comme on les en accuse tous les jours; ils viennent émettre un vœu auquel la majorité de leurs frères des départements donnera force de loi; leur position seule leur donne l'initiative du cri de la vengeance.

« Nous reconnaissons ici solennellement que la majorité de la Convention est pure, car elle a frappé le tyran. Ce n'est donc point la dissolution effrayante de la Convention; ce n'est point la suspension de la machine politique que nous demandons; loin de nous cette idée vraiment anarchique imaginée par les traîtres qui, pour se consoler du rappel qui les chassera de cette enceinte, voudraient au moins jouir de la confusion et du trouble de la France; vous venez, armés de la portion d'opinion publique de la Commune de Paris, provoquer le cri de vengeance que va répéter

la France entière : nous allons lui indiquer les attentats et les noms de ces perfides mandataires.

« Les crimes de ces hommes sont connus de tout le monde, mais nous allons les spécifier; nous allons, en présence de la nation, fonder l'acte d'accusation qui retentira dans tous les départements.

« Ces hommes, dans les temps où ils feignaient de combattre la tyrannie, ne combattaient que pour eux; ils nommaient, par l'organe de Capet, leur chef et leur complice, des ministres souples et dociles à leur volonté mercantiles.

« Ils trafiquaient avec le tyran par Boze et Thierry ; ils voulaient vendre, à prix d'argent et de places lucratives, la liberté et les droits les plus sacrés du peuple.

« Brissot, quelques jours avant le 10 août, voulait prouver que la déchéance serait un sacrilège, et Vergniaud osait annoncer au Corps législatif que, malgré le vœu connu du peuple, il ne proposerait jamais aucune mesure qui pût amener cette déchéance. Guadet protégeait les trahisons de Narbonne. La mémorable journée du *10 août* a arraché de leurs mains les pouvoirs qu'ils s'étaient appropriés; ils ont voulu perpétuer leur dictature ministérielle; tous ceux qui ont obéi servilement et trahi la cause du peuple, ils les ont encensés, ils ont voulu anéantir les hommes courageux qui ne savaient pas plier devant leurs basses intrigues et leur insolente avidité. Ils ont présenté à l'Europe, comme une idole, ce Roland, cet empoisonneur de l'opinion publique; ils ont tout fait pour précipiter ceux dont le courage et la vertu gênaient leur ambition.

« On sait qu'ils ont toujours voulu couvrir d'intentions du bien public leurs complots les plus sinistres; mais, en dépit de leurs intrigues, les événements ont justifié l'opinion publique sur la vérité de leurs motifs; ils se sont tous attachés à calomnier le peuple de Paris dans les départements; ils ont montré le peuple de Paris comme usurpateur, pour qu'on oubliât leurs usurpations particulières; ils ont voulu la guerre civile pour fédéraliser la République, ils ont, à l'aide de Roland, présenté les Parisiens à l'Europe comme des hommes de sang.

« Après avoir, par ce moyen perfide, aliéné le parti libre et populaire de l'Angleterre, ils ont sollicité la guerre offensive; ils ont, sous le faux amour des lois, prêché le meurtre et l'assassinat. Au moment même où Lepeletier venait d'expirer, où Léonard Bourdon était percé de coups, Salle écrivait dans le département de la Meurthe d'arrêter ses collègues les députés-commissaires, comme des désorganisateurs et des factieux. Gorsas, ce calomniateur éhonté, qui ne rougissait point, il y a quatre jours, d'excuser publiquement Dumouriez, au mépris d'un décret qui défend de prendre le parti de ce scélérat, sous peine de mort; ce Gorsas, trouvé clandestinement à la tour du Temple, quinze jours avant la mort du tyran, était le thermomètre du traître Dumouriez et de son perfide état-major, qui, ses feuilles à la main, faisait circuler le poison dans l'armée, au lieu de laisser apercevoir aux soldats le véridique *Bulletin de la Convention.*

« Qu'ont fait les Ramond, les Dumas? ils

_____
(1) P. V., tome IX, page 273.

ont encensé Lafayette. Qu'ont fait tous les hommes que nous vous avons désignés? ils ont encensé Dumouriez. Cette preuve n'est pas la seule de leur complicité avec ce soldat rebelle; leur conduite, leur correspondance déposent contre eux sans réplique.

« Quand Dumouriez est venu faire à Paris son voyage mystérieux, quels sont les hommes qu'il a fréquentés ? quels sont les hommes qui, pour arracher le tyran au supplice, ont fait perdre à la Convention trois mois d'un temps précieux et nécessaire à la confection des lois qui manquent à la Révolution et la laissent en arrière? quels sont les hommes qui, sous le prétexte perfide de punir les provocateurs, voulaient anéantir la liberté de la presse? quels sont les hommes à qui leur conscience coupable faisait appréhender le tribunal révolutionnaire, en même temps que Dumouriez répétait leurs blasphèmes?

« Quand Brissot et ses adhérents, sous le vain nom de l'amour des lois, criaient à l'anarchie, Dumouriez répétait le même cri; quand ils voulaient déshonorer Paris, Dumouriez en faisait autant; quand leurs efforts impuissants voulaient fermer les sociétés populaires, ces foyers de l'esprit public, Dumouriez chassait des clubs les hommes libres, comprimait de tous ses moyens l'effort de l'opinion et de la vérité; quand, d'après les invitations perfides et si souvent répétées du ministre Roland, ils demandaient une force départementale et prétorienne pour les garder, Dumouriez voulait aussi venir à Paris, protéger ce qu'ils appelaient et appellent encore entre eux *la partie saine de la Convention*, et que nous nommons ses plus grands ennemis.

« Leurs vœux et les actions de ce traître se sont toujours rencontrés; cette identité frappante n'est-elle point une complicité? Ah! ne viens pas dire, Pétion, que le peuple change : ce sont les fonctionnaires qui changent; le peuple est toujours le même; son opinion a toujours suivi la conduite de ses mandataires. Il a poursuivi les traîtres sur le trône, pourquoi les laisserait-il impunis dans la Convention? Le temple de la liberté serait-il donc comme les asiles d'Italie, où les scélérats trouvaient l'impunité en y mettant le pied? Non, sans doute, les droits du peuple sont imprescriptibles; les outrages que vous leur avez portés n'ont servi qu'à les graver plus profondément dans son cœur. La République aurait-elle donc pu renoncer au droit de purifier sa représentation ? Non : la révocabilité est son essence, elle est la sauvegarde du peuple. Il n'a point anéanti la tyrannie héréditaire, pour laisser aux traîtres le pouvoir de perpétuer impunément leurs trahisons. Déjà le décret de cette révocabilité, droit éternel de tous commettants, se prononce dans tous les départements de la République; déjà l'opinion unanime s'élance pour vous déclarer la volonté d'un peuple outragé : entendez-la.

« Nous demandons que cette adresse, qui est l'exposition formelle des sentiments unanimes, réfléchis et constants des sections composant la Commune de Paris, soit communiquée à tous les départements par des courriers extraordinaires, et qu'il y soit annexé la liste ci-jointe de la plupart des mandataires coupables du crime de félonie envers le peuple souverain, afin qu'aussitôt que la majorité des départements aura manifesté son adhésion, ils se retirent dans cette enceinte.

« L'Assemblée générale des sections de Paris, après avoir mûrement discuté la conduite publique des députés de la Convention, a arrêté que ceux énoncés ci-après avaient, selon son opinion la plus réfléchie, ouvertement violé la foi de leurs commettants :

« Brissot, Guadet, Vergniaud, Gensonné, Grangeneuve, Buzot, Barbaroux, Salle, Biroteau, Pontécoulant, Pétion, Lanjuinais, Valazé, Hardy, Lehardy, Jean-Baptiste Louvet, Gorsas, Fauchet, Lanthenas, Lasource, Valady, Chambon. (*Applaudissements dans les tribunes... Bravo ! Bravo !*)

« Pour extrait conforme à la minute inscrite au procès-verbal. »

Le Président réclame l'exécution de la première disposition du décret, et les pétitionnaires, au nombre de 75, signent la pétition.

Ces signatures sont les suivantes (1) :

Signé : PHULPIN, *commissaire* ; O. REILLY, *section des Gravilliers* ; MAILLY ; TANCHON, *de la Cité* ; COHENDET, *secrétaire* ; RAYLL, *maire* ; CAVIGNIEU, LECLÈRE, BOYEZ, *vice-président* ; ALAIS, *de la Cité* ; CHASTEAUNEUF, *commissaire* ; TRUCHON, *de la section des Gravilliers* ; BLANCHARD, SASSAT, PICARD *fils* ; ARNAUD, LECLÈRE, *commissaire de la section du Mail* ; LA RUE, FEUILLET, DELACROIX, BOUDIER, *commissaire de la section du Mail* ; LAMY, F.-A. AUBERT, Etienne FEUILLANT, CELLIER, *député du conseil général* ; LEFÈVRE, Charles HASSENFRATZ, SAUNAY, *député, commissaire de la République* ; DECUVE, GODET, *commissaire des Tuileries* ; DUMOUTIER, *notable* ; CHAILLY, Pierre PETIT, *électeur des Gravilliers* ; JARROFFROY, BONIN, MENNESSIER, MICHES, VERNEL, ROUGIER, *commissaire* ; VARENNE, JOPPIN, LACOUBE, PAPIT, BOULANGER, *section de Montreuil* ; FÉLIX, GUILLOT, LE LIÈVRE, *notable* ; LUCRON, LAISNÉE, RAGUIN, RÊVE, MOULIN, HÉBERT, *substitut* ; SIMON, LAUNE, TRIONVILLE, JÉRÔME, VIALLARD, *notable* ; JACOB, GEFFROY, GOBERT, BOURSE, DUPLESSIEUX, D.-E. LAURENT, CHENAUX, *membre du Conseil* : HERVY, PACHE ; plus six signatures illisibles.

Le Président (1). Citoyens, un décret solennel invite tous les Français à dénoncer et à surveiller, lorsque l'intérêt public le commande. Vous avez cru devoir faire cette démarche pour l'intérêt de la République. La Convention examinera votre pétition. Elle vous invite aux honneurs de la séance.

(*Ils entrent dans l'Assemblée au milieu des applaudissements des tribunes.*)

Pénières. J'observe à l'Assemblée que le maire n'a pas signé la pétition.

_____

(1) *Archives nationales*, Carton CII 252, chemise 440, pièce n° 24.
(2) La réponse du Président à la députation des sections de Paris et le compte-rendu de Pache sur les subsistances, sont empruntés au *Moniteur universel*, 1er semestre de 1793, page 483, 2e colonne.

PACHE, *maire de Paris*. Je ne suis point pétitionnaire. Le conseil général de la commune m'a seulement chargé de les accompagner. Au reste, pour éviter aucun doute à cet égard, je vais la signer. (*Vifs applaudissements des tribunes.*)

Le Président. Citoyen maire, l'Assemblée désire connaître l'état des subsistances de la ville de Paris.

PACHE, *maire de Paris*. L'état des subsistances de Paris est le même qu'il y a quinze jours. Il y existe autant de farine; l'arrivage est le même, et les boulangers cuisent autant; cependant différentes alarmes répandues portent beaucoup de citoyens à accumuler chez eux plus de pain qu'ils n'en consomment. Il est encore une autre cause de l'apparente rareté du pain, c'est l'écoulement qui s'en fait de Paris pour les campagnes voisines. J'ai requis le commandant général de surveiller et d'empêcher cette exportation, de visiter les coches d'eau qui la favorisent, et d'arrêter les voitures et charrettes qui l'opèrent. Une circonstance imprévue a dû augmenter l'inquiétude ; c'est la lettre des administrateurs du département de la Côte-d'Or. Elle a répandu la terreur ; on a cru Paris affamé; mais je puis répéter à la Convention nationale que l'état des subsistances de la ville de Paris n'a rien d'alarmant.

Boyer-Fonfrède (1). J'ai des demandes et des observations à présenter sur la pétition qui vient de vous être soumise et sur le compte rendu satisfaisant qui vient de vous être fait par le maire de Paris sur l'état des subsistances. Quant à ce dernier, j'en demande l'impression et l'affichage sur-le-champ, dans un placard particulier. Il faut calmer les inquiétudes qu'une disette, que je savais bien être factice et le fruit de quelques intrigues des ennemis de la République, aurait pu causer aux citoyens de cette immense cité. Veuillez donc, Président, mettre cette proposition aux voix.

(La Convention adopte, à l'unanimité, cette proposition.)

Boyer-Fonfrède. Je reviens à la pétition.

Citoyens, si la modestie n'était pas un devoir plutôt qu'une vertu dans l'homme public, je m'offenserais de ce que mon nom n'a pas été inscrit sur la liste honorable qui vient de vous être présentée.

Un très grand nombre de membres : Et nous aussi, tous, tous !

Plusieurs membres demandent l'appel nominal.

Boyer-Fonfrède. Je vois, citoyens, que vous partagez mes sentiments et mes regrets, que vous êtes comme moi jaloux d'être signalés pour avoir bien servi la République.

_____

(1) Nous avons coordonné le discours de Boyer-Fonfrède avec l'aide du *Moniteur*, du *Journal des Débats* et du *Logotachigraphe*, dont nous donnons les extraits ci-après, en annexes, voir pages 161 La réponse de Thirion a été empruntée au *Moniteur universel*, 1er semestre de 1793, page 481, 3e colonne, et au *Logotachigraphe*, n° 108, page 394, 1re colonne.

J'entends réclamer l'appel nominal, je l'appuie ; je rends justice à cette franchise qui ne veut pas laisser ses opinions dans l'ombre d'un vote commun. J'annonce dès maintenant mon intention de demander que mes propositions soient soumises à l'appel nominal. J'entre dans la discussion.

Je rends hommage au patriotisme, au zèle éclairé, à la surveillance active qu'a dicté la pétition qu'on vous a présentée. Il est heureux pour la République que ces pétitionnaires et le maire de Paris veuillent bien vous accorder la faveur de soumettre à un scrutin obligatoire. Je n'élève aucun doute, citoyens, sur le texte qui vous a été lu. Oui, c'est bien là le vœu libre, spontané du peuple ; il est impossible qu'aucune intrigue, pas même la prophétie de Camille Desmoulins, l'ait provoqué. Tous les habitants de cette immense cité y ont concouru ; j'assurerais d'avance que vous en aurez bientôt la preuve. Je l'admets pour une vérité constante, je la fais mienne et je propose de la convertir en motion. (*Applaudissements.*)

Je sais bien qu'on pourra alléguer que la volonté du peuple ne peut être exprimée que par ses représentants ou par le peuple tout entier ; que jusqu'à ce jour le peuple français était composé de vingt-cinq millions d'hommes et que la souveraineté n'existait qu'en eux tous ; je sais encore qu'on dira que celui-là, ou ceux-là, qui voudraient mettre leur volonté à la place de la sienne ne sont que des tyrans ou des usurpateurs. Mais les pétitionnaires ont-ils affirmé autre chose ? Ne doit-on pas leur rendre cette justice éclatante qu'ils sont, ainsi que nous, remplis de respect pour ces principes ? Après avoir usé du droit sacré de pétition pour demander le bannissement d'une partie des représentants du peuple, ne nous ont-ils pas prié de soumettre leur demande à la volonté des départements ?

J'ai beau être convaincu que la souveraineté du peuple est quelquefois pour quelques hommes une chose embarrassante, et j'ai beau être jaloux de lui conserver ses droits, au point de verser mon sang plutôt que d'y laisser porter atteinte, je ne trouve vraiment rien à dire. Les pétitionnaires n'ont pas voulu déchirer les saints nœuds de la fraternité, qui les unissent à tous les Français de la République. Ils savent bien que cette union fait leur prospérité, qu'une scission, qu'ils se garderaient bien, ainsi que moi, de provoquer, consommerait leur ruine.

Cependant cette demande a besoin d'une explication. C'est aux départements, disent-ils, que leur pétition doit être renvoyée : mais, qu'entendent-ils par ces mots, *aux départements ?* Si les pétitionnaires étaient des intrigants ou des aristocrates, ils voudraient dire : aux corps électoraux, aux administrations, aux sociétés populaires ; mais ils sont républicains, ils sont pleins de respect pour les droits du peuple, ce ne peut donc être que le jugement des assemblées primaires (*Murmures*) qu'ils ont invoqué ; ils savent que c'est là, et là seulement que réside la souveraineté. (*Murmures prolongés sur la Montagne.*)

Pour raisonner avec justesse, sans passion et sans aigreur, je dois ne consulter que la raison et les principes : s'il y a quelque erreur dans ce que j'ai dit, j'invite les membres qui m'ont interrompu, à vouloir bien relever celles que je peux avoir commises.

Massieu. Mais, vous réclamez la Constitution de 89, qui est abolie... (*Interruptions à droite et au centre.*)

Boyer-Fonfrède. Président comme la pétition qui nous occupe est d'une grande importance et que j'espère qu'elle sera prise par tous les citoyens français en très haute considération, je demande que les expressions du préopinant, qui ne paraissent pas très claires, soient consignées, ainsi que mes paroles, au *Bulletin* et au procès-verbal.

Un grand nombre de membres (à droite et au centre) : Oui ! oui !

Massieu. On m'assure que beaucoup de membres de l'Assemblée donnent, aux mots que j'ai prononcés, une interprétation qui n'est pas la véritable. Je n'ai jamais prétendu que la souveraineté du peuple ne fût pas dans les assemblées primaires, j'ai seulement voulu faire entendre que l'opinant et quelques autres membres qui parlent dans le même sens, invoquaient souvent la Constitution et les lois qui n'ont plus d'existence depuis le 10 août. (*Murmures à droite et au centre.*)

Plusieurs membres : Fonfrède n'a pas dit cela.

Massieu. J'ai voulu faire observer à l'Assemblée, que depuis le 10 août, les assemblées primaires n'ont pas été distinguées des assemblées de sections, et qu'il est arrivé plus d'une fois que l'Assemblée a fait droit à une adresse, comme venant du peuple souverain (*Nouveaux murmures*)... comme venant dis-je, sinon du souverain, du moins d'une portion du souverain toujours estimable à ses yeux.

Voilà le sens que j'ai voulu donner à mes expressions.

Boyer-Fonfrède. Il serait piquant de remarquer que les pétitionnaires réclament l'expulsion de quelques membres, parce qu'ils demandent la réunion des assemblées primaires, alors qu'eux-mêmes réclament la même mesure. Je serai plus généreux. Loin de réclamer leur exclusion, vous avez vu, tout à l'heure, que j'ai converti leur pétition en motion et que j'ai prié l'Assemblée de l'adopter. (*Applaudissements et rires ironiques à droite et au centre.*)

Je me bornerai, pour l'instant, à réfuter les erreurs qui viennent de vous être débitées, non pas pour vous, citoyens, trop instruits pour être séduits par elles, mais pour l'instruction du préopinant.

D'abord, je vous atteste tous, je n'ai pas parlé, je n'ai pas proféré le mot de *Constitution* ; et ce n'est pas moi qui, pendant une demi-heure, vous ai fait, à la royauté près, l'éloge de cette Constitution aristocratique de 1789. Qu'avais-je besoin de le faire ? La souveraineté du peuple n'est-elle pas préexistante à toute Constitution ? L'opinant a confondu le droit de pétition avec le droit de souveraineté. Le premier est individuel, il est à chacun et à tous ; l'autre n'appartient qu'à la masse entière du peuple. Les individus, les sections du peuple, les sociétés populaires, font des pétitions, des demandes ; le peuple entier ordonne

et commande. Jamais la Convention nationale n'a regardé une adresse, comme l'expression de la volonté générale, mais seulement comme le vœu utile ou raisonnable de quelques individus et je ferai observer à Massieu qu'une pétition de section n'est pas le vœu du souverain ; le souverain en masse ne fait pas de pétition, il donne des lois. (*Marques d'approbation sur un grand nombre de bancs.*)

S'il est quelqu'un qui nie ces principes éternels, ces axiomes de l'art social, qu'il se lève et qu'il m'interrompe. Mais je suis bien persuadé qu'une pareille discussion ne sera soulevée dans cette enceinte, et que nous sommes unanimes à penser ici, que le peuple, dans son entier, a seul droit de régner sur tous, vous comme sur moi.

Je demande donc, comme les pétitionnaires, qui se sont présentés naguère à la barre que le souverain soit consulté, et que la pétition, qui vous a été présentée, soit imprimée et renvoyée au peuple français, dans ses assemblées primaires, pour exprimer son vœu. C'est d'ailleurs la demande qui vous a été faite, si je ne me trompe.

Je continue. Après vous avoir démontré combien cette pétition des sections de Paris est légitime, je vais essayer de faire ressortir quelques-uns des dangers, auxquels elle donnerait naissance, si vous n'y faisiez pas droit. Ici, je dois faire une déclaration. Si j'avais eu le bonheur d'être sur la liste qui vous a été présentée, tout en applaudissant au zèle éclairé des pétitionnaires, quelle que fût votre détermination, je les conduirais ainsi que moi, devant leur maître et le mien, devant le peuple français. Tant qu'une goutte de sang coulera dans mes veines, j'ai le cœur trop haut, j'ai l'âme trop fière, pour reconnaître d'autre souverain que le peuple. J'estime assez ceux de mes collègues qui ont eu le bonheur d'être proscrits, pour croire qu'ils ne balanceront pas à suivre cette marche. (*Murmures sur la Montagne.*) Vous ne pouvez les placer dans deux hypothèses différentes ; ils ne peuvent avoir pour juge de leur rappel que le peuple entier ou que les assemblées primaires de leurs départements. (*Murmures prolongés sur les mêmes bancs.*)

Président, la Convention veut-elle que je continue...

Un grand nombre de membres : Oui, oui !

Boyer-Fonfrède. A cette déclaration, j'en ajoute une autre. Si j'étais dans mon département, et puisse ma voix y être entendue, je révérerais trop les représentants du peuple pour croire qu'ils accordassent à une section du peuple le droit exclusif d'émettre son vœu, et sûr, au moins, que nos braves compatriotes n'ont pas voulu commettre la lâcheté de le concéder à d'autres qu'à la Convention nationale, je les inviterais à se rassembler. (*Nouveaux murmures sur la Montagne.*)

Président, faites-moi maintenant la parole ; une fois encore je ne comprends pas ces murmures. Je parle sans aigreur et sans passion ; j'avais cru, que ceux qui ont tant applaudi au dévouement héroïque des pétitionnaires et des citoyens du département de Paris, n'auraient pas osé blâmer, par exemple, ceux du département de la Gironde de tenir la même conduite.

Maintenant, citoyens, si vous ne légalisez pas une mesure, que les pétitionnaires patriotes que j'appuie vous ont ravi la faculté d'improuver, que va-t-il arriver? Ou les Français que les députés proscrits représentent sont des lâches, et loin de moi cette pensée, ou ce sont des hommes libres, et je ne leur ferai pas l'injure d'en douter. Dans ce cas, ils doivent se réunir et s'assembler pour exprimer aussi leur vœu; ils vous demanderont aussi des rappels, et je vous l'annonce, avec assurance, les députés qu'on proscrit ici sont révérés là-bas, et ceux que les pétitionnaires ont voulu couvrir d'opprobre seront bientôt couverts du témoignage de l'estime publique, douce récompense de ceux qui ont bien servi la patrie. Par ces différents rappels, par ces listes fatales, la confiance ainsi que la Convention nationale, sera désorganisée; à l'union si nécessaire pour repousser l'ennemi, succédera l'esprit de parti qui va planer sur toute la République, et notre malheureuse patrie, attaquée de toutes parts, sera encore en proie aux discordes civiles. (*Murmures sur la Montagne.*)

Citoyens, vous avez tort de murmurer, car ce n'est pas moi, c'est le zèle des pétitionnaires patriotes qui vous amène à ces tristes résultats.

Plusieurs membres : Vous prêchez le fédéralisme et la guerre civile.

Boyer-Fonfrède. Je prêche la guerre civile! Mais ce n'est pas à moi, c'est aux citoyens de Paris, dont je développe la pétition qu'il faut adresser ce reproche. Quant au fédéralisme, c'est en vain qu'on vous dira que ces idées, que je vous offre sans méditation et sans art, sont empreintes d'une pareille doctrine; citoyens, ce n'est pas moi, ce sont les pétitionnaires de Paris qui vous les ont présentées les premiers, c'est encore à eux qu'il faut en adresser le reproche.

Comme je ne suppose pas qu'aucun représentant du peuple veuille se rendre coupable envers ses commettants du crime de haute trahison par une lâche concession de ses droits, je n'oserais mettre en doute que vous ne permettiez aux citoyens des départements ce que vous avez permis aux pétitionnaires patriotes et au département de Paris; et je terminerai par un dilemne que j'offrirai au provocateur de cette patriotique pétition et à ceux qui l'ont si fastueusement annoncée. Ou les citoyens de Paris ont usé d'un droit légitime et sacré, et alors vous ne pouvez ravir aux citoyens des départements l'exercice du même droit, ou ils ont voulu attenter à la représentation nationale et usurper les droits du peuple, et, dans ce dernier cas, vous devez faire un exemple éclatant de justice et de sévérité. Pour moi, qui révère le droit sacré de pétition, qui ne sais pas sonder les cœurs pour empoisonner les intentions, j'applaudis à la demande des citoyens de Paris, je la convertis en motion et j'en demande l'examen et le renvoi à son adresse, c'est-à-dire au peuple.

Boyer-Fonfrède descend de la tribune au milieu des applaudissements d'une grande partie de l'Assemblée.

Un grand nombre de membres demande avec chaleur à aller aux voix.

Thirion. Citoyens, le préopinant vient de dire avec beaucoup de raison que le peuple était souverain, que, par conséquent, une très petite portion du peuple n'a pas le droit d'exercer la souveraineté; donc cette portion qui a présenté une pétition, n'a fait qu'émettre un vœu auquel elle a le droit imprescriptible, que dans tout gouvernement populaire et républicain, vous ne pouvez contester même à un seul individu. Ainsi, quand même l'objet de la pétition serait erroné, je ne vois pas en quoi les pétitionnaires auraient pu manquer à la chose publique. C'est à vous, représentants du peuple souverain, d'examiner si la pétition qui vous est présentée est bonne ou mauvaise; si elle est bonne, il faut y faire droit, mais si elle est mauvaise, comme je vais le prouver... (*Murmures.*) Je demande si sans aucune discussion l'Assemblée peut adopter une mesure qui peut perdre la chose publique. Nous devons, avant tout, examiner mûrement l'objet très important qui vous est présenté dans la pétition. Quant à moi, je pense qu'elle n'est pas bonne, parce qu'elle est partielle. En effet, s'il n'y avait pas dans cette Assemblée deux partis, vous n'auriez pas vu tout ce côté (*le côté droit*), se lever tout entier pour adhérer à un objet qui ne concernait que quelques individus...

Plusieurs membres : Tous, tous !

Thirion. Ce sont les mêmes qui ont voté de la même manière dans le jugement du tyran.

Plusieurs membres (sur la Montagne) : Oui, oui !

Thirion. Ce sont les mêmes individus qui ont voulu l'appel au peuple, et qui le veulent encore.

Les mêmes membres : Oui !

Thirion. Ce sont encore ces mêmes individus, connus sous le nom d'hommes d'Etat...

Les mêmes membres : C'est vrai !

Thirion...; dont la manière de voter a été désapprouvée par la nation entière...

Les mêmes membres : Il a raison !

Thirion. Les adresses de félicitation et d'adhésion portées de tous les points de la République ont ratifié la conduite de la majorité de la Convention nationale, qui a eu le courage de voter la mort du tyran. (*Applaudissements sur la Montagne et dans les tribunes.*)

Thirion. Je dis donc, Président, que le grand procès que l'on veut susciter dans cette circonstance, où nous avons plus de 500,000 citoyens sur les frontières qui ne peuvent se trouver dans les assemblées primaires, est déjà jugé par le fait. Il y a une question bien simple à poser : le peuple français, approuve-t-il, ratifie-t-il la conduite de 400 membres de la Convention nationale, qui ont l'énergie de fonder la République sur les débris du trône et du tyran? (*Mêmes applaudissements.*) Conservera-t-il au nombre de ses mandataires, pour lui faire une Constitution, ces hommes lâches qui ont trahi l'égalité, ces hommes qui ont tremblé devant l'idole du tyran détrôné, ces hommes qui ont entravé les délibérations les plus salutaires pour la chose publique ; ces hommes qui tout récemment encore se sont refusés à une motion sage qui tendait à proscrire la tête d'un individu qui, après la fondation de la République, se fait appeler le régent du royaume de France ; je dis que ces hommes sont royalistes.

La question ainsi posée, le peuple français reconnaîtra-t-il tous ceux qui ont voté la mort du tyran, ou ceux qui s'y sont refusés, je dis que cette question est déjà décidée par le fait, je dis que d'après les adresses qui sont venues de tous les départements, ces hommes, s'ils avaient eu quelque pudeur, se seraient déjà retirés du sein d'une Convention qu'ils déshonorent. (Applaudissements des tribunes.)

Plusieurs membres (à droite) : Il déraisonne, il croit être aux Jacobins.

Pénières et Guyardin demandent la parole.

Le Président. Je dois auparavant donner connaissance à l'Assemblée de plusieurs lettres qui me sont remises sur-le-champ et qui émanent de vos commissaires.

Mellinet, *secrétaire,* fait cette lecture :

1° *Lettre des citoyens Bonnier et Voulland, commissaires de la Convention dans les départements de l'Hérault et du Gard,* par laquelle ils annoncent que les mesures qu'ils ont prises contre les troubles ont réussi et que le calme est rétabli dans ces départements ; elle est ainsi conçue (1) :

Beaucaire, 8 avril 1793, an II de la République.

« Citoyens, nos collègues,

« Les mesures que nous avons prises à l'occasion du rassemblement que l'on avait annoncé devoir se faire à Saint-Gervais, dans le département du Tarn, ont parfaitement réussi. Il résulte des procès-verbaux qui nous ont été envoyés que le complot a été déjoué et qu'on a mis en prévention Noël Dejean, désigné dans la dénonciation, ainsi que quelques autres auteurs de ces manœuvres contre-révolutionnaires, parmi lesquels se trouve un nommé Lautrec, prêtre réfractaire. Nous avons pris de suite un arrêté que nous adressons à la Convention nationale (2). Nous attendons la copie des informations que nous avons demandées par cet arrêté pour lui faire un tableau circonstancié de cette affaire. Le succès de nos mesures en a imposé aux malveillants de ces contrées et le calme y est parfaitement rétabli.

« Les commissaires de la Convention nationale dans les départements du Gard et de l'Hérault.

« *Signé :* BONNIER; VOULLAND. »

(La Convention renvoie cette lettre au comité de sûreté générale.)

(1) *Archives nationales :* AF₁₁, n° 182.

(2) Par cet arrêté, daté de Nîmes, le 6 avril 1793, Bonnier et Voulland ordonnent de retirer de la ville de Bédarieux la force armée qui y a été envoyée, à l'exception de 100 hommes.

2° *Lettre des citoyens Du Bois Du Bais et Briez, commissaires de la Convention à Valenciennes ;* ils annoncent qu'après un combat très vif, nos postes ont été obligés de se replier sur les glacis de cette place, par la trahison du 10ᵉ régiment de chasseurs qui a passé à l'ennemi en lui abandonnant l'avantage de sa position ; ils font passer une lettre que Cobourg leur a écrite, ainsi que leur réponse ; cette lettre est ainsi conçue (1) :

« Citoyens, nos collègues,

« Nous vous avons prévenus, par notre précédente dépêche, que nos avant-postes étaient attaqués et que l'on entendait une très vive canonnade ; nos troupes ont été forcées de se replier, après avoir défendu, avec un courage opiniâtre, les différents postes qu'ils ont été obligés d'abandonner au nombre. L'ennemi a perdu beaucoup de monde, et nos troupes se sont retirées sur les glacis de Valenciennes.

« Le brave Beauregard, que nous avons provisoirement élevé au grade de commandant de brigade, a défendu avec 250 hommes, un poste attaqué par plusieurs milliers d'ennemis. Un brave gendarme a tué de sa main 4 hulans ; Beauregard nous l'a demandé pour aide de camp et nous avons cru devoir récompenser sa bravoure en lui conférant ce grade. Tous les corps de l'armée ont fait leur devoir, excepté le 10ᵉ régiment de chasseurs à pied : non seulement ce régiment n'a pas fait son devoir, mais encore il a trahi l'armée placée aux avant-postes de l'avant-garde : il l'a laissée surprendre et il a passé du côté de l'ennemi. Le royalisme n'est pas encore éteint dans l'esprit des soldats de troupes de ligne. Il en est de bons, mais il en est aussi de gangrenés ; nous espérons que le patriotisme inaltérable des volontaires les ramènera aux vrais principes.

« Nous devons beaucoup d'éloges au brave général Ferrand qui, malgré ses cinquante-sept ans de service, était tantôt dans la ville et tantôt à la tête des bataillons, les excitant au combat. Nous sommes maintenant en correspondance avec le général Cobourg ; il nous a écrit une lettre adressée à MM. les commissaires de la Convention nationale, aux armées, sur les frontières du Nord. Ainsi il reconnaît notre caractère et notre mission.

« Nous vous faisons passer sa lettre et notre réponse, dans laquelle nous espérons que vous trouverez le ton et l'énergie dignes de francs républicains. A Péronne, on se permet d'arrêter les objets nécessaires aux armées du Nord. Il est instant de remédier à ce mal. Nous avons reçu des nouvelles de Condé. Notre proclamation y a fait le meilleur effet. Le commandant chef de brigade Chancel, la garnison et les habitants sont prêts à s'ensevelir sous les ruines de la place, plutôt que de la rendre à l'ennemi.

« *Les commissaires de la Convention nationale à Valenciennes.*

« *Signé :* DU BOIS DU BAIS; BRIEZ. »

(1) *Archives nationales.* Carton C₁₁ 252, chemise 44) ième n° 29.

Suit le texte des deux pièces ci-dessus mentionnées :

I

Lettre du maréchal Cobourg, commandant en chef les armées de S. M. l'Empereur, au quartier général de Boussu, le 12 avril 1793, l'an II de la République (1).

« Messieurs,

« Je n'ai point regardé le général Dumouriez comme un traître, il n'a jamais parlé chez nous que du bonheur de sa patrie : c'est sur cette base respectable qu'a reposé son entreprise ; c'est d'après ce vœu que je l'ai reçu et que vous devriez le juger. Vous différez d'opinion, voilà tout son crime. Ses principes le rappelaient à cette Constitution qui fut votre idole : il y voyait le bonheur de la France et le repos de l'Europe. Il n'y a pas là de quoi le livrer à l'infamie et à la mort des scélérats. Il ne s'est jamais entendu avec nous, et nous nous sommes battus de manière à prouver que nous n'étions pas d'intelligence. Vous l'accusez dans vos proclamations d'avoir voulu livrer sa patrie ; la première condition, dès qu'on s'est rapproché et que lui et les généraux qui l'ont suivi ont solennellement jurée, c'est qu'il ne consentirait jamais que d'autres puissances se mêlassent de l'organisation intérieure de votre gouvernement, ou qu'on entamât l'intégrité de la France ; ils n'ont pas varié depuis.

« Quant aux quatre commissaires de la Convention nationale, leur sort est entre vos mains. J'ai appelé sur tous ces objets de révolutions violentes, tyranniques et passionnées de quelques-uns des membres de votre assemblée, à ceux qui, parmi vous, aiment véritablement leur patrie ; puissent-ils trouver le moyen de faire cesser les convulsions qui déchirent la France et bouleversent le reste de l'Europe ; c'est là mon vœu autant que le vôtre.

« *Signé :* COBOURG. »

II

Réponse des commissaires de la Convention nationale aux frontières du Nord au maréchal prince de Saxe-Cobourg (2).

Valenciennes, 13 avril 1793, l'an II de la République.

« Général,

« Les citoyens députés auxquels votre lettre était adressée ne sont plus à Valenciennes ; nous les avons remplacés; nous y avons les mêmes devoirs à remplir et les mêmes serments nous y engagent.

« Vous convenez que la différence des opinions n'est pas un crime ; nous pensons comme vous, mais la trahison en est un réel ; le crime légal n'est attaché qu'aux actions : aussi est-ce d'après ses actions coupables et criminelles

---

(1) *Archives nationales*, Carton C11 252, chemise 440, pièce n° 30.

(2) *Archives nationales*, Carton C11 252, chemise 440, pièce n° 31.

aux yeux de toutes les nations, aux vôtres même, que Dumouriez a été voué à l'infamie comme un traître, tandis qu'il pouvait se couvrir de gloire en servant utilement sa patrie, en mourant pour elle, s'il l'eût fallu ; au lieu qu'il s'est à jamais couvert d'opprobre en essayant de la perdre. Il commettait un grand crime, seulement en prétendant placer sa volonté à la place de celle de la nation, pour lui donner un gouvernement quel qu'il fût. La volonté d'un général d'armée contre les autorités légales, fût-elle bonne, est une violation de tous les principes, un grand attentat contre la souveraineté nationale. Mais qu'a voulu Dumouriez ? Tout ce que veulent nos ennemis les plus cruels ; séduire nos troupes, les diriger contre leur patrie, nous donner un nouveau tyran, se lier avec nos ennemis pour remplir ses criminels desseins. Que pouvait-il de plus ? Le coupable Lafayette, qu'il a condamné et voué à l'infamie, en avait-il fait autant ? N'avait-il pas juré lui-même fidélité à la République et obtenu à ce seul titre la confiance des Français ? »

Mallarmé. En voilà assez, je demande le rappel de ces commissaires.

Ducos *fils.* C'est précisément parce que je crois les commissaires très blâmables, et au-dessous du caractère dont ils sont revêtus, que je demande la continuation de la lecture, afin que l'Assemblée puisse prononcer sur la conduite de ses commissaires.

Mellinet, *secrétaire,* continue la lecture de la lettre.

« Vous profitez, général, de sa perfidie, mais vous ne la lui pardonnez pas.

« Vous nous parlez de cette Constitution qui fut, dites-vous, notre idole : elle est tombée en ruine par la faute même de ceux qui la voudraient aujourd'hui, et qui ne la voulaient pas alors ; elle ne pouvait être durable, puisqu'elle contenait pour un peuple qui voulait la liberté tout entière, des vices destructifs d'elle-même. La nation en a fait un cruel essai, qui l'en a dégoûtée pour toujours. Elle a voulu le gouvernement républicain ; elle l'a juré ; elle le soutiendra, ou s'ensevelira sous ses propres ruines.

« Sur ce que vous dites de quelques membres de la Convention nationale, nous vous observons que cette Assemblée est une, indivisible : nous n'y connaissons que des membres dirigés par l'amour de la patrie ; si ses séances sont quelquefois orageuses, si la violence les trouble, personne n'a le droit de s'en mêler, mais nous sommes pas moins toujours d'accord sur les objets d'intérêt général, et pas moins résolus de vivre et de mourir républicains.

« Vous nous dites, général, que le sort de nos quatre collègues est entre nos mains : nous n'en sommes pas inquiets, parce qu'ils sont sous la sauvegarde de la souveraine justice et de la loyauté de nos ennemis, à laquelle nous croyons fermement. Au surplus, général, nous avions déjà préparé une réponse à votre adresse aux Français, du 9 de ce mois : nous la joignons à cette lettre. Pesez mûrement tout ce qu'elle contient, et vous y reconnaîtrez les vrais principes qui doivent diriger les nations les unes contre les autres, et dont nous sommes vraiment pénétrés.

« *Les commissaires de la Convention nationale à Valenciennes.*

« *Signé :* Du Bois Du Bais; Briez. »

Mellinet, *secrétaire* poursuit : Il est une troisième lettre ; *c'est la réponse des commissaires Du Bois Du Bais et Briez, représentants du peuple français, députés par la Convention nationale aux armées de la République sur la frontière du Nord, à l'adresse aux Français du général prince de Saxe-Cobourg, commandant en chef des armées de l'Empereur et de l'Empire.* Cette réponse est datée du 12 avril 1793 et est ainsi conçue (1) :

« Général

« Par votre dernière adresse aux Français, en date du 9 de ce mois, vous dites que votre déclaration du 5 précédent était un témoignage public de vos sentiments personnels pour ramener, le plus tôt possible, le calme et la tranquillité de l'Europe.

« Cette assurance, qui n'est que le langage ordinaire de la politique des cours, est complètement démentie par les faits ; car ce n'est point en outrageant un peuple paisible, en le forçant de prendre les armes pour défendre ses droits les plus légitimes et la souveraineté, qu'on rétablit le calme et la tranquillité de l'Europe ; c'est ainsi, au contraire, qu'on y porte le trouble et la désolation.

« Par le second paragraphe, vous dites que vous y avez manifesté, d'une manière franche et ouverte, votre vœu particulier pour que la nation française ait un gouvernement solide et durable, c'est-à-dire, général, un gouvernement à votre manière et à celle des despotes.

« Mais ce gouvernement, que vous voudriez pour le peuple français, établi par la force, et qui, par conséquent, lui serait en horreur, pourrait-il être solide et durable, comme vous l'espérez, et le peuple ne se soulèverait-il pas à chaque instant pour le renverser ? Ainsi votre but serait manqué (2). (*Interruptions sur un grand nombre de bancs.*)

Plusieurs membres demandent à nouveau la non-continuation de cette lecture.

(La Convention, indignée de cette correspondance, décide de ne pas en entendre davantage la lecture, et renvoie ces pièces au comité de Salut public.)

Ducos *fils* (3). Je ne parlerai pas de la scandaleuse controverse élevée entre nos commissaires et le prince de Cobourg ; controverse telle que nos commissaires ne semblent attendre que le moment d'être convaincus par les

raisonnements de Cobourg. Je parlerai du danger qu'il y aurait de souffrir une pareille violation de pouvoir ; vos commissaires n'ont pas le droit de traiter avec les puissances étrangères ; vous avez un Conseil exécutif avec lequel elles doivent correspondre. J'aime à croire que vos commissaires, en écrivant à Cobourg, ont eu sans doute de bonnes intentions ; mais un degré de plus, ils auraient compromis la dignité de la nation. Je demande qu'il soit défendu aux commissaires de l'Assemblée de correspondre avec les ennemis, et le rappel de ceux qui ont écrit à Cobourg.

Cambon. J'appuie la motion de Ducos, mais avant tout, je fais observer à la Convention, que le comité de Salut public a préparé un projet de manifeste pour tous les peuples de l'Europe ; j'espère qu'ils y trouveront des principes plus républicains que dans la réponse de vos commissaires. Je demande, en conséquence, que la Convention s'occupe, dès ce moment, de cette grave question. Il faut que nous fassions voir à toute l'Europe, comment est-ce que nous savons réclamer les droits du peuple. Il faut nous occuper de la représentation nationale ; c'est le seul moyen de tirer vengeance de la trahison de Dumouriez, qui a violé la représentation nationale dans la personne des commissaires de la Convention.

Bréard. Au lieu de proposer une improbation, je viens demander une réparation authentique à la nation française outragée par vos commissaires. Aucun délégué par vous n'est autorisé à traiter à votre insu, à entamer aucune négociation avec les ennemis de la patrie. Il s'agit en ce moment de donner un grand exemple et de montrer la ferme résolution où vous êtes de ne jamais transiger avec les ennemis, même dans les instants où vous seriez vaincus. Je demande le rappel de ces commissaires, et la nomination d'autres, plus imbus des principes républicains, qui fassent perdre aux ennemis leurs coupables espérances. Il faut qu'on sache bien que la Convention nationale est décidée à s'enterrer avec toute la nation, sous les ruines de la République, plutôt que d'entendre parler d'aucun accommodement avec eux. (*Applaudissements.*)

Je saisirai cette occasion pour vous exprimer le sentiment profond de mon indignation et vous taire la douleur dont je suis pénétré.

Citoyens, je suis né dans le pays de la liberté, dans un pays sauvage. Je ne connaissais pas les lois ; la France est ma patrie adoptive ; je m'y suis lié et attaché, j'y ai tout ce que j'ai de plus cher, ma famille, mon bien. Dans ce moment je vous déclare avec vérité, avec toute la franchise d'un homme au désespoir, dans ce moment je vois ma patrie près de sa ruine, je la vois au bord du précipice que des scélérats ont creusé pour la perdre. Quand vous feriez tomber ma tête, je ne puis pas vous taire plus longtemps une chose : c'est que je vois dans cette Assemblée le germe de la ruine de ma patrie. (*Applaudissements.*)

Jamais je n'ai connu l'esprit de parti ; jamais je ne me suis cru susceptible d'intrigue. J'ai toujours apporté à cette tribune mon opinion ; je vois malheureusement que des haines particulières, qui conduisent ma pa-

---

(1) *Bibliothèque nationale*, Lb⁴¹ nº 2900.

(2) *Logotachigraphe*, nº 108, page 396, 1ʳᵉ colonne, indique que c'est à cet endroit, que la lecture de cette lettre a été interrompue. — Voy. la suite aux annexes de la séance, page 165.

(3) Cette discussion, à laquelle prennent part Ducos, Cambon, Bréard et Delacroix, est empruntée au *Moniteur universel*, 1ᵉʳ semestre de 1793, page 482, 2ᵉ colonne et au *Logotachigraphe*, nº 108, page 396 ; 2ᵉ colonne.

trie dans l'abîme, où je me précipiterai avec elle.

Citoyens, choisissez des hommes fermes, choisissez des hommes dont les principes vous sont connus. S'ils font une faute, que cette inviolabilité prétendue disparaisse et que leur tête tombe. (*Vifs applaudissements*). Donnons tous, les premiers, l'exemple de l'amour des lois. J'appelle le glaive des lois sur ma tête, que chacun en fasse autant, que chacun de nous ne voie plus dans ses collègues aucun intérêt individuel.

Citoyens, vos commissaires, je ne crains pas de le dire, sont patriotes, mais ils ont commis une lâcheté. Improuvez leur conduite, rappelez-les; c'est à vous de réparer l'honneur de la nation. Envoyez à la place de ces commissaires, des hommes fermes, intègres, des hommes qui puissent électriser vos armées et les enflammer du feu sacré de la liberté. Vous triompherez, si vous voulez ensevelir des passions qui peuvent perdre la République.

Delacroix. Je demande qu'on improuve et qu'on désavoue la réponse des commissaires Du Bois Du Bays et Briez faite à la proclamation de Cobourg. Ils ont répondu comme des individus et non comme des représentants de la nation française; je demande, en outre, leur rappel.

(La Convention nationale désavoue la conduite que ses commissaires Du Bois Du Bays et Briez ont tenue avec Cobourg, les improuve et les rappelle dans son sein (1).)

Le Président (2). L'ordre du jour appelle la suite de la discussion sur la pétition des sections de Paris. Je consulte l'Assemblée pour savoir si elle veut continuer sa séance.

(La Convention ajourne au lendemain la suite de cette discussion.)

(La séance est levée à neuf heures du soir.)

PREMIÈRE ANNEXE

A LA SÉANCE DE LA CONVENTION NATIONALE DU LUNDI 15 AVRIL 1793.

LETTRES *et* PROCLAMATIONS *des citoyens* GRÉGOIRE *et* JAGOT, *commissaires de la Convention pour l'organisation du département des Alpes-Maritimes* (3).

I

Les commissaires dans les Alpes Maritimes à la Convention (4).

9 mars 1793.

« Arrivés depuis peu de jours à Nice, nous adresser incessamment à la Convention na-

tionale les procès-verbaux de nos premières opérations, pour l'organisation du département des Alpes-Maritimes. Mais nous croyons, en attendant, qu'il est de notre devoir de lui rendre compte d'une mesure que les circonstances nous ont forcé de prendre pour assurer des subsistances aux communes de ce département.

« Nous vous adressons ci-jointes les copies des arrêtés et pétitions qui nous ont été présentés par l'administration provisoire, séant à Nice, et de notre arrêté du jour d'hier. Nous espérons que la Convention nationale approuvera notre conduite.

« *Signé :* GRÉGOIRE; JAGOT. »

II

PROCLAMATION *des commissaires de la Convention nationale au département des Alpes-Maritimes* (1).

« Citoyens,

« Vous avez librement émis le vœu d'être incorporés à la République française. La Convention nationale s'est empressée de ratifier votre demande et de décréter votre adoption politique; elle nous a confié l'honorable mission de vous annoncer que vous êtes membres de la famille des Français et nous a chargés d'appliquer au département des Alpes-Maritimes les formes républicaines. Vous pouvez accélérer notre travail et en assurer le succès en nous communiquant au plus tôt vos vues sur la démarcation des cantons et des districts. Il est impossible, sans doute, de satisfaire tous les individus quand des intérêts opposés se croisent et s'entrechoquent. Mais lorsqu'après nous être entourés de toutes les lumières qui peuvent éclairer nos déterminations, lorsqu'après avoir recueilli tous les renseignements qui doivent les motiver, nous aurons obéi à l'impulsion d'une conscience droite, citoyens vous sentirez que l'intérêt privé doit se taire et que toutes les rivalités, les prétentions particulières doivent être immolées sur l'autel de la Patrie... De la Patrie! A ce nom sacré, que tous les cœurs s'attendrissent et jurent de nouveau qu'à jamais ils seront unis, ils détesteront les tyrans et chériront la liberté.

EXTRAIT *des registres des procès-verbaux du directoire du département des Alpes-Maritimes.*

Séance du 2 mars 1793, l'an II de la République française.

« Le directoire étant assemblé, la séance a été ouverte par la lecture d'une lettre écrite par les citoyens Grégoire et Jagot, commissaires de la Convention nationale chargés de présider à l'organisation provisoire du département des Alpes-Maritimes.

---

(1) P. V., tome IX, page 279, et *Collection Baudouin*, tome 28, page 88.
(2) P. V., tome IX, page 279.
(3) Voy. ci-dessus, même séance, page 106, la lettre des citoyens Grégoire et Jagot par laquelle ils font mention de ces pièces et transmettent leurs proclamations.
(4) *Archives nationales*, D, § 1er, n° 23. Cette lettre n'étant pas mentionnée dans le procès-verbal de la Convention, n'a pas été insérée.

(1) *Bibliothèque nationale*, Lb41, n° 579. — Cette proclamation est visée dans la lettre des commissaires, du 14 avril 1793, que nous avons insérée à la séance du 24 mars 1793 (Voy. *Archives parlementaires* : 1re série, tome LX, page 508).

« On les a annoncés, et tous les administrateurs se sont empressés d'aller au-devant d'eux. Ils ont été reçus à la porte de la salle des séances du directoire, et introduits au milieu des acclamations et des applaudissements des citoyens qui les accompagnaient.

« Après avoir pris la place qui leur était destinée, l'un des commissaires a félicité le peuple niçois, dans la personne de ses administrateurs, de la réunion qui allait pour jamais associer ses destinées à celle d'un peuple, qui se glorifie d'avoir le premier élevé des autels à l'égalité. Il a présenté, au nom de la République française et de la Convention nationale, l'expression des sentiments d'amour et de fraternité, qui pour jamais vont unir les deux peuples par des liens indissolubles.

« L'Assemblée a applaudi avec enthousiasme à ce discours aussi patriotique qu'éloquent.

« Le vice-président du directoire, au nom de ses collègues et de tout le peuple niçois, a témoigné aux commissaires la joie universelle, que le décret de réunion du pays de Nice avait inspiré à tous les bons citoyens, et le vif désir qu'ils avaient eu, jusqu'à présent, de voir bientôt arriver au milieu d'eux les représentants du Peuple français, qui venaient faire disparaître les faibles nuances qui distinguaient encore deux peuples désormais membres de la même famille.

« Les commissaires ont présenté et déposé sur le bureau, le décret de la Convention nationale du 4 février dernier, et le procès-verbal des quatre commissaires envoyés dans le département du Mont-Blanc.

« Le procureur général syndic a requis, et le directoire a arrêté que ce décret et ce procès-verbal seraient sur-le-champ lus et publiés, séance tenante.

« Il a été également arrêté qu'ils seraient transcrits dans le procès-verbal, ce qui a été exécuté, ainsi qu'il suit.

Décret de la Convention nationale du 4 février, 1893 l'an II de la République française, portant que le ci-devant comité de Nice réuni à la République française, formera provisoirement un quatre-vingt-cinquième département, sous la dénomination des Alpes-Maritimes.

« La Convention nationale, après avoir entendu son comité de division, décrète :

Art. 1er.

« Le ci-devant comté de Nice, réuni à la République française, formera provisoirement un quatre-vingt-cinquième département, sous la dénomination des Alpes-Maritimes.

Art. 2.

« Ce département aura le Var pour limites à l'occident ; il comprendra toutes les communes qui sont à la rive gauche de ce fleuve et tout le territoire qui composait l'ancien comté de Nice.

Art. 3.

« Le chef-lieu de département des Alpes-Maritimes sera la ville de Nice.

Art. 4.

« Deux des commissaires de la Convention nationale dans le département du Mont-Blanc, se transporteront dans celui des Alpes-Maritimes pour présider à l'organisation provisoire de ce département, indiquer le nombre et les localités des districts, et prendre toutes les mesures préalables à cet effet.

Art. 5.

« Le département des Alpes-Maritimes nommera provisoirement trois députés à la Convention nationale.

« *Signé :* J.-P. RABAUT, *président ;* CAMBACÉRÈS et LESAGE, *secrétaires de la Convention nationale.* »

« *Au nom de la République,* le Conseil exécutif provisoire mande et ordonne à tous les corps administratifs et tribunaux, que la présente loi ils fassent consigner dans leurs registres, lire, publier, afficher et exécuter dans leurs départements et ressorts respectifs, en foi de quoi nous y avons apposé notre signature et le sceau de la République.

« A Paris le septième jour du mois de février 1793, l'an II de la République française.

« *Signé :* CLAVIÈRE; *Contresigné :* GARAT et scellé du sceau de la République.

« *Certifié conforme à l'original,*
« *Signé :* GARAT. »

Procès-verbal de la nomination des deux commissaires.

« Nous commissaires de la Convention nationale au département du Mont-Blanc, pour nous conformer au décret du 4 de ce mois, qui porte que deux des commissaires de la Convention nationale dans le département du Mont-Blanc, se transporteront dans celui des Alpes-Maritimes, pour présider à l'organisation provisoire de ce département, indiquer le nombre et les localités des districts et prendre toutes les mesures préalables à cet effet, avons arrêté que les citoyens Grégoire et Jagot seront les commissaires députés pour exercer les fonctions déléguées par ledit décret.

« Fait à Chambéry le 18 février, l'an II la République française.

« *Signé* à l'original : HÉRAULT, Ph. SIMOND, GRÉGOIRE et JAGOT. »

« La réunion du ci-devant comté de Nice à la République française étant consommée et les pouvoirs des commissaires de la Convention nationale pour présider à son organisation, étant dûment vérifiés, ces commissaires ont donné au vice-président du directoire le baiser fraternel, en signe de l'alliance et de l'incorporation des deux peuples, et pour gage des sentiments qu'ils vont désormais partager.

« Le directoire, par l'organe de son vice-président, a remis entre les mains des commissaires, les pouvoirs qui lui avaient été conférés par les représentants du peuple niçois.

« Les commissaires, en acceptant cette démission, comme un nouvel hommage à l'unité nationale et à la souveraineté du peuple, ont sur-le-champ, et au nom de la République française et de la Convention nationale, recréé le directoire du département des Alpes-Maritimes, pour exercer, conformément aux lois françaises, les fonctions administratives, jusqu'à la nouvelle organisation, qui fait l'objet de leur mission.

« Tous les membres du directoire ont, à l'instant, renouvelé entre les mains des commissaires, le serment d'être fidèles à la nation, de maintenir de tout leur pouvoir la liberté et l'égalité, ou de mourir à leur poste en le défendant, de faire respecter les personnes et les propriétés, et de remplir avec zèle, courage, exactitude et impartialité les fonctions qui leur sont confiées.

« Les citoyens présents à la séance ont partagé, par leurs applaudissements unanimes, les mêmes vœux et les mêmes serments.

« La séance a été levée et le directoire a accompagné les commissaires de la Convention nationale, qui se sont rendus dans la salle du prétoire du tribunal civil et criminel pour y faire vérifier leurs pouvoirs.

« Fait et arrêté dans la salle des séances du directoire du département des Alpes-Maritimes séant à Nice, le 2 mars 1793, l'an II de la République française.

« *Signé* · GRÉGOIRE ; JAGOT, *commissaires de la Convention nationale* au département des Alpes-Maritimes, GASTAND, V.-P. DEORESTIS, VILLIERS, PAUMÉ, CARLON, F. CASTELLINARD, BARLI, FRARI, ANGLES, TOURRE, *procureur général syndic* et BERNARDI, *secrétaire général.* »

« *Collationné*
« BERNARDI, S.-G. »

Extrait des registres du tribunal civil criminel provisoire du département des Alpes-Maritimes.

« Le tribunal civil et criminel, élu provisoirement par les représentants du peuple niçois assemblé, le citoyen président fait lecture d'une lettre écrite au tribunal par les citoyens Grégoire et Jagot, commissaires de la Convention nationale de France, portant qu'ils vont se rendre au tribunal pour faire enregistrer le décret de réunion du ci-devant comté de Nice à la République française, ainsi que leurs pouvoirs.

« Il a été arrêté que le tribunal se rendra chez les citoyens commissaires pour leur rendre ses hommages, leur témoigner la vive ardeur qu'il a de les voir dans son sein, de jurer fidélité constante et soumission entière aux décrets de la Convention nationale de France. Arrivé tout près de leur demeure, il a rencontré les citoyens commissaires qui se rendaient à l'administration provisoire, le tribunal les a accompagnés, et au retour ils se sont rendus ensemble au tribunal.

« Les citoyens commissaires ont occupé les fauteuils placés à la tête du bureau, qui leur étaient destinés ; un des commissaires a développé, avec autant d'énergie que de zèle, les avantages de la réunion du ci-devant comté de Nice à la République française ; il a annoncé que, dès ce jour, ces deux nations ne font plus qu'un peuple de frères; il a déposé sur le bureau une expédition authentique des décrets de la Convention nationale des 29 novembre 1792 et 4 février 1793, comme aussi leur commission particulière donnée à Chambéry le 18 février dernier, il en a requis la transcription sur les registres : lecture faite des décrets et de la commission, la transcription en a été ordonnée. Le président, au nom du tribunal, a déclaré aux commissaires de la Convention nationale que la réunion du ci-devant comté de Nice à la République française anéantissait les pouvoirs qui leur avaient été confiés provisoirement ; et de suite les citoyens commissaires ont déclaré, au nom de la Convention nationale de France, que l'administration de la justice ne pouvant souffrir aucune suspension, ils rétablissaient provisoirement le tribunal civil et criminel dans l'exercice de ses fonctions, jusqu'à l'organisation de l'ordre judiciaire dans le département des Alpes-Maritimes. Après cette déclaration tous les membres du tribunal civil et criminel ont prêté serment de fidélité à la République française, ont juré de maintenir la liberté et l'égalité, ou de mourir en les défendant et de remplir avec exactitude les fonctions qui leur seront confiées. Les citoyens commissaires ont donné l'accolade fraternelle au président du tribunal civil et criminel en déclarant qu'en sa personne ils embrassaient tous les membres de ce tribunal et tous les citoyens ; ce signe de réunion a été suivi des plus vifs applaudissements, la séance a été levée, le tribunal a reconduit les citoyens commissaires chez eux, au milieu des cris de : *Vive la nation! Vive la République française!* »

« Fait à Nice, au tribunal, le 2 mars 1793, l'an II de la République française.

« *Signé à l'original :* GRÉGOIRE ; JAGOT, *commissaires de la Convention nationale;* GALLI, *président;* DABRAY, AUDIBERT, MILLON, J.-A. ALZIARY, *juges;* TONDUT, *commissaire national;* OLIVIER, *accusateur public;* BAUDOIN, *secrétaire.*

« *Collationné par nous président et secrétaire,*

GALLI, *Président;*
BAUDOIN, *secrétaire-greffier.*

Extrait du procès-verbal de la Convention nationale de la ci-devant principauté de Monaco. Séance du soir du 4 mai 1793, l'an II de la République française.

« Un membre instruit la Convention que les commissaires de la Convention nationale de France, chargés de l'organisation du département des Alpes-Maritimes, viennent d'arriver dans cette ville. La Convention décrète que quatre de ses membres se porteront auprès desdits commissaires pour les féliciter sur cette heureuse arrivée, à cet effet, ont été nommés les citoyens Rey, Mattoni, Giordani et Saussa.

« La députation de retour annonce que les commissaires de la Convention nationale de France vont se rendre dans son sein; après quelques instants ils paraissent dans la salle;

parvenus au côté droit du président, ils présentent leurs pouvoirs pour organiser le département des Alpes-Maritimes et ensuite ils déclarent que la Convention nationale de France, d'après la demande qui lui a été faite a décrété la réunion de la ci-devant principauté de Monaco à la République française et qu'elle fait partie du département des Alpes-Maritimes. On fait lecture du décret dont la teneur suit :

Décret de la Convention nationale du 14 février 1793, l'an II de la République française, relatif à la réunion à la République française de la principauté de Monaco et de plusieurs communes.

« La Convention nationale, constante dans les principes qu'elle a consacrés par ses décrets des 19 novembre et 15 décembre derniers, confirmant la résolution qu'ils annoncent d'aider et secourir tous les peuples qui voudront conquérir leur liberté, sur le vœu libre et formel qui lui a été adressé par plusieurs communes étrangères, circonvoisines, ou enclavées, réunies en assemblées primaires, faisant usage de leur droit inaliénable de souveraineté, à l'effet d'être réunies à la France comme parties intégrantes de la République, après avoir entendu le rapport de son comité diplomatique, déclare, au nom du peuple français, qu'elle accepte ce vœu et, en conséquence, décrète ce qui suit :

« La ci-devant principauté de Monaco est réunie au territoire de la République et fait partie du département des Alpes-Maritimes.

« Collationné à l'original par nous Président et secrétaires de la Convention nationale.

« A Paris, ce 15 février 1793, l'an II de la République française.

« *Signé* : BRÉARD, P. CAMBACÉRÈS, THURIOT, F. LAMARQUE, PRIEUR, LECOINTE-PUYRAVEAU, et Pierre CHOUDIEU, *secrétaires.* »

« Au nom de la République, le Conseil exécutif provisoire mande et ordonne à tous les corps administratifs et tribunaux que la présente loi, ils fassent consigner dans leurs registres, lire, publier, afficher et exécuter dans leurs départements et ressorts respectifs. En foi de quoi nous y avons apposé notre signature et le sceau de la République. A Paris, le quinzième jour du mois de février mil-sept-cent quatre-vingt treize, l'an II de la République française. Certifié conforme à l'original.

« *Signé* : MONGES; *contresigné* : GARAT et scellé du sceau de la République.

« *Certifié conforme à l'original,* *Signé* : GARAT.

« Lecture faite du décret et vérification faite des pouvoirs des commissaires, le président leur témoigne la joie que les représentants du peuple souverain de Monaco de cette heureuse réunion. Les citoyens Grégoire et Jagot, commissaires de la Convention nationale, expriment à leur tour le plaisir qu'ils ressentent qu'un peuple libre et souverain se soit réuni, par un vœu librement émis, à la République française.

« Ensuite l'un des commissaires proclame, au nom de la loi, la dissolution de la Convention nationale de la ci-devant principauté de Monaco. Il demande que la nouvelle administration provisoire prête le serment de fidélité à la République française. Ce serment de fidélité a été prêté avec enthousiasme par tous les membres et les citoyens présents.

« Après la prestation du serment, les commissaires ont donné le baiser de paix et de fraternité de la part de la Convention nationale de France au peuple de la ci-devant principauté de Monaco dans la personne du président de la nouvelle administration.

« Les commissaires annoncent que l'administration provisoire et le tribunal civil et criminel de Nice ont nommé une commission chargée de venir témoigner au peuple de Monaco le plaisir que cette réunion leur causait. Cette commission a été annoncée et introduite. L'un des commissaires de l'administration, dans un discours qu'il a prononcé, a présenté l'assurance des sentiments d'affection et de fraternité qui, désormais, vont unir le peuple Niçois avec ses nouveaux frères.

« L'un des commissaires du tribunal a prononcé un discours dans lequel il a développé les avantages de la réunion et l'amitié sincère que le tribunal civil et criminel jure aux citoyens qui ont eu le courage de secouer le joug de l'esclavage pour faire partie de la grande famille.

« Le président a répondu à ces discours et a assuré les députations que le peuple de Monaco partageait les mêmes sentiments de fraternité et d'attachement ; il les invite à assister à la séance.

« *Signé* : GRÉGOIRE, *commissaire de la Convention nationale;* JAGOT, *commissaire de la Convention nationale;* Paul IMBERTI, *président;* BARRIERA *aîné;* GIORDANO, MATTONI *aîné*; REY, OTTI, *aîné;* TRÉMOIS, SAUSSA, *cadet;* ROSTAGNY, STAFORELLI, *secrétaire.* »

« *Certifié conforme à l'original,* « *Signé* : GIORDANO, MATTONI *aîné.* »

« *Les commissaires de la Convention nationale,* considérant que les autorités établies par les assemblées primaires de Colons Marseillais et de la ci-devant principauté de Monaco ont cessé à l'instant de la notification des décrets de la Convention nationale de France qui prononcent la réunion du ci-devant comté de Nice et principauté de Monaco à la République française;

« Considérant que néanmoins jusqu'à l'organisation de ce département il importe tant à l'intérêt national qu'à celui des administrés et des justiciables d'y maintenir, dans toutes ses parties, l'activité d'un gouvernement, ont arrêté ce qui suit :

Art. 1er.

« Les administrations provisoires du département des Alpes-Maritimes séant à Nice et à Monaco exerceront, chacune dans l'étendue de leur ressort, les fonctions administratives.

Art. 2.

« Les décrets rendus par la Convention nationale des Colons Marseillais et par celle de la ci-devant principauté de Monaco concernant, soit les agents de l'administration et les municipalités, soit les autorités judiciaires seront provisoirement exécutés suivant leurs formes et teneur.

Art. 3.

« Les dites autorités provisoires subsisteront jusqu'à leur remplacement successif par l'organisation du département.

Art. 4.

« Les administrations provisoires de ce département, séantes à Nice et à Monaco, sont chargées de faire parvenir sans délai, publier et afficher la présente proclamation dans toutes les communes de leur ressort respectif, d'en certifier les commissaires de la Convention nationale et de tenir la main à sa pleine et entière exécution.

« Fait à Nice, le 7 mars 1793, l'an II de la République française.

« *Signé :* GRÉGOIRE et JAGOT.

« *Par la commission*
« ARNAUD, *secrétaire.* »

III

Les commisaires dans le Mont-Blanc et les Alpes-Maritimes à la Convention (1).

Nice, 1er avril 1793, an II de la République française.

« Citoyens, nos collègues

« Les municipalités des Alpes-Maritimes sont organisées, excepté dans quelques communes avec lesquelles la présence de l'ennemi empêche toute communication. Les assemblées primaires s'ouvriront sous peu de jours, et seront immédiatement suivies des assemblées électorales. Nous ferons parvenir incessamment à la Convention nos proclamations et procès-verbaux relatifs à cet objet.

« Nous venons de destituer le citoyen Millo, de la place de maire de Monaco. Aux motifs consignés dans notre arrêté (2), dont nous joignons ici la copie, nous croyons devoir ajouter qu'au moment où la nation livre un combat à mort à tous ses ennemis, le mouvement révolutionnaire, qui repousse les demi-mesures et les demi-patriotes, permet encore moins de laisser dans une ville frontière les fonctions de premier magistrat du peuple entre les mains d'un homme entaché d'incivisme.

« Le directeur des postes de Nice nous a paru suspect : nous lui avons donné un surveillant, jusqu'à l'époque très prochaine de son remplacement.

« Quelques traits donneront la mesure de l'esprit public dans cette ville.

« On espérait nous apitoyer sur le sort des émigrés qui, après avoir fui par lâcheté ou par trahison, tentent d'y entrer avec les mêmes sentiments. Nous avons répondu par une proclamation portant injonction de les faire arrêter sur-le-champ. Nous en joignons ici des exemplaires (1).

« Au renouvellement de la municipalité, on ne s'est point borné à exclure deux ou trois membres dont le patriotisme faisait frissonner les modérés. On avait élu pour procureur de la commune un homme qui, après avoir émigré, était rentré dans les délais fixés par la Convention nationale des Colons Marseillais. Il s'est rendu justice en refusant.

« Cependant le patriotisme commence à se régénérer. Il y a quelque républicains dignes de ce nom, et toujours prêts à s'élancer sur la brèche. Quelques-uns viennent de former une compagnie franche dont nous augurons bien.

« Nous devons appeler la sollicitude de la Convention nationale sur les malheureux habitants des montagnes de ce pays. La récolte très modique des olives ne leur a fourni que peu de ressources qui se trouvent presque anéanties par les malheurs de la guerre.

« Faut-il rappeler que, sous le commandement d'Anselme, on a commis des horreurs, que la majesté des mœurs a été outragée jusque dans la chaumière du pauvre, qu'on lui a arraché ses meubles, son bétail, son pain, et qu'on l'a réduit à arroser de ses larmes sa femme, ses enfants et ses haillons ? Toute l'Italie a retenti de ces excès qui ont servi de prétexte pour calomnier un peuple généreux et nous ont fait plus de tort qu'une bataille perdue. Tous les jours, nous avons le cœur navré par le récit de ces crimes et par le tableau de la misère qui désole beaucoup de communes.

« Mais nous nous reprocherions de taire à la Convention nationale un trait touchant dont nous instruit la municipalité de Sainte-Agnès.

« Trois compagnies du premier bataillon de la Haute-Garonne, commandées par le capitaine Rigat, cantonnées dans cette commune, se sont empressées de partager leurs subsistances avec ses malheureux habitants. Nous avons applaudi à cette conduite et pris des mesures pour ne pas laisser périr de faim ces citoyens infortunés. Notre collègue Collot-d'Herbois, dans son rapport au nom des commissaires qui nous ont précédés, a réclamé des indemnités pour ce pays. Nous conjurons la Convention nationale de statuer au plus tôt sur cet objet. Cet acte de justice sera en même temps un acte de politique qui calmera le ressentiment et qui éteindra les vengeances allumées dans le cœur des habitants des montagnes par les barbares dont ils ont été les victimes.

« Le citoyen Beurnier, officier commandant le détachement des vétérans à Monaco, fait don à la patrie de sa croix de Saint-Louis qu'il nous a remise. Le citoyen Comtès, méde-

---

(1) *Archives nationales*, F¹ nº 4450. Cette lettre n'étant pas mentionnée dans le procès-verbal de la Convention, n'a pas été insérée.
(2) Cet arrêté, daté du 31 mars 1793, destitue Millo parce qu'il entretient des intelligences secrètes avec le ci-devant prince de Monaco.

(1) Voyez ci-après page 148, cette proclamation.

cin à l'armée d'Italie, nous a remis un assignat de cent livres, qu'il offre pour les frais de la guerre. Nous demandons mention honorable pour ces deux bons citoyens.

« *Les commissaires de la Convention nationale dans le département des Alpes-Maritimes,*

« *Signé :* Grégoire ; Jagot. »

IV

PROCLAMATION CONCERNANT LES ÉMIGRÉS (1).

Les commissaires de la Convention nationale pour l'organisation du département des Alpes-Maritimes.

« Considérant que le délai aux émigrés pour rentrer dans leur patrie, par la Convention nationale des Colons Marseillais et par celle de la ci-devant principauté de Monaco, sont expirés.

« Considérant qu'il importe à la tranquillité générale et à la sûreté particulière de ce département de prendre les mesures les plus promptes pour déjouer les manœuvres et les complots des malveillants dont il est infesté et d'assurer par les moyens les plus efficaces l'exécution des lois relatives aux émigrés et aux prêtres déportés, ont arrêté ce qui suit :

Art. 1er.

« *La loi du 23 octobre 1792 sera publiée et promulguée.*

(Suit la teneur de cette loi.)

« La Convention nationale décrète que tous « les émigrés Français sont bannis à perpétuité « du territoire de la République et que ceux « qui, au mépris de cette loi, y rentreraient, « seront punis de mort, sans néanmoins déro- « ger aux décrets précédents qui condamnent « à la peine de mort les émigrés pris les armes « à la main. »

Art. 2.

« En conséquence, il est enjoint aux officiers municipaux de toutes les communes de ce département de se transporter accompagnés de la force publique, et de faire des visites domiciliaires, dans le jour de la promulgation du présent arrêté, dans les maisons des citoyens, où ils prendront de tous les habitants les déclarations de leurs noms, qualités et domiciles ordinaires, et en dresseront procès-verbal.

Art. 3.

« Si lors desdites visites, il se trouve des émigrés du ci-devant comté de Nice, ou de la ci-devant principauté de Monaco qui y soient rentrés depuis l'expiration des délais qui leur ont été accordés, soit des émigrés ou des prêtres déportés de France qui se seraient réfugiés sur ces mêmes territoires, avant ou depuis le décret qui en a prononcé la réunion

à la République française, les officiers municipaux sont tenus, sous leur responsabilité, de les faire arrêter sur-le-champ et d'en rendre compte aussitôt aux commissaires de la Convention nationale.

Art. 4.

« Toute personne qui recèlera ou cachera une autre personne assujettie aux lois de l'émigration ou déportation sera punie, conformément à la loi du 26 février dernier, de six ans de fers.

« Il sera accordé, conformément à la loi du 14 février dernier, à titre d'indemnité et de récompense, la somme de cent livres à quiconque découvrira et fera arrêter une personne rangée par la loi dans la classe des émigrés, ou dans la classe des prêtres qui doivent être déportés.

Art. 5.

« Les municipalités feront passer, sans délai, par la voie des administrations, aux commissaires de la Convention nationale, les extraits certifiés des procès-verbaux de leurs visites.

Art. 6.

« Il est enjoint aux officiers municipaux de faire publier et afficher la présente proclamation immédiatement après sa réception.

Art. 7.

« Les administrations provisoires, séantes à Nice et à Monaco, chacune dans leur ressort respectif, tiendront sévèrement la main à la pleine et entière exécution du présent arrêté, feront parvenir sans délai la présente proclamation dans toutes les communes de leur arrondissement, et certifieront de tout les commissaires de la Convention nationale.

« Fait à Nice, le 29 mars 1793, l'an II de la République française.

« *Signé :* Grégoire et Jagot.

« *Par la commission :*

« Arnaud *secrétaire.* »

V

DÉPARTEMENT DES ALPES-MARITIMES (1).

PROCLAMATION DES COMMISSAIRES DE LA CONVENTION NATIONALE *sur la division provisoire du département des Alpes-Maritimes.*

Du 28 mars 1793, l'an II de la République française.

« Nous députés à la Convention nationale, commissaires nommés pour présider à l'organisation provisoire du département des Alpes-Maritimes, indiquer le nombre et les localités des districts et prendre toutes les mesures préalables à cet effet, en suite du décret de la Convention nationale du 14 février dernier;

(1) *Bibliothèque nationale.* Lb⁴¹, n° 597.

(1) *Bibliothèque nationale* Lb⁴¹, n° 596.

« Considérant que les opérations relatives au nombre et à la distribution des districts et des cantons doivent avoir pour bases :

« 1° L'intérêt général des administrés ;

« 2° Les rapports de ce département avec les puissances qui l'avoisinent ;

« 3° La sûreté publique de la République française ;

« Après avoir invité tous les citoyens, par notre proclamation du 7 de ce mois, à nous communiquer leurs vues sur la démarcation des cantons et des districts;

« Après avoir examiné tous les mémoires, entendu toutes les réclamations et pesé toutes les convenances avec la plus scrupuleuse impartialité;

« Avons arrêté ce qui suit :

Art. 1er.

« Le département des Alpes-Maritimes dont le chef-lieu est la ville de Nice, par décret de la Convention nationale du 14 février dernier, est divisé en trois districts, dont les chefs-lieux sont Nice, Menton et Puget-Théniers.

Art. 2.

« Le tribunal du district de Menton est placé à Monaco.

Art. 3.

« Le district de Nice est confiné au levant par le col d'Eze, et par les communes de Sospello, Moulinet et Tende, au midi par la Méditerranée, au couchant par le Var, la Tinea, et le Torrent de Robion, appelé *Rio*, au nord par les montagnes de l'Isola, par celles de Vaudiers, et le territoire de la Trinité d'Entragues.

Art. 4.

« Le district de Menton est confiné au levant par le territoire de Vintimille et autres de la rivière de Gênes, au midi par la Méditerranée, au couchant par les cols de Villefranche, de Peille, de Luceran, de Lantosca, de Belvédère et de Saint-Martin, et au nord par le territoire de Limon et la chaîne des montagnes de la Certosa.

Art. 5.

« Le district de Puget-Théniers est confiné au levant par le Var, le Tinea, le Torrent du Robion et les montagnes de Vinai, et de la vallée de Stura, au midi par l'Esteron au couchant par le département des Basses-Alpes, et au nord par le même département et par les montagnes de l'Argentière.

Art. 6.

« Le district de Nice est divisé en huit cantons dont les chefs-lieux sont Nice, Scarena, Contès, Levens, Aspremont, Utelles, Roccabiliera et Bollina de Valdeblora.

Art. 7.

« Le district de Menton est divisé en cinq cantons dont les chefs-lieux sont Menton, Perinaldo, Briga, Sospello et Monaco.

Art. 8.

« Le district de Puget-Théniers est divisé en sept cantons dont les chefs-lieux sont Puget-Théniers, Roquesteron, Gilette, Villars, Beüil, Saint-Etienne et Guillaume.

DISTRICT DE NICE.

« *Premier canton, Nice, chef-lieu.* Ce canton comprend les communes de Nice et Villefranche avec toutes leurs dépendances.

« *Second canton, Scarena, chef-lieu.* Ce canton comprend les communes suivantes avec toutes leurs dépendances, savoir : Scarena, Toët-Scarena, Peille, Peillon et Luceram.

« *Troisième canton, Contès, chef-lieu.* Ce canton comprend les communes suivantes avec toutes leurs dépendances, savoir : Contès, Drap, Berra, Château-Neuf, Coarasa.

« *Quatrième canton, Levens, chef-lieu.* Ce canton comprend les communes suivantes avec Saint-Blaise, Roquette et Saint-Martin Dura-toutes leurs dépendances, savoir : Levens, nus.

« *Cinquième canton, Aspremont, chef-lieu.* Ce canton comprend les communes suivantes avec toutes leurs dépendances, savoir : Aspremont, Torette, Falicon, Saint-André.

« *Sixième canton, Utelle, chef-lieu.* Ce canton comprend les communes suivantes avec toutes leurs dépendances, savoir : Utelle, Latorre, Lantosca.

« *Septième canton, Roccabiliera, chef-lieu.* Ce canton comprend les communes suivantes avec toutes leurs dépendances, savoir : Roccabiliera, Belvédère, Bollena, Saint-Martin Lantosca, Venanson.

« *Huitième canton, Bollina de Valdeblora, chef-lieu.* Ce canton comprend les communes suivantes avec toutes leurs dépendances, savoir : la Valdeblora, Saint-Salvador, Reora, Rimplas, Maria.

DISTRICT DE MENTON.

« *Premier canton, Menton, chef-lieu.* Ce canton comprend les communes suivantes avec toutes leurs dépendances, savoir : Menton, Castellar, Saint-Agnès, Gorbio.

« *Second canton, Perinaldo, chef-lieu.* Ce canton comprend les communes suivantes avec toutes leurs dépendances, savoir : Perinaldo, Apricale, Pigne, Rochetta, Isola buona, Dolcéaqua, Seborga.

« *Troisième canton, Briga, chef-lieu.* Ce canton comprend les communes suivantes avec toutes leurs dépendances, savoir : Briga, Tenda, Saorgio.

« *Quatrième canton, Sospello, chef-lieu.* Ce canton comprend les communes suivantes avec toutes leurs dépendances, savoir : Sospello, Brieil, Molinet, Castillon.

« *Cinquième canton, Monaco, chef-lieu.* Ce canton comprend les communes suivantes avec toutes leurs dépendances, savoir : Monaco, Roquebrune, Turbia, Eze.

DISTRICT DE PUGET-THÉNIERS.

« *Premier canton, Puget-Théniers, chef-lieu.*
Ce canton comprend les communes suivantes
avec toutes leurs dépendances, savoir : Puget-
Théniers, Toet de Bueil, Auvau, La Croix,
Saint-Léger, Puget-Rastang.

« *Second canton, Roquesteron, chef-lieu.* Ce
canton comprend les communes suivantes avec
toutes leurs dépendances, savoir : Roquesteron, Cigale, la Penne, Ascros, Saint-Antonin,
Pierrefeu, Cuebris.

« *Troisième canton, Gillette, chef-lieu.* Ce
canton comprend les communes suivantes avec
toutes leurs dépendances, savoir : Gillette,
Bonson, Tourrette-Revest, Todon.

« *Quatrième canton, Villar, chef-lieu.* Ce
canton comprend les communes suivantes avec
toutes leurs dépendances, savoir : Villar, Ma-
laussene, Massoins, Tournefort, Clans, Bai-
rols, Thiery.

« *Cinquième canton, Beuil, chef-lieu.* Ce
canton comprend les communes suivantes avec
toutes leurs dépendances, savoir : Beuil,
Illonsa, Robion, Pierlas, Rigaud, Liencia.

« *Sixième canton, Saint-Etienne, chef-lieu.*
Ce canton comprend les communes suivantes
avec toutes leurs dépendances, savoir : Saint-
Etienne, l'Isola et Saint-Dalmas-le-Sauvage.

« *Septième canton, Guillaume, chef-lieu.* Ce
canton comprend les communes suivantes avec
toutes leurs dépendances, savoir : Guillaume,
Plone, Châteauneuf, Villeneuve, Saint-Martin, Entrannes, Sanse, Dalins.

« Les administrations provisoires du département des Alpes-Maritimes, séantes à Nice et
à Monaco, sont chargées de faire parvenir sans
délai, publier et afficher la présente proclamation dans toutes les communes de leur ressort respectif, respect, et d'en copier les commissaires de la Convention nationale.

« Fait à Nice, le 28 mars 1793, l'an II de la
République française.

« *Signé :* GRÉGOIRE, JAGOT.

« *Par la commission,* ARNAUD, *secrétaire.* »

VI

PROCLAMATION (1)

LES COMMISSAIRES DE LA CONVENTION
NATIONALE

*Aux citoyens du département des Alpes-Ma-
ritimes.*

« Citoyens,

« La liberté étend son horizon et agrandit
ses domaines ; déjà deux peuples ont secoué
les fers que leur avait imposés le tyran Piémontais et donné à l'Italie le signal de l'insurrection qui doit opérer sa délivrance ; sous
nos yeux la ci-devant Savoie s'est revêtue des
formes départementales ; vous allez jouir du
même avantage et désormais le Mont-Blanc et

(1) *Bibliothèque nationale* Lb⁴¹, n° 601.

les Alpes-Maritimes forment les extrémités
de cette chaîne que le despotisme ne franchira
plus.

« Chargés de l'importante fonction d'organiser votre département notre devoir était de
procéder avec maturité ; dès notre arrivée nous
vous avons invités à nous communiquer vos
vues sur cet objet, nous avons provoqué des
renseignements, entendu des personnes éclairées et accueilli tous les mémoires qui nous ont
été présentés : tous nos moments ont été dévorés par un travail opiniâtre. Après avoir pesé
toutes les considérations de l'intérêt des administrés et de la République, nous avons fixé
les arrondissements et les chefs-lieux des cantons et des districts dont la réunion forme
votre département, et adopté les mesures qui
nous ont paru les plus rapprochées du bien
général.

« Si l'expérience future prouve que nous
n'ayons pas toujours atteint le but, ce sera le
fruit d'une erreur involontaire ; car une conscience droite nous a constamment servi de
guide.

« Citoyens, vous vous abuseriez, si vous pré-
tendiez juger nos opérations sur les connaissances partielles que vous avez de votre canton, ou d'après les calculs de l'intérêt personnel ; les choses présentent un aperçu bien
différent, lorsqu'on les saisit dans leur ensemble et en s'élevant à la hauteur du patriotisme. Déposez donc, citoyens, déposez dans
le sein de l'amitié fraternelle tous les sentiments de rivalité que pourraient faire naître
la fixation d'un chef-lieu dans une commune,
plutôt que dans une autre. Repoussez loin de
vous cet égoïsme, qui se plaçant dans la balance du bien public, est toujours le partage
des âmes viles et rétrécies. D'ailleurs nos déterminations ne sont que provisoires : bientôt
la Convention nationale fixera d'une manière
stable le régime de la République et assurera
notre bonheur commun.

« Membres du souverain, vous allez concourir à cette régénération bienfaisante, tant en
acceptant librement la Constitution qui sera
soumise à la ratification du peuple, qu'en
nommant des députés à la Convention nationale.

« Les assemblées primaires et électorales
vont s'ouvrir, fréquentez assidûment celles
auxquelles vous serez appelés par la loi ou
par le vœu de vos citoyens et réfléchissez que
si jamais un mauvais choix de législateurs,
juges et autres fonctionnaires publics mal
choisis, ne justifiaient pas la confiance dont
vous allez les investir, le malheur qui pèse-
rait sur vous étant votre ouvrage, non-seulement vous ne pourriez en accuser que vous-
mêmes, mais encore vous seriez coupables et
comptables envers vos frères.

« Craignez que lors des élections le jeu des
intrigues n'égare votre bonne foi, déjà peut-
être dans des conciliabules secrets on complote
les moyens de capter vos suffrages. Les aristocrates vont s'agiter de nouveau et sans doute
ils répandront des insinuations perfides, des
calomnies meurtrières contre les patriotes, ils
tâcheront d'apitoyer les sots en faveur des
fripons, d'empoisonner l'opinion publique et
feront circuler des listes de nominations pour
élever aux places des hommes encore couverts
des souillures de l'ancien régime et même de
la tache ineffaçable de l'émigration.

« Citoyens, défiez-vous de ces patriotes de nouvelle date qui sont venus tard à la Révolution et qui après avoir vécu des abus d'un gouvernement corrupteur ne sont pas encore purifiés de la rouille des préjugés et des prétentions. Autrefois ils outrageaient le pauvre, ils le flattent aujourd'hui pour le trahir demain ; ils parlent d'égalité et ce mot dans leur bouche n'est qu'un échelon pour s'élever au-dessus de vous ; ils ont sur les lèvres le patriotisme et la vertu, ils raisonnent avec une bienveillance apparente et souvent ils agissent avec une perversité qui dément leurs discours ; rappelez-vous que les talents sans les mœurs ne sont qu'un moyen de plus pour opprimer, que des intrigants sont toujours des brigands et que le véritable mérite toujours modeste échappe souvent aux regards, il faut le chercher, le deviner.

« Gardez-vous donc de choisir ces demi patriotes qui variant leur marche au gré de leurs intérêts et caressant sourdement tous les partis, sont toujours prêts à les trahir. Ils trafiqueraient également la chute du despotisme ou la liberté du peuple. Écartez ces êtres pusillanimes et sans caractère qui dans le danger craignent de s'élancer sur la brèche. Que vos suffrages se dirigent sur des hommes purs, aimant la patrie, pour la patrie, des hommes dont le caractère intrépide ne compose jamais avec les principes, qui ne voient que le bonheur du peuple et qui dans le combat à mort que nous livrons à nos tyrans, aux émigrés, aux fanatiques et à tous leurs satellites, les fassent trembler et soient toujours disposés à s'ensevelir sous les ruines de la République plutôt que de rentrer dans l'esclavage.

« Citoyens, encore quelques réflexions que nous dictent notre devoir et l'attachement tendre qui nous lie à vous. Lorsqu'en France on régla l'étendue territoriale des diocèses sur celle des départements; lorsqu'on rendit aux citoyens le droit incontestable de choisir leurs pasteurs, des hommes égarés ou hypocrites agitèrent les torches du fanatisme, et faisant cause commune avec ces brigands émigrés, qui au nom du ciel voudraient noyer la France dans le sang, ils criaient qu'on attentait à la religion, tandis qu'on ne touchait qu'à leurs titres, à leurs dîmes, à leurs revenus. Vous le savez, citoyens, la religion catholique en France est toujours la même ; les dogmes qu'elle professe, les livres qui les contiennent, les vertus qu'elle prescrit, rien n'est changé. Les bons pasteurs de votre département s'empresseront d'éclairer, de rassurer ceux dont on voudrait alarmer les consciences : ils sentiront que leur silence, en pareil cas, serait un crime; et dans l'accomplissement d'un devoir, ils s'assureront un titre de plus à votre estime et à vos respects ; mais si quelques hommes trompés ou trompeurs voulaient allumer le désordre ; s'ils tentaient sourdement de jeter le trouble dans les consciences et les familles, ils sauront qu'à l'instant la loi les frappera et les rejettera du sein de la patrie.

« Il est encore un autre piège contre lequel nous devons vous prémunir. Des hommes que vous devez surveiller s'efforcent d'aigrir l'esprit public, de dégoûter de la liberté et d'attiédir votre patriotisme. ils sèment des impostures, des terreurs vaines en répandant que bientôt Nice rentrera sous le joug Piémontais.

« Citoyens, les auteurs de ces calomnies sont des espions de la cour de Turin et des aristocrates déguisés. Hâtez-vous de les dénoncer afin que les tribunaux fassent tomber sur eux la hache de la justice.

« La nation française a juré fraternité et secours à tous les peuples opprimés ; abandonnerait-elle ses propres enfants, et n'êtes-vous pas actuellement ainsi que vos frères du Mont-Blanc une portion de la famille ? Nous laissons aux rois la fourberie, le parjure et la cruauté, tandis que la loyauté, la bonne foi sont le partage des nations, la vérité dicte leurs promesses, la justice préside à leurs contrats et le courage les maintient.

« Les troupeaux d'esclaves armés fuiront à l'aspect des soldats de la liberté ; nos braves guerriers n'aspirent qu'au moment de franchir les montagnes pour aller planter en Piémont le drapeau tricolore sur les décombres de la tyrannie et briser sur la tête du despote de Turin le fers de ceux qu'il appelle ses sujets. Citoyens soyons unis, armés, fiers et tranquilles, les trônes vont s'écrouler de toute part et la liberté, élevant sa tête majestueuse sur leurs débris, recevra les hommages de l'univers.

« Les commissaires de la Convention nationale ont arrêté ce qui suit :

Art. 1er.

« Les citoyens de chaque canton ayant droit de voter se réuniront dans les assemblées primaires au chef-lieu de leur canton le dimanche 14 avril présent mois pour nommer les électeurs.

Art. 2.

« Les électeurs nommés par les assemblées primaires se réuniront à Nice le dimanche suivant 21 du même mois.

Art. 3.

« Les électeurs de chaque district se réuniront au chef-lieu de leurs districts respectifs pour y procéder à leurs opérations, immédiatement après la tenue de l'assemblée électorale de département.

Art. 4.

Conformément à l'article 4 du décret du 12 août 1792 les électeurs qui seront obligés de s'éloigner de leur domicile, recevront vingt sols par lieue et trois livres par jour de séjour.

« Les administrations provisoires de ce département, séantes à Nice et à Monaco, sont chargées de faire parvenir, sans délai, publier et afficher la présente proclamation dans toutes les communes de leur ressort respectif, d'en certifier les commissaires de la Convention nationale et de tenir la main à sa pleine et entière exécution.

« Fait à Nice, le 30 mars 1793, l'an 11 de la République française.

« *Signé* : Grégoire; Jagot.

« *Par la commission*,

« Arnaud, *secrétaire*.

VII

PROCLAMATION (1)

DES COMMISSAIRES DE LA CONVENTION NATIONALE.

« Les commissaires de la Convention nationale, pour l'organisation du département des Alpes-Maritimes, considérant qu'il importe, que tous les citoyens soient instruits des lois relatives tant à la composition des assemblées primaires et aux formes des élections qu'à l'organisation des diverses autorités :

« Considérant, néanmoins, que ces lois très multipliées et promulguées à des époques différentes, renferment des dispositions, dont plusieurs ont été abrogées ou réformées d'après les vrais principes de la liberté et de l'égalité, et que la promulgation de toutes ces lois, outre qu'elle serait dispendieuse, pourrait, en occasionnant une confusion d'idées, faire naître des incertitudes et retarder la marche des opérations ;

« Ont arrêté de réunir et proclamer, en la forme suivante, les lois actuellement existantes, concernant l'organisation du département.

ASSEMBLÉES PRIMAIRES.

Art. 1er.

« Chaque *département* est divisé en *districts*, dont le nombre ne peut être, ni au-dessous de trois, ni au-dessus de neuf.

Art. 2.

« Chaque district est partagé en divisions appelées *cantons;* d'environ quatre lieues (lieues communes de France.)

Art. 3.

« Tous les citoyens qui auront le droit de voter, se réuniront, non en assemblées de paroisse, ou de communauté, mais en assemblées *primaires* par canton.

Art. 4.

Pour être admis à voter dans les assemblées primaires, il suffira d'être Français âgé de vingt-un ans, domicilié depuis un an, vivant de son revenu, ou du produit de son travail, et n'étant pas en état de domesticité.

Art. 5.

« L'exclusion des assemblées politiques, pour cause de domesticité, s'entend seulement de ceux qui sont attachés au service habituel des personnes. La loi invite les assemblées primaires à ne contester l'admission et le droit de suffrage d'aucun de ceux dont les travaux ordinaires s'appliquent à l'industrie, au commerce et à l'agriculture, si d'ailleurs ils réunissent les conditions exigées par les lois.

(1) *Bibliothèque nationale.* Lb⁴¹, n° 599.

Art. 6.

« Aucun banqueroutier, failli, ou débiteur insolvable ne pourra être admis dans les assemblées primaires.

Art. 7.

« Il en sera de même des enfants qui auront reçu et retiendront, à quelque titre que ce soit, une portion de biens de leur père mort insolvable, sans payer leur part virile de ses dettes, excepté seulement les enfants mariés et qui auront reçu des dots, avant la faillite de leur père, ou avant son insolvabilité notoirement connue.

Art. 8.

« Ceux qui étant dans l'un des cas d'exclusion ci-dessus, feront cesser la cause de cette exclusion, en payant leurs créanciers, ou en acquittant leur portion virile des dettes de leur père, rentreront dans l'exercice des droits de citoyens.

Art. 9.

« La portion virile des dettes est pour chaque enfant la part des dettes qu'il aurait été tenu de payer, s'il eût hérité de son père.

Art. 10.

« Nul citoyen ne pourra exercer son droit dans plus d'un endroit ; et dans aucune assemblée, personne ne pourra se faire représenter par un autre.

Art. 11.

« Les citoyens se réuniront pour la formation des assemblées primaires, sans aucune distinction, de quelque état et condition qu'ils soient.

Art. 12.

« Il y aura au moins une assemblée primaire en chaque canton, quelque soit le nombre des citoyens ayant droit de voter.

Art. 13.

« Lorsque le nombre des citoyens, ayant droit de voter, dans un canton, ne s'élèvera pas à 200, il n'y aura qu'une assemblée en ce canton ; mais dès le nombre de 900, il s'en formera deux de 450 chacune au moins.

Art. 14.

Chaque assemblée tendra toujours à se former, autant qu'il sera possible, au nombre de 600, de telle sorte, néanmoins, que s'il y a plusieurs assemblées dans ce canton, la moins nombreuse, soit au moins de 450.

« Ainsi, au-delà de 900, mais avant, il ne pourra y avoir une assemblée complète de 600, puisque la seconde aurait moins de 450.

« Dès le nombre de 1,050 et au delà, la première assemblée sera de 600, et la seconde de 450 au plus.

Si le nombre s'élève à 1,400, il n'y en aura que deux, une de 600 et l'autre de 800 ; mais à 1,500, il s'en formera trois, une de 600 et deux de 450, et ainsi de suite, suivant le nombre des citoyens de chaque canton ayant droit de voter.

Art. 15.

« Le nombre des assemblées primaires sera déterminé dans chaque canton par celui des citoyens domiciliés dans le canton, qui auront le droit de se présenter aux assemblées, quoiqu'il puisse arriver que tous ne s'y rendent pas en effet.

Art. 16.

« Les villes auront particulièrement leurs assemblées primaires. Celles de 4,000 âmes et au-dessous n'en auront qu'une ; il y en aura deux dans celles de 4,000 âmes jusqu'à 8,000, trois dans celles de 8,000 âmes jusqu'à 12,000 et ainsi de suite. Ces assemblées ne se formeront pas par métiers, professions ou corporations, mais elles se formeront par quartiers ou arrondissements.

Art. 17.

« Il est défendu à tous citoyens de porter aucune espèce d'armes, ni bâtons dans les assemblées primaires. Il est enjoint aux maires et officiers municipaux d'y veiller, tant en empêchant les citoyens de partir armés pour le chef-lieu du canton, qu'en obligeant, en arrivant dans le chef-lieu, les citoyens des différentes communes de déposer les armes qu'ils pourraient avoir et leurs bâtons, avant d'entrer dans l'assemblée.

Art. 18.

« Chaque assemblée primaire, aussitôt qu'elle sera formée élira son président, son secrétaire et ses scrutateurs. Jusqu'à ce que ces premières élections soient faites, le doyen d'âge tiendra la séance, un des membres de l'assemblée fera les fonctions de secrétaire et les trois plus anciens d'âge après le doyen, recueilleront et dépouilleront le scrutin pour lesdites élections en présence de l'assemblée.

Art. 19.

« L'élection du président, du secrétaire et des trois scrutateurs, sera faite par un seul scrutin et à la pluralité relative des suffrages.

Art. 20.

« Pour procéder à cette élection, chaque citoyen écrira dans un même billet autant de noms qu'il y a de nominations à faire, et désignera, à la suite de chaque nom, la fonction pour laquelle il donne son suffrage.

Art. 21.

« L'élection à la pluralité relative est celle pour laquelle il suffit d'avoir obtenu plus de voix que ses compétiteurs, quoique ce plus grand nombre de voix obtenues, ne s'élève pas à la moitié du nombre total des suffrages.

Art. 22.

« Les trois plus anciens d'entre ceux qui savent écrire, pourront seuls écrire au premier scrutin, en présence les uns des autres, le bulletin de tout citoyen qui ne pourrait l'écrire lui-même; lorsqu'on aura nommé des scrutateurs, ces scrutateurs pourront seuls, après avoir prêté le serment de bien remplir leurs fonctions et de garder le secret, écrire pour les scrutins postérieurs, les bulletins de ceux qui ne sauront point écrire.

Art. 23.

« Tout bulletin ou billet qui aura été apporté dans l'assemblée, et qui n'aura pas été, ou écrit par le votant lui-même sur le bureau, ou dicté par lui aux scrutateurs, s'il ne sait pas écrire, sera rejeté comme nul.

Art. 24.

« L'élection, étant faite en la forme ci-dessus, du président, du secrétaire et des trois scrutateurs, le président et le secrétaire prêteront aussitôt à l'Assemblée le serment *d'être fidèles à la nation, de maintenir la liberté et l'égalité ou de mourir en les défendant*, et le président recevra ensuite celui de l'assemblée, avant qu'il puisse être fait aucune autre opération. (Ceux qui refuseront de prêter ce serment, seront *incapables* d'élire et d'être élus.)

Art. 25.

« Après le serment civique prêté par les membres de l'assemblée, le président prononcera avant de commencer les scrutins, cette formule de serment :
« *Vous jurez et promettez de ne nommer que ceux que vous aurez choisis en votre âme et conscience, comme les plus dignes de la confiance publique, sans avoir été déterminés par dons, promesses, sollicitations ou menaces...* Cette formule sera écrite en caractères très visibles et exposée à côté du vase du scrutin : chaque citoyen apportant son bulletin, lèvera la main, et en le mettant dans le vase, prononcera à haute voix : *Je le jure.*

Art. 26.

« Chaque assemblée primaire choisira les électeurs qu'elle aura le droit de nommer dans tous les citoyens éligibles du canton.

Art. 27.

« Il suffit pour être éligible, comme électeur, d'être âgé de 25 ans et de réunir les conditions exigées par l'article 4.

Art. 28.

« Le choix des assemblées primaires pourra porter sur tout citoyen réunissant les conditions ci-dessus rappelées, quelles que soient les fonctions publiques qu'il exerce, ou qu'il ait ci-devant exercées.

Art. 29.

« Les électeurs seront choisis par les assemblées primaires en un scrutin de liste simple.

Art. 30.

« Le scrutin de liste simple est celui par lequel on vote à la fois sur tous les sujets à élire, en écrivant autant de noms dans le même billet qu'il y a de nominations à faire.

Art. 31.

Il n'y aura que deux tours de scrutin dans toutes les élections. Lorsqu'on y procédera par scrutin de liste simple ceux qui auront obtenu au premier tour de scrutin la pluralité absolue des suffrages, c'est-à-dire la moitié de voix plus une, seront élus; et s'il y a lieu à un second tour de scrutin, chaque votant n'écrira dans son billet qu'autant de noms qu'il reste de sujets à élire, et la majorité, même relative, produite par ce second tour de scrutin, déterminera l'élection.

Art. 32.

« Les assemblées primaires seront juges de la validité des titres de ceux qui prétendront y être admis.

Art. 33.

« Il ne pourra être admis dans les assemblées primaires que des citoyens ayant droit de voter. Aucun citoyen, dont le droit sera reconnu, de quelque état ou profession qu'il soit, ne pourra en être exclu.

Art. 34.

« Tout citoyen, qui dans une assemblée se portera à quelque violence, fera quelque menace engagera quelque acte de révolte, exclura ou proposera d'exclure de l'assemblée quelque citoyen, dont le droit d'y être admis aura été reconnu, sous le prétexte de son état, de sa profession, et sous tout autre prétexte, sera jugé à l'instant par l'assemblée même, condamné à se retirer et privé de son droit de suffrage.

Art. 35.

« Les officiers municipaux tant du chef-lieu du canton que des communes, dont les habitants composeront les assemblées primaires, se concerteront ensemble, pour avoir une force suffisante à l'effet de maintenir la tranquillité publique et l'exécution des articles ci-dessus dans le lieu de l'assemblée, sans néanmoins qu'aucune garde de sûreté puisse être introduite dans l'intérieur, si ce n'est que l'on y ait commis des violences; auquel cas, l'ordre du président suffira pour appeler la force publique. Le président pourra aussi, en cas de violences, lever seul la séance, autrement elle ne pourra être levée, sans avoir pris le vœu de l'assemblée.

Art. 36.

« Il sera délivré à chaque électeur, pour lui servir de pouvoir, un extrait du procès-verbal de son élection, signé par le président et le secrétaire de l'assemblée primaire.

Art. 37.

« Après la nomination des électeurs, les assemblées primaires procéderont de suite à l'élection des juges de paix, assesseurs et greffiers des juges de paix.

Art. 38.

« Il y aura dans chaque canton un juge de paix et des prud'hommes assesseurs des juges de paix.

Art. 39.

« S'il y a dans le canton une ou plusieurs villes ou bourgs, dont la population excède 2,000 âmes, ces villes ou bourgs auront un juge de paix et des prud'hommes particuliers.

Art. 40.

« Les villes et bourgs qui contiendront plus de 8,000 âmes, auront le nombre de juges de paix qui sera déterminé par le corps législatif, d'après les renseignements qui seront donnés par l'administration du département.

Art. 41.

« Il suffit pour être juge de paix, d'avoir l'âge de 25 ans et de remplir toutes les autres conditions d'éligibilité ci-dessus prescrites.

Art. 42.

« Il n'est pas nécessaire pour être éligible aux places de juge de paix, d'être actuellement domicilié dans le canton, mais ceux qui auront accepté leur nomination, seront tenus de résider assidûment dans le canton.

Art. 43.

« Le juge de paix sera élu au scrutin individuel et à la pluralité absolue des suffrages.

Art. 44.

« Le scrutin individuel est celui par lequel on vote séparément sur chacun des sujets à élire en recommençant autant de scrutins particuliers qu'il y a de nominations à faire.

Art. 45.

« Toutes les fois qu'on procède à une élection par scrutin individuel, si le premier tour de scrutin n'a pas produit la majorité absolue, le second tour n'aura lieu qu'entre les deux candidats qui auront obtenu le plus de suffrages, et en cas de partage des voix à ce second tour de scrutin, le plus ancien d'âge sera préféré.

Art. 46.

« S'il y a plusieurs assemblées primaires dans le canton le recensement de leur scrutin particulier sera fait en commun, par des commissaires de chaque assemblée; il en sera de même dans les villes et bourgs au-dessus de 8,000 âmes à l'égard des sections qui concourront à la nomination du même juge de paix.

Art. 47.

« Une expédition de l'acte de nomination du juge de paix sera envoyée et déposée au greffe du tribunal du district, l'acte de nomination et celui du dépôt au greffe tiendront lieu de provision au juge de paix.

Art. 48.

« Les mêmes électeurs nommeront parmi les citoyens éligibles de chaque municipalité, au scrutin de liste et à la pluralité relative, quatre notables destinés à faire les fonctions d'assesseurs du juge de paix; le juge appellera ceux qui seront nommés dans la municipalité du lieu, où il aura besoin de leur assistance.

Art. 49.

« Dans les villes et bourgs dont la population excèdera 8.000 âmes, les prud'hommes assesseurs seront nommés en commun par les sections qui concourront à l'élection du juge de paix, et à cet effet elles recevront leurs scrutins particuliers, comme il est dit en l'article 46.

Art. 50.

« Il sera ensuite procédé au scrutin individuel, par chaque assemblée primaire, à la nomination d'un greffier du juge de paix; il suffira pour être élu à cette fonction, d'avoir l'âge de 25 ans et de réunir les autres conditions d'éligibilité. Le greffier sera dispensé de tout cautionnement.

Art. 51.

« Les juges de paix et leurs greffiers seront tenus, avant de commencer leurs fonctions, de prêter devant le conseil général de la commune du lieu de leur domicile respectif, le serment *d'être fidèle à la nation, de maintenir la liberté et l'égalité ou de mourir à leur poste et de remplir avec exactitude et impartialité les fonctions de leur office.*

Art. 52.

« Ce même serment sera prêté par les assesseurs, dans les mains du juge de paix, la première fois qu'ils l'assisteront, et il en sera dressé acte.

Art. 53.

« Les juges de paix pourront porter, attaché au côté gauche de l'habit, un médaillon ovale en étoffe, bordure rouge, fond bleu, sur lequel seront écrits, en lettres blanches, ces mots : *la Loi et la Paix.*

ASSEMBLÉES ÉLECTORALES.

Art. 54.

« Il n'y aura qu'un seul degré d'élection intermédiaire entre les assemblées primaires et l'Assemblée nationale.

Art. 55.

« Tous les électeurs nommés par les assemblées primaires du département, se réuniront, sans distinction d'état ni de condition, en une seule assemblée dans le chef-lieu du département pour procéder aux élections suivantes.

Art. 56.

« L'assemblée électorale se mettra en activité, sans que l'absence d'un nombre quelconque d'électeurs puisse en retarder les opérations; les électeurs qui arriveront ensuite avec des titres en règle, seront admis à l'époque où ils se présenteront.

Art. 57.

« Aussitôt que l'assemblée des électeurs sera formée, ils procéderont, dans le même ordre et dans les mêmes formes que les assemblées primaires, à la nomination du Président, du secrétaire et des scrutateurs, et à la prestation du serment civique conformément aux articles 18, 19, 20, 21, 22, 23 et 24.

Art. 58.

« L'assemblée électorale pourra accélérer ses opérations en arrêtant, à la pluralité des voix, de se partager en plusieurs bureaux, composés au moins de cent électeurs pris proportionnellement dans les différents districts, qui procéderont séparément aux élections, et qui députeront chacun deux commissaires chargés de faire ensemble le recensement des scrutins; les bureaux procéderont tous au même moment aux élections.

Art. 59.

« Après le serment civique prêté par les membres de l'assemblée, dans les termes prescrits par l'article 24, le président de l'assemblée, ou de chacun des bureaux, avant de commencer les scrutins, prononcera et fera écrire la formule du serment dans les termes et suivant la forme prescrite par l'article 25, et chaque citoyen prêtera ce serment, ainsi qu'il est indiqué par le même article.

Art. 60.

« Les dispositions contenues dans les articles 32, 33, 34 et 35, relatives tant à la validité des titres d'admission qu'à la police des assemblées primaires, sont communes aux assemblées électorales.

NOMINATION DES DÉPUTÉS A LA CONVENTION NATIONALE, ET DE LEUR SUPPLÉANT.

Art. 61.

« Les électeurs procéderont d'abord à la nomination des députés à la Convention nationale, dont le nombre a été provisoirement fixé à trois, par le décret du 4 février 1793.

Art. 62.

« Il suffira pour être éligible comme député, d'être âgé de 25 ans, et de réunir les conditions exigées par l'article 4.

Art. 63.

« Le choix des électeurs pourra porter sur tout citoyen réunissant les conditions ci-dessus rappelées, quelles que soient les fonctions qu'il exerce, ou qu'il ait ci-devant exercées.

Art. 64.

« Les députés de la Convention nationale seront élus au scrutin individuel et à la pluralité absolue des suffrages.

Art. 65.

« Les électeurs nommeront au scrutin individuel et à la pluralité absolue des suffrages un suppléant, qui devra réunir les mêmes conditions d'éligibilité que les députés à la Convention nationale, pour remplacer ceux-ci en cas de mort, ou de démission.

Art. 66.

« Toute convention de répartir entre les districts ou de choisir successivement entre les districts les députés au Corps législatif, rendra nulles les élections.

Art. 67.

« L'acte d'élection sera le seul titre des fonctions des députés à la Convention nationale.

Formation et organisation de l'administration du département.

Art. 68.

« Il n'y aura qu'un seul degré d'élection intermédiaire entre les assemblées *administratives.*

Art. 69.

« L'administration de département, composée de 36 membres, est divisée en deux sections, l'une portera le titre de *conseil du département,* et l'autre celui *de directoire du département.*

Art. 70.

« L'administration de département a en outre un *procureur général syndic.*

Art. 71.

« Après avoir nommé les députés à la Convention nationale et le suppléant, les mêmes élections procéderont d'abord, par scrutin individuel, à la pluralité absolue des suffrages, à la nomination du *procureur général syndic du département.*

Art. 72.

« Les électeurs procéderont ensuite par un scrutin de liste simple : 1° à la nomination des membres qui, au nombre de 8, composeront le directoire du département : 2° à la nomination des autres membres de l'administration, et parmi ces derniers les quatre citoyens qui auront réuni le plus de voix seront suppléants des membres du directoire et y remplaceront ceux dont les places deviendront vacantes par mort, démission ou autrement.

Art. 73.

« Aussitôt que les membres composant l'administration du département auront été nommés, ils entreront en fonctions, après avoir prêté dans la salle de leurs sessions, et en présence du public, prévenu 24 heures d'avance par affiches, le serment *d'être fidèles à la nation, de maintenir de tout leur pouvoir la liberté et l'égalité, ou de mourir à leur poste,* de quoi il sera dressé procès-verbal.

Art. 74.

« L'administration de département nommera son président et son secrétaire au scrutin individuel et à la pluralité absolue des suffrages.

« Elle choisira et désignera celui des membres du directoire qui devra remplacer momentanément le procureur général syndic en cas d'absence, de maladie, ou autre empêchement.

« Le président de l'administration du département pourra assister et aura le droit de présider à toutes les séances du directoire qui pourra néanmoins se choisir un vice-président.

Art. 75.

« L'administration de département et le procureur général syndic porteront, dans l'exercice de leurs fonctions, un ruban tricolore en sautoir et une médaille de métal jaune sur laquelle on lira ces mots : *Respect à la loi.* La médaille du procureur général syndic sera attachée au ruban, à la distance de deux pouces, par une tresse et deux glands de la couleur de la médaille.

Nomination des président, accusateur public et greffier du tribunal criminel.

Art. 76.

« Il y aura un tribunal criminel établi dans le lieu qui sera le siège de l'administration du département. Les électeurs du département nommeront le président, l'accusateur public et le greffier du tribunal criminel, au scrutin individuel et à la pluralité absolue des suffrages.

Art. 77.

« Les choix pour les fonctions administratives et judiciaires, ainsi que pour toutes les autres fonctions publiques pourront être faits indistinctement parmi tous les citoyens et fils de citoyens, âgés de 25 ans accomplis, domiciliés depuis un an, et n'étant pas en état de domesticité ou de mendicité; mais les parents jusqu'au degré de cousins issus de germains inclusivement et alliés dans le même degré, ne pourront pas être ensemble membres du même directoire d'administration, ni juges dans le même tribunal .

Art. 78.

« Nul ne pourra être en même temps officier municipal, membre du directoire du département, ou de district, ou d'un tribunal.

Formation et organisation de l'administration de district.

Art. 79.

« Les électeurs de chaque district, c'est-à-dire tous ceux qui auront été nommés par les assemblées primaires du ressort du même district, se rendront de suite au chef-lieu du district et s'y réuniront pour procéder aux élections suivantes.

Art. 80.

« Chaque assemblée des électeurs de district nommera son président, son secrétaire et 3 scrutateurs, ainsi qu'il a été dit pour les assemblées primaires et pour l'assemblée générale des électeurs du département.

Art. 81.

« Chaque administration de district, composée de 12 membres, est divisée en deux sections ; l'une portera le titre de *conseil du district*, et l'autre celui du *directoire du district*.

Art. 82.

« L'administration de district a, en outre, un *procureur-syndic*.

Art. 83.

« Les électeurs de district procèderont d'abord, par un scrutin individuel et à la pluralité absolue des suffrages, à la nomination du procureur-syndic du district.

Art. 84.

Ils procèderont ensuite par un scrutin de liste simple : 1° à la nomination des membres qui, au nombre de 4, composeront le directoire du district ; 2° à la nomination des autres membres de l'administration, et parmi ces derniers les deux citoyens qui auront réuni le plus de voix seront suppléants des membres du directoire, et y remplaceront ceux dont les places deviendront vacantes par mort, démission ou autrement.

Art. 85.

« Aussitôt que les membres composant l'administration du district auront été nommés, ils entreront en fonction, après avoir prêté le serment en la forme indiquée par l'article 78.

Art. 86.

« Les dispositions contenues dans l'article 74 ci-dessus, pour l'administration du département, auront lieu de la même manière pour les administrations de district.

Art. 87.

« Les dispositions de l'article 75 relatives au costume, auront également lieu pour les administrateurs et le procureur-syndic de district ; si ce n'est que la médaille de ceux-ci sera de *métal blanc*.

Formation et organisation du tribunal de district.

Art. 88.

« Il y aura, en chaque district, un tribunal composé de 5 juges, auprès duquel il y aura un commissaire national chargé des fonctions du ministère public, lesquels seront tenus de résider dans le lieu où le tribunal est établi. Les suppléants y seront au nombre de 4, dont deux au moins seront pris dans la ville de l'établissement ou tenus de l'habiter.

Art. 89.

« Il y aura, en chaque tribunal, un greffier, âgé de 25 ans accomplis, lequel sera tenu de présenter aux juges et de faire admettre au serment un ou plusieurs commis, également âgés de 25 ans, en nombre suffisant pour le remplacer, en cas d'empêchement légitime, desquels il sera responsable.

« Il sera, en outre, tenu de fournir un cautionnement de douze mille livres en immeubles qui sera reçu par les juges.

Art. 90.

« Les électeurs procèderont à la nomination des juges, du commissaire national, des suppléants des juges, et du greffier, au scrutin individuel et à la pluralité absolue des suffrages.

Art. 91.

« Les juges, commissaires nationaux et greffiers seront installés sur le seul procès-verbal de leur élection.

« Le commissaire national auprès de chaque tribunal fera passer au ministre de la justice le procès-verbal de l'installation.

Art. 92.

« Cette installation se fera en la forme suivante. Les membres du conseil général de la commune du lieu où le tribunal sera établi, se rendront en la salle d'audience et y occuperont le siège.

Art. 93.

« Les juges, le commissaire national et le greffier, introduits dans l'intérieur du parquet, prêteront devant les membres du conseil général de la commune et en présence des citoyens, le serment *d'être fidèles à la nation, de maintenir la liberté et l'égalité, ou de mourir à leur poste, et de remplir avec exactitude et impartialité les fonctions qui leur sont confiées.*

Art. 94.

« Après ce serment prêté, les membres du conseil général de la commune, descendus dans le parquet, installeront les juges, le commissaire national et le greffier, et au nom du peuple, prononceront pour lui *l'engagement de porter au tribunal et à ses jugements le respect et l'obéissance que tout citoyen doit à la loi et à ses organes.*

Art. 95.

« Celui des juges qui aura été élu le premier, sera **président** du tribunal.

Art. 96.

« Les juges étant en fonctions, porteront l'habit noir, le manteau de drap ou de soie noir ; les parements du manteau seront de la même couleur et un ruban en sautoir aux trois couleurs de la nation, au bout duquel sera attachée une médaille dorée, sur laquelle seront écrit ces mots : *La loi ;* ils auront la tête couverte d'un chapeau rond, relevé sur le devant et surmonté d'un panache de plumes noires.

Art. 97.

« Les commissaires nationaux étant en fonctions auront même habit et le même chapeau, à la différence que le chapeau sera relevé en avant par un bouton et une ganse d'or et que sur la médaille seront écrits ces mots : *La loi et la République française.*

Art. 98.

« Les greffiers étant en fonctions auront un chapeau rond relevé sur le devant sans panache et un manteau pareil à celui des juges.

Formation et organisation du tribunal de commerce établi à Nice.

Art. 99.

« Il sera établi provisoirement dans la ville de Nice, un tribunal de commerce, composé de 5 juges, de 4 suppléants et d'un greffier.

Art. 100.

« Après la nomination des juges du tribunal du district les électeurs procéderont à la nomination des juges, des suppléants des juges et du greffier du tribunal de commerce au scrutin individuel et à la pluralité absolue des suffrages.

Art. 101.

« Lorsqu'il s'agira d'élire le président de ce tribunal, l'objet spécial de cette élection sera annoncé avant d'aller au scrutin.

Formation des bureaux de paix.

Art. 102.

« En chaque lieu où il y aura un tribunal de district, les électeurs du district choisiront, après la nomination des juges, 6 citoyens qui formeront le bureau de paix du district.

Directeurs des postes aux lettres.

Art. 103.

« Les électeurs de district procéderont ensuite à la **nomination** des directeurs des postes de leurs arrondissements respectifs.

Art. 104.

« Les élus aux directions des postes n'entreront en fonctions qu'après avoir fait passer aux administrations des postes, le procès-verbal de leur élection et fourni le cautionnement qu'il est d'usage d'exiger de ces employés. Les directeurs des postes demeureront toujours subordonnés aux administrateurs des postes qui pourront, en cas de malversation, les suspendre provisoirement et les remplacer à la charge d'en instruire le pouvoir exécutif, qui lui-même en référera à la Convention nationale.

« Les administrations provisoires de ce département, séantes à Nice et à Monaco, sont chargées de faire parvenir, sans délai, publier et afficher la présente proclamation dans toutes les communes de leur ressort respectif, d'en certifier les commissaires de la Convention nationale et de tenir la main à sa pleine et entière exécution.

« Fait à Nice, le 30 mars 1793, l'an II de la République française.

« *Signé :* GRÉGOIRE; JAGOT.

« *Par la commission,*

« ARNAUD, *secrétaire.* »

VIII

PROCLAMATION (1) *des commissaires de la Convention nationale concernant le nombre des électeurs du département des Alpes-Maritimes.*

« Nous, députés à la Convention nationale, commissaires nommés pour présider à l'organisation provisoire du département des Alpes-Maritimes.

« A défaut des recensements préexistants de population des ci-devant comté de Nice et principauté de Monaco, pour parvenir à déterminer le nombre des électeurs que doit fournir chaque canton de ce département, après avoir chargé, dès notre arrivée, les administrations provisoires séantes à Nice et à Monaco de nous procurer les états de population actuelle de toutes les communes de leur ressort respectif ;

« Considérant que, nonobstant cette mesure, les 3 communes de la ci-devant principauté de Monaco et 44 seulement du ci-devant comté de Nice ont envoyé lesdits états, que de la part des autres il y a ou négligence, ou impossibilité pour celles qui sont encore occupées par l'ennemi ;

« Considérant que ce retard entrave nos opérations, et qu'il importe de ne pas priver plus longtemps ce département des avantages d'une organisation complète ;

« Avons arrêté que pour base de nos opérations, relativement aux communes qui n'ont pas envoyé les états de la population, nous suivrions les états par aperçu, qui d'après notre réquisition nous ont été adressés le 16 de ce mois par l'administration provisoire séante à Nice ;

« Considérant ensuite que la loi du mois de janvier 1790 porte que les assemblées pri-

---

(1) *Bibliothèque nationale.* Lb⁴¹, n° 600.

maires nommeront un électeur à raison de 100 citoyens actifs, tandis que celle du 11 août 1792 supprime la distinction des Français en citoyens actifs et non actifs, néanmoins invite les assemblées primaires à nommer le même nombre d'électeurs, d'où il résulte d'une part l'admission d'un plus grand nombre de citoyens ayant droit de voter, et de l'autre cependant le maintien du même nombre d'électeurs ;

« Considérant que si les assemblées primaires du département des Alpes-Maritimes où il n'existait pas précédemment un nombre déterminé d'électeurs, en nommaient un à raison de 100 citoyens ayant droit de voter, le nombre de ces électeurs serait plus considérable que celui des autres départements de la République, ce qui blesserait l'égalité politique et entraînerait d'ailleurs un surcroît de dépenses ;

« Considérant que le seul moyen de concilier les deux lois ci-dessus dans leur application à l'intérêt général et au droit de chacun des citoyens ce département, est de prendre pour règle le résultat reconnu comme vérité de fait pour la France entière et qui détermine le nombre des citoyens actifs de chaque département à raison du sixième de la population ; en sorte que si le nombre des électeurs a été pour tous les départements, dans les précédentes élections, à raison d'un par 100 citoyens actifs et conséquemment par 600 de population, il s'ensuit, par une induction nécessaire, que le même calcul doit avoir lieu pour fixer le nombre des électeurs du département des Alpes-Maritimes ;

« Avons arrêté le nombre des électeurs que chaque canton doit fournir ainsi qu'il suit :

« Tableau de la population des cantons qui composent le district de Nice et du nombre des électeurs que chaque canton doit fournir :

Cantons.	Chefs-lieux.	Population.	Élect.
1	Nice	26,240	44
2	Scarena	3,023	5
3	Contès	3,700	6
4	Levens	2,259	4
5	Aspremont	3,220	5
6	Utelle	3,700	6
7	Rocabiliera	3,858	6
8	Bollina de Valdeblora.	2,750	5
		48,750	81

« Tableau de la population des cantons qui composent le district de Menton et du nombre des électeurs que chaque canton doit fournir :

Cantons.	Chefs-lieux.	Population.	Élect.
1	Menton	4,416	7
2	Perinaldo	5,000	8
3	Briga	7,000	12
4	Sospello	5,300	9
5	Monaco	3,341	6
		25,057	42

« Tableau de la population des cantons qui composent le district de Puget-Théniers et du nombre des électeurs que chaque canton doit fournir :

Cantons.	Chefs-lieux.	Population.	Élect.
1	Puget-Théniers	2,290	4
2	Roquesteron	2,389	4
3	Gillette	1,561	3
4	Villars	2,990	5
5	Beüil	3,074	9
6	Saint-Etienne	5,700	9
7	Guillaume	4,774	8
		22,778	38

« *Récapitulation* de la population de chaque district et du nombre des électeurs que chacun d'eux doit fournir :

Districts.	Population.	Élect.
Nice	48,750	81
Menton	25,057	42
Puget-Théniers	22,778	38
	96,585	161

« Les administrations provisoires du département des Alpes-Maritimes, séantes à Nice et à Monaco, sont chargées de faire parvenir, sans délai, publier et afficher la présente proclamation dans toutes les communes de leur ressort respectif et d'en certifier les commissaires de la Convention nationale.

« Fait à Nice, le 30 mars 1793, l'an II de la République française.

« *Signé :* GRÉGOIRE; JAGOT.

« *Par la commission,*
« ARNAUD, *secrétaire.* »

DEUXIÈME ANNEXE (1)

A LA SÉANCE DE LA CONVENTION NATIONALE
DU LUNDI 15 AVRIL 1793.

Discours de Maximilien Robespierre sur la nécessité de commencer la discussion du projet de Constitution présenté par le comité des Six, par une discussion générale sur les Droits de l'homme et du citoyen.

TEXTE DU LOGOTACHIGRAPHE (2).

Robespierre. La discussion qui vous agite dans ce moment tend à savoir si vous commencerez la discussion de la Constitution que la nation attend de vous, par la Déclaration des droits. Buzot vous a dit qu'il fallait commencer par l'organisation du gouvernement. J'avoue que je ne conçois pas bien cette proposition. Qu'est-ce que l'organisation du gouvernement d'un peuple? Ce n'est autre chose, si je ne me trompe, que les lois fondamentales qui forment sa Constitution, qui constituent son gouvernement. Quelle est la base de la

_____

(1) Voy. ci-dessus, même séance, la coordination de ce discours faite par nous d'après le *Journal des Débats* le *Logotachigraphe* et le *Mercure*.
(2) *Logotachigraphe*, n° 107, page 387 et suivantes.

Constitution et du gouvernement? Ce sont, sans contredit, les droits des hommes. Quel est le but du gouvernement? Quel est le but de la Constitution? C'est le bonheur des hommes et par conséquent la conservation de leurs droits, de leur sûreté, de leur liberté, de leur propriété. Il faut donc, avant d'instituer un gouvernement, bien déterminer et la nature et l'étendue des droits, dont la conservation est l'objet du gouvernement. Proposer de commencer par le gouvernement, c'est ne rien proposer, ou proposer la conséquence avant le principe.

Citoyens; quand la nation française voulut se donner une Constitution et la fonder sur les débris du despotisme, elle commença par proclamer les Droits de l'homme. L'Amérique nous avait donné cet exemple d'une manière beaucoup plus imparfaite. Dans l'Assemblée constituante, le premier combat qui s'engagea entre nous et les deux ordres privilégiés qui existaient alors, fut de savoir si nous commencerions à proclamer les Droits des hommes : Ce droit imprescriptible de l'homme le seul qui doit être la règle de tout gouvernement et qui devait être le principe sur lequel la nation devait juger elle-même la Constitution que nous devions lui présenter.

Il n'est pas d'efforts que ne firent les ordres privilégiés pour empêcher de fonder ces bases sacrées, et pour amener tout de suite à établir une forme de gouvernement. Remarquez bien, citoyens, que le seul moyen de faire bien et même de faire vite cette Constitution, c'est d'en établir d'abord les bases; car s'il n'est pas de principes posés, comment voulez-vous qu'on s'accorde sur les conséquences? Alors les discussions ne roulent que sur des détails ; et comme chacun part de principes et de bases opposés, qu'il modifie et qu'il appelle à son gré, parce qu'elles ne sont pas discutées dans l'opinion générale, il en résulte que la quantité des opinions est infinie et que les débats deviennent aussi interminables que tumultueux. Il faut donc pour procéder définitivement à une Constitution et que chacun marche sur le même point, reconnaître les principes. Nous avons dit dans le commencement de l'Assemblée constituante, dans les moments de notre ferveur patriotique et révolutionnaire; nous avons dit à la nation, nous avons dit à l'univers que nous mettions à la tête du gouvernement nouveau, la Déclaration solennelle des Droits des hommes, afin que tous les citoyens puissent juger notre ouvrage; que la nation pût reconnaître si nous avons senti ses droits, et consulter ses véritables intérêts, en rapprochant ses lois constitutionnelles de ces principes immortels qui devraient en être la base. Ce que nous avons dit à la nation, citoyens, pourquoi ne le dirions-nous pas aujourd'hui?

Nous devons à la nation une Constitution fondée sur les droits imprescriptibles de l'homme, dans l'état de nature, de l'homme dans l'état de société. C'est le seul moyen de donner un gage à la nation que nous respecterons véritablement sa liberté; car le plus sûr garant que nous puissions lui donner de nos principes et du zèle avec lequel nous lui donnerons une Constitution conforme à ses droits, c'est de proclamer franchement ces droits-là !

Après qu'il y a eu proclamation des droits regardés comme imparfaits, et qui enfin a rendu un service éternel à l'humanité, en consacrant ces principes, si nous allions, dis-je, aujourd'hui arriver au gouvernement, sans faire précéder notre ouvrage de cette déclaration des principes fondamentaux, on croirait que nous voulons nous dégager de la nécessité de suivre cette règle de ces principes sacrés auxquels l'Assemblée constituante, dans le temps de son patriotisme, s'étais elle-même attachée, en disant à la nation, en disant à l'univers : voilà vos droits ; ni le législateur, ni le gouvernement n'ont le droit de les violer; et vous avez le droit de nous ramener à ce principe sur tout ce que nous vous proposerons. Toutes les objections qu'on vous a faites, citoyens, pour vous engager à suivre une autre marche, sont absolument nulles; qu'importe aujourd'hui de gagner quelques heures; il s'agit d'une Constitution qui doit fonder le bonheur de notre nation, qui doit être, peut-être, le germe du bonheur de toutes les nations; et il n'est pas question d'une minute ni des heures, lorsqu'il s'agit de fonder la félicité, peut-être, de tout le genre humain. D'ailleurs, je vous l'ai déjà dit, le moyen de marcher vite, c'est de poser les principes dont il ne nous reste plus, ensuite, qu'à tirer des conséquences.

Pour vous faire adopter ce système contradictoire, on vous a présenté les dangers dont nous sommes environnés : on vous a dit qu'il faut vous hâter de jeter un gouvernement quelconque au milieu de la nation; afin qu'il y ait un point où elle puisse se rallier, dans le cas où des revers pourraient troubler nos travaux. Citoyens, loin de nous ces idées si funestes : gardons-nous que quelque motif que ce puisse être, soit capable de nous arrêter : que jamais le prétexte des dangers extérieurs dont la patrie est menacée, que jamais les craintes indignes de nous, puissent influer sur la Constitution que nous devons donner à la France : nous devons être aussi calmes, aussi immobiles au milieu des orages politiques, que si nous étions environnés du calme le plus profond : et s'il en était autrement, ne serait-il pas évident aux yeux de la nation et de l'univers, que nous pourrions violer les lois de la liberté publique; que nous mettrions dans les lois que nous faisons pour la nation entière, et peut-être, pour l'univers, le vœu de la pusillanimité et de la crainte des nations étrangères, et de l'influence des armées ennemies. (Applaudissements.)

Citoyens, voulez-vous ne pas craindre ces dangers dont on vous parle, eh bien ! déployez tout le courage, déployez toute l'énergie d'un grand peuple contre les ennemis extérieurs : occupez-vous à prendre des mesures grandes, des mesures sages, pressantes, qu'exige le salut public ; en même temps occupez-vous à soulager la misère publique avec autant de zèle que de promptitude : par là, vous exalterez d'une part, le patriotisme du peuple, et de l'autre, vous ferez trembler tous les tyrans de l'Europe : ce n'est point à vous qu'il appartient de les craindre, mais plutôt de faire des lois terribles contre la tyrannie, et ces lois ne peuvent être influencées par l'approche des tyrans : il n'en est pas de redoutables pour nous. Parlez, et la France entière écrasera l'Europe, toute liguée contre nous.

Citoyens, on vous a dit qu'il fallait laisser de côté la Déclaration des droits pour passer au gouvernement, afin que le peuple français eût un intérêt plus sensible et plus pressant de défendre sa liberté, afin que le peuple français eût une Constitution qui présentât une défensive. Citoyens, le peuple français a tous les motifs qu'il lui faut pour s'ensevelir sous les ruines de la patrie, avant de composer avec les tyrans. Le peuple français ignore quelle forme de gouvernement on lui donnerait, en mettant de côté la Déclaration des droits, mais il sait bien qu'il a déjà une Déclaration des droits ; il le sait bien. Mettez-en une autre à sa place, mettez-en une autre plus parfaite.

Citoyens, je vous l'avoue (Interruption), il n'est pas nécessaire de violer toutes les règles, d'écarter la Déclaration des droits d'une Constitution républicaine, tout cela pour arriver au gouvernement, il n'est pas nécessaire que l'on sépare la Constitution des principes éternels. La Déclaration des droits a tout ce qu'il faut pour combattre à mort contre les tyrans conjurés. Je dis que le peuple français a déjà les principes de l'humanité, ces principes précieux de la justice consacrés dans une déclaration précédente, que vous devez placer devant tout à la tête de la Constitution, si vous ne voulez pas la remplacer par une autre plus parfaite. Je dis que le peuple français ne sait pas, dans le moment actuel, la Constitution que vous lui préparez. Faites-lui une Constitution qui vaille la peine d'être défendue par tous les hommes. Votre Constitution actuelle subsistera jusqu'à ce que la nation en ait adopté une autre. (Il est impossible que je puisse parler au milieu des interruptions et des sarcasmes qui m'environnent.)

Isnard. Je dois déclarer à la France que jamais personne n'a joui d'un silence pareil à celui qui règne dans la Convention au moment où Robespierre parle ; il se tourne sans cesse et semble désirer des interruptions.

Robespierre. La discussion de la Constitution qui doit fixer le bonheur du peuple, est un acte religieux qui doit faire taire toutes les passions ; je déclare et je dois à l'Assemblée cette déclaration, qu'il n'a pas été dans mes intentions de les faire produire, que je ne me suis point plaint du tumulte de l'Assemblée, mais de quelques interruptions particulières et désagréables.

Je reprends la discussion : citoyens, je suis bien convaincu que tous les citoyens désirent une Constitution : qu'il n'est pas d'insensé ni d'ambitieux qui ne veuille une Constitution ; par cette raison-là même, il est impossible que quelques hommes existent ensemble sous un gouvernement quelconque. L'ambitieux n'a d'autre objet que de se former une Constitution qui lui convienne; pour nous, je crois que nous voulons tous une bonne Constitution.

Le genre humain se partage en deux classes d'hommes, c'est-à-dire ceux qui oppriment les peuples et ceux qui aiment la liberté. Les uns veulent une Constitution despotique; d'autres, une Constitution libre, fondée sur le bonheur de tous et sur celui de chaque individu, une Constitution faite par eux tous, sous une dénomination démocratique. D'autres la veulent, soit sous le nom de royauté, soit sous le nom de gouvernement aristocratique; ils ne veulent qu'eux-mêmes, ils ne veulent point de droit du peuple, ni le bonheur de l'humanité.

Nous la voulons tous, sans doute, cette première Constitution, que j'ai annoncée, cette Constitution républicaine, cette Constitution fondée sur les principes éternels de la raison et de l'humanité. Pour arriver à cette Constitution, il faut commencer par proclamer les droits éternels de l'humanité ; car quelque pure que soit l'âme du législateur, quelque dégagée qu'elle soit de toutes les passions, de tout esprit de parti et des vues ambitieuses, le législateur est un homme comptable au peuple de sa conduite : cet homme doit se prescrire des règles à lui-même; ces règles sont les principes de la justice, contenus dans les droits imprescriptibles de l'homme et des citoyens.

Nous avons déclaré à la nation qu'il était absolument nécessaire que les lois constitutionnelles que nous voulons donner au peuple, fussent précédées des Droits de l'homme, afin que tous les citoyens puissent y reconnaître que nous, législateurs, qu'on avait investis de grands pouvoirs, nous donnions véritablement au peuple des droits conformes aux Droits sacrés de l'homme. Nous avons reconnu alors que nous-mêmes nous devions mettre devant nos yeux le modèle d'une Constitution libre, afin de ne pas nous laisser égarer, ni par les préjugés, ni par les passions.

Je vous demande si vous adoptez ces principes, si vous les jugez raisonnables, ou si vous les jugez absurdes ; je ne crois pas que vous ayez cette dernière opinion. Si vous les jugez raisonnables, la question est terminée, et pour le genre humain et pour la garantie que vous devez au peuple.

Je dis que toutes les objections faites contre ces principes, non-seulement sont vaines en elles-mêmes, mais infiniment dangereuses. Je vous ai dit ensuite que le moyen d'aller promptement, c'était de commencer par des principes généraux, dont il fut possible ensuite, à chaque individu, de jeter des conséquences. On vous présente la nécessité de jeter promptement en avant un gouvernement au milieu du peuple français, auquel il put se rallier, dans la crainte que les armées étrangères ne viennent troubler l'exercice de nos travaux ! Objections dangereuses ! Idées qui tendent à étouffer l'énergie de la Convention nationale et de tout le peuple ! Idées qui tendent à influencer nos délibérations, par la crainte des armes des despotes ?

Je déclare que les despotes ne sont rien pour nous dans ce moment; appelons autour de nous le peuple français, qui est prêt à les repousser ? Prenons toutes les mesures qu'exige le Salut public ? Mais quand il s'agit de la Constitution, quand il s'agit de fonder le trône de la liberté, ne songeons qu'à la loi éternelle qui doit être la source de toutes celles que nous ferons par la suite ! Ne songeons qu'à l'univers qui nous regarde ! Et que nous font les despotes : ou vous les craignez, et alors il vous est impossible de représenter ce peuple français, et il vous est impossible de lui donner des lois (*Applaudissements*), ou bien vous ne les craignez pas, et alors occupez-vous paisiblement de donner au peuple les meilleures lois dont il est susceptible.

On a dit encore qu'il fallait que le peuple sût pourquoi il combattrait, qu'il eût un motif sacré de se défendre contre tous les despotes de l'Europe ; je dis, citoyens, qu'il est dangereux de mettre en question si le peuple, aujourd'hui, a le plus puissant des motifs pour combattre jusqu'à la mort les tyrans qui ont osé l'attaquer. Car si cela pouvait être une question dans la nation française, il s'en suivrait qu'avant que nous ayons pu donner ce gouvernement au peuple, il faudrait nous déterminer par quelques considérations étrangères. Ferions-nous un acte aussi imprudent, que d'entendre des compositions avec les despotes de l'Europe, puisqu'il serait en principe que nous ignorons contre qui nous combattons, que nous ne savons pas pourquoi nous combattons !

Si nous avons un gouvernement et une Constitution dignes d'être défendus de tout notre sang, je dis que, dès ce moment, le peuple français a tous les motifs possibles pour verser jusqu'à la dernière goutte de son sang pour la défense de la liberté.

Le peuple français a dans cet instant même une Constitution provisoire, qui durera jusqu'à ce que vous l'ayez remplacée par une meilleure. Cette Constitution est dégagée de la royauté d'une part, qui en était le véritable fléau ; elle est dégagée de l'odieuse distinction entre les citoyens passifs et les citoyens actifs, qui était une injure pour l'humanité. La Constitution française, telle qu'elle est, est encore la meilleure qui existe dans le monde. Elle est infiniment supérieure non-seulement à celles de tous les peuples qui existent maintenant, mais même à celles des peuples de l'antiquité la plus reculée. Car partout vous voyez l'aristocratie consacrée dans de petits territoires. Ici vous avez l'égalité des droits absolument consacrée par la Constitution existante. Le peuple français a donc, dans ce moment, le motif le plus puissant de les défendre jusqu'à la mort, et il est évident que quelque chose que vous puissiez changer à cette Constitution, il est impossible qu'il compose avec les tyrans de l'Europe, que pour en recevoir une beaucoup plus mauvaise, et pour en recevoir une meilleure, il faut commencer par les exterminer.

Citoyens, il faut inspirer le respect au peuple français pour les lois existantes. Il ne s'agit, citoyens, que de les faire exécuter ces lois, jusqu'à ce que vous en ayez de meilleures ; et voilà votre tâche ! Ce sont les agents infidèles du gouvernement qu'il faut réprimer ; ce sont les abus contraires aux lois établies qu'il faut supprimer par des mesures rigoureuses contre tous les traîtres. Voilà, Messieurs, votre devoir. Et si vous aviez fait respecter cette Constitution dans toute son étendue, le peuple français sentirait, dès à présent, ses droits.

Citoyens, depuis qu'il n'y a plus que des hommes et des tyrans égaux devant la loi, depuis qu'il n'y a plus de roi, l'autorité du gou-

vernement est dans vos mains ; il dépend de vous, par conséquent, de faire le bonheur du peuple français, et de verser sur lui, l'urne de tous les biens qui découlent de la Constitution. Songez donc à vous rallier, à vous unir et non à vous dissoudre, en vous calomniant vous-mêmes ! Songez à marcher ensemble ; soulagez les besoins du peuple et exterminez vos ennemis ; voilà votre devoir, je vous en atteste.

TEXTE DU JOURNAL DES DÉBATS (1).

Robespierre. La question que vous avez à examiner est de savoir si vous commencerez la discussion par la Déclaration des droits. On a soutenu qu'il fallait commencer par l'organisation du gouvernement ; mais quelle doit-être sa base ? Les droits des hommes. Quel est le but du gouvernement ? La conservation de ces droits. Il faut donc, avant d'établir ce gouvernement, déterminer la nature et l'étendue de ces droits. Proposer de commencer par le gouvernement, c'est proposer de tirer les conséquences avant de poser les principes.

Quand la nation française voulut se donner une Constitution, elle commença par déclarer les droits de tous les français. L'Amérique en avait donné l'exemple. Dans l'Assemblée constituante, le premier combat qui s'engagea entre nous et les deux ordres, eut pour objet de décider si nous commencerions par cette Déclaration des droits des hommes. Il n'est pas d'efforts que ne firent les privilégiés pour nous en empêcher ; mais le patriotisme l'emporta.

Citoyens, il en est aujourd'hui de même ; vous reconnaîtrez aussi que si les principes ne sont pas fixés, il est impossible de tirer des conséquences, et que les débats deviennent interminables ; au contraire, si vous les posez d'avance, chacun, partant du même point, marche dans la même route et arrive au même but.

Nous avons dit à l'Assemblée constituante, dans les premiers élans de notre ferveur patriotique, que nous commencions par déclarer les droits des hommes, afin que la nation, sur ces principes, pût suivre notre marche et juger notre ouvrage. Pourquoi ne le dirions-nous pas aujourd'hui ? Avons-nous moins d'attachement pour ces principes ? Est-il moins nécessaire que les citoyens les aient sous les yeux pour se conduire et nous juger ? Non, citoyens, nous devons commencer par la Déclaration des droits des hommes. Si nous ne commençons pas ainsi notre ouvrage, on croira que nous voulons jeter un voile sur ces principes. Or, nul législateur n'a le droit de les violer.

Toutes les réflexions qu'on vous a faites, pour vous engager à suivre une autre marche, sont frivoles ; et qu'importe en effet de gagner quelques heures, quand il s'agit de fixer les destinées d'un grand peuple ! On vous a représenté les dangers dont vous étiez environnés ; on vous a dit qu'il fallait jeter un gouvernement quelconque au milieu de la nation, pour être son point de ralliement contre les ennemis. Loin de nous ces idées funestes : aucune crainte ne doit influer sur la Constitution

---

(1) *Journal des Débats et des décrets*, n° 211, pages 261 et 263.

française. Nous devons être immobiles, au milieu des dangers, comme si nous étions environnés du calme le plus profond.

Pourrions-nous jamais violer les principes par l'influence des armées étrangères? Non, non. Déployons toute l'énergie d'un grand caractère, déployons toutes les forces nationales contre nos ennemis. Occupons-nous surtout de soulager l'indigence; alors le peuple, redoublant de courage, épouvantera les tyrans...... Les tyrans! Il n'en est pas de redoutables pour nous : parlez, et la France entière écrasera l'Europe conjurée contre nous. (*Les citoyens applaudissent.*)

Citoyens, sans qu'il soit nécessaire de violer toutes les règles pour arriver à ce qu'on appelle un gouvernement, le peuple français a tous les motifs qu'il lui faut pour s'ensevelir sous les ruines de la patrie, plutôt que de composer avec les tyrans; il a déjà les principes éternels de la raison et de l'humanité consacrés dans une déclaration précieuse quoique imparfaite; il a même une Constitution qui, dégagée de ce que l'aristocratie a de plus vil et la royauté de plus odieux, est la plus libre du monde. C'en est, sans doute, assez pour combattre des tyrans qui nous voudraient enchaîner.

Le législateur doit se prescrire des règles à lui-même; ces règles sont les principes de justice dont je demande la consécration dans une Déclaration des droits. Imitez cette Assemblée constituante qui, sans être entièrement vertueuse, a cependant marché d'un pas rapide vers la félicité publique. Il dépend de vous de verser sur le peuple l'urne des bienfaits; songez donc à vous réunir, à vous rallier et à remplir nos espérances.

Citoyens, quand il s'agit de poser sur la terre le trône de la liberté et de l'égalité, ne songeons qu'au peuple, ne songeons qu'aux principes, ne songeons qu'au législateur éternel qui nous regarde.

Je demande qu'on s'occupe d'abord de la Déclaration des droits de l'homme.

TEXTE DU MERCURE UNIVERSEL (1).

Robespierre. Vouloir établir le gouvernement avant la Déclaration des droits, c'est vouloir poser les conséquences avant le principe; il n'est qu'une seule marche pour faire vite et bien, c'est de reconnaître les principes : les conséquences en découlent alors avec promptitude et justesse. Ce que nous fîmes dans l'Assemblée constituante, pourquoi ne le ferions-nous pas aujourd'hui? Avons-nous moins le désir de la justice, de la morale éternelle? vous craignez les dangers, déployez un grand caractère, et la France entière ne craindra pas les despotes conjurés : des despotes, il n'en est point; l'Europe entière conjurée contre nous, ne nous vaincrait pas. (*Applaudissements.*) Oui, la Déclaration des droits a tout ce qu'il faut pour consacrer les principes, les droits de l'humanité, et déjà ceux que vous avez, valent la peine d'être défendus. (*L'opinant se plaint d'être interrompu.*)

Isnard. Je dois observer un fait, c'est que tandis que Robespierre jouit du silence le plus

profond, il se plaint d'être interrompu, tandis qu'ici tous les membres sont interrompus, hués, même de l'Assemblée et des tribunes. Celui qui jouit ici du plus grand silence, regarde à ses côtés, et se plaint ensuite d'être interrompu.

Robespierre. Je suis bien convaincu que tous les membres de cette Assemblée veulent une Constitution, car je crois qu'il n'existe point sur la terre d'anarchistes, qu'il n'existe que des ambitieux ou des intrigants : mais les uns veulent une Constitution commode pour leurs intérêts, et ils ont leurs vues : d'autres la veulent fondée sur les droits de l'humanité, sur la félicité publique : nous crûmes dans l'Assemblée constituante que nous devions mettre sous nos yeux l'archétype de nos lois, la Déclaration des droits imprescriptibles de l'homme, afin qu'elles se reportassent toutes à ce modèle; vous avez le temps de faire le bonheur des hommes, les despotes ne sont rien pour nous, appelons le peuple français autour de nous, ne songeons qu'au bonheur du monde; craindre les despotes! que ceux que font ces despotes, ou vous les craignez, et alors vous êtes indignes de représenter le peuple français! ou vous ne les craignez pas, et c'est avec sécurité que vous devez travailler à la félicité du peuple français! Il a un gouvernement, une Constitution provisoire, dégagée de ces distinctions aristocratiques, : telle qu'elle est, elle est la plus libre, elle est supérieure à toutes celles qui ont paru dans le monde. Il est donc impossible qu'il compose avec aucun tyran du monde, puisqu'il faudrait qu'il acceptât une plus mauvaise Constitution : c'est qu'il faut la faire exécuter, c'est qu'il faut punir les administrateurs, c'est qu'il faut faire régner ces lois : songez donc à vous réunir, et non à vous dissoudre; repoussez les ennemis extérieurs, concourez à la félicité du peuple, voilà vos devoirs.

Des voix : Commencera-t-on par le gouvernement, oui ou non?

Robespierre. Eh bien! parlez-vous de la forme?... Nul aristocrate n'osera vous proposer un roi dans les assemblées primaires, il serait puni de mort. Est-ce une forme aristocratique? elle est réprouvée de tous les citoyens. Est-ce la forme fédérative? Vous donneriez donc au peuple moins qu'il n'a?

...es voix : Il n'est pas à la question, fermez la discussion.

TROISIÈME ANNEXE (1)

A LA SÉANCE DE LA CONVENTION NATIONALE DU LUNDI 15 AVRIL 1793.

Discours de Boyer-Fonfrède en réponse à la pétition des 48 sections de Paris.

TEXTE DU MONITEUR (2).

Boyer-Fonfrède. J'ai des demandes et des observations à faire sur la pétition qui vient

(1) Voy. ci-dessus, même séance, page 135, la coordination de ce discours faite par nous au moyen du *Moniteur universel*, du *Journal des Débats* et du *Logotachigraphe*.
(2) *Moniteur universel*, 1ᵉʳ semestre de 1793, page 481, 1ʳᵉ colonne.

11

de vous être présentée, et sur le compte satisfaisant qui vient de vous être rendu par le maire de Paris sur l'état des subsistances. Quant à ce dernier, j'en demande la prompte impression et l'affiche sur-le-champ. Il faut calmer les inquiétudes qu'une disette, que je savais bien être factice, et le fruit de quelque intrigue des ennemis de la République, aurait pu causer aux citoyens de cette immense cité. Veuillez donc, Président, mettre cette proposition aux voix.

(Cette proposition est décrétée à l'unanimité.)

Boyer-Fonfrède. Je reviens à la pétition. Citoyens, si la modestie n'était pas un devoir plutôt qu'une vertu dans un homme public, je m'offenserais de ce que mon nom n'a pas été inscrit sur la liste honorable qui vient de vous être présentée.) Et nous aussi; tous, tous! *s'écrient les trois quarts de l'Assemblée, en se levant.*) Je vois, citoyens, que vous partagez mes sentiments et mes regrets, que vous êtes comme moi jaloux d'être signalés pour avoir bien servi la République. J'entends réclamer l'appel nominal; je l'appuie : je rends justice à cette franchise, qui ne veut pas laisser ses opinions dans l'ombre d'un vote commun. J'annonce demander que mes propositions soient soumises à l'appel nominal. J'entre dans la discussion.

Je rends hommage au patriotisme, au zèle éclairé, à la surveillance active qui a dicté la pétition qu'on vous présente. Qu'il est heureux pour la République que ces pétitionnaires et le maire de Paris veuillent bien vous accorder la faveur de vous soumettre à un scrutin épuratoire ! Je n'élève aucun doute, citoyens : oui, c'est bien là le vœu libre, spontané du peuple ; il est impossible qu'aucune intrigue, pas même la prophétie de Camille Desmoulins, l'ait provoqué : tous les habitants de cette immense cité y ont concouru ; j'assurerais d'avance que vous en aurez bientôt la preuve ; ainsi donc je l'admets pour une vérité constante.

Maintenant je me rappelle que la volonté du peuple ne peut être exprimée que par ses représentants, ou par le peuple entier ; et moi, j'ai cru jusqu'à ce jour que le peuple français était composé de 25 millions d'hommes, et que la souveraineté n'existait qu'en eux tous; j'ai cru que celui-ci ou ceux-là, qui voudraient mettre leur volonté à la place de la sienne, n'étaient que des tyrans, des usurpateurs. Je conviens que la souveraineté du peuple est quelquefois pour quelques hommes une chose embarrassante ; mais enfin je suis tellement jaloux de lui conserver ses droits, confiés à ma défense ainsi qu'à la vôtre, que jamais je n'aurais la pensée d'y porter atteinte : et je rends ici cette justice éclatante aux pétitionnaires, qu'ils sont ainsi que moi, remplis de respect pour ces principes ; car, après avoir usé du droit sacré de pétition pour demander le bannissement d'une partie des représentants du peuple, ils vous prient de soumettre leur demande à la volonté des départements. Ils n'ont pas voulu déchirer les saints nœuds de la fraternité, qui les unissent à tous les Français de la République. Les pétitionnaires savent bien que cette union fait leur prospérité, qu'une scission, qu'ils se garderaient bien, ainsi que moi, de provoquer, consommerait leur ruine.

Cependant cette demande a besoin d'une explication. C'est aux départements, disent-ils, que leur pétition doit être renvoyée : mais qu'entendent-ils par ces mots, *aux départements?* Si les pétitionnaires étaient des intrigants ou des aristocrates, ils voudraient dire : aux corps électoraux, aux administrations, à des agrégations particulières ; mais ils sont républicains, ils sont pleins de respect pour les droits du peuple ; ce ne peut donc être que le jugement des assemblées primaires qu'ils ont invoqué ; ils savent que c'est là, et là seulement que réside la souveraineté.

Massieu. Vous réclamez la Constitution de 89. (*Violents murmures.*)

Boyer-Fonfrède. Président, comme cette discussion est d'un grand intérêt pour le peuple français, je demande l'insertion au *Bulletin* et au procès-verbal, des paroles de Massieu et des miennes...

Il est piquant néanmoins de remarquer que les pétitionnaires réclament l'expulsion de quelques membres, parce qu'ils ont demandé les assemblées primaires, tandis qu'eux-mêmes sollicitent de vous la même mesure. Je serai plus généreux je ne réclamerai pas l'exécution des pétitionnaires ; car je convertis leur pétition en motion, et je demande que l'Assemblée l'adopte. (*Applaudissements.*)

Massieu. On m'assure que beaucoup de membres de l'Assemblée donnent, sur ce que j'ai dit, une interprétation qui n'est pas la véritable, je n'ai jamais prétendu que la souveraineté du peuple ne fût pas dans ses assemblées primaires, j'ai seulement voulu faire entendre que l'opinant et quelques autres membres qui parlent dans le même sens, invoquaient souvent la Constitution et des lois qui n'ont plus d'existence depuis le 10 août.

Plusieurs voix : Fonfrède n'a point dit cela.

Massieu. J'ai voulu faire observer à l'Assemblée, que depuis le 10 août les assemblées primaires n'ont point été distinguées des assemblées de sections, et qu'il est arrivé plus d'une fois que l'Assemblée a fait droit à une adresse, comme venant du peuple souverain. (*Murmures.*) Comme venant, dis-je, sinon du souverain, mais d'une portion du souverain toujours estimable à ses yeux. Voilà le sens que j'ai voulu donner à mes explications.

Boyer-Fonfrède. Je réfuterai les erreurs qui viennent de vous être débitées, non pas pour vous, citoyens trop instruits pour être séduits par elle, mais pour l'instruction de l'opinant. D'abord, je vous atteste tous, je n'ai pas parlé, je n'ai pas proféré le mot de Constitution ; et ce n'est pas moi qui, pendant une demi-heure, vous ai fait, à la royauté près, l'éloge de cette Constitution aristocratique de 89. Qu'avais-je besoin de le faire? la souveraineté du peuple n'est-elle pas préexistante à toute Constitution? L'opinant a confondu le droit de pétition avec l'exercice de la souveraineté. Le premier est individuel, il est à chacun et à tous ; l'autre n'appartient qu'à la masse entière du peuple. Les individus, les sections du peuple, les sociétés populaires, font des pétitions, des demandes ; le peuple entier ordonne, commande, et je veux enfin que lui seul règne sur vous et sur moi. S'il est quelqu'un qui nie ces principes éternels, ces axiomes de l'art social, qu'il se lève et qu'il m'interrompe?... Je continue. Ici, je dois faire une déclaration. Si j'avais eu le bonheur d'être sur la liste qui vous a été présentée, tout en applaudissant au zèle éclairé des pétitionnaires, quelle que fût votre détermination, je les conduirais, ainsi que moi, devant leur maître et le mien, devant le peuple français. Tant qu'une goutte de sang coulera dans mes veines, j'ai le cœur trop haut, j'ai l'âme trop fière pour reconnaître d'autre souverain que le peuple. J'estime assez ceux de mes collègues qui ont eu le bonheur d'être proscrits, pour croire qu'ils ne balanceront pas à suivre cette marche. Vous ne pouvez les placer que dans deux hypothèses différentes ; ils ne peuvent avoir pour juges de leur rappel que le peuple entier, ou que les assemblées primaires de leurs départements.

A cette déclaration, j'en ajoute une autre. Si j'étais dans mon département, et puisse ma voix y être entendue! je révérerais trop les représentants du peuple pour croire qu'ils accorderaient à une section du peuple le droit exclusif d'émettre son vœu; et sûr au moins, que mes braves compatriotes n'ont pas voulu commettre la lâcheté de le concéder à d'autres qu'à la Convention nationale, je les inviterais à se rassembler. Sans doute ceux qui ont tant applaudi au dévouement héroïque des pétitionnaires et des citoyens du département de Paris, ne sauraient blâmer, par exemple, ceux du département de la Gironde de tenir la même conduite.

Maintenant, citoyens, si vous ne légalisez pas une mesure que les pétitionnaires que j'appuie vous ont ravi la faculté d'improuver, que va-t-il arriver? Ou les Français que les députés proscrits représentent sont des lâches, et, loin de moi cette pensée, ou ce sont des hommes libres, et je ne leur fais pas l'injure d'en douter : dans ce cas, ils doivent se réunir et s'assembler pour exprimer aussi leur vœu; ils vous demanderont aussi des rappels; et je vous l'annonce avec assurance, les députés qu'on proscrit ici sont révérés là-bas, et ceux que les pétitionnaires ont voulu couvrir d'opprobres seront bientôt couverts du témoignage de l'estime publique; douce récompense de ceux qui ont bien servi la patrie. Par ces différents rappels, par ces listes fatales, la confiance, ainsi que la Convention nationale, sera désorganisée. A l'union si nécessaire pour repousser l'ennemi, succédera l'esprit de parti qui va planer sur toute la République; et notre malheureuse patrie, attaquée de toutes parts, sera encore en proie aux discordes civiles. (*Murmures.*)

Citoyens, ce n'est pas moi, c'est le zèle des pétitionnaires patriotes qui vous amène à ces tristes résultats. On dira que je demande la guerre civile; citoyens, lorsque je développe la pétition des citoyens de Paris, ce n'est pas à moi qu'il faut adresser ce reproche. On dira que ces idées que je vous offre sans méditation et sans art, sont empreintes de fédéralisme; citoyens, ce n'est pas moi, ce sont les pétitionnaires de Paris qui vous les ont présentées les premiers; c'est encore à eux qu'il faut en adresser le reproche.

Comme je ne suppose pas qu'aucun représentant du peuple veuille se rendre coupable envers ses commettants de crime de haute trahison par une lâche concession de ses droits, je n'oserais mettre en doute que vous ne permettiez aux citoyens des départements ce que vous avez permis aux pétitionnaires patriotes et au département de Paris; et je terminerai par un dilemme que j'offrirai au provocateur de cette patriotique pétition, et à ceux qui l'ont si fastueusement annoncée. Ou les citoyens de Paris ont usé d'un droit légitime et sacré, et alors vous ne pouvez ravir aux citoyens des départements l'exercice du même droit, ou ils ont voulu attenter à la représentation nationale, et usurper les droits du peuple; et dans ce dernier cas, vous devez faire un exemple éclatant de justice et de sévérité. Pour moi qui révère le droit sacré de pétition, qui ne sais pas sonder les cœurs pour empoisonner les intentions, j'applaudis à la demande des citoyens de Paris, je la convertis en motion, et j'en demande l'examen et le renvoi à son adresse, c'est-à-dire au peuple.

(*Fonfrède descend de la tribune au milieu des applaudissements d'une grande partie de l'Assemblée.* — *On demande avec chaleur à aller aux voix.*)

TEXTE DU JOURNAL DES DÉBATS (1).

Boyer-Fonfrède. Citoyens, j'ai plusieurs demandes à faire sur la pétition qui vient de vous être lue. Je demande d'abord la prompte impression et l'affiche du compte rassurant que vient de rendre le maire de Paris, afin de calmer les inquiétudes que les citoyens pourraient avoir conçues sur la première des subsistances. (*Décrété à l'unanimité.*)

Quant à la pétition, continue Fonfrède si la modestie n'était pas un devoir plutôt qu'une vertu dans un homme public, je m'offenserai de n'être pas compris dans l'honorable liste qui vient de vous être lue.

— Tous, tous, tous! disent les trois quarts des membres de l'Assemblée.

— On demande l'appel nominal.

La demande de l'appel nominal, continue Fonfrède, était une de celles que je me proposais de faire pour l'adoption de mes propositions.

Je louerai d'abord le zèle et la surveillance des pétitionnaires; et aux sentiments qu'ils ont manifestés, ils ont reconnu qu'à eux seuls n'appartient pas cette surveillance, mais aux vingt-cinq millions de citoyens qui composent la République.

Je convertis donc en motion cette pétition. Ils ont demandé que leurs frères des départements, avec lesquels ils ne veulent jamais rompre les liens de la fraternité, ratifiassent leur pétition. Sans doute, ils n'ont pu entendre dire que la souveraineté réside dans les corps administratifs, dans les sociétés populaires, mais dans le peuple réuni en assemblées primaires.

Massieu. Ainsi, vous invoquez la Constitution qui est abolie.

(1) *Journal des Débats et des décrets*, n° 211, page 267.

Lasource (1) demande que les expressions de Massieu soient consignées au procès-verbal. Comme la pétition et la discussion qui vous occupent doivent être importantes pour la République, je demande aussi que les expressions de l'opinant, qui ne me paraissent pas très claires soient consignées au procès-verbal.

Massieu. Je n'ai jamais prétendu que la souveraineté du peuple ne fût pas dans ses assemblées primaires, j'ai seulement voulu faire entendre que l'opinant et quelques membres qui parlent dans le même sens, invoquaient souvent la Constitution et des lois qui n'ont plus d'existence depuis le 10 août; j'ai voulu dire que, depuis le 10 août, on n'a pas assez distingué les assemblées primaires des assemblées de sections; j'ai voulu dire que l'Assemblée avait souvent fait droit à des pétitions ne venant que d'une portion du souverain, sans examiner si elle était le vœu de la masse du souverain; voilà ce que j'ai dit.

Boyer-Fonfrède. J'observe que ni le mot lois, ni le mot Constitution n'était sorti de ma bouche; je n'en avais pas besoin en parlant d'un droit acquis au peuple antérieurement à toute Constitution. Je rappellerai encore que jamais la Constitution n'a regardé une adresse comme l'expression de la volonté générale, mais seulement comme le vœu utile ou raisonnable de quelques individus; et j'observerai à Massieu qu'une pétition de section n'est point le vœu du souverain; le souverain en masse ne fait point de pétition; il commande.

Après avoir appuyé la pétition, j'en vais montrer les dangers.

Une section du peuple ayant émis son vœu, les autres ne peuvent, sans concession d'une partie de leurs droits, ne pas émettre le leur; et la portion du peuple qui a député vers vous les citoyens dont on demande le rappel, ne peut rester spectatrice de cet acte; et s'il y a là dedans quelque chose de fédéraliste, ce n'est pas ma faute, mais celle de la pétition.

Enfin, ce ne doit pas être le département de Paris qui doit provoquer l'émission du vœu des autres, mais la Convention qui doit consulter les assemblées primaires; et vous devez le faire, si cette demande vous paraît juste, ou vous devez sévir contre les pétitionnaires; je demande l'impression et l'envoi à son adresse, c'est-à-dire au peuple.

TEXTE DU LOGOTACHIGRAPHE (2).

Boyer-Fonfrède. Je demande, qu'afin de calmer l'inquiétude que les citoyens de Paris pourraient concevoir, que le compte qui vient de vous être rendu par le maire, au sujet des subsistances, soit affiché. (*Adopté.*)

Il continue. Quant à la pétition, si la modestie n'était pas une vertu de l'homme public, je m'offenserais, comme plusieurs de mes collègues, de ce que je ne suis pas compris sur l'honorable liste qui vous a été présentée (*la très grande partie de l'Assemblée se lève,*)

en criant : *Oui! oui!*); après cette observation générale, qui paraît avoir été goûtée par la majorité de mes collègues, je présenterai à la Convention quelques réflexions sur la pétition qui vient de vous être lue; et d'abord je louerai le zèle et la surveillance des pétitionnaires, je rendrai justice aux sentiments quils ont manifestés. Ils ont eux-mêmes reconnu qu'à eux seuls n'appartient pas le droit de cette surveillance; il appartient au peuple français qui, à ce que j'ai cru jusqu'à ce jour, est composé de 25 millions d'hommes, et qui l'a confié à moi et à mes collègues, et je déclare que je ne souffrirai jamais tant qu'une goutte de sang circulera dans mes veines, qu'il y soit porté atteinte. Je réclame donc avec toute l'énergie d'un homme libre, pour ceux qui m'ont envoyé à la Convention, l'usage du même droit qui vient d'être exercé par les pétitionnaires. Je vais conclure ainsi que les pétitionnaires, et je vais convertir leur demande en motion. Les pétitionnaires ont demandé que leurs frères des départements, avec lesquels ils ne veulent jamais rompre les nœuds de la fraternité, fussent également consultés; mais ils sont tous républicains et démocrates; ils n'ont pas voulu, par conséquent, que cette pétition fût envoyée ni à des corps administratifs, ni à des corps électoraux, ni à des sociétés populaires; car ce n'est pas dans ces différents corps réunis, que réside l'exercice de la souveraineté : elle n'existe, du moins je l'ai cru jusqu'à présent, que dans le peuple entier réuni dans ses assemblées primaires; (*Interrompu.*) Pour raisonner avec justesse, sans passion et sans aigreur, je dois ne consulter que la raison et les principes : s'il y a quelque erreur dans ce que j'ai dit, j'invite les membres qui m'ont interrompu, de vouloir bien relever celle que je peux avoir commise.

Massieu. C'est que vous réclamez la Constitution qui est abolie!

Boyer-Fonfrède. Comme la pétition qui nous occupe est d'une grande importance, et que j'espère qu'elle sera prise pour tous les citoyens français en très haute considération, je demande que l'explication que vient de donner le préopinant, qui ne me paraît pas décisive, soit consignée, ainsi que mes paroles, dans le procès-verbal. (Tout le côté droit s'écrie : *Oui! oui! oui!*)

Massieu. Je n'ai jamais voulu prétendre que la souveraineté du peuple ne fût pas dans ses assemblées primaires; j'ai seulement voulu dire au préopinant, que lui et quelques autres qui parlaient dans le même sens, invoquaient souvent la Constitution. (*Interrompu. Brouhaha.*) Depuis le 10 août, il est arrivé plusieurs fois que les corps électoraux, les autorités constituées, et beaucoup d'autres citoyens, qui n'étaient réunis ni en assemblées de sections, ni en assemblées primaires, ont envoyé beaucoup d'adresses (*Murmures*), que la Convention a regardées comme émanant de la souveraineté nationale. (*Interrompu.*)

Boyer-Fonfrède répond : Massieu vient de vous dire que la souveraineté résidait dans la totalité du peuple réuni dans ses assemblées; mais ce que j'ai dit, qui n'avait pas besoin, pour prouver cette vérité d'invoquer la Constitution, car elle est préexistante à toutes les Constitutions.

---

(1) NOTE. — Nous remarquons que le *Journal des Débats* seul, fait intervenir le nom de Lasource dans le débat.

(2) *Logotachigraphe*, n° 108, page 392, 2° colonne.

Ensuite il n'est pas vrai que la Constitution nationale ait jamais regardé les adresses des différentes sections du peuple comme l'expression de la volonté du souverain, elle les a regardées comme le vœu d'un certain nombre de citoyens réunis pour faire une demande, à laquelle la Convention a dû faire droit, quand elle était juste et raisonnable.

Mais une pétition faite par une section, par une société de quelques citoyens réunis, n'est pas du tout la volonté du souverain. (*Interrompu.*) C'est l'erreur du préopinant que je relève, et on observe avec raison que le souverain ne peut pas faire de pétition, car quand il parle, il ordonne et commande. (*Rires d'approbation.*)

Je demande donc, comme les pétitionnaires qui se sont présentés naguère à la barre, que le souverain soit consulté, et que la pétition qui vous a été présentée, soit imprimée et renvoyée au peuple français, dans ses assemblées primaires, pour exprimer son vœu ; c'est la demande qui vous a été faite si je ne me trompe. Après avoir démontré, Président, combien est légitime la pétition qui vous est présentée, je vais relever quelques-uns des dangers auxquels elle donnerait lieu si vous n'y faisiez pas droit. Il est évident qu'une section du peuple ayant émis son vœu sur quelques membres de la Convention, les autres ne peuvent se dispenser, sans faire une concession déshonorante de leurs droits, s'abstenir d'émettre le leur. Quant à moi, si j'avais l'honneur de me trouver sur la liste qui vous a été présentée dans l'adresse des pétitionnaires... (*Interrompu.*) Président, la Convention veut-elle que je continue ? (*Oui ! oui !*) Je dis. Président, que la portion du peuple qui a délégué ses députés, dont on demande le rappel, ne peut rester immobile dans cette circonstance ; elle a le droit, et c'est son devoir, sous peine de n'être pas républicaine, d'exprimer son vœu ; car je ne pense pas que les citoyens aient d'autres députés que vous pour exprimer leurs vœux, du moment que ce n'est pas vous qui exprimez son vœu sur l'existence de quelques députés, ce ne peut être que le peuple qui les a délégués. On me dira peut-être qu'il y a du fédéralisme dans ce que je dis, ce sera une manière commode de calomnier mes paroles ; mais j'observe encore que s'il y a du fédéralisme, ce n'est pas moi qu'il faut accuser c'est les pétitionnaires qui ont présenté cette adresse. (*Bruit.*) Président, je parle sans passion ; je vous prie de maintenir le silence.

Je vais maintenant relever un danger évident, si ce n'est pas que la Convention qui prononce sur le vœu émis par une très petite portion du peuple, alors les départements s'assembleront d'eux-mêmes et certes je ne vois pas quelle mesure la Convention nationale opposera à ce rassemblement. lorsqu'elle a permis aux pétitionnaires de s'assembler, lorsque du moins ils l'ont fait pour émettre leur vœu contre quelques représentants de la nation; or, voyez, citoyens, dans quel trouble, dans quel embarras serait plongé la République, si sans désignation précise du temps, du lieu, du mode de rassemblement, plusieurs départements s'assemblaient, et si l'on demandait le rappel de divers députés qui siègent ici, je crois que si vous abandonniez les départements à eux-mêmes, vous abandonneriez la République ; je crois qu'il est du devoir des représentants du peuple de tout faire pour prévenir cette mesure.

Je termine par une seule réflexion; des deux chose l'une, ou vous devez déclarer que les autres départements ont la faculté d'user du même droit qui a été exercé par le département de Paris : ou son acte est coupable et alors vous devez sévir contre ceux qui l'ont fait. Je crois que ce raisonnement est juste ; pour moi, président, j'applaudis à la pétition et au zèle patriotique qui l'a décrété. Je demande l'impression et le renvoi à son adresse, c'est-à-dire au peuple ainsi que l'ont demandé les pétitionnaires.

QUATRIÈME ANNEXE (1)

A LA SÉANCE DE LA CONVENTION NATIONALE DU LUNDI 15 AVRIL 1793.

RÉPONSE *des citoyens* DU BOIS DU BAIS *et* BRIEZ *représentants du peuple français, députés par la Convention nationale aux armées de la République sur la frontière du Nord, du 12 avril 1793, l'an II de la République, à l'adresse aux Français du* GÉNÉRAL PRINCE DE SAXE-COBOURG, *commandant en chef les armées de l'Empereur et de l'Empire* (2).

« Général,

« Par votre dernière adresse aux Français, en date du 9 de ce mois, vous dites que « votre « déclaration du 5 précédent était un témoi- « gnage public de vos sentiments personnels « pour ramener, le plus tôt possible, le calme « et la tranquillité de l'Europe. »

« Cette assurance, qui n'est que le langage ordinaire de la politique des Cours, est complètement démenti par les faits ; car ce n'est point en outrageant un peuple paisible, en le forçant de prendre les armes pour défendre ses droits les plus légitimes et la souveraineté, qu'on rétablit le calme et la tranquillité de l'Europe ; c'est ainsi, au contraire, qu'on y porte le trouble et la désolation.

« Par le second paragraphe, vous dites que « vous y avez manifesté d'une manière franche « et ouverte votre vœu particulier pour que « la nation française ait un gouvernement so- « lide et durable », c'est-à-dire, général, un gouvernement à votre manière et à celle des despotes.

« Mais ce gouvernement, que vous voudriez pour le peuple français, établi par la force, et qui conséquemment lui serait en horreur, pourrait-il être solide et durable comme vous l'espérez, et le peuple ne se soulèverait-il pas à chaque instant pour le renverser ? Ainsi votre but serait manqué, parce qu'il ne peut y avoir de gouvernement solide et durable, pour un peuple énergique et puissant, que celui qui est de son choix. Mais vous est-il permis de vou-

---

(1) Voy. ci-dessus, même séance, page 140, le décret en vertu duquel la lecture de cette pièce a été interrompue.

(2) *Bibliothèque nationale.* F¹⁴b, n° 2900.

loir pour la nation française ? et lui présenter pour un bonheur, ce qui serait réellement son malheur; et prétendrez-vous ainsi vous rendre l'arbitre et le juge de son gouvernement ? A elle seule, sans doute, appartient le droit de juger et d'adopter celui qui lui convient le mieux, et ce droit, aucune puissance de la terre ne peut le lui contester ni l'anéantir, parce qu'il est aussi fort que la raison, aussi durable que la justice, et aussi ancien que la nature. Elle soutiendra donc celui qu'elle a adopté contre toutes les entreprises quelconques. Le nombre des ennemis ne l'épouvante pas, les revers ne l'abattent pas; elle peut subir des défaites; des traîtres peuvent lui en occasionner; mais elles ne serviront qu'à relever son courage et à donner plus d'activité à son énergie. Cette nation puissante veut être libre; ses ressources sont immenses et la République sortira triomphante, ou sera ensevelie sous un monceau de ruines. Qu'y gagneront donc les puissances coalisées dont vous la menacez?

« Vos sentiments ont été méconnus », dites-vous. A quel titre prétendez-vous les faire reconnaître lorsque vous méconnaissez vous-même ceux du peuple français ? De qui tenez vous le droit de lui dicter des lois ? Il ne se mêle pas des vôtres, ni de votre gouvernement; mais vous, au contraire, reconnaissez la légitimité de ses droits et sa souveraineté inaliénable; ou plutôt laissez-le libre et paisible, sans vous mêler de ce qui le regarde. Alors, général, vous prouverez véritablement que vous voulez ramener le calme et la tranquillité de l'Europe.

« Vous déclarez formellement que « l'état « de guerre qui subsiste entre la Cour de « Vienne, les puissances coalisées et la France, « se trouve dès à présent malheureusement « rétabli. » Cette déclaration a droit d'étonner la nation française; car vous n'avez fait aucun traité avec elle, ni avec aucun agent reconnu de sa part. Vous ne pensez pas sans doute qu'elle doive reconnaître des actes combinés en secret, avec des traîtres, ou avec des hommes sans mission légale.

« Vous parlez « d'hommes pervers ». Comme vous, général, nous connaissons qu'il en existe; mais la patrie saura déjouer tous leurs perfides projets; les résultats n'en tourneront qu'à leur honte, et sans doute au profit de la République. Nous ajoutons encore à ces vérités que les seules causes du bouleversement dont vous vous plaignez, ne peuvent être attribuées qu'aux prétentions illégitimes des puissances coalisées. Ce sont elles qui provoquent journellement ce bouleversement par leur conduite tyrannique et hostile, et par leurs intrigues. Qu'elles abandonnent encore une fois leur système, et tout bouleversement cessera bientôt, au dehors comme au dedans de la République; l'ordre et le calme s'y rétabliront, les lois reprendront la vigueur qui leur convient, et le peuple content ne s'occupera plus que de jouir en paix du nouveau gouvernement qu'il a adopté.

« Vous parlez, général, « de vos armées victorieuses. » Il n'y a pas longtemps encore que nous pouvions parler aussi de nos victoires. Les armes sont journalières; aujourd'hui vous êtes victorieux, demain ce sera nous. Au surplus les défaites d'un peuple libre valent les victoires des despotes. Dans toutes les parties de la République, leurs armées retrouveront les plaines de la Champagne. Celles que la République a sur ses frontières ne sont que l'avant-garde de la nation. Rome a vu Annibal à ses portes, et Rome est restée libre. La ville de Paris a 800.000 citoyens dans son sein disposés à combattre, à vaincre ou à mourir plutôt que de cesser d'être libres et républicains; et Paris, enseveli sous ses ruines, se retrouvera dans chaque ville de la République avec la même résolution.

« Nous applaudissons, général, à la déclaration que vous faites « de faire observer la plus rigoureuse discipline sur le territoire français, et de punir toute contravention avec la dernière rigueur ». Ces sentiments de votre part ne seront point méconnus de la nation, ils obtiendront de la sienne le tribut d'estime et d'éloges qu'ils méritent. Nous regrettons seulement que ces mêmes sentiments n'aient pas eu leur effet la campagne dernière, et que les brigandages les plus opposés aux droits de la guerre et de l'humanité qu'elle comporte, aient été commis avec l'atrocité la plus révoltante (1).

« Vous parlez de « votre franchise et de votre loyauté qui vous obligent à donner à votre adresse toute la publicité dont elle peut être susceptible. » Ces mêmes sentiments, dont nous ferons preuve dans toutes les circonstances, nous forcent également à donner la même publicité à notre réponse : afin que l'Europe entière reconnaisse les erreurs funestes qui dirigent vos attentats contre l'espèce humaine, et les principes éternels qui règlent la conduite de la nation française. Il faut que l'univers même reconnaisse que ses prétentions sont aussi légitimes que celles des puissances coalisées sont absurdes et tyranniques, et que c'est à elles seules que l'on doit imputer tous les maux qui ont existé, qui existent encore, et ceux qui résulteront des malheureuses suites de la guerre.

« La nation française veut la paix sans doute, elle abhorre le redoutable et trop cruel fléau de la guerre; mais elle veut une paix honorable et digne d'elle, et dont surtout la condition préliminaire soit de reconnaître sa souveraineté et son gouvernement républicain. Ainsi, général, quand vous et les puissances coalisées voudrez véritablement et de bonne foi le calme et la tranquillité de l'Europe, elles le prouveront et l'obtiendront par toute autre voie que celles de la force et de la menace.

« Il ne s'agit pas seulement, général, de faire preuve de votre loyauté et de votre franchise. Un grand général doit vouloir plus, c'est de se montrer juste et rigoureux observateur des droits de la guerre. Il est donc vrai que vous ne possédez point à titre de conquête ni à aucun titre légitime quelconque les citoyens *Quinette, Lamarque, Bancal et Camus*, députés du peuple français, et le général Beurnonville. La plus lâche et la plus noire des trahisons les a mis entre vos mains; vous ne devez pas en profiter, et votre âme loyale doit repousser avec horreur le plus infâme des at-

---

(1) Il faut que l'on sache quel est le résultat de cette promesse; c'est que depuis que les hostilités sont recommencées, les Autrichiens pillent, assassinent, violent et mutilent avec plus d'atrocité qu'ils aient jamais fait. C'est ainsi que l'on doit compter sur la parole des despotes ou de leurs agents.

tentats. Nous avons donc tout lieu d'espérer, général, que vous satisferez sans délai à cet acte de souveraine justice, que commandent les droits les plus sacrés des nations civilisées. L'histoire ancienne nous offre ce trait de vertu d'un général qui renvoya à sa nation, pieds et mains liés, un traître qui avait voulu livrer à des ennemis de jeunes citoyens dont l'éducation lui était confiée. Il serait sans doute digne de vous, d'être cité d'une manière semblable dans l'histoire de la guerre actuelle, en rendant libres et à leurs pays les citoyens que nous réclamons.

« *Signé :* Du Bois Du Bais, Briez. »

CONVENTION NATIONALE.

Séance du mardi 16 avril 1793.

PRÉSIDENCE DE THURIOT, *vice-président.*

La séance est ouverte à dix heures du matin.

Garran-Coulon, *secrétaire,* donne lecture du procès-verbal de la séance du jeudi 11 avril 1793, au soir (1).

(La Convention en adopte la rédaction.)

La Révellière-Lépeaux, *secrétaire,* donne lecture du procès-verbal de la séance du vendredi 12 avril, 1793 ,au matin (2).

Plusieurs membres élèvent des réclamations sur ces mots : « *Une grande majorité demande le décret d'accusation contre Marat.* »

(La Convention, après quelques débats, supprime ces mots : « *Une grande majorité* » et adopte le reste du procès-verbal.)

Garran-Coulon, *secrétaire,* donne lecture des lettres, adresses et pétitions suivantes :

1° *Lettre des citoyens administrateurs du district de la Souterraine* (3), qui envoient à la Convention nationale un assignat de 5 livres que Jacques Soutif offre pour les frais de la guerre; cette lettre est ainsi conçue (1) :

La Souterraine, le 13 avril 1793, l'an II de la République française.

« Citoyens,

« Nous nous empressons de vous faire passer un assignat de 5 livres qui nous a été transmis par le citoyen Soutif (Jacques), pour être employé à l'acquittement des charges de la République. Ce particulier, qui n'est qu'un pauvre taupier, s'est privé avec la plus grande satisfaction d'une portion du fruit de ses sueurs pour la consacrer au bien général. Il serait à désirer qu'à son exemple, les vrais amis de la République se déterminassent à faire de tels sacrifices, et ce en proportion de leur avoir. Il serait

alors bien plus facile de subvenir aux besoins pressants de la nation. Nous aurons soin de rendre public, autant qu'il sera possible, l'acte généreux d'un sans-culotte, afin de réchauffer ou, au moins, d'entretenir l'amour patriotique de ses semblables.

« Nous vous envoyons aussi ci-joint un extrait de l'acte de remise du citoyen Soutif.

« *Les citoyens administrateurs et procureur syndic du district de la Souterraine.*

« *Signé :* Bazenerje; Dubraule; Perpérol; Dumont *fils.* »

A cette lettre est annexée la pièce suivante : *Extrait des registres des délibérations du directoire du district de la Souterraine* (1).

Séance publique du 9 avril 1793, l'an II de la République française.

« Le directoire étant en séance, s'est présenté Jacques Soutif, taupier de la commune de Saint-Martin de Hengou, ci-devant Normandie, lequel a déclaré que, voulant contribuer autant que ses faibles moyens le lui permettent, à l'acquittement des charges de la République, que lui nécessite la guerre qu'elle est obligée de soutenir contre les tyrans couronnés qui veulent la dissoudre, il lui offre la somme de 100 sous en assignats, et requiert le directoire d'être l'intermédiaire entre lui et la Convention nationale pour lui faire passer sa modique offrande, qu'il a à l'instant déposée sur le bureau.

« Sur quoi, ouï le procureur syndic, le directoire en recevant la somme ci-dessus offerte, a arrêté qu'elle serait incessamment adressée au président de la Convention avec extrait du présent acte de remise et s'est, le citoyen Soutif, soussigné.

Signé : Jacques Soutif, Dubraule, Perférol, Blanchaud, Rocherolles. *administrateurs;* Bozenerje, *procureur syndic;* Dumont. *secrétaire.* »

« *Certifié conforme :*

« *Signé :* Dubraule, *vice-président;* Dumont, *secrétaire.* »

(La Convention décrète la mention honorable de cette offrande qu'elle accepte et ordonne l'insertion de ces deux pièces au *Bulletin.*)

2° *Lettre des citoyens Maribon-Montaut et Ruamps. commissaires de la Convention nationale dans le département des Vosges,* qui transmettent un don patriotique remis par le citoyen Christophe Lefaivre, de la ville de Mirecourt; cette lettre est ainsi conçue (2) :

Le 4 avril 1793, l'an II de la République française.

« Citoyen Président,

« Le citoyen Christophe Lefaivre, ancien officier de cavalerie, a remis aux citoyens de la

---

(1) P. V., tome IX, page 280.
(2) *Logotachigraphe*, n° 108, page 396.
(3) *Archives nationales*, Carton Cu 232, chemise 440, pièce n° 28.

(1) *Archives nationales*, Carton Cu 232, chemise 440, pièce n° 29.
(2) *Archives nationales*. Carton Cu 232, chemise 436, pièce n° 31

société des Amis de la liberté et de l'égalité de la ville de Mirecourt, pour subvenir au secours des volontaires, sa décoration militaire, un habit uniforme de cavalerie, et 20 livres.

« Il est aujourd'hui retiré à Saint-Menge, district de Mirecourt département des Vosges.

« La décoration militaire a été remise aux citoyens commissaires de la Convention nationale.

« *Les commissaires de la Convention nationale.*

« MARIBON-MONTAUT; RUAMPS. »

3° *Lettre du citoyen Lapoule, curé de Martigny-les-Gerbonvaux.* (Vosges) (1), qui envoie, pour les besoins de l'armée, 11 liv. 3 s. en numéraire.

4° *Lettre de Louis Saint-Prix-Enfantin, de Romans, ci-devant chanoine* (2), qui envoie 62 l. 10 s. montant du quart de son traitement ecclésiastique, pour lequel il a fait sa soumission pour toute la durée de la guerre.

(La Convention décrète la mention honorable et l'insertion au *Bulletin* de ces différents dons.)

5° *Lettre du citoyen Dehoulière, député de Maine-et-Loire* (3), qui envoie à la Convention nationale sa *démission motivée* sur ce qu'il n'est pas juste de condamner Marat.

(La Convention renvoie la lettre au comité des décrets, pour appeler le suppléant de ce député (4).

Andrein, l'un des commissaires envoyés par la Convention nationale pour assister à la fête donnée le 14 de ce mois en l'honneur des patriotes liégeois, rend compte de cette cérémonie en ces termes (5) :

« Citoyens représentants, tout ce que peut produire de scènes touchantes et d'enthousiasme sublime le plus pur patriotisme et le plus ardent amour de la liberté et de l'égalité, a éclaté dans cette cérémonie vraiment civique pour laquelle vous nous avez députés. A tous les transports qui ont été si vivement exprimés par une multitude innombrable de citoyens, nous avons tâché de répondre d'une manière qui ne fût pas indigne de vous.

« Les registres de la municipalité de Liège, cet auguste monument de son zèle patriotique, ont été déposés à la Commune de Paris, en présence de vos commissaires. Sans doute, avons-nous observé, que ce précieux dépôt sera un jour rendu par nos braves Parisiens aux habitants de Liège, lorsque toutes les perfidies étant épuisées, et les tyrannies détruites, il sera donné à ce généreux peuple de jouir de tous ses droits et de goûter enfin, au sein de la paix, le bonheur qu'il mérite.

« Un attendrissement général et mille cris de : Vive la République française ! ont été la meilleure réponse au discours prononcé par un magistrat liégeois, dicté par le républicanisme le plus fortement senti.

« Un de ces excellents citoyens, échappé au supplice dans la première guerre de la liberté liégeoise, et demeuré constamment attaché à son serment malgré tous ses périls, reçut, au milieu des plus vifs applaudissements et des plus tendres embrassements de la fraternité, une couronne civique que nous avons posée sur sa tête au nom du peuple français.

« Les stupides despotes, inflexibles même pour le plus aimable sexe dès qu'il refuse d'être esclave, avaient jeté dans les fers une femme vertueuse parce qu'elle était patriote. L'Assemblée a vengé à l'envi cette courageuse citoyenne par les plus touchants témoignages de la sensibilité française.

« Citoyens représentants, nous sommes formellement chargés, même la plupart de vous, mes collègues et moi, de vous porter deux grands vœux ; le premier, exprimé par un cri universel, c'est que la Convention nationale oublie enfin pour toujours la passion particulière pour ne s'occuper que du salut de la République : le second est bien cher à nos cœurs ; que ne pouvons-nous vous peindre assez cette tendre, cette franche confiance qu'ont en vos sentiments les braves Liégeois, si dignes d'un meilleur sort ! Ah ! sans doute, la nation généreuse leur fera oublier tous leurs sacrifices, on ne les rappellera que pour leur faire sentir de plus en plus que les Français libres savent les apprécier.

« Enfin, cette cérémonie d'un genre sublime, célébrée par des magistrats victimes de leur patriotisme, pour l'humanité, seule capable de nous consoler un instant du malheur de voir encore au pouvoir d'un despote, ce peuple qu'un général perfide nous a empêché de rendre heureux ; cette cérémonie sans cesse embellie par les chants de la liberté et de la fraternité, par le serment de vivre libre ou de mourir, de tout sacrifier, même la dernière goutte de son sang pour la défense de la République une et indivisible ; cette cérémonie, en un mot, a produit une foule de scènes, toutes plus touchantes les unes que les autres; un ravissement, une sainte ivresse que l'âme républicaine seule peut sentir, mais qu'il n'est pas donné au meilleur patriote même de rendre !... Notre attendrissement vous en dit assez. »

(La Convention décrète la mention honorable et ordonne l'insertion de ce compte rendu au *Bulletin*.)

Charran-Coulon, secrétaire, poursuit la lecture des lettres, adresses et pétitions envoyées à l'Assemblée :

6° *Lettre du citoyen Larroche, député du département de Lot-et-Garonne,* qui demande à la Convention nationale un congé de trois semaines pour aller voir sa mère, très dangereusement malade; cette lettre est ainsi conçue (1) :

(1) P. V., tome IX, page 280.
(2) P. V., tome IX, page 280.
(3) *Mercure universel*, tome XXVI, page 263.
(4) Dehoulière a été remplacé le 27 avril 1793 par *Viger* ou *Vigée*, ancien député suppléant à la Législative.
(5) *Bulletin de la Convention* du 17 avril 1793.

(1) *Archives nationales*, Carton C II 252, chemise 438, pièce n° 13.

Le 16 avril 1793, l'an II
de la République française.

« Citoyen Président,

« Je viens d'apprendre que ma mère est très
dangereusement malade et qu'elle désire beaucoup me voir. La voix de la nature, le devoir
filial m'ordonnent d'obéir à ce vœu. Je prie
la Convention nationale de m'accorder un
congé de trois semaines.

« Signé : LARROCHE. »

(La Convention accorde le congé.)

7° *Lettre de deux officiers prussiens, F.
W. Muhlen, capitaine des chasseurs à cheval,
et Carl. Fr. Hansen, sous-lieutenant de
hussards* (1), qui écrivent à la Convention
nationale, qu'indignés de combattre contre la
liberté française, ils ont abandonné les drapeaux de leurs tyrans. Ils demandent à la
Convention de réparer l'oubli qu'elle a fait
des officiers dans son décret rendu en faveur
des soldats déserteurs des armées ennemies, en
annonçant que le silence de ce décret en retient plusieurs dans les chaînes de l'esclavage.

(La Convention renvoie la lettre aux comités de la guerre et des secours publics, pour
en faire un prompt rapport.)

8° *Lettre des sous-officiers et soldats de la
5e compagnie des mineurs de l'artillerie, en
garnison à la citadelle de Valenciennes* (2),
qui envoient une adresse en faveur de leur capitaine Fontenay, qui a été traduit à la barre
de la Convention nationale par ses commissaires dans le département du Nord.

(La Convention renvoie la lettre aux comités de sûreté générale et de la guerre réunis.)

9° *Adresse de la société populaire du Puy*,
qui témoigne de son indignation contre les
trahisons de Dumouriez et de son dévouement
le plus absolu pour les décrets de la Convention; cette adresse est ainsi conçue (3) :

Le Puy, 10 avril 1793, l'an II
de la République française.

« Représentants,

« Nous vous vénérons de n'avoir pas désespéré du salut de la République, après l'abandon le plus cruel, après les trahisons et les
perfidies les plus atroces d'un général qui
avait fait jusqu'ici nos plus chères espérances.

« Le monstre voulait nous donner un roi,
un roi qui bientôt s'entourerait d'une noblesse
orgueilleuse, de courtisans avides, d'éternelles
sangsues du peuple, qui, tôt ou tard, nous remettrait sous le joug, qui appesantirait sur
nous les chaînes de l'esclavage.

« Ah ! jamais, non jamais, cet affreux projet ne s'accomplira ; jamais un vil despote ne

deviendra le maître de nos destinées ! Représentants, vous avez abattu le dernier de nos
tyrans, vous avez décrété la République une
et indivisible. Les Français l'ont voulu ; ils
la veulent encore ; ils la voudront toujours.
Les Français serrés, pressés contre l'ennemi
commun assureront, par de généreux efforts,
la liberté, l'égalité, le salut et le bonheur de
la patrie.

« Non, nous ne sommes pas encore au bout
de nos ressources ; notre sang n'est pas épuisé;
le dernier de nous n'est pas encore immolé.
Nous sommes debout ; ordonnez, représentants ; aucun sacrifice ne nous coûtera. Plutôt
mourir que de redevenir esclaves.

« Eh ! ne sommes-nous pas déjà encouragés
par les mesures, par l'énergie que vous avez
su déployer ? La vue des dangers que courent
ceux de nos représentants que le traître, que
l'exécrable Dumouriez a livrés à nos ennemis,
n'est-elle pas propre à exciter en nous l'indignation la plus vive, à doubler nos forces, à
rendre notre désespoir terrible ?

« Lamarque, Camus, Quinette, Bancal, vous
mourrez peut-être, nos cruels, nos féroces ennemis vous immoleront à leur rage sanguinaire;
vous mourrez victimes de votre amour pour
la patrie ; mais vous volerez à l'immortalité ;
mais, de vos cendres, renaîtront de nouveaux
défenseurs de la liberté ; mais vous serez vengés.

« Ainsi, représentants de la nation, vous
saurez être fidèles à vos serments. Vous agirez,
vous veillerez nuit et jour au salut de la République. Ah ! ne pensez pas qu'il vous soit
permis de remettre en d'autres mains ce soin
précieux ? c'est vous que nous avons envoyés ;
c'est vous à qui nous avons donné notre confiance ; c'est de vous que nous attendons les
derniers les plus grands efforts pour
nous conserver libres, indépendants. Vous serez notre centre, notre point de ralliement ;
vous serez la montagne d'où sortira les foudres qui écraseront nos ennemis, les décrets
qui affermiront la République et les lois qui
feront notre bonheur.

« Représentants, qu'aucun de vous ne quitte
son poste dans des circonstances aussi critiques ! que l'union règne à jamais parmi
vous ! que le seul désir de sauver la patrie
vous occupe et vous enflamme ! Non, nous
vous promettons, nous jurons à la liberté, à
l'égalité, de les maintenir, de les défendre jusqu'à notre dernier soupir. Ce sont là les serments inviolables des républicains de la
Haute-Loire réunis en société populaire au
Puy.

« *Signé :* GRAVIER, BOVIE, BENOIT, *gendarme,*
DANCE, PRIVAT, BEAUMONT, BESQUÈRES;
LICANDRE, PORTAS, DEBARD, CROZÈS, BER-
SES, MALZIEU, ARMAND, CHARRE, NOCHE;
VASSEL, LAURENT, BOUDINHON, BARRÉ,
DOUNET, RAYMOND, GAUBERT, BLEU, BE-
RAT, ALRIAL, CÉLISLE, VINCENT, Charles
ROBERT, CHANDANSE, GLAISON, M. BOU-
DINHON, LANGLOIS, SICHON, FERREL *fils*; SA-
BOURET, BEYSSAC, ROUEL, PETIT, MOLLET,
ARNAUD. »

(La Convention décrète la mention honorable et l'insertion de cette adresse au *Bulletin.*)

(1) P. V., tome IX, page 281.
(2) P. V., tome IX, page 281.
(3) *Archives nationales*, Carton C11 252, chemise 444,
pièce n° 27.

10° *Lettre des administrateurs composant le directoire du département de l'Hérault*, annonçant le bon esprit des citoyens de ce département et le vif désir qu'ils ont de voir anéantir toutes les factions et exterminer tous les contre-révolutionnaires; cette lettre est ainsi conçue (1) :

Montpellier, le 8 avril 1793, l'an II de la République française.

« Citoyens législateurs,

« Rien n'est capable d'ébranler des administrateurs républicains ; l'affreux complot que vous venez de découvrir sera déjoué comme tous ceux qui ont été ou qui seront formés contre la volonté d'un grand peuple. Il veut être libre, il le sera ; nous adhérons aux mesures vigoureuses que l'annonce de ce complot vous a fait prendre ; nous les seconderons de tous nos moyens. Nos administrés ont un bon esprit, le plus vif désir de voir anéantir toutes les factions et exterminer tous les factieux et les contre-révolutionnaires.

« *Les administrateurs composant le directoire du département de l'Hérault.*

« *Signé :* L. COSTE, *président;* COLARD, *vice-président;* CANQUIL, FUZIER, BRUNET, VIGNOLLES, *vice-procureur général syndic;* BOUGETTE, *secrétaire général.* »

« *Pour copie conforme:*

« *Signé :* BOUGETTE, *secrétaire général.* »

(La Convention décrète la mention honorable et ordonne l'insertion de cette adresse au *Bulletin*.)

11° *Lettre des conseils généraux du district et de la commune de Soissons* (2), réunis pour objets de sûreté générale, qui adressent à la Convention une expédition des dénonciations et informations relatives au nommé Lave, qu'ils envoient au tribunal révolutionnaire, pour propos attentoires à la sûreté publique.

(La Convention renvoie ces pièces au comité de sûreté générale.)

12° *Lettre du procureur général du département de la Haute-Vienne* (3), qui adresse pareillement à la Convention différents procès-verbaux de levées de scellés mis chez des personnes suspectes, par ordre des commissaires de la Convention nationale, avec diverses pièces qu'on a trouvées lors de cette opération.

(La Convention renvoie ces pièces au comité de sûreté générale.)

13° *Lettre des membres composant le directoire du département des Côtes-du-Nord* (4) qui annoncent que la levée du contingent,

pour le recrutement, y est achevée. Avec les forces les plus faibles, cette administration a préservé le département des progrès de l'insurrection qui menaçait de l'embraser. Le glaive de la loi est tombé et tombera encore sur les têtes de quelques chefs. Les révoltés ont tué à coups de couteau un patriote de Lamballe, tombé dans leurs mains. Un autre a péri dans une action à Plouasne, district de Dinan ; mais tout est maintenant apaisé, et ce département a même envoyé des secours à celui de l'Ille-et-Vilaine. Des ateliers d'habillement et d'équipement sont en activité dans différentes villes du département : on vient d'y former des compagnies de canonniers, et toutes les gardes nationales sont en état de réquisition permanente ; mais on y manque d'armes, et il serait dangereux d'ôter aux patriotes celles dont ils viennent de faire un usage si utile, pour armer les recrues. Le directoire prie la Convention nationale d'ordonner au Conseil exécutif d'aviser aux moyens d'armer le contingent fourni par le département, sans dépouiller les gardes nationaux de leurs armes.

(La Convention décrète la mention honorable et l'insertion de cette lettre au *Bulletin*, et en ordonne le renvoi au comité de la guerre.)

14° *Lettre des membres composant le comité central des trois corps administratifs de la ville de Nantes* (1), qui se plaignent de l'inaction des troupes destinées à renforcer le département de la Loire-Inférieure.

(La Convention renvoie cette lettre au comité de Salut public.)

15° *Lettre des administrateurs du département de Maine-et-Loire* (2), qui sollicitent pour ce département un secours de 100,000 livres pour les subsistances.

(La Convention renvoie la demande aux comités d'agriculture et des finances réunis, pour en faire un prompt rapport.

16° *Lettre des membres composant le conseil général du département du Cher* (3), *par laquelle* ils adressent à la Convention nationale, par un courrier extraordinaire, une réclamation des 300 volontaires, partis de leur département pour défendre leurs frères des Deux-Sèvres et de la Vendée, contre le nommé Quéniteau, aide de camp de Dumouriez, qu'ils accusent de complicité avec lui, et qui, sans mission du Conseil exécutif, se trouve à la tête de l'armée rassemblée à Thouars contre les révoltés.

Suit le texte de la lettre du citoyen Roy, commandant en chef de ces 300 volontaires, suivie d'un *post-scriptum* des citoyens Anastase Borné et Courtier, président et secrétaire général du conseil du département du Cher, à l'effet de transmettre à la Convention cette

---

(1) *Archives nationales*, Carton C II 252, chemise 440, pièce n° 27.
(2) P. V., tome IX, page 282.
(3) P. V., tome IX, page 282.
(4) P. V., tome IX, page 282.

---

(1) P. V., tome IX, page 283.
(2) P. V., tome IX, page 284.
(3) P. V., tome IX, page 283.

dénonciation contre le nommé Quéniteau; cette lettre est ainsi conçue (1) :

Le commandant en chef du détachement du Cher aux citoyens administrateurs du département.

« Citoyens,

« J'ai l'honneur de vous adresser un mémoire et des officiers et des sous-officiers de mon détachement qui vous témoignent leurs craintes et vous exposent leurs soupçons. J'ai lieu de croire, d'après mes observations particulières, que ces craintes et ces soupçons sont fondés et je manquerais à la confiance que vous m'avez témoignée en me nommant commandant de ce détachement si je ne vous instruisais moi-même de tous les faits depuis mon départ de Bourges. Je le ferai, citoyens, avec la véracité que vous me connaissez.

« Le détachement, jusqu'à Poitiers, n'a que des éloges à donner aux citoyens des villes où il a séjourné; j'ai été témoin des marques d'attachement et de fraternité qu'il en a reçues; mais dans cette ville, à l'entrée de laquelle j'avais ordonné aux artilleurs de donner le salut par trois salves d'artillerie, nous n'y avons trouvé que dégoût, indifférence et mépris. Tout le détachement était logé chez le pauvre sans lit et sans ressources, cette réception ne vous étonnera pas, citoyens, car cette ville est remplie d'aristocrates; c'est là où nous avons reçu ordre de nous porter à Bressuire, dans le département des Deux-Sèvres.

« A notre arrivée, j'ai témoigné aux autorités constituées, au nom du détachement, le désir de nous porter à l'ennemi, mais on nous a répondu que nous devions y attendre les ordres du sieur Quéniteau, prétendu général des différents détachements qui s'y trouvent. J'ai reçu avec soumission ces ordres, croyant ce citoyen nommé par le pouvoir exécutif pour nous commander. Mais, citoyens, qu'elle a été ma surprise en apprenant que cet homme, aide de camp de Dumouriez, se trouvant, j'ignore comment, à Thouars, se trouvait notre général comme élu par quelques citoyens de cette ville. J'ai été bien plus surpris en apprenant la manière dont s'était faite l'organisation de la force armée à Bressuire. Quéniteau nommé général a lui-même choisi les commandants et les officiers de l'armée, la plupart, d'après les renseignements que j'ai pris, reconnus ennemis de la Révolution et attachés aux rebelles. Je manquerais à la patrie si je ne vous faisais part, citoyens, de mes soupçons; je manquerais à mes camarades, si je ne vous instruisais pas des dangers qu'ils courent.

« Les projets de Dumouriez sont connus. D'accord avec nos ennemis du dehors, il ne voulait rien moins que démembrer la France avec les traîtres du dedans; aussi, ses créatures, répandues dans l'intérieur, emploient-elles tous les moyens possibles pour nous perdre. Quéniteau, le confident de Dumouriez, est soupçonné avec raison de s'entendre avec eux; commandant d'une force armée considérable, il peut livrer nos côtes aux Anglais et Espagnols. Tels sont nos soupçons; alors notre parti faible dans ces contrées, fanatisé, devient la victime de ces scélérats. Je ne crains rien pour moi, citoyens, je mourrai digne du poste dont vous m'avez honoré, mais je me dois aux citoyens pères de famille qui m'accompagnent; que vous dirai-je, si Quéniteau l'avait voulu, les brigands seraient exterminés.

« Enfin, citoyens, nous sommes dans un endroit sans forces; nul ordre, nulle discipline n'y règne; l'arbitraire, la force, telle est l'autorité. Les hommes que je commande, sans moi seraient exposés à tous les dangers; la prison, les mauvais traitements pour des riens, telle est la manière dont on traite mes concitoyens, la plupart pères de famille. Aussi m'empressai-je de vous faire part de ma position, tout le détachement demande à retourner dans ses foyers; on ne veut pas les faire combattre, quoiqu'ils brûlent d'en venir aux mains; on les laisse dans l'inaction; cet état les désespère. Veuillez, citoyens, écouter leurs réclamations et ne les laissez pas plus longtemps le jouet d'une faction qui existe à n'en pas douter. Pour moi, je suis déterminé à mourir à mon poste et à défendre mes concitoyens qu'on veut opprimer. Croyez qu'en attendant vos ordres ultérieurs que je vous prie de m'adresser par un courrier extraordinaire, je ne négligerai rien pour me rendre digne de votre confiance et de l'attachement de mes braves frères d'armes.

« *Votre concitoyen, le commandant en chef du détachement du Cher, en garnison à Bressuire.*

« *Signé :* Roy.

« P. S. — Je vous adresse le mémoire et cette lettre par le citoyen Grandjean, gendarme, que ses infirmités obligent de retourner chez lui, soupçonnant qu'au bureau de la poste aux lettres on y viole le secret et le droit des gens. J'ai tout lieu de croire que ce soupçon est bien fondé. Je vous le répète, citoyens, dépêchez-moi aussitôt un courrier extraordinaire, sinon je ne réponds de rien.

« *Collationné conforme à l'original.*

« *Signé :* Pierre-Anatase BORNÉ, *président;* COURTIER, *secrétaire général.* »

(La Convention renvoie cette dénonciation au comité de Salut public.)

17° *Lettre du citoyen Richard, au nom des commissaires de la Convention envoyés dans les départements de Maine-et-Loire et de la Sarthe, relative à certains avantages remportés sur les rebelles par les troupes de la République sous les ordres du général Berruyer;* cette lettre est ainsi conçue (1) :

Angers, 13 avril 1793, l'an II de la République française.

« Citoyens collègues,

« Il y a longtemps que nous ne vous avons donné connaissance de la situation des choses

---

(1) *Archives nationales,* Carton C II 252, chemise 433, pièce n° 9.

(1) *Archives nationales,* Carton C II 252, chemise 433, pièce n° 2.

dans le département. Nous attendions les premiers résultats des opérations qui se préparaient.

« Le 11, le général Berruyer a fait attaquer les brigands sur tous les points qu'ils occupaient, par les différentes divisions de son armée. Leygonnier, à la tête du corps de troupes stationné à Vihiers, s'était avancé sur Coron où l'ennemi était retranché. Il s'en est rendu maître après une résistance assez vive ; il a poussé les rebelles jusqu'à une demi-lieue au delà de ce bourg. Le combat s'est engagé de nouveau et ils ont été complètement battus. Le bataillon du Finistère et les dragons du 19ᵉ se sont particulièrement distingués.

« Le citoyen Gauvilliers, commandant le corps de la rive droite de la Loire, a passé ce fleuve ; il a attaqué les brigands au Meuil, les a mis en déroute, s'est emparé de leur artillerie et est entré ensuite dans Saint-Florent, poste important dont on craignait ne pouvoir se rendre maître sans perdre beaucoup de citoyens. L'activité du citoyen Gauvilliers, et l'ardeur des troupes, à ses ordres, ont évité ce malheur à la République.

« Le général Berruyer s'est porté lui-même sur Chemillé et la Jumelière, où l'ennemi avait réuni ses plus grandes forces. Il était fortement retranché sur tous les points. Après une canonnade très vive, ce poste a également été emporté par le bataillon de la 35ᵉ division de la gendarmerie et quelques gardes nationales. On a pris six pièces de canon. Si la nuit ne fut survenue, les brigands auraient été poursuivis clandestinement.

« Dans cette affaire, nous avons tué 5 à 600 brigands ; nous avons perdu 15 hommes ; un plus grand nombre ont été blessés. Nous avons délivré 133 patriotes que les ennemis tenaient liés à côté de leurs batteries.

« La 35ᵉ division de la gendarmerie s'est conduite avec la plus grande bravoure ; si elle eût été soutenue par la plus grande partie des gardes nationales, l'affaire n'eût pas été longue.

« Nous ne pouvons que donner des éloges à la conduite du général en chef Berruyer et des généraux Du Houx et Menou. Du Houx a été légèrement blessé à la jambe, et Menou s'est porté à pied avec un détachement de la 35ᵉ division, sur une pièce de canon dont il s'est emparé l'épée à la main. Nous avons perdu le capitaine de gendarmerie à cheval Marchand, et l'adjudant général Mangin.

« Le général va continuer à donner la chasse aux rebelles. Nous ne craignons pas d'avancer que s'il avait eu trois ou quatre bataillons de troupes instruites, cette expédition serait promptement terminée et il y a plusieurs semaines qu'elle serait commencée.

« Nous vous rendrons compte exactement des événements qui vont suivre.

« *Les représentants du peuple envoyés par la Convention nationale dans les départements de Maine-et-Loire et de la Sarthe.*

« *Signé :* RICHARD. »

(La Convention nationale décrète la mention honorable de la conduite des chefs et des troupes et l'insertion au *Bulletin*.)

18° *Lettre des administrateurs composant le conseil permanent du district de Cambrai* (1), par laquelle ils adressent à la Convention nationale copie de différentes lettres qu'ils ont écrites au département du Nord et dans lesquelles sont détaillées toutes les mesures qu'ils ont prises pour mettre cette ville en état de défense. « La trahison de Dumouriez, disent-ils, au lieu de nous abattre, ne fait qu'enflammer notre courage et, en vrais républicains, notre devise sera toujours : *la liberté ou la mort.* »

(La Convention décrète la mention honorable de zèle des administrateurs de Cambrai et renvoie leur lettre au comité de Salut public.)

19° *Lettre des citoyens Du Bois Du Bais et Briez, commissaires de la Convention près les armées du Nord*, qui instruisent la Convention de l'envoi de deux trompettes autrichiens fait au général Dampierre, pour le prévenir que les hostilités vont recommencer ; cette lettre est ainsi conçue (2) :

Valenciennes, 11 avril 1793, l'an II de la République.

« Citoyens, nos collègues,

« Le général autrichien a envoyé deux trompettes au général Dampierre ; il les a adressés à Valenciennes ; ils sont descendus chez le général Ferrand qui, sur-le-champ, nous a fait appeler près de lui.

« Ces trompettes étaient porteurs d'une lettre adressée au général Dampierre et de plusieurs imprimés : l'un qui fait connaître que les hostilités vont recommencer ; l'autre, qui est un libellé abominable du scélérat Dumouriez, qui contient tous les motifs de perfidie sur lesquels il fonde son odieuse trahison et les criminels essais de donner un gouvernement à la France à sa manière.

« Nous ne savons ce que contient la lettre adressée au général Dampierre et comme c'est à lui à y répondre, nous lui envoyons les trompettes en poste et en voiture pour qu'ils arrivent plus promptement et plus commodément. Vous voyez, nos collègues, que nous sommes justes dans nos procédés envers nos ennemis.

« Nous sommes convaincus que le général Dampierre fera une réponse énergique et en républicain au général autrichien. Il faut qu'il sache que le nombre et les menaces n'épouvantent pas des braves qui veulent vivre libres ou s'ensevelir sous les ruines de la République.

« Nous vous écrivons cette lettre à la hâte. Accusez-nous-en la réception et faites-nous part de la demande du général autrichien et de la réponse du général républicain.

Vos collègues et amis,

« *Signé :* Du Bois Du Bais, Briez. »

(1) *Bulletin de la Convention* du 16 avril 1793.
(2) *Archives nationales*, Carton Cᴵᴵ 252, chemise 433, pièce n° 3.

20° *Lettre des citoyens Du Bois Du Bais et Briez, commissaires de la Convention près les armées sur la frontière du Nord*, par laquelle ils annoncent que plusieurs postes avancés viennent d'être attaqués; elle est ainsi conçue (1) :

Valenciennes, le 13 avril 1793.

« Nous profitons du départ du citoyen Frégeville (2), colonel des hussards de Chamboran, appelé à Paris par le pouvoir exécutif, pour vous instruire que nos postes avancés ont été attaqués ce matin à la pointe du jour par l'ennemi. La canonnade a été fort vive jusqu'à ce moment qu'elle se ralentit; les avis que nous recevons de la contenance de nos troupes sont satisfaisants, et nous espérons qu'il sera repoussé. Le brave Ferrand met beaucoup d'activité et d'intelligence pour déconcerter ses projets. Par le courrier de ce soir, nous vous donnerons des détails des suites de cette affaire.

« *Signé* : Du Bois Du Bais, Briez. »

21° *Lettre des citoyens Du Bois Du Bais et Briez, commissaires de la Convention près les armées sur la frontière du Nord*, par laquelle ils donnent des détails rassurants sur les armées et espèrent qu'elles effaceront bientôt jusqu'aux moindres traces de la trahison de Dumouriez; elle est ainsi conçue (3) :

Valenciennes, le 12 avril 1793.

« Chaque jour les nuages se dissipent et notre horizon s'embellit ; avec de la patience, du calme et des mesures sages, nous effacerons jusqu'aux moindres traces de l'infernale trahison du scélérat Dumouriez. Nos troupes commencent à voir la profondeur du précipice dans lequel il avait su si adroitement les attirer. Quelques individus seulement rampent encore dans la fange royale ; mais quelques remèdes appliqués à propos, achèveront de dissiper les restes impurs de la contagion.

« Notre armée reste toujours calme dans sa bonne position ; elle brave un ennemi lâche qui n'a été victorieux que par la perfidie du chef qui la commandait. L'ennemi se présente partout, et ne s'arrête nulle part ; tous les moyens qu'il emploie annoncent sa faiblesse.

« La brave garnison de Condé lui a appris que Dumouriez était entièrement oublié, ou plutôt, que son nom n'inspirait plus à nos troupes que de l'indignation : on assure qu'il a perdu du monde au petit essai qu'il a fait devant cette place. 24 chariots de morts ont passé par Saint-Amand ; on assure même que par l'inondation on a noyé 3 à 400 hommes.

« L'ennemi s'est présenté aussi devant Maubeuge. Il a déclaré que l'amnistie était finie, qu'il allait attaquer la place, et ne l'abandonnerait que lorsqu'elle serait rendue. Le commandant français lui a fait une réponse républicaine ; et les citoyens et les troupes annoncent un dévouement et une constance qui

ne doivent pas lui faire espérer une meilleure réception qu'à Condé. Nous vous faisons passer ci-joint les lettres qui nous ont été adressées de cette ville sur la proposition de l'ennemi, et nous leur avons répondu qu'avec une âme républicaine, des munitions et du pain, ils pouvaient mépriser les ridicules jactances d'un ennemi qui ne cherchait uniquement qu'à cacher sa faiblesse et sa misère.

« Citoyens nos collègues, nous vous promettons d'employer utilement tous nos moments, et nous pouvons vous assurer que nous ne nous donnons pas même un instant de loisir ; mais aussi nous ne vous dissimulerons pas que, voulant sauver la patrie, nous employons toutes les mesures qui nous conduiront à ce but ; ici nous sommes à portée de juger les hommes et les choses, et il faut que nous ayons carte blanche pour leur assigner leurs véritables places. L'intrigue n'approchera point de nous, soyez-en sûrs ; et nous ne fixerons nos regards que sur les hommes prononcés qui joindront les talents et la vigueur au patriotisme. Le salut de la patrie est uniquement dans le choix des chefs de tous genres, soit de corps, soit de poste, soit de division, et il faut les prendre à quelque place qu'ils se trouvent, sans avoir égard au grade et à l'ancienneté.

« Nous avons élevé au grade de général de brigade le citoyen Beauregard, premier lieutenant-colonel du 1er bataillon de Seine-Inférieure, ardent républicain, et militaire aussi brave qu'intelligent ; et un autre lieutenant-colonel d'un bataillon de grenadiers de la Côte-d'Or, nommé le citoyen Boileau. Le premier, qui nous a embrassés les larmes aux yeux en lui annonçant le grade où l'élevaient son patriotisme et son courage, est parti sur-le-champ pour se mettre aux prises avec l'ennemi ; il l'a attaqué avec la vigueur et la bravoure qui lui sont ordinaires, et il lui a eu bientôt fait tourner le dos.

« Nos troupes, depuis deux jours, font une petite guerre de postes avec succès ; et reconnaissent enfin que l'ennemi n'est pas aussi terrible que Dumouriez le leur avait fait croire, la contenance, à ce moyen, s'accroît, et bientôt sans doute nous ne nous ressouviendrons plus de nos revers. Soyons unis ; que l'ordre et le calme renaissent partout, et nos troupes, rassurées sur les mensonges et les calomnies du traître Dumouriez qui les effraie par les tableaux les plus hideux, se livreront avec une nouvelle énergie à la défense de la patrie ; alors nous finirons par écraser l'ennemi qui véritablement ne compte que sur nos divisions. Dès qu'ils seront assurés de notre union et du calme intérieur de la République ; ils perdront tout espoir, et nous demanderont la paix.

« Le général Ferrand est bien content aujourd'hui, il nous annonce que nous avons gagné du terrain sur l'ennemi : c'est déjà un grand avantage.

« *Les commissaires de la Convention nationale,*

« *Signé* : Du Bois Du Bais, Briez. »

(La Convention nationale décrète la mention honorable, l'insertion au *Bulletin* et le renvoi au comité de Salut public.)

(1) *Bulletin de la Convention* du 16 avril 1793.
(2) Les Commissaires ont écrit Frècheville.
(3) *Bulletin de la Convention* du 16 avril 1793.

22° *Lettre des citoyens Du Bois Du Bais et Briez, commissaires de la Convention nationale près des armées aux frontières du Nord,* qui transmettent deux lettres à eux adressées par le conseil général de la commune de Maubeuge, à l'effet de leur donner le détail de quelques petits combats avec les Autrichiens et surtout pour leur faire connaître le message du général autrichien de Basthel de la Tour, au général Tourville et la réponse de ce dernier.

Suit la teneur de ces deux lettres (1) :

I

« Citoyens,

« L'ennemi est sous nos murs ; nous sommes menacés d'un siège. Nous vous envoyons copie de la lettre du général autrichien au général Tourville, et la réponse de celui-ci. Vous connaissez l'état de notre place. Prenez sur notre situation toutes les mesures que vous dictera votre prudence. Pour nous, nous vous assurons que nous ne dirons jamais : *rendons-nous.* » (*Nouveaux applaudissements.*)

II

« Républicains,

« Hier, vers 9 heures du matin, les Autrichiens ont attaqué notre avant-poste à Grisoueller, avec des forces supérieures, et l'ont forcé de se retirer sur la ville : la retraite s'est faite avec le plus grand ordre, et en tiraillant de part et d'autre. De part et d'autre il y a eu quelques blessés.

« Aujourd'hui matin, des officiers autrichiens se sont approchés de notre avant-poste, à une portée de fusil de la ville, ont mis bas les armes, et ont demandé à parlementer ; nos soldats, par curiosité, les ont laissés venir. Ces officiers, parmi lesquels était un prince, qu'on dit être le prince d'Hénin, ont harangué, ont dit qu'ils apportaient paix et fraternité, ont demandé qu'on renvoyât les paysans, en promettant qu'il ne leur feraient aucun mal, etc., et ont donné un exemplaire d'une proclamation de Dumouriez et d'une autre du prince de Cobourg. Nous venons d'envoyer cet imprimé au district d'Avesnes, qui sans doute vous le fera passer. Aussitôt qu'on eut connaissance de cet événement, on obligea bientôt les sérénissimes de galoper, et l'on prit toutes les mesures nécessaires pour empêcher ces harangues à l'avenir. Le général Tourville s'est conduit, dans cette circonstance, avec prudence et fermeté.

« Ce petit événement vient de donner lieu à une jactance autrichienne. A 6 heures du soir, il est arrivé chez le général un trompette et un officier de l'état-major des Autrichiens. Deux commissaires de la municipalité ont assisté à l'ouverture de la lettre dont l'officier autrichien était chargé. En voici la copie exacte :
« Monsieur, un de mes respectables officiers ayant ce matin été appelé par différents militaires et habitants de la ville de Maubeuge, qui désiraient parlementer avec

« lui, a dit à ces Messieurs qu'en conformité « des sentiments dont ils paraissaient pénétrés « et du désir qu'ils ont manifesté, mes avant- « postes ne commettraient pas des hostilités « vis-à-vis les vôtres jusqu'à nouvel ordre. « Je m'empresse, Monsieur le général, de vous « prévenir que je ne puis, en aucune façon, « obtempérer à cette suspension d'armes. « Je vais recommencer la guerre au moment « que M. le capitaine, porteur de cette lettre, « sera rentré dans le cordon de mes postes. Je « ne finirai cette guerre, Monsieur le général, « que lorsque vous m'aurez rendu votre place ; « et, par cette démarche, vous épargnerez bien « du sang français qu'il me sera douloureux « de voir couler.

« J'ai l'honneur d'être avec la plus haute « considération, Monsieur, votre très humble « et très obéissant serviteur.

« Comte de BASTHEL DE LA TOUR,
« *lieutenant général.* »

« Voici la copie exacte de la réponse qui y a été faite par le général Tourville :

« Monsieur, je n'ai chargé aucun militaire « ni aucun bourgeois de proposer une suspen- « sion d'armes ; et je trouve, Monsieur le gé- « néral, que vous m'estimeriez trop peu, si « vous pensiez que j'étais disposé à vous ren- « dre la place qui m'est confiée, et que j'espère « défendre avec autant d'honneur et de suc- « cès que vous en espérez en l'attaquant. (*Ap- plaudissements.*)

« *Signé :* TOURVILLE. »

« Voilà, citoyens, le point où nous en sommes. Nous attendons les Autrichiens, et les attendons de pied ferme. Nous vous assurons que le mot : *rendons-nous* ne sortira jamais de notre bouche. (*Applaudissements.*)

« *Suivent les signatures.* »

(La Convention décrète la mention honorable, l'insertion au *Bulletin* et le renvoi de ces deux lettres au comité de Salut public.)

23° *Lettre du général de division Aboville, datée de Sarrelouis, le 11 avril 1793,* par laquelle il envoie l'état de situation de son armée; en voici l'extrait (1) :

« Je m'empresse de me conformer au décret de la Convention nationale, en date du 2 avril, qui porte que les commandants en chef des armées seront tenus de vous en adresser l'état de situation.

« L'armée de la Moselle est partagée en trois divisions et forme un total de 27,800 hommes sous les armes.

« L'avant-garde, campée à Fontoy, et cantonnée entre Longwy et Thionville, est de 9,400 hommes commandés par le général de division Delaâge.

« Le corps d'armée, campé près Sarrelouis, avec des cantonnements entre Sarre et Moselle, est de 10.000 hommes.

« Le corps de réserve, commandé par le général Lully, campé près Sarrebruk, et cantonné dans les environs, est de 8,400 hommes.

« La totalité de ce nombre augmente journellement par le recrutement qui s'exécute aussi bien qu'on puisse le désirer..

« L'armée paraît animée du meilleur esprit; l'ordre et la discipline y règnent par les soins et le zèle soutenus des officiers généraux dont le patriotisme est bien prononcé.

« Il m'est bien doux de n'avoir que des détails satisfaisants à vous donner de cette armée ; j'ai trop bonne opinion de son esprit et de sa valeur, pour être assuré qu'en toute occasion elle méritera bien de la patrie. Je lui ai fait prendre les armes, et lui ai communiqué une proclamation dont je vous enverrai des exemplaires aussitôt qu'elle sera imprimée. »

(La Convention renvoie cette lettre au comité de Salut public.)

24° *Lettre des citoyens Lequinio, Cochon et Dubois de Bellegarde, commissaires de la Convention nationale aux frontières du Nord*, relative à l'envoi d'un trompette adressé par le général Cobourg au général Dampierre; cette lettre est ainsi conçue (1) :

Cambrai, le 12 avril 1793, l'an II de la République française.

« Citoyens, nos collègues,

« Nous avons quitté Bouchain avec la douce satisfaction de voir que de jour en jour les principes se développent, et que le caractère républicain, ébranlé par une longue suite de machinations se réaffermit; notre dernière proclamation, qui n'est qu'un historique des perfidies de Dumouriez et un tableau des affreuses conséquences que la royauté traîne après elle, a été répandu dans le camp en très grand nombre. Elle y a produit un très bon effet, et nous sommes de plus en plus persuadés des grands avantages que la République doit se promettre, en prenant les moyens de répandre l'instruction dans l'armée. Pendant que nous étions au quartier général un trompette autrichien fut amené au général Dampierre, de la part du général Cobourg; outre les dépêches secrètes, il apportait plusieurs exemplaires de deux déclarations imprimées que nous vous adressons ; nous crûmes utile de lui envoyer en réponse des exemplaires imprimés des décrets que la Convention a rendus concernant la trahison de Dumouriez, également que de nos différentes proclamations dans cette affaire ; nous avons accompagné ces pièces d'une lettre au général Cobourg et nous en joignons ici la copie très exacte. Il nous a semblé qu'il était utile d'exprimer nos intentions à ce général et de lui faire sentir qu'elles sont communes à tous les bons Français.

« *Les commissaires de la Convention nationale pour les frontières du Nord.*

« *Signé* : LEQUINIO, Charles COCHON, DE BELLEGARDE. »

Suit le texte de cette lettre :

Copie de la lettre adressée au général Cobourg par les commissaires de la Convention pour les frontières du Nord (1).

Bouchain, le 11 avril 1793, l'an II de la République française.

« Monsieur,

« Dumouriez a trahi la nation française à laquelle il devait toute son élévation. Vous ne pouvez estimer un traître ; la loyauté défend de lui donner asile et vous n'auriez pas dû recevoir les membres de la Convention nationale qu'il vous a livrés. Les Français auraient abhorré celui de votre nation qui aurait commis une pareille bassesse et vous auraient renvoyé le droit des gens défend d'accepter en pareil cas ; nous vous adressons les exemplaires des décrets que la Convention nationale a rendus dans cette occasion et nous y joignons les différentes proclamations que nous avons faites à l'armée. Un général brave et ami de l'honneur doit savoir la conduite que la justice commande et nous vous assurons que la nation française périra tout entière ou qu'elle sera libre.

« *Signé* : LEQUINIO, Charles COCHON, de BELLEGARDE.

« *Pour copie conforme,*

« *Signé* : LEQUINIO, Charles COCHON, de BELLEGARDE.

(La Convention approuve la conduite des commissaires pour les frontières du Nord et décrète l'insertion de leur lettre au *Bulletin*.)

25° *Lettre du général Custine* relative aux accusations portées contre lui par le capitaine Natte, du 36° régiment d'infanterie; cette lettre est ainsi conçue (2) :

Le général Custine au Président de la Convention.

Au quartier général de Wissembourg, le 12 avril 1793.

« Citoyen Président, le citoyen Natte *le jeune* (3), capitaine du 36° régiment, vient de m'offrir sa démission, que sans doute, je n'ai pas le droit d'accepter, aussi me garderai-je bien de le faire; il m'a assuré ne plus vouloir servir dans l'armée de la République à mes ordres. Comme je désire lui faciliter les moyens d'en énoncer les motifs, je lui donne un passeport pour se rendre à Paris.

« Je vais vous développer de suite les causes qui ont pu le porter à donner sa démission. Avant-hier, à 8 heures du matin, se rendit chez moi un adjudant major du 36° régiment d'infanterie ; il me rendit compte que dans la marche de Billicheim sur Wissembourg, un

---

(1) *Archives nationales*, Carton C II 252, chemise 433, pièce n° 5.

(2) *Bulletin de la Convention* du 16 avril 1793.

(3) D'après le procès-verbal cet officier s'appellerait *Hatte*; d'autre part, tous les journaux sont unanimes à le nommer *Natte*.

---

(1) *Archives nationales*, Carton C II 252, chemise 433, pièce n° 4.

cri s'était fait entendre dans le 1er bataillon de ce régiment ; que des soldats s'étaient tout à coup écriés : « Arrêtons, nous sommes fatigués. »

« Il est à remarquer que cette marche était à peine de 4 lieues, que le général de brigade Isambert, et que le colonel du 36e régiment, cédant par faiblesse, s'étaient en effet arrêtés, et par là avaient coupé en deux la colonne de l'armée, quand elle exécutait une marche à portée de l'ennemi; on m'ajouta ce dont je me doutais depuis quelques instants ; et d'après la conduite du citoyen Isambert à Bingen, je jugeai que la force d'inertie était employée pour désorganiser ce régiment, car il est plus d'un moyen mis en usage par les mauvais citoyens pour perdre les armées de la République. A peine ce compte m'était-il rendu, qu'entre chez moi le général de brigade Isambert, à qui je peins combien une semblable conduite était criminelle.

« Le général de division Alexandre Beauharnais me rend compte qu'Isambert disait avoir entendu murmurer dans les pelotons, et dire : *on veut faire crier : vive le roi*. Le général Isambert n'avait ni puni ni réprimé ce discours incivique : je me suis alors décidé à surprendre ces deux chefs, le général de brigade et le commandant du régiment. Mais comme en présence de l'ennemi il était nécessaire d'y rétablir un ordre sévère et une discipline nerveuse, j'ai nommé de suite au commandement de ce régiment, le lieutenant-colonel Férette, homme d'un mérite militaire distingué, d'une grande valeur et très attaché à la République. A cette époque, le capitaine Natte *le jeune*, qui avait pris la défense du soldat devant moi, en disant que le soldat n'avait énoncé autre chose, sinon *qu'à la manière dont on nous conduit, on voudrait nous faire crier vive le roi;* mais qu'il répondait du civisme du soldat, qu'en effet tous ceux qui composaient ce régiment, étaient indignés de la faiblesse avec laquelle il était conduit : ce qu'il disait était la vérité.

« A l'instant où j'ai reçu le colonel Férette, et après sa réception, le capitaine Natte le jeune, a demandé à me parler ; et, les deux bataillons assemblés, il me dit avec le ton du commandement : je vous déclare, citoyen général, que le citoyen Férette n'a pas la confiance du régiment. Je demandai à ce régiment si en effet le citoyen Férette avait la confiance ou non. Plusieurs voix se firent entendre, et dirent qu'il l'avait ; aucune n'énonça le contraire. La joie qui était peinte sur leurs visages, annonçait assez qu'ils ne partageaient pas l'opinion du citoyen Natte.

« Le capitaine, en retournant à son poste, énonça à voix éclatante l'opinion qu'il avait déjà dévoilée, en la motivant sur ce que le lieutenant-colonel Férette n'avait pas payé une dette contractée dans les temps antérieurs. J'assurai alors le régiment que le citoyen Férette avait entièrement ma confiance, pour l'avoir vu à la guerre se conduire avec cette fermeté et cette audace qui annoncent l'homme digne de commander. Alors le citoyen Natte, continuant à motiver son opinion de la manière la plus haute, il lui adressai la parole, en lui disant : *que celui plus digne de commander des deux, le prouverait devant les ennemis de la République ;* et comme il conti-

nuait, je le fis voir à la troupe comme un de ces agitateurs, un de ces faux amis de la liberté, des insinuations duquel il fallait se préserver. Ce que j'ai fait, je le ferai encore. « A ces mots, il dit » : Moi, un de ces faux amis ! moi qui renferme l'âme d'un Brutus !

« Comme je ne suis point César, j'interrompis la conversation à ces mots, et je m'éloignai du régiment.

« Mon caractère et ma fermeté me feront infiniment d'ennemis. Je le répète, tous les perturbateurs, tous les ennemis de l'ordre conjureront ma perte, je leur livre ma triste existence ; et en effet, citoyen président, elle sera telle si je parviens à vaincre et à renverser tous les ennemis de la République, soit au-dedans, soit au dehors; mais quelle que soit l'opinion que prendront de moi la Convention et la nation, mon caractère ne fléchira jamais. Toujours prêt à remettre le formidable pouvoir militaire déposé dans mes mains, je déclare que je ne le conserverai qu'autant que je pourrai le rendre utile à sauver mon pays. Je serai toujours prêt à le remettre au premier signe de la volonté des représentants du peuple ; je puis toujours sans crainte, avec calme, rendre compte de l'usage que j'en aurai fait. Je vous préviens, mes concitoyens, qu'il sera terrible jusqu'à l'instant où l'ordre rétabli nous promettra des victoires, la paix, la tranquillité et le bonheur; mais quelle que soit l'opinion que prendront de moi la Convention et la nation, dès à présent je laisserai la calomnie s'exercer librement: j'en appelle aujourd'hui à l'examen de mes principes politiques, et à celui de ma vie tout entière. Je le déclare à la nation ; si mon âme était moins sensible à la gloire que l'on peut acquérir par une vertu pure, une vie sans reproche, mon mépris pour la vie pourrait me faire croire un homme dangereux ; mais j'en fais le serment entre vos mains, représentants du peuple : je jure de ne donner jamais accès dans mon âme à d'autre ambition qu'à celle de voir la liberté de mes concitoyens et les lois de la République s'établir sur les bases inébranlables ; faites tomber ma tête le jour que je manquerai au serment que je vous fais.

« J'assure la Convention de mon dévouement pour la nation et de mon respect pour ses lois.

« *Le général en chef de l'armée de la Moselle et du Rhin,*

« *Signé :* CUSTINE. »

(La Convention renvoie cette lettre au comité de Salut public.)

26° *Lettre du général Custine,* qui se plaint du mauvais état des fournitures de l'armée; cette lettre est ainsi conçue (1) :

Au quartier général de Vissembourg, le 13 avril 1793.

« Citoyen Président,

« Je vous envoie un soulier qui prouvera comme la République est volée. Cette chaussure ne dure que trois jours. C'est encore une

---

(1) *Mercure universel*, tome XXVI, page 264.

manœuvre de Beurnonville et de ses agents. Je suis sans cavalerie; l'ennemi, au contraire, en a beaucoup, elle fait toute sa force.

« *Le général en chef de l'armée de la Moselle et du Rhin,*

« *Signé :* CUSTINE. »

(La Convention renvoie cette lettre à la commission des marchés.)

27° *Lettre du général Custine,* dans laquelle il se plaint d'une calomnie de Marat, qui a dénoncé une prétendue lettre de lui à la ci-devant duchesse de Liancourt, à laquelle il n'a jamais écrit, et qu'il ne connaît même pas cette lettre est ainsi conçue (1) :

Au quartier général de Wissembourg, le 13 avril 1793

« Citoyen Président,

« J'apprends par les papiers publics la dénonciation que Marat a faite à la tribune, d'une prétendue lettre de moi, à la ci-devant duchesse de Liancourt, et qui est déposée au comité de surveillance. Toute accusation, dans ce moment, contre un fonctionnaire public, pouvant être d'un effet fâcheux sur l'opinion publique et celle des armées dont j'ai le commandement, je crois devoir déclarer que cette lettre est d'une fausseté insigne ; que je ne connais pas la ci-devant duchesse de Liancourt ; que je ne lui ai jamais parlé ni écrit. Le dénonciateur doit donc être un fourbe qui veut arracher la confiance de ceux qui doivent en être investis, et servir par là la cause de nos ennemis. Je bornerai à cette affirmation positive, la justification que je dois, non à moi-même, mais à la République ; c'est à elle que je sacrifierai, dans tous les moments de ma vie, mes propres intérêts. Ma tête répond du passé ; ma vie entière répond du présent et de l'avenir.

« *Le général en chef de l'armée de de la Moselle et du Rhin,*

« *Signé :* CUSTINE. »

Laurent Lecointre *et plusieurs autres membres* demandent que cette lettre soit renvoyée au tribunal pardevant lequel Marat a été renvoyé.

Sergent. Je m'oppose à la proposition qui vous est faite. Si Marat pouvait être accusé pour une lettre qu'il a citée à la tribune, la liberté d'opinion n'existerait plus dans la Convention ; c'est à Custine à se plaindre s'il se croit offensé.

(La Convention passe à l'ordre du jour.)

Bentabole. (2) Je demande que le comité de législation soit tenu de présenter l'acte

d'accusation contre Marat. On voudrait traîner cette affaire en longueur.

Delaunay *le jeune.* Marat n'est pas encore en état d'arrestation. Quand il aura obéi au décret, alors le comité vous présentera l'acte d'accusation : jusque là je prie l'Assemblée de ne rien ordonner à cet égard.

Plusieurs membres (à droite) : Est-ce que M. Marat n'est pas au-dessus des lois !

Robespierre *le jeune.* Il répondra à toutes les dénonciations, et on reconnaîtra son innocence.

Bentabole. Lorsque Marat sera cité devant le tribunal il comparaîtra. (*Applaudissements des tribunes.*) Je demande que vous fixiez aujourd'hui l'acte d'accusation.

Cambacérès. J'ignorais qu'un décret chargeât le comité de législation de présenter cet acte ; mais comme il n'a pas pu s'assembler hier soir, on ne peut pas l'inculper. Il pourra vous présenter cet acte demain ou après demain. Je demande que l'on passe à l'ordre du jour.

(La Convention passe à l'ordre du jour.)

Laurent Lecointre (1). Citoyens, Custine, dans sa seconde lettre se plaint de ne pas avoir de cavalerie ; d'autre part l'inspecteur général des remontes Lafosse a fait plusieurs demandes, dans lesquelles il observe qu'au moins 6,000 chevaux sont dans les écuries, tandis que l'armée en manque. Je demande que le comité de Salut public nous fasse un rapport sur cet objet.

Lefranc. Je demande que le ministre de la guerre et le maire de Paris rendent compte de l'acquisition des chevaux de luxe qu'ils ont fait arrêter pour le service de la République.

(La Convention adopte ces deux propositions.)

Suit le texte définitif du décret rendu (2) :

« La Convention nationale décrète : 1° que le comité de Salut public fera un rapport sur les chevaux de remonte et sur les plaintes qu'il a reçues de l'inspecteur général Lafosse, et qu'il sera entendu contradictoirement avec les adjoints du ministre de la guerre; 2° que ce ministre rendra compte de l'exécution de la loi relative aux chevaux de remonte, et que le maire de Paris remettra l'état détaillé de ceux qu'il a fait arrêter pour le service de la République. »

Couturier (3). J'ai l'honneur de déposer sur le bureau de la Convention le *rapport de nos opérations civiles et militaires, à Dentzel et à moi, dans les départements de la Meurthe, de la Moselle et du Bas-Rhin.* Je demande que l'impression en soit ordonnée. J'observe que dans ce rapport n'est pas compris le récit des opérations particulières faites par les citoyens Dentzel et Ferry, relatives à la visite des

---

(1) *Moniteur universel,* 1ᵉʳ semestre de 1793, page 485, 2ᵉ colonne.

(2) Cette proposition de Bentabole et la discussion qui l'accompagne, sont empruntées au *Moniteur universel,* 1ᵉʳ semestre de 1793, page 485, 2ᵉ colonne, au *Logotachigraphe* n° 108, page 397, 1ʳᵉ colonne, et au *Mercure universel,* tome XXVI, page 265.

---

(1) *Mercure universel,* tome XXVI, page 264.

(2) *Collection Baudouin,* tome XXVIII, page 102 et P. V., tome IX, page 286.

(3) *Mercure universel,* tome XXVI, page 264.

places du Rhin. Ce récit vous sera fait, à son retour, par le citoyen Ferry.

(La Convention décrète l'impression du rapport de Couturier (1).)

Garran-Coulon, *secrétaire*, reprend la lecture des lettres, adresses et pétitions envoyées à l'Assemblée :

28° *Lettre de Garat, ministre de l'intérieur*, qui prie la Convention de décréter si les certificats de civisme délivrés par les conseils généraux des communes aux employés de la République autres que les receveurs de districts, doivent être vérifiés et approuvés par les directoires de district et de département, ou s'ils doivent être simplement transmis par eux, sans vérification et approbation, au conseil exécutif provisoire ; cette lettre est ainsi conçue (2) :

Paris, 15 avril 1793, l'an II
de la République française.

« Citoyen Président,

« L'article 4 de la loi du 5 février porte que tous les employés payés des deniers de la République sont tenus, dans la quinzaine, à justifier d'un certificat de civisme aux directoires de département, lesquels, dans le même délai, seront tenus d'en informer le Conseil exécutif.

« D'après ce texte positif, mon opinion a été que la Convention avait établi une différence entre les certificats de civisme exigés desdits employés par cet article et ceux que l'article premier de la même loi ordonne aux receveurs de district de se procurer, lesquels doivent être vérifiés et approuvés par les directoires de district et de département et qu'elle a jugé qu'il suffisait que les certificats délivrés aux autres employés par le conseil général de leur commune, seul juge véritablement à portée d'apprécier le civisme de l'individu, fussent simplement transmis par les corps administratifs au Conseil exécutif provisoire.

« Cette opinion, qui n'est que le résultat du vœu textuel de la loi, m'a paru d'autant plus fondée que plusieurs départements ont aussi purement transmis au conseil, sans vérification ni approbation, les certificats de civisme qu'ils ont reçus des conseils généraux des communes de leur ressort.

« Cependant un directoire de département, pensant que la loi lui a donné la faculté de refuser un certificat de civisme aux employés mentionnés dans l'article précité, lors même que ces employés l'auraient obtenu du conseil général de la commune et de l'administration du district, je crois devoir soumettre et cette opinion et la mienne à la Convention nationale. Je vous prie de vouloir bien inviter l'Assemblée à prononcer le plus tôt possible.

« *Le ministre de l'intérieur,*
« *Signé :* GARAT. »

Un membre (1) : Je propose l'ordre du jour motivé sur l'article 4 de la loi du 5 février dernier, qui porte simplement que tous les employés payés des deniers de la République, sont tenus, dans la quinzaine, de justifier d'un certificat de civisme aux directoires de département, lesquels, dans le même délai, seront tenus d'en informer le Conseil exécutif.

(La Convention passe à l'ordre du jour ainsi motivé.)

29° *Lettre de Garat, ministre de l'intérieur* (2), pour rappeler à la Convention une lettre qu'il lui a écrite le 8, relativement à la capture faite par un corsaire de Calais, d'un vaisseau chargé de blé étranger, qu'il avait fait acheter pour le compte de la nation.

(La Convention renvoie la lettre au comité de commerce, pour en faire un prompt rapport.)

30° *Lettre de Bouchotte, ministre de la guerre* (3), qui envoie à la Convention nationale diverses observations sur le remplacement à l'armée des gendarmes infirmes, et sur les moyens de maintenir l'organisation de ce corps.

(La Convention renvoie la lettre au comité de la guerre.)

31° *Lettre de Clavière, ministre des contributions publiques* (4), qui fait part à la Convention nationale d'une réclamation des employés des ci-devant ferme et régie générales, qui demandent à se libérer de ce qu'ils doivent à la nation au moyen d'une retenue sur leurs pensions.

(La Convention renvoie la lettre au comité de liquidation, pour faire son rapport sans délai.)

Mallarmé, *au nom du comité des finances*, fait un *rapport* et présente un *projet de décret tendant à avancer à la ville de Rennes une somme de 100,000 livres pour ses approvisionnements ;* le projet de décret est ainsi conçu (5) :

« La Convention nationale, après s'être fait rendre compte, par son comité des finances, de la pétition du conseil général de la commune de la ville de Rennes, approuvée par le département d'Ille-et-Vilaine, sur l'avis du district de Rennes, décrète qu'il sera avancé, à titre de prêt, à ladite commune de Rennes, une somme de 100,000 livres, sur les contributions directes de la même ville pour l'approvisionnement, à charge de remboursement à fur et mesure de la revente des grains, et supplétivement, en cas de *déficit*, sur les sols additionnels, selon le mode progressif, et sous l'obligation de rendre compte du tout selon les formes prescrites ».

(La Convention adopte ce projet de décret.)

---

(1) Voy. ci-après ce rapport aux Annexes de la séance page 203.

(2) *Archives nationales*, Carton C II 252, chemise 433, pièce n° 1.

(1) P. V., tome IX, page 287.
(2) P. V., tome IX, page 287.
(3) P. V., tome IX, page 287.
(4) P. V., tome IX, page 287.
(5) *Collection Baudouin*, tome XXVIII, page 95 et P. V., tome IX, page 288.

Mallarmé, *au nom du comité des finances*, fait un *rapport* et présente un *projet de décret tendant à accorder à la commune de Saint-Denis une somme de 100,000 livres pour être employée à l'acquit des subsistances*; le projet de décret est ainsi conçu (1) :

« La Convention nationale décrète qu'il sera prêté à la commune de Saint-Denis une somme de 100,000 livres, pour être employée à l'acquit des subsistances ; que cette somme sera prise sur le recouvrement des contributions directes de la même ville, pour l'année 1792 ; et que le remboursement en sera fait, dans le courant de 1793, par le produit des reventes, et, en cas d'insuffisance, par addition à l'impôt progressif. »

(La Convention adopte ce projet de décret.)

Mallarmé, *au nom du comité des finances*, fait un *rapport* et présente un *projet de décret tendant à autoriser la municipalité de Toulouse à contracter un emprunt de 400,000 livres pour l'acquit de ses dépenses extraordinaires ;* le projet de décret est ainsi conçu (2) :

« La Convention nationale, sur le rapport de son comité des finances, décrète ce qui suit (3) :

Art. 1er.

« Il sera prêté à la municipalité de Toulouse une somme de 400,000 livres, pour subvenir à l'acquit de ses dépenses extraordinaires.

Art. 2.

« Cette somme sera prise sur le recouvrement des contributions directes de la même ville pour les années 1792 et 1793.

Art. 3.

« Le remboursement en sera fait dans le courant de 1793, au moyen des sols additionnels sur les contributions directes et mobilières de 1792 et 1793, et supplétivement, par addition à l'impôt progressif, selon le mode qui sera décrété, à charge de rendre compte du tout. »

(La Convention adopte ce projet de décret.)

Albitte *l'aîné* (3) donne lecture d'une *pétition des administrateurs du district de Dieppe*, qui a pour objet un emprunt de 500,000 livres et diverses mesures qu'il sollicite de la Convention, pour assurer les subsistances dans son territoire.

(La Convention renvoie la pétition au comité des finances.)

Mallarmé, *au nom du comité des finances*, fait un *rapport* et présente un *projet de décret tendant à autoriser le département de Rhône-et-Loire à retenir sur ses contributions la somme de 200,000 livres pour être employée au paiement des dépenses administratives ;* le projet de décret est ainsi conçu (1) :

« Sur le rapport du comité des finances de la proposition du ministre de l'intérieur, relative aux différentes réclamations des créanciers de l'administration du département de Rhône-et-Loire, la Convention nationale décrète que le directoire de ce département est autorisé à retenir sur ses contributions directes la somme de 200,000 livres pour être employée au paiement des dépenses administratives, et à charge de rétablir ladite somme sur les premiers deniers recouvrés des sous additionnels ».

(La Convention adopte ce projet de décret.)

Mallarmé, *au nom du comité des finances*, fait un *rapport* et présente un *projet de décret tendant à autoriser le département de la Drôme à retenir sur ses contributions la somme de 300,000 livres pour être employée à l'acquit des charges d'administration ;* le projet de décret est ainsi conçu (2) :

« La Convention nationale, après avoir entendu le rapport de son comité des finances sur la demande du département de la Drôme, relative à ses dépenses d'administration, décrète que le directoire de ce département percevra sur ses contributions directes la somme de 300,000 livres pour servir à acquitter les charges d'administration, sous l'obligation de rembourser ladite avance sur les premiers deniers recouvrés des sous additionnels ».

(La Convention adopte ce projet de décret.)

Ruelle, *au nom du comité de liquidation*, fait un *rapport* et présente un *projet de décret tendant à ordonner qu'il sera payé par la trésorerie nationale la somme de 917,447 liv. 12 s. 8 d. pour la liquidation d'offices de barbiers, perruquiers, baigneurs et étuvistes ;* le projet de décret est ainsi conçu (3) :

« La Convention nationale, après avoir entendu le rapport de son comité de liquidation, qui lui a rendu compte des opérations du commissaire-directeur général de la liquidation, dont l'état suit :

(1) *Collection Baudouin*, tome XXVIII, page 95 et P. V., tome IX, page 288.
(2) *Collection Baudouin*, tome XXVIII, page 88 et P. V., tome IX, page 288.
(3) *Journal des Débats et des décrets* 212, page 280 et P. V., tome IX, page 289.

(1) *Collection Baudouin*, tome XXVIII, page 94 et P. V., tome IX, page 289.
(2) *Collection Baudouin*, tome XXVIII, page 94 et P. V., tome IX, page 289.
(3) *Collection Baudouin*, tome XXVIII, page 92 t P. V., tome IX, page 290.

TABLEAU

Résultat des rapports de liquidation des offices de barbiers, perruquiers, baigneurs, étuvistes, remis au comité de liquidation de la Convention nationale, par le directeur général de la liquidation, le 25 mars 1793, l'an deuxième de la République française.

NOMBRE de CHARGES.	NOMS DES COMMUNAUTÉS.	MONTANT des LIQUIDATIONS.	NOMBRE de CHARGES.	NOMS DES COMMUNAUTÉS.	MONTANT des LIQUIDATIONS.
		l. s. d.			l. s. d.
21	Paris, 25e procès-verbal.......	56,411 13 6	5	Saint-Valery en Caux..........	750 » »
32	Paris, 26e procès-verbal.......	101,791 14 4	11	Pithiviers....................	5,329 2 9
30	Bayonne......................	21,042 6 8	2	Riom........................	1,300 » »
25	Le Havre.....................	68,769 1 »	25	Sedan.......................	13,555 3 4
63	Lille........................	14,663 17 3	7	Saint-Servan.................	2,139 17 6
15	Lorient......................	20,640 » »	5	Montfort-l'Amaury............	1,607 6 8
22	Alençon......................	18,381 13 4	10	Mirecourt...................	2,871 19 11
12	Loudun......................	2,622 » »	11	Mayenne....................	2,151 6 6
5	Vervins.....................	730 » »	4	Saint-Valery-sur-Somme......	500 » »
12	Montdidier..................	2,372 13 4	13	Le Puy.....................	4,210 » »
10	Gisors.....................	2,001 6 8	6	Saint-Hippolyte.............	950 » »
17	Lisieux....................	14,511 11 3	14	Tarbes.....................	2,105 10 »
2	Jargeau...................	400 » »	7	Gosset.....................	1,416 6 8
59	Aix......................	75,663 17 4	15	Béthune....................	8,180 15 »
15	Cahors...................	3,738 19 8	7	Marennes...................	1,647 14 »
11	Saint-Brieuc..............	2,629 10 »	5	Saint-Jean-d'Angely.........	3,537 6 5
2	Hesdin...................	2,164 » »	13	Millau.....................	1,659 12 4
10	Baugé....................	3,400 » »	14	Sens......................	7,896 » »
5	Seurre...................	1,295 13 4	7	Louviers..................	2,409 6 5
1	Pont-l'Évêque.............	150 » »	4	Candebec..................	1,150 » »
12	Villefranche..............	4,431 12 »	12	Loches....................	2,512 » »
4	Ruffec...................	493 12 »	15	Compiègne.................	5,211 13 5
10	Perpignan................	6,700 14 4	5	Orgelet...................	323 » »
11	Saint-Maixent............	1,129 13 4	15	Autun....................	10,405 6 5
10	Fécamp..................	3,100 » »	4	Cluny....................	2,510 » »
10	Guéret...................	1,851 16 8	8	Versailles................	7,050 6 9
15	Auch....................	6,401 6 8	1	Saint-Lô.................	150 » »
5	Ancenis..................	1,896 3 4	2	Valognes.................	652 » »
11	Fougères.................	3,275 » »	1	Uzès.....................	1,000 » »
10	Nérac....................	1,560 6 8	1	Vendôme..................	400 » »
8	Poligny..................	2,015 » »	3	Châlons-sur-Marne.........	1,103 6 8
7	Lectoure.................	459 13 4	2	Clermont-Ferrand..........	1,950 10 »
5	Saint-Calais.............	713 6 8	2	Joigny...................	600 » »
37	Grenoble.................	85,769 13 4	2	Remiremont...............	506 » »
1	Saint-Michel.............	403 6 8	2	Pont-Saint-Esprit.........	1,409 3 4
1	Cherbourg...............	333 6 8	2	Coulommiers..............	200 » »
1	Valence.................	400 » »	4	Beauvais.................	4,473 6 5
1	Soissons................	666 13 4	7	Dunkerque...............	16,446 6 »
3	Rochefort...............	5,312 6 8	6	Orléans.................	16,036 13 5
29	Caen...................	54,645 4 5	5	Toul...................	2,596 15 4
1	Tours..................	2,512 2 10	2	Bayeux.................	1,135 16 »
1	Auxerre................	834 6 8	6	Bapaume................	7,578 » »
7	Neufchâtel.............	1,989 6 8			
9	Le Quesnoy.............	4,912 » »	890	Charges, dont le montant de la liquidation est de la somme totale de 917,447 livres 12 sols 8 deniers, ci.................	917,447 12 8
18	Argentan..............	2,597 » »			
4	Chateaubriand.........	480 » »			
14	Pont-Audemer.........	2,273 » »			

« Décrète que, conformément audit résultat, il sera payé, par la trésorerie nationale, la somme de 917,447 liv. 12 s. 8 d. ; à l'effet de quoi, les reconnaissances des liquidations seront expédiées aux offices liquidés, en satisfaisant, par eux, aux formalités prescrites par les différents décrets. »

(La Convention adopte ce projet de décret.)

Ruelle, *au nom du comité de liquidation*, fait un *rapport* (1) et présente *un projet de décret pour ordonner que les perruquiers liquidés antérieurement à la loi du 7 août dernier, auxquels le commissaire liquidateur n'a point alloué d'indemnité, parce qu'ils avaient distingué dans leurs contrats d'acquisition le prix de la finance de celui des meubles et ustensiles, seront admis à ladite indemnité, nonobstant cette distinction;* il s'exprime ainsi :

Citoyens, par la loi du 7 août dernier, les perruquiers qui avaient acquis des meubles et ustensiles de boutique, indépendamment du prix de leurs charges, ont été admis à l'indemnité, de même que ceux qui n'en avaient pas acquis ou qui avaient confondu le tout dans un seul prix.

Depuis, ceux qui avaient été liquidés, en conformité du décret du 17 juin 1791, auparavant que la loi du mois d'août dernier fût rendue, ont tous réclamé cette indemnité, mais le commissaire liquidateur n'a pas cru devoir admettre leurs réclamations, ne pouvant donner d'effet rétroactif à la loi.

Cependant, votre comité auquel il en a été

_____

(1) *Archives nationales,* Carton Cii 251, chemise 423, pièce n° 9.

référé, ayant reconnu que les motifs qui avaient engagé l'Assemblée législative à porter son décret du mois d'août en faveur des perruquiers restant à liquider, étaient les mêmes pour ceux qui l'avaient été antérieurement, a arrêté de vous proposer que ces perruquiers seraient admis à ladite indemnité.

PROJET DE DÉCRET.

« La Convention nationale, après avoir entendu le rapport de son comité de liquidation, décrète que les perruquiers liquidés antérieurement à la loi du 7 août dernier, auxquels le commissaire liquidateur n'a point alloué d'indemnité parce qu'ils avaient distingué dans leurs contrats d'acquisition le prix de la finance, de celui des meubles et ustensiles, seront admis à ladite indemnité, nonobstant cette distinction conformément à l'article 1er de la loi dudit jour, 7 août, en observant les formalités prescrites par les précédents décrets. »

(La Convention adopte ce projet de décret) (1).

Ruelle, *au nom du comité de liquidation,* fait un *rapport* et présente un *projet de décret* (2) *tendant à ordonner qu'il sera payé par la trésorerie nationale la somme de 2,099,133 liv. 18 s. 2 d. pour la liquidation d'offices de judicature et ministériels ;* le projet de décret est ainsi conçu :

Résultat des procès-verbaux de liquidation d'offices de judicature et ministériels, en exécution du décret du 17 décembre 1791, et de celui du mois de janvier dernier.

Douze cent soixante-dix parties prenantes, liquidées à la somme de deux millions quatre-vingt-dix-neuf mille cent trente-trois livres dix-huit sous deux deniers ; ci, 2,099,133 liv. 18 s. 2 d.

Dettes des compagnies.

Les dettes passives dont la nation se charge montent à 316,884 livres.

Les dettes actives dont elle profite, ne sont que de 91,815 liv. 4 s.

Différence à la charge de la nation, de la somme de 225,068 liv. 16 s.

« La Convention nationale, après avoir entendu le rapport de son comité de liquidation, qui lui a rendu compte des opérations du commissaire directeur général de la liquidation, dont l'état est annexé à la minute du présent décret, décrète que, conformément audit résultat, il sera payé, par la Trésorerie nationale la somme de 2,099,133 liv. 18 s. 2 d. ; à l'effet de quoi, les reconnaissances de liquidation seront expédiées aux officiers, en satisfaisant, par eux, aux formalités prescrites par les précédents décrets ».

(1) *Collection Baudouin*, tome 28, page 92, et P. V., tome 9, page 294.
(2) *Collection Baudouin*, tome 28, page 91 et 93, et P. V., tome IX. page 295.

JURANDES ET MAITRISES.

Récapitulation générale.

Indemnités et remboursements de différentes maîtrises, tant des départements que de Paris.

Trois mille neuf cent vingt-quatre parties prenantes .... 841,614 l. 3 s. 11 d.

Créances sur les ci-devant communautés d'arts et métiers.
Rentes perpétuelles.

Cinquante-huit parties prenantes.

Rentes viagères.

Une partie prenante.

Créances exigibles.

Dix-sept parties prenantes 27,654   11

Quatre mille parties prenantes, total............. 869,268 l. 3 s. 11 d.

Ruelle, *au nom du comité de liquidation,* fait un *rapport* (1) et présente un *projet de décret tendant à admettre à la liquidation la créance du citoyen Alban, ci-devant procureur au bailliage de Grisivaudan;* il s'exprime ainsi :

Citoyens, votre comité de liquidation a pris connaissance d'une pétition que vous avait présentée le citoyen Alban, ci-devant procureur au bailliage de Grésivaudan, que vous lui avez renvoyée.

Ce citoyen exposait qu'il avait adressé au commissaire liquidateur des titres de créance sur sa compagnie, que ces titres ne se retrouvaient pas et que dans les bureaux on lui avait objecté l'expiration du délai pour la production des titres et qu'il était dans le cas de déchéance.

Votre comité, après s'être assuré que les titres de créance du citoyen Alban avaient été produits en temps utile, que ce n'était pas de son fait si ces titres étaient adirés ; que, d'ailleurs, sa créance avait été reconnue par la communauté des procureurs du bailliage de Grésivaudan et déduite sur la liquidation de chacun de ses membres, a arrêté qu'il serait proposé à la Convention d'admettre à la liquidation la créance dont il s'agit.

PROJET DE DÉCRET.

« La Convention nationale, après avoir entendu le rapport de son comité de liquidation, décrète qu'il sera incessamment procédé par le commissaire directeur général à la liquidation de la créance du citoyen Alban sur la communauté des procureurs du bailliage de Grésivaudan ».

(La Convention adopte ce projet de décret.) (2).

(1) *Archives nationales,* Carton Cn 251, chemise 423, pièce n° 8.
(2) *Collection Baudouin*, tome 28, page 92, et P. V., tome 9, page 296.

Ruelle, *au nom du comité de liquidation*, fait un *rapport* (1) et présente un *projet de décret tendant à déclarer qu'il n'y a pas lieu à délibérer sur la réclamation des citoyens Graveraud, Gourdel, Lucas et Menay, ci-devant procureurs au bailliage de Rennes, et des citoyens Demangeot, Dantray, Leclaire, Lamiraux et Barthélemy, ci-devant huissiers au Parlement de Nancy*; il s'exprime ainsi :

Citoyens, je suis chargé, au nom de votre comité de liquidation, de vous demander la confirmation de deux de ses arrêtés portant qu'il n'y a pas lieu à délibérer sur les réclamations de plusieurs citoyens.

La première réclamation fut formée par les citoyens Graveraud, Gourdel, Lucas et Menay, tous quatre ci-devant procureurs au bailliage de Rennes lesquels demandaient que la liquidation de leurs offices fût faite sur le pied de l'évaluation rectifiée par la loi du 1er avril 1791.

Mais ces quatre procureurs ayant levé leurs offices aux parties casuelles postérieurement à 1771, et l'article 7 du titre premier de la loi du 12 septembre 1790, ainsi que l'article 22 de celle du 1er avril 1791, portant que ceux qui avaient levé leurs offices aux parties casuelles depuis 1771 seraient remboursés sur le pied de la finance par eux effectivement versée au Trésor public, votre comité, en liquidant la confirmation des offices dont il s'agit, a arrêté qu'il n'y avait pas lieu à délibérer.

A l'égard de la seconde délibération, elle fut formée par cinq huissiers du ci-devant parlement de Nancy. Ils demandaient que la liquidation de leurs offices fut faite sur le pied de leurs contrats authentiques d'acquisition.

Ils exposaient que la finance de leurs offices fut fixée au commencement du siècle, à 1,500 livres de Lorraine par Léopold ; qu'en exécution de l'édit de 1771, leurs prédécesseurs ne les évaluèrent qu'à la même somme, valant argent de France 1,116 liv. 5 s. ; qu'ignorant la modicité de l'évaluation de leurs offices, et l'importance de cette évaluation, ils les avaient acquis de bonne foi 10,000 et 12,000 livres dans les années 1783, 1784 et 1785; et qu'ils seraient entièrement ruinés, eux, leurs parents et les amis qui les avaient cautionnés, si l'on prenait pour base de la liquidation de leurs offices, l'évaluation qui en avait été faite en 1771.

Partageant l'infortune des cinq citoyens huissiers au ci-devant parlement de Nancy, votre comité eût désiré pouvoir venir à leur secours, mais toutes les lois s'y opposaient, et il a été contraint de rejeter leurs demandes.

En effet, leurs officiers étaient sujets à la casualité ; comme tels, ils ont été assujettis à l'évaluation, en exécution de l'édit du mois de février 1771 et cette évaluation a été faite ; c'est cette même évaluation qui a formé invariablement la base de liquidation de tous les offices casuels aux termes de l'article 1er de la loi du 12 septembre ; or, votre comité n'a pu prononcer que d'après le vœu de la loi.

D'ailleurs, les pétitionnaires, comme officiers ministériels, sont dans le cas d'obtenir, outre leur évaluation, le sixième du prix de leurs acquisitions constatées par actes authen-

tiques. Or, la loi prévenant le cas dans lequel ils se trouvent être, est déjà venue à leur secours et il n'est pas possible de leur accorder rien au delà, sans contrevenir aux lois et sans blesser l'égalité, tous les autres citoyens y ayant été assujettis.

Enfin, nous vous observons que la communauté des huissiers du ci-devant parlement de Nancy était composée de quinze membres, qu'il n'y en a que cinq qui ont réclamé et que les dix autres ont été liquidés, conformément aux décrets.

PROJET DE DÉCRET.

« La Convention nationale, après avoir entendu le rapport de son comité de liquidation, lequel lui a rendu compte des réclamations formulées par les citoyens Graveraud, Gourdel, Lucas et Menay, procureurs postulants au ci-devant bailliage de Rennes et par les citoyens Demangeot, Dantray, Leclaire, Lamiraux et Barthélemy, ci-devant huissiers au parlement de Nancy, confirme les arrêtés de son comité et passe à l'ordre du jour. »

(La Convention adopte ce projet de décret.)

Un membre (1) : Je propose de décréter que le comité des finances fera jeudi prochain son rapport sur les moyens de faire payer dans les départements les sommes dues aux citoyens par la République.

(La Convention adopte cette proposition).

Un autre membre (2) demande d'ajourner à demain le rapport à faire par le comité de liquidation relativement aux pensions à accorder aux employés supprimés.

(La Convention décrète l'ajournement demandé.)

Un troisième membre (3) propose d'ajourner pareillement à demain le rapport sur la loi martiale et le Code pénal.

(La Convention adopte cette nouvelle proposition.)

Aubry, *au nom du comité de la guerre*, fait un *rapport* et présente un *projet de décret sur la nouvelle composition des commissaires des guerres de la République française*; il s'exprime ainsi (4) :

Citoyens, vous savez que depuis quelque temps la partie administrative des armées de la République fait un objet de vos justes inquiétudes. De grandes dépenses superflues ont été faites, sans qu'on ait pu s'en rendre compte. Les revues, les vivres, les fourrages, les hôpitaux, ont également souffert du vice de cette administration ; vous avez plus d'une fois chargé votre comité de la guerre d'en chercher les causes. Il s'en occupait lorsque le ministre de la guerre a envoyé à l'Assemblée ses idées sur cet objet important. Vous les avez renvoyées à votre comité pour vous en faire un rapport ; et c'est en son nom, citoyens, que

---

(1) *Archives nationales*, Carton C n 251, chemise 423, pièce n° 19.

(1) P. V. tome 9, page 297.
(2) P. V. tome 9, page 297.
(3) P. V. tome 9, page 297.
(4) Bibliothèque de la Chambre des Députés : *Collection Portiez (de l'Oise)*, t. XXXXI.

je viens vous faire part, et du projet de décret auquel il a cru devoir s'arrêter, et des motifs qui l'y ont déterminé.

Dans une Révolution comme la nôtre les changements des idées et des choses doivent être dans un rapport continuel ; sans quoi les préjugés, les habitudes, le goût des préférences, le désir de dominer étouffent le principe de l'égalité des droits que la nature nous donne, que notre raison réclame et que le concours de nos volontés et de nos forces peut seul nous conserver. C'est ce principe immuable qui a dirigé les travaux de l'Assemblée constituante, de l'Assemblée législative; et c'est encore lui aujourd'hui qui doit être le régulateur de tout ce que la nation attend de vous.

Il faut l'avouer, citoyens, presque tout a fléchi devant lui ; et si quelques parties d'administration ont pu lui échapper, ce n'est qu'à la faveur des circonstances auxquelles l'intérêt public est quelquefois lié. Depuis longtemps, la partie administrative de vos armées présente une sorte de concours d'agiotage toujours mystérieux, où la fortune de quelques individus se fait aux dépens de la fortune publique. Les agents de cette dangereuse, mais utile administration, relevant directement d'un ministère presque toujours corrompu par la nature même de son autorité et de ses prérogatives, avaient, par cela seul dans l'exercice de leurs fonctions, la plus grande latitude pour tromper dans leurs marches, et trahir dans leurs dispositions. Vous en avez fait la funeste expérience, puisque vous vous ressentez encore de la coupable confiance qu'on a eue dans ces agents publics que nos commissaires et nos généraux vous ont si souvent dénoncés. Il est de fait, citoyens, par tout ce que votre comité a pu recueillir sur cet objet, et par tout ce que vous avez pu recueillir vous-mêmes, que les commissaires des guerres sont aujourd'hui composés, dans leur ensemble, de deux parties également dangereuses ; l'une, des sujets de l'ancien corps, à qui il en coûte de se détacher de leurs vieilles prérogatives, de leurs funestes habitudes, et de leurs dangereux préjugés ; l'autre, des enfants de la faveur des derniers ministres qui ont cru que l'ardent patriotisme devait suppléer aux lumières.

Ces vérités vous sont connues, et vous affligent depuis longtemps. Mais le moment est venu, citoyens, où une plus longue inaction de votre part, sur cette partie si intéressante de la force publique, aurait de telles conséquences, que dans peu, vous vous verriez dans l'impossibilité de faire de nouveaux efforts. Déjà vos forces se déploient de toutes parts ; déjà vos renforts pour les armées marchent : il faut donc à l'instant réorganiser la partie administrative qui doit concourir à l'application de tous ces moyens.

Votre comité, qui sait que deux fois vous avez donné votre confiance au ministre qui seul porte ce genre de responsabilité, a cru, par une conséquence du principe et de la chose, devoir lui donner, pour cette fois seulement, tous les moyens possibles de faire son choix, et de transmettre les grades aux conditions prescrites par le projet de loi qui va vous être présenté.

Il a pensé qu'en lui laissant seulement la faculté de faire des déplacements partiels, c'était trop resserrer les moyens et n'obvier

qu'à une partie des causes du mal. Il a pensé encore que c'était lui donner le jeu des chances arbitraires, et le charger d'une fatigante responsabilité envers les individus sur lesquels ses changements porteraient : votre comité a donc dû se déterminer, d'après toutes ces considérations, à vous présenter le projet de décret suivant :

PROJET DE DÉCRET.

TITRE 1er.

« Art. 1er. Tous les commissaires des guerres de la République, ainsi que les aides, sont supprimés.

« Art. 2. Il sera aussitôt recréé 390 commissaires des guerres, qui seront pris pour cette fois seulement, ainsi qu'il suit :

« 1° Au moins le tiers parmi les commissaires des guerres supprimés par l'article précédent, de quelque dénomination qu'ils puissent être. Le restant sera pris, soit parmi les anciens commissaires, soit parmi les quartiers-maîtres trésoriers des troupes de la République, soit enfin parmi les employés dans les bureaux d'administration ou de ceux de la guerre.

« Art. 3. Chaque commissaire des guerres, nommé d'après les dispositions de l'article ci-dessus, sera tenu de faire parvenir au ministre de la guerre, un mois après sa nomination, un certificat qui atteste sa capacité pour son état et son civisme reconnu.

« Art. 4. Ce certificat devra être signé par l'état-major de l'armée, ou celui de la division où chacun de ces commissaires se trouvera servir, visé et approuvé par les officiers généraux de cette même division ou armée.

« Art. 5. Si dans le nombre des commissaires des guerres nommés, il s'en trouvait d'employés actuellement dans les départements de la République, le certificat mentionné dans l'article 3 du présent titre, sera, dans ce cas, visé et approuvé par les membres des corps administratifs du lieu de la résidence où chacun de ces commissaires se trouvera employé.

« Art. 6. A l'égard des commissaires des guerres qui, dans la présente nomination, auront été pris parmi les trésoriers, quartiers-maîtres des troupes de la République, chacun sera tenu de fournir, un mois après sa nomination, le même certificat, qui ne devra être signé que des membres composant le conseil d'administration du bataillon d'où on l'aura tiré, visé et approuvé par les officiers généraux de la division où son bataillon se trouvera attaché.

« Art. 7. Ceux qui seront pris dans les bureaux d'administration ou dans ceux de la guerre, seront également tenus de produire dans le mois le certificat ci-dessus indiqué lequel sera signé par un adjoint du ministre, dans le cas où le promu serait sorti des bureaux de la guerre, visé et approuvé par la municipalité ou section, et, dans l'autre cas, par le procureur général, ou tout autre surveillant de l'administration.

« Art. 8. Tout commissaire qui, un mois après sa nomination, n'aura pas produit au ministre de la guerre le certificat indiqué par les articles ci-dessus, sera par cela seul, destitué de son emploi, et remplacé ainsi qu'il sera dit ci-après.

« Art. 9. Le ministre de la guerre est seul chargé de nommer les 390 commissaires recréés par l'article premier du présent titre.

« Art. 10. Le ministre de la guerre, un mois après la nomination faite des commissaires, en fera passer la liste à la Convention nationale, avec l'attestation que tous ceux qui y sont portés ont produit le certificat exigé par les articles précédents.

« Art. 11. Au moyen des dispositions ci-dessus, toutes dénominations d'aides et commissaires extraordinaires qui leur étaient ci-devant affectées, sont abolies.

TITRE II.

De l'organisation des commissaires des guerres.

« Art 1er. Les 390 commissaires recréés par l'article 1er du titre précédent, seront divisés en quatre classes, ainsi qu'il suit :

Savoir :

« 1° 20 commissaires ordonnateurs de première classe ;

« 2° 20 commissaires ordonnateurs de seconde classe ;

« 3° 150 commissaires ordinaires de première classe ;

« 4° 200 commissaires de l'intérieur de seconde classe.

« Art. 2. Ces quatre classes seront distinguées par les dénominations mentionnées dans l'article précédent, et plus particulièrement encore par la gradation de leur traitement ci-après fixé.

« Art. 3. Les commissaires des guerres conserveront leurs fonctions administratives militaires comme par le passé.

« Art. 4. Les trois premières classes seront particulièrement employées aux armées, et la quatrième dans l'intérieur pour sa première instruction; le ministre restant le maître néanmoins de faire, à cet égard, les exceptions qu'il jugera utiles au service.

TITRE III.

Du traitement des commissaires des guerres.

« Art. 1er. Les 20 commissaires ordonnateurs de la première classe auront dix mille livres d'appointement, ci.................... 10,000 liv.

« Plus il leur sera passé deux milles livres pour les frais de bureau, ci................. 2,000

« Art. 2. Les 20 commissaires ordonnateurs de la seconde classe, auront huit-mille cinq cents livres, ci 8,500

« Pour frais de bureau, quinze cents livres, ci.................... 1,500

« Art. 3. Les commissaires ordinaires de la première classe auront quatre mille livres, ci...... 4,000

« Pour frais de bureau, mille livres, ci............................ 1,000

« Art. 4. Les 100 commissaires ordinaires de la seconde classe auront trois mille livres, ci.......... 3,000

« Pour les frais de bureau, six cents livres, ci.................... 600

« Art. 5. Les 100 autres commissaires auront deux mille quatre cents livres, ci.................... 2,400

« Pour frais de bureau, six cents livres, ci........................ 600 liv.

« Art. 6. Au moyen des appointements ci-dessus fixés, aucun commissaire des guerres, de quelque classe qu'il soit, n'aura droit de prétendre, soit en paix, soit en guerre, à aucune indemnité quelconque pour son logement; il sera. dans tous les cas, obligé de le rendre en nature.

TITRE IV

Du mode d'avancement et de remplacement pour l'avenir.

« Art. 1er. Le commissaire de la quatrième classe ou, autrement dit, de l'intérieur, passera commissaire ordinaire, et successivement dans chacune des classes indiquées dans l'article cinquième du titre second.

« Art. 2. Un tiers des places sera donné à l'ancienneté, et les deux autres tiers au choix du ministre de la guerre.

« Art. 3. Le ministre de la guerre ne pourra prendre de sujets pour le remplacement, que parmi les trésoriers quartiers-maîtres des troupes de la République, ayant pendant la guerre deux ans d'exercice en cette qualité, à la paix, au moins trois ans, et toujours munis du certificat indiqué dans l'article 6 du titre premier, ainsi que parmi les commis employés depuis cinq ans dans les bureaux de la guerre, également pourvus du certificat indiqué dans l'article 7 du titre premier.

« Art. 4. Ce mode d'avancement et de remplacement n'aura lieu que trois mois après la publication de la présente loi.

« Art. 5. Les commisaires des guerres non employés dans cette nomination, auront leur retraite conformément à l'article 2 du titre 10 de la loi du 14 octobre 1791, qui continuera d'être applicable à l'avenir aux commissaires des guerres, à qui il sera dû une retraite.

TITRE V.

De l'uniforme du commissaire des guerres.

« La Convention nationale, voulant rapprocher le plus possible l'uniforme des commissaires des guerres de la simplicité de celui des troupes de la République, décrète qu'un mois après la publication de la présente loi, les commissaires seront tenus de porter l'uniforme ci-après, savoir :

« Habit bleu national, sans revers, doublé de même; boutonné sur l'estomac; parement écarlate et en botte, avec quatre boutons sur chaque parement, collet rouge rabattu ; habit, parement, collet retroussés et poches liserés en blanc ; poche en travers avec trois boutons sur chaque poche ; veste et culotte blanches ; boutons avec couronne civique, et au milieu, administration militaire.

« Les commissaires ordonnateurs porteront pour distinction, en guise d'épaulettes, quatre petites ganses en or, sans frange ; le commissaire ordinaire de la première classe, deux, et ceux de la seconde classe, une ; le chapeau sera distingué par les ganses, de la même manière. »

(La Convention, après quelques débats, adopte ce projet de décret dans les termes suivants (1) :

« La Convention nationale, après avoir entendu le rapport de son comité de la guerre, sur la nécessité de donner une nouvelle organisation aux commissaires des guerres des troupes de la République, décrète :

TITRE 1er.

Art. 1er.

De la suppression et de la recréation des commissaires des guerres.

« Tous les commissaires des guerres des troupes de la République, ainsi que les aides, sont supprimés.

Art. 2.

« Il sera aussitôt récréé 390 commissaires des guerres, qui seront pris ainsi qu'il suit, savoir :

« 1° Parmi les commissaires des guerres supprimés par l'article précédent, de quelque nomination qu'ils puissent être, et parmi les aides;

« 2° Parmi les quartiers-maîtres trésoriers, sergents-majors, maréchaux de logis des troupes de la République, de quelque armée que ce soit;

« 3° Parmi les officiers qui auront antécédemment rempli les places de trésorier quartier-maître, ou de sergent-major, ou de maréchaux de logis dans les troupes de la République; néanmoins aucun sujet ne pourra être admis s'il n'a vingt-cinq ans accomplis.

Art. 3.

« Chaque commissaire des guerres, nommé d'après les dispositions de l'article ci-dessus, sera tenu de faire parvenir au ministre de la guerre, un mois après sa nomination, un certificat qui atteste sa capacité pour son état, et son civisme reconnu.

(1) *Collection Baudouin,* tome 28, page 92 et P. V., tome 9, page 298.

Art. 4.

« Ce certificat devra être signé par le conseil général de la commune du lieu de sa résidence, visé et approuvé par le corps administratif supérieur dudit lieu, et d'une date postérieure à la publication de la présente loi.

Art. 5.

« A l'égard des commissaires des guerres qui, dans la présente nomination, auront été tirés des troupes de la République, conformément à l'article 2 du présent titre, chacun sera tenu de fournir, un mois après sa nomination, le même certificat, qui, dans ce cas seulement, ne devra être signé que des membres composant le conseil d'administration du corps d'où il sera sorti.

Art. 6.

« Le ministre de la guerre est seul chargé de nommer les 390 commissaires recréés par l'article premier du présent titre, et cette nomination ne sera regardée que comme provisoire, jusqu'à l'époque fixée pour les certificats exigés ci-dessus.

Art. 7.

« Le ministre de la guerre, un mois après la nomination faite des commissaires, en fera passer la liste à la Convention nationale, avec l'attestation que tous ceux qui y sont portés ont produit le certificat exigé par les articles précédents. Il est, en outre, chargé de la faire parvenir de suite à tous les corps administratifs et aux municipalités de la République.

Art. 8.

« Au moyen des dispositions ci-dessus, toutes dénominations d'aides et commissaires extraordinaires, qui leur étaient ci-devant affectées, sont abolies.

TITRE II.

De l'organisation des commissaires des guerres.

Art. 1er.

« Les 390 commissaires récréés par l'article 2 du titre précédent, seront divisés en quatre classes ainsi qu'il suit :

« 1° 20 commissaires ordonnateurs de première classe;

« 2° 20 commissaires ordonnateurs de seconde classe;

« 3° 150 commissaires ordinaires de la première classe;

« 4° 200 commissaires ordinaires de la deuxième classe.

Art. 2.

« Ces quatre classes seront distinguées par les dénominations mentionnées dans l'article précédent, et plus particulièrement encore par la gradation de leur traitement ci-après fixé.

Art. 3.

« Les commissaires des guerres conserveront leurs fonctions administratives militaires comme par le passé.

TITRE III.

Du traitement des commissaires des guerres.

Art. 1er.

« Les 20 commissaires ordonnateurs de la première classe auront 10,000 livre d'appointements.

« Plus, il sera passé 2,000 livres pour les frais de bureau.

Art. 2.

« Les 20 commissaires ordonnateurs de la seconde classe auront 8,500 livres.

« Pour frais de bureau, 1,500 livres.

Art. 3.

« Les 150 commissaires ordinaires de la première classe auront 4,000 livres.

« Pour frais de bureau 1,000 livres.

Art. 4.

« Les 100 commissaires ordinaires de la seconde classe auront 3,000 livres.

« Pour frais de bureau 600 livres.

Art. 5.

« Les 100 commissaires auront 2,400 livres.

« Pour frais de bureau 600 livres.

Art. 6.

« Au moyen des appointements ci-dessus fixés, aucun commissaire des guerres, de quelque classe qu'il soit, n'aura droit de prétendre, soit en paix, soit en guerre, à aucune indemnité quelconque pour son logement; il sera dans tous les cas, obligé de le prendre en nature.

TITRE IV.

Du mode d'avancement et de remplacement.

Art. 1er.

« Le commissaire de la quatrième classe passera commissaire ordinaire, et successivement dans chacune des classes indiquées par l'article premier du titre II.

Art. 2.

« Les deux tiers des places seront donnés à l'ancienneté de service de commissaire, et l'autre tiers au choix du ministre de la guerre.

Art. 3.

« Ce choix ne pourra être fait que conformément à l'article 2 du titre 1er de la présente loi.

Art. 4.

« Ce mode d'avancement et de remplacement n'aura lieu que trois mois après la publication de la présente loi.

Art. 5.

« Les commissaires des guerres non employés dans cette nomination, auront leur retraite conformément à l'article 2 du titre X de la loi du 14 octobre 1791, qui continuera d'être applicable à l'avenir aux commissaires des guerres à qui il sera dû une retraite.

TITRE V.

De l'uniforme des commissaires des guerres.

« La Convention nationale, voulant rapprocher le plus possible l'uniforme des commissaires des guerres de la simplicité de celui des troupes de la République, décrète qu'un mois après la publication de la présente loi, les commissaires seront tenus de porter l'uniforme ci-après, savoir :

« Habit bleu national, sans revers, doublé de même; boutonné sur l'estomac; parement écarlate et en botte, avec quatre boutons sur chaque parement; collet rouge rabattu; habit, parements, collet, retroussis et poches lisérés en blanc, poche en travers, avec trois boutons sur chaque poche; veste et culotte blanches; boutons jaunes, avec couronne civique, et au milieu : *administration militaire.*

« Les commissaires ordonnateurs porteront, pour distinction, en guise d'épaulettes, quatre petites gances en or, sans frange.

« Le commissaire ordinaire de la première classe, deux, et ceux de la seconde classe, une; le chapeau sera distingué par des gances de la même manière ».

Garran-Coulon, *secrétaire*, donne lecture *d'une lettre du général Chazot*, qui est ainsi conçue (1) :

Paris, 15 avril 1793, l'an II de la République française.

« Citoyen président,

« Je viens d'arriver en conséquence d'un ordre de me traduire à la barre de la Convention nationale. Les papiers publics m'en ont fait connaître les motifs. J'espère que ma justification sera prompte, si vous daignez m'indiquer l'heure où je pourrai complètement établir ma conduite. Ma douleur la plus profonde est de sentir l'action de toutes mes facultés suspendue sur les grands intérêts de la République : c'est mourir cent fois par jour que de ne pouvoir la servir, principalement dans les circonstances actuelles.

« *Le général de division,*

« *Signé :* CHAZOT. »

Un membre : (2) Je propose de décréter que les comités de sûreté générale et de la guerre nommeront chacun trois de leurs membres pour interroger le général Chazot, ainsi que les autres militaires qui pourraient être appelés à fournir de pareilles explications.

(La Convention nationale décrète que ses comités de sûreté générale et de la guerre

(1) *Archives nationales*, Carton Cu 251, chemise 423, pièce n° 4.

(2) P. V. tome 9, page 304.

nommeront chacun trois de leurs membres pour interroger le général Chazot, mandé à la barre, ainsi que les autres militaires qui y seront traduits ou appelés (1).

Lasource (2). L'ordre du jour appelle la discussion sur la pétition qui vous a été présentée hier au nom des 48 sections de Paris.

Delacroix. Je demande qu'on entende la lecture d'un manifeste que Barère a à vous lire au nom du comité de Salut public, et d'un projet de décret que j'ai à vous présenter au nom du même comité.

Buzot. Je ne m'oppose pas à ce que l'on prenne les mesures de salut public que les circonstances commandent. Mais il faut aussi que la Convention prenne enfin un parti sur la pétition d'hier.

Plusieurs membres : L'ordre du jour !

Buzot. Non pas, s'il vous plaît. La Convention ne doit pas être indifférente sur un objet de ce genre, surtout lorsque nous avons eu le dédommagement bien précieux sans doute pour des âmes honnêtes... (*Murmures.*) Oui, le dédommagement bien précieux de voir la majorité de cette Assemblée s'honorer d'une sorte d'association à nos principes. Ici ce n'est plus de quelques individus qu'il s'agit, mais de la Convention elle-même, attaquée dans sa majorité. Il est donc instant de prendre un parti, car autrement vous donneriez à vos décrets une teinte de défaveur, et vous perdriez bientôt la confiance dont vous avez besoin pour sauver la patrie. Je demande que cette séance soit consacrée à tout ce que l'on voudra, mais que demain à midi on engage la discussion sur la pétition d'hier.

Lasource demande que Barère et Delacroix soient entendus.

(La Convention adopte cette proposition.)

Delacroix (*Eure-et-Loir*), *au nom du comité de Salut public*, fait un *rapport* et présente un *projet de décret* (3), *pour la levée, dans les départements de la République, de 30,000 hommes de troupes à cheval, montés, équipés et armés ;* le projet de décret est ainsi conçu :

« La Convention nationale décrète :

Art. 1er.

« Il ne sera plus formé aucun nouveau corps à cheval ; et ceux dont la levée a été décrétée, et qui ne seront pas au complet au 1er juin prochain, sont dès à présent supprimés, et seront à cette époque incorporés dans les régiments de leurs armes.

Art. 2.

« Il sera levé dans les départements de la République 30,000 hommes de troupes à cheval, montés, équipés et armés ; ils seront employés à compléter et augmenter la cavalerie, les dragons, les hussards et les chasseurs à cheval.

Art. 3

« Chaque département fournira son contingent en hommes habillés et armés, et en chevaux équipés. Il prélèvera les frais de cette levée sur les impositions, et les états de dépense, duement arrêtés et vérifiés, seront reçus pour comptant au Trésor national.

Art. 4

« Le ministre de la guerre fixera, de concert avec les administrations de département, le lieu du dépôt, pour y recevoir les hommes et les chevaux. Le ministre enverra dans chaque dépôt des instructeurs et d'autres agents pour inspecter les hommes, les chevaux, l'armement, l'équipement, et les recevoir.

Art. 5.

« Les administrations de département rendront compte au ministre de la guerre, chaque semaine, des progrès de leur levée.

Art. 6.

« Les citoyens qui ont déjà servi dans les troupes à cheval, et qui voudront rentrer au service dans cette nouvelle levée, conserveront la pension de retraite qu'ils auraient pu déjà obtenir ; et le temps qu'ils serviront sera ajouté à celui de leurs anciens services, et sera compté pour leur pension comme s'il n'y avait point d'interruption.

Art. 7.

« Tout citoyen qui se présentera monté, armé et équipé, recevra le prix de son cheval, de son équipement et de son armement, qui lui seront laissés à la fin de la guerre ; et si, avant cette époque, il venait à perdre son cheval, il lui en sera fourni aux frais de la République.

Art. 8.

« Le comité de la guerre présentera, sous trois jours, le tableau de la répartition à faire dans chaque département. »
(La Convention adopte ce projet de décret.)

Barère, *au nom du comité de Salut public*, fait un *rapport* puis donne lecture d'un *projet de manifeste de la Convention nationale de France à tous les peuples et à tous les gouvernements;* il s'exprime ainsi (1) :

Citoyens, le comité de Salut public s'empresse de remplir un devoir qu'il se serait imposé lui-même, s'il ne l'avait trouvé dans le décret de son organisation ; il vient, en atten-

---

(1) *Collection Baudouin*, tome 28, page 95 et P. V., tome 9, page 304.
(2) *Moniteur universel*, 1er semestre de 1793, page 483, 3e colonne et le *Mercure universel*, tome 26, page 289, sont les seuls journaux qui mentionnent cette discussion.
(3) *Collection Baudouin*, tome 28, page 89 et P. V., tome 9, page 305.

(1) Le texte du rapport est emprunté au *Moniteur universel*, 1er semestre de 1793, page 483, 2e colonne. Les autres journaux, le *Logotachigraphe*, le *Journal des Débats*, le *Mercure* n'en donnent qu'un résumé succinct qui n'ajoute aucun détail à la relation très complète et parfaitement claire donnée par le *Moniteur*.

dant qu'il puisse vous faire, dans le cours de cette semaine, un rapport général de l'état de la République dans l'intérieur et dans l'extérieur, vous présenter un simple aperçu de ses premiers travaux.

Après avoir organisé ses bureaux, dans lesquels il y a déjà des détails et des pièces innombrables, qui ont rapport à la défense diplomatique et générale, le comité a jeté ses regards sur l'état politique, militaire, naval, colonial, administratif et de sûreté de la République; il s'est pénétré de la grandeur et des difficultés attachées à sa mision. Former un plan de défense de terre et de mer; scruter, dans les circonstances actuelles, les opinions politiques, et la conduite militaire des chefs militaires; revoir la composition des différents états-majors; veiller à la défense des côtes; augmenter la cavalerie nationale, ranimer les travaux dans les ports, et seconder l'empressement des braves marins; comprimer les trames, faire rechercher et fabriquer des armes pour les nombreux défenseurs de la liberté; suivre la marche nouvelle des armées; veiller à leur approvisionnement en tout genre; presser l'action de l'administration publique; surveiller et aider l'action du conseil exécutif provisoire; éteindre, par des mesures fortes et promptes, les torches de la guerre civile; voilà les objets principaux dont il s'est occupé d'abord. La guerre civile! A ce mot les despotes européens sourient d'espérance; ils y voient le charbon politique qui peut porter des coups terribles à la République: c'est aux divisions intestines que se rattachent toutes les combinaisons de nos ennemis; leurs plus forts auxiliaires sont les espérances coupables de soulèvements produits dans quelques départements maritimes. C'est sur les bords de la Loire qu'ils ont placé une partie de leurs abominables complots.

Mais c'est dans vos mains que sont tous les moyens de comprimer cette exécrable conspiration contre la paix de l'intérieur, ce moyen vous appartient; il est dans la cessation de nos divisions, dans l'amnistie des passions et des vengeances personnelles, dans le travail de la Constitution, de l'éducation publique, des finances et de la défense générale.

Vous avez, par un décret rendu à l'unanimité, posé vous-mêmes, il y a trois jours, les bases solides de la paix de l'Europe. Vous avez déclaré, avec toute l'énergie de la raison républicaine, que vous ne souffririez jamais qu'aucun gouvernement influençât le vôtre, et se mêlât de la Constitution que vous vouliez donner à la France; et en même temps vous avez déclaré que vous ne vous mêleriez point de la forme des autres gouvernements; en punissant de mort celui qui proposerait toute négociation qui n'aurait pas pour préliminaire la reconnaissance de la souveraineté du peuple et de la République française une et indivisible. Si l'Europe diplomatique, fatiguée de ses ruineuses dépenses, et épuisée par la coupable guerre qu'elle a eu l'imprudence de faire aux Français, veut être sage, elle verra que l'empire de la raison est l'apanage des hommes libres, et que la guerre ne fait que l'étendre.

Voyez l'esprit qui a dicté les communications si étranges de Cobourg. Il prétend que la *France soit tranquille, et que l'Europe ne soit point bouleversée.* Qui l'a bouleversée

donc, si ce n'est la coalition impie des tyrans? Qui a donc donné l'idée de propager les principes destructeurs du despotisme, si ce ne sont ses propres excès? Les rois craignent avec raison ce débordement de liberté, qui ira submerger leurs trônes, s'ils cessent d'être prudents, et s'ils veulent détruire son cours dans les terres de la République française...

Dans ce moment votre comité vient vous engager à vous occuper du sort de vos collègues que la trahison a livrés à la tyrannie autrichienne. Nos commissaires souffrent pour la liberté; mais nous ne pouvons dissimuler que cet acte infâme est la violation du droit que toutes les nations civilisées ont respecté dans tous les siècles.

Distinguons le droit de la guerre, tout affreux qu'il est, distinguons-le de ces violences de sauvages qui ne sont d'aucun code et d'aucun siècle; faisons entendre à tous les peuples le cri de la Convention nationale: que la France dénonce même aux rois une violation qui menace aussi leurs têtes, et que les gouvernements apprennent enfin qu'il est une justice que le despotisme le plus atroce doit respecter sur la terre.

Nous venons stipuler ici, non pour nos commissaires seuls et pour la France, mais pour le genre humain. Je vais soumettre à la Convention un manifeste que le comité avait engagé Condorcet à faire. Vous avez souvent applaudi à la philosophie et aux lumières de ce député; le comité a adopté cet ouvrage avec quelques additions qu'il y a faites. Ce langage est digne d'hommes libres et d'une grande nation.

Manifeste de la Convention nationale de France à tous les peuples et à tous les gouvernements (1).

« Ce n'est pas seulement aux peuples qui prononcent le nom de liberté; ce n'est pas seulement aux hommes dont le fanatisme a point égaré la raison, et dont l'âme n'est point abrutie par la servitude, que la nation française dénonce l'atroce violation du droit des gens, dont les généraux autrichiens viennent de se rendre coupables: c'est à tous les peuples, c'est à tous les hommes.

« Un français parjure, abusant contre la Convention nationale d'une autorité qu'il n'avait pu recevoir que d'elle, a fait arrêter quatre de ses membres. Ce n'est point un citoyen qui méconnaît dans un ennemi privé, dans un homme d'un parti contraire, le caractère auguste de représentant du peuple; c'est un général qui exerce une violence contre ce caractère même qu'il était obligé de défendre.

« Trop sûr que la présence des représentants du peuple français rendrait bientôt l'armée tout entière à la République, Dumouriez a porté sa lâche perfidie jusqu'à les livrer aux ennemis; il a osé en faire le prix d'une honteuse protection; il les a vendus dans l'espérance qu'on le laisserait jouir en paix de l'or acquis par ses forfaits, et les généraux autrichiens n'ont pas rougi de se rendre ses complices, de participer à son opprobre comme à son crime.

(1) *Collection Baudouin*, tome 28, page 99 et P. V., tome 9, page 306.

« Jamais chez les peuples civilisés, le droit de la guerre n'a autorisé à retenir comme prisonniers, et bien moins encore comme ôtages, ceux qu'une basse trahison a livrés. Ce n'est point sur le territoire autrichien, c'est sur une terre française qu'ils ont été arrêtés. Ce n'est pas là la force ou la ruse militaire ; c'est le crime seul qui les a mis entre les mains de Cobourg: se croire en droit de les retenir, c'est vouloir légitimer la conduite de ceux qui les ont livrés ; c'est dire que les généraux ont le droit de vendre aux ennemis de leur pays ses ministres, ses magistrats, ses représentants.

« Diront-ils qu'ils ne reconnaissent pas la République ; qu'ils nient donc l'existence de la nation française ; qu'ils nient donc l'existence du territoire sur lequel 25 millions d'hommes ont proclamé la liberté républicaine. Ils ne la reconnaissent pas, et ils ont reconnu Dumouriez. La trêve convenue avec lui n'a-t-elle pas été présentée à l'armée comme accordée aux troupes de la République ? L'armée l'aurait-elle acceptée, si elle n'avait été trompée, si elle avait pu la regarder comme le prix d'une trahison qu'elle décrète ? Et quand ils rompent cette trêve au moment où les trames de Dumouriez sont découvertes, n'est-ce pas avouer qu'ils ont voulu tromper et l'armée et la France ; n'est-ce pas annoncer qu'ils ne veulent traiter qu'avec des conspirateurs et des traîtres ?

« Hommes libres de tous les pays, élevez-vous contre la conduite lâche et perfide des généraux de l'Autriche, ou bientôt vous n'aurez plus d'autres lois que celles des sauvages. Que deviendront vos droits, s'il suffit, pour vous en arracher les plus zélés défenseurs, d'un traître qui veuille les vendre, et d'un despote qui ose les acheter ?

« Rois, songez qu'un conspirateur peut aussi vous livrer à des ennemis, et que l'exemple donné par Cobourg peut un jour retomber sur vos têtes. Plus le pouvoir que les peuples vous abandonnent est grand, illimité, plus votre sûreté exige que les liens qui unissent les hommes ou les peuples soient religieusement respectés : et vos agents, vos hérauts d'armes, ne les mettrez-vous pas en sûreté jusques dans les camps de vos ennemis, par la seule impression du caractère dont ils sont revêtus ? Vos négociations, vos guerres (ces guerres que du fond de vos palais vous ne dirigez trop souvent que pour le seul orgueil de la victoire) ne les faites-vous pas à la faveur du droit des gens ? Prenez garde, l'attentat commis sur les représentants connus d'une grande nation, outrage la première des lois, efface la tradition du respect que les peuples civilisés étaient convenus de lui porter, et ne laisse plus apercevoir que ce droit terrible réservé jusqu'alors aux hordes barbares, le droit de poursuivre ses ennemis comme on poursuit les bêtes féroces.

« Le voile qui cachait si faiblement les intentions des ennemis de la France est déchiré.

« Brunswick nous déclarait en leur nom qu'il venait détruire une Constitution où le pouvoir royal était avili : aujourd'hui ils viennent rétablir cette Constitution, parce que du moins le nom de roi y était conservé.

« Peuples, entendez-vous ce langage ? ce n'est pas pour vos intérêts que coule votre sang et le nôtre : c'est pour l'orgueil et la tyrannie des rois; c'est à l'indépendance des nations et non à la France qu'ils ont déclaré la guerre.

« Peuples qui vous croyez républicains, ils ne veulent pas souffrir qu'une grande nation n'ait pas un roi : ils savent que l'existence de la République française serait un obstacle éternel au projet qu'ils ont formé de vous donner aussi des maîtres.

« Peuples qui vivez sous des rois, ils ne veulent pas qu'une nation puissante donne à l'Europe l'exemple d'une Constitution libre, fondée sur les droits sacrés de l'homme; ils craignent que le spectacle de cette liberté ne vous apprenne à connaître, à chérir vos droits : il serait perdu pour eux l'espoir coupable de vous retenir dans ce sommeil dont ils profitent pour saper les fondements de la liberté qui vous reste, pour forger ces chaînes auxquelles, dans le délire de leur orgueil, ils ont osé condamner l'espèce humaine.

« Peuples de tous les gouvernements, c'est sous la sauvegarde de votre générosité et des droits les plus sacrés, que la nation française met ses représentants que la trahison a livrés à la tyrannie. Vous êtes plus intéressés que nous à ce qu'ils soient bientôt libres; vous partageriez la honte d'un crime que vous auriez souffert, et votre faiblesse donnerait aux tyrans la mesure de ce qu'ils peuvent contre vous. (*Double salve d'applaudissements.*)

(La Convention nationale décrète à l'unanimité l'impression de son manifeste, la traduction dans toutes les langues, et charge le Conseil exécutif provisoire de le faire parvenir sans délai à tous les gouvernements). (1).

Barère (2). Après avoir acquitté un devoir au nom du comité, permettez-moi de réclamer l'intérêt de la Convention en faveur du citoyen Lecointre, canonnier, fils d'un de nos collègues, et qui, par la même trahison, a été livré à l'Autrichien et traduit à Bruxelles. (*Mouvement d'indignation.*) La politique et le droit des gens ont parlé dans votre manifeste, écoutez maintenant la nature : Lecointre vous demande la parole pour vous exposer ses malheurs; il doit espérer qu'en vous occupant du

---

(1) *Le Mercure universel*, tome XXVI, page 270, porte à cette place la relation suivante :

« Barère fait lecture de ce manifeste dont l'Assemblée décrète l'impression dans les idiomes et charge le Conseil exécutif de le faire parvenir à toutes les puissances.

« Sur ce qu'il était dit dans la rédaction, que Dumouriez avait fait injure à la Convention, l'on observa qu'il a dit aux commissaires du Conseil exécutif que c'était à toute la Convention qu'il en voulait, que c'est par perfidie qu'il a feint de vouloir protéger une partie de la Convention.

« C'est une injure faite à la représentation nationale, s'écrie Grangeneuve, car Dumouriez voulait un roi, et personne ici ne veut de roi, à moins que ce ne soit les anarchistes qui eussent pu y entraîner la nation.

« Camille Desmoulins trouve étonnant que l'on s'occupe des quatre commissaires, tandis que l'on ne parle point de venger le 4e bataillon des Vosges, qui ayant mis bas les armes, étant trop faible en nombre, fut indignement massacré malgré le droit de la guerre. »

N'ayant pu identifier cette version par les autres journaux qui n'en font aucune mention, et n'établir de façon sûre l'endroit exact où ces incidents se sont manifestés, nous nous bornons simplement à les indiquer en note.

(2) *Moniteur universel*, 1er semestre de 1793, page 484, 1re colonne.

sort des commissaires de la Convention, vous stipulerez aussi pour le fils d'un représentant du peuple, pour qui la liberté n'a été lâchement violée que parce qu'il tenait, par les liens du sang, à un député à la Convention.

Laurent Lecointre (1). Citoyens, une lettre que je viens de recevoir du général Ferrand, commandant à Valenciennes, accompagnée d'une autre du lieutenant-colonel commandant le 1er bataillon de Seine-et-Oise, ne me confirment que trop un fait dont j'avais différé jusqu'à ce moment de vous donner connaissance, mais que je ne puis plus, sous aucun rapport, vous laisser ignorer aujourd'hui.

Le 2 avril présent mois, le traître Dumouriez envoya, du quartier-général de Saint-Amand au camp de Bruilles, une ordonnance à mon fils, capitaine des canonniers du 1er bataillon de Seine-et-Oise, pour lui remettre un billet qui contenait invitation de se transporter chez le général, afin d'y prendre communication d'une lettre qu'il supposait avoir reçue de son père : mon fils était alors absent du bataillon; le billet lui fut remis le soir; et le lendemain ce jeune homme, sans soupçon sur un général dont la perfidie n'était pas encore connue de l'armée, et qui jouissait encore de l'effet du prisme séducteur qu'il avait su placer entre ses soldats et lui, ce jeune homme, crédule et confiant, obéit à l'impulsion de la nature, et s'empresse de se rendre à l'invitation au quartier-général, en laissant au camp ses effets, ses chevaux et le citoyen attaché à son service, et n'emportant avec soi que la redingote et le manteau qu'il avait déjà sur lui. Depuis ce temps son bataillon ne l'a pas revu; et deux grenadiers du même corps, qui avaient été faits prisonniers et qui sont revenus par échange, ont assuré l'avoir vu conduire sur la route de Bruxelles avec une garde autrichienne.

Ainsi donc, citoyens, le plus infâme des hommes, abusant du sentiment le plus sacré, l'amour filial, entraîne un jeune homme dans un piège horrible, et le livre à l'ennemi, au mépris de tous les droits.

Que dis-je? mon fils avait des droits à la perfidie de Dumouriez, il était républicain : il venait d'avoir une rixe avec des chasseurs du 3e régiment, qui disaient hautement qu'il fallait un roi, et qui débitaient des horreurs contre la Convention nationale; et à la suite de cette rixe, où il faillit d'être victime d'une odieuse brutalité, il avait dénoncé tout récemment ces lâches et effrénés royalistes; d'ailleurs, nourri des principes de la liberté, il avait toujours eu le caractère inflexible et pur qui appartient au véritable républicain.

Cessez donc d'être surpris de cet acte de trahison, citoyens mes collègues, il était dans l'ordre des perfidies de Dumouriez, qui a débuté par le premier des attentats :

Mais abandonnerez-vous à lui-même un père qui, loin de donner des larmes à son fils, s'il eût péri en combattant pour la patrie, aurait jeté des fleurs sur ses cendres, et joint sur sa tombe une couronne paternelle à la palme civique; mais qui pleure ce même fils languis-

sant dans les fers, victime de la perfidie? On l'a vu conduire par une garde autrichienne sur la route de Bruxelles, mais je ne sais où il est actuellement; je ne puis lui faire passer des secours : je me le représente dans le dénuement, dirai-je dans le besoin et les souffrances?

Je le demande, mes collègues, je le réclame au nom du droit des gens violé, au nom de la paternité, ou plutôt je soumets à votre sagesse si en prenant des renseignements sur l'état de vos commissaires (dont la destinée absorberait encore toute ma sensibilité, si mon fils n'avait pas été ravi comme eux) : je vous prie d'examiner, dis-je, si vous ne pourriez pas prendre des informations adjonctives ou modifiées, comme vous le jugeriez convenable sur le sort de ce citoyen qui ne peut être considéré comme prisonnier de guerre, mais comme victime de la même trahison qui a porté offense à la République.

Qu'il s'est trompé, citoyens, l'infâme et lâche Dumouriez, s'il a pensé qu'en m'enlevant un fils unique, il pourrait paralyser mon dévouement, et relâcher d'un seul degré les nœuds qui me tiennent attaché à la République! Oui, si le ciel qui me donna un fils républicain comme moi, m'exposant à l'épreuve de ce Romain fameux qui eut à condamner ses propres enfants, me réserve au sort que l'on attribue au dernier des Gracques, comme Caïus-Gracchus je pleurerai mon fils, et comme lui je ne mettrai pas dans la balance mon fils et la liberté. (*Applaudissements.*)

Sergent (1). Je propose de renvoyer au comité de Salut public la dénonciation de Lecointre et de le charger de prendre toutes les mesures nécessaires pour faire rendre à ce bon citoyen sa liberté. Je demande, en outre, l'insertion de ce fait dans le *Bulletin*, afin d'exciter l'indignation des armées et de tous les peuples.

(La Convention adopte ces différentes propositions.)

Suit le texte définitif du décret rendu (2) :

« La Convention nationale, après avoir entendu le citoyen Laurent Lecointre, l'un de ses membres, qui lui a dénoncé que le traître Dumouriez a, par une indigne trahison, livré son fils aux Autrichiens, décrète l'insertion au *Bulletin* du discours de Lecointre, renvoie sa dénonciation au comité de Salut public, et charge son comité de prendre toutes les mesures nécessaires pour faire rendre à ce bon citoyen sa liberté. »

Perrin (*Vosges*) (3). Je demande qu'il soit pourvu aux besoins des malheureuses femmes des volontaires du département des Vosges, dont deux bataillons ont été massacrés.

La Convention rend le décret suivant (4) :

« La Convention nationale décrète que le

(1) *Bibliothèque de la Chambre des députés*, *Collection Portiez (de l'Oise)*, tome XXII, n° 12.

(1) *Journal des Débats et des décrets*, n° 212, page 285.
(2) *Collection Baudouin*, tome XXVIII, page 102 et P. V., tome IX, page 309.
(3) *Moniteur universel*, 1er semestre de 1793, page 484, 3e colonne.
(4) *Collection Baudouin*, tome XXVIII, page 102 et P. V. tome IX, page 309.

Conseil exécutif provisoire est spécialement chargé de procurer aux femmes et aux enfants des citoyens d'un bataillon du département des Vosges, massacré à Francfort, les secours que la loi leur assure ; il est tenu de rendre compte de ce qu'il aura fait à cet égard. »

Guillemardet (1). Le 3 de ce mois, Dumouriez parcourut l'armée et harangua les bataillons ; la plupart des soldats applaudirent. Cependant, sept volontaires, indignés de la perfidie du général, se retirèrent dans un village ; là, ils prirent la ferme résolution d'exterminer le traître ; et ayant tracé sur leurs chapeaux les mots : *la République* ou *la mort*, ils retournèrent au camp, s'avancèrent vers la tente de Dumouriez, et s'y introduisirent. Leblond, l'un d'entre eux, tira son sabre ; et, après avoir reproché au général sa perfidie, il allait l'en frapper, lorsqu'il fut arrêté par les satellites qui entouraient le traître.

Ces sept républicains furent conduits en prison, au milieu d'une foule de soldats, l'un d'eux s'est échappé ; mais il ne sait ce que sont devenus ses camarades. Je demande que la Convention décrète que l'action de ces braves Français sera mentionnée honorablement, et que le ministre de la guerre prendra des informations sur le sort des six militaires qui sont détenus par Dumouriez.

Voici d'ailleurs la lettre que j'aie reçue à cet égard et qui relate le fait (2) :

« Citoyen représentant,

Six de mes camarades, les nommés Leblond, sergent des grenadiers ; Montigny, sergent ; Luquet, Dubois, volontaires, David, lieutenant de la 8e compagnie et Bonefont, volontaire ; ainsi que moi, tous de la ville d'Autun et du 2e bataillon du département de Saône-et-Loire, indignés de l'infâme trahison de Dumouriez, nous nous sommes rendus au quartier général de Saint-Amand, pour lui notifier que nous ne voulions plus servir sous ses ordres qui sont ceux d'un parjure et d'un dictateur. Ce scélérat, environné de ses satellites nous a fait saisir et traîner dans des cachots. L'un de nous, indigné de cette conduite, a dirigé un coup de sabre sur le traître et aurait vengé la République si les lâches qui l'entouraient n'avaient détourné le coup en saisissant le bras qui le portait. Mes six camarades ont été chargés de fers, et moi, le septième, qui ai eu le bonheur de leur échapper, je m'empresse de vous donner ces détails.

« *Signé* : (Illisible),
« *sergent des grenadiers.* »

(La Convention nationale décrète la mention honorable du dévouement de ces braves gens et l'insertion au *Bulletin ;* elle charge en outre le ministre de la guerre de prendre des informations sur leur sort.)

Cambon, *au nom du comité de Salut public*, fait un *rapport* et présente un *projet de décret relatif à l'arrestation de Bourbon-Montpensier ;* il s'exprime ainsi (1) :

Citoyens le comité de Salut public instruit de l'arrestation de Bourbon Orléans, dit Egalité cadet, par ordre de Biron, m'a chargé de vous en faire part, d'autant plus que le ministre doutait si Egalité fils devait être conduit à Marseille, en vertu du décret qui ordonne que la famille des Bourbons sera transférée dans cette ville, ou s'il doit être traduit à la barre. Voici les mesures que le comité a cru devoir vous proposer.

La Convention nationale, après avoir entendu le rapport de son comité de Salut public, décrète :

« Art. 1er. Bourbon-Montpensier, dit cadet, sera transféré à Marseille, et il y sera détenu, ainsi que les autres individus de la famille des Bourbons, en exécution du décret du 8 de ce mois.

« Art. 2. Le président du tribunal criminel du département des Bouches-du-Rhône, ou les juges par lui délégués, interrogeront les individus de la famille des Bourbons détenus à Marseille sur tous les faits relatifs à la conspiration ourdie contre la liberté française, et il sera renvoyé au comité de Salut public une expédition de ces interrogatoires.

« Art. 3. Lesdits individus de la famille des Bourbons ne pourront communiquer entre eux qu'après avoir été interrogés. »

Cambon, *rapporteur*, poursuit. Je demande, en mon nom, que la trame de Egalité soit suivie et que le procès soit instruit par devant le tribunal de Marseille.

(La Convention adopte le projet de décret présenté par Cambon.)

Boyer-Fonfrède. Je demande qu'on attende les renseignements que quatre commissaires ont été chargés de recueillir dans la ci-devant Bretagne.

Masuyer. Je demande aussi que ces commissaires se transportent à Orléans, pour prendre des informations sur un voyage que Louis-Philippe-Joseph d'Orléans a fait, il y a deux mois, dans cette ville, où il a travaillé à sa manière.

(La Convention adopte ces deux propositions.)

Bailleul. Je demande que les biens d'Orléans soient séquestrés.

Mathieu. D'Orléans a été autorisé à faire des emprunts considérables ; ces emprunts sont pour ainsi dire devenus nationaux. Je demande que l'on ne prononce rien sur le séquestre des biens qui sont la garantie des créanciers du citoyen Egalité.

Gensonné. C'est précisément par les mêmes motifs que Mathieu, que je demande le sé-

---

(1) *Moniteur universel*, 1er semestre de 1793, page 485, 2e colonne.
(2) *Archives nationales*, Carton C II 251, chemise 423, pièce n° 7.

(1) Le rapport de Cambon et la discussion qui suit le projet de décret présenté par lui, au nom du comité de Salut public, au sujet de Bourbon-Montpensier, sont empruntés au *Moniteur universel*, 1er semestre de 1793, page 484, 1re colonne. Les autres journaux se bornent à signaler le décret.

questre des biens d'Egalité : c'est parce que les emprunts qu'il a contractés sont devenus nationaux, que la nation doit surveiller l'administration de ces biens, dont il est important qu'on ne fasse pas un mauvais usage.

(La Convention décrète le séquestre, sans préjudice des droits des créanciers.)

Suit le texte définitif du décret rendu (1) :

« La Convention nationale, après avoir entendu le rapport le son comité de Salut public, décrète :

Art. 1er.

« Bourbon-Montpensier, dit Egalité, sera transféré à Marseille, et il y sera détenu, ainsi que les autres individus de la famille des Bourbons, en exécution du décret du 8 de ce mois.

Art. 2.

« Le président du tribunal criminel du département des Bouches-du-Rhône, ou les juges par lui délégués, interrogeront les individus de la famille des Bourbons détenus à Marseille sur tous les faits relatifs à la conspiration ourdie contre la liberté française, et il sera envoyé au comité de Salut public une expédition de ces interrogatoires.

Art. 3

« Lesdits individus de la famille des Bourbons ne pourront communiquer entre eux qu'après avoir été interrogés, et lorsque la Convention aura statué sur le rapport qui lui sera fait par les commissaires qui ont été nommés pour se transporter dans le département de l'Orne.

Art. 4.

« Ces commissaires se transporteront dans le département du Loiret, et particulièrement dans la ville d'Orléans, pour y continuer leurs informations.

Art. 5.

« Les biens de la famille des Bourbons-Orléans seront provisoirement mis en séquestre, sans préjudice des créanciers légitimes. »

Cambon, *au nom du comité des finances*, fait un *rapport* et présente un *projet de décret tendant à accorder au Conseil exécutif une somme de 6 millions de livres pour dépenses secrètes* ; il s'exprime ainsi (2) :

Citoyens, vous avez ajourné la question de savoir s'il serait mis des fonds à la disposition du ministre des affaires étrangères. Votre comité de Salut public a cru cette mesure indispensable, si nous voulons connaître ce que nos ennemis trament contre nous. Le ministre des affaires étrangères, dans une lettre, vous a fait connaître que les 6 millions accordés sous le ministère de Dumouriez étaient épuisés.

Votre comité vous propose de mettre 6 nouveaux millions à la disposition du ministre des affaires étrangères ; voici le projet du décret :

« La Convention nationale, après avoir entendu le rapport de son comité des finances décrète :

« Art. 1er. La trésorerie nationale tiendra à la disposition du Conseil exécutif jusqu'à la concurrence de la somme de 6 millions de livres, laquelle sera employée aux dépenses secrètes.

« Art. 2. Les dépenses secrètes seront délibérées par le Conseil exécutif, et l'ordonnance, pour le paiement, sera signée par le Président du Conseil exécutif et contresignée par le ministre du département auquel elles auront été affectées. Cette ordonnance fera seulement mention de l'arrêté qui aura approuvé lesdites dépenses.

« Art. 3. Les ministres qui auront des fonds pour dépenses secrètes à leur disposition, en rendront compte au Conseil exécutif, qui le vérifiera et l'arrêtera par une délibération qui fera mention de l'arrêté dudit compte et du montant de la somme dépensée. »

La Convention adopte le projet de décret présenté par Cambon.)

Un membre (1) propose, comme article additionnel, de décréter que le Conseil exécutif tiendra un compte des dépenses secrètes sur un registre qui restera secret et qui sera représenté à la Convention, pour être vérifié par le comité des finances, toutes les fois que le Conseil exécutif en sera requis.

(La Convention adopte cette proposition.)

Suit le texte définitif du décret rendu (2) :

« La Convention nationale, après avoir entendu le rapport de son comité des finances, décrète :

Art. 1er.

« La Trésorerie nationale tiendra à la disposition du Conseil exécutif jusqu'à la concurrence de la somme de 6 millions de livres, laquelle sera employée aux dépenses secrètes.

Art. 2.

« Les dépenses secrètes seront délibérées par le Conseil exécutif, et l'ordonnance, pour leur paiement, sera signée par le président du Conseil exécutif, et contresignée par le ministre du département auquel elles auront été affectées. Cette ordonnance fera seulement mention de l'arrêté qui aura approuvé lesdites dépenses.

Art. 3.

« Les ministres qui auront des fonds pour dépenses secrètes à leur disposition, en rendront compte au Conseil exécutif, qui le véri-

(1) *Collection Baudouin*, tome XXVIII, page 90 et P. V., tome IX, page 310.

(2) *Moniteur universel*, 1er semestre de 1793, page 483, 1re colonne.

(1) P. V., tome IX, page, 311.

(2) *Collection Baudouin*, tome XXVIII, page 102 et P. V., tome IX, page 311.

fiera et l'arrêtera par une délibération qui fera mention de l'arrêté dudit compte, et du montant de la somme dépensée.

Art. 4.

« Le Conseil exécutif tiendra un compte des dépenses secrètes sur un registre qui restera secret, et qui sera représenté à la Convention, pour être vérifié par le comité des finances, toutes les fois que le Conseil exécutif en sera requis. »

Le Président. L'ordre du jour appelle la suite de la discussion sur la pétition des 48 sections de Paris. La parole est à Lasource.

Lasource monte à la tribune pour répondre à la pétition dans laquelle il a été dénoncé.

Plusieurs membres réclament l'ordre du jour.

Lasource. Si vous ne voulez pas m'entendre, il fallait, dès le début, passer à l'ordre du jour sur la pétition.

Les mêmes membres: Nous le voulions, pourquoi ne l'avez-vous pas fait?

Le Président. Lasource a la parole.

Lasource. Citoyens, c'est un sentiment de reconnaissance que vos membres dénoncés doivent à leurs dénonciateurs; c'est ce sentiment que je leur vote pour la modération dont ils usent (1).

Je les remercie d'avoir préféré la voix de la calomnie au son du tocsin; je les remercie d'avoir changé la conjuration du 10 mars, ourdie contre notre existence, en un système de diffamation contre notre honneur. Mais ce tribut de reconnaissance, que je leur paie, serait bien mieux mérité, si tout le monde ne savait qu'on n'a recours à des libelles que quand on n'a pas pu exciter des séditions. Quoiqu'il en soit, l'adresse dont je viens appuyer les conclusions a quelque chose qui doit néanmoins étonner.

D'abord contre qui fait-on cette adresse? On vous a dit que c'était contre les hommes d'Etat. Eh bien! sommes-nous des hommes d'Etat, nous qu'on a dénoncés? Huit d'entre nous n'ont-ils pas voté la mort du tyran? Ne l'ai-je pas votée moi-même? Ne suis-je pas venu de 150 lieues, où j'étais commissaire, ratifier mon vœu à cette tribune? Les lâches qui me dénoncent, en eussent-ils fait autant, si chargés, comme je l'étais, d'une mission par la Convention nationale, ils avaient pu rester cachés au fond d'un département et s'empêcher de prononcer?

Contre qui porte cette adresse, et comment la vote-t-on? D'abord, il n'y a aucun fait articulé; il n'y a que quelques suspicions présentées, particularisées contre quatre membres seulement. Est-ce sur les suspicions contre quatre membres qu'on doit venir demander leur expulsion? Mais il y a plus: Ce n'est que contre quatre membres qu'on articule quelque

chose et on demande l'expulsion de vingt-deux? Qu'a-t-on à arguer contre les dix-huit restants? Rien, sans doute, et c'est pourquoi l'on s'est borné, à mon avis, de donner, au bas de l'adresse, une liste des premiers hommes qu'on a eus sous la main, et de dire: « Nous demandons que ceux-là soient expulsés, nous demandons... »

Ici, citoyens, je me rappelle un ambitieux qui opprima Rome: il faisait lui-même les sénatus-consultes et les souscrivait du nom des premiers sénateurs qui lui venaient dans l'esprit. J'ignore ce qui fait mouvoir les pétitionnaires, mais n'y a-t-il pas peut-être sous cette intrigue quelque scélérat ambitieux qui, craignant les hommes dont l'énergie est connue, voue leurs têtes à sa vengeance et forme despotiquement de leurs noms une liste de proscription?

Par qui donc été provoquée cette pétition?... Ici, je l'avoue, citoyens, mon âme se partage entre la douleur et la confusion; ce sont nos propres collègues qui l'ont provoquée, et Robespierre a été l'un des rédacteurs nommés par la société des Jacobins.

Maximilien Robespierre. Ce n'est pas vrai; c'est une imposture!

Lasource. Si ce n'est pas vrai, ce sont donc les journaux de la société qui inventent... (*Murmures prolongés sur la Montagne*), et dans ce cas c'est à eux qu'il faut s'en prendre de nous avoir trompés. Mais il est si vrai hélas, que les membres mêmes de la Convention l'ont provoquée... (*Nouveaux murmures.*)

Un membre: Je demande à le prouver, Président.

Lasource. C'est inutile, l'affirmation s'impose d'elle-même et il n'est douteux pour personne que ce n'est pas seulement le déshonneur et l'infamie de leurs collègues qu'ils désirent; ils ne cherchent là le déshonorer que pour les conduire plus sûrement à la mort.

Quoi! ils n'ont pas provoqué cette adresse! Mais n'avons-nous pas vu que les membres de la Convention qui siège-là (*Il désigne l'extrême-gauche*) ont applaudi cette adresse, ont manifesté leur adhésion, ont témoigné leur enthousiasme de ce qu'on venait déshonorer et proscrire ceux qu'ils redoutent, quoiqu'ils en disent. (*Murmures prolongés.*)

Delleville. Souvenez-vous que vous êtes des hommes d'Etat.

Albitte *l'aîné.* Nous avons si peu applaudi à l'adresse que nous l'avons regardée comme un piège que nous tendent les appelants.

Lasource. Comment, vous l'envisagez comme un piège! (*Interruptions sur la Montagne.*) C'est encore un effort de logique bien extraordinaire que celui qui porte quelques-uns des nos collègues à dire: C'est un piège tendu peut-être par les appelants.

Comment! vous avez cru que c'était un piège! Où étiez-vous donc quand on la proposait? N'étiez-vous pas aux Jacobins? Avez-vous parlé? Vous êtes-vous élevés contre cette adresse? Vous y êtes-vous opposés hier pendant que vous faisiez avec les tribunes un *chorus* d'applaudissements?

Citoyens, j'ai dit ce que je trouvais d'étonnant dans la pétition. Ce qui m'étonne plus

---

(1) Nous donnons du discours de Lasource, une coordination que nous avons faite à l'aide du *Moniteur*, du *Journal des Débats* et du *Logotachigraphe*. (Voy. ci-après aux annexes de la séance, page 240, le texte donné par ces différents journaux.)

encore, c'est qu'on paraît vouloir demander que l'Assemblée décrète l'improbation ; car, hier j'étais ici, à côté de la tribune à attendre la parole, lorsqu'un membre de la Montagne vint me dire qu'il fallait improuver l'adresse et qu'il était dangereux d'y donner des suites. L'improbation ! Comment, vous qui faites constamment retentir et la tribune de la Convention nationale et cette partie de la salle, de la souveraineté du peuple, et du droit sacré de pétition, vous voulez improuver l'adresse ?

Un membre : Non.

Lasource. Ah! (*On rit.*) Je réclame aussi le droit de pétition et je le réclame auprès de ceux-là mêmes qui voudraient l'improbation : car de deux choses l'une : ou les pétitionnaires ont parlé dans votre sens et les hommes qu'ils ont dénoncés sont coupables, ou bien ils n'ont point parlé dans votre sens, et les hommes dénoncés ne sont point coupables. Si les hommes qu'ils ont dénoncés sont coupables et que les pétitionnaires aient parlé dans votre sens, pourquoi voulez-vous improuver l'adresse ? Si, au contraire, les hommes qui sont dénoncés ne sont pas coupables, pourquoi voulez-vous les empêcher de se justifier, non pas par une improbation qui n'empêcherait pas la propagation de la calomnie, mais par un jugement national, seule mesure que vous puissiez prendre, seul moyen par lequel vous pouvez en imposer aux calomniateurs et à ceux qui les font mouvoir ? Car ici, je n'entrerai point dans la discussion de savoir quels sont les hommes qui servent le mieux la patrie, ou de ceux qui ont été dénoncés, ou de ceux qui ont provoqué la dénonciation. Une improbation est une mesure illusoire et chimérique. Une improbation n'empêchera pas que les membres dénoncés ne restent sous le poids d'une inculpation calomnieuse ; l'improbation n'empêcherait pas qu'un *comité de correspondance* patriotiquement officieux ne fît circuler cette inculpation dans les sociétés populaires ; l'improbation n'empêcherait pas que divers comités de correspondance, qui, par des embranchements particuliers, aboutissent au comité des Jacobins, ne fissent parvenir beaucoup de prétendues adhésions : en sorte qu'il paraîtrait, sans que la nation ait été consultée, que son vœu serait de proscrire 22 de vos membres.

Il n'est qu'un moyen de connaître quels sont les hommes que la nation estime, quels sont ceux qu'elle veut conserver, quels sont ceux qu'elle ne veut pas. Ce ne sont pas des adresses du corps administratif, c'est un vœu national : et ce vœu, je le répète avec Fonfrède, qui vous l'a dit hier ni soir, ce vœu national ne peut être émis que par des assemblées primaires. Si vous ne prenez pas cette mesure, si vous la craignez, vous exposerez la République à des déchirements inévitables.

Qui vous dit, en effet, que mon département ne viendra pas dénoncer ceux qui m'ont dénoncé moi-même ? Qui vous dit que mon département au lieu de demander l'expulsion des 22 membres désignés, ne demandera pas 22 membres qui siègent-là (*Il indique l'extrême-gauche*); et alors qu'auriez-vous à leur dire ? A qui donneriez-vous la préférence ? Quel est le vœu que vous rempliriez ou de celui qui vous dénoncerait, ou de celui qui dénoncerait ceux de nos collègues qui peuvent avoir influé dans la dénonciation faite contre nous ? Il semble

que la Convention se trouverait dans une situation bien difficile !

Il y a plus. Supposons qu'un département vînt vous dire : « Si vous ne renvoyez pas tel ou tel membre, nous nous insurgerons nous aussi, nous résisterons à l'oppression, car nous croyons que ces membres trahissent la chose publique et perdent la patrie. » Ne seraient-ils pas là, le fédéralisme, la guerre civile et la dissolution de la République ? Que vous resterait-il donc à faire ? Il faut empêcher que les départements ne manifestent leurs vœux isolément dans un sens qui se choque, qui se contrarie, qui nous offre une confusion, un désordre inextricable, au milieu duquel il vous serait impossible d'apercevoir le vœu national ; mais ce n'est point, comme on l'a entendu d'abord, une convocation d'assemblées primaires pour une nouvelle élection que je veux provoquer, car ce moyen n'obvierait à rien.

Le département de Paris dénonce 22 membres. S'ensuit-il que, parce que le département de Paris les dénonce, ils aient perdu la confiance publique ? Non, tout ce qui en résulte, c'est que ces 22 membres ont perdu la confiance du département de Paris... (*Murmures sur un grand nombre de bancs.*)

Un membre (au centre) : Mais ce n'est pas exact ; j'atteste que la majorité des citoyens est indignée de cette pétition !

Lasource. Je le sais, et c'est pourquoi je viens vous dire que, parce que quelques hommes, qui se disent les représentants des 48 sections de Paris, parce que des ignorants qu'on égare ou quelques furieux qu'on déchaîne, viennent vous dire ici qu'ils parlent au nom de Paris, il ne s'ensuit pas que la majorité de Paris a proscrit aussi ces 22 membres. Non ; il s'ensuit que les hommes sur lesquels les intrigants ont de l'influence, sont venus emprunter le nom de Paris... (*Nouveaux murmures.*)

Plusieurs membres (au centre) : Oui, oui !

Lasource. Ces murmures sont une preuve de ce que je dis. Si les pétitionnaires ont parlé au nom de Paris, ne murmurez point ; laissez faire Paris ; il parlera bien de lui-même. Pourquoi êtes-vous inquiets d'avance ? Vous soupçonnez donc que ce n'est pas la ville de Paris qui a parlé ; mais quelques intrigants qui ont emprunté son nom... (*Murmures prolongés.*)

Plus on soulève d'incidents, plus on m'interrompt et plus on prolonge le débat : or, je déclare que je ne descendrai pas de la tribune, à moins d'un décret de l'Assemblée, sans avoir développé mon opinion.

Eh bien ! je disais (car je généralise encore ici) ; je suppose que ce qu'on vous a dit soit vrai ; que Paris a parlé, en effet. De ce que le département de Paris a dénoncé 22 membres, s'ensuivrait-il qu'ils sont suspects à la nation ? Non ; il en résulte seulement qu'ils n'ont point la confiance du département de Paris.

Eh bien ! et si vous décrétiez l'élection d'une nouvelle Convention nationale, vous n'obéiriez point au mal actuel. En effet, si les votants de chaque département réélisaient les membres inculpés, la calomnie planerait encore sur la tête des réélus. Vous avez été élus chez vous, leur dirait-on, par vos amis, par vos intrigues ; cela prouve tout au plus que vous avez chez vous de la confiance ou des agents, mais cela ne prouve pas du tout que vous avez la confiance de la majorité de la nation. C'est donc à ce mal qu'il faut porter remède.

La mesure que je propose y obvie pleinement et établit les vrais principes. Jusqu'à présent, c'est par une espèce de fiction politique qu'un député de département a été réputé le représentant de toute la République ; car dans le fait, il n'avait obtenu la confiance que de son département. Lorsque les assemblées primaires seront convoquées, faites lire dans chaque assemblée primaire la liste des membres de la Convention ; obligez le président des assemblées primaires de lire les noms un à un, et à chaque nom prononcé, le président demandera : Le représentant, dont je viens de prononcer le nom, a-t-il oui ou non votre confiance ? Il en résultera que chaque section, chaque Assemblée primaire émettra son vœu ; que vous connaîtrez parfaitement le résultat du vœu national ; du vœu, non pas d'un département, mais de toute la République, que vous verrez quels sont les membres qui ont la majorité des assemblées primaires pour eux ; et alors, quand il sera constaté que la majorité des assemblées primaires veut conserver tel ou tel membre, alors il faudra bien que les membres qui n'ont pas la confiance de la majorité, la confiance de la nation, obéissent à la volonté générale.

Alors il faudra bien que les pétitionnaires, qui viennent lever ici un front audacieux, qui viennent s'ériger ici en dictateurs de la nation, qui viennent apporter des listes de proscription, qui viennent vouer à l'opprobre les hommes qui ne plaisent pas ; il faudra bien, parlassent-ils au nom d'un département, au nom de deux, au nom de dix ; il faudra bien, dis-je, qu'ils courbent leur tête audacieuse sous la volonté nationale, qu'ils obéissent ou qu'ils déclarent à la nation qu'ils veulent être rebelles et régner seuls. Alors la nation choisira : alors à notre tour, nous appellerons à la France. Nous n'exciterons pas des mouvements particls autour de vous, nous ne vous environnerons pas d'hommes qui vous couvrent sans cesse de huées et de murmures scandaleux ; mais nous dirons à la France entière : Environnez vos représentants, vous avez dit qu'ils avaient votre confiance, empêchez qu'on ne les insulte, sévissez contre ceux qui les entragent, maintenez leur liberté ; et après avoir secoué le joug d'un tyran, ne subissez pas celui de quelques intrigants qui dominent cette ville.

Citoyens, qu'on n'allègue point ici le danger de convoquer les assemblées primaires dans un moment orageux ; qu'on ne vienne point me dire que quelques départements sont, dans ce moment-ci, livrés aux horreurs de la guerre civile.

Je répondrai d'abord que le danger qui résulte des circonstances présentes, n'est pas aussi grand que celui qui résulterait d'une réunion illégale d'assemblées primaires dans un département et non dans un autre. Cette confusion amènerait nécessairement la guerre civile qu'on redoute. Je répondrai d'ailleurs qu'au mois de septembre, à l'époque où la Convention nationale fut convoquée, il y avait aussi des départements non seulement livrés aux horreurs de la guerre civile, mais occupés par les armées étrangères, et cependant la réunion de tous les membres eut lieu. Il y avait

aussi dans ce temps-là un mouvement révolutionnaire dans le département de l'Ardèche et dans quelques départements voisins. Cependant la Convention nationale fut réunie au jour que vous l'aviez indiqué.

Un spectacle bien éclatant, donné aux tyrans coalisés contre nous, sera celui de la nation entière délibérant en face de l'ennemi qui la presse et des rebelles qui l'agitent dans son sein, confirmant ou rappelant ceux de ses représentants qui auront conservé ou perdu sa confiance. Ce sera la preuve d'un grand courage et vous montreriez une faiblesse indigne de vous, indigne de votre mission, si vous n'osiez réunir les assemblées primaires, parce qu'une poignée de rebelles peut troubler l'ordre public dans quelques départements, ou parce que des tyrans se présentent à nos frontières et menacent d'envahir notre territoire.

Voulez-vous les intimider ? Voulez-vous leur faire connaître que vous ne craignez ni les rebelles ni les tyrans ? Eh bien, au sein de ces agitations, soyez calmes. Au lieu de vous déchirer entre vous laissez à la République le soin de vous juger, de prononcer le plus ou moins de confiance qu'elle a dans ses mandataires ; et soyez assurés que lorsque les tyrans cherchent à vous faire peur, s'il était possible que vous fussiez effrayés d'une telle coalition, soyez assurés que ces tyrans trembleront davantage en voyant la nation délibérant paisiblement au sein des troubles, qu'ils ne trembleraient, s'ils vous voyaient vous-mêmes vous défier de vos forces et n'oser convoquer la nation. Ils croiraient peut-être, ou diraient du moins que vous n'osez convoquer les assemblées primaires, parce que vous craignez qu'on ne vote la Constitution que ces tyrans viennent vous offrir.

Eh bien, apprenez-leur qu'ils ne connaissent pas la nation française ; apprenez-leur que ce ne sont point quelques factieux, comme ils se plaisent à le dire, qui ont aboli la royauté, mais que c'est la nation entière et qu'elle veut la République. Apprenez-leur que dans quelque position que vous vous trouviez, vous n'avez jamais rien à craindre ni d'eux, ni de ceux qui, dans leur fureur, cherchent à grossir leur ligue impie.

Je crois donc, citoyens, que les objections qu'on pourrait faire, deviennent entièrement nulles et je m'adresse maintenant à ceux qui s'opposent à cette convocation. Avez-vous, leur demanderai-je, la confiance de la nation, oui ou non ? Croyez-vous qu'elle repose sur vos têtes ou sur les nôtres ? Si vous croyez qu'elle repose sur vos têtes, pourquoi craignez-vous le jugement national ? Si vous ne le croyez point, pourquoi êtes-vous assez lâches pour calomnier ceux qui l'ont, non contents de rester à un poste qu'il ne vous est plus permis d'occuper ? Je vous ramènerai toujours à ce dilemme : ou vous avez la confiance nationale, ou nous l'avons. Si vous l'avez, on vous rendra justice, et c'est vous que la nation rappellera. Si vous l'avez, la nation nous rendra justice et vous obéirez. Alors, il n'y aura plus de vociférations scandaleuses, d'injures et de proscriptions. Pourquoi ne voulez-vous pas comme nous, vous soumettre au vœu national, au jugement, non de quelques hommes, mais de tous les citoyens ? Dans quelque hypothèse que vous vous placiez, vous devez le subir ; et si vous craignez la mesure, c'est parce que

vous redoutez le jugement de la nation...
(*Murmures prolongés sur la Montagne.*)

Un membre : Ce n'est pas vrai !

Lasource. Eh bien ! si ce n'est pas vrai, et j'aime à le croire, il faut que je sois expulsé ainsi que tous les autres proscrits, et certes j'y consens. Je consens à être chassé du temple des lois si la nation me trouve indigne du poste qu'elle m'a confié. Je consens à ne sortir du temple des lois que pour aller à l'échafaud, si j'ai trompé l'attente du peuple, si j'ai trahi ses intérêts, si j'ai agi contre son bonheur. Mais aussi je veux, si j'ai la confiance de la nation, que quelques scélérats ne puissent point me la ravir. Je veux que, si je n'ai point commis de crime, on ne fasse pas pleuvoir sur ma tête, et les traits empoisonnés de la calomnie et les fureurs de quelques hommes égarés auxquels on veut inspirer la soif de mon sang. Je veux que vous le subissiez tous, comme moi, le jugement de la nation entière !

Je finis par une réflexion, elle frappera tous les bons esprits. Il ne s'agit point ici des individus, mais de la République ; car si l'on fait expulser aujourd'hui 22 membres par une intrigue, rien n'empêchera que demain une nouvelle intrigue n'en expulse 100, et que l'existence de la Convention ne se trouve à la merci des manœuvres des intrigants. D'ailleurs la Convention ne peut faire le bien que par la confiance, et le seul moyen de l'en investir, c'est de consulter la nation ; il faut bien qu'elle nous juge, puisque nous n'avons pas su nous-mêmes faire cesser nos divisions.

Encore un seul mot et j'ai dit. Je sais pourquoi mon nom se trouve sur la liste des proscrits : il n'y eût pas été il y a quinze jours. J'ai parlé d'un homme, c'est assez, j'ai été dénoncé. J'ai témoigné de la méfiance contre un homme sur le compte duquel on ne voulait pas permettre même le soupçon. Dès lors, il a bien fallu me proscrire, puisque j'avais eu la témérité de m'élever contre l'idole du jour. La voilà la raison, pour laquelle mon nom se trouve sur la liste ; car je défie ceux qui me dénoncent de citer une seule de mes opinions, une seule de mes actions qui puisse prouver que j'ai trahi un instant la cause du peuple, que j'ai cessé un instant d'aimer la liberté de mon pays.

Voici mon projet de décret :

« La Convention nationale décrète ce qui suit :

« Art. 1er. Les assemblées primaires se réuniront le dimanche 5 mai.

« Art. 2. Il sera envoyé à chaque assemblée primaire des listes imprimées contenant les noms de tous les députés qui composent la Convention nationale.

« Art. 3. Chacune des assemblées primaires sera consultée sur chacun des membres de la Convention nationale. A cet effet, le président de l'assemblée primaire lira les noms contenus dans la liste, un par un, et dans l'ordre où ils se trouveront placés ; et il interrogera l'assemblée en ces termes : Le député que je viens de nommer a-t-il perdu votre confiance, oui ou non ? Le vœu de l'assemblée sera exprimé par assis et levé et, en cas de doute, par appel nominal.

« Art. 4. Le procès-verbal de chaque assemblée primaire contiendra deux colonnes : sur l'une seront inscrits les membres qui auront obtenu le témoignage de la confiance de l'assemblée, et sur l'autre les membres qui ne l'auront pas obtenu. Les procès-verbaux seront envoyés, dans les trois jours de leur confection, à l'administration du département, qui les fera passer, sans aucun délai, à la Convention nationale.

« Art. 5. Sera nommée par la Convention nationale une commission pour recevoir, vérifier et recenser les procès-verbaux de chaque assemblée primaire, et ce recensement général sera imprimé.

« Art. 6. Les membres qui auront contre eux le vœu de la majorité des assemblées primaires, seront de droit exclus et remplacés par leurs suppléants.

« Art. 7. Il sera fait une adresse aux assemblées primaires pour leur exposer les motifs de cette convocation. »

Le Président. La parole est à Philippeaux.

Philippeaux (1). Citoyens (2), lorsque l'ennemi est à nos portes, que la patrie cons-

---

(1) *Bibliothèque nationale* : L 38, n° 1997.
(2) Je donne ce discours littéralement tel que je l'ai prononcé à la tribune ; j'en attendais un grand effet. Le côté droit de la tribune et la partie inférieure du côté gauche, où siège Gensonné, l'ont accueilli par des sarcasmes, des murmures et des apostrophes injurieuses. Je m'étais pourtant imposé la loi sévère d'éviter tout ce qui pouvait aigrir les passions, afin d'émouvoir seulement ce qu'il y a de généreux dans le cœur de l'homme ; mais il faut parler dans le sens de ces messieurs pour mériter leur faveur, c'est-à-dire mettre l'Assemblée en feu, et se prosterner devant messieurs Brissot, Vergniaud, Gensonné, Barbaroux, etc., comme ce peuple imbécile qui offrait des victimes humaines à de misérables fétiches. Il y a cependant des hommes de bien dans ces deux sections de l'Assemblée ; j'en ai même aperçu dont l'âme paraissait voler au-devant de la mienne ; mais la plupart ont été si astucieusement endoctrinés par les chefs de file, que toute proposition de concorde et de salut public leur paraît un piège coupable. Lorsqu'au commencement de la séance le rapporteur du comité de Salut public se présenta pour faire décréter des mesures imminentes contre les efforts de l'ennemi, Buzot osa proposer l'ajournement de ces mesures et que la parole fût interdite au rapporteur, pour d'ouvrir sur-le-champ la discussion sur la pétition extravagante du 13, que ces messieurs ont saisie avec transport pour faire convoquer incontinent les assemblées primaires. Tous les bons esprits regardent ce moyen comme infaillible pour organiser la guerre civile dans toutes les formes et nous conduire au despotisme légal du Danemark. Ainsi, d'après le système de Buzot, nous deviendrions les bourreaux de nos frères dans l'intérieur ; et, en ajournant le salut de nos frontières pour ne nous occuper qu'à faire éclore la guerre intestine, Cobourg et Dumouriez, qui demandent aussi les assemblées primaires, pourraient alors nous subjuguer tout à leur aise, et nous donner une seconde représentation du drame polonais. Hé bien ! cette proposition, qui aurait dû soulever toute l'Assemblée, a été applaudie par les mêmes hommes qui ont improuvé mon discours, et l'organe du comité de Salut public ne put se faire entendre qu'en dévorant tous les outrages. Il m'est douloureux de voir, parmi ces instruments aveugles de dissolution, trois députés de mon département : Froger entre autres a eu l'impudence de me crier, d'un ton sardonique et burlesquement ridicule, que je débitais une capucinade. Il est vrai que j'allais jusqu'au vif de

ternée nous appelle à son secours, et qu'au lieu de la sauver nous la déchirons de nos propres mains, il doit être permis d'élever la voix dans ce sanctuaire pour conjurer l'orage qui grossit chaque jour sur nos têtes.

C'est avec une sorte de terreur que j'aborde cette tribune, mais je dois m'armer de courage, et repousser les conseils timides d'une fausse prudence, quand il s'agit de défendre la plus belle cause qui ait été portée au tribunal de la raison humaine. Je ne viens point ici pour flatter les passions d'aucune secte, mais pour remplir les devoirs impérieux d'un républicain ardent, qui ne peut plus concentrer un secret dont la révélation peut encore sauver la chose publique. Veuillez, citoyens, m'écouter avec indulgence ; je n'ai aucun titre pour captiver la faveur d'aucun de vous, mais ce que je vais vous dire doit être suffisant pour me recommander à votre attention.

Il n'est aucun de nous qui, en comparant ce que nous fûmes au début de notre carrière et ce que nous sommes aujourd'hui, ne jette des regards inquiets et douloureux sur le mobile infernal qui a pu nous conduire par degrés de l'immortalité aux portes de l'abîme. Rappelez-vous, citoyens, cette séance mémorable du 21 septembre, qui fit trembler tous les tyrans de l'Europe ; alors, dans l'enthousiasme pur et sublime qui nous transportait nos cœurs, si une voix nous eût crié que, pour affermir la République, il fallait nous immoler tous sur son autel, nous eussions fait à l'instant même le sacrifice de nos vies avec une sorte de ravissement religieux.

Cette disposition a fait frémir la tyrannie ; c'en était fait d'elle dans tout l'univers, si nous fussions restés dignes de nous-mêmes ; déjà nous étions le but de l'allégresse publique et des bénédictions du genre humain ; les brigands couronnés, ou n'existeraient plus ou viendraient vous demander à genoux une paix dont la France eût prescrit les conditions honorables. Ils ont aperçu l'orage, et plus habiles que nous, sacrifiant aux circonstances toutes leurs prétentions mutuelles, ils ont ourdi de concert une trame profondément scélérate pour secouer au milieu de nous les torches de la discorde, et fomenter les passions haineuses qui n'écoutent plus le délire de la vengeance, tandis qu'ils allumaient le feu de la guerre civile dans les départements, et en négociaient un autre non moins odieux de corruption au-

près de nos généraux. Leurs calculs pervers ont été si bien combinés que tous les fléaux à la fois se réunissent pour accabler le peuple que nous représentons.

A peine eûmes-nous proclamé la République, que le machiavélisme s'empara de toutes les avenues de ce sanctuaire ; la pomme de discorde y fut jetée par un système de dénonciations virulentes qui, n'intéressant d'abord que quelques individus, ont formé ensuite deux factions prononcées au sein de cette Assemblée, par la funeste importance que nous y avons mise.

Lorsqu'il fut question de juger Louis le parjure, notre horizon politique prit chaque jour une teinte plus rembrunie par la véhémence de l'esprit de parti, et deux mois du temps le plus précieux furent consacrés à une lutte scandaleuse de l'artifice et de la prévention contre la justice éternelle. Enfin, la tête du tyran tombe aux pieds de la statue des lois ; et à cette époque, toutes les espérances de royauté se trouvant détruites, il semblait que toutes les volontés dussent se réunir pour fonder, sur des bases solides, le nouveau pacte social destiné à être l'évangile politique de tous les peuples. Mais comme si la tyrannie en expirant nous eût cernés de son méphitisme cadavéreux...

Hardy (de Rouen). Monsieur, point de lieux communs.

Philippeaux..... nos âmes, frappées d'une sorte de vertige, ont perdu de vue la chose publique pour s'élancer dans une arène de passions odieuses, dont chaque jour voit accroître la véhémence ; au lieu de ces mouvements fraternels et généreux que nous éprouvions tous en arrivant à la Convention, la prévention d'abord, ensuite la mésestime, puis la haine et la vengeance nous ont tellement soulevés contre nous-mêmes, que nous ne pouvons envisager sans frémir notre malheureuse situation. La malveillance et la perversité s'en sont prévalus pour venir à bout de leurs desseins ; la majesté du peuple, que nous devions affermir, a été avilie ; le ferment de la guerre civile est presque sorti de cette enceinte pour faire explosion dans les départements. L'espérance qui nous désignait au peuple comme des libérateurs et des anges tutélaires, a été repoussée par l'inquiétude et la calomnie, avant-coureurs du mépris public ; les conspirateurs et les traîtres, qui eussent été contenus par la sagesse et la dignité du Sénat, ont cru pouvoir tout oser impunément au milieu de l'anarchie ; et quand nous devrions au moins saisir l'instinct des tyrans, qui ajournent toutes leurs querelles jusqu'après la ruine de la liberté, il semble que nous conspirons avec eux pour élargir de nos propres mains l'épouvantable cratère qui doit nous engloutir avec toute l'espèce humaine. Citoyens ! je n'ai point flatté les saillies individuelles, parce que nous ne sommes point ici pour nous encenser et encore moins pour nous étourdir sur les fléaux qui nous assiègent.

Cependant la patrie est toujours là qui nous tend ses bras inquiets, et nous pouvons encore la sauver si nous le voulons fermement. Si toutes disputes individuelles étaient bannies de notre sein ; si le calme et la dignité se rétablissaient dans nos délibérations, si les tri-

---

la plaie pour ceux qui ne veulent pas sauver la patrie; Gensonné, son voisin, a si bien senti que j'attaquais le principe du mal, qu'il me jetait des regards étincelants, et que la fureur était caractérisée dans ses traits, quoique je n'eusse pas même prononcé son nom. La Montagne et une autre partie du côté gauche ont applaudi mon discours; ils en ont même demandé l'impression et l'envoi aux départements; je n'avais cependant pas plus ménagé cette portion de l'Assemblée que les autres. Cette remarque peut servir à indiquer l'esprit de cette Montagne, qu'on s'efforce de peindre sous des couleurs si noires; j'y ai trouvé des collègues qui me serraient la main avec une effusion touchante, le sentiment précieux de la philanthropie les avait attendris jusqu'aux larmes. Cet accueil me dédommage amplement des saillies indécentes de MM. les Bissotins ; et dussent-ils me sacrifier à leur vengeance, je suis déjà trop récompensé de mon dévouement au salut de la patrie. (*Note de l'opinant insérée dans le document imprimé*).

lunes électrisées par notre exemple, nous aidaient à faire revivre la majesté nationale, que vos ennemis extérieurs croient déjà voir dans la boue ; si, sacrifiant toute autre idée à la méditation des choses et des principes, nous nous occupions sans délai de procurer à la République une Constitution sage et vigoureuse, je vous le jure, citoyens, la liberté triomphe des attentats du crime et les tyrans sont anéantis. (*Interruptions.*) Eh bien ! si vous voulez m'entendre, je vais vous indiquer les moyens infaillibles d'arriver promptement à ce but, que sans doute vous désirez tous ; car à l'instant même où cette salle serait investie de baïonnettes autrichiennes, je ne désespérerais pas encore de la chose publique.

Citoyens ! la première de toute les mesures, et la plus essentielle, est de repousser inexorablement cette manie d'imputations odieuses qui, de part et d'autre, nous ont traîné péniblement aux bords du précipice. S'il existe des traîtres au milieu de cette Assemblée, qu'on les surveille, qu'on épie leur conduite et qu'on les dénonce au comité de Salut public, investi de la confiance générale, sans nous fatiguer désormais de ces accusations éternelles qui, si elles sont fondées, manquent toujours leur but par l'éclat indiscret qu'on leur donne. Quel a été depuis six mois le fruit de cette lutte scandaleuse entre une douzaine d'individus qui ont associé presque toute l'Assemblée à leurs projets de vengeance ? Nous avons cru d'abord que la chose publique était intéressée à ces interminables débats ; les hommes les plus sages ont été entraînés comme malgré eux à y prendre part ; nous nous sommes tous enflammés ou pour l'un ou pour l'autre des champions, qui sont devenus insensiblement des chefs de parti par notre faiblesse à nous ranger sous leurs bannières.

Plusieurs membres : Voyez comme il nous injurie.

D'autres membres : En vérité, on ne peut tenir à cela !

Philippeaux. De là, ce malheureux esprit d'animosité acharnée, dont le dernier terme peut être si terrible, que je n'ose y arrêter ma pensée.

Citoyens ! il est temps d'ouvrir les yeux et de briser le talisman fatal qui nous rend dupes les uns et les autres d'une idolâtrie pernicieuse ; je n'ai vu, moi, et je ne suis pas le seul, qu'un combat d'amour-propre et d'ambition entre ces dix ou douze athlètes qui se donnent si souvent en spectacle, pour savoir en dernière analyse qui d'entre eux seront les modérateurs suprêmes de la République. Si dès l'origine nous eussions pu leur imposer silence, ils eussent peut-être fait tourner au profit de la chose publique les passions fougueuses qui les dévorent et qui, par notre complaisance à les partager, ont pris un autre caractère. Lorsqu'au comité de défense générale j'entendis mettre en thèse que si Brissot, Gensonné et trois ou quatre autres pouvaient se réconcilier avec Robespierre, la patrie serait sauvée, je m'écriai avec indignation (1) : il n'existe donc

(1) Lasource lui-même et Jean Debry partagent cette indignation. (*Note de l'opinant, insérée dans le document imprimé.*)

déjà plus de République ; car si le schisme qui divise ce petit nombre d'individus pour la détruire, ces hommes-là seront nos maîtres s'ils peuvent jamais s'entendre. Et cependant nous sommes 745 députés que le peuple a cru l'élite de la France en courage et en vertus ! Serons-nous encore longtemps sous le joug d'une telle ignominie ? Oh non ! j'en jure par la cruelle expérience que nous avons faite jusqu'à ce jour. Jamais aucune assemblée politique n'a réuni autant de lumières et de ressources qu'il en existe dans notre sein pour fonder le bonheur social ; avec une bonne direction de nos moyens, nous pouvons encore étonner l'univers et faire tomber à nos genoux les tyrans de l'Europe. Combien de génies supérieurs dans cette Assemblée n'ont fait jusqu'ici que gémir en silence de l'état affreux où nous nous sommes plongés, qui feraient admirer dans le calme leur profonde sagesse !

Je ne sais si ceux qui nous rassasient à chaque minute de déclamations atrabilaires sont de bonne foi dans leurs emportements, mais à coup sûr, s'ils étaient républicains, ils eussent fait à la patrie le sacrifice de ces déplorables dissensions qui la tuent. On a parlé dans cette Assemblée d'ostracisme ; nous n'avons pas encore cette loi des peuples libres, mais les hommes dont je parle, s'ils étaient généreux, se la seraient imposée eux-mêmes, puisqu'ils n'ont cessé d'être un sujet de tourment et de calamités pour la chose publique. (*Applaudissements.*)

Les philanthropes réfléchis ont frissonné d'horreur lorsqu'ils ont vu les mêmes passions accueillir la mesure désastreuse qui vous a été présentée au moment où commençait la discussion des bases constitutionnelles (1).

Lorsqu'à la fin de janvier, un suppôt de la tyrannie osa me dire que la Convention serait dissoute dans le cours d'avril, avant d'avoir pu décréter la Constitution, je ne pouvais croire que les batteries infernales que nous voyons se

(1) Une grande partie de l'Assemblée se leva d'enthousiasme pour appuyer l'expédient immédiat des assemblées primaires proposé par Fonfrède ; jamais l'Autriche, la Prusse et l'Angleterre ne durent autant triompher que ce jour-là. On accuse les Jacobins d'avoir accueilli le projet et sanctionné de cette pétition. Je l'ignore, parce que je ne vais point aux Jacobins, non que je les fuie, car s'il est parmi eux quelques têtes écervelées, je sais que la masse en est aussi pure que bien intentionnée, et je m'honorerais d'aller y accroître le nombre des défenseurs du peuple ; mais outre que je veux, pour conserver mon indépendance et ma fierté républicaine, ne tenir à aucun parti, afin de pouvoir les juger tous sans prévention, mes jours sont si pleinement occupés par le travail, que je ne pouvais pas en distraire seulement une heure pour fréquenter le club ; et comme cela n'est pas d'obligation étroite, je m'en dispense. Au reste, je dois dire ici, pour rendre justice à la vérité, que la Montagne, composée en grande partie de Jacobins, a été fort éloignée d'approuver la pétition et de partager le mouvement irréfléchi dont la motion de Fonfrède a été suivie ; pas un seul membre ne s'est levé, tous sont restés calmes au milieu de cette impulsion dangereuse, et par une demande d'appel nominal ont donné le temps à la réflexion d'apercevoir les conséquences funestes de la mesure proposée ; j'en ai même entendu plusieurs reprocher aux pétitionnaires d'être venus apporter un germe de guerre civile et de dissolution. Tout cela repousse évidemment le fait qu'on impute aux Jacobins, dont la sagesse et l'attitude grave dans cette séance ont sauvé la chose publique. (*Note de l'opinant, insérée dans le document imprimé.*)

succéder chaque jour fussent déjà toutes préparées. Je ne dirai pas que la trop fameuse pétition lue à votre barre ait été suggérée et payée par la ligue des tyrans, mais il est trop vrai que le jour où elle pourrait être sanctionnée par vous, en serait un de deuil et de désespoir pour tous les amis de la liberté. Citoyens ! si vous déférez au jugement du peuple l'exclusion que vous demandent les sections de Paris (1), dans quinze jours la commune incivique de Lyon vous fera la même demande contre les députés du parti opposé, et la Convention se dissout elle-même, avant d'avoir rien fait pour le bonheur du peuple. Mais dans quel moment vous propose-t-on de convoquer les assemblées primaires ? c'est lorsque des légions de tigres cernent nos frontières ; que plusieurs de nos généraux peuvent se laisser éblouir par les trésors corrupteurs des cours étrangères ; qu'un nouveau César a l'audace de nous dicter des lois, et que tout se dispose, dans le conseil des tyrans, à renouveler en France l'horrible méthode qui fit consentir les infortunés Danois à légitimer eux-mêmes les fers dégradants du despotisme ! Citoyens ! serions-nous assez lâches pour trahir aussi honteusement l'auguste dépôt qui nous a été confié ? La République et la liberté en pleurs vous demandent si c'est vous-mêmes qui devez leur enfoncer le poignard parricide. — Mais si, par une sorte de miracle, les assemblées primaires pouvaient se raidir contre toutes les machinations jusqu'à vous nommer en effet des successeurs, aurions-nous été bien généreux de leur laisser un fardeau aussi effrayant que celui dont le poids nous accable ? Est-ce quand le vaisseau national est aux bords de l'abîme que nous devons le déserter, pour le remettre à d'autres pilotes qui peuvent ne pouvoir arriver jusqu'à nous, ou se disputer comme nous pendant six autres mois, sur la manière de tenir le gouvernail ? De retour dans nos départements, qui d'entre nous pourrait soutenir les regards indignés du peuple ; et supporter l'opprobre ou l'exécration publique ? C'est lorsque chacun de nous a été revêtu du caractère imposant de législateur, qu'il fallait abdiquer cette mission, si elle nous paraissait trop audessus de nos forces ; mais aujourd'hui que nous avons contribué nous-mêmes à grossir les mal-

heurs publics, la moindre expiation de nos fautes est de réunir sur nos têtes toute la masse des dangers, de les braver en Décius, ou de nous ensevelir avec la République, en périssant sur la chaise curule. C'est quand nous aurons repoussé l'ennemi et consolidé la liberté en France que nous pourrons parler de nous dissoudre. Citoyens ! lorsque nous voulons imprimer à l'amour de la liberté un caractère profond et religieux, commettrions-nous la monstrueuse inconséquence d'être parjures au plus redoutable des serments ? sur la tombe du martyr généreux qui a mérité l'apothéose nationale nous avons juré solennellement de ne pas nous séparer avant d'avoir donné au peuple une Constitution solide. Regardez cette ombre sanglante, qui vous somme d'être fidèles, et qui s'indigne déjà de votre pusillanimité.(*Il montre le buste de Lepeletier.*) Quoi ! à la vue de cette victime qui a dévoué tout son être au triomphe de la liberté, nous aurions des âmes assez viles pour ne pouvoir même pas y sacrifier nos indignes passions ! Et ce sont elles qui nous font délibérer, à l'approche de l'ennemi, si nous sauverons ou si nous abandonnerons l'État ! Malheureux que nous sommes ! le sort de l'humanité est donc bien indifférent à nos yeux si lorsque l'ennemi s'avance pour la plonger dans un abîme de tourments, nous avons la cruelle barbarie de ne vouloir même pas la secourir ! L'amour de la patrie serait-il donc une vaine et hypocrite ostentation dans la bouche de ceux qui étalent sans cesse leur civisme ? Et comment voulez-vous que la patrie se sauve si, au lieu de la défendre, vous devenez ses propres assassins ? Comment voulez-vous que les citoyens aillent verser leur sang pour elle, si nous, qui devons tous les exemples de générosité, n'avons pas même le courage d'être des hommes ?

Encore si, en expirant sous la hache ennemie, nous avions la consolation de laisser après nous des monuments d'espérance ; si des lois sages et des institutions salutaires avaient enraciné le civisme et l'horreur des tyrans dans le cœur du peuple ; mais nous n'avons encore rien fait pour adoucir ses misères, et lorsqu'elles se trouvent aggravées par les circonstances, la tyrannie aurait, en lui donnant des fers, jusqu'à l'avantage d'empoisonner tous les souvenirs de la Révolution, et de creuser plus à son aise l'abîme sépulcral où l'espèce humaine serait engloutie. Citoyens ! en est-ce assez pour vous rappeler à vous-mêmes ? supporteriez-vous la pensée d'être en opprobre à dix générations peut-être, et d'attacher à votre mémoire un sentiment d'horreur impérissable ?

Au nom sacré de la patrie, préservons-la des griffes meurtrières dont elle est menacée, écoutons ses cris déchirants et les reproches terribles qu'elle nous adresse, qu'une sainte indignation fasse à l'instant justice de ce problème impie qui nous déshonore ! qu'à compter de ce jour, une majorité généreuse prenne d'une main assurée le timon de l'État, et forme la résolution inébranlable d'imposer un silence éternel aux déclamations atrabilaires qui nous ont réduits à l'état déplorable où nous sommes ! que toute personnalité, toute allusion odieuse, soit bannie pour toujours de ce sanctuaire, et que le premier infracteur soit marqué du sceau de la réprobation par une censure

---

(1, Outre que cette exclusion, dans les circonstances actuelles, serait une monstruosité politique, je suis loin d'admettre les motifs mêmes qui lui ont servi de prétexte contre plusieurs des membres inculpés. Lasource par exemple, m'a toujours paru un franc et loyal républicain, et je ne puis croire qu'il fût entré dans aucune coalition, mais quand l'irritabilité des passions est à son comble, la raison et la justice ne peuvent plus se faire entendre ; les Parisiens ont été outragés, ils ont eu à se plaindre souvent d'un parti de l'Assemblée qui a voulu les rendre odieux aux départements. On a profité de leur indignation pour envelopper dans l'adresse jusqu'à des membres qui ne la méritaient pas ; Lasource de son côté qui, dans le calme de la réflexion, eût frémi de la mesure des assemblées primaires, n'a plus consulté pour émettre ce vœu que le sentiment de l'outrage. Voilà comme, de part et d'autre, on se trouve entraîné aux plus grands excès, quand les passions nous aveuglent. Et ceux qui les ont exaspérées, ces cruelles passions, se cachent ordinairement derrière le rideau pour suivre sans danger le progrès de leurs manœuvres. *(Note de l'opinant, insérée dans le document imprimé.)*

publique, et l'envoi aux départements du procès-verbal où il sera noté comme un mauvais citoyen. Il est impossible que nous ayons tous la même opinion sur la manière d'assurer le bonheur public; mais que chacun soumette la sienne dans le calme et avec décence au jugement suprême de la majorité. Quand nous nous serons prescrit cette marche, et que, renonçant à nous occuper de nous-mêmes, la chose publique seule absorbera toute notre attention, alors il existera une Convention nationale de France, dont la majesté sera le désespoir de tous nos ennemis; alors les tribunes et tout le peuple auront pour la représentation nationale le respect que nous nous porterons à nous-mêmes. Plusieurs d'entre nous ont été assez injustes pour caractériser d'une manière odieuse les licences périodiques de l'auditoire; mais comment pouvions-nous exiger des autres le calme et la retenue que nous n'observions pas nous-mêmes! Cette victoire qu'il est si facile de remporter, et qui précipitera dans la poussière les machinateurs de tout genre, vaudra plus que le gain de dix batailles; elle étouffera les semences de discorde et d'anarchie, pour donner en tous lieux le signal de la paix et du bon ordre. Occupons-nous sans relâche de la Constitution, je n'ai pas besoin de vous en retracer les motifs impérieux; mais faisons concourir avec elle des lois bienfaisantes, qui préparent l'opinion publique à la bien recevoir. Mettons de l'ordre dans nos finances, qui ont été jusqu'ici de vraies étables d'Augias; et d'abord décrétons le projet aussi ingénieux que sage de votre comité, sur la contribution mobilière; mesure pressante qui, en accélérant des rentrées nécessaires, nous attirera les bénédictions du peuple, puisque la méthode vicieuse de l'Assemblée constituante a doublé le fardeau des indigents au lieu de les soulager, et qu'il s'élève à ce sujet un murmure général. L'instruction publique, dont la suspension depuis trois ans est un véritable crime de lèse-humanité, doit aussi captiver sur-le-champ notre sollicitude; établissons d'abord les écoles primaires, et s'il faut ensuite de longues discussions pour le système en grand de l'organisation hiérarchique, laissons au temps à remplir cette tâche pour ne pas compromettre en serre chaude des germes qui doivent se développer sous les rayons du soleil. C'est de la classe ignorante et pauvre qu'il faut s'occuper avant tout; elle a eu si longtemps le privilège des malheurs, qu'elle mérite bien celui de la résurrection; mais pour qu'elle reçoive avec plus de reconnaissance ce bienfait précieux, cicatrisons, par l'établissement des secours publics, la plaie douloureuse dont la misère a ulcéré ses affections. Elevons les âmes au sentiment du bonheur et de la vertu, par une disposition sage des vastes moyens dont nous sommes dépositaires. Décrétons enfin cette loi si longtemps attendue par les puînés des pays de droit écrit, qu'un despotisme barbare punit, par un arrêt de mort civile, de leur attachement à la patrie. Citoyens! tous les travaux que je vous indique sont préparés; en développant dès ce jour un grand caractère, digne des circonstances et de vous-mêmes, vous pouvez, dans quinze jours, ressusciter la confiance publique, ranimer toutes les âmes, et vous couvrir de gloire en méritant le titre de sauveurs de l'Etat. Vous ne serez plus réduits

à crier contre l'anarchie et les factions, mais vous en tarirez la source par cette conduite imposante; vous n'entendrez plus à votre barre des pétitions incendiaires, et n'aurez pas chaque jour à frémir sur les précipices dont l'audace des conspirateurs vous environne, parce que, devenus le point de ralliement de tous les bons citoyens, l'empire de l'opinion terrassera les pervers, comme le calme des éléments, après l'orage, fait rentrer dans leurs antres les reptiles venimeux. Qu'alors nous éprouvions des malheurs aux frontières; que par des accidents ou des trahisons, l'ennemi envahisse notre territoire, je brave désormais tous ses efforts; nos concitoyens, ne doutant plus qu'ils ont une patrie, et que le régime de la liberté est une source de bonheur, s'enflammeront de courage et d'héroïsme pour anéantir les brigands qui viendraient leur arracher cet avantage; et s'il était possible que, par une suite de revers malheureux, l'ennemi pénétrât jusqu'à nous, le courage que nous aurions de mourir à notre poste, les noms révérés que nous laisserions, par cette grandeur d'âme, et la vengeance terrible qu'elle inspirerait à tous nos frères, auraient bientôt cimenté la République sur des bases éternelles. (Vifs applaudissements.)

Voici mon projet de décret:

« Art. 1er. La Convention nationale déclare qu'elle veut sauver la République ou s'ensevelir sous ses ruines, et qu'en conséquence elle regardera comme mauvais citoyen celui de ses membres qui oserait lui proposer de se dissoudre, même en partie, avant d'avoir donné au peuple français une Constitution démocratique, qui garantisse d'une manière stable l'égalité et la liberté. La pétition lue à sa barre, dans la séance d'hier, par les commissaires de plusieurs sections de Paris, est formellement improuvée, comme dangereuse et liberticide.

« Art. 2. Pour n'être plus distraite des devoirs sacrés qu'elle doit remplir, elle défend à tous ses membres de se permettre jamais, dans ses séances, aucune injure, ni déclamation, ni dénonciation personnelle, à peine d'être censuré au procès-verbal, et proclamé aux départements comme ennemi de la patrie.

« Art. 3. Si un membre découvre une conspiration, et qu'il veuille dénoncer un de ses collègues, il sera tenu de faire sa dénonciation au comité de Salut public, qui en fera son rapport à l'Assemblée.

« Art. 4. La Convention veut que le calme et la décence donnent à ses délibérations le caractère et la dignité qui conviennent au premier sénat de l'univers. Quiconque troublera cet ordre nécessaire subira la peine du règlement dans toute sa sévérité.

« Art. 5. Les séances qui ne seront pas occupées aux rapports du comité de Salut public seront invariablement consacrées à la discussion de l'Acte constitutionnel, à l'examen sérieux des mesures qu'il faut prendre pour assurer la subsistance du peuple et diminuer le prix excessif des denrées, à l'organisation des finances, en commençant par le nouveau régime de contribution mobilière, aux moyens d'effectuer incontinent la vente des biens des émigrés, à la destruction des usages barbares qui violent, en pays de droit écrit le principe de l'égalité des partages; à l'établissement des secours publics et de l'instruction populaire: tous ces objets seront traités de préférence à tout autre, jusqu'à épuisement. »

Plusieurs membres (sur la Montagne) réclament l'impression de ce discours.

Grangeneuve. Prêchez d'exemple aux Jacobins.

Gensonné. Le projet du préopinant me paraît encore plus calomnieux que la pétition, c'est pourquoi je m'oppose à l'impression.

Un grand nombre de membres: Oui, oui, l'ordre du jour !

(La Convention passe à l'ordre du jour.)

Gensonné (1). Je demande la parole et je la demande avec la conviction que les hommes réfléchis et froids me sauront peut-être gré d'éviter tout ce qui peut réveiller les passions. Je me bornerai, en effet, à vous présenter un projet de décret tendant à établir le respect que se doivent les membres entre eux, le calme dans vos délibérations et l'ordre dans vos travaux...

Le Président (2). Avant de vous donner la parole, Gensonné, j'ai le devoir de porter à la connaissance de la Convention les nouvelles satisfaisantes des armées de la République, marchant contre les révoltés, qui me sont transmises par le ministre de la guerre. Un des secrétaires va vous faire cette lecture.

Garran-Coulon, *secrétaire*, lit :

« Paris, le 16 avril 1793, l'an II de la République française.

« Citoyen Président (3),

« J'adresse à la Convention nationale le résultat des détails que le Conseil exécutif provisoire a reçus des départements. Le général Berruyer est parti, le 11, du département de Mayenne-et-Loire, à la tête d'un corps d'armée d'environ 4,000 hommes; il a marché contre les rebelles qui occupaient les postes de Chemillé et de la Jumellière. L'une des colonnes, commandée par le général Dechaux, s'empara d'abord de la Jumellière : l'attaque de Chemillé rencontra plus d'obstacles. les volontaires n'ayant pas, dans cette occasion, gardé une contenance aussi bonne qu'on l'eût désiré. Cependant le corps s'étant réuni, on a attaqué, l'épée à la main, la ville et les retranchements qui ont été forcés et les troupes de la République ont enlevé cinq pièces de canon. La perte des ennemis est estimée à près de 600 hommes. avec un nombre de blessés très considérable. Les patriotes ont perdu 15 hommes et ont eu 60 blessés.

« La Convention a été informée du succès de l'expédition faite simultanément sur Co-

ron. Le citoyen Gauvilliers, chargé d'une opération semblable, s'est emparé du poste important de Saint-Florent, à la rive gauche de la Loire.

« Le département de l'Ille-et-Vilaine est tranquille. Des détachements ont été envoyés dans quelques communes, à l'occasion du tirage, pour y maintenir la tranquillité, mais leur présence n'a pas été nécessaire.

« La ville de Paimbœuf est encore inquiétée; un détachement de Nantes vient de s'y rendre. Malgré ce renfort, on attend de nouveaux secours pour agir plus offensivement sur les révoltés qui sont très nombreux.

« Quant au Finistère, le calme y est parfaitement rétabli. La commission militaire n'ayant plus de justiciables suivant sa compétence, a cessé ses fonctions.

« *Le Président du Conseil exécutif provisoire,*

« *Signé:* J. BOUCHOTTE. »

Lefebvre de Chailly (1). La députation de la Loire-Inférieure reçoit tous les jours des nouvelles inquiétantes de Nantes. Je ne sais pas pourquoi cette ville a été oubliée dans tous les comptes que vous a rendus le Conseil exécutif. Nous avons reçu plusieurs lettres des administrateurs de cette ville, qui nous apprennent qu'elle est en état de siège depuis trente jours, qu'une garde de 1,000 hommes est toujours sur pied, que tous les jours 1,500 hommes font des sorties.

Citoyens, le sort de Nantes paraît lié avec celui de la République. Remarquez que si les révoltés des Deux-Sèvres, de la Vendée et des autres départements, viennent s'emparer de Nantes, il ne serait plus possible de les réduire, parce que outre la position de cette ville, ils y trouveront une quantité immense de munitions de toute espèce. Lorsqu'il fut question de réduire les rebelles, il fut arrêté un plan au comité de défense générale, qui, s'il eût été exécuté, aurait délivré la ville de Nantes des inquiétudes qui l'agitent en ce moment.

La ville de Nantes est sans secours. La ville de Bordeaux avait fait partir 2 bataillons; on les a arrêtés aux Sables-d'Olonne : mais qu'en fait-on là, où 800 hommes ont défait les rebelles.

Plusieurs membres: C'est une trahison manifeste.

Lefebvre de Chailly. Je ne veux pas m'immiscer dans les opérations militaires ; mais sans être grand guerrier, le moyen de faciliter une descente aux Anglais était de pousser les révoltés sur les côtes, où ils se sont emparés de toutes les batteries ; c'est ce qu'on a fait, et par là la ville de Nantes est dans une position telle qu'elle ne peut recevoir de subsistances d'aucun côté. Si vous ne prenez des mesures vigoureuses et promptes, craignez de perdre cinq départements ; car je veux vous

---

(1) *Logotachigraphe*, n° 109, page 407, 1re colonne.

(2) *Logotachigraphe*, n° 109, page 407, 1re colonne et P. V., tome IX, page 312.

(3) *Archives nationales*, Carton C* 232, chemise 433, pièce n° 6.

(1) Cette discussion à laquelle prennent part Lefebvre de Chailly, Levasseur, Louvet, Thuriot, Chambon, Couppé et Gillet, est empruntée au *Moniteur universel*, 1er semestre de 1793, page 488, 2e colonne ; au *Logotachigraphe*, n° 109, page 407, 2e colonne ; au *Journal des Débats et des décrets*, n° 212, page 289, et au *Mercure universel*, tome XXVI, page 281.

dire tout : il a été un moment où dans tous les départements de la ci-devant Bretagne, il n'y avait pas plus de 6,000 hommes à opposer aux révoltés. Si j'avais des mesures à vous proposer, je vous dirais de faire exécuter le plan arrêté dans votre comité de défense générale, de réunir toutes les troupes, et d'en former un corps formidable. Si dans plusieurs attaques nous avons perdu du monde, c'est parce que nous étions très inférieurs en nombre. Le général Labourdonnaie est ici ; je demande qu'il soit tenu de se rendre au comité de Salut public, et d'y déclarer s'il avait des forces suffisantes à sa disposition, et s'il avait reçu celles qu'on lui avait promises; alors nous serrons avec vigueur contre ceux qui auront manqué à leur devoir. Je demande encore que les membres des cinq députations de la ci-devant Bretagne, soient invités de se trouver au comité lorsque le général s'y rendra.

Levasseur (Sarthe). J'appuie cette proposition, car dans une lettre que j'ai reçue hier, on me marque qu'on a trouvé chez un aristocrate des pièces qui prouvent que ce général avait une correspondance en Angleterre. Il est dit dans une lettre trouvée chez lui, que la première descente n'a pu être considérable, parce que Pitt avait été obligé de faire passer des secours en Hollande ; mais qu'on en préparait une seconde qui serait plus redoutable.

Je ne suis plus étonné qu'on fasse refluer les révoltés sur les côtes, on veut apparemment protéger cette descente.

Louvet. Je rappelle à la Convention qu'avant hier elle a décrété que 800 hommes d'Eure-et-Loir seraient rappelés de la Bretagne, où ils étaient allés faire la guerre aux brigands. Je m'étonne qu'on rappelle ces troupes d'un pays où elles ne sont pas encore assez nombreuses pour combattre les royalistes, et je demande qu'on rapporte à l'instant ce décret.

Le Président. Louvet me permettra de lui faire observer que l'Assemblée n'a rappelé ces troupes que parce qu'on annonçait des troubles dans le département d'Eure-et-Loir.

Chambon. C'est comme pour les 1,200 hommes de la Creuse; ils allaient au secours de la Vendée lorsqu'ils ont reçu contre ordre pour retourner dans leurs foyers.

Couppé (Côtes-du-Nord). Je reviens au fait dont il a été question tout à l'heure. J'ai vu Labourdonnaie au comité colonial. Plusieurs de mes confrères et moi lui avons témoigné des craintes sur la défense des côtes de la ci-devant Bretagne ; il nous a répondu qu'il n'y avait pas à craindre de descente de la part des Anglais.

Gillet. J'ai reçu des nouvelles plus satisfaisantes du département du Morbihan. On m'apprend que les rebelles ont été battus de toutes parts, et qu'ils sont entièrement dispersés. La paix y règne. On s'y occupe avec succès du recrutement.

Lefebvre de Chailly. J'avais oublié un fait. On a reproché aux députations de la ci-devant Bretagne, de n'avoir rien dit de la conspiration qui s'y tramait depuis plusieurs mois. Je vous atteste, au nom de tous mes collègues, que nous n'en avions nulle connais-

sance. J'ajoute qu'aussitôt qu'elle fut découverte, j'en parlai au ministre Monge. Il me dit qu'il en avait instruit le comité de sûreté générale, au mois de janvier.

(La Convention nationale décrète que le général Labourdonnaie se rendra demain, à 8 heures du soir, au comité de Salut public, pour y conférer avec les députations des Deux-Sèvres, la Vendée, Mayenne-et-Loire, Ille-et-Vilaine, Morbihan, Loire-Inférieure, Finistère et Côtes-du-Nord, sur les moyens les plus prompts et les plus sûrs pour venir au secours de la ville de Nantes, et détruire l'armée des brigands qui infestent ces départements (1).

Un membre, au nom du Comité de commerce, fait un rapport et présente un projet de décret tendant à la suppression des droits d'entrée sur les chevaux venant de l'étranger ; le projet de décret est ainsi conçu (2) :

« La Convention nationale, sur la proposition de son comité de commerce, décrète :

« Les droits perçus à l'entrée dans la République, sur les chevaux venant de l'étranger, sont supprimés. »

(La Convention adopte ce projet de décret).

Garran-Coulon, *secrétaire*, donne lecture d'une *lettre de Bouchotte, ministre de la guerre* pour transmettre une lettre du général Dampierre qui rend compte de la reprise du camp de Famars et de quelques autres avantages que nos troupes ont eus auprès de Valenciennes; cette lettre est ainsi conçue (3) :

« Paris, 16 avril 1793, l'an II de la République française.

« Citoyen président,

« Je vous envoie la copie d'une lettre du général Dampierre, en date du 15, et je vous prie de vouloir bien en faire part à la Convention nationale.

« *Le ministre de la guerre,*

« *Signé :* BOUCHOTTE. »

Suit la lettre annoncée ci-dessus (4) :

« Au quartier général à Valenciennes,

« Le 15 avril 1793, l'an II de la République française.

« Citoyen ministre,

« Les postes en avant de Lille ont été attaqués sur six points différents depuis Flers jusqu'à Comminges : les ennemis ont été repoussés très vigoureusement par nos braves soldats. (*Applaudissements.*)

« A l'avant-garde de l'armée que j'ai l'honneur de commander, nous avons eu quelques légers avantages. J'ai joint quelques pièces de

(1) P. V., tome IX, page 312.
(2) *Collection Baudouin*, tome XXVIII, page 87, et P. V., tome IX, page 312.
(3) *Archives nationales*, Carton Cii 252, chemise 433, pièce n° 7.
(4) *Archives nationales*, Carton Cii 252, chemise 433, pièce n° 8.

position à l'artillerie légère et l'avant-garde s'est parfaitement maintenue.

« Jugeant que les ennemis dirigeaient leurs forces sur Condé et sur Valenciennes, j'ai fait une marche assez hardie sur Valenciennes et j'ai repris le camp de Famars. J'ai fait soutenir en deux flancs de mes colonnes qui étaient menacées par le peu de cavalerie que j'avais et, quoique entouré d'ennemis, j'ai repris le camp sans être inquiété.

« J'ai beaucoup à me louer de l'armée. Sous peu de temps, j'espère qu'elle reprendra toute la gloire dont elle s'était couverte au commencement de la dernière campagne. La bravoure de l'avant-garde ne peut trop être louée; elle se bat depuis le matin jusqu'au soir. L'intelligence du général Laroque qui la commande mérite aussi beaucoup d'éloges. (Applaudissements.)

« Signé : DAMPIERRE, général en chef. »

« Pour copie conforme :

« Signé : BOUCHOTTE. »

(La Convention décrète la mention honorable et ordonne l'insertion de cette lettre au Bulletin.)

(La séance est levée à sept heures du soir.)

PREMIÈRE ANNEXE (1).

A LA SÉANCE DE LA CONVENTION NATIONALE DU MARDI 16 AVRIL 1793.

RAPPORT des opérations civiles et militaires des citoyens COUTURIER et DENTZEL, députés-commissaires de la Convention nationale aux départements de la Meurthe, de la Moselle et du Bas-Rhin, dans lequel ne sera pas compris celui des opérations particulières faites par les citoyens DENTZEL et FERRY, relatives à la visite des places fortes du Rhin, qui sera rédigé au retour du citoyen Ferry, par le citoyen COUTURIER, député du département de la Moselle (2).

FAITS.

Vers le mois d'octobre dernier, il s'était formé dans le département du Bas-Rhin une grande conjuration, ou plutôt, les préparatifs de celle ourdie dans toute la France, manifestaient dans le département avec le plus de combinaison et de fanatisme que partout ailleurs.

Des assemblées primaires corrompues et il-

(1) Voy. ci-dessus, même séance, page 177 la motion par laquelle Couturier demande l'impression de son rapport et le décret rendu en conséquence. Le Mercure universel est le seul journal qui fasse allusion à la motion de Couturier. Le procès-verbal n'en fait pas mention. Il est donc vraisemblable qu'elle a dû passer inaperçue ou bien encore que la Convention regardait l'impression des rapports de ses commissaires comme un fait acquis qu'il était inutile de sanctionner par un décret.

(2) Bibliothèque de la Chambre des députés : Collection Portiez (de l'Oise), tome III, n° 19.

légalement composées, des corps électoraux, où la majorité s'était coalisée pour le mal, avaient rempli la majeure partie des corps administratifs et tribunaux d'hommes tels qu'auraient pu les choisir le roi de Prusse et l'empereur; et probablement ces deux princes (dont les projets embrassaient l'invasion de la ci-devant province d'Alsace) dirigèrent en effet ces élections monstrueuses.

A la vue de ces administrations composées de fanatiques, de ci-devants, en un mot, de contre-révolutionnaires déjà connus et marqués du sceau de la réprobation publique, tous les bons patriotes furent effrayés; les généraux déclarèrent qu'ils ne pouvaient répondre de la sûreté de la ville de Strasbourg et du département, si de pareils administrateurs restaient à la tête des affaires, et gardaient sur les citoyens une influence dont, au mois d'août dernier, ils avaient déjà fait un abus criminel, en excitant les habitants de Strasbourg et de tout le département à se séparer de la France, et à ne plus reconnaître le Corps législatif. Ces généraux, après avoir requis l'expulsion de la plupart des membres de la municipalité et conseil général de la commune de Schelestadt et celle effectuée, vous envoyèrent une adresse dans laquelle ils vous exposaient leurs inquiétudes, et vous représentaient la nécessité d'envoyer dans le département, des commissaires pris dans votre sein. Le conseil général du département vous adressa une pétition semblable. Un grand nombre de patriotes de Strasbourg vous exprimèrent le même vœu, et vous parûtes si convaincus de la nécessité de cet envoi, que, dans les séances du 22 et 23 décembre dernier, non seulement vous décrétâtes que trois commissaires seraient envoyés dans ce département, ainsi que dans ceux de la Meurthe et de la Moselle, mais vous voulûtes même, malgré l'opposition d'un membre, que vos commissaires eussent de grands pouvoirs, et qu'ils pussent prendre toutes les mesures qui leur paraîtraient nécessaires et urgentes pour le salut de l'État. C'était le premier décret qui mit des pouvoirs illimités dans les mains de vos commissaires.

Il s'agit maintenant, de leur part, de rendre non seulement à leurs collègues, mais à la France entière, un compte fidèle et exact de la conduite qu'ils ont tenue, et des mesures qu'ils ont prises pour le salut public, en exécution de ce décret important. Il leur paraît nécessaire de ne pas se borner à un abrégé simplement historique de leurs opérations. Vous les avez envoyés dans des départements tourmentés par le fanatisme; vous les avez autorisés à prendre de grandes mesures pour déraciner ce monstre; en cela vous les avez nécessairement livrés à la haine, à la vengeance et à la calomnie de tous ceux qu'ils seraient obligés de frapper. Ils prévoyaient tous ces inconvénients; mais le salut public, leur unique but, leur a fait mépriser toute considération. Ils ne purent se persuader d'avance, nonobstant toute leur modération et prudence, que vous casseriez celle des mesures les plus salutaires, sans les entendre et sans vous être fait représenter les pièces justificatives de leurs opérations, qu'ils transmettaient régulièrement de jour à autre au président de la Convention, ainsi qu'il est prouvé par leurs lettres et comptes des 2, 7, 13, 18, 19, 20, 23, 26 et 29 janvier; 5, 7, 8, 10, 13, 14, 15, 16, 17, 19, 20, 22 et 26 février; 6, 11, 12, 16, 22, 23, 25, 27 mars et autres, datés de Nancy, Sarrebourg, Strasbourg et autres.

Pour rendre le compte volumineux, clair et mettre à même tous les lecteurs de juger leur conduite, ils commenceront à placer à mi-marge les dénonciations, plaintes, réquisitions et pétitions qui les ont guidés dans leur travaux, et qui ont fait la base et le fondement de leurs arrêtés, ils en élagueront seulement les objets de pure conciliation verbale, et qui n'ont pas donné lieu à des arrêtés sérieux, qui ne serviraient qu'à rendre ce rapport trop compliqué ; et ils placeront à l'autre mi-marge opposée, en tant que faire se pourra, les arrêtés et décisions provisoires qu'ils ont pris; ensuite ils termineront le résumé de leur rapport.

Nous sommes pârtis de Paris le 25 décembre. Arrivés à Châlons-sur-Marne, nous rédigeâmes un état des questions à faire aux corps administratifs, tendant à recevoir d'eux des éclaircissements sur les points les plus essentiels de notre mission, et partout nous nous fîmes précéder aux corps administratifs par la transmission dudit état, auquel obligés de répondre, nous fûmes bientôt au courant de la situation et de l'esprit public, qui partout était affaissé et égaré par les insinuations perfides des prêtres réfractaires et leurs adhérents, des ci-devant féodataires, maltôtiers et autres.

A Toul, premier district trouvé sur notre route, les corps administratifs nous apprirent que les esprits faibles, et principalement les femmes toujours respectueusement dévouées au ci-devant grand chapitre de la cathédrale, à celui des ci-devant collégiales, au ci-devant Grands-Cordeliers, Capucins, Jacobins, et autres maisons religieuses, ne pouvaient se faire aux privations qui ont été la suite de l'extirpation totale de cette caste sacrée; nous apprîmes aussi déjà là, que la disette des subsistances se faisait vivement sentir, et que le discrédit des assignats, l'agiotage non réprimé, et le dénuement des moyens de défense,

en cas d'attaque, effectuait un découragement général et que des sociétés de monopoleurs et d'accapareurs de biens nationaux paralysaient les élans vers le patriotisme du citoyen peu fortuné, auquel ces accapareurs ôtaient tout moyen d'acquérir d'une autre manière que celle de racheter d'eux au double de ce qu leur en avait coûté.

Il est aisé de concevoir qu'une pareille découverte, à l'entrée du département de la Meurthe, était d'autant moins consolante que le collège Rühl annonçait encore une bien plus grande défection dans le département du Bas-Rhin.

Accablés sous le poids des tristes réflexions que cet état de choses nous présentait ; nous arrivâmes à Nancy le 31 décembre; nous fîmes reconnaître au département nos pouvoirs ; les courtes harangues patriotiques, par le début desquelles nous nous réservions place qu'après celles que le président et procureur général syndic s'empressèrent de nous faire, et qui tendaient notamment à demander une Constitution à l'entour de laquelle le peuple français puisse se rallier, sur la nécessité d'étouffer les factions qui agitent la Convention et Paris, d'après des lettres (disait le procureur général syndic écrites de ladite ville.

Le lendemain, nous ouvrîmes des séances publiques aux pétitions et réclamations, jusqu'au 5 janvier, vu que nous ne pouvions pas y faire un plus long séjour, tant notre arrivée paraissait urgente au département du Bas-Rhin, nous étant proposés d'achever nos opérations du département de la Meurthe à notre retour, surtout d'inspecter les salines et administrations forestières du district de Dieuze par le régime desquelles, suivant le référé des corps administratifs et des députés à nous envoyés de Dieuze, la République éprouve, sur les produits, au moins une perte annuelle de 600.000 livres.

Le résultat des opérations faites à Nancy pendant 4 jours, à la suite des pétitions et dénonciations, se réduisent aux dénonciations et mesures suivantes :

Le 1er janvier, les députés de la commune de Dieuze vinrent près de nous en députation, et nous firent différents chefs de représentation pour la vérification desquels ils sollicitèrent vivement de commencer nos opérations par le district de Dieuze; ces représentations étaient principalement fondées sur la pénurie des bois, la détérioration des forêts nationales, le mauvais régime dont les salines sont administrées, et qui fait essuyer une perte incalculable à la République, pour enrichir énormément les agents coalisés ; le moyen d'y remédier et de faire verser le produit naturel de ces immenses usines dans la Trésorerie nationale, l'inspection de l'étang de Lindre, dont le régime est également vicieux, et autres objets de pareille importance.

(Pièce première à la liasse du département de la Meurthe.)

Dénonciation faite le 2 janvier 1793, par un nombre considérable de citoyens de la ville de Nancy, contre quantité d'abus énormes

Les commissaires de la Convention, pénétrés de la vérité des représentations, principalement connues par le collègue Couturier, promirent, autant qu'il dépendrait d'eux, de prendre leur route par Dieuze, aussitôt leur retour du département du Bas-Rhin, où il y a la plus grande urgence de se rendre.

Nancy, le premier de l'an 1793, deuxième de la République.

Le 4 janvier, les commissaires de la Convention se sont rendus à l'hôpital Saint-Jean-de Dieu, où ils ont vérifiés tous les faits dénoncés qui y existent, principalement contre l'incivisme des sœurs hospitalières de Saint-Charles; le danger qui résulte de l'éducation qu'elles donnent à la jeunesse contre l'incivisme, les divisions, le scandale qui règne dans l'hôpital connu sous le nom de Saint-Jean-de-Dieu, principalement contre le chef Michaux, qui admet à titre de pensionnaires les ci-devant nobles, les conseillers, des chanoines et autres de cette caste contre-révolutionnaire, conte l'incivisme de la maison de Mareville et d'autres pareils repaires inquiétants pour les bons citoyens qui ont signé cette dénonciation au nombre de plus de 200, et à laquelle vient encore à l'appui la dénonciation particulière faite au procès-verbal des séances de Nancy, par plusieurs autres citoyens, tant contre les sœurs hospitalières de Saint-Charles, que contre Marc-Antoine Michaux que contre les sœurs qui administrent l'hôpital Saint-Julien.

(N° 2 de la liasse de la Meurthe.)

Déclaration faite au procès-verbal des séances de Nancy, par plusieurs autres citoyens, que quantité de fourrages avaient été gâtés dans la prairie de Malzeville, et y déposés au compte de la République, pour être embarqués et conduits à Metz, que ce dépérissement de fourrages était à imputer à l'affectation ou négligence du commissaire ordonnateur Dumas, et que pour que des éclaircissements plus détaillés puissent être donnés, ces citoyens ont désigné le citoyen Poirson, administrateur du département, qui en avait une connaissance particulière.

Des fédérés du bataillon des 83 départements, au nombre de 70, venant de l'armée de Beurnonville, pieds et jambes nus, nous ont envoyés une députation, se plaignant de s'être différentes fois pourvus au commissaire des guerres Dumas, sans pouvoir rien obtenir, se

qu'ils ont trouvés conformes à la vérité, et en outre, que Marc-Antoine Michaux, à la tête de l'administration, était un homme très incivique, tournant en ridicule les serments décrétés par la Convention nationale ; que lors de l'inventaire fait dans la maison, il avait recélé différentes vaisselles et argent, que finalement depuis la Révolution, il n'avait rendu que des comptes illusoires à un de ses confrères seulement, lesquels comptes, il résultait des soustractions de reliquats, et qu'il était réellement le protecteur des personnes contraires à la Révolution, auxquelles il donnait refuge, et tenait en pension à son profit, aux dépens des revenus de l'hôpital.

Tant de faits réunis déterminèrent les commissaires à faire mettre Marc-Antoine Michaux en état d'arrestation, après interrogatoire par lui lui prêté, et d'arrêter que le juge de paix, accompagné du procureur de la commune, apposera les scellés dans le domicile dudit Marc-Antoine Michaux et de suite les commissaires ont envoyés expédition du tout à la Convention nationale.

(N° 3 de la liasse de la Meurthe.)

D'après l'audition du citoyen Poirson et du citoyen Mosellé, garde magasin, il est résulté que dès le 15 septembre, Mosellé avait requis le commissaire des guerres Dumas, de faire reconnaître les fourrages dont s'agissait pour tirer parti de ceux qui n'étaient pas encore gâtés par les pluies, que ce commissaire ne donna connaissance de cette réquisition à la municipalité que le 27 du même mois, aux fins de nomination d'experts ; que ce premier pas fait, ce commissaire suspendit encore cette visite jusqu'au 27 d'octobre, quoique dès le 28 septembre, le citoyen Poirson lui avait écrit qu'il était nommé commissaire pour assister à cette opération, observant que le commissaire Dumas lui avait dit à cela qu'il avait employé cet intervalle pour faire démêler les fourrages gâtés d'avec les autres.

Cette affaire, qui a eu lieu pendant que les armées prussiennes désolaient la Lorraine, exigeant encore beaucoup d'approfondissement sur l'existence réelle ou non de la malveillance, soit du commissaire des guerres, soit du garde magasin, et les commissaires de la Convention extrêmement pressés de se rendre au département du Bas-Rhin, dont les réclamations avaient déterminé leur mission, écrivirent au procureur général syndic de vérifier ultérieurement cette affaire, qui consistait dans une perte de plus de onze cents milliers de foin, qui avaient été conduits à grands frais ; ils envoyèrent en même temps copie de leurs procès-verbaux à la Convention nationale, et se proposèrent à leur retour de Strasbourg, d'achever la vérification complète de cette même affaire, mais ils en furent empêchés par leur rappel à la Convention.

(N° 4 de la liasse de la Meurthe.)

A la vue de ce spectacle touchant, différentes réflexions nous vinrent : nous avions ouï à Toul que des volontaires avaient à l'adresse de se faire délivrer plusieurs fois des souliers, qu'ils rendaient ensuite; dans ce doute, nous renvoyâmes la plainte au commissaire Dumas,

contentant de les renvoyer à leur commandant à Mertzig.

pour y répondre : sa réponse confirma la réalité de l'exposé de ces volontaires, mais prétextant avoir déjà écrit au commandant du dépôt à Mertzig, pour qu'il rende compte de sa situation sans avoir reçu de réponse ; en conséquence, ne pouvant voir les défenseurs de la patrie dans un dénuement semblable, nous ordonnâmes au commissaire Dumas de constater de la véracité de la plainte, et que si elle se trouvait fondée, de délivrer à ces fédérés des bas et des souliers indispensables.

(N° 17 au procès-verbal de Nancy.)

Les autres opérations de la ville de Nancy, pendant notre court séjour, se termineront par une visite à l'arsenal, du magasin à poudre et des casernes, où étaient détenus environ 300 prisonniers prussiens, dont la veille, il en était déserté 11, et par le recueillement des réflexions patriotiques d'une quantité de bons citoyens, dont le résultat était, que le peuple manquait souvent de pain; que le fanatisme était sur son trône à Nancy; que les prêtres insermentés y exerçaient, avec profusion, leur ministère ; que la maison de Marcville, était un repaire de contre-révolutionnaires; que dans toutes les administrations, il existait toujours des hommes mal disposés pour le nouvel ordre des choses, dans le nombre desquels il nous a été désigné les citoyens Jacquemin, chirurgien à l'hôpital militaire, et Dumas, commissaire ordonnateur des guerres, ce qui nous a été confirmé par plusieurs officiers municipaux de la ville de Dieuze, en parlant des commissaires et agents mis à la tête de leurs salines, par le ministre Clavière.

Dans l'arsenal nous trouvâmes environ 600 fusils et autant de sabres, appartenant à des volontaires et gardes nationaux revenus de l'armée et entrés dans les hôpitaux; nous vîmes, avec douleur, que ces armes étaient dans le plus mauvais état, et rongées de rouille; sur les reproches que nous en fîmes au citoyen Charles Balandier, qui nous avait ouvert les portes, et que nous regardâmes, en conséquence, comme étant chargé du soin des armes de l'arsenal, il nous dit qu'il était un pauvre et ancien militaire retiré avec une petite pension, que depuis environ deux ans il n'y avait plus de gardes d'arsenaux en titre à Nancy; qu'on lui avait remis les clefs, sans qu'il eût d'autres aides, ni assistances, ni salaires, ni aucuns appointements à ce sujet; il nous fit, en en même temps voir que, distraction faite des fusils et sabres susdits, ledit arsenal était complètement vide.

De là nous sommes rendus au magasin à poudre où nous trouvâmes des barils que le citoyen Balandier nous dit contenir environ dix milliers de poudre et sept petites caisses de balles.

De là nous nous sommes rendus aux casernes où étaient détenus les prisonniers prussiens, qui prétendirent qu'on leur donnait qu'une livre et demie de pain, au lieu de deux livres qu'ils avaient à l'armée prussienne ; ils se louèrent cependant de la manière avec laquelle on les traitait; quelques-uns demandèrent des souliers : mais ce qui nous extasia de la part de ces automates, fut que (sur ce que nous leur demandâmes, quelle différence ils faisaient du régime de la liberté d'avec celui

de la tyrannie et du despotisme) l'un d'eux qui portait la parole en allemand, nous dit qu'ils n'en faisaient aucune, et qu'ils étaient prêts à servir celui qui les paierait le mieux, pour ou contre la liberté, que cela leur était indifférent.

Le département de la Meurthe, comme vous voyez, collègues et commettants, par le petit échantillon que nous vous présentons, n'indiquait pas une issue bien satisfaisante pour notre mission, à quoi devions-nous donc nous attendre du département du Bas-Rhin, d'après ce que l'on nous en disait de celui de la Meurthe, et les narrés du collègue Rühl lui-même; il n'est cependant pas moins vrai que le district de Lunéville, où nous nous sommes acheminés le 5 janvier, et où nous avons fait convoquer les corps administratifs pour le lendemain matin, nous présenta une face plus riante, puisque nous avons été à même de répondre à une grande partie des représentations des administrateurs et officiers de la commune de ce district, par un rescrit adressé au directoire du département, relativement aux billets de confiance, pour lesquels cette ville était inquiétée, à raison de la falsification de ces billets, et que sans le triste événement, dont le colonel commandant des carabiniers nous a donné connaissance, et qui consiste en ce qu'un officier de son corps venait de passer l'épée à travers le corps d'un soldat ivre qui avait osé le frapper, nous aurions quitté cette ville, où, d'après les dires des corps administratifs, il n'y avait ni émigrés, ni prêtres réfractaires, avec satisfaction, si seulement le pain y avait été moins cher.

Au district de Blamont, où nous n'avons pu nous arrêter qu'un instant, nous y avons trouvé les subsistances déjà plus abondantes, les corps administratifs animés du même esprit; point de ci-devant, point de prêtres fanatiques; point d'émigrés : l'air nous y a paru pur, et peu sujet aux exhalaisons infectes de ces révolutionnaires.

Arrivés le 6 janvier au soir à Sarrebourg, nous fûmes convoquer les administrateurs du district, les membres de la commune et du tribunal. Le lendemain les conférences que nous eûmes furent très satisfaisantes; on nous dit qu'il n'existait point d'émigrés, que les prêtres séditieux étaient repoussés avec soin; que les subsistances y étaient à bon marché; que les assignats y circulaient, tant par les soins des administrateurs, que ceux de la société des amis de la liberté et de l'égalité, ainsi que nous nous en avons rendu compte à la Convention le jour même.

Nous ne reçûmes, à Sarrebourg, aucunes

dénonciations particulières, excepté trois adresses, l'une de la part du directoire du district, la seconde du tribunal, et la troisième du citoyen Crespy, capitaine commandant la gen-

Le directoire du district de Sarrebourg à représenté, le 7 janvier, que la commune de Sarrealbroff était tellement fanatisée, qu'il était à craindre pour les progrès de son opinion; que cette commune avait été composée par une coalition d'hommes contraires à la Révolution, et qu'il était urgent, pour le salut public, de la régénérer.

La surveillance immédiate de plusieurs citoyens de cette commune, qui venait d'être excédée par les membres aristocrates, nous détermina à statuer promptement sur la remontrance du district.

Les juges du tribunal ont exposé que plusieurs avoués exerçant près de lui, travaillaient l'esprit de leurs clients dans le sens contraire de la Révolution; qu'ils affectaient de retenir les causes qui tenaient au progrès de la Révolution, et pressaient celles contraires; qu'en conséquence, il était très instant de statuer une mesure efficace contre cette caste d'hommes mal intentionnés.

Le citoyen Crépy, capitaine commandant la gendarmerie de Sarrebourg, a exposé qu'au lieu d'être placé au centre de son arrondissement, il était au contraire sur les limites, ce qui rendait son service lent, et ainsi dire infructueux; que rien n'était plus instant de fixer sa résidence dans le centre.

Cette pétition a été attestée sincère et véritable par les administrateurs du district de Sarrebourg, le 7 janvier.

De Sarrebourg, où nous avons laissé l'espoir de nous arrêter de nouveau à notre retour, nous prîmes la route de Strasbourg, et arrivâmes pour le gîte à Saverne, où commença le prélude des grandes opérations qui nous attendaient, et dont l'heureux dénouement, dû à notre fermeté, reçut une interprétation différente à la Convention, sur le fait des déportés, de la destitution et du remplacement de quelques agents de la régie nationale, protégés du ministre Clavière, à Saverne, foyer de l'aristocratie la plus raffinée. Les membres de la commune, à la tête desquels étaient les ci-devant agents du cardinal Rohan, ne surent cependant pas plutôt notre arrivée, qu'ils vinrent dans notre domicile nous faire une visite en écharpe. Nous passerons sous silence la manière avec laquelle Rühl les a reçus. Nous en avons usé avec la même indulgence sur son mode d'accueillir les pétitionnaires à Nancy et ailleurs; mais nous dirons que le maire de Saverne, qui portait la parole, a pensé se trouver dans la position de pouvoir dire qu'il s'attendait à sa relégation, et que même il la désirait.

Avant que d'arriver à Strasbourg, tous deux

darmerie audit lieu; dont nous allons ici réitérer le compte que nous en avons rendu à la Convention nationale suivant le mode indiqué en tête du présent rapport.

Arrêté ledit jour 7 janvier, la suspension des membres de la commune de Sarrealbroff, et autorisé les administrateurs du district de le remplacer provisoirement; en ce qui concernait les voies de fait, nous ordonnâmes que les coupables seraient appréhendés et traduits devant les tribunaux. (N° 5, à la liasse de la Meurthe.)

Cette adresse fut par nous répondue le 20 janvier, à Strasbourg, par un arrêté qui a astreint provisoirement les avoués du tribunal de Sarrebourg, à la représentation d'un certificat de civisme, à peine de suspension, qui a autorisé les juges, dans le cas de besoin, de remplacer les avoués et hommes de lois par des citoyens éclairés et munis de certificats de civisme, et la Convention ne tarda pas de sanctionner cette mesure, en l'étendant à tous fonctionnaires et employés dans la République.

(N° 6 de la liasse de la Meurthe.)

Nous avons répondu de Strasbourg, à cette pétition, le 20 janvier, par un arrêté provisoire, qui fixe la résidence dudit citoyen Crépy, à Vic, comme étant le centre le plus exact de son arrondissement. (N° 7, à la liasse de la Meurthe.)

bien pénétrés de l'esprit public anti-révolutionnaire qui y régnait, par le narré, que nous en avait fait, pendant la route, le collègue Rühl, nous convînmes avec lui, comme nous avions fait avant d'arriver à Nancy, que pour prévenir les inconvénients d'une réception, et éviter l'affluence, nous descendrions directement au département, à l'effet de quoi nous prévînmes le procureur général syndic, peu avant notre départ de Saverne, du moment de notre arrivée directe au département; là, nous trouvâmes les trois corps administratifs assemblés, et une grande affluence de citoyens. Nous communiquâmes nos pouvoirs, et parlâmes du sujet de notre mission; nous déclarâmes que nous entendrions toutes les plaintes en audiences publiques, mais que nous ne recevrions point de dénonciations qu'elles ne fussent signées. C'était le 9 janvier, et il est à remarquer que le maire Turcheim allégua, contre le collègue Rühl, des moyens de suspicion, tant à raison de sa résidence, que de sa parenté, et de ses liaisons à Strasbourg.

Les plaintes, les réclamations, les pétitions et les dénonciations arrivèrent en foule; plusieurs tendaient à demander la suspension du département, de la plupart des municipalités et communes, la translation et suspension de quelques districts et tribunaux. Ces pétitions étaient appuyées sur des faits publics, incontestables.

Nous fûmes bientôt convaincus, par des imprimés séditieux répandus contre nous avant notre arrivée, que les hommes indiqués par les dénonciations, loin d'avoir pris depuis ce temps-là des sentiments plus civiques, continuaient à agiter le peuple, à l'exciter à méconnaître en nous la représentation nationale, et à s'opposer vigoureusement aux mesures que nous devions prendre.

Nonobstant toutes ces connaissances et convictions physiques et morales, nous ne voulûmes rien laisser à désirer à la Convention, ni au peuple français sur la conduite modérée et prudente que nous tiendrions dans la mission la plus critique et la plus pénible à remplir de toutes celles qui ont encore été distribuées ; nous ouvrîmes nos séances, reçûmes toutes les pétitions et dénonciations valablement signées par gens connus et bien famés; nous ne nous contentâmes pas encore de cette précaution, quoiqu'elle ne nous fût pas indiquée par le décret de notre nomination ; nous voulûmes encore y ajouter les avis des corps constitués, en tout cas, des membres connus pour vrais républicains ; et pour nous conformer au plan que nous avons adopté pour le présent rapport, nous vous donnerons par extrait à mi-marge, les avis des corps constitués, avec les dénonciations et autres renseignements sur le compte de chacun des individus suspendus ou déportés, et nos arrêtés à la suite.

Nous observerons seulement que le collègue Rühl n'y a assisté que jusqu'au 18 janvier, jour auquel il rédigea de sa main l'acte de suspension des membres de la commune, à la tête duquel il plaça le maire Turckeim, qui l'avait suspecté à la séance du 9. Ce premier acte consommé, le collègue Rühl jugea à propos de se retirer chez lui, et ne s'occupa plus que de sa santé et de ses intérêts particuliers, tendant à se faire reconnaître par le directoire du département, une pension de douze cents livres, d'une sorte, à lui promise pour services rendus, par le prince Linange, noble chapitral du cercle d'Allemagne et émigré, et 1,200 livres encore de pension d'autre sorte, fondées sur une lettre du dit prince, qui les lui offrait en remplacement d'honoraires arréragers, et que lui, Rühl, n'avait jusqu'alors pas voulu accepter ni recevoir, et dont cependant le ministre Clavière avait commencé provisoirement à lui faire le paiement, même avant que le citoyen Rühl ait obtenu pendant son commissariat à Strasbourg, l'arrêté du département qui reconnaît cette prétention et la rejette sur les biens du dit prince, maintenant dévolus à la nation, nonobstant la disposition de l'article premier des décrets des 5 janvier, 4 et 6 février 1792.

Cependant nous ne perdîmes pas courage : au milieu de l'agitation des contre-révolutionnaires, uniquement occupés de la chose publique, nous continuâmes avec fermeté à recevoir et à examiner une multitude innombrable de plaintes et de dénonciations apportées de tous les points du département, et qui après le départ du collègue Rühl, qui connaissait plus

particulièrement jusqu'alors les menées et les trames, nous obligèrent à nous servir de correspondances secrètes, et nous parvînmes à démêler les fils d'une coalition criminelle. Nous découvrîmes une quantité de prêtres, séducteurs et contre-révolutionnaires que nous fîmes reléguer dans le séminaire ; nous nous convainquîmes que les avis du petit nombre de patriotes n'étaient pas une chimère ; et qu'il existait dans ce département un plan qui, pour éclater, n'attendait qu'une occasion favorable, ou l'arrivée de l'ennemi, qui, de son côté, comptait sur la coalition combinée de l'intérieur; dès ce moment, notre activité redoubla ; l'un de nous parcourut les districts et communes du département : Ces courses étaient coûteuses, mais salutaires : et pendant que l'un allait à la découverte, l'autre tenait, du matin jusqu'à minuit, un très pénible bureau, et y altéra sa santé. Notre rapport ne tendra cependant pas à provoquer des applaudissements par des exagérations, comme ont souvent été les nouvelles des généraux qui trahissaient la République, et qui dans l'art d'endormir l'Assemblée et de détromper le public par leurs rêveries, spéculaient au moyen de machines, le succès de leurs perfides projets, et dont ils accusaient ensuite la prétendue indiscipline des braves volontaires qu'ils conduisaient à la boucherie ; nous nous bornerons, autant qu'il sera possible, à faire la récapitulation la plus succincte des pièces justificatives de nos opérations, de nos principaux arrêtés, et nous prouverons à la République entière, que les déportés de Strasbourg non seulement méritaient une simple relégation hors du département, mais d'être traduits plusieurs pour au moins, au tribunal révolutionnaire; et qu'en surprenant votre religion par des artifices et des calomnies, ils ont ajouté un nouveau crime à leurs forfaits antérieurs : ils vous ont dit que nous avions agi arbitrairement, et ils vous ont impudemment menti ; nous aurions cependant pu le faire, puisque vous nous aviez autorisés à prendre toutes les mesures de salut public que nous trouverions nécessaires et convenables ; mais nous avons voulu étayer nos mesures sur des faits matériels et des preuves littérales, et avant de vous entretenir des crimes dont les auteurs ont surpris votre religion, nous vous ferons l'analyse de quelques opérations administratives relatives aux hôpitaux, magasins et arsenaux, et nous passerons sous silence la réplique aux plaintes que nous est venu faire ici le général Custine, contre nos avis donnés de concert avec les corps administratifs, et à leur réquisition.

Nous entrerions dans le détail immense des redressements que nous y avons faits, si, depuis, un autre ordre de choses n'avait été substitué en place de celui alors existant, c'est-à-dire une régie. Les pièces justificatives de nos travaux, les remarques y contenues, et les discussions y détaillées par des officiers de santé et conseils d'administration, seront toujours les notices qui pourront devenir très utiles dans le régime des hôpitaux, où malheureusement jusqu'ici les officiers ne s'enrichissaient que des abus, et les malades ne périssaient que par leur mauvaise administration.

Mais nous pouvons dire que sans avoir opéré beaucoup de suspensions dans cette partie, nous y avons rétabli l'ordre, notamment dans les hôpitaux de Strasbourg, Haguenau, Wissembourg, Landau et Fort-Louis et leur avons, par une simple proclamation aux citoyens du Bas-Rhin, procuré une quantité de linge, dont l'hôpital de Strasbourg était totalement dénué.

Visite des magasins et arsenaux.

Par la visite que nous fîmes de la généralité des magasins et arsenaux, nous vérifiâmes différents abus exactement détaillés dans le procès-verbal que nous dressâmes, et que nous détaillerions ici, si nous ne craignions de ne pas être lus : nous rapellerons succinctement que nous avons remarqué une grande dissension entre les agents administrateurs des habillements de Paris, que le citoyen Ferry avait suspendus, et qu'à la suite de notre visite nous envoyâmes devant les tribunaux.

Nous sommes convaincus qu'il existait une déprédation de tous genres ; qu'on envoyait à Paris dans des tonneaux et caisses au lieu de ballots, des chemises et linges qui se trouvaient usés et déchirés par le frottement et les clous ; qu'il arrivait de Paris des ballots, des caisses et des tonneaux, sans être précédés d'aucun avis ni factures d'emballages. Que d'autres portaient des étiquettes annonçant des souliers pendant que le contenu n'était composé que de redingotes qu'on envoyait de Paris ; des piquets de tentes et des cordes à fourrages, dont le prix du charroi excédait la valeur des objets pris sur les lieux ; qu'on envoyait de Paris des havresacs de soldats, qui, au lieu d'être de peau, n'étaient qu'une simple grosse toile, couverte d'un quart de mauvaise toile cirée, et qui ne pouvait conserver à sec les effets de nos soldats.

Nous avons spécialement remarqué qu'il se faisait des envois dans les magasins de Strasbourg de différents points de la République, en souliers, chemises, bas et autres effets, dont la réception se faisait sur les lieux et qui, arrivés à Strasbourg, se trouvaient marchandises de rebut, et dont plusieurs ont été de fait mis au rebut, nonobstant les réceptions faites sur les lieux : nous aurions suivi cette dilapidation horrible jusque dans sa source, sans notre rappel. Dans 39,400 paires de souliers, nous en avons trouvés 9,400 paires de rebut, provenant de Paris, Nancy, Neuf-Brisach et Huningue.

Par la visite des chemises, celles dont la toile était de bonne qualité, étaient de 8,600 venant de Paris et de diverses fournitures de Strasbourg ; mais nous avons remarqué que celles venant de Paris étaient trop petites et les manches trop courtes.

Nous avons trouvé 9,000 autres chemises venant d'Amiens par le fournisseur Fleury, et que nous avons fait mettre au rebut à cause de leur mauvaise qualité, nonobstant la réception faite à Amiens par le commissaire des guerres Cailly.

Passé l'examen des bas, nous en avons trouvés 25,200 paires de laine, 1,740 paires de coton et 1,600 paires de fil jugés de bonne qualité ; et comme ceux de laine sont susceptibles d'être mangés des artisons pendant les chaleurs, nous ordonnâmes, d'après l'avis d'experts connaisseurs, qu'ils seraient soigneusement emballés, et placés dans des lieux frais.

Nous trouvâmes 9,871 autres paires de bas de laine, 7,266 paires de bas de fil de mau-

vaise qualité provenant toujours d'Amiens, de Neuf-Brisach, d'Huningue et des magasins de Mayence.

Nous trouvâmes 2,217 habits de garde nationale, acompte d'une plus grande livraison arrêtée par les citoyens Philip et Sabatier ; et ces habits jugés trop étroits et trop courts, nous ordonnâmes au commissaire des guerres Laurent qui nous accompagnait, de les faire expertiser.

Nous trouvâmes 5,960 draps de lits, 3,400 paillasses et 307 sacs à paille qui ont été reconnus de bon aloi.

Nous trouvâmes de même 50,000 aunes de drap de toutes couleurs, suivant la déclaration du garde-magasin.

De là nous fîmes la visite de tous les autres magasins contenant des approvisionnements de guerre, tels que blé, froment, seigle, avoine, biscuit, viande salée, vin, eau-de-vie, huile, beurre, légumes, fromages, chandelles, et généralement tous autres approvisionnements en vivres, qui tous nous ont paru de bonne qualité et bien tenus : quant à leur quantité, elle nous a paru passablement abondante. Le garde-magasin avait promis de nous en délivrer l'état avant notre départ ; ce qu'il n'a pas fait. Il est ainsi partout lorsqu'on voit quitter de place les argus.

Par la visite des arsenaux faite, comme dans les magasins de Strasbourg, par le citoyen Couturier accompagné de 5 commissaires des corps administratifs, le dénument des armes et des fusils de calibre a complètement été vérifié ; mais il s'est trouvé plus de 6,000 fusils, les uns qualifiés de fusils de rempart, cependant maniables comme des fusils de munition ; les autres des ci-devant fusils d'officiers, des mieux construits et de la plus grande délicatesse ; d'autres enfin, des fusils pris sur l'ennemi, dont aucuns n'ont le calibre ordinaire des fusils de munition maintenant usité ; nous avons de même trouvé des mousquetons et pistolets modernes sujets à réparation, auxquels le directeur a déclaré ne pouvoir subvenir faute d'ouvriers ; nous avons trouvé une grande quantité de piques fabriquées, mais non montées ; et depuis notre retour, les bons patriotes nous ont écrit que l'on désarmait les communes pour armer les volontaires, et que les corps administratifs refusent de faire emmancher les dites piques qui pourraient cependant être distribuées dans les communes patriotes, par échange contre les fusils qu'on leur ôte : nous nous sommes en même temps convaincus, par la déclaration du dit directeur, que le versement des poudres des magasins de Strasbourg dans ceux de Mayence, avait occasionné un déficit de 300 milliers qui seraient indispensables à Strasbourg en cas de siège, et que malgré ses réclamations il ne pouvait en obtenir le remplacement.

Cette visite nous détermina à prendre un arrêté qui a mis les ouvriers employés aux confections et réparations des armes sur le pied de guerre, et à enjoindre aux généraux et corps administratifs, de retirer des mains des citoyens et gardes nationaux sédentaires les fusils de calibre, jusqu'à la concurrence de la quantité de ceux de non calibre qui se trouve dans les arsenaux, et d'en opérer l'échange, et d'armer de ceux de calibre nos volontaires qui volent sur les frontières pour combattre ; et déjà une partie de cette mesure était effectuée avant notre départ. Quant aux autres armes de calibre trouvées dans les arsenaux nous avons chargé le directeur très expressément de les faire mettre en état, sous sa responsabilité, et nous eûmes la satisfaction qu'avant notre départ, il nous dit que l'augmentation de la paie des ouvriers avait doublé ses ateliers, et que les réparations des armes étaient en grande activité.

Quant au déficit des poudres, occasionné par le transport fait à Mayence, comme il était hors de notre pouvoir d'en procurer le remplacement, nous en avons prévenu la convention nationale, pendant que nous étions à Strasbourg et même depuis que nous sommes ici.

Par la visite des ateliers, nous remarquâmes que beaucoup de caissons à poudre étaient faits, mais qu'ils n'étaient pas couverts de tôle. Le directeur nous observa à cet égard, qu'il s'était donné tous les mouvements imaginables pour se procurer de la tôle, et le tout infructueusement; et le hasard satisfit au moment à ce besoin urgent. Le citoyen Couturier avait reçu avis que dans le circuit des communes du Hainaut et du prince de Darmstadt, qui était venu le trouver à Strasbourg pour émettre leur vœu de réunion, et qui de fait l'ont émis, il existait une platinerie à Sarback pourvue d'une grande quantité de tôle : il écrivit à l'instant au district de Bitsch, et le directeur de l'artillerie fit partir un officier qui, avec cette lettre, ramena autant de tôle qu'il en fallait jusqu'alors.

C'est ici que nous pourrions entrer dans le détail immense du résultat des visites et inspections des autres magasins et arsenaux des places fortes du Bas-Rhin qui toutes ont été vues par les citoyens Dentzel et Ferry dont nous avons successivement envoyé à la Convention les états, de même que ceux des forces de l'armée du Bas-Rhin, et généralement de toute sa situation ; mais ces pièces devant se trouver dans les comités, nous nous bornerons à distinguer les états fournis par le général Beauhar-

nais d'après lesquels la Convention pouvait calculer les moyens de défense du département du Bas-Rhin, comme elle pouvait, d'après nos comptes journaliers, juger de la profondeur des projets contre-révolutionnaires du même département, qui vraisemblablement, sans notre surveillance et nos mesures fermes et portées à temps, serait dans un plus mauvais état que le département de la Vendée, puisque l'ennemi est à ses portes, et que le fort de Kehl a été conservé à l'ennemi quoiqu'il soit sous les murs de Strasbourg, et lui intercepte toute communication avec un pays qui l'approvisionnerait en toutes espèces de vivres; mais ce fort a été conservé à l'ennemi avec le Briseau, sans doute pour cause.

Nous passerons maintenant aux dénonciations et aux différents arrêtés par nous pris, notamment pour la régénération des pouvoirs constitués; nous indiquerons les pièces sur lesquelles ils ont été fondés; et nous espérons démontrer à la Convention nationale et à la République entière, que, bien loin d'avoir usé de l'arbitraire, nous nous sommes au contraire investis d'armes et de preuves tellement fortes, que la Convention ne pourra dissimuler que sa religion a été indignement surprise lorsqu'elle rendit le décret du 17 mars, et qu'elle a exposé le département du Bas-Rhin au danger le plus imminent. Nous avons annoncé en tête du présent rapport, que nous placerions l'extrait des pièces justificatives de nos arrêtés à mi-marge, et les arrêtés à l'opposite; mais nous remarquons que nous ne sommes pas encore au quart de notre référé; que nous avons déjà un volume d'écriture, et qu'en continuant ainsi, il ne serait lu que pour ceux qui sont bien pénétrés de l'intérêt que tout bon citoyen doit avoir de connaître la situation politique et morale d'un département aussi important que celui du Bas-Rhin; au moyen de quoi, nous nous bornerons à indiquer la substance de nos arrêtés, et les motifs et pièces justificatives sur lesquels ils sont fondés; et nous demanderons à la Convention nationale de nommer des commissaires pour en vérifier l'exactitude.

Etat des dénonciations et pièces justificatives de nos arrêtés.

Nº 1.

Interrogatoire subi par devant nous par les citoyens Jan Fries, Jean-Georges Heibeifen, Georges Henri Rubsamen, Vilhelin, Becker, Jacques Schatz, Jean-Georges Schwing, et par Jean-Chrétien Valch, beau-frère du collègue Kühl, signataire d'un imprimé répandu le 4 janvier, et tendant à soulever le peuple contre les mesures que nous étions chargés de prendre dans ce département. (Nº 1.)

Avant de rapporter les arrêtés, nous donnerons ici l'analyse et résumé des dénonciations et autres pièces sur lesquelles nous les avons fondés, plus particulièrement que sur les pouvoirs illimités que nous tenions des représentants du peuple souverain, observant qu'une bien plus grande quantité de dénonciations, notamment contre l'incivisme de la majorité des communes, ont été par nous renvoyées au département que nous avions chargé, à cause de l'énorme multitude de nos opérations, de la suspension de différentes communes.

Nº 2.

Dénonciation du directoire du département et autres, jointes 10 pièces, tant dénonciations que preuves d'incivisme, malversations et malveillance, contre les citoyens Stempfel, Son-

De ces pièces il est résulté des preuves invincibles que les deux tiers des citoyens du Bas-Rhin étaient d'esprit en pleine contre-révolution. Les observations de la société des Amis de la République, de Saverne, sont si remarquables, que nous devons en rapporter

tay, Belin, Thomassin, Braun, et le district de Strasbourg. (Portée en notre registre sous les nᵒˢ 158, 305 et 300, et ici nᵒ 2.)

Nᵒ 3.

Dénonciation dudit département, jointes deux autres, contre Michel Thomassin. (Registré sous le nᵒ 154 du registre, et ici nᵒ 3.)

Nᵒ 4.

Dénonciation par la société des amis de la République contre ledit Michel Thomassin et le conseil général du district, jointes plusieurs dénonciations allemandes. (Nᵒ 4.)

Nᵒ 5.

Dénonciation et autres pièces essentielles contre Gaspard Noisette, ci-devant secrétaire du cardinal de Rohan, officier municipal et député suppléant à la Convention nationale. (Registré au nᵒ 4 du registre, et ici nᵒ 5.)

Nᵒ 6.

Liasse contenant les proclamations des suspensions prononcées par les commissaires de l'Assemblée législative et par le Conseil exécutif dans le mois d'août 1792, joints extraits des registres du conseil général de la commune, un réquisitoire du procureur général syndic du 17 décembre, qui, en faisant le tableau déchirant de la situation politique du département du Bas-Rhin, fait aussi l'analyse des malveillants dont nous avons suspendu et déporté une partie, joint encore un extrait de délibération du département, relative aux troubles et attroupements nocturnes qui ont eu lieu toutes les nuits près la prison de Diétrich. (Nᵒ 6.)

Nᵒ 7.

Liste fournie par le département, de l'incivisme et du personnel de plusieurs commissaires des guerres, dans laquelle Maréchal père et fils, et Richard Branck, déjà ci-devant suspendus, sont qualifiés d'aristocrates, contre-révolutionnaires. (Nᵒ 7.)

Nᵒ 8.

Copie de la procédure commencée contre l'espion Schruitterer, convaincu d'espionnage, tant par un témoin que par son propre aveu; il est à observer que Richard Brunck, en sa qualité d'auditeur de la cour martiale, a donné une preuve non équivoque d'un esprit contre-révolutionnaire; il a déterminé le général par deux lettres jointes aux pièces, à élargir cet espion avéré, et a encore disculpé le gendarme, que le général avait renvoyé sur les lieux, d'après nos ordres, pour le reprendre, et qui, par une connivence impardonnable, l'a laissé fuir et aller se réfugier à l'ennemi. (Registré au registre 119 et 172, et ici nᵒ 8.)

le précis, applicable à la majorité de ce département, principalement au ci-devant district de Benfeld, qui, aussi bien que Saverne, renfermait toutes les possessions et les agents du cardinal de Rohan. Saverne, dit la société des Amis, représente un foyer d'aristocratie et de fanatisme des plus dangereux, par la grande influence que cette ville a toujours eue sur son voisinage, tant par rapport à la résidence de l'évêque, que des sièges et juridictions composés d'officiers qui ont subi le sort de la suppression d'un chapitre collégial riche, et d'un couvent de religieuses, qui, tant par eux que par leurs adhérents, contribuèrent à cette influence, qui, depuis la Révolution a égaré les esprits pour envelopper un chacun dans une chaîne de contre-révolution ; que les uns de ces séducteurs étaient répandus dans le district de Benfeld, profusément ; les autres s'étaient glissés dans les administrations principales de la ville de Strasbourg et ailleurs, tels que le ci-devant maire de Turcheim et Gaspard Noisette, le premier son principal agent, et l'autre son secrétaire de cabinet; de sorte que, dans toutes les élections, il n'en sortait que des accapareurs de suffrages, au point que trois des élections de la municipalité et conseil général de la commune de Saverne, on ne peut pas dire que dans aucune, il y soit entré deux patriotes ; et la dernière, surtout, était le comble de l'horreur ; c'était la coalition complète des conjurés ; tellement que le nombre des patriotes de Saverne, réduit à 68, furent forcés de déserter l'assemblée primaire, où ils ne purent tenir aux insultes et menaces des ennemis de la chose publique, qui à ce moyen, réussirent à faire entrer en fonctions tous ceux qui avaient été suspendus après le 10 août, ainsi qu'il arriverait encore une fois aujourd'hui, si de nouvelles assemblées primaires pouvaient malheureusement avoir lieu.

Ces contre-révolutionnaires ne furent pas sitôt rétablis qu'ils congédièrent ignominieusement les patriotes qui occupaient des places, soit à l'hôpital ou ailleurs, et dans un court espace de temps, il n'était plus possible de douter de l'existence d'une coalition infernale entre les malveillants de la ville de Strasbourg, et ceux de toutes les petites villes et bourgs du Bas-Rhin ; au point que les paysans, qui jamais ne s'étaient immiscés dans les grandes affaires, disaient, au 7 février, que la contre-révolution était prête à éclater à Strasbourg ; que ceux de ce parti s'empareraient des magasins et arsenaux, et seraient bientôt secondés par l'ennemi du dehors.

C'est ainsi qu'au 7 février la société des Amis de la République, de Saverne, nous écrivit, en nous exhortant de veiller et de bien prendre nos précautions ; et il n'y avait plus alors que les citoyens Couturier et Dentzel à leur poste. Mais bien loin de le quitter, ils alimentèrent une correspondance secrète, et s'appliquèrent à hâter d'autant plus les mesures mises dans leurs pouvoirs pour sauver la chose publique.

Les administrateurs du district de Haguenau comprirent dans leurs dénonciations une adresse dans laquelle ils disent que nous étions la quatrième commission envoyée dans le département du Bas-Rhin ; que les trois premières n'ayant appliqué que des palliatifs à ses maux, au lieu de diminuer la crise, n'avaient fait que l'augmenter; que nous les trouvions maintenant sur le bord du préci-

N° 9.

Dénonciation faite contre le commissaire des guerres Maréchal, tant par son confrère Rivage, que par les citoyens Philippe et Sabatier, relativement à des marchés passés, dans lesquels la République a été victime par l'intelligence de ce commissaire avec les entrepreneurs. (Registré au registre n°s 133 et 139, et ici n° 9.)

N° 10.

Dénonciation, tant de la part du citoyen Rivage que du citoyen Armet, contre Charles Sicard (dit le Mercure de Lafayette), commissaire des guerres déjà suspendu par les commissaires de l'Assemblée législative. (Registré au n° 13, et ici n° 10.)

N° 11.

Liasse de 8 pièces, contenant des avis des commissaires de la municipalité de Schlestadt, et conseil général de la commune, jointes différentes dénonciations contre le tribunal dudit Schlestadt. (Registré n°s 242 et 251, et ici n° 11.)

N° 12.

Dénonciation par le citoyen Streiffler de Barr, contre Georges Leclerc, juge de paix du canton de Rosheim, accusé d'avoir soutiré de l'argent de différentes communes qui n'ont pas fourni leur contingent dans la levée d'hommes qui a eu lieu au mois d'août dernier. (N° 12.)

N° 13.

Dénonciation de Lancher fils, sur différents chefs relatifs au dénuement des chevaux pour l'armée, et a d'autres objets de cette espèce. (N° 13.)

N° 14.

Etat nominatif des fonctionnaires publics, civils et militaires, sur leur civisme, leur personnel et leur opinion sur la Révolution, fourni par le conseil général de Fort-Louis, où ces fonctionnaires sont employés. Les notes de cet état sont si précises, qu'il est dommage que nous n'ayons pas eu le temps de les vérifier et d'y statuer. (Registré n° 237, et ici n° 14.)

N° 15.

Dénonciation des citoyens de la commune de Fort-Louis, du 8 février, contre Joseph Bennat, joints l'avis du département du Bas-Rhin et celui du général Costard, qui ont déterminé la suspension dudit Bennat. (Registré n° 169, ici n° 15.)

N° 16.

Dénonciation contre le citoyen Acker, accusateur public, des 11 et 21 janvier, par les administrateurs du directoire du département, et par ceux du district de Haguenau. (Registré aux n°s 23 et 153, et ici n° 16.)

N° 17.

Dénonciation contre Georges Scherer, officier municipal à Haguenau, jointe une infor-

pièce, et qu'ils nous conjuraient d'appliquer le remède à la racine du mal ; qu'autrement nous les quitterions comme nos prédécesseurs, sans avoir assuré le salut public.

De toutes parts nous étions inondés de pareilles réclamations. La ville de Fort-Louis soupirait après notre arrivée, pour être délivrée des fonctionnaires publics ennemis qu'elle renfermait dans son sein : nous ne pûmes nous rendre à ses désirs, votre appel nous ayant arrachés au milieu de nos travaux, dont le résultat aurait pour jamais régénéré un pays gouverné par des familles patriciennes, qui mettent dans la classe des réprouvés tous ceux qui ne sont point originaires de l'Alsace, qu'ils appellent en allemand *Hergeloffené*, ce qui signifie en français des aventuriers.

Cette caste ne vise à rien moins qu'à redevenir impériale, comme elle l'était anciennement, et qu'au rétablissement des places qu'elle regardait comme héréditaires, et qui, en flattant son orgueil, la laisseraient en possession de dominer ses frères, habitués au joug et à l'idolâtrie.

Un des grands moyens de contre-révolution, est-il dit par la dénonciation des citoyens Mayer et Massé (registré n° 251 et 11 du présent), c'est la lenteur coupable des tribunaux à instruire les procès intentés contre les fanatiques ; il est temps que ce fléau cesse, et que les juges fassent leur devoir ! c'est à vous, citoyens commissaires, qu'il appartient de faire marcher les boiteux, et de rendre la vue aux aveugles ; tout ce que vous avez fait dans notre département prouve que ces miracles vous sont familiers.

Faire l'analyse générale des dénonciations, pétitions et réclamations, serait embrasser une tâche qui remplirait bien notre désir, puisqu'elle convaincrait la Convention de la surprise exercée sur sa religion, mais qui fournirait plusieurs volumes d'impression.

Nous passerons en conséquence aux griefs résultant, tant des suspensions précédentes contre plusieurs membres des corps administratifs, que desdites dénonciations et autres éclaircissements, desquels il résulte que ces administrateurs, complices de Diétrich ont constamment opprimé les citoyens aux efforts desquels nous devons la conquête de la liberté, et l'établissement de la République ; qu'ils sont signataires d'une adresse d'adhésion aux démarches de Lafayette et du département de Paris ; qu'ils ont provoqué, au mépris de la loi, la dissolution des sociétés populaires ; que dès le 28 juin 1792, Diétrich, maire, fit prendre un arrêté portant : 1° que les sociétés populaires établies à Strasbourg, seront tenues de notifier au corps municipal les lieux et heures de leurs séances et de leurs assemblées de lecture ; 2° que les officiers municipaux assisteront, à tour de rôle, à ces séances et assemblées de lecture ; 3° que chaque officier municipal de tour pourrra se faire représenter, tant les registres généraux de la société que ceux de leur comité particulier. Le plan de Lafayette a donc si bien été suivi, qu'ils ont fait fermer la salle de cette société, interdit ses séances, fait représenter les registres de ses délibérations; fait défense à Simon, journaliste, de faire des lectures publiques ; qu'ils signèrent, et excitèrent le peuple à signer une autre adresse, où ils disent aux législateurs que s'ils

mation, un imprimé allemand, qui ont déterminé un arrêté de déportation, avec un *retentum* secret au maire de la commune. (Registré n° 263, et ici n° 17.)

N° 18.

Dénonciation par le conseil général de la commune de New-Brisack et leurs députés Rudler et Hell, contre les citoyens Cabriole, commandant d'artillerie; Mékillier, commandant de la place, et Barbier, commissaire des guerres. (Registré n° 210, et ici n° 18.)

N° 19.

Dénonciation par le citoyen Schneider, vicaire général, maintenant accusateur public, au sujet des manœuvres qui ont eu lieu lors de la dernière élection de la municipalité, ainsi qu'au sujet du serment que cette municipalité a fait prêter à la garde nationale qui n'est point conforme à la loi. Ce serment est joint en imprimé, ainsi que les listes fournies lors de l'élection de cette municipalité. (Registré n° 46, et ici n° 19.)

N° 20.

Demande par la société des Amis de la République, aux fins de faire déporter le nommé Mange, prêtre contre-révolutionnaire. (Registré n° 67, et ici n° 20.)

N° 21.

Dénonciation, par le citoyen Engelender, prêtre constitutionnel à Kidelsheim, contre les prêtres insermentés et fanatiques, dont les persécutions, qu'ils lui font essuyer le réduisent à la fuite, en égard que personne dans la commune où il n'est dans le sens de la Révolution, et n'est inscrit pour la garde nationale. (Registré n° 103, et ici n° 21.)

N° 22.

Plusieurs dénonciations de différentes communes contre les volontaires du Cavaldos, avec l'avis du général Beauharnais, que nous avions chargé de vérifier ces faits, duquel il résulte que le mauvais esprit public de ces communes, et leur animadversion contre ces volontaires, ont plus de part à leurs plaintes que tout autre motif. (Non registré, ici n° 22.)

N° 23.

Dénonciation fort étendue par le citoyen Harbourg, curé constitutionnel de Marlem, contre une cohorte de fanatiques contre-révolutionnaires, dont il est tellement opprimé, qu'il ne trouve de salut que dans la fuite. (Non registré et renvoyé à l'accusateur public pour y pourvoir ; ici n° 23.)

N° 24.

Dénonciation des Amis de la liberté et de l'égalité de Beaufeld, qui attribuent les causes des troubles qui déchirent le département du Bas-Rhin à la résurrection de l'aristocratie et du fanatisme, et accuse 22 municipalités du district de Beaufeld, 9 juges de paix, les mem-

prononcent la déchéance du ci-devant roi, les liens qui unissent le Bas-Rhin à la France seront brisés, et qu'ils seront quittes de leurs engagements ; que lors de l'arrivée des commissaires de l'Assemblée législative, après le 10 août, ils ont publiquement délibéré s'ils les recevraient dans l'enceinte de la ville ; qu'après tant de manœuvres, plusieurs membres du département furent suspendus le 21 août dernier, par les commissaires de l'Assemblée législative à la mission desquels ils voulaient s'opposer, en engageant le peuple à se soulever ; qu'ils ont encore été suspendus par une proclamation du pouvoir exécutif, du 23 dudit mois, qui renferme les inculpations les plus graves ; qu'une lettre du ministre de l'intérieur, adressée au département, du 27 août, accuse la municipalité d'avoir transmis aux autres municipalités et administrations du royaume, des adresses séditieuses ; que ce ministre dit formellement dans sa lettre, que si les membres suspendus étaient encore portés à quelques places, aux nouvelles élections, les citoyens se verraient rappelés à l'ordre avec sévérité ; c'était là prévoir la nécessité de notre mission, attendu que, de fait, les membres suspendus furent de rechef réélus ; qu'aussitôt leurs installations faites, ils publièrent les éloges de Diétrich, et répandirent, dans le public, une de ses lettres, en semant des défiances sur les intentions du commandant de la ville, que jouissant de l'estime des bons citoyens, au point que celui-ci fut forcé de déclarer au conseil général du département, qu'avec une telle municipalité, il ne pouvait répondre de la sûreté de la place, ce qui est prouvé par la réquisition du procureur syndic, adoptée par le département.

D'après ces griefs communs, nous passerons à ceux individuels, principalement à ceux qui regardent quelques suspendus et la totalité des déportés, afin de mettre sous les yeux de nos juges les motifs qui nous ont déterminés, toujours d'après les mêmes pièces probantes.

Turckeim, ci-devant maire, ci-devant agent principal du cardinal de Rohan, suspendu sur l'avis du citoyen Rühl, est connu par son aristocratie, dont il ne fait point de mystère; a un frère et un beau-frère émigrés, il a donné retraite aux prêtres insermentés dans les établissements publics dont il était administrateur et congédié les patriotes qui y étaient employés.

Voici ce qu'en a dit le collègue Rühl lui-même, dans ce qu'il a rédigée à la Convention nationale le 13 janvier, avant qu'il n'ait changé de sentiments :

« Nous étions sur le point d'envoyer à la poste le présent paquet, quand le maire de Strasbourg nous a donné communication de la lettre qu'il a adressée au citoyen Président de la Convention nationale, et dans laquelle il dit, contre toute vérité, que l'officier municipal Noisette a été mandé devant nous, interrogé en séance publique, et que la plainte du citoyen Costard ne lui a pas été communiquée. Citoyens nos collègues, nous vous prions de jeter un coup d'œil sur l'extrait de notre procès-verbal, que nous vous faisons passer n° 2 et vous jugerez de la véracité du premier officier municipal de Strasbourg, frère d'un émigré, agent principal du cardinal de Rohan, beau-frère d'un émigré, général

bres même du tribunal, les suppléants, le directoire de district, le conseil général de la commune, et 3 receveurs d'enregistrement, du fanatisme le plus outré. (Registré n° 25, et ici n° 24.)

N° 25.

Dénonciation par plusieurs citoyens, de l'abus énorme qui résulte des monopoles qui ont lieu dans la vente des biens nationaux par une coalition de 38 individus qui écartent tous les amateurs, etc. (Registré n° 52 et ici n° 25.)

N° 26.

Liasse de 6 pièces contenant les dénonciations les plus fortes contre les membres de la municipalité de Saverne, de la part de la société des Amis de la République, avec jonction des listes des patriotes et des fanatiques, desquelles il résulte que les fanatiques l'emportent de plus de deux tiers.

N° 27.

Dénonciation de la commune de Schelestadt, joint l'imprimé incendiaire répandu dans le département de la Moselle, intitulé : Avis au peuple. Il est à remarquer que cet imprimé n'a paru qu'après le retour des déportés à Strasbourg.

N° 28.

Liasse produite par la société des Amis de la République de Strasbourg, composant les pièces justificatives de ses dénonciations et griefs contre les membres des trois administrations; jointe sur note exacte relative au civisme et à la conduite de plusieurs d'entre eux, notamment de ceux qui ont par nous été déportés. (Non registré, et ici n° 28.)

N° 29.

Dénonciation contre le général Pully, accusé, de Nomeny en Lorraine, du 31 décembre dernier, d'affecter de faire célébrer messes avec cérémonies par des prêtres réfractaires, auxquelles il a assisté avec les fanatiques qui l'accompagnent. (Non registré, ici n° 29.)

N° 30.

Extrait du procès-verbal prétendu de la troisième section du Temple-Neuf de Strasbourg. fait contrairement à la loi, et sous prétexte de laquelle les partisans de Diétrich et du fanatisme ont envoyé des pétitionnaires à la Convention, dans l'espoir d'y surprendre un décret qui levât la suspension par nous prononcée. (Non registré, ici n° 30.)

N° 31.

Liasse contenant 13 rapports et référés, provenant de notre correspondance secrète sur l'état et la situation des armées ennemies, avec un mémoire instructif sur les événements de Porentruy. (Non registré, ici n° 31.)

N° 32.

Dénonciation du citoyen Rivage contre les directeurs et employés de la monnaie de Strasbourg.

Baltazard, oncle d'un émigré, déserteur de son corps, homme en tous sens très suspect, qui prétend avoir le mot d'une place frontière, vis-à-vis de laquelle se trouve l'ennemi. »

Michel Mathieu, procureur de la commune, déporté, était le beau-frère du traître Nadale, directeur de l'arsenal, qui est émigré en emportant plusieurs effets de la nation ; après son émigration, Mathieu et Diétrich firent délivrer un passe port à la femme dudit Nadale, sœur de Mathieu. Lors de l'arrivée des commissaires de l'Assemblée législative, il les traita dans une séance publique, de commissaires de théâtre, de brigands, qu'il ne fallait pas reconnaître.

Gaspard Noisette, déporté, secrétaire du ci-devant cardinal de Rohan, connu pour avoir été principal agent des intrigues de Diétrich, dont il était, dans l'origine l'antagoniste, avait signé la lettre au général Lamarlière, qu'il invitait de requérir la municipalité d'expulser deux citoyens, dont l'un est un de nos collègues, dans notre sein, et qui n'étaient coupables que d'avoir montré, dans toutes les occasions, le patriotisme le plus pur ; que cette lettre renferme d'ailleurs les sentiments les plus contraires à la révolution du 10 août, aussi bien que celle qu'il écrivit de Paris le 23 juin, et de Hagnenau le 8 septembre dernier, où il qualifie les Jacobins de scélérats, que les gens qui ont du bien et de l'honneur doivent combattre en ennemis, par rapport aux scènes d'horreur qu'ils ont effectuées au château du roi ; c'est le même qui, au conseil de la commune, a tenté d'exciter le peuple contre le général Costard, et qui, dans la nuit du 25 au 28 décembre, a violé les lois militaires, sans compter la prostitution qu'il a faite du mot d'ordre ; c'est lui qui a fait distribuer, dans la Société populaire, un pamphlet qui a causé sa scission, et a été la source d'où sont écoulés les malheurs qui ont désolé le département du Bas-Rhin ; c'est lui qui était le persécuteur des patriotes, qui luttaient contre les trahisons de la cour et les crimes des corps administratifs ; c'est lui qui a adopté et secondé toutes les manœuvres de Diétrich, pour établir le système fayettiste, et étouffer les germes du républicanisme naissant, et que l'opinion publique des bons citoyens désigne comme un traître à la patrie, ainsi qu'il est démontré par la lettre du citoyen Liechtelé, du 22 janvier, aux commissaires de la Convention.

N° 33.

Pièces, délibérations, procès-verbaux du district de Dieuze, qui justifient que le ministre Clavière fait perdre annuellement au moins 600,000 livres de revenus à la République, sur le produit des salines de Dieuze, par une régie par lui combinée avec des hommes d'intelligence avec lui. Ces pièces nous furent remises à notre passage à Nancy, et notre rappel nous ayant empêché de vérifier cette dilapidation horrible, dont le citoyen Couturier a des connaissances particulières, nous en ferons ici, ou par un supplément particulier, un détail qui fera connaître les manœuvres du ministre Clavière, et le résultat des vols faits sur les revenus de la République.

Thomassin, déporté, a signé la lettre contre la suspension du ci-devant roi; c'est lui qui criait au comité permanent de la Commune, que Strasbourg devait tenir ferme; qu'il fallait rester fidèle à ses serments; c'est lui qui a principalement applaudi au discours de Mathieu de Heidolsheim, procureur de la Commune, qui insistait pour que les commissaires de l'Assemblée législative ne fussent pas reconnus; c'est lui qui, en qualité d'officier municipal, engageait le peuple à présenter des pétitions à la municipalité contre les sociétés populaires : les minutes mêmes écrites de sa main prouve ce fait : c'est lui qui, à la séance des corps administratifs, après le 10 août, disait que les factieux seuls désiraient une Convention nationale; c'est lui qui vient de ranimer dans la commune de Strasbourg le royalisme et le fayettisme; c'est lui qui après avoir été suspendu de sa place de directeur du timbre, y fut réinstallé par le ministre Clavière, malgré les réclamations des députés patriotes, et les preuves de son incivisme fournies.

Frédérik Schœll, déporté, substitut du procureur de la Commune, invitait les citoyens à venir signer l'adresse séditieuse de Diétrich, sur les événements du 20 juin, même par affiche d'invitation produites aux pièces : c'est un royaliste enragé, qui a dit toutes sortes d'horreurs contre l'Assemblée législative, lors de la suspension du ci-devant roi; qui a abattu ceux qui osaient approuver ladite suspension; qui a publié des pamphlets incendiaires contre les sociétés populaires, a persisté dans son refus de reconnaître ladite suspension, jusqu'à ce qu'il ait été suspendu lui-même des fonctions d'administrateur du département; c'est lui qui a le plus fortement appuyé le projet de Diétrich dans les fameuses assemblées des 14 et 15 août.

Georges Lehu, suspendu, membre du conseil du département, reconnu dans tout son voisinage par son aristocratie et la protection qu'il donne aux prêtres réfractaires, leur donnant même asile chez lui.

Charles Popp, déporté, odieux par l'incivisme le plus caractérisé, a été suspendu de ses fonctions de procureur syndic du district Ce citoyen entrave sans cesse la marche des patriotes. Sa lettre du 22 août, au département, renfermant les plus mauvais principes, et les plus contraires à la Révolution, suffirait pour le repousser du sein de la patrie. Il est le défenseur banal de tous les mauvais citoyens c'est

lui qui a principalement contribué à faire violer la loi du 10 juillet 1791, sur la police des places mises en état de guerre, et qui avait favorisé aux expulsés de Schelestadt la rentrée dans une ville où ils avaient si souvent fait naître les troubles; il est le rédacteur de l'adresse incendiaire, qui a été proposée dans les séances des 14 et 15 août. Il a tellement épousé le parti royaliste, qu'après la suspension des membres gangrénés du département, il déclara qu'il ne pouvait plus rester à son poste dans le nouvel ordre de choses actuelles de l'administration; que c'était là sa profession de foi.

Saltzmann, député, gazetier et folliculaire perfide, a constamment travaillé à soutenir la cour contre le peuple, calomnié les législateurs, répandu des nouvelles alarmantes : acharné contre les Marseillais et les Parisiens, qu'il nommait des brigands, il faisait distribuer des suppléments de gazettes, dans l'un desquels il proposait qu'on se jetât entre les bras du roi, pour lui donner un pouvoir illimité; que ce supplément était signé d'un nom faux; que dans d'autres de ses feuilles, il vilipendait le droit d'insurrection légitime; qu'il n'y a pas d'horreurs qu'il n'ait dites contre ceux qui luttaient contre la Cour. Il a signé, appuyé et réimprimé les adresses incendiaires de Diétrich, dont Rühl, à qui elles étaient adressées, n'a pas jugé à propos de faire usage à l'Assemblée nationale.

André Ulrich, déporté, aussi noté d'infamie que Saltzmann, n'a cessé, aussi bien que ledit Saltzmann, de corrompre l'opinion publique par des libelles; qu'auteur de plusieurs pamphlets incendiaires contre les sociétés populaires, avant le 10 août, il a soutenu, dans les séances des 13 et 14 du même mois, que la partie de l'Assemblée législative qui avait décrété la suspension de Louis XVI, ne voulait autre chose que le brigandage et le partage de tous les biens. Il a déclamé comme un frénétique contre les commissaires qui devaient alors se rendre à Strasbourg, et qui l'ont suspendu à cause de son refus de signer l'arrêté par lequel la loi de la suspension devait être reconnue.

Sontag, receveur des domaines et forêts, déporté, a été dénoncé au ministre Clavière par la députation du Bas-Rhin, qui a demandé sa suspension. Il est généralement connu pour être le protecteur des fanatiques et l'ennemi juré du nouvel ordre des choses, n'ayant de liaison qu'avec les aristocrates, à quoi il faut ajouter la lettre des administrateurs du directoire du département, et le certificat du citoyen Monet, maire, au bas, par laquelle il est dit : « Nous avons cru devoir éclairer votre religion, citoyens commissaires, sur la conduite passée du citoyen Sontag, que vous avez dû suspendre de ses fonctions de receveur des domaines et bois : cet individu a effectivement obtenu un certificat de civisme de la municipalité, visé par le district, il y a quelque temps; mais remarquez, citoyens commissaires, que la signature de Monet, alors procureur général syndic, lui a été surprise; que, d'ailleurs, la signature de quelques membres du directoire d'alors n'était point en forme de certificat de civisme, mais seulement un *visa* des signatures de la municipalité et du district. Le directoire croit qu'il est nécessaire de se tenir en garde contre tout ce que pourrait dire ce citoyen en sa faveur : ses liaisons avec les partisans de Diétrich sont notoires; mais vous devez en être informés officiellement. C'est ce devoir que nous remplissons aujourd'hui.

« *Signé : Les administrateurs du directoire du département du Bas-Rhin.* »

Autre lettre du citoyen Rühl, du 10 février 1793, à ses collègues, sur le civisme de Sontag.

« Le citoyen Sontag est un homme que je ne connais, ni de nom, ni de personne. Lorsqu'il s'est présenté chez moi, il y a à peu près deux mois et demi, et qu'il n'a présenté des certificats de civisme, signés par des administrateurs du directoire du département du Bas-Rhin, par ceux du district, et par la commission administrative de la municipalité, c'est alors que j'ai attesté que je ne connaissais pas le citoyen Sontag; que je n'avais aucun renseignement à donner, ni sur son civisme, ni sur son anticivisme; mais que les signatures de ceux qui lui avaient expédié des certificats, m'étaient connues, et que, jusqu'ici, je n'avais aucun sujet de révoquer en doute leur véracité. Voilà, citoyens collègues, toute la relation qui se trouve entre moi et cet inconnu, que je suis bien éloigné d'avouer. Marc Berr m'a dit depuis que ce Sontag n'a jamais rempli les fonctions de garde nationale; je ne sais pas si cela est vrai. Voilà tout ce que je sais du citoyen Sontag.

« A cela il est bon d'ajouter le certificat du citoyen Krafft, juge de paix du premier arrondissement de Strasbourg, du 27 mars 1792, et les pièces qui l'accompagnent. Le citoyen Couturier, commissaire de la Convention nationale, m'ayant requis de lui donner des éclaircissements sur une information faite au sujet d'un enlèvement de meubles du ci-devant couvent de Sainte-Barbe :

« J'ai l'honneur de lui observer qu'au mois de janvier dernier, il m'a été dénoncé par le commissaire de police, qu'il s'était fait un enlèvement de meubles du ci-devant couvent de Sainte-Barbe; information a été faite, par laquelle il constate qu'un citoyen de cette ville, auquel le citoyen Sontag avait confié la clef dudit couvent, y a cherché des effets qu'il dit y avoir achetés lors de la vente des meubles, et que ces mêmes objets étaient inscrits à l'inventaire de la vente; en sorte que j'ai envoyé ladite information au procureur syndic du district, pour vérifier la vente et m'en donner les éclaircissements nécessaires; mais jusqu'ici je n'ai point eu de réponse, ni pu ravoir les pièces, quoique je les aie fait demander, encore hier, par écrit, et quoique les pièces aient été enregistrées à ce district. »

« Cette lettre a provoqué un ordre de la part du citoyen Couturier au procureur syndic du district, de transmettre dans le jour ladite information, avec une attestation authentique que la personne prise en enlevant les meubles nationaux, au moyen des clefs à elle confiées par Sontag, les avait réellement achetés à la vente, et qu'ils y sont compris de même que dans l'inventaire.

« Cet ordre n'a opéré qu'une réponse dilatoire de la part des administrateurs du district, et finalement seulement la remise de l'information au juge de paix, qui est conforme à son certificat ; mais jamais il ne fut possible d'obtenir du district, l'attestation demandée par le citoyen Couturier, d'où il résulte que Sontag, jusqu'au moment du départ de la commission, est toujours resté inculpé d'avoir confié les clefs du couvent de Sainte-Barbe à un particulier qui a enlevé, sur une charrette, des effets nationaux non vendus, et peut être non inventoriés, comme cela se pratique ailleurs, au plus grand détriment de la République.

« Ce qui peut peut-être militer en faveur du citoyen Sontag, c'est qu'il est un jeune homme, père de famille, qu'il est, comme il l'assure, créancier de 7,000 livres de Diétrich, et que le collègue Bentabole nous a écrit qu'il l'avait connu autrefois pour un honnête homme, qui a été séduit par l'astucieux Thomassin, qui était à la tête des partisans de Diétrich, débiteur du citoyen Sontag.

« Rollet-Baudreville, déporté, favori et ami intime de Diétrich, suspendu par les commissaires de l'Assemblée législative, de sa place de commandant de la ville de Strasbourg, à raison de sa suspicion ; cet homme, après le 10 août, avait poussé sa morgue à refuser toute place d'honneur aux commissaires de ladite Assemblée législative, et à punir les canonniers qui étaient allés au devant d'eux, au scandale des bons citoyens, et que néanmoins il a été élu au conseil général de la commune dans le temps qu'il devait être éloigné à 10 lieues des frontières ; que ce conseil avait eu tant de confiance en lui, qui l'a député à Paris, pour y traiter de calomnie ce que les députés du Bas-Rhin avaient avancé à la tribune de la Convention nationale, et demander le citoyen Pétion pour commissaire ; que malgré sa suspension de commandant de la place, la coalition feuillantine lui a fait continuer les fonctions de chef de légion de la garde nationale.

« Alexis Gloutier, déporté, précepteur des enfants de Diétrich, pendant son administration au département dont il fut suspendu par les commissaires de l'Assemblée législative, a constamment favorisé les prêtres fanatiques et méprisé ceux qui étaient fidèles à la loi; tout le monde sait que ce département était contre-révolutionnaire, et que Gloutier y jouait le premier rôle ; dans les séances des 13 et 14 août, il dit entre autres choses : si l'ennemi n'était pas à vos portes, je proposerais de marcher sur Paris, pour briser les fers du roi.

« Richard Brunck, déporté, commissaire des guerres, et membre de l'ancien conseil de la commune ; quoique sa première suspension n'ait pas été levée, cet homme dangereux a signé et appuyé toutes les adresses royalistes et rebelles de Diétrich ; il ne s'est lassé de dénoncer au conseil général de la commune, tous ceux qui tachaient de démasquer les trahisons de la Cour, et de ses complices ; dans la séance du 14 et 15 avril, il se rangea du côté des rebelles, et fut dans la suite suspendu par le pouvoir exécutif.

« A quoi on peut ajouter l'opinion qu'il a marquée comme député à l'Assemblée législative, et notamment la procédure qui a eu lieu dès le 20 janvier dernier sous nos yeux, contre un espion avéré, qui, interrogé par ledit Brunck, en sa qualité d'auditeur de la Cour martiale, a avoué, par sa bouche, être passé le Rhin quatre fois dans quinze jours, et avoir reçu, par trois différentes reprises, de l'argent d'un lieutenant-colonel autrichien ; quoique ces déclarations n'étaient pas équivoques, qu'elles étaient appuyées par un dénonciateur, Richard Brunck ne pâlit pas pour omettre la date du mois et le jour de l'interrogatoire du dénonciateur, ni pour écrire par deux lettres des 21 et 28 janvier, au général Desprez-Crassier, que l'espion accusé était innocent, et que le dénonciateur, était suspect ; ce qui détermina le général à faire relâcher l'espion, et ce qui donna lieu à bien d'autres faits, qui tous dévoilent une connivence de la part dudit Brunck, surtout lorsqu'il disculpe encore le gendarme qui avait été envoyé sur les lieux pour ramener ledit espion, et qui, par des fables imaginées, est venu avec un procès-verbal constatant plutôt de la connivence, que de son véritable dessein de ramener cet espion, comme il est à voir au procès-verbal ; d'un autre côté, par l'état de civisme fourni par les administrateurs du département, Brunck y est porté comme aristocrate contre-révolutionnaire.

« Charles Sicard, déporté, précédemment suspendu de sa place de commissaire des guerres, agent de Lafayette et de Victor Broglie, entretenait la correspondance de ceux-ci avec Diétrich, à quoi l'on est bon d'ajouter la dénonciation très étendue du citoyen Rivage, n° 13 ; la lettre du citoyen Siéchlé, du 22 janvier ; la dénonciation du citoyen Arnette, du 19 janvier, et l'opinion publique qui le désigne comme un traître à la patrie, qui a commencé d'obtenir de Lafayette la place de commissaire des guerres.

« Chayroux, gazetier, déporté, prêchait le royalisme le plus déterminé ; calomniait les représentants du peuple qui combattaient les trahisons de la Cour ; déclamait contre les sociétés populaires ; décourageait les patriotes en exagérant nos dangers, et faisait tout en faveur de l'aristocratie.

« Louis Albert, fils, déporté, valet de Diétrich, et champion du royalisme, était aussi un de ceux qui combattaient le plus la suspension du roi, et qui persistait constamment dans son opposition, ce qui a déjà déterminé les premiers commissaires à le suspendre du département.

« Blessig, ministre du culte luthérien, déporté, décourageait les patriotes par ses sermons, en leur traçant les calamités de la guerre de couleurs si affreuses, que ses auditeurs se mirent à pleurer et à regretter les enfants de Strasbourg qui étaient à l'armée ; que ses discours ont beaucoup contribué à l'assoupissement de l'esprit public, parce que réclament ce prédicant a le talent et l'éloquence des orateurs hypocrites ; dans les séances des 13 et 14 août, il fit la motion de rappeler les députés de Strasbourg, puisqu'ayant outrepassé leurs pouvoirs, ils n'étaient plus représentants, il a souvent déclamé contre les sociétés populaires et la suspension du roi. Si cet homme avait voulu profiter de son ascendant sur les habitants de Strasbourg pour la bonne cause, il aurait fait le plus grand bien ; mais il s'est bien gardé de propager les principes de la Révolution ; aussi les élèves du collège de Saint-Guillaume, dont il a l'inspection, ne sont point animés d'un patriotisme actif.

« Alker, suspendu, bailli de village avant la Révolution, dépourvu des talents les plus ordinaires, sans caractère comme sans principes, parut à l'infâme Diétrich une créature précieuse pour un poste qu'il voulait influencer et mener au gré de ses perfides intentions ; c'était assez que ce tyran d'un jour voulût une chose pour qu'elle se fît, et qu'à ce moyen, et par les intrigues de Thomassin, il fût élu au préjudice des hommes pleins de talents et de patriotisme, au poste important d'accusateur public du département du Bas-Rhin ; il s'est toujours montré le protecteur du fanatisme et des émigrés, et l'ennemi des patriotes, au point qu'il manifesta cette opinion dans un discours public ; aussi on a vu assassiner des patriotes et prêtres constitutionnels, sans que jamais il en fût résulté aucune punition, pendant que les patriotes qui tombaient sous sa coupe étaient violemment mulctés ; il est cause qu'il manque soixante prêtres constitutionnels sur les cures, qui auraient prêché la Révolution et dessillé les yeux des fanatiques ; il est tellement lié avec les prêtres réfractaires, qu'il en avait logé un des plus fanatiques chez lui ; il avait même consenti que les assassins de Russac, décrétés d'accusation, fussent élargis sans donner caution, etc, etc.

« D'après des faits si publics, si authentiques, copiés et réunis de mot à mot, d'après les pièces et les dénonciations déclinées au présent rapport, nous aurions dû prendre des mesures sévères, telles que nos pouvoirs nous le permettraient et faire arrêter des conspirateurs opiniâtres, que la mémorable journée du 10 n'avait pas encore détourné de l'exécution de leurs projets conspirateurs, nous usâmes d'indulgence dans le dessein de ramener les esprits, et nous nous contentâmes de suspendre de nouveau ceux qui l'avaient été dans le courant du mois d'août, pour les crimes que nous venons de dire, et de prononcer à la suite quelques rélégations sur les dénonciations les plus fortes, et les preuves les plus claires. De jour à autre les mesures de salut public devinrent plus urgentes ; l'approche de l'ennemi s'annonçait ; et les corps administratifs et communes fanatisés n'étaient encore régénérés qu'en partie : ce qui nous détermina de charger les administrateurs du département et des districts régénérés de renouveler lesdites communes. C'est dans ce moment d'inquiétudes que le directeur de la douane nous présenta requête aux fins d'être autorisé d'armer les préposés de fusils, dont la privation les mettaient hors d'état de remplir leur devoir contre les contrebandiers; mesure que le général Desprez-Cassiez a jugée dangereuse, fondé sur l'expérience que, lorsqu'il commandait à Lantomne, sur les frontières du Luxembourg, ayant employé les préposés à la garde de quelques postes, ils avertirent l'ennemi, favorisèrent la correspondance des malveillants de l'intérieur, et laissèrent prendre ces postes sans tirer un coup de fusil.

« Il est donc hors de doute que de grands maux affligeant le département du Bas-Rhin, de grandes mesures pouvaient seules le sauver; Vous aviez textuellement dans vos mains; nous ne pûmes douter de votre intention, et il n'y a que les hommes pervers qui aient pu vous faire oublier que vous nous aviez autorisés à prendre toutes celles que nous trouverions convenables pour le salut public, et dont nous allons vous donner le détail suivant :

États des mesures et arrêtés pris dans le département du Bas-Rhin.

« Nous avons dit qu'avant notre arrivée à Strasbourg, on y avait, dès le 5 janvier, répandu des imprimés pour soulever le peuple contre nous, dans lequel il était dit : *aujourd'hui ou demain, des commissaires se rendront ici dans le dessein d'y rétablir l'ordre; déjà triomphe cette partie de vos concitoyens qui, par haine particulière ou par erreur, conteste les élections de vos magistrats, et on travaille à vous porter un coup assommant; si vous êtes timides ou nonchalants, c'est comme si le coup était porté, et la France entière vous méprisera, vous et vos magistrats, à cause de votre lâcheté : de cette manière vous serez traîtres à vous-mêmes et aux magistrats que vous êtes choisis.*

« Pour prouver aux factieux qui égarent l'esprit des Strasbourgeois, que nous étions bien éloignés de craindre leurs haines, bien moins encore leurs menaces, notre première occupation fut de nous procurer un de ces imprimés; nous fîmes à l'instant comparaître les signataires à notre première audience publique, où ils se présentèrent comme des pénitents ; et quoique Jean Georges Schwing, l'un d'eux, fût le beau-frère du collègue Rühl, nous fîmes subir un interrogatoire à ces prête-noms fanatiques qui reconnurent leur écrit et que Friez, l'un d'eux, en était le rédacteur : nous sursîmes par déférence pour le citoyen Rühl à prendre un arrêté contre eux; et comme six jours après, le collègue Rühl abandonna la commission sous prétexte de maladie mortelle, nous eûmes la délicatesse de nous borner à écrire au rédacteur de ce libellé incendiaire, de respecter la loi et d'être plus circonspect à l'avenir. D'après cette conduite, on peut juger combien il nous a fallu de griefs pour prendre des mesures sévères.

« Cette pièce est la première de la liasse des dénonciations.

« Sur la dénonciation du commissaire des guerres, Rivage, ci-devant officier de la monnaie de Strasbourg, n° 32 à la liasse des dénonciations, nous arrêtâmes qu'inspection serait faite à l'Hôtel de la monnaie, vérification du civisme des employés, de l'état des registres et de toutes les parties de cette administration intéressante : cette opération a été commencée le 10 juillet, et continuée par intervalle sans avoir pu l'achever avant notre rappel. Il est déjà constaté d'une mauvaise tenue des registres et d'autres abus, et nous serions sans doute parvenus à redresser un atelier si important, et où les dilapidations peuvent si facilement être mises à couvert; coté A, liasse des arrêtés.

« Arrêté du 14 janvier, qui renvoie la plainte du citoyen Mallet, adjudant, contre le maître de poste Nilzheim, qui avait refusé de le conduire pour des assignats, renvoyé à l'accusateur public qui a ensuite annoncé que le juré d'accusation l'avait acquitté nonobstant cette contravention; coté B.

« Arrêté du 15 janvier, sur l'avis des généraux et supérieurs militaires, qui porte la solde des gendarmes du n° 1 du Rhin sur cette contravention; coté B.

« Sur les plaintes portées par la commune de Landau, que des négociants de Strasbourg, exportaient journellement à l'étranger une quantité prodigieuse de pierres à fusils, même après de prétendues visites faites par les préposés des douanes, nous recommandâmes à cette commune la plus grande surveillance, et elle ne tarda pas d'arrêter deux tonneaux contenant dix à douze quintaux de pierres à fusils appartenant aux négociants Mauberger et Reichard, qui les faisaient conduire à l'étranger, munis d'un certificat du visiteur des douanes, portant que c'étaient des pierres à briquets ; la fausseté de cette déclaration fut bientôt constatée par un procès-verbal de visite des officiers municipaux qui, contredisant par les négociants que par le visiteur qui soutenait toujours que c'étaient des pierres à briquets, et les funestes événements d'incendie arrivé à Landau, tant à l'arsenal qu'aux casernes, nécessitant le transport de l'un de nous sur les lieux, le collègue Dentzel s'y rendit et fit par lui-même en présence d'un de ces négociants et des officiers municipaux. procéder par expert à une nouvelle visite de ces pierres, par laquelle il fut derechef constaté que c'étaient des pierres à fusils bien nettement taillées ; et sur ce que nous voulions connaître le motif de ces distinctions de pierres à fusils et de pierres à briquets; on nous représenta une lettre du ministre Clavière, du 14 août dernier, par laquelle il écrit que rien ne s'opposait à l'exportation des pierres à briquets; que la prohibition ne recevait d'application qu'aux pierres à fusils : c'est de là que nous avons conclu que attendu que les pierres servaient de pierres à briquets, c'était sur cela que ces négociants, aussi bien que le visiteur, avaient eu le front de soutenir que les pierres dont il s'agissait, étaient des pierres à briquets : nous suspendîmes donc ce visiteur, et renvoyâmes au tribunal nanti, les pièces pour la poursuite de cette affaire, en exécution du décret du 21 juin 1791; coté D.

« Proclamation du 18 janvier, rédigée et écrite de la main du collègue Rühl, portant suspension des membres de la commune qui avaient déjà été précédemment suspendus, mesures insuffisantes dont le citoyen Rühl l'auteur, aussi bien que des termes, *et autres causes à ce nous mourant*, puisque les patriotes de cette municipalité sont encore les plus faibles ; autre proclamation supplémentaire pour le remplacement des membres qui n'ont pas accepté, en date des 21 et 23 même mois; coté E.

« Proclamation du 24 janvier, faite par Couturier et Dantzel seuls, après le départ du collègue Rühl : par cette proclamation a été prononcée la suspension des membres du département déjà suspendus précédemment, sans qu'on y trouve l'énonciation de cette phrase d'ancien régime employée par le collègue Rühl ; on y trouve seulement l'insuffisance de la mesure dont le plan avait été tracé par lui; coté F.

« Pièces relatives aux incendies de l'arsenal et des casernes de Landau, qui ont provoqué notre arrêté du 23 janvier, qui ordonna l'arrestation provisoire du garde d'artillerie, Vandré, la destitution de Félix Lombard, casernier, et qui, sur les plaintes de la commune, contre les nommés Bonert, Constant et Heffling, émigrés, rentrés d'après une lettre du ministre Roland, et les soupçons résultant contre eux par ces événements, ordonne que lesdits dénommés seront rétablis au semblable état qu'ils étaient avant la décision de ce ministre ; qu'en conséquence, ils sortiront dans trois jours de la notification de l'arrêté, du territoire de la République, sinon que ledit temps passé, ils seront tenus pour émigrés rentrés; et comme tels, punis conformément à la loi ; coté G n° 88 du registre.

« Proclamation du 25 janvier, qui assujettit provisoirement les avoués près les tribunaux du Bas-Rhin, à produire dans la quinzaine des certificats de civisme; coté H.

« Avis au citoyen Rolle, inspecteur des forêts, sur la demande de la commune de Rosheim, d'après quoi, vu l'urgence de la disette des bois à Strasbourg, et les réclamations des fournisseurs de la garnison, nous avons pour cette fois, sans tirer à conséquence, permis à cette commune de vendre et délivrer aux fournisseurs l'excédent de ses bois d'affouage, le 25 janvier; cote J, n° 101 du registre.

« Sur la dénonciation du citoyen Jean-Adam Engelender, n° 103 du registre et 2 aux dénonciations, nous avons arrêté le 25 janvier, que d'après les éclaircissements que nous avions recueillis, il serait pris une mesure générale pour l'arrestation des prêtres fanatiques, et ordonné le renvoi de la plainte personnelle dudit Engelender à l'accusateur public; coté K.

« Arrêté du même jour, qui ordonne qu'il sera envoyé secrètement, avec prudence et discrétion, 25 hommes de la force armée vers chacun des quatre districts qui, sur l'indication d'un citoyen qui sera mis à leur tête, feront les recherches convenables à l'arrestation des prêtres insermentés et fomentateurs; coté L., n° 104 du registre.

« Arrêté du 27 janvier, qui, sur l'avis du général Desprez-Crassier, déclare qu'il n'y a pas lieu à délibérer sur la demande du directeur des douanes, tendant à armer de fusils les préposés; coté M. n° 243 du registre.

« Arrêté du 26 janvier, n° 36 du registre, par lequel nonobstant la protection du ministre Roland envers le prêtre fanatique et fomentateur Rumpler, et une lettre très forte qu'il a écrite au département à son sujet, pour paralyser la loi, ainsi que les réponses du département le justifiant, nous avons ordonné l'exécution de l'arrêté du département du 19 octobre, relativement à la déportation; en conséquence,

le prêtre Rumpler a été mis au séminaire, après lui avoir laissé l'option de la déportation; et successivement une vingtaine d'autres prêtres contre-révolutionnaires lui ont été adjoints audit séminaire; coté N.

« Arrêté du 20 janvier, n° 51 registre, portant que l'organisation et le complètement des compagnies d'artillerie à la garde nationale strasbourgeoise dites canonniers, sera effectuée sans délai par le corps municipal à la fonction des commandants de bataillons, chefs de légions, et que les canonniers seront surveillés pour leur plus prompte instruction par un officier expérimenté; coté O.

« Arrêté du 28 janvier, n° 155 du registre, qui, pour les causes indiquées par les avis des administrateurs du département, dénonciations et autres pièces contre Michel Thomassin, directeur du timbre à Strasbourg, précédemment suspendu, et arbitrairement réintégré par le ministre Clavière, le suspend de nouveau, avec injonction de se retirer dans l'intérieur, à dix lieues des frontières; coté P.

« Autorisation du 28 janvier, n° 123 du registre, à Philippe et Sabatier, agents de l'administration des habillements, d'acheter provisoirement, vu l'urgence, du cadix blanc, pour achever les habillements commencés par les troupes; coté Q.

« Arrêté du 29 janvier, n° 129 du registre, qui, conformément à la demande du département, tranfère la poste aux chevaux du village fanatique de Germsheim à la Vansenau; coté R.

« Autorisation du 21 janvier n° 132 du registre, qui, sur l'exposé des citoyens Fresquay et Blachette, payeurs de l'armée, et l'avis conforme du commissaire ordonnateur, leur permet d'échanger de l'or, qu'ils disaient avoir alors, contre des écus, qu'ils opéraient le même effet à Strasbourg, moyennant 5 à 6 sous de bénéfice que l'entrepreneur des fourrages de l'armée leur offrait, à charge par eux de rendre compte du bénéfice qui résultera à la République; coté S.

« Arrêté de suspension du 29 janvier, n° 142 du registre, contre Philippe, adjudant de la place de Landau; coté T.

« Réitération de suspension contre le commissaire ordonnateur des guerres Marchal, et les commissaires ordinaires Brunck, Sicard et Marchal, fils, 30 janvier, n° 150 du registre.

« Ces commissaires avaient déjà été suspendus précédemment pour des causes graves, et pour leur esprit contre-révolutionnaire généralement avoué et reconnu; néanmoins ils ont continué leurs fonctions comme s'ils n'avaient point été suspendus, d'où il est sans doute résulté des torts à la République, par les différents marchés qu'ils ont passés et leurs autres administrations, ce qui est d'autant plus probable, que le commissaire Rivage, nous avait dénoncé un marché considérable passé par le commissaire ordonnateur Marchal, dans lequel il a prétendu que la République avait été trompée d'une somme considérable.

« Nous prononçâmes donc la suspension de ces 4 commissaires; mais nous ne les remplaçâmes pas, comme faussement et calomnieusement on a osé le répandre dans la Convention nationale; mais pour que nos suspensions ne restassent pas sans effet comme les premières, nous chargeâmes les généraux Desprez-

Crassier et Coustard-Saint-Lô, de les remplacer par des citoyens dont le civisme et le dévouement à la République étaient connus.

« Ces généraux connaissaient la loi du 3 septembre, qui permet de remplacer les commissaires des guerres suspendus ou destitués, par de pareils citoyens. Le général Desprès-Crassier nomma à deux de ces places de simples citoyens, conformément à la loi citée; et s'étant absenté, sur la représentation que l'on nous fit, que de la place de commissaire ordonnateur des guerres, qu'avait Marchal père, dépendait une grande besogne qui ne pouvait rester un moment en souffrance; qu'il avait une grande quantité de papiers qu'il était urgent d'inventorier et de remettre à son successeur; dans cette circonstance, et vu l'urgence, nous prîmes un arrêté par lequel nous chargeâmes le citoyen Coustard, commandant de la place, de pourvoir à ce remplacement provisoire, comme nous avions pris l'usage de faire quand il s'agissait de remplacement dans le militaire; le citoyen Coustard y nomma le citoyen Schiélé, commissaire des guerres à Strasbourg. Voilà donc déjà trois remplacements de faits; il ne restait donc plus que le remplacement de Marchal fils, simple commissaire des guerres; mais comme celui-ci était employé à Mayence, à l'armée de Custine, son remplacement ne pouvait être arrêté à Strasbourg. On a cependant dit que nous avions nommé nos parents au remplacement des suspendus; savoir, le fils du citoyen Couturier à la place de Brunck, et Bourgraff, parent du citoyen Dentzel, à la place du receveur Sontag, et c'est à de pareils mensonges qu'on s'est arrêté, comme à des moyens pour détruire la mesure urgente et salutaire que nous avions prise en déportant 15 contre-révolutionnaires, comme si cette déportation pouvait avoir quelque connexion avec des faits particuliers et controuvés, dictés par des âmes atroces et passionnées.

« Mais nous allons dire ce qu'on n'a pas dit : Desprez-Crassier, chargé de pourvoir aux places nécessaires et urgentes, et qui savait bien que les remplacements étaient remplis, et qui savait aussi qu'il manquait beaucoup de commissaires des guerres à Strasbourg, principalement d'un commissaire ordonnateur pour partager la besogne immense du commissaire ordonnateur du département de la guerre; et ayant appris que le citoyen Couturier avait un fils commissaire des guerres à l'armée de Belgique, qui par sa conduite avait mérité de l'avancement, le nomma à l'insu du citoyen Couturier père, « ce que le collègue Dentzel atteste lui-même », commissaire ordonnateur; il ne nomma donc pas ordonnateur à titre de remplacement d'aucun des suspendus, puisque Marchal, père, était seul ordonnateur, et qu'il a été remplacé par le commissaire Schiélé, son confrère. Le général, qui sans doute voulait reconnaître dans un fils les services que le père rendait dans le département du Bas-Rhin, lui envoya à Liège sa nomination, et lui écrivit de se rendre à son poste à Strasbourg; ce que le jeune homme, âgé de 25 ans, et non de 22, comme on l'a encore impudemment avancé, fit, et comme cela lui paraissait naturel, d'autant plus que des commissaires plus nouveaux ont été nommés ordonnateurs.

« Un fait plus frappant encore, c'est que le citoyen Couturier, père, à l'insu duquel la nomination de son fils s'est faite, s'opposa à sa réception, à laquelle il fut passé outre, malgré lui; et son fils, majeur, jouissant de ses droits, fut reçu à la garde montante, et devant les corps administratifs.

« Etait-il dans la puissance d'un père d'empêcher l'avancement légal de son fils, parce qu'il était commissaire de la Convention ? Un citoyen qui, tant à l'Assemblée législative qu'à la Convention, ne s'est jamais démenti; qui, étant de la députation envoyée au château des Tuileries, le 10 août, pour haranguer le peuple, resta seul, plus d'un quart d'heure, devant ce château, au milieu des premières décharges, pendant que quelques-uns de ses collègues s'enfuirent jusqu'au jardin des plantes, faubourg Saint-Marceau, où ils furent joindre le député Lacépède, et que les autres retournèrent prudemment avec le citoyen Rühl au sein de l'Assemblée; lui, qui, le même jour, avec le collègue Lacroix, parvint, sur la terrasse des feuillants à apaiser les fureurs du peuple, qui était sur le point de forcer la salle de l'Assemblée; lui, qui, depuis 25 ans, a été à la tête des tribunaux, et qui a apporté avec lui, à la représentation nationale, la confiance publique, pouvait-il être soupçonné, aussi bien que son collègue, d'avoir agi arbitrairement et d'avoir fait une école, telle que les âmes noires ont osé avancer, et sur les dires desquels la Convention a statué, sans autres éclaircissements ?

« La société des Amis de la République, de Strasbourg, avait de même été entourée de calomniateurs, sur le fait de la promotion du citoyen Couturier fils, mais aussitôt qu'elle fut éclairée, elle écrivit au père la lettre suivante :

Strasbourg, le 26 mars.

Les sans-culottes, amis de la liberté et égalité de Strasbourg, au républicain Couturier, commissaire de la Convention nationale, Salut.

« C'est avec un plaisir inexprimable que la société des Jacobins de Strasbourg a entendu la lecture de votre lettre; les expressions du plus pur patriotisme qu'elle contient ont été fort applaudies, et tous les vrais républicains ont rendu justice à vos intentions et à votre conduite à l'égard de votre fils. Continuez, braves législateurs, à bien mériter de la patrie; et croyez que vos frères les sans-culottes de Strasbourg, qui savent revenir d'une erreur, redoubleront de zèle et de courage, et qu'il resteront debout, jusqu'à ce que l'orage qui s'accumule sur leurs têtes soit entièrement dissipé, et que le soleil de la liberté éclaire tous leurs concitoyens.

« *Signé : les membres du comité de correspondance.* »

Autre lettre du général Coustard.

Paris, 4 mai 1793.

« Citoyen,

« A mon arrivée à Paris, j'ai appris avec autant de peine que de surprise, les propos tenus relativement à la nomination du citoyen Couturier, votre fils, à la place de commissaire ordonnateur des guerres, et les reproches mal fondés qui vous étaient faits à ce sujet. Vous avez mis dans cette affaire la délicatesse qu'on a droit d'attendre d'un franc républicain ; vous avez refusé et rejeté, en ma présence, la nomination faite de votre fils par le général Desprez-Crassier, qui en avait le droit ; c'est lui, c'est moi, qui avons forcé votre délicatesse mal fondée, qui pouvait nous priver d'un excellent sujet ; vous aviez laissé le général le maître de nommer à cette place, il a fait un choix qui a mérité l'approbation de tous les bons citoyens. Ceux qui vous font aujourd'hui un pareil reproche, sont bien loin de connaître la conduite que vous et votre collègue Dentzel avez tenue à Strasbourg : vous ne pouvez avoir d'ennemis, que ceux qui n'aiment pas la chose publique ; quant à moi qui vous ai vu opérer sous mes yeux, je ne cesserai de vous rendre partout la justice que vous méritez et que tout le monde sera bientôt forcé de vous rendre.

Le citoyen maréchal de camp employé à l'armée des Alpes, ci-devant commandant la ville et citadelle de Strasbourg.

« Signé : GUY COUSTARD-SAINT-LO. »

« Il n'est pas moins vrai que le 1er avril, à l'ouverture de la séance, vous avez décrété, sur la motion d'un membre qui dit n'avoir parlé qu'après les dires de Philippe Rühl, que les commissaires envoyés par la Convention dans les départements qui croiront nécessaire de destituer ou suspendre les administrateurs quelconques qui leur seront dénoncés, ne pourront les remplacer provisoirement, que par des citoyens munis d'un certificat, donné par le conseil général de la commune du lieu de son domicile, visé par les directoires de district et de département, qui atteste que depuis 1789 ce citoyen n'a cessé de donner des preuves de civisme pur et soutenu : vous avez en même temps décrété que la nomination du fils du citoyen Couturier à la place du commissaire ordonnateur des guerres, ainsi que celle du citoyen Bourgraff sont annulées ; et que les citoyens suspendus par les commissaires de la Convention, Couturier et Dentzel, reprendront à l'instant leurs fonctions, sauf à faire droit sur les dénonciations faites contre eux.

« Il n'est pas moins vrai que la légèreté des membres qui ont voté le décret du 1er avril, a été reconnue le 3 du même mois par la Convention, puisqu'elle a rapporté les dispositions de ce même décret par lesquelles les citoyens du département du Bas-Rhin, suspendus par les commissaires Couturier et Dentzel, étaient autorisés à reprendre leurs fonctions, et qu'elle a ordonné l'envoi du rapport du décret du 1er avril, par un courrier extraordinaire.

« Pourquoi donc vous exposer journellement à rapporter des décrets, faute d'avoir pris des éclaircissements nécessaires ? Si vous aviez sursis jusqu'après l'audition de vos commissaires, vous auriez connu comme ils ont opéré, et de quelle manière était faite la promotion de Couturier fils, et le collègue Dentzel vous aurait dit que ceux qui ont avancé que le citoyen Bourgraff était son cousin, sont des imposteurs : à en croire le collègue Mallarmé, c'est toujours Rühl qui l'avait endoctriné de cette manière .et qui l'a ainsi induit à lui servir de porte-voix et à surprendre des décrets qui ne peuvent tourner à l'avantage de ceux qui les ont votés.

« Arrêté du 30 janvier, qui autorise Philippe et Sabatier, agents des administrateurs des habillements, d'arrêter des soumissions pour les bas et chemises, payables en assignats ; coté V.

« Arrêté des 14-25 et 31 janvier, pour requérir la force armée de se porter au canton de Langfeld, où des troubles commençaient à se manifester, et qui ont nécessité le changement des chefs lieux de canton pour les assemblées primaires, vu le fanatisme incroyable qui régnait dans ce canton ; coté X.

« Au 1er février, n° 146, arrêté qui détermine en faveur du citoyen Magnien, plus ancien capitaine du deuxième régiment des chasseurs à cheval, la place du lieutenant-colonel, par préférence au capitaine Durand, son cadet, quoique tous deux munis d'une nomination à cette place, du même jour, par le ministre, et que le général Custine voulait d'autorité préférer Durand, et qu'il y ait fait recevoir nonobstant la loi.

« Arrêté du 3 février, qui décide qu'un de nous se transportera à Landau, où la commune était agitée d'inquiétudes depuis les incendies qui y avait eu lieu, avec le citoyen Prud'homme, l'un des adjudants de la place de Strasbourg, pour prendre connaissance de l'état de cette place, et y remplir les fonctions d'adjudant à intérim, que ceux que nous avions suspendus, seraient remplacés par le général que nous en avions chargé ; coté Y.

« Du 3 février, suspension du citoyen Acker, accusateur public du tribunal criminel de Strasbourg ; coté Z.

« Dudit jour, suspension restée en sursis contre le citoyen Michelet, commissaire national près du tribunal ; coté A, A.

« Dudit jour, autorisation au receveur du département, d'avancer 2,400 livres aux citoyens Philippe et Sabatier, agents pour les habillements des troupes, coté B, B.

« Du 4 février, proclamation tendant à favoriser le crédit et la circulation des assignats, coté C, C.

« Dudit jour, mainlevée faite, sur l'avis du directeur des douanes, de l'arrestation de mille sacs de peau destinés pour la légion de Kellermann, et envoyés par le général Gillot ; coté E, E.

« Du 9 février, arrêté qui confirme une délibération du département, du 7 février, relative à la vente des biens de l'ordre de Malte, que le ministre Roland avait suspendue de son autorité, par une lettre du 19 janvier, par laquelle il l'invitait à se borner au simple séquestre de ces mêmes biens, comme il en est usé envers les princes possessionnés en Alsace ; coté F, F.

« Du 5 février, arrêté qui prononce la suspension de Sontag ; coté G, G.

« Du 8 février, arrêté qui décide que le capitaine Auny, du 27e régiment, sera installé dans la place de lieutenant-colonel, en exécution de la loi, au lieu du capitaine Lapoterie, quoique muni de la nomination du ministre, contraire au décret du 21 août dernier ; coté H, H.

« Dudit jour, arrêté qui sursoit à la suspension du citoyen Glaize ; coté J, J.

« Dudit jour, arrêté portant autorisation au district de Wissembourg, de faire fournir journellement huit chevaux de secours pour le service de la poste, en les payant comme ceux de la poste; coté K, K.

« Dudit jour, arrêté portant autorisation au district de Wissembourg, de suspendre les municipalités fanatiques, et de les remplacer par des hommes connus par leur civisme; coté L, L.

« Dudit jour, autorisation au même district d'envoyer un commissaire pour la vérification des actes de naissance, mariage et décès, ainsi que des registres d'inscriptions des gardes nationaux; coté M, M.

« Du 9 février, arrêté qui suspend le juge de paix de Wissembourg et son greffier; coté N, N.

« Dudit jour, arrêté qui interdit au citoyen Bennat de s'immiscer dans la place de payeur de la guerre, vacante par la mort du citoyen Broy de Fort-Louis et enjoint à la municipalité d'installer provisoirement le citoyen Charpentier dans ce poste; coté O, O.

« Dudit jour, arrêté qui ordonne à l'inspecteur des postes de Strasbourg, d'installer le directeur élu de la poste aux lettres de Fort-Louis; coté P, P.

« Du 11 février, arrêté de déportation hors du département, de Michel Mathieu, Schvell, Saltzmann, Popp, Brunck, Noisette, Beaudreville, Sicard, Ubrich, Chairoux, Albert fils, Gloutier, Blessig et Sontag; coté Q, Q.

« Dudit jour, arrêté enjoint au commissaire des guerres Potier Raynaud de rejoindre son poste, sous peine de suspension; coté Q.Q *bis*.

« Du 11 février, arrêté qui charge le général Coustard de remplacer le commissaire ordonnateur Marchal, par un citoyen dont les talents et le civisme sont bien connus, et ce général a rempli cette autorisation provisoire par le commissaire des guerres Schiélé; coté R, R.

« Du 12 février, proclamation sur la translation du district de Benfeld; coté S, S.

« Du 14 février, arrêté qui autorise le payeur du département à faire au citoyen Ducluzel, inspecteur général des achats des subsistances, toutes les avances urgentes qui seront nécessaires; coté T, T.

« Du 15 février, arrêté qui enjoint au district de Haguenau de surveiller le ci-devant commandant de la petite pierre, et de prendre toutes les mesures convenables pour prévenir les inconvénients qu'offrent les issues de sa maison sur l'extérieur de la ville; coté V, V.

« Dudit jour, arrêté qui résilie le bail passé avec le citoyen Rouduin, relatif aux fortifications de la ville de Strasbourg, qui sera continué par le citoyen Beauseigneur; coté X, X.

« Arrêté, sur la demande ittérale du procureur général syndic, qui autorise le département de régénérer les communes fanatiques par suspension et remplacement; coté Y, Y.

« Arrêté des 15 et 20 février, n°s 31, 185 et 186 du registre, portant que le district de Bitch secondera les vœux de 15 communes du Hannau, qui nous demandaient leur réunion; et qu'il mettra provisoirement à exécution le décret du 15 décembre dernier dans toute l'étendue desdites communes; coté Z, Z.

« Du 16 février, proclamation faite aux défenseurs militaires de la patrie au Bas-Rhin, pour engager chaque compagnie à fournir un homme pour compléter l'organisation des canonniers nationaux, qui, par l'effet de cette proclamation, a été effectuée; coté, etc, etc.

« Dudit jour, sur la pétition de deux compagnies des volontaires de la Seine-Inférieure, d'être détachées du 6e bataillon du Calvados, et réunis au bataillon du Havre; le général Constard a été chargé d'opérer cette réunion, après information; coté A, A, A.

« Du 17 février, arrêté qui prononce la suspension du directeur de l'hôpital de Molsheim, Beling; coté B, B, B.

« Du 19 février, arrêté, qui, vu, l'urgence, autorise le citoyen Blanchet de tenir à la disposition de Philippe et Sabatier, agents pour les habillements des troupes, une somme de 120,000 livres, payables au fur et à mesure des ouvrages faits, vérifiés et reçus; peu après, il a été sursis à cette disposition envers les agents; coté C, C, C.

« Du 20 février, arrêté qui autorise le commissaire ordonnateur de faire cesser la fourniture des pommes de terre, et même de procéder à la vente de celles emmagasinées, vu qu'elles germaient; coté D, D, D.

« Du 21 février, arrêté qui prononce la suspension du juge de paix de Benfeld; coté E, E, E.

« Du 26 février, arrêté qui approuve le mode proposé par le citoyen Lépine, directeur de l'artillerie, pour le payement des ouvriers; coté F, F, F.

« Du 14 février, arrêté qui réintègre le citoyen Leclerc dans sa place de chirurgien aide major à l'hôpital du Fort-Louis; coté G, G, G.

« Du 18 février, arrêté qui ordonne l'arrestation du quartier-maître du 4e régiment; et qu'il sera traduit à la Cour martiale; coté H, H, H.

« Du 26 février, autorisation au citoyen Blanchot de tenir à la disposition de l'économe dudit hôpital une somme de 60,000 livres en assignats, sur les mandats du comité d'administration; coté J, J, J.

« Du 27 février, arrêté qui prononce la suspension du juge de paix d'Epig, district de Barr; coté K, K, K.

« Dudit jour, arrêté qui charge expressément le département de se faire représenter tous les titres et les comptes des chapitres protestants, et distinguer la nature de tous les biens dont ils sont restés en possession, sous prétexte que de leur nature ils sont destinés aux frais du culte, pendant qu'un quantité considérable est, de sa natre et par les titres, destinée à l'éducation publique, lesquels doivent être distraits au profit de la République, et mis sous la main des administrateurs, comme les autres biens nationaux; coté L, L, L.

« Du 27 février, proclamation aux citoyennes du département, tendant à exciter leur générosité à fournir des linges à l'hôpital militaire de Strasbourg, qui en est entièrement dénué, pour bandages et charpies; le meilleur effet est résulté de cette mesure; coté M, M, M.

« Du 28 février, arrêté qui, sur la pétition du département, décide la translation des prisonniers détenus à Strasbourg, au plus prochain port de la République; coté N, N, N.

« Du 25 février, arrêté qui autorise le département à remplacer deux membres de son conseil passé au district de Barr, par les citoyen Berger et Montgeat; coté O, O, O.

« Arrêtés intervenus les 1er et 2 mars sur les divisions intestines qui consumaient les citoyens de la ville de Haguenau, par des procès issus à l'occasion de la Révolution, et des dépenses et avances faites par le citoyen Rédé, et plusieurs bourgeois nommés dans le temps pour agir au nom de la commune, par lesquels arrêtés, outre les mesures générales prises pour le salut public, il a été décidé, du consentement littéral de la majorité des citoyens de la ville réunis à l'église avec nous, et où nous les avons harangués et rappelés à l'harmonie et à la concorde qui doivent régner entre des frères républicains, que tous procès à l'occasion de la Révolution et des dépenses exposées à ce sujet, demeurent comme non avenus, et que les frais et dépenses seront supportés par les revenus patrimoniaux de la ville, n° 264 au registre, coté P, P, P.

« Arrêté du 3 mars, d'après les informations et sur les réquisitions des citoyens de Haguenau, par lequel la rélégation hors de la ville de Haguenau de Georges Scherer, a été décidée, sous une instruction secrète donnée au maire de la commune, de lui permettre la rentrée au bout de quelque temps, si par sa conduite il a su s'en rendre digne n° 263 au registre, coté Q, Q, Q.

« Arrêté du 4 mars, qui ordonne au commissaire ordonnateur Prieur, d'effectuer incessamment les fournitures en habillements promises aux canonniers de la garde Strasbourgeoise, suivant l'état joint, n° 270 au registre, coté R, R, R.

« Arrêté du 4 mars, qui décide, sur la pétition des prêtres réfractaires détenus au séminaire, tendant à retourner dans le sein de leur famille, qu'il n'y a lieu à délibérer, n° 266 du registre, coté S, S, S.

« Arrêté du 4 mars, qui fixe le traitement des gardes des fortifications et éclusiers sur pied de guerre, n° 272 au registre, coté T, T, T.

« Arrêté du 4 mars qui maintient à Landau, à son poste, n° 271 du registre, coté U, U.

« Arrêté du 5 mars, qui attribue à la fonderie des canons le terrain qui est du derrière, qui lui est indispensable, et dont on avait ci-devant fait la distraction par la volonté du gouverneur de Strasbourg, n° 269 au registre, coté V, V, V.

« Arrêté du 5 mars, portant suspension du tribunal de Schelestadt, et du nommé Erdhard, juge de paix, de même que le nommé Treyer, éclusier, n° 284 du registre, coté X, X, X.

« Arrêté du 6 mars, ensuite de l'interrogatoire du 6 par lequel arrêté le commandement du général d'Harambure lui a été ôté, et lui envoyé à la Convention nationale pour y attendre ses ordres, n° 274 du registre, coté Y, Y, Y.

« Arrêté du 6 mars, sur différents objets relatifs à l'hôpital militaire de Haguenau, comme étant le résultat de l'inspection que nous y avons faite, et dont est parlé au n° 259 du registre, coté Z, Z, Z.

« Arrêté du 6 mars, qui fixe aux canonniers nationaux de Strasbourg la même solde accordée aux volontaires pour les jours qu'ils seront employés à la manœuvre, n° 276 au registre ; coté etc., etc., etc.

« Arrêté du 6 mars, portant suspension du citoyen Brobec, colonel du 4e régiment d'infanterie, et qui ordonne la convocation d'un conseil de discipline, pour connaître des faits imputés à plusieurs autres officiers du corps, n° 275 au registre, coté A, A, A, A.

« Arrêté du 7 mars, qui fixe au citoyen Bodé, accusé d'émigration, le délai d'un mois pour justifier de son exception, qu'il fonde sur sa qualité de négociant, n° 279 au registre, coté B, B, B, B.

« Arrêté du 8 mars, qui détermine le départ du citoyen Dentzel pour Paris, à l'effet d'y porter un projet de décret sur la réunion de 32 villes et communes qui environnent la ville de Landau, et qui ont déterminé et arrêté ce vœu à l'unanimité, aussitôt qu'ils ont vu que nous étions parvenus à abattre le fanatisme et à faire courber la tête des agitateurs du département du Bas-Rhin; le décret de leur réunion a été prononcé le 14 du même mois, n° 280 au registre, coté D, D, D, D.

« Arrêté du 8 mars, intervenu sur la demande du corps municipal et députés de la ville, par lequel le citoyen Autran, jeune homme, constitué dans les prisons, a été mis en liberté, pour avoir découvert et décélé un perfide complot fait par les autres prisonniers, n° 281 du registre, coté C, C, C, C.

« Autorisation du 9 mars, qui autorise le commissaire ordonnateur d'ordonnancer le paiement de la somme de 9,273 liv. 9 s. 1 d., pour façons d'habillements, fournitures de bonnets aux chasseurs du Rhin, d'après l'arrêté du conseil d'administration, et la vérification du commissaire des guerres Laurent, n° 285 du registre, coté E, E, E, E.

« Arrêté du 12 mars, par lequel il est ordonné aux officiers municipaux et commandants militaires de Phalsbourg, de laisser librement passer les voitures de fourrages et d'avoines achetés et destinés pour l'armée du Rhin, n° 288, coté F, F, F, F.

« Du 12 mars, décision portant que les ouvriers en armes employés dans les manufactures nationales et dans les arsenaux, sont regardés comme faisant actuellement un service militaire, et, par conséquent, sont dispensés du service personnel ou par remplacement dans la garde nationale, n° 291 du registre, coté G, G, G.

« Arrêté du 12 mars, qui enjoint au directeur de l'artillerie et corps administratifs de faire mettre en état, et distribuer aux gardes nationaux sédentaires, environ 6,000 fusils trouvés dans les arsenaux, et qui ne sont point du calibre ordinaire, d'en opérer l'échange contre des fusils du calibre, pour iceux être remis aux volontaires qui n'ont point de fusils ; par le même arrêté, il est ordonné au général de l'armée de faire démêler tous les fusils qui se trouvent dans les différents arsenaux du département, et qui ne sont point du calibre, pour opérer pareil échange ; qu'en outre le général fera prendre soin des fusils que les volontaires malades déposent en entrant dans les hôpitaux, dans un mauvais état et chargés de rouille, pour leur être remis en bon état à leur sortie ; plus, il est ordonné par le même arrêté, qu'une grande quantité de piques déposées dans les arsenaux de Strasbourg seront incessamment emmanchées pour être distribuées aux volontaires en cas d'insuffisance d'autres armes, n° 295 du registre, coté H, H, H, H.

« Du 12 mars, arrêté qui enjoint au commissaire ordonnateur des guerres d'exécuter l'arrêté du 20 février, et de prendre connaissance des légumes et des pommes de terre sujettes à périr où à germer, et de les faire vendre, n° 226, coté J, J, J, J.

« Décision du 14 mars, n° 293 du registre, interprétative d'une autre, rendue par les commissaires de l'armée de Custine, dans laquelle il est expliqué, conformément à la loi, que les marchandises manufacturées en France, qui ne sont pas de nécessité, comme draperies fines, soieries, mousselines, modes, vins fins et tabac, ne sont pas comprises dans la prohibition de l'exportation; mais soumises aux droits, coté K, K, K, K.

« Arrêté du 14 mars, n° 294 du registre, qui casse le jugement du conseil de discipline du 4ᵉ régiment d'infanterie, des 8 et 11 du même mois, et qui renvoie les officiers destitués par ce jugement, par devant la cour martiale, coté L, L, L, L.

« Arrêté du 17 mars, n° 298 du registre, qui, sur la demande de Galimard, directeur des vivres, et l'avis du commissaire ordonnateur Prieur, autorise ledit directeur, vu l'insuffisance des approvisionnements, à faire des achats en seigle, devenu nécessaire pour en mélanger avec le froment, et charge ledit commissaire ordonnateur de veiller à la fidélité de l'exécution de cet arrêté, coté M, M, M, M.

« Des 17 et 22 mars, n° 299 du registre, information et interrogatoire de Jean-Jacob Kieffer, natif de Strasbourg, sergent des grenadiers de la garde nationale

« Arrêté qui, pour des faits contenus dans lesdites pièces, a ordonné que ledit Kieffer sera transféré dans un des cachots des prisons militaires.

« Autre arrêté qui ordonne que ledit Kieffer sera traduit devant le juge de paix de son arrondissement, coté N, N, N, N.

« Arrêté du 18 mars, n° 300 du registre, qui, sur le renvoi du département, la dénonciation des sous-officiers et chasseurs du 12ᵉ bataillon d'infanterie légère, et sur l'avis du général Desprez-Crassier, destitue le capitaine Martigny, audit régiment, et charge ledit général Desprez-Crassier de le remplacer, coté O, O, O, O.

« Pièces de la commune de Saverne, qui constatent l'arrestation d'Ignace Reitman, pour avoir annoncé faussement que le feu était aux quatres coins de la ville de Paris, et le renvoi par nous fait de cette affaire à la police correctionnelle du 21 mars, n° 303 au registre, coté P, P, P, P.

« Du 21 mars, arrêté n° 302 au registre, qui détermine l'organisation de 210 militaires suisses ou leur incorporation dans d'autres corps ; coté Q, Q, Q, Q.

« Interrogatoire de Gérard Brogio, marchand de bagues portant inscription de: *Vive le roi, la reine, l'empereur et les princes*, avec notre arrêté du 23 mars, qui le met en état d'arrestation, et ordonne qu'il sera traduit en police correctionnelle, n° 304 du registre, coté R, R, R, R.

« Référé de l'accusateur public. du 29 mars, joints des lettres et rapports des commissaires du département, sur l'insurrection combinée par des rebelles, et arrivés le 25 mars à Malheim, et dont le résultat a fait tomber le glaive de la loi sur trois chefs de bandes, coté S, S, S, S.

« Arrêté qui suspend la vente des bœufs qui avaient été approvisionnés pour les cas de

sièges, et qui les déclare propriété nationale, n° 160 du registre, coté T, T, T, T.

« Arrêté sur différents objets relatifs à l'hôpital militaire de Strasbourg, de la plus haute importance, avec la réunion des pièces qui en font le fondement, sous les nᵒˢ 15 et 287 du registre, coté U, U, U, U.

« Arrêté qui avait déterminé la rélégation des nommés Gast et Schelinguer, de Saverne, anciens officiers du ci-devant cardinal de Rohan, et trouvés porteurs d'une correspondance, tant avec le prince Rohan-Rochefort, émigré, qu'avec l'abbé Bellet, le nommé Rock, valet de chambre actuel du cardinal Rohan ; et observant que sur la connaissance reçue, que la Convention avait accueilli 15 pétitionnaires contre-révolutionnaires de Strasbourg, l'arrêté dont il s'agit ici est resté sans exécution, coté V, V, V, V.

« Liasse contenant les suspensions et remplacements des communes et juges de paix, bureaux de paix, dans l'étendue du département du Bas-Rhin, faits en vertu de nos autorisations, par les administrateurs régénérés tant du département, que des districts et dont nous avons déjà, dans le temps, envoyé le double à la Convention nationale, coté X, X, X.

« Voilà le détail fidèle des principales mesures par nous prises, et nous n'étions pas encore parvenus à cette régénération radicale qu'exigeaient les circonstances

« Dans un moment où les traîtres se disent trahis, où les fanatiques se disent patriotes, où l'indulgence criminelle des tribunaux avait encouragé l'audace des conspirateurs, vous en avez accueilli 15 des plus notés ; alors les malveillants triomphèrent avec une joie insolente ; alors ils crurent que la Convention voulait elle-même la contre-révolution, puisqu'elle venait de protéger hautement ceux qui la leur prêchaient depuis 3 mois ; alors nos jours furent en danger, comme ceux de Bourdon. Les jeunes gens s'assemblèrent pour jurer de ne point prendre part au recrutement ; dès le 17 mars, jour même de votre décret favorable à ces déportés, déjà annoncé d'avance à leurs complices, des rassemblements nombreux eurent lieu à Strasbourg ; on y criait à la lanterne des patriotes Schneider et Leveaux : on ne peut calculer les suites de cette effervescence, si elle n'avait été étouffée par la prudente activité du citoyen Coustard, commandant de la place de Strasbourg.

« Alors les malveillants se répandirent dans les campagnes, et dès le 25 du même mois une armée de 700 révoltés, rassemblés dans un clin d'œil dans le canton de Molsheim, menaçait de mettre les patriotes à feu et à sang ; cependant, au milieu de ces circonstances critiques et affligeantes, nous eûmes la satisfaction de voir que les mesures que nous avions prises jusqu'alors, furent déjà assez efficaces pour détruire cette insurrection dans le moment de sa naissance: elle serait sans doute devenue générale avec les anciennes communes et administrations que nous avions suspendues, mais elle fut déjouée par le courage de ceux que nous avions mis à leur place ; les révoltés furent dispersés; trois de leurs chefs périrent sur l'échafaud, par les soins de l'accusateur public provisoire nommé par nous ; et pour la première fois le sang des traîtres, jusque là impunis, coula dans ce département.

« Citoyens collègues, s'il est douloureux

pour nous de voir qu'après des travaux et des dangers sans nombre, qui ne nous permettaient plus de voyager sans escorte et sans armes; qu'après des services aussi évidents, vous ayez permis (même trois jours après que vous aviez décrété, au milieu des applaudissements faits sur nos succès, la réunion de 32 villes et communes près Landau, qui ne s'étaient données à la République que lorsqu'elles ont vu que nous régénérions le département du Bas-Rhin, de manière à ne plus leur laisser de craintes sur leur sort à venir, et que vous saviez qu'auparavant, 15 autres communes du Hanau, qui nous avaient envoyé leur vœu par des députés, s'y étaient déterminées par le même principe), que nous fussions livrés, pendant notre absence, aux mensonges impudents de 15 pétitionnaires déportés, dont nous avions déjoué et que nous régénérions les complots; il est bien doux aussi d'avoir dans notre conscience, dans les pièces de nos opérations, dans les témoignages et les remerciements des corps administratifs, des assemblées populaires, d'une multitude de citoyens, et dans les témoignages même des commissaires Couthon, Michel et Goupilleau, qui, nous ayant joints à Strasbourg, ne nous ont reproché que trop d'indulgence dans la position où nous nous trouvions; il est bien doux d'avoir de quoi à nous justifier complètement aux yeux de tous les bons citoyens et de ceux d'entre vous qui aiment la République et abhorrent les traîtres.

« Vous avez reconnu, par votre décret du 3 avril, que vous avez été trompés en levant les suspensions que nous avions prononcées; sans doute, vous reconnaîtrez aussi une erreur plus grande encore dans le décret qui nous a fait casser notre arrêté de déportation et deux autres, notamment celui du remplacement de Thomassin et Sontag; ces décrets liberticides ne peuvent être maintenus par des représentants d'un peuple qui veut être libre, sans avilir la Convention nationale, dont nous n'étions que l'organe; non seulement vous devez les rapporter, mais vous devez traduire les plus coupables au tribunal révolutionnaire, surtout lorsque vous saurez qu'outre les preuves authentiques que nous vous administrons, ces contre-révolutionnaires, à la faveur de votre décret, se sont divisés en deux bandes, dont l'une, à Strasbourg, intrigue et continue à corrompre l'esprit public, tandis que l'autre, restée à Paris, à portée des conciliabules contre-révolutionnaires, correspond avec la première, et dirige toutes ses opérations.

« Déjà ils ont fait paraître à votre barre deux pétitionnaires, se disant députés de douze sections de Strasbourg, pour tenter une nouvelle surprise à votre religion; nous devions nous attendre qu'en remplissant bien notre mission il devait nécessairement vous arriver beaucoup de plaignants et de dénonciations absurdes et calomnieuses contre nous; cependant ce sont ces mêmes réclamants contre-révolutionnaires qui ont osé vous dire qu'ils avaient vu avec douleur les commissaires Couturier et Dentzel s'environner d'agitateurs, et écarter d'eux ceux qui avaient des droits à la reconnaissance publique; que la source de leur malheur est dans les étrangers venus au milieu d'eux depuis dix-huit mois, un journaliste surtout, disent-ils, ci-devant stipendié des princes d'Allemagne; et ils ne disent pas que le collègue Rühl, qui a appuyé leur demande, non seulement était, mais qu'il est encore dans ce cas; et quoique pensionné de 2,400 livres par le prince de Linange, membre du cercle impérial, ils se sont servi de son appui pour surprendre le rapport de leur déportation. Pourquoi donc ces hommes, qui ont tant de droits à la reconnaissance publique, se plaignent-ils si amèrement dans leurs pétitions, de ce que vous venez de donner à vos commissaires pour le recrutement le terrible droit de déporter; pendant que les hommes qui, suivant eux, environnaient les commissaires Couturier et Dentzel, soupirent ardemment après l'exécution de cette mesure, sans les craindre? Ce pouvoir, mis dans les mains de vos commissaires les a portés à vous demander impudemment d'autres commissaires au fait des deux langues, comme si nous, et ceux pour le recrutement, n'en avions pas parfaitement l'usage; ils demandent que ces commissaires fussent revêtus de la confiance des citoyens de Strasbourg, c'est-à-dire de la leur, dans l'espoir sans doute de faire déporter les bons citoyens; ils se vantent de leur patriotisme, pendant qu'ils ont réduit les assignats de 100 livres à 36 livres et à un sous, ceux de 5 livres à 30 sous; et c'est avec pareille monnaie qu'ils ont justifié de leur patriotisme, en déposant sur le bureau un don, sans en déclarer le montant; c'est avec de pareille monnaie qu'ils ont fait parade d'une quête de 130,000 livres, et que le collègue Rühl vous a dit, au nom de la ville de Strasbourg, destinée à habiller les volontaires, tandis que le montant de cette quête n'a été employé que pour acheter des recrues, pour former leur contingent, qui n'a pu être effectué volontairement, puisqu'au jour du recrutement, fait sous nos yeux, il ne s'est présenté que 23 hommes, dont les uns étaient vraiment nuls, et les autres des déserteurs; ils vous ont dit qu'ils étaient les vrais mandataires du peuple, pendant qu'ils ne sont chargés d'aucune pétition individuelle, conforme à la loi, que ce que nous prouvons par la représentation de l'extrait de procès-verbal illégal et répréhensible, dont ils sont munis, qui seul devrait les faire mettre en état d'arrestation; et on nous a reproché d'avoir éloigné de pareils hommes sans les entendre, dans le temps que vous avez cassé notre arrêté de déportation, sans nous entendre nous-mêmes. Quand nous n'aurions pas été investis de vos pouvoirs, n'existait-il donc pas une loi qui autorise même le commandant des places en état de guerre à reléguer les gens suspects, de concert avec les municipalités? Cet éloignement des frontières n'est-il pas une mesure de sûreté, et non une peine infligée arbitrairement? Avez-vous fait interroger les prêtres suspects que vous avez fait déporter, tous les officiers suspendus auxquels vous interdisez le séjour des frontières? Avez vous fait interroger les Bourbons, que votre prudence vient de reléguer à Marseille? Vos commissaires, munis de pouvoirs extraordinaires, envoyés par vous-mêmes pour suppléer à la loi, auraient-ils donc moins d'autorité que la loi n'en donne à un commandant militaire et à la municipalité d'une ville en état de guerre? Lorsque le feu est à la maison, le propriétaire recourt-il au conseil pour savoir s'il doit courir à l'eau? Ce serait faire comme les enfants qui, en jouant au bord d'un précipice, n'en examinent pas

15

la profondeur. D'ailleurs, n'avions-nous pas, contre ces contre-révolutionnaires, des faits et des preuves qui doivent les faire regarder, non simplement comme des hommes suspects, mais comme des criminels de lèse-nation? N'avions-nous pas entre les mains des dénonciations multipliées, des réquisitions des corps administratifs, même des lettres? Existe-t-il des preuves plus claires du plan qu'on exécute dans la Vendée, et qui sans notre vigilance et nos mesures allait éclater dans le Bas-Rhin, avec beaucoup plus de danger, puisque l'ennemi, qui a eu tant d'avantage sur l'armée de Custine, dans le moment même que le collègue Haussmann croyait pouvoir vous dire à la tribune qu'elle était invincible, était à la porte et y est encore? N'avions-nous pas entendu à notre arrivée à Strasbourg Gaspard Noisette, secrétaire du cardinal de Rohan, dénoncé par le commandant de la place? N'a-t-il pas été trouvé, à notre audience publique, porteur d'un mot d'ordre décacheté dans sa poche, à trois heures après midi? Ne savions-nous pas depuis l'émigration de ce cardinal, il faisait des voyages périodiques outre-Rhin? Rühl qui a interrogé cet audacieux lui-même, en le malmenant d'une manière atroce, qui a fait dresser procès-verbal de son interrogatoire, pouvait-il souffrir ce même homme, orateur des pétitionnaires, avancer qu'ils n'avaient pas été entendus? Comment a-t-il pu appuyer leur pétition? Il n'y a que lui, Dumouriez ou eux qui pourraient nous expliquer cette énigme; faut-il donc une pierre meule pour casser une noisette?

« Il est étonnant que Rühl, qui, pendant toute notre route, nous avait dépeint ces mêmes hommes comme des traîtres et contre-révolutionnaires; qui nous avait parlé d'en reléguer au moins 500 de la même espèce, ait appuyé les calomnies de ceux qui nous faisaient un crime d'en avoir éloigné 15, pendant que de toutes parts nos collègues en ont usé de même, et là où la gangrène n'était pas invétérée comme le Bas-Rhin.

« Il est étonnant que Rühl, que ses collègues appellent un bon homme, parce qu'ils ne le connaissent pas comme les pétitionnaires qui se présentaient à nos audiences, ait entendu tranquillement qu'on nous faisait un crime d'avoir inséré dans la proclamation du 18 janvier les expressions, et autres causes à ce nous mouvant, lui qui en est seul l'auteur, pour avoir rédigé cette proclamation unique de sa main et fait imprimer, expressions qu'il a puisées dans les chancelleries des princes allemands, dont il a été le favori, et dont il est maintenant le pensionnaire. Comment concilier la gratitude qu'il doit à son bienfaiteur avec la qualité de représentant de la nation française? Quant à nous, on ne pouvait nous reprocher que de l'avoir signée avec lui : mais comme il nous a quittés le lendemain, et que ces expressions ne se trouvent dans aucun de nos arrêtés, on doit supposer que nous avions trop de confiance dans sa bonhomie, pour nous mettre en garde contre ses rédactions avant de les signer; au moins devait-il ne pas se tenir derrière le rideau, lorsque Mallarmé, membre du comité des finances, qui dit n'avoir parlé que sur ses dires, a mis à grief en avant pour protéger 15 contre-révolutionnaires, protégés par Clavière, lui présent, et nous absents.

D'après ce trait, collègues, vous pouvez juger de son personnel; il est temps de déchirer le voile de la perfidie.

« Il est enfin encore bien étonnant que Rühl, n'ayant cessé, depuis notre départ de Paris, de nous peindre toutes les familles aristocrates du Bas-Rhin, pendant plusieurs générations; de nous dénoncer les factieux que nous avons déportés d'après sa description, il ait tout à coup quitté la commission sous prétexte d'une maladie mortelle, tellement qu'il a passé plusieurs jours pour défunt, et pendant lesquels on a prétendu qu'il avait accueilli les déportés et apostillé un mémoire : ce qui vient à l'appui de ce dire est la protection qu'il leur a donnée à la Convention même.

« On nous a reproché d'avoir remplacé le directeur et le receveur de la régie nationale, et la Convention a cassé ce remplacement : elle nous avait cependant autorisés de suspendre et remplacer, et nous ignorions que les représentants du souverain fussent subordonnés à la régie ; nous ne connaissions que les pouvoirs énoncés en votre décret, qui nous autorisait au par delà de prendre tous les mesures nécessaires et convenables pour le salut public. Au reste, la Convention pouvait se dispenser de cette peine; les régisseurs, qui apparemment se croient au-dessus de la Convention et de ses commissaires, avaient déjà avant le décret de cassation apposé leur veto sur cette opération, fondés sur des décrets antérieurs à celui qui nous avait donné ces pouvoirs. Sans doute que c'est maintenant l'usage que les lois antérieures dérogent à celles subséquentes, et qui est vrai, c'est que les citoyens que nous avions nommés au remplacement ne purent jamais se mettre en possession : les régisseurs nommèrent des hommes de la même espèce que les suspendus et déportés, et leur ordonnèrent expressément par une lettre du 14 février, et sans aucune autorisation de la Convention, de se nantir des bureaux et caisses, et conséquemment de s'opposer aux mesures que l'urgence nous avait forcés de prendre. Le danger était pressant : les hommes que nous avions suspendus étaient les principaux agitateurs du peuple, les corrupteurs de l'opinion publique ; comment pouvions-nous, pour remplacer ces hommes, nous adresser à Clavière et aux régisseurs, qui ne font qu'un, lorsque nous savions que le premier avait déjà levé arbitrairement la suspension du directeur prononcée après le 10 août; lorsque nous savions que ce ministre, de connivence avec les régisseurs, tenait opiniâtrement au plan commun entre eux? Ce ministre ne peut être envisagé lui-même que comme contre-révolutionnaire; il ne nomme dans les places que des hommes propres à corrompre efficacement l'esprit public : ce sont là ses directeurs, vérificateurs, receveurs, commis de la régie, des postes et des douanes, etc. Lorsque nous savions qu'il donnerait ces places de préférence à ceux qui avaient fait les plus grandes preuves d'incivisme, et que les individus répandus dans les villes, dans les bourgs et jusque dans les moindres villages, y sont les artisans les plus dangereux de la contre-révolution, comment pouvions-nous, dans le moment où allait éclater dans le Bas-Rhin la révolte et qui, en effet, y a été tentée, ne pas mettre à la tête de ces administrations des citoyens dont la probité et le civisme pussent en imposer aux subalternes, et mettre un frein à leur dilapidation conspiratrice? Et Sontag, l'un des suspendus, maintenant à Paris, dit hautement que celui que Clavière ou la régie a mis à sa place, est en correspondance avec les émigrés.

« Ne savions-nous pas que Clavière, le plus coupable peut-être des ministres contre-révolutionnaires qui l'ont précédé, et le protecteur décidé de tous les mauvais citoyens ; ne savions-nous pas que Clavière, dilapidateur des salines, paralyse tous les décrets qui doivent tourner au profit de la République ? Aussi nous réservons-nous, par un supplément à notre rapport, de dévoiler tous les éclaircissements qui nous ont été donnés sur son compte : et c'était à cet homme, chez qui s'est machiné l'intrigue pour surprendre la religion de la Convention nationale en faveur des 15 contre-révolutionnaires déportés de Strasbourg, qu'il fallait, dans un moment aussi critique, demander des sujets en remplacement ! Si nous eussions eu cette faiblesse, n'aurait-ce pas été renouveler les anciens privilèges exorbitants au droit commun dont jouissaient les suppôts des fermes, et n'aurions-nous pas été coupables et indignes de notre mission ?

« Si l'usage de dire la vérité ne nous a pas permis de déguisement sur l'esprit public du département du Bas-Rhin, nous aurions à nous reprocher si nous ne faisions en même temps l'apologie de la masse des bons citoyens qu'il renferme : nous le devons d'autant plus qu'elle n'a cessé de nous éclairer; nous devons même dire que les vrais républicains formaient la minorité à notre arrivée, c'est qu'il existe une grande quantité de citoyens qui ne pèchent que par leur trop grande bonté et par une crédulité aveugle dont les meneurs profitent pour accaparer toutes les places, et à ce moyen les plonger de plus en plus dans l'égarement, et leur faire adopter imperceptiblement leur projet contre-révolutionnaire adroitement ourdi. C'est en calomniant la Convention, en avilissant sa tenue, en montrant au peuple les perspectives d'un avenir désastreux, qu'ils sont parvenus à le dégoûter et à lui faire, pour ainsi dire, désirer une tranquillité mortelle pour la liberté; nous exhortons ces bons citoyens de profiter de nos avis, et du petit nombre de mesures régénératrices que nous avons été à même de prendre, s'il en est encore temps, et de demeurer convaincus que nous apprécions d'autant plus leurs vertus civiques que c'est une minorité pure qui lutte contre une majorité perverse, qui n'a que l'hypocrisie pour égide de ses forfaits, et la trahison pour base de ses projets destructeurs.

« Et vous, Convention nationale, nous vous prédisons que si l'ordre des choses que vous avez établi est renversé, vous aurez beau vouloir vous replier sur les menées des traîtres, soit ministres, soit généraux; que vous seule serez chargée de l'exécration du peuple, qui ne voyait que vous, et qui ne connaissait que vous ; la responsabilité des agents, le mot vide de sens et d'effet à l'abri duquel tout le mal s'est fait, ne vous sauvera pas ; si vous dites que vous ne les avez jamais pu convaincre, le peuple vous dira qu'il n'en a pas moins souf-

fert, et que la preuve des crimes des agents supérieurs à qui vous avez confié l'exécution de la loi est suffisamment démontrée par son inxécution, et que vous avez eu tort de ne pas vous emparer vous-mêmes du pouvoir exécutif dès le moment que vous vous êtes aperçus que le gouvernement marchait dans un sens contraire. Le peuple va droit au fait ; il n'entend pas ces distinctions subtiles et métaphysiques qui ont toujours tenu l'Assemblée dans des mouvements convulsifs; il dit tout uniment : « Nous avons nommé des représentants, c'était pour nous rendre heureux; nous leur avons donné tous nos pouvoirs et les avons revêtus de notre souveraineté. S'ils les ont disséqués et confié la partie la plus active à des mains impures, c'est toujours la Convention qui nous en doit compte, et nous n'avons qu'en elle des garants de tous les maux et persécutions que nous avons éprouvés. » C'est ainsi que le peuple discute; nous ne pouvons le dissimuler ni lui donner tort ; nous voyons tout à coup se former un noyau de rebelles qui menacent la République, et ce noyau s'est formé sous les yeux des corps administratifs, sous ceux mêmes du pouvoir exécutif; il est devenu tout à coup formidable sans avoir été anéanti aussitôt qu'il est né, et il n'y a eu aucun coupable. Un pareil noyau allait se former dans le département du Bas-Rhin, plus dangereux encore, puisque les armées prussiennes étaient là et l'y attendaient : le citoyen Couturier, seul sur les lieux, réuni à des administrateurs régénérés, l'a fait disparaître; aussi a-t-il été rappelé avec son collègue : le collègue Dentzel n'est n'est pas moins de l'opinion du citoyen Couturier, et a toujours rendu hommage à son civisme et aux mesures qu'il prenait pour le salut public; il n'a pas reconnu le ministre Clavière, et ne s'est pas séparé de la commission : et si les ressources incalculables de la tyrannie et du despotisme les font reparaître sous une nouvelle forme, comme les plans de contre-révolution, que les traîtres tentent à faire exécuter par le peuple même qui a fait la Révolution semble le faire craindre. les mesures prises pendant notre mission justifieront au moins que nous n'y avons pas de part, d'après le compte que nous vous rendons. Forts de notre conscience et de la certitude d'avoir dignement et courageusement rempli nos obligations, nous demandons que les commissaires ou le Comité de Salut public, ou tel autre que la Convention jugera convenable, vérifient et examinent toutes nos pièces justificatives, si la Convention en a le moindre doute; qu'elle déclare que sa religion a été surprise; qu'elle apporte des décrets liberticides qu'on lui a escamotés, notamment celui du 17 mars, et confirme les opérations de ses commissaires : c'est par là seulement qu'elle se mettra elle-même à l'abri de tout reproche, qu'elle rendra aux patriotes abattus du département du Bas-Rhin le courage et l'énergie dont ils ont besoin, et qu'elle montrera aux malveillants que loin de favoriser leurs lâches desseins, elle les abhorre et est résolue à les anéantir.

« Suivent les pièces justificatives de plusieurs faits et notamment des mesures salutaires prises par les citoyens Couturier et Dentzel dans le département du Bas-Rhin :

N° 1.

Décrets de la Convention nationale, des 22 et 23 décembre 1792, l'an Ier de la République française.

Du 22 décembre.

« La Convention nationale décrète l'envoi de trois commissaires dans les départements du Bas-Rhin et de la Moselle : elle autorise ces commissaires à prendre provisoirement toutes les mesures qui leur paraîtront nécessaires et urgentes pour le salut de l'État; de suspendre et faire remplacer les fonctionnaires publics, civils et militaires; de faire arrêter les perturbateurs de l'ordre public, lorsqu'ils le trouveront juste et convenable ; à la charge par eux d'en rendre compte, sans délai, à la Convention nationale. »

Du 23 décembre.

« La Convention nationale décrète que les commissaires qui seront envoyés dans les départements du Bas-Rhin et de la Moselle sont autorisés à visiter le département de la Meurthe, et à exercer les mêmes pouvoirs que ceux qui leur ont été donnés pour les susdits départements.

« La Convention nationale décrète que les commissaires députés pour se rendre dans les départements du Bas-Rhin, de la Moselle et de la Meurthe, conformément à ses décrets d'hier et d'aujourd'hui, sont les citoyens Dentzel, Couturier et Rühl. »

N° 2.

Serment de la garde nationale de la légion de Strasbourg.

« Je jure d'être fidèle à la nation, de maintenir de tout mon pouvoir la liberté et l'égalité, et de mourir en les défendant.

« Je jure d'obéir aux réquisitions qui me seraient faites par les pouvoirs constitués, de prêter pareillement main-forte à l'exécution des ordonnances de justice, et de défendre par tous les moyens de la loi l'inviolabilité des personnes et des propriétés. »

N° 3.

Extrait de deux lettres écrites, l'une de Paris, l'autre du lieu où se sont tenues les élections pour la Convention nationale, au département du Bas-Rhin, par Gaspard Noisette, officier municipal de la ville de Strasbourg, secrétaire du ci-devant cardinal de Rohan, et député suppléant à la Convention nationale, en date des 23 juin et 8 septembre derniers.

Première lettre.

« J'espère, ma chère amie, que vous n'accuserez pas mon silence d'indifférence, etc, etc.

« Toutes les scènes d'horreurs qui se sont passées ici au château du roi me révoltent d'indignation. Ces scélérats de Jacobins veulent tout bouleverser ; il est temps que les gens qui ont quelque chose, qui ont de l'honneur, se rangent pour combattre cette faction ennemie. Je pense que vous pensez toujours un peu

au député; je viendrai le plus tôt qu'il sera possible.

« Je vous embrasse de cœur. Adieu ; mille choses à ceux qui nous aiment (1). »

Deuxième lettre.

« Je me suis trompé, mademoiselle, quand je vous ai annoncé, que M. Burger pourrait sortir ; cela n'a pas eu lieu, parce que la cabale jacobite a travaillé contre, etc., etc. (2). »

N° 4.

Copie de la lettre des citoyens libres Amis de la liberté et de l'égalité de Bischwiller, aux citoyens commissaires de la Convention nationale, en date du 17 janvier 1793, l'an II de la République française.

« Citoyens commissaires,

« Le 10 août avait brisé l'immense chaîne de conspiration, qui, embrassant toutes les parties de l'empire, annonçait, et le massacre des patriotes, et le retour hideux de la tyrannie. Le despotisme, arraché son trône sanglant, venait de descendre au tombeau; la nation, s'élançant avec énergie vers les hautes destinées qui l'attendent, avait accueilli avec transport les décrets immortels qui avaient proclamé l'abolition de la royauté et la création d'une République une et indivisible, les ennemis de la chose publique, consternés et abattus, cachaient dans la poussière leurs fronts orgueilleux et superbes ; et c'est au milieu de ces triomphes éclatants de l'égalité et de la liberté que des coupables et des lâches, des hommes faibles, pusillanimes, égoïstes osent élever dans notre département une tête altière et audacieuse.

« Oui, citoyens, nous le disons avec douleur, mais nous le disons parce que nous nous devons tout entiers à la cause de la liberté et du salut public, la Révolution n'a fait qu'étourdir les ennemis du nouvel ordre de choses dans nos contrées ; elle ne les a ni convertis ni détruits ; elle a suspendu pendant quelques instants leurs mouvements actifs et perfides, mais elle n'a ni étouffé leur rage, ni rompu le fil de leurs trames horribles. Ils allaient se livrer à de nouveaux projets, former de nouveaux et liberticides complots, lorsque les cris des bons citoyens ont appelé sur notre département la sollicitude des représentants du peuple, et ont déterminé notre auguste mission. Nous nous empressons, citoyens commissaires, de vous offrir l'hommage de notre dévouement, de notre soumission à la volonté souveraine du peuple exprimée par l'organe de ses suprêmes mandataires, et celui de l'estime tentée et de la confiance que nous inspirent votre justice, votre impartialité, vos lumières et votre civisme.

« Sondez d'une main hardie la profondeur des maux qui travaillent notre département. Le retour à l'ordre, le respect des lois, l'anéantissement des parties, la destruction des passions viles qui nous agitent, le sort de la li-

---

(1) Au moment que Noisette écrivait, il était député extraordinaire à Paris pour une pétition.

(2) C'était au moment des élections qu'il écrivait.

berté dans les départements du Rhin, la sûreté de la République, dépendent des mesures que vous allez prendre. Qu'elles soient dignes de ses grands intérêts, dignes du caractère sublime dont vous êtes revêtus ; qu'elles soient justes, mais énergiques et vigoureuses ; que la terreur des perfides, la punition des traîtres, l'encouragement des bons citoyens et la régénération de l'esprit public en soient les heureux résultats. Les amis de la liberté, la République vous contemplent; nos vœux, nos espérances vous environnent, et nos cœurs nous disent que ces espérances sont remplies.

« Permettez-nous de diriger vos regards sur les villages riverains du Rhin, sur la préfecture de Haguenau, et sur la partie appartenant ci-devant à l'évêché de Spire. Le fanatisme y secoue toutes ses torches, et l'on croit qu'elles y sont soufflées par les prêtres déportés qui y circulent sous divers travestissements.

« Les subsistances, dont la rareté et le prix augmentent dans une proportion effrayante, la dépréciation progressive de notre monnaie territoriale, appellent également votre sollicitude. Investis d'un grand pouvoir, votre sagesse, votre justice et votre énergie le feront servir au bien de la chose publique. »

N° 4 (bis).

Extrait des avis donnés aux commissaires de la Convention par le citoyen Monnet, procureur général syndic, et autres administrateurs du département du Bas-Rhin, relatifs au citoyen Sontag, du 20 janvier.

« Sontag, receveur de l'enregistrement, a été bailli sous l'ancien régime, et avait toute la dureté, toute l'insolence de ces petits tyrans des campagnes. Il a été d'une aristocratie prononcée depuis le commencement de la Révolution jusqu'à ce jour, et sous tous les rapports il est indigne de la place qu'il occupe; il vient d'être suspendu de ses fonctions de notable. »

N° 5.

Extrait d'une pétition présentée aux commissaires de la Convention nationale dans le département du Bas-Rhin le 24 janvier 1793, par les administrateurs composant le directoire du district de Haguenau.

« Citoyens commissaires,

« Vous êtes envoyés pour sauver la chose publique dans les trois départements les plus travaillés par le démon de la contre-révolution, et vous la sauverez.

« Vous la sauverez, disons-nous, parce que vous avez le pouvoir, la volonté et les moyens.

« Vous êtes la quatrième commission envoyée dans nos contrées; les trois premières n'ayant appliqué que des palliatifs à nos maux, au lieu de diminuer notre crise n'ont fait que l'augmenter, et... vous nous trouvez sur le bord du précipice.

« Nous vous conjurons donc d'appliquer le remède à la racine du mal ; autrement vous nous quitterez comme vos prédécesseurs, sans avoir assuré le salut public dans ce district, et cela serait de la faute des administrateurs ou de la vôtre, ou des deux conjointement.

« Prévenons ce malheur, vous, citoyens commissaires, en continuant de scruter la profondeur de nos plaies politiques, et nous en vous indiquant leur existence, leur nature et leur urgence.

« Ce n'est pas la volonté qui nous a manqué, citoyens commissaires, mais bien le pouvoir, et celui-là ne vous manque pas; aussi allez-vous êtes le sauveur de ces frontières.

« Le commencement de vos opérations, auxquelles nous sommes très attentifs, nous inspire la confiance de vous regarder comme des médecins habiles dans l'art de guérir les maladies mortelles dont nous sommes affligés ; nous allons donc vous les découvrir sans déguisement, et en vous conjurant d'apporter des remèdes propres à leur guérison radicale.

« Ces maux sont le fanatisme, les préjugés, l'ignorance des principes élémentaires de la morale, l'agiotage, la cupidité, etc, etc.

« Jugez donc s'il était possible qu'il naquît un esprit public dans une terre qui n'a produit depuis quatre ans que les ronces de la discorde, alimentée par l'espérance criminelle de la contre-révolution. »

N° 6.

Les conseils généraux, réunis, du département du Bas-Rhin, du district de Strasbourg et de la commune de cette ville, à la Convention nationale, en date du 26 janvier 1793, l'an II de la République française, le lendemain de leur régénération effectuée par les citoyens Couturier et Dentzel.

« Citoyens législateurs,

« Nous nous empressons d'offrir un tribut de reconnaissance bien mérité à tant de fermeté et de justice que vous venez d'exercer ; un roi parjure avait tramé l'odieux projet de précipiter de nouveau le peuple français dans les fers, et de lui ravissant la liberté qu'il avait reconquise; il avait même osé, pour y parvenir, se parer d'un faux amour pour lui; la perfidie avait été portée à son comble ; de nombreux complots devaient ramener le règne du patriotisme, en tranchant les jours des plus fermes appuis de la liberté et de l'égalité ; vous avez paru, citoyens législateurs, le crime a pâli, et le tyran n'est plus : c'est ainsi qu'en foulant aux pieds les vaines terreurs que cherchaient à vous inspirer des despotes étrangers, vous avez rallié autour de vous les faibles, et pulvérisé pour jamais les trames des intrigants qui osaient porter le masque du patriotisme, que vous leur aviez arraché, c'est ainsi que vous avez préparé les bases de la Constitution que vous allez nous donner. D'après la conduite que vous venez de tenir, nous croyons déjà entrevoir les lois sages qui la formeront ; elles frapperont de mort le téméraire qui oserait porter ses mains impies sur cette arche sacrée, en couvrant de leur égide le citoyen vertueux qui concourra au maintien de l'unité et de l'indivisibilité de la République.

« Nous tournons ensuite nos regards sur le département du Bas-Rhin ; les commissaires que vous y avez envoyés pour en régénérer les corps administratifs nous ont donné constamment, depuis leur arrivée, des preuves non équivoques du zèle le plus ardent pour la chose publique ; sans entrer dans le détail des opérations immenses qu'ils ont consommées avec autant d'utilité que de succès, nous nous bornerons à vous annoncer, citoyens législateurs, que déjà les conseils généraux du département du Bas-Rhin et de la commune de Strasbourg ne comptent plus parmi leurs membres ceux dont les intentions perfides menaçaient la chose publique, il est effectué cette régénération si nécessaire, si ardemment désirée de tous les vrais patriotes, et le conseil général du district de Strasbourg seul n'a pas nécessité cette mesure. Que vos commissaires reçoivent ici les hommages purs et sincères de toute notre gratitude; ils terrasseront, dans ce département, les trois monstres qui y ont fait jusqu'ici de si cruels ravages : nous parlons de l'aristocratie, du fanatisme et du feuillantisme ; les corps administratifs une fois régénérés dans ce département, nous saurons y développer le germe de l'amour sacré de la patrie ; nous y sauverons la chose publique, et on ne verra cette partie de la France offrir désormais que la réunion la plus parfaite, et les plus rares exemples de civisme et d'héroïsme à suivre. »

No 7.

Adresse de la Société des Amis de la liberté et de l'égalité de Strasbourg aux commissaires de la Convention nationale dans le département du Bas-Rhin, qui demandent que la commission prenne de nouvelles mesures contre les agioteurs des assignats, et félicitent la commission des mesures qu'elle a prises pour écarter de Strasbourg les gens séditieux et dangereux, nuisibles à la tranquillité de la ville, du 11 février 1793, l'an II de la République.

« Représentants du peuple,

« Si le salut public dépend de l'accord d'un peuple pour l'exécution de ses lois, la tranquillité d'une ville ou d'un département même dépend aussi des grandes mesures répressives, souvent hors de la loi, mais nécessitées par les circonstances, contre tout ce qui peut susciter la discorde, et surtout contre ce qui peut affamer le peuple, et de là le porter à l'injustice et au meurtre.

« Vous avez, citoyens représentants, secondé les vœux des patriotes de Strasbourg en prononçant la déportation de ces êtres vils qui sans cesse calomniaient la nation et ses lois, et qui, par un certain crédit d'opinions, parvenaient à égarer quelques esprits ; et si vous avez jugé cette mesure nécessaire à la tranquillité de la ville et au progrès de la Révolution, combien, à plus forte raison, ne jugerez-vous pas urgent de déporter quelques-uns des suppôts de cette aristocratie agioteuse qui fait trembler depuis quelques jours les bons citoyens pour la tranquillité que vous avez rétablie, et d'ôter à leurs associés, par la fermeture de leurs magasins, les moyens de servir, comme auparavant, leur coalition ruineuse !

« C'est par cette nouvelle mesure que nous venons réclamer avec instance, parce qu'elle nous paraît la seule qui puisse prévenir les maux menaçants en effrayant l'agiotage coalisé, que vous achèverez, citoyens représen-

tants, d'assurer à la ville de Strasbourg la jouissance paisible des avantages de la Révolution. »

No 8.

Lettres des régisseurs nationaux de l'enregistrement à l'inspecteur Bérard et au directeur Thomassin, à Strasbourg.
Copie d'une lettre écrite de Paris, en date du 14 février 1793, l'an II de la République, par les régisseurs nationaux de l'enregistrement, à l'inspecteur Bérard.

« Les commissaires de la Convention au département du Bas-Rhin ayant suspendu le directeur Thomassin de ses fonctions, nous avons arrêté que vous seriez chargé de l'intérim de sa direction, et nous écrivons, en conséquence, au citoyen Thomassin de vous remettre tous les titres, papiers et renseignements qui peuvent vous être nécessaires pour entrer en exercice ; vous voudrez bien ne pas différer un instant de vous rendre auprès de lui.

« Nous comptons que vous ne négligerez rien pour nous donner, dans cette circonstance, de nouvelles preuves de votre zèle et de votre circonspection. »

Copie d'une lettre écrite de Paris, en date du 14 février 1793, l'an II de la République française, par les régisseurs nationaux de Strasbourg.

« Par une délibération des commissaires de la Convention dans votre département, du 28 janvier, il a été arrêté que vous étiez suspendu de vos fonctions de directeur, et que vous seriez provisoirement remplacé par le citoyen Lavaux, qui serait tenu auparavant de fournir un cautionnement.

« Les mêmes commissaires ont arrêté également, par une autre délibération du même jour, la suspension du receveur Sontag, et son remplacement provisoire par le sieur Burgraff, sous la même condition.

« Vous voudrez bien vous conformer à la disposition de cette délibération, vous abstenant de toutes fonctions de directeur, et donnerez le même ordre au receveur Sontag ; mais la loi du 27 mai 1791, qui attribue au pouvoir exécutif la nomination du directeur de notre régie sur notre présentation, et nous autorise à nommer seuls les autres employés, ou à faire toutes les autres dispositions relatives que peut demander le bien de la régie, ne permettant pas aux commissaires de la Convention de pourvoir à votre remplacement ni à celui du citoyen Sontag, et l'intérêt de la République s'opposant en même temps à ce que les fonctions qui vous étaient confiées, ainsi qu'au citoyen Sontag, soient remises même provisoirement à deux personnes qui sont absolument étrangères, et n'ont acquis aucune des connaissances nécessaires pour les exercer, le citoyen Lavaux n'ayant même pas fait usage de l'ordre de surnuméraire qui lui a été donné, vous ne remettrez les titres, papiers et renseignements de votre direction qu'à l'inspecteur Bérard, que nous avons choisi pour en faire l'intérim ; et vous prescrirez au citoyen Sontag de ne remettre également en caisse et les papiers et renseignements qui y ont rapport qu'au vérificateur Barois.

« Nous écrivons à chacun de ces employés, pour les prévenir de ces dispositions ; vous voudrez bien communiquer votre lettre aux citoyens commissaires de la Convention, et aux administrateurs du département; nous ne doutons pas qu'ils n'approuvent nos mesures, qui sont entièrement conformes à la loi. »

N° 9.

Délibération du directoire du département du Bas-Rhin, du 15 du mois de février 1793, l'an II de la République française.

« Vu la pétition du citoyen Philippe-Jacques Rühl, député du Bas-Rhin à la Convention nationale, par laquelle il demande que le directoire du département reconnaisse, par un arrêté, l'authenticité des différents titres par lesquels il lui est dû une pension viagère de 2,400 livres sur les biens du prince de Limange, situés en France, dont une partie se trouve dans les districts de Haguenau et de Strasbourg ; vu aussi lesdites pièces, dont la première du 21 juin 1779, constitue au pétitionnaire sur lesdits biens, pour services rendus audit prince, une pension viagère de 1,200 livres, ladite pièce homologuée au ci-devant conseil souverain d'Alsace le 30 dudit mois, pour être exécutée selon sa forme et teneur, et y avoir recours, le cas échéant; la seconde du 5 août 1781, lui constitue ultérieurement, sur lesdits biens, une augmentation de pension viagère ; d'autres 200 livres également homologuées au ci-devant conseil souverain d'Alsace, le 18 du suivant augmentation destinée suivant une lettre dudit prince, du même jour 5 août 1781, *à remplacer les honoraires souvent offerts, mais non acceptés ni reçus ; vu pareillement une lettre du conseil exécutif provisoire du 28 décembre 1792, adressée au citoyen Rühl, dans laquelle le ministre des contributions publiques reconnaît qu'il est dû audit citoyen Rühl, sur les biens de Linange, situés en France, une pension viagère de 2,400 livres.*

« Ouï le procureur général syndic, les administrateurs du département du Bas-Rhin; considérant que l'authenticité des pièces sus-relatées est suffisamment prouvée; qu'il appert en conséquence qu'il est dû au citoyen Ph. Rühl, sur les biens du prince de Linange, situés en France, une première pension viagère de 1,200 livres, pour services rendus; *plus une seconde de 1,200 livres destinée à remplacer des honoraires souvent offerts au citoyen Rühl, mais non acceptés ni reçus;*

« Arrêtent, en séance publique, qu'ils reconnaissent l'authenticité des pièces sus-mentionnées, et qu'il est dû au citoyen Ph.-Jacques Rühl, sur les biens de Linange situés en France, une pension viagère de 2,400 livres;

« Arrêtent en conséquence qu'expédition du présent arrêté sera remise au citoyen Ph.-Jacques Rühl, pour en faire tel usage que de droit.

« *Nota.* Par l'article 1er de la loi des 5 janvier, 4 et 6 février 1792, sanctionnée le 12 février, les 1,200 livres que l'on dit destinées à remplacer les honoraires souvent offerts, mais non acceptés ni reçus, en supposant qu'elles fussent justifiées par une lettre irréfragable, étaient une créance offerte, mais non acceptée, et toujours refusée; en supposant encore que,

d'après cela, elle ait pu devenir exigible contre la République, alors il aurait fallu se conformer à l'article 3 de la même loi, qui fixait le délai au 1er mai 1792. On ne voit pas comment Clavière a pu convertir cette créance en une pension viagère de 1,200 livres ni pourquoi le citoyen Rühl n'en a jamais parlé jusqu'au 15 février 1793. »

N° 10.

Lettre du général Desprez-Crassier au citoyen Couturier qui l'avait consulté sur la demande faite par le directeur des douanes de Strasbourg, d'armer les préposés de fusils.

« Citoyen commissaire,

« Je vous ai répondu sur votre demande si les employés à la réception des droits aux douanes nationales pouvaient être armés sans inconvénients.

« Ma réponse a été que j'avais employé de ces hommes payés par la République, sur les frontières du Luxembourg, près mon camp de Fontoy; que les chefs m'ont trompé pour favoriser nos ennemis : ce sont bien eux qui ont introduits dans le royaume à cette frontière; auparavant c'étaient eux qui facilitaient la correspondance entre nos ennemis du dehors et les Français coupables.

« Sans doute, il faudrait les armer pour combattre nos ennemis, puisqu'ils sont payés par le Trésor public ; mais alors il faudrait les répartir dans les bataillons ; les soldats de la liberté les feraient combattre quand ils n'y seraient pas disposés.

« Strasbourg, le 22 février 1793, an II de la République. »

N° 11.

Extrait de la lettre des citoyens Antoine Meyer et Massé, aux commissaires du Bas-Rhin, du 26 février 1793.

« Citoyens commissaires,

« Un des grands moyens de contre-révolution, c'est la lenteur coupable qu'ont mise les tribunaux pervers à instruire les procès intentés contre les aristocrates et les fanatiques; il est temps que le fléau cesse et que les juges fassent leur devoir.

« Citoyens commissaires, je vous dénonce le tribunal de Schelestadt pour ses lenteurs interminables à instruire une affaire qui regarde un prêtre réfractaire, et un père de famille patriote.

« C'est à vous, citoyens commissaires, qu'il appartient de faire marcher les boiteux et de rendre la vue aux aveugles ; tout ce que vous avez fait dans notre département depuis votre mission prouve que ces miracles vous sont familiers.

« Le citoyen Meyer est père d'une nombreuse famille, et un des patriotes les plus zélés de Strasbourg; son procès avec le fanatique Streicher provient d'un remboursement d'argent déboursé, et de marchandises vendues audit Streicher, dont le mémoire à lui remis a été par lui reconnu et accepté au mois de juin 1789. »

N° 12.

Extrait du registre des délibérations du conseil général de la commune de Haguenau, séance publique du 3 mars 1793, avant midi, l'an II de la République.

« Le conseil général extraordinairement assemblé, considérant qu'il est de son devoir de témoigner, au nom de la commune, aux citoyens Couturier et Dentzel, commissaires de la Convention nationale aux départements de la Meurthe, Moselle et Bas-Rhin, sa reconnaissance pour tous les bienfaits dont ils ont signalé leur séjour en cette ville, en cherchant par tous les moyens de rétablir la paix et la concorde entre tous les citoyens, et d'effacer à jamais le souvenir de tout ce qui s'est passé depuis la Révolution ; considérant qu'indépendamment de ce bienfait, ils ont procuré aux citoyens de cette ville un soulagement considérable, en autorisant le district à faire fournir 600 lits par les communes foraines pour le logement de la commune, en lui proposant de lever tous les procès et différends qui se sont élevés depuis la Révolution, et qu'ils ont consenti, pour parer à la ruine de tous les citoyens qui s'y trouvaient impliqués, de payer lesdits frais de la caisse de la commune, et que moyennant ce parti toute la commune se réunirait et promettrait, sur la foi du serment, d'oublier à jamais tout le passé ;

« Ouï le procureur de la commune ;

« A arrêté qu'il sera voté des remerciements auxdits citoyens commissaires ; et que mention en sera faite sur le registre, afin de transmettre à la postérité cette marque de leur sollicitude paternelle qui les éternisera ; de laquelle délibération il sera fait extrait pour être présenté par le corps municipal, qui sera en outre chargé de les prier de prendre en considération la situation de cette ville, pour ce qui concerne le nouvel hôpital militaire, les indemnités dues à la commune pour la suppression de ses octrois, et celles dues aux citoyens de la même commune pour le logement d'environ 120,000 hommes de troupes, qui ont passé depuis le mois d'août dernier par cette ville. »

N° 13.

Lettre du président de la Société des Amis de la République, à Herscheim, département du Bas-Rhin, le 13 mars.

« Citoyen député, commissaire,

« Agréez, s'il vous plaît, les remerciements les plus vifs, que ma petite société patriotique vous doit, de ce que vous avez nous délivrés de notre municipalité fanatique et aristocrate : j'ai tout lieu de croire que, sous notre municipalité actuelle, dont jusqu'à présent le civisme n'a point été suspect, les choses iront mieux et que bien du monde se convertira ; de mon côté du moins, je n'épargnerai rien pour y réussir. »

N° 14.

Lettre écrite au citoyen Couturier par le citoyen Mondeau, lieutenant-colonel du 9e bataillon du département du Doubs, du 27 mars.

« Citoyen commissaire,

« J'ai été assez heureux pour rendre quelques services à la patrie ; et peut-être que la difficulté que j'éprouverais à en donner des preuves vient moins de leur importance, que des soins que j'ai pris à me dérober à tous les regards. Je n'ai pas semé dans le chemin de l'ambition ni dans celui de la reconnaissance ; je connaissais l'ingratitude de leur sol, et savais de combien d'amertumes sont mêlées les jouissances qu'ils procurent. J'ai semé dans le champ de l'honneur et de ma conscience ; aussi je récolte tous les jours, et n'ai besoin pour faire la plus abondante moisson, ni de places, ni de dignité, ni de suffrages. Les services les plus ignorés ont toujours été ceux qui m'ont le plus agrandi.

« Mon estime pour vous, citoyen, a pu seule me déterminer à vous ouvrir le fond de mon âme ; en le faisant je n'ai considéré que l'homme moral ; et je rends hommage à votre vertu. Témoin du bien que vous avez opéré dans cette ville et dans le département, je saisis avec empressement l'occasion qui se présente de vous prouver que mon opinion est indépendante d'un décret immoral, dont tout bon citoyen est affligé, et qui ne vous rend que plus recommandable à leurs yeux.

« Je vous prie d'agréer les assurances de mon respect, de mon estime, de ma fraternité. »

N° 15.

Lettre écrite au citoyen Couturier par les administrateurs du district de Barr, département du Bas-Rhin, le 28 mars.

« Concitoyen,

« Nos principes et nos sentiments nous ont imposé le devoir d'envoyer une adresse, dont copie ci-jointe, à la Convention nationale, pour vous défendre contre les lâches délateurs qui ont osé inculper votre intégrité et votre justice. Nous croyons devoir vous observer à ce sujet, que nous sommes bien loin de vouloir vous flatter par cette démarche, mais que nous la regardons comme un acte de justice dû à votre conduite et à vos principes ; car en vrais républicains, nous osons vous déclarer que, le cas échéant, nous vous accuserions avec la même énergie que nous avons employée pour vous défendre. »

Lettre écrite par les administrateurs du district de Barr, département du Bas-Rhin, le 28 mars, à la Convention.

« Législateurs,

« C'est avec les sentiments de la plus vive douleur, que les soussignés ont appris que l'intrigue et la cabale, sous le masque du patriotisme et de la justice, ont osé souiller même le sanctuaire de la liberté jusqu'au point de surprendre l'opinion de nos représentants, jusqu'à les porter à des mesures qui, au lieu de soutenir la cause de la raison et de la liberté, à peine relevée dans nos contrées fanatiques, serviront plutôt à la saper jusque dans ses fondements. C'est du rappel de vos commissaires Couturier et Dentzel, que les agitateurs hypocrites et des ambitieux démasqués, trop justement punis pour avoir empoisonné l'opinion publique, et semé la division parmi les patriotes mêmes, ont osé dépeindre comme des hommes injustes et despotes, que nous parlons. Ce n'est pas un vil esprit de parti qui nous porte à prendre leur défense ; nous détestons tous les partis dont la plupart sacrifient la chose publique à des ambitions personnelles et de vils intérêts; le nôtre est celui de tout vrai républicain, le parti de la liberté, des principes et du salut de la patrie ; nos chefs de parti sont la vérité et la justice. Ces sentiments nous ont imposé le devoir de vous adresser la présente réclamation, et de vous faire entendre le langage de la vérité, étouffé par celui des passions et des intrigues ; le rappel de vos commissaires a été le triomphe de l'égoïsme et de la malveillance ; vous avez jugé vos collègues sur des accusations verbales, sans connaître les faits qui les démentent. Tout vrai Français, tout bon citoyen, dont le cœur et la tête ne sont pas corrompus par des préjugés ou des passions leur doit témoigner qu'ils ont bien mérité de la patrie ; que leurs dispositions ont sauvé la chose publique dans notre département. Anéantir leurs actes, c'est faire revivre le règne du fanatisme et de l'aristocratie, et écraser la cause de la Révolution. Les mêmes délateurs qui les ont accusés, qui ont sollicité et surpris votre jugement, pour éviter la punition trop méritée que vos commissaires leur avaient infligée, vous ont-ils aussi exposé les causes de leurs peines ? Les connaissez-vous ? Vous ont-ils dit que leurs écrits et leurs discours ont égaré l'opinion publique, ont engendré des esprits de parti, des divisions d'autant plus dangereuses à la face de l'ennemi, qu'ils ont anéanti cette unité d'efforts et de principes si nécessaire pour sauver la patrie ? Vous ont-ils dit que leur esprit de parti a poussé leur ville jusqu'à refuser son contingent pour le recrutement de l'armée ? Que cet exemple d'opiniâtreté et d'anarchie s'est propagé dans nos campagnes, au point d'y faire naître la guerre civile ? Non ! ils vous ont parlé le langage perfide de la dissimulation et de l'hypocrisie, et vous les avez crus !

« Citoyens représentants, nous vous conjurons au nom de la patrie que vous avez juré de sauver, au nom de la chose publique et de la Révolution qui à peine commencent à revivre dans notre département, de suspendre votre jugement sur les actes de vos commissaires, jusqu'à ce que des rapports fidèles et véritables vous auront mis à portée de les connaître, pour ne pas anéantir vous-mêmes la même cause que vous voulez sauver. »

N° 16.

Lettre des administrateurs du Bas-Rhin à la Convention nationale.

« Citoyens législateurs,

« 15 individus de Strasbourg se sont présentés tout récemment à votre barre, pour réclamer contre un prétendu acte arbitraire qui les expulsait des départements du Rhin et du district de Bitch; ils se sont permis de peindre avec les couleurs les plus noires vos commissaires, qui ont prononcé leur déportation ; et cet acte est une mesure de sûreté générale, autorisée par la loi dans les villes en état de guerre, à l'égard des personnes qui ne seraient même que suspectes ; mais ces hommes qui ont osé calomnier vos commissaires, sont ceux qui,

à l'époque du 10 août, étaient dans ces murs les plus fermes appuis de la royauté, qui dans une séance publique, faisaient cause commune avec Frédéric Diétrich, pour se coaliser contre l'Assemblée législative, qu'ils ne voulaient plus reconnaître, et étouffer les germes du républicanisme, que commençaient à développer les crimes d'une cour corrompue; ce sont ces hommes qui, dans ces moments de luttes entre le despotisme et la liberté, n'ont pas craint de réunir leurs efforts pour faire perdre aux citoyens toute confiance dans l'Assemblée nationale, à laquelle ils ont publiquement prodigué les injures les plus atroces. Cependant ces individus dangereux, ces ennemis de la République, viennent d'obtenir un triomphe complet ; votre religion, citoyens législateurs, a été surprise, et l'imposture et l'intrigue l'ont emporté sur la vérité et le plus pur patriotisme. Vos commissaires, en prenant les mesures vigoureuses mais nécessaires qui ont provoqué leur rappel, avaient sous les yeux des faits graves, qui leur ont été attestés par des personnes dignes de foi; ils ont frémi à la vue des dangers que courait la chose publique, en laissant dans ce département des gens qui l'avaient évidemment compromise ; la déportation était le seul moyen capable d'arrêter la contagion de leurs principes anti-civiques, et elle a été effectuée; nous ne pouvons que rendre hommage à la sagesse de cette mesure, et de toutes celles que vos commissaires ont prises pour régénérer l'esprit public dans notre département ; leur fermeté et leur civisme leur donnent des droits sacrés à notre reconnaissance. Votre erreur, citoyens législateurs, sera celle du moment, et vous vous hâterez de la réparer, en rendant justice à la manière ferme et vigoureuse avec laquelle vos commissaires ont rempli leur mission, et en rapportant un décret qui, annulant une déportation justement prononcée, sur la liberté, et ouvrirait peut-être à nos ennemis l'entrée de notre département. Que désormais l'intrigue n'ose plus lever parmi vous sa tête atroce ; songez que c'en est fait de notre département, si ceux à qui vous avez permis d'y entrer viennent, par leur présence, rendre des chefs aux malveillants, dont leur retour fait le triomphe et augmente l'audace; que cette portion précieuse de la République mérite tout votre intérêt ; que le patriotisme triomphe enfin parmi nous, et qu'on y voie écrasés les monstres du fanatisme et de l'aristocratie. »

N° 17.

Adresse du ... mars à la Convention, par le district de Haguenau.

« Citoyens législateurs,

« C'est avec la plus vive douleur que nous avons appris que 15 perturbateurs du repos public, déportés à juste titre de la ville de Strasbourg et de tout le département du Bas-Rhin, s'étant présentés à votre barre, vous ont surpris un décret en leur faveur, qui les autorise à rentrer dans leurs foyers.

« Ce décret qui rend nulles toutes les mesures sages prises par la commission choisie dans votre sein, et qui par le rappel des commissaires les fait soupçonner d'actes arbitraires, a déjà des suites dangereuses dans ce département. De tous côtés on voit les aristocrates, les fanatiques et surtout les Feuillants, sortir la tête de la poussière où les avait plongés la mesure de vigueur prise contre eux, et qui, au lieu d'être aussi modérée, aurait dû s'étendre sur tous les individus de cette espèce, dont fourmille malheureusement notre département; ces individus prêchent sous main, et même ouvertement, le royalisme, le fanatisme, enfin tout ce qui peut avoir rapport à l'ancien régime et être contraire au nouvel ordre des choses, tant désiré par les vrais amis de la liberté et de l'égalité.

« Que sera-ce donc quand ces 15 apôtres du feuillantisme le plus effréné seront rendus à leurs amis et à leurs partisans?

« Citoyens législateurs, nous n'osons y penser sans frémir; hâtez-vous donc d'ordonner le rapport d'un décret rendu sans doute par une minorité trop indulgente. Sans cette mesure, nous craignons, pour notre district et pour tout le département, les troubles les plus funestes; ils ont commencé depuis l'absolution du traître Diétrich; à quel point ne se porteront-ils pas, si ses plus zélés partisans se trouvent lavés, et si des commissaires républicains, qui ont tout fait pour établir la paix et la concorde sur les bases du véritable civisme, sont inculpés? »

No 18.

Copie de la lettre de la Société de Strasbourg aux Jacobins de Paris.

« Citoyens, frères et amis,

« Nous vous apprenons avec douleur qu'un député de notre département, qui s'est assez bien montré dans l'Assemblée législative et dans la Convention, a tout à coup abjuré ses principes, au moment où Dumouriez et ses infâmes complices tramaient la perte de la République. Ce député, c'est Rühl, qui vient de se porter le défenseur de gens dont il connaissait la scélératesse, de gens qu'il avait autrefois combattus avec courage, et que récemment encore il avait suspendus, comme commissaire dans le département du Bas-Rhin, de leurs fonctions administratives : ces hommes, à l'époque du 10 août, avaient protesté contre la suspension de Capet, avaient cherché à faire arrêter les commissaires de l'Assemblée législative, envoyés alors dans notre département, avaient inondé la France d'adresses contre-révolutionnaires. Rühl avait été jusqu'à ce jour leur plus implacable ennemi, et Rühl leur prête tout à coup l'appui d'une popularité qu'il a usurpée.

« Les commissaires Couturier et Dentzel, qui peuvent avoir commis des fautes, mais qui, dans les grandes mesures ont constamment été parmi nous les amis de la Révolution et de la patrie, les avaient sagement déportés, et Rühl fait lever cette déportation salutaire, et il fait rentrer les monstres dans un département dont ils n'ont que trop longtemps fait le malheur. Sans deux de nos braves républicains qui ont paru à la barre, ces traîtres étaient encore à la tête de nos administrations et étouffaient le patriotisme sans retour.

« Frères et amis, c'est dans les grandes crises que les hommes se font connaître, et Rühl est aujourd'hui démasqué à nos yeux. Rühl était membre de notre société; il avait reçu de nous une lettre de satisfaction de la conduite qu'il avait tenue à Jemmapes, et notre civisme vient aussi d'en faire justice.

« Frères et amis, lisez cette lettre à votre tribune; que là, vous dévoiliez toute la turpitude de Rühl, afin qu'il ne jouisse pas davantage de votre confiance, et que vous connaissiez qu'il existe à Strasbourg des hommes qui savent punir les traîtres, et qui ne balanceront pas à mourir pour la République. »

No 19.

Finito de la note fournie le 11 avril par l'accusateur public et autres bons citoyens sans-culottes de Strasbourg, sur le personnel des 15 déportés de la même ville.

« Si les commissaires de la Convention n'avaient pas suspendu et remplacé les municipalités fanatiques dans le département du Bas-Rhin, tout le département serait aujourd'hui à feu et à sang. Ce sont les municipalités de Volsheim, Rolsheim et d'Alenheim, par eux régénérées, qui ont empêché le progrès de l'attroupement de Molsheim, et requis la force publique. Or ces mêmes municipalités ont été nommées par les commissaires. Celles des villages circonvoisins, non encore régénérées, ont favorisé les excès des rebelles, et fait l'impossible pour soustraire les coupables au glaive de la loi. »

No 20.

Lettre écrite au citoyen Couturier par le citoyen Gintzrot, officier municipal à Strasbourg, du 17 mai 1793, l'an II de la République française.

« Citoyen représentant,

« Je me vois forcé, dans l'amertume de mon âme, de vous faire part de l'indifférence blâmable avec laquelle le département du Bas-Rhin a reçu mes réclamations concernant les 35,000 piques qui reposent dans notre arsenal et rouillent dans l'oubli; quoique vous ayez, lors de votre séjour en cette ville, donné des ordres très exprès pour les faire emmancher, cependant on n'y touche pas. On enlève les armes aux villages qui en ont, et on les donne aux volontaires de notre contingent, sans réarmer nos villageois patriotes. Ne vaudrait-il pas mieux de mettre toutes ces piques en état? Vous en armerez 5,000 hommes. Il serait à désirer que la Convention ordonne à toutes les municipalités la fabrication des piques, et que le tocsin enfin sonne d'un bout de la France à l'autre; que tout le peuple se lève, et écrase par sa masse terrible tous ces scélérats qui ravagent notre pays. Adieu, santé et bonheur à vous, vénérable père; restez ferme, demain je pars fidèle à mon serment, comme municipal et comme volontaire, avec des braves patriotes de ce pays-ci, terrasser les scélérats de la Vendée. Je ne doute pas que notre retour ne soit victorieux. »

N° 21.

Projet d'adresse par les sections de Stras-bourg, en faveur des 15 déportés dudit Strasbourg.

Extrait du procès-verbal de la sixième section du Temple neuf.

« Cejourd'hui 24 mars 1793, l'an II de la République française, à 3 heures de relevée ;

« Sur la proposition faite par un des membres de ladite section, il a été arrêté :

« Art. 1er. De voter une pétition à la Convention nationale dont les objets seront, savoir :

« 1° Déclaration de l'horreur dont les citoyens de Strasbourg sont pénétrés à la nouvelle de la révolte éclatée dans différents départements ;

« 2° Expression des sentiments civiques et républicains de la commune de Strasbourg ;

« 3° Entière adhésion au décret qui annule les actes arbitraires et vexations exercés contre plusieurs citoyens de Strasbourg ;

« 4° Demande de la réintégration de la ville de Strasbourg dans la pleine jouissance des droits civils et politiques que la loi lui accorde; demande que la Convention lève les suspensions, ou qu'elle autorise une nouvelle élection pour toutes les places, tant administratives, municipales et judiciaires, qui ne sont pas occupées, par des citoyens nommés par le peuple.

« 5° Promesse solennelle que Strasbourg sera fidèle à ses devoirs, quelle que soit la décision de la Convention.

« Art. 2. D'autoriser le comité central de rédiger la question ci-dessus.

« Art. 3. Cette adresse sera signée par les membres du comité central, au nom des sections dont ils sont commissaires.

« Art. 4. Il sera libre à chaque citoyen de signer encore particulièrement la susdite adresse.

« Art. 5. Le comité central nommera au scrutin, à la pluralité absolue, quatre députés pris indistinctement parmi les citoyens de la commune, pour présenter l'adresse à la Convention nationale.

« Art. 6. Que le présent arrêté sera communiqué à toutes les autres sections de la commune, pour les inviter à vouloir délibérer sur-le-champ sur le présent arrêté, afin que leurs commissaires respectifs puissent le soir-même apporter le vœu de leurs sections au comité central. »

Extrait d'une lettre de Paris, du 5 avril 1793, l'an II de la République.

« Tétrel a enfin paru à la barre, accompagné de Christophe Rieulin, ce dernier a eu l'impudence de se présenter au nom de la commune. Ils ont été admis le 3 à la séance du soir; elle était peu nombreuse. Ils ont demandé le rapport des décrets des 17 mars et 1er avril, et le maintien de Couturier et Dentzel, en leur qualité de commissaires ; ils ont dit que le sang était prêt à couler à Strasbourg, si les mesures qu'ils proposaient n'étaient point

adoptées. Ils ont demandé que l'Assemblée soutienne ceux qui ont actuellement le dessus à Strasbourg par les soins de Couturier et Dentzel. Ils ont même prétendu qu'eux seuls voulaient le bien, et qu'eux seuls étaient patriotes. Ces pétitionnaires ont obtenu le rapport du décret qui renvoie l'adresse de la commune de Strasbourg au comité de défense générale, et l'Assemblée a décrété qu'elle entendrait le rapport de Couturier et Dentzel. Les députés de la commune, Lauth et Liébich, ont demandé le lendemain à paraître à la barre, et le soir ils ont été admis. Pénétrés de douleur et de la justice de leur cause, ils ont dévoilé avec énergie l'intrigue et l'imposture, et ils ont demandé que les décrets des 17 mars et 1er avril fussent maintenus, et que de nouveaux commissaires, au fait des deux langues, et ayant la confiance des citoyens de Strasbourg et du département du Bas-Rhin soient envoyés dans notre commune. Un député a parlé contre nos calomniateurs, les maîtres d'arithmétique, les régents de collèges, les maîtres de langue qui voudraient être les maîtres de la ville. Bentabole, leur défenseur officieux, a élevé sa voix contre nous. Rühl l'a confondu par des faits; il a dit que la commune de Strasbourg venait de fournir son contingent et qu'elle avait fait une collecte pour les volontaires, qui se monte à 120,000 livres. Nos détracteurs ont été couverts d'opprobre : l'Assemblée a maintenu le renvoi au comité de défense générale, et nos députés ont obtenu les honneurs de la séance.»

Discours des députés Liébich et Lauth, prononcé à la barre.

« Législateurs,

« Les députés des douze sections de Strasbourg se présentent encore à votre barre... ils sont pénétrés de la plus vive douleur.

« Des hommes connus pour des perturbateurs publics dans leur commune l'ont calomniée ; ils ont osé vous dire que le sang était prêt à couler dans notre ville, et ce sont eux qui provoquent le carnage depuis longtemps.

« Non, il ne coulera pas, citoyens législateurs ; nous résisterons aux calomniateurs, aux agitateurs, comme aux ennemis qui nous investissent.

« Connaissez ces deux hommes qui étaient avant-hier à votre barre : l'un a parlé en son nom et en celui de 10 collègues, dont 9 sont administrateurs de la création de Couturier et Dentzel ; l'autre n'a aucune mission ni caractère ; il est absent de Strasbourg depuis 10 mois.

« Que ceux qui se sont fait les échos de ces hommes inconsidérés articulent donc un seul fait, une seule circonstance plausible, qui puisse faire présumer la trahison dont ils osent accuser notre commune. La trahison, l'incivisme, ne sont point dans le mot ; ils sont dans les faits; or l'on n'a encore entendu que des déclamations stériles contre les meilleurs citoyens et pas un seul fait.

« Il est temps enfin que le principe désorganisateur cesse. — Aucune ville n'a plus signalé son attachement pour la chose publique ; nos détracteurs eux-mêmes en conviennent : tout y est encore tranquille, parce que les citoyens ont mis leur confiance dans la Convention; mais il est à craindre que le triomphe des agitateurs qui nous dénoncent ne trouble cette paix intérieure, si nécessaire à maintenir dans les circonstances critiques où nous nous trouvons. Vous avez donné à vos commissaires pour le recrutement le terrible droit de déporter ; nous ne craignons pas de vous dire qu'on les portera à en abuser, tout comme on y a porté Couturier et Dentzel contre les citoyens dont quelques-uns ont peut-être à pleurer leurs enfants morts pour la patrie ; car ce sont ces hommes-là que l'on persécute spécialement.

« Nous vous conjurons donc, au nom de la patrie que vous voulez sauver, de prendre tous les partis qui pourront préserver notre pays des malheurs que ces agitateurs y provoquent depuis trop longtemps.

« Maintenez vos décrets des 17 mars et 1er avril jusqu'à ce que de nouveaux commissaires vous aient fait un rapport vrai et exact sur la situation de Strasbourg et du département du Bas-Rhin, parce que nous ne voyons que ce moyen pour faire cesser la lutte du vice contre la vertu, celle du vrai patriotisme contre le masque qui ne fait que l'occuper.

« Législateurs, n'oubliez pas que nous, qui paraissons en ce moment à votre barre, nous sommes les vrais mandataires d'une commune de 50,000 âmes ; au lieu que ceux qui l'y ont dénigrée et calomniée, n'ont parlé que pour une poignée d'agitateurs.

« Nous avons dit la vérité tout entière ; nous mourrons pour elle comme pour la liberté. »

Discours prononcé à la barre de la Convention nationale, par les députés des 12 sections de la commune de Strasbourg, le 1er avril 1793, l'an II de la République.

« Citoyens législateurs,

« Nous sommes chargés, comme députés de la commune de Strasbourg, de vous apporter le vœu de ses 12 sections réunies en permanence.

« La consternation et la terreur régnaient au milieu de nous, frappés successivement par des actes arbitraires de vos commissaires Couturier et Dentzel, dépouillés des droits que la souveraineté du peuple nous assure, nous avons encore eu la douleur de voir nos meilleurs citoyens, des hommes qui ont servi utilement la chose publique, chassés de leurs foyers ; nous n'osions plus nous croire ni citoyens, ni libres ; mais votre décret du 17 mars, en déclarant la déportation de nos concitoyens nulle, nous a rendu l'espoir et le courage.

« Législateurs, il faut dévoiler la source de nos malheurs ; ce sont des étrangers, venus au milieu de nous depuis 18 mois seulement, qui y ont introduit la discorde. Un journaliste insolent, connu par la témérité de ses calomnies, ci-devant *stipendié des princes d'Allemagne*, est un des premiers auteurs de nos maux ; un prêtre venu de l'électorat de Cologne, à peu près à la même époque, est son digne associé ; tels sont les hommes, qui, avec une poignée d'esprits turbulents et jaloux, jusqu'à présent inconnus à la Révolution ont usurpé l'honorable titre de patriotes ; ce sont ces mêmes hommes qui ont voulu ravir à Custine la confiance dont il est environné, et qui ont proposé des adresses pour faire replier son armée.

« Nous avons vu, avec une profonde douleur, vos commissaires Couturier et Dentzel, s'environner de ce ramas d'agitateurs, et écarter d'eux tous ceux qui avaient des droits à la reconnaissance publique ; que de maux ne nous ont-ils pas causés ! Législateurs, la République est environnée d'ennemis ; il faut les combattre, vaincre ou mourir ; mais pour vaincre en hommes libres, il faut l'être, et nous osons dire que nous ne le sommes pas, puisque nous sommes privés de tous nos droits.

« On a suspendu plusieurs membres de notre municipalité, on les a même déclarés inéligibles ; nous ignorons quels sont leurs délits : depuis longtemps, avec nous tous ils ont adhéré à tous vos décrets, à tous ceux de l'Assemblée législative ; mais par une perfidie qui peint nos misérables, l'un deux s'est fait remettre 300 livres, pour apporter une adresse d'adhésion à la suspension du ci-devant roi, et cette adresse a été supprimée. Cependant ce prétexte a servi à leur suspension, et ils ont été remplacés, par qui ? Le maire, par un jeune homme de 24 ans ; les municipaux contrairement au vœu de la loi, par des citoyens pris hors du conseil de la commune. La municipalité de Strasbourg, l'accusateur public, la majorité des membres du département ne sont que du choix de vos commissaires Couturier et Dentzel ; et de toutes parts, vous le savez, législateurs, les réclamations s'élèvent contre ces députés. Les hommes intrus, qu'ils ont placés dans les corps administratifs, insultant à une commune de 5,000 âmes, osent lâcher les adresses au nom du département, pour faire rapporter votre décret du 17 mars. Un administrateur du département ose même quitter son poste et se rendre ici l'organe des détracteurs de nos compatriotes déportés ; nous ne doutons pas, législateurs, que vous ne rappeliez cet administrateur à ses devoirs. Nous espérons, en même temps, que pour rétablir le calme dans une commune, dont tous les habitants se sacrifieront pour l'exécution de vos décrets, vous lui rendrez tous ses droits ; et en annulant toutes les suspensions prononcées par les commissaires Couturier et Dentzel, le département du Bas-Rhin et la commune de Strasbourg recouvreront la paix intérieure et l'énergie nécessaire à des hommes libres pour combattre. Il n'est pas un Strasbourgeois qui ne soit prêt à faire un rempart de son corps, plutôt que de céder un pied du territoire de la République à nos ennemis, germains, émigrés, rebelles ; nous jurons de les exterminer tous, et de maintenir l'exécution de vos décrets, au péril de nos vies et de nos fortunes ; tels sont les sentiments gravés dans les cœurs des Français de Strasbourg, que nous avons été chargés de vous exprimer en leur nom.

« Législateurs, l'intérêt de la République appelle votre attention sur ce ramas d'étrangers et de patriotes nouveaux qui veulent expulser de leurs foyers les citoyens ; nous croyons que c'est là un des plus imminents dangers qui menacent le vaisseau de l'État, car sans la fidélité du peuple de Strasbourg, les excès de ces hommes nouveaux auraient déjà causé une explosion funeste à la chose publique, dont votre sagesse et votre fermeté sauront nous préserver.

« Nous déposons sur l'autel de la patrie la contribution patriotique de la garde nationale de Strasbourg, pour la guerre maritime. »

Pétition des 12 sections de la commune de Strasbourg, présentée à la Convention nationale le 28 avril 1793, l'an II de la République.

« Citoyens législateurs,

« Le conseil général de la commune de Strasbourg légalement élu a été provisoirement suspendu, pour la plus grande partie, par vos commissaires, le 18 janvier dernier.

« Le motif de cette suspension, énoncé dans leur proclamation dudit jour, est tiré de la promulgation du Conseil exécutif du 19 août 1792, qui avait suspendu tout le conseil général de la commune subsistant à cette époque, pour des adresses et pétitions antérieures au 10 août, de la proclamation de l'Assemblée législative du 21 août, et de la lettre du ministre Roland du 26 août.

« Les citoyens signataires de ces adresses avaient été induits en erreur; dès qu'ils furent instruits du véritable état de choses, ils s'empressèrent de se rétracter par les adresses d'adhésion des 26 août et 16 décembre derniers.

« Mais par une perfidie de leurs calomniateurs, ces adresses ne parvinrent pas à leur destination. Tous ces faits sont consignés dans un précis qui a été mis sous les yeux de l'Assemblée.

« Les citoyens de Strasbourg ayant depuis compulsé les registres de la municipalité et des sections, ont trouvé ces preuves, qui font cesser les motifs de la proclamation du 18 janvier; ils espèrent de la justice de la Convention, qu'elle lèvera les suspensions prononcées par ses commissaires, attendu que les motifs n'ont plus existé lors de ladite proclamation.

« Cependant, comme les rapports des différents commissaires envoyés dans le département du Bas-Rhin ont été défavorables à quelques-uns de leurs concitoyens, qui lors de la première élection, ont été portés, par la majorité des suffrages, au conseil général de la commune; comme ils savent que ces mêmes citoyens, depuis longtemps en butte à l'envie et à la calomnie, feront, avec plaisir, tous les sacrifices possibles à la tranquillité de la commune, ils prient la Convention de les autoriser à procéder, dès le lendemain de leur réintégration, à l'élection d'une nouvelle municipalité suivant les formes prescrites par la loi.

« Par ce moyen, la Convention consolidera l'union et l'harmonie, si nécessaires dans un moment où la patrie est entourée d'ennemis; elle rendra justice à une commune qui s'ensevelira sous les ruines de ses remparts, avant de céder aux despotes coalisés; à une commune dont l'élite de la jeunesse combat sous les drapeaux de la liberté et de l'égalité, et qui n'a cessé de donner des preuves de son patriotisme. »

N° 22.

Copie de la lettre écrite par le citoyen d'Harambure, lieutenant général commandant les troupes du Haut-Rhin et de la Rauracie, et la commune de Neuf-Brisach, en date du 28 février 1793, l'an II de la République.

« Comme je désire que la plus grande confiance existe entre la municipalité, les corps administratifs et les commandants militaires, j'envoie à la municipalité les deux lettres que je reçois aujourd'hui d'Allemagne, et je désire qu'elle veuille bien faire prendre note sur les registres de la présentation de ces deux lettres, afin qu'elles ne puissent causer la moindre inquiétude aux citoyens. Il est juste qu'on me donne acte de la présentation que j'en fais, voulant dans tous les temps conserver, pour le vrai bien du service, l'accord le plus parfait et la plus libre communication de tout ce qui peut intéresser l'ordre public.

« Les commissaires de la Convention nationale, considérant que la naissance du citoyen d'Harambure, sa protestation à l'occasion de la suspension du roi, la méfiance que les citoyens du Haut-Rhin ont de lui, ne permettent pas de regarder avantageusement pour lui le sens de sa lettre du 28 février dernier.

« Ont arrêté que tout commandement sera, dès ce moment, confié provisoirement par le général Desprez-Crassier, à un autre général, ayant la confiance publique; et pour qu'il soit statué avec plus d'authenticité sur son sort, ont ordonné que ladite lettre, en minute, son interrogatoire, la déclaration imprimée au nom de Louis-Stanislas-Xavier, ainsi que les lettres patentes du soi-disant régent de France, seront envoyées à la Convention nationale; qu'à cet effet ledit citoyen d'Harambure se rendra dans huitaine, au plus tard, à la suite de la Convention nationale, pour y attendre ses ordres ultérieurs.

« Fait à Strasbourg, le 6 mars 1793, l'an II de la République française, une et indivisible. »

N° 23.

Lettre des officiers municipaux de Schelestadt aux commissaires de la Convention nationale à Strasbourg, du 31 mars; joint un exemplaire d'un imprimé séditieux, disséminé dans tout le département du Bas-Rhin, quatorze jours après que la Convention avait annulé l'arrêté de ses commissaires, qui ordonnait la déportation de 15 chefs de contre-révolution.

« Nous nous empressons à vous faire parvenir ci-joint une proclamation au peuple français, qui nous a été envoyée et adressée par Kell. Vous verrez que cet écrit est propre à porter le peuple à la séduction et à favoriser les ennemis de la liberté. Il est à propos de vous dire que cette adresse nous a été envoyée en français et en allemand et qu'il paraît qu'elle a été adressée aussi à toutes les municipalités. Immédiatement après la réception, nous avons fait venir le directeur de la poste qui nous a fait voir semblable envoi à la municipalité de Willer. Nous avons cru devoir garder cette lettre, et requérir le directeur de nous remettre toutes les lettres venant de l'Allemagne, où elles resteront en dépôt jusqu'à ce que vous ayez indiqué une mesure pour rendre nuls les efforts de nos ennemis, et rompre une correspondance palpablement dangereuse. Nous avons aussi ordonné que, pour cet effet, un officier municipal assistera à l'ouverture des paquets. Nous vous prions de prendre en grande considération cet objet : il est étroitement lié à la sûreté et au salut public. Veuillez nous instruire si nous devons décacheter les lettres suspectes; faites, s'il vous plaît, attention que nous sommes dans un pays où il existe certainement une correspondance criminelle qui entrave la marche de l'esprit public, et qui peut opérer le malheur des républicains.

« P. S. Nous joignons à cela une gazette incendiaire qu'on a envoyée de Paris aux abonnés de Cara, en cette ville. »

Avis au peuple Français.

« Français,

« Le meilleur des rois avait convoqué les Etats généraux pour remédier aux abus de l'administration, et ajouter aux bienfaits dont il vous avait déjà comblés, celui d'un gouvernement paternel.

« Vous aviez exprimé avec la plus entière liberté vos vœux dans vos cahiers; Sa Majesté s'en était fait rendre compte, et s'était empressée d'y accéder par sa déclaration du 23 juin 1789, qui vous assurait, outre les avantages de la liberté civile, celui de l'égalité politique, en admettant tous les citoyens aux fonctions de tous les genres, et en assujettissant tous les ordres aux mêmes lois et aux mêmes impôts.

« Mais les révolutionnaires féroces et sans principes, dans l'ivresse de leur vanité, agités par l'esprit de parti, après avoir trahi le serment qu'ils vous avaient prêté, ont détruit le gouvernement, la subordination, la religion, les mœurs et tout ce qui avait fait jusqu'ici votre sûreté, votre bonheur et votre consolation.

« A force de calomnies, ils sont parvenus à avilir la majesté royale, à la dégrader, et viennent enfin de combler la mesure de leurs forfaits, en assassinant votre vertueux monarque, au mépris de toutes les lois divines et humaines, et même de celles de leur code barbare.

« Depuis quatre ans la France est le jouet de toutes les passions basses, de l'esprit d'usurpation, de rapines, de haine et d'ambition, le théâtre de tous les crimes et l'abîme de tous les malheurs.

« Par quelle fatalité une grande nation, jusqu'alors si douce et si généreuse, est-elle devenue tout à coup intolérante et sanguinaire ?

« Comment se laisse-t-elle asservir par des hommes qui ont attiré sur elle toutes les vengeances du ciel et les fléaux de la nature ?

« Comment peut-elle s'aveugler sur les opérations de cette horde qui a brisé l'autel et le trône pour aplanir la voie à son effroyable tyrannie ; qui décrète des lois de sang, viole sans pudeur le droit des hommes, les propriétés, la liberté, la sûreté, l'égalité, et qui sanctionne l'athéisme et le machiavélisme ?

« Comment peut-elle se laisser subjuguer par un régime monstrueux sous lequel gémit le citoyen paisible et ami de l'ordre et comment ne voit-elle pas que ce régime est devenu l'exé-

cration des peuples voisins qui abhorrent l'anarchie, l'irréligion et la licence effrénée, si destructive de tout gouvernement et de toute liberté ?

« Par quel prestige s'est-elle donc laissée avilir, jusqu'au point de devenir l'esclave et l'instrument aveugle de toutes les atrocités qui ont couvert la France de carnage et de deuil ?

« Qu'est-il résulté de toutes les innovations du système introduit à la conviction de la scélératesse et de l'ineptie de leurs auteurs, qui se sont scandaleusement enrichis aux dépens de la fortune publique, en traînant le peuple d'erreur en erreur et en le rendant le plus vil et le plus infortuné de tous les peuples de la terre.

« La disparition totale du numéraire occasionnée par une émission désordonnée et ténébreuse de papier-monnaie, la stagnation du commerce, l'abandon de l'agriculture, à laquelle les armées qu'il faut entretenir arrachent tant de bras nécessaires ; les jalousies, les discordes, l'intolérance, qui traînent à leur suite les brigandages, les assassinats et les incendies.

« Tels sont les résultats du système monstrueux d'une assemblée politique, qui, pour détourner les regards du peuple, l'enivre de sa souveraineté, le rend victime, en lui exagérant l'immensité de ses ressources, et en le berçant d'une égalité illusoire.

« C'est pour empêcher les peuples de prévoir et de sentir tous les maux que produisent leurs maximes subversives de tout ordre social, qu'ils ont déclaré la guerre à presque toutes les puissances de l'Europe, en s'arrogeant des droits du *pouvoir révolutionnaire*.

« Déjà ces tyrans audacieux forcent les citoyens de marcher à la défense de leurs usurpations, sous le spécieux prétexte d'une liberté chimérique, qui n'existe plus en France depuis qu'on approuve et qu'on récompense les calomnies, les dénonciations, les visites domiciliaires, l'expoliation même de propriétés commerciales, et que tous les citoyens que l'on a divisés par le délire des opinions les plus bizarres ou par l'abus des mots, n'ont pas même la liberté d'épancher l'expression de leurs sentiments, sans crainte de trouver dans leurs foyers des délateurs ou des assassins.

« Ouvrez enfin les yeux sur la masse effrayante des maux et des calamités qui vous menacent. Serez-vous donc éternellement des dupes, des factieux impies dont les vils satellites vous entourent, qu'ils soudoient de votre substance, de votre sang, pour nous entretenir sous le joug et vous rendre les arcboutants de leurs forfaits ?

« Voyez votre dette augmentée de plus de trois milliards qu'ils ont spoliés et dissipés, ainsi que les dons patriotiques arrachés à votre crédulité.

« Voyez la quantité énorme de faux assignats dont ils ont eux-mêmes inondé les provinces, et la perfidie avec laquelle ils paralysent la circulation, en rejetant calomnieusement leur contrefaçon sur des étrangers, et en décrétant une loi de mort contre ceux qui en sont devenus les propriétaires de bonne foi.

« Voyez l'altération de leur monnaie qui n'a plus de cours dans le commerce intérieur.

« Voyez la famine qui déjà commence à s'annoncer par la cherté des comestibles et de toutes espèces de denrées de première nécessité.

« Voyez vos colonies qui vous échappent, et dont le commerce et les manufactures alimentaient six millions d'individus parmi vous, comme ils en conviennent eux-mêmes.

« Voyez la banqueroute qui s'avance à grands pas, et qu'entraînent les dépenses exorbitantes, nécessitées par les besoins sans cesse renaissants d'une guerre, dont l'issue ne peut être que funeste.

« Voyez l'établissement de ce nouveau tribunal de sang, appelé *révolutionnaire*, dont les annales du monde entier n'offrent aucun exemple, et dont le but évident est d'opprimer sans ressource les citoyens paisibles, et de les livrer à la rage des Jacobins, qui ne respirent que meurtres, destructions et rapines.

« Voyez enfin la multitude des fléaux que doit traîner à sa suite la guerre que nos cruels représentants seuls ont provoquée, et dont ils ont eu l'impudence atroce d'accuser l'innocence de votre roi.

« Ils n'ont d'espoir de salut que dans des mesures forcées, qui porteront sur toute la surface de la France les dévastations et la mort.

« Par quel inconcevable aveuglement dévoueriez-vous des milliers de victimes à leur défense particulière en abandonnant vos familles, vos champs, votre commerce, pour courir les hasards d'une guerre meurtrière, qui, en supposant qu'elle fût heureuse pour eux, ne donnerait qu'une foule de tyrans?

« Ces tigres altérés de sang, qui depuis quatre ans s'exercent au carnage, ne se lassent point de ravager la France par les meurtres et les incendies : ils ont conçu l'horrible projet de se partager par d'affreux déchirements les tristes lambeaux de la monarchie et de la fortune de tous les propriétaires, d'associer toutes les nations à leur exécrable régime de licence et d'anarchie, et de porter par toute l'Europe l'immoralité, la confusion, le mépris des lois et de la divinité.

« C'est encore au nom de la liberté que, dans les contrées qu'ils ont envahies, ils forcent les peuples à adopter leur système dévastateur, qui ne leur inspire que l'horreur du nom français.

« Les puissances depuis longtemps harcelées par l'audace et les insultes réitérées du *pouvoir révolutionnaire* qu'ils se sont arrogé, sont donc dans l'obligation de s'opposer à ce torrent de désordres moraux, de pourvoir à la défense de leurs sujets, et de venir au secours des provinces dont elles ont garanti les pactes et les traités.

« Elles déclarent solennellement que, non seulement leur intention n'est pas d'asservir les citoyens, ni de river leurs fers, mais que leur dessein au contraire est d'employer toutes leurs forces pour délivrer les habitants des provinces de la tyrannie des factions qui les oppriment, afin : 1° de les faire jouir de toute liberté publique et particulière; 2° d'assurer le respect dû à l'exercice libre des cultes, et d'en

empêcher la destruction qui est le but de leurs projets; 3° d'établir l'égalité politique pour l'admission de tous les citoyens aux emplois, et leur soumission à la même loi et au même impôt; 4°, enfin de ramener entre eux la paix, la concorde, seules capables de faire revivre la prospérité et d'assurer le bonheur public.

« En conséquence, les peuples des provinces sont avertis que les armées des puissances en entrant sur le territoire français, respecteront les personnes et les propriétés, et que, comme amies, elles leur accorderont protection et force, pour les tirer de l'oppression sous laquelle ils gémissent.

« Elles espèrent trouver dans les habitants les sentiments de confraternité et de justice, qui doivent unir les peuples amis de l'ordre et de la paix, et de les porter à contribuer de tout leur pouvoir au rétablissement de la tranquillité publique.

« Elles invitent les départements, les fonctionnaires publics, tous les dépositaires de l'autorité, et, en tant que de besoin, leur ordonnent au nom de l'humanité, de s'opposer à tout armement, à toute défense et à toute réquisition tendant à apporter la moindre résistance à leurs vues pacifiques et bienfaisantes; les rendant spécialement responsables, dans leurs biens et dans leurs personnes, de tous les événements funestes au peuple; et déclarant que toute résistance, pouvant et devant leur être imputée, sera punie avec la plus éclatante sévérité.

« Mais si, par un malheur qu'il est bien douloureux de prévoir, le peuple, toujours abusé, toujours aveuglé sur ses véritables intérêts, s'oppose à ses propres libérateurs, alors il ne pourra s'en prendre qu'à lui-même, s'il est victime de toutes les calamités que la guerre traîne à sa suite. En réduisant les puissances à la triste nécessité de le traiter en ennemi, il les forcera de recourir aux armes et aux droits rigoureux de la guerre, d'opposer la force à la force, et d'employer tous les moyens qui sont en leur pouvoir pour renverser tous les obstacles qu'ils rencontreraient dans leur noble et juste entreprise.

« Il est donc de l'intérêt des peuples de s'unir en masse aux forces des puissances, qui ne viennent que dans l'intention de briser leurs fers afin de leur procurer un véritable bonheur, dont ils jouiront sans trouble dans le sein de l'abondance, surtout s'ils abjurent entre eux toute haine, toute division, qui ne pourraient que retarder le rétablissement de l'ordre.

« Et comme les peuples ne pourraient jouir longtemps d'un bien si précieux, s'il n'était placé sous l'égide de la religion, de la justice, et d'un pouvoir révéré depuis 14 siècles, tous les Français sont invités d'arrêter et de constituer prisonniers les régicides impies qui ont voté la mort de leur souverain, de mettre en liberté le jeune roi et les restes infortunés de la famille royale, et de les préserver de tout accident, ce dont la ville de Paris seule restera garante, si elle ne veut pas être exposée à une subversion totale. »

TABLEAU.

N° 24.

Liste de la population de la ville de Saverne et dépendances
contenant en même temps le nombre des patriotes républicains et des fanatiques.

NOMS DES COMMUNAUTÉS.	TOTAL DES INDIVIDUS des communautés.	NOMBRE des PATRIOTES.	NOMBRE des FANATIQUES.	NOMS DES COMMUNAUTÉS.	TOTAL DES INDIVIDUS des communautés.	NOMBRE des PATRIOTES.	NOMBRE des FANATIQUES.
Waldoloisheim	70	5	65	Reitveiler...............	40	40	»
Loupstein.................	70	4	66	Otterstahl	60	30	30
Luttenheim..	50	3	47	Monsweiler...............	30	18	»
Schweinheim..............	70	8	62	Le Hartsweiler...........	100	70	30
Klimgolfft................	30	4	26	Saint-Jean des Choux	100	60	»
Westhausen..............	60	5	55	Steinbourg...............	70	5	65
Knoirsheim..............	30	3	27	Ennolsheim...............	50	50	»
Zeinheim.................	24	1	23	Dosenheim près Neuwiler...	100	60	40
Wolscheim...............	26	15	11	Hattmatt................	60	60	»
Mœnnolsheim...........	26	4	22	Otterwiller	147	77	70
Fridolsheim.............	27	5	22	Hœguen	60	60	»
Sœsolsheim..............	70	3	67	Saint-Galle...............	30	3	27
Rohr	30	2	28	Thual....................	90	30	60
Gougenheim..............	70	7	63	Gottenhausen.............	36	1	35
Gwingsheim..............	24	2	22	Rheinhardsmunster........	70	»	70
Kienheim................	22	7	15	Rengwiller...............	30	»	30
Dinningheim.............	37	1	36	Birckenwald..............	85	3	82
Asonheim................	22	5	17	Sahlmthaal	40	1	39
Kleinfranckenheim........	18	1	17	Dimbsthal	30	»	30
Trouchtersheim.........	70	5	65	Pingrist.................	60	5	55
Pfottisheim.............	32	4	28	Marmoutiers.............	260	130	130
Dingsheim...............	60	»	60	Rustembourg.............	60	2	58
Griesheim...............	50	»	50	Lochwiler	80	5	75
Bœblucheim.............	18	1	17	Furchhaussen.............	40	30	10
Mittilausson	76	40	36	Saverno	600	86	514
Guimbrett................	36	34	2				
Kumersheim..............	26	2	24				
Berstell..................	66	66	»		3,533	1,063	2,475

« Citoyens, malgré la longueur de notre rapport, il ne contient pas ce qui reste à faire pour la régénération pleine et intégrale des départements du Bas-Rhin, de la Meurthe et de la Moselle ; il est même encore des objets que nous proposons de détailler par un supplément, entre autres relativement aux salines, et à la manière avec laquelle le ministre Clavière les conduit. Nous n'aurions, au surplus, pas été si longs si nos collègues ne nous avaient déféré les sarcasmes, les injures et les calomnies qu'une passion personnelle disséminait pour nous faire rappeler, de manière à faire croire que nous avions usé de despotisme et d'arbitraire. Il est temps, collègues, que des moyens aussi vils disparaissent, et que leurs auteurs fussent convaincus que si l'injure ne mérite que le mépris, il n'est pas moins vrai que l'intention de l'injuriant propagée, ne laisse pas que de ternir les bonnes actions des meilleurs citoyens ; et c'est cette qualité que nous voulons conserver, et que vous nous accorderez. »

DEUXIÈME ANNEXE (1)

A LA SÉANCE DE LA CONVENTION NATIONALE DU MARDI 16 AVRIL 1793.

Opinion de Lasource, député du Tarn, sur la pétition des 48 sections de Paris.

TEXTE DU MONITEUR UNIVERSEL (2).

Lasource. Citoyens, c'est un sentiment de reconnaissance que vos membres dénoncés doivent à leurs dénonciateurs ; c'est ce sentiment que je leur vote pour la modération dont ils usent. Je les remercie d'avoir préféré la voix de la calomnie au son du tocsin ; je les remercie d'avoir changé la conjuration du 10 mars, ourdie contre notre existence, en un système de diffamation contre notre bonheur. Mais ce tribut de reconnaissance que je leur paie, serait bien mieux mérité, si tout le monde ne savait qu'on n'a eu recours à des libelles que quand on n'a pas pu exciter des

(1) Voy, ci-dessus, même séance, page 193, la coordination de ce discours faite par nous, avec l'aide du *Moniteur*, du *Journal des Débats* et du *Logotachigraphe*.
(2) *Moniteur universel*, 1er semestre de 1793, p. 486 et suivantes.

séditions. Quoi qu'il en soit, l'adresse dont je viens appuyer les conclusions a quelque chose qui doit néanmoins étonner.

D'abord, contre qui fait-on cette adresse ? On vous a dit que c'était contre les hommes d'Etat. Eh bien, sommes-nous des hommes d'Etat, nous qu'on a dénoncés ? 8 d'entre nous n'ont-ils pas voté la mort du tyran ? Ne l'ai-je pas votée moi-même, à 150 lieues ! Ne suis-je pas venu ratifier mon vœu à cette tribune ? Les lâches qui me dénoncent en eussent-ils fait autant, si, chargés d'une mission par la Convention nationale, ils avaient pu rester cachés au fond du département et s'empêcher de prononcer ?

Contre qui porte cette adresse ? et comment la vote-t-on ? D'abord, il n'y a aucun fait articulé ; il y a quelques suspicions présentées, particularisées contre 4 membres seulement. Est-ce sur des suspicions, contre 4 membres, qu'on doit venir vous demander l'expulsion de 22 ? On se contente, au bas de l'adresse, de donner une liste des premiers hommes qui leur ont tombé sous la main, et de dire : Nous demandons que ceux-là soient expulsés, nous demandons...... Ici, Citoyens, je me rappelle un ambitieux qui opprima Rome ; il faisait lui-même des senatus-consultes, et les souscrivait du nom des premiers sénateurs qui lui venaient dans l'esprit.

J'ignore ce qui fait mouvoir les pétitionnaires ; mais n'y est-il pas peut-être le scélérat ambitieux qui, craignant des hommes dont l'énergie est connue, voue leurs têtes à sa vengeance, et forme despotiquement de leurs noms une liste de proscription? Par qui est provoquée cette pétition?... Ici, j'avoue, citoyens, que mon âme se partage entre la douleur et la confusion ; ce sont nos propres collègues qui l'ont provoqué, et Robespierre a été l'un des rédacteurs nommés par la société des Jacobins.

Robespierre. Ce n'est pas vrai !

Lasource. Si ce n'est pas vrai, ce sont donc les journaux mêmes de la société qui mentent.

Après vous avoir exposé ce que je trouvais d'étonnant dans cette adresse, surtout en ce que des membres même de la Convention l'ont provoquée, en ce que les membres même de la Convention... (*Bruit.*)

N... Je demande à le prouver, Président.

Lasource. Ils provoquent l'infamie et le déshonneur de leurs collègues; mais ce n'est pas cela seulement qu'ils veulent, ils ne cherchent à les déshonorer que pour les conduire plus sûrement à la mort. Quoi ! ils n'ont point provoqué cette adresse ! Mais n'avons-nous pas vu que les membres de la Convention qui siègent là (*Il désigne l'extrémité gauche.*) ont applaudi cette adresse, ont manifesté leur adhésion, ont témoigné leur enthousiasme de ce qu'on venait déshonorer et proscrire ceux qu'ils redoutent, quoi qu'ils en disent. (*Bruit.*)

Deville. Souvenez-vous que vous êtes des hommes d'État.

Une voix : Nous avons si peu applaudi à l'adresse que nous l'avons regardée comme un piège que vous tendent les appelants.

Lasource. Comment! vous l'envisagez comme un piège ! (*Interrompu.*) C'est encore un effort de logique bien extraordinaire que

celui qui porte quelques-uns de nos collègues à dire : C'est un piège tendu peut-être par les appelants.

Comment ! vous avez cru que c'était un piège ! Où étiez-vous donc quand on la proposait ? n'étiez-vous pas aux Jacobins ? avez-vous parlé ? vous êtes-vous élevés contre cette adresse ? vous y êtes-vous opposés hier pendant que vous faisiez avec les tribunes un *chorus* d'applaudissements.

Citoyens, j'ai dit ce que je trouvais d'étonnant dans la pétition. Ce qui m'étonne plus encore, c'est qu'on paraît vouloir demander que l'Assemblée décrète l'improbation ; car hier un membre de la Montagne vint me dire qu'il fallait improuver l'adresse, et qu'il était dangereux d'y donner des suites. L'improbation ! Mais vous qui faites constamment retentir et la tribune de la Convention nationale, et celle des Jacobins, de la souveraineté du peuple et du droit sacré de pétition, vous voulez improuver l'adresse !

Une voix : Non ! (*On rit.*)

Lasource. Je réclame, moi aussi, le droit de pétition, et je le réclame auprès de ceux-là même qui voudraient l'improbation ; car de deux choses l'une : ou les pétitionnaires ont parlé dans votre sens, et les hommes qu'ils ont dénoncés sont coupables, ou bien ils n'ont point parlé dans votre sens, et les hommes dénoncés ne sont point coupables. Si les hommes qu'ils ont dénoncés sont coupables, et que les pétitionnaires aient parlé dans votre sens, pourquoi voulez-vous improuver l'adresse ? Si, au contraire, les hommes qui sont dénoncés ne sont pas coupables, pourquoi voulez-vous les empêcher de se justifier, non pas par une improbation qui n'empêcherait pas la propagation de la calomnie, mais par un jugement national, seule mesure que vous puissiez prendre, seul moyen par lequel vous pouvez en imposer aux calomniateurs et à ceux qui les font mouvoir ? Car ici je n'entrerai point dans la discussion de savoir quels sont les hommes qui servent le mieux la patrie, ou de ceux qui ont été dénoncés, ou de ceux qui ont provoqué la dénonciation. Une improbation est une mesure illusoire et chimérique. Une improbation n'empêchera pas que les membres dénoncés ne restent sous le poids d'une inculpation calomnieuse ; l'improbation n'empêcherait pas qu'un *Comité de correspondance* patriotiquement officieux, ne fît circuler cette inculpation dans les sociétés populaires ; l'improbation n'empêcherait pas que divers comités de correspondance, qui, par des embranchements particuliers, aboutissent au comité des Jacobins, ne fissent parvenir beaucoup de prétendues adhésions, en sorte qu'il paraîtrait, sans que la nation eût été consultée, que son vœu serait de proscrire 22 de vos membres.

Il n'est qu'un moyen de connaître quels sont les hommes que la nation estime, quels sont ceux qu'elle veut conserver, quels sont ceux qu'elle ne veut pas. Ce ne sont point des adresses de sociétés populaires qu'il faut pour cela, ce ne sont point des adresses de corps administratifs, c'est un vœu national : et ce vœu, je le répète avec Fonfrède, qui vous l'a dit hier soir, ce vœu national ne peut être émis que par des assemblées primaires. Si vous ne prenez cette mesure, si vous la craignez, vous exposerez la République à des déchirements inévitables. Qui vous a dit que mon département ne viendra pas dénoncer ceux qui m'ont dénoncé moi-même? Qui vous a dit que mon département, au lieu de venir vous demander l'expulsion des 22 membres désignés, ne demandera point 22 membres qui siègent là (*Désignant ceux de l'extrémité du côté gauche*), et alors qu'auriez vous à leur dire? A qui donneriez-vous la préférence? Quel est le vœu que vous rempliriez où de celui qui vous dénoncerait où de celui qui dénoncerait ceux de nos collègues qui peuvent avoir influé dans la dénonciation faite contre nous; il semble que la Convention se trouverait dans une position bien difficile; il y a plus, supposons qu'un département vînt nous dire, si vous ne renvoyez pas tel et tel membre, nous nous insurgerons aussi, nous résisterons à l'oppression, car nous croyons que ces membres trahissent la chose publique et perdent la patrie. Ne feraient-ils pas là, le fédéralisme, la guerre civile et la dissolution de la République? Que vous reste-t-il donc à faire? Il faut empêcher que les départements ne manifestent leurs vœux isolément dans un sens qui se choque, qui se contrarie, qui nous offre une confusion, un désordre inextricable, au milieu duquel il vous serait impossible d'apercevoir le vœu national; mais ce n'est point, comme on l'a entendu d'abord, une vocation d'assemblée primaire pour une nouvelle élection que je veux provoquer; car ce moyen n'obvierait à rien.

Le département de Paris dénonce 22 membres. S'ensuit-il que parce que le département de Paris les dénonce, ils aient perdu la confiance publique? Non, tout ce qui en résulte, c'est que ces 22 membres ont perdu la confiance du département de Paris. (*Interrompu.*) Et, parce que quelques hommes, qui se disent les représentants des 48 sections de Paris, parce que des ignorants qu'on égare, ou quelques furieux qu'on déchaîne, viennent vous dire ici qu'ils parlent au nom de Paris, s'ensuit-il que la majorité de Paris à proscrit aussi ces 22 membres? Non; il s'ensuit que les hommes sur lesquels les intrigants ont de l'influence, sont venus emprunter le nom de Paris... (*Murmures.*)

Quelques membres : Oui! oui!

Lasource. Ces murmures sont une preuve de ce que je dis. Si les pétitionnaires ont parlé au nom de Paris, ne murmurez point; laissez faire Paris, il parlera lui-même; pourquoi êtes-vous inquiets d'avance? Vous soupçonnez donc que ce n'est pas la ville de Paris qui a parlé, mais quelques intrigants qui ont emprunté son nom. (*Murmures.*)

Si vous décrétiez l'élection d'une nouvelle Convention nationale, vous n'obvieriez point au mal actuel. En effet, si les votants de chaque département rééliraient les membres inculpés, la calomnie planerait encore sur les têtes de ces membres réélus. Vous avez été élus chez vous, leur dirait-on, par vos amis, par vos intrigues; cela prouve tout au plus que vous avez chez vous de la confiance en des agents; mais cela ne prouve pas du tout que vous ayez la confiance de la majorité de la nation. C'est donc à ce mal qu'il faut porter remède.

La mesure que je propose y obvie pleinement et établit les vrais principes. Jusqu'à présent, c'est par une espèce de fiction politique qu'un député d'un département a été réputé le représentant de toute la République; car dans le fait, il n'avait obtenu la confiance que de son département. Lorsque les assemblées primaires seront convoquées, faites lire dans chaque assemblée primaire la liste des membres de la Convention; obligez le président des assemblées primaires de lire les noms un à un, et à chaque nom prononcé, le Président demandera : Le représentant dont je viens de prononcer le nom, a-t-il oui ou non votre confiance? Il en résultera que chaque section, chaque assemblée primaire émettra son vœu; que vous connaîtrez parfaitement le résultat du vœu national; du vœu, non pas d'un département, mais de toute la République; que vous verrez quels sont les membres qui ont la majorité des assemblées primaires pour eux; et alors, quand il sera constaté que la majorité des assemblées primaires veut conserver tel ou tel membre, alors il faudra bien que les membres qui n'ont pas la confiance de la majorité, la confiance de la nation, obéissent à la volonté générale.

Alors il faudra bien que des pétitionnaires qui viennent ici lever un front audacieux, qui viennent s'ériger ici en dictateurs de la nation, qui viennent apporter des listes de proscription, qui viennent vouer à l'opprobre des hommes qui ne leur plaisent pas; il faudra bien, parlassent-ils au nom d'un département, au nom de deux, au nom de dix; il faudra bien, dis-je, qu'ils courbent leur tête audacieuse sous la volonté nationale, qu'ils obéissent ou qu'ils déclarent à la nation qu'ils veulent être rebelles et régner seuls. Alors la nation choisira : alors, à notre tour, nous en appellerons à la France; nous n'exciterons pas des mouvements partiels autour de vous; nous ne vous environnerons pas d'hommes qui vous couvrent sans cesse de huées et de murmures scandaleux; mais nous dirons à la France entière : Environnez vos représentants; vous avez dit qu'ils avaient votre confiance, empêchez qu'on ne les insulte, sévissez contre ceux qui les outragent, maintenez leur liberté; et après avoir secoué le joug d'un tyran, ne subissez pas celui de quelques intrigants qui dominent une ville.

Citoyens, qu'on ne m'allègue point ici le danger de convoquer les assemblées primaires dans un moment orageux; qu'on ne vienne point me dire que quelques départements sont, dans ce moment-ci, livrés aux horreurs de la guerre civile.

Je répondrai d'abord que le danger qui résulte des circonstances présentes, n'est pas aussi grand que celui qui résulterait d'une réunion illégale d'assemblées primaires dans un département et non dans un autre. Cette confusion amènerait nécessairement la guerre civile qu'on redoute. Je répondrai d'ailleurs qu'au mois de septembre, à l'époque où la Convention nationale fut convoquée, il y avait aussi des départements non seulement livrés aux horreurs de la guerre civile, mais occupés par les armées étrangères, et cependant la réunion de tous les membres eut lieu. Il y avait aussi dans ce temps-là un mouvement contre-révolutionnaire dans le département de l'Ardèche et dans quelques départements voisins.

Cependant la Convention nationale fut réunie au jour que vous aviez indiqué.

Un spectacle bien éclatant, donné aux tyrans coalisés contre nous, sera celui de la nation entière en face de l'ennemi qui la presse, et des rebelles qui l'agitent dans son sein, confirmant ou rappelant ceux de ses représentants qui auront conservé ou perdu sa confiance. Ce sera la preuve d'un grand courage; et vous montreriez une faiblesse indigne de vous, indigne de votre mission, si vous n'osiez assembler les assemblées primaires, parce qu'une poignée de rebelles veut troubler l'ordre public dans quelques départements, ou parce que des tyrans se présentent à nos frontières, et menacent d'envahir notre territoire.

Voulez-vous les intimider? voulez-vous leur faire connaître que vous ne craignez ni les rebelles ni les tyrans? Eh bien, au sein de ces agitations, soyez calmes. Au lieu de vous déchirer entre vous, laissez à la République le soin de vous juger, de prononcer le plus ou moins de confiance qu'elle a dans ses mandataires; et soyez assurés que lorsque les tyrans chercheront à vous faire peur, s'il était possible que vous fussiez effrayés d'une telle coalition, soyez assurés que ces tyrans trembleront davantage, en voyant la nation délibérant paisiblement au sein des troubles, qu'ils ne trembleraient, s'ils vous voyaient vous-mêmes vous défier de vos forces et n'oser convoquer la nation. Ils croiraient peut-être, ou diraient du moins que vous n'osez convoquer les assemblées primaires, parce que vous craignez qu'on ne vote la Constitution que ces tyrans viennent vous offrir. Eh bien! apprenez-leur qu'ils ne connaissent pas la nation française; apprenezleur que ce ne sont point quelques factieux, comme ils se plaisent a le dire, qui ont aboli la royauté, mais que c'est la nation entière et qu'elle veut la République. Apprenez-leur dans quelque position que vous vous trouviez, vous n'avez jamais rien à craindre ni d'eux, ni de ceux qui, dans leur fureur, cherchent à grossir leur ligue impie.

Je crois donc, citoyens, que les objections qu'on pourrait faire, deviennent entièrement nulles, et je m'adresse maintenant à ceux qui s'opposent à cette convocation. Avez-vous, leur demanderai-je, la confiance de la nation, oui ou non? Croyez-vous qu'elle repose sur vos têtes ou sur les nôtres? Si vous croyez qu'elle repose sur vos têtes, pourquoi craignez-vous le jugement national? Si vous ne le croyez point, pourquoi êtes-vous assez lâches pour calomnier ceux qui l'ont, non contents de rester à un poste qu'il ne vous est plus permis d'occuper. Je vous ramènerai toujours à ce dilemme : ou vous avez la confiance nationale, ou nous l'avons. Si vous l'avez, on vous rendra justice; et c'est nous que la nation rappellera. Si nous l'avons, la nation nous rendra justice, et vous obéirez; alors il n'y aura plus de vociférations scandaleuses, d'injures et de proscriptions. Pourquoi ne voulez-vous pas, comme nous, vous soumettre au vœu national, au jugement, non de quelques hommes, mais de tous les citoyens? Dans quelque hypothèse que vous vous placiez, vous devez le subir; et si vous craignez la mesure, c'est parce que vous redoutez le jugement de la nation.

Une voix : Ce n'est pas vrai!

Lasource Eh! bien; si ce n'est pas vrai, et j'aime à le croire, il faut que je sois expulsé ainsi que tous les autres proscrits, et certes j'y consens. Je consens à être chassé du temple des lois si la nation me trouve indigne du poste qu'elle m'a confié. Je consens à ne sortir du temple des lois que pour aller à l'échafaud si j'ai trompé l'attente du peuple, si j'ai trahi ses intérêts, si j'ai agi contre son bonheur. Mais aussi je veux, si j'ai la confiance de la nation, que quelques scélérats ne puissent point me la ravir. Je veux que si je n'ai point commis de crime, on ne fasse pas pleuvoir sur ma tête, et les traits empoisonnés de la calomnie, et les fureurs de quelques hommes égarés auxquels on veut inspirer la soif de mon sang. Je veux que vous le subissiez tous, comme moi, le jugement de la nation entière.

Je finis par une réflexion, elle frappera tous les bons esprits. Il ne s'agit point ici des individus, mais de la République; car si l'on fait expulser aujourd'hui 22 membres par une intrigue, rien n'empêchera que demain une nouvelle intrigue n'en expulse 100, et que l'existence de la Convention ne se trouve à la merci des manœuvres des intrigants; d'ailleurs la Convention ne peut faire le bien que par la confiance, et le seul moyen de l'en investir, c'est de consulter la nation : il faut bien qu'elle nous juge, puisque nous n'avons pas su nousmêmes faire cesser nos divisions.

Encore un seul mot, et j'ai dit. Je sais pourquoi mon nom se trouve dans la liste des proscrits : il n'y eût pas été il y a quinze jours. J'ai parlé d'un homme, c'est assez, j'ai été dénoncé. J'ai témoigné de la méfiance contre un homme sur le compte duquel on ne voulait pas permettre même le soupçon. Dès lors il a bien fallu me proscrire, puisque j'avais eu la témérité de m'élever contre l'idole du jour. La voilà la raison pour laquelle mon nom se trouve dans la liste; car je défie ceux qui me dénoncent de citer une seule de mes opinions, une seule action de ma vie qui puisse prouver que j'aie trahi un instant la cause du peuple, que j'aie cessé un instant d'aimer la liberté de mon pays.

Voici mon projet de décret :

La Convention nationale décrète ce qui suit :

« Art. 1er. Les assemblées primaires se réuniront le dimanche, 5 mai.

« Art. 2. Il sera envoyé à chaque assemblée primaire des listes imprimées contenant les noms de tous les députés qui composent la Convention nationale.

« Art. 3. Chacune des assemblées primaires sera consultée sur chacun des membres de la Convention nationale. A cet effet, le Président de l'assemblée primaire lira les noms contenus dans la liste, un par un, et dans l'ordre où ils se trouveront placés; et il interrogera l'Assemblée en ces termes : Le député que je viens de nommer a-t-il perdu votre confiance, oui ou non? Le vœu de l'assemblée sera exprimé par assis et levé, et, en cas de doute, par appel nominal.

« Art. 4. Le procès-verbal de chaque assemblée primaire contiendra deux colonnes; sur l'une seront inscrits les membres qui auront obtenu le témoignage de la confiance de l'assemblée, et sur l'autre les membres qui ne l'auront pas obtenu. Les procès-verbaux seront envoyés dans les trois jours de leur confection, à l'administration du département, qui les fera passer, sans aucun délai, à la Convention nationale.

« Art. 5. Sera nommé par la Convention nationale une commission pour recevoir, vérifier et recenser les procès-verbaux de chaque assemblée primaire ; et ce recensement général sera imprimé.

« Art. 6. Les membres qui auront contre eux le vœu de la majorité des assemblées primaires, seront de droit exclus et remplacés par leurs suppléants.

« Art. 7. Il sera fait une adresse aux assemblées primaires pour leur exposer les motifs de cette convocation. »

TEXTE DU JOURNAL DES DÉBATS (1).

Lasource monte à la tribune pour répondre à la pétition dans laquelle il a été dénoncé.

Quelques membres réclament l'ordre du jour.

Si vous ne voulez pas m'entendre, leur a dit LASOURCE, il fallait passer à l'ordre du jour sur la pétition. — Nous le voulions, pourquoi ne l'avez-vous pas fait ?

Lasource a la parole : C'est un sentiment de reconnaissance, dit-il, que vos membres dénoncés doivent à leurs dénonciateurs. Je les remercie d'avoir préféré la voix de la calomnie au son du tocsin. Je les remercie d'avoir changé la conspiration du 10 mars, dirigée contre notre existence, en un système de diffamation contre notre honneur. Mais ce tribut de reconnaissance paraîtrait mérité si l'on ne savait que les conspirateurs n'ont eu recours aux rebelles que quand ils n'ont pu exciter de sédition.

D'abord, contre qui cette pétition s'adresse-t-elle ? On dit que c'est contre les hommes d'État. Eh bien ! ne savent-ils pas que sur des membres qu'ils ont dénoncés, huit ont voté la mort du tyran ? Ne savent-ils pas que je suis venu, moi, de 150 lieues où j'étais commissaire, pour voter contre le ci-devant roi ? En eussent-ils fait autant ? Non, ils se seraient soustraits à ce devoir pénible, en restant, à la faveur d'une mission, cachés au fond du département.

Mais contre qui porte leur adresse ? Pourquoi n'est-elle fondée sur aucun fait positif ? Est-ce sur des suspicions qu'on peut demander l'exclusion de plusieurs représentants du peuple ? Qui peut avoir provoqué cette étrange dénonciation ? Citoyens, vous savez qu'il fut dans Rome un ambitieux qui préparait les sénatus-consultes, et qui les faisait souscrire ensuite par les sénateurs qu'il désignait d'avance : n'y aurait-il pas ici quelque ambitieux qui, pour écarter les hommes dont il craint l'énergie, aurait amené des dénonciateurs à la barre ? Qui peut avoir provoqué cette proscription ? J'avoue qu'un sentiment

de douleur s'empare ici de mon âme. Comment vous, mes collègues, vous avez rédigé cette adresse ? Vous, Robespierre, vous avez participé à cet acte contre la représentation nationale ? — C'est faux répond ROBESPIERRE. — Si c'est faux reprend LASOURCE, le journal de votre société m'a donc trompé ? Mais il est si vrai que des membres mêmes de la Convention ont provoqué le déshonneur de leurs collègues, qu'ils ont applaudi à l'adresse, qu'ils ont témoigné leur enthousiasme de ce qu'on venait nous dénoncer et nous proscrire.

Il est faux, dit un *membre*, que nous ayons applaudi à cette adresse que nous envisageons comme un piège qu'on nous a tendu.

Comment ! vous l'envisagez comme un piège, reprend LASOURCE ; mais n'étiez-vous pas aux Jacobins quand on l'a proposée ? Pourquoi ne vous y êtes-vous pas opposés alors ? Pourquoi l'avez-vous applaudie ? Maintenant ce qui m'étonne, c'est qu'on paraît vouloir que l'Assemblée en prononce l'improbation. L'improbation ! elle serait illusoire ; elle nous laisserait encore sous le poids de cette dénonciation calomnieuse ; elle n'empêcherait pas qu'un comité de correspondance ne fît circuler l'adresse parmi les sociétés populaires, et qu'elles n'y donnassent leur adhésion ; en sorte que la nation, sans être consultée, paraîtrait cependant approuver l'expulsion de vingt-deux de ses représentants. Mais ce ne sont point des adresses de sociétés populaires ou de corps administratifs qu'il nous faut, c'est le vœu national ; et ce vœu ne peut être émis que par les assemblées primaires.

Mais ce n'est point une nouvelle élection que je vous propose, car tout ce qui résulte de la pétition de nos dénonciateurs, c'est que les 22 membres qu'ils désignent ont perdu la confiance du département de Paris.

J'atteste, dit un *membre*, que la majorité des citoyens est indignée contre cette pétition.

Je le sais, reprend LASOURCE, que des hommes sur lesquels quelques intrigants ont de l'influence, ont emprunté le nom du département de Paris, pour présenter une pétition qui n'est que leur ouvrage (*Quelques membres murmurent.*) Ces murmures sont une preuve de ce que je dis ; car, si en effet la pétition est le vœu de Paris, laissez-le faire ; mais vous êtes inquiets d'avance ; vous soupçonnez donc en effet que c'est le vœu de quelques intrigants.

Si les membres dénoncés ont perdu la confiance du département de Paris, il n'en résulte point qu'ils aient perdu celle de toute la République ; il n'en résulte point surtout qu'ils aient perdu la confiance du département qui les a députés. Mais voulez-vous vous en assurer ? Eh bien, convoquez les assemblées primaires, présentez leur la liste de tous les membres qui composent la Convention, et que chacun d'eux séparément, leur président les interroge en ces termes : Ce membre a-t-il ou non votre confiance ? Alors le peuple énoncera son vœu ; et quand il sera constaté que la majorité des assemblées primaires conserve tels membres, et veut exclure tels autres, il faudra bien alors que ceux qui n'auront point la confiance de la nation cèdent la place ; il faudra bien que ces pétitionnaires, qui vous parlent en dictateurs, courbent leur tête audacieuse sous la volonté nationale. ou qu'ils déclarent qu'ils veulent régner ou périr ; alors on n'osera plus

---

(1) *Journal des Débats et des décrets,* n° 212, page 286.

exciter autour de nous des mouvements partiels ; alors vous empêcherez bien qu'on ne vous insulte, et vous maintiendrez les droits et la liberté de tous vos membres.

Qu'on ne m'allègue point ici le danger de convoquer les assemblées primaires dans des moments périlleux, et dans des départements troublés par la guerre civile. Je répondrai d'abord que ce danger n'est pas aussi grand que celui qui résulterait de la réunion illégale de quelques assemblées primaires, tandis que le reste de la République garderait le silence ; je dirais aussi qu'au mois de septembre les assemblées primaires s'étaient réunies au milieu des dangers, et qu'elles l'étaient sans mouvement contre-révolutionnaire ; je dirais que c'est un spectacle imposant à donner aux tyrans coalisés contre nous, qu'une grande nation qui, à la face des ennemis et au milieu des rebelles s'assemble, délibère, confirme ou expulse ses représentants. Apprenez-leur que vous n'avez jamais rien à craindre, ni d'eux ni de ceux qui se réunissent à leur cause.

Je crois donc que les objections qu'on peut faire ne sont que frivoles. Maintenant je m'adresse à ceux qui s'opposent à cette convocation, et je leur demande : croyez-vous que la confiance de la nation repose sur vos têtes ou sur les nôtres ? Si vous croyez l'avoir, pourquoi donc craignez-vous le jugement national ? Si vous croyez que ce nous qui possédons cette confiance, pourquoi donc nous accusez-vous sans cesse ? Je vous rappellerai toujours à ce dilemme : si vous ne craignez pas le vœu national, vous n'hésiterez pas à le consulter ; si vous le craignez, c'est vous qui n'êtes pas dignes de la confiance du peuple, et vous l'avouez vous-mêmes.

Je veux que le jugement de la nation m'oblige à sortir du temple des lois, ou vous y oblige vous-mêmes. Je veux que nous subissions tous la même loi, ou que la rébellion soit punie. J'ajoute plus qu'un mot : je sais pourquoi mon nom s'est trouvé dans la liste ; je n'y aurais pas été compris il y a quinze jours, mais j'ai témoigné des défiances sur un homme ; c'en est assez, j'ai été dénoncé, j'ai été proscrit.

LASOURCE propose un décret dont voici les bases :

« 1° Les assemblées primaires, dans toute la République, se réuniront le dimanche 5 mai;

« 2° Il sera envoyé à chaque assemblée primaire une liste de tous les membres de la Convention nationale ;

« 3° Chacune des assemblées primaires sera consultée sur chaque membre de la Convention nationale ; le président interrogera l'assemblée en ces termes. « Le député que je viens de nommer a-t-il votre confiance, oui ou non ?»

« 4° Le vœu de l'assemblée sera exprimé par assis et levé; en cas de doute, par appel nominal ;

« 5° Au procès-verbal de chaque assemblée sera joint un tableau en deux colonnes ; sur l'une seront inscrits les membres qui ont la confiance de l'assemblée ; sur l'autre, ceux qui ne l'ont point conservé ;

« 6° Tous ces procès-verbaux seront envoyés à la Convention nationale, qui proclamera le vœu de la République ;

« 7° Les membres qui auront contre eux le vœu de la majorité des assemblées primaires seront de droit exclus, et remplacés par leurs suppléants. »

TEXTE DU LOGOTACHIGRAPHE (1).

Lasource. Citoyens, c'est un sentiment de reconnaissance que vos membres dénoncés doivent à leurs dénonciateurs, c'est ce sentiment que je leur vote, pour la modération dont ils usent, je les remercie d'avoir préféré la voix de la calomnie au son du tocsin, je les remercie d'avoir changé la conjuration du 10 mars, ourdie contre notre existence en un système de diffamation, ourdie contre notre honneur. Mais ce tribut de reconnaissance que je leur paie, serait bien mieux mérité si tout le monde ne savait qu'on a eu recours à des libelles, que quand on n'a pu exciter des séditions? Quoi qu'il en soit, l'adresse dont je viens appuyer les conclusions, a quelque chose qui doit néanmoins étonner. D'abord, contre qui fait-on cette adresse, on veut que c'était contre les hommes d'Etat. Eh bien, sommes-nous des hommes d'Etat, nous qu'on a dénoncés. 8 d'entre nous n'ont-ils pas voté la mort du tyran ? Ne l'ai-je pas votée moi-même à cent cinquante lieues? Ne suis-je pas venu ratifier mon vœu à cette tribune ? Les lâches calomniateurs qui m'accusent en eussent-ils fait autant, si, chargés d'une mission par la Convention nationale, ils avaient pu rester cachés au fond d'un département et s'empêcher de prononcer. Contre qui porte cette adresse, et comment la vote-t-on ? D'abord, il n'y a aucun fait articulé, il y a quelques suspicions présentées, particularisées contre 4 membres seulement. Est-ce sur des suspicions contre 4 membres qu'on doit venir demander leur expulsion ? Mais il y a plus, ce n'est que contre 4 membres qu'on articule quelque chose, il y en a 18 contre qui on n'articule rien. Est-ce donc sur des suspicions contre 4, qu'on doit venir demander l'expulsion de 22? On se contente, au bas de l'adresse, de donner une liste des premiers hommes qui leur ont tombé sous la main, et de dire : nous demandons ceux-là soient nationaux. Nous demandons !... Ici, citoyens, je me rappelle un ambitieux qui opprima Rome. Il faisait lui-même des sénatus-consultes et les souscrivait du nom des premiers sénateurs qui lui venait dans l'esprit. J'ignore qui fait mouvoir les pétitionnaires. Mais n'y est-il pas peut-être le scélérat ambitieux qui craignant des hommes dont l'énergie est connue voua leurs têtes à sa vengeance et forma despotiquement de leurs noms une liste de proscriptions? Par qui est provoquée cette pétition? Ici, j'avoue citoyens, que mon âme se partage entre la douleur et la confusion. Ce sont nos propres collègues qui l'ont provoquée et Robespierre a été l'un des rédacteurs par la société des Jacobins.

Robespierre. C'est une imposture !

Lasource continue : Si ce n'est pas vrai, ce sont donc les journaux de la société qui mentent.

Après vous avoir exposé ce que je trouvais déterminant cette adresse, surtout en ce que des membres mêmes de la Convention l'ont

---

(1) *Logotachigraphe*, n° 108, page 401, 2° colonne.

provoquée... (*Interrompu.*) Ils appellent l'infamie et le déshonneur sur leurs collègues; mais ce n'est pas cela seulement ce qu'ils veulent; ils ne cherchent à les déshonorer que pour les conduire plus sûrement à la mort. (*Interrompu*) Quoi! ils ne l'ont point provoquée!... (*Interrompu*) Mais n'avons-nous pas vu que les membres de la Convention qui siègent là (*il désigne la Montagne*), ont applaudi à cette adresse, ont manifesté leur adhésion, ont témoigné leur enthousiasme de ce que l'on venait déshonorer et proscrire ceux qu'ils redoutent, quoi qu'ils en disent. (*Bruit.*)

N..... (1) Souvenez-vous que vous êtes des hommes d'Etat; c'est un piège qu'on nous a tendu : nous n'avons pas applaudi.

Lasource. Je vais répondre : c'est encore un effort de logique bien extraordinaire que celui qui porte quelques-uns de nos collègues à dire : c'est un piège tendu, peut-être par les appelants. Comment vous avez cru que c'était un piège. Où étiez-vous donc quand on la proposait ? N'étiez-vous pas aux Jacobins ? Avez-vous parlé ? Vous êtes vous élevés contre cette adresse ? Vous y êtes-vous opposés, pendant que vous faisiez, avec les tribunes, un chorus d'applaudissements. J'ai dit ce que je trouvais d'étonnant dans la pétition : ce qui m'étonne encore le plus, c'est qu'on paraît vouloir demander que l'Assemblée décrète l'improbation. Car hier, j'étais ici à côté de la tribune à attendre la parole, un membre de la Montagne vint me dire qu'il fallait improuver l'adresse, et qu'il était dangereux d'y donner des suites. Comment vous qui faites constamment retentir et la tribune de la Convention nationale et cette partie de la salle, de la souveraineté du peuple et du droit sacré de pétition, vous voulez improuver l'adresse!

Une voix : Non!

Lasource. Ah! (*On rit.*) Je répète encore une fois, qu'on m'avait engagé hier, à demander à la Convention nationale d'improuver la pétition, et ne lui donner aucune suite. Je réclame, moi aussi, le droit de pétition, et je réclame auprès de ceux-là mêmes qui voudraient l'improbation : car, de deux choses l'une, ou les pétitionnaires ont parlé dans votre sens, et les hommes qu'ils ont dénoncé sont coupables, ou bien ils n'ont point parlé dans votre sens, et les hommes dénoncés ne sont point coupables, et que les pétitionnaires ont parlé dans votre sens, pourquoi voulez-vous improuver l'adresse. Si au contraire, les hommes qui sont dénoncés ne sont pas coupables, pourquoi ne voudriez-vous pas que des hommes qui sont dénoncés, puissent se justifier, non pas par une improbation qui n'empêcherait point la propagation de la calomnie, mais par un jugement national, seule mesure que vous puissiez prendre, seul moyen par lequel vous pouvez en imposer aux calomniateurs et à ceux qui les font mouvoir ; car ici, je n'entrerai point dans la discussion de savoir quels sont les hommes qui servent le mieux la patrie, ou de ceux qui ont été dénoncés, ou de ceux qui ont provoqué la dénonciation. Une improbation est une mesure illusoire et chimérique ; une improbation n'em-

pêchera pas que les membres dénoncés, ne restent sous le poids d'une inculpation calomnieuse. Mais ce n'est pas tout, l'improbation n'empêcherait pas qu'un comité de correspondance patriotiquement officieux, ne fît circuler cette inculpation dans les sociétés populaires ; l'improbation n'empêcherait pas que divers comités de correspondance qui, par des embranchements particuliers, aboutissant au comité des Jacobins, ne fissent parvenir beaucoup de prétendues adhésions, en sorte qu'il paraîtrait, sans que la nation eût été consultée, que son vœu serait de proscrire vingt-deux de vos membres.

Il n'est qu'un moyen de connaître quels sont les hommes que la nation estime, quels sont ceux qu'elle veut conserver, quels sont ceux qu'elle ne veut pas. Ce ne sont point des adresses de sociétés populaires qu'il faut pour cela, ce ne sont point des adresses de corps administratifs, c'est un vœu national; et ce vœu, je le répète, avec Fonfrède, qui l'a dit hier soir, ce vœu national ne peut-être émis que par des assemblées primaires. Si vous ne preniez point cette mesure, si vous craigniez cette mesure, vous exposeriez la représentation nationale à des déchirements inévitables. Qui vous a dit que mon département ne viendra pas à dénoncer ceux qui m'ont dénoncé moi-même ? Qui vous a dit que mon département, au lieu de venir vous demander l'expulsion des 22 membres désignés, ne demandera point 22 membres qui siègent là? (*Désignant le côté de la Montagne.*) Et alors qu'auriez-vous à leur dire ? A qui donneriez-vous la préférence ? Quel est le vœu que vous rempliriez ou de celui qui nous dénoncerait ou de celui qui dénoncerait un de nos collègues, qui peuvent avoir influé dans la dénonciation faite contre nous. Il semble que la Convention se trouverait dans une position bien difficile.

Il y a plus, continue LASOURCE. Supposons qu'un département entier vint vous dire : si vous ne renvoyez pas tel ou tel membre, nous nous insurgerons, nous aussi, nous résisterons à l'oppression, car nous croyons que ces membres trahissent la chose publique et perdent la patrie, ne font-ils pas là le fédéralisme, la guerre civile et la dissolution de la République? Que nous reste-t-il donc à faire ? Il faut empêcher que les départements ne manifestent leur vœu isolément dans un sens qui se choque, qui se contrarie, qui vous offre une confusion, un désordre inextricable, au milieu duquel il vous serait impossible d'apercevoir le vœu national. Mais ce n'est pas, comme on l'a entendu d'abord, une convocation d'assemblée primaire pour une nouvelle élection, que je veux provoquer ; car ce moyen n'obvierait à rien. Le département de Paris dénonce 22 membres, s'en suit-il que, parce que le département de Paris, les dénonce, ils aient perdu la confiance publique ? Non ! tout ce qui en résulte c'est que ces 22 membres ont perdu la confiance publique du département de Paris. (*Interrompu.*) Mais, parce que quelques hommes qui se disent les représentants des 48 sections de Paris, parce que des ignorants qu'on égare, ou quelques furieux qu'on déchaîne, viennent vous dire ici qu'ils parlent au nom de Paris, s'en suit-il que la majorité de Paris a proscrit aussi ces 22 membres? Non; il s'en suit que les hommes sur lesquels les intrigants ont de l'influence, sont venus emprunter le nom de Paris. (*Murmures.*)

Quelques membres : Oui ! oui !

Lasource. Ces murmures sont une preuve de ce que je dis. Les pétitionnaires ont parlé au nom de Paris ; ne murmurez point ; laissez faire Paris, il parlera bien lui-même ; pourquoi êtes-vous inquiets d'avance ? Vous soupçonnez donc que ce n'est pas la ville de Paris qui a parlé, mais quelques intrigants qui ont emprunté ce nom. (*Murmures.*)

Plus on élève d'incidents, plus on m'interrompt et plus on prolonge ; car je déclare que je ne descendrai de la tribune, à moins d'un décret de l'Assemblée, sans avoir développé mon opinion. Eh bien ! je disais, car je généralise encore ici, je suppose que ce qu'on vous a dit est vrai, que Paris a dénoncé 22 membres, s'en suivrait-il qu'ils sont suspects à la nation ? Non ; il en résulte seulement qu'ils n'ont point la confiance du département de Paris. Eh bien ! si vous proposiez l'élection d'une nouvelle Convention nationale, vous n'obvieriez point au mal actuel. En effet, si les votants de chaque département réélisaient les membres inculpés, la calomnie planerait sur les têtes de ces membres réélus. Vous avez été élus chez vous, leur dirait-on, par vos amis, par votre intrigue, mais cela prouve tout au plus que vous avez chez vous de la confiance en des agents, mais cela ne prouve pas du tout que vous ayez la confiance de la majorité de la nation ; c'est donc à ce mal qu'il faut obvier.

La mesure que je proposerai y obvie pleinement, et j'établirai les vrais principes. Jusqu'à présent c'est par une espèce de fiction politique, qu'un député d'un département a été réputé le représentant de toute la République. Car dans le fait il n'aurait obtenu la confiance que de son département. Lorsque les assemblées primaires seront convoquées, faites lire dans chaque assemblée primaire la liste des membres de la Convention, obligez le président des assemblées primaires de lire les noms, l'un après l'autre ; et à chaque nom prononcé, le président demandera : le représentant dont je viens de prononcer le nom, a-t-il, oui ou non, votre confiance ? il en résultera que chaque section, chaque assemblée primaire émettra son vœu, vous le recevrez ; il en résultera que vous connaîtrez parfaitement le résultat du vœu national, du vœu, non pas d'un département, mais de toute la République ; que vous verrez quels sont les membres qui ont la majorité des assemblées primaires pour eux ; et alors, quand il sera constaté que la majorité des assemblées primaires veut conserver tel ou tel membre, alors il faudra que les membres qui n'ont pas la confiance de la majorité, la confiance de la nation, soient ceux qui cèdent la place ; alors il faudra bien que des pétitionnaires qui viennent ici lever un front audacieux, qui viennent s'ériger ici en dictateurs de la nation, qui viennent apporter des listes de proscription, qui viennent vouer à l'opprobre les hommes qui ne leur plaisent pas, il faudra bien, parlassent-ils au nom d'un département, au nom de deux, au nom de dix, il faudra bien dis-je, qu'ils courbent leur tête audacieuse sous la volonté nationale, qu'ils obéissent ou qu'ils déclarent à la nation qu'ils veulent être rebelles et régner seuls. Alors la nation choisira ; alors, à notre tour, nous en appellerons à la France ; nous n'exciterons pas des mouvements partiels autour de vous ; nous ne vous environnerons pas d'hommes qui nous couvrent sans cesse de huées et de murmures scandaleux ; mais nous dirons à la France entière : environnez vos représentants ; vous avez dit qu'ils avaient votre confiance ; empêchez qu'on ne les insulte ; sévissez contre ceux qui les outragent ; maintenez leur liberté ; et après avoir secoué le joug d'un tyran, ne subissez pas celui de quelques intrigants qui dominent une ville.

Citoyens, qu'on ne m'allègue point ici le danger de convoquer les assemblées primaires dans un moment orageux, qu'on ne vienne point me dire que quelques départements sont dans ce moment-ci livrés aux horreurs de la guerre civile. Je répondrai d'abord que le danger qui résulte des circonstances présentes, ce danger n'est pas aussi grand que celui qui résulterait d'une réunion illégale d'assemblées primaires dans un département et non dans un autre ; cette confusion y amènerait certainement la guerre civile qu'on redoute. Je répondrai d'ailleurs, qu'au mois de septembre il y avait aussi des départements, non seulement livrés aux horreurs de la guerre civile, mais occupés par les armées étrangères. Vous convoquâtes la Convention nationale, et la réunion de tous les membres eut lieu. Il y avait aussi, dans ce temps là, un mouvement contre-révolutionnaire dans le département de l'Ardèche et dans quelques départements voisins, cependant l'Assemblée nationale fut réunie au jour que vous aviez indiqué ! Je dis qu'un spectacle bien éclatant, donné aux tyrans coalisés contre nous, sera celui de la nation entière délibérant en face de l'ennemi qui la presse, et des rebelles qui s'agitent dans son sein, confirmant en rappelant ceux de ses représentants qui auront conservé ou perdu sa confiance. Ce sera la preuve d'un grand courage, et vous montreriez une faiblesse indigne de vous, indigne de votre mission, si vous n'osiez assembler les assemblées primaires, parce qu'une poignée de rebelles veut troubler l'ordre public dans quelques départements, ou parce que des tyrans se présentent à vos frontières et menacent de vous envahir.

Voulez-vous les intimider ? Voulez-vous leur faire connaître que vous ne craignez ni les rebelles ni les tyrans ? Eh bien ! au sein de ces agitateurs soyez calmes, au lieu de vous déchirer entre vous, laissez à la République le soin de vous juger, le soin de prononcer le plus ou moins de confiance qu'il a dans ses mandataires, et soyez assurés que lorsque les tyrans cherchent à vous faire peur, s'il était possible que vous fussiez effrayés d'une coalition pareille, soyez assurés que ces tyrans trembleront bien mieux en voyant la nation délibérer paisiblement au sein des troubles, qu'ils ne trembleraient s'ils vous voyaient vous-mêmes vous défier de vos forces et n'oser convoquer la nation. Ils croiraient peut-être, ou diraient du moins, que vous n'osez convoquer les assemblées primaires, parce que vous craignez qu'on ne vote la Constitution que les tyrans veulent nous offrir. Eh bien ! apprenez-leur qu'ils ne connaissent point la nation française ; apprenez-leur que ce ne sont point quelques factieux, comme ils se plaisent à le dire, qui ont aboli la royauté, mais que c'est la nation entière, et que c'est elle qui veut la République; apprenez-leur que, dans quelque position que vous vous trouviez, vous n'avez jamais rien à craindre ni d'eux ni de ceux qui, dans leur fureur, cherchent à grossir leur ligue impie.

Je crois donc, citoyens, que les objections qu'on pourrait faire deviennent entièrement nulles. Je m'adresse maintenant à ceux qui s'opposent à cette convocation : je leur demande : avez-vous la confiance de la nation, oui ou non ? Croyez-vous qu'elle repose sur vos têtes, pourquoi craignez-vous le jugement national ? Si vous ne le croyez point, pourquoi êtes-vous assez lâches pour calomnier ceux qui l'ont, non contents de rester à un poste qu'il ne vous est plus permis d'occuper ? Je vous renverrai toujours à ce dilemme : ou vous avez la confiance nationale, ou nous l'avons ; si vous l'avez, on vous rendra justice, et la nation vous appellera; si nous l'avons la nation nous rendra justice, et vous obéirez. Alors il n'y aura plus de vociférations scandaleuses: il n'y aura plus de tumulte, d'injures et de proscriptions. Pourquoi ne voulez-vous pas, comme nous, vous soumettre au vœu national, au jugement non pas de quelques hommes, mais de tous les citoyens ? Dans quelque hypothèse que vous rangiez, vous devez le subir, et si vous craignez la mesure, c'est parce que vous redoutez le jugement de la nation.

Une voix : Ce n'est pas vrai !

Lasource. Eh bien ! si cela n'est pas vrai, comme j'aime à le croire, il faut que je sois expulsé ainsi que tous les autres et certes j'y consens. Je consens à être chassé du temple des lois, si la nation me trouve indigne du poste qu'elle m'a confié. Je consens à ne sortir du temple des lois que pour aller à l'échafaud, si j'ai trahi les intérêts, si j'ai trompé l'attente du peuple, si j'ai voté contre son bonheur ; mais aussi, je veux, si j'ai la confiance de la nation, que quelques scélérats soudoyés ne puissent point me la ravir. Je veux que, si je n'ai point commis de crime, on ne fasse point pleuvoir sur ma tête les traits empoisonnés de la calomnie, et les fureurs de quelques hommes égarés, auxquels on veut inspirer la soif du sang. Je veux que vous le subissiez tout comme moi, le jugement de la nation entière.

Je finis par une réflexion, c'est qu'il ne s'agit pas ici des individus, mais de la République ; car si l'on fait expulser aujourd'hui 22 membres par une intrigue, rien n'empêchera que demain on n'en expulse 100 par une autre intrigue, et que l'existence de la Convention ne se trouve à la merci des manœuvres de quelques intrigants. D'ailleurs, la Convention ne peut faire le bien que par la confiance, et le seul moyen de l'environner de cette confiance c'est de consulter la nation. Voici le projet de décret que je présente à la Convention : avant de le proposer, je n'ai plus qu'un petit mot à dire. Je sais pourquoi mon nom se trouve dans la liste des proscrits. Il n'y aurait pas été il y a quinze jours ; j'ai parlé d'un homme, c'est assez, et j'ai été dénoncé. J'ai témoigné de la méfiance contre un homme ; voilà pourquoi j'ai été proscrit, comme un orgueilleux qui osait s'élever contre l'idole du jour, devant laquelle on aurait voulu que

je pliasse, comme si je n'avais pas juré de briser toutes les idoles. La voilà la raison pour laquelle mon nom se trouve dans la liste ; car je défie à ceux qui me dénoncent, de citer une seule de mes opinions, une seule des actions de ma vie qui puisse prouver que j'ai trahi un instant la cause du peuple, que j'ai cessé un instant d'aimer la liberté de mon pays. (*Il lit le projet de décret.*) (1).

CONVENTION NATIONALE

Séance du mercredi 17 avril 1793.

PRÉSIDENCE DE THURIOT, *vice-président.*

La séance est ouverte à dix heures du matin.

Boyer-Fonfrède, *secrétaire,* donne lecture des lettres, adresses et pétitions suivantes :

1° *Lettre de Bouchotte, ministre de la guerre* (2), adresse à la Convention l'état nominatif des cinq volontaires auxquels il a délivré des brevets de pension.

(La Convention renvoie cet état et les pièces justificatives aux comités de la guerre et des finances.)

2° *Lettre de Bouchotte ministre de la guerre* (3), qui adresse à la Convention un mémoire relatif aux dettes que quelques gendarmes nationaux ont contractées pour se procurer des chevaux.

(La Convention renvoie ce mémoire aux comités des finances et de la guerre réunis.)

Un secrétaire donne lecture *du procès-verbal de la séance du dimanche 14 avril* 1793 (4).

(La Convention en adopte la rédaction.)

La Révellière-Lépeaux, *secrétaire,* donne lecture du procès-verbal de la séance du samedi, 13 avril 1793 (5).

Un membre demande, sur ce procès-verbal, l'addition du décret qui ordonne l'impression de l'adresse des Jacobins avec les signatures des membres de la Convention apposées sur cette adresse (6).

(La Convention adopte cette proposition et approuve la rédaction pour le surplus.)

Boyer-Fonfrède, *secrétaire,* poursuit la lecture des adresses et pétitions envoyées à l'Assemblée :

3° *Lettre de Dalbarade, ministre de la marine* (7), relative aux maîtres et aux ouvriers des ports.

(La Convention renvoie la lettre au comité de la marine.)

4° *Lettre de Clavière, ministre des contributions publiques.* Ce ministre annonce un nouvel arrêté pris par le département du Pas-

(1) Voy. ce projet de décret, ci-dessus, p. 243.
(2) P. V., tome 9, page 313.
(3) P. V., tome 9, page 313.
(4) P. V., tome 9, page 313.
(5) P. V., tome 9, page 313.
(6) P. V., tome 9, page 313.
(7) P. V., tome 9, page 314.

de-Calais, relativement au mode à suivre pour la répartition de la contribution de remplacement; il en demande l'autorisation à l'Assemblée, qui ordonne que le ministre joindra le nouvel arrêté à sa lettre (1).

(La Convention renvoie les pièces au comité des finances, pour en rendre compte sans délai.)

5° *Lettre de Gohier, ministre de la justice,* relative à la détention du citoyen Boissonat, de Lyon (2).

(La Convention renvoie la lettre au comité de législation, déjà saisi de l'affaire.)

6° *Lettre de Garat, ministre de l'intérieur,* par laquelle il demande une décision à l'Assemblée sur un arrêté du département de la Côte-d'Or, qui met obstacle à la circulation des blés achetés par la commune de Chalon-sur-Saône (3).

(La Convention renvoie la lettre au comité d'agriculture.)

7° *Lettre des citoyens Thibault et Bézard (4), commissaires de la Convention à Chantilly,* par laquelle ils transmettent un arrêté qu'ils ont pris pour faire enlever les plombs qui sont dans les parc et jardin de Chantilly et qui, malgré la surveillance la plus sévère, sont journellement pillés. Ils se plaignent de ce que le ministre de l'intérieur, malgré deux décrets et la lettre qu'ils lui avaient écrite, n'envoie pas de commissaires des monuments. Ils vont rechercher les objets précieux et, à l'aide de quelques personnes éclairées, ils en feront l'estimation et les enverront à Paris

(La Convention décrète de nouveau que deux membres de la commission des monuments se rendront à Chantilly pour y être adjoints aux commissaires de la Convention déjà envoyés.)

8° *Lettre des administrateurs du département du Nord,* dans laquelle ils proposent que les officiers des troupes de ligne portent l'uniforme des gardes nationaux (5).

(La Convention renvoie cette lettre au comité de la guerre.)

9° *Lettre des citoyens Louis et Pflieger, commissaires de la Convention nationale dans les départements du Rhin,* pour annoncer qu'ils ont ordonné une déportation à Besançon de gens suspects (6).

(La Convention renvoie la lettre aux comités de législation et de sûreté générale réunis.)

10° *Lettre des citoyens Garnier et Turreau, commissaires de la Convention dans les départements de l'Aube et l'Yonne,* par laquelle ils rendent compte de l'empressement des citoyens de l'Aube à marcher à l'ennemi et transmettent divers arrêtés pris par eux pour déjouer les intrigues des ennemis de l'intérieur; elle est ainsi conçue (1) :

« Auxerre, 14 avril 1793, an II de la République française.

« Nous vous avons transmis, législateurs, par nos précédentes lettres, l'empressement des citoyens du département de l'Aube à marcher à l'ennemi. Cet empressement est le même dans le département de l'Yonne. Le nombre de défenseurs qu'il donne à la patrie excède de beaucoup le contingent qui lui est assigné.

« Nos routes sont couvertes de volontaires; ils marchent tous au combat avec l'assurance de la victoire. Un seul cri se fait entendre : *Périssent les tyrans et vive la République!*

« Nous avons essuyé les larmes des familles indigentes; nous leur avons promis, en votre nom, qu'elles ne seraient point en proie aux horreurs du besoin. Législateurs, remplissez ce devoir sacré; le pauvre prodigue son sang à la patrie : le riche, trop lâche pour l'imiter, doit prodiguer son or.

« Décrétez, sans perdre de temps, le mode de la subvention de guerre.

« Une fête républicaine a eu lieu au sein de la commune d'Auxerre, pour l'inauguration du buste de Lepeletier. Nous avons été les témoins des transports, des bénédictions d'un peuple nombreux, rendant hommage au premier martyr de la République, que, depuis la Révolution, il possédait dans son sein. Deux enfants venaient de naître; ils sont apportés au pied de l'arbre de la liberté; l'officier civil constate leur naissance sur l'autel de la patrie, devant le buste de Lepeletier, et le peuple, par ses acclamations, demande que nous leur donnions le nom de ces vertueux républicains.

« Le fanatisme s'est aussitôt agité; la même nuit l'arbre de la liberté était renversé sans la vigilance de la garde nationale qui est arrivée au moment où l'on commençait à le scier. Nous en avons aussitôt imposé aux ennemis de l'intérieur, seuls provocateurs de cet attentat national, par de grandes mesures; nous vous les faisons passer; nous ne doutons pas que vous ne les approuviez.

« *Signé :* TURREAU, GARNIER. »

Suit le texte des arrêtés et le détail des mesures prises par les commissaires :

I

Lettre des représentants du peuple délégués par la Convention nationale dans les départements de l'Aube et de l'Yonne aux représentants du peuple, membres du comité de Salut public (2).

Auxerre, le 14 avril 1793, l'an II de la République française.

« Citoyens nos collègues,

« Votre circulaire que nous avons reçue le 12 de ce mois, a suspendu l'exécution d'une mesure d'activité que nous avions cru devoir

(1) P. V., tome 9, page 314.
(2) P. V., tome 9, page 314.
(3) P. V., tome 9, page 314.
(4) *Bulletin de la Convention* du 17 avril 1793.
(5) P. V., tome 9, page 315.
(6) P. V., tome 9, page 315.

(1) *Archives nationales,* Carton AFii 147, chemise 1183, pièce n° 6.
(2) *Archives nationales,* Carton AFii 147, chemise 1183, pièce n° 7.

prendre dans ces départements, attendu l'extrême dénuement d'armes. Le ministre de la guerre nous avait fait connaître ~ue le défaut d'armes ne devait pas suspendre le départ des volontaires, parce que, disait-il, le recrutement actuel ayant particulièrement pour objet des remplacements dans les bataillons, ils devaient trouver les armes de ceux qu'ils remplaceraient à leur arrivée. Nous avions donc autorisé le départ sans armes.

« Aujourd'hui nous suspendons cette mesure; nous faisons réunir dans chaque chef-lieu de district les volontaires habillés et équipés, et là, sous la surveillance des districts, des commissaires du pouvoir exécutif et de leurs agents militaires, ils seront exercés aux premières manœuvres. Néanmoins, chaque division partira aussitôt qu'elle sera armée.

« Toutes les mesures indiquées par la loi pour la remise des armes et celles que nous avons nous-mêmes prescrites n'ont pas été strictement suivies; nous réitérons toutes réquisitions à cet égard et nous espérons des mesures que nous prenons qu'elles auront un prompt succès.

« En général, le défaut de remise d'armes à sa cause dans la crainte et l'inquiétude qu'ont les citoyens des ennemis de l'intérieur. Nous n'avons rien négligé pour faire cesser ces craintes. Nous avons arrêté la réclusion des prêtres dont les manœuvres sourdes troublaient la tranquillité et arrêtaient le recrutement; leur désarmement, celui des ci-devant nobles et des gens reconnus suspects a été effectué. Toutes les communes font fabriquer des piques qui seront bientôt à la disposition du peuple.

« Nous vous adressons les arrêtés que nous avons pris à ce sujet les 9 et 13 de ce mois; nous en voyons déjà les heureux effets, les citoyens s'empressant d'apporter leurs fusils à leurs communes.

« Au surplus, nous n'avons qu'à nous louer de la situation de recrutement dans les deux départements; l'activité partout est incroyable. La seule entrave, nous vous le répétons, c'est le défaut d'armes.

« Tous les volontaires attendent donc qu'ils soient armés pour partir. Veuillez nous faire connaître sur-le-champ la marche que nous devrons suivre, lorsque notre peu de ressources en fusils sera épuisée et ce que nous ferons des volontaires que nous conservons au milieu de nous, habillés et équipés.

« *Signé* : L. TURREAU; GARNIER. »

II

Extrait du registre des délibérations du conseil général du département de l'Yonne (1).

« L'an II de la République mil sept cent quatre-vingt-treize, le treize avril, nous, Antoine Garnier et Louis Turreau, représentants du peuple dans les départements de l'Aube et de l'Yonne, après avoir communiqué aux administrateurs réunis la lettre à nous adressée par les membres du comité de Salut public en date du onze avril, de laquelle il résulte

que les commissaires de la Convention nationale engageront les administrateurs à se bien pénétrer qu'elles ne doivent envoyer ou laisser partir que des volontaires habillés ou armés;

« Après avoir pris les renseignements les plus exacts sur les dispositions déjà faites tant en vertu de la loi que de nos précédents arrêtés; après nous être convaincus que ces dispositions n'avaient pas obtenu, quelque ait été le zèle des administrateurs, les résultats que l'on devait en attendre;

« Considérant que si l'assurance donnée par le pouvoir exécutif que les bras qui ne pouvaient être armés au milieu de nous le seraient sur la frontière, nous avait déterminé, pour imprimer au recrutement une plus grande activité, à arrêter que les volontaires complètement équipés s'y rendraient, à la charge par les administrations d'instruire sur-le-champ le ministre de la guerre de leur départ et de leur marche, il devient aujourd'hui nécessaire de faire marcher ensemble et les mesures particulières de chaque département et les mesures générales que croira devoir adopter le comité de Salut public;

« Considérant en même temps que le dénuement d'armes dont plusieurs communes se plaignent n'est pas légitime puisque les visites et les recherches scrupuleuses que commande la loi; qu'il est nécessaire d'armer d'abord les défenseurs de la République et les bons citoyens doivent se convaincre qu'après les grandes mesures confiées à leur propre vigilance, ils n'ont rien à redouter des ennemis intérieurs; qu'il ne restera à ces derniers complètement désarmés que la honte et l'infamie; que des piques vont être fabriquées en grand nombre; que toutes les armes qui ne sont point propres à la guerre seront exclusivement remises entre les mains du peuple;

« Avons arrêté :

Art. 1er.

« Les districts, les commissaires du pouvoir exécutif suspendront jusqu'à nouvel ordre le départ des volontaires qui ne seront pas armés; ils retiendront au chef-lieu du district ceux auxquels il ne manquera plus qu'un fusil, et dont l'habillement sera complet.

Art. 2.

« Il sera pourvu à leur logement ou casernement par la municipalité sous la surveillance immédiate du district et les vingt sols accordés par la loi, sauf les retenues, seront attribués et payés, jour par jour, à chaque volontaire, d'après les contrôles dressés par les commissaires du pouvoir exécutif.

Art. 3.

« Les commissaires du pouvoir exécutif nommeront, à raison de cinquante hommes, un agent militaire qui sera chargé de recevoir le montant de la paie et de le distribuer à chaque homme. Les agents militaires seront particulièrement responsables de la bonne tenue des volontaires, et maintiendront parmi eux l'ordre et la discipline.

---

(1) *Archives nationales*, Carton AF₁₁ 147, chemise 1183, pièce n° 8.

Art. 4.

« Les commissaires du pouvoir exécutif nommeront parmi les agents militaires un d'entre eux qui sera particulièrement chargé d'exercer les volontaires aux premières évolutions et de passer sous la surveillance des commissaires du pouvoir exécutif, tous les deux jours, la revue de l'habillement et de l'équipement.

Art. 5.

« Nous requérons, sous leur responsabilité personnelle, les districts d'enjoindre de nouveau aux municipalités de leur ressort d'exiger, conformément à la loi de tous les citoyens qui ne marchent point à la défense de la patrie la remise de tous les fusils de calibre qui seront entre leurs mains, à peine de deux cents livres d'amende

Art. 6.

« Il sera tenu un état de toutes les armes qui auront été remises pour être lesdites armes, lorsqu'elles seront reconnues appartenir aux particuliers, payées après l'estimation conformément à la loi. Ledit état sera tenu par les officiers municipaux.

Art. 7.

« Tout citoyen qui, deux jours après la publication du présent, sera trouvé nanti d'un fusil uniforme, encourra l'amende de deux cents livres; elle sera prononcée par les conseils généraux des communes; le fusil sera confisqué, et moitié de l'amende sera accordée au citoyen dénonciateur.

Art. 8.

« Les districts enjoindront aux municipalités de mettre sur-le-champ, en état de réquisition, tous serruriers, taillandiers et autres ouvriers propres à la fabrication des piques. Elles dresseront les états de celles qui auront été jugées nécessaires par les conseils généraux des communes à l'armement des citoyens, les feront fabriquer, et les sommes dues aux ouvriers seront allouées et remboursées, sans délai, aux municipalités, sur la présentation qu'elles feront aux districts des états et des marchés que les conseils généraux des communes auront passés.

Art. 9.

« Les districts enjoindront aux municipalités et aux conseils généraux des communes de désarmer avec soin tous les citoyens reconnus suspects, et notamment les ci-devant nobles et les prêtres ; ils ne pourront, en aucun cas, être armés d'une pique et admis à l'honneur du service de la garde nationale; ils seront, néanmoins, tenus de se faire remplacer.

Art. 10.

« Seront exceptés de ces dispositions ceux qui sont appelés à des fonctions populaires.

Art. 11.

« Le présent arrêté sera transmis et signé de nous sur les registres du département, qui demeure chargé, sous sa responsabilité personnelle, d'en surveiller et d'en transmettre les dispositions aux districts de son ressort, sans aucun délai, à l'effet de quoi il sera imprimé, publié et affiché.

Art. 12.

« Il sera envoyé à tous les départements.

Art. 13.

« Il en sera adressé des exemplaires au département de l'Aube qui demeure chargé de le faire transcrire sur ses registres, et d'en assurer l'exécution dans toutes celles des dispositions qui ne lui auraient pas été prescrites par nos précédents arrêtés. Il sera tenu de rendre compte de ses diligences aux commissaires de la Convention, au chef-lieu du département de l'Yonne.

« *Signé :* GARNIER; L. TURREAU, *commissaires de la Convention.*

« *Collationné, conforme et délivré par nous, secrétaire général du département de l'Yonne, à Auxerre, le 14 avril 1793, l'an II de la République française.*

« *Signé :* SAUVALLE, *secrétaire adjoint.* »

II

Arrêtés concernant la Sûreté générale.

Extrait du registre du Directoire.

Séance du 9 avril 1793, l'an II de la République française (1).

« Aujourd'hui, mardi 9 avril 1793, neuf heures du matin, l'an II de la République;

« Les citoyens Garnier et Turreau, députés à la Convention nationale, commissaires dans les départements de l'Aube et de l'Yonne;

« Laporte, président; Decourt, vice-président; Houssel, Brotot, Jeannest, Legros, Bègue, Simonet, Beau, Choslin, Rayon, Balme, Roard, administrateurs; Delaporte, procureur général syndic; et Bonneville, secrétaire général, ont ouvert la séance;

« Les administrateurs du district d'Auxerre;

« Le conseil général de la commune de la même ville;

« Le citoyen Martineau, président du tribunal criminel;

« Le citoyen Marie, juge du tribunal civil;

« Le citoyen Devery, juge de paix;

« Le citoyen Lacour, commandant de la garde nationale, présents.

« Toutes les autorités constituées ainsi réunies d'après la réquisition des commissaires pour conférer avec eux sur les mesures de sûreté générale.

_____

(1) *Archives nationales*, Carton AFɪɪ 252, chemise 1183, pièce n° 9.

« Le président du département a dit :

« Citoyens,

« Le salut de la République nous impose le devoir de veiller sans cesse au maintien de l'ordre; nous jouissons, il est vrai, de la tranquillité, mais peut-être serait-elle bientôt troublée par les trames des malveillants si nous ne cherchons les moyens d'arrêter les effets de leurs complots. Nous devons donc, citoyens, tandis que les commissaires de la Convention nationale sont au milieu de nous, leur communiquer nos craintes et les faits qui y ont lieu et solliciter d'eux les grandes mesures que peuvent commander les circonstances.

« Un membre ayant demandé la parole a dit :

« Un grand attentat a été commis : des ennemis de la République trop lâches pour se montrer ont osé lever une main sacrilège sur l'arbre de la liberté; cette nuit, ils ont cherché à le renverser, et déjà ils consommaient leurs projets, lorsque la garde de la porte du Temple, avertie par le bruit, a couru sur ces traîtres sans pouvoir s'en saisir. En vous dénonçant ce fait, je vous invite à peser les circonstances qui l'environnent : c'est à l'instant où les commissaires de la Convention sont au sein de leurs frères, c'est à la suite d'une *Fête fraternelle* en l'honneur du républicain Lepeletier, au pied de ce même arbre, que cet attentat à la liberté a été commis.

« L'assemblée s'était réunie en comité pour délibérer sur cette dénonciation et donner à ses déterminations le secret que la nature de l'objet demandait : il a été sur-le-champ pris des mesures, pour découvrir si les citoyens composant le corps de garde de la porte du Temple n'avaient pas été dans cette circonstance coupables de négligence ou de complicité et s'ils ne pourraient pas donner quelques instructions sur les auteurs. Ces mesures prises et exécutées à l'instant, l'officier du poste et le factionnaire entendus, il en est résulté qu'aucun de ces citoyens ne pouvait être soupçonné d'avoir participé, en aucune manière, au délit et qu'ils n'avaient aucune connaissance des auteurs et adhérents; et ils ont été en conséquence renvoyés.

« Un membre a observé que la source des délits de ce genre était facile à découvrir; les hommes, a-t-il dit, entretiennent des correspondances perfides avec les ennemis de notre révolution; des écrits incendiaires circulent; des prêtres, des ci-devant religieuses, par des manœuvres sourdes, cherchent à affaiblir l'esprit public ; ils suscitent des inimitiés, des haines, enfin ils interrompent l'harmonie de la société.

« Le ci-devant curé de Saint-Gervais de cette ville, a-t-il ajouté, a été dénoncé à la commune pour avoir distribué un écrit incivique, intitulé l'*Adresse au peuple*. Cet écrit, déjà sorti de ses mains lorsqu'on s'est transporté chez lui, a été trouvé chez le curé de Saint-Eusèbe. Une ci-devant religieuse paraît avoir répandu cet écrit, et la commune n'a pas encore pu terminer toutes ses recherches à cet égard. On nous a encore dénoncé aujourd'hui que des pères de particuliers émigrés entretenaient avec l'étranger, par la voie d'un tiers, des correspondances antirévolutionnaires. Des ec-clésiastiques sont notoirement connus pour avoir des correspondances de ce genre; vous devez, citoyens, prendre les mesures les plus promptes et les plus vigoureuses pour arrêter ces désordres.

« Sur quoi, ouï le rapport, la matière mise en délibération, et le procureur général syndic entendu;

« L'assemblée considérant que les délits dénoncés sont de nature à solliciter l'attention même de la Convention auxquels ils pourraient donner lieu; qu'il ne faut dans cet instant de crise laisser aux ennemis intérieurs de la République aucuns moyens de troubler l'ordre et d'attenter aux droits de la liberté et de l'égalité; considérant encore que ces délis commandent les plus grandes mesures;

« Arrête qu'il en sera référé à l'instant aux commissaires de la Convention nationale présents, qui sont invités à aviser par les moyens que la Convention nationale a mis en leur pouvoir, aux dispositions à faire dans cette circonstance.

« *Signé* : LAPORTE, *président;* BONNEVILLE, *secrétaire général*.

IV

Arrêté des commissaires Turreau et Garnier, du 12 avril 1793, l'an II de la République française (1).

« Nous, Louis Turreau et Antoine Garnier, commissaires de la Convention nationale;

« Frappés de la gravité des délits qui nous sont dénoncés et de la nécessité d'arrêter le mal dans sa source; convaincus surtout que ce n'est que par des mesures grandes et généreuses que l'on parviendra à en imposer à nos ennemis intérieurs, et particulièrement à ces hordes séditieuses de prêtres fanatiques, qui partout s'agitent, qui partout déchirent le sein de la patrie, et se plaisent à répandre au milieu d'elle les nouvelles les plus alarmantes pour arrêter le civisme et l'ardeur des citoyens qui volent à sa défense;

« Que l'attentat national qui a été commis n'est encore que le résultat de leurs perfides et ténébreuses machinations ; qu'il est temps enfin que la liberté et la sûreté nationale soient assurées, et que la république en ait pour otages et pour garants tous ceux qui voudraient y porter atteinte;

« Considérant aussi que, quoique la correspondance soit l'asile sacré de la pensée du citoyen, la nation peut dans des temps d'alarmes et de danger exiger des individus qui la composent, la représentation de leur correspondance à l'étranger; qu'un bon citoyen ne peut se refuser à éclairer les administrations populaires sur les relations extérieures, que cette mesure peut seulement déplaire à ceux qui ont seulement intérêt de les cacher ; qu'enfin, les mauvais citoyens, séquestrés de la société, ne peuvent avoir avec elle ni communication ni correspondance qui ne soient connues ;

_____

(1) *Archives nationales*, carton AF₁₁ 147, chemise 1183, pièce n° 10.

« Nous avons arrêté comme mesures de sûreté générale :

« 1° Tout prêtre ou ci-devant moine, soit séculier ou régulier, qui n'est pas attaché au culte salarié ou qui habituellement n'en remplit pas les fonctions avec les ministres, qui n'est point appelé par le peuple à des fonctions civiles, qui n'est pas attaché à l'éducation ou qui n'est point marié, sera mis à la diligence des corps administratifs en état de réclusion ;

« 2° Les corps administratifs réuniront aussitôt la liste de ceux qui ne sont point textuellement compris dans les exceptions ci-dessus ; ils enverront chez chacun d'eux un commissaire civil pris dans leur sein, qui sera chargé de visiter leurs papiers, de se faire ouvrir tous les lieux qui pourraient les recéler ; ils dresseront procès-verbal des papiers suspects et les déposeront dans le sein de l'administration ; ils intimeront ensuite aux prêtres non exceptés l'ordre de rester en état d'arrestation jusqu'au moment où la municipalité leur aura déclaré la maison de réclusion où ils doivent se rendre.

« 3° Les municipalités désigneront la maison de réclusion, veilleront sous leur responsabilité personnelle à ce que les prêtres détenus le soient sous bonne et sûre garde, et qu'ils ne puissent avoir d'autres communications que celles qu'exigeront strictement les besoins de leur existence ;

« 4° Les corps administratifs prononceront sur-le-champ la déportation de tous les prêtres qui leur sont dénoncés, ou leur traduction au tribunal révolutionnaire, s'il y a lieu ;

« 5° L'état de réclusion de ceux qui ne seront pas déportés, durera jusqu'à ce que par une délibération de la municipalité, visée par le comité de Salut public et les conseils des districts, approuvée par le département, il soit constaté que leur présence ne peut alarmer la tranquillité publique ;

« 6° Les dispositions du précédent article ne pourront avoir lieu que lorsque toutes les opérations relatives au recrutement auront été complètement terminées, et que le contingent que doit fournir le département aura marché en entier aux frontières ;

« 7° Toutes lettres venant de l'étranger, quels que soient les citoyens auxquelles elles appartiendront, seront retenues par les directeurs de la poste et par eux remises, savoir : dans le chef-lieu du département, au directoire du département ; dans les chefs-lieux des autres districts, au directoire du district ; dans les autres communes, aux conseils généraux des communes. Chacune de ces autorités nommera deux commissaires pour en entendre la lecture, en présence des personnes intéressées qui les décachèteront ; ces commissaires jugeront de l'importance de ces lettres pour ce qui peut être contraire à la sûreté générale ; et dans ce cas, ils les retireront et les remettront aux autorités dont ils sont membres. Dans les communes autres que le chef-lieu de département, les lettres seront dans ce cas envoyées au directoire du département même par des exprès, s'il est nécessaire ;

« 8° Toutes les lettres adressées aux personnes détenues, seront également, de quelque pays qu'elles viennent, retenues et lues en leur présence ainsi que celles qu'elles pourront

écrire, par deux commissaires nommés et pris dans le sein des administrations ou municipalités ;

« 9° Les dispositions du présent arrêté seront étendues à tous les districts du ressort, et ceux qui renferment dans leur sein les prêtres non compris dans les exceptions précédentes, seront tenus sous leur responsabilité de le mettre à exécution, et d'en rendre compte, sous trois jours, au directoire du département, en lui faisant passer la liste de ces prêtres, qu'ils se procureront auprès des municipalités ;

« 10° Le présent arrêté sera signé de nous et annexé au registre de l'administration, qui demeure chargée d'en faire passer sur-le-champ expédition aux districts, qui les transmettront, sans aucun délai, à toutes les municipalités de leur ressort : les autorités administratives et municipales sont garantes et responsables des retards qui seraient apportés à l'exécution.

« Il sera, en outre, envoyé à tous les départements.

Signé : TURREAU, GARNIER, *commissaires ;* LAPORTE, *président ;* LEGROS, BESSON, BÈGUE, DECOURT, JEANNEST, SIMONET, HOUSSET, BROTOT et ROARD, *administrateurs ;* DELAPORTE, *procureur général syndic ;* BONNEVILLE, *secrétaire général.*

Collationné et délivré par nous, secrétaire, à Auxerre, le 12 avril 1793, l'an II de la République française.

Signé : BONNEVILLE, *secrétaire général.*

V.

Aux citoyens du département de l'Yonne (1).

« Citoyens,

« A la voix de la patrie en danger, vous être accourus ; vous lui avez offert à l'envi les bras dont elle avait besoin.

« Vous êtes républicains, vous avez fait votre devoir, nous ne vous remercierons point.

« Vous la connaissez tous, l'atroce perfidie du patricide Dumouriez.

« Le traître ! il croyait donc commander à des esclaves.

« La sainte insurrection du troisième bataillon de l'Yonne lui a prouvé qu'il avait calomnié l'armée française.

« Ce bataillon a bien mérité de la patrie.

« C'est de votre sein que sont sortis ces généreux défenseurs de la République.

« Vous les imiterez, soldats de la liberté ; vous anéantirez, comme eux, les brigands couronnés et leurs bandes d'esclaves.

« Comme eux, des couronnes civiques vous attendent.

« On voulait encore vous donner un roi ; un roi ! à des Français, à des hommes libres...

« Que veulent-ils donc ramener parmi nous, ceux qui sont assez vils pour nous proposer des maîtres ?

« Voyez, citoyens, s'asseoir avec un nouveau

(1) *Archives nationales*, Carton AFii 147, chemise 1183, pièce n° 11.

tyran sur un trône de fer les abus monstrueux, qui naguère vous opprimaient : *les corvées, les dîmes, les banalités, les aides, les droits féodaux.*

« La génération tout entière disparaîtra avant que ce vœu impie puisse s'accomplir.

« Si un peuple souverain n'était pas invincible ;

« Des déserts, des ruines, des monceaux de cendres,

« Voilà l'empire de celui qui voudrait l'asservir.

« Mais non... il s'est couvert de ses armes; il écrasera de sa seule masse ces hordes d'esclaves dont on ose le menacer.

« Citoyens indigents, ne craignez pas d'abandonner vos familles, la République en aura soin.

« Elle versera dans leur sein les trésors des riches.

« Vos mères, vos sœurs, vos femmes, vos enfants ne seront point en proie aux horreurs du besoin.

« Que l'on sache enfin que, lorsque l'indigent prodigue son sang pour la patrie, le riche, trop lâche, trop corrompu pour oser répandre le sien, lui doit en compensation le tribut de ses richesses.

« Pauvre, tu donnes ton sang à la République.

« Riche, tu lui donneras ton or.

« *Signé :* GARNIER ; TURREAU, *représentants du peuple.* »

(La Convention renvoie ces pièces au comité de Salut public.)

11° *Lettre des citoyens Bo et Chabot, commissaires de la Convention dans les départements du Tarn et l'Aveyron,* par laquelle ils rendent compte de l'ardeur avec laquelle les amis de la liberté à Rodez ont été renouveler leur serment de mourir pour la patrie, lorsqu'on a reçu la nouvelle de la trahison de Dumouriez. Ils envoient aussi une copie des arrêtés qu'ils ont pris pour la sûreté de la République; la lettre est ainsi conçue : (1)

« Rodez, le 9 avril 1793, an II de la République.

« Les nouveaux dangers de la patrie, dus à la trahison du scélérat Dumouriez, ont produit la même indignation et la même énergie qu'excita dans toute la République la fuite criminelle de Lafayette. Plus la liberté du peuple est menacée, plus il s'irrite et se dispose à la vengeance : il est difficile de calculer où s'arrêtera sa justice.

« Lorsque le crime n'a plus de bornes, le glaive qui doit le punir n'a plus de fourreau. Les amis de la liberté et de l'égalité de la ville de Rodez, en entendant le récit de la scélératesse de Dumouriez, ont prouvé, par un élan sublime et spontané, que la terreur n'est que pour les esclaves, et que les Français ne le seront jamais : ils ont suspendu l'ordre du jour de la société pour entamer l'hymne sacré, et se rendre de suite autour de l'arbre de la liberté,

pour jurer de le défendre jusqu'à la mort. Témoins de ce mouvement qui caractérisa et le sang-froid et le courage d'un peuple libre, nous nous empressons de vous le transmettre, et vous ne le laisserez pas ignorer à la République.

« Les circonstances devenant de jour en jour plus critiques, nos mesures de sûreté doivent être au moins à la hauteur de la malveillance et de la trahison. Nous vous faisons passer l'extrait d'un arrêté pris à ce sujet. Nous commençons à croire que les départements que vous nous avez confiés, se lèveront en masse au premier signal que vous leur donnerez. Le fanatisme les avait égarés ; la raison et le danger font tomber le masque de l'hypocrisie, et l'esprit public reprend la force irrésistible de la vérité.

« Nous avons cru devoir suspendre de leurs fonctions un capitaine et un lieutenant de la gendarmerie, leur incivisme, depuis longtemps prononcé, et leur conduite actuelle doivent les éloigner d'une place dans laquelle réside la force armée du département.

« *Signé :* Bo et CHABOT. »

« *Commissaires de la Convention nationale dans les départements du Tarn et de l'Aveyron.* »

(La Convention décrète la mention honorable et l'insertion au *Bulletin* du zèle et du patriotisme des amis de la liberté et de l'égalité à Rodez, et renvoie, pour le surplus, au comité de sûreté générale.)

12° *Lettre de Garat, ministre de l'intérieur* (1), qui fait parvenir à l'Assemblée un paquet de lettres du citoyen Salle, envoyé par le département de la Meurthe.

Un membre (2) : Je crois savoir que parmi ces lettres se trouve celle dont la Convention a ordonné l'apport (3); je demande qu'elles soient ouvertes et lues à l'Assemblée; lorsque nous serons plus en nombre.

(La Convention adopte cette proposition.)

13° *Lettre des citoyens Julien (de Toulouse), Bourbotte et Prieur (de la Marne), commissaires de la Convention à Orléans,* datée d'Orléans, 15 avril, par laquelle ils transmettent différentes adresses et offres patriotiques et rendent compte de diverses mesures qu'ils ont crue devoir prendre; elle est ainsi conçue (4) :

« Depuis notre dernière lettre, citoyens nos collègues, datée du 11 de ce mois, il ne s'est rien passé de très intéressant dans cette ville. L'esprit public continue à y faire des progrès; les dons patriotiques se multiplient; les auteurs ou complices de l'assassinat de Léonard Bourdon se découvrent successivement; le patriotisme triomphe, et l'aristocratie rentre dans la poussière, dont elle n'eût jamais dû sortir.

---

(1) *Bulletin de la Convention* du 17 avril 1793. Cette lettre ne figure pas dans le *Recueil des Actes du Comité de Salut public* de M. Aulard.

(1) *Journal des Débats et des décrets,* n° 212, page 293 et P. V. tome 9, page 313.
(2) *Journal des Débats et des décrets,* n° 212, page 293 et *Mercure universel,* tome 26, page 281.
(3) *Archives parlementaires,* 1re série, t. 60, séance du 30 mars 1793, page 709, la dénonciation de la correspondance de Salle par Anthoine et Levasseur.
(4) *Bulletin de la Convention* du 17 avril 1793.

« Le conseil général du département a pris un arrêté énergique pour la formation d'un comité de surveillance propre à déjouer les conjurations. Nous avons cru devoir lui donner notre approbation par un arrêté qui est au bas de celui du département, que nous joignons ici. Une petite difficulté s'est élevée sur les fonctions du procureur général syndic auprès de ce comité. Nous avons pensé qu'il devait concourir à ses délibérations comme aux autres actes du conseil général.

« Des visites ont été faites hier dans les auberges et dans les hôtels garnis. Quatre prêtres réfractaires, qui y étaient cachés, ont été renfermés au séminaire pour être ensuite déportés.

« Des dénonciations multipliées et journalières nous étaient faites, tant verbalement que par écrit, sur des dépôts d'armes, des chevaux de luxe, sur la retraite d'émigrés, de prêtres réfractaires, d'assassins de Léonard Bourdon, et d'autres ennemis oubliés dans différents ci-devant châteaux et maisons situés aux environs d'Orléans. Nous avons cru devoir les faire visiter tous au même instant, et nous avons pris en conséquence l'arrêté que vous trouverez ci-joint sous la date du 12 avril.

« Les jeunes étudiants au collège national d'Orléans nous ont présenté une adresse pleine de civisme et d'énergie : nous avons pensé qu'il était utile de la faire imprimer dans un pays où toute l'attention doit se porter à animer le patriotisme qui commence à se développer. Ils nous ont en même temps priés d'être auprès de la Convention nationale les interprètes de leurs sentiments; et nous croyons ne pouvoir mieux remplir leurs vœux, qu'en vous envoyant un exemplaire de cette adresse.

« Parmi les pièces de l'instruction relative à l'assassinat de Léonard Bourdon, se trouve une adresse à la Convention, dans laquelle cet événement est dénaturé de la manière la plus perfide. Au bas de cette adresse se trouvent environ 600 signatures; mais, des citoyens qui ont signé, les uns prétendent aujourd'hui avoir été égarés, les autres trompés; et un grand nombre a protesté contre les signatures. Nous avons cru, pour découvrir les auteurs de cette manœuvre, devoir faire imprimer cette adresse pour la faire distribuer aux sections. Nous joignons ici un exemplaire tant de l'adresse que de l'arrêté.

« Les quarante prêtres réfractaires que nous avons fait transporter à Tours, y sont arrivés. L'indignation publique qui a éclaté à la vue de ces traîtres, leur a fait courir quelque risque; mais les 25 volontaires du 14ᵉ bataillon de Paris s'y sont conduits avec tant d'énergie et de sagesse, en employant surtout la voie de la persuasion, qu'il n'est arrivé aucun événement.

« Nous ne vous avons rien dit jusqu'à présent ni des autorités constituées, ni des corps militaires qui nous ont secondés dans nos opérations; mais nous ne croyons pas pouvoir différer plus longtemps à leur rendre la justice qui leur est due; le département, le district, la nouvelle municipalité, ont montré le plus grand zèle, et ont développé la plus grande activité; le 16ᵉ régiment de dragons et son colonel Barbasan, qui commande

en chef à Orléans les 400 hommes du 14ᵉ bataillon de Paris et son colonel Osval, se sont également distingués par le zèle infatigable qu'ils ont apporté à satisfaire aux nombreuses réquisitions qui leur ont été faites, tant par nous que par les autorités constituées, et leur conduite est au-dessus de tout éloge. Encore quelques jours, et nous espérons être à même de vous demander le rapport du décret de rébellion rendu contre Orléans, et retourner dans le sein de la Convention.

« *Signé :* JULIEN *(de Toulouse),* BOURBOTTE *et* PRIEUR *(de la Marne), commissaires de la Convention nationale à Orléans.* »

(La Convention décrète la mention honorable et l'insertion au *Bulletin* des adresses et offres patriotiques; elle approuve les mesures prises par les commissaires et renvoie au comité de sûreté générale.)

14° *Lettre des citoyens J.-B. Lacoste et Faure, commissaires de la Convention nationale pour les départements du Cantal et de la Haute-Loire* (1), qui annoncent qu'ils ont renouvelé la municipalité de Monastier, coupable d'incivisme.

(La Convention renvoie cette lettre au comité de législation.)

15° *Lettre des citoyens Bordas et Borie, commissaires de la Convention dans les départements de la Haute-Vienne et de la Corrèze* (2), qui envoient un arrêté pris par le département de la Haute-Vienne contre les gens suspects.

(La Convention approuve l'arrêté et le renvoie au comité de sûreté générale.)

16° *Lettre de Gohier, ministre de la justice* (3), pour apprendre à la Convention que le décret d'arrestation contre le citoyen Marat n'a pu être exécuté, parce que le procès-verbal de recherches chez lui, constate qu'il ne s'y est pas trouvé; mais qu'il a vu le maire de Paris, qui a ordonné de nouvelles recherches.

(La Convention renvoie cette lettre au comité de sûreté générale.)

17° *Lettre des administrateurs du département de la Sarthe* (4), qui envoient à la Convention des copies des interrogatoires subis par Jacques-Nicolas et René-Pierre Neveu, tous deux arrêtés comme prévenus d'incivisme et d'aristocratie, et des copies des lettres écrites par le premier. Ils demandent l'avis de l'Assemblée sur leur conduite ultérieure.

(La Convention renvoie le tout au comité de sûreté générale.)

18° *Lettre des citoyens Saladin et Pocholle, commissaires de la Convention pour le départe-*

_____

(1) P. V., tome 9, page 316.
(2) P. V., tome 9, page 316.
(3) *Moniteur universel,* 1ᵉʳ semestre de 1793, page 488, 3ᵉ colonne.
(4) P. V., tome 9, page 317.

tement de la Somme; ils témoignent du patriotisme des habitants et d'une société populaire de Saint-Valéry; cette lettre est ainsi conçue (1) :

Abbeville, 14 avril 1793, l'an II
de la République française.

« Citoyens nos collègues,

« En attendant que nous vous rendions un compte général de nos opérations dans le département de la Somme, nous croyons devoir vous entretenir d'une course que nous avons faite à Saint-Valéry autant pour connaître l'esprit public qui y règne que pour terminer différentes affaires qui exigeaient notre présence.

« Le patriotisme de tout le département semble s'être réfugié dans cette petite ville, comme le sang qui fuit aux extrémités d'un corps malade. Les traîtres y sont livrés à toute l'horreur qu'ils doivent inspirer, et le républicanisme s'y prononce avec une énergie que nous n'avions encore remarqué nulle part. Ces heureuses dispositions sont particulièrement dues au zèle d'une société populaire, qui n'a jamais rien écrit contre les factieux, mais qui a constamment professé les vrais principes dans toute leur pureté et qui a toujours mieux aimé s'occuper des choses que des hommes.

« Les marins forment la plus grande partie de la population de cette ville; elle n'a eu aucun homme à fournir pour le recrutement de l'armée, mais les levées pour les vaisseaux de la République y ont été nombreuses, et pas un matelot n'a attendu les ordres pour se mettre en route; tous sont partis volontairement, animés du dévouement le plus sincère et du plus ferme désir de faire triompher la liberté. Nous avons parlé au peuple assemblé : c'est un devoir que nous nous imposons partout où nous portons nos pas, et qui ne nous semble pas la partie la moins précieuse de notre mission. Le langage de la vérité et de la nature a été vivement senti par des hommes francs et sincères qui, accoutumés à lutter contre les orages, ne redoutent pas plus les despotes que les flots de la mer.

« Un tableau de Saint-Louis se trouvait dans l'église où nous avions réuni les citoyens. Un de nous a proposé de le faire disparaître. A l'instant, la toile a été mise en lambeaux et le cadre brûlé aux pieds de l'arbre de la liberté. Ce triomphe sur la superstition royaliste et religieuse ne nous a pas paru indigne de votre attention. On a dansé la carmagnole autour de l'autodafé d'un nouveau genre, et l'hymne des Marseillais a été chanté à diverses reprises. Quelques jours avant notre arrivée, une collecte patriotique avait été faite pour les frais de la guerre : elle avait produit 900 livres. Cette somme modique en elle-même ne le sera point aux yeux de ceux qui connaissent le peu de ressources de ces francs républicains et les pertes qu'ils ont faites depuis la Révolution. Personne n'a voulu se dispenser d'y contribuer : les familles les plus indigentes apportaient leurs offrandes et se seraient cru insultés si on les eût refusées. Après les dégoûts que l'incivisme de plusieurs parties du département de la Somme nous a causés, il a été consolant pour nous de jouir de ces traits attendrissants, et nous espérons qu'en vous en faisant le récit, nous vous déterminerons aisément à leur accorder une mention particulière. Ce n'est pas la première fois que nous avons occasion de remarquer que le patriotisme des petites villes l'emporte sur celui des grandes cités, comme les sentiments du pauvre devraient faire souvent rougir de honte l'homme comblé des faveurs de la fortune.

« *Les commissaires de la Convention pour le département de la Somme.*

« *Signé* : POCHOLLE; SALADIN. »

(La Convention décrète la mention honorable et ordonne l'insertion de la lettre au *Bulletin.*)

19° *Lettre des citoyens Du Bois Du Bais et Briez, commissaires de la Convention à l'armée du Nord*, par laquelle ils annoncent que notre avant-garde s'est vivement défendue contre une longue attaque des Autrichiens; cette lettre est ainsi conçue (1) :

Valenciennes, 15 avril 1793, l'an II
de la République française.

« Citoyens nos collègues,

« L'avant-garde de notre armée a été encore vivement attaquée aujourd'hui; elle s'est aussi vivement défendue, puisqu'elle a repoussé l'ennemi et lui a fait perdre du terrain. Le combat a été très long; il a commencé au matin et a fini tard; nos troupes n'ont cessé de combattre avec bien du courage et de la constance.

« Mais nos ennemis, malgré les belles promesses de Cobourg, continuent et surpassent même leurs atrocités de l'année dernière. Ils pillent, brûlent, violent et mutilent.

« Les généraux Lamarche et Laroque se sont conduits d'une manière digne des plus grands éloges par leur courage et leurs dispositions.

« Nous écrivons au comité de Salut public.

« *Signé* : DU BOIS DU BAIS; BRIEZ.

(La Convention ordonne l'insertion au *Bulletin* de la lettre des commissaires.)

20° *Pétition des officiers municipaux de la commune de Torcy, district de Meaux*, qui demandent l'autorisation de vendre une coupe de dix arpents de bois dans une réserve.

(La Convention renvoie la lettre au comité des domaines pour en faire un prompt rapport.)

Les citoyens Liergeur et Leroux, députés du conseil du district de Montfort l'Amaury, sont admis à la barre.

---

(1) *Archives nationales*, Carton C II 252, chemise 433, pièce n° 11.

(1) *Archives nationales*, Carton C II 252, chemise 433, pièce n° 12.

Le citoyen Liergeur donne lecture de la pétition suivante (1) :

Montfort-l'Amaury, le 13 avril 1793, l'an II de la République française.

« Législateurs, (1)

« Nous avons entendu les cris de la patrie alarmée; nous nous sommes levés et, sur-le-champ, nous avons volé au secours qu'elle a droit d'attendre de chacun de ses enfants. Appelés par la confiance de nos concitoyens à remplir les fonctions importantes d'administrateurs du peuple, nous n'avons pas hésité un seul instant à nous former en permanence, poste auquel vous nous avez appelés vous-mêmes; et, sans doute, le dépôt qui nous a été confié est trop précieux pour nous rendre coupables de la moindre négligence dans des moments aussi difficiles. Unis donc, en ce moment, par les sentiments de la concorde et de la fraternité la plus pure, nous avons profité des premiers instants de notre réunion pour jurer entre nous un zèle infatigable à combattre les ennemis intérieurs, qui oseraient encore troubler le maintien de la tranquillité qui est confiée à nos soins et à nos sollicitudes.

« Paix, union, concorde entre tous les citoyens qui ont bien voulu nous confier leurs intérêts; soumission aux bornes à tous les décrets émanés de votre autorité seule; guerre interminable aux tyrans, anathème aux traîtres et aux conspirateurs; haine mortelle aux vils esclaves de la royauté et du fanatisme : telles sont les maximes sacrées que chaque citoyen pourra lire au frontispice du temple auguste où les vrais amis et défenseurs de la République sont assemblés en ces instants.

« Nous avons à vous présenter pour gages des promesses solennelles que nous faisons dans cette enceinte (et ce gage est sans doute très précieux à vos cœurs), cette jeunesse valeureuse qui, de toutes les parties de notre arrondissement, s'est empressée de voler aux frontières, et de l'éloignement de laquelle nous ne nous consolons que par l'espoir flatteur de la voir bientôt rentrer en nos murs couverts de lauriers, encore fumant du sang impur des traîtres et de nos ennemis. Tels sont les sentiments des généreux collègues qui nous ont députés vers vous. Ils ont cru que porter ainsi la consolation dans le cœur des législateurs, à l'instant où les ennemis de la patrie ne cessent d'augmenter leurs inquiétudes, était une dette sacrée qu'ils ne pouvaient se dispenser de remplir. Que dis-je! Ils ne se croiront véritablement déchargés de cette dette que quand ils auront triomphé de la lâcheté et de la faiblesse de leurs ennemis, ou qu'ils auront versé jusqu'à la dernière goutte de leur sang pour la défense des droits précieux qui leur sont confiés.

« Une grande partie des habitants composant notre arrondissement est donc aux frontières à la défense de la patrie; l'autre est encore prête à faire aussi à la mère commune le même sacrifice. Que la patrie l'appelle! elle est là. Mais elle ne peut résister à la crainte qui la presse de manquer jusqu'à ce moment de l'aliment de première nécessité; les marchés sont dans un état affreux de pénurie. Habitants d'un sol si fécond, ils ne peuvent se procurer les productions auxquelles ils ont droit de prétendre et, à ce titre, ils vous demandent une loi qui ramène l'abondance.

« La présente pétition sera présentée à la Convention nationale par les citoyens Liergeur, administrateur du district dudit Montfort, et Leroux, procureur syndic de ce district.

Les membres du conseil d'administration du district de Montfort-l'Amaury.

Signé : Carré, Martin, Courtois, Dujardin, Goujon, Liergeur, Godfroy, Berger, *président;* Bonnin, Leroux, Lhermitte, *secrétaire.*

Le Président répond aux pétitionnaires et leur accorde les honneurs de la séance.

(La Convention renvoie la pétition au comité d'agriculture.)

Des pétitionnaires sont admis à la barre (1).

L'orateur de la députation demande des explications sur la restitution des biens des religionnaires fugitifs, ordonnée être faite à leurs parents les plus proches par les lois des 10 juillet et 9 décembre 1790.

Le Président répond à l'orateur et accorde aux pétitionnaires les honneurs de la séance.

(La Convention renvoie la lettre au comité de législation pour en faire son rapport.)

Les citoyens Morin, Basset, Pinck et Binon, commandants de quatre compagnies de canonniers, casernés à la Sorbonne, se présentent à la barre (2).

Le commandant Morin s'exprime ainsi :

Législateurs, nous avons ce matin reçu l'ordre de nous rendre aux frontières : ce soir nous coucherons à Claye et demain nous serons à Meaux. Mais il nous a été promis une somme de 57 livres 10 sous pour nos soldats; nous venons vous demander le paiement de cette somme. Tel n'est pas le motif, soyez en persuadés, qui nous fait prendre les armes, et quoique vous décidiez, quelle que soit l'issue de notre requête, nous ne reviendrons que lorsque les tyrans auront cessé de menacer la patrie; cependant vous ne nous en voudrez pas de vous faire observer que c'est là une transaction sacrée et qu'il n'y a pas démérite à en solliciter l'exécution.

Le Président répond aux pétitionnaires et leur accorde les honneurs de la séance.

(La Convention renvoie la demande au comité de la guerre pour en rendre compte, séance tenante.)

Boyer-Fonfrède, *secrétaire,* reprend la lecture des lettres, adresses et pétitions envoyées à l'Assemblée :

21° *Pétition des entrepreneurs des lits militaires dans la ci-devant province d'Alsace* (3).

_____

(1) *Archives nationales,* Carton C︗ 252, chemise 441, pièce n° 1.

(1) P. V., tome 9, page 318.
(2) *Mercure universel,* tome 26, page 285 et *Archives nationales,* Carton C︗, 252, chemise 441, pièce n° 4.
(3) P. V., tome 9, page 318.

qui réclament auprès de la Convention une partie de leur dû et des indemnités.

(La Convention renvoie le mémoire au comité de l'examen des marchés.)

22° *Adresses des administrateurs du département de la Meuse* (1), *l'une* sur le sens à donner aux mots « *hors la loi* » prononcés contre les aristocrates par la loi du 27 mars 1793; *l'autre* sur un plan de défense des frontières.

(La Convention renvoie ces deux adresses, sur la demande de Pons, au comité de législation.)

23° *Lettre des administrateurs du département des Vosges* (2), qui envoient à l'Assemblée un exemplaire d'un arrêté qu'ils ont pris à l'égard des parents, femmes et mères des émigrés; ils annoncent que le recrutement a été plus que complet dans le district de Rambervillers, et que le citoyen Héderval, commissaire par eux nommé pour le hâter, a équipé et habillé à ses frais un volontaire.

Suivent le texte du procès-verbal rendu sur ce dernier point, et la lettre du procureur général syndic Héderval, aux administrateurs du département des Vosges :

I

Extrait des délibérations du directoire du département des Vosges (3).

Séance du 10 avril 1793, l'an II de la République française.

Présents les citoyens Benoist, vice-président; Bigotte, Leroux, Poirson, Dieudonné et Claudel, administrateurs; Dubois, procureur général syndic; Denis, secrétaire général.

Le procureur général syndic a donné lecture d'une lettre du citoyen Héderval, commissaire nommé par le directoire pour la levée du contingent du district de Rambervillers, dans les quinze cent dix hommes de recrutement ordonné par décret du vingt-quatre février dernier, où il a annoncé le départ pour Metz de la totalité de ce contingent; en outre duquel il a enrôlé deux garçons qui se sont présentés volontairement pour le troisième bataillon des volontaires des Vosges, après avoir fait habiller et équiper complètement l'un d'eux à ses frais;

« Le procureur général syndic ouï :

« Le directoire déclare qu'il est satisfait de l'activité et du zèle avec lesquels le citoyen Héderval a rempli sa commission, applaudit à son civisme et arrête qu'une expédition du présent arrêté lui sera envoyée par le procureur général syndic et qu'une expédition de la lettre de ce citoyen sera adressée à la Convention nationale.

« *Signé* : BENOIST; DENIS.

Copie de la letre écrite au procureur syndic du département des Vosges par le citoyen Héderval, commissaire nommé par le département pour le recrutement de l'armée (1).

Rambervillers, le 9 avril 1793, l'an II de la République française.

« Citoyen,

« C'est avec la plus vive satisfaction que j'ai l'honneur de vous annoncer le départ total du contingent que notre district devait fournir pour le recrutement de l'armée.

« Je désire ardemment que le département soit content de ma besogne. J'ai fait tout ce que mon patriotisme m'a suggéré et je suis trop satisfait si j'ai son approbation : c'est toute la récompense que je désire.

« Nous avons, outre notre contingent, deux garçons qui se sont enrôlés volontairement. J'avais dessein de vous les faire ignorer, mais comme vous m'avez marqué de vous en instruire, je me fais un devoir de vous en informer.

« J'ai enrôlé un garçon de cinq pieds deux pouces que j'ai complètement habillé avec sac au dos, le tout à mon compte, et que j'ai envoyé au troisième bataillon des Vosges.

« C'est une offrande que je fais à la patrie. J'aurais désiré pouvoir mieux faire ; mon patriotisme m'en disait davantage, mais ma petite fortune m'a lié les bras.

« Voilà ce que je voulais vous taire.

« Le second, je lui ai fait donner une route au district pour rejoindre à Mayence, également dans le troisième bataillon.

« S'il s'en présentait quelques autres, puis-je les faire habiller comme les autres recrues ? Mandez-le moi, je vous prie ; plusieurs se présentent encore et qui ne sont pas habillés et le plaisir de se voir à l'instant vêtus tout à neuf les engage plus facilement à s'enrôler.

« J'oubliais de vous dire qu'un de nos cent onze hommes est resté malade à Nomexy. J'ai l'attestation de la municipalité et un certificat du médecin. Aussitôt qu'il sera rétabli, je le ferai partir pour Metz.

« Salut et fraternité !

« *Signé* : HÉDERVAL.

« *Collationné conforme aux originaux par nous, vice-président du directoire et secrétaire général du département des Vosges.*

« *Signé* : BENOIST ; DENIS. »

(La Convention décrète la mention honorable et l'insertion au *Bulletin* de ces actes de patriotisme, et elle renvoie l'arrêté au comité de législation.)

24° *Lettre de Garat, ministre de l'intérieur* (2), tendant à ce qu'il soit mis à la disposition des directoires de département certaines sommes destinées à être distribuées par eux, sans délai, aux familles dont les besoins seraient reconnus urgents.

(La Convention passe à l'ordre du jour, motivé sur ce que, par la disposition de l'ar-

---

(1) P. V., tome 9, page 318.
(2) P. V., tome 8, page 318.
(3) *Archives nationales*, Carton CII 252, chemise 441, pièce n° 2.

(1) *Archives nationales*, Carton CII 252, chemise 441, pièce n° 3.
(2) P. V., tome 9, p. 318.

ticle premier de la loi du 24 mars dernier, il a été suffisamment pourvu à cet objet.)

Un membre (1) observe à la Convention, que le comité d'instruction publique a fait distribuer un projet concernant un monument à élever sur les ruines de la Bastille, que le comité d'agriculture est chargé, d'autre part, de l'examen du travail relatif à l'ouverture du canal projeté de Dieppe à Paris, lequel doit aboutir dans la Seine, par les fossés de l'Arsenal, et dont le port serait placé dans le local de la Bastille ; enfin qu'il a été renvoyé au comité d'aliénation un projet pour la distribution et la vente d'une partie de ce même terrain, et qu'il est nécessaire de comparer ces différents projets pour en concilier l'exécution, et les faire concourir à l'embellissement de Paris, à la prospérité du commerce, à l'instruction publique, et à la plus-value des domaines nationaux. Il demande que la Convention nationale décrète que les comités d'agriculture, d'instruction publique et d'aliénation se concertent pour présenter à la Convention un projet de décret relatif à l'exécution des travaux proposés sur l'emplacement de la Bastille, et à la distribution et vente des terrains nationaux situés dans le voisinage dudit emplacement.

(La Convention adopte cette proposition.)

Ruelle, *au nom du comité de liquidation* fait un *rapport* et présente un *projet de décret sur les pensions et secours à accorder aux employés des ci-devant fermes et administrations supprimées ;* le projet de décret est ainsi conçu (2).

« La Convention nationale, sur le rapport de son comité de liquidation, qui lui a rendu compte des états dressés par le commissaire directeur général provisoire de la liquidation, en conformité de la loi du 31 juillet 1791, relative aux employés des ci-devant fermes et administrations supprimées, décrète :

Art. 1er.

« La Trésorerie nationale paiera, à titre de pensions annuelles et viagères, aux employés supprimés de la première classe, compris dans le premier état annexé à la minute du présent décret, la somme de 530,952 liv. 7 s. 2 d., laquelle somme sera répartie suivant la proportion établie par ledit état.

Art. 2.

« Il sera également payé par la trésorerie nationale, à titre de pensions annuelles et viagères, aux employés supprimés de la deuxième classe, dénommés au deuxième état annexé à la minute du présent décret, la somme de 56,847 liv. 7 s. 9 d., laquelle somme sera répartie entre les employés, suivant la fixation établie audit état.

Art. 3.

« Il sera payé de même par la trésorerie nationale, à titre de secours, aux employés sup-

primés de la troisième classe, compris dans le troisième état annexé à la minute du présent décret, la somme de 322,773 l. 13 s. 2 d., laquelle somme sera répartie entre lesdits employés, dans la proportion établie audit état.

Art. 4.

« Sur la réclamation du citoyen Jean-Baptiste Bergot, compris dans le troisième état annexé à la minute du décret, du 8 février dernier nº 1158, pour un secours de 1002 liv., comme n'ayant que huit ans quatre mois six jours de services ; ce citoyen ayant justifié depuis, qu'il a neuf ans quatre mois six jours de services, il lui sera payé par la trésorerie nationale, à titre de secours, la somme de 1122 liv., et l'article qui le concerne dans le décret du 8 février dernier, sera rayé sur la minute et les expéditions dudit décret, et partout où besoin sera.

Art. 5.

« Il sera payé, par la caisse de l'extraordinaire, aux trente employés dénommés au quatrième état annexé à la minute du présent décret, la somme de 7157 l. 2 s., à titre d'indemnités accordées en vertu de l'article 13 de la loi du 31 juillet 1791, pour raison des dégâts faits dans leurs maisons et meubles lors des mouvements qui ont eu lieu depuis le 12 juillet 1789 ; laquelle somme de 7157 liv. 2 s. sera répartie entre lesdits employés, suivant la proportion établie dans ledit état.

Art. 6.

« Les pensions et secours accordés par les articles du présent décret, commenceront à courir du premier juillet 1791, conformément à l'article 16 de la loi du 31 dudit mois de juillet, sauf la déduction des secours provisoires qu'ils peuvent avoir touchés depuis ledit jour premier juillet. Quant à ceux des employés qui ont continué leurs fonctions postérieurement au premier juillet 1791, les pensions ne commenceront à courir que du jour de la cessation de leur traitement.

Art. 7.

« Les paiements des pensions, secours et indemnités accordés par le présent décret, se feront conformément aux dispositions des lois précédentes rendues à ce sujet. »

(La Convention adopte ce projet de décret.)

Corenfustier (1) observe à la Convention que Julie Honorati, âgée de 14 ans, élève de la maison de Saint-Cyr, arrivée dans cette ville depuis dix jours. éprouve le refus d'un passeport de la part de la section de la Halle-au-blé, sous le prétexte d'un arrêté de la commune de Paris, qui défend d'accorder des passeports aux ci-devant nobles ; il demande que cet arrêté de la commune soit cassé, et que les sections et la commune soient tenues de se conformer à la loi sur les passeports, sans

---

(1) P. V. tome 9, page 319.
(2) *Collection Baudouin*, tome 28, page 105, et P. V., tome 9, page 319.

(1) *Moniteur universel*, 1er semestre de 1793, p. 488 3e colonne et *Mercure universel*, tome 26, page 281

pouvoir se permettre aucune exception qui n'y soit pas prononcée.

La Convention, sur la motion de Cambacérès, rend le décret suivant (1) :

« La Convention nationale, sur cette dernière partie de la proposition, passe à l'ordre du jour, motivé sur ce que la loi ne défend pas de délivrer de passeports aux ci-devant nobles ; et, attendu le décret du 16 mars, concernant les élèves de Saint-Cyr, elle décrète qu'il sera délivré, sans délai, un passeport à Julie Honorati, pour se rendre dans sa famille ».

Le Président (2) propose de *nommer les citoyens Brival et Pelé pour assister à la levée des scellés apposés sur les papiers du citoyen Roland.*

(La Convention décrète cette proposition.)

Un membre (3) propose et la Convention rend le décret suivant *relatif au don fait d'une lettre de change de 25,991 livres, 16 sols, par les Français résidant à Naples :*

« La Convention nationale décrète que la lettre de change de 25,991 liv. 16 s., donnée par les Français résidant à Naples, à la République française, en date du 16 mars 1793, et tirée par Neuvicoffre et compagnie, à Naples, sur les citoyens Jean Biderman et compagnie, à Paris, sera passée, par son président, à l'ordre des commissaires de la trésorerie nationale, acquittée sur leur reçu, et son montant versé dans les caisses de la trésorerie nationale ».

Mallarmé, *au nom du comité des finances,* fait un *rapport* et présente *un projet de décret pour ordonner à la trésorerie générale de verser dans la caisse du payeur de la ville de Lille la somme d'un million pour être employée, avec les sous additionnels de 1791 et 1792, à payer les rentes viagères et perpétuelles de ladite ville ;* le projet de décret est ainsi conçu (4) :

« Sur le rapport fait par le comité des finances, des pétitions du conseil général de la commune de Lille, la Convention nationale, prenant en considération la position des habitants de la ville de Lille, et les pertes immenses qu'ils ont éprouvées, décrète que la trésorerie nationale fera verser, sans délai, dans la caisse du payeur ordinaire de ladite ville de Lille, département du Nord, la somme d'un million, pour être employée, avec les sous additionnels à ce destinés de 1791 et 1792, à payer les rentes viagères et perpétuelles de la même ville, à charge, par ledit payeur, d'en rendre compte, et de justifier de l'emploi desdites sommes par l'état des créanciers acquittés ».

(La Convention adopte ce projet de décret.)

Vernier, *au nom du comité des assignats*

et monnaies, fait un rapport et présente un projet de décret tendant à réintégrer dans ses fonctions le citoyen Genneau, commissaire national de la Monnaie d'Orléans ; le projet de décret est ainsi conçu (1) :

« Sur le rapport du comité des assignats et monnaies, la Convention nationale, considérant que, sous un régime républicain, tous les fonctionnaires publics qui ont rempli leurs fonctions avec zèle, doivent être sûrs de la conservation de leur place, décrète que le citoyen Genneau sera rendu, sans délai, à ses fonctions de commissaire national à la Monnaie d'Orléans, au lieu de celle de Saint-Omer, à laquelle il a été nommé depuis, par la commission des monnaies ; à l'effet de quoi il est renvoyé devant le conseil exécutif ».

Un membre (2) : J'observe que cette demande a été rejetée unanimement par le comité général des finances ; nous ne sommes pas tribunal pour casser les nominations du conseil exécutif ; la question préalable.

Regnauld-Bretel. Le conseil exécutif ne peut déplacer les gens par caprice ; ce serait du despotisme. Le ministre a d'ailleurs reconnu son erreur et lui a donné une autre place.

Génissieu. Les ministres sont responsables ; le sujet était incapable de la place qu'il occupait, on lui en a donné une autre. Il n'y a donc pas eu préjudice. Je réclame l'ordre du jour.

(La Convention, après différentes observations, adopte le projet de décret.)

Laurent Lecointre, *au nom du comité de la guerre,* fait un *rapport* (3) et présente un *projet de décret pour ordonner la mise en liberté des citoyens Philippe-Evrard Longueville, général de brigade, commandant d'artillerie en chef à Douai et Claude-Etienne Dailley, général de brigade d'artillerie dans la même ville ; il s'exprime ainsi :*

Citoyens, une lettre du traître Dumouriez au général Miazinsky, sous la date du 1er avril, présent mois, portant de faire arrêter le général Moreton, commandant alors dans la place de Douai et de remettre le commandement de cette place au général d'artillerie Longueville, résidant à ladite ville de Douai, le directoire du département du Nord a, en conséquence de cette lettre, mis en état d'arrestation le citoyen Longueville ; il a été mandé au directoire où il a été interrogé ; la visite et l'examen les plus scrupuleux ont été faits de ses papiers sur lesquels les scellés avaient été apposés. Rien de suspect n'a été vu ; ses réponses ont été trouvées satisfaisantes. En conséquence, le même jour, ce général a été mis en liberté par délibération prise en présence de nos commissaires.

Mais en vertu de votre décret du 3 avril, rendu sur les mêmes motifs de la lettre de Dumouriez, ce même général, commandant

---

(1) *Collection Baudouin,* tome 28, page 105 et **P. V.,** tome 9, page 322.

(2) **P. V.** tome 9, page 321.

(3) *Collection Baudouin,* tome 28, page 108, et **P. V.,** tome 9, page 322.

(4) *Collection Baudouin,* tome 28, page 104, et **P. V.,** tome 9, page 322.

(1) *Collection Baudouin,* tome 28, page 104 et **P. V.,** tome 9, page 322.

(2) *Mercure universel,* tome 26, page 282.

(3) *Archives nationales,* Carton C ɪɪ 251, chemise 423, pièce n° 15.

d'artillerie, a été mis en état d'arrestation et mandé à la barre : vous l'avez renvoyé à votre comité de la guerre pour qu'il soit entendu. Par un excès de précaution, louable dans les temps difficiles où se trouve la République, le citoyen Dalley, général de brigade d'artillerie, qui devait remplacer à Douai dans le commandement d'artillerie en chef, le citoyen Longueville, a été également arrêté et transféré à Paris. Votre comité a entendu ces citoyens et n'a vu aucune pièce à charge. Au contraire, le général Longueville a produit l'extrait de la délibération du département, qui a prononcé en connaissance de cause sur la reddition de sa liberté et le procès-verbal qui constate que rien n'a été trouvé dans ses papiers, qui n'atteste le plus pur civisme. Joignez à cela soixante-deux années d'âge dont quarante-huit de services militaires, ayant de volontaire passé par tous les grades, fait quatre campagnes de guerre et s'étant trouvé à six sièges, trois batailles, trois expéditions, nommé le 8 mars pour aller commander en chef l'artillerie de l'armée de Custine où il se serait rendu sans une maladie dont il était attaqué et que sa situation actuelle n'a fait qu'empirer, mais où il se rendra, aussitôt qu'il sera rétabli : voilà ce qui concerne le citoyen Longueville.

« A l'égard de Claude-Etienne Dalley, soixante-quatre années d'âge, quarante-six de services militaires, ayant passé par tous les grades jusqu'à celui de général de brigade : il est recommandable auprès de vous pour avoir commandé en chef l'artillerie lors du bombardement de Lille par les Autrichiens; il n'existe contre lui aucune charge, non plus que contre le citoyen Longueville; en conséquence, votre comité vous propose le décret suivant :

La Convention nationale, après avoir entendu son comité de la guerre, décrète :

Art. 1er

« Le citoyen Philippe-Evrard Longueville, général de brigade et commandant d'artillerie en chef à Douai et Claude-Etienne Dalley, général de brigade d'artillerie dans la même ville, seront mis en liberté, et se rendront à leurs postes respectifs aux dépens de la République.

Art. 2.

« Le ministre de la guerre est autorisé à délivrer à chacun d'eux, sur les fonds de l'extraordinaire de la guerre, une somme convenable, tant pour les frais de leur retour que pour ceux de leur arrivée à Paris. »

(La Convention adopte ce projet de décret (1).)

MOTION D'ORDRE
relative aux subsistances de Paris.

Génissieu (2). Je demande la parole pour une *motion d'ordre*. Il est impossible de garder le silence sur les inquiétudes qui se manifestent dans Paris. Cependant les farines n'y manquent pas et il est bon que tout le monde sache que la Convention a tout fait pour assurer les subsistances de la capitale. La Convention a donné uniquement pour cet objet huit à neuf millions; si cet argent a été employé à sa destination, les subsistances ne doivent pas manquer. Pourquoi dès lors, dans tous les quartiers de Paris, depuis les trois heures du matin, les portes des boulangers sont-elles assiégées par une foule de citoyens? De fâcheux accidents en ont déjà résulté, plusieurs femmes ont même été grièvement blessées. On ne peut expliquer cette apparence de disette, qu'en l'attribuant aux malveillants qui emploient toutes les manœuvres possibles pour exciter des mouvements, tandis que la masse des citoyens, par son immobilité, prouve qu'elle veut le bon ordre et la tranquillité.

Je demande que le maire de Paris soit appelé à la barre pour rendre compte des précautions qu'il a prises et de l'affiche que la Convention lui avait ordonné de faire (*Applaudissements*).

Lehardy (*Morbihan*). Citoyens, Génissieu vous a dit qu'il existait des troubles dans Paris pour les subsistances; ces troubles existent particulièrement depuis lundi, jour où le conseil général de la Commune, les 48 sections de Paris, le maire à leur tête, vinrent ici vous faire des dénonciations. Vous leur demandâtes alors quel était l'état des subsistances à Paris : le maire vous répondit qu'on ne manquait de rien et que les petits mouvements qui avaient lieu ne devaient être attribués qu'à l'empressement de quelques hommes qui prenaient des provisions plus considérables dans la crainte de manquer de pain.

Mais, citoyens, peut-on être dupe d'une pareille réponse? Le fait est que ces troubles se sont perpétués lundi, mardi et aujourd'hui encore. J'ai vu ce matin plus de trois cents personnes à la porte du boulanger qui est à côté de la maison que j'occupe. Quelles sont les causes de ce manque de subsistances? Pourquoi les riches, comme les pauvres, ne peuvent-ils pas avec leur argent se procurer du pain? Que fait dans ces circonstances la municipalité de Paris? Prend-elle des mesures pour prévenir des désordres qui peuvent naître à chaque instant? Non, elle s'amuse à délibérer. Sur quoi? Je ne le dirai pas à présent; mais le moment viendra... (*Murmures sur la Montagne.*)

Un membre : Quand Dumouriez sera venu à Paris.

Vergniaud. Président, empêchez donc ces murmures et maintenez la parole à l'orateur.

Le Président. Venez présider à ma place et vous verrez si c'est facile.

Un membre : Montrez donc une conduite sincère. Lundi, avant que la fameuse pétition fût présentée, vous aviez cédé le fauteuil, puis lorsque les délégués des sections de Paris se sont présentés vous l'avez repris. Pourquoi? Appelez-vous cela de l'impartialité?

Lehardy (*Morbihan*). A cette heure, il faut bien persuader aux administrateurs de cette cité, auxquels vous confiez l'exécution des lois,

---

(1) *Collection Baudouin*, tome 28, page 103 et P. V. tome 9, page 323.
(2) La discussion provoquée par la motion de Génissieu est empruntée plus particulièrement au *Moniteur universel*, 1er semestre de 1793, page 488, 3e colonne; au *Journal des Débats et des décrets*, n° 212, page 209, au *Logotachigraphe*, n° 109, page 408, 1re colonne et au *Mercure universel*, tome 28, page 283.

qu'ils ne sont pas parvenus, à force d'impunité, à se mettre au-dessus d'elle. Vous avez accordé des fonds énormes afin de payer des indemnités aux boulangers : il faut que ces boulangers reçoivent de la municipalité les indemnités qui leur sont dues. J'en fais la proposition ferme; j'appuie, en outre, la motion de Génissieu.

Vergniaud. Je demande à présenter une mesure additionnelle. Il faut que le maire soit tenu de rendre compte des fonds destinés par la Convention à l'approvisionnement de Paris. Remarquez bien, citoyens, qu'on répand que si le pain est rare, c'est la faute de la Convention; et cependant, chaque fois qu'on est venu témoigner ici des inquiétudes sur les subsistances de cette ville, la Convention a toujours décrété les mesures qu'on lui demandait. Il est nécessaire d'éclairer le peuple qu'on veut égarer. J'insiste donc pour la mesure additionnelle que je propose.

Je présenterai ensuite deux observations. Une des causes qui occasionnent la rareté du pain, c'est tant qu'il se vendra trois sous la livre, et que le grain ou la farine ne se vendront point dans la proportion, il arrivera que ceux qui ont vendu ce grain ou ces farines à un prix tel qu'il faudrait que la livre de pain fût à cinq sous, voudront prendre du pain à trois sous, le revendront dans les campagnes, et gagneront ainsi doublement sur vous.

Je demande que le comité d'agriculture médite et vous fasse, dans la semaine, un rapport sur les moyens d'empêcher cette exportation.

Une autre mesure que je vais vous soumettre, vous paraîtra peut-être ridicule au premier aspect; mais je vous prie de l'examiner avec attention.

D'après les troubles intérieurs qui ont eu lieu dans les départements, d'après la consommation des armées, il est à craindre que l'année prochaine les bœufs ne soient pas en proportion avec la consommation. Ne serait-il pas nécessaire d'arrêter, pendant un temps déterminé, la consommation des veaux ? *(Applaudissements.)* La religion avait ordonné un carême pour honorer la divinité. Pourquoi la politique n'userait-elle pas d'un moyen pareil pour le salut de la patrie ? Je demande le renvoi de ces deux observations au comité d'agriculture, et l'adoption de la mesure additionnelle que j'ai présentée.

(La Convention renvoie les deux dernières propositions de Vergniaud au comité d'agriculture; elle adopte sa première motion ainsi que celle de Génissieu).

Suit le texte définitif du décret rendu sur ce dernier point (1).

« La Convention nationale décrète que le maire de Paris sera tenu de rendre compte, par écrit, séance tenante, de l'exécution ou inexécution du décret qui a ordonné l'impression, publication et affiche du compte par lui rendu, le 15 avril, de l'état des subsistances de Paris; qu'il sera tenu aussi de rendre compte de leur état actuel, des causes d'in-

quiétudes qui arrivent à ce sujet, et des précautions que la municipalité prend pour y remédier, ainsi que des indemnités que la municipalité a dû payer aux boulangers, et de l'emploi des fonds mis par la Convention à la disposition de la municipalité de Paris pour pourvoir aux subsistances de cette ville. »

Salle (1). J'étais absent de la séance tout à l'heure lorsque la Convention a entendu la lecture d'une lettre du ministre de l'intérieur annonçant l'envoi d'un certain nombre de lettres de moi, parmi lesquelles se trouvait celle que la Convention avait ordonné l'apport (2). Je demande à m'expliquer sur ce point.

Plusieurs membres : Non, non, demain !

(La Convention décrète que Salle sera entendu le lendemain. Elle ordonne, en outre, que les lettres, auxquelles Salle vient de faire allusion, seront signées et paraphées par les secrétaires, et entendues également dans une séance ultérieure (3).

Maure (4). Il vient de parvenir à votre comité de sûreté générale des lettres de nos commissaires prisonniers à Bruxelles, adressées à leurs parents et amis. A ces lettres, est jointe une lettre de Beurnonville à la même destination. Ces lettres sont cachetées du sceau impérial; comme elles pourraient paraître suspectes et être arrêtées, votre comité vous demande s'il est autorisé à prendre les précautions nécessaires que les lettres parviennent à leurs adresses. Il vous demande aussi s'il ne vous paraîtrait pas convenable de retenir les lettres de Beurnonville et de vérifier ce qu'elles contiennent.

(La Convention décrète que son comité sera chargé de faire parvenir à leurs adresses les lettres de Beurnonville et de ses commissaires.)

Le Président (5). Il reste encore quelques lettres dont je vais faire, avant de passer au grand ordre du jour, donner lecture à l'Assemblée.

En voici une, tout d'abord, qu'on me dit être de Marcel; elle n'est pas signée.

Un grand nombre de membres : L'ordre du jour !

Le Président. Bentabole, voulez-vous la parole sur la lettre ?

Les mêmes membres : Pourquoi demandez-vous si Bentabole veut la parole ?

Le Président. C'est lui qui me l'a remise.

Les mêmes membres : Occupons-nous de choses sérieuses; l'ordre du jour !

(La Convention passe à l'ordre du jour.)

Boyer-Fonfrède, *secrétaire,* reprend la

---

(1) *Journal des Débats et des décrets,* n° 212, page 293.
(2) Voy. ci-dessus, la mention de cette lettre, même séance, page 254.
(3) Voy. ci-après aux annexes de la séance, page 282. le texte de ces lettres qui n'ont pas été lues.
(4) *Journal des Débats et des décrets,* n° 212, page 293.
(5) *Mercure universel,* tome 26, page 282.

lecture des lettres, adresses et pétitions envoyées à l'Assemblée :

125° *Lettre de Bouchotte, ministre de la guerre,* qui transmet à la Convention un don patriotique envoyé par le curé de Dreux; cette lettre est ainsi conçue (1) :

Paris, 17 avril 1793, l'an II
de la République française.

« Citoyen Président,

« Je m'empresse de vous envoyer l'offrande patriotique que vient de m'adresser le citoyen curé de Dreux. Elle consiste en un paquet de linge, deux grands pistolets et un assignat de cinquante francs. Il est beau de voir un pasteur respectable offrir en même temps à la patrie de quoi subvenir aux frais de la guerre, terrasser les ennemis et secourir nos braves volontaires.

« *Le ministre de la guerre,*
« *Signé :* BOUCHOTTE.

(La Convention décrète la mention honorable et ordonne l'insertion de cette lettre au *Bulletin.*)

26° *Lettre du citoyen Jean Vetzel* (2), *fusilier dans une compagnie franche de la Dordogne,* qui envoie 80 livres en assignats, et promet de donner 100 livres annuellement, tant que la guerre durera.

(La Convention décrète la mention honorable de l'offrande et en ordonne l'insertion au *Bulletin.*)

27° *Lettre de Lebrun, ministre des affaires étrangères,* qui envoie à la Convention 3,471 l. 3 sols 8 deniers, montant des retenues consenties sur ses appointements et ceux de ses employés, pendant les quartiers d'octobre 1792 et de janvier 1793; cette lettre est ainsi conçue (3) :

Paris, 16 avril 1793, l'an II
de la République française.

« Citoyen Président,

« Les citoyens employés dans les bureaux de mon département, fidèles à l'engagement qu'ils ont pris de contribuer aux frais de la guerre pendant tout le temps qu'elle durera, viennent de me remettre le montant des retenues qu'ils ont consenties sur leurs appointements des quartiers d'octobre 1792 et de janvier 1793. J'y joins celles prélevées sur mon traitement pour les mêmes quartiers : ce qui porte le montant du don à 3,471 livres 3 sols 8 deniers. Je m'empresse, citoyen président, de satisfaire au désir de ces citoyens en vous priant de faire agréer par la Convention nationale l'hommage de ce faible tribut de leur attachement à la cause de la liberté, et dont ils

s'empresseront toujours de donner de nouvelles preuves.

« *Le ministre des affaires étrangères,*
« *Signé :* LEBRUN. »

(La Convention décrète la mention honorable et ordonne l'insertion de cette lettre au *Bulletin.*)

DISCUSSION DU PROJET DE CONSTITUTION.

Le Président. L'ordre du jour appelle la discussion sur le *projet de Constitution.* La parole est au rapporteur.

Romme, *rapporteur du comité d'analyse,* lit un *exposé des différents projets de déclarations des droits envoyés à cette commission* et soumet ensuite à l'Assemblée un *projet de déclaration des droits;* il s'exprime ainsi (1) :

Citoyens, nous nous sommes chargés de vous présenter l'analyse des nombreux mémoires qu'on vous a envoyés sur la Constitution, afin de vous mettre à portée de recueillir de nouvelles lumières sur l'objet important qui vous occupe, en vous épargnant une lecture longue et fatigante (2).

Le premier essai de notre travail est sur la déclaration des droits. Notre analyse, pour cette première partie, va nous conduire à une nouvelle suite des droits de l'homme, résultant de l'épuration de tous les projets qui nous sont parvenus; mais cette opération, pour être sûre et prompte, devait se faire avec méthode, et avant tout, il fallait s'entendre

---

(1) Le rapport de Romme contient trois parties. Nous avons emprunté le texte des deux premières au seul journal qui le donne, le *Logotachigraphe,* n° 109, pages 408 à 412; nous avons retrouvé la troisième partie dans la collection des textes imprimés qui se trouve à la Bibliothèque nationale. (*Voy. Bibliothèque nationale,* Le³⁸, n° 2274.)

(2) Dans la séance du 19 octobre 1792, sur la motion de Barère, la Convention « avait invité tous les Amis de la liberté et de l'égalité à lui présenter, en quelque langue que ce soit, les places, les vues et les moyens qu'ils croiront propres à donner une bonne Constitution à la République française. » (*Archives parlem.* 1ʳᵉ série, t. 52, p. 576). Dans la séance du 16 février 1793, la Convention décréta « que tous ses membres qui auront des projets de Constitution à présenter seront autorisés à les faire imprimer aux frais de la République, » (*Archives parlem.* 1ʳᵉ série, t. 58, p. 625). Il résulte de ces décrets que de nombreux mémoires ou projets furent adressés au comité de Constitution soit par des conventionnels, soit par des particuliers.

Le rapport de Romme, qui vise plus spécialement la Déclaration des droits de l'homme, ne donne que peu d'indications sur ces mémoires ou projets. Nous avons recherché, pour les insérer comme annexes à la séance du 18 avril, ceux de ces documents qui ont été imprimés avant que Romme donnât lecture de son rapport. Quelques-uns sont datés. Quant aux autres, en plus grand nombre, nous avons eu recours, pour leur assigner une date, au procédé suivant.

Le *Journal des Débats et décrets,* à la fin du compte rendu des séances, donne une liste des documents publiés et mis en vente chez Baudouin, imprimeur de l'Assemblée. Nous avons parcouru ces listes avec soin depuis la réunion de la Convention et nous avons pu ainsi retrouver la date *approximative* de l'impression des projets sur la Constitution. Ceux de ces projets, antérieurs au 17 avril, sont insérés, aux annexes de la séance du même jour, dans l'ordre alphabétique des noms, en commençant par les projets des conventionnels et en terminant par ceux des particuliers, français ou étrangers. (*Voy.* ci-après, page 287, les Annexes 3 à 34.) Nous donnerons une deuxième série d'Annexes quand la Constitution sera votée.

---

(1) *Archives nationales,* Carton C₁₁ 252, chemise 436, pièce n° 31.

(2) P. V. tome 9, page 325.

(3) *Archives nationales,* Carton C₁₁ 252, chemise 436, pièce n° 33.

sur les mots qu'on emploie dans des questions qui intéressent tout le monde, puisque le sort de la liberté publique y est attaché. On parle sans cesse de bases constitutionnelles, de principes préliminaires des droits différents de l'homme et de ses devoirs; on parle peu de définition, et c'est cependant par là qu'il faut commencer pour mettre plus de précision, plus de rapidité et plus d'ensemble dans une discussion qui doit jeter une nouvelle lumière sur l'existence sociale de l'homme, et dans laquelle une erreur, un mot équivoque peuvent entraîner des suites funestes.

Ce rapport offre trois parties. Dans la première, nous donnerons quelques définitions résultant de cette analyse. Dans la seconde un extrait des critiques de la Déclaration de 1789 et de celle de votre comité de Constitution. Dans la troisième une nouvelle Déclaration des droits de l'homme.

Première partie.

L'homme naît avec des besoins et des facultés, au milieu des riches productions de la nature, qui composent et embellissent son domaine. Tout ce qui est nécessaire à la vie est vivement désiré par l'homme, et forme la somme de ses besoins s'il en est privé, et la somme de ses richesses, s'il en est pourvu.

C'est pour se pourvoir de tous les moyens de subsistances et d'agréments, que ces facultés lui ont été données; on ne peut lui contester le droit de les employer à son bien-être. Il travaille : on ne peut lui contester le droit de disposer comme il lui plaît du fruit de son travail. Il fait partie d'une grande société, on ne peut lui contester le droit de concourir par sa volonté, à former la volonté générale, qui commande en souveraine; de réclamer pour sa personne et pour ses biens la protection publique, puisqu'il est lui-même une des sentinelles donnant son temps, sa force et sa vigilance pour la sûreté de la personne et des biens d'autrui.

Les droits de l'homme sont donc ses titres, à disposer des facultés qu'il a reçues de la nature et de tout ce qu'il acquiert par l'exercice de ces facultés, pour sa propre conservation et son bien-être. Ces droits sont sa propriété, pris dans le sens le plus étendu, et qu'on ne peut lui ôter sans injustice. Ces droits sont naturels ou sociaux.

Dans les droits naturels, l'homme est réduit à ses moyens individuels pour satisfaire ses besoins.

Les droits de l'homme sont donc ceux qu'il a reçus de la nature.

Les droits sociaux, considérés par rapport aux individus, sont ceux que chacun requiert sur autrui, en faisant pour autrui, ce qu'il ferait pour lui-même.

Considérés par rapport à la société, ils sont politiques ou civils.

Les droits politiques de l'homme, consistent à concourir, par sa volonté, à l'établissement de la meilleure manière de vivre en société, et à tous les actes de la volonté générale.

Les droits civils sont ceux que l'homme acquiert sur tous les avantages de la vie sociale, en faisant pour la société, ce qu'il ferait pour lui-même.

Les hommes composent une société, dès l'instant qu'ils conviennent entre eux d'exercer leurs facultés les uns pour les autres, de chercher, de mettre en commun de se garantir réciproquement tous les moyens de satisfaire leurs besoins, et de cette convention naît le pacte social, qui ne lie les hommes que parce qu'ils veulent se lier, et qu'ils ont consenti individuellement.

Le consentement est le premier exercice du droit politique. La réunion et l'exercice de tous les droits naturels, politiques et civils, constituent pour l'homme son existence sociale; comme ses facultés et ses besoins constituent son existence individuelle.

Les individus de tous les âges, de toutes les professions, liés par des intérêts communs, vivant sous la même loi, forment le corps social ou la cité; ceux qui sont parvenus à tout le développement de leurs facultés physiques, intellectuelles et morales, et qui prennent une part active dans les intérêts du corps social, composent le corps politique, et c'est là que doit résider effectivement la souveraineté, sans distinction d'état et de sexe.

Le peuple, c'est tous les individus du corps social; la nation, c'est tous les membres du corps politique; le peuple c'est la famille entière, c'est la patrie. La nation se compose de tous ceux qui peuvent servir la chose commune, par leurs bras, leur industrie, leur lumière, et par leur fortune; ce sont les pères, les mères de famille, ou ceux qui sont en âge de l'être : celui qui, au milieu de ses semblables n'exerce ses facultés que pour lui, ne fait point partie du corps social : ne faisant rien pour les autres, les autres ne lui doivent rien; cet amour exclusif de soi n'est point un crime, mais une maladresse et un mauvais calcul de ses propres intérêts; qui vit pour soi est seul contre tous; qui vit pour tous, a toute la société pour lui. L'état du premier est un état continuel de privations et de guerre; l'état du second est une tendance toujours active au bonheur le plus parfait, les hommes en le cherchant, se perfectionnent sans cesse, et ajoutent chaque jour à leur jouissance; respecter les droits d'autrui, en poursuivant les siens, c'est un devoir; exercer ses facultés pour le besoin d'autrui, c'est vertu.

Les vertus sont privées ou domestiques, si elles ne s'étendent pas au-delà des relations privées; elles sont sociales, si elles tendent à unir les hommes par un bonheur commun; elles sont publiques, si elles ont pour but la prospérité du corps social. L'esprit public se montre dans la sollicitude dont on est animé, dans les vœux qu'on forme dans l'activité qu'on met dans sa conduite, pour tout ce qui intéresse le corps social en entier. Les mœurs se composent des affections, des habitudes et de toutes les actions de la vie, liées par un même esprit; elles sont privées ou publiques, bonnes ou mauvaises, suivant qu'elles sont dirigées par un esprit particulier ou par un esprit public, suivant qu'elles se composent de vertus ou de vices : qui est sans règle dans sa conduite, est sans caractère et sans mœurs.

Proclamer les droits de l'homme, c'est proclamer ses titres, à la meilleure manière de jouir de la vie. Le pacte social est dans la volonté exprimée de vivre ensemble, pour défendre ensemble ses droits, sa garantie est dans les mœurs publiques, et ne peut être que là.

La constitution d'un corps social est le mode

convenu pour jouir de tous ses droits : c'est l'expression de la volonté générale; pour vivre socialement d'une manière déterminée, ce sont les conditions du pacte; c'est un contrat par lequel chacun s'engage envers tous, et tous envers chacun; la franchise, la loyauté, la bonne foi, l'amour de la patrie, en font toute la solidité.

La *Déclaration des droits de l'homme* doit être la lumière du philosophe moraliste, comme du philosophe législateur; l'un en déduira une bonne constitution éducative, l'autre une bonne constitution politique. L'une cherchera à étendre l'empire des mœurs, en les perfectionnant; l'autre en préparer et protéger le développement par de sages lois, auxquelles on n'arrivera que par degrés; car tel est le rapport de ces deux bases essentielles du corps social, que sans de bonnes mœurs, on ne peut avoir de bonnes lois, et qu'avec de bonnes mœurs les lois sont moins nécessaires; car les lois ne sont que les mœurs, armées de la force publique, pour contenir dans les principes de la justice et de la sagesse ceux qui s'en écarteraient.

Un bon système de législation est tout entier dans un bon système d'éducation. Que le législateur, en faisant de sages institutions pour les mœurs et les arts, dise ce que Fénelon disait à son élève : Je travaille chaque jour à me rendre inutile.

L'Assemblée constituante a défini la liberté dans la Déclaration des droits : elle consiste, dit-on, à pouvoir faire tout ce qui ne nuit pas à autrui. C'est une des limites nécessaires de la liberté qui convient à des autres droits de l'homme; mais ce n'est pas une définition.

Je cueille un fruit sur un arbre que j'ai planté, que j'ai soigné, qui m'appartient; sans doute, je fais un acte de liberté, mais j'exerce plus particulièrement un droit de propriété. Il faut donc distinguer l'un de l'autre.

La liberté consiste à exercer sans obstacle toutes ses facultés, par la seule impulsion de la volonté; la liberté est individuelle ou publique, physique ou morale, politique ou civile.

La liberté physique consiste à pouvoir se transporter, agir; pourvoir à tous les besoins physiques, en ne reconnaissant d'autres obstacles que ceux qui naissent de notre faiblesse ou de notre inexpérience, d'autres limites que celles que la nature ou l'intérêt public nous imposent.

Ne consulter que sa volonté dans la manifestation des opinions, dans le choix de son genre de vie, de ses professions, dans la part qu'on peut prendre au développement des mœurs et de l'esprit public, c'est user de la liberté morale. Exercer tous ses droits civils sans obstacle, sans combat et dans toute leur plénitude, c'est jouir de la liberté civile.

La liberté politique consiste à exercer, dans le corps social qu'on a adopté, tous les droits de membre de souverain. La liberté publique est celle d'une commune ou d'un corps social entier, considéré dans ses rapports avec l'intérêt de tous.

La liberté physique, morale et civile commence avec la vie et se perfectionne par le développement des facultés de l'individu.

La liberté politique ne commence qu'avec les droits politiques, à l'époque où l'individu est assez formé dans tout son être pour pouvoir coopérer à l'ordre social.

Les hommes ont entre eux deux sortes d'inégalités : l'une naturelle, c'est l'âge, la force, la perfection des sens, l'intelligence, la sensibilité; l'autre acquise, c'est la fortune, l'instruction, l'expérience et la considération publique.

Le but de l'union sociale est de rechercher à diminuer cette inégalité, ou de la rendre supportable. C'est par la réunion des forces que la société, plus puissante qu'aucun individu, peut les protéger tous. Le sort est fort pour la société, et ne peut rien contre elle. Le faible est fort par la société et n'a rien à redouter du fort. L'intelligence des uns sert à développer, guider, fortifier celle des autres, la sensibilité de ceux-ci, répand sur tous, par l'exemple et l'affection de l'intérêt, et inspire le goût des vertus sociales.

Le pauvre trouve le nécessaire dans le tribut que la société exige de l'opulent; toutes nos institutions doivent tendre à procurer à tous au moins le nécessaire, et ce n'est qu'alors, que le superflu pourra être toléré; l'expérience et l'instruction des uns, par la publicité de toutes nos actions, par les institutions publiques deviennent une source commune où chacun peut puiser.

La considération publique est le stimulant par lequel la société combat l'inertie de quelques individus pour les porter à s'élever au niveau de leurs semblables; c'est pour elle que les hommes s'élancent vers le danger qui menace la patrie, qu'ils se livrent avec ardeur à tous les exercices qui peuvent perfectionner leurs moyens de se rendre utiles, qu'ils déploient de grandes vertus sociales : par elle les bons deviennent meilleurs, les insouciants prennent du caractère, mais le pauvre comme le riche, l'ignorant comme le savant, l'enfant comme l'homme fait, ont tous les droits égaux à la protection publique et à tous les avantages de l'association, ils ont tous l'égalité sociale, les vertus, la fraternité les conduit à l'égalité morale. Ceux qui ont atteint l'âge de maturité ont tous l'égalité politique.

Dans une société bien organisée, l'inégalité sans cesse combattue, entretient entre les hommes un échange continuel de services qui multiplie leurs relations et leurs jouissances.

La loi devant laquelle tout le monde doit se soumettre, ne doit être qu'un moyen de garantie de nos droits, reconnu par la volonté générale qui lui a imprimé son autorité souveraine, et c'est pour être toujours fidèle à cette définition, que je propose que toutes les lois portent pour épigraphe, un ou plusieurs articles de la Déclaration des droits relatifs à la loi; ce serait unir le devoir au droit, et on se soumettrait d'autant plus au premier qu'on y verrait la garantie des secours.

Seconde partie.

La Déclaration des droits de 1789 est critiquée dans plusieurs mémoires : dans d'autres on a adopté quelques articles; elle présente, dans presque tout une sorte de capitulation avec les préjugés. On voit qu'elle a été faite en présence de l'ennemi et que les patriotes n'ont pas toujours été en force, elle est sans clarté, sans cohérence, sans méthode; on y remarque des omissions et quelques erreurs. Les devoirs y sont confondus avec les droits, les principes avec les conséquences, les définitions y sont inexactes; il a paru alors des projets sagement conçus, écrits avec clarté et précision, mais on a su les éloigner pour donner la préférence au plus insignifiant, au plus nul que la discussion a fait disparaître. Celle qui est sortie de l'Assemblée constituante, après une lutte de deux mois, a été regardée pendant quelque temps, comme une conquête précieuse pour la liberté. Quoi que la liberté y fut mal définie, l'égalité et la souveraineté du peuple faiblement et obscurément énoncées.

Dans le cinquième article, on restreint la loi à ne défendre que les actions nuisibles à la société : le vol, l'assassinat; les crimes individuels ne trouveraient donc pas de répression dans la loi; la vie, la propriété, la réputation des individus, des étrangers qui voyageraient sur notre territoire, seraient sans appui, sans défense; et dire dans le même article, que ce qui n'est pas défendu par la loi, ne peut être empêché, ce serait permettre le crime et en faire un droit; voilà les conséquences funestes qui résultent de la mauvaise rédaction de l'article .

La liberté religieuse est exprimée dans le dixième article, moins comme un droit que comme la cessation d'une persécution; et cependant il n'y a que la liberté religieuse bien prononcée et puissamment protégée, qui puisse faire cesser les projets liberticides des intolérants.

Dans le douzième article, on met la garantie des droits dans la force publique; elle existera bien plus sûrement dans les mœurs publiques et dans la surveillance générale.

Dans le treizième, on a méconnu la vraie base de l'imposition.

Dans le dix-septième, on parle de la propriété, sans la définir; on n'a vu de propriétés que dans les terres, tandis que tout homme qui travaille, est vraiment propriétaire.

Le projet de comité de Constitution a été l'objet de plusieurs critiques : on le met, pour l'ensemble, au-dessus de la Déclaration de 1789, sur laquelle plusieurs articles ont été copiés avec quelques amendements.

Le premier article offre une énumération incomplète et inutile; car la déclaration elle-même n'est qu'une énumération présentant le tableau raccourci des rapports naturels et sociaux des hommes.

Dans l'article 2, on définit la liberté comme dans la Déclaration de 1789 : la conséquence qu'on en tire, est déplacée.

Dans le troisième, on dit que la conservation de la liberté est dans la soumission aux lois. Définissez la loi; prenez des mesures pour qu'elle soit toujours une garantie suffisante de nos droits, et alors la rédaction présentera une vérité incontestable, la soumission n'aura plus besoin d'être ordonnée; on cherchera l'égide de la loi, comme on cherche un abri dans un temps d'orage, et cet article ne conviendra pas seulement à la liberté, mais à tous les droits. C'est une garantie qui vaut beaucoup mieux que celle de la force publique, lorsque la loi est bonne.

Il est un supplément à la loi dont on ne parle pas dans cet article, et qui dans un Etat libre, doit être plus puissant que la loi même; c'est la morale publique, la conscience sociale, l'opinion publique éclairée et non égarée : c'est cette conséquence qui donne de la force aux bonnes lois et qui fait tomber les mauvaises en désuétude, qu'offre à nos droits, comme au salut public, la meilleure garantie par son active surveillance.

Le sixième article autorise tous les cultes sans distinction. Il en est cependant qui sont contraires aux droits de l'homme, et qui condamnent tout ce qui ne leur est pas soumis.

Dans le dix-huitième, on parle des capitaux, comme propriété. Eh! pourquoi ne parle-t-on pas du salaire de l'ouvrier? Ses bras sont ses capitaux, si on le comprend dans le mot général de revenu ou dans celui de propriété : pourquoi n'y comprend-on pas aussi les capitaux? Ce mot rappelle toujours un genre d'industrie qui déshonore l'ordre social.

L'article vingt-huitième renferme la possibilité d'une délégation de la souveraineté à un seul homme, et d'une délégation faite par la loi; c'est-à-dire, par la volonté générale ou par les assemblées primaires ou par les représentants du peuple; si par la suite on relâchait sur la ratification des lois par le peuple, il dépendrait alors d'une poignée d'hommes, amis de la royauté, de la rétablir parmi nous; il dépendrait d'une poignée d'hommes, amis des privilèges, de rétablir la noblesse, et nous donner le gouvernement de Venise.

L'article 32 propose d'organiser légalement. Sans doute, tout citoyen a le droit de demander la révocation d'une loi oppressive; mais si la loi contre laquelle il veut réclamer détruit la liberté de la presse, le droit de pétition, celui de se rassembler paisiblement, droits sacrés qui sont la sauvegarde de notre existence sociale, que lui resterait-il à faire? Le mal étant dans la loi, il serait dans l'Assemblée qui l'aurait faite. Le remède, dans ce cas extrême et critique, doit être dans la volonté immédiate du peuple.

L'insurrection est alors un droit sacré, imprescriptible et supérieur à la loi, et ce droit dans son exercice ne connaît d'autre régulateur que les vertus mêmes des opprimés, et leur dévouement généreux et sublime à la conservation de la liberté publique. C'est par l'insurrection que nous avons rompu nos chaînes en 1789; c'est encore par elle que la tyrannie a été renversée en 1792.

En reconnaissance, et pour donner une leçon aux nations et aux générations futures, une statue devrait être élevée à l'insurrection, et placée comme une sentinelle auprès de la statue de la liberté, afin de rappeler sans cesse au peuple ses droits, et aux ambitieux le châtiment qui attend les usurpateurs.

L'attroupement qui prendrait le caractère de la révolte, doit être prévenu, dissipé, puni par la loi; mais devant l'insurrection la loi se tait.

TROISIÈME PARTIE (1)

SOMMAIRE DE LA DÉCLARATION DES DROITS

SECTION PREMIÈRE.

Droits de l'homme en société.

Ces droits sont : La conservation de la vie, la propriété, la liberté, l'égalité en droits.

SECTION II.

Droits politiques ou souverains.

Ces droits sont : Indépendance, part dans la souveraineté, délégation, élection, éligibilité, ratification, surveillance, révocation, pétition, résistance à l'oppression, liberté politique, égalité en droits.

SECTION III.

Droits civils ou sociaux.

Ces droits sont : Instruction, secours, justice, sûreté ou garantie, liberté civile, égalité en droits.

SECTION IV.

Droits des nations.

Ces droits sont : Souveraineté, indépendance, propriété, résistance à l'oppression, liberté, égalité en droits.

Déclaration des droits de l'homme en société, des droits de la société sur ses membres, et de ceux des nations entre elles.

Les hommes, en se réunissant en société, mettent en commun tous leurs droits naturels, afin de lutter d'un commun effort et avec succès contre les obstacles de tout genre qui s'opposent à leur bien-être.
Les droits sociaux sont la part qui revient à chacun dans la mise commune.
Ces droits sont dans l'essence de l'homme, et immuables comme elle; les nations qui veulent être libres et heureuses doivent les connaître tous, et en faire la base de leur organisation sociale.
Souveraines, elles peuvent se donner des lois, les changer ou les modifier à leur gré; mais la justice éternelle, plus souveraine encore, leur commande de proclamer les droits de l'homme et de les respecter tous.

PREMIÈRE SECTION.

Droits naturels de l'homme en société.

Ces droits sont : *la conservation de la vie, la propriété, la liberté, l'égalité en droits.*

Art. 1er.

Les hommes, en recevant la vie, reçoivent tous un droit égal à la conserver.

(1) Bibliothèque nationale : Le³⁸, n° 2274.

Art. 2.

La liberté commence avec la vie et ne peut finir qu'avec elle. Tous les hommes ont un droit égal à la liberté, quels que soient leur âge, leur sexe et leur couleur.

Art. 3.

Dans tous les temps et dans tous les lieux, tous les hommes sont libres d'exercer leurs facultés physiques, intellectuelles et morales, comme ils le jugent bon et utile pour eux-mêmes.

Art. 4.

Tout ce que l'homme recueille de son travail forme sa propriété, dont il a la libre disposition pendant toute sa vie, et dont la jouissance ne peut lui être ôtée sans son consentement exprès et volontaire.

Art. 5.

Les individus des deux sexes ont le droit de consentir entre eux ou de rompre à leur gré leur union conjugale.

Art. 6.

Les enfants d'une même famille, quels que soient leur nombre, leur âge et leur sexe, ont tous un droit égal à réclamer de leur père, de leur mère, les secours nécessaires à leurs besoins physiques et moraux, jusqu'à ce qu'ils soient en état de se suffire à eux-mêmes.

Art. 7.

Tout homme est libre d'aller, de venir, de se transporter quand et partout où bon lui semble.

Art. 8.

Chacun a le droit de parler ou de se taire, de communiquer, de transmettre ses pensées, ses opinions, quand et comme il veut.

Art. 9.

Les hommes ont tous un droit égal à s'armer pour leur propre défense, et à repousser la force par la force.

SECTION II

Droits politiques ou souverains.

Ces droits sont : *indépendance, part dans la souveraineté, délégation, élection, éligibilité, ratification, surveillance, révocation, pétition, résistance à l'oppression, liberté politique, égalité en droits.*

Art. 1er.

Tout homme, de l'un et de l'autre sexe, dès qu'il est parvenu à l'âge de la maturité, a droit de consentir sa réunion au corps social, et alors il est citoyen; il a également le droit de s'en retirer quand il lui plaît, toute famille a ce double droit.

Art. 2.

Tout citoyen, de l'un et de l'autre sexe, a une volonté libre et indépendante de la volonté générale, en tout ce qui ne touche ni à l'intérêt d'autrui, ni à l'intérêt public.

Art. 3.

Toute famille a une volonté libre et indépendante de la volonté générale dans l'asile sacré qu'elle s'est choisi, et ne peut y être troublée même par un acte de l'autorité publique, à moins qu'il ne fût commandé impérieusement par le salut public.

Art. 4.

Les habitants d'une même commune ont une volonté indépendante de la volonté générale, en tout ce qui ne regarde ni une autre commune, ni le corps social.

Art. 5.

La nation seule est souveraine; la souveraineté est une, indivisible, indéléguable, et ne peut être liée dans son exercice en aucun temps, ni par aucune puissance.

Art. 6.

Il ne peut exister dans le corps fiscal aucune autorité publique qui n'émane de la nation, qui ne soit créée par la volonté libre, qui n'agisse en son nom et pour elle.

Art. 7.

La nation a en tout temps le droit de s'assembler, d'exercer sa souveraineté, de changer ou de modifier son gouvernement, quand et comme il lui plaît.

Art. 8.

Elle peut déléguer le pouvoir de préparer une Constitution et des lois; mais elle se réserve le droit de les sanctionner, afin de leur imprimer l'autorité de la volonté générale.

Art. 9.

Elle a le droit d'élire ses représentants et tous les agents du gouvernement, ou de ratifier les élections faites par les diverses sections qui la composent.

Art. 10.

Tous les citoyens sont membres du souverain; ils ont tous un droit égal à concourir par eux-mêmes, ou par des délégués de leur choix, à la confection des lois et à tous les actes publics.

Ils ont également le droit de concourir, dans leurs fonctions respectives, à toutes les élections.

Art. 11.

Le droit de révoquer les représentants du peuple, et tous les délégués du corps fiscal, est de même nature que celui de les élire; et peut être exercé de la même manière.

Art. 12.

Tous les citoyens sont admissibles aux différentes fonctions publiques, sans autre distinction que celle des vertus et des talents.

Art. 13.

Ils ont le droit d'être instruits par la voie de l'impression, des lectures ou des conférences publiques, par la communication des dépôts publics, et par la publicité des séances des autorités constituées, de tout ce qui se fait au nom du peuple.

Art. 14.

Ils ont le droit de s'assembler et de surveiller l'exécution des lois, les autorités constituées et les fonctionnaires publics, en tout ce qui concerne l'intérêt général.

Art. 15.

Le droit sacré d'adresse et de pétition, qui consiste à pouvoir présenter aux autorités constituées des réclamations, des demandes, des renseignements, des vues utiles, appartient à tout citoyen, et ne peut être en aucun cas limité.

Art. 16.

La liberté absolue de la presse est le droit de tous les hommes; il ne peut être interdit, suspendu ou limité sans blesser la souveraineté nationale, et compromettre tous les droits.

Art. 17.

Tout citoyen a droit de dénoncer, et la nation a droit de rompre et d'empêcher l'exécution de tout engagement, vœu, serment, contrat, par lequel l'individu de l'un ou de l'autre sexe serait mis en état de servitude personnelle pour un temps ou pour la vie.

Art. 18.

Tous les citoyens ont le droit de s'élever, par tous les moyens qui sont en leur pouvoir, contre celui ou ceux qui viendraient à usurper la puissance du peuple.

Art. 19.

L'insurrection lorsqu'elle est provoquée par le sentiment profond et général d'une oppression portée à son comble, par l'impuissance ou le mépris des réclamations paisibles, faites contre une loi tyrannique ou contre des actes arbitraires, est un droit religieux et sacré qui émane de la souveraineté du peuple, à qui seul il appartient de conserver sa liberté, lorsqu'elle est violée par des autorités rebelles.

SECTION III.

Droits civils ou sociaux.

Ces droits sont : *la liberté civile, l'instruction, les secours, la justice, la garantie ou la sûreté, la liberté civile, l'égalité en droits.*

Art. 1er.

Tous les membres du corps fiscal, quels que soient leur âge, leur sexe et leur profession; toutes les familles, quelles que soient leur étendue et leur fortune; toutes les communes, quelles que soient leur position et leur population, sont respectivement égaux devant la loi, soit qu'elle protège ou qu'elle réprime, soit qu'elle récompense ou qu'elle punisse.

Art. 2.

Tous ceux qui vivent sous une même loi, ont un droit égal à en attendre sûreté pour leur personne et pour leurs biens, instruction et encouragement pour le développement de leurs facultés personnelles, secours ou travail dans leurs besoins, justice dans leurs démêlés et garantie de tous leurs droits.

Art. 3.

La société a droit d'exiger que chacun de ses membres se livre à une profession utile.

Art. 4.

Elle a le droit d'exiger que chaque citoyen contribue, de sa force, de ses lumières, de son industrie, de sa fortune, de sa vigilance, à la défense commune, à la conservation et au respect de la propriété nationale, à la prospérité générale, aux dépenses publiques, à la garantie de tous les droits.

Art. 5.

Lorsque le bien public l'exige, la société peut disposer d'une propriété particulière, sous la condition d'une indemnité raisonnable.

Art. 6.

La société a le droit de veiller à ce que les enfants d'une famille ne soient pas dépouillés du nécessaire par l'inconduite ou la dissipation de leurs parents.

Art. 7.

Elle a droit de prendre sous sa sauvegarde les pères, les mères de famille qui seront outragés ou abandonnés dans leurs infirmités par des enfants ingrats.

Art. 8.

La loi n'a d'action que du moment qu'elle est promulguée. Chacun a le droit de s'opposer à toute application de la loi à des temps antérieurs à la promulgation.

Art. 9.

Tout citoyen a le droit de réclamer contre une loi qui serait une exception contraire à l'utilité publique, en faveur d'un ou de plusieurs individus, comme il a celui de s'opposer à son exécution.

Art. 10.

Tout citoyen a le droit de réclamer contre tout appel en justice, accusation ou déten-tion qui ne seraient pas conformes à la loi; il a le droit d'appeler toute la sévérité de la justice sur ceux qui auraient sollicité, expédié, signé et exécuté des ordres arbitraires.

Art. 11.

L'homme détenu pour quelque cause que ce soit a droit d'être traité avec les égards dus à l'innocence, jusqu'à l'instant de l'application de la peine que la loi a prononcée.

Art. 12.

Tout homme est libre dans l'exercice de son culte, à moins qu'il ne soit contraire aux droits de l'homme et du gouvernement : dans ce cas, la société a droit de le défendre.

Art. 13.

Le corps fiscal a droit d'exiger de tous ses membres que l'exercice de tous leurs droits naturels, politiques et civils s'arrête où il y aurait lésion pour autrui ou pour l'intérêt public.

Art. 14.

La nation peut en tout temps reconnaître et proclamer un droit qui n'aurait pas encore été reconnu.

SECTION IV.

Droits des nations.

Ces droits sont : *la souveraineté, l'indépendance, la propriété, la résistance à l'oppression, la liberté, l'égalité en droits.*

Art. 1er.

Les nations sont essentiellement libres, indépendantes et égales entre elles.

Art. 2.

Elles ont le droit par elles-mêmes, ou par les représentants qu'elles se sont choisis, de former alliance, de se réunir par un consentement mutuel et libre, ou d'établir entre elles telles relations qui leur plaît.

Art. 3.

L'exercice des droits souverains d'une nation ne reconnaît de bornes que celles qui assurent aux autres nations l'exercice des mêmes droits.

Art. 4.

Toute atteinte portée aux droits des nations, est une violation de leur souveraineté, contre laquelle toutes ont droit de s'élever.

Un grand nombre de membres : L'impression, l'impression !

(La Convention décrète l'impression.)

Philippeaux. Je demande l'envoi aux départements, cela jettera de grandes lumières dans les cœurs.

Plusieurs membres : Non, non, l'ordre du jour!

(La Convention passe à l'ordre du jour sur la proposition de Philippeaux.)

Plusieurs membres demandent la parole.

Cambon (1). Permettez-moi auparavant de porter à la connaissance de l'Assemblée les nouvelles importantes qui viennent d'être communiquées à votre comité de Salut public. Il paraît que les troupes sont organisées, qu'elles ont perdu cette terreur panique qui les avait saisies lors de la retraite; voici la lettre du général Lamarlière, datée du quartier général de Lille, le 15 avril dernier :

« Je reçois dans l'instant, citoyens représentants, la bonne nouvelle de l'arrivée de nos troupes de Bréda, de Gertruydemberg. La colonne doit être aujourd'hui à Oudenarde et j'espère que nous les aurons après demain. Je vais envoyer adroitement des lettres à plusieurs braves et fidèles serviteurs qui ont été trompés par le scélérat Dumouriez et Thouvenot et qui sont dévorés de désespoir. Nos avant-postes reprennent leur confiance et leur fermeté. » *(Applaudissements.)*

Le restant de la lettre ne contient que des détails sur les projets militaires à exécuter, qu'il est bon de tenir secrets.

Quant au post-scriptum, il est ainsi conçu : « On assure que le traître Dumouriez est passé en Suisse; nos ennemis ne dissimulent pas qu'ils le méprisent. » *(Nouveaux applaudissements.)*

Maure (2). J'ai remis à la citoyenne Camus la lettre de son mari, apportée, comme je vous l'ai dit, avec les autres lettres de ses collègues par un trompette autrichien. Elle a été ouverte en ma présence et est datée de Mons le 3 avril. « Je vous ai écrit de Tournay il y a trois jours, dit le citoyen Camus à son épouse; ma santé est toujours la même, c'est-à-dire bonne. Je vis avec mes collègues. Nous avons du papier, des plumes et de l'encre. Nous sommes assez bien. Ecrivez-moi à Maëstricht où j'irai à petites journées et mettez tout simplement la suscription : à M. Camus, à Maëstricht ».

Il paraît qu'on ne leur permet pas de prendre le tire de membres de la Convention nationale.

Garran-Coulon (3). Je demande à la Convention la permission de lui donner également lecture *d'une lettre du citoyen Bancal, datée de Bruxelles, le samedi, 6 avril 1793;* elle est ainsi conçue :

« Je n'ai pu, mon cher ami, dans les premiers moments, écrire un mot à mon frère pour toute ma famille. Il m'est permis de vous dire que je me porte bien et que je voudrais savoir de vos nouvelles ainsi que de votre famille et de nos amis. Nous avons été presque toujours en route depuis notre départ. Je n'ai jamais vu et ne verrai toujours que ma patrie. Ménagez votre santé, soyez tranquille, j'ai autant de confiance dans votre courage que dans le mien ; j'éprouve dans ce moment toute la réalité, toute la douceur des principes et des sentiments que nous nous sommes communiqués autrefois dans la solitude. »

La discussion sur le projet de Constitution est reprise.

Harmand (1). Je ne sais s'il est réservé à à la Convention nationale de France de découvrir enfin le secret du mécanisme social, ce secret échappé aux recherches de tant de siècles et de tant de générations qui nous ont précédés. Ce que je sais, c'est que désormais les droits de l'homme ne peuvent plus et ne doivent plus être réduits à tenir lieu d'une préface inutile et fastueuse à la tête de notre nouvelle Constitution. Ce que je sais encore, c'est que le mot *République* est devenu pour le peuple français une expression magique, d'autant plus intéressante à définir, qu'il fonde l'espérance de son bonheur sur cette forme de gouvernement; et que, si la Convention nationale ne réalise pas cette espérance, elle encourra, avec justice, et son mépris et sa réprobation; car ce n'est pas assez d'avoir fait cesser le fléau de la royauté, et d'avoir proposé un gouvernement républicain, il faut atteindre ce gouvernement, et en le tirant des décombres qui nous environnent, et des préjugés qui obstruent nos idées, le présenter au peuple, de telle sorte que le sacrifice qu'il doit faire d'une portion des droits de la nature, ne soit que le prix de la garantie de ceux qui lui resteront, et qu'il ne puisse raisonnablement former aucun regret sur ce sacrifice.

Le plan de Constitution présenté à la Convention nationale des 15 et 16 février dernier, a-t-il atteint ce but ? En général, je crois que, dans ce plan, on s'est plus occupé des formes que du fond ou des principes de l'ordre social; voilà mon jugement. Je puis me tromper; mais, comme je veux moins critiquer qu'observer, et que je cherche de bonne foi la vérité, sans vouloir offenser personne, je demande pour moi-même beaucoup d'indulgence.

Il me semble que les auteurs du plan de Constitution ont commis une grande faute, ou au moins une très grande omission, en ne donnant aucune définition du gouvernement républicain : il y a, sur cela, des idées reçues, des exemples et des préjugés qu'il n'était pas inutile de combattre et de détruire. Il a été bien facile de dire que l'étendue de la République ne permettait de proposer qu'une constitution représentative : j'en suis bien persuadé ; mais j'ai désiré d'en trouver la démonstration, et je ne l'ai pas trouvée.

Rien n'est si nécessaire et en même temps si difficile qu'une bonne définition ; et qui pouvait mieux que les membres du comité de constitution, nous en donner de bonnes ? Cependant ils n'en ont rien fait.

Qu'est-ce qu'une République ? Ce n'est pas moi qui ferai cette définition ; mais je la trouve dans tous les publicistes, et littéralement dans Montesquieu :

« Le gouvernement républicain est celui où

---

(1) *Mercure universel*, tome 26, page 283, et *Journal des Débats et des décrets*, n° 212, page 298.

(2) *Bulletin de la Convention* du 17 avril 1973.

(3) *Journal des Débats et décrets*, n° 212, page 295.

(1) Bibliothèque nationale : 24 pages in-8°, Le³³, n° 2146. Le *Journal des Débats et décrets*, n° 212, page 293, est le seul qui fasse allusion à ce discours d'Harmand.

« le peuple en corps, ou seulement une partie
« du peuple a la souveraine puissance. »

Si les progrès rapides de la raison n'avaient
pas réduit, depuis plusieurs années, à sa juste
valeur, la célébrité de Montesquieu, cette définition du gouvernement républicain prouverait combien il avait les idées peu justes sur
le premier principe du droit public, la *Souveraineté du peuple*. Il semble, par cette définition, qu'une stipulation antérieure soit nécessaire pour que le peuple ait la souveraine
puissance ; tandis au contraire que cette stipulation n'a été nécessaire que pour déterminer si le peuple exercerait lui-même sa souveraine puissance, ou s'il la ferait exercer, et
comment.

La définition eût donc été plus juste, selon
moi, en disant : « Le gouvernement républi-
« cain est celui où le peuple en corps, ou seu-
« lement une partie du peuple *exerce* la sou-
« veraine puissance au nom du même peuple. »

Certes, dire que le peuple a la souveraine
puissance, ce n'est pas définir son gouvernement ; car le gouvernement consiste dans le
mode d'exercer la souveraine puissance ; c'est
seulement reconnaître ses droits.

Mais telles sont les circonstances dans lesquelles se trouve la nation française, et telles
sont les heureuses dispositions de l'esprit public, que ni l'une ni l'autre partie de cette définition n'est applicable au gouvernement
qu'elle désire, et qu'elle doit se donner.

Il ne faut point de démonstration pour sentir que, dans un territoire aussi étendu et
aussi peuplé que celui de la France, il est impossible que le peuple en corps exerce immédiatement la souveraine puissance. Ainsi, à
cet égard, la définition se réduit à un droit
spéculatif dont l'exercice a épuisé le génie de
tous les législateurs, même chez les peuples
moins nombreux, et d'un territoire moins
étendu.

Il n'est pas plus difficile de concevoir et de
sentir que la seconde partie de la définition
de Montesquieu ne convient nullement à un
peuple qui veut être libre, et qui ne hait pas
moins le gouvernement aristocratique que le
monarchique ; car partout où la souveraine
puissance appartient à une partie du peuple,
c'est la véritable aristocratie ; et partout où
est l'aristocratie, il n'y a ni liberté ni égalité.

Le même danger n'existe pas en entier, lorsqu'une partie du peuple *exerce* seulement la
souveraine puissance, parce que, dans ce cas,
l'exercice de cette souveraine puissance n'en
donne pas la propriété : il suppose seulement
un acte commissoire pour l'exercer au nom du
commettant qui est le peuple ; mais que de
dangers encore pour la liberté et l'égalité dans
cet exercice ! Et comment les éviter ? Voilà
la glorieuse, mais très pénible tâche imposée
à la Convention nationale.

Le comité de Constitution a cru, avec raison, que le seul moyen de soustraire le peuple
à ces dangers, c'était de lui donner ou plutôt
de lui proposer une constitution représentative ; mais qu'est-ce qu'une constitution représentative ? Et pourquoi faut-il parcourir
tous les articles du plan proposé de cette constitution, pour en avoir l'idée que les auteurs
ont voulu lui donner ?

Je conçois la difficulté de **cette définition**,

parce que les représentants constitués pouvant
être héréditaires, ou à vie, ou temporaires, il
est très difficile, pour ne pas dire impossible,
de préciser cette définition, sans faire les distinctions dont je viens de parler.

La carrière est neuve pour la Convention
nationale ; et, si l'expérience des siècles et des
peuples contemporains peut lui fournir
l'exemple des abus et des dangers à éviter, elle
ne lui fournira nullement celui qu'elle devra
suivre ; mais il faut aussi que le peuple français et la Convention nationale sachent qu'en
morale comme en physique, chaque génération a ses bornes marquées, et que, vouloir
établir le meilleur gouvernement possible, c'est
chercher la pierre philosophale. Il faut qu'ils
sachent que, prétendre détruire ou prévenir
tous les abus en morale, ne serait pas moins
empirique que prétendre détruire ou empêcher tous les maux physiques. Il faut qu'ils
sachent que la morale a ses alchimistes comme
la physique ; que ses secrets, comme ceux de
la physique, sont les secrets de la nature, et
que le monde moral, ainsi que le monde physique, a ses inégalités, ses volcans, ses éruptions et ses débordements : l'un et l'autre ont
leur révolution ; mais l'Ethna ne charge pas
toujours l'atmosphère de ses vapeurs sulfu-
reuses, ni la terre de ses laves brûlantes. Il
est permis quelquefois de se reposer aux pieds
du Vésuve, et de suivre les bords du Nil. Ne
prétendons donc point atteindre à cette perfection que l'on peut désirer, mais dont la
recherche ne peut être enlevée à aucune génération. Étudions les secrets de la nature, et
imitons-la dans la sagesse de ses mouvements ;
mais ne les précipitons pas, ne les forçons pas.
Qu'un calme heureux succède à la tempête
qui nous bat et nous tourmente depuis quatre
ans ; qu'une confiance prudente étouffe le feu
de la discorde, afin que les maux que nous
avons soufferts et que notre exemple ne soient
pas perdus pour nos descendants.

Je vais dire, aussi succinctement que je le
pourrai, quelle doit être, selon moi, la base
de tout gouvernement, pour le rendre durable,
et pour écarter, autant que la prudence humaine peut le faire, les éruptions morales toujours funestes aux générations.

Mon opinion me fera bien des ennemis ;
j'aurai bien des contradicteurs, mais j'aurai
satisfait à ma conscience et à la mission que
j'ai reçue du peuple ; et il est temps de dire la
vérité.

Les hommes qui voudront être vrais, avoue-
ront avec moi, qu'après avoir obtenu l'égalité
politique de droit, le désir le plus naturel et
le plus actif, c'est celui de l'égalité de fait.
Je dis plus, je dis que, sans le désir ou l'espoir de cette égalité de fait, l'égalité de droit
ne serait qu'une illusion cruelle, qui, au lieu
des jouissances qu'elle a promises, ne ferait
éprouver que le supplice de Tentale à la portion la plus nombreuse et la plus utile des citoyens. J'ajouterai que les primitives institutions sociales ne peuvent même avoir eu
d'autre objet que d'établir l'égalité de fait
entre les hommes ; et je dirai encore qu'il ne
peut pas exciter, en morale, un contradiction plus absurde et plus dangereuse que l'égalité de droit sans l'égalité de fait ; car, si j'ai
le droit, la privation du fait est **une injustice**.

Loin de nous, loin de **moi** toutes ces distinctions métaphysiques, ces productions séductrices et fallacieuses de la vanité et l'égoïsme. Il est une vérité éternelle, à laquelle il faut enfin que tous rendent volontairement l'hommage qui lui est dû, si l'on veut prévenir l'hommage forcé qu'on voudrait peut-être lui rendre trop tard : c'est que l'égalité de droit est un don de la nature, et non un bienfait de la société; voilà les droits de l'homme : mais ces droits ayant été méconnus, et l'égalité de droit n'ayant souvent pu procurer aux hommes faibles l'égalité de fait, sans laquelle la première ne pourrait rien être pour eux, ils se sont réunis pour s'assurer mutuellement et par le fait de la jouissance de l'égalité de droit; voilà les droits du citoyen.

Je dois ici faire une déclaration importante : je déclare que quelle que soit la rigueur de mes principes sur l'égalité, je ne prétends pas au renouvellement de l'ordre social ni au nivellement convulsif des propriétés; un tel projet ou une telle entreprise ne peuvent être conçus sans frémir sur les ravages et les catastrophes, qui en seraient la suite, et la pensée ne peut pas s'y reposer : mais je désire que les lois sages, établies sur ces principes, soient les tutrices bienfaisantes de l'enfance de l'égalité et de la liberté; je désire que par des instructions salutaires et progressives, ces deux divinités de la terre soient élevées insensiblement à la hauteur qu'elles doivent atteindre. Une agitation plus violente ou plus longue ne pourrait que leur être funeste; je sais qu'il n'en est pas d'un peuple vieilli dans les habitudes et dégradé par l'égoïsme et ses préjugés, comme d'un peuple vierge; pour former un peuple vierge il n'y a rien à détruire, mais pour ramener un peuple corrompu à sa véritable institution, tout est ruines, et il faut employer les plus sages précautions pour ne pas l'entraîner sous ces mêmes ruines.

Les droits de l'homme recouvrés par le citoyen Sieyès lui ont mérité l'immortalité; mais l'Assemblée constituante, en bornant ces droits à une égalité politique de droit, sans rien faire, ou pour ainsi dire rien, pour préparer autant que possible, l'égalité de fait a ressemblé à un juge qui ayant à juger un voleur encore saisi des effets volés, se contenterait de le condamner à la peine prononcée par la loi, sans prononcer la restitution; le droit du propriétaire serait bien consacré par la peine infligée au voleur, voilà le droit : mais ce droit serait illusoire sans la restitution, qui seule peut faire jouir le propriétaire de son droit; voilà le fait.

Dans la nuit des préjugés qui nous environnent, il est bien difficile de saisir l'homme dans son état naturel, et de dire quels furent ses véritables droits : ce que l'on peut hasarder à cet égard, c'est que ses besoins furent ses premières lois, et les satisfaire fut la mesure de ses droits; voilà toute la lumière que le flambeau et les recherches de la philosophie nous ont donnée, jusqu'à ce jour, sur l'état naturel et sur les droits de l'homme.

Mais il en est autrement dans l'état de société, quels qu'aient été et quels que soient encore les besoins de l'homme, telle a été jusqu'à nous, sa triste condition, qu'à été contraint d'en faire le pénible sacrifice à des lois absurdes et injustes; et c'est ce sacrifice, pour ainsi dire surnaturel, qui faisait regretter à l'immortel et trop sensible J.-J. Rousseau, l'état

primitif de l'homme, si tant est que cet état ne soit pas une chimère de sa brûlante imagination, et que les mauvaises institutions sociales ne lui aient pas donné l'être, par la comparaison que les hommes ont faite sans cesse de leur situation pénible avec celle dont ils entrevoyaient la possibilité, sans pouvoir la réaliser ni même la définir.

Quoi qu'il en soit, cette conception des hommes sur la possibilité d'une meilleure organisation sociale ne doit plus désormais se réduire en d'inutiles raisonnements et en des spéculations métaphysiques; deux mots, deux seuls mots ont fait cesser le charme et rompu le talisman, *liberté et égalité* : la voix de la nature s'est fait entendre, c'est elle qui a crié aux Français, *liberté, égalité;* c'est elle qui criera à tous les peuples de la terre, *liberté et égalité,* et tous les peuples de la terre seront égaux et libres.

J'ai déjà dit que si les hommes, dans l'état de nature, naissaient égaux en droit, ils ne naissaient point égaux dans le fait; car la force et l'instinct qu'ils tiennent aussi de la nature, établissent entre eux une très grande inégalité de fait, malgré l'égalité de droit : mais j'ai dit aussi que leur réunion et leurs institutions sociales ne pouvaient et ne devaient avoir d'autre objet que de maintenir par le fait cette égalité de droit, en garantissant le faible de l'oppression du plus fort, et en soumettant l'industrie des uns à l'utilité de tous.

Mais comment les institutions sociales peuvent-elles procurer à l'homme cette égalité de fait que la nature lui a refusée, sans attenter aux propriétés territoriales et industrielles? Comment y parvenir sans la loi agraire et sans le partage des fortunes? Le secret est fort simple; c'est en prévenant les abus de la propriété et de l'industrie, c'est en empêchant que les propriétaires ne trafiquent la subsistance du pauvre : tout dépend de là, et plus le secret est simple, plus il est vrai.

Il faut maintenir, sans doute, le respect des propriétés; mais l'erreur la plus funeste et la plus cruelle dans laquelle l'Assemblée constituante, l'Assemblée législative et la Convention nationale sont tombées, en marchant servilement sur les pas des législateurs qui les ont précédées, c'est en décrétant le respect, et le maintien des propriétés, de ne pas avoir marqué les limites de ce droit, et d'avoir abandonné le peuple aux spéculations avides du riche insensible.

Ne cherchons point si, dans la loi de nature, il peut y avoir des propriétaires, et si tous les hommes n'ont point un droit égal à la terre et à ses productions; il n'y a point de doute, et il ne peut y en avoir entre nous sur cette vérité. Mais ce qu'il importe de savoir et de bien déterminer, c'est que, si, dans l'état de société, l'utilité de tous a admis le droit de propriété, elle a dû aussi limiter l'usage de ce droit, et ne pas le laisser à l'arbitraire du propriétaire; car, en admettant ce droit sans précaution, l'homme qui, par sa faiblesse, dans l'état de nature, était exposé à l'oppression du plus fort, n'aura fait que changer de malheur par le lien social. Ce qui était faiblesse dans le premier état, est devenu pauvreté dans le second : dans l'un, il était la victime du plus fort; dans l'autre, il est celle du riche et de l'intrigant; et la société, loin d'être un bienfait pour lui, l'aura au contraire privé de ses droits naturels, avec d'autant plus d'injustice et de barbarie, que, dans l'état de nature, il pouvait au moins disputer sa nourriture aux bêtes féroces, au lieu que les hommes, plus féroces qu'elles, lui ont interdit cette faculté par ce même lien social, en telle sorte qu'on ne sait ce qui doit étonner le plus, ou de l'imprudente insensibilité du riche, ou de la patience vertueuse du pauvre.

C'est pourtant sur cette patience que repose l'ordre social; c'est sur cette patience que le riche voluptueux repose tranquillement; c'est par l'effet de cette patience vertueuse et magnanime, que le pauvre, courbé, dès l'enfance, sur la terre, s'y repose, à la fin de ses jours, que pour ne plus la revoir, heureux de trouver, dans ce repos terrible, le terme de ses maux; et, pour prix de tant de vertus, nous l'abandonnerions encore à nos institutions barbares, nous oserions en perpétuer les vexations et les abus ! Non, citoyens; non, vertueux infortunés : la Convention nationale ne vous abandonnera pas; ce qu'elle pourra faire pour vous, n'aura de bornes que le maintien de l'organisation sociale et la justice éternelle.

Dans le plan de Constitution présenté à la Convention, et dans plusieurs autres qui ont paru depuis, on a bien reconnu le droit de subsistance qui appartient à chaque citoyen, en donnant son travail à la société. On a bien parlé de secours publics, et de l'obligation de la société à cet égard; mais on s'est abstenu de s'expliquer sur la nature et la forme de ces secours; et les mesures que la Convention nationale elle-même a déjà aussi inefficacement que prématurément adoptées à ce sujet, ne m'ont paru qu'un palliatif d'autant plus immoral et impolitique, que le mode de secours par elle décrété, devenant une charge du Trésor public, non seulement pèsera dans des proportions plus ou moins grandes sur l'infortuné, qui, par ce moyen, ne fera que recevoir d'une main ce qu'il aura donné de l'autre; mais encore il produira cet effet, que le riche n'aura satisfait, par son impôt, qu'aux charges communes, telles que l'entretien de la force publique, l'administration, etc., et qu'il n'aura rien fait pour le pauvre, dont la fastueuse égalité de droit ne servira qu'à lui faire sentir plus cruellement la privation de l'égalité de fait; car on a beau dire que le pauvre jouit, comme le riche d'une égalité commune aux yeux de la loi, ce n'est là qu'une séduction politique : ce n'est pas une égalité mentale qu'il faut à l'homme qui a faim ou qui a des besoins; il l'avait, cette égalité, dans l'état de nature. Je le répète, parce que ce n'est pas la un don de la société, et parce que, pour borner là les Droits de l'homme, il valait autant, et mieux pour lui, rester dans l'état de nature, cherchant et disputant sa subsistance dans les forêts ou sur le bord des mers et des rivières.

Depuis le mode de secours publics adopté par la Convention, Danton a proposé et fait décréter une mesure plus efficace, et que l'on peut regarder comme le premier pas vers l'égalité de fait : c'est en faisant ordonner que ce qui excéderait ce prix, serait supporté et payé par le riche; mais indépendamment des doubles opérations et de la complication de cette mesure, j'y trouve un inconvénient très grave, et qui produirait des réclamations infinies, par l'arbitraire inévitable, quelques précautions que l'on prenne, dans la répartition de l'excédent du prix auquel le pain serait vendu au pauvre.

Cette mesure produira encore une autre difficulté aussi grande, et une opération, pour ainsi dire, impraticable. A quel titre, par exemple, reconnaîtra-t-on le pauvre ? quelle sera la ligne de démarcation pour reconnaître le citoyen qui aura droit au bénéfice de la taxe et celui qui ne devra pas en profiter ? Cette taxe ne donnera-t-elle pas l'occasion et la tentation à la cupidité de se parer de la livrée du pauvre ? Voilà, sans doute, des réflexions qui ne sont point dictées par le fiel de l'envie, ni par celui de la critique : je les crois fondées sur la raison et sur l'expérience du cœur humain.

Mais quel a été l'objet de Danton en proposant cette loi qui honore autant ses principes que son cœur ? c'est de faciliter la subsistance du pauvre et de la proportionner à ses ressources; c'est de la garantir de le cupidité du riche, en faisant supporter à celui-ci une partie du prix de la consommation de celui-là. Eh bien, sans complication de moyens et sans les revirements nécessités par la loi décrétée sur la proposition de Danton, il est très facile d'atteindre le but qu'il s'est proposé, et depuis très longtemps les moyens vous en sont indiqués par les réclamations multipliées des départements et des citoyens : c'est de déterminer le droit de propriété, c'est d'en limiter l'usage; c'est, en combinant avec justice le prix des denrées de première nécessité avec les ressources du pauvre, de fixer invariablement, et d'une manière uniforme pour toute la République, le prix de ces denrées.

Il paraît peut-être bien singulier que je prétende que les droits de l'homme et du citoyen consistent dans la taxe des productions de la terre, et je me suis attendu à un soulèvement d'opinions sur cette proposition : mais quel que puisse être cet étonnement, je déclare que je ne connais la liberté et l'égalité nulle autre part, ni dans aucun autre moyen, et je soutiens qu'elles ne peuvent exister sans la mesure que je propose.

Je connais aussi bien qu'un autre les distinctions que l'on a faites entre l'égalité de droit et l'égalité de fait, entre l'égalité politique et l'égalité civile; j'en sens la différence et j'en ai saisi les nuances. Mais je sais bien aussi que si ces distinctions ne sont pas des jeux de mots, elles sont au moins un subterfuge d'autant plus adroit qu'il plaît à l'imagination : je sais aussi que deux choses différentes entre elles ne s'excluent pas pour cela, et si quelques institutions humaines ont droit à la comptabilité sociale, c'est l'égalité de droit et l'égalité de fait; la seule différence, c'est que l'égalité de droit est absolue et que celle de fait ne l'est pas, et ne peut pas l'être, au moins jusqu'à présent. Je trouve en cela deux vérités ultérieures ou deux conséquences indispensables : la première, c'est que plus il est difficile d'atteindre l'égalité de fait, plus la société doit y tendre pour garantir l'égalité de droit, c'est son principal objet; la seconde, c'est que les citoyens ne peuvent rien exiger au-delà, et que le nivellement parfait des fortunes ou des richesses étant aussi impossible que celui des facultés morales ou intellectuelles des individus et des inégalités de la terre, la société aura fait tout ce qu'elle doit à cet égard, lorsqu'elle aura réparé les inégalités monstrueuses qui existent, et prévenu celles qui pourraient survenir. C'est par les mêmes raisons et par les mêmes causes que la société devant donner la même instruction à tous ses membres, quoi que tous ne dussent pas en profiter avec le même succès ou le même avantage, cependant cette différence, loin d'être un motif de l'en dispenser, augmente au contraire son obligation à cet égard.

Ces maximes ne furent jamais celles d'aucun gouvernement : on admit au contraire des distinctions de rang et de naissance; on poussa le délire jusqu'à supporter de la différence dans le sang, et le peuple crédule et trompé crut que ces distinctions chimériques entraînaient nécessairement celle des richesses, les prêtres survinrent : dans leur naissance, esclaves rampants des tyrans, devenus ensuite leurs rivaux, et toujours au nom du ciel, disputant, partageant l'autorité ou le droit de tromper et de vexer les hommes, leur prêchant le dépouillement des biens de la terre pour se les approprier plus facilement, leur montrant et leur promettant les cieux pour les consoler, disaient-ils, mais dans le fait, pour les empêcher de réfléchir sur leur situation et sur leurs droits, et pour enchaîner leur raison en agitant et tourmentant leur imagination par je ne sais quelle invention d'enfer et de paradis.

C'était, sans doute, une ingénieuse et belle distraction, que celle de s'occuper du ciel pour oublier la terre; mais elle a cessé, et les hommes, trop longtemps trompés, sauront, je l'espère, avec les soins des nouveaux ministres du culte qu'ils se sont choisis, se garantir désormais de ces erreurs, et concilier le ciel avec la terre. Ils leur apprendront, ces ministres, que l'homme qui fait le bien sur cette terre, voit, sans crainte, rouler les cieux au-dessus de sa tête.

Quoi qu'il en soit, avant de réduire mes idées et mes principes, je crois devoir prévenir et répondre à quelques objections qui me seront faites.

La première et la plus dangereuse, quoique la plus immorale, c'est le prétendu droit de propriété dans l'acception reçue. Le droit de propriété! Mais quel est donc ce droit de propriété? Entend-on par là la faculté illimitée d'en disposer à son gré? Si on l'entend ainsi, je le dis hautement, c'est admettre la loi du plus fort, c'est tromper le vœu de l'association, c'est rappeler les hommes à l'exercice des droits de la nature, et provoquer la dissolution du corps politique. Si, au contraire, on ne l'entend pas ainsi, je demande quelle sera la mesure et la limite de ce droit? Car enfin, il en faut une. Vous ne l'attendez pas, sans doute, de la modération du propriétaire. Eh bien, citoyens, vous ne la trouverez que dans la taxe directe et immédiate des denrées de première nécessité.

Voulez-vous de bonne foi le bonheur du peuple? Voulez-vous le tranquilliser? Voulez-vous le lier indissolublement au succès de la Révolution, et à l'établissement de la République? Voulez-vous faire cesser les inquiétudes et les agitations intestines? déclarez aujourd'hui, que la base de la constitution républicaine des Français sera la limite du droit de propriété, et la taxe des denrées de première nécessité telles que le blé, la viande et le bois.

Citoyens, ce n'est plus dans les esprits qu'il faut faire la révolution; ce n'est plus là qu'il faut chercher son succès : depuis longtemps elle y est faite et parfaite; toute la France vous l'atteste; mais c'est dans les choses qu'il faut, enfin, que cette révolution de laquelle dépend le bonheur du genre humain, se fasse aussi tout entière. Eh! qu'importe au peuple, qu'importe à tous les hommes un changement d'opinion qui ne leur procurerait qu'un bonheur mental? On peut s'extasier, sans doute, pour ce changement d'opinion; mais ces béatitudes spirituelles ne conviennent qu'aux beaux esprits, et aux hommes qui jouissent de tous les dons de la fortune. Il leur est bien facile, à ceux-là, de s'enivrer de la liberté et de l'égalité : le peuple aussi en a bu la première coupe avec délices et transport, il s'en est aussi enivré, mais craignez que cette ivresse ne se passe, et que, revenu plus calme et plus malheureux qu'auparavant, il ne l'attribue à la séduction de quelques factieux, et qu'il ne s'imagine avoir été le jouet des passions ou des systèmes et de l'ambition de quelques individus. La situation morale du peuple n'est aujourd'hui qu'un beau rêve qu'il faut réaliser; et vous ne le pouvez qu'en faisant dans les choses la même révolution que vous avez faite dans les esprits. Serions-nous donc comme ces prêtres dont je vous ai parlé, qui spiritualisaient tout, et qui montraient et promettaient au peuple les cieux qu'on ne peut atteindre, pour s'approprier la terre qui nourrissait leur impudence et leur orgueil? Les besoins ne se spiritualisent pas : la liberté et l'égalité sont, sans doute, les deux premières divinités de la terre; elles sont les deux premiers dons de la nature; mais, pour en jouir éternellement, il faut avoir la part aussi à ses autres dons.

J'ai prévu, ou du moins je crois avoir prévu les effets qu'une semblable mesure occasionnera dans tous les attributs moraux et physiques de la vie, et dans leurs accessoires. J'ai prévu une révolution dans le commerce, une réduction dans le prix de toutes les autres productions de la terre, et dans celles de l'industrie de l'homme; mais, je le répète, il faut que cette révolution se fasse ou l'autre est manquée.

L'homme est composé de deux substances assez distinctes : l'une que l'on dit spirituelle, et l'autre que l'on appele matérielle ou très sensible. La révolution est faite pour la première, il faut aussi qu'elle se fasse pour la seconde. Non, plus de charlatanisme : allons une bonne fois au fait, et à la source du mal. Faisons cesser les inquiétudes du riche et les besoins du pauvre. Assurons la propriété des uns, mais assurons aussi la subsistance des autres.

Une seconde objection, c'est la crainte d'une réduction qu'une taxe trop modérée pourrait nécessiter dans l'impôt foncier. Ne le craignez pas, citoyens : nulle part la livre de blé n'est évaluée à deux sous pour l'assiette de cet impôt; nulle part la mesure pesant trente livres, n'est évaluée à 3 francs la livre. J'en atteste sur cela les connaissances de chacun de nous.

Loin donc que la taxe des denrées de première nécessité dût opérer un effet opposé au produit actuel de l'impôt foncier, je crois qu'il vous est démontré que cette taxe servira au contraire très utilement pour asseoir cet impôt d'une manière juste, uniforme et dégagée de tout arbitraire.

Une troisième objection vient des baux ou fermages actuellement existants, dont la partie s'acquitte en nature, et l'autre en argent ou assignats. Mais cette objection n'est aussi d'aucune considération. 1° Quant aux fermages en nature, la taxe n'y change rien; 2° Quant à ceux en espèces ou assignats, il est encore à votre connaissance que, dans aucun des baux de cette sorte, la valeur ou le prix du blé ne sont évalués à 2 sous la livre de 16 onces, ou à 3 livres la mesure pesant 30 livres. D'ailleurs, pour éviter ce choc de tout intérêt particulier à cet égard, c'est de prononcer la résiliation libre des baux ou fermages pour ceux à échoir après la récolte des moissons prochaines.

Enfin, une quatrième objection provient de la crainte que cette taxe ne nuise à la vente des domaines nationaux; à cette objection je fais la même réponse qu'aux précédentes : c'est qu'aucun de ces domaines n'est évalué ni vendu à raison de 2 sous la livre de blé.

Il reste encore deux mesures que réclament les droits du citoyen : la première, c'est l'impôt progressif, et l'exemption du même impôt pour le pauvre.

La seconde, ce sont des lois de circonstance sur l'exportation des grains, lois qui se concilient avec l'intérêt national et le droit des gens.

Voici, d'après ces principes, les droits de l'homme tels que je les ai conçus.

Comme je l'ai déjà observé, les droits de l'homme n'ont existé pleinement et ne peuvent exister tels, que dans l'état de nature. Ainsi :

DROITS DE L'HOMME.

« Art. 1er. L'homme, supposé dans l'état de nature, a un droit égal à tous les autres hommes aux fruits et aux productions de la terre; et il ne connaît d'autres droits que ses désirs et ses besoins.

« Art. 2. Dans cet état, les hommes ne jouissent point de l'égalité de fait; car l'instinct et la force établissent entre eux de très grandes inégalités.

DROITS DU CITOYEN.

« Art. 3. Toute association politique ne peut avoir d'autre objet que de prévenir les dangers et les abus de cette inégalité naturelle, en maintenant à tous l'égalité de droit aux fruits et productions de la terre, et en garantissant le faible de l'oppression du fort. Ainsi, la société est un bienfait que tous sont intéressés à conserver.

Art. 4. Pour maintenir à tous l'égalité de droit aux fruits et productions de la terre, la société ne peut admettre le droit de propriété que pour l'utilité de tous, et elle ne doit point en laisser l'usage à l'arbitraire d'aucun de ses membres.

« Art. 5. La propriété consiste donc dans la possession et administration des biens de toute espèce, subordonnées à l'utilité générale et aux règlements de l'association.

« Art. 6. Les règlements ou lois de l'association doivent être l'expression de la volonté générale, c'est-à-dire du plus grand nombre; tout individu qui veut y participer, doit leur promettre soumission.

« Art. 7. Ces règlements ou lois ne peuvent et ne doivent défendre que les actions nuisibles à la société ou à l'un de ses membres.

« Art. 8. Tout ce qui n'est pas défendu par la loi ne peut être empêché, et nul ne peut être contraint à faire ce qu'elle n'ordonne pas.

« Art. 9. Tous les citoyens sont égaux devant la loi, soit dans les récompenses qu'elle accorde, soit dans les peines qu'elle prononce; et tous doivent jouir, sous sa protection, de la même liberté, de la même sûreté et du même droit de résister à l'oppression.

« Art. 10. La liberté consiste à pouvoir faire ce qui ne nuit pas à autrui. Ainsi, l'exercice de ce droit n'a de bornes que celles qui assurent la même jouissance aux autres citoyens; et, sous ce rapport, chacun d'eux peut écrire, imprimer et faire imprimer, sans autre restriction que le droit d'autrui.

« Art. 11. La sûreté et la résistance à l'oppression consistent à ne dépendre que de la loi, dans la certitude de sa protection, et dans le droit de résister à toute attaque ou à toute entreprise qui y seraient contraires.

« Art. 12. Les distinctions sociales ne peuvent être fondées que sur l'utilité commune, et tous les citoyens sont également admissibles à toutes dignités, places ou emplois publics, selon leur capacité, et sans autre distinction que celle de leurs vertus et de leurs talents, ou de la confiance de leurs concitoyens.

« Art. 13. Celui-là est citoyen, qui, domicilié depuis un temps déterminé par la loi, sur le territoire occupé par la nation, est admis à participer aux avantages et aux charges de l'association.

« Art. 14. Nul ne peut être accusé, arrêté ni détenu que dans les cas déterminés par la loi, et selon les formes qu'elle a prescrites. Ceux qui sollicitent, expédient, exécutent ou font exécuter des ordres arbitraires, doivent être punis; mais tout citoyen appelé ou saisi en vertu de la loi, doit obéir à l'instant : il se rend coupable par sa résistance.

« Art. 15. La loi ne doit prononcer que des peines strictement et évidemment nécessaires à la sûreté générale et à celle des individus : ces peines doivent être proportionnées aux délits et utiles à la société.

« Art. 16. Nul ne peut être puni qu'en vertu d'une loi établie, promulguée antérieurement au délit et légalement appliquée; tout effet rétroactif donné à la loi, est un acte arbitraire et criminel.

« Art. 17. Nul genre de travail, de commerce et de culture ne peut-être interdit; tout homme peut fabriquer, vendre et transporter toute espèce de productions, en suivant les formes et règlements de la société.

« Art. 18. Tout homme peut engager son

temps, ses services, mais il ne peut se vendre lui-même; sa personne n'est pas une propriété aliénable.

« Art. 19. Nul ne peut être privé de la moindre portion de sa propriété, sans son consentement, si ce n'est lorsque la nécessité publique, légalement constatée, l'exige évidemment, et sous la condition d'une juste et préalable indemnité.

« Art. 20. Nulle contribution ne peut être établie que pour l'utilité générale et pour subvenir aux besoins publics, et tous les citoyens ont le droit de concourir personnellement ou par leurs représentants, à l'établissement des contributions.

« Art. 21. La souveraine puissance réside essentiellement dans la nation; elle est une, imprescriptible, indivisible et inaliénable, mais chaque citoyen a un droit égal de concourir à son exercice.

« Art. 22. Nulle réunion partielle de citoyens, et nul individu ne peuvent s'attribuer la souveraineté, exercer aucune fonction, ni autorité, sans délégation formelle de la loi.

« Art. 23. L'instruction publique et les secours sont une dette sacrée de la société, et chaque citoyen qui en a besoin y a un droit égal.

« Art. 24. Les fonctions publiques doivent être clairement déterminées par la loi, et tout fonctionnaire doit être assujetti à une responsabilité rigoureuse.

« Art. 25. Tous les citoyens sont tenus de concourir individuellement à la garantie sociale et de donner force à la loi lorsqu'ils sont appelés en son nom.

« Art. 26. Un peuple a toujours le droit de revoir, de réformer et de changer sa Constitution, une génération n'a pas le droit d'assujettir à ses lois les générations futures, et toute hérédité dans les fonctions est absurde et tyrannique. »

Lehardy (*Morbihan*) (1). Citoyens, s'il est une question qui mérite d'être discutée avec soin, c'est sans doute celle qui nous occupe aujourd'hui, et qui doit donner une Constitution à la France. Vous aviez chargé une commission de l'examen et de l'analyse de tous les plans de Constitution qui pourraient vous être présentés, afin de les comparer avec celui de votre comité. Je ne crois pas que votre commission ait rempli son devoir à cet égard. J'observerai d'abord qu'on a fait un reproche au comité de Constitution d'avoir fait une introduction qui, quoique supérieurement écrite, n'était pourtant pas à la portée de tous les Français, et capable de leur faire sentir la bonté de leur nouveau gouvernement. Le discours qui vient de vous être lu par le rap-

(1) Le *Logotachigraphe* est le seul des journaux du temps qui donne de cette discussion une relation assez étendue. C'est à lui que nous avons emprunté notre texte. (*Voy. Logotachigraphe*, n° 110, page 412.) Le lecteur trouvera en notes quelques variantes que nous avons puisées, notamment dans le *Moniteur universel*, 1er semestre de 1793, page 489, 1re colonne, dans le *Journal des Débats et des décrets*, n° 212, page 293 et dans le *Mercure universel*, tome 26, page 285.

porteur présente-t-il plus de clarté? Non, certainement.

Je demande donc que la Convention rejette la lecture de toute espèce de discours ou introduction aux différents plans que l'on pourrait présenter, et que chaque citoyen puisse, conformément à votre décret, les faire imprimer pour être soumis à l'examen de chacun des membres de cette assemblée, et leur servir dans la discussion.

Vous avez décrété que vous commenceriez par entendre la discussion sur la déclaration des droits. Je demande donc que, pour ne pas entraver, par des discussions inutiles, la marche très importante de celle qui nous occupe, le rapporteur soit tenu de vous lire son projet de déclaration article par article, et alors chaque membre qui aura des amendements à proposer, des observations plus claires à présenter, pourra les soumettre à l'Assemblée, qui les adoptera ou les rejettera, suivant qu'elle jugera convenable.

Rouzet. Je ne sais pourquoi on a changé l'état de la question. Il s'agissait de savoir ce matin s'il était plus intéressant pour la nation de s'occuper directement d'organiser le gouvernement, ou de se livrer à la discussion métaphysique de la déclaration des droits. Buzot était du premier sentiment, Robespierre soutenait le second. Il me paraît que Buzot et Robespierre ont tous les deux raison, et qu'il n'y a rien de si facile que de les concilier.

Que demande Buzot? Que nous ne perdions pas un temps utile à des discussions frivoles, à des discussions métaphysiques qui ne peuvent conduire à aucun résultat, d'après lequel nous puissions nous régler dans la société.

Robespierre, au contraire, voulait qu'on se fixât sur les principes dont il ne serait plus permis de s'écarter. Eh bien! nous avons ces principes en termes bien clairs, bien précis, et qui n'ont besoin ni de discussions ni d'analyses puisqu'ils sont gravés dans nos cœurs. Ils se réduisent en quatre mots : *Liberté, égalité, unité, indivisibilité*. Avec ces principes fondamentaux, vous pouvez, si vous le voulez, établir aujourd'hui votre gouvernement. Rien ne vous empêche à cette heure, si vous le jugez à propos, d'entamer la discussion sur l'organisation du gouvernement, après avoir solennellement reconnu que dans les dispositions que vous prendrez à cet égard, il ne pourra y en avoir aucune qui blesse ces bases principales de l'organisation sociale, la liberté, l'égalité, pour les individus, l'unité et l'indivisibilité pour tout le corps politique.

Je demande donc qu'après cette déclaration de liberté, égalité, unité et indivisibilité; la discussion s'engage sur-le-champ sur l'organisation du gouvernement et que l'on renvoie, après cette organisation la question de savoir si vous ferez précéder votre Constitution d'un préambule auquel vous donnerez le nom que vous voudrez.

Plusieurs membres : Appuyé, appuyé!

Salle (1). J'entends parler de droits naturels, mais j'ignore ce qu'ils sont. Il n'y a dans l'état de nature que des avantages rem-

(1) *Journal des Débats et des décrets*, n° 212, page 294.

portés par la force. Commençons par déclarer les droits politiques des hommes; nous nous occuperons ensuite de la formation du contrat social et c'est alors que nous discuterons les droits civils.

Les circonstances où nous sommes ne sont pas ordinaires, il est de notre devoir de les envisager pour sauver la liberté. Eh bien! dans cet état, convient-il mieux de passer deux mois à rectifier la déclaration des droits, ou convient-il mieux de poser les bases d'un gouvernement républicain et de les faire accepter par le peuple.

Je crois que ce dernier parti est le plus salutaire.

Après avoir fait l'irréparable faute de temporiser six mois, si vous commettez encore celle de passer deux mois à des discussions métaphysiques sur les droits de l'homme, dont tous les principes sont déjà consacrés; si, pendant ce temps, on tentait encore de vous dissoudre; si l'ennemi faisait des conquêtes, je vous le déclare, vous perdriez peut-être à jamais la République.

En vain, Robespierre vous a dit qu'il fallait d'abord fixer la déclaration des droits, comme la Constitution mère dont devait sortir le gouvernement de tout peuple libre; en vain il vous a cité l'exemple de l'Amérique; je lui répondrai qu'alors il n'existait au monde aucune déclaration des droits et qu'il fallait créer ce flambeau pour éclairer la marche des législateurs.

Mais si vous déclarez les principes fondamentaux du gouvernement républicain; si vous les présentez au peuple, alors toutes les opinions se réunissent, tous les citoyens se rallient, le peuple les accepte et court défendre son ouvrage.

Pour concilier toutes les opinions, je demande qu'on adopte, sauf rédaction, l'ancienne déclaration des droits, à laquelle vous ferez ensuite toutes les additions que vous jugerez nécessaires. (On applaudit. — Aux voix! aux voix!)

Isnard. Citoyens, vous avez au dehors une ligue de tous les rois de l'Europe, qui vous font la guerre pour vous faire accepter l'ancienne Constitution. Au dedans, les suppôts de l'aristocratie et l'ancien clergé vous travaillent de toutes les manières; ils cherchent à diviser la Convention, ils cherchent à la dissoudre : presque toutes les semaines ils font de nouveaux efforts pour y parvenir, et certes ils ne réussissent que trop. Au moment où il s'agit de poser les bases du gouvernement républicain, on représente ceux qui n'ont pas un patriotisme au niveau de ceux qui l'ont très ardent, comme des aristocrates qui voudraient opérer la contre-révolution; on représente tous les autres citoyens comme des anarchistes qui tendent à donner à la France une Constitution qui renversera la propriété. Dans un moment où l'on cherche à diviser, à égarer les citoyens dans les départements, faut-il s'occuper à bien rédiger votre déclaration des droits, à la compléter entièrement, et rester, par conséquent, pendant trois ou quatre mois, à présenter à la sanction du peuple la totalité de votre travail; ou bien convient-il mieux de poser des bases solides d'un gouvernement républicain, de la faire sanctionner par le peuple, et avec le gouvernement, ainsi organisé, combattre les tyrans? Eh bien! je dis que ce dernier parti

vaut mieux et je crois qu'il y va du salut de la liberté et du fondement de la République; je crois que, si après avoir fait la faute énorme de rester huit mois dans cette enceinte sans poser ses bases, sans les présenter au peuple, vous étiez malheureusement victimes de nouvelles trahisons de vos généraux, alors que vous n'auriez rien représenté au peuple, et qu'il verrait qu'il est sans cesse trahi, ce serait avec raison qu'il vous accuserait de ses malheurs. C'est parce que j'ai eu l'expérience de cette trahison que je désire que bientôt le peuple Français se soit rallié à une Constitution républicaine, et qu'il ôte par là toutes les espérances à ceux qui vous combattent ou qui vous trahissent.

Dans les circonstances où nous nous trouvons, il faut que dans un mois ces bases constitutionnelles soient présentées au peuple Français, il faut surtout lui présenter une garantie solide pour la propriété et cette garantie doit faire le premier article du pacte social, car les hommes ne se réunissent en société que pour y jouir en paix de ce qu'ils possèdent et de ce qu'ils ont légitimement acquis. Ainsi si vous présentez dans un mois au peuple Français des bases constitutionnelles fondées sur les principes de la liberté, de la sagesse et de la justice, l'amour de la liberté est assez brûlant dans tous les cœurs pour que vous soyez certains que le peuple Français acceptera avec transport une Constitution républicaine, et du moment où il l'aura acceptée, voilà le germe des divisions étouffées; voilà le peuple Français rallié à un gouvernement qu'il se sera librement donné. Dès lors ces calomnies si souvent répétées, que les Français ne veulent qu'anarchie, tomberont d'elles-mêmes, quand on verra qu'ils ont accepté une Constitution qui garantit leur propriété ou foudroie les anarchistes.

En vain, dirait-on qu'ils ne veulent pas la République; ils leur répondraient ce n'est pas vrai, puisque la majorité du peuple Français vient de signer la République, et que nous avons la garantie de notre liberté, de notre égalité. Alors les ennemis n'ont plus le prétexte de vous dire que ce n'est pas la nation Française qui veut la République, puisque vous leur répondez la Constitution acceptée à la main.

Alors il faut qu'ils soient sans pudeur, ou il faut qu'ils reconnaissent eux-mêmes cette République. Quant ils verront que c'est le vœu du peuple, que l'anarchie est terrassée, et que l'union règne dans l'intérieur de la France, soyez assurés qu'ils s'en iront aussitôt, et s'ils ne s'en vont pas vous aurez tous les moyens possibles de les chasser de votre territoire (Applaudissements).

Mais si vous adoptez malheureusement une marche qui vous entraîne dans des longueurs qui vous empêchent de présenter, sous peu, votre Constitution à la sanction du peuple, je suis véritablement effrayé des événements auxquels des longueurs peuvent donner lieu. Ce n'est pas des mots qu'on repousse des armées. Il faut voir les choses telles qu'elles sont. Or, je dis que, si, pendant quatre mois, les événements sont malheureux; si votre frontière est malheureusement entamée, si on est parvenu à donner plus d'activité aux germes de discorde que l'on sème sans cesse parmi vous, si on a pu semer encore plus de méfiance parmi tous les citoyens, à établir une sorte de guerre entre les patriotes qu'on appelle exaltés, et ceux que l'on accuse d'être modérés; si quelques décrets, surpris ou arrachés à votre sagesse, ont fait croire au peuple que votre intention était de ne pas leur conserver leurs propriétés; si on est arrivé à exaspérer les hommes, au point de leur faire demander la tête de ceux qu'ils croient n'être pas si bons patriotes qu'eux; eh bien! je dis qu'alors n'ayant aucune Constitution, aucun point de ralliement à présenter aux Français, et les ennemis leur présentant une Constitution d'une manière d'autant plus dangereuse qu'ils auraient masqué leurs intentions, et qu'il leur semblerait que la Constitution assure la liberté ou du moins un fantôme de liberté ; je dis que cette liberté serait compromise et que je ne réponds pas que vous ayez la République. (*Murmures prolongés à l'extrême gauche.*)

Citoyens, c'est parce que je la veux fortement cette République, que je vous fais ces observations : et je vous prie de les peser avec impartialité. Si, non seulement, les ennemis faisaient des progrès dans leurs conquêtes, mais encore, si on parvenait à dissoudre de quelque manière que ce soit la Convention nationale, croyez-vous qu'alors la France, sans point de ralliement, le corps politique étant en tête, pour ainsi dire, et par conséquent sans tête, pourrait empêcher les ennemis d'envahir entièrement son territoire? Et qu'on ne me dise pas, citoyens, que cette dissolution est impossible! Quoi! citoyens, lorsque tel est l'ensorcellement dont les ennemis se servent envers les patriotes, que je n'inculpe pas certes, mais auxquels je vois, chaque jour, faire précisément tout ce qui peut mener à l'aristocratie et opérer la dissolution de la Convention; vous pourriez assurer que cette dissolution est impossible.

Eh! citoyens, rappelez-vous donc que du 9 au 10 mars, si les 1,200 personnes sorties des Jacobins pour aller d'abord aux Cordeliers, étaient venus ici, vous seriez dissous. (*Violentes interruptions sur la Montagne.*) Cette dissolution est impossible! Mais, cependant on est venu à cette barre vous présenter un acte qui tend entièrement à l'obtenir. Eh bien! si cette dissolution, tant prêchée, avait lieu, vous seriez évidemment perdus, tandis que si les bases de la Constitution étaient bien assises et adoptées par le peuple, vous n'auriez rien à craindre.

Robespierre vous a dit, au contraire, qu'il fallait faire des lois contre la tyrannie. Citoyens, ce n'est pas avec des lois qui prohibent telle ou telle opinion, tel ou tel genre de gouvernement, que vous ferez le bonheur du peuple. Certes, le peuple français, composé de 25 millions d'hommes, n'est pas tel qu'on puisse le gouverner par la terreur; cela peut avoir lieu pour une seule ville ou dans une assemblée, mais non pas pour un grand peuple. Il est une vérité que vous ne devez jamais perdre de vue, c'est qu'en cette cause, le peuple n'acceptera qu'une Constitution qui fasse son bonheur. Si vous voulez donc fonder votre Constitution sur une base solide, faites en sorte qu'elle procure le bonheur du peuple : établissez un gouvernement qui marche et que le peuple voie. Robespierre vous a dit encore : mais quelle absurdité d'établir les bases de l'organisation d'un gouvernement,

avant d'avoir tracé cette Déclaration des droits de l'homme, qui doit faire la base de toutes les lois constitutionnelles. D'abord j'observe que nous avons une déclaration qui, si elle n'est pas parfaite, si elle n'est pas susceptible d'une meilleure rédaction, n'en contient cependant pas moins tous les grands principes d'une Constitution libre. Mais je le répète, ce que je veux et ce qui est désirable, c'est que le peuple ait, dans un mois, accepté une Constitution républicaine; parce qu'alors c'est un boulevard contre lequel tous les efforts des ennemis viendront se briser. Je demande donc qu'on s'occupe sans délai des bases du gouvernement et qu'on les présente de suite à la sanction du peuple.

Ducos. Je vois avec peine qu'on met de l'enthousiasme dans une délibération de cette nature. Une Constitution n'est pas, comme l'a dit Robespierre il y a quelques jours, un acte religieux, c'est un acte de la raison humaine; les législateurs inspirés n'ont jamais été que des imposteurs. On nous propose d'adopter l'ancienne Déclaration des droits mais vous avez reconnu vous-mêmes qu'elle contenait de faux principes ; par exemple, cette déclaration porte qu'il n'y a pas de gouvernement libre, que celui fondé sur la distinction des pouvoirs.

Citoyens, vous adopterez sans doute des principes plus immuables que cette chimère, accréditée par l'exemple de l'Angleterre, et par l'autorité de plusieurs écrivains, d'ailleurs très estimables ; je demande qu'on délibère sur cet objet important avec plus de lenteur et de réflexion. Je demande que la discussion soit continuée.

Isnard. Je n'ai pas demandé qu'on l'adoptât ; mais qu'elle obtînt la priorité, sauf les amendements.

Cambon. J'observe à l'Assemblée, que la même discussion qui nous occupe en ce moment, s'éleva aussi dans l'Assemblée constituante. Y aura-t-il une Déclaration des droits? Donnera-t-on la priorité à tel ou tel projet?

On discuta longtemps, et enfin on donna la priorité à un projet dont il ne resta pas un seul article, de sorte que l'Assemblée constituante se laissa enchaîner par un décret à une déclaration de 17 articles, qui, à force d'amendements, fût totalement changée. C'est ainsi qu'on eût une rédaction très imparfaite. Pour moi, je demanderai la priorité pour la déclaration qui présente le plus d'idées; et comme j'ai trouvé plus de développement dans le projet de déclaration, qui vous a été présenté par votre comité, je crois que c'est à lui que cette priorité doit être accordée.

Un grand nombre de membres : Appuyé, appuyé!)

(La Convention accorde la priorité au projet de Déclaration des droits présenté par le comité de Constitution (1).

Barère, *rapporteur du comité de Constitution.* L'ancienne Déclaration des droits a le mérite bien reconnu d'être concise; mais

(1) Voy. *Archives parlementaires,* 1re série, t. 58, séance du 15 février 1793, page 601, la Déclaration des droits lue par Gensonné.

aussi elle a le vice également reconnu d'être incohérente. Nous n'avions fait que la révolution de la liberté, nous avons fait celle de l'égalité, que nous avons retrouvée sous les débris du trône : si donc il est vrai que nous ayons fait des progrès en liberté; s'il est vrai que nous ayons fait des découvertes nouvelles dans les droits des hommes, il faut les consacrer dans une nouvelle déclaration. Le projet présenté par votre comité de Constitution, contient des principes cohérents, la distinction des droits naturels, politiques et civils, et leur développement nécessaire encore au peuple français. Au moment où nous allons nous occuper de la Constitution, j'ai à croire que le temps des orages est passé, que nos passions épuisées ne trouveront plus assez de force pour entraver notre marche, que nous n'aurons plus l'ambition des discours, mais que nous aurons toujours celle d'être utile. (On applaudit.)

Barère, *rapporteur du comité de Constitution*, lit le 1er article du projet de déclaration, conçu en ces termes :

« Le but de toute réunion d'hommes en société étant le maintien de tous droits naturels, civils ou politiques, ces droits sont la base du pacte social. Leur reconnaissance et leur déclaration doivent précéder la Constitution qui en assure la garantie.

« Art. 1er. Les droits naturels, civils et politiques des hommes, sont la liberté, l'égalité, la sûreté, la propriété, la garantie sociale et la résistance à l'oppression. »

Rabaut-Saint-Etienne. Le comité n'avait suivi aucun ordre. Il avait cru devoir placer les droits de l'homme en tête de la Constitution, sans les diviser, en naturels, civils et politiques. Cependant comme nous avons vu par la proclamation de la Déclaration des droits de l'Assemblée constituante, que les phrases et la rédaction louche et obscure avaient induit les citoyens dans de grandes erreurs, je souhaiterais, pour préciser l'article à cet égard, et peut-être pour que les lumières se répandissent partout, comprendre bien ce qu'on entend par les droits naturels. Peut-être serait-il utile de le dire en tête de la Déclaration des droits de l'homme, car, si on entend que les droits naturels sont les droits de l'homme dans l'état de nature, on se trompe ; parce que d'un côté, ils sont perdus et abandonnés véritablement par l'homme, lorsqu'il entre dans l'état de société, et, parce que d'autre part il serait alors inutile de le mettre dans cet article, où figurent l'égalité, la sûreté et la garantie sociale qui sont des droits naturels.

J'en donnerai une autre raison. L'homme dans l'état de nature n'a pas l'égalité ; car les hommes naissent inégaux en taille, en richesses et en moyens. (Interruptions sur un certain nombre de bancs.) Le grand avantage de la société a été de corriger cette inégalité; et, en effet, la société par l'égalité politique, corrige l'inégalité naturelle, et c'est parce que les hommes ne sont pas égaux en force, qu'ils ont senti la nécessité de se réunir, afin de corriger par l'égalité politique, qui réunit les forces de tous contre le tyran, l'inégalité naturelle. Mais il ne faudra pas dire qu'ils soient égaux en nature, car ils ne le sont pas. Si l'on me dit qu'ils sont égaux en droit dans l'état de nature, je ferai encore une réflexion qu'il n'est pas inutile peut-être de vous présenter ; c'est que le mot de droit dont l'on s'est servi, est peut-être un de ceux qui sont les moins entendus par quelques hommes. En effet, dans l'état de nature dont je parle, d'abord l'homme n'a qu'un droit, c'est celui de conserver son existence ; aussi il l'a conservé; il ne s'occupe que de cela. Il ne souffre jamais qu'un plus fort entreprenne de la lui enlever ; il la défend à tous prix. Voilà le droit naturel il n'a pas d'autre droit. Nous devons donc bien prendre garde de ne pas mettre dans une même phrase les droits naturels, civils et politiques. Je n'ai pas voulu faire une discussion. J'ai voulu demander au rapporteur si mes idées lui paraissaient bonnes. Quant à moi, je crois que le mot naturel ne doit pas être conservé dans une société où on a abandonné l'état de nature.

Barère, *rapporteur du comité de Constitution.* Votre comité a pensé qu'il fallait mettre le droit naturel dans la Déclaration des droits de l'homme, parce qu'il est impossible que les droits que l'homme a reçus de la nature tels que ceux de la liberté et de l'égalité, ne soient pas apportés par lui dans la société. Nous commençons toujours à apporter en société un droit que l'Être suprême nous a donné, c'est le droit naturel. Il est si bien reconnu, que les nations même en guerre l'admettent. Il n'est personne qui n'ait appris autant par l'éducation que par la nature, qu'il est des droits naturels qu'on apporte dans la société, et que ces droits reposent, sur ce qu'on appelle droits de société. Pourquoi faire à l'humanité l'injure d'oublier ses droits?

Coupé (*Oise*) (1). Je ne saurais admettre les raisons de Barère, et j'observe que l'on ne doit pas confondre, à mon sens, les droits dont l'homme jouit à l'état de nature avec ceux qu'il conserve ou qu'il acquiert en société.

La Déclaration des droits, en effet, devant servir de base à la Constitution nouvelle, il est essentiel de les établir d'une manière claire et précise. Il faut surtout bien distinguer les droits naturels des droits sociaux. Les uns sont inaliénables, imprescriptibles; ils sont, si je puis m'exprimer ainsi, les principes dont les droits sociaux ne sont que des conséquences. Je demande donc que les uns et les autres soient consignés dans des articles différents.

Lasource. Barère n'a point répondu aux observations très justes qui lui ont été faites. Je vous avoue que je ne connais pas du tout ces droits de nature dont il nous a parlé. Comme le disait Rabaut, il n'y a point de droit de nature, à moins que nous ne disiez que la force en est un, et qu'avec J. J. Rousseau vous n'appeliez l'obéissance, un devoir. Dans l'état de nature, l'homme a un droit illimité à tout ce qu'il désire et à tout ce qu'il peut atteindre; ce droit est le droit naturel des nations, qu'elles savent respecter; parce que, tenant à l'existence de la nature il a par conséquent d'elle l'ordre impérieux

---

(1) Le *Journal des Débats*, n° 214, page 318, est le seul qui note à cette place cette intervention de Coupé. Le *Logotachigraphe* n'en fait pas mention.

de le conserver tant qu'elle ne le lui retire pas.

Mais quand nous arrivons à l'état social, ce seul droit que l'homme avait dans l'état de nature, disparaît. Dans ce dernier état, il avait le droit de s'établir sur tout ce qui avait moins de force que lui, qui pouvait le repousser ou le faire rétrograder. Dans l'ordre social, au contraire, ce n'est plus sa force qui est loi comme dans l'état de nature : la force de l'homme apporte dans la société ses droits naturels. Toutes les fois qu'un état social est établi, les droits naturels de l'homme, s'il y en avait, disparaissent; donc l'homme, une fois arrivé dans l'état social, ne conserve plus ces droits; par conséquent, dans une Déclaration des droits de l'homme, qui doit servir de base à une constitution, il faut entièrement effacer le mot nature, car c'est une contradiction entre droits naturels et droits sociaux. Je demande donc qu'on efface ce qui regarde les droits naturels de l'homme dans l'article qui vient de vous être lu.

Garran-Coulon (1). Et moi je suis étonné que dans une assemblée, composée d'hommes justes, éclairés, ont ait pu douter que l'homme apporte en société des *droits naturels*, je veux dire par là ceux qui tiennent à son essence : les seuls, qui puissent être énoncés dans une Déclaration des droits de l'homme.

Qu'entend-on, en effet, par droits naturels, sinon ceux qui sont conformes à la nature de l'homme, à son bien-être, et peut-on se figurer une société où ces droits pourraient lui être enlevés et remplacés par des droits sociaux. Pour ma part je ne le pense pas. J'observerai même qu'il est superflu d'examiner s'il existe un état indépendant et étranger à l'état social, et l'histoire des peuplades les plus sauvages n'offre aucun exemple d'homme vivant autrement qu'en société. Telle est la nature de ses goûts, que s'il y a deux, dix, vingt hommes dans un pays, ils se réunissent bientôt et vivent ensemble et je pourrais dire ici que l'état social est l'état naturel de l'homme, que ses droits sociaux et ses droits naturels sont les mêmes; mais le rapporteur du comité, comme les opinants, ayant paru attacher à ce expression une expression contraire à celle que j'attache à la nature des droits conventionnels, j'ai dû faire cette observation et je pense que les insérer en des articles différents, les distinguer, c'est jeter les esprits dans l'incertitude par la difficulté des définitions et ouvrir une porte à l'arbitraire dont le peuple n'est souvent que trop disposé à abuser.

Je conclus donc au maintien de l'article du comité.

Barbaroux. Si nous faisons une Déclara-

tion des droits pour des hommes vivant dans les bois, alors seulement il serait indispensable de faire une distinction précise entre les droits naturels et les droits sociaux pour éviter la confusion, mais comme cette déclaration est destinée à peindre la Constitution qui doit régir les hommes vivant en société moi aussi je demande le maintien de l'article du comité.

Isnard. Je propose cette rédaction :

« Art. 1er. — Les droits naturels de l'homme sont l'égalité, la liberté, la résistance à l'oppression.

« Art. 2. — Les droits civils sont la sûreté, la propriété et la garantie sociale. »

Romme. Citoyens, les droits naturels ont été donnés à l'homme par l'Etre suprême, source de toutes les vertus. Je demande donc que, préalablement à toute déclaration, la Convention, par le premier article, reconnaisse expressément l'existence d'un Etre suprême.

Un membre : Il n'en a pas besoin !

Un autre membre : Non, mais l'homme en a besoin.

Louvet (J.-B.). Je demande l'ordre du jour motivé sur ce que l'existence de Dieu n'a pas besoin d'être reconnue par la Convention nationale de France.

Vergniaud (1). L'existence de l'Etre suprême comme de l'immortalité de l'âme ne tient pas à la reconnaissance que les hommes peuvent en faire, car il serait alors évident que cette existence pourrait être révoquée en doute, car c'est là une absurdité politique et un blasphème divin.

Ainsi la question se borne à savoir si la confusion faite dans l'article discuté des droits naturels, civils et politiques n'est pas un résultat de la force des choses. Si l'on considère l'homme dans l'état de pure nature, on a raison de se plaindre de la confusion, mais je demande si l'homme, abstraction faite de toute société, n'est pas une véritable chimère. Cet état d'abstraction que l'on a supposé, n'est qu'un état hypothétique imaginé par le législateur pour former les bases de l'état social et il est impossible de le considérer jamais comme une réalité.

Je suppose que vous ne considériez l'homme que dans l'état de pure nature, vous ne pouvez plus alors donner de limites à sa liberté. La définition qu'on a donnée, que la liberté consiste à faire tout ce qui ne nuit pas à autrui ne peut s'appliquer qu'à l'état social. L'homme, dans l'état de nature, ne connaît pas de bornes à ses actions; il va, vient, chasse, pêche, attaque ses semblables pour leur enlever sa proie; il emploie tour à tour la force et l'artifice, et le moyen qui sert le mieux ses besoins est toujours pour lui le plus juste, parce qu'il est le plus utile; d'où il est aisé de conclure que les droits naturels n'ont qu'un sens relatif, et même fictif pour ainsi dire.

Après cette observation, comme l'acception de chaque mot ne saurait être trop bien dé-

---

(1) La suite de cette discussion, du discours de Garran-Coulon jusqu'à l'adoption de la rédaction de Vergniaud, est empruntée au *Journal des Débats et des décrets* n° 314, page 318. Le *Logotachigraphe*, qui jusqu'à cet endroit, avait donné de la séance un compte rendu fort détaillé, s'arrête tout à coup pour n'enregistrer simplement que l'adoption de ce premier article. Les autres journaux, sauf l'*Auditeur national*, qui s'étend un peu sur le discours de Vergniaud, ne nous ont fourni aucun complément intéressant.

---

(1) *Auditeur national*, n° 200, page 1.

terminée dans les articles qui doivent servir de base à sa Constitution, je demande qu'abandonnant la distinction de naturel et de social, la Convention adopte cette rédaction :

« Les droits de l'homme, en société, sont l'égalité, la liberté, la sûreté, la propriété, la garantie sociale et la résistance à l'oppression. »

(La Convention adopte, à l'unanimité, la rédaction proposée par Vergniaud.)

Boyer-Fonfrède. *secrétaire,* donne lecture de *l'ordre du jour de la séance du lendemain* qui est ainsi conçu (1) :

ORDRE DU JOUR DU JEUDI, 18 AVRIL 1793, L'AN II DE LA RÉPUBLIQUE.

Grand ordre.

Suite de la discussion sur le partage des biens communaux.
Discussion sur le code militaire.
Discussion sur les finances et les armées.
Rapport sur les secours à accorder aux enfants et aux vieillards.
(Le tout par décret.)

Petit ordre.

Les rapports de la commission des six sont toujours à l'ordre (par décret exprès).

Examen des comptes.

Rapport sur l'organisation du bureau des commissaires de la comptabilité (A midi, par décret du 30 mars.)

Sûreté générale.

Rapport sur la pétition du citoyen Deydier, relatif à une procédure de brûlement de drapeaux de l'ancien régime.

Surveillance.

Rapport relatif aux nommés Cally, Beauvoir et autres agents des ci-devant princes. (Par décret.)

Secours publics et finances.

Rapport sur les secours à accorder au département de la Corrèze.

Domaines.

Rapport sur la réclamation du duc de Bouillon.

Liquidation.

Rapport sur l'indemnité réclamée par Louis Durocher.

Domaines.

Rapport sur un échange fait entre l'Etat et le sieur Bernay-Favencourt.

---

(1) *Archives nationales,* Carton Cn 251, chemise 423, pièce nº 9.

Législation.

Rapport sur la réclamation du citoyen Michaux, mis en état d'arrestation.

Secours publics.

Rapport sur les secours à accorder aux femmes, mères et enfants des volontaires qui sont aux armées.

Examen des marchés.

Rapport sur la fourniture des chevaux de l'armée de la Moselle.

Liquidation et finances.

Rapport sur les pensions à accorder aux femmes et filles entretenues dans la maison du Refuge de la marine à Brest.

Comité d'inspection.

Rapport sur les travaux faits sous l'Assemblée constituante à l'imprimerie nationale.

Examen des marchés.

Rapport sur la pétition du citoyen Demolde, relative à une indemnité.

Commission des vingt-quatre.

Rapport sur les inculpations faites à la commission des vingt-quatre par le comité de surveillance de la Commune.

Commerce.

Rapport sur la pétition des citoyens Legendre et Martin.

Sûreté générale.

Rapport sur l'argenterie et les bijoux du ci-devant Monsieur, saisis à Fontainebleau.

Législation.

Rapport concernant le tribunal du district de Montignac, département de la Dordogne.

Liquidation

Rapport sur le mode de remboursement des propriétaires de greffes et autres offices domaniaux.

Législation.

Rapport sur le remplacement des notaires.

Division.

Rapport sur la division des deux municipalités d'Auxy-le-Château.

Liquidation.

Rapport sur l'exécution d'un décret du 15 septembre dernier, relatif au citoyen Belloc.

Secours publics.

Rapport sur les indemnités dues aux familles des volontaires naufragés dans le

Rhône, lors de l'expédition contre la ville d'Arles.

Législation.

Rapport relatif à la fixation d'un délai pour la contrainte par corps, pour défaut de paiement des amendes en matière de police correctionnelle.

Secours publics.

Rapport concernant le citoyen Persevol, dont les possessions ont été incendiées pour raison de sa fermeté dans la circulation des grains.

Législation.

Rapport et projet de décret relatifs au citoyen Philibert, évêque du département des Ardennes.

Secours publics.

Rapport sur les indemnités à accorder à ceux qui ont échangé des biens territoriaux avec les ci-devant ecclésiastiques, contre des droits supprimés sans indemnité.

Division.

Rapport sur la circonscription des paroisses de Bayeux.

Examen des marchés.

Rapport relatif aux fournitures de bois et lumières aux troupes, tant à Metz qu'à Longwy, etc.

Colonial.

Rapport relatif au citoyen Ailhaut, commissaire à Saint-Domingue.

Division.

Rapport sur une demande des patrons-pêcheurs de Marseille.

Arrêté par la commission centrale, le 17 avril 1793, l'an II de la République française.

Signé : GOSSUIN; DURAND-MAILLANE.

(La séance est levée à quatre heures et demie du soir.)

PREMIÈRE ANNEXE (1)

A' LA SÉANCE DE LA CONVENTION NATIONALE DU MERCREDI 17 AVRIL 1793.

Lettres du citoyen Salle, député de la Meurthe, transmises à la Convention nationale par le ministre de l'intérieur.

Ire LETTRE (2).

« Vous dormez! Et la chose publique est en péril, et si tous les départements ne se lè-

vent à la fois, elle est perdue. Vous dormez! Et la Convention est sous les couteaux! Et plusieurs sections de Paris se déclarent en état d'insurrection! Attendez-vous donc que nous ne soyions plus pour songer à nous? Adieu, peut-être cette lettre est-elle la dernière que vous recevrez de moi.

« Vigilance! Il en est temps.

« Paris le 15 janvier 1793, l'an II de la République.

« *Signé :* SALLE.

« Vu Nancy, 13 avril 1793, l'an II de la République.

« *Signé :* ANTHOINE. »

2e LETTRE (1).

« Je ne sais si je me trompe, mais il me semble que le calme commence à se rétablir et que les conspirés désespèrent de leur projet. Du moins, j'ai cru le reconnaître à la séance d'hier. Plusieurs signes nous annonçaient qu'ils avaient renoué leur trame et qu'elle devait éclater de nouveau à la séance du dimanche, jour destiné aux pétitionnaires et propre d'ailleurs aux rassemblements. Une séance audacieusement scandaleuse qu'ils nous ont donnée samedi, la demande qu'ils ont faite des séances du soir, des mouvements excités à la hâte par la municipalité pour les farines et qui nous présageaient une disette de pain pour le lendemain, les menaces que les conspirateurs nous faisaient de traiter le lendemain encore l'affaire de Dumouriez qui, comme vous le savez sans doute, a fait plusieurs actes arbitraires dans la Belgique et a méconnu en quelque sorte l'autorité de l'Assemblée en lui reprochant dans une lettre que nous n'avons pas rendu publique qu'elle était subjuguée par une section, tout enfin nous annonçait une reprise pour dimanche. J'ajoute qu'un rassemblement devait avoir lieu sur une place voisine de l'Assemblée entre les sociétés populaires, les sections et la municipalité, c'est-à-dire entre les agents de la conspiration, sous prétexte de fraterniser. Et comme il me semblait que les conjurés, au moment où ils veulent nous faire attaquer doivent nous craindre, en ce que nous les avons menacés de nous porter sur eux et de les combattre et qu'ils ont dû dès lors songer à leur sûreté, j'en concluais qu'ils introduiraient, pour cet instant, une force armée dans notre sein, sous prétexte d'y défiler et qu'ils la déploieraient entre eux : je me rappelais, en conséquence, cette lettre signée *Jourdain* qui nous menaçait de ce malheur. J'allais jusqu'à croire que cette lettre nous avait été audacieusement adressée par les conspirateurs (car l'audace est le caractère de leur trame) précisément pour nous faire regarder ce projet comme absurde, ce qui est arrivé à nous déterminer à la sécurité.

« Plein de toutes ces idées, je me rends chez le ministre de l'intérieur et je le lui communique. Il me donne lecture de deux lettres anonymes qu'il venait de recevoir; par la première, on lui dit que les séances de ven-

---

(1) Voy. ci-dessus, même séance, page 254, la lettre par laquelle le ministre de l'intérieur transmet cette correspondance à la Convention et le décret renvoyant l'audition de Salle sur cet objet à une séance ultérieure.

(2) *Archives nationales*, Carton C^II 251, chemise 423, pièce n° 30.

(1) *Archives nationales*, Carton C^II 251, chemise 423, pièce n° 27.

.dredi des Jacobins et des Cordeliers ont été plus séditieuses que jamais et qu'il paraît certain qu'un nouveau coup se prépare; par la seconde, on lui dit qu'il n'y a pas un moment à perdre, que demain dimanche le côté droit de la Convention sera massacré et que les vainqueurs de la Bastille doivent exécuter le coup. Je m'informe et j'apprends que ces vainqueurs sont des sacripants, qu'ils partent jeudi et qu'ils doivent défiler dimanche dans l'Assemblée, au nombre de 700. Je me confirme dans l'idée que le coup doit partir demain.

« Voici comme j'imagine la chose. Dimanche, jour destiné aux pétitionnaires, on consacrera la séance à l'affaire de Dumouriez. Avant de porter aucun décret, nous demanderons qu'on attende le rapport de nos commissaires. La Montagne, s'appuyant sur les formes, sur les torts évidents du général qu'elle appellera ses *crimes*, sur les dangers de laisser un traître à la tête des armées, demandera le décret d'accusation. Elle nous signalera comme des traîtres et nos délais, dont les motifs louables lui sont connus, deviendront des crimes. La séance ne produira d'autre résultat que des injures, des calomnies et du scandale. Il y en aura une, du soir, pour les pétitionnaires. Les vainqueurs de la Bastille s'y présenteront et demanderont avant de partir que l'Assemblée fasse justice des généraux qui trahissent. La discussion s'engagera de nouveau en leur présence et le corps partira au milieu de la chaleur des débats. Le rassemblement fraternel viendra alors, entraînant la municipalité et les sections qui se laisseront faire et qui reconnaîtront la nécessité de l'insurrection et tout ira.

« Heureusement rien n'a été. Le ministre, averti à temps, a pris des précautions. Il a requis la municipalité; il a fait fournir des farines. Le ministre de la guerre a parlé aux vainqueurs de la Bastille. D'un autre côté, les Parisiens (qui, depuis les pétitions — La Fayette ne voulait plus rien signer —, ont commencé à s'ébranler. Une adresse de la section de Marseille, la plus séditieuse de toutes, et qui révoque et blâme les arrêtés incendiaires pris dans son sein, nous a été présentée. Elle était revêtue de trois mille signatures : voilà le noyau; Paris va sortir de sa léthargie. Enfin, les indépendants de l'Assemblée sont convaincus du danger et veulent absolument que la conspiration soit punie. Hier, des décrets vigoureux ont été pris à cet égard et la Montagne s'est tue. D'un autre côté, les départements, je l'espère, vont ouvrir les yeux et sous huit jours, si nous pouvons gagner jusque-là, nous serons sauvés et les conspirateurs punis. Le malheureux Manuel a été assassiné à Montargis, précisément à l'époque où nous devions l'être nous-mêmes.

« *Signé* : SALLE.

« Vu Nancy, le 13 avril 1793, l'an II de la République.

« *Signé :* ANTHOINE. »

3ᵉ LETTRE (1).

« Vos lettres me font pitié, mon cher vice-président (2); quoi donc! c'est vous qui avez

(1) *Archives nationales*, Carton Cɪɪ 231, chemise 423, pièce nᵒ 28.
(2) Cette lettre a déjà été insérée. (Voy. *Archives parlementaires*, 1ʳᵉ série, tome 60, page 722.)

l'expérience de la vérité de mes conjectures sur La Fayette et tant d'autres; c'est vous qui connaissez Paris et qui savez encore jusqu'à quel point la lie des hommes corrompus s'agite dans une révolution; c'est vous qui êtes loin des événements, qui ne voyez pas la physionomie des choses, qui savez combien l'expérience de quatre années que j'ai passées au centre des intrigues et des complots m'ont donné d'aptitude pour en saisir les fils; c'est vous, dis-je, qui ne cessez de m'écrire comme si j'étais un malade imaginaire, un rêveur mélancolique qui, dans chaque nouvel effort qu'il fait pour vous éclairer semble ne vous montrer qu'un fantôme de plus des vapeurs noires qui le tourmentent!... Eh bien! toutes mes conjectures viennent de se réaliser; il n'y a qu'une seule différence, c'est que je n'avais pas vu assez en noir encore : l'audace et la scélératesse des conspirateurs ont passé mes espérances.

« Tout était prêt pour le succès de leurs desseins dans la nuit du dimanche au lundi. Nous ne pouvions pas en douter, moi et un petit nombre d'autres, et l'Assemblée dormait encore. Le hasard seul et quelques circonstances heureuses ont veillé sur nous. Une pluie assez abondante qui tomba toute la nuit, notre absence de l'Assemblée qui déroula les assassins, la certitude qu'ils eurent que le Conseil exécutif enveloppé dans la prescription était debout; mais, plus que tout, la présence de quatre cents fédérés bretons qu'ils surent bien que nous avions avertis et qui n'ont attendu toute la nuit que le premier signal pour marcher, tout cela les a décontenancés. Je dois ajouter que les monstres qui s'étaient hâtés d'obtenir tout ce qu'ils désiraient de l'Assemblée avant la moitié de la nuit n'avaient pas calculé sur un reste de résistance et particulièrement sur la multitude des décrets qu'ils avaient besoin d'emporter; l'Assemblée gagna le jour malgré eux. Le coup fut manqué par cela seul qu'il ne fut pas frappé au moment fixé et que l'Assemblée eut un instant pour se reconnaître. Lundi matin, ils osèrent enfin proposer leur grand décret, celui dont le but était de faire passer le pouvoir suprême dans leurs mains. Une voix courageuse s'éleva. La Revellière-Lépeaux, dont vous devez cent fois relire le discours, l'homme unique peut-être pour parler comme il a fait; son obscurité et ses opinions n'ayant pas permis encore aux calomnies des conspirateurs de l'atteindre et de le perdre dans l'esprit de ses collègues. Ce discours les terrassa; ils eurent horreur de leur nudité. Ainsi donc ce décret, sur le ministre, dont je vous parlais dans ma dernière, par un concours étonnant de circonstances, n'a pas été porté. Que devait-il arriver, s'ils eussent été assez favorisés pour le proposer douze heures plutôt? Ils l'auraient arraché et nous nous y attendions. Dès lors, ils étaient les maîtres absolus, car il faut que vous sachiez qu'ils devaient couronner leur exécrable ouvrage en faisant décréter encore qu'en l'absence des commissaires, nous n'aurions pu rien délibérer que d'urgent; c'est-à-dire que nous, députés proscrits, nous aurions été forcés d'attendre que nos collègues, dépositaires de la force, du pouvoir, de la confiance, daignassent nous consulter; que les conspirateurs voulussent ne pas paralyser le reste d'autorité qui nous aurait été laissée! Vous sûtes parfaitement que nous aurions voulu secouer un pareil joug dès le lendemain, mais si vous réfléchissez à leur ascendant dans une ville immense, organisée à leur gré, si vous voulez ne pas oublier les ferments de division qu'ils ont jetés parmi tous les citoyens de la République et leur tribunal de sang et les missions dictatoriales des commisssaires et le droit surtout qu'ils ont de visiter les greniers des propriétaires, c'est-à-dire d'entraver le commerce des grains et de remuer de nouveau la masse du peuple sur les subsistances; si vous ajoutez enfin que quelques têtes de députés devaient tomber dans la nuit du 9 au 10, vous sentirez assez que dès le 10 même, ils auraient eu l'audace de nous dissoudre; alors ils auraient mis d'Orléans sur le trône. Représentants du peuple ainsi que lui, ils l'auraient proclamé en cette qualité; ils auraient été ses ministres par décret de la Convention, c'est-à-dire en vertu d'un pouvoir supérieur au sien : ils l'auraient enchaîné à côté d'eux; ils en auraient fait leur premier esclave; ils auraient couvert leur tyrannie de son nom, afin de satisfaire tous les préjugés et de donner surtout aux despotes le moyen de négocier la paix d'une manière conforme à leur orgueil. Je passe sur tous les développements de ce plan qui n'est plus douteux pour moi et qui est bien plus vaste encore que celui que j'ai tracé dans ma lettre à Mourier, car c'était à la Convention elle-même qu'ils faisaient décréter la contre-révolution et c'était par des assassinats judiciaires qu'ils voulaient forcer les départements et tous les hommes de bien au silence. Voyez d'ailleurs et relisez vingt fois le discours de Vergniaud.

« Ne croyez pas d'ailleurs qu'ils aient abandonné leur projet; dès le mardi même, ils l'ont renoué. Ils ont eu l'audace d'introduire jusque dans le sein de la Convention leurs couleurs, d'élever en face du Président l'étendard de la révolte. Une compagnie d'hommes soi-disant enrôlés pour partir sont entrés dans la salle en armes, ayant à leur tête un drapeau rouge et blanc (ils auraient sans doute rejeté le bleu comme la livrée des valets du Roi), ce drapeau portait des fleurs de lys d'or et un L et un B (Louis de Bourbon sans doute). L'Assemblée n'y fit d'abord aucune attention. Mais l'insolente pétition dont ils accompagnèrent cette démarche fit tout apercevoir et le drapeau fut déchiré dans le sein de l'Assemblée. Remarquez qu'en même temps on couronnait le buste d'Orléans sur la terrasse des Feuillants. Si ce coup d'audace avait réussi, il est clair que ce buste couronné et ce drapeau étaient à l'instant même promenés dans tout Paris comme venant de l'Assemblée. Cette circonstance faisait attroupement, ralliait les bandits au nom de la Convention même, les dirigeait naturellement sur nous et nous rendait tous les périls dont nous sortions. Ce coup a encore manqué et l'Assemblée a commencé à y mettre quelque énergie, et la conspiration a été dénoncée au tribunal révolutionnaire.

« Ce tribunal qu'ils nous ont arraché et qu'ils devaient composer à leur gré se trouve aujourd'hui formé par nous. Toutes les circonstances de sa formation me prouvent qu'ils nous ont laissé libres de le choisir en nous permettant de le nommer au scrutin fermé, dans l'espérance de s'en faire un nouveau moyen d'agiter le peuple en lui disant que nous, qui devions être jugés comme traîtres nous avons formé des traîtres comme nous sur ce tribunal devant lequel nous devons com-

paraître; d'où il suit que cette dernière ressource étant ôtée au peuple, il ne lui reste plus qu'à reprendre le soin de sa vengeance. Quoi qu'il en soit, le tribunal est bon, et si nous avons le bonheur d'échapper, il sera pour eux ce que fut pour son inventeur le taureau de Phalaris. Mais nous sommes loin encore d'être au port. Hier, ils ont monté un troisième coup.

L'infâme municipalité de laquelle nous n'avons dit qu'elle avait bien mérité de la patrie que pour les forcer à voter avec nous et à reconnaître l'existence de la conspiration; la municipalité, à qui nous avons donné sept millions pour fournir des farines aux boulangers, s'est avisée d'augmenter le prix des farines, de manière à forcer les boulangers d'augmenter eux-mêmes le pain de six deniers par livre. Heureusement, nous étions encore en séance, à huit heures du soir; un juge de paix bien intentionné est venu nous instruire; (la municipalité s'était tu!) Un décret a été rendu qui a enjoint à la municipalité de laisser pour demain les choses sur le même pied, de fournir à l'instant des farines aux boulangers et de pourvoir à neuf heures qu'il était à la subsistance du lendemain. Que devait-il arriver, je vous le demande ?

« Ils ont trop osé pour ne pas tout tenter aujourd'hui; ils avaient trop osé le 2 septembre pour ne pas chercher à confirmer leur crime : voilà ce que la Convention, ce que la France n'a pas vu. Ils faut aujourd'hui qu'ils frappent sans relâche et promptement afin de prévenir la réclamation des départements. Nous devons donc nous attendre à une lutte violente et nous sommes seuls et presque sans armées au milieu des brigands, au milieu d'une ville qui veut un roi ! Et leurs proconsuls sont dans les départements ! Jugez de notre affreuse position ! Il ne faut qu'un instant pour déterminer de la part de leurs bandits une attaque contre nous et nous mettre ainsi aux prises les uns avec les autres. Nous n'allons plus à l'Assemblée sans nous attendre à un combat. Et cependant je voyais en noir !... Oh ! combien vous êtes coupable, combien tous les départements le sont de n'avoir pas voulu voir dans des choses aussi claires ! de n'avoir fait que discourir et contrarier les raisonnements et les faits annoncés par nous, qui voyons par nos yeux et qui méritions d'en être vus, plutôt que de préparer un moyen quelconque qui pût nous sauver ! Adieu, la patrie n'a jamais été dans une plus cruelle crise.

« Je dois vous observer que les fédérés bretons sont partis en conséquence de ce décret que les conspirateurs nous ont si astucieusement enlevé. Nous n'avons plus de ressource qu'en nous ! Et vous connaissez l'Assemblée ! Voudra-t-elle marcher ? Je n'en sais rien. Ce qu'il y a de certain, c'est que rien n'égale l'audace que les conspirateurs ont montré dans la séance d'hier; rien n'égale la frénésie avec laquelle leurs tribunes les ont applaudis et nous ont hués, si ce n'est celle que les tribunes, toutes composées d'hommes, d'après la criminelle consigne donnée par les Jacobins, y ont mise.

« Vous allez voir le proconsul Levasseur. Je ne le connais pas assez pour savoir s'il est capable de seconder tous leurs crimes. Ce que je sais, c'est qu'il est intéressé, par son opinion sur la loi et par ses liaisons avec eux à les justifier, tant qu'il pourra pour se justifier lui-même. Je le crois un peu tartufe. Son collègue Perrin est un homme ignorant, qui peut être de bonne foi, mais cruellement entêté. Cependant tout considéré, vous n'avez pas le plus mauvais lot et si vous y mettez quelque vigueur, vous pourrez vous en tirer. Maintenant que la mèche est tout entière éventée, mes lettres peuvent être communiquées à qui vous voudrez; néanmoins, je m'en rapporte à votre prudence; faites, tout au moins, si nous périssons, pour empêcher la liberté de Paris. Si nous sommes les otages des conspirateurs à Paris, regardez leurs proconsuls d'abord comme les envoyés de l'Assemblée, s'ils se conduisent bien; mais comme vos otages aussi dans le cas où ils serviraient leurs criminels projets. De la vigueur, la foi, des actes d'hommes libres, si vous voulez sauver la République.

« Pour vous donner une idée de nos trois réfractaires, il me suffira de vous dire que jeudi dernier, lorsque nous eûmes fait Gensonné président, Malarmé, qui venait de faire l'appel nominal, osa dire en descendant de la tribune, que nous voulions une troisième insurrection et qu'on nous la donnerait et nous avons quelques raisons de croire que c'est Levasseur qui a perdu Mallarmé. Adieu, encore une fois, n'oubliez pas qu'il existe un combat à mort entre les conspirateurs et nous, entre la liberté et l'esclavage.

« *Signé* : SALLE. »

« *P. S.* — Je me suis trompé; ce n'est pas Perrin, c'est Anthoine qui accompagne Levasseur. Anthoine qui fut mon ami, qui m'engageait à ne pas me rendre à Paris, qui me peignait Robespierre et sa secte impie sous ses véritables couleurs; Anthoine que j'estimais et qui n'est plus qu'un homme méprisable. Trois fois, il est revenu vers moi depuis l'ouverture de la session; chaque fois, je lui ai dit : « Je ne désespère pas de vous, puisque vous ne craignez pas mes regards. » Aujourd'hui, et depuis plus de deux mois, je ne le vois plus; il me fuit, il n'ose me regarder en face. Dites-lui là-dessus tout ce qui vous voudrez; vous pouvez même lui montrer ma lettre.

« *Signé* : SALLE. »

« Vu Nancy, 13 avril 1793, l'an II de la République.

« *Signé* : ANTHOINE. »

4º LETTRE (1).

Mercredi, 27 mars 1793, l'an II de la République.

« Il est onze heures du soir; j'arrive du comité de défense générale où l'on continue à se réunir. J'ai été cruellement inquiet pendant toute la journée, mais je vais me coucher tranquille; la tournure des discours des Messieurs de la Montagne m'a rassuré. Il est certain

___

(1) *Archives nationales*, Carton CII 251, chemise 443, pièce n° 29.

néanmoins que des mouvements nouveaux se préparent. Danton est de retour de la Belgique et vous êtes assez au fait pour n'être pas surpris d'apprendre que la présence de cet homme à Paris, lorsqu'il arrive de l'armée, est pour nous le présage de quelque trouble. On a parlé au comité de portes de députés marquées à la craie; il paraît même que celles de Messieurs de la Montagne n'ont pas été épargnées. Malgré tout cela, je vous le répète, je vais me coucher tranquille : je n'ai pas même, en rentrant, examiné si l'hôtel où je suis logé était désigné. Les Montagnards, me suis-je dit, ont voulu nous faire entendre qu'ils avaient intérêt à se réunir à nous, que le danger était commun; ils ont voulu nous dire encore que les conspirateurs du 10 mars étaient des aristocrates, qui marquaient toutes les portes, sans distinction de parti, et non pas des Jacobins du club ou de la Convention. J'ai conclu que les poignards ne joueront pas cette nuit.

Il y a plus; je conclus de tout ce que je viens d'entendre que les mouvements qui se préparent ne seront pas dangereux. Aujourd'hui, comme vous voyez, je ne vois pas en noir. Il me paraît qu'on veut tout simplement essayer de flatter la coopération du 10; il doit y avoir un simulacre de fermeture de barrières, un simulacre d'insurrection, du moins c'est l'opinion que je porte des conséquences que doivent avoir quelques mesures arrêtées au comité, et qui seront sans doute adoptées demain par la Convention. Déjà la Commune a eu l'audace de venir tenir à la barre le langage des conjurés. Elle a dit, dans des termes qu'elle s'est efforcée de rendre modestes, que si la Convention n'avait pas les moyens de sauver la patrie, l'insurrection était prête; ce n'était pas sans doute qu'elle crût que l'Assemblée lui répondrait que les moyens de Salut public n'étaient pas en son pouvoir; car alors, je vous le demande, qu'aurait fait la Commune ? Il est affreux d'y songer. Non, elle voulait seulement détourner les yeux de dessus les discours incendiaires tenus à la tribune des Jacobins, et faire croire qu'ils n'étaient point coupables, puisqu'elle les répétait à la barre. *De l'audace et toujours de l'audace !* C'était ainsi que les généraux du temps de Lafayette accouraient à Paris, pour faire des pétitions semblables à la sienne, et ce en partageant son délit. Maintenant donc, le peuple entier de Paris va demain être mis sur pied, et quoique le mot insurrection signifie résistance à l'oppression, on dira : le peuple s'est levé par décret de la Convention; il était donc nécessaire qu'il se levât; ceux qui demandaient ce réveil, cette insurrection n'étaient donc pas coupables ! Les équivoques, comme vous voyez, sont bonnes à quelque chose. Ensuite, il y aura des gardes aux barrières qui ne laisseront passer personne sans cartes civiques ou passeports, et quoique suivant toutes les lois du moment, les sentinelles et patrouilles peuvent demander, tous les jours et à toutes heures, les passeports et cartes civiques de passants; parce qu'on aura placé quelques sentinelles de plus, on appellera cela une sorte de fermeture de barrières, et on dira encore : ceux qui, le 10 mars, demandaient cette fermeture, n'étaient donc point coupables. Enfin, on fera de grandes visites domiciliaires, décrétées depuis longtemps et qui devraient être faites si la Commune de Paris exécutait les lois, pour saisir les aristocrates, les contre-révolutionnaires, les émigrés, les étrangers, les prêtres, et quoique tous ces messieurs n'aient formé que l'arrière-garde des conspirateurs du 10, quoiqu'il soit évident que les meneurs des brigands, étaient de beaux et bons cordeliers et jacobins bien séditieux, bien excités au meurtre des députés et au pillage par des députés mêmes ; on dira plus que jamais que les aristocrates seuls ont mis la Convention en danger, et que le peuple (car c'est toujours au peuple qui gémit de leurs excès que ces messieurs attribuent les équipées de leurs brigands) et que le peuple, dis-je, qui s'était agité ce jour-là, n'avait eu que des inquiétudes bien légitimes, que le désir fort indiscret sans doute, mais bien excusable, de faire main basse sur les conspirateurs eux-mêmes.

« Voilà, si j'ai bien observé, quel sera le résultat des mouvements de cette semaine. Ainsi, tout considéré, il n'y a rien à craindre, à ce que je crois, d'ici à dimanche ; la classe qui se prépare et qui ne serait que ridicule, si on ne la considérait que dans son principal objet, pourra même avoir le bon effet, par contre-coup, d'attraper quelque aristocrate que le méritera bien. Mais, au milieu de tout cela, il est bien cruel de songer à la manière dont la Convention est sans cesse prise pour dupe. « Il est temps, disait un jour Isnard, que l'Assemblée cesse d'être une machine à décret dans les mains d'une faction. » Elle est aujourd'hui bien payée pour s'y connaître ; eh bien ! elle décrète encore, suivant l'impulsion qu'elle reçoit, et quand Danton a hurlé à la tribune quelques phrases qu'il appelle révolutionnaires, et qu'il a décidé son enthousiasme pour quelques mesures de l'espèce de celles qui seront proposées demain, l'Assemblée croit qu'elle a pris de grandes mesures.

« Quand je vous observe que cette semaine se passera sans accidents, je ne veux pas dire pour cela que tous les dangers sont passés ; au contraire, j'y crois plus que jamais. La secousse qui commence et qui ne finira pas trop mal, va malheureusement par ses suites rendre à la Convention une confiance dangereuse. Et je crois voir pour la semaine suivante des occasions de troubles qui seront, par cela même, beaucoup plus à craindre. On parle de nouveau de décréter Dumouriez ; la Belgique s'évacue en désordre ; le mal, de ce côté-là, est au comble ; Dumouriez paraît n'être pas exempt de reproche. Sa conduite que je n'avais d'abord trouvée qu'imprudente commence à me paraître suspecte. Est-il le complice des brigands ? Travaille-t-il pour son compte ? Ou, ce qui serait si doux à penser pour un homme qui aime son pays, peut-il tout expliquer d'une manière satisfaisante ? Est-il un bon citoyen ? Je tremble d'y voir clair, et ce qu'il y a de plus désolant à penser, c'est que chacune de ces trois hypothèses est presque également favorable aux régulateurs; il leur suffit qu'il soit seulement suspect pour bâtir un plan qui réussisse. Je le répète, tant que les conspirateurs seront libres, ils renoueront leur trame : voilà ce que l'Assemblée paraît ne pas sentir. Nous périrons donc, je m'y attends plus que jamais. Ah ! du moins désirons que la liberté n'entre pas avec nous dans la tombe ! Que les républicains qui nous

survivront aient le courage de nous venger. Adieu !

                    «*Signé* : SALLE. »

« Vu Nancy, le 13 avril 1793, l'an II de la République.

                    « *Signé* : ANTHOINE. »

DEUXIÈME ANNEXE (1)

A LA SÉANCE DE LA CONVENTION NATIONALE DU MERCREDI 17 AVRIL 1793.

OPINION *du citoyen* BLAVIEL, *député du département du Lot à la Convention nationale, sur la motion d'ordre tendant à faire décréter les articles constitutionnels, avant la Déclaration des droits. Imprimée par ordre de la Convention nationale, le 17 avril 1793.*

Je vais développer mon opinion sur la question de savoir si la Déclaration des droits doit être consacrée avant les articles du pacte social, comme devant leur servir de principe ; ou si, au contraire, elle doit être consacrée après, comme en étant la conséquence.

Cette question étrange sans doute, cesse d'être oiseuse, lorsque la Convention nationale d'un peuple éclairé, semble vouloir admettre la conséquence pour principe, et forcer le principe à devenir conséquence.

Une pareille subversion dans les idées, provient de ce que l'on confond toujours l'homme privé avec l'homme social ; le droit naturel avec le droit civil, politique et moral ; et que l'on ne distingue pas ce que le droit permet, d'avec ce que l'intérêt prescrit à la société, ainsi qu'à chacun des membres qui la composent.

Une telle confusion a produit jusqu'ici de sublimes chimères dans la spéculation, et pas un résultat de pratique satisfaisant pour un grand peuple qui nous a investis de tous ses pouvoirs, mais qui n'a consenti à une délégation momentanée de l'exercice de sa souveraineté, que dans son intérêt, c'est-à-dire afin que ses délégués établissent, sur des bases immuables, les principes fondamentaux de son bonheur.

S'occuper des droits de l'homme dans l'état de nature, est une chose tout au moins inutile, c'est vouloir se perdre dans les espaces imaginaires ; d'ailleurs ces droits se réduisent à des termes bien simples, et les voici :

Les droits de l'homme, dans l'état de nature, s'étendent aussi loin que ses facultés ; ou plutôt, dans l'état de nature, l'homme n'a pas de droits, il n'a que des facultés qu'il exerce de telle ou telle manière, suivant qu'il se trouve plus ou moins disposé, et qu'il rencontre plus ou moins d'obstacles, ou qu'il a plus ou moins de moyens pour les surmonter. Ce n'est pas sans doute d'objets aussi frivoles que la

---

(1) Voy. ci-dessus, même séance, page 276, la discussion sur la motion d'ordre de Rouzet.
(2) Bibliothèque de la Chambre des députés: *Collection Portiez* (*de l'Oise*), tome 30, n° 1.

Convention doit s'occuper; laissons ces contes à ceux qui n'ont rien de mieux à faire, et attachons-nous sérieusement aux intérêts de la République. Nous n'avons pas été envoyés pour faire de l'esprit, pour nous soigner une réputation de gens de lettres, de grands écrivains, mais bien pour donner tout notre temps, toutes nos facultés à l'établissement d'un gouvernement populaire, et surtout d'un gouvernement qui assure la prospérité du corps social, et garantisse les droits des individus, qui le composent. Je reprends : l'homme dans l'état de nature n'a ni droit à exercer, ni devoir à remplir, il n'a que des facultés; passant de cet état à l'état social, il fait à la société le sacrifice de ses facultés, s'impose des devoirs; et la société, en échange, lui accorde des droits, d'où il résulte bien évidemment que l'homme, dans aucun état possible, n'a de droits que ceux que le pacte social lui assure; et par voie de suite, que la Déclaration des droits n'est qu'une conséquence du contrat qui les établit et les détermine (1).

La Déclaration des droits de l'homme en société, est au contrat social ce qu'est une préface bien faite au livre qu'elle précède, c'est-à-dire, une analyse précise, un exposé clair et succinct de son contenu. Or, il serait absurde de faire dépendre un ouvrage d'une préface qu'on aurait publiée; ce serait s'asservir d'une manière bien étrange, et s'exposer gratuitement à faire, au lieu d'une chose bonne, une chose ridiculement mauvaise.

Sans doute que, pour établir le pacte social, pour en rédiger les articles, il faut des principes; mais ces principes sont connus et adoptés depuis longtemps, ils se réduisent à cinq mots que voici : liberté, égalité, sûreté, unité, indivisibilité.

Les droits du citoyen ne seront, ne pourront jamais être, quel que soit le parti que l'on adopte, que ceux déterminés par le pacte social, auquel il aura souscrit expressément ou tacitement; toute déclaration qui n'en serait pas une conséquence bien déduite, serait une ridiculité.

Il est d'autres raisons bien puissantes, prises des circonstances dans lesquelles nous nous trouvons, pour que la Convention adopte le parti de se livrer à la discussion des articles constitutionnels, avant de passer à celle de la Déclaration des droits; ces raisons de salut public ont été si amplement développées, que je n'ai pas besoin d'y rien ajouter, pour prouver victorieusement qu'il est non seulement utile au salut de la République, mais encore raisonnable et conforme aux principes, de décréter la Constitution avant de s'occuper de la Déclaration des droits de l'homme social, puisque ces mêmes droits ne seront que ceux déterminés par cette même Constitution.

_____

(1) Pour prévenir les objections qu'on ne manquerait pas de me faire, je déclare qu'il ne peut pas être question ici de ces gouvernements monstrueux, dans lesquels la force est transformée en droit, et la faiblesse en devoir; je n'ai voulu parler que d'un gouvernement légitime qui protège de toute la force commune, la personne et les biens des coassociés, et dans lequel, chacun obéissant à la volonté générale, n'obéit qu'à lui-même, parce qu'il trouve son intérêt particulier, sa sûreté personnelle, dans l'intérêt général, dans la sûreté commune; un tel gouvernement est celui que les Français attendent de leurs représentants, et le seul qu'ils adopteraient. (Note de l'auteur.)

J'appuie la motion d'ordre, et je demande que, demeurant les principes adoptés, qui sont, liberté, égalité, sûreté, vérité, indivisibilité, la Convention nationale décrète qu'elle ajourne la rédaction de la Déclaration des droits de l'homme, jusqu'après qu'elle aura décrété les articles constitutionnels.

_____

TROISIÈME ANNEXE (1)

A LA SÉANCE DE LA CONVENTION NATIONALE DU MERCREDI 17 AVRIL 1793.

PROJET DE CONSTITUTION pour la République française, rédigé et présenté par BOISSY D'ANGLAS, député du département de l'Ardèche à la Convention nationale (2).

Avant-propos.

La Convention nationale, chargée de l'immense fonction d'offrir à la nation française une Constitution capable de faire son bonheur, n'a pas cru pouvoir s'environner de trop de lumières; elle a invité tous les citoyens de l'Empire, tous les étrangers, tous ses membres, à lui communiquer leurs idées sur cet important ouvrage; et plusieurs écrivains estimables ont répondu à cette invitation. Enhardi par cet encouragement, je viens aussi lui présenter mon travail. J'ai médité attentivement le plan offert par le comité de Constitution de 1791, celles des Etats-Unis de l'Amérique : j'ai cherché surtout à étudier l'esprit public français, à connaître la volonté nationale; et j'ai écrit ce que j'ai cru propre à remplir l'attente d'un grand peuple, et les intentions de ses représentants. On trouvera dans ce projet quelques combinaisons nouvelles, mais on n'y retrouvera, je l'espère, que des principes déjà connus. Comment, lorsqu'il s'agit d'un ouvrage dont les bases doivent être avouées par l'éternelle raison, aspirer à être créateur ? Et si cela pouvait arriver, en parlant à la plus éclairée des nations, ne serait-ce pas un grand préjugé contre l'écrivain qui aurait eu ce malheureux avantage ?

Le gouvernement représentatif est celui qu'attend la nation française, parce qu'elle veut celui qui laisse au peuple tous ses droits, aux citoyens toute leur liberté; mais il doit être formé de manière que la délégation soit courte et bornée, et que le peuple ne délègue que ce qu'il ne peut faire lui-même.

Il faut que le droit du peuple puisse être véritablement énoncé, qu'il ne soit suppléé par rien, et que les élections soient véritablement son ouvrage. Le comité de Constitution l'a ainsi pensé : il a voulu laisser aux citoyens tout l'exercice de leurs droits, et à chaque volonté particulière toute son action; il a donc proscrit le mode électoral adopté jus-

_____

(1) Voy. ci-dessus, même séance, page 263, le rapport de Romme sur les divers projets de Constitution.

(2) Bibliothèque de la Chambre des députés : *Collection Portiez (de l'Oise)*, tome 30, n° 19. Ce document est annoncé dans le *Journal des Débats et des décrets* du 13 avril 1793.

qu'ici, et dont l'effet est de substituer la volonté présumée à la volonté réelle. Je n'ai pas dû adopter un autre principe : j'ai cependant été forcé de renoncer à son application à l'égard des élections qui ne peuvent se faire par une seule section de l'Empire. J'ai rétabli le corps électoral pour la nomination des agents du pouvoir exécutif, et j'ai rejeté à cet égard le mode proposé par le comité de Constitution; d'abord parce qu'il m'a paru blesser l'égalité sociale, en ne laissant d'influence sur la formation de la liste des candidats, et conséquemment sur l'élection définitive, qu'aux grandes cités et qu'aux départements rapprochés du centre commun; ensuite parce que j'ai été effrayé, il faut le dire, de l'immense crédit qu'aurait un homme qui, revêtu d'une grande place, pourrait encore compter par millions les suffrages qui l'auraient nommé, et serait toujours environné de l'appui redoutable de l'immensité des citoyens dont il aurait obtenu les voix. C'est pour diminuer son influence, c'est pour ne pas lui laisser trop de force contre la représentation nationale, qui n'aurait pas le même avantage que lui, que j'ai proposé l'intermédiaire d'un corps électoral national; mais j'ai pris toutes les précautions possibles, pour que ce corps ne fût pas lui-même funeste à la liberté publique, et attentatoire à la représentation du peuple.

J'ai adopté comme une base de toute constitution libre la division des pouvoirs; j'ai pensé que, quel que fût le gouvernement qu'une nation voulût adopter, il était des principes communs qui devaient lui servir de base, comme il devait en résulter plusieurs conséquences communes. Le principe de la division des pouvoirs est la garantie de la liberté; il n'appartient pas plus à la démocratie qu'au gouvernement monarchique, il appartient à toute Constitution qui doit créer des citoyens libres. On a dit que, dans une république où tous les pouvoirs émanent directement du peuple et sont, jusqu'à leur délégation, confondus dans ses propres mains, il ne pouvait y avoir qu'un seul pouvoir délégué par lui; c'est un blasphème politique; c'est dire, en d'autres termes, que là où le peuple est le maître, il faut qu'il soit tout à la fois esclave et tyran; que là où il retient tous les pouvoirs, pour n'en déléguer que l'exercice, il ne peut y avoir de liberté. Le peuple en déléguant les pouvoirs, doit les déléguer de telle sorte qu'ils ne deviennent pas entre les mains de ses agents une arme oppressive pour lui ; il faut que la division des pouvoirs lui soit toujours une sauvegarde; que l'on empêche l'oppression de l'autre, et que la loi demeure seule pour être exécutée, sans opposition et dans toute sa pureté. Si la représentation nationale était le seul pouvoir public, le peuple serait opprimé par ses propres agents; et sa liberté se réduirait à changer de temps en temps la main qui devrait tenir le premier anneau de la chaîne. Il n'y aurait pas de différence, dans cette hypothèse, entre le gouvernement français et le gouvernement turc où il n'y a aussi qu'un seul pouvoir, que celle qui existe entre cinq cents tyrans et un seul. J'en appelle à ce qui est aujourd'hui : la manière d'être actuelle n'est-elle pas tyrannique? comment

nommer autrement un ordre de choses où des hommes, sans responsabilité, inviolables dans leurs personnes, exercent un pouvoir absolu, tantôt gouvernant en masse, tantôt parcourant séparément l'Empire et les armées, avec le droit de faire arrêter arbitrairement celui qui leur paraît suspect, de contrarier les généraux et les ministres, de faire sortir les flottes et marcher les armées, de suspendre et de destituer tous les fonctionnaires publics, d'ordonner tout ce qu'ils veulent, et de punir par des emprisonnements et des exils la moindre opposition à leur volonté. On assure que cela est nécessaire dans les circonstances actuelles, dans ce temps de crises et de révolutions, au milieu de ce choc de tous les partis, de ce combat perpétuel entre ceux qui respectent l'ancien régime ou qui veulent s'élever par le nouveau contre ceux qui ne demandent qu'à établir la liberté sur des bases inébranlables : on assure que le salut du peuple commande impérieusement cette violation de tous les principes : cela peut être et je ne le nie point : je sais qu'il est des moments où la statue de la liberté doit, pour sa propre défense, être couverte d'un voile : mais les circonstances actuelles ne doivent pas nous déterminer dans l'organisation d'un gouvernement définitif. Nous ne faisons pas une Constitution pour éterniser l'anarchie où nous sommes et pour consolider la tyrannie, mais pour les anéantir l'une et l'autre et empêcher qu'elles ne renaissent. Tous les inconvénients de notre position actuelle tiennent à l'absence des lois, à l'absence d'un gouvernement, à l'oubli forcé des principes; il ne faut donc pas adopter des principes, il ne faut donc pas faire des lois, ni organiser un gouvernement qui produisent les mêmes effets que cette absence si funeste. Nous sommes au jour du chaos qui doit précéder la création, mais il ne faut pas que le Créateur se borne à organiser le chaos.

Je dirai peu de chose ici de l'organisation que j'indique pour les corps administratifs, et de celle du pouvoir judiciaire; on a senti par expérience les dangers d'un corps administratif toujours rassemblé, délibérant et agissant tout à la fois; on a senti l'inutilité des conseils d'administration dont le rassemblement annuel ne fait que ralentir la marche de l'administration sans aucune utilité même de surveillance et d'examen, dont les membres trop peu éclairés par un mois de réunion, semblent n'être convoqués que pour devenir les complices des directoires, dans les fautes qu'ils peuvent vouloir commettre, ou pour couvrir ces mêmes fautes par une approbation tacite ou légèrement accordée. J'ai cherché à simplifier les combinaisons en évitant les écueils connus; j'ai porté dans cette partie de l'organisation publique, le principe de la division des pouvoirs; je n'ai pas voulu que celui qui délibère pût agir, et que celui qui ordonne pût exécuter lui-même; j'ai donc créé près de chaque administration une agence exécutive non délibérante, mais agissante par son institution; et j'ai établi des sessions périodiques suffisamment rapprochées, pour que l'agence exécutive pût être surveillée, et les choses à exécuter assez fréquemment résolues.

Quant à l'organisation du pouvoir judiciaire, j'ai adopté l'arbitrage forcé dans la justice civile; et maintenu les jurés dans la justice criminelle. L'arbitrage forcé, qui n'est autre chose que la justice de paix étendue à toutes les affaires et appropriée à l'importance de celles dont l'objet est considérable, m'a paru réclamé par toutes les parties de l'Empire. Je l'ai proposé : je désire que la Convention nationale l'adopte; je pense que c'est la seule forme qui puisse anéantir tous les abus de l'administration judiciaire et qui soit compatible avec les droits des citoyens. Les jurés existent déjà, il ne s'agit que de les maintenir; ce grand bienfait de notre régénération politique n'émane pas de la Convention, mais quel homme aurait pu concevoir l'idée d'en modifier les résultats, ou d'en changer le principe?... La suppression des districts et des tribunaux civils exige l'adjonction de quelques nouvelles formes, et, il est possible alors d'adopter l'ambulance des tribunaux criminels, qui réunit de si grands avantages et offre si peu d'inconvénients.

On trouvera dans ce projet beaucoup d'articles qui ne sont que réglementaires et qui ne sauraient entrer dans une Charte constitutionelle; mais j'ai cru que le moyen de faire apercevoir la solidité des bases et le résultat des institutions, était d'offrir en même temps quelques-unes des lois qui en dérivent; le comité de Constitution l'a pensé sans doute de même : il a cru que si l'on adoptait son plan, il serait facile de séparer les articles constitutionnels de ceux qui ne peuvent pas l'être, afin de n'offrir dans la Constitution que ce qui ne peut être abrogé sans changer tout le gouvernement, et ce qui conséquemment, ne doit être revu qu'avec les plus grandes précautions; j'ai adopté la même marche que lui.

Je présente plusieurs articles dont la rédaction appartient soit au comité de la Convention, soit à la Constitution de 1791. Si j'avais eu l'amour-propre de ne pas vouloir être les autres, j'aurais pu sans doute offrir des expressions différentes et parvenir, avec beaucoup de travail à faire moins bien que mes prédécesseurs; j'ai mieux aimé en user autrement et offrir ce qui m'a paru bon, sans songer s'il y avait pour moi quelque mérite à le transcrire.

La royauté est abolie, les droits du peuple sont tous reconnus; que vous manque-t-il encore? une Constitution sage et ferme qui nous affranchisse de l'anarchie et qui, sans gêner l'exercice d'aucun droit naturel, puisse le régler et le défendre. Il faut que sous la sauvegarde d'une bonne collection de lois, le citoyen puisse vivre en paix, et recueillir les fruits précieux de ses talents et de son industrie, excités encore dans leur application par l'influence de la liberté. Ce grand bienfait ne peut être l'ouvrage que de la Convention, elle seule réunit tous les pouvoirs; elle seule, quoi qu'on en dise, réunit encore la confiance nationale; c'est donc à elle seule qu'appartient le droit d'assurer le bonheur de vingt-six millions d'hommes dont la grande majorité, étrangère aux intrigues et à l'agitation des partis, ne veut que des lois, ne demande que le respect des propriétés et des personnes,

que la liberté, que l'égalité, que la paix, et n'attend que le repos, pour agrandir par des travaux utiles la prospérité de l'Empire. Il est temps que l'anarchie cesse; il est temps que la tyrannie s'éclipse devant les rayons de la liberté; il est temps que les agitateurs de tous les partis soient réduits au silence, et que les rebelles à la volonté générale cessent de troubler la tranquillité publique; il faut enfin que les dictateurs et que les rois apprennent que la nation française ne reculera point et que le peuple veut être libre. Hâtons-nous donc, et malgré toutes les oppositions des ennemis du bonheur public, de ceux qui ne veulent pas, quoi qu'ils en disent, la liberté pour la nation, mais le pouvoir et l'autorité pour eux, offrons à la France une Constitution digne d'elle; et après avoir mérité par ce grand bienfait leur reconnaissance et leur estime, retournons au milieu de nos concitoyens partager la félicité que nous leur aurons préparée.

Quant à moi, je dois dire ici que lorsque j'ai rédigé ce projet, je n'ai pas espéré pouvoir offrir un ensemble plus régulier que celui du plan du comité; mais j'ai cru qu'il était susceptible de quelques amendements : et c'est la base de proposer par écrit et de les offrir à la tribune, que tout mon travail se borne. Je serai trop heureux si ce faible ouvrage peut renfermer une seule idée dont la Convention puisse profiter, et je puis m'honorer un jour d'avoir aidé à placer une pierre dans l'édifice de la liberté publique.

Déclaration des droits de l'homme, et des principes de toute organisation sociale.

Art. 1er.

Tous les hommes naissent et demeurent libres et égaux.

Art. 2.

La liberté consiste à pouvoir faire tout ce qui ne nuit pas à autrui.

Art. 3.

L'égalité consiste dans l'exercice plein et entier de tous les droits dont jouissent les autres hommes.

Art. 4.

Tout gouvernement qui porte atteinte à la liberté et à l'égalité, principes de tous les droits naturels, ou qui tend à en gêner l'exercice, est oppressif et tyrannique, et ne peut subsister que par la force.

Art. 5.

Les droits naturels des hommes sont la liberté, l'égalité, la sûreté, la propriété et la résistance à l'oppression.

Art. 6.

Le but de toute réunion d'hommes étant la conservation et la garantie de ces droits naturels, qui sont inaliénables et antérieurs à toute formation sociale, aucune institution politique ne peut y porter atteinte : l'exercice n'en peut être modifié ou suspendu que pour le bien général, et il ne peut avoir de bornes que celles qui sont absolument nécessaires pour assurer aux autres membres de la société la jouissance de ces mêmes droits.

Art. 7.

Les droits civils et politiques sont le résultat des institutions sociales ; ils sont le complément et la conséquence immédiate des droits naturels reconnus et garantis par la société : ils en facilitent l'usage; ils en modifient l'exercice ; mais ils ne peuvent, dans aucun cas, être substitués à leur place.

Art. 8.

Parmi ces droits, sont ceux d'acquérir des propriétés, de les posséder sans trouble, de les défendre, d'en disposer suivant son gré, de réclamer et d'obtenir pour elles la sauvegarde de la loi; d'être protégé par l'autorité publique dans sa personne et dans son honneur : d'être secouru dans la pauvreté ; de participer à une insurrection commune et gratuite; d'être éligible à tous les emplois, suivant son mérite et ses talents; d'exercer librement son industrie; de vendre, fabriquer et transporter toutes sortes de productions; de ne pouvoir être gêné dans l'application de son travail ; de ne pouvoir être empêché de manifester ses opinions et ses principes, soit par la parole, soit par l'écriture, soit par l'impression et de ne pouvoir être contraint d'adopter une religion quelconque, ou troublé dans l'exercice du culte de celle qu'on aura choisie.

Art. 9.

La loi est l'expression de la volonté générale, librement et également énoncée par chaque homme, ou par des représentants nommés par lui. Elle doit être la même pour tous, soit qu'elle protège, soit qu'elle punisse. Elle n'a le droit de défendre que ce qui est nuisible à la société; tout ce qui n'est pas défendu par elle ne saurait être empêché et nul ne peut être contraint de faire ce qu'elle n'ordonne pas.

Art. 10.

Tout citoyen devant trouver dans le recours à la loi un remède assuré contre tous les torts qu'il peut subir dans sa personne, dans son honneur ou dans ses biens, ce recours doit être prompt, facile et gratuit. La société doit instituer dans son sein des officiers publics salariés par elle, chargés de l'exécution de la loi; tout délai de leur part dans l'exercice de leurs fonctions, autre que ceux que la loi a elle-même déterminés, serait un déni de justice; et ils ne pourraient réclamer un salaire de la part de ceux qui demandent la protection de la loi, sans se rendre coupables de concussion.

Art. 11.

Nul citoyen ne peut être définitivement jugé que par des pairs, et il ne peut y avoir d'officiers publics que ceux qui auront été élus à temps par le peuple.

Art. 12.

Nul ne doit être appelé en justice, accusé, arrêté, ou détenu, que dans les cas déterminés par la loi, et selon les formules qu'elle a prescrites. Tout autre acte exercé contre un citoyen est arbitraire et nul.

Art. 13.

Les citoyens contre qui l'on tenterait d'exécuter de pareils actes ont le droit de repousser la force par la force; mais tout citoyen appelé ou saisi par l'autorité de la loi, et dans les formes prescrites par elle, doit obéir à l'instant; il se rend coupable par la résistance.

Art. 14.

Tout homme est présumé innocent jusqu'à ce qu'il ait été reconnu coupable; il peut néanmoins être arrêté pour être traduit en jugement, mais toute rigueur qui ne serait pas nécessaire pour s'assurer de sa personne doit être sévèrement réprimée par la loi.

Art. 15.

Nul ne doit être puni qu'en vertu d'une loi établie, promulguée antérieurement au délit, et légalement appliquée.

Art. 16.

La loi qui punirait des délits commis avant qu'elle existât, serait un acte arbitraire; l'effet rétroactif donné à la loi est un crime.

Art. 17.

La loi ne doit décerner que des peines strictement et évidemment nécessaires à la sûreté générale. Les peines doivent être proportionnées aux délits, et utiles à la société.

Art. 18.

La société n'a pas le droit de punir un de ses membres par la privation de sa vie.

Art. 19.

La souveraineté est une, indivisible et inaltérable; elle appartient exclusivement au peuple entier, ainsi que toute autorité qui en dérive; chaque citoyen a un droit égal à son exercice : mais nulle réunion partielle d'hommes, nulle corporation ou aggrégation, nul individu ne peut se l'attribuer, ni exercer aucun pouvoir ou fonction publique, sans une délégation expresse du peuple.

Art. 20.

Le gouvernement est établi pour le bien de tous, pour la protection, la sûreté, la prospérité et le bonheur du peuple, et non pas pour le profit, l'honneur ou l'intérêt particulier d'un homme, d'une famille, d'une classe d'hommes; le peuple a donc le droit imprescriptible et inaliénable d'instituer son gouvernement, de le réformer, de le corriger, de le modifier ou de le changer en totalité, ainsi et de manière qui lui plaît.

Art. 21.

Tous les pouvoirs résidant originairement dans le peuple et n'étant émanés de lui que pour la possibilité de leur exercice, les différents magistrats et officiers publics revêtus d'une autorité quelconque ne peuvent se considérer que comme des agents du peuple, comptables envers lui et responsables de leur gestion, suivant le mode établi par la loi.

Art. 22.

Les citoyens ont le droit de s'assembler d'une manière paisible et en bon ordre, pour raisonner en commun sur ce qui intéresse le bien général; ils ont le droit d'adresser des mémoires et des pétitions à leurs représentants, et de leur demander les lois qui peuvent tendre à redresser ou à réparer les maux dont ils souffrent.

Art. 23.

Tout membre de la société doit être protégé par elle, et la garantie des droits de tous qui est le résultat de l'association politique étant une obligation réciproque, chacun est tenu de contribuer pour sa part à assurer cette garantie, soit par son service personnel quand il est jugé nécessaire, soit par la portion de sa propriété qui réclame la dépense publique; mais il a le droit de vérifier et de déterminer, par lui-même ou par ses représentants, l'étendue et l'application de cette dépense, ou de ce service, ainsi que la durée, la quantité et la forme de la contribution qui doit y être appliquée.

Art. 24.

Le droit à sa propriété étant au rang de ceux que la société contracte l'obligation de garantir, nul ne peut être privé de la sienne en tout ou en partie si ce n'est lorsque la nécessité publique légalement constatée l'exige évidemment, et sous la condition expresse d'une juste et préalable indemnité.

Art. 25.

Un peuple a toujours le droit de revoir, de réformer et de changer sa Constitution; une génération n'a pas le droit d'assujettir à ses lois les générations futures; la loi ne peut pas déterminer les formes d'après lesquelles la Constitution sera revue, modifiée ou changée; mais elle peut inviter le peuple à adopter provisoirement tel ou tel mode dans l'exercice de cette portion de sa souveraineté.

TITRE PREMIER

De la nation française et du droit de citoyen.

Art. 1er.

La nation française déclare qu'elle est formée de la réunion de tous les hommes qui habitent sur son territoire depuis plus de deux années sans interruption; en conséquence, elle reconnaît comme citoyens français, habiles à en exercer tous les droits, tout homme âgé de 21 ans accomplis, et domicilié en France depuis deux ans, sans interruption, qui aura déclaré par son inscription sur le tableau civique d'une assemblée primaire, qui veut être membre de la nation française, se conformer à ses lois, leur obéir et les défendre, supporter les obligations de l'association commune et pour de tous ses avantages.

Art. 2.

Ne sont point citoyens français ceux qui, malgré leur domicile en France, sont au service ou aux gages d'une puissance étrangère; ou qui sont affiliés à une ordre de chevalerie ou à une corporation qui supposerait soit des preuves de noblesse, soit des distinctions de naissance, ou qui exigerait des vœux religieux.

Art. 3.

Tout Français qui sera fait naturaliser en pays étranger, ou tout étranger devenu français par son habitation en France, qui retournerait dans sa patrie pour y exercer les droits politiques et y participer au gouvernement, sera censé avoir abdiqué le titre de citoyen français.

Art. 4.

La qualité de citoyen français se perd par la dégradation civique prononcée à titre de peine par un jugement légal.

Art. 5.

L'exercice des droits de citoyen français est suspendu pour ceux qui sont en état d'imbécillité ou de démence constaté par un jugement; contre lesquels il existe une accusation non jugée et prononcée suivant les formes de la loi, ou un jugement de contumace non réformé; ou enfin qui, après avoir été constitués en état de faillite d'insolvabilité prouvée par pièces authentiques, ne rapportent pas un acquit de leurs créanciers.

Art. 6.

Cette suspension peut être prononcée pour un temps contre ceux qui auraient refusé, sans motifs jugés légitimes, soit de remplir les fonctions gratuites déléguées par le choix du peuple, soit de marcher à la défense de la patrie ou pour le maintien de l'ordre public, après en avoir été légalement requis.

Art. 7.

Tout citoyen qui, sans avoir de mission expresse donnée au nom de la nation, se sera absenté de son territoire pendant six années, aura renoncé à l'exercice des droits de citoyen français et ne pourra les reprendre qu'après le séjour d'un an sans interruption sur les terres de la République.

Art. 8.

Les armateurs et les employés sur les vaisseaux marchands, ainsi que ceux qui justifieront ne s'être absentés que pour étendre le cercle de nos connaissances et de nos découvertes, ne seront pas compris dans la disposition portée en l'article précédent.

Art. 9.

Tout citoyen français devant, aux termes des articles ci-dessus, jouir des droits attachés à ce titre, pourra les exercer dans la portion du territoire de la République où il se trouvera être domicilié depuis six ans sans interruption.

Art. 10.

Celui qui aura été absent de son domicile pendant un an sans y être revenu et dont l'absence n'aura point été occasionnée par une mission donnée au nom de la République ou par l'exercice d'une fonction publique quelconque, sera tenu à une résidence de trois mois consécutifs avant de pouvoir y voter dans les assemblées primaires.

Art. 11.

Tout fonctionnaire public pourra exercer ses droits de citoyen soit dans son domicile ordinaire, soit dans le lieu où l'exercice de ses fonctions l'oblige à résider momentanément, sans pouvoir toutefois voter pour le même objet dans plus d'un endroit à la fois.

Art. 12.

Nul ne peut exercer son droit de suffrage dans plus d'une assemblée primaire en même temps, ni se faire représenter par un autre.

Art. 13.

La qualité de citoyen français avec le libre et actuel exercice de ses droits, et la majorité de 25 ans accomplis, sont les seules conditions nécessaires pour l'éligibilité à toutes les places de la République, sauf l'exception qui sera portée ci-après pour les membres du Conseil exécutif national.

Art. 14.

En quelque lieu que réside un citoyen français, il est censé appartenir à toutes les portions de l'Empire; et il peut être élu à toutes les places et par tous les citoyens quand même, en exécution des dispositions ci-dessus, relativement au changement de domicile ou à l'absence, il serait momentanément privé du droit de voter dans les assemblées primaires.

Art. 15.

Le titre de citoyen étant le premier de tous pour des républicains égaux et libres, il est défendu à quelque individu que ce soit d'en prendre d'autre dans les actes qui lui seront personnels; les fonctionnaires publics ne pourront prendre celui de leur place que pendant le temps qu'ils en exerceront les fonctions.

TITRE II
Division du territoire français.

Art. 1er.

La République française est une et indivisible.

Art. 2.

La division actuelle en départements est provisoirement maintenue.

Art. 3.

Néanmoins les limites des départements pourront être changées ou rectifiées par les assemblées législatives, sans toutefois que la surface d'un département puisse excéder 400 lieues.

Art. 4.

Il n'y aura plus de districts; mais chaque département sera divisé, pour son administration intérieure, en un certain nombre de cantons dont le chef-lieu placé autant qu'il se pourra dans le centre de son territoire, et ne sera pas à plus de 5.000 toises de son extrémité la plus éloignée.

Art. 5.

Il y aura dans chaque canton une administration municipale subordonnée à l'administration du département, et dans chaque commune, ou municipalité actuelle, un syndic municipal dont les fonctions seront déterminés par la loi.

TITRE III
Des pouvoirs publics.

Art. 1er.

La souveraineté est une, indivisible, inaliénable et imprescriptible; elle appartient à la nation tout entière; aucune section du peuple ni aucun individu ne peuvent s'en attribuer l'exercice.

Art. 2.

Tous les pouvoirs résident essentiellement dans le peuple, mais le peuple déclare qu'il ne veut les exercer que par délégation.

Art. 3.

Ainsi, la Constitution française est représentative; ainsi, nul citoyen ne peut exercer par lui-même aucune autorité, ni remplir aucune fonction publique sans un mandat exprès du peuple, et sans une délégation formelle faite en conformité de la loi.

Art. 4.

La représentation du peuple est consacrée de députés librement et également élus dans ses différentes sections et par chaque citoyen, et leur réunion en une seule assemblée forme la représentation nationale.

Art. 5.

Nul fonctionnaire public autre que ceux investis de ce caractère par la Constitution, ne peut se considérer comme le représentant du peuple : il n'y a de représentation que dans l'Assemblée nationale tout entière ; les autres délégués du peuple sont des agents publics élus à temps par les citoyens.

Art. 6.

Le peuple français considérant que la division des pouvoirs est la seule base de tout gouvernement libre, déclare qu'il délègue séparément le pouvoir législatif, le pouvoir exécutif et le pouvoir judiciaire ; et qu'il regarde comme un attentat à la Constitution et à sa liberté toute entreprise faite par les dépositaires de l'un de ces pouvoirs sur l'exercice de l'un des deux autres.

Art. 7.

Le pouvoir législatif est délégué à l'assemblée des représentants du peuple réunis pour délibérer en commun.

Art. 8.

Le pouvoir exécutif est délégué à un conseil national pour être exercé sous sa responsabilité par lui ou par des agents responsables.

Art. 9.

Le pouvoir judiciaire est délégué à des citoyens élus à cet effet pour l'exercer conformément à la loi.

Art. 10.

Tous les délégués du peuple ne le sont que pour un temps plus ou moins long, déterminé par la loi.

Art. 11.

Il ne peut y avoir de bornes à la confiance du peuple, et chaque citoyen est éligible à toutes les places ; mais nul ne peut à la fois être chargé de plus d'une fonction.

TITRE IV

Des assemblées primaires.

SECTION PREMIÈRE.

Organisation des assemblées primaires.

Art. 1er.

L'exercice des droits de citoyen français ne peut avoir lieu que dans les assemblées primaires.

Art. 2.

Les citoyens de chaque canton qui devront jouir de l'exercice de ce droit, aux termes du titre Ier ci-dessus, formeront au moins une assemblée primaire. Si leur nombre s'élève à plus de 900, ils seront répartis en plusieurs assemblées, de telle sorte qu'aucune d'elles ne puisse avoir moins de 450 membres, ou plus de 900.

Art. 3.

Cette répartition sera faite par l'administration du département sur l'avis de celle du canton ; et elle sera déterminée d'après les convenances locales et de manière que le domicile de chaque citoyen soit rapproché le plus possible du centre commun de l'arrondissement.

Art. 4.

Il sera fait dans chaque assemblée primaire un tableau particulier de tous les citoyens qui la composeront, et ce tableau demeurera affiché dans le lieu de ses séances.

Art. 5.

Lors de la première réunion de chaque assemblée, il sera procédé à la nomination d'un bureau composé d'autant de membres qu'il y aura de fois 50 citoyens inscrits sur ce tableau; pendant cette opération préliminaire, le doyen d'âge présidera.

Art. 6.

La nomination du bureau se fera par un seul scrutin de liste et à la pluralité relative.

Art. 7.

Celui des membres du bureau qui aura recueilli le plus de voix sera le président de l'assemblée primaire; le second, le secrétaire, et les autres, les scrutateurs.

Art. 8.

Le bureau restera en fonctions pendant trois mois; et le premier dimanche de chaque trimestre, il sera procédé à son renouvellement.

Art. 9.

Les fonctions du bureau seront : 1° de garder le registre ou tableau de tous les citoyens; 2° d'inscrire sur ce registre dans l'intervalle d'une convocation à l'autre, ceux qui se présenteront pour être admis dans l'assemblée; 3° de proposer leur admission comme citoyens, et de présenter pareillement le nom de ceux qui, aux termes de la Constitution, devront être retranchés du tableau; 4° de donner à ceux qui veulent changer de domicile un certificat qui atteste leur qualité de citoyen; 5° de convoquer l'assemblée primaire dans les cas déterminés par la loi.

Art. 10.

Les assemblées primaires seront convoquées d'après les proclamations des directeurs généraux des départements aux époques indiquées par la Constitution, ou lorsque le Corps législatif l'aura ainsi décrété.

Art. 11.

L'objet de la convocation sera spécial et particulier; et il ne pourra y être traité d'autre objet que celui qui aura déterminé la convocation.

Art. 12.

Il ne pourra être procédé à aucune délibération si l'assemblée n'est formée de la moitié plus un des citoyens inscrits sur le tableau de ses membres. On comptera comme présents pour former ce nombre, ceux qui seront absents pour cause légitime jugée préalablement à la délibération, et il sera fait mention des motifs reconnus valables, dans le procès-verbal de la séance.

Art. 13.

Si l'assemblée ne peut procéder par ce défaut de présence de la moitié plus un de ses membres, il en sera dressé procès-verbal séance tenante; le bureau sera tenu, sous sa responsabilité, de l'adresser dans les vingt-quatre heures aux directeurs généraux du département, et l'assemblée sera déchue du droit de délibérer sur l'objet qui aura nécessité sa convocation.

Art. 14.

Indépendamment de cette peine, l'arrondissement de l'assemblée sera soumis, par forme d'amende, au doublement de sa contribution foncière; mais les citoyens qui auront été présents ou dont l'absence aura été jugée légitime, pourront agir par voie de restitution et de recours contre ceux dont l'éloignement aura empêché les opérations de l'assemblée.

SECTION II.

Des élections par les assemblées primaires.

Art. 1er.

Excepté les élections qui sont déléguées au corps électoral national, toutes les élections se feront par les assemblées primaires sans l'intermédiaire des corps électoraux.

Art. 2.

Les élections se feront au moyen de deux ou de trois scrutins; le premier, qui pourra n'être que préparatoire, aura pour objet principal de former une liste de présentation; le second, qui ne sera ouvert qu'entre les candidats inscrits sur cette première liste, sera définitif et consommera l'élection, à moins qu'il ne faille recourir à une troisième opération.

Art. 3.

Pour former le scrutin de présentation, dès que l'assemblée aura été formée, les membres reconnus, les causes d'absence jugées et l'objet de la convocation annoncée, chaque votant recevra au bureau un bulletin imprimé, sur lequel on aura inscrit son nom en marge.

Art. 4.

Le scrutin sera ouvert à l'instant même; il ne sera fermé que dans la séance du lendemain à quatre heures du soir. Chaque citoyen écrira sur son bulletin un nombre de noms égal à celui des places à élire, et viendra pendant cet intervalle le déposer dans un tronc fermé à clef et placé auprès du bureau.

Art. 5.

Dans la séance du second jour, à quatre heures, le bureau procédera à la vérification et au recensement du scrutin, en lisant à haute voix le nom de chaque votant, et les noms de ceux qu'il aura inscrits sur son bulletin.

Art. 6.

Les élections seront réputées nulles s'il n'est constaté par le recensement du scrutin que le nombre des votants qui y auront concouru a été égal à la moitié plus un des citoyens inscrits sur le tableau de l'assemblée primaire; et pour cette fois, l'assemblée sera déchue du droit de concourir à la présentation ou à l'élection à laquelle elle aura dû procéder; l'arrondissement sera soumis de plus à payer le double de sa contribution foncière, comme il a été dit ci-dessus.

Art. 7.

Le bureau sera tenu de dresser, séance tenante, un procès-verbal de la nullité de l'élection.

Art. 8.

Toutes les opérations se feront publiquement.

Art. 9.

Le résultat du scrutin de chaque assemblée primaire sera envoyé au chef-lieu du département, où le recensement et la réunion s'en feront en présence du public. Les administrateurs du département et, à leur défaut, les directeurs généraux auxquels se réuniront six membres de l'administration municipale du lieu, procéderont à la réunion des divers scrutins et à la formation de leur résultat.

Art. 10.

La liste de présentation sera formée d'un nombre triple de celui des places à remplir et des suppléants à nommer; et ceux qui auront obtenu le plus de voix y seront inscrits. Lorsqu'il n'y aura qu'une seule élection à faire, le nombre des candidats sera de six.

Art. 11.

S'il y a égalité de suffrages, ceux qui auront le même nombre de voix seront placés sur la liste en nombre additionnel.

Art. 12.

Ceux qui, dans ce premier scrutin, se trouveraient avoir réuni la moitié des voix plus une, seront définitivement élus, sans qu'il soit besoin de passer, à leur égard, à une seconde élection; et dans ce cas, la liste de présentation ne sera formée que relativement au nombre des places restantes.

Art. 13.

Le recensement général des résultats du scrutin fait par les assemblées primaires, commencera le huitième jour après celui où la proclamation du scrutin aura dû être faite dans chaque assemblée; et ceux qui ne seraient remis à l'administration de département que postérieurement à cette époque ne seront point admis.

Art. 14.

La liste de présentation étant formée et réduite au nombre triple des sujets à élire, sera imprimée et publiée sans délai, et envoyée aux assemblées primaires par les directeurs généraux qui indiqueront le jour où il devra être procédé au scrutin d'élection : ce jour sera le même pour toutes les assemblées primaires du département, et il ne pourra être plus rapproché que de quinze jours, de celui où la liste de présentation aura été définitivement arrêtée, ni plus éloigné que de vingt et un jours.

Art. 15.

La liste des candidats sera affichée pendant quatre jours à la porte extérieure du lieu des séances de chaque assemblée primaire, et, de plus, dans le lieu du canton destiné à recevoir l'affiche des lois et des actes des autorités constituées.

Art. 16.

Chaque assemblée primaire étant réunie pour procéder au scrutin d'élection, après qu'il aura été procédé aux opérations préliminaires, chaque votant recevra un bulletin imprimé sur lequel il écrira sur le bureau, en présence des scrutateurs, ou fera écrire par l'un d'eux, s'il ne peut le faire lui-même, un nombre de noms égal à celui des places à élire; il le déposera ostensiblement dans le tronc, et il ne sera point tenu de le signer.

Art. 17.

Il sera procédé au dépouillement du scrutin et à la proclamation de son résultat dans la séance du lendemain, à quatre heures du soir, ainsi qu'il a été dit pour le scrutin de présentation. Ce résultat sera adressé au chef-lieu de département où il sera formé un résultat commun d'après les scrutins de chaque assemblée primaire, en suivant les mêmes délais et les mêmes formes que pour la formation du premier scrutin. Les citoyens qui auront obtenu la pluralité simple des voix seront définitivement élus, pourvu toutefois qu'ils aient réuni le tiers des suffrages.

Art. 18.

Si l'élection n'est pas consommée au second scrutin, il sera annoncé par l'administration ou les directeurs généraux, qu'il doit être procédé à un nouveau scrutin. Les assemblées primaires seront convoquées de nouveau pour le second dimanche après la proclamation du second scrutin, à l'effet de procéder au scrutin définitif; il sera envoyé à chaque assemblée primaire la liste des citoyens qui auront eu le plus de voix sans réunir le tiers des suffrages; cette liste sera formée d'un nombre de noms double de celui des places qui resteront à remplir.

Art. 19.

Il sera procédé sur cette liste à un troisième et dernier scrutin, d'après le recensement général duquel fait au chef-lieu du département, de la manière accoutumée, et avec les mêmes délais, ceux qui auront obtenu le plus de voix seront élus.

Art. 20.

En cas d'égalité de suffrages, le plus âgé sera préféré.

Art. 21.

Lors du second ou du troisième scrutin, les bulletins où l'on aurait donné un ou plusieurs suffrages à des citoyens qui ne seraient pas inscrits sur la liste de présentation seront annulés.

Art. 22.

Le même citoyen pourra être porté à la fois sur plusieurs listes de présentation, pour plusieurs places différentes. Il y a néanmoins incompatibilité entre toutes les fonctions publiques; et celui qui aura accepté une fonction nouvelle, aura renoncé, par cela seul, à celle qu'il exerçait auparavant.

Art. 23.

Le nombre des suppléants sera toujours égal à la moitié de toutes les places. Lorsqu'une place sera unique, il y aura néanmoins un suppléant.

Art. 24.

Lorsqu'il sera procédé à la formation des listes de présentation, on aura égard au nombre des suppléants comme à celui des places à élire.

Art. 25.

Les suppléants seront choisis sur la liste de présentation et élus par un seul scrutin, lequel sera différent de celui pour les places à remplir.

Art. 26.

Les mêmes conditions seront nécessaires pour être élu suppléant que pour être élu aux places vacantes.

SECTION III.

Des délibérations des assemblées primaires.

Art. 1er.

Lorsque les assemblées primaires seront convoquées pour délibérer sur un objet quelconque, et après qu'elles auront été formées d'un nombre de citoyens suffisant, le président fera connaître l'objet de la délibération réduit à une question simple à laquelle il sera possible de répondre par *oui* ou par *non*. Chaque citoyen pourra discuter sur la manière de poser la question, et l'assemblée arrêtera les termes dans lesquels elle devra être établie.

Art. 2.

Après cette première délibération, la séance sera levée et la discussion ajournée à huit jours.

Art. 3.

Pendant l'ajournement, le local où l'assemblée primaire se réunit, sera ouvert tous les jours aux citoyens pour y discuter l'objet soumis à leur délibération.

Art. 4.

Lorsque l'assemblée sera réunie, au jour indiqué pour émettre son vœu, le président rappellera de nouveau l'objet de la délibération, et établira la question ainsi qu'elle aura été arrêtée dans la séance précédente. Il sera permis de discuter, tant sur la manière de poser la question, que sur le fond, et lorsque la discussion aura été fermée, il sera procédé au recueillement du vœu de chaque citoyen.

Art. 5.

Pour cet effet, chaque votant écrira ou fera écrire sur son bulletin *oui* ou *non;* il le signera ou le fera signer en son nom par un des membres du bureau, avant de le déposer dans le tronc.

Art. 6.

Le scrutin ne sera fermé que dans la séance du lendemain à quatre heures du soir. Pen-

dant cet intervalle, chaque citoyen sera libre de choisir l'instant qui lui conviendra le mieux pour aller émettre son vœu. Il y aura, dans l'intérieur de la salle, une affiche contenant l'exposé sommaire de la question soumise à l'assemblée.

Art. 7.

Le dépouillement du scrutin sera fait à haute voix, et le nom de chaque votant sera proclamé en même temps que son vœu.

Art. 8.

Si, comme il a été dit ci-dessus, le nombre des votants est insuffisant pour produire une délibération, le procès-verbal qui le constatera sera adressé au chef-lieu de département, et il n'y aura pas lieu de délibérer sur cet objet.

Art. 9.

Le résultat du vœu de chaque assemblée par *oui* ou par *non* sera adressé à l'administration du département où le résultat général sera constaté dans les délais et suivant les formes prescrites pour les élections.

Art. 10.

Si toutes les assemblées primaires de la République ont été convoquées pour délibérer sur le même objet, le Corps législatif réunira les résultats de chaque département et en formera un vœu général qui sera publié dans toute la République.

Art. 11.

Les assemblées primaires seront juges de la validité des suffrages qui seront donnés dans leur sein.

Art. 12.

Les administrations de département prononceront sur les nullités résultant de l'inobservation des formes, d'après les rapports qui leur en seront faits par les directeurs généraux, à la charge d'adresser leurs arrêtés au conseil exécutif, lequel sera tenu de les confirmer ou de les révoquer, sauf le recours, dans tous les cas, au Corps législatif.

SECTION IV.

De la police intérieure des assemblées primaires.

Art. 1er.

La police intérieure des assemblées primaires appartient essentiellement et exclusivement aux assemblées elles-mêmes.

Art. 2.

La peine la plus forte qu'une assemblée primaire puisse prononcer contre un de ses membres, après le rappel à l'ordre et la censure, est l'exclusion de la séance.

Art. 3.

En cas de voie de fait, d'excès graves, ou de délits commis dans l'intérieur de la salle des séances, le président pourra, après y avoir été autorisé par l'assemblée, décerner des mandats d'amener contre les prévenus, et les faire traduire devant l'officier chargé de la police de sûreté.

Art. 4.

Les citoyens ne pourront se rendre en armes dans les assemblées primaires.

Art. 5.

Il y aura dans toutes les assemblées primaires une place destinée aux jeunes citoyens qui ne seront pas assez âgés pour prendre part aux délibérations.

Art. 6.

La salle sera ouverte tous les dimanches de l'année aux citoyens qui voudront s'y réunir, et le bureau commettra l'un de ses membres, lequel donnera aux citoyens lecture des différents actes des autorités constituées, adressées aux assemblées primaires, et sera chargé de maintenir l'ordre et le calme dans ces réunions particulières.

TITRE V

De l'assemblée nationale législative.

SECTION PREMIÈRE.

Art. 1er.

Le Corps législatif est un ; il sera composé d'une seule Chambre et renouvelé tous les deux ans.

Art. 2.

Les membres seront nommés par chaque département et élus par les assemblées primaires suivant le mode déterminé par la Constitution.

Art. 3.

Chaque département nommera autant de députés qu'il y aura de fois 50,000 âmes de population. Les fractions au-dessus de 25,000 âmes compteront pour 50,000, celles au-dessous de ce nombre ne compteront pas.

Art. 4.

Le nombre des suppléants sera égal à la moitié de celui des députés.

Art. 5

Le renouvellement du Corps législatif se fera de plein droit.

Art. 6.

Les assemblées primaires se réuniront le premier dimanche de mai pour procéder à l'élection des représentants ; cette réunion se fera sans la convocation d'aucun fonctionnaire public; mais les directeurs généraux de chaque département seront tenus de faire une proclamation dans la première quinzaine d'avril qui précédera pour rappeler au peuple cet article de la Constitution.

Art. 7.

Il sera procédé à l'élection des représentants que chaque département devra fournir suivant le mode qui a été établi au précédent article. Dès que l'élection sera consommée et proclamée au chef-lieu du département, les directeurs généraux seront tenus de la notifier aux citoyens qui auront été nommés.

Art. 8.

Les députés de chaque département se réuniront le 14 juillet suivant au lieu qui aura été désigné par l'assemblée législative précédente, ou dans celui de sa dernière séance, si elle n'a pas fait de désignation.

Art. 9.

S'ils ne se sont pas réunis au nombre de 200, ils ne pourront s'occuper d'aucun acte législatif ; mais ils pourront enjoindre aux membres absents de se rendre à leurs fonctions sans délai, et prendre même contre eux à cet égard des mesures coercitives.

Art. 10.

Jusqu'à ce que ce nombre soit complet, ou jusqu'au 10 du mois d'août, l'Assemblée ne nommera point de président, mais elle sera sous la présidence du doyen d'âge, et ses deux plus jeunes membres feront les fonctions de secrétaires.

Art. 11.

Les membres qui ne seront pas arrivés à leur poste le 10 du mois d'août ou qui, avant cette époque, n'auront pas offert des motifs d'excuse légitime, seront censés avoir abdiqué le titre de représentant du peuple, et leurs suppléants seront appelés par l'Assemblée.

Art. 12.

Le 10 du mois d'août, quelque soit le nombre des députés réunis, ou lorsque avant cette époque ce nombre sera de 200, l'Assemblée se constituera en Assemblée nationale législative, et après avoir procédé à l'élection d'un président et de quatre secrétaires, elle commencera l'exercice de ses fonctions.

Art. 13.

Le président sera nommé pour 15 jours, et il ne pourra être réélu qu'un mois après. Les secrétaires resteront un mois en place ; ils pourront être renommés sans intervalle.

Art. 14.

Les représentants de la nation ne pourront être recherchés, accusés ni jugés en aucun temps pour ce qu'ils auront dit ou écrit dans l'exercice de leurs fontions.

Art. 15.

Ils sont sous la sauvegarde spéciale de la Constitution et du peuple, et le moindre attentat contre leur personne commis dans le dessein d'empêcher ou de gêner la manifestation libre et entière de leurs opinions, est un délit contre la souveraineté nationale dont la réparation doit être poursuivie d'après les lois et suivant les formes établies pour les crimes de lèse-nation.

Art. 16.

Ils pourront, pour fait crimniel, être saisis en flagrant délit ; mais il en sera donné avis sans délai au Corps législatif, et la poursuite ne pourra être continuée qu'après un décret portant qu'il y a lieu à la mise en jugement.

Art. 17.

Hors les cas de flagrant délit, il ne pourra être porté aucune plainte, ni fait aucune information contre un représentant du peuple, qu'après que le Corps législatif, sur la dénonciation qui aura été faite, aura prononcé qu'il y a lieu à procéder, et aura renvoyé les plaignants à se pourvoir par devant les tribunaux.

Art. 18.

Tout citoyen français, âgé de plus de 25 ans, quel que soit son domicile ou sa résidence, peut être élu représentant du peuple, dans quelque département que ce soit ; mais nul ne peut conserver en même temps l'exercice d'aucune autre place.

Art. 19.

Les membres de l'Assemblée nationale pourront être élus à celle qui suivra, sans qu'il soit nécessaire d'aucun intervalle.

Art. 20.

Les députés des départements lorsque leurs pouvoirs auront été vérifiés, ne seront plus les députés de tel ou tel pays, mais les représentants de la nation tout entière.

Art. 21.

Les députés ne pourront être assujettis à aucun *cahier* ou mandat.

SECTION II.

Des fonctions du Corps législatif.

Art. 1er.

L'Assemblée nationale législative est seule investie de l'exercice du pouvoir législatif. Les fonctions qui lui sont déléguées sont donc :

1° de faire et décréter toutes les lois autres que les lois constitutionnelles ; 2° de fixer les dépenses nationales ; 3° d'établir les contributions publiques, d'en déterminer la nature, la quotité, la durée, la perception, et d'en fixer la répartition entre les diverses sections de l'Empire; 4° de décréter la création ou la suppression des officiers publics autres que ceux institués par la Constitution ; 5° de déterminer le titre, le poids, l'empreinte et la dénomination des monnaies; 6° de surveiller l'emploi de tous les revenus publics, et de s'en faire rendre compte; 7° de régler la quotité de la force militaire nationale tant de terre que de mer, et d'en surveiller la distribution et la direction, conformément à l'intérêt de la République; 8° de déterminer la guerre ou la paix, de ratifier les traités avec les puissances étrangères et d'ordonner au conseil exécutif d'entamer et de suivre les négociations jugées nécessaires ; 9° de régler la distribution annuelle et extraordinaire des secours publics ; 10° d'arrêter et ordonner les travaux qui doivent être faits aux dépens de la nation.

Art. 2.

L'Assemblée législative est chagée, en outre, de poursuivre la responsabilité des membres du conseil et autres fonctionnaires publics, et de la mise en jugement des prévenus de complots ou attentats contre la sûreté générale de l'empire.

Art. 3.

La discipline intérieure de l'Assemblée législative n'appartient qu'à elle seule.

Art. 4.

Elle aura la disposition journalière et habituelle de la force armée établie dans la ville où elle tiendra ses séances.

Art. 5.

Le Corps législatif a seul le droit de décerner les honneurs publics à la mémoire des grands hommes et de déclarer que tels ou tels citoyens ont bien mérité de la patrie.

Art. 6.

L'Assemblée nationale législative exercera une surveillance continuelle sur toutes les branches de l'administration, et pourra demander compte de sa gestion à tout fonctionnaire public.

SECTION III.

Des séances du Corps législatif et de ses délibérations.

Art. 1er.

Les délibérations du Corps législatif seront publiques.

Art. 2.

Les lois seront arrêtées à la majorité absolue des voix.

Art. 3.

La discussion ne pourra s'ouvrir que sur un projet écrit.

Art. 4.

Il n'y aura d'exception à cet article que pour les arrêtés relatifs à la police de l'Assemblée, et aux résolutions qui n'auront aucun rapport à la législation et à l'administration générale de la République.

Art. 5.

Aucune loi ne pourra être rendue qu'après deux délibérations en Assemblée générale, et une intermédiaire dans les bureaux, ainsi qu'il sera indiqué ci-après.

Art. 6.

Tout projet de loi sera d'abord lu à l'Assemblée par le membre qui voudra le présenter, ou au nom du comité dont il fera l'ouvrage. Il sera fait préalablement à sa lecture un exposé des motifs qui devront le faire adopter; et l'Assemblée sera consultée pour savoir si elle veut ou non délibérer sur ce projet. Si la négative est adoptée, le projet sera rejeté et ne pourra être reproduit à l'Assemblée avant l'espace de six mois; si l'affirmative prévaut, le projet et le rapport seront imprimés, renvoyés à l'examen des bureaux, et représentés à l'Assemblée après cet examen, pour être définitivement discutés et adoptés, ou rejetés.

Art. 7.

Tout projet qui aura été définitivement rejeté à la seconde délibération ne pourra plus être représenté pendant la durée de la session.

Art. 8.

Il y aura au moins huit jours d'intervalle entre la première délibération générale et la dernière; mais, dans les cas d'une urgence reconnue, ce délai pourra être abrégé par un décret particulier qui ne pourra être rendu toutefois qu'à la majorité des voix prises au scrutin dans les bureaux et duquel il sera fait mention dans l'intitulé de la loi.

Art. 9.

L'Assemblée sera divisée en autant de bureaux qu'elle aura de fois 24 membres.

Art. 10.

Les bureaux seront formés tous les mois, par la voie du sort.

Art. 11.

Les bureaux ne pourront prendre aucun arrêté; mais ils se réuniront plusieurs jours de la semaine pour discuter les projets de lois sur lesquels il aura été décidé qu'il y a lieu à délibérer; et ces projets ne pourront être présentés à la délibération définitive de l'Assemblée si la majorité des bureaux n'atteste qu'elle s'en est occupée.

Art. 12.

Les comités de l'Assemblée seront astreints aux mêmes formes pour les projets de lois qu'ils présenteront; seulement les décrets de renvoi d'une proposition à tel ou tel comité équivaudront à un décret portant qu'il y a lieu à délibérer, et il ne s'agira plus alors que de porter le projet de loi aux bureaux.

Art. 13.

Il sera fait mention de l'exécution de toutes ces formes, ou du décret qui en aura abrégé les délais dans l'intitulé de toutes les lois, à peine de nullité et sous la responsabilité expresse du conseil exécutif ou de ses agents, lesquels pourront être poursuivis pendant dix ans à raison de l'exécution qu'ils auront donnée à des lois jugées nulles par la Constitution.

TITRE VI

SECTION PREMIÈRE.

Du conseil exécutif national.

Art. 1er.

Il y aura un conseil exécutif national, seul et unique pour toute la République française.

Art. 2.

Le conseil exécutif national sera composé de quinze membres et d'un secrétaire général élu à temps par le peuple, conformément au mode d'élection qui sera ci-après déterminé.

Art. 3.

Il sera présidé alternativement par un de ses membres. Tous les quinze jours, il sera procédé, à cet effet, dans ce conseil, à une élection nouvelle, et nul ne pourra être élu président plus d'une fois dans le même trimestre.

Art. 4.

Les membres du conseil sont nommés pour quatre ans. Tous les deux ans, il en sera réélu la moitié. La première fois, ceux qui devront être réélus seront désignés par la voie du sort.

Art. 5.

Le conseil exécutif national sera chargé de la promulgation et de l'exécution de toutes les lois de la République, ainsi que de son administration suprême.

Art. 6.

Il ne pourra faire, modifier ou interpréter aucune loi, mais seulement des proclamations pour rappeler l'exécution de celles qui pourraient être violées, et pour annuler les actes des administrations inférieures, qui seraient contraires à l'ordre public.

Art. 7.

Il pourra suspendre les administrateurs dont les actes et la conduite compromettraient l'intérêt national ; mais il ne pourra les destituer, et il sera tenu de donner avis de leur suspension au Corps législatif, qui la confirmera ou la révoquera, après en avoir examiné les motifs.

Art. 8.

. Il ne pourra mettre en jugement aucun fonctionnaire public, mais il sera tenu de dénoncer au Corps législtif les prévarications qui pourraient être commises.

Art. 9.

Tous les agents de l'administration et du gouvernement dans toutes ses parties, sont essentiellement subordonnés au Conseil exécutif; mais l'administration de la justice est seulement soumise à sa surveillance.

Art. 10.

Le Conseil exécutif a le droit de destituer, de rappeler, de remplacer ou de faire remplacer les agents civils et militaires qui sont nommés par lui ou par les administrateurs qui lui sont subordonnés.

Art. 11

La direction et l'inspection des armées de terre et de mer, et généralement tout ce qui cerne la défense extérieure de l'État sont déléguées au Conseil exécutif.

Art. 12.

Mais l'Assemblée législative peut le charger spécialement de prendre en considération telle ou telle mesure de sûreté générale, et il est tenu de rendre compte de ses délibérations à ce sujet.

Art. 13.

Le conseil exécutif est chargé de tenir au complet le nombre d'hommes qui sera déterminé chaque année par le Corps législatif; de régler leur marche et de les distribuer sur le territoire de la République; de pourvoir à leur armement, à leur équipement et à leur subsistance; de faire et passer pour cet objet tous les marchés qui seront nécessaires; de choisir les agents qui doivent le seconder; et de faire observer les lois sur le mode de l'avancement militaire, ainsi que celles concernant la discipline des armées.

Art. 14.

Le Conseil exécutif nommera les chargés d'affaires publiques auprès des nations étrangères, entretiendra des relations avec elles et leurs envoyés en France, proposera au Corps législatif les traités et alliances qu'il jugera convenables de conclure; et il fera, pour l'exécution des décrets qui seront rendus en conséquence, toutes les négociations convenables.

Art. 15.

Les arrêtés ou proclamations porteront le titre d'*Actes*; ils seront intitulés : *Au nom de la République française et en conformité de la loi; le Conseil exécutif national*, etc. Il sera fait mention, dans le préambule, du nom de tous ceux qui y auront délibéré, quelles qu'aient été leurs opinions, mais ils ne seront signés que par ceux dont l'avis aura été conforme, et ceux-là seuls en seront responsables.

Art. 16.

Le titre de ministre est aboli, ainsi que les divisions ministérielles. L'autorité du Conseil sera une et indivisible; il n'y aura parmi les membres qui le composent aucune distinction de département; mais il pourra être fait entre eux pour l'ordre et la préparation du travail, telle formation en sections qu'ils jugeront convenable, sans toutefois que cette formation puisse dispenser le Conseil de délibérer en commun sur toutes les affaires, et d'agir toujours en vertu d'arrêtés pris à la pluralité des voix, et consignés dans le registre qui sera tenu par le secrétaire.

Art. 17.

La trésorerie nationale ne sera point sous la dépendance du Conseil exécutif; ses rapports avec lui et son organisation particulière seront déterminés ci-après.

Art. 18.

Les ordres de paiement seront arrêtés au Conseil et donnés en son nom.

Art. 19.

Le Conseil exécutif national se choisira trente adjoints dont deux seront attachés à chacun de ses membres : ils auront la surveillance immédiate des bureaux de leurs sections respectives; ils feront le rapport au Conseil de toutes les affaires sur lesquelles il y aura à délibérer; ils assisteront à ses séances, mais sans voix délibératives, et ils seront chargés de l'exécution de ses divers actes.

Art. 20.

Les adjoints seront nommés pour deux ans, et à la majorité absolue des voix : chaque année il en sera renouvelé la moitié, la première fois, après le tirage au sort; ils pourront être réélus; ils pourront aussi être destitués par le Conseil exécutif, mais seulement en exécution d'un arrêté pris à la pluralité des deux tiers des voix, et dans une séance convoquée à cet effet huit jours auparavant.

Art. 21.

A compter du premier janvier 1800, nul ne pourra être élu membre du Conseil exécutif, sans avoir été adjoint pendant deux ans.

Art. 22.

Les adjoints ne seront pas responsables des actes du Conseil, mais ils le seront chacun dans leurs sections respectives, de l'exécution de ces actes, ainsi que de la vérité des faits qu'ils attesteront dans leurs rapports.

Art. 23.

Cette responsabilité sera jugée comme celle des membres du Conseil, sur l'acte d'accusation du Corps législatif.

Art. 24.

Le traitement des membres du Conseil sera de 20,000 livres; celui du secrétaire général de 15,000 livres, et celui des adjoints de 10,000 livres.

SECTION II.

Des relations du conseil exécutif avec l'Assemblée législative.

ARTICLE PREMIER.

Le Conseil exécutif présentera chaque année au Corps législatif l'aperçu des dépenses à faire dans chaque partie de l'administrations, et rendra compte de l'emploi des sommes destinées, l'année précédente, aux mêmes dépenses.

Art. 2.

Il rendra compte de la situation intérieure de la République, du progrès de toutes les parties de son administration; il offrira les vues qu'il croira propres à procurer l'accroissement de la prospérité publique, et il proposera au Corps législatif de prendre en considération les objets qui lui paraîtront exiger célérité.

Art. 3.

Les membres du Conseil exécutif seront admis dans le sein du Corps législatif toutes les fois qu'ils auront des observations à faire ou des éclaircissements à trouver; ils y auront une place marquée.

Art. 4.

Dans aucun cas, ils ne pourront donner leurs avis sur des dispositions législatives, à moins qu'ils n'y soient invités par l'assemblée.

Art. 5.

Les actes de correspondance adressés au Corps législatif seront signés du président du Conseil et du secrétaire. Le Corps législatif ne correspondra avec le Conseil exécutif que par l'organe de son président.

Art. 6.

Le Conseil exécutif sera tenu de rendre compte au Corps législatif, toutes les fois que cela lui sera demandé, de tout ce qui aura rapport aux diverses parties de l'administration, des mesures qu'il aura prises pour l'exécution des lois et de celles de sûreté générale. Pour cet effet, le Corps législatif entier pourra appeler dans son sein soit le Conseil exécutif soit son président, soit tel membre qu'il jugera convenable.

Art. 7.

Lorsque le Conseil exécutif trouvera contraire à l'intérêt national de donner des réponses publiques aux diverses demandes qui lui seront faites, il pourra requérir le Corps législatif de nommer un comité de douze membres pour entendre son rapport, et ce comité décidera s'il doit être ou non publié, ou si la publicité doit en être seulement ajournée.

Art. 8.

Ce comité sera nommé au scrutin, et il sera dissous après avoir rempli la mission qui lui aura été donnée.

Art. 9.

Sur le rapport de ce comité, l'Assemblée décrètera si elle doit ou non se faire rendre compte, à l'instant, de l'objet de sa demande, ou si, au contraire, elle doit l'ajourner, ou si enfin elle doit charger un de ses comité d'en suivre les effets, et de lui proposer ensuite les mesures qu'il croira convenables.

SECTION III.

De l'élection des membres du Conseil exécutif national.

ARTICLE PREMIER.

Les membres du Conseil exécutif national seront élus par des électeurs nommés par le peuple.

Art. 2.

Il sera nommé tous les deux ans dans chaque département de la République française, et par chaque assemblée primaire, conformément au mode adopté pour les élections des membres de la législature, autant d'électeurs au Conseil exécutif qu'il y aura de fois cent mille âmes de population dans le département. Les fractions au-dessous de 50.000 âmes ne devront pas être comptées, et celles au-dessus de ce nombre, le seront pour 100.000.

Art. 3.

Lorsque l'élection sera terminée, et que le résultat des suffrages recencés et réunis par les administrateurs de département aura été proclamé, ceux-ci seront tenus d'adresser leurs procès-verbaux à l'Assemblée législative qui indiquera, sans délai, trois villes pour lieu des séances du Corps électoral, et procédera, par le sort et publiquement, à la division des électeurs et à leur égale répartition entre les trois villes qu'elle aura désignées.

Art. 4.

Cette répartition sera faite sans avoir égard aux départements qui auront nommé les différents électeurs; mais tous les noms seront déposés indistinctement dans un vase, et en seront successivement retirés, de telle sorte que, si le nombre total des élections est de 240, les 80 noms sortis les premiers du vase

forment la section n° 1; les 80 noms sortis ensuite forment la section n° 2, et ainsi de suite.

Art. 5.

Lorsque ce tirage aura été fait, et la répartition déterminée, le Corps législatif indiquera
le jour du rassemblement, lequel sera le
même pour les trois sectoins du Corps électoral et ne pourra avoir lieu qu'un mois après
le jour du tirage.

Art. 6.

Le Corps législatif fera connaître, par la
voie de l'impression, le résultat du tirage, et
publiera le tableau des électeurs attachés à
chaque section; il chargera, par un décret le
Conseil exécutif, de convoquer directement
chaque électeur, pour le lieu et le jour auxquels la section devra se rassembler.

Art. 7.

Les trois villes indiquées pour le rassemblement seront éloignées entre elles de 50 lieues
au moins et ne pourront être moins distantes
de celle où le Corps législatif tiendra ses
séances.

Art. 8.

Chaque section du Corps électoral procèdera
d'abord, par un même scrutin, à la nomination d'un président, de deux secrétaires et de
trois scrutateurs; et, pendant cete première
opération, les fonctions de ces officiers seront
provisoirement exercées savoir : celles de président par le doyen d'âge, celles des scrutateurs par les trois plus âgés après le président et celles de secrétaires par les deux
citoyens les plus jeunes de l'Assemblée.

Art. 9.

Il sera ensuite procédé, par un seul et même
scrutin de liste, à la nomination des quinze
membres du conseil exécutif national, et par
un scrutin individuel à celle du secrétaire ;
ces scrutins dépouillés et recensés dans la
forme ordinaire, et contenant l'indication du
nombre des voix que chaque citoyen aura obtenues, sera porté sur-le-champ au Corps législatif par un courrier extraordinaire; et
pendant le temps nécessaire pour cet envoi,
le corps électoral procédera aux autres élections que la Constitution lui a déléguées.

Art. 10.

Dès que le Corps législatif aura reçu le résultat des trois sections électorales, il procédera publiquement et dans une de ses séances,
au recensement et à la réunion des suffrages.
Les citoyens qui se trouveront avoir réuni la
majorité des voix de l'entier corps électoral,
seront proclamés sur-le-champ membres du
conseil exécutif national, ou secrétaire général, suivant leur nomination.

Art. 11.

Si aucun citoyen n'a réuni d'abord la majorité absolue des suffrages, ou si ceux qui

l'auront réuni ne sont pas en nombre suffisant pour compléter le conseil exécutif, il
devra être procédé à un second scrutin, et,
pour cet effet, le Corps législatif procédera à
la formation d'une liste de candidats.

Art. 12.

Les candidats seront en nombre triple des
places qu'il y aura à remplir ; ce sera ceux
qui auront recueilli le plus de suffrages; et,
dans le cas d'égalité, ceux qui en auront recueilli le même nombre, seront aussi inscrits
sur la liste.

Art. 13.

Quel que soit le nombre des places vacantes
dans le conseil exécutif, la liste des candidats
sera toujours composée de quinze membres au
moins.

Art. 14.

Les noms des candidats seront adressés sur-
le-champ aux trois sections électorales, et leur
choix ne pourra plus porter que sur ceux qui
se trouveront ainsi désignés.

Art. 15.

S'il y a lieu à former une liste de candidats
pour l'élection du secrétaire général, cette
liste sera distinguée de celle relative aux
membres du conseil, et sera au moins de
quatre noms.

Art. 16.

Aussitôt que les sections auront reçu les
listes mentionnées aux articles précédents,
elles procèderont au second scrutin, et l'enverront, sans délai, au Corps législatif lequel
en fera le recensement et la réunion comme
la première fois, et proclamera membres du
conseil exécutif national, ou secrétaire général, ceux qui auront réuni le plus grand
nombre de suffrages, la pluralité relative suffisant au second scrutin.

Art. 17.

Si les citoyens qui auront réuni le plus
grand nombre de voix n'ont pas cependant le
tiers des suffrages, il faudra procéder, quant
à eux, à un troisième scrutin ; et, pour cet
effet, le Corps législatif fera une nouvelle liste
de candidats, composée des citoyens qui auront réuni le plus de voix, sans avoir le tiers
des suffrages en nombre double des places à
remplir. Cette liste sera envoyée de nouveau
aux sections du corps électoral, et il sera procédé comme ci-dessus à leur égard ; mais cette
fois la pluralité simple, quelle qu'elle soit,
suffira pour consacrer l'élection.

Art. 18.

Les huit citoyens qui auront obtenu le plus
grand nombre de voix après ceux qui auront
été élus membres du conseil, en seront les suppléants, et leurs noms seront inscrits dans
l'ordre de la pluralité. Le secrétaire général
aura pour suppléant celui qui, après lui, aura

recueilli le plus de suffrages, et ce suppléant pourra lui être adjoint dans l'exercice de ses fonctions si le conseil exécutif l'a délibéré ainsi à la majorité des voix.

Art. 19.

Les trois sections du corps électoral seront chargées de toutes les élections qui, devant être faites par la République entière, ne pourront être déléguées à telle ou telle portion de peuple ; elles y procèderont successivement et sans interruption et ne se sépareront pas sans que le Corps législatif n'ait déclaré leur mission finie.

Art. 20.

Le corps électoral national n'aura aucun caractère de représentation publique ; ses fonctions devront se borner à élire ceux des fonctionnaires nationaux dont la nomination lui aura été renvoyée. Il ne recevra aucune députation ni pétition ; il ne présentera lui-même aucune adresse. Il lui est formellement défendu par la Constitution de délibérer sur quoi que ce puisse être, et d'énoncer aucun vœu sur les choses et sur les personnes, autrement qu'en donnant son suffrage à tel ou à tel individu.

Art. 21.

Le Corps législatif est expressément chargé d'annuler ceux des actes du corps électoral qui pourraient être contraires au présent article; il est autorisé, en cas de contravention, à accuser devant les tribunaux, et à faire punir comme coupable de forfaiture, le citoyen qui aura présidé l'assemblée et ceux qui auront rempli les fonctions de secrétaires. Ceux de ses membres qui auront participé à ces actes pourront être privés de tous droits de suffrage dans les assemblées primaires pendant l'espace de quatre années.

Art. 22.

L'indemnité des électeurs sera la même que celle des députés au Corps législatif.

TITRE VII

De l'administration intérieure.

Section première.

Des administrations des départements.

Art. 1er.

L'administration de chaque département sera composée de quinze administrateurs ordinaires, d'un secrétaire général et de trois directeurs généraux.

Art. 2.

Les administrateurs n'ont aucun caractère de représentation ; ils sont des agents élus à temps par le peuple pour exercer dans l'ordre du pouvoir exécutif, et sous sa surveillance, des fonctions administratives.

Art. 3.

Ils ne peuvent, dans aucun cas, s'immiscer dans l'exercice du pouvoir législatif, ou suspendre l'exécution des lois, ni usurper aucune des parties de l'administration générale confiée par le gouvernement à des agents particuliers; ils ne peuvent disposer d'aucune portion de la force publique, si ce n'est par voie de réquisition, et dans les cas expressément déterminés par la loi; enfin l'exercice du pouvoir judiciaire est entièrement indépendant de leurs fonctions, et ils ne peuvent rien entreprendre sur lui.

Art. 4.

Les administrateurs de département sont expressément chargés de répartir les contributions directes ; de surveiller le recouvrement des deniers provenant de toutes les contributions indirectes et autres revenus nationaux de leur territoire ; d'ordonner et de faire exécuter les travaux publics jugés nécessaires; de délibérer et de prononcer sur toutes les demandes relatives à l'administration de leur département et à l'intérêt des citoyens. Ils ont la surveillance sur tous les établissements publics, soit de secours, soit d'enseignement ; ils doivent aider et encourager l'industrie et les arts, et avertir le conseil exécutif de toutes les mesures générales qui peuvent tendre à la prospérité de la République.

Art. 5.

Les administrateurs sont essentiellement subordonnés au conseil exécutif, et les administrations municipales le sont à celles des départements.

Art. 6.

Les administrations de département doivent annuler les actes des administrations intérieures contraires aux lois et à leurs arrêtés, et ils peuvent dans le cas de désobéissance persévérante de la part des sous-administrateurs ou lorsque ceux-ci compromettraient la sûreté et la tranquillité publiques, les suspendre provisoirement de leurs fonctions, à la charge d'en instruire sur-le-champ le conseil exécutif qui sera tenu de prononcer sans délai sur leur suspension.

Art. 7.

Les administrateurs de département pourront faire des proclamations pour rappeler l'exécution des lois, et publier dans leur département des règlements relatifs à leur administration intérieure.

Art. 8.

Les membres des administrations supérieures ne peuvent être mis en jugement pour des faits relatifs à leurs fonctions qu'en vertu d'un arrêté du conseil exécutif, présenté à l'Assemblée législative et ratifié par elle. Les administrations inférieures ne peuvent être poursuivies dans le même cas que d'après un arrêté de l'administration du département, laquelle sera tenue d'en rendre compte sur-le-champ au conseil exécutif.

Art. 9.

Il y aura dans chaque département un trésorier correspondant avec la trésorerie nationale et ayant sous lui un caissier et un payeur dont il sera responsable. Le trésorier sera nommé par l'administration du département ; le payeur et le caissier le seront par le trésorier.

Art. 10.

Il n'y aura point de directoire dans l'administration, mais les quinze administrateurs ordinaires seront tenus de se réunir tous les trois mois au chef-lieu du département, et la durée de leur session ne pourra être moindre de 21 jours, ni prolongée au-delà de 35.

Ar. 11.

L'administration pourra encore être convoquée extraordinairement par les directeurs généraux, comme il sera dit ci-après, lorsque la sûreté ou la tranquillité publique du département exigeront des délibérations promptes, et, dans ce cas, la session sera prolongée autant que dureront les circonstances qui en auront nécessité l'ouverture.

Art. 12.

Le conseil administratif délibérera pendant la durée de ses sessions sur toutes les parties de l'administration qui lui est confiée, soit d'après les propositions ou les rapports de ses membres, soit d'après les pétitions des citoyens, les ordres ou les renvois du conseil exécutif, soit enfin d'après les réquisitions des directeurs généraux.

Art. 13.

Ses délibérations seront intitulées *Arrêtés;* elles seront dans la même forme que celles du conseil exécutif national; elles pourront n'être signées que par ceux dont l'avis aura prévalu, et ceux-là seuls en demeureront responsables.

Art. 14.

Les séances de l'administration seront publiques.

Art. 15.

Les trois directeurs généraux assisteront aux séances de l'administration, mais sans voix délibérative; ils devront être entendus lorsqu'ils le demanderont; ils auront le droit de faire au conseil toutes les propositions qu'ils croiront utiles au bien public et à l'intérêt du département, et le conseil ne pourra se dispenser d'y délibérer; il pourra seulement exiger qu'elles soient transcrites dans ses registres et signées par deux directeurs généraux.

Art. 16.

Les directeurs généraux seront uniquement et spécialement chargés de l'exécution des actes de l'administration du département; ils n'agiront qu'en vertu de ses arrêtés auxquels ils ne pourront donner aucune extension, ni apporter aucune modification quelconque. Ils ne prendront eux-mêmes aucun arrêté, mais ils pourront ordonner, en exécution de ceux pris par le conseil administratif.

Art. 17.

Ils seront tenus de surveiller toutes les parties de l'administration intérieure et de rendre compte au conseil administratif, lors de son rassemblement, de tous les abus qu'ils auront découverts, et de toutes les améliorations qu'ils auront cru possible de faire.

Art. 18.

Ils seront encore chargés, même pendant les vacances du corps administratif, de l'envoi des lois aux administrations inférieures et de leur publication, ainsi que de l'exécution et de la transmission des ordres adressés aux départements par le conseil exécutif. Ils pourvoiront au logement des troupes, ils surveilleront leurs moyens de subsistances; et les ordres qu'ils donneront à cet effet seront provisoirement exécutés.

Art. 19.

Les directeurs généraux surveilleront la rentrée des contributions publiques; ils se feront rendre compte par les administrations intérieures des obstacles qui s'opposeraient à leur recouvrement, et ils pourront prendre pour son accélération les mesures provisoires que l'urgence des circonstances pourra réclamer.

Art. 20.

En cas d'envahissement du territoire français par les ennemis de l'Etat, ou lorsqu'une rébellion prolongée aura mis en danger la tranquillité publique du département, les directeurs généraux seront tenus collectivement ou individuellement de convoquer sans délai les membres du corps administratif, à la charge par eux d'en avertir au même instant le conseil exécutif national.

Art. 21.

Dans le cas de rébellion prévu par l'article précédent, les directeurs généraux pourront, en prévenant le conseil exécutif, faire agir la force armée; mais l'un d'eux au moins sera tenu de se transporter avec elle aux lieux où le trouble se fera sentir, pour autoriser, régler et diriger son action, et pour se concerter autant qu'il sera possible avec les administrations locales sur les mesures à employer pour le rétablissement de l'ordre public.

Art. 22.

Les directeurs généraux exerceront une surveillance directe sur l'exécution des travaux publics, les ingénieurs et les entrepreneurs seront tenus de leur rendre compte de leurs opérations, afin qu'ils puissent, à leur tour, en instruire le corps administratif au moment de son rassemblement.

Art. 23.

Le territoire du département sera divisé en trois sections à peu près égales, et chacune d'elles sera spécialement affectée à l'inspection d'un directeur général.

Art. 24.

Les directeurs généraux résideront habituellement au chef-lieu de l'administration, dont ils surveilleront les bureaux : mais chacun d'eux sera tenu de parcourir, au moins deux fois l'année, la partie du département qui lui sera affectée, pour vérifier par lui-même les besoins des administrés et écouter leurs réclamations. Les administrations inférieures présenteront dans ces tournées, au directeur général de l'arrondissement, le tableau de leurs opérations et l'aperçu de celles qu'ils se proposeront de faire.

Art. 25.

Les administrateurs des départements et les directeurs généraux resteront en place pendant dix années; ils seront renouvelés tous les deux ans par tiers, et seront élus par les Assemblées primaires, comme il sera déterminé au chapitre des élections. Le secrétaire général sera nommé par les administrateurs, et il pourra être destitué à la majorité des deux tiers des voix, dans une séance convoquée à cet effet huit jours à l'avance, et où délibéreront au moins douze membres.

Art. 26.

Le traitement des administrateurs sera fixe et annuel et indépendant de la durée de leurs sessions; il sera de 1,800 livres; celui des directeurs généraux sera de 4,000 livres y compris les frais de voyage; le secrétaire général aura le même traitement que les administrateurs.

SECTION II.

Des administrations municipales et des syndics municipaux.

Art 1er.

Il y aura dans chaque canton une administration municipale, et dans chaque commune actuelle un syndic municipal.

Art. 2.

L'administration municipale sera formée d'autant de membres qu'il y aura de fois 200 citoyens inscrits sur le tableau des assemblées primaires du canton, sans toutefois que ce nombre puisse excéder celui de 40, ni être moindre que celui de 9.

Art. 3.

L'administration municipale sera subordonnée à celle du département.

Art. 4.

Elle sera spécialement chargée, dans l'étendue de son ressort, de la répartition de l'impôt entre les citoyens et de son recouvrement; de l'administration des revenus appartenant aux communes; de la surveillance des travaux publics, et de celle de l'administration des secours et hôpitaux; de l'inspection des maisons de justice, d'arrêt et de détention; du soin de pourvoir au logement et à la subsistance des troupes; de la police municipale, suivant les formes qui seront établies et dans les cas prévus par la loi; de la répression du vagabondage et de la mendicité; dela publication et de l'affiche des lois et autres actes des autorités constituées, qui leur seront adressés par les directeurs généraux des départements.

Art. 5.

Les administrations municipales recevront en outre toutes les pétitions des citoyens; et elles les adresseront avec leur avis motivé à celles du département.

Art. 6.

Elles entretiendront soit avec les directeurs généraux, soit avec l'administration supérieure, une correspondance exacte et qui aura pour objet tout ce qui pourra intéresser l'ordre public, la tranquillité du canton et l'avantage des administrés.

Art. 7.

La force publique sera à la réquisition des administrations municipales pour l'exécution de leurs arrêtés, mais seulement dans l'étendue de leur ressort.

Art. 8.

L'administration municipale sera divisée en deux parties, le conseil et le comité.

Art. 9.

Le comité sera composé du tiers des membres de l'administration; il sera fixe et sédentaire dans le chef-lieu de l'arrondissement; il délibérera sur toutes les affaires, mais ses arrêtés ne seront que provisoires, et le conseil sera tenu de les ratifier ou de les annuler dans la huitaine.

Art. 10.

Les membres du comité pourront se diviser en bureaux pour l'expédition et la facilité du travail.

Art. 11.

Le conseil s'assemblera au moins une fois la semaine, et extraordinairement toutes les fois qu'il sera convoqué par le comité.

Art. 12.

Tous les six mois, l'administration municipale procédera, au scrutin, à la formation du comité et à l'élection du président de l'administration.

Art. 13.

Le titre et les fonctions de maire sont abolis; le président de l'administration sera de droit membre du comité et le présidera.

Art. 14.

Il y aura près de chaque administration un agent national dont les fonctions seront d'assister à toutes les séances du comité et du conseil, d'y être entendu sur toutes les affaires, de requérir l'exécution des lois et autres actes de l'autorité supérieure, et d'exécuter les arrêtés des administrations municipales.

Art. 15.

Dans les cantons où il y aura vingt administrateurs l'agent national aura un substitut.

Art. 16.

L'agent national et son substitut seront élus par les citoyens du canton, et ils resteront en place pendant quatre ans; ils résideront dans le chef-lieu de l'administration.

Art. 17.

Il y aura dans chaque commune actuelle, et dans les villes qui sont divisées en sections dans chaque section, un syndic municipal lequel sera subordonné à l'administration du canton.

Art. 18.

Le syndic municipal sera chargé de la police municipale de l'étendue de son arrondissement, mais ses ordonnances ne seront que provisoires, et il sera tenu d'en rendre compte tous les quatre jours à l'administration du canton.

Art. 19.

Il aura, en outre, la surveillance de toutes les parties de l'administration confiée aux administrations municipales, à l'effet de rendre compte journellement de tout ce qui pourra y intéresser l'ordre public ou nuire aux citoyens de son ressort.

Art. 20.

Tous les mois, et plus souvent s'ils sont convoqués, les syndics municipaux se réuniront au chef-lieu du canton avec l'administration municipale, à l'effet de proposer toutes les vues de bien public qu'ils croiront susceptibles d'être accueillies, et pour participer, d'avis avec l'administration municipale, sur tous les objets d'utilité générale.

Art. 21.

Les membres du comité municipal, le président, l'agent national et le syndic municipal seront salariés par le peuple.

Art. 22.

Ils seront élus par les citoyens du canton, réunis en assemblée primaire, excepté le syndic municipal qui ne sera nommé que par les citoyens de son arrondissement.

Art. 23.

Les membres des administrations municipales seront élus pour quatre ans, et renouvelés par moitié tous les deux ans.

Art. 24.

Le syndic municipal sera réélu tous les trois ans.

TITRE VIII.

De la trésorerie nationale et du bureau de comptabilité.

Art. 1er.

Il y aura quatre commissaires de la trésorerie nationale, chargés de l'administration du Trésor public.

Art. 2.

Ils seront élus par le corps électoral national ainsi et de la même manière que les membres du Conseil exécutif.

Art. 3.

Ils seront nommés pour quatre ans; tous les deux ans, il en sera réélu la moitié.

Art. 4.

Ils seront indépendants du conseil exécutif, mais ils seront tenus d'effectuer sur ses ordonnances les paiements arrêtés par lui, en exécution des décrets du Corps législatif.

Art. 5.

Chaque ordonnance sera signée par le président du conseil et par un autre de ses membres, nommé à cet effet dans le conseil tous les quinze jours; elle énoncera la date de l'arrêté du conseil dont elle sera le résultat et celle du décret qui l'aura nécessité.

Art. 6.

Les commissaires de la trésorerie recevront des trésoriers des départements et des autres percepteurs des deniers publics, tous les fonds appartenant à la nation; ils feront payer sur les lieux mêmes, autant qu'il sera possible, toutes les parties de la dépense publique, et ils entretiendront, à cet effet, avec les receveurs et les payeurs, une correspondance exacte et suivie.

Art. 7.

La loi déterminera plus particulièrement les fonctions des commissaires de la trésorerie, ainsi que le mode de paiement qu'ils devront suivre; elle déterminera les formes d'après lesquelles leurs comptes seront reçus et apurés. Leurs états de situation seront rendus publics.

Art. 8.

Il y aura cinq commissaires de la comptabilité nationale.

Art. 9.

Ces commissaires seront élus pour quatre ans.

At. 10.

Deux ans après leur élection, il en sera réélu trois, et les deux autres à la fin de la quatrième année.

Art. 11.

Ils seront les agents du Trésor public et chargés en cette qualité de poursuivre le recouvrement des portions de la propriété nationale qui pourront se trouver en arrière; et ils auront la suite, devant les tribunaux, de toutes les affaires litigieuses qui intéresseront toute la nation.

Art. 12

Ils recevront et feront apurer et juger les comptes de tous les comptables, suivant les formes qui seront déterminées par la loi.

Art. 13.

Les commissaires de la trésorerie nationale et les commissaires de la comptabilité auront le même traitement ; il sera pour chacun de 10,000 livres.

TITRE IX

Du pouvoir judiciaire.

SECTION I.

Art. 1er.

Le pouvoir judiciaire est entièrement distinct et séparé du pouvoir législatif et du pouvoir exécutif, lesquels ne peuvent, dans aucun cas et sous aucun prétexte, en usurper les fonctions; mais il est sous leur surveillance, et le pouvoir exécutif est spécialement chargé de veiller à ce qu'il ne soit exercé que conformément à la loi et d'après les formes établies par elle. Toute contravention à cet égard doit être par lui dénoncée aux fonctionnaires publics qui en doivent connaître, et enfin au Corps législatif s'il y a lieu.

Art. 2.

Il y aura un Code des lois civiles et criminelles, uniforme pour toute la République.

Art. 3.

Tout citoyen ayant le droit d'être jugé par ses pairs, le jugement par juré est constitutionnellement établi dans toutes les affaires criminelles, et l'arbitrage définitif et forcé dans toutes les contestations civiles.

Art. 4.

Les juges chargés d'appliquer la loi au fait reconnu par les jurés, ou de faire exécuter les décisions des arbitres, sont des fonctionnaires publics élus à temps par le peuple.

Art. 5.

Aucun juge ne peut être destitué que pour forfaiture légalement jugée, ni suspendu que par une accusation admise.

Art. 6.

Les tribunaux et les juges ne peuvent s'immiscer dans l'exercice du pouvoir législatif ; ils ne peuvent ni interpréter les lois ni les étendre, ni en arrêter ou suspendre l'exécution ; ils ne peuvent entreprendre sur les fonctions administratives, ni citer devant eux les administrateurs pour raison de leurs fonctions.

SECTION II.

De la justice civile.

Art. 1er.

Il y aura dans chaque canton un ou plusieurs juges de paix, et autant de suppléants que de juges.

Art. 2.

Les juges de paix sont spécialement chargés de concilier les parties ; lorsqu'ils ne pourront y parvenir, ils prononceront définitivement et sans frais sur les contestations qui seront de leur compétence et renverront les citoyens pour les objets qui excèderont leur attribution par devant l'officier de justice dont il sera parlé ci-après, à l'effet de convenir d'arbitres.

Art. 3.

Le nombre et la compétence des juges de paix seront déterminés par la loi.

Art. 4.

Néanmoins les juges de paix ne pourront jamais connaître de la propriété foncière, ni des matières criminelles, ni exercer aucune fonction de police ou d'administration.

Art. 5.

Les juges de paix seront élus pour deux ans par les citoyens du canton; ils pourront être réélus ; ils seront salariés par le peuple, et leur traitement sera fixé par la loi.

Art. 6.

Il sera nommé dans chaque commune actuelle deux prudhommes qui serviront d'assesseurs au juge de paix quand il le trouvera convenable, et auxquels il pourra renvoyer l'examen des lieux et les vérifications de dommages.

Art. 7.

Indépendamment des juges de paix et des prudhommes, il y aura dans chaque canton un officier de justice qui fera exécuter les décisions des arbitres en matière civile, et exercera de plus toutes les fonctions de la police de sûreté, comme il sera dit au titre suivant.

Art. 8.

Dans les cantons où la population excédera 10,000 âmes, il lui sera nommé un adjoint; il pourra en avoir un plus grand nombre dans les villes où la population sera plus forte ; mais, dans tous les cas, il lui sera nommé un suppléant.

Art. 9.

Lorsque les parties n'auront pu être conciliées par le juge de paix, la plus diligente d'entre elles lèvera à son greffe un certificat de non-conciliation, la notifiera à son adversaire et le sommera de venir à jour fixe devant l'officier de justice convenir d'arbitres. Les délais de la sommation seront déterminés par la loi d'après la distance et le domicile respectif des parties.

Art. 10.

Si l'une des parties ne comparaît pas, ou si elle n'adresse pas par écrit à l'officier de justice la nomination qu'elle aura faite, celui-ci nommera pour elle le nombre d'arbitres déterminé par la loi.

Art. 11.

Il sera choisi trois arbitres par chaque partie ; celles qui auront un intérêt commun se concerteront pour le choix.

Art. 12.

Quoique ce nombre soit déterminé, néanmoins les parties seront libres, si elles peuvent se concilier à cet effet, de l'étendre ou de le diminuer : elles pourront même, si elles le trouvent bon, convenir d'un seul et unique arbitre, la loi ne pouvant à cet effet gêner la liberté des citoyens, et devant se borner à prononcer des dispositions pour les cas où ils peuvent se concilier entre eux.

Art. 13.

Chaque partie aura le droit de récuser sans motif autant d'arbitres qu'elle en aura nommé elle-même ; les récusations au delà de ce nombre seront jugées par l'officier de justice définitivement et sans appel.

Art. 14.

L'officier de justice sera pareillement chargé de prononcer de la même manière sur toutes les contestations qui pourraient s'élever par rapport à la nomination des arbitres.

Art. 15.

Il fera connaître aux arbitres le choix qui aura été fait d'eux, et les requerra de déclarer, dans huit jours, s'ils consentent à exercer les fonctions qui leur sont déléguées.

Art. 16.

Ceux qui n'auront pas répondu dans ce délai seront censés avoir renoncé à la délégation à eux faite ; il sera, passé ce terme, et sur la notification de l'officier de justice, procédé à leur remplacement, de la même manière que ci-dessus; il en sera usé de même à l'égard de ceux qui auront formellement refusé.

Art. 17.

Sitôt que le choix des arbitres sera définitivement arrêté, et que chacun d'eux aura donné son acceptation, ils devront être considérés comme des juges acquis aux parties, et ils ne pourront se dispenser de procéder de suite à l'examen et à la décision de la contestation à eux soumise, sauf les cas d'excuse légitime, lesquels seront jugés par l'officier de justice.

Art. 18.

Avant de procéder à l'examen du procès, les arbitres nommeront trois adjoints qui devront être appelés, en cas de partage seulement, et pour prononcer sur les seuls objets qui n'auront pu être décidés par les arbitres.

Art. 19.

Les arbitres seront salariés par les plaideurs ; leur indemnité sera réglée de gré à gré ; mais dans le cas de difficulté, elle sera fixée par l'officier de justice.

Art. 20.

Lorsque les arbitres auront prononcé et que leur décision sera portée, ils la feront remettre, signée d'eux, avec les actes du procès au greffe de l'officier de justice ; elle y sera rédigée en forme de jugement, et l'officier de justice en ordonnera l'exécution.

Art. 21.

Les arbitres pourront réclamer toutes les instructions dont ils auront besoin, même appeler les parties pour être personnellement entendues, et ils accorderont les délais qu'ils croiront indispensables pour la défense et l'instruction de l'affaire ; la loi s'en rapportant entièrement à eux sur les moyens qu'ils emploieront pour parvenir à la connaissance de la vérité.

Art. 22.

Les mineurs, les absents et tous ceux qui ne peuvent se défendre eux-mêmes sont sous la sauvegarde immédiate de l'officier de justice; et celui-ci est chargé de leur nommer des arbitres, et des défenseurs en cas de besoin, de faire pour eux les récusations convenables, et généralement, de les remplacer en tout ce qui est nécessaire pour la conservation de leurs droits.

SECTION III.

De la justice criminelle.

Art. 1er.

La nation française déclare que la société n'ayant jamais le droit de priver de la vie un de ses membres, elle abolit la peine de mort.

Art. 2.

Le droit de faire grâce, c'est-à-dire d'ordonner la violation de la loi, ne peut exister chez un peuple libre où la loi est égale pour tous, soit qu'elle protège, soit qu'elle punisse; la nation française ne le confère à aucun des pouvoirs institués par la Constitution, et elle l'abolit expressément.

Art. 3.

En matière criminelle, nul citoyen ne peut être jugé que par des jurés, lesquels doivent prononcer sur la question de fait; l'application de la loi au fait constaté par la déclaration du juré, est la fonction d'un tribunal composé de juges élus à temps par le peuple.

Art. 4.

Nul citoyen ne pourra être mis en jugement qu'après qu'une première assemblée de jurés aura prononcé qu'il y a lieu à accusation contre lui.

Art. 5.

Il ne sera dérogé à cet article que pour les cas où la mise en jugement aura été prononcée par un décret du Corps législatif.

Art. 6.

L'accusé aura la faculté de récuser, sans alléguer de motifs, le nombre de jurés qui sera déterminé au titre suivant.

Art. 7.

L'instruction des procès criminels sera publique et les témoins seront entendus verbalement et en présence de l'accusé.

Art. 8.

Dans aucun cas l'accusé ne peut être privé de conseil, ni empêché de communiquer librement avec lui; s'il ne choisit pas lui-même son conseil, le tribunal lui en nommera un.

Art. 9.

L'interrogatoire de l'accusé ne peut, en aucun cas, être prolongée au delà du temps nécomme preuve ; mais il peut être employé pour sa défense.

Les jurés qui déclareront le fait lors du ju-

gement définitif ne pourront être au-dessous du nombre de douze, et il faudra la réunion de neuf voix au moins pour prononcer que l'accusé est coupable.

Art. 11.

Les jurés qui prononceront sur la mise en jugement seront au nombre de huit et ils prononceront à la majorité des voix.

Art. 12.

Tout homme acquitté par les jurés ne peut être repris ou accusé pour le même fait.

Art. 13.

La détention de l'accusé ne peut, dans aucun cas être, prolongée au delà du temps nécessaire par l'instruction et le jugement du procès; les délais seront réglés par la loi de telle sorte qu'après leur expiration l'accusé qui ne sera point jugé sera considéré comme acquitté.

Art. 14.

Il y aura un tribunal criminel pour chaque département; il sera composé d'un grand juge, de deux assesseurs et d'un solliciteur national.

Art. 15.

Les tribunaux criminels ne seront pas sédentaires; le Corps législatif fixera les chefs-lieux d'arrondissement où chaque tribunal ira tenir ses assises.

Art. 16.

En l'absence du grand juge, celui des assesseurs qui aura réuni le plus de voix lors de l'élection du tribunal, remplira les fonctions.

Art. 17.

Les fonctions du tribunal pourront être exercées par le grand juge ou celui qui le remplacera, et l'un des deux assesseurs.

Art. 18.

Le grand juge interrogera l'accusé et les témoins, présidera les séances du tribunal et prononcera les décisions.

Art. 19.

Le grand juge est spécialement chargé de diriger l'instruction du procès, la loi lui confiant tous les moyens qu'il jugera convenable d'employer pour faire connaître la vérité.

Art. 20.

La loi défend aux jurés de calculer numériquement le nombre et l'étendue des preuves, mais elle les charge, sur leur conscience, de n'écouter que la voix de leur conviction, et elle ne leur demande aucun compte des motifs sur lesquels ils croient devoir la former.

Art. 21.

Lorsque les jurés auront prononcé que le délit est constant, et que l'accusé en est convaincu, les juges ouvriront le livre de la loi, et appliqueront au délit déclaré par les jurés la peine qui s'y trouvera prononcée sans pouvoir y apporter aucune modification.

SECTION IV.

De la manière de procéder.

Art. 1er.

Lorsqu'un délit aura été commis, la plainte à raison d'icelui sera portée par devant l'officier de justice du canton; celui-ci s'assurera des preuves, décernera un mandat d'amener s'il y a lieu, et après avoir entendu l'accusé, pourra le renvoyer absous ou à fin civile, ou le retenir au moyen d'un mandat d'arrêt.

Art. 2.

Dans ce dernier cas, trois jours après l'arrestation de l'accusé, l'officier de justice convoquera les jurés du canton pour prononcer sur l'accusation portée contre lui.

Art. 3.

La loi règlera les formes et fixera les délais qui devront être employées dans les cas où l'accusé ne serait pas détenu.

Art. 4.

Les jurés seront tenus de s'assembler trois jours après la convocation.

Art. 5.

Si l'accusé ou le plaignant le demandent, l'officier de justice pourra, s'il le croit nécessaire à l'éclaircissement des faits, retarder de huit jours au plus le rassemblement des jurés; il pourra aussi l'ordonner d'office.

Art. 6.

Lorsque les jurés seront rassemblés, l'officier de justice leur fera le rapport du fait, leur indiquera les preuves du délit, présentera l'acte d'accusation qu'il aura dressé; donnera ses conclusions motivées sur l'existence d'une loi antérieure, et se retirera; les jurés entendront les témoins et l'accusé, et décideront à la pluralité des voix si l'accusé doit être renvoyé sans accusation ou si, au contraire, il y a lieu à jugement.

Art. 7.

Dès que la décision aura été portée, les jurés feront appeler l'officier de justice, et la lui remettront par écrit signée de ceux d'entre eux qui sauront écrire. Si elle est qu'il n'y a pas lieu à accusation, l'officier de justice sera

obligé de faire mettre sur-le-champ le détenu en liberté; dans le cas contraire, il le fera conduire à la maison de justice de l'arrondissement et en donnera avis, sans délai, au solliciteur national.

Art. 8.

Le solliciteur national inscrira l'accusé sur le rôle de ceux qui devront être jugés à la première assise; il se concertera avec le grand juge pour déterminer le jour où il devra faire comparaître les témoins et il les citera en conséquence.

Art. 9.

Lorsque le tribunal sera arrivé au lieu où il devra tenir son assise, il procédera, en présence de deux des membres de l'administration du canton, au tirage des jurés qui devront prononcer sur chaque affaire.

Art. 10.

Pour cet effet, l'administration municipale du canton remettra au grand juge la liste des jurés nommés dans tout l'arrondissement.

Art. 11.

Le solliciteur national pourra récuser sans motif le quart des noms qui seront inscrits sur cette liste.

Art. 12.

Cette récusation ayant été faite, il sera procédé par la voie du sort au tirage de dix huit jurés, et cette opération se fera successivement pour chaque affaire; le solliciteur national devra indiquer ses récusations chaque fois et préalablement à chaque tirage.

Art. 13.

Les citoyens qui se trouveront nommés pour une cause ne seront pas pour cela exclus du tirage qui devra être fait pour les autres.

Art. 14.

Aussitôt que le tirage sera consommé, l'accusé recevra communication de la liste des jurés nommés pour son affaire, et il sera tenu de faire ses récusations dans les vingt-quatre heures.

Art. 15.

Les récusations seront communiquées au solliciteur national, et il sera procédé par la voie du sort, comme il a été dit ci-dessus, au remplacement des jurés récusés.

Art. 16.

L'accusé aura le droit d'exercer dix-huit récusations sur la seule inspection de la liste et sans alléguer de motifs; il ne pourra en exercer un plus grand nombre sans donner ses motifs, qui seront jugés par le tribunal.

Art. 17.

Le grand juge fera convoquer les dix-huit jurés pour le jour auquel l'affaire à laquelle ils appartiennent devra être jugée. Il notifiera cette convocation à l'accusé qui aura trois jours au moins pour préparer ses moyens de défense.

Art. 18.

Au jour indiqué pour le jugement, l'accusé, libre et sans fers, sera conduit dans l'auditoire public, accompagné de son conseil. Les jurés y seront assemblés; l'accusé, après les avoir vus, sera le maître d'en récuser encore jusqu'à six, mais ceux qui seront récusés alors ne seront point remplacés.

Art. 19.

Après que cette récusation sera terminée, ou que l'accusé aura déclaré qu'il ne veut pas user de son droit, le grand juge fera lire l'acte d'accusation; le solliciteur national exposera le sujet de sa poursuite, désignera les témoins qu'il aura fait appeler, et présentera le tableau de toutes les preuves qu'il aura pu recueillir.

Art. 20.

L'accusé sera entendu sur les mêmes faits, par sa bouche ou par son conseil; il exposera ses moyens de défense et fera paraître les témoins qu'il aura fait citer pour sa justification.

Art. 21.

Les témoins comparaîtront successivement ou à la fois suivant le désir de l'accusé; ils prêteront serment de dire la vérité; ils diront ensuite tout ce qu'ils savent de l'affaire pour laquelle ils sont appelés; et ils répondront à toutes les interpellations qui leur seront faites, tant de la part de l'accusé et de son conseil, que de celle des jurés, des juges et du solliciteur national.

Art. 22.

Le solliciteur national et l'accusé, après que tous les témoins auront été entendus, pourront parler pour ou contre l'accusation. Le grand juge résumera les dépositions des témoins et les preuves pour et contre l'accusé; et après en avoir délibéré avec ses assesseurs, il établira les questions sur lesquelles les jurés auront à prononcer.

Art. 23.

Le solliciteur national et l'accusé auront le droit de réclamer contre la manière de poser les questions, et, sur leur réclamation, il en sera délibéré de nouveau.

Art. 24.

Les questions définitivement arrêtées seront données par écrit aux jurés qui se retireront dans le lieu destiné à leur rassemblement; ils délibéreront successivement sur chaque question; et ils y prononceront par la voie du scrutin secret.

Art. 25.

La déclaration du juré ne pourra être portée qu'aux neuf douzièmes des voix; tout ce que ne réunira pas ce nombre exact sera censé décidé de la manière la plus favorable à l'accusé.

Art. 26.

Lorsque les jurés auront arrêté leur déclaration ils rentreront dans l'auditoire public et la présenteront au grand juge. Si elle est pour l'affirmative, le tribunal ouvrira le livre de la loi, et, en appliquant la peine au délit déclaré par le juré, prononcera la punition qui devra être infligée au coupable. Si la déclaration du juré est négative, le tribunal prononcera que l'accusé est absous, et le fera mettre en liberté.

SECTION V.

De la nomination des jurés et de la formation du jury d'accusation.

Art. 1er.

Les jurés seront nommés par le peuple dans les assemblées primaires, et à la pluralité relative en une seule liste. Ils seront élus dans la proportion d'un juré sur cinquante citoyens. Ils seront renouvelés tous les ans, et chaque juré pourra être réélu.

Art. 2.

Les fonctions des jurés sont gratuites, et nul ne pourra se dispenser de les remplir lorsqu'il y sera appelé sous peine d'être privé pendant deux ans du droit de voter dans les assemblées primaires, et déclaré illigible pendant le même espace de temps à toutes les places et emplois de la République.

Art. 3.

Nul ne pourra être élu s'il n'est âgé de plus de 25 ans, s'il n'est domicilié depuis plus d'un an dans le canton, et s'il ne jouit de l'exercice actuel de tous les droits de citoyen Français.

Art. 4.

L'administration du département rédigera un tableau général de tous les jurés de son ressort, adressera le tableau particulier de chaque canton à l'administration municipale, et le tableau de tous les jurés de chaque arrondissement d'assise à l'administration du canton chef-lieu d'arrondissement.

Art. 5.

Tous les 15 jours, il sera procédé publiquement par l'administration municipale de chaque canton, et par la voie du sort, au tirage de neuf jurés et de neuf suppléants, qui formeront pendant la quinzaine le jury d'accusation, et il sera donné connaissance de cette liste à l'officier de justice.

Art. 6.

Les suppléants remplaceront, dans l'ordre du tirage, les jurés récusés ou absents pour cause légitime.

Art. 7

Nul citoyen ne pourra servir dans la même affaire comme juré d'accusation et comme juré de jugement.

TITRE X.

De la force publique.

Art. 1er.

La force publique est composée de tous les citoyens en état de porter les armes.

Art. 2.

Tout citoyen Français est soldat par sa naissance et, comme tel, il est à la réquisition et aux ordres des autorités publiques suivant le mode qui sera déterminé par la loi.

Art. 3.

Tout citoyen âgé de plus de 16 ans et de moins de 45, doit avoir dans son domicile un armement et un équipement complet, et être en état de marcher à chaque instant pour la défense du territoire français, ou pour l'exécution de la loi.

Art. 4.

Il doit être ouvert dans chaque canton une inscription militaire pour tous les citoyens en état de porter les armes.

Art. 5.

Il doit y avoir une organisation générale pour la force publique de la République entière, propre à assurer la défense extérieure de l'État et à garantir au dedans le maintien de l'ordre et l'exécution de la loi.

Art. 6.

La force publique sera divisée dans son organisation en deux classes distinctes et séparées quant à l'objet précis de leur service : la force publique intérieure et la force publique extérieure.

Art. 7.

La force publique extérieure sera l'armée destinée à garder les frontières et à combattre les ennemis du dehors; elle sera sous les ordres des généraux et autres commandants militaires; elle sera soldée, et composée de citoyens enrôlés volontairement ou tirés de la force publique intérieure, par voie de réquisition suivant le mode déterminé par la loi.

Art. 8.

Les commandants en chef des armées de terre et de mer ne seront nommés qu'en temps de guerre et par des commissions révocables à chaque instant; ils seront nommés par le conseil exécutif, mais le Corps législatif pourra décréter leur destitution et leur demander compte de leur conduite quand il le jugera convenable.

Art. 9.

En réglant l'organisation de la force extérieure, la loi fixera les règles de l'avancement et de la discipline militaire, la solde à attribuer à chaque citoyen-soldat, suivant son grade, le temps et la durée des engagements ou des réquisitions, ainsi que les récompenses qui devront être accordées à ceux qui auront bien servi.

Art. 10.

La force publique intérieure sera composée de tous les citoyens agés de plus de dix-huit ans jusqu'à quarante-cinq, et en état de porter les armes, autres toutefois que ceux qui feront partie de la force publique extérieure.

Art. 11.

Elle sera considérée comme l'armée de réserve et le dépôt d'où seront tirés ceux qui devront, en cas de nécessité, former ou recruter l'armée extérieure.

Art. 12.

Elle sera organisée dans chaque canton, par compagnies, par bataillons, par légions et par brigades, suivant le nombre des citoyens.

Art. 13.

La force publique de chaque canton, organisée conformément à l'article précédent, sera sous les ordres des chefs qu'elle aura élus : ces chefs seront temporaires; ils ne pourront être en place plus d'un an, et dans aucun cas un citoyen ne pourra commander la force publique de plus d'un canton.

Art. 14.

La force publique intérieure ne sera point soldée, excepté dans les cas d'exception portés par la loi; elle sera néanmoins tenue à un service habituel, suivant les règlements qui seront arrêtés à cet effet.

Art. 15.

La loi déterminera pareillement si, quand et comment les citoyens requis nominativement pour un service militaire quelconque, pourront se faire remplacer.

Art. 16.

La force publique ne pourra agir pour le service de l'intérieur que sur la réquisition ou l'autorisation des officiers civils.

Art. 17.

La force publique ne pourra être requise par les officiers civils que dans l'étendue de leur territoire. Elle ne pourra agir du territoire d'un canton dans celui d'un autre sans l'autorisation de l'administration du département, et d'un département dans un autre sans les ordres du conseil exécutif.

Art. 18.

Toutes les fois que des troubles dans l'intérieur détermineront le conseil exécutif à faire passer une partie de la force publique d'un département dans un autre, il sera tenu d'en instruire sur-le-champ le Corps législatif.

Art. 19.

La force publique est essentiellement obéissante. Nul corps armé ne peut délibérer.

TITRE XI.

Des contributions publiques.

Art. 1er.

Il sera établi des contributions proportionnées aux besoins de l'Etat.

Art. 2.

Ces contributions seront réparties entre les citoyens en raison de leurs facultés.

Art. 3.

La portion du produit industriel ou de revenu absolument nécessaire à un individu pour sa subsistance et pour celle de sa famille, ne pourra être assujettie à aucun impôt.

Art. 4.

Il pourra être établi une contribution particulière sur le luxe et sur le superflu.

Art. 5

Les contributions seront délibérées par les représentants du peuple, d'après la fixation des dépenses publiques décrétées par le Corps législatif.

Art. 6.

Le décret qui les aura établies ne pourra être exécuté que pendant un an, passé lequel terme il devra être renouvelé.

Art. 7.

Tout citoyen, tout fonctionnaire public, tout agent du peuple, tout chef de la force armée qui se permettrait d'exiger une contribution quelconque autrement qu'en vertu de la loi, et en conformité d'icelle, sera déclaré coupable de concussion et puni comme tel.

Art. 8.

Nulle administration de département ou de canton ne peut donner une extension quelconque aux contributions décrétées, ni faire aucune réparation au-delà de la somme fixée; elle ne peut, dans aucun cas, ni sous aucun prétexte, délibérer, ouvrir ou permettre aucun emprunt local à la charge des citoyens, sans y être spécialement autorisée par le Corps législatif.

Art. 9.

Il ne pourra être établi aucune contribution qui, par sa nature et son mode, nuirait à la libre disposition des propriétés, et aux progrès de l'industrie et du commerce, ou qui exigerait pour sa perception des visites domiciliaires, ou telle autre surveillance contraire aux droits et à la liberté des citoyens.

Art. 10.

Le tableau de toutes les dépenses publiques, de toutes les recettes de toutes les contributions, de l'emploi de tous les deniers dans toutes les parties de l'administration générale et particulière de la République doit être publié chaque année par la voie de l'impression.

TITRE XII

Des rassemblements des citoyens et des jeux publics.

Art. 1er.

Depuis le premier avril inclusivement jusqu'au dernier d'octobre de chaque année, les citoyens se rassembleront tous les premiers dimanches du mois dans les divers chefs-lieux de canton pour célébrer les fêtes civiques.

Art. 2.

Ceux qui seront inscrits dans le registre de la force armée s'exerceront aux évolutions militaires et au maniement des armes, en présence des administrateurs du canton.

Art. 3.

Les citoyens s'exerceront aussi à la course et à la direction des armes, et l'administration municipale proposera et décernera des prix à ceux qui montreront le plus d'adresse dans ces différents exercices.

Art. 4.

Il y aura des examens publics ou concourront tous les jeunes élèves des instituteurs du canton ; et il sera décerné des récompenses et des distinctions soit aux élèves, soit aux instituteurs qui en seront jugés dignes.

Art. 5.

Les administrateurs, ceux qui composeront les bureaux des assemblées primaires, ou tels autres fonctionnaires publics ou citoyens, prononceront des discours tendant à exciter dans l'âme du peuple l'ardent amour de la patrie et de la liberté, le respect, pour les droits d'autrui et pour les lois, et le maintien de l'ordre public.

Art. 6.

Les vieillards au-dessus de 60 ans, ainsi que les citoyens et les citoyennes quel que soit leur âge, dont les fils seront morts au service de la patrie, auront dans ces rassemblements une place marquée.

Art. 7.

Il sera, de plus, tous les ans, décerné dans chaque canton des prix à la vertu et au courage ; pour cet effet, l'administration municipale s'adjoindra les 12 citoyens de son ressort les plus avancés en âge, et après qu'il aura été rendu compte de tous les faits qui peuvent mériter une distinction publique, le prix sera adjugé à celui qui s'en rendra le plus digne.

Art. 8.

Les actions de courage tendant à sauver la vie à des citoyens, la pratique suivie et constante des vertus morales et privées, l'amour filial, les actes de bienfaisance et d'humanité, de désintéressement ou de patriotisme auront droit aux distinctions publiques.

Art. 9.

Les prix seront proclamés et décernés publiquement le premier dimanche de mai, par les administrations municipales réunies aux autres fonctionnaires publics des cantons et aux vieillards dont il a été ci-dessus parlé ; l'un deux fera connaître l'action qui aura mérité le prix, et le décernera à celui qui l'aura obtenu.

Art. 10.

Les procès-verbaux qui seront tenus à cet effet seront adressés sans délai au Corps législatif par l'intermédiaire des administrateurs de département.

Art. 11.

Le Corps législatif se fera rendre compte de tous les actes de courage et de vertu récompensés dans les divers cantons. Il chargea un de ses comités de les comparer ensemble, et sur son rapport, il proclamera, le premier dimanche de juillet, celui qui aura le mieux mérité de la nation.

Art. 12.

Le Corps législatif décernera aussi des récompenses publiques aux généraux qui auront vaincu en combattant pour la patrie ; aux fonctionnaires publics qui, par une longue série de services, au par des actions d'éclat, auront bien mérité d'elle ; aux hommes de génie dont les travaux auront instruit ou honoré la nation; aux artistes, aux agriculteurs, etc., enfin à tous ceux qui auront le mieux servi la République, dans quelque carrière que ce soit.

Art. 13.

Ces récompenses pourront être décernées même pendant la vie de celui qui les aura méritées ; elles ne seront point pécuniaires; mais si celui qui en aura été jugé digne est dans l'indigence, il aura droit à être nourri aux frais de l'État.

Art. 14.

Le Corps législatif décernera les honneurs funèbres du Panthéon aux grands hommes qui les auront mérités, mais le décret qui en prononcera le jugement ne pourra être rendu que dix ans après la mort de celui qui en sera l'objet.

Art. 15.

Le corps législatif désignera un jour dans l'année qui sera le jour des récompenses publiques, et il fera célébrer ce jour-là, dans tout l'empire, une fête nationale qui sera appelée la *fête du courage et de la vertu.*

Art. 16.

Le Corps législatif établira d'autres fêtes civiques et des jeux publics payés aux frais de la nation.

Art. 17.

Dans toutes les villes où il s'ouvrira des spectacles publics, les entrepreneurs se soumettront à donner au moins quatre fois l'année des représentations gratuites, et il y aura, de plus, tous les jours, un certain nombre de places commodes où les citoyens peu aisés pourront entrer sans payer.

Art. 18.

Le Corps législatif s'occupera des moyens de faire tourner à l'instruction publique, à l'amélioration des mœurs, à la formation de l'esprit public, les spectacles ouverts aux citoyens. Il proposera des récompenses et décernera des prix aux auteurs qui rempliront le mieux ses vues à cet égard.

TITRE XIII

Des conventions nationales et des formes à suivre pour revoir la Constitution.

Art. 1er.

Le peuple ayant toujours, et à chaque instant, le droit de revoir, de corriger, de modifier sa Constitution, et de changer son gouvernement, il ne peut être gêné ou empêché par aucune forme dans l'exercice de ce droit, ni dans la manière de manifester sa volonté; mais la Constitution peut lui proposer les moyens propres à faciliter l'expression de son vœu, et lui indiquer l'époque à laquelle une revision pourrait entraîner le moindre danger.

Art. 2.

Dans la vingtième année après l'acceptation de l'acte constitutionnel, il sera formé une Convention nationale pour revoir, changer, modifier ou confirmer la Constitution.

Art. 3.

La Convention ne sera autre chose que le Corps législatif composé d'un plus grand nombre de membres et revêtu de plus grands pouvoirs.

Art. 4.

Elle sera formée d'autant de membres que le Corps législatif ordinaire, plus les suppléants.

Art. 5.

Elle sera nommée comme le Corps législatif dans tous les départements par les assemblées primaires, et entrera en fonctions le jour où la législature qui l'aura précédée aura terminé ses séances.

Art. 6.

Si avant l'expiration des vingt années dont il a été ci-dessus parlé, deux assemblées nationales consécutives décrètent qu'il sera appelé une Convention, l'Assemblée législative qui suivra sera revêtue du pouvoir constituant, et composée du nombre de membres fixé par la Convention.

Art. 7.

Les assemblées primaires pourront aussi demander une Convention; elles adresseront à cet effet leurs arrêtés au Corps législatif, et lorsque la moitié des assemblées primaires de la République aura émis le même vœu, le Corps législatif sera tenu de décréter la formation d'une Convention nationale, et de convoquer les assemblées primaires sur-le-champ, à l'effet de nommer les membres dont elle devra être composée.

Art. 8.

Dès l'instant que la Convention sera rassemblée les pouvoirs délégués par la Constitution prendront fin, et la Convention les réunissant tous, les déléguera provisoirement de la manière qu'elle trouvera convenable.

Art. 9.

La Constitution ne peut imposer aucune forme de délibérer, ni aucun mode d'organisation pour la Convention nationale laquelle, dès l'instant de son rassemblement, sera investie de tout l'exercice de la souveraineté nationale, et supérieure à la Constitution elle-même.

QUATRIÈME ANNEXE (1)

A LA SÉANCE DE LA CONVENTION NATIONALE DU MERCREDI 17 AVRIL 1793.

OBSERVATIONS *de* MARC-FRANÇOIS BONGUYOD, *député du Jura, sur le projet du comité de Constitution, relatif à l'ordre judiciaire* (2).

Désirant acquitter mon tribut à la chose publique, j'ai recueilli quelques idées sur l'ordre judiciaire qui doit faire partie de la Constitution (3). Les principes, qui m'ont servi de guide, sont innés dans le cœur de tous les hommes. Ainsi mon langage sera simple. Je sens que je resterai fort au-dessous de ma tâche; mais je m'estimerai heureux, si je puis donner quelques preuves de mon amour pour la patrie.

Parmi les abus de l'ancien régime, il n'y en avait point de plus oppressif que la multiplicité des tribunaux et des formes qu'il fallait y observer. Ces abus sont en partie supprimés; mais il est réservé à la Convention de perfectionner un ouvrage à peine ébauché; c'est à elle à détruire la chicane qui paraît avoir repris une nouvelle vigueur sans doute, en indemnité des pertes qu'elle croit avoir faites. Trois sortes d'agents concourent encore à la décision des procès : l'avoué, l'homme de loi et le juge. Il n'est pas difficile de penser que leur médiation, spécialement des deux premiers, bien loin d'éclaircir une affaire, d'en hâter la décision, ne fait que l'obscurcir et la retarder. Il faut commencer les procès, comme la plupart se terminent après avoir épuisé, la patience, et la bourse des plaideurs, je veux dire l'arbitrage. Le proposer est, sans contredit, en opérer l'adoption. Il n'est personne qui n'en connaisse les heureux effets, ou qui n'en ait fait l'utile expérience. La Convention ne peut faire un plus beau

---

(1) Voy. ci-dessus, même séance, page 263, le rapport de Romme sur les divers projets de Constitution.

(2) Bibliothèque de la Chambre des députés : *Collection Portiez (de l'Oise)*, tome 69, n° 5. Ce document est annoncé dans le *Journal des Débats et des décrets* du 17 avril 1793.

(3) Plusieurs projets sur la Constitution viennent de paraître : aucun n'a détaillé d'une manière précise les bases sur lesquelles doit reposer un ouvrage de cet importance. Ces bases sont celles de l'éternelle justice. Tout était vicié ou vicieux en France dans l'ancien régime, le nouveau doit être le règne de la paix, de la justice, en un mot de toutes les vertus. J'admets donc pour bases inaltérables de la Constitution : 1° les devoirs du peuple qui ne peut devenir souverain que par l'exercice de la justice, de l'humanité et de la bienfaisance; 2° les droits du peuple; 3° son éducation, dans laquelle il doit trouver la vérité et l'amour de la patrie; 4° la protection due à l'agriculture et au commerce en ce sens que la première ne doit jamais être assujettie à la dîme, ni à aucuns droits féodaux, et que l'autre doit toujours conserver la liberté sans laquelle il ne peut exister; 5° la protection due à la classe indigente qui peut être soulagée par une contribution graduelle entre le pauvre et le riche, l'établissement de manufactures, d'ateliers, de charité pour la confection des chemins et un secours pécuniaire; 6° l'économie qui dispose utilement des deniers publics, ne souffre aucune institution, aucun établissement qui ne soit frappé au coin d'une utilité évidente. (*Note de Bonguyod, insérée dans le document imprimé.*)

présent à la nation, que de lui procurer un moyen, simple et facile de terminer les difficultés qui s'élèvent entre ses concitoyens. Elle a le droit de l'attendre ; elle peut l'exiger de ses mandataires. Ils doivent s'empresser à satisfaire ses vœux : le moindre retard devient un crime.

Je ne vois aucun obstacle à l'établissement actuel des arbitres. J'aperçois au contraire une infinité d'abus et d'inconvénients à le retarder.

Les tribunaux actuels, quelle que soit leur composition, ne peuvent suffire a la décision de tous les procès qui se présentent. Comment le pourraient-ils ? Les avoués, craignant de manquer de besogne, n'en refusent point. Les défenseurs officieux sont plus délicats ; aussi font-ils payer chèrement leur confiance. Ainsi les juges ne décident que les affaires qui leur sont présentées par ces deux espèces d'agents. Il résulte donc qu'une infinité d'affaires reste sans décision. Cet inconvénient disparaîtra avec les arbitres. Il n'y a que cinq juges dans un district composé de 40 à 50,000 personnes, tandis qu'on peut y trouver plus de mille arbitres. Tous les citoyens de ce district sont obligés de donner leur confiance à des juges qu'ils n'ont pas nommés ; l'arbitre sera leur propre ouvrage, ils auront donc confiance en sa décision. Devant le juge, il faut des formalités ; auprès de l'arbitre, des actes et des observations suffisent.

En vain dirait-on que l'arbitrage ne peut être employé avec succès qu'après la perfection du Code civil. Ce langage ne peut être tenu que par les ministres de la chicane ; je leur propose un modèle qu'ils n'ont jamais voulu imiter. Cochin, ce Cicéron français, ne s'épuisait point en citations de lois ; il n'appuyait pas ses causes de l'opinion des commentateurs : il ne suivait que l'impulsion de la raison, avec laquelle il triomphait toujours. Eh bien ! la raison est-elle en minorité chez les hommes ? N'est-elle pas dans la grande majorité ? N'a-t-on pas dégagé cette puissante faculté des erreurs et des préjugés qui les retenaient en captivité ? Les Français ne sont-ils pas délivrés des causes principales qui excitaient parmi eux des troubles et des divisions d'où provenaient les procès qui occupaient les tribunaux ? N'est-ce pas de la dîme, des droits féodaux et bénéficiaux, du retrait lignager, des substitutions et des testaments ? N'était-ce pas pour ces procès qu'on avait recours à la subtilité et à l'éloquence des hommes de lois ? Grâces au ciel, la société n'a plus à redouter ces fléaux : ceux qui avaient tant d'intérêt à les maintenir sont inutiles ! La raison peut donc jouir de la plénitude de ses droits ; ni la subtilité, ni la controverse n'en gêneront désormais l'exercice ; elle seule, en suivant une méthode simple, terminera brièvement et gratuitement des procès qui étaient autrefois interminables.

L'expérience qu'on vient de faire des tribunaux de paix vient à l'appui de mon opinion. Les juges tirés de la classe des avoués et des hommes de loi, ne sont pas ceux qui ont le mieux rempli leurs fonctions. Ils ont au contraire multiplié les procès, tandis que les juges choisis parmi de simples citoyens ont rendu des services essentiels à l'humanité.

Avant la création des offices de judicature, on prenait pour juge son ami, son voisin. Cet usage aussi sublime que simple, subsisterait encore, si la soif de l'or et l'ambition ne l'eussent détruit. Hâtons-nous, citoyens de le rétablir ; la paix des familles y est intéressée. Commençons notre mission par un acte que nos concitoyens attendent, qu'ils sollicitent : l'opération est facile ; du moins, elle m'a paru telle. Je vais vous soumettre le mode que je crois convenable à l'établissement des arbitres.

Je présume que dans le nouvel ordre judiciaire, on conservera les juges de paix. Cette institution est utile ; elle est d'ailleurs susceptible de perfection ; ainsi je la regarde comme la base sur laquelle repose essentiellement l'exercice de la justice. J'ajoute les tribunaux de conciliation qui ont rendu des services essentiels. Ceux établis dans le département du Jura, ont terminé dans une année plus de quinze cents procès ; je présume que le même zèle, le même amour pour la paix ont régné dans les autres tribunaux. On leur doit donc chaque année l'extinction gratuite de 124,500 procès qui eussent pu ruiner 299 familles.

Les juges conciliateurs eussent presque toujours réussi dans leurs salutaires fonctions, si les avoués, si les hommes de loi qui se croient aussi nécessaires à la décision des procès, que les prêtres pensent mal à propos être utiles au salut, n'eussent tenté de rendre ces fonctions inutiles. Je ne puis me dispenser de vous retracer le tableau de leur conduite. D'abord ces agents ont voulu accompagner les justiciables ; leur présence était un obstacle à la paix ; les juges les ont forcés d'obéir à la loi qui a proscrit une médiation capable d'altérer la vérité sans laquelle il n'est point de justice. Cette loi sage, cette loi bienfaisante n'était pas d'accord avec les agents de la chicane ; ils s'en sont vengés d'une manière bien préjudiciable à l'éclaircissement des affaires. Ils se sont livrés à de volumineux mémoires, qui n'avaient d'autre utilité que leur profit ; les juges ont écarté ces mémoires ; ils n'ont voulu apprendre la vérité que de la bouche des plaideurs. Leur fidélité constante à l'exécution de la loi eût toujours été récompensée par la paix, si ces agents n'eussent employé contre eux la calomnie la plus atroce. Ils ont voulu persuader aux justiciables que les tribunaux de conciliation n'étaient composés que de despotes qui, pour éviter quelques frais, disposaient de la propriété de l'un en faveur de l'autre. Pour empêcher les conciliations, ils leur conseillaient de n'y adhérer que sous de certaines conditions incompatibles avec la justice.

D'après ces faits qui ne sont que trop réels, il est aisé de concevoir la nécessité très instante de supprimer des agents qui sont des ennemis irréconciliables de la paix. Frappez, il est temps, sur l'aristocratie judiciaire ; sa chute est le complément de toutes celles qui ont déjà été abattues. Ce n'est que par le moyen simple, mais efficace, de l'arbitrage que vous y parviendrez. N'hésitez pas à l'adopter. Ainsi les justiciables trouveront dans leur famille, leurs amis et leurs voisins, des juges qui, dégagés de cet esprit de prévention et de controverse, n'auront d'autre soin, d'autre ambition que de terminer promptement les procès.

Il se présente trois questions :

1° Comment les fonctions judiciaires seront-elles partagées entre les juges de paix et les arbitres ?

2° Comment seront nommés les arbitres ?

3° La sentence arbitrale sera-t-elle sujette à l'appel ?

Je vais examiner ces questions.

1° La justice de paix me paraît avoir été resserrée dans des bornes trop étroites; il faut lui donner toute l'étendue qui lui est naturelle. Parmi les actions, les unes sont fondées sur des actes, les autres sont établies sur la preuve vocale. Au premier cas, l'une des parties réclame l'exécution d'une convention. Le juge ne peut s'écarter d'une loi que les parties se sont volontairement imposée. Il ne décide pas, mais il exécute la convention.

Au second cas, ou la preuve est acquise, ou elle ne l'est pas. Le juge est forcé de s'y conformer, ou de rejeter la demande.

Je crois qu'il est utile, même nécessaire d'accorder une plus grande attribution aux juges de paix. Nulle difficulté qu'ils prononcent en dernier ressort sur les demandes qui ont pour objet des sommes dues en vertu d'actes sous signature privée ou authentique.

Quant aux objets qui consistent dans la fourniture ou délivrance de denrées et marchandises, il n'y a aucun inconvénient d'élever la souveraineté des juges de paix jusqu'à la somme de cent livres. La vérité de cette délivrance étant constatée, ne peut être détruite; conséquemment le jugement assis sur cette preuve ne peut être réformé.

On peut encore ajouter à la justice de paix la connaissance des saisies réelles : cette attribution ne peut convenir qu'à elle. De quoi s'agit-il ? de la vente d'un immeuble dont le prix est destiné à acquitter une dette. Cette vente peut être aisément faite par le juge de paix : pour y parvenir, une méthode très simple suffit. Le créancier fait constater, par un acte légal, que son débiteur n'a pas de meubles ou qu'ils sont insuffisants pour satisfaire à sa créance. En vertu de cet acte, le créancier cite le débiteur devant le juge de paix; il demande que tel immeuble soit vendu. Le juge de paix accorde au débiteur un délai, passé lequel l'immeuble est vendu après trois affiches éloignées chacune de 15 jours. Ainsi la subhastation est facile, elle entraîne peu de dépense. Les limites de la fonction des juges de paix étant ainsi posées, il est facile de connaître quelle sera la compétence des arbitres; elle s'étendra :

1° Sur toutes les sentences des juges de paix qui sont sujettes à l'appel; 2° sur tous les objets qui ne sont pas soumis à la décision des juges de paix;

2° La seconde question ne présente aucune difficulté : les justiciables ont deux moyens de nommer des arbitres; ils peuvent en convenir. Si l'une des parties refuse de nommer son arbitre, le tribunal de paix est le seul qui puisse faire justice de refus;

3° Il reste à examiner si la sentence arbitrale sera sujette à l'appel. Il ne peut avoir lieu sur une sentence rendue d'après celle du juge de paix; car deux degrés de juridiction suffisent. Ainsi l'appel est restreint aux jugements que les arbitres rendront en première instance. Si l'appel est une ressource contre l'erreur des premiers juges, elle fournit aux plaideurs un moyen de retarder l'exécution des jugements. Supprimer l'appel, ce serait donner aux premiers arbitres une autorité dont ils pourraient abuser. Suspendre l'exécution des jugements jusqu'après leur revision ne serait-ce pas favoriser la fraude, compromettre des intérêts

légitimes. Ainsi, pour concilier l'avantage de l'appel avec l'exécution de la sentence arbitrale, c'est d'ordonner que l'appel ne pourra la suspendre dans tous les cas, où elle sera susceptible d'une exécution provisoire, lorsqu'elle adjuge une somme, la jouissance d'un héritage. Alors une caution répond de l'adjugé; les intérêts des plaideurs ne sont point lésés. Comment sera jugé l'appel ? Sera-ce par un tribunal ou par un nouvel arbitrage ? Le projet de Constitution adopte le premier moyen, en établissant dans chaque département un tribunal d'appel sous la forme d'un jury civil.

Le comité de Constitution n'a pas fait attention : 1° qu'un tribunal par département ne pourrait suffire à la décision des procès, qu'il faudrait en établir plusieurs; 2° Que l'institution d'un jury civil occasionnerait un déplacement continuel et gratuit des citoyens, qui sont déjà grevés de deux autres jurys.

Ainsi la multiplicité des tribunaux qu'il faut éviter, le ménagement dû à mes concitoyens, me paraissent des motifs suffisants pour soumettre la sentence arbitrale à la revision de nouveaux arbitres. Je n'entrerai point dans le détail des autres inconvénients qui résulteraient d'un jury civil, ils n'échapperont à personne. Il me suffit d'observer que tous les citoyens n'ont pas les qualités propres à concilier les plaideurs, qu'un jury civil les exposerait souvent à être jugés par des citoyens auxquels ils n'ont nulle confiance.

Je prévois trois objections contre l'arbitrage. On dira : 1° Que la justice était exercée gratuitement; que les justiciables seront privés de cet avantage, puisqu'ils seront obligés de payer les arbitres;

2° Que les arbitres soutiendront les intérêts de leurs clients, au point qu'il se formera entre eux une lutte, une rivalité qui rendra les procès interminables;

3° Que la classe indigente aura de la peine à trouver des arbitres, que par conséquent elle sera toujours opprimée par les riches.

Je vais répondre à ces objections en peu de mots : 1° Trois personnes concourent actuellement à la décision des procès : l'avoué, l'homme de loi et le juge. La médiation des deux premiers agents est dispendieuse, chacun le sait. Eh bien ! l'arbitrage ne coûtera pas plus qu'une consultation de deux hommes de loi; ainsi les frais immenses de la procédure seront réduits à 6 livres ou 9 livres. La première objection sollicite l'arbitrage;

2° Il ne pourra jamais exister entre les arbitres une lutte, une rivalité aussi dangereuse, que celle qui s'est élevée entre les agents de la chicane; l'arbitre saura qu'il n'est pas choisi pour disputer, mais décider. S'il arrivait qu'un arbitre substituât la passion à la raison, il en résulterait une différence d'opinions de partie par un tiers arbitre, qui choisi par les plaideurs, n'aurait aucun intérêt à soutenir l'un au préjudice de l'autre. La seconde objection tourne à l'avantage de l'arbitrage;

3° Si l'on craint que la classe indigente ne trouve pas des arbitres à raison des frais qu'ils occasionneront, à plus forte raison doit-on penser qu'ils ne pourront obtenir la médiation des avoués et des hommes de loi, puisque leur taxe excède souvent le principal du procès; mais la classe indigente aura rarement recours à l'arbitrage, les tribunaux de conciliation et de paix termineront toutes ses difficultés. La troisième objection ne mérite pas plus de considération que les deux autres.

PROJET DE DÉCRET.

La Convention nationale considérant que la multiplicité des tribunaux et des formes qui y ont été établies, bien loin de concourir à une prompte et exacte justice, en a singulièrement gêné l'exercice; qu'il est instant de ramener l'ordre judiciaire à son antique, mais salutaire simplicité, qui est la seule et véritable amie des lois, et que, par conséquent, la suppression des tribunaux de district devient d'une nécessité absolue et d'une utilité évidente;

Considérant que l'exercice de la justice ne peut être désormais confié qu'à des tribunaux de conciliation, des juges de paix et des arbitres, décrète ce qui suit :

Art. 1er. Les tribunaux de district sont supprimés.

Art. 2. Les papiers déposés au greffe de ces tribunaux, seront, ensuite d'inventaire, confiés aux greffiers des tribunaux de paix établis dans le même lieu, sauf à les répartir dans les greffes des cantons du même district, suivant le mode qui sera prescrit à cet égard.

Art. 3. Pour la sûreté des papiers, le greffier fournira une caution en immeubles, de la valeur de 40 mille livres. Cette caution sera réduite à 4 mille livres, après la distribution des papiers, tel qu'il a été expliqué dans l'article précédent.

Art. 4. Les greffiers des juges de paix fourniront une caution en immeubles de la valeur de quatre mille livres.

Art. 5. Les fonctions judiciaires seront partagées entre des juges de paix et des arbitres.

Art. 6. Nulle personne ne pourra recourir aux juges de paix et aux arbitres, qu'après avoir cité sa partie adverse par devant les tribunaux de conciliation.

FONCTION DES JUGES DE PAIX.

Art. 1er. Les juges de paix se conformeront aux lois d'après lesquelles ils ont été établis.

Art. 2. Ils prononceront en dernier ressort sur toutes les demandes qui n'excéderont pas 100 livres, sur toutes celles fondées sur des actes non contestés, à quelques sommes qu'elles puissent monter.

Art. 3. Ils connaîtront des saisies réelles, de la manière ci-après indiquée.

Art. 4. Tout créancier ne pourra recourir aux immeubles de son débiteur qu'après avoir constaté par un acte légal, qu'il n'a pas de meubles, ou qu'ils sont insuffisants pour l'acquittement de sa créance.

Art. 5. En vertu de cet acte, le créancier citera le débiteur par devant le juge de paix, pour être autorisé à vendre tel ou tel immeuble. Le juge accordera au débiteur un délai,

qui ne pourra excéder celui d'un mois, pour satisfaire à la créance; il déclarera que, passé ce délai, il sera procédé à la vente de... après trois affiches éloignées chacune de 15 jours.

Art. 6. Ces affiches seront mises aux lieux de la situation des fonds, du tribunal, et partout où les créanciers le jugeront nécessaire. Elles annonceront qu'un tel, en vertu d'un jugement émané du tribunal de paix de... fera procéder le... à la vente de tel immeuble appartenant à... pour acquittement de... en conséquence tous les créanciers de... sont invités à fournir leurs prétentions au greffe du juge de paix de... le... passé lequel délai, ils ne seront plus admis à faire valoir leurs droits sur lesdits fonds.

Art. 7. Le mode établi pour l'aliénation des biens nationaux, sera observé pour celle des immeubles particuliers.

Art. 8. Le prix provenant de ces immeubles, sera déposé au greffe du juge de paix, pour être remis au créancier qui a sollicité la vente. S'il y a concurrence de créanciers, l'ordre de la date des actes authentiques de leurs créances, sera celui de la distribuiotn des deniers.

FONCTIONS DES ARBITRES.

Art. 1er. Toutes les actions, personnelles, réelles ou mixtes, qui ne sont pas de la compétence des juges de paix, seront décidées par des arbitres nommés de la manière ci-après indiquée.

Art. 2. Les arbitres connaîtront aussi des sentences rendues par les juges de paix, qui seront sujettes à l'appel.

Art. 3. Les arbitres seront choisis par devant le juge de paix, sur simple citation de la part de l'une des parties.

Art. 4. Si la partie ne comparaît pas, le juge dressera procès-verbal de sa non-comparution. Il le terminera par une réquisition à elle faite, de nommer un arbitre dans le délai de trois jours, passé lequel délai, il en sera nommé un d'office, parmi huit personnes qui seront à cet effet désignées.

Art. 5. Si le délai expiré, la partie ne comparaît pas, alors le juge de paix nommera pour arbitre une des personnes ci-dessus désignées.

Art. 6. Afin que le choix de ces personnes ne dépende pas arbitrairement du juge de paix, les communes ou sections de communes réunies en assemblée primaire, nommeront annuellement, chacune, quatre citoyens parmi ceux d'une probité, d'une intelligence et d'un civisme notoirement connus. Il sera dressé un tableau de ces citoyens, qui sera rendu public dans tout le canton, et affiché dans le lieu où les juges de paix tiennent leur séance.

Art. 7. Les arbitres étant nommés, il leur en sera donné connaissance, par la voie d'une communication amiable, ou d'une signification de l'acte par lequel ils ont été nommés.

Art. 8. Si les arbitres ne veulent ou ne peuvent pas accepter l'arbitrage, il sera procédé à la nomination d'autres arbitres, de la manière indiquée ci-dessus.

Art. 9. Les arbitres fixeront aux parties un délai convenable, pour la remise des titres, papiers et actes nécessaires à la décision des procès, ainsi que des observations qu'elles jugeront à propos de faire.

Art. 10. Les parties ne pourront employer auprès des arbitres l'assistance d'un tiers.

Art. 11. Le délai expiré, les papiers étant remis, et les observations données aux arbitres, ils seront tenus, quinze jours après cette époque, de rendre la sentence arbitrale ; au cas que l'une des parties n'ait pas fait la remise qui la concerne, elle sera requise par l'autre, de faire sa production dans huit jours, passé lequel délai, les arbitres prononceront, nonobstant le défaut de production.

Art. 12. Si les parties sont contraires en faits, elles seront entendues par devant les arbitres, qui, s'il est nécessaire, admettront la preuve vocale.

Art. 13. Si les arbitres sont d'avis différents, les parties nommeront un tiers arbitre, de la même manière que les arbitres ; si les parties n'en peuvent convenir, le juge de paix leur présentera huit personnes, parmi lesquelles elles choisiront le tiers arbitre : si elles ne veulent fixer leur choix sur l'une de ces personnes, alors le sort décidera laquelle sera tiers arbitre.

Art. 14. Le tiers arbitre se réunira aux arbitres, pour conférer avec eux, et donner son avis.

Art. 15. Si les arbitres diffèrent ou refusent de rendre la sentence, ils seront cités par devant le juge de paix, qui, d'après les actes constatant leur acceptation et la remise des papiers, les condamnera à une amende qui ne pourra être moindre de 50 livres, dont moitié au profit des pauvres, et l'autre à celui des plaideurs.

Art. 16. La sentence arbitrale sera remise au greffe du tribunal de paix, où les parties pourront en prendre des expéditions.

Art. 17. La sentence arbitrale, qui subjuguera une somme, ou la jouissance d'un héritage, sera exécutée provisoirement, moyennant une caution fidéjussoire ou fiduciaire, suivant l'exigence du cas.

Art. 18. Nul ne pourra appeler d'une sentence arbitrale, qu'au préalable il n'ait consigné au greffe du juge de paix la somme de 50 livres, reversibles moitié aux pauvres, en cas de fol appel, ou qu'il n'y ait aucune poursuite de cet appel, pendant trois mois, à compter de la signification de la sentence.

Art. 19. Celle des parties qui voudra rappeler de la sentence arbitrale sera tenu de le faire, un mois après sa signification légalement faite ; en ce cas, la sentence sera soumise à la revision de trois arbitres nommés de la même manière que les premiers. Cette forme de revision aura lieu pour les sentences de juge de paix, sujettes à l'appel.

Art. 20. Pour faire connaître, soit aux plaideurs, soit aux juges de paix, les citoyens propres à remplir les fonctions d'arbitres, les juges de paix adresseront annuellement le tableau des candidats choisis par les communes, en exécution de l'article 6, aux corps administratifs, qui le feront imprimer et distribuer à toutes les municipalités de leur ressort.

Art. 21. Les droits des arbitres seront modérément taxés.

CINQUIÈME ANNEXE (1)

A LA SÉANCE DE LA CONVENTION NATIONALE
DU MERCREDI 17 AVRIL 1793.

NOTES DE JEAN-MARIE CALÈS, *député de la Haute-Garonne, sur le plan de Constitution présenté par le comité; imprimées par ordre de la Convention nationale (2).*

AVANT-PROPOS

Envoyé pour concourir à donner à la France une Constitution, j'ai cru que ma tâche consistait : 1° à exposer les erreurs que je croirais trouver dans le plan qui nous était proposé ; 2° à les réfuter ; 3° à proposer les vues qui me paraissent propres à faire le bonheur du peuple français.

Il eût été, sans doute, trop long de remplir ce triple devoir à la tribune ; il eût été téméraire à moi de me flatter d'y réussir, puisqu'inscrit dix fois pour proposer mes réflexions sur les diverses matières d'intérêt public qu'on a agitées jusqu'ici, je n'ai encore pu obtenir une seule fois la parole.

La tactique malheureuse qu'on a adoptée pour fermer les discussions avant qu'elles aient commencé, a livré le temps de nos séances à un babil éternel, sans cesse entretenu par sept ou huit députés, toujours les mêmes, sous le prétexte d'amendements, de motions d'ordre, etc. J'approuve leur zèle ; mais la vérité me force à leur dire ici qu'il n'y a pas un brin de jugement et de prudence dans leur conduite, un mot les en convaincra. Ils ont tant parlé, et se sont si peu mis à même d'écouter, que tous leurs collègues les connaissent et qu'ils ne connaissent aucun de leurs collègues, position peu satisfaisante pour un esprit philosophe et réfléchi. Je reviens à mon sujet, et je dis que, ne pouvant me flatter d'exposer à la tribune ce que je pensais sur le plan de Constitution proposé, et en même temps mes vues sur les réformes à y faire, j'ai pris le parti de faire imprimer mes notes. Je prie mes collègues d'y jeter un coup d'œil ; mon nom n'est pas connu ; peut-être mon travail est inutile ; mais quelquefois on profite de tout le monde : j'ai vu le portier d'un moulin indiquer à des ingé-

---

(1) Voy. ci-dessus, même séance, page 263, le rapport de Romme sur les divers projets de Constitution.
(2) Bibliothèque de la Chambre des députés : *Collection Portiez (de l'Oise)*, tome 30, n° 21. Ce document est annoncé dans le *Journal des Débats et des décrets* du 7 avril 1793.

nieurs célèbres les moyens de construire un édifice que les inondations d'une rivière ne leur avaient jamais permis de mener à sa perfection.

Au demeurant, si mes notes ne servent à autre chose, elles prouveront ma bonne volonté; j'aurai rempli la première partie de mes obligations ,résolu de satisfaire aux deux autres lors de la discussion, pourvu, toutefois, que les orateurs ordinaires en *eux*, en *i* et en *au*, veuillent me le permettre.

NOTES DE JEAN-MARIE CALÈS, *député de la Haute-Garonne, sur le plan de Constitution présenté par le comité.*

TITRE PREMIER.

Art. 2.

Les circonstances ont déjà prouvé que cet article est mal rédigé : il fallait se contenter de dire : la *division par département est maintenue*, et ne pas en déterminer le nombre, qui peut et doit varier avec les circonstances.

Art. 3.

Cet article doit être réservé pour la loi positive, dans laquelle on fixera tous les détails relatifs aux administrations; il serait dangereux de rendre constitutionnels des objets de peu d'importance, que les circonstances ou les localités peuvent quelquefois arranger différemment.

Art. 4, 5, 6, 7.

Ces quatre articles devraient être réduits à un seul, en renvoyant les détails qui les forment aux sections où l'on droit traiter ses diverses administrations; ils suffisait d'énoncer ici que chaque département serait divisé en communes; celles-ci en sections, qui seraient réunies en nombre suffisant, pour former des assemblées primaires. Il était de même inutile d'annoncer que les administrations municipales seraient subordonnées aux administrations de département, puisque cette disposition, purement réglementaire, doit se trouver consignée dans la loi positive, qui traitera des différents degrés d'administration, de leurs rapports et de leurs fonctions.

TITRE II.

De l'état des citoyens, etc.

Art. 1, 2 et 3 jusqu'à la fin.

Dans l'hypothèse où le Corps législatif ne pourra jamais changer les dispositions de la Constitution le titre II doit être entièrement enlevé : 1° parce qu'il peut arriver fréquemment que de nouveaux rapports de peuple à peuple, ou toute autre cause, obligent la nation à faciliter ou à resteindre la faculté de devenir citoyen; et alors, ou il faudrait renoncer aux avantages que procurerait ce changement, ou assembler une Convention, ce qui pourrait devenir si fréquent, que la tranquilité du peuple serait exposée à des secousses dangereuses.

2° Le Corps législatif eût-il le droit de modifier ou de changer les dispositions constitutionnelles, la clarté et l'ordre de l'ouvrage exigent qu'on transporte ailleurs ce titre.

TITRE III.

Des assemblées primaires.

SECTION PREMIÈRE

Organisation.

Art. 1er.

Je ne vois aucun inconvénient à ce que les assemblées primaires soient composées d'un moindre nombre de citoyens, trois cents, par exemple; au lieu que, lorsqu'elles sont trop nombreuses, toutes les opérations s'y font péniblement : dans les élections auxquelles devra concourir l'ensemble de la République, ce sera les assemblées nombreuses des grandes villes qui retarderont la marche du corps politique.

Art. 2.

Ce n'était pas le lieu d'entrer dans ce détail.

Art. 3.

Cet article qui, au premier aperçu, paraît aussi déplacé, est justifié par les dispositions de l'article 7. Nous verrons, en commentant, ce que nous devons penser de celui-ci, dont le sort est lié à l'autre.

Art. 4.

Le choix des officiers de l'assemblée a, sous l'ancienne Constitution, toujours entravé la marche des assemblées primaires. Les formalités prescrites ont exigé autant et plus de temps que l'opération principale; il serait à propos d'adopter la forme d'élection par acclamation, en ce qui concerne les officiers du bureau seulement.

Art. 7.

On donne, dans cet article, une existence permanente aux officiers des assemblées primaires; c'est un rouage de plus dans la machine politique, qui doit en gêner le mouvement.

Les fonctions qu'on attribue aux membres du bureau, ne leur conviennent nullement. 1° Une assemblée primaire étant composée de la réunion dé plusieurs sections municipales, l'officier du bureau qui gardera les registres, sera trop éloigné de certains points de son arrondissement, pour qu'il soit possible aux habitants d'aller se faire inscrire sans frais et sans peine. 2° On s'exposerait à être la dupe de la mauvaise foi, en leur attribuant le droit de donner des certificats, puisqu'il serait impossible aux autorités municipales et autres, de vérifier les signatures d'un homme qui n'est point connu. 3° On s'exposerait à l'arbitraire le plus dangereux, attendu que les officiers du bureau étant épars, ils ne pourraient agir qu'individuellement et non en corps; et qui connaît le caprice des hommes, se méfie des opérations d'un seul.

4° Quand nous commenterons le ( ) chapitre, nous dirons notre avis sur le n° 5 de cet article.

Art. 8, 9, 10, 11.

Ces articles ne sont que réglementaires et dépendants des premiers; conséquemment, ils doivent être rejetés, si ceux-là le sont, dans le cas où ce mode serait admis, alors il faudrait les renvoyer à la loi réglementaire; car il serait ridicule d'assembler une Convention pour changer la forme dans laquelle on doit élire un scrutateur d'une assemblée primaire.

SECTION II

Fonctions des assemblées primaires.

Art. 2.

N° 2. Avant d'accepter ce numéro, il faut discuter si les Assemblées législatives seront différentes des Assemblées conventionnelles, et fixer en quoi consistera cette différence.

N° 3. Je ne vois d'autre but où puissent tendre les dispositions de cet article, que de dégoûter le peuple du gouvernement républicain. Car, pour qu'un gouvernement ne lui soit point onéreux, il faut qu'il agisse de manière que le peuple ne s'aperçoive pas de son action; car, s'il était obligé à tout propos d'abandonner ses affaires domestiques pour se constituer en corps délibérant, il renoncerait à un genre de gouvernement qui ne convient qu'à un état peu étendu et à un peuple oisif; la singulière santé que celle qui dérangerait à tout propos les fonctions ordinaires de la vie.

SECTION III.

Règles générales de l'élection.

Art. 1er.

Le mode proposé a plusieurs inconvénients : 1° il force les assemblées primaires à s'assembler deux fois pour la même opération; 2° il favorise la cabale de deux manières; le premier tour de scrutin, en faisant connaître au public les personnes indiquées à la confiance publique, facilitera aux intrigants, le moyen de répandre de faux bruits sur le compte des sujets qu'on aura intérêt à écarter pour favoriser son ambition ou ses projets; et comme les listes se forment au premier tour, il ne sera pas possible d'éclairer la conscience des citoyens peu instruits, à qui des maîtres iniviques ou une confiance mal basée auront conseillé un mauvais choix.

Art. 2 et 3.

Les dispositions de ces deux articles sont si éloignées du mode d'élection qui convient au peuple Français qu'il suffit de se faire une idée d'une assemblée qui voterait ainsi, pour en sentir tout le ridicule. J'imagine 500 laboureurs abandonnant leur travail journalier, se transportant dans le chef-lieu du canton, y

passant un ou deux jours pour organiser l'assemblée, recevant un bulletin imprimé qu'ils ne savent pas lire, et dont ils ne comprennent pas l'usage, se retirant ensuite chez eux pour écrire un nombre de noms déterminés, s'adressant pour cela à leur maître ou à leur curé; revenant ensuite porter leur bulletin; laissant dans cet intervalle le scrutin à la disposition de dix-huit membres qui sont forcés d'être assidus pendant deux jours, qui peuvent disposer du nombre des suffrages, soit en changeant ceux qui contrarieraient leurs vues; car s'ils ne livrent un récépissé aux votants, qui prouvera leur prévarication? et s'ils le délivrent, quel travail! Abattons ces formes académiques et pédantesques; liberté, simplicité, promptitude, voilà ce qui doit présider aux élections.

Art. 6.

Cet article donne une influence dangereuse aux corps administratifs sur les élections, preuve incontestable qu'il est mauvais et de plus aristocratique.

Art. 7, 8, etc.

Ils sont purement réglementaires : je n'en parlerai que pour reprocher aux auteurs leur peu de réflexion. Ils veulent qu'une Constitution soit si sacrée, qu'ils exigent des formes difficiles, longues et coûteuses pour assembler le corps qui peut la changer; et ils mettent dans cette Constitution des règlements minutieux dont la première expérience démontrera peut-être l'inutilité ou le danger. Eh quoi! faudra-t-il une nouvelle Convention pour savoir si on peut recevoir un scrutin après la minuit du huitième jour? Point de règlements dans une Constitution qui ne doit contenir que les bases du pacte social.

Art. 25.

On ne peut ni se refuser à rejeter le mode d'élection proposé, ni s'empêcher d'admettre cet article; car il est monstrueux en politique de voir un individu revêtu de plusieurs emplois, dont un seul occuperait, dépasserait même les forces de l'homme le plus actif.

SECTION IV.

De la police intérieure des assemblées primaires.

Art. 1er.

Cet article est de toute justice, et sert à faire sentir le ridicule du projet d'élection, qui, dans sa perfidie, donne aux corps administratifs une influence dangereuse sur les élections, ôte aux assemblées primaires le premier, le plus sacré de leurs droits. Comment se fait-il que le législateur qui reconnaît leur autorité sur leur police intérieure, ait pu oublier que les élections leur appartenaient exclusivement et sans le concours d'aucune autorité constituée?

Art. 2, 3 et 4.

Les dispositions de ces articles sont bien conçues; quoique les auteurs du plan n'aient pas la gloire de l'invention ils ont eu le mérite de leur rendre justice : mais j'ignore pourquoi on charge un plan qui comme je l'ai dit, ne devrait contenir que les premiers principes du gouvernement. De tous ces détails déplacés quoique bons, a-t-on cru faire un bon ouvrage en le rendant volumineux ? A-t-on craint qu'il parut maigre s'il ne contenait que ce qui était utile ?

SECTION V.

Formes de délibérations dans les assemblées primaires.

Art. 1er.

Cet article est mal rédigé. 1° Quand la question n'aura pas été posée par un pétitionnaire ou par le Corps législatif, qui la réduira à cette question simple ? 2° Dans ces cas, comment toutes les assemblées primaires s'y prendront-elles pour présenter la question dans le même sens ? 3° Pourquoi déplacer les citoyens, leur faire perdre un temps précieux à organiser une assemblée dont tout le but est de leur faire une question politique, que la plupart d'eux ne comprendront pas qu'ils oublieront presque tous avant de rentrer chez eux, et les obliger à revenir dans huitaine délibérer sur une question à laquelle ils auront bien moins pensé qu'à leurs occupations journalières ? Observez que je ne parle point de Paris, mais des campagnes.

Art. 2 et 3.

Sans être sorcier, je croirais indiquer celui des membres du comité qui a rédigé cet article ; il n'avait dans l'idée que la ville de Paris ou celle de Rome. Il voyait un peuple toujours intrigué d'objets politiques, des sections permanentes toujours prêtes à renouveler les discussions; et il a perdu de vue 25,000 lieues carrées de terrain, dont les habitants occupés à leurs ateliers, leur commerce ou à l'agriculture, trouvent toujours le temps trop court, et à peine dérobent un jour de la semaine pour aller vendre leurs denrées au marché voisin. Législateurs, si nous voulons bien faire, il faut savoir sortir de Paris en idée, comme il faut savoir y rester en corps.

Art. 4.

Cette forme de délibérer ne convient point à des hommes libres, qui peuvent et doivent, non seulement communiquer leurs idées, mais encore s'éclairer de celles de leurs voisins.

Art. 5.

Dès lors que l'on signe les bulletins et qu'on proclame le vote et le nom du votant, il serait plus simple de voter par appel nominal. Oh, messieurs, *les neuf*, point de contradictions ! Au moins, ridicules.

Art. 6.

Et dans cet intervalle les officiers du bureau, abandonnés à eux-mêmes, arrangeront le tout à leur guise.

Art. 7.

Ici se trouve la preuve de la bonté de la note de l'article 5 ; vous votez au scrutin secret pour que chacun soit libre dans son suffrage, et vous détruisez cette liberté en faisant proclamer le nom du votant ; dites-nous vos intentions.

Art. 8.

Je ne consentirai jamais que les opérations des assemblées primaires soient soumises aux administrations de département ; l'influence que cela leur donnerait sur le peuple, rendrait ces corps aussi redoutables que les ci-devant parlements, et il faut veiller à ce que les administrations ne présentent la réalité de cet hydre fabuleuse, dont une tête coupée était remplacée par cent autres qui naissaient de nouveau.

Art. 9.

Au moins aurait-il fallu qu'on fût tenu de renvoyer le travail du département à chaque assemblée primaire, pour en vérifier l'exactitude ou constater l'infidélité : mais, dans ce système, le peuple, s'il n'est compté pour rien, l'est au moins pour peu de chose.

Art. 10.

Il faudra tâcher de ne pas faire plier le fond sous le poids des formes ; car les assemblées primaires sont d'ordinaire bien intentionnées et mal instruites.

Art. 12.

Nul rapport, s'il vous plaît, des assemblées primaires avec les corps administratifs : naguère les départements étaient tous aristocrates ; bientôt ils seraient tous tyrans.

Art. 13.

Mesure funeste, puisqu'il est vrai que les assemblées primaires pourraient être neutralisées par une intelligence très possible entre les départements et le Corps législatif, qui pourrait par-là se perpétuer à son gré. D'ailleurs, cette réciprocité d'action des assemblées primaires sur le Corps législatif qu'elles forment, et du Corps législatif sur les assemblées primaires qu'il gouverne, en approuvant ou annulant leurs actes, lors même qu'elles agiront sur lui, ressemble parfaitement à un ménage où le maître et les domestiques commanderaient et obéiraient réciproquement.

CORPS ADMINISTRATIF.

SECTION PREMIÈRE.

Organisation, fonctions, etc.

Art. 1er.

La manière dont on subdivise les municipalités, en fait deux corps de chacune, de manière que nous aurons encore trois degrés d'administration. Etait-ce la peine de changer les noms pour garder la chose ?

Art. 2.

Douze sont suffisants ; le tiers formera les directoires.

Art. 4.

Cet article a été fait au hasard : telle municipalité en exigera trente, et telle pourra passer avec huit.

Art. 5.

On voit par le soin qu'on prend de donner des adjoints, que ceci ressemblera parfaitement aux municipalités actuelles, tandis que les grandes municipalités représenteront les districts. Valait-il, encore un coup, la peine de changer les termes ?

Art. 6.

Cet article est ridicule : je ne vois pas qu'il puisse être utile que les subordonnés deviennent par temps les égaux de leurs supérieurs. Si on était conséquent, il faudrait que les grandes municipalités formassent, par leur réunion ax administrateurs, le conseil du département : c'est ici véritablement un chaos !

Art. 8.

Il fallait renvoyer à cette loi les articles 7, 9, etc., etc.

Art. 10.

On est étonné de trouver ici pêle-mêle le départements et les municipalités : quand on voit cette confusion, on a de la peine à comprendre que de grands génies se soient occupés de cet ouvrage pendant six mois.

Tout le monde sent, d'ailleurs, que ce n'est pas dans un article de six lignes qu'on peut déterminer les fonctions des départements qui exigeront une loi très longue à laquelle il faudra souvent ajouter.

Art. 11.

J'aimais bien mieux la définition de l'ancienne Constitution, qui disait que les administrateurs étaient des agents délégués par le peuple, et c'est la vérité ; au reste je n'aspire point au ministère.

Art. 12.

En tant que ces ordres seront conformes aux lois.

Art. 13.

Je m'étais douté qu'il faudrait en venir là : voyez la note de l'article 10.

Art. 14.

Les dispositions de cet article sont bonnes, pourvu qu'en déterminant les limites de la surveillance, on ne la rende ni trop grande ni trop petite.

Art. 15.

De tous les législateurs, je suis peut-être celui dont le plan sur la formation du pouvoir exécutif est le plus propre à le rendre très puissant ; mais je veux me tenir en garde contre les abus qu'il pourrait faire de son pouvoir. Je ne veux pas ces points d'appui, ces sentinelles de leur choix, qui feraient voir tout aux administrations par les yeux des ministres. Ces agents sont pour moi les fils que l'araignée a tendus dans ses environs, qui interceptent à son gré tout ce qui peut engraisser son corps.

Art. 16.

A la bonne heure.

Art. 17.

Renvoyé à la loi que vous annoncez à l'article 13.

Art. 18.

Renvoyé comme ci-dessus.

Art. 19.

Il faudra, en outre, déterminer les peines qu'on doit infliger aux prévaricateurs, et les proportionner aux délits.

Art. 20.

Cette disposition ne peut s'adapter à nos principes : 1° l'administration du département serait trop puissante, si elle avait le maniement immédiat du trésor de son territoire ; 2° les fonctionnaires qui auraient à toucher à la caisse, en seraient trop éloignés.

Art. 21.

Oui ; mais il faut que ces corps soient tenus de répondre aux demandes dans huitaine, et que passé ce délai, leur silence puisse être pris pour une réponse affirmative.

SECTION II.

Du mode d'élection des administrations de département.

Art. 1er.

Cette disposition est très mauvaise : souvent dix assemblées primaires n'ont pas un sujet à indiquer ; il resterait d'ailleurs à déterminer par quel moyen on affecterait des administrateurs à chaque canton, ce qui est nécessaire et presque impossible, en suivant le mode d'élection proposé ; notez de plus que le nombre des suffrages des campagnes serait toujours inférieur à celui des villes, et que cette disproportion laisserait aux villes la liberté de faire des élections à leur gré, et des administrateurs des villes ne penseraient guère aux campagnes. Ne m'objectez pas la vertu, le désintéressement républicain ; ces mots sonores sont, d'après mon expérience, comme les esprits folets qui ne peuvent jamais s'unir avec un corps.

Art. 2.

Renvoyé à la loi promise dans l'article 13 de la section première.

Art. 3.

Cette disposition est mauvaise en ce qu'elle nécessite la tenue d'une seconde assemblée primaire, trois mois après celle qui élira le Corps législatif; or, ne vous y trompez pas, l'homme des champs regarde ces assemblées comme une corvée.

Art. 4.

Il peut arriver que les citoyens qui ont obtenu le plus de suffrages, soient dans l'impossibilité d'accepter : cette difficulté est peu de chose, quoiqu'elle détruise l'absolu de l'art ; mais s'ils ont moins de talent que ceux à qui le hasard aura donné le plus de suffrages, il en résulte alors un dommage trop grave pour la chose publique, pour que cette disposition puisse subsister.

TITRE V

Du conseil exécutif.

SECTION PREMIÈRE.

Organisation.

Art. 1er.

Le nombre proposé n'est pas assez considérable ; un homme adroit peut disposer aisément de la volonté de six collègues moins rusés que lui ; il peut encore arriver que le choix du peuple tombe sur sept personnes incapables d'exercer ces fonctions, et, dans ce cas, que deviendra la République ?

Art. 2.

Pour quiconque entend l'étymologie, il est clair que l'expression de *ministre de législation* est mal choisie.

Art. 4 et 5.

Il était plus court de dire qu'il était chargé de l'exécution des lois ou du gouvernement.

Art. 6.

Je voudrais encore qu'il fût défendu aux ministres d'écrire des lettres instructives, qui sont toujours des interprétations des lois, souvent mêmes des lois.

Art. 21.

Je sens qu'il est important que quelque autorité puisse traduire les ministres en jugement; mais il ne faut que le Corps législatif ait le droit de le faire légèrement, et au gré de ses caprices : ce serait entre ses mains une arme avec laquelle il désorganiserait le ministère à son gré.

Art. 28.

Si on considère que la mise en jugement laisse dans l'esprit du peuple une idée de défaveur à l'égard du fonctionnaire qui a donné lieu au soupçon, on aura encore une autre raison de ne pas exposer le conseil exécutif aux caprices du Corps législatif.

Art. 30.

Le Corps législatif doit, dans les grandes affaires, toujours voter par appel nominal.

Art. 31.

Je ne m'arrête pas aux articles 31 et suivants, parce que je ne crois pas qu'on adopte le mode proposé.

SECTION II.

Mode d'élection.

Art. 1er.

Cet article me donne l'occasion de dire mon sentiment sur le mode proposé pour les élections en général.

Je distingue, pour être entendu, toutes les élections en générales et en particulières. Je subdivise les générales en absolues et en respectives, et voici ce que j'entends par ces définitions : Les élections générales absolues sont celles auxquelles tous les habitants de la République doivent concourir. Les générales respectives sont celles auxquelles plusieurs assemblées primaires, comme celles de tout un département, doivent concourir, et les particulières sont celles qui s'effectuent par les suffrages d'une assemblée primaire, d'une commune, etc.

Or, je soutiens que le peuple ne peut pas exercer immédiatement les premières; car, en vain les confiez-vous aux assemblées primaires, elles n'exercent alors qu'une fonction déléguée; et la section agissant pour toute la République, fait l'office d'un corps électoral délégué; d'où je conclus que, puisque le peuple ne peut pas exercer par lui-même les élections générales absolues, et qu'il doit les déléguer à des corps électoraux, il faut choisir, pour les former, le mode le plus commode, le moins dispendieux, et celui qui distraira le moins le laboureur de ses travaux journaliers.

De plus, en adoptant les corps électoraux formés de la réunion des membres délégués par les différentes assemblées primaires, on évite les inconvénients qu'il y aurait à faire intervenir les départements dans les élections. Je suis surpris que le corps à neuf têtes, qui a conçu le plan, n'en ait pas eu une qui ait conçu des vérités aussi frappantes. Mais est-ce sérieusement qu'il nous a proposé son mode d'élection ? J'ai peine à le croire; il anéantit le pouvoir du peuple; il le dégoûte par de fréquents déplacements; il détruit l'influence des campagnes pour établir l'aristocratie des villes! etc., etc., etc.

Art. 13.

Voilà la seconde convocation qui, réunie à deux pour nommer le département et le Corps législatif, plus les assemblées doubles, pour délibérer par *oui* ou par *non*, donneront sept à huit assemblées primaires par an, de deux à quatre jours chacune. Eh! qui labourera les champs? Qui nourrira le peuple, loin de sa maison? Qui l'accoutumera à passer sa vie dans des assemblées dont souvent il ignore l'objet? Il ne serait point décent de l'écrire; mais je sais l'exclamation que feraient les villageois du Languedoc, si on leur proposait cela.

Art. 22.

Eh! pourquoi renouveler le secrétaire? Est-il si aisé de trouver un homme capable, pour le changer ainsi, quand sa perpétuité ne peut-être dangereuse? Je voudrais d'ailleurs qu'on pût continuer ceux des membres du ministère dont on serait content, et qu'on pût se défaire, tous les ans, de ceux qui seraient dangereux ou incapables. Je sais combien il est onéreux d'être obligé de les supporter pendant six mois.

SECTION III.

Des relations, etc.

Art. 3.

Le Corps législatif ne doit jamais quitter le lieu où doivent se tenir ses séances : il pourra, dans la suite les ajourner; mais il faut qu'il soit toujours prêt à se rassembler au moindre besoin.

SIXIÈME ANNEXE (1)

A LA SÉANCE DE LA CONVENTION NATIONALE DU MERCREDI 17 AVRIL 1793.

SUITE DES NOTES *de* JEAN-MARIE CALÈS, *député de la Haute-Garonne, sur le projet de Constitution présenté par le comité; imprimées par ordre de la Convention nationale* (2).

TITRE VI

De la trésorerie nationale, etc.

Art. 1er.

Si trois membres pouvaient remplir toutes les fonctions de la trésorerie, il ne faudrait en nommer que trois; mais, s'il en faut cent, pourquoi le peuple n'en nommera-t-il que trois? Voudra-t-on se contenter toujours de sauver les apparences, et n'avoir jamais la réalité?

---

(1) Voy. ci-dessus, même séance, page 263, le rapport de Romme sur les divers projets de Constitution.
(2) Bibliothèque de la Chambre des députés : *Collection Porties (de l'Oise),* tome 30, n° 21 *bis.*

Ces trois nommés par le peuple nommeront des commis, et s'entoureront d'une cour qui fera tout à leur gré, parce que son état dépend de la volonté de ceux qui la commandent. Vous renouvellerez bientôt, il est vrai, les chefs, mais les commis resteront; ils sauront eux seuls les détours du labyrinthe qu'ils auront eu soin de compliquer, et ils deviendront les maîtres despotiques sous des administrateurs nouveaux, et par conséquent inexpérimentés : alors vous tomberez sous la tyrannie de la bureaucratie; car votre ministère, vos administrations, votre trésorerie, seront gouvernés, non par les élus du peuple, mais par des commis que le peuple ne connaît point, qu'il a presque toujours raison de désavouer. Finissons une fois pour toutes : que le peuple nomme tous les agents qui seront nécessaires dans toute espèce d'administration publique, et il ne faut plus de trois personnes pour la trésorerie.

Art. 10.

On reconnaît à ces dispositions la touche d'un avocat, et d'un avocat constituant. Quoi! pour vérifier un calcul, faire des additions et des soustractions, vous voulez un jury? Vous confiez à la conscience souvent erronée, souvent infidèle de sept personnes, la vérification d'un vol de deniers publics? Mais celui qui voudra voler n'aura qu'à voler pour quatre; et voilà vos trésors dilapidés impunément, et votre fortune perdue, votre liberté compromise.

Faut-il tant de formes pour voir si un homme qui a reçu comme cent, et qui n'a dépensé que comme soixante, est comptable de quarante, et que, s'il ne fait face au reliquat, il est coupable?

Les comptes une fois vérifiés, traduisez-le devant les tribunaux; qu'alors un jury décide de son erreur ou de sa mauvaise foi : mais ne me parlez pas d'un jury pour calculer.

TITRE VII

Du Corps législatif.

SECTION PREMIÈRE.

De l'organisation, etc.

Avant de commenter cette section, il faut que je dise une vérité dont l'importance me frappe chaque jour davantage. On n'aura jamais une représentation telle qu'elle doit être, tant qu'on n'aura pas un lieu propre à tenir les séances de manière que l'orateur soit également entendu de partout, ainsi que l'acteur l'est dans nos salles de spectacles, et que les députés, quoiqu'ensemble, y soient tellement isolés l'un de l'autre, qu'il leur soit impossible de communiquer leurs idées à leurs voisins, sans quitter leur place; car tant qu'on sera les uns sur les autres, les nouvelles du jour ou toute autre affection qui peut donner matière aux conversations particulières, feront oublier souvent, même au plus patriote, la question qu'on agite, pour causer avec son voisin. Je ne donne pas le détail de mes idées sur la forme dans laquelle cet édifice devrait être construit, parce que le moindre architecte peut, même d'après mon observation, s'en faire une idée.

Art. 2.

Voyez les notes des articles où j'ai traité des élections.

Art. 6.

Et plutôt encore, si un département le réclame avec justice.

Art. 8.

On n'a pas su ici s'écarter de la route battue. Il faut de deux choses l'une : ou que le Corps législatif commence ses fonctions du moment de son installation, à quelque nombre que se trouvent les membres; ou qu'il ne se forme qu'au moment où ils seront au nombre requis, et qu'en attendant, leurs prédécesseurs restent en fonctions.

Art. 10.

S'ils n'ont pas une excuse légitime qui doive cesser bientôt.

Art. 11.

Pourquoi 15 jours après leur arrivée, et pas tout de suite ?
Des membres qui ont eu plusieurs mois pour se rendre, ont-ils encore besoin d'un délai de 15 jours? Plus j'examine ce plan, plus je le trouve incohérent et fait à la hâte.

Art. 13.

Il faut ajouter, ce me semble, pour ôter toute équivoque, et *relativement à leurs fonctions.*

SECTION II.

Des fonctions du Corps législatif.

Art. 2.

Quand nous commenterons le chapitre où il est parlé des conventions, nous démontrerons : 1° qu'il serait aisé de rendre la même Assemblée législative ou constituante, suivant le besoin; 2° combien il serait dangereux d'avoir deux Corps législatifs en même temps.

Art. 3.

Cet article est ou inutile ou indifférent.

Art. 4.

L'article 4 prouve combien cette distinction est incorrecte; car on peut assurer qu'un mode une fois adopté pour la fabrication des monnaies, pour les secours publics, pour les impositions, ce mode deviendra d'une durée indéfinie, et prendra le caractère de loi; tandis qu'une dépense imprévue, un abus démontré par l'expérience, feront varier à tous moments les règlements adoptés pour les établissements nationaux et pour les diverses branches d'administration, et leur donneront par là le caractère de décrets. De là des embarras, de la confusion, et le tout pour une distinction futile.

Art. 5.

Voyez la note de l'article 4.

Art. 6.

Idem.

Art. 7.

Je ne vois pas l'utilité de cette mesure, et j'y vois du danger. Je la suppose existante, et je suppose aussi que des agitations pareilles aux agitations actuelles vous dérobent votre temps, et absorbent vos réflexions : n'est-il pas possible alors que vous négligiez de renouveler la mesure extraordinaire qui a exporté les prêtres ? ils rentreront, et vous feront du mal.
D'ailleurs, comment sauront-ils dans un pays étranger, que vous avez renouvelé les mesures extraordinaires prises à leur égard? n'est-il pas naturel qu'ils viennent s'en informer ? et s'ils font un voyage de six mois en six mois, vous aurez tout autant de fois une cause de guerre civile.

SECTION III.

Tenue des séances, etc.

L'expérience journalière nous apprend qu'il faut soumettre les délibérations à des formes qui en ôtent le danger occasionné par trop de précipitation ou trop de lenteur : mais il faut aussi que ces formes soient elles-mêmes exemptes des vices qu'on veut éviter en les adoptant. Or je soutiens que la forme proposée réunit tous les vices : d'abord les deux délibérations qu'on exige, ensuite l'examen pour admettre ou rejeter, puis la discussion du bureau, puis le délai de quinzaine, ensuite le rapport du bureau, les propositions nouvelles, ensuite huit jours de délai, la discussion de priorité, le renvoi des articles additionnels, amendements, etc. leur renvoi au bureau, leur rapport, leur discussion; tout cela, déjà très fastidieux à recenser, insoutenable, à la lecture, sera-t-il bon dans la pratique? et d'ailleurs, le Corps législatif doit-il recevoir d'autre loi que les principes fondamentaux de la Constitution et ceux de la raison? et ces détails sont-ils à leur place dans une Constitution? Convient-il d'ailleurs de tenir ainsi le législateur par la lisière? ne dirait-on pas qu'on a voulu faire des règles pour la tenue d'un chapitre des capucins? Laissez au Corps législatif toute sa liberté; prenez des moyens pour que les opinions y soient libres, pour que le bavardage n'y étouffe pas la raison, pour que l'orgueil et les prétentions individuelles n'y tyrannisent pas la probité; que tous les membres y jouissent d'une liberté entière, et mettez le peuple à même de faire de bons choix : alors vous n'aurez pas besoin de ces formes pesantes qui entravent tout, et donnent lieu à mille disputes toujours inutiles, souvent dangereuses.
Moyennant ces réflexions générales, je me dispense de commenter les articles de cette section, qui, mauvais par leur ensemble, ne peuvent qu'être rejetés en détail.

SECTION IV.

Formation du bureau.

Art. 1er.

Tandis que l'expérience nous démontre que les comités sont insuffisants pour faire les rapports qui leur sont confiés, comment peut-on se figurer qu'un bureau composé de treize membres qui seront chargés de dresser le procès-verbal, obligés d'assister aux séances, pourront y suffire?

Art. 2.

Rien n'est plus important que la probité des membres du bureau; mais comme l'expérience nous a démontré que les appels nominaux, les différents scrutins, sont les moyens dont se sert la cabale pour composer le bureau de manière qu'il soit favorable au parti qu'il a créé, il serait ridicule, quand bien même il ne serait pas dangereux, d'adopter le mode d'élection indiqué : 1e parce que cette forme demanderait beaucoup de temps, et qu'elle n'obvierait à aucun inconvénient; 2° parce qu'il est plus simple que chaque membre exerce ces fonctions à son tour, que d'en faire un objet d'ambition et d'amour-propre. Au demeurant, je crois encore que ces détails doivent être élagués de l'acte constitutionnel, et qu'on doit laisser au Corps législatif la faculté d'organiser son bureau à son gré; conséquemment ce chapitre nous paraît inutile.

TITRE VIII

De la censure du peuple, etc.

Voici les moyens qu'on nous a promis (Droits de l'homme, art. XXX) pour résister à l'oppression : ces moyens sont si mal, *ou si bien* combinés, qu'ils sont dérisoires. Si les auteurs s'étaient donné la peine de les réfléchir après les avoir rédigés, ou qu'ils eussent agi de bonne foi, ils auraient vu qu'ils avaient manqué leur but; car s'il est vrai qu'un corps constitué veuille devenir oppresseur, il commence à employer la ruse avant d'employer la force; il répand son esprit partout; pouvoirs subordonnés, peuple, tout est infecté de son souffle impur, avant qu'il saisisse sa proie. Par la séduction, il s'assure les moyens de braver les lois , par le nombre des hommes corrompus ou ignorants, il étouffe les réclamations des lumières et des vertus; et quand tout est prêt et disposé conformément à ses vues, c'est alors qu'il commande, c'est alors qu'il opprime à son gré, parce qu'il tient enlacé par les nœuds du luxe et de l'intérêt, de l'orgueil et des préjugés, la masse corrompue de la nation, qui serait seule capable de renverser ses prétentions tyranniques. Alors le crime qui seconde les vues du tyran, est couronné; alors la vertu qui prêche les Droits de l'homme et la liberté, est flétrie, accablée, étouffée; et comment voulez-vous alors tirer quelque parti du moyen que vous indiquez? pour résister à l'oppression. il faut la connaître, il faut la détester.

Que tout Français soit armé, q u'il soit libre de plonger le poignard dans le sein du tyran qui voudrait l'asservir; voilà le droit d'insurrection. Il est dans la nature, et vous n'avez nul besoin de l'ériger fastidieusement et inutilement en loi : à quoi servirait-elle, votre loi? Si le tyran est le plus fort, il bravera votre loi, et celui qui voudrait en réclamer l'exécution : s'il est le plus faible, il tombera sous les coups vengeurs du peuple qu'il a voulu asservir: dans l'un et l'autre cas, votre loi est inutile; elle ne peut servir

qu'à convertir la France en un club général. Nous allons la commenter en détail; mais ces préliminaires étaient, je crois, nécessaires.

Art. 1er.

On semble avoir oublié ici que le peuple pris en masse, ne peut, dans un grand Etat, exercer par lui-même son droit de législation, ni manier le timon du gouvernement; cependant, s'il était vrai que les assemblées primaires fussent tenues de se réunir à la volonté d'un citoyen qui en aura trouvé 50 qui auront, par leur signature, paru adhérer à son idée, alors la France entière verrait ses ateliers, son agriculture et son commerce abandonnés, et le peuple serait sans cesse réuni en assemblées délibérantes.

Pourquoi ne pas s'en tenir aux principes adoptés? La République doit être représentative; eh bien! que tout s'y fasse par des représentants.

Art. 2, 3 et 4.

Ces trois articles disent peu en beaucoup de mots, et laissent beaucoup à désirer. Si cette disposition était adoptée, leur sens se réduit à ceci : *que la proposition doit être courte et intelligible; que les signatures doivent être citoyens avec droit de suffrage; que le tout doit être vérifié.* Mais : 1° le bureau pour vérifier, ne doit-il pas s'assembler? 2° qui indemnisera les membres du bureau, du temps qu'ils vont perdre à vérifier des pétitions nombreuses que la désœuvrance et la mauvaise foi vont multiplier? en dernière analyse, où est la possibilité qu'une assemblée de campagne ait un bureau toujours rassemblé, tandis que les membres en seront séparés par des espaces de plusieurs lieues?

Art. 5.

Plus je réfléchis l'acte constitutionnel proposé, plus je suis convaincu qu'on a cru travailler uniquement pour une grande ville. Comment est-il possible que 500 laboureurs passent une semaine entière à discuter? Les intrigants profiteront de leur absence pour monter leurs ressorts, et ensuite leurs décisions seront la loi à l'assemblée. Ouvrez Tacite, vous qui lisez l'histoire : vous y verrez que nos ancêtres furent toujours lents à se rendre aux assemblées publiques; ce qui donna la facilité aux ambitieux d'asservir la nation. De quelle utilité sera l'histoire, si elle n'est pas une leçon pour le législateur? Combinez vos assemblées de manière qu'elles ne lassent point le peuple, qu'elles soient au contraire pour lui un jour de fête; pour y réussir, diminuez-en la fréquence, ou elles vont devenir un vrai poison.

Art. 7.

Est-il croyable qu'une forme aussi compliquée, puisse atteindre un but quelconque? est-il sûr que les assemblées de commune voudront se réunir toutes les fois qu'elles seront requises? n'est-il pas vraisemblable que le dégoût, le caprice et autres passions feront rejeter par plusieurs assemblées, souvent sans examen, la proposition de la première? et alors des tentatives infructueuses ne feront-elles pas négliger aux assemblées, des questions auxquelles on supposera un pareil résultat qu'à celles qui les ont précédées? Bientôt cette forme de réviser les lois tombant en désuétude, et la Constitution prohibant tout autre moyen, le peuple ne sera-t-il pas dans les fers?

Que faut-il faire? le voici : qu'il soit permis à chaque citoyen d'adresser à la législature ses réclamations; que l'assemblée se fasse rendre compte une fois par mois, du résultat des réclamations; et si elles sont fondées, le législateur doit s'empresser d'en détruire la cause.

Art. 9.

Une assemblée du bureau pour examiner les signatures, une pour la première assemblée où on proposera la question, une pour délibérer, une pour recevoir le délibéré des autres assemblées, et le tout pour une question souvent oiseuse, quelquefois inutile, souvent dangereuse; disons la vérité, si on décrète ces formes entravées, je prédis qu'elles ne seront jamais mises à exécution.

Art. 10.

Que de chances il faut courir pour arriver à un résultat! Après les longues et pénibles formalités prescrites jusqu'ici, il ne faut qu'une majorité dans le vote général, pour que les fréquents déplacements, les frais de toute espèce, ne servent à autre chose qu'à prouver qu'on a travaillé pour rien. Ici se présente encore une contradiction : les citoyens s'assembleront pour réformer les abus, et leurs opérations doivent passer toutes par les mains, et quelques-unes dépendent même de la volonté des administrateurs; mais souvent les administrations seront intéressées à maintenir ces abus, et alors le peuple sera joué par des longueurs, par des oublis, etc, etc.

Art. 11.

Si les administrations ont intérêt à annuler les délibérés, elles en trouveront toujours l'occasion dans les vices de forme, qu'il est comme impossible d'éviter dans les assemblées primaires, dont les individus ont peu de savoir, et beaucoup de bonne volonté.

Art. 12.

Il est impossible, dans l'état actuel des choses, d'entendre ce que le comité a voulu dire par *chef-lieu des assemblées primaires du département.*

Art. 13.

On donne ici évidemment l'initiative des lois aux fractions du souverain, et nous prouverons bientôt que chaque département gouvernera à son gré la législature. Mais cette disposition n'a-t-elle pas l'odeur du fédéralisme? mais ne vaut-il pas mieux s'en tenir aux pétitions individuelles?

Art. 14 et 15.

Si les auteurs eussent travaillé le projet dans le fond d'une retraite, et qu'ils n'eussent pas été à même d'observer les longueurs auxquelles est exposé un corps composé de 800 membres, je me contenterais de leur reprocher l'inexpérience quand ils prescrivent des délais si courts pour répondre à des demandes qui sans doute seront très multipliées; mais comme l'expérience de plusieurs années a pu leur servir de leçon, je ne puis me dispenser de leur reprocher leur irréflexion.

At. 22.

Nous ne dirons rien sur les longueurs interminables que présentent les articles précédents, et sur l'impossibilité où ils mettent le peuple, de terminer une opération de cette nature; mais cet article nous démontre le vice que j'ai indiqué; observez que le Corps législatif, en rejetant la proposition d'un département, s'expose à être révoqué, et les membres à l'infamie d'être inéligibles; tandis qu'en adoptant la proposition bonne ou mauvaise, ils n'encourent aucun désagrément personnel; il est naturel d'en conclure que les législateurs faibles et sans caractère (race très commune), prendront toujours le parti le plus sûr pour eux, et chaque département mènera à son gré le Corps législatif, d'un peuple libre; Corps qui sera enchaîné, quoiqu'il soit le principe et le protecteur de la liberté.

Art. 26.

Il pourrait arriver que la décision du nouveau Corps législatif l'exposât encore à être révoqué; et pendant ces vicissitudes que deviendrait la tranquillité de l'Etat?

Le pouvoir exécutif trouvant un Corps législatif mobile et agité comme les flots d'une mer orageuse, toujours au-dessus de ses fonctions, parce que toujours nouveau, ne peut être qu'inexpérimenté ne se prévaudra-t-il pas, le conseil exécutif, de sa capacité, pour faire tout plier sous sa volonté? d'un autre côté les ennemis de l'Etat instruit des fréquentes vicissitudes du pivot sur lequel roule toute la machine politique, ne profiteront-ils pas de cet instant de désordre pour ravager notre territoire ou pour nous imposer la loi? Les auteurs eussent-ils voulu nous donner une idée de l'antique chaos, ils n'y auraient pas mieux réussi qu'en nous donnant un plan qui, né au milieu des intrigues et des orages, se sent des moments qui l'ont produit.

Art. 27.

Cet article est bien modéré! Eh! dites donc qu'elles seront nulles, ou vous êtes inconséquents, car toutes les lois, même les bonnes, doivent être soumises à la censure, ou vous détruisez la liberté de penser et d'émettre ses idées.

Art. 28.

On excepte ici de la censure les lois qu'on doit particulièrement y soumettre; et qu'on me réponde : par où commencera un Corps législatif qui voudra tuer la liberté? par flatter les administrations qui le seconderont, par accabler celles qui pourraient s'opposer à ses vues; même marche à l'égard des communes, des particuliers, il se liguera avec l'ennemi étranger. Et ce sont ces actes que vous dérobez à la censure? Je ne trouve nulle part ni la raison, ni le bon sens.

Art. 30.

Autre occasion de tout déplacer, d'agiter tout : vous convenez que la République doit être représentative, et vous voulez l'ériger en République absolue? Si le peuple doit tout faire par lui-même, il n'a pas besoin de représentants; car s'il est vrai que le Corps législatif fût le maître de consulter le peuple, il le serait toujours, car par là il serait en garde contre les événements, et la faiblesse, la pusillanimité sont des vices assez communs; le peuple se lasserait d'ailleurs bientôt d'exercer ses droits, qu'il ne délègue que pour s'en débarrasser. Le dégoût que me donne la répétition de vos fréquentes assemblées, que je ne vois qu'en idée, m'est un sûr garant de celui que leur réalité occasionnerait au peuple.

Art. 31.

C'est une perfidie d'ôter au citoyen le droit d'exposer individuellement aux autorités constituées leurs idées concernant l'intérêt public : quelle chaîne! on prescrit un mode de réclamation impraticable, et on prohibe le seul moyen qu'on a pour se plaindre de la conduite des autorités constituées! Il est difficile de voir dans cette combinaison des vues qui puissent excuser les auteurs : quant à moi je vous annonce que je dirai à toutes les autorités constituées mon sentiment sur leurs opérations, quand je le croirai utile pour ma patrie; et si on voulait m'en punir, je m'adresserai au souverain qui me ferait justice de ses mandataires infidèles et tyrans.

Art. 33.

On a voulu dire apparemment en cas d'abus de pouvoir à *leur égard*, car autrement il y aurait contradiction avec l'article 31.

TITRE IX.

Des Conventions.

Les auteurs du plan proposent deux espèces d'assemblées législatives : l'une qui aura le droit de réformer les bases de la Constitution, et l'autre qui ne pourra s'occuper que des lois de détail.

Mais s'il est démontré qu'on peut sans inconvénient réunir le pouvoir conventionnel au pouvoir législatif, et qu'il y aurait de grands dangers à courir si on avait deux Corps législatifs existants dans le même temps, il sera aussi démontré que cette distinction ne peut être admise; raisonnons, car il paraît qu'on ne l'a pas fait, ou qu'on l'a fait peu. 1º Le Corps législatif peut, s'il le faut, devenir Convention; il suffit pour cela que le peuple, délibérant dans une forme déterminée, lui délègue ces fonctions; 2º il ne

peut abuser du droit attribué aux Conventions, puisque lorsqu'il en sera revêtu, il sera Convention lui-même, et qu'avant de l'être, il n'aura d'autre attribution que celles qui dérivent de son essence de pouvoir législatif. Or il n'est pas plus difficile, au contraire il l'est moins, de déléguer au pouvoir législatif les fonctions des Conventions, qu'il ne l'est d'assembler ces Conventions mêmes; d'un autre côté la Convention peut détruire un Corps législatif, peut aussi contrarier sans le savoir et sans vouloir les actes qui en émanent; d'où il résulterait les plus grands dangers; d'où nous développerons ces principes généraux, en commentant divers articles.

Art. 2.

La première difficulté qui se présente, c'est d'obtenir une Convention. Vous dites que le Corps législatif la convoquera : mais si son intérêt se trouve à l'éloigner, par quel moyen l'y forcerez-vous? Ne me dites pas qu'il le voudra toujours; l'expérience nous apprend que les pouvoirs constitués frémissent quand ils voient s'élever à côté d'eux une puissance rivale, à plus forte raison quand elle est supérieure. Avez-vous oublié comment nos despotes avaient proscrit les assemblées de la nation; comment ils avaient substitué leurs édits aux volontés du peuple? Et sans aller si loin, la législature qui nous a précédés, eût-elle assemblé de Convention pour détruire la royauté, si le peuple levé en entier, n'avait lui-même terrassé l'hydre, et ne se fût montré disposé à renverser tous ses appuis? D'ailleurs, il est impossible au peuple de former sa demande, s'il veut observer les formes prescrites.

Art. 3.

Je ne vois aucune utilité dans les dispositions de cet article.

Art. 4.

Cet article me rappelle la folie de ces tâtonneurs qui se purgent ou se font saigner à des époques marquées, par précaution, disent-ils : si votre Constitution est assise sur des bases aussi simple que solides, sur les principes de la nature et de la société, elle doit être invariable; car de même que les hommes naissent dans tous les siècles avec les mêmes membres, ils apportent aussi en naissant les mêmes passions; exposés aux mêmes erreurs, ils sont susceptibles des mêmes vertus; et le législateur qui saurait profiter de leurs penchants de manière à les rendre utiles, ferait une Constitution qui ne changerait qu'avec la nature. Je sens que la tâche est difficile, mais il faut au moins en approcher, et ne pas supposer que la Constitution qu'on propose, ne peut être utile que pendant un court espace de temps. On n'aime pas à se figurer qu'à tout propos on changera de mœurs et d'habitudes et que les lois seront sujettes aux mêmes vicissitudes qu'éprouvent les formes des coiffures et des habits.

Art. 5.

On ne s'expose pas beaucoup, en donnant à chaque citoyen le droit de provoquer une

Convention, dès qu'on le soumet aux formalités du droit de censure, car il est aisé de concevoir que jamais pétition n'aura son effet, si elle est soumise à ces formalités; mais s'il était possible que ce mode de réclamation fût mis en usage avec succès, l'Etat serait bientôt renversé par les dispositions de l'article 5, n'y eût-il en France que dix intrigants, autant de désœuvrés, autant d'orgueilleux engagés par leurs passions à se donner la gloire d'être les auteurs d'une Convention; et les désorganisateurs, les malveillants n'en provoqueraient-ils pas quelqu'une?

Art. 6 et 7.

Ces deux articles donnent occasion à de nouvelles assemblées primaires, et me confirment dans l'idée que le comité, soit par inadvertance, soit d'après un plan favori, ne veut pas de république représentative ; car dès que vous exigez que le peuple soit perpétuellement délibérant, il doit tout faire par lui-même. J'invite les auteurs qui citent si souvent l'histoire dans leurs discours, de faire usage dans leurs récits des leçons qu'elle donne; je leur ai déjà dit qu'il fallait laisser à l'agriculture, aux ateliers, les bras qui leur sont nécessaires, et Tite-Live leur apprendra que, sous le consulat de Proculus Geganius, et de Menenius Lanatus, la disette qui régna à Rome eut pour cause les fréquentes assemblées qui firent déserter les champs au peuple jaloux de ses droits : *cœpere à fame mala dulcedine concionum, deserto agrorum cultu.*

Art. 9.

On a cru éviter par les dispositions de cet article, l'inconvénient que j'ai prévu à l'article 1er de cette section ; mais la moindre réflexion prouvera que les auteurs se sont trompés : encore du raisonnement qu'on a oublié. N'est-il pas vrai qu'une Convention doit avoir tout pouvoir sur les bases de la Constitution? n'est-il pas conséquent d'en conclure qu'elle a tout pouvoir sur toutes les lois? En vain vous la limitez à présenter un plan : une fois revêtue de sa puissance, si elle trouve à propos d'annuler l'article qui établit une législature, celle-ci n'existera plus : si elle résiste, elle sera en état de révolte ; il faudra lui faire la guerre, en être vainqueur, ou se voir opprimé par elle. Je vois des législateurs qui soutiennent qu'un peuple libre ne doit même pas distinguer le pouvoir qui ordonne, de celui qui fait exécuter, dans la crainte où ils sont que ces deux autorités ne soient, comme les deux génies de la fable, dans une opposition perpétuelle ; mais que n'ont-ils pas à craindre quand ils auront deux Corps législatifs existants en même temps, et qui ne se concilieront pas sur leurs délibérés, détruiront mutuellement leurs opérations ? Ils ont à craindre pour lors l'anarchie la plus cruelle, et tous les fléaux qui en découlent. Dégageons notre Constitution de ce fatras dangereux; un Corps législatif auquel on donnera, au besoin, le pouvoir de changer la Constitution, voilà ce qu'il nous faut, voilà apparemment ce que nous aurons.

TITRE X

De l'administration de la justice.

SECTION II

Art. 2.

Cet article n'est applicable qu'à la justice criminelle, comme nous le démontrerons bientôt.

Art. 3.

Je sais que la société a un trop grand intérêt à se délivrer des assassins, à punir les voleurs, pour qu'elle se refuse à faire les frais de leur procédure ; mais il me paraît que lorsque le coupable a des revenus, il serait juste et politique que la nation s'indemnisât sur ses biens, des frais que lui ont occasionnés les vices et les crimes d'un de ses membres. Si on applique cette disposition au civil, je ne vois dans les auteurs que des imitateurs serviles qui, marchant aux yeux clignés dans la route qu'on leur a tracée, ne savent pas mettre à profit leur propre expérience : est-il naturel, est-il sage, est-il politique de favoriser la rage de plaider, d'en allumer le désir dans les cœurs, de regarder enfin ce vice comme si essentiel à la société, qu'on veuille que les frais qu'il entraîne soient supportés en commun ? Les procès civils, quand les parties sont de bonne foi, sont aisés à terminer; c'est la haine, la vengeance, enfin le désir de nuire, qui multiplient les incidents ; puis les procureurs, les avocats et les juges enfantent les difficultés comme les mauvais médecins aggravent les causes des maladies ; réduisez donc l'intérêt social, quant à cet objet, à ses vrais termes ; bannissez de votre jurisprudence le fatras des lois ; ces savants qui entravent la bonne foi, ces orateurs dont la bouche et la colère se prêtent au mensonge avec la même ardeur qu'à la vérité ; et que celui qui refuse de se prêter à un arrangement facile, sache qu'il n'accablera pas son adversaire par des frais et des longueurs.

Art. 5 et 6.

Il est très sage de circonscrire les pouvoirs constitués dans des limites si bien déterminées, qu'il leur soit impossible de les franchir; il faut, suivant moi, que la puissance unique du peuple se divise dans l'exécution en autant de corps qu'il y a de fonctions distinctes à remplir. C'est d'abord le seul moyen de prévenir ces abus de pouvoir que les corps constitués usurpent aisément, s'ils savent flatter les opinions du peuple. J'ai ouï dire qu'il ne fallait à une nation libre qu'un seul pouvoir : je sais bien qu'en principe il n'y a qu'un pouvoir, qui est celui du peuple ; mais si on conclut de là qu'il ne faut qu'une seule assemblée, la législature par exemple, pour exercer toutes les fonctions de ce pouvoir, nous ne sommes pas d'accord. Je suppose que le Corps législatif fût pouvoir exécutif : comment les plans qui doivent être secrets s'accommoderaient-ils de la publicité de nos opérations ? Comment huit cents têtes pourraient-elles concevoir une opération qui demande de l'ensemble et de la célérité ? Formerez-vous des comités ? mais alors vous êtes en contradiction, puisque vous reconnaissez qu'il faut confier à quelqu'un plus qu'à votre Assemblée les fonctions exécutives.

Si vos ministres joignaient la bonne volonté à des lumières étendues, qu'ils fussent propres à prendre des résolutions fermes, vous auriez déjà fait le travail qui vous est confié ; mais, sans cesse distraits par les questions que leur pusillanimité vous soumet, ou par les événements amenés par leur indolence, vous quittez la législature pour saisir le timon de l'État, notre main mal assurée l'abandonne, faute d'habitude souvent quand il conviendrait de le manier avec le plus de vigueur. De là cette stagnation dans les affaires politiques, cette arrogance dans ceux qui vous sont subordonnés, qui ne bravent le frein que parce qu'ils savent qu'il est incapable de réprimer leurs écarts; de là enfin cette méfiance du peuple, et ce dégoût du législateur. Cette expérience pourra nous devenir utile ; c'est pour cela que je la place ici, quoiqu'elle soit hors du son lieu.

SECTION II

Justice civile, etc.

Art. 1er.

J'ai toujours cru, dès qu'on a confié le plan de Constitution à des avocats, que nous aurions des tribunaux de même que nous aurons des académies si un académicien fait le plan d'instruction publique. Montesquieu n'a-t-il pas soutenu que les parlements étaient indispensables ? Chacun a ses joujoux, chacun a sa folie, et chacun surtout consulte ses intérêts ; mais moi, qui ne consulte que ceux du peuple, je veux que toutes les affaires civiles soient uniquement terminées par des arbitres, et que tout juge civil disparaisse.

Art. 2 et 3.

Si l'on était bien convaincu que les procès sont plutôt un effet du ressentiment que les réclamations de la justice opprimée, on le serait aussi que tous ces tribunaux, ces juges conciliateurs, sont des rouages superflus, qui souvent peuvent nuire, mais jamais être utiles. Le plaideur qui veut accabler un ennemi, subit leur jugement pour éviter une nullité ; mais il court toujours au tribunal suprême, parce qu'il sait que les frais et les longueurs écraseront son adversaire. J'ai connu un ci-devant seigneur qui se disait le maître de son pays, et qui l'était en effet, en sacrifiant chaque année 12,000 l. aux procès qu'il intentait aux divers particuliers.

Art. 4.

Si on conserve les juges de paix, j'espère que l'expérience du passé ne permettra pas qu'on leur confie la police de sûreté.

Art. 6 et 7.

J'interroge la conscience de tout homme réfléchi, et je lui demande si les tribunaux de conciliation ont été de quelque utilité. On s'y présentait pour obéir à la loi : c'était un délai qu'il fallait dévorer ; et il tardait aux deux parties de leur échapper pour se présenter au tribunal. Tels sont les hommes, surtout ceux qui réclament leurs droits : il n'est pas de marche assez rapide, point de forme qui ne soit longue, quand il s'agit d'atteindre leur but ; et cependant vous voulez anéantir les effets heureux de l'arbitrage, en faisant des arbitres ce qu'étaient les tribunaux de conciliation ! Et vous allez nous donner, sous des noms ridicules et des formes pénibles et coûteuses, des tribunaux ignorants et nombreux, payés par le trésor public, tandis que nous pouvons éviter cette énorme dépense, et être mieux et plus promptement jugés !

Art. 8.

Voilà le tribunal annoncé dans la note précédente. Que m'importe à moi, qui les crois inutiles, que vous les baptisiez du nom mal approprié de *jury*, que les membres en soient différemment nommés, différemment élus? si je n'en suis pas mieux, je ne vous sais aucun gré de votre travail.

Art. 9.

1° Autre occasion de réunir les assemblées primaires. 2° Passons sur la légèreté de cette élection : le comité était apparemment fatigué d'avoir si souvent convoqué le peuple ; et il a mieux aimé être inconséquent qu'absurde. En effet, pour élire les scrutateurs des assemblées primaires, on prescrit des formalités interminables ; et le choix de ceux qui doivent décider de la fortune des citoyens, on le confie au hasard.

Art. 11.

Encore ici les départements influenceront le choix du peuple. Quel est ce vice de l'esprit humain, qui l'attache si fort aux erreurs, qu'il ne les abandonne plus dès qu'il les a adoptées, tandis qu'il ne peut adhérer deux fois de suite à la vérité !

Art. 12.

Détail inutile, réglementaire et pernicieux, si on le place ici.

Art. 13.

Admirez la sagacité du comité, et comme il ménage le temps du peuple ! Il faut que les parties aillent au chef-lieu du département d'abord, pour choisir les jurés : mais il n'est pas probable que tous les jurés résident et soient habituellement en exercice, car le nombre en est trop grand. Le choix une fois fait, les plaideurs se retireront sans doute ; mais le juré viendra-t-il au jour marqué ? Viendront-ils tous, ou au moins en nombre suffisant ? Qui indiquera aux parties le moment où elles doivent se rendre au chef-lieu ? Si elles font encore des voyages inutiles, qui les indemnisera? Et c'est rendre la justice? et c'est la rendre *gratis* ? c'est là mettre le peuple à son aise ?

C'est le comble de l'absurdité de dire que

chaque département aura sur pied, pour juger les procès civils, un tribunal aussi nombreux que l'étaient les assemblées électorales.

Art. 14.

Voyez la première partie de mes notes aux articles des élections.

Art. 15.

Si les auteurs du projet se sont montrés dans quelque endroit inférieur à la tâche qu'ils avaient à remplir, c'est sans contredit dans cet article. Est-il possible que deux, dix, trente rapporteurs, s'acquittent des fonctions qu'on attribue ici à un seul? Quoi! un seul homme lira toutes les pièces, écrira et fera les rapports des procès de tout un département? Et cela promptement et bien? qui le croira? on n'a pas besoin de faire d'autre réflexion.

Je ne voudrais point affirmer que, quand il existerait des tribunaux, il fallût supprimer les commissaires nationaux; qu'ils y seront inutiles; mais on sait qu'ils l'ont été jusqu'ici, et qu'ils n'ont servi qu'à faire obtenir aux parties mal intentionnées des délais multiples, en différant de donner leurs conclusions.

SECTION III

De la justice criminelle.

Art. 1er.

Est-ce l'humanité, est-ce une barbarie raffinée qui a dicté ce premier article? Quoi! l'assassinat volontaire et prémédité, celui par lequel l'homme sanguinaire et dénaturé a privé de la vie le citoyen paisible et vertueux, ne sera point puni de mort? Si votre loi passait, elle replongerait la France dans les horreurs du huitième siècle. Si je trouvais l'assassin de mon frère, de mon fils, je plongerais dans son cœur un fer vengeur et de son crime et du silence des lois. Si l'assassin était plus heureux que moi, je me verrais arracher sans regret une vie qui m'obligerait à respirer le même air que respire le monstre qui a porté un deuil éternel dans mon cœur. Mais ce double crime trouverait un vengeur, et bientôt mille morts particulières vous feraient repentir d'avoir laissé la vie au scélérat qui l'avait ôtée à son semblable. Cependant il est un moyen de la lui laisser, en la rendant utile à la société: ce moyen est connu, les Egyptiens l'ont pratiqué; mais il est plus cruel que la mort, et j'aime mieux l'indiquer que de le transcrire. (Voyez Diodore de Sicile.)

Art. 2 et 3.

Ces deux articles doivent seuls former cette section. J'ai déjà indiqué combien il était dangereux de rendre constitutionnelles les lois de détail; et les articles depuis le quatrième jusqu'à la fin sont de cette nature. Si, par exemple, le travail se multiplie au point qu'un seul accusateur public ne puisse suffire, il faudra assembler une Convention pour en nommer un second; cela n'est pas supportable.

SECTION IV.

Des censeurs judiciaires.

Art. 1er.

Voici le complément du système judiciaire: un nombre de personnes égal à celui des électeurs actuels, formera un tribunal dont les membres, toujours rassemblés au chef-lieu du département, seront salariés par la nation, ou bien ils seront épars, et se rassembleront en nombre déterminé à la voix du plaideur. Dix, douze, trente plaideurs convoqueront tout autant de petits tribunaux; un seul homme fera devant ces corps un seul homme fera devant ces corps tous les rapports des procès de tout le département: souvent il sera tenu d'être présent à cent endroits différents à la fois, ou quatre-vingt-dix-neuf tribunaux partiels auront été rassemblés inutilement. Cependant plaideurs et jurés feront des dépenses considérables et perdront leur temps. Ensuite arriveront en poste des nuées de censeurs dont l'arbitraire fera frémir les citoyens, surtout les citoyens obscurs, même sur les décisions qu'ils auront obtenues des tribunaux; car ces censeurs ne fréquenteront pas le pauvre. Le riche, toujours tyran, l'aristocrate, toujours astucieux, s'emparera d'eux, trompera leur inexpérience, et le peuple verra renaître l'orgueil et l'injustice des gouverneurs des provinces, des commissaires délégués par les parlements, auprès desquels la bure avait toujours tort à côté d'un habit galonné. Ce n'est pas tout: votre numéro premier suppose, ou que vos censeurs passeront très fréquemment, ou que les jugements criminels ne seront exécutés que rarement; car, s'ils peuvent en prononcer la nullité, il faut aussi, pour être conséquent en suspendre l'effet. 2° Mais, si les censeurs ne sont pas là pour juger de la suspicion légitime, comment s'y prendra le réclamant? J'imagine que cette disposition n'aura lieu qu'en faveur de ceux qui auront le bonheur de se trouver sur le passage rapide de messieurs les censeurs.

Art. 2.

Il faut admettre une règle générale et constitutionnelle: c'est que le peuple aura la faculté de changer tous les ans, à une époque déterminée, ceux des fonctionnaires publics dont il ne sera pas content.

Art. 4.

Il est assez ridicule qu'on nous rappelle ici les requêtes civiles, en renvoyant au même tribunal une affaire déjà mal jugée.

SECTION VI.

Des moyens de garantir la liberté, etc.

Je me contenterai, sur cette section, que le comité a extraite des diverses lois de l'Assemblée constituante, de faire quelques réflexions générales.

1° On est entré dans de trop grands détails;

2° On n'a pas fait attention que les moyens indiqués pour garantir les citoyens des détentions arbitraires, n'ont pas toujours empêché les fonctionnaires publics d'abuser de leur pouvoir en ordonnant des détentions illégales et tyranniques; et pas un d'eux n'a été puni. Si l'on observe que les personne sur qui on exerce cette tyrannie, sont d'ordinaire pauvres et ignorantes, on concevra que leurs réclamations doivent être nulles. Il faut trouver un remède à ce mal.

Art. 14.

Je me sens pénétré de joie, en trouvant enfin quelque chose que je puisse louer : l'expérience a enfin une fois dessillé les yeux de nos savants; ils ont connu que, quoique la maison du citoyen dût être un asile sacré pour l'homme vertueux, il ne devait pas devenir le refuge impénétrable du brigand, et qu'il devait être aisément ouvert aux recherches de la justice; ils ont sagement voulu que, sur une simple ordonnance de l'officier de police, on pût y faire des perquisitions. Cependant, cet article devrait être renvoyé aux lois de police.

TITRE XI.

De la force publique.

Art. 1er.

J'ai été forcé de blâmer si souvent dans l'examen de ce plan, que toutes les fois qu'il s'offre encore quelque disposition qui paraît vicieuse, je crains d'avoir contracté le penchant de tout désapprouver, et il me faut du temps pour me décider à le faire; mais cependant on ne peut se dissimuler que cet article ne soit peu soigné, et qu'il ne devienne alarmant, si on le prend strictement dans le sens qu'il présente. Quoi! tout citoyen sera sujet à porter les armes, à faire partie des phalanges qu'on oppose à l'ennemi? il sera tenu de quitter sa femme, d'abandonner sa famille qui n'a que son travail pour toute ressource, aucun emploi, aucun talent ne pourra le rendre assez précieux à la République, dans tel ou tel emploi, qu'il ne doive tout abandonner pour courir à l'ennemi? Mais si vous ne dérogez à ces principes, qui aimera votre gouvernement, qui arrachera sans distinction, le père de famille à sa maison, comme le célibataire à ses plaisirs et à son oisiveté? Ce n'est apparemment pas ce que vous avez pensé; mais l'incorrection de votre article vient du défaut d'attention ou de cette lassitude trop aisée à contracter quand on fait un ouvrage contraire au genre d'occupation qu'on avait habituée, car tous les génies ne sont pas, non plus que tous les terrains, propres à toutes les productions; il me paraît qu'il faut ici faire une distinction entre la force qui doit combattre sur les foyers, et celle qui doit défendre la frontière, ou aller porter un fer vengeur sur le territoire ennemi; tout citoyen doit être membre du corps qui constitue la première, mais la seconde doit être composée de cet âge où la vigueur et la force font mépriser le péril, diminuent le danger, et où l'absence d'un individu n'en plonge pas plusieurs dans la misère.

Art. 2.

Le sens de cet article, en adoucissant le premier, aurait pu donner ce que j'indique en l'y réunissant.

Art. 3.

Il ne fallait pas dire mollement, il *pourra* car il est indispensable d'avoir des armées, puisque nos voisins en ont et en auront.

Art. 4.

Ici les auteurs vont se jeter, comme ils l'ont toujours fait, dans des détails, tandis qu'il ne s'agit que d'indiquer les principes.

Art. 5.

Pourquoi ne pas imiter la sagesse de l'ancienne Constitution, qui voulait que les communes voisines se prêtassent un secours mutuel? Il me paraît bien étrange que je ne puisse pas secourir mon voisin, dont la vie et les propriétés sont menacées, parce que le ruisseau qui nous sépare, divise nos municipalités respectives, et qu'il faille, pour voler à son aide, attendre l'autorisation d'un département, dont les ordres tardifs laisseront opprimer l'infortuné que mon activité aurait efficacement secouru !

Je voudrais bien savoir si les auteurs se sont demandé quelle était l'utilité de cette disposition?

Art. 6.

Cet article se trouve en pays étranger : il s'agit de la force publique; et on nous parle d'assurer les jugements ! Quoi ! vos brigades de gendarmerie seront circonscrites dans le territoire d'une commune et il y en aura donc une par commune, mais si le malfaiteur qu'elle poursuit dépasse les limites de sa commune, ce sera un *nec plus ultra* pour la gendarmerie et la nouvelle commune une sauvegarde pour le criminel qu'on allait enchaîner : il doit être bien difficile de faire une Constitution !

Art. 7 et 8.

Les articles qui suivent, sont un assemblage d'idées incohérentes où les principes de quelque utilité sont déplacés, où l'on passe des attentions minutieuses de l'art 7, aux considérations majeures de l'art. 8; et tandis que des détails minutieux ont exigé des pages de nos auteurs, la manière dont le Conseil exécutif régira la force armée, ne leur arrache que deux lignes, puis des détails oiseux auxquels on entrelarde un seul bon article, celui de renouveler tous les ans le chef de la force armée.

TITRE XII

Des Contributions, etc.

Art. 1er.

Ajoutez-y les ressources du citoyen.

Art. 2.

Dès qu'on est convenu que la République est représentative, et qu'elle doit l'être, il ne faut plus attribuer au peuple l'exercice immédiat de ses droits; cet article est donc incorrect, puisque le peuple doit tout faire par des représentants.

Art. 3.

Il faudrait, si vous étiez conséquents, ajouter à la première phrase, ou *par le peuple;* mais il vaut mieux retrancher le second membre de la première de l'article 2.

Art. 4.

Il serait mieux de dire : en raison directe de leur fortune, et en raison inverse de leurs besoins.

Art. 5.

On n'asseoit pas des impôts sur des bases métaphysiques; il n'est rien de si aisé que de bâtir de beaux systèmes de finance, et rien de plus difficile que de les exécuter. Que l'expérience nous rende sages : quoi de plus séduisant au premier aperçu, que les nouveaux impôts? Quoi de plus désastreux que leurs conséquences? Si on les a faits pour ruiner l'Etat, ils sont le chef-d'œuvre de l'incivisme.

Art. 6.

Ces dispositions générales n'ont, suivant moi, aucun sens; si on prend le mot *nuirait* strictement, vous n'aurez plus d'impôts, car tous nuisent à la valeur de l'objet qui les supporte, en raison de leur intensité; et si vous voulez fixer le terme où il devient absolument nuisible, vous entrez dans un labyrinthe dont vous ne sortirez plus.

Art. 7.

L'ancienne Constitution portait aussi de semblables prohibitions; mais, faute d'avoir rien précisé, les corps administratifs se sont permis des excès sous le nom de sols aditionnels, et j'ai vu des communes dont leurs autorisations avaient augmenté l'impôt d'un quart.

Art. 8.

Cet article devrait se trouver dans la section où l'on traite les obligations des ministres.

Observations générales.

On parle pendant des jours entiers, on écrit des volumes sur la manière d'asseoir l'impôt, et on ne nous propose rien qui ne soit ou inutile, ou dangereux, ou impossible : cependant il est bien aisé, ce me semble, d'y voir clair.

Sachez une fois ce qui vous est nécessaire pour les dépenses de l'Etat; calculez ensuite le produit des fortunes : voyez ce qu'elles peuvent fournir; alors divisez la somme entre les départements, en raison de leur produit. Que ceux-ci divisent de même entre leurs communes; alors les communes peuvent mettre la plus grande justice dans la répartition, et voici comment : que chaque commune nomme, dans une assemblée générale, une commission qui, en présence d'un commissaire de l'administration supérieure, déterminera le degré de fortune et d'aisance de chaque habitant;

il en sera dressé un tableau qu'on déposera au greffe, pendant quinze jours ; pendant ce temps, chaque particulier aura le droit de présenter ses réclamations qui seront jugées par la commission, qui motivera ses décisions. Ce tableau définitivement arrêté, servira de base à la répartition : ce mode est simple, mais j'ose croire qu'il n'y en a pas de meilleur.

Résumé.

Si ceux de mes collègues qui sont occupés à des travaux relatifs à notre assemblée, avaient le temps de lire, et que ceux qui n'ont rien à faire, en eussent la volonté, je croirais avoir prouvé aux uns et aux autres que le plan de constitution est manqué : 1° parce qu'il est surchargé de plusieurs détails inutiles, de plusieurs qui seraient bons s'ils n'étaient pas dans l'acte constitutionnel ; 2° parce qu'il pèche par son fondement, en rendant absolue notre République, qui ne doit être que représentative.

Il ne paraît pas que le comité se soit demandé : que veut le peuple français ? que veulent ordinairement tous les hommes ? quelles sont les passions qui leur commandent? quelles sont les mœurs du peuple que nous allons constituer ? En effet, l'intérêt particulier, l'amour-propre, les penchants des sexes l'un vers l'autre, les sentiments religieux, qu'on pourra changer, modifier, mais non détruire, ces mobiles du cœur humain, ont été comptés pour rien dans les calculs du comité; il n'a pas mieux réfléchi sur les classes bien distinguées que les arts et métiers forment parmi nous ; il a tout approprié à la désœuvrance des villes, sans réfléchir que nos riches campagnes étaient sans cesse fécondées par le travail assidu d'une multitude de bras dont l'absence amènerait bientôt une disette désastreuse ; il a cru qu'on menait une nation comme un troupeau ; que la loi faite, tout le monde baisserait la tête telle qu'elle fût, tandis qu'il fallait l'accommoder de manière que les cœurs et les affections volassent au devant d'elle.

Si on compare le plan d'éducation au plan constitutionnel, on verra que les Français sont destinés à mener une vie bien singulière : jusques à l'âge de 25 ans, ils seront tous dans les écoles, *car ils doivent tous être également instruits;* ensuite ils seront jusqu'à la fin de leurs jours groupés en assemblées primaires, en tribunaux, en clubs, etc., etc., ils n'auront aucune passion ; ils exposeront leur vie dans les combats, et s'ils ne portent leur poitrine découverte et ne montrent leurs cicatrices, rien ne dira au peuple que la patrie doit son salut à ce vénérable vieillard. Suivant d'autres systèmes, les produits des fonds n'appartiendront pas plus à celui qui les a fait croître en les arrosant de ses sueurs, qu'à l'homme indolent et inutile qui pèse à la terre qui le porte ; enfin, l'homme toujours pénétré du bien public, ne jettera jamais un regard sur lui-même ! Eh ! sans doute, dans mes rêves consolants, je désire comme vous que tous les hommes soient également vêtus, également honorés, également logés ; je voudrais qu'ils eussent une santé égale, des plaisirs égaux, et surtout un égal degré de vertu : mais, quand mes idées fantastiques font place aux connaissances que l'expérience m'a données de la nature, je suis forcé de convenir que les passions sont à l'âme ce que la sensibilité et l'irritabilité sont au corps ; et alors je suis convaincu que, si on lui ôte les passions, on lui ôte son énergie, on la tue. Pour lors je dis que le sage guide l'homme pas ses passions, comme le cavalier guide son cheval par le moyen des rênes et du frein ; et surtout, qu'il ne désire pas, dans son délire, de rendre l'homme parfait ; qu'il le prenne tel qu'il est, et qu'il ait l'adresse de lui éviter les écarts qui deviendraient périlleux.

Si j'avais été chargé de faire un plan de Constitution, j'aurais d'abord examiné l'homme en lui-même ; ensuite j'aurais porté mes vues sur le peuple français. J'aurais vu une population immense, couvrant un vaste sol qui lui fournit abondamment les objets de première nécessité et beaucoup d'objets de luxe : j'en aurais conclu que le peuple français peut se contenter de son sol ; mais qu'il faut que, toujours attaché à sa patrie, il ne désire, ni des richesses étrangères, ni des connaissances qui deviendraient nuisibles à l'Etat ; et, partant de ces principes, j'aurais dit : le produit territorial est la première, pour ainsi dire, la seule richesse de la France. Faisons de l'agriculture l'art le plus honorable : les récoltes peuvent être ravagées par un ennemi ; que le guerrier qui le repoussera, obtienne le second degré d'honneur. L'ignorance peut ramener les préjugés ; et avec eux, les jouissances et les plaisirs les plus doux se changent en amertume : l'ignorance corrompt la nature, dégrade l'homme, le rend féroce, superstitieux, etc. Que le savant obtienne le troisième degré d'honneur. Il faut se couvrir contre les injures de l'air, s'abriter pour échapper à l'intempérie des saisons : que l'artisan obtienne le quatrième rang. J'aurais voulu que ces degrés d'honneur fussent personnels, et que la qualité de citoyen français en fît la base et le mérite ; et sur ces principes, j'aurais bâti la Constitution. Quand j'aurais traité la seconde partie, la seule qui a occupé le comité, qui, suivant moi, n'est pas législateur, j'aurais alors disposé la chose de manière que les citoyens pussent, sans perte de temps, trouver les moments de se réunir pour conférer sur le gouvernement, pour élire leurs représentants, leurs administrateurs, pour censurer leur conduite. J'aurais fait de ces réunions des jours de fête : le jeune orateur, le laboureur vigoureux, l'administrateur fidèle, auraient entendu louer leur utilité sous les yeux de leur mère, en présence de l'objet qui captive leur cœur. Là, leur plus douce récompense eût été de se voir utiles, aimés et estimés tout à la fois.

Mais cela a été négligé ; et par malheur, il n'est-il pas possible d'entrelarder ces idées au plan du comité, qui, avec tous les amendements possibles, ne sera jamais ce qu'il devrait être.

Il me semble entendre mes compatriotes me dire : que ne donnes-tu le tien ? Voici mon excuse : je n'étais pas du comité : moins prévenu de la bonté de mes idées que quelques-uns de mes collègues ne le sont des leurs, j'ai eu la modestie de ne pas disputer avec acharnement la parole que j'ai souvent demandée et jamais obtenue. Et en vain j'écrirais aujourd'hui : mon plan ne serait pas lu, car je suis sûr que mes notes ne le seront seulement pas

d'un sixième de nos députés ; et peut-être les membres du comité dédaigneront de compromettre leur célébrité, en jetant un coup d'œil sur ce qu'on leur reproche ; enfin, je le leur prédis, leur plan est mauvais, mais fût-il bon, ce n'est qu'un règlement momentané qui ne portera pas leurs noms aux races futures.

SEPTIÈME ANNEXE (1)

A LA SÉANCE DE LA CONVENTION NATIONALE DU MERCREDI 17 AVRIL 1793.

DÉCLARATION DES DROITS DU CITOYEN, *proposée par* L. CARNOT, *député du département du Pas-de-Calais, le 10 mars* 1793, *l'an II de la République* (2).

Par son décret du 16 février, la Convention nationale a autorisé tous ses membres à lui communiquer, par la voie de l'impression, leurs observations et projets relatifs à la nouvelle Constitution, j'ai cru qu'il pouvait être utile de lui proposer la rédaction suivante de la déclaration qui doit lui servir de base.

S'il est une question dans laquelle il soit nécessaire de la plus grande clarté dans les principes, de la plus parfaite simplicité dans les expressions, c'est sans doute celle où il s'agit d'instruire chacun des membres de la société des droits qui lui appartiennent et des limites qu'il ne saurait franchir sans s'exposer à en perdre la jouissance. C'est ici surtout qu'il est important d'éviter tout ce qui a besoin d'interprétation, tout ce qui peut amener l'égarement ou servir de prétexte aux abus ; car ces abus seraient d'autant plus irrémédiables qu'ils auraient leurs racines dans le texte même des lois fondamentales, dans les maximes dont le développement doit faire éclore successivement toutes les voix particulières.

Dans l'état de nature, les droits de l'homme sont indéfinis, mais c'est de l'homme en société qu'il s'agit ici. Voilà pourquoi j'ai borné le titre de ma rédaction à celui de *déclaration des droits du citoyen*.

Ce n'est pas que dans l'état de société l'homme soit plus restreint dans l'exercice de ses droits primitifs, qu'il ne l'est dans l'état de nature, puisqu'au contraire il ne se réunit à ses semblables, qu'afin que ces mêmes droits soient mieux garantis, et plus certainement dirigés vers le même but, par la concordance des volontés et des efforts individuels.

Dans l'état de nature, les droits de l'homme sont indéfinis ; mais, le plus souvent ces droits sont illusoires, parce qu'ils sont sans cesse contrariés l'un par l'autre, ou rendus sans effet par la faiblesse des moyens de chaque individu isolé pour lutter seul contre les éléments et contre tous les obstacles.

Dans cet état tout appartient au plus fort,

---

(1) Voy. ci-dessus, même séance, page 263, le rapport de Romme sur les divers projets de Constitution.

(2) Bibliothèque de la Chambre des députés : *Collection Portiez (de l'Oise)*, tome 29, n° 40.

tout est subjugué par lui ; il n'y a donc ni liberté, ni égalité, ni propriété, ni moyen de résister à l'oppression. Voilà pourquoi les hommes se réunissent, c'est afin d'empêcher qu'il n'y ait un plus fort en mettant au-dessus de lui la volonté générale et la force publique.

Ce n'est donc point pour restreindre ses droits, mais pour les agrandir, que l'homme se met en société. Et en effet, il en acquiert sur-le-champ un nouveau qui ne peut avoir lieu dans l'état de nature et qu'on pourrait nommer *droit de bienveillance*, parce que c'est celui qu'en devenant citoyen, il acquiert à la protection sociale, c'est-à-dire à la portion de secours que peut lui porter chacun des autres membres de la société sans se nuire à lui-même.

En effet, la Convention tacite qui unit nécessairement les hommes qui quittent l'état de nature, le pacte naturel qui fait le nœud et l'essence de tout corps social, est évidemment que *chacun doit aider ses semblables autant qu'il le peut sans nuire à ses propres avantages ; et que nul ne peut blesser les intérêts d'autrui sans nécessité pour lui-même.* Ainsi, pour la portion mal assurée des droits primitifs dont il fait l'abandon, chaque individu, en devenant membre du corps social, acquiert un droit effectif, qui ne peut se perdre ni s'altérer, sans que la société elle-même ne soit dissoute ; et c'est par ce droit nouveau qu'il parvient à réaliser une somme de liberté, un rapprochement vers l'égalité de fait, une latitude de jouissance enfin à laquelle sous le pacte social, il ne lui eut jamais été possible d'atteindre.

Je me résume donc, et j'établis ainsi mes principes, très succinctement.

Le pacte social est la Convention tacite qui forme essentiellement la base de toute société, quelle que puisse être d'ailleurs sa constitution ou organisation particulière.

Ce pacte, ainsi que tout acte conventionnel, assure aux parties contractantes des avantages, et leur impose des obligations ; ces avantages sont ce qu'on nomme *les droits du citoyen ;* ses obligations ou devoirs composent ce qu'on nomme *morale universelle*.

La Déclaration des droits et celle des devoirs est la même ; car les droits de chacun sont les devoirs de tous, et réciproquement les droits de tous sont le devoir de chacun.

La Déclaration des droits n'est donc autre chose que le pacte social lui-même ou la morale universelle.

Cette morale est tout entière dans cette maxime simple, chacun doit aider ses semblables autant qu'il le peut, sans nuire à ses propres avantages ; et nul ne peut blesser les intérêts d'autrui sans nécessité pour lui-même (I).

---

(1) La maxime que l'on regarde ordinairement comme le principe de toute morale, est celle-ci : *Ne fais point aux autres ce que tu ne voudrais pas qu'on te fît à toi-même*. Mais cette maxime est fausse ou au moins très obscure ; en effet, il s'ensuivrait, par exemple, que si nous sommes en guerre avec une puissance étrangère, nous ne devons pas nous emparer de son territoire, car nous ne voudrions pas qu'elle s'emparât du nôtre. Si quelqu'un tombe en faute, nous ne devons pas le punir ; car il n'est personne de nous qui, s'il était en faute lui-même, ne voulût qu'on lui fasse grâce. Lorsque nous sommes en concurrence avec une personne quelconque, pour obtenir un avantage quelconque, nous

C'est donc le développement de cette maxime qui orne le pacte social ou *la déclaration des droits*.

DÉCLARATION DES DROITS DU CITOYEN.

Art. 1er. Les droits de la cité vont avant ceux du citoyen ; le salut du peuple est la suprême loi.

Art. 2. Chaque peuple a le droit de s'isoler et de se rendre indépendant de toute société et de tout individu.

Art. 3. Tout individu a également le droit de s'isoler, s'il le veut, en rompant le pacte social, et de se rendre indépendant de toute société, et de tout individu. Mais alors la société ne lui doit plus aucune protection ; ni les citoyens aucune bienveillance.

Art. 4. La souveraineté appartient exclusivement au peuple tout entier ; la loi doit être l'expression de la volonté générale ; aucun corps délégué n'a le droit que de faire des règlements amovibles.

Art. 5. La société a le droit d'exiger que chacun de ses membres contribue autant qu'il est en son pouvoir à la prospérité publique, pourvu qu'elle n'établisse ou ne laisse subsister aucune exemption ni privilège.

---

devons lui céder sur-le-champ, car c'est ainsi que nous voudrions qu'elle en usât envers nous. Enfin, si quelqu'un nous demande notre avoir, nous devons le lui donner, car si nous lui demandions le sien, nous ne voudrions pas qu'il nous le refusât.

Cette morale est superbe ; il ne lui manque que d'être praticable ; et c'est précisément anéantir la morale que de lui faire passer le but, que de lui commander l'impossible.

Il est dans la nature de tout être sensible de placer son intérêt propre avant tous les autres intérêts. Voilà le premier mobile des actions humaines, c'est l'amour de soi-même ou le désir du bonheur ; ce sentiment est l'âme du monde, il pénètre et se retrouve partout, quelque enveloppé et inconnu à lui-même qu'il puisse être. D'ailleurs, la philosophie est assez avancée aujourd'hui pour qu'il soit inutile de démontrer cette vérité. Quiconque a réfléchi sur ces objets, sait qu'il n'existe ni peut exister de sacrifice qui soit absolu ; que ce que nous appelons ainsi n'est jamais que l'échange ou la cession d'un avantage apparent pour un autre qui ne l'est pas, que tout bienfait porte avec lui sa récompense, que toute abnégation trouve son dédommagement dans les replis du cœur humain. Ainsi l'amour de soi-même ne saurait être anéanti ; mais à côté de ce principe dominant, la nature a placé dans nos cœurs d'autres penchants qui en tempèrent l'inflexibilité. Elle a mis des besoins de rapprochement, l'amour paternel, l'instinct de la pitié, une disposition sentimentale qui nous fait participants du soulagement que nous pouvons procurer aux autres. Or, la morale, en se saisissant de ces dispositions ébauchées en quelque sorte par la nature, en les creusant, pour ainsi dire, dans le soc de l'habitude, en les combinant avec celui de l'amour personnel, trouve dans cet amour personnel même, qui semblait ne devoir produire qu'un égoïsme froid et systématique, l'étincelle des passions héroïques, et le germe de tous les sentiments généreux.

N'accusons point la nature, qui, en plaçant dans le cœur de l'homme l'amour de soi-même au-dessus de tout autre sentiment, nous a laissé tant de moyens de diriger ce ressort puissant vers l'utilité commune : occupons-nous des lois sages et de l'instruction nationale, qui doivent opérer ces heureuses modifications, et qui peuvent tout assurer et le succès de la Révolution et le bonheur des générations qui nous suivent.

Art. 6. Tout citoyen a le droit de vie ou de mort sur lui-même; celui de parler, écrire, imprimer, publier ses pensées; celui d'adopter le culte qui lui convient; la liberté enfin de faire tout ce qu'il juge à propos, pourvu qu'il ne trouble point l'ordre civil.

Art. 7. Tout citoyen est né soldat : la société a le droit d'exiger que chacun de ses membres concoure à repousser par la force quiconque attente à la souveraineté qui appartient à tous, ou blesse d'une manière quelconque les intérêts communs.

Art. 8. La société a le droit d'exiger que chaque citoyen soit instruit d'une profession utile, qu'il s'entretienne dans la force de corps et dans les exercices dont elle peut avoir besoin pour sa défense. Elle a le droit également d'établir un mode d'éducation nationale propre à prévenir les maux que pourraient lui causer l'ignorance et la corruption des mœurs.

Art. 9. Chaque citoyen a le droit réciproque d'attendre de la société les moyens d'acquérir les connaissances et instructions qui peuvent contribuer à son bonheur dans sa profession particulière, et à l'utilité publique dans les emplois qu'il peut être appelé à remplir par le vœu de ses concitoyens.

Art. 10. La société doit répandre le plus uniformément possible le bonheur et les jouissances sur tous les membres qui la composent. Tout privilège héréditaire ou qui ne serait pas le prix immédiat du mérite et de la vertu doit être proscrit. Tout gouvernement doit tenir, autant qu'il est possible, à l'égalité parfaite des citoyens.

Art. 11. La société doit s'organiser et régler les pouvoirs qu'elle délègue, de manière à produire, autant qu'il est possible, la convergence et l'accord des volontés particulières ; à faire dériver l'intérêt général de l'intérêt individuel.

Art. 12. La société doit se réserver des moyens certains et insurpables de changer son organisation, et de révoquer, lorsqu'il lui plaît les pouvoirs qu'elle a délégués.

Art. 13. La société doit à la sécurité des citoyens et à l'encouragement de l'agriculture et des arts, des lois positives et claires, qui définissent les propriétés et fixent un mode régulier pour leur conservation et leur transmission.

Art. 14. La société doit établir les règles les plus simples possibles pour que la justice distributive soit rendue à chacun des citoyens avec promptitude et impartialité.

Art. 15. La société a le droit d'établir des récompenses pour ceux qui s'efforcent de la bien servir et des peines contre ceux qui tendent volontairement à lui nuire; pourvu que le mode de ces récompenses et de ces peines soit tel qu'on ne puisse les considérer comme des faveurs ou des rigueurs inutiles ou arbitraires; mais seulement comme des moyens efficaces d'annulation ou de répression; et que la loi soit la même pour tous, soit qu'elle récompense, soit qu'elle punisse.

Art. 16. La société doit pourvoir aux besoins de ceux dont elle réclame les services; elle doit également des secours à ceux que la vieillesse ou des infirmités mettent hors d'état de lui en rendre davantage.

Art. 17. La société a le droit d'établir les contributions qui sont nécessaires au maintien de l'indépendance et de la prospérité nationales, ainsi que de fixer le mode de leur perception, pourvu que ces contributions soient véritablement indispensables et portent uniquement sur la portion superflue du revenu territorial ou industriel de chacun des citoyens, avant que de peser sur les besoins de première nécessité.

Art. 18. La société peut et doit exiger que tout agent public lui rende compte de la gestion qui lui est confiée. La publicité et la responsabilité sont la sauvegarde des droits communs et individuels.

Art. 19. Les droits d'une société quelconque à l'égard d'une autre société, sont les mêmes que ceux des divers membres d'une même société entre eux.

Art. 20. Les citoyens ont le droit de s'assembler paisiblement, de conférer librement sur leurs intérêts et de présenter des pétitions aux autorités constituées, en écartant d'eux toute forme impérative et tout appareil de force.

Art. 21. La société doit prendre les plus fortes mesures pour empêcher qu'un individu quelconque puisse exercer sur l'autre aucune sorte de violences ou d'actes arbitraires.

Art. 22. Tout citoyen a le droit de s'armer pour sa propre défense; et dans un danger imminent pour lui ou la chose publique, il a celui de repousser la force par la force.

HUITIÈME ANNEXE (1)

A LA SÉANCE DE LA CONVENTION NATIONALE DU MERCREDI 17 AVRIL 1793.

J. N. Coupé, *député à la Convention nationale par le département de l'Oise, à ses commettants, sur le nouveau projet de Constitution* (2).

Frères et amis,

Les 15 et 16 de ce mois, le comité de Constitution a présenté son travail, et a fait lecture de son projet de Constitution de la République française. La lecture finie, il a été décrété, selon l'usage, qu'il serait imprimé, et l'on ajouta qu'il serait envoyé dans toutes les municipalités. Vous allez le recevoir.

Je vous dois cet avertissement : ne croyez

---

(1) Voy. ci-dessus, même séance page 263, le rapport de Romme sur les divers projets de Constitution.
(2) Bibliothèque nationale : Lb⁴¹, n° 2782.

pas, parce qu'on l'envoie partout, que nous l'ayons approuvé. Non, ce projet a été entendu avec un silence morne; et il a fallu du courage pour le lire jusqu'au bout. La faction qui l'a conçu, déconcertée de cette improbation générale, aurait désiré que l'on n'imprimât pas le tout; mais nous avons insisté pour que l'on imprimât en entier ce qui avait été lu, et avec le nom (1) de ses auteurs, afin que toute la France connût bien enfin, et le degré de confiance qu'elle leur doit, et le régime que l'on voudrait nous donner sous le vain simulacre de liberté.

A la lecture, vous découvrirez aisément tout ce que ce projet renferme de révoltant : je vais vous dire ce que j'en ai saisi à la première audition :

Il a été précédé par un discours bien académique dans le cours duquel on a présenté crûment l'idée d'une Chambre haute, et celle d'un chef permanent du Conseil exécutif, que l'on a fait semblant de rejeter. Mais ce conseil exécutif devient bien plus adroitement ensuite l'objet chéri et principal de tout le projet.

C'est la royauté en sept personnes : sous des noms différents tous les procédés et l'échafaudage de l'ancien despotisme sont conservés. Le conseil exécutif a, dans les départements, ses intendants, ses commissaires, avec les mêmes pouvoirs; il a ses trésoriers, ses généraux, ses armées, ses ambassadeurs ; la Chambre haute ou l'aristocratie est dans tous ses agents et sur ses nominations; le conseil exécutif est placé au centre de tout; il est toujours l'autorité éminente.

Les représentants de la nation ne sont plus qu'un corps séparé et soigneusement restreint; il peut même n'être pas assemblé, et il doit être ainsi que les conventions mêmes, loin de la cité redoutable.

La souveraineté du peuple n'est plus qu'un nom impuissant relégué dans l'impossibilité d'une réunion totale.

Il n'est plus le maître de délibérer, ou ses délibérations sont enchaînées, et on lui a composé, pour ses nominations mêmes, un art de scrutin impraticable, visiblement fait pour rebuter les citoyens laborieux, et laisser le champ libre aux intrigants; et après que le peuple assemblé aura pu réussir péniblement à exécuter un scrutin, ses billets seront envoyés à quinze ou vingt lieues de là, pour être dépouillés par des mains adroites. Ainsi, après avoir donné au conseil exécutif les nominations essentielles de la République, par ces impudentes dispositions on lui assure encore tout le reste.

En un mot, la souveraineté ne serait plus, selon les auteurs d'un pareil projet, qu'une supercherie dérisoire, et la République française un mécanisme, dont tous les ressorts aboutiraient à une poignée d'intrigants.

L'expression de l'improbation générale qui éclata aussitôt qu'on l'eût entendu, fut d'en demander un autre, et que les membres de la Convention présentassent ceux qu'ils peuvent avoir conçus sur ce sujet, et les fissent imprimer. Vous serez indignés d'apprendre que la faction qui veut dominer, et qui craint autant la lumière que la liberté, s'est opposée de toutes ses forces à cette proposition, et que le décret qui l'a consacrée a été un de ceux qui lui a causé le plus de désespoir.

Malgré elle toutes les lumières se réuniront : ce seront les bons esprits, les citoyens purs qui traceront le plan que toute la France attend. Les Français n'auront d'autre Constitution que celle où ils trouveront la liberté tout entière; et jamais, frères et amis, nous n'en présenterons à votre acceptation aucune qui soit indigne de vous et de nous.

A Paris, ce 19 février.

NEUVIÈME ANNEXE (1)

A LA SÉANCE DE LA CONVENTION NATIONALE DU MERCREDI 17 AVRIL 1793.

PROJET *relatif aux droits de l'homme, par le citoyen Joseph* CUSSET, *député du département de Rhône-et-Loire; imprimé par ordre de la Convention nationale* (2).

Je respecte l'opinion de tous, je soumets la mienne avec confiance à mes collègues; comptant sur leur sagesse et leur indulgence, avec d'autant plus de raison que je n'ai d'autres vues que le salut de ma patrie.

Art. 1er.

Le but de toute association doit reposer sur le bonheur de tous; aux fins de reconnaître ses droits et ses devoirs, suivent ci-après ceux de l'homme de société.

Art. 2.

Les droits généraux sont : la liberté de faire le bien, l'égalité en droits devant la loi; l'inégalité des talents, du mérite et des vertus, la propriété qui ne peut nuire; de la garantie sociale, la résistance à l'oppression.

Art. 3.

Il n'y a de liberté que par la soumission à la loi, attendu qu'elle est l'expression du vœu général : la loi seule peut atteindre le citoyen.

Art. 4.

Tout homme est libre de manifester son opinion, tel qu'il le jugera à propos, sauf à lui à répondre des abus qui en peuvent résulter.

Art. 5.

Tout homme est libre dans l'exercice du culte.

---

(1) Voy. ci-dessus, même séance, page 263, le rapport de Romme sur les divers projets de Constitution.
(2) Bibliothèque de la Chambre des députés: *Collection Portiez* (de l'Oise), tome 122, n° 20 *bis.*

Art. 6.

La loi n'est qu'une pour tous.

Art. 7.

Tout citoyen est admissible aux places en satisfaisant à la loi.

Art. 8.

La sûreté consiste dans la conservation des personnes, de leurs droits et de leurs propriétés non nuisibles.

Art. 9.

Nul ne doit être cité en justice, accusé, arrêté ni détenu que suivant les cas déterminés par la loi.

Art. 10.

Tout citoyen contre qui l'on exercerait des actes arbitraires, pourra repousser la force par la force; sans qu'il puisse être recherché; mais où la loi est remplie celui qui résiste est coupable.

Art. 11.

Lorsqu'il sera jugé convenable de s'assurer d'un citoyen, l'on ne pourra exercer envers lui aucun acte de rigueur, qu'il n'ait été déclaré coupable.

Art. 12.

Nul ne peut être puni légalement, si la loi n'est pas établie et promulguée antérieurement au délit.

Art. 13.

La loi ne doit décerner que des peines strictement et évidemment nécessaires à la sûreté individuelle et générale; l'application de la peine doit être proportionnée au délit.

Art. 14.

Le droit de propriété consiste à ce que tout homme peut disposer de ce qui lui appartient, pourvu que cela ne nuise en aucune manière à la société générale et individuelle.

Art. 15.

Nul commerce, travail et arts, ne peut être imposé ni interdit, à moins qu'il ne nuise à la société.

Art. 16.

Tout homme peut engager son service et son temps; mais il ne peut se vendre, sa personne étant inaliénable.

Art. 17.

Nul ne peut être privé de sa propriété, si ce n'est pour le bien public légalement reconnu, et sous la condition expresse d'une juste et préalable indemnité.

Art. 18.

La contribution publique ne peut être établie que pour le salut de tous : les citoyens ont donc le droit, ou par leurs représentants, de concourir à l'établissement des contributions, d'en suivre l'emploi, d'en déterminer la forme, la quotité, le recouvrement et la durée.

Art. 19.

L'instruction et les secours publics sont une dette sacrée de la société; la loi en déterminera l'étendue et l'application.

Art. 20.

La souveraineté réside entièrement dans le peuple; cette propriété est une, indivisible, imprescriptible, inaliénable; aucun pouvoir ne peut être exercé, s'il n'émane de sa volonté; ce qui assure les droits de l'homme de société.

Art. 21.

La loi fixera les responsabilités et limites des fonctions qui seront déléguées par le peuple.

Art. 22.

Aucun article de la Constitution n'aura force de loi, lorsqu'il attaquera les droits de l'homme de société.

Art. 23.

Tout citoyen sera tenu de donner mainforte à la loi, lorsqu'il en sera requis; ce qui assure la garantie des droits : quiconque s'y refuserait sera puni sévèrement.

Art. 24.

Il y a oppression quand la loi est violée; les moyens de résistance seront indiqués par elle.

Art. 25.

Si la liberté de la République est attaquée, le peuple s'insurgera pour exterminer ses tyrans, seul mode de résister à une telle oppression; et seul moyen qui convient au souverain opprimé.

DIXIÈME ANNEXE (1)

A LA SÉANCE DE LA CONVENTION NATIONALE DU MERCREDI 17 AVRIL 1793.

PROJET DE DÉCRET *du citoyen Joseph* CUSSET, *député du département de Rhône-et-Loire, à classer dans la nouvelle Constitution, et à décréter provisoirement, vu l'urgence des cas; imprimé par ordre de la Convention nationale.*

L'homme de bien se doit tout entier à sa patrie.

Du 1er avril 1793.

Citoyens, les dangers imminents de la patrie exigent, de nous, de grandes et sages me-

---

(1) Voy. ci-dessus, même séance, page 263, le rapport de Romme sur les divers projets de Constitution.
(2) Bibliothèque de la Chambre des députés: *Collection Portiez (de l'Oise),* tome 122, n° 20 ter.

sures. Des cris de douleur, partant de tous les points de la République, viennent renouveler dans vos cœurs déchirés, non seulement vos devoirs, mais encore les engagements solennels que vous avez pris.

Ce n'est pas avec des phrases plus ou moins énergiques, que vous répondrez à l'attente de vos commettants, mais bien par des faits : hâtons-nous donc de mettre en usage des moyens prompts, afin de ramener la tranquillité générale; moyens qui doivent s'étendre sur tous les points capitaux, où doit régner cette liberté dont on nous parle sans cesse, et qu'on n'assied jamais. Réfléchissons un moment sur ce qu'on a fait pour le bien public; examinons l'espèce d'insomnie où la majeure partie de vos décrets paraît être condamnée; fixons un peu l'exécution de ceux qui ont été mis en vigueur; calculons leur effet avec les circonstances actuelles; que ceux d'entre nous, qui ont pu se faire un mérite d'accumuler les abus par des motions incidentes, et pour la plupart insignifiantes, consultent leurs consciences; enfin que les vrais amis du bien se demandent à eux-mêmes, que devions-nous faire, et qu'avons-nous fait?

Eh bien! citoyens, qu'est-il résulté de toute cette conduite, si ce n'est, que les ennemis de la patrie, ont profité de ces moments si précieux à la liberté, pour nous rendre à l'esclavage? combien de moyens n'ont-ils pas acquis pour parvenir à leurs perfides desseins, de nos désunions, de nos personnalités et de nos moyens presque toujours illusoires, qui ont seuls occupé la Convention!

N'a-t-on pas toujours attendu les dernières extrémités pour prévenir, et les fureurs des mécontents, et les cris douloureux des indigents? que de reproches n'aurons-nous pas à nous faire, si dans les circonstances présentes nous ne réparons pas nos torts, et que nous ne nous occupions pas des vrais moyens de rendre heureux un peuple qui gémit depuis si longtemps!

Quant à moi, citoyens, j'ai cru remplir mon devoir en ce qu'on a fait pour le bien public, en soumettant à votre sagesse les objets que mes réflexions ont pû me suggérer; je me réfère à trois objets importants. Je ne fais qu'émettre mon opinion; je me plais à croire que vous aurez égard au style, parce que c'est celui d'un vrai républicain.

Armée.

Jusqu'à ce moment, nous avons éprouvé la triste expérience que le commandement de nos armées a été confié à des chefs infidèles, qui, sous le voile du patriotisme le plus pur, ont caché leurs trames contre-révolutionnaires; il en est de même des fonctionnaires publics et des administrateurs de tout genre, dans beaucoup de départements : et ce qui doit nous affliger, c'est que le peuple, qui croit tout quand il ne sait rien, travaillé sourdement par les malveillants, est dans la ferme confiance que la Convention est composée, en majorité, de gens qui désirent ne respirer que l'air empoisonné de la Cour; et ce qui raffermit la mauvaise opinion que l'on suggère au peuple sur nos intentions, qui furent toujours de le rendre heureux, c'est l'impunité des forfaits des ministres, géné-

raux et autres fonctionnaires publics, qui ont trahi la nation. Dans ces circonstances fâcheuses, je propose de décréter :

1° Qu'aucun noble, agent ou employé à la ci-devant cour de France et étrangère, et généralement tout individu ayant eu quelque emploi sous l'ancien régime, et sous celui des despotes étrangers, ne pourront remplir aucune fonction publique, ni dans les armées, ni dans les administrations, ni dans l'intérieur, ni dans l'extérieur de la République;

2° Que le comité de la guerre sera tenu de vous faire, dans le plus bref délai, un rapport sur le mode à établir pour la nomination des généraux et officiers de l'armée, qui seront choisis parmi les anciens serviteurs et défenseurs de la patrie, ainsi que les ingénieurs.

Ce décret sera un coup de foudre pour nos ennemis du dedans, plus dangereux encore que ceux du dehors, parce qu'ils n'auront plus de pouvoir; n'oublions pas que la partie des nobles qui est restée dans le sein de la République, seconde les vues de celle qui a émigré; que tandis que cette dernière classe travaille au dehors pour avoir des forces, et venir à main armée détruire les fondements de notre liberté, la première prépare sourdement des secours auxiliaires, afin de reprendre les rênes du gouvernement, et nous replonger dans les fers. Hâtons-nous donc d'ôter aux ennemis de la chose publique la puissance de lui nuire; alors nous verrons la confiance du peuple se rétablir, et le recrutement s'opérer plus promptement.

Accaparements.

Ce qui nous cause aussi de grands maux, ce sont les agioteurs et les accapareurs : car les malveillants imaginent sans cesse, et emploient tous les détours pour désoler la République, et lui faire désirer l'ancien régime : depuis longtemps la Convention réfléchit sur les moyens de détruire l'agiotage et l'accaparement; cependant elle n'a encore pu atteindre ce but : pourquoi? parce qu'elle n'imagine que des moyens mixtes, tandis qu'elle peut y parvenir, en mettant en vigueur ceux les plus terribles : ils sont d'une nécessité absolue, dans les moments où la patrie est en danger; la sauver est la suprême loi, et c'est dans ces circonstances qu'elle doit sévir et éviter de longues formalités.

Il faut, pour atteindre l'agioteur et l'accapareur, une loi très simple et précise; toutes celles qui tiendront à des formalités, en seront incapables.

Un accapareur a plusieurs greniers, et autres cénacles, sous des noms différents; l'homme pervers, de bonne foi ou malheureux, lui prête son nom, et le voilà à l'abri.

Sous l'ancien régime, un marchand de vin échappait à la vigilance des satellites des tyrans, en louant des caves au nom des ci-devant bourgeois.

Un agioteur échappera bien plus facilement, surtout quand il fera lui-même ce trafic honteux : que celui qui se présente au domicile de l'agioteur, soit conduit à l'instant, dans un lieu ténébreux, où préside le crime; là, il traitera seul, et jouira en paix, sans crainte d'être inquiété sur son crime, parce que la loi ne pourra l'atteindre.

Et pour y parvenir, voici celle que je propose de décréter :

1° Tous monopoleurs, agioteurs, accapareurs, frauduleux, sur l'argent, marchandises et subsistances de première nécessité, sur la déposition de quatre citoyens, reconnus par leur civisme, et revêtus de certificats ou cartes civiques, seront déportés, et leurs biens confisqués; savoir, moitié au profit des dénonciateurs, et l'autre moitié au profit de la nation ;

2° Tous citoyens à qui il serait fait des propositions relatives à faciliter l'exécution des objets énoncés dans l'article ci-dessus, sont autorisés par le présent décret à garder les effets dont ils auront été nantis, sans qu'on puisse sévir contr'eux en aucune manière pour leur restitution; à la charge par eux d'en faire dans le jour leur déclaration, soit à leur section, soit à la commune la plus proche.

Je propose en outre de décréter que les cartes civiques soient uniformes dans toute l'étendue de la République, signées de celui qui en sera le porteur, et qu'elles contiennent son signalement.

Subsistances, impôt en nature.

Nous avons armé nos frères qui sont partis aux frontières, pour repousser l'ennemi; il s'agit maintenant d'armer ceux de l'intérieur pour se défendre contre les horreurs de la famine, et ces dernières armes sont les moyens de procurer du pain à la classe du peuple la plus estimable; cette classe est la plus indigente; elle mérite seule toute notre attention et notre estime, parce qu'elle est la plus laborieuse, et que c'est sur elle que pèse le plus le fardeau du gouvernement. Personne de nous n'en peut disconvenir; cependant par une fatale singularité, les orateurs qui n'ont cessé de parler en faveur du respect dû aux personnes et aux propriétés, semblent avoir oublié cette classe de citoyens dont l'affligeante position doit nous toucher plus vivement : elle souffre, cela seul suffit pour nous attacher à elle, son sort doit exciter notre sensibilité plus particulièrement que celui du riche propriétaire qui ne veut point d'égalité et hait le pauvre; et si nous ne venons promptement à son secours, nous aurions à nous reprocher d'avoir voulu propager les dangers de la patrie. Il y a, personne n'en peut douter, dans la République, moins de riches que de pauvres; si ces derniers n'ont pas la facilité de se procurer, en travaillant, de quoi subsister, il est de toute impossibilité de les obliger à respecter les propriétés : alors il ne peut y avoir ni possession paisible, ni tranquillité. Et très certainement, une République remplie de troubles, occasionnés soit par la disette ou autrement, n'est pas le siège du bonheur de l'humanité.

Le peuple s'insurge. quelle est la première cause ? la misère : qui fait naître la misère ? les malveillants et les ennemis du peuple; et quand cette classe a du pain, elle se moque de la misère : c'est donc à cette denrée de première nécessité à laquelle nous devons veiller soigneusement, et ne point la quitter que lorsque nous aurons trouvé le secret infaillible de maintenir dans la République l'abondance sur les subsistances, au point où il soit possible au citoyen chargé de famille, qui la nourrit à la sueur de son front, d'en approcher en chérissant son existence.

N'abandonnons point ce projet important, qui, jusqu'à ce jour, a paru un problème difficile à résoudre; saisissons bien la question, et réunissons-nous pour accélérer le salut du peuple qui attend en gémissant l'efficacité de nos délibérations.

Voici donc ce que je propose de décréter sur les subsistances :

1° Que le décret qui ordonne le recensement des grains dans toute la République, aura son exécution ;

2° Que l'impôt territorial soit payé en nature, après que le cultivateur aura prélevé les semences de deux années, et une quantité suffisante pour se nourrir, lui et les siens, pendant un an ;

3° Le boisseau ou bichet de blé froment, pesant soixante livres, sera perçu pour l'impôt territorial, à raison de six livres, et le seigle quatre livres ;

4° Il sera créé des magasins nationaux dans chaque commune, pour y déposer le produit de la contribution ;

5° Le produit de cette contribution sera préférablement vendu aux pauvres citoyens, savoir : le froment à raison de six livres dix sous les soixante livres, et quatre livres dix sous le seigle; le surplus sera employé à des boulangeries nationales établies à cet effet, afin de prévenir la disette du pain ;

6° Il sera créé dans toutes les villes où la population s'élevera à dix mille âmes, un tribunal populaire qui connaîtra des crimes de lèse-nation, des agiotages, fraudes, monopoles et abus qui se commettraient sur les subsistances de première nécessité, tels qu'accaparements et autres ;

7° Ce tribunal sera créé de la même manière que le tribunal révolutionnaire, et les membres choisis par les assemblées primaires de la ville, seulement ;

8° Dans la ville la plus peuplée de chaque département actuel, il sera choisi cinq citoyens par les assemblées primaires de cette ville, lesquels auront pour mission :

1° La surveillance de l'exécution des lois. 2° Ils parcourront leur département séparément, pour y prêcher les principes de la liberté et de l'égalité. 3° Ils s'adresseront dans les maisons communes, pour y annoncer leur arrivée et l'objet de leur mission. 4° Lorsqu'il y aura des plaintes, ils se feront représenter les registres ou procès-verbaux qui en constateront : ils seront, en outre, autorisés à suspendre de leurs fonctions, ou à mettre en état d'arrestation les prévenus, si le cas l'exige, le tout provisoirement, pendant lequel temps ils en avertiront le Corps législatif. 5° Ils tiendront une correspondance suivie et active avec le Corps législatif, afin de l'informer des dispositions de l'esprit public ;

9° Ces commissaires auront douze livres par jour pour leurs salaires et leurs ports de lettres francs ;

10° Lorsqu'un de ces commissaires aura prévariqué, il sera puni de mort.

Je ne puis me tromper, mais je me persuade que tout ce que j'ai proposé plus haut est à l'avantage de la chose publique, du moins j'indique de grands moyens de mesure à prendre pour y parvenir. Je le répète, ne perdons point de vue la classe du peuple la plus indigente et la plus estimable; veillons continuellement sur ses intérêts; employons tous les moyens qui sont en notre pouvoir pour le faire subsister avec aisance : opposons à ses ennemis qui voudraient le subjuguer, des lois sévères et capables de leur éloigner l'idée de chercher à le troubler; c'est ainsi que nous réussirons à rétablir l'ordre et la paix dans la République, qui ne pourront se soutenir longtemps si les guerres intestines lui déchiraient continuellement les entrailles. Vous êtes justes et vous avouerez avec moi que toute autre mesure serait illusoire : l'expérience vous l'a démontré ; et pour mieux vous en convaincre, je vais vous rappeler que vous avez décrété des sous additionnels, et bientôt vous en décréteriez d'autres, pour venir au secours des femmes, enfants et vieillards attachés à nos défenseurs. Qu'en est-il résulté et qu'en résulterait-il? que le riche égoïste vend et vendra toujours progressivement ses denrées à un prix excessif; ce qui lui procurera un bénéfice au lieu d'une perte : en conséquence, le malheureux qui ne calcule que ses pressants besoins, en recevant six livres de soulagement, se trouve dans l'indispensable nécessité d'en dépenser neuf : et très certainement une telle subversion de principes ne peut durer longtemps ; je conclus de là qu'il faut toujours que la loi, pour être bonne, soit favorable à la classe des citoyens la plus nombreuse et la plus pauvre; sans quoi elle fléchit, au lieu de commander ; celle que je propose assure son bonheur, les propriétés et la vie du riche, qui calcule mal en cherchant à livrer le peuple aux horreurs de la famine, parce qu'il ne pourrait respecter, dans ses vives douleurs, ni l'un ni l'autre : ainsi donc il ne suffit pas de faire sentir la nécessité absolue où est le riche, de de venir au secours de celui qui défend sa propriété et sa personne; il faut que la loi l'atteigne et lui empêche de se dédommager, sur le prix de ses denrées, des sacrifices auxquels il est obligé pour la conservation de sa personne et de ses propriétés :

Ce que je viens de dire sur les subsistances suffit pour démontrer le salut du peuple, dans le décret que je propose sur l'impôt en nature.

Il me reste maintenant à établir également la nécessité qu'il y a de former un tribunal populaire dans chaque ville, et cinq commissaires dans chaque département, pour veiller à l'exécution des lois.

Rien n'est plus capable de désoler la République, que l'anarchie; et elle est dans l'anarchie quand les lois n'y sont pas exécutées : voilà ce qui doit encore affliger l'humanité. Vos lois sont sans force ou mal interprétées; de perfides fonctionnaires publics se font un devoir de les concevoir dans un sens inverse, pour faire échouer notre sainte révolution; d'autres manquent de pénétration pour les faire exécuter et se trouvent influencés par des collègues pervers, ce qui opère le même effet : d'où résulte l'obligation où nous sommes de créer dans chaque ville un tribunal populaire pour connaître et juger des crimes de lèse-nation, de même que celui révolutionnaire, parce qu'un seul tribunal ne serait point assez pour la République, attendu que tous les hommes de la patrie ne sont point à Paris; car je soutiens que Lyon contient une population plus considérable, à proportion gardée, que celle de la capitale.

Et d'où il résulte également la nécessité de choisir dans la ville la plus peuplée de chaque département, par les assemblées primaires, cinq citoyens qui seront approuvés par la Convention, pour parcourir les départements, y prêcher les principes, et y surveiller l'exécution des lois de liberté et de l'égalité, et comme il est expliqué au projet de décret ci-devant rapporté.

Ces cinq commissaires, qui seront payés à raison de 12 livres par jour, coûteront beaucoup moins que ceux envoyés par la Convention.

Il en résultera un double avantage, celui que la représentation du peuple à la Convention sera complète : ce qui est d'une grande considération, en ce qu'il est d'usage de nommer pour commissaires l'élite des patriotes; et, une fois en mission, les intérêts du peuple souffrent de leur absence, lorsqu'il s'agit de les discuter; ce qui devient très nuisible à la chose publique.

Toutes ces grandes mesures sont indispensables pour sauver la République : elles sont capables, je me plais à être dans cette idée consolante, d'en imposer à nos ennemis et agitateurs du dedans, qui employent tout pour mettre le désordre et allumer le flambeau de la discorde dans nos foyers. J'aime à le répéter, armons-nous de courage, nous les vaincrons; et ce peuple que nous devons chérir, nous lui devons son vrai bonheur, parce qu'il rendra hommage à la vérité, et secondera nos intentions pures de le servir fidèlement. Oui, je l'avoue avec sincérité, on le calomnie gratuitement; il peut quelquefois s'égarer par les menées sourdes d'une faction tyrannique; mais il sera toujours le tribunal de la saine raison. La vérité paraît, il la saisit avec ardeur, et voit avec indignation les auteurs de son égarement.

En conséquence, il est bien certain qu'un apôtre de la liberté peut combattre mille calomniateurs sans crainte de succomber. En effet, qu'un représentant du peuple paraisse dans une ville immense en état d'insurrection; qu'il y parle le langage de la vérité, et sache faire sentir la nécessité d'obéir aux lois; à l'instant, le peuple abjurant son erreur, se range autour de lui, le dérobe aux traits des factieux, qui se trouvent alors forcés d'aller cacher leur consternation.

Ces motifs sont assez puissants pour déterminer la Convention à adopter le projet de décret que j'ai proposé plus haut sur le tribunal populaire, et le choix des cinq commissaires, parce qu'il ne peut en résulter que de très grands avantages pour le salut de la chose publique, à laquelle nous devons toute notre attention et toutes nos veilles.

Suivent les projets de décrets dont il est ci-devant parlé.

« La Convention nationale, après avoir entendu le rapport d'un de ses membres ; considérant qu'il importe pour le salut de la patrie, d'ôter aux citoyens suspects la puissance de lui nuire; considérant que l'agiotage et les accaparements lui causent de grands maux, et que l'abondance des subsistances est le seul moyen qui contribue le plus à opérer la paix et la tranquillité dans l'étendue de la République, décrète ce qui suit :

Art. 1er.

« Aucun noble agent ou employé à la ci-devant cour de France ou cour étrangère, et généralement tout individu ayant eu quelque emploi sous l'ancien régime, et sous celui des despotes étrangers, ne pourront remplir aucune fonction publique, ni dans les armées, ni dans les administrations, soit dans l'intérieur, soit à l'extérieur de la République.

Art. 2.

« Que son comité de la guerre, réuni à celui de sûreté générale, sera tenu de lui faire, dans le plus bref délai, un rapport sur le mode à établir pour la nomination des généraux et officiers de l'armée, qui seront, ainsi que les ingénieurs, choisis parmi les anciens serviteurs et défenseurs de la patrie.

Art. 3.

« Tous monopoleurs, agioteurs, accapareurs frauduleux, en ce qui touche l'argent, papier-monnaie, marchandises et subsistances de première nécessité, sur la déposition de quatre citoyens reconnus pour leur civisme, et revêtus de certificats ou cartes civiques, seront déportés, et leurs biens confisqués, savoir : moitié au profit des dénonciateurs et l'autre moitié au profit de la nation.

Art. 4.

« Que les cartes civiques qui seront délivrées aux bons citoyens, seront uniformes dans toute l'étendue de la République, signées de celui qui en sera le porteur, et contiendront son signalement.

Art. 5.

« Que le décret du 16 septembre 1791, qui ordonne le recensement des grains dans toute la République aura sa pleine exécution.

Art. 6.

« Que l'impôt territorial sera payé en nature, après que le cultivateur aura prélevé les semences de deux années, et une quantité suffisante pour se nourrir lui et les siens pendant un an.

Art. 7.

« Que le boisseau ou bichet de blé froment, pesant soixante livres, sera perçu pour l'impôt territorial, à raison de six livres, et le seigle à raison de quatre livres.

Art. 8.

« Que le produit de cette contribution sera préférablement vendu aux pauvres citoyens ; savoir : le froment à raison de six livres dix sols les soixante livres, et quatre livres dix sols le seigle ; le surplus sera employé à des boulangeries nationales, établies à cet effet, afin de prévenir la disette du pain.

Art. 9.

« Il sera créé dans toutes les villes où la population s'élèvera à dix mille âmes, un tribunal populaire, qui connaîtra des crimes de lèse-nation, des agiotages, fraudes, monopoles et abus qui pourraient se commettre sur les subsistances de première nécessité, tels qu'accaparements et autres.

Art. 10.

« Ce tribunal sera créé de la même manière que le tribunal révolutionnaire, et les membres choisis par les assemblées primaires de la ville seulement.

Art. 11.

« Dans la ville la plus peuplée de chaque département, il sera choisi cinq citoyens par les assemblées primaires de cette ville, lesquels auront pour mission :

« 1° La surveillance de l'exécution des lois ; 2° ils parcourront leur département séparément, y prêcheront les principes de liberté et d'égalité ; 3° ils s'adresseront dans la maison commune pour y annoncer leur arrivée ; 4° lorsqu'il y aura des plaintes, ils se feront représenter les registres ou procès-verbaux qui en constateront ; ils seront en outre autorisés à suspendre de leurs fonctions, ou à mettre en état d'arrestation, les prévenus, si le cas l'exige, le tout provisoirement, pendant lequel temps ils en avertiront le Corps législatif ; 5° ils tiendront une correspondance suivie et active avec le Corps législatif, afin l'informer des dispositions de l'esprit publi͵

Art. 12.

« Ces commissaires auront à raison de douze livres par jour pour leur salaire, et leurs ports de lettres francs.

Art. 13.

« Lorsqu'un de ces commissaires aura prévariqué, il sera puni de mort. »

ONZIÈME ANNEXE (1)

A LA SÉANCE DE LA CONVENTION NATIONALE DU MERCREDI 17 AVRIL 1793.

VUES RAPIDES *sur l'organisation de la République française*, par P. C. F. DAUNOU, *député à la Convention nationale* (2).

§ 1er.

Principes généraux de l'état social.

Ne pas faire à autrui ce que nous ne voulons pas qu'on nous fasse ; cette antique et

---

(1) Voy. ci-dessus, même séance, page 263, le rapport de Romme sur les divers projets de Const'tution.
(2) Bibliothèque nationale : 20 pages in 8° Lb⁴¹, n° 2390.

vénérable maxime déclare les droits et les devoirs de tous les hommes.

Mon devoir est de nuire à personne, c'est-à-dire de ne faire à personne ce que je ne veux pas qu'il me soit fait; mon droit est de faire tout ce qui ne nuit point à mes semblables. C'est ainsi que tous les hommes sont libres et égaux, de là la propriété personnelle, la résistance à l'oppression et tous les droits naturels que l'on réunit sous le nom de liberté.

On donne à ce mot *liberté* deux significations très diverses, dont la confusion peut avoir beaucoup obscurci la théorie de l'état social. Quelquefois ce mot ne désigne que la faculté physique de produire certains actes, ou l'éloignement de tous les obstacles qui empêcheraient de les produire. C'est ainsi que lorsque je suis armé, et que vous êtes dans les fers, on peut dire que je suis *libre* de vous donner la mort et que vous n'êtes pas *libre* de vous défendre. Il est tout simple que la liberté prise dans ce sens, doit recevoir des limites; la raison et la société lui en donnent tout ce qu'on peut de cette manière ne doit pas être permis.

Mais quand vous entendez par liberté le plein exercice de droits ou le pouvoir de faire tout ce qui ne nuit à personne, alors je ne conçois plus comment la liberté pourrait devenir abusive, et recevoir des restrictions. Il me paraît contradictoire que je puisse commettre un délit au moment où j'exerce un droit. Je ne crois donc pas que la société soit un état dans lequel nous fassions le sacrifice d'une partie de notre liberté, c'est-à-dire de nos droits naturels pour conserver l'autre. Les institutions politiques m'empêcheront de nuire à mes semblables, et elles s'arrêteront là.

Si la liberté, ainsi déterminée, demeure dans l'état social ce qu'elle était auparavant, je pense qu'il n'en est pas de même des droits appelés *propriété réelle et de sûreté*. Ce sont là les droits civils plutôt que des droits naturels, ou du moins ces deux genres de droits prennent dans l'ordre politique des caractères qu'ils n'avaient point antérieurement.

Avant la société, je crois qu'au delà des instruments et des fruits de mon travail, nul domaine exclusif ne m'était attribué par la nature. Mon droit permanent sur une portion déterminée du sol est une création de l'état social; mais, c'est à mes yeux une création si nécessaire à l'ordre civil, que je ne conçois point du tout comment ils pourraient exister sans elle. Je ne dis donc pas, il ne faut point de propriété territoriale, je dis seulement : c'est la société qui établit cette propriété, c'est la société qui la maintient, qui la protège, qui détermine comment elle s'acquiert et se transmet elle. Je ne dis donc pas : il ne faut point de terres en portions égales, je crois au contraire que l'inégalité des jouissances est un résultat infaillible de l'ordre le plus naturel. Ce n'est point l'inégalité des fortunes, c'est leur disproportion énorme qui enfante les vices, les discordes, les calamités des peuples, et c'est seulement par des lois douces et inoffensives que l'on peut remédier avec succès à cette monstrueuse disproportion.

Avant l'état social, le droit de sûreté se confondait, ce me semble avec le droit de résister à l'oppression. Alors, sans doute la force n'était pas le droit, mais elle était le seul pou-

voir; et ce fut pour maintenir les droits contre la force, que l'on dût établir des sociétés. Environner les droits individuels de la protection nationale, c'est le but essentiel de toute association politique.

Tous les membres qui vont former cette association y arrivant avec des droits égaux, il s'ensuit que tous doivent également concourir à déterminer son organisation. Là toutes les volontés individuelles sont les éléments de la volonté générale qui s'appelle le souverain.

Comme nul ne peut être contraint d'entrer malgré lui en société, il faut supposer que la résolution de se réunir en corps politique a été prise unanimement. Mais, après cette première délibération, il a bien fallu donner à la volonté du plus grand nombre, le même caractère et le même effet qu'à la volonté de tous. Autrement le souverain eût perdu la faculté de vouloir, et la contrariété des avis, suite infaillible de l'inégalité des lumières et de la divergence des passions, eût rompu le pacte social à chaque instant. Ainsi, après s'être reconnus les uns les autres, les membres ou citoyens ont dû convenir que désormais, l'on compterait tous les suffrages et que l'opinion de la majorité serait l'arrêt du souverain.

Ces principes suffiraient à une petite société : il ne faut pas d'autre Constitution, quand le souverain est toujours là pour exprimer son vœu et pour agir lui-même; mais dès que l'État s'agrandit, la nation a besoin de mandataires, et bientôt le système social se compose des quatre éléments qui suivent :

Des lois qui déclarent les devoirs et les relations des citoyens;

Des pouvoirs qui veillent au maintien, à l'exécution à l'application des lois;

Une force publique, soit pour contraindre les citoyens à l'observation du pacte social, soit pour repousser les agressions étrangères;

Enfin des contributions pour les dépenses communes.

1° Les lois civiles ne sont que les lois naturelles, déclarées, interprétées, appliquées aux circonstances. Lorsqu'on dit que la loi est l'expression de la volonté générale, on dit, sans doute une vérité, mais on ne donne pas une définition de la loi.

On exprime le mode nécessaire de sa déclaration, on ne désigne pas son objet. On indique le caractère extérieur qui la rend obligatoire, on ne détermine pas le caractère intrinsèque qui la rend sage, juste et utile. La loi civile est la morale de la nature déclarée par le souverain.

2° Le pouvoir de faire les lois n'est pas, à proprement parler, susceptible d'être délégué, c'est l'essentiel attribut de la souveraineté laquelle est incommunicable. Ce qui n'est pas l'expression de la volonté générale ne saurait être une loi. Il faudra donc, si tous les citoyens ne peuvent s'assembler, si chaque section du souverain envoie des députés à une diète commune, il faudra l'une de ces deux choses : ou que la nation ait manifesté son vœu par des mandats impératifs, ou qu'elle donne une sanction solennelle aux décrets préparés par ses députés. Si vous ne prenez ni l'une ni l'autre de ces précautions, il ne restera qu'une ombre de liberté politique, et le souverain sera passif, ce qui est contradictoire : ses membres feront des pétitions, et lui-même il ne fera rien, que des élections tout au plus.

Peuple français, crains tous les despotismes, même celui des lumières, des talents et de la vertu : l'abîme de l'esclavage est ouvert tant que la souveraineté nationale, inébranlablement affermie, ne sera point une barrière à jamais infranchissable à toutes les ambitions.

Les pouvoirs qui ont pour objet l'exécution et l'application des lois sont les seuls qui puissent être véritablement confiés par la société à quelques-uns de ses membres. Il est même impossible qu'ils ne le soient pas, pour peu que l'Empire ait d'étendue; car alors non seulement la nation ne pourra pas les exercer; mais elle ne pourra pas non plus en connaître ni en juger tous les actes. Il suffira qu'elle choisisse les magistrats chargés de tous les pouvoirs de cette nature, et qu'une responsabilité sévère, fortement organisée prévienne ou réprime au moins, les principaux abus de l'autorité. Je ne dis pas que nul danger ne soit attaché à cette délégation; mais ce danger qu'une bonne Constitution peut rendre moins redoutable, est une suite infaillible des grandes associations.

3º La force publique est celle de tous les citoyens; tous sont soldats. Ce n'est point là une profession particulière, c'est la vocation universelle de tous les membres de la cité. C'est, hors de l'état d'infirmité ou de vieillesse, une obligation qui ne peut être suspendue que pas l'exercice d'une autre fonction publique. C'est alors que la nation pourrait véritablement se lever tout entière, lorsqu'elle aurait besoin de cette immense réunion de ses forces contre un ennemi puissant. Là serait l'invincible sauvegarde de la liberté, là serait le désespoir éternel de toutes les tyrannies intérieures et étrangères.

L'art militaire dans ce système, sera l'art de tous les citoyens; et si, même au sein de la paix, il était nécessaire d'avoir un corps d'armée qui fût constamment en état de rassemblement et de réquisition, qui empêcherait que quatre ou cinq millions de soldats de la patrie ne concourussent à former, chacun à leur tour, une armée permanente de cent cinquante mille hommes ? Serait-il donc si étrange que chaque citoyen fût obligé de consacrer deux ou trois années de sa vie à la défense de sa nation ? Et combien d'ailleurs la loi ne pourra-t-elle pas établir de facilités et d'adoucissements à ce service.

4º L'impôt doit être également réparti entre tous les citoyens, en raison de leurs facultés. La principale et la plus commune imposition est celle qui affecte le territoire; car, si le propriétaire en fait les avances elle est réellement supportée par tous ceux qui veulent jouir. Les autres tributs sont accessoires; les meilleurs sont ceux qui se trouvent indiqués par des considérations morales, comme les impôts sur le nombre des domestiques, sur la vie célibataire, etc... Les plus funestes sont ceux qui entravent le commerce et l'industrie.

Voilà les quatre éléments nécessaires de l'établissement social; lois, pouvoirs, forces et impôts. Cependant, soit pour procurer avec plus d'efficacité l'accomplissement des devoirs civils, soit pour atteindre les fins secondaires de la société, qui sont le progrès des arts et le développement des vertus, il n'est presque point de nation qui n'ait placé à côté des quatre parties essentielles de l'établissement public, certaines institutions accessoires, qui, pour n'être pas d'une stricte nécessité, sont néanmoins très influentes, peuvent devenir fort salutaires, et quelquefois ont été désastreuses. Etablir des institutions de ce genre, c'est donner un caractère public à des actes naturellement privés, comme à l'éducation, à la bienfaisance et à d'autres objets indiqués par les goûts de chaque peuple, par sa position géographique par ses relations externes. Il importe infiniment que de telles institutions n'ôtent rien à la liberté des opinions et des professions individuelles; qu'elles ne placent point, au sein de l'Empire, des corporations de clercs, de lettrés, etc...... ; qu'elles demeurent sous la dépendance absolue du souverain ; qu'elles n'apportent aucune restriction, nulle entrave aux droits et aux devoirs communs, aux bases fondamentales de la société.

J'ajouterai, pour compléter ces principes généraux de l'état social, un aperçu fort succinct de la morale civique ou des obligations du citoyen. J'insisterai d'autant moins sur ces obligations, qu'elles sont assez universellement connues et qu'à cet égard, nous avons moins besoin d'instruction que de mœurs. Il n'y a pas trois classes de citoyens, tous ceux qui sont citoyens le sont également; mais un citoyen peut être considéré sous trois différent rapports, desquels naissent trois sortes d'obligations.

L'observation des lois, le respect pour tout ce qu'elles auront consacré sous le nom de propriétés, l'obéissance aux pouvoirs, le fidèle acquittement des tributs et de toutes charges communes, le zèle pour la défense de la patrie et de tous les intérêts nationaux; tels sont les devoirs du citoyen considéré comme *sujet* du souverain.

Mais, si vous l'envisagez, comme membre de ce souverain, comment usant de ses droits politiques, il devient, sous ce second rapport, soumis à des obligations d'un autre genre : il faut qu'il connaisse, qu'il aime, qu'il recherche uniquement le bien public; il faut qu'il déteste et qu'il sache éviter les obscures manœuvres de la vile intrigue qui donne à la République des mandataires indignes, et qui prépare à l'ambitieux lui-même les déchirantes angoisses qui le puniront longtemps de ses jouissances éphémères.

Enfin, le citoyen peut être considéré comme investi d'un pouvoir, comme mandataire de la nation. Or ce seul mot de mandataire a tout dit. Evidemment l'autorité n'est point établie pour l'orgueil de celui qui commande, mais pour l'avantage de ceux qui sont gouvernés.

§ 2.

Bases du système social en France.

La guerre va déterminer nos relations externes. Ou la France ne sera plus, ou bientôt, il faudra qu'au-dedans et au-dehors tout rende hommage à la pleine indépendance de la République française. Nous-mêmes, nous reconnaîtrons celle des autres peuples. Nous renoncerons de nouveau à toute conquête; c'est sur le spectacle de notre liberté et de notre bonheur qu'il nous conviendra d'inviter les nations voisines à l'exercice de leurs droits souverains.

Nos relations externes étant établies, la Convention nationale constatera, sans doute, l'état présent de la fortune publique, je ne parle pas encore de l'établissement de l'impôt, mais de l'examen et de la fixation précise des propriétés et des dettes de la nation. Il sera déclaré que, sous aucun prétexte, les fonds nécessaires à l'acquittement de la dette nationale, ne pourront être refusés ou suspendus.

Mais il est d'autres opérations préliminaires, plus indépendantes des circonstances et auxquelles je donne le nom de bases du système social des Français, parce qu'elles précèdent essentiellement dans une République telle que la France, l'établissement des lois, des pouvoirs, de la force, des impôts et des autres institutions.

Ces bases sont : 1° la loi de propriété ; 2° la distribution de la République ; 3° l'état civil et politique des personnes.

1° La loi de propriété consiste à consacrer les droits exclusifs des individus aux territoires et aux effets mobiliers qu'ils possèdent aujourd'hui conformément aux lois antérieures à la Convention ; ou qu'ils posséderont dans la suite, conformément aux lois nationales qui seront en vigueur. Encore une fois, nul Français n'est assez dénué des premières notions de l'art social, assez ennemi de l'ordre public, du commerce, de l'industrie, du bonheur des individus et de la prospérité commune, pour avoir jamais conçu le chimérique projet d'une loi agraire, et pour donner, en prononçant cette parole désastreuse, l'horrible signal qui bouleverse les Empires et qui écrase les nations.

Il est des lois sages, qui, sans blesser les intérêts individuels, sans renverser nos relations commerciales, soit étrangères, soit intérieures, pourront diviser harmoniquement les propriétés et concilier ces deux grands intérêts nationaux, celui d'augmenter le nombre des propriétaires et celui de conserver au négoce et aux arts une heureuse et fertile activité.

Par exemple, restreindre la liberté des testaments aux effets mobiliers et non productifs, déclarer que l'on succédera toujours par tête et par égales portions aux propriétés dont il n'aura point été et dont il n'aura pu être disposé par testament, etc... Ces dispositions me paraissent fondamentales dans le système politique ; mais quant à l'ordre des mentions. ce sera au Code civil à le régler.

2° La République Française est une indivisible, non fédérative ; elle n'admet de division que celle qui est nécessaire pour que le gouvernement soit possible.

L'Assemblée constituante a divisé l'Empire en 83 départements, chaque département en districts. chaque district en cantons, etc... je crois qu'il suffirait de faire à cette distribution quelques modifications assez légères.

Diminuer le nombre des districts,...... réduire celui des cantons à deux mille pour tout l'Empire...... faire tous les cantons à peu près égaux en population, c'est-à-dire d'environ douze mille âmes chacun, de manière que les 83 départements, conservant la circonscription qu'ils ont aujourd'hui, et qui leur attribue des surfaces à peu près égales, n'auraient pas chacun le même nombre de cantons, ni de districts. Les 83 départements, dont les noms seront empruntés de quelque circonstance civique, comme des grands hommes, des actions mémorables, des découvertes utiles, composeront la République française.

3° L'état civil des personnes résulte des naissances, mariages et sépultures. Ces trois événements de la vie humaine doivent être constatés d'une manière uniforme pour tous, et par l'officier public qui sera désigné à cet effet dans la distribution des pouvoirs.

C'est encore au Code civil à statuer sur les formes, les empêchements et la dissolution des mariages. Mais c'est une base essentielle de la société que nulle profession, nulle fonction ne puisse être un obstacle à ce genre de contrat.

On règle l'état politique des personnes en déterminant les caractères du citoyen. Ces caractères sont, ce me semble, d'être habitants de l'Empire, de l'établissement public, de posséder les facultés naturellement nécessaires à l'exercice des droits de cité.

Cette dernière condition exclut les enfants mineurs, au-dessous de 21 ans. A l'égard des femmes, c'est une question si délicate en principe, qu'il paraît sage d'en chercher la décision dans les mœurs et dans les circonstances. M. Siéyès (Déclaration des droits de l'homme) croit que les femmes sont exclues par nos mœurs actuelles.

Le caractère d'habitation résulte de la naissance ou de naturalisation jointe à un domicile fixe durant une année dans quelque partie de l'Empire. Mais comme il semble bizarre qu'un citoyen, en changeant de domicile, devienne, par cela seul, suspendu de l'exercice de ses droits politiques, il est, je crois, fort naturel qu'il puisse les exercer dans un lieu quelconque de l'État, non seulement lorsqu'il aura habité ce lieu pendant une année, mais encore lorsqu'il prouvera qu'il était domicilié depuis un an, dans le lieu qu'il vient de quitter immédiatement.

Le dernier caractère du citoyen est la contribution au soutien de l'établissement public.

On demande si le travail est un tribut social ou bien les autres citoyens ne profiteront aucunement de mon travail, et alors il ne peut pas être considéré comme un tribut, ou bien j'en échangerai les fruits, et alors mes concitoyens seront quittes envers moi, lorsqu'ils auront satisfait aux conditions de ces échanges.

L'on n'est pas membre d'une société pour avoir contracté quelquefois soit avec ses membres, soit même avec elle : si cette société ne peut substituer que par des dépenses communes, il faut, pour lui appartenir, contribuer à ces dépenses. Nul n'est donc citoyen, s'il ne paie pas l'impôt.

Mais premièrement, des modes de perception qui n'affectent ni la nature, ni la quotité du tribut ne peuvent avoir, ce me semble, aucune influence sur l'étendue des droits que l'on acquiert, en les payant. Supposez que les impositions indirectes soient très multipliées, sera-t-il juste de n'en tenir aucun compte, et d'effacer du tableau des citoyens celui qui, exempt à la vérité des tributs appelés directs, mais soumis à des subventions indirectes de tous les jours, verse à chaque instant de son existence une partie de sa propriété industrielle, dans les trésors de la nation ?

En second lieu, supposez qu'il y ait peu de tributs indirects, en aura-t-on moins qu'il n'y en ait point du tout, à qui sera-t-il possible, de vivre au sein de l'Etat, sans partager le fardeau des impositions directes? Les prix des denrées et des travaux de l'industrie ne suivront-ils pas infailliblement le progrès de ces impositions?

Donc, en toute hypothèse je n'aperçois au milieu de la nation, que deux classes d'hommes : les uns vivent de la bienfaisance publique, et par conséquent ne paient pas l'impôt et ne sont pas citoyens : tous les autres contribuent aux charges communes, proportionnement à leurs jouissances, et ce sont de vrais actionnaires de la société.

Je n'exclus pas les serviteurs à gages s'ils réunissent les conditions précédentes où les lois de la nature sont reconnues et respectées, là où l'état de domesticité ne suppose pas une puissance domestique, mais il ne consiste que dans un contrat ou dans une longue suite de contrats, par lesquels deux hommes échangent les travaux de l'un contre quelque propriété de l'autre, ce qui ne peut influer sur le mode de leur existence sociale. Mais le serviteur donnerait son suffrage à son *maître*. Eh bien ! les prétendus maîtres en seraient plus doux, plus justes, plus attentifs, et l'ambition leur commanderait des égards pour l'infortune ; et, après tout quand vous offririez, en effet, à l'intrigue d'un individu, le moyen d'acheter deux ou trois suffrages; ce désordre est-il donc si certain et si énorme qu'il faille immoler à la crainte qu'il nous inspire, les droits sacrés de plusieurs milliers de Français ?

La qualité de citoyen se perd par la naturalisation en pays étranger, et par la dégradation civique : elle est suspendue par l'état d'accusation, par l'état de faillite et d'insolvabilité, par la négligence à s'acquitter des charges communes, telles que l'impôt et le service militaire.

Tous les citoyens sont égaux en droits politiques, comme ils sont soumis aux mêmes devoirs.

§ 3.

Les lois et les pouvoirs en France.

Ne croyez-vous pas que chez une nation très peu nombreuse, on détermine toutes les relations de citoyen à citoyen, c'est-à-dire toutes les lois civiles, avant de songer à l'institution d'aucun pouvoir ? Un petit peuple, peut-être, aurait besoin de quelque expérience, pour apprendre que des pouvoirs sont nécessaires. Mais une grande nation, telle que la France, suit inévitablement une marche inverse. Car même pour préparer ses lois civiles, elle a besoin de se créer des mandataires. Elle commence donc, aussitôt que les bases générales de son système politique sont posées, elle commence par établir, définir et diviser les pouvoirs; c'est ce qu'on appelle Constitution.

Je m'arrêterai néanmoins, dès à présent, à quelques considérations sur les lois proprement dites; c'est-à-dire sur celles qui déterminent les relations des citoyens entre eux, et que l'on appelle lois civiles, et sur celles qui considèrent l'homme dans ses rapports avec la loi elle-même, et que l'on nomme lois pénales.

Il me semble : 1° que la confection ou la réforme des Codes civil et criminel doit au moins suivre de fort près l'établissement des pouvoirs ou la Constitution. En effet, si la Constitution et la législation demeurent trop longtemps dans un état de contrariété, et pour ainsi dire de conflit, si notre gouvernement devient celui d'un peuple libre, tandis que nos lois conserveront l'empreinte des formes monarchiques et féodales, l'existence sociale sera pénible, et la liberté publique mal affermie.

2° En faisant une Constitution, il faut supposer que les lois civiles sont bonnes ou qu'elles vont le devenir incessamment. C'est se jouer d'un peuple que de lui dire : telle disposition constitutionnelle serait excellente, mais elle s'accorderait mal avec vos lois civiles, qui sont vicieuses. Ce fut le raisonnement de l'Assemblée constituante, lorsqu'elle rejeta le jury en matière civile.

Encore une fois la création ou la réforme de toutes les parties du système social devrait être presque simultanée. Lois, pouvoirs, forces, impôts, institutions accessoires, tout cela se tient par des rapports intimes, et chaque objet doit être coordonné à tous les autres. Étendre cette création pendant une longue suite d'années, c'est vouer un peuple au dépérissement, c'est compromettre sa souveraineté et son existence.

3° J'ai dit que les lois civiles ne sont que les lois naturelles déclarées et appliquées. Je crois superflu d'ajouter qu'un seul et même Code civil doit être commun à toutes les parties de l'Empire, que toute législation locale doit être abolie.

4° Toutes les lois civiles réunies en un même code, doivent y être disposées dans l'ordre le plus méthodique. Nul terme technique ne doit y être placé qu'avec sa définition; il faut que ce Code soit un livre intelligible, un livre ouvert à tous les membres de l'État.

5° Les lois pénales dictées par la justice et par l'intérêt public seront sans doute d'autant plus réprimantes, que l'Empire aura plus d'étendue. Mais où il n'y a point d'humanité, il n'y a pas non plus de justice : et c'est une question qui vaut la peine d'être examinée, que celle de savoir si l'intérêt public bien conçu peut exiger la mort d'un coupable.

Je passe à l'objet auquel on a coutume d'attacher le plus d'importance, à l'établissement des pouvoirs.

D'après les principes du paragraphe 1, le pouvoir législatif ne peut être véritablement exercé que par le souverain. Le Corps législatif ne sera donc, à proprement parler, que le comité de la nation. Les décrets émanés de ce corps deviendront des lois par la sanction du peuple. Vous verrez bientôt ce qui m'autorisera à croire que cela est fort praticable. Le système des mandats impératifs serait peut-être plus conforme aux principes, mais il mettrait beaucoup trop d'obstacles à l'unité et à l'enchaînement des travaux du législateur. Il enlèverait trop d'influence aux lumières qui peuvent naître des discussions.

Laissez-moi supposer un instant une assemblée de 2,000 législateurs, dont chacun serait député (pour deux ans) par l'un des cantons de l'Empire. Est-il bien sûr que ce nombre soit excessif? L'histoire des peuples libres ne nous offre-t-elle pas des exemples d'Assemblées beaucoup plus nombreuses ? N'est-il pas d'un vaste intérêt de réunir dans le Corps législatifs une masse imposante de talents, de vertus, de lumières et de moyens, etc......

Que si, malgré ces considérations et beaucoup d'autres, vous demeuriez effrayé par ce
nombre de 2000 législateurs, nous pouvons fort
bien n'en supposer que la moitié ou le quart,
qui serait élu par la moitié ou le quart des
cantons alternativement.

Cette disposition n'aurait, ce me semble,
rien de contraire aux principes; car ces députés sont bien moins des représentants que des
mandataires.

Cependant il me paraît inévitable d'accorder à leurs décrets une exécution provisoire,
avant la sanction du souverain; non seulement
par ce qu'il y a des lois urgentes, dont le retard équivaut à la nullité, mais aussi parce
que le souverain ne peut pas être consulté tous
les jours.

Les citoyens de chaque canton se réuniraient donc chaque année, à une époque fixe,
en Assemblées primaires; et là, les décrets du
Corps législatif étant offerts à la sanction du
peuple, on compterait, dans chacune de ces
Assemblées, le nombre précis des suffrages
pour ou contre un décret, et les dépositaires
suprêmes du pouvoir exécutif, après avoir
reçu et confondu les suffrages de tous les
citoyens français, après avoir reconnu que le
décret est admis ou rejeté par la majorité, pro-
clameraient au sein du Corps législatif, et
publieraient ensuite dans tout l'Empire, la
sanction ou le veto du souverain.

Un seul genre de décrets paraît échapper
nécessairement à cette épreuve : ce sont ceux
qui ont pour objet les relations avec les puissances étrangères ; déclarations de guerre,
traités de paix, d'alliance et de commerce.
Ces opérations proposées par le pouvoir exécutif et adoptées par l'Assemblée législative
ne seraient soumises à la sanction du peuple,
que lorsque le Corps législatif, en un décret-
tant, aurait déclaré qu'il n'y a point d'urgence.

Je voudrais que le Corps législatif pût faire
des décrets sur toutes les parties de l'ordre social sans exception, mais avec cette différence
que les décrets relatifs aux bases du système
politique et, à l'institution des pouvoirs, ne
pourraient être exécutés, pas même provisoirement, qu'après la sanction du souverain. Le
pouvoir exécutif serait donc tenu d'en appeler
au peuple, réuni en Assemblée de canton, à
l'époque fixe et ordinaire; toutes les fois que
le Corps législatif aurait proposé d'abroger,
de modifier ou d'ajouter un article constitutionnel.

Les autres actes du Corps législatif sont :
1º les décrets d'accusation pour crime de lèse-
nation, décrets qu'il pourrait porter aussi
contre les dépositaires suprêmes de l'autorité
exécutive, mais seulement lorsque ceux-ci auraient terminé l'exercice de leurs fonctions.

2º Les députés du peuple après avoir vérifié
leurs pouvoirs, et avant de se constituer en
Corps législatif, nommeraient les dépositaires
du pouvoir exécutif suprême, mais ils seraient
tenus de les choisir parmi les membres de la
législature précédente. J'avoue que cette nomination pourrait se faire immédiatement par
le peuple et chaque député au Corps législatif
n'être que le porteur du dépouillement d'un
scrutin fait dans son canton, pour l'élection
de ces magistrats suprêmes : mais parmi les
inconvénients de ce mode, il en est un dont je
suis principalement frappé, c'est qu'après le

recensement universel de tous les scrutins des
cantons il faudrait trop souvent, ou rappeler
le peuple à un second scrutin, ou s'en tenir
dans une élection si importante, à une pluralité relative qui serait quelquefois bien faible.

Les dépositaires du pouvoir exécutif suprême seraient au nombre de 43, dont 21 ou 22
seraient renouvelés tous les deux ans; ils se
distribueraient entre eux-mêmes, et pour tout le
cours de deux années, de la manière suivante :

Un président, 6 membres pour l'administration intérieure, 6 pour la justice civile et
criminelle (1), 6 pour les jugements des
crimes de lèse-nation, 6 pour la force publique,
6 pour les finances, 6 pour les institutions
accessoires, 6 pour les affaires étrangères.
C'est une polysynodie semblable, sous quelque
rapport, à celle de l'abbé de Saint-Pierre.

Les actes de toutes les sections de ce conseil
auraient besoin d'être signés par le président;
celui-ci serait libre de porter à la décision du
conseil entier tout acte pour lequel il n'y aurait
pas eu unanimité dans la section, et il serait
tenu de le faire, toutes les fois qu'il y aurait
eu un partage égal d'opinions entre les 6 membres.

Sous la juridiction générale et suprême du
conseil exécutif, existeraient, conformément
à la division de l'Empire, un système d'administration et un système judiciaire.

Il me semble que les administrations de
départements, de districts et de municipalités,
peuvent subsister comme elles sont aujourd'hui
avec quelques modifications accidentelles, dont
la plus importante serait que les procureurs
syndics devinssent des commissaires du pouvoir exécutif, et fussent nommés par lui. Les
commissaires près des administrations municipales constateraient l'état civil des personnes.

Quant à l'ordre judiciaire, les principaux
changements seraient d'établir des jurys pour
les causes civiles, d'ôter aux juges de paix
tout genre de juridiction criminelle, etc...
d'ailleurs, il me paraît indispensable que le
pouvoir exécutif ait des commissaires près
les tribunaux, et qu'il les nomme.

La nomination, soit des juges, soit des administrateurs de départements et de districts,
appartiendrait aux Assemblées primaires de
cantons, qu'en éliraient chacune un égal nombre; et les officiers municipaux continueraient
d'être élus par les Assemblées de communes.

Ainsi le peuple choisirait tous ses mandataires, mais le pouvoir exécutif suprême nommerait ses propres agents; et il aurait des
agents partout; il atteindrait par eux toutes
les contrées et toutes les communes de la République. Le peuple ferait les lois, et toute autorité émanerait de lui, mais le peuple ne
gouvernerait point. En conservant une souveraineté active, en ne cédant rien de ce qui
est, incommunicable dans cette souveraineté,
il déléguerait avec plénitude l'exercice du
gouvernement. Il faut que toute nation,
grande ou petite, soit le souverain, mais il
faut aussi que le gouvernement d'un vaste Empire ait une énergie puissante.

_____

(1) Cette seconde section remplacera la Cour de cassation comme la troisième remplacera la Haute-Cour
nationale; il y aurait d'ailleurs des hauts jurés que les
assemblées de cantons nommeraient chacune à leur
tour.

§ 4.

Questions sur la force publique et sur les finances.

Un Empire dont la population s'élève à 25 millions d'âmes, a-t-il besoin d'avoir à sa solde des régiments étrangers ?

Chaque canton de la France ne peut-il pas offrir un corps militaire de 1,500 à 2,000 hommes, lesquels, néanmoins ne pourraient se rassembler en armes, que dans le temps marqués par la loi ou la réquisition du pouvoir civil ?

Qui empêche d'établir en chaque canton un ordre de service et d'exercices militaires, compatible avec les travaux des citoyens ?

Durant la paix, ne suffit-il pas de tenir constamment sur pied, et à la disposition du pouvoir exécutif suprême, une armée d'environ 150,000 hommes, pris dans les divers cantons, suivant un ordre et une répartition déterminés ?

Néanmoins, n'est-il pas à propos que les officiers de cette armée, depuis le grade de capitaine et au dessus, soient permanents et nommés par les dépositaires suprêmes du pouvoir exécutif, selon les formes et après les épreuves prescrites ?

N'est-il pas facile de rallier à ce système militaire, moyennant quelques modifications, certains corps dont la permanence est presque indispensable, savoir les corps du génie, de l'artillerie, de la marine et de la gendarmerie nationale ?

En temps de guerre, ne faut-il pas laisser au pouvoir exécutif suprême le droit de mettre sur pied autant de soldats de la patrie qu'ils estiment convenable ?

La dette nationale une fois acquittée, 500 millions ne seraient-ils pas plus que suffisants pour la dépense ordinaire de l'armée ?

Supposez-vous plus de 200 millions pour l'entretien de la force publique de terre et de mer, plus 200 autres millions pour les travaux publics, l'instruction publique et autres institutions accessoires; enfin, plus de 100 millions pour le salaire des hommes publics, pour les frais d'administration et pour les négociations étrangères ?

L'impôt territorial, qui est le principal impôt ne doit-il pas remplir au moins les trois cinquièmes de la dépense générale.

Les impôts sur le nombre des domestiques et sur la vie célibataire, les amendes qui seraient établies par le Code pénal, les droits d'entrée et de sortie aux frontières de l'empire, de légers droits de timbre, et d'enregistrement, l'administration de la poste aux lettres : ces divers tributs ne produiraient-ils pas chaque année un revenu national toujours supérieur à 200 millions ?

§ 5.

Institutions accessoires.

1° *Travaux publics.* Rétablissement des ports, entretien des grandes routes, fortifications, etc. Si l'on consacrait à ces travaux 50 millions chaque année, la République et son commerce seraient maintenus dans un état florissant; aucun ouvrier ne resterait sans ouvrage, et le gouvernement aurait entre les mains un moyen sûr de fixer le prix des journées de travail, et de mettre ce prix en équilibre avec celui des denrées.

2° *Bienfaisance publique.* Elle ne s'exercerait qu'envers ceux qui ne pourraient point subsister par leur travail; envers les enfants, les femmes, les vieillards, les infirmes et les malades. 50 millions destinés à cette dette sociale et sagement administrés essuieraient bien des larmes, préviendraient bien des crimes, éteindraient enfin la mendicité, et répandraient la consolation, la paix et la vertu sur toutes les contrées de l'Empire.

3° *Instruction publique.* C'est ici surtout que la Convention nationale va trouver ses opérations toutes préparées. Les deux Assemblées précédentes lui ont légué chacune un travail précieux. La principale question qui peut rester à discuter, c'est de bien déterminer l'existence politique des fonctionnaires appliqués à l'instruction; car s'ils formaient dans l'Etat un système trop indépendant des autorités constituées; s'ils avaient le privilège de se régir, et de se renouveler eux-mêmes, ne serait-ce pas là un jour une véritable corporation de clercs ou de lettrés ?

4° *Cultes.* Objet difficile, que la Convention nationale devra peut-être rejeter à la fin de ses travaux, et sur lequel le législateur ne saurait trop craindre de mettre ses opinions personnelles à la place d'une opinion politique bien constante.

L'intérêt individuel est la base de toute morale, mais les idées religieuses en sont pour ainsi dire la sanction. La société ne sera ni plus tranquille, ni plus heureuse, quand les citoyens auront abjuré la croyance d'un Etre suprême et d'une vie future. Ce n'est pas en ébranlant ses opinions que le législateur raffermira son propre ouvrage.

Les opinions religieuses ne sont pas celles que l'homme consulte le plus dans sa conduite; il n'y en a pas, néanmoins, qui lui soient plus chères, et dont il prenne la défense avec plus d'enthousiasme et quelquefois d'acharnement. S'il y a, relativement à la religion, une maxime incontestable dans l'art social; c'est que tous les cultes ont le droit d'être, ne soit pas tolérés, mais permis, publics et protégés par la loi.

Mais au milieu de tous les cultes libres, publics et protégés, le législateur ne pourrait-il pas en distinguer un qui serait entretenu par l'Etat et placé au nombre des institutions accessoires de la société ?

D'abord il convient d'observer que cette adoption légale d'un culte serait au moins totalement extrinsèque à ce qu'on a coutume d'appeler Constitution. Ce n'est pas un pouvoir que l'on établit, ce serait, encore une fois, une simple institution accessoire.

Il est incontestable, en second lieu, que si les ministres de ce culte étaient distingués par des costumes, par des législations particulières, par des exceptions aux droits et aux devoirs communs, par de prétendus engagements contraires à l'ordre naturel et à l'ordre social, ils formeraient une corporation, et de toutes les corporations, la plus funeste et la plus odieuse...

Mais, enfin, moyennant les conditions qui résultent des observations précédentes et de quelques autres, on demande s'il faudrait encore placer un culte parmi les institutions secondaires de la société. C'est une question qui dépend des circonstances presque autant que des principes; c'est un calcul dont les éléments ne seront bien rassemblés qu'à la fin des travaux de la Convention nationale...

Tel est le plan que je me suis formé des travaux les plus essentiels de la Convention; on lui offrira de meilleurs plans, sans doute, mais il importe surtout qu'elle en ait un et qu'elle donne à ses créations un grand caractère d'harmonie et d'unité. Il n'y a, ce me semble, nulle méthode dans ce qu'on a appelé constitution en 91 et 92, et ce n'est peut-être pas là le moindre reproche que l'Assemblée Constitution en 91 et 92, et ce n'est peut-être travaux conduit très souvent à l'oubli des principes, et place, dans l'établissement social, des éléments destinés à une discorde éternelle.

DOUZIÈME ANNEXE (1)

A LA SÉANCE DE LA CONVENTION NATIONALE DU MERCREDI 17 AVRIL 1793.

ESSAI SUR LA CONSTITUTION, *par* P. C. F. DAU-NOU, *député du Pas-de-Calais* (2).

Observations sur la Déclaration des droits de l'homme et du citoyen.

L'Assemblée constituante, dès 1789, voulut qu'une Déclaration solennelle des droits de l'homme et du citoyen précédât la Constitution. Cette déclaration était destinée à servir, en quelque sorte, de loi à la loi elle-même : elle devait contenir une suite de principes immuables que la Constitution ne pût jamais contredire. Ce travail exigeait sans doute beaucoup de méthode et de précision. Il en fallait bannir tout terme obscur ou équivoque, et se défier surtout de ces locutions vagues et incertaines que l'on croit claires, parce qu'elles sont communes, et qui, sous une dangereuse apparence de simplicité, n'expriment en effet que des erreurs familières. Il fallait remonter, par une analyse lente et scrupuleuse, aux fondements de l'état civil, et trouver dans les premières relations, que la nature seule établit entre les hommes, les motifs et les principes de toutes leurs relations sociales. Il fallait parcourir la chaîne des idées intermédiaires, entre les besoins d'un seul homme, et l'organisation d'un peuple. Il fallait tracer la marche de l'esprit

(1) Voy. ci-dessus, même séance, page 263, le rapport de Romme sur les divers projets de Constitution.
(2) Bibliothèque de la Chambre des députés : *Collection Portiez (de l'Oise)* tome 30, n°s 3 *bis* et 3 *ter*. Ce document est annoncé dans le *Journal des Débats et des décrets* du 13 avril 1793.

humain depuis les premières sensations qui nous apprennent que nous avons des semblables, jusqu'à ces vastes systèmes d'associations politiques, qui doivent protéger et confondre tant d'intérêts individuels : il fallait, dans cette importante étude, ne craindre et n'exprimer, pour ainsi dire, aucune vérité. Il fallait ne comprimer aucun principe, n'altérer aucun élément, ne mutiler aucune des bases sur lesquelles on allait asseoir la constitution.

Tous ceux qui avaient en France l'instinct de l'aristocratie, sentirent le danger d'un travail de ce caractère; et saisissant avec trop de sagacité, le plus infaillible moyen d'en dégrader l'exécution, et d'en énerver l'influence, ils donnèrent aux méditations du patriotisme les noms décriés de métaphysique, et de spéculations abstraites; bien sûrs qu'il n'en faudrait pas davantage pour armer contre toute recherche un peu profonde, contre toute analyse un peu austère, l'impatient orgueil des esprits légers, et le despotisme de l'inattention. Les projets les plus fortement conçus, spécialement celui de Sieyès, furent écartés sans examen; et la première injure que le peuple français reçut de ses mandataires, fut d'être regardé par eux, comme incapable de recevoir une instruction solide, et d'entendre le langage de la raison. On rédigea 17 articles, dont l'incohérence, l'ambiguité, l'imprécision préludèrent à l'injustice, et à la faiblesse des lois, aux humiliations constitutionnelles du peuple, et à nos longues calamités.

On déclarait dans le premier article, que *tous les hommes naissent et demeurent libres et égaux en droits;* et l'on ajoutait que les *distinctions sociales doivent être fondées sur l'utilité commune.* Rien n'expliquait la nature de ces distinctions sociales. Si elles étaient des exceptions à l'égalité des droits naturels, l'article ne présentait plus qu'une contradiction palpable : il signifiait que les hommes demeuraient égaux en droits, et que néanmoins leurs droits ne demeuraient pas toujours égaux. Si elles ne restreignaient en aucune manière cette égalité, elles n'étaient donc que des fonctions publiques, temporairement confiées à quelques individus pour le service de la société entière : elles n'étaient que les autorités sociales, lesquelles ne sont pas des droits mais des charges, des devoirs, des commissions. Cependant la Constitution est venue, et sous le prétexte de ces distinctions fondées sur l'utilité commune, elle a proclamé l'inégalité des droits politiques, institué un pouvoir héréditaire, gradué l'activité et l'influence des citoyens.

On déclarait que *tous les citoyens étaient également admissibles à tous les emplois publics, selon leur capacité, sans autre distinction que celle de leurs talents et de leurs vertus.* Le mot *capacité* paraissait restreint à ceux qui le suivent : car, si ce mot eût signifié la réunion des qualités que le législateur voudrait imaginer un jour au-delà des talents et des vertus, l'article n'eût exprimé qu'une ineptie révoltante, savoir que tous les citoyens que la loi déclarerait également admissibles, seraient admissibles également. Cependant la Constitution est venue, et déterminant cette *capacité,* elle fit dépendre en effet l'exercice des droits politiques, et surtout l'éligibilité, de conditions purement fiscales, tout à fait étrangères aux vertus et aux talents des citoyens.

On déclarait que *le principe de toute souveraineté réside dans la nation.* Ainsi, l'on n'osait pas dire que la souveraineté elle-même, une, indivisible, inaliénable, résidait toujours tout entière dans la nation seule. En n'attribuant au peuple que le principe de tout pouvoir souverain, on ménageait à la Constitution les moyens de limiter arbitrairement les droits de cité, de les réduire à la faculté de faire des pétitions, à la faculté de préparer des lois, par des élections d'électeurs, le choix de quelques mandataires ou de certains représentants non responsables. Bientôt, en effet, le souverain étendu sur l'immense territoire de l'Empire, y fut enchaîné, garrotté dans chacun de ses membres : « Vous êtes tout-puissants, lui disait-on, mais vous ne remuerez ni pieds ni mains. »

Je ne multiplierai point ce genre d'observations : j'en ai dit assez pour prouver que la Convention nationale doit s'occuper d'une nouvelle déclaration des Droits de l'homme, qui soit plus complète, plus exacte, et mieux ordonnée que l'ancienne. On ne contestera point sans doute que le projet qui vient d'être présenté par le comité de Constitution, ne soit, sous tous les rapports, préférable aux 17 articles de l'Assemblée constituante; mais ce projet a-t-il répondu, par sa clarté, et par sa méthode, à l'idée qu'on doit se former d'un travail de cette nature? Je puis d'autant moins le penser, que le comité, dans son discours préliminaire, ne nous a rendu aucun compte des principes et des motifs qui l'ont dirigé dans la rédaction de cette première partie de son plan.

« Les droits naturels, civils et politiques des hommes, dit le comité, sont la liberté, l'égalité, la sûreté, la propriété, la garantie sociale et la résistance à l'oppression. »

Il me suffira de m'arrêter à ce premier article, parce qu'il trace le plan de tous les autres, et qu'il détermine, suivant moi, la fausse méthode qui vicie l'ensemble du projet.

On nous annonce des droits *naturels, civils et politiques*, et rien, ni dans l'article 1er, ni dans les suivants, n'attachera d'idées distinctes à ces trois mots.

On nous dit que ces droits sont la liberté, la sûreté, etc., et l'on nous laisse à deviner si chacun de ces droits est tout à la fois nature, civil et politique; ou bien si ces droits se distribuent en trois classes correspondantes à ces trois dénominations.

On nous assure que tous nos droits sont exprimés par les termes de liberté, égalité, etc., et il faut bien que nous le croyions sur parole; car où est la preuve que cette énumération soit complète, et que nous n'ayons pas peut-être quelque droit de plus?

On procède ensuite à l'explication de chaque terme, et rien ne nous garantit davantage la justesse de ces définitions didactiques; car elles ne sont pas puisées dans les articles qui les précèdent : elles ne sont pas appuyées sur des notions convenues.

On range, sous chacun des six droits énoncés, certaines notions qui paraissent en dé-

pendre; et cette classification d'idées est quelquefois si arbitraire, que l'instruction, par exemple, se trouve accolée au droit de propriété.

Je n'ajoute pas que plusieurs termes, comme *citoyens, constitution, gouvernement*, etc., ne sont expliqués d'aucune manière, ni par ce qui les précède, ni par ce qui les suit.

Je n'ajoute aucune remarque particulière sur certaines définitions; par exemple sur celle de l'égalité, qui consiste, est-il dit, en ce que chacun *puisse* jouir des mêmes droits ; définition qui semble ne reconnaître, si j'ose ainsi parler, qu'une égalité potentielle, et qui suppose par conséquent la possibilité d'un ordre de choses où nulle égalité n'existerait actuellement.

Toutes ces ambiguïtés, toutes ces incertitudes, je les attribue à une seule cause, à la méthode synthétique employée par le comité. Il n'y aurait donc rien à gagner dans une discussion qui ne tendrait qu'à des amendements, dans des modifications partielles ; il faut une autre disposition, celle de la nature ou de l'analyse, l'unique secret de l'enseignement aussi bien que des découvertes.

Je juge ici de la Déclaration des droits comme d'un livre élémentaire ; et j'y suis bien autorisé sans doute, puisqu'elle en sera réellement un, et qu'elle doit être comprise parmi les premières leçons qui seront données à l'enfance. Or, si nous voulons imprimer une marche plus sûre à l'esprit humain, je pense que les nouveaux livres élémentaires devront différer des anciens beaucoup plus encore par la méthode que par les objets ; il ne faudra point qu'ils aient pour base des définitions scientifiques, des divisions arbitraires, ou des principes généraux, mais des sensations pures ou les comparaisons d'idées qui se rattachent le plus immédiatement à de pures sensations. Enseigner, ce n'est pas dicter ce qu'il faut croire ; c'est faire observer ce qui a été senti : ce n'est pas inculper des opinions traditionnelles, ce n'est pas même révéler à un élève les résultats des recherches que l'on a faites avant lui ; c'est le diriger lui-même dans ces recherches, et le conduire à ces résultats. La synthèse est le despotisme de l'enseignement ; elle maîtrise ceux qu'elle instruit, et l'erreur est toujours à côté d'elle, comme à côté de toutes les tyrannies. L'analyse, au contraire, n'exigeant d'autre docilité que l'attention, ramène sans cesse l'esprit humain à l'usage le plus actif de ses facultés. Dans cette méthode, les définitions ne se présentent qu'après les idées que l'on a distinguées déjà, les propositions qu'après la perception des rapports qu'elles expriment, et les principes qu'après les connaissances particulières dont ils sont les formules générales et les expressions abrégées.

Pour rédiger, selon cette méthode, une Déclaration des droits, nous devons remonter à l'origine des idées morales ; c'est-à-dire à la première sensation qui nous a montré un homme empêchant, sans nécessité, un autre homme de satisfaire à ses besoins.

Les idées de *nuire et d'opprimer*, dès qu'elles sont bien conçues, conduisent à connaître les relations que la nature établit entre les hommes. Or, ces relations ne diffèrent point des droits que l'on exprime par les mots de liberté, égalité et résistance à l'oppression.

Les idées de droits et de besoins suffisent pour acquérir celles d'échanges et de contrats. Or, le plus important des contrats sera celui qui associera un grand nombre d'hommes, dans la vue d'employer les forces de tous, au maintien des droits de chacun.

C'est donc dans ce contrat social, que l'on rencontre l'idée de sûreté ; car, avant ce contrat, le droit de sûreté se confondait absolument avec celui de résister à l'oppression.

C'est dans ce contrat encore que vous rencontrez l'idée de propriété territoriale, car vous ne concevez, avant ce contrat, d'autre domaine individuel, permanent et exclusif, que celui des instruments et des fruits du travail de chacun.

La sûreté et la propriété sont donc des droits civils que le pacte social ajoute aux droits naturels.

Maintenant, si l'on considère que chacun des contractants doit concourir à l'établissement des moyens qui garantiront les droits naturels et civils, l'on aura l'idée de l'activité de chaque membre du corps social ; c'est-à-dire l'idée des droits politiques et de leur égalité. Dès lors, il ne faudra plus que réunir en une même pensée l'action de toutes les volontés concurrentes, pour avoir l'idée de la volonté générale ou du souverain.

Le souverain établit :

Des lois qui déclarent les droits et les devoirs de chacun ;

Des peines pour les délits, et des récompenses pour les services rendus à la société;

Des mandataires ayant le pouvoir de préparer les lois ou d'en procurer l'exécution;

Des forces publiques, soit pour maintenir la tranquillité intérieure, soit pour repousser les agressions étrangères;

Enfin des impôts par lesquels chacun contribue aux dépenses qui sont faites pour tous.

Voilà les éléments essentiels de l'établissement social : ils sont nécessaires pour que la protection soit donnée par tous à chacun.

Toute autre institution est accessoire; tels sont les travaux et les secours publics, l'éducation commune, etc. La nature de ces institutions secondaires, est de donner un caractère public, à des actes naturellement privés.

Ce sont les circonstances qui rendent bien souvent ces institutions indispensables ; l'établissement social pourrait être conçu sans elles ; mais il y a tel peuple qui ne peut point s'en passer.

Dès que les droits naturels, civils et politiques sont conçus, dès que l'établissement public est analysé, on connaît par cela même les devoirs qui obligent chaque membre du corps social. L'exposition de ces devoirs n'est plus qu'une nouvelle manière d'exprimer les droits communs ; ce n'est plus que considérer sous un aspect nouveau, des relations qui ont été déjà aperçues.

Tel est le plan que je me suis formé d'une déclaration des droits ou plutôt d'une analyse de l'établissement politique. Car j'ai pensé que le seul titre de Déclaration des droits restreignait un peu trop la masse des connaissances générales, qui doivent être recueillies et convenues avant de travailler à la Constitution et à la législation d'un peuple. Ce préliminaire doit être une base assez large pour soutenir toutes les parties de l'édifice social, en sorte qu'il soit toujours facile de reconnaître si dans cet édifice il n'y a rien qui porte à faux.

Observations sur la sanction des lois.

Le premier titre du projet de Constitution que je propose, a pour objet *l'exercice du pouvoir souverain*.

On sait que ce pouvoir s'étend, par sa nature, à tout ce qui n'est pas administration locale ou particulière, exécution ou application des lois. Il embrasse donc l'élection des mandataires, la formation de la loi et le droit de réformer toutes les parties de l'établissement social.

Il faut l'avouer, cependant, parmi les actes de ce pouvoir, il en est quelques-uns dont l'exercice devient plus difficile, à mesure que l'état s'agrandit. Il peut même exister un tel concours de circonstances relatives à l'étendue et à la population d'un Empire, qu'il en résulte, pour certains actes de la puissance du peuple, une difficulté extrême, à peu près équivalente à l'impossibilité absolue.

Dans la République française, par exemple, il sera impossible que le souverain travaille immédiatement à la rédaction de ses lois, qu'il exprime son vœu sur chacun des articles dont elles seront composées, qu'il délibère sur toutes les modifications, additions ou restrictions qui lui seraient proposées par chacun de ses membres.

Mais qu'il accepte ou qu'il rejette en masse la loi préparée par ses mandataires, c'est, à mon avis, un droit dont l'exercice est toujours praticable, et dont l'aliénation serait un grand pas vers l'esclavage.

Ce qui n'est pas l'expression de la volonté générale ne saurait être une loi. Or, rien ne peut vous assurer que cette volonté soit exprimée par un décret, s'il est mis à exécution avant qu'elle ait été consultée. Le pouvoir de faire des lois n'est donc pas, à proprement parler, susceptible d'être délégué ; c'est le plus incommunicable attribut de l'autorité souveraine. Un peuple doit craindre tous les despotismes, même celui des talents et de la vertu; et l'abîme de l'esclavage est ouvert, tant que la souveraineté nationale, inébranlablement affermie, ne sera pas une barrière à jamais infranchissable à toutes les ambitions.

Si donc tous les citoyens ne peuvent se réunir en un même lieu, si chaque section du peuple envoie des députés à une assemblée commune, il faudra l'une de ces deux choses : ou que la nation ait exprimé son vœu par des mandats impératifs, ou qu'elle donne une sanction solennelle aux décrets préparés par ses députés. Le premier système, celui des mandats impératifs, n'est sans doute pas proposable en France ; il mettrait beaucoup trop d'obstacles à l'unité et à l'enchaînement des travaux du législateur ; il enlèverait trop d'influence aux discussions qui doivent éclairer les mandataires du souverain, et le souverain lui-même. Reste donc la sanction.

Quelle que soit à mes yeux l'évidence de ces principes, je n'hésiterais point à y renoncer, si l'on pouvait me convaincre que les circonstances ne nous en permettent point l'application. Mais voici, au contraire, les motifs qui me font croire que ces principes n'ont véritablement rien d'impraticable.

J'observe d'abord que le comité de Constitution nous a présenté une distinction infiniment lumineuse, lorsque dans la section II du titre VII de son projet, il a déterminé les caractères des lois proprement dites et des simples décrets d'administration. Ces derniers échappent nécessairement à la sanction du peuple, soit parce que leur exécution est ordinairement urgente, soit parce que leurs objets étant particuliers, locaux ou temporaires, ils ne sont pas véritablement des actes du pouvoir souverain. Je crois même que dans une République bien solidement affermie, ce serait peut-être à la puissance exécutrice qu'il conviendrait d'attribuer l'entière confection de ce genre de décrets.

Je rappelle, en second lieu, que chaque loi étant regardée comme indivisible, la sanction ou le *veto* du souverain ne devra point s'appliquer à des articles pris à part. Sans doute, dans les assemblées primaires, il pourra s'ouvrir, sur ces articles, telles discussions qu'elles jugeront à propos; mais l'unique résultat à obtenir de la délibération, sera de savoir si la majorité des citoyens français veut ou ne veut pas de la loi entière.

Enfin, si l'on pense que la sanction des lois par le souverain retiendrait trop longtemps les citoyens dans les assemblées primaires et loin de leurs occupations domestiques, j'ose croire que cette difficulté sera au moins affaiblie par le projet que je dois offrir. Je proposerai, en effet, de donner à chaque assemblée primaire une session de deux mois chaque année, session durant laquelle ces assemblées procèderont, aux jours et heures qu'elles voudront déterminer, tant à l'élection des mandataires publics qu'à la sanction des lois préparées depuis un an. Et si l'on veut bien considérer que les deux mois que j'indique sont ceux où les travaux ont le moins d'activité; si l'on observe que les lois à sanctionner ne seront pas très nombreuses, puisque j'en excepte les décrets d'administration; si l'on observe encore que les délibérations auront été préparées et mûries en quelque sorte, tant par les discussions de l'Assemblée législative, que par la connaissance que chaque citoyen aura pu prendre des lois soumises à sa sanction; enfin si l'on veut bien convenir que tout système républicain exige, en effet, que le peuple soit souvent réuni en assemblées élémentaires, et que d'ailleurs, sous une bonne Constitution, ces assemblées doivent devenir de grands moyens d'instruction publique, on cessera peut-être de regarder la sanction des lois comme une idée extraordinaire et impraticable.

J'ai donc lieu de présumer que le système que j'expose n'est pas celui dont parlait Pétion, lorsqu'il disait : « Je ne suis pas de ceux qui croient que le peuple doit sanctionner d'une manière formelle tout ce que font ses représentants, sans aucune exception. Cette extravagance démagogique ne peut pas supporter l'examen. »

Si malgré les *exceptions* que j'ai faites, cette invective pouvait s'adresser à mon système, je dirais avec franchise que je ne reconnais point, dans un tel langage, la sagesse et la philosophie que j'attendais de Pétion. Car lorsqu'on envisage un peu fortement les opinions politiques des hommes, et celles qui sont accréditées, et celles qui ne le sont pas, il n'en est guère, en vérité, qui soit fort au-dessus ou fort au-dessous de l'*examen*.

Un *démagogue* est, ce me semble, celui qui, transportant les souverainetés du peuple dans quelques centaines de citoyens dont il s'entoure, va calomniant toutes les lois, avilissant tous les pouvoirs, empoisonnant tous les principes, déplaçant et bouleversant avec un désastreux délire tous les éléments du corps social. Je n'ai jamais fait ce métier; mais je pense que, s'il est un moyen tout puissant pour déjouer ceux qui le voudront faire, c'est de restituer enfin à l'autorité souveraine l'activité qui lui appartient essentiellement, et tous les droits dont l'exercice n'est pas d'une évidente ou démontrable impossibilité. Voilà pourquoi je proposerai, non seulement d'assujettir toutes les lois proprement dites à la sanction du souverain, mais de placer encore auprès de lui tous les moyens d'abroger les lois existantes, d'obtenir la formation des lois qui n'existent point, de renouveler à son gré les corps constitués et la Constitution elle-même, en sorte qu'il soit toujours certain, toujours incontestable que chaque loi, chaque pouvoir subsistant dans la société, n'y subsiste réellement que par la libre et constante volonté de la nation.

Oui, si l'activité du pouvoir souverain n'était pas un droit éternel, elle serait une mesure de sûreté générale conseillée par les circonstances. Oui, une autorité suprême, visible, agissante, énergique, est la seule force qui triomphera des factions; et si vous ne voulez point du repos servile de la mort publique qui vous serait donnée par des tyrans usurpateurs de la souveraineté nationale, hâtez-vous donc d'armer le vrai souverain de sa légitime puissance, et de l'environner de sa réprimante majesté. Vous n'obtiendrez plus, par d'autres moyens, la tranquillité intérieure de l'Empire. La Révolution a usé les systèmes de représentation et d'équilibre; ces systèmes, que je crois éternellement injustes, seraient du moins aujourd'hui de faux calculs et des erreurs calamiteuses, ils seraient les ruines fécondes où l'anarchie puiserait ses prétextes, et qui fourniraient à la sédition des arguments perturbateurs et les lieux communs de ses prédications incendiaires.

Le projet du comité de Constitution attribue aux Assemblées législatives un pouvoir suprême dont je suis effrayé pour elles et pour la paix de la République. Dans les systèmes pondératifs, ces assemblées forment le contrepoids d'un pouvoir plus odieux qu'elles, se soutiennent jusqu'à l'époque où la lutte cesse et se termine à leur avantage. Mais cette victoire est une chute après laquelle il ne leur reste qu'une autorité chancelante et une existence convulsive. Dès lors, ce premier objet de la défiance générale et de toutes les jalousies individuelles, une telle assemblée sera bientôt le plus outragé et le plus faible des despotes. En vain l'appellerez-vous représentation nationale, chaque parti, chaque séditieux va se proclamer auprès d'elle le représentant du mécontentement public; et si elle ne porte aucune atteinte à la liberté des opinions que chacun voudra énoncer contre elle, je ne sais plus quels seront ses moyens pour conserver quelque autorité ou quelque crédit dans l'Empire. Plus elle exercera de pouvoirs, plus il sera facile de l'égarer et de l'asservir, de l'avilir et surtout de la diviser; car elle aura des points de contact avec toutes les factions; elle sera le foyer de toutes les haines et de toutes les effervescences. Dominée tour à tour par des sectes rivales, qui n'useront jamais modérément de leurs triomphes, comment imprimerait-elle à ses travaux ces profonds caractères de sagesse, de confiance et d'unité, qui sont les résultats des méditations fraternelles? Si vous calculez encore les effets de plusieurs circonstances presque inévitables, telles que la publicité de ses séances, et son séjour dans la plus populeuse des cités, vous verrez les dangers s'accroître et vous ne les rendrez pas moins funestes, en appelant une force armée autour de vos législateurs; car il est de la nature d'une telle Assemblée, de n'être soutenue que par une force d'opinion qu'il faudrait exercer d'abord sur la force armée elle-même.

Je crois donc que les Assemblées nationales ne sauraient être trop réduites à la simple fonction de préparer les lois, et que si on leur laisse quelque autre pouvoir, il importe qu'elles ne l'exercent que sous la surveillance du souverain, harmoniquement organisée. C'est alors que la sédition pourra toujours être reconnue et réprimée avantageusement; car on saura qu'elle consiste à opposer aux déterminations des législateurs d'autres moyens de contradiction et de résistance que ceux dont la nation s'est expressément réservé l'usage. C'est alors qu'une Assemblée nationale, respectée, libre et véritablement délibérante, deviendra le centre des lumières publiques, le foyer de l'instruction et l'instrument le plus efficace pour le perfectionnement de la société.

On a coutume de dire que chez une grande nation, le gouvernement ne peut être que *représentatif;* je ne contredis point cette maxime; mais j'en demande l'explication, car je ne la trouve pas claire. Si vous entendez par un gouvernement représentatif celui où le peuple n'exécute pas, n'administre pas, ne juge pas, je pense avec vous que ce gouvernement doit être celui de toutes les nations; et c'est une vérité que les anciennes Républiques n'ont pas toujours assez bien connues. Si vous croyez même encore que chez un grand peuple, les lois devront être préparées par des mandataires spécialement chargés de ce travail, j'ai déjà exprimé cette opinion comme incontestable à mes yeux. Enfin, si vous pensez que certaines déterminations urgentes, qui seraient peut-être prises par le peuple lui-même, s'il pouvait être assez promptement rassemblé, doivent l'être par ses délégués, lorsque ce peuple est trop nombreux et trop dispersé pour être utilement consulté sur de telles mesures, c'est encore une vérité de fait à laquelle je n'ai porté aucune atteinte. Mais si vous attachez d'autres idées aux mots de gouvernement représentatif; si vous bornez l'activité d'un grand peuple au choix des mandataires; si vous voulez qu'il aliène le pouvoir souverain de sanctionner les lois proprement dites: dès lors, sans doute, mon opinion n'est plus la vôtre, et vous avez au moins à combattre les principes et les considérations dont j'ai appuyé la mienne.

Sur le mode d'élection.

Le **problème** qui semble se présenter ici à **résoudre** c'est de trouver un mode d'élection qui fasse connaître, d'une manière exacte et précise, les candidats que la vérité générale préfère à tous les autres.

Pour obtenir ce résultat, ou pour en approcher, je ne connais point de méthode plus parfaite que celle qui se compose des procédés suivants:

Chaque électeur fait une liste de candidats, qui contient autant de noms qu'il juge à propos.

On forme une liste générale de candidats, composée de toutes les listes particulières, et dans laquelle se trouvent inscrits tous les candidats proposés, sans en excepter même ceux qui n'auraient été désignés que par un seul électeur.

Chaque électeur fait ensuite une liste de nomination qu'il compose de tous les noms inscrits dans la liste générale des candidats, mais en les plaçant dans l'ordre du mérite et de la capacité qu'il attribue à chacun d'eux. Ainsi, il inscrit sous le n° 1, celui qu'il préfère à tous les autres, sous le n° 2 celui qui lui paraît le plus digne après le premier, et ainsi de suite jusqu'à l'épuisement complet de la liste générale.

Le dépouillement de ce scrutin se fait, en additionnant pour chaque candidat, les numéros sous lesquels il a été placé dans les listes de nomination; et le premier élu est celui pour lequel cette addition donne le plus petit total, et ainsi des autres, jusqu'à ce qu'on ait le nombre nécessaire d'élus et de suppléants.

Je n'ai assurément pas la pensée de proposer une telle méthode pour les élections publiques; on voit assez qu'elle est trop compliquée, et surtout beaucoup trop lente pour y être jamais praticable: mais comme il convient sans doute de rejeter également tous les modes qui, sans offrir la même exactitude, entraîneraient presque autant de difficultés et de longueurs, j'en conclus qu'il faut changer l'état du problème, et n'aspirer qu'à un résultat plus accessible:

Je chercherai donc, non pas un mode d'élection qui fasse connaître exactement les candidats que la volonté générale préfère à tous les autres, mais une méthode par laquelle on soit au moins assuré que nul ne sera élu contre le gré de la majorité absolue des électeurs.

Or, cette condition, la moins vigoureuse assurément à laquelle on puisse se restreindre, n'est pas remplie par les modes d'élection qui ont été jusqu'ici ou employés ou proposés.

Elle ne l'est pas par le scrutin que nous nommons individuel, puisqu'après une ou deux épreuves, il faut opter entre deux individus qui peuvent n'avoir obtenu qu'une très faible pluralité relative: tout ce qui résulte du *ballottage,* c'est que l'un des candidats déplaît un peu moins que l'autre à la majorité absolue des votants; rien n'assure qu'il n'y en ait pas un troisième qu'elle eût préféré aux deux sujets entre lesquels elle est forcée de choisir.

Le scrutin de liste simple ne conduit pas à un résultat plus pur: car il n'offre aussi qu'une ou deux tentatives pour obtenir la majorité absolue, après lesquelles il faut se contenter de la simple pluralité relative.

Enfin, le mode récemment proposé par le comité de Constitution n'est véritablement qu'un scrutin de liste de candidats limitée, qu'un nombre de sujets égal au nombre des places à remplir, obtienne nécessairement la majorité absolue des suffrages; mais il est trop aisé de sentir que cette majorité absolue n'est qu'apparente; elle est artificielle et forcée : c'est la forme d'élection qui la nécessite, ce n'est point la volonté libre des électeurs qui la produit.

En effet, dans ce système, nos droits de présentation qui est indéfini de sa nature, se trouve si étroitement restreint que je ne puis proposer deux candidats pour une seule place. Au contraire, lorsqu'il s'agit de mon vote d'élection, on ne me laisse plus la liberté d'indiquer exclusivement l'individu qui seul peut-être à ma confiance; il faut, de nécessité, que je remplisse une colonne supplémentaire, et que j'y inscrive des noms qui quelquefois me seront suspects, et le plus souvent inconnus; il faut que je les prenne dans une liste donnée et qui ne contient que deux noms pour un seul que j'ai à choisir. Voilà la tâche que l'on m'impose, et si je ne la remplis pas, mon droit de suffrage est perdu : car, si l'on recevait des billets qui ne continssent pas ce supplément, dès lors on ne serait plus assuré de la majorité absolue.

Si l'on réfléchit attentivement sur ce mode, on verra qu'il ne présente réellement que deux tours de scrutin : l'un de liste simple, l'autre de liste multiple, dont le premier est destiné à fixer les limites du second. Ainsi, le scrutin que le comité appelle de présentation, aura une influence d'autant plus remarquable, d'autant plus dangereuse que beaucoup de citoyens n'y prendront aucune part, et que les individus qu'il désignera comme exclusivement éligibles, ne seront appelés à cette concurrence que par une pluralité relative, qui pourra être extrêmement faible. Ainsi, encore, le scrutin que le comité appelle de nomination, ne doit différer de la liste double adoptée et supprimée par l'Assemblée constituante, qu'en ce qu'il laissera beaucoup moins de liberté aux électeurs, et circonscrira plus étroitement les objets de leurs suffrages. On voit donc que tous les procédés qui entrent dans cette méthode, paraissent offenser les principes et qu'ils devient plus ou moins de la ligne qui doit conduire, sinon au résultat le plus rigoureusement vrai, du moins à celui qu'il est indispensable d'atteindre, et qui consiste en ce que le candidat dont la majorité absolue ne veut point, ne puisse jamais être élu.

A l'égard des opérations que ce mode exige, et qui sont, dit le comité, *très peu compliquées et très courtes*, je ne contesterai pas ce point, parce qu'il faudrait avoir auparavant une idée précise de ce que l'on entend par une opération compliquée. Je puis observer seulement que cette méthode nécessite deux scrutins, dans deux séances différentes, et à deux époques assez éloignées; que dans le second de ces scrutins, chaque votant aura quelquefois trente-six noms à inscrire sur la liste et à séparer en deux colonnes; que dans le recensement des suffrages, l'on devra être attentif, non seulement à ne pas confondre la colonne supplémentaire avec la colonne principale, mais à vérifier encore, sur chaque billet, qu'il contient exactement, et ni plus ni moins, le nombre rigoureusement prescrit. Or, je ne décide pas si ces opérations peuvent être appelées lentes, et si elles ne sont point exposées à quelques mécomptes.

Le comité considère aussi sa méthode dans l'hypothèse de deux partis qui divisent les citoyens; et, sous ce rapport, elle lui paraît offrir des *avantages très réels.*

1° Parce que le parti le plus nombreux pourra difficilement s'emparer de toute la liste de présentations, et qu'ainsi cette liste n'offrira point *le spectacle toujours affligeant de la puissance d'un parti;*

2° Parce que le parti le plus nombreux, presque assuré de sa prépondérance dans l'élection définitive, *sera dispensé d'user de ses forces* et que le parti le moins nombreux *n'aura pas l'espoir* de réussir par la séduction ou par le bruit.

Ainsi, ajoute le comité, les élections *serviront à indiquer la puissance des partis;* mais elles ne seront pas leur ouvrage.

J'avoue que ces raisonnements ne m'ont point frappé. D'abord, quand il serait vrai que la liste de présentations ne dût point offrir le spectacle de la puissance d'un parti, quel *avantage très réel* pourrait-il en résulter, si bientôt l'élection doit nécessairement *servir à indiquer cette puissance,* et à présenter *ce spectacle toujours affligeant?*

En second lieu, l'hypothèse de deux partis ayant, ou dans la République, ou dans une assemblée de citoyens, une opposition véritable et une existence digne d'être observée, cette hypothèse exige, ce me semble, qu'entre le parti le plus nombreux et le parti le plus faible, la différence ne soit pas du moins assez grande pour que le second soit *sans espoir,* et que le premier *soit dispensé* du soin de soutenir sa prépondérance par un *usage actif de ses forces* et de son pouvoir. Or, cette considération ramène les inconvénients que le comité croyait avoir écartés. Il rétablit entre les deux partis une lutte inévitable qui trouvera, dans les procédés qu'on propose, assez d'aliments et de moyens. L'intrigue a un rapide instinct; et il ne lui faut pas une longue expérience pour découvrir, dans un système quelconque d'élection, tout ce qu'il peut lui offrir d'instruments et de points d'appui. Ainsi, la liste de présentation sera d'autant plus disputée entre les deux partis, qu'ils en sentiront mieux l'importance, et le scrutin définitif ne repoussera, ce me semble aucune des manœuvres de la tactique ordinaire.

J'observe, enfin, que, dans l'hypothèse du comité, deux partis divisent les citoyens d'une manière si précise et si tranchante, qu'il semble ne rester aucune portion intermédiaire, indécise et vacillante entre l'un et l'autre. Pour moi, je pense, au contraire, qu'il fallait tenir un grand compte de la section mitoyenne qui, malgré une ancienne loi de la Grèce, s'interposera toujours et par la force naturelle des choses, au milieu de deux factions énergiquement prononcées. Il existera partout, pour former cette portion tierce des éléments si hétérogènes que nul ne pourra ni rougir ni se glorifier d'y tenir; c'est la place des philosophes et des peureux, des caractères tranquilles et des esprits sans opinions. Or, j'aperçois dans cette espèce de secte centrale, le terrain que les deux partis extrêmes auront éternellement à se disputer, parce que la conquête n'en sera jamais permanente et solidement garantie. Ce milieu qui n'est pas la majorité, mais qui la détermine toujours, sera donc travaillé sans cesse, ménagé, séduit, effrayé, soumis à des influences de toute nature, selon la variété des éléments qui le composent, et selon les différents caractères des deux factions qui devront agir sur lui; en sorte que, si l'on veut bien remarquer d'ailleurs que chaque parti doit exercer encore sur lui-même une vigilance attentive et une action soutenue, afin d'empêcher ses propres membres de s'attiédir ou même de se détacher, l'on conviendra, je pense, que la méthode proposée par le comité n'offre pas des *avantages* au moins très palpables, dans l'hypothèse de deux partis qui divisent les citoyens.

Certes, le problème des élections est bien assez difficile en lui-même, et sous le seul aspect du calcul pur et matériel, sans qu'on vienne l'impliquer encore par des considérations morales relatives aux partis et à leurs intrigues. J'ose croire qu'il n'est point de mode de scrutin qui possède une vertu intime contre les factions et les cabales, et qui puisse les déjouer par sa propre efficacité. C'est de l'instruction et de la morale publique qu'il faut attendre ce bienfait; et tant que l'on n'en jouit point encore, c'est au législateur de s'emparer des vices qu'il ne peut pas guérir, des passions qu'il ne peut pas éteindre, des habitudes qu'il ne peut pas réformer; et de leur offrir, dans la Constitution elle-même, un exercice toujours plus harmonique, toujours moins funeste à l'ordre social que celui qu'elles iraient chercher infailliblement hors la loi et loin des pouvoirs.

Le mode d'élection que je vais proposer est, ainsi que tous les autres, à peu près impuissant contre les intrigues; et d'ailleurs, comme je l'ai annoncé déjà, il ne fait point connaître d'une manière exacte, les sujets que la volonté générale préférerait à tous les autres. En effet, outre que cette préférence n'existe pas toujours, il n'y a, lorsqu'elle existe que des opérations très longues qui puissent la manifester avec certitude. Le mode qui suit n'a d'autre avantage que d'être le plus simple, le plus expéditif de tous et d'empêcher qu'un sujet soit élu contre le gré de la majorité absolue des votants.

Chaque citoyen appelé à concourir à une élection, dépose à la fois, dans deux vases différents, deux billets : l'un d'exclusion, l'autre de nomination.

Sur le premier, il écrit ou fait écrire les noms des citoyens qu'il entend éloigner de la place à remplir; et ce billet contient un nombre de noms indéfini.

Sur le billet de nomination, le votant écrit autant de noms qu'il y a de fonctionnaires à nommer simultanément.

Après avoir donné ces deux suffrages, chacun inscrit sur un registre destiné à recueillir les noms des votants et à constater leur nombre.

On fait d'abord le recensement des billets négatifs, et les citoyens qui se trouvent exclus par la majorité absolue des votants, ne peuvent plus obtenir la place qui est l'objet de l'élection, quel que soit le nombre des suffrages positifs déposés en leur faveur dans le vase de nomination.

On dépouille ensuite les billets de nomination, et les élus sont ceux qui, n'ayant point été exclus par la majorité absolue, réunissent la pluralité relative des suffrages positifs.

Les motifs, vrais ou raisonnables, qui peuvent appuyer ce système, existent dans les considérations qui ont précédé l'opposition. A l'égard des objections qu'il peut essuyer, j'en prévois deux principales.

D'une part, l'on sera effrayé des billets d'exclusion, comme d'un aliment donné à l'effervescence des partis. D'un autre côté, la simple pluralité relative paraîtra un trop faible titre à un emploi public, une caution insuffisante de la capacité de l'élu.

Je réponds à cette dernière objection en disant qu'elle est commune à tous les modes d'élection praticables dans des assemblées nombreuses. Il n'y a de véritable majorité absolue que celle qui se manifeste d'elle-même dès le premier tour de scrutin, et cette majorité peut se manifester ainsi dans la méthode que je présente, tout aussi bien que dans les autres. Hormis ce cas, la pluralité relative ne peut être que déguisée, et la majorité absolue n'est qu'une vaine apparence, qui n'est point le résultat d'un vœu général, mais le produit artificiel des formes ou des intrigues.

Quant aux billets d'exclusion, c'est, à mon avis, l'ostracisme le plus tempéré qui puisse exister dans une République. N'oublions pas que les lois et les mœurs d'un peuple qui veut être libre doivent prendre une forte teinte de sévérité et se revêtir d'un rigoureux caractère. Je soupçonne à peine des inconvénients bien réels dans des billets exclusifs, qui sont toujours secrets, et qui demeurent inefficaces lorsqu'ils sont en minorité : j'y vois, au contraire, des avantages dignes d'être appréciés par des républicains, et qui sont surtout en accord avec les circonstances au milieu desquelles nous allons établir une Constitution. Ces scrutins assurent à la majorité le plus infaillible moyen d'écarter les sujets malveillants ou suspects; ils préservent les citoyens qui forment ou cette majorité ou le parti le plus nombreux, de la dangereuse tentation de convenir à l'avance du candidat qu'ils devront faire prévaloir par la réunion de leurs suffrages, sur celui auquel la minorité donnerait unanimement les siens. Enfin ils organisent, pour ainsi dire, toutes les haines et toutes les rivalités; ils n'en compriment pas les mouvements, mais ils les dirigent; et en leur traçant en quelque sorte des orbites, ils les empêchent d'être désordonnés et désastreux.

Sur le pouvoir exécutif.

Quoique l'essai que je présente soit, en général, plus démocratique que le plan du comité de Constitution, cependant, je ne conseillerai pas, comme ce comité, de faire choisir les ministres par l'universalité des citoyens. Je sens bien que cette séduisante idée vient se placer en quelque sorte d'elle-même dans une Constitution républicaine; quand je l'en éloigne, je fais un grand sacrifice au devoir de ne point proposer ce qui ne me semble pas utilement praticable. Il est, je l'ai déjà dit, une limite à l'exercice des droits souverains : cette limite, qu'il ne faut pas tenter de franchir lorsqu'on l'aperçoit, est l'impossibilité absolue, ou la difficulté extrême, qui, en matière politique, diffère si peu de l'impossibilité.

Je me suis donc dit à moi-même : quand la Convention nationale procède à l'élection d'un ministre, plusieurs de ses membres s'abstiennent de coopérer à la liste des candidats; et au moment de la nomination, leurs suffrages sont quelquefois plus déterminés par les conseils de leurs collègues, que par une connaissance personnelle et immédiate de la capacité du sujet. Or, si des hommes placés au centre des affaires nationales et auxquels aboutissent tous les genres d'activité, ont néanmoins tant de peine à recueillir les lumières qui doivent diriger leurs choix, comment, du fond des départements reculés, au sein des campagnes, où la renommée elle-même ne fait quelquefois entendre que des accents si faibles et si amortis, comment, dis-je, une portion nombreuse des citoyens de la République pourrait-elle contribuer à ces élections importantes, par des suffrages assez éclairés, assez raisonnables, pour être véritablement libres, véritablement consentis, véritablement des suffrages? Le peuple, sans doute, à l'imprescriptible droit d'élire immédiatement tous ses mandataires; mais le peuple aussi peut renoncer lui-même à l'exercice de ce droit, dès qu'il lui est démontré que l'usage en est impossible ou infailliblement dangereux.

Je trouve à ce raisonnement simple et familier une force naturelle qui s'accroît et se développe par la considération des différentes formes de scrutin que l'universalité des citoyens pourrait employer dans la nomination des ministres. Je prends pour exemple la méthode d'élection qui est proposée par le comité, et qui renferme deux scrutins, l'un de présentation et l'autre définitif.

Il me semble d'abord que tout suffrage de présentation est, par sa nature, l'expression de la connaissance immédiate et sentie que l'on a du sujet qu'on propose et dont on révèle en quelque sorte le mérite et la capacité. Celui qui ne connaît aucun candidat, n'en a aucun à indiquer : je puis bien consulter mes voisins sur le sujet que je dois *choisir* et préférer à ses concurrents; mais il serait absurde, à mon avis, de demander *qui désignerai-je?* Il n'en est donc pas du suffrage présentatif comme de celui de nomination, lequel, en effet, peut bien n'être appuyé quelquefois que sur des conseils et sur des témoignages étrangers. Le comité a certainement aperçu cette différence, puisqu'il veut que les scrutins de présentation soient signés, et qu'il n'exige pas cette condition pour les scrutins définitifs. Or, je demande si ces considérations ne suffisent pas pour prouver qu'un scrutin de présentation de la part de l'universalité des citoyens ne sera jamais qu'une mesure fantastique, et ne donnera que des résultats illusoires.

Il doit arriver l'une de ces trois choses : ou que la plupart des citoyens s'abstiennent de coopérer à la liste des candidats, où qu'ils n'y placent que les sujets dont ils ont une intime et véritable connaissance, ou enfin qu'ils y inscrivent des noms qu'ils ne connaissent que par des témoignages étrangers.

Dans le premier cas, la liste de présentation, cette liste qui limite et détermine la nomination définitive, est évidemment l'ouvrage de la minorité des citoyens.

Dans le second cas, les suffrages se distribuent sur un si grand nombre d'individus qu'il n'existe en faveur de personne aucun signe assez prononcé de supériorité et de préférence.

Dans le troisième cas, le scrutin n'est plus véritablement présentatif : c'est la première épreuve d'un scrutin de nomination.

Dans tous les cas, je suis effrayé de la prodigieuse et presque exclusive influence que l'on attribue aux grandes cités, et particulièrement à celles qui joindrait à une immense population, l'avantage d'être placée au foyer de tous les mouvements politiques.

On peut prévoir comment je serais conduit aux mêmes conséquences par l'examen du scrutin définitif proposé par le comité. Au surplus, ce scrutin n'est pas une élection proprement dite, c'est plutôt un mode de récusation puisque l'on présente à chaque instant 13 sujets qu'il connaît ou ne connaît pas, et parmi lesquels il n'en a que 6 à écarter. Je conclus que la nomination des ministres par tous les citoyens n'est point une idée impraticable; je le conclus avec le regret de ne pouvoir embrasser l'opinion contraire, car elle serait plus concordante avec la souveraineté du peuple; et d'ailleurs, je ne me suis pas dissimulé les inconvénients attachés aux élections faites par une Assemblée législative. Mais ces inconvénients m'ont paru beaucoup plus légers, beaucoup plus évitables, que ceux du système opposé; et j'ai encore cru que l'on pouvait les amoindrir, en laissant à tous les citoyens le droit de modifier, par des suffrages d'exclusion, le droit des ministres de la République, de telle sorte que l'Assemblée législative ne dût pas élire les candidats rejetés par la volonté générale.

Je n'adopterai pas non plus la partie du plan du comité de Constitution qui est relative à la composition du conseil exécutif. Le comité établit 7 ministres; j'en supposerai 25 dont chacun, membre de ce conseil, membre d'une section particulière et chargé seul de certaines fonctions individuelles, pourra être suivi et atteint, dans ces 3 états, par une responsabilité sévère et inéluctable.

Les avantages de ce système sont d'offrir au peuple une plus grande garantie des lumières et de la fidélité de ses agents principaux, de les environner plus sûrement de l'estime et de la confiance des citoyens, d'atteindre avec plus de profondeur les détails de l'administration publique, de diminuer l'influence des subalternes non responsables, de maintenir dans le conseil et dans chacune de ses sections non plus un dangereux amas de traditions et d'habitudes, mais un dépôt constant d'observations et d'expériences; d'assurer enfin, en conservant chaque année 12 ou 13 des ministres de l'année précédente, d'assurer, dis-je, plus d'unité à l'action exécutive, et plus d'harmonie à ses mouvements.

L'on va m'objecter une maxime que des publicistes célèbres ont accrédité : savoir, que la puissance exécutive doit être d'autant plus concentrée que l'Empire sera plus vaste, et qu'à mesure que le souverain s'agrandit, le gouvernement doit se resserrer. J'oserai réclamer au moins l'examen de cette maxime, et une exposition bien claire des idées dont elle peut être le résultat. Un motif intimement simple la rend très suspecte à mes yeux; c'est que, vu l'immensité du territoire que nous occupons, cette maxime nous reconduirait justement au système de la royauté, système dont l'absurdité me paraît rigoureusement démontrable, soit qu'il s'agisse d'un monarque héréditaire, soit que ce monarque soit élu pour toute sa vie, ou qu'il ne soit que temporaire, soit enfin qu'on le déclare inviolable, ou qu'on le soumette à une responsabilité.

Le nombre des agents généraux doit être fort petit, sans doute : cette vérité, qui ne tient point, selon moi, à l'étendue plus ou moins considérable d'un Empire, résulte de la nature même du pouvoir exécutif, dont il importe que l'action ne soit point embarrassée, exténuée, ralentie par des instruments superflus; ici, comme ailleurs, ce qui sera de trop sera nuisible; mais il n'en faut pas moins reconnaître, déterminer, établir ce qui est strictement nécessaire; et voilà peut-être le problème le plus difficile, et le plus important que la Convention nationale ait à résoudre.

Si vous analysez le pouvoir exécutif, si vous cherchez à recueillir toutes ses relations avec les divers éléments du système social, et à distribuer en des classes distinctes, tous les actes dont ce pouvoir se compose, vous trouverez, ce me semble, qu'il existe :

Pour procurer l'exécution des lois civiles et pénales;

Pour entretenir, diriger et mouvoir la force armée de terre et de mer;

Pour administrer les finances de l'Empire;

Pour protéger l'agriculture, le commerce et les arts, surveiller l'éducation commune, les travaux et les secours publics;

Enfin, pour communiquer et correspondre avec les peuples étrangers.

J'ai pensé que tout le pouvoir exécutif était renfermé dans ces 5 divisions, et que chacune avait d'ailleurs un caractère propre et distinct qui exigeait des talents particuliers, des connaissances et des qualités spéciales. Je proposerai, en conséquence, 5 sections, celles de la justice, de la force publique, des finances, de l'administration intérieure et des affaires étrangères.

Je ne fixerai pas le nombre des ministres attachés à chaque section. Ce nombre ne paraît pas devoir être égal pour toutes; mais avant de déterminer à l'égard de chacune, il faudrait les avoir soumises particulièrement à une décomposition parfaite, en avoir reconnu toutes les attributions, parcouru tous les détails, distingué tous les actes; et, ensuite, il faudrait en mesurer, pour ainsi dire, les diverses fonctions sur les forces naturelles de l'homme, avec la capacité que l'on peut supposer à des ministres bien choisis, enfin avec l'étendue des soins et du travail que l'on peut raisonnablement exiger de chacun d'eux. C'est ainsi que l'on parviendrait à l'organisation particulière de chaque section, à la détermination du nombre de ses membres, et par conséquent aussi à la fixation précise du nombre des membres de tout le conseil exécutif. Car lorsque je propose vingt-cinq membres, c'est une pure hypothèse qui ne m'est donnée que par des considérations très vagues, et ne résulte point d'une analyse assez rigoureuse. J'ai voulu seulement établir que ce conseil devait être composé de cinq sections; que chacune devait avoir plusieurs membres et qu'il importait d'en chercher le nombre précis dans une étude profonde des différentes branches de l'administration exécutive.

Dès que le conseil exécutif est fortement organisé, dès que ses membres sont soumis à une responsabilité sévère, sa puissance devient un intérêt national, son activité vivifie l'Em-pire, son énergie est la caution la plus sûre de tous les droits individuels, le principe nécessaire et insupplable de la paix intérieure, de la prospérité commune, de la santé et de la vigueur du corps politique. Un gouvernement faible et non respecté est une calamité générale; c'est le symptôme du dépérissement d'un peuple et le présage de la servitude.

Sans doute il importe que la nation conserve le droit de surveiller ses propres mandataires, de les destituer et de les punir, lorsqu'ils auront prévariqué; mais, hors de l'exercice harmonique de ces droits souverains, il ne peut appartenir à aucun citoyen, à aucune société, à aucune section de la République, à aucune autorité subalterne, de méconnaître, ou d'avilir, ou d'entraver la puissance du peuple lui-même, dans le gouvernement que le peuple a institué. Lorsqu'on a parlé d'un *atelier* exécutif, il est impossible qu'on ait voulu dire que chacun viendrait à son gré y donner en quelque sorte, son coup de main, et imprimer ainsi à l'administration générale de l'Empire, toutes les directions de ses caprices, de ses passions et de ses intérêts.

Les rapports du conseil exécutif avec l'Assemblée législative sont déterminés par la nature même des choses. Je ne puis concevoir un système qui laisserait à une assemblée le droit de s'immiscer dans toutes les opérations des ministres, d'exercer sur des actes purement exécutifs une influence immédiate, une jurisprudence arbitraire qui ne serait le plus souvent ni éclairée, ni attentive, ni responsable. Sans doute, il faut de l'unité et une puissance suprême; mais cette unité et cette puissance sont dans le peuple souverain et dans l'exercice de ses droits. L'Assemblée législative n'est pas le peuple et ne peut pas être prise pour lui : elle est même un pouvoir moins véritable, moins naturel, moins nécessaire que ce pouvoir exécutif sur lequel on lui donnerait une si dangereuse suprématie. C'est donc bien assez qu'elle soit chargée de recevoir et d'examiner les comptes des ministres et de remplir à leur égard les fonctions du jury d'accusation; tout autre genre d'autorité tendrait à l'affaiblissement de la force politique, au relâchement des liens sociaux.

Je ne prétends point mettre ces deux pouvoirs en équilibre, en leur donnant des moyens d'agir l'un sur l'autre, et de se contenir réciproquement dans leur situation constitutionnelle. Ce système pondératif est la ressource d'un peuple demi-esclave qui *représente* dans l'exercice de sa toute-puissance et aliénant ses droits suprêmes, en fait du moins une distribution qui les croise et les enchevêtre; d'un peuple qui, dans l'espoir de rester à moitié libre, tant que ses représentants ne cesseront pas d'être rivaux, établit entre les pouvoirs qu'il constitue, des balancements artificiels, destinés à le préserver lui-même d'être écrasé sous l'un d'entre eux. Telle ne peut plus être la Constitution des Français : car c'est la république démocratique, c'est la justice, la vérité et la nature qu'ils viennent de reconquérir. Mais, parce que les Français, n'auront plus que de simples mandataires, certes il ne s'ensuit pas que les mandataires composant l'Assemblée législative doivent être revêtus d'un pouvoir qui maîtrise et qui absorbe tous les autres pouvoirs constitués. C'est, encore une fois, dans la nature des choses qu'il faut chercher non l'équilibre, mais la division simple et salutaire des pouvoirs : or, il est de la nature du pouvoir exécutif de n'être dirigé que par la loi, de n'être dominé que par le peuple souverain.

Il y aura, je le sais, des ministres infidèles, et une aveugle confiance compromettrait le salut public; mais il est, pour tout perdre, un moyen plus sûr encore que la fausse sécurité, et ce moyen est la défiance universelle, car elle décourage tout à la fois, et ceux qui la conçoivent et ceux qui en sont les objets : elle intimide les pouvoirs, déconcerte l'administration, propage l'indiscipline, appelle et motive l'anarchie : elle relâche les nœuds politiques, isole les intérêts, dessèche les principes de la vie sociale, et je ne sais pas même si elle ne provoque point, en effet, la trahison. A force d'être accusé d'incivisme, on finit quelquefois par devenir mauvais citoyen; l'on trouve un secret plaisir à se venger d'un soupçon injuste en lui donnant de la réalité, et l'homme public surtout tient, pour l'ordinaire, plus attaché à sa réputation qu'à ses devoirs, il ne faut point, par une malveillance gratuite, et par une défaveur extrême, le placer dans la dangereuse alternative, ou d'être vertueux avec déshonneur, ou de tenter audacieusement de grandes et célèbres perfidies. Donnez donc au pouvoir exécutif une telle organisation, que vos ministres, soumis à une responsabilité rigoureuse, aient un seul moyen d'être infidèles et un grand intérêt à vous bien servir; et, dès lors, ne leur enlevez pas le degré de confiance publique qui est strictement nécessaire au succès de leurs travaux et même à la constance de leur vertu.

Considérations générales.

La Déclaration des droits de l'homme et du citoyen, la sanction des lois par le peuple, la forme des élections et l'organisation du Conseil exécutif, étaient les objets principaux sur lesquels j'avais à présenter des vues étrangères ou même opposées à celles du comité de Constitution de la Convention nationale. Je viens de rendre compte, relativement à ces quatre objets, des motifs qui ont déterminé mon opinion.

Le projet de décret qui suivra ce discours, diffère encore de celui du comité dans beaucoup de dispositions particulières et moins importantes, que je n'entreprends point de motiver. Si ces dispositions ont, en effet, quelque sagesse, elles indiqueront presque d'elles-mêmes les fondements qui les soutiennent et les considérations qui les appuient; et si leur utilité ne se dévoile point ainsi à tous les regards attentifs, la longue exposition des idées dont elles sont les résultats serait infructueusement fastidieuse. En général, j'ai tâché d'offrir un plan plus simple, plus méthodique et plus libre que le plan du comité : j'ai écarté les entraves qui m'ont paru comprimer la souveraineté du peuple et contrister le génie de la liberté; j'ai séparé de la Constitution tout ce que j'ai cru étranger à l'établissement et à la distribution des pouvoirs, c'est-à-dire à leurs caractères et à leurs limites, à l'élection, au nombre, à la destitution et au renouvellement des hommes publics par lesquels les pouvoirs sont exercés. Je propose ainsi moins de deux cents articles au lieu de quatre cents du comité; mais cette brièveté sans doute n'est un véritable avantage qu'autant que toute la tâche serait effectivement remplie (1).

Comme je ne prendrai pas la peine de mal faire ce qui me semble fort bien fait, voulant d'ailleurs proposer un plan qui ait quelque ensemble et qui n'offre point de lacune, je reproduirai plusieurs des articles du comité, je transcrirai plusieurs combinaisons particulières dont la justesse m'a frappé, et quelques dispositions générales que, dans l'état actuel de nos opinions politiques, on est presque certain de retrouver dans tous les projets de cette nature; par exemple, la proscription de tout pouvoir héréditaire et de toutes les formes de royauté, l'indivisible unité de la République, l'égale activité des citoyens, etc., bases sacrées qui sont en quelque sorte les produits constants des triomphes du patriotisme et des méditations de la philosophie sociale.

Déjà même la Convention nationale, par plusieurs de ses décrets, a posé ces premières pierres de la Constitution ; et si l'on ne veut pas qu'elles se détériorent, il est instant de les recouvrir, en construisant sur elles l'édifice qu'elles sont destinées à porter. Si l'établissement d'une Constitution républicaine n'était pas l'objet essentiel de notre mission, ce serait du moins une mesure de salut public, et l'acte *révolutionnaire* le plus digne de la Convention nationale.

Soit, en effet, qu'on jette des regards attentifs sur la Convention elle-même, soit que l'on considère les parties qui divisent les citoyens, soit enfin qu'on examine la situation intérieure de la République, et même ses relations étrangères, tout proclame l'urgence de la Constitution, tout manifeste les imminents périls auxquels de plus longs délais exposeraient la patrie.

La durée d'un corps constituant ne saurait être trop courte, surtout lorsqu'il n'a point une lutte à soutenir contre un pouvoir usurpateur, antique et naturel ennemi de la liberté nationale. Une assemblée chargée de faire ou de préparer une Constitution, mutile et paralyse, par sa seule existence, toutes les autorités qui sont autour d'elles; et, trop facilement entraînée à confondre le droit de créer et de modifier chaque pouvoir avec le droit de l'exercer immédiatement, elle devient une puissance énorme et dictatoriale qui ne peut pas être longtemps salutaire. Je ne parle

---

(1) La distinction usitée entre les articles constitutionnels et les articles réglementaires, est, à mon avis, très obscure, et ne repose sur aucun fondement réel ou assez bien déterminé. Je ne connais, en cette matière, d'autre distinction solide et intelligible que celle qui a été faite par le comité de Constitution (Titre VII, sect. II) entre les lois et les décrets; et j'ajoute que cette distinction est commune à tous les Codes qui composent la législation d'un peuple, aux Codes civil, pénal, militaire, etc.; ainsi qu'à la Constitution ou au Code par lequel les pouvoirs sont organisés. Il y a partout des dispositions indépendantes des temps, des lieux et des personnes, et des dispositions éventuelles relatives à ces diverses circonstances : ainsi les articles qui seuls peuvent entrer dans une Constitution se reconnaissent à deux caractères, l'un d'appartenir à l'organisation des pouvoirs, et l'autre de n'être pas naturellement mobile, selon les temps, les lieux et les objets.

point de l'intérêt propre des membres qui la composent ; ils n'ont pas sans doute de plus chère espérance, ni de besoin plus impatient que d'être reportés au milieu de leurs concitoyens, d'y partager le bonheur public que leurs travaux auront préparé, et de se délivrer enfin d'une autorité presque nécessairement despotique et tellement contre nature, qu'elle opprime ceux mêmes qui l'exercent. Quelques puissants que soient ces motifs personnels, je sais qu'une fonction qui impose de grands devoirs et qui est investie de dangers, n'est point à charge à des citoyens vertueux; mais je parle de l'intérêt public, de l'intérêt du pouvoir constituant lui-même, et je dis que ce pouvoir sera d'autant plus énergique, d'autant plus efficace, que son existence sera moins prolongée.

C'est d'ailleurs dans une grave et solennelle discussion des lois constitutionnelles qu'une assemblée prenant une attitude noble et un majestueux caractère, peut acquérir et conserver l'ascendant dont elle a besoin, s'environner de la confiance, de l'estime et du respect des peuples, propager les opinions civiques, déconcerter la malveillance et repousser victorieusement les calomnies. Tels furent, durant les deux premières années de l'Assemblée constituante, les instruments de ses triomphes et les soutiens de son pouvoir ; et c'est néanmoins cette même Assemblée qui, laissant échapper au mois de juillet 1791 la plus belle occasion de fonder la République et de sauver enfin la patrie, a trop sensiblement prouvé combien les corps constituants s'énervent lorsqu'ils vieillissent, et combien leur caducité coûte de revers et de malheurs aux nations. Je le dis avec une conviction profonde : c'est assez pour une simple Assemblée législative que d'exister pendant une année ; mais cette durée même est effrayante lorsqu'il s'agit d'une Convention nationale qui n'a plus à côté d'elle un pouvoir monarchique à combattre et à écraser.

Il est un autre avantage que nous avons besoin de trouver dans la discussion d'un Code constitutionnel : c'est de nous convaincre de l'unité de nos principes, du concert de nos opinions sur les fondements de l'état social ; c'est de reconnaître que nous avons tous le sens intime des droits de l'homme et du citoyen, que nous chérissons tous la liberté, que nous voulons tous une même chose, c'est-à-dire une Constitution républicaine. Je dis qu'une assemblée qui a le malheur de se croire divisée, doit se précipiter, comme par instinct, sur des délibérations importantes où elle est certaine de retrouver la concorde et de voter unanimement le bonheur du peuple français. Une Constitution est le lien commun que nous devons nous empresser de ressaisir ; c'est elle seule qui, dans la Convention nationale et dans la République entière, peut s'emparer des dissensions, des sectes et des partis, sinon pour les comprimer et les éteindre, du moins pour les diriger, pour leur donner des impulsions qui ne soient pas funestes à la liberté nationale.

Je ne parle point des partis qui sont essentiellement divisés par la nature de leurs intérêts politiques, et dont l'un s'efforce de rendre à la nation ses droits suprêmes, aux citoyens la liberté et l'égalité sociale, tandis que l'autre combat pour le maintien ou le retour des diverses formes de tyrannies. Il n'est, entre ces deux partis, qu'une seule relation possible, c'est la guerre; elle doit durer jusqu'à l'anéantissement du despotisme ou jusqu'à la mort de ceux qui ne veulent pas être opprimés. Mais il est, entre les citoyens amis de la liberté publique, des divisions d'un autre genre, dont il a toujours été difficile de préserver les peuples libres, et qu'une bonne Constitution peut seule empêcher de devenir calamiteuses.

Ceux qui assistent de près à la naissance de ces dissensions républicaines, les voient commencer par quelques rivalités personnelles, par de simples chocs d'opinions sur des objets qui ne sont pas d'une extrême importance. Ainsi, où l'on supposera bientôt de profonds systèmes de conjuration, il n'y a véritablement et dans l'origine, que des amours-propres qui se sont froissés. Mais quelle que soit la faiblesse de ce premier germe, il se développe avec une effrayante rapidité, et, se nourrissant chaque jour de concurrences, de contradictions, de ressentiments, de soupçons, d'intrigues, d'injures et de calomnies, il prend enfin un caractère politique et devient l'un des principaux objets de l'attention et de l'activité nationale. Déjà les querelles d'un petit nombre d'individus font la discorde de la plupart des citoyens ; car chacun des rivaux a trouvé les moyens d'attacher à ses opinions et à sa cause tout ce qui pouvait y être attiré par des intérêts, par des habitudes, par des vices, par tous les genres de relations ; et la nation tout entière serait partagée entre deux sectes ennemies si, comme je l'ai déjà dit plus haut, il n'y avait toujours, pour former une portion mitoyenne, une certaine quantité d'hommes éclairés ou lâches, apathiques ou conciliants.

Je ne connais rien de plus alarmant que ces discordes lorsqu'un peuple n'a point de Constitution; non seulement parce qu'elles distendent et déchirent le corps politique, parce qu'elles divisent les forces et atténuent les moyens, mais surtout parce que les ennemis de la liberté sont là pour égarer les deux partis, pour les combattre l'un par l'autre, pour entraîner le plus puissant à des excès désastreux qui rappellent inévitablement le despotisme, et qui recommencent les siècles de la honte et de l'esclavage des nations.

On dit qu'en matière religieuse la haine est d'autant plus vive que les différences d'opinions sont plus légères ; je pense qu'il faut donner plus d'étendue à cette maxime et l'appliquer à tous les genres de dissensions. Aux yeux de deux sectes républicaines, les tyrans et les aristocrates disparaissent pour ainsi dire ; et par une erreur bien funeste on ne voit presque plus, par exemple, que des anarchistes à punir ou des modérés à persécuter. C'est peut-être parce que, en dirigeant contre un parti qui est sans cesse en présence tout le pouvoir que l'on a de haïr et de résister, on se promet des victoires plus faciles, plus immédiates et moins partagées. On veut bien aussi que l'ennemi commun soit vaincu à son tour, mais chaque parti ambitionne la gloire d'en être l'unique vainqueur ; il veut que le parti opposé ne puisse pas s'associer à l'honneur de ce triomphe.

Cependant, l'aristocratie, recueillant avec avidité toutes les circonstances, tous les résultats de ces dissensions intestines, les offre comme autant de témoignages qui, déposant en faveur de ses principes, accusent les systèmes républicains et en manifestent les dangers. Elle met cette effervescence des partis, ce bouillonnement des factions, en contact avec la tranquillité que le despotisme assure à ses esclaves, et elle tire insensiblement un plus grand parti qu'on ne pense de cette disposition naturelle qui fait oublier quelquefois, regretter peut-être, des infortunes passées, lorsqu'on les compare à des calamités présentes. Ainsi, l'aristocratie calomniant la liberté, accréditant chaque jour des maximes absurdes, publie infatigablement que les principes républicains n'ont qu'une vérité abstraite et de pure spéculation; qu'inapplicables à l'état présent des mœurs et des sociétés, ils consomment le malheur d'un peuple assez imprudent pour en essayer la pratique; que les apôtres de ces principes sont des tyrans ambitieux qui travaillent à déplacer le pouvoir et à s'en revêtir eux-mêmes, ou bien de tristes et insensés rêveurs qui, ne connaissant pas le cœur humain, ne calculant pas les mouvements que les passions impriment, philosophent sur des chimères et réalisent des abstractions; comme si ce n'était pas dans le cœur humain lui-même, dans les besoins communs des hommes, dans les naturelles directions de leurs facultés, dans leurs passions et dans leurs vices, dans leurs habitudes et dans leurs mœurs, dans l'histoire de leurs égarements, de leurs crimes et de leurs infortunes, que nous cherchons, en effet, la mesure de leurs obligations et de leurs droits; comme s'il n'y avait rien de moins *abstrait* que les forfaits du despotisme, rien de plus senti que la juste horreur qu'il inspire; comme s'il suffisait pour décrier des vérités palpables, résultats manifestes de l'expérience, de les appeler *spéculations*, ou de calomnier ceux qui les proclament avec énergie; comme si enfin, il était permis de croire que la puissance éternelle qui fit exister les humains, eût dit, en les jetant sur la terre : je ferai des êtres sensibles afin qu'ils soient esclaves ou malheureux.

Quelque méprisable que soit la doctrine des panégyristes de l'esclavage, cependant, au milieu d'un peuple qui n'est pas constitué, et que des factions déchirent, cette doctrine prend de la couleur, et acquiert trop facilement une funeste vraisemblance. Au surplus, il ne faut pas croire que l'aristocratie en tienne à ce genre de mensonge : elle a des séductions plus puissantes et plus terribles; car, empruntant tous les costumes et tous les langages, elle s'insinue dans les partis, assiste à leurs conseils, dicte leurs résolutions, provoque leurs écarts, et devient, à leur insu, leur centre et leur mobile commun, dirigeant ainsi les différentes factions selon leurs caractères et le genre de leurs moyens, elle inspire tout à la fois et en sens divers, la sécurité et la défiance, l'audace et la terreur, le délire et le désespoir; et si après avoir discrédité la sagesse, les talents, les lumières et la vertu, elle parvient à disposer enfin du grand mobile des révolutions, de la faveur populaire : bientôt il n'y aura presque plus d'autre instrument de salut public, que ce bonheur incalculé des peuples libres, sur lequel il ne faut pas compter éternellement.

Hâtez-vous donc de faire une Constitution qui, prenant au milieu des sectes, la place usurpée par l'aristocratie, leur serve à son tour de régulateur et de centre d'activité; une Constitution qui, ne comprimant aucun parti, ne déshéritant aucune faction, puisse être chère au séditieux lui-même, parce qu'il se dira, en le voyant : « j'intriguerai, j'agiterai, je provoquerai des assemblées populaires, j'accuserai les autorités, je tourmenterai toutes les institutions politiques, j'imprimerai de perpétuels mouvements autour de moi. »

Que vous importe cette incompressible agitation, quand, dirigée par vous et non par vos ennemis, libre mais organisée, bouillonnante mais contenue, elle trouvera pour ainsi dire les cercles innombrables qu'elle voudra décrire, tracés à l'avance dans une vaste et solide constitution? Certes, s'il est un chimérique espoir, c'est celui d'un calme soudain après les violentes commotions que nous éprouvons encore. Pour moi, je ne verrais point sans défiance et sans terreur ce rapide et surnaturel passage de tant d'effervescence à tant de tranquillité. La turbulence des factions ne sera pas seulement inévitable, elle sera encore un utile et indispensable principe d'activité et d'énergie nationales, jusqu'à ce que vous ayez eu le temps d'y substituer un principe plus bienfaisant et plus pur, en répandant sur la surface de l'Empire, une masse d'instruction et de moralité, capable, en effet, d'alimenter l'esprit républicain, et de vivifier le corps politique.

Aujourd'hui le corps dépérit et se décompose, à mesure que vous prolongez cet état pénible, où les lois sont provisoires, les autorités énervées, toutes les institutions politiques, chancelantes ou suspendues. Les canaux de la vie sociale s'obstruent chaque jour; les ressorts s'affaissent et se paralysent, et vous mourez depuis quatre années. Voyez tous les arts et toutes les industries, les sciences et les lettres, vos finances et vos forces, votre commerce et votre agriculture, et jugez s'il existe dans la République un seul élément qui n'ait pas besoin d'être réparé, une seule relation qu'il ne soit pas instant de renouer et de raffermir. Sans doute, vous avez une guerre à soutenir contre les tyrans, mais si vous différez encore de donner à vos armées une Constitution à étendard, qui sait si elles ne vous demanderont pas bientôt quels sont après tout les droits publics qu'elles vont défendre, et le genre d'existence nationale qu'elles ont à conquérir. Sans doute aussi les nations vous contemplent avec intérêt, et les despotes avec effroi; mais tant que vous n'offrirez point à l'Europe le spectacle d'un peuple heureux par la liberté et par les lois républicaines, soyez bien sûrs que vous n'aurez ni découragé les despotes, ni travaillé d'une manière efficace à l'affranchissement des nations.

PROJET DE DÉCLARATION DES DROITS DE L'HOMME ET DU CITOYEN OU DES PRINCIPES *sur lesquels l'Etat social doit être fondé.*

1. Un homme *nuit* à ses semblables, lorsqu'il blesse leurs intérêts sans nécessité pour lui-même.

2. Nul homme ne doit être empêché de faire ce qui ne nuit point aux autres.

3. L'homme qui nuit aux autres est *oppresseur*, et celui que l'on empêche de faire ce qui ne nuit à personne est *esclave*.

4. Tous les hommes naissent et demeurent *libres* et *égaux en droits;* c'est-à-dire que la nature les destine tous également à n'être ni esclaves ni oppresseurs.

5. Tout homme a le droit de *résister à l'oppression*, et celui qui n'y résiste point, s'avilit parce qu'il consent à se placer au-dessous de la condition à laquelle il est appelé par la nature.

6. Tout homme a la *propriété de sa personne* : il peut faire de toutes ses facultés l'usage qui lui paraît convenable pourvu que cet usage n'empêche point celui que les autres hommes ont droit de faire également de leurs facultés personnelles.

7. L'homme ne peut pas aliéner la propriété de sa personne, ni par conséquent acquérir la propriété de la personne d'autrui; tous les engagements, vœux, serments et pactes quelconques par lesquels cette aliénation s'opérerait en tout ou en partie sont nuls de plein droit.

8. Les hommes peuvent faire entre eux tous les échanges, pactes et *contrats* qui ne portent atteinte ni à la propriété personnelle expliquée dans les deux précédents articles, ni à l'égalité des droits naturels établie dans l'article 4.

9. Toutes les conditions et les clauses des contrats, lorsqu'elles ne blessent ni l'égalité, ni la propriété personnelle, sont inviolables et sacrées : le contractant qui les enfreint nuit à celui ou à ceux avec lesquels il a contracté.

10. Le principal contrat qui puisse exister entre les hommes est celui par lequel ils se réunissent en grand nombre, afin d'employer les forces de tous à la défense des droits naturels de chacun : ce contrat s'appelle *contrat social;* la collection des contractants s'appelle peuple, et l'on nomme *république*, le territoire où cette association est établie.

11. Le contrat social n'admet aucune oppression, aucune exception ou restriction aux droits naturels des individus; il garantit à chacune la liberté de manifester ses opinions, de professer son culte et de faire toutes les actions qui ne nuisent ni à la société ni à ses membres.

12. Chaque individu acquiert par le contrat social, un nouveau droit que l'on appelle *sûreté* et qui consiste en ce que la défense de tous ses droits personnels lui est garantie par tous ces coassociés.

13. Le contrat social établit encore la *propriété territoriale*, c'est-à-dire le droit permanent d'un individu sur une portion déterminée de territoire.

14. L'égalité des propriétés territoriales est impossible; tous ont également le droit d'en acquérir, et d'être maintenus dans celles qu'ils ont acquises, mais la nature des choses résiste à l'égalité actuelle et permanente de ces propriétés elles-mêmes.

15. Les modes selon lesquels les propriétés territoriales peuvent s'acquérir, s'échanger ou se transmettre, sont déterminés par la société: elle doit, dans la détermination de ces modes, chercher à prévenir la distribution trop inégale desdites propriétés.

16. Les propriétés territoriales qui n'appartiennent point à tels individus nommément déterminés, appartiennent à la société entière.

17. Les hommes qui ont atteint l'âge nécessaire, dans les différents climats, pour bien connaître leurs intérêts personnels, ont tous des droits égaux à concourir à la stipulation des clauses du contrat social : ces droits se nomment *droits politiques* ou *droits de cité*, et ceux qui en jouissent sont appelés *citoyens*.

18. La première condition du pacte social, c'est que, dans toutes les déterminations subséquentes, la volonté du plus grand nombre des citoyens sera considérée comme la volonté de tous, c'est-à-dire comme la volonté du *souverain*.

19. On donne en général le nom de *lois* à toutes les clauses du contrat social par lesquelles la volonté du souverain est approuvée.

20. On donne particulièrement le nom de *lois civiles* à celles qui expliquent les droits des individus l'un envers l'autre dans leurs relations usuelles, domestiques et commerciales.

21. On nomme *lois constitutionnelles* celles qui établissent les modes de la formation et de l'exécution de toutes les autres lois; on procure la formation et l'exécution des lois en confiant à quelques citoyens des *pouvoirs*, c'est-à-dire le droit de faire certains actes au nom du peuple.

22. La loi étant l'expression de la volonté générale, nul citoyen ne peut recevoir le pouvoir de la faire, mais seulement de la préparer : le souverain ne peut aliéner ni communiquer le pouvoir législatif.

23. Les pouvoirs qui ont pour objet l'exécution des lois, leur application et leur maintien, ne peuvent pas être exercés par le souverain : ils sont délégués à des mandataires.

24. Les mandataires du peuple sont choisis par le peuple entre tous les citoyens : le contrat social n'admet ni pouvoirs héréditaires, ni mandataires non-responsables.

25. Le maintien des lois exige l'établissement *des peines et des récompenses* : la loi doit être la même pour tous, soit qu'elle récompense, soit qu'elle punisse.

26. Tout ce qui n'est pas défendu par la loi ne peut être empêché, et nul ne peut être contraint à faire ce qu'elle n'ordonne pas; nul ne peut donc être accusé, arrêté, détenu ni puni, qu'en vertu d'une loi antérieure à son délit; ceux qui sollicitent, expédient, exécutent ou font exécuter des ordres arbitraires, c'est-à-dire non appuyés sur la loi, sont des oppresseurs.

27. Tout homme étant présumé innocent jusqu'à ce qu'il ait été déclaré coupable, toute rigueur qui ne serait pas nécessaire pour

s'assurer de la personne d'un accusé serait oppresion.

28. Le contrat social rejette la peine de mort, attendu qu'il ne peut établir que les peines strictement nécessaires pour la répression des délits.

29 Le contrat social nécessite une *force publique* : tous les citoyens qui ne sont point dans l'état d'infirmité ou de vieillesse peuvent également appelés à composer cette force.

30. Le contrat social entraîne des dépenses communes, et par conséquent des *contributions* qui doivent être équitablement réparties entre les individus dont les facultés excèdent le strict nécessaire.

31. Les *lois*, les *pouvoirs*, les *peines et récompenses*, la *force publique* et les *contributions* sont les éléments essentiels de l'établissement social : néanmoins, cet établissement admet encore quelques autres parties accessoires, destinées à resserrer les liens du pacte commun, et à augmenter le bonheur public par le perfectionnement des mœurs, par le progrès des arts, par le développement des talents et des vertus.

32. C'est dans cette vue que l'on établit une *éducation* nationale, des *travaux* et des *secours* publics.

33. Ces divers établissements accessoires et ceux que l'on y joindrait ne doivent jamais ni porter atteinte à la liberté des opinions et des professions individuelles, ni placer au sein de la République des corporations ou sociétés partielles, distinguées par des privilèges ou par des exceptions quelconques aux droits et aux devoirs communs.

34. Tout citoyen doit observer les lois, respecter tout ce qu'elles ont consacré sous le nom de propriétés, obéir aux actes légitimes de l'autorité publique, acquitter fidèlement les contributions et toutes les charges communes, se livrer avec zèle à la défense de la patrie et de tous les intérêts nationaux.

Dans l'exercice des droits de cité, le citoyen doit étudier et rechercher uniquement l'intérêt public, en coopérant aux élections il doit sacrifier toutes ses affections particulières aux besoins et au bonheur de la patrie.

Les mandataires du peuple doivent remplir avec exactitude, fidélité et courage, les obligations contenues dans leurs mandats : l'autotorité dont ils sont revêtus n'est point établie pour leur avantage, mais pour l'utilité et le service du peuple.

35. Un peuple a toujours le droit de destituer et de punir des mandataires infidèles ou oppresseurs : et il faut que les moyens d'exercer ce droit soient indiqués dans les lois constitutionnelles.

36. Un peuple a également le droit imprescriptible de réformer toutes ses institutions, toutes ses lois, toutes les clauses de son contrat social.

37. Tous les peuples sont frères, libres et égaux en droits : conquérir, c'est opprimer et la guerre n'est légitime que lorsqu'elle est une résistance à des tentatives d'oppression.

38. La réunion de deux peuples en un même corps politique ne peut s'effectuer que par le consentement libre et mutuel de tous deux.

Bases de l'établissement social en France.

TITRE Ier.

De la distribution de la République.

1. La République française est une, indivisible; elle n'est point composée d'Etats fédérés, et elle n'admet de divisions que celles qui sont nécessaire à l'exercice de l'administration publique.

2. Le peuple français ne voulant jamais entreprendre aucune guerre dans la vue de conquérir, son territoire actuel ne pourra être augmenté par la réunion d'une contrée étrangère que d'après le vœu librement émis de la majorité des habitants de cette contrée.

3. La distribution actuelle de la France en 85 *départements* est maintenue, jusqu'à ce que les limites de ces départements aient été changées ou rectifiées sur la demande des administrés : jamais la surface d'un département ne pourra excéder 400 lieues carrées.

4. Chaque département sera divisé en *communes* : nulle commune n'excèdera 25 lieues carrées en surface, ni 100,000 habitants en population; les villes qui contiendront un plus grand nombre d'habitants, seront divisées en plusieurs communes.

5. La distribution actuelle des propriétés territoriales est maintenue; ces propriétés sont garanties aux individus qui les possèdent en vertu des lois qui ont été jusqu'ici en vigueur: toutes les autres espèces de propriétés reconnues par les mêmes lois et toutes les dettes que le peuple Français a promis d'acquitter, sont également garanties.

TITRE Ier.

De l'état des personnes.

SECTION PREMIÈRE

De l'état civil des personnes.

1. Tous les individus, sans exception, qui existent sur le territoire français, sont également protégés par toutes les lois de la République, et obligés d'obéir à ces mêmes lois.

2. Les naissances, mariages et sépultures sont constatés en France d'une manière uniforme pour tous les individus, par les officiers civils que la loi charge de ce ministère.

3. Aucune profession, aucune fonction publique ou particulière, n'est un obstacle au mariage d'un individu.

4. Aucune propriété ne peut se transmettre par testament : les enfants par mariage ou par adoption, à leur défaut, les parents les plus proches au même degré, succèdent par têtes et par portions égales aux propriétés du défunt.

5. Chacun jouit en France d'une pleine liberté de culte, de commerce et d'industrie; la liberté de la presse est illimitée, sauf l'action en calomnie de la part des individus qui en ont été l'objet; les auteurs conservent durant leur vie la propriété de leurs ouvrages.

6. La maison de chaque individu est un asile inviolable : on ne peut y entrer pendant la nuit que dans les seuls cas d'incendie ou de réclamation faite de l'intérieur de la maison; et, pendant le jour, outre ces deux cas, en vertu d'un ordre de l'autorité publique.

7. Tout individu qui, ayant été arrêté ou détenu, est acquitté par un jugement, reçoit une indemnité.

8. Chacun a le droit d'adresser des pétitions à toutes les autorités publiques; et celles-ci sont tenues de prononcer sur l'objet desdites pétitions dans le délai de trois mois après la présentation.

9. Toute pétition est individuelle, ou signée de chaque pétitionnaire qui ne peut prendre en la signant aucune qualité publique, représentative ou collective quelconque.

10. Il est permis à tous ceux qui habitent en en France de s'assembler paisiblement et sans armes, en tel nombre qu'ils jugent convenable, et de former des assemblées et des sociétés particulières, lesquelles peuvent s'occuper des intérêts publics, et correspondre entre elles dans toutes les parties de l'Empire et avec les peuples étrangers.

SECTION II.

De l'état politique des personnes.

1. Tout homme âgé de 21 ans accomplis, qui s'est fait inscrire sur le tableau civique d'une commune et qui réside depuis une année sur le territoire français, est citoyen de la République : il peut voter, élire, être élu et réélu dans toutes les communes, pour toutes les places et fonctions publiques.

2. Nul ne pourra néanmoins, dans un espace de trois mois, voter et élire dans plus d'une commune ni dans deux assemblées différentes qui dépendraient d'une même commune divisée en arrondissements.

3. Nul ne peut réunir deux fonctions publiques, à moins que l'exercice de l'une de ces fonctions ne soit éventuel et instantané.

4. La qualité de citoyen français se perd par la condamnation légale aux peines qui emportent la dégradation civique : cette qualité est suspendue, quant à ses effets, par l'état de démence ou d'imbécillité constaté juridiquement.

5. Ceux qui n'auront point acquitté les tributs publics et les services militaires exigés par la loi, ne pourront pas non plus exercer les droits de citoyens, jusqu'à ce qu'ils aient satisfait à ces obligations.

6. Tout individu qui aura exercé des droits politiques contre les dispositions des précédents articles, subira la plus forte des peines à établir dans le Code pénal.

CONSTITUTION

ou définition et distribution des pouvoirs dans la République française.

TITRE Ier.

Du pouvoir souverain.

Le peuple français exerce son pouvoir souverain dans les assemblées primaires : là, il élit les mandataires publics, sanctionne les lois, et détermine les réformes de toutes les parties de l'établissement social.

SECTION PREMIÈRE.

Assemblées primaires.

1. Il y a dans chaque commune, un tel nombre d'assemblées primaires qu'aucune d'elles ne peut avoir ni moins de quatre cent cinquante membres, ni plus de neuf cents.

2. Chaque assemblée primaire a une session chaque année dans les mois de janvier et de février; pendant ces deux mois, elle détermine elle-même le nombre, les jours et la durée de ses séances; elle fait aussi, de sa propre autorité, tous les règlements de police intérieure, qui ne sont point compris dans les deux articles suivants; et le maintien de cette police n'appartenant qu'à elle seule, nul ne peut exercer dans son sein aucune autorité qui n'émane d'elle immédiatement.

3. Les peines qu'une assemblée primaire prononce contre ses membres sont : le rappel à l'ordre, la censure, l'exclusion de la séance, l'exclusion de toute la session; mais cette dernière peine ne peut être infligée qu'à celui qui aurait déjà subi trois fois chacune des trois précédentes; chaque assemblée primaire exerce aussi et peut seule exercer les fonctions de jury d'accusation à l'égard des délits, quels qu'ils soient, commis dans son sein.

4. Le président et les secrétaires des assemblées primaires sont renouvelés périodiquement; il en est de même de ceux de l'Assemblée législative, du conseil exécutif, des corps administratifs et judiciaires.

SECTION II.

Élections.

1. Chaque citoyen appelé à concourir à une élection dépose à la fois dans deux vases différents deux billets, l'un *d'exclusion*, l'autre de *nomination*.

Sur le billet d'exclusion, il écrit ou fait écrire par l'un des secrétaires de l'Assemblée, les noms des citoyens qu'il veut éloigner de la place qui est à remplir : ce billet contient autant de noms qu'il plaît au votant.

Sur le billet de nomination, il écrit ou fait écrire autant de noms qu'il y a de fonctionnaires simultanément dans l'élection proposée.

2. Chaque citoyen, après avoir donné son suffrage d'exclusion et de nomination, s'inscrit

ou se fait inscrire sur un registre placé entre les deux vases, et destiné à recueillir les noms des votants et à constater leur nombre.

3. On fait d'abord le recensement des billets négatifs, et les citoyens qui ont été exclus par la majorité *absolue* des votants ne peuvent plus obtenir l'emploi public qui est l'objet de l'élection quel que soit le nombre des suffrages positifs déposés en leur faveur dans le vase de nomination.

4. On dépouille ensuite les billets de nomination, et les élus sont ceux qui, n'étant point dans le cas de l'article précédent, réunissent la pluralité relative des suffrages positifs.

5. On conserve la liste des citoyens qui, n'étant pas exclus par la majorité absolue des votants, ont réuni le plus de voix après les élus : ces citoyens sont tous déclarés suppléants et appelés, dans l'ordre du nombre des suffrages positifs, à remplacer lesdits élus dans les cas de mort, de démission ou de destitution.

6. On ne peut procéder à la fois à l'élection de plusieurs fonctionnaires que lorsqu'il s'agit de fonctions de même caractère et désignées par le même nom dans les lois constitutionnelles.

7. Dans chaque assemblée primaire, le scrutin est ouvert pour une même élection durant douze heures au moins.

8. Il y a des élections qui se consomment dans le sein d'une même assemblée primaire, comme les élections des secrétaires et présidents; les élections des *administrateurs de communes* et des *juges de paix*, demandent le concours des assemblées primaires d'une même commune; et il faut le concours de toutes les assemblées primaires d'un département pour l'élection des *administrateurs juges* et *jurés départementaux*, ainsi que pour celle des *députés* ou membres de l'Assemblée législative.

9. Lorsqu'une élection exige le concours des assemblées primaires d'une commune, on fait dans l'une d'entre elles le recensement général de tous les recensements partiels de chaque assemblée.

10. Les recensements généraux des élections départementaires se font par le directoire du département, dans une séance publique et sous les yeux des commissaires que chaque assemblée primaire a le droit d'y envoyer.

11. Les suffrages positifs et négatifs se comptent toujours par têtes de votants, et non par assemblées primaires ou communes.

12. Les assemblées primaires ne concourent à l'élection des *ministres* ou membres du conseil exécutif, que par des suffrages d'exclusion; l'Assemblée législative fait le recensement universel desdits suffrages; et elle ne peut élire aux places de ministres, ceux qui en ont été exclus par la majorité absolue des citoyens de la République.

13. Les directoires des départements font aussi passer à l'Assemblée législative les recensements départementaires des suffrages d'exclusion qui ont eu lieu dans l'exclusion des *députés;* et celui qui n'ayant point été exclu par la majorité absolue des citoyens de son département l'aurait été par la majorité absolue des citoyens de la République, ne serait point admis aux fonctions de législateur.

14. Les contestations sur la validité des élections ne peuvent être jugées que par l'Assemblée législative.

SECTION III.

Sanction des lois.

1. Les décrets dont l'application est locale, individuelle, particulière ou temporaire, ne sont point assujettis à la sanction : tels sont les décrets qui concernent :

L'établissement annuel de la force de terre et de mer;

La fixation annuelle de la dépense publique;

La quotité de l'impôt direct, et le tarif de l'impôt indirect;

Les dépenses imprévues et extraordinaires;

La distribution annuelle et momentanée des secours publics;

Les ordres pour la fabrication des monnaies ;

Les mesures particulières à un département ou à une commune;

La mise en jugement des fonctionnaires prévaricateurs, et des conspirateurs contre la souveraineté du peuple;

Les précautions urgentes de sûreté générale;

La permission ou la défense du passage des troupes étrangères sur le territoire français;

Les déclarations de guerre et la ratification des traités;

Et enfin, la police intérieure de l'Assemblée législative, l'ordre et la marche de ses délibérations.

2. Sur tous les objets non compris dans le précédent article, l'Assemblée législative ne peut faire que des projets de lois; et ces projets n'obtiennent aucune exécution, même provisoire, qu'après avoir été sanctionnées par le peuple français réuni en assemblées primaires.

3. Lesdits projets de lois, aussitôt après leur rédaction, sont envoyés à chaque commune, affichés et déposés dans des lieux publics, où tous les citoyens peuvent en prendre connaissance.

4. Chaque assemblée primaire, durant les deux mois de sa session, se fait donner lecture des titres de tous les susdits projets de lois; et lorsque cinquante citoyens requièrent la lecture entière de tous les articles d'un de ces projets, on en lit tous les articles.

5. Il peut s'ouvrir sur les projets de lois offerts à la sanction, telle discussion que chaque assemblée primaire juge convenable.

6. Après la clôture de la discussion, on ouvre sur le bureau un registre à deux colonnes, et chaque membre va s'inscrire ou se faire inscrire par l'un des secrétaires, pour ou contre la sanction de la loi entière; on ne reçoit point de suffrages partiels sur les divers articles d'une même loi.

7. Le bureau de chaque assemblée primaire fait passer à l'administration du département

le recensement des suffrages émis pour ou contre chaque projet de loi; cette administration adresse le recensement départementaire au conseil exécutif qui, après avoir constaté le nombre des citoyens français qui ont voté pour ou contre, proclame que la loi est sanctionnée ou rejetée.

8. Les divers recensements mentionnés dans le précédent article, ne peuvent se faire que publiquement, et les pièces élémentaires demeurent déposées dans des registres que chaque citoyen a le droit de consulter.

SECTION IV.

De l'exercice des droits souverains du peuple sur ses mandataires et sur ses lois.

1. Tout citoyen peut provoquer le jugement d'un fonctionnaire prévaricateur, suivant les formes qui seront expliquées, titre V section III.

2. Tout citoyen peut provoquer extraordinairement :
1° Le renouvellement des corps administratifs et judiciaires, du conseil exécutif et de l'Assemblée législative;
2° L'adoption d'une ancienne loi;
3° La formation d'un loi nouvelle;
4° La convocation d'une Convention nationale destinée à préparer une nouvelle Constitution.

3. Le citoyen qui veut user de ce droit, réduit sa proposition en termes précis, et lorsque cinquante autres citoyens l'ont appuyée et signée, les administrateurs de la commune sont tenus de convoquer extraordinairement les assemblées primaires de ladite commune.

4. Si la majorité des votants, dans lesdites assemblées primaires, adopte la proposition du citoyen réclamant, et qu'il n'ait demandé que le renouvellement du corps administratif de la commune ou de son tribunal de paix, on procède aussitôt à ce renouvellement.

5. Si la proposition du citoyen réclamant à un autre objet, et qu'elle soit adoptée par la susdite majorité des votants, le directoire de l'administration départementaire est tenu de convoquer extraordinairement toutes les assemblées primaires du département.

6. Si, dans ces dernières assemblées, la proposition du citoyen réclamant obtient la majorité des suffrages individuels, et qu'il n'ait demandé que le renouvellement des administrateurs, juges ou jurés départementaux, ce renouvellement doit s'opérer de plein droit.

7. Si la proposition du citoyen réclamant a un autre objet, et qu'elle ait été adoptée par la majorité des citoyens de son département, le conseil exécutif est tenu de convoquer extraordinairement toutes les assemblées primaires de la République.

8. Lorsque la majorité des citoyens français a voté le renouvellement extraordinaire du conseil exécutif, ou de l'Assemblée législative, ce renouvellement a lieu.

9. Lorsque la majorité des citoyens fran-

çais a voté l'abrogation d'une loi, cette loi est abrogée.

10. Lorsque la majorité des citoyens français a adopté une loi nouvelle, déjà rédigée dans tous ses articles, cette loi doit être aussitôt publiée et exécutée.

11. Lorsque la majorité des citoyens français a adopté seulement le principe d'une loi nouvelle, l'Assemblée législative est tenue de proclamer sur-le-champ ledit principe et de faire, dans le délai de huit jours, une loi qui en contienne les développements et les applications; cette loi est aussitôt publiée et exécutée et n'est plus assujettie à aucune sanction : dans le cas où l'Assemblée législative n'aurait point fait ladite loi dans le susdit délai, il sera procédé de suite au renouvellement de cette Assemblée.

12. Lorsque la majorité des citoyens de la République a voté la convocation d'une Convention nationale, le conseil exécutif doit la convoquer aussitôt, en invitant le peuple français à suivre, dans l'élection des membres de cette Convention, les modes qui ont lieu pour l'élection des députés à l'Assemblée législative : dès que la Convention nationale est réunie et constituée, l'Assemblée législative est dissoute.

13. Nulle pétition ne peut être l'acte d'une assemblée primaire.

TITRE II.

De l'Assemblée législative.

1. L'Assemblée législative est une, composée d'une seule Chambre ; elle est renouvelée tous les ans, et sa session commence le 21 mars.

2. Chaque département fournit à l'Assemblée législative, suivant le mode d'élection prescrit par la section II du titre Ier, un député par 50,000 habitants; les nombres rompus qui excèdent 25,000, donnent un député de plus à chaque département.

3. Les actes de l'Assemblée législative sont :
1° La nomination des ministres ou membres du conseil exécutif et des commissaires de la trésorerie nationale;
2° Les décrets d'administration publique dont l'énumération se trouve Titre Ier, section III, article Ier ;
3° Les projets généraux de lois civiles, les projets de lois sur l'établissement des récompenses et des peines ; sur l'organisation constante de la force armée de terre et de mer; sur le système universel des monnaies, des contributions, des propriétés et des dépenses nationales ; enfin sur les modes essentiels et permanents de l'éducation, des travaux et des secours publics.

4. L'Assemblée législative ne peut s'occuper d'aucun travail général sur les droits de l'homme et du citoyen, ni sur l'état civil et politique des personnes, ni sur la distribution de la République, ni sur la constitution des pouvoirs ; néanmoins, sur tous ces divers objets une pétition de 50,000 citoyens l'autorise à rédiger et à offrir à la sanction du sou-

verain, des projets partiels d'amendements, de retranchements et d'additions.

5. L'Assemblée législative ne peut déclarer la guerre ou la paix, ni faire aucun acte diplomatique, qu'après avoir entendu le conseil exécutif.

6. Les décrets d'accusation contre les fonctionnaires publics prévaricateurs et contre les prévenus de crime de lèse-nation, ne peuvent être rendus que sur la dénonciation d'un ou de plusieurs citoyens qui ne sont pas membres de l'Assemblée législative.

7. L'Assemblée législative ne peut prendre aucune détermination que trois jours après celui où l'objet de cette détermination lui a été proposé.

8. Sont exceptés de la disposition du précédent article : 1° les arrêtés relatifs à la police intérieure de l'Assemblée et à l'ordre de ses délibérations ; 2° les décrets d'administration générale dont l'urgence aura été déclarée à la majorité des deux tiers des voix et dans cette forme : « L'Assemblée législative déclare que le décret qu'elle va émettre ne pourrait, sans danger pour la patrie, être retardé d'un seul jour. »

9. Les membres de l'Assemblée législative ne sont pas responsables de leurs opinions; mais ceux qui seront convaincus d'avoir été dirigés, dans l'exercice de leurs fonctions, par des séductions étrangères, courront la plus forte des peines à exprimer dans le Code pénal.

10. Pour ce délit et pour tous les autres, publics ou privés, les membres de l'Assemblée législative sont recherchés, arrêtés, jugés et punis comme tous les autres citoyens, avec cette différence néanmoins que l'Assemblée législative peut seule exercer sur ses propres membres les fonctions du jury d'accusation.

11. Nul membre de l'Assemblée législative ne peut être destitué que par un jugement criminel ou par le renouvellement de ladite Assemblée; cette disposition s'applique aux membres du Conseil exécutif et des corps administratifs ou judiciaires.

13. Toutes les séances de l'Assemblée législative sont publiques, ainsi que toutes celles des corps judiciaires et administratifs; le conseil exécutif n'est point compris dans cette disposition.

TITRE III.

Du conseil exécutif.

1. Le Conseil exécutif est composé de vingt-cinq membres appelés *ministres*, lesquels sont renouvelés par moitié chaque année, dans le cours du mois d'avril.

2. Les actes que le conseil exécutif fait collectivement sont :
1° d'annuler les actes des administrations inférieures lorsqu'ils sont contraires à la loi;
2° de suspendre les membres des corps administratifs et judiciaires prévenus de prévarication, mais à la charge de les dénoncer sans délai à l'Assemblée législative ;

3° de nommer les commissaires nationaux auprès des corps administratifs et judiciaires, à la charge néanmoins de ne les choisir que parmi les citoyens élus par le peuple pour administrateurs ou pour juges ;
4° de nommer et de destituer les agents généraux des forces et des finances publiques, les commissaires de la trésorerie nationale exceptés ;
5° de nommer et de destituer les envoyés de la République auprès des peuples étrangers;
6° de distribuer les corps militaires sur le territoire de la République et de diriger les plans généraux des mouvements relatifs à la défense de l'État ;
7° d'arrêter les négociations et les traités avec les nations étrangères ;
8° d'arrêter les ordres généraux de paiements ;
9° de recenser les scrutins auxquels tous les citoyens de la République ont concouru.

3. Il est interdit au conseil exécutif de modifier, d'étendre ou d'interpréter les dispositions des lois ou des décrets.

4. Le conseil exécutif a la faculté de proposer à l'Assemblée législative, de leur décrets d'administration générale dont l'énumération se trouve titre Ier, section III, article 1er.

Le conseil exécutif est tenu à l'ouverture de la session de l'Assemblée législative, de leur présenter l'aperçu des dépenses à faire durant l'année, dans chaque partie de l'administration, et le compte de l'emploi des sommes qui y étaient destinées pour l'année précédente.

6. Les autres actes du conseil exécutif se font, non collectivement, mais par l'une des cinq sections suivantes dans lesquelles il distribue lui-même ses propres membres.
La première section est celle de la *justice* ; elle est chargée de la publication des lois et des décrets, de l'inspection sur les tribunaux, de la poursuite des individus décrétés d'accusation, et de procurer l'exécution des jugements.
La seconde section est celle de la *force publique* de terre et de mer ; elle est chargée de tenir au complet le nombre d'hommes déterminé par les lois et par les décrets, de pourvoir à leur armement, à leur équipement, à leur subsistance.
La troisième section est celle des *finances publiques* ; elle est chargée de surveiller et de procurer la perception des impôts, la fabrication des monnaies, la conservation ou l'aliénation légale des propriétés nationales.
La quatrième section est celle de *l'administration intérieure* ; elle est chargée de surveiller les corps administratifs et de procurer l'exécution des lois qui concernent l'éducation, les travaux et les secours publics, l'agriculture et le commerce.
La cinquième est celle des *affaires étrangères*.

7. Les ordres particuliers de paiement sont expédiés par chaque section pour les objets qui lui sont propres, en relatant l'arrêté du conseil et la loi qui autorisent chaque nature de dépense.

8. L'organisation particulière de chaque section sera déterminée par des décrets de l'As-

semblée législative, non sujets à la sanction du peuple.

9. Les arrêtés, tant du conseil exécutif que des sections, se prennent à la majorité absolue, et l'on fait au procès-verbal mention nominative des membres qui ont voté pour ou contre ; cette disposition est commune à toutes les délibérations des corps administratifs et judiciaires.

TITRE IV.

Des corps administratifs.

SECTION PREMIÈRE

Dispositions générales.

1. Le tiers des membres de chaque corps administratif est renouvelé tous les ans.

2. L'une des fonctions des corps administratifs est de surveiller les établissements publics d'éducation, de travaux et de bienfaisance ; mais dans l'exercice de cette fonction, les corps administratifs ne peuvent prendre aucun arrêté qu'après avoir entendu le rapport d'un bureau de consultation.

3. Il y a près de chaque corps administratif, un bureau de consultation pour chaque genre d'établissements publics : les membres de ces bureaux sont élus par les administrateurs ; mais ils ne peuvent être pris parmi les citoyens qui auraient été exclus du concours à une place quelconque, par la majorité absolue des votants dans les assemblées primaires.

4. Les fonctionnaires qui doivent desservir lesdits établissements publics d'éducation, de travaux et de bienfaisance, sont également choisis par les corps administratifs, mais avec la réserve exprimée dans l'article précédent, et celle encore d'être toujours pris dans une liste de candidats, qui est présentée par le bureau de consultation, et qui doit contenir au moins quatre noms pour chaque place à remplir.

5. Les corps administratifs ont le droit de requérir la force publique pour l'exécution des arrêtés qu'ils ont pris conformément à la loi.

SECTION II.

Des administrateurs de département.

1. Il y a dans chaque département de la République, un corps administratif composé de dix-huit membres.

2. Le conseil exécutif choisit, parmi ces dix-huit administrateurs un *commissaire national de l'administration départementale;* et les dix-sept autres choisissent cinq d'entre eux pour former le *directoire.*

3. Tous les membres composant le corps administratif d'un département sont assemblés depuis le 21 mars jusqu'au 1er mai, et peuvent être convoqués extraordinairement par un décret de l'Assemblée législative.

4. Les administrateurs de département sont chargés de la répartition des contributions directes, de la surveillance des deniers provenant de tous les revenus publics, de l'examen des administrations de communes, et de tous les intérêts départementaires qui ne sont pas confiés par la loi à d'autres fonctionnaires.

5. Le commissaire national de l'administration départementaire correspond avec le conseil exécutif; il surveille et requiert l'exécution de la loi, et nul arrêté ne peut être pris par les administrateurs que lorsqu'il a été entendu; mais il n'a jamais voix délibérative.

SECTION III.

Des administrateurs de commune.

1. Le corps administratif de chaque commune est composé de douze membres, parmi lesquels le conseil exécutif choisit un *commissaire national de l'administration primaire;* les onze autres membres choisissent trois d'entre eux pour former le directoire; les agences d'arrondissement sont distribuées entre les huit membres restant, selon les règlements adaptés aux localités.

2. Tous les membres composant l'administration d'une commune, sont assemblés depuis le 21 mars jusqu'au 1er avril; ils ont, en outre, une séance le premier jour de chaque mois, et ils sont convoqués extraordinairement soit par l'ordre d'une autorité supérieure, soit par un arrêté du directoire de la commune, soit enfin sur la demande de 50 citoyens.

3. Les fonctions des administrateurs de commune sont, dans l'étendue d'une commune, les mêmes que celles des administrateurs départementaires dans l'étendue d'un département.

4. Le commissaire national de l'administration primaire est, en outre, chargé de constater les naissances, mariages, divorces et sépultures; il a, dans l'exercice de cette seule fonction, un nombre de substituts déterminé par un règlement local; ces substituts sont choisis par les onze administrateurs, dans une liste de candidats présentée par ledit commissaire, laquelle liste doit être quadruple des places à remplir, et ne contenir le nom d'aucun citoyen qui ait été exclu d'une fonction publique quelconque par la majorité absolue de ses concitoyens.

TITRE V.

De l'administration de la justice.

SECTION PREMIÈRE.

Dispositions générales.

1. La justice est rendue publiquement, et n'est point payée par les parties.

2. On nomme *jurés* les citoyens qui sont

appelés à décider des questions de fait, et *juges* ceux qui appliquent la loi.

3. Ni le conseil exécutif, ni les corps administratifs de département ou de commune ne peuvent exercer aucune fonction judiciaire; l'Assemblée législative n'en peut remplir d'autre que celle du jury d'accusation, et ce à l'égard seulement des crimes de lèse-nation et des prévarications de mandataires du peuple.

4. Les jurés et les juges ne peuvent faire, interpréter, étendre ni suspendre aucune loi; ils ne peuvent exercer aucune des fonctions attribuées aux corps administratifs, ni juger aucun mandataire du peuple, pour fait de prévarication, que lorsque ce mandataire a été décrété d'accusation par l'Assemblée législative.

5. Nul ne peut être distrait des juges que la loi lui assigne.

SECTION II.

De la justice civile.

1. Il y a dans chaque commune un *tribunal de paix* qui, après avoir essayé de concilier les parties, juge définitivement quant au fait et quant au droit toutes les causes civiles dont l'importance n'excède point dix marcs d'argent.

2. Ce tribunal est composé de quatre juges nommés par les assemblées primaires, et renouvelés tous les cinq ans; l'un d'entre eux est choisi par le conseil exécutif pour être commissaire national de la justice primaire.

3. Dans les causes dont l'importance excède ... marcs d'argent, et lorsque les parties sont contraires en faits, chacune d'elle choisit, parmi tous les citoyens de la commune, *trois jurés*, et lorsqu'elles ne peuvent s'accorder sur le septième, il est nommé par le commissaire national; le jury prononce sur les faits et son prononcé est toujours définitif.

4. Dans les mêmes causes dont l'importance excède 10 marcs d'argent, les questions de droit sont décidées par trois *arbitres* pris parmi tous les citoyens de la commune, excepté ceux qui ont exercé les fonctions de jurés dans la même cause; chacune des parties choisit un arbitre, et lorsqu'elles ne peuvent s'accorder sur le troisième, il est nommé par le commissaire national; le jugement de ces trois arbitres est définitif quand l'importance de la cause n'excède point 100 marcs d'argent.

5. Lorsque l'importance de la cause excède 100 marcs d'argent, la partie qui a succombé peut en appeler, quant à la question de droit, à 5 autres arbitres; chaque partie en choisit deux et lorsqu'elles ne peuvent s'accorder sur le cinquième, il est nommé par le commissaire national; le jugement de ces 5 arbitres est toujours définitif.

6. Tout citoyen appelé aux susdites fonctions de juré ou d'arbitre, est obligé de les remplir, à moins qu'il ne soit fonctionnaire public; hors ce cas, le citoyen qui se refuserait auxdites fonctions, serait condamné par le commissaire national à satisfaire lui-même aux prétentions évaluées du demandeur.

7. On ne peut appeler aux fonctions de juré ou d'arbitre, un citoyen parent de l'une des parties, dans les degrés d'époux, de père, de fils, de frère, d'oncle, de neveu, d'aïeul, de petit-fils.

SECTION III.

De la justice criminelle.

1. Le commissaire national de la justice primaire est chargé de requérir et de faire exécuter les mandats d'amener et les mandats d'arrêt qui auront été lancés par les officiers de police, dans les cas et suivant les dispositions à énoncer dans le Code des délits et des peines.

2. Le tribunal de police de chaque commune est composé de 5 juges ou officiers choisis pour 5 années; ils exercent la police de sûreté et celle de correction.

3. Dans tout jugement criminel, un premier jury déclare si l'accusation doit être rejetée ou admise; ce jury est composé de 8 membres choisis, en égal nombre, par le dénonciateur et par le dénoncé; et, à leur défaut, par le commissaire national de la justice primaire.

4. S'il s'agit d'un crime de lèse-nation, ou de prévarication de la part d'un mandataire du peuple, l'Assemblée législative fait les fonctions de jury d'accusation.

5. Dans chaque département, il y a un tribunal criminel, pour la composition duquel 60 citoyens sont élus pour trois années, par les assemblées primaires; l'un de ces 60 citoyens est choisi par le conseil exécutif pour exercer les fonctions de commissaire auprès dudit tribunal.

6. Chaque accusé choisit lui-même, parmi les 59 autres membres, 12 jurés de jugement et 5 juges; ce choix, si l'accusé refuse de le faire, est fait par le commissaire national de la justice départementale.

7. L'accusé choisit à son gré son conseil; s'il n'en choisit pas, le commissaire national lui en donne un.

8. Le jury de jugement et les 5 juges criminels prononcent toujours définitivement; mais l'accusé ne peut être condamné que par la majorité de 8 voix dans le jury du jugement, et de 4 dans le tribunal des 5 juges criminels.

9. Le commissaire national de la justice départementale est chargé de procurer l'exécution des jugements: nul n'a le droit de faire grâce.

PRINCIPES DE LA LÉGISLATION FRANÇAISE.

Code civil : code des peines et des récompenses.

1. Toutes les coutumes locales sont abrogées; il sera fait un Code de lois civiles, commun à toute la République; l'unité des poids et des mesures sera établie.

2. Il sera fait également un Code des peines et des récompenses : la peine de mort sera abolie.

Force armée

3. Tout citoyen français qui n'est pas en état de vieillesse ou d'infirmité, fait partie de la force armée, et son nom se trouve inscrit dans la liste de l'un des corps militaires de la République.

4. Il sera formé des corps militaires *soldés* pour la défense extérieure et intérieure de l'état.

5. La force armée ne délibère point; elle se meut sur la réquisition ou l'autorisation des officiers civils désignés à cet effet par la loi.

6. Les commandants en chef des armées de terre et de mer ne sont nommés qu'en cas de guerre et la durée de leur commandement est bornée à une campagne.

Finances.

7. Les individus dont les facultés seront reconnues ne point excéder le simple nécessaire, ne pourront être assujettis à aucune contribution directe.

8. Néanmoins, même dans le cas de l'article précédent, aucun *citoyen* ne sera dispensé de payer la valeur d'une journée de travail par chaque année.

9. Les contributions directes seront réparties, suivant un système progressif, entre les individus dont les facultés excèdent le strict nécessaire.

10. Tout individu âgé de trente ans, qui ne sera point marié, et qui n'aura point d'enfants, soit par mariage, soit par adoption, paiera deux fois, chaque année, la totalité de ses contributions directes.

11. L'administration de la trésorerie nationale ne sera point confiée au conseil exécutif, mais à trois commissaires élus par l'Assemblée législative. (*Tous les articles du titre VI du projet du comité de Constitution.*)

Éducation.

12. Il y aura dans chaque commune un établissement public d'éducation physique, morale et instructive, où les individus recevront gratuitement le degré de culture nécessaire à l'exercice utile de leurs droits politiques et à l'accomplissement de leurs devoirs sociaux.

13. La République accordera des secours aux élèves sans fortune qui seront appelés par des dispositions heureuses et dûment reconnues, à suivre des études particulières non comprises dans les établissements publics mentionnés en l'article précédent.

14. La République contribuera aussi aux frais des voyages, expériences et entreprises considérables qui auront été jugées utiles aux progrès des connaissances humaines.

15. Les bibliothèques nationales et autres dépôts publics d'instruction seront conservés, entretenus et distribués dans toutes les parties de la République.

16. Il est permis à chacun d'entreprendre tous les établissements particuliers d'instruction qu'il juge à propos.

Travaux publics.

17. Il ne pourra être employé dans la République moins de 50 millions par année en travaux publics : la répartition de cette somme entre les départements se fera par un décret de l'Assemblée législative.

18. Le salaire des ouvriers occupés aux travaux publics, ne pourra jamais être au-dessous de la quarante-cinquième partie du marc d'argent par journée ou par tâche d'une journée.

19. Lorsqu'un individu valide, et dont la contribution directe n'excèdera point la moitié du marc d'argent viendra demander du travail aux administrations de sa commune, ceux-ci seront tenus de lui en procurer sous un délai de huit jours, soit, dans les ateliers publics soit dans les ateliers privés.

Secours publics.

20. Il sera pourvu par des secours publics aux besoins de tous les indigents invalides et hors d'état de travailler.

TREIZIÈME ANNEXE (1)

A LA SÉANCE DE LA CONVENTION NATIONALE DU MERCREDI 17 AVRIL 1793.

ADDITIONS *au plan de Constitution, présentées à la Convention nationale, par* DE SACY, *député de la Haute-Garonne; imprimées par ordre de la Convention nationale* (2).

ADDITION A CET ARTICLE.

Le Corps législatif est un. Il n'y aura qu'une seule Chambre.

On a reproché au comité de Constitution de l'avoir grossie d'un grand nombre de lois qui ne paraissent que réglementaires. Mais, s'il est démontré que telle loi réglementaire sera utile dans tous les temps, qu'il ne peut en naître aucun abus qui force dans la suite la nation à la révoquer; il me semble qu'il est juste de l'insérer dans la Constitution pour la rendre plus respectable, pour assurer la durée de son exécution, pour la garantir des fausses interprétations, et des modifications dangereuses. Il paraît en soi-même indifférent qu'un

---

(1) Voy. ci-dessus, même séance, page 263, le rapport de Romme sur les divers projets de Constitution.
(2) Bibliothèque nationale : 14 pages, in-8°, Le²⁹, n° 2394. Ce document est annoncé dans le *Journal des Débats et des décrets* du 17 avril 1793.

représentant du peuple soit assis sur un banc, sur un fauteuil, ou sur un ballot de laine. Cependant on a très sagement pensé en Angleterre, qu'un ballot de laine était le siège qui convenait aux représentants d'un peuple agriculteur et commerçant, qu'il leur rappellerait sans cesse que la prospérité de la Grande-Bretagne est inséparable des succès de son agriculture et de son commerce; que c'est vers ces deux objets qu'ils doivent diriger leurs efforts et leurs pensées.

Je vais proposer sur le même objet, un règlement *constitutionnel* que je crois plus essentiel encore. Il a pour but d'éviter à l'avenir ces divisions funestes, ces querelles scandaleuses qui affaiblissent la confiance dont nous devons être investis, ces *deux côtés* qui semblent former deux *Chambres*, deux partis.

Le *Corps législatif est un : il sera composé d'une seule Chambre.* Cet article de la nouvelle Constitution, a pour lui le vœu général; il sera adopté à l'unanimité. Mais peut-on dire que le Corps législatif est *un*, lorsqu'il est divisé en deux partis acharnés à se contrarier? Peut-on dire qu'il n'y a *qu'une seule Chambre*, parce qu'on est tous réunis dans la même salle, sous le même toit; si deux côtés bien distincts, bien prononcés, montrent une partialité si évidente, que souvent il suffise de connaître l'opinion d'un *côté*, pour prédire avec certitude que l'opinion de l'autre *côté* sera précisément contraire à celle-ci? Peut-on dire qu'il n'y a qu'une Chambre, lorsqu'on voit les deux côtés s'observer, se menacer comme deux armées en présence; et, dans quelques occasions, se porter l'un contre l'autre en désordre? Qu'il y ait eu deux côtés, et, pour parler juste, deux *Chambres* dans l'Assemblée constituante; ce mal était inévitable, parce que c'était la guerre de la liberté contre le despotisme, de l'égalité contre l'aristocratie, de la raison contre les préjugés. Mais quand on est d'accord sur les principes, comment peut-on élever des débats si violents sur les conséquences? Comment peut-il exister encore des sujets de discorde, quand tous les préjugés sont anéantis? Comment un Corps législatif qui a proclamé la République *indivisible*, peut-il lui-même être divisé? Ne cesserons-nous pas de mêler nos passions à nos opinions, des intérêts particuliers aux intérêts publics, et de déshonorer nos principes et nos discussions par des injures? Supposons qu'un étranger qui n'eût jamais entendu parler de nos débats, fût tout à coup transporté sur nos tribunes, et qu'il ignorât qu'il est dans le sanctuaire des lois. Supposons qu'il fût témoin de quelques-unes de ces séances orageuses, où les injures, les menaces, les cris, les gestes, tout annonce des hommes livrés aux emportements de la haine; où le Président, en se couvrant, est forcé de manquer de respect à l'Assemblée, pour la rappeler au respect qu'elle se doit à elle-même? lorsqu'on dirait à cet étranger, que ces hommes qui lui ont donné un spectacle si scandaleux, sont des législateurs; penseriez-vous qu'il voulût le croire? Et quelle idée aurait-il de la nation, si on ajoutait : « Voilà les hommes que les Français ont choisis, comme les plus sages d'entr'eux? » Citoyens, mes collègues, je vous dis, avec une franchise républicaine, des vérités dures; je vais les terminer par une réflexion qui ne l'est pas moins. Les tyrans de Berlin et de Vienne ont déposé des haines de deux siècles pour perdre la France;

et des Français n'ont pas le courage d'étouffer des haines de deux jours pour la sauver? Les tyrans de Berlin et de Vienne ont oublié les grands intérêts, qui divisaient leurs familles, la rivalité de puissance, les anciennes usurpations réciproques, les prétentions opposées sur de vastes objets de conquêtes; ils les ont oubliés pour anéantir la liberté! et des hommes libres ne peuvent se résoudre à oublier quelques injures pour maintenir cette même liberté? Les esclaves des despotes, ces mêmes esclaves occupés depuis si longtemps à s'entr'égorger pour les intérêts de leurs maîtres, fraternisent ensemble; et nous, enfants de la patrie, nous membres de la même famille, nous semblons plus animés les uns contre les autres, que ne l'étaient ces mêmes Prussiens, ces Autrichiens pendant les démêlés de leurs tyrans. Souffrirez-vous, mes collègues, que l'on dise dans l'Europe, que vous aimez moins votre patrie que Frédéric-Guillaume et François ne la haïssent? Souffrirez-vous que l'histoire répète que deux despotes avaient mis fin à leurs querelles pour nous asservir, et que nous avons fini mettre fin aux nôtres, pour nous garantir de l'esclavage? Citoyens, mes collègues, j'ai entendu plus d'une fois les épithètes de *Traître*, de *Tartuffe* lancées par quelques membres des deux côtés; contre ceux qui vous invitaient à la paix, à la réunion. La crainte de la calomnie ne m'empêchera pas de vous proposer aussi un moyen de faire disparaître les deux côtés, et d'atténuer au moins l'effet de vos passions, s'il n'est pas possible de les éteindre.

Art. 1er.

Dans la salle où le Corps législatif s'assemblera, les places destinées aux députés seront distinctes, séparées et numérotées.

Art. 2.

Chaque fois qu'on nommera un président, chaque membre en émettant son vœu, de la tribune, tirera un numéro d'un vase destiné à cet usage; et ce numéro lui indiquera sa place.

Art. 3.

Aucun député ne pourra siéger dans une autre place que celle qui lui aura été marquée par le sort.

Par cette disposition, renouvelée à chaque élection du président, le hasard, en confondant ainsi pêle-mêle les opinants, déjouera les ressorts secrets de la tactique. On ne formera plus de groupes; on n'opinera plus en masse : on ne combinera plus la projection des motions; on ne verra plus s'avancer dans l'arène, ces enfants perdus, lancés par leurs voisins pour escarmoucher et engager le combat. La crainte d'être blâmé par ses voisins, ne forcera point un membre à opiner contre sa pensée. Cette espèce d'électricité, qui circule en un moment dans un côté, et le fait mouvoir en masse, perdra toute sa force. La liberté d'opinion ne sera plus entravée par des conseils, par des reproches. En consultant un voisin d'une opinion différente, on pourra s'éclairer; on ne s'échauffera pas, comme on le fait lorsqu'on est réuni en groupes; on ne sera ni entraîné, ni subjugué.

L'enthousiasme et la fureur ne dirigeront point les opinions; les décrets se rendront dans le calme, l'Assemblée conservera la décence qui lui convient, et obtiendra du peuple, présent à ses délibérations, le respect qui lui est dû (1).

Citoyens, je ne connais que ce moyen d'éviter cette distinction fatale des *deux côtés*, qui dégénèrent en deux partis, qui divisent des hommes que l'on sait cependant être d'accord sur les principes; qui ouvrent à la calomnie la porte du sanctuaire des lois; qui font voler, d'un pôle à l'autre de l'Assemblée, les reproches d'anarchie ou de royalisme, quoique chaque député ait dans son cœur l'amour des lois et la haine des tyrans; de ces deux côtés enfin, dont les assemblées semblent hériter en se succédant, et qui ont forcé plus d'une fois la patrie à douter de son salut. Qui sait si un jour la discorde née dans le Corps législatif, de l'opposition des deux côtés, ne se propagerait pas sur toute la France, et n'allumerait pas une guerre civile. Prévenons ces malheurs en isolant chaque député, en le préservant de la funeste contagion du voisinage, en opposant un obstacle à ces réunions partielles qui produisent la dissolution du tout. Des considérations si puissantes doivent nous engager à faire de ce règlement *une loi constitutionnelle*, afin qu'il n'y ait plus ni *côté droit*, ni *côté gauche*, ni *montagne*, ni *plaine*; le Corps législatif doit être *un* et *indivisible* comme la République.

Bannissement constitutionnel, et à perpétuité, de la postérité des ci-devant nobles émigrés, nés en pays étranger.

Il ne suffit pas aux fondateurs de la République de s'occuper de sa grandeur présente, il faut poser les bases de son éternité. Il ne suffit pas de la fortifier contre les périls qui la menacent, il faut prévoir et écarter d'avance ceux qui pourraient la menacer dans la suite des siècles. Citoyens, vous avez banni les ci-devant nobles, qui ont émigré, soit pour attendre une contre-révolution favorable à leurs desseins, soit pour la préparer par la voie des armes, ou par des intrigues dans les Cours. Je viens vous proposer, non pas de bannir les enfants qu'ils ont laissés en France, mais d'en fermer l'entrée à la postérité qui naîtra d'eux en pays étranger. Si vous ne décrétez pas ce bannissement perpétuel et héréditaire, si vous n'en faites pas une loi *constitutionnelle*, vous compromettez la sûreté de la République peut-être avant un siècle. Pour vous le prouver, je vous rappellerai de terribles exemples.

Après la destruction du royaume des Lombards, et surtout après la mort de Charlemagne, l'amour de la liberté électrisa presque toute l'Italie; on l'y vit renaître plus parfait qu'il n'était dans l'ancienne Rome : car les Romains n'étaient que des tyrans qui voulaient avoir le reste du genre humain pour esclave, et qui, dans leurs propres murs, étaient asservis à toutes les distinctions de

l'aristocratie. Chaque ville forma un petit état démocratique plus ou moins parfait. Ces républiques avaient pour bases la liberté et l'égalité; les fonctionnaires publics y étaient choisis par le peuple, et son inquiétude les renouvelait fréquemment. Les nobles attaquèrent dans toutes les villes ce système politique dont leur orgueil s'indignait : partout ils succombèrent; partout le peuple les bannit, après les avoir vaincus. Heureux, s'il eût fermé le retour à leur postérité! dans la suite, les descendants de ces mêmes nobles rentrèrent dans ces villes dont leurs ancêtres avaient été chassés; ils y reparurent sous le masque du patriotisme, humbles d'abord, soumis aux lois, ennemis en apparence des distinctions dont leurs ancêtres s'étaient montrés si jaloux. Mais bientôt ils se firent des créatures, décrièrent le gouvernement, flattèrent les mécontents, formèrent des factions, entretinrent des intelligences avec les ennemis extérieurs, armèrent les campagnes contre les villes, appelèrent les puissances étrangères à leur secours, et finirent par asservir ces mêmes concitoyens qui, touchés de compassion, ne voulant pas punir des enfants des crimes de leurs aïeux, les avaient reçus dans leurs murs. C'est ainsi que la théocratie, le despotisme et l'aristocratie se sont élevés sur les ruines de cette multitude d'États démocratiques dont plusieurs étaient parvenus à un tel degré de puissance, qu'ils forçaient les papes à les craindre, et les empereurs à les respecter. De toutes ces républiques démocratiques, il ne reste plus que celle de Saint-Marin, composée de sept ou huit cents *sans-culottes*.

Craignons pour la France le sort de l'Italie; craignons qu'un jour les enfants de ces nobles, héritiers de la haine de leurs ancêtres, instruits par eux dans l'art de la vengeance et des conspirations, ne viennent, d'intelligence avec les puissances étrangères, séduire les générations futures par les dehors d'un patriotisme affecté, puis nouer de sourdes intrigues, puis former des factions, rallumer le fanatisme, réveiller l'idolâtrie des rois, et enfin ouvrir l'entrée de la France aux puissances ennemies. Par les maux dont ils inondent aujourd'hui plusieurs départements, vous pouvez juger des maux que leurs descendants y causeraient un jour. Législateurs, ne balancez pas à bannir à perpétuité, par une loi *constitutionnelle*, leur postérité née en pays étranger. Elevée dans ces contrées soumises à l'aristocratie, nourrie dès le berceau de tous les préjugés de l'orgueil, elle en adoptera tous les principes; elle viendrait, par cet impur alliage, corrompre les principes éternels de l'égalité, miner l'édifice de la liberté, et livrer la patrie à des tyrans étrangers qui leur promettraient de les faire rentrer à main armée dans ces biens que leurs aïeux ont perdus par leur perfidie. Quant aux enfants qu'ils ont laissés en France, leur postérité sucera avec le lait les maximes du gouvernement républicain : l'éducation *constitutionnelle* leur fera connaître et les douceurs et les devoirs de l'égalité, et rien ne nous autorise à la bannir.

Législateurs, si quelques âmes sensibles, plus touchées du sort des bannis que des dangers de la République, se récriaient contre la

---

(1) Souvenez-vous de ce que vous a dit Danton : *Pouvez-vous exiger que le peuple soit plus sage que vous?*

rigueur de cette loi *constitutionnelle* et irrévocable, je leur dirais : « Vous ne devez pas juger cette loi par l'impression qu'elle ferait sur vous-mêmes, si elle vous forçait d'abandonner la terre sacrée de la liberté. Qu'est-ce qu'un aristocrate? c'est un être moitié tyran, moitié esclave. Le tyran n'a point de patrie; car, pourvu qu'il exerce sa tyrannie, peu lui importe sur quels hommes, et dans quels lieux. L'esclave n'a point de patrie; car peu lui importe d'appartenir à François, à Catherine, ou à Frédéric Guillaume. Ne croyez donc pas, citoyens, que cette postérité aristocrate soit aussi sensible que vous le seriez vous-mêmes, à la privation de l'air que ses aïeux ont respiré : ces descendants des nobles ne le seraient qu'à la privation de ces biens dont leurs pères ont été dépouillés par leurs trahisons, et qu'ils s'efforceraient de recouvrer en préparant une contre-révolution, si jamais la République les laissait rentrer sur son territoire. »

Le premier principe de l'équité politique est le salut de l'Etat. La seule compassion légitime est celle que réclame la patrie que vous exposeriez à être dans la suite des siècles, troublée, déchirée, et peut-être asservie par les descendants des bannis. Licurgue avait fermé aux étrangers l'entrée de Sparte : fermons du moins l'entrée de la France à ses ennemis, elle n'aura tant qu'il y aura de nobles sur la terre. Bannissons à perpétuité la postérité née en pays étranger, des nobles que nous avons bannis. Ne souffrons pas même que les nobles étrangers, qui ne sortiraient pas de cette source impure, puissent posséder des propriétés en France, et y former des établissements. Plusieurs républiques ont interdit le droit de propriété aux étrangers qui professent une autre religion que celle qu'elles ont adoptée. Il faut imiter cet exemple; mais en faire une plus juste application. Notre religion, c'est la loi de la nature, et son premier dogme, c'est l'égalité. Il faut que tout étranger qui voudra s'établir parmi nous, fasse cette profession de foi, et se soumette à notre culte politique.

Articles à insérer dans la Constitution.

Art. 1er.

La postérité des nobles émigrés, née en pays étranger, est bannie à perpétuité du territoire de la République.

Art. 2.

La République, dans aucune circonstance, ne pourra déroger à cette loi par aucun traité avec les puissances étrangères.

Art. 3.

Aucun noble étranger, quelle que soit son origine, ne pourra posséder des biens-fonds en France, ni y former des établissements, ni y jouir des droits de citoyen.

Art. 4.

Tout Français, qui accepterait des lettres de noblesse d'une puissance étrangère, est banni à perpétuité du territoire de la République.

Article additionnel aux droits naturels, civils et politiques des hommes.

« Les enfants qui ne sont reconnus par aucuns parents ni adoptés par aucun citoyen, appartiennent à la République, et elle leur doit les soins d'un bon père et d'une bonne mère. »

Les enfants trouvés, cette classe intéressante par son malheur, ont été oubliés dans le plan de Constitution. Dans le plan d'éducation, on n'en a point parlé, parce qu'on les a considérés comme les autres enfants ayant les mêmes besoins, les mêmes droits, et susceptibles des mêmes instructions; mais je pense qu'ils méritent une attention particulière, des soins plus généreux et plus multipliés. Je crois que c'est d'eux que la République peut tirer le plus grand parti, et se promettre les plus grands secours. L'ancien gouvernement ne voyait dans les hôpitaux des enfants trouvés que des malheureux destinés dans leurs premières années, à rendre plus hideux le spectacle des convois funèbres, condamnés le reste de leur vie aux travaux obscurs, au-dessus desquels ne peut s'élever l'indigence. Le philosophe voit dans ces mêmes hôpitaux, une pépinière de grands hommes.

En Espagne, ces infortunés jouissent des privilèges de la noblesse, et sont susceptibles de toutes les grâces dont cette caste est favorisée. La noblesse et ses privilèges sont également absurdes; mais cette institution est fondée sur un principe, dont on ne peut méconnaître l'équité; c'est que plus un enfant est malheureux, plus il est abandonné, plus la patrie doit veiller sur son sort, et lui tendre une main secourable. Ecartons la conséquence; mais adoptons le principe. Que la République fasse des sacrifices pour l'éducation de ces enfants délaissés sans secours, sans parents, sans amis, sans patrimoine, elle en recueillera les fruits, et nulle éducation ne promet de plus grands succès.

Dans l'éducation des autres enfants, les vues des instituteurs sont sans cesse contrariées par les parents, par des convenances de famille. Celui-ci veut que, dans l'éducation de son fils, on suive la méthode qui a fait de lui un homme au-dessous du médiocre. Celui-là destine au commerce ou à un métier son fils que l'instinct du génie destinait aux sciences; un autre destine aux sciences son fils que l'amour d'une autre gloire appelait à la profession des armes. La nature en voulait faire un héros; il n'en fait qu'un demi-savant. Tel aurait excellé dans la profession pour laquelle un goût inné l'avait préparé, qui rampera toujours obscur dans celle que la famille l'a forcé d'embrasser. Dans les asiles ouverts aux enfants trouvés, aucune convenance d'état, aucun intérêt de famille, aucun préjugé ne gêne, ni les inclinations de l'élève, ni les vues de la nature, ni celles de l'instituteur, qui doivent être les mêmes. L'instinct à tout son essor; il n'a besoin que d'un guide; c'est à la patrie à le lui offrir. Qu'un instituteur qui ait au moins des connaissances élémentaires dans tous les genres, préside à l'éducation des enfants trouvés; qu'il présente à chaque enfant les principes de tous les arts, de toutes les sciences; qu'il imite le musicien qui essaie plusieurs airs sur les fibres du malade de la tarentule, jusqu'à ce qu'il ait rencontré celui qui doit le guérir, et quand son œil observateur aura pris la nature sur le fait, quand il aura saisi la profession à laquelle l'élève est destiné par elle, que cet enfant s'adonne uniquement à cette étude; qu'on forme des classes où un maître habile instruira les enfants destinés à l'art ou à la science qu'il professe; que le maître qui prendra chez lui plusieurs de ces élèves, qui les instruira dans son art, à ses frais, soit déclaré avoir bien mérité de la patrie. J'ose promettre à la République qu'elle verra sortir de ces hospices de l'infortune, de grands hommes en tout genre, qui seront sa gloire et son appui; que la peinture y trouvera des David, l'éloquence des Démosthène, la marine des Barth, la tactique militaire des Turenne. Quels seront les progrès de ces enfants qui, n'ayant d'autre patrimoine que leurs talents, n'attendent, n'espèrent rien que d'eux-mêmes! Comme ils devanceront, dans leur carrière, ces enfants des riches, qui, se croyant à l'abri des revers de la fortune, ne se livrent à l'étude que pour fuir l'ennui, ou pour éviter le reproche d'être inutiles à leurs semblables! Ainsi, les torts de la nature et de la fortune seront préparés; ainsi la prospérité de ces malheureux, naîtra de leur infortune même; et après avoir été, par l'insouciance des despotes, un fardeau pour la France, ils en deviendront l'honneur et le soutien sous le règne de la liberté.

QUATORZIÈME ANNEXE (1)

A LA SÉANCE DE LA CONVENTION NATIONALE
DU MERCREDI 17 AVRIL 1793.

EXAMEN CRITIQUE *du* PROJET DE CONSTITUTION *présenté à la Convention nationale par son comité, avec un ordre nouveau dans le plan, par* DURAND-MAILLANE, *député du département des Bouches-du-Rhône, le 16 mars 1793, l'an II de la République française* (2).

Je n'observe rien sur le discours qui a précédé le plan de Constitution présenté à la Convention le 15 février, parce que tous ces raisonnements seront ramenés et examinés à la suite des articles du projet par ordre de leurs matières; j'ai remarqué seulement qu'il y manquait les développements sur les causes générales des principes proposés dans le plan sur la force publique et les contributions. Pourquoi ce silence sur deux objets aussi intéressants, quand on a été aussi discret sur les autres? a-t-il été volontaire? Je veux l'ignorer; je me borne à dire que si cette omission

n'est pas un tort de la part du comité, c'est un défaut au cadre du discours qui a précédé son plan de Constitution.

Dans ce discours, on a exposé les motifs qui ont donné lieu à la Convention de décréter l'unité et l'indivisibilité de la République; on ne saurait, sans quelque prévention, en faire un sujet de reproche, parce qu'on n'y a ravalé le système de fédéralisme que pour le réfuter; et quand sous les despotes mêmes, révérés ci-devant comme des divinités, sous le nom de monarques, on ne publiait aucune loi sans en rendre raison, cette pratique est devenue comme de rigueur dans les nouveaux principes de notre gouvernement républicain.

Une observation plus importante est sur les premiers arguments de ce discours. Le rapporteur a dit : « *Il faut que la Constitution nouvelle convienne à un peuple chez qui un mouvement révolutionnaire s'achève et que cependant elle soit bonne aussi pour un peuple paisible.* »

C'est ici, peut-être, de toutes les difficultés que présente le projet du comité, la plus délicate; elle est certainement l'une des plus difficiles à résoudre, si la Convention s'astreint aux idées que le rapporteur du comité lui a présentées dans les paroles suivantes : *Il faut que, calmant les agitations, sans affaiblir l'activité de l'esprit public, la Constitution nouvelle permette à ce mouvement de s'apaiser sans le rendre plus dangereux en le réprimant, sans le perpétuer par des mesures mal combinées ou incertaines, qui changeraient cette chaleur passagèrement utile en un esprit de désorganisation et d'anarchie.*

Rien n'est plus beau que ce dessein : a-t-il été suivi dans les articles mêmes du projet du comité? c'est ce qui se vérifiera dans leur examen; en attendant, je ne le trouve louable que par les motifs ou dans les vues; car, pour donner une première constitution à un peuple libre, l'on n'a à consulter ni temps, ni circonstances. Le premier moment est toujours le plus heureux, parce que ce n'est que par une bonne et sage Constitution qu'un peuple qui sort nouvellement de la servitude, peut fixer la liberté qu'il a conquise et qu'il ne recouvrerait plus s'il venait à la perdre (1) on pourra sans doute, dans cette suite de guerre que la tyrannie coalisée ne cessera de faire pendant longtemps à la liberté française, pourvoir par des règlements à cet état continuel et pénible de défense, de la part des Français; mais ni cet état, ni les événements de la guerre qui la causent, ne doivent empêcher la Convention nationale, non seulement de donner, le plus prochainement possible, la Constitution qui fait presque le seul objet de sa mission, et après laquelle toute la France soupire, mais encore de la donner telle qu'on pourrait la faire ou la présenter à la sanction du souverain dans le temps le plus calme.

Je ne dois pas supporter qu'il y ait des citoyens parmi ceux qui aiment sincèrement leur patrie, qui pensent à reculer l'époque où l'ordre doit-être rétabli, où la loi seule doit régner sur tous; mais il s'en trouve, et

---

(1) Voy. ci-dessus, même séance, page 263, le rapport de Romme sur les divers projets de Constitution.

(2) Bibliothèque de la Chambre des députés : *Collection Portiez* (*de l'Oise*), tome 30, n° 12 *bis*. Ce document a été annoncé dans le *Journal des Débats et des décrets* du 17 avril 1793.

---

(1) Peuples libres, souvenez-vous de cette maxime : On peut acquérir la liberté, mais on ne la recouvre jamais. (*Rousseau, Contrat social*, chap. VIII.)

de très raisonnables, qui ne croient qu'il soit possible ou juste de faire sanctionner par la nation, dans les circonstances actuelles, la nouvelle Constitution française. On oppose d'abord l'éloignement de grand nombre de citoyens qui seront aux armées, et dont l'absence fera un grand vide dans les départements : ils disent, avec quelque fondement, que plus cette Constitution est importante, plus elle mérite l'attention de ceux qu'elle intéresse, et, en effet, par cela seul qu'elle doit fixer la destinée de cet Empire, il faut que tous ceux qui l'habitent la connaissent et la jugent, puisqu'elle est faite pour chacun d'eux. D'ailleurs, les riches ayant le moyen de se faire remplacer pour le service militaire, ou ils seraient les seuls à se prononcer sur la sanction, ou ils la dirigeraient à leur gré dans leurs foyers, parce que la fortune conserve et conservera même longtemps encore ces injustes avantages que l'indigence. On assure même que rien ne presse à cet égard parce que rien n'est assuré pour notre liberté même, jusqu'à ce que nous ayons terrassé ces despotes réunis qui ont juré sa perte; il faut convenir que, dans notre situation actuelle, la Convention nationale sera inévitablement distraite dans ses discussions, par les besoins presque continuels de la guerre et de la finance.

Cependant, la grande matière de la Contitution, je le répète, fait le principal objet de sa mission, et la nation crie après dans toutes ses adresses; il faut donc que, puisque nous sommes réduits à élever ce grand édifice, comme les Hébreux leur second temple, la truelle d'une main et l'épée de l'autre, nous sachions comme eux tout à la fois bâtir et nous défendre. Cet ouvrage est de sa nature si utile, si nécessaire; il est si désiré, qu'il n'est pas possible ni de le renvoyer, ni d'en laisser la charge à d'autres. On a été longtemps à préparer le plan du comité qui nous a été lu et distribué; c'est à nous maintenant à le mûrir par la discussion la plus profonde. Probablement, elle ne sera pas finie sans que la guerre ait cessé ou indiqué son dernier terme; en sorte que nous n'avons, en attendant, rien de mieux à faire que de nous éclairer réciproquement, pour achever une Constitution déjà ébauchée et qui, cette fois, en assurant notre liberté, doit faire par sa sagesse le prix de toutes nos victoires.

C'est là de toutes nos fonctions la plus sublime; c'est aussi le premier et le plus grand de nos devoirs : nous ne saurions trop tôt le remplir, parce que la tâche en sera longue et pénible. Livrons-nous donc, dès à présent à ce travail, et quand nous pourrions désespérer du succès, nous devons à nous-mêmes, nous devons à nos commettants, d'avoir fait tous nos efforts pour réussir. Pour moi, comptable à la patrie de tout mon zèle pour mon contingent dans cette belle œuvre, j'ai cru devoir, dans la faiblesse des moyens, m'acquitter envers elle par cet essai de critique.

Pour mieux faire sentir la nécessité de travailler à la Constitution, je pourrais argumenter de l'état violent où nous sommes dans ce moment, et qui ne peut cesser ou se calmer que par elle; car nos ennemis n'auront jamais de si grands avantages sur nous au dehors que lorsque la loi ne pourra faire entendre sa voix au dedans. Déjà, la Convention en a fait de très sages par leur rigueur contre leur manœuvres intérieures, et il lui reste à s'occuper de celles qui doivent faire le bonheur des Français; mais ce ne sera que par la Constitution que ces dernières pourront être consolidées, car la Constitution tient, ou est comme liée étroitement, à deux autres institutions sans lesquelles la meilleure forme de gouvernement serait vaine pour le bonheur du peuple; j'entends parler de l'instruction publique et de la législation. L'une et l'autre sont également demandées, et avec autant d'empressement que la Constitution. L'instruction publique est à l'ordre du jour et le comité de législation travaille au code nouveau et uniforme. Mais, que l'on y fasse bien attention, l'instruction publique comme la législation, n'ont ou ne doivent pas avoir un autre esprit ou d'autres principes que la Constitution même.

Or, on paraît déjà s'accorder à ne donner à notre République française que le caractère de la démocratie; je ne sais si l'on est aussi bien d'accord sur le vrai sens de ce dernier mot, mais il m'importe essentiellement de ne pas s'y méprendre, et pour s'en instruire, je renvoie au chapitre 4 du livre III du *Contrat social* de Rousseau.

Ce gouvernement suppose et exige toutes les vertus, une grande simplicité dans les mœurs, beaucoup d'égalité dans les rangs et dans les fortunes, peu ou point de luxe, etc.; ainsi, tout le système de notre législation dépend de ce caractère ou de tel autre, qui sera jugé plus convenable à notre République. Toutes les lois doivent tendre sans doute, dans un état républicain, à l'égalité entre les citoyens; elles doivent surtout faire tourner la considération vers la vertu, plutôt que vers la richesse; la confiance vers la probité, plutôt que vers le talent, sans négliger celui-ci lorsqu'il est pur et qu'un zèle prudent l'accompagne; mais est-ce bien la toute la force du législateur dans une démocratie ou, comme l'on vient de le dire, il faut des mœurs dont les nôtres sont en ce moment absolument éloignées? Ne nous y trompons pas; il ne peut, à cet égard, s'opérer un changement si prompt, quel que soit notre amour pour la liberté, pour l'égalité; il n'est pas possible qu'en France on renonce, dès maintenant, au luxe qui soutient les beaux-arts dont la nation s'honore; elle ne renoncera pas, elle ne peut renoncer au commerce que l'agriculture alimente, et qui encourage l'agriculture à son tour. Le sol de cette République est tel, avec sa population immense qu'il offre, comme de lui-même, toutes les richesses dont il serait aussi dangereux de tarir la source, que d'en commander ou d'en limiter l'usage. Et, en effet, dans un Etat libre et aussi vaste que la France, peut-il venir à l'idée de personne de lui donner les lois de Lycurgue, lorsqu'à Lacédémone on ne vivait que pour la guerre? Peut-on mieux lui donner les lois de Solon, lorsqu'à Athènes on méprisait le commerce? Enfin l'on ne peut pas plus lui donner les lois de Rome où, avec l'esprit de conquête il y a toujours eu des patriciens? Quel parti donc prendre? Car plusieurs désespèrent de notre République par ses principes mêmes, à cause de la trop grande corruption des mœurs et de la trop grande étendue ou population de l'Empire. C'est à ce double mal qu'il faut s'attacher, et, pour le guérir, je vois deux remèdes : 1° le travail, et principalement celui de la campagne; 2° un lieu plus serré, une activité plus grande dans les ressorts du gouvernement pour l'exécution des lois.

En général, la situation de la France se prête merveilleusement aux mœurs agricoles qui sont les plus douces et les plus heureuses, de l'aveu même de poètes et des orateurs : car personne n'ignore ce qu'en a dit Cicéron, ce qu'en ont dit, Horace et Virgile, ces deux beaux génies qui, pour flatter les Césars, ont comme fondé l'idolâtrie des rois. Aussi quel usage ont fait les nôtres des trésors que la nature avait mis dans leurs mains pour le bonheur des Français? Chacun sait l'histoire de leurs calamités. Ce n'a été que guerre depuis Pharamond. Et après Charlemagne comment se faisait-elle et pourquoi? Capet ne fut roi que parce qu'il se trouva le plus fort d'entre les brigands qu'on appela *seigneurs* avec raison, puisqu'il ne fut pas d'usurpateur plus souverain dans ces terres dont ils s'emparèrent avec le fer et la flamme : ils y ont disposé ainsi en maîtres absolus des biens comme des personnes; ils ont forcé la justice même à plier sous les lois que dictaient leurs caprices, et qui ont formé dans la barbare féodalité, les coutumes dont le comité de législation ne saurait trop tôt effacer jusqu'à la dernière trace, dans le code dont il s'occupe; il n'a pas été jusqu'ici d'obstacle plus grand aux bienfaits de l'agriculture; ajoutez-y les impôts multipliés qui ne portaient, au profit de nos rois et nobles, que sur les cultivateurs.

Et combien d'autres n'ont-ils pas mis sur le commerce, quand il s'est étendu sur les mers après la découverte de l'autre hémisphère ! Ils l'c... protégé avec un soin particulier; et pourquoi? Montesquieu va vous l'apprendre, cet autre génie qui a comme déshonoré la philosophie et son savoir en érigeant les autels au régime féodal, en avilissant ce qu'on appelait ci-devant Tiers-Etat à la gloire de cette race orgueilleuse qui, maintenant, plutôt que de céder à l'empire de la raison qui nous en a fait justice, embraserait le monde entier pour ses vengeances. Montesquieu, son apologiste, a dit : *qu'on favorise le commerce, afin que dans peu le peuple puisse satisfaire aux besoins toujours renaissants du prince et de sa Cour.* (*Esprit des lois*, liv. V, chap. IX.)

Le commerce comprend ici l'agriculture, et la Cour s'entend de tous les nobles qui en faisaient ci-devant le centre commun et exclusif de leur élévation et de leur fortune. Les besoins de la Cour s'entendent aussi de ses plaisirs, car il ne s'agit pas des besoins de l'Etat; il fallait donc que le peuple agriculteur et commerçant fût favorisé pour qu'il pût, tous les jours et sans cesse, combler le même gouffre, verser ses sueurs dans cet affreux tonneau des Danaïdes. Oh! heureuse révolution qui nous as fait sortir de cet abîme de misère, qui as rendu soudain à la liberté un peuple si peu fait pour un tel esclavage ! C'est maintenant à toi, peuple magnanime, qui as su briser tes fers par ton courage, à disposer de tous les biens que la nature te présente pour en jouir dans la paix et la liberté : mais c'est plus spécialement à nous ses représentants, à nous législateurs, à voir et à juger, en organisant le gouvernement républicain. Quelles sont les lois qui conviennent à l'esprit nouveau des Français, à leur amour pour la liberté, pour l'éga-

lité, pour la patrie; quels sont les pratiques ou les usages de l'ancien régime qu'il faut conserver, changer ou modifier, relativement à l'agriculture et au commerce, aux sciences et aux arts, à la guerre et à la paix? c'est à nous, dans l'état présent des choses, à combiner tous ces objets de manière à imprimer à toutes nos lois le caractère même de la nation ou de son esprit, et une tendance directe, constante et uniforme à toutes les vertus républicaines, et principalement à l'amour de la patrie, la première, et comme la source, de toutes les vertus sociales. Je m'en suis déjà expliqué dans mon opinion sur l'instruction publique, et quoi qu'on en soit permis de dire à cet égard, je m'en explique encore, et je répète que l'économie de vos institutions républicaines doit reposer tout entière sur l'attachement des citoyens à leur patrie et à toutes ses lois. Le bonheur des hommes n'est pas dans les jouissances de l'esprit, mais dans les affections du cœur; qu'on ne les cherche donc pas dans les sciences si elles ne sont pas fondées sur la vertu et réglées par elles. « Je ne veux point, disait Rousseau, qu'on m'oppose la démocratie d'Athènes, parce que Athènes n'était point en effet une démocratie, mais une aristocratie très tyrannique, gouvernée par des savants et des orateurs, et déchirée contre la volonté générale par leurs volontés particulières... Voulons-nous que les peuples soient vertueux, commençons par leur faire aimer la patrie en la leur rendant aimable. » (*Econ. polit.*)

Je n'ai garde de faire ici la plus légère application de cet exemple, quoiqu'il vienne à l'appui de mon opinion sur l'instruction nationale : mais je dois déplorer en ce moment la division qui règne entre les amis même les plus chauds de la République dans la Convention nationale. Une diversité d'opinions dans la manière de parvenir au même but, soutenue de part et d'autre avec des meilleures intentions, mais peut-être avec trop de prévention, est capable de tout détruire, si l'on n'a la prudence de se rallier autour même de la patrie que nous aimons tous. Les uns s'estiment en plein cours de révolution, croient nécessaire d'abréger les voies de la justice, de voiler même au besoin, sa statue pour le salut public; les autres, qui ont les mêmes vues, ont pensé jusqu'ici que, dès du moment que le trône a été renversé, on n'a dû s'occuper que des moyens d'y faire siéger la loi, sans négliger les mesures de rigueur et de force nécessaires contre les ennemis extérieurs et intérieurs de la liberté.

Je ne prononcerai pas sur ce grand procès (1); mais puisqu'il faut, comme dit Rous-

---

(1) Tout ceci était à la presse quand, dans la séance du 18 de ce mois, il a été rendu les plus sages décrets sur les motions de *Barère* qui a su ramener, avec beaucoup d'art et de prudence, tous les événements et la division même des esprits à une fin aussi heureuse. Je pense comme lui qu'il est nécessaire d'employer le même esprit de révolution dans toutes nos mesures, depuis que tant d'ennemis du dehors sont tombés tout à coup sur les bras, avec le même et peut-être un plus grand nombre de malveillants au dedans; mais en même temps je pense qu'il est plus nécessaire encore que la Convention dirige elle-même les actes ou les mouvements révolutionnaires, et de telle manière qu'ils entraînent ou n'attaquent pas les amis comme les ennemis de la Révolution ; car c'est une sorte de scandale qui ré-

seau, rendre la patrie aimable, et qu'on ne le peut que par des bonnes lois que la nation attend de nous, en vous les demandant à grands cris de toutes parts, c'est une nécessité, c'est un devoir pressant pour chacun de nous de tout sacrifier à la concorde, de faire céder toute volonté particulière au vœu général. Et qu'on ne me dise pas : on ne peut dans ce moment ni faire la Constitution ni des lois. Peut-être que plus tard on ne le pourrait; car autant pour ne pas éloigner de notre réunion les nations voisines que pour prévenir les derniers excès d'une licence qui bientôt nous amènerait le despotisme comme un besoin, comme le seul remède à nos maux, je crois que rien ne presse tant en nous occupant de la Constitution, que de faire de bonnes et sages lois; « C'est à la loi seule, dit encore Rousseau, que les hommes doivent la justice et la vérité; c'est cet organe salutaire de la volonté de tous qui rétablit dans le droit l'égalité naturelle entre les hommes; c'est cette voix céleste qui dicte à chaque citoyen les préceptes de la raison publique, et lui apprend à agir selon les maximes de son propre jugement, et à n'être pas en contradiction avec lui-même... Si vous voulez qu'on obéisse aux lois, faites qu'on les aime, et que pour faire ce qu'on doit, il suffise de songer qu'on doit le faire. C'était là le grand art des gouvernements anciens, dans les temps reculés où les philosophes donnaient des lois aux peuples et n'employaient leur autorité qu'à les rendre sages et heureux. Plus la vertu règne, moins les talents sont nécessaires. »

Je me plais à m'autoriser de cet auteur, d'abord parce que le temps est venu où, d'après l'abolition de la royauté, nous pouvons librement déployer toute sa doctrine et nous l'appliquer; en second lieu, parce que c'est à lui, et ce n'est qu'à lui, que nous devons la première idée de notre liberté, dans les principes de son contrat social; ce n'est donc ni à nos beaux esprits, ni à nos savants, que nous sommes redevables d'un si grand bienfait. Je ne parle pas de nos universités, de nos collèges qui, comme je l'ai dit, nous enchaînaient, nous abrutissaient dans leurs enseignements; mais nos académies existaient depuis plus d'un siècle à l'époque de notre Révolution, et toutes

encensaient alors nos rois comme des dieux sur la terre. Quelques cris ont percé dans l'Encyclopédie qui date de 1750 et dans quelques écrits de nos poètes qui ont précédé, mais bien moins contre la domination des rois que contre la domination des prêtres. L'Esprit des lois a paru en 1747, et certainement les Français devenus républicains rougiront des honneurs que leurs pères ont fait à un ouvrage qui, dans l'éclat même des lumières, et avec les connaissances les plus étendues, à la science des gouvernements, a pour ainsi dire mis en principe l'esclavage du peuple français en faveur de ce qu'on appelait ci-devant noblesse, et dont cet auteur faisait l'essence même des monarchies. De là aussi tous les privilèges nouveaux en faveur des nobles, et qui n'ont fait successivement que renchérir, au point qu'au temps des Etats généraux le ci-devant Tiers-Etat se voyait comme réduit à la destinée des bêtes de somme, sans qu'aucun homme de lettres s'en soit jamais occupé, sans qu'aucun d'eux ait jamais pensé, je ne dis pas à le venger, mais à le plaindre : j'en compte aussi très peu qui, dans cette Révolution, l'ont aidée de leurs talents; tandis que j'en pourrais citer qui l'ont trahie, et un très grand nombre qui lui ont été et lui sont encore très opposés. Je le dirai franchement, parce que je l'ai vu, c'est aux premiers députés des communes, c'est à ces hommes témoins et accablés eux-mêmes, dans leurs provinces, des maux de la tyrannie dans toutes ses filières; c'est à leurs cris et à leur fermeté dans les premières séances à Versailles, que le peuple français doit son premier éveil et sa juste colère contre les abus inouïs dans toutes les parties du gouvernement. L'excès même du mal a, comme lui seul, produit son remède. Quelques bons écrits nous instruisirent alors ceux principalement de l'abbé Sieyès; mais tous me parurent se rapporter à l'ouvrage que j'ai cité, ouvrage qui, dans son premier essai, ne pouvait être un chef-d'œuvre de perfection, mais où je trouve incontestablement l'origine et la cause morale de notre République française. Il avait déjà éclairé et fermenté les esprits depuis quelques années, lorsque les Etats-Unis de l'Amérique en ont fait la plus heureuse épreuve. A cet exemple, on nous prêche la souveraineté des peuples dans les vrais principes du Contrat social, et tout cela fut accueilli ou du moins respecté. Dès lors, je ne vis plus dans les conséquences de cette souveraineté nationale que l'état de pleine liberté où nous voilà parvenus. Oublions pour jamais les obstacles que la monarchie ou le monarque nous a opposés; et, puisque la nation française a su conquérir sa liberté, qu'elle sache à présent en bien user; car, suivant Rousseau lui-même, il est moins difficile de *conquérir que de régir*.

Je reviens donc au système de législation qui nous convient, et qui est nécessairement lié aux principes de la Constitution, où l'on doit prendre aussi la règle et la mesure des leçons publiques. Or, c'est sur quoi la Constitution n'a rien proposé. Il ne suffit pas de dire qu'il y aura un code uniforme; il faut déterminer l'esprit de la législation ou la direction des lois par l'esprit nouveau de la nation, par les principes de son gouvernement républicain, où désormais les lois doivent être plus simples

---

jouit nos ennemis parce qu'il fait un très grand mal à la chose publique. Que l'on mette de ce dernier nombre trois à quatre cents députés qui, dans le jugement de Louis Capet, ont voté soit pour l'appel, soit pour la réclusion, soit pour le sursis, et qui nous néanmoins l'ont condamné à des peines dont la moindre a été le bannissement perpétuel. Les mêmes, après le jugement rendu, cédant à la majorité n'ont plus voulu voir que justice et bien public dans l'opinion contraire à la leur. Or, accuser de pareils citoyens, dont aucun n'a été député après le 10 août, que sur les preuves d'un patriotisme, dont la Révolution elle-même a fait les plus grands profits; les accuser, dis-je, de royalisme, d'aristocratie, c'est, dans les circonstances présentes, la plus aveugle comme la plus injuste que puisse commettre l'esprit révolutionnaire, avec tout le mérite de son zèle pour la liberté; car elle n'a pas d'amis plus zélés que ceux que l'on cherche, par une absurde calomnie, à signaler comme ses adversaires; il ne resterait plus qu'à leur imputer les malheurs et les mauvais succès de la guerre générale et subite qu'ils avaient prévue, et qu'ils auraient voulu éviter au moins jusqu'au temps où l'on eût fait tous les préparatifs nécessaires pour une bonne défense.

et plus rares; il ne suffit pas non plus d'exposer à ce sujet quelques vérités générales dans la Déclaration des droits, d'y mettre encore que l'instruction est la dette de la société envers tous, comme les secours publics envers les indigents; il ne suffit pas pour remplir des devoirs aussi sacrés, d'en renvoyer le soin à une loi qui, ou ne se fera pas ou ne se fera que tard; il faut que, pour cette fois, la Convention ne se borne point à en prendre l'engagement comme l'a fait l'Assemblée constituante, mais qu'elle en règle les bases pour la plus prompte exécution dans la Constitution même.

C'est le seul moyen de rassurer les pauvres journaliers, dont l'espèce est si nombreuse, sur le bien-être dont on le berce depuis la Révolution; c'est par là qu'en attachant à la Constitution, à la République, cette classe précieuse de citoyens on préviendra de sa part les excès comme naturels de ses inquiétudes et de sa misère; et c'est tout ce que le peuple attend vainement depuis deux ans que la promesse lui en a été faite, avec une instruction publique. Il en a porté ses plaintes à l'Assemblée législative, par des adresses qui lui sont parvenues de toutes parts; qu'a-t-il obtenu? un vaste plan d'instruction qui ne promet et n'assure du pain et beaucoup de crédit qu'à ceux qui cultivent non pas les champs qui nous alimentent tous, non pas les arts utiles qui nous secourent, mais les sciences, qui ne font pas le peuple heureux. Ce plan même est encore à la discussion pour des établissements qui certainement n'intéressent pas la nation comme ceux qui, en offrant du travail aux pas valides et des secours aux infirmes, feraient le bonheur et la gloire de toute la société : car elle souffre par la souffrance de ses membres; et leur oisiveté, mère de tous les vices, font son malheur et sa honte quand elle est involontaire.

On l'a dit souvent et l'on ne saurait trop répéter cette vérité, que ce ne sera que par le travail que nous parviendrons à l'amélioration de nos mœurs. D'autre part, ce n'est guère à des gens que la famine assiège, que l'instruction profite. Commençons donc par assurer le nécessaire à tous pour leur subsistance et je réponds de la durée de nos conquêtes : mais je crains tout pour elles, si l'on continue à s'occuper des savants plutôt que des pauvres, des collèges plutôt que des ateliers; enfin, j'attache à ces derniers établissements de secours publics, une telle importance, une si grande nécessité que je désespère de tout s'ils ne sont fixés avant la fin de la guerre, après laquelle il nous faut nécessairement occuper ceux qui la font.

Qu'en même temps on établisse les écoles primaires, les seules qui soient, qui puissent être vraiment nationales, et qu'on y joigne une instruction sur les lois qu'aucun citoyen ne doit ignorer pour n'être ni en défaut contre la société, ni dupe de personne, car un peuple est bien malheureux quand la connaissance des lois que tous doivent suivre, forme une science pour quelques-uns. Enfin, que tout cela qui fait l'assortiment nécessaire de la Constitution l'accompagne au moins s'il ne la précède, afin qu'étant présentée à la sanction du souverain, il y trouve les preuves et comme le gage de sa félicité.

Je pense encore, dans le même esprit, que la Constitution doit annoncer aux citoyens pauvres une sorte d'asile et de protection pour eux auprès de la justice même, quand ils auront besoin de la réclamer pour des procès ou des contestations dans lesquelles ils ne pourraient soutenir leurs droits à leurs frais, sans qu'il suffise, pour suppléer à cette bienfaisance d'augmenter l'attribution des juges de paix, parce que la plus petite somme, la plus mince prétention de la part du pauvre, est, à son égard, d'un intérêt autant et peut-être plus cher, qu'une plus grande prétention de la part du riche.

Il est convenu que l'égalité rigoureuse ne peut pas avoir lieu: elle existait à Sparte, dit Rousseau, mais elle doit être telle, ajoute-t-il que nul citoyen ne soit assez opulent pour en pouvoir acheter un autre, et nul assez pauvre pour être contraint de se vendre; et c'est à quoi les secours publics doivent pourvoir. Ainsi donc, puisqu'en l'état de choses, on ne peut, en France, détruire l'inégalité des fortunes; puisqu'on ne peut pas porter atteinte à la propriété qui, telle qu'elle soit, sert plus qu'autre chose à attacher ses possesseurs à la patrie: puisqu'enfin il importe à la République de s'accommoder avec prudence et sans s'asservir dans son gouvernement, aux mœurs du temps et à l'esprit de son siècle, de maintenir le commerce dans son activité, et tous les établissements qui favorisent l'industrie, ce qui nous donnera toujours des citoyens plus ou moins riches, et d'autres plus ou moins pauvres, notre nouvelle législation doit être telle, que les lois ne voient désormais que des hommes et des frères dans tous ceux qui la composent: toutes doivent tendre à la plus exacte égalité civile et politique, sans acception de personnes, sans égard aux fortunes, pas même au talent, s'il n'a le sceau de la vertu; tous doivent prémunir par leur sagesse le faible contre le fort, l'homme simple, mais droit, contre l'homme habile, mais improbe; toutes doivent protéger les arts et les sciences; mais plus les arts et les sciences utiles que les arts et les sciences d'agrément; elles doivent plus favoriser l'agriculture que le commerce; elles doivent surtout mettre la plus grande valeur dans l'opinion sur le patriotisme, non pas sur ce patriotisme qui se masque, mais sur le véritable, le sincère amour de la patrie, qui ne peut se feindre et qui se prouve; et, pour cela, j'aurais voulu que, dans le plan de la Constitution, il se fût trouvé quelque disposition pécuniaire pour les vrais actes patriotiques, c'est-à-dire pour les actions grandes et généreuses, où il se fait pour le bien général les sacrifices les plus chers à l'amour ou à l'intérêt propres.

Je sais que nos lois renferment déjà quelques dispositions à ce sujet, mais je voudrais les rendre constitutionnelles; je voudrais que la Constitution, que bientôt chacun saura comme par cœur, renfermât, au moins en principes, tout ce que les lois réglementaires contiennent de relatif à l'ordre public et politique, telles, par exemple, que les vues nouvelles sur l'uniformité des coutumes en jurisprudence, sur la nouvelle manière de tester, de succéder ab intestat, de régler les droits des époux, des enfants naturels, de l'adoption, etc.; tout cela ne peut avoir lieu que par des rapports politiques et nécessaires entre ces réformes et celles qui se sont opérées par la

Révolution dans le gouvernement : raison pourquoi je voudrais que la Constitution qui va fixer tous les regards, présentât le tableau général des unes et des autres. Chacun sait quelle était, à cet égard, la pratique des anciens. Les lois des Douze Tables furent gravées sur l'airain et placées dans le *Forum*. D'autres peuples les gravaient sur des colonnes; et, avant cet usage des tables ou des gravures, on les faisait passer à la mémoire de chacun par le chant. Je l'ai déjà dit : Malheur au peuple chez qui la connaissance des lois est une science.

Telles sont les observations préliminaires que j'ai cru devoir faire avant l'examen du plan textuel de la Constitution que le comité de la Convention a soumis à notre discussion; elles me donneront lieu à quelques additions d'articles dans l'ordre des matières que je vais parcourir.

PROJET DE DÉCLARATION

Des droits naturels, civils et politiques des hommes.

Je pense que ce titre ou ce sommaire de la Déclaration des droits est mal conçu; qu'on ne devait pas tout à la fois et confusément énoncer les *Droits naturels, civils et politiques des hommes*, mais distinguer les uns des autres pour donner à chacun une idée précise et de ses premiers droits naturels et propres comme homme, et de ceux qui lui sont attribués comme citoyen; ce qu'il importe à tout Français de connaître, parce que les droits de l'homme sont véritablement les droits naturels attachés à son existence ou à sa création dans l'état de nature; ils lui sont tout personnels, tandis que les droits du citoyen, c'est-à-dire de l'homme en société, sont des droits communs à tous ceux qui forment avec lui la même association : droits par conséquent d'une espèce différente, puisque, par leur communion et leur réciprocité, ils forment plutôt des devoirs que des droits, ou bien ce ne sont que des droits soumis à des charges qui prennent nécessairement sur les premiers droits naturels de l'homme. Or, quels sont ces derniers droits? On les trouve confondus dans le premier article du comité, et il convient, je le répète, de les séparer des droits civils et politiques: ne fût-ce que pour savoir ce qu'on a gagné par ceux-ci, en perdant une partie des autres, ou la même liberté dans leur exercice. Rien d'ailleurs ne sert tant à l'intelligence des règles, que la définition exacte des mots qui les expriment; elles ne doivent aussi être exprimées qu'avec précision et dignité, et c'est par là, suivant la remarque des auteurs que les lois des Douze Tables ont acquis tant de respect et de célébrité : *Leges sanctas, tabulas, peccare ventantes* (Horat.).

On n'a point trouvé aussi de sagesse dans la suppression du *considérant* qu'avait employé la première Constitution pour y ramener les motifs imposants de cette exposition des droits de l'homme et du citoyen. On y voyait un hommage à l'Être suprême, dont la seule dénomination annonçait l'existence et l'idée religieuse qu'en avaient les législateurs. Ils auraient craint d'être accusés de la présomption, s'ils avaient paru c   de   eux seuls, sans la protection du Ciel, à un ouvrage consacré au bonheur du genre humain.

Le court préambule qui a été substitué au précédent est d'ailleurs, dans sa brièveté même, assez peu clair ou il ne me paraît plus convenir à la séparation que j'exige entre les droits de l'homme dans l'état de nature et ses droits comme citoyen.

Enfin, l'ordre que l'on a mis dans les articles qui exposent tous droits et que l'on a étendus, est, à la vérité, meilleur que le précèdent; mais, parce que celui-ci a eu les plus grands succès, l'on ne devait y faire des changements qu'avec la plus grande réserve, et en les justifiant dans le discours où il n'en a pas été parlé.

Voici donc comme j'exprimerai le sommaire et le préambule.

PROJET DE DÉCLARATION

Des droits naturels de l'homme, et des droits civils et politiques du citoyen.

« Les représentants du peuple français, réunis en Convention, et chargés par lui de rédiger une Constitution qui, dans la meilleure forme de gouvernement, assure son bonheur, ont pensé que les droits naturels et imprescriptibles de l'homme, les droits civils et politiques du citoyen, étant la première et la plus solide base de tout pacte social, devaient être exposés et déclarés, comme ils les exposent et les déclarent en présence et sous les auspices de l'Être suprême, dans les termes et l'ordre suivant : »

Passant ensuite aux droits de l'homme et du citoyen, je raisonne ainsi pour les distinguer en les annonçant.

Je trouve d'abord que les droits de l'homme, respectivement à lui-même s'appliquent aux droits de sa raison et de son usage; aux droits de sa liberté dans sa manière d'agir et de penser ; aux droits de sa conservation et de son bien-être, ce qui suppose le droit qu'il a de résister à l'oppression, et comprend sa personne et son avoir, c'est-à-dire les fruits de son travail et de son industrie.

Tous ces droits sont naturels et imprescriptibles, parce qu'ils sont propres à l'homme et de son essence. Ce sont des facultés naturelles, des dons du Créateur, qui, dans l'homme créé, sont devenus imprescriptibles, parce que, si on peut le priver de leur exercice par la force, il en conserve toujours le droit et le titre par sa nature.

Mais comme à ces droits se joignent dans l'homme des besoins qu'il ne peut satisfaire dans un état isolé ; comme, dans cet état, il est exposé à se nuire par l'abus de sa liberté dans son ignorance et les vices de ses penchants, il faut nécessairement le considérer dans ses rapports à d'autres hommes, ses semblables, dont qui la raison l'aura tout aussitôt porté de s'unir pour leur bien-être respectif, sous l'empire d'une loi commune.

Or, cette société, presque aussi naturelle à l'homme que ses premiers droits, ne peut être ainsi considérée que comme le produit de la convention, et non celui de la force. Cette convention même n'a été ni pu être que l'union de tous pour l'avantage de chacun: d'où il suit :

1° que tous les hommes réunis et associés ainsi par la raison, ont une égalité primitive entre eux, que rien ne peut détruire ; égalité de droits, égalité de charges, égalité même de pouvoir. Ils ne se sont liés que par un intérêt rigoureusement égal et commun, qu'ils ont réglé par des lois pareillement communes avec le concours des volontés particulières de chacun d'eux; ce qui a fait dire, avec toute sorte de fondement, que la loi n'est que l'expression de la volonté générale;

2° *Que si, après cette réunion et cet accord, la puissance établie par la volonté de tous et pour l'utilité commune de chacun, pour le maintien de l'ordre et l'exécution des lois, venait dans la suite à être détournée à l'avantage d'un seul ou de quelques-uns, elle serait de droit rappelée à son origine, où chaque citoyen ne s'est soumis volontairement qu'à une autorité, légitime et bienfaisante, et non à une tyrannie ; en sorte que, dès lors, tous sont en droit d'arracher les pouvoirs des mains du ravisseur ; car la liberté est une chose sacrée et de droit divin : l'auteur de tout l'ayant liée à la nature humaine, c'est un crime d'y attenter, une impiété de la surprendre, et une scélératesse de s'en rendre maître.*

Ce sont les propres termes de *Vincent Gravine* que je me plais à rapporter dans les circonstances où, relativement à ce qui s'est passé, et à l'établissement de notre République, on affecte de méconnaître un principe aussi naturel, aussi juste et aussi salutaire.

Voici donc ma rédaction dans ma méthode.

Droits naturels de l'homme.

« Les droits naturels de l'homme sont une entière liberté dans l'usage de ses facultés morales et physiques ; la même liberté pour sa conscience et pour son culte ; le droit de sa conservation et de son bien-être, ce qui suppose le droit de résister à l'oppression ; la propriété de son avoir, c'est-à-dire des fruits de son travail et de son industrie. »

Si, sortant de cet état, l'homme isolé trouve d'autres hommes ses pareils qui veuillent comme lui ne plus vivre en sauvages, alors il se formera, par le pacte social, une association qui défend et protège de toute la force commune la personne et les biens de chaque associé ; chacun s'unissant à tous n'obéit pourtant qu'à lui-même, et reste aussi libre qu'auparavant ; tel est le problème fondamental dont le *Contrat social* donne la solution.

Ce sont là les propres termes de Rousseau qui ajoute une explication qui est comme la clef des droits des citoyens, et que chacun devrait connaître comme le premier titre généalogique de son existence civile. Rousseau n'a pas été sans erreur dans ses dernières conséquences ; mais ses premiers principes sont de toute évidence aux yeux de l'homme le moins intelligent. Voici donc comme il s'exprime sur le premier contrat qui fait de l'homme un citoyen :

« Les clauses de ce contrat sont tellement déterminées par la nature de l'acte, que la moindre modification les rendrait vaines et de nul effet ; en sorte que bien qu'elles n'aient peut-être jamais été formellement énoncées, elles sont partout les mêmes, partout tacitement admises et reconnues, jusqu'à ce que, le

pacte social étant violé, chacun rentre alors dans ses premiers droits et reprend sa liberté naturelle en perdant la liberté conventionnelle pour laquelle il y renonça. »

Dans ce nouvel état de société, l'homme perd donc sa liberté naturelle dont l'abus, comme certain ne pouvait que le rendre malheureux en le rendant esclave de son instinct vicieux ou de ses passions ; il perd tous ses possessions qui ne pouvaient être que l'effet de la force ou le droit du premier occupant ; mais il gagne la propriété de tout ce qu'il possède, et, par sa soumission aux lois, l'heureuse impuissance de faire de mal impunément ; ce qui étant commun à tous ses concitoyens les met tous sous la protection d'une force légale qui garantit à chacun d'eux la sûreté de leurs personnes et de leurs propriétés, la liberté et l'égalité d'où leur viennent les droits civils et politiques dans le gouvernement qu'il leur a plu de se donner, et qu'ils peuvent toujours, par le même accord, changer à leur gré. Les droits civils semblent plutôt dériver de la liberté morale et commune dans la société, comme les droits politiques de l'égalité de pouvoir entre les citoyens pour les établissements publics. Ces derniers se rapportent donc à la forme du gouvernement et les autres à la personne ou aux propriétés des individus; or, à cet égard, je trouve quelques corrections à faire aux articles de la nouvelle déclaration, portés de 17, qui formaient leur nombre dans la précédente, à 33 dans celle-ci.

Ces 33 articles sont plus succincts; mais ils ont plus d'ordre et de liaison dans leurs matières, au moyen des objets racinaux mis dans le premier article, et que l'on a suivis successivement dans la rédaction. Je voudrais néanmoins rédiger différemment le premier article d'après les idées qui se présentent et ma séparation des droits naturels et les principes fondamentaux qu'il est si utile d'inculper au peuple : j'aurais donc exprimé ce premier article, après son sommaire, dans les termes suivants :

DROITS CIVILS ET POLITIQUES
du citoyen ou de l'homme en société.

Art. 1er.

« Toute association politique ayant nécessairement pour fin d'assurer les droits naturels de l'homme, en en réduisant l'exercice aux termes de la raison, pour le bien de tous les citoyens en général et de chacun en particulier; il faut en conséquence que, comme les citoyens concourent au règne de la loi par leur soumission à tout ce qu'elle ordonne, la loi garantisse leur liberté, l'égalité des droits entre eux, la sûreté de leurs personnes et de leurs propriétés, et qu'à ce défaut, elle autorise la résistance à l'oppression. »

Voici comme je rends compte de cette rédaction : s'agissant ici des droits des citoyens réglés par la raison sur ceux de l'homme en état de nature, et dans la forme d'une association qui se donne un gouvernement commun, il est dans l'ordre et des choses et des idées, que l'on commence par le corps avant d'en venir aux membres, ou par le tout avant les parties ; d'autant que les hommes n'ont cherché à se réunir que pour mettre leurs personnes et leurs biens sous la sauvegarde de la puissance souveraine dont ils ont fixé d'un commun accord le caractère et l'exercice par leurs lois. Ainsi, je parlerais des droits de la nation, de la force garantrice, avant de parler des objets garantis et individuels. Reportant donc ici l'article 25 et ajoutant à son texte l'idée de la force publique qui seule répond à l'idée d'une garantie de liberté, de sûreté, à l'idée même de la souveraineté dont je ne veux pas, pour cette raison, la séparer.

Art. 2.

« La garantie sociale des droits de l'homme repose sur la souveraineté nationale à qui seule il appartient d'établir et de régler la force publique. »

Le comité a eu sans doute ses raisons pour ne parler pas plus de la force publique, dans cette Déclaration des droits, que dans le discours; cependant la précédente déclaration des droits avait rappelé à cet égard (article 12) un principe essentiel qui viendrait bien ici après le précédent.

Art. 3.

« La souveraineté est une, indivisible, imprescriptible et inaliénable. La force publique n'est instituée que pour l'avantage de tous, et jamais pour l'utilité particulière de ceux auxquels elle est confiée. »

J'amenderais l'article 26 dont je fais l'article 4 et je le rédigerais ainsi :

Art. 4.

« La souveraineté réside essentiellement dans le peuple entier; d'elle seule émanent tous les pouvoirs, et chaque citoyen a le droit de concourir à leur établissement. »

Cette rédaction me paraît préférable à celle du comité par deux raisons :

1° Parce qu'il importe, dans un Etat populaire, de bien faire sentir la dépendance des pouvoirs publics, et pour ceux qui les exercent et pour les citoyens par qui ils sont établis; ce qui est pour les derniers le plus cher de tous les droits et la source de tous les autres;

2° Il n'est pas exact de dire, dans un gouvernement représentatif, que chaque citoyen a un droit à l'exercice de la souveraineté, puisqu'elle n'est exercée proprement que par ceux à qui le souverain a délégué ses pouvoirs par une élection, qui est le seul acte par lequel il fait usage de sa part à la souveraineté.

Après la souveraineté nationale doit nécessairement venir la loi qui en fixe la mesure et l'exercice ; il ne suffit pas d'en parler, comme a fait le comité, accidentellement, ou il ne convenait pas d'en donner la définition d'une manière comme transitoire dans l'article 3. C'est ici le seul endroit où il faut parler de la loi pour elle-même, et d'une manière digne de cette autorité suprême qui est, chez les peuples libres, comme l'âme de leur République, comme le soleil qui les éclaire et les guide.

Art. 5.

« La loi seule doit régner sur tous, mais, par là même, tous doivent concourir à sa formation, suivant le mode prescrit par la constitution sociale. C'est ainsi que la loi est, chez un peuple libre, l'expression de la volonté générale des citoyens qui le composent. »

Je ferais des articles 28, 29, 30, les articles 6, 7 et 8; après quoi j'en ferais un nouveau du droit que tout citoyen a de se retirer de la société, et qu'il est bon de lui apprendre; car, par la nature même du pacte social, qui n'est qu'un lien volontaire de la part des associés, il est toujours libre à chacun d'eux de rompre leur engagement particulier; et alors, rentrant dans leurs premiers droits naturels, ils n'en ont plus aucun, ni civil ni politique, dans la société qui n'est plus aussi de son côté tenue de rien à leur égard, qui peut même retenir leurs biens, si leur retraite s'est faite dans des vues hostiles contre la patrie, ou au moment de ses plus grands dangers. Voici donc comme je rédigerais cet article qui, dans ma marche, fait le neuvième:

Art. 9.

« Tout citoyen est libre de se retirer de la société pour rentrer dans ses premiers droits naturels, et alors la société est quitte envers lui de toute garantie sociale; elle peut même s'emparer de ses biens, si sa retraite s'est faite dans des vues hostiles contre la patrie, ou dans les temps de ses périls. »

Je mettrais à la suite de ce numéro tous ceux qui précèdent l'article 25, et qui commencent par l'article 2, en supprimant l'article 1er; mais je ferais encore quelques amendements dont je vais brièvement rendre compte. J'observerai auparavant que les articles 23 et 24 renferment deux dispositions sur l'instruction et les secours publics que l'on a très sagement fait de mettre dans la classe des droits sacrés de l'homme en société, mais qu'il faut, d'après ce que j'ai dit, étendre et réaliser par des dispositions même constitutionnelles; car si après les articles précédents on a assuré aux riches leurs propriétés, il était de toute justice sociale d'assurer aux pauvres leur subsistance (1) et d'établir une instruction qui leur fût commune avec les riches qui ne sont que des citoyens comme eux aux yeux de la loi. J'amenderais l'article 5 sur la liberté de la presse, par le correctif que la première déclaration des droits y avait mis en l'article 2 ou quelque autre.

On a très sagement rédigé l'article 6 concernant la liberté des cultes, sans y parler, comme dans la précédente déclaration, de trouble à l'ordre public parce que, au moyen de cette liberté dans les cultes, le corps politique ou la loi n'a pas plus à se mêler des uns que des autres, à s'en apercevoir même, dès qu'il est libre à chacun d'en user à cet égard selon sa conscience et sa volonté; la loi se borne donc, comme cela convient, à rendre hommage tout à la fois à la divinité et à la liberté des hommes, dans la manière de l'honorer, ce qui est comme une leçon pour chaque citoyen, de respecter les cultes mêmes qu'ils ne suivent pas.

_____

(1) C'est encore ce qui a fait l'objet d'une des motions de Barère dans la belle séance du 18 mars.

J'amenderais l'article 8 par ces mots : « La loi doit toujours tendre à l'égalité, dans toutes ses dispositions : elle ne doit voir dans tous les citoyens que des frères : elle doit donc être égale, etc. » J'amenderais l'article 9 où il est parlé de la préférence pour les places auxquelles tous les citoyens peuvent être admis. Au lieu de mettre : *que les talents et les vertus*, je mettrais : *que le mérite fondé sur les vertus sociales et républicaines.*

Je supprimerais entièrement l'article 16 qui n'est, à le bien prendre, que la répétition de l'article 15.

J'ajouterais à l'article 20 : *aucune nation civilisée ne doit se permettre nulle part ni de faire des esclaves, ni d'en trafiquer.*

Quand les circonstances ne permettraient pas de faire sitôt une loi de ce principe, il convient que la Convention nationale le comprenne parmi les droits de l'homme en société.

J'ajouterais aussi à la fin de l'article 22 ces mots : *et d'en connaître l'emploi,* ce qui lui importe autant et plus peut-être que le taux de la contribution.

Sur l'article 23, je rappellerai ici mes précédentes observations d'après lesquelles je mettrais après ces mots : *la doit également,* ceux-ci : *et uniformément à tous ses membres.*

J'ajouterais à la fin de l'article 24 ces mots : *elle doit aussi des encouragements et des récompenses aux citoyens qui ont rendu des services essentiels à la patrie.*

Quant aux articles concernant l'oppression ou les moyens de s'élever contre elle, ce qui est nouveau dans cette seconde déclaration des droits, ils ne donnent qu'une explication qui me paraît tout à la fois trop et trop peu générale.

Elle est trop générale parce que si l'on voit que, des trois cas d'oppression exprimés, le premier se rapporte au fait même de la loi; le second, à l'abus de ses ministres, et le troisième, à l'arbitraire qui opère sans elle ou contre elle, ce dernier comprend toute sorte d'entreprises sans les spécifier; et le second présente, comme oppression, ce qui, de la part d'un juge, n'est ordinairement qu'une erreur de jugement, sans crime de sa part; et cela n'est pas seulement inexact, mais dangereux dans une Déclaration de droits.

L'explication du comité est donc ainsi trop peu générale, car elle n'a pas énoncé le cas d'oppression le plus intéressant, l'attentat contre la liberté, contre la forme du gouvernement établie par la Constitution. Ce qui mérite une place dans cette déclaration où le comité, après avoir exposé les droits particuliers et individuels des citoyens devait finir par celui de la nation entière qui les garantit tous, savoir : le droit de s'élever dans tous les lieux et par tous les moyens, contre quiconque tenterait de s'élever sur les ruines du gouvernement populaire et républicain.

Ce dernier droit n'est pas seulement fondé sur la loi qui, déjà, a prononcé la peine de mort contre quiconque usurperait la souveraineté nationale sous quelque forme, titre ou dénomination que ce soit, mais il est fondé, d'après mes précédentes observations, sur la nature même du Contrat social, et il importe essentiellement de l'apprendre tant aux peu-

ples libres qu'aux ambitieux qui oseraient tenter de les asservir.

Nous finirons par observer que, s'agissant de régénérer nos mœurs absolument gâtées par les faux principes de l'ancien régime, par les préjugés qu'il entretenait comme des idoles dont il retirait les offrandes, et que nos mains libres ont renversées, il convient de faire entrer dans la Déclaration des droits, un article essentiel sur les droits ou les devoirs communs entre la nation et les citoyens. Vainement on parlerait de la République, si on ne la fondait tout entière sur l'amour de la patrie; sur ce sentiment tout à la fois doux et terrible, qui fait les délices des citoyens entre eux, et le malheur de leurs ennemis; qui dispose et élève les âmes à toutes les vertus. Vainement aussi on parlerait de liberté, si la justice ne l'accompagnait; si, après tous les sacrifices que la patrie exige des citoyens, le plus faible d'entre eux n'avait la faculté de lui porter ses plus justes réclamations, de faire entendre sa voix aux autorités établies et constituées pour le bien de chacun. Or, voici, à ce sujet, comment je rédigerais mon article :

« C'est un devoir à chaque membre de la société de faire céder, dans toutes les occasions, son intérêt particulier à l'intérêt géral; comme c'en est un aussi de la part de la société, d'entendre, par les autorités qu'elle a constituées, les réclamations et pétitions de chacun d'eux. »

Voici donc mon projet de Déclaration des droits tel que je viens de le proposer en le justifiant.

PROJET DE DÉCLARATION *des droits naturels de l'homme et des droits civils et politiques du citoyen.*

Les représentants du peuple français, réunis en convention, et chargés par lui de rédiger une constitution qui, dans la meilleure forme du gouvernement, assure son bonheur, ont pensé que les droits naturels et imprescriptibles de l'homme, les droits civils et politiques du citoyen, étant la première et la plus solide base de tout pacte social, doivent être exposés et déclarés, comme ils les exposent et les déclarent en présence et sous les auspices de l'Être suprême, dans les termes et l'ordre suivants :

Droits naturels de l'homme.

Les droits naturels de l'homme sont une entière liberté dans l'usage de ses facultés morales et physiques; la même liberté pour sa conscience et son culte; le droit de sa conservation et de son bien-être, ce qui suppose le droit de résister à l'oppression; la propriété de son avoir, c'est-à-dire des fruits de son travail et de son industrie.

Droits civils et politiques du citoyen ou de l'homme en société.

Art. 1er.

Toute association politique ayant nécessairement pour fin d'assurer les droits naturels de l'homme, en en réduisant l'exercice aux termes de la raison, pour le bien de tous les citoyens en général et de chacun en particulier, il faut en conséquence que, comme ces citoyens concourent au règne de la loi par leur soumission à tout ce qu'elle ordonne, la loi garantisse leur liberté, l'égalité des droits entre eux, la sûreté de leurs personnes et de leurs propriétés, et, à ce défaut, elle autorise la résistance à l'oppression.

Art. 2.

La garantie sociale des droits de l'homme repose sur la souveraineté nationale à qui seule il appartient d'établir et de régler la force publique.

Art. 3.

La souveraineté est une, indivisible, imprescriptible et inaliénable. La force publique n'est que pour l'avantage de tous et jamais pour l'utilité particulière de ceux auxquels elle est confiée.

Art. 4.

La souveraineté réside essentiellement dans le peuple entier; d'elle seule émanent tous les pouvoirs, et chaque citoyen a le droit de concourir à leur établissement.

Art. 5.

La loi seule doit régner sur tous; mais par là même tous doivent concourir à sa formation suivant le mode prescrit par la constitution sociale. C'est ainsi que la loi est, chez un peuple libre, l'expression de la volonté générale des citoyens qui la composent.

Art. 6.

Nulle réunion partielle de citoyens, et nul individu, ne peuvent s'attribuer la souveraineté, exercer aucune autorité, et remplir aucune fonction publique sans une délégation formelle de la loi.

Art. 7.

La garantie sociale ne peut exister si les limites des fonctions publiques ne sont pas clairement déterminées par la loi, et si la responsabilité de tous les fonctionnaires publics n'est pas assurée.

Art. 8.

Tous les citoyens sont tenus de concourir à cette garantie, et de donner force à la loi, lorsqu'ils sont appelés en son nom.

Art. 9.

Tout citoyen est libre de se retirer de la société pour rentrer dans ses premiers droits naturels, et alors la société est quitte envers lui de toute garantie sociale; elle pourra même s'emparer de ses biens si sa retraite s'est faite dans des vues hostiles contre la patrie, ou dans le temps de ses périls.

Art. 10.

La *liberté* consiste à pouvoir faire tout ce qui n'est pas contraire aux droits d'autrui : ainsi l'exercice des droits naturels de chaque homme n'a de bornes que celles qui assurent aux autres membres de la société la jouissance de ces mêmes droits.

Art. 11.

Le moyen le plus sûr pour conserver sa liberté, est la soumission à la loi qui la protège; mais tout ce que la loi ne défend pas est permis, et nul ne peut-être contraint à faire ce qu'elle n'ordonne point.

Art. 12.

Tout homme est libre de manifester sa pensée et ses opinions.

Art. 13.

La liberté de la presse et tout autre moyen de publier ses pensées, ne peuvent être interdits, suspendus ni limités, si ce n'est dans les cas déterminés par la loi.

Art. 14.

Tout homme est libre dans son culte.

Art. 15.

L'*égalité* consiste en ce que chacun puisse jouir des mêmes droits.

Art. 16.

La loi doit toujours tendre à l'égalité dans toutes ses dispositions; elle ne doit voir dans tous les citoyens que des frères; elle doit donc être égale pour tous, soit qu'elle récompense ou qu'elle punisse, soit qu'elle protège ou qu'elle réprime.

Art. 17.

Tous les citoyens sont admissibles à toutes les places, emplois et fonctions publiques. Les peuples libres et républicains ne connaissent d'autres motifs de préférence que le mérite fondé sur les vertus sociales.

Art. 18.

La *sûreté* consiste dans la protection accordée par la société à chaque citoyen pour la conservation de sa personne, de ses biens et de ses droits.

Art. 19.

Nul ne doit être appelé en justice, accusé, arrêté ni détenu que dans les cas déterminés par la loi et selon les formes qu'elle a prescrites. Tout autre acte exercé contre un citoyen est arbitraire et nul.

Art. 20.

Ceux qui solliciteraient, expédieraient, signeraient, exécuteraient ou feraient exécuter des actes arbitraires, sont coupables et doivent être punis.

Art. 21.

Les citoyens contre qui l'on tenterait d'exécuter de pareils actes ont le droit de repousser la force par la force; mais tout citoyen appelé ou saisi par l'autorité de la loi et dans les formes prescrites par elle, doit obéir à l'instant; il se rend coupable par sa résistance.

Art. 22.

Tout homme étant présumé innocent jusqu'à ce qu'il ait été déclaré coupable, s'il est jugé indispensable de l'arrêter, toute rigueur qui ne serait pas nécessaire pour s'assurer de sa personne doit être sévèrement réprimée par la loi.

Art. 23.

Nul ne doit être puni qu'en vertu d'une loi établie, promulguée antérieurement au délit, et légalement appliquée.

Art. 24.

La loi ne doit décerner que des peines strictement et évidemment nécessaires à la sûreté générale. Les peines doivent être proportionnées aux délits et utiles à la société.

Art. 25.

Le *droit de propriété* consiste en ce que tout homme est le maître de disposer à son gré de ses biens, de ses capitaux, de ses revenus et de son industrie.

Art. 26.

Nul genre de travail, de commerce, de culture, ne peut lui être interdit; il peut fabriquer, vendre et transporter toute espèce de production.

Art. 27.

Tout homme peut engager ses services, son temps; mais il ne peut se vendre lui-même : sa personne n'est pas une propriété aliénable, et aucune nation civilisée ne doit se permettre nulle part de faire des esclaves et d'en trafiquer.

Art. 28.

Nul ne peut être privé de la moindre portion de sa propriété sans son consentement, si ce n'est lorsque la nécessité publique, légalement constatée, l'exige évidemment sous la condition d'une juste et préalable indemnité.

Art. 29.

Nulle contribution ne peut être établie que pour l'utilité générale et pour subvenir aux besoins publics. Tous les citoyens ont le droit de concourir personnellement ou par leurs représentants à l'établissement des contributions, et d'en connaître l'emploi.

Art. 30.

L'instruction est le besoin de tous, et la société la doit également et uniformément à tous ses membres.

Art. 31.

Les secours publics sont une dette sacrée de la société, et c'est à la loi à en déterminer l'étendue et l'application; elle doit aussi des encouragements et des récompenses aux citoyens qui ont rendu des services essentiels à la patrie.

Art. 32.

La résistance à l'oppression, dans un gouvernement libre est un droit dont l'usage doit être déterminé par la Constitution; mais elle est autorisée par le pacte social contre quiconque entreprendrait, par des actes évidents, sur la liberté générale des citoyens ou la souveraineté du peuple.

Art. 33.

C'est un devoir à chaque membre de la société de faire céder, dans toutes les occasions, son intérêt particulier à l'intérêt général, comme c'en est un aussi de la part de la société d'entendre, par les autorités qu'elle a constituées, les réclamations et pétitions de chacun d'eux.

Art. 34.

Un peuple a toujours le droit de revoir, de réformer et de changer sa Constitution. Une génération n'a pas le droit d'assujettir à ses lois les générations futures; et toute hérédité dans les fonctions publiques est absurde et tyrannique.

PROJET DE CONSTITUTION FRANÇAISE

La nation française se constitue, etc.

TITRE Iᵉʳ.

De la division du territoire.

Ce titre Iᵉʳ de la Constitution française est précédé d'un préambule qui ne me paraît pas rédigé dans une forme bien régulière; on aurait dû, pour fixer tout à la fois et le décret même de la Constitution et le caractère de notre gouvernement, faire un article dispositif de ces mots : *la nation française se constitue en République démocratique ou populaire,* suivrait l'article II en ces termes : *La République française est une et indivisible;* à quoi j'ajouterais pour la sanction du décret qui abolit la royauté et de cet autre qui prévient tous les détours de l'ambition pour y parvenir : *et la nation sans déroger au droit souverain qu'elle a de se donner seule une Constitution, abjure la royauté et toute autre forme de gouvernement qui lui ressemble.*

Le préambule serait alors conçu à peu près dans ces termes : *La nation française voulant fonder son gouvernement sur les droits de l'homme en société, qu'elle a reconnus et déclarés, d'après les principes de la liberté, de l'égalité et de la souveraineté du peuple ; elle adopte la Constitution qui a été soumise à sa sanction par les représentants, dans les termes suivants :*

Quant à la divison du territoire, il y a des observations très importantes à faire, et l'on est étonné que le comité n'ait absolument rien dit à ce sujet dans le discours qui précède son plan, et où il ne s'est étendu que sur la forme du consentement à donner par la nation, ou par les citoyens individuellement, tant à la Constitution qu'aux lois qui doivent l'accompagner ou la suivre ; ce qui, dans mon examen, ne doit venir que sous les titres suivants, dans l'ordre des matières.

Je dirai donc ici, relativement à la division du territoire de la République que rien ne paraît plus opposé au maintien de son unité, de son indivisibilité, que la trop grande étendue non seulement de la République elle-même, mais encore des départements qui la composent.

Une grande étendue dans le territoire de la République rend son gouvernement plus difficile, et nécessite une plus grande vigueur dans ses ressorts. Son territoire était déjà assez vaste quand on a conçu ou le projet ou l'espérance de le voir s'augmenter et s'étendre par la réunion des peuples voisins et même plus éloignés.

A cette pensée, le cœur se livre, comme malgré lui, à la joie d'une si douce conquête ; tous n'y voient au premier coup d'œil, qu'un plus grand nombre d'hommes libres et heureux, qu'une plus grande masse de forces et de moyens pour résister aux ennemis de la liberté qui seule peut faire le bonheur des peuples ; mais l'égalité qui l'accompagne, et qui, comme l'a dit Rousseau, en est le fondement, parce que les hommes ne devraient être libres s'ils ne sont égaux entre eux, a de quoi justifier les craintes que l'on a sur les difficultés de cette réunion ou de sa solidité ; car en France même, où nous avons déjà tant fait, tant obtenu pour l'égalité, nous ne saurions nous flatter de l'avoir encore bien solidement établi ; plusieurs même en désespèrent parce que, comme je l'ai déjà dit, nos mœurs sont trop corrompues, trop éloignées des mœurs sévères que demande une République et surtout une République démocratique, où le peuple réunit à la plénitude de sa liberté, la plénitude de tous ses pouvoirs, sous la seule dépendance de la loi qu'il se donne lui-même.

Sans doute que la loi serait, elle seule, assez forte pour tout maintenir, si tous l'aimaient ; et c'est à quoi je pense : c'est à cet amour des lois que nous devons fixer et borner tous nos soins et notre patriotisme. Mais commençons par nous-mêmes, et croyons que si nous sommes assez heureux que de faire une bonne Constitution et des lois qui y attachent la nation française, nous ferons chez nos voisins, par notre exemple, plus de progrès que par nos armes et nos victoires.

Quant à l'étendue de nos départements, je trouve d'abord un très grand inconvénient attaché à la nature même des choses. Les grandes cités à grandes fortunes et à grande population absorbent tout le reste et le maîtrisent. Peut-être que j'en juge mal par ce qui s'y passe maintenant et qui peut, qui doit même n'être que passager, tant que dureront les accès convulsifs de la Révolution où tout se confond, les bons et les méchants pour qui sont tous les profits dans la licence. Mais, à l'époque même où n'ayant que la loi sur nos têtes, où tous les citoyens plieront devant elle, je me représente qu'il sera bien difficile que les habitants des grandes villes n'aient pas comme leurs mains le choix pour toutes les places ; ce qui les faisant tomber alors sur eux seuls, le reste des citoyens sera nécessairement sous leur coupelle.

Quel remède à ce mal ou à cet abus qui n'est pas proprement celui des hommes, mais des lieux qu'ils habitent ? J'en trouve un d'abord dans une nouvelle forme à établir pour les élections ; et celle qu'a proposée le conseil m'a paru ne pas trop s'éloigner de ce but. En attendant que je l'examine dans l'ordre des titres de son plan, j'observe sur celui-ci qu'un autre moyen de prévenir ou d'empêcher les inégalités entre les habitants des villes et ceux de la campagne ou des petites villes, dans l'exercice des droits politiques qui sont exactement les mêmes pour les uns comme pour les autres, serait ou d'en augmenter le nombre ou d'en diviser l'administration.

Le premier de ces partis devient plus praticable par la suppression des districts, et aurait l'avantage de rendre la fédération plus difficile ; je ne sais pas même si, à cause des obstacles que l'on entrevoit dans l'établissement proposé des grandes communes, l'on ne trouvera pas plus expédient de ne pas supprimer les petites municipalités en rapprochant d'elles l'administration qui doit nécessairement les séparer du pouvoir exécutif.

Je me rappelle que, quand on proposa dans l'Assemblée constituante de supprimer toutes les petites municipalités pour les réunir à la plus considérable d'entre elles, il y eut comme un soulèvement général fondé sur ce que les principes nouveaux de la liberté n'avaient pas permis de priver aucune communauté d'habitants existante de sa propre municipalité, et que c'était déjà beaucoup trop d'avoir soumis les plus petites à des chefs-lieux de cantons ; de quoi même, en ce moment, un très grand nombre se plaignent à cause de l'abus que font les habitants de ces chefs-lieux, de leur supériorité et de la prépondérance qu'elle leur donne dans toutes les délibérations des assemblées primaires.

J'approuve néanmoins très fort la suppression des districts, moins encore pour l'intérêt du Trésor public qui les soudoyait qu'à cause du mal qu'ils faisaient à la chose publique sans lui faire aucun bien. C'est à ceux qui savent comment les biens nationaux s'y sont vendus et avec quel dommage pour la nation, à en rendre ici témoignage.

On a reconnu trop tard que les administrateurs de ces districts, ne connaissant la nature et la valeur de ces biens que par des rapports et des comptes non impugnés, se croyaient tous acquittés de leurs devoirs en n'adjugeant point au-dessous de l'estime, sans considérer qu'avec des paiements en papiers, et douze années de temps pour tout solder, l'estimation des experts, non contrôlée ou non contredite, était une fausse mesure. A ce premier dommage, il s'en est joint un bien plus grand par les monopoles et les collusions dont le scandale et l'impunité ont écarté, dans un très grand nombre de districts, les enchérisseurs honnêtes. On pensa mal à propos, dans l'Assemblée constituante, que ce dernier abus pouvait plutôt avoir lieu dans les municipalités mêmes où les biens étaient situés; mais on s'est trompé, et cette erreur a causé un grand préjudice à la nation, parce que, dans ces municipalités, la valeur réelle des biens aurait été connue des officiers municipaux, et l'on aurait facilement obvié à la fraude en y envoyant des commissaires armés d'une loi très sévère contre les monopoleurs.

Ces biens ont été vendus aussi avec un empressement qui n'a pas permis d'y faire participer tous les citoyens, en les vendant en masse de possessions; mais c'est à quoi la Convention a déjà pourvu pour la vente prochaine des biens des émigrés et pour le reste des biens ecclésiastiques ou nationaux.

D'autre part, les districts n'ayant jamais que de simples avis à donner dans l'administration, ils les donnaient d'abord en plusieurs affaires très inutilement, et presque dans toutes sans connaissance de cause ou sans certitude, sans exactitude sur les faits.

Je ne parlerai pas du commérage si familier dans les administrations populaires, et d'un petit ressort où ceux-là même qui administrent se trouvent le plus souvent redevables de leurs plans aux parties intéressées, à la faveur de leurs suffrages. Le même abus est à supposer et à prévenir, s'il se peut, dans les administrations des départements où il a encore plus de conséquence.

Ajoutez enfin les abus de ces places même en politique; car s'il est vrai que toute machine va mieux avec le moins de rouages possible, c'est un grand mal dans un gouvernement libre d'y multiplier les emplois, parce que, indépendamment de ce qu'ils en arrêtent et embarrassent l'activité, ils y fomentent l'ambition et, avec elle, les divisions, les partis et les cabales, où les passions et l'intérêt personnel se jouent de l'intérêt public; il n'en faut donc qu'à la mesure de la plus rigoureuse nécessité et avec des appointements raisonnables mais point excessifs. Les sages Américains nous ont donné, à cet égard, une grande leçon par leur exemple; voici comme ils s'expriment à peu près dans leurs Constitutions respectives : « Comme, pour conserver son indépendance, tout homme libre (s'il n'a pas un bien suffisant) doit avoir quelque possession, ou quelque métier, faire quelque commerce ou tenir quelque ferme qui puisse le faire subsister honnêtement, il ne peut y avoir ni nécessité ni utilité d'établir des emplois lucratifs dont les effets ordinaires sont, dans ceux qui les possèdent, qui y aspirent, une dépendance et une servitude indignes d'hommes libres, et, dans le peuple, des querelles, des factions, la corruption et le désordre. Mais si un homme est appelé au service public au préjudice de ses propres affaires, il a le droit à un dédommagement raisonnable. Toutes les fois que, par l'augmentation de ses émoluments ou par quelque autre cause, un emploi deviendra assez lucratif pour émouvoir le désir et attirer la demande de plusieurs personnes, le Corps législatif aura soin d'en diminuer les profits.

« Une longue stabilité dans les premiers départements de la puissance exécutrice ou dans les emplois de maniement, est dangereuse pour la liberté. C'est pourquoi le changement périodique des membres de ce département est un des meilleurs moyens d'assurer une liberté solide et durable. »

Cette dernière pratique convient très fort à un état populaire; mais on craint qu'en réduisant à trop de choses les appointements des places, on ne les voie désormais remplies que par les plus riches : on concilierait tout, ce me semble, à cet égard, en portant le traitement de chaque officier public au nécessaire pour son entretien, afin qu'il n'y soit pas encore, après ses peines et ses services, pour sa propre fortune.

On propose, en supprimant les districts, de les remplacer par de grandes communes et des agences subordonnées, qui tiendraient lieu de petites municipalités, dans l'étendue de deux lieues et demie du chef-lieu de la commune.

On trouve, dans le discours qui précède le plan de la Constitution, les motifs de ce nouvel ordre de division, et ils paraissent raisonnables, surtout en ce que, par cette réunion, les petites municipalités seraient moins exposées à l'influence et à la domination des plus grandes villes, d'abord par la réunion physique des petites municipalités en une seule qui, dès lors, aura plus de consistance et de représentation; ensuite par l'accord politique et moral des communes entre elles pour s'élever, au besoin, contre la cité populeuse de leur département qui voudrait les subjuguer. Mais je retrouve toujours, dans ce dessein, la suppression des municipalités, et je rappelle ici mes précédentes observations. Je crains les effets de cette suppression pour le mécontentement de ceux qui les composent, et à qui il en coûtera de se voir réduits à un seul agent et à une seule administration municipale comme étrangère pour eux. Cependant ce parti me paraît préférable aux districts et aux cantons, s'il est convenu que le pouvoir exécutif ne doit point correspondre immédiatement avec les communes; mais, dans ce cas, il se renouvelle pour moi la question de savoir si l'on doit laisser subsister les départements tels qu'ils sont, ou dans une étendue plus grande encore par les droits et les pouvoirs que les lois leur donnent, que par leur territoire et leur population.

L'expérience a déjà fait sentir, même sous la précédente Constitution qui avait mis les départements comme à la tutelle du pouvoir exécutif, les inconvénients de leur autorité. Quelques-uns l'ont poussée jusqu'au despotisme; et l'on sait que, pour le peuple, l'autorité qui le commande de plus près, quoiqu'au nom de la loi est à ses yeux la seule puissance qui le gouverne parce que, s'il faut aller au delà pour se plaindre, il ne le peut. Cependant, le recours direct au pouvoir exécutif aurait, pour le peuple, les mêmes inconvénients en partant des communes. Quelquefois, le simple éloignement du directoire du département l'arrête; il faut donc, nécessairement et comme par justice, rapprocher de lui tout ce qui n'est établi que pour lui; et c'est ce qui me fait revenir à ma première idée qui est, ou d'augmenter le nombre des départements, ou d'en diviser l'administration de manière à la rendre tout à la fois et moins puissante et plus commode ou plus avantageuse aux administrés; et cela se rencontrerait peut-être dans l'établissement de deux ou trois directoires selon les localités et les populations avec égalité de pouvoirs dans leurs territoires respectifs.

Par ce moyen, on laisserait subsister les municipalités telles qu'elles sont, en diminuant le nombre de leurs officiers, non pour les conseils, mais pour l'administration qui va moins bien entre les mains d'un plus grand nombre d'administrateurs. Au surplus, dans l'établissement proposé des grandes communes, il y aura nécessairement des hommes à payer; d'abord les agents, ensuite le procureur de la grande commune, des administrateurs aussi, ceux du moins qui composeront le bureau, sans parler de cet esprit d'envie, qui fait naître la discorde dans l'état nouveau de liberté où chacun a raison de prétendre à la plus entière égalité; car, si déjà les petites municipalités se plaignent des chefs-lieux de canton, comme je l'ai observé, comment les chefs-lieux eux-mêmes se verront-ils privés tout à coup de leur petite supériorité, réduits à une simple agence, et mis dans la dépendance d'une commune leur voisine qui n'aura d'autre droit à leur administration que parce qu'elle aura quelques habitants de plus?

Les déplacements ont aussi toujours des inconvénients par eux-mêmes : ils causent inévitablement des dommages et pour la perte de temps et pour les dépenses auxquelles ils donnent lieu; car on ne peut guère aller quelque part pour en revenir le même jour sans boire et manger. Or, puisqu'on délivre les administrés de la corvée des districts, pourquoi leur imposer celle des communes? Si la distance de celles-ci est moindre, les besoins en sont plus fréquents dans les formes nouvelles des administrations municipales, et les législateurs font beaucoup pour le peuple quand ils préviennent ses incommodités et ses dépenses.

Sans doute que dans ces moments heureux où notre liberté sentie, appréciée à sa juste valeur par tous les Français, chacun d'eux doit se prêter à tous les arrangements que la loi prescrit dans la forme du gouvernement, pour le plus grand bien de la nation : Mais la loi elle-même doit aussi préférer sagement, dans les moyens qu'elle emploie pour régler l'autorité, ceux qui en rendent l'exercice et plus conforme à la liberté, à l'égalité, et moins désagréable ou dommageable pour la généralité des citoyens. Or, celui que je propose est de ce dernier nombre ; et je reviens avec confiance à mes deux ou trois directoires par département. Leur établissement tempérera les trop grands pouvoirs d'un seul directoire en les partageant, et il ne causera aucun préjudice aux citoyens ; chaque communauté d'habitants conservera ce que la plupart ont de plus cher, leur propre administration. La plus ancienne habitude leur en a rendu l'usage comme nécessaire ; et lorsque dans la nouvelle forme, dans les nouveaux principes de liberté, cette administration doit leur être plus agréable on veut les dépouiller leur enlever les écharpes consulaires, et comme leurs dieux pénates, pour les réduire à un seul agent, les assujettir à des administrateurs étrangers ! Cela ne saurait jamais ni plaire, ni réussir; tandis qu'on verra partout avec plaisir les directoires des départements moins absolus dans leurs volontés, et leurs membres plus dépendants de ceux pour qui et par qui seuls ils sont en place : Car il doit y avoir désormais, dans nos formes populaires, et moins de durée et plus de circulation dans l'exercice des fonctionnaires publics, dont le nombre doit aussi être réglé, comme je l'ai déjà dit, sur la plus stricte nécessité.

Dans ce système, il n'est plus si dangereux que les départements soient trop étendus ; cependant, la mesure proposée par le comité de quatre cents lieues carrées pour la plus grande surface me paraît toujours bonne à déterminer.

Par le moyen de ces doubles et triples directoires, on remédie à tous les inconvénients que j'ai rappelés, et l'on remplit en même temps tous les objets de la double correspondance entre les départements et le pouvoir exécutif, ainsi qu'entre les municipalités et le corps supérieur d'administration absolument nécessaire pour la surveillance et le bon ordre; en sorte que, par cet arrangement, ce qui est établi subsiste : On ne fait que priver les districts d'une administration reconnue généralement pour inutile, et plus nuisible qu'avantageuse; mais la division même des districts demeure, ainsi que celle des cantons et des municipalités, parce qu'elle est nécessaire dans le nouvel ordre déjà établi pour les polices municipale et militaire; sauf néanmoins les changements qui pourront toujours avoir lieu à cet égard selon les besoins et les localités.

J'observe enfin qu'en supprimant l'administration des districts, les affaires des municipalités n'auront plus de cours et s'expédieront même par l'administration supérieure avec autant et plus de connaissance de cause, par le moyen des administrateurs non employés dans le directoire et qui, étant près de chaque district, fourniront les avis et les renseignements nécessaires et, à leur défaut, les municipalités voisines.

· · · Jonc, d'après toutes ces idées, comme je rédigerais le titre premier.

TITRE Iᵉʳ.

De la division du territoire.

La nation française voulant fonder son gouvernement sur les droits de l'homme en société, qu'elle a reconnus et déclarés, d'après les principes de la liberté, de l'égalité et de la souveraineté du peuple, elle adopte la Constitution qui a été soumise à sa sanction par ses représentants, dans les termes suivants :

Art. 1ᵉʳ.

La nation française se constitue en République démocratique ou populaire.

Art. 2.

La République française est une et indivisible, et la nation, sans déroger au droit souverain qu'elle a de se donner telle autre Constitution que bon lui semble abjure la royauté et toute autre forme de gouvernement qui lui ressemble.

Art. 3.

La distribution du territoire de la République française par département sera maintenue dans le même nombre et un plus grand selon les réunions des pays voisins ou contigus qui auront lieu.

Art. 4.

Les limites des départements pourront être changées ou rectifiées sur la demande des administrés ; mais, en ce cas, la surface d'un département ne pourra excéder quatre cents lieues carrées.

Art. 5.

Les départements auront pour leur administration générale deux directoires et deux conseils au moins, ou trois directoires et trois conseils au plus, avec un arrondissement à mesure égale, autant qu'il sera possible, selon les localités et les populations.

Art. 6.

Ces directoires seront placés aux lieux les plus commodes pour les administrés.

Art. 7.

Les administrateurs des départements seront élus au nombre de douze, et renouvelés tous les ans.

Les membres du directoire seront pris, par moitié, parmi tous les administrateurs qui forment le conseil, et il seront remplacés, après six mois, par l'autre moitié.

Art. 8.

La division actuelle des districts, des cantons et des municipalités, est maintenue, mais il n'y aura point d'administration de district, et les municipalités n'auront, immédiatement au-dessus de la leur, que celle des directoires de département, dans leur arrondissement respectif.

QUINZIÈME ANNEXE (1)

A LA SÉANCE DE LA CONVENTION NATIONALE DU MERCREDI 17 AVRIL 1793.

Suite de l'examen critique du projet de Constitution, par Durand-Maillane (2).

TITRE II

De l'état des articles et des conditions nécessaires pour en exercer les droits.

La rédaction des articles qui composent ce titre, présente un grand changement dans ce

---

(1) Voy ci-dessus même séance, page 263, le rapport de Romme sur les divers projets de Constitution.
(2) Bibliothèque de le Chambre des députés : *Collection Portiez (de l'Oise)*, tome 30, n° 12 *ter*. Ce document a été annoncé dans le *Journal des Débats et des décrets* du 17 avril 1793.

que la précédente Constitution avait réglé touchant l'état des citoyens français; et l'on ne saurait ne pas l'approuver dans l'état plus libre où nous sommes. Le comité l'a aussi très bien motivé dans son discours : il entre, en effet, dans l'esprit et le caractère de notre gouvernement républicain que, d'une part, l'on prive le moins possible les citoyens nés français de l'exercice de leurs droits politiques et que, d'autre part, nous rendions notre association plus facile aux étrangers. C'est une conséquence de nos principes que nous ne considérions désormais que comme les amis de tous les peuples à qui notre Constitution même nous défend de faire la guerre, si ce n'est en défense, et sans jamais avoir de conquête territoriale en vue.

Par cette considération, l'une des plus puissantes pour nous concilier la bienveillance naturelle des hommes que l'intérêt propre ou l'ignorance n'aveuglent point, je trouverais convenable d'en faire un article particulier sous ce titre.

Il convient aussi de réaliser dans notre Constitution le mot célèbre de Charles-le-Gros, quand il affranchissait les communes : *Il faut*, disait-il, *que le beau nom de France se concorde avec la chose;* ce que, cependant, ses affranchissements mis à prix d'argent, et sans mérite de sa part, n'opéraient que très imparfaitement. Il était réservé à la nation elle seule, après s'être affranchie de ses rois, de pouvoir dire, dans le premier monument de sa liberté, dans sa première Constitution républicaine. *Le sol de la France est accessible à tous les hommes, et il ne portera jamais, pour tous les Français, que des fruits de liberté.*

Le comité a eu apparemment ses raisons pour ne pas répéter sous ce titre, l'article par lequel la précédente Constitution avait déclaré, pour fixer l'état civil des Français, que la loi ne considère le mariage que comme contrat civil. Il y aurait, en effet, quelque inconvénient de s'exprimer ainsi dans les nouveaux principes suivant lesquels tous les cultes sont comme égaux, et même comme étrangers aux yeux de la loi civile : on rappellerait, ce semble, par une semblable disposition, les idées particulières d'un seul culte, où l'on a jusqu'ici confondu, identifié même dans le mariage, l'engagement naturel et civil, avec les cérémonies religieuses qui l'accompagnent, et qui sont, sous diverses formes, communes à tous les cultes. Car les Romains mêmes ne contractaient pas leurs mariages sans auspices; ce que l'on apprend par cette inepte raison que donnaient les patriciens pour ne pas s'allier aux plébéiens, savoir : « que cela ne se pouvait, parce que les auspices de ceux-ci étaient différents des leurs dans le mariage. »

Les Romains avaient mis aussi un très grand prix à l'honneur d'être citoyen de Rome ; et cela s'accordait avec l'esprit de domination universelle qui les portait sans cesse à de nouvelles conquêtes : mais cet esprit n'est pas le nôtre, qui n'est qu'un esprit simple et commun de liberté, d'égalité, de fraternité, tel qu'il convient à l'espèce humaine et à tous les peuples qui veulent vivre heureux. J'ai donc trouvé très sage qu'on n'ait exigé, pour être ou devenir Français, que les conditions légères exprimées dans le premier article de ce titre, sans parler de la légitimité de leur état, qui a un tout autre principe.

L'article 2 de ce même titre coïncide avec

l'article 5. Celui-ci répète inutilement la peine de la dégradation civique; et le comité y a confondu très mal à propos l'incapacité de la démence avec l'indignité de la dégradation.

Il faut distinguer aussi la perte du droit ou de la qualité de citoyen français d'avec son simple exercice; car le furieux ou l'imbécile n'a pas encouru cette perte par sa maladie, mais seulement le pouvoir d'exercer ses droits de citoyens en tant qu'elle dure; ce qui est bien autre chose. D'autre part, le comité n'a pas parlé de l'état d'accusation dans lequel un citoyen peut se trouver. Certainement, aux termes de la Déclaration des droits, un accusé est présumé innocent jusqu'à sa condamnation, et jusqu'alors aussi il ne perd pas la qualité de citoyen : mais comme, dans cet état, il est privé nécessairement de sa liberté, on peut, sans injustice, le considérer comme celui à qui des infirmités ne permettent pas l'exercice de ses droits civils; outre qu'un homme en état d'accusation est, en général, dans une disposition morale peu propre à l'impartialité d'un bon choix. Par ces considérations, j'interdirais le droit de voter à celui qui, étant actuellement en état d'accusation, est ou est censé détenu dans une maison d'arrêt.

Le comité a, pour cette fois, mis les faillis à couvert, et avec raison ; parce que ceux d'entre eux qui ne font leur faillite que dans la fraude sont dans le cas d'être mis en état d'accusation pour un délit pareil, l'un des plus graves quand il est prouvé.

A l'égard des autres faillis, ce n'est qu'une infortune, des accidents malheureux qu'il serait injuste et cruel de punir encore comme des crimes.

Ajoutez à cette différence et à la dernière réflexion qui l'accompagne le décret par lequel la Convention a aboli la contrainte par corps, ce que je trouve très convenant, parce que, dans les nouveaux principes de notre gouvernement républicain, la liberté, les droits d'un citoyen sont d'un prix que rien n'égale dans la société. La liberté est inaliénable par un principe même de la Déclaration des droits : et comment donc pourrait-elle aujourd'hui se perdre par une simple signature du bas d'un billet commercial, d'un bail à ferme, ou même par un simple fermage, comme les parlements l'avaient voulu par leurs arrêts, et apparemment pour leur compte, pour des dépenses en affaires civiles. etc, etc.

Cet usage pouvait se pardonner sous un régime où la liberté même n'était qu'un esclavage, dans un royaume où l'on suivrait, dans les trois quarts de ses provinces, les droits d'un peuple qui avait et faisait des esclaves.

Mais, dit-on, le commerce en souffrira : on dit vrai, si nos mœurs ne changent pas; si l'agriculture n'a pas plus de sectateurs que le commerce; si les charmes d'une vie simple, vertueuse et républicaine ne guérissent pas de la cupidité ceux qui sont tourmentés par l'avarice, le luxe ou l'ambition; si enfin la bonté de notre Constitution et de nos lois ne font pas des Français, à l'avenir, les plus honnêtes gens du monde. En attendant, les transactions privées et sociales se feront avec plus de réserve, et même, si l'on veut, avec moins d'étendue : ce qui ne serait qu'un bien pour la société où les trop grandes affaires font les trop grandes fortunes, si ennemies du bonheur commun.

Le comité a retranché encore de la précédente Constitution l'article qui, sans priver les domestiques de leurs droits de citoyen, leur en ôtait l'exercice dans leur état de domesticité! Cela, et la nouvelle forme d'élection proposée dans le titre suivant, a déjà fait dire et écrire par plusieurs que le projet du comité favorisait les riches au préjudice des pauvres.

Cependant, après un examen très approfondi de ce reproche, je n'ai pu me persuader qu'il était juste; j'en dirai les raisons sous le titre suivant pour ce qui regarde la nouvelle forme d'élection; mais ici, où j'en viens à l'article des domestiques, j'observe que c'est encore par une suite ou une conséquence nécessaire des nouveaux principes, que l'on a dû rétablir tous les Français, sans distinction, dans toute la plénitude de leurs droits civils et politiques.

Il est bien vrai qu'en l'état présent des choses, tous les Français, dont les rangs sont égaux comme leurs droits, ne seront pas de quelque temps capables de sentir toute la dignité de leur nouvelle existence; que le vil intérêt en asservira encore longtemps un grand nombre : et que même très peu seront capables de s'élever au-dessus de tous les préjugés, de faire enfin à la patrie les sacrifices que lui doit tout bon citoyen. Mais je considère et j'envisage dès ce moment la France victorieuse de tous ses ennemis et entièrement libre; car c'est ainsi que nous devons tous, même dans nos périls, l'envisager pour la formation actuelle de notre gouvernement; ou bien nous l'établirions sur de fausses bases, puisque, comme je l'ai déjà observé, les principes sur lesquels nous allons fonder notre Constitution n'ont aucune saison à eux, mais sont de tous les temps, sans en excepter celui d'une révolution comme la nôtre, où il faut que cette Constitution serve d'ancre au vaisseau de la République contre les quatre vents qui l'agitent; sinon il faut qu'il périsse et nous avec lui.

Or, dans cet état même, je vois déjà des établissements pour tous les pauvres, et valides et infirmes; je vois les municipalités conservées, et les campagnes plus habitées; je vois les soldats revenir vainqueurs, et gagnés par les doux attraits de la propriété qui doit faire leur récompense; je vois la vertu humilier la fortune, et le luxe réduit par l'impôt progressif; je vois la République soutenue par la grande majorité de la nation; je vois enfin tout le monde occupé de son nouveau sort; et il n'est à cette heure aucun maître qui ne regarde d'un tout autre œil son domestique, comme il n'est pas de domestique qui ne sache ce que vaut un Français, ce qu'est un homme libre à qui le travail ne manquera nulle part, et ce que, certainement, il ne manquerait pas d'apprendre à son maître si jamais il s'avisait de vouloir forcer son suffrage.

J'en dis d'autant plus des ouvriers dans les manufactures; car c'est par les ateliers publics en chaque district. et, s'il se peut, en chaque canton, que la Constitution nouvelle déjouera tous les aristocrates, tous les égoïstes, parmi lesquels on a toujours quelque raison de comprendre, non pas tous les riches, non pas tous les gros propriétaires, mais ceux d'entre eux qui continueront à témoigner dans la joie commune de notre liberté, du mécontentement pour leurs pertes.

Je ferai mes observations sous le titre suivant sur la suppression de la qualité de citoyen actif qui avait disparu dès avant même la Convention. Quant à la disposition de l'article 10 concernant l'éligibilité libre et sans condition, je n'ai qu'à y applaudir, et à ses motifs très bien exposés par le rapporteur; j'y ajouterai seulement celui que l'on doit prendre pour règle dans toutes les élections et qui est exprimé dans la Déclaration des droits, savoir : « que chez un peuple libre, il ne doit y avoir d'autres motifs de préférence que *le mérite fondé sur le vertus sociales;* » cela s'entend d'un attachement sincère à la patrie, et bien prouvé, d'une probité également reconnue, et d'une incorruptibilité à toutes les épreuves ce qui fait nécessairement le bon républicain, l'homme ferme et courageux, non pas de ce courage fougueux qui semble braver tous les périls, mais de cette sagesse intrépide et judicieuse qui fait que, sans provoquer la mort par son imprudence, un fonctionnaire public sait l'attendre et en y remplissant ses devoirs. Je ne place qu'après ces qualités les talents et les lumières; et je les redoute si le reste leur manque. Je m'en suis déjà expliqué pour les temps calmes comme pour les temps orageux, pour tous les temps mêmes où notre ardeur révolutionnaire, que je suppose du reste dans le cœur de tous mes collègues, sans faire à aucun l'injure d'un doute, après les derniers décrets que tous se sont empressés de rendre contre les ennemis communs, — dans ce temps, dis-je, notre ardeur révolutionnaire a besoin plus que jamais de discernement et de mesure dans les hautes et sérieuses fonctions qui nous sont commises. J'ai lu quelque part que « dans les guerres, la tête d'un bon conseil faisait plus que tous les bras d'une armée. »

Je reviens donc à mes articles coïncidents 2 et 5 et qui doivent être réunis ou se suivre; je les place après l'article 4 qui serait alors le troisième, et voici comme je les exprimerais :

Art. 4.

« La qualité de citoyen français se perd par la naturalisation en pays étranger, et par la peine de la dégradation civique. »

« Celui qui est dans la démence ou l'imbécillité constatée par un jugement ne peut exercer le droit de citoyen, non plus que celui qui est en état d'accusation. »

Ce comité de Constitution a renvoyé à la législation à prononcer sur la peine que mérite celui qui a voté sans en avoir le droit; cependant cette peine devrait suivre naturellement le titre même qui prononce la prohibition; car puisque celle-ci forme une disposition constitutionnelle, pourquoi la peine à sa contravention ne serait-elle pas aussi constitutionnelle?

Il est vrai qu'il n'est pas aisé de déterminer cette peine, parce que d'abord elle ne peut consister dans une privation de suffrage pour l'avenir, à l'égard de ceux qui l'ont perdu pour toujours, comme un dégradé; il n'y en aurait point à prononcer contre un imbécile, et, à l'égard de tout autre citoyen, la contravention peut avoir été commise dans la bonne foi ou par l'effet d'une ignorance excusable. Tout cela forme une gradation de peine, avec un détail qui aura sans doute déterminé le

comité de Constitution à renvoyer cette partie au comité de législation; et je cède à cet avis.

Art. 7.

L'article 7 peut souffrir quelque exception en faveur de ceux qui par leur profession même, sont dans le cas de s'absenter au-delà d'une année; il suffirait, à l'égard de ceux-là qu'ils eussent déclaré à la municipalité, avant leur départ, la cause ou la nécessité de leur absence.

Voici donc, d'après toutes ces observations, quelle serait ma rédaction :

TITRE II.

De l'état des citoyens Français et des conditions nécessaires pour en exercer les droits.

Art. 1er

La République française fondée sur les principes naturels et raisonnables de liberté, d'égalité et de fraternité, qui doivent unir tous les hommes, déclare que son territoire est accessible à tous les étrangers et qu'elle n'y souffrira jamais ni serf ni esclave.

Art. 2.

Tout homme âgé de 21 ans accomplis, qui se sera fait inscrire sur le tableau civique d'une assemblée primaire, et qui aura résidé depuis, pendant une année sans interruption, sur le territoire français, est citoyen de la République.

Art. 3.

La qualité de citoyen se perd par la naturalisation en pays étranger et par la dégradation civique.

Art. 4.

Celui qui est dans la démence ou l'imbécilité constatée par un jugement, ne peut exercer les droits de citoyen, non plus que celui qui est en état d'accusation.

Art. 5.

Tout citoyen qui aura rempli les conditions exigées par l'article premier pourra exercer son droit de suffrage dans la portion du territoire de la République où il justifiera une résidence actuelle de trois mois sans interruption.

Art. 6.

Nul ne peut exercer son droit de suffrage, pour le même objet dans plus d'une assemblée primaire.

Art. 7.

Tout citoyen qui aura résidé pendant six années hors du territoire de la République sans une mission donnée au nom de la nation, ne pourra reprendre l'exercice du droit de suffrage qu'après une résidence non interrompue de six mois.

Art. 8.

Tout citoyen qui, sans avoir eu de mission, et sans avoir déclaré à la municipalité la cause légitime ou nécessaire de son absence, aura disparu pendant une année du lieu où il a son domicile habituel, sera tenu de nouveau à une résidence de trois mois avant d'être admis à voter dans les assemblées primaires.

Art. 9.

Le Corps législatif déterminera la peine qu'auront encourue ceux qui se permettraient d'exercer le droit de suffrage dans tous les cas où la loi constitutionnelle le leur interdit.

Art. 10.

La qualité de citoyen français et la majorité de 25 ans accomplis sont les seules conditions nécessaires pour l'éligibilité à toutes les places de la République.

Art. 11.

En quelque lieu que réside un citoyen français, il peut être élu à toutes les places et par tous les départements, quand bien même il serait privé du droit de suffrage par défaut de résidence.

TITRE III

Des assemblées primaires.

SECTION PREMIÈRE.

Organisation des assemblées primaires.

Je n'ai rien à observer sur la première section de ce titre, qui propose un établissement de bureau dont l'objet et les fonctions ne m'ont paru qu'utiles et très convenables à l'ordre qui doit règner dans les premiers éléments de la République. Il est essentiel d'y connaître partout les citoyens qui la composent et qui, à ce titre, ont chacun le droit précieux de participer à la souveraineté nationale; c'est le moyen de prévenir, à cet égard, toute surprise; rien de mieux imaginé que ce tableau et les formes annoncées pour s'y faire reconnaître comme citoyen. Il sera placé, sans doute, dans le chef-lieu de l'arrondissement, soit en canton, soit en grande commune, selon que l'un ou l'autre sera adopté. Le projet du comité ne le dit pas, il devrait le dire.

Jusqu'ici, chaque municipalité avait été chargée de cette inscription; et il faut convenir que toutes n'en ont pas tenu les registres bien exactement; mais plus nous allons, plus la qualité de citoyen devient intéressante, et elle est avilie si on peut facilement l'usurper. Ainsi, j'approuve très fort cette nouvelle mesure qui, en déchargeant les officiers municipaux, d'une tâche qui n'était pas celle de leur office, puisqu'elle se rapporte aux assemblées primaires où ils ne sont que de simples citoyens comme les autres, en charge les délégués de tout le canton pour les assemblées où les habitants de diverses municipalités qui le composent, doivent se réunir dans les cas déterminés par la Constitution. Il n'y aura pas de déplacement bien incommode pour l'inscription dans ce tableau, puisqu'elle se fait de tous les présents dans chaque assemblée et que les absents ont le loisir d'une convocation d'assemblée à l'autre.

Au surplus, le rapporteur du comité n'a rien dit de cet établissement nouveau dans son discours, où il paraît ne s'être pas beaucoup attaché à suivre l'ordre ou la marche du plan qui devait régler la sienne, ce qui n'est pas trop commode pour ceux qui cherchent à s'instruire du sens des articles du projet, par leurs motifs.

SECTION II

Fonctions des assemblées primaires.

Je n'ai rien non plus à observer sur cette seconde section que j'approuve dans tout son contenu. Elle est entièrement conforme aux principes élémentaires de notre République, et très certainement le peuple français n'a plus rien à craindre de ses représentants, quand ceux-ci seront obligés de respecter son vœu, dans tous les cas majeurs qui intéressent la République entière. C'est par ce moyen aussi qu'en rendant hommage à la souveraineté de la nation, on la rassure pleinement contre les abus qu'en pourraient faire autrement ceux qui la représentent; par là encore, le peuple sentira et connaîtra mieux son pouvoir souverain, parce qu'il l'exercera ainsi plus souvent par lui-même.

SECTION III

Règles générales pour les élections dans les assemblées primaires.

La matière de cette section forme un des objets les plus conséquents dans la Constitution : j'y ai trouvé des avantages et des inconvénients, mais moins d'inconvénients que d'avantages.

Pour éclairer ma critique, je commence par rappeler ici un grand principe, un principe fondamental, relativement à la souveraineté nationale : c'est que rien ne peut servir à représenter la volonté individuelle des citoyens, dans leur concours à la formation soit de la Constitution qu'ils ont à sanctionner, soit des lois qu'ils ont à suivre. La volonté, dit Rousseau, ne se représente point, et tous les citoyens, dans une République, ont le droit de l'exprimer : mais comment? c'est ici la difficulté.

Le mieux serait, dit le même auteur, que tous les citoyens, sans exception, fussent appelés en comices; mais cela n'est pas praticable dans un vaste Empire; il ne le fut à Rome que parce que les habitants d'une seule ville avaient la prétention de représenter eux seuls tous les citoyens de l'Empire qui habitaient ailleurs; ce qui est bien loin de nos principes. Les corps électoraux formés par le suffrage individuel des citoyens n'ont eu jusqu'ici rien de pareil à ces abus; mais ils en avaient d'autres et le rapporteur du comité a su très bien les relever. Le plus grand à mes yeux, et qui sert à justifier la nouvelle forme proposée, c'est que le peuple, à qui seul appartient le droit de toutes les élections, n'en faisait proprement aucune par l'organe de ceux à qui il en donnait la charge pour élire le meilleur sur tous, et qui ne s'élisaient qu'entre eux ou leurs amis; en sorte que, par cette forme, non seulement le peuple ne choisit pas lui-même, mais il voit souvent des choses contraires à son vœu.

L'expérience et notre plus grande liberté républicaine auront fait sentir au comité de Constitution la nécessité de ménager cette fois les volontés individuelles dans les élections : il a reconnu que, dans une République, chacun y était pour soi, c'est-à-dire que le pauvre comme le riche soumis à la même loi devaient s'aider également à la faire, dès qu'ils étaient, l'un comme l'autre, obligés de la suivre; de là, la suppression de la qualité de citoyen actif et de ses conditions, ce qui amène le droit passif de l'éligibilité pour tous les citoyens français, de là aussi, la nouvelle forme dans les élections présentée par le comité, et qui n'est pas sans inconvénients, mais auxquels j'aime à croire que la nation fera grâce en faveur du droit précieux qui lui est rendu par elle, surtout si l'on parvient à trouver un mode qui écarte du projet du comité les embarras et certains abus que plusieurs entrevoient dans une partie de ses dispositions. En effet, sans m'arrêter aux difficultés de la longue liste des candidats qui embarrassera beaucoup dans les campagnes, je fixe mon attention sur ce grand nombre de sujets que l'on serait presque partout forcé de chercher au loin, et de choisir comme sur parole. Le comité paraît avoir, à ce sujet, trop accordé à la renommée qui, dans ce genre plus qu'en aucun autre, peut induire en erreur. Jamais un électeur ne sera sûr ou satisfait de son droit que quand il pourra se convaincre par lui-même qu'il le fait bon ou qu'il a des raisons ou des preuves certaines pour le croire tel.

J'en ai déjà dit assez sur les motifs de préférence dans les élections pour des places ou des fonctions populaires; je n'y reviens pas; j'observe seulement qu'après la Constitution, si elle est bien faite, si le souverain la trouve digne de sa sanction, ainsi que le code et les livres élémentaires qui doivent l'assortir, le talent sera, pour les législatures suivantes, beaucoup moins utile; il sera aussi beaucoup plus facile de faire bon choix si, comme je l'ai proposé, on divise par deux ou trois directoires l'administration de chaque département. Les administrés seront, dès lors, plus à portée de connaître les hommes les plus dignes de leur confiance, sans être obligés de les prendre pour remplir la liste des candidats, parmi ceux dont on leur vante un mérite qu'ils n'ont jamais vu ni connu.

Ce n'est pas néanmoins, que le mérite, étant éprouvé par des services rendus à la patrie, ne puisse déterminer, de loin comme de près, la préférence; et, à cet égard, mon intention ne sera jamais de gêner en aucune manière la volonté des citoyens dans leur choix ou leur confiance; elle doit, au contraire, recevoir, dans tous les cas et dans tous les lieux,

la plus grande latitude. Ce n'est qu'alors qu'on peut se dire véritablement libre; ce n'est qu'alors qu'on l'est en effet, quand rien ne nous empêche de nous donner pour gouvernement celui de qui nous espérons le plus de lieu dans ses fonctions. Mais j'en suis à la liste des candidats proposée par le comité, et c'est le sujet de mes observations.

J'y ajoute que les candidats une fois choisis, et avec beaucoup de peine, dans leur grand nombre, agiront pour se procurer le choix définitif; il y aura alors double brigue, parce qu'il y aura double liste, et rien n'est plus contraire au bien public que les succès ou même les simples efforts des intrigants. J'appelle de ce nom tout homme qui, méconnaissant ce prix de son indépendance dans sa liberté, court après les places sans attendre que le choix honorable et libre du peuple les lui offre. On n'est pas sûr qu'un homme pareil ne fera pas le mal; mais on est sûr qu'il ne fera pas le bien sans quelque danger, par son ambition ou son orgueil.

Enfin, la liste des candidats, sujette à tous ces inconvénients, pourrait être supprimée, et néanmoins, l'élection se faire avec le même concours de volontés individuelles, à quoi j'attache la plus grande importance dans la rigueur du principe qui le rend indispensable dans une République toute fondée sur la souveraineté du peuple et l'égalité des citoyens. Il s'agit seulement de savoir dans quelle forme le vote se fera. Le comité a trouvé, par le moyen des candidats, une sorte de modification au secret du scrutin, en obligeant les votants de signer le billet de ceux-ci sans être obligés de signer le billet des élus définitivement.

Je n'ignore point qu'il s'est formé, depuis quelque temps une grande opposition au secret du scrutin dans les élections, et que même la publicité des suffrages a eu lieu dans plusieurs de celles qui se sont faites pour les députés à la Convention; mais je crois pouvoir dire qu'on a plus écouté, à cet égard, le besoin des circonstances que la voix de la saine raison la plus conforme aux vrais principes; car si rien n'est plus précieux au citoyen d'une République que l'usage de sa liberté et le droit de la défendre, il n'est pas de cas où il en ait plus de besoin que lorsqu'il s'agit de former, par le concours de son suffrage, la volonté générale sur les plus grands intérêts de la Nation ; or, à cet égard, je viens de le dire, la moindre gêne offense la liberté, la moindre influence captive la volonté : il n'y a plus alors d'expression générale, il n'y a plus de loi quand les volontés qui doivent se réunir pour la former ne sont pas absolument propres à chacun de ceux qui ont individuellement le droit de l'exprimer. Et combien peu de citoyens seraient libres dans les actes importants, s'ils étaient obligés de manifester l'exclusion de celui-ci, la préférence pour celui-là, parmi des concitoyens qui tous se ménagent, qui tous se connaissent, et sont forcés de vivre ensemble; je ne parle pas de l'avantage des premiers votants, des effets entraînants de leur exemple, et des autres inconvénients que présente à l'esprit la publicité des suffrages dans les assemblées populaires où les trois quarts des membres, soit par faiblesse, soit par ignorance, n'ont point d'opinion à eux.

Il ne faut pas ici se faire illusion sur ce

que pourrait faire une âme vraiment républicaine toujours prête à tout braver dans son courage, dans la fermeté, pour le bien de son pays. Nous ne surpasserons pas, à cet égard, les Grecs et les Romains, que les rivalités, les dissensions intestines ont perdus, et c'est, comme l'on dit, la maladie presque ordinaire des Républiques; cherchons donc contre elle tous les remèdes, puisque nous ne pouvons la guérir. Nous avons ici pour règle un principe dont il n'est pas permis de s'écarter, c'est le principe qui assure au peuple son droit de suffrage en entier dans toutes les élections, c'est-à-dire dans les actes de la souveraineté où le peuple, comme je l'ai déjà observé, a plus besoin que jamais de placer librement sa confiance; or, il n'y a pas de moyen pour sauver le faible de la crainte du plus fort, et le plus simple de l'adresse des fourbes, comme la manière de voter par scrutin; on a, à cet égard, l'expérience de tous les siècles, et cet exemple, si conforme aux principes d'égalité que nous professons, a de quoi nous instruire. Le peuple le connaît et l'a déjà suivi; il ne saurait donc que recevoir agréablement cette partie de la Constitution qui lui assure et garantit sa liberté dans l'exercice du plus précieux de ses droits.

Par toutes ces considérations que je pourrais étendre, je me fixe à rejeter la liste des candidats et à admettre, pour l'élection définitive, le mode proposé par le comité de Constitution; mais en rejetant la liste des candidats, et admettant le secret du scrutin, je substitue une mesure qui rentre dans les vues du comité, par lesquelles il a voulu prévenir les droits précipités ou aveugles; j'en ajouterai une troisième que réclame le plus rigoureux de nos principes, celui de la justice et de l'égalité; j'en parlerai après les deux autres.

Le mode que je substitue à celui des candidats est que, dans les assemblées primaires où l'élection doit se faire, il y ait une première séance préparatoire après la formation, pour désigner les députés à nommer, et une seconde quinzaine après l'élection: je ne veux point qu'il y ait ensuite une séance de discussion pour les préférences ou les jugements parce que si cela peut être pratiqué dans une société populaire il ne convient point à une assemblée légale et constitutionnelle, où les exclusions, les imputations, sembleraient recevoir de la loi même un caractère ou de justice ou de vérité que le plus souvent, dans de pareils débats, elles n'ont point.

Mais, pour le bien public, il n'y a un inconvénient que, dans la séance de préparation, il se fasse dans l'ordre et la discipline de l'assemblée, des raisonnements sur les motifs de préférence où il entre inévitablement des personnalités qui, ayant lieu sans malice et sans injures, et surtout avec bonnes preuves, se justifieront par leur cause et par leur fin. Ce n'est aussi qu'un bien pour les bonnes mœurs, que les droits honorables du peuple pour les places qui mettent un citoyen au-dessus des autres, tiennent à une bonne renommée; alors personne n'en est jaloux, et tous y font attention: chacun s'observe à ces exemples dans sa conduite, pour ne pas se perdre par ses vices dans l'opinion publique.

Le procès-verbal de cette séance sera envoyé, dès le lendemain, au directoire du département, devenu, selon mon plan, moins étendu dans son arrondissement, et qui, les ayant tous reçus en fera circuler dans toutes les municipalités le résultat, c'est-à-dire la liste de ceux qui seront désignés, non comme des candidats dont le choix est nécessaire, mais comme des personnes sur lesquelles on peut le faire tomber avec moins d'incertitude, mais avec une entière liberté d'en choisir d'autres.

Cet envoi se fera dans le courant de la même semaine et, quinze jours après la première séance de préparation, l'élection définitive aura lieu dans la forme nouvelle proposée par le comité.

Et voilà donc comment j'amenderais son projet dans les articles de la troisième section du titre III, en admettant, à peu de chose près, tous ceux des quatre autres sections où je n'ai vu qu'un meilleur ordre pour la police des assemblées primaires.

Mais ce n'est pas assez d'avoir fourni au peuple les moyens de se procurer librement les meilleurs choix pour les plans qui l'intéressent, il faut encore que ces choix se fassent par une exacte égalité de droits dans la collection des suffrages, c'est-à-dire entre les municipalités qui composent un département; car si l'on suit ici la sévérité du principe pour la personne de chaque citoyen, il arrivera que dans les départements où sont des villes populeuses, les habitants des campagnes ou des petites villes ne compteront jamais pour rien dans la République, et c'est à quoi jusqu'ici nos nouveaux législateurs n'ont pas pourvu, n'ont pas même fait attention.

Supposons donc, dans un département, une ville de soixante, quatre-vingts, cent mille âmes, et le reste allant à deux, trois cent mille, il arrivera que, prenant les suffrages individuellement et secrètement, comme je le propose après le comité, jamais les choix ne tomberont sur d'autres que ceux que les habitants de la grande ville auront en vue, et la raison en est sensible; outre qu'ils forment un nombre qui va presque à la moitié de tout le reste du département où il ne se trouve jamais tant de votants réunis, ils s'accorderont communément pour leurs sujets éligibles, tandis que les autres, qui à peine se connaissent, divagueront et se partageront dans leurs suffrages.

Et ce que j'observe ici relativement aux élections, influe essentiellement sur l'administration qui, ordinairement, n'a pas son siège ailleurs que dans cette ville majeure; or, les membres à qui elle est confiée, étant tous ou presque tous choisis par elle, on pourra dire que tout le reste du département lui est comme asservi: tellement que déjà l'expérience nous a appris qu'il n'est pas, dans les villages même, de petit ambitieux qui, pour obtenir quelque place, ne devienne dans ses vues particulières le partisan zélé de ceux qui, maîtres de tout, subjuguent son propre pays.

De là vient donc la justice et la nécessité du plan que j'ai proposé sous le titre premier, de diviser les départements en deux et trois directoires. Ici je propose, par une autre conséquence du même principe de justice et d'égalité, qu'il soit pris nécessairement la moitié ou deux tiers des députés ou des administrateurs, par tour de district, dans les proportions justes et convenables; l'autre moitié, ou l'autre tiers, pourra être pris en toute liberté partout où il plaira aux citoyens votants de les prendre.

Par ce moyen, aucun citoyen n'est individuellement privé de son droit d'élection, il n'est que restreint dans son scrutin par la loi de réciprocité qui rend cette restriction aussi juste que nécessaire; car alors l'égalité est parfaitement observée entre les habitants des grandes villes et ceux des petites, ainsi que des bourgs, hameaux et villages.

Il ne faudra pas toujours, dans les législatures, comme je l'ai observé, des hommes à si grands talents, quoique dans les assemblées même constituantes, les agriculteurs, les commerçants, les citoyens vertueux, ennemis de l'intrigue et des complots, sans beaucoup de science d'ailleurs, n'y soient pas de trop; et ils seront peut-être les plus nécessaires ou les plus utiles à l'avenir dans nos assemblées nationales, comme dans nos administrations républicaines.

Au surplus, il m'a fallu nécessairement dans mes principes ou mes idées, réunir ici quelques dispositions qui, dans le plan du comité, ont été placées ailleurs ou omises; mais cela même rentre dans le sujet des élections qui doivent être différentes selon les places qui y donnent lieu : il faut donc à mon avis que cela soit dit ou réglé dans le chapitre même des élections; car la forme des unes peut être différente de celle des autres, selon la différence des fonctions à confier à l'élu. Ainsi, j'ai cru devoir exprimer constitutionnellement que les administrateurs des départements seraient pris nécessairement parmi les citoyens qui y résident, afin que les fonctionnaires publics connaissent mieux les administrés et soient eux-mêmes mieux connus d'eux, pour éviter encore quelque intrigue étrangère, mais avec une limitation qui laisse à la liberté tous les droits de sa confiance quand elle sera manifestée par les trois quarts des suffrages.

A l'égard des députés aux Assemblées nationales, il convient de donner plus d'étendue à la liberté du choix, à cause de la plus grande importance de leurs fonctions et de l'intérêt commun qu'y prend et doit prendre la nation entière; cependant, par là même que les Assemblées nationales sont la représentation entière de la nation, il m'a paru qu'à l'avenir cette représentation doit être telle qu'elle réponde physiquement à tous les points de l'Empire; car c'est comme une injustice qui viole tous les principes d'égalité, que les députés d'un département ne soient pas pris ou concurremment ou successivement dans la généralité des lieux qui forment son territoire.

Et voilà pourquoi j'ai proposé un moyen pour obvier à cet inconvénient, excusable peut-être dans les élections qui ont eu lieu pour les deux Conventions, mais qui doit être prévenu ou réparé pour les simples législateurs.

Fixant enfin mon attention sur la différence qui a été mise entre la pluralité absolue des suffrages et la pluralité relative, j'ai eu lieu de reconnaître qu'elle n'était qu'embarrassante par les doubles scrutins qu'elle nécessite. Quand on a établi des formes solennelles pour garantir les élections de toute fraude, quand on est assuré par elles que chaque citoyen a exercé ou pu exercer son droit d'élire, que chacun a exprimé ou pu exprimer personnellement sa volonté, sans qu'aucun d'eux forme

à cet égard la moindre plainte ; quand enfin on ne peut soupçonner le moindre abus; je ne vois pas en vérité pourquoi, après tant de solennités, la pluralité relative ne suffirait pas pour fixer l'élection. Personne n'ignore les longueurs et les inconvénients des seconds scrutins, combien la brigue redouble d'efforts pour l'emporter sur des rivaux alors connus; et ces inconvénients se feraient bien plus sentir s'il fallait revenir à une seconde élection après le recensement général du directoire. Je n'en ai pu soutenir l'idée; et, dans les Républiques, il faut que les citoyens se respectent assez pour n'avoir plus entre eux tant de méfiance, et pour s'estimer même réciproquement comme il faut aussi que les lois y soient simples, il en doit être autant de nos formes publiques dans l'administration. Or, rien n'est en ceci plus compliqué que le plan du comité; et, par cela seul, il a déplu dans cette partie, quoique le fond, à mon avis, en soit très sage et conforme aux principes. J'ai cru aussi devoir moi-même le suivre, en mettant plus de simplicité dans mon plan; je vais l'exposer tel que je l'ai cru plus convenable à des républicains.

Au reste, j'écris ceci dans un temps où l'on n'a, ce semble, à s'occuper que du salut public, et je crois que plusieurs ne regardent mon travail comme importun ou prématuré. Mais ils se tromperaient ; car, ne pouvant sauver la patrie, dans les circonstances fâcheuses où nous sommes, qu'en inspirant pour elle le plus ardent amour, je ne pense pas que, parmi les moyens que nous avons, il en soit un plus propre à remplir cet objet que de montrer à la nation la perspective la plus prochaine d'une bonne Constitution. Elle ne peut, dès lors, en voyant cette Constitution comme le terme de ses inquiétudes et le commencement de son bonheur, que s'irriter contre les nouveaux et plus grands obstacles qui s'y opposent, et s'employer de tous ses efforts pour les vaincre; elle verra aussi, par là, que notre zèle pour ses intérêts; elle verra que ceux de ses représentants qui ne peuvent être d'aucun secours par leurs connaissances aux objets militaires, essaient de lui être utiles par les moyens dont ils sont capables; et cette idée me console, pour mon compte, dans le peu que je fais ici pour elle.

J'ai averti que je souscrivais aux sections I et II du titre III; mais j'aurais voulu que l'établissement nouveau du bureau dont il s'agit dans la première section, eût été annoncé dans le discours par le principe même qui le justifie et qui est, de sa nature, constitutionnel. Car il est bon que le peuple sache toute l'élévation et l'étendue de ses droits souverains dans les assemblées primaires ; il faut qu'il sache que, du moment que les citoyens sont là, leur municipalité ne compte plus pour rien ; les officiers municipaux ne sont plus que de simples votants comme les autres citoyens ; et par ce moyen le comité aurait évité le reproche qui lui a déjà été fait, d'avoir élevé un corps nouveau à côté de la municipalité, dans le même lieu où celle-ci aurait pu le remplacer, comme elle a déjà fait jusqu'ici; mais ce n'a été que par l'oubli des vrais principes, ou parce qu'ils n'étaient pas les mêmes sous la précédente Constitution.

Il est donc très essentiel qu'il existe, sous

les yeux même du peuple une délégation propre à sa souveraineté, chargée du dépôt infiniment précieux des droits et de l'état des citoyens, et à l'autorité de laquelle les officiers municipaux soient soumis eux-mêmes comme citoyens, n'étant, comme officiers municipaux, que les agents particuliers de leurs concitoyens, quoique, cependant, pour le bien général, ils forment le premier point de correspondance pour l'action où l'exercice des autorités supérieures dans ce gouvernement. De là vient que l'on met, par une sorte d'abus, les municipalités au rang des corps administratifs; tandis que les officiers municipaux des communes ne sont, dans leur vrai caractère, que les mandataires particuliers de leurs concitoyens. Et c'est ce que le comité devait éclaircir dans son discours, où il s'est beaucoup étendu sur certains objets et n'a pas dit un mot sur beaucoup d'autres.

Il a fait seulement une observation qu'il a crue peut-être suffisante pour répondre à ce reproche, et à un autre qu'on lui fait, d'avoir mêlé dans les dispositions constitutionnelles de son plan des objets purement réglementaires ; ce qui met la nation dans le cas de ne pouvoir y toucher au besoin par des lois nouvelles et courantes. Le comité a dit à ce sujet que tout ce qui regardait les élections populaires, première source de tous les pouvoirs, ne saurait être trop fixe dans la manière d'y procéder ; et je ne pense pas que si le temps rendait nécessaire le changement de quelque article dont la disposition n'intéresserait pas foncièrement les droits politiques du citoyen, ou fût empêché d'y pourvoir par une loi, ou bien l'on y pourvoierait par l'expression du vœu national, comme dans les cas proposés dans la même section : ce qu'il était très constitutionnel d'établir.

J'adopte donc les deux premières sections du titre III, sans y rien changer, et je rédige la section III dans les termes suivants :

SECTION III DU TITRE III.

Règles générales pour les élections dans les assemblées primaires.

Art. 1er.

L'assemblée primaire après avoir formé son bureau et annoncé l'élection à laquelle elle sera chargée de procéder, ouvrira la discussion pour désigner les sujets dignes des places qu'il s'agira de remplir.

Art. 2.

Le nombre des sujets à désigner sera nécessairement le même que celui des places ou des députations qui donnent lieu à l'élection; mais il peut et doit même être plus considérable, sans limitation au gré des citoyens électeurs. Il en sera de même pour leurs suppléants dont le nombre doit être égal à celui des élus.

Art. 3.

En discutant le mérite des citoyens éligibles, on n'aura absolument que le plus grand bien de la République en vue sans qu'il soit permis de rien proposer, pour les exclusions et les

préférences, d'injurieux contre personne ; sur quoi le président de l'assemblée sera tenu de prévenir ses membres, et de les réprimer s'ils ne défèrent à ses dépenses, par l'exclusion de l'assemblée pour cette séance.

Art. 4.

Les secrétaires écriront successivement et par ordre les noms des citoyens proposés pour l'élection au fur et à mesure qu'ils auront été agréés par l'assemblée, après avoir passé par la discussion.

Art. 5.

La délibération par laquelle l'assemblée admettra lesdits citoyens proposés, et mis à la discussion au nombre des sujets éligibles, sera prise, s'il n'y a contradiction, par assis et levé ; et dans le cas, soit d'un doute sur l'preuve, soit d'une réclamation appuyée de deux membres on la prendra à la majorité des suffrages par l'appel nominal.

Art. 6.

Le nombre des sujets à désigner pour l'élection étant rempli suivant le vœu de l'assemblée, dans la forme de délibération prescrite en l'article précédent, il sera dressé du tout procès-verbal dans la même séance : le président, les secrétaires et tous les membres du bureau présents le signeront, ainsi que quatre membres commissaires nommés à cet effet par l'assemblée elle-même et tout de suite le cacheteront pour être adressé et envoyé dès le lendemain au directoire du département, qui en donnera récépissé.

Art. 7.

Dès après avoir reçu les procès-verbaux de cette première assemblée préparatoire de la part de tous les cantons, le directoire en fera le recensement, lequel sera consigné dans un procès-verbal dûment signé par tous les suffrages, et de tous ceux à qui ils ont été donnés pour être élus ou pour être suppléants. Les uns et les autres seront écrits simplement par leurs noms et demeure, sans y ajouter le nombre plus ou moins grand des suffrages qu'ils ont réunis. Ce qui est ainsi ordonné pour ne rien préjuger sur l'élection où il sera toujours libre de donner son suffrage à qui l'on voudra, même à ceux qui ne seraient pas désignés sur la liste, pour être élus ou suppléants.

Art. 8.

Cette liste, extraite de la minute du procès-verbal du recensement sera signée par le président et par le secrétaire du directoire et envoyée aussitôt à tous les bureaux des assemblées primaires de son arrondissement, en les avertissant du nombre des éligibles qui seront nécessairement pris dans tel ou tel district, suivant l'ordre établi ci-après.

Art. 9.

Les administrateurs composant les conseils et les directoires des départements seront pris dans le nombre des citoyens qui résident dans l'étendue du même département : un Français résidant ailleurs ne pourra être élu pour cette place qu'en réunissant plus des trois quarts des suffrages ; mais les députés aux Assemblées nationales seront pris savoir : la moitié par tour de district, et l'autre moitié parmi tous les citoyens français.

Art. 10.

L'ordre du tour des districts pour la moitié du nombre des députés aux Assemblées nationales sera réglé de manière qu'on ne soit jamais tenu d'élire qu'un seul député par chaque district, en sorte que, si la moitié suffit pour remplir ce nombre, l'autre moitié sera libre pour l'élection ; et si elle ne suffit pas pour que chaque district ait son député, alors le tour n'aura lieu que successivement d'une Assemblée nationale à l'autre.

Art. 11.

Les districts qui auront une population au-dessus de 80.000 âmes ,auront à eux, dans leur tour, deux députés au lieu d'un seul comme les autres districts moins peuplés.

Art. 12.

Le bureau de chaque assemblée primaire rendra publics, par affiches ou autrement, la liste des désignés et le tour des districts envoyés par le directoire du département; ce qui aura lieu dans la quinzaine de la première séance, après laquelle on procédera à l'élection définitive dans la forme suivante.

Art. 13.

L'Assemblée, pour la seconde séance de l'élection définitive, sera annoncée et publiée dès la veille en la forme ordinaire : elle sera formée seulement par le bureau dès le matin à huit heures; il ne s'y fera aucune sorte de discussion; et les membres du bureau n'en désempareront pas le même jour, pour y recevoir les suffrages par bulletin secret de la part de tous les citoyens électeurs.

Art. 14.

Il sera placé sur le bureau une urne, ou à côté, une grande boîte en forme de caisse, entr'ouverte par le haut afin qu'on puisse y jeter successivement les bulletins de chaque votant. Ceux des votants qui ne sauront pas écrire seront tenus, pour donner leur suffrage, de le communiquer à l'un des secrétaires ou des membres du bureau, qui écrira leur bulletin.

Art. 15.

Le bulletin contiendra les noms, surnoms des élus actifs ou de leurs suppléants au nombre déterminé, et de manière à bien distinguer les personnes qui sont connues sous la même dénomination, le père d'avec le fils, le fils d'avec le père, etc.

Art. 16.

Il ne se présentera à l'Assemblée formée du bureau aucun citoyen pour voter, que ceux qui se trouveront inscrits sur le tableau, et les secrétaires en tiendront un état où ils mettront successivement et très distinctement tous ceux qui se présenteront, en présence au moins du tiers des votants, lesquels seront avertis de s'y trouver pour délibérer au besoin sur les nullités du scrutin.

Art. 17.

La séance de cette Assemblée d'élection sera fermée ou levée à six heures du soir, temps auquel les membres du bureau procèderont au recensement des suffrages; ils en dresseront un état en deux colonnes, l'une pour les élus actifs, et l'autre pour les suppléants; ils recueilleront très exactement le nombre des suffrages donnés à chacun d'eux, et ils les inscriront sur leur colonne, par ordre de la pluralité.

Art. 18.

Le recensement ainsi fait et rédigé, il sera signé par le président, les secrétaires et tous les membres présents du bureau, ensuite cacheté et adressé immédiatement après au directoire du département qui en donnera son récépissé.

Art. 19.

Le directoire ne recevra plus de ces états de suffrages trois jours après l'assemblée primaire d'élection, et dans les trois autres jours de la semaine, ou plus tôt s'il est possible, il s'occupera, toute affaire cessante, du dépouillement ou recensement de tous lesdits état, ce qui se fera en présence d'un commissaire de chaque district, un nommé par tour de canton, à commencer par le canton le plus fort en population.

Art. 20.

Ce recensement ainsi fait de tous les états d'élection envoyés au directoire par les bureaux des assemblées primaires, il sera fait et rédigé un état général qui fixe l'élection par la pluralité relative des suffrages, et selon l'ordre de cette pluralité, sur les deux colonnes des élus actifs et des suppléants, il sera dressé du tout un procès-verbal, lequel sera signé par tous les membres du directoire et commissaires de district présents, et envoyé sur-le-champ à chaque municipalité de l'arrondissement.

Art. 21.

Dans les premiers recensements des suffrages, on fera la comparaison du nombre total des votants écrits sur l'état qu'en doivent tenir les secrétaires, avec le nombre des bulletins mis dans le tronc. Il en sera fait mention expresse dans le procès-verbal; et s'il arrivait qu'il y eût moins de votants que de bulletins, ou moins de bulletins que de votants, l'Assemblée, composée au moins du tiers des votants déclarerait le scrutin nul ; et procéderait de nouveau le jour suivant ; mais si le nombre des bulletins étant égal à celui des votants, il s'en trouvait qui fussent ou blancs ou incertains dans les dénominations, on rejetterait simplement les bulletins, et l'on règlerait l'élection sur le nombre des bulletins valables.

Art. 22.

Ledit procès-verbal du directoire de département ainsi envoyé, tiendra lieu par la publicité que lui donnera chaque municipalité, par affiche ou autrement, de toute proclamation de l'élection et du droit qu'elle donne, tant aux élus actifs qu'à leurs suppléants.

Art. 23.

Il sera procédé dans cette forme d'élection pour toutes les places au-dessus de celles qui forment les municipalités.

SECTION IV.

De la police intérieure des assemblées primaires.

Je n'ai rien à dire sur la matière de cette section qui n'est qu'une confirmation de ce qui se pratique d'après la précédente Constitution, et qui a sans doute paru au comité justifiée par l'expérience.

SECTION V.

Forme des délibérations dans les assemblées primaires.

Il y a à rappeler ici, sur la totalité des articles, l'observation déjà faite sur les dispositions relatives au détail des formes qui sont invariables dès qu'elles sont constitutionnelles. Tout ce qui touche aux objets soumis par la Constitution aux délibérations ou aux élections des assemblées primaires, est de telle nature qu'on ne saurait en régler les formes autrement que par la Constitution : la raison est que les actes des assemblées primaires tiennent à la souveraineté du peuple, à l'expression de sa volonté, qui ne peut être ni déléguée, ni représentée, et qui, par conséquent, ne doit être connue que dans une forme dont la solennité soit fixée, et telle, qu'il ne puisse rester à tout esprit raisonnable le moindre doute sur la légitimité des actes où elle a été employée et observée.

Je trouve que pour des actes pareils, un ajournement de huitaine n'est pas de trop; et dès que la discussion est ouverte toute la semaine, et qu'elle est en même temps libre et volontaire de la part des citoyens elle ne met alors aucun d'eux dans le cas ou la nécessité de perdre son temps ou son travail.

Il est aussi à supposer que, pour ces sortes de discussions publiques et générales, la matière pourra tout aussi bien être éclaircie dans les entretiens particuliers, quoique l'on doive également supposer qu'elle sera discutée dans la salle même de l'Assemblée, par ceux des citoyens qui ont assez de lumières et assez de moyens pour donner quelque temps et quelque soin aux affaires publiques sans préjudice des leurs; ce qui, étant public, sera bientôt répandu par tout le canton.

Je me formerais plutôt une difficulté sur la manière de poser la question, pour en avoir la réponse ou la solution par *oui* ou par *non*. Cela n'est pas si facile qu'il le paraît d'abord; et puisque, dans les assemblées primaires, il

ne doit jamais être traité que d'actes de souveraineté populaire, je pense qu'il faudra amender l'article 4 de cette section par une distinction, et dire « que quand il s'agira de délibérer sur un objet d'intérêt national et commun à tous les citoyens de la République, la question sera proposée et rédigée par le Corps législatif. »

Quand il ne s'agira de délibérer que sur un objet particulier et propre à un seul département, la rédaction sera faite par le directoire du département si c'est lui qui provoque la délibération, sinon par l'assemblée particulière qui s'en sera donné l'initiative pour l'ordre, la justice ou le bien public.

L'article 5 exige que le votant mette son nom sur le bulletin.

Cela ne doit être ainsi que dans les délibérations où il ne s'agit purement que des choses, et non des personnes, car dans les élections et dans les autres cas qui peuvent intéresser personnellement des individus, il doit en être autrement; parce que si la publicité semble mieux convenir dans tous les cas sans distinction, il faut que des législateurs qui, comme je l'ai dit, doivent accommoder leurs lois aux mœurs du temps et au génie du peuple pour qui elles sont faites, fassent attention qu'on est et qu'on sera encore longtemps en France loin de ce grand caractère en général; on se tromperait fort, si l'on prenait ses efforts qui se font, la magnanimité du zèle et du courage qui se montrent en ce moment pour la défense et l'affermissement de la République, pour une preuve de la disposition où il faut que tous les citoyens soient pour être de vrais républicains, c'est-à-dire des hommes dont la pleine liberté ne soit absolument altérée par la publicité de leurs suffrages, pour ou contre telle ou telle personne. Sans doute que la République renfermera toujours de tels hommes dans son sein; mais ce ne sera pas de longtemps le plus grand nombre, et c'est pour le plus grand nombre que les lois se font

J'amenderais encore l'article 7 par le même correctif qui a été mis ci-devant à cette formalité du dépouillement, par la préférence d'autant de personnes qu'il y a de membres au bureau, que l'assemblée nommera sans la participation du bureau et qui assisteront à ce dépouillement.

Je ne suis point contraire à l'envoi de ces dépouillements particuliers de chaque Assemblée primaire au directoire du département, dans la crainte que les directeurs en prennent trop d'autorité ou en abusent autrement : premièrement parce que cet envoi est dans la nature même de la chose; il est indispensable que, s'agissant de connaître le vœu commun du département, on ne s'adresse à l'autorité supérieure qui fait centre commun dans l'administration du département.

En second lieu, le directoire du département n'a point d'abus à commettre dans une formalité qui, comme je l'ai déjà proposé, ne sera remplie qu'en présence d'un commissaire de chaque district; ce qui aura lieu dans tous les cas de délibération générale et commune à tout le département. Le comité a aussi très bien distingué dans les articles 12 et 13 les pouvoirs de ces directoires entre les cas particuliers et locaux, et les cas d'intérêt national, en accordant même, sur les premiers, le recours au Corps législatif.

TITRE IV.

Des corps administratifs.

Je ne sais si je me trompe, ou si je vois mal, mais il me semble que le comité devait suivre une autre méthode dans l'ordre des titres ou de leurs matières dans son plan; car, outre que, comme je l'ai déjà observé, sur la Déclaration des droits, le corps passe avant les membres, le tout avant la partie, il me paraît plus naturel, après avoir parlé du territoire de la République, de l'état des citoyens et de leurs assemblées primaires, qu'on passe au Corps législatif plutôt qu'aux corps administratifs. Premièrement, parce que jusqu'ici il n'a été question, dans les titres précédents, que de la souveraineté du peuple et de ses premiers éléments; or, à présent que nous allons traiter de ses pouvoirs, ne convient-il pas de commencer pour celui qui constitue tous les autres, après avoir été formée lui-même par la nation? En second lieu, c'est par le Corps législatif que le gouvernement reçoit son être ou son action; c'est par ce seul représentant que le souverain ordonne; c'est donc par lui qu'il faut commencer la Constitution dans la partie des différents ressorts qui doivent faire aller la grande machine de l'ordre social et républicain.

Cependant, comme à cet égard il peut y avoir différentes manières d'envisager les objets, et que le plan du comité étant déjà tracé sur d'autres idées, il y aurait de l'embarras pour moi-même dans l'examen que j'en fais, je le suivrai dans le même ordre qu'il nous a été présenté.

SECTION I.

De l'organisation et des fonctions des corps administratifs.

La rédaction, différente de celle du comité, que j'ai proposée sur le titre 2, me conduit nécessairement à en proposer également une autre sous ce titre, parce qu'après avoir rejeté les nouvelles communes, les agences mises dans le plan du comité, en y substituant pour l'administration deux ou trois directoires par département, je dois aussi, d'après mon plan rédiger bien différemment les articles.

Parmi ces articles, il en est des dispositions n'intéressent point l'organisation des nouvelles communes; et sur celles-ci j'ai quelques observations à faire, et, en conséquence, quelques amendements à proposer.

De ce nombre sont les dispositions des articles 10 et suivants jusqu'au 15°.

L'article 10 met à la charge des départements la répartition des impositions et la surveillance des revenus publics dans leur territoire. Cela est dans l'ordre, et plus encore selon ma division, parce que les directoires étant plus rapprochés des contribuables et des biens et revenus nationaux, ils rempliront ce double devoir, et avec autant de facilité que les ci-devant districts, et avec plus d'activité. Mais reportant ici la disposition de l'article 20, suivant lequel il ne doit y avoir qu'un seul trésorier et un seul payeur par département, au choix même de son conseil, je m'élève contre cet arrangement, quoi-

que, d'après mon plan, il y eut nécessairement plus d'un trésorier par département, dès que j'y place deux ou trois directoires; mais diverses considérations m'ont frappé, dans la crainte où l'on sera longtemps avec une liberté nouvelle et tant contrariée, que les autorités constituées n'aient toujours trop de pouvoir, ou qu'elles en abusent.

Je ne voudrais pas laisser à un directoire ou conseil de département le moyen de réunir toutes les ressources nationales comme dans ses mains, en se choisissant lui-même leur dépositaire. Nous faisons sans doute une Constitution, je le répète, pour les temps paisibles comme pour les temps orageux; mais puisque le comité lui-même semble l'avoir proposée, comme il s'en est expliqué, pour un pays où une grande révolution s'achève, comment n'a-t-il pas vu que, même dans les temps les plus heureux, il ne serait pas prudent de laisser à des départements, et surtout aux plus reculés, un moyen si favorable aux desseins que l'on aurait, dans certaines circonstances, et troubler l'ordre public et de rompre même l'unité de la République?

D'autre part, il est toujours sage en matière de finances, de se donner plus de sûreté en se donnant plus de receveurs et de cautionnements.

J'ajoute qu'en cette partie aussi on doit considérer les distances pour les déplacements et les transports inévitables; et il s'en ferait, suivant le plan du comité, de la part de toutes les communes, dont plusieurs sont à l'extrémité du territoire où, suivant les divisions actuelles, l'on ne voit pas qu'on ait pris la centralité pour règle dans les emplacements des premiers corps administratifs; et si l'on adoptait mon plan, les déplacements ou les transports seraient bien plus onéreux de la part des trésoriers des municipalités à la conservation desquelles j'attends le salut même de notre Constitution.

J'ajoute même que l'ordre des paiements publics est tel en ce moment, qu'ils ne pourraient se faire à l'avenir au chef-lieu de département sans causer le plus grandes incommodités et même certains dommages au public et aux particuliers.

Par toutes ces considérations, comme en proposant la division des départements en deux ou trois directoires, j'ai laissé subsister celle des districts sans administration particulière, mais pour le bien du service dans l'ordre déjà établi, je trouve indispensable d'y laisser subsister aussi les receveurs sous le même régime pour leurs recettes comme pour leurs paiements; avec cette différence que le directoire du département leur fera parvenir l'état général des contributions avec celui de répartition dans l'étendue de leur district, et les contraintes dans la forme ordinaire.

L'article 11 n'est pas rigoureusement dans les principes parce qu'il y a bien loin de ce qui intéresse l'ordre public et l'intérêt national aux objets ou aux intérêts locaux de chaque département; mais comme, d'une part, ceux-ci sont comme liés à l'ordre et à l'intérêt général et que, de l'autre, on ne peut établir à cet égard deux administrations séparées, c'est une nécessité de faire passer les deux objets par une seule.

Or, dans cette étendue de pouvoir concentré dans les mains de quatre ou cinq personnes que tout sert à lier et à unir dans le même département, il est essentiel que leurs fonctions soient d'abord de courte durée et, de plus, bien surveillées par la loi, dans la dépendance où elle les met (par l'article 12) du pouvoir exécutif; mais, par là même, je ne voudrais pas que celui-ci pût se choisir parmi eux un correspondant sous le titre de commissaire national, ainsi que le porte l'article 15.

On s'est déjà élevé contre cette disposition du projet, et avec raison; la correspondance d'un commissaire national avec le pouvoir exécutif, et choisi par lui, nous retrace trop sensiblement l'image des ci-devant intendants par qui tout se faisait; elle présente aussi de la part de ces commissaires que le peuple n'a choisis que pour lui, une forme inquisitoriale aux yeux même de ses propres collègues. Enfin, placé dans l'administration par ses concitoyens, leur confiance devrait suffire à ce mandaire pour ses fonctions; et l'on croira qu'il reçoit encore d'un pouvoir étranger un titre sans lequel il ne pourrait les exercer, ce qui blesse la souveraineté dont émanent toutes les autorités. Je ne parle pas ici des dangers politiques ou des craintes qu'ils pourraient inspirer dans cette relation; cette seule considération aurait dû faire écarter dans le comité l'idée d'une pareille mesure.

Ce n'est pas qu'elle n'ait un très bon objet et, à cet égard, le comité l'a très bien justifiée en exposant sa nécessité; mais je crois que dans les principes mêmes de cette Constitution, cette mesure n'est pas celle qui doit être employée pour atteindre le but qu'on s'est proposé.

Les administrations des départements doivent être sans doute subordonnées au pouvoir exécutif. Il ne serait pas prudent, avec autant de droits qu'on leur donne, de ne pas les mettre sous une dépendance qu'elles ne puissent oublier; mais la difficulté sur les moyens de les contenir dans les bornes de leurs devoirs vient de ce que, d'une part, l'on a plus à craindre du pouvoir même qui les surveille, et que, de l'autre, ce sont des administrations qui, dans leur vrai caractère, ne doivent être considérées que comme des établissements économiques et paternels, ce qui les distingue des autorités qui ont à elles ou le Trésor public, ou la force armée, ou enfin le glaive de la justice.

Je voudrais donc qu'au lieu de la mesure proposée par le comité, on en trouvât une qui, sans soustraire les administrations des départements aux regards de la censure, ne fût point exercée envers eux par ceux qui, avec plus de pouvoir, ont plus besoin d'être surveillés eux-mêmes.

J'imagine que, sans craindre la confusion des pouvoirs dans les mains des législateurs, il serait possible, et beaucoup plus utile, qu'après les six premiers mois de chaque législature, il fût détaché du Corps législatif un petit nombre de membres pour aller dans les départements faire les fonctions des anciens *missi dominici*, mais dans des termes différents et si bien réglés que pour leurs fonc-

tions, dans leur course, n'ayant rien à juger ni à décider, et tout à voir et à entendre, ils n'eussent à leur retour qu'un compte à rendre à la législature, laquelle retiendrait pour elle tout ce qui, dans ce rapport, appartiendrait à la législation ou à la suprême et souveraine police de l'Etat, et renverrait au pouvoir exécutif tout ce qui, selon les lois ou la Constitution, serait de son ressort.

Ce serait là le vrai moyen de prévenir les abus de toutes les autorités constituées. Prévenir les abus! ce n'est pas pour des législateurs un petit mérite; car il n'y a point de comparaison entre empêcher le mal ou d'y appliquer le remède; et très certainement une pareille disposition mise dans la Constitution, en tenant tous les fonctionnaires publics comme en haleine, rassurerait les citoyens sur l'activité et la bonté de leur service. Aucun d'eux ne pourrait être, je ne dis pas opprimé, mais lésé impunément dans ses droits; l'opinion publique serait alors plus généralement meilleure, parce qu'elle serait, par la pratique même des principes, sans cesse dirigée vers cet équilibre ou, si l'on veut, vers cette hiérarchie ou cette unité de pouvoirs et de droits entre les gouvernants et les gouvernés qui, en maintenant l'ordre et la paix, fait à la fois la solidité, la gloire et le bonheur des Empires.

Ce besoin, dans la recherche que nous sommes à faire de ce qui peut opérer un si grand bien, s'est déjà fait sentir à tous ceux qui ont proposé par leurs écrits la censure morale et politique dans notre nouvelle république; mais, d'accord sur ses effets pour l'amélioration de nos mœurs, et même sur sa nécessité contre le torrent des vices qui nous inondent, je diffère de tous pour le mode. Je ne veux à cet égard ni sénat permanent, ni sénateurs particuliers en office. La liberté telle que nous prétendons la professer ne comporte dans la République aucune fonction qui présente aux yeux de l'égalité un caractère distingué ou prééminent de mérite ou de vertu; sans parler des inconvénients attachés à l'établissement même des censeurs qui, étrangers ou inutiles au gouvernement qui ne doit avoir que le moins d'agents possibles, seraient dangereux pour l'opinion même dont ces censeurs paraîtraient comme les maîtres ou les régulateurs.

Mais les députés pris dans le sein de l'Assemblée nationale, revêtus par leur députation d'un grand caractère et favorisés de toute la confiance populaire, feraient respecter en même temps que chérir leur autorité, sans inspirer aucune crainte pour ses abus. Ils ne seraient que passagers; et quoique leurs fonctions eussent quelque chose de ressemblant à celle des tribuns, ils n'en auraient pas la puissance; la Constitution, connue alors de chacun, serait nécessairement leur guide comme leur juge, et ils n'auraient absolument que le bien à faire; ils ne sauraient qu'apaiser les discordes ou les séditions, sans pouvoir les fomenter ou les faire naître.

Voilà mon idée : peut-être que, pour devenir constitutionnelle, elle a besoin de plus d'examen; mais je n'y vois que le bien sans aucun mal; il doit donc m'être permis de la proposer en place de la disposition du comité que je critique; et je la placerai sous le titre du *Corps législatif*. Je veux donc qu'en supprimant le commissaire national, le procureur syndic de chaque directoire soit pris dans le nombre des membres qui, selon mes articles sous le titre Ier, doit être de six.

L'article 13 renvoie à des lois particulières les règles et les fonctions des administrateurs du département. Cela doit être ainsi à l'égard de tout ce qui est susceptible de changement; mais je ne saurais être de l'avis de ceux qui voudraient y renvoyer presque toutes les autres dispositions. Il est essentiel de fixer les bases de tous les pouvoirs par des règles fondamentales et invariables dans leur exercice, et telles sont celles de leurs limites dans l'ordre hiérarchique du gouvernement, de leur organisation, de l'élection de ceux à qui le peuple les confie, etc., etc.

Et cela me fait adopter les articles 14 et 15 de ce titre. Je ne ferais qu'un article des articles 17 et 18, et j'y mettrais à la fin ce que le comité a trouvé bon de retrancher de la précédente Constitution, savoir : « que le pouvoir exécutif sera tenu, dans l'état d'une suspension d'en aviser le Corps législatif. »

Je voudrais aussi que l'administration municipale dont l'acte ou la délibération a été cassé comme contraire aux lois, pût également recourir au pouvoir exécutif; car c'est principalement par les actes de dernier ressort que les autorités se rendent redoutables, et abusent ainsi de leur trop grand pouvoir. Il peut très bien arriver, et on l'a déjà vu plusieurs fois, qu'un directoire trouve contraire aux lois ce qui ne l'est pas. Faut-il que, dans ce cas, tout un corps municipal se trouve contraire aux lois ce qui ne l'est pas. Faut-il que, dans ce cas, tout un corps municipal se trouve comme entaché par une injustice contre laquelle la Constitution ne lui laisse aucune ressource, aucun moyen de la faire réparer, pas même celui de s'en plaindre? Cela répugne à notre état de liberté et autoriserait la résistance à l'oppression, si le plus faible citoyen ne trouvait pas dans sa soumission aux lois toute protection dans leur justice.

Il faut faire attention qu'il ne s'agit pas ici d'une cassation dans l'ordre judiciaire où les lois ont dû mettre un terme à la chicane, mais dans le genre administratif, où il doit toujours être permis de réclamer sans procédure et par des mémoires contre les erreurs d'une autorité qui prononce, et souvent pour des objets très conséquents et pour une généralité de citoyens, sans défense de leur part, et sans contradiction, sur la vraie ou fausse application de la loi. Je ne rappellerai pas ici mes précédentes observations sur le despotisme des directoires, sur les influences du commérage; il suffit de dire que tous leurs membres ne sont pas plus étrangers aux municipalités qu'à leurs habitants.

L'article 19 est très sage dans sa disposition; ce serait un bien plus grand abus de la part des directoires des départements s'ils pouvaient tordre les lois ou les faire plier arbitrairement aux circonstances, sous prétexte de proclamation, d'explication ou d'interpellation, comme on a déjà eu lieu de s'en plaindre. Peut-être qu'à cet égard on ne saurait indistinctement proposer pour preuve ces arrêtés que les mouvements de la Révolution ont comme nécessités dans tous les départements; mais, ou cette nouvelle Constitution ne doit pas subsister, ou le temps est venu d'y mettre le remède à côté du mal. Je voudrais donc, pour le prévenir plus précisément encore, user d'autres ou plus amples expressions dans l'article.

L'article 20 est ici déplacé, et je l'ai déjà transporté où il doit être.

J'ai observé en passant que les administrateurs des départements devaient être peu de temps en fonctions. Peut-être que dans leur premier établissement cette pratique n'eût pas été bonne à cause des nouveautés et des lois multipliées dont la connaissance embarrassait autant et plus que leur usage. Mais il en sera tout autrement à l'avenir : la Constitution une fois assise, elle seule doit servir comme de balancier à tous les mouvements, ou comme de manivelle à toute la machine pour ceux qui sont chargés de la faire aller. Il faudra donc bien peu de lumières pour se mettre au courant d'une administration fixée par des règles généralement connues. En abrégeant ainsi l'exercice des six premiers administrateurs dans le directoire, pour leur faire succéder les six autres, on met en valeur le zèle et le mérite de ceux-ci, également choisis par le peuple, et l'on prévient les abus de ceux-là dans un plus long règne : les places seront alors moins enviées, et les hommes dignes de les occuper se multiplieront par le grand nombre de ceux qui en auront rempli les devoirs; enfin, l'esprit d'une démocratie est un esprit de bien général pour lequel tous les citoyens doivent oublier leur intérêt personnel et trouver leur récompense dans les sacrifices mêmes qu'ils lui font, au lieu d'y chercher des profits ou leur fortune.

Reste seulement à pourvoir aux comptes de cette administration dans la forme que je lui donne; car on l'a dit dans la Déclaration des droits : La garantie sociale ne peut exister si la responsabilité de tous les fonctionnaires publics n'est pas assurée.

Jusqu'ici le directoire a rendu des comptes au conseil, mais si mal et d'une manière si peu conforme à la loi de la responsabilité, que c'est là peut-être, de tous les changements, le plus intéressant à faire pour l'avenir. Ce n'est pas à des confrères que les comptes se rendent, c'est au peuple à juger ses mandataires, comme c'est à lui à les choisir. Il faut donc que le peuple fasse entendre les comptes par d'autres que par les coupables eux-mêmes, ou leurs consorts; il faut que ce soient de nouveaux mandataires, et je les trouve ici tous choisis dans les commissaires dont il est parlé sur la section III du titre III et qui, étant pris de chaque district pour inspecter le recensement des suffrages dans les directoires, seront aussi préposés pour entendre les comptes des administrateurs, et les rendre publics; peut-être qu'on pourrait mettre au choix de ces commissaires plus de soin et de solennité, mais toujours est-il vrai que d'après mon plan cette nouvelle forme de comptabilité administrative est indispensable dès que tous les administrateurs passent à l'exercice; il ne serait pas sage de les laisser se rendre entre eux leurs propres comptes; car si les six qui entrent sont étrangers à l'administration des six qui sortent, ils sont suspects par cela seul qu'ils auront à juger leur propre conduite en jugeant celle des autres; ils ne sauraient donc ne pas être indulgents avec tant d'intérêt à l'indulgence.

J'ai supprimé le dernier article concernant la mise en jugement des administrateurs. Il doit être fait nécessairement à ce sujet un titre particulier pour tous les fonctionnaires publics. On y établira les principes conservateurs des droits du peuple pour qui jusqu'à ce moment la responsabilité n'a été qu'une belle chimère. La raison est qu'après avoir ordonné la responsabilité, on n'a pas même proposé pour la réaliser un moyen quelconque, et rien n'est plus instant aujourd'hui que, rejetant l'équilibre dans les pouvoirs et le tribunal contre leurs abus, on ne peut fonder l'unité d'action dans notre gouvernement démocratique que sur cette volonté suprême du peuple qui en est le principe et la fin.

C'est donc cette volonté du souverain qui doit tout diriger, et pour les principes de la Constitution, et pour les règles de la législation. Or, comment la faire connaître ou respecter contre un administrateur infidèle, s'il ne pouvait être mis en jugement que par des délibérations d'autres mandataires également responsables et, comme tels, intéressés pour leur compte à l'impunité ?

Il est encore plus essentiel de balancer la puissance du Corps législatif, de ce colosse qui peut tout écraser par son mouvement comme par son inertie, et, cependant, si la volonté du peuple ne se représente point, si elle ne peut pas même se représenter, si, enfin, elle seule doit être pour les actes souverains et nationaux, le seul régulateur de l'Empire, combien importe-t-il à ce peuple de surveiller ceux qu'il envoie et qui se réunissent en son nom pour tout gouverner, pour lui donner à lui-même des lois ? c'est ce qui doit être nécessairement traité dans un titre particulier intitulé : *De la responsabilité de tous les fonctionnaires publics.*

Au surplus, je finirai ici par une réflexion : certains auraient désiré que la nouvelle Constitution ne présenterait pas tant de traces de la précédente, qu'elle fût, pour ainsi dire, toute neuve. A cela l'on répond : 1° que dans l'état actuel où, comme l'a dit le comité, *une révolution s'achève*, il n'eût pas été sage ni même praticable de tout changer subitement; 2° que si l'on y fait attention, les bases de la précédente Constitution sont toutes républicaines; en sorte que, en retranchant la royauté ou les prérogatives royales absolument incompatibles avec la liberté d'un peuple souverain, il n'y reste plus que ce qui convient nécessairement au seul empire de la loi.

Voici une rédaction qui, avec celle de la section III du titre III, rend inutile la section II de ce titre.

TITRE IV.

Des corps administratifs.

SECTION I.

De l'organisation et des fonctions des corps administratifs.

Art. 1er.

Il y aura dans chaque arrondissement de directoire de département, une administration composée de douze membres qui seront renouvelés tous les ans, à l'époque qui sera fixée par la loi.

Art. 2.

Le directoire sera composé de six membres, y compris le procureur général syndic; les six membres seront ceux qui auront réuni le plus de suffrages dans l'ordre choisi par les six et pris parmi eux.

Art. 3.

Les membres composant le directoire n'y resteront que six mois, après lesquels ils seront remplacés par les six autres administrateurs, parmi lesquels le président et le procureur général syndic seront pris dans le même ordre qu'il est prescrit dans l'article précédent.

Art. 4.

Les administrateurs des départements sont, dans leurs arrondissements respectifs, spécialement chargés de la répartition des contributions directes, de la surveillance de leur recette, et de l'examen des comptes qui s'en suivent; ils ont aussi la surveillance des deniers provenant de tous les revenus publics dans l'étendue de leur territoire, sans qu'il leur soit jamais permis de disposer des fonds publics si ce n'est dans les cas et suivant les formes prescrites par la loi; c'est à ces administrateurs exclusivement à délibérer sur tout ce qui regarde l'intérêt général de leur département.

Art. 5.

Les mêmes administrateurs, dans toutes les parties de la République, doivent être considérés comme les délégués du gouvernement national pour tout ce qui se rapporte à l'exécution des lois et à l'administration générale, et comme les agents particuliers de la portion de citoyens résidant dans leur territoire, pour tout ce qui n'est relatif qu'à leurs intérêts locaux et particuliers.

Art. 6.

Sous le premier de ces rapports, ils sont essentiellement subordonnés aux ordres du Conseil exécutif; il leur est permis seulement de faire des représentations au Corps législatif, sans pouvoir en arrêter ou suspendre l'exécution.

Art. 7.

Le Corps législatif déterminera par des lois particulières les règles et le mode de leurs fonctions sur toutes les parties de l'administration qui leur est confiée.

Art. 8.

Ils ne pourront s'immiscer en aucun cas dans la partie de l'administration générale confiée par le gouvernement à des agents particuliers, comme l'administration des forces de terre et de mer, la régie des établissements arsenaux, magasins, ports et constructions qui en dépendent, sauf la surveillance qui pourra leur être attribuée sur quelques-uns de ces objets, mais dont l'étendue et le mode seront déterminés par la loi.

26

Art. 9.

Les séances des corps administratifs et municipaux seront publiques.

Art. 10.

Les administrateurs du département ont le droit d'annuler les actes des sous-administrateurs si ces actes sont contraires aux lois, sauf le recours au pouvoir exécutif.

Art. 11.

Ils peuvent également, dans le cas d'une désobéissance persévérante des sous-administrateurs, ou lorsque ceux-ci compromettront la sûreté et la tranquillité publiques, les suspendre de leurs fonctions, à la charge d'en instruire sans délai le Conseil exécutif qui sera tenu de lever ou de confirmer la suspension, ou en donnant avis au Corps législatif.

Art. 12.

Les administrateurs ne peuvent en aucun cas suspendre l'exécution des lois, les modifier ou changer sans aucune forme soit de proclamation, arrêté ou autre, encore moins d'y suppléer par des dispositions nouvelles, ni rien entreprendre sur l'action de la justice et le mode de son administration, sous les peines à déterminer par la loi.

Art. 13.

Il y aura dans chaque district un receveur des impositions directes, soumis à l'administration du département pour ses fonctions et ses comptes de recette, mais dont la comptabilité pécuniaire sera réglée par une loi particulière.

Art. 14.

Les administrateurs de département rendront le compte de leur administration à des commissaires pris dans chaque district et choisis dans les assemblées primaires, au nombre égal à celui des district qui composent l'arrondissement du directoire comptable. Il sera permis à tout citoyen d'impugner les comptes des administrateurs quand ils seront rendus publics.

SEIZIÈME ANNEXE (1)

A LA SÉANCE DE LA CONVENTION NATIONALE DU MERCREDI 17 AVRIL 1793.

PAR DURAND-MAILLANE.

Imprimé par ordre de la Convention nationale (2).

De toutes les parties de la Constitution qui me restent à examiner, je ne m'attacherai

---

(1) Voy. ci-dessus, même séance, p. 263, le rapport de Romme sur les divers projets de Constitution.
(2) Bibliothèque de la Chambre des députés: *Collection Portiez (de l'Oise)*, tome 30, n° 12 *quarter*.

principalement qu'à une seule qui regarde l'ordre judiciaire, et qui ne peut absolument aller sans un code nouveau; le comité de Constitution en a senti la nécessité, et il a dit qu'il en serait fait un et rien de plus. Il a traité spécialement du Corps législatif, de la formation des lois et de leur exécution par les autorités constituées dans l'ordre hiérarchique de leur subordination. La première de ces autorités est celle des ministres par les mains de qui l'exécution passe aux agents inférieurs dans leurs départements respectifs. Je ne suivrai pas le plan du comité, comme j'ai fait jusqu'ici dans l'ordre de tous ses titres, mais je me suivrai moi-même dans ma critique, et après mes observations préliminaires sur le nouveau système de législation, je proposerai un système de jurisprudence dans lequel je soutiens que l'ordre judiciaire, tel qu'il a été proposé par ce comité quant au civil, ne peut pas même se concevoir, loin de pouvoir être mis en pratique.

Mais avant que d'entrer en matière sur cet objet plus intéressant pour les particuliers qu'aucun autre, je dois revenir ici sur le grand système de notre gouvernement dont dépend le sort même de la nation entière. Ce qui se passe en ce moment dans l'intérieur même de la Convention et de l'Empire, les atteintes que l'on porte à la représentation nationale, et qui ne sont que le fruit de ces malheureuses divisions, dont j'ai parlé dans la première partie de ce travail, fournissent une preuve nouvelle à la sagesse du plan du comité, dans la partie capitale de notre organisation républicaine.

Il est vrai que l'unité de notre République conduit comme d'elle-même, à l'unité des mouvements dans les ressorts de notre machine politique. L'unité de volonté nationale amène l'unité d'action, dans le gouvernement de la nation, et rien ne serait moins solide dans nos principes démocratiques, que l'action réciproque de l'équilibre entre les agents d'un peuple libre qui n'en veut point d'autres.

Ce n'est pas que dans le système de l'unité, il ne doive toujours y avoir une très sensible distinction entre les pouvoirs; mais une seule puissance doit les mouvoir tous, une seule aussi doit les régler. La première est celle du souverain, la seconde est la puissance qu'elle confie à ses représentants par qui elle veut que tout se dirige et à qui elle veut que tout corresponde, comme à elle-même, parce que ne pouvant agir et exercer elle-même sa souveraineté, il lui importe qu'elle se fasse continuellement sentir à tous, par ceux qu'elle a spécialement commis pour en fixer et diriger l'exercice.

De là vient aussi que pour ne pas, ou affaiblir, ou exposer, ou compromettre cette première puissance nationale et souveraine, j'ai observé ci-devant qu'il ne fallait point de Sénat ni d'office permanent de censeurs, hors du sein même du Corps législatif, mais qu'en même temps, pour ne pas donner à celui-ci une étendue de pouvoirs qui peut faire craindre au peuple l'abus qu'il ferait de ses droits souverains, il fallait nécessairement le rassurer dans la Constitution, après le renvoi que lui a fait sagement le comité, de tous les grands objets qui intéressent la nation entière, par un mode de responsabilité, commun et particulier de la nation dans son gouvernement.

Cette responsabilité est établie dans la déclaration des droits, présentée par notre comité, comme elle était dans la précédente Constitution; mais l'expérience a appris que cette responsabilité était en pratique comme illusoire, et pourquoi? parce qu'il n'est possible de la réaliser sans un mode qui fixe et prescrive les moyens de l'atteindre par une forme particulière et propre à chacun des agents responsables. C'est donc là un travail à faire et dont je me serais déjà occupé, si indépendamment des troubles que nous causent les vrais ennemis de notre liberté et au dehors et au dedans de la République, les inquiétudes continuelles que l'on nous donne dans le sein même de la Convention, pour prix et pour récompense de tout ce que nous avons fait et de ce que nous désirons de faire encore pour la Révolution et la République, ne nous faisait presque chaque jour tomber la plume des mains.

Les uns ne veulent pas de Constitution à présent, les autres attaquent ceux-là mêmes qui en ont fait le projet. Ceux-ci veulent se borner aux bases; les autres la veulent tout entière; elle est cependant nécessaire; elle est attendue, désirée par toute la nation et avec raison; puisqu'elle est, comme je l'ai dit, la seule ancre de notre vaisseau battu par toutes les tempêtes, la seule bannière sous laquelle puissent et doivent se rallier et marcher tous les vrais républicains. De là aussi notre agitation dans la discussion qui s'en fait; on voudrait tout à la fois bien faire la Constitution et la hâter, on voudrait attendre et agir; mais sur toutes choses le plus grand nombre veut sortir par elle de l'état misérable où nos divisions nous ont plongés; elles sont telles en ce moment ces divisions, que l'histoire n'offre pas d'exemple des moyens dont on parle pour les faire cesser; personne ne les ignore; on a proposé de fonder notre nouvelle République, c'est-à-dire, le règne des lois et des vertus, par des assassinats et par des crimes, par un massacre général!

L'on conçoit et l'on sait même que pour la liberté tout moyen est comme légitime contre le tyran qui l'a ravie ou veut nous la ravir; mais peut-on sans frémir, sans manquer à tout ce que la raison et la justice ont de plus sacré, traiter comme tels des hommes qui n'ont fait jusqu'à ce jour même que bien mériter de la patrie, des députés, des représentants du peuple! et pour quel crime? Les uns pour de prétendus torts politiques, les autres pour des opinions, pour des actes même de conscience, comme dans le jugement de Capet; on traite ceux qui ont voulu faire sanctionner ce jugement par le peuple, de traîtres à leur patrie, d'infidèles à leur mission; on les qualifie de royalistes, d'aristocrates, de conspirateurs, de lâches même, et il n'est pas d'hommes ni plus honnêtes ni plus fidèles à leurs devoirs, ni plus patriotiques, c'est-à-dire, plus ennemis des rois, plus amis de la République, une, indivisible, ni enfin plus courageux; car ceux qui osent les traiter de lâches, et qui savent combien il leur eût été facile de se mettre à couvert, ne font pas attention qu'il faut un grand attachement à la vérité, au bien de la patrie qui ne peut venir que de l'ordre et de la justice, pour braver, comme font ces députés depuis quatre mois, les poignards dont on les menae; et certainement les menaceurs n'ont rien à craindre d'eux! La lâcheté n'est donc que de la part de ceux qui, cédant à la crainte pour leur sûreté, se sont mis sous la colonne *des Marseillais et des Sans-culottes*, comme quelqu'un s'en est expliqué dans la Convention même.

Mais je laisse là toutes les personnalités dont l'histoire fera bonne justice à chacun; je ne les ai rappelées ici que dans leur plus grande généralité et parce que je me trouve enveloppé dans l'anathème de ce qu'on désigne sous le nom *d'appelants*. Certes les appelants sont tous rassurés par leur propre conscience, et les faits parlent en ce moment assez haut pour leur justification et leur défense auprès de la nation qu'ils représentent, ce qui suffit à leur repos comme à leur gloire. S'ils meurent donc victimes de leur devoir, ils auront des vengeurs, et leur dernier soupir sera pour le salut de leur patrie et de la liberté!

Je reprends mon sujet, et je dis que dans cet état même, nous ne perdons jamais de vue le bien de la République, nous ferons tout ce qui est en nous pour son salut, jusqu'à ce qu'on nous ait consacrés pour sa perte.

Après avoir donc rappelé le système de l'unité de puissance et d'action, sans blesser la distinction salutaire des pouvoirs, dans notre gouvernement républicain, après l'avoir, dis-je, rappelé pour l'adopter et nous en défendre en ce moment, non plus seulement contre le système de l'équilibre ou de la balance entre les premières autorités, mais contre le système anarchique et destructeur des pouvoirs municipaux ou départementaires, qui par ce qu'il montre à présent de laideur et de désordre, a de quoi en éloigner et dégoûter pour jamais; après cela je dirai, avec plus de confiance : tout est perdu, si la nation néglige un seul moment la représentation de sa souveraineté, si elle ne la soutient et ne la défend elle-même contre les atteintes qu'on lui porte, si elle ne venge les insultes qui lui sont faites dans la personne même de ses représentants. Il n'est point de division qui ne doive céder à la majorité, et cependant elle paraît méconnue. Ce qui fait craindre l'erreur qui entraîne la minorité dans l'Assemblée, ne lui fasse repousser dans la forte prévention de son bon droit, la réunion qui fait la seule planche dans le naufrage dont nous sommes trop prochainement menacés. Je ne saurais jamais me persuader qu'aucun de mes collègues désirât, pour le triomphe de sa cause, qu'on employât les moyens inouïs dont j'ai parlé; ce serait le comble des malheurs et l'infamie de la nation française. J'espère aussi beaucoup du génie tutélaire de notre Révolution, je l'ai vue et suivie dans tous ses périls; mais celui-ci est le plus grand de tous, elle en échappera si l'on s'entend, si l'on veut ne pas fermer les yeux à la lumière et reconnaître que tout dans ce moment tient à l'autorité de la Convention. Il ne s'agit donc que de la maintenir, et je ne vois pour cela que le moyen simple que nous trace la loi, d'accorder avec l'intérêt de la patrie celui de la majorité libre et bien ordonnée (1), à laquelle il faut céder de part

_____

(1) Je dois dire ici que l'aristocratie du talent ou de la parole, la seule qui nous reste, et la plus dangereuse

ou d'autre, ou renoncer à tout gouvernement : *Regnum divisum non stabit.*

Je passe enfin à mon ordre judiciaire. Je ne m'arrête point à tout ce que l'on a opposé à la voie de l'arbitrage, ni aux difficultés qu'elle rencontrera dans ses formes, ni aux dommages qu'elle peut causer aux parties. C'est à elles à les prévenir sagement par leur prudence, et au besoin par des sacrifices, quand ils ne sont que pécuniaires et partiels; le plus grand dans cette valeur ne coûtera jamais beaucoup au sage, qui connaît tout ce que l'on gagne à ne pas plaider, tout ce que vaut la paix domestique, et l'ordre dans son administration; il suffit donc que la société garantisse à tous, et leurs personnes et leurs propriétés par de bonnes lois répressives; tout ce qui d'ailleurs ne tombe qu'en intérêt privé, et souffre le moindre doute en jugement, ne doit inquiéter pour sa perte. Au surplus, ou il ne faut plus parler de fraternité, de mœurs républicaines, ou deux arbitres choisis par les parties elles-mêmes, quand elles n'auront pu s'accorder, doivent suffire pour terminer telle contestation qui puisse les diviser entre elles. Si donc la loi porte plus loin sa prévoyance, si elle donne d'autres juges après les arbitres, c'est moins parce que les parties ont besoin d'une meilleure justice, que parce qu'elles ne sont pas encore capables de se la rendre elles-mêmes et ce n'est qu'un bien qu'elles apprennent à leurs dépens à le devenir.

J'entends souvent dire : les bonnes lois font les bonnes mœurs; cela, sans explication, n'est pas vrai. Ou les hommes en société sont corrompus et dans leur majeure partie; ou ils ne le sont pas, si ce n'est dans la plus petite portion d'entre eux.

Dans le dernier cas, les lois ne feront pas les bonnes mœurs; mais celles-ci feront les lois bonnes. Dans l'autre cas, ô législateurs, vous êtes bien confiants si vous vous flattez de changer soudain les mœurs avec des lois, si vous vous flattez avec des lois, de rendre aussitôt bons les méchants.

Je ne voudrais pas dire aux Français, comme Platon aux Arcadiens, vous êtes trop corrompus pour obéir aux lois, ou vous êtes trop riches pour souffrir l'égalité. Je ne désespère

pas ainsi du changement de notre nation, mais que ses représentants ne s'attendent pas à un si prompt effet de leurs lois sur les mœurs elles serviront sans doute à les diriger vers le plus solide bonheur des citoyens, et éclairés comme ils sont, il y a tout à attendre de la liberté qu'ils ont conquise, et dont ils connaissent le prix. Mais considérons toute la profondeur du mal, et jugeons-en par ce seul exemple : le serment qui, chez tous les peuples, a fait craindre au parjure, le plus puissant des vengeurs, n'est plus en France qu'une vaine forme, on n'en veut plus.

Il n'est pas de signe plus certain de l'extrême dépravation de nos mœurs; il n'est pas aussi de présage plus funeste à la dissolution de tous nos liens sociaux. Ce n'est pas moi qui le dis, c'est tout ce qu'il y a eu de sage sur la terre. Lycurgue fit jurer à ses concitoyens d'observer ses lois jusqu'à son retour; il ne revint plus, et ses lois furent suivies plus de six cents ans. Chez les Romains, dit Gravina, il était défendu de porter aucune loi avant d'avoir pris les auspices et consulté les dieux; et pourquoi cela? Je me dispense de l'apprendre à des législateurs. Je ne veux par cet argument m'ajouter à mes preuves contre la confiance que la plupart ont mise dans la bonté de nos lois, pour l'amélioration de nos mœurs. C'est seulement un de ces prodiges qu'on peut encore attendre du génie heureux de notre liberté. L'amour de la patrie peut enfanter lui seul les plus hautes vertus. Je le désire, j'en ai même fait déjà dans mon opinion sur l'instruction nationale, le sujet de mes propres espérances pour le bonheur et la gloire de cet Empire. L'opinion peut servir à y attacher le plus grand prix, et c'est par elle aussi que doit se diriger notre législation; c'est à l'amour de la patrie que doivent tendre toutes nos lois; c'est enfin, comme dit Rousseau, en rendant la patrie aimable, qu'on rend vertueux les peuples qui s'y affectionnent.

Et voilà donc en général notre tâche comme législateurs. L'avons-nous remplie? Avons-nous rendu notre patrie aimable à tous les Français? On ne peut sans doute l'exiger de nous, qui avons malheureusement, dans notre régénération, tant de réformes à faire, tant de sacrifices à commander, tant enfin de gens à mécontenter; mais que du moins en établissant notre liberté sur la base solide et honorable des bonnes mœurs, on n'ait jamais à nous reprocher d'avoir cédé, ni au torrent des vices, ni aux malignes traverses des méchants, et lorsqu'enfin nous aurons fait tous nos efforts pour établir de bonne lois, nous aurons bien mérité de ceux-là mêmes qui auront fait tous les leurs, ou pour en écarter les influences, ou pour en affaiblir l'autorité!

Ces observations planent sur la législation même dans tous ses rapports, ce qui entre dans l'esprit et les vues d'une bonne constitution; il ne s'agit ici dans mon objet principal que de l'ordre judiciaire : je dis à cet égard qu'en établissant la manière de juger les procès, l'on ne saurait ne pas du moins annoncer par quelles lois ils seront jugés. L'ouvrage est déjà fait pour la partie criminelle, et qui est la plus intéressante pour l'ordre public, pour l'intérêt commun et social de la nation. Quelques corrections ou additions aux lois, déjà reçues sur les jurés, et au Code pénal, doivent

---

dans une République, parce qu'elle va rarement sans orgueil ou sans ambition, a fait gémir plus d'une fois les députés réduits à la fonction de juge. Quoiqu'aucun d'eux ne soit pas homme à se laisser mener, il faut convenir que la crainte en a entraîné quelques-uns, et la nécessité quelques autres; mais il est incontestable que tous veulent le bien, que tous veulent la République et ne veulent que la République, une, indivisible, démocratique. Comment se fait-il qu'avec un sentiment si conforme au vœu commun, si unanime, on soit divisé comme on l'est dans la Convention? Ce ne peut être que l'effet de cette misérable lutte de nos parleurs qui ont mis trop souvent les personnes à la place des choses ; s'ils ont des jalousies, des malveillances entre eux, que de part et d'autre ils fassent attention que de l'union dépend le salut de la patrie, et cette union ne peut avoir lieu, si ceux qui sont les seuls à éclairer les suffrages par leurs discours, ne s'oublient entièrement pour elle. Ceci justifiera à jamais le côté où je siège sans partialité, c'est que se prêtant toujours à ce qui se délibère contre les vrais ennemis de la Révolution, tant du dedans que du dehors, elle a toujours concouru ou cédé à la majorité, avec la docilité du devoir.

à cet égard nous acquitter; mais qu'y a-t-il en ce moment de moins connu, de plus incertain que la jurisprudence en matière civile? Est-il aussi rien de plus urgent que de la fixer, et d'une manière uniforme, surtout aujourd'hui que l'établissement de la République et son unité, font mieux que jamais de tous les Français, un peuple de frères?

Cette uniformité des lois et de coutumes était depuis longtemps désirée en France, et plusieurs fois les ci-devant monarques intéressés à réunir toute la législation, ou pour parler plus juste, tous ses effets dans leurs mains, l'ont tenté, mais vainement, par un obstacle qui n'appartenait qu'à cette Révolution de faire cesser, le *régime féodal*. Il n'est personne de nous qui n'en sache ce point d'histoire. Le célèbre d'Aguesseau l'a rappelé dans les leçons qu'il donnait à son fils pour l'étude du droit; il nous apprend que les arrêtés de Lamoignon n'avaient pour objet que de faire de toutes les différentes coutumes, une seule, et qui fut l'objet ou le résultat d'un travail que ce magistrat avait fait avec le jurisconsulte Auzanet, pour y parvenir. Antoine Loisel y avait aussi préparé les esprits dans l'avant-propos de ses instituts coutumiers. Eh! pourquoi donc ce grand dessein n'a-t-il pas eu lieu? parce qu'il ne pouvait s'exécuter dans l'ancien état des choses.

D'Aguesseau n'a pas voulu ou osé s'en expliquer, parce que sous les ci-devant rois, les plus grands hommes comme les plus petits, sacrifient aux idoles que nos mains libres ont renversées; mais Montesquieu n'a pas été si réservé, et il n'a pas craint de dire que cette uniformité des lois ou de coutumes était tout à la fois injuste et impossible parce que, dit-il, elle ferait tort aux seigneurs, dont les droits et les patrimoines sont liés à la diversité même des coutumes dans leurs fiefs; il était bien éloigné de penser et de prévoir que ce tiers-état qu'il avilissait tant pour la gloire des nobles, finirait par être libre à force d'esclavage, et que le régime féodal qu'il a tant exalté, recevrait le premier des coups mortels que la nation a su porter à toutes les puissances tyranniques.

Ainsi donc délivrés en ce moment, et des fiefs et de la monarchie, la République dans son unité, dans ses principes de liberté, d'égalité, sur lesquels elle est fondée, ne peut souffrir un seul instant deux lois ou deux justices pour une nation qui ne forme plus qu'un seule famille. Il ne s'agit donc que de trouver les moyens de réunir toutes nos lois à ce point d'uniformité, qui satisfasse également tous les Français dans tous les départements qu'elles qu'aient été jusqu'ici les diverses coutumes, qu'ils ont suivies dans la distribution de la justice. Eh! c'est ce qui fait le sujet des observations suivantes.

En jetant les yeux sur la multitude et l'infinie variété des lois et des coutumes, qui ont exercé jusqu'à ce jour leur empire dans tous les tribunaux de la France, je trouve dans la division même des pays de coutumes et des pays de droit écrit, le moyen que nous cherchons, pour ne faire plus désormais qu'un corps de lois, à l'usage commun et uniforme de tous les Français.

Les pays de droit écrit ont avec les lois romaines des coutumes particulières et propres qui font leur premier droit; il en est à peu près autant des pays de coutumes. Chacun d'eux a sa coutume locale au défaut de laquelle on fuit la principale, ou la plus générale des coutumes, celle de Paris.

Mais toutes ces différentes coutumes, ainsi que les lois romaines, étaient ci-devant subordonnées aux ordonnances qu'il plaisait aux rois de faire pour tout le royaume.

En sorte donc que la nation ayant repris sa souveraineté sur les rois qui ne sont plus, c'est maintenant à elle, non seulement à faire les lois, mais à ne plus permettre qu'on en suive d'autres que les siennes dans toute l'étendue de la République. Une coutume particulière offenserait le grand principe qui caractérise les lois d'un peuple libre et qui ne sont comme elles ne peuvent être que l'expression de la volonté générale de tous les citoyens.

L'uniformité des lois est donc commandée par la Révolution elle-même. Il ne elle en a aplani les voies par ses premiers décrets, et après tout ce qui a été supprimé et réglé, après surtout l'abolition de la royauté et l'établissement de la République, il ne reste plus à vaincre que de faibles préjugés, pour faire marcher tous les Français sous la bannière de la justice, du même pas qu'ils ont été jusqu'ici sous celle de la liberté. Ainsi ne s'agissant dans notre objet que de réduire toutes les coutumes ou toutes les lois en un seule et uniforme pour toute la République, nous devons commencer par nous fixer sur celles de leurs matières qui en sont susceptibles.

1° Je ne vois d'abord aucun changement à faire dans tout ce qui concerne les matières féodales. Les lois nouvelles suffisent à cet égard, soit parce qu'elles ont pour objet des cas ou des contestations passagères, soit parce qu'elles sont dans leur principale fin, qui est l'entière abolition du régime féodal et de ses suites, d'une exécution générale et commune dans tout l'Empire, quoique limitée à certains lieux, par quelques-unes de leurs dispositions;

2° J'en dirai autant des matières ecclésiastiques et avec plus de fondement, parce que, dès avant la Révolution, les lois ne souffraient à cet égard, qu'une très légère dissonance entre la jurisprudence du grand conseil, et celles des Cours qui différaient de très peu de chose entre elles, par leurs arrêts. Mais à cet égard, il n'est plus question de rien aujourd'hui, pas même d'un seul bénéfice, et tout ce que la Constitution civile du clergé avait réglé de nouveau sur ces matières, elle l'avait fait dans les termes d'une disposition absolument uniforme pour tout l'Empire français. Il ne sera probablement pas plus question de règlement à cet égard, dans les nouveaux principes, dès qu'on n'a pas voulu qu'il fût parlé dans la Déclaration des droits de la liberté des cultes, ce qui, à mon avis, les rend tous plus libres encore. Nous n'avons donc point à nous occuper de cette matière relativement à la forme nouvelle de notre code; je dois cependant observer que de toutes les suppressions, de toutes les réformes qui ont eu lieu, tant envers les personnes que les choses ecclésiastiques, il est résulté une différence essentielle et très remarquable dans la pratique, entre les principes anciens et les principes nouveaux; c'est que par la liberté des cultes la nation n'a plus avoir à aucun d'eux; si elle paie encore les ministres du culte catholique, ce n'est ni par privilège ni par prédilection, c'est par la justice qu'elle se doit à elle-même, après les engagements solennels qu'elle en a contractés en s'emparant de leurs biens; mais du reste depuis qu'elle a réduit le pape à la simple communion nécessaire dans la catholicité, qu'elle a supprimé l'usage des vœux solennels, distingué le contrat du sacrement dans le mariage, et garanti par de bonnes lois tous les droits civils et politiques des français; notre **gouvernement n'a plus à s'enquérir** d'aucun culte ou de leur forme dans la liberté qui a été laissée à chacun d'eux: à moins qu'il n'en résultât quelque trouble à l'ordre public, ce qui ne peut s'entendre comme autrefois ds questions théologiques qui ont fait le tourment de nos pères. Tout cela est ou doit être aujourd'hui comme étranger aux yeux de la loi, ou elle n'aurait qu'à pourvoir aux obstacles que l'on apporterait à la liberté d'un culte quelconque, dans l'exercice qui lui est propre et que personne n'est tenu de professer ou de suivre malgré lui;

3° Il n'y a pas plus à faire de notre part, pour la même uniformité de jurisprudence, dans tous les objets de simple procédure, parce qu'étant réglée ou à régler par la Convention ce n'a été et ce ne peut-être que dans la forme d'une disposition générale, comme l'est déjà la police de sûreté ou criminelle;

4° Les matières de commerce étaient aussi dans l'ancienne jurisprudence, réglée par des principes communs, au moins pour la forme des jugements, dans les juridictions consulaires;

5° Quant à ce qui concerne la nouvelle police, soit constitutionnelle, soit administrative, municipale, correctionnelle ou judiciaire, elle ne saurait ne point être uniforme, dès qu'elle n'est établie que par les lois nouvelles; mais le comité de législation sera probablement dans le cas de remplir tout ce qui manque à ces lois nouvelles pour bien des objets; plusieurs ont été déjà indiqués dans le projet même de la Constitution;

6° Enfin l'uniformité de jurisprudence en général, est déjà tout entière dans les principes de droit naturel. Ce sont ces principes immuables et éternels, que Domat a si bien distingués, des principes positifs qui produisent toutes les variétés dont nous avons à purger la jurisprudence nouvelle; ce sont ces principes positifs qui, contraires souvent aux principes de la justice naturelle, servent néanmoins de règle dans la distribution de la justice civile. La loi les a consacrés, et cette loi qui désormais doit être avouée, et par la nation entière, et par la raison universelle, se trouve encore avec tous les attributs de l'autorité, dans les différentes coutumes que nous avons à refondre dans une seule.

Or, pour remplir cette dernière et grande tâche, après tout ce que je viens de rappeler comme étranger à notre travail, je dois maintenant me fixer sur ce qui doit nous occuper; et à cet égard, je vois à la vérité bien des matières encore sur lesquelles le comité de législation aura à exercer son zèle; mais après les avoir bien considérées les unes et les autres, je n'en ai vu que deux, ou à réunir ou à rapprocher dans les différentes lois qui les régissent, sur lesquelles il y eut en France une diversité bien sensible et assez étendue de jurisprudence.

Ces matières sont celles : 1° des successions testamentaires et *ab intestat*, ce qui comprend les légitimes;

2° Des conventions matrimoniales, ou des divers usages relatifs aux contrats de mariage et remariage.

Viennent après, les différences qui se rencontrent entre les lois sur les tutelles et curatelles, ce qui a de rapport à la puissance paternelle dont les droits ou l'exercice restent à fixer uniformément pour toutes les parties de la République, sur les servitudes, les prescriptions, les hypothèques, les donations, les baux et même les ventes, etc.

Ces derniers objets peuvent être facilement réglés par des lois toutes nouvelles, et leur exécution ne trouvera nulle part, ni difficulté, ni répugnance; j'en dis même autant des lois sur les successions testamentaires : des lois nouvelles et en petit nombre, peuvent à cet égard opérer l'uniformité que l'on désire; mais il n'en sera pas de même des changements que l'uniformité de législation exigera dans la forme ou les effets des contrats de mariage. Si nous avons à proposer quelque règlement nouveau sur l'adoption, sur les droits des enfants illégitimes, etc. tout cela, par sa nouveauté même, comme la manière de constater l'état civil des citoyens, et le divorce, décrétés le 20 septembre dernier, formera une disposition commune, à laquelle personne ni aucun pays n'auront de précédentes coutumes à proposer.

Mais à l'égard des contrats de mariage, combien de lois opposées, de coutumes contraires et très anciennes, n'aura-t-on pas à réunir? et quelle ne sera pas la difficulté de concilier en même temps que les lois, les esprits qui, jusqu'à ce jour, n'ont vu de part et d'autre, que la justice et le meilleur ordre, dans chacune des lois qu'ils ont suivies, et qu'il nous faut néanmoins, ou abroger ou modifier, pour les réunir sur la même matière, en une seule, à l'usage de tous.

C'est principalement ici que nous avons besoin de nous rappeler cette grande leçon des premiers législateurs, qui tous recommandent d'accommoder les lois nouvelles, au génie, aux mœurs des citoyens pour qui elles sont destinées. Sans doute que la Convention nationale se trouve à cet égard, dans les circonstances les plus heureuses, parce que l'esprit de notre Révolution semble lui seul disposer tous les français, aux plus grands sacrifices pour l'établissement de nos lois, sans lesquelles ils ne sauraient, ni conserver leur liberté, ni en jouir.

Dans cet état aussi nous pouvons au-delà de ce qu'ont pu tous les législateurs des autres peuples, mais par-là même nous devons craindre d'abuser de nos moyens dans leur plus grande étendue; nous devons être extrêmement réservés dans nos procédés sur la manière de rendre uniformes des usages divers sur les objets les plus intéressants de la société, usages qui ont chacun, pour ainsi dire, de grands titres à leur conservation; nous avons à mettre comme aux prises les lois romaines avec les coutumes de France, et toutes méritent nos égards, je dirai même notre respect.

Cependant le génie des Romains n'était pas depuis longtemps celui de la nation française, et l'on peut bien dire aujourd'hui que les citoyens de notre République n'ont presque plus rien des ci-devant sujets des rois de France. Dans cet état nous ne devons pas nous législateurs, nous fondateurs d'une République simple et absolue, demeurer asservis ni aux lois d'un peuple conquérant qui se disait libre avec des patriciens et des esclaves, ni à celles des monarques qui les faisaient à leur gré, et comme ils s'exprimaient eux-mêmes *selon leur bon plaisir*. Nous devons adapter noter législation aux mœurs nouvelles et sévères d'une République, où la loi formée par le peuple lui-même et par le peuple tout entier, règne souverainement elle seule sur tous les citoyens, dans les principes de la liberté, et de l'égalité que chacun d'eux a juré de maintenir; nous devons, dans ce moment, oublier et nos pays et nos habitudes pour n'avoir jamais présent que le bien général, et c'est ici la grande mesure de notre nouvelle législation; elle doit s'attacher à ne voir que ce grand intérêt commun de la nation. dans toutes les lois; elle ne doit s'attacher qu'à l'ordre public dans ce qui ne regarde même que l'intérêt privé dans la distribution de la justice. Il suffit que des peines soient établies contre les attentats à la liberté des citoyens, à leurs droits sociaux. à leurs propriétés, à leurs personnes; il suffit qu'un certain ordre soit établi pour empêcher que les citoyens en discorde sur leurs intérêts individuels, n'en viennent aux excès, aux voies de fait, aux armes dans leurs disputes, pour que la société soit quitte envers tous ses membres de la justice ou de la protection qu'elle leur doit. Peu importe, après que les droits des successions et des mariages auront été réglés uniformément, après que les formes de procédures auront été réglées, que l'on suive dans les jugements des procès, plutôt les lois romaines que les coutumes françaises, dès qu'il ne s'agit que d'y puiser les règles éternelles de la justice et de la vérité; on pourra facilement les concorder sur tous les objets principaux des possessions civiles, et j'aime à croire que moins les lois à cet égard seront nombreuses, plus la paix régnera entre les familles et les citoyens. Je conclus donc de tous ces raisonnements que les juges, dans les nouveaux tribunaux, chargés de faire droit au fait déclaré par le jury en matière civile, le feront en toute assurance pour les parties, ou d'après les lois françaises, telles qu'elles seront tracées dans notre nouveau code, ou d'après les règles éternelles de la justice que ce code n'a pas dû rétablir après toutes celles que le droit naturel nous a fait transmettre par les peuples et les générations qui nous ont précédés.

Je ne propose ici aucun nouveau projet d'articles, dès qu'il a été décidé par la Convention qu'on suivrait pour l'ordre de la discussion le projet du comité. En sorte que tous mes raisonnements ne peuvent servir que dans les débats ou pour éclaircir ou pour amender les divers articles soumis à la délibération. Je me bornerai donc, si j'en ai le temps, à proposer dans un titre particulier et additionnel, les articles concernant le mode pour atteindre les agents responsables.

A LA SÉANCE DE LA CONVENTION NATIONALE
DU MERCREDI 17 AVRIL 1793.

ADDITION IMPORTANTE *à l'examen critique du plan de Constitution, par* DURAND-MAILLANE. *Imprimée par ordre de la Convention nationale* (2).

> Une faute, en politique, cause
> souvent de grands malheurs.
> UBIQ. PASS.

Après avoir livré la fin de mon examen critique du plan de Constitution, je me suis senti pressé, dans les circonstances nouvelles, par un devoir que j'aurais bien désiré pouvoir remplir à la tribune de la Convention; mais comme il a pour objet principal des règles à établir dans la Constitution, je peux y suppléer par l'impression, et je m'en acquitte par elle : ce qui sera peut-être plus utile.

Des troubles effrayants nous agitent dans l'intérieur, la guerre civile y est déjà, et avec une violence dont le feu gagne de proche en proche. Sans doute que les prêtres ne seraient jamais parvenus seuls à armer ainsi les citoyens les uns contre les autres ; mais on devait prévoir que les ennemis du dehors profiteraient du fanatisme, pour faciliter leur invasion et grossir leur armée dans sa marche. Toutes les relations s'accordent pour nous convaincre que le prétexte de la religion, fait en ce moment, l'arme la plus puissante de nos ennemis : sans parler du mal qu'il nous a fait chez les nations voisines, il sert parmi nous à transformer, comme à volonté, nos propres frères en soldats invincibles, je dis invincibles, parce que la résistance, la supériorité même de la force, ne sont rien sur l'esprit d'hommes qui regardent leur propre mort comme un trophée, tandis que notre victoire sur eux est pour nous une calamité.

Si donc il est reconnu que la force, au lieu de guérir le mal, ne fait que l'aigrir, il est par là même de toute évidence qu'il y faut employer un autre remède, et l'on n'y pense pas, et il semble même qu'on n'en veut pas; ce qui est peut-être la seule cause dont nous déplorons les tristes effets : car je me permets de le dire : notre patriotisme a traité trop brusquement cette matière dans le cours de notre Révolution; nous avons comme oublié que si nous pouvons être philosophes pour nous, nous ne sommes, nous ne pouvons être ici législateurs que pour les autres. Comme législateurs, nous devons approprier toutes nos lois, aux mœurs et au génie du peuple pour qui elles sont destinées ; et ce peuple a besoin, comme tous les peuples, d'une religion : ceux mêmes qui le gouvernent, en ont peut-être plus besoin encore dans leur gouvernement : ce qui a fait dire à un auteur célèbre, que si la religion n'existait pas, il faudrait l'inventer pour le bien de tous les Empires :

---

(1) Voy. ci-dessus. même séance, page 263, le rapport de Romme sur les divers projets de Constitution.
(2) Bibliothèque de la Chambre des députés : *Collection Portiez (de l'Oise)*, tome 30, n° 12 *quinque*.

et l'on néglige de s'en servir, et l'on rejette ce premier frein des peuples ! des législateurs dédaignent d'attacher par le lien le plus fort, par la conscience, les citoyens à l'autorité, à l'exécution de leurs lois !

On entend les plus éclairés d'entre eux dire que pour la Constitution et nos lois, pour l'affermissement de notre République, nous n'avons besoin que des lumières de la raison; elle seule, disent-ils, suffit pour gouverner un peuple libre et raisonnable; mais suffit-elle pour le rendre juste et heureux? et vous, législateurs, qui prétendez établir ainsi l'empire des lois par le seul empire de la raison qui, émanée de la divinité, y conduit l'homme par la main? l'écoutez-vous, quand elle vous dit, par tous les exemples, et par Rousseau lui-même : *qu'il faudrait des dieux pour donner des lois aux hommes ; que les pères des nations ont été forcés de recourir à l'intervention du ciel, d'honorer les dieux de leur propre sagesse?*

Ne considérez ici que la nécessité du moyen, sans vous arrêter à ce qu'il peut y avoir eu d'artificiel dans son usage. L'artifice même est la preuve que les législateurs les plus habiles n'ont pu se flatter d'attacher par eux seuls les hommes à leurs lois. Rousseau le dit encore dans le dernier chapitre de son Contrat social, dans ce chapitre où, après avoir mis en regard toutes les religions tant anciennes que nouvelles, avec la politique civile, et peint très faussement avec le prestige de son style, le caractère des vrais chrétiens, relativement à leurs devoirs sociaux, finit par tout concilier, au moyen de la tolérance que nous avons admise.

Suivons-le donc ce moyen salutaire dans son usage, et employons plus, ou ne comptons plus tant sur celui de la force auprès des citoyens que le fanatisme égare; supportons, tolérons toutes les erreurs, je dirai plutôt tous les goûts de l'esprit religieux, sans l'irriter vainement par des peines; guérissons-le, si nous le pouvons, par les seules armes de la raison : et nous les trouverons ces armes, dans nos propres principes en cette matière ; car la tolérance elle-même, qui en est le fondement, nous en fait une loi.

Nous avons décrété, ou nous allons décréter dans la Constitution, la liberté de tous les cultes. Ne prenons pas d'autre règle dans notre gouvernement pour tout ce qui se rapporte à la religion en général, ou aux différents cultes qui l'honorent. L'Assemblée constituante, à qui l'on ne saurait que faire un mérite de toutes les réformes ecclésiastiques, a eu aussi ses torts dans celles de ses mesures qui ont violé ce grand principe, par la contrainte qui s'ensuivait.

J'ai publié, dans le temps, une apologie historique du comité ecclésiastique de cette première Assemblée; j'en étais membre et j'ai vu, j'ai suivi les premières causes des troubles religieux qui commencèrent dès lors à se manifester; la principale fut le serment qu'on exigea des prêtres et que le comité ecclésiastique n'approuva point : ce fut l'ouvrage du comité des recherches qui crut pouvoir employer ce moyen pour mieux distinguer les ennemis de la Révolution, ou pour ne pas les armer contre elle, de l'autorité la plus puissante sur les cœurs.

On ne peut justifier ce serment que par les vues ou les bonnes intentions de ceux qui l'établirent, car les effets en ont été constamment désastreux jusqu'à cette heure, et d'autant plus qu'on a voulu remédier au mal sans se mettre en peine de sa véritable cause, ni par conséquent des seuls bons remèdes pour le guérir. Les uns ont attribué ces troubles à la constitution même du clergé, les autres aux ménagements dont on a usé envers ceux qui ne voulaient pas la reconnaître, et le plus grand nombre au serment, mais en disant qu'il ne fallait plus mettre tant d'intérêt à la religion pour nos lois à qui elle est comme étrangère. Malheureusement il s'est formé de tous ces avis un concours bizarre de décrets dans les trois assemblées, dont il résulte une rigueur extrême envers les ministres et une indifférence comme impie envers le ministère; ce qui étant renforcé par des expressions très malsonnantes, qui échappent par intervalle à nos orateurs sur une matière aussi délicate, les puissances ennemies en ont tiré les plus grands avantaegs pour armer nos propres frères contre nous.

C'est là notre dernier état, par ce qu'on apprend tous les jours, c'est l'état le plus fâcheux pour la liberté même, car on a tout à craindre d'une armée qui se bat pour Dieu, contre des hommes qui respectent la même enseigne; il n'importe pas qu'elle soit mûe par des prêtres ou des émigrés quand elle ne l'est que par le ressort du fanatisme et le pire des moyens serait de s'en défendre par le mépris ou par l'impiété : il s'agit cependant de prendre un parti pour le salut de la patrie, et nous en sommes chargés.

Ce n'est pas le cas ou le moment d'entrer ici bien avant dans le mérite ou démérite des moyens qu'ont employé nos prédécesseurs à l'égard des prêtres ; c'est à nous, en profitant de leurs fautes, à chercher le meilleur pour arrêter les ravages que fait dans l'intérieur le fanatisme. On a déjà parlé d'une proclamation où l'on exposerait les principes de la Convention, favorables à toutes les opinions religieuses, dans la pleine liberté des consciences. C'est donc à ces principes auxquels il faut s'attacher, quoique dans les circonstances il soit assez difficile de les présenter dans tel sens que ce soit, dont on n'abuse point.

Il ne faut pas d'abord se dissimuler, et il est nécessaire de le dire, que la rigueur dont cette Convention même, après l'assemblée législative, a déjà usé envers les ecclésiastiques en général, a aliéné à la Révolution un très grand nombre de citoyens qui l'aimaient, et même la servaient; tels sont les ecclésiastiques non fonctionnaires publics, et privés malgré eux de leur état, dont on a réduit indistinctement les pensions à mille livres. Ces mille livres en papier et imposables ne suffisent pas à la subsistance de plusieurs, et le surplus aidait ci-devant plusieurs familles.

Cette réduction avait été précédée de la privation du traitement en entier, pour ceux qui ne prêteraient pas le serment d'être fidèles à la nation, de maintenir la liberté et l'égalité, ou de mourir en la défendant : c'est la disposition de la loi du 15 août 1792.

Ce serment n'ayant rien que de civil, a pu être prescrit légitimement, et presque tous les ecclésiastiques pensionnaires, bons citoyens, l'avaient prêté sans peine.

Par une autre loi du même mois, on a banni

du territoire français tous les ecclésiastiques qui, étant assujettis au serment prescrit par la loi du 26 décembre 1790 et celle du 17 avril 1791, n'y avaient pas satisfait, ou qui, l'ayant prêté, l'ont rétracté : ce qui est accompagné de diverses peines contre les contrevenants.

La même loi soumet à la dénonciation de six citoyens tous autres ecclésiastiques non soumis au même serment, et ordonne la détention au chef-lieu du département, des sexagénaires et des infirmes.

On vient de voir que la loi du 15 août 1792, borne l'obligation du serment aux pensionnaires, sous peine d'être privés de leurs pensions, cependant par décret du 21 avril dernier, la Convention nationale condamne à la déportation, dans la Guyane française, tous les ecclésiastiques indistinctement, qui n'ont pas prêté le même serment. Je déclare ici que, dans toute la liberté de mes opinions, comme député, je respecte et respecterai toujours tout décret rendu contre elles à la majorité des suffrages; mais en m'y soumettant, il me reste le droit d'en remarquer les surprises, comme celui d'en provoquer de meilleurs.

Il est bien certain que tous les ecclésiastiques non sermentés sont en général peu amis de la Révolution; mais, par quels motifs? J'ai quelque peine à le demander dans les principes que nous proclamons, et que nous garantissons, de toute liberté dans les cultes et dans les consciences. Que tous ceux-là comme les autres soient soumis aux lois, quand elles n'ont rien, comme les nôtres, de directement contraire à la loi de Dieu, nous avons droit de l'exiger et de les punir, s'ils déclament contre elles, s'is troublent la paix, l'ordre public, au nom même de la religion; parce qu'alors ce n'est plus la religion ou sa liberté qui fait leur sort, mais l'abus qu'ils en font et que la loi doit réprimer dans eux comme dans la personne de tout autre perturbateur de la société.

Je m'étais aussi convaincu, du temps même de l'Assemblée constituante, où je m'en étais expliqué, mais où, comme dans celle-ci, on jugeait souvent des choses que des personnes; je m'étais convaincu que si l'on avait seulement permis aux ecclésiastiques d'apporter à leur serment la restriction qu'ils le demandaient et que leur inspirait leur conscience bien ou mal éclairée pour la conservation des droits spirituels de l'Eglise, les évêques de l'ancien régime l'auraient prêté.

Les auteurs principaux de la constitution civile du clergé, dont je ne partageais pas toujours les sentiments, quoiqu'associé à leurs travaux dans le même comité, persuadés que leurs réformes, utiles par elles-mêmes, ne prennent rien sur l'autorité religieuse, s'y sont constamment opposés; mais l'ancien clergé persistant à croire le contraire, il s'en est ensuivi une sorte de schisme dans lequel malheureusement les anciens évêques ont fait entrer le ci-devant roi, comme on l'a reconnu dans son jugement, et comme cela paraît mieux encore par son testament.

En sorte donc que cette résistance de presque tous les évêques de France, soutenus par le pape, qui dans ses premiers brefs, parla beaucoup trop vivement, a nécessairement occasionné les troubles religieux, dont les suites qui nous font gémir en ce moment, nous prouvent qu'on a jusqu'ici employé de très mau-vaises mesures pour les faire cesser; il s'agit donc de leur en substituer de meilleures ou de moins funestes, et pour cela je ne vois pas d'autre moyen que d'y employer les principes mêmes de la Constitution que nous allons présenter au peuple français.

Ce n'est point en général à la puissance civile à faire des lois religieuses; ce n'est pas à elle à se mêler de ce qui a rapport à l'autre vie, mais elle a grandement intérêt pour celle-ci, de ne pas en détruire, ni l'idée, ni l'espérance. Autre chose est de faire des lois en matière de religion, autre chose de respecter la religion, même, ou la traiter comme inutile, comme indifférente au gouvernement; et à ce sujet je crois devoir ici défendre l'Assemblée constituante, contre tout ce que l'on s'est permis de dire contre la constitution civile du clergé. Je prie qu'on veuille se porter au temps où elle a été faite, et réfléchir sur les causes qui l'ont déterminée.

C'était alors depuis Clovis, un usage constant, et comme une nécessité, que nos rois surveillassent une religion généralement reçue, et dont les ministres avaient dans leur gouvernement, toute influence, et par leur doctrine, et par leurs possessions.

Les besoins de l'Etat ont fait réclamer en 1789, ces possessions; le clergé ne les a pas offertes, il a fallu s'en emparer. La nation n'a fait sans doute en cela qu'user de son droit; mais comme elle n'a pas dû briser l'autel en le dépouillant, ni renvoyer ses ministres comme ils étaient venus, l'Assemblée constituante qu'assiégeaient tous les préjugés et tous les intérêts, a usé des ménagements que la justice autant que la prudence rendaient indispensables; elle a accordé un traitement à ses ministres, et sans attaquer de front une religion qui dominait tout en France depuis plus de 14 siècles, et sans vouloir encore moins la détruire, elle a cherché à en concilier l'exercice avec les nouveaux principes du gouvernement libre qu'elle voulait établir. De là la liberté des cultes, et toutes les réformes qu'elle n'a faites que dans la vue du bien, et dans l'esprit de la constitution politique ; ce qui n'ayant pas été fidèlement suivi par le pouvoir exécutif n'a produit que des effets tous contraires à ceux qu'on en attendait, et cela ne pouvait être autrement avec un roi qui ne voulait ni de ces réformes, ni de la Constitution qu'il était lui-même chargé d'exécuter.

Devenus donc aujourd'hui plus libres, après l'abolition de la royauté, nous avions moins encore le droit de forcer, que dis-je ! de gêner les consciences sur leur religion ; mais nous avons, sans comparaison, plus de moyens pour les calmer sur toutes leurs craintes, par une plus grande liberté que nous devons à leur culte.

J'ai proposé, dans ma critique du plan de Constitution, de rétablir le *considérant* de la première, où était un hommage solennel à l'Etre suprême. Les comités en général n'adoptent guère les changements qu'ils ont déterminés avec réflexion; mais je suis bien surpris que celui-ci ait paru nécessaire au comité de Constitution, surtout das les circonstances où il est si essentiel de rassurer le peuple sur sa religion, pour prévenir les abus qu'on peut faire de l'attachement qu'il a pour elle. Le comité cependant avait mis dans la Déclaration des droits, un article sur *la liberté des cultes* qu'on a trouvé bon de supprimer dans la discussion, comme si quelqu'autre était plus intéressante parmi celles qui composent la Déclaration des droits de l'homme, comme si l'on craignait de lui faire trop sentir la liberté de son culte, dans un temps où nous ne pouvons que par ce grand principe prévenir ou arrêter la sédition qui arme les meilleurs citoyens contre leur patrie.

Je rappellerai à ce sujet, le débat qui, dans l'Assemblée constituante, précéda le décret du 7 mai 1791, justifié par un rapport de l'évêque d'Autun, où il démontra la nécessité comme la justice de toutes les conséquences que l'on devait tirer de la liberté générale des cultes. Ce fut alors que l'on vit sensiblement le peuple trompé par l'empire de ses habitudes, dans les scènes qu'il donna dans l'église des Théatins; on se prévalut de cet exemple dans tous les départements, et il paraît que l'Assemblée législative en a fait la règle de toutes ses lois pénales contre les prêtres, appelés mal à propos *réfractaires*, puisque, libres de suivre le culte que bon leur semble, on ne saurait les punir avec justice de ce que restant soumis à toutes les lois civiles, ils ne veulent pas jurer de suivre ou de reconnaître un culte que leur conscience désavoue. Cette rigueur s'est étendue jusque sur les religieuses, à qui des lois formelles assuraient l'existence et la paix dans leur retraite; on a cru tout guérir en tout expulsant, et maintenant nous sentons plus que jamais la douleur des blessures que nos propres mains nous ont faites.

Quel autre remède faut-il donc y apporter? le même dont on n'a pas voulu et que nos propres lois commandent, le baume de la tolérance, ennemie de toute persécution. Les 30.000 déportés ou vexés, les 30,000 religieuses hors de leur cloître, tiennent à leur doctrine et à leurs exemples. Est-il donc si surprenant que les ennemis trouvent tant de faveur ou de facilité dans leurs invasions intérieures? Est-il surprenant qu'à chaque pas les patriotes trouvent des mécontents, des citoyens amis d'ailleurs de la liberté, qui sans être ni nobles, ni autrement riches, s'en dégoûtent par l'abus que l'on fait contre eux, par la gêne qu'on apporte à leur culte lors même qu'on promet de le rendre libre et de le protéger (1)?

C'est là, selon moi, un argument sans réplique, et dont la Convention ne saurait, sans compromettre le salut public, méconnaître la force et la justice; elle se doit à elle-même de revenir à ses principes si l'on s'en est écarté; elle doit solennellement rendre hommage à la vérité, en avouant même son erreur, s'il le faut, dans une matière autre, à prendre l'apparence du bien pour le bien même.

Dans ces circonstances, rien ne me paraît plus urgent, que de proclamer les principes de la Convention sur la liberté des consciences, de manière à désarmer ceux qui se battent pour elle, qui en abusent ou en abuseraient contre la Révolution.

Si cette proclamation vient trop tard pour les citoyens déjà séduits et armés, elle servira au moins pour ceux qu'on est obligé d'employer contre eux, et préviendra aussi de pareils mouvements dans d'autres départements, où l'ennemi pourrait également armer le fanatisme contre la liberté.

Par les mêmes considérations, puisqu'on a trouvé bon de renvoyer à parler de la liberté des cultes dans la Constitution, il est très important de s'occuper des articles qui traiteront cette matière. Quoique je n'aie point approuvé le dessein que l'on avait, il y a déjà cinq ou six mois, de supprimer les salaires des fonctionnaires ecclésiastiques, je n'ai pu ne pas reconnaître dans ce dessein même une conséquence nécessaire du même principe, par lequel je combats la rigueur qui contrarie la liberté des cultes; mais le temps n'en était pas venu, puisque la seule proposition qu'on en a faite a eu déjà certains mauvais effets, quoique bien moindres que les déclamations inconsidérées qui n'ont pas même épargné les prêtres *constitutionnels*, c'est-à-dire des hommes qui n'ont pas seulement été les amis de la Révolution, mais qui ont tout fait, tout souffert pour elle. Peut-être a-t-on quelques reproches à faire à quelques-uns d'eux, pour la part qu'ils ont eu aux rigueurs exercées envers les autres; mais la Convention doit une bonne fois s'impartialiser et faire de ses propres principes, la seule règle de sa conduite et de ses lois en cette matière.

Je voudrais donc, qu'avec cette proclamation bien rédigée, dont je viens de parler, on préparât un titre tout exprès dans la Consti-

---

(1) Je n'ai rien à dire ici de la loi malheureusement nécessaire et juste, même dans sa rigueur, contre les émigrés, ennemis de notre liberté; mais après la guerre du fanatisme, je n'en vois pas de plus terrible que celle du désespoir: ajoutez-y celle des rois qui, dans la réunion de leurs forces et de leurs ruses, se battent aujourd'hui pour eux-mêmes, plutôt pour leur couronne. Eh bien! tout cela n'aurait pour moi rien d'effrayant, si nous étions d'accord entre nous: mais depuis longtemps cette division intestine, qui sert nos ennemis bien mieux que leurs armes, me fait tout craindre: et quelle en est, quelle en peut être la cause entre des hommes qui tous aiment la liberté, qui tous veulent la République une, indivisible? dois-je croire sérieusement que c'est la différence d'opinions dans le jugement de Capet? mais elle date de loin. Croirais-je aussi que les *appelants* (parmi lesquels il y avait tant de jacobins qui le seraient même encore), sont des conspirateurs, des complices de Dumouriez qui ne travaillait que pour *Égalité* fils, dont ceux-là ont demandé constamment l'expulsion du territoire français; qu'ils sont des *royalistes*, ceux qui se sont aidés plus qu'aucun, à renverser le trône, et ont rendu par leur appel, l'hommage le plus solen-

nel au vrai souverain; mais, j'ai comme honte de rappeler ici des fantômes qu'on s'est plu à forger pour les combattre; reste à savoir à quel dessein: et c'est ce que je ne veux pas pénétrer, pour ne voir dans le moment que l'union ou la réunion dont dépend le salut de la patrie. Nos commissaires envoyés pour les recrutements, ne la croient pas apparemment si utile, cette union salutaire, car il n'est sorte d'horreur que plusieurs ne profèrent et qu'ils n'inspirent contre ceux dont l'opinion dans l'affaire de Capet, a fait tout le titre de leur mission, c'est-à-dire contre les *appelants*! ce fut aussi une bien grande faute de la part de la Convention, de souffrir que pour une opinion, on osât, dans son propre sein, proposer et obtenir pour ces commissions l'exclusion de la moitié et plus de ses membres. Ceux-ci l'ont enduré patiemment, parce qu'ils ne cherchent, ils ne désirent pas leur propre règne, mais celui de la loi, mais celui de l'ordre et de la justice, celui surtout de la Constitution qu'il faut faire et finir même dans la défense même la plus active et la plus vigoureuse pour la liberté. Qu'elle triomphe donc de tous ses ennemis, et nous serons bien vengés de nos détracteurs!

tution pour fixer immuablement les règles générales concernant les cultes, et pour déterminer aussi dans une forme juste et équitable le sort de tous les ecclésiastiques indistinctement, sans qu'il ne fût plus désormais question pour tous, que du serment purement civil, tel qu'il a été prescrit par la loi du 15 août 1792.

Il est évident qu'un pareil serment, absolument étranger, et aux intérêts de la conscience, et aux formes spirituelles des divers cultes, peut être légitimement employé par la puissance civile, et doit l'être dans les temps où nous sommes, pour le signalement nécessaire des bons ou des mauvais citoyens, des amis ou des ennemis de notre nouveau gouvernement.

C'est donc là toute l'addition que j'ai annoncée comme très importante pour faire suite à mon examen critique du plan de Constitution; c'est à la Convention à en faire, par l'organe de ses comités, l'usage qu'elle jugera convenable. Quelque orateur à qui mes idées pourrait convenir, pourrait aussi lui en mieux développer les vues; outre que je n'ai ni l'habitude, ni la hardiesse de la tribune, le premier essai que j'y ai fait une fois, de mon zèle sur le même sujet, y fut trop mal accueilli pour que j'y retourne.

Au reste, j'ai à répondre ici à des propos que je passerais sous silence, s'ils n'avaient quelques rapports avec les principes même de la constitution : on les a tenus, on les a écrits contre mes opinions, de manière à mériter une explication de ma part.

Je ne parlerai plus de mon opinion dans le jugement de Capet; elle sera bientôt, si elle n'est déjà envisagée sous un tout autre point de vue; mais je parlerai du reproche qu'on me fait de vouloir, par ma façon de penser et d'écrire sur les cultes et sur l'instruction publique, replonger la nation française dans l'esclavage des prêtres, par les ténèbres de l'ignorance.

Je déclare d'abord que je ne veux plus vivre que sous l'empire des lois; que je hais par caractère le gouvernement des rois, et plus encore la domination des prêtres qui ne sont faits que pour nous servir dans l'esprit tout bienfaisant de leur ministère; mais en même temps plein d'attachement et de respect pour la religion qu'ils me prêchent, je déclare que prêt à mourir pour la liberté de ma patrie, pour laquelle cette religion bien entendue n'a rien que de favorable, je le suis également pour soutenir ma foi telle que je l'ai reçue et qui plaît à mon cœur sans choquer ma raison, si elle blesse mon orgueil. Je m'en explique ainsi par nécessité, et sans qu'il m'arrive jamais de porter un œil ou indiscret ou inquiétant sur les sentiments, de qui que ce soit en cette matière. J'ai établi et développé dans l'Assemblée constituante des principes très éloignés de l'esprit d'asservissement qu'on m'impute: ils sont consignés dans mes rapports et d'autres imprimés : il me suffit donc d'y renvoyer quiconque pourrait supposer mon jugement à l'égard des prêtres ou de leur doctrine, offusqué par quelque prévention superficieuse.

Quant à l'instruction publique, je m'étonne que parce que je ne persiste à ne vouloir qu'une seule école nationale, aux frais de la République, parce que je veux qu'on s'occupe moins des moyens de faire des savants, que des hommes vertueux, moins des collèges et de

leur formidable corporation, que des ateliers et du bien qu'ils doivent faire pour prévenir les désordres de la misère et les crimes de l'oisiveté mère de tous les vices, pour enfin améliorer les mœurs du peuple par le travail, on me dénonce comme l'ennemi des sciences et des arts, comme le partisan de l'ignorance et de la barbarie. C'est là comme un épouvantail dont on se sert avec affectation auprès de mes collègues et d'autres, à penser comme on se servirait aux oreilles d'un esclave du bruit des chaînes qu'il aurait brisées. Mais j'ai déjà répondu à cette calomnie par une note dans mon opinion sur les écoles primaires; je n'y reviens pas, je répète seulement qu'on l'état présent des choses, il est autant et plus impossible que l'ignorance nous donne désormais des fers, que des rois siègent encore sur le trône que nous avons renversé; ayons seulement le bon sens de nous entendre pour faire une bonne Constitution; ayons encore la sagesse de respecter toutes les religions dans leurs cultes, d'établir de bonnes écoles avec une instruction commune, simple et gratuite, de pourvoir aux besoins des pauvres en donnant du travail aux bras valides et des secours aux infirmes: faisons cela et je réponds du salut et du bonheur public.

DIX-HUITIÈME ANNEXE (1)

A LA SÉANCE DE LA CONVENTION NATIONALE
DU MERCREDI 17 AVRIL 1793.

PROJET DE DÉCRET *proposé par Claude* GLEIZAL, *député de l'Ardèche, à la Convention nationale, sur les élections, les assemblées primaires, le Corps législatif, le conseil exécutif, l'administration de département, les municipalités, les tribunaux, l'arbitrage et les bureaux de pacification; imprimé par ordre de la Convention nationale.*

Avertissement.

Lorsque j'ai conçu ce projet, j'ai cru trouver le moyen de supprimer, sans inconvénients, les assemblées électorales, dont l'existence est attentatoire à la souveraineté du peuple; de conserver les entiers droits de celui-ci, en attribuant immédiatement toutes les élections aux assemblées primaires ou communales, et de faciliter l'exercice de la souveraineté, en n'exigeant qu'une assemblée dans l'intervalle de deux années, en simplifiant les élections, l'administration et l'ordre judiciaire; j'ai cru économiser la fortune du peuple en les rapprochant de lui, et en donnant aux unes et aux autres l'uniformité la moins imparfaite possible; j'ai cru trouver le moyen de délivrer les campagnes de la tyrannie des villes, et les citoyens des sang-

---

(1) Voy. ci-dessus, même séance, page 363, le rapport de Romme sur les divers projets de Constitution.

(2) Bibliothèque nationale : 38 pages, in-8°. Le 38, n° 1891. Ce document est annoncé dans le *Journal des Débats et des décrets* du 17 février 1793.

sues de la chicane; enfin, j'ai pensé que la suppression des assemblées électorales, des administrations et des tribunaux de district, opérerait une économie considérable, et on verra que ce n'est pas la seule que mon projet présente.

Il supprime le tribunal de cassation, et anéantit entièrement la patrocine : la justice de paix, les bureaux de pacification, et les arbitrages, anéantiront aussi presque tous les procès; et si, d'un côté, ce projet augmente le traitement des juges de paix, et en accorde un modique au directoire de chaque municipalité, il présente, de l'autre, un dédommagement réel au citoyen, en rapprochant de lui l'administration, la justice et les bureaux de paix, et en le dispensant ainsi d'une foule de voyages qui l'exposaient autrefois à des dépenses énormes.

Je ne sais si j'ai rempli mon objet; mais j'ai fait mon devoir en manifestant mon opinion : et ne se trouvât-il, dans ce projet, qu'un article utile, mon pays me saura gré de l'avoir publié.

PROJET DE DÉCRET *proposé par Claude* GLEIZAL, *député de l'Ardèche, à la Convention nationale, sur les élections, le Corps législatif, le conseil exécutif, l'administration de département, les municipalités, les tribunaux, l'arbitrage et les bureaux de pacification.*

TITRE Ier.

Articles généraux.

Art. 1er.

La République française est une et indivisible; son territoire est distribué en départements, chaque département en cantons.

Art. 2.

Il y aura, dans la République, un Corps législatif.

Art. 3.

Il y aura, auprès du Corps législatif, un conseil exécutif national.

Art. 4.

Il y aura, dans chaque département : 1° une administration; 2° un tribunal pour le civil et le criminel; 3° des tribunaux de commerce; 4° enfin, il y aura, dans chaque canton, une ou plusieurs municipalités, une ou plusieurs justices de paix et un bureau de conciliation.

TITRE II.

Des élections et des assemblées primaires et communales.

Art. 1er.

Les élections pour les places déléguées par le peuple seront faites par lui, sans intermédiaire, dans les assemblées primaires ou communales; en conséquence, il n'y aura plus d'électeurs.

Art. 2.

Les différentes élections seront toujours commencées le 1er octobre.

Art. 3.

Tous les citoyens majeurs seront admis à voter dans les assemblées primaires ou communales, et ils seront éligibles à tous les emplois; il n'y aura d'autre distinction à faire que celle des talents et des vertus.

Art. 4.

Ceux qui, sans cause légitime, auront refusé ou négligé d'assister à deux assemblées consécutives, seront privés, durant six années, de la qualité de citoyen, et exclus, pour le même temps, de toutes fonctions publiques.

Art. 5.

Il sera tenu, par chaque municipalité, un registre où se feront inscrire ceux qui, se croyant dignes de la confiance publique, aspireront à quelqu'une des fonctions déléguées par le peuple.

Art. 6.

Chaque mois la municipalité enverra un extrait de ce registre au directoire de département, lequel tiendra, à son tour, un registre général de toutes les inscriptions envoyées par les municipalités; il en fera, tous les six mois, un tableau divisé en trois colonnes où seront distingués les candidats aspirants à la législature, ceux aspirants à l'administration, et ceux aspirants à la judicature; ce tableau sera imprimé en placards, et envoyé aux municipalités, pour le faire afficher dans toutes les communes.

Art. 7.

Il sera libre à chaque citoyen de dire et écrire, sous sa responsabilité, soit dans les assemblées primaires ou communales, soit ailleurs, tout ce qu'il trouvera à propos pour démontrer l'indignité ou l'incapacité des aspirants; il y aura, en conséquence, une discussion sur les candidats, dans les assemblées, avant le premier tour de scrutin.

Art. 8.

Le maire, et en son absence, le premier officier municipal, présidera l'assemblée primaire; le secrétaire de la commune sera celui de l'assemblée, et les trois scrutateurs seront pris par le sort, parmi les trois plus âgés et les trois plus jeunes citoyens, sachant lire et écrire, de l'assemblée (1).

_____

(1) Les préliminaires des opérations des assemblées ont été jusqu'à présent si longs, et quelquefois si dégoûtants, qu'il est indispensable d'adopter cet article.

Art. 9.

Il sera fait lecture de l'objet de la réunion des citoyens assemblés, et de la liste des candidats aspirants; mais les sujets à élire pourront être pris indistinctement parmi ceux inscrits dans le tableau et ailleurs.

Art. 10.

Le peuple souverain n'ayant aucun compte à rendre, fera toutes ses élections au scrutin secret; mais ses délégués feront les leurs en public et à haute voix.

Art. 11.

Il ne sera fait, pour quelque élection que ce soit, au-delà de deux tours de scrutin : celles faites au scrutin individuel exigeront la pluralité absolue; et celles faites au scrutin de liste, la majorité relative; en cas de partage, les plus âgés seront élus.

Art. 12.

Avant de procéder aux élections, chaque assemblée primaire dressera un mandat ou cahier d'instructions contenant les vœux de l'assemblée auprès du Corps législatif. En conséquence, le directoire municipal en préparera, quelques jours d'avance, le projet, pour le présenter à l'assemblée qui l'adoptera, le corrigera ou l'augmentera.

Art. 13.

Immédiatement après, il sera fait un scrutin de liste pour la nomination des représentants, des administrateurs et des juges du tribunal du département ; chaque votant divisera son bulletin en trois parties, pour distinguer les sujets qu'il désigne pour les trois différentes fonctions (1).

Chaque votant signera son bulletin; et s'il ne sait pas écrire, il le dictera à celui de l'assemblée qui aura sa confiance, et qui l'écrira pour lui; il le présentera ensuite aux scrutateurs qui lui en feront lecture. S'il est tel qu'il l'a voulu, un des scrutateurs le signera en cette qualité pour le votant. Le recensement des bulletins sera fait; la boîte qui contiendra le scrutin sera scellée et l'assemblée nommera de suite un commissaire pour la porter, avec le cahier d'instruction, au chef-lieu du département. Il sera dressé procès-verbal du tout.

Art. 14.

L'assemblée procédera ensuite aux autres élections à faire, telles que celles de la municipalité, du juge de paix, de ses assesseurs, etc. Ces élections seront définitives.

---

(1) Lorsqu'il n'y aura point de juges à nommer, le scrutin sera moins difficile ; d'ailleurs, comme le renouvellement des représentants et des administrateurs ne doit se faire que par moitié, le scrutin sera chargé de moins de noms.

Art. 15.

Les commissaires nommés par les différentes assemblées primaires, se réuniront le 10 octobre au chef-lieu du département; ils vérifieront en commun et en public les procès-verbaux des assemblées primaires, les boîtes par elles envoyées; ils feront un recensement et un dépouillement général pour chaque espèce d'élection; et si quelqu'un a réuni le nombre des voix nécessaires pour être élu, les commissaires le proclameront de suite.

Art. 16.

Ils feront une liste des candidats qui auront réuni le plus de suffrages, mais qui n'en auront pas eu assez pour être élus. Le nombre des candidats sera double de celui nécessaire pour l'élection définitive (1).

Art. 17.

Les trois listes séparées de candidats pour le Corps législatif, les administrations et les tribunaux, seront transcrites sur un tableau divisé en trois colonnes, lequel sera remis au directoire de département, qui le fera de suite imprimer et envoyer aux municipalités pour le faire parvenir, sans retard, aux communes.

Art. 18.

Les commissaires confondront ensuite, en un seul cahier, les instructions ou mandats des assemblées primaires du département, en notant en marge les assemblées qui auront voté pour chaque article : ce cahier sera remis aux députés, après avoir été livré à l'impression pour être connu de toutes les parties du département.

Art. 19.

Aussitôt que le tableau dont il est parlé en l'article 17 ci-dessus sera parvenu au lieutenant de maire, celui-ci convoquera la commune, laquelle fera, par un scrutin de liste, son choix définitif sur les candidats compris dans le tableau; chaque votant portera dans son bulletin les sujets qu'il voudra élire et leurs suppléants, et il observera la division indiquée par l'article 13.

Art. 20.

Le recensement des bulletins sera fait, et la boîte scellée sera portée par un commissaire nommé par la commune, le 25 octobre, au chef-lieu du canton où les commissaires des différentes communes du canton, réunis, feront, en public, le dépouillement général des scrutins, et en dresseront procès-verbal, lequel sera envoyé, dans trois jours, au directoire de département.

---

(1) Exemple : si le département doit nommer six législateurs et trois suppléants, le nombre des candidats sera porté à dix-huit ; et ainsi des autres.

Art. 21.

Le directoire fera, en public, le recensement du contenu aux divers procès-verbaux des commissaires de canton (1), en publiera le résultat général qui sera, en outre, imprimé, et proclamera les candidats élus et leurs suppléants (2).

TITRE III.

Du Corps législatif.

Art. 1er

Le Corps législatif sera composé de mandataires élu par les communes de la République; chacun d'eux sera délégué de la nation, et non d'une partie d'elle.

Art. 2.

Le nombre des représentants sera déterminé d'après la population (1).

Art. 3.

En se réunissant, ils remettront les différents cahiers d'instruction des départements, pour être confondus en un seul, lequel sera imprimé pour être distribué à toutes les communes de la République.

Art. 4.

Il sera mis en marge, et à côté de chaque article, le nom des départements qui en auront formé la demande.

Art. 5.

Le mandat sera impératif pour les objets à raison desquels il exprimera le vœu de la

nation; le surplus servira de pétition ou de mémoire, mais ne liera pas les représentants.

Art. 6.

Indépendamment de ce mandat, chaque individu aura le droit de pétition auprès du Corps législatif.

Art. 7.

Les législateurs seront renouvelés par moitié tous les ans : le remplacement se fera de droit par les suppléants (1).

Art. 8.

Les lois qui émaneront du Corps législatif seront obligatoires pour toute la République, et exécutées jusqu'à ce qu'elles aient été abrogées, ou que la nation ait exprimé un vœu contraire; mais aucune loi ne pourra contenir les dispositions contraires aux droits de l'homme et à la Constitution que la nation aura acceptée.

TITRE IV.

Du conseil exécutif national.

Art. 1er

Le nombre des membres du conseil exécutif national sera le même que celui des départements. Celui qui, dans son département, aura obtenu le plus de suffrages pour être administrateur, sera élu de droit au conseil national.

Art. 2

Chacun des membres de ce conseil sera administrateur de la République, et non d'un département.

Art. 3.

Ce conseil, après avoir élu son président, nommera dans son sein, en public, à haute voix et à la majorité absolue des suffrages, douze de ses membres, dont la réunion formera le directoire du conseil national.

Art. 4.

Il sera aussi nommé, de la même manière, six suppléants pour remplacer les membres du directoire en cas de mort, démission ou destitution.

Art. 5.

Il sera préalablement fait une liste dans laquelle se feront inscrire ceux du conseil qui se croiront capables d'exercer dignement les fonctions attribuées au directoire national.

---

(1) Si l'on trouvait que le directoire pût être suspect dans cette opération, on pourrait y faire procéder par de nouveaux commissaires, réunis au chef-lieu et nommés par les commissaires des cantons.

(2) Il est facile de sentir la principale disposition de ce titre : A la fin de la législature, les citoyens se réuniront en assemblées primaires, et ils feront un scrutin pour l'élection des législateurs, des administrateurs et des juges. Un commissaire de chaque assemblée primaire portera le vase qui le contiendra au chef-lieu du département : là il sera fait un recensement et un dépouillement général; ceux qui auront réuni le plus de suffrages seront portés par les commissaires, dans une liste, au nombre double de celui nécessaire. Cette liste sera imprimé sur-le-champ et envoyée aux municipalités de canton pour le faire parvenir aux communes. Il faut observer que les citoyens s'étant retirés des assemblées primaires, ne se réunissent ensuite que dans leurs communes, pour fixer définitivement leur choix sur les candidats compris dans la liste : leur scrutin est porté au chef-lieu du canton, d'où le résultat en est envoyé au département, qui fait le recensement définitif, et proclame les élus. Ainsi il faut bien distinguer les deux listes dont il est parlé dans ce titre : la première renferme le nom des aspirants qui s'étaient inscrits, et elle ne sert qu'à l'opération de l'assemblée primaire; l'autre, au contraire, est le résultat de cette opération, et doit servir aux assemblées de communes pour fixer définitivement leur choix.

(3) Je voudrais réduire les membres du Corps législatif à 500.

---

(1) Il est important d'examiner s'il ne conviendrait pas de faire siéger de temps en temps le Corps législatif alternativement dans les principales ville de la République, pour éviter l'influence de la ville qui le posséderait pour toujours.

Art. 6.

Ces fonctions consistent dans les différentes parties de l'administration nationale, et dans l'exécution des lois dont le directoire ne pourra, en aucun cas, modifier ou interpréter les dispositions.

Art. 7.

Les membres du directoire nommeront, sous leur responsabilité, leurs chefs de bureau et commis.

Art. 8.

Les membres du conseil national seront élus pour quatre ans; mais ils seront renouvelés par moitié tous les deux ans. La première fois, la moitié sortira par le sort.

Art. 9.

Les membres sortis par le sort ou par l'expiration de deux années, seront remplacés par leurs départements, et ils pourront eux-mêmes être réélus pour deux autres années (1).

Art. 10.

Chaque année, le conseil s'assemblera sans convocation, à une époque fixe, pour s'occuper des objets généraux, de l'administration nationale, dont les plans seront présentés au Corps législatif, et pour recevoir et apostiller les comptes du directoire, lesquels seront imprimés et publiés après avoir été vérifiés et approuvés par le Corps législatif.

Art. 11.

Les membres du directoire seront responsables de l'administration générale : chacun d'eux sera, en outre, responsable des fonctions particulières qui lui auront été attribuées, et le conseil sera responsable de son approbation ou autorisation.

Art. 12.

L'administration nationale sera subordonnée au Corps législatif, qui pourra vérifier sa conduite et lui en demander compte. Les administrations inférieures seront subordonnées à l'administration nationale, qui pourra les suspendre pour faits graves, en en instruisant le Corps législatif.

Art. 13.

Le Corps législatif pourra aussi, pour faits graves, suspendre les membres du directoire national, en en instruisant de suite les membres du conseil, qui seront tenus de se réunir pour vérifier la conduite des membres suspendus de leurs fonctions.

Art. 14.

Si le conseil et le Corps législatif décident différemment sur les motifs de suspension, il en sera référé aux assemblées primaires; dans le cas contraire, il sera pourvu au remplacement des membres suspendus dont le Corps législatif et le conseil auront prononcé la destitution (1).

TITRE V.

Des corps administratifs de département.

Art. 1er

Le conseil administratif de chaque département sera composé de divers membres élus par les assemblées primaires, de la manière indiquée au titre des élections (2).

Art. 2.

Les administrateurs seront élus pour quatre ans; néanmoins ils seront renouvelés par moitié tous les deux ans, et les membres sortis pourront être réélus.

Art. 3.

Chaque membre de l'administration sera administrateur du département, et non d'un canton.

Art. 4.

Les membres du conseil éliront à haute voix, en public et à la majorité absolue, six d'entre eux pour former le directoire du département, et trois suppléants.

Art. 5

Il ne sera point nommé de procureur général syndic, mais le directoire choisira lui-même, parmi ses membres, celui qui devra en remplir les fonctions, lequel sera remplacé tous les trois mois, ainsi que le président (3).

Art. 6.

Les administrateurs du département seront subordonnés au conseil national; leurs fonctions seront purement administratives, et dans aucun cas ils ne pourront contrarier les ordres de l'administration nationale, ni suspendre l'exécution des lois, ni se permettre d'en expliquer les dispositions, ni s'ingérer dans les fonctions judiciaires, ni enfin exprimer le vœu des administrés (4).

---

(1) Par cette disposition, il y aura toujours au conseil la moitié des membres anciens, et cependant chaque département aura concouru à sa composition.

(1) On comprend aisément pourquoi j'exige le concours de ces deux corps pour la destitution d'un membre du conseil national.
(2) Je pense que le nombre des membres du conseil doit être réduit à vingt-quatre, et qu'il doit en être nommé vingt-cinq, attendu qu'un d'entre eux doit être membre du conseil national.
(3) Cette disposition est nécessaire pour éviter l'influence du président et du procureur général syndic sur le directoire, et faire cesser les inconvénients de deux espèces d'autorités dans la même administration.
(4) Il est essentiel de circonscrire les fonctions des administrateurs pour empêcher qu'ils ne s'érigent en despotes, et que bientôt nous n'ayons autant d'intendants que d'administrateurs, ou plutôt que ceux-ci n'usurpent l'autorité législative. Il ne sera pas moins important de défendre les coalitions des directoires de département; elles nous conduiraient insensiblement au fédéralisme.

Art. 7.

Chaque année le conseil s'assemblera à une époque fixe, pour recevoir et apostiller les comptes du directoire (lesquels seront imprimés), et s'occuper des objets généraux de l'administration du département (1).

Art. 8.

Les frais de l'administration du département seront à la charge des administrés, et seront répartis sur eux par sous additionnels.

Art. 9.

Les membres du directoire seront responsables solidairement de leur administration et les membres du conseil aussi solidairement de leur autorisation.

Art. 10.

Il y aura dans chaque département un receveur de deniers nationaux, qui sera élu pour quatre années, et pourra être réélu.

Art. 11.

La nomination sera faite par le conseil administratif du département, qui en répondra, et exigera en conséquence les cautionnements nécessaires.

TITRE VI.

Des municipalités de canton.

Art. 1er

Les membres du conseil général seront élus par l'assemblée primaire, parmi tous les citoyens du canton.

Art. 2.

Le maire et le procureur de la commune seront élus par un scrutin séparé.

Art. 3.

Les autres membres du conseil seront élus par un seul scrutin de liste, à la pluralité relative : ceux qui auront réuni le plus de suffrages seront officiers municipaux; les autres seront notables.

Art. 4.

L'assemblée primaire indiquera à chaque renouvellement le lieu où devra siéger le directoire de la municipalité (2).

----

(1) Il est essentiel de remédier à l'inconvénient qui résulte de ce qu'il y a deux corps différents qui délibèrent quand le conseil est assemblé ; c'est-à-dire le conseil d'une part, et le directoire de l'autre, quoiqu'il n'y ait qu'une même administration.

(2) Cette disposition est nécessaire pour éviter pondérance d'un lieu sur les autres.

Art. 5.

Les membres du conseil général seront élus pour quatre ans, et seront renouvelés par moitié tous les deux ans; les membres sortis pourront être réélus.

Art. 6.

Le maire, avec deux membres choisis par le conseil général à la majorité absolue, et le procureur de la commune, formeront le directoire de la municipalité; et en cas de mort, démission ou destitution avant le renouvellement, il sera pourvu à leur remplacement par le conseil.

Art. 7.

Le directoire exercera l'administration intérieure du canton, et rendra tous les ans son compte au conseil général qui s'assemblera chaque année sans convocation, mais en vertu de la loi qui en fixera l'époque.

Art. 8.

Il sera subordonné au directoire de département avec lequel il correspondra directement.

Art. 9.

Le greffier sera nommé par le conseil général, sous sa responsabilité.

Art. 10.

Les membres du directoire et le greffier recevront un traitement proportionné à l'importance de leurs fonctions.

Art. 11.

Chaque commune nommera séparément un lieutenant de maire, qui exercera le droit de surveillance dans sa commune, et pourra faire au directoire du canton les dénonciations et réclamations qu'il jugera convenables pour l'intérêt public de sa commune : ce lieutenant de maire pourra faire partie du conseil général.

Art. 12.

Le directoire répondra de son administration, et le conseil de son autorisation.

Art. 13.

Il y aura des assemblées primaires et des municipalités particulières pour les villes dont la population excédera 2,000 âmes; et le nombre des membres du conseil pourra être augmenté en raison de la population.

Art. 14.

Il y aura dans chaque commune un receveur des contributions publiques, qui versera les deniers de sa caisse dans celle du receveur de département.

Art. 15.

Le conseil général, d'après le mandement qu'il aura reçu du département, fera la répartition du montant des contributions du canton et des sous additionnels entre toutes les communes; mais aucune d'elles ne contribuera aux dépenses particulières de l'autre.

TITRE VII.

Des tribunaux, de l'arbitrage et des bureaux de pacification.

§ 1er.

Art. 1er.

Tout jugement sera rendu au nom de la République.

Art. 2.

La justice devant être rendue gratuitement, le traitement des membres composant les tribunaux, et les frais de leur établissement, seront supportés par la nation.

Art. 3.

Toute condamnation civile prononcée par un jugement se prescrira dans dix années.

§ 2.

Du tribunal de département.

Art. 1er.

Ce tribunal sera composé de huit juges et d'un greffier. Celui des juges qui aura été élu à la plus grande majorité, sera le président du tribunal. Les juges auront quatre suppléants (1).

Art. 2.

Il y aura près du tribunal un accusateur public et un commissaire national, dont le traitement sera de 1500 livres pour chacun; celui des juges sera le même, et celui du greffier de 600 livres.

Art. 3.

Il y aura aussi deux huissiers près de chaque tribunal.

Art. 4.

Les membres composant le tribunal seront élus pour quatre ans, et pourront être réélus.

Art. 5.

Tous les juges du tribunal connaîtront des matières civiles; mais trois d'entre eux, pris suivant l'ordre du tableau, connaîtront en outre exclusivement des matières crimi-

nelles du département : (1) ces trois membres seront renouvelés tous les trois mois, par le tribunal, dans le même ordre.

Art. 6.

Le juré d'accusation sera organisé par canton, et il sera en conséquence établi dans chaque canton les maisons d'arrêt nécessaires.

Art. 7.

Le tribunal de cassation est supprimé. L'appel des jugements rendus en matière criminelle sera porté à l'un des tribunaux compris dans le tableau que chaque département adoptera pour tribunaux d'appel.

Art. 8.

Tous les juges du tribunal pourront connaître de l'appel, et le jugement qui y statuera sera rendu par cinq juges au moins, avec les conclusions préalables du commissaire national.

Art. 9.

Si la demande en cassation est accueillie, le tribunal d'appel renverra devant tout autre tribunal que celui où aura été rendue la condamnation dont il y aura eu appel. Dans tous les cas le tribunal d'appel prononcera dans la quinzaine du jour où il aura été nanti de l'affaire (2).

Art. 10.

Matière civile.

Le tribunal de département connaîtra, par appel au civil, de toutes les causes qui n'auront pas été jugées en dernier ressort, soit par les juges de paix, soit par les arbitres, soit par les tribunaux de commerce. Ces jugements seront rendus par cinq juges au moins.

Dans aucun cas le tribunal ne pourra s'ingérer dans les fonctions administratives.

Art. 11.

Si l'appelant succombe au tribunal d'appel, il sera condamné à l'amende consignée avant l'appel, et aux dépens qui ne consisteront que dans les simples déboursés de l'autre partie.

Art. 12.

Il n'y aura plus d'avoués auprès des tribunaux, et leur ministère ne sera plus néces-

---

(1) Le nombre des juges, et même celui des tribunaux, pourrait être augmenté pour la ville de Paris, et pour les autres villes principales de la République.

(1) Quoiqu'il semble que le tribunal se divise en deux sections, néanmoins chacun des juges devra s'occuper des affaires civiles, même ceux qui seront chargés des matières criminelles : au reste le nombre de trois est suffisant pour celles-ci, puisque, depuis l'institution des jurés, la principale fonction des juges au criminel consiste dans l'application de la loi. Cet article présente d'ailleurs une vraie économie en simplifiant et réduisant les établissements.

(2) L'humanité demande que désormais aucun jugement ne prononce la peine de mort, et que la loi substitue à cette peine celle des fers ou de la détention. Je pense aussi qu'il faut laisser substituer la loi qui déclare les délits prescrits par un intervalle de trois années sans poursuites.

saire pour y plaider; les parties se défendront elles-mêmes; et, en cas de maladie, absence ou autre cause légitime, elles pourront faire présenter et remettre leurs pièces par des fondés de pouvoir, lesquels n'auront aucune action pour réclamer leurs droits en justice, et leurs honoraires n'entreront point dans la taxe des dépens.

Art. 13.

Toutes les causes civiles seront distribuées suivant l'ordre de leur remise aux membres du tribunal.

Art. 14.

Dans la quinzaine, à compter de la signification de l'appel, chacune des parties fournira ses pièces, au rapporteur à qui l'affaire aura été distribuée, lequel entendra, en particulier, les parties, tiendra note de leurs exceptions respectives, et fera ensuite, publiquement, son rapport au tribunal.

Art. 15.

Dans tous les cas et pour quelques causes que ce soit, lorsque les parties se présenteront elles-mêmes devant le tribunal, ou auront consenti d'être jugées sans plaider, le tribunal prononcera en dernier ressort sur leurs différends, après les avoir entendues et avoir vérifié leurs pièces.

Art. 16.

Le jugement du tribunal énoncera le motif de sa décision; et il ne pourra être exécuté qu'après quinze jours de signification.

Art. 17.

Aucune demande en rétractement ne sera reçue après huit jours de la signification du jugement en défaut.

Art. 18.

Toute instance pendante devant le tribunal, sera périmée après six mois d'interruption.

Art. 19.

Les procès pendants actuellement aux tribunaux de district, seront, après une simple sommation, jugés en dernier ressort par les tribunaux de département, si leur objet excède 1200 livres; et, dans les cas contraires, les parties nommeront des arbitres pour les terminer, comme il sera dit au paragraphe 8 ci-après.

Art. 20.

Le tribunal sera vacant, au civil, les mois de mars et septembre. Durant ces deux mois, quatre des juges qui ne seront pas chargés des matières criminelles, s'érigeront en arbitres publics.

Art. 21.

En conséquence, le tribunal divisera, dans un tableau, le département en quatre parties,

lesquelles seront successivement parcourues par les arbitres publics (1), pour entendre les réclamations des parties sur quelques objets que ce soit, les concilier, terminer leurs différends, et leur inspirer la voie de la pacification; le tout sans frais et sans rien exiger des citoyens : il sera même permis au tribunal d'adjoindre ses quatre suppléants aux quatre juges, s'il trouve à propos de faire parcourir à la fois, et dans le même mois, toutes les parties du département.

§ 4.

De la justice de paix.

Art. 1er.

Le tribunal de la justice de paix sera composé d'un juge de paix et de deux assesseurs qui connaîtront de toutes les causes, sauf celles de commerce.

Art. 2.

Ils jugeront, en dernier ressort, jusqu'à la somme de 200 livres.

Art. 3.

Les causes dont l'objet excédera cette somme, seront jugées à la charge de l'appel; sauf, si les parties avaient expressément consenti d'être jugées en dernier ressort; la procédure déjà décrétée pour la justice de paix sera observée; et, dans aucun cas, les hommes de loi, ou avoués, ne pourront se présenter comme défenseurs des parties devant le juge de paix.

Art. 4.

Les jugements ne pourront être exécutés qu'après huit jours de signification, et l'appel n'en sera plus recevable un mois après cette époque.

Art. 5.

Toute instance devant la justice de paix périmera après deux mois d'interruption.

Art. 6.

Le rétractement d'un jugement en défaut rendu par le juge de paix, ne sera plus recevable après trois jours de la signification du jugement.

Art. 7.

Le juge de paix exercera la police correctionnelle.

Art. 8.

Chaque assemblée primaire nommera un ou plusieurs juges de paix et quatre assesseurs pris dans chacune des communes dépendantes du canton; les uns et les autres

---

(1) Le sort décidera lesquelles de ces parties doivent être parcourues les premières ; deux le seront le mois de mai, et deux le mois de septembre. Chacune des parties ne sera parcourue que par deux juges.

seront élus pour deux ans, et pourront être réélus.

Art. 9.

Le juge de paix recevra un traitement annuel de 1000 livres, et son greffier de 200 livres, outre les frais d'expédition.

Art. 10.

Il sera tenu un registre particulier dans lequel le greffier notera, à chaque jour d'audience, le nom des deux assesseurs qui y auront assisté, et dont chacun recevra le salaire de 2 livres par jour d'assistance.

§ 5.

Des tribunaux de famille.

Art. 1er.

Les contestations qui s'élèveront entre les parents jusqu'au troisième degré exclusivement, seront soumises aux mêmes règles et aux mêmes juges que les contestations des autres citoyens; néanmoins, lorsque la contestation entre parents sera pendante au tribunal de paix, et que son objet excédera 200 livres ou sera indéterminé, chacune des parties sera tenue de produire deux parents, voisins ou amis, pour assister au jugement de la contestation, et le prononcer conjointement avec le tribunal (1).

§ 6.

Du tribunal de commerce.

Art. 1er.

Le tribunal de commerce sera composé de cinq juges et d'un greffier; ils seront élus pour quatre ans par l'assemblée primaire du lieu où siégera le tribunal, et ils pourront être réélus.

Art. 2.

Le tribunal de commerce jugera en dernier sort, jusqu'à la somme de 600 livres, toutes [illegible]s relatives au commerce, sur une simple [illegible]on.

Art. 3.

Il jugera les autres causes relatives au même objet, à la charge de l'appel.

Art. 4.

L'appel sera porté au tribunal du département, si l'objet excède 1,200 livres; s'il est au-dessous de cette somme, l'appel sera soumis à l'arbitrage. Dans tous les cas, les formalités du bureau de pacification seront préalablement observées.

Art. 5.

Aucun avoué ou homme de loi ne pourra plaider en cette qualité au tribunal de commerce.

Art. 6.

Toute instance pendante devant le tribunal sera périmée après deux mois d'interruption.

Art. 7.

Il n'y sera reçu aucune demande en rétractement après trois jours de la signification du jugement en défaut, et aucun jugement ne pourra être exécuté qu'après huit jours de sa signification.

Art. 8.

L'appel des jugements de commerce sera non-recevable un mois après leur signification.

§ 7.

Des arbitres.

Art. 1er.

Les dispositions de la loi sur l'organisation judiciaire, relatives à l'arbitrage, seront exécutées selon leur forme et teneur.

Art. 2.

L'arbitrage sera volontaire, sauf pour les cas où il s'agira de l'appel d'un jugement, ou de quelque décision sujette à l'appel, lorsque son objet n'excédera pas 1200 livres; dans ce cas, les parties seront forcées à l'arbitrage, comme il sera dit au paragraphe suivant.

Art. 3.

Les parties, en nommant leurs arbitres, fixeront le temps et le lieu où ils devront se réunir pour procéder; et l'acte de nomination sera présenté aux arbitres, dont chacun déclarera au pied de l'acte son acceptation ou son refus.

Art. 4.

Après l'acceptation, les arbitres ne pourront plus se récuser; et, sur une simple sommation, ils seront tenus de procéder à l'arbitrage des parties présentes ou duement appelées.

Art. 5.

Deux mois après la nomination des arbitres le compromis sera périmé, et les parties seront au même état qu'elles étaient avant, si l'arbitrage n'a pas eu lieu.

Art. 6.

Les sentences ou décisions arbitrales seront exécutées d'autorité du tribunal du département, si leur objet excède la somme de 200 livres; au cas contraire, elles le seront d'au-

(1) Tous ceux qui connaissent l'imperfection du mode du tribunal de famille décrété par l'Assemblée constituante, doivent convenir que jamais institution ne fut moins utile, ni moins susceptible d'exécution, ni plus dispendieuse. Le mode que je propose est plus simple, plus uniforme, et présente moins d'inconvénients.

torité du juge de paix; mais, dans tous les cas, l'exécution n'aura lieu qu'après huit jours de leur signification. L'appel de celles qui n'auront pas été rendues en dernier ressort ne sera plus recevable un mois après cette époque.

Art. 7.

L'appelant qui succombera devant les arbitres sera condamné aux frais de l'arbitrage et à l'amende qu'il aura consignée avant l'appel (1).

Art. 8.

Dans les frais de l'arbitrage sera compris l'honoraire des arbitres; mais il sera libre aux parties de le soumettre à la taxe du tribunal, qui délivrera sans frais une ordonnance d'autorisation ou de réduction.

§ 8.

Des bureaux de pacification.

Art. 1er.

Il y aura au chef-lieu de chaque canton un bureau de conciliation composé de trois membres indépendants de la justice de paix, lesquels seront élus par l'assemblée primaire du canton.

Art. 2.

Aucun appel ne sera recevable qu'après que la voie de conciliation aura été épuisée devant ce bureau, et que l'appelant aura consigné préalablement, entre les mains du receveur des contributions du chef-lieu de canton, une amende de 50 livres, si l'objet de l'appel est au-dessous de 1,200 livres, et de 100 livres, s'il excède cette somme. Ces amendes seront appliquées aux frais du bureau de conciliation; l'excédent, s'il y en a, le sera aux secours publics.

Art. 3.

La partie qui voudra appeler d'un jugement ou d'une décision qui n'aura pas été rendue en dernier ressort, ne pourra former son appel qu'après avoir cité l'autre partie devant le bureau de paix du canton, à l'effet de se concilier sur leurs contestations.

Art. 4.

Lorsque l'objet de l'appel excèdera 1,200 livres, le bureau de pacification procèdera de la manière suivante :
Il entendra les parties, si elles paraissent devant lui, et emploiera tous les moyens raisonnables pour terminer amiablement leurs contestations; et, s'il ne peut y parvenir, il en délivrera son attestation aux parties.

Si l'une des parties ne paraît pas, et que ce soit l'intimé, le bureau en délivrera un certificat dont la copie sera, à peine de réjection, mise en tête de celle de l'appel qui sera portée au tribunal du département.

Si, au contraire, l'appelant ne paraît pas, il sera délivré un certificat de non comparution à l'intimé, qui, moyennant ce, pourra faire exécuter le jugement même ou la décision dont il s'agira.

Art. 5.

Lorsque l'objet de l'appel ne se portera pas à la somme de 1,200 livres, le bureau emploiera aussi tous les moyens propres à un arrangement amiable; et, s'il ne peut y parvenir, chacune des parties sera tenue de nommer, devant les membres du bureau, deux arbitres; le bureau en nommera d'office à la partie absente ou refusante. La contestation sera décidée en dernier ressort par les arbitres.

Art. 6.

Indépendamment des frais de bureau, les membres qui le composeront recevront, à titre d'indemnité, chacun 1 livre pour chaque accommodement qu'ils feront sans arbitres sur les contestations dont l'objet sera au-dessous de 1,200 livres, et 2 livres pour chaque accommodement qui terminera, sans appel et sans arbitrage, une cause dont l'objet excèdera la somme de 1,200 livres. Cette indemnité sera prise sur le produit des amendes, et, en cas d'insuffisance, sur le Trésor public (1).

DIX-NEUVIÈME ANNEXE (2)

A LA SÉANCE DE LA CONVENTION NATIONALE DU MERCREDI 17 AVRIL 1793.

DE LA CONSTITUTION *et du* GOUVERNEMENT *qui pourraient convenir à la République française, par* A. GUY KERSAINT, *député à la Convention nationale* (3).

> Maintenant, hommes cruels.... vos journaux le troublent et l'abusent sur mon compte. Il me croit un monstre sur la foi de vos clameurs, mais vos clameurs cesseront enfin; mes écrits resteront, malgré vous, pour votre honte.
> Jean-Jacques ROUSSEAU.

INTRODUCTION

Une Constitution est l'ensemble des conditions par lesquelles des hommes réunis en société, sont convenus de s'assurer réciproquement l'exercice et la jouissance de leurs droits naturels.

---

(1) Le juge de paix statue en dernier ressort sur les causes qui n'excèdent pas 200 livres; les arbitres terminent celles au-dessous de 12,000 livres. Il y aura donc peu de procès, si l'on considère surtout que l'arbitrage volontaire, le tribunal de commerce, les bureaux de pacification en finiront une partie, et que les gens d'affaires n'auront plus d'intérêt à les soutenir.

(1) Toutes les significations ou sommations qui seront faites jusques à l'appel au tribunal, le seront par les cédules des juges de paix.
(2) Voy. ci-dessus même séance, page 263, le rapport de Romme sur les divers projets de Constitution.
(3) Bibliothèque de la Chambre des députés : *Collection Portiez (de l'Oise)*, tome 29, n° 36.

Le gouvernement est le mode d'exécution des lois faites en conformité des principes convenus entre tous les membres de l'association, dans l'acte de garantie des droits : la Constitution.

Il faut donc, pour qu'il y ait chez une nation paix et liberté, une harmonie parfaite entre les actions d'un gouvernement et les principes et les conditions du contrat social.

La crise révolutionnaire qui travaille la France depuis quatre ans, et vient, comme par une explosion volcanique, de renverser la royauté, était entretenue par la discordance des principes admis par la majorité du peuple français (lesquels servaient de base à la Constitution, adoptée en 1791) et les actions d'un gouvernement étranger à ces principes, et seulement occupé de les combattre par la puissance que lui donnait cette Constitution même, qu'il n'avait jurée que pour la détruire.

Cette conjuration patricide tirait toute sa force de nos préjugés monarchiques et de notre vieux respect pour la royauté; ces erreurs se sont dissipées le 10 août, et la trahison de Louis XVI, et la coalition de ses complices nous ont radicalement guéris de notre superstitieuse prédilection pour le gouvernement royal. La force naturelle de la vérité et de la raison a prévalu; c'est à leur lumière pure et céleste que doivent marcher aujourd'hui les législateurs, mais en entrant dans la carrière que vient de leur ouvrir la révolution du 10 août, une grande question peut les arrêter, et sans doute, nous avons à craindre qu'elle ne les divise, et que la France entière ne prenne part à cette division. J'entends parler ici de la question de savoir si la France sera républicaine ou monarchique (Voyez la chronique du mois de septembre : *La monarchie sans roi.*)

Citoyens, c'est ici le moment de vous le répéter : désespérant de triompher des Français unis, c'est de nos divisions que l'ennemi attend ses succès; trompons encore ce dernier espoir, et déclarons que quel que soit l'avis de la majorité du peuple français, sur les divers points constitutionnels qui seront arrêtés par les représentants du peuple assemblée en Convention la minorité se réunira, sans réserve, à la majorité pour concourir à l'établissement du gouvernement adopté par le plus grand nombre.

Evitons la guerre civile, si nous voulons vaincre les Prussiens, les Autrichiens, les Espagnols, les Russes; mai je me trompe, je parle des peuples, et je ne devrais nommer que les rois. Nous avons aboli la royauté, que ceux qui la regrettent fassent à la patrie le sacrifice de leur opinion. L'Amérique plus grande que la France, est libre, heureuse et sans roi.

Si les amis de la royauté, l'avaient emporté, je demanderais la même déférence de ceux qui la regardent comme le fléau du genre humain. Je suis de cette dernière opinion, mais je donnerais l'exemple de mon respect pour la majorité, et je maintiendrais de tout mon pouvoir le gouvernement qu'elle aurait adopté.

Mais je suppose que ce point litigieux est écarté, et que les Français ont déclaré qu'ils placent leur confiance dans leurs représentants : que leur vœu est d'être libre, et qu'ils reconnaissent qu'une assemblée convoquée d'hommes choisis dans tout l'Empire, et dont plusieurs ont déjà donné des preuves de leur

principes, est seule capable de combiner les intérêts d'un si grand Empire et d'un peuple aussi nombreux; qu'en conséquence, ils doivent à la Convention nationale cette marque de confiance, de recevoir la Constitution qu'elle est chargée de combiner et de fixer. Cette révolution, digne d'une nation éclairée renverserait tous les complots.

Le peuple dans sa masse est souverain de fait, son droit est sa force; mais ce n'est point la force qui combine les intérêts des hommes; cette tâche est réservée au savoir et à la prudence. Les Français ont renversé le despotisme, mais ils ont dirigé leurs coups à la lueur des flambeaux de la philosophie. C'est donc aux philosophes qui les ont éclairés et conduits dans cette grande révolution, qu'il appartient de fonder un nouveau système de lois, une Constitution qui contiennent des principes dont les conséquences leur assurent la jouissance pleine et entière des droits qu'ils ont reconquis. La force établit l'empire, ou le droit; mais l'habilité, la prudence sauront seules les maintenir.

Nous sommes maintenant le peuple le plus indépendant de la terre, nous serons le plus libre, lorsque nous respecterons et que nous aimerons nos lois. Mais pour faire passer la liberté, ce premier des biens, à nos neveux, il faut fonder un gouvernement régulier; et cet établissement exige des combinaisons profondes : le courage du peuple a détruit la tyrannie : c'est à sa raison à fonder une République sur des lois sages, capables d'en perpétuer la durée.

Je citerai à mes concitoyens l'exemple des habitants de la Virginie. Lorsque les Américains secouèrent le joug du roi d'Angleterre, et déclarèrent leur indépendance, l'État de Virginie rassembla les habitants des campagnes avec ceux des villes pour délibérer s'ils déclareraient le roi Georges déchu de tout droit sur la colonie : les artisans, les laboureurs, les gens de tout état, les citoyens les plus recommandables par leur fortune et par leur savoir, expliquèrent à l'assemblée l'état des affaires. Après les avoir écoutés attentivement un cultivateur se leva et dit à l'assemblée : Messieurs, nous avons de la force et du courage pour servir notre pays; mais nous n'entendons rien à la politique : ces messieurs qui viennent de parler en savent plus que nous, et risquent plus que nous; car ils sont plus instruits que nous et ont plus à perdre : voulez-vous m'en croire, accordons-leur notre confiance pour que les choses aillent bien, la tête et les bras sont nécessaires; ce que les bonnes têtes auront résolu nous l'exécuterons. Cet avis fut adopté unanimement.

Le temps est venu, citoyens, de prendre confiance dans les hommes éclairés; car depuis que nous n'avons plus de roi, il n'existe plus qu'un seul intérêt au milieu de nous; celui de la République. La Convention nationale, composée d'hommes choisis par vous-mêmes, ne peut, surtout, en avoir d'autre; mais vous lui devez aide et soutien. Je pense, avec vous, que la Convention nationale, qui représente le souverain, n'est pas le souverain et que ce qui y sera arrêté par la majorité des voix, ne pourra se considérer d'abord que comme la volonté présumée de la majorité de la nation, que pour que ces arrêtés prennent le caractère sacré de la volonté nationale, il convient qu'ils aient été sanctionnés par le peuple, réuni dans ses assemblées élémentaires; et que c'est ainsi que doit se former le contrat d'union entre tous les membres de l'association, et que doivent être reconnues et fixées les lois fondamentales, suivant lesquelles la nation voudra désormais être gouvernée.

Mais je pense aussi que, dans les circonstances ou se trouve la nation, la prétention d'atteindre à ce degré de perfection a de grands inconvénients, et je vous exhorte de toutes mes forces à en détourner votre esprit. Je crains que ceux qui s'y attachent avec ostentation, ne soient vos ennemis secrets. Les défauts des lois constitutives sont cachés dans le temps. C'est à l'expérience que la nature des choses en réserve la découverte. Recevez donc la Constitution que vous présentera la Convention, en ajournant vos observations à la Convention prochaine; c'est le seul moyen d'accorder les principes avec les circonstances de votre état social actuel. Si les 7 à 8 mille assemblées primaires voulaient augmenter sur tel ou tel point de la Constitution qui vous sera présentée, concevez-vous qu'il fût jamais possible de s'entendre? C'est ici le cas d'appliquer cet adage si connu : *Que le mieux est ennemi du bien.* Toutes les probabilités morales se réunissent pour vous répondre que l'ouvrage de la Convention sera bon et sage, et que vos droits y seront ménagés et défendus. Défiez-vous donc, je vous le répète, de ceux qui veulent que cet ouvrage soit jugé partiellement dans 8 à 10 mille assemblées et que les lois ne puissent avoir de force qu'après leur sanction.

Je vais vous expliquer ce que signifient ces paroles : Nous sommes chargés par les puissances étrangères effrayées de la puissance que le régime de la liberté doit développer au sein du peuple Français, d'empêcher qu'il n'en recueille les avantages; mais ne pouvant forcer le peuple de reculer dans sa marche hardie, nous espérons, en le poussant au contraire en avant, en le précipitant dans sa course, par l'exagération de tous les principes, le ramener sous le joug, fatigué, dégoûté, ruiné; car nous l'empêcherons de jouir d'aucun des biens qu'il s'est promis; et nous le forcerons, dans les malheurs de l'anarchie, de regretter son ancien esclavage. Voilà, citoyens, les vues secrètes de vos agitateurs. Consultez les assemblées primaires sur chacune de vos lois; c'est, en d'autres termes, vous dire que vous devez renoncer aux avantages d'un gouvernement libre.

De tels publicistes sont les avocats des Autrichiens et des Bourbons. La Convention a déclaré que la Constitution devra être adoptée par le peuple; ce principe est incontestable : mais ne le pressez pas trop. Je le regarde comme un piège tendu à la bonne foi du peuple; désespérant de nous vaincre à force ouverte, ils veulent nous détruire par nous-mêmes, nous fatiguer par nos querelles, et nous affaiblir par nos divisions; enfin nous ramener à rétablir la royauté si favorable aux hommes corrompus. Mais ils se trompent. Les Français entendront la voix de leurs sages; ils écouteront les conseils de la raison; et leurs lâches adversaires seront déçus dans leur dernière espérance.

Ordre naturel des propositions sur lesquelles la Convention doit délibérer.

1°. La Déclaration des droits de l'homme, sans restriction ni modification;

2°. L'unité de l'Empire, ou l'union de tous les Français sous les mêmes lois et dans les mêmes droits;

3°. Le gouvernement représentatif;

4°. L'élection de tous les fonctionnaires publics;

5°. Liberté indéfinie dans les élections;

6°. Le choix des représentants, et leur élection par les assemblées élémentaires;

7°. Une Assemblée nationale législative élective, annuelle, ou *biennale;*

8°. Un conseil exécutif électif, avec le droit d'observation;

9° Un tribunal de censeurs entre le conseil exécutif et l'Assemblée nationale chargé de conserver les formes et les règles du gouvernement, avec le droit d'en appeler au peuple, si les pouvoirs délégués tentaient de sortir de leurs limites.

Un conseil national. Pouvoir intermédiaire permanent, dans les vacances du Corps législatif;

11°. Les tribunaux de conciliation ou d'arbitrage;

12°. Juges de paix et tribunaux ambulants, ou assises pour plusieurs départements au civil;

13°. Uniformité des lois; abolition de coutumes;

14°. Uniformité des poids et mesures;

15°. Conscription militaire;

16°. L'administration confiée à des mandataires rééligibles par le vœu des administrés, ou la demande du pouvoir exécutif, confirmée par le pouvoir législatif;

17°. L'autorité municipale placée au premier degré, investie exclusivement de la police, étendue, dans les campagnes suivant les localités et la population, au moins à un canton.

Bases de la fortune publique.

18°. La contribution foncière industrielle du luxe, du timbre, du cens, les successions collatérales et amendes; droits de domicile;

19°. Plus de douane, plus d'impôt indirect sur aucun genre de consommation;

20°. Cadastre général et dénombrement;

21° Classification des citoyens suivant la cote des contributions publiques;

22° Classification des citoyens en état de porter les armes. Organisation militaire de la nation; force publique;

23° Classification des citoyens, suivant leurs professions et états divers.

24° Classification des citoyens en chefs de famille et célibataires.

La Déclaration des droits de l'homme doit se trouver à la tête de l'acte contrat passé entre les hommes qui se réunissent pour former un corps de nation, et la reconnaissance des devoirs de l'homme vivant en société, c'est-à-dire, des droits du citoyen, doit clore cet acte.

Le contrat social doit être le livre élémentaire de l'éducation publique, et toute l'éducation doit avoir pour but de former des citoyens pénétrés de leurs devoirs envers la société dont ils sont destinés à faire partie.

Les deux développements qui suivent, jetteront quelque jour sur les plus importantes de ces questions.

La Constitution que vous êtes appelés à présenter au peuple français, ne peut être que représentative, et vous n'avez pas sur ce point à délibérer; car l'étendue de la République et sa population, ne lui offrent la jouissance des avantages de la liberté qu'à ce prix. La base de tout gouvernement représentatif est l'élection; c'est dans les élections que se trouve le vice principal de notre Constitution de 1789. Il était bien plus facile, le 21 juin 1791, d'en ôter la royauté qui ne tenait à rien, que de corriger aujourd'hui ce mode électif, qui tient à tout, et s'appuie sur les débris de nos *mœurs aristocratiques*. C'est là que se trouve le point délicat de notre tâche. — Pour ramener le système des élections vers son principe, nous devons nous occuper premièrement du régime principal. Son organisation actuelle est un grand obstacle à l'établissement d'un ordre stable; et comme l'édifice social repose sur ce premier élément de tous les pouvoirs, c'est aussi par cet objet que la Convention nationale doit commencer ses travaux constitutifs.

La cité française, étant trop vaste pour se réunir en une seule commune, la première de toutes les opérations est d'en tracer les divisions sur un plan méthodique. Les municipalités actuelles doivent se considérer comme des subdivisions que le hasard a présentées et dont l'Assemblée constituante de 1789 a été forcée de se servir; cette première ébauche a conservé tous les défauts de son origine; mais il sera facile de les corriger. Les districts doivent être chargés d'en présenter les moyens à la Convention.

Les conseils des districts s'occuperont sans délai de former un projet de division de leur population, sur ce principe, que chaque division de la commune de district, puisse envoyer mille citoyens, au moins, à l'Assemblée générale, pour l'élection. Ces divisions de la commune principale s'appelleront divisions municipales. Les petites municipalités actuelles, qui s'y trouveront englobées, choisiront entre elles leur chef-lieu, et toutes concourront à l'élection du maire principal. Les maires actuels deviendront des lieutenants de maire; car en établissant une division nouvelle, il faut bien se garder de détruire celle qui existe; elle tient à des causes locales et je la regarde comme un élément précieux donné par la nature pour faciliter l'action du gouvernement, dans un empire. En subordonnant ces divisions à des municipalités centrales, vous faites disparaître leurs inconvénients et leur nombre; et leur petitesse même a des avantages dont vous sentirez tout le prix lorsque vous vous occuperez d'établir une police de sûreté générale, laquelle doit atteindre jusques dans les derniers rameaux du corps politique. elles vous seront encore utiles pour l'assiette des contributions et l'exécution des opérations de l'administration, et surtout pour faciliter le dénombrement et la classification des citoyens, opération première pour un peuple libre, et sans laquelle on ne peut fonder le règne des lois. Le despotisme n'en avait pas besoin pour gouverner. La force confond tout, et la tyrannie ne voit l'ordre que dans la stupeur de l'obéissance et le repos de la crainte. La liberté se complaît à la vue de l'homme agissant sans contrainte sous l'abri des lois; mais ces lois doivent veiller sans cesse à son bonheur; et c'est pour avoir des yeux partout que le régime républicain exige de nombreuses subdivisions dans le territoire et la population. Le défaut de celles qui existent est surtout l'étendue des pouvoirs et des devoirs imposés aux municipalités de campagne, la faiblesse de leur population, leur inégalité, font qu'un très grand nombre d'entre elles ne sont pas susceptibles de remplir le but de leur institution; il est difficile, souvent même impossible, d'y trouver des hommes tels que la loi les exige; mais comme lieutenants du maire principal, ces mêmes maires de campagne seront excellents parce qu'on ne leur transmettra que des ordres simples, relatifs à leurs localités; et, s'ils trouvent encore de l'embarras, dans l'exécution, ils seront à portée d'être éclairés et conduits par des hommes dans lesquels ils auront confiance, puisqu'ils les auront choisis. Ainsi je regarde l'établissement des municipalités centrales ou principales, comme une opération indispensable, et l'une des premières questions qui appellent l'attention des représentants du peuple français, réunis en Convention, à l'effet de fonder la Constitution de la République.

Voici l'analyse des différentes questions sur lesquelles vous aurez à prononcer, dans l'ordre où je crois qu'elles doivent être présentées à votre discussion, pour résoudre la question principale dont il s'agit :

1° Sera-t-il procédé à une nouvelle division municipale de la cité française?

2° Pour exécuter cette nouvelle division, se servira-t-on des conseils administratifs et des districts?

3° La mesure des municipalités centrales sera-t-elle déterminée d'après l'étendue du territoire, ou sur les bases de la population?

4° Les subdivisions municipales actuelles seront-elles conservées, comme annexes des municipalités principales?

5° Donnera-t-on le nom de lieutenants de maires aux maires de ces municipalités secondaires?

Telle nous paraît être la série des questions que la Convention nationale devra décider, lorsqu'elle s'occupera de poser cette pierre angulaire de la Constitution de la République. Nous observerons que ce premier travail lui présentera dans ses conséquences, la facilité de simplifier, par un seul décret, le régime administratif, car les municipalités centrales devront être investies, sous la direction des départements, des pouvoirs et des devoirs confiés aux administrations de district. Ainsi, vous perfectionnerez à la fois le régime municipal et cette organisation administrative compliquée, et sur laquelle tant de réclamations se sont élevées, car l'esprit humain semble être condamné partout à s'entraver lui-même dans la complication de ses moyens, et à procéder du composé au simple.

Le plan général tracé par les législateurs de 1789 était bon, mais confus : vous le simplifierez, et n'en tirerez point vanité. Le temps et le courage du peuple vous ont rendu ce travail facile, en vous délivrant de la royauté. Voici, dans mes idées les éléments du gouvernement que vous devez fonder. Les sections de communes ou lieutenances de maire, dans les campagnes; dans les villes où la population nécessite des sections, les présidents de ces sections seront réputés lieutenants de maire, les sections de commune, les municipalités centrales les départements, le conseil exécutif composeront la hiérarchie des pouvoirs gouvernants, ou la puissance exécutrice nationale.

On s'étonnera peut-être que je présente le gouvernement avant la Constitution. C'est que je ne veux pas faire comme les législateurs de 1789, qui placèrent la Constitution dans la dépendance du gouvernement : je veux le contraire, et que le gouvernement dépende de la Constitution; de sorte qu'il ait le plus grand intérêt possible à la maintenir. Je le demande : dans la Constitution de 1789 quel intérêt avaient les agents du pouvoir exécutif à soutenir les droits du peuple? Aucun. Après l'élection, ils n'avaient plus à s'occuper que de se rendre permanents; tandis que, dans notre hypothèse, c'est en quelque sorte le peuple lui-même qui se gouverne. Ainsi les défiances entre les gouvernements et les gouvernés, n'ayant plus d'objet, la liberté et la paix sociale seront assurés. On peut établir en principe, qu'il n'y a point de liberté là où le gouvernement est indépendant et hors la Constitution, et de tous les signes qui peuvent servir à distinguer un état libre ou républicain d'un état où la liberté n'est qu'apparente, je n'en connais point de plus décisif. Je suppose ici la question de la division des communes décidée sur la base de la population, et qu'il est arrêté que les municipalités centrales formeront chacune une assemblée élective. Voici mes bases constitutionnelles.

Les assemblées élémentaires d'élection, composées de mille à quinze cents citoyens. Tout Français domicilié depuis un an dans sa commune, qui vivra de son travail, sans être à charge à la communauté, aura le droit de cité.

Le droit de cité se perdra par la flétrissure en justice, la lâcheté devant les ennemis de la patrie, la banqueroute frauduleuse, la mendicité, le vagabondage; il sera suspendu par la domesticité. Les assemblées élémentaires jugeront elles-mêmes des accusations portées contre un de leurs membres; mais ces accusations devront être soutenues par quatre citoyens du domicile de l'accusé pour pouvoir motiver la rejection de l'Assemblée et la suspension ou la perte du droit de cité. Les citoyens pourront appeler des jugements des assemblées élémentaires à l'Assemblée nationale; mais ils seront tenus de s'y conformer provisoirement, il sera formé des arrondissements qui contiendront un nombre déterminé de municipalités centrales : ces arrondissements auront droit de nommer un des membres du Corps administratif de leur département. Les assemblées élémentaires seront essentiellement délibérantes; elles pourront destituer les maires, lieutenants de maire et conseils généraux des communes, et autres officiers publics commis par elle dans aucune fonction publique. On procédera à ces destitutions suivant une loi dont la base sera le vœu précédemment connu de la majorité des citoyens (1)

Outre les assemblées aux époques fixées par la loi, lorsque la majorité des sections de la commune de la municipalité centrale requerront, le maire principal sera tenu de convoquer l'Assemblée générale : ces assemblées extraordinaires ne pourront néanmoins destituer les officiers en charge; mais elles pourront statuer sur les intérêts communaux, lesquels seront stipulés dans le code municipal. Dans ces assemblées du peuple, tous les intérêts des citoyens, sans exception, pourront être discutés, et particulièrement l'assiette des contributions, la conduite de ceux qui les perçoivent, de ceux qui les paient ou les refusent, sur leurs dénonciations, le ministère public sera tenu d'informer, conformément aux lois qui seront portées sur cet objet.

Les assemblées primaires auront le droit de faire des adresses au Corps législatif, et l'un de leurs plus importants devoirs sera d'examiner si les lois sont bien exécutées, et de leur prêter tout l'appui que leur doivent des hommes libres, afin que personne ne s'élève au-dessus d'elles.

C'est ici que l'on peut sentir la différence de nos principes, avec ceux qui règlent, dans l'ordre actuel, l'exercice de la souveraineté. Par la Constitution de 1789, les droits du peuple sont nuls de fait, parce que les assemblées électives n'y sont pas délibérantes, et parce que le pouvoir municipal s'y trouve étouffé par l'ascendant des corps administratifs. La cour avait bien observé ce défaut de la constitution : aussi comptait-elle bien nous enchaîner par le moyen des directoires de département. Ici s'explique la distinction que j'ai faite du gouvernement dans la Constitution, ou de la Constitution dans le gouvernement.

Après avoir posé ces fondements de l'édifice social, et marqué le point d'où doivent partir, et ceux qui feront les lois, et ceux qui les feront exécuter, point où doit se faire sentir, dans toute son énergie, la puissance d'un peuple vraiment libre et souverain, je pense avoir franchi le pas le plus difficile de la carrière dans laquelle j'entreprends de marcher.

Je laisse à d'autres le soin de rédiger la Déclaration des droits de l'homme : ce qui m'importe, c'est que nos institutions supposent ses droits, et les respectent.

Cette déclaration se réduit pour moi à ces mots : *les hommes sont égaux et libres*. Le reste doit se retrouver dans nos lois. — Que cette éternelle vérité s'y montre; qu'elle remplace cette formule vile et vide de sens, qui les déshonorera longtemps : *De par le roi*. Qu'elle soit à leur tête pour les rendre plus sacrées. — Car, à quel objet qu'elles s'appliquent, elles ne peuvent perdre de vue ce principe : *les hommes sont égaux et libres*.

J'ai indiqué le rapport des assemblées élémentaires dans le système du gouvernement; je vais marquer leur place dans le système constitutif.

---

(1) Dans les assemblées annuelles, une urne sera placée à la porte où chacun pourra mettre un billet signé, exprimant le vœu de destitution de tel ou tel fonctionnaire public. Après que l'Assemblée se sera organisée, elle nommera quatre personnes pour faire le dépouillement de l'urne d'accusation. Si la majorité demande la destitution de tel ou tel, il sera procédé sans délai et sans réclamation à son remplacement; cette opération devra précéder le cours ordinaire des élections.

Plus la représentation nationale sera prise près de sa source, et plus elle sera pure et méritera la confiance du peuple. Les assemblées élémentaires devront donc élire immédiatement les députés à l'Assemblée nationale. Ce principe présente quelques difficultés dans son application : elles ne sont pas insurmontables; mais pour en triompher il faut décider la question des candidats, laquelle ne peut guère être combattue dans une assemblée dont le premier acte a été d'abolir la royauté et de proscrire les scrutins secrets. Je ne ferai donc point cette injure à la Convention, de croire qu'elle puisse balancer à consacrer par une loi la liberté qu'ont les citoyens de se présenter pour telle ou telle place aux élections, usage qui, seul, peut légitimer la discussion publique sur le caractère des citoyens dans les assemblées d'élection, et préparer la grandeur de la République par le choix des hommes les plus capables de la gouverner; tandis que, dans l'état présent, l'intrigue exerce son influence avec audace, et s'empare avec impunité des suffrages du peuple, au préjudice des vrais talents et de la vertu.

Les candidats admis, toute difficulté s'évanouit, et l'élection au premier degré conserve tous ses avantages. Je vais me faire entendre. Par exemple : je suppose que le département de Paris ait cent mille citoyens divisés en 60 communes ; je suppose que 10 mille citoyens aient droit à nommer un représentant à l'Assemblée nationale ; les 60 assemblées d'élection auront 10 députés à élire. Voici comme je propose qu'elles y procèdent : le procureur général syndic du département leur fera passer la liste des candidats; chaque assemblée fera d'abord sur cette liste un premier scrutin appelé préparatoire; ceux des candidats qui auront obtenu la majorité des suffrages dans ce scrutin, seront inscrits sur une liste particulière. Je vais au devant d'une objection. On me dira que je borne, par cette méthode, le choix des électeurs, et que je le circonscris dans les individus domiciliés de chaque département. Je déclare que je pense que les candidats de tout l'Empire peuvent concourir à l'élection ; mais qu'ils ne le peuvent dans tous les départements à la fois, que la liste des candidats devra être ouverte, et chacun des prétendants tenu de se faire inscrire six mois avant les élections ; et la loi qui restreindra les candidats à choisir un département et les moyens que je propose auront cet avantage sans aucun inconvénient pour la liberté publique. Je répète que ceux qui auront obtenu le plus de suffrages dans le scrutin préparatoire seront inscrits sur une liste ; alors commencera l'élection. Chaque assemblée élémentaire pourra élire dix personnes. Le procès-verbal de l'élection portera soigneusement le nombre des votants et la quantité des voix, pour et contre,

obtenues par ceux qui seront élus par le second scrutin, dans lequel on ne pourra choisir qu'entre ceux qui auront obtenu une première majorité dans le premier. — Le conseil général du département assemblé recevra les procès-verbaux d'élection des 60 assemblées élémentaires, et recensera publiquement les suffrages obtenus par les divers candidats élus ; et les dix qui auront réuni la majorité des suffrages des citoyens qui auront voté dans les 60 assemblées composant la cité du département seront proclamés représentants de la nation. S'il y a égalité entre plusieurs, l'âge ou le sort décideront; je pense que ce mode d'élection doit procurer à la République un Corps législatif pur, et une excellente représentation.

J'observerai qu'il faut opter ; ou prendre la représentation, au second degré, en conservant les corps électoraux; et certes c'est s'éloigner des principes ; ou se résoudre à renfermer les concours pour l'élection dans les divisions principales de la cité. Je sais bien qu'on me répondra que je viole le principe de l'unité représentative. Placé entre deux écueils, je me suis éloigné de celui sur lequel le naufrage me paraissait assuré ; j'invite une main plus habile à nous sauver de tous les deux.

Je sais qu'en divisant la représentation de manière que six ou huit assemblées élémentaires de communes eussent le droit de nommer un député ; on gagnerait du temps et je penchais d'abord pour ce moyen : mais on m'a fait craindre l'influence de l'intrigue et de la corruption dans un cercle électif trop étroit. Si l'on adoptait ce dernier parti, il faudrait l'environner de grandes précautions; et peut-être qu'en combinant ensemble le choix et le hasard, on pourrait s'attacher à cette idée qui a le très grand avantage d'économiser le temps, ce patrimoine du pauvre et la plus chère propriété des nations industrieuses.

J'ai pris soin de former l'Assemblée nationale par une émanation directe du peuple, parce que j'en veux faire la source de toutes les autorités tutélaires de la nation. Ici quelques idées générales se présentent.

Avant de poser le faîte de l'édifice, c'est-à-dire, ce point de la pyramide où la Constitution et le gouvernement doivent se présenter à la fois réunis et distincts, indépendants dans leurs actions, inséparables dans leurs intérêts, je dirai que l'organisation du corps politique sera d'autant plus parfaite, que ses organes se rapporteront plus identiquement avec ceux du corps individuel. Car qu'est-ce que le corps politique ? une agrégation d'individus, qui, considérés dans le système de l'association, doivent vouloir et agir dans le même sens ; comme l'individu, le corps politique veut, agit, fait ; son entendement doit réunir les facultés par lesquelles l'homme pense et se meut. Dans l'homme sage, la réflexion précède la pensée ; la pensée, la volonté ; la volonté, l'action; et bien ? voici l'organisation du corps politique telle que je la conçois; une Assemblée nationale, ou la volonté; un tribunal de censeurs, ou la réflexion; un conseil exécutif, ou l'action; et voici l'ordre de la génération de ces parties.

La nation ou le souverain, les sections de commune.

Les communes ou assemblées élémentaires, ou municipales ou principales.

L'Assemblée nationale } Le conseil natio-
Le tribunal des censeurs { nal intermé-
Le conseil exécutif } diaire.

C'est à la Convention nationale actuelle, revêtue de tous les pouvoirs, qu'il appartient de combiner cette organisation du corps politique, c'est-à-dire la Constitution dont le mouvement ne commencera, conformément aux principes, que lorsque la nation elle-même l'aura ordonné.

Je vais expliquer les fonctions diverses des parties du corps politique représenté, telles que je viens de les déduire; mais j'entends dire, l'Assemblée nationale fera des lois, le conseil exécutif les fera exécuter; que voulez-vous de plus? pourquoi cette troisième roue qui complique notre machine, si simple jusqu'à ce moment? pourquoi ce tribunal des censeurs? pourquoi ce conseil intermédiaire? Pourquoi? je vais le dire, et j'appelle ici les hommes qui ont médité sur la nature, les gouvernements et l'histoire des hommes libres, et qui savent par quels moyens les meilleures institutions se détruisent, et combien il est plus facile de conquérir la liberté que de la conserver.

En étudiant les diverses institutions politiques des nations, j'ai cru remarquer que les législateurs avaient tous cherché, mais sans le rencontrer, le pouvoir conservateur du pacte social, et que dans l'organisation du corps politique, ce régulateur n'avait jamais été combiné, sans qu'il n'y fût mêlé quelque levain d'aristocratie, semence de discorde et de corruption, qui avait amené plus ou moins rapidement la ruine de l'édifice social. Le moment est arrivé, je pense, d'offrir un plus parfait modèle au monde; le tribunal des censeurs que je vous propose, loin de porter atteinte au principe primordial de notre association, l'égalité, sera créé pour le conserver, pour le défendre contre les sourdes atteintes des riches et des ambitieux. Les Romains confièrent la garde du feu sacré à des Vestales. Vous ferez mieux, vous confierez la garde de l'égalité à des sages, à des philosophes. Voici, messieurs, comme je propose d'organiser ce tribunal; je tracerai plus bas ses fonctions:

Il sera composé de 21 membres: sa formation sera faite par la Convention le dernier jour de sa session, et ce sera le dernier acte de ses pouvoirs, sa renovation se fera par le Corps législatif, et sera le terme marqué à sa puissance politique. On ne pourra prétendre à cette élection que dans un âge déterminé, et par la suite on pourra exiger, de ceux qui pourraient en faire partie, d'avoir exercé un emploi municipal. Les censeurs auront un banc en forme de tribunal dans l'Assemblée nationale, au milieu de la salle en avant du bureau, et sept d'entre eux seront tenus d'assister aux séances du Corps législatif. Peut-être sera-t-il utile de leur donner un costume.

Des devoirs du tribunal des censeurs.

Ils n'auront point voix délibérative dans l'Assemblée nationale; mais ils seront chargés d'y maintenir l'exécution des lois qui y régleront le mode des délibérations, et l'ordre prescrit par le règlement, en prononçant sur les perturbateurs, qui, dans ce cas, lui seront dénoncés par un décret de l'Assemblée, car la police habituelle continuera d'être la fonction du président: mais pour ce qui concerne les délits dont un représentant du peuple peut se rendre coupable, l'Assemblée nationale continuant d'exercer les fonctions de juré d'accusation, le tribunal des censeurs remplira celles de juré de jugement.

Les fonctions politiques du tribunal des censeurs seront de deux natures; la première s'appliquera à l'examen des décrets du Corps législatif, dans leur rapport avec les principes de la Constitution et les lois précédemment rendues; la seconde, à celui de la conduite politique des corps constitués secondaires dans le même rapport. Chargés de conserver et de défendre le dépôt sacré des lois constitutives, les censeurs devront dénoncer toute infraction, en ce genre, au peuple et en poursuivre le redressement par devant l'assemblée nationale. Ce tribunal doit être dans l'ordre politique des autorités constituées, ce que le tribunal de cassation est dans l'ordre civil judiciaire; avec cette différence qu'il n'exercera que les fonctions d'accusateur public près de l'Assemblée nationale pour tous les délits politiques.

Voici les conséquences de ce pouvoir, et l'ordre dans lequel il devra s'exercer suivant les différents cas auxquels il peut s'appliquer. Les décrets n'auront force de loi qu'avec cette formule qui soutiendra l'approbation des censeurs:

Vu et reconnu la loi conforme aux principes des conditions du contrat social; ou celle-ci, *laissez passer*. Cette seconde formule avertira les citoyens que, malgré les représentations des censeurs, le Corps législatif a persisté. La loi devra néanmoins être mise à exécution; mais la législature suivante sera tenue de la revoir dans le premier mois de session, soit pour l'abroger, soit pour la confirmer; dans ce dernier cas, le nouveau tribunal de censeurs ne pourra lui refuser la formule définitive d'approbation.

Le droit d'examiner les décrets sous leurs rapports politiques, forcera le Corps législatif à remettre en délibération les décrets qu'il aurait rendus, et que le tribunal aurait jugé susceptibles d'observations; mais le tribunal ne pourra exercer ce droit que deux fois sur la même loi; si le Corps législatif persiste à la seconde fois, et s'il n'est pas ramené lui-même par l'effet d'une seconde discussion, c'est alors qu'il fera usage de la formule *laissez passer*.

Si les corps politiques s'arrogeaient les fonctions les uns des autres, ces corps ou les citoyens lésés dans l'exercice des droits garantis par le pacte social, porteront l'accusation au tribunal des censeurs; dans ce cas, les censeurs donneront leurs conclusions; mais il faudra que leur avis soit confirmé par un décret de l'Assemblée nationale. Si la plainte était portée au Corps législatif, car les citoyens auront ce double recours, alors le décret rendu aura besoin de l'approbation des censeurs. Mais si le Corps législatif lui-même, ou le tribunal des censeurs, sont accusés d'entreprise contre les droits civils et politiques de la nation, le conseil exécutif sera tenu de donner son avis en contradiction ou opposition du jugement porté contre l'un ou l'autre, et le jugement définitif demeurera ajourné à la première semaine de la première session de la prochaine législature.

Par ces précautions, le peuple sera toujours averti des entreprises des pouvoirs délégués contre ses droits, et le débat élevé entre ceux qu'il aura chargés de vouloir et d'agir en son nom, se passant sous ses yeux, il se verra par le fait appelé tout entier à les juger; ainsi ses nouveaux représentants n'auront, en quelque sorte, qu'à prononcer la sentence dictée par l'opinion publique. C'est par de tels moyens qu'on peut assurer la durée de la République, et conserver dans leur pureté les autorités et le gouvernement représentatif; car ce gouvernement nécessite la surveillance la plus active : ou bientôt, avec les formes républicaines, vous n'auriez en effet qu'un gouvernement tyrannique, un despotisme déguisé, d'autant plus redoutable qu'il agirait au nom de la loi. L'action du tribunal des censeurs sur les mœurs publiques est encore un point essentiel, dans mes idées, il doit, sous ce rapport, embrasser tout ce qui sert à éclairer et à former l'esprit et le cœur des peuples, et le caractère national; les spectacles, et tout ce qui tient à l'éducation publique et à l'instruction, seront donc confiés à la surveillance des censeurs; ils visiteront chaque année les collèges, et surtout les écoles primaires. C'est là que commence le vice ou la vertu; c'est là qu'est le berceau de la liberté; c'est de là que doivent sortir des hommes nouveaux et des âmes vraiment républicaines. Je ne fais qu'indiquer la haute importance de l'institution du tribunal des censeurs, que je ne pourrais développer, sous tous les rapports que j'indique, sans m'écarter de mon but; j'y reviens.

Toute réflexion, observation ou discussion sur le fonds des lois, sera interdite au tribunal des censeurs. C'est à ceux qui seront chargés de les faire exécuter que ce devoir doit être imposé.

Le conseil exécutif sera composé de sept personnes qui se présideront alternativement (1).

Le premier acte de la législature entrante, sera d'élire ou de confirmer les membres du Conseil exécutif (2) : il y aura un secrétaire de conseil, également élu de la même manière que les membres et pour le même temps. S'il vient à vaquer un ministre pendant la session il sera remplacé par le conseil exécutif même, si cette vacance est occasionnée par la mort, la retraite ou la maladie, mais dans le cas où elle serait la suite d'un décret du Corps législatif, qui déclarerait que tel ou tel mem-

bre du conseil exécutif ou tout le conseil exécutif a perdu la confiance de la nation, alors le droit de le remplacer appartiendrait au tribunal des censeurs.

Le conseil exécutif a perdu la confiance de la nation, alors le droit de le remplacer appartiendrait au tribunal des censeurs. Le conseil exécutif nommera les commandants des armées, et ce haut rang pourra être déféré, sans distinction de rang, à tout militaire ayant commandé mille hommes. La responsabilité des ministres sera simple ou collective, suivant ce qui sera spécifié. Elle portera principalement sur l'exécution des lois, et l'emploi des deniers publics.

Droits politiques du conseil exécutif.

Avec un roi, le pouvoir exécutif était le plus dangereux ennemi des droits du peuple et, l'égalité, et la liberté, des mots vides de sens, mais dans la République, le pouvoir exécutif est la force de la nation, et c'est par ce pouvoir qu'elle doit être tranquille au dedans, terrible et respectée au dehors.

Il doit nous offrir sans cesse des hommes recommandables par leurs vertus, et les plus sincères, et les plus ardents promoteurs des principes sacrés sur lesquels nous fondons la République, l'égalité des droits; car les exemples de ceux qui gouvernent les nations sont très importants. Gâtés par tant de mauvais exemples, les Français ne seront régénérés que par une suite non interrompue d'exemples contraires. Il faut réhonorer le pouvoir exécutif; car c'est sur lui que reposent les destinées de l'Empire : il ne faut pas se le dissimuler, les difficultés ne sont pas où l'on parle, mais où l'on agit : c'est par l'exécution que tout périt ou se maintient. Organisons donc un pouvoir exécutif vigoureux, éclairé, républicain, et que ses lumières se répandent dans le sanctuaire des lois, que son expérience y vienne prêter un appui solide aux spéculations philosophiques, qui manquent quelquefois de justesse, parce que les gens qui les conçoivent manquent d'expérience : c'est par là que vous affirmerez la liberté française, et que par votre puissance et l'exemple de votre bonheur vous fonderez la liberté du monde; car les exemples, les faits, persuadent mieux que les préceptes, quelque évidents qu'ils soient. Les devoirs généraux du conseil exécutif sont connus, ses droits comme corps politique restent à déterminer, je vais les trouver dans la nature de ces devoirs mêmes.

La première condition des lois est d'être exécutable; la seconde, d'être claire; la troisième, d'être utile; la quatrième d'être nécessaire. Les droits du conseil exécutif reposeront sur ces points, et ses représentations devront les avoir pour effet. L'effet des représentations du pouvoir exécutif sur une loi considérée sous ces rapports, sera d'obliger le Corps législatif à remettre la loi en délibération, après l'avoir renvoyée, avec les observations des ministres, à l'examen d'une commission *ad hoc*, et sur le rapport de laquelle l'assemblée se décidera, soit à modifier le décret soit à le retirer, soit à persister en le confirmant, décision qui ne pourra être portée que huit jours, au plus, après que les re-

---

(1) L'organisation du conseil exécutif, c'est-à-dire la distribution de l'administration des affaires de la République entre les ministres, est un objet de la plus haute importance. Ce travail me paraît être du ressort de la Convention, et doit suivre immédiatement l'acte constitutionnel et l'organisation du Corps législatif qui, dans nos idées, en est inséparable. Je me propose de présenter à la Convention un projet sur cette matière, que je regarde comme le complément de cet ouvrage.

(2) On y procédera de la même manière qu'il a été dit pour le remplacement des fonctionnaires publics, à la nomination des assemblées élémentaires des municipalités principales, par un scrutin indicatif, lequel donnera les noms des ministres à remplacer.

présentations du pouvoir exécutif lui auront été communiquées. Dans les cas d'urgence, la décision du Corps législatif sera définitive, et quelle qu'elle soit, le conseil exécutif sera tenu de procéder à l'exécution. Voilà par quels moyens j'ai cru que vous pourriez modérer les mouvements du Corps législatif, et conserver sans danger cette précieuse unité qui fait notre force et fera notre gloire.

Il me reste à déterminer maintenant la nature du conseil national intermédiaire, institution dont, au premier coup d'œil, on n'aperçoit pas la nécessité; cependant un instant de réflexion suffit pour concevoir le danger d'un Corps législatif toujours existant. Si le cours des événements a prolongé, parmi nous, l'existence de cette grande puissance, en doit-on conclure, que dans un autre ordre de choses, la présence de ce corps sera toujours nécessaire. La lutte de la nation contre un pouvoir ennemi, est terminée. La royauté n'est plus. Tout pouvoir maintenant est émané du peuple. Lorsqu'une bonne Constitution aura distribué ses pouvoirs, organisé notre ordre social actuel; qu'enfin nous aurons un gouvernement; que l'Assemblée nationale sera ramenée à ses fonctions uniques, la législation, l'examen des comptes des ordonnateurs des dépenses publiques, l'assiette des contributions, l'équilibre entre les recettes et les dépenses, et le maintien des lois faites, affermissement des principes; que le retour de la paix et la gloire de la République auront rétabli la sécurité et l'ordre intérieur; alors on peut prévoir un moment où les assemblées nationales pourront entrer en vacances. C'est pour cette époque éloignée sans doute, mais que le législateur doit prévoir, que je prépare un corps politique intermédiaire dont le principe soit dans la Constitution, et qui ne puisse jamais servir à la changer, lequel soit néanmoins assez fort pour rassurer la nation contre toute entreprise du pouvoir exécutif, et capable de suppléer aux besoins que quelque circonstance imprévue pourrait faire naître, dans l'absence du Corps législatif. Dans mes idées, le conseil national intermédiaire n'acquerra d'existence qu'au moment où le Corps législatif entrera en vacances, et la perdra le jour où le corps entrera dans ses fonctions. Il me semble encore essentiel qu'avant l'époque de son installation, les individus qui devront le composer soient inconnus, et que nul pouvoir ne puisse proroger la reprise des fonctions au Corps législatif, ni déterminer la durée de ses vacances, que lui-même. Avec ces précautions toutes craintes s'évanouissent, car le conseil intermédiaire ne pourra influer sur cette détermination, puisque : 1° les membres qui devront le composer ne seront pas tirés du Corps législatif; 2° qu'ils ne pourront être connus qu'après que le décret de vacance aura été rendu. Ainsi nulle crainte à cet égard d'empiètement de pouvoir. Je présente cette idée à l'avance pour repousser les terreurs paniques par lesquelles la malveillance tentera de dissiper cette institution nécessaire, et conservatrice d'un ordre stable et régulier dans le gouvernement.

Le conseil intermédiaire sera composé de quatre-vingt-trois membres : un pour chaque département. Je proposerais de les tirer au sort entre les députés suppléants de chaque département, avec cette condition constitutionnelle qu'ils changeront à chaque vacance du Corps législatif (1).

Leurs fonctions seront de donner au pouvoir exécutif les autorisations dont ils jugeront avoir besoin, dans les cas qui n'auraient point été prévus par les lois. Les décisions du conseil intermédiaire seraient intitulées. lois provisoires. Elles n'acquerraient le caractère de lois définitives qu'après avoir été ratifiées par le Corps législatif et pour être provisoirement exécutoires, elles auraient besoin de la formule approbative du tribunal des censeurs. Le refus de cette approbation renverrait ces décisions au jugement de l'Assemblée nationale législative; mais alors, si le conseil exécutif croyait la sûreté de l'État compromise par l'opposition censoriale, alors il serait tenu, sur sa responsabilité, de convoquer, par une proclamation, le Corps législatif. On peut étendre ou resserrer les fonctions du conseil intermédiaire national; mais la nature de cette institution exige que les limites en soient posées, avec une grande précision, dans la Constitution même. On peut aisément en voir le danger de les laisser flottantes, puisqu'il en pourrait arriver qui acquerraient une force qui, dépendant des circonstances, pourrait détruire l'harmonie des pouvoirs.

Il est un point qu'il sera nécessaire d'interdire sévèrement à ce pouvoir intermédiaire, celui de statuer sur aucune des parties de la fortune publique; on conçoit assez dans quel esprit ces conditions et ces réserves doivent être réglées : et ces précautions, en fixant la nature de cette institution, n'en laissant plus paraître que les avantages, qui sont l'expédition des affaires, l'économie et la marche régulière du gouvernement. Je ne crains point d'ajouter qu'elles font disparaître l'inconvénient, plus grand peut-être qu'on ne l'imagine, d'un grand corps toujours assemblé, et voulant toujours faire; ce qui ne se pourrait bientôt qu'en défaisant l'ouvrage des autres, en mettant une instabilité constante dans le système de la législation, instabilité qu'on peut regarder comme le plus redoutable ennemi de la prospérité des Empires et du bonheur des individus. On aime les lois pour deux raisons, et parce qu'elles sont bonnes, et parce qu'elles sont anciennes. Laissons vieillir les lois, et gardons-nous d'en vouloir faire tous les jours.

Voici l'esquisse de la Constitution telle que nous l'avons conçue; il ne sera peut-être pas inutile à la Convention, de donner quelque publicité à ces premières idées; elles entraîneront une discussion publique qui répandra son jour sur les questions épineuses que j'ai franchement abordées, mais que je suis loin de croire avoir résolues suivant le vœu du plus grand nombre. J'avais le droit de l'entreprendre; et j'ai cru remplir un devoir en

(1) Il résulterait de ce mode : 1° la nécessité de porter au choix des suppléants le même soin qu'au choix des titulaires; 2° que la suppléance ne serait plus dédaignée; 3° que les suppléants seraient condamnés à s'occuper de la chose publique, afin de se rendre dignes des hautes fonctions auxquelles la chance de leur position pourrait les appeler.

m'en occupant sans passion, sans intérêt, sans autre objet que de servir la République. Vivement pénétré des sentiments qui doivent, à cet instant, électriser toutes les âmes, ni libre et républicain par instinct, avant de l'être par la réflexion et le décret du 21 septembre 1792, j'ai cherché les moyens de faire passer à nos neveux les inestimables avantages d'un gouvernement sans roi, d'un état social sans nobles. Puisse ce travail prouver à mes concitoyens, à ceux qui m'ont honoré de leurs suffrages et revêtu du caractère sacré de représentant du premier peuple de la terre, que j'étais au moins digne de leur estime par mes principes, et que si d'autres ont reçu de la nature plus de talent, nul ne me surpassera dans la ferme résolution de combattre la tyrannie, et de fonder l'empire des lois sur les ruines du pouvoir absolu, de l'anarchie et de la royauté.

VINGTIÈME ANNEXE (1)

A LA SÉANCE DE LA CONVENTION NATIONALE DU MERCREDI 17 AVRIL 1793.

ORGANISATION D'UN POUVOIR EXÉCUTIF *adapté à la République française, proposée au comité de Constitution de la Convention nationale par Charles* LAMBERT *(de Belan), député du département de la Côte-d'Or, le 31 octobre 1792* (2).

Tous les législateurs, tous les publicistes, anciens et modernes, conviennent que, dans un gouvernement sage, le pouvoir exécutif ne doit pas résider entre les mêmes mains que le pouvoir législatif, quoiqu'il en soit une émanation, ainsi que le pouvoir judiciaire; et c'est peut-être le seul point, en politique, sur lequel ils soient d'un parfait accord. Mais comment ce pouvoir doit-il être composé pour offrir le plus de célérité dans le service et le moins de dangers pour la liberté publique? c'est encore une question toute neuve, si je ne me trompe, et l'une des plus importantes que nous ayons à résoudre dans ce moment.

Je commencerai d'abord par observer qu'il n'y a rien de si vague, rien de si insignifiant que le mot *République* (3), seul, et qu'avant

tout il faut supposer que l'intention de la Convention nationale, ainsi que de tout le peuple français, est d'avoir une *démocratie absolue*, fondée sur les principes sacrés de la liberté et de l'égalité politique, démocratie qui ne permet pas de confier le pouvoir exécutif à un individu seul, sous quelque dénomination que ce soit, mais bien à un collège de magistrats élus, amovibles, responsables, et toujours sous la férule du souverain, c'est-à-dire du corps législatif, qui en est l'organe.

J'observerai encore que ces magistrats ne doivent pas être décorés du titre fastueux de *ministres*, qui nous rappelle sans cesse la morgue, les vexations et l'insolent orgueil de ces grands visirs de l'ancienne Cour, parce que les mots influent beaucoup plus qu'on ne pense sur les choses, et que dans un gouvernement neuf il ne faut rien laisser qui puisse rappeler aux hommes en place l'idée d'une grande autorité, dont la plupart ne cherchent malheureusement que trop à abuser.

Cela posé, je divise le pouvoir exécutif en sept parties indépendantes l'une de l'autre, et ayant chacune un chef responsable, sous le nom de *directeur*.

Le premier aura dans son département la justice, la garde du sceau de l'Etat, toutes les affaires religieuses, l'instruction publique et les hôpitaux.

Le second aura la guerre, l'artillerie et les fortifications.

Le troisième aura la marine et les colonies.

Le quatrième aura le commerce, les manufactures, l'agriculture, la navigation intérieure, les ponts et chaussées, la voirie, les postes et les subsistances.

Le cinquième aura les impositions, le trésor public, les monnaies, les pensions et généralement tout ce qui concerne les finances.

Le sixième sera chargé des affaires étrangères.

Et le septième, la promulgation des lois, la correspondance avec tous les corps administratifs, l'administration de tous les domaines nationaux, l'entretien des maisons nationales, édifices publics et monuments à la charge de la République, ainsi que toutes les autres affaires qui ne se trouveraient pas comprises dans cette division.

Ces sept directeurs réunis formeront le conseil exécutif, qui s'assemblera deux ou trois fois par semaine au palais des Tuileries (1),

---

(1) Voy. ci-dessus, même séance, page 263, le rapport de Romme sur les divers projets de Constitution.
(2) Bibliothèque de la Chambre des députés : *Collection Portiez de (l'Oise)*, tome 29, n° 30.
(3) Une République mal organisée peut être le pire de tous les gouvernements, ce dont nous n'avons que trop d'exemples en Europe, personne ne doutant que le sénat de Berne et le stadhouder de Hollande ne soient aussi despotes que le roi de Prusse.
Une République peut avoir un roi, comme en Pologne et en Angleterre, et même jadis, comme à Sparte autrefois, ou n'en avait pas, comme à Venise, à Gênes, etc. D'un autre côté, il est impossible qu'un État où la souveraineté absolue du peuple est reconnue, ne soit une véritable République. Comment des patriotes ardents et instruits pouvaient-ils donc s'offenser, il y a deux jours du nom de *républicains*, qui leur était donné

par le feuillantisme, et le repousser comme une injure? Comment l'Assemblée législative elle-même a-t-elle pu déclarer qu'elle ne voulait pas la *République*, tandis que presque toutes les républiques qui existent aujourd'hui méconnaissent cette souveraineté absolue du peuple que la Constitution de 1789 admettait, et qui seule est la base essentielle d'une vraie République démocratique? J'ai développé cette étrange contradiction dans une lettre adressée au *Moniteur*, au mois de mars dernier.

(1) La partie des Tuileries qui est opposée à celle où l'on construit notre nouvelle salle, peut non seulement offrir un emplacement commode pour le conseil exécutif et ses archives, mais encore des logements pour les sept directeurs qui le composent; en sorte que les maisons immenses qu'ils occupent dans différents quartiers seraient vendues au profit du Trésor public. On pourrait même disposer des bâtiments de l'Infante et d'une partie du Louvre, si cela était nécessaire.

sauf les cas extraordinaires. Il aura deux secrétaires, qui serviront alternativement, et qui s'arrangeront ensemble pour qu'il en reste toujours un dans la salle où il se tiendra, pendant toute la durée des séances du Corps législatif, afin de recevoir ses ordres et de les faire passer aux directeurs. Il aura encore deux huissiers pour son service, et un garde des archives.

Le plus ancien des directeurs commencera par être président, et ensuite chacun d'eux le sera tout à tour pendant quinze jours seulement, sans aucune prééminence les uns à l'égard des autres. Le conseil ne pourra se tenir que lorsqu'il y paraîtra au moins cinq directeurs, et ceux qui ne s'y trouveront pas seront responsables des résolutions qui y auront été prises, à moins qu'ils ne justifient d'une impossibilité absolue de s'y être présentés.

Il y aura dans chaque législation sept comités correspondant aux sept départements que je viens d'indiquer, et qui seront comme les intermédiaires par où le Corps législatif communiquera avec le pouvoir exécutif, lorsque différentes circonstances l'exigeront.

Toutes les affaires qui seront dans le cas d'être renvoyées du Corps législatif au pouvoir exécutif seront adressées, ou immédiatement à l'un des directeurs qu'elles regarderont, ou au Conseil exécutif, si la nature de ces affaires l'exige.

Dans le premier cas, il est évident que le directeur seul sera chargé de la responsabilité.

Dans le second, le conseil rendra compte sous sa responsabilité collective, en observant que les membres présents signeront toutes les délibérations à chaque séance, en motivant leur avis, s'il y est contraire, et que ceux-là seuls supporteront toute la responsabilité qui auront été de l'avis dominant.

Les directeurs du pouvoir exécutif ne pourront quitter volontairement leur poste, avant qu'ils n'aient été remplacés, et ceux qui le quitteraient auparavant, ou qui donneraient des démissions combinées, seront punis comme coupables de forfaiture.

Aucun directeur, après avoir obtenu sa démission, ne pourra remplir de fonctions publiques, à moins que le Corps législatif ne prononce que pendant son administration, il a bien mérité de la patrie.

Ils pourront individuellement paraître à l'Assemblée législative toutes les fois qu'ils le jugeront à propos; mais ils ne pourront y demander la parole que pour les affaires relatives à leur département, et ils ne pourront jamais s'y présenter en corps, y proposer aucun décret, y porter la parole au nom du conseil, à moins qu'ils n'y soient mandés par un décret formel.

Les directeurs du pouvoir exécutif, autres que celui des affaires étrangères, ne pourront entretenir directement ni indirectement aucune correspondance particulière avec ces mêmes puissances où leurs agents soit à Paris, soit en quelque autre lieu que ce soit, à peine de haute trahison : les ambassadeurs ou ministres quelconques de ces puissances à Paris, ne pourront y communiquer qu'avec le directeur des affaires étrangères, le président du conseil et le conseil assemblé. Les directeurs ne pourront recevoir ni présents, ni émoluments quelconques des

puissances étrangères ou de leurs agents, à quelque titre que ce soit, à peine de mort.

Les audiences publiques seront données aux ambassadeurs et ministres des puissances étrangères, dans une salle qui sera préparée à cet effet, attenant celle du conseil; on y représentera en relief ou en peinture, les deux statues de la Liberté et de l'Egalité, assises sur les débris d'un trône renversé et tenant au milieu d'elles la Déclaration des droits de l'homme, écrite en lettres d'or : le président ne répondra jamais qu'au nom de la République, et il leur sera accordé des audiences particulières toutes les fois que l'intérêt de l'Etat l'exigera.

Les places de ministres et ambassadeurs de la République auprès des puissances étrangères, seront conférées par le conseil exécutif, sur la présentation du directeur des affaires étrangères, et cette nomination sera par lui communiquée au Corps législatif.

Le directeur des affaires étrangères ne pourra entrer dans aucunes négociations importantes, sans en prévenir le comité diplomatique, qui jugera si elles doivent être communiquées au Corps législatif; mais en toutes circonstances, il ne pourra prendre aucune détermination, qu'elle n'ait été arrêtée par le conseil exécutif.

Aucuns traités ou actes quelconques avec les puissances étrangères, ne seront faits par le conseil exécutif, qu'à la charge d'être ratifiés dans un délai limité par le Corps législatif; et le projet de ces actes ou traités sera communiqué au comité diplomatique, avant toute signature.

Le conseil exécutif sera chargé de veiller à ce qu'il ne se commette aucune hostilité sur le territoire français, à ce que les personnes et les propriétés de la République soient respectées partout, et prendra des mesures répressives à ce sujet ; mais dans le cas d'une agression imminente ou commencée, dans le cas d'un allié à soutenir, ou d'un droit à conserver par la force des armes, il en donnera connaissance, sans aucun délai au Corps législatif, qui décidera si la guerre doit être ou n'être pas déclarée.

Si le Corps législatif juge qu'il n'y a pas lieu à faire la guerre, le conseil prendra sur-le-champ des mesures efficaces pour faire cesser ou prévenir toutes hostilités ultérieures; et dans le cas où les hostilités commencées seraient regardées par le Corps législatif comme une agression coupable de la part de quelques-uns des directeurs ou de leurs agents, et qu'ils les auraient provoquées, soit par négligence, ou de toute autre manière, ils seront punis criminellement.

Si, au contraire, la guerre est déclarée, le Corps législatif, sur l'avis du directeur de ce département, ainsi que sur celui du directeur de la marine déterminera l'augmentation de l'armée et l'équipement des flottes, tout devant être remis sur le pied de paix, dès que la guerre cessera.

Le commandement des flottes et des armées sera conféré par le pouvoir exécutif, sur la présentation des directeurs de ces deux départements, mais cette nomination devra être approuvée par le Corps législatif.

La nomination des places dans les bureaux de chaque département, appartiendra à leurs directeurs; celles qui seront jugées un peu importantes et qui ne pourront être données par élection ou par ancienneté, seront confiées par le conseil exécutif, sur la présentation de celui des directeurs dans le département duquel elles se trouveront.

Une démarcation rigoureuse fixera la nature et la qualité des affaires attribuées à chacun des sept départements; mais cependant, s'il survenait quelques difficultés à ce sujet, elles seront portés au Conseil exécutif, qui en décidera, sauf l'appel au Corps législatif, si l'une des parties plaignantes se croit lésée.

Les directeurs seront responsables de tous les délits commis par eux ou leurs agents, contre la sûreté et contre la Constitution de la République; de tout attentat à la propriété et à la liberté individuelle ; de toute dissipation des deniers destinés aux dépenses de leurs départements respectifs.

Le conseil exécutif pourra nommer des commissaires, dont il sera responsable, pour aller dans les départements remplir des missions particulières; mais l'objet de ces commissions sera notifié au Corps législatif, par le directeur dont elles regardent le département.

Le conseil exécutif ne fera aucune loi, même provisoire; mais seulement des proclamations conformes aux lois, pour en rappeler ou en ordonner l'exécution.

Les directeurs seront tenus de présenter chaque année, au Corps législatif, l'aperçu des dépenses à faire dans leurs départements, pour l'année suivante ; de rendre compte des sommes qui y ont été employées, et d'indiquer les abus qui auraient pu s'introduire dans les différentes parties du gouvernement.

Aucun directeur en place, ou hors de place, ne pourra être poursuivi en matière criminelle, pour fait de son administration, sans un décret du Corps législatif.

Il sera fait deux expéditions originales de chaque loi, toutes deux contresignées du ministre de la justice, dont l'une restera aux archives de l'Assemblée nationale, et l'autre aux archives du conseil exécutif.

La promulgation des lois sera ainsi conçue :

De la part de la République française; à tous présents et à venir, salut. L'Assemblée nationale a ordonné et décrété ce qui suit :

Nous, membres du conseil exécutif, mandons et enjoignons, en conséquence, à tous les corps administratifs et tribunaux, qu'ils fassent transcrire les présentes dans leurs registres, lire, publier et afficher dans leurs départements et ressorts respectifs, et exécuter comme lois de la République; en foi de quoi nous avons signé ces présentes, auxquelles nous avons fait apposer le sceau de l'Etat.

Le conseil exécutif ne pourra faire sceller et promulguer que les décrets qui lui seront adressés dans la forme que la Constitution lui prescrira; et s'il lui en était présenté, de la part du Corps législatif, de contraires à ces formes établies, il sera autorisé de les lui renvoyer avec ses observations, sur lesquelles il sera statué définitivement sans que rien alors puisse le dispenser d'obéir.

Si, après ce renvoi le conseil exécutif persiste dans son refus, ce que l'on doit prévoir puisque, comme le dit l'abbé de *Saint-Pierre,*

tout ce qui est possible arrivera, alors cette résistance pourrait devenir funeste à la chose publique et elle nous ramènerait infailliblement cette lutte scandaleuse entre la Cour et les parlements, dont le peuple était presque toujours la victime, si on ne prenait des mesures efficaces pour la prévenir, ou pour en arrêter les dangers; je propose donc dans ce cas :

1° Que l'Assemblée nationale nomme quatre commissaires, pris dans son sein, pour aller sur-le-champ vérifier sur les registres du conseil, quels sont ceux des directeurs qui ont délibéré et voté pour cette résistance, afin que, sur leur rapport et sur l'extrait de cette délibération, ces directeurs soient mis en état d'accusation, et ensuite punis de mort, avec confiscation de tous leurs biens, comme coupables de haute trahison;

2° Que ce décret soit notifié à l'instant dans tous les bureaux des directeurs accusés, avec injonction de ne plus communiquer avec eux directement ni indirectement, et de reconnaître provisoirement le premier chef de ces bureaux pour leur chef jusqu'à ce qu'il ait été procédé à une nouvelle nomination par le Corps législatif;

3° Que, si le directeur de la justice est un des coupables, le sceau de l'Etat soit remis à l'instant aux quatre commissaires qui le feront déposer aux archives du conseil, dans une armoire dont la clef sera gardée par le plus ancien d'entre eux;

4° Je propose enfin, que, pour éviter toute stagnation dans les affaires, ces quatre commissaires et le secrétaire du conseil, non en exercice, forment le conseil exécutif provisoire, avec la faculté d'y appeler ceux des premiers chefs de bureau qu'ils jugeront à propos, mais sans voix délibérative; et ce jusqu'à ce que les nouvelles nominations aux places de directeurs soient faites, acceptées et remplies.

Mais, me dira-t-on, si ce pouvoir exécutif est ainsi constitué, il ne sera que l'organe purement passif de la volonté du Corps législatif, à quelque écart qu'elle puisse se porter :

S'il n'est qu'un organe absolument passif de cette volonté, il en résulte que tous les pouvoirs seront confondus dans l'Assemblée, ce qui est contraire aux principes que vous avez établis vous-mêmes.

Si tous les pouvoirs sont confondus et exercés par la même Assemblée, nous voilà ramenés, avec bien de l'échafaudage, au despotisme le plus décidé, c'est-à-dire au même point d'où nous sommes partis (1); car le despotisme n'est pas autre chose que le résultat de la confusion de tous les pouvoirs dans la même main.

Ces objections ne sont que spécieuses, et ne pourront jamais être faites que par des gens qui, sans aucune connaissance de la nature

_____

(1) *Anarchie, despotisme, occhlocratie,* c'étaient les grands mots dont se servaient nos orateurs feuillantins dans la dernière législature, pour calomnier le peuple sans cesse : sans cesse en fureur contre les tribunes, contre les pétitionnaires, contre les sociétés patriotiques, pour des excès supposés ou réels de la part de quelques individus égarés, ils ne songaient pas que la masse du peuple est incorruptible, que ce qu'il veut est la règle éternelle du juste et de l'injuste, et que même il ne peut y en avoir d'autres.

des gouvernements, confondent sans cesse les mots et les idées ; en effet, de toutes les hérésies politiques, la plus absurde peut-être est celle qui admet le *despotisme* du peuple, le despotisme d'une Assemblée nationale exprimant la volonté du peuple, dans le même sens que le despotisme ou la volonté absolue d'un individu.

Pourquoi la volonté absolue d'un seul a-t-elle toujours été en horreur, du moins parmi toutes les nations instruites? C'est qu'il répugne à la nature, aux premières notions de toute justice et de toute morale, qu'un seul être, à moins qu'il ne fût doué d'une intelligence céleste, dirige les destinées d'un peuple entier; qu'il dispose arbitrairement de l'honneur, de la vie et de la fortune d'une multitude de ses semblables, dont les intérêts sont en opposition avec les siens : mais il n'en est pas de même de la volonté absolue d'une nation, que l'on appelle mal à propos *despotisme;* puisque cette volonté absolue ne peut être présumée avoir d'autre objet que le bonheur de tous, la conservation de tous, et que, dans une population immense, ne pouvant jamais être exprimée que par des représentants investis de sa confiance, elle ne peut présenter les inconvénients du despotisme individuel.

Cette vérité établie d'une manière incontestable, il en résulte deux conséquences nécessaires, la première, que le Corps législatif ne doit reconnaître au-dessus de lui que la volonté générale du peuple, manifestée dans une Convention nationale; la seconde, que le pouvoir exécutif, ainsi que toutes les autres autorités constituées, doivent lui être entièrement subordonnés, et qu'à lui seul appartient l'interprétation des lois constitutionnelles, jusqu'à ce qu'il en ait été autrement ordonné par une Convention.

L'unité du souverain est, sans contredit, le plus puissant des ressorts propres à maintenir l'économie politique de tout gouvernement raisonnable; ce principe n'était pas méconnu des reviseurs de l'Assemblée constituante, mais ils avaient leurs raisons pour se modeler sur le gouvernement anglais (1); et en accordant au roi un *veto* suspensif, ils savaient bien que c'était établir une espèce de *manichéisme*, et que de ce dogme absurde de deux principes indépendants, il en devait résulter une lutte perpétuelle entre eux, qui amènerait tôt ou tard l'anéantissement de la Constitution et les deux Chambres si ardemment désirées (2).

_____

(1) Les reviseurs prévoyaient bien que le *veto* suspensif deviendrait *absolu* dans une infinité de circonstances, et il ne leur manquait plus que les deux Chambres pour faire disparaître toute espèce de liberté et d'égalité, pour avoir cette balance chimérique des trois pouvoirs, et ce prétendu équilibre du gouvernement anglais, dont *Voltaire* et *Montesquieu* n'ont parlé avec tant d'admiration que parce qu'alors il est bien vrai que c'était le meilleur de tous ceux qui existaient; mais il y a tout à croire que, dans vingt ans au plus, il sera le pire de tous ceux de l'Europe, s'ils persistent à ne pas réformer les abus. Nous sommes toujours à la même distance d'eux en politique, avec cette différence seulement que nous sommes maintenant autant en avant que nous étions en arrière il y a quatre à cinq ans.

(2) Au mois de mai 1790, indigné de ce qu'il n'était pas encore question de l'abolition de la noblesse héréditaire, je distribuai, à plusieurs membres de l'Assem-

Il faut donc tout mettre en œuvre pour maintenir cette unité qui est l'essence de toute démocratie absolue; il faut que le pouvoir exécutif ne puisse jamais, sous aucun prétexte, rivaliser avec le Corps législatif; qu'il lui soit entièrement subordonné comme tous les autres corps administratifs et judiciaires; il faut enfin qu'il soit vis-à-vis de lui ce qu'est une armée à l'égard de son général, et qu'il ait une telle confiance dans les représentants du peuple, qu'il puisse dire d'eux ce que *Blossius* disait autrefois de l'un des Gracches : *S'il m'ordonnait de mettre le feu au Capitole, je lui obéirais, tant je suis persuadé qu'il ne me le commanderait que pour l'utilité publique.*

Et qu'on ne me dise pas que jamais cette puissance absolue du Corps législatif puisse devenir funeste à la liberté, car je demande : 1° Si l'on peut raisonnablement supposer que la majorité des représentants temporaires du peuple consente jamais de violer les lois établies par la Constitution, sans autre dessein que de manifester son indépendance et de trahir la confiance de ses commettants? 2° s'il n'est pas des circonstances, des cas tellement extraordinaires, que ce serait bien réellement un crime de haute trahison de rester superstitieusement (1) attaché à ces mêmes lois? 3° enfin s'il n'est pas beaucoup plus naturel de laisser le Corps législatif seul juge de ces cas *où le salut du peuple est la loi suprême,* que d'accorder au pouvoir exécutif le droit de discuter et de contrarier les mesures qui pourraient être prises dans de pareilles circonstances.

Sans cela, quelle différence y aurait-il entre la forme de gouvernement que nous venons de proscrire, et celle que nous établirions? Ne serait-ce pas une royauté collective au lieu d'une royauté individuelle? ces directeurs ne deviendraient-ils pas bientôt des *éphores* dangereux? et n'aurions-nous pas deux puissances toujours en opposition entre elles, un pouvoir exécutif toujours argumentant de la loi ou de la lettre de la loi, pour se soustraire à l'un ou à l'autre? Il faut, dans une démocratie absolue, un régulateur unique, et ce régulateur c'est la volonté générale du peuple, exprimée par ses représentants.

C'est d'après ces considérations que la Convention nationale adoptera sans doute ces mesures rigoureuses, des mesures propres à effrayer ceux des directeurs qui seraient tentés d'oublier leurs devoirs, et qui oseraient, par une résistance concertée, abandonner les rênes

_____

blée constituante, une petite brochure dans laquelle je faisais sentir la nécessité de cette abolition : elle fut prononcée le 19 juin suivant; mais je dois observer que tous les nobles du côté gauche, auxquels j'en remis des exemplaires, l'accueillirent très froidement, jusqu'à *Mirabeau* lui-même; tant cette égalité sainte, qu'ils avaient quelquefois à la bouche, était loin de leur cœur.

(1) Nul doute que les propriétés ne soient sacrées; mais quand le feu est à une maison, et qu'il menace une ville entière, doit-on observer des formalités avant d'abattre les maisons voisines? Quand les boulets, dans la journée du 10 août, étaient sur le point d'être dirigés contre l'Assemblée nationale, et qu'elle était presque investie de satellites, fallait-il une information juridique pour prononcer la suspension du roi, le faire arrêter, et déconcerter ainsi toutes les perfidies de la Cour?

de l'administration (1), sans que l'on puisse en induire qu'elle réunit, qu'elle concentre en elle l'exercice de tous les pouvoirs; car c'est précisément pour ne pas les confondre, qu'elle prend hors de son sein des hommes chargés spécialement de faire exécuter ses lois, suivant des formes établies.

Après avoir ainsi répondu à toutes les objections que l'on pourrait faire, venons maintenant à la manière dont sera composé le conseil exécutif.

Les sept premiers chefs de bureaux des départements, auront le titre de *coadjuteurs*, avec un traitement particulier; ils seront à la nomination des directeurs; mais une fois nommés, ils ne pourront être destitués sans cause légitime.

Ces coadjuteurs remplaceront de droit les directeurs en cas de maladie, voyage, ou de tout autre empêchement; ils seront autorisés à faire les signatures, en faisant mention de l'absence du directeur, et dans ce cas tous les commis et chefs des différents bureaux seront obligés de leur obéir comme aux directeurs mêmes.

Dans ce même cas d'absence ou d'empêchement quelconque, ils auront le droit de se présenter au conseil, et ils auront droit d'y remplacer leurs directeurs respectifs, avec voix délibérative, en observant, toutefois, que la responsabilité pèsera sur la tête du remplacé et sur celle du remplaçant, à moins que l'empêchement du premier ne soit involontaire.

Le premier acte de chaque législature sera de confirmer provisoirement le conseil exécutif, jusqu'à ce qu'elle ait procédé à la réélection ou au renouvellement de ses membres en la forme qui sera prescrite par la Constitution; ils pourront être réélus et rester en place, tant que leurs services seront agréables à la nation.

Les secrétaires et l'archiviste une fois élus, resteront en place, tant que le Corps législatif n'en ordonnera pas autrement.

Tous les membres du conseil, ainsi que les coadjuteurs, seront obligés de renouveler leurs serments à chaque législature, et en cas de réélection, aucun d'eux ne pourra être pris dans le sein du Corps législatif.

Le conseil exécutif fera imprimer une liste de tous les commis attachés aux bureaux de leurs départements, leurs noms, leur âge, leurs appointements, leurs fonctions, les heures de leur travail, leur domicile, et cette liste en placard sera affichée dans les lieux les plus ostensibles de la résidence de chaque directeur, afin que le public sache en tout temps à qui il doit s'adresser, afin qu'il puisse porter des plaintes contre ceux qui manqueraient à leur devoir.

Le traitement des principaux agents du pouvoir exécutif sera, non compris le logement :

Pour le directeur des affaires étrangères, de...........................	80,000 liv.
Pour les six autres directeurs, à raison de 50,000 livres chacun, ci	300,000
Pour les deux secrétaires, à raison de 20,000 livres chacun, ci	40,000
Pour l'archiviste, ci...............	6,000
Pour les deux huissiers, à 2,000 livres chacun, ci...............	4,000
Pour les sept coadjuteurs, non compris leurs appointements comme chefs de bureaux à 6,000 l. chacun, ci...........................	42,000
Total, quatre-cent soixante-douze mille livres, ci.................	472,000 liv.

On voit, par cet aperçu qui ne peut pas varier beaucoup, quelle différence énorme se trouve entre les frais du pouvoir exécutif que nous avait donné l'Assemblée constituante, et ceux du pouvoir exécutif adapté aux principes d'une véritable démocratie; on voit que le peuple y gagnera près de quarante millions par an, en comptant la suppression des rentes apanagères et la vente des meubles et immeubles attachés à la couronne, et sans compter toutes les escroqueries qui auraient été faites au Trésor public, sous différents prétextes; on voit que ce sera à peu près un objet de cinq cents livres de bénéfice annuel, pour chaque municipalité de l'Empire, l'une portant l'autre; mais cet avantage tout grand qu'il est, sous ce rapport, n'est rien en comparaison de ceux qui en résulteront pour la liberté publique.

Qui le jugera, en effet, que la liberté et l'égalité doivent régner parmi nous, quant à un foyer de corruption, à un chef inamovible et héréditaire du pouvoir exécutif, on aura substitué un collège de magistrats électifs, toujours sous les yeux des représentants du peuple, toujours dans leur dépendance; quand enfin ce pouvoir exécutif sera organisé d'après les grands principes de la souveraineté absolue du peuple, qui nous ont été développés par l'immortel auteur du *Contrat social* (1); et que ceux qui le composeront seront destinés à rentrer dans l'état de simples citoyens, par conséquent intéressés à la conservation de cette liberté qui est le patrimoine de tous? C'est alors que disparaîtront ces mouvements convulsifs de deux corps qui seraient indépendants l'un de l'autre, et dont le choc produit tôt ou tard le despotisme ou l'anarchie.

Par quelle fatalité l'Assemblée constituante qui avait consacré ce principe (2), qui avait

---

(1) Si vous environnez les places de directeurs de tant de dangers, me dira-t-on, et s'ils sont toujours exposés à des dénonciations vagues, à des clameurs éternelles, ne craindrez-vous pas qu'elles soient difficilement remplies ? Non ? Des âmes fortes et vraiment républicaines sentiront elles-mêmes la nécessité de ces dénonciations dans un État libre, et en ne sortant jamais du cercle qui leur est prescrit, elles sauront les braver avec courage. *Caton*, le sage Caton, fut accusé plus de quatre-vingts fois; il se disculpa toujours, et ne se fâcha jamais.

(1) Je n'entre point dans la question de savoir si *Rousseau* a puisé ces principes dans un livre qui a pour titre : *Opera Ulrici Huberti, de jure civitatis*. lib. 3, imprimé à Francker, en Frise, en 1684, et réimprimé à Francfort en 1718, qui se trouve dans toutes les grandes bibliothèques; mais toujours est-il vrai qu'il est le premier qui les ait développés avec une méthode et une force de raisonnement qui ne laisse rien à désirer. Avant lui la plupart des publicistes allaient chercher les principes de la société dans les rêveries de Platon, ou dans les passages de l'*Ancien* et du *Nouveau-Testament*, tandis qu'ils sont dans la nature même, et qu'ils ne sont que là.

(2) Tout en admettant la souveraineté absolue du

pour données et le nouveau gouvernement de l'Amérique (1) et les vices de la Constitution anglaise de 1688, qui avait, pour ainsi dire, carte blanche, surtout depuis la fuite du roi à Varennes, et qui renfermait dans son sein des hommes à grands talents, par quelle fatalité, dis-je, a-t-elle pu nous donner une Constitution qui renferme de grandes beautés, il est vrai, mais qui portait en elle-même le germe de sa dissolution prochaine. C'est une énigme qui serait inexplicable, si la corruption de la plus grande partie des reviseurs ne nous en donnait la clef (2).

La Convention nationale sera-t-elle plus heureuse avec beaucoup plus de lumières et beaucoup plus de patriotisme? s'élèvera-t-elle à la hauteur des grandes destinées qui lui sont soumises? son travail répondra-t-il à l'attente de la nation et de tous les peuples policés? c'est ce que l'avenir seul nous apprendra. La révolution du 10 août met bien à notre aise; les sociétés populaires, des journalistes ardents ont répandu l'esprit public sur toute la surface de l'empire; nous n'avons plus ni despotisme, ni aristocratie, ni feuillantisme à à combattre; nos armes victorieuses aux deux extrémités de la France ont ébranlé tous les trônes et déconcerté tous les tyrans : nos ennemis intérieurs dévorent en silence leur honte et leur rage impuissante. Faudra-t-il donc que de funestes préventions, des haines particulières, et le dirai-je, des jalousies secrètes, établissent parmi nous un foyer de dissensions intestines, et deviennent l'écueil de tant de prospérités? faudra-t-il que des hommes d'un mérite reconnu, d'un civisme à toute épreuve, se déchirent sans pudeur et se traitent d'intrigants et de factieux (car ce sont mainte-

nant les injures à la mode) à peu près comme *Bayle et Jurieu*, les premiers savants de leur temps se traitaient réciproquement d'ignorants et d'imbéciles? non! ils n'oublieront jamais à ce point ce qu'ils se doivent à eux-mêmes et à leurs commettants; le sentiment de leur propre gloire leur inspirera cette modération, ce calme de l'esprit si nécessaires pour méditer les sages principes d'une Constitution, à l'établissement de laquelle nous devons tous concourir; et nous nous garderons bien de donner à la France impatiente, à l'Europe attentive le scandaleux spectacle d'une Assemblée nationale divisée en deux partis acharnés l'un contre l'autre, et beaucoup plus occupés de misérables rivalités, de petites passions particulières, que des grands intérêts du peuple.

Paris, le 31 octobre 1792, l'an Ier de la République.

VINGT-ET-UNIÈME ANNEXE (1)

A LA SÉANCE DE LA CONVENTION NATIONALE
DU MERCREDI 17 AVRIL 1793.

PLAN *de Constitution républicaine, précédé de quelques observations sur celui que le comité de Constitution a présenté à la Convention les 15 et 16 février 1793. Par* CHARLES LAMBERT, *député du département de la Côte-d'Or. Imprimé par ordre de la Convention nationale* (2).

Une des vérités les plus importantes en politique et dont on ne saurait trop se pénétrer, c'est que tout système d'élection qui exigera le déplacement des habitants de la campagne, pour aller voter hors de leurs territoires à une distance quelconque, sera l'institution la plus funeste à cette classe de citoyens, et la plus dangereuse pour la liberté publique, qu'il soit possible d'introduire parmi nous.

En rendant hommage au zèle et aux talents des membres du comité de Constitution, en convenant que jusqu'ici aucun pacte n'a été établi sur des principes de démocratie aussi purs que ceux qui sont la base du plan qu'ils nous ont présenté; on ne peut se dissimuler cependant qu'il renferme des défauts essentiels, et des erreurs qui leur sont échappées peut-être par un excès de respect pour la rigueur de ces principes, dont l'application peut compromettre la liberté même, toutes les fois que les législateurs, ne voyant dans un peuple immense que le même degré de besoins et de lumières, mettent au même niveau les habitants des villes et ceux des campagnes; toutes les fois que prenant pour mesure commune, leur intelligence particulière (3), ils

---

peuple, la Constitution déclarait que la France était une monarchie héréditaire; première contradiction : Tout en déclarant que le peuple avait le droit imprescriptible de changer ses lois, ce droit était limité à une époque fixe; autre contradiction : dans un chapitre, les représentants élus du peuple juraient d'être fidèles au représentant héréditaire, quoique eux seuls eussent le droit de le surveiller et de le juger; dans un autre, ce représentant héréditaire paraissait avoir le droit de commettre tous les crimes impunément, etc., etc. Il n'est donc pas étonnant qu'un édifice qui réunissait à quelques beautés tant de défauts révoltants, se soit écroulé de lui-même. J'avais donné à l'impression un ouvrage élémentaire, pour mettre le peuple en garde contre les erreurs et les vices de ce *mort-né* lorsque la révolution du 10 août m'a forcé de le retirer, et de suivre un tout autre plan relatif aux circonstances.

(1) Cette Constitution, quoique la plus raisonnable de toutes celles qui aient existé sur le globe, sans en excepter même les républiques si vantées de la Grèce, où les lois de Solon et de Lycurgue permettaient l'esclavage, l'occision des enfants difformes, etc., etc., a encore un goût de terroir anglais dont les Américains n'ont pu se défaire absolument; cette trinité de pouvoirs, cette Chambre haute, sous le nom de Sénat, pour les *impeachemens*, ce roi électif, sous le titre de président, ayant le droit d'accorder des lettres de grâce, et de surséance, que n'avait pas le *roi des Français*; mais toutes ces imperfections disparaîtront sans doute à la révision prochaine.

(2) Cette corruption n'est plus équivoque depuis que nous avons entendu à la tribune la lecture de cette lettre confidentielle du ministre *Montmorin* au ministre de l'empereur à Vienne, dans laquelle il s'exprimait ainsi : *Les vrais serviteurs du roi se sont concertés avec les membres les plus distingués de l'Assemblée, pour rendre au roi toute l'autorité qui lui est due, et le mettre en état de rétablir l'ordre dans le royaume, etc.*

(1) Voy. ci-dessus, même séance, page 263, le rapport de Romme sur les divers projets de Constitution.
(2) Bibliothèque de la Chambre des députés : *Collection Portiez (de l'Oise)*, tome 30, n° 31.
(3) Voltaire disait du roi de Prusse, qu'il ne lui manquait, pour bien connaître toutes les délicatesses de la langue française, que d'avoir habité, pendant six mois, le faubourg Saint-Germain. Et moi je dis qu'il ne manque aux membres du comité, pour bien connaître les hommes, que d'avoir habité pendant six mois la maison d'un laboureur à la campagne, d'avoir suivi ses travaux, d'avoir assisté aux assemblées de sa commune, et à celle de son canton, etc.

font des lois, ou inintelligibles ou inexcusables pour la masse générale du peuple, dont le bonheur est l'objet de leurs méditations.

Mais ces imperfections seront bientôt réparées par le concours des différents moyens qui seront employés pour résoudre le grand problème qui nous occupe en ce moment : il s'agit du sort de la génération actuelle et des générations futures : il s'agit de ramener l'ordre et la paix dans le sein d'une grande famille trop longtemps agitée; quel plus puissant intérêt peut diriger les pensées de tous ceux qui aiment sincèrement leur patrie? Hâtons-nous donc de réunir tous nos efforts pour élever à la liberté un monument digne d'elle et de nous; étouffons toutes les petites passions dans les transports de celle du bien public, et alors nous pourrons nous flatter d'atteindre, non une perfection absolue et idéale, qui n'est pas dans la nature, mais un mieux possible qui doit être l'objet de la recherche de tout homme raisonnable.

Le plan que je propose est entièrement différent de celui du comité, du moins dans sa plus grande partie. De treize titres qu'il renferme, je n'en ai conservé que quatre, à quelques changements près; j'en ai supprimé un, et j'ai refait les huit autres presque en entier, en adoptant toutes les fois la même méthode, autant qu'il m'a été possible; parce qu'il m'aurait été difficile d'en imaginer une meilleure, et que d'ailleurs elle procurera les moyens de comparer plus aisément mes idées avec les siennes.

La partie des élections qui, comme tout le monde sait, est la base fondamentale de tour le mécanisme social, est celle surtout qui m'a paru le plus mériter d'attention. Ç'a toujours été l'écueil des législateurs : les fautes de l'Assemblée constituante à cet égard, les vices des assemblées électorales, qui ne se sont que trop manifestés, me paraissaient devoir mettre le comité en garde contre les abus et les dangers qui résultent du déplacement continuel des communes; cependant j'ai vu avec peine qu'ils sont tombés à peu près dans les mêmes défauts, en multipliant les élections sans nécessité, et en formant de *grandes communes*, qui ne sont autre chose que de *petits cantons*, pour y rassembler les communes voisines.

Que l'on calcule la multitude d'élections à faire et à répéter presque d'année en année, la longueur et la difficulté des opérations que chacune d'elles doit exiger, les autres assemblées où l'on doit répondre aux questions proposées par le Corps législatif, et l'on verra si le tiers de l'année suffirait aux habitants de la campagne pour des courses continuelles, qui non seulement leur feraient perdre le temps le plus précieux pour la culture de leurs terres, mais les forceraient encore à des dépenses extraordinaires pour vivre hors de leurs foyers et de leur ménage. Mais un vice bien plus radical, et qui sans doute n'échappera à personne, c'est que chaque assemblée primaire, composée d'environ neuf cents citoyens, c'est-à-dire de trois ou quatre villages réunis, sera forcée d'envoyer au département les listes que chaque citoyen sera obligé de faire, en inscrivant sur un bulletin séparé le nom de dix députés pour la législature, et de vingt suppléants; en sorte que tel journalier, vigneron ou laboureur qui vit dans une sphère de six à sept lieues de diamètre tout au plus, qui y connaît à peine trois ou quatre personnes d'un mérite dis-

tingué et digne de son suffrage, sera néanmoins forcé de porter sur sa liste ce nombre de trente personnes, c'est-à-dire de les prendre parmi des gens ou inconnus, ou indignes de sa confiance.

Ajoutez encore à tous ces inconvénients celui de faire perdre aux administrateurs du département un temps infini pour le recensement de tous ces scrutins qui ne finiront pas, et dont ils seront pour ainsi dire les arbitres, et l'on se convaincra que ce mode proposé par le comité est impraticable sous tous les rapports; qu'il ne serait propre qu'à décourager totalement les habitants des campagnes, et que ce serait peut-être le système d'aristocratie le plus efficace que l'on pût concevoir, parce que les gens riches ayant seuls le temps et les moyens de se déplacer, leur influence dirigerait bientôt toutes les opérations de ces assemblées primaires : voilà comme les meilleures institutions en théorie, deviennent très souvent dangereuses ou impossibles dans le fait, quand on ne consulte, ni les mœurs, ni les besoins, ni les habitudes de ceux à qui elles sont destinées.

Le mode d'élection que je propose sera beaucoup plus facile et beaucoup plus sûr; il ne suspendra jamais les travaux de la campagne; aucun déplacement de communes; aucun intermédiaire, chacune d'elle fera son élection particulière et immédiate des sujets dont elle aura une parfaite connaissance : le recensement s'en fera dans une assemblée centrale de district, à la vue des procès-verbaux qui constateront la quotité des suffrages émis dans chacune d'elles, et ne laisseront aucun nuage sur la validité des élections. Je crois avoir prévenu les plus grandes difficultés; cependant, s'il en restait encore, et si je m'étais fait illusion à cet égard, ce ne serait pas une raison pour adopter le mode du comité, mais bien pour en chercher un meilleur; car, je le répète, il serait le fléau des campagnes, et il ne servirait qu'à faire regretter le régime des corvées.

L'organisation des corps administratifs, qui suit immédiatement celle des assemblées primaires et la forme des élections dans le plan du comité, me paraît également vicieuse : une seule administration de département, avec de petites administrations isolées sous le nom de *municipalités*, sans aucun intermédiaire, auront cet inconvénient que le département, à une trop grande distance de ces municipalités, ne pourra rien savoir, rien connaître par lui-même; que toutes les réclamations des citoyens seront nulles, parce qu'il faudra, ou s'en rapporter aux municipalités elles-mêmes, qui, dans ce cas, seront juges et parties, ou se transporter à grands frais sur les lieux, pour des contestations que souvent l'on jugera n'en pas valoir la peine.

Toutes ces considérations m'ont déterminé à conserver, dans le centre de chaque district, une administration peu nombreuse, mais permanente, et des assemblées périodiques d'administration, tant au chef-lieu des départements, que dans les chef-lieux de chaque canton; par cet arrangement, toutes les affaires majeures seront traitées à deux époques fixes de l'année, au département; toutes les affaires particulières des citoyens et des communes seront portées à l'administration de leurs cantons respectifs; et celle du district, qui se trouvera placée entre les deux, servira à surveiller l'une, et à recevoir les ordres de l'autre.

Tels sont les motifs qui m'ont décidé à rejeter la forme proposée par le comité, aussi contraire aux intérêts des administrés, que peu conforme aux principes d'une saine politique.

Quant au conseil exécutif ou pouvoir (1) exécutif, comme on voudra l'appeler, je vois d'abord, dans sa nomination faite par le peuple, des inconvénients si graves, des dangers si évidents, que j'en appellerais volontiers du comité au comité lui-même; et en effet, comment peut-on espérer que les habitants de la campagne (2) qui, comme je l'ai déjà dit, ne connaissent que les hommes qui les environnent, qui ne connaissent de livres, pour la plupart, que leur catéchisme et leur almanach, qui regardent ceux d'entre eux, qui savent lire et écrire, comme des savants du premier ordre; comment peut-on supposer, dis-je, qu'avec des connaissances aussi bornées, ils sauront distinguer la différence des talents qui seront nécessaires pour un ministre de la législation, pour un ministre de la marine, etc? On leur demandera des sujets pour remplir ces places : qu'arrivera-t-il? ou ils nommeront leur maître d'école, ou ils nommeront sur parole des sujets qui leur seront indiqués, peut-être, par de très mauvais sujets, et dont ils n'auront jamais entendu parler : ne sera-ce donc pas, dans les deux cas, une véritable dérision que d'appeler cela une élection faite par le peuple? et de pareilles élections ne deviendraient-elles pas bientôt funestes à la chose publique?

C'est donc au Corps législatif seul que le peuple, pour son propre intérêt, doit conférer le pouvoir de nommer les membres du conseil exécutif, et à cet égard il ne remplira que les fonctions d'une chambre électorale; mais une fois élus, il sera convenable qu'ils ne puissent être destitués que légalement, ou d'après le vœu prononcé de la majorité des communes, afin qu'ils ne puissent pas être présumés les organes absolument passifs de la volonté du Corps législatif. Ils doivent cependant être entièrement subordonnés aux représentants du peuple, et toujours sous leur surveillance; car, s'il en était autrement, et que les pouvoirs fussent égaux; comme le peuple français ne put se rassembler aussi facilement que le peuple romain l'était au champ de Mars, c'est alors que vraiment il nous faudrait, ou cette Chambre haute si ardemment réclamée par une partie de l'Assemblée constituante, ou un régulateur après lequel tant d'honnêtes gens paraissent soupirer. J'ai développé les principes qui établissent cette dépendance respective, cette hiérarchie des pouvoirs, jusqu'à celui du souverain, dans un ouvrage qui a pour titre : *Organisation du pouvoir exécutif*, etc., et qui a paru au mois d'octobre dernier; ainsi, il me suffira de dire ici, que j'ai rédigé cet article, dans le plan que je propose, et d'après les mêmes vues que j'avais communiquées au comité de Constitution, à cette époque.

L'Assemblée constituante, en plaçant la trésorerie nationale sous la direction du pouvoir exécutif, c'est-à-dire en la confiant à ceux-là mêmes qui étaient le plus intéressés à la dilapider, avait commis une grande faute; c'est le dépôt le plus précieux de la nation; c'est le gage le plus certain de la conservation de sa liberté : il ne sera donc personne, je pense, qui n'adopte le projet du comité à cet égard, et qui ne convienne qu'une partie aussi importante de l'administration doit rester sous la surveillance immédiate et continuelle du Corps législatif; mais les moyens proposés par le comité pour exercer cette surveillance, m'ont paru insuffisants, et j'en propose de plus efficaces pour assurer dans le fait, et dans l'opinion publique, la responsabilité des comptables, qui, jusqu'ici, n'a été que trop illusoire. Ils consistent d'abord à faire nommer des commissions du Corps législatif et du Conseil exécutif pour assister à la reddition des comptes de chaque année, et ensuite à établir une chambre de revision, qui, au commencement de chaque session, vérifiera cette reddition de comptes des deux années de la législature précédente, afin que l'influence du Corps législatif ne puisse jamais être présumée dans une opération sur laquelle tous les citoyens doivent avoir les yeux ouverts. Par ce moyen, l'on évitera cette multiplicité de jurés dont la nomination annuelle ne manquerait pas de fatiguer les départements, qui, d'ailleurs, serait très dispendieuse, et les fonds du Trésor public n'en seront pas moins assurés, puisque l'emploi qui en sera fait pendant une législature, ne sera vérifié définitivement que par la législature suivante.

La partie administrative ainsi réglée, le comité présente l'organisation du Corps législatif : il fixe l'ouverture de ses séances au premier juillet, tandis que le premier mai est infiniment plus convenable sous plusieurs rapports, particulièrement, en ce que les mois de mai et de juin qui le précèdent, et dans lesquels on doit faire les élections, sont beaucoup plus précieux pour les travaux de la campagne, que ceux de mars et avril : il en fixe la durée à un an, ce qui occasionnera encore beaucoup plus d'inconvénients que d'avantages; ainsi il y a tout lieu de croire qu'on laissera les choses, à cet égard, telles qu'elles ont été établies par l'Assemblée constituante. Il serait aussi ridicule de réformer ce qu'elle a fait de bien, que d'adopter ce qu'elle a fait de mal, et gardons-nous bien d'imiter la manie des ministres de l'ancien régime, qui se faisaient une loi de détruire tout ce qu'avaient établi leurs prédécesseurs.

Le bureau dont il propose l'établissement pour la revision des décrets en y ajoutant peu de chose, sera un préservatif excellent contre la précipitation et l'enthousiasme qui sont les seuls dangers à redouter de la part du Corps législatif, et qui, sans en avoir le ca-

---

(1) Si par le mot de *pouvoir*, on entendait toujours un pouvoir indépendant, on aurait raison de se récrier sur ce mot adapté au conseil exécutif : mais comme il est des pouvoirs subordonnés, on ne peut l'entendre, qu'en ce sens. Parce qu'il n'y a qu'une cause première, serait-ce une raison de ne pas vouloir que l'on parlât d'une autre cause.

(2) On remarquera aisément que je parle sans cesse des habitants de la campagne, mais je suis forcé de le faire par deux raisons; la première, parce que ce sont eux qui forment la masse générale du peuple; la seconde, parce que le comité, dans ses combinaisons, n'a absolument considéré que les habitants des villes, et qu'il parait n'avoir eu devant les yeux que Paris, Rome, Sparte et Athènes.

ractère, pourraient nous entraîner dans les mêmes malheurs que le despotisme; il ne rompra pas l'unité de l'Assemblée, et ce sera une espèce de régulateur temporaire pris dans son sein, dont l'influence ne pourra jamais être dangereuse. Je propose, outre ce bureau, neuf autres bureaux ou comités essentiellement correspondants avec les neuf départements qui composeront l'administration générale, afin que ce soit autant de canaux intermédiaires par où les affaires passeront pour arriver au degré de développement que souvent elle exigent.

Quant à l'opinion du comité, qui pense que le Corps législatif doit proposer au peuple, dans ses assemblées primaires, des questions à résoudre, elle est excellente en théorie; mais il me paraît que dans le fait elle serait très préjudiciable à la chose publique, qu'elle entraînerait des abus de toute espèce, des longueurs interminables, quelque simples que fussent ces questions; car les malveillants auraient bientôt trouvé l'art de les compliquer et de les rendre insolubles. La véritable sanction du peuple sera son silence à l'égard de tous les actes du Corps législatif qui ne blesseront pas l'intérêt général; et quand cet intérêt de tous sera compromis, il aura deux moyens de manifester sa volonté et son improbation, celui de révoquer la législature entière et d'en nommer une autre, ou celui de convoquer une Convention nationale, si la nature des choses l'exige : moyens qui seront suffisants pour rendre infiniment rare le besoin d'une insurrection générale et absolue, dont le peuple aura toujours le droit de faire usage toutes les fois qu'on tentera de l'opprimer, sous quelque dénomination que ce soit.

Le mode de convocation des assemblées conventionnelles doit donc entrer dans le plan d'une Constitution pour un peuple qui n'en a jamais eu; car elle ne peut se convoquer elle-même. Mais comment le comité, qui avait sous les yeux une des fautes les plus graves de l'Assemblée constituante, cette déclaration, dans un même article, *que le peuple avait le droit imprescriptible d'assembler une Convention toutes les fois qu'il le voulait, et néanmoins qu'il ne pourrait en faire usage avant une époque déterminée;* comment, dis-je, le comité a-t-il pu commettre la même erreur, en voulant prescrire aux Conventions futures des lois pour la durée de leur existence, une démarcation entre leurs pouvoirs et ceux des Corps législatifs co-existants, la distance relative du lieu de leurs séances, etc. ? Les membres d'une Convention nationale ne sont-ils pas investis de pouvoirs illimités? pourquoi donc vouloir circonscrire ces pouvoirs par les fonctions d'un corps qui se croirait également indépendant? une Convention peut-elle imposer des obligations aux Conventions futures? le peuple lui-même ne le peut pas, puisque la génération actuelle ne peut asservir en rien les générations suivantes. Toutes ces raisons m'ont déterminé à ne rien prescrire à l'égard des Conventions, mais seulement à inviter les assemblées communales, toutes les fois qu'elles jugeront à propos d'en convoquer, de les composer du double des députés destinés pour les législatures, de les élire de la même manière, de leur donner des pouvoirs illimités, en se réservant le droit de sanction et de révocation,

et enfin de leur indiquer, pour le lieu de leur rassemblement, celui où se tiendra la législature qu'ils doivent remplacer, sauf à eux de transférer leurs séances partout où ils le jugeront convenable. Voilà, ce me semble, tout ce que l'on peut faire à l'égard des Conventions, pour ne point blesser la souveraineté du peuple.

J'ai cru devoir ranger dans le même chapitre, et le droit de pétition qui appartient à chaque citoyen, et le droit qu'ils ont tous de former des société populaires, parce que c'est une émanation de cette même souveraineté. Le comité a bien établi le dernier d'une manière indirecte; mais j'ai pensé que les sociétés populaires ayant rendu des services incalculables à la Révolution, et pouvant encore contribuer à l'affermir, en surveillant sans cesse les mal intentionnés, en propageant l'esprit public par l'instruction et l'exemple de la soumission aux lois, elles devaient être directement et nominativement comprises dans l'acte constitutionnel.

Enfin l'administration de la justice présentée par le comité me paraît également susceptible de beaucoup de modifications : elle admet un juge de paix au moins par *commune* (1), pour connaître les différends qui ne pourraient être terminés par la voie de l'arbitrage; un *jury* civil dans le chef-lieu de chaque département, pour recevoir les réclamations contre les jugements des juges de paix; des censeurs judiciaires pour remplacer la cour de cassation actuellement existante; et enfin un *jury* national temporaire, pour juger les crimes de haute trahison, toutes les fois que les circonstances l'exigeraient. Le premier défaut qui résulte de cette manière d'administrer la justice est d'abord, comme dans presque toutes les institutions du comité, de multiplier les élections annuelles à un tel point que le peuple en serait certainement rebuté : le second que j'y aperçois, est de ne point donner aux juges de paix des assesseurs, qui non seulement sont indispensables, mais qui doivent encore recevoir un salaire, quelque modique qu'il soit; car on n'obtiendra jamais, et il serait injuste de l'exiger, que des habitants de la campagne abandonnent leurs travaux, leurs affaires particulières, pour aller gratuitement s'occuper des affaires publiques. Un troisième, non moins grand que les deux autres, vient de ce que les censeurs judiciaires et ambulants n'obtiendront jamais du peuple la considération qui est due à des juges que la célérité de leurs opérations sera toujours comparée à la vitesse de leur course, et enfin que cet établissement serait encore trop dispendieux pour l'Etat.

Je propose donc : 1° d'ajouter des assesseurs aux juges de paix, et de les salarier, si on ne veut pas perdre le fruit de l'institution la plus précieuse pour le peuple, et de ne réélire les uns et les autres que tous les quatre ans; 2° d'établir, non pas un jury annuel qui

---

(1) Le comité a jugé à propos de changer des mots très expressifs, auquel le peuple était habitué, pour présenter les mêmes choses sous les noms différents, et qu'il entendra beaucoup moins. Des grandes communes, des sections municipales, tout cela sert beaucoup moins clair pour eux, que des cantons et des villages ou communes.

serait sujet à de grands inconvénients, mais un tribunal, renouvelé tous les quatre ans, dans le chef-lieu de chaque département, composé d'autant de juges et de suppléants qu'il y aurait de districts, qui se partageraient en deux chambres, dont l'une connaîtrait des affaires civiles, et l'autre des affaires criminelles avec un certain nombre de jurés; 3° cinq cours de cassation permanentes, pour juger les appels en dernier ressort, les compétences, etc. qui seraient placées dans les villes les plus centrales de la République, et qui auraient chacune le cinquième des départements dans leurs ressorts : ces cours seraient composées d'un membre du tribunal de chaque département; elles se diviseraient également en deux chambres, l'une pour les affaires civiles, et l'autre pour les affaires criminelles, et seraient renouvelées tous les quatre ans; 4° une haute cour nationale pour juger les crimes de lèse-nation, composée de onze juges, vingt-quatre jurés de jugement, et deux procurateurs pris dans le sein du Corps législatif, qui ne s'assembleraient que deux fois par chaque année, près la législature, l'une au premier novembre, l'autre au premier mai, sauf les cas extraordinaires. La moitié de tous les départements fournirait alternativement tous les deux ans, un sujet pour chacun d'eux pour composer ce tribunal, qui ne pourrait être pris que dans la classe des juges et jurés : ils choisiraient entre eux, ceux qui feraient les fonctions de juges, et ceux qui feraient celles de jurés; le reste serait suppléant. Ils ne pourront être dispensés de s'assembler que par un décret, lorsqu'il n'y aura aucune affaire de leur compétence à juger.

Tels sont les changements que j'ai cru devoir faire au mode proposé par le comité pour l'administration de la justice. J'adopte ses vues sur la force publique, les contributions publiques, et les rapports de la République avec les nations étrangères, qui terminent son plan de Constitution, quoique j'eusse peut-être quelque chose à y ajouter, surtout par rapport à nos relations extérieures : ainsi il ne me reste plus qu'à dire un mot de la Déclaration des droits de l'homme, qui précède l'acte constitutionnel dont je viens de faire l'analyse.

Cette Déclaration doit-elle précéder un plan de Constitution quelconque, ou être placée à sa suite? C'est d'abord une question qui a été fort agitée, et qui ne présente des difficultés réelles, que parce que l'on confond dans une seule et même Déclaration, des choses absolument et essentiellement distinctes: je veux dire les droits naturels de l'homme, qui sont inhérents à son existence, antérieurs à toutes conventions sociales, et ses droits civils et politiques, qui ne sont que le résultat des lois sous lesquelles il consent de vivre. Il est donc constant que les uns, comme principes, devraient toujours précéder un plan de Constitution, et que les autres, comme corollaires, ne pourraient que la terminer, en offrant la conséquence claire et précise de ces mêmes principes, développée dans toutes les parties dont elle est composée; mais que, si on les confond tous dans un seul acte énonciatif, alors la question de savoir s'il doit suivre ou précéder les lois constitutionnelles devient

fort indifférente, y ayant les mêmes raisons à opposer pour et contre.

Je ne dirai pas, avec un de nos publicistes les plus estimés, que le comité aurait dû commencer par définir ce qu'il entend par le mot droit, car on ne peut définir un mot qu'avec d'autres mots qui ont besoin eux-mêmes de définition; cela irait à l'infini, et à force de vouloir subtiliser et s'enfoncer dans les abstractions métaphysiques, il arriverait qu'un mot généralement entendu deviendrait tout à fait inintelligible (1). Mais le reproche qu'on peut lui faire plus raisonnablement, ce me semble, c'est d'avoir fait trente-trois articles pour exprimer des vérités premières, des vérités fondamentales, que peut-être on eût pu renfermer dans un bien moindre espace. Il y avait peu à ajouter à la déclaration de l'Assemblée constituante, pour y poser les bases d'une démocratie absolue : et combien n'importe-t-il pas que ces notions préliminaires soient claires, simples et concises, pour être retenues facilement dans la mémoire de tous les citoyens? Cependant, malgré la grande étendue que le comité a donnée à sa Déclaration des droits, il me semble qu'il a omis des choses essentielles; entre autres la définition du mot propriété, qui doit certainement être considérée sous deux rapports, c'est-à-dire, être distinguée en propriété absolue et en propriété relative ou conditionnelle; car jamais la propriété d'une chose dont la privation n'est nuisible à personne, ne peut être assimilée à la propriété d'une chose dont la privation pourrait compromettre l'existence de tout le monde (2). Au reste, la discussion qui va s'ouvrir incessamment sur tous les projets qui nous ont été présentés, servira à nous éclairer, tant sur la meilleure manière de former cette Déclaration, que sur la question de savoir si elle doit être placée devant ou après l'acte constitutionnel, et même si, au lieu de Déclaration des droits, elle ne devrait pas avoir pour titre : Principes généraux du pacte social. Ainsi je ne m'en occuperai pas davantage, et je passe tout de suite au projet de Constitution, que je soumets aux lumières de la Convention nationale.

Paris, le 10 avril 1793, l'an II de la République.

P. S. Ce projet n'a pas été imprimé de suite, parce que les réflexions que m'ont fait faire ceux qui viennent d'être présentés par différents membres de l'Assemblée, ont occasionné quelques changements que j'ai jugé convenables.

Projet d'un pacte social pour le peuple français.

Le peuple français (3), par l'organe de ses représentants assemblés en Convention natio-

_____

(1) Bayle a écrit environ soixante pages in-folio pour expliquer ce que l'on doit entendre par le mot jour, et quand on les a lues bien attentivement, on ne sait plus quand il est jour, ni quand il est nuit.

(2) C'est de cette distinction, que je ne crois avoir été faite par aucun de nous, que doivent découler toutes les lois sur le commerce des grains et les subsistances.

(3) On n'a jamais dit la nation romaine, et les mots gens et populus n'étaient pas synonymes.

nale, se constitue république démocratique, une et indivisible; et fondant son gouvernement sur les principes de la souveraineté absolue du peuple, de la liberté et de l'égalité des citoyens ; il adopte la Constitution suivante :

TITRE Ier.

De la division du territoire.

Art. 1er.

Le République française est une et indivisible.

Art. 2.

La distribution topographique de son territoire, en départements, districts et cantons, est maintenue telle qu'elle existe.

Art. 3.

Les limites de ces départements, districts et cantons, pourront être changées ou rectifiées sur la demande des administrés, en observant cependant, autant que faire se pourra, que les cantons n'aient pas plus de dix à douze lieues carrées, les districts plus de soixante, et les départements plus de quatre cents.

Art. 4.

Il y aura, dans chaque canton, une assemblée d'administration, ou assemblée municipale, subordonnée à l'administration du département.

Art. 5.

Dans le chef-lieu de chaque district, l'administration du département aura un agent national et un secrétaire.

Art. 6.

Il y aura dans chacune des communes ou villages, une agence particulière subordonnée à l'administration du canton dont elles feront partie.

Art. 7.

Toutes les villes de la République sont divisées en trois classes : la première, de 60,000 âmes et au-dessus; la seconde, de 10,000 âmes jusqu'à 60,000; et la troisième, de toutes celles au-dessous de 10,000 âmes.

Art. 8.

Toutes les habitations de la campagne seront divisées également en trois classes de communes, à raison des feux qu'elles contiendront. Celles de 50 feux et au-dessous, composeront la première, sous le nom de *hameaux*, et feront toujours partie intégrante de la commune la plus voisine; la seconde classe sera composée, sous le nom de *villages*, de toutes les habitations qui contiendront depuis 50 jusqu'à 250 feux; et toutes celles de 250 et au-dessus, sous le nom de *bourgs*, formeront la troisième.

Art. 9.

Toutes les habitations isolées, connues sous le nom de fermes et métairies, feront toujours partie de la commune la plus voisine.

Art. 10.

Tous les dix ans, chaque département fera un nouveau recensement de la population des villes et de la campagne, qui sera arrêté et sanctionné par le Corps législatif.

Art. 11.

Le territoire de la République française sera circonscrit par la Méditerranée, les Alpes, la rive gauche du Rhin, l'Océan et les Pyrénées; il ne pourra jamais excéder ces limites dans le continent qu'elle occupe.

Art. 12.

Les colonies et tous les autres établissements français, dans les deux hémisphères, font partie intégrante de la République; ils seront régis d'après les mêmes principes.

TITRE II.

De l'état des citoyens, et des conditions nécessaires pour en exercer les droits.

Art. 1er.

Tout homme âgé de vingt-un ans accompli, qui se sera fait inscrire sur le tableau civique d'une assemblée communale, et qui aura résidé depuis, pendant une année sans interruption, sur le territoire français, est citoyen de la République.

Art. 2.

La qualité de citoyen français se perd par la naturalisation en pays étranger, par la condamnation aux peines qui emportent la dégradation civique, et par un jugement de contumace, tant que le jugement n'est pas anéanti.

Art. 3.

Tout citoyen qui aura rempli les conditions exigées par l'article 1er, pourra exercer son droit de suffrage, dans tous les lieux de la République où il justifiera d'une résidence actuelle de six mois sans interruption.

Art. 4.

Nul ne peut exercer son droit de suffrage pour le même objet, dans plus d'une assemblée primaire.

Art. 5.

Trois causes d'incapacité peuvent empêcher l'exercice du droit de suffrage; la première, l'imbécilité ou la démence constatée par un jugement; la seconde, la condamnation légale aux peines qui emportent la dégradation civique; la troisième, la privation momentanée de ce droit, prononcée par un jugement quelconque.

Art. 6.

Tout citoyen qui aura résidé pendant trois années hors du territoire de la République, sans une mission donnée au nom de la nation, ne pourra rependre l'exercice du droit de suffrage, qu'après une résidence non interrompue d'un an, et après s'être fait inscrire de nouveau sur le tableau civique de la commune où il voudra l'exercer.

Art. 7.

Tout citoyen qui, sans avoir eu de mission, se sera absenté pendant une année du lieu où il a son domicile habituel, sera tenu de nouveau à une résidence de trois mois, avant de voter dans les assemblées de sa commune.

Art. 8.

La qualité de citoyen français, et la majorité de vingt-cinq ans accomplis, sont les seules conditions nécessaires pour l'éligibilité à toutes les places de la République, excepté celles de députés aux Assemblées législatives et conventionnelles, ainsi que celles de juges de tribunaux de cassation et de haute-cour nationale, pour lesquelles il faudra trente ans.

Art. 9.

En quelque lieu de la République que réside un citoyen français, il peut être élu à toutes les places et dans toutes les assemblées communales, quand bien même il serait privé du droit de suffrage, par défaut de résidence habituelle dans un lieu quelconque.

TITRE III.

Des assemblées communales et des assemblées centrales de district.

SECTION PREMIÈRE.

Organisation des assemblées communales ou élémentaires.

Art. 1er.

Les assemblées élémentaires, où les citoyens français exerceront leurs droits de citoyens, seront, les assemblées de commune, soit de ville, soit de campagne, existantes sur le territoire de chaque département.

Art. 2.

Il sera fait, dans chaque assemblée communale, un tableau particulier des citoyens qui la composent, et il sera affiché dans la salle de l'assemblée.

Art. 3.

On procédera, dans chaque assemblée communale, à la nomination d'un bureau composé d'un président, d'un secrétaire et de trois scrutateurs, par un seul scrutin à la pluralité relative des suffrages.

Art. 4.

Le bureau ainsi formé, tiendra un registre pour l'inscription du nom de ceux qui demanderont à être admis en qualité de citoyens, dans l'intervalle d'une convocation à l'autre; il donnera à ceux qui voudront changer de domicile un certificat qui attestera leur qualité de citoyen, et il convoquera les assemblées communales, dans les cas déterminés par la Constitution.

Art. 5.

Les membres du bureau seront proclamés suivant l'ordre de la pluralité des suffrages que chacun aura obtenus; le premier remplira les fonctions de président; le second, celles de secrétaire, et ainsi de suite. En cas d'absence, ils seront suppléants les uns des autres, et la dernière place de scrutateur sera remplie par le plus ancien des scrutateurs du bureau précédent.

Art. 6.

Les registres et papiers concernant les assemblées communales, seront enfermés dans un coffre à deux clefs, dont l'une restera entre les mains du président, et l'autre entre celles du premier scrutateur.

Art. 7.

Le bureau ne sera dissous que lorsqu'il en aura été formé un autre; et à chaque convocation nouvelle, il en fera les fonctions pour l'élection de ceux qui devront le remplacer.

Art. 8.

A chaque convocation nouvelle il ne sera permis de s'occuper d'aucun objet avant que le bureau ait été renouvelé; tout acte antérieur à ce renouvellement, sera nul, et cependant les membres du bureau pourront être réélus, partiellement, ou collectivement.

Art. 9.

Si quelqu'un faisait la proposition de réélire le bureau collectivement, elle sera mise à l'épreuve par assis et levé; et si elle réunit la majorité sans aucun doute, il sera continué dans ses fonctions.

Art. 10.

Le bureau ne sera point renouvelé lorsque les séances de l'assemblée seront continuées ou ajournées, et que l'objet pour lequel elle aura été convoquée, ne sera pas terminé.

Art. 11.

La convocation des assemblées communales, sera faite la première fois par le chef de la commune, et ensuite par le bureau qui en motivera l'objet, et qui en fera publier et afficher la proclamation, trois jours avant celui indiqué pour l'ouverture de l'assemblée.

Art. 12.

Outre les cas prévus le bureau ne pourra refuser la convocation d'une assemblée communale, toutes les fois qu'elle sera demandée par cinquante citoyens, qui signeront ou feront signer leur réquisition, en la motivant.

Art. 13.

Nul ne pourra être admis à voter dans une assemblée communale sur le tableau de laquelle il ne sera pas inscrit, s'il n'a présenté au bureau, quinze jours avant l'ouverture de l'assemblée les titres qui constatent son droit d'admission, et s'il y a litige, l'assemblée prononcera sur la réclamation.

Art. 14.

Les assemblées communales ne pourront prendre aucune connaissance des affaires d'administration et autres que celles qui seront motivées dans les lettres de leur convocation.

Art. 15.

Les maires ou chefs et autres officiers des communes pourront être élus à toutes les places du bureau.

Art. 16.

Toute assemblée communale qui se formerait sans avoir été convoquée par le bureau préexistant conformément aux articles 11 et 12, sera nulle; et ceux qui en provoqueraient de semblables, seront punis comme fauteurs et coupables d'attroupements séditieux.

SECTION II.

Fonctions des assemblées communales.

Art. 1er.

Les citoyens français se réuniront en assemblées communales dans le lieu même de leurs habitations ou communes respectives, pour y procéder aux élections déterminées par la constitution.

Art. 2.

Les citoyens français se réuniront également en assemblées communales, pour déclarer :

1° S'ils acceptent ou s'ils refusent un projet de Constitution, ou un changement quelconque dans la Constitution ;

2° S'ils veulent une Convention nationale;

3° Pour émettre leur vœu sur une question qui pourrait leur être proposée par le Corps législatif, et qui intéresserait la République entière ;

4° Enfin, pour révoquer les représentants qu'ils auraient nommés partiellement ou pour émettre leur vœu sur la révocation entière des Assemblées tant législatives que conventionnelles.

Art. 3.

Les élections et les délibérations des assemblées communales qui ne seront pas conformes par leur nature, par leur objet ou par leur mode, aux règles prescrites par l'acte constitutionnel, seront nulles et de nul effet.

SECTION III

Règles générales pour les élections dans les assemblées communales et centrales.

Art. 1er.

Les élections pour la représentation nationale dans les assemblées de communes, ne seront que préparatoires; elles s'y feront à des époques différentes, par deux scrutins différents, dont le résultat sera porté au chef-lieu du district, où il y aura une assemblée centrale des *commissaires* des communes, et où se fera l'élection définitive.

Art. 2.

Le jour indiqué pour l'assemblée communale, dans chaque commune, soit de ville, soit de campagne, les citoyens inscrits sur le tableau s'y rendront; et le bureau établi on nommera des *commissaires*, au scrutin et à la pluralité relative en proportion de la population, ou du nombre des feux de chaque commune (1).

Art. 3.

Les villages ou communes de 100 feux et au-dessous, en nommeront un ; ceux de 100 feux à 250 en nommeront deux; et ceux de 250 en nommeront trois : ce qui fera le *maximum* pour les communes de la compagne et le *minimum* pour les petites villes.

Art. 4.

Les petites villes jusqu'à 3,000 âmes de population, nommeront trois commissaires, et ensuite un par 1,000 âmes de plus, jusqu'à 10,000. Les villes au-dessus de 10,000 âmes, jusqu'à trente, nommeront un commissaire par 1,500 âmes; en sorte qu'une ville de 30,000 âmes en aurait vingt.

Art. 5.

Toutes les autres villes au-dessus de 30,000 âmes formeront seules une assemblée centrale à part, jusqu'à 50,000 âmes; de 50,000 jusqu'à 80,000, elles en formeront deux; de 80,000 jusqu'à 120,000, elles en formeront trois; de 120,000 à 160,000, elles en auront quatre ; et de cent-soixante à quelque population que ce soit, elle n'en auront que cinq, excepté Paris, qui, à cause de son immensité, en aura vingt, et ne pourra jamais en avoir davantage.

Art. 6.

Les assemblées centrales des grandes villes se diviseront en autant de sections ou assemblées élémentaires, qu'il y aura de fois 500 citoyens inscrits sur le tableau général; ce qui représentera les communes de la campagne, et chaque section nommera trois commissaires.

---

(1) On observera que dans les communes de campagne, les scrutateurs pourront remplir les fonctions de commissaires; ce qui sera sans inconvénient, puisqu'ils ne seront, pour ainsi dire, que les porteurs de suffrages exprimés de leurs communes, leur nombre seul étant relatif à la population présumée de chacune d'elles.

Art. 7.

Si ces grandes villes étaient des chefs-lieux de district, les assemblées centrales ne s'y tiendraient que huit jours après celle du district.

Art. 8.

Chacune des assemblées centrales, soit de district, soit des grandes villes, nommera un député et un suppléant pour les assemblées législatives, et deux députés avec deux suppléants pour les assemblées conventionnelles.

Art. 9.

Les commissaires étant nommés dans les assemblées communales, ainsi qu'il vient d'être dit, on procédera, dans la même séance, à la nomination d'un ou plusieurs sujets désignés pour la législature, mais toujours en nombre égal à celui des commissaires attribué à chaque commune, par un seul scrutin et à la majorité relative des suffrages; après quoi, l'assemblée sera ajournée à quinzaine.

Art. 10.

Ces sujets désignés, ou *candidats*, pourront être pris parmi tous les citoyens éligibles de la République, présents ou non présents.

Art. 11.

Aussitôt qu'ils seront nommés, le bureau en enverra le nom avec l'extrait du procès-verbal, à l'agent national du district, qui fera imprimer tout de suite la liste des candidats ainsi élus dans son arrondissement, et la renverra, le plus tôt possible, dans chacune des communes, pour y être lue, publiée et affichée au moins pendant huit jours de suite; il indiquera en même temps un jour fixe pour l'assemblée centrale des commissaires de toutes les communes.

Art. 12.

Quinze jours après cette première assemblée, on se rassemblera de nouveau pour élire, parmi tous les candidats inscrits sur la liste, les députés et suppléants à la législature, à la majorité absolue des suffrages.

Art. 13.

Les commissaires de chaque commune prendront un extrait du procès-verbal qui constatera l'élection du député présenté par chacune d'elles, et ils le rendront à l'assemblée centrale du district, au jour indiqué par l'agent national, pour procéder à la nomination définitive du député à la législature.

Art. 14.

Les commissaires des communes assemblés au chef-lieu du district, auront pour président, secrétaires et scrutateurs, les cinq plus ancien d'âge : ce bureau procédera tout de suite à la vérification des extraits des procès-verbaux qui seront présentés par les commissaires, suivant l'ordre alphabétique de leurs communes.

Art. 15.

S'il résulte de cette vérification que la majorité absolue des suffrages attribués à chaque commune, et calculés par le nombre de ses commissaires, se trouve en faveur de l'un des députés présentés, il sera proclamé tout de suite député à la législature; et celui qui, après lui, aura réuni le plus de suffrages, sera son suppléant ; ce dont il sera dressé un procès-verbal, et l'assemblée sera dissoute.

Art. 16.

Si, au contraire, il ne se trouvait pas de majorité prononcée, alors les commissaires, dans la même séance, et sans désemparer, nommeraient parmi les quatre qui auraient réuni le plus de suffrages, le député à la législature, au scrutin et à la majorité absolue des suffrages.

Art. 17.

Cette nomination, ainsi faite par les commissaires, ne sera que conditionnelle ; et si la majorité des communes, calculée en raison de leurs suffrages, réclame dans la huitaine au greffe de l'agent national, elle sera nulle, et les assemblées communales procéderont de nouveau à une réélection.

Art. 18.

La réélection se fera dans les assemblées communales entre les quatre candidats qui auront réuni le plus de suffrages, excepté toutefois celui qui aura excité la réclamation, et le résultat du scrutin sera adressé à l'agent national du district, qui les fera imprimer, en proclamant pour député celui des candidats qui aura obtenu la pluralité relative des suffrages attribués à chaque commune.

Art. 19.

Si une assemblée centrale réunissait plus de deux cent cinquante commissaires et autant de suffrages, soit à raison de la population des villes, soit à raison de la population des campagnes, alors elle aurait le droit de nommer deux députés à la législature.

Art. 20.

Les élections pour les places qui seront communes, soit aux départements entiers, soit aux districts, soit aux cantons, se feront d'après les mêmes principes, et à peu près de la même manière; le nombre des commissaires représentera toujours le terme de la population pour chaque commune ; et ceux qui auront été nommés pour le choix des députés à la législature, en continueront les fonctions jusqu'à la législature suivante, à moins qu'ils ne soient formellement révoqués par leurs concitoyens.

Art. 21.

Les élections pour les places particulières aux communes seules, se feront par scrutin, à la majorité absolue des suffrages, et par un deuxième scrutin, à la pluralité relative, si le premier ne donne pas de majorité.

Art. 22.

Les places pour l'administration et pour la justice, tant civile que criminelle, dans chaque département, seront nommées par les commissaires des communes, dans une assemblée centrale de district, où ils apporteront le vœu qui aura été émis par la majorité de leurs concitoyens, et où ils prononceront eux-mêmes définitivement, d'après la pluralité relative indiquée par la collection des suffrages de toutes les communes du district.

Art. 23.

S'il faut pour le chef-lieu du département, un ou plusieurs fonctionnaires publics tirés en nombre égal, de chacun des districts qui le composent, l'élection sera facile, et on suivra la même marche que pour les places de la législature.

Art. 24.

S'il en faut moins ou s'il en faut plus, et qu'ils ne puissent être également tirés de chaque district, les communes feront autant de scrutins séparés qu'il y a de places à nommer ; le résultat en sera porté à une assemblée centrale de district, où les commissaires procéderont à la nomination des sujets proposés, en la manière indiquée par l'article 22.

Art. 25.

Ceux qui seront ainsi élus dans chaque assemblée centrale de district, se rendront trois jours au plus tard après leur nomination, au chef-lieu du département et là, en présence du procureur général de l'administration, qui en dressera procès-verbal, ils choisiront entre eux, et dans la manière qu'ils jugeront la plus convenable, dans un espace de vingt-quatre heures, ceux qui devront occuper les places vacantes, faute de quoi, elles seront dévolues aux plus anciens d'âge ; les autres sujets présentés seront suppléants.

Art. 26.

S'il y avait quelques places particulières, au chef-lieu de district à nommer, ces nominations se feraient dans les assemblées communales, par autant de scrutins séparés qu'il y aurait de places, par les commissaires, qui observeraient les mêmes formes indiquées pour les autres élections.

Art. 27.

Les élections des places destinées pour un canton seul, comme celles de juges de paix, assesseurs, etc., se feront dans les assemblées communales de chaque canton, en la forme ordinaire ; le résultat en sera porté par les commissaires, au chef-lieu du canton, où ils vérifieront, s'il y a majorité absolue en faveur d'un sujet quelconque; et s'il n'y a pas de majorité prononcée, les assemblées communales nommeront, à la pluralité relative, l'un des trois qui auront réuni le plus de suffrages.

Art. 30.

Dans les communes, soit de ville, soit de campagne, la nomination aux places qui les concerneront, se fera par tous les citoyens inscrits sur le tableau, en la manière prescrite pour les autres élections ; et dans quelque cas que ce soit, une assemblée communale ne sera régulière et légalement formée, que lorsqu'elle sera composée de la moitié, et plus, des citoyens inscrits, ce dont il sera toujours fait mention dans les procès-verbaux.

Art. 29.

Toutes les autres places de fonctionnaires publics, qui n'appartiendront ni à un département, ni à un district, ni à un canton seuls, mais à la République, seront nommés par le Corps législatif.

SECTION IV

De la police des assemblées communales.

Art. 1er.

La police intérieure des assemblées communales appartient essentiellement et exclusivement à l'assemblée elle-même.

Art. 2.

La peine la plus forte qu'une assemblée communale puisse prononcer contre un de ses membres, après le rappel à l'ordre et la censure, sera l'exclusion de la séance, et l'affiche de l'arrêté de l'assemblée dans les communes du canton.

Art. 3.

En cas de voies de fait, d'excès graves ou de délits commis dans la salle des séances, le président pourra, après avoir pris l'avis de l'assemblée, décerner des mandats d'amener contre les prévenus, et les faire traduire devant l'officier chargé de la police de sûreté.

Art. 4.

Les citoyens ne pourront se rendre en armes aux assemblées communales.

Art. 5.

Les assemblée communales seront juges de la validité ou de l'invalidité des suffrages donnés dans leur sein.

Art. 6.

Les citoyens qui n'auront pas paru aux assemblées communales, sans cause légitime, deux fois de suite, seront censurés; leur nom sera inscrit au procès-verbal, et en cas de récidive, leur nom sera rayé du tableau, pour un temps déterminé par l'assemblée.

Art. 7.

La même police sera observée pour les assemblées centrales de district; et dans les unes et les autres, le bureau émettra son vœu à son tour, suivant l'ordre établi par l'assemblée.

SECTION V.

Des délibérations des assemblées communales.

Art. 1er.

L'assemblée ayant été indiquée au moins trois jours d'avance et étant formée, le président fera connaître l'objet de la délibération, réduit à une question simple, à laquelle on puisse répondre par *assis et levé*, par un oui ou un non, sans aucune discussion ni modification quelconque.

Art. 2.

Les assemblées communales ne délibéreront que dans les cas prévus par la Constitution, ou ceux qui leur seront indiqués par le Corps législatif. Toutes délibérations contraires à cette disposition seront nulles.

Art. 3.

Les cas prévus par la Constitution sont : 1° la révocation partielle du député du district et de la législature; 2° la révocation entière de la législature; 3° la révocation partielle, ou collective des membres du conseil exécutif; 4° la demande d'une Convention nationale; 5° l'occeptation ou la rejection d'un plan de Constitution ; 6° la révocation de tous les fonctionnaires publics nommés dans chaque assemblée communale ou centrale (1).

Art. 4.

Si le bureau de l'assemblée communale est requis par cinquante citoyens d'en convoquer une pour la révocation du député de la législature, qui aura été nommé dans son district, ou de tels autres fonctionnaires publics que ce soit ; elle sera convoquée trois jours après : le président annoncera le motif de cette convocation, et il sera décidé par assis et levé si la proposition est admise ou rejetée.

Art. 5.

Si elle est rejetée, les mêmes citoyens ne pourront plus demander de nouvelles convocations pour le même sujet : si, au contraire, elle est admise, l'extrait du procès-verbal sera adressé au greffe de l'agence nationale du district, où il sera tenu un registre à cet effet ; et il sera affiché pendant quinze jours de suite, tant dans le chef-lieu du district que dans les chefs-lieux des cantons qui en dépendent.

Art. 7.

Si, au bout de cette quinzaine, aucune commune ne fait inscrire au greffe de l'agence nationale, de délibération semblable, ou si le

nombre de celles qui en feraient inscrire, ne formait pas la majorité des suffrages attribués à chaque commune, ces inscriptions seraient nulles et de nul effet.

Art. 8.

S'il est question de révoquer la législature entière, la proposition ne pourra en être faite par moins de cinquante citoyens pour une commune qui n'aura qu'un suffrage et un commissaire, de cent citoyens pour une commune qui aura deux commissaires, et par cent cinquante pour les communes tant de la campagne que des villes qui en auront trois. On fera un appel nominal de tous les citoyens inscrits sur le tableau ; et si les deux tiers du nombre total prononcent la révocation, elle sera admise, et l'extrait du procès-verbal qui en sera dressé, sera envoyé sans délai au greffe de l'agence nationale de district, en la manière prescrite par l'article 5.

Art. 9.

L'agent national sera tenu de faire publier et afficher copie de cette délibération, tant au chef-lieu du district que dans les chefs-lieux des cantons qui en dépendent ; et si, quinze jours après, il n'y a aucune réclamation des communes et des sections des villes formant l'assemblée centrale ; ou si le nombre des communes réclamantes ne forme pas les deux tiers des suffrages accordés à chacune d'elle, la proposition sera regardée comme nulle et non-avenue.

Art. 10.

Si, au contraire, la majorité des suffrages des communes manifeste, dans le délai et dans la forme prescrite, son vœu pour la révocation, alors l'agent national adressera l'extrait de son registre qui le constatera, au procureur général du département qui, dans la huitaine au plus tard, en enverra une copie à tous les agents nationaux des districts de son ressort, avec invitation de faire convoquer, dans leurs communes respectives, les assemblées communales, pour avoir leur vœu sur la question proposée.

Art. 11.

Les agents nationaux feront passer, dans le délai de trois jours au plus tard, l'invitation à toutes les communes de leur district, de convoquer sur-le-champ leurs assemblées communales, pour s'expliquer par oui ou par non sur la question proposée, et leur renvoyer le résultat de leurs délibérations, afin qu'ils puissent dans le plus bref délai, l'adresser au procureur général du département.

Art. 12.

Le procureur général syndic du département sera tenu de faire un tableau comparatif, sur deux colonnes, du résultat des délibérations des communes de chaque district. Il sera imprimé; et si la majorité des suffrages, plus trente, ne prononce pas la révocation, elle sera rejetée.

---

(1) Quelques inconvénients que présente cette révocation, ou partielle, ou totale des fonctionnaires publics, on ne peut se dissimuler, pour peu qu'on y réfléchisse, que sans cette faculté, la souveraineté du peuple n'est plus qu'un mot vide de sens, et que c'est le seul moyen de corriger les vices inséparables du gouvernement représentatif.

Art. 13.

Si, au contraire, la majorité, plus trente suffrages, admettent la proposition, le procureur général du département enverra, dans la huitaine au plus tard, le tableau comparatif, signé de lui et du président du directoire, au conseil exécutif, qui fera, dans le plus bref délai, expédier des ordres aux procureurs généraux de tous les départements de la République, pour faire procéder, chacun dans leurs ressorts, à la même opération, et lui en faire passer le résultat.

Art. 14.

Le tableau comparatif du résultat des délibérations, de toutes les communes de la République, étant parvenu au conseil exécutif, il fera afficher et annoncer, au moins trois jours d'avance, celui où il commencera d'en faire publiquement le recensement.

Art. 15.

Ce recensement sera fait par quatre commissaires nommés par le conseil exécutif et présidé par l'un de ses membres. L'Assemblée législative nomme dix commissaires de son sein pour y assister.

Art. 16.

Tous les tableaux qui ne seront pas en règle, ou qui ne parviendront pas dans le délai fixé, seront rangés dans la colonne négative; et si il n'y a pas majorité de suffrages, plus cent, la proposition de la révocation sera regardée comme non-avenue.

Art. 17.

Si, au contraire, la majorité, plus cent suffrages, prononce la révocation, le Conseil exécutif notifiera au Corps législatif le résultat du recensement général, et il adressera des ordres à tous les procureurs généraux des départements, pour qu'ils en préviennent leurs communes respectives, et que les suppléants de chaque district se trouvent à jour fixé, au lieu de la résidence de la législature, afin de la remplacer jusqu'à son renouvellement prescrit par la Constitution.

Art. 18.

Les suppléants arrivés au lieu de la résidence de la législature, se feront inscrire au bureau des archives, et lorsqu'ils seront au nombre de trois cents, ils se réuniront dans la salle des archives, et feront prévenir le Corps législatif par une députation de dix d'entre'eux, que le lendemain à midi, ils iront faire l'ouverture de leurs séances.

Art. 19.

La législature qui devra être ainsi remplacée, ne pourra discontinuer ses fonctions sous aucun prétexte, ni désemparer avant d'avoir reçu la notification mentionnée en l'article ci-dessus, à peine de forfaiture.

Art. 20.

Le bureau composé du président et des secrétaires alors en exercice, sera tenu, ainsi que les présidents et secrétaires de chaque comité, de rester au moins pendant huit jours, près la nouvelle assemblée, pour lui donner tous les renseignements qu'elle jugera convenable, faire la remise des papiers, titres, etc.

Art. 21.

Les délibérations qui auront pour objet la révocation d'une Convention nationale, se prendront de la même manière que celle qui vient d'être indiqué pour la révocation d'une législature.

Art. 22.

Les délibérations, pour l'acceptation d'une Constitution, ne pourront se prendre que d'après un décret de la Convention nationale, qui indiquera le jour où toutes les communes de la République se formeront en assemblées communales pour prononcer sur cet objet, un mois au moins après que l'acte constitutionnel leur aura été communiqué, et le résultat de toutes ces délibérations prises en la manière prescrite par l'article, sera adressé par les procureurs généraux des départements, au conseil exécutif, qui en fera le rensensement dans la forme indiquée par les articles 14 et 15 (1).

Art. 23.

Toutes les délibérations des communes qui seront en retard, ou qui seront irrégulières, seront présumées en faveur de l'acceptation. Les membres du Conseil exécutif et dix commissaires de l'Assemblée conventionnelle, pris hors de son sein, seront juges de ces irrégularités, d'après les avis motivés des directoires de département, relativement à leurs communes respectives. Ils tiendront leurs séances publiquement, et le résultat de toutes leurs délibérations, ainsi que du recensement général des délibérations de toutes les communes, sera imprimé, et leur sera envoyé dans le plus bref délai.

TITRE IV.

Des corps administratifs.

SECTION PREMIÈRE.

De l'organisation et des fonctions des corps administratifs.

Art. 1er.

Il y aura, dans chaque département, une assemblée administrative permanente; dans chaque district une agence nationale; dans chaque canton, une administration municipale, et dans chaque commune, une agence particulière subordonnée à l'administration du canton.

---

(1) Il est inutile d'observer que dans les circonstances présentes, la Constitution ne pourra être acceptée que dans les assemblées primaires, établies par l'Assemblée constituante.

Art. 2.

L'assemblée administrative de département sera formée de deux membres de chacun des districts qui le composent : ces membres, élus en la forme énoncée au titre précédent, choisiront entre eux un président et un procureur général syndic.

Art. 3.

Le procureur général nommera, pour l'aider ou pour le remplacer, un adjoint qui sera agréé par le conseil administratif.

Art. 4.

Il y aura dans chaque chef-lieu de district un agent national (1) qui correspondra avec l'administration du département, avec celle des cantons du district et avec le conseil exécutif : il aura un secrétaire-greffier et un suppléant qui y fera également sa résidence; il y aura de plus un receveur particulier, qui comptera avec le collecteur des communes, et avec le trésorier du département.

Art. 5.

Il y aura dans toutes les communes rurales un maire, un procureur de la commune et un secrétaire-greffier : dans les communes de la seconde classe, il y aura en outre un syndic; et dans celles de la troisième classe, appelée bourgs, il y en aura deux qui serviront à aider et à remplacer le maire : chacune d'elles aura un collecteur qui recevra les impositions et les amendes, et en comptera avec le receveur du district.

Art. 6.

Tous ces maires et syndics réunis dans le chef-lieu du canton, tous les premiers dimanches ou tous les lundis de chaque mois, formeront l'administration municipale : ils éliront entre eux, tous les six mois, un président qui sera chargé de la correspondance habituelle, tant avec l'agent national du district qu'avec l'administration du département, et qui convoquera des assemblées extraordinaires toutes les fois que les circonstances l'exigeront.

Art. 7.

Il y aura dans les villes des trois classes, une seule administration municipale pour chacune d'elles : le nombre des administrateurs, ainsi que le nombre des syndics adjoints

_____

(1) J'avais d'abord eu intention de conserver les administrations de district, en réduisant le nombre des administrateurs; et ce qui m'y déterminait le plus, était la crainte, en les supprimant, de laisser trop de distance entre celle des cantons qui sont indispensables et celles du département; mais j'ai pensé qu'un agent national établi dans chaque district, et qui y sera comme le substitut du procureur général du département, sera un moyen beaucoup plus simple et beaucoup moins dispendieux, d'entretenir une correspondance sûre et prompte, entre tous les administrateurs et entre toutes les communes, pour leurs affaires respectives; l'opinion de ceux qui voudraient trois directoires dans chaque département, me paraissant inadmissible sous tous les rapports.

aux maires pour la police, variera en raison de la population.

Art. 8.

Toutes ces administrations municipales, soit de ville, soit de campagne, seront absolument subordonnées à l'administration du département; elles auront pour intermédiaire l'agent national de leur district.

Art. 9.

Elles ne pourront délibérer que lorsque les deux tiers au moins des membres qui les composeront, seront présents.

Art. 10.

L'administration du département sera essentiellement chargée de la répartition des contributions directes, de la surveillance des deniers provenant de tous les revenus publics dans l'étendue de leur territoire; de surveiller la confection et la réparation des routes; de vérifier les comptes des administrations municipales; et enfin, de délibérer sur les demandes qui pourraient être faites pour l'intérêt général du département.

Art. 11.

Les administrateurs du département seront essentiellement subordonnés au pouvoir exécutif; ils ne pourront s'immiscer en aucun cas dans la partie de l'administration générale, confiée au gouvernement à des agents particuliers, sauf la surveillance qui pourra leur être attribuée par le Corps législatif.

Art. 12.

Les séances des corps administratifs seront publiques.

Art. 13.

Les administrateurs du département ont le droit d'annuler les actes des sous-administrateurs de canton, si ces actes sont contraires aux lois.

Art. 14.

Ils peuvent également, en cas de désobéissance de la part des sous-administrateurs, ou lorsque ceux-ci compromettront la sûreté et la tranquillité publique, les suspendre de leurs fonctions, à la charge d'en instruire sans délai le conseil exécutif, qui sera tenu de lever ou de confirmer la suspension.

Art. 15.

Les administrateurs ne peuvent en aucun cas suspendre ou modifier l'exécution des lois, ni rien entreprendre sur l'action de la justice et le mode de son administration.

Art. 16.

Il y aura dans chaque département un trésorier correspondant avec la trésorerie nationale, nommé par le conseil administratif, et ayant sous lui un caissier et un payeur, qu'il présentera au conseil, et qui sera par lui agréé.

Art. 17.

L'agent national dans chaque district sera chargé de surveiller à ce que les arrêtés et les délibérations du conseil administratif soient exécutés par les sous-administrateurs de canton, à recevoir les plaintes qui pourraient être faites contre eux, et à les communiquer au procureur général du département : il pourra recevoir immédiatement les ordres du conseil exécutif, et il les transmettra aux administrations municipales, en veillant à ce qu'ils soient exécutés.

Art. 18.

L'agent national sera spécialement chargé de recevoir toutes les réclamations des citoyens et des communes, relativement aux élections et aux convocations des assemblées communales; de convoquer, d'après les formes prescrites, les assemblées centrales de district, et enfin de veiller à ce que toutes les lois qui y sont relatives, soient régulièrement observées.

Art. 19.

Les administrations municipales seront chargées de la répartition des impositions publiques, entre les communes de leur canton et entre les citoyens de chaque commune, de la surveillance des grandes routes, et des chemins finérots, de tous les travaux publics entrepris sur leur territoire, de l'adjudication des domaines nationaux, constructions et réparations à faire pour l'amélioration de leurs communes, et d'envoyer tous les six mois, à l'agent national du district, un état détaillé des emblaves, récoltes et subsistances de toutes les communes du canton.

Art. 21.

Si la vente des domaines nationaux formait un objet considérable, le conseil administratif pourrait ordonner qu'elle se ferait dans le chef-lieu du district, par le président de l'administration municipale et quatre de ses membres, en présence de l'agent national.

Art. 22.

Les fonctions des maires et syndics, dans chaque commune, seront d'y maintenir le bon ordre, d'y exercer la police, de veiller à l'entretien et à la conservation des domaines nationaux et monuments publics, sous les ordres de l'administration municipale, de veiller également à l'exécution des lois, et de dénoncer aux tribunaux et juges compétents, tous ceux qui les enfreindraient.

Art. 23.

S'il survenait quelques contestations entre les administrations municipales et l'agent national du district, ou entre les membres mêmes de ces administrations, elles seront portées au conseil administratif du département qui prononcera, sauf l'appel au conseil exécutif.

Art. 24.

S'il survenait pareillement des contestations, soit entre les conseils administratifs et les agents nationaux du district, soit entre les membres eux-mêmes des conseils administratifs, elles seront portées au conseil exécutif, qui prononcera, sauf aux parties lésées à se pourvoir au Corps législatif.

SECTION II.

Du mode d'élection des corps administratifs.

Art. 1er.

L'élection des administrateurs du département se fera par moitié, de deux ans en deux ans, et suivant les formes établies dans la section... du titre...

Art. 2.

Le président sera nommé par les administrateurs, et changé tous les mois; le procureur général sera également nommé, mais il ne pourra être changé.

Art. 3.

Les administrateurs nommeront un secrétaire-greffier en chef qui pourra avoir un ou deux secrétaires commis agréés par eux.

Art. 4.

Les agents nationaux de district seront nommés pour deux ans dans les assemblées centrales de leurs districts respectifs, suivant le mode établi pour les autres élections.

Art. 5.

Les secrétaires-greffiers des agents nationaux seront présentés par eux aux conseils administratifs, qui les nommeront.

Art. 6.

Les maires, syndics et officiers de police des communes, seront nommés pour deux ans par les assemblées communales, en la forme prescrite au titre des élections.

Art. 7.

Tous les membres des corps administratifs pourront être réélus pour deux autres années seulement, en sorte qu'ils ne seront jamais plus de quatre ans de suite en exercice.

Art. 8.

En cas de vacance par mort, démission ou refus d'accepter dans l'intervalle qui s'écoulera entre les élections, le citoyen nommé sera remplacé par l'un des suppléants, en suivant entre eux l'ordre de la pluralité des suffrages.

TITRE V.

Du conseil exécutif de la République.

SECTION PREMIÈRE.

De l'organisation du conseil exécutif.

Art. 1er.

Le conseil exécutif de la République sera composé de neuf directeurs et de deux secrétaires, le titre de ministre étant aboli, ils auront chacun un département séparé et indépendant l'un de l'autre (1).

Art. 2.

Il y aura : 1° un directeur pour la justice qui sera garde du sceau de l'Etat.
2° un directeur de la guerre, génie et artillerie;
3° un directeur de la marine et des colonies;
4° un directeur des affaires étrangères;
5° un directeur des contributions publiques;
6° un directeur de l'agriculture, du commerce et des manufactures;
7° un directeur des secours, travaux, établissements publics, sciences et arts;
8° un directeur pour les subsistances seules;
9° un directeur pour l'administration intérieure, et tout ce qui ne se trouvera pas compris dans les autres départements.

Art. 3.

Ils auront chacun un suppléant et un adjoint qui sera le premier chef de leurs bureaux; en temps de guerre, le Corps législatif pourra augmenter le nombre des adjoints pour la guerre et pour la marine, autant que les circonstances l'exigeront.

Art. 4.

Ils auront chacun trente mille livres d'appointements; celui des affaires étrangères, seul, en aura cinquante; les secrétaires et les adjoints auront chacun quinze mille livres.

Art. 5.

Le conseil exécutif sera présidé par chacun des directeurs alternativement, suivant l'ordre établi ci-dessus, et il sera changé tous les mois.

Art. 6.

Il tiendra régulièrement deux séances par semaine près le Corps législatif, outre les séances extraordinaires, et l'un des secrétaires restera toujours dans la salle du conseil, pendant toute la durée des séances du Corps législatif, pour recevoir ses ordres.

---

(1) Le nombre de sept directeurs m'avait, d'abord, paru suffisant; mais ayant réfléchi que pour la tranquillité du peuple, il en fallait un, absolument, uniquement occupé des subsistances, j'ai pensé qu'ils ne seraient pas trop de neuf pour partager toutes les affaires de l'administration.

Art. 7.

Les adjoints pourront être appelés au conseil; mais ils n'y auront que voix consultative.

Art. 8.

Lorsqu'un directeur ne pourra assister au conseil, par absence, maladie ou autre empêchement, son adjoint, ou premier adjoint, s'il y en a plusieurs, le remplacera avec voix délibérative.

Art. 9.

Les séances du conseil ne seront régulières que lorsque six directeurs, au moins, y assisteront, et toutes les délibérations seront signées des membres présents.

Art. 10.

La responsabilité des directeurs sera collective et individuelle. Etant assemblés en conseil, tous ceux qui en auront signé les délibérations, en seront responsables, ainsi que les membres absents, non pour cause légitime; et néanmoins seront exceptés ceux qui auront été de la minorité, et qui auront motivé leur avis sur le registre.

Art. 11.

Outre cette responsabilité collective des membres du conseil, chacun d'eux sera responsable pour toutes les affaires particulières de son département, et leurs adjoints seront également responsables dans la partie de l'administration qui leur sera confiée.

Art. 12.

Le conseil exécutif de la République est chargé de faire exécuter toutes les lois et décrets rendus par le Corps législatif.

Art. 13.

Il est chargé de l'envoi des lois et décrets aux corps administratifs et tribunaux, d'en faire certifier la réception, et d'en justifier au Corps législatif.

Art. 14.

Il lui est expressément interdit de modifier, étendre, altérer ou interpréter les lois et décrets, sous quelque prétexte que ce puisse être.

Art. 15.

Tous les agents de l'administration et du gouvernement, dans toutes ses parties, sont essentiellement subordonnés au conseil exécutif; mais l'administration de la justice est seulement soumise à sa surveillance.

Art. 16.

Il est expressément chargé d'annuler les actes des corps administratifs, qui seraient contraires aux lois, ou qui pourraient troubler la tranquillité publique.

Art. 17.

Il peut suspendre de leurs fonctions, les membres des corps administratifs; mais à charge de rendre compte, sans délais, au Corps législatif, des motifs de cette suspension.

Art. 18.

En cas de prévarications graves de leur part, il doit les dénoncer au Corps législatif, qui décidera s'ils doivent être mis en jugement.

Art. 19.

Le conseil exécutif est chargé de dénoncer aux accusateurs publics les actes et jugements par lesquels les juges excéderont leurs pouvoirs.

Art. 20.

La direction et l'inspection des armées de terre et de mer, et généralement tout ce qui concerne la défense extérieure de l'Etat, sont déléguées au conseil exécutif.

Il est chargé de tenir au complet le nombre d'hommes qui sera déterminé chaque année par le Corps législatif; de régler leur marche, et de les distribuer sur le territoire de la République ; de pourvoir à leur armement à leur subsistance; de faire et passer, pour cet objet, tous les marchés qui seront nécessaires ; de choisir les agents qui doivent le seconder; et de faire observer les lois sur le mode de l'avancement militaire, et les lois ou règlements pour la discipline des armées.

Art. 21.

Le conseil exécutif fera délivrer les brevets ou commissions aux fonctionnaires publics qui doivent en recevoir.

Art. 22.

Le conseil exécutif est chargé de dresser la liste des récompenses nationales que les citoyens ont le droit de réclamer d'après la loi. Cette liste sera présentée au Corps législatif, qui y statuera à l'ouverture de chaque session.

Art. 23.

Toutes les affaires seront traitées au conseil, et il sera tenu un registre des décisions.

Art. 24.

Chaque directeur agira ensuite dans son département en conformité des arrêtés du conseil, et prendra tous les moyens d'exécution de détail qu'il jugera les plus convenables.

Art. 25.

L'établissement de la trésorerie nationale est indépendant du conseil exécutif.

Art. 26.

. Les ordres généraux de paiement seront arrêtés au conseil, et donnés en son nom.

Art. 27.

Les ordres particuliers seront expédiés ensuite par chaque directeur dans son département, sous la seule signature, et en relatant dans l'ordre l'arrêté du conseil et la loi qui aura autorisé chaque nature de dépense.

Art. 28.

Aucun directeur en place, ou hors de place, ne peut être poursuivi en matière criminelle pour fait de son administration, sans un décret du Corps législatif, qui ordonne la mise en jugement.

Art. 29.

Le Corps législatif aura le droit de prononcer la mise en jugement d'un ou plusieurs membres du Conseil exécutif, dans une séance indiquée pour cet objet unique.

Art. 30.

Il sera fait un rapport sur les faits, et la discussion ne pourra s'ouvrir sur la mise en jugement qu'après que le membre aura été entendu.

Art. 31.

En prononçant la mise en jugement, le Corps législatif déterminera s'il y a lieu de poursuivre la simple destitution ou la forfaiture.

Art. 32.

Dans le cas où le Corps législatif croira devoir faire poursuivre la simple destitution, il sera rédigé, dans le délai de trois jours, un acte énonciatif des faits qui ne pourront être qualifiés.

Art. 33.

Le jury national prononcera sur les faits non qualifiés, *il y a, ou il n'y a pas lieu à destitution*, et le tribunal, d'après cette déclaration, prononcera la destitution du membre du conseil, ou le renvoi dans ses fonctions.

Art. 34.

Si le Corps législatif, faisant les fonctions de jury d'accusation, ordonne la poursuite de la forfaiture, le rapport sur lequel le décret aura été rendu, et les pièces qui lui auront servi de base, seront remis au procureur national dans le délai de vingt-quatre heures; le jury de jugement sera convoqué, et le tribunal, d'après la déclaration, prononcera si la peine de forfaiture est ou n'est pas encourue.

Art. 35.

Dans tous les cas, soit de forfaiture, soit de simple destitution, le décret de mise en jugement ou d'accusation contre un membre du conseil exécutif, emportera toujours la suspension de ses fonctions, et pendant l'instruction, il sera remplacé par son adjoint.

Art. 36.

Les décrets du Corps législatif, soit de mise en jugement, soit d'accusation, seront rendus d'après un scrutin signé, et le résultat nominal des suffrages sera imprimé et publié.

Art. 37.

La destitution d'un membre du conseil exécutif aura lieu pour le cas d'incapacité ou de négligence grave.

Art. 38.

En cas de mort, de démission ou refus d'accepter, les membres du conseil exécutif seront remplacés par leurs suppléants.

Art. 39.

Les membres du conseil exécutif qui donneront leur démission, seront obligés de se présenter au Corps législatif, pour demander un décret qui atteste leur civisme, et sans lequel ils ne pourront remplir aucunes places publiques.

Art. 40.

Les démissions combinées et simultanées des membres du conseil exécutif, seront poursuivies et punies comme crimes de forfaiture.

Art. 41.

Le conseil exécutif ne pourra envoyer des commissaires dans les départements, ni dans les armées, ni dans les colonies, sans en avoir prévenu le Corps législatif, et sans lui avoir notifié l'objet et la durée de leur mission.

Art. 42.

Le conseil exécutif nommera, sur la présentation du directeur des affaires étrangères, les ministres et agents que la République sera dans le cas d'entretenir auprès des puissances alliées, et il en instruira le Corps législatif.

Art. 43.

Les membres du conseil exécutif, autres que le directeur des affaires étrangères, ne pourront entretenir, directement ou indirectement, aucune correspondance avec les puissances étrangères, ou leurs agents, dans quelque lieu que ce soit, à peine de forfaiture.

Art. 44.

Les agents des puissances étrangères ne pourront s'adresser qu'au conseil exécutif collectivement, ou au président du conseil, ou au directeur des affaires étrangères.

Art. 45.

Le conseil exécutif ne pourra donner audience à aucuns ambassadeurs, ministres ou agents des puissances étrangères, avant qu'ils aient présenté leurs lettres de créance au Corps législatif.

Art. 46.

Le conseil exécutif nommera les généraux de l'armée sur la présentation du directeur de la guerre; mais cette nomination n'aura d'effet qu'après avoir été agréée par le Corps législatif.

Art. 47.

Le conseil exécutif nommera à toutes les places de l'administration, autres que celles qui ne pourront être conférées par élection ou par ancienneté d'âge et de service.

Art. 48.

Chacun des directeurs nommera à toutes les places des bureaux de son département; mais les destitutions ne pourront être prononcées que par le conseil exécutif.

SECTION II.

Du mode d'élection du conseil exécutif.

Art. 1er.

L'élection des membres du conseil exécutif, ainsi que des suppléants et adjoints, sera faite par le Corps législatif, au renouvellement de chaque législature.

Art. 2.

Ils seront nommés, ainsi que les secrétaires, individuellement et par un scrutin séparé.

Art. 3.

Un premier scrutin signé indiquera tel nombre de candidats que chacun jugera convenable : la liste des candidats sera imprimée et distribuée.

Art. 4.

Trois jours après cette distribution, on procédera, par appel nominal, à l'élection du membre du conseil qui ne pourra être choisi que sur la liste des candidats.

Art. 5.

Ceux des candidats qui n'auront pas réuni au moins trente suffrages dans le scrutin, ne feront pas partie de cette liste.

Art. 6.

Si, au renouvellement d'une législature, quelqu'un fait la motion de confirmer et continuer dans leurs places, soit les membres du conseil collectivement, soit leurs adjoints et suppléants aussi collectivement, elle sera mise à l'épreuve par un appel nominal, qui décidera si la proposition sera admise ou rejetée.

Art. 7.

Si la proposition est rejetée, et qu'il y ait un scrutin pour chacun d'eux, celui des membres du conseil adjoints et suppléants qui réunira, sur la liste des candidats, les deux tiers des suffrages au scrutin, sera confirmé dans sa place, et il n'y aura pas d'appel nominal.

Art. 8.

En cas de mort, de démission ou de destitution des membres du conseil exécutif, les mêmes formes d'élection seront observées.

Art. 9.

Si la majorité des assemblées communales de la République déclare en la forme prescrite par les articles... que le Conseil exécutif, ou quelqu'un de ses membres, ont perdu la confiance publique, il sera incontinent procédé à une nouvelle élection.

SECTION III.

Des relations du conseil exécutif avec le Corps législatif.

Art. 1er.

Les membres du conseil exécutif auront une place marquée dans la salle des séances du Corps législatif; ils y pourront venir toutes les fois que les affaires de leurs départements l'exigeront; mais jamais en corps, à moins qu'il ne soit mandé par un décret.

Art. 2.

Dans aucun cas, ils ne pourront donner leur avis sur des dispositions législatives, à moins qu'ils n'y soient invités par l'Assemblée.

Art. 3.

Les actes de correspondance adressés au Corps législatif seront signés du président du conseil et du secrétaire. Le Corps législatif ne correspondra avec le conseil exécutif que par l'organe de son président.

Art. 4.

Le conseil exécutif présentera chaque année au Corps législatif l'aperçu des dépenses à faire dans chaque partie de l'administration, et le compte de l'emploi des sommes qui y étaient destinées pour l'année précédente.

Art. 5.

Il pourra, en quelque temps que ce soit, demander à être entendu pour proposer des mesures de sûreté générale ou rendre compte de l'exécution de celles qui auraient été ordonnées.

Art. 6.

Lorsque le conseil exécutif trouvera contraire à l'intérêt national de donner des réponses publiques aux demandes et questions qui pourraient lui être adressées par le président de l'Assemblée, il pourra requérir le Corps législatif de nommer un comité pour entendre son rapport, et juger si la publicité doit ou ne doit pas être ajournée.

Art. 7.

Ce comité accidentel sera composé du bureau de l'Assemblée et des présidents de ses différents comités : il donnera son avis, et n'aura pas d'autres fonctions à remplir.

TITRE VI.

De la Trésorerie nationale et du bureau de comptabilité.

Art. 1er.

Il y aura quatre commissaires de la Trésorerie nationale élus, comme les membres du conseil exécutif, par le Corps législatif, et qui lui seront immédiatement subordonnés.

Art. 2.

La durée de leurs fonctions sera de quatre années et deux d'entre eux seront renouvelés tous les deux ans.

Art. 3.

Les deux candidats qui auront obtenu le plus de suffrages, après celui qui aura été élu, seront suppléants.

Art. 4.

Les commissaires de la trésorerie seront chargés de surveiller la recette de tous les deniers nationaux, d'ordonner les paiements de toutes les dépenses publiques, de tenir un compte ouvert de recette et de dépense avec tous les receveurs et payeurs qui doivent compter avec la trésorerie nationale, et d'entretenir avec les trésoriers des départements et les administrateurs la correspondance nécessaire pour assurer la rentrée régulière et exacte des fonds.

Art. 5.

Ils ne peuvent rien payer, sous peine de forfaiture : 1° qu'en vertu d'un décret du Corps législatif, jusqu'à concurrence des fonds décrétés par lui sur chaque objet ; 2° d'après une décision du conseil exécutif ; 3° sur la signature du directeur de chaque département.

Art. 6.

Ils ne peuvent seuls, sous peine de forfaiture, ordonner aucun paiement ; l'ordre de dépense, signé par le directeur du département que ce genre de dépense concerne, n'énonce pas la date de la décision du conseil exécutif et des décrets du Corps législatif qui ont ordonné le paiement.

Art. 7.

Il sera nommé quatre commissaires de la comptabilité nationale, de la même manière, à la même époque, et suivant le mode prescrit pour les commissaires de la Trésorerie nationale.

Art. 8.

Ils seront également nommés pour quatre années et deux d'entre eux seront renouvelés tous les deux ans; ils auront aussi deux suppléants.

Art. 9.

Les commissaires se feront remettre, aux époques fixées par la loi, les comptes des divers comptables, appuyés des pièces justificatives, et poursuivront l'apurement et le jugement de ces comptes.

Art. 10.

Le Corps législatif nommera chaque année, pour la reddition de ces comptes, dix jurés, quatre commissaires pris dans le sein de l'assemblée, deux choisis parmi les membres du comité des finances, et deux qui seront présentés par le Conseil exécutif.

Art. 11.

L'apurement des comptes de chaque année ne sera que provisoire. Au renouvellement de chaque législature, il sera créé un bureau de revision qui vérifiera les comptes rendus dans les deux années de la législature précédente et qui prononcera au définitif.

Art. 12.

Ce bureau de revision sera nommé par le Corps législatif, à l'ouverture de sa session; il sera composé de vingt jurés, de six commissaires pris dans le sein de l'Assemblée, de deux choisis par le comité des finances, et de deux nommés par le conseil exécutif.

Art. 13.

Ces jurés seront élus d'après une liste de candidats faite de la même manière que pour l'élection des membres du conseil exécutif.

Art. 14.

L'un des commissaires de la comptabilité présentera les pièces à chaque jury; il lui fera toutes les observations qu'il jugera convenables, et donnera tous les ordres nécessaires pour le mettre en état de porter sa décision.

Art. 15.

Le Corps législatif fixera les appointements à accorder aux commissaires de la trésorerie et du bureau de comptabilité, ainsi que les salaires des jurés.

Art. 16.

Aucun des jurés et commissaires qui auront assisté à la reddition annuelle des comptes, ne pourront faire partie du bureau de revision.

Art. 17.

Après l'apurement définitif des comptes, le bureau de revision en fera imprimer le résultat ; et il sera envoyé dans tous les départements, d'après un décret du Corps législatif.

TITRE VII.

Du Corps législatif.

SECTION PREMIÈRE.

De l'organisation du Corps législatif.

Art. 1er.

Le Corps législatif est un ; il est composé d'une seule Chambre permanente, et il sera renouvelé en entier tous les deux ans.

Art. 2.

Les membres du Corps législatif seront élus par les citoyens de la République réunis en assemblées communales dans les formes et suivant le mode prescrit par la section troisième du titre III.

Art. 3.

Les assemblées communales se réuniront de plein droit, pour cet objet, le premier dimanche du mois de mars qui précèdera le renouvellement de la législature.

Art. 4.

Le nombre des députés que chaque département enverra au Corps législatif, sera fixé par le nombre et la population des assemblées centrales, tant des districts que des grandes villes qui le composent; les colonies et autres établissements français seront également représentés en raison de leur population. Le nombre des suppléants sera égal à celui des députés.

Art. 5.

Tous les dix ans il sera fait un recensement général, dans chaque département, de la population des villes et de la campagne, d'après lequel le Corps législatif fixera le nombre des députés des assemblées centrales, et la quotité des suffrages attribués à chaque commune ou section de commune, la population étant la seule base de la représentation nationale.

Art. 6.

Nul député ne pourra être élu plus d'une fois de suite à la législature.

Art. 7.

Les députés du peuple français se réuniront le premier lundi du mois de mai, au lieu qui aura été indiqué par un décret de la législature précédente, ou dans le lieu même de ses séances, si elle n'en a point indiqué d'autre.

Art. 8.

Si, à cette époque, ils ne sont pas réunis au nombre de 200, ils ne pourront s'occuper d'aucun acte législatif; mais ils enjoindront aux membres absents de se rendre dans un temps déterminé passé lequel ils seront censés avoir abdiqué, et leurs suppléants seront appelés en leur place.

Art. 9.

Pendant cet intervalle, les séances se tiendront sous la présidence du doyen d'âge; et dans le cas d'une nécessité urgente, l'Assemblée pourra prendre des mesures de sûreté générale, mais dont l'exécution n'en sera que provisoire et qui devront être confirmées par une nouvelle délibération du Corps législatif, après la Constitution définitive.

Art. 10.

La législature existante ne pourra quitter ses fonctions en quelque temps que ce soit, avant que les nouveaux députés assemblés au nombre de 200 dans la salle des archives, ne lui aient notifié, par une députation, le jour et l'heure où ils iront la remplacer.

Art. 11.

La première quinzaine expirée, si les députés se trouvent réunis au nombre de plus de 250, ils se constitueront en Assemblée nationale législative; après avoir vérifié leurs pouvoirs, le président et les secrétaires seront élus; et l'Assemblée, ainsi organisée, commencera l'exercice de ses fonctions.

Art. 12.

Les fonctions du président et des secrétaires seront temporaires; elles ne pourront excéder la durée d'un mois.

Art. 13.

Il y aura, pour veiller au maintien des règlements, tant dans la salle d'en l'Assemblée que dans son enceinte, des censeurs en nombre égal à celui des secrétaires; et dans l'intervalle d'une élection à l'autre, les secrétaires qui quitteront le bureau, rempliront les fonctions de censeurs.

Art. 14.

Les députés dans les jours de cérémonie, porteront un costume uniforme, et dans tout autre temps ils ne pourront paraître à l'Assemblée ni dans son enceinte sans une marque distinctive et apparente (1).

Art. 15.

Les représentants du peuple ne pourront être recherchés, accusés, ni jugés en aucun temps, pour ce qu'ils auront dit ou écrit dans l'exercice de leurs fonctions.

Art. 16.

Ils pourront, pour fait criminel, être saisis en flagrant délit, mais il en sera donné avis sans délai au Corps législatif, qui décidera s'il y a lieu ou non à la mise en jugement.

_____

(1) *Fénelon* et *Rousseau*, qui nous valent bien, ont senti combien les formes extérieures en imposent naturellement aux hommes ; et quand une Assemblée ne se respecte pas elle-même; quand le cynisme y prend la place de la décence, peut-elle espérer obtenir la considération qui lui est due?

Art. 17.

Hors le cas de flagrant délit, les députés ne peuvent être amenés devant l'officier de police, ni mis en état d'arrestation, avant que le Corps législatif ait prononcé sur la mise en jugement.

Art. 18.

Les députés ne peuvent être assujettis à aucun cahier ni mandat impératif.

Art. 19.

Les députés ne sont réellement représentants du peuple que lorsqu'ils ont accepté leur nomination dans les assemblées centrales, ou lorsqu'ils ont fait inscrire leur acceptation au greffe de l'agence nationale du district qui les a élus.

SECTION II.

Des fonctions du Corps législatif.

Art. 1er.

L'Assemblée nationale législative est seule investie de l'exercice plein et entier du pouvoir législatif.

Art. 2.

Les fonctions qui lui sont déléguées par le pacte social sont donc : 1° de faire et décréter toutes les lois constitutionnelles; 2° de fixer les dépenses nationales; 3° d'établir les contributions publiques, d'en déterminer la nature, la durée, la quotité, la perception et d'en fixer la répartition entre les différentes sections de l'Empire; 4° de décréter la création ou la suppression des officiers publics, autres que ceux institués par la Constitution; 5° de déterminer le titre, le poids, l'empreinte et la dénomination des monnaies; 6° de surveiller l'emploi de tous les revenus publics et de s'en faire rendre compte; 7° de régler la masse de la force militaire nationale, tant de terre que de mer, et d'en surveiller la direction ; 8° de déterminer la guerre ou la paix, et de ratifier les traités avec les puissances étrangères; 9° de régler la distribution annuelle et extraordinaire des secours publics ; 10° d'arrêter et ordonner les travaux qui doivent être faits aux dépens de la nation et pour l'intérêt général de la République.

Art. 3.

L'Assemblée législative est chargée, en outre, de poursuivre la responsabilité des membres du conseil exécutif, des commissaires de la trésorerie nationale, et autres fonctionnaires publics, et de la mise en jugement de tout prévenu de complots, ou attentats contre la sûreté générale de la République.

Art. 4.

La discipline intérieure de l'Assemblée législative n'appartient qu'à elle seule.

Art. 5.

Elle aura la disposition journalière et habituelle de la force armée de la ville où elle tiendra des séances.

Art. 6.

Le Corps législatif a seul le droit de décerner les honneurs publics à la mémoire des grands hommes, dix ans après leur mort, et de déclarer que tels ou tels citoyens ont bien mérité de la patrie.

Art. 7.

Les actes émanés du Corps législatif se divisent en deux classes : les lois et les décrets.

Art. 8.

Les caractères qui distinguent les lois sont leur généralité et leur durée indéfinie; les caractères qui distinguent les décrets sont leur application locale et particulière, et la nécessité de leur renouvellement à une époque déterminée.

Art. 9.

Sont compris sous le nom de *lois*, tous les actes concernant la législation civile, criminelle et de police.

Les règlements généraux sur les domaines et établissements nationaux, sur les diverses branches d'administration générale et de revenus publics, sur les fonctionnaires publics, sur le titre, le poids, et l'empreinte des monnaies, sur la nature et la répartition des impôts et sur les peines nécessaires à établir pour leur recouvrement.

Art. 10.

Sont désignés sous la dénomination de *décrets*, tous les actes du Corps législatif, autres que ceux qui viennent d'être mentionnés en l'article précédent.

Art. 11.

L'Assemblée nationale législative exercera une surveillance continuelle sur toutes les branches de l'administration, et pourra demander compte de la gestion à tout fonctionnaire public.

Art. 12.

Le Corps législatif pourra, toutes les fois qu'il le jugera convenable, consulter le peuple dans ses assemblées communales, sur des questions qui intéresseraient essentiellement la République entière. Ces questions seront posées de manière que la réponse puisse se faire par la simple alternative *oui* ou *non*.

SECTION III.

Des séances du Corps législatif et de ses délibérations.

Art. 1er.

Les délibérations du Corps législatif seront publiques, et les procès-verbaux de ses séances seront imprimés.

Art. 2.

Les lois et les décrets seront rendus à la majorité absolue des voix.

Art. 3.

Il ne pourra être pris aucune délibération que l'Assemblée ne soit composée au moins de 250 membres; et il ne sera procédé à aucune élection des membres du conseil exécutif et des commissaires de la trésorerie, qu'il n'y ait au moins les 4/5 des membres du Corps législatif présents.

Art. 4.

La discussion ne pourra s'ouvrir que sur un projet écrit.

Art. 5.

Il n'y aura d'exception à cet article que pour les arrêtés relatifs à la police de l'Assemblée et aux résolutions qui n'auront aucun rapport à la législation et à l'administration générale de la République.

Art. 6.

Aucunes lois ni aucuns décrets ne pourront être rendus qu'après deux délibérations; la première déterminera seulement l'admission du projet et son renvoi à son nouvel examen; la seconde aura lieu pour l'adopter ou le rejeter définitivement.

Art. 7.

Tout projet de loi ou décret sera d'abord lu à l'Assemblée par le membre qui voudra le présenter ou en son nom ou au nom d'un comité dont il sera l'ouvrage; il en sera fait préalablement lecture, ainsi qu'un exposé des motifs qui doivent le faire adopter, et l'Assemblée sera consultée pour savoir si elle veut ou non délibérer sur ce projet ; si la négative est adoptée, le projet sera rejeté, et ne pourra être reproduit avant l'espace de six mois; si, au contraire, l'affirmative prévaut, le projet et le rapport seront imprimés, renvoyés à l'examen du bureau qui sera organisé ainsi qu'il sera dit ci-après, et, ensuite dans un délai déterminé, pour être définitivement discutés, adoptés ou rejetés.

Art. 8.

Tout projet qui aura été définitivement rejeté à la seconde délibération, ne pourra plus être représenté pendant la durée de la session, à moins qu'il ne survienne de nouvelles circonstances qui en établissent l'utilité.

Art. 9.

Il y aura au moins quinze jours d'intervalle entre la première délibération et la dernière, à moins qu'il n'y ait urgence reconnue; et, dans ce cas, l'Assemblée pourra abréger le délai par un décret particulier qui ne pourra être rendu toutefois qu'à la majorité des suffrages, les 4/5 des membres de l'Assemblée étant présents, ce dont il sera fait mention dans l'intitulé de la loi ou du décret.

Art. 10.

Le bureau d'examen pourra présenter des articles additionnels au projet qui aura été admis, ou un nouveau projet sur le même objet; mais, dans ce cas, ce ne sera que huit jours après l'impression et la distribution de ces propositions nouvelles, qu'il pourra y être délibéré.

Art. 11.

L'Assemblée pourra néanmoins accorder la priorité au premier projet qui lui aura été présenté sur celui du bureau, et toute proposition nouvelle ou articles additionnels ne pourront être adoptés qu'après avoir été admis et renvoyés au bureau et y avoir subi l'épreuve d'un nouveau rapport, conformément à ce qui est prescrit par les articles précédents.

Art. 12.

Il sera fait mention de l'exécution de toutes ces formes dans l'intitulé des lois ou décrets, à peine de nullité, et la responsabilité des membres du conseil exécutif aura lieu; ils pourront être poursuivis pendant dix ans, pour l'exécution qu'ils auraient donnée à des lois non revêtues des formes prescrites par la Constitution.

Art. 13.

Si cependant après en avoir fait observer les vices au Corps législatif, ils étaient chargés itérativement d'en maintenir l'exécution, alors rien ne pourrait les dispenser d'obéir; leur responsabilité cesserait, et elle retomberait, pendant le même espace de dix ans, sur ceux des membres du Corps législatif qui auraient voté la violation des formes établies.

Art. 14.

Dans le cas d'un refus d'exécution motivé soit de la part d'un membre du conseil exécutif, soit de la part du conseil exécutif lui-même, le Corps législatif sera tenu de prononcer sur la réclamation par un appel nominal; ceux qui voteront pour l'exécution de la loi ou du décret non revêtu des formes prescrites, seront seuls responsables; et la responsabilité s'étendra sur tous les membres de l'Assemblée, dans le cas où elle délibérerait autrement que par un appel nominal.

SECTION IV.

De la formation des comités et du bureau d'examen ou comité général.

Art. 1er.

Il y aura neuf comités, essentiellement correspondants avec les neuf directeurs et les neuf départements qui composent l'administration générale confiée au pouvoir exécutif.

Art. 2.

Ces comités seront composés chacun de onze membres de l'Assemblée, élus à la majorité absolue des suffrages, et renouvelés tous les mois; le nombre des membres pourra être augmenté autant que les circonstances l'exigeront.

Art. 3.

Le Corps législatif pourra créer telle autre espèce de comité qu'il jugera convenable pour la plus prompte expédition des affaires.

Art. 4.

Les présidents des neuf comités correspondants, avec deux membres de chacun de ces comités par eux élus, formeront en tout temps le bureau d'examen ou comité général, qui sera chargé de donner son avis et de faire son rapport sur tous les projets de loi ou de décret présentés à l'Assemblée.

Art. 5.

Le comité général ne pourra prendre de délibération que lorsqu'il sera composé au moins des deux tiers des membres qui seront destinés à le former.

Art. 6.

Les membres qui composeront le comité général seront renouvelés tous les mois, et ils ne pourront être réélus comme les membres des autres comités.

Art. 7.

Le comité général aura deux secrétaires qu'il choisira parmi ceux qui auront rempli les fonctions de secrétaires de l'Assemblée; tous les mois il en élira un, en sorte qu'ils resteront chacun deux mois en place.

TITRE VIII.

Des Conventions nationales, du droit de pétition et des sociétés populaires.

SECTION PREMIÈRE.

Des Conventions.

Art. 1er.

Une Convention nationale est une assemblée de représentants que le peuple a le droit imprescriptible de choisir en tout temps, et à qui il confère des pouvoirs illimités pour réformer les lois constitutionnelles, et y faire tels changements, additions ou modifications qu'ils jugeront convenables, à la charge seule de les présenter à sa sanction.

Art. 2.

Une Convention nationale réunissant par son essence tous les pouvoirs, est incompatible avec l'existence d'une Assemblée législative qui en exerce une partie, ainsi elle cessera ses fonctions au moment où la Convention commencera les siennes.

Art. 3.

Aucune Convention nationale n'a le droit de prescrire des lois à une Convention future, fixer l'époque, la durée de son existence; elle peut seulement déterminer le mode de sa convocation et inviter le peuple à la composer d'un nombre quelconque de représentants.

Art. 4.

Une Convention nationale sera convoquée :
1. Toutes les fois que la majorité des suffrages de toutes les communes de la République aura manifesté, à cet égard, la volonté du peuple, en la forme prescrite par les articles...... du titre...
2. Toutes les fois que le Corps législatif le jugera convenable pour l'intérêt national.
3. Et de droit tous les vingt ans, pour examiner les changements et améliorations que les circonstances auraient pu rendre nécessaires à l'acte constitutionnel, s'il n'y en a pas eu de convoquée dans cet intervalle.

Art. 5.

Le Corps législatif et le conseil exécutif sont chargés de cette convocation dans ces trois circonstances.

Art. 6.

Lorsqu'il sera convoqué une Convention nationale, et qu'elle sera un exercice, toutes les autorités constituées, à l'exception du Corps législatif, toutes les lois établies seront maintenues dans leur intégrité, jusqu'à ce que la Convention se soit assemblée, et en ait jugé autrement.

Art. 7.

Les députés à la Convention, lors de leur arrivée au lieu où le Corps législatif tient ses séances, se feront inscrire au bureau des archives; et lorsque le nombre excédera celui des trois cents, ils enverront une députation au Corps législaif pour lui annnocer que le lendemain, à midi, ils viendront occuper la salle de l'Assemblée.

Art. 8.

Le Corps législatif avant de se retirer, désignera deux membres de chacun de ses comités pour donner à la Convention tous les renseignements qu'elle pourra demander, et ils ne pourront quitter leurs places qu'après la formation des nouveaux comités.

Art. 9.

Les membres d'une législature qui aura provoqué la formation d'une Convention nationale ne pourront en faire partie.

Art. 10.

Le peuple est invité de composer les Conventions nationales d'un nombre double de celui des Corps législatifs, et en conséquence, de nommer deux députés et un suppléant par chaque assemblée centrale des villes et de districts.

Art 11.

Le droit de révocation, soit partielle, soit de la totalité de la Convention, appartient au peuple, et il en usera comme à l'égard du Corps législatif, en la forme prescrite par l'article... du titre...

Art. 12.

Si le Corps législatif négligeait de faire procéder, sans délai, à ces convocations, soit périodiques, soit éventuelles, le conseil exécutif en sera chargé sur sa responsabilité.

Art. 13.

Si le Corps législatif et le conseil exécutif négligeaient ces convocations, elles se feraient de plein droit par l'administration supérieure de la ville où ils résideraient, et à son défaut par les autres administrations supérieures du département, de proche en proche.

Art. 14.

Les membres d'une Convention ne peuvent être recherchés, accusés ou jugés, en aucun temps, pour ce qu'ils auront dit ou écrit dans l'exercice de leurs fonctions, et ils ne peuvent être mis en jugement dans tout autre cas, que par une décision de l'Assemblée elle-même.

SECTION II.

Du droit de pétition et des assemblées populaires.

Art. 1er.

Le droit de pétition aux autorités constituées et constituantes est sacré; il appartient individuellement à tous les citoyens.

Art. 2.

Ils sont seulement assujettis dans l'exercice de ce droit, à l'ordre progressif établi par la Constitution entre ces diverses autorités.

Art. 3.

Aucune pétition ne peut être faite en nom collectif ni présentée par aucunes corporations.

Art. 4.

Les pétitionnaires, en quelque nombre qu'ils soient, ne peuvent jamais se qualifier de représentants du souverain ni parler en son nom; toutes pétitions ainsi conçues doivent être rejetées.

Art. 5.

Tous les citoyens ont le droit de provoquer la mise en jugement des fonctionnaires publics, en cas d'abus de pouvoir et de violation de la loi.

Art. 6.

Ils ont également le droit imprescriptible de s'assembler en tel lieu et en telle manière qu'ils le jugent à propos, pour former des sociétés particulières, et y conférer publiquement sur les affaires publiques.

Art. 7.

Les seules formes à observer pour ces assemblées, seront d'y paraître paisiblement et sans armes, après en avoir prévenu les officiers de police des lieux.

Art. 8.

Ces sociétés ne peuvent jamais former de corps politiques; elles ne doivent s'occuper qu'à propager les vertus civiques, surveiller les fonctionnaires publics, et dénoncer aux tribunaux, à tout juge compétent les malversations dont elles auraient connaissance.

Art. 9.

Il ne pourra y avoir qu'une seule société populaire dans chaque commune ou section de communes; toutes autres sociétés qui se formeraient après l'établissement de la première et qui n'en serait pas une section, devant être supposée antipopulaire.

Art. 10.

Si quelques-unes de ces sociétés professaient et répandaient des opinions évidemment destructives des principes de la liberté et de l'égalité, elles pourraient être dénoncées aux tribunaux par tous les citoyens et corps administratifs, et ceux qui les auraient répandues ou fait répandre, en les faisant imprimer et en les signant, soit en nom collectif soit individuellement, seront punis suivant toute la rigueur des lois.

TITRE IX.

De l'administration de la justice.

SECTION PREMIÈRE.

Règles générales.

Art. 1er.

Il y aura un Code de lois civiles et criminelles, uniformes pour toute la République, à l'exception des colonies et autres établissements non compris dans la division départementale, qui seront régis chacun par un code particulier, soumis à la sanction du Corps législatif.

Art. 2.

La justice civile et criminelle sera rendue publiquement par des jurés et par des juges, et tous les actes en seront rendus publics.

Art. 3.

Ces juges et jurés seront salariés par la République, élus à temps, et néanmoins pourront être révoqués par le suffrage des communes, aux assemblées centrales, en la forme prescrite par les articles... du titre......

Art. 4.

Le pouvoir judiciaire est essentiellement distinct et séparé du pouvoir législatif et du pouvoir exécutif, qui ne peuvent dans aucun cas et sous aucuns prétextes, en usurper les fonctions.

Art. 5.

Dans le cas de haute trahison seulement, et de forfaiture de la part des membres du Conseil exécutif et des commissaires de la trésorerie, le Corps législatif pourra remplir les fonctions de jurés d'accusation.

Art. 6.

Les tribunaux et les juges ne peuvent s'immiscer dans l'exercice du pouvoir législatif; ils ne peuvent interpréter les lois, ni les étendre, en arrêter ou suspendre l'exécution; ils ne peuvent également rien entreprendre sur les fonctions administratives, ni citer devant eux les administrateurs pour raison de leurs fonctions.

Art. 7.

Hors le cas de la révocation sollicitée par la majorité des suffrages des communes, les juges ne pourront être destitués que pour forfaiture légalement jugée, ni suspendus que par une accusation admise.

Art. 8.

Le droit de faire grâce ne peut exister dans un gouvernement libre, parce que la loi doit être égale pour tous.

SECTION II.

De la justice civile.

Art 1er.

Le droit des citoyens de terminer définitivement leurs contestations par la voie de l'arbitrage volontaire ne peut recevoir aucune atteinte par les actes du pouvoir législatif.

Art. 2.

Il y aura dans chaque canton un juge de paix et deux assesseurs qui auront deux suppléants, ou prud'hommes dans chaque commune; dans les grandes villes, il pourra y en avoir plusieurs en raison de leur population.

Art. 3.

Les juges de paix sont spécialemnet chargés de concilier les parties, et dans le cas où ils ne pourraient y parvenir, de prononcer sur leur contestation; ils seront renouvelés tous les quatre ans, et ils pourront être réélus.

Art. 4.

Le nombre, la compétence et le salaire des juges de paix, ainsi que des assesseurs, seront déterminés par le Corps législatif.

Art. 5.

Les juges de paix ne pourront jamais connaître ni de la propriété foncière, ni des matières criminelles, ni exercer aucunes fonctions de police municipale ou d'administration.

Art. 6.

Dans toutes les contestations, autres que celles qui sont du ressort de la justice de paix, les citoyens seront tenus de les soumettre d'abord à des arbitres choisis par eux, en tel nombre qu'ils jugeront à propos.

Art. 7.

S'ils ne peuvent convenir entre eux de ce choix, la partie la plus diligente sommera la partie adverse de se trouver à jour fixe devant le juge de paix, ou en son absence devant son premier assesseur, qui nommera tel nombre d'arbitres qu'il jugera convenable.

Art. 8.

Sitôt que le choix des arbitres sera définitivement arrêté, et que chacun d'eux aura donné son acceptation, ils devront être considérés comme des juges; et ils ne pourront se dispenser de procéder, sans délai, à l'examen et à la décision de la contestation à eux soumise.

Art. 9.

Les arbitres nommés par le juge de paix, ne pourront se dispenser d'accepter leur nomination sans une excuse légitime et jugée telle.

Art. 10.

En cas de partage, ils seront autorisés à nommer entre eux des tiers arbitres dont le suffrage déterminera le jugement.

Art. 11.

Les arbitres seront salariés par les plaideurs, leur indemnité sera réglée de gré à gré, mais en cas de difficulté, elle sera réglée par l'officier de justice.

Art. 12.

Lorsque les arbitres nommés, soit à l'amiable, soit d'office, auront prononcé et que leur décision sera portée, ils la feront remettre, signée d'eux, au greffe de la justice de paix; elle y sera rédigée en forme de jugement, et l'officier de justice en ordonnera l'exécution.

Art. 13.

Les arbitres pourront réclamer toutes les instructions dont ils auront besoin, même appeler les parties pour être personnellement entendues, et ils accorderont les délais qu'ils croiront indispensables pour l'instruction de l'affaire.

Art. 14.

Les mineurs qui n'auront pas de tuteurs, les absents et tous ceux qui ne peuvent se défendre eux-mêmes, sont sous la sauvegarde immédiate du juge de paix de leurs cantons, et celui-ci est chargé de leur nommer des arbitres et des défenseurs en cas de besoin, et généralement de les remplacer en tout ce qui est nécessaire pour la conservation de leurs droits.

Art. 15.

Aucun homme de lois ni praticiens ne pourront paraître, sous quelque prétexte que ce soit, aux audiences des juges de paix pour y défendre leurs parties, qui seront tenues de se présenter elles-mêmes, ou de donner un pouvoir par écrit à quelques-uns de leurs parents, amis ou connaissances, pour parler et répondre en leur nom.

Art. 16.

En cas de réclamation contre les décisions rendues par les arbitres, en vertu de l'article 12, les citoyens se pourvoiront par devant le tribunal civil du département.

Art. 17.

Il y aura dans chaque chef-lieu de département un tribunal civil sédentaire composé d'autant de juges et de suppléants qu'il y aura de districts dans le département; ils nommeront entre eux un président qui sera renouvelé tous les trois mois, et un commissaire national.

Art. 18.

Ils seront élus pour quatre ans en la forme prescrite pour les élections, titre III, article... mais ils pourront être continués, chacun dans leur assemblée centrale respective.

Art. 19.

Il y aura un ou plusieurs tribunaux civils dans les grandes villes, en raison de leur population; le Corps législatif en déterminera le nombre, ainsi que celui des juges dont ils seront composés; ils jugeront en dernier ressort, sauf les cas d'appel aux tribunaux de cassation, dont il sera parlé ci-après.

Art. 20.

Les fonctions du commissaire national dans les tribunaux civils, seront de poursuivre toutes les causes qui intéresseront la République, de faire exécuter les jugements, de requérir et surveiller l'observation des formes et des lois dans les jugements à rendre, et de défendre les insensés, les mineurs, les absents, les interdits, les pupilles, les veuves et les indigents.

SECTION III.

De la justice criminelle.

Art. 1er

La peine de mort est abolie pour tous les délits privés, excepté pour les parricides, les empoisonneurs et les incendiaires.

Art. 2.

Les peines seront proportionnées aux délits; elles seront irrémissibles.

Art. 3.

En matière criminelle, nul citoyen ne peut être jugé que par des jurés qui doivent prononcer sur la question de fait, et par des juges qui feront l'application de la loi.

Art. 4.

Les officiers de police sont chargés de faire la recherche des crimes et délits, de recevoir les plaintes et les dénonciations, d'informer sommairement des faits, de décerner, s'il y a lieu, des mandats d'amener ou d'arrêter contre les prévenus.

Art. 5.

Il y aura, dans le chef-lieu de chaque canton, une maison de sûreté pour y maintenir les prévenus mis en état d'arrestation, et dans le chef-lieu de chaque district une maison d'arrêt pour y détenir ceux contre lesquels il sera intervenu une ordonnance de l'officier de police.

Art. 6.

Tout gardien ou geôlier est tenu de représenter la personne détenue à l'officier de police de la maison de détention, toutes les fois qu'il le requerra, et à ses parents et amis, sur une permission de l'officier de police.

Art. 7.

Il y aura dans le chef-lieu de chaque district, un jury d'accusation composé de neuf jurés et d'un directeur de jury.

Art. 8.

Tout homme saisi en vertu de la loi, sera conduit sur-le-champ devant l'officier de police, et examinée au plus tard dans les vingt-quatre heures.

Art. 9.

S'il résulte de l'examen qu'il n'y a aucun sujet d'inculpation contre le prévenu, il sera remis aussitôt en liberté; au cas contraire, l'officier de police le fera conduire ou à la maison de sûreté du canton, ou à la maison d'arrêt du district, suivant la nature du délit, et il en instruira, sans délai, le directeur du jury.

Art. 10.

Le directeur du jury est chargé de dresser l'acte d'accusation sur les poursuites qui lui auront été envoyées par les officiers de police, d'entendre les témoins, d'assembler aussitôt le jury, et de lui faire le rapport du procès.

Art. 11.

Le jury examinera le procès, et déclarera si l'accusation doit être admise ou rejetée.

Art. 12.

Si elle est rejetée, le directeur du jury ordonnera incontinent l'élargissement de l'accusé.

Art. 13.

Si l'accusation est admise, le directeur du jury décernera contre le prévenu une ordonnance de prise de corps, et le fera transférer sans délai dans la maison de justice du tribunal criminel du département, dont il sera parlé ci-après, et en avertira l'accusateur public en lui adressant toutes les pièces du procès.

Art. 14.

Le directeur du jury veillera à ce que les officiers de police de son district maintiennent la sûreté publique et individuelle, et en cas de négligence de leur part, il en préviendra l'accusateur public du département.

Art. 15.

Il y aura dans le chef-lieu de chaque département un tribunal criminel qui jugera en dernier ressort tous les crimes et délits commis sur son territoire, sauf les cas d'appel aux tribunaux de cassation dont il sera parlé ci-après.

Art. 16.

Il sera composé d'autant de membres et de suppléants qu'il y aura de districts dans le département; ils nommeront entre eux un président et un accusateur public.

Art. 17.

Ils seront élus pour quatre ans, en la forme prescrite au titre des élections, et ils pourront être renouvelés.

Art. 18.

Il n'y aura près le tribunal criminel du département qu'un seul jury de jugement composé de vingt jurés élus pour le même temps et de la même manière que les juges; ils pourront être réélus.

Art. 19.

L'accusé pourra récuser un tiers du nombre des jurés, et en aucun cas le fait ne pourra être déclaré par moins de douze jurés.

Art. 20.

L'accusé pourra choisir un conseil, et s'il n'en choisit pas, le tribunal lui en choisira un.

Art. 21.

Toute personne acquittée par un jury ne peut plus être reprise ni accusée pour le même fait.

Art. 22.

Les fonctions de l'accusateur public seront de dénoncer aux directeurs du jury, soit d'office, soit d'après les ordres qu'il en aurait reçus du conseil exécutif ou du Corps législatif, soit d'après une dénonciation signée : 1° les attentats contre la liberté individuelle des citoyens;

2° Ceux commis contre le droit des gens;

3° La rébellion à l'exécution des jugements et de tous les actes exécutoires des autorités constituées;

4° Les troubles occasionnés et les voies de fait commises pour entraver la perception des contributions, la libre circulation des subsistances et autres objets de commerce;

5° De poursuivre les délits sur les actes d'accusation admis par les premiers jurés du district, et de correspondre avec les directeurs de ces jurys pour tout ce qui pourra avoir rapport à la sûreté publique.

Art. 23.

La police correctionnelle sera exercée par les juges de paix dans les cantons, et on leur donnera des adjoints ou commissaires dans les villes de grande population.

SECTION IV.

Des tribunaux de cassation.

Art. 1er.

Il y aura cinq tribunaux de cassation distribués de façon qu'ils soient placés, autant que faire se pourra, dans la ville la plus centrale des départements qui formeront le ressort.

Art. 2.

Chacun de ces tribunaux sera composé d'autant de membres qu'il y aura de départements dans le cinquième de la totalité des départements de la République.

Art. 3.

Ils seront élus ainsi que leurs suppléants, dans leurs départements respectifs, pour quatre ans, en la forme precrite pour les élections, et ils pourront être continués dans leurs fonctions.

Art. 4.

Ils se partageront en deux sections, dont l'une connaîtra de la revision des affaires civiles, et l'autre de la revision des affaires criminelles de leur ressort, ayant chacune un commissaire national.

Art. 5.

Ils ne connaîtront point du fond des affaires; mais après avoir cassé le jugement, ils renverront le procès soit au tribunal civil, soit au tribunal criminel de l'un des départements de leur ressort, d'après un tableau qui sera fait, et dont on ne pourra intervertir l'ordre.

Art. 6.

1° Ils prononceront sur les demandes en cassation des jugements rendus par les tribunaux civils et criminels, dans les cas prévus par la loi;

2° Sur les demandes en renvoi d'un tribunal à un autre tribunal pour cause de suspicion légitime;

3° Sur les règlements de juges et sur les prises à partie contre les juges;

4° Ils casseront les jugements dans lesquels les formes auront été violées, ou qui contiendront une contravention expresse de la loi.

Art. 7.

Si, après le jugement rendu au second tribunal, il y a encore des réclamations, les deux sections du tribunal supérieur se rassembleront pour décider si la réclamation doit être admise ou rejetée.

Art. 8.

Si elle est admise, l'affaire sera renvoyée au tribunal d'un autre département; ou le Corps législatif sera consulté si elle présente des difficultés non prévues par la loi.

Art. 9.

Les commissaires nationaux pourront, sans préjudice du droit des parties intéressées et de tous les citoyens, dénoncer aux tribunaux supérieurs les actes par lesquels les premiers juges auraient excédé les bornes de leur pouvoir.

Art. 10.

Les tribunaux supérieurs annuleront ces actes s'il y a lieu, et dans le cas de forfaiture le fait sera par eux dénoncé au Corps législatif qui prononcera si le tribunal ou quelques-uns des juges seront mis en jugement.

Art. 11.

Dans le cas où les parties ne se seraient pas pourvues contre les jugements dans lesquels les formes ou les lois auraient été violées, ces jugements auront, à l'égard des parties, force de chose jugée; mais ils seront annulés pour l'intérêt public, sur la dénonciation des commissaires nationaux, et les juges qui les auront rendus pourront être poursuivis comme coupables de forfaiture.

Art. 12.

Si lors de la revision des affaires soit civiles, soit criminelles, il est prouvé que les formes ont été violées, l'instruction sera déclarée nulle, et recommencée aux frais des officiers qui auraient commis la nullité.

Art. 13.

Dans le premier mois de la session du Corps législatif, et au commencement de tous les trimestres, chacun des cinq tribunaux supérieurs sera tenu de lui envoyer l'état des jugements rendus, à côté desquels sera la notice abrégée de l'affaire, et le texte de la loi qui aura déterminé la décision.

Art. 14.

Les accusés ne seront point déplacés pendant la revision de leurs procès; les pièces seront seulement envoyées au tribunal supérieur avec un mémoire signé d'eux ou de leurs conseils.

Art. 15.

La justice, dans tout l'Empire, sera rendue au nom du peuple; les expéditions, exécutoires des jugements, tant au civil qu'au criminel, seront conçues ainsi qu'il suit :

LA RÉPUBLIQUE FRANÇAISE A TOUS LES CITOYENS

Le tribunal séant à a rendu *le jugement suivant* (transcrit et signé des juges).

La République française mande et ordonne, etc, etc.

SECTION V.

De la haute cour nationale.

Art. 1er.

Il y aura près le Corps législatif une haute cour nationale pour la punition des crimes de lèse-nation.

Art. 2.

Elle sera temporaire et ne se rassemblera que par un décret du Corps législatif.

Art. 3.

La moitié des départements fournira alternativement, tous les deux ans, un juré par chacun d'eux, qui sera élu en la forme prescrite pour les élections.

Art. 4.

Le tableau des jurés étant formé, ils en choisiront entre eux trente-six pour former le jury; ils nommeront un directeur du jury; le surplus des jurés formera la classe des suppléants.

Art. 5.

Le Corps législatif fera les fonctions de jury d'accusation près de la haute cour nationale, et nommera, dans son sein, deux procurateurs du peuple, pour suivre l'instruction et la procédure.

Art. 6.

Le nombre des juges sera de dix; chacun des cinq tribunaux supérieurs en enverra deux (1) et néanmoins ils pourront juger au nombre de sept.

---

(1) On doit s'apercevoir qu'autant le comité de Constitution paraît avoir pris à tâche de multiplier les élections, autant je me suis étudié toutes les fois que cela a été possible, sans choquer les principes de la liberté et de l'égalité, ce qui est le grand problème à résoudre, pour quiconque connaît le prix des travaux de la campagne; c'est donc ce qui m'a engagé à prendre, tant pour les corps administratifs que pour les corps judiciaires, des sujets parmi les fonctionnaires publics déjà élus par le peuple, et investis de sa confiance; et si dans plusieurs places j'ai étendu la durée des fonctions jusqu'à quatre ans, c'est que la faculté de la révocation en dissipe tout le danger, et que c'est le seul moyen, à mon avis, d'avoir un gouvernement vraiment démocratique.

Art. 7.

Les juges que les tribunaux supérieurs enverront à la haute cour nationale, seront remplacés dans ces tribunaux par leurs suppléants.

Art. 8.

Le jury de jugement sera composé de trente-six jurés; mais l'accusé aura la faculté d'en récuser un tiers, et s'il ne le recuse pas, il sera réduit par le sort à vingt-quatre.

Art. 9.

Dans tous les jurys de jugement, tant de la haute cour nationale que des tribunaux criminels, il faudra les deux-tiers des voix pour prononcer l'affirmative sur le fait.

Art. 10.

La haute cour nationale, outre les crimes de lèse-nation, jugera les cas de forfaiture ou de simple destitution des membres du Conseil exécutif et des commissaires de la trésorerie nationale, sur l'acte d'accusation qui sera présenté par le Corps législatif.

Art. 11.

Si la mise en jugement n'a pour objet que la simple destitution, le jury national de jugement après avoir entendu le membre inculpé, prononcera *il y a* ou *il n'y a pas lieu à destitution*, et d'après cette déclaration, le tribunal prononcera la destitution ou le renverra dans ses fonctions.

Art. 12.

Si le Corps législatif ordonne la poursuite de la forfaiture, alors le jury de jugement sera convoqué et le tribunal, d'après sa déclaration, prononcera si la peine de la forfaiture est ou n'est pas encourue (1).

Art. 13.

Tous les jurés nommés de deux ans en deux ans pour la haute cour nationale, seront tenus de se rassembler au lieu où le Corps législatif tiendra ses séances et au commencement de chaque session, pour former le tableau du jury, nommer le directeur, et ensuite de quoi ils se sépareront s'il n'y a aucune affaire à juger, jusqu'à ce qu'un décret du Corps législatif les rappelle.

Art. 14.

Lorsque des motifs impérieux d'intérêt public ne permettront pas que la haute cour na-

---

(1) Je conviens que les deux articles 11 et 12 présentent beaucoup d'inconvénients; car je vois autant de danger à rendre les membres du conseil exécutif les organes presque passifs de la volonté du Corps législatif, par une nomination et une destitution dont il serait le maître absolu, que de soumettre cette destitution au jugement de trente ou quarante personnes dont l'opinion, en fait d'incapacité et de négligence supposée, prévaudrait sur celle de cinq à six cents députés. Je désire donc beaucoup que l'on cherche un autre moyen que celui proposé dans ces deux articles.

tionale soit convoquée près le Corps législatif, il pourra lui indiquer tel lieu qu'il jugera à propos pour y tenir ses séances.

SECTION VI.

Des moyens de garantir la liberté civile.

Art. 1er.

Les citoyens ne peuvent être distraits des juges que la loi constitutionnelle leur assigne.

Art. 2.

La police de sûreté ou police municipale attribuée aux maires, syndics et adjoints dans les communes, sera organisée par une loi particulière, et ne pourra jamais être confiée qu'à des officiers civils.

Art. 3.

La police correctionnelle attribuée aux juges de paix et à leurs assesseurs dans les cantons, sera également organisée, et ne pourra jamais être exercée par les officiers municipaux des communes.

Art. 4.

Toute personne saisie en vertu de la loi, doit être conduite devant l'officier de police; nul ne peut être détenu : 1° qu'en vertu d'un mandat des officiers de police; 2° d'une ordonnance de prise de corps d'un tribunal; 3° d'un décret d'arrestation du Corps législatif; 4° d'un jugement de condamnation à prison ou détention correctionnelle.

Art. 5.

Toute personne conduite devant l'officier de police sera interrogée sur-le-champ, ou au plus tard dans les vingt-quatre heures, sous peine de destitution et de prise à partie.

Art. 6.

Les personnes arrêtées ne peuvent être retenues si elles donnent caution suffisante, dans tous les cas où la loi n'a pas prononcé une peine afflictive ou corporelle.

Art. 7.

Le Corps législatif fixera les règles d'après lesquelles les cautionnements et les peines pécuniaires seront graduées d'une manière proportionnelle aux délits.

Art. 8.

Toute personne autre que celle à qui la loi donne le droit d'arrestation, qui expédiera, signera, exécutera ou fera exécuter l'ordre d'arrêter un citoyen; toute personne qui, dans le cas d'arrestation autorisé par la loi, conduira, recevra ou retiendra un citoyen dans un lieu de détention non publiquement et non légalement désigné seront coupables du crime de détention arbitraire, et seront punis comme tels.

Art. 9.

La maison de chaque citoyen est un asile inviolable : pendant la nuit on ne peut y entrer que dans les seuls cas d'incendie ou de réclamation de l'intérieur de la maison; et pendant le jour, outre ces deux cas, on pourra y entrer en vertu d'un ordre de l'officier de police.

Art. 10.

La liberté de la presse est indéfinie; nul homme ne peut être recherché ni poursuivi pour raison des écrits qu'il aura fait imprimer et publier sur quelque matière que ce soit, sauf l'action en calomnie de la part des citoyens qui en font l'objet, contre l'auteur ou l'imprimeur.

Art. 11.

Nul ne pourra être jugé soit par la voie civile, soit par la voie criminelle, pour faits d'écrits imprimés ou publiés sans qu'il ait été reconnu et déclaré par un jury : 1° s'il y a délit dans l'écrit dénoncé, 2° si la personne poursuivie en est coupable.

TITRE X.

De la force publique (1).

Art. 1er.

La force publique est composée de tous les citoyens en état de porter les armes.

Art. 2.

Elle doit être organisée pour défendre la République contre les ennemis extérieurs, et assurer au dedans le maintien de l'ordre et l'exécution des lois.

Art. 3.

Il pourra être formé des corps soldés tant pour la défense de la République contre les ennemis extérieurs, que pour le service de l'intérieur de la République.

Art. 4.

Les citoyens ne pourront jamais agir comme corps armés pour le service de l'intérieur que sur la réquisition et l'autorisation des officiers civils.

Art. 5.

La force publique ne peut être requise par les officiers civils que dans l'étendue de leur territoire. Elle ne peut agir du territoire d'une commune dans une autre, sans l'autorisation de l'administration du département, et d'un département dans un autre, sans les ordres du conseil exécutif.

---

(1) Les trois titres suivants X, XI et XII sont copiés d'après ceux du comité de Constitution : ils ont paru ne rien laisser à désirer.

Art. 6.

Néanmoins, comme l'exécution des jugements et la poursuite des accusés ou des condamnés n'a point de territoire circonscrit dans une République une et indivisible, le Corps législatif déterminera, par une loi, les moyens d'assurer l'exécution des jugements et la poursuite des accusés dans toute l'étendue de la République.

Art. 7.

Toutes les fois que des troubles dans l'intérieur détermineront le conseil exécutif à faire passer une partie de la force publique d'un département dans un autre, il sera tenu d'en instruire sur-le-champ le Corps législatif.

Art. 8.

Toutes les parties de la force publique employée contre les ennemis du dehors, agiront sous les ordres du conseil exécutif.

Art. 9.

La force publique est essentiellement obéissante; nul corps armé ne peut délibérer.

Art. 10

Les commandants en chef des armées de terre et de mer ne seront nommés qu'en cas de guerre et par commission. Elle sera révocable à volonté. Sa durée sera toujours bornée à une campagne, et elle devra être renouvelée tous les ans.

Art. 11.

La loi de discipline militaire aura besoin d'être renouvelée chaque année.

Art. 12.

Les commandants de la garde nationale seront nommés tous les ans par les citoyens de chaque commune, et nul ne pourra commander la garde nationale de plusieurs communes.

TITRE XI.

Des contributions publiques.

Art. 1er.

Les contributions publiques ne doivent jamais excéder les besoins de l'Etat.

Art. 2.

Le peuple seul a le droit, soit par lui-même, soit par ses représentants, de consentir, d'en suivre l'emploi, et d'en déterminer la quotité, l'assiette, le recouvrement et la durée.

Art. 3.

Les contributions publiques seront délibérées et fixées chaque année par le Corps législatif, et ne pourront subsister au delà de ce terme, si elles n'ont pas été expressément renouvelées.

Art. 4.

Les contributions doivent être également réparties entre tous les citoyens en raison de leurs facultés.

Art. 5.

Néanmoins la portion du produit de l'industrie et du travail qui sera reconnue nécessaire à chaque citoyen pour sa subsistance, ne peut-être assujettie à aucune contribution.

Art. 6.

Il ne pourra être établi aucune contribution qui, par sa nature ou par son mode, nuirait à la libre disposition des propriétés, aux progrès de l'industrie et du commerce, à la circulation des capitaux ou entraînerait la violation des droits reconnus et déclarés par la Constitution.

Art. 7.

Les administrateurs des départements ou des communes ne pourront établir aucune contribution publique, ni faire aucune répartition au delà des sommes fixées par le Corps législatif, ni délibérer ou permettre, sans y être autorisés par lui, aucun emprunt local à la charge des citoyens du département ou de la commune.

Art. 8.

Les comptes détaillés de la dépense des départements ministériels, signés et certifiés par les ministres, seront rendus publics chaque année, au commencement de chaque législature.

Art. 9.

Il en sera de même des états de recettes des diverses contributions et de tous les revenus publics.

Art. 10.

Les états de ces dépenses et recettes seront distingués suivant leur nature, et exprimeront les sommes touchées et dépensées, année par année, dans chaque département.

Art. 11.

Seront également rendus publics les comptes des dépenses particulières aux départements et relatives aux tribunaux, aux administrateurs, et généralement à tous les établissements publics.

TITRE XI.

Des rapports de la République française avec les nations étrangères, et de ses relations extérieures.

Art. 1er.

La République française ne prendra les armes que pour le maintien de sa liberté, la conservation de son territoire et la défense de ses alliés.

Art. 2.

Elle renonce solennellement à réunir à son territoire des contrées étrangères, sinon d'après le vœu librement émis par la majorité des habitants, et dans le cas seulement où les contrées qui solliciteront cette réunion, ne seront pas incorporées et unies à une autre nation, en vertu d'un pacte social, exprimé dans une Constitution antérieure, et librement consentie.

Art. 3.

Dans les pays occupés par les armées de la République française, les généraux seront tenus de maintenir, par tous les moyens qui sont à leur disposition, la sûreté des personnes et des propriétés, et d'assurer aux citoyens de ces pays la jouissance entière de leurs droits naturels, civils et politiques. Ils ne pourront, sous aucun prétexte et en aucun cas, protéger de l'autorité dont ils sont revêtus, le maintien des usages contraires à la liberté, à l'égalité et à la souveraineté des peuples.

Art. 4.

Dans ses relations avec les nations étrangères, la République française respectera les institutions garanties par le consentement de la généralité des peuples.

Art. 5.

La déclaration de guerre sera faite par le Corps législatif, et ne sera pas assujettie aux formes prescrites pour les autres délibérations; mais elle ne pourra être décrétée qu'à une séance indiquée au moins trois jours à l'avance, par un scrutin signé, et après avoir entendu le conseil exécutif sur l'état de la République.

Art. 6.

En cas d'hostilités imminentes ou commencées, de menaces ou de préparatifs de guerre contre la République française, le conseil exécutif est tenu d'employer, pour la défense de l'Etat, les moyens qui sont remis à sa disposition, à la charge d'en prévenir le Corps législatif sans délai. Il pourra même indiquer, en ce cas, les augmentations de forces et les nouvelles mesures que les circonstances pourraient exiger.

Art. 7.

Tous les agents de la force publique sont autorisés, en cas d'attaque, à repousser une agression hostile, à la charge d'en prévenir sans délai le Conseil exécutif.

Art. 8.

Aucune négociation ne pourra être entamée, aucune suspension d'hostilité ne pourra être accordée, sinon en vertu d'un décret du Corps législatif, qui statuera sur ces objets après avoir entendu le conseil exécutif.

Art. 9.

Les conventions et traités de paix, d'alliance et de commerce, seront négociés au nom de la République française, par des agents nationaux nommés par le conseil exécutif et chargés de ses instructions; mais leur exécution sera suspendue et ne pourra avoir lieu qu'après la ratification du Corps législatif.

Art. 10.

Les capitulations et suspensions d'armes sont seules exceptées des articles précédents.

TITRE XIII

De l'instruction publique (1).

Art. 1er.

Les préceptes de la religion seront enseignés publiquement dans les temples par les ministres des différents cultes. Le premier de ces préceptes pour tous sera l'observation générale des lois de l'Etat.

Art. 2.

Aucun ministre d'un culte quelconque chargé de cette instruction ne pourra être élu par ses concitoyens s'il n'est inscrit sur le tableau civique de la commune.

Art. 3.

Il y aura dans chaque commune un établissement public d'éducation, une école primaire où les individus recevront gratuitement le degré de culture nécessaire à l'exercice utile de leurs droits politiques, et à l'accomplissement de leurs devoirs sociaux.

Art. 4.

Il y aura un instituteur et une institutrice dans toutes les communes désignées sous le nom de villages; dans celles désignées sous le nom de bourg, il y en aura deux; les hameaux se réuniront aux communes les plus voisines pour y recevoir l'instruction publique..

Art. 5.

Dans les villes, il y aura autant d'instituteurs et d'institutrices qu'il y aura de fois deux mille âmes de population.

Art. 6.

Dans les bourgs et villes où il n'y aura que deux ou trois instituteurs, il n'y aura qu'une seule école primaire pour les garçons et une seule pour les filles, en observant que ces instituteurs seront subordonnés entre eux.

---

(1) J'ai adopté la plus grande partie des bases du comité d'instruction publique.

Art. 7.

Dans les villes dont la population exigera plus de trois instituteurs, ils formeront différentes écoles composées de deux ou trois instituteurs au plus.

Art. 8.

Il y aura un collège dans chaque chef-lieu de district, où des professeurs enseigneront gratuitement : 1° les notions grammaticales nécessaires pour parler et écrire correctement; 2° les principes des arts mécaniques relatifs à l'agriculture et au commerce ; 3° l'histoire et la géographie de la France et des pays voisins.

Art. 9.

Il y aura de semblables collèges ou écoles secondaires dans toutes les villes dont la population excédera cinq mille âmes.

Art. 10.

Dans toutes les villes au-dessus de cette population, le nombre des professeurs sera augmenté en raison du nombre des citoyens ; et dans les grandes villes, il y aura plusieurs collèges suivant cette proportion.

Art. 11.

Dans chaque chef-lieu de département, il y aura un institut ; l'enseignement y sera divisé en plusieurs cours, de façon que les étudiants puissent, suivant leurs talents, en fréquenter plusieurs à la fois ; il y aura des professeurs spécialement pour les mathématiques, la physique et la chimie expérimentale, l'histoire naturelle, l'anatomie, la médecine, l'art vétérinaire, la géographie, l'histoire, l'économie politique et l'économie rurale.

Art. 12.

Il y aura dans chaque institut une bibliothèque, un cabinet d'instruments de physique et d'histoire naturelle, ainsi qu'un jardin botanique et d'agriculture particulièrement destiné aux objets d'une utilité générale et aux productions du département.

Art. 13.

Outre les chefs-lieux de département, toutes les villes qui auront plus de 50,000 âmes de population, auront aussi un institut.

Art. 14.

Il sera établi dix lycées ou académies dans les dix villes de la République qui se trouveront placées à des distances les plus égales les unes des autres, et qui seront désignées par le Corps législatif ; il y aura des professeurs publics pour toutes les sciences et tous les arts : l'enseignement y sera partagé en quatre classes : la première pour les mathématiques de physique ; la seconde pour la morale et la politique ; la troisième pour l'application des sciences aux arts ; la quatrième pour la littérature et les beaux-arts.

Art. 15.

Il y aura près de chaque lycée, une grande bibliothèque, des jardins pour la botanique et l'agriculture, des cabinets d'histoire naturelle et d'instruments de physique, ainsi qu'une collection de tableaux, statues et antiquités.

Art. 16.

Une société nationale des sciences et arts, appartenant à tout l'Empire, sera établie à Paris. Elle sera composée de membres résidant à Paris, de membres résidant dans les différentes parties de la République, et d'un certain nombre de savants étrangers.

Art. 17.

Les fonctions de la société nationale seront principalement de diriger et surveiller l'instruction générale, de contribuer au perfectionnement et à la simplification de l'enseignement, de reculer par des découvertes, les limites des sciences et des arts, et de correspondre avec les sociétés savantes étrangères.

Art. 18.

Son organisation, ainsi que celle des lycées et des instituts sera réglée par une loi particulière.

Art. 19.

La République contribuera aux frais des voyages, expériences et entreprises considérables qui seront jugées utiles aux progrès des connaissances humaines.

Art. 20.

Les bibliothèques nationales et autres dépôts publics d'instruction actuellement existants, seront conservés tels et entretenus aux frais de la République.

Art. 21.

Toutes les places de professeurs et instituteurs, dans toutes les parties de l'instruction publique, seront électives ; le Corps législatif réglera le mode d'élection et de concours.

Art. 22.

Tous les citoyens ont le droit de se former en société libre pour concourir aux progrès des sciences, des lettres et des arts ; les privilèges accordés ci-devant à différentes académies et sociétés littéraires demeurent révoqués.

TITRE XIV.

Des travaux et secours publics.

Art. 1er.

Il ne pourra être employé dans la République moins de 40,000,000 par année en travaux publics. La répartition de cette somme se fera entre les départements par un décret du Corps législatif.

Art. 2.

Le salaire des ouvriers occupés aux travaux publics ne pourra jamais être au-dessous de la cinquantième partie du marc d'argent, par journée, ou par tâche d'une journée.

Art. 3.

Il y aura en tout temps un atelier public d'ouvrages dans chaque canton, pour procurer de l'ouvrage aux journaliers qui en manqueront.

Art. 4.

Lorsqu'un individu valide, et dont la contribution directe n'excédera pas la moitié d'un marc d'argent, viendra demander du travail aux administrateurs de son canton, ceux-ci seront tenus de lui en procurer, ou à la tâche ou à la journée, soit dans les ateliers publics, soit dans les ateliers privés.

Art. 5.

Il y aura dans chaque canton un hospice dans lequel les pauvres citoyens attaqués de maladies passagères, les pauvres femmes et filles enceintes pourront être reçus et soignés pendant le temps de leur maladie et accouchement.

Art. 6.

Il y aura dans chaque département, un hospice pour y recevoir les enfants abandonnés, les infirmes et les vieillards hors d'état de travailler, ainsi que pour les personnes attaquées de maladie incurable.

Art. 7.

L'Assemblée nationale réglera le gouvernement des ateliers de travail et l'administration des hospices.

Art. 8.

Les préposés au gouvernement des ateliers et à l'administration des cantons, ainsi que les officiers de santé dont ces hospices auront besoin, seront élus par les citoyens du canton.

Art. 9.

Il sera établi un marché public pour les subsistances, dans la commune la plus centrale de chaque canton.

Art. 10.

L'administration du canton veillera à ce qu'il y ait dans chaque commune une femme instruite dans l'art des accouchements et dans ce canton, au moins, un maréchal expert dans l'art vétérinaire.

Art. 11.

Les administrateurs et officiers de santé des hospices de département seront élus par tous les citoyens du département.

VINGT-DEUXIÈME ANNEXE (1)

A LA SÉANCE DE LA CONVENTION NATIONALE DU MERCREDI 17 AVRIL 1793.

ESSAI *sur la formation des assemblées populaires, et le meilleur mode de représentation nationale dans un état républicain, par* CH. LAMBERT, *député du département de la Côte-d'Or; imprimé par ordre du comité de Constitution.*

> Le droit d'élire les agents du gouvernement est un des droits naturels des peuples; celui qui ne l'exerce pas est esclave : la liberté repose sur ce droit imprescriptible.
>
> LOCKE, du gouv. civ.

Quand un grand peuple, après avoir brisé ses fers, et après avoir essayé, pendant près de quatre ans, une forme de gouvernement qui ne lui convenait pas, parce qu'elle ne lui procurait qu'une demi-liberté, rentre dans cet instant fictif de nature, dans cet état d'égalité primitive, par lequel toute société est censée avoir passé avant d'avoir des lois, et qu'il se *recommence*, pour me servir de l'expression d'un philosophe de ce siècle, c'est alors qu'il doit se donner une Constitution si sage, si réfléchie, si conforme aux principes sacrés de la liberté et de l'égalité, qu'elle assure le bonheur de tous, et que chacun ne puisse en désirer une meilleure.

Tout le monde sait que la majeure et la plus saine partie de la nation, je veux dire les habitants des campagnes, avaient déjà pour la Constitution de 1789 un respect religieux, qu'ils ne juraient que par la Constitution, qu'ils la regardaient comme leur *évangile* politique : on n'a pas eu de peine cependant à leur faire concevoir qu'elle était très imparfaite, que leurs principaux droits y étaient oubliés ou méconnus, et que, loin de rétablir l'égalité civile parmi les hommes, elle consacrait, au contraire, les principes de l'inégalité, en accordant des privilèges héréditaires à une famille entière; et en conséquence ils ont consenti, après la mémorable journée du 10 août dernier, de donner des pouvoirs illimités à ceux de leurs concitoyens qui ont le plus mérité leur confiance, pour se former en Convention nationale, et leur proposer une nouvelle Constitution absolument républicaine.

Mais, si leur espoir était trompé encore une fois, s'ils n'apercevaient pas une différence sensible entre les avantages de la seconde et les abus de la première; si on était encore obligé de leur en proposer une troisième : dans ce cas il est incontestable que, fatigués par tant de vicissitudes, ils se regarderaient comme les jouets de quelques cabales ambitieuses, plus occupées de leurs vues particulières que de l'intérêt public, et que le découragement, la méfiance, l'inquiétude seraient non seulement un obstacle invincible au rétablissement de l'ordre, mais qu'ils pourraient encore les porter au point de se laisser égarer par des suggestions perfides, et de préfé-

(1) Bibliothèque de la Chambre des députés : *Collection Portiez (de l'Oise)*, tome 30, n° 30. Ce document est annoncé au *Journal des Débats et des décrets* du 7 février 1793.

rer le sommeil de la servitude à des agitations et à des fluctuations éternelles.

On ne saurait donc trop méditer un sujet aussi important; on ne saurait surtout apporter trop de soins dans la recherche d'une organisation nouvelle des assemblées élémentaires, d'une forme nouvelle pour les élections, parce que c'est de là principalement que dépend tout le succès du système social, et que c'est le défaut de bonnes lois à ce sujet qui a été l'une des principales causes de la décadence des républiques anciennes, comme elle est encore aujourd'hui le principal obstacle à la perfection des républiques modernes.

L'expérience des quatre premières années de notre révolution m'a appris, ainsi qu'à tous ceux qui ont bien voulu y faire quelque attention, que celles établies par l'Assemblée constituante avaient produit tant de funestes abus; qu'elles étaient, en fait et en théorie, si contraires à l'objet de leur institution, que, si on ne pouvait en trouver de meilleures, on ne pouvait au moins en concevoir de plus vicieuses; ainsi je n'ai pas hésité de m'occuper de cette recherche, persuadé d'ailleurs que le concours des opinions, dans une matière aussi importante, ne peut qu'être utile, parce que ce n'est qu'en envisageant les choses sous tous leurs rapports, que l'on peut parvenir à découvrir la vérité, quand on la recherche de bonne foi.

Démontrer que l'établissement des assemblées primaires et des assemblées électorales, tant de département que de district, était l'une des opérations les plus vicieuses et même les plus dangereuses de l'Assemblée constituante;

Proposer un mode nouveau de nomination, d'élection aux places de représentants du peuple, tel que tous les citoyens de l'Empire participent *directement et immédiatement* à cette nomination, avec le plus d'égalité et le moins de perte de temps possible;

Comparer les grands avantages de cette méthode avec les petits inconvénients qui en peuvent résulter, et l'adapter ensuite à l'élection de tous les fonctionnaires publics;

Tel est le plan que je me suis proposé et que je vais parcourir successivement, en observant, toutefois, qu'éloigné de tout esprit de système et de prévention, je ne propose ces idées que comme un objet de comparaison pour parvenir au résultat que la France a droit d'attendre de nous, c'est-à-dire un meilleur mode possible de représentation nationale.

Des assemblées primaires et électorales actuelles.

On entend dire tous les jours, et même à la tribune, que les assemblées de canton ou assemblées primaires établies par la Constitution de 1789, exercent la souveraineté dans toute sa plénitude, et que c'est une erreur monstrueuse, quoique très accréditée : elles ne sont, comme tous les individus de la société, que les parties intégrantes, les parties élémentaires du souverain; elles sont soumises, comme eux, aux lois consenties par la majorité des représentants du peuple : (1) car, il ne

faut pas s'y méprendre, *le souverain*, dans une véritable démocratie, n'est qu'un être purement métaphysique, *c'est la loi*, et la loi n'est que l'expression, le résultat de la volonté générale, qui soumet à cette volonté de tous la volonté particulière et individuelle de chacun des membres qui composent la société; en sorte que les assemblées primaires, ainsi que les assemblées de communes, et toutes assemblées quelconques, sont soumises, comme les simples citoyens, à l'empire de la loi qui leur a tracé le cercle dans lequel elles sont circonscrites. S'il en était autrement, il y aurait autant de souverains que d'assemblées primaires, ce qui serait trop absurde, et ce qui ne peut être supposé que par ceux qui n'ont aucune idée de la véritable acception du mot souverain, de son unité et de son indivisibilité.

Cependant cette fausse opinion que les assemblées primaires avaient de leur puissance, ou du moins qu'on leur supposait, n'était que le moindre défaut qu'on avait à leur reprocher, et elles en avaient de bien plus considérables soit, qu'elles fussent complètes, soit qu'elles ne les fussent pas.

Dans le premier cas, huit ou dix villages sont déserts pendant deux ou trois jours; tous les travaux de la campagne sont suspendus; s'il survient un accident, un incendie, une inondation, les ravages sont terribles avant qu'on ne puisse avoir du secours là où il ne reste que des femmes et des enfants; une grande multitude est portée sur un point où il se trouve très peu de force publique pour réprimer les rixes qui peuvent survenir : cette multitude forme une assemblée très tumultueuse, où tout le monde crie, et où personne n'entend.

Dans le second cas, c'est-à-dire si ces assemblées sont incomplètes, ce qui arrive presque toujours, parce que le besoin du travail en éloigne la classe laborieuse et indigente, et que c'est une véritable corvée pour elle, parce que les mauvais chemins ou l'intempérie des saisons ne permettent ni aux vieillards, ni aux infirmes de s'y rendre, alors il est de toute évidence que ce sont les habitants du chef-lieu de canton qui deviennent les maîtres absolus de toutes les élections avec ces gens riches et aisés des villages voisins, d'où l'on voit combien la forme de cette institution était vicieuse sous tous les rapports; et si l'on considère ensuite que son objet était bien plus vicieux encore, on aura peine à se persuader qu'elle ait mérité les suffrages de tant de gens éclairés.

En effet, quel était l'objet de ces grands rassemblements? C'était la nomination aux places de représentants du peuple à l'Assem-

---

(1) Un représentant du peuple est un citoyen qui tient la place d'un autre citoyen, qui a reçu de lui les

pouvoirs nécessaires pour agir en son nom, dans les fonctions de l'autorité suprême qui consiste à faire des lois et à en surveiller l'exécution; ainsi, soit que ces pouvoirs soient limités comme dans les Assemblées législatives, soit qu'ils soient illimités comme dans les Assemblées conventionnelles, il suffit qu'il soit législateur pour qu'il soit véritablement représentant : c'est par cette raison que les autres fonctionnaires publics, quoique nommés également par le peuple, ne le représentent pas, mais le servent; c'est par cette raison que les corps administratifs ne peuvent ni parler, ni rien demander au nom de leurs commettants. Les choses étant bien définies, on verra disparaître toute équivoque, et que dans un gouvernement essentiellement représentatif, il ne peut y avoir que des représentés et des représentants.

blée nationale, et à celles de tous les fonctionnaires publics, communs à chaque département, à chaque district et à chaque canton : on aurait cru que des citoyens ainsi rassemblés auraient eu, pour remplir ces places, quelque connaissance de ceux en qui ils se proposaient de placer leur confiance; point du tout! L'opération se réduisait à nommer des électeurs souvent faibles, ignorants ou mal intentionnés, (1) qui devenaient eux-mêmes les maîtres absolus d'en disposer sans la participation de leurs commettants; ils ne pouvaient être nommés, comme je viens de le dire, que d'une manière très équivoque et très irrégulière; et cependant l'on osait dire que c'était dans des assemblées ainsi organisées, que le peuple était véritablement souverain ! Quelle souveraineté? (2).

Je passe aux assemblées électorales de département, et je vois sept à huit cents personnes arrivant de différents points opposés, sans se connaître, forts de leur nombre, se croyant eux-mêmes les représentants du peuple, se croyant en droit de délibérer sur les affaires de l'Etat, sortant presque toujours du cercle qui leur est tracé, et enfin procédant tous ensemble à la nomination de huit ou dix députés, dont un, à peu près, par district; en sorte que les neuf dixièmes sont forcés de voter sur parole pour des sujets dont souvent ils n'ont jamais entendu parler, dont ils ignoraient même l'existence, et cela s'appelait une représentation nationale !

Quant aux assemblées électorales de district pour la nomination des fonctionnaires publics qui leur sont communs, elles sont moins dispendieuses pour les administrés, et moins dangereuses pour la liberté, que celles de département : cela est vrai; mais il n'en est pas moins constant que ces fonctionnaires élus ne sont pas les hommes du peuple, qu'ils ne sont que les créatures des électeurs, et que le plus souvent la cabale et l'intrigue des aspirants ont plus de part à leur nomination, que leurs lumières et leur patriotisme.

Il s'en suit donc que toutes ces assemblées établies par la Constitution de 1789, étant également vicieuses et quant au fond, et quant à la forme, il faut nécessairement recourir à d'autres moyens pour avoir une véritable représentation nationale, en posant pour principe que la base de tout gouvernement démocratique repose sur ces trois vérités :

1° Que tout citoyen a un droit égal à élire;

2° Que tout citoyen a un droit égal à être élu;

3° Que les élections doivent être combinées de manière que la liberté des électeurs soit parfaitement assurée, parce que, dans une société

où tous ne peuvent pas gouverner, leur liberté consiste tout entière dans la liberté de leurs suffrages.

Nouveau mode d'élection aux places de représentants du peuple.

J'admets la division topographique de la France en départements, districts et cantons, telle qu'elle existe, sauf les corrections que les circonstances et les localités pourront exiger, comme une des meilleures opérations de l'Assemblée constituante. Je suppose seulement que les districts, trop près les uns des autres dans beaucoup de départements, y seront réduits de façon qu'il n'y en aura pas moins de 5, et pas plus de 7; ce qui me donnera la moyenne proportionnelle 6, et par conséquent un nombre d'environ 524 districts, dont chacun d'eux aura une assemblée centrale et un député, d'après une population donnée; en sorte qu'il sera très important de les égaliser le plus qu'il sera possible.

Ces assemblées de districts seront divisées en assemblées *rurales* et en assemblées *urbaines*. Lorsqu'ils se trouvera, dans leur arrondissement, une ou plusieurs villes dont la population excédera trente mille âmes, alors les premières seront composées de toutes les communes de la campagne et des villes au-dessous de cette population; les secondes seront formées par les grandes villes; et seront réputées grandes villes, ou villes de la première classe, toutes celles qui contiendront un plus grand nombre d'habitants, jusqu'à Paris inclusivement.

Les premières n'auront jamais qu'un député à élire; à moins que le nombre des électeurs dont je vais parler, et qui sera toujours relatif à la population, ne s'élève jusqu'à un certain degré, auquel cas elles en auraient deux.

Les secondes auront également un ou plusieurs députés à nommer, en raison d'une population donnée; en sorte, que le nombre total des députés que fourniront ces deux espèces d'assemblées, s'élèvera, très probablement, de 600 à 650, ce qui sera bien suffisant pour composer une Assemblée législative : et ce qui étant double dans des circonstances extraordinaires, donnera les moyens d'avoir une Convention nationale aussi nombreuse, à peu près, que l'Assemblée constituante pouvait l'être.

Voyons maintenant la manière dont on procédera aux élections, en place de celles actuellement en usage dans les assemblées primaires.

Toutes les habitations de la campagne seront partagées en trois classes, sous la dénomination de *hameaux, villages* et *bourgs*. Les hameaux, c'est-à-dire les habitations réunies, qui ne formeront pas cinquante feux, seront incorporés avec les villages de leur canton les plus voisins pour voter ensemble, seul déplacement, mais qui sera infiniment rare, et sans beaucoup d'inconvénients.

Chaque village ou commune qui aura cent feux, et au-dessous, nommera un *électeur* de la manière qui va être expliquée. Les communes qui auront de 100 à 250 feux, en nommeront deux; et, enfin, toutes celles qui en auront 250 et au-dessus, sous le nom de *bourgs*, en auront trois, ce qui sera le *maximum* pour les villes; les petites villes jusqu'à deux mille

---

(1) A Dieu ne plaise que je veuille inculper tous les électeurs indistinctement; plusieurs ont toutes les connaissances et toutes les dispositions nécessaires pour faire de bons choix; mais il n'en est pas moins vrai, et plus d'un exemple pourrait l'attester, que souvent le peuple a été la dupe de l'intrigue et de l'hypocrisie de plusieurs d'entre eux.

(2) Par la Constitution de 1789, elles n'ont pas même la faculté de délibérer; et si vous les placez hors la Constitution, alors elles cessent d'être des assemblées primaires, c'est-à-dire des assemblées astreintes à des formes quelconques : ceux qui les composent sont dans une véritable anarchie jusqu'à ce qu'ils aient exprimé collectivement le vœu d'en sortir, le vœu de se réunir, et de se soumettre aux lois de l'association générale.

âmes de population, en auront donc trois,. et, ensuite, un par mille âmes, jusqu'à dix mille : les villes qui passeront dix mille âmes de population, et qui iront jusqu'à trente mille, seront réputées de la seconde classe, et elles n'auront qu'un électeur par 1500 âmes.

Toutes les autres villes au-dessus de trente mille âmes seront réputées *grandes villes*, villes de la première classe; elle formeront à part une assemblée *urbaine* dans le district où elles seront situées, et indépendante de l'assemblée *rurale* de ce même district. De trente mille âmes jusqu'à cinquante mille, elles n'auront qu'un député à nommer, et des électeurs proportionnellement; de cinquante mille à quatre-vingts, elles en auront deux; de quatre-vingt mille à cent-vingt, elles en auront trois; de cent-vingt mille à cent-soixante, elles en auront quatre ; et de cent soixante mille à quelque population que ce soit, elles en auront cinq, excepté Paris qui en aura vingt, et qui ne pourra jamais en avoir davantage.

Cette distinction faite entre les assemblées *rurales* et les assemblées *urbaines* de chaque district, et le nombre des électeurs ainsi fixé pour les unes et pour les autres, voici d'abord comme on procédera aux élections dans les assemblées rurales.

Le premier dimanche du mois de mars qui précédera la clôture de la législature supposée devoir être faite au premier de mai, les officiers municipaux, ou chefs de chaque commune, feront publier et afficher que le lendemain lundi il y aura assemblée générale de tous les citoyens, à une heure fixée, pour procéder au renouvellement de la législature.

Les citoyens assemblés à cette heure indiquée, nommeront au scrutin, à la pluralité absolue des suffrages, un ou plusieurs *candidats*, c'est-à-dire des sujets dignes de les re présenter à la législature, dont le nombre sera toujours égal à celui des électeurs, et qui pourront être choisis, non seulement dans le sein de la commune même, mais encore partout où ils voudront, pourvu qu'ils aient les qualités nécessaires à la représentation, ce dont il sera dressé procès-verbal.

Le lendemain de cette nomination préliminaire, les secrétaires ou greffiers des communes porteront l'extrait de ce procès-verbal au greffe de la justice de paix du chef-lieu (1) de leurs districts respectifs, pour qu'il soit fait incontinent une liste imprimée de tous les *candidats* proposés par les communes, et cette liste leur sera renvoyée le samedi suivant, au plus tard, avec indication d'une assemblée centrale au chef-lieu de district pour le lundi de la deuxième semaine suivante. Elle sera publiée et affichée le dimanche qui suivra

---

(1) Dans notre organisation actuelle ce devrait être nu directeur du district; mais ces établissements qus ne sont dans le fait que des subdélégations ressuscitées avec tous leurs abus, et beaucoup plus de dépenses encore pour le Trésor public, pouvant être aisément remplacés par un nouveau mode d'administration beaucoup plus simple et beaucoup moins onéreux aux administrés, il y a tout lieu de croire que la Convention nationale se déterminera à les supprimer tous, et qu'elle conservera dans chaque chef-lieu de district, qu'un centre de correspondance, dont pourra être chargé ou le procureur de la commune, ou le juge de paix ou te autre fonctionnaire.

la réception, et on annoncera, pour le samedi d'ensuite, une seconde assemblée *communale*.

Dans cette nouvelle assemblée, on commencera par nommer, au scrutin et à la majorité absolue, les électeurs, au nombre prescrit pour chaque commune, et qui devront y être domiciliés. On nommera ensuite, de la même manière, un *député éventuel*, que l'on pourra choisir non seulement sur la liste imprimée des *candidats*, mais encore parmi tous les citoyens éligibles, en observant qu'il ne pourra y en avoir qu'un seul pour chaque commune, mais qu'il aura autant de voix qu'il y aura d'électeurs. Il en sera dressé procès-verbal, qui sera remis au plus ancien des électeurs; et le lundi suivant, à midi, ils se réuniront en assemblée centrale, au chef-lieu du district, pour procéder à la nomination définitive du député à la législature.

Là, après avoir nommé un président, des secrétaires et scrutateurs, on procédera, par appel nominal et par ordre alphabétique, à l'élection de ce député; chaque électeur nommera le député éventuel qui lui aura été désigné par sa commune; il y aura autant de suffrages que d'électeurs; le président, secrétaires et scrutateurs émettront les suffrages de leurs communes à leur tour, comme les autres membres de l'Assemblée, et si à cette première épreuve l'un des députés éventuels venait à réunir la majorité absolue, il sera tout de suite proclamé député du district.

Si, au contraire, cette première épreuve ne donne point de majorité absolue, alors les électeurs procéderont à l'élection au scrutin et à la pluralité relative, parmi les quatre députés éventuels qui auront réuni le plus de suffrages; mais cette nomination ne sera que provisoire et elle ne sera définitive que lorsqu'elle aura eu la sanction de la majorité des communes, en la manière suivante.

Toutes les communes se rassembleront le lendemain de cette élection *conditionnelle*, et décideront, par *assis et levé*, si elles l'acceptent ou si elles la rejettent, ce dont il sera dressé procès-verbal qui sera envoyé au greffe de la justice de paix du chef-lieu de district: leur silence, après huitaine, sera pris pour acceptation; et si après ce terme il ne se trouve pas une majorité de communes réclamantes, ou plutôt une majorité de suffrages de ces communes, il en sera dressé procès-verbal, et l'extrait de ce procès-verbal servira de titre au député élu pour se présenter à la législature.

Dans le cas contraire, c'est-à-dire si la majorité des suffrages manifestés par les communes rejette la nomination faite au scrutin par les électeurs, alors cette nomination sera nulle, il faudra nécessairement choisir d'autres électeurs : on sera libre de conserver ou de changer les députés éventuels ; et il sera indiqué une nouvelle assemblée centrale, où l'on procédera à une réélection dans la même forme que la première.

Je dois ajouter, à l'égard de ces assemblées rurales, que si le nombre des électeurs fournis par chacune des communes du district, tant de la campagne que des villes de la seconde et troisième classe, s'élevait au-dessus de deux cinquantes, alors elles auraient deux députés à nommer au lieu d'un; mais ce cas sera infiniment rare, et il sera essentiel de composer les districts de façon qu'il se présente le moins qu'il sera possible.

Quant aux assemblées *urbaines*, si les villes de la première classe se trouvent être les chefs-lieux de district, les assemblées ne s'y tiendront pas en même temps que les assemblées *rurales*, et il y aura toujours entr'elles au moins huit jours d'intervalle; ensuite ces villes seront divisées en autant de sections qu'elles auront de députés à nommer relativement à leur population (*Paris* seul demeurant excepté à cause de son immensité) : ces sections pourront encore être subdivisées en assemblées partielles, où l'on nommera, comme dans les communes, des électeurs proportionnellement au nombre des citoyens dont elles seront composées, pour porter leur vœu à l'assemblée générale de la section, afin d'éviter les dangers, les longueurs, le tumulte, qui sont inséparables de tout grand rassemblement.

Au reste je n'entrerai pas dans beaucoup de détails à ce sujet, parce que les moyens sont trop faciles pour que je perde du temps à les indiquer; il me suffira de faire observer que les citoyens, dans ces villes, pourraient se dispenser d'avoir des électeurs ou *porteurs de suffrages* pour la représentation nationale, si la nécessité de faire concourir ces assemblées urbaines avec l'assemblée rurale de leur district, pour la nomination de tous les fonctionnaires publics qui leur seront communs, ne les forçait de se former en assemblées partielles, pour avoir, ainsi que les communes de campagne, des électeurs à peu près dans la même proportion : elles seront donc formées en raison de deux mille âmes de population pour chacune, ce qui fera trois à quatre cents citoyens votants, et elles auront quatre électeurs, en suivant à peu près la même proportion que pour les communes de la campagne.

Après avoir ainsi substitué des formes simples, faciles et régulières à la marche dangereuse des assemblées primaires, et à l'établissement plus dangereux encore des assemblées électorales de département; après avoir démontré que les unes et les autres étaient aussi dispendieuses, aussi onéreuses au peuple, que contraires aux principes de la liberté et de l'égalité, il ne me reste plus qu'à expliquer la manière et les règles dont le peuple pourra se servir pour la révocation de ses représentants, lorsqu'ils auront perdu sa confiance; car en vain se le dissimulerait-on, il est incontestable qu'il cesserait réellement d'être *souverain*, s'il n'avait le droit de les révoquer toutes les fois que bon lui semble, et que ce serait porter une atteinte funeste à sa souveraineté de ne lui pas donner les moyens d'en faire usage.

Ces moyens consisteront donc à avoir, dans un greffe au chef-lieu de district, un registre pour recevoir le vœu des communes à cet égard; chacune d'elles, lorsqu'elle voudra délibérer sur cette révocation, formera un scrutin : si les deux tiers des voix se trouve pour l'affirmative, on enverra l'extrait du procès-verbal au tribunal de la justice de paix du district, qui le fera transcrire sur ses registres; et si, dans un espace de six semaines, en quelque temps de la législature que ce soit, il se trouve une inscription qui manifeste que les deux tiers des suffrages attribués à chaque commune sont pour la révocation, il en sera dressé un certificat par les administrateurs,

qui sera adressé au suppléant, et en vertu duquel il pourra se présenter à la législature. Ces suppléants seront toujours ceux qui, après les députés, auront réuni le plus de suffrages; et toutes les contestations qui pourront survenir au sujet de ces révocations seront jugées définitivement par le Corps législatif, d'après l'avis du juge de paix et de ses assesseurs.

Avantage de ce nouveau mode d'élections, objections et réponses.

Rien n'est plus vrai que les anciens n'ont jamais connu la forme *représentative* des gouvernements, et que c'est une institution absolument moderne que nous devons au régime féodal; mais il n'est pas aisé de concevoir comment *Rousseau*, qui est notre étoile polaire en législation et en politique, a pu croire qu'un peuple ne pouvait être représenté, qu'il ne pouvait nommer que des *commissaires*, qu'il cessait d'être souverain du moment qu'il avait nommé des représentants, et enfin que la forme représentative était la plus vicieuse de toutes (1); car il est facile de démontrer, d'un côté, que sur une vaste superficie il ne peut y avoir de plus favorable à la liberté publique, et de l'autre, que le peuple ne cesserait réellement d'être souverain, après avoir nommé ses représentants, que dans le cas où ils seraient inamovibles, et où ils pourraient, contre son gré, l'assujettir à des lois constitutionnelles. Cependant il suffit qu'un aussi grand homme ait fait cette objection contre les gouvernements modernes, pour qu'on doive la faire disparaître en fait et en théorie, en combinant cette forme représentative de façon qu'elle ne porte à la souveraineté du peuple aucune atteinte, ou au moins qu'elle soit telle qu'il ne puisse y en avoir de meilleure pour le peuple à qui elle sera destinée, relativement à son territoire et à sa population; ce qui est le véritable problème à résoudre.

Il est encore une autre vérité qu'il est essentiel de rappeler, et que personne ne contestera sans doute ; c'est que dans la forme représentative, devenue nécessaire et indispensable pour les grands gouvernements, il est absolument impossible de suivre une proportion numérique telle que tous les citoyens participent activement et passivement à la représentation nationale dans un rapport parfaitement égal, et par conséquent que le meilleur mode de représentation sera celui qui approchera le plus de cette égalité proportionnelle.

---

(1) Quand Rousseau a avancé ce paradoxe, il n'avait probablement en vue que les représentants du peuple au parlement d'Angleterre, puisque à cette époque on n'en connaissait pas d'autre, et il a eu raison de dire qu'ils n'étaient pas de véritables représentants, qu'une fois nommés, le peuple cessait d'être souverain, etc.; mais il a eu tort de généraliser cette assertion : et quand des représentants peuvent être révoqués au gré de leurs commettants, quand ils ne sont nommés que d'après les proportions de la plus grande égalité possible, quand ils ne peuvent faire des lois constitutionnelles qu'elles ne soient sanctionnées par les assemblées communales, je demande, et je demanderais à Rousseau lui-même si une telle représentation est incompatible avec la souveraineté, s'il pourrait en concevoir une meilleure, et enfin si de tels représentants, que l'on désignerait inutilement sous toute autre dénomination, ne doivent pas être présumés dans un vaste Empire, les vrais, les seuls organes possibles de la volonté nationale.

Celui que je viens de proposer a d'abord cet avantage qu'il est infiniment simple, de l'exécution la plus facile, et tout le monde sait qu'il en est à peu près en politique comme en mécanique, que dans les machines très compliquées les frottements y deviennent quelquefois incalculables.

Il n'occasionnera aucun déplacement, si ce n'. t dans les hameaux ou communes de-dessous de 50 feux, et ces sortes d'habitations sont très rares; aucun rassemblement qui puisse donner de l'inquiétude, qui puisse occasionner des émeutes, des querelles, des rivalités de village à village, en enfin presqu'aucune perte de temps, aucune suspension de travaux de la campagne, parce que le citoyen, après avoir voté dans sa commune, retourne à son ouvrage.

En second lieu, chaque citoyen ne sera plus exposé aux séductions, aux suggestions artificieuses des intrigants; il ne sera plus obligé de s'en rapporter, pour ses intérêts les plus chers, à des électeurs souvent hypocrites et infidèles ; car on ne s'y méprendra pas, je l'espère, ceux à qui je donne le nom d'*électeurs* ne seront, à proprement parler, que des *porteurs de suffrages ;* la latitude de leurs pouvoirs sera tellement circonscrite, qu'ils ne seront que les organes presque nécessaires de la volonté absolue de leurs commettants; chacun ne suivra que le mouvement de sa conscience pour donner sa voix au plus honnête homme, à l'homme le plus éclairé et le plus patriote, dans l'élection des candidats, et ces candidats, ainsi choisis à la majorité des suffrages dans chaque commune, donneront un tableau général des meilleurs sujets, de ceux qui mériteront le plus la confiance de leurs concitoyens, soit dans l'étendue du district, soit partout ailleurs.

Ce tableau, publié ensuite et affiché pendant huit jours, donnera les moyens à chaque commune de connaître ceux des candidats présentés par les autres communes du même district, et le temps de s'informer quel est celui ou quels sont ceux des candidats qui mériteront la préférence sur tous les autres, pour être nommés députés éventuels par un second choix qui n'aura rien de commun avec le premier. Il sera à désirer seulement que tous les citoyens, et les citoyens des campagnes surtout, se pénètrent bien de la nécessité de ne choisir que des hommes d'un grand mérite, en quelque lieu qu'ils habitent, et de se dépouiller totalement de ces petites et misérables affections particulières pour les gens de son pays, qui ne doivent être comptées pour rien dans la balance de l'intérêt général.

Quant aux électeurs et aux députés éventuels, c'est-à-dire aux sujets désignés pour être les représentants du peuple, on remarquera que la nomination des uns et des autres ne sera faite que dans la seconde assemblée communale, afin qu'il y ait le moins d'intervalle possible entre cette assemblée et l'assemblée centrale du district, afin qu'ils n'aient pas le temps de se concerter avec les électeurs des communes voisines pour cumuler des suffrages sur la même tête, et enfin pour qu'ils ignorent quel est celui qui pourra réunir la majorité, quels sont ceux qui ont obtenu des suffrages dans le plus de communes, et qu'ils ne l'apprennent qu'à l'appel nominal qui sera fait de ces mêmes communes dans l'assemblée centrale.

Cet appel nominal indiquera donc s'il y a majorité de suffrages en faveur de quelqu'un des députés éventuels, ou s'il n'y a point de majorité prononcée. Dans le premier cas, on conviendra certainement qu'il ne sera pas possible d'avoir une représentation plus régulière, plus immédiate, plus conforme au vœu de tous; il n'y aura pas un seul citoyen du district qui n'ait une connaissance exacte, soit par soi-même, soit par des informations préliminaires, de celui à qui la représentation sera confiée : dans le second cas, le choix que les électeurs auront à faire parmi les quatre députés éventuels qui auront réuni le plus de suffrages, et qu'ils seront présumés connaître au moins de réputation; l'obligation où ils seront de donner leurs suffrages sans désemparer, et par dessus tout la sanction des communes exigée pour la validité de l'élection, seront toujours une barrière insurmontable pour quiconque voudrait contrarier l'opinion publique, et un écueil perpétuel pour les intrigants; en sorte que, suivant toute apparence, il arrivera très rarement que l'on soit obligé de procéder à la mutation des électeurs, et de revenir à une nouvelle assemblée centrale, ceux-ci étant trop intéressés à ne pas mériter ce désagrément de la part de leurs concitoyens.

Cependant je dois prévenir que, si ce cas arrivait, il faudrait non seulement choisir d'autres électeurs et toujours domiciliés dans la commune, comme je l'ai déjà dit; mais qu'il faudrait encore leur donner une plus grande latitude qu'aux premiers, et leur laisser le pouvoir de choisir le député du district parmi les six députés éventuels qui auraient réuni le plus de suffrages à la première assemblée centrale ; bien entendu que celui dont l'élection aurait fait l'objet de la réclamation générale, serait excepté de ce nombre : cette précaution sera d'autant plus nécessaire, que l'élection faite à cette seconde épreuve sera définitive, et qu'il y aurait beaucoup plus d'inconvénients à recommencer une troisième qu'à l'admettre, parce qu'il n'y a aucune institution sans inconvénients.

Enfin, si l'on fait réflexion que par cette méthode on supprime le danger des assemblées électorales de département, danger dont j'ai déjà parlé et très imminent sous toutes sortes de rapports, puisque l'événement a prouvé plus d'une fois que rien ne pouvait les empêcher de délibérer lorsqu'elles le voulaient; si l'on fait attention encore qu'elle donne à chaque citoyen, dans sa commune, la connaissance exacte de celui à qui elle confie le dépôt le plus précieux qui soit en son pouvoir; qu'elle lui laisse la liberté de lui retirer cette même confiance s'il en abuse, et qu'ainsi elle assure dans les élections et l'indépendance individuelle de chaque citoyen et la souveraineté collective du peuple : n'aura-t-on pas tout lieu de se convaincre qu'au moins jusqu'ici on ne nous a point proposé de mode représentatif plus conforme aux principes de la liberté et de l'égalité, les seules bases de toute association politique, de tout gouvernement raisonnable ?

Mais, dira-t-on, dans ce système, la représentation en raison composée de la superficie, des impositions et de la population, disparaît entièrement, et la population seule en est la base.

Dans ce système, les classifications sont sujettes à beaucoup de variations, et elles offrent de grandes inégalités.

Dans ce système, il vous est impossible de multiplier à votre gré le nombre des députés au Corps législatif ou à une Convention, et il ne peut jamais suivre qu'une progression arithmétique, dont le premier terme sera toujours le nombre total des assemblées rurales, et des sections dont les assemblées urbaines seront composées.

Voilà, ce me semble, les objections principales que l'on peut raisonnablement faire, et qui méritent une discussion approfondie.

Je réponds à la première objection, que la représentation, en raison de la population seulement, est dans une démocratie absolue le seul mode conforme aux principes d'égalité qui en sont la base essentielle; que cette *raison composée* n'a été imaginée par l'Assemblée constituante, que parce qu'elle n'avait pu se défaire d'une grande considération pour les riches, ni se défendre d'une insouciance presque habituelle pour les pauvres; tandis que dans les vrais principes d'un gouvernement populaire, où la représentation est de nécessité absolue, c'est toujours la classe la plus pauvre des citoyens qui doit être la plus favorisée, attendu que les richesses ne donnent que trop de moyens aux autres de l'opprimer.

Voilà donc pourquoi j'ai distingué les communes rurales par le nombre de feux dont elles sont composées, et les villes par le nombre d'âmes qui forment leur population, en établissant une graduation telle que l'avantage est toujours pour les petites communes de la campagne et de la ville, parce qu'il y a proportionnellement plus de richesses présumées dans les unes que dans les autres (1).

Je compte pour rien l'étendue du territoire, et on n'en sera pas surpris, si l'on fait attention que la proportion de cette étendue est incalculable, et de l'autre, qu'elle serait souverainement injuste, quand même elle serait possible : vérité qui n'a pas besoin d'un plus grand développement.

Quant aux inégalités successives qui résulteront de l'instabilité de la population, et aux divisions que j'ai indiquées en différentes classes de communes rurales et de communes de villes, tant en sections qu'en assemblées partielles de sections, je conviens qu'à la longue il pourrait en résulter de grands abus, et qu'il arriverait ce qui est arrivé en Angleterre, où telle bourgade envoie plus de députés au Parlement que telle ville ou tel comité; mais rien ne sera plus facile que d'y remédier en établissant, qu'à de certaines époques, tous les dix ans par exemple, cette classification serait renouvelée dans une assemblée centrale de district, et ensuite ratifiée par le Corps législatif,

qui prononcerait définitivement sur toutes les contestations qui pourraient survenir à ce sujet.

La division constante des villes sera, en villes de la première, de la seconde et de la troisième classe, comme je l'ai déjà dit : la division constante des habitations de la campagne sera, en bourgs qui auront 250 feux et au-dessus ; en villages qui auront depuis 50 jusqu'à 250 feux; et en hameaux qui comprendront toutes les habitations au-dessous de 50 feux ; les maisons isolées, comme fermes, métairies et faisant toujours partie de la commune sur le territoire de laquelle elles se trouvent situées.

Enfin, je réponds à la troisième objection, que je ne veux pas, il est vrai, varier le nombre des députés comme dans les assemblées électorales actuelles, parce qu'au lieu de 84 assemblées, j'en ai environ 500, et qu'il ne peut pas y avoir moins d'un député par assemblée; mais que le nombre des députés, donné par les assemblées rurales et les assemblées urbaines, s'élèvera au moins à 600, non compris les députés des colonies, ce qui sera ni trop peu pour une législature ordinaire, ni trop, étant doublé pour une Convention nationale.

La représentation tant aux assemblées législatives qu'aux assemblées conventionnelles, étant ainsi réglée, la progression de cette représentation devant nécessairement se trouver dans l'augmentation des districts et des départements qui pourraient être ajoutés au territoire de la République; il ne me reste plus qu'à faire voir comment le peuple pourra nommer, dans ses assemblées communales, ainsi que dans ses assemblées centrales de district, non seulement les fonctionnaires publics qui seront communs et au département et aux districts et aux cantons, mais encore les agents supérieurs du pouvoir exécutif, les membres du tribunal de cassation et la haute-cour nationale, qui seront communs à tout l'Empire sous quelque forme que ces établissements existent.

Mode d'élection à toutes les places de fonctionnaires publics, autres que celles de la législature.

Il n'est pas de mon sujet d'examiner s'il serait à propos de supprimer les administrations de département, comme des corps trop puissants dans un Etat populaire, trop disposés à se confédérer avec les départements voisins, et porter ainsi une funeste atteinte à ce système d'unité et d'indivisibilité qui fera toujours la prospérité de la République, ou au contraire s'il ne conviendrait pas beaucoup mieux, en simplifiant cette administration supérieure, et en prévenant toute coalition par des lois sévères, de supprimer toutes ces administrations intermédiaires, appelées *districts*, qui, comme je l'ai dit, ne forment qu'une hiérarchie inutile, et ne servent qu'à multiplier les embarras, les longueurs et les dépenses pour les administrés.

Je n'examine pas davantage s'il sera de l'intérêt général que les tribunaux judiciaires soient conservés dans chaque district, ou si un seul tribunal civil, ainsi qu'un seul tribunal criminel, dans chaque chef-lieu de département, ne seraient pas suffisants pour l'administration de la justice ; enfin, soit que l'on

---

(1) Il en est des grandes villes à l'égard des petites et de toutes ensemble à l'égard des bourgs et villages, comme des ci-devant seigneurs à l'égard de leurs ci-devant vassaux : en prenant la partie pour le tout, elles se croient seules le peuple; elles croient mériter seules tous les égards, toutes les considérations. Il est donc temps que nos institutions nouvelles en corrige ce penchant des villes à la domination sur les campagnes, et que l'on sente enfin que s'il est quelques inégalités inévitables, elles doivent se trouver en faveur du plus faible contre le plus fort, du plus pauvre contre le plus riche.

conserve les municipalités telles qu'elles existent actuellement, soit qu'on les réduise à des municipalités centrales, c'est-à-dire à des municipalités de canton ; je dois, dans toutes ces hypothèses, faire voir que la nomination aux places de fonctionnaires publics, par le mode que je propose, sera et beaucoup plus facile et beaucoup plus régulière que par les formes actuelles.

Je commence par les administrations de district, qui, en toutes circonstances, doivent être réduites à une juste proportion dans chaque département.

Toutes les villes qui feront partie d'un district, se diviseront en autant d'assemblées partielles qu'il y aura de deux mille âmes de population, ce qui représentera les assemblées communales de campagne, et elles nommeront chacune quatre électeurs; en sorte qu'une ville de dix mille âmes, par exemple, aurait cinq assemblées et vingt électeurs en tout, ainsi des autres.

Ces assemblées partielles, après avoir nommé leurs électeurs à la pluralité relative et au scrutin de liste, procéderont, ainsi que toutes les autres communes du district, à la nomination des fonctionnaires publics dont il sera question, au scrutin individuel et à la majorité absolue des suffrages, de sorte qu'il y aura autant de scrutins que de places à nommer.

Ces électeurs se rendront ensuite à l'assemblée générale du district, ou plutôt c'est eux qui la composeront : là, ils porteront le vœu de leurs commettants pour les sujets qui leur auront été désignés; on fera un appel nominal de tous les électeurs pour chacun d'eux, en observant toujours, qu'autant d'électeurs autant de suffrages; et celui qui, à cette épreuve, réunira la majorité absolue, sera proclamé sans difficulté. Dans le cas contraire, les électeurs nommeront au scrutin et à la pluralité relative, parmi les quatre candidats qui auront réuni le plus de suffrages : on passera ensuite à la nomination de la seconde place, et ainsi des autres de la même manière; la sanction des communes, à l'égard de ceux qui n'auraient pas réuni la majorité absolue des suffrages à l'appel nominal, devant s'obtenir, comme pour la représentation nationale, d'après les règles que j'ai indiquées à ce sujet.

Voilà pour toutes les places communes et particulières, tant à l'administration qu'aux tribunaux; quant à celles qui doivent appartenir à un département entier, l'assemblée centrale de chaque district qui fera partie de ce département, et organisée comme je viens de le dire plus haut, nommera un sujet, c'est-à-dire que, s'il est question d'un tribunal de justice, il y aura autant de juges que de districts; et que, si on voulait une administration supérieure, elle serait composée d'un nombre d'administrateurs toujours relatif au nombre de districts, ce qui réunirait toutes les convenances et tous les intérêts; car il est constant qu'un département, composé de sept districts, doit avoir plus d'administrateurs que tel autre qui n'en aura que six.

Je ne parle ni de l'élection des juges de paix, que l'on conservera sans doute comme un présent du ciel, surtout pour les campagnes, ni de celles des officiers municipaux; il n'est personne qui ne sente combien elle sera facile,

même sans aucun déplacement de communes à l'égard des premiers.

Chaque commune de canton fera son élection particulière au scrutin, à la majorité absolue des suffrages, et son vœu, ainsi que celui de toutes les autres communes, émis de la même manière, sera porté par le nombre d'électeurs attribué à chacune d'elles relativement à leur population, dans une assemblée générale indiquée au chef-lieu du canton; là il se trouvera une majorité absolue prononcée en faveur de quelqu'un, ou il n'y en aura pas; s'il y en a pas, les électeurs choisiront un sujet au scrutin parmi les deux qui auront réuni le plus de voix; mais toujours *conditionnellement*, et sauf la sanction des communes exprimée en la manière prescrite pour toutes les autres élections.

Il est donc aisé de voir que ce nouveau mode que je propose peut s'adapter également et à la représentation nationale, qui est mon premier objet, et à la nomination de toutes les places communes, soit aux départements, soit aux districts, soit aux cantons et aux communes c'est-à-dire à celles de tous les fonctionnaires publics de l'Empire (1), excepté les agents supérieurs du pouvoir exécutif, et les juges, tant du tribunal de cassation que de la haute Cour nationale.

Mais cette exception, si l'on réfléchit attentivement, offrira beaucoup plus d'avantages que d'inconvénients; car il n'en est pas de ceux-ci, surtout des agents supérieurs du pouvoir exécutif, appelés ministres ou directeurs, comme des autres fonctionnaires publics qui sont répandus sur toute la superficie de la République, et dont les talents, les vertus, le civisme peuvent être connus particulièrement de tous leurs concitoyens avec lesquels ils habitent. Il faut pour ces places, surtout dans les temps d'une révolution orageuse, des hommes d'un mérite rare, d'un courage inflexible; des hommes rompus aux affaires, habitués au travail, et qui se trouvent à Paris plus communément que partout ailleurs, comme centre des lumières et des connaissances : il est donc très facile de prouver, que non seulement ces nominations immédiates des ministres par le peuple, après lesquelles on crie sans cesse, comme devant être le remède à tous nos maux, sont absolument impossibles; mais encore qu'elles seraient très dangereuses et très funestes à la chose publique, quand même elles seraient possibles.

Pour se convaincre que cette nomination *immédiate* est absolument impossible, il ne faut que considérer l'étendue de notre territoire,

---

(1) Je ne comprends dans cette classe ni les instituteurs d'éducation publique, ni les ministres des cultes quelconques, salariés ou non salariés : les premiers, parce que le mode d'élection des instituteurs tiendra nécessairement au plan d'instruction qui sera adopté; et les seconds, parce que ces cultes pouvant être différents dans les mêmes districts, il ne paraît pas convenable de les assujettir à des règles générales; tout ce qu'il y aura de commun entre eux, c'est que ces places ne seront pas inamovibles comme autrefois, et que du moment qu'un prêtre ou ministre aura perdu la confiance de ses concitoyens par l'irrégularité de ses mœurs, la négligence de ses devoirs, la manifestation de son incivisme, ou une conduite scandaleuse, sous quelque rapport que ce soit, il pourra être remplacé et même puni suivant l'exigence des cas.

l'éloignement de nos colonies, l'immensité de notre population; et si jusqu'à présent elle n'a pu avoir lieu même pour des fonctionnaires publics, communs à des départements ou à des districts seulement, comment voudrait-on faire nommer directement, et à des époques qui ne pourraient jamais être déterminées, six à sept ministres, soit collectivement, soit individuellement, par quatre à cinq millions de citoyens votants, placés à des distances énormes sur l'une et l'autre hémisphères? Le temps seul qu'il faudrait pour rassembler leurs suffrages, rendrait cette mesure impraticable dans la plus grande partie des circonstances; et voilà comme ce qui serait utile, ce qui serait possible à *Genève* ou à *Raguse*, est inadmissible en France.

Voyons maintenant si cette nomination *directe* et *immédiate*, quand même elle serait possible pour nous, ne serait pas très préjudiciable à l'Etat; et, en effet, je le demande à toutes personnes impartiales, comment voudrait-on, dans le cas de quelque prévarication particulière, dans le cas où il doit être prévu d'une démission combinée et simultanée, qu'une nomination nécessairement lente, nécessairement compliquée, n'altérât pas tous les ressorts de l'administration, et occasionnant par là une stagnation subite des forces coercitives ne paralysât, pour ainsi dire, toute la masse du corps politique?

Comment voudrait-on, je le répète encore, que le peuple des villes et surtout le peuple des villages, des hameaux eût une connaissance assez exacte des hommes d'Etat, des hommes à grands talents, des hommes initiés aux affaires dans les bureaux du ministère, ou cultivant dans la retraite la science du gouvernement, pour faire un choix raisonnable? Ne serait-ce pas l'exposer, ou plutôt le forcer à livrer sa confiance au premier venu, au premier intrigant qui voudrait le séduire, ne connaissant que les hommes qui l'environne (je parle des gens de la campagne qui forment certainement le plus grand nombre), et ne connaissant les autres que sur parole et sur l'autorité des papiers publics, souvent contradictoires entre eux? il faut donc qu'ils s'en rapportent à leurs représentants. aux Assemblées conventionnelles ou législatives pour faire ces nominations et ces remplacements toutes les fois que les circonstances l'exigeront : tout leur commande cette confiance.

Ces représentants seront, à cet égard, leurs électeurs; ils en feront les fonctions comme pourraient le faire des électeurs nommés *ad hoc* : et qui osera dire que des hommes qui auront été jugés dignes de la confiance la plus absolue de leurs concitoyens, qui auront été investis par eux de pouvoirs illimités, pour discuter et prononcer sur ce qu'ils ont de plus cher au monde, ne mériteront pas de leurs commettants cette autre portion de confiance pour la nomination des ministres? Aura-t-on à craindre que l'intrigue, la cabale, l'esprit de parti, plus que l'esprit public, n'influent sur ces nominations, et que les représentants du peuple ne se laissent égarer par l'espérance de plusieurs places à la disposition de ces mêmes ministres, qu'ils ne commerçent ainsi de leurs suffrages? Non! rien ne sera plus aisé que de trouver un mode d'élection propre à calmer toutes les inquiétudes à ce sujet : celui qui est mis actuellement et provisoirement en

usage par la Convention, est déjà bien propre à écarter toute influence de la part de quelque cabale que ce soit; il y aurait peu à faire pour le porter au degré de perfection dont il est susceptible.

Les membres du pouvoir exécutif étant d'ailleurs entièrement soumis au Corps législatif, qui les surveillera sans cesse, (1) il est dans l'ordre des convenances et des principes qu'il ait le droit de les élire, comme il aura celui de les déplacer; et quand bien même il y aurait quelque inconvénient à cet égard, la somme des avantages l'emportera si fort sur celle des inconvénients, qu'après avoir balancé les uns et les autres, on n'hésitera pas, ce me semble, sur le parti que l'on aura à prendre.

La nomination à ces places sera très rare; il faut l'espérer : premièrement, parce qu'on qu'on aura intérêt de conserver ceux qui s'y distingueront par leur zèle et leur exactitude à remplir leurs devoirs; secondement, parce que leur nombre n'excédera jamais celui de sept à huit. Je l'ai porté moi-même à sept, dans un plan que j'ai proposé au comité de constitution; c'est-à-dire au plus petit nombre possible, étant parfaitement convaincu que la composition du pouvoir exécutif doit être en raison inverse de celle du Corps législatif : plus le premier s'approchera de l'unité plus le service public y gagnera, plus il y aura de secret, de sûreté et de célérité dans les expéditions; plus, au contraire, le second s'en éloignera, et plus la représentation sera régulière, plus le nombre des représentants se rapprochera de celui des représentés. Mais ne nous dissimulons pas aussi que ces deux points apparents de perfection sont à côté de deux écueils inévitables, dont l'un est l'unité, c'est-à-dire la *royauté*, sous quelque dénomination que ce soit, et l'autre la *multitude*, d'où naîtront infailliblement le désordre et la confusion.

Ce sera donc pour éviter tous ces dangers qu'il faudra d'abord chercher le point intermédiaire entre les inconvénients d'un trop grand et d'un trop petit nombre de mandataires du peuple, en un sens opposé; et ensuite abandonner au Corps législatif la nomination, non seulement des agents supérieurs de l'administration, mais encore celle des membres de la Cour de cassation, et de la haute cour nationale, sous quelque dénomination que l'on conserve ces tribunaux, puisque les uns et les autres auront, dans leur ressort, la République entière.

Enfin, ce n'est qu'en passant l'éponge sur toutes les formes actuelles d'élection, dont nous apercevons tous les jours les vices et les abus, ce n'est qu'en consultant la raison seule et l'expérience, que nous parviendrons à la connaissance de celles qui sont les plus conforme aux principes de la liberté et de l'égalité.

_____

(1) Dans un plan d'organisation du pouvoir exécutif que j'ai publié il y a deux mois, j'ai démontré que dans une démocratie absolue il ne pouvait y avoir qu'un souverain, que les représentants du peuple étaient les seules organes de la volonté générale, et qu'ainsi le pouvoir exécutif devait toujours être dans leur dépendance.

N'allons pas chercher chez les Romains ni chez les Grecs, ni chez aucun peuple de la terre, des convenances que nous ne pouvons tirer que de nous-mêmes, de nos mœurs, de notre climat, de l'étendue de notre territoire et de notre population. Eh ! comment pourrions-nous comparer une assemblée de neuf mille citoyens à *Sparte*, de vingt mille à *Athènes*, et d'environ quatre cent mille à Rome, dans la plus grande splendeur de ces trois Républiques fameuses, avec une population de vingt-six millions d'hommes, répandues sur une superficie de vingt-quatre mille lieues carrées ? Quelle idée pouvons-nous nous faire d'un peuple souverain tel que celui de Rome, des environs, et même de toute l'Italie rassemblé dans une seule place publique, et y donnant son suffrage de dessus les toits ? Qu'étaient-ce que ces grands *comices*, ces comices par tribus et par centuries, si vantés, sinon des cohues effroyables, dont les tribuns et les aruspices étaient toujours les maîtres, et qu'ils dirigeaient au gré de la faction dominante ?

Puisse une Constitution plus sage et digne de l'esprit philosophique de ce siècle, ramener parmi nous le calme et la paix dont nous avons un besoin si pressant ! Puissent les sentiments d'une sainte fraternité ne faire de nous qu'une seule famille ! Mais prenons-y bien garde, que ce calme, après lequel paraissent soupirer tant d'honnêtes gens, et plus d'hypocrites encore (1), ne nous fasse oublier les dangers d'une trop grande sécurité ; que l'oie du Capitole soit toujours sur la brèche ; et tenons pour certain ce que disait un *Palatin* dans une diète de Pologne, *qu'une liberté orageuse vaut beaucoup mieux qu'une servitude tranquille*. Ce n'est pas il est vrai, la morale des esclaves ; mais ces âmes de boue peuvent-elles être comptées parmi l'espèce humaine ?

Paris, le 22 décembre 1792, l'an 1er de la République française.

P. S. Cet ouvrage était fini lorsque l'on nous en a distribué un intitulé : *Du nouvel ordre social*, par *Henri Bançal*, l'un de nos collègues, et imprimé par ordre du comité de

_____

(1) Une des principales erreurs des jugements que l'on porte sur le compte de la Révolution, vient de ce que l'on ne veut pas observer que nous sommes dans l'accès de la Révolution même ; que par conséquent il est impossible que les lois soient observées à la rigueur, qu'il est impossible qu'il n'y ait quelques froissements particuliers résultant du choc de tous les intérêts et de toutes les passions ; qu'il est impossible qu'il n'arrive quelques désordres amenés par l'exaltation d'un patriotisme irréfléchi, et souvent même par l'imprudence de ceux qui ont à s'en plaindre : mais les aristocrates et les malveillants aiment bien mieux appeler cela de *l'anarchie*, épouvantail éternel avec lequel ils cherchent à tromper les âmes faibles et pusillanimes ; leurs petites conceptions ne s'étendent pas jusqu'à voir que leur propre existence est une preuve évidente de cette *anarchie* si exagérée, et que s'il était vrai, comme ils le prétendent, comme ils affectent de le publier, que le peuple fût sans aucun frein, sans aucune soumission aux lois, ils seraient bientôt sacrifiés à des vengeances particulières qu'ils ne cessent de provoquer par leurs absurdes et scandaleuses déclamations.

Constitution (1) ; j'y ai aperçu, comme tous ceux qui l'ont lu avec attention, d'excellentes vues exposées avec beaucoup de clarté et de méthode ; les richesses du style, les images, les métaphores y brillent de toutes parts ; mais comme les paradoxes, les hérésies politiques sont quelquefois la source de maux incalculables, et qu'elles sont d'autant plus dangereuses, quand elles sont revêtues d'un vernis séduisant, qu'il est bien plus facile de juger les mots que d'apprécier les choses, j'ai cru devoir combattre le mode d'élection que l'auteur propose, et démontrer qu'il serait aussi impossible en exécution qu'il est faux en théorie.

En effet, rassembler cinq à six mille citoyens de la campagne dans un chef-lieu d'arrondissement, et y construire de *magnifiques amphithéâtres* capables de recevoir commodément une aussi grande multitude ; assurer (page 33) que plus les assemblées sont nombreuses, plus il y a de dignité, et plus on peut avoir la volonté générale ; croire que tous les habitants de la campagne abandonneraient leurs travaux les plus pressants de l'été, ou braveraient les rigueurs de l'hiver pour aller discourir dans ces assemblées, à une très grande distance de leurs foyers : en vérité c'est juger de tous les villages de la France par les villages de *Meudon* et de *Saint-Cloud* : c'est se faire illusion complète sur le génie et les mœurs des habitants de nos campagnes ; c'est, en un mot, supposer ce qui serait à peine au le peuple était parfaitement instruit et dans la plus grande aisance.

Mais combien nous sommes loin de cette république idéale, de ce rêve platonique, puisqu'il n'est que trop malheureusement vrai que nous sommes absolument dans le cas contraire ! Je répondrai donc à l'auteur *du nouvel ordre social* :

1° Que dans notre position actuelle il serait révoltant de faire construire de vastes et magnifiques amphithéâtres à des gens qui n'ont pas seulement le moyen de réparer un pont, un chemin, une chaussée qui met tous les jours leur vie et celle de leurs bestiaux en danger.

2° Que quand même on pourrait élever ces sortes d'édifices publics, et pourvoir à leur entretien qui serait très dispendieux, ils seraient presque toujours déserts : en été, parce que, comme je viens de le dire, jamais les cultivateurs ni les journaliers ne quitteraient leurs travaux pour s'y rendre ; en hiver, parce que les mauvais chemins en éloigneraient tout le monde, parce qu'enfin les jours de fêtes et de dimanches, dans les villages, sont consacrés partie aux objets du culte, partie aux affaires de commerce et d'intérêt que les citoyens ont à régler entre eux.

3° Que quand même ces amphithéâtres pourraient être remplis et fréquentés, ils n'en seraient pas plus dangereux, je ne dis pas par la difficulté, mais par l'impossibilité d'y établir de l'ordre et une police sévère ; en sorte que tout le temps des séances suffirait

_____

(1) Voy. *Archives parlementaires*, 1re série, tome 55, séance du 24 décembre 1792, page 409.

à peine pour apaiser les querelles qui ne manqueraient pas de s'élever entre les hommes rassemblés de trente villages différents. Le plus grand défaut des assemblées primaires établies par l'Assemblée constituante, était, comme je l'ai fait voir, de rassembler sur un même point de la campagne une trop grande masse d'individus; et si un rassemblement de sept à huit cents personnes avait des inconvénients qui n'ont échappé à aucun observateur, que de dangers n'aurait-on pas à courir d'un nombre sept à huit fois plus grand! qui serait chargé d'assurer les subsistances dans ces centres d'arrondissement qui se trouveraient peut-être des villages de deux cent feux tout au plus? qui en souffrirait la perte en cas de non consommation?

4° Enfin je lui répondrai que ce rassemblement de cinq à six mille personnes pour l'élection de deux députés aux Assemblées nationales, ou de trois mille pour un seul, en formant ainsi 500 ou 1000 assemblées élémentaires, nuirait d'autant plus à la manifestation de la volonté générale, que ce rassemblement serait plus nombreux, ce qui, comme l'on voit, est entièrement opposé à l'assertion de l'auteur qui dit, page 35, *plus le nombre des votants sera grand, et plus vous augmenterez la chance des lumières.*

J'entrerais dans de plus grands détails sur un sujet aussi important pour la stabilité de la République française, si la discussion qui va s'ouvrir sur les bases de la Constitution que le comité doit nous présenter incessamment, ne nous fournissait à tous, les moyens de développer nos principes et le résultat de nos réflexions pour l'intérêt commun de notre patrie : c'est alors qu'il sera aisé, ce me semble, de faire voir que l'auteur du *nouvel ordre social* est dans une grande erreur quand il dit n'être pas de l'avis de *Solon* et de *Montesquieu*, qui assurent l'un et l'autre *que les meilleures lois pour un peuple ne sont pas les meilleures lois possibles, mais bien les meilleures lois qui lui conviennent,* erreur sur laquelle reposent sa nouvelle forme d'élection, et toutes les autres parties de son système. C'est alors qu'il sera aisé de prouver que tout serait perdu, au contraire, si on s'écartait de cette vérité fondamentale, méditée profondément par deux philosophes célèbres qui avaient le plus de connaissances du cœur humain, et qui, à beaucoup d'égards, seront les législateurs de tous les siècles; vérité sans laquelle nous risquerions de ne faire des lois que pour une génération d'hommes qui peut-être n'existera jamais.

C'est alors que je me permettrai de lui demander, à lui dont l'orthodoxie en principes politiques n'est pas soupçonnée, ce qu'il entend par *le souverain convoqué en assemblées primaires pour les élections, le souverain rassemblé dans un amphithéâtre?* ce que c'est *qu'un souverain qui a droit de pétition?* page 22; car, sans doute, il n'imagine pas qu'il puisse y avoir dans un même État autant de souverains que d'assemblées élémentaires, qui n'en sont que les parties intégrantes comme tous les autres individus de la société.

Enfin nous discuterons cette autre parti

du *nouvel ordre social* qui nous présente comme très facile l'organisation d'une éducation nationale, telle qu'elle dissipe subitement toutes les illusions, tous les préjugés de l'éducation actuelle; nous verrons s'il ne serait pas également déraisonnable et dangereux d'admettre la supposition gratuite d'une révolution instantanée dans les mœurs publiques.

Et, en effet, heurter de front toutes les erreurs reçues et accréditées, surtout parmi les habitants de la campagne; avilir ouvertement ce qui est l'objet de leurs plus grandes affections; vouloir changer sans ménagement la direction de leurs habitudes les plus chères, ne serait-ce pas compromettre la chose publique de la manière la plus évidente? ne serait-ce pas agir avec eux à peu près comme avec des enfants à la mamelle, que l'on ferait passer du lait aux aliments les plus solides pour leur procurer un plus prompt accroissement, et que l'on tuerait à coup sûr? Il n'y a personne qui ne sache que chez tous les peuples de la terre une superstition détruite a été remplacée par une superstition plus ridicule encore; il n'y a personne qui ne sente combien le dogme de la morale universelle serait difficile à être adopté par les hommes simples et méprisant toutes discussions abstraites, puisque la plus saine philosophie n'a pu jusqu'ici le faire concevoir aux neuf dixièmes des hommes éclairés et aguerris dans l'art de raisonner; puisque l'on ne pourrait le leur faire adopter que sur parole, et que c'est sur parole qu'ils croient, depuis le commencement de leur vie, toutes les opinions contraires : d'où l'on doit conclure que si l'on veut substituer cette doctrine de la raison à tous les prestiges de l'erreur et du mensonge, on n'y parviendra jamais que par une marche constante et insensible, et en paraissant respecter les préjugés, alors même que l'on prendra les moyens les plus efficaces pour les détruire.

Il faut avoir habité pendant trente ans la campagne avec quelques connaissances acquises, il faut avoir étudié le caractère et les mœurs de ses habitants en vivant parmi eux, en causant tous les jours avec eux, et non en feuilletant des livres dans son cabinet, pour être pénétré des maux incalculables qui résulteraient de ces magnifiques plans d'éducation où l'on commence, pour instruire les hommes, par les supposer déjà assez dociles, assez instruits pour sentir la nécessité de renoncer à tous les préjugés de leur enfance, et d'adopter des idées toutes neuves pour eux, quelque inconcevables qu'elles leur paraissent, ce qui serait à peine vrai pour quelques habitants des villes, mais ce qu'il serait certainement impossible d'obtenir des habitants de la campagne; et ces habitants de la campagne sont, on ne saurait trop le répéter, la portion la plus nombreuse et, sans contredit la plus utile de la nation.

_____

VINGT-TROISIÈME ANNEXE (1)

A LA SÉANCE DE LA CONVENTION NATIONALE
DU MERCREDI 17 AVRIL 1793.

PLAN *et* PROJET DE CONSTITUTION *pour la Ré-*
publique française, présentés à la Conven-
tion nationale par J. ANG. PÉNIÈRES,
membre de la représentation nationale et
député du département de la Corrèze, le
16 avril 1793, l'an II de la République (2).

Infere, Daphni, piros, carpent tua poma repotes.
VIRGILE.

La République entière a lu et examiné le
plan de Constitution présenté par le comité de la Convention nationale. Avant de
le lire et de le comprendre, les uns l'ont censuré, et les autres, plus justes, ont rendu hommage à la pureté des principes qu'il renferme, et qui a assuré à tous les citoyens,
l'exercice et la jouissance de leurs droits. Il
est néanmoins quelques articles, et même des
titres en entier, qui sont susceptibles de réductions ou d'amendements. Comme citoyen et
comme membre de la représentation nationale, j'ai cru devoir soumettre mes idées à
mes concitoyens : n'y en aurait-il qu'une seule
qui pût leur être utile, j'aurais fait quelque chose pour ma patrie; et je ne suis sans
doute pas le seul à être étonné de l'apathie
profonde qui règne autour de nous. En 1789,
chacun s'empressait d'apporter à la société
le tribut qu'il lui doit à raison de ses lumières et de ses connaissances; toutes les
presses étaient alors employées à imprimer
des plans utiles; partout l'homme attentif et
ami du bien de ses semblables, pouvait satisfaire son impatiente curiosité; partout il
trouvait des hommes occupés du bonheur de
leur patrie. Aujourd'hui que voit-on et que
lit-on? des journaux, des placards et des dénonciations. Il semblerait que la raison humaine est à son périgée, et que les hommes,
fatigués par une révolution aussi longue, attendent dans une indolence coupable la rédaction du contrat social, sans s'inquiéter de ses
clauses ni de sa forme. Mais il est bien pis
encore, puisque des Français ont osé demander la suspension de cet acte jusqu'après la
fin de cette guerre. Quel est leur but? L'homme
juste se plaît toujours à interpréter en bien
les intentions de ses semblables, et il désirerait pouvoir en trouver dans celles-là.
Une opinion ou plutôt un système qui tendrait à détruire tout ordre social, puisqu'il
a été la cause première de l'association de
l'espèce humaine, semble prendre quelque faveur parmi les hommes dont les pères, peu
industrieux ou prodigues, ne leur ont laissé
pour héritage que la force de leurs bras. C'est
sans doute cette classe malheureuse qu'on

cherche à égarer, et dont se servent aujour-
d'hui, les ennemis de l'ordre social, pour retarder ou pour mieux dire, afin d'empêcher
l'organisation de la République française. Jusqu'à ce moment, personne n'a cru devoir combattre ces absurdes systèmes : l'homme raisonnable qui a quelques connaissances ou seulement quelques idées sur les causes de la
réunion des hommes, sur leurs inclinations,
leur naturel et leurs besoins, n'a jamais pensé
que dans un état ou un individu ne peut,
avec les productions naturelles de la terre,
pourvoir à sa subsistance, et à plus forte raison à ses besoins, on pût jamais mettre en
thèse le paradoxe ridicule de la loi agraire
ou partage des biens; et si je n'eusse entendu
moi-même, les prorogateurs de cet absurde
projet, je douterais qu'à la fin du XVIIIe siècle,
il existât des Français assez stupides pour
proposer à leurs concitoyens de rentrer dans
les forêts pour s'y nourrir de glands, ou de
quitter cette zone trop froide et trop stérile,
pour aller vivre en frugivores sous la ligne
équinoxiale.
Comme la propriété a été la cause de presque toutes les conventions parmi les hommes,
comme la propriété a été le principe de tout
gouvernement et de toute institution politique, sans m'écarter de mon objet, je puis
établir à ce sujet quelques principes. La propriété n'est point, à proprement parler, un
droit naturel de l'homme, puisque l'homme
en état de nature a droit de jouir de tout
ce qui peut se procurer, soit en disputant
aux autres animaux ou à ses semblables le
fruit ou la proie qu'il rencontre. Dans l'état
de nature, l'homme est sans doute semblable
à tous les autres animaux; mais son instinct
ou sa raison l'ayant placé au sommet de la
chaîne de la nature, il ne devait point être
au-dessous du singe et du castor. Aussi les
premières peuplades ont des troupeaux,
ont fait ensemble la pêche et la chasse aux
animaux dont elles se nourrissaient et lorsqu'il leur a fallu des filets, des javelots, des
cabanes et des jardins, la propriété a été établie parmi eux; et dès qu'elle a été violée par
quelqu'un, la force a tenu lieu de loi. La raison et l'humanité substituèrent à ce mode
barbare une convention qui assurait à tous
les membres de la société la jouissance de ce
qu'il avait entouré ou cultivé, et de ce qu'il
pouvait légitimement acquérir. Alors il s'est
trouvé des hommes actifs, laborieux, éco-
nomes, industrieux et sobres; ceux-là ont augmenté par leurs soins et leurs travaux, les
productions de leurs propriétés, paresseux
ou prodigues, n'ont pu trouver dans le rapport de leurs champs de quoi satisfaire à
leurs besoins; ils ont emprunté des premiers,
et, pour s'acquitter ensuite de leurs dettes,
ils ont été forcés de céder à leurs créanciers
une portion de leurs biens; et leurs besoins
ou consommations ne diminuant pas également avec le produit de leurs propriétés, un
court espace de temps a suffi pour les priver
de tout ce qu'ils pouvaient posséder. On doit
aussi mettre dans cette classe les hommes ap-
pauvris par des revers, les pères surchargés
d'une famille nombreuse, et ceux que les lois
ont privés du droit de succession : de là, la
misère et l'opulence; de là, le germe de tous
les vices. De même que le chêne, que le ha-

(1) Voy. ci-dessus, même séance, page 263, le rapport de Romme sur les divers projets de Constitution.
(2) Bibliothèque de la Chambre des députés : *Collec-*
tion Portiez (de l'Oise), tome 29, n° 44. Ce document
est annoncé dans le *Journal des Débats et des décrets*
du 19 avril 1793.

sard a fait naître sur un sol aride et rocail-
leux, n'a pu pousser qu'une tige rabougrie,
de même celui qu'un terrain trop gras a fait
croître, périt souvent par une sève trop abondante. Mais dès qu'un individu donne à la société ses bras, son courage et sa vie, cette
même société doit : ournir et pourvoir à sa
subsistance, si des motifs réels ne lui permettent pas de se la procurer par lui-même; car,
là où la société laissera un de ses membres
périr de misère, tandis qu'elle aura dans son
sein des membres opulents, il n'y aura ni humanité, ni morale : et là où tous les individus
prétendraient à des fortunes ou à des revenus
égaux, il faudrait consacrer en principe l'esclavage d'une partie pour travailler au
profit des autres. Ce sont des vérités simples
qu'on ne saurait trop publier pour détromper le peuple qu'on abuse. Je reviens aux
droits de l'homme et à ses devoirs.

Je ne sais pourquoi le législateur n'a jamais écrit, à des lois qu'il a données aux
hommes ou aux sociétés, les devoirs des uns
et des autres; car, où on a un droit à exercer,
on a un devoir à remplir; et l'un touche de
si près à l'autre, que, sans cet accord, l'harmonie ne peut régner dans une grande société. Si un individu n'a aucun égard pour
son semblable, il ne peut exister ni union ni
fraternité; et si la majeure partie de la société s'écarte des principes éternels de la justice et de la raison, il y a alors oppression, et
par conséquent, division, insurrection et
anarchie.

Droits naturels de l'homme.

L'homme, dans l'état de nature, naît libre
et indépendant; sa force seule lui assure l'exécution de sa volonté.

Droits de l'homme en société.

L'homme en société naît libre, mais dépendant de la volonté générale.

Droits et pouvoirs de la société.

Art. 1er. La société réunie a le droit de tout
faire, excepté de se donner un maître. Sa
seule volonté fait loi, et chacun de ses membres lui doit obéissance.

Art. 2. A elle seule appartient la souveraineté; mais elle peut assujettir à ses lois les
générations futures.

Devoirs de la société.

Elle doit faire des lois fondées sur la raison et la justice.

Droits du citoyen.

Art. 1er. Tous les citoyens sans fonctions
sont égaux aux yeux de la loi; ils doivent
tous également être protégés et punis par
elle.

Art. 2. Le citoyen a le droit de faire tout ce
qui n'est pas défendu par la loi, et il ne peut
être puni qu'en vertu d'une loi existante.

Art. 3. Il peut manifester toutes ses pen-
sées et ses opinions, pourvu qu'elles ne troublent pas l'ordre social; et il ne peut être
arrêté qu'en vertu de la loi.

Art. 4. Chaque citoyen âgé de vingt-un ans
a le droit d'exprimer librement son vœu dans
toutes les réunions de la société et de délibérer avec elle.

Art. 5. Il a le droit de conserver tous les
actes injustes de la société, d'inviter ses concitoyens à résister et s'armer contre l'oppression et l'usurpation des pouvoirs.

Art. 6. Tout citoyen a le droit de concourir,
par lui ou par son représentant, à la création des lois, il a celui de nommer immédiatement ses délégués, et d'accepter ou sanctionner les actes qu'ils auront rédigés.

Art. 7. Tout citoyen a le droit de jouir de
tout ce qu'il possède légitimement, l'utilité
commune peut seule l'en priver, en l'indem-
nisant.

Art. 8. Tout citoyen infortuné et invalide
a le droit d'exiger des secours de la société,
et le valide, du travail, pour se procurer la
subsistance.

Devoirs du citoyen.

Art. 1er. L'obéissance aux lois, fussent-
elles injustes, à moins qu'elles ne tendent à
l'opprimer, et à lui ôter ses droits.

Art. 2. Il doit diriger toutes ses vues vers
l'utilité commune et dire la vérité à ses concitoyens.

Art. 3. Il doit respecter les opinions de
tous les hommes, les regarder comme des
frères, et combattre par la raison leurs erreurs, il doit aussi respecter leurs propriétés.

Art. 4. Il ne doit jamais faire à ses semblables ce qu'il ne voudrait pas qu'on fît à
lui-même et doit poursuivre l'injure faite à
son concitoyen comme la sienne propre.

Art. 5. Il ne peut se vendre, parce que son
individu appartient à la société entière.

Art. 4. Il doit donner force à la loi, lorsqu'il est requis en son nom, il doit aussi
s'armer et combattre pour la défense de sa patrie lorsqu'elle est attaquée.

Division de la République en sections (1).

Art. 1er. La République française sera divisée en cent cinquante sections de deux cent
mille âmes chacune, et ce nombre ne pourra
être au dessus de cent quatre-vingt dix.

_____

(1) Jamais division ne fut plus impolitique et plus
contraire à la conservation des droits de chaque citoyen
que celle qui fut réglée d'après la superficie du territoire. Les générations futures ne seront pas peu éton-
nées, lorsqu'elles apprendront qu'autrefois des hommes
furent nommés pour représenter leur territoire; mais
j'ai lieu de croire que la Convention actuelle rectifiera
cette erreur funeste; car lorsque dans une République
une de ses sections l'emporte dans la balance politique
soit par la masse de la population, soit par quelque
œuvre privilégiée, je ne vois plus l'égalité. C'est d'après
ce principe incontestable que je crois utile de déclarer
que la République française sera divisée en sections
égales en nombre de citoyens.

Art. 2. Les sections seront divisées en cantons de dix mille âmes, et ce nombre ne pourra être au-dessous de neuf, ni au-dessus de onze mille.

Art. 3. Chaque canton sera composé de dix communes de mille âmes chacune.

Assemblées primaires.

Art. 1er. Les assemblées primaires seront composées de tous les citoyens du canton.

Art. 2. Les citoyens réunis ne pourront jamais délibérer sans avoir préalablement nommé un président et un secrétaire et des scrutateurs, lorsqu'il s'agira de nommer des fonctionnaires publics.

Art. 3. Les délibérations seront arrêtées d'après la majorité des citoyens présents : leur vœu sera pris par assis et levé, et, en cas de doute, par appel nominal.

Art. 4. L'assemblé primaire ne pourra jamais prendre d'arrêté définitif, que tous les citoyens du canton n'aient été prévenus et convoqués par le président de l'assemblée.

Art. 5. Les citoyens réunis pour nommer à des emplois seront libres d'émettre leur vœu, par écrit, ou à haute voix.

Art. 6. Nul citoyen ne pourra voter ni délibérer dans deux assemblées primaires.

Art. 7. Les citoyens réunis en assemblée primaire, désigneront et se choisiront les chefs-lieux d'administration de section et de canton qui leur paraîtront les plus commodes.

Des élections.

Art. 1er. Le peuple nommera immédiatement tous ses mandataires.

Art. 2. Chaque arrondissement nommera un député à l'Assemblée nationale.

Art. 3. L'arrondissement sera composé de quatre cantons ou de quarante mille âmes.

Art. 4. Chaque canton se réunira tous les ans, le 21 juin, pour procéder à la nomination d'un député à l'Assemblée nationale.

Art. 5. Tous les citoyens inscriront sur leurs bulletins, ou feront inscrire sur le registre des scrutateurs le nom de trois citoyens qu'ils croiront les plus dignes de leur confiance.

Art. 6. L'assemblée primaire durera au moins trois jours, pendant lesquels les citoyens pourront aller déposer leurs scrutins.

Art. 7. Après que le scrutin aura été fermé et dépouillé, les noms des trois citoyens qui auront réuni le plus de suffrages, seront imprimés et envoyés à toutes les communes de l'arrondissement pour y être affichés.

Art. 8. Quinze jours après la publication et affiche des douze candidats des quatre cantons, il sera définitivement procédé à la nomination d'un député.

Art. 9. Tous les citoyens réunis au chef-lieu de canton inscriront ou nommeront deux citoyens pris dans la liste des candidats, et dont un au moins sera pris hors du canton.

Art. 10. Le scrutin fermé et dépouillé en pré-

sence de l'assemblée, le bureau se transportera au lieu le plus central de l'arrondissement, ou désigné à cet effet, par une délibération des quatre cantons; et là, il sera procédé à la vérification des scrutins de l'arrondissement.

Art. 11. Le citoyen qui aura obtenu la pluralité des suffrages, sera proclamé député à l'Assemblée nationale.

Art. 12. Chaque arrondissement pourra, en cas de malversation, révoquer ou changer son député aux Assemblées nationales.

Art. 13. Le rappel d'un député aura lieu lorsque sur la demande de cinquante citoyens domiciliés dans l'arrondissement, les assemblées primaires des quatre cantons, convoqués et composés de plus de la moitié de leurs membres, auront décidé qu'il y a lieu à rappeler leur mandataire : son arrêté sera motivé sur les délits qui lui seront imputés.

Art. 14. Chaque député aura aussi le droit de donner sa démission; mais elle ne pourra être acceptée que par les assemblées primaires de l'arrondissement qui l'aura nommé.

Art. 15. Les assemblées primaires procéderont immédiatement et sans liste de candidats, si elles le jugent convenable, à la nomination de tous leurs autres fonctionnaires.

Art. 16. Si un citoyen est nommé à plusieurs emplois, il sera tenu d'opter.

Art. 17. Les citoyens réunis en assemblées primaires seront libres de proposer tout ce qui leur paraîtra utile au bien de la société.

Art. 18. A l'Assemblée seule appartient le droit de maintenir l'ordre et la police dans son enceinte et d'infliger même des peines à ceux de ses membres qui, dans la délibération, insulteraient à la souveraineté nationale, ou s'écarteraient des réglements.

Art. 19. Les règlements sur les assemblées primaires seront uniformes.

Art. 20. Si la minorité des citoyens d'un canton prend un arrêté, et que la majorité réclame et prenne une délibération contre, le premier arrêté sera nul.

Art. 21. Tous les arrêtés des assemblées primaires qui ne tendront qu'à maintenir la police, la surveillance, la sûreté et la tranquillité, seront exécutés comme les arrêtés des municipalités.

Art. 22. Tous ceux, au contraire qui pourront renfermer des dispositions générales, seront envoyés à la sanction de l'Assemblée nationale.

Assemblée nationale.

Art. 1er. Les Assemblées nationales seront composées d'autant de membres qu'il y aura de fois quarante-mille âmes dans l'étendue du territoire français.

Art. 2. Les Assemblées nationales seront chargées d'établir, réformer, corriger toutes les lois non constitutionnelles, qui leur paraîtraient utiles pour le bonheur des citoyens.

Art. 3. Il y aura tous les cinq ans une Convention nationale qui, outre les lois particulières, sera chargée de rectifier ou reviser la

Constitution, et de la présenter à la sanction du peuple.

Art. 4. L'Assemblée ne pourra, dans aucun cas, rendre de décret, qu'elle ne soit composée de deux cents membres.

Art. 5. Les membres de la représentation nationale seront revêtus d'un costume qu'ils ne pourront porter hors de l'enceinte du lieu de leurs séances et hors de leurs fonctions (1).

Art. 6. Les séances des assemblées nationales alterneront dans tous les départements de la République.

Art. 7. Chaque département sera composé de dix sections et l'assemblée siégera dans le lieu le plus central du département.

Art. 8. Les membres de la représentation nationale ne pourront être arrêtés ni mis en jugement pour aucun délit, sans un décret de l'assemblée.

Administration nationale.

Art. 1er. L'administration nationale sera composée de neuf membres.

Art. 2. La nomination des administrateurs sera faite et renouvelée par moitié, tous les quatre ans, par les députés aux assemblées nationales.

Art. 3. Les membres du Corps législatif sortants, présenteront une liste de trente candidats à l'Assemblée nouvellement élue, qui procédera, lorsqu'elle sera composée des deux tiers de ses membres, à la nomination des neuf membres qui devront former l'administration nationale.

Art. 4. Le Corps législatif devant être renouvelé tous les ans, l'assemblée qui aura nommé les membres de l'administration nationale, ne pourra présenter la liste des candidats.

Art. 5. L'administration nationale sera divisée en neuf bureaux : de la législation, de la guerre, des affaires extérieures, de la marine, des contributions nationales, d'agriculture, de commerce et manufactures, des secours publics et établissements nationaux.

Art. 6. Ces arrêtés et délibérations du conseil administratif national seront signés de tous les membres qui auront pris part à la délibération. Néanmoins chacun des membres pourra donner des ordres partiels dépendants de son bureau.

Art. 7. Le président du conseil national exécutif, ainsi que les présidents des autres corps administratifs, seront changés tous les quinze jours, en suivant l'ordre de leur nomination.

Art. 8. L'administration nationale sera chargée de la publication de toutes les lois et de

veiller à leur exécution. Elle sera responsable de son inexactitude ou négligence.

Art. 9. Le conseil administratif national nommera ses agents subalternes, et conservera la nomination des emplois pour lesquels le mode d'élection n'aura pas été fixé par la loi.

Trésorerie nationale.

Art. 1er. — Il y aura cinq commissaires pour surveiller et administrer le trésor national, qui seront élus comme les membres de l'administration nationale; mais ils ne seront renouvelés, par moitié, que tous les quatre ans.

Art. 2. En cas de refus, mort ou démission, les suppléants remplaceront les démissionnaires. Il en sera de même pour toutes les fonctions publiques.

Administration de section.

Art. 1er. Il y aura, dans chaque section, un conseil administratif composé de vingt membres, dont cinq d'entre eux formeront le directoire lequel sera renouvelé par moitié, tous les six mois, en suivant l'ordre de nomination des membres du conseil.

Art. 2. Chaque canton nommera un administrateur de section.

Art. 3. L'administration de section sera chargée de l'exécution des lois, de la répartition des contributions, de la surveillance de la police et des revenus publics.

Art. 4. Il y aura dans chaque section, un trésorier national qui correspondra avec la trésorerie nationale, et qui lui fera parvenir les deniers publics. Il sera nommé par le conseil administratif, et sous sa surveillance et responsabilité.

Administration de canton.

Art. 1er. Chaque canton aura une administration municipale subordonnée à celle de section.

Art. 2. L'administration municipale sera composée de dix membres nommés individuellement par chaque commune.

Art. 3. Le conseil municipal se réunira tous les mois au chef-lieu de canton pour y délibérer sur les mesures d'utilité publique.

Art. 4. Le conseil municipal aura un directoire composé de trois membres, qui sera renouvelé ou confirmé par le conseil, tous les six mois.

Art. 5. Le directoire tiendra ses séances au moins deux fois par semaine et les jours en seront invariablement fixés et publiés.

Art. 6. Chaque membre du corps municipal ou administration municipale, sera chargé de veiller, dans sa commune, au maintien de l'ordre et de la sûreté des citoyens, ainsi qu'à l'exécution des arrêtés de l'administration municipale et de ceux des assemblées primaires.

Art. 7. L'administration municipale sera renouvelée tous les deux ans par moitié.

---

(1) On sera peut-être étonné que je demande comme article constitutionnel un costume pour les magistrats du peuple : ceux qui savent avec quel avantage on s'est servi, dans tous les temps, des costumes, pour parler aux yeux, n'ont pas besoin d'une plus longue explication. Je ne citerai point en cela, les prêtres, par ce que si ceux-là l'ont employé, pour tromper les hommes ; les autres doivent s'en servir pour mieux faire remarquer leur conduite.

Force publique.

Art. 1er. La force publique est composée de tous les citoyens en état de porter les armes.

Art. 2. En temps de guerre, il sera formé des armées, de tous les citoyens qui s'inscriront à cet effet.

Art. 3. Le citoyen soldat doit être soumis à tous les réglements de discipline militaire, et il doit obéir à ses chefs.

Art. 4. Les citoyens réunis en assemblées primaires nommeront tous les ans leurs officiers.

Art. 5. En temps de guerre, chaque canton fournira les compagnies qui lui seront demandées par l'Assemblée nationale, et elles seront commandées par les officiers nommés par les assemblées primaires.

Art. 6. Il sera décrété, pendant la paix, quel sera le nombre de bataillons qui sera conservé pour la garde des frontières.

Des délits militaires.

Art. 1er. Les délits militaires exigeant une punition prompte, il sera formé, dans chaque armée, une cour martiale qui jugera les prévenus suivant les lois et les réglements militaires.

Art. 2. Les cours martiales seront composées de trois officiers, trois sous-officiers et cinq soldats.

Art. 3. Chaque bataillon nommera, à son tour un membre pour concourir à la formation de la cour martiale.

Art. 4. Il sera formé, pour chaque délit, un nouveau tribunal militaire, excepté pendant la guerre, auquel temps la même cour martiale pourra prononcer sur dix délits commis par différents individus.

Etat civil des citoyens.

Art. 1er. L'officier public de chaque commune ou membre du corps municipal de canton, tiendra registre des naissances, mariages et décès des citoyens de sa commune.

Art. 2. En inscrivant la naissance d'un citoyen, l'officier public exigera la présence de deux témoins, avec la déclaration des noms des père et mère. Il en sera de même pour les décès.

Art. 3. Lorsque deux individus voudront se marier, ils préviendront huit jours d'avance l'officier public, auquel ils exhiberont leur extrait de naissance, certifié par la municipalité.

Art. 4. Après avoir déclaré, en présence de deux témoins, leur intention de se marier, l'officier public affichera, au chef-lieu de la commune, la déclaration des deux individus.

Art. 5. Quinze jours après cette affiche, s'il n'y a point d'opposition, leur déclaration sera inscrite sur le registre de l'administration municipale et signée par les deux époux.

Art. 6. Il ne pourra y avoir d'opposition de la part des père et mère, que dans le cas où les contractants n'auraient pas atteint l'âge de vingt-et-un ans pour les garçons et de dix-huit ans pour les filles.

Art 7. Nul ne pourra par un acte public ni privé, disposer de son bien, après sa mort.

Art. 8. Il sera permis néanmoins à tout citoyen d'adopter des enfants nés de mariage non légal.

Art 9. Il sera déposé une copie certifiée des communes aux archives de l'administration de section.

Administration de la justice.

Art. 1er. Il n'y aura plus de juges civils salariés par le peuple.

Art. 2. La justice sera rendue par des arbitres nommés par les citoyens en litige.

Art. 3. Il y aura néanmoins un juge de paix dans chaque canton, pour appliquer les lois de la police correctionnelle, et pour faire terminer à l'amiable les différentes contestations qui pourraient s'élever entre les citoyens.

Art. 4. Le juge de paix ne pourra être membre d'un tribunal de famille ou arbitre; et tous les jugements rendus par arbitrage seront légalisés et mis en exécution d'après l'ordonnance du juge de paix.

Tribunal criminel.

Art. 1er. Il sera créé dans chaque section un tribunal criminel pour juger les délits des citoyens.

Art. 2. Il sera composé de trois juges, d'un accusateur public et d'un défenseur national.

Art. 3. Ce tribunal aura un costume et ne sera renouvelé par moitié que tous les trois ans.

Art. 4. Chaque arrondissement nommera un citoyen pour concourir à la formation de ce tribunal, et cette nomination se fera de même que celle des députés aux assemblées nationales.

Art. 5. Les cinq membres réunis se concerteront ou se distribueront, au scrutin, les fonctions que chacun d'eux devra remplir et leurs honoraires seront les mêmes.

Art. 6. La peine de mort n'aura lieu que pour les hommes convaincus de haute trahison ou de conspiration contre la liberté publique.

Art. 7. Le jugement de tous les prévenus sera fait par deux jurys : un d'accusation et l'autre de jugement.

Garantie des droits individuels de chaque citoyen.

Art. 1er. Tout citoyen a le droit de dénoncer son concitoyen, en signant et en fournissant les preuves de la dénonciation.

Art. 2. Tout dénonciateur pourra accuser et poursuivre le prévenu devant un tribunal criminel.

Art. 3. Le dénoncé aura aussi le droit d'accuser son dénonciateur et de le faire déclarer calomniateur, s'il ne fournit les preuves de sa dénonciation.

Art. 4. Tout citoyen convaincu par le jury d'avoir méchamment calomnié son concitoyen, son nom sera inscrit pendant un an et en gros caractères, dans la salle de l'assemblée primaire, avec ce mot : *calomniateur.*

Formule de l'acceptation par le peuple.

La nation française se constituant en République une et individuelle, et fondant son gouvernement sur les principes de la liberté, de l'égalité et de la souveraineté du peuple, adopte la Constitution qui lui est présentée par ses représentants. »

VINGT-QUATRIÈME ANNEXE (1)

A LA SÉANCE DE LA CONVENTION NATIONALE DU MERCREDI 17 AVRIL 1793.

CONSTITUTION POPULAIRE, *présentée à la nation française, par* FRANÇOIS POULTIER, *député du Nord, et imprimé par ordre de la Convention nationale, le 1ᵉʳ avril 1793, l'an II de la République française (2).*

FRANÇOIS POULTIER, *député du Nord, aux ennemis des droits du peuple.*

J'ai tracé les linéaments d'une Constitution populaire qui rend à la nation l'exercice de sa souveraineté, suspendu trop longtemps.

Pressé d'arriver au terme de ce travail, j'ai franchi les intermédiaires, et j'ai abandonné les détails à la sagacité de mes collègues.

On verra dans cette esquisse, un amour sincère pour le peuple et un respect religieux pour ses droits. D'autres écriront avec plus de talent, montreront des connaissances plus profondes, mais je les défie d'être plus idolâtres de la liberté et de l'égalité, et d'en désirer plus que moi, l'imperturbable établissement. Cette passion de ma jeunesse, jamais ne s'est refroidie dans mon cœur; elle m'a suivi dans les épreuves d'une vie orageuse; elle n'a cessé de me tourmenter dans les noirs cachots de la Bastille, sous les voûtes silencieuses des cloîtres, et au milieu du tourbillon des armes; elle est l'âme de mes écrits, de mes discours et de mes actions; elle échauffera ma vieillesse et me suivra au tombeau.

Cet essai n'est point décoré d'un nom célèbre, je ne l'ai point soumis à la coupelle des neuf Lycurgues de la Convention; aussi sera-t-il oublié, ou peut-être inspirera-t-il le sourire du dédain à ceux qui se sont emparés du droit exclusif d'organiser la République, pour y répandre plus facilement les miasmes empoisonnés de la dissolution;

---

(1) Voy. ci-dessus, même séance, page 263, le rapport de Romme sur les divers projets de Constitution.

(2) Bibliothèque de la Chambre des députés : *Collection Portiez (de l'Oise),* tome 29, nᵒ 43. Ce document est annoncé dans le *Journal des Débats et des décrets* du 19 avril 1793.

Je le dis avec assurance; toute Constitution qui ne laisse pas au peuple le plein exercice de ses droits, renferme un ferment de révolution; et presque tous les plans des publicistes français, sont imprégnés de ces germes désorganisateurs; partout on y établit, comme un dogme irréfragable, que la liberté n'existe pas là où les pouvoirs ne sont pas divisés; et moi je dis que le partage des pouvoirs anéantit la liberté. C'est cette division (*consacrée par la Constitution royale de 1790*) qui enchevêtrant les rouages du gouvernement par des mouvements contrariés et destructeurs, menaient avec rapidité la liberté à la ruine.

La nation a tous les pouvoirs, mais elle ne peut les déléguer; car elle ne peut jamais cesser d'être souveraine; elle ne peut les diviser, car la souveraineté se compose de tous les pouvoirs, et la souveraineté est indivisible.

On dira que le peuple ne peut exercer lui-même ses pouvoirs. Pourquoi donc ne peut-il nommer des commis, des mandataires et des délégués, sur lesquels il se réserve une action continuelle, en les révoquant et en les remplaçant? Ses pouvoirs, ne peut-il également les exercer sur les choses, en les annulant, en les adoptant ou en les émettant?

Vous jugez ces mesures dangereuses; vous les croyez impraticables; vous les rejetez comme une source d'anarchie et comme les instruments de l'intrigue. Ainsi, pas d'hypocrites terreurs, vous sacrifiez les droits du peuple à vos spéculations ambitieuses; vous calculez les chances de vos intérêts; puis à l'aide de quelques maximes demi-républicaines et demi-aristocratiques vous paralysez spécieusement la souveraineté nationale, parce que l'exercice de cette souveraineté énerve et brise les ressorts de la domination, et qu'elle met d'invincibles obstacles à l'autorité arbitraire.

Le peuple, se serait moins porté aux convulsions révolutionnaires s'il eût exercé plutôt le droit de rappeler ses agents, ses commis et ses délégués.

Hélas, j'ai vu déclarer le peuple souverain, et ce prétendu souverain ne pouvait destituer un administrateur du district qui trahissait sa confiance. On jetait ce souverain dérisoire dans l'alternative cruelle d'abattre les têtes ou de supporter patiemment l'oppression, et les dilapidations les plus manifestes.

Que de sang on eût épargné si l'on eût été de bonne foi; si se dépouillant de cet amour effréné de la domination, les législateurs eussent moins travaillé pour eux que pour le peuple.

Il faut qu'une Constitution vraiment démocratique anéantisse cet égoïsme toujours renaissant. J'en offre une qui peut remplir ce but, lorsqu'elle sera perfectionnée par la discussion; mais je prévois qu'elle aura les honneurs de la question préalable.

Les charlatans ont leurs combinaisons; ils éloignent ceux qui peuvent mettre quelque obstacle au débit de leurs pilules palliatives : c'est pourquoi les grands faiseurs de la Convention me fermeront les avenues de la tribune. Le peuple sera plus juste; un peu plus tôt un peu plus tard, il mettra mon ouvrage à l'ordre du jour; la discussion en sera peut-être orageuse; elle sera peut-être précédée de convulsions terribles. Je prends acte que j'ai offert les moyens de prévenir ce malheureux bouleversement; et, lors des accès de cette crise affligeante, si tous les exemplaires de cette Constitution sont anéantis, le texte s'en trouvera dans le cœur des hommes libres et des vrais républicains.

POULTIER.

CONSTITUTION POPULAIRE.

CHAPITRE Iᵉʳ.

Souveraineté du peuple.

Art. 1ᵉʳ. Le peuple est seul souverain, à lui seul appartient le titre de majesté.

Art. 2. Le peuple, dans aucune circonstance ne peut conférer sa souveraineté, parce qu'il ne peut faire que la partie soit le tout; il ne peut dire qu'un ou plusieurs individus soient la totalité des individus.

Art. 3. Celui qui prendrait ou accepterait la qualité de souverain, de dictateur, d'empereur, de protecteur, de régulateur, de tribun, de régent ou de roi, serait un usurpateur.

Art. 4. Tout citoyen peut tuer un usurpateur.

Art. 5. Le peuple exerce sa souveraineté, quand il accepte ou qu'il rejette l'acte qui le constitue.

CHAPITRE II.

Division de la République.

Art. 1ᵉʳ. La nation française se constitue en République dont toutes les parties, uniformément administrées seront soumises aux mêmes lois, et régies par le même gouvernement.

Art. 2. La République aura pour bornes l'Océan, la Méditerranée, les Pyrénées, les Alpes et le Rhin.

Art. 3. Les peuples en deçà de ces limites, pourront, d'après leur vœu librement exprimé, faire partie intégrante du territoire français.

Art. 4. Les peuples au-delà ne seront point admis à cette réunion; la République leur offre alliance, amitié et fraternité.

Art. 5. La République sera divisée en cent vingt et un départements, les départements en vingt et une sections, et les sections en dix tribus.

Art. 6. La population seule servira de base aux démarcations départementales, sectionnaires et tributaires.

Art. 7. Les établissements publics seront rigoureusement placés dans le lieu le plus central des départements et des sections.

Art. 8. Il y aura dans chaque département une administration surveillée par le conseil exécutif des relations internes.

Art. 9. Il y aura pour trois sections un commissaire administrateur surveillé par l'administration départementale.

Art. 10. Indépendamment de l'administra-

tion, il y aura dans chaque département une école publique, une maison de secours pour les orphelins, les vieillards, les infirmes, les malades et les pauvres invalides, une maison de répression et un tribunal d'appel.

Art. 11. Il y aura pour chaque section une école sectionnaire, une agence de secours, un bureau municipal et de police.

Art. 12. Il y aura pour trois sections un tribunal de paix et de correction.

CHAPITRE III.

Assemblées du peuple.

Art. 1ᵉʳ. Les assemblées du peuple se tiendront au chef-lieu des sections, dans un emplacement commode et spacieux.

Art. 2. Un citoyen a le droit de voter dans la section qu'il habite.

Art. 3. Un citoyen est éligible à toutes les places, fonctions et délégations de la République.

Art. 4. On est citoyen à vingt et un ans accomplis, lorsqu'on est inscrit sur le tableau civique de la section qu'on habite.

Art. 5. Le bureau d'une assemblée sectionnaire sera composé d'un président, d'un orateur du peuple, et de dix chefs de tribus.

Art. 6. Les chefs des tribus feront les fonctions de secrétaires et de scrutateurs; ils seront pris dans leurs tribus respectives.

Art. 7. L'élection du bureau se fera par un seul scrutin désignatif et à la simple pluralité.

Art. 8. Pendant cette élection le bureau sera présidé par le doyen d'âge, et les plus jeunes citoyens occuperont les places de secrétaires et de scrutateurs.

Art. 9. Les assemblées sectionnaires se formeront régulièrement tous les trois mois, à commencer du premier avril : elles seront convoquées par un tocsin général, qui aura lieu dans toutes les sections de la République.

Art. 10. Elles pourront s'ajourner pendant le trimestre, à telle époque qu'elles le jugeront nécessaire.

Art. 11. Les assemblées sectionnaires éliront les délégués, législateurs et exécuteurs et tous les fonctionnaires publics, et les destitueront de la même manière qu'elles les auront nommés.

Art. 12. Elles accepteront la Constitution ou la rejetteront; elles légaliseront les décrets ou les annuleront; elles émettront des lois; elles approuveront la guerre, elles ordonneront la paix, elles s'armeront contre l'usurpation; enfin elles auront la plénitude de l'exercice de la souveraineté.

Art. 13. La confiance du peuple ne peut être bornée dans les nominations faites par les citoyens français.

Art. 14. Les décrets du Corps législatif seront exécutés provisoirement, mais ils ne porteront le nom de lois que quand la majorité des assemblées sectionnaires les aura adoptés.

Art. 15. Quand la majorité des assemblées sectionnaires aura une loi, le Corps législatif sera tenu de la proclamer.

Art. 16. Lorsqu'une loi aura été proposée et discutée, ceux qui ne l'adopteront pas mettront dans le vase une boule noire; dans le cas contraire, ils mettront une boule blanche.

Art. 17. Deux citoyens absents de l'assemblée compteront pour une boule noire; s'il en manque cinquante, cela fera vingt-cinq boules noires à ajouter au vase.

Art. 18. Ceux qui voudront annuler un décret du Corps législatif après la proposition de la discussion; mettront dans un vase une boule noire; ceux qui la confirmeront mettront une boule blanche.

Art. 19. Deux citoyens absents de l'assemblée compteront pour une boule blanche, s'il en manque cent cela fera cinquante boules blanches à ajouter au vase.

Art. 20. Les élections des délégués et fonctionnaires se feront par un seul scrutin collectif et désignatif; les désignations seront imprimées, le votant n'aura que le nom à écrire.

Art. 21 Les destitutions se feront de cette manière: l'orateur du peuple lira la liste des citoyens nommés précédemment par les sections, à quelques fonctions, commissions ou délégations que ce soit; chaque citoyen pourra faire ses observations sur chacun d'eux. Le président mettra aux voix par assis et levé sur chacun d'eux, il y aura scrutin destitutoire; si la majorité est pour le scrutin, on y procédera, sur-le-champ; ceux qui voteront pour la négative mettront une boule blanche.

Art. 22. Deux citoyens absents compteront pour une boule blanche.

Art. 23. L'extrait du procès-verbal du scrutin et de la violation, signé des membres du bureau, et proclamé devant tous les citoyens, sera scellé par l'orateur du peuple, et envoyé au directoire du département.

Art. 24. Les quinze avril, juillet, octobre et janvier, le directoire en présence du peuple, fera un recensement général des procès-verbaux des sections, il proclamera les citoyens élus et destitués; et les différents vœux émis.

Art. 25. Cette proclamation sera imprimée et affichée dans les chefs-lieux des sections, envoyée au conseil exécutif des relations internes et aux citoyens élus ou destitués.

Art. 26. Le conseil exécutif des relations internes transmettra au conseil général d'administration, lors des séances trimestrales; les procès-verbaux qui lui seront envoyés par les directoires; le conseil général en fera le dépouillement en présence du peuple, en dressera procès-verbal, le proclamera dans toute la République, et l'enverra par un message au Corps législatif.

Art. 27. Un directoire qui étendrait ou altérerait les vœux des assemblées sectionnaires, qui ferait le plus léger changement aux procès-verbaux, serait coupable du crime de lèse-nation.

Art. 28. Seraient également coupables du crime de lèse-nation, les autorités supérieures qui commettraient une infidélité aussi criminelle.

Art. 29. Le Corps législatif prononcera sur tous les délits de ce genre les décrets d'accusation s'il y a lieu, quinze jours après le décret d'examen.

Art. 30. Il n'y aura point de suppléant; les délégués ou fonctionnaires qui manqueront par mort, démission ou destitution seront remplacés par les assemblées subséquentes.

Art. 31. Les assemblées sectionnaires feront la police chez elle, l'on ne pourra y entrer armé.

Art. 32. Les sections du président et les autres membres du bureau dureront deux ans, on pourra les réélire l'année suivante.

Art. 33. Le président sera l'organe de l'assemblée; il posera les questions, il mettra aux voix prononcera les vœux émis, transmettra la volonté de la majorité et fera la police intérieure au nom et, d'après les ordres de l'assemblée.

Art. 34. L'orateur du peuple aura la surveillance du bureau; il dénoncera les négligences, les omissions, les infidélités, les intrigues et les cabales; enfin il s'opposera, au nom du peuple, à tout ce qui serait contraire à la légalité des nominations; il demandera la parole au nom des membres qui n'auront pas l'usage de la tribune, il tiendra le sceau de l'assemblée, il communiquera avec les autres sections, il y portera la parole, et entretiendra avec elles les relations utiles et fraternelles, d'après ce qui lui aura été prescrit par l'assemblée.

Art. 35. Le bureau des assemblées de section sera chargé spécialement de toutes les sections municipales et de police dans toute l'étendue de la section.

Art. 36. Les chefs des tribus seront juges de police dans leurs tribus respectives.

Art. 37. On pourra rappeler de leurs jugements au bureau de la section qui prononcera en dernier ressort.

Art. 38. Le bureau de section connaîtra et instruira les faits de police correctionnelle; il les jugera en première instance; les parties pourront appeler de ce jugement au tribunal de paix et de correction.

Art. 39. Le bureau pourra requérir la force armée du canton sauf à rendre compte de sa conduite aux assemblées sectionnaires.

CHAPITRE IV.

Corps législatif.

Art. 1er. Le Corps législatif sera composé d'une seule Chambre, formée de six délégués par département.

Art. 2. Le Corps législatif sera renouvelé tous les deux ans; les mêmes membres pourront être réélus.

Art. 3. Chaque délégué pourra tous les trois mois être rappelé et remplacé de la même manière qu'il aura été élu.

Art. 4. Le bureau du Corps législatif sera

composé d'un président, de quatre secrétaires, et d'un surveillant.

Art. 5. Les fonctions des membres du bureau ne pourront excéder la durée de quinze jours.

Art. 6. Le bureau sera renouvelé par appel nominal dans une séance extraordinaire.

Art. 7. Le Corps législatif sera divisé en douze comités correspondants ou douze conseils exécutifs.

Art. 8. Tous les délégués législateurs seront membres d'un comité.

Art. 9. Les comités ne sont point renouvelés pendant toute la législature ; mais un nombre pourra de gré à gré changer de comité avec un autre.

Art. 10. Les comités s'assembleront rigoureusement deux jours l'an.

Art. 11. Le jour qu'ils s'assembleront, le Corps législatif ne tiendra pas de séance, si ce n'est pas le renouvellement du bureau.

Art. 12. Le bureau d'un comité sera composé d'un président, d'un vice-président, de trois secrétaires et d'un surveillant.

Art. 13. Aucun décret ne pourra être rendu par le Corps législatif, qu'il n'ait été discuté dans un comité et présenté par lui ; les lois présentées par le peuple, les mesures extraordinaires de sûreté générale seront exceptées de cette formalité.

Art. 14. Les arrêtés des comités n'auront aucune force, qu'ils n'aient été décrétés par le Corps législatif.

Art. 15. La majorité absolue sera nécessaire pour un décret.

Art. 16. Quand la majorité sera douteuse 100 membres pourront demander l'appel nominal.

Art. 17. Un législateur qui, dans l'Assemblée proposerait quelque changement à la Constitution, serait coupable du crime de lèse-nation.

Art. 18. Au peuple seul appartient le droit de changer la Constitution, de la modifier, et d'y ajouter.

Art. 19. Le Corps législatif sera obligé de proclamer ces changements, ces modifications et ces additions, sous peine d'être traité en usurpateur.

Art. 20. Lorsqu'un délégué législateur ou exécuteur, ou tout autre citoyen présumé coupable du crime de lèse-nation sera dénoncé au Corps législatif, l'Assemblée pourra prononcer le décret d'arrestation et d'examen ou le décret d'examen seulement.

Art. 21. Le Corps législatif ne pourra lancer le décret d'accusation que quinze jours après le décret d'examen.

Art. 22. 12 commissaires du Corps législatif seront chargés d'examiner le fait du citoyen dénoncé, ils en feront le rapport dans la quinzaine, et sur le rapport, le Corps législatif prononcera le non-lieu à délibérer, ou le décret de censure, ou le décret d'accusation et la traduction de l'accusé au tribunal suprême de la République.

Art. 23. Pour les délits particuliers un législateur pourra être poursuivi comme tous les autres citoyens devant les tribunaux; mais il ne pourra être mis en état d'arrestation que par un décret du Corps législatif, lancé quinze jours après le décret d'examen.

Art. 24. Le Corps législatif ne pourra, sous aucun prétexte, remplir les fonctions judiciaires: il ne pourra envoyer dans les départements des commissaires pris dans son sein.

Art. 25. Dans les circonstances urgentes et extraordinaires, le Corps législatif pourra envoyer dans les départements, des commissaires pris dans le Conseil général d'administration, avec des pouvoirs circonscrits.

Art. 26. Le Corps législatif sur la proposition du conseil exécutif de la force de terre, autorisera en temps de paix les mouvements des troupes; les mouvements en temps de guerre, se feront sur l'ordre du conseil exécutif, il en sera de même pour les armements maritimes.

CHAPITRE V.

Administration générale.

Art. 1er. L'administration générale de la République, sera composée de douze conseils exécutifs, dont voici la nomenclature :

Art. 2. 1º *Le conseil exécutif de la paix civile;*

2º *Celui des recettes et des dépenses ;*

3º *Celui de la force de terre ;*

4º *Celui de la force de mer;*

5º *Celui des relations externes et des colonies;*

6º *Celui des relations internes;*

7º *Celui de la comptabilité générale;*

8º *Celui de la trésorerie nationale;*

9º *Celui des assignats et monnaies;*

10º *Celui des domaines et forêts;*

11º *Celui d'instruction, des secours et des arts;*

12º *Celui d'agriculture, canaux, routes et manufactures.*

Art. 3. Ces conseils seront formés de délégués élus par le peuple, de la même manière que les membres du Corps législatif.

Art. 4. Chaque département nommera un administrateur général.

Art. 5. Les délégués réunis se diviseront en 12 sections correspondantes aux conseils désignés ci-dessus; cette division s'opérera par la voie d'un seul scrutin, sur une liste de candidats, et à la majorité relative.

Art. 6. Le Corps législatif, élira le président de chaque section parmi les seuls membres de cette section, à la majorité relative et par un seul scrutin collectif.

Art. 7. Cette élection se fera dans une séance extraordinaire.

Art. 8. Les sections nommeront par un seul scrutin leurs secrétaires au nombre de deux ; ils occuperont alternativement le bureau.

Art. 9. Les fonctions des présidents et des secrétaires dureront trois mois, ils pourront être réélus.

Art. 10. Les sections organisées viendront se faire reconnaître par le Corps législatif, elles prendront alors le nom de Conseil exécutif de la partie d'administration dont chacune d'elles sera chargée.

Art. 11. Chaque comité du Corps législatif nommera dans son sein un censeur, chargé de surveiller le conseil exécutif qui lui correspond; le censeur ne pourra prendre la parole au conseil, mais de retour au Corps législatif, il y dénoncera ce qu'il aura entendu de contraire à l'intérêt public.

Art. 12. Les conseils seront indépendants les uns des autres pour les affaires qui les concernent.

Art. 13. Les membres de chaque conseil seront collectivement responsables pour tout ce qu'ils auront signé.

Art. 14. Ils recevront les mêmes indemnités que les délégués au Corps législatif.

Art. 15. L'indemnité des présidents sera double.

Art. 16. Chaque conseil sera réuni dans une maison nationale, et tous les membres y seront logés aux frais de la République.

Art. 17. Les conseils seront renouvelés tous les deux ans ; les mêmes membres pourront être réélus.

Art. 18. Chaque membre pendant cet intervalle, pourra être rappelé par ceux qui l'ont élu.

Art. 19. Les présidents seuls, seront destitués par un décret du Corps législatif, sur la dénonciation du censeur et après un décret d'examen.

Art. 20. Aucun membre des conseils exécutifs ne pourra s'absenter sans un décret du Corps législatif.

Art. 21. Les conseils sont chargés spécialement d'exécuter et de faire exécuter les lois et les décrets.

Art. 22. Ils ne pourront, sans encourir les plus fortes peines, modifier, étendre ou interpréter les dispositions des lois.

Art. 23. Les directoires sont subordonnés au Conseil exécutif des relations internes, et recevront des ordres des autres conseils, pour les objets relatifs à leur administration.

Art. 24. Le conseil exécutif des domaines et forêts décidera, sur rapport, les affaires domaniales et forestières.

Art. 25. Les conseils exécutifs de la République tiendront registre de tous leurs arrêtés, et un double de leur correspondance.

Art. 26. Le président et un secrétaire signeront la correspondance avec les citoyens et les corps administratifs. Les arrêtés seront signés de membres délibérants.

Art. 27. Les conseils s'assembleront respectivement au moins trois fois la semaine, et plus, si les affaires l'exigent.

Art. 28. Les présidents de chaque conseil pourront dans tous les temps consulter le Corps législatif sur ce que les lois et les décrets offrent de douteux ou d'équivoque, ou

sur les cas imprévus; ils se feront toujours accompagner d'un secrétaire de section.

Art. 29. Quand les administrateurs de directoire auront prévariqué, quand ils auront pris des arrêtés arbitraires et oppressifs, ils seront dénoncés au Corps législatif, par le président du conseil exécutif des relations internes; le Corps législatif, après le décret d'examen prononcera la censure, la suspension, l'acte d'accusation, ou le non-lieu à accusation.

Art. 30. Un conseil sera divisé en bureaux correspondants aux branches partielles d'administration dont il sera chargé.

Art. 31 Chaque membre aura la direction d'un bureau et sera nommé à tous les emplois dépendant de ce bureau.

Art. 32. Le président et les deux secrétaires auront la direction du bureau central, ils nommeront aux emplois qui en dépendront.

Art. 33. Les agents ou commis, ou chefs ainsi nommés, ne pourront être destitués que par un arrêté motivé du conseil, pris à la majorité. L'expédition du procès-verbal sera envoyée pour congé à l'agent destitué.

Art. 34. Sans aucune réquisition, les douze conseils se réuniront sous la dénomination de conseil général de la République; cette réunion se fera tous les trois mois, à la fin de chaque présidence; elle aura pour unique but de faire rendre compte à chaque conseil de ses opérations et de sa comptabilité; elle en formera un tableau sommaire qui, après un examen du Corps législatif sera imprimé, et envoyé aux départements.

Art. 35. Hors les époques désignées ci-dessus, le conseil général ne pourra s'assembler que sur la réquisition du Corps législatif; alors il sera tenu de la faire sur-le-champ et d'en rendre compte.

Art. 36. Le plus âgé des douze présidents présidera le conseil général; mais lorsqu'il rendra compte de la gestion de son conseil, il cédera le fauteuil au plus âgé des présidents après lui.

Art. 37. Les six moins âgés des secrétaires, seront secrétaires du conseil général.

Art. 38. Les douze censeurs désignés *article 11* de ce chapitre, assisteront sans aucune voix au conseil général, sur un banc séparé ; ils rendront compte de leur assistance, s'ils en sont interpellés par le président du Corps législatif.

Art. 39. Les présidents des conseils exécutifs, toujours accompagnés d'un membre de leur section, pourront, dans les affaires urgentes ou complexes, s'assembler et tenir des conférences entre eux ; ils conserveront des notes signées du résultat de ces conférences.

CHAPITRE VI.

Administration particulière.

Art. 1er. Il y aura, dans chaque département, un directoire d'administration, composé d'un président, d'un procureur du peuple, de six administrateurs et d'un trésorier.

Art. 2. Les agents seront nommés et destitués par le peuple; leurs sections dureront deux ans; ils pourront être réélus.

Art. 3. Le trésorier sera nommé par le directoire et confirmé par le conseil exécutif des recettes et dépenses.

Art. 4. Le directoire nommera pour trois cantons, un commissaire administrateur, chargé de correspondre directement avec lui.

Art. 5. Les directoires seront subordonnés au conseil exécutif des relations internes.

Art. 6. Les administrateurs ne pourront s'immiscer dans l'exercice du pouvoir exécutif, ni suspendre l'exécution des lois, ni rien entreprendre sur l'ordre judiciaire, ni sur la direction des troupes soldées.

Art. 7. Les administrateurs et commis civils sont essentiellement chargés de répartir les contributions directes, et de surveiller les deniers provenant de toutes les contributions et des revenus publics, dans leur territoire.

Art. 8. Les fonctions du procureur du peuple sont de surveiller l'administration, de dénoncer au peuple les administrateurs négligents, paresseux, ineptes et prévaricateurs; il requerra l'observation des lois, des décrets et des réglements; il dénoncera à l'administration, les commissaires civils qui s'écarteront de leurs instructions; il assistera à toutes les séances, et donnera ses conclusions dans toutes les affaires contentieuses.

Art. 9. Pendant la paix, le directoire pourra sous sa responsabilité requérir les troupes demi-soldées et les compagnies de section; il ne pourra le faire que dans les cas ou l'ordre public l'exigerait impérieusement; il sera tenu d'en prévenir, sur-le-champ, le conseil exécutif des relations internes, qui en instruira, dans le jour, le Corps législatif.

CHAPITRE VII.

Tribunaux.

Art. 1er. Les fonctions judiciaires seront exclusivement exercées par des jurés et des juges temporaires.

Art. 2. La justice sera rendue gratuitement en présence du peuple.

Art. 3. Les fonctions des jurés se borneront à la déclaration du fait.

Art. 4. Les fonctions des juges se borneront à l'application de la loi.

Art. 5. Les juges et les frais des tribunaux seront payés par la caisse des amendes.

Art. 6. Les amendes seront réglées tant au civil qu'au criminel par le Corps législatif, sur leur assiduité et le nombre des causes qu'ils auront jugées.

Art. 7. Les juges ne pourront être pris que parmi ceux qui auront exercé les fonctions de juré.

Art. 9. Il y aura pour toute la République un tribunal suprême, qui prononcera définitivement sur tous les crimes de lèse-nation.

Art. 10. Ce tribunal sera composé de hauts-jurés et de grands-juges, d'un accusateur national et d'un défenseur national.

Art. 11. Il y aura dans chaque département un tribunal d'appel, composé de jurés et de juges, d'un accusateur public et d'un défenseur public; ce tribunal jugera en dernier ressort tant au civil qu'au criminel.

Art. 12. Il y aura pour trois sections un tribunal de paix, composé de six jurés et de trois juges.

Art. 13. Les grands-juges et les hauts-jurés seront nommés et destitués par le Corps législatif. (Constitution populaire.)

Art. 14. Les juges de département et les juges de paix, seront nommés et destitués par la majorité des sections de leur compétence.

Art. 15. En matière civile le tribunal d'appel ne peut recevoir aucune action que le tribunal de paix n'ait prononcé en première instance.

Art. 16. En matière criminelle, nul citoyen ne peut être jugé que sur une instruction et une accusation du tribunal de paix.

Art. 17. Aucune autorité ne peut empêcher les citoyens de terminer définitivement leurs contestations, par la voie de l'arbitrage.

Art. 18. Le tribunal de paix jugera en dernier ressort toutes les contestations résultant de divorce, et celles qui seront désignées par le code civil.

Art. 19. Il jugera en dernier ressort tous les faits de police correctionnelle.

Art. 20. Nul citoyen ne peut être distrait du tribunal que la loi lui assigne.

Art. 21. Les lois civiles et criminelles seront uniformes dans toute la République.

Art. 22. Tout citoyen a le droit d'instruire et de plaider sa cause lui-même, ou de choisir tel défenseur qu'il jugera convenable.

Art. 23. Un citoyen français ne peut être mis en état d'arrestation si deux citoyens répondent de lui sous caution.

Art. 24. Les tribunaux de paix ne peuvent décerner de mandat d'arrêt, que sur la déclaration des jurés qu'il y a lieu à accusation.

Art. 25. La prise de corps n'aura point lieu pour dettes, excepté contre les créanciers de la République.

Art. 26. Les fonctions judiciaires ne peuvent dans aucun cas être exercées ni par le Corps législatif, ni par les conseils exécutifs, ni par les corps administratifs.

Art. 27. Les juges ne pourront ni suspendre l'exécution des lois, ni entreprendre sur les fonctions administratives, ni citer devant eux les administrateurs, pour raison de leurs fonctions.

Art 28. Lorsque les juges ne trouveront pas des lois ou des décrets applicables aux faits déclarés par les jurés, ils en instruiront le Conseil exécutif de la paix civile, qui, s'il ne trouve aucun éclaircissement à donner aux juges, enverra son président demander sur ce fait un décret au Corps législatif. Ce décret sera général.

Art. 29. Pendant la paix les troupes soldées et demi-soldées seront jugées en dernier ressort, pour les délits seulement, par le tribunal d'appel; ils seront jugés en première instance par un tribunal de paix établi dans chaque bataillon, et dont les juges et les jurés seront nommés par tout le bataillon.

Art. 30. Pendant la guerre il y aura des tribunaux militaires attachés à chaque armée.

Art. 31. Les tribunaux de commerce seront conservés.

CHAPITRE VIII.

Force armée.

Art. 1er. Tout Français né sous les auspices de la liberté, doit s'armer pour la défendre.

Art. 2. La défense des frontières sera confiée aux jeunes Français jusqu'à ce qu'ils soient pères.

Art. 3. La défense intérieure sera confiée aux pères de famille et à la partie sédentaire des jeunes Français.

Art. 4. A seize ans les jeunes Français seront indispensablement inscrits dans les compagnies de section. Le service sera divisé en service de paix et en service de guerre.

Art. 5. Le service de paix se fera de la manière suivante :

Les jeunes Français sédentaires et les citoyens mariés feront le service militaire dans leurs foyers respectifs, ils nommeront leurs officiers et sous-officiers.

Art. 6. Il sera formé par département deux bataillons de volontaires, pris au choix parmi les jeunes Français non mariés, qui auront au moins dix-huit ans.

Art. 7. Le premier bataillon formé sera soldé, et fera le service aux frontières.

Art. 8. Le second bataillon sera demi-soldé, et fera un service limité dans l'intérieur du département.

Art. 9. Les volontaires demi-soldés qui feront un service extraordinaire ou qui seront appelés par le Corps législatif dans un autre département, recevront la solde entière.

Art. 10. Le bataillon soldé et demi-soldé sera recruté dans les compagnies de canton au choix des jeunes citoyens, et parmi ceux de dix-huit ans qui ne sont point mariés.

Art. 11. En temps de paix, il y aura pour six départements un officier général divisionnaire soldé, et un officier général divisionnaire demi-soldé. Ils inspecteront les bataillons auxquels ils seront attachés; ils auront sous eux deux chefs de brigade.

Art. 12. Les bataillons de paix seront de 600 hommes compris l'état-major et l'artillerie; ils seront toujours au complet; ils pourront être augmentés par le Corps législatif, quand la République sera déclarée armée.

Art. 13. Lorsque le Corps législatif aura déclaré la République armée, les jeunes citoyens des compagnies de section se formeront en bataillon, sur la réquisition du conseil exécutif;

ils seront soldés du jour de leur départ pour les garnisons qui leur seront désignées; on ne pourra les faire camper ou les cantonner que dans les cas de nécessité urgente.

Art. 14. En guerre, le bataillon demi-soldé recevra la solde entière, et fera le service de brigade avec le bataillon soldé.

Art. 15. En temps de guerre, le Corps législatif nommera les généraux en chef parmi les officiers généraux divisionnaires qui auront donné, pendant la paix, des preuves de talents et de capacité; le conseil exécutif en présentera un tableau censorial au Corps législatif; il en sera de même pour les amiraux en chef.

Art. 16. Les généraux et les amiraux auront le choix de leur état-major.

Art. 17. Sur le rapport du conseil exécutif de la force armée, ou d'après la clameur publique, le Corps législatif pourra suspendre un général en chef, le décréter d'accusation, et le traduire au tribunal suprême, quinze jours après le décret d'examen.

Art. 18. Les autres officiers, en temps de guerre, seront jugés par les tribunaux militaires établis près de chaque armée.

Art. 19. En temps de paix, ils seront jugés définitivement par les tribunaux de département, sur l'instruction et l'accusation des tribunaux de paix militaires.

Art. 20. En temps de paix, les bataillons seront habillés et équipés par les administrateurs des départements, d'après un tarif réglé par le Corps législatif.

Art. 21. En temps de guerre l'habillement et l'équipement seront mis en régie par le Conseil exécutif.

Art. 22. Il y aura un établissement pour l'entretien des vétérans invalides; les vétérans valides seront pensionnés et feront un service limité dans les départements.

Art. 23. Aucun citoyen ne pourra être inscrit sur le tableau civique, ni voter dans les assemblées du peuple, si, en temps de paix, il n'a servi, ou quatre ans dans les compagnies de section, ou trois ans dans les bataillons demi-soldés, ou deux ans dans les bataillons soldés; et en temps de guerre il suffira d'avoir fait une campagne pour être inscrit sur le tableau civique, et être admis à voter.

Art. 24. Il y aura pour la marine une organisation particulière; cette organisation sera faite par le Corps législatif.

Art. 25. Les volontaires demi-soldés seront à la disposition des officiers civils, et ne pourront agir pour le service de l'intérieur que sur leur réquisition, ou par un décret spécial du Corps législatif.

Art. 26. Chaque département fournira une compagnie de cavalerie; les compagnies seront formées en escadron.

Art. 27. Les escadrons seront répartis sur la frontière ou dans l'intérieur, selon les ordres du conseil exécutif de la force armée.

Art. 28. Le nombre des escadrons pourra être augmenté pendant la guerre.

Art. 29. Il y aura pour chaque bataillon

soldé et demi-soldé, une compagnie d'artillerie avec deux pièces de campagne.

Art. 30. Des écoles d'artillerie seront établies dans les villes propres à cette instruction.

Art. 31. Le nombre des compagnies d'artillerie pourra être augmenté pendant la guerre.

Art. 32. La force armée ne peut délibérer, mais les volontaires demi-soldés pourront être inscrits au tableau civique, et voter aux assemblées comme citoyens, lorsqu'ils auront l'âge et le service requis.

CHAPITRE IX.

Relations externes.

Art. 1er. La République n'entretiendra aucune affiliation avec les cours de l'Europe.

Art. 2. Elle ne formera aucune alliance avec les tyrans, dont l'existence seule est un crime.

Art. 3. Ses traités avec les peuples libres auront pour base l'utilité commune et réciproque.

Art. 4. Ses ports seront ouverts à toutes les nations.

Art. 5. La République n'entretiendra chez aucune nation, ni recevra d'aucun peuple, ni envoyé ni ambassadeur permanent.

Art. 6. Le conseil exécutif des relations externes nommera, pour les rapports commerciaux, des consuls avec une commission de surveillance.

Art. 7. Dans les grandes circonstances, le Corps législatif nommera hors de son sein, des ambassadeurs extraordinaires avec des instructions publiques; ils ne pourront rester chez les nations étrangères plus de huit jours après leur mission remplie.

Art. 8. Leurs lettres de créance seront signées du président et de deux secrétaires du Corps législatif.

Art. 9. Les ambassadeurs extraordinaires des nations étrangères seront présentés à la barre aussitôt leur arrivée par le président du conseil exécutif des relations externes; là, ils exposeront l'objet de leur mission; et quand elle sera remplie, ils se retireront tous les huit jours auprès de leurs commettants.

Art. 10. La République ne prendra les armes que pour le maintien de sa liberté, la défense de son territoire, et la réparation des injures qu'elle aurait reçues.

Art. 11. Si quelque nation commettait des hostilités envers la République, insultait à la majesté du peuple ou s'emparait des propriétés particulières ou nationales, le Corps législatif décrèterait que la République est armée.

Art. 12. Par ce seul décret, les conseils exécutifs des colonies, de la force de terre et de mer seront obligés de faire toutes les dispositions et réquisitions nécessaires pour que le tort fait à la République soit promptement réparé.

Art. 13. Aussitôt que la nation agressive se sera retirée du territoire français, qu'elle aura pleinement réparé les dommages qu'elle aura faits à la République, et satisfait à la majesté du peuple, le Corps législatif décrétera que la République n'est plus armée.

Art. 14. Les trois conseils exécutifs désignés ci-dessus remettront à l'instant même toutes les parties de leur administration sur le pied de paix.

Art. 15. Les colonies françaises rédigeront, dans leurs assemblées, un contrat d'union avec la République qui sera examiné par le Corps législatif, et accepté provisoirement par lui, jusqu'à ce que le peuple y ait donné sa sanction.

CHAPITRE X.

Instruction publique.

Art. 1er. La liberté ne se soutient que par les mœurs; les mœurs sont le produit de l'instruction; l'instruction alimente, fortifie, fixe et entretient l'esprit public dans une République gouvernée par les mêmes lois; l'esprit public doit être uniforme : en conséquence, l'instruction doit être la même pour tous les citoyens; elle doit être gratuite, afin que les pauvres en profitent comme les riches.

Art. 2. Les frais de l'instruction publique seront payés par le trésor national.

Art. 3. L'instruction publique sera divisée en instruction générale et en instruction particulière.

Art. 4. L'instruction générale embrassera l'étude des droits et des devoirs du citoyen, les exercices propres à former de vigoureux défenseurs à la liberté, la connaissance sommaire des lois, l'habitude de les aimer et d'y obéir, enfin la morale universelle.

Art. 5. L'instruction personnelle embrassera ce qui peut être appris aux citoyens pour l'appliquer à leur utilité particulière, sans nuire à l'intérêt général.

Art. 6. Il y aura auprès du Corps législatif une école centrale divisée en deux sections.

Art. 7. La première section sera chargée de la rédaction des livres élémentaires, des règlements généraux et particuliers, et de l'inspection des écoles de département.

Art. 8. La seconde section sera chargée de former les professeurs pour les départements, de les nommer après les avoir examinés devant le peuple, et de les destituer lorsqu'ils s'écarteront de l'unité de doctrine qui sera enseignée dans toutes les parties de la République, ou sur le rapport du conseil exécutif de l'instruction publique.

Atr. 9. Les instituteurs de l'école centrale seront nommés par le conseil exécutif d'instruction publique, et confirmés par le Corps législatif.

Art. 10. Il y aura dans chaque département une école publique; et à mesure que les élèves de cette école seront suffisamment instruits, après avoir été examinés devant le peuple, ils seront nommés par le directoire, pour diriger les écoles de section sous la surveillance du peuple, et de l'école départementale qui aura soin d'y maintenir avec sévérité les principes républicains, sans aucune altération.

Art. 11. Les livres élémentaires, les règlements, la discipline, les instructions, les exercices seront, les mêmes pour toutes les écoles de la République, selon leurs différents degrés.

Art. 12. Les prêtres catholiques et autres ministres du culte seront exclus des places d'instituteurs

Art. 13. Il y aura des fêtes nationales; le Corps législatif en réglera le nombre et les époques.

Art. 14. Les principes de ces fêtes seront celles de la nature, celle de la liberté, de l'égalité, de la bienfaisance, de la fraternité, de l'amitié de l'enfance et de la jeunesse.

Art. 15. Les magistrats du peuple et les vieillards auront les premières places dans ces fêtes; ils seront environnés des jeunes gens qui se seront distingués par leur respect filial, par leur assiduité aux écoles, par des progrès constants dans les parties de l'instruction, ou par quelque action extraordinaire de générosité et de dévouement civique; cette distinction sera accordée par les vieillards sur le rapport des instituteurs.

Art. 16. Les instituteurs des écoles seront les ministres de ce culte républicain.

Art. 17. Ils seront salariés par la nation, les ministres des autres cultes seront payés par ceux qui voudront les employer.

CHAPITRE XI.

Contributions.

Art. 1er. Plus les citoyens posséderont, plus ils seront redevables pour la garde et la conservation de leurs propriétés.

Art. 2. Les impositions seront supportées par les citoyens, en raison des avantages qu'ils retireront de la société.

Art. 3. Celui qui n'a que le simple nécessaire ne paiera rien.

Art. 4. Les contributions seront assises sur les citoyens, en raison progressive de leur superflu.

Art. 5. Les contributions, pour les frais d'un culte quelconque, seront individuellement volontaires.

Art. 6. L'impôt sera toujours en raison des dépenses, dont l'état sera arrêté par le Corps législatif au commencement de chaque année.

Art. 7. Celui qui sera convaincu d'avoir caché une partie de son revenu, payera une contribution double, et sera noté sur le tableau civique.

Art. 8. Il y aura des contributions indirectes et des contributions directes.

Art. 9. Les contributions directes seront ré-

parties par le bureau de section, aidé par le commissaire départemental qui en suivra la réception; le produit en sera versé dans la caisse du préposé au droit d'enregistrement, qui en comptera avec le trésorier du département.

Art. 10. Il y aura, un fonds pour les dépenses extraordinaires et imprévues, pour l'encouragement de l'industrie, du commerce et de l'agriculture, de la vertu et des arts.

CHAPITRE XII.

Secours publics.

Art. 1er. Dans une République, le droit d'un citoyen étant l'existence et la sûreté de la vie, tout citoyen, dans l'indigence, recevra des secours proportionnés à ses besoins et à ses services pour sa nourriture et son entretien.

Art. 2. Il y aura dans chaque département un hospice pour les vieillards, les infirmes et les orphelins.

Art. 3. Il y aura dans chaque section un atelier dans lequel les pauvres valides trouveront toujours des travaux à leur portée, les malades des secours et les invalides de quoi se nourrir et se vêtir.

Art. 4. Il y aura dans chaque section, à la tête des ateliers, une agence de secours et de bienfaisance qui recueillera les dons des citoyens et qui les dispensera d'une manière proportionnée aux sections.

CHAPITRE XIII.

Mariage.

Art. 1er Le mariage est un contrat civil ou un contrat naturel et tacite entre l'homme et la femme pour la conservation de l'espèce humaine.

Art. 2. La volonté de l'un des contractants, peut résoudre le contrat écrit ou tacite.

Art. 3. Les enfants provenant de cette association font partie de la famille des associés, et ont droit à la communauté des biens.

Art. 4. Si les associés sont dans l'indigence, les fruits de leur union seront à la charge de la République; jusqu'à ce qu'ils puissent pourvoir à leur existence par le travail, la République leur doit la vie et l'éducation.

Art. 5. Les enfants hériteront par portions égales des biens de leur père et mère.

Art. 6. Les biens des citoyens morts sans enfants, sans neveux, et qui n'auront plus de père ni de mère, appartiendront à la République.

Art. 7. Les tribunaux ne reconnaîtront plus les testaments, parce qu'un homme ne peut avoir de volonté après sa mort.

Art. 8. Il y aura dans chaque section un

dépôt pour recevoir les actes souscrits par les citoyens.

Art. 9. Ce dépôt sera confié aux préposés à l'enregistrement.

CHAPITRE XIV.

Convention.

Article premier et dernier. A l'instant où le peuple aura accepté la Constitution, la Convention sera dissoute, et remplacée par un Corps législatif nommé sur-le-champ par les sections de la République.

OBSERVATIONS

Sur deux chapitres de cette Constitution qui traitent de l'administration générale de l'instruction publique.

Art. 1er L'administration générale d'une République aussi vaste que la nôtre, donne à ceux qui en tiennent les rênes une influence souvent dangereuse, et un crédit presque toujours redoutable; ils sont constamment exposés aux illusions du pouvoir, aux tentations des richesses, aux chimères de la représentation, aux insinuantes importunités de jeunes solliciteuses, enfin à tous les pièges qui peuvent affaiblir la plus austère vertu; il faut donc les environner d'une surveillance active et continue; il faut leur ôter, par des combinaisons préservatrices, tous les moyens d'attenter, soit sourdement, soit par une grande secousse, à la liberté du peuple; il faut leur donner une force arbitraire et non individuelle, une action collective et non personnelle, la seule autorité de la loi et toutes sortes d'entraves quand ils voudraient l'atténuer, la renforcer ou la violer; il faut encore que chaque département ait un délégué à cette administration, qui instruit plus particulièrement des intérêts, des ressources, des besoins et des localités de son pays, sera par là plus utile à ses concitoyens, plus accessible à ses égaux en droits; il connaîtra mieux la capacité des hommes qu'il voudra employer, parce que son choix sera toujours le résultat des lumières qu'il aura acquises par des relations sûres et des habitudes vertueuses.

Art. 2. Je n'ai point suivi pour l'établissement de l'instruction publique, le plan du comité d'éducation. Le comité a souvent l'éducation républicaine d'une draperie monarchique, qui comprime les mouvements et rend sa marche gauche et ridicule. Si ce plan était adopté, il rendrait la Révolution inerte pour la génération qui s'élève. Dans ces écoles qu'on nous présente, je n'y vois qu'un maître et des esclaves, qu'un despote et de faibles créatures en proie à tous les caprices d'un homme absolu; je n'y vois aucune influence réfrénante, aucune forme républicaine qui habitue peu à les élèves à l'usage de leurs droits et à l'amour de leurs devoirs; je n'y vois aucun de ces exercices où ils puissent développer leurs facultés physiques, le jeu incertain de leurs organes, et fortifier leur corps, destiné à servir un jour de rem-

part à la liberté. On me dit qu'ils apprendront à lire, à écrire et l'arithmétique... La belle découverte, on apprenait tout cela sous les rois; fallait-il un rapport si fastueux pour un projet si petit, et si insignifiant?

D'ailleurs, je ne sais pourquoi l'on s'empresse tant d'établir des écoles primaires avant que d'avoir créé des instituteurs. Croit-on trouver dans les départements, assez d'hommes patriotes et capables en même temps d'occuper d'emblée la foule innombrable de places désignées dans le projet du comité.

On se plaint partout de l'incivisme des magistrats du peuple, de la rareté des juges et des administrateurs républicains; et quand la liste en est tellement épuisée dans les départements qu'il a fallu prendre pour remplir des postes importants, des Feuillants, des Modérés, vous croyez trouver dans cette affligeante pénurie, des millions, des milliers d'instituteurs révolutionnaires.

Vain espoir! ceux qui sont aujourd'hui chargés de l'éducation publique, et qui se mettraient immanquablement sur les rangs, sont tellement imbus des maximes de la servitude et des fourberies religieuses, qu'ils empoisonneraient la génération qu'on veut élever à la hauteur du républicanisme.

Le petit nombre de patriotes qui pourront se placer à l'instant même dans les écoles primaires n'ayant aucune méthode commune, n'ayant point de règles fixes, n'étant point assouplis aux mêmes formes, verraient les choses les uns sous un rapport, ceux-là sous un autre; ils s'égaraient dans des routes vagues et incertaines et le fruit de tant de frais serait une discordance choquante dans les effets de l'instruction, qui doit tendre à la même fin, arriver au même but, celui de former des citoyens libres et heureux, et d'établir dans toutes les parties de la République un même esprit national. Et comment parviendrez-vous à faire marcher d'un pas égal l'esprit public dans les départements si vous n'avez des instituteurs formés ensemble, mûs dans le même sens, convenus des mêmes principes, et tous adorateurs fervents de l'égalité, qui fait la joie du républicain et le plus ferme appui de la liberté publique?

Que feront les instituteurs nommés, selon le plan du comité: ils respecteront les préjugés de leurs patrons; ils n'oseront contrarier les erreurs locales, les absurdités territoriales; ils se traîneront servilement sur les pas de ceux qui les auront précédés, et au lieu de citoyens fiers, allègres, intrépides et ennemis de l'oppression, ils donneront à la patrie des êtres dégradés, tristes, polis, rampants et propres à se laisser aisément asservir. Ah! si vous aimez la génération naissante, si vous voulez la nourrir, au lait cordial et savoureux de la liberté, ne confiez ces jeunes plantes qu'à des mains éprouvées et vraiment républicaines. On me dira que le peuple a le droit de nommer les instituteurs qu'il paie; et moi je dis que si le peuple veut dans la suite exercer utilement ce droit, il doit s'y laisser préparer et vous confier les moyens de l'amener par de voies sûres à l'exercice de ce droit. Ceux qui veulent éterniser l'ignorance et les erreurs du peuple, m'objecteront que c'est un despotisme: oui, c'est le despotisme que la liberté emploie pour établir plus fortement la liberté; c'est ce despotisme qui brise les trônes, qui ensevelit sous leurs décombres et le tyran et ses infâmes satellites.

Surtout éloignez de l'instruction publique, ces monopoleurs du ciel, ces prêtres ou simples, ou fourbes, qui tour à tour hypocrites et effrontés, soufflant le froid et le chaud selon le thermomètre de leur intérêt. Longtemps transplanté au milieu d'eux, j'ai eu le temps de les étudier et d'arracher leur masque; je n'ai jamais vu de race plus dangereuse et plus perverse, plus bigote et plus impie, plus lâche et plus intolérante; une partie de cette prêtraille s'est jetée dans la Révolution pour y exercer plus librement un trafic tous les jours plus discrédité. Si nous permettons qu'ils s'affermissent sur ce nouveau terrain, bientôt ils renoueront leurs intrigues contre les progrès de la raison; ils s'empareront de l'enfance; ils jetteront sur l'âme vierge encore de nos jeunes concitoyens le voile épais de la crédulité, car sans la crédulité les prêtres ne sont rien; ils la perpétueront et de cette manière ils détruiront peu à peu et vos travaux et la liberté; mettez donc une barrière impénétrable entre vos écoles et ces marchands de paradis et d'enfer, sans cela ils s'établiront encore dans le cœur des femmes et des enfants, par la terreur et l'espérance.

J'ai jeté rapidement ces réflexions après la lecture du projet du comité; je n'ai suivi ni ordre, ni méthode, et je crois, moi, que votre plan d'éducation doit être calqué et entièrement calqué sur la Constitution qu'on nous prépare, car dans une République bien ordonnée, tous les établissements doivent se consolider; je pense aussi qu'il est nécessaire, avant que d'établir des écoles, de s'assurer des moyens d'avoir des instituteurs convenables; il faut les préparer, les former à Paris, et de ce centre les disséminer progressivement sur tous les rayons de la République; c'est ainsi qu'agit la nature, elle amasse avant que de répandre, elle élabore ses productions, elle les mûrit avant que de les offrir à notre usage. Vous voulez établir la vérité, eh bien, servez-vous pour cela des mêmes moyens que les géomètres emploient pour la découvrir. Etablissez un principe (l'école centrale) et faites-en couler les conséquences (les écoles secondaires). Je demande donc à Paris, et sous l'œil de la Convention, un établissement central divisé en deux sections; l'une s'occupera des livres élémentaires et classiques, des règlements généraux et particuliers; l'autre formera des instituteurs dans toutes les parties de l'instruction et de l'éducation; à mesure qu'ils seront instruits, ils iront dans les départements former des instituteurs pour les écoles primaires. Alors vous aurez unité de doctrine; la lumière se répandra partout dans la même progression; les préjugés, les erreurs disparaîtront sans secousse violente et dangereuse; le soleil de la raison brillera sur tous les points de la France; les prêtres se cacheront ou deviendront d'honnêtes gens, en adjurant les absurdités qu'ils professent; ne trouvant plus de dupes, ils cesseront d'être fripons; ils purifieront leur demeure par les chastes nœuds du mariage, car l'on ne peut être chaste si l'on n'est marié. Je n'oublierai jamais que j'ai vu régner parmi les gens d'église la plus honteuse dépravation; le premier usage que j'ai fait de cette observation, en m'éloignant de cette caste impure, a été de prendre une jeune épouse qui fait le charme de ma vie, et qui me rend la pratique de la vertu douce, agréable et facile.

Je termine en deux mots.

Le but de l'éducation est de former des citoyens qui concourent de tous leurs moyens à la félicité publique et à la leur: pour arriver à cette fin, la patrie s'empare de nos premières années, comme les plus propres à recevoir les impressions qu'on veut fixer dans l'âme et les habitudes qui peuvent tourner à l'utilité générale; la patrie en s'emparant, pour son plus grand bien, du printemps de notre vie, nous doit un dédommagement; elle doit nous mettre à même de faire usage dans la suite de nos facultés et de nos talents pour notre utilité particulière; car si je passe ma jeunesse à recevoir les instructions relatives au bien commun de la République, je n'aurai nulle ressource dans la société, et il ne sera plus temps de m'instruire pour moi, quand le temps propre à cela sera passé.

L'éducation publique se divise donc en éducation générale et en éducation personnelle.

L'éducation générale embrasse l'étude des droits et des devoirs du citoyen, les exercices propres à former des défenseurs à la patrie, la connaissance des lois, celle de les aimer et d'y obéir, enfin la morale universelle;

L'éducation personnelle embrasse ce qui peut nous être appris pour l'appliquer à notre utilité personnelle, sans préjudicier à l'utilité générale; toutes les institutions publiques doivent reposer sur ces deux bases.

VINGT-CINQUIÈME ANNEXE (1).

A LA SÉANCE DE LA CONVENTION NATIONALE DU MERCREDI 17 AVRIL 1793.

FRANÇOIS POULTIER, *député du Nord, sur le titre V de la Constitution, lue par M. Gensonné, à la Convention, le 16 février, l'an II de la République. De l'organisation du conseil exécutif de la République. Imprimé par ordre de la Convention. Le 23 février 1793* (2).

L'organisation du ministère, telle qu'elle est proposée par M. Gensonné, est une monstruosité inadmissible: c'est un établissement qui, dans la suite, minerait l'édifice de l'égalité, et nourrirait une lutte perpétuelle entre les délégués exécuteurs et les délégués législateurs: c'est une royauté élective, divisée entre sept individus, dont la coalition dirigée par un ministre astucieux et hypocrite (3), deviendrait formidable et pourrait provoquer une nouvelle

(1) Voy. ci-dessus, même séance, page 263, le rapport de Romme sur les divers projets de Constitution.

(2) Bibliothèque nationale: 8 pages, in-8°, Le³⁸, n° 2204.

(3) Voyez le compte de Roland: il en résulte que, de son propre aveu, il a donné à Louvet pour Rolandiser les départements.................. 13,460 liv. 16 s.

A Gorsas........... ... . 3,082 liv. 8 s.

A Brissot..................... 3,795 liv. » s.

A Bancal.................. 886 liv. » s.

révolution. Je regarderais la liberté perdue et ma patrie en danger, si un pareil projet pouvait prendre faveur à la Convention : j'ai frissonné d'horreur en le parcourant; mon cœur en dénonçait les auteurs a chaque ligne; et j'ai cru pendant quelque temps que ce projet avait été trouvé dans les papiers de Thiéry, de Septeuil ou de Laporte.

Pauvre France! en quelles mains es-tu livrée? Es-tu destinée à être sans cesse le jouet des traîtres, des intrigants, des fripons ou des sots? Marcheras-tu toujours à la liberté à travers les embûches et les conspirations de ceux qui se disent tes plus chers amis? Dans ces premières années de ton émancipation, on te caresse pour t'étouffer; on te plaint pour te trahir, on veut diriger tes pas incertains pour t'enfoncer plus sûrement dans l'abîme; on te parle avec affectation d'amour des lois, de la paix et de l'ordre pour te ramener plus promptement à l'abjection et à l'esclavage. Dans cette position critique, il te reste encore d'intrépides défenseurs et des amis aussi vigoureux qu'incorruptibles. Ces athlètes aguerris, dévoués sans partage au soutien de l'intégrité de tes droits, se sont retranchés sur la montagne; c'est de cet inébranlable rocher (l'effroi des faibles, des lâches, des fourbes des esprits tortueux et méchants) qu'ils repoussent à toute heure les flèches empoisonnées que font pleuvoir sur eux et cette comique phalange d'hommes, se disant d'Etat, et cette ménagerie marécageuse d'appelants au peuple, et ces triumvirs scélérats et perfides qui se sont érigés sans patente en conseillers du roi, qui se sont effrontément donnés à eux-mêmes une mission conciliatrice pour mettre à plus haut prix leur influence liberticide et leur éloquence pestilentielle, qui enfin, par l'intervention de Thiéry, se sont offerts sans pudeur à la corruption de la liste civile sous le titre spécieux de médiateurs.

Ma patrie! c'est de ce rocher que je t'offre quelques vues sur ton administration générale.

L'administration générale d'une République aussi vaste que la nôtre, donne à ceux qui en tiennent les rênes, une influence souvent dangereuse et un crédit presque toujours redoutable : ils sont constamment exposés aux illusions du pouvoir, aux tentations des richesses (1), aux chimères de la représentation, aux douces importunités des jeunes solliciteuses, enfin à tous les pièges qui peuvent affaiblir la plus austère vertu : il faut donc les environner d'une surveillance active et continue; il faut leur ôter, par des combinaisons préservatrices, tous les moyens d'attenter, soit sourdement, soit par une grande secousse, à la liberté du peuple; il faut leur donner une force abstraite et non individuelle, une action collective et non personnelle; la seule autorité de la loi, et toutes sortes d'entravages, quand ils voudraient l'atténuer, la renforcer ou la violer. Il faut encore que chaque département ait un délégué à cette administration, qui, instruit plus particulièrement des intérêts, des ressources, des besoins et des localités

de son pays, sera par là plus utile à ses concitoyens, plus accessible à ses égaux en droits; il connaîtra mieux la capacité des hommes qu'il voudra employer, parce que son choix sera toujours le résultat des lumières qu'il aura acquises par des relations sûres et des habitudes vertueuses.

Art. 1er.

L'administration générale de la République sera composée de douze conseils exécutifs dont suit la nomenclature :

Art. 2.

1° Le conseil exécutif de la paix civile;
2° Celui des recettes et dépenses;
3° Celui de la force de terre;
4° Celui de la force de mer;
5° Celui des relations externes et des colonies;
6° Celui des relations internes et administratives;
7° Celui de la comptabilité générale;
8° Celui de la trésorerie nationale;
9° Celui des assignats et monnaies;
10° Celui des domaines nationaux et forestiers;
11° Celui d'instruction et de bienfaisance;
12° Celui d'agriculture, canaux, routes, arts et manufactures.

Art. 3.

Ces conseils seront formés de délégués élus par le peuple de la manière que les membres du Corps législatif, immédiatement après eux, mais par un scrutin séparé et désignatif.

Art. 4.

Chaque département nommera un administrateur général et un suppléant.

Art. 5.

Ces délégués réunis se diviseront en douze sections, correspondantes aux conseils désignés ci-dessus : cette division s'opérera par la voie d'un seul scrutin, sur une liste de candidats et à la majorité relative.

Art. 6.

Le Corps législatif élira le président de chaque section, parmi les seuls membres de cette section, à la majorité relative, et par un seul scrutin.

Art. 7.

Les sections nommeront collectivement, par un seul scrutin, leurs secrétaires, au nombre de deux; ils occuperont alternativement le bureau.

Art. 8.

Les fonctions des présidents et des secrétaires ne pourront durer que trois mois; ils ne seront rééligibles qu'après trois mois de vacance.

(1) Beurnonville a dit au comité de la guerre, que s'il avait voulu recevoir tout qu'on lui avait offert pour obtenir l'emploi exclusif des achats, il se serait fait en trois jours 40,000 livres de rente.

Art. 9.

Les sections organisées viendront se faire reconnaître par le Corps législatif; elles prendront alors le nom de conseil exécutif de la partie d'administration dont chacune d'elles sera chargée.

Art. 10.

Les conseils seront indépendants les uns des autres, pour toutes affaires de leur compétence.

Art. 11.

Les membres de chaque conseil seront collectivement responsables pour tout ce qu'ils auront signé.

Art. 12.

Ils recevront les mêmes indemnités que les délégués au Corps législatif.

Art. 13.

L'indemnité des présidents sera double.

Art. 14.

Chaque conseil sera réuni dans une maison nationale, et tous les membres y seront logés aux frais de la République.

Art. 15.

La moitié des conseils sera renouvelée tous les ans. Les mêmes membres pourront être réélus.

Art. 16.

Les conseils sont chargés spécialement d'exécuter et faire exécuter les lois rendues par le Corps législatif.

Art. 17.

Ils ne pourront, sans encourir les plus fortes peines, modifier, étendre ou interpréter les dispositions des lois.

Art. 18.

Tous les agents de l'administration et du gouvernement, dans toutes ses parties, sont subordonnés au Corps législatif, sous la surveillance immédiate des conseils exécutifs, selon leur compétence.

Art. 19.

Les conseils exécutifs de la République tiendront registre de tous leurs arrêtés et un double de leur correspondance.

Art. 20.

Ils pourront respectivement faire des proclamations, qui, lors de leur publication, devront être envoyées au Corps législatif.

Art. 21.

Le président et un secrétaire signeront la correspondance avec les citoyens et les corps administratifs. Les arrêtés seront signés des membres délibérants.

Art. 22.

Quand un des conseils agitera une affaire relative à un département, le délégué-exécuteur de ce département, s'il n'est pas membre du conseil, devra y être appelé; il aura voix consultative.

Art. 23.

Les conseils s'assembleront respectivement, au moins trois fois la semaine; et plus, si les affaires l'exigent.

Art. 24.

Les présidents de chaque conseil pourront, dans tous les temps, venir consulter le Corps législatif sur ce que les lois offriront de douteux ou d'équivoque, ou sur les cas extraordinaires que les lois n'auraient pas prévus; ils se feront toujours accompagner d'un secrétaire de leur section.

Art. 25.

Quand les administrateurs auront prévariqué, quand ils auront pris des arrêtés contraires aux lois, ils seront dénoncés par le président du conseil des relations internes et administratives, au Corps législatif, qui prononcera la censure, la suspension, l'acte d'accusation; mais après avoir entendu deux fois le délégué-exécuteur nommé par le département auquel seront attachés les administrateurs *dénoncés*.

Art. 26.

Un conseil sera divisé en bureaux correspondants aux branches partielles d'administration dont il sera chargé.

Art. 27.

Chaque membre aura la direction d'un bureau et nommera à tous les emplois dépendants de ce bureau.

Art. 28.

Le président et les deux secrétaires auront la direction du bureau central; ils nommeront aux emplois qui en dépendront.

Art. 29.

Les agents ainsi nommés, ne pourront être destitués que par un arrêté du conseil pris à la majorité. L'expédition du procès-verbal sera envoyé à l'agent destitué.

Art. 30.

Sans aucune réquisition, les douze conseils se réuniront sous la dénomination de conseil général de la République : cette réunion se fera tous les trois mois, à la fin de chaque présidence; elle aura pour unique but de faire rendre compte à chaque conseil de ses opérations et de sa comptabilité; elle en formera un tableau sommaire qui, après l'examen du

Corps législatif, sera imprimé et envoyé aux départements.

Art. 31.

Hors les époques désignées ci-dessus, le conseil général ne pourra s'assembler que sur la réquisition du Corp législatif, alors il sera tenu de le faire sur-le-champ et d'en rendre compte.

Art. 32.

Le plus âgé des douze présidents présidera le conseil général; mais lorsqu'il rendra compte de la gestion de son conseil, il cédera le fauteuil au plus âgé des présidents après lui.

Art. 33.

Les six moins âgés des secrétaires des douze conseils, seront secrétaires du conseil général.

Art. 34.

Douze commissaires du Corps législatif assisteront, sans aucune voix, au conseil général, sur un banc séparé : ces commissaires seront pris dans les comités correspondants aux douze conseils exécutifs : ils rendront compte de leur assistance, s'ils en sont interpellés par le président du Corps législatif.

Art. 35 et dernier.

Les présidents des conseils exécutifs, toujours accompagnés d'un membre de leur section, pourront, dans les affaires complexes, s'assembler et tenir des conférences entre eux; ils conserveront des notes signées du résultat de ces conférences.

Signé : POULTIER.

VINGT-SIXIÈME ANNEXE (1).

A LA SÉANCE DE LA CONVENTION NATIONALE DU MERCREDI 17 AVRIL 1793.

PLAN DE CONSTITUTION *présenté par* J. M. ROUZET, *député du département de la Haute-Garonne, à la Convention nationale de France, imprimé au mois de février 1793, par ordre de la Convention* (2).

Quelle est la meilleure forme de gouvernement qui puisse convenir à un peuple d'environ 25,000,000 d'individus, vraiment libres, agricoles, commerçants, ou vivant d'industrie, ou du produit de leurs biens, répandus sur une surface d'environ 27,000 lieues carrées, arrosées par de grands fleuves, baignées par les deux mers ; garanties d'une part par les plus hautes montagnes, exposées de l'autre aux incursions d'ennemis puissants (en supposant que de bonnes lois en laissent à un peuple libre et généreux ?)

Tel est le problème que chaque Français se trouve intéressé à résoudre et dont chaque membre de la Convention nationale doit chercher la solution.

Ce n'est pas par des discours, moins encore par des sophismes, qu'on peut se la procurer : c'est par de bons principes : en les appliquant de la manière la plus franche et par le mode le plus simple, dont les circonstances puissent permettre l'adoption...

C'est en étouffant toutes les petites passions dans les transports de celle du bien public : en faisant disparaître tous les intérêts particuliers devant l'intérêt général : en ne se livrant, en un mot, à d'autre considération que celle du salut de la patrie, du bonheur de nos contemporains et des applaudissements de la postérité.

Telles sont mes dispositions en portant au trésor des lumières nationales, le denier de la veuve.

Egalement éloigné de la flatterie et de la censure ; de suivre des chemins battus, ou de me frayer une voie extraordinaire : n'ayant à me livrer en ce moment qu'aux mouvements de ma conscience, je paierai mon tribut d'abord, par une exposition succincte des principes généraux ; ensuite par des développements successifs de l'application qu'il est en notre pouvoir et qu'il nous convient d'en faire.

Lorsque la discussion s'ouvrira à la tribune, puissions-nous, pénétrés tous des mêmes maximes, nous réduire à nous concerter bien loyalement, sur le choix des bons moyens que je crois en assez grand nombre (quoi qu'en disent nos détracteurs) pour assurer la prospérité publique, qu'il nous sera si doux d'avoir préparée.

Eléments de l'ordre social, servant de préambule à la Constitution française.

L'homme est né pour la société.

Ses besoins qui se multiplient sous tant de formes, quelles que soient ses facultés physiques et morales, lui en imposent trop impérieusement la loi, pour qu'il puisse jamais la méconnaître.

La société est donc le résultat des besoins physiques et moraux de l'homme.

L'homme le mieux pourvu par la nature est exposé par mille accidents à recourir à ses semblables.

Celui-là qui, par l'état dans lequel il est né, ou dans lequel des événements l'ont réduit, paraît le moins propre à servir ceux qui lui prodiguent leurs secours, peut quelquefois, dans un seul instant et par des causes imprévues, non seulement acquitter sa dette envers la société, mais encore acquitter des droits à la reconnaissance de ses membres.

Celui-là qui, pendant le cours d'une vie glorieuse, a bien mérité des siens, peut par tant de moyens, devenir l'objet de leur pitié, qu'il serait bien imprudent de chercher, dans aucune circonstance, à abuser de ses premiers avantages.

Il a été donc de l'intérêt de chaque membre de la société de mettre dans la masse commune

---

(1) Voy. ci-dessus, même séance, page 263, le rapport de Romme sur les divers projets de Constitution.

(2) Bibliothèque de la Chambre des députés: *Collection Portiez (de l'Oise)*, tome 29, n° 74. Ce document est annoncé dans le *Journal des Débats et des décrets* du 4 mars 1793.

tous ses moyens, sans chercher à évaluer la mise de tel ou tel associé.

La réunion des moyens de chaque individu en un seul faisceau, une fois accordée, leur disposition ne doit plus être le résultat d'une volonté particulière, qui n'aurait pas pu opérer la réunion, mais bien de la volonté générale, qui seule peut la maintenir.

D'où il suit que tout acte individuel, qui ne s'accorde pas avec la volonté générale, ou qui la contrarie, doit être réprimé par l'universalité, comme un attentat propre à emmener la dissolution du corps social.

Mais à quels signes dans une grande association reconnaître la volonté générale ?

Par quels moyens lui faire produire le plus efficacement et le plus paisiblement ses effets ?

Quel est le mode le plus convenable pour la fixer, ou pour prévenir les inconvénients, régler les avantages de ses variations ?

La solution de ces problèmes, proposés par une grande nation, ne sera pas celle qu'un législateur éclairé donnera à un petit peuple.

Mais il pourra dire à tous les deux :

L'homme social ne tient de la nature que des facultés.

Il n'acquiert des droits parmi ses semblables que par les devoirs qu'il s'impose envers eux.

Si ceux avec lesquels il s'associe n'avaient rien à attendre de lui, il pourrait en avoir tout à craindre.

Tout pacte social ayant pour base l'intérêt de chacun des contractants, l'exécution du premier n'en est pas blessé.

D'où il faut conclure que l'atteinte la plus coupable, qu'on pourrait porter à celui-ci, serait dans le sacrifice que le pacte social consacrerait à un individu, au préjudice d'un autre individu.

Ainsi le contrat d'association ne peut être légitime, qu'autant que l'égalité est établie entre ceux qui l'ont souscrit, c'est-à-dire qu'autant qu'il y a parité entre les renonciations et les perspectives, qui ne doivent être différenciées que par les vertus et les talents.

Ainsi, chacun des membres de la société doit également renoncer à suivre une détermination individuelle, pour assurer l'exécution d'une détermination générale, quoique contraire.

Ainsi nul ne peut socialement se livrer à des espérances qui seraient dans le cas d'affaiblir l'émulation ou le zèle de son compétiteur.

Ainsi, les intéressés à la même association ne doivent y être distingués que par leurs services.

Par une autre conséquence, non moins immédiate, la société pouvant exiger de chacun de ses membres l'emploi de tous ses moyens, pour la cause commune, les plus heureux succès ne servent qu'à acquitter celui qui les procure, et jamais à lui donner des prétentions.

L'utilité des soins d'un individu cessant pour le corps social, il ne doit rester à celui qui se les ait donnés (après le salaire ou l'indemnité convenable), que le souvenir rémunérateur des bonnes actions, le plus actif des stimulants pour les renouveler.

Ainsi, tout ce qui, dans des siècles d'ignorance ou de corruption, transmettait à la descendance les distinctions accordées à celui qui avait bien mérité de son pays, loin de se concilier avec l'intérêt social, le blessait dangereusement ; chacun des membres de la société ne devant pas plus être récompensé des vertus ou des talents, qui ne lui appartiennent pas, que puni pour le crime qu'il n'a pas commis.

Tout pacte d'association n'ayant pu avoir pour objet que d'améliorer et d'assurer le sort de chaque individu par le concours réciproque des moyens de tous, le plus sage de tous les contrats est celui dans lequel chacun s'impose le moins de sacrifices pour s'assurer le plus d'avantages.

Celui dans lequel chaque individu ayant le plus libre exercice de toutes ses facultés naturelles peut le plus facilement aspirer à rendre cet exercice utile à ses semblables, et doit le moins craindre l'usurpation de la direction des forces réunies de la part de ceux à qui elle est confiée.

Le plus sage de ces contrats est celui dans lequel chaque individu trouve la plus sûre garantie, pour les produits de son économie, de son industrie, ainsi que de tout ce qui peut lui être transmis dans les formes adoptées.

Celui d'après lequel chaque individu, en acquittant loyalement le tribut de ses moyens, dont il est comptable envers la société, trouve sans humiliation de quoi suppléer, dans une mesure reconnue, à ce que la nature lui aurait fait perdre.

Celui-là est le plus sage, dont les dispositions sont telles qu'elles préviennent plutôt qu'elles ne répriment. Les infractions à l'ordre établi et d'après lequel les modifications ou les changements que la révolution des temps peut rendre intéressants, s'opèrent sans convulsion.

Celui-là est le plus sage qui établit une telle différence entre l'homme juste et le pervers ; entre le citoyen paisible, mais courageux, et le lâche perturbateur qu'aucun d'eux ne puisse être ni confondu, ni méconnu dans la répartition des récompenses et des peines qui ne doivent être déterminées que par les actions et non par les personnes.

VINGT-SEPTIÈME ANNEXE (1).

A LA SÉANCE DE LA CONVENTION NATIONALE DU MERCREDI 17 AVRIL 1793.

PROJET DE CONSTITUTION FRANÇAISE *par* J. M. ROUZET, *député de la Haute-Garonne, le 18 avril 1793, l'an second de la République* (2).

De l'état des personnes (3).

Art. 1er.

Sont citoyens français, ceux qui, nés de père et de mère français, âgés de vingt et un

---

(1) Voy. ci-dessus, même séance, page 263, le rapport de Romme sur les divers projets de Constitution.

(2) Bibliothèque de la Chambre des députés : *Collection Portiez (de l'Oise)*, tome 29, n° 48.

(3) En faisant imprimer, au mois de février dernier, les éléments de l'ordre social destinés, dans mon plan,

ans, et servant dans la garde nationale au moins depuis trois ans, auront été reconnus par les jurés civils des communes, être en état d'exercer une des professions avouées par la loi (1)... Ceux qui auront fait un service continu de dix ans dans les gardes frontières... Les étrangers qui, exerçant en France des professions reconnues faisant leur service dans la garde nationale depuis trois ans, et qui, âgés de vingt et un ans au moins comme les naturels du pays, auront déclaré aux dépôts civiques des communes, vouloir jouir des droits de citoyen.

Art. 2.

Jouissent des droits de citoyen, les mères qui ont ou auront eu des enfants citoyens... celles qui auront eu cinq enfants, ou qui en auront élevé trois jusqu'à l'âge de quatorze ans au moins... celles qui exercent des professions avouées... celles qui depuis l'âge de vingt et un ans vivent avec leurs maris citoyens... celles qui auront eu des enfants d'un mari citoyen; et qui auront vécu au moins dix ans avec leurs maris... celles qui sans avoir eu des enfants, auront au moins vingt ans de mariage avec un citoyen.

Art. 3.

Pour jouir de ces droits, les citoyennes en feront la déclaration aux dépôts civiques des communes, un an avant qu'elles puissent les exercer, si elles sont Françaises, et trois ans avant si elles sont étrangères.

Art. 4.

Les droits de citoyen peuvent être exercés sur toute l'étendue du territoire occupé par la nation française, après trois mois de résidence de fait, moyennant la déclaration

d'exercice au dépôt civique du lieu, et en y consignant la preuve que le droit est acquis.

Art. 5.

Les droits de citoyen consistent à ne pouvoir être jugé ni recherché, même dans des temps de trouble, que publiquement, et dans les formes prescrites par les lois... à résister et réclamer assistance contre tous actes arbitraires... à faire tout ce qui n'est pas défendu par les lois, et à ne pouvoir être contraint qu'à ce qu'elles exigent... à participer aux déclarations et élections dans les assemblées élémentaires... à pouvoir être appelé à la représentation nationale, et à disposer dans les mesures et les formes prescrites par la loi, tant par actes entre vifs qu'à cause de mort, de ses propriétés tant mobilières qu'immobilières (1).

Art. 6.

Jouissent également des droits de citoyen, autres néanmoins que ceux de la participation aux délibérations, et élections dans les assemblées élémentaires, ainsi qu'à celles des représentants de la nation, tous enfants et femmes de citoyen, quoiqu'ils n'aient pas atteint l'âge de 21 ans.

Art. 7.

Les droits de citoyen se perdent par les condamnations qui en prononcent légalement

---

(1) En décrétant le principe de l'égalité des partages dans les successions en ligne directe, la Convention nationale aurait fait un acte bien impolitique, bien immoral, si elle avait entendu porter cette égalité hors du cas où les ascendants ne laissent que des enfants en pupillarité. Encore même dans cette supposition, doivent-ils avoir la faculté de disposer à leur gré d'une partie de leur patrimoine, puisqu'il n'est pas douteux que rien ne serait aussi propre à rompre sous les liens sociaux que de mettre les citoyens dans l'impuissance, par exemple, de récompenser des services rendus.

Et certes la condition des pères de famille, celle surtout des mères serait infiniment trop désagréable si pour avoir donné des enfants à la patrie, il ne leur restait que la perspective de voir ces mêmes enfants, souvent dans l'oisiveté, soupirer après l'instant du partage des économies, ou des fruits des sueurs de parents laborieux. La condition de ces derniers serait bien affligeante s'ils ne pouvaient appeler au tribunal de la nature, ni ceux qu'une mauvaise conduite rendrait indignes de leur tendresse ni ceux que des infortunes leur offriraient comme plus intéressants.

Défions-nous des exagérations de cette égalité que tant d'accidents peuvent rendre si absurde, de cette égalité que la seule distribution de tels ou tels objets entre les individus d'une famille, suffirait pour montrer plus absurde encore si on ne l'envisageait pas avec les nuances dont l'intérêt social doit ombrager; il faut sans contredit prévenir les funestes effets de la fatuité ou des caprices qui établissaient une trop grande différence entre les frères. Mais en s'éloignant de cet écueil il faut bien se garan ir de tomber sur un autre non moins dangereux. Je me propose de le montrer tel, lorsque le comité de législation présentera les exceptions dont la Convention lui a renvoyé la analyse lorsqu'il s'agira entre autres de limiter les bornes que la saine morale, toujours d'accord avec la vraie politique, nous indique pour le secours à accorder aux enfants hors mariage, ainsi que pour réprimer les jeux de l'adoption en s'en procurant les avantages. (*Note de Rouzet, insérée dans le document imprimé.*)

à servir de préambule à la Constitution française, j'ai annoncé que ce ne serait que successivement que je proposerai les développements et l'application des principes. (*Voy. ci-dessus même séance, page 495, Annexe n° 26*). J'ai manifesté mon vœu pour que la discussion de ces mêmes principes, à l'abri de tous les mouvements qui entravent la plupart de nos opérations, fût dégagée de toute espèce de passion autant que l'intérêt de la société et de l'humanité l'exige. Ce sera pour ne pas m'éloigner de ce terme que je me bornerai à offrir aujourd'hui l'ensemble de mes résultats. J'attends de mes collègues qu'ils les méditeront avec l'impartialité sans laquelle nous ne parviendrons jamais à établir une bonne législation. Jaloux, autant que chacun de nous devrait l'être, de l'emploi du temps que la nation nous accorde, et qu'elle calcule avec impatience, je ne chercherai à justifier mes consequences qu'autant que leur réfection me paraîtrait évidemment pouvoir devenir funeste, et je garderai, pour des circonstances moins critiques, le traité complet de politique dans lequel je consignerai les méditations qui pourront servir à éclairer et les nations voisines, et la postérité, sur des phénomènes qui paraîtront bien moins bizares lorsque les causes en seront loyalement développées. (*Note de Rouzet, insérée dans le document imprimé.*)

(1) On observera que dans les règlements à faire à ce sujet, on comprendra dans le nombre des professions avouées par la loi, l'agriculture, les sciences et arts et le commerce, et que pour le premier tableau civique, on aura égard à l'exercice passé, même de celles supprimées. (*Note de Rouzet, insérée dans le document imprimé.*)

la peine, par la naturalisation en pays étranger, et par le défaut d'exercice pendant cinq années consécutives, à moins d'absence pour cause publique, ou de justification d'impuissance, par maladie, ou autre cause légitime.

Art. 8.

Les Français qui ont une fois perdu les droits de citoyen ne peuvent en reprendre l'exercice, qu'après avoir rempli les conditions exigées des étrangers pour les acquérir.

Art. 9.

Les étrangers reconnus (1) jouissent, pendant leur séjour sur le territoire français, des droits de citoyen, à l'exception de la faculté d'assister et délibérer dans les assemblées élémentaires, et d'être appelée à la représentation nationale.

Art. 10.

Les enfants des citoyens qui à l'âge de 21 années accomplies, n'auront pas rempli les conditions requises pour être citoyens, et ne se seront pas fait inscrire comme tels, seront traités comme les vagabonds, et gens sans aveu, et au lieu d'être jugés dans les circonstances par les jurés établis pour les citoyens, ils le seront d'après les lois de la police de sûreté.

Art. 11.

La nation fournissant à chaque individu valide les moyens d'instruction nécessaire pour se procurer une existence sociale, et assurant à chaque infirme ainsi qu'à ceux accablés par des malheurs non mérités, non seulement de quoi subsister sans honte, mais encore de quoi entretenir l'espoir d'améliorer son sort : la nation, pour ne point mettre à la charge des citoyens laborieux l'existence des sujets inutiles, retiendra pour dédommagement des frais d'instruction et de secours, partie du produit du travail auquel les membres secourus seront assujettis suivant leurs moyens (2).

---

(1) On doit entendre par *étrangers reconnus* ceux qui exerçant des professions avouées par la loi, ont été vérifiés par les municipalités, les exercer effectivement de manière à y trouver leur entretien, et ceux qui ayant de la fortune pour fournir aux dépenses de leurs voyages, seront cautionnés par des citoyens solvables, tels que leurs banquiers ou autres recommandataires. (*Note de Rouzet, insérée dans le document imprimé.*)

(2) Pour prévenir plus encore que pour soulager la mendicité dont le tableau est dans un état policé, la censure la plus amère de ses mœurs et de ses lois, il ne suffit pas de donner des secours au citoyen qui se trouve affligé par les besoins; il faut que la société veille à ce que chacun de ses membres trouve en lui-même les moyens d'y pourvoir; et la disposition à des professions quelconques, doit par ce motif entrer essentiellement dans le plan général d'éducation nationale.

Les mesures à prendre en cette partie entre autres pour punir la négligence des parents, ne sont pas moins intéressantes que celles que la gloire de la nation nous commande pour maintenir notre supériorité dans les sciences et dans les arts.

On conçoit aisément, qu'à cet égard ainsi que pour la législation civile, criminelle, militaire, financière, etc., tout doit être tellement lié avec les principes généraux qu'aucune des dispositions partielles ne se trouve en con-

Art. 12.

Par le même principe d'ordre et de justice, elle accordera des secours, des encouragements et des récompenses à ceux dont les travaux ou les actions seront de nature à influer sur le bonheur social. L'égalité des droits, loin d'être contrariée par ce genre de distinction, se trouve déterminée dans le sens dans lequel elle doit être entendue pour le bonheur public; les services déjà rendus, les talents, et surtout les vertus qui doivent obtenir toute préférence dans toute bonne association sont les seuls titres sur lesquels la distribution des emplois, et de tout ce qui sera à la disposition du gouvernement, pourra être réglé.

Art. 13.

Les tableaux des citoyens et citoyennes seront arrêtés tous les ans, et respectivement remis aux dépôts civiques de chaque arrondissement communal, le 21 de septembre à la suite de la fête établie à ce sujet (1) et ceux

---

tradiction avec eux, et que par cette considération il serait imprudent de consacrer d'avance, dans la Constitution, tel ou tel principe particulier, dont la violation, dans quelque objet de détail, serait déjà un très grand inconvénient.

Plus il est essentiel, pour une nation, d'assurer l'individualité de ses intérêts, par l'uniformité de ses lois sur toute l'étendue du territoire qu'elle occupe; plus on doit apporter d'attention à ce que ces mêmes lois choquent le moins possible. Non seulement les intérêts particuliers de tel ou de tel arrondissement, mais encore les préjugés dont de sages législateurs savent tourner la puissance même contre ceux de ces préjugés dont l'influence même pourrait être dangereuse.

Il serait donc tout au moins prématuré, avant l'acceptation de la Constitution, de traiter à fond les grands objets de législation, dont un amour-propre mal entendu voudrait précipiter la production. Nous aurons déjà suffisamment bien mérité de la patrie si, avec des éléments aussi peu concordants, nous parvenons *bientôt* à établir les bases d'un gouvernement *vraiment populaire*, et si, après les avoir fait adopter, nous cédons à des citoyens, que notre fatale expérience aura sans doute éclairés, une place que peut être nous ne pourrons plus rendre glorieuse que par une sage retraite.

D'ailleurs ce n'est pas dans des agitations aussi violentes que celles auxquelles nous sommes livrés, qu'il nous est permis d'aspirer à l'honneur de faire de bonnes lois, et surtout des lois d'ensemble; elles ne peuvent être que le résultat des réflexions les plus profondes : elles doivent être préparées dans le silence, et principalement dans le calme des passions. trop heureux si celles qui se sont quelquefois si scandaleusement manifestées, ne nous mettent pas dans l'impuissance de laisser à nos commettants l'espoir d'un moins fatal avenir.(*Note de Rouzet, insérée dans le document imprimé.*)

(1) Il se présenterait bien naturellement la question la plus importante, peut-être qui pourrait être faite à des législateurs, celle de savoir s'il convient de donner à un grand peuple vieilli dans des préjugés peu conciliables, un lieu unique de vénération propre à rassurer des parties jusques alors incohérentes... s'il n'est point un genre de superstition qu'il faille entretenir ou même introduire dans une grande association et jusques à quel point il est convenable ou dangereux d'alimenter ou d'éteindre l'exaltation, le fanatisme des opinions religieuses, trop longtemps devenues ennemies de la tolérance et de la paix, à mesure qu'on s'est flatté de les épurer et de les rectifier.

Pour résoudre ce problème vraiment grand, sous tant de rapports, gardons-nous de citer dans l'antiquité des exemples de la réunion des ministres des différents cultes, dans les mêmes cérémonies, et si nous devions remonter jusqu'à ces époques auxquelles, plus rappro-

des citoyens qui n'auront pas par eux-mêmes, ou par fondés de pouvoir, réclamé leur inscription avant ledit jour, seront privés, pour l'année qui suivra, des droits de citoyen.

Art. 14.

Tous individus nés, ou se retirant sur le territoire français, sur lequel il ne peut être exercé aucun genre de servitude personnelle, peuvent également se rendre aptes à remplir toutes les fonctions déléguées par le peuple, après avoir acquis et exercé au moins pendant cinq ans les droits du citoyen.

Art. 15.

Les fonctions administratives ne peuvent être confiées qu'à ceux des citoyens qui indépendamment des conditions prescrites par les articles précédents, se seront compris au moins pendant trois ans avant leur élection aux rôles de cotisation personnelle déterminés par les règlements (1).

---

chés de la nature, les hommes en offraient encore la simplicité à travers leurs exagérations, dans des sens si opposés, ne portons aussi loin nos regards que pour nous convaincre que les besoins de l'humanité ont enfanté toutes les religions comme tous les arts, que les recours à la divinité furent dans tous les temps comme dans tous les pays les signes les moins équivoques de notre faiblesse. Et puisque dans tant de circonstances nous sommes assujettis à prendre hors de nous, à chercher bien loin de nous tant d'objets dont le créateur a voulu sans doute faire un lien entre les êtres les moins rapprochés ; puisque les anciens, avec plus de franchise dans leurs illusions, ont dressé des autels à tout ce qu'ils croyaient pouvoir soutenir leurs espérances, dissiper leurs craintes, suppléer à leurs défauts ; pourquoi n'établissons-nous pas une sorte de culte politique, dont l'objet plus rapproché, de nous, laisserait au culte religieux tout ce que la perspective de l'éternité peut offrir de consolant à ceux que l'ordre social ne parvient pas à satisfaire ?

Ce culte politique, tel que je le concevrais, produirait des effets d'autant plus heureux, que n'étant en contradiction avec aucun des principes de la plus saine morale, il en faciliterait au contraire, et en offrirait même la plus intéressante partie en pratique.

Je voudrais que les lieux de rassemblement de chaque section fussent des temples à la patrie, qu'aux agitations tumultueuses qui ont si souvent deshonoré dans les séances populaire le berceau de la liberté, succédassent des conférences calmes, préparées telles par l'ordre des délibérations, et garanties par le respect vraiment religieux que leur imprimeraient des cérémonies civiques, et la présence de la divinité qu'on pourrait offrir sous tant de formes, qui exercerait sa puissance par tant de moyens.

Mais ce n'est pas ici le lieu de développer tout ce que l'intérêt national commande d'établir sur de telles bases. Il nous suffira, dans ce moment, d'avoir consacré des fêtes vraiment populaires, d'avoir indiqué qu'elles doivent être préparées et célébrées aussi majestueusement que l'exige la divinité qui les aura inspirées. La dignité de ces fêtes se montrera sans doute dans toutes les parties qui pourront être susceptibles de la soutenir, et vraisemblablement que nous ne serons pas exposés à la censure, en cédant à l'impulsion qui nous entraînera les fois que les matières que nous aurons à traiter nous ramèneront vers un objet aussi intéressant. (*Note de Rouzet, insérée dans le document imprimé.*)

(1) Quelle que soit l'opinion du comité de Constitution relativement à l'admission de tous les individus à tous les emplois : je ne pense pas que, dans une association judicieuse, il soit convenable de ne pas assujettir à cer-

---

De la sûreté des personnes et des propriétés (1).

Art. 16.

La propriété la plus précieuse des membres de tout corps social, étant la considération de leurs concitoyens, la bonne renommée, le calomniateur sera puni de la peine qui aurait été infligée au calomnié s'il avait été jugé coupable ; et l'accusé innocent obtiendra toujours contre l'accusateur public ou privé, ne fut-il que téméraire, des dommages proportionnés aux pertes que l'accusation aura occasionnées au poursuivi ou aux siens (2).

Art. 17.

Le provocateur au pillage ou à la violation des propriétés, est puni comme le voleur de

---

taines épreuves les citoyens avant de leur confier des fonctions publiques.

Indépendamment des motifs sans nombre, propres à appuyer une pareille disposition, je pense que relativement à l'administration des deniers publics, il serait contre toute espèce de principe et de politique de les livrer à ceux qui n'en versent pas dans les caisses nationales une quantité propre à désigner suffisamment l'intérêt réel qu'ils peuvent avoir à en bien diriger l'emploi.

Quelque puissance que soient déjà ces premières considérations, on ne fera pas inutilement remarquer dans le nombre de celles qui se présentent sur le même objet, que les fonctions publiques n'étant que temporaires, si l'individu qui y serait appelé n'avait pas d'ailleurs au delà de sa subsistance, ce serait déjà une présomption peu favorable pour sa conduite passée, ou un larcin que la société lui ferait du temps qu'il aura.t à employer à so donner un état permanent et lucratif. (*Note de Rouzet, insérée dans le document imprimé.*)

(1) Il eut été peut-être beaucoup plus simple de ne point distinguer les matières par des titres, après avoir adopté une seule série d'articles comme dans la plupart des lois anciennes de France. Cependant en dégageant un ouvrage, qui doit être aussi répandu qu'une Constitution, de l'espèce de grimoire *des titres, des sections, des chapitres,* etc., qui embarrassent si pédantesquement un trop grand nombre de lecteurs, et dans la Constitution de 1791, et dans celle que le comité de la Convention a si servilement imitée. J'ai cru qu'il n'y avait pas d'inconvénient à présenter quelques textes, plutôt comme enchaînement de dispositions sociales, que comme appareil scientifique auquel tant de législateurs ont fait tant de sacrifices. (*Note de Rouzet, insérée dans le document imprimé.*)

(2) Un des grands vices de notre organisation sociale consistait dans le défaut de réparer les injustices commises au nom de la loi. Il arrivait bien dans quelques circonstances que quelques accusés poursuivis par le ministère public obtenaient des dommages contre les p ocureurs généraux ou leurs substituts. Mais ces réparations n'étaient guère accordées qu'à ceux qui avaient de grands moyens pour les réclamer, et elles ne produisaient, pour ainsi dire d'autre effet que de ralentir le zèle des vengeurs publics, par la crainte qu'elle leur inspirait de se trouver trop exposés au zèle même le plus éclairé.

Il faut espérer que notre nouveau Code de législation nous préservera du double écueil des injustices d'une part, et d'une trop grande défiance de l'autre ; et puisqu'il est vrai que le principe est déjà consacré, d'après lequel aucun citoyen ne doit craindre d'être privé d'aucune portion de sa propriété, même pour l'intérêt public le plus pressant, il faut espérer que si ce même intérêt expose quelquefois la société à compromettre et la fortune et l'honneur de quelques-uns de ses membres, il ne sera pas pour elle de dette plus sacrée que celle du rétablissement complet de l'une et de l'autre. (*Note de Rouzet, insérée dans le document imprimé.*)

grand chemin, si l'action a suivi la provocation. Le provocateur au meurtre est puni comme l'incendiaire (1).

Art. 18.

Ne devant y avoir que les considérations les plus pressantes de bien public qui puissent déterminer la société à porter atteinte à la liberté et aux propriétés de ses membres, nul ne peut être exposé à perdre l'une que comme peine de délits qualifiés par les lois, et à se détacher des autres qu'après une indemnité préalable.

Art. 19.

Les délits à raison desquels la société peut se trouver intéressée à infliger une plus forte peine que la privation de la liberté, pour un terme de plus de trois mois, ne peuvent être déclarés que par des jurés élus par le peuple qui, pris au sort, au nombre de vingt, prononceront, par scrutin secret, à la pluralité de quatorze au moins contre six (2).

De la garantie sociale.

Art. 20.

Nul ne peut être jugé, tant au civil qu'au criminel, que conformément à des lois préexistantes; et lorsque les besoins de la société, ou les circonstances en inspirent ou en commandent de nouvelles; elles ne doivent jamais avoir d'effet rétroactif.

Art. 21.

La souveraineté indivisible, inaliénable, imprescriptible, résidant exclusivement dans le peuple, la nation, pour le maintien de sa puissance, arme chacun de ses membres qui se trouve en état de concourir de sa personne à faire respecter l'autorité, et elle réclame de tous leur portion contributive des frais exposés pour la cause commune dans un ordre progressif de leurs moyens au-dessus du nécessaire (3).

Art. 22.

Le service dans la garde nationale est une des conditions indispensables, pour la conservation des droits de citoyen, qui doivent le faire depuis dix-huit ans jusqu'à cinquante.

Art. 23.

Nul ne peut, dans la garde nationale, occuper un grade, depuis celui de capitaine jusqu'à celui de général, au delà d'une année, et il ne peut y être réélu qu'après avoir servi en qualité de volontaire autant de temps qu'il en avait passé dans le grade.

Art. 24.

La force armée tendant toujours à s'arroger l'autorité, ou tout au moins à la diriger, les officiers supérieurs dans les gardes frontières à commencer par le grade de colonel (1) ou tel autre qu'on lui substituera, ne pourront être employés à leur grade en temps de paix au delà de cinq ans, ni pendant plus de deux campagnes en temps de guerre; et dans tous les cas, ils ne pourront être employés de nouveau dans les gardes frontières, qu'après un service effectif au moins de deux années sans interruption, en qualité de simples volontaires dans la garde nationale.

Art. 25.

La loi devant également protéger, défendre ou punir, les recours aux autorités constituées ne doivent être ni plus difficiles ni plus dispendieux pour telle partie de la nation, que pour telle autre (2) le lien de l'unité et de l'indivisibilité tenant à celui de l'égalité, qui ne peut être rompu sans que le premier soit très sensiblement affaibli.

Art. 26.

Toutes contestations civiles entre citoyens, hors des cas de police et de sûreté, seront réglées par des conciliateurs amiablement choisis, suivant le mode qui sera réglé, de ma-

---

(1) Les développements de ces principes, ainsi que de ceux relatifs aux différentes parties de la législation, ne doivent pas être portés dans la Constitution dans laquelle on ne doit présenter que les bases. (*Note de Rouzet, insérée dans le document imprimé.*)

(2) Depuis longtemps la Convention a renvoyé à son comité de législation la rectification du Code pénal; depuis longtemps la nation est impatiente d'une nouvelle organisation judiciaire ou civile. Serait-il convenable que les représentants actuels du peuple français, se livrassent à un travail qui, quoiqu'on en puisse dire, exige de profondes méditations, et des discussions qui ne soient influencées par aucun esprit de parti? Je regarde comme impossible de me le persuader. Perfectionnons, autant que notre position pourra nous le permettre, une Constitution qui nous devient chaque jour plus nécessaire Hâtons-nous de la présenter à l'acceptation, et comme je ne saurais le répéter assez souvent, livrons promptement à d'autres mains l'ouvrage que nos agitations nous rendent beaucoup trop pénible, pour qu'il puisse offrir d'heureux, de sages résultats. (*Note de Rouzet, insérée dans le document imprimé.*)

(3) Il est sans doute inutile d'annoncer que le travail sur les contributions offre à lui seul des développements très étendus: je me bornerai en ce moment à faire re-

marquer que nous devons essentiellement nous occuper des considérations prises du nombre des enfants, qu'on a trop négligées jusqu'à ce jour. (*Note de Rouzet, insérée dans le document imprimé.*)

(1) On se tromperait grossièrement si, en cherchant à réformer les anciens abus on désignait les effets que peut produire la conservation des anciennes dénominations, ainsi que la permanence dans certains grades, et l'élévation continue à des grades supérieurs, il faudrait ne connaître ni nos mœurs actuelles, *que nous ne pouvons pas nous promettre de changer si subitement*, ni les inconvénients résultant de l'invariabilité des places, dans une seule profession, *celle des armes*, pour élever le moindre doute sur la nécessité de l'adoption de cet article. (*Note de Rouzet, insérée dans le document imprimé.*)

(2) Ces principes qu'il n'est pas permis de contester sans afficher l'esprit de domination, nous énumérerions à proposer à la suite du plan de distribution des pouvoirs d'après lequel les maximes d'une justice invariable seront respectées. Mais des motifs plus pressants encore que ceux qui nous détermineraient en ce moment, nous décident à classer plus bas les dispositions qu'ils nous inspirent. (*Note de Rouzet, insérée dans le document imprimé.*)

nière néanmoins que leur nombre n'excède jamais celui de cinq, même lorsqu'on appellera des étrangers dans les discussions de famille.

Art. 27.

Il y aura dans chaque commune des bureaux de bienfaisance pour les citoyens qui seront reconnus par les conseils généraux desdites communes, ne pouvoir fournir aux frais de conciliation.

Art. 28.

Après les décisions des conciliateurs, si les parties en litige croient avoir à se plaindre du jugement, elles dresseront, dans les formes qui seront prescrites, et contradictoirement avec les défendeurs, les réclamations contre lesquelles les fondements seront également reçus : les parties réclamantes consigneront une amende à laquelle elles seront condamnées si elles sont reconnus mal fondées. Ces vérifications seront faites aux frais de la nation, par des examinateurs qui n'auront aucune communication ni directe ni indirecte avec les parties.

Art. 29.

La justice sommaire, pour des objets de valeur moindre de 50 livres, sera rendue par un juge de paix assisté de deux jurés au moins, qui auront aussi voix délibérative.

Art. 30.

Les fonctions de police de sûreté seront attribuées à des citoyens élus par les communes, et confirmées par les corps administratifs.

Art. 31.

Les citoyens, hors des cas de flagrant délit, ne pourront, sous aucun prétexte, être arrêtés ni conduits contre leur gré, après ou avant le coucher et le lever du soleil.

Art. 32.

Les habitations des citoyens étant inviolables et sacrées comme leurs personnes, les exécutions légales à faire dans lesdites habitations, se réduisent à de simples sommations au citoyen intéressé à ses représentants ou agents ou à celui qui aura la gestion de ladite habitation, pour qu'ils déclarent, livrent ou remettent, suivant les circonstances, ce qui sera réclamé par les officiers de justice; et au cas de fraude dans les réponses, les interpellés pourront être jugés corporellement responsables, d'après les formes déterminées par les lois.

Art. 33.

Les ministres d'aucun culte ne seront admis à aucune fonction publique.

Art. 34.

Toutes fonctions publiques ne sont que temporaires et électives.

Art. 35.

Aucun individu ne peut remplir deux places salariées par la nation, ou par des aggrégations constituées.

Art. 36.

Aucun individu ne peut être appelé à des fonctions publiques salariées, qu'il n'en ait déjà rempli de gratuites.

Art. 37.

La société, intéressée au maintien de l'ordre parmi ses membres, veille au dépôt de toutes leurs conventions qui ne peuvent être exécutoires qu'après ledit dépôt (1).

Art. 38.

Tous actes servant à constater l'état civil ou la mort des citoyens, doivent être passés en présence des magistrats du peuple qui en tiennent registre, et le mariage, quoique n'étant considéré que comme contrat civil, assure néanmoins aux enfants qui en sont procréés des droits doubles de ceux que la loi peut accorder aux enfants nés hors le mariage, et qu'aux enfants adoptifs.

Art. 39.

Les citoyens qui contractent de nouveaux liens après le divorce, ne peuvent se faire que la moitié des avantages permis lors d'un premier engagement et ceux qui passeraient à un troisième par la voie du divorce, ne peuvent s'en faire aucun.

Art. 40.

Le provocateur au duel est privé pendant cinq ans des droits de citoyen, et paie pendant ce temps une double contribution progressive si la provocation n'a pas eu de suite ; si elle en a eu, la peine est double; si la mort de son adversaire s'ensuit, il est puni de mort.

Art. 41.

Celui provoqué en duel, qui ne dénonce pas le provocateur, est privé pendant cinq ans des droits de citoyen, et paie pendant ce temps une double contribution progressive ; s'il répond à la provocation, la peine est double, et il est puni de mort dans le cas de mort de son adversaire.

----

(1) Il serait temps, enfin, que les contractants fussent délivrés des exactions auxquelles ils sont trop souvent exposés de la part des notaires; qu'ils fussent préservés des dangers qu'ils courent dans les lieux où les actes sont retenus en *cede volante*; et ces dangers sont à peu près les mêmes quand on n'a pour garant que les prétendus registres des notaires de campagne. Des dépôts publics dans lesquels seraient remis les originaux des conventions, confiés à des expéditionnaires auxquels on donnerait une organisation très simple, remédieraient à beaucoup d'inconvénients, et assureraient au Trésor public beaucoup de rétributions qu'on élude dans l'état actuel des choses. (*Note de Rouzet, insérée dans le document imprimé.*)

Art. 42.

Les citoyens qui se réuniraient à dessein, ou qui réunis au delà du nombre de dix, feraient quelques mouvements combinés entre eux, peuvent être poursuivis par les officiers de police et de sûreté, comme perturbateurs du repos public, l'ordre social exigeant qu'il ne se tienne d'autres assemblées que celles autorisées ou permises par la loi.

Art. 43.

Les lois existantes doivent être exécutées jusques après leur révocation.

Art. 44.

Les dettes contractées par la nation ou par elle reconnue, sont sacrées, quelle qu'en soit la cause, et celui qui en proposera la suppression, ou même la réduction, sera puni comme perturbateur du repos public, dont la moindre peine est la privation des droits de citoyen pendant cinq ans, et du double de la contribution progressive pendant le même temps; celui des délégués du peuple qui consentirait ou coopérerait à ladite réduction ou suppression, serait poursuivi comme mandataire infidèle, et personnellement tenu des dommages envers le créancier (1).

Art. 45.

De la formation et de l'exécution des lois (2).

La volonté générale, dont la loi est l'expression, devant être formée d'une manière non

(1) Cet article, on s'en apercevra aisément, n'a pas besoin de commentaire; je regarde comme les plus grands ennemis de la société ceux qui se jouent des engagements contractés par leurs prédécesseurs, avec des principes trop étendus de conformation et d'annulation, ou même tous les prétendus philosophes, qui parlent d'organisation sociale, d'en proposer une à laquelle ils puissent assurer la moindre consistance. En détruisant aujourd'hui sous prétexte de raison, de justice, etc., rien ne peut garantir qu'on ne détruira pas demain ouvrage du moment. (*Note de Rouzet, insérée dans le document imprimé.*)

(2) Je m'étais persuadé que pour régénérer de fait notre gouvernement, il ne nous suffisait pas de déclarer que la France est *une République une et indivisible*; j'avais pensé au contraire que l'antiquité ne nous offrant, pas plus que les peuples modernes, aucun modèle que nous puissions être tentés de prendre, ce n'était pas sous les débris des monuments que nous avons renversés, que nous devions chercher un asile contre les entreprises de la tyrannie, contre les excès de l'anarchie; que nous devions chercher de quoi garantir la liberté des fureurs, de la licence, de quoi préserver les vertus, les talents, l'émulation des prestiges d'une égalité mal conçue. J'avais pensé que pour construire un édifice social *vraiment populaire*, après avoir brisé toutes les pièces du jeu de l'ancienne machine politique, même l'échiquier sur lequel elles étaient disposées, nous devrions préparer et mettre en action des ressorts extrêmement simples, et dont les combinaisons préservassent les forces motrices des pertes trop multipliées par les anciens frottements.

C'est d'après cet aperçu que ne voyant dans une société bien organisée que les lois et leur exécution en m'affranchissant de tout ce qui tenait même aux détails de l'ancien système, il me paraît que loin d'isoler des parties qui se trouvent liées sous tant de rapports, nous ne devons, relativement à ces mêmes lois et à

équivoque, par le concours des vœux de chaque citoyen librement prononcés; il y aura constamment dans chaque section du territoire français, un bureau de correspondance auquel chaque citoyen de la section pourra communiquer ses vues, observations, dénonciations, réclamations, et généralement tout ce qu'il croira intéresser ou l'ordre public, ou l'état particulier de l'arrondissement, ou de quelque individu.

Art. 46.

Les bureaux de correspondance des sections seront composés de quinze citoyens dont six seront appelés à tour de rôle sur deux tableaux, l'un par ancienneté d'âge, et l'autre par ancienneté de résidence sur la section, en sorte que lorsque quelqu'un des appelés s'excusera, le suivant sera désigné, le nombre de trois sur chacun des deux tableaux devant toujours offrir des sujets qui fassent effectivement leur service; les neuf autres seront nommés à chaque trimestre, par scrutin de liste à la pluralité relative en la forme ordinaire des élections.

Art. 47.

Les membres des bureaux de correspondance, parmi lesquels les cinq qui auront obtenu le plus de suffrages, seront, le premier, modérateur; le second et le troisième, rédacteurs; le quatrième et le cinquième, censeurs; rendront compte tous les dimanches, en assemblée générale, de toutes les demandes portées au bureau dans le cours de la semaine; ils communiqueront toutes les nouvelles qui leur seront parvenues de la part des agents ou corps constitués de la nation, et ils proposeront les différents objets susceptibles de délibération.

Art. 48.

Les délibérations des sections pourront être prises par assis et levé, sur les propositions des bureaux, mais le scrutin ne pourra jamais être éludé s'il est réclamé par trois membres.

Art. 49.

Tous les scrutins, tant pour les délibérations que pour les élections, seront écrits et signés de l'opinant ou de celui qu'il déclarera avoir écrit pour lui : ils seront reçus aux dépôts des bureaux de correspondance, pendant trois jours, à des heures indiquées, et les dépositaires desdits bureaux, en présence de deux vérificateurs nommés pour la réception desdits

leur exécution, qu'en rapprocher l'ensemble. Puisse celui que j'offre à mes collègues et à mes commettants, leur présenter ou du moins leur préparer le mécanisme d'organisation qui convenant à un grand peuple, lui assure à jamais sa liberté, son indépendance et son bonheur, en le préservant autant que la faiblesse humaine peut le comporter, des abus que nous sommes tous intéressés à prévenir, et surtout des commotions occasionnées par les moindres changements dans les lois. Puisqu'il est vrai que nous ne pouvons nous promettre d'en faire de stables qu'autant qu'elles seront bonnes, préparons du moins à nos concitoyens une mesure prompte et facile, pour corriger nos erreurs, et pour suppléer à notre impuissance. (*Note de Rouzet insérée dans le document imprimé.*)

scrutins, les transcriront sur les tableaux, à la marge des noms de chacun des opinants, pour que la vérification de l'exactitude du dépouillement du scrutin puisse être faite sans difficulté au cas de contestation.

Art. 50.

Sur les propositions présentées à la délibération ,chaque citoyen aura la faculté d'aller porter ses observations, par écrit, au bureau de correspondance qui sera tenu d'en faire l'analyse à la séance prochaine (1).

Art. 51.

Les membres des bureaux auront seuls la parole dans les comices ou assemblées générales des sections, et les citoyens présents ne pourront la prendre que dans la supposition où ils auraient à se plaindre de ce que les membres des bureaux auraient négligé, ou de donner communication de quelqu'une de leurs demandes, ou de faire valoir quelques-uns des motifs fournis sur les propositions soumises à la discussion, ou lorsqu'ils auraient quelque nouvelle intéressante qu'ils n'auraient pu faire parvenir au bureau avant l'assemblée.

Art. 52.

Dans aucun cas, il ne sera pris aucune délibération que la proposition sur laquelle il y aura à délibérer n'ait été communiquée au bureau qui pourra, dans des circonstances urgentes, se réunir, et faire ses préparations comice tenant.

Art. 53.

D'après les exposés des bureaux, les objets des délibérations, lorsqu'il y aura lieu à procéder par scrutin et d'après plusieurs lectures, s'il est reconnu nécessaire seront réduits de manière que les opinions soient exprimées par oui ou par non.

(1) Indépendamment des lectures des nouvelles, des analyses des questions déjà présentées, des propositions, réclamations, et autres objets de ce genre qui rempliraient une partie du temps des comices ; en nous occupant du plan d'instruction nationale, nous aurions à indiquer pour les mêmes assemblées tant d'autres sujets vraiment intéressants et propres à piquer la curiosité, à exciter l'émulation, à enflammer l'amour du bien public, que le culte politique dont nous avons parlé dans les notes ci-dessus, s'embellirait de lui-même : les assemblées des comices deviendraient si attachantes par tant de m yens, qu'il n'y aurait pas à craindre qu'on fût même tenté d'en désirer d'autres.
Si les bornes d'une simple note me permettaient d'offrir quelques développements des idées qui se présentent ici en foule, il me serait bien facile de donner beaucoup plus de poids au plan d'assemblées primaires que je propose. Mais notre devoir étant de présenter des règlements judicieux, et non des discours trop souvent propres à égarer la vérité plutôt qu'à l'éclairer, je ferai avec plaisir le sacrifice de ces développements que je ne dois lui présenter aujourd'hui que comme législateur, c'est-à-dire en projet de loi, et non comme sophiste. (Note de Rouzet, insérée dans le document imprimé.)

Art. 54.

Il y aura dans chaque commune un bureau central pour les bureaux de correspondance des différentes sections, et les membres de chaque bureau particulier pourront s'y rendre au nombre de trois.

Art. 55.

Il y aura dans chaque cercle (1) un bureau de recensement qui sera établi dans le lieu du rendez-vous du cercle, et chaque bureau central correspondra avec le bureau de recensement, ou par écrit, ou par envoyé, suivant les circonstances.

Art. 56.

Il existera constamment un collège de quatre-vingt cinq éphores (2) auxquels les bureaux de recensement des cercles feront passer tous les résultats des comices, et des éphores en donneront communication tous les trois mois, au Corps législatif, à l'Aréopage et au bureau de recensement de chaque cercle.

Art. 57.

Le Corps législatif sera permanent et composé d'autant de membres que de cent mille

(1) La plupart des membres de la Convention qui ont présenté des projets, ont cru, à l'exemple du comité de Constitution, devoir conserver les dénominations existantes ; je pense, au contraire, que dans la crainte de ne pas nous défaire assez promptement de nos anciennes habitudes, nous devrions les changer toutes, ne pas même nous servir du mot de *République* puisqu'il est vrai qu'il n'y a jamais eu aucun des gouvernements ainsi qualifiés qu'on puisse dire *vraiment populaire*. Jusqu'à quand nous traînerons-nous dans les sentiers de cette Assemblée constituante qui, après nous avoir si longtemps parlé de liberté finit par nous préparer des nouveaux fers. (Note de Rouzet, insérée dans le document imprimé.)
(2) Depuis la fin de 1788, beaucoup d'écrivains beaucoup plus de parleurs n'ont cessé d'enivrer le peuple des fumées de sa souveraineté. Depuis la fin de 1788, ils le font danser autour de la cuve, dans laquelle les passions humaines sont constamment en fermentation d'une manière trop souvent alarmante pour la conservation des éléments sociaux. Enfin, voici l'instant où ce même peuple pourra reconnaître quels sont ceux de ses mandataires qui veulent ou lui assurer cette même souveraineté en lui en laissant l'exercice, ou la lui ravir en se ménageant les moyens de la faire passer dans leurs mains ; la Constitution sera vraiment la pierre de touche qui servira à faire distinguer les vrais des faux patriotes : ceux qui sont mus par des vues particulières, de ceux qui sont déterminés par des motifs de bien public. La Constitution nous fera connaître quels sont ceux qui veulent sincèrement *l'égalité politique*, non seulement pour les personnes, mais encore pour les différentes sections de la grande famille, cette égalité sans laquelle *l'unité et l'indivisibilité* seraient bientôt des chimères... je sais que je m'expose à beaucoup de censures, à beaucoup de haines en mettant beaucoup d'intrigants hors d'état de s'agiter avec fruit ; en déjouant tout projet de domination pour telle ou telle partie ; en ôtant aux prévaricateurs tout espoir d'impunité, et aux jaloux tout moyen de vengeance. Mais l'aversion des méchants étant une des plus flatteuses récompenses de l'homme de bien, je tâcherai de la mériter de nouveau et j'espère que je ne cesserai jamais de l'obtenir. (Note de Rouzet, insérée dans le document imprimé.)

individus répandus sur chaque cercle, en observant qu'au-dessus de cinquante mille comme fraction de cent : le cercle ainsi peuplé nommera un législateur de plus, et qu'on n'aura aucun égard aux nombres au-dessus de cent, s'ils ne s'élèvent pas au-dessus de cinquante.

Art. 58.

L'Aréopage sera composé de vingt-cinq membres, dont un ordonnateur de l'agriculture, du commerce des sciences et des arts, ainsi que de la police intérieure; un directeur des finances; un régulateur des forces de terre; un régulateur des forces de mer; un correspondant avec les nations amies; dix modérateurs et dix adjoints.

Art. 59.

Les fonctions des éphores, indépendamment de celles énoncées à l'article 46, seront de recevoir les résultats des travaux du Corps législatif; de les communiquer aux bureaux du recensement des cercles; de recevoir de ces mêmes bureaux les résultats des délibérations des comices sur l'acceptation ou le refus d'admission, des projets du Corps législatif de publier ces résultats par la voie de l'impression; de les adresser à l'Aréopage dans le cas de l'acceptation qui transforme le projet en loi, et au Corps législatif au cas de refus, afin que sur les observations adressées aux éphores par les comices, le Corps législatif puisse rectifier ce qui aurait déterminé le refus (1).

Art. 60.

Les fonctions des éphores sont aussi de recevoir par écrit, et non autrement, et d'enregistrer par ordre de réception les pétitions particulières (2), ainsi que les adresses des

comices tendant aux additions, modifications et révocations, même des articles constitutionnels, et dans les cas de semblables réclamations, dès que le cinquième des communes aura émis de pareils vœux, les éphores les communiqueront à toute la nation; dès que la moitié les aura adoptées, ils les adresseront au Corps législatif, et le vœu unanime des deux tiers une fois exprimé, la discussion pour la rédaction dans les séances du Corps législatif ne pourra être retardée sous aucun prétexte.

Art. 61.

Les éphores recevront les plaintes qui pourront être portées contre les membres de l'Aréopage, et contre ceux du Corps législatif. Ils délibéreront, au nombre de vingt-cinq au moins, pour savoir s'il y a lieu à accusation ou à destitution. Dans tous les cas, ils analyseront sommairement les plaintes, ainsi que les motifs de leurs opinions. S'ils pensent qu'il n'y a lieu, ni à accusation, ni à inculpation, leurs motifs ne seront employés qu'aux bureaux de recensement des cercles; et il ne sera donné aucune suite aux plaintes qu'autant que les cercles improuveraient l'avis des éphores. S'ils pensent, au contraire, qu'il y a lieu à accusation ou à destitution, leurs actes seront employés, savoir, à l'Aréopage, s'il s'agit d'un membre du Corps législatif, et au Corps législatif, s'il s'agit d'un membre de l'Aréopage.

Art. 62.

Les plaintes qui pourraient être formées contre les éphores, seront adressées à l'Aréopage qui les analysera au nombre de quinze au moins. Il motivera son avis, le fera passer avec les plaintes au Corps législatif, qui y délibérera au nombre de cinquante au moins, et après la décision contre tel membre de ces trois corps que ce puisse être, et par tel des trois qu'elle soit portée, les comices ou assemblées élémentaires approuveront ou improuveront, comme dans les cas où les délégués auraient cru ne devoir pas donner des suites aux plaintes (1).

---

(1) On verra aisément, par les dispositions de cet article et des suivants, que le peuple exerçant chaque jour lui-même sa souveraineté, l'exerçant dans ses assemblées calmes, et sans se déplacer, il n'y aurait jamais à craindre aucune des agitations qui précédaient au moins et qui suivraient le plus souvent les Conventions les mieux organisées. Ce même peuple étant le juge en dernier ressort de ses principaux mandataires, ceux-ci seraient d'autant plus religieux observateurs de leurs devoirs, qu'ils auraient tout à craindre et à espérer de leurs commettants sans qu'ils eussent à appréhender une trop grande influence de la part de leurs envieux. (Note de Rouzet, insérée dans le document imprimé.)

(2) Rien assurément n'est plus sacré, comme on nous le répète tous les jours, que ce qu'on a qualifié droit de pétition, mais aussi rien n'est plus abusif, rien même n'est plus indécent suivant le genre de spectacle que ce texte reproduit d'une manière si étrange en absorbant les moments les plus précieux à la nation. D'un autre côté, rien n'est plus injuste, n'est plus contraire à l'égalité que l'admission à la barre de tous ceux qui se trouvent à portée des mandataires du peuple, lorsque les plus éloigné s'ont pas les mêmes moyens de se faire entendre, et à plus forte raison lorsque, par abus le plus révoltant, on leur fait attendre des mois entiers ce qu'on accorde à l'instant à ceux, osant le dire, qui se présentent avec plus d'insolence.

En examinant cet objet sous son vrai rapport, le mode usité jusqu'à ce jour est contraire à la dignité même du pétitionnaire. Ce n'est pas dans une posture suppliante que les membres du souverain doivent parler à leurs mandataires et puisqu'il est vrai que des assemblées nombreuses ne doivent jamais délibérer sur de

---

simples lectures sur lesquels les délibérants doivent pouvoir librement réfléchir;... puisqu'il est vrai qu'un trop grand nombre de lectures à la barre entrent dans la tactique des intrigants, des agitateurs, des aspirants à la domination; il ne peut pas être un seul homme de bonne foi qui se décidât, même dans l'état actuel, à perpétuer cet abus. (Note de Rouzet, insérée dans le document imprimé.)

(1) Pour bien apprécier les avantages de l'ordre de juridiction proposé, il ne faut pas se borner à réfléchir sur l'inconvénient vraiment révoltant de soumettre les décisions d'une grande assemblée formée par la nation entière à une poignée d'individus qui ne sont rien moins que les élus du peuple, et qui peuvent facilement être intéressés ou influencés dans toutes les grandes causes. Il faut peser l'inconvénient bien plus grave encore, d'attirer toutes les affaires d'État à un centre unique qui, par cela seul devrait devenir un foyer d'intrigue et de corruption, s'il ne l'était déjà; les dispositions des articles suivants prouveront mieux que tout ce que je pourrais dire; d'ailleurs si je me suis occupé, de garantir la nation de tomber jamais sur de tels écueils elles nous serviront singulièrement à reconnaître ceux qui nous parlent sincèrement de l'égalité, pour les sections de la République comme pour les personnes, ceux qui

Art. 63.

Aucunes peines ne pourront être infligées dans les cas de pareilles plaintes; pas même celle d'improbation à moins des deux tiers des voix de sections, et néanmoins l'élu du peuple qui aura contre lui les deux cinquièmes, fera sa démission.

Art. 64.

Dans les cas d'avis à accusation ou à destitution de la part des délégués, examinateurs des plaintes, l'accusé demeurera suspendu de ses fonctions jusques à la décision résultant du recensement des vœux des comices, et il sera remplacé par son suppléant jusqu'à ce que le résultat des vœux lui laisse la liberté de reprendre ses fonctions.

Art. 65.

Dans la supposition où un délégué du peuple, ou même un simple citoyen, deviendrait la cause ou le prétexte d'agitations trop marquées, *l'ostracisme* pourra être prononcé contre lui sur la proposition, ou d'un tiers des comices, ou des deux tiers des éphores, du Corps législatif, ou de l'Aréopage, mais seulement sur le vœu définitivement déclaré des deux tiers au moins des comices; néanmoins dans le cas des propositions d'ostracisme, la suspension des fonctions publiques ne pourra même provisoirement avoir lieu qu'après l'opinion manifestée de deux corps élus par la nation, ou de l'un d'eux réuni au tiers des comices (1).

Art. 66.

La déclaration de l'ostracisme contre un Français n'étant qu'une mesure de sûreté, celui qui en sera l'objet en se retirant à volonté sur un territoire étranger (*à moins qu'il n'en soit expressément autrement ordonné*), aura toutes ses propriétés protégées en France comme celles de tous les citoyens; il en recevra librement les productions, ou même les produits de vente comme bon lui semblera, et si le temps n'est pas expressément limité, il pourra rentrer sur le territoire après cinq ans, et il y reprendra l'entier exercice des droits de citoyens.

Art. 67.

Les éphores sont aussi chargés, indépendamment des pétitions qu'ils recevront dans les lieux de leurs séances et sur lesquelles ils délibéreront par ordre de date de réception, suivant l'exigence des cas, les renvois au Corps législatif ou à l'Aréopage. Les éphores sont chargés de parcourir les différents cercles du territoire français, même hors du continent, au moins une fois tous les ans, d'y recevoir toutes les plaintes, prendre toutes les instructions relatives à la sûreté et à l'administration générale, notamment de la justice (1), pour faire passer, et au Corps législatif et à l'Aréopage, les objets sur lesquels ils auraient l'un ou l'autre à prononcer.

Art. 68.

Les résultats de tous les recensements particuliers étant adressés aux éphores, à eux appartient d'indiquer les lieux de leurs séances, ainsi que de celles du Corps législatif et de l'Aréopage, comme aussi de déclarer, d'après les mêmes résultats leurs convocations, translations ou dissolutions extraordinaires, l'Aréopage demeurant chargé des mêmes fonctions si les vœux des comices portaient sur les éphores.

Art. 69.

Le Corps législatif est chargé de proposer les lois, d'en présenter la rédaction et d'en garantir l'application. Le Corps législatif, quoique permanent, peut néanmoins suspendre ses séances, en mettant en activité un bureau intermédiaire composé de cinquante de ses membres, qui ne pourront, sous aucun prétexte, ni s'absenter, ni s'occuper d'autre chose que de surveiller l'application des lois, de recueillir les propositions pour en rendre un compte exact à l'ouverture de la section, ou de rappeler, avant le temps fixé pour la réu-

---

cherchent sincèrement à assurer le bonheur de leurs commettants et des races futures, ce n'est pas par des discours presque toujours plus propres à égarer le peuple qu'à l'éclairer, que nous devons répondre à sa confiance ; je ne saurais le répéter assez souvent, c'est par de bonnes lois dont les projets acquitteront à mes yeux les législateurs, bien plus efficacement que les plus séduisantes théories. (*Note de Rouzet, insérée dans le document imprimé.*)

(1) La proposition d'ostracisme, pour une grande nation, me paraît à moi-même une mesure mesquine peu conciliable avec le sentiment qu'un grand peuple doit avoir de ses forces, surtout s'il a un bon gouvernement. Cependant comme il est impossible que dans le passage de la servitude à la liberté, la fermentation ne se propage sur jusques à une certaine distance, et que la crainte d'une part, et le désir d'envahir de l'autre, ne produisent des excès opposés jusques à l'affermissement des nouvelles lois ; la mesure de l'ostracisme ne servit-elle qu'à contenir quelques ambitieux, à calmer quelques alarmes, ce serait en avoir suffisamment justifié l'adoption qui, du reste, n'ôterait pas la liberté de le proscrire dès qu'il ne paraîtrait plus utile ; les dispositions momentanées ne pouvant pas dans le plan que je propose occasionner des commotions lorsqu'elles seraient supprimées. (*Note de Rouzet, insérée dans le document imprimé.*)

(1) Les éphores, dans mon système, étant les surveillants du maintien des droits du peuple, devraient, indépendamment des objets généraux, s'occuper aussi des détails particuliers relatifs aux infractions des lois dans les parties les plus intéressantes de l'administration de la justice, et prendre dans l'occasion les renseignements propres à éclairer le Corps législatif sur les demandes en revision des jugements, dont l'impartialité serait déjà bien garantie par la mesure que j'ai indiquée de ne laisser communiquer dans aucun cas les parties avec ceux qui auraient à donner leur avis sur les décisions des arbitres. Mais les règlements à faire en cette partie tenant essentiellement à l'ordre judiciaire, dont il n'est possible que de fixer les bases dans la Constitution, il me suffira d'y avoir indiqué un des moyens d'épargner à des pères de famille ou autres citoyens intéressants qui ne peuvent s'éloigner de leurs foyers sans nuire beaucoup trop à leurs intérêts, un des modes d'éviter des déplacements dispendieux qu contrastent beaucoup trop avec l'égalité promise entre les différentes sections de la grande famille. (*Note de Rouzet, insérée dans le document imprimé.*)

nion, les membres du Corps législatif, s'ils pensent que les circonstances l'exigent.

Art. 70.

Le Corps législatif ne pouvant regarder comme loi que les projets par lui présentés et adoptés par la nation, aura néanmoins la faculté, dans des circonstances graves, de rendre des décrets d'urgence, s'ils sont réclamés, ou par les éphores, ou par l'Aréopage, et s'ils sont adoptés dans deux séances consécutives, à la pluralité des deux tiers des voix, et par appel nominal.

Art. 71.

Le Corps législatif, composé d'environ deux cent cinquante membres, ne pourra prendre aucune délibération, s'il ne se trouve formé au moins de cent cinquante.

Art. 72.

Le Corps législatif se distribuera en cinq conseils de cinquante membres chacun. Le premier s'occupera de la justice et de la police; le second, des finances; le troisième, de la guerre; le quatrième, de la marine; et le cinquième, du commerce, des sciences et des arts, ainsi que des relations avec l'intérieur.

Art. 73.

Il n'y aura jamais qu'une séance au plus par jour, qui ne pourra excéder six heures que dans les cas des décrets d'urgence, et jamais les conseils ne pourront s'assembler pendant la tenue de la séance.

Art. 74.

Le Corps législatif nommera tous les quinze jours un président et trois secrétaires, à la pluralité absolue et par scrutin, au premier ou au second tour : les secrétaires serviront un mois. Chaque mois les places des membres, dans la séance générale, seront tirées au sort et chacun ne pourra prendre que celle qui lui sera ainsi indiquée.

Art. 75.

Les règlements que les Corps législatifs voudront adopter pour leur discipline intérieure, seront par eux adressés aux éphores qui sont chargés de les vérifier, même de les improuver, s'ils les croient contraires aux intérêts de la nation. Tous les délégués du peuple, éphores, législateurs ou membres de l'Aréopage, seront tenus de conserver, dans leurs fonctions, le costume qui sera réglé entre ces trois genres de mandataires, et en attendant, ils prendront celui décrété pour les représentants du peuple auprès des armées actuelles de la République.

Art. 76.

Dans aucun cas, hors celui d'urgence, aucun projet de loi ne pourra être arrêté par le Corps législatif qu'après trois lectures, à un mois au moins de distance chacune, la première lecture devant être aussi annoncée un mois à l'avance, les observations envoyées par les éphores sur chaque projet, devant être lues dans l'intervalle des lectures dudit projet. Néanmoins dans les affaires particulières renvoyées au Corps législatif qui les aura d'abord examinées dans les conseils auxquels elles appartiendront, la décision pourra être prononcée après la première lecture qui aura dû être annoncée une quinzaine au moins à l'avance.

Art. 77.

Afin que la nation puisse rendre une justice exacte à chacun de ses mandataires, les procès-verbaux du Corps législatif offriront les tableaux les plus fidèles de tout ce qui se passera dans les séances, et il y aura à cet effet, auprès du bureau, un nombre suffisant de logotachigraphes dont les secrétaires surveilleront la fidélité ; chaque procès-verbal contiendra le nom des absents, et les motifs de l'absence s'il y en a. Ceux qui, sans cause, seraient ainsi inscrits aux procès-verbaux pour le quart des séances du mois, perdront l'indemnité du mois entier et ils seront remplacés par leurs suppléants, dès qu'ils se trouveront avoir été privés de ladite indemnité pendant trois mois. Les procès-verbaux des éphores et de l'Aréopage seront tenus et rédigés de la même manière que ceux du Corps législatif, et les peines contre les absents seront les mêmes. L'assiduité des membres de toutes les autorités constituées en général, soit dans les assemblées générales, soit dans les assemblées particulières des conseils de bureaux de commission ou autres, sous telle dénomination que ce puisse être, sera également constatée, pour que les absences, même les négligences puissent être punies.

Art. 78.

Les indemnités accordées aux membres du Corps législatif et aux éphores, seront les mêmes, sans préjudice des frais de voyages prescrits aux éphores par l'article 67. Les adjoints dans l'Aréopage recevront la même indemnité que les éphores; les modérateurs en recevront un double; les ordonnateurs, directeurs, régulateurs et correspondants, une quadruple.

Art. 79.

Les indemnités accordées aux délégués de la nation ainsi qu'à tous autres ses préposés ou agents, sont insaisissables de la part de tous autres créanciers que ceux porteurs de titres pour aliment, logement et vêtement, et les pensions pareillement garanties à ceux qui les auront obtenues pour services rendus à la nation.

Art. 80.

A l'Aréopage appartient la surveillance directe de toutes les autorités constituées, la direction de toutes les forces, l'initiative des déclarations de guerre ou des traités de paix, et la confection et présentation des tableaux de dépenses, besoins et revenus publics, ainsi que la nomination à tous les emplois auxquels il ne sera pas pourvu par les élections des comices.

Art. 81.

L'ordonnateur des sciences, arts, commerce, et les régulateurs des forces, les directeurs des finances et le correspondant avec les nations amies, seront chacun surveillés dans leur partie par deux des modérateurs qui pourront appeler les adjoints, et qui les appelleront nécessairement au cas de partage dans leurs opinions, et les emplois pour lesquels ils présenteront des sujets, ne seront confiés qu'à ceux qui auront obtenu la majorité des suffrages des modérateurs et adjoints de la division, la voix du présentant, en cas de partage, devant le guider.

Art. 82.

Indépendamment des travaux qui seront réglés dans chaque division de l'Aréopage, toutes les fois qu'il se présentera des objets qui nécessiteraient par exemple, le recours au Corps législatif, ou s'il y avait partage, l'Aréopage entier s'assemblera au nombre de neuf au moins, et sera présidé par le plus ancien d'exercice des présents, et s'il s'en trouve de la même date, par le plus ancien âgé d'entre eux. Toutes les délibérations de ce genre seront envoyées dans la huitaine au Corps législatif et aux éphores.

Art. 83.

L'initiative confiée à l'Aréopage pour les déclarations de guerre, traités de paix, d'alliance et de commerce, en un mot toutes les relations à l'extérieur, ne priveront ni le Corps législatif, ni les éphores, de la faculté d'interroger l'Aréopage sur de semblables objets, quand même il n'y aurait aucune pétition des comices (1), et dans ce cas l'Aréopage sera tenu de répondre, et le Corps législatif, de concert avec les éphores ou suppléera à la négligence, ou forcera la résistance de l'Aréopage, dont les membres refusants pourront être poursuivis dans les formes prescrites par les articles précédents.

Art. 84.

Dans les cas de déclaration de guerre ou de négociation avec quelque nation, l'Aréopage

_____

(1) Ici se présenterait bien naturellement cette question à laquelle on a si souvent donné tant d'importance, savoir à qui l'on confierait le soin de déclarer la guerre, de proposer la paix, d'en présenter ou accepter les articles en un mot de faire vis-à-vis des nations étrangères les actes qui si longtemps n'ont été que l'ouvrage de ceux qui avaient usurpé la toute-puissance. Mais sur cet article comme sur beaucoup d'autres, il me paraît que nous ne sommes divisés ou embarrassés que par la seule raison que nous ne savons pas renoncer à nos vieilles habitudes. Ainsi sans perdre notre temps à les censurer, occupons-nous du soin d'en contracter de meilleures, et surtout que la célérité requise dans beaucoup de circonstances, ainsi que la confiance à inspirer aux parties contractantes avec nos agents, ne nous fassent jamais perdre de vue l'objet principal de conserver au peuple tout ce qu'il peut exercer par lui-même de sa souveraineté, et de lui laisser, dans tous les cas, une surveillance bien efficace sur tous ses mandataires. (Note de Rouzet, insérée dans le document imprimé.)

demandera aux éphores et au Corps législatif, savoir, aux premiers, sept délégués, et au second neuf, qui seront nommés par leurs collègues respectifs, à la pluralité absolue. Ces délégués se réuniront au lieu où l'Aréopage tiendra ses séances. L'Aréopage choisira cinq de ses membres pris dans les modérateurs ou dans les adjoints, et les vingt et un délégués se déclareront représentants du peuple français, et traiteront définitivement en son nom; pourvu, toutefois, que leurs délibérations soient prises à la pluralité des deux tiers des suffrages, et qu'elles soient approuvées par les éphores, le Corps législatif et l'Aréopage. Leurs décisions seront provisoirement exécutées sur leur responsabilité, quand même elles ne seraient prises qu'à la majorité absolue; dans ce cas, elles deviendront définitives si les deux tiers d'un des trois corps, ou la majorité absolue de deux les approuvent, en observant néanmoins que la majorité absolue de deux pour les refus, suffit pour s'opposer à ce que les décisions provisoires soient définitives; et, dans ces derniers cas, les propositions seraient portées aux comices, pour être réglées comme toutes les autres.

Art. 85.

La nation française ayant pour principe de reconnaître, même de défendre autant qu'il sera en elle, la liberté de tous les peuples, qui ne manqueront pas de vivre en frères, quand ils connaîtront leurs vrais intérêts. La nation française déclare qu'elle respectera les gouvernements qu'il plaira à ses voisins de se donner, pourvu qu'ils ne portent aucune atteinte à celui que les Français ont adopté, et à leur indépendance, qu'ils ont juré de maintenir. En conséquence, elle charge ses délégués d'entretenir, par tous les moyens conciliables, avec sa dignité, la bonne intelligence entre elle et toutes les nations, et de traiter amicalement avec leurs délégués, s'en rapportant à ce que l'Aréopage, le Corps législatif et les éphores, règleront en la forme indiquée, dans la confiance que la foi des traités ne sera point vaine, quand ils l'auront garantie au nom de leurs commettants.

Art. 86.

L'exercice de tous délégués, fonctionnaires ou agents salariés, sera indistinctement de cinq ans, et aucun ne pourra ni être réélu dans ses fonctions, ni être élevé à des fonctions réputées supérieures; en sorte, par exemple, que les membres de l'Aréopage ne pourront être nommés au Corps législatif, ni les membres du Corps législatif au collège des éphores qui occupent le premier rang comme chargés du maintien des droits du peuple, et ses organes immédiats: néanmoins hors de ces trois classes de délégués, tous autres citoyens fonctionnaires ou agents pourront y être appelés, et tous ceux non salariés pourront profiter de toute sorte d'élection.

Art. 87.

Un cinquième des éphores des membres du Corps législatif et de l'aréopage sera remplacé tous les ans dans l'ordre réglé. Sur la distribution des cercles, il sera nommé tous les ans un nombre de suppléants égal à la moitié des éphores, et des membres du Corps législatif élus, et chaque cercle qui aura à nommer un sujet pour l'Aréopage, nommera aussi un suppléant.

Art. 88.

Les membres de l'Aréopage pouvant être pris indistinctement sur toute l'étendue du territoire français, il y aura dix cercles par an, au lieu de cinq, qui pourront en présenter, et dans le cas où les cercles électeurs auraient nommé plus de cinq sujets, nombre effectif de remplacements ; lors du recensement par les éphores, ceux désignés pour membres de l'Aréopage qui sans entrer en exercice auront dans les proportions de la population des cercles électeurs (1) plus de voix que les suppléants, entreront les premiers en remplacement. s'il y a lieu, à moins que quelqu'un des suppléants n'eût été appelé par plusieurs des cercles électeurs, ce qui lui assurerait la préférence sur le sujet désigné pour entrer en exercice, tandis que pour les éphores et les membres du Corps législatif, les suppléants seront pris dans le cercle qui laissera la vacance, à moins que ce même cercle ne fût épuisé, et dans ce cas, le suppléant qui aurait obtenu le plus de suffrages dans les proportions de la population serait appelé.

Art. 89.

Pour l'élection des éphores, du Corps législatif et de l'Aréopage, chaque commune pourra présenter un sujet pris dans le nombre de ceux qui se seront inscrits aux bureaux des recensements des cercles, ou qui portés audit bureau par une section, auront déclaré audit bureau des recensements qu'ils consentent à être compris dans la liste des candidats (2).

Art. 90.

Les cercles qui voudraient présenter des candidats pour l'Aréopage, le pourront, si les sujets qu'ils désignent ont obtenu les deux tiers des suffrages des comices, dans lesdits cercles, et alors ils enverront leurs vœux aux éphores, qui les feront passer aux bureaux de recensement des cercles électeurs.

Art. 91.

Le travail de tous les élections commencera le premier dimanche de janvier de chaque année. Le premier scrutin sera par liste double, du nombre à proposer, sera pour les membres de l'Aréopage et leur suppléant dans les cercles qui auront à en nommer. Le dépouillement de ce premier scrutin sera annoncé à la séance

du second dimanche du même mois, pour être porté au bureau central, de là à celui du recensement.

Art. 92.

Si quelqu'un des candidats énoncés à l'article 87, a obtenu les deux tiers des suffrages des comices, il ne sera plus procédé, et le bureau de recensement en donnera avis aux éphores pour qu'ils communiquent les résultats aux autres cercles. Si, au contraire, aucun ne se trouve aux bureaux de recensement, avoir obtenu les deux tiers des suffrages des comices, il sera procédé, le quatrième dimanche de janvier, à une seconde élection, et les résultats en seront envoyés tels qu'ils se trouveront, aux bureaux de recensement; qui les communiqueront aux éphores, avec l'indication de l'âge des candidats, auxquels on n'aura utilement donné des suffrages, qu'autant qu'ils auront atteint la quarantième année, et qu'ils auront d'ailleurs les autres qualités requises, pour être délégués du peuple et que les qualités se trouveront reconnues par les fonctions publiques que les candidats auront déjà remplies au moins pendant trois ans.

Art. 93.

Les résultats des bureaux de recensement, communiqués aux éphores, ceux-ci en feront les relevés qu'ils proclameront et feront passer dans tous les cercles, de manière qu'ils puissent être publiés à la fête civique du 21 mars. Les élus seront appelés par les éphores, tant pour entrer en suppléance dans l'ordre établi par le nombre des suffrages.

Art. 94.

Malgré les élections, les ordonnateurs, directeurs, régulateurs et correspondants qui auront servi dans l'Aréopage pendant cinq années, seront remplacés par l'ancien modérateur de leur division, et ceux-ci par des adjoints, en sorte que les nouveaux élus ne pourront commencer que par l'adjonction, à moins d'événements qui eussent à l'avance fait disparaître tous les adjoints, et même au delà. Dans aucun cas, aucun citoyen ne pourra passer dans l'Aréopage, au delà des cinq ans, en quelle qualité qu'il y ait servi, l'Aréopage dût-il être renouvelé tout entier (1).

_____

(1) Il est sans doute inutile de faire remarquer que pour les premières élections, comme pour les premiers changements, il serait fait un règlement particulier, tel par exemple, que celui du tirage au sort pour ceux qui quitteraient successivement après la première, entre autres, que les cercles qui n'auraient fourni qu'un sujet ne seraient compris dans le tirage au sort pour la première année, qu'autant que les autres cercles qui en auraient plus d'un seraient réduits à ce niveau. Mais des dispositions de ce genre n'étant qu'accidentelles, j'ai cru ne devoir pas en faire des articles constitutionnels, du reste rien ne serait si facile que de prendre des commissaires nommés par chaque députation, mais hors du sein de la Convention, pour remplir momentanément les fonctions des éphores jusqu'à la réunion, de ceux élus par le peuple. (_Note de Rouzet, insérée dans le document imprimé._)

_____

(1) C'est-à-dire, celui par exemple, qui aurait obtenu les trois quarts des suffrages dans son cercle, serait préféré à celui qui n'en aurait obtenu que les deux tiers, dans un autre, quoique de beaucoup plus fort en population. (_Note de Rouzet, insérée dans le document imprimé._)

(2) On conçoit facilement que sans liste de candidats préalable plusieurs élections pouvant se trouver sans effet, il serait et trop long et trop pénible de recommencer de pareilles opérations. (_Note de Rouzet, insérée dans le document imprimé._)

Art. 95.

Le troisième dimanche de janvier, sur des listes de candidats, comme pour les membres de l'Aréopage, il sera procédé dans les comices, par scrutin de liste double, à l'élection du nombre des éphores et de leurs suppléants; si le premier scrutin ne donne pas au bureau de recensement de majorité, de la moitié plus un, il sera procédé de nouveau, le troisième dimanche de février, en ne votant que sur le quadruple des sujets à élire, qui ne pourront être désignés utilement que parmi ceux qui auront obtenu le plus de suffrages au premier scrutin, et à ce second tour, la pluralité relative suffira, s'il n'y en a pas d'absolue (1).

Art. 96.

Le nombre des suppléants pour les éphores et les membres du Corps législatif, est de moitié des sujets élus de l'un, s'il n'y en a qu'un de deux, s'il y en a trois, et ainsi de suite.

Art. 97.

Au premier dimanche de février de chaque année, il sera procédé au remplacement du cinquième des membres du Corps législatif, dans la même forme indiquée pour le remplacement du cinquième des éphores, et le second scrutin, s'il y a lieu, sera ouvert le premier dimanche de mars.

Art. 98.

Toutes les opérations de ces élections, seront disposées de manière qu'elles soient publiées dans les cercles, avant le 21 mars, afin que tous les élus puissent se trouver au rendez-vous du cercle, à la fête civique dudit jour, leur entrée en exercice devant être au 1er mai.

Art. 99.

Pour éviter toute influence entre les trois principales aggrégations des délégués du peuple, et toute espèce de coalition entre eux, les éphores, le Corps législatif et l'Aréopage, tiendront toujours leurs séances à 60 mille toises au moins de distance les uns des autres et à 30 mille au moins des frontières, surtout en temps de guerre. Les lieux des séances seront désignés tous les ans, par les comices, en même temps qu'ils feront leurs élections (2),

et les éphores, en résumant les résultats des divers recensements indiqueront, le 15 avril au plus tard, pour les lieux des séances du Corps législatif, celui qui aura obtenu le plus de désignations dans les comices, encore même que ces désignations fussent, par exemple, pour l'Aréopage; les éphores seront convoqués dans le lieu qui aura été en second rang le plus souvent désigné, et l'aréopage dans celui en troisième rang, en observant toujours les distances mentionnées au présent article (1).

Art. 100.

Pour que la majesté de la nation qui doit être respectée dans ses délégués généraux, ne puisse jamais être compromise vis-à-vis d'aucun des arrondissements, les éphores, le Corps législatif et l'Aréopage exerceront chacun en droit soi, dans les lieux de leur résidence, la plénitude de l'autorité nationale, à l'exclusion de tous autres élus du peuple, (2) auxquels ils pourront pendant le temps de leur résidence, laisser la partie des fonctions qu'ils croiront pouvoir leur abandonner pour l'intérêt des habitants du lieu, sans que la dignité nationale soit exposée à en être blessée. De leur côté, les délégués généraux

---

aux convulsions dans lesquelles nous tombons à chaque instant, pour qu'ils ne soient pas sentis sans être développés, et même pour qu'il ne fût pas imprudent de les présenter avec l'énergie que nous devons léguer à l'histoire.

Indépendamment de cette première considération, celle de pouvoir témoigner aux différentes communes, qui seraient encore plus exercées à bien mériter de la patrie, la satisfaction générale, en leur confiant alternativement tel ou tel dépôt, suffirait pour faire adopter ce plan, dont l'exécution ne contribuerait pas peu à maintenir le calme, l'harmonie, la fraternité, et cette *égalité* que ceux-là respectent le moins qui en parlent le plus. (*Note de Rouzet, insérée dans le document imprimé.*)

(1) Ce travail ainsi que celui pour les élections seront infiniment plus simples qu'on ne se le persuaderait au premier aperçu. Supposons vingt mille comices, dont chacun désigne trois villes; dix-huit mille ont désigné Paris; dix-sept mille, Toulouse; seize mille, Orléans; quinze mille, Cahors et quatorze mille Bourges; dans ce cas le Corps législatif serait à Paris, les éphores à Toulouse, et l'Aréopage ne pourrait pas être à Orléans, parce qu'il n'y a pas plus de soixante mille toises de Paris à Orléans : ils ne pourront pas non plus être à Cahors parce qu'il n'y a pas plus de soixante mille toises de Cahors à Toulouse ; il serait donc à Bourges, quoique cette ville n'eût pas obtenu autant de désignation que Cahors et Orléans. (*Note de Rouzet, insérée dans le document imprimé.*)

(2) Il n'est pas un seul homme de bonne foi ami de la liberté, qui ne reconnaisse combien il serait indécent, en supposant même qu'il ne pourrait jamais être dangereux de laisser les délégués généraux de la nation à la discrétion des mandataires d'une section quelconque. Une rivalité de cette espèce est trop propre à exciter l'indignation pour que l'on suppose qu'aucun bon citoyen consente à ce qui pourrait l'établir ; et si quelque arrondissement voulait avoir la prétention de se donner de meilleurs administrateurs que ceux à qui la nation entière resté ses principaux intérêts, c'est qu'elle serait, par cela seul, autorisée à n'avoir aucune confiance en ceux qui afficheraient de telles dispositions, l'unité, l'indivisibilité, *l'égalité...ou la mort*, et l'on sait bien que sans obéissance aux lois, *expression de la volonté générale*, il n'y a plus que des criminels, des traîtres et des rebelles. (*Note de Rouzet, insérée dans le document imprimé.*)

---

(1) Il est inutile, sans doute, d'analyser les motifs qui m'ont déterminé à indiquer ces modes d'élections. Sans doute qu'on sentira facilement dans chaque cercle combien il est intéressant de se réunir pour le choix des membres de l'Aréopage, puisque la pluralité de préférence est dans la proportion de majorité non numérique, mais de quotient d'un cercle à l'autre ; une raison non moins puissante doit militer dans l'élection des éphores et cela doit suffire. (*Note de Rouzet, insérée dans le document imprimé.*)

(2) Les motifs qui doivent déterminer la nation à ne pas amonceler dans un seul point les forces, les moyens et l'autorité, ces motifs sont évidemment trop puissants ; ils tiennent trop aux agitations que nous éprouvons,

et autres agents principaux de la nation, quel que soit le temps de leur résidence à raison de leur mandat, même dans le lieu de leur domicile ordinaire, s'abstiendront d'assister, en qualité de citoyens, à aucune assemblée de comice (1).

Art. 101.

Des détails de l'administration intérieure.

Le territoire Français, sur le continent d'Europe, sera distribué en cercles, dont la surface ne pourra être de plus de huit cents lieues carrées, à moins que leur population ne s'élève pas à cinq cent mille individus ni moindre de cinq cents lieues carrées, à moins que leur population s'élève à huit cent mille (2).

---

(1) Dans le nombre des agents, préposés, délégués ou autres, je comprendrais notamment les chefs de la force armée, et tous les gardes frontières en activité. Quand on aurait besoin d'ajouter quelqu'autre considération à celle de l'influence, qu'il faut essentiellement éviter dans un Etat libre, je penserais que ceux-là doivent se trouver satisfaits d'employer tous leur temps aux mandats qui peuvent leur avoir été confiés, sans chercher à faire parade d'un zèle faux ou intéressé, en cumulant des occupations qui peuvent nuire au moins aux devoirs que tout mandataire doit être principalement jaloux de remplir. (*Note de Rouzet, insérée dans le document imprimé.*)

(2) Ce n'est peut-être pas le moment de s'apesantir sur la nécessité de rapprocher d'un certain niveau les distributions politiques de la France, autant que les variations de son territoire peuvent le comporter. Ce n'est pas aujourd'hui qu'on s'est aperçu du danger d'avoir à l'Assemblée nationale telle députation quintuple de telles autres; ainsi rien ne serait plus inutile que d'appuyer trop fortement les observations auxquelles les circonstances donneraient encore un nouveau poids,

Il ne serait pas plus convenable d'entendre ce que pourraient dire les publicistes pour nous convaincre que nos maximes devant être en opposition avec celles des despotes, et ceux-ci ayant constamment mis en pratique l'axiome de *diviser pour régner; les morcellements*, trop mesquins d'un grand peuple, loin de favoriser sa liberté, peuvent concourir à la détruire. Laissons donc, pour une autre situation, ces graves vérités que nous pouvons nous dispenser avec une certaine force pour les faire sentir et bornons-nous à remarquer qu'après le premier motif de *l'égalité*, à établir entre les grands arrondissements, on peut pour le plan que je propose en fournir entre autre un second, pris de ce que quelques-uns des départements actuels sont trop pauvres pour faire les dépenses les plus intéressantes. Un troisième de ce que leur population est trop bornée pour qu'on puisse se promettre d'y rencontrer en nombre suffisant de bons citoyens assez expérimentés, ou même assez propres aux grandes administrations, un quatrième de ce que les divisions trop multipliées nuisent singulièrement à l'exécution et à la perfection des grandes entreprises pour lesquelles il faut le concours de plusieurs départements qui à coup sûr n'auraient pas été aussi multipliés dans la distribution originaire, si la différence des mœurs, des lois, des usages des ci-devant provinces n'avaient pas éloigné des rapprochements qui s'opéreraient aujourd'hui sans contrainte, surtout n'existant plus de motif d'intérêt qui fasse craindre à telle partie qu'elle se trouverait grevée des charges de telle autre et qu'on ne se persuade pas que cette nouvelle division pour laquelle on pourrait prendre sans inconvénient à peu près une année, fût difficile ou pénible, surtout par rapport aux contributions dont je regarde le système actuel comme souverainement injuste et mauvais. Car en conservant même ce bizarre échafaudage, il importe peu à telle commune qui a déjà ses matrices de rôle de les porter à Orléans ou à Blois, à Toulouse ou à Montauban, et la partition faite ou à faire ne sera ni plus ni moins facile quel que soit le lieu où l'on établira

Art. 102.

L'île de Corse formera un cercle particulier; les îles d'Hyères, de Ré, d'Oléron et autres voisines des côtes de France, seront annexées aux cercles limitrophes, et les possessions françaises en Asie, Afrique et Amérique, auront des administrations réglées sur les convenances locales, après que les envoyés de ces contrées auront été entendus.

Art. 103.

Le territoire des cercles sera distribué en communes, dont la surface ne pourra jamais excéder six mille toises de rayon.

Art. 104.

Chaque commune sera répartie en sections, dont la surface ne pourra, dans aucun cas, excéder deux mille toises de rayon, et la population ne pourra jamais excéder le nombre de douze mille (1).

Art. 105.

Chaque cercle aura une administration centrale, composée de douze édiles, de vingt-quatre adjudants et d'un correspondant.

Art. 106.

Le travail des administrations centrales des cercles, sera réparti en quatre divisions : 1° justice, police et force publique; 2° finances; 3° commerce, agriculture, travaux publics, 4° sciences, directions des fêtes, objets extraordinaires.

Art. 107.

Trois édiles seront attachés à chaque division, et six adjudants responsables comme les premiers, de leurs opérations; ils ne pourront jamais délibérer en moindre nombre que celui de trois, et sur les conclusions du correspondant ou de ses représentants qui nommés par les comices, au nombre de deux, ainsi qu'un expéditionnaire, résideront constamment dans le lieu de l'administration.

Art. 108.

Au cas de maladie ou d'absence légitime de quelque édile, un des adjudants sera appelé

la caisse de recette, pourvu qu'elle ne soit pas trop éloignée. D'un autre côté désirant dans mon système que notre gouvernement sorte enfin de ce cercle excessivement vicieux, d'un centre unique et immobile de trésorerie vers lequel les habitants des Alpes et des Pyrénées, ceux des bords du Rhin et de la Manche sont condamnés à se porter à grands frais sovent pour des affaires de peu d'importance, lorsque les voisins de ce prétendu centre font de ces voyages mêmes des objets de spéculation, j'aurais beaucoup d'autres motifs à proposer pour la nouvelle édition, pour laquelle le législateur ne doit avoir en vue que des considérations de politique et d'intérêt général. (*Note de Rouzet, insérée dans le document imprimé.*)

(1) L'assistance aux assemblées des comices tous les dimanches, exige qu'on ait l'attention de ne couper aucune section par de grands fleuves, ou par des rivières dont les passages soient difficiles. Les limites que la nature a établies paraissent devoir être aussi celles des communes et des cercles, à moins de bien puissantes considérations contraires. (*Note de Rouzet, insérée dans le document imprimé.*)

par le correspondant et indemnisé comme l'édile, et sur le traitement de celui-ci, s'il y a a lieu.

Art. 109.

Pour éviter toute équivoque, et toute injuste préférence dans les expéditions, le correspondant ne pourra ouvrir aucun paquet, ni expédier, que sous les yeux de l'expéditionnaire, qui tiendra registre exact et par ordre de date, de toutes les réceptions et expéditions.

Art. 110.

Les adjudants des édiles se réuniront au rendez-vous du cercle, et y résideront dix jours à chacune des époques des quatre fêtes civiques des 21 mars, 27 juin, 21 septembre et 21 décembre, ils seront indemnisés dans les mêmes proportions des édiles.

Art. 111.

Les adjudants vérifieront à ces époques, les travaux précédents; ils règleront les comptes des édiles; ils prendront les délibérations que les affaires et les circonstances exigeront, et leurs résultats réunis seront envoyés, un mois après au plus tard, à l'Aréopage par le correspondant.

Art. 112.

Les édiles et les adjudants, quoique distribués en divisions de travail, pourront se réunir pour se consulter ou même pour délibérer en commun, et ils se réuniront publiquement, au moins une fois à chaque fête civique.

Art. 113.

Les édiles et leurs adjudants auront la correspondance de l'administration avec les éphores et l'Aréopage; le Corps législatif ne devant jamais connaître des détails que sur la communication des délégués généraux au peuple.

Art. 114.

Les édiles, les adjudants, le correspondant, ses représentants et l'expéditionnaire, serviront cinq ans en sorte que chaque année, sur les quarante sujets de l'administration, il y en aura huit à nommer. Les édiles par un scrutin, les adjudants par un autre, et le correspondant ses représentants, ainsi que l'expéditionnaire par des individuels qui seront les premiers. Le scrutin sera ouvert le premier dimanche d'avril, les résultats des communes après ceux des sections en seront envoyés au bureau de recensement, en sorte que celui-ci ait pu en faire le renvoi pour le troisième dimanche du même mois. A ce second tour, on ne pourra voter qu'en faveur d'un des trois qui auront obtenu le plus de suffrages, en supposant qu'il n'y ait pas eu pluralité absolue, de moitié plus un au premier scrutin, et au second la pluralité relative suffira.

Art. 115.

L'élection des édiles se fera dans la même forme, par scrutin de liste double au nombre à élire. S'il n'y a pas pluralité absolue au premier tour, le bureau de recensement indiquera les six par exemple, qui auront obtenu le plus de suffrages, s'il y a deux sujets à nommer, et les neuf, s'il y en a trois. A ce second tour la pluralité relative suffira.

Art. 116.

Dans tous les cas de réunion de l'administration, l'édile qui aura obtenu le plus de suffrages, ou l'adjudant, s'il y en a qui en ait réuni davantage, présidera, et en son absence celui des présents, dans le même ordre du nombre des suffrages. La présidence une fois acquise, sera pour tout le temps du service de celui qui y sera appelé.

Art. 117.

Les scrutins pour les édiles commenceront le premier dimanche de mai; ceux pour les adjudants à élire, dans la même forme les édiles, commenceront le quatrième dimanche du même mois, et les élections faites, les nouveaux élus seront installés à la fête civique du 21 juin.

Art. 118.

Les administrations des communes seront organisées dans le même ordre que celle des cercles (1), avec cette différence, que si la

---

(1) Est-il convenable d'établir des administrations entre celles des communes et celles des cercles? Je n'ignore pas que dans le principe les administrations de district ont été même nécessaires sous quelques rapports, surtout si l'on fait attention à la défectuosité des administrations municipales, qui se sont d'abord ridiculement multipliées. Mais lorsque les communes, et par conséquent les administrations municipales auront pris, par l'étendue que je leur assigne, une certaine consistance, je pense que les mêmes motifs qui militeraient dans l'état actuel des choses pour la conservation des administrations intermédiaires, devraient en déterminer leur suppression avec d'autant plus de raison qu'à l'inconvénient des degrés trop multipliés dans la hiérarchie administrative s'en joint un bien plus considérable, celui de la distribution des titres publics dans différents dépôts, et celui-là si l'on veut y faire attention, mérite bien qu'on l'examine assez près. Pour donner aux districts une certaine consistance, et les peupler de sujets propres, il faudrait nécessairement en réduire le nombre, et dès lors, les administrés se trouveraient trop désagréablement déplacés, ce qui n'arriverait que très rarement dans les grandes communes. D'un autre côté, on est persuadé que ceux qui ont quelque connaissance de l'administration actuelle, sont suffisamment pénétrés de la nécessité d'indemniser ceux des administrateurs des communes qui sont constamment en activité, ce qui suffirait pour supprimer les frais de district, ceux des départements se trouvant déjà diminués par la réduction de leur nombre. Du reste, la fixation de l'indemnité à accorder aux principaux administrateurs des communes ne doit pas plus entrer dans la Constitution que celle pour les délégués généraux et autres agents publics. J'établirai dans un projet d'impôt progressif faisant partie d'un plan général de finance, que cette fixation pour tous les agents autres que les généraux devront fournir au gouvernement une des principales bases de ses ressources. Si sans l'agitation où nous sommes, je ne craignais pas de trouver trop de difficulté dans l'exécution d'un plan bien plus vaste, et au moyen duquel nous parviendrions non-seulement à simplifier les travaux d'administration, mais même à déraciner entièrement les abus dans lesquels nous re-

population ne s'élève pas à vingt mille âmes, le nombre des adjudants, au lieu d'être double de celui des édiles, sera égal, c'est-à-dire douze, et qu'il n'y aura que quatre édiles sur douze d'indemnisés, ainsi que le correspondant et l'expéditionnaire. Que si la population s'élève au-dessus de cinquante mille, le nombre des adjudants sera quadruple de celui des édiles, et que si elle s'élève au-dessus de cent mille âmes, le nombre des édiles sera de vingt-quatre, et celui des adjudants de soixante-douze.

Art. 119.

Dans toutes les administrations communales peuplées de plus de vingt mille âmes, les membres non indemnisés ne serviront que deux ans, et elles seront présidées par un modérateur qui ne sera indemnisé que comme les édiles, et qui ne servira que trois ans.

Art. 120.

Il y aura dans chaque commune le nombre des officiers de police et de jurés civils (1),

tombons à chaque pas ; j'ose croire que nous jouirions bientôt des avantages d'une gestion *vraiment populaire*. Mais puisqu'il est vrai que nous sommes environnés de tant de dangers, n'a /ons pas à nous reprocher de les avoir multipliés p ur avoir trop entrepris. (*Note de Rouzet, insérée da is le document imprimé.*)

(1) On doit s'être d éjà aperçu dans mon système il s'en faut de beaucoup que l'organisation judiciaire, adoptée par l'Asse nblée constituante, soit celle qui nous convient. J'ai déjà établi que les contestations au civil au-dessus d i 50 livres seraient portées devant les arbitres ; que de là, au cas de réclamation, seraient soumises, par manière de consultation, à des prud'hommes qui n'auraient aucune relation avec les parties, et en dernière analyse, que dans les cas extraordinaires les éphores décideraient s'il y avait lieu à soumettre quelque question au Corps législatif; mais en indiquant ces bases, en désignant des jurés au criminel, je n'ai encore rien annoncé pour la police qui, dans un grand Etat, peuplé d'individus flétris par toute sorte de corruptions, tourmentés par toute sorte de désir, se livrant à toute espèce d'intrigues, doit principalement fixer l'attention du législateur. Je n'en ai rien dit, mais dans mon article 30, j'ai déterminé que les fonctions de *police de sûreté* seront attribuées à des citoyens élus par les communes, et confirmés par les corps administratifs. Mais relativement à la police ordinaire et à une police correctionnelle qui avec celle de sûreté, doivent se prêter un mutuel secours sans se confondre, dont les ordonnateurs doivent pouvoir protéger les citoyens sans les opprimer, assurer l'exécution des lois, sans pouvoir leur subsister l'arbitraire : ce travail infiniment trop intéressant pour ne pas commander la méditation la plus profonde, exige encore que le législateur sans se laisser dominer par les événements actuels, sache se borner à n'appliquer d'abord des principes que ce qui peut produire le meilleur effet dans les circonstances. Ainsi, en établissant déjà que la surveillance de police, divisée dans plusieurs mains conservera son heureuse activité sans pouvoir devenir inquisitoriale ; que la direction de la force publique ne pourra jamais devenir dangereuse : c'est tout ce que la Constitution proposée dans des temps de calme devrait nous offrir. Ne craignons donc pas d'être restés en arrière en renvoyant à des règlements particuliers des détails que la situation actuelle de la République ne peut pas rendre constitutionnels, fussent-ils encore plus intéressants et contentons-nous d'avoir disposé les principaux leviers de la force qui nous mettra au-dessus de toutes les entreprises des ennemis de la liberté. (*Note de Rouzet, insérée dans le document imprimé.*)

qui seront déterminés dans le code judiciaire. Les fonctions des jurés devant, dans tous les cas, être gratuites, à l'exception d'indemnité pour déplacement si ces jurés sont jamais nécessaires. On désignera aussi, tous les ans, un certain nombre de vieillards des deux sexes qui, chargés des fonctions de censeurs de mœurs, présideront aux exercices de l'éducation nationale, et aux fêtes publiques, suivant le mode qui sera déterminé; les injures faites aux vieillards sont réputées délits publics, et punies comme tels.

Art. 121.

Les citoyens armés, gardes nationales ou gardes frontières n'étant organisés que pour la sûreté des personnes et des propriétés, et surtout pour le maintien des lois, dont les élus du peuple doivent surveiller l'observation et l'exécution, ne pourront prêter secours aux citoyens que d'après les dispositions de ces mêmes lois; et il ne leur sera permis, dans aucun cas, d'intervertir la hiérarchie des autorités constituées en prétextant l'obéissance à une inférieure contre l'expression d'une supérieure, les chefs demeurant responsables sur leur tête de toute infraction sans préjudice des peines à infliger à ceux desdits citoyens armés qui auraient volontairement participé à l'infraction.

Art. 122.

Pour la sûreté et la dignité de toutes assemblées, tant générales que particulières, dans lesquelles les citoyens se rendront sans armes; tout individu non jouissant du droit de citoyen, qui sera surpris à y assister sera puni de cinq années de géhenne; il sera condamné à dix ans s'il est prouvé qu'il ait pris part à quelque délibération (1).

Art. 123.

Les élections pour les administrations communales devant être faites comme pour les administrations des cercles individuellement, pour le modérateur, le correspondant, ses représentants et l'expéditionnaire; par scrutin de liste pour les édiles et les adjudants, seront commencées le premier dimanche d'octobre pour que les nouveaux élus prennent leur place à la fête du 21 décembre.

Art. 124.

Pour abréger les opérations des recensements, la force des sections ou comices une fois connue, en supposant par exemple, que la moindre des sections offrit une population de cinq cents citoyens votants lors du recensement, on pourrait compter la section A pour *un*, si la section B en avait mille on la compterait pour *deux*; quinze cents pour *trois*, et

(1) Nous n'avons pas besoin sans doute de nous reporter chez les Grecs pour nous convaincre combien il est intéressant que les assemblées politiques ne soient pas souillées par la présence de ces êtres qui ne tiennent à la société que pour la dégrader par leur inutilité, pour la troubler par leurs excès et par leurs vices, etc. (*Note de Rouzet, insérée dans le document imprimé.*)

ainsi de suite. En sorte qu'au moins lors du recensement général, en supposant que le cercle A n'eût que cent mille votants, au lieu de faire le recensement sur cent mille, on ne le ferait que sur deux cents, et le cercle B, fort de quatre cent mille, n'offrirait à calculer que sur huit cents.

Art. 125.

Pour consolider entre tous les français l'union qui doit perpétuer leur force... pour garantir entre tous les arrondissements cette égalité si précieuse dont l'altération tendrait à rompre l'unité, à séparer ce qui doit rester indivisible, chaque section pouvant aisément vérifier les faits propres à garantir l'exactitude des délégués de la nation, aucune d'elles ne se permettra d'autres relations politiques que celles autorisées par la loi : aucune ne tolérera dans son sein d'autre réunion civile que celle des citoyens; aucune ne se permettra de contrarier le vœu général exprimé par les lois, sans l'observation desquelles le bonheur, chassé de la société, ne pourrait pas même se réfugier dans les déserts que la nature n'a ouverts qu'aux bêtes féroces.

VINGT-HUITIÈME ANNEXE (1)

A LA SÉANCE DE LA CONVENTION NATIONALE DU MERCREDI 17 AVRIL 1793.

ART RATIONNEL POLITIQUE.

DE L'ART SOCIAL *ou des vrais principes de la société politique, par* JEAN-LOUIS SECONDS, *citoyen français du département de l'Aveyron et député à la Convention nationale (2).*

SECOND CAHIER (3)

Hors de la vérité point de salut.

Avertissement

Citoyens, il ne vous faut plus que des lois, puisque enfin vous n'avez plus de tyrans.

Mais ne vous y trompez pas; ce n'est pas d'avoir une Constitution dans trois mois qu'il s'agit maintenant, c'est d'en avoir une bonne (4) : si nous la manquons encore cette fois, nous n'en aurons plus, car nous ne serons plus.

------

(1) Voy. ci-dessus, même séance, page 263, le rapport de Romme sur les divers projets de Constitution.

(2) Bibliothèque de la Chambre des députés : *Collection Portiez (de l'Oise)*, tome 31, n° 9. Ce document a été annoncé dans le *Journal des Débats et des décrets* du 4 mars 1793.

(3) Le premier cahier a été inséré comme annexe à la séance du 7 janvier 1793. (Voy. *Archives parlementaires*, 1ʳᵉ série, tome 56, page 577.)

(4) Il y a un proverbe qui dit : *Comme on fait son lit, on le trouve.* C'est précisément notre cas. Souvenez-vous qu'un peuple n'a d'oreiller sur lequel il puisse se reposer que les lois et une bonne Constitution. (*Note de Seconds.*)

Il faut donc l'avoir à tout prix : c'est l'unique nécessaire, c'est l'ancre et le port du salut; il faut y entrer, et nous établir quoi qu'il nous en coûte.

Fais vite, ne fut jamais la maxime de la sagesse ; hâte-toi lentement, mets autant de lenteur dans la théorie que de vigueur dans l'exécution; voilà ses oracles.

Gardez-vous donc, citoyens, de l'impatience et de la précipitation dans ce moment décisif; gardez-vous d'une inquiétude funeste, qui vous perdrait en nous perdant; calmez-vous, si vous voulez que nous jouissions nous-mêmes du calme dont nous avons besoin pour vous faire de bonnes lois.

Nous avons un gouvernement provisoire suffisant pour aller en attendant, moyennant quelques lois de plus sur la tenue de la Convention, et un bon pouvoir exécutif, qui marche d'ensemble avec elle. Avec cela, nous pouvons braver tous nos ennemis, et faire tranquillement et à notre aise notre Constitution.

Si nous précipitons, au contraire, ce grand ouvrage; si nous le faisons avorter nous n'y reviendrons plus.

Je conjure donc, au nom de la raison, au nom de la patrie, tous les bons esprits, tous les bons citoyens, la nation entière, de ne pas exiger l'impossible de leurs représentants; de ne pas étrangler, de ne pas précipiter le travail de la Constitution, d'accorder aux auteurs de ce grand ouvrage le temps nécessaire pour le bien faire et pour le finir.

§ Iᵉʳ.

De la raison en général (1) : ce que c'est que la raison.

Ce mot a bien des sens qu'il faut distinguer; au sens propre et littéral, *raison* signifie *rapport;* dans sa signification la plus étendue, on entend par la raison les rapports éternels des choses, la suite, l'ensemble de ces raisons ou de ces rapports et des êtres qu'ils supposent; et en un mot, la *raison des choses,* par opposition à la raison des esprits qui les contemplent, et qui est elle-même *un de ces rapports;* car l'œil qui voit les choses est en rapport avec les choses qu'il voit.

Dans ce sens la raison est prise pour tous les objets de ses contemplations avec tous les rapports qu'elle y découvre, ou pour la *nature raisonnée.*

§ 2.

De la raison humaine, ou de la raison de l'homme.

Littéralement, la *raison* de l'homme est la faculté de *raisonner,* prise dans toute son étendue ; c'est-à-dire d'établir, par la pensée, des raisons ou des rapports de notre esprit ou de nos idées aux choses, et de nos idées entre elles; d'en faire toutes sortes de rapprochements et de comparaisons; enfin, la faculté de

------

(1) Je prie, en attendant que je puisse donner le reste de cet ouvrage, de joindre ce cahier au premier, et à mon opinion constitutionnelle sur le jugement de Louis XVI, si l'on veut suivre et juger le système.

33

penser ou de raisonner bien ou mal, et le *raisonnement* plutôt que la raison.

.Dans un sens plus étroit et plus précis, la raison est la faculté *de penser et de raisonner juste;* d'établir entre notre esprit et la nature des rapports conformes aux choses; de voir et de juger les choses comme elles sont.

C'est encore la justesse de ces rapports ou de ces idées et de ces jugements; c'est enfin ces rapports et ces jugements eux-mêmes, ou les vérités qui en résultent.

Dans ce sens, la raison est, ou la faculté de connaître la vérité, ou cette connaissance même, ou les vérités connues et à connaître et surtout les vérités importantes pour l'homme, qui renferment les principes de ses devoirs, les règles de sa conduite, les éléments de sa raison même et ses moyens de bonheur, soit particulier, soit public; enfin, c'est la lumière qui résulte des connaissances acquises par elle.

Comme faculté de connaître la vérité, c'est *l'entendement dans sa rectitude,* c'est le *bon sens,* c'est la lumière naturelle de l'homme; c'est son maître, son docteur et son guide.

Comme connaissance de la vérité, c'est la conformité de nos idées aux choses, c'est la vue *juste et nette* des choses telles qu'elles sont ou telles qu'elles paraissent constamment à tous les hommes bien organisés qui les considèrent avec *attention, impartialité et bonne foi, et que nous sommes forcés de prendre pour la réalité même ou pour la vérité;* c'est la raison proprement dite.

Comme vérités connues ou à connaître, c'est *ce qu'elle dicte ou enseigne,* ce qu'elle commande ou ordonne; ce sont ses dogmes, ses préceptes, ses lois; en un mot, *sa doctrine.*

Enfin, c'est la lumière que cette doctrine répand dans les esprits, en même temps que l'ordre de la sienne; car la raison n'est pas une chose vaine et de pure théorie. Ce n'est pas seulement la faculté de raisonner nos idées, c'est encore la faculté et le devoir de raisonner nos actions et les choses, de disposer celles-ci conformément à ses principes et à leurs rapports, de les mettre, pour ainsi dire, en *raison* et en proportion entre elles; en un mot, d'exécuter la raison dans tous les sens et dans toute son étendue, sous peine du malheur qui résulte nécessairement du renversement de l'ordre.

Le premier devoir de l'homme et du citoyen est donc de former et de perfectionner sa raison même; et par conséquent d'apprendre à la connaître.

§ 3.

De la raison comme faculté.

Si nous avions à former l'homme raisonnable comme nous avons à éclairer l'homme d'Etat et le citoyen; si nous devions faire un art rationnel complet, ce serait ici le lieu de considérer la raison ou la faculté de raisonner juste et de penser bien, comme simple faculté de penser bien ou mal; d'examiner la nature, les causes, les effets et les défauts de cette *faculté* ou de cet *instrument;* c'est-à-dire l'entendement humain tout entier, en commençant par les sens et par la physiologie philosophique de l'homme;

d'*analyser* la pensée et le raisonnement même; de *traiter* à fond de leurs vices et de leurs écarts, de nos erreurs et de nos préjugés, de leurs causes et de leurs sources, des moyens de les éviter ou de les corriger; enfin, de tout l'art de diriger, de rectifier la pensée, et de la conduire sinon à la vérité, du moins à la *justesse* et à la raison ; c'est-à-dire de l'art, sinon de connaître la réalité des choses, du moins d'en penser ou d'en raisonner aussi bien qu'il nous est possible et donné de le faire.

Nous remplirons peut-être un jour cette tâche importante; mais nous devons, quant à présent, supposer la raison jusqu'à un certain point, et nous borner à la considérer ici sous ses rapports sociaux et politiques.

§ 4.

De la marche et des progrès de la raison comme faculté, soit dans l'espèce, soit dans l'individu, ou de la faiblesse naturelle de l'esprit humain.

La raison est naturellement d'une lenteur et d'une faiblesse extrême dans tous les hommes; elle n'acquiert quelque force et ne fait quelques progrès que lorsqu'elle est perfectionnée *par l'art,* je veux dire, par un *exercice long et réfléchi.*

Les hommes sont, pour ainsi dire, des *Albinos* intellectuels, des espèces de *Myopes,* qui distinguent à peine les objets, qui supportent à peine la lumière, et dont la vue ne se fortifie que peu à peu. Tout prouve cette vérité; et ce qu'il y a à la fois de plus affligeant et de plus démontré dans tous nos débats, dans nos disputes éternelles, philosophiques et politiques, c'est la faiblesse de l'esprit humain, c'est l'impuissance de la raison.

§ 5.

De la raison comme connaissance ou intuition de la vérité, ou de la raison proprement dite.

Comme connaissance ou intuition de la vérité, la raison, avons-nous dit, est la vue intellectuelle des choses telles qu'elles sont, et la conformité de nos idées aux objets réels; la raison est donc un rapport.

Mais elle est, de plus, un rapport de ressemblance; et par conséquent, pour que cette *raison de nos idées aux choses* soit toujours la même, pour que la *raison soit toujours la raison,* il faut nécessairement que nos idées, et conséquemment aussi les principes et les vérités quelconques qui en résultent, *suivent* la nature et la condition des choses auxquelles elles doivent correspondre, qu'elles doivent diriger, en un mot, auxquelles elles doivent ressembler; il faut, par conséquent, qu'elles changent avec celles qui changent, et restent les mêmes avec celles qui ne changent pas. Il faut, enfin, que la raison de l'homme suive la raison des choses, et renferme à la fois, comme elle, les êtres et les rapports immuables de la nature, et les modes et les rapports variables et contingents des hommes et des choses humaines.

§ 6.

Des causes et des éléments de la raison, ou de l'origine de nos idées et des premiers principes de nos connaissances.

Quoique nous ne devions pas nous appesantir ici sur les éléments de la raison et les premiers principes de nos connaissances, il en est quelques-uns de trop importants pour la société, et en même temps trop peu connus pour les passer entièrement sous silence; nous allons essayer de les donner le plus brièvement qu'il nous sera possible.

Tout objet réel, tout être existant dans la nature, qui frappe nos sens extérieurs, produit dans notre esprit ou dans notre *sens commun* (1) *intérieur* une image qu'on appelle son idée.

Toutes nos idées peuvent se diviser en deux classes : en idées vraies et en idées fausses, ou en idées réelles et en fantômes.

Elles viennent toutes, médiatement ou immédiatement, des sens; elles sont toutes originairement produites par des êtres réels, et composées de traits tous fournis par des objets sensibles. Elles ne sont pas toujours, dans leur origine, parfaitement conformes à leurs objets, car les sens nous trompent les premiers; elles sont même quelquefois absolument incomplètes, infidèles et fausses comme dans les images visuelles renversées, dans la tour carrée qui paraît ronde, et dans le bâton qui paraît rompu dans l'eau; mais elles sont rectifiées, redressées, complétées par l'attention, par la réflexion et par l'expérience, c'est-à-dire par la succession et la comparaison des diverses sentions qu'ils produisent, et qui se corrigent les unes par les autres. Elles sont recueillies, rassemblées, et pour ainsi dire groupées par ces facultés vigilantes et observatrices, sans augmentation ni diminution, dans le même ordre et de la même manière qu'elles l'étaient dans les êtres divers existants dans la nature; et alors elles en sont les tableaux fidèles.

Elles sont, au contraire, altérées et dénaturées par les retranchements de l'abstraction, par les additions et les fausses combinaisons de l'imagination et du raisonnement, t alors elles cessent de ressembler aux objets réels de la nature, et ne sont plus que des pectres ou des fantômes.

Cependant nous *voyons tout aussi clairement, dans notre esprit*, ces images fantastiques, ces images factices et fausses que les images fidèles et naturelles des objets les plus réels; et comme elles y ont une sorte de réalité au moins comme figures; comme nous ne nous méfions pas de notre esprit, dont nous e connaissons pas encore les illusions, nous es transportons en et les supposons, sans nous n apercevoir, réellement existants dans la ature.

Or, voici la cause et tout le jeu de cette illuion très importante à découvrir, et qui est a source la plus féconde de nos préjugés et e nos erreurs les plus funestes en morale et n politique.

La sensation, cause première de la pensée, ui est par conséquent *antérieure*.

Elle est *agréable* ou *désagréable* avant d'être

(1) *Sensarium commune.*

représentative; elle est sensation, en un mot, avant d'être idée.

La peine ou le plaisir, que nous font les choses par la sensation, *précède donc l'idée que nous pouvons en prendre, l'opinion que nous pouvons* nous en former, nous devons donc les désirer, les vouloir avant de les bien connaître, indépendamment de leur nature ou de leur vérité.

D'un autre côté les choses ne sont pas *agréables ou désagréables pour nous, selon qu'elles sont vraies ou fausses.* L'homme est un être faible et misérable pour qui la vérité est souvent triste ; l'erreur, au contraire, d'autant plus douce et agréable, qu'en flattant davantage son amour propre, elle s'écarte plus de la vérité ; c'est un être sensible qui veut absolument, et avant tout, être heureux ; c'est un être vain à qui, pour l'être, il faut des illusions et des chimères, parce qu'il ne trouve ni en lui ni dans les choses de quoi se satisfaire.

Il prend donc presque invinciblement, et pour ainsi dire à son insu, le parti de se faire des choses et de lui-même des portraits de fantaisie, qu'il croit ressemblants, parce qu'il désire qu'ils le soient; ou même de se créer des êtres de raison qu'il suppose réels, parce qu'il se plaît à les croire existants.

Il ne peut pas se persuader que son bonheur soit aussi difficile, qu'il soit lui-même aussi impuissant, aussi misérable qu'il l'est en effet; il se suppose donc des facultés, des lumières et une force de raison qu'il n'a pas; et tandis qu'il n'a que la marche de la tortue et la vue faible du hibou, il se donne des yeux de lynx et la jambe du cerf, ou même l'œil et le vol de l'aigle; avide, impatient du bonheur, il croit ou il suppose que la nature a tout fait pour lui, qu'il n'a qu'à jouir; il se croit arrivé au terme quand il en est encore fort éloigné, et se crée enfin en idée des destinées qu'il ne saurait jamais avoir.

D'autre part le cœur s'ébranle par le seul ébranlement de l'imagination, il s'émeut par la fiction comme par la réalité, pour elle comme par elle, plus fortement même pour l'illusion que pour la vérité.

Ces fantômes une fois créés, il se passionne donc pour ces chimères, il s'y attache avec force et même avec fureur.

Enfin la recherche de la vérité est toujours pénible, sa découverte difficile, parce que l'attention seule est un travail et souvent un tourment pour lui.

La sensation, le plaisir, la peine ou la douleur qui en résultent, *préviennent* donc également l'homme pour l'erreur contre la vérité; la paresse et la vanité le détournent de la chercher ; l'amour-propre lui fait fermer les yeux à sa lumière quand elle se présente.

D'un autre côté, son imagination docile et complaisante lui crée, à volonté, des chimères agréables que son cœur embrasse; tout concourt donc à le tromper et à lui faire préférer des illusions brillantes, toujours faciles à créer, à des vérités utiles, mais qui sont à la fois tristes à connaître, et difficiles à découvrir.

Ainsi l'homme est de glace aux vérités, il est de feu pour le mensonge; ainsi l'esprit devient la dupe du cœur.

Enfin, un être aussi imparfait, aussi faible, aussi malheureux que l'homme, qui a des facultés aussi bornées et des désirs aussi immenses, qui regarde le bonheur comme une dette, comme un devoir de la nature envers lui, *ne peut pas croire, ne peut pas consentir* que les choses soient ce qu'elles sont; il aime mieux les imaginer comme il lui plaît, les faire, les arranger comme il veut que de les voir comme elles sont, comme elles sont en effet; il aime mieux se repaître de chimères que de connaître la vérité; se créer une destinée à sa fantaisie, que de se résigner à sa condition en tâchant de l'améliorer; en un mot, rêver le bonheur, que de travailler à se le procurer.

Tel est le *préjugé naturel*, le préjugé presque invincible qui enfante toutes les chimères politiques et morales par lesquelles nous cherchons à nous rendre heureux, et nous fait repousser les vérités qui seules pourraient nous rendre misérables.

C'est ce désir vague et inné du bonheur, cette *partialité* naturelle avec les choses ; ce vœu secret et anticipé (1) qu'elles soient ou ne soient pas, qu'elles soient d'une manière plutôt que d'une autre qui corrompt son jugement et le précipite dans toutes sortes d'erreurs.

En un mot, l'homme naturellement *épris* de lui-même est, pour ainsi dire, *amoureux* d'avance de tout ce qui le flatte, de tout ce qui le charme, de tout ce qu'il croit pouvoir contribuer à son bonheur; il hait, il abhorre, il déteste tout ce qui le fatigue, tout ce qui l'humilie, tout ce qui le fait souffrir, tout ce qui lui cause une peine, lui ravit un plaisir ou même une espérance. Il se repaît donc de chimères qu'il transforme en réalités par la séduction de la sensation, par l'attrait du plaisir, par le vœu secret de son cœur et la magie de son imagination.

Nous avons donc, comme on voit, le malheureux pouvoir de créer des êtres de raison, dont nous avons *une idée très claire* qui n'en sont pas moins des fantômes ou des chimères.

Le principe de *l'idée claire* ou de l'évidence intellectuelle, donné par Descartes, et adopté par tant de philosophes comme règle de vérité, est donc faux; il faut lui substituer celui de *l'idée réelle* et de l'évidence à la fois intellectuelle et sensible ou de l'évidence des sens, d'accord entre eux et avec le sens commun intérieur.

L'origine de nos idées par les sens, leur *bonne formation* par l'attention, par la réflexion et par l'expérience, la vérité de celles qui sont reçues immédiatement par cette voie, recueillies et conservées par ces moyens, l'altération et la fausseté de celles qui passent par l'imagination, par l'abstraction et par le raisonnement, *sont les préliminaires et pour ainsi dire la clef de la science ou de la raison, l'existence ou la réalité en est le champ*

et pour ainsi dire *l'étoffe*, et notre *existence propre*, le *premier principe*.

La connaissance de l'existence des êtres, même de la nôtre, ne s'acquiert que par la *sensation;* elle est l'effet de la première impression qu'ils font sur nous; elle naît avec celle de la propriété par laquelle ils nous frappent, *et c'est le premier et le moindre degré de connaissance que nous puissions en avoir.*

Ceux dont nous ne connaissons pas au moins l'existence par une sensation quelconque et par la propriété par conséquent qu'ils ont de la produire, nous ne les connaissons point du tout, nous n'en avons aucune *idée réelle*, et ils ne sont absolument rien pour nous.

L'existence des êtres se sent, s'atteste et ne se prouve pas ou ne se prouve que par le tmoignage, c'est-à-dire *par les sens et la sensation d'autrui*, et non par le seul raisonnement; on ne peut la déduire avec certitude, ni de nos idées, ni de l'existence des autres êtres. Il n'y a point de connexion nécessaire d'aucune de nos conceptions, en particulier l'existence d'aucun être qui lui ressemble, ni antérieure, ni postérieure à cette existence il n'y en a pas d'antérieure, puisque sans les êtres nos idées mêmes n'existent pas, puisque nous ne les acquérons que par les sens, et que nous n'existons pas avant la nature. Il n'y en a pas même de postérieure, puisque nos idée ne sont pas nécessairement vraies, puis qu'elles ne sont pas nécessairement leur images fidèles, puisque, en un mot, elles peuvent changer sur la route.

Nous ne savons rien entièrement d'avance (1) ou avant toute espèce de fait, nou ne pourrions connaître ainsi les choses avan leur existence que leur nature ou leur essence, et nous ne connaissons leur essenc ou leur nature que par leur existence mêm et leurs propriétés, ou si l'on veut leur natur abstraite que par leur nature existante e réelle.

Nous ne savons donc ce qui doit être qu par ce qui est; c'est-à-dire, ou par le fait lui même dont il s'agit, ou par induction d'u fait à un autre dont la liaison avec le pre mier n'est elle-même connue que par le fai ou par l'expérience, c'est-à-dire par l'ordr déjà observé de la succession des phénomène et de la génération des êtres.

En un mot, tout pour nous gît en fait, tou est fait, tout est de fait et purement de fai pour nous dans le monde réel; rien n'est d *droit*, rien n'est absolu, rien n'est nécessair que dans les êtres abstraits, dans les nature dans les essences abstraites; en un mot, dan un monde abstrait, fictif et imaginaire qu nous créons, et cette nécessité n'existe que pa supposition comme ce monde lui-même.

Mais dans le monde réellement existant, le êtres, leurs propriétés, leurs rapports ne son pour nous que des faits; notre existence n'es qu'un fait, le monde lui-même n'est qu'u fait, il n'y a, entre ces êtres et ces faits qu'une connexion de fait, point de connexio entre eux qui soit pour nous certaine et né

---

(1) Quoiqu'on ne puisse pas désirer ce qu'on ne connaît point du tout, ce dont on n'a ni dont on ne se fait aucune idée quelconque, il suffit d'en avoir une idée même fausse, de croire le connaître pour pouvoir le désirer.

---

(1) Ou *à priori*, comme disent les scholastiques.

cessaire, et par conséquent point de déduction rationnelle d'êtres, ni de passage rationnel nécessaire du connu à l'inconnu en fait d'existence. Il n'y a pour nous d'autres êtres que ceux qui font ou peuvent faire impression sur nos sens; il faut nécessairement que chacun se fasse connaître lui-même, et annonce, par la sensation, sa présence dans la nature.

Voilà, si je ne me trompe, la vérité; voilà le fait universel de la nature; voilà les rapports et les raisons des choses; voilà, en un mot, la raison elle-même; et le raisonnement ne peut jamais aller plus loin qu'elle. On peut, tout au plus, déduire les unes des autres les propriétés et les rapports des êtres après leur existence connue, parce qu'elles sont ou paraissent être des réalités connexes ou identiques, hypothétiquement à leur existence, ou des parties intégrantes, quoique d'abord inaperçues, de cette existence même, de cette nature réelle et existante.

Mais toutes ces propriétés, tous ces rapports, tous ces faits pour ainsi dire *secondaires* des êtres, portent nécessairement sur le fait *primordial de leur existence*.

Le raisonnement ne peut donc jamais *suppléer* la sensation, ni lui rien ajouter sur les faits en général ; et surtout, *sur ce premier fait*, on ne peut seulement essayer de le prouver sans le supposer directement ou indirectement, et ce n'est jamais qu'en le supposant directement ou indirectement qu'on paraît le prouver en effet.

C'est ainsi que Descartes disait, sans s'en douter : *Je pense, donc je suis ;* c'est-à-dire, en d'autres termes : *Je suis pensant, donc je suis ;* ou *je suis, donc je suis.*

C'est ainsi qu'on prétend encore prouver l'existence des corps, en disant qu'ils ont des rapports entre eux et avec nous ; et que, puisqu'ils sont *chacun quelque chose* par rapport les uns aux autres, ils sont quelque chose en soi : c'est-à-dire, évidemment, *qu'ils sont, puisqu'ils sont*.

C'est ainsi qu'on prouve enfin que ce monde a une *cause*, en supposant qu'il est un *effet*, au lieu d'un *être* ou d'un *fait* ; c'est-à-dire encore, *qu'il a une cause s'il a une cause ; qu'il est un effet, s'il est un effet*.

En un mot, on prouve très bien par le raisonnement, *que ce qui est, est ;* ou qu'une chose est, si elle est ; ou qu'elle est, supposé qu'elle soit ; mais jamais purement et simplement que *telle chose est* ou *qu'une telle être existe* ; parce que cela se sent et ne se prouve pas, et ne peut se prouver.

Prouver une chose, c'est l'éprouver à la lumière d'une autre *plus claire, plus certaine*, antérieurement et mieux connue, et montrer *son identité* avec elle : or, il n'y a rien de plus clair et de plus certain pour nous, de plus tôt et mieux connu, que notre existence et celle des corps, puisque c'est la première connaissance que nous acquérons en même temps l'une par l'autre, qui n'en fait proprement qu'une, et celle sur laquelle portent toutes les autres : on ne peut donc pas la prouver.

Il faut donc dire simplement, je suis, ou telle chose est, d'après la sensation qu'on éprouve ; et non pas je suis ou je pense, donc je suis ; ou telle chose me frappe, m'affecte, donc elle est ; parce que tout cela s'ajoute à la simple assertion, ou n'y ajoute qu'un tour de force, ou plutôt un tour de gibecière aussi vain que ridicule qui prouve seulement qu'on peut retirer d'un sac ce qu'on y a mis auparavant.

Il faut donc encore une fois, *affirmer* l'existence des *êtres*, la *poser* d'après la sensation, et non la prouver par des raisonnements tirés de cette sensation ; et surtout ne pas la prouver indépendamment de la sensation même, et par le seul raisonnement tiré de nos conceptions abstraites ; parce que, encore un coup, il n'y a pas de *raison* ou de rapport nécessaire entre nos conceptions et l'existence de leurs modèles ; et, par conséquent, il n'y a point de *raisonnement* à faire sur le fonctionnement de ce *rapport* ou de cette *raison*.

Enfin, c'est toujours par la supposition forcée de quelque fait, qu'on met continuellement en thèse ce qui est en question ; que le raisonnement devient une pétition de principe continuelle, un cercle vicieux éternel, un tissu d'assertions hypothétiques insignifiantes, de propositions réduplicatives ridicules ; l'art puéril, enfin, d'affirmer le *même du même*, soit fictif, soit réel, en des termes différents, en supposant son existence ; de ne rien prouver en paraissant tout démontrer ; ou l'art funeste de déduire régulièrement toutes les erreurs d'une première erreur mise d'abord en principe, et presque jamais celui de découvrir et de prouver la vérité.

La raison tout entière consiste donc, à proprement parler, à bien voir les faits de toute espèce, les êtres, leurs propriétés et leurs rapports. Les faits particuliers et les faits généraux, les faits primordiaux et les faits secondaires ; à bien poser les uns et à bien déduire les autres. Mais, comme on ne peut déduire les premiers d'aucun autre, il est évident, encore une fois, que toute la raison, pour eux, consiste et se réduit à les bien poser ; et que le raisonnement ne peut pas avoir lieu par rapport à eux ; qu'il ne peut jamais nous découvrir ces premiers faits, ces *faits-principes*, puisqu'il n'est, par sa nature, qu'une déduction de conséquences ou de choses l'une de l'autre, et tout au plus l'art de les voir indirectement et par reflet, en les rapprochant, les unes dans les autres, mais non l'art de voir directement et immédiatement chaque chose en soi, et surtout la première de toutes, et la première en chaque genre.

Mais, pour bien voir ces premiers faits, ces faits principes, il ne suffit pas de les voir de l'œil de l'entendement, il faut les voir et les sentir au dehors et par les sens. L'évidence intellectuelle seule ne suffit pas pour cela ; elle n'en est pas même, ni le premier, ni le plus sûr moyen, comme on l'a dit et comme on l'a cru jusqu'ici. Elle est originairement fondée sur l'évidence des sens, d'accord entre eux, et avec le sens intime et le sens commun intérieur, qui est toute la certitude que nos moyens peuvent avoir pour en bien poser les fondements.

Enfin, puisque nous n'avons d'idées que par les sens, puisque nous ne savons rien que par le fait, toute science est donc un fait, ou fondée sur des faits, et l'expérience *est la pierre de touche de la vérité*.

Mais il y a deux espèces de faits et deux espèces d'expériences qu'il faut bien distinguer : l'expérience physique ou naturelle, et l'expérience historique ou morale ; les faits de l'homme et les faits de la nature. Il n'y a que ces derniers qui soient pour nous des guides un peu sûrs, et sinon toujours et absolument bons, du moins les moins mauvais que nous puissions avoir. Bien observés, bien combinés par l'attention et la réflexion, ils sont l'appui le moins trompeur, la règle la moins fautive de la raison ; parce que, s'ils ne sont pas toujours *droits, toujours vrais*, ils sont au moins constants ou soumis dans leurs *aberrations* mêmes à des règles uniformes que nous pouvons apprendre à connaître, et qui peuvent, en les étudiant, nous préserver des erreurs dans lesquelles ils pourraient nous faire tomber.

Ceux de l'homme au contraire, fruits, presque tous, de sa première ignorance, versatiles comme la volonté qui les produit, et tantôt conformes, tantôt contraires à la raison, dont ils s'écartent le plus souvent, ne peuvent presque jamais lui servir de règle.

Il n'y a donc que l'expérience physique ou naturelle qui soit foncièrement bonne ; et l'expérience historique, dont on fait tant de cas, cette expérience qu'on regarde comme le fondement de toute prudence, de toute sagesse en politique et presque la règle du vrai, du juste et du bien, ou du moins comme la mesure du possible, en fait de gouvernement, cette expérience est presque nécessairement fausse ; et loin de pouvoir servir de boussole sur cette mer orageuse, ne peut, tout au plus, que servir de fanal pour en marquer les écueils.

En un mot, l'histoire n'est presque, d'un bout à l'autre, que le récit des erreurs ou des crimes des hommes, et surtout des rois ; et de toute l'histoire, il n'y a que celle de la raison et de ses progrès qui soit véritablement utile, parce qu'il n'y a qu'elle qui puisse servir à la former. Tels sont, en abrégé, les véritables éléments de la raison universelle, et surtout de la raison politique.

§ 7.

De la raison comme vérité ou comme doctrine ; son indétermination et son incertitude.

Toutes les connaissances ne sont pas acquises, toutes les vérités ne sont pas connues : celles qui le sont ne sont pas universellement admises, ne le sont pas avec la même conviction et la même confiance par tous ceux qui les reconnaissent ; que dis-je? la vérité est entièrement méconnue par quelques-uns.

La raison, comme doctrine, n'est donc pas une chose fixe et convenue, ni pour le nombre, ni pour la certitude de ses principes ; c'est malheureusement, au contraire, jusqu'ici, une chose *vague, indéterminée, incertaine* presque dans toutes ses parties, souvent disputée et combattue parmi les hommes, mais de l'existence de laquelle on convient pourtant, en *général*, et qu'il est toujours possible de découvrir dans chaque cas particulier.

C'est une inconnue à dégager des données de la nature et du préjugé, à faire sortir des profondeurs de l'une, des erreurs et des obscurités de l'autre ; c'est une divinité cachée à dévoiler; enfin, une sorte de révélation à faire à l'univers.

§ 8.

De la raison, soit comme faculté, soit comme doctrine ; ses progrès et ses accroissements en elle-même sous ces deux rapports.

La raison humaine *ne voit pas toujours bien*, et toujours de la même manière, les mêmes objets : *ses premiers aperçus sont presque toujours faux ;* elle corrige et rectifie peu à peu ses premiers jugements, ses premières erreurs, elle peut donc être *perfectionnée ;* et quoique flottante et variable dans ses opinions et dans ses idées, après bien des oscillations et des variations, elle peut être enfin fixée.

D'un autre côté, la raison n'embrasse pas tout d'un coup d'œil ; elle ne voit pas tout à la fois, même dans chaque objet ou dans chaque chose ; elle ne voit les vérités que successivement et les unes après les autres ; elle est donc *perfectible et progressive* de sa nature ; et quoique lente dans ses progrès, elle en fait de réels, et peut, avec le temps, être complétée ; elle peut atteindre à la fois son dernier terme ou son *maximum* de justesse et d'étendue ; enfin son point absolu et permanent de perfection.

La raison, sous ces deux rapports, n'est donc pas un point unique ; un *tout entier* et parfait à sa naissance, c'est un germe qui se développe, un arbre qui croît et s'élève peu à peu à sa plus grande hauteur ; c'est une aiguille de montre dont on n'aperçoit point le mouvement, mais qui fait insensiblement son cours, et qui achève sa révolution dans un temps inconnu, mais déterminé ; ou plutôt c'est une lunette qui n'a qu'un champ borné, mais qui, comme la rétine de l'œil, s'étend et se resserre à volonté ; dont les verres, naturellement un peu colorés, peuvent se perfectionner, et qui peut un jour par un *flint-glass* parfaitement transparent, nous faire voir sans nuage toutes les vérités qu'elle embrasse ou qu'elle peut parcourir.

§ 9.

De la raison humaine sous ses trois rapports.

Enfin, la raison est en même temps la faculté intellectuelle de voir, et de bien voir ; la vue juste et nette, ou l'image fidèle des choses telles qu'elles sont ou telles qu'elles paraissent ; et l'expression ou l'énoncé de *l'existence*, de la réalité de toutes ces choses ou de toutes ces apparences.

Elle est donc à la fois l'œil de l'entendement, le miroir sensible de la nature, et le tableau mouvant et parlant de l'univers.

§ 10.

De la raison comme la lumière ou comme connaissance acquise ; sa marche, ses progrès dans l'espèce humaine, ou sa propagation dans les esprits.

Tous les hommes naissent ignorants, ils ne *s'éclairent que successivement presque tous les uns par les autres, et l'espèce par l'individu*.

On dirait qu'ils sont, à cet égard, comme les corps électriques, dont les uns le sont par *frottement*, les autres *seulement par communication ;* que les uns s'instruisent et s'éclairent *immédiatement par l'impression des choses*, les autres seulement par *contact* et pour ainsi dire par *contagion* des uns aux autres.

Mais voici le vrai ce me semble.

Il y a dans la nature une *différence réelle entre les esprits* qu'il est impossible de méconnaître ; l'éducation et les circonstances y en mettent une infiniment plus grande ; l'esprit humain se faible, la vérité d'une difficulté extrême à découvrir ; le métier de penseur le plus rude, le plus ingrat de tout les métiers; la paresse, l'ambition, l'avarice, la volupté s'y refusent; l'amour seul de la vérité, du bien, tout au plus celui de la gloire le conseillent; très peu de gens ont *le temps, la patience, les moyens* de le faire, et la répugnance des hommes pour ce métier est telle, qu'ils aiment mieux se battre que penser, se tromper, s'égarer et se perdre, que de se donner la peine de méditer pour s'entendre, pour être justes et se rendre heureux.

Il y a donc très peu de gens vraiment éclairés, capables de diriger l'opinion et de former la raison publique.

§ 11.

De la raison sociale ou de la raison et de l'opinion publiques. Comment cette raison et cette opinion se forment.

La raison publique est l'opinion du plus grand nombre sur les affaires générales; or, voici comment cette opinion ou cette raison se forme.

Dans tout ce qui est un peu difficile la vérité est *au-dessus*, non pas de la *portée*, mais des goûts et des *moyens de la plupart des hommes.*

Dans les choses de cette nature, le public n'a point d'opinion à lui, ou du moins d'opinion *directe*. Occupé de ses besoins, de ses affaires ou de ses plaisirs, il n'a pas même le temps; il ne se donne pas la peine d'y songer (1), il attend que les penseurs aient parlé, il leur laisse toujours *l'initiative* de la parole et surtout de la pensée; on parle, on raisonne, on ne pense pas en société, on ne médite pas en public, et surtout dans une grande assemblée, un petit nombre d'hommes pensent donc et méditent chacun de son côté.

Ils parlent, ils écrivent, ils discutent et débattent entre eux, ils arrêtent leurs opinions et leurs idées, et le public adopte ensuite, ou par conviction et en connaissance de cause, ou de *confiance*, et sur parole, l'opinion *des penseurs ou des savants.*

L'opinion publique, dans ce genre, n'est donc qu'une *expansion*, un *reflet*, et pour ainsi dire un *écho* de l'opinion particulière, que cette opinion même *indirecte et réfléchie*, en un mot qu'une opinion *adoptive* même pour les gens instruits, et une espèce de *foi humaine*

pour tous les autres qui sont le plus grand nombre.

L'avis apparent de la *majorité* n'est donc jamais *au vrai*, que l'opinion *première* de la *minorité pensante et éclairée* souvent même que celle *d'un seul homme*. Car les hommes qui répugnent à croire sur parole et à se laisser *endoctriner* en face, quand on veut les professer ou leur imposer ses opinions, les adoptent volontiers de loin quand leur amour-propre n'est plus compromis, et que leur paresse, leur intérêt ou leur vanité y trouvent alors leur compte.

Ainsi l'opinion ou la raison *particulière* devient toujours, avec le temps, l'opinion ou la raison publique; mais l'opinion ou la raison publique *est toujours* (1) *en retard et en défaut* sur l'opinion ou la raison particulière; il en est de la raison comme d'une eau jaillissante : jamais elle ne s'élève dans le moment à la hauteur dont elle est descendue, et elle ne se met de niveau qu'en s'abaissant elle-même et retombant dans le bassin de l'opinion publique; mais bientôt elle est ressaisie par le génie et reportée à sa hauteur par la fermentation des esprits, comme l'eau est repompée par le soleil et repoussée dans les airs par les fermentations intestines de la terre.

En un mot, les hommes ne marchent pas de front et tous ensemble vers la vérité, ils n'y vont qu'à la file et sous des chefs, et dans le combat de la raison contre l'erreur, *l'avant-garde est toujours bien en avant du corps de l'armée*. Celle-ci au lieu de la joindre pour l'appuyer, de la renforcer contre l'ennemi commun, contrarie souvent ses opérations, entrave, retarde sa marche, et se jette quelquefois sur elle pour la combattre (2).

§ 12.

Des sources de la raison ou de l'origine de nos idées vraies, et de nos connaissances réelles, et que la raison est une acquisition et un art encore plus qu'un don de la nature.

La raison ou l'ensemble de nos idées vraies et de nos connaissances réelles, est le produit de la sensation et de la réflexion, et surtout de cette dernière.

La raison est donc une acquisition et un art encore plus qu'un don de la nature, car l'art commence précisément avec la réflexion, et l'homme ou *l'être raisonnable*, comme son nom le porte, est un être plutôt *susceptible que doué de raison ;* ou si l'on veut, dans un autre

---

(1) Excepté peut-être dans ce moment, où l'on parle pourtant bien plus qu'on ne pense ; au reste, il est des vérités qui deviennent fausses tous les jours, Dieu veuille que celle-ci soit du nombre; et voilà pourquoi aussi certains principes politiques changent comme l'état des choses et la disposition des esprits.

---

(1) C'est dans cet intervalle que se placent toutes les erreurs, tous les malentendus; que combattent toutes les passions, tous les intérêts, tous les amours-propres ; qu'arrivent tous leurs chocs et tous les malheurs publics.

(2) Cependant, il faut en convenir, il est un point sur lequel l'instinct et la fureur du peuple, plus sûrs que la raison et les faibles lumières et le faible courage du commun des gens instruits, et d'accord seulement avec le génie hardi du philosophe et de l'homme d'État, va plus ferme et plus droit au but que tous ces gens médiocres en tout, dont le nombre et l'impuissance sont souvent plus dangereux que la malveillance même; c'est le *danger de la patrie*, c'est le salut public, auquel le peuple est presque le seul qui sache ou qui ose pourvoir dans les moments de crise et de conspiration contre la patrie.

sens moins raisonnable en effet que capable de le devenir.

§ 13.

De l'époque de cette acquisition ou de l'âge de raison, soit dans l'espèce, soit dans l'individu.

Cette époque est fort tardive même dans l'individu, mais elle l'est infiniment plus dans l'espèce, et quoique l'âge de raison ne soit pas un point fixe, ni la raison elle-même une chose absolue, en prenant moralement l'un et l'autre, on peut bien dire en toute vérité et sans humeur comme sans injure, que beaucoup de peuples, ainsi que beaucoup d'individus, n'y sont jamais arrivés, et que le monde lui-même, tout vieux qu'il est, ne l'a point encore, puisqu'il a encore tant de peine à discerner le bien du mal, ce qui lui nuit de ce qui lui est utile.

§ 14.

De la raison et de l'instinct ou de ce qu'on appelle la nature dans l'homme, de la préexistence de cet instinct à la raison, et des effets inaperçus de cette préexistence, soit dans l'espèce, soit dans l'individu.

L'homme existe donc longtemps avant sa raison, il est longtemps livré au seul instinct de la nature; c'est-à-dire à ses appétits, à ses besoins, à son ignorance; il *fait tout avec cet instinct, au milieu des tempêtes et des orages, des passions, les lois, les sociétés, les gouvernements ;* il s'enchevêtre, il s'enlace tellement dans ses fausses institutions, qu'il ne peut presque plus les changer; et la raison qui arrive enfin, semble n'être en lui *qu'un après-coup inutile* : le genre humain est comme un enfant qui a bâti, qui a fait des affaires, qui s'est marié sans réflexion, sans connaissance, et pour ainsi dire avant l'âge de raison; qui est tombé dans la misère, dans le malheur, et qui s'est ainsi lié irrévocablement lui-même à sa triste destinée et à son malheureux sort.

Cependant ces lois, ces institutions, ces gouvernements, *ouvrage de l'enfance du monde*, en ont imposé plus ou moins à la raison des hommes faits; je veux dire des sages et des philosophes les plus hardis, aucun n'a pu croire qu'il fût essentiellement mauvais, aucun surtout, n'a vu qu'il devait nécessairement l'être.

§ 15.

De la préexistence des lois à la raison des peuples, des sociétés à l'art social, des effets de cette préexistence sur les gouvernements.

Les lois existent donc avant la raison des peuples, les sociétés avant l'art social, et cet art, de tous le plus difficile, le plus important au bonheur des hommes ; cet art qu'il faudrait savoir d'avance, ne s'apprend malheureusement qu'en l'exerçant comme tous les autres; on ne parvient à faire de bonnes lois qu'après en avoir fait de mauvaises, et malheureusement on ne fait et refait des lois qu'au milieu

des convulsions, des sociétés et des révolutions des Empires.

Aussi tous les gouvernements sont nés dans les orages, et les lois ont toujours été données aux hommes au milieu des foudres et des éclairs; aussi ils sont tous plus ou moins l'ouvrage de la force et de la violence, tous plus ou moins injustes, arbitraires et tyranniques; aussi, par *un esprit et un intérêt commun*, ils se tiennent tous par la main, et forment une ligue qui embrasse le monde, et tient à la *t*chaîne le genre humain.

§ 16.

De la marche inverse de l'instinct et de la raison dans l'homme et dans l'espèce humaine, que ce n'est pas la raison qui l'égare, mais bien l'instinct ou la nature.

L'homme naît ignorant et pour ainsi dire aveugle, il se trompe et s'égare dès les premiers pas qu'il fait, il ne s'éclaire qu'à la longue, et ne s'instruit que par ses fautes et par ses malheurs.

D'abord, ses erreurs ne sont pour ainsi dire, qu'en théorie ou dans des actions individuelles et isolées, alors elles sont sans conséquence; il peut facilement se corriger.

Mais bientôt il les met et les réalise pour ainsi dire dans ses institutions; alors il s'entrave, il s'enlace lui-même dans des liens qu'il ne peut plus rompre, et son retour à la vérité et au bien devient presque impossible; le fait s'érige en droit, ce qui est se confond avec ce qui doit être; la raison s'altère par les choses mêmes, elle se fausse à la presse des institutions et des gouvernements, et le mal prend sur la terre une consistance presque inébranlable, d'autant plus forte qu'on le prend pour le bien. Alors tout se fait sur de faux principes, le monde et la raison se renversent; et l'on vit, sans s'en douter, dans ce système, dans ce monde renversé, qui n'est plus qu'un chaos d'idées et de choses, qu'une folie systématique et raisonnée, et qu'on prend pour un système rationnel et politique au moins passablement bien ordonné.

Ainsi une première erreur est le péché originel qui perd l'homme et le monde, et le lie pour des siècles au malheur, à l'injustice et à la perversité (1).

Mais heureusement l'ordre actuel des choses n'est que leur ordre éventuel, et non leur ordre nécessaire et leur état permanent. Comme il arrive nécessairement par l'ignorance et les passions il doit nécessairement changer par la raison et les lumières qui s'avancent sur les pas du temps, de la réflexion et de l'expérience.

Il n'est donc pas, à proprement parler, un

---

(1) L'homme est un voyageur placé par la nature, au point du jour, sur la route du vrai et du bien, mais avec des besoins pressants, des désirs impétueux, qui le faisant aller plus vite que la lumière, l'en écartent aussitôt et le jettent si loin, le fourvoient tellement et à travers tant d'embarras et tant d'obstacles avant le lever du soleil, que, même après qu'il est levé, il ne peut presque plus ni reprendre, ni retrouver son chemin, ou ne peut le retouver qu'avec la plus grande peine, et le reprendre qu'avec la plus grande difficulté.

abus ou une dégénération d'un meilleur ordre primitif; mais un premier jet, un premier résultat nécessairement erroné et nécessairement corrigible de la nature de l'homme et des choses.

La marche de la nature est donc, comme on voit, du bien au mal, de la vérité à l'erreur ; celle de la raison au contraire, du mal au bien, de l'erreur à la vérité; celle-ci est donc inverse et pour ainsi dire rétrograde sur l'autre, et la raison revient sur tout ce qu'a fait la nature; la nature irraisonnable renverse le monde, la raison essaie de le redresser; la nature par l'impulsion de l'erreur, le fait rouler sur le centre de l'intérêt commun ; la raison lui imprime le mouvement de la justice, de la vérité, pour le faire tourner à jamais sur le pivot de la félicité publique.

C'est donc la nature ou l'instinct qui égare l'homme, et la raison qui le ramène; et celui qui a dit *c'est la raison qui trompe et non pas la nature* a renversé le bon sens d'un seul mot, et proféré de plus une grande absurdité et un grand blasphème; une grande absurdité parce que, si la raison nous trompe, la nature nous trompe aussi, puisqu'elle est elle-même un don de la nature; un grand blasphème, parce que la raison se trompe, mais ne trompe pas. La vérité est que la raison et la nature se trompent toutes les deux; mais avec cette différence que la nature, sans la raison ou l'instinct tout soul, se trompe nécessairement, et que la raison, jointe à l'instinct, peut ne pas se tromper, et redresser la nature.

§ 17.

De la véritable nature de l'homme, qu'elle est essentiellement raisonnable, et que la raison seule peut et doit nécessairement faire le bonheur de la société.

La nature de l'homme n'est pas une portion de lui-même c'est l'homme tout entier; ce n'est pas une partie de ce qu'il *est*, qui constitue *son essence*; ce n'est donc pas seulement son instinct ou l'appétit, la sensibilité aveugle avec laquelle il *naît*, qui sont sa *nature*, c'est encore son intelligence et sa raison dont il rapporte au moins le germe en venant au monde, et qui se développent nécessairement jusqu'à un certain point; et ce n'est pas même uniquement ce qu'il est en naissant, c'est tout ce qu'il peut être, tout ce qu'il peut devenir, puisqu'il est essentiellement progressif et perfectible de sa nature; en un mot, ce n'est pas seulement son animalité, c'est encore sa rationalité qui fait sa nature véritable.

La nature humaine n'est donc pas une chose simple, un point fixe et unique; elle est pour ainsi dire double, ou du moins croissante et progressive, c'est un composé de la nature animale et de la nature raisonnable; il naît pour ainsi dire avec l'une et acquiert l'autre; il naît animal et devient homme, il est animal par la sensibilité ou par l'instinct, il devient homme ou peut le devenir par la raison, parce qu'il est essentiellement susceptible.

Or, un être sensible et raisonnable doit devenir, avec le temps nécessairement heureux. Un tel être agit nécessairement selon son intérêt ou pour son bien, tel qu'il l'entend, et tel qu'il le voit; celui même qui se tue, meurt parce qu'il croit qu'il vaut mieux pour lui mourir que vivre dans les circonstances où il se trouve. Le bonheur d'un tel être dépend donc uniquement de la connaissance de la vérité dans tout ce qui l'intéresse et surtout de la connaissance de son véritable intérêt social. Or, d'un côté dans la nature des choses et dans un gouvernement bien constitué, cet intérêt est pour chacun dans l'intérêt de tous, et consiste pour tous à être justes avec chacun et avec tous (1); et par conséquent dans un gouvernement constitué sur ces principes qui les forcent tous à l'être par cet intérêt même, et d'autre part, la raison doit nécessairement les conduire tous à la longue à cette grande vérité, soit dans la théorie, soit dans la pratique.

En effet, *l'être raisonnable et sensible est une espèce de machine morale, dont l'action ou le mouvement et tous ses effets, et toutes leurs suites, résultent nécessairement de deux principes, dont l'un est constant et reste toujours le même, son intérêt ou le désir du bonheur; l'autre change et se perfectionne à mesure qu'il acquiert des connaissances; sa manière de le voir et de le placer.*

Or, cette manière de voir se perfectionnant nécessairement avec la raison, cette raison perfectionnée doit enfin le faire voir à tous, et le leur faire placer là où il est en effet; dans cette justice universelle, leur faire constituer la société sur ses principes, et par conséquent la rendre heureuse.

C'est donc la raison et la raison seule qui peut et doit nécessairement, avec le temps, faire le bonheur de la société.

§ 18.

De la puissance et de l'autorité de la raison sur l'individu.

L'autorité de la raison et sa puissance sur l'individu doivent être absolues; l'être raisonnable doit en tout obéir à sa raison : cette proportion, d'une évidence immédiate, n'a pas besoin de preuve, et elle n'est ici énoncée que pour ne pas interrompre la chaîne de celles qui composent le système de l'art social.

§ 19.

De la puissance et de l'autorité de la raison sur la société, ou de l'autorité publique.

L'autorité publique est le droit d'ordonner, de régler ce qui convient à tous, et de le faire exécuter par tous; mais, pour ordonner, pour faire exécuter ce qui convient à tous *il faut premièrement le connaître.*

Tout pouvoir, toute autorité est donc en dernière analyse, le droit de discerner, le droit de juger. Or, la raison seule, a ce droit, parce qu'elle seule en a *la faculté ou la puissance;* parce que cette puissance *existe par*

(1) Car il n'y a de sûreté, de liberté, de bonheur que dans cette justice universelle, et l'intérêt particulier n'est séparé de l'intérêt public que par nos injustes et absurdes institutions.

elle-même; parce qu'elle est l'auteur de toute pensée juste, de toute action bonne, de toute vérité, de toute vertu, de tout bien, et que *l'autorité* sur les choses n'appartient véritablement qu'à *l'auteur* même des choses; enfin, parce que son empire est le seul qui soit toujours juste, et sa puissance la seule qui ne soit point usurpée.

Elle est donc l'autorité même, l'autorité par essence, la seule autorité véritable et légitime.

La seule autorité naturelle et légitime est donc celle de la raison, et l'autorité civile ou politique n'est évidemment que le droit de la manifester, de la révéler, de la faire commander et obéir; en un mot, de faire la loi et de la faire exécuter.

§ 20.

De la raison naturelle et de la raison légale, ou de la loi naturelle et de la loi positive : différence de l'une à l'autre.

La raison, avons-nous dit, est la loi naturelle des hommes et des sociétés, leur loi nécessaire, leur loi véritable; la loi proprement dite ne doit donc être que cette loi naturelle manifestée, que cette loi naturelle devenue positive; en un mot, que cette raison révélée par ceux qui ont le droit de la faire parler et la loi n'est qu'une *raison légale;* comme la raison elle-même *est la loi naturelle.*

§ 21.

Que la raison légale ou la loi positive n'exclut pas les peuples de l'usage de la raison ou de la loi naturelle.

La loi positive, ou la raison légale, n'est nécessairement, ni la raison, ni toute la raison, ou toute la loi naturelle; soit parce que la loi positive peut s'écarter de cette raison ou de cette loi naturelle, soit parce qu'elle peut n'être pas complète ; mais, quelle qu'elle soit, elle ne peut jamais la détruire; et les peuples, qui sont souverains, et qui ne le sont que parce qu'ils exercent l'empire de la raison dans toute son étendue, ne peuvent pas perdre, par une erreur qu'ils ont commise, par une mauvaise loi qu'ils ont faite, le droit de recourir pour leur salut, à la loi toujours subsistante de la nature et de la raison, mieux connue, et s'exclure ainsi eux-mêmes de leur domaine, auquel ils n'ont pas pu renoncer, parce qu'ils n'ont pu renoncer, ni à leur souveraineté, ni à leur bonheur, ni au droit d'user de leur raison pour s'y conduire.

§ 22.

Que c'est la raison naturelle ou la raison légale, la loi naturelle ou la loi positive sous laquelle on vit, ou sous laquelle on se trouve momentanément, qui fait la véritable différence de l'état de nature à l'état civil; et que notre état politique, en temps de révolution, doit être considéré comme un retour et un passage souvent répété de l'un à l'autre.

L'état de nature et l'état civil ne sont, pour ainsi dire, qu'une abstraction : jamais ils n'ont été tout à fait séparés l'un de l'autre : l'un n'a jamais été sans règle, comme on le suppose, *puisqu'il était soumis à la raison avant l'existence des lois;* l'autre n'a jamais eu de véritables lois puisqu'elles n'ont pas été faites selon la raison.

Ni l'un ni l'autre de ces deux états n'est ce qu'on le croit, non plus, que le passage qu'on imagine entre deux : jamais il ne s'est fait de passage brusque et tranchant de l'un de l'autre : la nature ne fait point de sauts dans le monde moral non plus que dans le monde physique; tout, dans l'un comme dans l'autre, se fait par nuances et par degrés, tout est amené peu à peu par développements nécessaires et par progrès insensibles.

Jamais, surtout, il ne s'est fait, de l'état de nature à l'état civil, de passage vraiment régulier et *légal,* même selon *les lois* de la seule raison, et non seulement, il n'y a pas de bon gouvernement sur la terre, mais il n'y a point, à la rigueur, de gouvernement légitime.

Notre état politique actuel, qu'on oppose à l'état de nature, est un état indéfinissable, qui n'est véritablement ni l'un ni l'autre, comme on l'entend, ou est en même temps tous les deux, sous des rapports différents, et qui, selon qu'on le suppose, décidément civil ou naturel, n'est réellement, au moins en temps de révolution, qu'un passage fréquent et presque continuel de l'un à l'autre.

Mais, quoi qu'il en soit de l'existence séparée, et de la distinction de fait de ces deux états, leur véritable différence rationnelle est dans la différence même de la loi naturelle et de la loi positive, de la raison propre et privée, et de la raison et commune, sans laquelle on conçoit qu'on veut vivre ou se trouver en différents temps, et dans l'existence ou la non existence d'un chef et d'un régime commun.

§ 23.

De la direction de la raison sur la société, ou du gouvernement. Que le gouvernement pris dans toute son étendue, renferme le droit en même temps que l'art de faire la loi et de la faire exécuter.

Le gouvernement n'est que la direction de la raison sur la société : or, cette direction s'étend à tout, à la théorie et à la pratique, à l'exécution comme à sa confection, puisqu'il doit éclairer l'une comme l'autre, puisque l'une sans l'autre serait inutile, et qu'elles doivent nécessairement marcher ensemble.

Le gouvernement, pris dans toute son étendue, renferme donc l'une et l'autre, et par conséquent *l'art* en même temps que le droit de faire la loi et de la faire exécuter.

§ 24.

De la plénitude de ce droit et de ce pouvoir, ou de la toute-puissance et de la souveraineté naturelle et civile de la raison.

Une société se gouverne par la raison comme un individu dans l'état de nature par la sienne; or dans cet état, l'individu ne reconnaît d'autre autorité que celle de sa propre raison, pour tout ce qui l'intéresse : le droit et le pouvoir de la raison, de régler, de diriger, de faire exécuter tout ce qui intéresse la société est donc plein, entier, absolu, suprême; elle est donc toute puissante, souveraine, en un mot *la reine* du monde; et la force qui l'asservit, et l'opinion qui le gouverne ne sont, l'une que l'usurpatrice de son trône; l'autre, que le possesseur provisoire de son pouvoir, et le précurseur nécessaire de son règne.

§ 25.

De l'unité de l'action, et du pouvoir de la raison dans l'homme ou dans l'individu : que cette même unité doit exister dans la société ou dans le gouvernement.

L'action de la raison, dans l'homme, est une comme la raison même; son autorité est une comme son droit; elle meut ou doit mouvoir et régler l'homme tout entier; elle doit donc aussi, comme principe d'action unique, mouvoir et régir toute la société, tout le gouvernement, qui, à proprement parler, ne doit faire qu'un seul corps politique.

Sans unité, *il n'y a ni pensée, ni action, ni existence;* tout est, tout se fait en un ou par un dans le monde; et le monde lui-même est *un,* n'existe et n'agit qu'en un et comme un, *in unum.*

Le monde moral doit être comme le monde physique : le manichéisme ou le système des deux principes est le plus absurde et le plus malheureux de tous les systèmes; et un gouvernement où les pouvoirs sont divisés est un véritable *manichéisme politique*, un monde à plusieurs principes, qui ne peuvent que l'agiter et le troubler, au lieu de le diriger ou de le régir.

Il n'y a donc point de division raisonnable de pouvoirs, point de pouvoirs absolument séparés et indépendants, qui s'équilibrent et se balancent : il n'y a ni gouvernement sans pouvoir, ni véritable pouvoir sans unité, ni véritable unité sans individuabilité.

S'il n'y a pas un seul pouvoir ou du moins un seul pouvoir dominant, un seul suprême, dont tous les autres dépendent; il n'y en a point du tout, précisément parce qu'il y en a plusieurs.

Cependant il en faut un pour réprimer et contenir tous les autres; il en faut un légitime, pour qu'il ne s'en élève pas mille de tyranniques; il en faut un, enfin, parce qu'il est absolument nécessaire pour avoir un gouvernement; parce qu'il faut premièrement avoir un pouvoir, et puis empêcher qu'il ne soit dangereux; parce qu'il faut absolument un gouvernement, et que la peur d'avoir un mauvais gouvernement ne doit pas empêcher d'en établir un à moins qu'on ne dise, avec Urbain VIII, que le monde se gouverne tout seul, et que ce n'est pas la peine de s'en mêler; ou qu'on ne préfère l'anarchie (1).

_____

(1) Mais, à moins de cette préférence décidée, il faut qu'il existe au moins un pouvoir, sinon pour réprimer beaucoup, pour gouverner beaucoup, au moins afin qu'on puisse croire qu'il peut réprimer, qu'il peut gouverner; et que, s'il n'y en a pas, au moins l'idée qu'il y en a un puisse subsister, et nous gouverner, comme celle d'une cause inconnue gouverne le monde.

En un mot, diviser absolument les pouvoirs, dans un gouvernement, c'est séparer les jambes de la tête, c'est mettre les bras et les jambes d'un côté et la tête de l'autre pour avoir un agent, unique, ou plutôt, c'est vouloir faire un seul agent, un seul corps de plusieurs agents et de plusieurs corps, sans aucun lien qui les unisse; c'est vouloir faire traîner un char par des coursiers fougueux sans les y atteler, et leur donner un postillon pour les conduire, ou y attacher des tigres ou des léopards, qui au lieu de réunir leurs efforts pour le tirer, lutteront ensemble pour se dévorer et pour se détruire; ou plutôt, c'est vouloir faire garder un troupeau par des loups, et les faire battre pour le déchirer et se le disputer, afin que le parc soit tranquille.

§ 26.

De la continuité, de l'identité et de la plénitude toujours croissante de la puissance et de l'autorité de la raison.

L'autorité de la raison est toujours subsistante comme elle, comme la société, ses dangers et ses besoins ; toujours égale, toujours la même, dans ce sens qu'elle ne peut, ni cesser, ni diminuer, ni se détruire, ni même se suspendre ou se restreindre et se lier elle-même d'une manière irrévocable et absolue; dans ce sens qu'elle est toujours pleine, toujours entière, et même toujours croissante, comme ses forces et ses lumières.

La souveraineté nationale, qui n'est que cette puissance, cette autorité de la raison, légalement exercée, a donc les mêmes caractères, et par conséquent il ne doit point y avoir de différences tranchantes et absolues de prérogatives, de pouvoir et de domination entre les Assemblées nationales successives; il ne doit point y avoir des Assemblées constituantes, des législatures et des Conventions : la souveraineté ne peut pas ainsi se modifier, se mutiler, se dénaturer elle-même; le législateur ne peut pas se lier absolument et irrévocablement les bras, même pour un certain temps.

Il peut, à la vérité, comme la raison elle-même, se prescrire des règles pour l'exercice de son autorité ou de sa propre raison; mais les lois qu'il s'impose ne sont jamais, à la rigueur, que des *résolutions*, que des précautions qu'il prend avec lui-même, toujours révocables de leur nature, et qu'il n'est obligé de tenir qu'autant qu'il *continue à juger*, comme il l'a cru d'abord, qu'elles lui sont utiles, ou du moins qu'il n'y a pas plus d'inconvénient et de danger à les maintenir qu'à revenir contre elles.

§ 27.

De la raison abstraite ou de la raison en soi, et de la raison des hommes.

La raison, en soi, est toujours juste, toujours la raison; mais la raison des hommes en est souvent bien différente.

De cet état abstrait et sublime où on la conçoit, de ce séjour de lumière et de vérité où elle réside, en passant dans l'homme, elle peut changer étrangement sur la route.

Cependant, par elle-même, elle ne se montre pas, elle ne parle pas, elle n'agit pas : elle n'a ni corps, ni facultés corporelles, en un mot, elle n'existe pas seule et hors de l'homme ou des hommes au moins pour nous; il faut donc bien la prendre nécessairement avec eux, la faire parler et agir par eux et avec eux, et la prendre enfin de leur main ou de leur bouche, quand on ne peut pas l'aller chercher plus haut.

§ 28.

Dangers inévitables pour les hommes, de s'en rapporter à d'autres hommes pour faire parler ou manifester la raison; que c'est mettre la raison de l'homme à la place de la raison en soi ou de la raison en général, et par conséquent risquer de mettre l'erreur la plus grossière à la place de la vérité.

Mais de ce que la raison en général, quoique fixe en soi, est vague et incertaine pour l'homme, de ce que ses principes ne sont pas connus ou convenus, il s'ensuit nécessairement que le droit de la faire parler ou de *la déclarer pour tous*, est nécessairement le droit de juger de ce qu'elle dicte pour l'intérêt et le bien de tous, c'est-à-dire, en d'autres termes, *de juger soi-même de ce qui leur convient*, de mettre son jugement ou sa raison propre à la place de la raison en général ou en soi, et de leur donner son jugement ou sa raison pour règle et pour loi; en un mot, de mettre la raison de l'homme à la place de la raison même, et par conséquent, *il est inévitable de s'exposer à ses erreurs*.

D'un autre côté, de ce que la raison est une chose vague et incertaine, il s'ensuit encore que chacun peut prétendre l'avoir pour soi, et vouloir faire la loi ou avoir raison; et par conséquent qu'on peut être exposé non seulement aux erreurs des hommes, mais encore aux erreurs *des plus ignorants*.

Il faudrait donc trouver une bonne règle, un principe général, une fois bien convenu, pour ne conférer ce pouvoir qu'aux plus dignes, aux plus capables de le bien exercer, et ne courir que le moins de risques possibles de leur part.

C'est ce moyen que je crois avoir trouvé dans ce que j'appelle le principe de la raison présumée ou de la présomption de raison que je crois être le premier principe du droit politique.

§ 29.

De la raison réelle et de la raison présumée, ou de la présomption de raison.

Dans l'incertitude de la raison elle-même, dans le doute ou l'impossibilité de savoir certainement en quoi elle consiste, ni qui la possède et peut la manifester aux autres, il y a encore une ressource, il reste encore *un guide, l'apparence ou la présomption.*

Au défaut de *la raison même, il est clair que la présomption doit en tenir lieu, et qu'à la place de la raison réelle, il faut mettre une raison présumée;* que celui-là a le droit de faire la loi, qui au défaut de cette raison réelle, évidente ou manifeste, a pour lui cette

présomption; enfin, que c'est la raison seule, au moins présumée, et non la volonté même générale, seule ou sans raison, ou donnée pour raison, qui doit faire la loi.

§ 30.

De la raison par rapport à la volonté, qu'elle est antérieure à la volonté et au prétendu contrat social, et que celui-ci ne peut avoir de force sans elle.

C'est toujours par une vue de l'esprit, par une idée quelconque que la volonté se détermine : la raison est donc antérieure à la volonté; elle est donc antérieure à tous les pactes, à toutes les conventions, à toutes les lois qui ne sont que des effets, des produits immédiats de cette volonté, et qui ne doivent être que l'énoncé ou l'expression de la raison, comme celle-ci l'est elle-même des choses; elle est donc antérieure même au prétendu contrat social, et celui-ci ne peut avoir de force que celle qu'il tire de la raison (1).

§ 31.

Que la raison est UNE, et la volonté, au contraire, DOUBLE par sa nature.

La raison est une par sa nature, parce qu'il n'y a et ne peut y avoir qu'une vérité; qu'une bonne manière de voir sur chaque chose, et que le oui et le non, le pour et le contre, ne peuvent pas être vrais ou raisonnables en même temps.

La volonté au contraire est essentiellement *double et biforme*, parce qu'elle peut vouloir le oui comme le non sans changer de nature; parce qu'elle peut être déterminée par l'erreur comme par la vérité; elle est même, à la rigueur, multiple par essence, parce qu'elle peut prendre autant de formes que l'erreur en a elle-même, et autant de partis qu'il y a de milieux entre les propositions contradictoires.

§ 32.

Qu'elle est l'opposé de la volonté seule, ou du libre arbitre.

Ce qu'on appelle le libre arbitre, ou la volonté seule, est la volonté considérée indépendamment de la raison ou des motifs qui la font ou doivent la faire agir; comme agissant par elle-même ou sans motif raisonnable; c'est donc la volonté sans raison, et par conséquent opposée à la raison, la raison est donc l'opposé du libre arbitre ou de la volonté seule.

§ 33.

Que personne, ni nation, ni individu, ne peut donner sa volonté pour raison.

La volonté seule est l'opposé de la raison et de la nature raisonnable; aucun être rai-

---

(1) Il ne peut, sans elle, produire ni moralité, ni droit, ni devoir : puisque, sans elle, à proprement parler, il n'existe pas, et qu'il ne peut faire loi que par sa conformité réelle ou présumée avec la raison.

sonnable, quel qu'il soit, ne peut donc donner à un autre *sa volonté pour raison.*

§ 34.

Que personne ne peut donner sa volonté pour loi.

La raison et la loi sont ou doivent être une seule et même chose; si personne ne peut donner sa volonté pour raison, personne ne peut non plus la donner pour la loi, ou pour règle à un autre.

§ 35.

Que la volonté, quelle qu'elle soit, ne fait loi que comme volonté raisonnable ou sensée telle, c'est-à-dire, comme raison au moins présumée.

La volonté ne peut donc, en aucun cas, faire loi que comme *volonté raisonnable* ou censée telle; c'est-à-dire, comme *raison au moins présumée;* c'est la conséquence immédiate, évidente et nécessaire de tout ce qui précède.

§ 36.

Que la volonté seule ou le libre arbitre, est la même chose que le pouvoir arbitraire ou le despotisme.

Le despotisme est un pouvoir sans règle et sans loi, ou qui n'a d'autre loi que sa propre volonté. Or, telle est précisément l'idée du libre arbitre, de la volonté seule ou de la volonté sans raison, ou indépendante de la raison; en un mot, du libre arbitre; et c'est le libre arbitre qui lui a évidemment donné son nom.

Le libre arbitre ou la volonté seule, ou la volonté sans raison ou indépendante de la raison, est donc la même chose que le *pouvoir arbitraire* ou le despotisme où qu'elle se trouve (1).

§ 37.

Que la volonté même générale ou nationale sans raison, ou donnée pour raison ou pour loi, serait un despotisme national.

Il suit de là que la volonté même générale ou nationale sans raison, ou donnée pour raison, ne serait qu'un despotisme national.

---

(1) Ce n'est donc pas l'énergie du pouvoir, c'est son arbitraire qui fait le despotisme et la tyrannie : ce n'est pas même la réunion ou la cumulation des pouvoirs, car cette réunion ou cette cumulation est dans la nature de l'homme et des choses, et cette réunion doit nécessairement avoir lieu dans le même corps; mais ce qui fait la tyrannie, c'est le défaut de règles ou de lois dans la Constitution, dans l'exécution ou dans l'exercice de ces pouvoirs, en un mot, encore une fois, c'en est l'arbitraire, et c'est la clandestinité de leur exercice qui favorise cet arbitraire, clandestinité qu'il ne faut pourtant pas confondre avec un secret quelquefois nécessaire.

§ 38.

Que la raison est la même chose que le droit; que ce droit consiste précisément dans cette conformité à la raison; que le droit dans ce sens est toujours égal et tous les hommes égaux en droit.

Les hommes considérant *la raison comme une ligne droite* qui doit servir de règle à toutes choses, appelèrent *droit* tout ce qui y est conforme, et *tort* ou travers tout ce qui s'en écarte; voilà l'étymologie philosophique; voilà le premier et véritable sens de ce mot auquel tous les autres se rapportent, et qui n'est évidemment qu'une métaphore de la ligne droite appliquée à la raison.

De là, ces expressions familières la *droite raison*, parler à *tort et à travers*, c'est-à-dire contre sens et raison; avoir *raison* et avoir *tort*, ou avoir *droit* et avoir *tort*, qu'on dit également. De là le *droit et le fait*, opposés l'un à l'autre, et dont l'un signifie *tout ce qui doit être est droit*, quoique ce qui est ne le soit pas toujours, *doit être est droit*, quoique ce qui est ne le parce que la raison étant, *à la fois*, le principe de toute *rectitude* et de toute *obligation*, tout ce qui *est droit doit être*, comme tout ce qui *doit être est droit*, quoique ce qui est ne le soit pas toujours.

De là le nom de *droiture*, donné à la probité, à la vertu même, parce qu'elle est précisément la conformité des sentiments et des actions de l'homme avec la raison; de là enfin, en matière de procès, ces expressions *avoir droit ou avoir raison*, qui se confondent sans cesse comme les choses qu'elles expriment, et qui prouvent, par conséquent, l'identité de l'une et de l'autre.

C'est donc la conformité des choses avec la raison qui en fait proprement la rectitude ou le droit, et qui est proprement ce qu'on appelle droit.

Dans ce sens le droit est toujours égal, toujours le même dans tous les temps et entre tous les hommes; parce que la raison, non plus qu'une ligne droite, n'est pas plus ou moins droite; parce que le droit dans ce sens absolu, ne souffre pas de plus ou de moins; et dans ce sens, les hommes ont un droit égal à tout ce qui est raisonnable, et ils sont parfaitement égaux en *droit*.

§ 39.

Des autres sens du mot droit; qu'ils se rapportent tous à celui de rectitude ou de raison; qu'il n'y a point d'égalité actuelle absolue des droits entre les hommes mais seulement une égalité morale et proportionnelle aux facultés et aux besoins de chacun.

Outre le sens général et abstrait, le mot droit a un sens personnel; comme quand on dit qu'un homme a droit à une place, que tout homme a droit à sa subsistance.

Dans ce sens le droit, en même temps que la raison, est originairement le besoin et la capacité de chacun; parce que c'est ce besoin seul et cette capacité qui déterminent ce qu'il est juste, ce qu'il est raisonnable, *ce qu'il est droit enfin* que chacun ait, et que chacun fasse dans la société, c'est-à-dire son droit ou sa part aux actions et aux choses, ou à la chose et à l'action publique et commune.

Enfin, le mot droit a un sens réel ou relatif aux choses, comme quand on dit les *droits légitimaires* ou la légitime de quelqu'un sur une succession, sur un bien, ce qui veut dire sa part, sa portion, sa légitime sur ce bien, comme quand on dit *les droits* de ma place pour en désigner les fonctions et les émoluments.

Dans ce sens, le mot droit signifie cette part même, cette portion des choses et de leur direction, ou de gouvernement qui appartient à chacun, et l'on peut, comme on voit, diviser tous les droits des hommes en droits de *capacité* ou de *mérite*, qu'on pourrait appeler aussi droits de faculté ou de puissance, et *droits de besoin;* ou bien en droits de *jouissance* et droits de direction ou de gouvernement.

Dans l'origine et dans la destination définitive de l'homme, tous ces droits sont à peu près égaux, parce que les facultés et les besoins le sont à peu près aussi dans l'origine, que les différences mêmes qu'il peut y avoir entre eux ne sont pas encore connues, et parce que les facultés et les connaissances doivent nécessairement, par le progrès et la propagation des lumières, devenir égales à la fin dans tous les hommes.

Mais dans l'intervalle et dans l'état actuel des choses, il y a une différence énorme entre les facultés intellectuelles, entre les fortunes, les habitudes et les besoins, et par conséquent entre les droits mêmes au moins actuels des hommes; et ces droits sont nécessairement proportionnels en même temps à leurs facultés progressives, à la possibilité, au besoin même actuel de leur développement, et pour ainsi dire à tous leurs besoins futurs qui naîtront nécessairement de ce développement lui-même (1).

§ 40.

Que la raison est la même chose que la justice.

La raison n'est pas seulement *la règle du droit*, elle en est encore la *mesure*. Or, la justice n'est elle-même que cette mesure appliquée au partage des biens et des avantages de la nature et de la société entre tous les individus qui la composent, que l'art de ren-

dre à chacun ce qui lui appartient, d'en faire à chacun sa part, et pour ainsi dire sa *raison* ou sa ration selon ses mérites ou ses besoins; de dire enfin ou de faire *droit* à chacun comme la justice s'exprime elle-même, selon qu'elle dit ou qu'elle fait celle qui revient à chacun.

La raison est donc encore la même chose que la justice; *c'est la raison avec les autres.*

§ 41.

Que la raison est la même chose que le devoir.

Enfin, la raison est tout ce qui doit être, tout ce qui est bien; elle est donc en même temps le droit et le devoir pris dans toute leur étendue, et tous les droits, comme tous les devoirs, se réduisent au droit et au devoir unique d'écouter et de suivre la raison avec les autres, et d'exiger qu'on l'écoute et qu'on la suive avec nous.

§ 42.

Du sens mathématique du mot raison, et de son rapport avec son sens moral, ou des raisons et des propositions, et de leur rapport avec la justice et la raison.

Le mot de raison, en mathématique, signifie rapport d'égalité et de proportion, et la raison et justice tout entières, sont dans ces deux mots, sont dans ces deux rapports, et les noms même de *raison, de justice, d'équité,* n'ont pas d'autre signification.

Quel rapport admirable entre les mots et les choses dans cette matière! Quel accord sublime entre les divers noms de la raison, entre notre raison et la raison ou les raisons des choses!

§ 43.

De la volonté raisonnable ou de la volonté de la raison.

La volonté raisonnable est une volonté conforme, à la fois, à la raison de l'homme et à la raison des choses; c'est-à-dire proportionnelle en même temps pour les droits de jouissance au besoin de chacun, soit naturel, soit acquis par l'habitude qui est une seconde nature, à la quantité de la chose à partager, et au nombre des co-partageants; et pour les droits de direction ou de gouvernement, à la nature et à la difficulté de la chose et au mérite ou à la capacité de chacun pour l'exécuter.

C'est cette proportion qui caractérise et détermine en même temps *la raison de la chose,* ou *le droit* et *la part* de chacun à cette chose, et *la raison de l'homme* ou sa volonté raisonnable; c'est-à-dire ce qu'il doit vouloir et ce qu'il peut prétendre, en un mot la rectitude rationnelle de cette volonté.

---

(1) Cet état actuel des choses, pour le dire ici d'avance, est un mal, et un grand mal : il faut le réformer, mais insensiblement et peu à peu, parce qu'il est une erreur, et une erreur nécessaire encore plus qu'un abus ou un crime; parce qu'il est le résultat et le malheureux fruit de la nature de l'homme et de son ignorance; enfin, parce qu'on ne peut pas le corriger tout d'un coup, et qu'il doit nécessairement subsister, au moins en partie, pendant quelque temps. Enfin, il faut commencer par tendre de toutes ses forces à l'égalité des lumières, pour parvenir à celle des droits des rangs, des conditions et des fortunes des individus autant que la hiérarchie le comporte, et se prêter et se conformer, en attendant, aux inégalités actuellement existantes, qu'on ne peut pas faire disparaître tout d'un coup, et à la nature toujours subsistante des hommes et des choses.

§ 44.

Qu'il y a plusieurs systèmes et pour ainsi dire plusieurs espèces de raison, une raison physique et une raison morale; et une raison naturelle et une raison politique ou raison (1) d'Etat; une raison absolue et une raison hypothétique et relative, et que la représaille ou la pareille, en tout genre, est juste et nécessaire.

La raison, avons-nous dit, est la conformité ou la ressemblance de nos idées et de nos jugements aux choses; or, comme une partie des choses, que ces idées représentent, auxquelles ces jugements se rapportent, changent, pour que cette ressemblance, cette conformité se maintienne, il faut nécessairement que ces idées et ces jugements et par conséquent leurs rapports avec les choses, changent comme elles. Ce sont des images qui doivent nécessairement changer pour que leur ressemblance reste; c'est un rapport dont l'individu doit varier pour que l'espèce en soit toujours la même; en un mot, c'est un tableau qui, pour être fidèle, doit être mouvant comme les choses qu'il représente, ou un miroir qui doit recevoir les diverses empreintes des divers objets qui vont s'y peindre.

D'un autre côté, nos idées changent elles-mêmes à l'égard des mêmes objets; l'esprit voit plus ou moins, et par conséquent différemment en différents temps les mêmes choses; la raison est donc progressive et par conséquent, dans ce sens, encore variable de sa nature.

Enfin une partie des objets, que l'esprit considère, ne changent pas; ils sont invariables et permanents, et il parvient à les voir tels qu'ils sont; ce rapport de l'esprit ou de nos idées aux choses, une fois établi, doit donc être invariable et permanent comme elles.

Or, un rapport constant et toujours le même, est pour ainsi dire une chose absolue et immuable comme les êtres entre lesquels il existe. Un rapport changeant, au contraire, suivant les objets et les circonstances, n'est qu'une chose contingente, qu'une chose purement hypothétique et relative.

La raison est donc absolue et relative en même temps; mais pour bien entendre ceci, il faut entrer dans quelques développements nécessaires.

La raison universelle est la vue nette de tous les êtres, de leurs propriétés et de leurs rapports; c'est-à-dire de tous les faits et de toutes les vérités qui en résultent; mais ces faits ou ces êtres sont de deux ordres ou de deux classes bien différentes; ce sont les faits ou les êtres de la nature, et les faits ou les productions de l'homme.

La raison s'exerce donc dans deux sphères, et comme dans deux mondes différents : le monde physique et le monde moral.

Dans le monde physique ou dans la nature, les êtres bruts et inanimés qui la composent, privés d'intelligence et de volonté, soumis à

des lois nécessaires qu'ils exécutent sans les connaître, et qu'ils ne peuvent *jamais violer*, sont déterminément bons ou mauvais pour nous par leur nature, et n'ont pour ainsi dire qu'une *forme*, *qu'une manière d'être et d'agir sur nous*. Ils ne sont d'ailleurs susceptibles, de notre part, d'aucune impression morale qui puisse rien changer à cette action à notre égard.

La raison est donc nécessairement une, comme l'ordre de la nature par rapport à eux, elle doit dire toujours les mêmes choses, et notre conduite, comme ses principes, doit être invariable et toujours la même à leur égard; ou du moins elle ne peut varier que par le progrès de nos lumières et notre *différente manière de voir* les mêmes objets en différents temps, et non par la différence des objets mêmes, parce que cette raison ou ces lumières ne sont pas encore parvenues à leur point *absolu* ou à leur terme; en un mot, parce qu'elle est progressive et imparfaite en soi, et non qu'elle soit double ou multiple à leur égard par sa nature.

Ainsi, par exemple, si c'est un bon fruit dont il s'agit, la raison dit d'en user, d'en jouir et de le cultiver pour le reproduire; si c'est un poison, elle dit de s'en abstenir et de le détruire si l'on peut; et elle dira éternellement la même chose.

Dans le monde moral, au contraire, où l'homme, pour ainsi dire *d'une nature double*, est naturellement bon, mais peut devenir méchant; où il est capable de bonne et de mauvaise volonté, d'équité et d'injustice, d'ignorance et de lumières, de vérité et d'erreur; où il peut faire le mal comme le bien, violer comme observer, à notre égard, l'ordre de la nature; où il peut, d'ailleurs, y être contraint ou ramené par la crainte lorsqu'il s'en écarte, la raison, par *rapport à lui*, ne peut pas être une, ou du moins ses maximes ne peuvent pas être invariables et toujours les mêmes; elle ne peut pas voir dans le même état et de la même manière des êtres qui changent en eux-mêmes et dans leurs rapports entre eux; elle ne peut pas voir comme bons des êtres devenus méchants, ni traiter les bons et les méchants de la même manière.

En un mot, le droit dépend toujours du fait ou de *l'espèce* où l'on se trouve : or, le monde, ou le fait universel, se divise pour nous en deux grandes espèces, ou deux faits particuliers, la nature et la société; ou le monde physique et le monde moral; et celui-ci se divise à son tour, en deux grands cas, qui en produisent une infinité d'autres, *l'observation ou la violation* de la justice parmi les hommes, effet funeste, mais nécessaire de la liberté humaine, ou de l'ignorance et de l'impétuosité des passions qui précipitent l'homme, et l'écartent en mille manières, de l'ordre de la nature.

La raison, qui n'est que l'image et l'expression fidèle des choses, et, comme nous l'avons dit, le tableau mouvant et parlant de l'univers, doit donc suivre le même ordre et les mêmes divisions.

Le système universel de la raison a donc aussi deux grandes branches ou deux systèmes particuliers, la raison pour ainsi dire physique et la raison morale; ou la raison naturelle, et la raison politique ou raison d'Etat :

---

(1) Ce mot est pris ordinairement dans un autre sens, mais toujours analogue, il signifie l'intérêt du tout, par rapport à celui de chaque partie, et le sacrifice qu'il commande de tout l'intérêt particulier.

celle-ci se divise en deux autres, la raison absolue comme les intentions et les principes généraux de la nature, qui ne changent jamais, et la raison relative, qui varie dans leur application suivant l'exigence des cas pour la conservation même de ses plans et le maintien de ses propres principes.

Maintenant le droit, avons-nous dit, dépend toujours du fait : or le fait de l'homme peut toujours *être double ;* c'est-à-dire conforme ou contraire à la justice et à la raison. La justice ou la raison qui suit ces cas est donc *double* aussi ; c'est-à-dire absolue et relative en même temps, absolue *dans l'espèce et pour l'ordre de la nature, dont elle fait à tous* une loi invariable; et relative ou hypothétique, et pour ainsi dire contingente *dans l'espèce de l'homme,* ou dans le cas de son infraction; parce que la nature; qui, sans doute, a prévu tous les cas, a dû pourvoir au maintien de son ouvrage, a dû faire des lois différentes pour ces différents cas.

Quand l'ordre de la nature *est renversé par un homme* à l'égard des autres, *la raison et la justice se renversent aussi contre lui* pour le soutien même et le rétablissement de cet ordre; autrement le méchant deviendrait maître des hommes et de la nature ou de l'ordre des choses à leur égard. C'est précisément parce que cet ordre est nécessaire et absolu comme le précepte qui le commande, que la raison doit réprimer efficacement celui qui ose le violer.

La raison, comme la vérité, est donc une et absolue, en général, et dans son essence ou dans sa fin, relative et diverse dans sa lettre rité, qu'une bonne manière de voir, qu'une image fidèle et toujours la même de chaque chose et de chaque cas; le blanc et le noir, le carré et le cercle ne pouvant pas se ressembler, et le oui et le non, le pour et le contre ne pouvant pas être vrais en même temps.

Mais elle est multiple, diverse et relative en particulier et dans son application comme dans les cas divers où l'homme se trouve, et sur lesquels elle a à prononcer.

Elle est une et absolue dans son esprit et dans sa fin relative et diverse dans sa lettre et dans ses moyens; elle ne dit pas toujours les mêmes choses, mais elles ont toujours la même fin.

En un mot, les hommes ont une destination fixe et un but certain auquel la nature les appelle en commun, mais dont ils peuvent s'écarter et se détourner mutuellement : ce but est l'état ou l'ordre progressif dans lequel ou du moins sur la voie duquel elle nous avait placés, et auquel elle nous destine encore, quoique nous l'ayons presque absolument renversé.

La raison a donc un point fixe dans cet ordre de choses; elle est donc une et absolue dans cet état ou dans cet ordre de la nature supposé maintenu, conservé, perfectionné, où elle nous avait placés, et auquel elle doit nous ramener un jour. Elle est une et absolue dans son intention originelle et dans son état définitif, dans l'état de perfection de la raison et de la société, dans le dernier terme où le point *absolu* de l'une et de l'autre; en un mot, dans l'état fixe et permanent de l'ordre, et non dans son état et son désordre actuels; dans les vicissitudes des choses humaines, dans les alternatives continuelles de bien et de mal par où elles passent; en un mot, dans le cours turbulent et progressif de la raison et des choses. Ce monde n'est point dans un état fixe et permanent, comme on semble le croire; ce n'est point une mer calme, un lac tranquille, c'est un fleuve dans son cours.

Aussi, les devoirs que la raison impose aux hommes les uns envers les autres sont absolus dans un sens, et relatifs ou hypothétiques et conditionnels dans un autre.

Ils sont *absolus* et sans condition dans leur sens primitif et *direct*, et dans leur esprit général, ce sens qu'elle les impose *directement* à tous, et leur commande de commencer par les observer d'abord à l'égard des autres avant de savoir et même sans s'informer de leurs dispositions à les remplir envers eux; mais ils sont non seulement *mutuels et réciproques*, mais co-relatifs et conditionnels, dans ce sens qu'ils ne peuvent pas exister d'un côté seulement, et avec le droit de les violer toujours de l'autre, et si on cesse de les observer d'une part, ils cessent d'exister pour ceux avec qui on ne les observe pas.

Ainsi, la raison dit d'abord à tous les hommes, sans exception, comme sans restriction et sans réserve, vous ne tuerez point, vous ne nuirez point, vous ne tromperez point; et dans ce sens, ils sont absolus, imposés directement à tous, indispensables pour tous, et absolument nécessaires pour l'accomplissement de son but, qui est la conservation et le bonheur de tous.

Mais si, contre sa défense, quelqu'un tue, trompe ou nuit essentiellement à son semblable, alors la raison permet, non seulement à la société, mais à l'individu, à son défaut, et dans l'impossibilité du recours à la loi, non seulement de lui faire subir la peine du talion pour s'en défendre, non seulement de lui faire le même mal qu'il lui a fait ou voulu lui faire, mais encore un mal proportionnel à celui qu'il pourrait faire à la société par son exemple, si son crime restait impuni; en un mot, de lui infliger une peine *capable de le réprimer* et d'en arrêter les suites, soit pour lui, soit pour les autres.

C'est précisément parce que la nature, qui veille à la conservation des êtres qu'elle a formés, ne veut pas absolument qu'on tue; c'est parce que la raison le défend, qu'elle ordonne de tuer celui qui tue, parce que c'est le moyen le plus efficace d'arrêter le meurtre, et le seul qui puisse le prévenir; parce que, ne pas le réprimer autant qu'on le peut, ne pas faire mourir le meurtrier, ce serait indirectement lui permettre de l'être, en lui laissant le moyen ou la possibilité de le redevenir, et par conséquent, détruire l'ouvrage de la nature au lieu de le conserver; en un mot, établir une sorte *d'inviolabilité* pour les assassins.

Tuer pour empêcher de tuer, faire mourir en défendant de donner la mort, n'est donc qu'une contradiction apparente, et dans le vrai, l'accord le plus parfait des idées, tandis que le contraire serait une contradiction véritable, et le renversement de tous les principes; mais il n'est pas seulement nécessaire, il est encore juste que celui qui donne la mort meure. Il est clair, il est évident que celui qui tue perd son droit à la vie du moment qu'il veut l'ôter à son semblable, qui y a autant de droit que lui; que cet autre acquiert autant de droit de lui ôter la sienne qu'il prétend en avoir lui-même de la lui ravir; et à plus forte raison si cet *autre* est la société tout entière.

La raison permet donc, quand on y est forcé, de faire pour le bien les mêmes choses qu'on fait pour le mal; d'employer contre les méchants les mêmes armes qu'ils emploient contre les bons; en un mot, de tromper un fourbe, de tuer un assassin, parce que c'est le seul moyen de s'en défendre. La bonté, la pitié naturelle y répugne, et encore plus la vanité sociale, qu'on nomme générosité, et qui peut être tout au plus une vertu privée, mais la politique, la raison d'Etat commandent; et la maxime, ou une conduite contraire, serait tout à la fois dans l'homme public une cruauté et une niaiserie. Celui qui ne peut entendre ceci peut être un homme *bon*, mais ne sera jamais un homme d'Etat, ou comme tel ne sera qu'un méchant. Il peut avoir la vanité, l'ostentation, les faiblesses de l'humanité, mais jamais il n'en aura le sentiment ni la véritable conception; ce pourra être un homme sensible et vain, un *humaniste* absurde, mais jamais un homme véritablement humain.

La pareille ou la représaille en tout genre est donc toujours juste et souvent nécessaire, soit de la part de la société, soit de la part de l'individu, quand la société ne peut pas le protéger; et par conséquent une fausseté n'est pas toujours une imposture, ni un meurtre, un assassinat, comme on a eu la sotte et cruelle humanité de le prétendre.

Sans cela, les fourbes, les scélérats auraient, pour ainsi dire, le privilège du crime; le juste deviendrait, à coup sûr, la victime du méchant, la droiture serait une simplicité, la bonté une niaiserie, la vertu enfin, un piège où l'homme irait invinciblement se prendre, et les sociétés s'engloutir.

Il y a donc avec les hommes une raison, ou une justice directe, et une raison ou une justice pour ainsi dire inverse, une raison absolue, et une raison hypothétique et relative, une raison principale et une raison subsidiaire, une raison enfin et une contre-raison, ou plutôt une contre-injustice, et les principes de l'une ne sont pas des violations, ni même des restrictions, ni des exceptions faites après coup aux principes de l'autre; mais des restrictions, des modifications primitives mises d'avance à ces principes par la nature même.

§ 45.

Qu'outre la raison naturelle et la raison politique ou la raison d'Etat, la raison absolue et la raison hypothétique, dont nous avons parlé, il y a encore une raison provisoire et une raison définitive; une raison pour ainsi dire de temps et de lieu, de personnes et de circonstances, ou du moins des vérités de toutes ces espèces, qui changent suivant l'occasion et varient suivant l'exigence des cas.

Non seulement le système de la raison change du physique au moral, selon la double nature et la double action de l'homme; mais les maximes de la justice et de la raison varient selon les temps, les lieux, les personnes, les circonstances, les progrès et les états divers de la raison et de l'espèce humaine, selon la force et les diverses combinaisons des événements et des choses; enfin selon le besoin et la nécessité.

Ce paragraphe n'est proprement qu'un corollaire, et pour ainsi dire un appendice des paragraphes précédents; car la raison n'étant qu'un rapport de ressemblance aux choses ou que leur image, il faut évidemment, pour que la ressemblance reste, que cette image change comme les choses qu'elle représente; et par conséquent suive toutes les variations et les vicissitudes des choses humaines.

On sent, par exemple, qu'il ne faut pas considérer les choses du même œil, établir les mêmes règles de police en temps de paix et en temps de guerre, dans une ville et dans une armée, dans un temps de trouble et de révolution, et dans un temps de calme et de tranquillité, dans un temps où il y a des factions et des partis dans l'Etat, et dans celui où il n'y a point de divisions parmi les citoyens; dans ce temps surtout où une nouvelle Constitution, succédant à l'ancien système de gouvernement, forme pour ainsi dire un *interrègne de la loi*, une espèce d'intérim politique, pendant lequel le législateur travaillant à la confection des institutions nouvelles, au milieu des contradictions et des oppositions de tous les partis, le nouveau régime est pour ainsi dire un procès pendant à juger, une espèce de contrat social dont on rédige les clauses, mais sur lesquelles on n'est pas d'accord, et qui n'est pas encore signé des parties; on sent qu'il ne faut pas voir et juger les choses de la même manière dans ce temps de renversement et d'anarchie et dans celui qui lui succède, où la révolution est faite, la loi en vigueur, le nouvel ordre de choses affermi, et où tout est rentré dans le devoir et sous le joug commun.

On sent qu'un peuple éclairé doit recevoir d'autres lois qu'un peuple barbare, qu'elles doivent être différentes dans un siècle d'ignorance et dans un siècle de lumières, et moins les meilleurs en soi que les meilleurs qu'il peut supporter dans le moment, mais toujours sans préjudice des meilleures destinées à l'avenir; car s'il faut sonder le sol avant de bâtir l'édifice du gouvernement, et s'il est, chez les différents peuples, des différences dans ce sol qui ne permettent pas dans l'instant de le bâtir de la même manière, on a partout le fond commun de la nature humaine, le sol de la raison qu'on peut affermir, et sur lequel on peut, avec le temps, bâtir partout d'une manière uniforme; on sent, en un mot, que s'il doit toujours y avoir des administrations différentes, qu'on ne peut changer, il ne doit y avoir un jour qu'une seule forme de gouvernement pour les hommes, parce que les hommes sont, ou peuvent devenir partout les mêmes.

On sent que dans une société, les crimes des chefs sont plus grands que ceux des simples citoyens, et que les lois et les peines de ces crimes doivent être différentes et pro-

34

portionnées à leur gravité et au danger qu'ils font courir à la République.

On sait que la justice et le devoir supposent toujours la possibilité de les remplir, et se règlent par elle, que cette possibilité dépend non seulement de nos facultés et de nos moyens qui ne sont pas toujours les mêmes, mais encore des temps et des circonstances, et varient comme elles; et par conséquent que les principes qui établissent et qui règlent cette justice et ces devoirs varient nécessairement comme cette possibilité et ces circonstances dont elle dépend, et dont ils dépendent à leur tour.

On sait enfin que la nécessité n'a point de lois, ou plutôt qu'elle est pour ainsi dire la loi des lois elles-mêmes, et qu'elle les modifie toutes sur les circonstances dont elle résulte, et qui changent avec elle.

En un mot, la vérité d'existence n'est que les choses mêmes; la raison ou la vérité d'idée et de jugement, n'est que le rapport de conformité de nos idées et de nos jugements aux choses; nos idées et nos jugements, pour se conformer aux choses, doivent donc changer avec elles et comme elles.

§ 47.

Que quoique les maximes ou les applications de la raison changent, la raison elle-même ne change pas, et que la raison n'est point pour cela une chose absolument versatile, ou arbitraire et incertaine.

La raison, comme simple faculté de penser ou de raisonner, n'est que la faculté d'établir des rapports quelconques de notre esprit ou des idées aux choses, la raison, comme effet ou produit de cette faculté, n'est que la masse ou la totalité de ces rapports vrais ou faux, de ces idées ou de ces jugements tels quels.

La raison, au contraire, comme faculté de raisonner juste, comme connaissance ou perception du vrai; cette raison, proprement dite, est essentiellement, dans sa nature, un rapport de conformité ou de ressemblance de nos idées et de nos jugements aux choses; or, cette nature ne change pas, la raison n'est pas tantôt une dissemblance, tantôt une ressemblance de nos idées et de nos jugements avec les choses; et d'autre part, cette ressemblance n'est pas tellement incertaine qu'il ne puisse s'en assurer; chacune de nos idées, chacun de nos jugements ou des rapports de notre esprit peut donc changer, la masse, le volume de ces idées ou de ces jugements peut changer aussi; chacune de ces idées, chacun de ces jugements change même ou varie souvent, en effet, pour parvenir à la ressemblance, à la conformité avec les choses ou à la raison; mais cette ressemblance ou la raison même, une fois trouvée, ne change pas, ne cesse pas d'être la raison : ce qui pourrait faire croire que la raison varie, c'est que les applications changent, c'est que, quoiqu'elle ait des points fixes, des principes invariables et *uns*, elle en a aussi pour ainsi dire qui sont doubles, variables et versatiles comme la volonté de l'homme et les choses qui en dépendent.

La raison a des vérités premières et des vérités secondaires, des vérités générales et des vérités particulières, des principes et des conséquences, des vérités immuables et des vérités mobiles, des maximes relatives et des principes absolus.

Les maximes relatives, les vérités particulières changent il est vrai, et varient presque à l'infini ; mais sous l'influence et pour ainsi dire sous la direction des principes généraux et absolus, ou plutôt ce ne sont que des applications différentes de ces mêmes principes qui ne changent jamais.

Ainsi, quoique les maximes ou les applications de la raison varient, quoique presque tout le système de la raison change, la raison elle-même ne change pas, et n'est pas pour cela une chose versatile et arbitraire.

La raison est une longue chaîne attachée fixement par un long bout à la nature, et flottante de l'autre au gré des erreurs et des passions humaines jusqu'à ce qu'elle s'y attache et s'y fixe dans tous ses points.

Ou plutôt il en est de la raison comme de l'aiguille aimantée, comme elle, elle a un point sur lequel elle tourne pour montrer le pôle, et si comme elle, elle éprouve des variations, elles ont une cause fixe, des lois certaines, et dans la raison comme dans la nature, toute variété et uniformité, toute mobilité constante ; mais les variations de la boussole seront éternelles comme leur cause, et celles de la raison finiront un jour avec la leur qui est l'ignorance. Il y a donc un système de raison unique qui embrasse tous les existants et tous les possibles, tous les systèmes particuliers ou toutes les branches de la raison universelle, et des principes universels et absolus qui ne changent jamais, dont les applications changent seules selon la différence des espèces et l'exigence des cas.

§ 48.

De l'empire naturel de la raison ou de la conviction et de la persuasion; qu'il faut joindre l'une et l'autre à son empire légal ou à l'exercice de l'autorité, et à l'action de la force et de la loi.

Quoique le gouvernement ne soit pas un simple ministère de persuasion, mais bien en général, un ministère de contrainte, soit parce que lorsqu'il s'agit de l'exécution de la loi, un ministre ou une sentinelle n'ont pas toujours le temps ou le don de prêcher les citoyens pour les déterminer à l'obéissance, soit parce qu'il n'est pas même convenable qu'ils le fassent, parce que l'emploi de la persuasion, dans l'exécution des lois, énerve l'autorité, attendu qu'il paraît supposer d'un côté la liberté de faire ou de ne pas faire exécuter; et de l'autre, le droit de résistance. Cependant il faut, autant qu'on peut, joindre l'un à l'autre, il est même des choses sur lesquelles il ne faut exercer que le premier; l'exécuteur même de la loi ne doit jamais s'en souvenir; il doit, avant tout, éclairer pour gouverner; il doit motiver ses lois pour en faire connaître l'esprit et former l'opinion, il doit savoir surtout qu'il est des choses sur lesquelles elles n'ont pas de prise qu'on ne commande pas, et sur lesquelles il faut se contenter d'exercer l'empire naturel de la raison en usant de toutes ses forces pour détruire toute espèce d'erreur et de préjugés.

§ 49.

Que la raison ne peut pas encore être érigée en loi tout entière, et qu'il faut joindre la philosophie aux lois pour bien gouverner les sociétés et faire le bonheur des hommes.

Les hommes ne sont pas encore assez raisonnables, assez éclairés pour connaître leurs véritables intérêts, pour sentir tout ce qui peut faire leur bien, en un mot pour entendre la raison et la recevoir pour loi sur toutes choses et moins encore pour l'adopter de confiance et *sous forme de foi humaine*. Telle loi qui serait le plus grand des biens qu'un législateur pût leur faire, serait regardée comme le plus grand des attentats contre l'humanité, et causerait en effet les plus grands malheurs, elle perdrait à coup sûr tout le bien qu'ils auraient pu accepter, et la vérité même qu'ils auraient été disposés à recevoir sans elle.

Il n'est donc pas de la sagesse du législateur d'exposer alors la loi au mépris, et la tranquillité publique à être troublée en agissant d'autorité, il doit alors se contenter d'employer l'instruction et la persuasion, ou de la faire employer par d'autres; car, dans des objets critiques et délicats, ce ministère même n'est pas toujours le sien, tant il doit être circonspect, tant il doit inspirer de confiance, et conserver, par dessus tout, le caractère et l'opinion d'une divinité toujours bienfaisante.

Pour faire le bonheur des hommes, il faut ménager leurs faiblesses et leurs préjugés jusqu'à ce qu'on puisse les en guérir; il ne faut pas les forcer d'être heureux de la manière qu'ils ne peuvent pas l'être ; il faut ménager, il faut respecter même l'opinion, non seulement par prudence et par politique, mais encore par humanité, parce que, lors même que l'opinion est une erreur, une *chimère*, lorsque cette opinion est l'erreur, la chimère d'un grand nombre d'hommes, elle est encore *une chose*, et une chose respectable, parce qu'elle est la source putative, et par là même en partie véritable de leur bonheur, lors même que, d'un autre côté, elle fait leur malheur réel.

Il ne faut pas la respecter, sans doute, à l'égal de la vérité, et la laisser en possession de leurs esprits et de leurs destinées; parce que la vérité est le seul véritable intérêt de tous les hommes ; et, le devoir de la dire, de la propager et de travailler de tout son pouvoir à l'établir dans le monde est le premier des devoirs ; parce qu'il n'y a qu'elle qui puisse rallier les esprits et les opinions; parce qu'il n'y a que les mêmes opinions et les mêmes lois qui puissent réunir les hommes, les faire vivre en paix et les rendre heureux sur la terre.

Mais, il faut traiter certaines erreurs avec beaucoup d'égards et de ménagements, quand on est législateurs, pour parvenir plus sûrement à les détruire.

Il faut donc joindre la philosophie à l'autorité, l'envoyer comme précurseur des bonnes lois, préparer l'opinion à les former et les esprits à les recevoir, et l'incorporer dans les lois elles-mêmes à mesure que l'opinion s'y trouve disposée.

Le premier principe d'une bonne Constitution, et la première loi d'un bon gouvernement, doit donc être d'éclairer les hommes,

de former leur raison, en la prenant à chaque instant telle qu'elle se trouve, de la perfectionner pour l'avenir. (1).

§ 50.

De la raison divine et de la raison humaine, ou de la raison naturelle, de la raison révélée, et de la raison des intelligences.

Enfin, outre notre raison, nous en concevons une ou plusieurs autres, une raison divine et infaillible, que nous croyons s'être manifestée à nous, et nous avoir révélé tout ce qui concerne son existence, son culte, la vie future; en un mot, la religion et l'autre monde, mais que des prêtres et des pontifes imposteurs et ambitieux mêlent à tout, pour se mêler de tout dans celui-ci et veulent, pour nous gouverner à leur gré, nous faire regarder comme le supplément et le correctif nécessaire de la nôtre en toutes choses.

Nous admettons encore une raison que nous attribuons aux génies, que nous plaçons entre Dieu et l'homme, raison plus forte, plus sûre, plus étendue que la raison humaine, que nous croyons être exclusivement leur partage, mais que nous nous attribuons aussi quelquefois sans nous en douter, faute d'avoir bien pris la mesure de la nôtre, et sur laquelle nous bâtissons imprudemment le système de notre philosophie et de notre politique, comme si nous étions des intelligences, comme si tous les hommes étaient des anges, ou comme s'ils étaient tous également éclairés.

Tant que nous aurons ainsi deux raisons opposées, dont chacune voudra *tout renfermer dans son domaine,* dont chacune prétendra *tout régler, tout gouverner* dans ce monde; une raison divine et infaillible, dont un petit nombre d'hommes seront les dépositaires et les organes, dont ils prononceront exclusivement les oracles, et une raison faible et incertaine, qui se traîne dans l'ombre et à tâtons sur les pas de la vérité, qui sera l'apanage commun de l'espèce humaine; tant qu'on amalgamera le ciel avec la terre, tant qu'on accolera l'autre monde avec celui-ci, il sera impossible de faire un système social harmonique et concordant dans toutes ses parties; cet ensemble sera tou-

---

(1) Mais, pour y réussir, il ne suffit pas d'établir la liberté de la presse, de décréter la plus grande liberté de penser et d'écrire, il faut encore, comme je l'ai dit ailleurs que le gouvernement dirige lui-même tous les efforts de l'esprit à ce but, il faut; établir, le plus tôt possible, sous le titre de lycée ou de tribunal de la raison, une société ou académie de penseurs, qui travaillent sans relâche à la composition d'un livre qu'on intitulera la raison écrite, ou code de la raison; que le gouvernement le fasse imprimer et distribuer à ses frais, à tous les citoyens, sans exception, et qu'il établisse, dans toute l'étendue de la République, des professeurs et des maîtres, pour leur apprendre à lire et à écrire dans ce livre, pour leur expliquer et le leur faire apprendre par cœur.

En attendant cet établissement et la confection de ce livre, qui n'est pas l'affaire d'un jour, il faut que le gouvernement fasse imprimer, à ses frais, tous les bons livres qui existent déjà, et ceux qui paraîtront à l'avenir; qu'il les fasse distribuer gratis, ou vendre à très vil prix à tous les citoyens, et les fasse placer dans toutes les bibliothèques publiques qui seront établies dans tous les départements, afin que tous ceux qui voudront s'éclairer puissent le faire.

jours un tout indéfinissable, impossible à comprendre, impossible à régir par de bonnes lois, la raison divine étouffera la raison humaine, et le ciel bouleversera toujours ce misérable globe.

Il faut donc absolument les séparer d'intérêts, faire des lois pour la terre, et laisser et maintenir à chacun la liberté la plus entière, la plus effective, non seulement de penser et de croire, mais même de faire paisiblement tout ce qu'il voudra pour le ciel et pour l'autre monde, pourvu qu'il soit honnête homme et bon citoyen dans celui-ci.

Tant que nous croirons avoir une raison et des lumières supérieures à celles que nous avons en effet; tant que nous supposerons les hommes plus éclairés qu'ils ne sont; tant que nous supposerons, enfin, des moyens et des facultés que nous n'avons pas et que nous ne connaîtrons pas à fond, les seuls que nous possédons, il sera impossible aussi de rien faire de raisonnable en politique, et qui soit véritablement fondé sur la nature de l'homme et l'état actuel de l'esprit humain.

§ 51.

De la raison comme art social ou art rationnel politique.

Enfin, la raison, considérée sous toutes ses faces, par rapport au gouvernement de la société, la raison considérée comme art social, ou art rationnel politique, est *la connaissance des hommes*, de leur nature, de leurs rapports et de leurs circonstances, de leurs besoins et de leurs facultés, et surtout de leurs droits et de leurs intérêts, qu'elle doit régler d'après les principes mêmes qui résultent de cette nature, de ces facultés, de ces besoins, de ces rapports et de ces circonstances : elle doit donc faire les lois et présider à tous leurs arrangements généraux, à toutes leurs institutions politiques. C'est donc, encore une fois, à elle, et à elle seule, à commander aux hommes ; elle seule en a le droit, et personne n'en peut avoir d'autre que de commander en son nom, et ne peut le tenir que d'elle ou de la loi, qui n'est elle-même que la raison légale ou la raison légalisée.

Connais-toi toi-même, pour apprendre à te bien gouverner, est donc le premier comme le plus important précepte de la raison, que nous avons tâché de suivre d'abord; essayons maintenant d'en faire l'application à la découverte d'une bonne Constitution et d'un bon gouvernement.

Mais pour former, ou plutôt *réformer* et bien constituer la société politique, il faut encore savoir, d'une manière plus précise, comment elle s'est d'abord formée et constituée, et comment elle doit l'être en effet : c'est ce qui nous reste à examiner dans une troisième partie. Mais comme j'ai déjà jeté quelques-unes des idées de cette troisième partie dans mon opinion sur Louis XVI, je prie le lecteur d'y avoir recours en attendant que je donne la suite de cet ouvrage.

Nota. — Jamais peut-être on n'a tant et si ennuyeusement parlé raison que je viens de le faire ici, pour mon malheur, à un siècle bel esprit et philosophe; jamais on n'a dit tant de choses si plates, si triviales, si niaises pour ce bel esprit érigé en arbitre suprême du bon goût de la raison, et ressassé des choses à la fois, légères, piquantes et profondes, que cet esprit vraiment merveilleux a l'heureux don de lui offrir tous les jours.

J'en suis fâché pour moi : il me serait assurément plus agréable de n'être pas un raisonneur ennuyeux; mais, j'oserai le dire au bel esprit et à mon siècle, j'en suis encore plus fâché pour ceux qui en jugeront ainsi, et qui ne sentiront pas l'utilité, la nécessité même de mes niaiseries, de mes platitudes et de mes raisonnements.

A ce mot de raison, dont la chose, comme on sait, est si connue de tout le monde; à ce mot qui revient dans tous mes titres et dans tous mes paragraphes, et dont j'assourdis, pour ainsi dire, les oreilles du lecteur, chacun croira, sans doute, entendre le bruit confus, monotone et insignifiant d'une chaussée ou d'un moulin qu'on a entendu mille fois en sa vie, et dont on a été autant de fois assommé; mais je prie le lecteur d'avoir un peu de patience, un peu d'attention, s'il en est capable; d'écouter un peu le *moulin à raisonnement*, et peut-être qu'en prêtant un peu plus attentivement l'oreille, il démêlera dans ce bruit confus quelques sons articulés, et quelques idées qu'il n'avait pas d'abord aperçues; peut-être qu'il sera un peu plus indulgent s'il fait attention et veut avoir un peu d'égard à cette vérité peu connue, que dans ce monde, quoique tout en un sens soit distinct, tout en même temps est confus, parce que tout se tient, parce que tout est lié, parce que tout a été brouillé et confondu, *qu'il y a par conséquent de tout dans tout*, et qu'on a bien de la peine à démêler chaque chose de tout autre; s'il songe, enfin, que comme le monde est en même temps un peu enfant et un peu vieux; qu'il faut en même temps l'instruire et l'amuser, il est un peu difficile, et devient tous les jours plus mal aisé, dans des écrits sur des matières abstraites et importantes, dont le mérite dépend surtout de la clarté et de la vérité, de la suite et de l'ensemble des idées, de ne dire que des choses neuves, et de les dire toutes d'une manière également exacte et agréable.

Je le prie de se demander, si, dans la ligne de la raison, dont il n'est jamais permis de s'écarter pour errer à son gré dans les champs de l'imagination, si, sur une route unique et battue depuis cinq ou six mille ans, on peut marcher sans jamais porter ses pas sur les traces de personne, et y faire naître partout des fleurs; si ce n'est pas assez, au contraire, d'en semer de temps en temps quelques-unes sur ses bords. Enfin s'il n'est pas vrai jusqu'à un certain point que *ornari res ipsa negat, contenti doceri.*

Quoi qu'il en soit, nous avons *appelé niaises* sans doute avec beaucoup de raison, toutes ces vérités générales et premières, tant nous avons d'esprit, tant elles sont bêtes et communes pour nous; tant, surtout nous sommes sages et éclairés dans notre siècle des philosophes !

Ce sont ces vérités, qu'il ne faudrait jamais perdre de vue, qu'il faudrait, pour ainsi dire, *toujours tenir à la main*, et parler sans cesse sur les objets, *comme la règle et la mesure de toutes choses*, que notre sagacité brillante, notre analyse profonde et notre esprit supérieur traitent de niaiseries et regardent comme inutiles.

C'est pourtant avec de pareilles niaiseries et une pareille méthode que les mathématiciens sont parvenus à former la science la plus exacte et la plus utile, quoique toute fondée sur des abstractions et des suppositions, ou des vérités hypothétiques, tandis que toutes les autres le sont ou peuvent l'être sur des vérités réelles et absolues, c'est-à-dire sur les vérités de fait.

C'est donc avec ces trivialités, avec ces niaiseries, en les corrigeant et les rectifiant sans cesse, qu'il faut, en dépit de nos beaux esprits, refaire et rebâtir sans cesse la morale et la politique, les reprendre jusque dans leurs fondements, créer l'art social, et noter la raison pour tous les peuples de la terre.

Mais, dira-t-on, c'est se traîner éternellement sur les principes, et nous ramener sans cesse à *l'alphabet de la raison :* oui, sans doute, répondrais-je, et pour mon compte, j'ai cru devoir m'y remettre, bien persuadé que nous ne l'avons jamais bien appris, que ce sont partout les premières notions qui manquent, et dont nous avons le plus grand besoin. Quelques idées de plus et quelques millions de volumes et de discours de moins feraient une grande différence et peut-être une grande révolution dans le monde! alors d'animal *parleur*, comme l'appelle si ingénieusement un philosophe, *animal orationale*, l'homme deviendrait un animal *penseur*, un animal raisonnable, *animal rationale;* alors nous nous entendrions, nous nous aimerions, nous serions d'accord; et une douzaine d'idées bien éclaircies, bien arrêtées, bien convenues, suffiraient peut-être pour faire le bonheur du genre humain.

Mais, pour nos beaux esprits, la raison est un aigle, qui d'un vol rapide, doit s'élever dans les airs, franchir les vastes régions de l'atmosphère, et se perdre en un clin d'œil dans les cieux : pour moi, au contraire, c'est une tortue, ou plutôt une *limace* timide, qui, précédée de ses deux télescopes, se traîne humblement sur la terre, parcourt lentement tous les points de l'espace, et laisse une trace luisante après elle : heureux et obscur animal, qui bientôt se repliant sur lui-même, et se renfermant dans sa coquille, réfléchit et médite la moitié de sa vie ce qu'il a vu et observé dans l'autre, et devient, en tout temps, le plus parfait modèle du sage (1). Mais il est des hommes qui ne reconnaîtront jamais le génie qu'au bruit qu'il fait dans le monde; comme il en est qui ne croient en Dieu qu'aux éclats du tonnerre.

A entendre ces messieurs, on dirait que notre siècle n'a plus rien à acquérir, tant il a fait de découvertes, tant il est enrichi et pour ainsi dire comblé de connaissances : on dirait que c'est *le nec plus ultra* de la raison et des siècles. J'ai bien peur, moi, que ce ne soit un gueux qui a trouvé un écu, et qui croit avoir fait sa fortune; un voyageur qui se croit arrivé au terme, et qui n'est pas même dans

la route. Non, j'ose l'assurer, l'espèce humaine ne sortira jamais de l'ornière profonde qu'elle a enfilée sans rebrousser chemin, et retourner souvent encore au premier point de départ.

VINGT-NEUVIÈME ANNEXE (1)

A LA SÉANCE DE LA CONVENTION NATIONALE DU MERCREDI 17 AVRIL 1793.

IDÉE D'UNE BONNE CONSTITUTION.

DE L'ART SOCIAL *ou des vrais principes de la société politique, par* JEAN-LOUIS SECONDS, *citoyen français du département de l'Aveyron, et député à la Convention nationale* (2).

QUATRIÈME CAHIER (3).

Hors la vérité point de salut.

Avertissement.

De toutes les entreprises, la plus grande, la plus difficile à concevoir et à exécuter dans les circonstances où nous nous trouvons, c'est celle d'un bon gouvernement ou d'une bonne Constitution.

Dans cette grande création, il faut non seulement faire sortir la lumière des ténèbres, la sagesse de la folie, la raison et la vérité, de l'ignorance et des préjugés, mais encore les mœurs de la licence, la vertu de la corruption, le nerf et la vigueur du commandement, du chaos et de l'anarchie.

Ce problème est non seulement immense dans son étendue, non seulement il est environné de ce moment pour nous d'obstacles et de difficultés extérieures et de tout genre, mais encore il renferme, en lui-même une espèce de contradiction.

D'un côté, pour le résoudre, il faudrait avoir des hommes pour le gouvernement qu'on veut faire, et il faut faire un gouvernement pour les hommes qu'on a; d'autre part, il faut que celui qui gouverne soit, pour ainsi dire, gouverné à son tour; il faut qu'il contienne et qu'il soit contenu; qu'il reçoive et qu'il donne en quelque sorte le mouvement et la direction; il faut songer à se défendre de celui qui doit nous protéger, et dont on a tout à craindre et presque rien à espérer; enfin, il ne faut point se le dissimuler, le problème, tant l'homme est misérable! est presque insoluble, et il le serait à coup sûr pour quiconque n'en sentirait pas toute la difficulté. Il faut donc tâcher de la bien connaître pour pouvoir la vaincre à force de méditations et d'efforts.

Mais, comment au milieu du trouble qui nous agite, du tourbillon qui nous entraîne, et nous poursuit jusque dans le sanctuaire des

---

(1) Il y a ici quelques erreurs, ou plutôt quelques inexactitudes d'histoire naturelle, que le bel esprit qui aura lu Bomarre ou tel autre naturaliste ne laissera pas échapper, et pour lesquelles je lui demande grâce.

(1) Voy. ci-dessus, même séance, page 263, le rapport de Romme sur les divers projets de Constitution.

(2) Bibliothèque de la Chambre des députés : *Collection Portiez (de l'Oise)*, t. 31, n° 10.

(3) Voy. ci-dessus, Annexe n° 28, page 513, le second cahier. Nous n'avons pu découvrir le troisième cahier.

lois, dans la retraite et la solitude du cabinet, comme dans la place publique; comment recueillir son esprit, fixer son attention, captiver sa pensée, comment les maîtriser, les diriger à son gré, dans une matière aussi vaste, aussi compliquée; comment en saisir toutes les parties, tous les aspects, tous les rapports; comment les lier, les raccorder pour en faire un ensemble; comment enfin songer à tout, s'aviser de tout, n'oublier absolument rien, et faire marcher de front la théorie et l'exécution.

Tel est cependant le problème que nous avons dans l'instant à résoudre; tout nous presse vers ce terme, et il n'y a pas un moment à perdre pour y arriver (1); mais pour créer une bonne Constitution, quelque besoin qu'on en ait, quelque pressé qu'on puisse être d'en jouir, il faut d'abord, à peine de manquer son but, s'en faire une idée juste, une idée nette; et, pour cela, il faut en même temps la dégager de tout ce qui en fait véritablement partie.

Je vais donc dire de la manière la plus précise et la plus claire qu'il me sera possible, celle que je m'en suis faite, en tâchant toutefois plutôt, *d'en poser les véritables bases, d'en déterminer la forme et l'organisation générale par les vrais principes de la chose, et par les traits essentiels qui la caractérisent,* que d'en arrêter rigoureusement les détails; plus difficiles encore à fixer, que les principes, impossibles à trouver ou à mettre d'accord sans eux, et qu'on ne peut jamais arrêter sûrement et définitivement dans leurs dernières ramifications, que par le tâtonnement et par l'expérience.

Les détails sont un labyrinthe où l'on se perd nécessairement sans le fil des principes, et c'est ce fil que j'essaie de donner ici en même temps que l'esquisse et les premiers délinéaments d'une bonne Constitution.

D'après ce que j'ai dit dans les premières parties de cet ouvrage, le problème de cet bonne Constitution, consiste, si je ne me trompe, à faire d'abord d'une société naturelle, un corps politique, en lui donnant une souveraineté représentative, avec une force capable de le gouverner, en ensuite à contenir cette souveraineté elle-même, et la force qu'on est obligé de lui confier par une autre force capable de la réprimer : voilà, je crois, le véritable nœud de la difficulté.

La Constitution diffère de la législation, à peu près comme l'essence d'une chose diffère de ses propriétés secondaires, ou, comme ce qu'on appelle les parties nobles ou les organes de la vie du reste de l'organisation du corps vivant; à la rigueur, tout cela se tient et ne fait qu'un seul tout. Il n'y a point de division, de séparation marquée entre l'essence d'une chose et ses propriétés secondaires, entre la tête, le cœur et toutes les parties qui concourent plus directement à la vie ou à l'action du corps, et la masse des chairs, et *chacune des fibres qui le composent;* mais on sent que les unes sont plus importantes et plus néces-

saires que les autres, *dans la constitution de l'animal* qu'il ne peut vivre sans les unes et qu'il peut absolument exister sans les autres.

Ainsi, quoiqu'il n'y ait pas une loi, pas un règlement, qui à la rigueur ne fasse partie intégrante du système social, comme il n'est pas une fibre qui ne fasse partie du corps humain, on voit néanmoins qu'il est aussi dans ce système des parties plus nécessaires au maintien de l'Etat, et dont dépendent plus directement et plus immédiatement l'existence et la conservation du corps politique; qu'on peut et qu'on doit par conséquent considérer ces parties séparément et les organiser les premières, soit pour bien saisir le principe de vie et d'action qui lui appartient, soit pour s'assurer en le formant, de lui donner l'une et l'autre.

Cela est d'autant plus vrai du corps politique, que c'est en quelque sorte un corps factice; que toutes ses parties, quoique liées entre elles, sont pourtant mobiles, que tous leurs rapports sont distincts, et peuvent par conséquent absolument se séparer.

Les hommes en société ont deux espèces de rapports essentiellement différents : les rapports des citoyens entre eux, et les rapports des citoyens au gouvernement.

Ces divers rapports produisent diverses espèces de droits et d'intérêts, des droits et des intérêts civils ou particuliers, et des droits et des intérêts généraux politiques.

Tous ces droits et tous ces intérêts, comme les rapports qui les produisent, sont ou individuels et particuliers à chacun, ou communs à tous et à toutes les sections des citoyens séparément pris, ou enfin à tous pris conjointement et tous ensemble.

Il n'est aucun de ces droits qui ne doive être soumis à des lois et protégé par elles, soit contre le gouvernement, soit contre les citoyens; *mais il n'y a proprement que celles qui ont rapport au tout, qui portent immédiatement sur les droits et les protègent contre le pouvoir qui peut les attaquer ou séparément ou tous à la fois, que celles enfin qui créent et organisent, qui fixent et déterminent, qui brident et contiennent ce pouvoir, qui soient vraiment constitutionnelles, qui fassent véritablement partie d'une Constitution;* toutes les autres ne sont que des parties plus ou moins importantes de la législation; en un mot la Constitution a pour objet de créer l'état et la liberté politique, de les maintenir et de les défendre contre la souveraineté, comme la législation a pour but d'établir et de maintenir la liberté civile, et de défendre les citoyens les uns contre les autres; *et comme les lois sont le frein du peuple, la Constitution est, si je puis m'exprimer ainsi, la muselière du gouvernement.* Telle est en abrégé l'idée que je m'en fais, et que je vais tâcher de développer dans la suite de cet écrit.

De l'art social ou des vrais principes de la société politique.

§ Ier.

Ce que c'est qu'une bonne Constitution.

De tout ce que j'ai dit jusqu'ici sur la nature de l'individu, sur celle d'une pluralité d'hommes quelconque, sur l'origine et la for-

---

(1) Pour y marcher avec plus de rapidité, je suspends le développement systématique de la troisième partie de mon art social, que mon opinion sur Louis XVI peut suppléer en partie, jusqu'à ce que je puisse le donner tout entier.

mation de la société politique, sur sa formation de fait et sa formation de droit (1), il résulte clairement, *qu'il n'y a que l'individu qui soit naturellement corps, qu'une multitude n'en est pas un*, que pour qu'elle le devienne, il lui faut aussi nécessairement un chef, qu'il faut une tête à un individu pour en faire un homme, que ce chef ou cette tête lui *pousse* pour ainsi dire naturellement par le fait ou par l'entreprise d'un individu qui s'élève au-dessus des autres presque sans qu'on s'en aperçoive, qui prend pour ainsi dire, le commandement avec la parole, qui les dirige et les gouverne avant même qu'on ait pu lui conférer aucun pouvoir.

Qu'il fait en quelque sorte de tous ces individus, une personne morale, un individu collectif, en leur servant à la fois de mobile et de centre de réunion, qu'il les fait pour ainsi dire, penser, parler et agir *en corps* et comme un seul homme, que c'est ainsi enfin *que le corps politique se forme, que la société s'établit, qu'elle s'organise et se constitue insensiblement et peu à peu*; mais que cette formation est vicieuse par sa nature, et l'autorité du chef, une espèce d'usurpation, jusqu'à ce qu'elle lui soit régulièrement conférée, et qu'elle soit distribuée et modifiée comme il convient dans un même corps, par une délibération commune de tous les citoyens.

La société politique n'est donc, comme on voit, qu'une grande *corporation, et sa Constitution qu'une espèce de personnification d'individualisation morale, d'une multitude d'hommes, par le moyen d'un seul, c'est-à-dire la formation et l'organisation légale, rationnelle et active du corps social.*

Cette idée est d'autant plus juste, que dans l'individu, le principe de l'activité et le siège de la pensée (2), sont également dans la tête, que la pensée est le commencement de l'action, comme l'action est elle-même l'exécution et, pour ainsi dire, le complément de la pensée.

Cependant cette espèce d'individu n'est pas exactement et en tout semblable à un homme non seulement, c'est un individu *composé* d'autres individus simples, mais encore un individu *complexe* formé d'autant d'individus collectifs que l'individu et la société ont de facultés et de besoins, c'est-à-dire d'objets principaux sur lesquels elles s'exercent; en un mot, c'est un individu public, une espèce de *polype humain*, comme le polype lui-même, est *un peuple animal et individuel.*

Mais il ne faut pas oublier que ce n'est encore ici qu'une comparaison pour se faire mieux entendre, que cet individu moral aussi réel que tout autre a sa manière propre d'exister et d'agir, et qu'ainsi que tous les autres, il ne ressemble parfaitement qu'à lui-même.

Mais ce qu'il faut surtout bien remarquer, et ne jamais perdre de vue, c'est qu'à la différence de l'individu simple, les parties qui le composent, c'est-à-dire les individus, soit simples, soit composés, dont il est formé, ainsi

que leurs chefs et surtout leur chef général, sont des êtres entiers et complets, qui non seulement ont une tête, mais encore une existence et une activité propre, indépendamment de celle qu'ils ont dans le corps social, qu'ils ne sont pas physiquement cohérents et nécessairement liés avec lui, qu'ils ne lui sont unis, et ne tiennent les uns aux autres que par des besoins et un intérêt qui, quoique le même et commun à tous, peut être divers et particulier pour chacun ; en un mot, par une *opinion* qui n'est pas nécessairement uniforme et constante qui dépend de la manière de voir les choses, et de l'idée vraie ou fausse qu'on s'en fait.

Qu'ils peuvent, par conséquent, s'en séparer d'opinion et d'intérêt, s'ils y trouvent leur avantage, et si on ne les contient pas par une force et des peines qui leur fassent trouver leur intérêt à lui rester unis, et les empêchent ou les détournent de s'en détacher, *ce qui fait précisément la difficulté et le véritable nœud de sa Constitution.*

Voici donc ce que ce peuple individuel, ce polype raisonnable et politique doit être pour que le corps social soit bien constitué.

Pour le bien concevoir et le bien définir ou plutôt pour le bien décrire, il faut le considérer successivement dans son essence et dans sa formation, dans toutes ses parties et dans toutes ses fonctions, d'après sa destination ou son but moral, d'après les facultés, tous les besoins et tous les décrets de tous les individus qui le composent, d'après toutes les fins particulières de la société, et surtout d'après sa fin générale et dernière, qui est le bonheur commun.

Quoique cet individu public soit, à la rigueur, composé de tous les individus simples qui résident sur le territoire de la République, c'est-à-dire de tous les citoyens même incapables d'en remplir les fonctions (1) ainsi que le corps humain est composé même de ses parties, passives, inertes ou malades, et que tous ces individus fassent partie du corps politique, il est évident qu'ils n'y existent pas de la même manière, ni avec les mêmes facultés et par conséquent avec les mêmes droits.

D'un autre côté, quoique cet individu soit en un sens, un et indivisible, cependant dans un autre, il est en quelque sorte double et *coupé* pour ainsi dire, comme un *insecte*, en deux parties, dont une représente le corps ou la masse des chairs et des substances moins actives, et l'autre figure la tête, les bras, les jambes et toutes les parties plus agissantes du corps social, je veux dire, le gouvernement et le peuple, ou les gouvernants et les gouvernés; car quoique toutes les parties saines du corps politique, comme toutes celles du corps humain, concourent à la vie et au mouvement de l'animal, cependant elles n'y concourent, ni toutes à la fois, ni toutes également et de la même manière.

Tantôt la partie qui gouverne agit concurremment avec le peuple qui coopère avec lui, et alors elle doit être considérée seulement comme une partie du tout, comme la tête ou le moteur qui met en jeu toutes les fibres et toutes les parties du corps politique, et les fait concourir en même temps à l'action commune.

---

(1) Pour éviter ici des répétitions et des longueurs inutiles, je prie le lecteur d'avoir recours à mes premier et second cahiers de l'art social, et à la partie systématique et raisonnée de mon opinion sur Louis XVI, surtout vers la fin, à l'endroit qui traite de l'appel au Peuple, *et surtout de la formation de la société.*

(2) L'origine des nerfs et le cerveau.

---

(1) Comme les fous, les enfants, etc.

Tantôt elle agit seule pour tout le peuple, et alors elle doit être regardée elle-même comme un tout, comme un corps entier, comme un extrait et une image de la nation qu'il représente dans ce moment, en un mot, comme *un abrégé du peuple*, qu'il laisse alors dans l'inaction et le repos, ou plutôt qu'il meut doucement et traîne, pour ainsi dire, après lui dans un état passif et tranquille, à peu près comme la tête, les jambes et les bras portent ou mènent habituellement le corps de l'animal, lorsque celui-ci n'est pas dans une action propre et particulière.

En un mot, dans cet individu moral, comme dans l'individu physique, toutes les parties *sont animées par un même principe*, mais toutes n'y occupent pas la même place et n'y font pas les mêmes fonctions. Tout n'y peut pas être, si je puis ainsi m'exprimer, tête, bras, ou jambes à la fois, et chacun doit y être employé selon son aptitude et ses facultés.

Mais la grande différence entre cet individu et tout autre, c'est que comme toutes les parties en sont mobiles, que ce sont des individus à peu près égaux en facultés, ou qui peuvent le devenir, chacun doit pouvoir aussi devenir tête, bras ou jambes et redevenir corps à son tour, et c'est là la seule et véritable égalité de droits politiques que la *raison* et la *justice* peuvent admettre entre les citoyens pour l'avantage de tous, pour l'utilité de chacun, pour le bien de la société entière, en un mot, *pour la santé, la vigueur et la bonne constitution du corps social.*

§ 2.

Constitution du corps politique.

Il faut donc pour cette bonne Constitution une Assemblée nationale permanente et unique dans laquelle, comme dans l'individu, tous les pouvoirs (1) soient réunis et subordonnés, sans être confondus, soient distincts et déterminés sans être séparés.

Ou ils sont établis par l'estime et la confiance des citoyens et de ses membres, ou ils fraternisent et se considèrent comme parties d'un même ton, où ils s'exercent tous sous les yeux et la surveillance de tous.

Et cela, afin d'en prévenir toutes les rivalités, tous les chocs, toutes les usurpations, tous les dangers, d'en empêcher les coalitions pour le mal, et de former entre eux une sainte conspiration pour le bien. Enfin pour les contenir tous les uns par les autres, et surtout par celui du corps entier, qui les crée en partie, qui les renferme tous, et par l'organe de son chef, sans lequel il ne peut lui-même ni agir, ni délibérer, et sans lequel par conséquent il n'en existe aucun.

Cette assemblée doit s'appeler souveraineté représentative, ou représentation nationale, lorsqu'elle agira seule pour le peuple et souverain, conjointement avec le peuple, lorsqu'elle agira conjointement avec lui.

Considérée séparément, lors même qu'elle opère avec le peuple, elle peut s'appeler promoteur ou chef du souverain, et son chef particulier, ou son *président*, promoteur de la souveraineté.

Les pouvoirs politiques ou les pouvoirs d'Etat (1), ceux qui s'exercent sur l'Etat entier ou sur des choses de l'intérêt le plus général, et dans le rapport de tous à tous, conjointement ou séparément pris; de tous ou de chacun représentants, à tous ou à chacun représentés; en un mot, dans les rapports du gouvernement à tous les citoyens, et de tous les citoyens au gouvernement.

Ces pouvoirs se divisent en pouvoir législatif, pouvoir exécutif et pouvoir judiciaire politique, c'est-à-dire qui juge les hommes, les crimes et les affaires d'Etat ; celui-ci tient immédiatement, par sa nature, au pouvoir législatif et à la souveraineté, qui n'est dans le vrai qu'un autre pouvoir de *juger*, de juger et d'ordonner souverainement de ce qui convient à tous; de juger tout ce qui intéresse l'Etat entier, en quoi qu'il consiste ou puisse consister (2).

Le pouvoir judiciaire ordinaire, qui ne s'exerce que dans le rapport de chacun à chacun, sur des intérêts particuliers, et dans des ressorts bornés, n'est qu'un *pouvoir public partiel*, un pouvoir civil, et non un pouvoir politique ou de souveraineté (3); et la souveraineté ne doit pas l'exercer, non qu'elle n'en ait le droit, puisque la souveraineté est évidemment la réunion, et pour ainsi dire, la *somme* de tous les pouvoirs, *la pleine, la toute puissance qui les renferme tous*, mais parce que ne pouvant tout faire par elle-même, elle ne doit s'occuper immédiatement que de ce qui est d'un intérêt universel, et faire faire tout le reste, en s'en réservant seulement là direction et la surveillance générale.

La souveraineté ou l'Assemblée nationale représentative, doit exercer, soit seule, soit conjointement avec le peuple, soit en corps, soit par son chef ou par ses membres, tous les pouvoirs d'Etat ou pouvoirs politiques, c'est-à-dire tous ceux qui font partie immédiate de la souveraineté.

Le pouvoir exécutif se sous-divise en pouvoir de paix et pouvoir de guerre, ou pouvoir civil et pouvoir militaire.

La vocation de l'homme est le bonheur, sa destination et son but, ainsi que celui de la société, est la jouissance paisible des biens de ce monde; la guerre doit se faire pour la paix, pour la tranquillité de la société, *et non la société exister pour la guerre*.

Le pouvoir militaire doit donc être soumis et subordonné au pouvoir civil.

Le pouvoir exécutif est le bras de la souveraineté.

Dans l'homme, les bras tiennent au corps, ils ne sont pas entièrement séparés de la tête; les bras de la souveraineté n'en doivent pas être séparés non plus.

Le pouvoir exécutif doit donc non seulement être pris dans le corps de l'Assemblée, mais en faire partie.

---

(1) C'est-à-dire toutes les puissances de l'âme et du corps.

(1) Ou les pouvoirs publics généraux ou universels.

(2) Tout pouvoir est premièrement et en dernière analyse un droit et un pouvoir de juger, comme je l'ai fait voir ailleurs, ensuite un droit et un pouvoir de faire et de faire faire.

(3) Ou du moins de souveraineté immédiate, car la souveraineté les renferme tous.

Les bras ne délibèrent pas avec la tête.

Les membres du pouvoir exécutif ne doivent donc pas avoir voix *délibérative* dans l'Assemblée ; ils doivent seulement y avoir une place pour marquer leur union et leur subordination au corps, comme membres simplement exécutifs.

Mais comme à la différence de l'individu simple, ces bras du corps politique sont aussi des individus, qui ont une tête pour les guider dans leur exécution, et qu'il peut être utile de les entendre sur les moyens et les difficultés de cette exécution pour le bien de la législation même, ils doivent avoir la parole quand ils la demanderont, c'est-à-dire voix consultative, chacun dans sa partie, et ils doivent en même temps être tenus de donner à l'Assemblée tous les éclaircissements qu'elle peut leur demander, et répondre de toutes leurs opérations.

Il doit y avoir ensemble et unité dans la souveraineté et dans le corps politique, par l'union et l'action concordante de toutes ses parties, unité d'existence ou de Constitution, unité de pensée ou de conception, soit législative, soit exécutive, enfin unité d'exécution ou de gouvernement.

Cette triple unité ne peut point exister sans un chef commun à qui tout aboutisse, à qui tout réponde en dernière analyse *à certains égards et sous certains rapports. Le premier pouvoir exécutif est dans la tête; la tête est tout à la fois le siège, le lieu de résidence de la pensée, le premier principe d'action, le centre de correspondance de toutes les facultés de l'homme, de toutes les puissances et de toutes les forces de l'esprit et du corps humain.*

Le président de la souveraineté doit donc être le *chef commun de tous les pouvoirs*, le centre commun de toutes les parties de la législation et du gouvernement; il doit les diriger comme la tête dirige les bras, les jambes et tout le corps, de la manière qui sera ci-après déterminée. Il doit avoir au moins un vice-président pour le suppléer au besoin, et qui devienne président de droit dans le cas de défection ou de trahison de sa part, afin que le corps politique ne puisse jamais se trouver sans tête, et se dissoudre par le défaut de chef légal.

L'Assemblée ne doit pas être très nombreuse, le nombre de ses membres doit être déterminé d'après les vues et les considérations suivantes; savoir, qu'ils puissent délibérer avec facilité, décence et dignité, qu'il y ait au moins un représentant par département, et qu'il puisse y en avoir jusqu'à trois, à raison d'un par cent mille habitants, que les membres délibérants soient au moins dans le rapport de deux ou trois contre un, avec les membres consultants exécutifs et les membres des comités législatifs, afin que ni les uns ni les autres ne puissent jamais y prendre une influence prépondérante; qu'il soit tel enfin, qu'ils forment tous ensemble un corps imposant par sa masse et qui puisse, sans trop s'affaiblir, fournir au besoin des commissaires, soit aux armées, soit dans les départements, pour toutes les commissions et avec tous les pouvoirs que l'Assemblée jugera à propos de leur donner (1).

Je ne crois pas que ce nombre puisse aller au-delà de trois cents au plus, et je crois qu'il peut sans inconvénient ou même avec avantage être réduit à beaucoup moins.

L'Assemblée, outre le Président et les membres qui ne font que délibérer, doit être composée de deux grandes commissions, l'une, pour la législation, l'autre, pour l'exécution.

L'une doit préparer, transcrire et conserver les lois, les actes et les décrets de l'Assemblée, faire tous les rapports de toute les motions et projets de décrets qui lui seront portés ou renvoyés; l'autre, faire publier, afficher, envoyer et connaître les lois et décrets rendus à toutes les autorités constituées et à tous les citoyens, et les faire exécuter dans toute la République.

La première peut s'appeler bureau ou commission des actes ou des rapports, l'autre, agence ou Conseil exécutif de la République.

Le bureau ou la commission des actes et des rapports, doit être composé de secrétaires et de rédacteurs, et divisé en autant de comités ou sections qu'il y a de branches dans la législation.

Les comités doivent travailler séparément, chacun dans leur partie, pour tout ce qui la concerne en seul, et se réunir en bureau ou commission générale législative, sous la présidence d'un des secrétaires à tour de rôle dans les choses d'un intérêt commun.

Les comités législatifs doivent être composés de cinq ou sept membres au plus, et délibérer à la pluralité.

L'agence ou le Conseil exécutif doit être composé d'agents ou ministres et d'adjudants ou adjoints, et divisé en autant de petits comités ou sections qu'il y a de départements ou de branches d'exécution dans le gouvernement.

Les comités ou sections de l'agence ou commission exécutive, doivent *agir et consulter* séparément pour les affaires particulières à chaque département, et délibérer en commun ou en conseil pour les affaires communes à tous ou à plusieurs départements sous la présidence d'un des agents ou ministres, chacun à son tour.

Dans chaque département ou comité particulier l'agent ou le ministre seul doit avoir la décision en cas de minorité ou de discordance, afin que, l'action du gouvernement ne puisse être ni entravée, ni suspendue, mais les adjoints doivent avoir voix consultative avec coopération à l'action du ministre, afin que son administration puisse être en même temps aidée, éclairée et surveillée, et ils doivent ainsi que les ministres, être tenus de répondre en tous temps à toutes les questions que l'Assemblée jugera à propos de leur faire sur les opérations du ministère.

Les deux commissions exécutive et législative doivent se réunir sous la présidence commune du Président de l'Assemblée, dans les affaires d'un intérêt général qui peuvent tenir à la législation et à l'administration en même temps. Le Président doit avoir le droit de les convoquer ensemble ou séparément, mais sous sa responsabilité personnelle, et sous la res-

---

(1) Il est encore important qu'ils puisssent tous se connaître, qu'ils puissent bien voir et bien entendre tout ce qui se dit dans l'Assemblée, et surtout l'orateur et le président.

ponsabilité générale et particulière de tous et chacun des membres, ainsi que de toutes leurs opérations.

L'Assemblée doit nommer tous les membres de ces deux commissions, notamment les secrétaires et les agents ou ministres de la République et leurs adjoints, et les prendre tous dans son sein.

Elle doit aussi nommer et prendre dans son sein les généraux, et si, par nécessité ou par hasard, elle était forcée de prendre quelque général ou quelque ministre hors d'elle-même, ce ministre ou ce général doit par le seul fait en devenir membre dans le sens et en la manière que je l'ai expliqué.

La Constitution de l'Assemblée, est la partie la plus importante et la plus difficile de la Constitution de la République.

Cette Constitution doit être forte, sa police sévère (1), tout ce qui y tient doit être soumis à des lois précises, et traité avec la plus ferme et la plus sérieuse attention. C'est de là que dépend l'ordre de ses séances, le calme, la sagesse de ses délibérations, la bonté de ses lois, sa dignité, sa grandeur, son autorité dans l'Etat, sa considération chez les nations étrangères; en un mot, le sort de la République; c'est ce qui a manqué à toutes nos assemblées, c'est ce qui a manqué surtout à la Convention, et ce qu'il faut absolument lui donner si nous voulons fonder la liberté, si nous ne voulons la laisser périr et périr avec elle, si nous ne voulons plonger tout vivant dans l'opprobre, et tomber tous ensemble dans l'abîme de la mort : si pouvant être les plus grands et les plus vertueux des hommes, nous ne préférons d'en être à la fois les plus vils et les plus criminels. O honte ! ô désespoir ! ô France, ma patrie ! n'aurais-tu donc échappé aux serres cruelles d'un despote, que pour tomber dans celles de quelques démagogues ineptes ou factieux qui te divisent qui te déchirent le sein, qui pour te sauver consomment ta ruine, et te dévouent au mépris de l'univers ! O crime ! ô fureur insensée ! Les amis les plus ardents de la liberté, en sont-ils donc devenus les ennemis les plus cruels ? Faut-il que nous ayons à les craindre plus que ses ennemis les plus déclarés et les plus barbares ; quand la République a échappé au plus grand danger qu'elle ait couru, quand elle est sauvée de Dumouriez et des tyrans ? Eux seuls ont-ils donc juré sa perte, ou ne savent-ils tout perdre en voulant tout sauver (2) ?

Serait-il donc possible que nous devinssions leurs complices ou leurs victimes, que nous

fussions tous entraînés dans une honte et une ruine commune ?

Non, non, j'en jure par la vertu ! j'en jure par mon courage, j'en jure par mon génie. Je sauverai ma conscience, je sauverai ma mémoire, je sauverai ma patrie ! ou si elle doit périr avec les insensés ou les scélérats qui la perdent, je saurai du moins la vérité et avec elle la liberté du monde, et le bonheur du genre humain. La vérité restera, elle surnagera dans le sang, elle s'élèvera dans la flamme, elle tonnera par la bouche du canon, elle parlera par la voix du malheur, elle se fera entendre par tous les fléaux et les foudres de la guerre; elle sortira plus pure du creuset des passions, plus brillante et plus belle du choc violent des opinions, plus chaude, plus brûlante du volcan de la guerre civile et étrangère; elle consumera toutes les erreurs et tous les préjugés, elle renaîtra pour ainsi dire, de ses cendres, elle s'élèvera, elle planera sur la terre, et fera luire enfin le jour de la raison sur l'univers.

Le temps est venu, l'austère, la dure vérité peut seule nous sauver, je vais la dire tout entière.

Qui ne sait pas se donner des lois n'est pas fait pour en donner aux autres, qui ne sait pas se donner des lois se forge des fers, qui ne sait pas porter le joug de la raison portera celui des tyrans, et lors même qu'il en abattra un, il en élèvera mille sur sa tête ; enfin, qui ne sait pas faire régner la raison et la loi sur lui-même et sur les autres sera livré à toutes les fureurs des passions mille fois plus oppressives que tous les tyrans.

L'homme qui ne veut pas de lois est un enfant qui ne veut pas de lisières et qui fait à chaque pas des chutes qui exposent continuellement sa vie, un enfant qui lutte sans cesse contre la nature et la force des choses, qu'il ne connaît pas et qui ne les combat que par les vains et ridicules efforts d'une impuissance qu'il ne connaît pas davantage (1).

Pour diriger les hommes à un but commun, pour les faire mouvoir d'une manière conforme à ce but, d'une manière qui ne puisse jamais le manquer, ou qui puisse toujours l'atteindre, il faut en réduire toute la marche et tous les mouvements à une tactique rigoureuse et sévère, fondée sur des lois claires et précises, réglées par des signes certains et convenus et sanctionnée par des peines tout aussi certaines contre tous les infracteurs et toutes les infractions; en un mot, il faut être esclave de la loi pour être vraiment libre, et pour y soumettre les autres, il faut s'y soumettre le premier.

La souveraineté doit donc s'assujettir elle-même à l'ordre et à la discipline la plus sévère, si elle veut remplir sa vocation et ses hautes destinées.

L'essence de l'Assemblée est surtout dans son action législative, sous ce rapport elle doit faire la loi, et ne doit faire que la loi, mais elle doit pouvoir être sûre de parvenir à la faire quand elle le veut, sans que rien puisse l'en empêcher, la faire avec assez de facilité et de promptitude pour pouvoir toujours opérer le bien et pourvoir dans tous les cas au salut public.

---

(1) On peut dire que la police de l'Assemblée est la police de l'Etat, tant l'une influe sur l'autre.

(2) Oh ! chaos, oh ! épouvantable embrouillement des choses humaines, où la vérité s'identifie avec l'erreur, où le crime se confond avec la vertu, où l'honnête homme peut à peine se guider et se reconnaître ! Qu'est-ce donc que ce monde où les passions des hommes gâtent tout, où le bien ne vaut pas mieux que le mal, où le mal, n'est pas pire que le bien, où l'on est presque toujours forcé de faire l'un par l'autre, où la fatalité entraîne également dans tous les deux, où l'on ne peut presque jamais savoir à quoi s'en tenir sur les hommes et sur les choses. Oh supplice ! oh tourment ! oh abîme impénétrable de la politique et du cœur humain ! Oh Dieu ! si tu es, prends pitié de tes créatures; parle, juge, éclaire, sauve ma patrie et le genre humain !

---

(1) C'est un enfant qui donne des coups de pied aux murs de la maison pour en sortir.

Or, pour cela, il faut que dans aucun cas, quelques membres ne puissent l'empêcher de délibérer ou retarder les délibérations sans fin, par des cris ou des mouvements turbulents et paralyser ainsi l'Assemblée en la réduisant à l'impuissance et à la nullité; il ne faut pas non plus qu'ils puissent en précipiter (1) la marche ou en gêner la liberté par aucune espèce de violence; enfin, il ne faut pas qu'ils puissent en troubler l'ordre, le calme et la dignité par des désordres et des scandales souvent funestes à leur sagesse et toujours mortels pour l'autorité de la loi et le respect dû au législateur.

Il faut donc que le président puisse les contenir ou les réprimer; il faut donc absolument qu'il ait un certain pouvoir, mais il faut que ce pouvoir soit bien déterminé par la loi. Il ne faut pas qu'il soit à lui seul aussi fort que tout le corps, mais il faut qu'il puisse le diriger et le faire mouvoir; il ne faut pas qu'il puisse le diriger et le faire mouvoir à son gré mais au sien propre; il ne faut pas qu'il puisse délibérer à lui seul, mais qu'il puisse faire délibérer l'Assemblée, qu'il puisse gêner ou influencer la délibération, mais qu'il puisse la provoquer et la faire prendre; il ne faut pas *qu'il puisse faire la loi, mais la faire faire,* qu'il puisse tout pour la faire rendre et rien pour l'empêcher; *qu'il puisse tout, en un mot, pour la loi et rien contre elle.*

Il doit donc y avoir un ordre fixe et déterminé de discussion et de délibération pour tous les cas; mais cet ordre de discussion et de délibération n'est pas unique et ne doit pas être toujours le même pour tous les genres de matières à discuter ou de lois à faire.

La parole, et surtout la parole improvisée, est en général un mauvais moyen; d'un côté, elle est trop rapide pour la lenteur et la faiblesse de notre raison, elle ne favorise pas assez l'attention et la réflexion, et il est également prouvé par la raison et par l'expérience qu'il n'est pas, et ne peut pas être, surtout dans les choses neuves, profondes et difficiles, l'instrument des meilleurs esprits; d'un autre côté, elle excite toutes les passions, elle provoque fortement leur choc, leurs éclats, leurs violences, elle est une sorte *d'action publique* très dangereuse, elle n'a qu'un avantage sur l'écriture, c'est d'être plus prompte, plus expéditive, encore y a-t-il souvent à cela, moins de réalité que d'apparence, et cela n'est pas même vrai dans tous les cas.

A tous autres égards, l'écriture ou l'impression lui est préférable par tous les avantages opposés aux inconvénients du discours ou de la parole.

L'écriture est de plus le seul moyen de délibérer de loin en commun, le seul moyen de communication et de correspondance pour établir une délibération commune entre tous les membres dispersés ou réunis en petites assemblées, d'un même corps politique, et nous avons déjà vu que pour produire cette unité absolument nécessaire, dans toute opération vraiment nationale, il faut que cette délibération commune ait lieu au moins une fois, pour donner par une convention générale et en quelque sorte unanime (1) à toutes les assemblées et les délibérations partielles subséquentes, la force et l'autorité de cette délibération générale et unique de tous les citoyens de la République.

Il ne faut donc employer la parole que pour les choses urgentes, sommaires et de peu d'importance, et l'impression pour toutes les autres.

Mais, comme d'un côté ce discernement doit être fait par l'Assemblée et que de l'autre, ses séances doivent être publiques, toutes les motions doivent être faites, d'abord de vive voix, ou par écrit dans l'Assemblée même, pour être discutées et décrétées sur le champ, s'il y a lieu, ou renvoyées aux comités préparatoires pour en faire leur rapport et être jugées ensuite sur ce simple rapport, s'il est trouvé suffisant, ou être de nouveau, pour ainsi dire, *appointées par écrit,* et décrétées ou rejetées sur les nouvelles opinions imprimées des membres qui voudront écrire, lues publiquement à l'assemblée par un lecteur secrétaire.

Toutes ces opinions imprimées, doivent être signées; mais les noms ne doivent être lus, qu'autant que le membre opinant ou tout autre membre de l'Assemblée l'exigerait (2).

Cette forme de délibération aurait encore l'avantage de rendre plus égale l'influence de tous les membres de l'Assemblée, dans les délibérations, de ceux surtout qui n'ont pas les talents ou les moyens oratoires.

Quant à la discussion de vive voix, à la tenue et à la décence de l'Assemblée *les grandes choses tiennent partout aux petites,* le désordre, le bruit suffisent pour empêcher la délibération et la confection de la loi, et pour perdre par conséquent, par cela seul, la chose publique dans un moment de crise, où cette loi est absolument nécessaire; la loi doit donc réprimer sévèrement le trouble, le désordre, le bruit, et le président doit être tout puissant avec elle, pour l'empêcher et maintenir dans l'Assemblée l'ordre et la tranquillité absolument nécessaires pour délibérer.

Il doit donc y avoir un ordre de parole et *une loi du silence,* un ordre de séance et de tenue, qui sans être minutieusement gênant et pédantesque, soit décent et régulier; tous les membres doivent avoir un costume uniforme qui leur soit propre; il doit être défendu, sous des peines graduelles et plus ou moins fortes, de parler, de causer pendant

---

(1) Pour prévenir toute espèce de précipitation dans l'Assemblée et lui donner un *balancier* ou un *régulateur* qui en retarde et en régularise le mouvement, on pourrait statuer qu'une minorité déterminée suffirait pour obtenir le renvoi aux comités, et un délai plus ou moins long, suivant l'importance de la matière, à la minorité plus ou moins forte qui le demanderait et qui aurait ainsi une sorte de *veto* suspensif de huit jours, quinze jours, etc.

(1) Générale et unanime sinon de fait, ce qui n'est pas possible, au moins de droit, tous y étant appelés, et *tous consentant* qu'on délibère à la pluralité par l'impossibilité de faire autrement, et étant *unanimes sur ce point,* qui donne une sorte d'unanimité à tout ce qui s'ensuit.

(2) Quand l'opinant voudrait être connu, il pourrait ajouter au titre de son opinion, ces mots: *Pour être lue nominativement.*

les discussions (1), de courir, de se promener indécemment dans la salle, *de quitter violemment sa place dans les débats, de menacer*, de dire des personnalités ou des injures, de faire des imputations et des accusations vagues en elles-mêmes, et générales ou communes à une partie de l'Assemblée, de parler de côté, de parti, de faction quelconque; mais il doit être permis, et même on est obligé d'accuser ou de dénoncer nominativement les individus, soit de vive voix, soit par écrit, sur des preuves, ou même sur des soupçons graves fondés sur des faits, aux périls et risques de l'accusateur ou de l'accusé, du dénonciateur ou du dénoncé, parce que la personne de l'homme public tenant si essentiellement à la chose publique, qu'il peut souvent la perdre, s'il peut espérer de n'être point compromis, et n'étant pas toujours possible d'avoir, au moment du danger, des preuves convaincantes contre lui, par la facilité même qu'il a et les soins qu'il prend pour s'y soustraire, il vaut mieux qu'il coure quelques risques que la République.

Le silence est tellement important pour la parole et pour la délibération, que sans lui, il n'est pas possible qu'une Assemblée délibère; il faut donc qu'il y ait un moyen sûr de l'obtenir.

Pour cela, il faut qu'il y ait des signaux fixés et rigoureusement déterminés par la loi, à la disposition du président, auxquels on soit forcé de se rendre sous des peines sévères et capables de contenir ou de réprimer les délinquants et les réfractaires.

Ces signes pourraient être trois proclamations successives d'un huissier qui commandera le silence au nom de la loi, ou trois coups de cloche distincts et convenus, soumis à des peines progressivement plus graves, et telles que l'expérience prouverait qu'elles peuvent être nécessaires pour maintenir l'ordre et le silence dans l'assemblée.

Il doit avoir des règles également certaines et sanctionnées, par des peines contre ceux qui ne s'y conformeraient pas, pour accorder ou refuser la parole, pour déterminer l'ordre et la marche de la délibération par la loi déjà existante, ou en consultant l'Assemblée, et le président doit être toujours en état de la tenir en activité et de l'empêcher de tomber en paralysie, et pour ainsi dire dire en dissolution.

Le président est le chef de la souveraineté, et par conséquent de l'Etat et de tous les pouvoirs politiques. La souveraineté ne peut leur commander à tous ainsi qu'à toutes les parties de l'Etat, au nom et sous l'autorité et l'inspection de la souveraineté même ou de l'assemblée.

La loi est vaine sans la force ; et celui qui

fait l'une un être impuissant, vis-à-vis de celui qui dispose de l'autre, il faut donc qu'il commande le pouvoir exécutif; sans quoi celui-ci, beaucoup trop fort, serait bientôt indépendant de lui, ou plutôt son supérieur et celui de la souveraineté.

Il faut donc encore qu'il ait le droit de commander à la force armée, de la faire mouvoir et agir, soit pour la défense de l'Etat, soit pour celle de la souveraineté elle-même, si elle était menacée; et il ne faut pour cela le soumettre ridiculement à l'autorité du magistrat civil, comme s'il n'était pas lui-même le premier magistrat de la République, ni mettre, en sa personne, l'Etat et la souveraineté sous la tutelle et à la merci d'un commandant ou d'un maire pour leur sûreté comme si elle n'avait pas le droit d'y pourvoir elle-même.

Mais le président de la souveraineté ne doit jamais commander les armées en personne, soit parce que l'exécution proprement dite, ne lui convient point, soit parce que ce pouvoir serait trop dangereux; enfin, il doit pouvoir tout surveiller, tout faire ou faire faire au nom de la souveraineté, de la nation et de la loi; mais il faut en même temps qu'il réfère à l'Assemblée de tout ce qui n'est pas urgent, qui n'exige pas le secret, et qui est d'une grande importance, et qu'il ne puisse rien faire ni faire faire, que sous sa responsabilité la plus imminente et la plus redoutable.

En un mot, encore une fois, il faut non seulement qu'il puisse faire faire la loi, comme je l'ai déjà dit, mais qu'il puisse tout faire faire par elle, qu'il ait tout son pouvoir, mais qu'il n'ait que celui-là, qu'il puisse tout avec elle, mais qu'il ne puisse rien sans elle, ni hors d'elle ni contre elle, qu'il ne puisse rien pour empêcher l'Assemblée de la faire telle qu'elle le juge à propos, mais qu'avec elle, une fois faite, et jusqu'à ce qu'elle soit révoquée, il puisse tout, soit sur l'Assemblée, soit sur les membres, soit sur ses diverses sections, sauf à l'Assemblée elle-même à juger s'il la suit ou s'il s'en écarte et si elle est bonne, ou si elle ne l'est pas, et de la révoquer, si elle ne la trouve pas telle ; c'est-à-dire qu'il doit avoir le droit au nom du tout, qui est la loi qu'il s'est faite de commander à toutes ses parties et au tout lui-même, sous l'autorité et la surveillance de ce tout; ou, en d'autres termes, que le Corps législatif et l'Etat entier ou le souverain doit avoir le droit de se commander, de se faire la loi, d'exercer légalement sur soi l'empire de la raison, de se gouverner enfin par *son chef électif (c'est-à-dire de la seule manière que cela est possible)*, comme un individu, comme un homme raisonnable se gouverne lui-même.

Si on est effrayé de ce pouvoir donné au président sur tous les autres pouvoirs, de ce pouvoir créé, limité, et, pour ainsi dire, *confronté* par la loi, exercé par elle et avec elle, au nom et sous la surveillance continuelle de l'Assemblée, et sous la responsabilité personnelle du président, de l'abus qu'on peut faire de tous, j'observerai que si parmi les pouvoirs politiques il n'y en a pas un supérieur et dominant qui commande légalement à tous, il n'y en a point du tout, ou, ce qui est la même chose, il n'y en a point de fixe, point de certain, précisément parce qu'il y en a plu-

---

(1) Pour soulager l'attention de l'Assemblée et donner un libre cours aux mouvements, aux réflexions que fait naître l'émission successive des opinions, et à une sorte de discussion privée, utile et même nécessaire à ceux qui n'ont pas l'audace des moyens de la tribune, il serait peut être bon de laisser quelques intervalles de libertés entre les opinions, pour qu'on fût moins tenté de les interrompre; mais ces espèces de relâches devraient être soumis eux-mêmes à quelques signes et quelques formes, pour n'être pas prolongés ou multipliés indistinctement.

sieurs, parce qu'ils s'équilibrent et se détruisent mutuellement, ou que chacun devient dominant à son tour, qu'il n'y a qu'un combat éternel entre tous, jusqu'à ce qu'un seul ait écrasé tous les autres.

Je dirai que sans un pouvoir supérieur énergique, non seulement il n'y a point d'unité dans le gouvernement, mais qu'il n'existe point et ne peut point exister de gouvernement; enfin, que sans un pouvoir supérieur, *légal*, il n'y a que despotisme ou anarchie, parce qu'il n'y a qu'arbitraire, combats et usurpations dans les pouvoirs, et que c'est précisément dans l'arbitraire des pouvoirs qu'est le despotisme et l'anarchie, dans leur lutte ou leur anéantissement.

Je ferai remarquer que si on ne donne pas ce pouvoir légal au président de la souveraineté qui ne peut pas en abuser, parce qu'il n'a ni la force, ni l'exécution, on laissera prendre nécessairement aux comités, surtout aux comités secrets, aux ministres, aux généraux qui ont l'un et l'autre, et qui agiront sans lui, un pouvoir arbitraire et despotique, parce qu'il faut absolument un pouvoir; qu'il faut nécessairement qu'il se trouve quelque part, et qu'il devient nécessairement arbitraire quand il n'est pas surveillé.

Je dirai qu'on dégrade la souveraineté, ou plutôt qu'on la transporte, sans s'en apercevoir, aux comités, aux ministres, aux généraux, ou même qu'on l'abandonne au premier qui veut s'en emparer pour ne vouloir pas l'exercer soi-même par son président, et que pour n'avoir pas dans son sein et sous ses yeux un chef trop puissant qu'on peut toujours contenir en le surveillant, on se donne, on donne à la République des dictateurs et des despotes, dans ses comités, dans les bureaux, dans les armées, ou même parmi les simples citoyens.

Je n'ai sûrement pas envie, et j'espère qu'on le croira aisément, de faire un roi du président de l'Assemblée, et moins encore un dictateur ou un despote; mais j'ose assurer que si on ne lui donne pas un certain pouvoir, *on manque la Constitution*, et j'ose prédire en même temps que si on ne le lui donne pas dans ce moment, tôt ou tard on y reviendra, comme les Américains ont été forcés d'y revenir; car quoiqu'il y ait une grande différence entre des Etats-Unis et *une République une et individuelle, et que je n'aie pas envie de les assimiler, c'est à cause de cette différence c'est précisément parce qu'elle doit être une, et que ses parties doivent être plus étroitement qu'aux Etats-Unis, un pouvoir qui soit véritablement un et indivisible, afin qu'elle ne puisse pas se diviser.*

Enfin je ne sais si je délire, si je m'exagère, mais il me semble que je parle raison : tout ce que je puis dire au moins, c'est que je parle selon ma conscience que je parle en homme pur, en homme vrai, en homme ardent pour la liberté et l'égalité, mais pour la liberté et l'égalité de la raison, et non pour la liberté et l'égalité de la fantaisie et du caprice ou pour l'instinct aveugle de l'indépendance, pour la liberté et l'égalité compatible avec l'ordre et le repos de la société, et non pour l'égalité qui confond tout, qui ne reconnaît point de supérieurs, même dans les représentants du souverain, et non pour une liberté sans frein et sans loi, qui n'est que la

licence et l'anarchie, pour la liberté possible, réelle, pour la liberté qui peut s'établir et se maintenir et non pour une liberté folle et chimérique qui détruit tout, qui renverse tout, et se détruit enfin elle-même, en substituant la force à la loi, et la violence à la justice. Je puis dire que je parle en homme passionné pour la liberté et l'égalité de droit, pour *l'égalité proportionnelle actuelle, pour l'égalité et la liberté absolue, future et définitive* de tous les hommes, en ami ardent de toute justice, de tout bien, en ennemi implacable de toute injustice, de toute servitude, de toute dépendance purement personnelle, mais non pas en ennemi d'une subordination et d'une autorité absolument nécessaires dans toute espèce de gouvernement et de société politique, ou plutôt qui constitue elle-même la société politique et le gouvernement, et sans laquelle il ne peut y avoir ni l'un ni l'autre, que je parle enfin, également en ami de la liberté et des hommes, et pour une Constitution et des lois qui puissent en même temps les rendre libres et heureux.

Mais la société, comme je l'ai dit ailleurs, n'a pas naturellement de chef, et pourtant cette société qui, dans l'origine, n'est qu'un groupe, qu'une assemblée, ne peut ni agir ni délibérer sans lui; il faudrait donc commencer par en nommer un; il faudrait donc, comme on voit, l'avoir pour se le donner, ce qui fait un choc d'idées, un cercle vicieux de cause et d'effet, de supériorité et de subordination, qui est, comme je l'ai dit, une espèce de contradiction dans les choses, puisque d'un côté, la société a tout droit de se donner un chef, et de faire la loi, et que de l'autre elle ne peut pas délibérer, du moins raisonnablement et régulièrement même pour se donner ce chef, sans l'avoir déjà et que lors même qu'elle en a un, ce chef ou ce président peut, par sa seule inertie empêcher l'Assemblée de délibérer et de faire la loi; en sorte que la société ou l'Assemblée semble avoir un *droit sans faculté ou sans pouvoir*, et le chef un *droit; une faculté ou un pouvoir sans droit;* aussi, dans l'origine, et pour la première fois, comme nous l'avons remarqué, ce chef se crée lui-même, et crée la société politique, avant d'être créé par elle; et c'est ce qui obscurcit l'origine première de l'autorité et du pouvoir, et qui fait que chacun prétend ne le tenir que de soi, que chacun réclame en quelque sorte *l'asséité* dans ce genre d'existence, c'est-à-dire l'existence par soi, ou l'existence première et nécessaire, comme titre primordial et unique du pouvoir et de l'autorité légitime.

Mais tout s'éclaircit et se concilie en distinguant le droit du droit, ce qui doit être de ce qui est, *la réalité rationnelle de l'existence effective*, enfin de la souveraineté même de son exercice, ou plutôt de la forme ou de la manière en laquelle elle peut être exercée; et la vérité est qu'elle n'appartient en seul ou en propre, ni à l'Assemblée, ni au chef, ni à l'individu séparément, mais à l'un et à l'autre conjointement, mais à tous, mais à la nation et à la société entière ou au corps politique organisé de la manière que je l'ai dit, et qui est la seule dont elle peut l'exercer; ou plutôt la vérité est qu'elle n'appartient qu'à la raison qui le veut ainsi; car les choses humaines ne sont réellement que ce qu'elle veut qu'elles soient absolument et pour toujours; elles ne sont, ou censées être, même dès leur origine, que ce qu'elles doivent être à la fin, que ce que la raison aurait voulu qu'elles fussent dès le commencement, si elle avait existé pour lors tout entière.

Mais pour voir ainsi les choses, il faut, comme on voit, prendre la raison dans toute son étendue, la considérer dans tous ses états, dans tous ses progrès et sous tous ses rapports, c'est-à-dire la raison première, la raison actuelle et la raison définitive, la raison complète et incomplète, la raison également et inégalement partagée entre les hommes, la raison de tous et d'un seul, du plus grand et du plus petit nombre, la raison absolue et la raison hypothétique et relative, la raison temporaire ou momentanée, et la raison éternelle; enfin, et surtout, la raison parfaite, la raison en tout sens universelle, la raison de tous les temps, de tous les lieux et de tous les hommes réunis et pris ensemble.

Or, cette raison dit elle-même qu'elle appartient à tous et non à un seul, que la raison de tous doit naturellement être plus éclairée et plus sûre que celle d'un seul, fût-il lui seul plus éclairé que tous les autres ensemble peuvent ajouter quelque chose à ses lumières, ou lui donner au moins lieu à lui-même de perfectionner son propre ouvrage.

Elle dit surtout que tous sont justement présumés plus justes qu'un seul ou quelques-uns, parce que tous tendent à l'intérêt général, et chacun et chaque classe et chaque corps à l'intérêt particulier.

Elle dit que la raison de tous, combinée avec l'intérêt de tous, est moins suspecte et plus sûre que la raison et l'intérêt d'un seul ou de quelques-uns seulement, parce que l'intérêt personnel fausse la vue et gauchit le jugement, parce que la raison est une espèce de sophiste aux gages de l'intérêt et de l'amour-propre de chacun, qui se laisse corrompre par leurs séductions et leurs promesses, surtout dans le secret et l'obscurité de la conscience, et que la raison publique au contraire est à l'abri de cette corruption, ou qu'elle y est moins exposée. Elle dit que le peuple en général, surtout quand on ne le trompe pas, est juste et raisonnable dans ses désirs, et dans ses intentions, souvent même dans ses opinions et dans ses moyens, et quoique la présomption des lumières ne soit pas pour le grand nombre, cependant comme l'intérêt et la vanité sont presque toujours injustes, et que l'ignorance égare encore moins que l'avarice et l'orgueil, la présomption même de justice et de raison en cette matière, est de son côté contre les riches et les puissants corrompus.

Enfin, elle dit, cette raison, que si elle n'est pas du côté du grand nombre, elle est au moins, si on peut parler ainsi, *du côté de tous*, puisque dans tous la minorité même plus éclairée est comprise, et qu'il y a de plus la majorité qui doit compter au moins pour quelque chose Elle dit donc par conséquent que tous doivent être au moins consultés et coucourir comme ils peuvent, à la formation de l'Etat et de la Constitution.

Elle dit enfin que l'intérêt du peuple est la justice même, et son salut la suprême loi, et que la souveraineté ou le droit suprême d'ordonner et de diriger la chose publique, réside dans celui qui a tout à la fois le plus grand intérêt et la plus grande capacité de la bien régir, et à qui appartient également, et la raison qui gouverne, et la chose gouvernée.

La présomption de raison est donc pour tous contre un seul ou une partie quelconque des citoyens; ainsi, en plaçant la souveraineté ou le droit de juger et de pouvoir ordonner en dernier ressort de ce qui convient à l'Etat, dans la raison ou *dans la présomption de raison*, elle appartient à la nation entière, et ce principe se réduit à ce proverbe si simple, *que deux yeux voient mieux qu'un*, surtout lorsque deux ont intérêt à bien voir, et un seul à voir mal, ou même seulement que cela est à présumer.

Ce principe de première évidence, qui doit frapper également tout le monde, établit incontestablement en faveur du peuple, sinon le droit de se gouverner seul et sans chefs, ce qui est impossible, du moins d'être justement gouverné par ceux qu'il s'est choisis, ou plutôt de se gouverner lui-même par eux, et de juger souverainement par eux et avec eux, ou sans eux et avec d'autres à leur place, en cas de défection ou de trahison de leur part, ceux qui le gouvernent, et les lois mêmes qu'ils lui donnent.

Mais, vu l'ignorance actuelle du grand nombre des hommes, vu que les lumières de l'esprit ne se communiquent pas instantanément comme la lumière du soleil, et que la raison n'est pas en majorité, en fait de politique, dans une nation; quand on la partage, le grand nombre n'étant pas encore en état de bien juger, et moins encore de bien faire une Constitution, il s'ensuit que pour saisir également toutes les convenances et tous les rapports qui résultent de toutes ces circonstances, pour se conformer également à la nature et à l'état actuel des hommes et des choses, et surtout à la marche et à l'état actuel de l'esprit humain ou de la raison, la délibération sur ces matières ne doit pas encore être prise à la majorité des citoyens ou des individus de la nation, mais à la majorité des représentants, ou tout au plus à la majorité de ses assemblées primaires, et que pour donner le temps à l'opinion publique de se former surtout par l'expérience, il faut mettre un intervalle entre la confection de la Constitution et sa sanction ou son acceptation par le peuple, c'est-à-dire, à proprement parler, qu'il faut que la discussion et l'examen soient prolongés pour lui, jusqu'à ce qu'il ait pu asseoir son jugement, et qu'il ne prononce définitivement qu'au bout d'un certain temps, à la fin, par exemple, de la seconde législature.

Mais de ce qu'une nation ne peut pas exister *en tout, ou en corps de peuple*, sans un individu, ou sans une Assemblée nationale, si elle est nombreuse, et quoiqu'elle ne puisse ni agir ni délibérer en corps sans cet individu ou cette assemblée, il ne s'ensuit pas pour cela que toute la raison soit renfermée dans la tête de cet individu ou dans cette assemblée, et par conséquent. que tous les droits et tous les pouvoirs politiques résident en eux exclusivement, et que la souveraineté leur appartienne; il s'ensuit seulement qu'on doit leur en déférer le principal exercice, s'ils sont les plus éclairés; mais jamais aucun individu, ni aucun corps, de son chef et par lui-même, n'a le droit de commander à tous les autres, de leur imposer leur raison, de la leur donner pour loi; en un mot, de commander et de gouverner le tout; il n'appartient qu'à ce tout de se commander, de se gouverner lui-même par ceux qu'il a choisis pour le gouverner, en concourant avec eux, dans certains cas, de la manière que je viens de l'expliquer.

Et alors l'Assemblée ne doit être que le Président et le bureau de la nation, et recenser seulement les suffrages.

Tous les membres de l'Assemblée, tous les comités, tous leurs membres et tous leurs chefs, notamment les ministres et agents de la République, et surtout le Président, doivent être responsables et *justiciables* de la souveraineté ou de l'Assemblée, pendant la législature actuelle et la législature suivante, non pour leurs opinions proprement dites, c'est-à-dire pour les idées générales quelconques énoncées à la tribune ou dans leurs opinions écrites ou imprimées, mais pour leurs délits ou attentats politiques, et être jugés par elle, non seulement sur des lois faites d'avance, ou sur la raison légale, écrite de la souveraineté, mais même d'après sa raison naturelle ou la loi non écrite dans les cas imprévus pour lesquels il n'y aurait pas encore de loi positive existante.

Le Président, à qui tout répond, doit répondre de tout; c'est un homme à qui il ne faut pas lier les mains, parce qu'il faut qu'il puisse agir, mais dont il faut, pour ainsi dire, toujours voir les pieds et les mains, et tenir continuellement la tête sous le glaive de la loi, de manière qu'il l'y fasse tomber lui-même au premier mouvement qu'il fera contre elle en rompant le fil qui l'y tient suspendu.

Quant à la durée de tous les pouvoirs, et surtout de ceux du Président, sur la même tête, elle doit être en général la moins longue possible et leur renouvellement le plus fréquent pour qu'ils ne deviennent point dangereux, mais il ne faut pas aussi tellement l'abréger, que cette brièveté même les anéantisse dans l'opinion de ceux qui les exercent et de ceux qui y sont soumis. Il ne faut pas que les hommes en place aient le temps d'y former et d'y suivre des projets d'ambition, mais il faut qu'ils aient au moins celui de s'y reconnaître, et sinon d'apprendre leur métier qu'ils doivent savoir avant d'y entrer, au moins de prendre les renseignements et les connaissances locales nécessaires pour se mettre en état de le bien faire, et qu'ils ne soient pas obligés de le quitter au moment où ils les auraient acquises, et où ils pourraient être utiles.

Cette durée doit être proportionnelle à la difficulté et à la durée même ou à la longueur de leurs opérations.

Elle doit être proportionnelle en même temps entre tous les pouvoirs, de manière qu'à la faveur de leur plus ou moins de durée relative, ils ne puissent pas empiéter les uns sur les autres, et que tous soient toujours contenus par le premier qui doit aussi être le plus permanent, je veux dire, celui du Président de l'Assemblée.

Par la nature de ses fonctions, et par la force des choses, le pouvoir exécutif doit nécessairement avoir une sorte de permanence et une certaine stabilité; mais, afin que par cette permanence, jointe aux autres avantages de sa place qui lui donnent tant de force et d'influence dans le gouvernement, il n'ait point de prééminence sur le pouvoir législatif, qu'il ne puisse pas l'usurper ou s'y soustraire, afin que celui-ci au contraire, puisse toujours conserver sa supériorité et son ascendant sur lui, il faut nécessairement donner au pouvoir du Président de la souveraineté, qui est le chef de tous les deux, une durée proportionnelle, soit pour la convenance et la dignité, soit pour qu'il puisse toujours le surveiller, car quoique la souveraineté soit permanente, et qu'elle ait bien le droit d'excuser aussi cette surveillance par elle-même, elle ne peut bien l'exercer que par lui et y mettre autant d'ensemble, de suite et d'activité que le pouvoir exécutif pourrait en mettre dans ses tentatives et ses entreprises usurpatrices. Mais l'Assemblée doit à son tour veiller sur son Président et se faire rendre compte de tout.

Je crois donc qu'une fois que la Constitution sera faite et acceptée, la souveraineté ne doit durer qu'un an, et qu'il n'y aurait pas d'inconvénient que le Président et les ministres fussent nommés par elle pour trois mois, *sauf son droit de les destituer* ou de les renouveler plus souvent, selon les circonstances et sauf aussi rééligibilité et prorogation des mêmes, tant qu'on en serait content. Car, s'il est nécessaire de surveiller les chefs du gouvernement, d'avoir pour eux une juste méfiance et de les punir sévèrement de leurs attentats, il ne l'est pas moins pour le bien de la République de les soutenir, de les encourager dans leurs pénibles travaux, et de récompenser leurs services et leurs vertus, au moins par la continuation de sa confiance. Malheur aux nations ingrates, comme aux nations aveuglément reconnaissantes; il est temps de quitter ces maximes odieuses d'une politique immorale qui décourage le civisme et déshonore les nations, et de mettre à leur place la justice et la vertu républicaines. Ainsi que les individus, il faut que les nations soient justes, si elles veulent être servies, honorées et heureuses; on ne parle plus aux peuples que de leur force contre leurs chefs; on ne cherche plus qu'à exciter leur haine contre les individus; il serait plus sage de leur parler quelquefois de leur faiblesse, sans des chefs, sans des individus habiles qui les guident, et d'exciter leur reconnaissance pour ces hommes utiles, en même temps qu'on leur en fait craindre justement les trahisons. Il faut le dire pour leur salut, les nations n'ont pas moins besoin des individus et des chefs, que les individus et les chefs ont besoin des nations; c'est une vérité triste, humiliante peut-être pour les peuples, mais par là même, trop ignorée et trop inconnue dans ce moment, et qu'il est important de faire sentir avant que de plus grands malheurs nous forcent à la reconnaître. Si une juste fierté fait des prodiges, la vanité aveugle perd les hommes; s'il faut exciter l'une, pour élever leur courage, il faut éclairer l'autre, pour éveiller leur prudence : s'il faut les louer, les exalter, pour les servir, il ne faut jamais les flatter pour les perdre, et savoir même quelquefois les humilier pour les sauver. Mais, pour détromper l'orgueil de celui qui pourrait se croire nécessaire, et tenir à sa place quiconque oserait tenter d'en sortir; il faut dire aussi, que si les nations ont besoin des individus en général, heureusement, elles n'ont un besoin absolu d'aucun en particulier, et que comme il n'y a que crime, honte et malheur à servir ou à exercer la tyrannie, il n'y a de vertus de bonheur et de gloire, qu'à défendre la liberté et à servir les nations.

Pour que la formation de la société politique et de la *souveraineté représentative*, soit vraiment régulière et nationale, pour qu'elle donne ce double caractère à tous les pouvoirs et à toutes les opérations subséquentes de cette *souveraineté représentative*, il faut que le peuple ou la nation, après avoir accepté la Constitution, *nomme une fois le président de la souveraineté*, en même temps que les députés, avec pouvoir de le nommer eux-mêmes dans la suite, ainsi que de nommer même cette première fois, comme à l'avenir le bureau, et le pouvoir exécutif, c'est-à-dire tous les membres des deux grandes commissions de législation et d'exécution.

Pour contenir la souveraineté et remplacer au besoin, soit les membres prévaricateurs qui pourraient en être exclus par jugement de l'Assemblée, soit la souveraineté tout entière, dans le cas qu'on parvînt à la dissoudre, ou qu'elle voulût se perpétuer, ou dans tout autre cas prévu par la loi, d'usurpation, d'attentat, ou même d'incapacité, de division ou d'impuissance de sa part pour gouverner la République; il doit y avoir un nombre de suppléants égal à celui des députés, avec un Président désigné d'avance, qui fasse une espèce *de corps de rechange* toujours prêt à prendre sa place, sur la convocation de l'Assemblée même ou de la nation, dans le cas et de la même manière déterminée par la loi.

Il doit y avoir de même, tant qu'on sera forcé d'entretenir sur pied une armée de ligne toujours subsistante, *une armée de remplacement, ou plutôt une contre-armée* nationale intérieure, plus forte que l'armée extérieure, pour la contenir, la combattre ou la remplacer dans le cas de défection ou de révolte de sa part, afin que partout et dans tous les cas, *une corporation plus grande et plus forte en contienne une plus faible et plus petite et que la plus grande de toutes, la corporation générale de la société, puisse seule se maintenir et détruire toutes les corporations partielles qui auraient pu se former illégalement dans son sein ou qui pourraient agir contre elle.*

Jusqu'ici je n'ai pas dit un mot, ni de justice, ni de finance, ni d'administration particulière, ni de division de territoire, ni de relations extérieures; mais ce n'est pas comme on pourrait le croire par inadvertance ou par oubli; sans doute il faut de l'argent pour faire aller la machine d'un gouvernement, sans doute, il faut une administration économique de finances, sans doute, il faut un système général d'imposition, de répartition

et de perception des contributions publiques sans doute, il faut des lois civiles et criminelles pour pouvoir réprimer le meurtre, le vol et tout les délits particuliers, il faut un code civil, un code criminel, un code militaire et un système uniforme et régulier d'administration de la justice particulière à chacun, pour protéger la vie, la liberté, la propriété des individus contre les entreprises de leurs concitoyens, pour juger leurs différends, sans doute, il faut des corps administratifs, partiels, inférieurs, pour seconder l'administration supérieure générale, sans doute, enfin, il faut déterminer les relations de la République avec les nations voisines tout cela est important, tout cela est nécessaire, mais cela n'est pas, à proprement parler, la Constitution, et il n'y a peut-être rigoureusement que l'aperçu et l'énonciative générale de cette nécessité qui lui appartienne.

Tout cela est bien plus nécessaire pour faire prospérer l'État, que pour *le poser immédiatement sur sa base*, pour le maintenir et le perpétuer, que pour le créer et lui donner l'être, pour lui donner enfin un certain mouvement et un certain éclat, *que pour lui donner le principe même de la vie et du mouvement.* Enfin tout cela est bien plus nécessaire comme moyens d'exécution, que comme principes de Constitution, ce sont, si l'on veut des arcs-boutants utiles et même nécessaires de l'édifice, mais qui l'offusquent autant qu'ils le soutiennent; mais qui n'en sont ni le corps, ni le comble, ni la charpente, ni les fondements. En un mot, ce sont de grands et importants accessoires, dont a fait jusqu'ici le principal, des membres, des fibres et des vaisseaux qu'on a pris pour le corps; des parties, enfin, qu'on a prises pour le tout ou pour l'ensemble, ou plutôt ce sont de grand corollaires, et pour ainsi dire, de grands appendices de la Constitution qu'on a confondus avec ceux qui en ont jusqu'ici obscure l'idée, qui en ont compliqué le problème d'une manière nuisible à sa véritable conception, et dont j'ai cru qu'il fallait d'abord l'élaguer pour bien le saisir et le résoudre sauf à les y rattacher dans leur organisation particulière, par les liens et les rapports qu'ils ont avec elle.

Le problème d'une bonne Constitution, je le répète, consiste proprement *à faire d'abord un véritable corps politique* de la société, en lui donnant un chef et une souveraineté représentative, avec une force capable de le gouverner pour empêcher qu'il ne puisse se former dans l'état un corps usurpateur quelconque plus fort qu'elle, qui puisse s'emparer de l'autorité, à contenir cette force qu'on est obligé de confier à la souveraineté et à tous les chefs du gouvernement, par la loi et par une force physique, capable de les réprimer, et à constituer le corps politique de manière qu'il ne puisse pas se dissoudre, qu'il ait toujours un chef et que la force répressive de ce chef et de tout le corps du gouvernement existe toujours dans une corporation égale ou plus grande, toujours prête à le remplacer en cas de défection, de trahison de sa part; voilà, si je ne me trompe, le véritable énoncé du problème, le véritable état de la question que nous avons tâché de résoudre,

tout le reste encore une fois est très accessoire à ce point capital mal saisi jusqu'ici,
ou trop peu nettement aperçu et laissé sans
solution par nos politiques; tous les autres
ne présentent que des difficultés faciles à résoudre et des intérêts médiocres et presque
particuliers auprès de celui-là. Si je ne parle
pas ici de ces parties importantes de l'ordre
social, ce n'est pas que je n'aie aussi quelques vues à proposer, au moins sur quelques-
unes, ou sur quelques-uns des points qui entrent dans leur système, notamment sur le
prétendu axiome de finance, *que l'argent
monnayé est marchandise et a une valeur
proprement dite croissante et décroissante*
comme toutes les autres; axiome que je regarde comme *l'hérésie politique* la plus funeste; sur la liberté indéfinie de la propriété,
du commerce et de la presse que je ne crois
pas devoir être entièrement illimitées, ou du
moins dont la faculté naturelle qui n'a de
règle que la fantaisie et qui n'est pas la même
chose que la liberté ou la faculté légale, ne
doit pas être exercée impunément dans toute
son étendue, comme on semble le croire ou le
permettre, non plus que la faculté de la parole, ni aucune de nos autres facultés qui
peuvent à la fois servir et nuire; sur les principes de la nouvelle jurisprudence criminelle
que je ne crois pas toujours vrais, et sur la
peine de mort que je crois malheureusement
encore nécessaire tant qu'il y aura dans ce
malheureux monde des tyrans, des meurtriers
et des assassins. J'ai lu Beccaria, Dupati et
autres là-dessus, je les ai lus quelquefois avec
sanglots et avec larmes, mais je n'en suis pas
plus pour cela de leur avis, et j'avoue que
ma philanthropie ne ressemble pas à la leur;
mais on ne peut pas tout dire ni tout faire à
la fois, et je me propose de m'en occuper, si
je puis, quelque jour.

Mais il est un pouvoir, une partie intégrante de la Constitution et du corps politique
dont on s'occupe peu ordinairement, et dont
je parlerai ici de préférence à tous ces grands
accessoires, quelque importants qu'ils soient :
c'est le pouvoir de la police, pouvoir important, pouvoir peu connu, pouvoir indéfini
dans tous les sens (1), qui réunit en petit tous
les pouvoirs, qui est une espèce de sommaire,
d'abrégé de la souveraineté, par l'universalité
de son objet, par l'insuffisance des lois et par
la manière, les circonstances, et l'urgence fré-
quente des cas où il s'exerce. Tous les pouvoirs
par la nature et la force des choses, se réunissent aux deux sources opposées de leur action ou de leur exercice; la souveraineté qui
n'est pleine et entière que dans le peuple et
qui se divise en différentes branches dans les
agents intermédiaires, se rallie aux extrémités; dans son extrémité supérieure ou dans
son contact immédiat avec le gouvernement, et
dans son extrémité inférieure ou dans son
contact immédiat avec le peuple; elle s'exerce
également et forcément par un agent unique
et, dans ce dernier cas, d'une manière nécessairement plus arbitraire et par conséquent
avec un pouvoir en quelque sorte plus grand

que celui du chef même de la souveraineté
représentative, s'il n'était subordonné, provisoire et moins étendu dans son ressort.

Les meilleures lois humaines sont incomplètes, parce qu'il est impossible de tout prévoir. Dans les meilleures lois, il reste donc,
quoi qu'on en fasse, des lacunes et par conséquent
de l'arbitraire dans leur exécution, et par une
autre conséquence, dans l'exercice du pouvoir
exécutif lui-même, dans tous les cas urgents
non prévus par la loi.

L'autorité des maires, à la différence de celle
du chef même de l'Etat, *s'exerce loin du législateur*, dans des affaires presque toujours pressantes et sommaires, qui ne permettent pas
d'y recourir dans le moment et auxquelles ils
ont à pourvoir, ou sur lesquelles ils ont à
prononcer provisoirement et dans l'instant.

Cette autorité s'étend pour ainsi dire à tout,
à la justice, à la police, aux finances, à la
collecte des deniers, à l'administration des
biens des communes, à l'ordre, à la sûreté, au
maintien du repos et de la tranquillité publique, au contentieux, au militaire, au politique, ils jugent même un seul, ils regénèrent
la force armée, ils font les fonctions des gouverneurs et des commandants des places, ils
prennent les clefs des villes en temps de guerre
ils pourvoient en tout temps à la propreté,
à la sûreté, à la subsistance des citoyens, ils
sont forcés de faire provisoirement des règlements et des ordonnances, en un mot, dépositaires nécessaires de tous les genres de pouvoirs à la fois, ce sont des espèces de petits
ministres, de petits généraux, de petits pléni-
potentiaires, enfin de petits souverains provisoires dans toute l'étendue de leurs municipalités.

Outre les administrateurs et les juges des
départements, il faut donc nécessairement
qu'il y ait des maires et des municipalités
dans la constitution de la République, qu'ils
aient forcément un pouvoir provisoire et momentané fort étendu, parce que malheureusement dans la nature des choses, *celui qui fait
est en un sens plus puissant que celui qui fait
faire*, et en dernière analyse, le dernier agent,
le plus faible et dernier instrument, l'exécuteur immédiat d'une chose, à proprement parler en est le maître à ses périls et risques,
surtout s'il est seul, parce qu'on ne peut pas
lui forcer la main, le faire opérer malgré
lui, s'il ne le veut pas, ou le forcer à bien faire,
s'il veut faire mal, en un mot, parce qu'on ne
peut pas *le faire agir par la force physique,
mais seulement le déterminer à agir par la
force morale ou par la terreur;* mais par cette
raison, d'un côté leur pouvoir doit être autant qu'il est possible rigoureusement déterminé par la loi, et de l'autre, ils doivent être
soumis ainsi que tous les agents subalternes
du gouvernement, à la responsabilité la plus
sévère, sans quoi la municipalité serait souvent la plus terrible et la plus inévitable des
tyrannies; voilà ce que j'avais conçu depuis
vingt ans sur la constitution du corps politique, j'ai dit jusqu'ici ce que je crois qu'il
doit être, je tâcherai de dire dans la suite,
comment il peut et doit se former.

Quant au principe fondamental, *qu'une pluralité d'hommes, n'est pas naturellement un
corps*, qu'il lui faut, pour le devenir, aussi nécessairement un chef, qu'il faut une tête à

---

(1) *Police* est presque synonyme de *politique* ou de
gouvernement et a la même étymologie et la même
origine.

un individu pour en faire un homme, ce n'est pas une opinion, un système, une simple théorie, c'est un fait, constant et universel, un fait existant partout sous les yeux de tout le monde, un fait évident enfin autant qu'un principe démontré, c'est la chose elle-même. Il faut, et il y a en effet partout, *un maire ou magistrat supérieur*, à une ville, *un capitaine*, a une compagnie, *un général*, à une armée, un *président*, à un conseil ou à une assemblée un *chef*, enfin, à un État avec un *pouvoir quelconque*, un chef à qui tout *aboutit*, à qui tout répond en dernière analyse, soit immédiatement, soit *médiatement par le corps qu'il préside*, en un mot, comme je l'ai dit ailleurs, tout gouvernement est un *sens*, monarchique de sa nature; tout État est une pyramide qui se termine nécessairement en pointe, dans un chef unique, et il ne peut plus y avoir de question, j'ose le dire, que sur la nature, l'étendue et la durée plus ou moins grande du pouvoir nécessaire à ce chef, pour qu'il puisse être utile, sans être dangereux; en un mot, sur *le plus ou le moins d'autorité* qu'il faut donner à ce chef, pour avoir un bon gouvernement. Mais l'idée, mais la notion d'un chef est si inhérente, si essentielle à tout gouvernement, qu'il n'en existe point et n'en peut point exister sans elle.

Mais l'existence de ce chef est si inévitable et si nécessaire, elle est tellement dans la nature de la chose, que lors même qu'il y a plusieurs magistrats égaux par le titre de leur place, plusieurs consuls ou syndics, par exemple dans une République, qui paraissent exercer concurremment et à la fois leur autorité, ils ne l'exercent réellement que l'un après l'autre; que cette prétendue concurrence n'est en effet qu'une rotation ou une alternative continuelle de service et d'autorité, et qu'ils ne sont enfin réellement égaux *que parce que chacun est supérieur à son tour*, en sorte qu'il est vrai de dire à la rigueur, a chaque instant et pour chaque acte, que l'état a un chef et un chef unique, il est même impossible que cela soit autrement; et s'il restait encore quelque doute à quelqu'un là-dessus, on pourrait le défier hardiment d'organiser autrement un corps politique quelconque.

Chez certains peuples anciens, ou plutôt dans certains romans politiques modernes, pour éviter toute supériorité, toute prééminence d'un homme sur les autres, pour supprimer jusqu'à l'existence d'un chef, on avait imaginé d'établir dans une même enceinte *et au même niveau, sans distinction*, ni prééminence quelconque de siège, autour de la même table et du même bureau, un sénat ou conseil *circulaire*, dont chaque membre pour un temps et des périodes déterminés par la loi, fut présidant à son tour; mais dans cette forme même de gouvernement la plus égale, la plus républicaine et en même temps la plus ingénieuse qu'on ait imaginé pour anéantir tout pouvoir d'un seul, on voit qu'on n'a pas pu y parvenir *entièrement*, et qu'on en a plutôt détruit l'apparence que la réalité; que la nécessité, la nature et la force des choses a ramené à l'établissement de ce chef, *parce que si un chef est le premier danger, et par conséquent l'objet le plus naturel de la juste défiance d'un peuple, il est en même temps pour lui son premier besoin et la chose du monde la plus inévitable et la plus néces-* saire, dans tous les cas et dans toutes les dispositions possibles.

En effet, pour l'établissement même du sénat ou du conseil dont je viens de parler, il faut d'abord constituer ce corps, choisir ou déterminer celui qui sera président le premier, régler le pouvoir, soit du chef, soit des membres, soit du corps entier; or, pour tout cela, il faut délibérer, il faut agir, car tout cela ne se fait pas par magie et par enchantement, comme semblent le croire, ou du moins le supposer ceux qui croient des sociétés et des gouvernements par un tour de baguette ou plutôt par un tour de force d'imagination et d'abstraction; il faut donc, par conséquent, encore un président et une assemblée, un chef et des agents, c'est-à-dire toujours des hommes, éternellement des hommes, et un homme à leur tête, et ce qui est bien pire, dans ce premier moment, et pour la première fois, c'est qu'il faut prendre de force le premier venu ou plutôt recevoir nécessairement le premier qui se présente, qui s'établit lui-même, parce que telle est la nature et misérable condition d'une multitude d'hommes rassemblés quels qu'ils soient, qu'ils se font obstacle l'un à l'autre sans un chef qui leur imprime l'action et le mouvement, ou plutôt qui leur donne une impulsion et une direction communes; qu'ils ne peuvent ni agir ni délibérer sans lui. Parce que tel est le *cercle vicieux, le cercle fatal* dans lequel tournent nécessairement et éternellement toutes les choses humaines que pour nommer régulièrement un chef par une délibération commune, il faudrait déjà en avoir un, il faudrait par conséquent pour la première fois, qu'il fût avant que d'être, il faudrait l'avoir pour se le donner : il faut donc, quoi-qu'on fasse, non seulement un chef à un peuple, mais encore un chef unique.

Pour que cela pût être autrement, il faudrait que le mouvement pût se communiquer, que la loi pût se faire, que l'autorité pût s'exercer avec certitude, d'une manière uniforme et simultanée par plusieurs agents égaux et indépendants en même temps, mais on a beau faire, on ne parle pas, on ne commande pas à tous par plusieurs bouches à la fois, on ne leur donne pas un signal uniforme et une impulsion commune par plusieurs agents en même temps, sans un seul qui les guide, cela est contre la nature des choses, cela est également impossible, soit qu'on agisse, soit qu'on délibère, soit qu'on fasse des lois, soit qu'on les fasse exécuter. On peut absolument se réunir spontanément et par la seule évidence, à penser et vouloir la même chose; mais cela ne peut guère être constant seulement entre deux personnes, et alors même qu'elles sont d'accord sur la chose, elles ne peuvent pas être assurées de la faire exécuter en même temps d'une manière uniforme et simultanée aux différentes parties d'un même corps, si l'une des deux n'a le droit de commander à l'autre et de lui prescrire le temps et la manière de la faire exécuter. Il faut donc, afin d'éviter tout partage d'opinion dans la théorie, toute diversité dans l'exécution, pour assurer autant qu'il est possible l'uniformité de cette exécution; il faut nécessairement que l'un des deux ait au moins la voix prépondérante et le commandement.

Pour ne pas blesser dans le fait le principe sacré de l'unité, dont tout le monde convient dans la spéculation, pour établir réellement, autant qu'il est en nous, cette unité si nécessaire dans le gouvernement, et sans laquelle encore une fois il n'en existe point, il ne suffit pas que deux agents puissent s'accorder, que deux mobiles puissent n'en faire qu'un; il faut au moins autant qu'il est possible, qu'ils ne puissent pas se diviser, qu'ils ne puissent pas en faire deux, et pour cela, il ne faut pas qu'il soient égaux et indépendants; il faut nécessairement que l'un des deux soit subordonné à l'autre, c'est-à-dire, à proprement parler, qu'il n'y en ait qu'un seul pour donner au moins la première impulsion dans une direction unique.

Non, je le répéterai jusqu'à satiété et sous toutes les formes, jusqu'à ce que j'aie fait entrer dans la tête des hommes cette vérité capitale, qu'une crainte ou une jalousie aveugle du pouvoir y détruit dans ce moment, jusqu'à ce que je l'aie rétablie dans les esprits à la place de l'erreur ou de la méprise funeste qui nous égare et qui nous perdra si nous n'y prenons garde, non au moral, comme au physique, un corps ne peut pas se mouvoir par des forces contraires, un corps en mouvement ne peut pas avoir plusieurs directions en même temps; or, les opinions et les volontés de plusieurs individus égaux, qui ont un droit ou un pouvoir égal de vouloir le oui ou le non, peuvent, même indépendamment de tout intérêt, être toujours opposées et donner au corps qu'ils gouvernent des impulsions et des directions contraires, surtout si celui qui a l'autorité n'a point la force, et si celui qui a la force a encore quelque autorité. Il faut donc encore une fois à un Etat, à un gouvernement, comme à une machine quelconque, un ressort, un premier mobile unique.

Enfin, quoi qu'on dise, quoi qu'on fasse, il faut nécessairement un *homme* qu'on tourne, qu'on retourne; on ne sortira jamais de là, et l'opinion contraire serait à la fois l'illusion la plus étrange et l'erreur la plus funeste, qui, après que nous avons extirpé avec tant de raison et tant de peine la royauté, nous ramènerait au despotisme par l'anarchie, et deviendrait le tombeau de la liberté.

Sans doute, si cela se pouvait, il faudrait que cela fût autrement; sans doute, si on pouvait se passer de cet homme il faudrait le faire, mais cela est absolument impossible, parce que pour un gouvernement il faut absolument un pouvoir, pour être actif, pour être réel, pour être un, pour agir d'une manière une, d'une manière uniforme et simultanée, le pouvoir ne peut absolument être exercé que par un homme; *sans doute, il faut le restreindre ce pouvoir, autant qu'on le peut; sans doute, il faut le surveiller; sans doute, il faut le contenir; sans doute, il faut le mettre, autant qu'il est possible, dans l'impuissance de nuire;* mais non pas dans l'impuissance d'agir, mais non pas l'anéantir, mais il faut savoir se contenter de ce qui est possible; mais il ne faut pas vouloir l'impossible et l'absurde, et s'engouer d'une chimère, parce que l'engouement ne change pas la nature des choses; mais il ne faut pas croire ou supposer qu'il puisse y avoir un gouvernement sans pouvoir, ni un pouvoir sans danger; mais il ne faut pas vouloir sortir du monde ou de la nature de l'homme et des choses; mais il ne faut pas *se débattre vainement comme des enfants dans*

les bras de la nécessité; mais il ne faut savoir se résigner à son sort et à sa condition, en faisant tout ce qui est en nous pour la corriger et l'améliorer; mais après avoir fait le moins mal ou le mieux possible, il faut savoir renoncer à un optimisme imaginaire qui surpasse nos forces, et qui n'est pas dans notre nature; mais il faut songer que pour vouloir le mieux impossible, on perd le bien réel; mais il faut songer qu'en fait de liberté, qu'en fait de pouvoir et de gouvernement, on est toujours placé *entre le tout et le rien, et que le peuple est un pendule toujours suspendu entre le despotisme et l'anarchie, qui faute de savoir où il faut s'arrêter, malheureusement ne se fixe guère que dans le premier, parce qu'il ne trouve que là son repos, et qu'il semble que ce soit là son centre de gravité, et son plus bas point de suspension, parce qu'on ne sait pas lui en donner un autre.*

Pour prévenir ce malheur, il faut se rappeler et se redire sans cesse, que le plus grand des maux est l'anarchie, et que l'anarchie même ne peut être permanente, qu'il faut par conséquent absolument un gouvernement quelconque; que pour un gouvernement, il faut absolument un pouvoir, et *que celui qu'on ne donne pas à un, on le laisse prendre à un autre*, précisément, parce qu'il en faut nécessairement un, et qu'il faut qu'il soit quelque part, ou comme je l'ai déjà dit, *dans les mains d'un homme, parce qu'il ne peut jamais être également dans les mains de plusieurs;* que si on n'en crée un de droit, il s'en élève un de fait, mille fois plus à craindre; *que si on n'en fait pas un par la loi, il s'en élève un qui fait la loi lui-même;* enfin, que pour ne vouloir pas se donner un chef, à un despote, pour n'avoir pas un conducteur, on a un maître.

Enfin, il faut aux hommes, un homme qui les dirige et les gouverne au nom de la raison et de la loi, ou que la raison et la loi les dirigent et les gouvernent toutes seules; il faut que la loi les subjugue par le respect qu'ils lui portent, ou que la raison les gouverne par l'évidence de l'intérêt qu'ils ont à lui obéir; mais *c'est précisément le défaut d'évidence de la raison qui* nécessite l'établissement *des lois;* c'est le défaut de soumission volontaire de la part des hommes à la raison et à la loi, et l'impuissance de l'une et de l'autre, pour se faire obéir toutes seules, qui nécessitent l'autorité personnelle et la force coactive des gouvernements, et par conséquent, qui ramènent sans cesse à des hommes et à un homme, agent et organe nécessaire et unique de la loi et du corps qui la fait.

Mais non seulement le corps social n'a pas d'action et de direction constante, sans un chef et un chef unique, non seulement il ne peut pas se former, mais il ne peut pas se maintenir sans lui: il tombe et se dissout du moment que ce chef lui manque, faute de réunion et de point d'appui, et la société politique ne se soutient et ne se perpétue que par la succession non interrompue de ses chefs; cela est si vrai, que si Louis XVI, *forcé par ses besoins,* n'avait pas convoqué les Etats ou l'Assemblée constituante, la Législature, la Convention, vraisemblablement la Convention n'existerait pas.

Enfin, si le lieu, le jour et jusqu'à l'heure des assemblées primaires, des assemblées électorales, etc., n'avaient pas été indiqués par les maires des villes où elles doivent se tenir, si le président n'avait pas été désigné par l'Assemblée constituante et par la législature, ces assemblées primaires ne se seraient pas formées, ou ne se seraient formées qu'avec la plus grande peine, et *toujours par l'impulsion spontanée d'un premier moteur ou d'un premier motionnaire qui se serait mis lui-même à la tête de ses concitoyens;* et si la Convention elle-même pouvait jamais être dissoute, il lui serait impossible de se reformer et de se maintenir, si elle n'avait d'avance nommé et désigné une suite de présidents et une série de lieux et de jours de réunion et de rassemblement, et pris la résolution de se réunir et de se rassembler dans tous successivement, jusqu'à l'extinction totale du corps et de chacun de ses membres, et de leur remplacement par la nation.

La société a donc, encore un coup, absolument besoin d'un individu pour chef ; mais si elle a besoin d'un homme, heureusement, elle n'a un besoin absolu d'aucun en particulier, elle n'a pas à craindre de manquer de chefs tant qu'elle voudra ou saura s'en donner, et le seul moyen d'en avoir de bons, après avoir restreint leur pouvoir, autant qu'il est possible après avoir pris contre eux toute sorte de précaution, c'est de les soumettre à la responsabilité la plus terrible, et d'en faire tomber sous le glaive de la loi autant qu'il y en aura d'infidèles, en les voyant d'avance à une mort certaine ; c'est là, en dernière analyse, le seul moyen efficace de les contenir, le seul moyen de salut pour l'humanité.

Ce n'est pas en se dissimulant ces vérités, en se débattant contre elles, en fermant les yeux à leur évidence, en contrariant la nature, en un mot, en niant la nécessité de ce chef unique qu'on viendra à bout de s'en passer, ni de parer aux dangers inévitables qui en résultent. Ce n'est pas en s'étourdissant sur le danger, en se mettant, pour ainsi dire, la tête dans un trou, pour ne pas voir l'ennemi qui nous poursuit, en se persuadant qu'il est loin, ou même qu'il n'existe pas, qu'on se mettra en état de se défendre, et cette conduite est non seulement indigne d'hommes libres et courageux, mais n'est digne que des animaux les plus étourdis et les plus stupides.

Ce n'est pas non plus en s'effrayant même de son ombre, en prenant toujours cette ombre pour la réalité, en voyant toujours à la place d'un monstre qui a été sur le point de nous dévorer, un monstre qui n'existe plus et ne peut plus exister, *quoique cette ombre retienne nécessairement quelque chose de sa forme,* que nous l'empêcherons de renaître, ou que nous viendrons à bout de le lier ; c'est en le voyant là où il est, et tel qu'il est ; ce n'est pas en proscrivant, en détruisant tout pouvoir, que nous trouverons l'espèce de pouvoir nécessaire à un bon gouvernement ; en un mot, ce n'est pas la peur, ce n'est pas en nous troublant la tête, en altérant, en dénaturant tout, en voyant partout des fantômes et des monstres, en nous livrant sans réserve à une méfiance ombrageuse et atroce les uns contre les autres : c'est en voyant les choses telles qu'elles sont, que nous viendrons à bout de faire une bonne Constitution et d'établir un bon gouvernement.

Si, malgré tout ce que je viens de dire, et après tout ce que j'ai déjà écrit là-dessus, quelqu'un était encore assez atroce ou assez absurde, après m'avoir lu, pour m'accuser de vouloir rétablir la royauté et la dictature, j'ai une réponse à lui faire, qu'il trouvera rudement péremptoire. C'est sans doute pour moi qu'il me soupçonnerait de travailler, s'il pouvait le faire ; car un ambitieux, instrument d'un autre, c'est encore plus vil qu'un esclave, et j'espère au moins qu'on ne me soupçonnera pas de l'être. Eh bien ! voici ce que j'ai à lui dire : Licurgue fut accusé de vouloir usurper la puissance, même en remettant le gouvernement à son neveu, dont il avait été le tuteur : depuis, pour ne pas être soupçonné d'ambition, en donnant des lois à son pays, et pour rendre son institution durable, il fit jurer aux Spartiates d'observer ses lois jusqu'à son retour, et se retira dans l'île de Crète où il se donna la mort. Membre d'une législature, délégué par le peuple ; accusé, je le suppose, de vouloir rétablir la royauté, en fournissant les seuls moyens réels de la détruire et de l'anéantir pour jamais : alors, en un mot, d'une accusation pareille à celle de Licurgue, je m'engage, s'il le faut, à suivre son exemple, et somme dans ce cas, mon adversaire d'en faire autant ; alors on verra qui des deux est plus homme, plus citoyen, plus dévoué à la liberté, à sa patrie et au bonheur des hommes.

TRENTIÈME ANNEXE (1)

A LA SÉANCE DE LA CONVENTION NATIONALE DU MERCREDI 17 AVRIL 1793.

IDÉES sur l'espèce de gouvernement populaire qui pourrait convenir à un pays de l'étendue et de la population présumée de la France. Essai présenté à la Convention nationale par un citoyen (2).

Io sono anche pittore.

Aux mandataires du Peuple français, ou Convention nationale.

Choisi pour venir, au nom de tous, donner à la France régénérée le 10 août 1792, une Constitution vraiment digne d'elle, et qui assure à jamais le règne de la liberté, je saisis les premiers instants de votre réunion pour vous présenter ce fragment d'un ouvrage profond, fruit de dix années de méditations et d'observations. Celui qui l'a composé tint le langage de la liberté à une époque où son idiome était à peine connu en France. Il poursuivit sans relâche et démasqua l'intrigue partout où il la trouva, sans acception ni exception de personnes. Il fut longtemps le jouet de la fortune, l'objet des calomnies et des persécutions de tous genres. Il est encore en butte aux traits impitoyables et obliques de l'envie qui poursuit jusque dans la tombe les hommes de son caractère.

Il m'a abandonné le fragment que je vous

---

(1) Voy. ci-dessus, même séance, page 263, le rapport de Romme sur les divers projets de Constitution.

(2) Bibibliothèque nationale : Lb⁴¹, n° 5065. Ce citoyen se nommait Théodore Le Sueur. Son écrit est daté du 25 septembre 1792.

offre sous la condition que son nom resterait ignoré : je lui tiendrai parole.

Mais qu'importe le nom de l'auteur, jugez de l'ouvrage.

Lisez et méditez cet essai, représentants d'un peuple trop avancé dans les voies de la civilisation pour avoir besoin qu'on y joigne un commentaire ; pénétrez-vous des vérités importantes qu'il renferme.

Gardez-vous de toute préoccupation, et surtout gardez-vous de porter un jugement partiel ; avant de prononcer sur l'ouvrage, saisissez-en l'ensemble ; c'est une chaîne dont tous les anneaux sont unis.

En vous appelant, la nation a regardé vos efforts pour la servir, comme sa ressource contre les suites d'une génération fausse et précipitée; elle attend tout de vous. Accueillez la vérité présentée par telle personne que soit : marchez avec franchise et courage dans ses voies. Songez que la patrie est là pour vous demander compte du bien que vous n'aurez pas fait et du mal que vous aurez laissé faire, ou que vous n'aurez pas prévenu.

Théodore Le Sueur.

. Citoyen de la section de la Réunion.

Ce 25 septembre 1792, l'an IV de la liberté et le Ier de l'égalité.

PREMIÈRE PARTIE

De la Constitution qui est à donner à l'État.

PREMIERE PARTIE.

Division locale.

Art. 1er. Le territoire entier de la France en y comprenant les régions et provinces naturelles enclavées, que les progrès de l'esprit social nous donnent le droit de supposer volontairement réunies et concourantes avec elles à un pacte social commun, sera divisé désormais en *cent et une parties.*

Art. 2. Sous le seul et unique rapport comparatif d'utilité co-incidente, et d'étendue, chacune de ces cent et une parties sera désignée par la dénomination de *cercle*, depuis un jusqu'à cent un.

Art. 3. La totalité des terres dans chacun des cent et un cercles sera distinguée par *lots* de propriétés suivant leurs capacités actuelles, et leurs densités productives dans leur rapport direct à la subsistance des hommes, et à celle des animaux, dans une proportion dont les modes et les raisons seront déterminés plus bas.

Les habitants de tous les cercles en leur ensemble, et de chacun des cent et un cercles en particulier seront dénombrés, en sorte que de ces deux opérations primitives et fondamentales, il puisse résulter une connaissance exacte : 1° de richesses territoriales; 2° de population aussi égale et homogène que ces deux choses seront humainement et matériellement praticables.

Art. 4. Quant aux citoyens de tous et de chacun en particulier, des cent et un cercles, ils seront distingués dans le dénombrement général par âge et par *sexe.*

Savoir : les hommes, suivant les âges, et tous indistinctement suivant un mode de proportion et de comparaison entre leurs propriétés respectives, soit celles *foncières*, ou celles industrielles.

1° Tous les citoyens indistinctement, qui auront atteint leur dix-huitième année révolue, formeront le premier ordre de l'âge, et cette classe sera appelée *ordre de la jeunesse.*

Aucun des individus dont cet ordre sera composé ne pourra prétendre à aucune sorte d'emploi ou places, qu'aux seules places et emplois *militaires.*

2° A 30 ans accomplis, et à tous les âges au-dessus, tout citoyen indistinctement, sans nulle prérogative de naissance ou de fortune, entrera dans *l'ordre de virilité.* Et tous ceux qui seront parvenus à cet ordre, seront également et indistinctement susceptibles de toutes les places et emplois, soit *civiles*, soit *militaires.* Outre cette première répartition *naturelle* des individus en deux ordres *d'âges*, la totalité des citoyens, compris déjà dans l'une et l'autre, sera encore répartie en deux classes.

Ces deux classes, relatives à la possession et non aux personnes seront distinguées entre elles par les deux dénominations de *propriétaires du premier ordre et de propriétaires du second ordre, ou minus possidentes, et plus possidentes.*

Tout citoyen de qui le revenu provenant d'un fonds de terre, ou autre bien immeuble, ne s'élèvera pas au delà de 1,500 livres ou *trois subsistances pleines d'individu*, ou de qui le revenu industriel *net* n'atteindrait qu'à 3,000 livres, ou *six subsistances* d'individu, sera rangé dans la classe des propriétaires du *premier* ordre, ou *minus possidentes.*

2° Tous les citoyens de qui les revenus soit fonciers soit immobiliers, soit industriels *nets* s'élèveront, les premiers au-dessus de 1,500 livres, et les seconds au-dessus de 3,000 livres, seront dès lors rangés dans la classe des *propriétaires du deuxième ordre ou plus possidentes.*

3° Les veuves et filles célibataires qui seront parvenues à l'âge de la majorité civile et qui jouiront d'un revenu foncier de 2,000 livres, et plus, en immeubles, ou d'un revenu industriel de 3,000 livres, seront comprises passivement, c'est-à-dire comme contribuable envers la chose publique, et comme tenues à se faire représenter dans cette seconde classe de propriétaires.

CHAPITRE II.

Limites, transmissions, répartitions des propriétés, soit foncières, soit mobilières.

Art. 1er. La totalité de la surface agraire du domaine possédé par la nation est constitutionnellement reconnue et déclarée appartenir essentiellement et primordialement à la masse de la nation.

Toute *division*, toute subdivision de cette surface, étant reconnue et déclarée être, dans l'ordre naturel et primordial, une portion essentielle du domaine général et commun, portion rétrocessible, mais non irrévocablement aliénable par la nation; cette portion, en tant qu'elle est possédée actuellement par quelque individu de famille que ce puisse être, n'est et ne peut être censé appartenir à cet individu, ou à cette famille qu'en vertu d'une disposition conventionnelle, et pour la convenance, *posteriori*, de la nation qui, dans l'origine, fut la propriétaire primitive et universelle.

D'où il suit que toute division, ou toute sous-division de ce domaine général et commun, lorsque l'utilité publique viendra à l'exiger, pourra toujours être rappelée des mains de son possesseur actuel, dans celles du possesseur primordial et collectif, ce qui veut dire dans les mains de la nation, principe sans l'adoption duquel toute *confiscation* serait un *vol*.

C'est d'après ce même principe que la nation, agissant par l'organe de la Convention représentative, déclare qu'elle se réintègre dans sa propriété primordiale et indivise; afin de pouvoir disposer de nouveau des divisions et subdivisions diverses de cette propriété, de la manière la plus avantageuse, la plus sûre et la plus conciliable avec l'intérêt collectif.

Dans cette vue essentielle, la nation ordonne que, dès à présent, et à l'avenir, tout individu qui se trouverait, par quelque acte, quelque titre, quelque chance d'accumulation fortuite d'hérédités que ce puisse être, soit en un seul ou en plusieurs domaines agraires ou fonciers quels qu'ils soient, de qui le produit ou les produits s'élèveraient à 120,000 livres ou à la subsistance effective de cent cinquante individus, ne pourra plus validement ni légalement acquérir aucun autre bien de la nature de ceux dont il vient d'être fait mention.

N'entend pas néanmoins la nation assigner de bornes ou limites aux accroissements des fortunes consistant en propriétés d'aucune chose purement mobilière, telle qu'argent, effets publics, marchandises, navires.

Art. 2. Quelle que soit, par rapport au lucre, soit par rapport aux charges directes ou indirectes, la valeur réelle des fonds et celle des produits d'une hérédité, de droit rigoureux et toujours inéluctable, tant en ligne directe qu'en ligne collatérale toujours, venant à échoir, l'hérédité sera partageable, et toujours, en conséquence, elle sera partagée par parts et portions égales entre tous les héritiers et héritières au même degré, soit consanguin, soit utérins, du possesseur décédé.

Art. 3. Dans les cas d'alliance par mariage, entre toutes les familles indistinctement, aucune part, portion matrimoniale ou dot, apportée par quelque citoyenne que ce soit à l'époux auquel il arrivera à celle-ci de s'unir, ne pourra excéder la valeur, au produit net de 15,000 livres ou vingt subsistances d'individus, et au capital de 300,000 livres, dans les cas où cette dot serait fournie en fonds ruraux ou autres immeubles.

Mais en toute nature d'immeubles, argent, effets de commerce, etc., les dots ou portions matrimoniales pourront être portées, au gré des parties, à des valeurs indéfinies.

Art. 4. Toute succession venant à échoir à orphelins et orphelines en minorité d'âge, soit qu'elles consistent en fonds et en meubles, tomberont de droit et sans aucune distinction,

sous la surveillance immédiate, spéciale et de concours actif, des délégués nommés par la nation pour composer son grand conseil exécutif.

Afin que cette loi puisse encore s'utiliser en faveur des orphelins et orphelines en minorité, soit les capitaux, soit les produits annuels des propriétés foncières qui seront dans le cas d'excéder les frais de l'éducation et de l'entretien personnel des orphelins et orphelines en minorité, seront toujours versés et retenus dans le Trésor national; et jamais, sous quelque prétexte que ce soit, ils ne pourront être confiés ni remis à aucune autre caisse, sous quelque garantie privée que ce puisse être.

Les divers capitaux dont il s'agit, seront toujours censés produire aux orphelins ou orphelines auxquels ils appartiendront, un intérêt égal à celui de l'Etat, à la déduction d'un sixième de cet intérêt, qui restera au Trésor national pour frais de garde et prime de cautionnement de sa part.

Les intérêts progressifs de tous ces capitaux qui seront accumulés dans le Trésor national, y seront joints et les accroîtront d'année en année jusqu'à l'époque de la majorité des orphelins, et jusqu'à celle du mariage des orphelines avec des citoyens qui eux-mêmes devront avoir atteint l'âge de majorité. Dans ce dernier cas, ces capitaux seront comptés et délivrés à ces derniers.

CHAPITRE III.

Districts, Tribus, considérés comme les éléments actifs de la formation, et comme les éléments passifs du complément du gouvernement populaire, à établir en France.

Art. 1er. La totalité de la surface agraire, productive de l'Etat, divisée déjà plus haut (chap. et art. 2), suivant une proportion aussi praticable qu'il sera possible, de ressources *territoriales*, et de population répartie en cent et un cercles, sera ensuite sous-divisée en districts, à raison de mille citoyens de l'ordre de virilité, lequel nombre de mille sera essentiellement requis pour composer un district.

Art. 2. Nous adoptons ici, comme base effective, et sauf modifications, que l'Etat comprenne huit millions de citoyens mâles en âge de virilité.

A mille citoyens de cet ordre, par district, la totalité effective des districts sera de huit mille.

Dans chacune de ces huit mille sous-divisions appelées *districts*, toutes éléments politiques des délibérations intégrales des *tribus* et des cercles, et leurs parties physiquement et politiquement intégrantes, les mille citoyens de *l'ordre de virilité* s'assembleront à un jour fixe, jour qui commencera la première période solennelle de *l'ère à ouvrir;* et cette assemblée aura lieu, à l'égard de chacun des districts, dans le chef-lieu reconnu de chaque district de mille.

Art. 3. Assemblés de cette manière, les mille citoyens de l'ordre de virilité, composant un district *local*, éliront, entre eux *par la voie du*

sort, et non par la voie des suffrages, *un citoyen sur dix.*

Et les citoyens élus de cette manière seront
qualifiés de députés ou de *représentants pécuniaires,* et rempliront, durant le cours de l'année de leur élection, toutes les fonctions relatives.

Art. 4. Il n'est point malaisé de sentir que
chacun des huit mille districts étant lui-même
composé de mille citoyens de l'ordre de *virilité l'élection primaire,* dans chacun des huit
mille districts, d'un citoyen, par chaque dizaine de citoyens, sera de cent citoyens sur la
totalité de chaque district.

A présent, la nation ordonne que chaque
centaine, prise sur les mille citoyens composant chaque district, soit la première représentation originelle, et qu'elle soit dénommée
centurie civique, laquelle sera évidemment un
huit millième du *souverain collectif.*

Art. 5. Dans chacune des centuries civiques,
formées comme il vient d'être dit, *par la voie
du sort et non par la voie des suffrages,* les
deux citoyens de qui les noms amenés les premiers inscrits sur la liste, seront de droit et
sans contestations, savoir : le premier des
deux, *président* et le second *censeur* dans
toutes les assemblées de la centurie civique,
pour tout le temps de sa durée, ci-devant fixée
à la révolution complète d'une année politique
égale en durée à l'année naturelle.

Art. 6. Toutes et chacune des *centuries civiques* devenant représentativement la totalité
de leurs districts respectifs, formées et ordonnées, ainsi qu'il vient d'être dit dans les articles précédents, unies ensuite, chacune à
vingt-quatre autres centuries civiques semblables à elles-mêmes, et faisant ensemble
vingt-cinq centuries ou deux mille cinq cents
représentants primaires de vingt-cinq mille
citoyens de l'ordre de virilité, en observant
que ces réunions soient toujours formées
d'après les voisinages et la contiguïté locale ou
arrondissements topographiques, composé-
ront autant de *tribus politiques.*

Art. 7. Dans chaque arrondissement, ou sur
chaque étendue, respective et déterminée des
tribus politiques, il sera choisi et désigné en
gros bourg ou ville de marché, situé autant
que faire se pourra, au centre des districts de
mille, qui formeront une tribu politique, et
la ville ou bourg, choisi et désigné de cette manière dans l'arrondissement, de chaque tribu,
sera le lieu de rassemblements annuels de la
tribu représentée pour sa totalité par la réunion de ses vingt-cinq *centuries civiques.*

Art. 8. Jusqu'au moment de l'incorporation
réciproque, ou fusion des vingt-cinq centuries
civiques, correspondantes et représentatives
de vingt-cinq districts de mille, en la *tribu*
dont elles sont les éléments nécessaires et constitutionnels, chacune des vingt-cinq centuries
civiques sera conduite et présidée par ses
propres officiers *civils et militaires,* en ce qui
pourra strictement concerner chacun de ceux-
ci.

Art. 9. Pour organiser définitivement et en
un seul corps de tribu les vingt-cinq centuries
qui en sont les éléments, d'abord il sera procédé par les vingt-cinq centuries réunies, à la
nomination du chef annuel de la tribu; en-

suite à celle de cinq lieutenants, ou chefs de
quatre centuries chacun, puis à celle d'un
garde général des actes des archives et de ses
deux aides; et finalement à celle d'un maître,
et de quatre surveillants ou censeurs des assemblées de la tribu.

Art. 10. Tous les officiers de tribu qui viennent d'être nommés, seront élus par la voie
des suffrages des vingt-cinq centuries civiques.

Leur élection faite par cette voie, la moitié
du nombre des juges de paix des districts composant la tribu, la moitié des *jurys,* la moitié
des administrateurs, se joindront aux officiers
de tribu, et dans cette assemblée seront choisis
les membres qui composeront les tribunaux
d'assises ambulants par trimestre, et les corps
administratifs qui seuls seront à poste fixe
durant toute l'année de leur exercice.

Art. 11. Ces officiers *civils et militaires,*
mais seulement quant à ces derniers, ceux de
l'ordre de *virilité,* dans toute la tribu légalement ordonnée, réunis, soit en totalité, soit
par des délégations égales en nombre à celles
de toutes les autres tribus, dont sera essentiellement composé un *cercle,* sur toute l'étendue et à l'égard de tous les citoyens, habitants
du cercle, formeront le *corps gouvernant* aux
termes directs et littéraux des lois émanées
du grand Conseil national législatif, ratifiées
ensuite, et dès lors *sanctionnées* par les assemblées primaires, et enfin *promulgées* dans les
formes constitutionnelles, par le grand Conseil national exécutif.

Art. 12. Dans les assemblées formées des officiers de l'ordre *de virilité,* tant *civils* que
militaires de toutes les tribus du cercle, aux
époques déterminées à cette fin, sera élu par
la voie des suffrages, et à l'exclusion rigoureuse et formelle de tous les individus actuellement dans quelque office civil ou militaire
de la tribu qui ne puisse être, un citoyen, lequel de la part du cercle, concourra avec un
autre citoyen élu en la même manière par
chacun des cent un cercles, à former le grand
Conseil national exécutif.

N. B. Le nombre des cercles étant cent un,
et les représentants des cercles, dans le grand
Conseil national exécutif étant un par cercle,
il résultera de cette proportion qu'il sera composé de cent un membres.

Art. 13. Ce sera dans cette même assemblée
de tous les officiers de l'ordre de *virilité,* tant
civils que *militaires* des tribus des cercles;
mais sous l'expresse condition de la réunion
à ces mêmes officiers, tant *civils* que *militaires,* de la moitié tout au moins *en nombre
effectif* des membres composant les vingt-cinq
centuries civiques, représentations primaires
des districts de mille, qu'il sera procédé, par
la *voie des suffrages,* à l'élection de douze citoyens à élire dans chaque cercle, pour que
ceux-ci, par leur réunion, composent le grand
Conseil national législatif.

N. B. Le nombre des cercles étant cent
un, celui des représentants des cercles dans
le grand Conseil national législatif, étant de
douze par chaque cercle, la totalité des représentants de la nation dans le grand Conseil
national législatif est de douze cent douze.

Art. 14. Par cela même et par cela seul qu'un

citoyen aura d'abord été élu député de son district à la centurie civique;

A plus forte raison encore, par cela même et par cela seul que ce citoyen serait devenu, par la *voie des suffrages*, officier *civil* ou *militaire* de sa tribu ou de son cercle, ce citoyen, jusqu'à l'expiration du temps prescrit pour l'exercice de celles des magistratures ou de l'office dont il aurait été investi, sera formellement et rigoureusement exclu de toute capacité *actuelle*, a être élu membre ou représentant dans aucun des deux grands Conseils, exécutif ou législatif.

Mais aussitôt le terme de sa magistrature ou office soit de centurie civique, soit de tribu, soit de cercle arrivé, ce même citoyen recouvrera l'entière et indisputable capacité à telle charge, mission, représentation que ce puisse être.

Art. 15. Toutes les assemblées primaires ou de mille citoyens de *l'ordre de virilité*, composant les districts, aux fins d'élire parmi eux, leurs représentants primaires, ou *centuries civiques respectives*, se convoqueront régulièrement chaque année *de plano*, et sans qu'il soit besoin d'aucun avertissement ou autorisation du premier au dix du mois de décembre, dans toutes les parties de l'Etat; et les élections primaires que ces assemblées auront pour objet, devront toutes être terminées par la voie *du ballottage*, pour le premier du mois de janvier suivant.

Art. 16. De là, aura lieu la réunion des vingt-cinq centuries civiques, afin que celles-ci puissent s'identifier en assemblée de tribu, avant le 5 janvier.

Et les élections de tous les officiers civils et militaires de tribu devront être terminées *par la voie des suffrages*, pour le premier jour de février.

Art. 17. Au premier mars, les élections, pour la première fois seulement, de la totalité, et pour les années subséquentes de l'ère politique nouvelle, les élections seulement de remplacement par un tiers en nombre plus anciens élus, dans l'un et l'autre grand Conseil législatif et exécutif, devront toutes être terminées par la voie des suffrages.

CHAPITRE IV.

Des grands Conseils nationaux.

Outre les divers conseils partiels et dispersés, ou assemblées *primaires* des districts *secondaires* des tribus *tertiaires*, des cercles, et autres conseils exécutifs, relatifs, il existera perpétuellement et sans aucune suspension ni discontinuation, comme points centraux délibératifs et actifs, deux grands Conseils nationaux.

Art. 1er. Le premier et le principal de ces deux grands Conseils nationaux, sera le grand Conseil national législatif

Art. 2. Pour former et pour compléter ce grand Conseil national législatif, chacun des cent un cercles fournira, en conséquence de l'espèce de progression d'élection dont les modes viennent d'être déterminés, douze citoyens.

N. B. Quatre de ces citoyens sur les douze, au *maximum* constitutionnel, pourront être choisis dans la classe que nous avons appelée propriétaires du *second ordre* ou *plus possidentes*. Mais huit au moins sur les douze, devront toujours être choisis dans la classe des propriétaires que nous avons appelée propriétaires du *premier ordre* ou *minus possidentes*, sans que jamais, ni les uns ni les autres puissent être choisis dans l'ordre de la jeunesse, mais bien au contraire tous sans exception dans l'ordre de la *virilité*.

Ainsi le grand Conseil législatif perpétuel, et toujours subsistant et agissant au moyen de l'amovibilité constitutionnelle que nous y allons introduire, sera composé de douze cent douze membres.

Art. 3. L'autre grand Conseil national s'appellera grand Conseil national exécutif, ou des Cent-Un.

Art. 4. Le grand Conseil national exécutif sera ainsi que le grand Conseil législatif, perpétuellement subsistant et agissant.

Ce Conseil sera composé de cent un membres dans sa totalité, sous la condition rigoureuse et inflexible de l'amovibilité dont le mode sera ci-après déterminé.

Art. 5. Pour former et compléter le grand Conseil national exécutif, chacun des cent un cercles fera choix d'un citoyen qui devra toujours être pris dans la classe des propriétaires *premiers* ou *minus possidentes*.

Art. 6. Nul citoyen de l'une et l'autre classe des propriétaires du *premier* ou *second ordre*, *minus* ou *plus possidentes*, ne pourra être élu, ou admis dans le grand Conseil national exécutif, s'il n'est dans l'ordre de virilité.

Art. 7. Le terme essentiel et imprescriptible de toute mission individuelle, soit pour représenter la nation dans son grand Conseil législatif, soit pour servir la nation dans son grand Conseil exécutif, sera, au *maximum* éventuel, de trois années; et au *minimum* éventuel, l'exercice individuel de ces missions pourra se trouver réduit à une seule année, comme il résultera de ce qui sera ci-après déterminé.

Art. 8. Aucun des citoyens qui auront été investis de ces missions, sous quelque prétexte, ou pour quelque cause que ce soit, ne pourra, soit qu'il sorte du grand Conseil exécutif, soit qu'il sorte du grand Conseil législatif, être réélu pour être membre d'aucun de ces deux grands Conseils nationaux.

Au contraire, tout membre sorti de l'un ou de l'autre de ces deux grands Conseils, devra nécessairement passer trois années, à compter du jour de sa sortie de l'un ou de l'autre, dans une inertie politique parfaite et absolue.

Art. 9. A l'expiration de la première des trois années, durée constitutionnelle, au *maximum* des effets des premières élections de la nation pour l'établissement primordial de ses deux grands Conseils législatif et exécutif, un tiers en nombre sur la totalité des membres élus pour composer d'abord ces deux grands Conseils, sortira d'exercice et de mission.

Et afin de déterminer les individus qui devront composer ce tiers sur la totalité, *sortant*, on aura recours à la voie du sort.

Art. 10. Aussitôt que le tiers en nombre qui aura été désigné par le *sort* sera hors d'exercice, et ainsi déchu de sa mission, au terme exact et de rigueur déterminé dans les articles précédents, et en faisant faire le ballottage d'exclusion relatif de quatre sur douze, dans chacun des cercles, et celui des trente-trois sur cent un, dans le Conseil exécutif, autre nombre d'élus de quatre cent quatre pour le grand Conseil législatif, et de trente-trois pour le grand Conseil exécutif, viendront à jour et heure déterminés, remplacer les *sortants* de l'un ou de l'autre des deux grands Conseils nationaux.

Art. 11. Si parmi les députés du tiers de remplacement annuel, un seul, ou plusieurs tardaient au-delà de quinzaine à se présenter, la déchéance de leur mission résulterait irrévocablement du seul fait de ce retard.

Et dans ce cas, le *cercle* ou *les cercles* de qui les députés ou ces députés seraient déchus de la manière ci-dessus, seraient tenus de les faire remplacer par les suppléants, qu'à cet effet, ils devront toujours nommer en nombre *égal*, ou tout au moins proportionnel au nombre des députés qu'ils seront constitutionnellement dans le cas d'élire.

N. B. Les élections de *suppléants* n'auront de validité et d'effet que pour le temps *égal* correspondant en simultanéité, à celui de la mission des députés eux-mêmes, dut le suppléant jamais n'entrer en fonctions de député.

Art. 12. Même renouvellement, et de la même manière, au bout de la seconde année sur le premier des deux tiers *restants* des premiers élus.

Art. 13. Même renouvellement, et de la même manière au bout de la troisième année, sur le dernier tiers *restant* des élus par les élections primordiales.

En sorte qu'au commencement de la quatrième année *politique*, la totalité numérique des députés composant primitivement les deux grands conseils nationaux législatif et exécutif se trouve entièrement renouvelée, et ainsi de suite.

Art. 14. Aucune délibération, dans aucun temps, à aucune époque périodique, ou même accidentelle, pour quelque cause que ce soit, sous aucun prétexte, ne pourra avoir lieu et n'aura force ni validité légale, soit de la part du grand Conseil national législatif, soit de la part du grand Conseil national exécutif, à moins que cette délibération n'ait été authentiquée par la présence incontestable et constatée par l'émission nominale des suffrages *individuels* et *explicites* des cinq sixièmes en nombre des membres constitutionnellement composant l'un et l'autre des deux grands Conseils nationaux.

Art. 15. Afin que des absences suspectes et préméditées de la part des membres des deux grands Conseils nationaux ne soient jamais dans le cas d'occasionner aucun retard dans la confection ou dans l'exécution des lois, tous les membres respectifs des deux grands Conseils nationaux qui se trouveraient absents lors de trois appels nominaux consécutifs, ou lors de neufs appels nominaux non consécutifs, durant le cours entier de leur exercice ou mission, seront, dès lors, déchus de leur mission,

déclarés *faillants* envers leurs commettants, et, comme tels, incapables d'aucune charge et délégation nationale.

CHAPITRE V.

Distribution effective des pouvoirs politiques.

Art. 1er. Proposition ou mise en question de quelque projet de *loi* que ce puisse être, pourra être faite, et devra en tout temps, être reçue, de la part de tout citoyen, soit de l'ordre de la jeunesse, soit de l'ordre de la virilité, soit de la part de toute réunion volontaire de citoyens, en quelque nombre qu'il leur arrive de la faire; mais purement et simplement comme proposition de loi, avec la seule obligation, de la part des législateurs, d'en faire rapport *sur le bureau*, et de la présenter publiquement à la discussion dans l'assemblée du grand conseil national législatif.

N.B. Seront cependant privés du droit de faire la proposition d'une loi quelconque, soit individuellement, soit collectivement, tous les citoyens composant actuellement le grand Conseil national exécutif.

Et ces mêmes citoyens ne deviendront au contraire aptes et admissibles à proposer aucun projet de loi ou aucune matière à délibération qu'après une révolution de deux années, à compter de leurs sorties respectives du grand Conseil national exécutif.

Art. 2. Discussion de toute loi proposée, de la manière qu'il vient d'être dit, appartient essentiellement et exclusivement au grand Conseil national législatif.

Mais il sera besoin des cinq sixièmes en nombre de la totalité des membres composant le grand Conseil national législatif présent, votant nominalement et sur appel individuel, pour prononcer validement et faire arrêter la présentation de toute loi proposée et discutée, à la ratification populaire.

Art. 3. *Ratification* ou *sanction* définitive de la loi, *proposée d'abord*, ensuite *discutée* et puis *présentée* par le grand Conseil national législatif, appartient exclusivement à la nation représentée légalement : 1° dans ses centuries civiques; 2° dans ses tribus politiques; 3° dans ses assemblées de cercles, où cette sanction doit être exprimée, sur la présentation des lois discutées, par *oui*, pour *l'affirmative*, et par *non*, pour la négative.

Art. 4. Exécution prompte, exacte et toujours entière et littérale de toute loi, proposée d'abord, inscrite, discutée, et finalement ratifiée par les pouvoirs compétents, sera procurée, suivie, sous sa propre responsabilité *individuelle et collective*, par le grand Conseil national exécutif.

CHAPITRE VI.

Organisation essentielle et fondamentale des deux grands Conseils nationaux.

Art. 1er. Aussitôt que les deux grands Conseils nationaux exécutif et législatif seront assemblés, chacun de ces deux grands Conseils, séparément et de son côté, sans délai et de la manière qui aura été d'abord provisoirement, et par suite constitutionnellement prescrite pour chacun, procédera à l'élection et installation de son propre chef et autres officiers.

Art. 2. Le grand Conseil national législatif élira dans son propre sein, à l'aide des deux voies combinées du sort et des suffrages ci-après détaillées. (*Deuxième partie.*)

1° Trois cents sur la totalité de ses propres membres, lesquels s'appelleront les *électeurs législatifs.*

2° Ces trois cents membres répartis aussitôt en quatre divisions de soixante-quinze membres chacune, éliront, par la voie des suffrages, *un président, un général séant, vingt censeurs* ou *commissaires pour l'ordre,* parmi lesquels quatre seront alternativement appelés aux offices actifs de secrétaires du grand Conseil national législatif.

Art. 3. Le grand Conseil national exécutif, élira de la même manière, c'est-à-dire par les deux voies combinées du sort et des suffrages qui seront ci-après détaillées, d'abord, trente parmi ses propres membres, et ces trente seront appelés *Électeurs exécutifs.*

Ensuite ces trente éliront, non plus par les voies combinées du sort et des suffrages, mais par la seule voie des suffrages individuels et nominaux, sans pouvoir désemparer, dans un temps donné :

1° Un sur-administrateur général;
2° Un dépositaire de grand sceau;
3° Un apposeur du grand sceau;
4° Cinq grands vérificateurs de l'épargne;
5° Douze prud'hommes, pour tous rapports, expéditions sous leur plus stricte responsabilité personnelle, de toutes les affaires, tant celles extérieures que celles intérieures;
6° Six autres prud'hommes formant un comité *actif,* pour toutes les affaires d'*urgence secrète* et purement incidentelles.

Art. 4. Les élections et nominations diverses ci-dessus déterminées (art. 2) qui se feront dans le grand Conseil national exécutif seront, spécialement et de droit assujetties à la ratification par majorité des suffrages, du grand Conseil national législatif; suffrages qui seront recueillis en la manière qui sera déterminée. (*Seconde partie, chap. III art. 5 et 6.*)

Art. 5. Les élections et nominations faites par les électeurs *exécutifs,* primitifs du *sort,* dans le grand Conseil national exécutif, ne seront valides qu'au moyen de la ratification formelle et expresse, obtenue sur la proposition du grand Conseil national législatif, de la totalité des assemblées primaires dans l'ordre génératif de la représentation constitutionnelle, c'est-à-dire, à commencer par les tribus politiques et enfin les cercles.

Art. 6. Mais afin que la marche des affaires nationales ne puisse jamais être entravée, ni retardée par le défaut d'action de la part du pouvoir exécutif, pouvoir provisoirement concentré dans le grand Conseil national exécutif ou de Cent-Un, les officiers qui auront été élus dans ce même grand Conseil exécutif, par les trente électeurs du sort, en attendant la confirmation nationale de leur élection respective, exerceront sous leur responsabilité

individuelle et *collective,* les plus strictes et les plus sévères, leurs fonctions déléguées, précises et littérales, jusqu'au moment où auront été manifestées à leur égard, soit la ratification des choix qui auront été faits d'eux, soit l'improbation et opposition à ces choix de la part d'une majorité d'un vingtième, sur la totalité des assemblées primaires.

Art. 7. La durée de la présidence, dans le grand Conseil national législatif, ne sera jamais que de *quinzaine,* ce Conseil n'étant point *actif,* mais seulement délibérant, sous la réserve et condition essentielle et fondamentale qu'aucun membre de ce Conseil ne puisse être réélu président une seconde fois, sous quelque prétexte de convenance, ni dans quelque présomption de danger pour la chose publique, que ce puisse être, pendant toute la durée éventuelle de sa mission à l'assemblée primordiale, ou durant tout son *triennat* dans les assemblées subséquentes et par succession d'amovibilité.

Art. 8. La durée, au *maximum,* et au delà de laquelle devront irrévocablement cesser toutes les fonctions du général séant dans le grand Conseil national législatif, sera de l'année politique révolue et d'un seul mois en *sus;* sans que jamais ni sous aucun prétexte, ou pour quelque cause que ce soit, la durée de ses fonctions puisse être prolongée.

Art. 9. Le président et général séant seront les deux seuls personnages publics et actifs dans tout l'État, qui, durant seulement l'exercice de leurs fonctions respectives et non hors de là ni par delà, seront distingués par des costumes et par des marques décrétées, marques qui seront analogues à leurs charges et dignités respectives.

Art. 10. Outre le général séant de l'État, ayant place, suffrage et attributs extérieurs distinctifs dans le grand Conseil national législatif, mais qui sous tous les aspects de son existence politique, sera toujours isolé du grand Conseil national exécutif, il y aura toujours quatre autres généraux marchants.

Savoir : 1° Le général marchant du Nord; 2° le général marchant du Midi; 3° le général marchant de l'Orient; 4° le général marchant de l'Occident.

Il y aura, pareillement, sous les ordres du conseil maritime, conseil qui sera composé d'un nombre déterminé des membres du grand Conseil national exécutif, un amiral perpétuel, trois vice-amiraux;

Savoir : un vice-amiral du Nord; un vice-amiral de l'Occident; un vice-amiral du Sud.

Tous les généraux marchants et tous les vice-amiraux seront amovibles d'année en année, de leurs départements respectifs dans des départements situés dans des points opposés, au gré des commandements qu'ils recevront du grand Conseil national.

Art. 11. Durant tout le temps de leur exercice, qui sera de trois années consécutives, les quatre généraux *marchants,* seront essentiellement exclus de toute espèce de part et de coopération au pouvoir délibératif, et de l'exercice de tout autre pouvoir et autorité, si ce n'est celle temporairement émanée de la nation, et purement et simplement nécessaire et suffisante pour qu'ils puissent mener et diriger la force publique soit offensive, soit défensive, dans toutes les opérations militaires décrétées par le grand Conseil national législatif formellement ordonnée ensuite par le grand Conseil national exécutif.

Art. 12. Chacun des quatre généraux *marchants* sera honorablement salarié durant la paix. Après toute guerre qui viendra à être glorieusement terminée par ses soins, il lui sera décerné, ainsi qu'à chacun des vice-amiraux qui se trouveront dans le même cas, des honneurs et des récompenses.

Art. 13. Pour la première fois seulement, les quatre généraux *marchants*, et trois vice-amiraux seront tous élus et nommés simultanément par les députés composant le grand Conseil national exécutif.

Mais ces quatre généraux *marchants* et ces trois vice-amiraux ne pourront néanmoins être choisis parmi les membres composant *actuellement* le grand Conseil national exécutif, au contraire, ils ne pourront l'être qu'à l'exclusion rigoureuse et formelle de tout membre actuel de ce grand Conseil.

Par suite cependant, dans le cas de vacances, par décès, par retraite ou par quelque cause que ce soit, le général *marchant*, qui se trouvera dans le cas d'être remplacé, toujours de droit et *de plano*, le sera par le général séant à cette époque, dans le grand Conseil national législatif.

Art. 14. Des quatre généraux *marchants* de l'Etat, d'abord nommés simultanément par le grand Conseil national exécutif, le premier dans l'ordre des choix faits par ce grand Conseil, au bout de trois ans sortira d'exercice.

Le second, dans l'ordre des choix, sortira au bout de quatre années.

Le troisième, dans le même ordre, en sortira au bout de cinq années, et le quatrième au bout de six années.

Les trois vice-amiraux sortiront pareillement d'exercice l'un après l'autre, dans l'ordre du choix qui aura était fait d'eux, mais dans une double proportion de durée.

A chaque sortie d'exercice d'un des quatre généraux *marchants*, le remplacement du sortant aura lieu par l'entrée en exercice du gé-général séant actuel, dans le grand Conseil national législatif. Mais jamais ce remplacement ou ces remplacements, si éventuellement il devenait indispensable d'en faire simultanément plusieurs, ne pourront être légalement faits au gré, ni en conséquence d'aucune délibération et commandement du grand Conseil national exécutif.

Bien au contraire, toute entreprise en ce genre, de la part de ce grand Conseil, sera réputée *délit de haute trahison*, et, individuellement ou collectivement au gré des circonstances et suivant les exigences des cas, elle sera poursuivie, jugée et punie comme telle.

Art. 15. A leur sortie respective ou expiration éventuelle de leurs fonctions du généralat *marchant*, chacun de ces ex-généraux recouvrera sans aucune difficulté et dans toute leur plénitude, sa voix active et tous ses droits originels et communs de cité, lesquels droits auront été suspendus durant l'exercice de son généralat.

Il en sera de même à l'égard des vice-amiraux et de tout citoyen appelé à quelque

place que ce soit où il aura été dans le cas de disposer de la force et de la faire mouvoir.

CHAPITRE VII.

Dictature éventuelle pour les temps de danger.

Art. 1er. Lorsque des périls soudains et imminents viendront à menacer la chose publique, soit que ces périls se présentent de la part du dedans, soit qu'ils se présentent de la part du dehors de l'Etat, sur les avis qui en auront été reçus provisoirement, mais sous la charge de la ratification explicite et positive à demander aux cercles, tribus et assemblées primaires ou du districts de mille, le sur-administrateur général dépositaire et apposeur du sceau national, les dix-huit prud'hommes en exercice dans le grand Conseil exécutif, s'uniront sans délai au président général séant, aux dix censeurs actuellement en exercice et dans le grand Conseil législatif.

Art. 2. Tous les mandataires de la nation, qui viennent d'être dénommés dans l'article qui précède, deviendront, dès cet instant, les représentants temporaires et circonstanciels de toute la nation. Ils exerceront sous leur responsabilité *individuelle* et *collective*, la souveraineté résidant dans le peuple et inhérente à la seule masse de la nation, tant par rapport aux affaires de la guerre et de la paix, soit celles extérieures, soit celles intérieures, des finances, du commerce, des cultes religieux que, par rapport à l'application à faire de ces lois diverses, soit civiles, soit politiques, soit de circonstance, soit déjà déclarées et reconnues pour être constitutionnelles et sanctionnées comme telles par la nation.

Art. 3. Mais cette espèce de conseil de dictature déclarée constitutionnelle, quelque pressant que puisse paraître par continuation le danger de la chose publique, jamais ne pourra rester formée par la réunion de ses parties *actives* essentielles et avouées, n'agir autrement que d'une manière provisoire et seulement pour l'espace de trois mois consécutifs; et cela, sous la plus rigoureuse responsabilité individuelle et collective des membres constitutionnellement appelés à la composer.

Art. 4. Au bout de trois mois consécutifs révolus, cette dictature sera de plein droit dissoute et sans aucune force. Ce serait même de la part collective ou individuelle des membres qui y auraient été appelés, *crime de haute trahison au premier chef*, que d'en proroger à moins d'un commandement explicite et direct d'en agir ainsi, commandement qui, pour être suffisant et valide, devra avoir été spontanément notifié à la dictature en exercice, quinze jours avant l'expiration de son terme constitutionnel, de la part du grand Conseil national législatif.

Art. 5. Si l'urgence et l'imminence du danger où continuerait de se trouver la chose publique étaient telles, qu'il devînt indispensable de proroger la dictature éventuelle au delà d'un second trimestre révolu, cette seconde fois, la dictature ne pourra plus être prorogée en vertu d'un seul commandement explicite, direct et notifié à temps du grand Conseil national et législatif.

La dictature, en pareil cas, ne pourra être prorogée légalement et sans crime, pour un autre trimestre, seulement, qu'en vertu d'une détermination, exprimée à l'avance, de la volonté directe et explicite de la nation, volonté qui devra être manifestée par les assemblées primaires ou de districts, par les tribus et par les cercles.

Art. 6. Le troisième trimestre actif du conseil de dictature expiré, la nation ne pourra plus être censée en vouloir ordonner la prorogation, à moins que, positivement et effectivement convoquée en *Convention nationale*, la nation s'en explique.

Et dans tous les cas de nécessité de cette tierce prorogation de la dictature éventuelle et multiple, la Convention nationale sera toujours appelée par le fait, et pourra s'assembler *de plano*.

CHAPITRE VIII.

Fonctions habituelles et réparties du grand Conseil national exécutif.

Les cent un membres composant le grand Conseil national exécutif, seront répartis en plusieurs départements, et en dirigeront eux-mêmes personnellement toutes les opérations de détail sous leurs responsabilités.

Ces divers bureaux seront :
1° le bureau des affaires judiciaires;
2° le bureau des cultes religieux;
3° le bureau de l'intérieur;
4° le bureau du commerce;
5° le bureau diplomatique;
6° le bureau de la force publique de terre et de mer.

Chacune de ces divisions *actives*, mais non délibératives du grand Conseil national exécutif, aura une organisation, et éprouvera, dans son ensemble et dans ses parties, un ordre d'amovibilité calqué sur les mesures relatives, arrêtées par le grand Conseil national législatif.

CHAPITRE IX.

Force armée défensive et offensive.

Art. 1er. Dans chacun des 8000 districts de mille, au commencement de chaque année politique, l'ordre de la jeunesse s'assemblera.

Toujours ces assemblées seront précédées par les commissaires *ad hoc*, par les centuries *civiques* respectives, commissaires qui étant pris dans ces *centuries mêmes*, se trouveront toujours, par conséquent, être de l'ordre de virilité.

Art. 2. Formée dans chaque district, en assemblée *primaire*, particulière, militaire et non délibératrice, la jeunesse choisira dans son sein, un citoyen sur cinq; et le citoyen de l'ordre de la jeunesse qui aura été choisi de cette manière, sera qualifié de *champion, pour l'an...* de la jeunesse du district de...

N. B. Il est sensible que si chaque district comprend mille citoyens de l'ordre de la jeunesse, c'est-à-dire ayant dix-huit ans accomplis, et en ayant moins de trente révolus, chaque district fournira deux cents *cham-*

pions; ce qui, pour huit mille districts, s'élèvera à un million six cent mille *champions.*

Art. 3. Dans chacun des huit mille districts, l'ordre de la jeunesse élira, en outre, un homme sur cent; et cet homme sera qualifié de *cavalier* de district.

La même jeunesse élira encore un citoyen par chaque centaine de citoyens. Ce dernier sera qualifié *d'argonaute* de district, et sa destination sera le service de la marine.

N. B. Un homme sur cent par chaque district de mille hommes de l'ordre de jeunesse, en résultat, c'est dix hommes par district.

Sur huit mille districts, c'est quatre-vingt mille hommes. Plus haut, nous avons dit un homme sur cinq pour les *champions.*

D'après ces données, nous avons droit de récapituler et de dire :

Infanterie : sur 8000 districts de 1,000 à 1 sur 5.................... 1,600,000 h.
Cavalerie : sur 8,000 districts de 1,000 à 1 sur 100.................. 80,000
Marine : sur 8,000 districts de 1,000 à 1 sur 100.................. 80,000

Total de la force publique...... 1,760,000 h.

Art. 4. Durant les trois mois consécutifs, mars, avril, mai de chaque année *politique*, à plusieurs reprises, durant ce trimestre entier, dans la ville centrale désignée de chaque arrondissement de *tribu*, il sera ouvert des jeux militaires et des concours d'émulation pour toutes les parties, soit d'instruction intellectuelle, soit d'exercice corporel, qui sont relatives, tant à la conduite qu'aux détails mécaniques des genres *d'armes divers :* 1° infanterie, artillerie, génie; 2° cavalerie; 3° marine et navigation, lesquels concourront à composer la plénitude de la force publique *offensive et défensive.*

Art. 5. Ces jeux et exercices militaires divers seront appelés *polémachies annuelles.*

Chaque fois qu'ils auront lieu, ils seront clos par les élections, que les champions, cavaliers, argonautes de chacune des tribus feront entre eux de :

Infanterie .... 800 hommes.
Cavalerie .... 100 —
Argonautes .... 100 —

Par tribu........................ 1,000 hommes.

ce qui, supposant trois tribus par cercle, produirait en tout temps une armée ordinaire, effective, active de 303,000 hommes, et ce qui ne serait que la huitième partie de la force publique possible et réellement existante.

Art. 6. Les troupes annuellement employées en remplacement de cet ordinaire des guerres, par chacune des tribus, seront distinguées entre elles par les dénominations suivantes :
1° Les 800 fantassins, artilleurs, etc...
2° Les cent cavaliers... de la tribu A, s'appelleront la légion A; et les légions de la tribu seront chacune de neuf cents.

La totalité du contingent annuel de chaque cercle sera de trois légions, chaque cercle consistant en trois tribus; et ce contingent, si on le suppose être celui du cercle B, s'appellera la division B. Ainsi du reste.

Les cent argonautes fournis par la tribu A, s'appelleront l'équipage A, et trois équipages réunis formant le contingent du cercle B, s'appelleront la classe B.

Art. 7. Il sera déterminé, pour toutes les parties et divisions de la force publique en activité, des règles d'élection, et des modes de suffrages; afin qu'elles puissent se donner des officiers de leur propre confiance, et pour qu'elles soient dans le cas d'adhérer à des modes d'organisation spontanés, mais qui seront tels néanmoins que de grands corps d'armées puissent être rapidement formés de tous ces corps élémentaires de l'armée nationale ordinaire.

Art. 8. La force armée, dans le résultat ordinaire et habituel exposé ci-dessus (art. 5.) sera le *minimum* de la force armée toujours subsistante et toujours en activité dans l'intérieur.

D'une année *politique* à une autre année *politique*, le renouvellement entier de cette force aura lieu dans ses diverses parties et dans son ensemble.

Ce nombre sera seul constamment maintenu, afin de fournir en temps de paix à toutes les garnisons, pour coopérer à tous les genres de bon ordre repos et sûreté intérieurs, sous les seuls auspices de la *loi* et toujours au gré des impulsions du *pouvoir civil*.

Art. 9. En cas de guerre, cette même force armée ordinaire correspondant à une force armée sept fois plus considérable qu'elle-même, pourra être facilement doublée, triplée, quadruplée même par le moyen d'appels graduels ou simultanés, semblables à l'appel annuel qui sert au rassemblement de la force active ordinaire.

Art. 10. Dans les cas où et malgré la loi rigoureuse de ne jamais entamer la première une guerre par l'invasion du territoire des puissances étrangères, loi que la nation s'est imposée, il serait indispensable d'y porter des armes, soit afin de prévenir, soit afin de repousser leurs attaques, la totalité de l'armée constitutionnelle ordinaire, telle qu'elle vient d'être déterminée, venant à se porter au dehors, tant par terre que par mer, aussitôt cette armée ordinaire sera suppléée au dedans par pareille armée de remplacement.

Art. 11. Les commandants généraux de toute armée ou armées, marchant hors des frontières de l'Empire, seront toujours pris parmi les quatre généraux *marchants* en exercice; et le commandement général de la totalité de l'armée *défensive*, en combattant dans l'intérieur, sera de droit dévolu au général *séant* actuel, dans le grand Conseil législatif.

Art. 12. Nul citoyen ne sera exempt de marcher sous les armes pour la défense de la patrie.

Mais dans le cas d'une guerre *offensive* ou extérieure, le fils unique d'une famille, un frère sur deux dans une maison, seront exempts de marcher.

Quel que puisse être le nombre des frères dans une même famille, il ne pourra jamais y avoir qu'une moitié des enfants mâles de même père qui soit rigoureusement obligée de marcher.

Art. 13. Quiconque refusera de marcher à la guerre, après en avoir été légalement sommé, sera déchu de tous ses droits de cité, et paiera, en sus des contributions communes, le cinquième net de son revenu annuel.

Art. 14. Mais pour rendre, autant qu'il est possible l'effet de l'article précédent, moins doublement extraordinaire de l'armée ordinaire, la partie *active* du grand Conseil *exécutif*, chargée de l'administration des armées sous la dénomination de bureaux des guerres, pourra être autorisée à faire, parmi les citoyens des deux ordres de *jeunesse* et de *virilité*, des levées de volontaires.

Art. 15. Mais ces levées de volontaires ne pourront avoir lieu que sous l'expresse et inviolable réserve, que jamais aucune de ces levées ne pourra excéder, en nombre collectif, la moitié des contingents militaires constitutionnels des tribus politiques, en quelques genres *d'armes* que ce soit.

Art. 16. Les soldes du temps de paix, celles du temps de guerre, doubles des précédentes, les récompenses, traitements, indemnités pour les familles, soit à raison des blessés ou des morts, les couronnes civiques, les triomphes, etc., seront décernés, par les seules assemblées *primaires*, sur le rapport du grand Conseil national *législatif*.

CHAPITRE X.

Cultes religieux.

Art. 1er. Tout culte religieux exclusif par principes, intolérant et persécuteur, sera strictement et rigoureusement défendu dans toutes les parties de l'Etat.

Art. 2. Tout culte religieux, tolérant dans ses principes, y sera au contraire permis, et y jouira de la plus entière liberté et de toute protection.

Art. 3. Quel que soit le culte professé par un citoyen, si ce culte n'est intolérant ni persécuteur, ni exclusif dans ses principes, ce citoyen, sera admissible à tous les emplois civils et militaires, et *vice versa*.

Art. 4. Tous les ministres, dans toutes les religions professées dans l'Etat, seront éligibles dans toutes par le peuple.

Art. 5. Tous ces ministres seront salariés au gré, et au moyen des collectes volontaires des sectateurs de leurs croyances respectives.

CHAPITRE XI.

Bases de l'ordre judiciaire.

Art. 1er. Dans chacun des cent-un cercles dont est composée la totalité de l'Empire, il sera élu par les voies combinées du sort et des suffrages :

1° Par chaque district de mille, *un juge de paix;*

2° Par chaque district de mille, *un juge d'assises;*

3° Par chaque district de mille *un juge confirmateur.*

Art. 2. Les juges *d'assises* réunis de chaque district de mille dans le lieu central de la *tribu*, formeront le fonds du *tribunal d'assises*, ambulant par trimestre.

Art. 3. Lors du passage du tribunal *d'assises*, ambulant, dans le lieu du *domicile*, d'un appelant d'une sentence *arbitrale*, cette même cause sera portée devant les juges *d'assises*, et les juges *d'assises* infirmeront, confirmeront ou casseront en *toutes matières civiles*, les prononcés des *arbitres*, ainsi que ceux des juges de paix, lesquels seront les juges *uniques* en première instance et seulement en matières civiles.

Art. 4. Dans les matières *criminelles*, le jugement en première instance sera rendu par les juges *d'assises*, sur le rapport des *jurys* : mais d'autres juges, ambulants comme ceux *d'assises*, et distingués de ces derniers par le titre de juges *confirmateurs*, également élus dans les districts, par les voies combinées du sort et des suffrage, réunis ensuite en tribunaux d'après leurs élections et délégations de pouvoirs dans le chef-lieu de chaque tribu, seront tenus de revoir et d'examiner toutes les procédures et sentences rendues et motivées sur les rapports des *jurys*, et jamais aucune de ces sentences ne pourra avoir d'exécution, qu'elle ne soit revêtue de l'approbation de ces juges confirmateurs.

Dans le cas où les juges *confirmateurs* refuseraient leur approbation, infirmeraient formellement, ou casseraient la sentence rendue par les juges *d'assises* sur les rapport et opinions du jury, le procès sera repris *ab initio*, et corrigé par un autre *jury*. Mais ce second *jury*, duquel seront exclus tous membres du premier, sera dans le cas de prononcer irrévocablement la condamnation ou la décharge de *l'accusé*.

Art. 5. En matière criminelle, le jugement des pairs, ou *jurys*, sera adopté comme le seul légal et péremptoire.

Art. 6. Outre les deux parties primitives de l'ordre judiciaire ci-dessus adopté, c'est-à-dire des arbitres, etc... en matières civiles, et du *jury*, en matières criminelles, il sera appelé circonstantiellement à époques déterminées et limitées des cours de Prud'hommes ou *d'équité*.

Art. 7. L'objet de l'établissement temporaire de ces cours *d'équité*, sera de prononcer sur toutes plaintes, à l'occasion d'offenses et d'injures dont les espèces n'auraient été ni prévues, ni déterminées par la loi.

N. B. Ces dernières cours seront appelées *cours d'équité*, afin d'être distinguées des *cours de justice*, qui ne doivent faire autre chose en jugeant, que appliquer littéralement une loi complète.

Art. 8. Quelque équitables qu'elles puissent être, jamais les décisions des *cours d'équité*, ne peuvent entraîner ni peine corporelle, ni flétrissure civile. Leur manifestation ne pourrait imprimer qu'une tache *morale* aux prévenus, et elle servira à procurer, de la part des législateurs, un supplément à la loi.

SECONDE PARTIE.

Des élections combinées dans leurs trois éléments moraux et nécessaires.

Le principe de l'imperfection *active* de tout gouvernement populaire, celui de sa dissolution inévitable, gisent surtout dans les modes défectueux de ses élections aux charges, emplois et dignités.

Le plus grand de tous ces vices est la trop grande permanence du pouvoir dans les mêmes mains; et cette permanence, qui finit par être absolue, est toujours la conséquence des facilités qu'y trouvent les hommes intrigants, ambitieux et opulents, de parvenir à s'y faire élire.

Le législateur propose d'écarter toutes ces facilités destructives, en offrant à la ratification du peuple, les moyens d'opposer solidement et à jamais, tant dans les élections primaires que le peuple fera par lui-même, que dans les élections qui seront dans le cas d'être faites, dans toutes les assemblées des représentants divers de sa souveraineté *active*; 1° les obstacles nécessaires et imprévenables du sort; 2° d'opposer aux caprices de ce sort bizarre et aveugle, les lumières et l'impartialité nécessitée du *choix*; 3° d'enlever, par l'obstacle de la durée du temps, tout moyen d'influence à la brigue et à la corruption, c'est dans cet esprit qu'il a tracé les méthodes d'élection qui vont suivre; il espère que la combinaison de ces trois moyens y a été saisie d'une manière qui sera facilement appréciée.

CHAPITRE PREMIER.

Des choses matérielles, nécessaires pour les élections, dans un gouvernement populaire.

Art. 1er. Dans chaque district de mille, un édifice doit être construit, ou consacré parmi ceux existants, qui paraîtront propres à cet usage, aux élections primaires.

Cet édifice doit être assez spacieux pour contenir la totalité de ceux qui ont le droit de voter. Il doit être distribué dans son intérieur, de manière qu'à son entrée se présente un premier emplacement ou salle, qui sera appelée *salle d'introduction*.

Ensuite de cette première salle, une autre salle assez spacieuse pour contenir, vers son extrémité d'environ quinze pieds carrés, un parquet qui sera appelé lieu de ballottage; et sur chacun de ses côtés, des bancs sur cinq rangs, sur chacun desquels pourront être placés cent citoyens. Ces bancs devront être tellement placés, et l'espace intermédiaire d'un des côtés au côté opposé devra être tel que dix citoyens puissent y passer de front.

Cette seconde salle qui sera celle des *électeurs* doit être disposée de manière qu'il puisse être pratiqué sur ses flancs, de droite et de gauche, cinq chambres assez spacieuses pour contenir chacune douze personnes, et les bureaux où celles-ci seront dans le cas d'écrire. Chacune de ces dix chambres ou remplacements, doivent être disposées et ordonnées de manière qu'aucune d'entre elles ne puissent avoir de communication avec l'autre. Ces chambres seront appelées *chambres de suffrages.*

Art. 2. La salle d'entrée ou *d'introduction* servant d'antichambre à la grande salle des *électeurs*, devra être garnie d'armoires, en nombre égal aux lettres de l'alphabet, et désignées depuis A à Z, chacune par l'une de ces lettres.

Dans chacune de ces armoires, seront déposées une boîte contenant 900 billes blanches marquées de la même lettre que l'armoire, et une boîte contenant 100 billes noires marquées aussi de la même lettre. Toutes ces billes seront semblables quant à la grosseur.

La salle d'introduction servira encore de lieu de dépôt à dix urnes avec leurs piédestaux ou supports de cinq pieds et demi de hauteur. Les *urnes*, que ces supports porteront, seront assez grandes pour contenir chacune 250 billes, nombre qui fait le quart de mille, totalité des billes à répartir dans les quatre urnes.

Cette salle d'introduction sera encore décorée d'un grand tableau, offrant un catalogue de numéros, depuis 1 jusqu'à 1000. Chacun de ces numéros sera moulé sur une planchette d'un demi-pouce de large sur deux pouces de long mobile dans sa coulisse. Les planchettes seront disposées sur dix colonnes, par cent; elles pourront être tirées au moyen d'un cordon passé dans celle de leurs extrémités, qui touchera à l'entrée de leurs coulisses respectives.

La salle d'introduction sera encore pourvue, dans une vingt-quatrième armoire, de huit bassins de bois ou de métal d'un pied et demi d'orifice et de huit pouces de profondeur.

La salle d'introduction sera encore le dépôt de dix boîtes de sept pouces en carré chacune, composées de deux boîtes adossées. L'intérieur de la boîte à gauche sera doublé d'une étoffe de laine épaisse de couleur blanche; celle à droite sera d'une serge d'étoffe de laine épaisse de couleur verte. A chacune de ces dix boîtes doubles sera joint un voile de serge d'un tissu serré, aux trois couleurs nationales.

Outre la garniture *utile* dont on vient de parler et dont ce qui va suivre fera connaître l'usage, la salle *d'introduction* sera garnie de dix sièges seulement, et de dix bureaux à écrire. Ces derniers seront placés sous les colonnes composant le catalogue de *mille* dont il a été parlé au paragraphe 4 de cet article.

Art. 3. La salle des électeurs sera pourvue des fauteuils et tables nécessaires pour garnir l'estrade du fond de cette table. A six pieds de cette estrade élevée d'un pied, afin que les officiers de l'assemblée aperçoivent et soient aperçus, viendront aboutir les cinq rangées latérales de bancs ; et entre ces bancs et l'estrade, sur la largeur de 6 pieds, seront pratiquées deux portes, l'une à droite, l'autre à gauche. Ces portes donneront entrée sur des corridors latéraux, corridors qui mèneront *auxdites chambres des suffrages,* dont cinq auront été pratiquées sur chaque côté de la longueur des deux salles, chambres qui, pour causes qui seront bientôt exposées, doivent avoir des sorties sur le dehors.

CHAPITRE II.

Introduction des votants, de la manière d'en connaître le nombre; de l'emploi du sort dans les élections.

Art. 1er. A son de trompe, d'avance et durant 3 jours, à intervalles égaux, sur neuf, tous les citoyens de l'ordre de virilité seront avertis de se rendre un tel jour, à sept heures du matin, à la maison électorale. Ils seront aussi prévenus qu'on peut y entrer depuis sept heures jusqu'à dix, mais que passé cette dernière heure, personne, sous aucun prétexte, n'y pourra plus obtenir accès.

En entrant par la salle *d'introduction,* chaque citoyen ira d'abord vers le catalogue des numéros 1 à 1000. Il tirera une des mille planchettes formant les dix colonnes de ce catalogue; et, en montrant le numéro qu'il aura pris, il obtiendra son entrée dans la salle principale, dite des élections. Arrivé et placé dans cette salle, il gardera le numéro qu'il aura tiré des colonnes du catalogue, jusqu'à ce que ce numéro ait été reconnu et lui soit redemandé par un des dix censeurs aux entrées.

A dix heures sonnées, les dix censeurs aux entrées, après avoir soigneusement fermé toutes les portes extérieures, feront leur entrée en qualité de *votants* et se placeront dans la salle des élections.

Mais avant d'y prendre place néanmoins, ces dix censeurs, chacun dans une des rangées des dix bancs latéraux, dont cinq seront à droite et cinq à gauche, leur retireront les planches numérotées du catalogue.

Chacun des dix censeurs aux entrées, ayant contribué de la même manière à vérifier le nombre des citoyens de l'ordre de virilité présents, l'un d'entre ces dix censeurs en fera le recensement; ensuite il proclamera le nombre de ces citoyens, en ces termes :

A la séance électorale du...... du mois de...... l'an...... sont présents mille citoyens.

Il dira 950 ou 900, le nombre qui s'y trouvera. Et aussitôt qu'il aura été vérifié et proclamé que ce nombre de citoyens présents dépasse deux cent cinquante, le doyen d'âge ira prendre le fauteuil du président, le second doyen d'âge la chaire du censeur au centre du pied de l'estrade.

Art. 2. Deux citoyens de l'ordre de la jeunesse apporteront alors deux boîtes, l'une revêtue de serge blanche, l'autre de serge verte. La première contiendra vingt-trois billes blanches, égales en grosseur, marquées depuis A jusqu'à Z.

La boîte blanche sera présentée au premier doyen d'âge qui en tirera, au *hasard*, une bille ; et la bille qu'il aura amenée (supposons que ce soit la bille blanche Y) sera la bille blanche employée dans la première partie de l'élection du jour.

La boîte verte sera présentée de la même manière au sous-doyen d'âge de l'Assemblée; celui-ci en tirera une bille noire (supposons que ce soit la bille noire B) et dans ce cas la bille noire B sera celle employée dans la première partie de l'élection du jour.

A l'instant où le sort aura désigné ces deux billes pour les billes du jour, dix citoyens de l'ordre de la jeunesse **apporteront** et ils placeront à l'extrémité supérieure ou au haut bout de chacune des cinq rangées latérales des bancs à droite, et de ceux à gauche, une urne garnie de billes blanches Y et de billes noires B, dans la proportion d'un dixième de ces dernières, sur la totalité des billes, et cette totalité répartie en dix lots de billes, égaux et semblables, proportionnés au nombre *vérifié* des citoyens présents.

Les dix urnes placées au bout des dix bancs latéraux, et un censeur placé au pied de chacune des urnes, tous les citoyens, en ordre et en silence, quitteront leurs bancs et iront à chaque urne placée à l'extrémité du sien, tirer au hasard une bille.

Les citoyens qui auront amené des billes blanches y regagneront les places qu'ils auront quittées, en passant le long de l'estrade par le milieu de la salle, et les extrémités inférieures ou bas bouts de leurs bancs respectifs; et arrivés à celle-ci, ils y laisseront tomber dans les bassins qui y seront placés, leurs billes blanches Y.

Ceux des citoyens qui, au contraire, auront amené des billes noires A, seront les électeurs du jour; et aussitôt qu'il en aura été nommé ainsi dix par le sort, ces dix s'achemineront vers une des portes latérales; ils passeront par le corridor latéral correspondant dans l'une des chambres du suffrage, dans laquelle ils seront accompagnés par un censeur secrétaire, et qui sera aussitôt fermée. Ainsi des autres électeurs.

Le dixième nombre des citoyens votants, ayant successivement et de la même manière acquis par le sort le caractère d'électeurs, et ayant, aussitôt, et par dizaine, été séquestrés de l'assemblée, conduits et enfermés dans les dix chambres latérales des suffrages, l'assemblée générale des citoyens attendra, en silence, que les électeurs aient rempli la tâche qui leur aura été assignée par le sort. Et durant ce travail des électeurs, dix citoyens de l'ordre de la jeunesse feront, dans les bancs latéraux, la distribution à chaque citoyen, d'une bille blanche appelée bille de *confirmation*.

CHAPITRE III.

Emploi des suffrages des électeurs; rapport et valeur, seulement conditionnelle, de ces mêmes suffrages.

Art. 1er. Arrivés dans la chambre des suffrages n° 1, les dix premiers électeurs y écriront, chacun sur un bulletin séparé, le nom du citoyen qu'ils veulent proposer pour la place vacante. Ils signeront chacun leur bulletin, de leur nom et du titre :

Electeur par le sort, le... du mois de...

Même chose se pratiquera dans toutes les chambres des suffrages.

Après avoir ainsi rempli leur mission, les dix électeurs du sort sortiront de chaque chambre des suffrages, non point pour rentrer dans la salle des élections, mais bien au contraire pour se retirer tout à fait par les portes extérieures de ces chambres, afin qu'ils ne puissent pas être soupçonnés de prendre aucune part ultérieure à l'élection,

que l'assemblée a le droit de consacrer ou d'annuler.

Art. 2. Les bulletins faits dans les *chambres des suffrages* par les électeurs du sort, portant les noms des compétiteurs proposés par ceux-ci, seront apportés, par les dix censeurs secrétaires dans la salle générale des élections.

Ces bulletins seront remis aussitôt par les dix censeurs secrétaires, aux citoyens placés vers le centre de chacun des dix bancs latéraux. Le citoyen du centre du banc n° 1 à droite se lèvera, et à haute et intelligible voix, il lira les noms des compétiteurs écrits sur les dix bulletins de la chambre des suffrages qui lui auront été remis; et il en sera successivement ainsi de tous les autres bulletins.

Durant ces lectures, les secrétaires de l'assemblée feront note du nombre des suffrages obtenus dans les chambres, par chacun des compétiteurs qu'ils entendront nommer; puis, après lecture, vérification des notes qu'ils auront prises sur les bulletins, en présence de dix citoyens détachés pour cet effet, du gros de l'assemblée.

Art. 3. Celui des *compétiteurs* désigné par les suffrages, qui en aura réuni la seule pluralité, sera aussitôt proclamé par le président de l'assemblée, comme ayant cette pluralité; et, comme tel, mis de la manière qui suit, au ballottage *définitif*.

Art. 4. Dix citoyens de l'ordre de la jeunesse, portant chacun une des boites à deux ouvertures, qui ont été décrites (*2e partie, chap. 1er, parag. 6*) couverte de son voile d'étamine tricolore, seront admis dans la salle.

Ces dix jeunes citoyens passeront dans les bancs latéraux; chaque votant assis sur ces bancs, soulèvera le voile de manière à pouvoir laisser tomber la bille blanche de *confirmation*, remise entre ses mains (*chap. 3. art. 11*) dans l'ouverture de la *doublure blanche*, si son vœu est de ratifier l'élection du *compétiteur* proposé; ou dans l'ouverture à *doublure verte*, si son vœu est d'exclure ce *compétiteur*.

Art. 5. Toutes les billes de confirmation distribuées aux votants étant recueillies de la manière décrite dans *l'art. 4*, seront portées sur le bureau. Là, d'une manière visible, les billes recueillies dans les boîtes à *doublure blanche*, seront versées dans un *bassin blanc*, placé à la droite du président, et les billes recueillies dans les boîtes à *doublure verte*, seront versées dans un *bassin vert* placé à sa gauche.

Le compte des unes et des autres sera fait : si le *compétiteur* réunit cinq huitièmes des suffrages par les billes versées dans les boîtes blanches, son élection sera valide, étant dès lors ratifiée par le vœu général, et *vice-versa*, ce *compétiteur* sera déchu de son élection.

Art. 6. Dans le cas où le compétiteur proclamé le premier, aurait réuni un nombre de billes moindre que les cinq huitièmes, l'autre compétiteur qui, après le premier aurait obtenu la pluralité des suffrages des Chambres, sera ballotté en la même manière; et ainsi de suite, jusqu'au dernier *compétiteur* proposé par les électeurs du sort. . . . .

Art. 7. S'il arrivait qu'aucun des compétiteurs ne réunit les cinq huitièmes en nombre
des billets ou suffrages *confirmatifs*, l'élection
serait à reprendre dans sa totalité, c'est-à-
dire qu'il faudrait avoir recours au sort pour
faire de nouveaux électeurs.

Art. 8. Si l'élection se prolongeait au delà
du temps prescrit pour sa durée, dans le chapitre suivant, elle ne pourrait être reprise ni
suivie; il serait, au contraire, indispensable
de tout recommencer, comme si rien n'eût été
fait.

CHAPITRE IV.

*Combinaison du temps, tant à l'égard de la
durée matérielle des élections, qu'à l'égard
de la durée de chacune de leurs parties
intégrantes.*

N. B. Non seulement, il est nécessaire que
le législateur prouve que ce qu'il propose est
parfaitement conforme dans la spéculation,
aux raisons morales des choses; mais il faut
aussi qu'il rende sensible, que les moyens de
ce qu'il propose sont simples et aisés à mettre
en pratique.

Les raisons morales de la manière de faire
des élections sont et doivent être avouées par
celle des gouvernements populaires; car toute
sûreté, en tous genres, pour ceux de cette
espèce, ne saurait résulter que d'une impartialité nécessaire et inaccessible aux suggestions des passions privées, dans la disposition
des charges et emplois publics, et que de
leur amovibilité saine et régulière. Mais il
est propre d'achever de convaincre que les
modes en sont d'une grande *praticabilité*.

D'abord les moyens qui viennent d'être
offerts, et dont les principes ont eu leur application à l'égard d'une assemblée de mille
votants, moyennant la multiplication des
instruments matériels, l'extension des lieux
et celle de la durée peuvent être mis en usage
dans une assemblée bien plus nombreuse. Nous
croirions faire affront à la pénétration de ceux
qui doivent nous lire, si nous développions ici
les proportions à observer dans cette application. Nous leur observerons seulement que,
au moyen d'une représentation par nombre,
au lieu d'un vœu par individu, ces proportions peuvent devenir *inverses*, au lieu d'être
directes et progressives.

Persuadé que cette vérité sera facilement
saisie par tous ceux qui, à la bonne foi d'une
âme vraiment citoyenne, joignent des idées
originelles et essentiellement vraies, nous
allons leur présenter le calcul du temps nécessaire pour que les élections, *dans les données
ci-dessus*, soient bien et dûment consommées.

Art. 1er. 1° Rassemblement des votants, depuis 10 heures..................... 3 heures.

Reprise des planchettes ou numéros d'entrée, par 10 censeurs d'entrée de 10 h. à 10 h. 1/2.............. « 1/2

3° Préparation et mise en place
des urnes pour la désignation par
le sort, des électeurs, depuis 10 h. 1/2
jusqu'à 11 h. 1/2...................... 1 h.

Ci contre..................... 4 h. 1/2

4° Ballottage du sort, nomination
effectuée et retraite par dix des électeurs dans les chambres des suffrages, depuis 11 h. 1/2 jusqu'à
12 h. 1/2............................. 1 »

5° Rapport des bulletins des électeurs du sort, depuis 12 h. 1/2 jusqu'à 2 h............................. 1 1/2

6° Scrutin de confirmation, ce qui
fait la plénitude matérielle des opérations des élections, depuis 2 h.
jusqu'à 3 h. 1/2..................... 1 1/2

Addition des temps......... 8 h. 1/2

Art. 2. La promptitude de toutes les opérations partielles, et celle par conséquent de l'ensemble de toutes celles qui concourent à l'élections dont le mode vient d'être tracé, dépendant
essentiellement de l'ordre qu'il faut y mettre
et du silence qu'il faut y faire régner, il sera
pris des mesures pour que l'un y soit toujours
observé, et pour que l'autre y étant bien
gardé, les actes nationaux aient le caractère
sérieux dans lequel consiste la majesté extérieure d'un grand peuple, et dont résulte l'économie du temps.

Art. 3. Il sera irrévocablement décidé, et de
pratique constitutionnelle en tous lieux que le
temps utile et légal des élections ne pourra
être prolongé au delà de celui du lever au
coucher du soleil. S'il arrive, qu'à cette dernière heure, une élection se trouve incomplète
ou contestée; cette élection ne pourra être reprise ni continuée. Elle devra toujours être
recommencée dans toutes ses parties à commencer par la nomination des électeurs du
sort.

TRENTE-ET-UNIÈME ANNEXE (1)

A LA SÉANCE DE LA CONVENTION NATIONALE
DU MERCREDI 17 AVRIL 1793.

NOUVEAU SYSTÈME DE REPRÉSENTATION NATIO-
NALE, D'ASSEMBLÉES ET D'ÉLECTIONS, *avec
quelques réflexions sur l'organisation générale de la République française, présenté à
la Convention nationale, par* GERMAIN RUBI-
GNY, *ami de la liberté et de l'égalité et l'un
des juges du tribunal du district de Saint-
Fargeau, département de l'Yonne ; imprimé
par ordre du comité de Constitution, en novembre 1792, l'an I de la République* (2).

On a beaucoup vanté les assemblées générales des anciens peuples. Tour à tour magistrats et souverains, ce sont eux, en effet, qui
exerçaient, par eux-mêmes, toute la plénitude
de la souveraineté, et par là ils veillaient au
maintien de leur liberté.

Mais rien n'est parfaitement durable dans

(1) Voy. ci-dessus, même séance, page 263, le rappor-
de Romme sur les divers projets de Constitution.
(2) Bibliothèque de le Chambre des députés : *Collection Portiez* (*de l'Oise*), tome 176, n° 5. Ce document
est annoncé dans le *Journal des Débats et des décrets*
du 16 novembre 1792.

26

les institutions humaines. La sévérité de leurs mœurs s'étant affaiblie peu à peu, l'esprit qui dirigeait ces assemblées dégénéra ; et les suffrages du peuple même devinrent, par la corruption, la cause de la perte de sa liberté.

Longtemps persécutée sur la terre que nous habitons, par une puissance ennemie des droits sacrés de l'homme, cette liberté disparut aussi pendant plusieurs siècles que nous avons passés sous le joug des tyrans ; mais elle paraît avec son plus grand éclat, au milieu de vous, Français. Hâtez-vous donc de préparer, à cette fille du ciel, des jours de paix, et des jours de félicité publique.

Songez qu'elle n'alliera son existence qu'à des institutions sages et à des mœurs pures.

Songez que son séjour parmi vous ne peut durer que sous le règne des bonnes lois, et sous celui d'une sage représentation nationale ; et ne perdez jamais de vue qu'elle est l'implacable ennemie de la licence et de l'anarchie.

Sous tous les rapports, mon dessein est d'examiner quels sont les avantages et les inconvénients des assemblées en général ; ce qu'elles ont de relatif au maintien de la liberté, et quel doit être dans la République française le véritable mode de représentation nationale.

La solution de ces théorèmes est embarrassante, parce qu'elle est de nature à être incomplète, parce qu'elle tient à des calculs moraux et politiques, qui tiennent eux-mêmes aux temps et aux mœurs, et qui ne donnent jamais une somme de résultats géométriques.

Prendrons-nous pour exemple du plan que la République doit adopter, celui des assemblées où le peuple entier allait délibérer individuellement ? Ce rassemblement suppose d'abord une possibilité d'exécution. Dans un grand État, comme celui de la France, cette possibilité d'exécution ne peut exister.

Formera-t-on des assemblées, telles que celles des assemblées primaires, établies par cantons, où tous les citoyens allaient délibérer par section individuellement ?

Le mode des assemblées primaires a paru nécessaire pour ces temps de révolution, où chaque membre de la société a eu besoin d'être mu, déplacé, stimulé par des rassemblements, dont le tumulte même a produit l'heureux effet de l'arracher de cet état de nullité où il avait été réduit par des siècles d'oppression, qui avaient brisé les ressorts de son énergie ; et, si l'on ose le dire aussi, par cette morale métaphysique et incohérente, dont l'effet fut de détacher le cœur de l'homme des biens de la terre, et d'en revêtir de pieux usurpateurs.

Abstraction faite de ces avantages produits par la Révolution, le mode des assemblées primaires par cantons conduit ensuite à un grand nombre d'inconvénients graves.

D'abord, examinons la position des chefs-lieux des cantons. Portés au sein de l'assemblée, sans cesser de vaquer à leurs affaires, les citoyens des chefs-lieux voteront toujours en nombre complet.

Jetez, au contraire, les yeux sur les communes de l'arrondissement. Un déplacement forcé n'est pas le seul inconvénient : les frais de transport, toujours considérables pour la classe pauvre, qui est la plus nombreuse des citoyens, en sont un autre. Leurs affaires, et les frais de séjour, seront donc souvent des causes

de leur découragement pour les affaires publiques, et par conséquent celles qui les forceront de quitter l'assemblée, après avoir passé des jours infructueux à la constituer, sans avoir même exercé aucun droit de voter pour l'élection.

Ainsi, tous les pouvoirs de l'élection sont, par le fait, accordés aux chefs-lieux de cantons. C'est une sorte de suprématie, à laquelle il ne resterait qu'une chose à faire, pour en réaliser tous les succès : ce serait d'achever le découragement du peuple circonvoisin, en prolongeant des opérations.

Une série d'exemples confirme ces détails dans presque tous les cantons ; et certes, que l'on ne dise pas ensuite que ces élections sont le fruit de la volonté générale. Non seulement il y a une violation formelle des droits de l'égalité sociale, mais encore une porte toujours ouverte aux désordres, à l'anarchie, et à tous les autres abus de la cabale et de l'intrigue.

Il est donc constant que le mode d'un pareil établissement est immoral, quelque parti que l'on prenne, soit que les élections se fassent par le peuple même, soit qu'il nomme des intermédiaires pour les faire à sa place.

Quant à ces intermédiaires, plusieurs réclamations se sont fait entendre. On est parti du principe, que le peuple est souverain. A cet égard, on a dit qu'il doit exercer immédiatement son droit de souveraineté, sans placer entre lui, ses représentants et ses magistrats, des électeurs qui pourraient exposer sa liberté, et trahir sa confiance.

Ces objections doivent être soumises à une profonde discussion.

Et d'abord, on sait que la théorie des systèmes politiques, a on ne sait quoi d'éblouissant au premier aspect ; mais qu'il n'en est pas de même dans l'exécution, où les difficultés qui peuvent se rencontrer à chaque pas, démontrent que les plus belles spéculations peuvent conduire aux plus grandes erreurs.

C'est ce qu'il sera facile d'établir ici, contre l'avis de quelques publicistes.

On veut conserver la rigueur du principe de la souveraineté du peuple. Rien de mieux que de lui rendre hommage ; mais déléguer l'exercice du droit de faire des élections, est-ce altérer ce principe ? N'est-ce pas seulement revêtir des hommes choisis par le peuple, et que le peuple peut changer à son gré, d'une faculté de fait, dont l'usage livré à la multitude, pourrait exposer la liberté publique elle-même au danger des mauvais choix ?

On a cherché à concilier l'existence des assemblées primaires avec la liberté. On a pensé que les assemblées primaires se rapprochent plus que toute autre, de la volonté générale du souverain ; et de là on voudrait faire sortir des élections définitives, sans les soumettre à d'autres épreuves.

Ainsi donc, en conservant ce mode d'assemblées, un département, composé de 200 communes, formerait environ 40 cantons, qui délibéreraient par commune, ou par canton, et par section dans les villes. Les voix seraient recueillies par des scrutins particuliers, et on les porterait ensuite à un centre commun, soit de district, soit de département, pour y être dépouillés.

Tel est un des systèmes que l'on a eu en vue

d'adopter, comme préférable aux intermédiaires.

Examinons-en les inconvénients en détail. Le premier, seul capable de faire rejeter ce système, serait, sans doute, le trop grand éloignement de ces 40 sections, toutes isolées, et placées à de trop grandes distances, les unes des autres. Le second, plus grave encore, exposerait chaque section aux manœuvres inévitables des intrigants, occupés à courir capter les suffrages de chaque assemblée particulière. Le troisième, l'intérêt privé que croirait avoir chacune d'elles, de placer un candidat pris dans son sein; et après cela, son obstination à ne pas vouloir se départir de ce vœu particulier.

Joignons à ces inconvénients les longueurs du recensement des scrutins apportés de loin, tous sujets à être recommencés pour arriver à la pluralité légale; et alors vous aurez le complément des abus étrangers, auxquels ce système donnerait lieu infailliblement.

Ces vérités se déduisent facilement de la nature de l'homme, qui, sans intérêt même, se porte à se laisser entraîner par tout ce qui l'entoure habituellement, tant qu'il ne reçoit pas d'impulsions étrangères, qui le délivrent de ses préjugés. Il préférera donc souvent des qualités vaines et frivoles à des qualités éminentes qui auraient obtenu son suffrage, s'il fût sorti de son foyer, de sa commune et de son canton; s'il eût été déplacé; s'il fût allé recevoir cette communication de lumières, toujours vive, et nécessairement plus vraie, dans une réunion d'hommes choisis.

Placés ainsi dans chaque canton, de 600 à 1,000 votants, sans les sortir de leurs hameaux et de leurs bourgades, quel sera le nombre de ceux qui pourraient porter un suffrage éclairé sur tous les candidats qui leur seraient offerts de loin?

Il n'y en aurait souvent aucun d'eux. Jamais le mérite ne prévaudrait; d'ailleurs sa modestie le laissant ignorer, les moyens toujours ardents de la séduction d'un parti actif seraient constamment couronnés du succès.

Si on s'arrête à considérer comment se forme la souveraineté du peuple, on voit qu'elle ne réside point dans un corps dont les parties soient parfaitement adhérentes et homogènes. C'est un être collectif qui se compose de membres toujours séparés, souvent hétérogènes, mais dont tous les éléments se combinent à un seul centre de réunion, pour former la volonté générale.

C'est alors, et seulement alors, que la volonté générale doit se reconnaître; car les volontés particulières qui composent cette volonté générale, toujours mues par des intérêts divers, ne pourraient jamais la former dans tous les cantons dont l'état serait composé, si, d'ailleurs, ces volontés, par section, n'avaient pas des points d'union, au moyen d'une correspondance successive des intermédiaires.

Ainsi, entre ma volonté individuelle et les volontés d'une section, par cantons, on pourrait supposer moins de différence qu'il ne s'en trouverait entre cette section et la volonté générale du peuple entier. L'une est à 500, ce que l'autre serait, peut-être à plus de 100,000.

On a mis en axiome, que la voix du peuple est la voix de Dieu. Nous ne combattrons pas ce grand principe, mais une de ses exceptions. C'est avec raison que l'on a dit que le peuple est, en général, le véritable organe de la vérité. Il l'est souvent de cette justice éternelle de l'opinion publique. Mais quand des agitateurs l'égarent, quand des malveillants trompent sa confiance; de fausses crédulités, effet nécessaire de ce que le peuple est constamment livré à des travaux pénibles, qui ne lui permettent pas de se préparer par l'étude de la méditation et de la réflexion, et une précipitation toujours remarquable dans ses déterminations, ne sont-ce pas là des écueils mille et mille fois contraires à son bonheur? ne rendent-elles pas ses actions mêmes quelquefois funestes au bien général qu'il désire? Ajoutons que si l'amour de la patrie embrase de son feu céleste le fond des âmes, toutes ne ressentent pas ces impressions divines. Ces différentes sensations sont le produit des diverses propriétés physiques et morales, parce que la nature n'a pas porté tous les hommes à l'apogée des vertus.

Aussi, de là de grands moyens de séduction. On se pare de dehors séducteurs; et, avec un art perfide, les passions, l'intérêt et l'ambition se couvrent du zèle du bien public, et cherchent à s'emparer exclusivement de la confiance générale.

Que d'hommes astucieux se sont fait recommander par cette éloquence fallacieuse! Que de routes battues au milieu du peuple! Croit-on donc qu'avec la meilleure volonté de faire un bon choix, on sera assuré que le peuple, après cela, en fera un bon?

Hélas! la multitude doit être d'autant plus exposée à être trompée par les pressantes sollicitations qui l'entourent, qu'elle est toujours livrée à quelque parti dominant, et que, délibérant dans chaque canton, ou dans chaque commune, sans connaître les candidats, son choix ne pourra se fixer que sur des rapports imparfaits, souvent partiaux et perfides.

L'intrigue subjuguera donc toujours les opinions : c'est elle qui influencera les délibérations; c'est elle qui, en tout temps, sera constamment assez forte, assez puissante pour empêcher que les suffrages d'une section ne puisse s'élever au-dessus de toutes les considérations humaines, afin de ne voir que le salut général.

Ce n'est pas tout encore. Si le peuple consomme ses élections lui-même, pourra-t-on admettre deux degrés d'élection, sans retomber dans le principe des intermédiaires, et sans rompre de nouveau les rapports qui forment la volonté générale?

D'ailleurs, quand toute l'élection ne se conformerait pas par un premier choix, et que d'abord on nommerait les candidats pour les épurer ensuite par un second choix, ne retomberait-on pas toujours dans le cercle vicieux des assemblées primaires, dans les affections privées, dans les haines locales?

Soit au milieu des campagnes, où le peuple est plus nombreux, soit même dans les villes, représentez-vous, toujours par commune, toujours par canton et par section, des débiteurs à côté de leurs créanciers; l'indigent à côté du riche, dont il dépend par ses travaux; le malheureux auprès de son bienfaiteur; l'envie oisive auprès de l'homme industrieux, laborieux et aisé; la haine jalouse ourdissant une cabale contre l'homme de bien et éclairé; l'ennemi auprès de son ennemi; après cela, le parent auprès de son parent; l'ami auprès de son ami.

Qui ne connaît pas toutes ces affections locales? qui ne les a pas éprouvées? Parcourez le territoire français, parcourez toute la terre : la réunion des hommes en petites sociétés, offrira les mêmes causes; et les mêmes causes produiront les mêmes effets.

Jugez donc, d'après ces rapprochements vrais, quelles peuvent être toujours, et la parfaite intégrité des premières assemblées pour y consommer une élection, et le mérite d'un choix précipité.

Avouons-le avec franchise : ce choix, dans toutes ses parties, ne peut être essentiellement bon; et il ne deviendra pur, que lorsqu'après avoir été pris d'abord en plus grand nombre de membres qu'il ne doit rester définitivement, ce choix ensuite sera soumis à une réduction et à divers degrés épuratoires, par des citoyens appelés pour le faire.

Nous devons l'avouer : le mode d'élection subsistant, dépouillait le peuple du choix de ses législateurs et de ses premiers magistrats. Les électeurs y avaient l'exercice de la souveraineté tout entière; et cela, parce que leur droit illimité, de porter aux places des hommes à leur gré, s'exerçait sans la moindre participation du peuple.

Rejetons donc ce système pour un autre qui, ramenant les citoyens à l'égalité, les appellera tous à l'exercice des mêmes droits.

Posons des limites : qu'elles soient telles pour les électeurs, qu'elles ne leur offriront qu'un espace à parcourir sur le choix de leurs commettants, pour rendre ce choix plus pur, par de nouveaux degrés d'élection.

Ces degrés, à leur tour, sont indispensables : on doit prévenir les erreurs inévitables d'un premier choix, lorsque surtout il est fait dans un assemblage sans choix; car le désordre et la confusion qui y règnent, empêchent alors trop souvent le triage de ce qui est meilleur, soit si facile à faire.

Nous ne pouvons trop prendre de précautions sur un sujet aussi important. C'est à l'homme de bien qu'appartiennent les suffrages : l'en dépouiller, c'est violer ses droits, c'est violer ceux de la société.

Nous proposerons donc un plan d'élection, qui, en conservant le principe de la souveraineté du peuple, et de la volonté générale, nous sortira du chaos des assemblées primaires par canton.

Ce plan offrira d'abord le vœu du peuple par deux premiers choix; ils appartiennent en entier à sa souveraineté.

Il offrira ensuite divers degrés à parcourir pour épurer ce choix dans des assemblées subséquentes; on y déroutera absolument l'intrigue et les passions; les ruses de la cabale y seront déjouées; ainsi, on préparera à la vertu tout l'ascendant, tout l'essor dont elle est digne.

Enfin, il est temps de prendre des moyens qui puissent offrir l'assurance morale, que chaque votant n'opinera que d'après sa conscience.

Les despotes ont des mesures bien différentes. A qui doivent-ils accorder la préférence pour des places? A des fripons. Telle est leur politique : ce caractère est le seul qui convienne parfaitement à un gouvernement royal; car les rois ne veulent commander qu'à des esclaves dévoués à l'obéissance aveugle de leurs volontés tyranniques; aussi, leur administration n'est-elle qu'une souillure perpétuelle de crimes, de vexations et d'injustices.

Dans une république, au contraire, la morale en est le nerf et la politique. On n'y peut perpétuer la liberté que par les mœurs; on n'y peut maintenir la sagesse du gouvernement que par les vertus publiques et privées.

Pour nous en convaincre, jetons les yeux sur l'existence des Grecs, des Romains et des Anglais.

Ces deux premiers peuples furent toujours libres, sous l'empire des mœurs austères; mais le relâchement des vertus sociales fit ensuite disparaître toute leur fierté républicaine et leur énergie.

Des hommes corrompus et ambitieux se succédèrent aux places du gouvernement. La liberté publique et les lumières s'évanouirent; elles ont disparu, et ce n'est plus qu'un songe aujourd'hui.

Des usurpateurs, avec de l'audace et du courage, s'emparèrent de l'autorité; et la proscription de ceux qu'ils avaient à redouter, prépara l'esclavage; et les Grecs et les Romains, d'abord si fiers et si belliqueux, s'y soumirent, et reçurent les lois de leurs tyrans.

Rappelez-vous la révolution anglaise. Ce peuple, comme celui de la France, se leva aussi tout entier pour briser ses fers, et un moment il fut libre. Mais son patriotisme se ralentit; un chef de parti, intrépide et cruel, en profita pour remonter sur un trône que la nation avait renversé; il s'y souilla de crimes et de proscriptions, et le fier Anglais n'eut plus de courage pour étouffer ce nouveau monstre, que des préjugés respectent encore dans ses successeurs.

Comme l'homme, la liberté a donc son temps d'effervescence, de maturité et de décrépitude; comme chez les Anglais, elle passe souvent du premier au dernier période. Français, vous êtes au premier : tâchez d'arriver au second, et d'éviter les écueils qui pourraient vous conduire au troisième. La maturité est le plus bel âge du corps politique; un régime sage peut maintenir cet état de santé, de siècles en siècles. Mais il dépend d'abord d'un mode de représentation qui n'élève aux places que l'homme de bien : sous ce point de vue, une sage représentation nationale est donc le véritable secret pour bien conduire, pour bien conserver notre existence républicaine.

C'est ce secret que j'ai cherché. C'est à vous, citoyens législateurs, c'est à vous, mes concitoyens, à examiner s'il est trouvé par le plan que je vais vous présenter.

PLAN.

Ce plan offre quatre principales divisions, toutes d'une exécution aussi prompte que facile :

1° Assemblées primaires par communes;

2° Assemblées secondaires par cantons ;
3° Assemblées électorales par départements;
4° Comices de la République.

TITRE Iᵉʳ.

Des assemblées primaires.

Art. 1ᵉʳ.

Tous les deux ans, au 1ᵉʳ mars, le peuple français se réunirait en assemblées primaires, par communes, pour exercer ses droits de souveraineté, ainsi qu'il sera prescrit par les lois, sans qu'il soit besoin de lettres de convocation, ni d'aucun autre avertissement par écrit.

Art. 2.

Les départements seraient divisés en cantons de 4 lieues carrées, réunissant communément 10 à 12 communes; et dans les grandes villes, en sections subdivisées en fractions d'environ 500 votants par assemblée. Le chef-lieu des cantons, autant qu'on le pourrait, serait au centre de l'établissement, ou choisi sur le vœu des communes, par leurs commissaires nommés à cet effet.

On régirait chaque canton par des administrations centrales, établies à la place des municipalités et des districts. Chaque ville, au-dessus de 4,000 votants, formerait, seule, une administration centrale.

En admettant cet établissement, conserverait-on les départements?

Il est remarquable que les départements et les districts prenaient principalement une de leur grande utilité de ce premier vice inhérent à l'institution des municipalités, toutes susceptibles, dans ces premiers moments de leur création, d'une surveillance continuelle.

On ne peut douter, qu'en agrandissant la sphère de leur existence politique, en liant entre elles plusieurs communes, leur administration deviendrait infiniment plus éclairée, plus respectable; les pouvoirs intermédiaires, ensuite, seraient moins nécessaires, surtout après la confection des lois, et la marche donnée à leur exécution.

Avec cela, cependant, oserait-on encore former des vœux sur la suppression des administrations de département?

On soupçonne ces grands corps d'une tendance à la formation des républiques fédératives; mais c'est mettre en balance, des craintes éphémères que l'intérêt général et l'intérêt particulier ne permettent pas de réaliser, avec l'avantage que nous recueillions de ces grands établissements. Voit-on même qu'un bureau exécutif pût s'acquitter avec la même sagacité des détails de quatre-vingt-trois départements, outre les colonies? Ne doit-on pas être toujours à portée des localités pour bien en juger tous les rapports? Y aurait-il donc autant de célérité dans l'expédition des affaires? Ne faudrait-il pas souvent faire de cent à deux cents lieues pour obtenir une décision? La confusion aussi ne se mêlerait-elle pas dans les bureaux? Et de là, des négligences, des retards et des injustices. Ainsi, la protection serait bientôt indispensable, dans cet unique département, pour obtenir prompte et brève justice.

Au reste, si on faisait cette suppresion, il serait possible que les administrations centrales exerçassent les unes sur les autres, tour à tour dans leur voisinage, ce second degré de juridiction qu'exercent actuellement les tribunaux entre eux, sauf, après cela, la décision du Conseil exécutif dans les cas déterminés.

Si cette mesure, que l'on ne croit pas propre cependant à suppléer aux administrations de département, était adoptée, l'élection des membres des administrations centrales appartiendrait à l'assemblée électorale, seule représentative des administrés de toutes les sections soumises à cette juridiction.

Art. 3.

Pour parvenir *aux élections des assemblées primaires*, chaque commune, chaque section choisirait un quart de ses membres qu'elle élirait pour composer les assemblées secondaires, ainsi qu'il suit :

1° Si ça été un inconvénient de conduire tous les citoyens au canton, c'en serait un autre, sans doute, de n'en pas conduire assez.

Nous établirons donc quatre réductions géométriques. Les trois dernières, prises l'une sur l'autre successivement, seront tirées de ce quart élu dans la masse entière du peuple.

Elles seront d'un cinquième chacune. Leur résultat sera de faire retrouver à l'assemblée électorale, comme ci-devant, précisément le même nombre d'électeurs, moins les candidats, qui y étaient admis mal à propos. Par là la représentation à l'assemblée électorale serait d'un à cent.

2° Dans les assemblées primaires, on aurait cela de favorable encore, qu'au premier, et même au second degré d'élection, chacun trouvant de quoi flatter son amour-propre ou l'ambition, il n'y aura plus d'injustes exclusions. Les assemblées populaires, sont, en général, les plus tumultueuses. Ici elles agiraient avec un concert fraternel et unanime : elles auraient à élire d'abord un sur quatre; au lieu qu'actuellement les assemblées primaires, composées de mille citoyens, ne peuvent fixer que sur dix seulement, toutes les chances de l'élection.

Art. 4.

Après ce choix, sans désemparer, chaque commune nommerait ensuite ses candidats; ils seraient destinés à être présentés aux assemblées subséquentes. Le choix serait fait sur le quart élu; on le ferait au cinquième du quart, ce qui ferait un vingtième de la masse.

De là, deux premiers degrés d'élection dans les assemblées primaires, et les plus grands caractères de la souveraineté du peuple et de la volonté générale.

En effet, par ces deux degrés, le peuple entier nommerait tout à la fois les candidats et les électeurs : les uns, pour composer toutes les assemblées subséquentes; les autres, pour occuper les places du gouvernement; tous néanmoins soumis à de nouvelles épreuves, ainsi qu'il sera dit ci-après.

Mais le peuple n'aurait pas moins exprimé son vœu, et fait deux premiers choix dont il ne serait pas permis de s'écarter, pour élire ensuite ses législateurs et ses magistrats.

Toute la souveraineté du peuple resterait

donc entière par ce projet; toute sa volonté, la volonté souveraine, de chaque commune n'aurait plus qu'à se réunir pour composer la volonté souveraine de la République.

Ainsi, l'une et l'autre seraient puisées dans leurs vraies sources.

Art. 5.

Pour les places d'administration et de judicature, le nombre des candidats ne peut être fixé ici; mais les membres pourraient être pris ailleurs que dans la commune ou dans la section.

A l'égard des assemblées électorales, pour former la législature, et composer le bureau exécutif, le nombre des candidats serait toujours d'un cinquième, comme on vient de l'indiquer.

TITRE II.
Des assemblées secondaires.

Art. 1er.

Les candidats présentés par les assemblées primaires, et autres, ne pourraient jamais être admis aux assemblées pour leurs élections.

Le principe de la souveraineté du peuple, d'où découle la volonté générale, ne permet jamais d'exclure des assemblées primaires, le quart des citoyens qui y serait élu, pour faire sur lui le choix des premiers candidats. Ceci est fondé sur ce que le vœu de ce qui resterait de citoyens, pour procéder à cette nomination, ne serait plus l'expression de la volonté générale du peuple entier, mais seulement le vœu des trois quarts de ses membres.

On doit donc se rendre à la rigueur du principe, et renoncer à toute exclusion aux assemblées primaires, pour procéder aux deux premiers degrés d'élection.

Mais ce principe cesse d'avoir son application, lorsque le peuple cesse de délibérer en corps.

Ce n'est pas lui, non plus, qui délibère aux assemblées secondaires; il n'y a là que des mandataires, et on y en distingue de deux sortes.

Les uns chargés d'élire, les autres destinés aux places; et ces derniers seulement, courant toutes les chances de l'élection.

Or, c'est une juste mesure de laisser à ce sujet l'assemblée libre de fixer les chances, sans le concours des candidats.

Plusieurs raisons le veulent impérieusement. La première, c'est qu'il est immoral qu'un candidat puisse concourir à son élection; car il ne peut devenir, sans danger, l'arbitre de son propre choix. Une voix, la sienne seule, peut servir à écarter un candidat plus digne que lui de l'élection.

La seconde, c'est que sa présence est déjà un moyen de corruption. N'est-il pas révoltant de voir que celui que l'on va juger, soit reçu au nombre de ses juges, pour opiner avec eux?

La troisième est fondée sur des préférences et sur des coalitions, dans lesquelles les électeurs seraient, s'ils le voulaient, absolument libres de se servir respectivement, en s'attribuant toutes les places exclusivement.

Les membres élus aux assemblées primaires, moins les candidats, composeraient donc alors

les assemblées secondaires. On tiendrait alternativement ces assemblées dans l'un des quatre points cardinaux de chaque canton, pour éviter l'influence des localités.

On ferait, dans les assemblées secondaires, toutes les élections relatives aux administrations centrales, et à l'organisation judiciaire, sur le nombre des candidats présentés *ad hoc.*

Art. 2.

Pour composer l'assemblée électorale, on ferait un choix aussi dans le nombre des candidats présentés à *ce sujet*, par les assemblées primaires. Ce choix donnerait des électeurs et des candidats.

Ils seraient pris au cinquième des premiers candidats; ce qui formerait, comme nous l'avons dit, le centième de la masse des voyatants.

Après cette élection, on nommerait des seconds candidats, pour être présentés aux élections subséquentes. On les prendrait dans le nombre des candidats électeurs, c'est-à-dire dans ce centième. Le choix en serait fait au cinquième.

Art. 3.

Par cette manière d'épurer les choix, on voit que les électeurs des assemblées secondaires ne passeraient point à l'assemblée électorale. Il en serait de même pour les assemblées subséquentes.

Ainsi, toutes les assemblées auraient successivement des électeurs, et un moindre nombre de candidats. Les uns naîtraient par le partage d'un nombre mis en réserve, et toujours à réduire en deux parties inégales. La première fraction serait d'un cinquième; et l'autre des quatre cinquièmes restants perdrait la qualité de candidats.

On composerait, à l'assemblée suivante, le corps des électeurs, de ces quatre cinquièmes restants, et les membres ne seraient jamais rappelés deux fois pour élire.

Le cinquième élu aurait toujours, de plus que les quatre autres, reçu et monté un nouveau degré d'élection; et lui seul aussi resterait au nombre des candidats.

Mais un autre degré d'élection, encore, choisirait ensuite un autre cinquième de ce nombre de candidats, et laisserait de même les quatre cinquièmes, pour renouveler le corps électoral.

Si rien n'est plus beau en spéculation, rien dans la pratique ne serait plus facile.

Tout s'exécuterait par de simples subdivisions de quotités déterminées pour les quatre premiers degrés d'élection; et pour les degrés postérieurs, on se fixerait sur le contingent, dont on va bientôt parler.

Ainsi, sur le choix fait par le peuple, ces réductions formeraient un corps de candidats et des corps électoraux, en épurant les uns comme les autres, tous à la fois, par des degrés d'élection, dont l'accroissement répondrait d'avance de la perfection de leur choix.

Voyez aussi ce changement des électeurs, et cette diminution successive et proportionnelle de leurs membres avec ceux des candidats.

L'un produit une simplification entière dans les opérations; ce qui en rendrait la marche prompte;

L'autre coupe le fil des intrigues de chaque corps électoral, sans qu'il puisse se renouer à l'assemblée suivante ; et ce qui serait inappréciable encore, c'est que jamais les électeurs ne se fatigueraient par des assemblées successives.

TITRE III.

Des assemblées électorales.

Art. 1er.

Ceux qui se destinent aux places pourraient, sans être élus candidats, se faire inscrire sur un tableau placé en évidence dans la ville du chef-lieu de l'administration générale, s'il en est conservé, ou dans la ville la plus centrale.

Alors l'assemblée aurait la liberté d'admettre au rang des candidats, d'autres membres que ceux qui lui auraient été offerts par chaque canton.

Que d'assemblées électorales seraient en concurrence, comme elles l'ont déjà été, sur la faveur du choix des hommes de mérite, qui vont se distinguer par leur zèle, leurs talents, et leurs vertus civiques! Aucun ne pourrait manquer ce tribut d'estime publique, soit aux premiers degrés d'élection des assemblées primaires et secondaires, soit à celui-ci.

Cependant, pourrait-on admettre au rang des candidats, à l'assemblée électorale, ceux qui n'auraient eu aucun degré d'élection de leurs communes?

Pour l'affirmative, on doit penser, que la haine d'un parti, et les passions en tout genre, enlèverait encore quelquefois, à un citoyen estimable, les suffrages qu'il aurait dû obtenir.

L'assemblée électorale, représentant toutes les communes du département, devant avoir, à cet égard, toute la latitude convenable, elle ferait donc justice d'une telle injure, et par là s'anéantiraient toutes injustices locales.

Ce serait, à la vérité, une exception à nos principes, parce qu'un tel candidat, admis au rang des autres, n'aurait pas, comme les autres, été soumis aux mêmes épreuves.

Mais le suffrage, mais l'hommage éclatant d'une assemblée d'hommes, qui auraient eux-mêmes été admis à ces épreuves, en feraient le juste équivalent.

Cette exception serait d'ailleurs très rare : malgré tout, elle aurait besoin d'être limitée, pour ne pas faire naître, par là, de nouveaux abus.

On autoriserait aussi les assemblées secondaires à exprimer leur vœu sur l'admission des citoyens non élus candidats par leurs communes. L'assemblée électorale aurait la liberté de confirmer ce vœu; mais ce choix ne pourrait excéder le dixième des candidats élus, et il ne pourrait avoir lieu sur ceux présentés par l'assemblée secondaire, dans laquelle aurait voté le citoyen qui y aurait obtenu un tel vœu; car on l'a dit, sa présence aurait pu le solliciter, et elle doit être comptée pour un moyen de séduction.

Art. 2.

On donnerait à chaque électeur un tableau, contenant le nombre des candidats, sur lesquels on aurait à voter. Ce tableau aurait même été affiché à l'avance, afin de pouvoir mûrir de bons choix.

Art. 3.

Pour la formation des comices nationaux, on choisirait sur les candidats de l'assemblée secondaire, des électeurs dont le nombre serait déterminé pour chaque département, suivant le contingent de la représentation établie sur la population, le territoire et les contributions.

Sur ces électeurs, par un choix subséquent, on élirait de troisièmes candidats, dont le nombre serait double de celui des députés, pour composer la législature et le conseil exécutif.

TITRE IV.

Des comices de la République.

Art. 1er.

L'élection des députés appartient à la République, comme le choix des électeurs d'un département à tout le département, comme le choix des électeurs d'un canton à toutes les communes du canton.

Ce principe vrai a été reconnu tel par l'Assemblée constituante; mais il n'a pas été mis en pratique. Elle a déterminé le contingent des membres que devait avoir chaque département à la représentation nationale; elle a rompu ensuite le chaînon qui devait former la volonté générale sur le choix de ses membres, en oubliant d'établir un point d'union, où tous les électeurs de tous les départements pourraient rectifier de mauvais choix, et faire disparaître les abus des localités, par un dernier degré épuratoire.

C'est pour y parvenir, c'est pour former l'union de cette volonté générale, qu'il convient de créer l'assemblée des comices.

Cette assemblée est indispensable; elle est invoquée sur le plus sacré de tous les principes, sur le plus sacré de tous les liens sociaux.

Des législateurs, et à l'avenir le conseil exécutif, ne doivent pas avoir seulement la confiance d'une section de la nation; c'est à la nation entière que tous appartiennent; tous doivent en mériter et en obtenir les suffrages.

Dans une République, les citoyens doivent se connaître; et ces grandes assemblées, où le mérite et la vertu seront pesés à la balance de la raison et de la justice, accroîtront bientôt tous les moyens d'y parvenir.

Ainsi, les électeurs se réuniraient en assemblée générale des comices, dans la ville la plus centrale de la France, pour la nomination des membres du Corps législatif, et des bureaux exécutifs.

Art. 2.

Les comices nationaux ne pourraient admettre au rang de candidats, que des étrangers de la République; personne qu'eux ne doit, d'un seul pas, affranchir tous les degrés, pour passer à celui-là.

Art. 3.

C'est une grande question à examiner, que celle de savoir de combien de membres doivent, à l'avenir, être composée chaque législature.

Il est nécessaire, sans doute, dans une refonte générale, d'y appeler un grand nombre d'hommes éclairés.

Mais, la Convention terminée, les principes posés, aura-t-on besoin de tant de législateurs?

Il est certain que les assemblées composées d'un trop grand nombre d'hommes, font naître, en général, des germes de division, que le temps, qui produit tout, fait éclore dans toutes. Des partis se forment, l'orage éclate, et l'esprit du bien public peut être étouffé par les passions.

On ne saurait douter que l'esprit est une des lumières combustibles, qui peut porter l'incendie dans le cœur d'un État. Une certaine quantité est utile à chaque législateur, pour l'éclairer, pour développer de grandes vérités politiques, qui, dans ce berceau de la République, de la liberté et des lois, doivent être soumises au creuset d'une savante discussion.

Mais aussi, la réunion d'une trop grande quantité de cette matière électrique ne serait-elle pas susceptible, par la suite, de produire une explosion? Car les propriétés de ces divers éléments réunis, ne donnent pas toujours, par les individus qui en sont doués, un produit uniforme de combinaisons et de moyens.

On veut garder les législatures en permanence, et on a raison. La République doit toujours avoir ses représentants en activité.

Mais un temps viendra nécessairement, celui où les travaux ne seront plus ce qu'ils sont à cette refonte totale; où les travaux ne seront plus proportionnés au nombre des législateurs; et ce temps n'est pas loin, puisque le contrat social se rédige; il n'est pas loin encore, si les peuples deviennent libres, et on n'en peut douter; et si la République, cessant d'être en état de guerre, finit par licencier ses troupes.

On doit se convaincre, sans doute, que les Français conserveront avec soin le trésor précieux de leur liberté.

Mais leurs représentants en sont les premières sentinelles. Leur poste est le plus important de tous : ceux qui continueront de l'occuper, ne peuvent, pas plus que ceux-ci, rester sans être en activité; car les ressorts se détendent par le désœuvrement, l'esprit public s'affaiblit. Eh! que produit l'oisiveté? La corruption.

Que si l'absence des travaux n'énervait pas toutes les vertus, le génie s'alimenterait alors de systèmes : soit que, peu satisfait de son état, l'homme veuille en changer, soit qu'il veuille servir sa réputation; mais toujours inconstant, il serait à craindre que trop de législateurs, livrés à eux-mêmes, ou ne s'amollissent, ou n'ébranlassent le corps politique, par des systèmes destructeurs, et par des commotions violentes, qui en troubleraient perpétuellement les fonctions.

Des hommes éclairés et sages, d'une pureté reconnue: tels sont les hommes de la raison, qu'il faudra, en petit nombre, pour maintenir la tranquillité de la République, et ramener l'âge d'or.

Ainsi, pour composer l'Assemblée législative, qui suivra immédiatement la Convention, on élirait également le même nombre de députés existants, à cause des travaux res-

tants; et ils seraient pris sur le nombre des candidats choisis par les assemblées électorales.

Mais les Assemblées législatives subséquentes ne seraient composées que de quatre cents membres, au plus, outre ceux des colonies.

Art. 4.

Pour composer le pouvoir exécutif, on élirait, outre les suppléants, trente membres, si on conserve les administrations de département, et soixante, si on les supprime. Cette augmentation de membres est nécessaire ; car un seul homme supporte, en ce moment, le poids de l'administration de la guerre; un autre celui de l'intérieur; et un autre celui de la marine. Cependant les districts et les départements ont plus de membres que celles-ci, et moins de travaux à suivre. Pourquoi cette disproportion ?

Après cela, ces membres seraient changés par moitié tous les deux ans, et ils pourraient être réélus. Ils auraient la qualité d'administrateurs généraux. Celle de ministre retrace tous les crimes de l'ancien régime.

Ce bureau exécutif serait subdivisé en six bureaux de départements, composés, d'après ce qui vient d'être dit, de cinq ou de dix membres, responsables par bureau.

En cas de forfaiture de la part de l'un d'eux, on pourrait établir une espèce de tribunal par tour, composé des membres d'un autre bureau, et de législateurs, aussi pris par tour, en nombre égal.

Ces membres se réuniraient pour examiner et pour constater les preuves de la forfaiture; rapport en serait fait ensuite; et, sur leur avis, le Corps législatif statuerait définitivement.

Cette espèce de tribunal de famille aurait ces avantages, toujours difficiles à rencontrer, savoir : de n'être point un corps dans l'État; de n'être point en permanence pour balancer et détruire l'action des deux pouvoirs réels, distincts et séparés , et dont les mouvements ne peuvent être interrompus sans danger; enfin, la conciliation serait d'autant plus belle, qu'elle s'opérerait, par l'intermédiaire de leurs membres mêmes, toujours offerts par le hasard.

Ce sont des combinaisons qui demandent à être mûries, pour être bonnes, et en offrir d'autres.

Mais, quant aux divers degrés d'élection, ils paraissent si simples à observer; ils sont si conformes à tous les principes sur la souveraineté, qu'ils démontrent ainsi, que la volonté générale, qui est cette souveraine, sortant de sa source, celle du peuple, monte des assemblées primaires à tous les degrés qu'elle doit suivre pour s'épurer; et arrive ainsi, toute pure, à un centre commun, pour s'élever au plus haut point de certitude morale, qu'il soit possible à l'homme d'imaginer.

L'échelle épuratoire est de l'autre part.

Assemblées primaires.

Soit un département composé de.............................. **50,000 votants.**

1er degré d'élection. — Quart

de la masse............................ 12,000 —

2e degré d'élection. — Premiers candidats, 5e tiré du quart ci-dessus..................... 2,400 —

Assemblées secondaires.

La masse des votants se compose du quart ci-dessus, moins les candidats......................... 9,600 —
Rappelons les candidats ci-dessus .... 2,400 —

Comme le quart, Total....... 12,000 —

3e degré d'élection. — Electeurs et candidats, 5e tiré des candidats ci-dessus................. 480 —

4e degré d'élection. — Seconds candidats, 5e tiré du nombre ci-dessus.................... 96 —

Assemblées électorales.

La masse des votants se compose de 480, sur quoi réduire les candidats......................... 384 —
Rappelons les seconds candidats ci-dessus...................... 96 —

Comme au 3e degré d'élection, Total........................... 480 —

5e degré d'élection. — Electeurs et candidats tirés du nombre ci-dessus, suivant le contingent de la représentation nationale, fixé par la Constitution pour chaque département .... mémoire.

6e degré d'élection. — Troisièmes candidats de nombre double à celui des membres que chaque département fournirait au Corps législatif...... mémoire.

Assemblée des comices de la République.

Masse des votants subordonnée aux fixations à déterminer ci-dessus................... mémoire.
Masse des candidats............ mémoire.

7e et dernier degré d'élection. — Celui-ci nommerait les membres de la législature, et ceux du bureau exécutif...... mémoire.

Ajoutons sur cette importante matière deux remarques tranchantes.

La première, qu'à Rome où les factions se multipliaient durant la paix, on s'avisa de détourner ce fléau, en portant la guerre à l'extérieur de la République. C'est alors que l'incertitude du succès, et les divers événements, fixant l'attention générale, tous les partis se rallièrent souvent pour s'unir à la cause commune.

Mais en France, à peine sommes-nous libres, que les factions veulent naître au sein même de la guerre, et au milieu de nos travaux régénérateurs.

Pourquoi ce déchirement? La cause se reporte nécessairement à notre sujet : c'est dans le vice des élections qu'elle se trouve.

N'est-ce pas ce vice, en effet, qui a élevé aux différentes places des intrigants et des factieux? et ne sait-on pas que l'intrigue et les partis ne peuvent se soutenir autrement que par l'anarchie?

Voulez-vous donc éviter à jamais ces écueils? forcez tous les citoyens de passer, pour être élus, par les divers degrés d'épreuves indiqués: alors les courtisans populaires disparaîtront, comme vont disparaître tous les despotes. A leur place une émulation de vertus nécessaires, ouvrira une carrière inconnue dans nos mœurs et chez toutes les nations. Cette émulation n'offrira plus, dans la société, que cette lutte honorable dont l'effet sera de se surpasser en mérite de tout genre, pour captiver l'estime et la bienveillance publique.

Telle est la révolution morale dont je propose les bases : on peut les poser facilement, et élever un édifice qui sera durable.

2°. Cependant on entend très souvent répéter que les cabales sont inévitables et nécessaires dans de grandes réunions, pour rallier les opinions. On cite à l'appui de ces erreurs graves, l'exemple des gouvernements anciens et modernes.

Mais où sommes-nous avec une morale aussi pernicieuse! que voit-on partout? un principe de corruption attaché à la forme vicieuse des élections, et voilà tout.

Loin donc de nous toutes maximes impures; n'en souffrons aucune dans le livre des nations que l'on compose pour les diriger toutes.

Législateurs Républicains, n'oubliez pas que, depuis longtemps, le peuple, fatigué de l'obsession qui l'environne sans relâche, attend une mesure de sagesse pour ramener le calme et la liberté dans ses délibérations. Ne laissez pas davantage vingt-cinq millions de citoyens en proie à des tourments perpétuels, sur un sujet aussi sérieux. Un cri général vous l'ordonne.

D'ailleurs, le vice des élections suffit pour provoquer la dissolution d'une Constitution libre, en infectant toutes les places. Car il est sensible que cette dissolution pourrait s'accélérer avec une très grande vitesse, dans un moment où rien n'est encore parfaitement affermi.

On ne saurait douter, cependant, que les vertus civiques ont pris un grand ascendant sur tous les esprits; mais il reste encore de profondes racines de ce vieux peuple, immoralisé sous la tutelle des rois. L'égoïsme renaît partout, et le désir de commander et de s'élever aux places, par d'autres vues que celles du bien général, est, si on n'y met un frein salutaire, une des grandes causes capables de précipiter la République dans le trouble, et d'opérer la dissolution de toutes ses parties.

Des voix.

On a souvent examiné ces deux questions :
La première, si les suffrages doivent être donnés à haute voix;
La seconde, quel est le concours de voix nécessaire pour faire une élection.
La première vient d'être examinée à la Convention nationale; elle y a été vue séparément de la seconde. Nous les croyons inséparablement dépendantes l'une de l'autre; elles seront donc examinées en commun.

Et, d'abord, les suffrages à haute voix,

présentent tous les inconvénients de la vénalité; au lieu que cette vénalité ne peut pas, de même, avoir lieu, les voix étant données secrètement; car, fussent-elles promises, le votant serait encore le maître, en ce dernier cas, de ne pas tenir sa parole.

Cependant cette mesure ne doit pas être sans exception.

Elle le serait dans les assemblées primaires et secondaires. On l'a démontré, les hommes y sont trop dépendants les uns des autres, pour avoir la certitude que les suffrages donnés à haute voix seraient libres.

Cette règle serait encore observée dans les assemblées électorales et dans les comices nationaux, jusqu'à ce que les candidats fussent choisis, même aux deux premiers tours de scrutin, pour le choix des membres à élire aux places.

Mais alors, au troisième tour, rien n'empêche que les voix ne puissent facilement se recorder ouvertement sur le mérite auquel est due la préférence.

Si l'Assemblée avait éprouvé une résistance secrète, par les manœuvres d'une cabale, les auteurs en auraient la honte au dernier scrutin. En dévoilant ainsi l'intrigue, on parviendra à l'éviter.

Quand on s'approche de l'élection, les délibérations deviennent plus graves : l'avis qui l'emporte doit, en quelque sorte, être unanime.

Ainsi, comme le concours de la volonté générale est toujours la base de ce plan d'élections, les deux tiers des suffrages seraient exigés lorsque l'on ferait l'élection à haute voix.

Des scrutateurs.

Ce n'est pas seulement dans nos assemblées françaises que le mode qui donne aux scrutateurs tant de confiance, a fait naître des réclamations.

Les Romains s'en plaignirent souvent eux-mêmes.

Chaque votant sait bien, en effet, à qui il donne son suffrage; mais s'il ne sait pas lire, il est forcé de s'adresser au scrutateur. Et quelle est la certitude qu'il a que son vœu est rempli ?

Ensuite, tous les votants savent bien quel est le nombre de billets dont doit être composé le scrutin.

Mais leur destination est un secret absolu pour eux.

Il est donc impossible que le corps de l'Assemblée puisse s'assurer que les scrutateurs n'ont pas abusé de la confiance accordée à chacun individuellement, puisque chacun recueille les suffrages individuellement et sans témoins.

Les scrutateurs sont des hommes; et, comme les autres hommes ils peuvent être sujets aux mêmes passions.

De là des soupçons, qui peuvent être bien ou mal fondés.

Mais enfin, n'est-il pas naturel que les neuf dixièmes des votants puissent concevoir des doutes sur la fidélité des scrutateurs, lorsque souvent ces scrutateurs n'auront été élus que parce qu'ils étaient connus de quelques membres, peut-être même lorsqu'ils n'avaient la confiance que du dixième des votants au plus ?

Un ou deux témoins en surveillance auprès de chaque scrutateur, placés au gré général de l'Assemblée, paraît donc être une mesure nécessaire, soit pour mettre les scrutins à l'abri de la fraude, soit pour mettre les votants dans un état parfait de confiance et de tranquillité sur ce point important.

Enfin, ô précieuse Liberté! tu n'es point, comme le prétendent tes détracteurs, une divinité licencieuse et anarchique; mais la reine des sociétés sages, l'ennemie de toute licence et de toute anarchie. Règne sur l'horizon de la France, mais que ce soit sous l'observance des lois, et sous l'empire de l'ordre absolu, dans toutes ses parties.

Et vous, citoyens des départements, si les élections épuratoires, qui semblent conduire à ce but, vous conviennent, ce système ne conviendra pas de même aux démago-anarchistes, aux projets desquels les principes d'une représentation salutaire ne peuvent que nuire; mais que votre assentiment, et l'assentiment général des sages représentants de la République, s'élèvent enfin pour proscrire à jamais des places ceux qui ne sont pas dignes de les remplir.

TRENTE-DEUXIÈME ANNEXE (1)

A LA SÉANCE DE LA CONVENTION NATIONALE DU MERCREDI 17 AVRIL 1793.

REMARQUES SUR LA CONSTITUTION DE 1791, par J. SMITH, traduites de l'anglais par le citoyen MANDRU (2).

Remarques sur la Déclaration des droits des hommes et des citoyens.

Art. 10.

Tout homme qui est punissable pour avoir troublé l'ordre public, doit être coupable de quelque acte manifeste tendant à altérer cet ordre : que le motif qui a produit cet acte, parte de la religion ou non, n'importe. La simple manifestation des opinions ne peut jamais, dans un Etat libre, être regardée comme attentatoire à l'ordre public. Peut-être, au lieu de cet article, serait-il mieux de déclarer : « que tout homme peut jouir de ses opinions, les mettre en avant et les défendre, de quelque nature qu'elles soient, religieuses ou politiques ». Aucun peuple, si, pour base de son gouvernement, il a la sagesse et la vertu, n'a rien à craindre de la propagation d'une vérité quelconque; et il est difficile à l'erreur de prévaloir là où tout homme à la liberté de l'attaquer et de l'exposer.

----

(1) Voy. ci-dessus même séance, page 263, le rapport de Romme sur les divers projets de Constitution.

(2) Bibliothèque de la Chambre des Députés : Collection Portiez (de l'Oise), tome 178, n° 2. Ce document est annoncé dans le Journal des Débats et des décrets du 31 décembre 1792.

Art. 11.

Les remarques sur l'article 10 se bornent à jouir de ses *opinions*, à les produire, à les appuyer; et l'on doit en admettre la publication dans le sens le plus étendu : conséquemment, la restriction contenue dans cet article, touchant l'abus de cette liberté, ne peut se concilier avec le principe que l'on a posé plus haut. Mais, si tout homme peut impunément publier ses opinions, il doit lui être défendu de propager la calomnie. Aucun individu, s'il se borne à publier de simples opinions, ne peut jamais *abuser* de la liberté de les publier, quoiqu'il puisse abuser de la liberté de publier en général. On ferait mieux, selon moi, d'exprimer cet article ainsi :

« La libre communication de la pensée et de l'opinion est un des droits les plus précieux de l'homme. Ainsi, tout homme peut librement parler, écrire et publier ses sentiments sur toute sorte de sujets. Cette liberté néanmoins ne s'étend point à toute publication qui contiendrait une fausse accusation, ou une assertion injurieuse pour quelque individu ou pour la République ».

Exprimé de la sorte, cet article-ci comprend celui que l'on a proposé plus haut, dans les remarques sur le dixième article.

Art. 16.

On est fondé, ce me semble, à ne pas regarder cet article comme faisant partie de la Déclaration des droits des hommes et des citoyens. La véritable place serait dans le préule d'une telle déclaration.

TITRE II

Remarques sur la Constitution.

Art. 3.

La restriction qui regarde les étrangers, et qui est contenue dans cet article, est une restriction sévère et par conséquent impolitique. La nouvelle Constitution que va créer la France, appellera probablement, de toutes les parties de l'Europe, un grand nombre de malheureux opprimés et de mécontents : et comme, en fait de population, l'accroissement est en général, pour l'État, un surcroît de prospérité ; de là que les conditions, pour être admis à la qualité de citoyens, doivent être aisées et n'opposer que de courts délais. Il ne peut y avoir de raison de conclure que des étrangers qui passeraient en France, auraient en vue autre chose que de jouir de la liberté, de la propriété et de la paix ; c'est pourquoi il n'y a rien à craindre. Le changement que je propose dans cet article est de réduire le terme de cinq ans au terme d'un an.

Art. 4 et 6.

L'admission de différents étrangers aux droits de citoyens, dans toutes les circonstances, porte atteinte à ces articles, qui ont besoin de subir quelque revision ; vu que la République reconnaît l'utilité d'une telle admission.

TITRE III

Art. 2.

Peut-être ferait-on mieux d'exprimer cet article en ces termes :

« Comme la nation, de laquelle seule découlent tous les pouvoirs, ne peut exercer que par délégation les pouvoirs législatif et exécutif; la Constitution française est déclarée représentative; et le corps représentatif, dûment élu, représentera, pour ces deux fins, la République entière ».

Art. 3 et 4.

La déclaration que la France est une République, emporte l'annihilation de tout ce qui a rapport au dernier roi et à la monarchie. De là, l'inutilité de faire aucune remarque sur aucun des articles subséquents qui y ont rapport.

CHAPITRE Ier

Art. 2.

Comme, à ce que j'imagine, le gouvernement de la France maintenant sera tout entier dans les mains du corps représentatif : je suis d'avis que ce corps ne soit jamais dissous entièrement; dissolution, qui, suivant le plan d'une nouvelle élection, tous les deux ans, doit avoir lieu; mais que la permanence et la fluctuation soient tellement unies dans sa formation et dans sa prolongation, qu'elles embrassent tous les avantages propres à l'une et à l'autre. La permanence garantira et à la République et aux puissances étrangères, avec lesquelles il peut être de l'intérêt de la France de s'unir, une certaine stabilité, qui pourrait paraître ne pas exister si le changement universel et fréquent des représentants venait à avoir lieu. Elle inspirera, je pense, un plus haut degré de confiance et plus d'inclination à lier commerce et à faire des alliances d'une part; et de l'autre, la fluctuation servira de garant à la liberté générale. Un fréquent changement des représentants sera le meilleur moyen de s'assurer de leur conduite patriotique. Pour obtenir ces avantages et pour les réunir, je propose en conséquence que, lorsque l'Assemblée constituante, qui existe aujourd'hui, sous le nom de Convention, aura rempli l'objet de sa mission, et que l'on aura procédé à l'élection d'un nouveau corps représentatif, il n'y ait plus de dissolution ni d'élections générales, excepté dans les cas qui rendraient indispensable un appel immédiat au peuple; mais que tous les ans, un tiers du corps représentatif fasse place à un nombre égal de représentants préalablement élus. Ainsi, chaque membre, après une révolution de deux ans, gardera son poste trois ans; et le corps entier subira un changement universel une seule fois dans cet intervalle de temps.

Il est beaucoup plus difficile à un étranger qu'à un national, d'indiquer le plan qui conviendrait pour opérer le changement de ce nombre de membres : mais je conçois qu'il peut y avoir plusieurs modes suivant lesquels on trouvera que ce plan n'est point impraticable, par exemple, la détermination pour chaque membre, par la voie du sort, immédiatement après la première élection; la détermination pour chaque département, opérée de la même manière; ou la détermination pour chacune des sources de la représentation, qui sont les départements, la population et la contribution. Si l'on admet le principe, on décidera avec la plus grande précision, je n'en doute point, le mode le plus propre à la chose.

Art. 2.

L'âge de 21 ans semble être un âge assez mûr pour exercer les droits de citoyen actif. L'exclusion des citoyens, placés entre 21 et 25 ans, ne peut offrir aucun avantage, et peut causer un mal sérieux. En fait de droits, les restrictions doivent être simples, en petit nombre, et d'une nécessité qui se fasse sentir à tout le monde. D'après ce principe, tout citoyen au-dessus de 21 ans, s'il n'est point dans un état de domesticité, doit être admis aux droits de citoyen actif.

Sous cette section, qui exige de tout citoyen le serment civique avant son admission à l'activité publique, je puis exprimer mon improbation au sujet des serments en général, et l'opinion où je suis qu'ils sont inutiles. Il est notoire qu'en Angleterre, pour les avoir multipliés, on les a très souvent violés; violation qui tend à dégrader et avilir tout principe moral. Les cas où l'Être suprême peut proprement être appelé en témoignage de nos actions, se présentent rarement selon moi. C'en est certainement un, que le cas d'évidence dans une cour de justice. Un autre cas, c'est celui d'un dépôt public ou privé, là où le dépositaire a plus d'intérêt à le soustraire qu'à le remettre. Mais si un gouvernement est organisé de manière à n'avoir d'autre but que la conservation générale, la liberté générale et la prospérité générale, je ne vois pas en quoi, pour les maintenir, on aurait besoin d'un serment qui semblerait fournir matière au soupçon; comme si le gouvernement n'existait pas pour le peuple seul, ou que le peuple n'eût pas assez de discernement pour distinguer son propre intérêt. L'histoire et l'expérience, de concert, prouvent, en général, que partout où un individu voit ou croit son intérêt placé plutôt dans la destruction du gouvernement sous lequel il vit, que dans sa conservation, il n'y a point de serments qui puissent le lier, quelque multipliés qu'ils soient.

Art. 5.

Exiger de la part des créanciers une décharge générale est, en bien des cas, un obstacle insurmontable pour un honnête homme dans l'infortune et qui peut se trouver insolvable. En Angleterre, la loi sur la banqueroute exige d'un débiteur insolvable qu'il produise une décharge signée des quatre cinquièmes de ses créanciers, tant en nombre qu'en valeur, avant qu'il puisse dorénavant acquérir aucune propriété, et souvent avant qu'il puisse se soustraire aux horreurs d'un emprisonnement à vie : mais cette loi est une loi cruelle, fondée sur une erreur et une police désastreuse. Si la loi, sans interposer son action pour saisir les effets du débiteur insolvable, lui laisse la faculté de faire la distribution de ce qu'il a, et les moyens de se procurer, de la part de ses créanciers, les meil-

leures conditions possibles; alors elle ne peut proprement lui donner une décharge. Mais si la loi fait rendre compte à ce débiteur, ou qu'elle prenne sur elle la distribution des effets qui lui restent, à lui débiteur; dans ce cas, suivant tous les principes de la justice et d'une sage politique, elle est tenue d'interposer son autorité en sa faveur et de le décharger; toutes les fois qu'il a rendu compte de son insolvabilité, à la satisfaction de gens impartiaux, nommés pour cet examen. Si le même débiteur cache des effets, s'il refuse de rendre compte, ou que, par une vie extravagante, ait dissipé les fonds de ses créanciers; alors il mérite punition, et la loi doit prononcer un genre de peine proportionné au délit : mais que l'infortuné ne soit pas confondu avec le malhonnête homme, ni avec l'extravagant, qu'il ne soit pas privé des droits de l'humanité ni de ceux de citoyen, ni abandonné à la rigueur ou peut-être à la vengeance d'un créancier inexorable; mais qu'il lui soit donné une libre et pleine décharge. Nul criminel, encore moins un homme à qui l'on ne peut reprocher que des malheurs, ne doit être livré à la merci de celui qu'il a offensé, pour en être puni ou pour dépendre de sa pitié et en obtenir une décharge.

Sous le rapport de la politique, il y a peu de choses à dire : car si le débiteur, dans un état d'insolvabilité, ne peut se procurer de décharge, il passera en pays étranger dès qu'il en aura trouvé le moyen : ce qui fera perdre à la nation un membre, et peut être quelque branche de commerce ou de manufacture. C'est ainsi que l'Angleterre a exclu, de la protection qu'elle donne à son commerce, bien des gens qui, aujourd'hui, sont devenus, en pays étrangers, les rivaux de nombre de ses artistes.

Art. 7.

Le même principe qui défend les restrictions sur les citoyens actifs, dans les assemblées primaires, proscrit également les restrictions contenues dans cet article sur les électeurs. On peut toujours supposer que le bon sens des citoyens actifs trouvera des hommes ayant la sagacité et la vertu qui conviennent pour la fonction d'électeur. A ces qualités près, il ne peut y avoir de qualification nécessaire, excepté celle d'être d'un âge mûr et d'être libre de la servitude domestique.

CHAPITRE II.

Art. 1er.

La nomination des ministres doit appartenir au seul corps représentatif. En effet celui-ci doit exister pour tous les besoins de la législation et pour le gouvernement général. Un pouvoir qui n'en dépendrait pas, ne peut s'immiscer dans ces parties-là ; et le souffrir ce serait créer un conflit d'intérêts ce ne serait que lorsque l'un des deux pouvoirs aurait succombé sous le poids de l'autre. C'est sur quoi l'on trouve un exemple frappant dans le gouvernement anglais.

Art. 7.

Le compte que l'on exige des ministres doit être rendu plusieurs fois dans le cours de l'anée; et le terme de trois mois est un terme de rédit qui doit suffire à tout ministre.

CHAPITRE III.

SECTION III

Art. 1er.

La royauté étant abolie en France, on n'a lus besoin d'apologie pour une sanction des écrets du corps représentatif. On ne saurait maginer qu'une proposition qui a été discutée t délibérée par un corps dans lequel on doit upposer concentrées toutes les lumières et ute la sagesse de la République, après qu'elle été approuvée par la majorité de ce corps, it besoin d'une sanction autre que le décret réparatoire des représentants pour faire reonnaître cette proposition et pour la faire xécuter comme loi.

CHAPITRE IV.

SECTION II

Art. 1er.

Le pouvoir exécutif suprême doit, selon mes rincipes, résider essentiellement dans le orps législatif; mais il faut que, dans des cas articuliers et déterminés, il soit exercé par une délégation immédiatement constituée par a majorité des représentants, soumise à un changement fréquent mais déterminé, et tou-ours responsable de la pureté de son administration envers la source d'où émane son autorité.

Cette délégation doit consister en un comité composé de membres du corps représentatif, plan pour lequel on soumet à l'examen l'esuisse suivante :

1° Que le nombre de membres composant le comité soit borné au nombre de treize; qu'ils soient ballottés; et qu'une fois choisis, ils soient constitués sous la dénomination de *Conseil exécutif* de la République française.

2° Que les fonctions de trois membres qui ont eu le moindre nombre de voix, cessent trois mois après l'époque de leur élection; et que deux jours avant qu'ils se retirent, le corps représentatif choisisse par ballottage, pour les remplacer, trois de ses membres.

3° Que les fonctions des trois membres qui les suivent, cessent au bout des trois mois qui suivront; celles des trois autres membres, après un laps de trois autres mois; celles des quatre derniers membres, à l'expiration des trois mois subséquents; et que le corps représentatif les remplace de la manière proposée dans l'article second.

4° Que la retraite, ainsi que les élections des membres qui viendront après, se fassent de même, avec la seule précaution d'observer que le changement ait lieu suivant l'ordre des premières élections; de façon que nul membre ne puisse continuer ses fonctions au delà de douze mois.

5° Qu'après sa retraite, aucun membre ne puisse être réélu qu'après une révolution de trois mois au moins.

Ce conseil exécutif ne doit jamais être envisagé que comme un comité du corps repré-

sentatif, agissant par l'autorité des représentants, et exécutant les branches seulement de l'administration générale qui demandent une expédition prompte, un secret momentané dans la conduite des affaires, ou qui présentent trop de détails pour être surveillés par le corps représentatif. Il faut que, tous les trois mois, ce comité rende à l'assemblée un compte général de son administration.

SECTION III

Quant aux relations étrangères de la République, je pense que le conseil exécutif doit les négocier par l'entremise du ministre des affaires étrangères. Mais la ratification du corps représentatif doit toujours être une condition esssentielle pour la validité de tout traité fait avec l'étranger.

CHAPITRE V.

Art. 9.

Mal à propos on exige que les juges soient tous d'un même avis, par rapport au fait sur lequel ils ont à déterminer. C'est une absurdité qui a été sentie et reconnue en Angleterre par beaucoup de gens éclairés. Il ne doit pas y avoir moins de treize jurys : et pour trouver le fait, la décision de la majorité doit suffire. En Angleterre, il n'est pas rare de voir un, deux ou trois hommes positifs, déterminés, engager la majorité à prononcer un verdict contre son opinion expresse sur l'évidence.

Art. 11.

Tout prisonnier, dès qu'il a été absous, doit être élargi et dispensé de payer aucun frais, autres que ceux qu'il s'est volontairement engagé à acquitter.

TITRE V.

Art. 2.

En général, les établissements religieux sont plus calculés pour servir de support et de défense à un pouvoir civil usurpé, que pour l'amélioration du genre humain dans la connaissance de la religion et dans la pratique de la piété. Conséquemment, il y a lieu d'espérer qu'à cette époque-ci de la régénération nationale, la République française cessera d'entretenir telle profession ou telle classe d'hommes préférablement à telle autre : et que, puisqu'on laisse à la conscience de chaque individu à choisir sa religion, on abandonnera à son inclination, à sa prudence et à ses moyens, la dépense et la contribution particulière qu'exige le soutien de cette religion.

J'avais déjà mis sur le papier les remarques précédentes; lorsque plusieurs amis, gens sages, m'ont fait sentir que l'on n'était point fondé en justice à exclure, du droit de voter dans les assemblées primaires, les serviteurs domestiques. La seule raison apparente que l'on allègue en faveur d'une semblable exclusion, c'est qu'ils sont plus exposés à l'influence de leurs maîtres qu'aucune autre classe de citoyens. Mais c'est une objection à laquelle on répond solidement; quand on observe que les serviteurs domestiques, étant généralement célibataires, sont plus indépendants que d'autres classes de serviteurs, qui, mariés et ayant famille, peuvent être censés moins capables d'avancer leurs propres opinions, par la crainte d'un plus grand inconvénient que pourrait causer un changement de maîtres ou de situation. Tels sont les ouvriers dans les manufactures, les fermiers qui cultivent les terres, et d'autres classes de laboureurs. J'avoue que leurs arguments me paraissent d'un grand poids; et comme j'aime à embrasser toutes les classes possibles de citoyens, de manière à faire sentir à chaque classe qu'il est de son intérêt de contribuer au soutien et à la prospérité de la République et de la Constitution qu'elle se donnera, je suis porté à me ranger à leur opinion.

TRENTE-TROISIÈME ANNEXE (1)

A LA SÉANCE DE LA CONVENTION NATIONALE
DU MERCREDI 17 AVRIL 1793.

HOMMAGE à la Convention nationale d'un projet de gouvernement républicain à donner à la France par le citoyen WLRIOT, électeur du département d'Indre-et-Loire, de la société des Amis de la Liberté et de l'Egalité, de Tours (2).

Il est enfin décrété le gouvernement républicain; l'arbre de la liberté, cet arbre qui produit le bonheur public, devenu après dix-huit siècles de despotisme, comme étranger au sol et au climat de la France, avait besoin de ce régime pour fructifier.

Planté par des enthousiastes qui n'en connaissaient pas la culture, il ne produisait d'abord que les chardons de la licence; ils voulurent le livrer à la hache de la loi martiale, ils finirent par lui associer la plante parasite de la royauté, dans l'espérance qu'elle lui prêterait, et qu'elle en recevrait un appui réciproque et salutaire; cette plante empoisonnée, que l'on n'a jamais pu parvenir à concilier avec la liberté, l'étouffait jusque dans ses racines; c'en était fait de la liberté, et la France retombait dans les fers de l'affreux despotisme, quand le courage de la classe du peuple, qui souffre le plus de ses excès, est parvenu à en purger notre sol.

La royauté, abîmée par ses propres fureurs, ne doit plus nous gouverner : nous en avons fait le serment; nous le tiendrons, nous justifierons notre aptitude à recevoir le nouveau gouvernement, par notre soumission aux lois. Cette soumission d'un peuple libre est le bienfait de sa raison et de ses mœurs; nous reformerons les nôtres.

Malheur à un peuple dont les lois ne se-

raient écrites que dans un livre ; ce peuple-l' ne serait pas digne de cultiver l'arbre de l' liberté ; il n'en recueillerait que des fruit amers, tels que les produit l'anarchie; mai les mœurs ne suffisent pas, il faut encore cet arbre un bon tuteur dans un gouvernemen actif et vigoureux, qui le soutienne contre le malveillants, les réfractaires aux lois, et qui les contienne par les voies les plus douces et les plus convenables à des hommes libres.

Le gouvernement républicain est celui qui fait le plus d'honneur à l'espèce humaine, en ce qu'il suppose la sagesse dans la multitude; sous ce gouvernement auquel tous le citoyens prennent part, il faut que chacun fasse son affaire de la chose publique, et donne à la patrie tous les soins qu'il donnerait à sa famille.

Je ne dissimule pas que notre égoïsme, notre insouciance politique, qui rend nos assemblées publiques peu nombreuses, le soin que chacun apporte à s'enrichir, le tracas des affaires, qui en est une suite, notre légèreté qui nous fait préférer le plaisir au bonheur, l'inégalité de nos fortunes qui devient une cause continuelle d'humiliations et de corruptions pour le pauvre, quand elle est un moyen d'oppression pour le riche, nos petites tracasseries, sources continuelles de divisions intestines, notre esprit d'intrigue, toutes les causes enfin qui vicient l'esprit public, combinées avec l'immense population de la France, dont les neuf dixièmes parties n'ont aucune sorte de propriétés, et avec la vaste étendue de son territoire, ont donné lieu de croire que le gouvernement républicain ne convenait pas à la France, qu'il ne s'accordait pas avec son système de représentation, et que pour lui procurer un gouvernement actif et vigoureux, dont elle a le plus grand besoin, il fallait le resserrer.

Mais en resserrant le gouvernement, on retombe dans les inconvénients de la royauté, et l'on s'expose à toutes ses atteintes à la liberté, dût-on n'obéir qu'à un seul magistrat suprême, temporaire; dût-on le changer souvent, et se précautionner contre le sort de la République de Hollande, qui ne voulant d'abord garder son Stathouder qu'un seul jour, a été entraînée par la cupidité de ses citoyens, et leur corruption politique à le conserver à vie, et a fini par le reconnaître héréditaire et despotique.

Forcé de me rendre à cette grande vérité, par le sentiment des vives attaques qui sont portées à notre liberté naissante, encore faible et mal assurée, je me suis engagé à défendre la République, comme étant le seul gouvernement qui puisse nous faire jouir des fruits de la liberté.

L'humanité ne peut que gagner à ce gouvernement. Des peuples qui se gouvernent eux-mêmes n'ont d'intérêt qu'à jouir de leurs droits, sans attenter à ceux des autres peuples, tandis que les rois n'aspirent qu'à dévaster la terre pour l'asservir à leur ambition.

Les peuples libres ont toujours les meilleures lois, parce qu'ils les font pour eux. On est bien plus sûr de la liberté en la gardant soi-même, qu'en la confiant à des rois affamés de domination.

Des pouvoirs temporaires qui se succèdent travaillent nécessairement au profit de ceux qui sont gouvernés, et non de ceux qui gou-

---

(1) Voy. ci-dessus, même séance, page 263, le rapport de Romme sur les divers projets de Constitution.
(2) Bibliothèque nationale : Lb⁴¹. La signature WLRIOT est probablement un anagramme.

vernent, surtout quand ceux qui en étaient chargés rentrent dans la classe des citoyens, pour rendre compte de leur conduite publique.

Un peuple qui se gouverne a beaucoup plus de force pour opérer le bien général, que des rois auxquels il ne confierait jamais l'empire rigoureux qu'il exerce sur lui-même, c'est ce qui donne aux républicains ces vertus mâles qui étonnent.

Il faut voir dans les assemblées publiques chaque individu s'oublier pour le bien général, et rivaliser de vertus avec ses semblables.

Or, tous ces mouvements généreux, le Français les éprouve; il aime, il admire la vertu; il saura mériter le beau nom de républicain, il fera respecter sa nation, il remplira la tâche sublime qu'il s'est imposée, il faut que la vue d'un Français libre inspire le respect à tous les hommes vertueux, et la terreur à tous les despotes.

Nous débutons dans notre carrière politique par donner au monde l'exemple d'un gouvernement nouveau, dont il n'existe aucune trace dans l'histoire de tous les peuples anciens et modernes; nous le fondons sur les bases naturelles de la liberté et de l'égalité; les rois, les sénats, les patriciens, les archontes, les gérontes, les artistes, les doges, les stathouders, les gonfaloniers, toutes les inégalités des gouvernements libres, anciens et modernes, seront étrangères à notre code, qui doit être celui du monde entier, puisqu'il sera formé avec le secours des lumières de tous les siècles que la sage philosophie a accumulées.

La Convention nationale appelle ces lumières de toute part; tout citoyen lui doit le rapport de ses opinions sur la forme du grand édifice qu'elle va élever. Heureux! si je pouvais lui fournir quelques matériaux dans idées mal dirigées peut-être; j'ai longtemps médité sur la grande question de la préférence des gouvernements, et sur les moyens de procurer à la France les avantages de la pure démocratie, de ce gouvernement des dieux, torp parfait pour les hommes, concilié avec ceux d'un gouvernement plus resserré, formé à l'idée de notre système représentatif. Je vais présenter le résultat de mes méditations.

En commençant par former la partie purement démocratique de notre gouvernement, je conserve la division de la France en paroisses et en cantons, d'autant que cette division est nécessaire pour faciliter l'émission du vœu national dans les assemblées primaires, ainsi que l'assiette et la collecte des contributions.

Je préfère, pour les premiers lieux, le nom de paroisses à celui de municipalités que je me réserve pour nommer des parties de la République bien moins multipliées, mais bien plus étendues et plus importantes. Leurs magistratures établies dans les villes ou bourgs serviront de centre et de ralliement à l'intérêt public, qui deviendra assez rapproché à la portée de chaque citoyen, pour qu'ils puissent gouverner l'étendue des municipalités démocratiquement.

Ainsi, pour organiser le gouvernement municipal dans une forme purement démocratique, je crée dans chaque département depuis 30 jusqu'à 40 municipalités. Leurs magistrats nommés par le peuple et renouvelé par moitié tous les ans, seront chargés de toutes les fonctions

municipales et administratives, et surtout de la promulgation et enregistrement des lois, de la convocation des assemblées primaires, et des travaux préparatoires à la répartition des contributions sous les ordres, les instructions et la direction du pouvoir exécutif. J'indique plus bas la part active que je réserve aux citoyens dans le gouvernement démocratique de ces municipalités.

Je supprime entièrement les administrations de district et de département, ne voulant pas qu'il existe des corps intermédiaires entre les municipalités et le pouvoir exécutif, comme il n'en existe, ni doit en exister aucun entre les citoyens et le Corps législatif.

Je crée, en place de ces administrations, un délégué ou commissaire du pouvoir exécutif, établi dans le chef-lieu de chaque département, et je lui attribue celles des fonctions générales attachées aux administrations de département et de district, que les municipalités ne peuvent remplir; j'en excepte la fonction de juger dans aucun cas, même en matière de contributions directes, dont je renvoie la connaissance aux tribunaux exclusivement. J'attribue de même à ce commissaire, la surveillance des opérations municipales, pour qu'elles ne s'écartent jamais des lois générales de la République.

Les corps administratifs de département et de district pouvaient être avantageux sous le régime de la royauté à laquelle ils servaient de contre-poids; ils l'énervaient, en quelque sorte, en exerçant celui de ses pouvoirs exécutifs, le plus important pour la félicité publique, c'est-à-dire le pouvoir administratif qui tient à l'économie politique, cette source de bonheur pour le peuple quand ses intérêts sont bien administrés, et de ses malheurs pour les atteintes aux propriétés particulières, qui sont toujours les suites des dilapidations de la fortune publique. Ces corps intermédiaires pouvaient modérer le trop d'activité du pouvoir d'un seul, et servir en quelque sorte de vedettes au Corps législatif, pour donner l'alarme sur les entreprises du despotisme.

Mais l'expérience a fait reconnaître que leurs pouvoirs purement exécutifs, éprouvaient les lenteurs ordinaires des corps composés, qui perdent à délibérer le temps où il faudrait agir.

Un pouvoir exécutif général qui sera composé de membres élus par la nation, ne présentera plus les dangers de despotisme qui étaient attachés à la royauté; il n'est pas besoin d'entraver se marche par des pouvoirs intermédiaires; au contraire, ce pouvoir n'étant en réalité que l'action de la loi, on ne peut trop donner d'essor à son activité, par l'assurance qu'il ne deviendra pas oppressif, d'autant que la loi n'est jamais, et cette activité, on ne peut se flatter de l'obtenir que quand l'ordre sera donné par un seul qui chargera sa tête de la responsabilité, bien différent des membres d'un corps qui ont toujours la ressource de se décharger les uns sur les autres, et se soustraient ainsi à l'acquit de cette dette redoutable.

Les corps administratifs sont vicieux et contraires à la liberté, par la seule raison que ce sont des corps, et que l'esprit des corps politiques est de dominer et d'étendre leur pouvoir au détriment des droits du citoyen. Déjà ils commençaient à exercer une sorte de despotisme sur les municipalités, qui sont les premières magistratures populaires. Il y a donc un avantage, et pour la liberté, et pour la prompte exécution des lois, à leur substituer des agents responsables, tels que des commissaires exécutifs, dont la marche active et assurée, quand elle est servie par des bureaux bien composés, donne à la loi une force qu'elle ne peut se procurer par tout autre moyen.

Le jeu de l'autorité est bien plus simple lorsqu'elle est transmise directement du pouvoir exécutif aux municipalités, que lorsqu'elle est transmise par la voie des départements qui la transmettent aux districts, et ceux-ci aux municipalités.

Cet enchaînement, ce renvoi des affaires d'un corps délibérant à un autre corps aussi délibérant, leur fait éprouver des retards à l'expédition, qui fatiguent les citoyens; et pour peu que ces expéditions soient retardées par le besoin de délibérer, on sent combien l'administration en reçoit d'entraves.

L'économie des dépenses résulte encore de cette transmission plus directe de l'autorité, puisqu'un seul commissaire du pouvoir exécutif fera à l'aise le travail d'une administration et de sept à huit districts. Je ne fais donc aucun doute que la Convention nationale ne supprime les départements et les districts, pour leur substituer des commissaires exécutifs, qui seront chargés d'assurer l'exécution des lois générales dans les départements, soit par eux-mêmes, soit par leurs surveillances directes sur les municipalités; et quel secours le gouvernement de la République ne doit-il pas attendre des municipalités, quand elles seront composées de citoyens instruits, qui se rencontrent bien plus aisément dans les villes et bourgs considérables que dans les campagnes?

A ceux qui m'objecteraient qu'en diminuant aussi considérablement le nombre des municipalités, j'enlève à beaucoup de paroisses, les avantages d'un gouvernement municipal et démocratique particulier, pour les réunir à un gouvernement plus concentré, je réponds, qu'en laissant toujours à chaque paroisse le soin de la répartition de sa masse de contributions par des prud'hommes qu'elles pourront nommer, en leur laissant tous les avantages des assemblées primaires, en les faisant participer au gouvernement de la municipalité centrale, auquel tout citoyen du ressort peut être appelé, en leur laissant même par la voie de leurs prud'hommes, l'exercice de la police municipale particulière, je ne leur enlève rien de leurs droits et de leur liberté.

D'ailleurs le ressort de chaque municipalité n'étant étendu que de deux ou trois lieues carrées, ce qui suppose une lieue et demie de la plus forte distance du citoyen le plus éloigné du centre, quel est celui qui n'aura pas la facilité de s'y rendre tous les dimanches, où la discontinuation de ses travaux lui permet de s'occuper des affaires publiques.

Rome, ainsi que toutes les républiques de l'Italie et de la Grèce ne bornaient pas leur gouvernement municipal aux limites de leur ville, il s'étendait dans les campagnes, dont les tribus rustiques venaient exercer leurs droits civiques en commun avec les tribus urbaines, lors des convocations.

Enfin on pourrait alterner pour le siège des municipalités, en le transportant tous les deux ans, d'une ville et d'un bourg à une autre ville et bourg du ressort.

Outre les commissaires de département, je crée des inspecteurs du pouvoir exécutif, par lui délégués, pour, à l'instar des anciens *Missi dominici* de Charlemagne, faire annuellement des tournées dans les départements, vérifier les opérations tant des commissaires de département que des municipalités, entendre les plaintes et recevoir les pétitions des citoyens, y faire droit après en avoir référé au pouvoir exécutif. Je n'ai pas besoin de m'étendre sur les avantages de ces commissions.

A l'égard du pouvoir exécutif, séant à Paris, à côté du pouvoir législatif, pour en recevoir les ordres, c'est-à-dire les lois, je le compose de sept membres, auxquels je répartis les fonctions du ci-devant ministère, qui sont le gouvernement de l'intérieur, celui des contributions, de la justice, de la guerre, du commerce, de la marine et des affaires étrangères.

Après avoir ainsi organisé les pouvoirs principaux et leurs agents, voici de quelle manière j'en ordonne l'élection. D'abord je tiens pour principe, que tous les pouvoirs, toutes les autorités doivent toujours émaner du peuple, le plus directement qu'il est possible; il est de l'essence de la démocratie, qu'il nomme tous ses magistrats. On ne pourrait guère justifier par les principes de la liberté, les nominations qui se feraient par des représentants, sans mandats impératifs.

A Rome, et dans toutes les républiques, même les plus aristocratiques, le peuple nommait en personne tous ses magistrats; ces raisons m'engagent à supprimer les corps électoraux.

J'ai toujours pensé que ces corps qui, dans les moments de leurs rassemblements, forment à raison de 500 individus électeurs par département, une masse de 40,000 hommes, pouvaient dominer à leur gré l'esprit public et se servir de leur force d'opinion pour porter des atteintes soit à la sûreté, soit aux propriétés, soit à la liberté des citoyens.

Ils sont chargés d'élire pour le peuple, et leurs choix ne sont jamais ceux que ferait le peuple; ils y substituent des choix déterminés par l'intrigue et la cabale. Ce sont des corps composés, et il ne doit exister dans toute la République que le Corps législatif qui tient lieu de sénat, et les magistrats ou agents responsables qui sont chargés d'exécuter les décrets que le peuple prononce par son organe.

Si je conserve les corps municipaux, c'est afin de faire jouir chaque citoyen des droits particuliers de la République rapprochée à la portée de tous, et parce que les municipalités par l'étendue de leurs fonctions, étant souvent dans le cas de délibérer, elles doivent être nécessairement formées en corps.

Les corps judiciaires sont nécessaires par la même raison; ils exercent un pouvoir délibératif que l'on ne pourrait monarchiser sans danger et sans risquer de faire régner l'arbitraire et le despotisme dans les jugements.

Les corps électoraux n'ont rien à délibérer que ce qui concerne la police de leur assemblée, et cependant comme il est dans la nature des choses que rassemblant une grande force d'opinion, ils en abusent pour dominer l'opinion générale, comme j'en ai vu l'exemple, plus j'ai médité sur leur existence, et plus je les regarde comme des dissonances dans l'harmonie de la République. Je ne puis même concevoir comment on s'est avisé de recourir au système représentatif pour exercer le premier droit naturel et le plus simple des droits des citoyens, celui d'élire leurs magistrats. Je ne croirai jamais à la République, tant que le peuple en personne ne nommera pas tous ses magistrats, ses concitoyens auxquels il confie des pouvoirs quelconques : en conséquence je veux que le peuple en personne, dans ses assemblées primaires, nomme ses députés au Corps législatif, ses magistrats du Corps exécutif, leurs principaux agents, tels que les commissaires et inspecteurs exécutifs des départements, ses juges, ses magistrats municipaux, tous les citoyens enfin qu'il charge d'exprimer ses lois ou de les faire exécuter.

On m'objectera que le peuple n'est pas en état de choisir; cela peut être en supposant qu'il resterait aussi borné et aussi insouciant sur la chose publique qu'il l'était au commencement de la Révolution; mais n'allons-nous pas établir des institutions publiques pour former des citoyens? n'allons-nous pas nous former à l'école du républicain? Les curés de nos campagnes, érigés en magistrats, ne vont-ils pas substituer à leur inutile logomanie théologique des instructions politiques qui formeront les paroissiens à l'amour de l'ordre et des lois? D'ailleurs, n'est-il pas possible pour la plupart des fonctions publiques d'admettre des grades de fonctionnaires par lesquels il faudra que les citoyens aient passé pour occuper les premiers et les plus importants. Les grades étaient observés à Rome avec soin. Ce n'est pas que je voudrais que les choix en fussent tellement gênés, que les écoles pour former des fonctionnaires, dégénérassent en aristocraties magistrales; mais si l'on a préconisé la vénalité et l'hérédité des charges en ce qu'elles servaient à diriger l'éducation des sujets qui se destinaient à les occuper, on peut de même, en graduant les magistratures, s'assurer que les citoyens élus seront capables de les remplir; alors il ne s'agira plus que de la considération des vertus publiques pour décider les choix; et à cet égard on peut s'en rapporter au peuple qui en est le meilleur juge.

Voici la forme que je propose pour toutes les nominations à faire par le peuple dans ses assemblées primaires :

Je suppose qu'il soit question d'élire huit officiers municipaux, j'y fais procéder par un premier scrutin de liste simple dans chaque assemblée primaire des paroisses qui composent la municipalité.

Le procès-verbal de recensement de ce premier scrutin ne comprendra que ceux qui ont réuni le plus de suffrages, en nombre triple des places à nommer, qui est vingt-quatre; il sera porté à un jour convenu, au chef-lieu de la municipalité, par trois députés de paroisses, et c'est en présence des députés de toutes les paroisses, que la municipalité fera le recensement de tous les procès-verbaux.

Le procès-verbal de recensement ne comprendra que ceux qui ont réuni le plus de suffrages sur toutes les paroisses, en nombre triple de magistrats à élire; il en sera fait une liste qui sera de vingt-quatre sujets, que

j'appelle du nom de candidats; cette liste sera portée dans les paroisses par leurs députés, et il y sera procédé par un second tour de scrutin, à la nomination des magistrats à élire, choisis dans le nombre des candidats.

Le recensement des procès-verbaux de ces dernières élections, fait dans les chefs-lieux des municipalités, en présence des députés des paroisses, fera connaître par les huit citoyens candidats qui auront réuni le plus de suffrages dans toutes les paroisses, ceux que le peuple a nommé pour occuper les places municipales.

Le même mode d'élection peut-être employé sans aucun inconvénient, pour les places de commissaires exécutifs de département, pour celles des commissaires inspecteurs et pour les membres des pouvoirs exécutif et législatif.

Les nominations à toutes ces magistratures et députations doivent se faire par le peuple, en deux tours de scrutin, le premier, par des choix étendus à tous les citoyens, le second par des choix limités aux seuls candidats, avec cette différence toutefois, que dans le cas d'élection des commissaires de département, et autres magistrats uniques, la liste de candidats, au lieu d'en tripler le nombre sur celui des places à élire, le décuplera en nommant dix candidats au lieu de trois, afin de donner au peuple plus de latitude pour le choix de ces importantes magistratures.

Dans le cas de nomination des inspecteurs de département, comme je propose d'en porter le nombre à quarante deux, au plus, à raison d'un seul pour deux départements, il conviendra que le recensement de tous les procès-verbaux des premiers tours de scrutin qui auront été faits en définitif, au chef-lieu de chaque département, soient envoyés à l'Assemblée nationale qui, d'après les recensements généraux, établira la liste des candidats en nombre triple ou décuple; elle sera renvoyée dans les assemblées primaires, pour y procéder aux élections définitives, et ce sera l'Assemblée nationale qui recensera les procès-verbaux des derniers tours de scrutin, faits dans chaque département, et nommera en conséquence les sujets élus à la majorité des suffrages.

Je propose que la nomination des sept membres qui doivent composer le corps du pouvoir exécutif se fasse de la même manière dans les assemblées primaires, en suivant le même ordre de recensement des scrutins, à faire dans les municipalités, puis au chef-lieu du département, puis en dernier lieu dans l'Assemblée nationale; je propose que la liste des candidats décuple le nombre des sujets à élire, c'est-à-dire, 10 candidats pour une seule place, et 70 pour les sept places.

Je propose que les choix du peuple soient limités à les membres de l'Assemblée nationale, de manière que tous les membres du corps exécutif soient toujours tirés des législatures précédentes, sans distinction et sans autre exception que de la législature actuelle.

La raison de cette limitation des choix du peuple est sensible; personne n'est plus en état d'exécuter la loi que celui qui l'a faite et si la crainte de tomber dans les inconvénients du despotisme me fait séparer les deux pouvoirs législatif et exécutif, cette crainte ne doit plus exister à l'égard des citoyens qui, ayant exercé le pouvoir législatif pendant deux ans, sont rentrés dans la classe de simples citoyens : et, combien de lumières n'ont-ils pas dû acquérir pendant le cours de leur législature. Deux ans d'exercice de ce pouvoir, sont, à mon avis, la meilleure école d'un citoyen pour s'instruire des droits et des devoirs du peuple, de l'esprit des lois, et de la manière dont on peut en assurer l'exécution.

J'ai deux objections à faire à ceux qui croiraient que l'on peut commettre le choix des membres du Corps législatif, à l'Assemblée nationale en activité; la première, c'est que ce choix ne serait pas celui du peuple, et il importe à la liberté et au maintien du régime républicain, que tous les choix en émanent directement; la seconde, c'est que le pouvoir exécutif dépendrait en quelque sorte du pouvoir législatif, si les membres de ce premier pouvoir tenaient leur existence du dernier; alors les membres du pouvoir exécutif ne seraient que les ministres de l'Assemblée nationale, comme nos ci-devant ministres l'étaient du roi ; alors la distinction des pouvoirs, si essentielle pour le maintien de la liberté, n'étant plus qu'illusoire, l'Assemblée nationale serait despotique; je laisse aux publicistes à déduire toutes les conséquences qui résulteraient d'un pareil système.

Je ne dirai pas ce que disait l'aîné Mirabeau : « J'aimerais mieux vivre à Constantinople qu'en France, si le roi n'a pas le *veto* »; parce que, en voulant ôter le despotisme au corps des représentants du peuple, il le reportait sur la tête du roi, dont les atteintes étaient bien plus dangereuses pour la liberté, dès lors qu'il n'était pas élu par le peuple, et que la royauté, loin d'être temporaire, était à vie et héréditaire ; mais je dirai mon opinion, que la garantie sociale de la sûreté des personnes et des propriétés n'est pas certaine, si le Corps exécutif est dans la dépendance du Corps législatif, et si ces deux pouvoirs ne sont pas divisés de manière à se balancer l'un par l'autre; je serais même tenté de faire accorder le *veto* au pouvoir exécutif, jusqu'après la ratification du peuple, seulement pour les lois qui ne seraient pas d'urgence. Alors, en exerçant l'autorité du tribunal, il formerait un véritable contrepoids au pouvoir législatif; mais je laisse les publicistes méditer sur les avantages et les inconvénients de cette précaution politique; ce qui la rend inutile pour le présent, c'est que nos représentants législateurs ne forment pas, comme à Rome, un Sénat de patriciens.

La nomination des membres du Corps législatif, suivant le mode que je propose pour les élections, se fera dans les assemblées primaires, par deux tours de scrutin dont le choix pour le premier tour sera illimité, et limité pour le second tour, aux candidats nommés de la même manière que j'ai indiquée pour les officiers municipaux.

Il sera nommé des suppléants aux Corps législatif et exécutif, et à toutes les places de magistrature en nombre convenable; et ces nominations se feront en même temps et par les mêmes scrutins que ceux des membres élus, dès lors qu'on nommera de droit pour les remplacer en cas de mort ou d'empêchement pendant le cours de leur exercice, les sujets à leur suite qui auront réuni le plus de suffrages.

A l'égard des tribunaux civils, dans le cas où l'on préférera des juges, pour l'application de la loi, à des arbitres choisis par les parties, je pense que les tribunaux des districts sont beaucoup trop multipliés, et que l'on doit en réduire le nombre à 3 dans chaque département; il conviendra d'établir leur siège dans les villes principales, en laissant subsister la voie d'appel des uns aux autres au choix des parties, dans le nombre, et suivant la forme établi par la loi qui a organisé les tribunaux.

Les tribunaux criminels actuels peuvent subsister en supprimant la place et les fonctions de commissaire du roi; il convient d'étendre les dispositions du Code criminel pour en faciliter l'application aux délits; on pourrait aussi exiger quatre voix pour l'acquit des accusés, la disposition de la loi qui n'en exige que trois, laissant trop de facilités aux coupables de se soustraire aux peines coercitives des crimes.

Les élections des juges doivent se faire suivant les mêmes formes que celles des municipaux, et les sujets élus pour occuper les places qui auront réuni le plus de suffrages au premier tour de scrutin, doivent être présentés au peuple comme candidats, et limiter ses choix pour le scrutin définitif d'élection.

Je propose aussi d'établir des inspecteurs de tribunaux, des *missi dominici* en nombre suffisant pour se transporter dans les tribunaux; inspecter les jugements, entendre les réclamations et les plaintes des parties, et déterminer s'il y a lieu à se pourvoir au tribunal de cassation, qui sera conservé pour maintenir l'uniformité des jugements et l'exécution exacte des lois civiles dans toute l'étendue de la République : ces inspecteurs tiendront des journaux de leur travail qu'ils enverront au pouvoir exécutif. Je pense qu'un inspecteur pourrait suffire pour 3 départements. Ces inspecteurs tiendront lieu, tant au civil qu'au criminel, des ci-devant commissaires du roi qu'il faut supprimer. Tous ces inspecteurs doivent être élus par le peuple dans ses assemblées primaires, de la même manière que les inspecteurs des administrations. On pourrait les choisir alternativement dans chacun des 3 départements qu'ils inspecteront, en fixant leur choix sur des sujets qui auront déjà siégé dans les tribunaux; cependant je pense qu'il conviendrait de les rendre amovibles, de manière que ceux élus dans un des 3 départements de leurs élections, puissent être envoyés dans toute autre département, afin de s'assurer d'autant mieux de l'uniformité de la jurisprudence dans toute l'étendue de la République.

Toutes les élections doivent, pour la commodité du peuple, et surtout de celui des campagnes, se faire les jours de fête et de dimanche, autant que l'urgence des cas n'obligera pas d'y employer des jours de la semaine.

Je propose comme principale réforme à faire dans l'organisation judiciaire, en attendant un code uniforme de lois civiles, et une loi qui simplifie la forme des procédures, l'établissement du jury au civil, pour toutes les questions de fait, de la même manière qu'il existe au criminel; mais ce jury ne doit avoir lieu que pour les affaires de la compétence des tribunaux de district, et non pour celles commises aux juges de paix, qui sont d'un objet modique, quand même on se déterminerait à doubler les sommes de leur compétence. Au surplus, comme la formation d'un jury exige des embarras pour les citoyens, je voudrais que la partie qui l'aura provoqué, et qui y succombera, fût condamnée à une amende de loi, proportionnée à l'importance des objets en litige.

Tels sont les principaux représentants et magistrats à la nomination du peuple que je crois suffisant de créer pour exercer tous les pouvoirs qu'il ne peut exercer en personne, et pour lesquels il est obligé de se faire représenter.

On pourrait aussi, à l'instar des inspecteurs exécutifs, pour les parties d'administration et de justice, en créer pour les parties de la guerre, de la marine et du commerce, et même des contributions, en supposant que ceux de l'administration ne puissent y donner une attention particulière.

Je ne connais pas de moyens plus efficaces que l'établissement de ces inspecteurs, pour donner à l'exécution des lois toute l'activité dont elle a besoin dans un grand Empire.

Ce qui en fait reconnaître l'utilité, même a nécessité, ce sont les députations continuelles, que l'Assemblée nationale, qui est chargée aujourd'hui de tous les pouvoirs, est obligée de faire de ses membres dans les départements et aux armées. On peut objecter que les circonstances orageuses l'exigent; si elles l'exigeront encore longtemps : je ne fais qu'indiquer cette mesure, c'est à la sagesse de nos législateurs à l'apprécier.

Les nominations faites sur des listes de candidats, formées d'après les premiers scrutins du peuple et de la manière que je le propose, exigent une sorte d'enquête publique les sujets proposés. Il n'est pas douteux que le désir de mériter l'estime publique par des talents acquis, et une réputation sans reproche, n'influe à la longue sur la conduite morale et politique des citoyens, et qu'il ne nous ramène les bonnes mœurs publiques, dont la liberté a besoin, comme de son plus ferme appui.

Quelque progrès qu'ait fait le peuple dans son instruction politique, si l'on veut le former au régime de la République, il importe singulièrement qu'on lui fasse faire et ordonner lui-même dans ses assemblées primaires, tout ce qu'il est possible qu'il fasse et ordonne pour les intérêts particuliers de sa paroisse et de sa commune, pourvu que cela ne compromette pas le bien général, et ne soit pas contraire à l'exécution des lois.

Cette institution sera d'autant plus avantageuse qu'elle appellera le plus de citoyens possible au gouvernement des affaires qui sont à leur portée, pour les préparer par degrés à remplir avec plus de lumière les devoirs d'une administration supérieure.

A ce sujet, je crois devoir rappeler le vœu de l'abbé de Saint-Pierre, qui, pour perfectionner le gouvernement, voulait qu'on choisît des ministres exercés dans les grades subalternes du genre de ministère auquel on les appelait, et qu'ils fussent élus au scrutin national.

Le bon abbé qui voyait par là où le bât nous blessait, proposait de changer la forme de notre gouvernement dont il connaissait les abus; il donnait cet avis au despote régent; on pense bien qu'il ne fut pas accueilli, et que ce scrutin national déplut au maître.

« S'il faut, disait-il, des grades dans le militaire, depuis l'enseigne jusqu'au maréchal de France, pour former les jeunes officiers, et les rendre capables des fonctions qu'ils doivent remplir un jour, n'est-il pas important d'établir des grades semblables dans l'administration civile, depuis les commis, jusqu'aux présidents des conseils. Faut-il moins de temps pour apprendre à gouverner un peuple, que pour commander une armée ? Les connaissances de l'homme d'Etat sont-elles plus faciles à acquérir que celles de l'homme de guerre ? Les grades, scrupuleusement observés, ont été l'école de tous les grands hommes qu'a produits la République de Venise, etc... »

Le défaut d'application de ce principe aux choix du peuple, soit pour les fonctions de l'administration, soit pour celles de la justice, les rendra toujours vicieux. On objecte qu'il ne doit pas être gêné dans ses élections ! Sans doute, mais il peut être induit en erreur sur les connaissances et le mérite des sujets, lorsque les élections, surtout celles des membres du pouvoir exécutif, seront faites dans les assemblées primaires, par des citoyens qui ne connaissent pas les qualités des sujets à élire ; il importe au moins que le peuple soit guidé dans ses choix par le mérite que les candidats ont pu acquérir dans des grades subalternes à ceux auxquels ils sont présentés.

Je voudrais donc qu'un citoyen ne pût être porté à des emplois importants du gouvernement, tels que ceux des commissaires du pouvoir exécutif dans les départements, et ceux d'inspecteurs généraux, sans avoir occupé des grades inférieurs dans les administrations municipales, les tribunaux ou l'armée; et qu'en général, la règle des grades fût observée pour tous les emplois, afin d'exciter le zèle par l'émulation. Je voudrais aussi que dans le conseil exécutif comme dans tous les corps, les membres élussent parmi eux leur président, et le remplaçassent tous les mois.

Puisque j'ai cité l'abbé de Saint-Pierre, je suis bien aise de rapporter son avis pour la pluralité des conseils dans le gouvernement, afin de prouver que la forme d'organisation du pouvoir ou du conseil exécutif que je propose, comme la seule convenable à un grand Empire gouverné en République, est la plus naturelle de toutes, et l'emporte de beaucoup sur le visiriat ou le conseil exécutif d'un seul. « Comme les premières lois nationales furent faites (dit-il) par la nation assemblée en corps, de même les premières délibérations du prince (c'est-à-dire du pouvoir exécutif) furent faites avec les principaux de la nation assemblée en conseil.

« L'avantage qui en résulte pour le plus grand intérêt de l'Etat, est que les intérêts particuliers, dans un conseil de plusieurs, se croisent et se détruisent par leur choc, pour ne laisser subsister que l'intérêt public ».

On peut voir les autres avantages qu'il déduit de cette pluralité de membres dans un Conseil exécutif. Il est vrai qu'il ne parle que du conseil exécutif d'un monarque qui peut lui-même concilier ou faire cesser, par sa volonté, les divisions ou dissensions qui peuvent s'élever dans le conseil. Si on craignait ces divisions dans notre conseil exécutif républicain, le Corps législatif n'est-il pas là pour les faire cesser, et décréter la destitution des membres brouillons?

J'ai dit que pour faire jouir le peuple des droits de la République, en lui faisant observer des devoirs, il importait de le laisser disposer, dans ses assemblées primaires, de tous les pouvoirs, pour les cas qui n'intéressent que les communes.

Ainsi le peuple dans ces assemblées, décidera et réglera tout ce qui peut être avantageux à la commune, sans violer les lois, pourvu que l'intérêt général de la République n'en éprouve pas la plus légère atteinte. Faut-il construire des quais, un pont particulier, bâtir un hôtel commun, édifier des fontaines, planter ou abattre un mail, détourner un lit de ruisseau, établir des marchés publics et leur emplacement, éclairer la cité par des réverbères, établir des greniers d'abondance, etc., etc.? c'est à l'assemblée primaire d'une commune à régler tous ces intérêts particuliers qui n'intéressent pas le général des citoyens de la République.

A l'égard de la ratification à donner aux décrets dans les assemblées primaires, elle est décrétée par la Convention nationale; je n'en parle ici que pour observer qu'il faut bien distinguer les décrets qui sont véritablement des lois, c'est-à-dire des déterminations sur des cas à venir et généraux, de ceux qui ne sont que des actes du Corps législatif, des règlements pour l'exécution des lois, des jugements enfin, sur des cas particuliers, et concernant des individus, lesquels ne sont pas de la compétence du Corps législatif; tous ces actes ne sont pas sujets à la ratification du peuple; les décrets d'urgence et de circonstance sont dans le même cas, et ne peuvent être soumis à la ratification. Ces décrets étant plutôt des actes de gouvernement, dans des cas importants, où le salut public est compromis, que des véritables lois, dont le caractère est de prononcer sur des cas à venir et généraux, et non sur des cas actuels, particuliers et individuels.

Les pouvoirs attribués à chacun des Corps législatif et exécutif peuvent subsister tels qu'ils sont établis par la Constitution, en y apportant les modifications convenables au changement que nous avons fait dans le pouvoir exécutif. Ainsi les décrets sur la guerre, sur l'emploi de la force publique, sur les négociations étrangères et autres de cette espèce, doivent être modifiés. On sent bien que le droit de sanction des lois ne fait pas partie des pouvoirs constitués, la ratification des lois, le *veto* et tous les actes de cette espèce, n'appartiennent qu'au peuple libre qui doit les exercer dans ses assemblées primaires.

Le mode de la ratification des lois est simple. Le premier dimanche de chaque mois, le peuple se formera en assemblées primaires dans les paroisses ou sections de municipalités, pour y ratifier les décrets dont la lecture aura été faite aux prônes des paroisses, les dimanches précédents, ainsi que d'une instruction ou proclamation du pouvoir exécutif, relative aux motifs et à l'exécution de chaque décret; il en sera fait une nouvelle lecture, ainsi que de la proclamation, et

chaque citoyen présent à l'assemblée déclarera hautement, à l'appel nominal, s'il accepte ou rejette la loi, par ces mots : *j'accepte, je refuse*. Sans accepter ou refuser la loi, il convient encore qu'il soit libre d'énoncer son opinion, par ce mot : *je réfère à la majorité*, qui, a l'instar du *non liquet* des Romains, signifie que la loi n'est pas claire, ou qu'on n'est pas assez instruit pour avoir une opinion; il sera dressé procès-verbal de ce vote, dans lequel le nombre des votants, celui des acceptants, celui des refusants, et celui des non opinants seront établis. Les procès-verbaux seront recensés par les municipalités, puis par les commissaires exécutifs, en présence des députés municipaux, puis enfin dans un comité composé de cent membres de l'Assemblée nationale, et de trois membres du corps exécutif, et les résultats par le nombre des refusants et des acceptants, feront connaître la volonté générale pour l'acceptation ou pour le rejet du décret proposé, qui n'aura force de loi, qu'après la ratification générale.

Au surplus, les citoyens assemblés pour la ratification des décrets, ne doivent se livrer à aucune discussion sur leur dispositif, chaque citoyen étant censé y apporter un vœu éclairé par les proclamations, instructions ou autres examens antérieurs, et prononcer son opinion en connaissance de cause sur une loi, comme il la prononce sur le citoyen auquel il donne son suffrage dans les assemblées électives, sans se permettre aucune discussion publique sur ses qualités morales et ses talents.

Il est encore important que la Convention nationale fasse de nouvelles lois pour régler les nominations à toutes les places qui étaient conférées par le ci-devant roi, et qu'elle établisse que les droits pour y être promu pourront s'acquérir par ce grade combiné avec le mérite, autant qu'il est possible, afin que les nominations ne soient pas abandonnées à l'arbitraire du pouvoir exécutif : il importe encore qu'il ne puisse nommer aux premiers emplois de l'armée, de la marine, des finances, de la partie diplomatique, sans l'agrément du pouvoir législatif, dont l'approbation sera nécessaire pour valider ses nominations. On pourrait régler que le pouvoir législatif, après avoir rejeté trois nominations proposées, nommera lui-même au scrutin les citoyens qu'il jugera convenables à ces emplois.

Il faut que la responsabilité des membres du pouvoir exécutif et de tous les fonctionnaires publics ait lieu pour tous les cas d'omission ou de prévarication dans l'exécution des lois : cette responsabilité ne doit pas atteindre les représentants aux Corps législatif et judiciaire, à moins de violation des lois.

Il ne suffit pas de constituer les autorités publiques, il faut encore déterminer les différentes fonctions qui leur sont attribuées, afin qu'elles n'empiètent pas les unes sur les autres; la liberté ne sera assurée que quand chaque autorité se renfermera strictement dans les bornes de ses fonctions et de ses devoirs, dès lors qu'aucune n'aura assez de force pour opprimer, sans usurper les fonctions des autres. Les entreprises d'autorités sont plus difficiles à réprimer que leurs abus, lorsqu'elles ont amené le peuple à les croire utiles à son bonheur.

Il importe donc que le pouvoir législatif se borne à faire des lois, c'est-à-dire à exprimer le vœu général, sans donner des ordres exécutifs ou administratifs, et sans s'immiscer dans les fonctions judiciaires, comme il importe que les corps administratifs et judiciaires ne fassent pas de lois : la nouvelle Constitution doit entrer dans les plus grands détails pour fixer la ligne de démarcation des pouvoirs. L'Assemblée constituante et la législature qui l'a suivie, ont été comme forcées, par les circonstances, d'exercer tous les pouvoirs; cette espèce de dictature doit cesser, quand la nouvelle Constitution sera affermie.

En me résumant sur les avantages du gouvernement que je propose, j'y trouve :

1° Souveraineté du peuple qu'il exerce librement et pleinement, en faisant en personne, dans ses assemblées primaires, tout ce qu'il peut faire par lui-même dans une grande république, savoir : toutes les lois et les actes d'intérêts particuliers de chaque cité, en s'administrant par ses municipaux, se jugeant par ses jurés, pourvoyant lui-même à sa défense par la force de ses citoyens armés, requise par ses seuls magistrats;

2° Représentation la plus conforme possible au régime de l'égalité pour tout ce que le peuple ne peut faire lui-même, chaque citoyen nommant directement ses représentants;

3° Unité de législation et d'exécution des lois générales de la République, concentrée dans les deux Corps législatif et exécutif, séant dans la capitale et balançant respectivement leurs pouvoirs;

4° Activité d'exécution par les voies les plus promptes et les plus vigoureuses, celles d'un magistrat pour chaque partie du gouvernement, à l'exemple des anciens peuples libres qui ne créaient pas des corporations de magistrats pour commander.

Le peuple souverain, le Corps législatif, nommé par le peuple, le corps exécutif, avec ses commissaires et inspecteurs aussi nommés par le peuple; des juges populaires, des municipaux administrateurs populaires, voilà tous mes ressorts pour mouvoir la grande machine de la République française.

Je passe à la force publique nécessaire pour défendre l'État contre les ennemis du dehors, maintenir l'ordre au dedans, et faire exécuter les lois. Elle doit être essentiellement obéissante, sans quoi elle opprime au lieu de protéger.

Nos constituants avaient départi les fonctions du pouvoir exécutif, comme s'ils avaient eu affaire à un roi citoyen et honnête homme, et dans la supposition qu'il pouvait exister des rois qui réunissent ces qualités. Ils lui avaient confié sans réserve la direction de la force publique, pour agir à l'extérieur : on a vu combien cette confiance était imprudente, surtout après le parjure de Louis XVI et sa fuite, le 21 juin 1791; après sa coalition évidente avec les émigrés et avec leurs protecteurs : les magistrats du peuple ne pouvaient disposer de cette force publique que pour l'intérieur ; mais afin de se ménager une ressource

dans une insurrection générale sur laquelle il semble que nos constituants avaient compté, ils avaient cru devoir laisser toute la France, armée comme en état de guerre, et voilà la cause de l'anarchie dont nous avons souffert : la défiance naissait de la Constitution elle-même, qui avait laissé au roi, dans ses prérogatives et ses pouvoirs éminents, tous les moyens de nuire, et ne lui avait ôté que les moyens de faire le bien en donnant force à la loi dans l'intérieur.

Il est résulté de cet arrangement, que la défense ayant continué d'agiter tous les citoyens, la force publique ne pouvait protéger la loi dans l'intérieur, puisque l'emploi que les magistrats en auraient voulu faire, les aurait exposés à la haine du peuple, tandis que cette même force publique dirigée par un roi perfide, concerté avec nos ennemis, nous livrait à toutes les attaques de l'extérieur.

L'emploi de la force publique dans l'intérieur pour le maintien de l'ordre et l'exécution des lois, doit être confié sans restriction au pouvoir exécutif sous sa responsabilité; il convient qu'il la mette à la disposition des commissaires exécutifs et des municipalités, pour s'en servir dans leurs ressorts, aussitôt qu'ils la requerront; il importe encore qu'elle ne puisse agir contre les citoyens qu'à la réquisition des municipalités, à moins d'un soulèvement général dans une municipalité ou dans un département, auquel cas le commissaire exécutif doit l'employer sous sa responsabilité, après avoir reçu les ordres du pouvoir exécutif conformes à la loi.

A l'égard de l'emploi de la force publique à l'extérieur, pour protéger la République contre les ennemis du dehors, il doit être combiné avec le Corps législatif, lorsque la guerre est décrétée.

Les articles 2, 3 et 4 de la Constitution au titre 4 concernant la force publique, ont très bien établi les principes sur la formation des gardes nationales, qui ne sont ni un corps militaire, ni une institution dans l'État, mais un secours subsidiaire auquel le gouvernement peut recourir dans les besoins pressants.

Si la garde nationale était un corps ou une institution, tous les citoyens faisant partie de ce corps, la République serait constamment un camp; il importe à la tranquillité, à l'industrie, à l'activité et au bonheur des citoyens que cet état de guerre n'existe que quand la République est attaquée par les puissances étrangères.

Les cas de danger de la patrie exceptés, le citoyen ne doit s'armer qu'à la réquisition des magistrats; car la force publique chargée de maintenir les lois étant toujours composée d'un petit nombre armé contre le plus grand nombre qui ne l'est pas; si ce grand nombre reste toujours armé, il subjuguera la force publique, et les soulèvements, les insurrections dans une République ainsi constituée, l'auront bientôt détruite.

Je conviens qu'il faut une grande énergie aux citoyens pour conserver leur liberté contre les attentats de l'ambition, et qu'une République, qui sans pourvoir à sa défense serait conduite comme un troupeau de bétail, tomberait à la merci du premier loup ravisseur, et qu'elle éprouverait bientôt le sort ordinaire des sociétés humaines, qui finissent par devenir la proie des ambitieux et des rois, ces grands mangeurs d'hommes; mais si les gardes nationales étaient employées autrement que comme les cas de danger de la patrie; si le peuple toujours armé voulait faire la police, et exécuter les lois, alors la force n'agissant jamais contre elle-même, elle amènerait bientôt l'anarchie, et à sa suite le despotisme. Le danger serait d'autant plus grand, si le peuple n'avait pas de mœurs pour suppléer aux lois, et pas de religion pour suppléer aux mœurs.

Il importe donc que les citoyens s'en rapportent à leurs magistrats pour disposer de la force publique, et qu'ils ne s'arment jamais qu'à leur réquisition pour suppléer à cette force.

Si l'amour de l'ordre enflammait tous les citoyens, si le culte de la loi était dans tous les cœurs, on n'aurait jamais besoin de recourir à la force publique, pour assurer l'ordre et la paix de l'intérieur; chaque citoyen serait magistrat pendant la paix, comme il serait soldat pendant la guerre; mais en attendant que cette heureuse révolution soit opérée, il faut que notre liberté, pour ne pas dégénérer en licence, s'accoutume à être contenue par une force publique qui protège la loi; il faut que chaque citoyen se courbe sous son joug salutaire et bienfaisant; il faut qu'après avoir été souverain pour un moment, il se soumette à devenir sujet des lois qu'il a voté lui-même, et qui sont les résolutions de sa volonté publique, à laquelle sa volonté particulière doit être enchaînée.

Tels sont les vœux ardents de mon cœur pour le bonheur de ma patrie dans la confiance où je suis que nous aurons bientôt terrassé nos ennemis du dehors; puissent-ils être couronnés par le succès. Puisse la France après quatre ans de mouvements convulsifs, après avoir supporté tous les maux que l'orgueil et l'avarice des ennemis de la Constitution nouvelle lui ont fait éprouver, arriver bientôt aux termes de ses souffrances, et s'occuper à guérir ses plaies; puisse-t-elle perdre le souvenir de la perfidie de son roi et de la sévérité que le peuple vient de déployer, dans sa dictature sanguinaire, malheureusement nécessitée par les circonstances, dans les moments orageux de la royauté à la République.

Si la gloire nous touche, et peut-il exister un Français qui n'en soit animé; si notre intérêt nous occupe, et quel est l'homme en France, dont la destinée ne soit pas attachée au succès de la République qui garantit ses propriétés et dont la ruine nous plongerait dans les horreurs de la guerre civile; ne perdons pas de vue que l'Europe, étonnée de notre révolution, incertaine sur la possibilité du rajeunissement d'un vieux peuple, courbé depuis dix-huit siècles sous le joug du despotisme, attend l'expérience de nos succès ou de nos revers, pour nous imiter ou nous mépriser; que si nous laissions échapper notre liberté, en nous en montrant indignes, nous perdrions avec elle l'espoir de la recouvrer jamais; et nous nous ferions juger comme le peuple le plus lâche et le plus méprisable de l'univers, tandis qu'en nous dévouant au culte de la loi, nous assurons notre bonheur qui est l'effet nécessaire des grands principes d'égalité et de justice sur lesquels elle est fondée, et nous

donnons à tous les peuples l'exemple le plus signalé du courage et de la vertu.

Par le citoyen WLRIOT,

Electeur du département d'Indre-et-Loire; de la société des Amis de la liberté et de l'égalité, de Tours.

TRENTE-QUATRIÈME ANNEXE

A LA SÉANCE DE LA CONVENTION NATIONALE DU MERCREDI 17 AVRIL 1793.

Idées ou bases d'une nouvelle déclaration des droits de l'homme, de celle de ses devoirs et d'une nouvelle Constitution pour la République française, où l'on traite, entre autres choses, de la liberté, de l'égalité, des insurrections, de l'éducation nationale, du Code civil, et notamment des enfants naturels, de l'adoption, d'une seule substitution officieuse, de l'organisation d'un nouvel ordre judiciaire, etc., par Antoine-Joseph Thorillon, électeur réuni le 14 juillet 1789...... et député à l'Assemblée législative, et membre de son comité de législation. A Paris, chez les marchands de nouveautés (1).

INTRODUCTION.

Dans ces idées que je publie sur la nouvelle Constitution de la République française, je me suis défendu de l'enthousiasme de nos nouveaux philosophes qui, pleins d'une théorie abstraite, et sans songer à méditer les bons ou les mauvais effets des institutions humaines, ne consultent que leur goût novateur, et non pas l'état de l'esprit public, de ses mœurs et de ses besoins locaux. Le télescope toujours à l'œil, ils s'obstinent à ne pas voir les hommes tels qu'ils sont à leur côté, mais bien au loin, dans la nature des choses, tels qu'ils pourront être dans les choses de la nature, et que la révolution d'un demi-siècle environ, qu'une nouvelle génération, née au foyer de la *liberté et de l'égalité*, et cultivée par une véritable éducation nationale, aura plus généralement pétri leur cœur de mœurs pures et dignes de notre régénération politique.

Je me suis également défendu de l'influence de ces esprits *spasmodiques*, qui, n'apercevant pas dans la Constitution de 1791 l'illusion d'un éclat trompeur, ont pris, pour le véritable bonheur, ce qui n'en était que l'ombre. Mais en écartant de ce premier effort de notre esprit régénéré, tout ce qui, dès le moment de la révision, m'avait paru le point aller au bonheur de mes concitoyens, j'en conserverai ce qui, à mon sens, peut le procurer. Abstraction faite de tout ce qui a rapport direct ou indirect à la monarchie, qui n'est plus, en adoptant une grande partie de cette Constitution, je tâcherai de prémunir mes lecteurs contre l'expansion dangereuse, quand on ne sait pas l'apprécier, de l'égalité en droit et de la liberté.

(1) *Archives nationales*, carton II, 253, chemise 449, pièce n° 13.

Si je parviens à bien tracer la ligne de démarcation de ces deux sources de notre bonheur, et de l'anarchie qui les empoisonne et les tarit, j'aurai plus fait que je n'ose l'espérer; car, on le sait, dans quel abîme l'imprévoyance des premiers constituants ne nous ont-ils pas plongés involontairement, en laissant confondre l'un avec l'autre, surtout en ne prenant point la précaution essentielle que la sagesse a dictée à la Convention, de maintenir provisoirement toutes nos lois, tant qu'elle ne les aurait point abrogées.

L'état déplorable dans lequel nous avons vécu depuis 1789 n'offre de consolation qu'en le comparant à l'orage salutaire qui devait purifier l'air des vapeurs que le despotisme de plusieurs siècles avait amoncelées sur notre horizon, et nous amener les beaux jours dont l'aurore commence à briller.

Constitution sainte ! hâte-toi de lever ta tête altière et bientôt tu seras le soleil de la France, dont les rayons bienfaisants ranimeront tout : nos champs seront sillonnés, nos guérets fécondés, notre commerce vivifié; les arts, l'industrie encouragés, en un mot, les germes de notre félicité se développeront, et peut-être 1793 ne sera pas révolu, que nous en cueillerons les fruits précoces, dont nos enfants goûteront toute la maturité...... Si nos aïeux n'avaient point planté, notre vaste territoire serait un désert... Créons, cultivons donc; mais souvenons-nous qu'un bon jardinier perd peu son temps à la culture de plantes exotiques.

DIVISION DE MES IDÉES SUR NOTRE NOUVELLE CONSTITUTION.

Ce nouvel édifice de notre régénération politique doit s'élever pour le maintien de la liberté et de l'égalité, dont la conquête annoncée par les électeurs réunis le 14 juillet 1789, préparée par l'Assemblée constituante de 1791, finie par le peuple, et soutenue par l'Assemblée législative le 10 août 1792, qui, fidèle à ses serments, devait consulter la nation qui les avait exigés, a été couronnée par la Convention le 21 septembre.

Je traiterai donc de l'égalité et de la liberté d'abord, et successivement du maintien provisoire des lois, des bases de la République et de son organisation.

En établissant mes diverses propositions, j'en réfuterai d'autres, qui ne m'ont point paru arriver au but que la nation se promet dans son nouveau gouvernement républicain.

Le bonheur de ma patrie est l'objet de mes vœux.
In me.

§ 1er.

DE LA LIBERTÉ ET DE L'ÉGALITÉ.

Notre *égalité* en *droit* est incontestable sous la voûte azurée qui nous couvre, nous naissons tous enfants du créateur universel; la même terre nous porte, le même soleil nous éclaire, les mêmes végétaux nous alimentent, et, simples enfants de la nature, nous avons les mêmes besoins et les mêmes ressources.

Mais, enfants de la société, notre éducation jusqu'ici si différente, et il faut en convenir, le plus ou moins de perfection de nos organes, à l'âge où la raison vient nous distinguer des autres êtres créés, nous délègue diverses fonctions. Nos talents et nos vertus nous appellent, les uns à proposer les lois, les autres à les faire exécuter; ceux-ci à cultiver la terre, dont les productions nous nourrissent; ceux-là, aux arts et à l'industrie; tel est propre à un objet, le perfectionne et l'améliore; tel autre n'y réussirait pas; donc, distinction des emplois, d'après nos facultés intellectuelles, quoique tous nés avec le droit de les remplir.

La raison, en effet, nous enseigne à ne les confier qu'à ceux dont l'éducation et l'étude leur en ont permis l'exercice, et surtout à ceux que la probité et des mœurs pures en ont rendu dignes.

Mais quel que soit notre emploi dans notre association politique, ne nous servons-nous pas tous mutuellement? L'un peut-il se passer des talents de l'autre? Celui qui vieillit dans le cabinet pourrait-il fertiliser nos champs? Non. Le cultivateur pourrait-il nous donner ce que l'artisan et l'artiste nous fournissent? Non. Nous nous devons donc tous des secours mutuels. Si l'un a besoin de l'autre, tous doivent donc partager les avantages et les peines; tous sont donc égaux, et la loi qui doit le consacrer, doit être une, soit qu'elle protège, soit qu'elle punisse; base déjà reconnue et que nous devons immortaliser.

Et comme les armes de la vertu mises dans des mains perverses, peuvent protéger le crime, l'homme de probité bien connu doit toujours être préféré, surtout pour les emplois, de l'exercice desquels dépend notre bonheur.

Par exemple, quel danger n'y aurait-il pas à appeler aux législatures ou l'ignorance ou l'intrigue? Pour bien calculer ce qui peut être utile au bonheur de la société, il faut des lumières; il en faut presque autant pour leur exécution; il faut plus, il faut fuir ces funestes égoïstes, qui, ne consultant que leur intérêt personnel, s'abandonnant aux vils intrigants qui, sous le masque du patriotisme, ne cherchent qu'à égarer et à s'enrichir des dépouilles du peuple.

Il faut donc respecter les propriétés morales et physiques de chacun.

Par exemple, sans le respect des propriétés proprement dites, il n'y aurait plus rien de stable; les talents, l'industrie seraient bientôt détruits ! Si l'objet de mes affections, ma femme et mes enfants, me condamnent à une vie laborieuse, le fruit de mes veilles ne doit point être pour le libertin oisif qui ne songe, dans ses jouissances impures, qu'à troubler mon repos et la tranquillité publique.

Aussi, dans les siècles d'ignorance et de superstition, Lycurgue, ce hardi législateur, n'a-t-il proposé la fatale loi agraire qu'en fuyant son pays et qu'en endormant les Spartiates des révélations mensongères de l'oracle de Delphes... Aussi ses successeurs en cherchèrent-ils un nouveau, celui de Pasiphaë...; aussi finirent-ils par périr tous.

Ce système, tombeau véritable de l'émulation, n'a été praticable à Lacédémone que parce que toutes ses forces étaient renfermées dans ses murs; qu'hors la guerre, ses habitants vivaient dans la fainéantise; que les Ilotes, leurs esclaves, étaient les seuls qui travaillaient, et qu'enfin il n'y avait qu'un même habit et une même table; que jusqu'aux signes des richesses, tout en était banni.

Mais ce système ne révolterait-il pas notre égalité en droit, et la nécessité où sont 25 millions d'hommes d'habiter des lieux différents et de travailler, en raison du sol et des productions? Il faut sans doute qu'une partie alimente l'autre ; mais la justice et la liberté veulent que la plus active reçoive le prix de ses peines, qu'elle en jouisse et, après elle, sa famille.

Sans cette protection absolue des lois pour les propriétés personnelles, l'égalité ne serait plus celle de la raison, mais elle porterait le trouble, l'anarchie et le découragement dans toute la République.

Et dans la vérité que deviendrait la *liberté?* N'est-il pas de son essence de faire tout ce que la loi ne défend pas? Mais si, usant de ma liberté, j'acquiers, je dois conserver; autrement cette liberté serait un esclavage, et conséquemment une iniquité.

La *liberté*, on ne saurait trop le répéter, ne doit avoir de bornes que celles posées par la loi. Nous devons tous lire l'évangile de notre foi politique dans ce précepte sacré, que le chef des Hébreux nous a transmis. Aimons Dieu par dessus tout, et notre prochain ou notre patrie comme noūs-mêmes. Libres de faire ce que la loi ne défend pas, nous devons nous aimer en frères, nous protéger, imiter les hommes vertueux, corriger ou éclairer les hommes égarés, respecter les personnes et les propriétés de chacun.

Sans ce respect religieux des personnes, où en serions-nous ? L'envie, la jalousie, les haines seraient autant d'obstacles, non seulement à notre liberté, mais à notre sûreté. Au gré de l'une de ces passions infernales, pas un de nous ne pourrait compter sur sa vie... *La loi doit donc bien indiquer ce qu'elle entend par liberté et égalité.*

§ 2.

DE L'EXÉCUTION PROVISOIRE DES LOIS.

Soit qu'un pays s'arrache à l'esclavage et reprenne sa liberté et ses droits, soit qu'il adopte une Constitution ou qu'il s'en donne une nouvelle, comme la France va le faire, il est de la sagesse de ses délégués de maintenir provisoirement l'exécution de ses anciennes lois. Le pays qui serait un moment sans lois, deviendrait un chaos où l'anarchie, qui en est la production honteuse et sanguinaire, viendrait tout ravager.

Cette vérité, trop longtemps méconnue par l'Assemblée constituante, a été saisie par la Convention dès sa première séance. Toutes les lois de France, a-t-elle dit, seront exécutées sans réserve, jusqu'à ce qu'il en soit autrement ordonné.

Rien n'aurait altéré les heureux effets de cette loi sage et prévoyante, si un reste de la commotion du 10 août n'avait pas un moment égaré une certaine classe d'hommes ou ignorants ou ambitieux.

Mais, en ce moment que tout renaît à l'ordre, il me semble que l'une de nos lois constitutionnelles doit être qu'à l'instant même de l'organisation de chaque assemblée législative, le maintien et l'exécution sévères des lois existantes seront proclamées. La Constitution, d'ailleurs, doit vouloir que tant qu'elles ne seront point abrogées, les lois de la République anciennes et nouvelles seront exécutées ; soit

que cette proclamation se fasse, soit qu'elle s'oublie involontairement. Cette dernière disposition parerait aux desseins secrets des anarchistes.

§ 3.

DE LA RÉPUBLIQUE, SON UNITÉ ET SON INDIVISIBILITÉ.

Tout avantageux que soit le gouvernement monarchique, dont le mouvement unique convient, disent nos politiques, à un grand Empire, comme le monarque ne peut être qu'un homme soumis à l'erreur, à la séduction, à la paresse, à l'ignorance et à l'intrigue, qui lui peignent le despotisme comme un attribut de la royauté, que d'ailleurs un homme-roi est un monstre dans le pays de l'égalité, le gouvernement *républicain*, que la Convention a décrété, et dont les bases reposent sur les vertus, sera sans doute sanctionné par le peuple. Non, bien entendu, ma république *fédérative*, qui exposerait l'état aux factions et aux éternels tiraillements qui la minent et la détruisent;

Mais une république *unique* et *indivisible*, conduite et administrée par des citoyens *vertueux* et *temporairement élus.*

L'horreur que nous avons tous des triumvirats, des tribunats, des dictatures et de tous les intrigants dictateurs, triumvirs et tribuns du monde, me dispense d'en parler.

Le monstre qui y prétendrait mériterait la mort la plus honteuse... Non, je me trompe, il ne serait pas digne de mourir. Il conviendrait de le conserver soigneusement, un temps donné, exposé à la risée publique. Ce supplice est le seul qui convienne à la folie de l'ambition. Mais faites attention je dis un *temps donné*, et non pas à perpétuité; car dans le temps, je ne connais point de peines éternelles.

§ 4.

DE L'ÉDUCATION NATIONALE.

Comme les vertus sont l'apanage et la source fondamentale sur laquelle le pivot du gouvernement républicain doit mouvoir, et que ces vertus prennent naissance et se fortifient par l'instruction que l'on doit recevoir d'une bonne éducation nationale, il me paraît sage d'en jeter les bases dans la Constitution.

La principale doit être cimentée par les principes des bonnes mœurs publiques, sans lesquelles, l'histoire de tous les pays nous l'apprend, les lois les plus sages sont impuissantes.

Par exemple, les instituteurs doivent veiller à graver dans le cœur de leurs élèves le respect et leur soumission aux lois. L'inobservation des lois est le premier fléau qui ravage le pays le mieux civilisé d'ailleurs, l'avilit et le trouble et le détruit.

Ils doivent leur apprendre à se rendre dignes d'occuper toutes les places de la République, mais à ne les désirer jamais que pour le bonheur de leurs concitoyens, à n'y appeler que les hommes vertueux et non les intrigants, qui, sous le nom de *vertueux qu'ils achètent*, distillent les poisons de la scélératesse.

Les instituteurs doivent être particulièrement occupés à inculquer à leurs élèves, non seulement les *Droits de l'homme qu'ils appren-*

dront *sans eux*, mais les *devoirs*, qu'ils oublieront même avec eux.

Que ne puis-je donner pour exemple le village que j'ai habité deux mois cette année (Lucheux, district de Doullens, département de la Somme), dans la classe des cultivateurs, dont l'âme aussi paisible que les champs qu'ils cultivent, et aussi parce que l'air qu'ils y respirent, ne leur laisse d'autre désir que de former de bons citoyens à l'Etat... On n'est jamais bon patriote, disent-ils, si on n'est pas bon mari, bon père et bon fils. L'enfant qui n'est point respectueux et aimant, est, pour eux, un monstre dans la nature.

Gouvernez bien d'abord votre petite famille, disent ces vertueux citoyens, rendez-les fidèles à la loi, vous saurez bientôt ce qui convient au bonheur de la République.

L'éducation nationale doit-elle embrasser le culte religieux? Cette grande question est l'objet du paragraphe suivant.

§ 5.

DES RELIGIONS ET DE LA LIBERTÉ DES CULTES

N'importe laquelle, il en faut une. Sans religion, tout est perdu. Doit-elle entrer dans l'éducation nationale?

Ici, j'avoue ma perplexité. Si je ne consultais que mes principes en politique, je réduirais toutes les religions à *aimer mon pays*, et d'ailleurs, faible mortel, je n'irais pas plus loin, et je ne lirais pas dans l'immensité éternelle ce que ma myopie n'aperçoit pas.

Mais, comme de grands philosophes ont prétendu que sans une religion céleste, il ne peut exister de bons gouvernements civils, je vais d'abord raisonner d'après leurs principes, et ensuite je me permettrai d'exposer mon sentiment.

Si, dans l'espèce humaine, il n'y avait pas un germe de vie inexpugnable, si l'indolence des pères et mères, leur négligence, leur insouciance, ne privait pas les enfants de la connaissance des lois; si leur exemple pervers ne leur en apprenait pas le mépris, *aimant Dieu, son pays et son prochain*, on trouverait un abri salutaire contre les passions et l'injustice, et la religion universelle pourrait se borner à ce précepte.

Mais comme la perversité ferme l'oreille à cette grande maxime, il convient d'adopter une religion non seulement à cause des *promesses certaines d'une autre vie*, mais à cause du gouvernement civil.

Système de plusieurs philosophes.

Qui peut mieux faire respecter la loi, que la certitude de l'existence d'un Dieu qui voit tout et qui lit nos plus secrètes pensées? Cette grande vérité suppléera, avec avantage, à l'insuffisance et à l'imprévoyance des lois qui, ouvrage des hommes, restent toujours enveloppées d'un voile plus ou moins épais.

Qui peut mieux que la religion intimider et rappeler l'homme coupable aux vertus? Le plus grand scélérat, certain que Dieu lit dans les replis de son cœur, où la loi ne peut pénétrer, revient souvent à ses devoirs.

Il faut donc une religion; elle est le pacte sacré qui nous unit à celui-là qui ne veut que le bien et qui punit l'impunité des hommes.

« Les principes du christianisme bien gravés dans le cœur, dit Montesquieu, sont infiniment plus forts pour contenir les hommes que le faux honneur des monarchies, que les vertus humaines des républiques et surtout que la crainte servile des États despotiques. »

Et, dans la vérité, quelle est la religion qui tend le plus à la perfection humaine et qui lie davantage les sociétés de la terre, si ce n'est la religion catholique? L'apôtre Dieu qui l'a prêchée sur la terre, n'en a-t-il pas marqué les préceptes de l'empreinte céleste dont elle émane? Elle seule ne gouvernerait-elle pas notre république? Tolérance, humanité, charité, respect des lois et des autorités, soumission, fidélité... n'est-ce pas là le centre de toutes les vertus?

Cependant comme la liberté des cultes est nécessaire à notre liberté civile, comme notre égalité en droit ne pourrait pas s'allier avec ceux qui n'ont pas reçu les lumières de l'évangile, si on proclamait une religion, je ne serais point d'avis d'exclure les autres religions. Je dis même que nous devons fraterniser et appeler aux places civiles le juif, le mahométan, comme le chrétien de toutes les sectes. Je dis plus; je dis que c'est plaire à celui qui nous a donné la religion catholique, parce que plus ils s'approcheront de ces derniers, plus leur conversion s'avancera.

Mais sans cet espoir *évangélique*, je dis qu'étant nos frères, puisque leur créateur est le nôtre, il ne doit point y avoir de distinction et qu'ainsi liberté entière de religion doit faire partie de notre Constitution.

Conséquemment, je ne demande pas que la loi prononce une religion dominante, parce que, d'ailleurs, ce serait la commander, et l'homme n'a pas le droit de commander à ma conscience. Ce soin n'appartient qu'à Dieu.

Mais que l'on ne s'y méprenne point: parce qu'il ne faut pas établir dans notre code de religion dominante, il ne s'ensuit pas, comme quelques philosophes modernes l'ont prétendu, que non seulement on ne devait plus salarier le culte catholique, mais qu'il ne fallait plus de culte public; que cette publicité gênait la liberté religieuse; et qu'enfin on ne devait plus enseigner aucune religion nationale: d'autres philosophes soutiennent le contraire.

Salaire du culte catholique.

En salariant le culte catholique, il n'en résulte point de prédominance; l'ignorance seule peut tirer cette conséquence : cet acquit est une dette sacrée que la nation doit et paie. Elle ne doit point ignorer que les biens immenses attachés à ce culte ne viennent pas tous, à beaucoup près, de la munificence de nos anciens rois; mais de la piété ou de l'erreur même des citoyens qui, pour un *oremus*, concédaient à l'Eglise tout ce que ses apôtres des premiers siècles leur demandaient.

Or, une nation qui, jouissant des biens de ce culte, ne le salarierait pas, ferait une usurpation. Cette idée révolte et la loyauté des Français et tous les principes de justice.

Publicité des cultes.

Ceux-là se sont bien égarés qui, dans leurs écrits sur le nouvel ordre social, ont prétendu que cette publicité résistait à la perfection de la liberté religieuse... Pour être libres, disent-ils, il faut pouvoir choisir son prêtre... son autel... mieux est de le dresser dans le cœur.

Je conviens que le culte du cœur plaît essentiellement à celui qui en est l'objet, mais la publicité n'ôte rien de l'expression du cœur.

Ce culte, uniquement mental, a l'inconvénient de ne point donner l'exemple, si nécessaire, des pratiques religieuses. Il n'éclaire pas sur la nécessité d'en admettre un; il ne fait pas rougir l'athée.

Pourquoi Licurgue, et tous les législateurs de l'antiquité, dont la vraie philosophie admire encore le génie, ont-ils donné, pour base de leurs institutions, une religion et un culte public? C'est qu'avant nous, ils l'ont jugé nécessaire, et pour Dieu qui aime l'offrande des hommes, et pour les sociétés politiques qui, sans religion, esclaves des crimes, déjà trop ordinaires dans ces sociétés, deviendront bientôt des grands scélérats. Quand Rome méprisa ses dieux, Rome commença à périr.

Pour qu'un culte public gêne l'opinion religieuse, pour qu'il domine, pour qu'il entraîne, (ce qui ne serait point un mal s'il devait ces avantages à sa morale) il faudrait qu'il fut exclusif; mais tant qu'il est libre, et que toutes les religions et leurs sectes peuvent élever chacune leur autel, on n'aperçoit pas comment le culte public peut gêner la liberté religieuse.

Si l'on proposait de maintenir les lois, qui défendent les entreprises ou les troubles de tels et tels sectaires contre tels autres, on concilierait l'intérêt incalculable de propager la nécessité d'une religion quelconque, à celui d'en laisser libre le choix et l'exercice.

Toutes les religions *promettent une autre vie*. L'espoir des délices de l'éternité soutient l'homme dans ses adversités, les lui fait surmonter, le console de ses peines, lui fait aimer toutes les vertus morales, et par-dessus tout le maintient sans cesse dans l'obéissance aux lois. La crainte des châtiments éternels le contient dans ses devoirs, l'y rappelle, le fait fuir le crime, dont il est sûr d'être puni avec sévérité par Dieu, en raison même de la certitude qu'il aurait de ne pas l'être des hommes.

La sagesse doit donc dire aux législateurs que, sans religion, les hommes deviendraient des tigres, et trop souvent impunément.

Combien de coupables qui, sans la religion, auraient enseveli avec eux les complices des crimes les plus atroces! Rejetons cette idée immorale et impolitique de supprimer la faculté des cultes publics.

Rejetons-là davantage : si nous considérons que cette suppression frapperait, dans ses fondements, la liberté des cultes religieux. Quelle puissance peut légitimement m'empêcher de me rassembler avec mes frères dans un temple, une synagogue, une mosquée ou une église, pour chanter les louanges du Dieu que j'adore! Où serait donc la liberté?

Enseignement du culte dans les écoles nationales.

Je dis, d'après les *mêmes philosophes*, que le premier enseignement des écoles nationales

doit être la religion, parce que résulte de cette connaissance l'élévation de l'âme de l'enfant, en qui la raison qui pointille le sépare de l'être brute dont il faisait sa compagnie. Elle lui dit que, d'une autre essence, l'âme qui le meut est appelée à de grandes destinées. Son esprit vierge reçoit les empreintes ineffaçables des vertus nécessaires qui l'élèvent à Dieu, et des vertus morales l'amènent infailliblement aux vertus sociales; l'homme religieux est bientôt l'homme de la patrie.

Mais, dira-t-on, comment enseigner la religion? S'il n'y en avait qu'une, cela serait praticable; mais dans une école où se rassembleront à la fois un chrétien romain, un grec, un juif, un mahométan, etc., il faudra donc des institutions pour chaque religion et séparer les classes.

Je pourrais répondre à ma propre objection que cela, un peu difficile et, peut-être plus coûteux, ne serait point impossible, et qu'une législation sage ne doit rien épargner pour l'éducation morale, civile et physique des jeunes citoyens, qui, un jour, formeront la République.

Mais l'objection n'a aucune valeur pour les écoles où les divers croyants ne se rencontreront pas. Or, sur vingt-cinq écoles, je soutiens que vingt ne seront remplis que de catholiques, par la raison que, sur vingt-cinq millions d'hommes, vingt millions professent la religion catholique.

Ce calcul, me dira-t-on, serait exact, si cette portion de divers croyants était réunie; mais elle est éparse.

Dans les lieux où il y aura plusieurs écoles et où il y aura un nombre suffisant d'enfants d'une telle religion, rien n'empêchera de les envoyer dans la même.

Où cela ne se trouvera pas, on professera la religion universelle, celle de l'existence d'un Dieu qui punit les méchants et récompense les bons.

Celle que tous les cultes, dont la loi ne juge pas la sainteté, sont permis; que l'enseignement des préceptes ou des dogmes sont réservés à leurs parents ou aux ministres du culte qu'ils pourront toujours choisir.

Mais quel que soit leur enseignement à cet égard, ils doivent, par-dessus tout, après Dieu qu'ils doivent adorer, l'obéissance absolue aux lois de la République.

Par ce moyen, on conciliera tout; ce que l'on doit à Dieu, ce que l'on doit à la liberté des cultes et ce que l'on doit à la patrie, qui doit vouloir une religion quelconque.

Il conviendrait donc qu'après le 17e article de la déclaration des droits, on ajoutât, article 18 (si même on ne le mettait pas le deuxième) :

« L'homme tient son existence d'un Dieu. Le choix de sa religion ou de son culte privé ou public pour l'adorer appartient à sa conscience. La société ne s'en occupe que pour maintenir l'obéissance aux lois. »

MON SYSTÈME.

Si tout ce que l'on vient de lire ne subjugue pas toutes les raisons, si même je ne m'y conforme pas, je le dois au génie magique de la Révolution, qui s'est emparé de moi depuis le 22 avril 1789, que les cloches des assemblées primaires ont écarté le nuage qui cachait l'influence et les chaines despotiques et ont fait briller les premiers rayons de la liberté.

Flottant, malgré moi, entre les écueils qu'offrent une liberté indéfinie et une liberté limitée sur les opinions religieuses, longtemps j'ai cru à tout ce que je viens d'écrire sur la nécessité d'un culte.

Encore tremblant sur les effets d'une nouvelle philosophie qui vient de dissiper les ténèbres épaisses qui nous cachaient les vérités et les avantages de notre liberté, j'ai peine à écarter tous mes doutes.

Cependant, sommes-nous libres ou ne le sommes-nous pas? Si nous sommes libres, comme je n'en doute plus, cette liberté ne doit pas être restreinte. Je puis croire, *comme je le crois*, que notre existence n'est pas l'ouvrage du *hasard*, mais bien celui d'un *moteur* incompréhensible que j'appelle *Dieu*.

Mais parce que telle est ma croyance, doit-elle être celle de tous mes associés? Oui, si la République déclarait qu'elle ne veut parmi elle que ceux qui reconnaitront un Dieu.

Mais comme cette déclaration serait impolitique; que tous citoyens soumis aux lois de notre pays peuvent réclamer leur agrégation, l'obligation de reconnaître un Dieu serait l'exclusion de ceux qui n'en reconnaissent pas; or, comme nous devons nous accorder avec nous-mêmes, au lieu de l'article additionnel proposé, il me semble que l'on pourrait y substituer celui-ci :

« L'homme existe par une volonté indépendante de lui. La raison qui le distingue des autres être créés lui enseignera la religion et le culte qu'il croira devoir suivre. La société n'exige de lui qu'une parfaite soumission à la volonté générale qui fait sa loi. »

Cette déclaration exprimera à tous la volonté de la société politique : et tous sauront que le seul culte qui leur est commandé est une parfaite obéissance aux conditions du pacte social.

Cependant, législateurs, c'est à vous de choisir parmi votre sagesse ce qui convient, je ne dis pas à l'esprit d'un petit nombre de philosophes, mais à la masse des citoyens de la République; c'est à vous de voir si, avec nos grands sages du siècle, Montesquieu, Rousseau et autres, le frein religieux ne tient pas tout, et si vous y pouvez substituer celui de la philosophie actuelle, qui ne connaît d'autre culte que l'amour de la patrie.

Je vous abandonne une grande tâche à remplir; songez-y ! des rêves ne sont pas la réalité, et en médecins habiles, consultez d'abord le tempérament de vos malades.

§ 6.

DU CODE CIVIL.

La fin prématurée de notre session première législative, nous a empêché de compléter notre code civil. Chacun de nos collègues offrirait, sans doute, la partie qu'il a faite, dont plusieurs étaient adoptées par le comité.

J'offrirais, par exemple, pour ma part, tout l'ordre judiciaire, et un code formulaire qui devaient dériver du code civil; car, ce code lui-même devait sortir du génie de notre Constitution.

J'offrirais, en outre, un travail sur les enfants naturels et un autre sur les substitutions.

Sur les enfants naturels, j'ai cherché à effacer jusqu'au nom *impropre* de bâtard, et à leur faire assurer un droit légal dans les biens de leurs auteurs. Pour en faciliter l'exercice, j'ai proposé d'anéantir ces formes difficiles et scandaleuses qui souvent les empêchaient d'atteindre au but de la nature qui, en donnant l'existence, a toujours présupposé les moyens d'exister.

Mais toujours en garde contre les conceptions exagérées et philosophales, je n'ai pas voulu que le fruit d'une union désavouée par la loi, ait tous les avantages de celui qui nait sous la foi des contrats qu'elle permet; j'ai considéré que si l'enfant naturel doit recueillir une part distincte dans les biens de sa famille naturelle, il convenait qu'elle fût moindre que celle des enfants légitimes; que s'il en était autrement, les *mœurs*, loin de se *purifier*, deviendraient l'avilissement des sociétés conjugales. Cessant cette société, la cohabitation des hommes n'aurait pas plus de mesure que celle des bêtes... Or, je l'espère, cette idée immorale n'est pas faite pour les vertus républicaines.

A l'égard des *substitutions*, on verrait qu'autant je proposais d'abolir toutes les espèces de substitutions connues dans le droit romain et admises dans plusieurs de nos coutumes, autant la morale et la liberté même me faisaient adopter la seule *substitution officieuse du père aux petits-fils*, avec les modifications que la prévoyance des nécessités m'avait suggérées; je me complaisais à ne pas laisser le même espoir au fils libertin, dénaturé et prodigue, surtout lorsqu'il nait des enfants, qu'au fils soumis, respectueux et aimant; je croyais prévenir par là le chagrin de l'aïeul qui, en fermant les yeux, porte ses derniers regards sur ses descendants encore dans l'enfance, que son fils, dissipateur, condamne à la misère; je croyais même éviter jusqu'à ces ventes simulées et autres actes frauduleux, qu'une loi trop gênante peut engendrer. Nos lois, me disais-je, ne doivent point contrarier la nature ni la liberté. Or, l'impuissance, au père de famille, de ne pas sauver de la misère ses petits-fils, objet de ses affections bien légitimes, est un outrage à la nature et la prohibition trop générale de disposer de sa chose est un outrage à la liberté.

Mais depuis le décret qui abolit sans réserve jusqu'à ce seul et unique degré de substitution, je n'ai plus qu'à en désirer le rapport.

A l'égard du surplus du code civil, les bases de notre nouvelle Constitution doivent le diriger; et j'espère que si l'égalité restreint les facultés disponibles et si les transmissions de propriété sont, désormais, l'ouvrage de la loi et non celui des hommes, dont la volonté ne doit plus avoir tant d'empire après leur mort, la liberté de disposer de sa chose, ne sera point entièrement anéantie. La liberté et l'égalité sont deux sœurs qui doivent vivre d'intelligence. Si l'une tyrannisait l'autre, il en résulterait des maux qu'il est sage de prévoir.

§ 7.

DE L'ADOPTION.

Si on admet l'adoption, le principe doit en être décrété constitutionnellement, parce que cette loi importante intéresse trop l'ordre des sociétés partielles, et pourrait les ébranler dans leur fondement, si elle n'avait pas l'assentiment général. Son régime ensuite doit faire partie du code civil, parce que l'expérience forcera à des variantes dont la loi, la plus prévoyante, ne garantira pas.

Mais l'adoption que la France avait admise sous la première race de ses rois et qu'elle a proscrite, si on en excepte la coutume de Saintes, qui l'a conservée sous le nom d'affiliation, entre-t-elle dans le génie d'un gouvernement républicain? Voilà la question.

Telle qu'en soit la solution, ne doit-on pas au moins différer d'en décréter le mode jusqu'après nos lois sur les successions, les partages, les donations entre vifs ou testamentaires, sur les facultés générales de tester, enfin sur les droits qui sollicitent l'humanité, en faveur des enfants naturels? Je pencherais volontiers pour l'affirmative.

L'adoption, sainte dans ses effets, quand elle aura pour but de soulager l'indigence, pourrait être inutile, si par la faculté des dons, on produisait les mêmes effets.

L'adoption est l'ouvrage de l'affection. Elle donne un père à celui qui n'en a pas de connu, mais quel outrage ne fait-elle pas à la paternité indigente! Mon fils ne portera plus mon nom parce que je suis pauvre! Je pleure sur cette idée cruelle.

Si comme chez les Romains, nous étions environnés d'esclaves ou d'affranchis, l'adoption parlerait plus fortement à mon cœur; mais dans un pays libre, inviter la fortune à mépriser l'indigence sous prétexte de la soulager, cette idée m'afflige.

La nature et la loi m'ont donné un nom et la fortune vient me l'ôter. J'étais père, et je ne le suis plus. La loi, dans l'adoption, invite la piété filiale à outrager l'amour paternel.

Dans un pays où les mœurs réunies de petites familles légitimes forment les vertus de la société politique, on me fournit les moyens de mener une vie vagabonde et libertine! O mœurs! que deviendrez-vous?

J'ose croire, au surplus, que si l'adoption est admise, elle ne le sera jamais au préjudice des enfants légitimes. J'ose croire que, si elle s'étend au-delà des enfants naturels, il faudra le concours de la volonté des pères et mères légitimes.

Que l'on ne pense pas que je veuille par là propager la puissance paternelle. Je sais que l'enfant majeur doit être libre; mais je sens bien sensiblement que cette liberté ne doit pas le conduire à déchirer les entrailles paternelles. Qu'un vil intérêt ne doit point lui faire épouser le nom d'un riche présomptueux ou barbare. Si je n'aimais plus mon fils ou mon père,

je haïrais toute la nature : ma patrie même, je ne la servirais plus qu'en esclave... Ne le serais-je pas au moins des richesses qu'elle m'offrirait pour être enfant dénaturé? Loin de nous cette grande erreur politique que l'esprit de famille est contraire à la République. L'existence d'une famille chérie exposera mille fois ma vie pour défendre le pays que j'habite avec elle; son bonheur sera le mien; et qui est plus utile que le bonheur!

Hélas! je vois déjà renaître l'adulation des grands. Déjà, j'aperçois l'empire des richesses tyranniser les hommes. La jeunesse sans expérience, esclave des passions, ne s'avilira-t-elle pas pour s'attacher un riche? L'adoption de celui-ci ne sera-t-elle pas le prix de quelques perfidies? Que la patrie adopte l'intelligence, voilà le devoir d'un père commun qui ne fait pas rougir les autres.

§ 8.

MODE OU ORGANISATION D'UN GOUVERNEMENT RÉPUBLICAIN ET REPRÉSENTATIF. DIVISION DES POUVOIRS.

Le gouvernement essentiellement représentatif doit l'être de toute nécessité dans un pays dont la population est au moins de vingt-cinq millions. Nous l'avons établi au paragraphe 3. Cette représentation qui doit être une, doit-elle réunir tous les pouvoirs? Je ne le crois pas; il n'y a que le véritable souverain, je veux dire le peuple, qui réunisse et puisse réunir sans danger tous les pouvoirs.

Or, le suprême et unique pouvoir est donc le peuple.

Mais ensuite son gouvernement exige la salutaire séparation des pouvoirs. Il n'y a pas de Constitution (dit celle de 1791) là où les pouvoirs ne sont pas séparés. Il faut bien se défendre de confier l'exécution de la loi à celui qui l'a faite : la raison nous suffit pour apprécier les dangers de cette confusion des pouvoirs. Les haines, les vengeances, le vil intérêt seraient souvent les moteurs de nouvelles lois dont l'application directe serait prévue.

Mais en combien de pouvoirs divisera-t-on notre gouvernement républicain? J'espère démontrer que le nôtre doit continuer à l'être en trois, et qu'en cela la Constitution de 1791 reste sublime et bienfaisante.

Pouvoir législatif, pouvoir exécutif et pouvoir judiciaire.

On ne paraît vouloir toucher à cette division, qu'en ce qui concerne le pouvoir judiciaire dont on ne veut pas faire un pouvoir; mais lorsque j'y serai, j'espère démontrer qu'on s'est trompé.

§ 9.

DU POUVOIR SUPRÊME.

Ce pouvoir suprême, unique, appartient au peuple en nom collectif et non à une fraction du peuple.

Une portion du peuple quelconque qui voudrait exercer la souveraineté, serait coupable du crime de lèse-nation.

Le peuple en masse, je veux dire les vingt-cinq millions, ou par eux dans leurs comices ou par leurs représentancs, a le droit imprescriptible de donner des lois, de sanctionner ou de ratifier celles que ses représentants lui proposent; de tout changer, même sa Constitution.

Cette vérité éternelle, si heureusement sortie de l'oubli, ne doit plus être un problème.

Mais comment le peuple peut-il exercer cette puissance? S'il faut le concours de tous, c'est dire qu'il ne l'exercera jamais, à moins que la Constitution n'établisse le mode de l'exercer, sans qu'il puisse être confondu dans les entreprises insurrectionnelles.

Il convient donc que la Constitution trace le mode d'après lequel, sans appeler l'anarchie, le peuple exercera ses droits.

§ 10.

DE LA SANCTION OU RATIFICATION DU PEUPLE.

Le projet de Constitution républicaine fini, la Convention doit l'envoyer aux 85 départements; ceux-ci aux districts et ces derniers aux municipalités.

Chacune de ces municipalités doit s'assembler le même jour et décider à la majorité, par oui ou non, si elle accepte toute la partie de la Constitution.

Comme il serait absurde que cette majorité se déclarât par le nombre des communes, puisque celle de Paris seule en ferait plus de 6000 et que les grandes villes en composeraient d'autres nombres proportionnels, la majorité doit se compter à raison des populations.

Chaque assemblée primaire constatera donc le nombre des votants et distinguera le nombre de ceux qui ont dit oui, de celui qui a dit non.

Ce recensement fait dans chaque district, résumé dans chaque département et vérifié à la Convention, donnera la loi constitutionnelle.

Chacune de ces assemblées pourra ensuite proposer ce qui lui convient, soit à la place, soit par supplément, mais article par article.

La Convention y aura l'égard que le nombre exigera.

Mais sa majorité sera-t-elle de moitié, plus une? Voilà une grande question.

Que dans la Convention assemblée, cette simple majorité fasse la loi : cela doit être, parce que de l'Orient à l'Occident les volontés et les besoins de la République s'expliquent par l'organe de ses représentants réunis.

Mais que cette majorité fasse la loi aux assemblées primaires qui, dans l'impossibilité de se communiquer leurs pensées, ne peuvent pas céder aux lumières qui n'ont pu les éclairer, cela ne peut être.

Il ne serait pas juste que 43 départements fissent la loi à 42. Quelle proportion adopter, car il faut en déterminer une; la voici, selon moi : les quatres cinquièmes. La présomption de la plus grande utilité sera alors bien fondée; d'ailleurs, dans une société politique, il faut bien se soumettre à la très grande majorité, autrement nulle société ne pourrait exister.

Reste la composition de ces assemblées primaires. Qui y admettra-t-on? Naturellement les hommes, puisque cette portion a toujours

jusqu'ici, et dans tous les pays, réuni plus de force et plus de lumières.

Que liés par toutes les affections à leurs femmes et à leurs enfants, ils balancent dans les destins de l'État leurs intérêts autant et plus que les leurs propres.

Cependant, serait-il bien paradoxal d'y appeler les femmes et les filles de 21 ans accomplis?

Ce sexe, le bonheur et la consolation de notre vie privée, n'a-t-il pas autant de droit que nous à la loi? La raison et le fait n'en font pas un problème.

La loi est l'expression de la volonté générale et cependant en n'admettant que les hommes, elle forme à peine la moitié.

Si vous ôtez de ce nombre les célibataires, ces égoïstes congelés, qui ne doivent leur état qu'à leur animadversion pour le sexe, que reste-t-il pour protéger le sort des femmes et surtout celui des filles? deux cinquièmes au plus. Voilà donc la loi qui frappe contre les filles et les femmes, l'ouvrage d'une fraction du peuple.

J'ignore si la philosophie républicaine ne doit point en ce moment faire justice de cette espèce d'esclavage, dans lequel nous tenons les femmes et les filles.

Pour ma part, je demande qu'elles y soient appelées et que leurs voix soient comptées toutes les fois qu'il s'agira de lois constitutionnelles; car pour tout le reste, je les rappelle au gouvernement intérieur de leurs maisons, et surtout à l'éducation physique et morale de leurs enfants.

§ 11.

DU CHANGEMENT DES LOIS CONSTITUTIONNELLES OU DES INSURRECTIONS.

Un peuple sage ne doit connaître que deux manières d'user de son droit imprescriptible de changer sa Constitution. Il en doit marquer le temps.

Le premier, pour jouir des résultats du progrès des lumières, doit être déterminé par la loi même pour revoir la Constitution et subvenir aux besoins toujours renaissants de l'homme, cachés sous le voile de l'avenir.

Je pense que dix ans, à partir du jour de la promulgation, sont assez longs, surtout pour la première fois.

Mais en attendant cette révolution et pendant son cours, je voudrais que chaque législature pût former un cahier de réformes à faire à la Constitution. Mais bien entendu, ces vœux anticipés et seulement formés pour en mûrir l'utilité, n'altéreraient en rien la loi fondamentale jusqu'au moment de sa révision. Les dispositions contraires que portent les articles 5 et 6 du titre VII de notre Constitution actuelle doivent être répétées. Elles ont l'inconvénient de retarder le progrès des lumières et de différer le plus parfait, ce qui est une offense aux vertus républicaines.

Lors des revisions et même toutes les lois que l'on réforme une loi, au lieu de conserver tels ou tels titres, chapitres ou articles de l'ancienne, je voudrais qu'on l'abrogeât en entier, et que l'on n'égarât plus l'attention dans un dédale de lois. *Un code unique*, étant plus aisément appris, sera mieux exécuté.

Le second, *la voie insurrectionnelle*, serait quand il plairait au peuple souverain, mais d'une manière à ne pas la confondre avec l'anarchie ou la révolte.

A cet effet, dans une assemblée primaire annuelle, il y aurait avec les réformes crues nécessaires; mais ce vœu reporté au district, et de là au département, attendrait silencieusement la majorité des communes de ce département, avant que d'être envoyé à l'Assemblée législative qui seule le ferait passer aux autres départements.

Ce moyen, rigidement employé, concilierait les droits imprescriptibles du peuple souverain, sans compromettre la tranquillité publique; car, ne nous y méprenons pas, si l'insurrection spontanée du 10 août nous promet la félicité publique, toutes autres seraient un fléau. D'ailleurs, un Etat bien organisé n'en doit point souffrir de partielles, mais seulement de générales.

Or, elle aura ce caractère en adoptant le mode que je viens d'indiquer ou un meilleur.

§ 12.

DU POUVOIR LÉGISLATIF.

Le pouvoir législatif doit être représentatif, puisque l'on ne peut contester qu'il y a impossibilité morale et presque physique que vingt-cinq millions d'hommes se rassemblent et s'entendent.

Cette représentation doit être d'une seule assemblée permanente, d'un nombre de délégués de chaque département, déterminé à raison de la population de chacun.

Comme on le voit, je ne voudrais plus que l'on considérât le territoire ni les contributions; à mon avis, cette idée matérielle ramène cette influence aristocratique des richesses que l'on doit craindre : elle résiste d'ailleurs au principe fondamental des lois. La loi n'est autre chose que l'expression de la volonté générale; les hommes seuls, et non les territoires, et non les richesses peuvent et doivent l'exprimer.

L'assemblée de ces hommes délégués, organisée pour faire les lois continuera à s'appeler nationale.

Je dis que cette assemblée fera des lois parce que je démontrerai bientôt qu'ils doivent les faire, qu'il n'y aura que les constitutionnelles qu'ils proposeront et qui seront soumises à la sanction du peuple.

Deux ans, même moins, s'il était possible, doivent servir de limite à chaque session. Mais comme tous les deux ans, on serait assujetti aux inconvénients incalculables de l'inexpérience, si tous les représentants étaient renouvelés, que d'ailleurs il convient de parer aux intrigues qui pourraient perpétuer les mêmes sujets, la Constitution doit vouloir qu'à chaque élection, les départements soient tenus de réélire un de leurs députés actuels.

Cette disposition sera un grand motif d'attachement au bien public, pour les députés qui auront l'espoir de voir récompenser leur patriotisme par cette réélection.

Les autres n'en recevront pas d'offense, puisqu'il y aura impossibilité de les renommer tous.

Mais, comme sous le masque du patriotisme et de la vertu, l'intrigue pourrait se cacher, la loi ne permettra pas d'être appelé à plus de deux sessions successives; elle marquera un intervalle.

Or, à cette troisième session, si les premiers non réélus ont bien mérité, ils pourront être rappelés.

De l'autorité des décrets.

Il serait à désirer que l'on pût donner à toutes les lois un même caractère de stabilité, mais comme cela est impraticable, on doit statuer dans la Constitution, que toutes les lois que l'assemblée rendra à la majorité absolue des suffrages seront exécutoires par provision. Mais elles ne seront jamais décrétées dans la séance où elles auront été proposées. Trois ajournements les mûriront et les défendront de l'enthousiasme, qui ne devrait jamais atteindre les législateurs et pareront à l'inconvénient dangereux qui résulte des rapports des décrets; que l'on ne cherche plus à cacher ces dangers sous le voile d'un hommage de l'amour propre à la vérité, parce que ce petit subterfuge ne séduit pas la raison d'un commettant qui a cru déléguer la sagesse.

Quand il s'agira, comme en ce moment, d'une nouvelle Constitution, l'inexécution définitive sera soumise à la sanction ou ratification du peuple.

Mais pour toutes les autres lois qui en dériveront et que l'on appelle réglementales, elles seront définitivement exécutées, sans qu'il soit besoin de cette ratification populaire. S'il en était autrement, on conçoit que la marche de l'Administration serait paralysée.

Mais, par exemple, comme il est de l'essence d'une bonne loi, non pas seulement d'être juste, mais d'être facile à exécuter, si le pouvoir exécutif proposait des observations bien motivées contre cette facile exécution d'une loi et même contre son injustice, il me semble qu'il serait sage de soumettre ses observations à une nouvelle discussion : on ne doit pas nier qu'un général celui-là qui exécute la loi en aperçoit mieux les avantages ou les inconvénients.

Bien entendu que provisoirement, si elle était déclarée urgente, le pouvoir exécutif n'en pourrait pas retarder l'exécution.

Chaque membre de l'Assemblée aurait toujours le droit d'en demander le rapport, mais si sa proposition n'était point à l'instant appuyée par trois membres avec motifs qu'ils seraient tenus de préciser, elle serait rejetée.

§ 13.

DU POUVOIR EXÉCUTIF ET DE LA PROMULGATION DES LOIS.

Peut-être pourrait-on proposer de choisir le pouvoir exécutif dans l'Assemblée législative, mais ce mode aurait des dangers.

Le premier, celui d'entraîner la confusion des pouvoirs : je l'ai déjà dit; je ne vois point de Constitution, ni de stabilité dans un gouvernement où les pouvoirs ne sont pas séparés et très indépendants.

Le second, c'est que ce pouvoir ne serait plus l'ouvrage immédiat du peuple.

L'idée naturelle qui se présente serait de prendre un citoyen de chaque département.

Paris, par exemple, à cause de sa grande population, comparée avec le plus fort, en donnerait d'eux, ce qui ferait 85.

Mais on sent que les rouages de la grande machine du pouvoir exécutif seraient trop multipliés et qu'ils pourraient s'entrechoquer dans le moment où il ne faut que des vibrations isochrones.

Pour parer à cet inconvénient, je propose pour la première fois 85, ou si l'on veut 84 députés *ad hoc;* que 21 seulement désignés par le sort exercent, sous leur responsabilité, pendant cette session.

Qu'à la prochaine, les 21 départements qui auraient fourni, soient ôtés de la roue et que le reste tire, et ainsi successivement.

Ce mode offre la plus parfaite égalité. Mais si l'inexpérience des nouveaux élus peut nuire à la législation, et s'il faut en conserver des anciens, comme je l'ai prouvé, cela est encore plus important pour la partie exécutive. La raison le dit : je propose alors qu'à chaque mutation ou renouvellement, sept membres de l'ancien pouvoir restent pendant trois mois pour éclairer les nouveaux et ne pas laisser ralentir les mouvements, et que ces sept soient choisis par le sort dans les vingt et un sortant.

C'est au nom de la nation, seule souveraine, que les lois doivent être publiées. Mais cet acte appartient au pouvoir exécutif; il n'est pas même de la dignité suprême de se mêler de l'exécution : la première représentation nationale doit seulement la surveiller. Le compte devrait lui en être rendu tous les huit jours.

§ 14.

DU POUVOIR JUDICIAIRE. SA NOUVELLE ORGANISATION.

On prétend ici que notre Constitution, avare des principes et des distinctions, doit se réduire à deux : puissance qui veut et qui fait les lois; puissance qui a l'action et qui exécute. Mais on ne veut plus du pouvoir judiciaire. On se fonde sur ce que les magistrats ont été les plus grands fléaux de la société... sur ce que la fonction de juger n'est qu'une branche du pouvoir exécutif; qu'il ne faut pas de tribunaux, mais seulement des arbitres.

En peu de lignes, comme on le voit, on propose de grands renversements.

Si l'exercice de la justice n'est point un pouvoir, parce qu'il est une branche de l'exécution des lois, on pourrait dire ici que cette *exécution* n'est pas non plus un *pouvoir,* parce qu'elle est une émanation de l'unique souveraine puissance, qui *veut* et donne les lois.

Mais moi, je dis que le pouvoir souverain qui réside dans la nation qui veut ses lois... crée et distingue le pouvoir exécutif du pouvoir judiciaire... qu'il le doit vouloir ainsi.

Par rapport à la justice, il serait monstrueux que le pouvoir exécutif qui veille à ce qu'elle soit rendue eût le pouvoir de la rendre... Celui qui la rend est un pouvoir indépendant de celui qui y veille; autrement le pouvoir exécutif pourrait vouloir là, l'activité de la justice et là, son silence.

Que de magistrats inamovibles deviennent des petits despotes et des tyrans, cela n'a eu que trop d'exemples. Mais cette crainte s'évanouit avec leur amovibilité... Il en est de même au regard, non pas de ceux qu'on appelle hommes de loi, car il n'est pas vrai que les anciens avocats, en général, aient été les vautours de la susbtance des peuples. Ceux que les avoués représentent en étaient davantage accusés... mais c'était plutôt la faute des lois, que celle de leur avidité... Il n'y a que l'ignorance qui n'avoue pas que le procureur était commandé, dans sa marche, par les lois formulaires, qui étaient autant de lois fiscales... simplifiez votre code formulaire, et n'en laissez que ce qu'il faut pour constater la demande et la juste défense, vous atteindrez le but que l'on doit se proposer dans l'ordre judiciaire.

Que, s'il en est besoin, les agents secondaires de la justice sont salariés par la nation et que pour indemniser le trésor public, celui qui succombe paie une amende, vous verrez une grande économie pour les plaideurs et une richesse pour la nation.

Mais que vous vouliez faire rendre la justice par des arbitres volontaires ou forcés, vous voulez trouver la pierre philosophale, et je vous prédis que d'un siècle, vous ne pourrez fouiller la carrière où cette pierre magique est cachée, et dont les rêveurs seuls n'ont encore que soupçonné l'existence, malgré toutes leurs opérations spagyriques. Expliquons-nous.

Les arbitres volontaires ne regardent point la loi qui doit se contenter de les protéger.

Les arbitres forcés ne sont autre chose que des juges. Ce n'est donc que changer les noms. L'avantage n'est pas précieux. Novateurs inutiles ! comment parviendrez-vous à me contraindre à me faire nommer un arbitre ? par des demandes, par des jugements; et si vous me contraignez, vous ôtez à l'arbitrage son essence conciliatrice.

Il n'est pas question, dans les juges, de donner des interprètes des lois, mais des applicateurs de la loi. Les arbitres pourraient-ils transiger avec la loi ? Non, ou le danger de leur existence serait le même. Il serait plus grand, puisque les arbitres, presque toujours ignorants, ne sauraient pas même où trouver la loi à appliquer.

Qui, d'ailleurs, jugerait les erreurs de ces arbitres ? Il faudrait au moins des tribunaux pour les redresser, et je pense fermement qu'ils seraient grandement occupés.

N'a-t-on pas déjà vu les lenteurs et les abus des tribunaux de famille ? Ces arbitres parents ne sont-ils pas tous les jours les parties plutôt que les juges arbitres? J'en ai présidé plusieurs, et je voyais, dans les arbitres, des défenseurs officieux et trop officieux.

Il n'en était pas autrement, dit-on, à la naissance des sociétés. On s'en rapportait à l'autorité de l'âge et de l'expérience... mais on ne s'aperçoit pas qu'on en donne la raison d'alors... celle... *qu'il n'y avait d'autre Code civil que la raison humaine...* Or, ici, n'y a-t-il que ce code? Déjà, depuis le 21 septembre, n'en avez-vous pas créés plusieurs volumes?... L'Assemblée législative n'en a-t-elle pas créé douze volumes, et l'Assemblée constituante plus de trente? N'en reste-t-il pas quelques milliers des anciennes lois?

Vous abrogerez toutes ces lois, mais vous en créerez de nouvelles. Vous en réduirez le nombre, je l'espère, mais je vous annonce d'avance plusieurs volumes. Soyez concis, c'est mon vœu. Mais que vos arbitres les entendent, ces lois; que vos juges même les connaissent (si votre intérêt ne vous les fait pas choisir dans ceux qui les étudient), je vous attends là. La philosophie qui calcule les facultés humaines est sage, mais la philosophie, toute spéculative, et qui ne fait que rêver aux théories, sans consulter l'expérience ou la pratique est plus dangereuse que les *aristocrates* les plus effrénés.

Des juges de paix.

Ici, on demande des juges de paix... et moi aussi j'en demande, et moi aussi je demande une plus forte compétence à ces juges... Celle qu'on leur a donnée est illusoire, et en contradiction avec elle-même.

J'ai fait une organisation nouvelle de cette justice qui doit être présentée à l'Assemblée législative. J'engageais l'ignorance à ne plus accepter les places de juges. Je les soumettais à des conditions d'éligibilité.

Mais à cette classe de conciliateurs plutôt que de juges, non-seulement je leur refusais la connaissance des affaires criminelles, mais je demandais qu'on leur ôtât la police correctionnelle. L'œil sévère d'un juge criminel ou de police ne convient point au caractère d'un juge de paix. Ce père de famille ne doit rien avoir à corriger. La verge qui corrige ne peut point offrir les sacrifices del'intérêt civil. Au criminel, la loi lui défend de pardonner, et au civil la loi doit vouloir qu'il transige tout, et qu'il ne juge que quand il a épuisé les voies de conciliation...

Ici, plusieurs paradoxes se présentent... mais, en vérité, je ne les réfuterai pas.

Voici, à mon sens, *les bases de notre nouvel ordre judiciaire.*

Des arbitres volontaires, quand on voudra, avec ou sans appel.

Tribunaux de familles pour tous les démêlés domestiques, des pères et des mères, enfants et tuteurs, des héritiers, des maris et des femmes.

Bureaux de paix pour chercher d'abord à tout concilier.

Justices de paix pour toutes les actions personnelles, réelles ou mixtes, en dernier ressort, jusqu'à 500 livres, et à la charge de l'appel jusqu'à 1,000.

Alors, deux assesseurs salariés, vu l'immensité de leurs travaux et les refus connus de ceux actuels.

Au juge de paix seul, les scellés, les inventaires, les tutelles, curatelles et interdictions, etc.

Justice de district pour tout ce qui n'est point donné aux justices de paix.

Plus de distinction entre tribunaux et justices : tout, *justice.*

Un tribunal d'appel ambulant, et tour à tour formé par des juges des districts, où ce tribunal n'ira pas juger les appels.

Point d'appels au-dessous d'un intérêt de 1,000 livres.

Sur le tout, et pour gouverner tout, un Code civil formulaire clair et simple.

Par exemple, un simple acte d'appel et une simple citation, faculté d'un simple mémoire préalablement communiqué; mais plus de procédures ni d'écrits en cause d'appel.

En première instance, après le certificat de non-conciliation, citation, présentation, défense verbale. Si elle est écrite, réponse et réplique : avenir ou sommation pour plaider.

Plus d'inventaires, plus de salvations, plus d'avertissements; en un mot, plus d'épices, plus de procès par écrit.

Exécution. Simples actes avec des délais. Plus de poursuites de saisies réelles, plus de baux judiciaires, plus d'ordre, etc. Simple distribution sur émargement.

Un tarif. Tant par cause.

Ces lois, je les ai préparées pour l'Assemblée législative; elles n'ont sans doute d'autre mérite que celui de l'expérience.

Mais cette expérience m'a fait connaître la chimère de la justice arbitrale.

Et que jamais, non jamais, des arbitres ne pourront empêcher les incidents des procédures indispensables. Eexemple :

Des arbitres sauront-ils, sans une étude impossible, procéder et juger dans les cas appelés exceptions, je veux dire :

Délais pour délibérer et prises de qualités;
Garanties dans toutes ses ramifications;
Distributions et ordres;
Vérifications d'écritures; inscriptions de faux;
Enquêtes, etc, etc;
Un tribunal criminel au moins par département.

Ne nous battons pas les flancs et ne nous échauffons pas avec les grands mots d'une théorie ignorante. Il est une perfection outrée qui devient un vice, surtout lorsqu'elle sort des idées reçues, et qu'une éducation préliminaire n'a point préparée.

§ 15.

DE LA CAPACITÉ DES CITOYENS POUR LES EMPLOIS PUBLICS

1° Ages requis.

Tout homme qui aura atteint l'âge prescrit par la loi, doit, *sans distinction de ce qu'il paie ou ne paie pas de contribution,* être appelé aux emplois publics, si d'ailleurs ses talents et ses vertus l'en rendent digne. L'égalité des droits, qui sera la base de notre Constitution, ne permet pas d'élever de doute sur cette proposition; désormais la richesse n'aura plus de préférence, que celle au-dessus de tout de soulager l'indigence.

Mais c'est à la Constitution à fixer cet âge qui doit varier en raison de l'importance de l'emploi et des lumières plus ou moins étendues que l'exercice de ces emplois présupposent.

Ici, il me paraît nécessaire de ne pas vous laisser aveugler par les élans d'une fausse activité, ni par l'impulsion d'une plus fausse philosophie.

Jusqu'à ce qu'une bonne éducation nationale ait formé notre jeune génération, et déployé les grands ressorts du véritable esprit public; voici, selon moi, l'âge graduel où nous devons supposer les qualités nécessaires pour occuper les places.

Pour servir la patrie sous les armes, une force publique suffit. On peut être appelé à cet honneur dès l'âge de 16 ans accomplis... ; hors les cas pressants, j'exigerais 18 ans.

Pour la première activité civile, le droit de voter dans les assemblées primaires, 21 ans;

Pour aliéner sa personne par mariage, et ses biens par vente ou hypothèque, 25 ans;

Pour tous les emplois publics, hors ceux dont je vais parler, même âge;

Pour juger de nos vies, mœurs et propriétés, 30 ans;

Pour nous donner des lois ou les faire exécuter, 40 ans;

Cette gradation d'âge gradue nos lumières, notre théorie et notre expérience.

Les hommes de 21 ans, sans prétentions, novices encore et pleins du feu pur de l'innocence, ne choisissent que pour le bien.

Vingt-cinq ans ne sont pas trop pour se défendre de l'erreur et de la séduction, ou de l'influence des premières passions qui nous aveuglent sur l'intérêt public, et plus encore sur notre intérêt personnel. Le premier regard séduisant d'une courtisane peut, en nous la donnant pour épouse, empoisonner, sans remède, les sources de notre génération, et au premier appas des traits de la vanité, on peut aliéner l'aliment et le soutien de sa vieillesse.

Trente ans ne sont pas trop pour calculer mûrement l'influence des passions; pour saisir l'esprit et même la lettre de nos lois, et surtout pour en déclarer la juste application, et ainsi administrer nos personnes et nos biens.

Quarante ans enfin, pour combiner les lois qui doivent nous gouverner, ou pour en maintenir la juste et sévère exécution, et surtout pour nous défendre des pièges de l'ambition, de l'intrigue, et des autres vices qui ne triomphent que trop souvent de nos premières vertus.

J'insiste de toutes mes forces pour que les mandataires des législatures et de l'exécution des lois ne soient admis qu'à quarante ans. Jeunesse bouillante, calmez votre effervescence; c'est autant votre gloire que je veux que le bonheur de ma patrie.

Les lois et leur exécution doivent également être l'ouvrage d'une théorie profonde et d'une expérience consommée. Ces grandes et sublimes fonctions n'appartiennent qu'à des hommes dégagés des passions ambitieuses ou perfides; d'ailleurs, à quarante ans, votre fortune particulière arrive au degré que vous avez pu espérer; vous êtes tranquilles sur les premiers besoins de votre famille; là où ces besoins sont moins puissants, l'intrigue, l'ambition, toutes les séductions arrivent plus difficilement.

D'ailleurs, à cet âge, vous apportez à la loi les résultats de la connaissance que vous avez des mœurs, des vices, des vertus, des inconvénients et des abus des lois existantes ou de leur exécution, et dans vos études théo-

riques et dans l'exercice des autres emplois publics que vous avez eu le temps de parcourir.

A quarante ans, l'ityphalle des anciens est inutile pour se *défendre* des mauvais desseins; la sagesse et le calme ferment les issues à l'enthousiasme si fatal, à l'intrigue meurtrière, à la corruption qui pestilencie tout; comme je l'ai déjà dit, bon mari, bon père, bon fils, on est nécessairement bon citoyen, bon législateur ou bon exécuteur de la loi.

Dans des vues plus vastes et plus prévoyantes, on réduit plus facilement le code des lois. Plus il est concis, plus il est appris, plus il est observé.

En un mot, cette moisson abondante de vos observations et de vos études que vous apportez sur l'autel de la patrie sert à renouveler les germes du bonheur public; et votre vieillesse, à son tour, en retirera la gloire et les fruits.

Quand j'ai dit, en commençant ce paragraphe, que tous citoyens ayant l'âge requis, devaient participer à l'activité publique, on conçoit que je n'ai point entendu d'exception.

2° Des domestiques.

Il en existe pourtant encore une qui me blesse; c'est celle concernant ces citoyens qui travaillent dans l'intérieur des maisons et que le *domus* des latins nous a fait appeler *domestiques*.

Je voudrais bien savoir, en bonne logique, si le citoyen qui fait mes travaux intérieurs, moyennant sa nourriture et une paye, ou moyennant une paye pour tout, comme il y en a beaucoup, est plus mon esclave que le journalier, l'artisan et l'artiste qui, moyennant une paye, me font un habit, une pendule, cultivent mon champ, bâtissent ma maison, font mon portrait? Ces derniers qui donnent au vice les traits de la vertu ne sont-ils pas esclaves de l'or qui en est le prix? Les juristes qui écrivent mes mensonges et les débitent, ne sont-ils pas plus esclaves que l'homme simple et pur qui reste chez moi, tant que nous nous convenons?

Il faut tous nous entr'aider; si je vieillis dans l'ombre du cabinet, il convient que quelqu'un prépare mes restaurants. Et cet homme de qui dépend ma vie et ma fortune, ne serait-il point appelé à participer à l'activité publique, comme ceux qui s'occupent de nos plaisirs ou de nos affaires privées ou publiques! Cela résiste à la raison et blesse l'égalité en droit.

La seule objection qui retient au premier coup d'œil est celle que l'ouvrier de la maison ou le domestique, dans une assemblée primaire, n'osera pas refuser son suffrage.

D'abord je réponds, pourquoi cet homme, libre de rester, craindrait de me refuser sa voix; et pourquoi je ne craindrais pas de ne pas lui donner la mienne? Notre commune habitation cesse lorsque l'un est mécontent de l'autre.

D'ailleurs, le scrutin étant secret, rien ne dit que nous nous sommes refusés nos suffrages.

Contre toutes morales, contre la politique, établirait-on le scrutin à haute voix dans les assemblées primaires : pourquoi lui et moi, nous donnerions-nous nos voix! L'idée de faiblesse, de séduction, de servile complaisance, nous le ferait refuser l'un à l'autre, et même de concert.

Mais qui peut donc mieux juger les mœurs et la probité de l'homme que celui qui le voit à tout moment et à nu? Les domestiques feraient souvent tomber le masque hypocrite qui dérobe à la société de grands vices!

Je soutiens donc que si l'égalité en droit n'est point une chimère, on n'imprime plus l'idée d'esclavage sur le front de personne, tel métier, profession, art ou service qu'il fasse.

La loi étant le résultat de la volonté générale, on ne pourra plus la présumer, si une classe d'homme ne concourait pas. Si la loi n'est pas l'ouvrage de ma volonté directe ou par mes délégués, je ne dois point y être soumis.

3° Des faillis ou des banqueroutiers.

Grande différence à faire entre les faillis et les banqueroutiers. Ces derniers ne doivent point être admis à l'activité politique, à moins qu'ils n'aient été réhabilités.

Mais à l'égard des faillis, l'obligation de rapporter l'acquit total de leurs dettes, prescrite article 5 de la section II du chapitre 1er du titre III de la Constitution est injuste; c'est les exclure à jamais. Comment veut-on qu'un citoyen, volé, pillé, ou si l'on veut même trompé dans ses spéculations, mais de bonne foi, obligé de faillir parce que d'autres lui ont fait banqueroute, puisse payer tout! Il doit suffire qu'il paie l'objet convenu dans le pacte passé, avec ses créanciers ou jugé avec eux, autrement la loi ne distinguerait pas le malheureux du fripon. Voyez mes lois criminelles.

§ 16.

SUITE DU PRÉCÉDENT PARAGRAPHE, ET MODE D'ÉLECTION AUX LÉGISLATURES.

1° Choix des députés pour toute la République.

Quoique je ne doute pas que chaque département renferme dans son sein un nombre suffisant d'hommes capables, la faculté que je propose d'accorder à chacun de choisir ses députés dans toute la République me paraît juste et du plus grand intérêt.

Juste, en ce que la France n'est véritablement qu'une même famille et que sa division en 84 départements n'est relative qu'à son active administration.

Juste, en ce que cette faculté est la conséquence nécessaire de la liberté d'opinion, et de la confiance que l'on commande difficilement.

Intéressante, en ce qu'elle donne l'espoir, presque certain, d'obtenir des lumières supérieures.

Pour peu que l'on se mette en garde contre ces caméléons presque inexpugnables qui, sous l'emblème de la vertu, cachent les intrigants les plus flagorneurs, les plus lâches et les plus vils, pour être ainsi appelés de tous les points de la République, il faudra qu'une renommée constante et fidèle ait donné des preuves multipliées des talents et des vertus; et l'hommage qui leur sera ainsi rendu

les propager en les encourageant. Ces chenilles ambitieuses et intrigantes seront écrasées, et la vertu toujours timide ne redoutera plus leur haleine infecte.

Cependant, il conviendrait de limiter cette faculté, par exemple, à un quart, et que les trois autres quarts fussent pris dans le département. Par ce moyen, on recueillerait les connaissances locales et les besoins individuels ne seraient point négligés.

Mais dans tous les cas, on ne doit point oublier qu'il ne faut élire que des hommes à la fois vertueux et capables. L'homme capable, sans vertus, est dangereux; l'homme vertueux, sans capacités, est presque nul. Des deux imperfections, je préférerais pourtant la dernière.

2° Des étrangers.

Quoique je demande la faculté de choisir partout, je prie de remarquer que je veux dire dans tous les départements, et des Français.

Que l'on demande aux étrangers toutes leurs lumières et leur suffrage consultatif, la sagesse et l'intérêt de notre patrie le sollicitent; mais non leur suffrage délibérant.

Il me paraîtrait impolitique et même absurde de faire concourir à nos lois, des étrangers, qui, d'une part, n'y seraient jamais soumis et qui, d'une autre, pourraient faire craindre l'influence de leur cour.

Je le demande : un Anglais législateur Français pourrait-il, de bonne foi, et sans trahir sa propre patrie, voter la paix ou la guerre contre son pays?

Les députés doivent donc être nés français ou au moins naturalisés, et avoir, depuis un an au moins, prêté le serment civique.

3° Mode d'élection des députés aux législatures.

Pour élire les députés aux législatures, conservera-t-on les chambres électorales ou bien les communes nommeront-elles directement?

Au premier coup d'œil, lorsque l'on aperçoit 40,000 municipalités et plus dans la République, il semble que les chambres électorales soient indispensables. Beaucoup de villageois ne connaissent pas par eux-mêmes les hommes de mérite; un seul homme séduit parmi eux, peut, sans effort, capter toute l'assemblée, qui, confiante dans ses assertions mensongères, ne votera que d'après lui. Au lieu que dans les chambres électorales, si quelques intrigants prônent le vice, des hommes éclairés peuvent le démasquer, et en un moment l'élite de quatre à cinq cents municipalités, dont chaque département est composé, peuvent conférer et s'entr'aider sur les choix qu'ils doivent faire et alors il est difficile que l'intrigant puisse réussir. Je conviens que cela pourrait être; *on sait si cela est...*

Quoi qu'il en soit, il faut en cette occasion difficile, comme dans toutes les autres, se rallier autour des principes qui, pour le bonheur de tous, ne doivent jamais céder; et d'après eux, on conviendra que la volonté générale devant être le résultat de la majorité des volontés individuelles, cette volonté ne peut et ne doit s'exprimer par délégation.

Cependant, me dira-t-on, sans ce mode d'exprimer la volonté générale, il n'y aurait pas d'Assemblée nationale, et tout au plus sa mission se bornerait à faire le recensement des volontés partielles.

Mais on conçoit qu'il n'y a pas de parité. L'Assemblée nationale porte directement le vœu de ses commettants, et les chambres électorales ne sont instituées que pour déléguer à d'autres ce qui résiste aux principes des mandats.

Du reste, il faut convenir que toutes les fois qu'il sera question de la constitution d'un pays, la représentation nationale n'aura que le recensement des volontés individuelles.

Mais lorsqu'il ne sera question que de lois réglementaires, qui doivent toutes dériver de cette constitution, on sent qu'une population de 25 millions d'hommes doit davantage accorder à sa représentation, et c'est ce que la Constitution de 1791 a voulu.

On me dira qu'elle a voulu les chambres électorales, et j'en conviendrai.

Mais je répondrai que c'est là un de ses vices qu'il faut extirper ; elle ne l'a ainsi voulu que parce qu'elle avait pensé que 40,000 municipalités étaient indispensables, et qu'elle croyait impossible de les faire participer aux nominations qui vous occupent, autrement que par une première délégation.

En cela, elle a donc forcément contrarié le principe que des délégués doivent agir en personne et non par délégation secondaire.

En cela, elle s'est égarée dans ses divisions des pouvoirs. Autant 83 départements étaient bien imaginés pour faciliter l'activité de l'administration générale, sans leur donner une trop forte puissance, autant ensuite elle a trop divisé les districts, et surtout les cantons et plus encore les municipalités.

Par occasion, je dirai ici que, tout en conservant la division salutaire des départements, celle des municipalités doit être restreinte : ces milliers de rouages gênent le mouvement unique. Il ne faut plus, dans chaque département, que les districts qui y sont, en calculant mieux leur arrondissement, qui, dans certaines parties, se sentent de l'influence de l'intrigue ; et une municipalité centrale dans chaque chef-lieu de canton, de manière, qu'au lieu de 40,000 et plus, on pourra efficacement les réduire à 3,000 et peut-être moins. Chaque municipalité alors réunira plus de lumières et une surveillance plus utile.

Cela posé, et même pour cette fois, en l'état où sont les choses, je ne vois plus d'inconvénient à laisser élire directement les assemblées primaires et à anéantir les chambres électorales qui, d'ailleurs, *coûtent étonnamment à la République.*

Voici mon mode d'élection :

Chaque assemblée primaire nommera les députés de son département.

Chaque district, en présence d'un commissaire de chaque municipalité, fera le recensement des vœux de son arrondissement.

Chaque département, en présence d'un député de chaque district, fera celui de sa dépendance, et proclamera les députés qui auront réuni la majorité des suffrages.

Cette majorité sera absolue.

Que résultera-t-il de ce mode nouveau ?

Que plus constamment que jamais, nous n'aurons aux législatures que des hommes probes et éclairés, dont la réputation, appuyée sur l'expérience des devoirs qu'ils auront bien remplis dans les places des municipalités, dans celles des districts et dans celles des départements, ne laisseront point d'équivoques sur leur civisme et sur leur probité ; l'ignorance n'y pourra jamais pénétrer, puisque plusieurs années auront prouvé ce qu'ils sont.

Une commune, dans la vérité, est bien plus difficile à corrompre qu'un électeur. Des intrigants ne pourront plus électriser ces électeurs qui, sortis de leur village, ne se doutent pas, que jusques dans les lieux où ils vont se loger, les malveillants ont aposté leurs apôtres pour séduire.

Chaque commune saura que tels et tels, qui se sont constamment distingués plusieurs années, ne sont pas ces intrigants obscurs, que le crime met en avant sous le masque de la vertu.

4° *Pouvoirs à donner aux députés.*

Il n'y a pas de doute que le mieux est de n'en pas donner de particuliers, mais de les revêtir, sur leur conscience, de pouvoirs illimités.

Cependant, si les assemblées primaires et même les assemblées électorales, si on les laisse subsister, ne peuvent pas donner de mandat spécial, il en résultera que jamais le vœu direct du peuple ne sera émis. Il est de la nature du mandat d'être exprimé ; autrement la volonté du mandant serait toujours celle du mandataire.

Pour concilier ce droit sacré et direct au peuple, de faire connaître sa volonté, il convient donc que la nouvelle Constitution maintienne ce droit imprescriptible.

Mais réfléchissant que le mandataire ainsi commandé ne pourrait plus se rendre aux lumières des autres ; réfléchissant cependant que si telle commune, qui donne tel mandat, avait entendu sa commune voisine, elle ne l'aurait pas donné ; il convient qu'à la fois le mandataire porte le vœu, le fasse valoir, mais qu'au gré de la majorité ou de sa conscience éclairée, il puisse l'abandonner.

§ 17.

DE LA PEINE DE MORT.

Sans contredit, cette peine qui plonge l'humanité dans le deuil, cette peine terrible qui la fait tressaillir, puisqu'elle donne à l'homme le droit cruel d'anéantir ce qu'il n'a pas créé; cette peine que l'homme le plus vertueux redoute, si la scélératesse, l'intrigue, la jalousie, la vengeance l'assiègent, et si ses ennemis ont l'adresse de bien cacher le nœud de leur trame scélérate, cette peine, dis-je, demande la discussion la plus étendue, mais elle doit être ou abolie ou maintenue dans le pacte social.

La vie de l'homme doit même en être l'objet capital.

Ah ! comme j'en demanderais l'abolition, si je suivais l'impulsion de mon cœur. Mais la sûreté publique, la sûreté des personnes, la terreur si nécessaire à imprimer aux hommes féroces, qui dans l'ombre méditent les meurtres et les assassinats... Ne nous arracheront-ils pas cette peine épouvantable ?... Il y au-

...it trop de choses à dire ici... Je renvoie mes lecteurs à mes *idées sur les lois criminelles en 2 volumes in-8°*, dont l'Assemblée constituante a ordonné le dépôt dans ses archives.

On verra que le célèbre Beccario s'est plus d'une fois trompé ; et si contre le vœu du féroce et inhumain Dracon, premier législateur des Athéniens, nous proscrivons cette peine dénaturée pour les délits légers, peut-être les crimes atroces en seront-ils atteints...

§ 18.

DES SERMENTS.

Si une nation a multiplié les serments et a été forcée de s'en délier, c'est la nation française, depuis qu'elle a commencé sa révolution, on ne peut le dissimuler. Mais en ce moment que cette révolution est énergiquement prononcée, et que le repos de la nation dépend de sa bonne constitution, il convient que la loi imprime au serment le caractère sublime et sacré qui lui appartient. Je forme ici le vœu le plus fervent que désormais cet acte incommensurable dans son objet et dans ses efforts ne soit plus prodigué.

A cet effet, la Constitution n'en doit permettre qu'un, dans toute la vie d'un citoyen. Au pied de l'autel de la patrie, il doit à sa majorité prêter l'unique et solennel serment, *d'être fidèle à la République*, et aux dépens de sa vie de *maintenir la Constitution*, et d'obéir aux lois.

Ce serment entraînera celui de maintenir la liberté et l'égalité et de fidèlement remplir les fonctions civiles et militaires qui pourront être confiées, on pourrait même l'exprimer de bonne foi, n'est-ce pas profaner cet acte sacré, n'est-ce pas l'avilir et en diminuer les effets, que de le prodiguer en mille occasions ! Le ciel est malgré nous témoin de toutes nos actions, une fois que nous l'avons appelé, les parjures doivent trembler !

§ 19.

DE LA FORCE PUBLIQUE.

Le titre IV de la Constitution actuelle qui traite de la force publique ne doit souffrir, à mon avis, que deux réformes. L'une, en ce qui concerne le roi d'alors et l'autre sur la question de savoir si on laissera encore la distinction des troupes de lignes et des gardes nationaux. Je penserais assez que la bonne politique veut qu'ils portent tous le même nom, sauf la distinction des volontaires, de ceux engagés à temps déterminés.

Une économie durable pourrait aussi exiger l'augmentation du nombre de soldats de chaque compagnie, et du nombre des compagnies de chaque régiment, légion ou bataillon. La multiplicité de nos états-majors grossit les frais et nuit peut-être à la rapidité des mouvements dans une action.

Ici nos législateurs doivent fixer leur attention sur deux réflexions bien importantes.

L'une concernant la permanence de la force armée. Il en faut une, sans doute, pour protéger l'état et rompre les entreprises tyranniques de nos voisins.

Mais intérieurement, une force considérable armée pourrait faire redouter les empiète-ments dangereux d'un gouvernement militaire.

L'autre, relative aux duels. La Constitution seule peut éclairer sur la férocité du faux honneur qui l'engendre. *Voyez mes lois criminelles déjà citées.* Je crois, sur cette partie, avoir préparé plusieurs moyens infaillibles, et qu'en vengeant l'honneur par l'honneur même, j'ai touché le nœud. Cette vertu sublime convient plus particulièrement à des hommes libres et républicains. Il est bien essentiel de tout tenter pour extirper à jamais le principe funeste de ces assassinats au nom de l'honneur, qui blessent à la fois la bravoure, la raison et le sentiment de justice que la loi seule doit nous inspirer et nous obtenir.

Les lois de la discipline, d'ailleurs, demandent une grande sévérité. Le salut de la patrie l'exige. Avec une petite armée nourrie dans la discipline, Agésilas fit trembler les Perses. Et cela me suffit, pour garantir le vœu affirmatif de nos braves guerriers.

Je désirerais que la Constitution tînt en réquisition permanente tous les enfants de la patrie depuis 18 ans jusqu'à 24 inclusivement. La population peut exiger que, dans cet intervalle, ils aient la faculté de se marier ; cependant j'aimerais bien que leur union conjugale fût le prix de leur service militaire. La couronne de Mars s'allie bien avec celle de Vénus : les lauriers mêlés de fleurs qui n'en seront que plus verdoyants ombrageront délicieusement le berceau du premier fruit de leur union ; et l'enfant couché dans l'armure de son père apprendrait bientôt que ses premières forces appartiennent à la défense de la République.

§ 20 *et dernier.*

DES DROITS DE L'HOMME, DE SES DEVOIRS ET DE LA CONSTITUTION.

D'après ce que je viens de dire dans mes dix-neuf paragraphes qui précèdent, voici ce que je propose d'adopter de l'ouvrage profond, mais inégalement prévoyant de la Constitution de 1791.

Déclaration des droits de l'homme et du citoyen.

J'observe d'abord que j'aurais aimé que l'on distinguât les droits de l'homme, qui sont les mêmes sur toute la surface de la terre, des droits du citoyen qui sont différents en raison du régime de leur gouvernement. Les citoyens de la France feront eux-mêmes leurs lois désormais, et ceux de presque tous les autres Etats, surtout les monarchiques absolus, leurs despotes, les font, etc.

Quand je dis, droits des citoyens, j'ignore si je parle français, car le mot *citoyen*, dans notre politique, peut bien convenir à tous les hommes, en y ajoutant l'adjectif *bon*, ou *mauvais*, ou *mixte*, mais en est-il de même en bonne grammaire ? Est-ce une de ses syllepses ?... Le substantif, monsieur, que les riches s'approprient, convenait-il mieux à tous ? J'ignore si le nom ou le prénom ne devrait pas être le véritable... Mais comme il est indifférent à la Déclaration des droits de l'homme, j'abandonne au goût, à la civilité, ou à la puissance de la pensée, à adopter le nom qu'ils voudront me donner en m'approchant. J'aspire à celui de *bon patriote*. Heureux si mon travail pouvait l'inspirer.

Cette déclaration est faite en dix-sept articles. Tous sont bons et vrais : cependant ils ne parlent pas tous avec la même conviction au peuple. Il en est même de très amphibologiques. Les mots *égalité* et *liberté* ne sont pas assez expliqués et l'on se rappelle les erreurs dangereuses qu'ils ont engendrées. Voyez mon paragraphe premier.

Voici l'article que je désirerais substituer à l'article 1er de la Déclaration des droits :

« Les hommes naissent et demeurent égaux en droits. La loi, soit qu'elle protège, soit qu'elle punisse, frappe également sur tous. En se soumettant à la loi, ils sont libres de faire tout ce qu'elle ne défend pas. *Ils sont encore libres de faire le bien que la raison enseigne et d'éviter le mal qu'elle condamne et que la loi n'a pas prévu.* La diversité de leurs fortunes n'engendre point de distinction entre eux; l'utilité commune, à raison des fonctions qui leur sont confiées, leurs talents et leurs vertus, en admettent seulement. »

Cet article, ainsi rédigé, trop expliqué pour deux millions, sera mieux compris par vingt-trois; c'est ce que je désire.

L'article 2. Je conviens que le but de toute association politique est la conservation des droits naturels et imprescriptibles de l'homme. Je conviens que ces droits sont la liberté, la propriété, la sûreté, et même la *résistance à l'oppression.*

Mais ce mot vague, la *résistance à l'oppression*, a déjà été funeste. Comment exercer cette résistance? Est-ce par nous? est-ce par la loi? Par nous, qui jugera de *l'oppression?* sera-t-il temps d'en connaître la chimère ou le prétexte, lorsque la résistance aura fait un mal? Etes-vous opprimé, dites-le à la loi, et elle vous vengera. Mais sous prétexte d'oppression, ne portez pas les coups qui sont en son pouvoir. On ne doit pas se faire justice à soi-même. Les voleurs, et surtout les anarchistes se croiraient opprimés et vous tueriez lorsque vous défendriez votre bien ou votre liberté.

L'article 3 doit être changé, parce que ce n'est pas le *principe* de la souveraineté qui réside dans la nation, c'est la souveraineté elle-même. Ce n'est point *essentiellement* qu'elle y réside, c'est par *essence*. L'exercice seul de cette souveraineté qui est une, illimitée, indivisible et absolue, ne réside ensuite ailleurs que par délégation; ainsi non seulement nul corps et nul individu ne peut exercer cette autorité si elle n'en émane; mais il faut ajouter : *nulle portion du peuple.* On sait ce qu'une poignée d'individus a cru pouvoir se permettre.

Au moyen surtout de mon article premier, les articles 4, 5, 6 demandent une autre rédaction.

Article 6. Je désirerais : la loi est l'expression de la raison et de la volonté générale. Cette addition, *de la raison*, avertirait les législateurs de se mettre en garde contre les intrigues et les passions. *La raison*, qui est présent de Dieu, est toujours impassible et veut toujours *le bien*. Or, le bien le plus parfait est le *but* de la loi.

Rien à changer aux articles 7, 8, 9. Fondre les articles 10 et 11 en un seul.

Que l'on réunisse ou non, il conviendra d'ajouter : Tout calomniateur sera puni de la peine attachée *au fait*, dont aurait été passible le calomnié. »

Cette espèce de peine du talion est la seule capable de retenir les scélérats qui, pour favoriser leurs intrigues ou leurs vengeances, outragent la vertu même.

Si une Constitution était assez imprévoyante pour protéger, par son silence, la calomnie, sous le manteau de la liberté des opinions, ce serait une constitution meurtrière.

Quant aux opinions religieuses, j'espère que l'on aura égard à mon paragraphe 5.

J'espère encore que, fatigué des scandaleux écrits dont le brigandage souille Paris, et les départements à l'article 11 on ajoutera : « Les écrits contre les individus ne pourront être faits ni présentés qu'aux autorités constituées, chargées de l'objet en litige et ceux contre les autorités constituées ne pourront être distribués qu'à l'autorité supérieure. »

S'il en était autrement, gare le poison destructeur de ces infâmes écrivains qui, n'ayant rien à perdre, calomnieraient la divinité même.

L'article 14, concernant les impôts, doit être corrigé, parce que ce ne sont point les citoyens individuellement, mais les représentants qui peuvent déterminer la quotité de l'impôt.

Les articles 15, 16, 17 et dernier, bons; mais voyez paragraphes 5 et 7 pour les additions

Cette déclaration des droits ne doit-elle pas être suivie de celle des devoirs? c'est ce que nous allons examiner.

Déclaration des devoirs de l'homme.

La connaissance à l'homme de ses devoirs me paraît d'autant plus précieuse qu'une propension trop certaine le porte autant à oublier les uns qu'à exagérer les autres.

Voici l'idée *substantielle* de cette déclaration des devoirs en un article unique.

L'homme doit une offrande à celui qui lui a donné l'existence.

Ouvrage de son cœur, cette offrande est libre.

La raison qui l'éclaire lui enseigne qu'il doit vivre en société.

Elle lui dit qu'il doit obéir aux lois de son agrégation.

La première de ces lois est de servir sa patrie, et d'en défendre la tranquillité, la prospérité, la liberté et la gloire.

Ces lois étant pour le bonheur commun, celui qui les viole doit être puni.

Il doit l'être, s'il vole la propriété commune ou partielle.

S'il attente à l'existence ou à la sûreté individuelle; si même, le pouvant, il ne protège pas ses concitoyens.

S'il ne s'oppose pas à la tyrannie et à l'oppression, soit publique, soit particulière...

Il sera éminemment récompensé par les jouissances délicieuses de son âme, et par l'estime de la société, s'il contribue au bonheur général et particulier.

Fidèle à ses devoirs privés et publics, il sera autant l'enfant chéri de sa patrie que l'intrigant factieux ou ambitieux en sera l'opprobre...

Enfin, l'amour de la patrie sera pour la vertu; sa haine, son mépris et sa colère seront pour les vices ou les faux patriotes et plus encore pour les sycophantes.

CONSTITUTION NOUVELLE, COMPARÉE AVEC CELLE DE 1791 ET CE QUE L'ON DOIT ADOPTER DE CETTE DERNIÈRE.

Ce qui a pour titre. Constitution en un article unique est bon à conserver.

Titre 1er. Des dispositions garanties par la Constitution.

Titre II. De la division de la République.

Pour l'administration locale, cette division en 84 départements est nécessaire. Ils doivent rester corps intermédiaires entre le pouvoir exécutif qui doit les entendre et en rendre compte au besoin au corps législatif, et les districts auxquels les municipalités doivent compter. Ces districts continueront de correspondre avec les départements.

Cette hiérarchie des pouvoirs est indispensable. Voyez paragraphe 7 et le suivant.

L'idée que l'on cherche à donner au Corps législatif et même au pouvoir exécutif d'entendre directement les 40.000 municipalités n'y fera rien changer, à moins qu'on ne veuille tout paralyser.

Les articles 2, 3 et 4 (ceux réputés citoyens), bons.

L'article 5, concernant le serment. Voyez mon paragraphe 18.

L'article 6 (ceux qui ne sont plus citoyens), bon.

L'article 7 doit être ainsi rédigé : « La loi ne considère le mariage que comme contrat civil. Le divorce est admis; les naissances, mariages et décès seront constatés et le divorce prononcé, conformément aux lois existantes, tant qu'elles ne seront point abrogées, et tant qu'il n'y en aura pas de nouvelles... Ici, examiner mon paragraphe 7 sur l'adoption.

Les articles 8, 9, 10 et derniers, bons.

Titre III. Des pouvoirs publics. Chapitre Ier. De l'Assemblée nationale. Voyez mes paragraphes 9 et 12.

Section 1re; nombre des représentants; bases de la représentation. Voyez de même, mes paragraphes 9, 12 et 16.

Section II et III; des assemblées primaires; de la représentation. Voyez, de même, mes paragraphes 16, n° 3.

Sur l'article 5, section II, concernant les faillites. Voyez mon paragraphe 15, n° 3.

Section v; de la réunion des représentants, bon. Mais, sur leur inviolabilité, article 7, en ce qui touche leurs opinions, doit être religieusement conservé ; sans cette loi, les députés ne seraient plus que des esclaves : ils ont assez à combattre...

Mais il faut ôter l'équivoque de l'article 8; hors leurs fonctions, les députés (comme les autres citoyens) doivent être soumis à la loi pour tout ce qui est personnel.

Pour délits en général et pour faits criminels, ils doivent être soumis aux mandats d'amener et d'arrêts, à la charge d'en avertir le corps législatif, dans les 24 heures de leur exécution.

Mais cette exécution doit précéder; une loi contraire serait un brevet d'impunité.

Chapitre II. De la royauté; régence, ministère; à rayer.

Chapitre III. De l'exercice du pouvoir législatif. Section 1re; séances et formes de délibérer. Section II. Bon à suivre, en ce qui n'est pas contraire à mes bases. Surtout, conserver le comité général. Si le sénat de Rome n'eût

pas gardé le secret du message d'Eumènes, que serait devenue la guerre contre Persée?

Section III. De la sanction royale. Section IV. De la relation avec le roi. Bon à rayer.

Chapitre IV. De l'exercice du pouvoir exécutif. Voyez mon paragraphe 13.

Section 1re. De la promulgation des lois. A changer d'après mes bases.

Section II. De l'administration intérieure. A changer d'après mes bases, mais vide supra, sur le titre II. Division de la République.

Section III. Des relations extérieures. A changer, d'après mes bases.

Chapitre V. Du pouvoir judiciaire. Voyez mon paragraphe 14. Les concilier, d'après les bases principales.

Art. 4. De la force publique. Voyez mon paragraphe 19. Bon, ce qui n'y est pas contraire.

Art. 5. Des contributions publiques. Bon. Mais voyez ce que j'ai précédemment dit dans mes idées sur les impôts publics, où je propose à la fois d'enrichir le trésor public et de soulager la classe la plus laborieuse et malheureusement la plus indigente. Un doit et un avoir certains; alors une grande opération financière, et non pas des milliers d'opérations parcimonieuses de financiers, qui creusent de plus en plus l'abîme au lieu de le combler. J'oserai donner pour lors le plan d'une opération générale.

Titre VI. De nos relations avec les nations étrangères. Bon, en ôtant ce qui n'est plus.

Titre VII et dernier. De la révision des décrets constitutionnels. Voyez mon paragraphe 11.

Sur le tout, prenons des mesures énergiques; mais au nom de la patrie, tâchons d'éviter qu'en cherchant dans des conceptions exagérées le bonheur et la paix, qui font l'objet de mes vœux, l'une et l'autre ne nous échappent.

Signé : A. J. THORILLON.

CONVENTION NATIONALE

Séance du jeudi 18 avril 1793, au matin.

PRÉSIDENCE DE THURIOT, vice-président.

La séance est ouverte à dix heures du matin.

M. **Mellinet**, *secrétaire*, donne lecture des lettres, adresses et pétitions suivantes :

1° *Lettre de Pache, maire de Paris*, en date du 17 avril, à laquelle est jointe celle qu'il écrivait le 16 au ministre de l'Intérieur. Il informe la Convention de son empressement à exécuter son décret du 15 pour l'affiche du compte qu'il a rendu relativement aux subsistances de la ville de Paris; elle est ainsi conçue (1).

« Je reçois le décret de la Convention nationale, selon lequel le maire de Paris doit rendre compte par écrit, séance tenante, de l'état de Paris, relativement aux subsistances.

« Je n'ai point cru qu'un décret me vengeât de cette impression, mais aussitôt qu'on m'a donné avis que c'était l'intention de la

(1) *Bulletin de la Convention* du 18 avril 1793.

Convention, j'ai envoyé ce compte chez l'imprimeur.

« L'état des subsistances n'a point varié depuis le 15; les arrivages ont égalé la consommation ; j'ai exposé les causes et les précautions, dans une lettre que j'ai écrite ce matin au ministre de l'intérieur, et dont je joins ici copie : la Convention nationale y verra que la cause première est l'esprit contre-révolutionnaire, et que son premier moyen est de parler de subsistance et d'en reparler encore.

Il y a deux indemnités; la première pour l'arriéré, aussitôt que les états ont été en règle, et le paiement qui s'élève à un million est entièrement fini.

« Quant à l'indemnité pour le courant, elle se paye à mesure de la présentation des factures et du règlement du compte. La nouveauté de l'opération pour les travaux et le trop petit nombre des commis ont produit de la lenteur dans les commencements.

« Mais la division du travail et le tour de rôle des boulangers sont maintenant tels que les boulangers seront payés chaque semaine; on a déjà payé sur cette partie la somme de 1,129,17 livres, et on paiera demain celle de 180,000 livres.

« *Signé* : PACHE. »

(La Convention renvoie cette lettre aux comités réunis de législation et d'agriculture, avec mission de s'en occuper sans délai.)

2° *Lettre des commissaires du département, agent militaire et administrateurs du district d'Avranches*, datée du 12 avril, par laquelle ils annoncent que leurs concitoyens ont fourni au-delà de leur contingent, pour le recrutement ; en voici l'extrait (1) :

« Les administrateurs du district d'Avranches informent la Convention nationale que les anciens privilégiés, les fanatiques, les prêtres imposteurs qui préfèrent la destruction de la patrie à l'anéantissement de leurs privilèges, agitent sans cesse les torches de la discorde; mais la bonne contenance des membres des autorités constituées a déjoué leurs trames, et le calme est maintenu : nos concitoyens, disent-ils, ont volé au secours de nos frères des départements en insurrection. Les brigands qu'ils ont combattus ont été contraints de rentrer dans le devoir, et de se soumettre à la loi : elle triomphera toujours de la rébellion, et la raison écrasera le fanatisme.

« Le recrutement, malgré toutes les instigations, s'est opéré avec tranquillité dans ce district; les lois ont triomphé, et dans la plupart des communes les citoyens s'enrôlent avec cet enthousiasme qui doit convaincre tous les conspirateurs que nous ne rentrerons jamais dans les fers que nous avons brisés, que nous serons libres et républicains ou que nous périrons tous.

« Le district d'Avranches fournit à la patrie plus de 3,000 matelots, et cependant il a fourni en outre plus de 1,200 volontaires ; le contingent qui avait été fixé à 452 hommes sera porté à plus de 500; beaucoup de communes ont suivi cet exemple et ont excédé de beaucoup leur contingent. La commune de Poilley en a fourni 22 au lieu de 6; Pontau-

bault 5 au lieu de 2; Céaux 5 au lieu de 3, et Les Chéris 6 au lieu de 3; Ducey 18 au lieu de 10; Pontorson 6 au lieu de 2. Les communes de Granville et Genest, où tous les hommes naviguent, ont fait habiller leurs volontaires à leurs frais, et celle de Bacilly n'a pas attendu que le décret du 24 février fût publié pour trouver des défenseurs à la patrie. »

(La Convention nationale décrète que ces communes ont bien mérité de la patrie et renvoie la lettre au conseil exécutif pour faire fournir des armes.)

3° *Lettre des membres du conseil général de la commune de Saint-Martin, île de Ré*, annonçant que les citoyens de cette commune ont prêté le serment d'être fidèles à la République et à la loi et de mourir à leur poste plutôt que d'abandonner la patrie; cette lettre est ainsi conçue (1) :

Saint-Martin, île de Ré, le 11 avril 1793, l'an II de la République française.

« Citoyens,

« Le conseil général ayant arrêté dans la séance du 10 de ce mois que tous les citoyens armés seraient assemblés le lendemain sur la place d'armes de cette ville, que les autorités civiles seraient invitées à s'y trouver, tous les citoyens ont spontanément prêté le serment d'être fidèles à la République et à la loi, de maintenir la liberté et l'égalité, ou de mourir en les défendant, de protéger la sûreté des personnes et des propriétés, de ne jamais souffrir la royauté en France et de mourir chacun à son poste en défendant la patrie.

« Nous vous prions, citoyens, de donner officiellement connaissance à la Convention nationale des sentiments qui animent la commune de cette ville.

Nous vous saluons fraternellement.

« *Les membres du conseil général de la commune de Saint-Martin, île de Ré.*

« *Signé* : FOUCAULT, *président*; LAVIALLE, *secrétaire-greffier.* »

« *Nota.* — Nous avons écrit au citoyen Marcelat, membre du département, pour les digues; nous attendons la réponse pour vous faire passer les renseignements.

« *Signé* : FOUCAULT, LAVIALLE. »

(La Convention décrète la mention honorable et ordonne l'insertion de cette lettre au *Bulletin.*)

4° *Lettre des administrateurs du district de Verdun*, en date du 15 avril 1793; ils informent la Convention que les 628 hommes, formant le contingent de leur district, sont partis habillés, équipés et armés en grande partie pour se rendre à Sédan; les jeunes gens dans plusieurs communes sont tous partis, plutôt que d'adopter un mode qui en aurait privé quelques-uns de l'honneur de défendre la patrie; ce dévouement fait espérer au dis-

---

(1) *Bulletin de la Convention* du 18 avril 1793.

(1) *Archives nationales*, Carton C** 252, chemise 411, pièce n° 3.

(2) P. V., tome 10, page 4.

trict de Verdun un surcroît de 50 hommes à leur contingent; ils demandent des armes pour remplacer celles qu'ils viennent de remettre à leurs frères.

(La Convention décrète la mention honorable, l'insertion au *Bulletin* et le renvoi de la lettre au comité de la guerre.)

5° *Lettre des officiers municipaux de la commune de Vannes*, qui transmettent à la Convention un extrait des registres des délibérations du conseil général de cette commune, relative à la trahison de Dumouriez et dans lequel ils jurent de servir jusqu'à la mort la Convention.

Suit le texte de cet extrait :

Extrait du registre des délibérations du conseil général de la commune de Vannes, district du même lieu, département du Morbihan (1).

« Au sept avril, dix heures du matin, mil sept cent quatre-vingt-treize, l'an second de la République française, le conseil général de la commune de Vannes, en permanence, assemblé en la maison commune de cette ville, où le citoyen Malherbe, maire, présidait et où étaient les citoyens Ménard, Girardin, Philippe, Josse, Brunes, Rossy, Caradec, Le Gloerbe, Le Meignen, Pellegrin, Alexis, Guyot, Le Menez, Bachelot, Michel, Descormier, Peuhard, aîné, Bonnet, Lagrispère, Leclaire, Jehanno, Boisgontier, Bauny, Lemeute, Lombard, Moreau, Janin, Legros, Lamnaille, Fumechon, Latour, Hermant, Saint-Benoist et Bocherel.

« Présent le citoyen Legris fils, substitut du procureur de la commune, lequel a donné lecture des décrets du trois de ce mois qui déclare que Dumouriez, traître à la patrie, est mis hors de la loi et qui fut apporté au département par un courrier extraordinaire dans la nuit. Un membre a obtenu la parole et a dit :

« Citoyens, jamais trahison plus noire ne « fut dévoilée; jamais complot plus affreux « ne menaça la République, mais quelque vio- « lente que soit la crise nouvelle, elle ne doit « point abattre le courage des vrais fran- « çais qui ont juré de ne point survivre à leur « liberté. Fixons nos regards sur la Conven- « tion nationale; sa contenance ferme et iné- « branlable doit nous rassurer; dépositaire des « droits du souverain, elle seule peut diriger « nos pas; environnons-la de toute notre con- « fiance. Jurons encore d'adhérer constamment « à ses décrets, de ne jamais nous séparer « d'elle et de partager son sort; renouvelons « le serment de fidélité, à la République une « et indivisible, de maintenir la liberté et « l'égalité ou de mourir en les défendant. »

« L'Assemblée s'est levée par un mouvement spontané pour accueillir cette proposition; c'était le vœu de tous les cœurs; et elle a arrêté de le manifester par une adresse à la Convention nationale. A l'instant, une députation de sept membres a été chargée de le porter de vive voix aux citoyens Le Malliaud et Guerneur, ses commissaires dans les départe-

ments du Morbihan et du Finistère, présents en cette ville ; la députation, de retour, a rapporté qu'elle avait reçu des commissaires l'accueil le plus fraternel et qu'ils avaient bien voulu lui promettre de faire passer eux-mêmes à la Convention la présente délibération.

« *Pour extrait conforme au registre.*

« *Signé :* MALHERBE, *maire;* LELAGADEC, *secrétaire greffier.* »

(La Convention décrète la mention honorable et l'insertion au *Bulletin.*)

6° *Lettre du citoyen Niou, commissaire de la Convention, aux côtes de Lorient à Bayonne*, par laquelle il rend compte de la conduite courageuse et intrépide du jeune Berolle, du colonel Baudry et de sa division lors de l'expédition des Sables ; en voici l'extrait (1) :

Saint-Gilles, 11 avril 1793.

« En vous rendant compte, citoyens, par ma précédente lettre, de la dernière action de l'armée de la Vendée, près les Sables, je n'avais pas pu vous instruire de quelques détails importants relatifs à la conduite qu'a tenue la division commandée par le citoyen Baudry, lieutenant-colonel des troupes de la marine. Cet officier a été obligé de franchir plusieurs retranchements pour atteindre l'ennemi à la Grève, à la Gachère et à Verai. Une rivière couvrait le poste; on hésitait à la passer : un jeune soldat, nommé Berolle, se jette à l'eau; il en a bientôt jusqu'aux épaules. Il passe malgré cela cette rivière. L'armée entraînée par cet exemple en fait autant, et les rebelles prennent la fuite.

« Je demande une lettre de satisfaction pour cet intrépide jeune homme; je pense aussi que le lieutenant-colonel Baudry, qui s'est, depuis le commencement de cette guerre, conduit avec autant de zèle que de courage, mérite votre attention. Hier une action s'est encore engagée entre la colonne aux ordres de Baudry et l'armée des brigands près Saint-Gilles; 60 de ces derniers sont restés sur le champ de bataille, 56 ont été faits prisonniers; le reste a pris la fuite.

« L'escadre des frégates, en croisière dans les parages, a frappé de terreur l'armée des rebelles; le général Boulard s'avance à grands pas vers le passage de Noirmoutiers. L'escadre suit cette côte, et pour peu qu'on ne soit pas contrarié par les vents, et que les troupes secondent la bonne volonté et le courage de ce général, il y a lieu de penser que cette île sera bientôt reconquise par l'armée à ses ordres.

« J'ai l'honneur de vous adresser un réquisitoire que des circonstances pressantes et bien graves m'ont engagé à faire : je désire qu'il vous soit possible de l'approuver; il m'a paru d'ailleurs de toute justice.

« Encore quelques efforts, citoyens, et nous aurons mis en fuite les ennemis intérieurs depuis toute la partie des côtes du ci-devant Poitou jusqu'au près de l'embouchure de la Loire.

Suit le texte de ce réquisitoire et des deux pétitions qui l'ont motivé:

(1) *Archives nationales*, Carton C͏ɪ 252, chemise 441, pièce n° 6.

(1) *Bulletin de la Convention* du 18 avril 1793.

I

Pétition de l'équipage de la frégate La Gracieuse *du citoyen Chevillard, capitaine de vaisseau, commandant ladite frégate* (1).

A bord de *La Gracieuse*, le 8 avril 1793, l'an II de la République française.

« Citoyen,

« Vous avez bien voulu nous appuyer auprès des autorités constituées pour nous faire obtenir l'augmentation de ration de biscuit; nous vous en témoignerons notre reconnaissance dans toutes les occasions. Vous devez voir qu'une once de plus par jour est bien peu de chose. Nous vous prions donc, citoyen, de vouloir nous appuyer auprès de nos représentants pour une seconde fois, et de leur faire envisager le peu de volume que présente une once de biscuit; nous espérons donc que vous vous intéresserez pour des vrais sans-culottes qui ont juré de vivre libres ou de mourir.

« S'il n'est pas possible, citoyen, d'obtenir le biscuit à discrétion, eu égard à ce que dit le commandant Rosilly, à cause de la comptabilité, nous demandons au moins l'augmentation d'une once par repas.

« *Signé : illisibles.* »

II

Lettre du citoyen Chevillard, capitaine de vaisseau, au citoyen Niou, commissaire de la Convention (2).

A bord de *la Gracieuse*, ce 9 avril 1793, l'an II de la République française.

« J'ai l'honneur d'observer au citoyen législateur à qui je remets cette pétition, que je pense que la réclamation faite par mon équipage, sur une augmentation d'une once de biscuit par repas de plus que la loi n'alloue, me paraît fondée. J'observe au citoyen commissaire, que j'étais membre du comité de salubrité qui s'est tenu à Rochefort, il y a quelques mois, que j'étais un de ceux qui représentèrent au ministre que la quantité de biscuit que l'on distribuait aux équipages, par une latitude plus forte que trente degrés, en approchant des pôles, n'était pas suffisante pour les substanter. En conséquence j'appuie de tout mon pouvoir cette pétition et prie le citoyen commissaire de la prendre dans la plus grande considération.

« Le capitaine de vaisseau, commandant de *La Gracieuse*.

« *Signé :* CHEVILLARD. »

III

Arrêté du commissaire (3).

« Nous, commissaire de la Convention nationale, chargé de la défense des ports et des côtes de la République depuis Lorient jusqu'à Bayonne;

« Vu la pétition ci-dessus, vu l'apostille du capitaine de la frégate *La Gracieuse*, commandant dans ce moment les bâtiments en croisière depuis Noirmoutiers jusqu'à l'île de Ré;

« Considérant que les biscuits, dont les vaisseaux sont pourvus, sont extrêmement cuits et, par conséquent, peu nourrissants;

« Considérant, d'après le rapport qui nous a été fait par les officiers supérieurs que, jusqu'à présent, on avait été dans l'usage de donner le biscuit aux équipages des vaisseaux à discrétion, parce que si, dans les parages d'une température froide, ils mangeaient davantage, dans ceux d'une température chaude, ils prenaient beaucoup moins de nourriture, ce qui faisait une compensation;

« Considérant que la croisière, sur les côtes des Sables d'Olonne, de Saint-Gilles et de Noirmoutiers occasionne un travail pénible et continuel et exige souvent que tout le monde soit sur le pont, les côtes étant parsemées d'écueils et occupées dans ce moment par les brigands;

« En vertu des pouvoirs à nous donnés par la commission dont nous sommes membre, et ayant égard à la circonstance critique dans laquelle se trouve la chose publique dans ces contrées;

« Ordonnons que, provisoirement, pour cette croisière seulement, sans tirer à conséquence pour la suite, et jusqu'à ce qu'il en ait été ordonné autrement par la commission, à qui nous en rendons compte, et par la Convention nationale, il sera donné une augmentation d'une once de biscuit par chaque repas aux citoyens composant les équipages des vaisseaux de ladite croisière.

« Fait à bord de la frégate *La Gracieuse*, rade de Saint-Gilles, le 10 avril 1793, l'an II de la République française.

« *Signé :* NIOU. »

(La Convention approuve l'arrêté pris par son commissaire.)

7° *Lettre du citoyen Magenthies* (1), qui adresse à la Convention trois pétitions dont il demande le renvoi aux comités de législation, des finances et de commerce.

(La Convention décrète le renvoi.)

8° *Pétition des matelots français prisonniers de guerre, aux citoyens députés des départements à la Convention nationale;* ils demandent qu'elle pourvoie à leurs pressants besoins et à leur échange; cette pétition est ainsi conçue (2) :

Deal, ce 19 mars 1793, l'an II de la République française.

« Citoyens,

Nous ne craignons pas de vous présenter nos justes réclamations sur notre position actuelle, étant persuadés de votre équité, se-

---

(1) *Archives nationales*, Carton C₁₁ 252, chemise 445, pièce n° 3.
(2) *Archives nationales*, Carton C₁₁ 252, chemise 445, pièce n° 4.
(3) *Archives nationales*, Carton C₁₁ 252, chemise 445, pièce n° 5.

(1) P. V., tome 5, page 5.
(2) *Archives nationales*, Carton C₁₁ 252, chemise 445, pièce n° 2.

condée par l'humanité que doit avoir tout vrai républicain qui ne cherche qu'à se rendre utile à sa patrie, soit en la défendant, tant sur les vaisseaux républicains que corsaires autorisés par la Convention nationale.

« Nos représentants éclairés, connaissant la nécessité des armements en course sur les ennemis de la République, ont délivré des ordres à ceux qui se sont embarqués et qui s'empressaient de mériter par leur zèle républicain les suffrages d'une nation aussi étroitement liée, et pour laquelle ils ont osé tout entreprendre pour sa défense.

« Voici les observations que nous vous faisons :

« 1° Tous les prisonniers de guerre se trouvent dans l'indigence et, pour ainsi dire, vêtus comme notre premier père ! Dans les guerres de 44, 56 et 78, le gouvernement pourvoyait aux nécessités urgentes des prisonniers pris pour le service. Les soussignés attendent de leurs frères les mêmes secours.

« 2° Vous observerez que le besoin où se trouvent les matelots républicains sans vêtements leur permet de réclamer vers vous le même traitement pour leur nécessaire.

« Nous sommes persuadés, législateurs, que vous ferez tout votre possible pour adoucir notre situation et que vous vous empresserez de nous faire obtenir notre élargissement qui ne peut être que nécessaire à la mère patrie.

« Signé : MARTIN, LENUD, CASTELIN, Frédéric PETIT, THIRIET, DELARUE, Victor RIVERY, CHAUMON, Nicolas HÉDUIT, Jean-François CRESSON, Thomas DELAMARRE, François PETIT, BENJAMIN, HAUCHECORNE, VERTU, Pierre BILLEMON, Louis PUTET, Nicolas LEROUX, Louis BALLE, Michel-François CAME, Charles-Fidèle RUELLE, Charles François PÈRE ; Pierre LAUGITÉ ; Louis BARON, Nicolas KELDER, Pierre Antoine AGUIERAY, Pierre CREVIER, Antoine BERTRAND, Dubois DESOLES, VERBRUGGH, André ROUPEL, Louis PELET, Antoine BOUTÉ, Jacques DEMAY, Alexis BRÉMONT.

« P.-S. — Vous trouverez, législateurs, les signatures à peine lisibles, la majeure partie des prisonniers ne sachant écrire et se trouvant au nombre d'environ deux cents, mais vous trouverez toujours des bras et des cœurs pour le service de la République.

« Signé : MARTIN, CASTELIN. »

Un membre : Je demande que le pouvoir exécutif soit tenu de rendre compte, dans les 24 heures, des mesures qu'il a prises à l'effet de pourvoir aux besoins des prisonniers français chez les puissances avec lesquelles la République est en guerre, et qu'il soit ordonné au comité de la marine de nous faire incessamment un rapport sur cet objet.

(La Convention adopte ces deux propositions).

Suit le texte définitif du décret rendu (1) :

Sur cette pétition, la Convention nationale décrète ce qui suit :

Art. 1er.

« Le ministre des affaires étrangères est tenu de rendre compte, dans les 24 heures, des mesures qu'il a prises à l'effet de pourvoir aux besoins des prisonniers français chez les puissances avec lesquelles la République est en guerre.

Art. 2.

« Que le comité de marine fera incessamment un rapport sur le même objet. »

9° Lettre des commissaires de la commune de Choisy-sur-Seine (1), qui demandent à être admis pour présenter une pétition sur les besoins urgents de ses habitants.

(La Convention nationale renvoie la pétition aux comités d'agriculture et de finances, et décrète que toutes demandes en argent et de subsistances seront renvoyées sur-le-champ aux comités d'agriculture et de commerce, afin d'en accélérer les rapports et de ménager les moments de l'Assemblée.)

10° Pétition du citoyen Bourdin.

Paris, le 14 avril (2).

Il expose à la Convention qu'une partie de sa fortune est en divers billets de confiance, qu'il a reçus par ses relations commerciales avec différents cantons de la République ; ses voyages ne lui ont pas permis d'en poursuivre les remboursements, dans le délai fixé par la loi, auprès des caisses qui les ont émis ; il demande la prorogation de ce délai.

(La Convention renvoie cette pétition au comité des finances.)

11° Adresse du premier bataillon du 33e régiment d'infanterie qui envoie un don patriotique à la Convention ; cette adresse est ainsi conçue (3) :

Porentrui, le 7 avril 1793, l'an II de la République française.

« Citoyens représentants,

« Le 1er bataillon du 33e régiment d'infanterie faisait partie des troupes aux ordres du général Custine, lorsqu'il s'empara des gorges du pays de Porentrui. Quoique cette expédition n'ait pas coûté un seul coup de fusil, ce général n'en a pas moins eu à se louer du zèle et de la bonne conduite de ses compagnons d'armes. Il vient de donner au 1er bataillon du 33e régiment un témoignage bien honorable de son estime, en le faisant participer pour la somme de 120 livres en numéraire à l'offrande patriotique d'un citoyen de Mayence, en faveur des cinq régiments de l'armée du Rhin qui s'étaient le plus signalés par leur civisme et leur attachement à la discipline.

« Les officiers, sous-officiers et soldats n'ont pas cru devoir faire un plus digne usage de ce prix flatteur qu'en le consacrant pour les frais de la guerre. »

---

(1) Collection Baudouin, tome 28, p. 118 et P. V., tome 1, page 4.

(1) Journal des Débats et des décrets, n° 213, page 299.
(2) P. V., tome 10, page, 5.
(3) Archives nationales, Carton Cᴵᴵ 252, chemise 436, pièce n° 39.

« En conséquence, ils vous adressent la somme de 210 livres, 17 sols en numéraire, et celle de 625 livres en assignats, le surplus des 120 livres provenant des dons différents des membres qui composent le bataillon. Ils saisissent avec empressement cette occasion de renouveler, avec les plus vives instances, la demande qu'ils ont déjà faite à plusieurs reprises soit au ministre, soit aux généraux, d'être employés dans une armée en activité, afin de sceller, s'il le faut, de tout leur sang, leur dévouement à la cause de la liberté, de la justice et de l'humanité.

« *Les républicains composant le 1er bataillon du 35e régiment.*

« *Signé* : SERRE, CHARLOT, GOURCY, BELLE-MAIN, *sous-lieutenant;* RICHARD, CIRON, DUCLOS, VANDERMAESER, *premier maître;* MOREL, *adjudant-major;* DRAUX, *lieutenant;* BRETON, *sergent;* RUOLS, LIMAYRAC, BRASSAN DE LESTOC ; QUISEBILLE, *sergent;* SOLIÈRE, *sergent;* FAUSILLION, *sergent;* GAUX, *sergent;* VITRAY, *sergent;* GUÉRARD, *sergent;* BRASSEUR, *sergent;* NOVILLARD, *sergent;* COBE, *sergent;* BRICOU, SEGLA, GRAT, MARTIEL, ROZIER, BEAUVOLLIER, BARNEAU, VIGNAUX, FOURIÈREZ, ROMARI, CHEVATIER, *sergent;* CAREUS, *caporal-fourrier;* BOUTET, CHARLOT, SCHAFFEATH, *sergent;* SCHAEFFERS, *sergent;* CAREY, DORMET, CHAN, DRAPIER, *tambour-major;* LÉRIVER, *sergent;* MERCIER, *sergent.*

(La Convention décrète la mention honorable de cette offrande qu'elle accepte et ordonne l'insertion de la lettre au *Bulletin*).

12° *Lettre des administrateurs du district de Mirepoix,* qui transmettent à la Convention un arrêté du 1er de ce mois, où, tout en provoquant des offrandes civiques, ils donnent eux-mêmes l'exemple des sacrifices que tout bon citoyen doit à la défense de la patrie.

Suit le texte de cet arrêté :

Extrait du procès-verbal du directoire du district de Mirepoix du 1er avril 1793, l'an second de la République française ; assemblés les citoyens Pujol, vice-président, et Senié ; présent le procureur-syndic. Séance publique (1).

« Vu la lettre du ministre de la guerre, du 10 février dernier, qui expose la nécessité d'accélérer l'équipement des défenseurs de la patrie ;

L'arrêté du conseil d'administration du département, du 18 du même mois, qui invite les corps constitués, tous fonctionnaires publics, toutes les sociétés patriotiques, enfin tous les amis de la République de faire telle offrande que leur inspirera leur civisme, pour fournir aux frais de la guerre ; en enjoint aux municipalités d'ouvrir des registres de souscription, où seront consignées les offrandes, etc.

« Les dires du procureur-syndic portant que, quoique le directoire se soit empressé d'envoyer aux municipalités de son arrondissement, la lettre du ministre de la guerre et l'arrêté du conseil d'administration du département, aucune n'a encore satisfait à l'article 4 dudit arrêté ; que ce silence, de leur part, doit faire présumer qu'elles n'ont pas encore ouvert les registres de souscription ordonnés par l'article 3 ; que cette négligence de leur part pourrait nuire à la chose publique, en privant nos frères d'armes d'une partie de l'équipement qui leur est nécessaire et jeter des doutes sur le civisme des citoyens du district qui n'ont besoin que d'être instruits pour s'empresser à concourir de tous leurs moyens à la défense de la République.

« Et requiert que lesdites municipalités soient de nouveau stimulées d'ouvrir les registres de souscription, et de nommer un commissaire pour recevoir les offrandes.

« Considérant que, dans le moment où nos frères d'armes sont aux prises avec les satellites des tyrans, il leur manquent des effets les plus nécessaires à des guerriers ; que trois cents mille citoyens vont se réunir à eux ; que plusieurs abandonnent leurs femmes et leurs enfants pour voler à la frontière ; que si leur amour pour la liberté les porte à sacrifier leur vie pour la défendre, il est juste que ceux qui ne s'exposent à aucun danger concourent, en tous leurs moyens, au salut de la patrie et au bien-être de ses défenseurs.

Le directoire arrête :

Art. 1er.

« A l'instant de la réception du présent arrêté, les municipalités seront tenues, si elles ne l'ont déjà fait, d'ouvrir un registre de souscription, où seront consignées les offrandes civiques.

Art. 2.

« Que le conseil général nommera des commissaires, pris dans son sein, pour les recevoir et les tenir en dépôt.

Art. 3.

« Que ces commissaires se transporteront dans toutes les maisons de la commune, pour exciter le zèle des citoyens et les prévenir de l'ouverture du registre de souscription. Et attendu qu'il n'est rien de plus puissant que l'exemple pour éveiller le patriotisme, le citoyen Clauzel, procureur-syndic, fait don de 800 livres ; le citoyen Pujol, de cinquante livres ; le citoyen Senié, d'un habit uniforme, et le secrétaire, de six paires de souliers.

Art. 4.

« Les procureurs des communes sont chargés d'instruire le directoire de l'exécution du présent, ainsi que de ce qui est prescrit aux municipalités par l'arrêté du conseil d'administration du département, du 18 février dernier.

« Arrête, en outre, que le présent sera, à la diligence du procureur-syndic, imprimé en nombre suffisant d'exemplaires, et envoyé par des exprès à toutes les municipalités de l'arrondissement.

« *Signé* : PUJOL, SENIÉ,, *administrateurs ;* CLAUZEL, *procureur syndic ;* BAILLÉ, *secrétaire.*

(La Convention décrète la mention honorable et l'insertion de cet arrêté au *Bulletin).*

13° *Lettre de Bouchotte, ministre de la guerre,* (1) du 17 avril, par laquelle il annonce que le citoyen Doreil, commissaire des guerres à Toulouse, n'a pu arrêter que le 6 de ce mois les revues dont il présente le compte. La nécessité l'ayant forcé de s'écarter des dispositions de la loi, il en a fait l'observation aux commissaires de la Convention dans les départements de l'Aude et de la Haute-Garonne, qui les ont autorisées. Le ministre de la guerre demande que la Convention nationale prononce sur la validité de cette autorisation.

(La Convention renvoie cette lettre au comité de la guerre).

14° *Lettre des citoyens Roubaud et Despinassy, commissaires de la Convention nationale dans les départements du Var et des Alpes-Maritimes,* à laquelle est jointe une proclamation ainsi conçue (1) :

Proclamation des commissaires de la Convention nationale, aux départements du Var et des Alpes-Maritimes.

« Citoyens,

«De nouveaux dangers menacent la patrie. Vous avez confié à vos représentants le soin de la sauver. Nous venons déployer les moyens de salut qui résident en vous. Ecoutez la vérité : secondez la Convention nationale; et bientôt vos ennemis disparaîtront.

« Citoyens, quelques individus décorés du titre de rois, ont conçu le projet d'empêcher l'Europe de se régénérer. Le colosse du républicanisme élevé en France et cimenté par le sang d'un conspirateur dont ils ont partagé les forfaits, épouvante leur orgueil et annonce au monde leur inutilité. Les convulsions du désespoir agitent sourdement leurs cœurs atroces. Ils sentent que leur chute est inévitable, et qu'ils ne peuvent la prévenir qu'en détruisant la liberté française. Tous leurs efforts, toutes leurs pensées tendent vers ce but. Ces brigands couronnés qui, entourés de prestiges, nourris dans le vice, façonnés au crime, n'ont rien conservé du caractère de l'homme, aiment mieux satisfaire leur ambition et régner sur des peuples esclaves, que de voir l'espèce humaine reprendre sa dignité, et jouir du bonheur social qui ne peut reposer que sur l'égalité et sur la paix.

« La puissance de la raison n'agit pas sur leur âme. Frappés d'une incorrigibilité radicale, ils ne vous pardonneront jamais d'avoir conquis vos droits, et d'avoir fait tomber la tête d'un tyran. Fermes dans vos principes, ne leur pardonnez jamais d'avoir été rois. Leur existence est un crime d'insociabilité que tout leur sang ne peut pas expier.

« Citoyens, les cours de l'Europe, surtout celles de Saint-James, de Berlin, de Vienne et de Madrid, prodiguent l'or à des agents disséminés dans la République française pour pervertir l'esprit public, et pour exciter des mouvements contre-révolutionnaires. Les désordres, les guerres civiles, qui éclatent dans différents départements, sont les fruits de ces machinations populicides.

« Tandis que des agitateurs mercenaires s'efforcent de briser le ressort du patriotisme national, de provoquer les divisions et les discordes, et d'allumer les fureurs de l'anarchie, les rois coalisés dirigent contre vous des armées nombreuses, et espèrent d'immoler à leur ressentiment tous les Français qui ont manifesté leur amour pour la patrie et leur haine pour la royauté. Leurs projets sont horribles : ils ne peuvent exister que dans les cœurs des rois.

« Citoyens, voulez-vous maintenir la République ? Voulez-vous demeurer constamment libres ? prenez les armes; et ne les quittez que quand vous aurez délivré la terre de ces monstres sanguinaires. Hâtez-vous : la voix de la patrie vous appelle : les dangers se multiplient : qu'aucun obstacle ne vous arrête : votre gloire ou votre honte dépend de vous : votre bonheur ou votre malheur est dans vos mains : il faut que vous détruisiez les rois, ou que les rois vous anéantissent : choisissez.

« Nous savons, citoyens, que le Var a déjà fourni un nombre de volontaires supérieur à celui que la loi exige, et que ce département est le seul de la République qui puisse se glorifier de cet acte de dévouement et de générosité. Cette considération, loin d'empêcher la Convention nationale de provoquer le recrutement dans le département du Var, l'a spécialement déterminée à nous envoyer vers vous pour cet important objet. La Convention ne met aucun terme au patriotisme des Français. Elle vous invite, par notre organe, à augmenter encore le nombre des braves défenseurs des droits du peuple. Elle attend de vous de nouveaux sacrifices; et sa confiance ne sera point trompée. Redoublez de zèle : inscrivez vos noms dans le registre honorable que votre patrie vous offre. Désolée par des despotes, elle réclame les secours de ses enfants. Ce n'est point la loi qu'elle vous présente : vous l'avez accomplie. C'est votre amour filial qu'elle sollicite : vous en suivrez les mouvements; et elle sera vengé.

« Citoyens, la nation assure à vos familles les secours que votre absence de vos foyers pourra nécessiter. Une loi juste les garantit : comptez sur son exécution.

« O vous que la fortune a comblés de ses dons ! vous qui, tranquilles au milieu de vos possessions, jouissez des bienfaits d'une révolution à laquelle vous avez si peu contribué; vous que le maintien de cette même révolution intéresse si fortement, ne concourrez-vous pas amplement à la subsistance des familles dont les bras nourriciers sont employés à la défense de vos propriétés? Nous devons vous le dire : vous avez fait moins de dons patriotiques que les citoyens les moins aisés. Ignorez-vous que l'amour de la patrie ne peut se

---

(1) P. V., tome 10, page 6.
(2) Bibliothèque nationale : Lb⁴¹, n° 607.

calculer que sur les sacrifices qu'on fait pour elle ? Ne savez-vous pas que la seule reconnaissance serait un motif suffisant pour vous déterminer à tous ceux que la justice universelle exige de vous ? Tandis que des hommes pleins de courage et de vertu prodiguent leur sang et leurs vies pour vous, pourquoi ne prodiguez-vous pas vos vils trésors pour eux ? Songez que si la liberté et l'égalité pouvaient être anéanties, vous seriez les premiers à périr avec elles. Vos richesses, vos lumières, votre influence, sont des moyens de salut public : agissez; c'est votre devoir.

« Citoyens, la République n'a pas seulement besoin de soldats : il lui faut aussi des chevaux. Ceux que nourrit le luxe; ceux qui ne sont employés ni à l'agriculture, ni aux arts de première nécessité, trouveront dans nos armées une destination utile à l'intérêt national. La loi vous le demande : la loi est la règle de la conduite des hommes libres.

« Enfin, citoyens, déployez toutes vos ressources dans ces circonstances orageuses. Et vous, sociétés patriotiques, que les Léopold, les Georges, les Frédéric-Guillaume, les Brunswick, ont honorés de leur improbation et de leurs calomnies, soutenez cette Révolution qu'ils redoutent et qui sans vous ne serait déjà plus. Confondez la turbulente audace des ennemis de l'intérieur ; et fortifiez-vous dans votre haine pour ces hommes insociables qui ont encore l'impudeur de porter des couronnes. Il n'est plus de pacte, plus de capitulation, plus de paix avec les tyrans : Frappez : écrasez-les sur leurs trônes. Tant qu'il existera des rois, les peuples seront livrés en proie aux guerres, à la dévastation et à la mort. Dès que les rois auront disparu, l'univers sera calme et heureux.

«Convaincus que vous reconnaissez les principes que nous venons d'établir, et fidèles aux devoirs que notre mission nous impose, au nom du souverain peuple de France, nous ordonnons ce qui suit :

« 1° Les municipalités feront partir sans délai pour leur destination, et sous leur responsabilité, les volontaires qui se trouvent actuellement dans leurs territoires respectifs;

« 2° Les officiers municipaux requerront les commandants de la garde nationale d'assembler, dans une même place publique, les citoyens depuis l'âge de 18 ans jusqu'à celui de 40; sauf les exceptions portées par la loi; et leur feront lire les articles additionnels à la loi du 24 février sur le mode de recrutement de l'armée; le décret du 21 du même mois, relatif à l'organisation de l'armée et aux pensions et traitements des militaires; et la présente proclamation;

« 3° Ils inviteront ensuite les citoyens à prendre les armes pour la défense de la liberté; et pour cet effet, ils ouvriront un registre dans lequel se feront inscrire ceux qui céderont à cette invitation. Ce registre restera ouvert; et les officiers municipaux recevront tous les jours les inscriptions;

« 4° Ils feront battre la caisse et publier chaque jour, aux heures qu'ils jugeront les plus convenables, au nom de la République française, que les citoyens sont appelés à combattre pour la patrie; et que les femmes et enfants, les pères et mères de ceux qui se dé-

voueront à sa défense, recevront de la nation les secours dont ils pourraient avoir besoin;

« 5° Pour l'habillement, équipement, armement et subsistance des volontaires inscrits, les municipalités se conformeront aux dispositions du titre 2 de la loi du 24 février sur le mode de recrutement de l'armée;

« 6° Les municipalités proclameront solennellement les listes des citoyens inscrits. Elles enverront ces listes aux directoires de district, qui les feront passer sans délai au département. Le département assignera tout de suite aux volontaires le lieu et le jour de leur réunion pour le départ pour l'armée;

« 7° Les directoires de district enverront des commissaires dans les cantons où leur présence pourrait être nécessaire pour faciliter et accélérer le recrutement;

« 8° Les municipalités, dès le jour du départ des volontaires, sont autorisées à fournir provisoirement à leurs femmes et enfants, à leurs pères et mères, les secours nécessaires. Elles prélèveront les sommes qu'elles emploieront en secours sur celles que la loi leur assigne pour le même objet. Les secours provisoires pourront être continués jusqu'au moment où ces sommes parviendront aux municipalités;

« 19° Les municipalités ouvriront un registre où les citoyens en état de faire des sacrifices pécuniaires à la patrie, s'inscriront pour les sommes qu'ils voudront affecter à l'entretien des familles des soldats volontaires. Ces sommes seront distribuées par les conseils généraux des communes, en proportion des besoins de ces familles. Les souscriptions des citoyens seront absolument libres, volontaires et de pure générosité. Les municipalités veilleront, sous leur responsabilité, à ce qu'il ne leur soit imposé aucune taxe, ni fait aucune violence;

« 10° Les directoires de district feront dresser, sans délai, un état de chevaux de luxe qui se trouvent dans leurs territoires respectifs, avec le nom des citoyens à qui ces chevaux appartiennent;

« 11° Les officiers municipaux feront également, dans les territoires de leurs communes respectives, un état des chevaux et mulets qui ne servent pas à l'agriculture et aux arts de première nécessité, et retiendront ces chevaux et mulets prêts pour le service des armées de la République sauf, s'ils sont employés, l'indemnité qui sera fixée aux propriétaires, à dire d'experts, par les conseils généraux des communes;

« 12°. La présente proclamation sera imprimée en placard et affichée dans toutes les communes du département du Var. Elle sera également imprimée en cahier et envoyée à toutes les municipalités et à toutes les sociétés populaires du département.

« A Toulon, le 4 avril 1793, l'an II de la République française.

« Les commissaires de la Convention nationale, aux départements du Var et des Alpes-Maritimes.

Signé : ROUBAUD et DESPINASSY.

Pour les citoyens commissaires
François MITTRE, *secrétaire.*

(La Convention renvoie cette proclamation au comité de la guerre.)

15. *Lettre de Bouchotte, ministre de la guerre (1)*, du 17 avril, et pièces relatives à un marché de vins, vinaigres et eau-de-vie.

(La Convention renvoie cette lettre à la commission de l'examen des marchés.)

16° *Lettre de Clavière, ministre des contributions publiques (2)*, du 17 avril, qui presse une décision sur le mémoire qu'il a présenté le 24 octobre dernier à la Convention, concernant les domaines de l'Isle-Adam et autres.

(La Convention renvoie cette lettre au comité des domaines.)

17° *Lettre de Clavière, ministre des contributions publiques (3)*, même date, avec plusieurs exemples d'un tableau qui présente l'état de situation, au 13 de ce mois, de la confection des matrices de rôles de la contribution mobilière de 1791, dans les 83 départements de la République.

(La Convention renvoie cette lettre au comité des finances.)

18° *Lettre du général Aboville, commandant par intérim l'armée de la Moselle*, qui adresse à la Convention une copie de sa proclamation aux soldats de l'armée, qu'il félicite d'avoir abandonné Dumouriez pour donner l'exemple d'une exacte discipline et de leur attachement à toute épreuve à la cause de la patrie; cette proclamation est ainsi conçue (1) :

Au quartier général à Sarrelouis, le 12 avril 1793, l'an II de la République française.

« Camarades,

« Le génie tutélaire de la liberté plane sur toute la surface de la France, et la garantit de tous les conspirateurs et des traîtres.

« Dumouriez, ce général perfide et insidieux, si longtemps l'idole de la nation entière et d'une armée qu'il avait conduit à la victoire, a traîtreusement abandonné le drapeau de la liberté, qu'il avait juré de défendre jusqu'à la mort, pour s'enrôler sous les bannières des despotes; quelques jours même il a pu égarer partie de l'armée à ses ordres, et il a eu l'espoir féroce de faire déchirer le sein de la patrie par ceux mêmes à qui elle avait remis des armes pour la défense de la liberté.

« L'audacieux et traître Dumouriez n'eut jamais les vertus d'un républicain; l'ambition dévorait son cœur, et l'égoïsme en fit un partisan de la Révolution; il chercha à tourner à son avantage les succès des troupes qu'il commandait: il fut trompé dans son espoir, et dès lors il résolut de trahir la patrie; il chercha à ôter la confiance aux corps constitués et aux représentants du peuple souverain; il sema l'esprit de discorde entre les troupes de ligne et les volontaires nationaux, comme si des frères d'armes devaient connaître d'autre rivalité que celle de la bravoure; il dissémina en cantonnements étendus son armée affaiblie par sa folle entreprise de la conquête de la Hollande et ménagea, par ce moyen, des certitudes de succès à l'ennemi. Les yeux des représentants du peuple n'étaient cependant pas encore dessillés; il fut rappelé à la tête de l'armée de la Belgique, et après divers combats où les troupes républicaines montrèrent un courage vraiment héroïque, où les succès furent à peu près balancés, il évacua le pays de Liège et de la Belgique.

« Ses calomnies contre la Convention nationale redoublèrent à proportion de sa trahison; il finit par lever ouvertement le masque, et se montrer hautement conspirateur; il porta la sacrilège audace jusqu'à faire arrêter quatre commissaires de la Convention nationale, et le ministre de la guerre, Beurnonville, qu'il livra sur-le-champ à l'ennemi.

« Une presse à ses ordres inondait chaque jour son camp de proclamations séditieuses, et la plus tyrannique contrainte était employée pour détourner des troupes tout papier public français; mais le tyran se dévoila enfin à son armée: il s'entoura d'une garde étrangère, même au milieu des Français. Dès cet instant, on a reconnu un astucieux scélérat; il a été contraint de s'évader et d'échapper à la juste vengeance des troupes, qui l'auraient immolé à leur ressentiment; ses complices l'ont suivi: ils sont partis, couverts de l'exécration publique et de l'infâmie attachée au nom des traîtres.

« Dans le moment de crise, où chaque bon citoyen descendait au fond de sa conscience pour y scruter son cœur et le vivifier par de nouveaux sentiments de civisme et d'ardeur républicaine; où la sévérité de la loi appelait des généraux de cette armée, pour leur faire rendre compte de leurs opérations militaires; où la méfiance allait planant sur la surface de la France, et menaçait de désorganiser nos armées: le général commandant par intérim cette armée, eut à s'applaudir de se trouver celle de la Moselle avec le sang-froid et le courage calme des républicains, animée par le seul désir de combattre pour la patrie, incapable de se livrer aux excès de la licence, de la méfiance, et de servir les coupables projets d'un ambitieux; il la félicite sincèrement du bon esprit qui la dirige; il ne peut qu'applaudir à son zèle, à son ardeur républicaine; il compte que, par sa bravoure, elle répondra à l'espoir qu'elle a donné à la patrie dans la journée du 20 septembre, et dans diverses occasions entre Sarre et Moselle.

« Et vous, citoyens belliqueux, que l'amour brûlant de la patrie fait voler au milieu de nos valeureux guerriers, suivez les traces de vos frères d'armes; vous participerez à la moisson de lauriers qui leur est destinée. Donnez l'exemple de l'exacte discipline, de la subordination à vos chefs; ils vous donneront celui de vous tracer le chemin de la gloire.

« *Signé :* ABOVILLE, *général de division, commandant par intérim l'armée de la Moselle.* »

(La Convention décrète la mention honorable et l'insertion au *Bulletin*.)

---

(1) P. V., tome 10, page 6.

(2) P. V., tome 10, page 6.

(3) P. V., tome 10, page 6.

(4) *Archives nationales*, Carton C͠ɪɪ 252, chemise 433, pièce n° 13.

19° *Lettre du citoyen Chalvet*, qui fait hommage à la Convention nationale d'un travail relatif aux *qualités et aux devoirs d'un instituteur public;* sa lettre est ainsi conçue (1) :

« Citoyens législateurs,

« La jeunesse, l'espoir de la postérité, ne peut bien apprécier vos lois qu'autant que l'éducation que vous lui procurerez leur sera conforme; en conservant encore longtemps une instruction publique vicieuse, vous laissez subsister le plus funeste obstacle à l'établissement de la liberté. C'est aux progrès des lumières qu'elle doit ses victoires : c'est encore à leurs secours qu'elle sera redevable de son triomphe. Hâtez-vous donc de fixer vos regards sur le plus pressant besoin de la jeunesse : que cet ouvrage (2) soit le dernier où j'appelle sur elle votre attention !

« J'ai l'honneur d'être, avec le plus profond respect,

Citoyens législateurs,

« Votre très humble serviteur.

« *Signé :* Pierre-Vincent CHALVET. »

(La Convention décrète la mention honorable et ordonne le renvoi du mémoire au Comité d'Instruction publique.)

20° *Adresse des Administrateurs du directoire du département du Finistère;* ils annoncent à la Convention qu'ils se sont empressés de publier le décret du 3 de ce mois, relatif au traître Dumouriez. Leurs frères d'armes de Quimper et du bataillon de Loir-et-Cher ont renouvelé leur serment d'être fidèles à la liberté, à l'égalité et de maintenir l'unité et l'indivisibilité de la République; cette adresse est ainsi conçue (1) :

« Législateurs,

« Nous nous sommes empressés de proclamer, avec toute la solennité nécessaire, le décret du 3 de ce mois, relatif au traître Dumouriez. Tous nos frères d'armes de Quimper et du bataillon de Loir-et-Cher réunis, indignés en apprenant la conduite de ce nouveau Catilina, ont demandé à renouveler leur serment de vivre libres. Les citoyens présents ont témoigné le même désir, et tous animés du même esprit, nous venons de jurer d'être fidèles à la liberté, à l'égalité et de maintenir l'unité et l'indivisibilité de la République... ou de mourir. Nos serments ne furent jamais vains. Plus les dangers sont imminents et plus notre courage augmente. Pleins de confiance en nos représentants, nous n'avons jamais désespéré du salut de la République; leur énergie, leur zèle et leur courage, leur union surtout prévaudront, nous n'en doutons pas, contre les efforts de nos ennemis.

« Hâtez-vous, citoyens représentants, de nous donner cette Constitution tant désirée, sans laquelle nous ne pouvons nous soutenir.

« *Signé :* KERGARIOU *président;* POULLAIN; DOUCIN *fils aîné;* LEGOAZRE, BERGEVIN *fils;* AYMEZ, *secrétaire général.*

A cette lettre se trouve jointe la pièce suivante :

Extrait des registres du département du 8 avril 1793, l'an II de la République française (1).

SÉANCE TENUE PAR LE CITOYEN KERGARIOU.

Présent le citoyen Brichet, procureur général syndic.

« Le directoire, considérant que les dépêches arrivées par le courrier extraordinaire parti le 4 avril de Paris, obligent de redoubler de surveillance, et qu'il est important qu'à chaque courrier les administrateurs des départements limitrophes aient connaissance des événements intéressants qui peuvent survenir d'un moment à l'autre; qu'il est, de plus, indispensable de mettre sous les yeux des administrés la situation du département et des lieux qui l'avoisinent; que, jusqu'à présent, on a suivi cette marche, mais qu'en envoyant les avis manuscrits, on surcharge de travail les commis qui ne peuvent faire les expéditions courantes, qu'en imprimant un *Bulletin* trois fois par semaine; loin de faire une dépense inutile, on trouve un moyen aisé de faire parvenir de suite dans les départements voisins et à nos députés les détails de ce qui se passe dans les environs, et de transmettre aux administrés la connaissance des mesures qu'on prend pour assurer la tranquillité publique;

« Ouï le procureur général syndic en ses conclusions;

« Le directoire arrête :

Art. 1er.

« Il paraîtra tous les dimanches et vendredis un *Bulletin* officiel du département, qui sera transmis dans chaque chef-lieu de district, et aux départements voisins.

Art. 2.

« Tous les mardis, il paraîtra à Brest un *Bulletin officiel*, rédigé par les autorités constituées, qui contiendra les détails relatifs à la marine; le district de Brest fera l'envoi direct de son bulletin aux députés du Finistère, à la Convention, aux départements de l'Ille-et-Vilaine, du Morbihan, des Côtes-du-Nord et de la Loire-Inférieure et aux districts de Lesneven, Landerneau, Morlaix, Châteaulin et Quimperlé, et il en adressera au département un nombre suffisant d'exemplaires pour en envoyer aux autres districts.

Art. 3.

« Le présent arrêté sera imprimé en tête du premier *Bulletin*, et envoyé aux départements

(1) *Archives nationales*, Carton C II 252, chemise 443, pièce n° 25.

(2) Voy. ci-après aux Annexes de la séance, page 635, le texte de ce mémoire.

(3) *Archives nationales*, Carton C II 252, chemise 441, pièce n° 4.

(1) *Archives nationales*, Carton C II 252, chemise 441, pièce n° 5.

voisins, avec prière de prendre la même mesure.

« Fait et arrêté en directoire du département à Quimper.

« *Signé :* KERGARIOU, *président;* AYMEZ, *secrétaire-général.* »

(La Convention décrète la mention honorable et ordonne l'insertion de ces deux pièces au *Bulletin.*)

21° *Lettre du général Berruyer,* datée de Chemillé, 14 avril, par laquelle il rend compte de divers succès remportés par les troupes de la République sur les rebelles; en voici l'extrait (1) :

« Le général Berruyer, commandant en chef l'armée de réserve, informe la Convention que le surlendemain du combat qu'il a livré le 11 aux rebelles, à Chemillé, il a envoyé un détachement de 600 hommes pour connaître leur position, afin de prendre toutes les mesures nécessaires pour renouveler l'attaque. Le commandant ayant appris, par ses éclaireurs, que la ville de Chemillé était évacuée par les rebelles, il a pris poste, en usant de toutes les précautions nécessaires en pareille circonstance. Dans la nuit du 14 au 15, il a envoyé son chef d'état-major, afin de s'assurer de la retraite des rebelles. Certain qu'ils s'étaient retirés sur Jallais et Beaupréau, il a établi son quartier-général à Chemillé. Il a reconnu que la perte des rebelles, dans le combat du 11, était plus considérable qu'il ne l'avait cru ; il l'estime, d'après tous les rapports, à environ 7 à 800 hommes tués, et un grand nombre de blessés. Quelques-uns même sont restés à l'hôpital de cette ville; ils seront incessamment livrés à la commission militaire, qui a commencé ses opérations. Le même jour, il avait donné ordre au général Ligonier, qui commande le centre de l'armée, d'attaquer Coron et Vesins; il s'est emparé de ces deux postes, et a fait éprouver aux brigands une perte considérable. Il a appris, hier soir, qu'ils avaient évacué Cholet, et que le général Ligonier avait fait occuper cette ville.

« Le général Berruyer, après avoir fait le détail des succès d'une partie de l'armée, informe la Convention que le citoyen Quétineau, qui commandait une division du centre, a éprouvé un revers, quoique la perte de l'ennemi ait été très considérable; il espère que ce petit échec sera réparé sous peu; il observe que les officiers de son état-major le secondent avec beaucoup de zèle, et que s'il avait des troupes aguerries, il parviendrait facilement à détruire ces brigands. Il n'a pour combattre de près ces ennemis, que la 35° division de gendarmerie nationale, qui a donné des preuves de la plus grande valeur, en attaquant Chemillé, la baïonnette au bout du fusil. »

(La Convention renvoie cette lettre au comité de Salut public.)

22°. *Lettre de la société républicaine de Narbonne* qui instruit la Convention des vexations qu'éprouvent les Français en Espagne ; elle est ainsi conçue (1) :

Narbonne, 9 avril 1793.

« Représentants,

Les excès de barbarie et de perfidie viennent d'être portés au comble de l'horreur en Espagne : Charles IV, au mépris du droit des gens, de l'humanité et de la justice, non content d'avoir fait enfermer une infinité de Français le pistolet sous la gorge, vient de dévaliser tous ceux à qui il a signifié d'évacuer son royaume, et a fini par piller lui-même ce que ces malheureuses victimes de nos affaires politiques avaient pu sauver du pillage que le peuple a exercé dans presque toutes les villes d'Espagne contre les Français. Cet attentat, dont l'histoire n'offre pas d'exemple, digne des voleurs du *Mexico,* doit fixer votre attention. Législateurs, il ne cesse d'arriver des Français qui jouissaient d'une certaine fortune en Espagne, sans autre argent que quelques piécettes pour les frais de leur voyage. Non seulement le roi d'Espagne n'a pas voulu laisser emporter aux Français l'argent qu'ils avaient gagné à la sueur de leur front, mais pas même celui qu'ils y avaient apporté de France, dans l'idée d'en augmenter la quantité par un commerce licite. Cette infraction aux lois humaines doit être vengée d'une manière éclatante. Nous vous proposons donc de décréter que le bien du clergé et de la noblesse, qui doit être le fruit de nos premières opérations en Espagne, sera consacré à indemniser les Français qui ont été si indignement dévalisés par le roi d'Espagne. Législateurs, veuillez prendre notre demande en considération.

« Signé : les membres composant la société républicaine de Narbonne.

« *P. S.* Des Français qui arrivent de la Catalogne nous assurent que ce pays, excepté Barcelone, est dans un dénuement complet; que Figuières, rempli de toute sorte d'approvisionnements, et où au moins il faudrait 20,000 hommes de garnison, ne contient qu'un régiment d'infanterie, un petit détachement de cavalerie, dont la moitié des soldats est malade; que tardons-nous donc à profiter de ce dénuement? Nous n'avons déclaré la guerre au roi d'Espagne que pour le prévenir.

« L'astuce espagnole se sert de toutes sortes de moyens perfides; nous apprenons qu'une frégate de cette nation, peinte aux trois couleurs, croise sur nos parages, et s'empare, par ce moyen perfide, de toutes les barques, bateaux, vaisseaux, etc., qui ne se défient pas de cette astuce. »

(La Convention renvoie cette lettre au comité de Salut public.)

23°. *Lettre des citoyens Rochegude, Defermon et Prieur (de la Côte-d'Or), commissaires de la Convention aux côtes de Lorient*

à *Dunkerque*, par laquelle ils rendent compte de leurs opérations; elle est ainsi conçue (1) :

Cherbourg, 13 avril 1793.

« Citoyens nos collègues,

« On vous a donné plusieurs fois des inquiétudes sur les descentes que nos ennemis pourraient tenter sur les côtes des départements de la Manche et du Calvados; c'était une raison pour redoubler de vigilance dans la mission que vous nous avez confiée. Nous sommes ici avec le général Wimpffen, avec lequel nous avons approfondi tous les objets relatifs à la défense du pays dans les circonstances actuelles.

« Le patriotisme et les talents du défenseur de Thionville sont connus; environné de la plus juste confiance dans la division où il commande, il peut rendre d'utiles services à la République. Mais il est pour ainsi dire seul, et les efforts de son zèle se consument sans effet. Cependant le pays a en lui-même des ressources suffisantes, auxquelles il ne manque qu'une main habile pour les réunir et en tirer parti. On parviendra à y lever 6,000 hommes d'infanterie, 600 à 800 chevaux, et de l'artillerie à proportion, si la Convention l'autorise. Alors, avec les bonnes dispositions des corps administratifs et l'énergie que montrent les citoyens de ces départements, on peut être certain de les garantir, dans tous les cas, d'une invasion.

« Sans doute, dans un temps où l'expérience doit rendre plus attentif que jamais sur les traîtres qui pourraient encore conspirer contre la patrie, il faut des précautions particulières pour que les moyens de défense de la République ne deviennent pas les instruments de son oppression. Nous faisons passer au comité de Salut public (2) d'autres demandes, nos observations à ce sujet, ainsi qu'un arrêté par lequel nous statuons provisoirement sur les mesures qui nous ont paru d'une urgence indispensable.

« En terminant cette lettre, il est de notre devoir de vous faire connaître deux citoyens dignes d'être faits généraux dans nos armées; Moreaux, lieutenant-colonel du 1er bataillon des Ardennes, en garnison à Longwy, et Lequoy, lieutenant-colonel du 2e bataillon de Seine-et-Marne, en garnison à Metz. L'un était antérieurement simple grenadier, l'autre sergent; mais tous deux ont servi au siège de Thionville, et le témoignage que leur rend hautement le général qui s'y est illustré est sans doute une meilleure garantie de leurs qualités que les protections obscures des bureaux ou les vains titres d'une caste qui a tant fait de mal à la France.

« Il est instant que la Convention prononce sur les objets que nous lui soumettons.

« *Signé* : ROCHEGUDE, DEFERMON, C.-A. PRIEUR. »

(La Convention renvoie ces deux lettres au comité de Salut public.)

24° *Lettre des citoyens Gasparin et Duhem, commissaires de la Convention aux armées du Nord et des Ardennes*, datée de Lille 16 avril, par laquelle ils se déclarent satisfaits du bon esprit des troupes et rendent compte d'une reconnaissance qu'ils ont faite aux environs de Flers; en voici l'extrait (1) :

« Nous avons lieu d'être satisfaits du bon esprit des troupes qui composent cette garnison, le camp et les avant-postes qui le couvrent; elles commencent à se rasseoir ; elles s'occupent d'exercices; hier nous avons visité le camp et le général Lamarlière, nous avons trouvé presque tous les bataillons travaillant à leur instruction. Nos avant-postes ont été inquiétés tous les jours précédents par l'ennemi, qui nous serre de très près; pour inspirer une plus grande confiance, nous avons été les visiter avec le général, nous étions escortés d'environ 40 cavaliers; à peine avions-nous passé les premières vedettes au delà de Flers que nous avons aperçu un parti d'hussards autrichiens qui nous a tiré des coups de pistolet de très loin, et s'est retiré tranquillement sur la chaussée; nous étions parfaitement éclairés à droite, mais notre gauche était couverte par un petit bois, et nous n'avions que six chasseurs à pied de ce côté-là; nous avons poursuivi les hussards; lorsque nous avons été vis-à-vis du bois, nous avons essuyé une fusillade de Tyroliens; nous n'étions qu'à quatre-vingts pas d'eux ; les balles ont sifflé assez vivement à nos oreilles, heureusement personne n'en a été atteint, mais un cheval en a reçu une dans le cou, un cavalier une autre dans son portemanteau, et un dragon une dans son casque.

« Dans l'impossibilité d'enlever ce petit poste dans les bois, n'ayant que de la cavalerie, nous avons fait tranquillement notre retraite, sans que les mêmes Tyroliens aient fait de nouvelles décharges : ils ont cru apparemment que nous étions accompagnés d'infanterie qui les tournerait, et se sont aussi retirés de leur côté. Nous sommes persuadés que nos fréquentes visites au camp et aux cantonnements produiront un bon effet, et nous y accompagnerons le général Lamarlière qui est très actif. La loi sur l'organisation de l'armée, relativement à la paye, à l'habillement et à l'avancement, doit être en activité; cependant, sous divers prétextes, on arrête partout l'avancement. Nous veillerons à son maintien, il nous paraît essentiel, pour détruire la division qu'on a cherché à exciter entre les soldats, jadis de ligne, les volontaires, division qui, jusqu'à ce jour, a bien servi les trahisons de nos généraux; mais il faut sur cet objet le plus grand ensemble entre vous et nous; et c'est de votre centre que doit partir cet accord; car il faut que les lois soient exécutées ou rapportées. Le général nous rapporte à l'instant que, dans la nuit, le poste de Warvick, attaqué en force, a bien résisté, chassé et dispersé l'ennemi. »

(La Convention renvoie cette lettre au comité de Salut public.)

25° *Lettre des patriotes bataves résidant à Paris;* ils demandent que les bâtiments en état

---

(1) *Recueil Legros.* Correspondance des commissaires envoyés en mission.

(2) Voy. ci-après cette lettre aux Annexes de la séance, même séance page 643.

(1) *Bulletin de la Convention* du 18 avril 1793.

(2) P. V., tome 10, page 8.

d'arrestation dans les ports de la République, et qui y sont venus avant la déclaration de guerre, leur soient rendus, comme étant la propriété des particuliers, et non celle du stathouder.

(La Convention renvoie la lettre aux comités de commerce et de Salut public.)

26° *Lettre des commissaires de la Convention nationale dans le département de la Mayenne et Loire* (1), qui annonce les premiers succès du général Berruyer sur l'armée des brigands.

(La Convention renvoie cette lettre au comité de Salut public.)

Delacroix, *au nom du Comité de salut public*, donne lecture d'une *lettre de Carnot et Duquesnoy, commissaires de la Convention aux armées du Nord et des Ardennes*, qui est ainsi conçue (2) :

« Dunkerque, le 16 avril 1793,
l'an II de la République.

« Citoyens nos collègues,

« Nous venons de parcourir la frontière, depuis Lille jusqu'à Dunkerque, où nous sommes en ce moment. Cet espace, comme vous le savez, est sans places fortes sur la première ligne, si l'on excepte celle de Bergues, qu'on doit regarder comme ne faisant qu'une avec Dunkerque, car la perte de l'une entraîne nécessairement celle de l'autre.

« Pour garder cet intervalle, on a établi un camp sur la montagne de Cassel. Ce camp est dans une position très forte, mais ses communications sont assez mal assurées et ne sont guère susceptibles de l'être mieux. Il faudrait beaucoup de monde pour couvrir cette frontière, et nous en avons très peu. Dunkerque devrait avoir au moins 12,000 hommes, et il n'en a pas 1,600. L'esprit public y est bon. On s'y défendra bravement, si on y est attaqué; nous en sommes menacés, mais jusqu'à présent les préparatifs des ennemis ne sont pas formidables. Nous avons suffisamment d'artillerie et de subsistances : le général Pascal, qui commande Dunkerque, est bon, quoi qu'on en dise. O'Moran, qui commande à Cassel, est meilleur encore. Le lieutenant-colonel du 1er bataillon de l'Orne, auquel le ministre de la guerre vient de donner le commandement de Bergues, est on ne peut plus propre à cet emploi; mais il est odieux qu'on n'ait point fait officier général, dans la dernière promotion, ce vénérable militaire, qui a quatre-vingt-sept ans de services, en comptant ses campagnes.

« Nous ne vous dissimulerons pas qu'il y a beaucoup de lassitude et de dégoût dans les troupes qui viennent de faire campagne, qu'il y a dans l'armée des pillards qui désolent les villages, que l'insouciance, la lâcheté et l'incivisme de plusieurs corps nous donnent de l'inquiétude.

« Un fléau terrible détruit nos armées : c'est le troupeau de femmes et de filles qui sont à leur suite; il faut compter qu'il y en a autant que de soldats; les casernes et les cantonnements en sont engorgés; la dissolution des mœurs y est à son comble; elles énervent les troupes et détruisent, par les maladies qu'elles y apportent, dix fois plus de monde que le fer des ennemis. Nous ne doutons pas que ce ne soit la principale cause de l'affaiblissement du courage. Il est instant que vous fassiez sur ce point une loi de la plus grande sévérité. L'abus n'est point facile à détruire; nous, vos députés, ne le pourrions peut-être pas, sans l'autorité d'une loi très forte et très menaçante. Celle qui existe aujourd'hui est pour eux; elle prescrit de loger les femmes des soldats mariés; à les entendre ils le sont tous. A Douai, où nous avons vu, dans un temps, la garnison réduite à 350 hommes, il y avait près de 3,000 femmes dans les casernes, au point qu'il n'y avait pas une place vide pour les nouveaux corps qui revenaient de l'armée de Dumouriez. Nous insistons sur ce point parce que l'armée est perdue si vous n'apportez le plus prompt remède à ce principe de dissolution.

« Un autre abus est celui de la création perpétuelle de nouveaux corps, lorsque nous ne pouvons compléter ceux qui existent. Les recrues du contingent veulent obstinément former de nouveaux bataillons et des compagnies franches; nous n'avons, pour en empêcher, d'autre raison à leur donner, sinon que la Convention a décrété qu'on ne formerait point de corps nouveaux avant le complètement des anciens; si donc la Convention se relâche sur ce point, nous ne pourrons plus résister au désordre. Nous avons je ne sais combien de corps où il y a trois fois plus d'officiers que de soldats.

« Ce qu'on vous avait dit sur les régiments de Viennois et du 3e régiment de dragons est exagéré. Cependant, il est nécessaire de faire des exemples dans ces corps, et nous ne les épargnerons pas, quand nous passerons à Aire et à Béthune, où ils sont en garnison en ce moment.

« Ci-joint deux arrêtés particuliers, que nous avons pris à Bergues.

« Les représentants de la nation, députés par la Convention nationale aux armées du Nord et des Ardennes,

« *Signé* : L. CARNOT, DUQUESNOY. »

En conséquence, le comité de Salut public vous propose le projet de décret suivant (1) :

La Convention nationale décrète ce qui suit:

Art. 1er.

« Tous les citoyens qui sont ou vont être levés en exécution du décret du 24 février dernier, seront incorporés dans les cadres ac-

---

(1) P. V., tome 10, page 8. Nous n'avons pas pu retrouver cette lettre, qui ne figure d'ailleurs pas dans le *Recueil des actes du comité de Salut public* de M. Aulard. Le *Logotachigraphe*, n° 110, page 415, l'attribue aux représentants en mission dans le département de la Loire-Inférieure.

(2) Etienne Charavay, *Correspondance de Lazare Carnot*, t. 2, page 113.

(1) *Collection Baudouin*, tome 28, page 109 et P. V., tome 10, page 9.

tuellement existants, jusqu'à ce qu'ils soient portés au complet de guerre.

Art. 2.

« Quand tous les corps qui composent les armées de la République seront au complet de guerre, la Convention prononcera sur l'emploi de l'excédent.

Art. 3.

« Les corps administratifs, les agents civils ou militaires employés par le Conseil exécutif provisoire pour surveiller la levée de 300,000 hommes décrétée le 24 février dernier; les membres de la Convention nationale envoyés, soit dans les départements, pour accélérer cette levée, soit auprès des armées, pour en hâter l'incorporation, ne pourront, sous quelque prétexte que ce soit, former de nouveaux corps, bataillons ou compagnies franches, avec le contingent fourni par les départements dans la levée de 300,000 hommes.

Art. 4.

« La Convention déclare nulle la formation de tous nouveaux corps ou bataillons de volontaires et compagnies franches, faits jusqu'à ce jour avec le contingent des départements. »

(La Convention adopte ce projet de décret.)

Delacroix, *au nom du comité de Salut public*, poursuit (1) : Le comité de Salut public reçoit tous les jours des lettres des commissaires qui continuent de dénoncer un abus dont nous vous avons déjà instruits. La Convention a décrété que les soldats pourraient se marier; il résulte de cette permission un grand inconvénient. Vos commissaires marquent que dans une armée de 30,000 hommes, on a compté jusqu'à 8,000 femmes *(Murmures)*, cet abus occasionne des pertes énormes. Les chariots destinés aux bagages et qui auraient pu porter des fourrages qu'on a été obligé de brûler, sont tous exclusivement remplis par les femmes à la suite de l'armée. Nous avons vu des officiers conduire leurs femmes en trousse derrière eux. Je demande que le comité de la guerre fasse demain un rapport sur cet objet.

(La Convention charge son comité de la guerre de lui présenter un projet de loi contre ces abus.)

Mallarmé, *au nom du comité des finances* fait un *rapport sur l'état des recettes et des dépenses ordinaires et extraordinaires de la Trésorerie nationale dans le courant du mois de mars et présente un projet de décret tendant à retirer de la Caisse à trois clefs une somme de 258,389,472 livres en assignats pour être versée à la Trésorerie nationale. Le projet de décret est ainsi conçu (1) :*

« La Convention nationale, après avoir entendu le rapport de son comité des finances

sur l'état des recettes et dépenses ordinaires et extraordinaires faites par la trésorerie nationale dans le courant du mois de mars dernier, qui a été fourni par les commissaires de ladite trésorerie, décrète ce qui suit :

Art. 1er.

« Le contrôleur général de la caisse de la trésorerie nationale est autorisé à retirer, en présence des commissaires de la Convention, des commissaires et du caissier général de la trésorerie nationale, de la caisse à trois clefs, où sont déposés les assignats nouvellement fabriqués, jusqu'à concurrence de 258,389,472 livres, pour remplacer les sommes que la trésorerie nationale a payées ou avancées dans le courant du mois de mars dernier, pour les objets ci-après détaillés :

« 1° 7,735,586 livres pour le remboursement de la dette ancienne exigible;

« 2° 1,064,645 livres pour les dépenses particulières de 1791;

« 3° 12,984,442 livres pour les dépenses extraordinaires de 1792;

« 4° 206,533,213 livres pour dépenses extraordinaires de 1793;

« 5° 16,732,265 livres pour diverses avances aux départements.

« Finalement, 13,339,321 livres pour déficit qu'il y a eu entre les recettes ordinaires du mois de mars dernier, et l'estimation des dépenses aussi ordinaires pour le même mois fixées par le décret du 18 février 1791.

Art. 2.

« Les assignats sortis de la caisse à trois clefs seront remis de suite, en présence des mêmes commissaires, au caissier général de trésorerie nationale, qui en demeurera comptable; le contrôleur général des caisses de la trésorerie nationale dressera, sur le livre à ce destiné, procès-verbal des forces et remises qu'il fera en exécution du présent décret : ledit procès-verbal sera par lui signé, par les commissaires présents et par le caissier général de la trésorerie nationale. »

(La Convention adopte ce projet de décret.)

Pénières, *au nom du comité colonial*, fait un *rapport sur la conduite du citoyen Ailhaud, commissaire civil délégué à Saint-Domingue et présente un projet de décret tendant à déclarer qu'il n'y a pas lieu à inculpation contre lui; il s'exprime ainsi (1) :*

Citoyens, vous avez chargé votre comité de sûreté générale d'examiner la conduite du citoyen Ailhaud, l'un des trois commissaires envoyés à Saint Domingue. Ce citoyen a quitté ses collègues Polverel et Santonax, pour venir prendre du conseil exécutif de nouveaux pouvoirs, parce qu'il ne croyait pas ceux qui leur étaient attribués suffisants pour rétablir l'ordre dans cette colonie. En arrivant il a été mis en état d'arrestation; les scellés ont été apposés sur ses papiers. Vous avez ensuite chargé deux commissaires de procéder à la levée des scellés et à l'examen des papiers. Vos commissaires n'ont trouvé dans ces

(1) *Moniteur universel*, 1er semestre de 1793, page 491, 2e col., *Journal des Débats et des décrets*, n° 213, page 305, et *Logotachigraphe*, n° 111, page 422, 1re colonne.

(2) *Collection Baudouin*, tome 28, page 108. et P.-V., tome 10e page 11.

(1) *Moniteur universel*, 1er semestre de 1793, page 489, 2e colonne.

papiers rien qui n'attestât le plus pur civisme du citoyen Ailhaud; en conséquence, je vous propose de décréter qu'il n'y a pas lieu à inculpation contre le citoyen Ailhaud.

Voici le projet de décret (1) :

« La Convention nationale, après avoir entendu le rapport de son comité colonial, décrète qu'il n'y a pas lieu à inculpation contre le citoyen Ailhaud, commissaire civil délégué à Saint-Domingue, et qu'en conséquence il cessera d'être en état d'arrestation. »

(La Convention adopte ce projet de décret.)

Ruelle, *au nom du comité de liquidation*, fait un *rapport* et présente un *projet de décret relatif à la liquidation d'offices supprimés antérieurement au 1er mai 1789, dont les remboursement n'ont pas été stipulés à époques fixes par des édits ou arrêts de suppression ou ont été suspendus par des édits ou arrêts subséquents, autres que l'édit d'août 1788;* le projet de décret est ainsi conçu (1) :

« La Convention nationale, après avoir entendu le rapport de son comité de liquidation, lequel lui a rendu compte des opérations attribuées aux commissaires de la trésorerie nationale, par les décrets des 21 septembre 1791, et 14 février 1792, relativement à la liquidation des offices supprimés antérieurement au 1er mai 1789, dont les remboursements n'ont pas été stipulés à époques fixes par des édits ou arrêts de suppression, ou ont été suspendus par des édits ou arrêts subséquents, autres que l'édit d'août 1788, desquelles opérations l'état suit :

Un office de contrôleur des mortes-paies de la ci-devant province de Bourgogne, liquidé au profit de Claude Joly à.	3,000 l.	» s.	» d.
Un office de receveur des amendes de la maîtrise d'Arques, liquidé au profit de Jean-Louis Niel, à la somme de	679	9	»
Un office de garde général collecteur des amendes de la maîtrise de Beaume-les-Dames, liquidé au profit de Jean-Claude Marie Besançon, à la somme de	1,637	10	»
Et un office de juré-priseur en l'élection de Coutances, liquidé au profit de Henri Huë et Marie-Clémence-Elisabeth Simon, veuve de Toussaint-François Gabriel Huë de Maufras, à la somme de	2,533	6	8
Total	7,850 l.	5 s.	8 d.

« Décrète qu'aux officiers dénommés en l'état ci-dessus, dont la liquidation a été ordonnée remboursable en quittances de finance, par les édits ou arrêts de suppression qui les concernent, il leur sera délivré par le payeur principal de la dette publique, à la trésorerie nationale, des quittances de finance jusqu'à concurrence de la somme de 7,850 liv. 5 s. 8 d.; desquelles quittances de finance les intérêts commenceront à courir ou seront exigibles aux époques indiquées par les édits ou arrêts de suppression, et relatées dans les procès-verbaux de liquidation des commissaires à la trésorerie nationale. »

(La Convention adopte ce projet de décret.)

Ruelle, *au nom du comité de liquidation*, fait un *rapport* et présente un *second projet de décret relatif à la liquidation des offices supprimés antérieurement au 1er mai 1789, dont les remboursements n'ont pas été stipulés à époques fixes par les édits ou arrêts de suppression, ou ont été suspendus par des édits ou arrêts subséquents, autres que l'édit d'août 1788 ;* le projet de décret est ainsi conçu (1) :

« La Convention nationale, après avoir entendu le rapport de son comité de liquidation, lequel lui a rendu compte des opérations attribuées aux commissaires de la trésorerie nationale, par les décrets des 21 septembre 1791, et 14 février 1792, relativement à la liquidation des offices supprimés antérieurement au 1er mai 1789, dont les remboursements n'ont pas été stipulés à époques fixes par les édits ou arrêts de suppression, ou ont été suspendus par des édits ou arrêts subséquents, autres que l'édit d'août 1788, desquelles opérations l'état suit :

Un office de secrétaire-greffier de la commune de Millien en Dauphiné, liquidé au profit des représentants Michel Servonat à	100 l.	» s.	» d.
Contrat provenant d'offices municipaux de la ci-devant province de Languedoc, liquidés, l'un au profit de Joseph Fournier, à	431	6	3
L'autre au profit de Jean Audouy, à la somme de	539	7	»
Huit offices de maîtres charbonniers et cinq offices de jurés encordeurs de bois à Troyes, liquidés sur le pied de 240 livres, chacun, et faisant ensemble la somme de	3 120	»	»
Un office de secrétaire-greffier de la communauté de Bellegarde, liquidé au profit de Jean-Antoine Poucin, à...	320	»	»
Et un office d'archer garde de la monnaie, liquidé au profit de Raimond de la Marigne, à	101	»	»
Total	4,611 l.	13 s.	3 d.

« Décrète qu'il sera expédié par le liquidateur de la trésorerie nationale aux officiers dénommés en l'état ci-dessus, et dont le remboursement a été ordonné devoir être fait comptant, par les édits ou arrêts de suppression qui les concernent, des reconnaissances définitives de liquidation, jusqu'à concurrence

---

(1) *Collection Baudouin*, tome 28, page 110 et P. V., tome 10, page 11.

(2) *Collection Baudouin*, tome 28, p. 111 et P. V., tome 10, page 11.

(1) *Collection Baudouin*, tome 28, page 112, et P. V., tome 10, page 12.

de la somme de 4,611 livres 13 s. 3 d., laquelle somme sera payée par la trésorerie nationale dans les valeurs et proportions résultant des décrets des 15 mai et 12 juin 1792. »

(La Convention adopte ce projet de décret.)

Chasset, *au nom du comité de la guerre,* fait un *rapport* et présente un *projet de décret pour ordonner que les citoyens qui, pendant leur absence de leur domicile, pour cause légitime, auront satisfait, dans une municipalité de la République, à la loi sur le recrutement, sont et demeurent dispensés de concourir à la levée de 300,000 hommes dans leurs municipalités;* il s'exprime ainsi (1) :

Citoyens, certaines plaintes, parvenues à votre comité, l'ont amené à délibérer sur le décret que vous avez rendu concernant la levée de 300,000 hommes, et à vous proposer une exception à cette loi en faveur des citoyens, absents de leur domicile pour cause légitime avant la publication du décret, qui auraient satisfait à l'appel dans une municipalité quelconque de la République. Ces plaintes émanent de plusieurs voyageurs, charretiers, qui en conduisant leur voiture, ont été forcés de tirer par la voie du sort, notamment un fils d'agriculteur qui conduisait des bateaux de vin à Paris et qui a été forcé par les jeunes gens de la commune de Nemours à concourir au recrutement. Tous avaient déjà tiré au sort dans leur commune.

Votre comité vous propose de remédier à cet abus : voici le projet de décret qu'il m'a chargé de vous présenter (2) :

« La Convention nationale, après le rapport qui lui a été fait, au nom du comité de la guerre,

« Décrète que les citoyens qui, pendant leur absence de leur domicile, pour cause légitime, et qui en étaient sortis avant la publication de la loi, auront satisfait dans une municipalité de la République, à l'appel pour la levée d'hommes ordonnée par la loi du 24 février dernier, sont et demeurent dispensés de concourir à cette levée dans leurs municipalités; en conséquence, autorise les municipalités et les corps administratifs à dispenser de partir ceux qui se trouveront dans le cas ci-dessus, et qui ont été depuis ou qui pourraient être désignés pour partir dans leurs municipalités, en par eux justifiant la légitimité de leur absence, et qu'ils auront concouru à ladite levée ».

(La Convention adopte ce projet de décret.)

Gamon, *au nom des commissaires inspecteurs de la salle,* présente un *projet de décret pour être autorisés à payer aux entrepreneurs de la salle la somme de 19.718 l. 15 s., qui leur est due par la nation;* le projet de décret est ainsi conçu (3) :

« La Convention nationale, après avoir entendu le rapport de ses commissaires inspec-

teurs, les autorise à faire délivrer aux entrepreneurs de la salle des trois Assemblées constituante, législative et conventionnelle, suivant les comptes arrêtés et réglés par l'architecte de Paris, la somme de 19,718 l. 15 s., qui leur est due par la nation, pour ouvrages faits à l'imprimerie nationale.

« Le surplus des comptes et mémoires présentés par lesdits entrepreneurs, vérifiés et arrêtés par l'architecte de l'Assemblée, restant à la charge de l'imprimeur. »

(La Convention adopte ce projet de décret.)

Lidon, *au nom du comité de la guerre,* fait un *rapport* et présente un *projet de décret pour ordonner que dans la ration de viande accordée aux officiers, sous-officiers et soldats, on pourra y faire concourir un quart de mouton;* il s'exprime ainsi (1) :

Citoyens, jusqu'à présent les fournisseurs étaient tenus par leur marché d'approvisionner les armées de la République en bœufs, de manière qu'il faut pour l'approvisionnement des armées 800 bœufs par jour. L'agriculture pourrait bien souffrir de cette grande consommation, et le ministre de la guerre nous a écrit pour nous engager à proposer à la Convention d'autoriser les fournisseurs à faire concourir à l'approvisionnement des armées un quart de moutons.

Voici le projet de décret que je suis chargé de vous présenter (2) :

« La Convention nationale décrète que désormais, dans chaque ration de viande que les lois accordent aux officiers, sous-officiers et soldats qui composent les armées de la République française, l'administration des vivres pourra y faire concourir un quart en mouton.

« Le surplus de la loi du 29 février 1792, et particulièrement les articles 3 et 4 d'icelle, continueront d'être exécutés en ce qui n'est pas contraire au présent décret. »

(La Convention adopte ce projet de décret.)

Lidon, *au nom du comité de la guerre,* fait un *rapport* et présente un *projet de décret tendant à empêcher, pour l'avenir, les dilapidations qui se sont commises dans la dernière campagne, sur les rations de fourrages distribuées aux armées;* ce projet de décret est ainsi conçu (3) :

La Convention nationale décrète ce qui suit :

Art. 1er.

« A dater du jour de la publication du présent décret, les rations de fourrages destinées à la nourriture des chevaux des différentes armées et des différents services de l'armée seront réduites et composées ainsi qu'il suit, pour tout le temps de la guerre :

---

(1) *Mercure universel,* tome 26, page 293.
(2) *Collection Baudouin,* tome 28, page 110 et P. V., tome 10, page 13.
(3) *Collection Baudouin,* tome 28, page 113 et P. V., tome 10, page 14.

(1) *Moniteur universel,* 1er semestre de 1793, page 489, 2e colonne.
(2) *Collection Baudouin,* tome 28, page 115 et P. V., tome 10, page 14.
(3) Bibliothèque de la Chambre des députés : *Collection Portiez (de l'Oise),* tome 42, page 23.

« Savoir :

« Pour les chevaux de la cavalerie et des dragons, des officiers des états-majors civils et militaires des armées, à la guerre, 18 livres de foin, 3/4 de boisseau d'avoine.

« Pour les mêmes, de 15 livres de foin, 2/3 de boisseau d'avoine.

« Pour ceux des hussards, chasseurs, volontaires à cheval, officiers d'état-major des corps d'infanterie et sans troupe, à la guerre ou en quartier, de 15 livres de foin, 2/3 de boisseau d'avoine.

« Pour ceux des équipages de l'artillerie, des vivres, de l'ambulance, et pour les chevaux des charois des armées, à la guerre, de 20 livres de foin, 1 boisseau d'avoine.

Pour les mêmes en quartier, de 18 livres de foin, 3/4 de boisseau d'avoine.

Art. 2.

« En conséquence de cette disposition, les rations de fourrages attribuées aux différents grades par les lois des 29 février et 27 avril 1792, seront délivrées ainsi qu'il suit :

« Savoir :

« *Gardes nationales et infanterie de ligne. Nombre des rations attribuées.*

« Sous-lieutenants et lieutenants, 2; capitaines, 2; chefs de bataillon, 3; chefs de brigade, 4.

« *Troupes à cheval.*

« Sous-lieutenants et lieutenants, 3; capitaines, 3; chefs d'escadrons, 4; chefs de brigades, 6.

« Les officiers de l'état-major de l'armée, les aides de camp, les officiers du corps de génie et de l'artillerie, les commissaires des guerres recevront en nature le même nombre de rations que les officiers de troupes à cheval, à raison du grade auquel il correspond.

Officiers généraux.

« Généraux de brigade, 10; généraux de division, 12; généraux en chef, 16.

Art. 3.

« Dans le cas de pénurie de fourrages, le ministre de la guerre et les généraux en chef pourront, soit réduire le poids des rations qui vient d'être fixé, soit substituer une denrée à une autre, en faisant compensation. Le ministre de la guerre réglera la nature et la quantité de chaque denrée qui, dans ce dernier cas, pourra être fournie en compensation d'une denrée de nature différente.

Art. 4.

« Les rations que la présente loi accorde ne seront cependant délivrées en nature que pour les chevaux dont l'existence sera constatée par des revues faites dans les formes prescrites. Nul officier ne pourra exiger de rations en nature, au delà du nombre des chevaux qu'il aura, dans tous les cas que pourra excéder celui des rations en nature qui lui sont attribuées par l'article 2.

Art. 5.

« Le prix du remboursement des rations non délivrées sera, savoir :

« Aux armées du Nord et dans les première, deuxième, troisième, quatrième, cinquième, sixième, douzième, treizième, quatorzième, quinzième, seizième, dix-septième, dix-huitième, vingt-et-unième et vingt-deuxième divisions militaires, de un sou par livre de foin, et de vingt sous le boisseau d'avoine. Dans les autres divisions, le prix des foins sera de 2 sous par livre, et le boisseau d'avoine de 34 sous.

Art. 6.

« Les décomptes qui restent à faire aux officiers des différentes armes pour les rations de fourrages qu'ils n'ont pas consommées depuis le 1er janvier 1793, seront faits d'après les fixations de l'article précédent.

Art. 7.

« La Convention nationale révoque la faculté accordée par l'article 2 de la loi du 27 avril 1792, aux capitaines des différents corps, de recevoir, moyennant 15 sous, une ration de fourrage en sus de celles qui leur sont accordées pendant la campagne. Aucune ration de supplément ne pourra être accordée, à compter du jour de la publication du présent décret.

Art. 8.

« Toute personne convaincue d'avoir acheté des rations de fourrages sorties des magasins militaires, sera condamnée à rétablir, dans lesdits magasins, quatre fois la quantité achetée, et tenue en état d'arrestation jusqu'à ce qu'elle y ait satisfait.

Art. 9.

« Tous citoyens, militaires ou autres, à qui il est attribué des rations de fourrages, qui seront convaincus d'avoir vendu ou fait vendre leurs rations, seront astreints à payer quatre fois le prix de chaque ration vendue.

Art. 10.

« Les rations en nature seront distribuées tous les quatre jours, et d'avance. Tous ceux à qui elles seront dues seront tenus de les faire prendre dans les magasins militaires, les jours indiqués pour les distributions. Ceux qui auraient négligé de les prendre, ne pourront les exiger en nature; mais elles leur seront remboursées aux prix fixés par les articles précédents.

Art. 11.

« Il est défendu à aucun des officiers ou autres parties prenantes des armées ou des quartiers, de prendre aucune ration de fourrage au-dessus de celles qui leur sont accordées par la présente loi. Et dans les cas où ils contreviendraient à cette disposition, il leur sera fait, sur leur traitement, la retenue du montant desdites rations trop prises, à raison du quadruple du prix fixé par l'article 5, suivant l'espèce de ration trop prise. »

(La Convention décrète l'impression de ce projet de décret et en ajourne la discussion à une séance ultérieure.)

Mathieu (1) demande que le ministre des affaires étrangères soit tenu de rendre compte à la Convention nationale de l'effet des mesures qu'il a dû prendre pour assurer le retour des artistes détenus à Rome, et la liberté des Français qui y sont détenus, et en particulier de la citoyenne Labrousse.

(La Convention décrète cette proposition.)

Un membre, au nom du comité des finances, fait un rapport et présente un projet de décret pour ordonner à la trésorerie nationale de tenir à la disposition du ministre de la guerre, sur les fonds provenant des écoles militaires, une somme de 116,139 liv. 2 s. 1 d.; le projet de décret est ainsi conçu (2) :

« Sur le rapport de son comité des finances, des demandes du ministre de la guerre relatives aux écoles militaires;

« La Convention nationale décrète que la trésorerie nationale tiendra à la disposition du ministre de la guerre, sur les fonds provenant des écoles militaires, jusqu'à concurrence de la somme de 116,139 liv. 2 s. 1 d. pour servir à acquitter les pensions des élèves, tant pour le quartier d'avril de la présente année, que pour ce qui reste dû de ces pensions pendant le quartier de janvier dernier, et ajourne jusqu'après le rapport de ses comités d'instruction publique et des finances, ce qui est relatif aux demandes particulières des collèges de la Flèche et de Brienne. »

(La Convention adopte ce projet de décret.)

Servonat, *au nom du comité de division, fait un rapport assurant que les procès-verbaux de nomination des députés du Mont-Blanc sont en règle et demande qu'on décrète leur admission (3).*

(La Convention adopte cette proposition.)

Suit le texte définitif du décret rendu (4) :

« Sur le rapport fait par le citoyen Servonat, membre du comité de division :

« La Convention admet dans son sein les citoyens François Gentil et Dumaz, hommes de loi, députés du département du Mont-Blanc, pour remplir les fonctions de représentants de la République. »

Mollevaut, *au nom du comité des domaines et des finances réunis,* fait un *rapport* et pré-

sente un *projet de décret pour accorder aux employés et ouvriers des salines des départements de la Meurthe, du Jura et du Doubs, une indemnité égale au quart de leur traitement ;* le projet de décret est ainsi conçu (1) :

« La Convention nationale, après avoir entendu le rapport de ses comités des domaines et finances réunis, décrète ce qui suit :

Art. 1er.

« Les employés et ouvriers des salines des départements de la Meurthe, du Jura et du Doubs, dont le traitement fixe est de 400 livres et au-dessous, recevront, pour l'année 1792, en indemnité, le quart en sus du même traitement.

Art. 2.

« Cette indemnité n'aura lieu que pour les ouvriers et employés qui n'ont été payés qu'en assignats; à l'égard de ceux qui ont été payés partie en assignats, partie en numéraire, la même indemnité sera du huitième en sus du traitement de 400 livres et au-dessous pour l'année 1792.

Art. 3.

« Pour la présente année 1793, les traitements fixes de 400 livres et au-dessous seront augmentés des deux tiers pour les ouvriers et employés des mêmes salines, sans que le *maximum* puisse excéder 600 livres; et ceux dont le traitement est de 4 à 800 livres seront augmentés de moitié, sans que le *maximum* puisse excéder 1050 livres. »

(La Convention adopte ce projet de décret.)

Châteauneuf-Randon, *au nom du comité de la guerre, fait un rapport et présente un projet de décret, portant destitution des officiers de tout grade, nommés par Dumouriez, à qui il n'aurait pas été expédié de brevet avant le 5 février dernier;* le projet de décret est ainsi conçu (2) :

« La Convention nationale, après avoir entendu le rapport de son comité de la guerre, décrète ce qui suit :

Art. 1er.

« Les officiers de tout grade nommés par Dumouriez, ou autres généraux et officiers autorisés par lui dans les corps de troupes de la République, ou légions des armées qu'il commandait, et à qui il n'aurait pas été expédié de brevet avant le 5 février dernier, par le conseil exécutif provisoire, sont destitués de leurs emplois.

Art. 2.

« Le ministre de la guerre nommera des commissaires pour recevoir, vérifier le compte et la gestion des membres composant les conseils d'administration desdits corps.

---

(1) *Logotachigraphe,* n° 10, page 417.
(2) *Collection Baudouin,* tome 28, page 117, et P. V., tome 40, page 15.
(3) P. V., tome 10, page 15.
(4) *Collection Baudouin,* tome 28, page 115 et P. V., tome 10, page 15.

---

(1) *Collection Baudouin,* tome 28, page 116. et P. V., tome 10, page 15.
(2) *Collection Baudouin,* tome 28, page 111 et P. V., tome 10, page 16.

Art. 3.

« Le ministre de la guerre est aussi autorisé à remplacer, pour cette fois seulement, lesdits officiers, et il ne pourra en nommer aucun d'eux, soit dans leurs corps respectifs, soit dans d'autres, que sur des certificats de civisme authentiques et de capacité.

Art. 4.

« Un quart au moins des places de sous-lieutenant sera donné aux sous-officiers desdits corps, et toutes les autres sont particulièrement destinées aux officiers et sous-officiers qui se sont distingués dans les dernières campagnes. »

(La Convention adopte ce projet de décret.)

Un membre, au nom des comités des secours et des finances réunis, fait un *rapport* et présente un *projet de décret pour accorder une indemnité de 16,000 livres au citoyen Persegol, procureur de la commune de Saint-Geniez;* le projet de décret est ainsi conçu (1) :

« La Convention nationale, après avoir entendu le rapport de ses comités des secours publics et des finances réunis, sur la pétition du citoyen Persegol, procureur de la commune de Saint-Géniez;

« Considérant qu'il résulte des procès-verbaux et arrêtés des corps administratifs du département de l'Aveyron, et des informations faites devant le tribunal d'Espalion, que le citoyen Persegol a été la victime de ses devoirs et de son zèle pour l'exécution de la loi sur la circulation des grains, et que l'incendie de ses maisons et effets est l'ouvrage des ennemis de la Révolution ;

« Considérant que, d'après les décrets des 29 août et 2 octobre 1791, les indemnités à accorder par suite d'émeutes ou séditions populaires sont sujettes à répétition sur les départements, décrète ce qui suit :

Art. 1er.

« La trésorerie nationale tiendra à la disposition du ministre de l'intérieur la somme de 16,000 livres, pour être employée à acquitter l'indemnité due au citoyen Persegol, pour raison de l'incendie de ses possessions.

Art. 2.

« Le conseil exécutif provisoire est chargé de poursuivre la rentrée de cette somme, en la faisant imposer, pour l'année 1793, en conformité de l'article 2 de la loi du 2 octobre 1791, sur le département de l'Aveyron.

Art. 3.

« Les procédures qui ont été faites, et qui ont demeuré impoursuivies devant le tribunal d'Espalion contre les incendiaires du domaine appelé de *Charlottes*, seront reprises et continuées à la diligence du procureur général syndic du département de l'Aveyron, et

par le ministère de l'accusateur public, devant le tribunal criminel du département, jusqu'au jugement définitif.

Art. 4.

« Si, par l'événement du procès, le département venait à obtenir contre les coupables du crime d'incendie l'indemnité totale des pertes du citoyen Persegol, dont l'estimation, réglée par les commissaires du département, se porte à la somme de 28,522 livres 10 sols, il sera tenu compte audit citoyen Persegol de tout ce qui excédera la somme de 16,000 livres, dont le département aura fait l'avance. »

(La Convention adopte ce projet de décret.)

Cambacérès, *au nom du comité de législation,* soumet à la discussion un *projet de décret sur la dénonciation d'une instruction pastorale de Nicolas Philbert, évêque du département des Ardennes, traduit à la barre par décret du 1er mars ;* il s'exprime ainsi (1) :

Vous avez chargé votre comité de législation d'examiner la conduite de l'évêque des Ardennes, qui a donné un mandement contraire aux lois de la République, et déjà j'ai eu l'honneur, dans la séance du 25 mars écoulé, de vous présenter au nom de ce comité un rapport sur cet objet (2). Je viens à cette heure vous demander de vous prononcer sur le projet de décret qui vous a été soumis et dont je vais vous faire une seconde lecture. Vous savez déjà qu'en ne dissimulant aucune des considérations qui peuvent servir d'excuse à cet évêque, votre comité a pensé néanmoins qu'il ne lui était pas permis de s'écarter des motifs qui avaient d'abord déterminé son opinion ; vous n'ignorez pas également qu'en raison des réponses qui lui ont été faites, il a résolu de ne pas insérer dans la censure qu'il vous propose des qualifications qui affligeraient trop le citoyen sur qui elle va frapper.

Citoyens, c'est pour n'avoir pas trouvé de lois générales à cet égard, que votre comité vous propose d'en faire une; je vous demande en son nom d'adopter le projet de décret suivant : (3)

« La Convention nationale, après avoir entendu le rapport de son comité de législation, décrète que Nicolas Philbert, évêque du département des Ardennes, est censuré pour avoir publié un écrit contenant des propositions attentatoires aux lois de la République et capables d'exciter des troubles religieux; charge ses comités de législation et de sûreté générale réunis, de lui présenter, sous huitaine, le rapport général ordonné par le décret du 22 février, sur les dénonciations relatives à des instructions pastorales publiées par des évêques de leurs départements respectifs. »

Mallarmé (4). Cette peine est trop modique : ces messieurs que nous payons bien

---

(1) *Collection Baudouin,* tome **28,** page 116 et P. V., tome 10, page 17.

(1) *Mercure universel,* tome 26, p. 292.
(2) Voy. *Archives parlementaires,* 1re série, t. 60, séance du 25 mars 1793, page 532, le rapport de Cambacérès.
(3) P. V., tome 10, page 18.
(4) *Mercure universel,* tome 26, page 293.

cher jouissent de leur traitement pour faire soulever le peuple contre les lois de la République. Je demande que l'impression des papiers, mémoires faits pour son affaire, soient portés au passif de l'évêque Philbert.

Un membre : Il faut aussi que cet évêque soit obligé de donner 6,000 livres pour les pauvres.

Sergent. Et que cette mesure s'étende généralement pour tous les évêques qui calomnieront les lois de la République.

Un autre membre : Punissez l'évêque des Ardennes de la privation d'une année de son traitement.

Cambacérès, *rapporteur.* J'observe à la Convention qu'une partie des observations présentées trouveront mieux leur place dans le rapport général prévu au projet, d'après lequel vos comités de législation et de sûreté générale seront tenus de vous faire part des dénonciations relatives aux instructions pastorales publiées par les évêques dans leurs départements.

(La Convention adopte le projet de décret ainsi que l'amendement de Mallarmé et renvoie les autres motions à ses comités réunis de législation et de sûreté générale.)

Suit le texte définitif du décret rendu (1) :
« La Convention nationale, après avoir entendu le rapport de son comité de législation, décrète que Nicolas Philbert, évêque du département des Ardennes, est censuré pour avoir publié un écrit contenant des propositions attentatoires aux lois de la République, et capables d'exciter les troubles religieux; charge ses comités de législation et de sûreté générale réunis, de lui présenter, sous huitaine, le rapport général ordonné par le décret du 22 février, sur les dénonciations relatives à des instructions pastorales publiées par des évêques de leurs départements respectifs.

« La Convention nationale décrète, en outre, que Nicolas Philbert, évêque du département des Ardennes, supportera les frais d'impression du rapport et du projet de décret présentés par le comité de législation, et elle renvoie à ses comités de législation et de sûreté générale réunis, la motion tendant à condamner à 6,000 livres d'amende, au profit des pauvres de leur département, les évêques qui auraient publié des mandements ou instructions contraires aux lois de la République, capables d'exciter le trouble. »

Ramel-Nogaret, *au nom du comité des finances*, fait un *rapport* et présente un *projet de décret tendant à ordonner à la trésorerie nationale de payer aux officiers de la ci-devant chambre des comptes de Lorraine la totalité de ce qui leur revient à raison de leurs services pendant les neuf premiers mois de l'année 1791; le projet de décret est ainsi conçu* (2) :

« La Convention nationale, après avoir entendu le rapport du comité des finances, décrète ce qui suit :

« Les commissaires de la trésorerie nationale paieront aux officiers de la ci-devant chambre des comptes de Lorraine, pour la totalité de ce qui leur revient de leurs services pendant les neuf premiers mois de l'année de 1791 (1) :

la somme de................ 43,662 l. 11 s. 1 d. 1/2
Savoir, au premier président 9,156 13 6
Au second président... 2,492 6 3
Au troisième président.................... 2,492 6 3
A chacun des dix-sept conseillers.................... 1,661 10 10
A l'avocat général...... 750 » »
Au procureur général. 525 » »

« A la charge par chacun de ces officiers, avant de recevoir individuellement la somme qui leur revient, de justifier de même de l'acquit de tous les préalables ordonnés par les lois antérieures ».

(La Convention adopte ce projet de décret.)

Le Président annonce qu'il vient de recevoir une lettre de Marat ; il demande si la Convention veut en entendre la lecture (2).

Un membre : Je demande qu'on ne lise pas de lettre de Marat avant qu'il ait obéi à la loi.

Dupont. Je fais la motion qu'il soit mis hors la loi.

Bentabole. Je demande l'exécution du décret qui ordonne que l'acte d'accusation sera incessamment présenté par le comité, à moins que vous ne vouliez le rapporter.

Lehardy (*Morbihan*). Je demande que ce rapport ne soit fait qu'après que Marat se sera rendu à l'Abbaye.

Vergniaud. Je m'oppose à cette proposition, car il ne faut pas donner nous-mêmes l'exemple de la violation des lois. Je demande que le rapport soit fait incessamment.

(La Convention nationale décrète qu'elle n'entendra la lecture d'aucune lettre de Marat jusqu'à ce qu'il ait obéi au décret qui le met en état d'arrestation ; elle décrète, en outre, que le comité de législation présentera, dans la séance, son projet de décret d'accusation contre lui).

Le Président (3). J'observe que ce soir on doit nommer un président, il serait nécessaire de nommer un vice-président.

Un grand nombre de membres : Non, non !

(La Convention passe à l'ordre du jour.)

Mellinet, *secrétaire*, donne lecture d'une lettre des citoyens libres de Barbézieux, réunis en assemblée populaire; ils dénoncent les

---

(1) Voy. ci-après aux Annexes de la séance, page 647, les pièces justificatives adressées par les officiers de la ci-devant chambre des comptes de Lorraine.

(2) Cet incident est emprunté au *Logotachigraphe*, tome 100, page, 517, 1re colonne, au *Mercure universel*, tome 26, page 294 et au *Journal des Débats et des décrets*, n° 213, page 300.

(3) *Mercure universel*, tome 26, page 294.

---

(1) *Collection Baudouin*, tome 28, page 115 et P. V., tome 10, page 18.

(2) *Collection Baudouin*, tome 28, page 114, et P. V., tome 10, page 19.

manœuvres et les entreprises criminelles des ennemis de la République, qui se servent du crédit qu'avait obtenu la société des Jacobins à Paris, pour propager, sous le nom de quelques-uns de ses membres, une doctrine perverse, sanguinaire, subversive de toute existence sociale.

Suit la teneur de cette lettre (1) :

« Citoyens représentants,

« Les habitants de la ville de Barbézieux se sont constamment montrés les plus ardents défenseurs de la liberté et de l'égalité : leurs personnes et leurs moyens ont été dans un continuel dévouement à une cause si noble. Depuis que la France a secoué le joug du despotisme, ils ont suivi et propagé, avec empressement, les principes salutaires qui peuvent seuls devenir la base solide du bonheur du peuple; ils ont vu sans crainte les efforts des tyrans pour saper l'autorité nationale; les nombreux défenseurs que notre petite ville a envoyés aux frontières dès les premiers dangers qui ont menacé la patrie, ceux qu'elle a fournis à différentes fois pour calmer les insurrections du dedans, les pères de famille qui sont en ce moment dans les départements de la Vendée et des deux-Sèvres, en face des rebelles qu'ils domptent à chaque instant ; toute leur jeunesse qui s'est empressée de souscrire à l'enrôlement au-dessus du contingent fixé en vertu de la loi sur le recrutement, est prête à partir; les dons patriotiques de tous les genres, en effets et argent; ceux qu'ils ont envoyés, ceux dont ils ont aidé les volontaires employés dans l'intérieur, sont autant de témoignages énergiques de leurs sentiments passionnés pour la liberté. Les citoyens de Barbézieux ne peuvent-ils pas aussi se prévaloir, avec raison, d'avoir su maintenir parmi eux la parfaite exécution de vos lois, et d'avoir joui jusqu'ici d'une tranquillité qui est le fruit précieux d'une fermeté courageuse et d'une surveillance prudente et ferme? Ils n'ont point cherché à consigner leur mérite dans de grands mots et de pompeuses adresses auprès de vous; ils n'ont fait que leur devoir, en faisant tout ce qu'ils ont pu et sachant apprécier les moments des législateurs qui travaillent au bonheur du peuple; ils auraient craint de vous distraire de vos occupations précieuses, pour vous entretenir d'eux; ils ont agi en hommes libres, et ont laissé à leurs actions et à leurs exemples le soin de leur apologie.

« Les citoyens de Barbézieux frémissent d'indignation contre tous les traîtres qui déchirent aussi impitoyablement le sein de la patrie, et osent la menacer de sa ruine. Leur confiance pour le salut public est en vous, législateurs, qui concentrez l'autorité autour de laquelle tous les Français doivent se rallier pour combattre en masse tous ceux qui s'en séparent ou cherchent à l'outrager.

« La crise violente qu'éprouve en ce moment le corps politique, a sans doute paru favorable aux conspirateurs. Du sein de l'anarchie qu'ils prêchent et enhardissent, ils ont osé tirer un monstre hideux qui menace de nous dévorer; l'intrigue l'accrédite publiquement, lui recrute des satellites, et marque ses victimes.

« Quelle est cette autorité tyrannique et usurpée qui cherche à s'élever? Celle qui a été confiée à nos représentants n'existe-t-elle plus? La Convention est-elle sans moyens et sans pouvoirs? Non, citoyens représentants, vous vivez, nous vivons, et nous devons être sûrs que vous luttez avec succès contre nos ennemis communs.

« Par quel excès d'audace d'autres que vous législateurs, d'autres que ceux qui ont pouvoir de la nation, ont-ils des agents qui parcourent la République? Pourquoi des courriers expédiés par eux portent-ils en toutes diligences des circulaires, des invitations au peuple contre ses propres mandataires? quel est donc cette puissance naissante, qui commande déjà et indispose contre ceux qui ont entre leurs mains le dépôt de l'autorité nationale? Les rênes du gouvernement français sont-elles donc au gré des tyrans, et ceux qui avaient juré de mourir avant de céder, sont-ils généreusement péris victimes de leur serment?

« Nous vous dénonçons les manœuvres et les entreprises criminelles de nos ennemis, qui se servent sans doute du crédit qu'avait obtenu la société des Jacobins à Paris, pour propager, sous le nom de quelques-uns de ses membres, une doctrine perverse, sanguinaire et subversive de toute existence sociale. Des conspirateurs seuls et non vos collègues, ont pu concevoir les projets affreux qu'elle suggère. Marat n'a point signé cette provocation désorganisatrice, ou bien il doit cesser d'être législateur.

« Nous vous envoyons ces adresses circulaires, que nous a remises un courrier extraordinaire; ce catéchisme d'horreurs dont les feuilles sont imprimées de sang, et qui enseignent la méthode des atrocités.

« Nous abandonnons à votre pouvoir et à vos lois de nous préserver désormais de la crainte même de voir passer dans notre ville des missionnaires d'une semblable doctrine.

« Représentants, nous resterons fidèles à l'autorité légitime qui ne réside que dans l'assemblée des députés de la nation; et nous serons toujours les ennemis de ceux qui veulent nous fatiguer par l'anarchie, pour nous précipiter plus sûrement dans les bras que nous tend le perfide despotisme.

« Fait et arrêté en l'assemblée populaire des citoyens libres de Barbézieux, le 12 avril 1793, l'an II de la République française.

« *Signé* : CABRIT, *volontaire*; PAILLHOY, *volontaires*; NADAUD, ROZET, *volontaires*; BERTHELIER, DUBREUIL, HUCHET, BOIDRON, CANTE, BAUDAU, DUBUISSON, ROCHARD, JAUBERT, RUSSENAU, DAVIAND *l'aîné*, DAVIAND, LOQUET, LECOURT *jeune*, JARNAN, PORCHEREAU, CHOSONS, BORVET, TRABOUILLET, GELLINEAU, NUMENAT, PEPAND, GUIMBELLOT, LAMORINE, DEMONTET, MERLIER, LEVIAUD. »

(La Convention décrète l'impression de cette lettre et en ordonne le renvoi aux comités réunis de législation et de Salut public.)

Gensonné (1) Je demande l'admission à la barre de deux députés extraordinaires du dé-

---

(1) Bibliothèque nationale : Le³⁸, n° 326.

(1) *Logotachigraphe*, n° 110, page 417.

partement de la Gironde; ils viennent vous dénoncer une conspiration dont ils ont surpris les preuves.

(La Convention décrète qu'ils seront admis sur-le-champ.)

Les pétitionnaires sont admis à la barre.

Grangeneuve *jeune, orateur de la députation*, donne lecture de l'adresse suivante (1) :

« Citoyens législateurs,

« Guerre aux tyrans, guerre aux traîtres, guerre aux anarchistes et aux brigands; respect pour la Convention nationale, seul centre autour duquel puissent se rallier les vrais amis de la République : tel est le cri des citoyens du département de la Gironde et de la ville de Bordeaux. Ils ont proclamé avec la plus grande solennité vos décrets contre l'infâme Dumouriez, et ils s'empressent de vous dénoncer quelques-uns de ses complices. Dumouriez a voulu nous donner un roi; les citoyens de la Gironde vous dénoncent des hommes qui, pour atteindre au même but, travaillent à dissoudre la Convention. Dumouriez a violé la représentation nationale par l'arrestation de vos commissaires; les citoyens de la Gironde vous dénoncent des scélérats qui veulent égorger une partie de cette représentation. Dumouriez a tenté de corrompre l'armée dont le commandement lui était confié, et de soulever les Français contre les Français : les citoyens de la Gironde vous dénoncent des hommes pervers qui soufflent dans tous les départements le feu de la guerre civile.

« Citoyens législateurs, les commissaires que vous avez envoyés dans le département de la Gironde (2), dans une crise où il est si essentiel de surveiller les ennemis intérieurs, ont cru nécessaire de former un comité de sûreté générale qui, de concert avec les corps administratifs, suivît toutes les démarches des hommes suspects, et recueillît les preuves des complots qu'ils oseraient méditer contre la patrie. Ce comité a fait arrêter un courrier extraordinaire, porteur de plusieurs paquets volumineux, dont les uns sont à l'adresse de citoyens que leur conduite impatriotique a fait soumettre à une vigilance particulière; les autres sont envoyés à des sociétés populaires.

« Le comité de sûreté générale et les corps administratifs ont dressé procès-verbal de ces divers paquets, et la correspondance qu'ils renferment a paru si étrange, et pouvait être si fatale à la République, qu'ils ont délibéré de nommer deux députés pour venir les soumettre à votre examen. On y exhorte tous les citoyens des départements à se porter à Paris, pour y massacrer une partie des membres de la Convention : on y annonce l'arrivée prochaine, à Paris, de Marseillais qui doivent, dit-on, égorger les victimes qu'on désigne; on y excite à l'insurrection contre les autorités constituées; on y invite les citoyens à des meurtres qu'on qualifie de vengeances nationales; on y dénonce, sans preuves, plusieurs députés comme complices de Dumouriez, et on les voue, non au glaive des lois, mais aux poignards

des assassins; on y proclame le mépris du principe fondamental de la République, que le vœu seul de la majorité est présumé le vœu de la nation; on y demande que telle partie de la Convention exerce seule les droits que le peuple a délégués à tous; on y prépare le fédéralisme contre lequel vous avez décrété la peine de mort, par l'injure faite aux départements dont on menace les députés; on y fait l'apologie des meurtres du 2 septembre, et on les provoque de nouveau par les regrets qu'on y exprime de ne les avoir pas vus ensanglanter toutes les parties de la République; on y voit enfin quelques intrigants spéculer sur les besoins de la République, annoncer des bénéfices énormes sur des fournitures qu'ils sont chargés de lui faire; déclarer qu'ils ne craignent pas les pertes qui pourraient résulter du rebut sur les fournitures, parce qu'ils sont sûrs des commissaires ordonnateurs.

« Où en sommes-nous donc, législateurs, si vous ne réprimez pas ces manœuvres et si vous tolérez qu'on fasse circuler dans la République le germe des dissensions civiles? Veut-on allumer dans le Midi le feu terrible qui a dévoré les bords de la Loire? Veut-on que l'incendie et la mort ne fassent de la République qu'un vaste cimetière? Eh! que deviendra-t-elle cette République naissante, si, quand elle est assaillie au dehors par des ennemis puissants, on la décompose au dedans par l'anarchie, si on l'attaque jusque dans le temple où on l'a proclamée? Législateurs, chacun de vous a cessé d'appartenir à son département pour appartenir à la République entière, (*Vifs applaudissements*) et la République entière demandera compte de chacun de vous aux scélérats qui oseraient en attaquer un seul... S'il est des traîtres dans votre sein, qu'ils soient punis, mais par la loi! Tant que vous n'avez pas prononcé le décret d'accusation, ceux-là qui osent les menacer sont des assassins et des complices de Dumouriez. Citoyens législateurs, nous déposons sur votre bureau les pièces que nous vous avons dénoncées; nous demandons qu'elles soient examinées par un comité, et que, par le développement d'une grande énergie, vous fassiez entrer dans le néant tous les conspirateurs. Les citoyens de la Gironde sont aussi les hommes du Midi : vous avez déclaré qu'ils ont bien mérité de la patrie; ils sauront en bien mériter encore. Vous êtes environnés de braves Parisiens, nous sommes tranquilles. Les vainqueurs du 10 août, les premiers fondateurs de la République sauront le maintenir. Cependant nous voulons seconder leur courage, et nous sommes aussi debout; nous y sommes pour la patrie, et pour vous qu'elle a chargés du soin de la sauver. On parcourt les départements pour faire des levées de brigands que l'on veut diriger contre la Convention. Au moindre mouvement de leur part, nos légions citoyennes volent à votre secours; et si, dans l'agitation que le royalisme et l'aristocratie, trop souvent déguisés sous le masque d'un patriotisme ardent, s'efforcent de perpétuer au sein de cette grande cité, quelque attentat était commis sur la représentation nationale, nous le déclarons à la France entière qui, n'en doutez pas, imiterait notre exemple; nous ne nous reposerions sur personne du soin de la vengeance : nous accourrions tous pour mourir avec vous, ou

(1) P. V., tome 10, page 20.
(2) Paganel et Garrau.

laver dans leur sang le crime de vos assassins. (*Applaudissements.*)

« *Signé* : PARLARRIEU, GRANGE-NEUVE, *jeune.* »

Le Président (1). Citoyens, le peuple entier est debout pour défendre et protéger la Convention nationale; le scélérat qui plongerait le poignard dans le sein d'un représentant du peuple, le plongerait dans le sein même de la patrie.

Vous avez senti profondément une grande vérité; c'est que la dissolution de la Convention nationale serait la perte de la République.

Elle est le seul point de ralliement et la seule base des espérances des bons citoyens. Vous avez rempli un grand devoir en veillant sans cesse pour découvrir les traîtres.

Vous croyez avoir saisi les fils d'une trame ourdie contre la liberté, et vous êtes venus la dénoncer; cette conduite est dictée par un zèle noble et par l'amour de la patrie. Depuis le commencement de la Révolution, les habitants de la Gironde n'ont cessé de donner des preuves de civisme. L'exemple que vous offrez en ce moment sera applaudi de toute la République et de toutes les nations. On aime la vertu dans toutes les parties du monde.

Les pièces sur lesquelles votre dénonciation est appuyée seront examinées avec toute la sagesse qui appartient aux représentants d'un peuple qui chérit la justice, et si le délit est constant et aussi grave que vous le prétendez, le glaive de la loi fera tomber la tête des coupables.

L'Assemblée applaudit au zèle des administrateurs du département de la Gironde, et vous invite aux honneurs de la séance. (*Applaudissements.*)

(*Avant de se retirer, les pétitionnaires déposent sur le bureau, avec le directoire du département, quatorze pièces qui y sont analysées et quinze paquets d'imprimés à l'adresse de différentes sociétés populaires.*)

Le Président (2). On vient de déposer sur le bureau les pièces dénoncées par les pétitionnaires; la Convention jugera sans doute nécessaire de les faire dénombrer et parapher par les secrétaires.

(La Convention décrète cette proposition.)

Laignelot. La lecture des pièces.

(La Convention décrète la lecture des pièces.) (3).

Plusieurs membres demandent l'impression de l'adresse des deux députés extraordinaires de la Gironde, et l'envoi aux municipalités et aux armées.

D'autres membres : Non, non ! l'ajournement jusqu'après la lecture.

Chambon. J'appuie l'ajournement parce qu'après cette lecture, il est possible que vous ayez des mesures plus sévères à prendre.

(La Convention décrète à l'unanimité l'ajournement.)

Le Président (1). Une députation du département de Paris sollicite son admission à la barre, pour présenter une pétition sur les subsistances. Mais je ferai observer à la Convention qu'un décret a ordonné que toutes les pétitions de ce genre seraient renvoyées directement au comité d'agriculture.

Chambon. Dans des circonstances ordinaires, l'exécution de ce décret devrait être rigoureuse; mais ici ce n'est point une circonstance ordinaire. Il est question de dire la vérité au peuple, de l'éclairer, de dissiper ses inquiétudes, de lui apprendre que la Convention s'est constamment occupée de ses besoins; qu'elle a toujours demandé à ses magistrats des comptes des sommes immenses par elle destinées à l'approvisionnement de Paris, et n'en a obtenu aucun. Je demande que le département soit admis, et qu'enfin Pache, la Commune et Danton rendent des comptes, ou soient punis.

(La Convention décrète l'admission.)

Gensonné (2). Je demande la parole pour un fait relatif à la dénonciation des députés extraordinaires de la Gironde. Dans la matinée qui a suivi la nuit où les corps administratifs et le comité de surveillance ont pris l'arrêté qu'on vous a fait connaître, toutes les sections de Bordeaux se sont assemblées, ont envoyé des commissaires avec l'adhésion la plus formelle à l'arrêté, et le vœu qu'ils formaient de voler tous à la défense de la Convention. (*Applaudissements.*)

Lidon (3). Cela va plus loin que vous ne croyez. Vous verrez que le conseil exécutif y entrait pour quelque chose. Vous avez entendu dénoncer ici un certain Christian, qui avait mis la ville de Périgueux en feu; j'appris qu'il était envoyé dans le département de la Corrèze. Je lui demandai pourquoi il y allait. Il me répondit que c'était pour inspecter les armées. — Mais vous n'y connaissez rien. — C'est égal : comment sont vos administrateurs? — Ce sont d'honnêtes gens. — D'honnêtes gens? Ah ! je sais... Et il s'en alla. Voilà les personnes qu'on emploie.

Taillefer (4). Je demande à répondre aux calomnies de Lidon (*Murmures prolongés.*) Je descends de la tribune, puisqu'il n'est plus possible de démasquer les imposteurs.

Chambon (5). La Convention apprendra sans doute avec intérêt que la conspiration a été annoncée à Avignon, par des courriers des Jacobins qui ont répandu que Vergniaud, Guadet, Brissot, etc. étaient guillotinés, et que les autres étaient en état d'accusation.

La députation du département de Paris est admise à la barre.

L'HUILLIER, *procureur général syndic du dé-*

---

(1) *Moniteur universel,* 1er semestre de 1793, page 490, 1re colonne, et *Logotachigraphe,* n° 110, page 418.
(2) *Moniteur universel,* 1er semestre de 1793, page 490, 1re colonne.
(3) Voy. ci-après la lecture de ces pièces, p. 625.

(1) *Moniteur universel,* 1er semestre de 1793, p. 490, 1re colonne.
(2) *Moniteur universel,* 1er semestre de 1793, page 490, 2e colonne.
(3) *Journal des Débats et des décrets,* n° 213, page 302.
(4) *Le Logotachigraphe,* n° 111, page 419, 2e colonne.
(5) *Moniteur universel,* 1er semestre de 1793, page 490, 1re colonne.

partement et orateur de la députation, s'exprime ainsi (1) :

Nous venons au nom du département de Paris, vous faire connaître nos maux qui sont ceux de la République et vous proposer le remède à y appliquer. Lorsqu'en 1789, le peuple français reconquit sa liberté, il espérait jouir de tous les biens qu'elle promet. Depuis quatre années, il n'est pas de sacrifices qu'il n'ait faits ; argent, soldats, il a tout donné et pour récompense il demande du pain. Les grains sont dans tous les départements à un prix tel que le pauvre ne peut les y atteindre, et nous ignorons le terme où le prix s'arrêtera. L'agiotage empêche l'approvisionnement du marché ; telle est la position de la France.

La mesure que nous vous demandons, est fondée sur les bases éternelles de la justice : elle a déjà force de loi dans tous les départements. En l'appliquant, vous ne serez que les interprètes de la volonté générale de la classe pauvre, classe la plus nombreuse, la plus utile, classe pour laquelle le législateur n'a rien fait, quand il n'a pas fait tout.

Cette mesure, vous la devinez déjà : c'est la fixation du maximum du prix du grain pour toute la République ; c'est l'anéantissement de toute espèce de traité entre le cultivateur et le consommateur, entre le meunier et le boulanger ; c'est la peine la plus rigoureuse contre tout individu qui, au lieu de porter son blé au marché, le tiendrait dans son grenier ou le vendrait à ces marchands connus sous le nom de blatiers ou marchands de blé.

Qu'on ne vienne pas nous objecter les intérêts du commerce ; le commerce n'est plus qu'un rapport utile entre tous les membres du corps social. Qu'on n'objecte pas ces grands principes de propriété ; le droit de propriété ne peut être celui d'affamer les citoyens. Les fruits de la terre, comme l'air, appartiennent à tous les hommes. La société doit seulement récompenser celui qui se livre à l'agriculture, parce que cette profession honorable est très utile.

Prenez-y garde, citoyens, les circonstances sont pressantes. Craignez, qu'en outre de la guerre civile et du désordre, elles n'amènent dans quelques parties de la République, une mesure que nous réclamons pour toutes, et qui serait terrible, si elle était partielle. Hâtez-vous de réparer les maux extrêmes et d'en prévenir de plus redoutables encore. La postérité impartiale ne manquera pas de vous juger. Ne laissez pas plus longtemps à une classe de citoyens le droit de vie et de mort sur tout le reste de la République. On veut faire l'insurrection, en mettant la subsistance du pauvre hors de sa portée, il faut la rapprocher de lui.

Avant de vous exprimer le vœu d'un million de Français, représentés par leurs magistrats ici présents, nous avons consulté des cultivateurs, des patriotes reconnus. Tous affirment que la France recèle dans son sein plus de blé qu'elle n'en peut consommer. Tous affirment que le maximum du prix du blé peut être fixé sans inconvénient, même pour eux, de 27 à 30 livres le septier, pesant 240 livres. Il ne nous manque qu'une bonne loi ; c'est à vous de la faire.

Nous demandons :

1° Que la fixation du *maximum* du prix des grains soit décrétée dans le plus court délai pour toute la République, en adoptant pour mesure le quintal de 100 livres, poids de marc.

2° Une peine rigoureuse contre tout laboureur qui se refuserait à cette fixation, ainsi que contre les municipalités qui ne feraient pas exécuter cette loi.

3° L'anéantissement de tout commerce sur les grains fait par autres que par les approvisionneurs naturels (*Murmures*), les cultivateurs et les boulangers. Mais nous n'entendons pas empêcher les achats pour consommation individuelle.

4° Recensement général après chaque récolte.

5° Que, dès ce moment, il soit déclaré que le maximum sera moindre pour l'année prochaine, sauf à revenir sur cette fixation, si les accidents naturels nous y obligent.

Citoyens, nous avons fait notre devoir en vous présentant le vœu unanime de nos concitoyens ; c'est à vous qu'il appartient de faire le reste.

Le Président. Citoyens, c'est le département de Paris qui s'est levé le premier pour détruire le despotisme et faire triompher la liberté dans les moments d'orage ; il s'est toujours piqué de montrer le plus grand courage et la plus haute sagesse. La crise que nous traversons en ce moment-ci est violente, c'est donc une raison de plus pour redoubler encore de prudence. Il faudra méditer longtemps pour savoir si les mesures que vous présentez n'anéantiraient pas le commerce des grains, et ne priveraient pas Paris des subsistances qu'il réclame. Plus les dangers sont grands, plus les malveillants redoublent de manœuvres pour égarer le peuple. On sert quelquefois, sans le vouloir, les ennemis de la chose publique.

Citoyens, la Convention s'occupe constamment des mesures de bienfaisance en faveur de l'indigence. La Convention examinera votre pétition ; mais j'aime à croire que, quelle que soit la détermination, le département de Paris sera le premier à donner l'exemple de la soumission à la loi. (*Applaudissements.*) Elle vous invite aux honneurs de la séance.

Vergniaud (1). Je rends justice au zèle qui a conduit les pétitionnaires à cette barre. Lorsqu'ils ont exprimé ou cru exprimer le vœu de leurs concitoyens, ils ont rempli un devoir bien louable. Mais je leur ferai observer que si leurs concitoyens tombent dans l'erreur, c'est à leurs magistrats à les éclairer de leurs lumières. Je demande le renvoi de la pétition au comité d'agriculture, mais il est peut-être bon de présenter devant les pétitionnaires quelques réflexions à ce sujet. Ils demandent l'anéantissement de tout intermédiaire entre le cultivateur et le consommateur. Ce n'est pas seulement le commerce qu'on ruinerait par une semblable mesure, mais l'agriculture

_____

(1) *Logotachigraphe*, page 111, page 419, 1re colonne.

(1) *Moniteur universel*, 1er semestre de 1793, p. 140, 2e colonne.

et les citoyens; car si vous forcez le cultivateur à quitter sa charrue pour porter du
grain à 15, 18 et 20 lieues... *(Murmures.)* Les
murmures qui m'ont interrompu prouvent en
effet que si je raisonne dans une hypothèse
juste, la mesure qu'on propose compromettra
nécessairement les intérêts du cultivateur :
tant qu'il apportera ses grains à 15 lieues, il
ne pourra pas cultiver la terre. *(Nouveaux
murmures.)*

Maintenant je vais prouver que j'ai rai-
sonné dans une hypothèse juste, et que si on
adopte la proposition, on affamera Paris. En
effet, si tous les départements ne sont pas
également productibles de grains, il faudra
bien que l'agriculteur des autres départements le remporte, ainsi le voilà obligé de
faire des 15, 20 et 30 lieues. On pourra dire à
cela que le consommateur qui en a besoin
ira les chercher; eh bien ! ce consommateur
abandonnera donc sa famille, son état...
(Mêmes murmures.) Je dis avec douleur,
mais avec vérité, qu'il n'y a que la malveillance ou l'ignorance qui puissent nier mes
assertions. Dans les départements méridionaux, par exemple, la récolte n'a point donné ;
prétendrez-vous que ces départements viendront dans ceux du Nord chercher des blés
dont ils auront besoin? Vous êtes forcés de
convenir de deux points, c'est que le consommateur du Midi ne pourra pas venir chercher sa provision dans le Nord, et que le cultivateur du Nord ne pourra l'apporter aux
consommateurs du Midi. Il en résulte donc
que c'est au commerçant à fournir à ces besoins. Je viens à ce qui concerne Paris. Les
communes qui l'environnent ne produisent
pas assez de grains pour sa consommation, il
faut le tirer des départements de l'ancienne
Picardie, etc. Or, sera-ce le consommateur
qui l'ira chercher? Non. Sera-ce le cultivateur
qui l'apportera? Non. Si vous détruisez le
commerce, vous décrétez donc la famine. *(Applaudissements.)* Je demande, Président, le
renvoi de la pétition au comité d'agriculture
qui examinera les parties qui méritent discussion; mais j'ai cru nécessaire de rectifier
l'erreur des pétitionnaires, qu'il faut bien se
garder de confondre avec l'accaparement.

Lefebvre de Chailly. Le renvoi demandé
par Vergniaud, et que vous venez d'ordonner,
doit être suivi d'une autre mesure. Je demande qu'il y ait un membre de chaque commune qui assiste à la discussion qui aura
lieu dans le comité d'agriculture.

Vergniaud. On ne peut faire à cet égard
qu'une simple invitation.

Plusieurs membres : C'est entendu.

(La Convention renvoie cette pétition aux
comités réunis d'agriculture et de commerce;
elle décrète, en outre, qu'un commissaire du
conseil général de chaque commune du département de Paris, est invité d'assister à la
discussion de ces comités réunis sur cet objet.) (1).

(1) Le *Procès-verbal*, tome 10, page 46, porte que la
Convention ordonne l'impression de cette pétition et de
la réponse du Président. C'est une erreur, selon nous,
car aucun journal du temps n'en fait mention, et il
nous a été impossible également de retrouver ce texte
imprimé.

Buzot (1). Je dois d'abord vous faire part
d'un fait qu'il est bon que les pétitionnaires
entendent. Dans la ville de Bordeaux on
avait pris des moyens pour maintenir le prix
du pain au-dessous de celui du blé. Les Bor-
delais ont bientôt senti que cette mesure ne
tendait à rien moins qu'à ruiner la ville
même et toutes les sections réunies ont voté
pour que le pain fût à 7 sous et demi la livre,
parce que le prix du blé l'exigerait ainsi :
voilà l'exemple que je propose aux pétitionnaires. Ce n'est pas aux citoyens que je ferai
des reproches, mais aux administrateurs.

Il n'est pas étonnant en effet, citoyens, que
le pauvre se plaigne dans ces moments de
troubles et de misère publique; mais ce qui
est surprenant, c'est que ceux à qui il a
donné sa confiance pour l'instruire, l'éclairer, et le gouverner, soient les premiers à
l'aveugler et le séduire. *(Murmures.)*

Je ne connais pas l'art méprisable de cacher la vérité quand elle est dans mon cœur
et je vais dire ce que je pense. Déjà les administrateurs du département de Paris étaient
venus à cette barre présenter une pétition à
peu près semblable. Quelque temps après,
éclatèrent dans le département d'Eure-et-
Loir, ces troubles malheureux qui sont venus
affliger nos cœurs. Ainsi, ce n'est que par des
pétitions indiscrètes, portées ici et écou-
tées avec complaisance, que les troubles sortent de notre sein, pour ainsi dire, pour
aller se propager dans la République. Que ce
fait ne sorte pas de notre mémoire; souvenez-
vous de ce qui se passe aujourd'hui jeudi et
prenez garde aux derniers jours de la semaine.

Maximilien Robespierre. Président, je
demande la parole pour répondre à ce calomniateur. *(Applaudissements des tribunes.)*

Barbaroux. Que l'on détermine le mode
de la discussion. Veut-on traiter devant les
pétitionnaires et les citoyens qui nous entendent la question des subsistances? Je suis prêt
et demande la parole après Robespierre.

Buzot. Vous avez d'autant plus lieu d'être
surpris, non pas de la pétition en elle-même,
mais que les administrateurs du département
de Paris soient venus vous la présenter à la
barre, que le maire de Paris, consulté sur
l'état des subsistances dans cette ville, a répondu à la Convention que l'on pouvait être
tranquille à cet égard. Vous avez décrété que
sa réponse serait imprimée et, suivant l'honorable coutume, on n'en a rien fait hier, parce
que la pétition devait se faire aujourd'hui.

Un membre : Si vous aviez entendu la lettre
du maire de Paris, ce matin, vous ne calom-
nieriez pas ainsi. Ceci prouve que vous n'étiez
pas à votre devoir. *(Applaudissements sur la
Montagne.)*

Buzot. Est-ce donc calomnier, lorsque je
viens vous avertir des dangers dont on vous
environne sans cesse? Est-ce donc semer la
discorde, lorsque cette pétition est proclamée
dans les rues de Paris et portée dans toutes
les maisons; lorsqu'il est notoire que di-

(1) *Logotachigraphe*, n° 111, page 421, 1re colonne.

manche prochain il doit y avoir un rendez-vous au Champ-de-Mars pour vous perdre peut-être ? (*Interruptions sur la Montagne.*) Prenez-y garde et voyez comme tous ces faits concordent d'une manière extraordinaire.

Citoyens, il vaudrait beaucoup mieux que les administrateurs de Paris propageassent les lumières sur cette importante question, plutôt que de venir ici vous présenter de pareilles mesures ; et, certes, il faudrait penser bien mal de leur intelligence et de leurs connaissances, s'ils ne savaient pas que s'il est une ville dans la République qui soit intéressée à la circula-ion et au commerce des grains, c'est la ville de Paris. Et comment pourrait-elle subsister si vous mettez sur les grains une taxe qui fait mourir l'agriculture et décourage le proprié-aire ? (*Nouvelles interruptions*).

Eh bien ! mes deux propositions sont celles-ci :

Je demande :

1° Puisque le département de Paris manque de lumières sur cet objet (*Interruptions sur la ontagne*) qu'il soit donné sur-le-champ lec-ure de la lettre du maire de Paris sur les sub-istances ;

2° Que le discours de Creuzé-Latouche, qui a répandu de très grandes lumières sur cette artie de la législation, soit imprimé de nou-veau et envoyé au département de Paris, qui era chargé d'en faire donner lecture dans outes les sections et dans toutes les communes du département.

L'HUILLIER, *procureur général syndic du dé-partement*, entre à la barre et dit :

« Si les administrateurs sont taxés d'igno-'ance, on ne les accusera pas au moins de mau-aise foi. La prudence a dirigé la démarche du département, et par là il a empêché le rassem-lement d'un million d'hommes qui voulaient présenter la pétition que les administrateurs 'iennent de soumettre à l'Assemblée. Et pour ous prouver qu'ils connaissent leurs devoirs t sauront les remplir malgré les calomnies 'ont on les abreuve, je vais vous faire lecture e la proclamation qu'ils ont fait afficher cette uit, dans laquelle ils invitent les citoyens au alme et à la confiance, en leur démontrant ue la disette n'est que factice. »

Voici cette proclamation :

roclamation des autorités constituées du dé-partement de Paris, réunies en la salle des Jacobins, à tous les citoyens de ce départe-ment (1).

« Citoyens,

« On cherche à vous alarmer sur vos subsis-tances, nous allons vous rendre compte de leur état. Paris est pourvu de manière à ôter aux citoyens toute inquiétude à cet égard. On voit dans les plaines de notre territoire un assez grand nombre de meules de grains qui annon-cent l'abondance. Par quelle fatalité les portes es boulangers sont-elles assiégées par une foule de citoyens ? Nous croyons que deux causes y concourent : la malveillance, qui cherche à vous inquiéter sur l'aliment qui nous

est nécessaire ; la crainte, qui porte les ci-toyens inquiets à faire des approvisionnements chez eux.

« Il dépend de vous de faire cesser ces causes ; examinez quels sont les individus qui cher-chent à porter le trouble dans la distribution du pain, et traduisez-les devant vos comités. Cessez vous-mêmes de vous créer des maux réels par la crainte d'un mal imaginaire ; pourvoyez-vous suivant votre usage seulement, et à l'instant vous verrez cesser cette apparence de disette qui n'existe pas, et qui ne peut exister, d'après les mesures que vos manda-taires ont prises.

« Nous nous occupons d'une grande et du-rable mesure qui doit alléger le sort du pauvre, et assurer l'existence de tous ; nous espérons que la Convention nationale consacrera le bonheur du peuple en adoptant ce moyen.

« *Signé* : LACHEVARDIÈRE, *vice-président ; et* RAISSON, *secrétaire général.* »

L'HUILLIER poursuit : Vous qui nous ca-lomniez, venez à la discussion qui s'engagera au comité de commerce et l'on verra de quel côté est l'ignorance et de quel côté est la bonne foi ; on jugera entre les magistrats du peuple et les riches accapareurs, les négociants en grains, qui ne profitent de la liberté du com-merce que pour arracher au peuple ses moyens de subsistance. (*Vifs applaudissements sur la Montagne et dans les tribunes.*)

Un membre : Nous voyons se réaliser ce que Pitt nous promettait depuis si longtemps ; mais sans m'arrêter à ces pétitions, j'invite tous les pétitionnaires à se trouver au comité d'agriculture et de commerce lorsque la ques-tion s'y traitera.

(La Convention renvoie la proposition de Buzot aux comités de commerce et d'agricul-ture réunis.)

Cambon, *au nom du comité de Salut pu-blic*, fait un *rapport sur la conduite du général Kellermann et propose à la Convention de lui continuer sa confiance* ; il s'exprime ainsi (1) :

Citoyens, vous avez délégué au comité de Salut public la surveillance active sur les agents d'exécution. Dimanche dernier l'As-semblée reçut une lettre contre Kellermann, dont elle renvoya la lecture au comité de Salut public. Elle était de vos commissaires à Lyon, qui, sur l'avis de ceux qui sont à l'armée des Alpes, soupçonnaient ce général d'être complice des trahisons de Dumouriez. La lettre n'était pas positive, cependant le comité était prêt à envoyer un successeur à Kellermann ; mais il vient de recevoir une lettre de vos commis-saires à l'armée des Alpes qui lui a fait changer de résolution. Ces commissaires se sont expliqués avec le général et lui rendent la plus éclatante justice. Cette affaire ayant été publique, le comité croit nécessaire que vous approuviez la délibération qu'il a prise de laisser Kellermann à l'armée.

Mathieu (2). Les délits imputés à Keller-mann ne sont pas de nature à être ainsi cou-verts d'un voile ; on l'accuse d'avoir constamment donné la préférence aux troupes de ligne sur les volontaires et d'avoir découragé ceux-ci par de mauvais traitements. Pour moi, je le déclare, je n'ai aucune confiance en Kellermann, qui est un ami de Dumouriez et que je crois un agent de la conspiration.

Cambon, *rapporteur*. Voici la lettre des commissaires dans le département du Mont-Blanc (1) :

Chambéry, 14 avril 1793, an II
de la République française.

« Citoyens collègues,

« Dans un temps où nos ennemis, désespérant de nous vaincre autrement que par des trahisons, ont cherché à faire périr la liberté par ceux qui avaient paru la défendre et où l'on a pu supputer le plan d'une vaste conjuration entre tous nos généraux, nous aurions été indignes d'être les représentants du peuple français si nous n'avions agi avec la plus rigoureuse surveillance. Pénétrés de ce sentiment. Nous avions prié nos trois collègues qui sont à Lyon de faire arrêter et examiner les dépêches venant de l'armée des Alpes. Ils ont saisi avec zèle cette mesure, et nous ont envoyé dès le lendemain copie d'une lettre que Kellermann adressait au ministre de l'intérieur et de deux autres lettres de personnes qui entourent ce général. Un de ces individus notamment, nommé Jennesson, son secrétaire, s'exprimait comme investi de sa confiance et annonçait sur Dumouriez et sur la royauté des opinions qui ont dû nous rendre Kellermann infiniment suspect, surtout en les combinant avec les propositons de celui-ci à la Convention nationale et au ministre de l'intérieur, propositions faites pour donner à penser. Nous nous sommes transportés tout à coup chez Kellermann, accompagnés de quelques citoyens, des troupes de ligne, des volontaires nationaux, des administrateurs et de la municipalité, et résolus de prendre un parti à l'égard des coupables, en attendant la décision de la Convention nationale. Le général a répondu avec calme à nos reproches et nous a pressés lui-même de vérifier sa correspondance et tous ses papiers.

« Le salut public nous commandait cet examen. Il n'y a pas une seule lettre qui n'ait passé sous nos yeux et nous avons eu la satisfaction de nous convaincre que, dans les relations les plus intimes et les plus secrètes, dans ses pensées et ses intérêts, il n'y a pas une seule ligne, qui, loin d'inculper Kellermann, ne soit faite au contraire pour l'honorer.

« Nous avons vu avec le même plaisir qu'il n'a point de rapports avec Dumouriez, ni avec les Egalité ; d'ailleurs ses dispositions et ses plans sont sages ; il s'occupe avec activité de l'armée qu'il commande. Ainsi les écrits et les actions sont d'accord. Quant aux propositions contenues dans ses lettres, nous convenons que, dans la crise actuelle et considérées de ce lointain où la liberté trahie par tant de lâches doit devenir plus ombrageuse que jamais, surtout

en raison des distances, elles auront pu produire contre lui une sensation défavorable. Mais que l'on veuille bien nous croire, nous qui sommes sur les lieux, qui sommes à portée d'apprécier jusqu'aux nuances, et qui certes serions inexorables si nous pouvions apercevoir l'ombre d'un danger pour la patrie ; alors on saura que ces idées soumises à la Convention ou déposées au sein d'un membre du pouvoir exécutif n'étaient qu'une opinion militaire plus ou moins réfléchie et nullement un système de perfidie. Au surplus, comme ces diverses explications entraîneraient quelques longueurs, nous les renvoyons à une lettre plus détaillée que nous adressons à votre comité de salut public.

« Notre visite chez le général Kellermann a duré quatre heures. Les citoyens que nous avons amenés assistaient comme spectateurs pendant que nous faisions le dépouillement des papiers. Lorsque nous avons rompu le silence pour déclarer hautement l'innocence du général et ses droits à la confiance des républicains, tous les assistants, magistrats du peuple et militaires, l'ont embrassé avec émotion. Il n'a pu leur répondre que par des larmes d'attendrissement et les protestations d'un redoublement de zèle pour la République française et pour la liberté.

« Nous avons appris que l'armée avait gardé, pendant cette explication, la contenance fière et calme qui convenait à des hommes libres. Nous avons regardé comme un devoir de l'instruire et de la rassurer par la courte proclamation dont nous joignons ici une copie (1).

« Nous avons mis le secrétaire Jennesson en état d'arrestation.

« Les représentants du peuple, députés par la Convention nationale au département du Mont-Blanc et à l'armée des Alpes,

« *Signé* : HÉRAULT, Ph. SIMOND. »

Génissieu (2) déclare qu'un quartier-maître du 1ᵉʳ bataillon de l'Isère lui a envoyé une correspondance imprimée de Kellermann qui prouve que ce général a fait une espèce de loi sur le paiement des troupes.

Mallarmé. Eh bien, ce n'est pas là une trahison ; c'est tout au plus une erreur en finances.

(La Convention charge le comité de Salut public d'examiner encore les faits et invite tous ceux de ses membres qui ont quelques reproches à faire à Kellermann de les envoyer par écrit au comité.)

Boyer-Fonfrède, *secrétaire*, commence la lecture des *pièces apportées par les deux députés de Bordeaux* (3) :

_____

(1) Ministère de la guerre : *Armée des Alpes et d'Italie.*

(1) Dans cette proclamation, datée de Chambéry, le 13 avril 1793 et adressée « aux citoyens de la République française », Hérault et Simond déclarent que « le général du 20 septembre n'a pas cessé de mériter l'estime et la confiance de ses concitoyens et de l'armée, et que Kellermann est un homme pur, un républicain digne de conduire à de nouvelles victoires les soldats de la liberté. »

(2) *Journal des Débats*, n° 213, page 306.

(3) Bibliothèque nationale : Le³⁸, n° 226 et P. V., tome 10, page 23.

Extrait des registres du conseil général du département de la Gironde.

« *Séance du 10 avril 1793, l'an II de la République française.*

« Aujourd'hui, 10 avril 1793, l'an II de la République française, le conseil général du département de la Gironde, assemblé en permanence.

« Les membres composant le comité de sûreté générale sont entrés, et ont dit qu'ils avaient à communiquer à l'administration des pièces importantes, qui exigeaient une prompte délibération, à laquelle il conviendrait qu'assistassent des membres du district et de la municipalité.

« Sur quoi :

« Le conseil général a fait inviter les membres du district et de la municipalité composant le comité de défense générale, actuellement assemblé dans la maison du département, à se rendre à la séance.

« Et après leur arrivée, les portes ayant été closes, les membres du comité de sûreté générale ont annoncé à l'assemblée, qu'en conséquence de la réquisition faite par le directoire du département à la gendarmerie nationale, de conduire au bureau de la poste aux lettres les courriers extraordinaires expédiés par des particuliers qui pourraient traverser le département, il en avait été conduit ce matin un chargé de paquets très volumineux, à l'adresse, pour la plupart, de différentes sociétés populaires, depuis Paris jusqu'à Toulouse, et quelques-uns pour des particuliers connus dans cette ville pour y propager des principes propres à troubler l'ordre social. Qu'ayant fait l'ouverture de ces derniers paquets ils avaient vu avec effroi qu'ils contenaient plusieurs imprimés où l'on prêchait ouvertement la révolte contre la Convention nationale et les autorités constituées; et dont la provocation ne tendait à rien moins qu'à engager les citoyens de tous les départements à se rendre à Paris, en aussi grand nombre qu'il serait possible, pour y égorger, comme des victimes nécessaires au salut de la patrie, une partie des membres de la Convention nationale, les ministres et les chefs de diverses administrations; que ce projet atroce, grossièrement voilé dans les écrits imprimés, se trouve dans les termes les plus formels dans une lettre écrite par un particulier actuellement à Paris, envoyé par plusieurs de ces hommes mal famés, qui se sont efforcés de porter le trouble dans notre ville. Lesdits membres du comité de sûreté générale ont demandé que les pièces fussent lues, afin que l'assemblée pût délibérer sur les moyens qu'il conviendrait de prendre pour rompre un complot qui ne tend à rien moins qu'à dissoudre entièrement la République, par la destruction de la Convention nationale, et l'anarchie affreuse qui en serait la suite.

« En conséquence, le secrétaire général fait lecture : 1° d'un imprimé intitulé : *Lettres de J.-B. Lacoste, député du Cantal, à ses commettants, n° 2. en date du 1er février 1793* ;

« 2° Un autre imprimé intitulé : *Rapport fait à la société des Amis de la liberté et de l'égalité, séante aux ci-devant jacobins à Paris, le 3 mars 1793, par Collot-d'Herbois, sur les nombreuses accusations à porter contre l'ex-ministre Roland;*

« 3° Un autre imprimé intitulé : *Circulaire du comité de correspondance de la société des jacobins, aux sociétés affiliées, en date du 26 mars 1793;*

« 4° Un autre imprimé intitulé : *Copie de l'adresse des citoyens de Marseille à la Convention nationale, en date du 17 mars 1793,* déjà connue par la Convention et si justement improuvée par elle ; à la suite est une copie de la lettre des mêmes, aux 48 sections de Paris, etc. On y lit cet ordre donné à la Convention : « Décrétez que les appelants au peuple, ces traîtres, ces scélérats, ne doivent plus occuper de place auprès des députés de la sainte Montagne.

« 5° Un autre imprimé intitulé : *Un mot d'Anacharsis Cloots, sur les conférences secrètes entre quelques membres de la Convention,* dans lequel se trouve ce vœu : « Plût à Dieu que la journée du 2 septembre se fût étendue sur tous les chefs-lieux de la France! Nous ne verrions pas aujourd'hui les Anglais appelés en Bretagne par des prêtres qu'il ne fallait pas leur porter, mais septembriser. »

« 6° Un autre imprimé intitulé : *Circulaire de la société des amis de la liberté et de l'égalité, séante aux ci-devant jacobins à Paris, en date du 26 mars 1793,* qui finit par cette exhortation sanguinaire : « Frères et amis, les maux de la République sont au comble; que la nation se lève, que les départements s'expliquent et fassent justice des Brissot, Gensonné, Vergniaud, Guadet, du général Dumouriez, de tous autres généraux conspirateurs, de Clavière et Beurnonville, des cinq administrateurs généraux des postes, et de tous autres fonctionnaires publics traîtres à la patrie. »

« 7° Un autre imprimé intitulé : *Profession de foi de Marat, l'ami du peuple, adressée au peuple français en général, et à ses commettants en particulier, du 30 mars 1793;*

« 8° Un autre imprimé intitulé : *Circulaire de la société des Amis de la liberté et de l'égalité, séante aux ci-devant jacobins à Paris, en date du 5 avril 1793,* dans laquelle on trouve les passages suivants :

« Vos plus grands ennemis sont au milieu de vous : ils dirigent vos opérations. O vengeance!!!... ils conduisent vos moyens de défense... Oui, frères et amis, oui c'est dans le sénat que de parricides mains déchirent vos entrailles! Oui, la contre-révolution est dans le gouvernement... dans la Convention nationale! C'est-là, c'est au centre de votre sûreté et de vos espérances, que ces indignes délégués tiennent les fils de la trame qu'ils ont ourdie avec la horde des despotes qui viennent nous égorger!... C'est là qu'une cabale sacrilège, dirigée par la cour d'Angleterre et autres...

« Levons-nous tous! mettons en état d'arrestation tous les ennemis de notre Révolution, et toutes personnes suspectes; exterminons sans pitié tous les conspirateurs, si nous ne voulons être exterminés nous-mêmes.

« Que les départements, les districts, les municipalités, que toutes les sociétés populaires s'unissent et s'accordent à réclamer auprès de la Convention, à y envoyer, à y faire pleuvoir des pétitions qui manifestent le vœu formel du rappel instant de tous les membres infidèles qui ont trahi leurs devoirs, en ne voulant pas la mort du tyran, et surtout contre ceux qui ont égaré un si grand nombre de leurs collègues. De tels délégués sont des traîtres, des royalistes, ou des hommes ineptes. Déjà les intrépides Marseillais sont debout, et c'est pour prévenir leur arrivée que la cabale scélérate presse l'accomplissement des forfaits du traître Dumouriez.

« Français, la patrie est menacée des plus grands dangers! Dumouriez déclare la guerre au peuple, et devenu tout à coup l'avant-garde des féroces ennemis de la France, une partie de son armée, séduite par ce grand criminel, marche sur Paris, pour rétablir la royauté et dissoudre la Convention nationale.

« Aux armes! Républicains! volez à Paris, c'est là le rendez-vous de la France; Paris doit être le quartier général de la République. Aux armes! aux armes!... Point de délibération, point de délai, ou la liberté est perdue! tous moyens d'accélérer votre marche doivent être mis en usage. Si nous sommes attaqués avant votre arrivée, nous saurons combattre et mourir, et nous ne livrerons Paris que réduit en cendres!!!... »

« 9° Le numéro 6 de la feuille intitulée : *Premier journal de la Convention nationale, ou le point du jour, du 6 avril 1793.* où on lit les passages suivants : « Le moment de la vengeance nationale est arrivé : il n'y a plus à balancer : il faut que le peuple se sauve lui-même, mais pour cela, il faut qu'il se lève tout entier, et qu'il suive l'exemple des Marseillais.

« Alors, qu'une légion de nouveaux Brutus se forme, que les traîtres soient exterminés, et la cause de la liberté sera triomphante.

« Lavaux a prouvé sans réplique que les divisions qui déchirent la République partent du sein de la Convention nationale : et que pour les faire cesser, il faut que le Marais de la Convention s'élève jusqu'à la Montagne, ou que la Montagne écrase le Marais.

« Que la sagesse qui préside à vos délibérations, qui dicte vos décrets, éclaire la conduite de ces perfides mandataires, et déconcerte leurs coupables projets; ou plutôt dites-leur, au nom de tous leurs commettants, au nôtre : Citoyens, jusqu'ici nos collègues, vous avez perdu la confiance du peuple; fuyez du milieu de nous; ne souillez plus le sanctuaire de la liberté de votre haleine empestée; allez rejoindre les émigrés dont vos trahisons servent les entreprises; couvrez-vous du moins des armes des courageux scélérats qui déchirent le sein de leur mère; ne vous parez pas d'une hypocrite tendresse, pour lui porter des coups plus sûrs dans l'ombre dont vous savez vous envelopper. Entendez-vous, représentants de Coblentz, cet arrêt sort de la bouche de nos vrais représentants? Il exprime notre volonté; obéissez, ou craignez la fureur d'un peuple justement irrité.

« Il est constant que la majeure partie des départements demande le rappel des députés qui ont voté l'appel au peuple; mais cette mesure ne suffit pas. Les scélérats ne demandent pas mieux, ils ont les poches pleines, ils iront sous un autre ciel jouir du fruit de leurs rapines; je voudrais qu'avant de les chausser, on les obligeât de vider leurs poches. »

« 10° Une lettre du comité de correspondance de la société des Jacobins de Paris, à la société des Républicains aux Récollets de Bordeaux, en date du 6 avril 1793.

11° Une lettre de F. Deficux, au citoyen Grignon, en date du 6 avril 1793, renfermant,

sous le même couvert, les trois lettres suivantes :

12° Une lettre du citoyen Blanchard à son épouse, en date du 6 avril 1793, où l'on trouve les mots suivants : « Ce sont les députés de la Gironde qui nous causent tout le mal, mais j'espère qu'avant qu'il soit peu ils n'en causeront plus. Nous attendons nos braves Marseillais de jour en jour, qui, en arrivant à Paris, vont faire la recherche de tous ces royalistes, et leur feront passer le goût du pain. » (*Applaudissements dans les tribunes.*)

Doulcet-Pontécoulant (1). Je demande que le procès-verbal constate ces applaudissements à la prédiction du meurtre de députés à la Convention, afin que nos départements sachent quels hommes ils doivent venger et qu'ils connaissent nos assassins.

Plusieurs membres observent que Doulcet n'a point la parole.

(La Convention la lui accorde par un décret.)

Doulcet-Pontécoulant. Président, il peut être permis à un homme placé sur la liste des proscriptions, au moment où il entend applaudir avec enthousiasme à l'annonce d'un massacre dans Paris, de demander qu'on constate au procès-verbal dans quelle position nous sommes ici.

Il est temps que nos départements sachent que des hommes qui, depuis 1788, ont tout fait pour la cause de la liberté, qui sont prêts à ouvrir leur conscience à tous les yeux, à soumettre à tous les regards leur conduite publique et privée, sont ici en butte à tous les outrages et aux plus féroces menaces. Je déclare qu'à moins que je ne descende de cette tribune percé de coups et atterré sous les poignards des assassins, mon département en sera instruit. Je demande que les applaudissements que vous venez d'entendre soient consignés dans le procès-verbal.

Duroy. Je demande à dénoncer Doulcet lui-même.

Plusieurs membres : Allez porter votre dénonciation au comité.

(La Convention adopte la proposition de Doulcet à une très grande majorité.)

Un membre : Je demande que la phrase entière qui a été lue, soit insérée dans le procès-verbal.

(La Convention décrète cette nouvelle proposition.)

Boyer-Fonfrède, *secrétaire,* continue la lecture du *procès-verbal des administrateurs de la Gironde.*

13° Une lettre du citoyen Delpech, à J. Fontanes, en date du 6 avril 1793.

14° Une autre lettre de L. Delpech, à J.-B. Garrigon, même date.

Après cette lecture, l'assemblée ouvre la discussion. Plusieurs propositions sont faites, l'assemblée adopte les suivantes :

Le Conseil général du département de la Gi-

---

(1) *Moniteur universel.* 1er semestre de 1793, page 491, 2e colonne.

ronde, réuni avec les commissaires du district et de la municipalité,

Considérant combien il est important pour le salut de la République, que la Convention nationale soit promptement et sûrement instruite des complots affreux formés pour la dissoudre par l'expulsion ou le massacre d'une partie de ses membres;

Considérant que les imprimés et les lettres dont la lecture vient d'être faite, contiennent des invitations formelles au meurtre et à des attentats contre la représentation nationale, et que la Convention vient de rendre dans sa sagesse une loi qui déclare criminels et punit des peines les plus sévères ceux qui osent se permettre de pareilles provocations;

Considérant que dans un moment où les sages mesures prises par la Convention nationale et par les autorités constituées, ont éclairé les citoyens de Paris sur les manœuvres criminelles employées pour les égarer, les agitateurs ont regardé comme une dernière ressource d'appeler dans cette immense cité, de toutes les parties de la République, des hommes qu'ils croient pouvoir servir leurs funestes desseins; que tel est évidemment le but de ces écrits incendiaires;

Considérant qu'il est indubitable que les autres paquets dont était porteur le courrier qui a été arrêté, contiennent les mêmes écrits qui viennent d'être lus, et qu'on ne peut, sans le plus grand danger pour la République, laisser répandre un aussi funeste poison;

Considérant qu'on ne saurait environner de trop de respect la représentation nationale, et trop assurer l'inviolabilité de ses membres dans les divers départements où ils ont été envoyés pour apaiser les troubles et déjouer les manœuvres des malveillants; et que rien ne pourrait davantage compromettre leur sûreté que le mépris et la haine qu'on cherche à jeter sur une partie de la Convention, et les excès auxquels on invite à se porter envers plusieurs représentants de la nation;

Considérant enfin qu'en mettant au jour la doctrine affreuse prêchée par ces coupables écrits, il est important d'éclairer en même temps la Convention nationale sur le caractère de leurs auteurs, en les démasquant par leur propre correspondance, où leurs horribles désirs sont annoncés sans déguisement; et en dévoilant les basses intrigues dont ils se servent pour circonvenir les ministres, placer dans leurs bureaux des hommes à leur dévotion, et profiter des besoins de l'Etat pour faire sur les fournitures et approvisionnements des profits énormes, calculés jusques sur les décrets qu'ils osent assurer que la Convention nationale doit rendre conformément à leur vœu.

A arrêté, ouï le procureur général syndic,

1° Qu'il sera envoyé, dans le plus court délai, à la Convention nationale, deux députés, pour lui faire part du complot tramé contre elle, lui remettre le procès-verbal de l'ouverture des paquets qui ont servi à le faire connaître, avec les lettres et les paquets qui y étaient contenus;

2° Que lesdits députés réclameront de la Convention nationale, au nom du salut public,

les mesures les plus promptes et les plus vigoureuses, pour arrêter les suites de ce complot et en faire punir les auteurs suivant la rigueur des lois;

3° Que les paquets arrêtés sur le courrier extraordinaire expédié par les auteurs dudit complot, seront envoyés en nature à la Convention nationale, pour qu'elle décide, dans sa sagesse, de l'usage qui en doit être fait.

En conséquence, et dans l'objet du présent arrêté, le conseil général a nommé les citoyens Parlarrieu et Grangeneuve jeune, administrateurs du département.

Fait en séance du conseil général du département de la Gironde, le 10 avril 1793, l'an II de la République française.

Signé : PIERRE SERS, *président;* F. RINGUES, *secrétaire général;* GRANGENEUVE *jeune, administrateur commissaire.*

Les députés de la Gironde, soussignés, ont remis avec le présent et leur adresse, quatorze pièces numérotées de 1 à 14 et paraphées; plus quinze paquets d'imprimés adressés à diverses sociétés populaires et à des individus.

Signé : GRANGENEUVE *jeune, commissaire député.*

On a apposé le cachet du bureau sur les ficelles qui réunissent les quinze paquets d'imprimés.

Boyer-Fonfrède, *secrétaire*, fait ensuite lecture de *diverses lettres insérées au procès-verbal du département.*

PIÈCE n° 10

Société des amis de la liberté et de l'égalité, séante aux ci-devant Jacobins Saint-Honoré, à Paris.

COMITÉ DE CORRESPONDANCE

Paris, le 6 avril 1793, l'an II de la République française.

« Frères et amis,

« Vous trouverez ci-joint une circulaire aux sociétés affiliées, et une adresse des Jacobins au peuple français; nous vous invitons à les lire publiquement, à les faire réimprimer et afficher; la gravité des circonstances nous a dicté les mesures importantes qu'elles renferment, vous les adopterez sans doute; ne balancez donc plus, il faut sauver la liberté et la République, ou recevoir des fers; vous êtes Français, nous comptons sur vous; il faut vaincre ou mourir ensemble.

« Nous sommes, à la vie et à la mort,

« Frères et amis,

« Les membres du comité de correspondance,

« *Signé :* F. DESFIEUX, *président;* LAFAYE, *vice-président;* GAILLARD, BLANCHET, T. ROUSSEAU, DUCOS, SAMBAT, PEREYRA, LAMBERT, DUBUSSCHER, BASSIS, AUVRET, *secrétaires.* »

PIÈCE n° 13

Lettre du citoyen Delpech au citoyen Fontanes, à Bordeaux.

Paris, 6 avril 1793.

« L'ami Desfieux m'a annoncé, mon cher Fontanes, que vous veniez d'*obtenir ici une place dans les bureaux de la marine*. Cela m'a fait infiniment de plaisir. L'intérêt que je prends à ce qui vous regarde, me fait voir avec bien de la satisfaction le bien qui vous arrive; soyez-en sûr. Rendez-moi, je vous prie, mon cher Fontanes, le service de faire remettre de suite la lettre ci-jointe au citoyen J.-B. Garrigon, aux Chartrons, n° 6; elle presse, et vous m'obligerez qu'elle ne subisse aucun retard; vous ne douterez pas de ma reconnaissance, et soyez persuadé du désir que j'aurai de vous être utile, si je puis. Adieu, tout à vous.

« L. DELPECH.

« Mes compliments, je vous prie, au républicain Lacroix, fils cadet. »

PIÈCE n° 12

Paris, ce 6 avril 1793, l'an II de la République française.

« Chère épouse,

« J'ai reçu de tes nouvelles par une lettre du citoyen Brugère, mais cela ne me console pas trop. Je crains que tu ne sois malade, vu qu'il y a un siècle de temps que je n'ai reçu de lettre de ta part; ou je crains que je n'aie quelqu'un de mes enfants malade ou mort, que tu ne veuilles pas me le marquer. J'aurais attendu le départ du citoyen Fonade pour te donner de mes nouvelles; mais comme je ne suis pas bien sûr qu'il parte la semaine prochaine, comme ce qu'il me dit la dernière fête de Pâques qu'il vint me voir, je m'empresse donc à t'écrire par un courrier extraordinaire que les Jacobins font partir aujourd'hui. Ils en ont fait partir avant-hier quatre de même pour dénoncer les députés de la Gironde que *c'est eux qui nous causent tout le mal, mais j'espère qu'avant qu'il soit peu, ils n'en causeront plus; nous attendons nos braves Marseillais* de jour en jour, qui, en arrivant dans Paris, vont faire la recherche de tous ces royalistes, et leur faire passer le goût du pain. Il nous faut encore une pareille journée que celle du 10 août, pour que nous soyons tranquilles; sans cela nous serons toujours malheureux. Nous sommes trahis comme on ne peut pas par nos généraux, et tout cela ne dépend que de l'assemblée, je dis de ceux qui ont toujours été du côté noir plus que du blanc. Parlons de Dumouriez, qu'on croyait si bon général; du temps qu'il a été ici, si l'on avait su sa façon de penser, il ne serait pas en vie à l'heure présente, car il nous a donné pendant quelques jours bien de l'inquiétude. Il a été à même à venir dans Paris avec son armée, pour rétablir la royauté; on le mit en état d'arrestation; les commissaires qui ont porté les ordres, il les a fait mettre en prison, et a dit à son armée qu'il

n'y avait que de la canaille à Paris, qu'il fallait les exterminer. Juge si nous étions contents; je t'écrivis la dernière fête; donc je te faisais mes adieux, jeté sans goût, sans avoir envie de rien faire; le citoyen Fonade m'en a dit autant; qu'il désirait beaucoup d'être à Bordeaux, mais il ne pouvait partir, les barrières étaient consignées; actuellement nous avons un peu plus d'espoir : Dumouriez a émigré quand il a su qu'on promettait cent mille écus à celui qui porterait sa tête; on a arrêté un de ses espions qui demande à paraître à la barre. Le général Biron vient de remporter une victoire sur nos ennemis.

Autre trait de bravoure : 83 de nos volontaires ont tué 215 ennemis, et ont fait évacuer 3.200 contre-révolutionnaires.

Si Fonade n'est pas parti d'ici dimanche ou lundi prochain, je lui donnerai ordre de te payer un petit compte qu'il me doit, et je te chargerai de quelque peu de monnaie; plutôt que de t'envoyer quelques mauvaises hardes, j'ai préféré les vendre et t'envoyer le peu que j'en ai tiré.

« Conserve ta monnaie autant qu'il te sera possible, car le citoyen de la monnaie qui me la donne est très éloigné de moi; il m'en coûte une voiture pour y aller, ainsi cela me revient cher; si tu n'avais pas fait passer tes pièces de cinq sols, tu pourrais les donner au citoyen Grignon qui a occasion d'envoyer toujours quelque chose à Paris; il les donnerait à quelqu'un d'ici.

« Dis-moi, je t'en prie, si Bazanac s'est informé à toi si M. Desfieux tenait toujours son commerce, car voilà deux lettres qu'il m'écrit; il me dit qu'il est surpris de ne pas recevoir des nouvelles de son beau-frère, et de s'instruire quel est son commerce. Je lui ai répondu à ce sujet; il a appris que Desfieux et Tolède étaient séparés. Je crois que c'est à toi à qui il s'est adressé; quoique cela soit, c'est égal. Adieu, bonjour, chère épouse; il s'en va deux heures : je vais me coucher; embrasse nos enfants de ma part, et suis ton fidèle époux.

« *Signé* : BLANCHARD. »

PIÈCE N° 11.

Paris, le 6 avril 1793, l'an deuxième de la République française.

« Je profite, mon cher Grignon, du courrier extraordinaire que nous envoyons à la société de Bordeaux, pour vous apprendre que nous avons reçu des nouvelles de Valenciennes; Dumouriez a émigré, on s'est saisi de son secrétaire et de deux aides de camp; on a saisi beaucoup de papiers, et l'on prétend que Gensonné et toute la faction y est furieusement compromise; il est impossible vu leurs liaisons, que ce fût autrement. Dumouriez, réuni avec les Autrichiens, va marcher sur le territoire de la République; il voudra profiter du moment de désordre et de la débandade pour faire une trouée; il faut donc nous réunir, et aller renforcer nos garnisons et nos armées pour les arrêter sur cul. Ce sont toutes ces circonstances, qui nous ont déterminés à vous envoyer un courrier extraordinaire pour vous prévenir, et afin que vous donniez la plus grande publicité; envoyez même des courriers, ou des exprès dans tous les départements voisins, en les engageant d'imiter votre exemple.

« Je suis très pressé, je vous suis bien fraternellement dévoué.

« Signé : F. DESFIEUX. »

« Ci-joint quelques lettres, que je vous prie de faire de suite exactement parvenir.

« Si Courtois n'est pas parti, dites-lui bien des choses, ainsi qu'à Fontanes. Je les attends pour les placer au bureau de la marine; il manque de bons patriotes et de grands travailleurs, ainsi qu'au bureau de la guerre. Bonjour. »

PIÈCE N° 14.

Lettre écrite au citoyen Carrignon, aux Chartrons, n° 6, à Bordeaux, par L. Delpech, en Daltia.

Paris, samedi 6 avril, à une heure après midi.

« Cette lettre-ci, mon bon ami, vous parviendra par un courrier extraordinaire, que les jacobins de Paris envoient dans les départements; je présume même qu'elle vous sera remise par le citoyen Fontanes; ce jeune homme vient d'être nommé dans les bureaux de la marine, ici; faites-lui des honnêtetés.

« Revenons, mon bon ami, à notre affaire de chanvres, car c'est de cela seul que je vais vous parler; elle est conclue, il n'y a pas à reculer, j'attends ce soir un passe-port du Conseil exécutif, et je pars cette nuit pour Lorient; vous pouvez m'adresser vos lettres chez MM. J. J. Bérard.

« Pour ne vous laisser rien ignorer, je vais tout vous communiquer.

« Je commence par la lettre de Bérard, dont voici l'extrait :

Lorient, 27 mars 1793.

« J'ai reçu votre lettre du 23, citoyen; je serai flatté d'avoir des occasions de vous être utile et à votre maison, Boet L. L. G. de Bx.

« Il y a ici d'invendues deux parties de chanvres.

« L'une, en première sorte, au Saint-Pétersbourg, qu'on tient à 70 livres, d'environ 1,500 quintaux.

« L'autre, seconde sorte du même endroit, qu'on tient à 62 livres 10 sols; il y en a environ 1,000 quintaux.

« L'un et l'autre ne sont pas supérieurs, mais passables : on accorderait 2 0/0 d'escompte pour le paiement comptant, etc, etc.

« Suivent d'autres choses inutiles à vous dire, et signé J. J. Berard.

« Je ne vous renvoie pas sa lettre, parce que j'en aurais besoin pour me réclamer de lui. — Vous saurez que ce J. J. Berard est la première maison de Lorient : je ne la connais que par ses relations avec Tarlairon.

« Sivan a terminé avec le ministre, en son nom, pour les chanvres ci-dessus, à raison de 80 liv. les premiers, et 72 liv. 10 s. les seconds.

« Il y a 4,000 livres de promis.

« A ce prix, il restera encore, vu le paiement comptant, et l'escompte de deux pour cent que nous recevrons, environs 25,000 liv. de bénéfice. — Sur quoi nous aurons à déduire la commission de Lorient, celle de Dallarde-Sivan. Je mets le tout à 5,000 livres, et nous aurons encore très clairement 20,000 livres de bénéfice, quand bien même nous n'obtiendrions pas au-dessus de 62 livres 10 sols et 70 livres, ni plus de 2 0/0 d'escompte. — Nous serons payés de suite comptant.

« Maintenant, mon ami, je prévois comme vous les difficultés que nous pourrons éprouver, et je les ai raisonnées.

« Je veux qu'à mon arrivée à Lorient les chanvres se trouvent vendus; il nous faudra alors les racheter, et je ne présume pas que, pour les ravoir, nous abandonnions tout le bénéfice de la soumission ; mais quand bien même il le faudrait, ce serait un malheur, et j'aurais au moins couru une chance presque certaine, qui ne devra pas me laisser du repentir. — Le tout dans ceci, mon bon ami, dépend de la célérité; il ne faut pas que vous perdiez un moment pour vous procurer des crédits sur Lorient. Dacosta peut le faire très aisément; remettez-moi sur Paris, si vous le voulez, des signatures connues, ou la vôtre même que vous m'endosserez, et que j'endosserai ensuite à Longayron, pourvu que vous lui recommandiez de se rendre garant, afin que je n'éprouve pas de difficulté pour le placement. Si même vous faites écrire par A. Dacosta à Longayron, ou à toute autre maison, de se rendre garant des traites que je fournirai à courts jours sur Paris, cela reviendra au même, nous n'aurons pas besoin de nous gêner. Mon bon ami, ceci est une affaire on ne peut pas plus simple, bonne, et qui nous mènera à d'autres; choisissez des moyens que je vous propose celui que vous voudrez; dégarnissez, s'il le faut, pour quelques jours, une casse de votre portefeuille; mais de la célérité, mon ami; songez à un courrier est précieux dans une affaire semblable : quand bien même vous ne me remettriez pas plus de cent mille livres en effets ou crédits, cela suffira, parce que je laisserai à Berard le temps de savoir une partie des traites que je fournirai acquittées, avant de finir la livraison; mais il faut me remettre de suite une forte somme; ne craignez pas, vous la recouvrerez bientôt.

« J'aime mieux donner la commission à Berard qu'à Longayron, parce que Berard est un brave homme, et la rivalité est à craindre, et que d'ailleurs sa correspondance peut nous faire gagner beaucoup par la suite. — Ne craignez pas les rebuts ni les refus de recevoir de la part de l'ordonnateur, vous pouvez être tranquille sur cet article.

« Vous pourriez encore tirer sur Frin, à l'ordre de Longayron, qui m'endosseront, et moi je remettrais à Frin à vue sur Dallarde-Sivan. »

« Voici maintenant la lettre que j'ai écrite à Dallarde-Sivan.

Paris, 5 avril.

« J'approuve la soumission que vous avez faite pour mon compte au ministre de la marine, de lui fournir dans un mois, livrables à Lorient :

« 13 à 1,500 quintaux chanvres, Saint-Pétersbourg, première qualité, à 80 livres le cent.

« 900 à 1,000 deuxième qualité, à 72 livres 10 francs le cent.

« Le tout payable comptant, à Paris, sur les bordereaux de livraison qui me seront fournis à Lorient par l'ordonnateur de ce port, ou à mon chargé de procuration audit lieu.

« J. J. BÉRARD. »

« Dans le cas où je ne fisse pas en personne la livraison, ou bien celui qui délivrera pour moi lesdits chanvres, ou moi-même, seront autorisés à tirer sur vous, à court terme, le montant de ladite livraison, signé. L. Delpech. — Ils ont voulu cette lettre, afin de faire rejaillir sur moi les répétitions du ministre, en cas que je manque aux conditions qu'ils ont formées.

« Ainsi, mon ami, il n'y a pas à reculer, faites ce que je vous dis : nous y sommes d'autant plus intéressés, que nous sommes maintenant presque certains de faire beaucoup avec la marine, en raison des changements qui se sont faits dans l'administration; c'est pour cela que je ne voudrais pas me noter d'un mauvais côté.

« Il est comme positif que la Convention, sans retirer son décret qui rend les villes hanséatiques neutres, va le modifier ainsi : faites-y bien attention, que les navires réputés neutres ne pourront rien exporter que *dans les ports de la République, et que ceux qui enfreindront cette loi, pris par des corsaires français, seront de bonne prise;* il s'ensuivra que nous prendrons ceux qui seront en contravention à nos lois, et que les Anglais prendront ceux qui caboteront dans nos ports. — Ce ne peut que faire augmenter les chanvres : voilà pourquoi, sur cet avis, et la certitude du placement, achetez tous ceux que vous pourrez à 66 livres et au-dessous, si vous pouvez, nous n'y perdrons pas.

« La marine manque totalement de brai, goudron, résine, etc. Envoyez-moi de suite le prix et la quantité que nous pourrons soumettre de chaque qualité pour un temps déterminé; il y aura gros à gagner sur cet article.

« Comme le ministère de la guerre est vacant, je ne puis avoir une réponse pour les canons, boulets, fers, etc. mais quoique je m'absente, rien ne sera négligé, et je crois que ça ira, si les prétentions de nos vendeurs ne sont pas exagérées.

« Il en sera de même pour les cordages, je l'espère, mais un peu de patience.

« Je crois partir cette nuit; cependant, si j'ai une réponse favorable pour une partie majeure de vins, je bâclerai avant cette affaire, et je réparerai le temps perdu à franc étrier.

« Mon ami, la bonne volonté et l'activité ne manqueront pas; mais ne me découragez pas, secondez-moi : n'allez pas me considérer comme un ambitieux insensé; je veux votre bien autant que le mien, je vous l'assure.

« Adieu mon meilleur ami; ma lettre reçue, écrivez-moi de Lorient, envoyez-moi de suite des remises. Cette affaire sera bientôt terminée, et vous verrez que nous en ferons d'autres.

« Adieu.

« L. DELPECH. »

« Si nous réussissons dans cette première affaire, mon bon ami, comme je l'espère, ce début fera plaisir à L. et nous gagnera sa confiance; ainsi, mon ami, prenez garde de ne pas me jeter dans la fosse, L. faites promptement ce que je vous dis.

« Ecrivez promptement à Latefa à Bayonne, pour les brais et goudrons; rassemblez, le plus tôt que vous le pourrez, vos parties de chanvre à Bordeaux, afin que je les offre.

« Quand arriveront les vins en caisse? par qui et quand ont-ils été chargés?

« Tâchez de remplir l'ordre des six mille barils, vin de Sivan et nous aurons à faire, à l'avenir, avec cette maison : j'attends le plan de cargaison pour le navire.

« Mon bon ami, j'espère que les affaires s'arrangeront; si jamais nous avons le bonheur d'avoir la paix, Paris sera un théâtre unique et immense, dont nous tirerons bon parti.

« Mon ami, mon cher Garrignon, n'allez pas tergiverser dans cette occasion; si je l'avais craint, je serais passé par Bordeaux; mais je me repose sur votre prudence et votre amitié; ainsi j'espère que vous serez exact à me faire de suite, à Lorient, les plus fortes remises que vous pourrez.

« M. Sabrier se moque de moi, je le vois bien; mais le sieur V. est marié, ce coquin-là ne me paiera-t-il jamais? je lui brûlerai la cervelle tôt ou tard; il peut y compter, et je serai homme de parole.

« J'ai demandé à Casamajor, depuis longtemps, cent barils, liqueurs de la Martinique assorties; il ne me les a pas envoyés, etc. Cependant j'en ai promis, j'aurais grand besoin qu'elles fussent ici, car j'en ferais un usage utile. Accélérez cet envoi, je vous en prie. »

———

Paris, le 6 avril 1733, l'an II de la République française.

« Chère sœur,

« C'est du centre du patriotisme, les vrais Jacobins de Paris, que je t'écris, t'embrasse, et te prie de donner une bonne bouteille de vin au courrier patriotique que nous envoyons aux bonnes sociétés, non aux Récolets, mais au club national fondateur du club, avec le brave Défieux, malgré l'ingratitude d'Israël à son égard. J'embrasse ma chère cousine et tante. Je me porte bien. Je te salue, et suis ton ami et frère.

« *Signé* : PEREYRA. ».

PIÈCE N° 3.

Circulaire du comité de correspondance de la société des Jacobins aux sociétés affiliées, en date du 6 mars 1793 (1).

« Les traîtres sont encore au milieu de nous; ils ont tous les trésors, tous les canaux de l'esprit public; ils dirigent le comité. Les journalistes, tous vendus à l'intrigue et à la calomnie, abusent l'esprit public. Tous sont dirigés par le cabinet de Saint-James.

« Il faut chasser tous les mandataires perfides, infidèles. Le général d'Harambure avait été décrété d'accusation et le côté droit s'est levé pour rapporter le décret...

———

(1) Nous n'avons pu découvrir cette pièce aux Archives. L'extrait que nous donnons ici est emprunté au *Mercure universel*, tome 26, page 300.

Un grand nombre de membres : C'est faux !

Boyer-Fonfrède, *secrétaire, continue la* lecture : « Les chevaliers du poignard ont jusqu'à présent respecté les membres du côté droit. Tirez-en les lumières que mérite le Salut public. »

PIÈCE N° 6.

Circulaire de la société des Amis de la liberté et de l'égalité, séante aux ci-devant Jacobins Saint-Honoré, à Paris, du 26 mars 1793, l'an II de la République (1).

« Frères et amis,

« Nous vous avons souvent parlé le langage des passions, nobles compagnons de la liberté. Ici nous vous tiendrons celui de la froide raison qui n'est pas moins son amie. Nous n'avons eu que trop d'occasions de comparer la cour de Roland et sa femme, depuis le 10 août, jusqu'au commencement de février avec celle de Louis Capet et de Marie-Antoinette, pendant les six mois précédents. Aujourd'hui nous nous devons le parallèle du comité de Brissot, Guadet, Gensonné et Vergniaud avec le comité autrichien que leur ambition a remplacé; du ministère qui a précédé le 10 août avec partie du ministère actuel, de la conduite de Dumouriez avec celle de Lafayette, de Miranda avec Jarry, de d'Harambure avec Dillon, de Lanoue et Steingel avec tant d'autres généraux qui ont commandé nos armées l'année dernière.

« Il y a un an, une cour corrompue et désorganisatrice de la France, un ministère perfide, des généraux traîtres, des administrateurs aristocrates royalistes, ont mis l'Etat sur le bord du précipice. Une Assemblée nationale, moitié perverse, moitié faible, était incapable de sauver les Français.

« Pour les perdre plus sûrement, on a fait entrer une de nos armées dans la Belgique, sous les ordres de Luckner. Jarry a incendié Courtrai. On a fait quitter ce pays à notre armée.

« Dumouriez en commandait une autre, il avait pour second Beurnonville.

« Lafayette était à la tête d'une troisième. On a vu les effets de la tactique de ses cantonnements perfides. Le traître s'est enfin démasqué entièrement lui-même. Il a fui une terre qu'il n'avait pu asservir.

« Dumouriez a quitté l'armée du Nord pour aller s'opposer aux progrès du roi de Prusse et de ses alliés, devenus maîtres de Longwy et de Verdun. Nos généraux ont eu successivement des succès tels qu'après l'évacuation de notre territoire par l'ennemi, il a été dit assez généralement par tous les gens du métier, que si Dumouriez n'eut pas mêlé la politique à la guerre vis-à-vis de Guillaume-Frédéric, s'il eut poursuivi avec vigueur cet Attila moderne, les plaines de la Champagne et le territoire de Verdun et de Longwy auraient été le tombeau de l'armée prussienne.

« Mais Dumouriez était pressé alors de conquérir la Belgique. Il n'a pas même attendu

pour revenir à Paris que les armées ennemies eussent dépassé nos frontières, il s'est présenté à la société des Jacobins, il y a parlé avec une feinte modestie. Un orateur franc et loyal ne lui a pas dissimulé qu'on craignait que le général français n'eût eu trop de ménagement pour le roi prussien. Dumouriez a esquissé le compliment par un sourire équivoque.

« Cependant Dumouriez est entré dans la Belgique avec une armée considérable. Les avantages qu'il y a obtenus lui avaient été facilités de toutes les manières, comité révolutionnaire des Belges, commissaires de l'Assemblée nationale, commissaires du Conseil exécutif, tous les trésors de la République. Dumouriez a dû avoir mis lui-même à contribution les trésors du pays.

« En quittant le ministère, Dumouriez paraissait s'être brouillé avec Brissot, Guadet, Vergniaud, Gensonné. Six millions, mis à la disposition du premier, ont été une des causes de la querelle. Brissot a écrit à Dumouriez des lettres qui ont été imprimées et qui sont restées sans réponse, quoique l'honneur et la délicatesse le commandassent impérieusement. Le silence de Dumouriez l'a fait mésestimer sans retour par tous les observateurs honnêtes.

« Au 10 août, Roland, Servan et Clavière étaient rentrés au ministère par l'ascendant de la faction de Brissot et de la Gironde.

« Servan s'étant rendu justice, le citoyen Pache lui a succédé, après avoir été même désigné à la Convention par Roland lui-même et par le journal de Brissot et autres.

« Pache qui n'était pas faeit pour être leur esclave, qui avait une opinion à lui, qui n'aimait pas les d'Espagnac et autres entours de Dumouriez, Pache qui défendait au Conseil exécutif et dans la Convention les bons principes, la République française et la cité de Paris, Pache s'est rendu odieux à Roland, Clavière, Dumouriez, Brissot et consorts. Cette communauté d'intérêt contre le citoyen Pache a été vraisemblablement une des causes de la réunion de Dumouriez, Brissot et des trois Girondins. Il fallait de plus mettre au ministère de la guerre un homme adroit à ces factieux. Ils ont jeté les yeux sur une créature de Dumouriez et un des stratagèmes les plus adroits de Brissot a été de faire concourir la Montagne elle-même au choix de Beurnonville. (*Rires.*) Guadet, Gensonné, Vergniaud s'étaient compromis par une lettre écrite au ci-devant roi en juillet 1792, lettre par laquelle ils interposaient leur médiation entre lui et la nation.

« Brissot avait toujours été très secrètement et très adroitement l'ami de Lafayette; il était son continuateur.

« La journée du 10 août les avait déconcertés. Comment s'y prendre pour sauver le tyran, qui avait des preuves écrites de leur duplicité. Il est vrai qu'il ne pouvait, de son côté, les perdre, sans ajouter aux preuves contre lui-même. De là les délais, les biais employés par eux, d'abord pour éloigner le jugement, ensuite pour sauver la vie du tyran par un appel aux assemblées primaires, qui aurait causé la guerre civile, les efforts pour sursis à l'exécution du jugement à mort.

La faction n'avait pu, d'emblée, tenter de conserver le trône au tyran, ni même à son fils, mais elle ménageait à ce dernier, dans l'avenir, la royauté par le fédéralisme, gou-

(1) *Archives nationales*, Carton C_{II} 232; chemise 424, pièce n° 11, et *Mercure universel*, tome 26, page 300.

vernement monstrueux qui lui aurait redonné la naissance; aussi les députés purs à la Convention se sont empressés de faire déclarer la République une et indivisible.

« Dumouriez a écrit souvent en maître à la Convention, tantôt en faveur de d'Espagnac, Malus, Petit-Jean et autres agioteurs, c'est-à-dire en faveur de lui-même, tantôt contre le décret du 15 décembre sur lequel il a osé mettre une espèce de veto.

« La conquête de la Belgique à la liberté n'était pas achevée et encore moins consolidée, que Dumouriez aspirait à une autre, celle de la Hollande.

« Il laisse donc dans la Belgique ses lieutenants et fait quelques progrès dans les possessions du stathouder.

« Pendant ce temps et le 1er mars 1793, Lanoue et Steingel, suivant l'exemple de Lafayette, cantonnent leur armée sur quatorze lieues de pays. Une armée ennemie pénètre, sans même avoir été aperçue, et s'empare d'Aix-la-Chapelle et de Liège.

« Alors Dumouriez revient dans la Belgique, y fait des actes de dictateur, non pas contre Lanoue et Steingel, mais contre les commissaires du pouvoir exécutif et autres fonctionnaires publics, comme aussi contre les sociétés populaires.

« C'est ainsi que Lafayette avait donné des lois au département des Ardennes et autres autorités constituées des pays où il commandait. Il avait aussi ordonné à l'Assemblée législative la dissolution des clubs.

« Le 12 mars, Dumouriez écrit à la Convention une lettre inconcevable, présage affreux de tout ce qui a suivi. Cette lettre, comme tant d'autres, renfermée dans le comité de défense générale, n'a vu le jour que longtemps après.

« Cinq jours après la date de cette lettre contre-révolutionnaire et le 17 mars, Miranda, nouveau Jarry, fait battre par l'ennemi l'aile gauche de l'armée commandée en chef par Dumouriez, qui ne se plaint que des soldats et ne veut plus que ceux-ci continuent à nommer leurs officiers.

« Cependant cet intrigant se croit obligé de revenir sur sa lettre du 12, par un mot d'écrit entortillé, en date du 21, à la Convention; il demande la suspension du rapport sur cette lettre.

« Le 23 il se démasque entièrement et propose d'abandonner la Belgique.

« La Hollande était aussi abandonnée.

« C'est ainsi que ce général, errant de la Champagne en la Belgique, de la Belgique en la Hollande, revenu de là dans la Belgique, osera sans doute, reparaître sur le territoire français, après avoir épuré le sang des soldats et les trésors de la France et nous avoir trahi partout. Du moins, le traître Lafayette est allé cacher ses forfaits dans une guerre étrangère.

« Nous ignorons quelles ont été les conditions de Dumouriez avec le roi de Prusse dans la Champagne, mais ce qu'il y a de sensible aux yeux les moins clairvoyants, c'est que Dumouriez a secondé à merveille la politique de Brissot, Gensonné, Vergniaud et Guadet. Ceux-ci s'étaient toujours opposés, dans la Convention et dans leurs journaux et écrits, à la réunion des pays contigus à la République; ils n'ont pu en venir à bout par eux-mêmes. Eh bien ! ils

y sont parvenus au moyen de la tactique perfide d'un général sans principes moraux, ne connaissant de dieux que l'ambition, l'or et la débauche.

« Brissot, Gensonné, Guadet et Vergniaud, n'ayant pu sauver le tyran dont les défenseurs ont des preuves écrites contre eux, malgré les soustractions faites par Roland, de certaines pièces de l'armoire de fer, ces quatre traîtres, nouveaux membres du comité autrichien, prussien et anglais, ont dit au général leur complice : Faisons notre paix avec l'Autriche, la Prusse et la Hollande en abandonnant les conquêtes dans la Belgique et la Hollande. Le général les a abandonnées.

« Brissot est le Lafayette civil, renforcé par les trois Girondins.

« Dumouriez est le Lafayette militaire, beaucoup plus dangereux que n'a été celui-ci, parce qu'il a incomparablement plus de moyens.

« Miranda est le Jarry, Lanoue, Steingel, d'Harambure nous rappellent tant d'autres généraux qui nous ont trahis l'année dernière.

« Beurnonville, créature de Dumouriez, qui est réellement ministre de la guerre, sous le nom du premier, Beurnonville qui est absolument incapable, s'il n'est pas perfide, a succédé aux Narbonne, aux d'Abancourt et à cette foule de ministres de la guerre qui n'ont fait que paraître sous le généralat dictatorial de Lafayette.

« Cette succession rapide de ministres, avant le 10 août, avait pour objet de tout désorganiser. Aujourd'hui c'est la même tactique.

« A l'égard de Clavière, il ne s'opiniâtre dans sa place que pour perdre nos finances par son inertie et son insouciance, depuis qu'il est ministre lui qui, pendant la session de l'Assemblée constituante et celle de l'Assemblée législative, dont il était le député suppléant, occupait sans cesse le public de projets sur les finances.

« Au surplus, frères et amis, Clavière s'est trop fait connaître, pour que nous ayons besoin de vous rappeler ici toute sa conduite déloyale.

« Comment concevoir que le Conseil exécutif ou quelqu'un de ses membres n'ait reçu ou n'ait donné à la Convention aucun éveil relativement au plan et aux préparatifs de la guerre civile qui ravage le nord-ouest de la France. L'armée des contre-révolutionnaires, divisée en trois corps, est de 40,000 hommes et cette guerre, ils la font avec art et dans les règles.

« Sous l'ancien régime, l'administration des postes n'aurait-elle pas averti à l'avance le gouvernement d'une pareille conspiration ? Que penser donc des cinq administrateurs actuels ? Que penser de Clavière, leur chef et leur protecteur ?

« Frères et amis, les maux de la République sont au comble : que la nation se lève, que les départements s'expliquent et fassent justice de Brissot, Gensonné, Vergniaud, Guadet, du général Beurnonville, de tous autres généraux conspirateurs, de Clavière et des cinq administrateurs des postes, de tous autres fonctionnaires publics, traîtres à la patrie.

« *Signé :* La Faye, *président* ; Brivat, Jay, *député;* Degnagné, Gaillard, Fouquier-Tinville, Renaudin, *secrétaires.*

Le Président (1). Je demande la permission à la Convention d'interrompre quelques instants cette lecture pour porter à sa connaissance deux lettres qui émanent des armées ; l'une, écrite par le général Dampierre, nous est transmise par le ministre de la guerre ; l'autre nous est adressée par nos commissaires.

Mellinet, *secrétaire,* donne lecture de ces deux lettres :

1° *Lettre de Bouchotte, ministre de la guerre,* en date du 17 avril 1793, qui transmet à la Convention un extrait de celle du général Dampierre, au quartier général de Valenciennes, en date du 16 avril, ainsi conçu :

Extrait de la lettre du général Dampierre au ministre de la guerre (2).

Au quartier général de Valenciennes, le 16 avril 1793, l'an II de la République française.

« Citoyen ministre,

« Je me hâte de rendre justice au dixième régiment de chasseurs à pied et au lieutenant colonel qui le commandait. Rien de plus faux que le rapport qu'on m'avait fait qu'ils avaient livré leur poste. Le fait est que le poste a été négligent et qu'ils ont été sabrés et enlevés. Le lieutenant-colonel a été fait prisonnier en se défendant vigoureusement. Voulez-vous bien, citoyen ministre, rendre publique cette nouvelle preuve de la fidélité des Français.

« Signé : DAMPIERRE.

Pour copie conforme :
« *Signé* : J. BOUCHOTTE. »

(La Convention ordonne l'insertion de cette lettre au *Bulletin.)*

2° *Lettre des citoyens Du Bois Du Bais et Briez, commissaires de la Convention nationale à Valenciennes,* par laquelle ils annoncent que les troupes de la République sont dans les meilleures dispositions : elle est ainsi conçue : (3)

Valenciennes, le 16 avril 1793.

« L'ennemi nous a laissés tranquilles aujourd'hui ; il a été satisfait sans doute de la bonne réception qu'on lui a faite hier : on lui a tué beaucoup de monde ; nos troupes sont dans les meilleures dispositions, et nous avons tout lieu d'espérer que nos ennemis n'obtiendront pas les succès dont ils se flattaient.

« Condé est toujours cerné ; il paraît qu'ils s'obstinent à la conquête de cette place : elle est disposée à une vigoureuse résistance ; et nous avons vu avec plaisir par le Bulletin que le dévouement et la résolution des troupes qui la défendent ont obtenu la mention honorable de la Convention.

« Il arrive enfin des recrues, mais la plupart sans armes; on ne doit pas oublier un instant qu'il nous en faut, et dans le plus court délai.

« Les nouvelles que nous avons reçues de Maubeuge hier et aujourd'hui, annoncent que l'ennemi s'est contenté de frapper à la porte sans essayer de l'ouvrir, malgré sa sommation et ses menaces; il a cru que les murs de notre ville devaient tomber à sa voix, comme les murs de Jéricho tombèrent au son des trompettes. Voilà, citoyens nos collègues, tout ce que nous avons à vous mander aujourd'hui; il n'en sera peut-être pas de même demain; car nous sommes sur un théâtre où les scènes varient à chaque instant, hier grand tapage, aujourd'hui grand calme et, demain peut-être, les bouches d'airain vomiront la foudre et la mort.

« Il faut que l'on se hâte de nous faire arriver les recrues, des habillements, des armes, des chevaux et des approvisionnements de tout genre. Voilà ce que nous ne cesserons de répéter. »

(La Convention ordonne l'insertion de cette lettre au *Bulletin* et le renvoi au Conseil exécutif.)

Boyer-Fonfrède, *secrétaire,* veut continuer la lecture *des pièces mentionnées dans le procès-verbal des administrateurs de la Gironde.*

Barbaroux (1). J'ai une observation à présenter. J'estime qu'au lieu de continuer la lecture des imprimés et circulaires de la société des amis de la liberté séante aux Jacobins, il serait peut-être préférable de nous faire connaître quelques-unes des lettres particulières contenues dans les quinze paquets déposés sur le bureau. J'en fais formellement la demande.

Fabre d'Eglantine. Si l'Assemblée adoptait cette proposition, elle approuverait la conduite du département de Bordeaux; je demande, au contraire, que ce département soit improuvé.

Boyer-Fonfrède. Ce n'est point le département de la Gironde qui a autorisé cette violation du secret des lettres, mais les commissaires de la Convention, Garrau et Paganel, qui ont établi un comité de surveillance, spécialement chargé d'ouvrir les paquets dont seraient porteurs tous les courriers extraordinaires.

Grangeneuve. Je demande que Blanchard et Delpech, dénommés dans les pièces, soient mis en état d'arrestation.

Maximilien Robespierre. Ce matin la Convention nationale a ordonné la lecture de pièces qu'on annonçait contenir une grande conspiration; on affecte maintenant d'interrompre cette lecture, pour demander le décret d'arrestation contre deux citoyens : je ne conçois pas ce mépris pour les droits des citoyens; (*Applaudissements des tribunes*) je ne con-

(1) *Moniteur universel,* 1er semestre de 1793, page 491, 2e colonne.

(2) *Archives nationales,* Carton CII 252, chemise 433, pièce n° 16.

(3) *Bulletin de la Convention,* supplément du 16-17 avril 1793.

(1) Cette discussion, provoquée par les demandes de Barbaroux et de Grangeneuve, est empruntée au *Moniteur universel,* 1er semestre de 1793, page 491, 3e colonne; au *Journal des Débats et des décrets,* n° 213, page 309 et au *Mercure universel,* tome 26, page 300.

çois pas cette légèreté indécente avec laquelle on se joue des principes et de la justice; je ne conçois pas cette odieuse tyrannie érigée en système au milieu d'une assemblée qui a juré d'exterminer toute espèce de tyrannie. Aujourd'hui on décrète d'accusation un représentant du peuple sans l'avoir entendu; demain on mettra en état d'arrestation deux citoyens qui ne sont coupables d'aucun crime; je ne reconnais dans cette conduite que la marche de la tyrannie et je m'oppose à cette arrestation.

Poultier. Mettez donc en arrestation les 6,000 marseillais, si vous pouvez!

Gensonné. S'il ne faut que 12,000 hommes du département de la Gironde, ils viendront.

Lefebvre de Chailly. S'il faut toute la Bretagne, elle viendra. *(Murmures sur la Montagne.)*

Maximilien Robespierre. Je demande la lecture de toutes les pièces, pouvez-vous me la refuser? non. Je demande qu'une discussion soit ouverte sur la proposition qui vient d'être faite. Si vous rejetez ma proposition, je dirai que la tyrannie dirige vos délibérations. *(Applaudissements des tribunes. Murmures prolongés à droite et à gauche.)*

Buzot. Je déclare d'abord que je partage les sentiments du préopinant sur la liberté individuelle et sur le respect que l'on doit au secret des lettres; et si les intentions n'étaient pas sans cesse calomniées, j'aurais fait entendre ma voix pour réclamer ces grands principes. Ce ne doit pas être sur une dénonciation d'un département que vous devez décréter un citoyen d'arrestation, mais sur un rapport de l'un de vos comités : c'est pourquoi je demande que la lecture soit interrompue, et le renvoi de toutes ces pièces à l'un de vos comités.....

Plusieurs membres, ironiquement : A Robespierre!

Buzot,... pour vous en faire un rapport; je demande aussi que les pièces que le citoyen Riberal a déposées sur le bureau, soient également renvoyées au comité de législation.

Bentabole. Je m'y oppose, c'est le comité qui a fait le rapport sur Marat.

Audouin. Je demande l'impression de toutes les pièces.

Maximilien Robespierre. J'en demande le renvoi au comité de sûreté générale.

Olivier de Gérente. Un courrier payé par les Jacobins, passant à Avignon, a attesté que tous les appelants du peuple avaient été mis en état d'arrestation. Nos familles sont en alarme, les citoyens veulent s'armer pour venir à notre secours; voilà l'effet que produisent ces misérables projets qu'il faut enfin punir.

Un membre : On n'a pas fait le rapport sur l'affaire Barbaroux.

Barbaroux. J'insiste pour qu'il soit fait à l'Assemblée ; c'est moi qui le demande.

Duroy. J'arrive de deux départements ; ils sont instruits des débats qui se passent ici, et je dois vous dire que la masse des citoyens gémit de vos dissensions. *(Vifs applaudissements.)*

Plusieurs membres : Est-ce nous qui apportons des pétitions, des dénonciations, des calomnies ?

Duroy. Je m'acquitte ici d'une obligation que j'ai contractée envers les citoyens de ces départements; ils m'ont chargé de vous dire que jusqu'à présent l'Assemblée s'est plutôt occupée des intérêts de ses membres que de l'intérêt général. Les citoyens se portent en foule aux frontières ; eh bien! pour récompense des sacrifices qu'ils font, ils veulent que vous cessiez enfin de vous déchirer. *(Applaudissements.)* Ils vous prient, au nom du sang de leurs frères qui a été versé et au nom du leur qui va couler pour la défense de la patrie, de vous occuper d'une Constitution républicaine qui doit assurer leur bonheur. *(Applaudissements.)* Citoyens, au nom de la liberté, abandonnons toutes nos haines particulières pour nous occuper de l'intérêt du peuple français. Je sais ce que Doulcet a écrit contre moi, mais je l'oublie bien sincèrement. *(Vifs applaudissements.)*

Doulcet-Pontécoulant. Je vous ai offensé, il est vrai... J'ai écrit contre vous ; mais je vous en demande, en présence de mes collègues, l'excuse la plus formelle. *(Applaudissements).* Je désavoue les opinions que la prévention m'a pu dicter sur votre compte.

Doucet-Pontécoulant et **Duroy** s'embrassent.

(La salle retentit des applaudissements unanimes de l'Assemblée et des citoyens des tribunes.)

Duroy. Occupons-nous de la Constitution, et éloignons toutes ces misérables accusations. *(Applaudissements.)*

Vergniaud. Il faudrait être mauvais citoyens pour ne pas adopter les sentiments de Duroy; il faudrait être aveugle pour ne pas voir la République gémit de nos divisions. Il faut prendre un moyen pour les faire cesser, et pour empêcher que des libelles ne circulent dans la République, non pas contre un individu, mais contre la majorité de cette Assemblée. Ces libelles, citoyens, sont la cause de toutes nos dissensions ; il faut prendre une mesure pour empêcher ses calomnies.

Le département de la Gironde a dû être étonné de voir parmi les pièces que l'on faisait circuler dans son sein, que plusieurs de ses représentants étaient désignés pour être massacrés. Il vous a envoyé ces pièces; et remarquez, citoyens, qu'elles se lient avec la malheureuse pétition qui vous a été présentée par les sections de Paris. Cette pétition tend à faire réunir les assemblées primaires. Il faut que la Convention prenne un parti sur cette pétition; car un autre département peut accuser la députation de Paris d'avoir conspiré contre la liberté, et dès lors voilà la guerre civile déclarée.

Je demande l'impression de toutes les pièces, leur renvoi aux comités de salut public et de législation réunis, pour en faire leur rapport incessamment. Quant à la pétition des sections de Paris, je demande, afin de prévenir les mouvements qu'elle pourrait occasionner dans les départements où la calomnie n'a pu nous flétrir, que la discussion sur cet objet soit reprise samedi.

(La Convention adopte les propositions de Vergniaud) (1).

(La séance est levée à six heures et demie.)

PREMIÈRE ANNEXE (2)

A LA SÉANCE DE LA CONVENTION NATIONALE DU JEUDI 18 AVRIL 1793, AU MATIN.

DES QUALITÉS ET DES DEVOIRS D'UN INSTITUTEUR PUBLIC

par

Pierre-Vincent CHALVET, *de la société nationale des Neuf-Sœurs à Paris et de celle des Amis de la République à Grenoble (3).*

Que sous le régime des despotes, l'éducation publique soit négligée, on ne doit pas en être surpris; leurs trônes et leur puissance ne reposent que sur l'aveuglement et la turpitude des peuples; mais qu'une nation policée, qui se flatte d'avoir rompu ses chaînes, de s'être délivrée de la tyrannie, conserve encore une éducation vicieuse, c'est là un phénomène inconcevable.

Quel est donc cet amour de la liberté, qui ne s'occupe pas de lui soumettre tous les cœurs, de la faire chérir surtout de l'enfance? O mes concitoyens! si vous avez un sincère désir de la voir fixée parmi nous, hâtez-vous, non seulement d'échanger vos sentiments d'esclaves, mais songez encore à prémunir la jeunesse contre les impressions serviles que vous avez contractées, et dont chaque jour vous lui laissez voir des traces. Vous n'êtes redevables de votre régénération qu'aux progrès des lumières; l'affranchissement de l'espèce humaine est le terme et le prix de leurs généreux efforts; par elles seules, les races futures iront des droits de l'égalité, au sein de l'abondance et de la paix; par elles seules vous appréciez ces mêmes droits : pour votre propre bonheur, pour celui de la postérité, aplanissez les obstacles qui s'opposent encore à leur marche glorieuse! que les besoins de l'enfance soient enfin l'objet de vos sollicitudes!

L'éducation collégiale, en usage jusqu'à ce jour, repose sur des principes religieux, antisociaux, qui ont rendu inutiles les plus salutaires réformes. Instruits par les vains essais qu'on a faits à plusieurs reprises, pour l'améliorer, il faut en créer une nouvelle, digne d'une nation jalouse de sa liberté et de ses droits.

Les mêmes écrivains qui ont éclairé l'ancien régime sur l'insuffisance et les suites funestes de l'éducation collégiale, ont publié des projets, des idées lumineuses, qu'on ne doit pas négliger. M. Talleyrand-Périgord, dans son rapport à l'Assemblée constituante, en a sagement profité; aussi son plan est-il à la fois simple et vaste; la distribution des études, telle que les besoins de la multitude peuvent l'exiger. C'est une de ces conceptions sublimes dignes de la bienveillance nationale. La plus honorable récompense qu'espérait en retirer son auteur, était de la voir exécutée avec succès. Cependant le comité d'instruction de la seconde législature n'a pas cru devoir l'adopter. Le plan qu'elle a formé est, dit-on, moins dispendieux; puisse-t-il être au plus tôt discuté! De la réunion de tant de lumières, nous avons droit d'attendre une éducation vraiment nationale.

Législateurs, qui veillez au salut de l'Empire, partagez vos soins sur ses besoins présents, sur ses besoins à venir. La Belgique retentit des foudres de guerre; ses champs s'abreuvent de nouveau de sang humain; la mort moissonne nos généreux soldats, qui cimentent de leur sang l'édifice de la liberté; que la jeunesse qui doit les remplacer, partage leurs nobles sentiments; qu'elle soit animée de cet enthousiasme pur et sacré pour la patrie, qui constitue le parfait héroïsme. Le reproche que *Plutarque* fait à *Numa* de n'avoir pas assuré ses institutions politiques et religieuses sur l'éducation, la postérité est en droit de le faire à vos prédécesseurs. Ne craignez-vous pas qu'elle ne le fasse à vous-mêmes? Aurez-vous aussi à vous repentir d'un pareil oubli!

Nous n'essaierons pas d'exposer nos faibles idées sur une matière traitée aussi souvent et avec autant de supériorité; nous observerons seulement que, dans la foule des écrivains qui ont consacré leurs veilles à l'éducation, il en est peu qui se soient occupés des qualités essentielles à l'instituteur. L'émule de Quintilien, le vertueux Rollin, en a seul parlé; encore n'a-t-il pas donné à ses idées tout le développement dont elles sont susceptibles. Nous croyons concourir à la prospérité publique en déterminant les *qualités* et les *devoirs* des instituteurs; et, avant de nous en occuper, voici quelques réflexions préliminaires, sur lesquelles il n'est pas inutile d'insister.

Du succès de l'éducation.

Le sang qui circule en nos veines, n'est pur et sain, qu'autant que celui de nos parents qui nous enfantent à la nature, est exempt de corruption : de même nous ne sommes vertueux et instruits qu'autant que nos instituteurs, qui nous enfantent à la société, le sont eux-mêmes. Les Rollin, les Porée, par leurs talents, ont fait disparaître les vices inhérents au plan d'instruction qu'ils étaient forcés de suivre. Les succès extraordinaires de la plupart de leurs élèves, font ressortir la nécessité de ne confier la jeunesse qu'à des hommes propres à les former. Un grand maître dédommage des imperfections qui se trouvent dans l'enseignement; un instituteur inepte ne peut qu'y ajouter. Un instrument qui, dans les mains débiles d'un enfant, ne rend que des sons discordants, ravit par ses accords, entre celles d'un artiste qui connaît les règles de l'harmonie.

---

(1) Voy. ci-après aux Annexes de la séance, page 659, le texte des quatorze pièces analysées dans le procès-verbal des administrateurs du département de la Gironde.

(2) Voy. ci-dessus, même séance, page 607, la lettre de Chalvet.

(3) *Archives nationales*, Carton CII 232, chemise 433, pièce n° 26.

Il nous suffit, sans doute, d'observer que, dans le choix des candidats qui s'offriront pour être instituteurs, c'est moins des connaissances qu'il faudra rechercher que les qualités du cœur. On parvenait autrefois à cet emploi, avec des notions superficielles; on faisait peu attention aux qualités morales : aussi des maisons d'éducation voyait-on rarement sortir des citoyens. L'étude était le seul objet qui captivait les écoliers et les maîtres; comme si l'amour et la pratique des vertus sociales ne devait pas être aussi estimée que l'acquisition des lumières! Les suites d'une pareille éducation étaient désastreuses pour l'Etat. La plupart des élèves, ceux surtout qui faisaient le plus de progrès dans l'étude, pour s'y livrer plus aisément, se vouaient au célibat; ainsi la société se trouvait privée de citoyens utiles. Une pareille calamité était encore produite par les principes religieux des instituteurs qui n'offraient la vie célibataire que comme une perfection, un moyen facile de plaire à la divinité. Certes, sous le régime de la liberté, de pareils principes sont proscrits. Les instituteurs, en offrant à leurs élèves les douceurs de l'union conjugale, feront naître dans leur sein le désir de les connaître. Secondés par la nature, il ne leur sera pas difficile d'enfanter à l'Etat de vertueux pères de famille.

Les instituteurs célibataires apportaient rarement dans leurs classes cette satisfaction pure et inaltérable qui n'appartient qu'à ceux qui suivent les impulsions de la vertu et de la nature. Alors que leur esprit applaudissait à leur conduite une voix puissante se faisait entendre au fond de leur cœur, pour le contredire; alors qu'ils s'efforçaient de se persuader que le célibat était méritoire, ils ne pouvaient se défendre d'une rêverie morne, juste châtiment de leurs crimes envers la nature et la société. Leur joie, comme un éclair, disparaissait pour faire place, à une mélancolie profonde : les ris ne faisaient qu'effleurer leurs lèvres, et ils reprenaient bientôt cette austérité qui tient de l'ennui et de la tristesse.

Qu'un instituetur qui ne contrarie pas les vœux de la nature, apporte dans sa classe une gaieté plus sincère et plus durable! qu'il offre un modèle plus gracieux à suivre! que ses leçons, dégagées des tristes atours d'une mélancolie solitaire, sont à la fois et plus utiles et plus agréables! En vain répéterait-on que les embarras de famille sont incompatibles avec les fonctions d'instituteur. Il est une foule de professions utiles, aussi pénibles, qu'on exerce avec estime, en remplissant les devoirs sacrés d'époux.

De l'enseignement de la langue française.

Une multitude d'idiomes grossiers divisent la France en autant de peuples que de contrées. Il est temps que l'oreille délicate du voyageur ne soit plus choquée de ces intonations diverses qui changent à chaque province, qui rappellent l'ancien régime; qu'elles soient enfouies avec lui dans la nuit de l'oubli; qu'il n'y ait plus en France qu'une même langue comme une même administration.

Rome, après avoir asservi les peuples par sa valeur, fut jalouse encore de les enchaîner par son langage : dans ses plus beaux jours, elle rechercha cette nouvelle gloire. Ce que fit ce peuple-roi pour son honneur, faisons-le pour notre prospérité. Amis de la paix, la conquête des provinces voisines nous importe peu : notre seule félicité doit captiver maintenant notre attention. Sans rougir, verrons-nous les étrangers apprendre et parler notre langue, alors qu'elle est inconnue au plus grand nombre d'entre nous? un corps respectable par ses lumières lui a décerné des droits à l'universalité; et nous ne la rendrons pas universelle, seulement parmi nous! Ah! les peuples jaloux de leur liberté ont un bien plus grand soin de ce qui intéresse leur bonheur et leur gloire! La revendeuse d'Athènes, qui reconnut à l'accent seul que *Théophraste* était étranger, nous prouve à quel point l'usage de la langue était général. Les chefs-d'œuvre d'*Homère*, de *Sophocle*, de *Démosthène*, de *Platon* étaient entendus de tous les Grecs. Eh! à combien de Français, même de nos jours, les *Racine*, les *La Fontaine*, les *Rousseau* sont encore étrangers!

On doit attribuer les variations de la langue française à l'ignorance de la multitude; qu'elle soit commune à toutes les classes, et bientôt elle sera plus riche et plus stable. Le voyageur, ami de la nature et des lettres, qui parcourt les riants vallons d'Helvétie, s'arrête avec plaisir près de la charrue du robuste et fier concitoyen de *Gessner*, qui se délasse de ses travaux par la lecture de ce chantre de l'innocence pastorale. Si l'on s'empresse de rendre commun le langage constitutionnel, on pourra bientôt en France trouver *Télémaque* ou le *Contrat social* dans la pannetière des laboureurs.

Dans la foule des ouvrages instructifs qui doivent composer la bibliothèque des nobles époux de la terre, on trouvera sans doute l'*Ami des enfants* et toutes les productions d'un des plus vertueux écrivains, dont nous ne pouvons rappeler le souvenir que les yeux humectés des larmes de l'amitié.

Quel avenir ne peut-on pas prévoir par l'établissement d'un langage national! Les progrès de l'esprit humain dans ce siècle, lui méritèrent le titre de siècle des lumières; mais lorsqu'elles seront répandues dans toutes les classes de la société, avec quels nouveaux succès ne seront-elles pas cultivées? Quel progrès ne doit pas faire l'esprit humain! quel titre créera-t-on pour caractériser ces jours de vérité!

L'étude de la morale doit renfermer la religion.

Il est, nous ne l'ignorons pas, des citoyens qui se récrieront contre cette proposition ; aussi en appelons-nous à leur justice, en les invitant à nous suivre dans le développement que nous donnons à cette vérité.

Soit protestants, soit d'autre secte, il est un assez grand nombre de Français qui ne font pas profession du catholicisme, pour que leurs vœux soient pris en considération. L'enseignement de la religion, maintenu dans les collèges, les en éloigne. Ne serait-il pas préférable, pour les faire participer à un établissement purement civil, de séparer l'étude de la religion de celle de la morale?

Pour que l'éducation, qui est le plus grand bienfait d'un gouvernement, soit commune, il faut que les études qu'elle offre n'éloignent aucune classe de citoyens. La majorité des Français est chrétienne; sa volonté, à la rigueur, doit faire loi; mais si, dans cette occasion, l'avantage de la religion se joint à celui des citoyens qui n'ont pas une même croyance, on conviendra sans peine de la justice de notre assertion.

Les moines, premiers instituteurs depuis la Renaissance des lettres, l'ont fait passer du pied des autels dans les écoles; ils l'ont établie partie intégrante de l'éducation, pour se rendre nécessaires : elle est devenue avec le temps un instrument de leurs passions : c'est sur les bancs qu'elle a été tellement défigurée, qu'on peut à peine la reconnaître. Reléguée de nouveau dans le sanctuaire, sa première demeure, elle se dégagera de ces langes gothiques qui la tiennent dans un état de gêne, qui obscurcissent l'éclat de ses charmes. Lorsqu'elle aura recouvré sa primitive pureté, comme l'astre du jour, elle apparaîtra resplendissante; précédée par la liberté, secondée par le sentiment, elle subjuguera tous les cœurs par la sagesse et l'évidence de ses principes; elle les unira par les liens de la fraternité; elle sera, à la fois, et mieux appréciée, et mieux servie.

Rêve heureux d'une paix universelle! si jamais tu dois être exécuté, ce sera sans doute par le christianisme épuré : cette charité divine, qui en est la pierre angulaire, peut seule se réaliser! puisse-t-elle bientôt embraser tous les hommes, accélérer ton triomphe! T'entrevoir un bonheur! ta seule pensée répand dans l'âme une ineffable volupté! Peut-il être un mortel sensible, qui ne jouisse d'une douce satisfaction, en songeant au bonheur que tu offres, certain pour les générations futures!

Non seulement la religion reprendra son antique lustre, replacée dans les temples; mais elle laissera plus de temps à l'enseignement d'une morale qui conviendra à tous les hommes.

L'immortalité de l'âme est sans doute le premier principe d'une bonne morale. Mais dire qu'on peut sans elle avoir une morale, ou prétendre qu'on ne peut en parler sans enseigner la religion, c'est se livrer à deux extrêmes, que la raison réprouve, et sur lesquels on a peu réfléchi. Aristote, Platon, et la plupart des philosophes anciens, ont établi l'existence d'une vie future, d'un Dieu rémunérateur et vengeur, sans entrer dans aucun détail religieux ; leur morale, qui reposait sur ces vérités simples, n'était ni irréligieuse, ni insociale.

Si nous n'aimions à croire que l'utilité évidente de la religion persuadera elle-même ses plus zélés partisans, de la vérité de nos observations, nous rappellerions ici les témoignages de deux écrivains estimables, qui n'avaient pas d'autre sentiment. Gedoin et La Chalotais ont pensé et dit, avant nous, que les temples seuls étaient consacrés aux vérités religieuses; que, dans les collèges, la morale civile devait remplacer leurs études.

Nous ne nous arrêterons pas à rappeler ici les opinions des plus sages législateurs, sur l'importance de l'éducation publique. Nous n'insisterons pas sur l'urgence où sont nos représentants de s'en occuper au plus tôt. S'ils n'ont pas encore fixé sur elle leur attention, ils craindront, sans doute, les murmures de la jeunesse, les reproches de la postérité. Ils ne termineront pas leur carrière, sans les satisfaire.

Nous avons formé cet essai de la réunion des idées des plus sages écrivains. C'est au plan d'institution nationale à régler l'administration des maisons collégiales, à distribuer les études diverses de chaque classe. Les qualités physiques et morales, les devoirs qui conviennent à tous les instituteurs ont été les seuls objets de notre travail; nous aurons atteint notre but, si notre ouvrage peut être un *Manuel* qui guide dans leurs choix les citoyens qui seront chargés de composer les écoles publiques.

Qualités d'un instituteur.

Les artistes, et surtout les poètes, pour donner une haute idée de leur profession, prétendent qu'elle exige des dispositions particulières de la nature. Cette vérité qu'ils se sont appropriée, convient à toutes les occupations, où la réunion des facultés intellectuelles et physiques est nécessaire. L'habitude peut procurer une certaine supériorité dans quelques métiers, mais dans ceux où le moral de l'homme coopère plus que le physique, il faut se sentir entraîné à s'y livrer par un goût impérieux; il faut trouver son bonheur à les exercer, pour s'élever au-dessus de la médiocrité. Souvent, sans réflexion, on suit un goût passager, on s'étourdit sur ses dispositions et l'on s'égare. Le dégoût qui suit de vains efforts, navre le cœur, le décourage. Ce malheur n'arrive pas, lorsqu'on se replie sur soi, qu'on cherche à bien connaître le vrai germe de talent dont on est favorisé, qu'on développe avec soin toutes les facultés, et qu'on sait préférer une profession à toute autre.

Comme on naît artiste, géomètre, chimiste, on naît donc philosophe, orateur, médecin, instituteur. Il est temps qu'on se persuade de cette vérité trop longtemps méconnue : les poètes l'ont avancée pour leur seule gloire; la patrie doit l'établir pour sa prospérité. Si l'on s'en pénètre, elle n'aura pas à se plaindre désormais de cette foule, qui lui serait plus utile; simples artisans, qu'ignares médecins, littérateurs bornés, ridicules artistes, méprisables instituteurs.

On reconnaît qu'une profession convient à un homme, par la satisfaction qu'il témoigne au fort même de ses peines, par son empressement à en remplir les devoirs, par son amour pour elle. Qu'on parcoure les maisons d'institutions, combien trouvera-t-on de maîtres qui chérissent leur profession ? La plupart, pour ne pas dire tous, portent empreints sur leur front, de la tristesse : l'ennui semble attaché sur leurs pas; la plainte amère est fixée sur leurs lèvres flétries, où jamais ne voltigea un gracieux sourire; les yeux caves et sourcilleux, l'extérieur triste et austère, tout annonce l'amertume de leurs cœurs. Sans savourer les charmes de leurs fonctions, ils n'en connaissent que les peines : ils n'en parlent jamais avec cette affection, cet enthousiasme de ceux qui les rempliraient de cœur, qui y seraient portés par la nature. Accablés sous le fardeau de leurs devoirs, les remplir n'est jamais un besoin pour eux; s'y soustraire, ou n'y satisfaire qu'en partie est un soulagement. La retraite que la patrie leur accorde, après un espace de temps, est moins la récompense de leurs talents que de leur constance. Comment espérer une bonne éducation de pareils instituteurs? Ils ne peuvent que faire passer dans l'âme de leurs élèves l'ennui qui les poursuit; aux difficultés de l'étude ajouter encore le dégoût.

Le passé doit éclairer pour l'avenir. Des candidats pourront se présenter avec des apparences de dispositions et de moyens : outre l'inclination qu'ils diront ressentir pour la profession d'instituteur, on doit examiner encore s'ils ont les qualités du cœur et de l'esprit, qui seules peuvent répandre sur les études et dans les classes un charme qui captive les élèves, les fasse profiter des soins de l'instituteur.

Les principales qualités du cœur sont la douceur, l'affabilité, la modestie et la patience.

Qualités du cœur.
La douceur et l'affabilité.

Cet amour vif pour la liberté, qui suit l'homme dès le berceau jusqu'au bord de la tombe, aigrit pour l'ordinaire, les enfants contre leur maître. Ils ne se soumettent qu'avec répugnance; et, si l'on n'emploie les plus grands ménagements, l'espèce d'inimitié qu'ils ont pour les prétentions qu'on annonce à les forcer d'obéir, s'étend jusque sur les études. Rarement la douceur et l'affabilité sont mises en usage sans un heureux effet. La première de ces qualités, utiles même dans la société, est nécessaire auprès de l'enfance, en qui on a mille défauts à corriger, mille imperfections à faire disparaître, une nature vicieuse à améliorer. L'affabilité qui, pour l'ordinaire, est l'expression de la douceur, est d'autant plus nécessaire qu'elle frappe les sens délicats de l'enfance. Elle s'empresse de satisfaire un maître qui lui parle le sourire sur les lèvres, qui ne lui adresse que des paroles encourageantes, qui ne lui fait des remontrances qu'avec une affectueuse sensibilité, qui semble craindre de l'attrister; qui, lors même qu'il punit, semble regretter d'être forcé à faire usage des châtiments.

La modestie.

La vanité, cette faiblesse de l'humanité, qui se trouve dans tous les cœurs et ne plaît à personne, déplaît surtout à l'enfance. Si l'on pense lui en imposer par des dehors de fierté, l'on se trompe. On se fait craindre, sans se faire estimer. Elle aime qu'on descende jusqu'à elle; qu'on paraisse oublier sa supériorité, pour se rapprocher de sa faiblesse : elle chérit un maître qui ne paraît occupé que de son instruction, et qui, tout en le faisant obéir, ne choque pas son amour-propre.

Ce principe des vertus et des vices se trouve dans la jeunesse dans toute sa force. Le devoir d'un instituteur est d'apprendre à modérer ses élans, d'accoutumer ses élèves à se refuser à ses impulsions. La modestie est plus propre à faire ressortir et estimer les talents; à faire apprécier combien la fierté est souvent choquante et ridicule : combien on doit se prémunir contre une présomption aveugle qu'enfantent pour l'ordinaire les premiers succès.

Le jeune homme qui s'est habitué à ne pas offenser ses semblables par une indécente vanité, qui dans ses succès se contente des satisfactions intérieures, semble se refuser aux témoignages d'estime qu'il mérite, se concilie bientôt les suffrages même de ses rivaux. Il entretient dans la société un esprit de paix, qui donne une nouvelle force à l'émulation. Il n'est personne qui ne puisse apprécier les avantages de la modestie : nous espérons aussi qu'on n'oubliera pas de la rechercher dans ceux qui s'offriront pour former la jeunesse.

La patience.

La nature fait un besoin d'agir à l'enfance. Modérer son activité qui, dans l'étude comme dans les jeux, nuit aux succès, exige dans un instituteur un calme extraordinaire; sans chagrin, ni impatience, répéter et faire répéter les mêmes préceptes; expliquer à plusieurs reprises les mêmes difficultés pour les graver profondément dans une tête encore légère : telle est la tâche pénible qu'il a à remplir.

Quoique attentifs en apparence, les élèves peuvent être détournés par leur imagination; écouter sans profiter. Le grand art alors est de feindre de ne pas les voir, de les mettre dans la nécessité d'avouer leur inattention par des questions inattendues.

Mais si la légèreté de quelques élèves exerce la patience, l'indolence de quelques autres ne l'exige pas moins. Il en est qui, soit par l'engourdissement des facultés intellectuelles, soit par quelques autres imperfections de la nature, en travaillant beaucoup, ne font que des progrès très lents. Il faut une constance bien rare, pour ne pas se décourager, pour s'attacher à leur procurer des succès. Plus à plaindre qu'à blâmer, qu'on se garde surtout de leur témoigner ni mépris ni colère : le moindre emportement peut augmenter leur fâcheuse inertie. Si pour tous les élèves, il faut donner des charmes à l'étude, pour ceux-ci surtout c'est un devoir indispensable de la rendre facile et agréable.

Qualités de l'esprit.

Les qualités du cœur sans celles de l'esprit ne sauraient suffire : les unes et les autres sont nécessaires. Ces dernières sont au nombre de quatre, savoir : la méthode d'instruction, la grammaire, la morale et l'histoire.

Si, après avoir fréquenté les collèges pendant ses premières années, on entre dans la société sans avoir aucune connaissance précise, c'est que la méthode en usage, bien loin de vous introduire dans le sentier des connaissances, en détourne. On commence les études par des éléments de sciences qui ne sont que des résultats d'observations. On ne réfléchit pas que les principes généraux, bons pour les hommes déjà instruits, ne sont pas propres à l'enfance. Sans doute, on se rirait d'un professeur de calcul, qui enseignerait d'abord les plus fameux problèmes de mathématiques, pour faire descendre ensuite aux premières règles d'arithmétique. C'est cependant ainsi qu'on s'est conduit jusqu'à ce jour, dans l'instruction collégiale. Aussi ne sortait-on des collèges qu'avec des notions superficielles.

Le premier soin des élèves studieux était-il

de reprendre leur éducation sous œuvre ! Dans cette nouvelle instruction, ils se gardaient bien de suivre la méthode de leurs premiers maîtres; ils ne commençaient pas par des principes généraux et l'acquisition des connaissances était plus agréable et moins pénible.

Le succès évident de cette éducation privée aurait dû ouvrir les yeux sur l'insuffisance de celle des collèges. Si, jusqu'à ce jour, le préjugé d'antiquité a milité contre les réclamations des plus sages observateurs, grâce aux progrès de la saine raison, elle ne conservera pas seule des vices aussi funestes. Elle qui doit assurer le triomphe de la Constitution, peut-elle rester sans réformes? Il est temps que la philosophie, qui a préparé les voies à la liberté, ne soit plus bornée à indiquer de loin la route que nous devons suivre; qu'elle arroge aussi l'exercice de ses droits précieux ; qu'à la lueur de son flambeau, nous puissions parvenir au sanctuaire des connaissances et de la vérité.

Les principes généraux ne sont que les conséquences des observations combinées : il faut avoir fait ces observations pour bien les entendre, Bacon, Locke et quelques autres métaphysiciens ont réclamé en faveur de leur méthode. Condillac surtout l'a développée avec avantage.

« L'unique méthode d'instruction est, dit-il, de conduire les élèves de ce qu'ils savent à ce qu'ils ignorent. Pour le faire avec succès, il faut que l'instituteur semble n'avoir aucun système; qu'il commence avec eux, qu'il aille d'observation en observation comme s'il faisaient ensemble des découvertes. Il faut surtout qu'il leur fasse connaître l'usage de leurs facultés intellectuelles; qu'il leur fasse sentir le besoin de s'en servir. Ces facultés sont les mêmes dans les enfants que dans les hommes, si ce n'est qu'elles sont moins développées, ce qui ne peut être que par un grand exercice. Ils en font cependant usage tous les jours. On peut leur faire observer ce qui se passe en eux, lorsqu'ils font des raisonnements. Avec ces premières remarques, ils exerceront leurs facultés avec plus de connaissance, ils seront plus curieux de les exercer; ils se feront enfin une habitude de leur exercice.

« Dès qu'on aura fait connaître aux enfants l'usage de leurs facultés spirituelles, ils n'ont plus qu'à être bien conduits pour saisir le fil des connaissances humaines. Pour les suivre dans leurs progrès, depuis les premiers jusqu'aux derniers; pour apprendre en peu d'années ce que les hommes n'ont appris qu'en plusieurs siècles, il suffira de leur faire faire des observations, lorsqu'ils seront à portée d'en faire; et lorsqu'ils ne pourront pas observer par eux-mêmes, de leur faire lire l'histoire des observations qu'on a faites.

« Cette méthode a de grands avantages; elle proscrit les sciences élémentaires, qui nous arrêtent sans nous instruire, qui s'occupent de mots et de notions abstraites; elle écarte les dégoûts qu'on éprouve, lorsque dès ses premiers pas on rencontre des obstacles; lorsqu'on se voit condamné à surcharger sa mémoire de mots qu'on n'entend pas; lorsqu'on se voit puni pour n'avoir pas retenu ce qu'on n'a pas senti, la nécessité d'apprendre; elle éclaire, au contraire, promptement, parce que, dès la première leçon, elle conduit de ce qu'on sait à ce qu'on ne savait pas; elle excite la curiosité; elle fait juger aux connaissances qu'on acquiert la facilité d'en acquérir d'autres. L'amour-propre, flatté de ses progrès, désire d'en faire encore; elle instruit enfin, presque sans effort, parce qu'au lieu d'étaler des principes, elle réduit la science à l'histoire des observations et des découvertes. Comme elle est la même dans chaque étude, elle devient tous les jours plus familière. Plus on s'instruit, plus on a de facilité à s'instruire. »

Un autre préjugé que celui de l'antiquité de l'usage s'est opposé à l'admission de la méthode nouvelle. Les enfants, dit-on, sont incapables de raisonner. Apprendre et retenir n'exige aucune opération d'esprit et de raisonnement; c'est une affaire de pur mécanisme; et ils ne sont pas coupables de la contention d'esprit que demande un jugement. A cette espèce de raison péremptoire, nous opposerons d'abord le sentiment du respectable Rollin. « Les jeunes gens, dit-il, aiment à se voir traiter en gens raisonnables; ils prennent d'eux une bonne opinion qu'on doit avoir soin d'entretenir, en leur offrant tous les moyens de la conserver. »

Le passage suivant de notre compatriote, qui démontre, d'une manière victorieuse, que les enfants sont susceptibles d'observer et de raisonner, est trop propre à convaincre pour que nous ne nous empressions pas de le transcrire :

« Nous ne jugeons des objets au tact que parce que nous avons appris à en juger. Une grandeur n'est déterminée que par les rapports qu'elle a avec une autre. Pour apercevoir ces rapports, il faut rapprocher les grandeurs. Le résultat naturel de ce rapprochement est un jugement. Dès l'instant qu'un enfant a l'usage de ses sens, il sent, rapproche, juge; opérations qui constituent le raisonnement : dès l'instant donc qu'un enfant existe, il raisonne.

« Les besoins sont les motifs qui le déterminent à observer. Il se trompe quelquefois; mais ses erreurs même prouvent qu'il raisonne. Nous nous aveuglons au point de ne pas voir un raisonnement, parce qu'il n'est pas développé avec les termes convenus : cependant, il est tout fait dans l'esprit, avant qu'il soit énoncé. L'expression ne le fait pas, mais elle le suppose. Il y a donc un raisonnement dans l'esprit d'un enfant, toutes les fois que nous y remarquons une idée, qu'il n'a pu acquérir qu'en raisonnant.

« Non seulement les enfants raisonnent; mais , guidés par la nature, ils se conduisent mieux que les philosophes se conduisent communément; ils vont du connu à l'inconnu : jugeant d'après leurs observations, ils montrent une sagacité, qui surmonte jusqu'aux obstacles que l'on met au développement de leur raison; ils ont déjà fait de grands progrès, lorsqu'ils commencent à parler. Ils en feraient sans doute encore si, lorsque nous entreprenons de cultiver leur esprit, nous commencions par leur faire remarquer comment ils se sont instruits tout seuls, et si, après leur avoir fait sentir que la méthode qui leur a donné des connaissances peut leur en donner encore, nous les conduisions d'observations en observations, de jugements en jugements, de conséquences en conséquences; mais parce que nous ne savons pas nous mettre à leur portée, nous les accusons d'être incapables de raison, et cependant notre ignorance fait seule toute leur incapacité. »

D'après cette démonstration du plus savant métaphysicien de ce siècle, refusera-t-on encore de la raison aux enfants? Disconviendra-t-on que sa méthode seule peut accélérer le développement des facultés intellectuelles? Un homme de génie, dans le dix-huitième siècle, dissipa les brouillards de la scholastique, dégagea la logique de ces subtilités, de ces arguties qui la défiguraient. Ce qu'Antoine Arnaud fit dans son temps, pour la logique, la grammaire, la géométrie, Condillac ne peut-il le faire pour l'éducation elle-même? L'utilité publique se réunit aux progrès des lumières, son génie règne seul désormais dans les maisons d'institutions.

De la grammaire.

Il ne suffit pas de retenir les règles élémentaires de construction, les expressions les plus usitées, pour se flatter d'être grammairien. La mémoire n'est qu'une faculté secondaire. Pour étudier l'art de parler avec fruit, il faut connaître les opérations de notre entendement; comment, après avoir acquis des idées, nous sommes sûrs que nos expressions les rendent. Pour ce travail, la grammaire perd de sa sécheresse, devient une étude aussi agréable que facile.

« Les langues ne sont que des méthodes analytiques, dit encore Condillac : « La parole a succédé au geste, et l'un et l'autre sont fondés sur l'analyse de la pensée et l'analogie des expressions avec les idées. La science appelée grammaire assigne les principes et les règles de ses méthodes. L'on ne peut donc se flatter d'être grammairien, si l'on ne la connaît d'abord.

« L'art de parler, d'écrire, de raisonner et de penser ne font qu'un.

« Je ne saurais exprimer un jugement avec des mots. Si, dès l'instant que je vais prononcer la première syllabe, je ne voyais pas déjà toutes les idées dont mon jugement est formé; si elles ne s'offraient pas toutes à la fois, je ne saurais par où commencer, puisque je ne saurais pas ce que je voudrais dire. Il en est de même lorsque je raisonne ; je ne commencerais point, ou je ne finirais pas un raisonnement, si la suite des jugements qui le compose n'était pas en même temps présente à mon esprit.

« Nous apprenons à parler, parce que nous apprenons à exprimer, par des signes, les idées que nous avons, et les rapports que nous apercevons entre elles. Un enfant n'apprendrait donc pas à parler, s'il n'avait pas déjà des idées, s'il ne saisissait pas déjà des rapports. Il juge donc et raisonne avant de savoir aucun mot de la langue, mais parce que la pensée est l'opération d'un instant, qu'elle est sans succession, qu'il n'a pas de moyens pour la décomposer, il pense sans savoir ce qu'il fait en pensant. Si une pensée est sans succession dans l'esprit, elle en a une dans le discours, où elle se décompose en autant de parties qu'elle renferme d'idées. Alors nous pouvons observer ce que nous faisons en pensant. Nous pouvons nous en rendre compte : nous pouvons, par conséquent apprendre à

conduire notre réflexion. Penser devient donc un art et cet art est celui de parler. Autant la faculté est bornée dans celui qui n'analyse pas, autant elle doit s'étendre dans celui qui analyse et observe jusqu'au plus petit détail. Un enfant qui ne parle pas est très borné; mais en apprenant à exprimer ses jugements par des mots, il apprend à les observer partie par partie; il apprend ce qu'il fait quand il juge, et devient plus habile à juger. L'art de penser est, par conséquent, pour lui, l'art de parler, à qui il devra le développement de ses facultés spirituelles et le progrès de ses connaissances.

« Voilà pourquoi l'art de parler doit être considéré comme une méthode analytique qui conduit d'idées en idées, de jugements en jugements, de conséquences en conséquences. Ce serait en ignorer le premier avantage que de le regarder seulement comme un moyen de communiquer nos pensées. »

En considérant ainsi cette étude, elle ne rebutera plus par des mots abstraits, vagues et inintelligibles. Il serait même à désirer que les maîtres de toutes les classes fussent assez mathématiciens pour réunir aux préceptes de construction, aux choix des termes, à l'élégance et l'harmonie des phrases, la connaissance parfaite de la signification de chaque terme, des acceptations différentes dans lesquelles ils peuvent être pris. Aux ressources d'une mémoire heureuse, s'ils peignaient une pensée vive et nette, qui n'offre que des idées justes, une intelligence profonde, qui saisît les fautes des grands maîtres; une grande liaison dans les idées qui accoutume les élèves à ne pas isoler leur conception, à les réunir, à les enchaîner, à en former enfin un système, ils posséderaient, pour l'instruction publique, le plus grand talent.

De la morale civile.

De la loi naturelle qui, gravée dans le cœur du sauvage, suffit pour lui faire pratiquer le bien, les hommes ont tiré des conséquences simples et vraies, qui forment l'étude de la morale ou, à proprement parler, l'enseignement de la vertu.

Quoique toutes les constitutions politiques reposent sur cette loi primitive et commune à l'espèce humaine, elle est modifiée diversement, qu'elle est à peine reconnaissable ; elle ne subsiste que dans des conséquences qui varient avec les gouvernements et forment ce qu'on entend par morale civile : elle est plus restreinte en Turquie qu'en Allemagne; en Allemagne qu'à Venise, à Venise qu'en France.

Les droits naturels et impérissables de l'homme, sont la base sur laquelle repose notre Constitution. Bien loin de leur être contraires, les lois doivent servir à leur développement. Aussi la morale civile des Français n'est-elle autre maintenant que la morale universelle. On en trouvera les principes dans le sein de la jeunesse, que la société n'a pas encore pervertie, et il suffira de les lui faire connaître pour qu'elle les suive avec plaisir.

Ce serait faire outrage à la nation que d'insister sur la nécessité de cet enseignement qui doit remplacer celui de la religion, qui doit se trouver dans les écoles primaires comme dans les hautes classes, qui peut seul enfanter des citoyens vertueux.

Il est peu d'écrivains qui n'aient consacré quelques veilles à la morale : il serait injuste d'exiger qu'un instituteur les connût tous ; il doit seulement ne pas ignorer ceux qui peuvent le seconder dans l'enseignement, pour en conseiller la lecture aux élèves. *Platon, Épictète, Marc-Antonin* doivent leur être connus. Mais le livre par excellence, d'où l'on peut extraire les préceptes les plus sûrs et les plus vrais, c'est cet ouvrage que la divinité a laissé aux hommes, assez insensés pour en méconnaître la sublimité. Les vertus et les devoirs qui n'ont pour base que des conventions sociales, ont-ils jamais été mieux développés que dans l'évangile ? Quel sage de l'antiquité a prêché aux hommes avec cette effusion de cœur, cette persuasion touchante la charité, cette vertu divine sur laquelle le messie a fondé sa doctrine ? Vainement opposerait-on l'abus qu'en ont fait des prêtres ambitieux ; dirait-on que la morale de Platon est perverse, parce que quelques disciples en ont abusé ? Non, sans doute. Pourquoi ne pas être aussi juste envers celle de l'évangile. Prêchée et défendue par Fénelon et Jean-Jacques Rousseau, quel est l'homme qui refusera de l'adopter ?

Les nouvelles lois doivent protéger la jouissance des droits de l'homme, en n'y apportant d'autres modifications que celles qui sont dictées par les besoins de l'intérêt de tous. Cette vérité, le principe de tant d'associations, qui l'est également de la morale, se trouve surtout démontrée par l'histoire.

De l'histoire.

« Ne considérer l'histoire que comme un amas de faits, qu'on range par ordre de dates, dans sa mémoire, c'est, dit l'austère Mably, ne satisfaire qu'une vaine et puérile curiosité qui décèle un petit esprit, qui ne convient qu'à un pédant. Que nous importent les erreurs de nos pères, si elles ne servent pas à nous rendre plus sages ? Cherchons à former notre cœur et notre esprit par la succession des événements qu'elle présente. L'histoire doit rendre la jeunesse studieuse en augmentant sa curiosité. »

Elle doit être, pour toute la vie, une école où l'on s'instruit de ses devoirs de citoyen : c'est elle qui, par des peintures vives du mépris qui suit le vice, de la considération qui accompagne la vertu, nous prémunit contre les séductions de l'un, nous fait chérir la pratique de l'autre ; c'est elle qui nous démontre tout l'avantage d'une bonne constitution politique ; qui, par le prix qu'elle accorde aux bonnes actions, leur donne un nouveau lustre, procrée les héros.

Pour que les élèves en retirent les plus grands avantages, il faut que l'instituteur ait cette sagacité rare qui fait pénétrer les causes des événements, prévoir les suites qu'ils doivent avoir ; cette philosophie qui, saisissant l'enchaînement qui se trouve entre les principaux événements et les moins apparents, en fait ressortir des réflexions profondes sur les vicissitudes humaines. Si le patriotisme le plus pur ne règne pas dans son cœur, cette étude est nulle ; s'il en est enflammé, au contraire, il saura faire sentir aux élèves combien les vertus de chaque citoyen influent sur la prospérité commune; il ne laissera échapper aucune occasion de relever les actions vertueuses ; leur en fera contracter le plus pur amour ; il éprouvera surtout un charme délicieux, en leur faisant parcourir l'histoire de la Grèce et de Rome. Sparte, heureuse par ses lois austères, lui fournira la preuve que la société n'est redevable de sa félicité et de sa gloire qu'aux vertus individuelles des citoyens. Elle fut un modèle de république, tant que l'avarice et l'ambition, que Lycurgue avait proscrites, furent étrangères aux Spartiates. Lorsque l'intérêt particulier succéda à celui de la patrie, Lacédémone, déchirée par ses propres enfants, perdit de son empire et de ses charmes : elle avait, jusqu'alors, apparu comme un astre radieux ; elle s'éclipsa d'elle-même, fut confondue dans la foule des villes voisines, où les dissensions domestiques étouffaient le patriotisme, préparaient la servitude de la Grèce, le triomphe du peuple-roi.

La prospérité et la décadence de Rome ; les malheurs de l'Empire et des divers Etats qui s'élevèrent sur les ruines; cette succession de la liberté ou despotisme militaire; de ce dernier aux dévastations des barbares du Nord; le chaos qu'offrent les siècles d'ignorance et de courage; cette étrange institution qui rendit un seul homme propriétaire de plusieurs de ses semblables : quelle réflexion ne suggérera pas à l'ami des hommes ce tableau douloureux de l'humanité ?

Comme l'histoire offre une égale instruction, et à celui qui se livre aux pénibles métiers ou à la culture des champs, et à celui qui s'occupe du développement de ses facultés intellectuelles, elle doit être enseignée dans les écoles primaires, comme dans les hautes classes, ainsi que la morale et la grammaire. Ce n'est pas qu'on puisse obliger les instituteurs des premières classes à faire un cours complet ; on doit seulement exiger qu'ils donnent à leurs élèves une idée de l'avantage qu'on peut retirer de cette étude ; qu'ils saisissent des moments favorables pour leur lire l'histoire particulière de quelques hommes célèbres ; qu'ils leur tracent une marche sûre, pour faire avec fruit un cours complet de l'histoire du globe ; qu'ils soient enfin en état de leur indiquer les meilleurs ouvrages à étudier.

Devoirs d'un Instituteur.

Une classe est une espèce de république, dont le maître est à la fois le chef et le législateur ; il ne peut se flatter de la bien gouverner, qu'autant qu'il possédera les qualités que nous avons essayé de développer ; qu'il remplira, avec une scrupuleuse attention, les devoirs sacrés de sa place.

Les caractères, les dispositions, les talents sont aussi divers dans les enfants que les traits de leur figure. La première et plus essentielle des obligations d'un instituteur, doit être d'étudier les différences qui doivent seules le conduire dans son enseignement. Il est des nuances, des caractères multipliés et peu faciles à saisir. Il en est de si frappants, qu'on parvient à les connaître au premier coup d'œil. Celui qui a pour partage la vivacité et la franchise, se devine sans difficultés. Celui qui a reçu de la nature une humeur sombre, un esprit taciturne ; qui joint à une figure douce, une âcreté de caractère, qui rend opiniâtre, envieux et méchant, exige une attention continue, se développe lui-même, mais lentement. Il ne faut pas se prémunir contre lui, soit que son visage calme et doux puisse séduire.

La folle ardeur de l'un, qui veut tout savoir, et dans sa vivacité n'apprend rien ; la nonchalance de l'autre, qui demande un temps et des soins pour le développement de ses facultés, exige de la part de l'instituteur cette patience que nous avons recommandée. On ne doit pas faire un crime de ces deux défauts, qui souvent viennent d'un naturel qu'il ne faudra que modérer pour corriger. En retenant la pétulance du premier, on peut faire germer l'émulation dans le cœur du second à qui l'on ne doit pas témoigner de l'aigreur, à qui l'on doit, au contraire, plus de soins en raison de sa faiblesse. Il aura reçu un bien mauvais caractère si, s'apercevant de l'attention qu'on lui prodigue, de la peine qu'on prend pour lui procurer des succès, il ne redouble pas de zèle, il est peu empressé de seconder son instituteur par son activité.

Comme il est plus à plaindre qu'à blâmer, il ne faut pas se rebuter de sa lenteur ; pour élever son âme, pour lui donner de l'ardeur au travail, il ne faut négliger aucun moyen, aucun ménagement. Il faut recourir aux punitions flétrissantes, après avoir vainement employé les louanges et les récompenses honorables. Mais, tout en le châtiant, il faut toujours lui laisser voir que c'est avec peine qu'on a recours à ce moyen extrême ; qu'il peut, s'il en a la ferme volonté, se soustraire aux punitions.

On ne saurait se flatter de changer absolument les caractères : ce serait une entreprise ridicule que d'y prétendre. Il faut se borner à modifier les inclinations dominantes, les vices du cœur, tels que la duplicité, la médisance, l'envie, le penchant à la raillerie : c'est dans la volonté qu'est leur origine ; c'est à elle qu'on doit s'en prendre ; il faut avec soin l'éclairer. Quand aux étourderies, on doit se borner à en faire sentir tout le ridicule. Un élève en qui l'on aura su entretenir l'amour des louanges, le désir de l'estime, craindra plus de commettre une action méprisable : le blâme seul lui fera éviter le vice ; et ainsi l'on profitera de son amour-propre. Sans être grandeur, il faut néanmoins observer combien une action peut influer sur l'opinion, selon qu'elle sera louable ou honteuse.

La première occupation de tous les écoliers est de sonder leurs maîtres, de chercher à connaître leurs faiblesses, et les mettre en défaut pour les maîtriser ensuite. Il n'est aucun artifice qu'ils n'emploient pour les dominer. Il faut, à leurs efforts, opposer une grande prudence ; ne leur laisser jamais voir ni sentiments ni mouvements blâmables; sans annoncer une noble douceur, une aveugle indulgence, une modestie trop simple, il faut leur montrer une fermeté noble sans rigueur, riante sans familiarité, une modestie majestueuse, qui fasse croire aux talents qu'on ne laisse qu'entrevoir lorsqu'ils se sont épuisés en ruses inutiles; ils se soumettent bientôt sans

peine ; ils conçoivent de leurs instituteurs une haute opinion ; ils lui obéissent à l'envi, finissent par le révérer et le chérir.

De l'impartialité.

Le législateur qui, dans toute société, a rempli les fonctions de père de famille, doit regarder tous les individus qui la composent comme ses enfants. De même, l'instituteur doit avoir pour ses élèves des sentiments paternels; il doit à tous une affection égale, et fonder sur elle une partie de ses succès. C'est par elle qu'il doit acquérir cet ascendant que, ni l'âge, ni la taille, ni la voix, ni l'extérieur ne pourrait procurer.

Il est difficile de ne pas se prévenir favorablement pour celui des écoliers qui, par son enjouement et ses talents précoces, s'enlève les suffrages. Sans s'en douter, on lui témoigne une affection particulière : on a une sollicitude plus vive pour ses progrès ; mais qu'on se garde de se livrer ainsi à une prédilection trop évidente ; qu'on craigne d'exciter les murmures ; qu'on sache modérer et cacher ce qu'on aurait tant de joie à exprimer. Rendre justice au mérite est délicieux sans doute ; mais que la crainte de paraître partial doit concentrer en quelque sorte ces sentiments dont le favorisé pourrait abuser.

En appréciant les premiers succès, on doit avoir soin de rappeler à ceux qui ont le moins réussi, qu'ils ont un même droit aux éloges, qu'ils peuvent également les obtenir. On doit tout employer pour entretenir l'émulation : ceux mêmes qui sont le moins fortunés, doivent paraître exciter les sollicitudes, qui seules peuvent encore les encourager, leur laisser quelque espoir. On peut, dans leurs faibles essais, trouver matière à louanges ; et l'on doit s'en servir pour les enhardir ; leur persuader qu'ils ne sont pas aussi loin du but qu'ils pourraient croire.

En compatissant ainsi aux faiblesses des tempéraments lents, il est rare qu'on ne parvienne à leur donner quelque émulation. Si l'instituteur possède surtout les qualités que nous avons exposées ; s'il sait se faire aimer, lui plaire deviendra un besoin à tous les élèves, qui se disputeront ses faveurs, n'oublieront rien pour obtenir son amitié.

Si l'on doit se garder des prédilections, dans la distribution des encouragements, on doit surtout n'en pas montrer dans la punition. Que l'équité la plus intègre paraisse guider ; que les châtiments soient proportionnels aux délits. Celui que les succès ont honoré doit être puni plus sévèrement que ceux qui n'ont pas été, comme lui, aussi heureux. Si ses fautes étaient moins gravement réparées, il pourrait abuser des droits du succès ; s'en prévaloir pour être moins réservé ; son orgueil serait flatté de la différence qu'il observerait à son égard : tout en l'accoutumant à l'impunité, on donnerait à son amour-propre une énergie d'autant plus redoutable, qu'elle serait contraire aux principes d'égalité.

Si celui qui n'a pas reçu de la nature des talents précoces est châtié comme celui qui en a reçu, il n'attribuera pas son châtiment à l'honneur ; il ne se découragera pas ; l'équité qu'on observera à son égard augmentera son envie de réussir. Ses fautes, punies sans aigreur, ni passions, lui serviront. Bien loin de jeter le découragement dans son âme, elles ne feront que lui donner une nouvelle énergie.

De la loyauté.

Proscrit par la religion, le mensonge l'est encore par les lois civiles. Nos bons aïeux nous prouvent, par leur point d'honneur, qu'ils ne démentaient jamais l'expressive signification de leurs noms. Si la franchise, qui fut pour eux, un besoin, dans des jours de servitude et de perversité, parut proscrite, c'est à l'éducation à la faire germer dans les jeunes cœurs. Sous le régime de l'égalité, les Français doivent s'accoutumer à dire et entendre la vérité.

Pour empêcher les enfants de se livrer au mensonge, l'instituteur doit d'abord leur témoigner lui-même une loyauté exemplaire, ne leur tenir que des discours vrais, qui soient la sincère expression de ses sentiments ; que, fidèle à sa parole surtout, il ne s'engage jamais imprudemment. Que pour les récompenser, comme pour les châtiments, il soit exact à remplir ses promesses. Qu'il leur fasse bien sentir la noblesse qu'on doit mettre à ne jamais manquer à ses engagements ; qu'il les dispose enfin à ressentir cette satisfaction pure qu'éprouve l'honnête homme, dans l'accomplissement de ses devoirs.

On peut observer que la politesse ou l'art de déguiser ses secrets sentiments, a l'égoïsme pour principe. C'est pour soi qu'on prodigue au pervers ce qu'on lui désire au fond du cœur. Les suites funestes de cette fausse délicatesse doivent enfin ouvrir les yeux. Quiconque est vertueux a droit aux louanges ; qui ne l'est pas, en doit être privé. Pourquoi ne pourrais-je pas avouer à un homme que je le méprise, comme je lui dirai que je l'estime ? La liberté d'opinion est décrétée, et l'on dispute encore de fourberie et de mensonge ! Jusques à quand aura-t-on à craindre d'être victime de sa sincérité ? Sans être obligé de s'entr'égorger, quand pourra-t-on, sans ménagement, s'avouer ses plus secrètes pensées ? C'est à l'éducation seule à disposer l'esprit à cette vertu, qui doit nécessairement multiplier les bons citoyens : rendre le criminel aussi docile à s'entendre mésestimer et blâmer, que l'homme vertueux à s'entendre louer.

Mœurs.

L'accomplissement de chacun des devoirs que la société impose, constitue la vertu : l'exactitude à les remplir tous, constitue les mœurs. Celui qui paie ainsi son tribut à la patrie se concilie l'estime générale chez tous les peuples policés, il est distingué par l'opinion ; les suffrages sont bientôt unanimes à son égard.

Il est à désirer, pour la prospérité publique, que le grand nombre soit vertueux. Plus les partisans du vrai et du juste affluent, plus la société est heureuse et tranquille. On doit surtout veiller sur la jeunesse, pour qu'elle ne contracte pas des habitudes et des sentiments vicieux. Comme elle se forme sur son maître, on ne saurait lui offrir un trop parfait modèle.

Le vice le plus funeste à la société est l'égoïsme ; il domine encore la plupart des citoyens qui se laissent séduire par le fol espoir dont il nourrit leur imagination. Ils croient à chaque instant jouir d'une félicité chimérique, dont ils s'éloignent de plus en plus. Pour prémunir la jeunesse contre ses séductions, il faut lui faire sentir les délices de la charité.

Le patriotisme dont nous nous glorifions n'est autre que cette vertu restreinte à notre société. On est plus patriote, lorsqu'on l'adopte et qu'on la pratique dans toute son étendue. L'amour de la patrie ne nous fait entrevoir de félicité que dans celle de nos concitoyens ; elle ne la fait trouver que dans celle de l'espèce humaine. Ces liens de la fraternité, qui peuvent seuls enchaîner la liberté, elle les étend sur tous les hommes ; elle n'admet ni distinction de classes, ni différence de gouvernement dans son affection ; elle ne connaît aucune borne ; elle ne voit que des yeux dans tous les êtres raisonnables. Le Hottentot et l'Iroquois, le Patagon et le Lapon sont tous à ses yeux les enfants de la même famille. Vainement a-t-on voulu lui opposer des vertus humaines ; elle surnagera aux efforts de ces sectaires qui la proscrivent, parce qu'elle est la pierre angulaire de la religion du Christ.

Capricieuse dans ses dons, la nature accorde à chaque homme un caractère et un tempérament qui s'influencent réciproquement. Tel est bilieux, qui a reçu en conséquence de la causticité et de l'aigreur ; tel est sanguin, qui se trouve vif, léger, etc. Ainsi la diversité des caractères provient de la différence des tempéraments. Le contraste des inclinations est produit par la conformation inégale des moyens physiques. Les nuances étranges et multipliées dans chaque élève, exige d'un instituteur une grande sagacité, pour connaître ses véritables dispositions, pour employer les moyens les plus sûrs pour leur faire pratiquer et chérir la vertu. Il est responsable des vices qu'ils contractent. Pour éviter de justes reproches, il ne doit pas se lasser de faire connaître les charmes de la pratique des mœurs, de pénétrer les élèves des satisfactions intérieures qu'elle assure.

La charité renferme la bienfaisance qui peut être opprimée tous les jours. Les malheurs de la misère s'offrent à nos regards à chaque instant ; on ne peut faire un pas sans rencontrer quelque tableau de l'infirmité humaine. On ne peut de trop bonne heure ouvrir le cœur de l'enfance à la compassion et ne peut trop cultiver cette sensibilité que la nature a mise dans le cœur de tous les êtres raisonnables, mais qui se fait entendre selon qu'on a soin de la développer et de suivre ses impulsions. En lui offrant un frère dans un indigent, ou un infirme ; en lui apprenant, par un retour sur elle-même, à se contenter des jouissances intérieures, que la bienfaisance procure, on l'habituera à être humaine sans ostentation, généreuse sans vanité.

Nous avons exigé d'un instituteur de l'équité, de la loyauté, de la modestie. Les élèves se modelant sur leurs maîtres, s'accoutumeront à pratiquer et même à chérir les vertus, s'il a soin de leur prouver, par sa conduite, qu'elles sont utiles et seules propres à mériter la considération des hommes. En procurant à la société des citoyens justes, vrais, modestes, bons il aura rempli sa tâche ; il pourra terminer sa carrière sans regrets, se flatter même d'avoir bien mérité de la patrie.

Des châtiments et des récompenses.

L'utilité de l'étude est plus réelle qu'évidente, surtout pour la jeunesse qui, pour être laborieuse, a besoin d'autres motifs. Doué des qualités requises pour ses fonctions, un instituteur qui remplira ses devoirs avec exactitude ; qui, le sourire sur les lèvres, n'employera l'éloge ou le blâme qu'en temps propice ; qui témoignera toujours qu'il est sincère et juste, parviendra, sans doute, à obtenir l'estime de toute une classe, et la vénération qu'on lui vouera, doit exciter l'émulation. Mais cette envie de lui plaire peut ne pas allumer également tous les élèves. Il peut être obligé de recourir aux châtiments et aux récompenses. Dans l'emploi de ces divers moyens, pour rendre les leçons utiles, il faut encore faire un choix, suivre certaines règles sans lesquelles ils seraient inutiles.

Les châtiments se divisent en réprimandes et en afflictions. Il ne faut pas confondre les avertissements avec les premiers : ils doivent toujours les précéder ; être donnés avec bonté et douceur ; avec cet air indulgent qui encourage, cette aménité qui plaît. La réprimande, au contraire, exige une sévérité tranquille, qui sans aigreur laisse voir qu'on est moins irrité qu'affligé d'avoir à se plaindre.

Lorsque les fautes sont graves ou récidivées, que les réprimandes ont été infructueuses, il faut recourir aux afflictions qui doivent se graduer selon l'énormité des fautes.

Les verges employées sous l'ancien régime caractérisent trop la servitude, pour être encore en usage sous celui de la liberté. On doit, dans les punitions comme dans les récompenses, chercher à relever l'âme de ses élèves, à leur faire concevoir une haute idée de leur future dignité. Un maître peut, pour une première faute, priver le coupable de son amitié pendant quelques jours ; pour une plus grave, joindre la gêne à la perte de l'affection. Ce dernier châtiment est surtout avantageux, en ce qu'il fait apprécier et chérir la faculté naturelle à l'homme de suivre sa volonté ; soit qu'on le retienne enfermé dans une classe, soit qu'on soit privé de la promenade, ou contraint à faire une chose ; il est mille moyens de cette espèce, qui font haïr la contrainte. La plus forte punition doit être celle d'opinion réunie à la peine du corps. On forcera, par exemple, un élève à rester exposé aux regards du public pendant un quart d'heure, dans une posture humiliante ; à revêtir une marque déshonorante ; à rester enfermé et privé de tous jeux, de toute consolation.

Comme le sentiment d'affection de l'instituteur pour les élèves est susceptible de gradation, qu'il est facile à recouvrer, nous le plaçons le premier : la peine corporelle doit d'autant plus vivement affecter qu'il y sera joint ; que, suivant la gravité du crime, l'affection de toute la classe peut le suivre. C'est aux instituteurs à graduer eux-mêmes les punitions, selon que les fautes sont plus ou moins répréhensibles.

Les récompenses consistent en témoignages de considération de la part du maître ; en décorations extérieures ; en places remarquables; enfin en prix particuliers, en prix publics.

Nous avons dit que l'instituteur, semblable a un père de famille, doit une affection égale à tous ses élèves. Cependant il est passible de la grandeur selon le mérite, en observant toujours que les écoliers se persuadent bien qu'ils en sont redevables à leurs efforts pour acquérir des connaissances.

Le plan d'institution nationale déterminera, sans doute, des moyens puissants pour animer les jeunes gens et les porter à l'étude. Le mérite de l'instituteur sera de les employer avec sagesse et justice.

Souvent un écolier est plus étourdi que méchant ; il faut bien le distinguer, pour ne pas le punir comme celui dont le caractère est vraiment digne d'affliction. Ce n'est pas lorsqu'il est surpris en faute qu'il faut le punir : il faut d'abord le livrer à lui-même; donner le temps à la réflexion de le faire repentir ; ensuite démontrer et son égarement, et la justice de sa punition. Il faut surtout conserver cet air affectueux, qui annonce qu'on souffre à punir. On accélère alors l'effet du châtiment. Il faut avoir une fermeté noble sans dédain, qui se montre insensible aux premières larmes, aux premiers aveux qu'arrache la crainte.

Lorsque le coupable est en état de corrections, pour qu'elles lui soient utiles, on peut employer un de ses camarades, ou un tiers qui, par des conseils, l'amène à une récipiscence sincère, lui fasse convenir de l'indignité de sa conduite ; qu'il lui persuade enfin, tout en le plaignant, qu'il est de son honneur, de son intérêt d'être désormais plus sage. Dans son premier mouvement, il peut accuser son instituteur d'injustice ; mais pour le faire revenir, il ne faut lui offrir les moyens de se soustraire aux afflictions.

Si le découragement est une suite ordinaire des châtiments employés sans prudence, la sécurité l'est aussi des louanges prodiguées aux premiers succès. Aisément la jeunesse se livre à un amour-propre flatté : pour quelques efforts heureux et récompensés, elle s'imagine bientôt n'avoir plus de mauvais succès à craindre; et, dans cette fâcheuse assurance, elle s'endort dans une sécurité, qui produit ensuite une opiniâtreté vaine et ignorante. On ne saurait avec trop de soin offrir toujours un mieux à atteindre; des éloges et des récompenses à mériter. C'est le seul moyen d'alimenter l'émulation, de n'enfanter à la société que des citoyens laborieux et instruits.

Conclusion.

Qu'on se figure une classe régie par un instituteur affable et doux, modeste, patient; qui joint des connaissances à une grande aménité à une équité exemplaire; on y verra régner la plus vive satisfaction : l'ennui ne siège pas sur les bancs : l'étude, devenue un moyen de plaire, occupera seule ; et l'estime et l'attachement que les écoliers porteront à leurs instituteurs, en applanira les difficultés. Comme il leur témoignera à tous une égale affection, tous le quitteront satisfaits et d'eux-mêmes et de lui. Le temps qu'ils passeront en classe s'écoulera toujours trop rapidement; ils l'écouteront sans contrainte et sans dégoût; ils termineront leurs études en emportant avec eux l'envie de s'instruire, et la satisfaction d'avoir profité des soins de leurs maîtres, pour qui ils conserveront une éternelle estime.

Qu'on compare cette classe à celle d'un homme, qui ne se livre à l'instruction publique que par intérêt, qui croit posséder les talents que cette fonction exige; qui fait consister sa dignité dans un honneur sévère, dans des discours froids et précis, dans des manières fières et sèches. Quelle étrange différence on apercevra facilement! Dans un silence triste et morne, les élèves, retenus par la seule crainte, liront, écriront, réciteront machinalement; leur célérité à faire leur devoir annoncera moins l'amour du travail que le désir d'en être au plus tôt délivré.

La perte du temps servirait seule à exclure de l'éducation des hommes aussi incapables d'en remplir les obligations, si un inconvénient plus fâcheux encore pour la société n'appelait la surveillance publique contre eux. Avec ces maîtres qui croient devoir employer une gravité insultante auprès de la jeunesse, qui ne la conduisent que par la crainte, elle contracte des habitudes vicieuses : elle se fait à des sentiments bas. En considérant l'espèce de plaisir que semble trouver son instituteur à se faire obéir, elle s'imagine qu'il est réellement une certaine jouissance à commander, et comme le plus soumis est le mieux accueilli, qu'il jouit d'une partie de l'autorité magistrale, elle s'accoutume à être esclave pour condamner à son tour. Ainsi la sotte fierté d'un pédant, outre qu'elle ralentit ses progrès, qu'elle la rend servile, elle la dispose encore à aimer l'autorité. C'est elle, sans doute, qui nous a formé en quelque sorte aux usages honteux qu'on suit encore; c'est elle qui développait les premières dispositions à la flatterie et à la servitude, en même temps qu'elle offrait à l'amour-propre une perspective riante.

La liberté qui plane sur nos têtes et l'égalité, sa compagne chérie, ne sauraient se fixer parmi nous, si nous n'avons soin de confier l'enfance à des citoyens propres à le former aux vertus civiques. Il sera difficile de trouver des instituteurs qui réunissent les qualités que nous avons détaillées; cependant, c'est de leur réunion que dépend le succès de l'éducation. Si les qualités d'instituteur se trouvent rarement dans un même homme, celui qui les possède a, certes, de grands droits à l'estime publique. Il peut bien faire restituer à sa profession la dignité qui lui est propre, et dont elle a été privée par la turpitude de ceux mêmes qui s'y livraient. Ce n'est pas la profession elle-même qu'on méprise, ce furent les individus indignes qui s'y livrèrent. La facilité avec laquelle on pouvait se donner pour instituteur est une cause de cette affluence de pédagogues ineptes. Il faut espérer que désormais la patrie, pour sa prospérité, surveillera avec soin l'exercice d'un des plus importants emplois, non seulement dans les maisons publiques d'institution, mais encore dans les familles.

Cette surveillance de l'éducation domestique, pourra être qualifiée d'inquisition; mais quelque nom qu'on lui donne, dès que le salut public l'exige, elle doit avoir lieu. Les murmures contre elle ne seront proférés que par des citoyens ennemis de la patrie. Le bon patriote n'ignorera pas que son enfant appartient plus à la patrie qu'à lui-même; qu'elle a le plus d'intérêt à ce qu'il ne contracte ni habitudes, ni sentiments qui lui soient contraires. Bien loin de se récrier, il s'y soumettra avec joie. Quant aux murmures du citoyen reconnu par son incivisme, comme on doit s'y attendre, on ne doit pas même s'y arrêter.

Nous n'insisterons pas sur les droits d'une pareille profession à la considération publique; elle n'aura qu'à être confiée à des hommes estimables, pour être bien appréciée. Nous terminerons par soupirer après l'instant où les désirs de la jeunesse seront satisfaits.

Flatteur espoir de la postérité, jeunes Français, qui laissez éclater dans vos yeux les caractères frappants de l'enthousiasme, vous n'aurez pas longtemps à attendre cette instruction à laquelle vous vous êtes déjà préparés ; vos âmes, étrangères à toutes corruptions se livreront aux nouvelles études avec d'autant plus de facilité qu'elles se trouveront favorables à l'idée que vous vous êtes fait de votre future dignité ; qu'elles donneront une nouvelle énergie à ce dévouement généreux, qui vous fait prendre part à l'anéantissement du despotisme. Dignes de vos pères que vous surpasserez en vertus, vous regrettez de ne pouvoir de votre sang et de vos efforts cimenter l'édifice de la liberté; vous semblez craindre de le voir affermir, avant d'avoir atteint l'âge et la force nécessaires pour coopérer à son triomphe. Ah ! calmez vos craintes; la génération présente ne vous privera pas de la satisfaction que vous lui enviez; elle remettra à votre courage à consolider l'empire de l'égalité; c'est à vous qu'on en est réservé la gloire; préparez-vous seulement à être digne d'une pareille entreprise.

Pour vous, citoyens, qui choisissez les instituteurs publics; sourds aux recommandations, recherchez plutôt les qualités du cœur que celles de l'esprit. Cet essai que je vous offre pourra vous servir : du moins n'est-il composé que dans cet espoir. La plus douce et la seule récompense que nous en attendions est de voir l'instruction nationale confiée à des hommes tels que nous avons essayé de les dépeindre; tels que tous les amis sincères de la patrie se plaisent à les imaginer.

« *Signé :* CHALVET. »

DEUXIÈME ANNEXE (1)

A LA SÉANCE DE LA CONVENTION NATIONALE DU JEUDI 18 AVRIL 1793, AU MATIN.

Lettre des citoyens Rochegude, Defermon et Prieur (de la Côte-d'Or), commissaires de la Convention aux côtes de Lorient à Dunkerque, adressée au comité de Salut public, relative aux mesures à prendre pour la défense des côtes (2) :

Cherbourg, 13 avril 1793, an II de la République.

« Citoyens nos collègues,

« Veuillez bien lire avec attention les deux

---

(1) Voy. ci-dessus même séance, page 609, la lettre des mêmes commissaires à la Convention, dans laquelle ils annoncent l'envoi d'une lettre au comité de Salut public.

(2) Ministère de la guerre : armée de l'Ouest.

lettres ci-jointes du général Wimpffen et l'arrêté que nous avons pris par suite (1).

« Après que vous en aurez connaissance, nous ajouterons quelques observations qui nous semblent importantes. Vous voyez combien les propositions du général sont instantes et la partie que nous avons cru indispensable d'accorder provisoirement.

« On ne peut pas transmettre par écrit tous les motifs de conviction que l'on acquiert par des conférences très prolongées; ce que nous pouvons vous dire, c'est que nous y avons apporté le soin le plus scrupuleux et que notre conviction s'est de plus en plus fortifiée sur les avantages d'adopter les propositions dont il s'agit.

« D'abord il est impossible que le général La Bourdonnaye veille à une si grande étendue de côtes que celle qui lui est confiée : aussi porte-t-il toutes ses forces vers le centre et le midi, et la partie où nous sommes reste entièrement dénudée. Lorsqu'on a voté une armée de 40,000 hommes pour les côtes, on ne savait pas qu'il se formerait une révolte dans la Vendée et autres départements adjacents, on ne connaissait pas non plus les autres conspirations dans l'intérieur de la République, ni celle de Dumouriez, ni l'évacuation forcée de la Belgique, ni la marche en retraite de Custine, ni le dégarnissement des Vosges, etc.

« Il est évident que nous sommes dans une crise qui va se terminer par le sort des armes, que la liberté ne peut se sauver qu'en faisant face partout à nos ennemis et que nous manquons, sinon d'hommes et d'argent, au moins d'organisation, de chefs, d'agents expérimentés, d'armes, d'approvisionnements, enfin de préparatifs de toute espèce, pour lesquels il n'y a pas un moment à perdre.

« Rien ne serait donc plus avantageux que de former une petite armée dans cette partie, et par l'attitude plus imposante qu'elle donnera à la République et par la tranquillité qu'elle procurera au pays en faisant naître pour ainsi dire des ressources qu'on serait trop heureux de trouver prêtes, si certains cas désastreux arrivaient.

« Le général Wimpffen a toute l'industrie de son art; il faut au moins le laisser nous former des sujets. Son patriotisme ne peut être suspecté, il jouit de la plus grande confiance dans sa division où il habite depuis dix-huit ans. Il craindrait d'aller sur un autre théâtre, parce que la méfiance, les calomnies, la responsabilité sont effrayantes pour les généraux qui ont le malheur d'être *ci-devant*. Dans son propre pays, sa réputation résistera à ces atteintes, quoique l'on n'y soit pas plus disposé qu'ailleurs à s'endormir sur les précautions.

« Le véritable moyen serait de mettre près de lui des commissaires, ainsi que la Convention vient de le décréter d'une manière générale, mais cependant cette mesure peut être suppléée lorsqu'il ne s'agit que d'une simple levée ou organisation d'hommes et d'un maniement d'argent qui n'excède pas certaines bornes, d'autant plus que l'on serait toujours à temps d'envoyer les commissaires, s'il était question de marcher à l'ennemi. Nous avons

donc cru qu'en installant auprès du général les quatre membres des départements, qu'il demande, cela suffirait pour le moment, ou même que cela semble indispensable, ne fût-ce que pour constater la faiblesse des moyens actuels de défense.

« Il est aussi indispensable de former un corps de cavalerie de 600 à 800 hommes; c'est la partie qui manque partout et il faut la prendre où l'on peut. L'artillerie n'est pas moins nécessaire; heureusement il existe déjà quelques compagnies de volontaires qu'il ne s'agit plus que de solder et d'exercer. Enfin, pour compléter les garnisons strictement nécessaires des points à occuper dès ce moment tels que Granville, Cherbourg et ses forts, la Hougue et l'île de Tatihou, il faut absolument incorporer dans les bataillons déjà ici le contingent réuni à Valognes. Nous allons en donner l'ordre.

« Après cela il ne restera plus de disponibles que 635 hommes, provenant de trois compagnies franches très irrégulièrement formées, et encore le ministre de la guerre voudrait-il en porter une partie à Sedan, ce qui est de toute impossibilité, car des hommes qui ont reçu un engagement pour servir dans un corps ne peuvent pas être enlevés arbitrairement pour être placés dans un autre corps. Il faudrait donc profiter, au moyen de ces compagnies, de la facilité qu'ont leurs chefs de les recruter dans le pays pour en faire des bataillons qui seraient bientôt complétés. Mais pour cela il faut une certaine latitude de moyens et pouvoir sortir des règles ordinaires. Quant aux 6,000 hommes de nouvelle infanterie, nous en faisons la demande à la Convention par ce même courrier et nous prions le comité de la faire accorder. On pourrait d'abord décréter un nouveau contingent pour les départements de la Manche et du Calvados, comme cela vient d'être fait pour l'Eure et l'Orne. Ce contingent dans les mêmes proportions serait environ moitié du premier, c'est-à-dire d'environ 3,000 hommes pour le cas actuel.

« Mais il faudrait statuer qu'on procéderait au contingent par le sort : alors nous sommes assurés que l'on s'y porterait partout avec empressement.

« Un abus que nous avons à vous dénoncer à ce sujet, c'est que, dans les assemblées qui viennent de se tenir pour le contingent, on l'a presque partout formé au scrutin. C'est une vexation et une injustice criante, car la majorité qui veut le scrutin en fait porter tout le poids à la minorité qui s'y refuse de manière que l'on reporte arbitrairement cette charge publique sur les individus que l'on juge à propos. On a par exemple dégarni des maisons entières de tous les cultivateurs; dans quelques paroisses on a profité de l'occasion pour en tirer tous les meilleurs patriotes, les seuls quelquefois qui s'y trouvaient. Dans d'autres on a désigné tous les employés aux douanes, afin de n'avoir plus de surveillants, etc. Jugez comme cela rend l'opération odieuse.

« Revenons aux trois autres mille hommes. On se les procurerait par divers moyens et cela serait possible. Il y a à Caen une compagnie appelée *Carabots* qui est formidable et susceptible d'un très grand accroissement.

« Le général insiste beaucoup sur le change-

---

(1) Ces pièces manquent.

ment du mode de nomination des officiers. Si la Convention ne le juge pas convenable pour la généralité de l'armée, qu'on y consente au moins pour les corps particuliers de carabots, de compagnies franches, etc., sans quoi on ne sera jamais certain d'avoir des troupes disciplinées et bien conduites.

« Vous voyez aussi ce que le général demande en trains d'artillerie et effets de campements. Ce qu'on ne pourrait pas lui en envoyer en nature, il faudrait au moins lui laisser faire ressource de tout pour s'en procurer lui-même.

« Reste l'article de l'argent. Vous êtes trop convaincus de l'impérieuse nécessité des circonstances pour vous en récrier au premier abord. En examinant avec plus d'attention, on finit par voir que la demande est raisonnable.

« Nous vous demandons avant tout de faire verser au plus tôt par le département de la guerre, entre les mains du payeur de Caen, au moins 500,000 à 600,000 francs, pour les premières dépenses des corps de cavalerie, de l'artillerie et autres objets; après quoi on fera de nouveaux fonds sur le compte de l'avancement des opérations. Bien entendu que si la Convention accorde les 6,000 hommes d'infanterie, il faudra y pourvoir proportionnellement.

« Le temps ne nous permet pas de faire copier cette lettre : nous vous prions d'en excuser les incorrections.

« Salut et fraternité.

« Vos collègues,
« ROCHEGUDE, DEFERMON, C.-A. PRIEUR. »

TROISIÈME ANNEXE (1)

A LA SÉANCE DE LA CONVENTION NATIONALE
DU JEUDI 18 AVRIL 1793, AU MATIN.

Pièces et mémoires des officiers de la ci-devant chambre des comptes de Lorraine et lettre d'envoi du ministre Clavière à la Convention nationale pour lui notifier ces réclamations.

Lettre du ministre des contributions publiques relative à la réclamation des officiers de la ci-devant chambre des comptes de Lorraine (2).

Paris, 4 mars 1793, l'an II
de la République française.

« Citoyen Président,

« Les ci-devant chambres des comptes ont été définitivement supprimées par une loi du

25 août 1791 et, le 1er octobre de la même année, le directoire du département de la Meurthe a mis les scellés sur les bureaux de la chambre des comptes de Lorraine.

« Les officiers de cette chambre exposent qu'ils n'ont, dès lors, cessé leurs fonctions qu'à cette époque, et réclament le paiement de leurs différentes attributions pour les neuf premiers mois de 1791.

« Ces attributions se payaient sur des fonds qui n'existent plus. La Convention nationale peut donc seule ordonner le paiement pour les trois quarts de l'année 1791. Elle leur a déjà, par son décret du 8 juin dernier, fait payer une somme relative à 1790, sur la proposition du directeur de la liquidation; mais le travail de ce directeur étant borné aux objets antérieurs à 1791, je ne puis que déférer, à la Convention nationale, les nouvelles réclamations des officiers de la ci-devant chambre des comptes de Nancy.

« J'ai l'honneur, en conséquence, de vous envoyer le mémoire que j'ai rédigé sur cet objet et les dix-huit pièces qui l'accompagnent. Je me bornerai à observer à la Convention que la position où se trouvent plusieurs de ces anciens officiers paraîtrait de nature à engager la Convention nationale à prononcer sur leur sort le plus promptement qu'il serait possible.

« *Le ministre des contributions publiques.*

« *Signé :* CLAVIÈRE. »

A cette lettre se trouvent jointes les dix-neuf pièces qui suivent :

I.

Procès-verbal d'apposition de scellés à la chambre des comptes de Nancy (1).

Ce jourd'hui, premier octobre 1791, deux heures de relevée,

Nous, François Pagnol et Grégoire Perrin, administrateurs du directoire du département de la Meurthe, commissaires en cette part;

Nous sommes transportés à la participation du procureur général syndic et à l'assistance du secrétaire général du département, dans la maison occupée par la chambre des comptes de la ci-devant province de Lorraine, séant à Nancy où étant, en exécution de la loi du 15 août dernier, relative aux chambres des comptes ci-devant supprimées, transcrite sur les registres du département, le jour d'hier et dûment notifié à la chambre des comptes en la personne de son greffier en chef et de l'arrêté du directoire du département du même jour nous nomme commissaires à l'effet de ce qui suit, avons trouvé le sieur Bureau, greffier de ladite chambre, auquel ayant exhibé ladite loi, l'exposé dudit arrêté et notre ordonnance de ce jourd'hui, par laquelle avons fixé notre opération à ce jour-

---

(1) Voy. ci-dessus, même séance, page 617, le décret relatif aux officiers de la ci-devant chambre des comptes de Lorraine.
(2) *Archives nationales*, Carton Cᴵᴵ 251, pièce nᵒ 20. Ces pièces ont été mentionnées à la séance du 5 mars 1793. (Voy. *Archives parlementaires*, 1ʳᵉ série, tome 59, page 611. Depuis nous les avons découvertes aux Archives et c'est pourquoi nous les insérons comme Annexes du décret auquel elles ont donné lieu.

(1) *Archives nationales*, Carton Cᴵᴵ 251, chemise 424, pièce nᵒ 21.

d'hui, heure présente, l'avons requis de nous faire à l'instant l'indication des greffes, dépôts et archives de ladite chambre, sur lesquels il échoit d'apposer les scellés ainsi que de nous représenter les meubles et effets mobiliers qui étaient ci-devant à sa disposition, ensemble tous les comptes non encore définitivement jugés et corrigés qui peuvent exister dans les greffes avec les pièces à leur appui, enfin lesdits registres des délibérations des comptes, ce à quoi déférant, ledit sieur Bureau nous a déclaré qu'il était prêt à nous faire toutes les indications que nous désirerions pour l'entière exécution de la loi; qu'à l'égard des comptes, il n'en existait aucun qui ne fut jugé définitivement, apuré ou corrigé; que le dernier rendu des finances de l'ancienne province datait de l'année 1786 et le dernier des domaines et bois de l'année 1788; que l'un et l'autre étaient entièrement terminés et qu'il n'en avait pas été rendu depuis ces deux époques; qu'à l'égard des registres aux distributions il n'en existe pas pour les comptes, attendu qu'ils s'auditionnaient en présence d'une commission de la chambre à l'instant même qu'ils étaient présentés et étaient apurés sans intervalle; et qu'ainsi la chambre était dispensée d'en faire charge sur les registres; qu'il n'y avait d'autres registres de distributions que pour les affaires contentieuses, mais que, depuis plusieurs mois, messieurs les commissaires rapporteurs avaient rétabli au greffe les différents procès qui leur avaient été distribués et qu'il n'y avait aucune répétition à leur faire à cet égard.

Après ces déclarations, nous nous sommes fait indiquer les différents dépôts. Nous avons été conduits, en premier lieu, dans un grenier, au troisième étage occupant toute la longueur et la largeur de la maison, et destiné à contenir le dépôt, *dit des archives;* après en avoir visité toute l'étendue et avoir reconnu qu'une seule porte est pratiquée pour y parvenir, nous l'avons fait fermer et y avons fait apposer le scellé. Etant descendus au second étage, nous avons trouvé, dans une première chambre, des meubles qui nous ont été déclarés appartenir au concierge; ensuite, de cette chambre, est le garde-meuble de la chambre des comptes, dans lequel, nous avons trouvé quelques meubles de peu de valeur et y avons fait apposer le scellé.

Parvenus au premier étage, nous avons reconnu qu'il était composé d'une première antichambre qui conduit à gauche, dans la grande salle d'audience; de là, à une autre salle d'audience plus petite; plus loin, à une autre chambre servant de cabinet de travail à messieurs les commissaires de l'abonnement, et ayant une issue sur la cour par un escalier dérobé très obscur; à droite de la première antichambre est d'abord une chambre prenant jour sur la cour qui servait de parquet à messieurs les gens du roi; du côté de la rue, est une seconde antichambre qui conduit à la chambre du conseil, dans le fond de laquelle est une issue d'où l'on va à quelques cabinets servant de vestiaire à Messieurs les officiers de la chambre, et à un escalier qui descend dans la cour et qui monte au second et au troisième étage.

Après avoir bien attentivement parcouru toutes lesdites pièces, avons reconnu que tous les meubles dont elles étaient composées, consistaient en tables, bureaux, fauteuils tapissés, chaises de paille, bancs tapissés avec et sans dossiers, deux grands tableaux dans ladite salle d'audience, dont un représente un Christ et l'autre Louis XV et trois autres tableaux dans la petite salle, représentant un Christ, le duc Léopold et le roi Stanislas, des chenets, pelles à feu et pincettes, des paravents, etc.; dans la chambre du conseil sont deux armoires à chaque côté de la cheminée, lesquelles contiennent le recueil imprimé et en originaux des édits, ordonnances et règlements relatifs à la ci-devant province. Sur ce qui nous a été représenté par le secrétaire général du département, qu'il manquait de tables pour le service de ses bureaux, pourquoi il nous a prié de l'autoriser à en enlever quatre, qu'il s'est offert de remettre lorsqu'il aura pu s'en pourvoir, l'avons autorisé, sous ses offres, à enlever quatre desdites tables, ainsi qu'une paire de tenailles de cheminée et un tire braise, à la charge de les rétablir dans l'état où il les aura reçus, lorsqu'il se fera l'inventaire desdits effets; avons, en conséquence, fait apposer les scellés sur chacune des issues desdits appartements, savoir sur chacune des deux portes des extrémités et sur les deux portes qui aboutissent au grand escalier.

De là, étant descendus au rez-de-chaussée, avons été conduits dans une grande pièce à droite en entrant, et qu'on nous a dit être le trésor des Chartres et l'ayant parcouru, avons reconnu que toutes les fenêtres prenant jour sur la rue et sur la cour sont exactement grillées, avons fait apposer le scellé sur la première porte de ladite pièce et fait fermer la seconde; nous sommes allés de là dans une autre pièce, aussi au rez-de-chaussée, qu'on nous a dit être le greffe et ensuite de laquelle est une seconde chambre servant de dépôt de papiers et avons trouvé dans cette pièce plusieurs sacs qu'on nous a dit contenir des espèces de billon étrangères, saisies sur plusieurs particuliers, à l'encontre desquels ont été dirigées des poursuites extraordinaires par la chambre des comptes, qu'il en conste, par les pièces de procédure déposées dans les greffes et attendu qu'il n'existait aucune étiquette ni renseignement sur les sacs, les avons fait numéroter et peser ainsi qu'il suit :

Un sac n° 1 pesant 11 livres 14 brut et le sac compris ; un sac n° 2 pesant 18 livres 14 brut et le sac compris ; un sac n° 3 pesant 13 livres 6 brut et le sac compris; un sac n° 4 pesant 14 livres 13 brut et le sac compris ; un sac n° 5 pesant 11 livres 1/4 brut et le sac compris ; un sac n° 6 pesant 5 livres 1/4 brut et le sac compris ; un sac n° 7 pesant 3 livres 15 brut et le sac compris.

Et ayant trouvé dans une armoire de ladite chambre une boîte contenant plusieurs pièces de fausse monnaie, les avons fait mettre dans un huitième sac qui, ayant été pesé, s'est trouvé contenir 1 liv. 13, sous la cote n° 8, et après avoir fait sceller lesdits sacs les avons fait transporter au greffe du département, pour être à portée d'en faire l'envoi à l'hôtel des monnaies de Metz, dans le cas que, d'après le compte qui en sera rendu au ministre, il en soit ainsi.

A cette seconde pièce aboutit une chambre appelée la chambre des commissaires, ayant son entrée dans le vestibule de la maison; après avoir reconnu que lesdites trois pièces prenant jour sur la rue sont suffisamment grillées pour empêcher aucun accès par les fenêtres, avons fait soigneusement fermer les portes de chaque extrémité et avons fait apposer les scellés à l'une et l'autre.

De là, nous sommes allés, par un escalier qui est à gauche de la cour, dans un appartement du second étage, connu sous le nom de bureau d'abonnement, et quoiqu'il nous ait dit que cet appartement ne contenait que des pièces peu importantes, telles que des demandes en décharges ou réductions, avons également apposé le scellé sur la porte dudit escalier de l'appartement, réservant au sieur Montigny, qui s'est présenté alors pour réclamer quelques effets qu'il a dit lui appartenir dans ce local, à réitérer ses réclamations lorsqu'il sera procédé à l'inventaire.

Ayant été ensuite introduits dans un local au rez-de-chaussée, servant de remise, y avons trouvé six blocs de fonte de différentes grosseurs, six balanciers qui en étaient détachés et quelques vieux bancs, lesquels effets nous ont été déclaré provenir de l'hôtel des monnaies du ci-devant duché de Lorraine. Nous sommes allés également dans la cave située sous l'appartement du concierge et y avons vu une très grande quantité de vieux ferrements et ustensiles tant de fer que de cuivre, ci-devant estimés au même usage et sur ce qu'il nous a été déclaré par le sieur Bureau que la chambre des comptes, à son entrée dans le local. avait fait faire un inventaire très exact tant desdits blocs et balanciers que desdits ferrements et ustensiles, lequel inventaire existait dans les greffes ; nous avons cru pouvoir nous dispenser d'en faire faire la description et la pesée qui auraient exigé une opération très longue et très coûteuse.

Et déclaration nous a été faite par le même sieur Bureau qu'il n'existait plus rien dans le local qui fut dans le cas de nous être représenté, nous nous sommes fait remettre toutes les clés des chambres enfermées sous les scellés et les avons fait déposer au secrétariat du département.

Et pour veiller à la conservation tant desdits scellés que des effets ci-dessus mentionnés, en avons établi pour gardien le sieur François Eloy, ci-devant premier commis greffier, huissier audiencier et architecte de ladite chambre des comptes, résidant à Nancy, lequel s'étant présenté et ayant accepté ladite garde. lui avons enjoint de veiller soigneusement à ce qu'il n'y soit porté aucune atteinte sous les peines dont sont tenus tous dépositaires publics, ce qu'il nous a promis sous la foi du serment qu'il a, à l'instant, prêté entre nos mains.

Ensuite, pour constater l'identité du sceau dont nous avons fait apposer une empreinte sur chacune des extrémités des bandes de papier formant les scellés ci-devant énoncés, en

avons fait mettre pareille empreinte à la marge ci-contre.

Fait à Nancy, les an et jour avant dits, sept heures de relevée.

« *Signé :* BUREAU, ELOY ; PAGNOL *l'aîné;* PERRIN, LE LORRAIN, *procureur-général-syndic ;* BRETON, *secrétaire-général.* »

« *Pour copie collationnée »*

« *Signé :* BRETON, *secrétaire-général.* »

« *Pour copie conforme à la copie collationnée.* »

« *Signé :* DENORMANDIE. »

II.

Chambre des comptes de Lorraine.

Août 1791.

Mémoire (1).

La chambre des comptes de Lorraine, indépendamment des fonctions attribuées aux chambres des comptes du royaume, était chargée, ainsi que celle de Bar, de la répartition et du contentieux des impositions ordinaires et des vingtièmes, dans les deux anciennes provinces de Lorraine et de Bar.

Les officiers de la chambre des comptes de Lorraine, titulaires de charges créées sans finances, n'avaient d'autres émoluments que des taxations sur les impositions, des épices sur les comptes des vingtièmes et d'autres droits casuels. Ces objets réunis formaient une somme de 32,945 livres 15 sols 8 deniers, qui se partageait entre tous les officiers.

Cette compagnie ayant éprouvé une augmentation dans le nombre de ses membres, la part de chacun d'eux se trouva diminuée, et elle obtint au mois d'août 1781, un supplément de traitement annuel de................ 10,000 liv.

M. de Riocourt, premier président, recevait du trésor public un traitement de 4,000 livres ; il fut porté à.......................... 6,000

Enfin, M. de Maudhui, avocat général, obtint un traitement de.. 1,000

Total......................... 17,000 liv.

La chambre des comptes de Lorraine fut autorisée à imposer chaque année, cette somme en sus de l'abonnement des vingtièmes.

En 1777, il avait été accordé, à la Chambre des comptes, pour ses frais de bureaux........................... 2,800 liv.

A M. le premier président, pour le même objet....................... 1,000

A M. le procureur général........ 700

Total......................... 4,500 liv.

Ce second objet était prélevé annuellement sur un fonds qui s'imposait en sus des vingtièmes, pour faire face aux non-valeurs et aux décharges, et qui n'était jamais entièrement consommé.

Cette chambre des comptes jouissait, en

---

(1) *Archives nationales*, Carton Cɪɪ 251, chemise 424, pièce n° 22.

outre, de temps immémorial, d'un droit de chauffage : il était payé anciennement en nature; une ordonnance de Léopold, duc de Lorraine, de 1707, a réglé qu'il le serait en argent.

Ce droit était acquitté par le receveur des domaines et bois; il a été payé jusqu'au 15 juillet 1790, et il est dû l'année échue au 15 juillet 1791; l'objet est de 2,212 l. 10 s.

Enfin cette cour jouissait encore d'un droit de franc-salé, anciennement payé en nature et payable en argent, d'après les articles 1 et 2 d'un règlement du 28 février 1720. Ce droit acquitté jusques et y compris 1789, par la ferme générale, est dû pour l'année entière de 1790............................... 780 l. 5 s. 4 d.
et pour les dix premiers mois de 1791....................... 390 2 8

Total................... 1,170 l. 8 s. » d.

La chambre des comptes réclame le paiement de ces différentes sommes jusqu'au 1er juillet 1791, attendu qu'elle n'a été supprimée que depuis cette époque.

M. de Riocourt, premier président de cette chambre, indépendamment des objets qui lui sont communs avec sa compagnie, réclame les six premiers mois de 1791, d'un traitement de 1514 l. 6 s., dont il jouissait sur la caisse des domaines.

La loi du 11 septembre formant le titre XIV de la loi générale sur l'ordre judiciaire porte, article 12 « que les chambres des comptes demeureront supprimées aussitôt qu'il aura été pourvu à un nouveau régime de comptabilité; la cessation des fonctions de ces chambres n'a été définitivement prononcée que par le décret du 4 juillet dernier, et à compter de la publication de ce décret et de la notification aux chambres des comptes ».

Ce décret n'est point encore sanctionné. Ainsi, il est certain que les chambres des comptes sont encore en activité; et celle de Lorraine paraît fondée à réclamer le paiement, pour les six premiers mois de 1791, des divers objets qui composent le traitement de ses membres.

Ces objets sont :

	liv.	s.
1° Supplément de traitement..	8,500	»
2° Frais de bureaux..............	2,250	»
3° Droit de chauffage...........	2,212	10
4° Droit de franc-salé...........	1,170	8
5° Traitement de M. de Riocourt	757	3
Total...........	14,890	1

Les deux premiers objets étaient payés précédemment sur les fonds imposés accessoirement aux vingtièmes, et les vingtièmes n'ont plus lieu en 1791; ainsi il n'y a point de fonds faits pour ces deux premiers articles.

Le troisième et le cinquième étaient payés sur le produit des domaines, et le quatrième article sur les produits de la ferme générale.

On ne voit aucune difficulté à faire acquitter les trois derniers articles, mais les deux premiers étaient imposés au marc la livre des vingtièmes, et il n'a été imposé, en 1791, ni vingtièmes ni, par conséquent, aucune somme au marc la livre.

Cependant, d'un autre côté, il est incontestable que les chambres des comptes doivent jouir de la totalité de leurs attributions, tant qu'elles ne sont point supprimées.

La difficulté consiste donc à examiner comment seront payées les 12,750 livres qui étaient assignées sur les vingtièmes.

Il semble que ce serait le cas de faire décider, par un décret, que les membres de la chambre des comptes de Lorraine jouiront du supplément annuel de traitement de 1700 livres, précédemment assigné sur les vingtièmes, et de 4,500 livres pour frais de bureaux, en proportion de la durée de leur exercice et activité pendant le cours de ladite année 1791; et que la somme qui leur reviendra pour l'un et l'autre objet, sera acquittée par la trésorerie nationale, à laquelle le remplacement en sera fait par la caisse de l'extraordinaire.

III.

Lettre du citoyen Leclerc de Vrainville, ancien conseiller de la ci-devant chambre des comptes de Nancy, au citoyen Tarbé, ministre des contributions publiques .(1)

« Citoyen,

« Les officiers de la ci-devant chambre des comptes de Nancy ont l'honneur de vous représenter que les charges dont ils étaient revêtus n'étaient point à finance; qu'elles se donnaient pour récompense de service; que tous leurs émoluments consistaient en taxations qui leur tenaient lieu d'appointements et en menues casualités contentieuses.

« Léopold, duc de Lorraine, leur avait attribué en 1699 trois deniers par livre sur les impositions lesquelles se faisaient en sus du principal et trois deniers pour livre du prix des baux, vente de grains, bois et autres denrées qui en proviendraient et seraient passés à son profit.

« Le douze septembre de cette même année 1699, S. A. R. adressa une lettre de cachet à cette compagnie par laquelle il lui conservait les trois deniers pour livre sur les impositions pour lui tenir lieu d'appointements et supprima le sol pour livre sur les baux et ventes ci-dessus énoncés, ainsi qu'il appert par la copie de cette lettre de cachet ci-jointe.

« La levée des trois deniers pour livre en sus des impositions ont continué au profit des dix officiers jusqu'à l'année 1737 inclusivement.

« A cette époque, Stanislas, roi de Pologne, devenu duc de Lorraine, voulut soulager son peuple de cette levée de trois deniers pour livre, rendit arrêt dans son conseil, le 26 septembre de la dite année 1737, par lequel il ordonna qu'il serait imposé sur les deux duchés pour l'année 1738, une somme de dix-neuf cent mille livres pour subvenir aux besoins et charges de ses Etats et aux dépenses ordinaires des ponts et chaussées, laquelle répartition se fera sans augmentation de sol pour livre, *Sa Majesté voulant bien se charger non seulement des trois deniers pour livre*

(1) *Archives nationales*, Carton Cn 251, chemise 424, pièce n° 23.

attribués à ses chambres des comptes, mais encore, etc... Cet arrêt, en copie, est inscrit dans la lettre de cachet ci-dessus rappelée.

Le receveur des finances payait annuellement et sans difficulté une somme de trente-deux mille neuf cent quarante-cinq livres quinze sols huit deniers en deux termes égaux pour leurs appointements.

« Ces paiements se sont exécutés jusqu'au premier janvier 1791 et se partageaient entre les dix officiers; et depuis cette date, le receveur s'est refusé à ces paiements fondés sur la loi du 11 septembre 1790.

« Cette loi, titre quatorze, de celle judiciaire qui supprime tous les tribunaux du royaume, porte, en l'article douze, que les chambres des comptes demeureront supprimées lorsqu'il aura été pourvu à un nouveau régime de comptabilité.

« Le 28 mai 1791, l'Assemblée nationale décréta que les compagnies qui auraient des gages communs pourraient les toucher par les mains de leurs anciens syndics.

« Le 4 juillet suivant, l'Assemblée nationale décréta définitivement la cessation des fonctions des chambres des comptes, à compter du jour de la publication et de la notification légales de son décret.

« Ces formalités n'ont été effectuées que le premier octobre suivant et conséquemment ladite ci-devant chambre des comptes de Nancy n'a cessé ses fonctions que le dit jour, ce qui fait neuf mois juste d'exercice en ladite année 1791, ce qui se prouve par le procès-verbal ci-joint.

« Il est évident et même incontestable qu'ayant servi pendant neuf mois, ces officiers doivent être payés de leurs gages communs. On ne pourrait leur refuser sans injustice surtout n'ayant pas la ressource d'une finance et se trouvant privés de leur état et de la plupart de leur fortune.

« Ils sont autorisés à réclamer la somme de vingt-quatre mille sept cent-neuf livres six sols neuf deniers, faisant les trois quarts de celle de trente-deux mille neuf cent quarante-cinq livres, quinze sols, huit deniers. Le décret de l'Assemblée nationale du 28 mai dernier ordonne positivement le payement des appointements ou gages communs entre les mains des anciens syndics des compagnies.

« Appuyés des pièces ci-dessus énoncées et produites, lesdits officiers ont l'honneur de recourir à votre équité ordinaire et vous supplient d'ordonner qu'en exécution du décret du 28 mai dernier, le receveur de la trésorerie nationale ou telle autre qu'il vous plaira, paiera à l'ancien syndic de cette compagnie la somme de vingt-quatre mille sept cent neuf livres six sols neuf deniers pour neuf mois de leurs appointements ou gages, faisant les trois quarts de celle de trente-deux mille neuf cent quarante-cinq livres quinze sols huit deniers qui leur étaient payés annuellement, en se conformant, de la part dudit syndic au prescrit dudit décret du 28 mai dernier et ils ne cesseront de continuer leurs vœux pour votre santé et votre prospérité.

« *Signé :* Leclerc de Vrainuille, *ancien conseiller de la ci-devant chambre des comptes de Nancy, fondé de pouvoirs.* »

IV

Lettre de Leclerc de Vrainuille, ancien conseiller de la ci-devant chambre des comptes de Nancy, au citoyen Clavière, ministre des contributions publiques (1).

« Citoyen,

« Les officiers de la ci-devant chambre des comptes de Nancy ont eu l'honneur de présenter un mémoire à M. Tarbé, votre prédécesseur.

« Ils ont eu l'honneur de lui représenter que le décret du mois de septembre 1790 supprime tous les tribunaux du royaume.

« Par un article de ce même décret, les chambres des comptes sont continuées dans l'exercice de leurs fonctions jusqu'à ce qu'il ait été pourvu à un nouveau mode de comptabilité.

« Le 4 juillet 1791, intervint un autre décret qui supprime de fait toutes les chambres des comptes, laquelle suppression ne doit avoir lieu qu'après la notification légale de ce décret.

« Cette notification n'a été effectuée que le premier octobre suivant.

« Cette compagnie différait des autres chambres du royaume en ce qu'elle n'était point à finances, que les charges se donnaient pour récompenses de services et pour tenir lieu de pension; elle était aussi cour des domaines, des aides et gabelles, des bureaux de finances étant chargés du règlement de toutes impositions.

« Elle avait des appointements et menues casualités dont elle était payée tous les six mois.

« Ce payement a cessé au premier janvier de l'année dernière.

« Elle a continué son service depuis ce jour jusqu'au premier octobre, ce qui fait neuf mois d'appointements.

« Elle a joint au mémoire les titres sur lesquels la réclamation est fondée.

M. Henette a été chargé du travail de la vérification. Ce travail est fini; il ne reste qu'à y apposer votre approbation. Elle espère l'obtenir et les officiers de cette compagnie ne cesseront de faire des vœux pour votre santé et votre prospérité.

« *Signé :* Leclerc de Vrainuille, *fondé de pouvoir.* »

V

Lettre du citoyen Leclerc de Vrainuille, ancien conseiller de la ci-devant chambre des comptes de Nancy au citoyen Tarbé, ministre des impositions publiques (2).

« Citoyen,

« Les officiers de la chambre des comptes de Nancy ont l'honneur de vous représenter que leurs charges n'étaient point vénales et que, pour leur tenir lieu de gage, il leur était attribué des taxations ou indemnités, à cause de quatre officiers et un président, augmen-

---

(1) *Archives nationales,* Carton C^{II} 251, chemise 424, pièce n° 24.
(2) *Archives nationales,* Carton C^{II} 251, chemise 424, pièce n° 25.

tation opérée par la réunion du parlement et de la chambre des comptes de Metz et celui de Nancy ; et des menues nécessités, chauffage et franc salé, ce qui s'est toujours payé de six mois en six mois.

« Le décret de l'Assemblée nationale du onze septembre 1790 supprime tous les tribunaux du royaume et ordonne que les chambres des comptes continueront leurs fonctions jusqu'à ce qu'il y aura un nouveau mode de comptabilité établi; ce nouveau mode ne l'étant point encore, cette compagnie a toujours son existence et est dans le cas de répéter les objets qui lui tenaient lieu de gages.

« Le receveur a acquitté les six derniers mois de 1790, mais il se refuse au payement des six premiers mois de la présente année, sous prétexte qu'il n'a point d'ordre de payer.

« Cette compagnie répète la moitié de l'indemnité qui lui a été accordée à raison de l'augmentation d'un président et de quatre officiers.

« La moitié de la somme à elle accordée pour menues nécessités ou frais de bureaux.

« Le chauffage pour l'année entière et le franc salé pour un an et demi ainsi qu'il lui a été payé de temps immémorial.

« Cette compagnie est d'autant plus fondée dans la demande que le décret de l'Assemblée nationale du 28 mai dernier autorise les anciens syndics à toucher les gages communs,

« Les sommes que la chambre des comptes de Nancy répètent sont des gages communs qui se partagent entre tous les membres.

« C'est pour faire lever les difficultés que fait le receveur d'acquitter ces sommes qu'elle a l'honneur de recourir à votre autorité.

« Ce considéré, monsieur, vu l'exposé ci-dessus, il vous plaise de donner des ordres au receveur de payer, ainsi qu'il l'a fait jusqu'à présent à la chambre des comptes de Nancy les sommes qui lui sont dues pour supplément de gages, sur la quittance de son syndic, les indemnités, menues nécessités, chauffage et franc salé, sans préjudice à se pourvoir pour le surplus lors de son entière suppression, et cette compagnie continuera ses vœux pour votre santé et votre prospérité.

« *Signé :* Leclerc de Vrainuille. »

VI.

Etats des sommes qui sont dues pour neuf mois de service de l'année 1791 aux citoyens ci-devant président et conseillers de la ci-devant chambre des comptes de Nancy, ayant exercé jusqu'au premier octobre de ladite année, lesquelles sont reportées d'après la distribution qui s'en faisait à chacun des membres de la ci-devant compagnie, des différent sobjets qu'ils répètent (1).

Savoir :

Tableau A.

Noms des citoyens ex-président et conseillers.		Trois deniers pour livre des impositions les 3/4 font 24.709 l. 6 s. 9 d.		
Dubois de Riocourt, ex-premier président.		2.246 l.	0 s.	4 d.
Lefébure de Montjoie, ex-président,		1.684	17	3
Lefébure,	—	1.684	17	3

(1) *Archives nationales*, Carton Cu 251, chemise 424, pièce n° 26.

Drouot,	ex-conseiller,	1.123	6	9
Leclerc de Vrainuille,	—	1.123	6	9
Thomassin,	—	1.123	6	9
Thibault de Montbois,	—	1.123	6	9
François,	—	1.123	6	9
Duparge d'Ambacour,	—	1.123	6	9
Mathieu de Moulon,	—	1.123	6	9
Magny, l'aîné,	—	1.123	6	9
Le Geay,	—	1.123	6	9
Le Masson-Rancé,	—	1.123	6	9
D'Hurdt,	—	1.123	6	9
D'Hame,	—	1.123	6	9
Gauthier,	—	1.123	6	9
Magny, le jeune,	—	1.123	6	9
Duparge de Bettoncourt,	—	1.123	6	9
Mique,	—	1.123	6	9
Bonnier,	—	1.123	6	9

Total............ 24.709 l. 10 s. 7 d.

Tableau B.

Noms des citoyens ex-président et conseillers.		Indemnités 10,000 les 3/4 font 7.500.		
Dubois de Riocourt, ex-premier président.		681 l.	17 s.	6 d.
Lefébure de Montjoie, ex-président.		511	8	1
Lefébure,		511	8	1
Drouot,	ex-conseiller.	340	18	9
Leclerc de Vrainuille,	—	340	18	9
Thomassin,	—	340	18	9
Thibault de Montbois,	—	340	18	9
François,	—	340	18	9
Duparge d'Ambacour,	—	340	18	9
Mathieu de Moulon,	—	340	18	9
Magny, l'aîné,	—	340	18	9
Le Geay,	—	340	18	9
Le Masson-Rancé,	—	340	18	9
D'Hurdt,	—	340	18	9
D'Hame,	—	340	18	9
Gauthier,	—	340	15	9
Magny, le jeune,	—	340	18	9
Duparge de Bettoncourt,	—	340	18	9
Mique,	—	340	18	9
Bonnier,	—	340	18	9

Total............ 7.500 l. 10 s. 5 d.

Tableau C.

Noms des citoyens ex-président et conseillers.		Frais de bureau 2.800 l. les 3/4 font 2.100.		
Dubois de Riocourt, ex-premier président.		190 l.	18 s.	2 d.
Lefébure, de Montjoie, ex-président.		143	3	10
Lefébure,		143	3	10
Drouot,	ex-conseiller.	95	9	1
Leclerc de Vrainuille,	—	95	9	1
Thomassin,	—	95	9	1
Thibault de Montbois,	—	95	9	1
François,	—	95	9	1
Duparge d'Ambacour,	—	95	9	1
Mathieu de Moulon,	—	95	9	1
Magny, l'aîné,	—	95	9	1
Le Geay,	—	95	9	1
Le Masson-Rancé,	=	95	9	1
D'Hurdt,	—	95	9	1
D'Hame,	—	95	9	1
Gauthier,	—	95	9	1
Duparge de Bettoncourt,	—	95	9	1
Mique,	—	95	9	1
Bonnier,	—	95	9	1

Total............ 2.100 l. » s. 3 d.

TABLEAU D.

Noms des citoyens ex-président et conseillers.	Chauffage 2.212. Les 3/4 font 1.659 l. 7 s. 6 d.		
Dubois de Riocourt, ex-premier président.	150 l.	16 s.	» d.
Lefébure de Montjoie, ex-président,	113	2	»
Lefébure, —	113	2	»
Drouot, ex-conseiller,	75	8	»
Leclerc de Vrainuille, —	75	8	»
Thomassin, —	75	8	»
Thibault de Montbois, —	75	8	»
François, —	75	8	»
Duparge d'Ambacour, —	75	8	»
Mathieu de Moulon, —	75	8	»
Magny, l'aîné, —	75	8	»
Le Geay, —	75	8	»
Le Masson-Rancé, —	75	8	»
D'Hurdt, —	75	8	»
D'Hame, —	75	8	»
Gauthier, —	75	8	»
Magny, le jeune, —	75	8	»
Duparge de Bettoncourt, —	75	8	»
Mique, —	75	8	»
Bonnier, —	75	8	»
TOTAL...........	1.658 l.	16 s.	» d.

TABLEAU E.

Noms des citoyens ex-président et conseillers.	Franc-salé 1.170 l. 8 les 3/4 font 877 l. 16.		
Dubois de Riocourt, ex-premier président,	79 l.	16 s.	» d.
Lefébure de Montjoie, ex-président,	59	17	»
Lefébure, —	59	17	»
Drouot, ex-conseiller.	39	18	»
Leclerc de Vrainuille, —	39	18	»
Thomassin, —	59	18	»
Thibault de Montbois, —	39	18	»
François, —	39	18	»
Duparge d'Ambacour, —	39	18	»
Mathieu de Moulon, —	39	18	»
Magny, l'aîné. —	39	18	»
Le Geay, —	39	18	»
Le Masson-Rancé, —	39	18	»
D'Hurdt, —	39	18	»
D'Hame, —	39	18	»
Gauthier, —	39	18	»
Magny, le jeune, —	39	18	»
Duparge de Bettoncourt, —	39	18	»
Mique, —	39	18	»
Bonnier, —	39	18	»
TOTAL...........	877 l.	16 s.	» d.

RÉCAPITULATION.

Traitement.....................	24.709 l.	10 s.	7 d.
Indemnités....................	7.500	10	5
Frais de bureau..............	2.100	»	3
Chauffage................. .	1.658	16	»
Franc-salé...................	877	16	»
TOTAL...........	36.846 l.	13 s.	3 d.

« Nous soussignés, citoyens ci-devant président et conseillers de la ci-devant chambre des comptes de Lorraine, certifions que l'Etat ci-dessus est conforme en toutes ses parties aux différents états de distributions annuelles qui se faisaient par le syndic de la compagnie, à l'assistance du secrétaire-greffier, chargé des mêmes distributions et receveur des deniers de ce tribunal.

« A Nancy, ce jourd'hui, vingt-deux novembre mil sept cent quatre-vingt-douze, l'an premier de la République française.

« *Signé :* LECLERC DE VRAINUILLE ; FRANÇOIS ; GAUTHIER ; MOULON. »

VII.

Copie du certificat donné par le citoyen Augier, ci-devant receveur-général des finances de la ci-devant province de Lorraine, en date du 15 août 1792 (1).

« Je soussigné, ci-devant receveur des finances de la ci-devant généralité de Lorraine, certifie que je n'ai donné aucun ordre en 1791 pour le paiement d'aucunes sommes réclamées par la ci-devant chambre des comptes de ladite province; que n'ayant rien reçu sur cet exercice, puisque j'étais sans fonction, je n'aurais pas même eu de qualité pour donner des ordres de paiement et que je n'ai pas même connaissance qu'il leur ait été payé aucun acompte sur ledit exercice.

« Paris, ce 15 août 1792, l'an IV de la liberté et le premier de la République française.

« *Signé :* AUGIER. »

VIII.

Copie du certificat donné par les commissaires de la Trésorerie nationale (2).

« Nous soussignés, certifions que nous n'avons personnellement donné aucun ordre pour le paiement des objets mentionnés au certificat ci-dessus et composé des articles détaillés en l'état ci-contre.

« A Paris, le 16 août 1792, l'an IV de la liberté et le 1er de la République française.

« *Signé : Illisibles.* »

« *Commissaires de la trésorerie nationale.* »

1° Les trois quarts de la somme de 32,945 l. 5 s. 8d., faisant le montant de 3 s. par livre qui se payaient sur les impositions publiques faisant pour les dix trois quarts la somme de	24,709 l.	6 s.	9 d.
2° Les trois quarts de celle de 10,000 livres pour indemnités	7,500	»	»
3° Les trois quarts de celle de 2,800 livres pour frais de bureau	2,100	»	»
4° Les trois quarts de celle de 2,212 livres pour chauffage	1,659	7	6
5° Les trois quarts de celle de 780 l. 5 s. 4 d. pour franc salé	585	4	»
Total................	36,554 l.	18 s.	3 d.

(1) *Archives nationales*, Carton Cii 251, chemise 424, pièce n° 27.

(2) *Archives nationales*, Carton Cii 251, chemise 424, pièce n° 28.

IX

État des pièces mises à la disposition du citoyen Leclerc de Vrainuille (1).

Procès-verbal d'apposition de scellé, le 1er octobre 1791, à la chambre des comptes de Nancy;

Certificat délivré, le 4 août 1791, par le syndic et le secrétaire de ladite chambre constatant ce qui reste dû aux officiers;

Certificat de M. de Forges et Augebault, visé par le ministre des contributions, constatant ce qui est dû aux officiers pour chauffage;

Certificat du receveur général des finances de la province de Lorraine, constatant les différentes attributions de ladite cour, certifié par les commissaires de la trésorerie et visé par le ministre des contributions;

Mémoire qui a été adressé à M. de Saint-Léon par le même ministre, contenant son avis sur ladite répétition;

Lesquelles pièces j'ai retiré aujourd'hui et promets de rendre dans les vingt-quatre heures.

A Paris, le 5 octobre 1792, l'an 1er de la République.

Signé : LECLERC DE VRAINUILLE.

Je reconnais, en outre, que M. de Saint-Léon m'a confié la lettre en date du 13 septembre 1791, du ministre des contributions, ainsi que la copie d'une lettre de cachet en date du 12 septembre 1699.

A Paris, ce 10 octobre 1792, l'an 1er de la République.

Signé : LECLERC DE VRAINUILLE.

X.

Tableau des sommes dues à la ci-devant chambre des comptes de Lorraine (2).

	l.	s.	d.
1° Ancienne attribution.........	32.945	15	8
2° Indemnité....................	17.000	»	»
3° Frais de bureau..............	4.300	»	»
4° Chauffage....................	2.212	10	»
5° Franc-salé...................	780	5	4
6° Traitement particulier du président sur les domaines et bois.	778	3	10

	l.	s.	d.
TOTAL............	58.216	14	10
Réduit aux 3/4......	14.554	3	8 ¹/₂
TOTAL............	43.662	11	1 ¹/₂

État de ce qui revient par préciciput au premier président :

	l.	s.	d.
1° Traitement sur l'indemnité......	4.500	»	»
2° Préciput sur les frais de bureau..	750	»	»
3° Traitement sur les domaines et bois.........	583	11	10

	l.	s.	d.		l.	s.	d.
TOTAL....	5.833	11	10				
A l'avocat général.	750	»	»	} 7.108	11	10
Au procureur général..........	525	»	»			

	l.	s.	d.
TOTAL................	36.553	19	3

(1) *Archives nationales*, Carton CII 251, chemise 424, pièce n° 29.
(2) *Archives nationales*, Carton CII 251, chemise 424, pièce n° 30.

Cette somme, étant partagée en 22 portions, revient à 1.661 l. 10 s. 10 d.

	l.	s.	d.
Le premier président en ayant deux, il lui revient...........	9.156	13	6
Le second président en ayant une portion et demie.............	2.492	6	3
Le troisième président en ayant une portion et demie.........	2.492	6	3
Enfin, une portion à chacun des 17 conseillers................	28.246	4	2

Ce qui fait une somme totale. 42.387 l. 10 s. 2 d.

XI.

Lettre du sieur Leclerc de Vrainuille, vice-doyen des conseillers de la ci-devant chambre des comptes de Nancy, au citoyen Clavière, ministre des contributions publiques (1).

« Citoyen;

« Les officiers de la ci-devant chambre des comptes de Nancy ont eu l'honneur de vous présenter leurs réclamations et de vous demander d'ordonner que les émoluments et taxations qui leur étaient attribués pour leur tenir lieu d'appointements leur soient payés par la trésorerie nationale ou telle autre qu'il vous plairait.

« En 1790, tous les tribunaux furent supprimés et les chambres des comptes ont continué leurs fonctions jusqu'au 1er octobre 1791, ainsi qu'il est justifié par la copie du procès-verbal d'apposition de scellés sur les greffes de celle de Nancy.

« Les officiers de cette compagnie ont été payés de leurs appointements jusqu'au 1er janvier 1791; ils réclament ceux qui leur sont dus depuis ce jour jusqu'au 1er octobre de ladite année, ce qui fait neuf mois d'exercice.

« Après le compte qui vous a été rendu de la juste réclamation desdits officiers vous aurez estimé qu'ils devaient être payés et renvoyé le tout au commissaire-liquidateur pour le faire ainsi décréter.

« Il vient de le faire ordonner pour l'arrivée du chauffage qui leur restait dû pour six mois de 1790, mais il a prétendu que ce qui était dû pour les neuf mois de 1791 devait être liquidé et payé par vos ordres et, en conséquence, il vous a fait le renvoi de ce qui concerne leurs appointements de 1791, pendant neuf mois.

« Il vient de leur remettre une partie des pièces qui concernent leurs réclamations, et notamment le mémoire que vous lui aviez adressé qui justifiait la justice de leurs demandes.

« Les dix officiers ont l'honneur de recourir de nouveau à votre autorité pour en obtenir l'ordre du payement de leurs taxations depuis le 1er janvier 1791 jusqu'au 1er octobre de ladite année, jour auquel le décret qui prononce leur suspension définitive leur a été légalement notifié ainsi qu'il le voit par le procès-verbal d'apposition de scellé sur leurs greffes ci-dessus cité.

« Ils sont donc fondés à réclamer les trois

(1) *Archives nationales*, Carton CII 251, chemise 424, pièce n° 31.

quarts des sommes qui leur étaient assignées pour leur tenir lieu d'appointements ;

Savoir :

1° Les trois quarts de la somme de trente-deux mille neuf cent quarante-cinq livres quinze sols huit deniers, faisant le montant de trois deniers pour livre qui se prenaient sur les impositions publiques, faisant, pour lesdits trois quarts la somme de............ 24,709 l. 6 s. 9 d.

2° Les trois quarts de celle de 10,000 livres à eux accordée pour indemnité d'augmentation de membres dans leur compagnie, faisant...... 7,500 » »

3° Les trois quarts de celle de 2,800 livres pour frais de bureau, faisant............. 2,100 » »

4° Les trois quarts de celle de 2,212 livres pour chauffage, faisant...................... 1,659 7 6

5° Les trois quarts de celle de 780 l. 5 s. 4 d. pour franc-salé, faisant...................... 585 4 »

Total................. 36,554 l. 18 s. 3 d.

« Ces appointements sont communs et se partagent entre les dix officiers ainsi qu'il est rapporté avec copie des cas de distribution qui se faisaient dans cette compagnie, conformément au tableau ci-joint, pour la distribution des sommes ci-dessus répétées.

« Le décret du 28 mai 1790 porte que les compagnies qui ont des gages ou appointements en commun et qui se partagent entre eux pourront être touchés par leurs anciens syndics en justifiant que les intérêts des capitaux par elles dus sont acquittés.

« Par le renvoi que vous avez fait au commissaire-liquidateur, vous avez trouvé et estimé la réclamation juste. Les officiers ne répètent pas les titres qui la justifient étant rapportés dans leur premier mémoire ci-joint.

« Je considère, citoyen ministre, qu'il vous plaise, vu les pièces et mémoires joints, d'ordonner que les officiers de la ci-devant chambre des comptes de Nancy seront payés des sommes par eux répétées pour leurs appointements de neuf mois de service de leurs fonctions depuis le 1er janvier 1791 jusqu'au 1er octobre de ladite année, lesquelles sommes ils toucheront par les mains de leur ancien syndic pour être partagé entre eux, suivant l'ancien usage de la compagnie, conformément au décret du 28 mai 1790, en satisfaisant par leur syndic à la classe dudit décret pour la justification du payement des intérêts des capitaux dus par cette compagnie ; à l'effet de quoi la distribution et partage sera faite ainsi qu'il est énoncé au tableau ci-joint. Ils ne cesseront de faire des vœux pour votre santé et prospérité.

« *Signé :* Leclerc de Vrainville, *vice-doyen des conseillers de la ci-devant chambre des comptes de Nancy, fondé de pouvoir.* »

XII.

Lettre du citoyen Riocourt, premier président de la ci-devant chambre des comptes de Lorraine, au citoyen Clavière, ministre des contributions publiques (1).

« Citoyen,

« Antoine-François Dubois, dit Riocourt premier président de la ci-devant chambre des comptes de Lorraine,

« Expose que les chambres des comptes, quoique supprimées par un décret du 4 juillet, ont continué leurs services jusqu'au mois d'octobre et qu'ainsi jusqu'à cette époque, et d'après les décrets précédents, ces compagnies ont dû jouir des émoluments qui leur étaient attribués. Son ancien premier président est également dans le cas de percevoir jusqu'à la même époque les différents traitements qui étaient attachés à sa charge. Il s'était pourvu à l'ex-ministre Tarbé, pour en obtenir un ordre aux différents receveurs de lui payer les traitements, frais de bureau et menues nécessités, qui se trouvaient lui être dus. Ce ministre avait donné un avis favorable et renvoyé le tout au comité des finances de l'Assemblée constituante afin qu'il décidât par quelle caisse devait se faire le paiement, et ce comité a renvoyé la demande au commissaire liquidateur.

« La ci-devant chambre des comptes s'est aussi pourvue pour obtenir l'ordre de paiement de ses appointements. Vous avez trouvé sa demande juste, donné votre avis en conséquence et renvoyé au commissaire-liquidateur pour faire rendre un décret de paiement; vous avez estimé que cette demande devait être jointe aux autres demandes déjà formées par elle en 1790.

« Le commissaire-liquidateur vient de vous renvoyer ces demandes à la réserve de ce qui était dû en 1790, et le motif de ce renvoi est que le commissaire ne s'est point cru autorisé à liquider ce qui était arriéré pour 1791.

« Les répétitions du citoyen Riocourt pour les neuf mois qu'il a continué son service, sont :

« Les trois quarts d'une somme de 6,000 livres de traitement.................. 4,500 l. » s. » d.

« Les trois quarts de celle de 1,000 livres pour traitement.................. 750 » »

« Enfin celle de 1,000 liv. de Lorraine sur les domaines et bois faisant de France 778 livres 3 sols 10 deniers dont les trois quarts sont 583 11 10

Total.............. 5,833 l. 11 s. 10 d.

« Le décret de la Convention qui vient de décider que l'arriéré de ce qui était dû en 1790 serait payé à la ci-devant chambre des comptes, lui font espérer de votre justice que vous ordonnerez le paiement de ce qui lui revient pour l'année 1791. C'est absolument les mêmes motifs de décision et a été accordé pour 1790 ne peut se refuser pour l'année suivante, puisque l'une et l'autre demandes

_____

(1) *Archives nationales*, Carton Cn 251, chemise 424, pièce n° 32.

sont fondées sur la continuation des services de la compagnie qui ont été prolongés jusqu'au mois d'octobre 1791.

« Il joint une attestation du commis à la recette des finances de la ci-devant province de Lorraine et un certificat des commissaires de la Trésorerie qui prouvent qu'il n'a touché aucun émolument de l'année 1791 et qu'ainsi les neuf mois lui sont dûs en entier.

« *Signé :* RIOCOURT. »

XIII.

Attestation du commis à la recette des finances de la ci-devant province de Lorraine (1).

« Je soussigné, commis à la recette générale des finances de Lorraine et Barrois, déclare que j'ai payé à M. de Riocourt, premier président de la chambre des comptes de Lorraine, la somme de six mille livres de France pour traitement particulier à raison de ladite charge et celle de mille livres, même cours pour ses frais de bureau pendant l'année 1790, conformément aux différents ordres que j'en ai reçus et que les six premiers mois de la présente année, montant à 3,500 livres ne lui ont pas été acquittés, n'ayant pas reçu d'ordre à ce sujet.

A Nancy, ce 31 juillet 1791.
« *Signé :* GUÉRIN, *le cadet.* »

XIV.

Certificat des commissaires de la Trésorerie (2).

« Nous soussignés, commissaires de la Trésorerie nationale, certifions n'avoir personnellement donné aucun ordre pour payer tout le traitement de M. de Riocourt, ci-devant qualifié, que ses frais de bureaux; et que les paiements faits par le sieur Guérin, suivant son certificat ci-dessus, paraissent être les derniers qui ont été effectués par lui audit sieur de Riocourt.

« A Paris, le 9 août 1792, l'an IV de la liberté.
« *Signé :* DE VENNE; GAUDIN; DUTREMBLAY. »

XV.

Lettre du directeur général provisoire de la liquidation (3).

Paris, ce 29 décembre 1792, l'an Ier de la République.
« Citoyen,

« Le mémoire d'observations que vous m'avez adressé au mois de mai dernier relativement aux réclamations de la ci-devant chambre des comptes de Lorraine s'applique, en partie, aux arrérages échus jusqu'au 1er janvier 1791, des droits de chauffage et du *franc salé* qui leur

avaient été accordés. J'ai présenté au comité de liquidation le travail fait sur cet objet et l'assemblée prononcera incessamment. Mais le décret du 29 septembre 1791, ne regardant comme arriéré que ce qui est antérieur à l'année 1791, il ne m'est pas possible de m'occuper de la liquidation des 9 premiers mois de 1791. Ils se proposent de vous présenter leur mémoire pour tout ce qui n'est pas arriéré et qui paraît faire partie des dépenses courantes.

« *Le Directeur général provisoire de la Liquidation.*

« *Signé :* DENORMANDIE. »

XVI.

Extrait du procès-verbal de la Convention nationale du 8 janvier 1793, l'an II de la République française (1).

DÉCRET DE LIQUIDATION

Dépenses générales.

ARRIÉRÉS DE L'ADMINISTRATION

« La Convention nationale décrète qu'il sera payé aux 28 officiers de la ci-devant chambre des comptes de Nancy la somme de 1106 livres 5 sous, suivant la répartition qui en est faite au procès-verbal de liquidation, en date du 14 décembre 1792, pour les six derniers mois de l'année 1790, du droit de chauffage qui leur était attribué dans les ci-devant bois du roi, liquidé à la somme de 1106 livres 5 sous, ci .... 1106 l. 5 s.

« *Collationné à l'original, par nous, secrétaires de la Convention nationale à Paris, ce 8 février 1793, l'an II de la République française.*

« *Signé :* VALAZÉ, *secrétaire;* CREUZÉ-LATOUCHE, *secrétaire.* »

XVII.

Etat des dépenses (2).

	l.	s.	d.
1° Ancienne attribution	32.945	15 s.	8 d.
2° Indemnité	17.000	»	»
3° Frais de bureau	4.500	»	»
4° Chauffage	2.212	10	»
5° Franc-salé	780	5	4
6° Traitement particulier du premier président sur les domaines et bois...............	778	3	10
TOTAL..........	58.216	14	10

A déduire comme étant payé déjà :

	l.	s.	d.
A l'avocat général. 1.000 » »			
Au procureur général............ 700 » »	1.700	»	»
TOTAL..........	56.516	14	10
Réduit aux 3/4.........	14.129	3	8 1/2
TOTAL...,...,.	42.387	11	1 1/2

---

(1) *Archives nationales*, Carton CII 251, chemise 424, pièce n° 33.
(2) *Archives nationales*, Carton CII 251, chemise 424, pièce n° 34.
(3) *Archives nationales*, Carton CII 251, chemise 424, pièce n° 35.

(1) *Archives nationales*, Carton CII 251, chemise 424, pièce n° 36.
(2) *Archives nationales*, Carton CII 251, chemise 424, pièce n° 37.

Etat de ce qui revient à chaque officier :

	l.	s.	d.			
1° au 1er président pour son traitement sur l'indemnité.............	4.300	»	»			
2° Par préciput sur les frais de bureau.	750	»	»	5.833	11	10
3° Sur les domaines et bois..........	583	11	10			
Total.......	5.833	11	10	36.553	19	11

Ou 36.553 l. 19 s. 11 d. divisés en 22 portions donnent 1.661 l. 10 s. 10 d.

Depuis le compte ci-dessus, il revient :

	l.	s.	d.			
1° Au premier président...........	5.833	10	10			
2° Pour indemnités.	3.323	1	8	9.156	13	6
3° Au second président.........		2.492		6		3
4° Au troisième président.......		2.492		6		3
5° A chacun des 17 conseillers 1.661 l. 10 s. 10 d.............,		28.246		4		2
Total		42.387		10		2
6° A l'avocat général		750		»		»
7° Au procureur général........		525		»		»
Total............		43.662		10		2

XVIII

Ancienne Chambre des Comptes de Lorraine.
Février 1793.

Mémoire (1).

L'article 12 de la loi du 17 septembre 1790 formant le titre XIV de la loi sur l'ordre judiciaire, porte que les chambres des comptes demeureront supprimées aussitôt qu'il aura été pourvu à un nouveau mode de comptabilité.

C'est ce qui a été fait par la loi du 25 août 1791 qui a définitivement supprimé les chambres des comptes; et, en exécution de cette loi, le directoire du département de la Meurthe a mis, le premier octobre suivant, les scellés dans les bureaux de la chambre des comptes de Nancy.

Les officiers de cette chambre exposent qu'ils n'ont, dès lors, cessé leurs fonctions qu'à cette époque, et ils réclament, en conséquence, le paiement de leurs différentes attributions pour les neuf premiers mois de 1791.

Il convient d'expliquer ici en quoi consistaient ces attributions et l'objet des réclamations des ci-devant officiers de la chambre des comptes. Ces attributions étaient de cinq espèces différentes :

1° *Ancienne attribution.* — Elle remonte à l'année 1699 et consistait en trois deniers pour livre de la subvention qui, en Lorraine, tenait lieu de la taille; jusqu'en 1737, ces trois deniers étaient imposés en sus; depuis cette époque, ils ont été fixés à 32,945 livres 15 sols 8 deniers et prélevés sur le montant de la subvention qui a été réglé en conséquence.

Cette somme était payée par le receveur général des finances, sur un mandat de la chambre des comptes.

Elle était partagée en 22 parts, dont deux au premier président, une et demie à chaque

(1) *Archives nationales*, Carton C II 251, chemise 424, pièce n° 38.

des deux autres présidents et une à chacun des 17 conseillers.

Cette somme a été payée jusqu'au 1er janvier 1791.

2° *Indemnité.* — Cette indemnité a été accordée en 1781, à raison de la diminution des portions de chaque membre dans l'ancienne attribution, diminution causée par l'augmentation du nombre des membres

Ce supplément est de 17,000 livres, dont 6,000 livres au premier président, 1,000 livres à l'avocat général et 10,000 livres, partagées en 26 parts, de même que l'ancienne attribution.

Cette somme de 17,000 livres s'imposait en sus des vingtièmes et était payée de même par le receveur général des finances. Elle l'a été jusqu'au 1er janvier 1791.

3° *Frais de bureau.* — En 1777, il a été accordé à la chambre des comptes, pour ses frais de bureau, une somme annuelle de 4,500 livres, dont 1,000 livres au premier président, 700 livres au procureur général et 2,800 livres à la Chambre.

Ce second objet était prélevé annuellement sur un fonds, imposé en sus des vingtièmes, destiné aux non-valeurs et toujours trop fort pour cette destination.

Le paiement de cette somme se faisait de même par le receveur général et a cessé à la même époque.

4° *Droits de chauffage.* — Ce droit existant de temps immémorial, avait été confirmé en 1707, par une ordonnance de Léopold, duc de Lorraine, qui convertit le droit en nature en une somme d'argent.

Cette somme montant à 2,212 livres 10 sols était payée tous les ans par le receveur des domaines et des bois.

5° *Droit de Franc-salé.* — Ce droit, anciennement payable en nature, était payé en argent depuis 1720.

Il s'élevait à 780 livres 5 sols 4 deniers, et était acquitté par la Ferme générale.

L'ancien premier président de Riocourt jouissait, en outre, de 778 livres 3 sols 10 deniers, sur les domaines et bois qui lui ont été payés jusqu'au 1er janvier 1791.

Le quatrième objet avait été payé jusqu'au 15 juillet 1790.

Ainsi, lors de sa suppression définitive, au mois d'octobre 1791, la chambre des comptes avait à réclamer :

Les trois premières et la cinquième attributions pour les neuf premiers mois de 1792,

Et la quatrième pour les six derniers mois de 1790, et les neuf premiers mois de 1791.

On a cherché alors les lois qui pouvaient déterminer la marche à suivre sur ces réclamations.

La loi du 11 février 1791 ordonne que tous les états de gages, traitements et appointements de différents départements seraient remis, sans délai, au commissaire de la liquidation.

La loi du 18 février 1791 porte que, lorsque les états des gages d'offices, pour les années échues jusques et y compris 1790, auront été vérifiés par le commissaire du roi, directeur général de la liquidation, et décrétés par l'Assemblée nationale, sur le rapport qui en sera fait par le comité de l'indicateur, l'administrateur provisoire de la caisse de l'extraordinaire se concertera avec l'ordonnateur du trésor public pour effectuer le paiement dans les villes.

La loi du 1er mai 1791 a ordonné (article 1er) que sur les fonds destinés à l'acquittement de l'arriéré, l'administrateur de la caisse de l'extraordinaire remettrait, à l'ordonnateur du trésor public, la somme nécessaire pour payer des gages liquidés par la même loi.

Enfin, une autre loi du 1er juin 1791 a ordonné que « la caisse de l'extraordinaire étant chargée, aux termes de la loi particulière du 1er de ce mois et des autres lois générales antérieures, d'acquitter les gages arriérés des ci-devant cours souverains, etc., l'Assemblée nationale décrète, etc. »

Ces lois statuaient clairement que les attributions réclamées par la chambre des comptes pour 1790 et les années antérieures ne pouvaient être payées que d'après un décret de l'Assemblée nationale, rendu sur le rapport du comité de liquidation, d'après le travail du commissaire directeur de la liquidation.

Le ministre pensa qu'il en devait être de même des attributions réclamées pour 1791. En conséquence, il renvoya le tout au directeur général de la liquidation, le 17 mai 1792.

Le directeur général provisoire a marqué depuis, au ministre, le 29 décembre dernier, qu'il avait présenté au comité de liquidation, le travail relatif aux réclamations qui portaient sur 1790 et que la Convention nationale prononcerait incessamment; mais que le décret du 29 septembre ne regardant comme *arriéré* que ce qui est antérieur à 1791, il ne lui était pas possible de s'occuper de la liquidation des neufs premiers mois de 1791.

La Convention nationale a rendu, en effet, le 8 janvier dernier, un décret qui ordonne le paiement du droit de chauffage pour les six derniers mois de 1790.

Les officiers de la chambre des comptes de Lorraine présentent aujourd'hui au ministre des contributions publiques leurs réclamations pour le paiement des neuf premiers mois de 1791.

Ces réclamations, à raison de 3/4 des sommes indiquées précédemment, forment :

Ancienne attribution.....	24.709 l.	6 s.	9 d.
Indemnité..............	12.750	»	»
Frais de bureau...........	3,375	»	»
Droits de chauffage......	1,659	7	6
Droits de franc-salé......	585	4	»
Réclamation du citoyen Riocourt	583	11	10
Total..............	43,662 l.	10 s.	1 d.

XIX

Lettre du citoyen Leclerc de Vrainville, ancien conseiller de la ci-devant chambre des comptes de Nancy, au citoyen Ramel (1).

« Législateur,

« On m'a assuré que vous voudriez bien vous charger du rapport de la demande des officiers de la Chambre des comptes de Nancy.

« Ils ont l'honneur de vous observer que

(1) *Archives nationales*, Carton C II 231, chemise 424, pièce n° 39.

leurs charges n'étaient point à finances, elles se donnaient à vie. Les officiers n'avaient point de gages, mais seulement des taxations qui leur tenaient lieu d'appointements.

« Le décret du 24 septembre 1790 supprima tous les tribunaux du royaume et ordonna que les chambres des comptes continueraient leurs services jusqu'à ce qu'il y aurait un nouveau mode de comptabilité organisé.

« Le 4 juillet 1791 intervint un décret qui prononça la suppression définitive des dix tribunaux, du moment qu'il leur serait légalement notifié.

« Ce décret n'a été sanctionné que le 13 ou le 15 août et notifié le premier octobre 1791 ainsi que l'apposition des scellés sur les greffes et appartements.

« Les officiers de la ci-devant chambre des comptes ont été payés jusqu'au premier janvier 1791.

« Il n'était resté en arrière que les six derniers mois de 1790 pour le droit de chauffage.

« Le 8 janvier dernier, la Convention nationale décréta qu'ils seraient payés dudit chauffage. L'extrait du décret est joint aux pièces et la Convention a reconnu que ce droit de chauffage leur était dû; elle a préjugé que les neuf mois de services, depuis le premier janvier 1791, jusqu'au premier octobre, leur sont également dus; leur existence, jusqu'à ce jour, est prouvée par le procès-verbal d'apposition de scellés, ci-joint aux pièces.

« Le procureur fondé de ces officiers est ici depuis plus de vingt mois pour solliciter ce payement. Il a été renvoyé du comité des finances au bureau de liquidation où les pièces sont restées dix-huit mois, et ensuite renvoyé au comité de l'extraordinaire des finances, au comité des domaines, deux fois aux ministres des contributions publiques et enfin, aujourd'hui, à votre comité, duquel il attend la justice due à sa compagnie.

« Si vous prenez la peine de lire les mémoires de l'ex-ministre Tarbé et du citoyen ministre Clavière, vous y trouverez le rapport fait et qu'ils estiment qu'il est juste que les officiers, ayant continué leurs services pendant neuf mois, soient payés pour ce temps.

Ces offices faisaient l'unique ressource de plusieurs des titulaires qui, par la suppression de leurs offices, perdent leur état et leurs fortunes. Ce n'est pas sur ces considérations qu'ils demandent le payement de leurs appointements, c'est sur la justice qu'ils fondent leur pétition.

« Ils espèrent que vous voudrez bien vous occuper du rapport de leurs affaires et qu'il vous plaira de faire décréter que leurs appointements leur seront payés entre les mains de leurs syndics ou individuellement, conformément au tableau joint à leurs pièces, dans lequel est rapporté l'avenant de chaque membre composant cette compagnie. C'est la justice qu'ils osent espérer que vous leur ferez rendre.

« *Signé* : LECLERC DE VRAINVILLE, *vice-doyen de la ci-devant chambre des comptes de Nancy, et leur fondé de pouvoir.* »

« Le citoyen François Antoine Dubois de Riocourt, leur ci-devant premier président s'est joint à sa compagnie par un mémoire séparé qui est également au dossier. Il demande le payement de son traitement annuel. Les ministres ont aussi trouvé la demande juste; il espère que vous la trouverez de même et que vous lui ferez obtenir la même justice qu'à sa compagnie.

« En mon particulier, je désire que vous vous chargiez de ce petit rapport; je connais tout votre dévouement à la justice, votre caractère, obligeant et vos connaissances dans le développement des affaires. L'espérance que l'on m'a donnée de vous avoir pour rapporteur m'a fait oublier toutes les peines et les courses qu'une affaire aussi minutieuse m'a occasionnées. J'espère que, sous peu de jours, vous me mettrez à même de retourner à mon foyer que j'ai quitté depuis plus de deux ans.

« *Signé* : LECLERC DE VRAINUILLE. »

QUATRIÈME ANNEXE (1)

A LA SÉANCE DE LA CONVENTION NATIONALE DU JEUDI 18 AVRIL 1793, AU MATIN.

PIÈCES ANNEXES *au procès-verbal des administrateurs du département de la Gironde* (2).

I.

Lettre de Jean-Baptiste Lacoste, député du Cantal, à ses commettants (3).

Le 1er février 1793,
l'an II de la République française.

« Citoyens,

« Quand je vous ai parlé, dans ma dernière lettre, d'une faction qui portait ses vues ambitieuses au système fédératif, au gouvernement oligarchique, dont les intrigues avaient agité tous les esprits, porté la désolation dans les campagnes, qu'elle inondait de ses libelles diffamatoires contre les principes de la liberté et ses plus ardents défenseurs; quand je vous ai annoncé que les agents perfides de cette faction allaient être démasqués et succomberaient sous le poids de leurs forfaits liberticides; quand j'ai mis sous vos yeux des faits incontestables, qui démontraient la vérité de mes assertions, j'ai été traité par les ennemis de la chose publique, *d'imposteur*, ou tout au moins de *visionnaire*. Les hommes crédules ou égarés m'ont lu avec indifférence, m'ont jugé sans

réflexion; et je n'ai pu parvenir encore au but que je m'étais proposé, puisque la lecture de ma lettre n'a point achevé de détruire les préjugés et de déchirer le bandeau de l'erreur qui, trop longtemps, ont égaré les hommes. Mais la vérité qui perce à travers les ténèbres les plus épaisses, vient de paraître dans tout son jour; son éclat vif et importun pour les traîtres a déconcerté la faction, qui a cessé de s'agiter en apparence depuis quelque temps, de même que les animaux immondes, qui rentrent dans leurs repaires, à l'aspect rayonnant de l'astre bienfaisant de la nature.

« Une grande révolution morale vient de s'opérer, et si les fameuses journées du 14 juillet et du 10 août ont terrassé le despotisme, celle du 21 janvier a tué la tyrannie en frappant le tyran, en dévoilant les trames infernales de ses suppôts, et éteignant avec un sang impur les torches de la guerre civile qu'ils avaient allumées dans toute la République qui, sans la mort du despote, n'eût offert bientôt que l'effrayant aspect d'un vaste cimetière; et certes, on peut, sans passer pour calomniateur, croire que ceux qui, par leur conduite, ont donné à penser de pareilles horreurs, se seraient donné le spectacle atroce de Néron, faisant mettre le feu aux quatre coins de Rome, pour voir l'effet que produirait une ville en proie aux flammes. Leur puissance, qui n'était fondée que sur l'erreur, s'est écroulée, et quoiqu'ils ne puissent plus être dangereux, il est utile de les faire connaître, pour prémunir par la suite les citoyens contre les atteintes funestes d'une faction qui tenterait de s'élever sur les débris de celle qui a porté des coups terribles à la liberté et qui a failli l'anéantir.

« Dans ma première lettre, je ne vous ai présenté qu'une esquisse des trames et des complots qu'elle a employés pour parvenir à son but; je vais essayer de vous en présenter aujourd'hui le tableau.

« Cette faction, dont Brissot est regardé comme le fondateur et le chef par tous les patriotes éclairés et observateurs, a pris naissance dans le sein du Corps législatif. Brissot, doué d'une activité rare pour l'intrigue, d'une souplesse peu commune vis-à-vis des grands, conçut le projet de se former une puissance formidable au milieu de la nation, en plaçant au ministère ses créatures; par là, se rendre maître de toute l'autorité concentrée dans le Pouvoir exécutif, et disposer de toutes les places, de tous les trésors dont avaient gorgé le monarque constitutionnel les constituants.

« Pour obtenir les faveurs de la cour, il fallait employer le moyen mis en usage par tous les lâches et criminels déserteurs de la cause populaire, il fallait nécessairement se rendre redoutable au tyran et à ses suppôts, pour s'en faire rechercher et se vendre plus cher. Brissot vit bien qu'il avait le génie trop étroit pour exécuter seul un semblable projet. Il chercha des complices et il n'en manqua pas. Il jeta les yeux sur ceux que l'opinion publique désignait comme les plus énergiques et les plus instruits; il trouva un accès facile auprès d'avocats tarés, qui ne cherchaient que l'occasion de servir le despote, parce que, d'après la Constitution, il était encore tout, et le peuple rien. Brissot s'associa donc Guadet, Vergniaud, Gensonné et Grangeneuve.

---

(1) Voy. ci-dessus, même séance, page 535, le décret ordonnant l'impression de ces pièces et leur renvoi aux comités de législation et de Salut public.

(2) Ces pièces annexes au procès-verbal des administrateurs du département de la Gironde sont au nombre de quatorze, plus une lettre de Pereyra à sa sœur. Le procès-verbal de la Convention, tome 10, page 45, porte qu'elles furent toutes lues en séance; nous pensons que cette erreur, d'abord parce qu'un certain nombre d'entre elles ne figurent pas au procès-verbal lui-même, ensuite parce que tous les journaux du temps, au lieu de confirmer, semblent plutôt démentir cette assertion. Nous donnons, en texte, ces quatorze pièces, plus la lettre de Pereyra.

(3) *Archives nationales*, Carton Cii 251, chemise 424, pièce n° 38.

« Ce quintumvirat s'agita en tous sens pour se rendre redoutable à la cour; il dénonça de grands complots, un comité autrichien : enfin, il employa une arme bien sûre pour intimider les despotes, la crainte.

« La découverte de la fameuse manufacture d'assignats de Passy en fournit l'occasion. C'est alors que les quintumvirs menacèrent celui dont ils cherchaient les faveurs, de dévoiler la trame et de perdre son épouse (soupçonnée d'en être la protectrice) s'il ne consentait à renouveler le ministère. Brissot présenta Roland, son parent ou allié, pour l'intérieur; le genevois Clavière, pour les contributions publiques; Servan, pour la guerre; Guadet, Vergniaud et Gensonné ne présentèrent que Duranton, pour le ministère de la justice. Le tyran, aussi faible qu'il était méchant, se laissa intimider par les menaces de cette faction naissante; il prit pour ministres les protégés des quintumvirs, avec d'autant moins de répugnance, que Brissot leur ayant fait une réputation de civisme, ses courtisans regardaient cette démarche comme un moyen d'égarer l'opinion publique et de cacher, derrière ces plâtres de patriotisme, toutes les conspirations qui se tramaient au château contre la liberté. Les conspirateurs sentirent bien d'ailleurs qu'en accédant à la proposition de Brissot, ils se faisaient un parti puissant dans le Corps législatif et même dans les Jacobins, dont les quintumvirs étaient membres. Leurs espérances ne tardèrent pas à se réaliser, quand le premier moment de l'enthousiasme, excité par la nomination des ministres prétendus patriotes fut passé. Brissot abandonna ses feintes déclamations contre la cour, et à force d'intrigues parvint à *royaliser* la grande majorité de l'Assemblée législative. Aux Jacobins, il ne cessa d'y prêcher la confiance d'abord dans le ministère, puis dans le roi, dont les intentions ne pouvaient être suspectées, disait-il, puisqu'il s'était entouré de patriotes. Il y manifesta enfin son opinion pour la guerre offensive; mais Robespierre était là; il mit tous ses projets à découvert. Dès lors, les patriotes ne virent plus dans cet homme qu'un mauvais citoyen, qui n'avait projeté et effectué la chute de l'ancien ministère que pour satisfaire une insatiable ambition; sa proposition de *déclaration de guerre aux potentats de l'Europe*, dans un moment où nous étions sans soldats, sans armes, sans magasins, sans vivres, nos places frontière sans défenses, ne fut considérée que comme l'effet d'une intelligence contre-révolutionnaire avec la cour; chacun se rappela ses liaisons intimes avec Lafayette, qu'il n'avait cessé de louer dans son journal que du moment qu'il avait craint de l'avoir pour rival; chacun se rappela qu'il avait prostitué les plus basses adulations au traître Narbonne; chacun se rappela que sa vie privée et publique ne présentait qu'un tissu d'immoralités révoltantes. Si ses perfides projets ne furent pas déconcertés, c'est qu'à cette époque, les patriotes étaient encore sous le joug, et les amis de Brissot, tous partisans de la cour, étaient revêtus du pouvoir arbitraire. Le chef des conspirateurs proposa donc la guerre et il était bien éloigné de présager ainsi que ses conseils, que cette déclaration était son arrêt de mort, et l'anéantissement de tous les partisans de la monarchie constitutionnelle. Les complots se tramaient dans l'ombre; les conspirations étaient prêtes d'éclater, lorsqu'un beau matin, *maître sire*, craignant d'être trahi par Brissot, ainsi que par ses complices et agents, *quoique les uns et les autres se fussent assez compromis pour le mettre hors d'inquiétude sur toute dénonciation de leur part*, fit maison nette, et balaya les Brissotins, qui ne s'attendaient aucunement à ce coup aussi terrible qu'imprévu.

« Alors, toute la horde *brissotine*, les salariés, les employés, les journalistes gagés ne cessèrent de crier à l'infâmie, à la trahison ! Les vrais Jacobins, au fait de toutes les intrigues, riaient de cette catastrophe purement particulière à Brissot, qui disait partout que la chose publique était perdue, quoiqu'il ne perdît pas l'espoir de réintégrer le ministère, et par là de reconquérir sa puissance. Pour y parvenir, il forma le projet d'exciter une insurrection à Paris, assuré par l'expérience combien un pareil ressort serait puissant sur l'âme pusillanime du tyran. Ses liaisons intimes avec *Pétion*, alors maire, le mirent à même de connaître tous les ressorts qu'il fallait faire jouer pour soulever le peuple. L'insurrection du 20 juin fut annoncée par *Brissot* et ses agents plusieurs jours avant qu'elle s'opérât. Les observateurs virent bien qu'un sentiment étranger et des suggestions perfides avaient fait mouvoir le peuple; que ce rassemblement d'hommes armés venus au château sans but fixé et déterminé, était une insurrection bâtarde, faite à l'instigation de quelques ambitieux. Mais les conspirateurs tirèrent un grand parti de cet événement; ils crièrent à la violation des lois et des propriétés; ils appelèrent autour d'eux des juges de paix; ils instrumentèrent. *Pétion* fut suspendu de ses fonctions; comme, à cette époque, on le croyait encore pur, des patriotes le défendirent vigoureusement; il sortit triomphant des persécutions royales et on peut dire qu'alors il fut vraiment *le héros de la fédération*. Mais Pétion, qui s'était montré si chaud partisan de la révolution bâtarde du 20 juin, ne montra pas le même zèle pour la révolution du 10, qui détruisait la royauté, et nous donnait la République. Il épousa contre cette journée et celles qui en sont une suite nécessaire, la même animosité que Brissot et ses adhérents. Depuis ce moment, leurs liaisons sont devenues plus étroites, et Pétion a abandonné sans retour la cause du peuple qu'il avait si glorieusement défendu à l'Assemblée constituante.

« D'après des intrigues aussi évidentes, on avait lieu de penser que Brissot et consorts ne viendraient pas enlever le fruit d'une révolution à laquelle, bien loin de participer, ils se sont opposés de tout leur pouvoir, comme le prouve la dénonciation de Gasparin. Aussi quel ne fut pas l'étonnement des vrais patriotes de voir, le 10 août, les mêmes hommes qui étaient connus pour être agents de la faction Brissot, rappelés au ministère par cette même assemblée, qui, le 8 août, déclara qu'il n'y avait pas lieu à accusation contre Lafayette, et qui, le 10, se montra, par crainte, à la hauteur du peuple insurgé et en courroux. Tous les ressorts du gouvernement furent remis entre leurs mains, et au lieu de s'en servir à imprimer un grand mouvement à la France entière, ils comprimèrent, autant qu'il fut en eux, les élans des citoyens; ils s'opposèrent à toute mesure grande et décisive et faillirent compromettre le *sort de la liberté*. L'énergie farouche et la franchise républicaine de *Danton* les déconcertèrent; ils formèrent le projet de s'isoler du conseil. Danton fut obligé de les menacer, et la crainte seule leur fit prendre les grandes mesures qu'il leur proposa, et qui furent adoptées par l'Assemblée législative; les visites domiciliaires pour effrayer et découvrir les conspirateurs et les armes cachées, l'envoi des commissaires dans les départements, pour imprimer à tous les citoyens cette énergie, cet enthousiasme sans lesquels la liberté n'était plus.

« Roland, plus occupé d'affermir son autorité que celle du peuple, ne disposait de toutes les places qu'en faveur de ceux qui adoptaient ses principes : les autres citoyens étaient des brigands, des désorganisateurs. Les villes de Verdun et de Longwy ayant été lâchement livrées à l'ennemi, et ces deux places étant une des portes de la France, Roland voulut quitter Paris, et abandonner la chose publique. Cependant ses nombreux agents parcouraient les départements en prônant ses vertus, son civisme, sa fermeté.

« Ce fut au milieu de ce chaos d'intrigues que la Convention fut convoquée et s'assembla; son débat répondit à l'attente du peuple, parce que Brissot n'avait pas encore eu le temps d'y introduire le levain de la corruption. et d'y semer le germe de cette division qui a fait gémir les patriotes et donné des espérances à nos ennemis; mais la République ayant été proclamée et les droits du peuple solennellement reconnus par la sanction de la Constitution, les ennemis extérieurs étant repoussés avec avantage, ils employèrent tous les moyens imaginables pour frustrer la nation du bienfait de la liberté, en avilissant la Convention dans la personne de ceux de ses membres qui étaient les fondateurs de la République et les auteurs de l'insurrection du 10, par les calomnies les plus atroces, en dénaturant les faits, en exagérant les événements inévitables dans une grande révolution, et en attribuant tout l'odieux à ceux qu'ils étaient intéressés de perdre; à force de démarches, d'intrigues, ils vinrent à bout de se former, soit en corrompant, soit en égarant un parti redoutable dans la Convention. Dès lors, ils formèrent le projet d'établir un gouvernement fédératif et oligarchique : par ce moyen, ils avaient, d'un côté, une bien plus grande quantité de places à donner pour se faire des créatures; et de l'autre, une bien plus grande autorité pour dominer.

« Ce projet leur parut d'autant plus exécutable, qu'ils étaient assurés d'avoir, dans leur partie, une quantité prodigieuse de *contre-révolutionnaires* qui osaient à peine respirer depuis le 10, mais qui se montreraient aussitôt que quelques tyrans, armés de la force publique, viendraient rétablir *le règne factice des lois*. Ils avaient calculé que leur système leur pouvait concilier les constitutionnels, qui préféreraient encore le gouvernement oligarchique au gouvernement démocratique; les *modérés*, qui n'aiment point le bruit des tambours et des canons; enfin, ils avaient calculé que, sans frais, sans dépenses,

sans démarches, ils avaient pour leur système tous les royalistes, les féyétistes, les prêtres, les robins, les financiers, les gros négociants, qui déjà tournaient des regards de tendresse et d'espérance vers le vertueux Roland. Il ne leur restait plus qu'à égarer la masse du peuple par des libelles quotidiens, hebdomadaires, périodiques, par l'entremise d'agents secrets, répandus sur toute la surface de la République, par les bons offices de la plupart des corps administratifs qui lui étaient dévoués, par le secours du bureau de l'esprit public, où l'on n'expédiait plus que des clamations éternelles contre la révolution du 10, contre celle des 2 et 3 septembre, contre la commune révolutionnaire de Paris, contre les plus chauds patriotes dont il fallait détruire l'influence.

« On voit combien la faction de Brissot, qui aurait dû être anéantie par la révolution du 10, a acquis d'accroissement. Les quintumvirs se sont adjoint cinq autres collègues, *Rabaut-Saint-Etienne, Buzot, Louvet, Barbaroux, Pétion*; ils sont, ou plutôt ils ont été par le fait, le plus parfait modèle des *décemvirs* qui ont opprimé la liberté romaine. En vomissant journellement mille calomnies plus atroces les unes que les autres contre les citoyens de Paris, en peignant cette ville comme le repaire de l'anarchie et du brigandage, comme aspirant à la suprématie que Rome avait sur les autres villes de la République, ils voulaient animer les départements contre ce foyer du patriotisme le plus pur, ce berceau de la liberté et de la République naissante; ils secouaient les brandons de la guerre civile, qui étaient l'avant-coureur le plus certain du système fédératif. Si ce système eut pu réussir, Paris serait peut-être en cendres aujourd'hui; l'herbe croîtrait dans cette superbe cité, qui fait l'admiration de l'univers, dont les départements ne doivent pas envier la gloire, puisqu'elle réfléchit sur eux, puisque Paris est, si j'ose m'exprimer ainsi, le cœur du corps politique, où tous les canaux de la circulation qui le vivifient viennent aboutir. C'est la ville de tous les Français et elle doit leur être bien plus chère depuis qu'elle n'aspire à d'autre suprématie que celle du patriotisme.

« Grâces à notre génie tutélaire, les projets sinistres des décemvirs ont été renversés, les tentatives qu'ils ont faites pour perdre la patrie ont contribué à la sauver; elles seront dans l'histoire un monument éternel de honte élevé à leurs crimes et à leurs forfaits. Oui, ces lâches décemvirs ne passeront à la postérité que par le véhicule de leurs intrigues et de leurs complots avortés. Que n'ai-je le sombre pinceau d'Young pour crayonner avec des couleurs fortes et hardies les trames criminelles ourdies dans l'ombre par ces vils oppresseurs de ma patrie! que n'ai-je l'éloquence de Démosthène pour foudroyer ces pygmées audacieux qui ont voulu escalader la *montagne*, le séjour des amis du peuple, et renverser la statue de la liberté! Mais je me trompe, la vérité est assez forte d'elle-même, elle n'a pas besoin de l'éclat emprunté d'une éloquence meurtrière, qui n'est employée que par les faux amis du peuple, qui font peser sur lui l'aristocratie de leurs talents, que les décemvirs dirigent si bien vers l'intrigue. Leur plan avait donc pour bases la calomnie, qui a si bien servi Lafayette et les dénonciations dont ils n'ont cessé d'occuper la Convention, la France et l'Europe entière; d'un côté, pour exciter des haines, des divisions, des vengeances, fomenter des troubles dans l'intérieur, et faire perdre aux vrais amis du peuple la confiance et l'estime que leur ont mérité de constants et périlleux travaux révolutionnaires; de l'autre, pour avilir la Convention et la nation elle-même aux yeux des peuples voisins, dans la coupable espérance qu'ils embrasseraient les projets insensés de leurs tyrans. Si leur intention n'a pas été telle, ce qu'on ne peut supposer, tel a été du moins le résultat de leur conduite.

« Aujourd'hui ils dénoncent Robespierre comme visant à la puissance dictatoriale, consulaire, prétorienne, ou au triumvirat, et ces odieuses inculpations ne sont appuyées sur aucun fait; demain ils dénonceront Marat comme royaliste; ils affectent de le considérer comme chef du parti, afin de faire partager à tous les patriotes les idées exagérées de cet homme exalté, dont la bile comprimée dans des souterrains, fait aujourd'hui l'explosion de la foudre, sans atteindre et influencer aucun patriote, parce que tous sont indépendants, pensent d'après eux-mêmes, ne connaissent que les principes autour desquels ils se rallient par le simple intérêt de la raison et de la probité. Tantôt ils dénoncent la commune révolutionnaire de Paris, et la dénonciation est toujours accompagnée d'un lieu commun sur les journées des 2 et 3 septembre. Certes, les scènes qui ont eut lieu dans ces tristes journées sont affligeantes, déchirantes pour les âmes sensibles, et plût au ciel que nous puissions arracher les pages de l'histoire où elles seront transmises à la postérité; mais parce que le débordement des crimes des conspirateurs a porté le peuple à des excès condamnables en eux-mêmes, mais peut-être nécessaires, faut-il s'en servir pour calomnier les fondateurs de la République, pour dégrader la Convention et exciter contre nous la rage des tigres couronnés? Ce sont cependant les libelles, les calomnies répandues avec tant de profusion, répétées avec affectation dans toutes les feuilles périodiques gagées, que les décemvirs sont venus à bout d'effectuer une rupture avec l'Angleterre, qui, sans doute, eut conservé la neutralité, si au lieu de déchirer le sein de la patrie, ces enfants dénaturés se fussent occupés de cicatriser la plaie profonde que lui avait fait la royauté.

« Ah! quand il serait vrai que le sentiment profond de la servitude et l'amour trop passionné de la liberté eussent porté le peuple à des excès que réprouvent la nature et les lois, tout ami de sa patrie ne doit-il pas jeter un voile sur de pareils événements, ne s'en souvenir que pour en prévenir le retour? et l'on y parviendrait en donnant au peuple de bonnes lois, des lois durables, puisées dans la nature, fondées sur les bases de la justice, de la raison, qui ne varient jamais, qui conviennent à tous les hommes, à tous les lieux et à tous les siècles. Orgueilleux décemvirs, si vous avez sans cesse à la bouche les égarements passagers du peuple, et que vous ne parliez jamais de ses vertus, convenez que vous méritez bien l'éloquent reproche que vous fit Robespierre, quand il vous dit : « Cessez d'agiter devant mes yeux la robe sanglante du tyran, ou je croirai que vous voulez remettre Rome dans les fers. » Mais rien ne peut amolir l'âpreté de l'ambition dont ils sont dévorés; ils dénoncent Egalité comme ayant aspiré au trône; et sur ce prétexte que des présomptions ne peuvent pas même appuyer, ils demandent son exil. Le piège était adroit; ils savaient que la justice nous faisait un devoir de défendre notre collègue opprimé, et ils en profitèrent pour répandre le bruit que nous étions de la *faction d'Orléans*, qui n'existe pas, qui n'a jamais existé. Egalité est sans ambition; son amour constant pour la liberté, quoiqu'un phénomène chez un homme de la race royale, nous garantit assez de la pureté de ses intentions. Si nous pouvions être trompés, nous ne le serions pas longtemps; il est plus de trois cents Mucius dans la République. Penser autrement serait insulter à la nation, en la croyant assez lâche pour reprendre des rois et des fers.

« La conduite scandaleuse et offensive des décemvirs excite les justes mais paisibles murmures du peuple; et aussitôt ils écrivent dans tous les départements que les tribunes ne sont composées que d'assassins salariés par la Montagne; qu'ils ne sont pas libres et que leur vie est en danger. De là découle tout naturellement la demande d'une force départementale pour protéger les décemvirs dans l'exécution de leurs projets, pour contenir dans les bornes du respect un peuple insolent, et une poignée de montagnards avides de sang, de désorganisateurs et de brigands, et aussitôt on reçoit une foule d'adresses des départements qui ne contiennent que des gémissements sur l'anarchie qui règne dans Paris, des craintes sur le sort des représentants et qui annoncent une force armée. Ils publient que bientôt le règne des lois va être rétabli; qu'ils forment la grande majorité de la Convention. Les événements ont prouvé toute la fausseté de leur jactance. La majorité de la Convention a, contre leurs vœux et leurs efforts, condamné le tyran à mort. Ils ne cessent de crier qu'ils sont sous les poignards des assassins et cependant c'est d'un montagnard que le fer d'un royaliste forcené a percé le sein : aussi ces revers inattendus de la fortune les ont-ils consternés. Depuis le supplice du tyran et l'assassinat d'un ami du peuple, leurs langues haletantes de calomnies et de dénonciations, semblent être attachées à leurs palais; leurs mains, qui préparaient les poisons, semblent paralysées: ils sont tristes et languissants, parce que la liberté est florissante, et que la nation est vengée par un acte éclatant de justice. Ils nous accusaient, les perfides, de renverser les lois, et ils en provoquaient eux-mêmes la ruine, quand ils applaudissaient aux arrêtés séditieux de quelques départements qu'ils avaient influencés et qui, sur leur garantie, avaient osé usurper la souveraineté nationale, en levant des contributions et en les employant à la solde de ceux qu'ils envoyaient au secours des décemvirs.

« Leur délire ambitieux les a si fort aveuglés qu'ils n'ont point vu que les mêmes hommes qu'ils appelaient à grands cris tourneraient les armes contre eux aussitôt qu'ils connaîtraient leurs coupables projets. Les fédérés arrivés des départements, ont été indignés de ce qu'on avait pu les croire capables de seconder des desseins contraires à la liberté; ils se sont formés ici en société des quatre-vingt-cinq départements; ils fraternisent avec les citoyens de Paris, avec les Jacobins, et ils maudissent les décemvirs et leurs criminels agents; ils se sont exprimés un peu chaudement sur *Roland*, et ce vieillard, qui n'est, comme les esclaves, sensible qu'à la crainte, est descendu de sa chaise curule, malgré les efforts des décemvirs pour l'y retenir. « Voilà donc les brigands, les assassins, les hommes dénaturés qu'on nous avait dénoncés, s'écrient les fédérés, et nous avons trouvé des amis, des frères, des hommes sensibles qui connaissent les vertus hospitalières des anciens républicains; on nous avait annoncé qu'ils nous accueilleraient comme des étrangers, comme des vils satellites du despotisme, et ils nous ont serrés dans leurs bras, et des larmes d'amitié et de fraternité ont coulé de tous les yeux. »

« A la Convention, ils s'étaient emparés de presque tous les comités, où ils dominent encore. Le comité de sûreté générale leur portait ombrage, parce que la majorité était opposée à leurs desseins; ils sont venus à bout de la faire détruire, et de la recomposer à leur façon. Mais la chute de la tête du tyran les a tellement effrayés qu'ils ont abandonné leur proie. Des patriotes courageux composent aujourd'hui cet important comité et ils commencent à vomir leurs poisons contre les actes de vigueur que les circonstances le forcent de déployer pour assurer le salut de la patrie. Le choix du président et des secrétaires étant devenu leur domaine exclusif, à eux seuls appartenait toujours la parole. C'est par ce moyen qu'ils ont éternisé les discussions les plus simples, c'est par ce moyen qu'ils ont mis trois mois à juger un brigand couronné, couvert de forfaits, pris par la nation entière les mains dans le sang des Français. Cette perte de temps qui aurait été employée à des lois utiles, désorganisait les rouages politiques qu'il fallait nécessairement remonter; augmentait le nombre des mécontents; et les décemvirs avançant à grands pas vers le gouvernement fédératif, en démontrant par les faits l'impossibilité d'une République une et indivisible. Sans cette perte de temps, occasionnée par leurs dénonciations perpétuelles, sous les efforts qu'ils firent pour détruire la liberté de la presse, cette arme si terrible contre la tyrannie qu'ils voulaient tourner contre la liberté; sans la proposition que fit Buzot du rétablissement de la loi martiale, déguisée sous le projet de décret contre les provocateurs au meurtre; sans une foule de motions incidentes et dilatoires qui démontraient leur mauvaise foi, et l'intention où ils étaient d'avilir la Convention et d'entraver ses travaux, le code des émigrés eut été plus tôt achevé, et la nation n'eût pas perdu au moins quatre cents millions par la rentrée frauduleuse des émigrés; l'éducation, cette pierre fondamentale de toute bonne Constitution, serait en activité; une foule de lois pressantes, et qui manquaient à la marche du gouvernement, seraient en vigueur; le recrutement de l'armée serait

consommé, et nous n'eussions pas été obligés d'employer des moyens extraordinaires à l'approche de la campagne.

« Ils ne voulaient pas la mort du tyran, parce qu'ils voulaient la mort du peuple. Le tyran vivant était l'aliment perpétuel des troubles; le prétexte des factions et des divisions si favorables à leurs desseins. Ils demandaient l'appel au peuple, parce qu'ils voyaient dans les assemblées primaires un foyer de discorde et de guerre civile, qui devait enfanter le fédéralisme, dissoudre la Convention, cette dernière ressource de la liberté, et sur ses débris élever le monstrueux gouvernement oligarchique. Le sursis qu'ils invoquèrent au jugement du tyran, sursis inventé par la perfidie la plus raffinée, n'était qu'un coup de désespoir qui leur donnait une lueur d'espérance d'exciter des troubles, de déshonorer la nation, et de lui faire perdre le fruit de la mort du despote, en portant quelques républicains trop bouillants à des excès que leurs crimes seuls pouvaient justifier.

« Que ne firent-ils pas pour exciter des troubles à Paris, qui eussent justifié leurs accusations! ils bravaient par des menaces le peuple des tribunes; ils demandaient la dissolution des sections, parce qu'elles surveillaient avec une infatigable activité leurs complots criminels et ceux de leurs agents; ils dénonçaient la commune de Paris, parce qu'elle déployait une énergie vigoureuse contre les fauteurs de troubles; parce qu'elle défendait la représentation d'une pièce qui pouvait en exciter.

« Cette pièce est le triomphe du plus pur feuillantisme, et du mauvais goût le plus parfait. Cette plate production, dont le titre seul était respectable, a occupé plusieurs séances de la Convention; et sans le vif intérêt qu'ont mis à sa représentation turbulente les amis de l'ordre, elle serait retournée dans la poussière dont elle était sortie avec son auteur. L'embargo mis par la municipalité chargée de la police, à la représentation de cette pièce, les mit tellement hors d'eux-mêmes, que le déserteur Kersaint demanda la clôture des sociétés populaires. Gensonné alla plus loin; il demanda que la Convention s'attribuât la police de tout Paris. Les éclats de rire des uns, l'indignation des autres, écrasèrent ces délirantes motions qui servaient d'ailleurs la chose publique, car elles découvrirent le visage hideux des décemvirs, dont les conspirations sont constantes depuis la dénonciation faite par Gasparin.

« La lettre trouvée chez Boze, en réponse à celle qu'il avait écrite d'après l'instigation de Brissot, Guadet, Vergniaud et Gensonné, jette un grand jour sur les projets désastreux qu'ils avaient conçus. Il suffisait aux patriotes d'être certains qu'ils étaient en correspondance avec le tyran, et l'on ne peut avoir de preuves plus fortes que leur propre aveu. Que résulte-t-il de là? C'est qu'ils sont convaincus d'avoir trahi les intérêts de la nation; d'avoir, sans mandat, essayé de transiger contre le peuple avec le tyran; d'avoir proposé des moyens capables de retarder l'heureuse révolution du 10 août, sans laquelle la liberté était anéantie, tout le complot était profondément combiné dans l'intérieur et à l'extérieur. Il résulte encore de là que des hommes qui ont été capables de concevoir l'espérance de conserver le despotisme constitutionnel dans la main d'un chef évidemment conspirateur par toute sa conduite, et notamment par son retour de Varennes, n'étaient point républicains à cette époque, et ne peuvent l'être sincèrement aujourd'hui, car au mois de juillet où ils écrivaient au tyran, la patrie était autant en danger, les complots étaient aussi redoutables qu'au 10 août.

« Croirait-on qu'ils ont poussé l'audace jusqu'à se glorifier de cette correspondance avec le tyran? Mais hommes ambitieux, si c'était un honneur pour vous, pourquoi n'en avez-vous pas parlé à l'Assemblée législative, à la Convention? Pourquoi avez-vous gardé un trop tardif silence? Pourquoi votre lettre ne se trouve-t-elle pas parmi ces papiers contre-révolutionnaires trouvés dans l'armoire de fer par Roland votre protégé, qui est venu annoncer à la Convention qu'il avait fait une découverte de papiers, au château, dans lesquels plusieurs personnages importants et des membres du Corps législatif sont compromis, et qui, il y a quelque temps, est venu dire à l'assemblée qu'il était tellement pressé, qu'il les avait apportés dans une serviette sans les examiner. Peut-on laisser impunie une telle contradiction? Et, au lieu de s'emparer de ce précieux dépôt sans aucune formalité, ne devait-il pas y faire apposer les scellés, ou tout au moins dresser procès-verbal, en présence de témoins; ce qu'il était à même de faire, puisqu'en allant à l'armoire de fer, il rencontra et salua les citoyens Laloy et Goupilleau, chargés par la Convention, du dépouillement des papiers trouvés au château : par là, il eût mis sa responsabilité à couvert, et n'eût pas donné lieu à penser qu'il eût soustrait des pièces importantes qui le compromettaient et ses protecteurs les décemvirs, puisque c'est la seule lacune qui se trouve dans les diverses conspirations ourdies contre la liberté, depuis 89 jusqu'au 10 août; mais ce sont peccadilles que cela, ainsi que sa conduite relative aux diamants qu'il reçut chez lui, dont sa dresser procès-verbal, comme s'ils lui appartenaient. Le mensonge est sûrement une vertu pour les décemvirs, car ils n'ont cessé de proclamer Roland le vertueux, quoiqu'il ait menti impudemment quatre fois. La première, pour les papiers; la seconde, quand il vint annoncer que tout Paris était en mouvement, qu'on devait tirer le canon d'alarme et que Santerre vint lui donner un démenti formel; la troisième, quand il vint lire un rapport qu'il dit être approuvé par le Conseil exécutif, tandis que ses collègues, entrant, lui firent le fait d'une manière positive; la quatrième, en peignant Paris en proie aux désordres de l'anarchie et la Convention en danger. Mais c'est trop m'arrêter sur un homme dont les maux qu'il a causés à la République sont incalculables et aussi évidents que la lumière.

« Le tyran est mort, et la nation vivra éternellement, et c'est à la courageuse persévérance des patriotes que vous devez cet acte éclatant de justice, qui a ramené la paix dans l'intérieur, confondu nos ennemis du dedans et consterné ceux du dehors. Après une discussion qui a duré trois mois, il a fallu des séances de quarante heures pour recueillir les voix. Parmi tous les moyens employés par les décemvirs, pour le soustraire au glaive vengeur de la loi, il en est un qui doit être transmis avec soin à la postérité ; il donnera la juste mesure de leurs incivques projets.

« L'appel nominal sur la question de la peine à infliger à Louis terminé, au moment du recensement du scrutin, chacun entourait le bureau : son résultat à peu près connu, un mouvement se manifeste dans la salle, et de voix en voix on dit : la majorité n'est que d'une voix.

« Après ces mouvements, et les secrétaires s'occupant toujours du recensement, Duchatel ancien gendarme, qui était malade, est arrivé; il est monté à la tribune, en robe de chambre, avec un bonnet blanc, la tête entourée de linge et a voté pour la détention.

« Cette scène fit une impression profonde sur la majorité de l'Assemblée. Seconds, député de l'Aveyron, ne put résister à l'indignation qui le pressait; il s'élance à son tour à la tribune et s'écrie :

« Je veux sauver ma patrie ou mourir pour elle ; la guerre civile peut être le résultat de l'appel nominal qui n'est pas encore proclamé; le citoyen qui est monté à la tribune était malade; on a su dans l'Assemblée que la majorité n'était que d'une voix, et cette apparition n'est qu'un jeu ! Quoi ! la Convention nationale, dans une affaire aussi importante, pourrait-elle fermer les yeux sur un complot aussi perfide? J'ai entendu le revenant dire qu'il était venu exprès pour cela. Je demande qu'il explique ce qu'il a entendu dire par ces mots. Je conjure tous mes collègues, au nom du salut public, de déclarer tout ce qu'ils savent, tout ce qui se trame contre la liberté et le bonheur du peuple. Oui, je le répète, plutôt que de voir ma patrie trahie et en péril, je saurai mourir comme Caton, et j'aurai des imitateurs. »

« Cette irruption éloquente déconcerte les traîtres. Le recensement fait, le calme le plus profond règne; la majesté de la nation se fait sentir dans l'attention et le silence profond de ses représentants; Vergniaud, président, prononce le décret de mort. Les efforts de Guadet, pour le faire révoquer, furent sans effet; il ne lui resta que la honte de sa défaite et de celle de son parti.

« J'ai rempli la tâche que je m'étais imposée; puissent les vérités contenues dans cette lettre, vous détromper entièrement sur une faction qui a égaré longtemps le peuple et qui aurait fini par l'opprimer; puissent-elles vous prémunir contre les suggestions de vos ennemis, qui cherchent à captiver votre confiance par des dehors trompeurs de patriotisme. Veillez sans cesse; des ennemis adroits vous entourent, mais la fermeté de la Convention les déconcertera. Depuis qu'elle est délivrée des entraves que mettaient à ses travaux les décemvirs, sa marche d'un pas ferme et assuré dans le chemin de la liberté; elle va travailler sans relâche aux moyens de détruire les ennemis extérieurs; délivrée de ceux du dedans et du dehors, elle affermira le bonheur du peuple sur les bases indestructibles de l'égalité et de la liberté.

« *Signé* : LACOSTE,

député du Cantal. »

II

Rapport fait à la société des Amis de la liberté et de l'égalité, sur les nombreuses accusations à porter contre l'ex-ministre Roland, par Collot-d'Herbois, député à la Convention nationale (1).

Le 3 mars 1793,
l'an II de la République française.

« Citoyens,

« Vous m'avez chargé de rassembler tous les griefs qui doivent composer l'accusation grave et solennelle que tous les vrais amis de la liberté et de l'égalité portent contre l'ex-ministre Roland, et de vous en faire le rapport.

« Je vous remercie d'avoir cru qu'un si pénible travail ne pourrait ni lasser ma patience, ni étonner mon courage; cependant, c'est un abîme de perversité si profonde que la conduite de cet ex-ministre, il est si dégoûtant de dérouler tant de crimes, que je n'ai pu mettre dans mon travail, tout l'ordre, toute la clarté, que j'aurais désiré moi-même; mais l'évidence et la vérité s'y trouvent au suprême degré.

« Il ne faut souvent que de la mémoire pour se rappeler les faits. Les preuves topiques, la notoriété publique, viennent ensuite les confirmer; et si ce travail ne doit être regardé d'abord que comme mon opinion essentiellement formée, vous sentirez qu'en y joignant toutes les pièces qui vous sont déjà parvenues et toutes celles qui vous ont été offertes par les sociétés qui fraternisent avec vous, ce travail acquerra le plus fort degré de conviction qu'il soit possible de donner à aucun acte semblable.

« Il est pressant, avant tout, d'éclairer l'opinion générale sur un ministre hypocrite, sur un chef de parti ambitieux et traître, qui a si cruellement ravagé l'esprit public, a mis tant de fois la liberté en danger. Il faut que le petit nombre d'hommes encore indécis sur son compte, soient délivrés de ce fatal prestige qui les a si longtemps subjugés; il faut leur sauver la honte de se trouver confondus avec des contre-révolutionnaires, des émigrés, des conspirateurs, des agents des puissances étrangères, fidèles et chauds amis de Roland, depuis qu'il a trouvé moyen, pour leur assurer l'impunité, de les mettre en contact pour leurs opinions avec plusieurs bons citoyens, lesquels, par lui cruellement égarés, sont devenus tout à coup les amis de leurs ennemis, et peut-être les ennemis de leurs plus sincères amis.

« C'est un devoir d'autant plus pressant pour vous de répandre ces lumières, que c'est ici, sur votre bureau, qu'ont été délivrées les premières lettres de crédit qui ont aidé à la réputation de Roland, et qui lui ont donné tant de facilité pour nuire à la chose publique. Cependant, les anciens membres de cette société républicaine peuvent l'attester, ni Roland, ni Clavière, lorsqu'on en fit des ministres, n'avaient pas obtenu de nous une pleine confiance. Clavière y avait été plusieurs fois dénoncé pour des opinions très anti-popu-

laires, énoncées à la municipalité dont il était membre; et vous vous rappelez qu'une fois il fut question de rayer Roland pour avoir souffert qu'on fusillât la société de Soissons, qu'on brûlât ses propriétés, car c'est toujours ainsi que débutent les contre-révolutionnaires, sans que lui Roland, alors depuis peu ministre du roi, ait témoigné aucun mécontentement : car dès lors nous ne comptions pas assez sur lui pour en attendre, en semblable occasion, de l'indignation ou de la colère; mais il ne fit point valoir la loi en faveur des patriotes opprimés, et c'était pourtant le moins qu'il pouvait faire.

« Si l'on demande pourquoi ces faits n'ont pas été connus des sociétés qui vous étaient affiliées, j'observerai qu'une faction odieuse dominait alors la société. Brissot avait composé le comité de correspondance, de tous ses affidés, et, par ce moyen, notre sincère opinion sur les ministres ne fut jamais bien connue. Nous avons d'ailleurs, toujours été faciles et confiants, et nous avons eu récemment la preuve que, mieux instruits, on peut encore aisément nous induire en erreur.

« Il ne fallait pas, dans ce temps-là, une défiance bien farouche pour repousser Roland, car les citoyens de Lyon, au milieu desquels il avait intrigué pour se faire nommer à l'Assemblée législative, l'avaient complètement démasqué; et, quoique, pour se donner, au milieu d'eux, en 1791, la taille d'un ardent révolutionnaire, il eût tellement outré les principes que Marat, comparé alors avec lui, eût passé pour un modéré; le peuple l'avait observé, et ne vit, dans ses contorsions patriotiques, qu'une ambition forte, dirigée par une profonde hypocrisie. Le peuple de Lyon savait, que peu d'années auparavant, Roland avait sollicité des lettres de noblesse, et le désir de surpasser Marat, dans les mesures violentes qu'il proposait pour affermir la liberté, ne lui paraissait pas devoir s'arranger naturellement avec celui d'être gentilhomme, dans le caractère d'un véritable ami de l'égalité. Rejeté par les sans-culottes de Lyon et bien accueilli à Paris par Brissot, la funeste cabale dont j'ai parlé le fit aussi bientôt nommer secrétaire, et c'est un des plus grands malheurs qui nous soient arrivés, car c'est de cette circonstance que les journalistes, alors réputés patriotes, firent naître la confiance publique. C'est de là que partit cet enthousiasme servile qu'ils ont bassement et continuellement alimenté; la société n'a jamais, il est vrai, partagé le délire d'un aussi ridicule fanatisme, et nos archives ne sont souillées d'aucun témoignage semblable. La société avait jugé les hommes par leurs actions : elle vit que Roland, dans son premier ministère, n'avait rien fait pour la Révolution; et sans la fameuse lettre au roi, il en serait sorti sans qu'on y fît attention. Mais cette lettre elle-même, monument d'une intrigue ministérielle, dirigée alors contre Dumouriez, vous parut plutôt dictée par le ressentiment d'un vieillard ambitieux, iraconde et atrabilaire, que par le sentiment d'un sincère et brûlant patriotisme, et nous vîmes bientôt que cet ex-ministre si courageux, disait-on, dans ses écrits, n'avait pas eu même la force de supporter la disgrâce d'un roi. Il n'osait plus se montrer au milieu des citoyens; aucun devoir civique rempli dans les sociétés popu-

(1) *Archives nationales*, Carton Cii 251, chemise 424, pièce nº 39.

laires ou dans les sections ne nous fît reconnaître son existence. A la vérité, nous déclara-t-il, lors de sa nouvelle élévation que pendant cette coupable absence du corps social il ne lui avait pas été inutile, et que pendant ce long sommeil, ses rêveries l'avait conduit à des moyens sûrs pour organiser la félicité publique. Un imprimé publié par lui dans ces temps-là, nous fit connaître que cette félicité prétendue se trouvait dans un plan de fédéralisme élaboré en commun, avec Brissot et ses adhérents, pour nous donner une Constitution à la manière américaine. Mais pendant l'intervalle des deux époques ministérielles, ils n'avaient pas été de cela seulement occupés, ils avaient sans cesse manœuvré pour reporter leur mannequin au ministère. Véritable mannequin pour sa nullité, car on sait que rien de ce qui a été imprimé sous son nom, ne lui appartient; mais il offrait dans une tête intrigante et dans un cœur faux, un cadre heureux et propice pour tous les projets des hommes pervers qui ont essayé tant de fois de perdre la République; ces hommes-là, vous le savez, composaient sourdement avec la cour. On a découvert dernièrement et publié les traités, les conditions proposées et répondues de part et d'autre, et sur toutes les choses aussi bien connues, je me contenterai d'une simple citation : il fallait, pour leur fortune et pour le succès de leurs intrigues, reporter Roland au ministère, à quelque prix que ce fût, et le 20 juin dernier, nous eûmes la douleur de voir qu'ils n'avaient que trop bien réussi à tromper le peuple sur ses véritables intérêts. Rappelez-vous, citoyens, ce qui s'est passé à cette époque, c'est-à-dire cette insurrection fausse et stérile qui n'avait d'autre but que de faire rappeler les ministres Clavière et Roland.

« Voyez, si la chose avait réussi, avec quelle perfidie on avait conduit le peuple à consommer le traité du plus odieux esclavage, car une coalition serrée entre la cour, les factions dominatrices et le ministère nouveau, devaient nécessairement nous forger une longue chaîne d'infortunes publiques; elle eût été brisée avec fracas, tôt ou tard, je le sais, et la fin d'une si cruelle illusion, aurait été terrible; mais quand serait-elle arrivée, et à quelle époque ? Qui, de nous, ne sent pas vivement que si la journée du 20 juin avait eu l'effet désiré par les partisans de Brissot et de Roland, la journée du 10 août, c'est-à-dire la chute éternelle de la tyrannie, que le peuple désirait avec impatience, aurait été bien longtemps retardée. Aussi, quand cette journée glorieuse, mémorable, et qui sera chère à tous les siècles, fut consommée; quand l'Assemblée législative eut rappelé ce ministère qu'on disait patriote. Roland et sa cabale se trouvèrent tellement étourdis de cet événement imprévu pour eux, que pour accorder et tenir leurs projets combinés dans l'ombre et les grandes circonstances où ils étaient obligés de figurer, ils ne purent mettre au jour ou proposer que des systèmes de faiblesse ou des plans de trahisons.

« L'un proposait ouvertement de quitter Paris, de courir au delà de la Loire et d'y entraîner l'Assemblée nationale, avec la sage précaution qu'ils n'oublieront jamais d'y conduire avec eux le Trésor public.

« L'autre proposait, comme un expédient plus sûr, de livrer les départements du Nord, par manière d'accommodement, pour que les

tyrans étrangers puissent y rétablir la famille capétienne, tandis que les tyrans nouveaux iraient gouverner et régner dans le midi.

« Tous ces projets occupaient sérieusement ou le conseil ou les conciliabules ministériels; et cependant les Prussiens et les Autrichiens avaient envahi notre territoire. Heureusement, la destinée avait placé Danton au milieu de ces ministres troubleurs ou perfides. Danton seul, le robuste républicain Danton, devinant mieux, connaissant bien mieux qu'eux tous le cœur des Français, aperçut, indiqua de grandes ressources; conçut, proposa d'énergiques résolutions et sauva la chose publique.

« Qu'on lui demande, à Danton, ce qui se passa alors au conseil, et vous saurez combien la pusillanimité a failli nous coûter cher. On peut aussi consulter ses autres collègues, car le seul Roland, je crois, aurait assez peu de vergogne pour nier ce qui s'est passé et se rétracter sur des faits si connus.

« Cependant, et d'après les ordres donnés par ce conseil, devenu ferme à la voix de Danton, nos invincibles armées décidaient les chances fortes de la liberté; elles combattaient chaque jour; chaque jour elles étaient victorieuses. Nous voyions avec transport naître la République au milieu de tant de victoires; et déjà Roland et les ambitieux qui l'entourent, aspirant à la puissance souveraine, combinaient sans relâche le désastreux fédéralisme. Dans leurs imaginations insensées, ils arrangeaient un congrès dont ils proclamaient déjà Roland le président; déjà ils calculaient combien d'années, en cette qualité, il pourrait leur être exclusivement utile. Ils avaient d'avance égaré l'opinion d'un grand nombre de députés nommés pour composer la Convention nationale. Une difficulté, néanmoins, les inquiétait, il fallait pour arriver à leurs fins, anéantir Paris ; Paris, cette ville révolutionnaire et importune, qui ne veut, qui ne voudra jamais ni fédéralisme, ni congrès, ni royauté. Il fallait effacer cette ville rebelle de la carte déjà tracée des états nouveaux qu'ils s'étaient partagés. Je vous adjure ici, vous tous, mes collègues, députés à la Convention, vous qui fûtes un instant plus ou moins séduits ou trompés, dites-nous avec quelle fureur le vieillard Roland vous animait contre les Parisiens. Combien de fois vous a-t-il répété que Paris n'existait que pour le malheur des départements. Imitez le véridique Clootz; allons, révélez-nous toutes les odieuses particularités de cette conspiration.

« N'est-il pas vrai qu'on vous a tous exhorté à diriger vos correspondances de manière à ruiner, à détruire entièrement la ville de Paris, à la rendre déserte le plus tôt possible ? N'est-il pas vrai que Brunswick lui-même n'a jamais eu l'idée, s'il avait pu, d'assembler autant de malheurs sur la ville de Paris que voulut alors Roland. Racontez-nous ces continuelles et frénétiques persécutions dirigées contre les patriotes les plus éprouvés; et les vœux continuels d'engloutir et Paris et les Parisiens dans les entrailles de la terre. Vous fûtes excessivement indignés de tout cela, nous le savons. Vous fûtes indignés en voyant parmi nos ennemis les plus acharnés les hommes à qui nous avons fait le plus de bien, ceux à qui nous avons donné toutes les places dont nos suffrages civiques pouvaient disposer. Car vous ne l'ignorez pas, ce qui fut à notre disposition a toujours été le patrimoine des citoyens que nous avons crus patriotes; nous ne nous réservions que le plaisir de les proclamer. Il était là, fulminant contre nous, cet ancien maire que, le 14 juillet dernier, nous avions juré de rétablir dans ses fonctions, suspendues par le tyran; eussions-nous dû verser, pour y réussir, jusqu'à la dernière goutte de notre sang. Il était là, n'est-ce pas, et sa colère était grande contre les Parisiens, les Parisiens autrefois tellement inquiets et jaloux de sa conservation et de sa gloire que, le 10 août, ils le tinrent aux arrêts, préservé par un rempart de citoyens armés, pour ne pas mettre dans cette belle journée son courage et sa vie à de trop périlleuses épreuves, et pour le faire jouir des succès sans en avoir couru les dangers.

« Oh ! combien tant d'acharnement dut vous révolter ! Avouez que tant de fiel distillé dans une masse d'écrits pseudonymes, et surtout dans cette affiche d'un Anglais aux Parisiens, dont Roland fut reconnu pour être l'auteur, et qui n'avait d'autre but que d'éloigner de Paris, même les voyageurs, vous parût bien dégoûtant et bien amer.

« Les colporteurs de ces iniquités, complaisants et familiers dans la maison du ministre, vous ont semblé bien vils. Comment se fait-il, avez-vous dit plus d'une fois, qu'autour de cet homme, qu'on désigne comme exclusivement vertueux à tous les départements, il y ait une dépravation, une immoralité, un cynisme effronté, qu'on aurait à peine rencontré, deux mois avant, au château des Tuileries ? Cette nouvelle cour royale, disiez-vous, est encore plus effrénée, plus dissolue que l'ancienne... dans l'une et dans l'autre, des intrigues de femmes... Mais respectons la pudeur publique; ne tirons pas le voile impur qui couvrait ces ténébreuses orgies, ces honteuses dépravations... vos regards se sont détournés plus d'une fois devant elles... ce poison corrosif et subtil, qui a corrompu tout à coup les hommes qu'on croyait les plus fortement éprouvés, n'a rien pu sur vos cœurs... vous avez fui l'antre de la nouvelle Circé; les philtres de la magicienne ont été impuissants; vous n'avez point subi la vile métamorphose, et vous êtes restés des hommes.

« Dégageons l'intérêt public de ce cercle d'impuretés, où on le tenait avili et tourmenté, et hâtons-nous de signaler l'odieux ministre, qui puisait dans cet abîme d'infamies, les éléments de corruption qu'il a portée si longtemps dans l'opinion publique.

« Aucun moyen, vous le savez, ne fut épargné, pour que cette corruption fut extrême. Jamais le tyran qui disposait de la liste civile, n'avait eu en son pouvoir autant de moyens pour l'opérer. Des sommes énormes étaient journellement distribuées aux fabricateurs de mille et mille écrits empoisonnés; adoration pour le dieu Roland, fédéralisme, grâce à Louis Capet, haine et guerre à la ville de Paris, confiance entière en Brissot et ses adhérents; tels étaient les dogmes de cette nouvelle religion; les trésors de l'État s'épuisaient pour la soutenir; un nombre incalculable de places et de faveurs de tout genre se distribuaient pour la propager; les départements, qui prononçaient leur acte de foi à cet égard, étaient accueillis dans toutes leurs demandes. Ceux qui résistaient ou qui hasardaient les moindres

remontrances au nouveau protecteur, n'obtenaient que des réponses insultantes, quelque bien méritants qu'ils fussent de la patrie; c'est ainsi que Roland écrivit aux braves Lillois qu'il était las de leurs gémissements, qu'il avait l'âme oppressée de leur défaut de courage. C'est ainsi qu'il fit solliciter, inutilement et longtemps, aux habitants de Thionville, une partie des sommes que les décrets de la Convention leur avaient accordées, pour fournir aux plus urgents de leurs besoins. Roland affectait à ses audiences, envers les meilleurs citoyens, des mépris que les ministres de l'ancien régime n'auraient osé se permettre. Vous avez eu sous les yeux une réponse qu'il fit à la citoyenne Palloi, qui la rendit publique; il disait qu'il ne concevait pas ce qu'il y avait de commun entre une femme de la sorte et un homme comme lui; il niait effrontément les choses qu'il avait le plus solennellement reconnues; il exposa dans la ville d'Orléans le citoyen Nicolle à une procédure considérable, par un de ces mensonges-là qu'il fut ensuite obligé de rétracter; enfin son orgueil était aussi brutal envers les citoyens que ses procédés étaient injurieux; et cela pouvait-il être autrement ? dans ces mêmes temps, il insultait chaque jour la Convention nationale elle-même. Jetez les yeux sur nos séances, vous verrez qu'il les voilait continuellement à la chose publique, pour en faire tourner le résultat au gré de ses passions; il nous usurpait à nous faire lire des missives, qui ne vous disaient rien autre chose sinon que l'initiative de tout lui était due; que de lui seul devaient nous venir toute la prudence, toute la force et toute la sagesse dont nous avions besoin; la représentation nationale était chaque jour insultée dans la personne des députés de Paris; enfin, les choses en étaient venues à un tel point qu'on proposait brusquement de casser des comités tout entiers, par la seule raison qu'ils n'étaient pas de l'avis du protecteur Roland. Tous ces faits incroyables sont consignés dans nos procès-verbaux; ce qui attesta surtout notre servitude, ce fut d'entendre dire qu'une calomnie inique portée par Roland, devant la Convention et reconnue pour telle le lendemain, était un acte de vertu; je parle de la dénonciation qu'il fit le huit octobre, d'une proclamation du Conseil exécutif dont il n'avait pas, disait-il, connaissance, quoique la minute produite le lendemain se trouvât revêtue de sa signature, et qu'il fût prouvé qu'il avait été présent à la discussion, que nécessita cette proclamation, qu'il était venu dénoncer. Mais, dans son délire, il ne voyait que lui seul le pouvoir suprême; tout ce qui ne venait pas de lui ne devait pas rester; seul il se croyait l'arbitre et le régulateur de nos destinées; une lettre de lui prévalait sur tous les actes émanés des autres pouvoirs et c'est ainsi que, par une instruction particulière, il attira d'horribles persécutions sur la tête de plusieurs commissaires nationaux, dont il rendit le caractère douteux, quoique munis de pouvoirs du Conseil exécutif : plusieurs ont été menacés, traités durement, et même emprisonnés dans quelques départements.

« C'est alors que plusieurs décrets ayant mis dans ses mains une grande partie de la fortune publique, il confia, à un agent inconnu, 12 millions qu'il fit passer en Angleterre; le Conseil exécutif lui fit, là-dessus, de justes et sévères représentations. Roland les méprisa et déclara formellement qu'il ne lui en rendrait aucun compte; cependant, remarquez, citoyens, que dans cet état de choses, où nous laissions aux ministres une monstrueuse puissance, leur surveillance réciproque, les communications qu'ils sont obligés de faire au conseil sont la seule garantie qui puisse rendre commune la loi de responsabilité démontrée jusqu'à présent, à peu près chimérique à ceux qui ont la conscience bonne et pure y trouvent même une sorte de soulagement. Danton m'a assuré que ces raisons furent exposées inutilement à Roland : depuis que j'ai parlé pour la première fois de ces 12 millions, on m'a dit que probablement ils avaient été envoyés pour des achats de grains.

« Eh bien! c'est précisément pour cela que Roland, s'il eût été de bonne foi, devait consulter le conseil, car il lui était important de savoir, avant de faire passer en Angleterre une somme aussi considérable, dans quelle position nous étions avec cette puissance, relativement à la guerre, et s'il n'avait pas besoin de consulter ses collègues, s'il bravait ainsi les renseignements qu'il pouvait en attendre, j'aperçois qu'il y entretenait sans doute des relations particulières, que je tiens pour très suspectes, par cela même qu'il ne les faisait pas connaître au conseil. Dans la grande opération dont il était chargé, il ne pouvait trop s'éclairer; et si la déclaration de guerre faisait perdre tout ou partie de la somme ou des grains achetés, qui nous dira que les négociations ont été sincères? que les grains ou les farines ont été véritablement achetés, au prix convenable et de bonne qualité, surtout lorsque tant d'autres achats de cette nature ont été reconnus pour n'avoir procuré que des blés avariés et pourris? Enfin, qui nous garantira le véritable emploi de ces 12 millions, lorsque nous n'avons aujourd'hui que Roland seul, et non pas le conseil en entier qui puisse nous le cautionner?

« Dira-t-il qu'il devait garder le secret, ainsi qu'on me l'a bonnement allégué? Eh! mais, ne traite-on pas au conseil les plans de campagne, les traités politiques et des questions bien autrement graves que des opérations commerciales; d'ailleurs, Roland pouvait-il agir, dans cette affaire, sans confidents? pouvait-il en choisir de plus sûrs que ses collègues, puisqu'ils lui sont indiqués par la loi. Il s'est donc rendu très suspect dans un tel envoi de 12 millions en Angleterre, sans vouloir en rendre compte au conseil; parce que, je le répète, la nation, dans de telles opérations, n'a pour la tranquilliser sur ses intérêts qu'une garantie commune et solidaire entre tous les ministres.

« Ceci me conduit à ces comptes volumineux, dont la vaste surface même a quelque chose de bizarre et qui sent le charlatanisme. Je ne parle point des comptes moraux, dont l'apparence est tout aussi frauduleuse, car, ceux-là, je crois que la nation ne doit pas les payer, aucun décret n'ayant autorisé les ministres à la surcharger de frais semblables : je parle des comptes arithmétiques. Malgré les préliminaires qui les accompagnent, ces comptes-là ne sont point du tout propres à

nous rassurer; il est bon de ne pas laisser, comme on dit, donner dans le panneau, les faciles spectateurs qui jettent les yeux, au coin des rues, sur ces immenses pancartes. J'y ai porté la vue; je ne suis pas calculateur, mais avec le simple bon sens, je n'y ai vu qu'une folle jactance, comme dans toutes les opérations de l'ex-ministre; j'ai vu des chiffres classés en colonnes, de mauvaises phrases, mais point du tout l'évidence. et la vérité principalement nécessaires. L'homme le moins habile en pareilles choses, pourrait dire à Roland : « Vous croyez nous produire « vos comptes, mais point du tout. Suffit-il, « pour rendre des comptes, de mettre d'un « côté, j'ai reçu ceci, cela; total, 200 millions, « par exemple; et de l'autre, sans aucun dé- « tail, j'ai dépensé ceci, cela; total, aussi « 200 millions; ainsi vous voyez bien que je « suis quitte. » Si de tels comptes suffisaient pour convaincre le public, il n'y a pas de fripon qui ne pût en faire autant.

« S'ils ne suffisent pas, pourquoi tant les multiplier à grands frais? pourquoi surtout ne pas supprimer sur ce papier vos déclarations, qui remplissent un espace qu'on pourrait consacrer à des renseignements utiles; d'ailleurs, pour mon instruction particulière, dites-moi ce que c'est que cet article d'indemnité : 88,000 livres; de frais et encouragements pour le commerce : 327,000 livres; d'indemnités de commis supprimés : 421,000 l.; de primes d'encouragements : 107,000 livres et de plusieurs autres semblables. Tant que je ne serai pas mieux instruit, je ne verrai, dans tout cela, que des faveurs arbitraires, dont vous vous êtes créé le dispensateur. Mais expliquez-moi comment les frais de culte qui, de votre aveu, sont fixés à 3,400,000 livres par mois, ce qui fait 17 millions de livres pour les cinq mois portés dans votre premier compte, ont coûté 20,500,000 l., c'est-à-dire 3 millions au-dessus de la fixation par vous reconnue? Expliquez-moi comment, après avoir payé ces 20 millions pour les cinq derniers mois de l'année dernière, vous portez encore, dans votre dernier compte du 20 au 23 janvier, jour où vous avez quitté le ministère, 21 millions aussi pour le culte! Vous avez donc payé aux prêtres six mois d'avance? Mais cela n'était pas si pressé, et lorsque les femmes et les enfants des défenseurs de la patrie souffrent toutes sortes de privations, les prêtres pouvaient bien attendre; c'est avoir une forte tendresse de cœur pour eux que de les nantir ainsi, en quittant votre hôtel de la rue Neuve-des-Petits-Champs.

« Si vous avez été si pieusement généreux pour le culte, votre humanité a été bien sordide envers ceux de nos frères qui souffrent; car je ne vois qu'un chétif article de 450 livres pour *secours à divers*; et, en tout, 30,000 livres pour secours aux départements, quoique les décrets de la Convention aient mis à votre disposition, pour cet objet, des sommes bien plus considérables.

« Qu'ils se plaignent, qu'ils souffrent, les malheureux! avez-vous dit, peu m'importe. Ce qui est essentiel pour la félicité publique et la dignité de la nation, c'est que rien ne soit épargné pour soutenir, avec éclat, la puissance du vertueux ministre de l'intérieur; et vous n'avez rien épargné, en effet; car voici, sur une ligne, 300,000 livres et plus pour les frais de vos bureaux, pendant cinq mois; encore la fourniture des cachets n'y est-elle pas comprise, car on la trouve rapportée un peu plus loin, au bas de la page. Le mois de septembre seul a coûté, pour vos bureaux, à peu près 100,000 livres. Oh! vous avez raison de vous croire un homme d'importance! je ne m'étonne plus si vous n'êtes entouré que d'hommes d'Etat, et de tous les beaux esprits de la République, si vous avez mis de votre bord tous les journalistes. Il est édifiant, au reste, de voir comment les fonds énormes qui vous ont été livrés, aux termes des décrets, pour l'impression des écrits propres à éclairer les trames des ennemis de l'Etat, ont été distribués. Brissot a eu le gros lot dans cette distribution!... Brissot éclairant les citoyens sur les trames des ennemis de l'Etat! N'est-ce pas comme si on chargeait un maître filou d'éclairer les passants sur les dangers qu'il y a de traverser le perron de la rue Vivienne sans avoir les mains sur ses poches! Vous avez la rage-mue quelquefois, la rage atroce, vieux Roland! Mais cette fois-ci, c'est la rage de l'ironie qui vous fait afficher de pareilles plaisanteries! Vous insultez trop ridiculement à la crédulité publique. Tel est le langage que pourrait tenir à l'ex-ministre, l'homme le moins exercé en fait de comptes arithmétiques, en ne se servant que des premières et simples lumières du bon sens.

« Un homme, qui aurait éclairé sa conduite de plus près, pourrait l'apostropher d'une autre manière, il lui dirait :

« Homme ambitieux et téméraire, tu as voulu nous faire perdre les fruits de l'immortelle journée du 10 août, et pendant quelque temps tu n'y as que trop bien réussi, car tu as conduit la République au bord du précipice. Elle n'y était plus la République, alors qu'un seul homme, alors que toi Roland, tu te mettais insolemment au-dessus de toutes lois, et que tu te faisais supérieur à toutes les autorités! Rappelle-toi les indignes moyens dont tu t'es servi! Tu appelais, à ton gré, l'idolâtrie sur les uns, et les proscriptions sur la tête des autres. Tu paralysais la voix des meilleurs patriotes; tu les surchargeais des plus ridicules et atroces accusations; tu violais le secret des postes; tu interceptais les correspondances patriotiques; tu commandais au département de Paris des abus de pouvoir qu'il t'a refusés par une délibération consignée dans ses registres; tu usurpais tout; tu souillais tout; tu divisais tout. Il ne manquait aux perfides combinaisons qui tendaient à asservir la patrie qu'une force armée à ta disposition, et c'est alors que tu en as fait la proposition à la Convention. Que dis-je? la proposition? Tu l'as appelée toi-même cette force armée! ta volonté a suppléé à des lois qui ne venaient pas assez tôt à ton gré, et par cela seul que tu le voulais, que tu le trouvais bon, des bataillons entiers s'organisaient et accouraient, de toutes les extrémités de la République, au rendez-vous donné, dans le palais du ministre de l'intérieur. Que voulais-tu, tyran? A quoi tendais-tu? à la division de la République, à son anéantissement. Ah! sans doute, tous les malheurs que tu préparais seraient arrivés, tous

ces affreux moyens avec lesquels tu pilotais la tyrannie, t'auraient suffi, si l'heureux génie de la liberté, qui ne laissera jamais les vrais républicains longtemps séparés, qui en fera toujours une masse forte et invincible, n'eût réuni subitement les fédérés et les citoyens. Mais tu étais loin de prévoir cette réunion qui a culbuté tes projets destructeurs, tu n'y comptais pas! et tu vois bien, monstre, que tu voulais boire le sang de tes frères, dans la coupe de la guerre civile; car, sans la réunion, elle était inévitable.

« Qu'as-tu fait de bien, dis-le-moi, pendant ton ministère? Quels bons effets ont produit ces écrits si chèrement payés à tes acolytes? J'ai lu quelques pages de celui qu'on m'a cité comme le meilleur, et dont tu as expressément recommandé la lecture. J'y ai aperçu l'intention de rétablir les corporations, comme tu as voulu rétablir les corvées. J'ai vu que, fidèle à ce mépris constant que tu affectes pour le peuple, tu te plaisais à le voir désigné par ces mots de classes inférieures! Des classes inférieures! lorsque la sainte égalité est consacrée! Tâche donc de le comprendre, misérable, ce beau mot d'égalité! Tu voudrais donc des classes supérieures! Non, il n'y en aura jamais; nous l'avons juré : ainsi, tu as blasphémé, en désignant des citoyens avec ces mots humiliants de classes inférieures. Il y a la classe des hommes vils, et c'est celle à laquelle toi et les tiens vous êtes à jamais condamnés.

« Qu'as-tu fait de bien, je le répète, avec tant de millions dont la nation t'avait fait dépositaire? As-tu encouragé l'agriculture? et multiplié les productions territoriales? Non. As-tu fait naître l'abondance? Non. As-tu seulement entretenu une facile circulation? Non. Les domaines nationaux sont-ils fructueux et de bon rapport? Sont-ils seulement bien conservés? Non. Tu as laissé, en partie, dégrader et périr; et non nous a dit souvent, que les hommes en qui tu as confiance, ont protégé les plus criminelles dilapidations. As-tu secondé le commerce? Non. As-tu seulement favorisé l'utile action de l'entrepôt, l'entrepôt fertile en petits bénéfices, qui engraisse tout ce qu'il touche? Tu n'y as seulement pas pensé. As-tu indiqué, dans quelque écrit, un moyen certain pour mettre la cognée au pied de l'arbre vorace et parasite de l'agiotage? Non. Les industries de première nécessité ont-elles été vivifiées? Non. Y a-t-il des canaux ouverts, des travaux publics commencés? Les routes sont-elles bien entretenues? Non. Ces établissements sacrés, où l'humanité souffrante et périssante est soulagée, ont-ils été surveillés? Non. Jamais leur régime n'a été plus mauvais. Ceux vers lesquels nous portons nos regards, avec respect; ceux où les défenseurs de la patrie, mutilés, trouveront une retraite, ont-ils fixé ton attention? Non. Tu as méprisé les décrets qui t'en imposaient le devoir. Qu'as-tu donc fait, indigne ministre de l'intérieur? Eh! je l'ai dit, tu as pratiqué la disette et la famine: tu as voulu gangréner l'esprit public, dessécher les sources du bonheur commun et tuer la liberté. Tu prodiguais des trésors à tes faiseurs de libelles; tu récompensais grassement leur perfide laboriosité, et les pauvres mouraient de faim. Ah! qu'ils t'accablent de leurs malédictions, les pauvres! Que celles des Lillois, des Thionvillois, que la colère de tous les bons citoyens te poursuivent, jusqu'à ce que les tribunaux de la nation aient fait de toi, une justice éclatante.

« Déjà tout le monde te condamne, et pourtant, je n'ai tracé qu'une partie de tes forfaits. Je n'ai point dit que tu as plusieurs fois brisé les scellés apposés par les autorités constituées. Je n'ai point parlé de ces effets précieux du garde-meuble, dont tu t'es créé dépositaire, sans formalité, sans déclaration, sans reconnaissance. Je n'ai point remarqué que ce garde-meuble, intact jusqu'alors, fut volé précisément deux jours après qu'il fut mis sous ta garde. Je n'ai point dit que tu avais réintégré, de ton bon plaisir, à Strasbourg, des fonctionnaires publics suspendus par la loi; que suivant qu'il te convenait, tu assurais aux généraux la reconnaissance de la patrie, et même de la postérité, pour t'en faire des créatures. Je n'ai point dit à combien d'émigrés tu as donné protection, combien tu en as fait sortir de prison, quoique aux termes de la loi, les tribunaux seuls dussent en connaître. Je n'ai pas calculé combien la nation a perdu en ce que la vente de leurs biens a été suspendue.

« Je n'ai point parlé de cette armoire de fer, dans laquelle, seul, et mystérieusement, tu as osé te saisir des secrets de la tyrannie, dont tu as fait un si bon usage.. Nous saurons bientôt combien de pièces ont été soustraites par ton moyen; nous saurons ce qui s'est passé à cet enlèvement et peut-être combien de traîtres sont échappés, par ta faveur, à la justice nationale. Un mensonge bien lourd de ta part, a déjà fait connaître une partie de la vérité. Déjà l'on est convaincu qu'en saisissant ces papiers, tu voulais rendre suspect la sincérité de ces témoignages, par un examen anticipé afin d'avoir un moyen de sauver le tyran, si, comme l'a dit Saint-Just, il n'avait pas été pris en flagrant délit contre le peuple. Et que prétendais-tu faire toi-même, lorsque tu faisais passer la nuit à une garde armée, dans ton hôtel, insultant à la force publique, établie par la loi, et aux intentions du peuple? A qui voulais-tu déclarer la guerre? Réponds? Louis Capet ne fut jamais plus coupable.

« Et toutes ces émeutes, ces mouvements faux et combinés pour égarer le peuple, n'en as-tu pas le secret? Tu n'y es pour rien, as-tu dit. Alors, pourquoi donc tes partisans viennent-ils toujours te citer, faire mention de toi, à la suite de ces événements? Pourquoi faisait-on de toi un éloge fastidieux et repoussé par l'indignation universelle, au moment où Pache vint en rendre compte à la barre? N'y avait-il pas là quelque pétition toute prête pour demander ta rentrée au ministère? Tu en fais quelque chose; tu n'ignores pas que le plus effronté de tes panégyristes osait blâmer Pache, auquel les hommes les plus sévères et les plus difficiles sur son compte, ont cependant rendu justice, en cette occasion. Tu n'ignores pas, que dis-je! tu connais parfaitement ceux qui l'ont calomnié dans plusieurs sections; et de là à la pétition que tu tiens toute prête, il n'y a qu'un pas; mais qui s'en chargera? dis-le moi. Qui ne sait comment tu as donné ta démission? Qui ne sait pas que tu ne l'as donnée que parce que la Convention nationale avait retiré de tes mains tous ces trésors avec

lesquels tu corrompais l'opinion publique? Et quel est le citoyen honnête qui pourrait, après cela, demander que tu redeviennes fonctionnaire public? Il faudrait qu'il eût moins de pudeur que toi-même, et cela n'est pas possible.

« Mauvais citoyen! Va, tu n'auras plus d'amis que ceux de Lafayette et de Brunswick, les émigrés et les conspirateurs. Ils chantent tes louanges, et de tels apologistes sont bien dignes de leur patron. Que de maux ils nous ont faits, en comprimant ce jet révolutionnaire qui nous menait à une prospérité certaine; en neutralisant l'esprit public et le divisant sur les grandes questions qu'il avait à résoudre; en semant partout la désunion et jetant la haine et la discorde au milieu de la Convention. Qui peut douter que les meneurs des comités ne se soient tellement combinés, qu'à peine nous ont-ils laissé le temps de délibérer sur les choses les plus importantes, et tous ces meneurs se sont affichés pour être voués à Roland. Si Dumouriez fut entré en Hollande, il y a quatre mois, comme le voulaient les patriotes, les projets de l'Angleterre n'échoueraient-ils pas d'eux-mêmes et la République française ne serait-elle pas, aujourd'hui partout reconnue? Mais, il fallait sauver le tyran avant tout, dût-il en résulter la guerre civile : tous ces écrits qui devaient apitoyer les hommes faibles, tous les écrits qui pouvaient ranimer l'espoir, et même l'audace des puissances étrangères en les faisant croire redoutables, ont circulé avec profusion. Quel est l'homme coupable en tout cela, si ce n'est celui qui, par son influence au conseil, et en favorisant la circulation de ses désastreux écrits, préparait autant qu'il était en lui, la ruine de la République.

«L'indignation que je ressens et que vous partagez, citoyens, est, je le crois, un sentiment louable : c'est une justice rigoureuse que nous demandons, et certes on ne nous reprochera pas cette sévérité, quand on se rappellera combien Roland et les siens furent persécuteurs; combien ils ont mis de lâcheté dans leurs attaques, et de cruautés dans leurs vengeances. Il souriait, Roland, lorsqu'on lui disait que des commissaires nationaux, par lui condamnés, avaient couru risque de la vie. Ils souriaient les tigres, ses partisans, lorsque des patriotes étaient emprisonnés ou vexés d'après leurs avis dans plusieurs départements. Ils ont souri, lorsqu'au milieu d'une incandescence qu'ils avaient attisée, des colonnes entières d'hommes armés se promenaient dans le jardin d'Egalité, en demandant la tête de plusieurs députés patriotes. Ils ont souri, lorsqu'ils ont appris qu'on avait brûlé les meubles et les papiers de la société populaire des sans-culottes de Lyon. Et cependant ils crient chaque jour, les tartuffes, contre la violation des propriétés; mais suivant eux, les meubles, les papiers d'une société populaire et la vie des citoyens qui la composent, ne sont pas des propriétés! Les cruels! ils ont été bien plus loin; ils ont porté à la sensibilité des vrais patriotes un coup qui sera longtemps douloureux; ils ont frappé au cœur un de nos meilleurs amis; ils ont fait périr une bonne mère de famille, une digne citoyenne, dont je sens bien que je ne pourrai prononcer le nom sans que nos cœurs gonflés ne se soulagent par des larmes abondantes. Qu'elle en reçoive le tribut, elle en est bien digne, la généreuse femme du citoyen Danton! Il était absent, et elle gisait mourante; elle venait d'enfanter un nouveau citoyen. Ils ont choisi cet instant, les lâches, pour lui porter le coup de la mort! Commissaire de la Convention, il servait la patrie dans la Belgique, notre ami, dont la mâle franchise et l'éloquence énergique leur sont également redoutables. Le matin, ils avaient vomi contre lui, comme ils font depuis quatre mois, leurs injures inaccoutumées. Ils l'avaient représenté dans son jardin, comme ministre de la justice, délivrant, le 2 septembre dernier, des arrêts de sang et de proscriptions. Malgré toutes les précautions prises, sa femme souffrante et faible eut connaissance de ces atroces calomnies; elle sut que les amis de son époux n'avaient pu obtenir la parole pour le défendre. Tourmentée de la plus vive douleur, épuisée par la fièvre qui suit l'enfantement, son corps n'a pu supporter la secousse qu'éprouva son âme courageuse et indignée. Ses jeunes enfants étaient là; ils pleuraient en voyant finir leur mère désespérée. Oh! torture vraiment digne de ceux qui l'ont inventée pour faire expirer, au milieu des plus déchirantes convulsions, la femme d'un vrai patriote. Ceux qui savent combien nos femmes nous sont chères, ceux qui savent combien celle-ci aimait Danton, pourront seuls s'en faire une idée. Sa voix languissante l'appelait en mourant... Il n'y était pas, et ses souvenirs étaient présents dans le fatal imprimé qui retraçait leurs infâmes paroles; elles affligèrent encore les derniers regards de son épouse.

« Voilà ce qu'ils ont fait et ils parlent d'humanité et de justice! Je respecte la liberté des opinions; mais dites-le moi: celui qui calomnie son collègue absent, parce que les dangers de la patrie lui ont fait désigner un poste éloigné, ne commet-il pas la plus insigne des lâchetés? Il est temps que la vérité soit connue, il est temps que l'on sache quels hommes, depuis deux ans, ne cessent de cultiver les intrigues ministérielles et quels hommes les ont méprisées; quels sont les apôtres et les membres fidèles des sociétés populaires, et quels sont ceux qui n'ont recherché leur confiance et leur affiliation, que pour obtenir des places et les trahir ensuite lâchement. Il faut connaître les ardents partisans de l'égalité, et ceux qui n'ont d'autre culte que celui des richesses, d'autre désir que celui de dominer, d'autre avidité que celle de s'emparer de tous les emplois et de tous les pouvoirs; ceux qui ne voient le peuple qu'avec crainte, et de loin, et ceux qui se glorifient d'être invisibles avec lui; ceux qui gémissent de nos succès et ceux qui les opèrent et les partagent; ceux qui veulent accomplir la Révolution en constituant solidement une République vraiment démocratique, la seule qui nous convienne et ceux qui voudraient nous traîner, à travers mille écueils, vers le fédéralisme, les deux Chambres, le patriciat, et peut-être ressusciter la royauté ou quelque autre forme monarchique; ceux enfin qui conspirent tranquillement, affectant toujours de se dire menacés de mille dangers, et ceux que l'on poignarde en effet et qui meurent en faisant des vœux pour la patrie.

« L'ex-ministre Roland appartient à l'une de ces deux classes; il y compte tous ses amis. L'autre doit se réunir pour l'accuser, et pour qu'un grand acte de justice puisse glacer d'ef-

froi tous les ministres ambitieux qui seraient tentés de l'imiter.

« Citoyens, depuis que vous m'avez chargé de cette grande accusation des lettres menaçantes, de plates diffamations, des coupegorges préparés m'environnent et m'attendent à chaque pas. Je n'en suis point effrayé. Il y a quatre ans que je marche ainsi, bravant les assassins et méprisant les injures; je suis inflexible avec les méchants, mais je défie qui que ce soit de me reprocher une action cruelle. J'ai quelquefois aidé le faible et défendu l'opprimé, on le sait bien. Le même sentiment qui m'entraîne vers celui qui souffre, m'irrite et me pousse fortement contre celui qui trahit ou qui persécute. J'attaque Roland, comme j'ai attaqué Le Châtelet, Bouillé, La Fayette et tous les ministres prévaricateurs. Votre confiance m'en avait imposé l'obligation; comme citoyen, comme député de Paris c'était mon devoir; je crois aussi que c'est l'acte d'un homme de bien.

« Mon opinion est qu'il y a lieu à accusation contre l'ex-ministre Roland.

« Pour avoir, contre les intentions de la Convention nationale, employé des sommes énormes à corrompre l'opinion publique, en faisant circuler les écrits qui se sont trouvés les plus contraires aux principes républicains contractés aux décrets, et au crédit public, toujours attaqué dans ces écrits, par des terreurs imaginaires, dont le but le plus manifeste était de rompre l'unité de la République et de modérer la haine forte et prononcée du peuple français contre les tyrans;

« Pour avoir affecté un mépris scandaleux pour les lois existantes et les autorités constituées, en refusant de s'y conformer, quelquefois en y apportant des modifications et particulièrement en faisant briser des scellés apposés, sans autre formalité, que sa propre volonté;

« Pour avoir provoqué l'anarchie, en détruisant la confiance pour le gouvernement, soit en dénonçant calomnieusement les proclamations qu'il avait signées lui-même, soit par des instructions particulières qui ont mis souvent les commissaires nationaux en danger; le but de ces attentats étant de ramener sur lui seul toute la puissance du Conseil exécutif;

« Pour avoir violé le secret de la poste, intercepté et falsifié les correspondances patriotiques;

« Pour avoir provoqué une force armée qui tendait visiblement à rétablir la tyrannie et à créer la guerre civile, l'avoir mise en mouvement sans qu'aucune loi l'y ait autorisé;

« Pour avoir publié des écrits pseudonymes, et notamment la lettre d'un Anglais aux Parisiens, qui tendait à ruiner une partie de la République;

« Pour avoir méprisé et insulté les citoyens qui lui portaient les plus légitimes réclamations;

« Pour avoir voulu, par sa correspondance avec les directoires des départements, rétablir l'ancienne corvée;

« Pour avoir essayé de rebuter et décourager les habitants des frontières du Nord, par une correspondance insultante avec ceux de Lille et par le refus des secours accordés à ceux de Thionville;

« Pour avoir, de son autorité, rétabli dans leurs fonctions, des citoyens suspects, rejetés par la loi, et suspendus par les administrations supérieures;

« Pour avoir envoyé une somme de douze millions en Angleterre, sans avoir voulu donner aucune explication à cet égard, au Conseil exécutif, justement inquiet de voir exposer ainsi une partie de la fortune publique;

« Pour avoir protégé la rentrée des émigrés; les avoir fait sortir, par son ordre privé, des prisons où ils étaient détenus; leur avoir procuré toutes sortes de facilités pour rester en France, et soustraire ainsi à la République leurs biens devenus nationaux;

« Pour avoir osé, seul, se rendre maître des plus importants secrets d'Etat, en saisissant furtivement, dans l'armoire de fer aux Tuileries, des papiers desquels pouvaient dépendre le salut de la République et dont il est évident par différents rapprochements et par les propres contradictions de l'ex-ministre, qu'une partie a été soustraite aux regards de la Convention nationale.

« Citoyens, il y a, dans vos archives, une grande partie des pièces probantes, qui vous ont été envoyées par différentes sociétés ou administrations. Il vous reste à nommer des commissaires, afin de les réunir, pour que cette accusation soit munie de tous les témoignages qui doivent la rendre victorieuse et utile à la patrie.

« *Signé* : J.-M. COLLOT D'HERBOIS, *député à la Convention nationale* ».

III

Circulaire du comité de correspondance de la société des Jacobins, aux sociétés affiliées en date du 6 mars 1793 (1).

« Les traîtres sont encore au milieu de nous; ils ont tous les trésors, tous les canaux de l'esprit public; ils dirigent le comité. Les journalistes, tous vendus à l'intrigue et à la calomnie, abusent l'esprit public. Tous sont dirigés par le cabinet de Saint-James.

« Il faut chasser tous les mandataires perfides, infidèles : le général d'Harambure avait été décrété d'accusation, et le côté droit s'est levé pour rapporter le décret...

« Les chevaliers du poignard ont jusqu'à présent respecté les membres du côté droit. Tirez-en les lumières que nécessite le salut public. »

IV.

Copie de l'adresse des citoyens de Marseille à la Convention nationale (2).

Vivre libre ou mourir !

Marseille, le 17 mars 1793, l'an II de la République française.

« Mandataires infidèles, vous qui vouliez l'appel au peuple,

« Votre perfidie est à son comble. Trop

longtemps déjà vous avez occupé le poste honorable que vous étiez indignes de remplir et où vous ne restez que dans le coupable espoir de perdre la République dans son berceau.

« Mais, vainement, vous attendez le succès de vos sourdes manœuvres et de vos scélérates intelligences avec les tyrans conjurés contre nous.

« Ce revers passager que nous devons à votre trahison ne tend qu'à creuser le tombeau des traîtres, à réveiller dans nos cœurs républicains, loin de les abattre, cette mâle énergie d'un peuple qui veut sa liberté.

« Fuyez de cette enceinte sacrée que vous avez souillée tant de fois de votre souffle impur; laissez aux seuls amis du peuple le soin de faire son bonheur.

« Sections, corps administratifs, assemblée populaire, toute la cité de Marseille enfin vous déclare que vous avez perdu sa confiance et qu'elle vous dénie pour ses représentants. Elle ne peut faire un plus salutaire usage de son droit partiel de souveraineté que de vous ordonner de vous retirer; nous ne reconnaissons de la Convention nationale que cette Montagne tutélaire qui doit, avec nous, sauver la patrie.

« Fuyez, lâches et parjures mandataires, ou craignez de ressentir les premiers le glaive vengeur d'un peuple républicain qui se lève pour la troisième fois et qui jure de vivre ou de mourir pour la défense de ses droits.

« *Signé* : GUINOT, *président* ; Joseph GIRAUD, *vice-président* ; BOARD, *secrétaire* ; TRATEBAS, *secrétaire* ; P. TRAHAN, *président de la Correspondance* ; P. PEYRE-FERRY, *secrétaire* de la Correspondance.

Cette adresse est suivie de la pièce ci-dessous :

Copie de la lettre écrite aux 48 sections de Paris, aux Jacobins, aux Cordeliers, aux faubourgs Saint-Antoine et Saint-Marceau, par la société des Amis de la liberté et de l'égalité de Marseille (1).

Marseille, ce 17 mars 1793, l'an II de la République française.

« Citoyens, frères et amis,

« Et nous aussi, nous sommes de la Montagne ; les Sans-Culottes, vrais républicains de Marseille, se sont levés. Organes de leurs frères du Midi, ils vous annoncent qu'ils sont armés comme vous ; hommes du 14 juillet, du 10 août et du 21 janvier, pour exterminer les traîtres et les appelants au peuple, réunissez-vous et déclarez à la Convention que les républicains et les Sans-Culottes ne reconnaissent pour leurs vrais représentants, que les députés de la Montagne : qu'ils jugent traîtres à la nation et dignes de tous les supplices ceux qui ont appelé au peuple dans le jugement de Capet. Prononcez-leur, en notre nom, au vôtre, l'arrêt du peuple souverain ; décrétez que ces traîtres et ces scélérats ne doivent plus

---

(1) *Mercure universel*, tome 26, page 300.
(2) *Archives nationales*, Carton C II 250, chemise 411, pièce n° 18.

(1) *Archives nationales*. Carton C II 250, chemise 441, pièce n° 19.

occuper de place auprès des députés de la Sainte-Montagne.

« Levez-vous, armez-vous, chassez ces infâmes du milieu de vous et punissez-les. La Montagne, ainsi purifiée, ne peut faire que de bonnes lois, nous donner une Constitution, et sauver, pour toujours, la République. Nos sections assemblées, nos sociétés affiliées, nous envoient leur adhésion ; à ce vœu irrévocable, vous aurez, sans doute, opéré le changement des ministres et des généraux prévaricateurs.

« *Les membres du bureau de correspondance.*

Signé : P. Trahan, *président* ; P. Peyre-Ferry, *secrétaire.*

V.

Un mot d'Anacharsis Cloots sur les conférences secrètes entre quelques membres de la Convention (1).

« Les calomniateurs et les calomniés y faisaient l'émunération des chefs de parti. Camille Desmoulins me dit : Toi, qui fais secte, ils ne se nomment pas. — C'est que ma secte n'est autre chose que le genre humain, tant redouté par les intrigants, tant méconnu par les dupes. Pétion et Isnard parlèrent comme des illuminés, Brissot et Guadet comme des fourbes. Si Brissot était moins caffard, et Guadet moins ignorant, leur masque tiendrait encore. Les aveux de Buzot et de Gensonné, les amplifications de Vergniaud et de Grangeneuve, la duplicité de Barbaroux et de Salle, les explications de Lamarque et de Guiton, les réflexions de Barère et d'Albitte, les réponses de Danton et de Robespierre, ont jeté une lumière sur les manœuvres ténébreuses des ennemis du peuple. Il est démontré que six ou sept coquins sont la cause de toutes les dissensions de la France. La jonglerie de Mesmer ou de Cagliostro est moins absurde que les impostures de nos charlatans politiques. Il faut être aussi dénué de philosophie qu'un côté droit, pour donner dans les pièges d'un petit monsieur Guadet.

« J'aurais été un traître ou un sot si, flatté des louanges de la clique brissotine, j'eusse préféré l'intérêt particulier à l'intérêt général. Ces messieurs, depuis longtemps, tenaient des discours très anti-populaires dans le comité diplomatique ; ils parlaient de notre révolution dans le style de Cazalès et de Lafayette. Cela me choqua, je ne pus y tenir. Il fallut rompre avec eux, malgré leurs politesses et leurs inclinations pacifiques. Guadet un jour ne put contenir sa joie des mauvaises nouvelles de la Belgique ; car les députés belges aristocrates venaient au comité, pour annoncer que leurs prétendus commettants ne voulaient pas de nous. Guadet m'apostropha fort gaiement. Je lui répondis : rira bien qui rira le dernier. En effet, après quelques semaines, les réunions se firent de toutes parts.

« Mais nos messieurs, aussi affligés que les

cabinets de Vienne et de Londres, eurent l'effronterie de soutenir que tout cela s'était fait à coups de sabre, et qu'il n'était pas possible que les peuples voulussent partager notre *anarchie*. Je soutins que la France n'avait pas été une minute dans l'anarchie, depuis le 14 juillet 1789, et que de pareils discours appartenaient à l'abbé Maury qui disait qu'une poignée de factieux dans la capitale tenait la nation française captive. Le voyage de Varennes fut projeté sur cette hypothèse insidieuse, et l'on ose répéter aujourd'hui les assertions d'un abbé Maury. Le ministre Lebrun observa avec moi que nos voisins sont attirés vers nous par l'amour de la liberté et de l'égalité et par l'intérêt du commerce et de la défense commune, et pour éviter de plus grands malheurs que les nôtres.

« Je n'aurais pas été plus mal à mon aise dans le comité autrichien, que dans le comité diplomatique de la Convention nationale. Ces gens-là, dès nos premières séances, ne voulaient pas la guerre avec la Hollande, c'eût été nuire à l'Angleterre ; mais ils voulaient la guerre avec l'Espagne ; c'était servir l'Angleterre. Les intrigues de Londres ont moins influé sur notre rupture avec Madrid, que les intrigants de Paris. Guadet voyant enfin qu'il n'y avait plus moyen de retarder la guerre avec le stathouder, fit une dernière menace à Lebrun qui voulait frapper secrètement un grand coup. *Ne faites pas cela*, dit l'avocat de Bordeaux, *on vous coupera la tête, si votre entreprise échoue.* Je tâchai de rassurer le ministre, et Guadet finit par proférer un blasphème qui montre son âme noire : *Eh ! que nous importe*, dit-il, *que les Hollandais, des marchands de fromage, soient libres ou esclaves ?* La religion des droits de l'homme n'entrera jamais dans un cœur gangrené.

« Les brissotins voulaient contracter une alliance avec les tyrans prussiens, hollandais et anglais, ils voulaient établir une *république belgique*, sous la protection des quatre puissances ; et cette opération faite, on aurait forcé la sans-culotterie française à recevoir une constitution de fabrique étrangère. Leur système de calomnie était bâti sur ce projet liberticide. La zizanie et la terreur devaient aplanir les voies au monstre aristocratique. Je suis intimement persuadé que le désastre d'Aix-la-Chapelle et de Maëstricht est le fruit des liaisons étroites de Brissot avec sa créature Miranda. L'existence du Péruvien Miranda en France est l'ouvrage de MM. Lafayette et Brissot. Ce dernier nous assura qu'il avait reçu une lettre qui lui apprenait que nos troupes s'étaient laissé battre tout exprès, parce que des malveillants avaient pillé quelques boutiques de Paris. Probablement le pillage sur la Seine et le carnage sur la Meuse, ne sont que les effets d'une seule et même cause. Le citoyen Liébaud, commissaire national dans la Gueldre, écrivit lettres sur lettres à Miranda, pour l'avertir de la pénurie de notre avant-garde et des préparatifs de l'ennemi. Point de réponse ; renvoyé à Dumouriez par un détour de cinquante lieues, Liébaud assure que nous n'aurions perdu ni un seul homme, ni un seul magasin, si on l'eût voulu.

« La France est trahie du fond de la Bretagne aux bords de la Roer et du Rhin, et l'on ne punit personne. Un Sainte-Foy, un Du-

(1) *Archives nationales*, Carton CII 251, chemise 424, pièce n° 40.

1re SÉRIE. T. LXII.

43

frene, un Dietrich, un Roland vivent encore ! Roland, l'instrument de la faction persécutrice des patriotes et protectrice des aristocrates. Roland dont les calomnies ont aiguisé les poignards des contre-révolutionnaires du Loiret, des Deux-Sèvres, de la Vendée et du Morbihan ; ce Roland, aussi scélérat que Brissot et Guadet, n'est pas sur l'échafaud. Plût à Dieu que la journée du 2 septembre se fût étendue sur tous les chefs-lieux de la France; nous ne verrions pas aujourd'hui les Anglais appelés en Bretagne par des prêtres qu'il ne fallait pas déporter, mais *septembriser*. La déportation a doublé les moyens pécuniaires et la correspondance incendiaire des rebelles. Les meurtres et les brigandages ne nous affligeraient pas cette année, si nous avions exterminé, l'automne dernier, l'infâme race qui trame dans l'intérieur. Des milliers de Français périssent maintenant de part et d'autre, grâce au mouvement rétrograde imprimé à la Révolution par les Rolandistes. Sans les entours de Louis XVI, nous n'aurions pas eu la guerre au dehors; sans les entours de Roland, nous jouirions de l'harmonie fraternelle. On va chercher niaisement un comité d'insurrection, et ce comité existe dans l'âme de tous les amis de l'humanité. Je suis, moi, du comité d'indignation !

« Le peuple se trompe rarement, il ne hait pas en vain. Je vois de près les personnages qui trahissent le genre humain. Je leur voue une haine sainte, en bravant leur vengeance impie. Gardons-nous bien de les massacrer; car, à moins de faire disparaître leurs cadavres comme celui de Romulus, la mort de ces machinateurs donnerait un nouvel aliment aux calomnies des mauvais citoyens et aux alarmes des mauvais riches. Il y a une foule de bonnes âmes qui pensent que le peuple a besoin d'un régulateur pour s'arrêter sur tel alignement. Les sots croient et les méchants font accroire qu'une révolution finirait par engloutir les propriétés, si on ne l'arrêtait point. Le constituant Duport en concluait qu'il fallait un roi ; le conventionnel Pétion en conclut qu'il faut rolandiser la France. Cette erreur funeste cause des tiraillements prolongés qui déchirent la nation et la Convention; cette erreur rallie les riches autour des factieux; elle entraîne les pauvres dans des mesures sévères. Laissez faire le peuple, il ressemble à Dieu qui, malgré sa toute-puissance, est soumis aux lois éternelles. Aidez la nature et ne la contrariez pas.

« *Signé :* Anacharsis CLOOTS, *député de l'Oise.* »

VI

Circulaire de la société des Amis de la liberté et de l'égalité séante aux ci-devant Jacobins Saint-Honoré, à Paris. Du 26 mars 1793, l'an II de la République française (1).

« Frères et amis,

« Nous vous avons souvent parlé le langage des passions; nobles compagnes de la liberté.

(1) *Archives nationales*, Carton CII 251, chemise 424, pièce n° 41.

Ici nous vous tiendrons celui de la froide raison qui n'est pas moins son amie. Nous n'avons eu que trop d'occasions de comparer la cour de Roland et sa femme, depuis le 10 août, jusqu'au commencement de février, avec celle de Louis Capet et de Marie-Antoinette, pendant les six mois précédents. Aujourd'hui nous vous devons le parallèle du comité de Brissot, Guadet, Gensonné et Vergniaud avec le comité autrichien que leur ambition a remplacé; du ministère qui a précédé le 10 août, avec partie du ministère actuel, de la conduite de Dumouriez avec celle de Lafayette, de Miranda avec Jarry, de d'Harambure avec Dillon, Lanoue et Steingel avec tant d'autres généraux qui ont commandé nos armées l'année dernière.

« Il y a un an, une cour corrompue et désorganisatrice de la France, un ministère perfide, des généraux traîtres, des administrateurs aristocrates-royalistes ont mis l'Etat sur le bord du précipice. Une assemblée nationale, moitié perverse, moitié faible, était incapable de sauver les Français.

« Pour les perdre plus sûrement, on a fait entrer une de nos armées dans la Belgique, sous les ordres de Luckner. Jarry a incendié Courtrai. On a fait quitter ce pays à notre armée.

« Dumouriez en commandait une autre, avait pour second Beurnonville.

« Lafayette était à la tête d'une troisième. On a vu les effets de la tactique de ses cantonnements perfides. Le traître s'est enfin démasqué entièrement lui-même. Il a fui une terre qu'il n'avait pu asservir.

« Dumouriez a quitté l'armée du Nord, pour aller s'opposer aux progrès du roi de Prusse et de ses alliés, devenus maîtres de Longwy et de Verdun. Ses généraux ont successivement des succès tels qu'après l'évacuation de notre territoire par l'ennemi, il a été dit assez généralement par tous les gens du métier que si Dumouriez n'eût pas mêlé la politique à la guerre vis-à-vis de Guillaume-Frédéric; s'il eût poursuivi avec vigueur cet Attila moderne, les plaines de la Champagne et le territoire de Verdun et Longwy auraient été le tombeau de l'armée prussienne.

« Mais Dumouriez était pressé alors de conquérir la Belgique. Il n'a pas même attendu pour revenir à Paris que les armées ennemies eussent dépassé nos frontières : il s'est présenté à la société des Jacobins, il y a parlé avec une feinte modestie. Un orateur franc et loyal ne lui a pas dissimulé qu'on craignait que le général français n'eût eu trop de ménagement pour le roi prussien. Dumouriez a esquivé le compliment par un sourire équivoque.

« Cependant Dumouriez est entré dans la Belgique avec une armée considérable. Les avantages qu'il a obtenus lui avaient été facilités de toutes les manières. Comité révolutionnaire des Belges, commissaires de l'Assemblée nationale, commissaires du Conseil exécutif, tous les trésors de la République. Dumouriez a dit avoir mis lui-même à contribution les trésors du pays.

« En quittant le ministère, Dumouriez paraissait s'être brouillé avec Brissot, Guadet, Vergniaud, Gensonné. Six millions mis à la disposition du premier ont été une des causes de la querelle. Brissot a écrit à Dumouriez des lettres qui ont été imprimées, qui sont restées sans réponse; quoique l'honneur et la délicatesse le commandassent impérieusement. Le silence de Dumouriez l'a fait mésestimer sans retour par tous les observateurs honnêtes.

« Au 10 août 1792, Roland, Servan et Clavière étaient rentrés au ministère par l'ascendant de la faction de Brissot et de la Gironde.

« Servan s'étant rendu justice, le citoyen Pache lui a succédé; après avoir été désigné à la Convention et par Roland lui-même et par le journal de Brissot et autres.

« Pache, qui n'était pas fait pour être leur esclave, ayant une opinion à lui, qui n'aimait pas les d'Espagnac et autres entours de Dumouriez, Pache qui défendait au Conseil exécutif et dans la Convention les bons principes, la République française et la cité de Paris, Pache s'est rendu par là odieux à Roland, Clavière, Dumouriez, Brissot et consorts. Cette communauté d'intérêt contre le citoyen Pache a été vraisemblablement une des causes de la réunion de Dumouriez, Brissot et des trois Girondins. Il fallait, de plus, mettre au ministère de la guerre un homme dévoué à ces factieux. Ils ont jeté les yeux sur une créature de Dumouriez, et un des stratagèmes les plus adroits de Brissot a été de faire concourir la *Montagne* elle-même au choix de Beurnonville. Guadet, Gensonné, Vergniaud s'étaient compromis par une lettre écrite au ci-devant roi en juillet 1792, lettre par laquelle ils interposaient leur médiation entre lui et la nation.

« Brissot avait toujours été très secrètement et très adroitement l'ami de Lafayette, il était son continuateur.

« La journée du 10 août les avait déconcertés. Comment s'y prendre pour sauver le tyran qui avait des preuves écrites de leur duplicité. Il est vrai qu'il ne pouvait, de son côté, les perdre, sans ajouter aux preuves contre lui-même. De là les délais, les biais employés par eux, d'abord pour éloigner le jugement, ensuite pour sauver la vie au tyran par un appel aux assemblées primaires, qui aurait causé la guerre civile; enfin les efforts pour sursis à l'exécution du jugement à mort.

« La faction n'avait pu, d'emblée, tenter de conserver le trône au tyran, ni même à son fils; mais elle ménageait ce dernier, dans l'avenir, la royauté par le fédéralisme, gouvernement monstrueux qui lui aurait redonné la naissance; aussi les députés purs à la Convention se sont empressés de faire déclarer la République une et indivisible.

« Dumouriez a écrit souvent en maître à la Convention, tantôt en faveur de d'Espagnac, Malus, Petitjean et autres agioteurs, c'est-à-dire en faveur de lui-même, tantôt contre le décret du 15 décembre, sur lequel il a osé mettre une espèce de veto.

« La conquête de la Belgique à la liberté n'était pas achevée, et encore moins consolidée, que Dumouriez aspirait à une autre, celle de la Hollande.

« Il laisse donc dans la Belgique ses lieutenants et fait quelques progrès dans les possessions du stathouder.

« Pendant ce temps, et le premier mars 1793, Lanoue et Steingel, suivant l'exemple de Lafayette, cantonnent leur armée sur quatorze lieues de pays. Une armée ennemie pénètre, sans même avoir été aperçue, s'empare d'Aix-la-Chapelle et Liège.

« Alors Dumouriez revient dans la Belgique, y fait des actes de dictateur, non pas contre Lanoue et Steingel, mais contre les commissaires du pouvoir exécutif et autres fonctionnaires publics, comme aussi contre les sociétés populaires.

« C'est ainsi que Lafayette avait donné des lois au département des Ardennes et autres autorités constituées des pays où il commandait. Il avait aussi ordonné à l'Assemblée législative la dissolution des clubs.

« Le 12 mars, Dumouriez écrit à la Convention une lettre inconcevable, présage affreux de tout ce qui a suivi. Cette lettre, comme tant d'autres, renfermée dans le comité de défense générale, n'a vu le jour que longtemps après.

« Cinq jours après la date de cette lettre contre-révolutionnaire, et le 17 mars, Miranda, nouveau Jarry, fait battre par l'ennemi l'aile gauche de l'armée commandée en chef par Dumouriez, qui ne se plaint que des soldats et ne veut plus que ceux-ci continuent de nommer leurs officiers.

« Cependant cet intrigant se croit obligé de revenir sur sa lettre du 12, par un mot d'écrit entortillé, en date du 21, à la Convention; il demande la suspension du rapport sur cette lettre.

« Le 23, il se démasque entièrement, et propose d'abandonner la Belgique.

« La Hollande est aussi abandonnée.

« C'est ainsi que ce général, errant de la Champagne en la Belgique; de la Belgique en la Hollande; revenu de là dans la Belgique, osera, sans doute, reparaître sur le territoire français, après avoir épuisé le sang des soldats et les trésors de la France, et nous avoir trahis partout. Du moins, le traître Lafayette est allé cacher ses forfaits dans une terre étrangère.

« Nous ignorons quelles ont été les conditions de Dumouriez avec le roi de Prusse dans la Champagne, avec l'empereur dans la Belgique, avec le stathouder et le roi d'Angleterre dans la Hollande; mais ce qu'il y a de sensible aux yeux les moins clairvoyants, c'est que Dumouriez a secondé à merveille la politique de Brissot, Gensonné, Vergniaud et Guadet. Ceux-ci s'étaient toujours opposés, dans la Convention et dans leurs journaux et écrits, à la réunion des pays contigus à la République; ils n'ont pu en venir à bout par eux-mêmes. Eh bien! ils y sont toujours parvenus au moyen de la tactique perfide d'un général sans principes moraux, ne connaissant de dieux que l'ambition, l'or et la gloire.

« Brissot, Gensonné, Guadet et Vergniaud n'ayant pu sauver le tyran, dont les défenseurs ont des preuves écrites contre eux, malgré les soustractions faites par Roland de certaines pièces de l'armoire de fer, ces quatre traîtres, nouveaux membres du comité autrichien, prussien et anglais, ont dit au général, leur complice : Faisons notre paix avec l'Autriche, la Prusse et la Hollande, en abandonnant les conquêtes de la Belgique et la Hollande. Le général les a abandonnées.

« Brissot est le Lafayette civil, renforcé par les trois Girondins.

« Dumouriez est le Lafayette militaire, beaucoup plus dangereux que n'a été celui-ci, parce qu'il a incomparablement plus de moyens.

« Miranda est le Jarry; Lanoue, Steingel,

d'Harambure nous rappellent tant d'autres généraux qui nous ont trahis l'année dernière.

« Beurnonville, créature de Dumouriez, qui est réellement ministre de la guerre, sous le nom du premier; Beurnonville, qui est absolument incapable, s'il n'est pas perfide, a succédé aux Narbonne, aux d'Abancourt, et à cette foule de ministres de la guerre, qui n'ont fait que paraître successivement sous le généralat dictatorial de Lafayette.

« Cette succession rapide de ministres, avant le 10 août, avait pour objet de tout désorganiser.

« Aujourd'hui, c'est la même tactique.

« A l'égard de Clavière, il ne s'opiniâtre dans sa place que pour perdre nos finances par son inertie et son insouciance depuis qu'il est ministre, lui qui, pendant la session de l'Assemblée constituante et celle de l'Assemblée législative, dont il était député suppléant, occupait sans cesse le public de projets sur les finances.

« Au surplus, frères et amis, Clavière s'est trop fait connaître, pour que nous ayons besoin de vous rappeler ici toute sa conduite déloyale.

« Comment concevoir que le Conseil exécutif, ou quelqu'un de ses membres, n'ait reçu ou n'ait donné à la Convention aucun éveil relativement au plan et aux préparatifs de la guerre civile qui ravage le nord-ouest de la France? L'armée des contre-révolutionnaires, divisée en trois corps, est de 40,000 hommes, et cette guerre, ils la font avec art et dans les règles.

« Sous l'ancien régime, l'administration des postes n'aurait-elle pas averti à l'avance le gouvernement d'une pareille conspiration? Que penser donc des cinq administrateurs actuels? Que penser de Clavière, leur chef et protecteur?

« Frères et amis, les maux de la République sont au comble : que la nation se lève, que les départements s'expliquent et fassent justice de Brissot, Gensonné, Vergniaud, Guadet; du général Dumouriez, de tous autres généraux conspirateurs, de Clavière et Beurnonville, des cinq administrateurs des postes, et de tous autres fonctionnaires publics traîtres à la patrie.

« *Signé :* LA FAYE, *vice-président;* BRIVAL, JAY, *députés;* DEGUAGNÉ, GAILLARD, FOUQUIER-TINVILLE, RENAUDIN, secrétaires. »

VII

Profession de foi de MARAT, *l'ami du peuple, député à la* Convention, *adressée au peuple français en général et à ses commettants en particulier et précédée d'une lettre du* CITOYEN TANARD (1).

Nantes, le 13 mars 1793, l'an II de la République française.

« A Marat,

« Lassés des invectives atroces que le maire ne cesse de vomir dans ses feuilles contre vous,

nombre de bons républicains m'ont vivement sollicité de me rendre hier leur interprète, pour relever les fausses inculpations de ce journaliste et lui conseiller de tenir une marche digne d'un homme libre, d'un écrivain impartial, d'un citoyen vertueux. J'ai tout lieu de croire qu'il ne donnera point de publicité à mon épître; je vous en envoie donc une copie.

« Tous les bons patriotes avaient espéré de voir les odieuses personnalités anéanties tant à la Convention que dans les bureaux des journalistes : aujourd'hui, ils perdent tout espoir; les promesses et les serments ne font que de belles parades, pour suspendre des coups que l'on veut asséner plus sûrement.

« A les voir et à les entendre, ces vertueux républicains n'en veulent qu'aux hommes sanguinaires qui conseillent au peuple le meurtre et le pillage; ils nous en ont nommé quelques-uns, mais à présent il n'y en a plus qu'un, qui leur pèse horriblement fort, c'est Marat.

« Oui, je le répète, il n'y a que celui-là : il a prouvé, ainsi que Robespierre, à la Convention, la partialité de ses ennemis; il a démontré leur calomnie; ceux-ci en ont été atterrés, mais ils ne s'en sont relevés que plus furieux contre le seul Marat.

« Ils lui ont injustement imputé tous les excès commis à Paris, lorsqu'il ne faisait que les prévoir, afin que les autorités constituées veillassent à les prévenir.

« Sous prétexte de venger la mort de ceux qui voulaient devenir nos bourreaux les plus féroces, pendant que nos frères d'armes partaient pour les frontières, ils ont arraché un décret à la Convention, pour rechercher les fauteurs, instigateurs et complices de l'exécution du mois de septembre dernier : mais ce n'était, en effet, que pour envelopper dans le carnage des patriotes, Marat, qu'ils ne cessent, en se déshonorant eux-mêmes, d'abreuver d'opprobre.

« L'amour-propre de quelques députés ne craint point, pour se disculper, d'exposer à la rigueur des lois, de braves marseillais, d'excellents citoyens qui ont cru servir la patrie en la débarrassant promptement des tigres qui, mis en liberté par des bandits soldés, auraient, en leur absence, massacré leurs femmes et leurs enfants.

« Les fera-t-on revenir de leurs postes, où chaque jour ils exposent leur vie pour le salut de la République, et fera-t-on tomber leurs têtes couvertes de lauriers sous le glaive de la tyrannie !

« Les jours des ennemis déclarés de la patrie sont-ils si chers à cette espèce de républicains que, pour les venger, il faille sévir contre nos plus zélés défenseurs?

« En vain, la partie la plus saine s'est élevée contre ces mesures de sang, en réclamant une amnistie fondée sur ce que cette exécution illégale, mais nécessaire, était une suite de la Révolution du 10 août; elle n'a point été écoutée et le décret a été adopté.

« Jusques à quand versera-t-on le sang des patriotes et sera-t-on si lent à répandre celui de nos ennemis, de ces émigrés qui, au mépris des lois, sont encore au milieu de nous?

« On cherche les auteurs de nos troubles domestiques : on les trouvera parmi ceux qui, à genoux devant l'idole Roland, ont rejeté les sages et uniques moyens présentés par les cinq cents électeurs de Seine-et-Oise, par Saint-

_____

(1) *Archives nationales,* Carton CII 231, chemise 424, pièce n° 42.

Just, par l'incorruptible Robespierre. Deux directoires flagorneurs ont écrit, il est vrai, que depuis ce décret, rendu dans l'esprit de Roland, sur les subsistances, le prix des graines était diminué; mais quinze jours ne se sont pas écoulés que, non seulement les grains mais toutes les denrées, ont monté à un prix fou.

« A cette époque, les négociants ont multiplié leurs envois pour nous affamer; à présent qu'ils craignent d'être pris sur mer, en trompant comme ci-devant la vraie destination de leur cargaison, ils ferment leurs magasins, et annoncent aux portefaix qu'ils n'auront point d'ouvrage d'ici à trois mois. On voit leur dessein.

« Le peuple paie le pain bien cher, et il est encore taxé en sols additionnels qui font ici la moitié de la contribution, au lieu que c'est au riche seul à payer l'augmentation dont il profite aux dépens du pauvre. Pourquoi le décret relatif aux sols additionnels, en faveur de Paris, n'est-il pas commun à toute la République?

« Voilà déjà deux causes de la misère publique : y voyez-vous Marat? Non, assurément.

« On déclame contre Marat et cependant il ne dit autre chose que ce que Carra lui-même a répété à la Convention : le peuple a droit de prendre le pain partout où il le trouve.

« Il faut un frein à la cupidité, et Roland lui donne une latitude dévastatrice; nous en faisons partout la triste expérience : il résulte de là que le décret Roland a servi les commerçants et a mis le peuple aux abois. Troisième cause des troubles; cherchez-en les auteurs, vous n'y verrez pas Marat.

« On parle contre l'agiotage; on nous promet un décret, le renvoi au comité est prononcé. Le cas est urgent. On n'en entend plus parler. Le peuple l'attend; si on lasse sa patience, il arrivera des désordres et on criera contre lui et nous, nous disons que c'est toujours la faute du gouvernement, lorsque les propriétés sont endommagées, et que les lois sont violées. Le blé n'est point une propriété individuelle, mais bien une propriété nationale. Un particulier n'a pas le droit de le porter à un prix excessif, pour faire périr de faim ses semblables, mais il doit être arrêté et puni; et s'il ne l'est pas, qui peut contester au peuple le droit de se faire justice lui-même, pour suppléer à l'impuissance des lois? Car les propriétés ne sont endommagées que quand les sangsues publiques nous privent des subsistances, sans lesquelles nous ne pouvons exister, et personne ne doit, dans une société bien ordonnée, ravir à ses concitoyens les moyens d'exister, moyens qu'il tient de la nature : quatrième cause des agitations violentes, mais forcées par le besoin, et non par Marat.

« Blâmer le peuple excédé d'avoir taxé les grains, et ne pas le mettre dans le cas de ne plus récidiver, en réprimant la cupidité des offenseurs, c'est faire l'ouvrage à moitié, c'est montrer la loi au peuple pour le retenir, et lâcher en même temps la bride à ceux qui l'oppriment. Tout cela n'est pas fait pour arrêter le besoin, et calmer les inquiétudes des vexés. Autre source de troubles; ce n'est certainement pas Marat qui en est l'auteur, comme il est évident. Nous sentons tous l'insuffisance du décret sur les subsistances : il n'a fait qu'enhardir les assassins du peuple.

« Custine se plaint du décret sur les remplacements des volontaires nationaux, on renvoie sa demande en comité : le comité dort, et les remplacements continuent; ils font crier le peuple avec justice, car il voit qu'il n'y a que ceux qui ont de l'argent qui pourront se faire remplacer. Il n'y aura donc que ceux qui méprisent les riches qui iront défendre leurs propriétés, en exposant leur vie.

« Dans les départements, ce décret a causé une telle fermentation, que tous nos frères armés se sont distribués dans les campagnes en insurrection, pour les contraindre à tirer au sort : il a fallu en venir là. Les riches ne veulent pas partir, ils offrent de l'argent ; les habitants des campagnes, et même de Nantes, ne veulent pas partir à moins que les riches ne partent aussi. Il y a déjà eu plusieurs hommes de nos environs de tués ou blessés.

« Cinquième cause de nos troubles. La lenteur du comité à proposer le rapport si favorable aux riches. Or, qui peut voir Marat, comme l'auteur de ces soulèvements?

« Calmez donc votre fureur contre un homme qui voit clairement, qu'on ne se déchaîne contre lui que pour détourner l'attention du peuple, de ses vrais intérêts, et des véritables causes de ses maux. Vous faites semblant quelquefois de vous indigner d'avoir toujours à parler de lui. Eh ! bon dieu, qui vous en a donné la commission? Ce ne sont pas certes, de vrais amis du peuple, puisqu'ils ne s'occupent que d'un seul homme, contre lequel leur rage voudrait faire éclater toute la France.

« Comment pouvez-vous le déprécier, et lui donner tant d'importance par vos bavardages continuels? Tout homme éclairé ne croit point sans preuves. Celles que ses ennemis jaloux ont présenté contre lui, sont déjà rejetées comme portant tous les caractères de la fausseté ou de la plus fidèle ampliation ou interprétation des sentiments de l'accusé. Après cela, quel fonds voulez-vous que l'on fasse, sur ce que vous avancez contre lui?

« Ah ! tonnez contre les infâmes auteurs des maux incalculables des peuples et ne vous amusez pas à provoquer des assassins crédules, contre un de vos concitoyens. Prêchez l'union et n'exposez pas des citoyens à s'égorger entre eux, en tenant les uns pour les autres contre Marat.

« On est vraiment fatigué d'entendre toujours les mêmes chansons, tandis que vous pourriez prendre vigoureusement les intérêts du peuple. Quel avantage vous revient-il de toutes ces clameurs? Le peuple sent bien que ce n'est pas là où il est son mal. Votre comparaison de la vipère cloche au dernier point : si pour détruire son venin, j'ai droit de l'écraser, il ne s'ensuit pas pour cela que j'aie moi-même ou tout autre citoyen droit d'attenter aux jours d'un de mes semblables, sous prétexte de me préserver des impressions qu'il pourrait me faire. Vous n'aimez pas les massacreurs de nos bourreaux et cependant vous appelez au meurtre les citoyens contre un de leurs concitoyens.

« Cette provocation est, à coup sûr, plus criminelle que celle que vous supposez à Marat. Vous aviez si bien commencé : pourquoi vous ternir des mêmes crimes que vous reprochez aux autres? En vérité, les hommes sont incompréhensibles.

« Signé : J.-F. TANARD, *citoyen français, zélé républicain.* »

PROFESSION DE FOI.

« Depuis la fin de novembre 1788 que j'ai consacré ma plume à la défense de la liberté, j'ai développé mes principes d'une manière si claire, ma conduite a été si constamment invariable, et je me suis prononcé d'une manière si forte, si éclatante, pendant tout le cours de la Révolution, que je ne me serais guère attendu d'être appelé aujourd'hui à redonner ma profession de foi politique. Ce devoir, néanmoins, est indispensable, pour dissiper les moyens que la calomnie ne cesse de répandre, sur mes actions et mes intentions.

« Au milieu d'une révolution faite contre les oppresseurs et les vampires du peuple, les ordres privilégiés et les suppôts de l'ancien régime : au milieu d'une révolution qui blessait tant de passions et d'intérêts divers, j'avais senti que le devoir le plus urgent d'un bon citoyen était de surveiller les fonctionnaires publics, si portés à abuser de leurs fonctions, les dépositaires de l'autorité si enclins à se coaliser avec les despotes, de suivre les projets du cabinet, de dévoiler ses menées, de déjouer ses complots et de démasquer les prévaricateurs. Cette tâche importante, je l'ai remplie avec une sollicitude et une énergie de toute épreuve. On conçoit combien j'ai dû me faire d'ennemis et l'on sent combien ils ont dû travailler à me dénigrer pour m'enlever la confiance du peuple et me réduire à l'impuissance de l'éclairer sur les dangers qui le menaçaient et de lui indiquer les moyens de se sauver.

« Les libelles écrits contre moi, et dont on a inondé la France, sont innombrables. Tant que la calomnie est partie de plumes vénales, je ne lui ai opposé que le mépris. Aujourd'hui, elle part d'une source qui, pour être plus cachée et moins impure en apparence, n'en est que plus empoisonnée. Ce sont des députés même du peuple qui s'en rendent encore l'organe : depuis six mois le Sénat n'a retenti que de leurs perfides dénonciations : mais c'est dans leurs correspondances secrètes qu'ils me portent les coups les plus dangereux.

« Dans les explications publiques qui ont eu lieu entre les membres des deux partis qui divisent la Convention, les hommes d'Etat, interpellés de s'expliquer sur mon compte, ont été réduits à se retrancher dans un seul grief : aucun n'a osé attaquer mes mœurs, mes actions, ma conduite privée : mais tous m'ont accusé d'être trop exalté dans mes opinions, trop exaspéré dans mes discours et dans mes écrits ; Buzot lui-même s'est borné à me représenter comme un homme qui pouvait être dangereux par sa popularité, par ses lumières, son audace, et la véhémence de ses discours.

« Je ne répéterai pas ici les réponses que j'ai faites tant de fois à leurs imputations publiques; mais je ne puis me dispenser de repousser les inculpations clandestines, qu'ils font circuler dans les départements.

« *Ils m'accusent de prêcher sans cesse le meurtre et le carnage.* J'ai représenté cent fois à l'Assemblée nationale que jamais elle ne parviendrait à consolider la liberté, sans avoir exterminé au préalable les chefs contre-révolutionnaires; j'ai démontré que pour avoir d'abord stupidement épargné quelques centaines de têtes criminelles, le peuple serait réduit à en abattre des milliers. Les événements désastreux de septembre et les événements actuels, arrivés dans les départements de la Vendée, de la Seine-Inférieure et des Deux-Sèvres fournissent des preuves cruelles de cette vérité; malheureusement, elles ne sont pas les seules, et la sagesse de mes conseils se fera sentir trop tard ; ce ne sera qu'après avoir vu égorger cinq cent mille patriotes que l'on sentira enfin que le moyen que j'ai proposé était le seul propre à sauver la patrie.

« *Ils m'accusent de prêcher la loi agraire.* C'est là une imposture sans exemple : loin d'avoir jamais prêché cette doctrine funeste, que je regarde comme destructive de toute société civile, j'ai gémi cent fois de ce que des principes outrés d'égalité rigide, qui ne vont point à une nation corrompue, nous conduiraient bientôt, sans nous en douter, à ce fatal dénouement.

« *Ils m'accusent de vues ambitieuses, de viser à la dictature.* A cette imputation ridicule, je n'ai que deux mots à répondre : ce n'est pas après avoir mené longtemps une vie souterraine pour combattre plus sûrement le despotisme, ce n'est pas après m'être exposé quatre années entières à tous les dangers, à toutes les souffrances, tous les maux imaginables, en attaquant la tyrannie ; ce n'est pas après m'être dévoué à tous les poignards pour assurer la liberté du peuple et abattre ses oppresseurs, que je m'exposerai à l'opprobre de ne passer que pour un hypocrite et pour un traître en aspirant à la puissance et aux dignités que je méprise. Je ne fis jamais la plus petite démarche pour obtenir la place de député à la Convention : je l'ai acceptée, parce que j'espérais pouvoir y servir utilement la patrie. Le peu de bien que j'y ai fait, le peu de bien que je prévois y faire encore, le peu de bien que la Convention a fait elle-même, a depuis longtemps fait évanouir mes espérances. J'aurais déjà donné ma démission, si je ne m'étais retenu par l'attente de quelque événement inévitable, qui nécessitera de grandes mesures de salut public, pour l'adoption desquelles les circonstances donneront probablement du poids à mes réclamations.

« En attendant, je déclare sur mon honneur, que je n'accepterai de ma vie aucun emploi lucratif, aucune place ministérielle, aucune place de fonctionnaire public. Je ne soupire qu'après le moment où le peuple sera libre et heureux. Je ne soupire qu'après le moment où je pourrai rentrer dans mon cabinet, et passer le reste de mes jours à l'étude et à la méditation. Si jamais je cherche à m'élever au-dessus de mes concitoyens moi-même j'appelle sur ma tête l'opprobre et la mort.

« Mais hélas ! ceux qui m'accusent de vues ambitieuses, connaissent mieux que personne l'absurdité de leurs imputations : ils ne veulen me proscrire que pour m'ôter les moyens de les démasquer, et d'arrêter leurs projets criminels : voilà les motifs secrets de leurs éternelles calomnies. En m'abreuvant chaque jour d'amertume, comme ils le font, il y a longtemps qu'ils m'auraient forcé à la retraite, si j'étais aussi lâche qu'ils sont hypocrites.

« *Signé* : MARAT. »

VIII.

Circulaire de la société des Amis de la liberté et de l'égalité, séante aux ci-devant Jacobins Saint-Honoré, à Paris.

Du 5 avril 1793, l'an II de la République française.

« Amis, nous sommes trahis ! Aux armes ! aux armes ! voici l'heure terrible où les défenseurs de la patrie doivent vaincre ou s'ensevelir sous les décombres sanglants de la République. Français, jamais votre liberté ne fut en un si grand péril ! Nos ennemis ont enfin mis le sceau à leur noire perfidie, et, pour la consommer, Dumouriez, leur complice, marche sur Paris. Les trahisons manifestes des généraux coalisés avec lui ne laissent pas douter que ce plan de rébellion et cette insolente audace ne soient dirigés par la criminelle faction qui l'a maintenu, déifié, ainsi que Lafayette, et qui nous a trompés jusqu'au moment décisif sur la conduite, les menées, les défaites et les attentats de ce traître, de cet impie, qui vient de faire mettre en état d'arrestation les quatre commissaires de la Convention et qui prétend la dissoudre. Trois membres de notre société, commissaires du conseil exécutif, les avaient précédés ; ce sont eux qui, en risquant leur existence, ont déchiré le voile et fait décider l'infâme Dumouriez.

« Mais, frères, ce ne sont pas là tous vos dangers !... Il faut vous convaincre d'une vérité douloureuse ! Vos plus grands ennemis sont au milieu de vous, ils dirigent vos opérations. O vengeance ! ! ! Ils conduisent vos moyens de défense !...

« Oui, frères et amis, oui c'est dans le Sénat que de parricides mains déchirent vos entrailles ! Oui, la contre-révolution est dans le gouvernement... dans la Convention nationale ! C'est là, c'est au centre de votre sûreté et de vos espérances, que de criminels délégués tiennent les fils de la trame qu'ils ont ourdie avec la horde des despotes qui viennent nous égorger !... C'est là qu'une cabale sacrilège, dirigée par la cour d'Angleterre et autres...

« Mais, déjà l'indignation enflamme votre courageux civisme. Allons, républicains, armons-nous ! Et, sans nous laisser amollir par de vaines terreurs sur nos calamités, que notre sagesse s'arrête sur les moyens de salut qui nous restent ; les voici :

« Levons-nous ! Oui, levons-nous tous ! Mettons en état d'arrestation tous les ennemis de notre révolution et toutes les personnes suspectes. Exterminons sans pitié tous les conspirateurs, si nous ne voulons être exterminés nous-mêmes. Et, pour rendre à la Convention nationale, qui seule peut nous sauver, pour lui rendre sa force et son énergie, que les députés patriotes qui sont en mission dans les 83 départements, soient renvoyés à

leur poste, qu'ils y reviennent le plus promptement possible ; et, à l'exemple des généraux marseillais, que de nouveaux apôtres de la liberté, choisis par vous, au milieu de vous, remplacent ces commissaires ; qu'ils soient envoyés dans les villes et dans les campagnes, soit pour faciliter le plus prompt recrutement, soit pour échauffer le civisme et signaler les traîtres.

« Que les départements, les districts, les municipalités, que toutes les sociétés populaires s'unissent et s'accordent à réclamer auprès de la Convention, à y envoyer, à y faire pleuvoir des pétitions qui manifestent le vœu formel du rappel instant de tous les membres infidèles qui ont trahi leurs devoirs, en ne voulant pas la mort du tyran, et surtout contre ceux qui ont égaré un si grand nombre de leurs collègues. De tels délégués sont des traîtres, des royalistes, ou des hommes ineptes.

« La République réprouve les amis des rois ! Ce sont eux qui la morcèlent, la ruinent, et ont juré de l'anéantir. Oui, citoyens, ce sont eux qui ont formé cette faction criminelle et désastreuse. Avec eux, c'en est fait de votre liberté ! Et par leur prompte expulsion, la patrie est sauvée ! !

« Que tous s'unissent également pour demander que le tonnerre des décrets d'accusation soit lancé et sur les généraux traîtres à la République, et sur les ministres prévaricateurs, et sur les administrateurs des postes, et sur tous les agents infidèles du gouvernement. Voilà nos plus salutaires moyens de défense ; mais repoussons les traîtres et les tyrans.

« Le foyer de leur conspiration est ici ; c'est à Paris que nos perfides ennemis veulent consommer leur crime. Paris, le berceau, le boulevard de la liberté, est, n'en doutez pas, le lieu où ils ont juré d'anéantir sous les cadavres des patriotes la cause sainte de l'humanité.

« C'est sur Paris que Dumouriez dirige ses vengeances, en ralliant à son parti tous les royalistes, les Feuillants, les modérés et tous les lâches ennemis de notre liberté. C'est à Paris que nous devons tous la défendre ! Et pénétrez-vous bien de cette vérité, que Paris, sans vous, ne peut sauver la République.

« Déjà les intrépides Marseillais sont debout, et c'est pour prévenir leur arrivée que la cabale scélérate presse l'accomplissement des forfaits du traître Dumouriez.

« Français, la patrie est menacée des plus grands dangers ! Dumouriez déclare la guerre au peuple, et devenue tout à coup l'avant-garde des féroces ennemis de la France, une partie de son armée, séduite par ce grand criminel, marche sur Paris, pour rétablir la royauté et dissoudre la Convention nationale.

« Aux armes ! Républicains, volez à Paris, c'est là le rendez-vous de la France ; Paris doit être le quartier général de la République. Aux armes ! aux armes ! Point de délibération, point de délai, ou la liberté est perdue ! Tous moyens d'accélérer votre marche doivent être mis en usage. Si nous sommes attaqués avant votre arrivée, nous saurons com-

---

(1) *Archives nationales*, Carton C II 231, chemise 424, pièce n° 43.

battre et mourir, et nous ne livrerons Paris que réduit en cendres !

« *Signé :* Marat, *député, président;* Du-
buisson, *vice-président;* Duquesnoy;
Jay; Coindre, Dupeiret, Champertois,
Prieur. »

IX

*Premier journal de la Convention nationale,
ou le Point du Jour, du 6 avril 1793* (1).

Séance des Jacobins.

Suite de la séance du 4 avril.

Le citoyen Desfieux fait lecture d'une lettre de Marseille, du 27 mars; cette lettre est ainsi conçue :

« Les républicains marseillais ont appris, en frémissant de rage et de douleur, la mort du patriote Bourdon, cruellement assassiné à Orléans par les infâmes contre-révolutionnaires que cette ville renferme dans son sein. A l'horreur qu'a inspirée ce crime de lèse-nation, cet assassinat commis envers le peuple dans la personne d'un des plus zélés défenseurs de ses droits, a succédé un cri général de vengeance, et chacun de nous, en tournant les regards vers le buste de Brutus, a juré de venger un pareil attentat. Que les traîtres tremblent ! ils apprendront que les descendants des Phocéens ne jurent pas en vain. Le moment de la vengeance nationale est arrivé : il n'y a plus à balancer, il faut que le peuple se sauve lui-même; mais pour cela, il faut qu'il se lève tout entier, et qu'il suive l'exemple des Marseillais. A la séance de la société, de ce soir, il a été délibéré de faire une adresse à la Convention, pour demander que les montagnards, qui sont allés dans les départements, retournent à leur poste, afin qu'on ne les fasse pas assassiner, comme il paraît qu'on en a le projet : 2° pour que les appelants, qui ne veulent pas être de faux prophètes, ne rendent pas des décrets destructeurs de notre liberté; 3° enfin, pour que la Sainte-Montagne de la Convention, étant renforcée, prenne des mesures pour empêcher que le tribunal révolutionnaire ne fasse le procès à la Révolution, car on nous assure qu'il n'est composé que d'hommes qui suent le rolandisme. D'un autre côté, il a été délibéré que les commissaires partiront demain en poste, pour se rendre dans tous les départements, afin d'électriser le peuple et de lui indiquer les moyens de se sauver; ces mêmes commissaires seront chargés d'accélérer le recrutement. Que Paris se lève donc, qu'il imite Marseille, et la République sera sauvée.

« Le pouvoir exécutif nous trahit, les côtes de la Méditerranée ne sont pas en état de défense, mais heureusement notre département, composé de vrais sans-culottes, s'occupe de cet objet. A Toulon, l'armement va très lentement, ou pour mieux dire on n'arme pas. Enfin de toutes parts nous sommes envi-

ronnés de traîtres et d'assassins; cependant ne nous laissons pas abattre; c'est un moment de crise qui doit devenir salutaire pour la République. C'est à travers les périls que la liberté s'affermira. Allons, qu'une légion de nouveaux Brutus se forme, que les traîtres soient exterminés, et la cause de la liberté triomphera.

*Extrait de la correspondance, lue par le
citoyen Desfieux.*

La société de Bourbonne vous dit : « Frères et amis, le peuple ne doit plus compter que sur lui-même; lui seul peut se sauver. La Convention a ordonné le désarmement des citoyens suspects, et ce désarmement ne se fait pas. Nos administrations éludent l'effet de cette loi salutaire; c'est ainsi qu'en trahissant aussi impudemment la confiance du peuple, elles n'ont cessé de lui plonger le poignard dans le sein. D'ailleurs, frères et amis, nous trouvons que cette loi n'est, tout au plus, qu'une demi-mesure. Il en est une plus salutaire; peuple, si tu ne l'exécutes pas, avant peu tu seras esclave. »

La société de Digne envoie un exemplaire d'une adresse des députés des sociétés populaires du département des Basses-Alpes, réunis en assemblée générale. Cette adresse est ainsi conçue : « Représentants du premier peuple de l'univers, le tyran est mort, et c'est à la main qui l'a frappée que la République doit son salut. Ceux qui ont voulu le soustraire au glaive de la loi; ceux même qui voulaient retarder son supplice sont nos ennemis, et le vœu général de notre département rappelle les votants pour l'appel au peuple. Que les assemblées primaires soient autorisées à renouveler les corps électoraux, que les assemblées électorales procèdent au remplacement de ceux de nos conventionnels qui ont perdu notre confiance, et nous serons tranquilles sur le sort de l'Etat. »

La société de Strasbourg envoie copie de la lettre qu'elle a écrite à *l'indigne Gorsas, qui continue son bavardage contre-révolutionnaire;* cette lettre est ainsi conçue : « Monsieur de Gorsas, vous devez voir avec surprise que des hommes purs et vraiment républicains correspondent avec vous, mais le sentiment intime de votre perfidie doit vous dire que c'est pour vous couvrir d'opprobre. Depuis longtemps vous faites circuler *gratis* le poison de votre journal; les empoisonneurs en chef ont sûrement soin de vous défrayer. La citoyenne Laveaux, à qui vous avez constamment adressé votre peste morale, l'a présentée à la société. L'indignation de 2 à 3,000 républicains s'est manifestée : au feu, au feu, Gorsas! des musiciens patriotiques étaient là. Le *Ça ira* s'est fait entendre pendant les préparatifs, et au moment où vos feuilles ont été présentées à une flamme civique, nos citoyens, les héros de la liberté et les Jacobins ont entonné le couplet :

> Tremblez tyrans et vous perfides,
> L'opprobre de tous les partis.

« Nous vous envoyons les cendres qu'ont fournies vos feuilles pestilentielles. Nous ne

---

1) *Le Point du Jour*, 1793, tome II.

pensons pas qu'elles puissent vous rendre sage, mais du moins vous verrez que nous savons vous apprécier... Lira-t-on cette lettre dans votre correspondance des départements, article Bas-Rhin? dans la crainte que votre modestie ordinaire vous empêche de la rendre publique, nous en envoyons des copies aux Jacobins de Paris, et au petit nombre de journalistes patriotes qui se chargeront de payer ce tribut à votre gloire. »

Cette société vous informe que dans sa séance d'hier, sur la motion de Laveaux, elle a arrêté une adresse à la Convention, dans les principes de celle des Marseillais, qui ne reconnaissent pour les vrais représentants de la République que ceux qui ont voté la mort du tyran, et qui siègent constamment sur la Montagne.

« Laveaux a prouvé, sans réplique, que les divisions qui déchirent la République, partent du sein de la Convention; et que, pour les faire cesser, il faut que le Marais de la Convention s'élève jusqu'à la Montagne, ou que la Montagne écrase le Marais. »

Voici notre réponse à l'envoi d'une adresse de la société d'Amiens à la Convention :

« Nous ne doutons pas que parmi vous il ne se trouve un grand nombre de braves sansculottes, aussi nous ne les confondrons pas avec les fripons qui se sont glissés dans votre société. Ces fripons sont ceux qui vous ont engagé à faire cette abominable adresse, que le Marais même a censurée sur les vives réclamations de la Montagne. Cette adresse anti-civique vient d'être brûlée par les sansculottes de Strasbourg. Ils vous en envoient les cendres, pour en marquer au front ses auteurs. »

La société de Souillac vous écrit : « Joignez-vous à nous et à nos frères de Saint-Jean-de Luz pour obtenir la destitution du commissaire des classes Brisson, et la réintégration dans ce poste du citoyen la Courtaudière.

« Hâtez-vous de dire au citoyen Monge : En destituant la Courtaudière, vous avez fait une chose injuste. Il honora sa place par cinquante ans de vertus et d'incorruptibilité. En le faisant remplacer par Brisson, vous couvrez de honte le font de ce vieillard républicain. Vous lui donnez pour successeur un royaliste outré, peut-être un contre-révolutionnaire déclaré, qui a été le chef d'une société déclarée incivique par les commissaires du département du Lot.

« Brisson est encore accusé d'avoir engagé des ouvriers à se munir de cocardes blanches; si ce fait est prouvé, il portera sa tête sur l'échafaud. »

« La société d'Arles nous envoie copie de son adresse aux vrais représentants du peuple. Cette adresse est ainsi conçue : « Législateurs, nos frères de Marseille ont été de fidèles interprètes de nos sentiments et de nos vœux, lesquels ont manifesté leur vive indignation au côté droit de la Convention. Montagne sainte, c'est vers vous que s'élèvent nos regards; c'est de vous que nous attendons le salut de la patrie. Que la sagesse qui préside à vos délibérations, qui dicte vos décrets, éclaire la con-

duite de ces perfides mandataires, et déconcerte leurs coupables projets; ou plutôt dites-leur, au nom de tous leurs commettants, au nôtre : Citoyens, jusqu'ici nos collègues, vous avez perdu la confiance du peuple. Fuyez du milieu de nous; ne souillez plus le sanctuaire de la liberté de votre haleine empestée. Allez rejoindre les émigrés dont vos trahisons secondent les entreprises; couvrez-vous du moins des armes des courageux scélérats qui déchirent le sein de leur mère; ne vous parez pas d'une hypocrite tendresse pour lui porter des coups plus sûrs dans l'ombre dont vous savez vous envelopper. Entendez-vous, représentants de Coblentz, cet arrêt sorti de la bouche de nos vrais représentants? Il exprime notre volonté. Obéissez, ou craignez la fureur d'un peuple justement irrité. »

Après la lecture de ces lettres, qui ont été interrompues par de fréquents applaudissements, le citoyen Hébert a proposé de rassembler et faire imprimer toutes ces lettres et adresses, pour former un faisceau de lumières qui éclairât tous les départements.

Cette proposition a été mise au voix et adoptée.

Séance du 5 avril.

Le citoyen Blanchet. Il est constant que la majeure partie des départements demandent le rappel des députés qui ont voté pour l'appel au peuple; mais cette mesure ne suffit pas. Les scélérats ne demandent pas mieux, ils ont les poches pleines; ils iront sous un autre ciel jouir du fruit de leurs rapines. Je voudrais qu'avant de les chasser on les obligeât de vider leurs poches.

X

Lettre du comité de correspondance de la société des Jacobins à Paris, à la société des républicains aux Récollets de Bordeaux (1).

Société des amis de la liberté et de l'égalité, séante aux ci-devant Jacobins Saint-Honoré, à Paris.

COMITÉ DE CORRESPONDANCE.

Paris, le 6 avril 1793, l'an II de la République française.

Frères et amis,

« Vous trouverez ci-joint une circulaire aux sociétés affiliées, et une adresse des Jacobins au peuple français; nous vous invitons à les lire publiquement, à les faire réimprimer et afficher; la gravité des circonstances nous a dicté des mesures importantes qu'elles renferment, vous les adopterez sans doute; ne balancez donc plus, il faut sauver la liberté et la République, ou recevoir des fers; vous êtes

---

(1) Bibliothèque nationale, Le³⁸, n° 226.

Français, nous comptons sur vous, il faut vaincre ou mourir ensemble.

« Nous sommes à la vie et à la mort,

« Frères et amis,

« *Les membres du comité de correspondance.*

« *Signé* : F. DESFIEUX, *président* : LAFAYE, *vice-président*, GAILLARD, BLANCHET, T. ROUSSEAU, DUCOS, SAMBAT, PEREYRA, LAMBERT, DUBUSSCHER, BASSIS, AUVRET, *secrétaire* »

XI

Lettre du citoyen Desfieux au citoyen Grignon (1).

Paris, le 6 avril 1793, l'an II de la République française.

« Je profite, mon cher Grignon, du courrier extraordinaire que nous envoyons à la société de Bordeaux, pour vous apprendre que nous avons reçu des nouvelles de Valenciennes. Dumouriez a émigré; on s'est saisi de son secrétaire et de deux aides de camp; on a saisi beaucoup de papiers, et l'on prétend que Gensonné et toute la faction y sont furieusement compromis ; il est impossible, vu leurs liaisons, que ce fût autrement. Dumouriez, réuni avec les Autrichiens, va marcher sur le territoire de la République; il voudra profiter du moment de désordre et de la débandade, pour faire une trouée : il faut donc nous réunir, et aller renforcer nos garnisons et nos armées, pour les arrêter sur le cul. Il faut toutes ces circonstances qui nous ont déterminés à vous envoyer un courrier extraordinaire pour vous prévenir, et afin que vous donniez la plus grande publicité; envoyez même des courriers ou des exprès dans tous les départements voisins, en les engageant d'imiter votre exemple.

« Je suis très pressé. Je vous suis bien fraternellement dévoué.

« *Signé :* F. DESFIEUX. »

« Ci-joint quelques lettres, que je vous prie de faire de suite exactement parvenir.

« Si Courtois n'est pas parti, dites-lui bien des choses, ainsi qu'à Fontanes. Je les attends pour les placer au bureau de la marine; il manque de bons patriotes et de grands travailleurs, ainsi qu'au bureau de la guerre. Bonjour. »

XII

Lettre du citoyen Blanchard à son épouse (1).

Paris, ce 6 avril 1793, l'an II de la République française.

« Chère épouse,

« J'ai reçu de tes nouvelles par une lettre du citoyen Brugère, mais cela ne me console pas

(1) Bibliothèque nationale. Le³⁸, n° 226.
(2) Bibliothèque nationale, Le³⁸, n° 226.

trop. Je crains que tu ne sois malade, vu qu'il y a un siècle de temps que je n'ai reçu lettre de ta part, ou je crains que je n'ai quelqu'un de mes enfants malade ou mort, que tu ne veuilles pas me le marquer. J'aurais attendu le départ du citoyen Fontanes pour te donner de mes nouvelles; mais comme je ne suis pas bien sûr qu'il parte la semaine prochaine, comme je ne me dit la dernière fête de Pâques qu'il vînt me voir, je m'empresse donc à t'écrire par un courrier extraordinaire que les Jacobins font partir aujourd'hui. Ils en ont fait partir avant hier quatre de même pour dénoncer les députés de la Gironde, que *c'est eux qui nous causent tout le mal, mais j'espère qu'avant qu'il soit peu, ils n'en causeront plus; nous attendons nos braves Marseillais de jour en jour, qui, en arrivant dans Paris, vont faire la recherche de tous ces royalistes, et leur feront passer le goût du pain.* Il nous faut encore une pareille journée que celle du 10 août, pour que nous soyons tranquilles, sans cela nous serons toujours malheureux. Nous sommes trahis comme on ne peut pas par nos généraux, et tout cela ne dépend que de l'assemblée, je dis, de ceux qui ont toujours été du côté du noir plus que du blanc. Parlons de Dumouriez qu'on croyait si bon général. Du temps qu'il a été ici, si l'on avait su sa façon de penser, il ne serait pas en vie à l'heure présente; car il nous a donné pendant quelques jours bien de l'inquiétude. Il a été à même à venir dans Paris avec son armée pour rétablir la royauté; on le mit en état d'arrestation, les commissaires qui ont porté les ordres, il les a fait mettre en prison, et a dit à son armée qu'il n'y avait que de la canaille à Paris, qu'il fallait les exterminer. Juge si nous étions contents; je t'écrivis la dernière fête; donc je te faisais mes adieux, j'étais sans goût, sans avoir envie de rien faire ; le citoyen Fontanes, m'en a dit autant; qu'il désirerait beaucoup d'être à Bordeaux, mais il ne pouvait partir : les barrières étaient consignées; actuellement nous avons un peu plus d'espoir: Dumouriez a émigré quand il a su qu'on promettait cent mille écus à celui qui porterait sa tête; on a arrêté un de ses espions qui demande à paraître à la barre. Le général Biron vient de remporter une victoire sur nos ennemis.

« Autre trait de bravoure : quatre-vingt-trois de nos volontaires ont tué deux cent quinze ennemis, et ont fait évacuer trois mille deux cents contre-révolutionnaires.

« Si Fontanes n'est pas parti d'ici dimanche ou lundi prochain, je lui donnerai ordre de te payer un petit compte qu'il me doit, et je le chargerai de quelque peu de monnaie; plutôt que de t'envoyer quelques monnaies hardes, j'ai préféré les vendre et t'envoyer le peu que j'en ai tiré.

« Conserve ta monnaie autant qu'il te sera possible, car le citoyen de la monnaie qui me la donne est très éloigné de moi; il m'en coûte une voiture pour y aller; ainsi cela me revient cher; si tu n'avais pas fait passer tes pièces de cinq sols, tu pourrais les donner au citoyen Grignon, qui a occasion d'envoyer toujours quelque chose à Paris; il les donnerait à quelqu'un d'ici.

« Dis-moi, je t'en prie, si Bazanac s'est informé à toi si M. Desfieux tenait toujours son commerce, car voilà deux lettres qu'il m'écrit;

il me dit qu'il est surpris de ne pas recevoir des nouvelles de son beau-frère, et de l'instruire quel est son commerce. Je lui ai répondu à ce sujet; il a appris que Desfieux et Tolède étaient séparés. Je crois que c'est à toi à qui il s'est adressé; quoique cela soit, c'est égal. Adieu, bonjour, chère épouse; il s'en va deux heures : je vais me coucher; embrasse nos enfants de ma part, et suis ton fidèle époux.

« *Signé :* BLANCHARD. »

XIII

Lettre du citoyen Louis Delpech au citoyen Fontanes à Bordeaux (1).

Paris, 6 avril 1793.

« L'ami Desfieux m'a annoncé, mon cher Fontanes, que vous veniez d'*obtenir ici une place dans les bureaux de la marine.* Cela m'a fait infiniment de plaisir. L'intérêt que je prends à ce qui vous regarde, me fait voir avec bien de la satisfaction le bien qui vous arrive; soyez-en sûr. Rendez-moi, je vous prie, mon cher Fontanes, le service de faire remettre de suite la lettre ci-jointe au citoyen J. B. Garrigon, aux Chartrons, n° 6; elle presse, et vous m'obligerez qu'elle ne subisse aucun retard; vous ne douterez pas de ma reconnaissance, et soyez persuadé du désir que j'aurai de vous être utile, si je le puis. Adieu, tout à vous.

« L. DELPECH. »

« Mes compliments, je vous prie, au républicain Lacroix, fils cadet.

« *Signé :* J.-B. BOYER-FONFRÈDE, MÉLINET, *secrétaire.* »

XIV

Lettre écrite au citoyen Garrigon, aux Chartrons, n° 2, à Bordeaux, par L. Delpech, en Daltia (2).

Paris, samedi 6 avril, à une heure après-midi.

« Cette lettre-ci, mon bon ami, vous parviendra par un courrier extraordinaire, que les Jacobins de Paris envoient dans les départements; je présume même qu'elle vous sera remise par le citoyen Fontanes; ce jeune homme vient d'être nommé dans les bureaux de la marine, ici; faites-lui des honnêtetés.

« Revenons, mon bon ami, à notre affaire de chanvres, car c'est de cela seul que je vais vous parler; elle est conclue, il n'y a pas à reculer, j'attends ce soir un passe-port du Conseil exécutif, et je pars cette nuit pour Lorient; vous pouvez m'adresser vos lettres chez J.-J. Berard. — Pour ne vous laisser rien ignorer, je vais tout vous communiquer.

« Je commence par la lettre de Berard dont voici l'extrait :

---

(1) Bibliothèque nationale, Le³⁵, n° 226,
(2) Bibliothèque nationale, Le³⁵, n° 226.

Lorient, 27 août 1793.

« J'ai reçu votre lettre du 23, citoyen; je serai flatté d'avoir des occasions de vous être utile et à votre maison, Boet L. L. G. de Bx. — Il y a ici d'invendues deux parties de chanvres.

« L'une, en première sorte, au Saint-Pétersbourg, qu'on tient à 70 livres 0/0, d'environ 1,500 quintaux;

« L'autre, seconde sorte du même endroit, qu'on tient à 62 livres 10 francs, il y en a environ 1,000 quintaux.

« L'un et l'autre ne sont pas supérieurs, mais passables : on accorderait 2 0/0 d'escompte pour le paiement comptant, etc., etc.

« Suivent d'autres choses inutiles à vous dire, et signé J.-J. Bérard.

« Je ne vous renvoie pas sa lettre, parce que j'en aurais besoin pour me réclamer de lui. — Vous saurez que ce J.-J. Berard est la première maison de Lorient : je ne la connais que par ses relations avec Tarlairon.

« Sivan a terminé avec le ministre, en son nom, pour les chanvres ci-dessus, à raison de 80 livres les premiers, et 72 l. 10 s. les seconds.

« Il y a 4,000 livres de promis.

« A ce prix, il restera encore, vu le paiement comptant, et l'escompte de 2 0/0 que nous recevrons, environ 25,000 livres de bénéfice. — Sur quoi nous aurons à déduire la commission de Lorient, celle de Dallarde-Sivan. — Je me tiens le tout à 5,000 livres, et nous aurons encore très clairement 20,000 livres de bénéfice, quand bien même nous n'obtiendrions pas au-dessus de 62 l. 10 s. et 70 livres, ni plus de 2 0/0 d'escompte. — Nous serons payés de suite comptant.

« Maintenant, mon ami, je prévois comme vous les difficultés que nous pourrons éprouver, et je les ai raisonnées.

« Je veux qu'à mon arrivée à Lorient, les chanvres soient vendus; il nous faudra alors les racheter, et je ne présume pas que, pour les ravoir, nous abandonnions tout le bénéfice de la soumission; mais quand bien même il le faudrait, ce serait un malheur, et j'aurais au moins couru une chance presque certaine qui ne me laisser pas me laisser du repentir. — Le tout en ceci, mon bon ami, dépend de la célérité; il ne faut pas que vous perdiez un moment pour vous procurer des crédits sur Lorient. Dacosta peut le faire très aisément; remettez-moi sur Paris, si vous le voulez, des signatures connues, ou la vôtre même que vous m'endosserez, et que j'endosserai ensuite à Longayron, pourvu que vous lui recommandiez de se rendre garant, afin que je n'éprouve pas de difficulté pour le placement. Si même vous faites écrire par A. Dacosta à Longayron, ou à toute autre maison, de se rendre garant des traités que je fournirai à courts jours sur Paris, cela reviendra au même, nous n'aurons pas besoin de nous gêner. Mon bon ami, ceci est une affaire on ne peut pas plus simple, bonne, et qui nous mènera à d'autres; choisissez des moyens que je vous propose, celui que vous voudrez; dégarnissez, s'il le faut, pour quelques jours, une case de votre portefeuille ; mais de la célérité, mon ami; songez qu'un courrier est précieux dans une affaire semblable, quand bien même vous ne me remettriez pas plus de 100,000 livres en effets ou crédits, cela suffira, parce que je laisserai à Berard le temps de savoir une partie des traites que je fournirai acquittées, avant de finir la livraison; mais il faut me remettre de suite une forte somme; ne craignez pas, vous la recouvrerez bientôt.

« J'aime mieux donner la commission à Berard qu'à Longayron, parce que Berard est un brave homme, et la rivalité est à craindre, et que d'ailleurs sa correspondance peut nous faire gagner beaucoup par la suite. — Ne craignez pas les rebuts ni les refus de recevoir de la part de l'ordonnateur : vous pouvez être tranquille sur cet article.

« Vous pourriez encore tirer sur Frin, à l'ordre de Longayron, qui m'endosseront; et moi je remettrais à Frin à vue sur Dallarde-Sivan.

« Voici maintenant la lettre que j'ai écrite à Dallarde-Sivan :

Paris, 5 avril.

« J'approuve la soumission que vous avez faite pour mon compte, au ministre de la marine, de lui fournir dans un mois, livrables à Lorient :

« 13 à 1,500 quintaux chanvres, Saint-Pétersbourg, première qualité, à 80 livres le cent;

« 900 à 1,000 deuxième qualité, à 72 liv. 10 s. le cent ;

« Le tout payable comptant, à Paris, sur les bordereaux de livraison qui me seront fournis à Lorient par l'ordonnateur de ce port, ou à mon chargé de procuration audit lieu.

« J.-J. BERARD. »

« Dans le cas où je ne me fisse pas en personne la livraison, ou bien celui qui délivrera pour moi lesdits chanvres, ou moi-même, seront autorisés à tirer sur vous, à court terme, le montant de ladite livraison, signé : L. Delpech. — Ils ont voulu cette lettre, afin de faire rejaillir sur moi les répétitions du ministre, en cas que je manque aux conditions qu'ils ont formées.

« Ainsi, mon ami, il n'y a pas à reculer : faites ce que je vous dis; nous y sommes d'autant plus intéressés, que nous sommes maintenant presque certains de faire beaucoup avec la marine, en raison des changements qui se sont faits dans l'administration : c'est pour cela que je ne voudrais pas me noter d'un mauvais côté.

« Il est comme positif que la Convention, sans retirer son décret qui rend les villes anséatiques neutres, va le modifier ainsi (faites-y bien attention) que les navires réputés neutres ne pourront rien exporter que *dans les ports de la République, et que ceux qui enfreindront cette loi, pris par des corsaires français, seront de bonne prise* : il s'ensuivra que nous prendrons ceux qui seront en contravention à nos lois, et que les Anglais prendront ceux qui caboteront dans nos ports. — Ce ne peut que faire augmenter les chanvres; voilà pourquoi, sur cet avis, et la certitude du placement, achetez tous ceux que vous

pourrez à 66 livres au-dessous, si vous pouvez : nous n'y perdrons pas.

« La marine manque totalement de brai, goudron, résine, etc. Envoyez-moi de suite le prix et la quantité que nous pourrons soumettre de chaque qualité pour un temps déterminé ; il y aura gros à gagner sur cet article.

« Comme le ministère de la guerre est vacant, je ne puis avoir une réponse pour les canons, boulets, fers, etc.; mais quoique je m'absente, rien ne sera négligé, et je crois que ça ira, si les prétentions de nos vendeurs ne sont pas exagérées.

« Il en sera de même pour les cordages, je l'espère; mais un peu de patience.

« Je crois partir cette nuit : cependant, si j'ai une réponse favorable pour une partie majeure de vins, je bâclerai avant cette affaire, et je réparerai le temps perdu à franc étrier.

« Mon ami, la bonne volonté et l'activité ne manqueront pas; mais ne me découragez pas, secondez-moi, n'allez pas me considérer comme un ambitieux insensé; je veux votre bien autant que le mien, je vous l'assure.

« Adieu, mon meilleur ami ; ma lettre reçue, écrivez-moi à Lorient, envoyez-moi de suite des remises; cette affaire sera bientôt terminée, et vous verrez que nous en ferons d'autres. Adieu.

« L. DELPECH. »

« Si nous réussissons dans cette première affaire, mon bon ami, comme je l'espère, ce début fera plaisir à L., et nous gagnera sa confiance; ainsi, mon ami, prenez garde de ne pas me jeter dans le fossé, L.; faites promptement ce que je vous dis.

« Ecrivez promptement à Latefa à Bayonne, pour les brais et goudrons; rassemblez le plus tôt que le pourrez vos parties de chanvre à Bordeaux, afin que je les offre.

« Quand arriveront les vins en caisse? par qui et quand ont-ils été chargés?

« Tâchez de remplir l'ordre des 6,000 barils, vin de Sivan, et nous aurons à faire, à l'avenir, avec cette maison : j'attends le plan de cargaison pour le navire.

« Mon bon ami, j'espère que les affaires s'arrangeront; si jamais nous avons le bonheur d'avoir la paix, Paris sera un théâtre unique et immense, dont nous tirerons un bon parti.

« Mon ami, mon cher Garrigon, n'allez pas tergiverser dans cette occasion; si je l'avais craint, je serais passé par Bordeaux; mais je me repose sur votre prudence et votre amitié; ainsi j'espère que vous serez exact à me faire de suite, à Lorient, les plus fortes remises que vous pourrez.

« M. Sabrier se moque de moi, je le vois bien; mais le sieur V. est marié, ce coquin-là ne me paiera-t-il jamais? je lui brûlerai la cervelle tôt ou tard; il peut y compter, et je serai homme de parole.

« J'ai demandé à Casamajor, depuis longtemps, 100 barils, liqueurs de la Martinique assorties; il ne me les pas envoyés, etc. Cependant j'en ai promis, j'aurais grand besoin qu'elles fussent ici, car j'en ferais un usage utile. Accélérez cet envoi, je vous en prie.

« J.-B. BOYER-FONFRÈDE. »

Lettre de Pereyra à sa sœur (1).

Paris, le 6 avril 1793, l'an II de la République française.

« Chère sœur,

« C'est du centre du patriotisme, les vrais Jacobins de Paris, que je t'écris, t'embrasse et te prie de donner une bonne bouteille de vin au courrier patriotique que nous envoyons aux bonnes sociétés, non aux Récollets, mais au club national fondateur du club, avec le brave Desfieux, malgré l'ingratitude d'Israël à son égard. J'embrasse ma chère cousine et tante. Je me porte bien. Je te salue, et suis ton ami et frère.

« *Signé :* PEREYRA. »

_____

CONVENTION NATIONALE.

Séance du jeudi 18 avril 1793, au soir.

PRÉSIDENCE DE DELMAS ET DE LASOURCE, *présidents.*

PRÉSIDENCE DE DELMAS, *président.*

(La séance est ouverte à 8 heures 25 minutes du soir.)

Un membre (2) annonce que, le 13 de ce mois, le citoyen Pelletier, lieutenant au régiment ci-devant Dauphin, étant sous les armes, de garde à la porte Cardon à Valenciennes, avait reçu ordre d'afficher et envoyer à la porte de Cambrai et à celle de Mons, des imprimés où se trouvaient empreintes les armes de France, avec ces mots : *la Nation, la Loi, le Roi ;* que, pénétré d'indignation, ce brave officier avait mis dans sa poche ces imprimés contre-révolutionnaires, et les avait dénoncés tant aux commissaires du département du Nord et de la municipalité de Valenciennes, qu'au général de brigade Ferrand, commandant en cette dernière ville. En conséquence, le même membre demande qu'il soit fait mention honorable du zèle patriotique du citoyen Pelletier, et que les pièces par lui remises soient renvoyées au tribunal criminel du département du Nord, érigé en tribunal révolutionnaire par le décret du 9 de ce mois.

(La Convention adopte ces deux propositions.)

_____

(1) Bibliothèque nationale, Le³⁸, n° 226.
(2) P. V., tome 10, page 48.

Le même membre (1) annonce que le citoyen Songis, lieutenant-colonel d'artillerie, sous-directeur du parc, après avoir sauvé l'artillerie à Maëstricht, a encore sauvé celle du camp de Maulde, et l'a reconduite à Valenciennes. Les commissaires de la Convention, Bellegarde, Ch. Cochon et Lequinio, en font mention dans leur lettre du 5, insérée dans le Bulletin du samedi 6 de ce mois ; mais par inadvertance ou par toute autre cause, le nom et le grade du citoyen Songis ont été omis dans les exemplaires du Bulletin envoyés à l'armée : en conséquence, le membre demande que cette omission soit réparée dans le *Bulletin* prochain, et que mention honorable du zèle du citoyen Songis soit faite au procès-verbal.

(La Convention nationale décrète l'une et l'autre propositions.)

Un membre, au nom du comité de défense générale, fait un rapport (2) sur l'arrestation de l'épouse de Dumouriez et des citoyennes Schomberg et Chateauneuf, ses parentes.

(La Convention renvoie le tout à son comité de législation, pour en être fait un nouveau rapport.)

Romme, *secrétaire,* commence l'appel nominal pour la *nomination d'un président* (3).

Le nombre des votants se trouve de 305 ; la majorité est de 153 : Lasource réunit 213 voix ; il est proclamé président, et monte sur-le-champ au fauteuil.

PRÉSIDENCE DE LASOURCE, *président.*

Deux officiers prussiens, déserteurs et présentés par un officier français, sont admis à la barre (4). Ils réclament l'indemnité promise par la loi aux soldats étrangers qui viendront se ranger sous les drapeaux de la liberté.

Le Président répond aux pétitionnaires et leur accorde les honneurs de la séance.

(La Convention renvoie la demande au comité de la guerre pour en faire un rapport samedi matin.)

Romme, *secrétaire,* recommence l'appel nominal pour la *nomination des secrétaires* (5).

La pluralité relative a été pour les citoyens Doulcet - Pontécoulant (du Calvados) ; Lehardy (du Morbihan) et Chambon (de la Corrèze), qui ont été proclamés secrétaires.

(La séance a été levée à onze heures et demie.)

_____

(1) P. V., tome 10, page 48.
(2) P. V., tome 10, page 48.
(3) P. V., tome 10, page 48.
(4) *Auditeur national,* n° 241, page 2.
(5) P. V., tome 10, page 49.

CONVENTION NATIONALE.

Séance du vendredi 19 avril 1793.

PRÉSIDENCE DE LASOURCE, *président.*

(La séance est ouverte à dix heures 22 minutes du matin.)

Doulcet-Pontécoulant, *secrétaire*, donne lecture des lettres, adresses et pétitions suivantes :

1° *Lettre des administrateurs du département de Seine-et-Oise* (1) qui réclament de prompts secours en subsistances, et présentent différentes mesures pour prévenir la disette.

(La Convention renvoie la lettre au ministre de l'intérieur et aux comités d'agriculture et de commerce réunis.)

2° *Lettre du citoyen Boisjolin, ci-devant président des états de Bretagne et frère de l'ancien archevêque d'Aix* (2), mis en état d'arrestation à l'Abbaye, par ordre du comité de sûreté générale, qui écrit à la Convention pour solliciter sa mise en liberté.

Suit un extrait de cette lettre :

Boisjolin à la Convention nationale, le 19 avril 1793, des prisons de l'Abbaye.

« J'ai été arrêté par les ordres des comités de sûreté générale le 31 mars. Je n'ai fait aucune réclamation parce que je pensais qu'il y avait erreur de nom. On a mis les scellés chez moi ; ils ont été levés en ma présence, et dans mes papiers, scrupuleusement examinés, il ne s'est trouvé rien de suspect. J'ai été interrogé; il résulte de cet interrogatoire que je n'ai été en rien le complice des troubles de la Bretagne. Je demande justice. »

Méaulle (3). J'étais commissaire pour examiner les papiers de Boisjolin. J'y ai vu des lettres d'émigrés dans l'une desquelles, son frère, l'archevêque d'Aix, lui écrit : « Ne dénoncez pas ce qu'a tel ou tel émigré. » J'ajoute que le pétitionnaire était autrefois baron de la Roche-Bernard, lieu où se sont manifestés les premiers troubles. En conséquence, je demande qu'on diffère de le mettre en liberté jusqu'à ce que la preuve soit tout à fait acquise qu'il n'y a eu aucune part.

Osselin. Le comité de sûreté générale a un rapport prêt sur cette affaire et Boisjolin y trouvera sa place. Je propose momentanément l'ordre du jour.

(La Convention passe à l'ordre du jour, en chargeant le comité de Salut public de lui faire un rapport sur ce sujet.)

Treilhard (4). Je demande qu'il soit enjoint, en outre, au même comité de rendre compte, sous le plus bref délai, des mesures prises par lui pour dissiper l'armée des rebelles.

(La Convention adopte cette proposition.)

Doulcet-Pontécoulant, *secrétaire*, reprend la lecture des lettres, adresses et pétitions envoyées à l'Assemblée :

3° *Lettre de Marc-René Sahuguet-Espagnac* (1), mis en état d'arrestation par décret de la Convention, qui demande à être entendu à la barre ou à tel comité que la Convention voudra lui indiquer. Il sollicite être gardé à vue, comme les adjoints au ministère de la guerre, et de pouvoir vaquer aux détails de l'administration des charrois de l'armée dont il est chargé.

Méaulle (2). Espagnac ne s'est point rendu à l'Abbaye, suivant le décret lancé contre lui : je demande que sa pétition soit renvoyée au comité de sûreté générale.

(La Convention renvoie la lettre au comité de sûreté générale.)

4° *Lettre du général Miaczynsky, détenu à l'Abbaye* (3), qui demande à être entendu.

(La Convention renvoie la lettre au comité de sûreté générale.)

5° *Lettre du citoyen Jean Debry* qui demande un congé de huit jours, pour rétablir sa santé ; cette lettre est ainsi conçue (4) :

« Citoyens mes collègues,

« La continuité de l'état de souffrance où je me trouve me force de vous demander la permission de m'absenter huit jours. Je souhaite que vous ne voyiez dans cette demande que mon désir ardent d'être plus tôt et plus utilement à mes fonctions.

« Après vingt mois d'assiduité, je sollicite cette faveur pour la première et la dernière fois.

« *Signé* : JEAN DEBRY. »

(La Convention accorde le congé.)

6° *Lettre de Clavière, ministre des contributions publiques*, par laquelle il réclame contre le décret qui réintègre le citoyen Genneau dans l'emploi de commissaire de la monnaie d'Orléans ; cette lettre est ainsi conçue (5) :

Paris, le 18 avril 1793, l'an II de la République française.

« Citoyen président,

« On a surpris, hier, à la religion de la Convention nationale, un décret qui accuse ma

---

(1) *Mercure universel*, tome 26, page 313 et P. V., tome 10, page 49.
(2) *Logotachigraphe*, n° 111, page 423, 3° colonne et P. V., tome 10, page 50.
(3) *Mercure universel*, tome 26, page 313 et *Journal de Peulet*, n° 211, page 153.
(4) *Le Journal de Peulet*, n° 211, page 153.

(1) P. V., tome 10, page 50.
(2) *Journal des Débats et des décrets*, n° 214, page 313.
(3) P. V., tome 10, page 50.
(4) *Archives nationales*, Carton C 252, chemise 438, pièce n° 14.
(5) *Archives nationales*, Carton C 252, chemise 438, pièce n° 17.

probité et compromet les fonctions ministérielles et les intérêts de la République.

« Ce décret a réintégré le citoyen Genneau dans l'emploi de commissaire de la monnaie d'Orléans, dont il est dit que je l'ai destitué arbitrairement.

« Je n'ai point destitué Genneau. C'est un décret de la Convention qui l'a destitué avec tous les autres commissaires des monnaies et leurs adjoints.

« Un autre décret a permis de rétablir ceux des commissaires ou adjoints réformés que le ministre et la commission générale des monnaies jugeraient devoir être réélus.

« Il y avait donc un nouveau choix à faire, et je devais me guider par le double motif de la capacité et du civisme.

« C'est ce que j'ai fait ; et si Genneau n'était pas repoussé par son civisme, il l'était par des concurrents qui ajoutaient à cette qualité des talents supérieurs aux siens et une meilleure conduite.

« Je devrais être dispensé d'en donner les preuves, mais je demande à les administrer, et à mettre sous les yeux de la Convention les faits que les intrigues de cet homme ont amenés à ma connaissance depuis sa destitution, faits dont je n'avais que de légers soupçons, lorsque j'ai dû me décider à ne pas le réintégrer dans la place que la loi lui ôtait ; faits qui, actuellement éclaircis, prouveront à la Convention que je ne fais point un usage arbitraire de l'autorité qu'elle m'a confiée.

« J'espère que cet exposé et les principes d'administration que la Convention doit maintenir la détermineront à suspendre l'exécution de son décret, jusqu'après les éclaircissements que je vais lui donner (1).

« Le ministre des contributions publiques,

« Signé : CLAVIÈRE. »

(La Convention passe à l'ordre du jour, sauf au comité des finances à faire un rapport sur cette affaire, s'il pense que les intérêts de la République aient été lésés.)

7° Lettre du citoyen Sorlus, maréchal de camp (2), qui réclame un secours provisoire.

(La Convention renvoie la lettre au comité de liquidation.)

8° Lettre de Bouchotte, ministre de la guerre (3). Il propose, au nom du conseil exécutif, à la Convention nationale de lever l'obstacle qu'elle a mis à la marche des trois bataillons du Calvados, destinés à renforcer l'armée des côtes, qui sont actuellement dans le département de la Haute-Marne.

(La Convention renvoie la lettre au comité de salut public, pour en faire son rapport séance tenante) (4).

9° Lettre du citoyen Francisque, nègre, natif de Pondichéry (1), qui réclame le paiement de sommes à lui dues par une émigrée.

(La Convention renvoie la lettre au directoire du département de Paris.

10°Lettre de Charles Pradel, adjudant général, destiné à l'armée des côtes (2), qui proteste de son dévouement à la cause de la liberté, et de son respect pour les lois : il demande une retraite pour prix de ses services, s'il ne peut être admis à les continuer, ou du moins un passeport pour se rendre à Poitiers, sa patrie.

(La Convention renvoie la lettre au comité de sûreté générale.

Doulcet-Pontécoulant, secrétaire : Voici une lettre de Marat (3) ; mais un décret dit qu'on ne lira pas de lettre de lui, tant qu'il n'aura pas satisfait au décret qui le met en état d'arrestation à l'Abbaye... dois-je passer à la lecture d'autres lettres ?

Un grand nombre de membres : Oui ! oui !

Le même secrétaire poursuit la lecture des lettres, adresses et pétitions envoyées à l'Assemblée :

11° Lettre du citoyen Prat, sergent-major de la troisième compagnie du quatrième bataillon de la Haute-Saône, qui proteste, au nom de tout le bataillon, de son attachement à la République et applaudit au décret rendu contre Dumouriez; cette lettre est ainsi conçue (4):

Bitche, le 10 avril 1793, l'an II
de la République française.

« Citoyen président,

« Le décret de la Convention nationale qui déclare Dumouriez traître à la patrie a été lu à toute la garnison par le citoyen commandant de cette ville. Nous avons partagé la juste indignation qu'il a manifestée, en apprenant le comble de l'infamie dont s'est couvert cet ex-général, indigne de commander des hommes libres. A son exemple, nous avons tous juré de maintenir l'unité de la République. Nous espérons que nos frères de la Belgique écarteront le bandeau dont ce lâche a voulu couvrir leurs yeux, et qu'ils ne verront dans cet être vil qu'un conspirateur contre la liberté, qu'un ambitieux qui, sacrifiant l'intérêt de la patrie à des vues personnelles, n'a cherché qu'à nous forger des chaînes qu'il voulait lui-même nous faire porter. Non ! lâche, tu ne feras pas un Cromwell, comme tu le dis ! Tu ne feras qu'un La Fayette et tes projets avorteront comme les siens ; ton nom sera en horreur gravé dans l'esprit de nos descendants ; ils frémiront en lisant l'histoire de la République où il figurera, comme celui de Néron dans celle des Romains.

---

(1) Voy. ci-après aux annexes de la séance, page 720, le mémoire présenté par le ministre des finances sur cet objet.

(2) P. V., tome 10, page 51.

(3) P. V., tome 10, page 51.

(4) Voy. ci-après, même séance, page 704 le rapport fait par Bréard sur cet objet.

(1) P. V. tome 10, page 51
(2) P. V. tome 10, page 51.
(3) Mercure universel, tome 26, page 313. et Logographe, n° 111, page 423.
(4) Archives nationales, Carton C₁₁ 252, chemise 445, pièce n° 8.

« Nous invitons nos frères d'armes à considérer toute l'atrocité du crime de ce fourbe qui a abusé de la confiance de la nation pour mieux la trahir, qui a profité de ses bienfaits pour chercher à l'asservir, qui a voulu tourner contre la République ses propres forces et faire de son armée une légion de traîtres et d'apostats. Mais non, nous avons trop d'estime de nos frères d'armes de la Belgique, pour croire qu'ils se laisseront éblouir par les promesses d'un tyran à qui bientôt il ne restera que la volonté de faire le mal, qui ne sera plus dangereux pour nous. Il a dit qu'il comptait sur ces braves guerriers, et pourquoi faire? Pour les conduire en Autriche traîner une malheureuse existence, car nous ne supposons pas que des enfants de la patrie seraient lâches et féroces pour ravager leur propre pays, égorger leurs parents, leurs amis. Ces coups ne sont réservés qu'au scélérat qui a eu l'âme assez noire pour oser en méditer le projet. Le général qui sacrifie sa patrie à ses intérêts est aussi dans le cas d'y sacrifier son armée.

« *Le sergent-major de la 3me compagnie du 4me bataillon de la Haute-Saône, au nom de tout le bataillon,*

« *Signé :* PRAT. »

(La Convention décrète la mention honorable.)

12° *Adresse des officiers, sous-officiers et volontaires du troisième bataillon de la Gironde.* Ils applaudissent au décret rendu contre Dumouriez : ils déposent sur l'autel de la patrie, pour les frais de la guerre, la somme de 134 livres 8 sols en numéraire, et celle de 1,889 liv. 15 sols en assignats ; cette adresse est ainsi conçue (1) :

Esche, département du Mont-Terrible, 10 avril 1793, l'an II de la République française.

« Citoyens législateurs,

« Nous avons applaudi, avec tous les bons Français, au courageux décret qui fit tomber sous le glaive de la loi, la tête de Louis le Sanguinaire.

« Un infâme a conçu le lâche projet de donner des successeurs au dernier de nos despotes; vous l'avez mis hors de la loi : grâces vous en soient rendues.

« Pour nous, citoyens législateurs, à qui une exacte discipline et la distance qui nous séparait du traître que vous avez si justement proscrit ne permettaient point d'éclairer ses trames liberticides, nous avons, dans les premiers moments, cru reconnaître dans la lâcheté de quelques soldats, la défection de l'armée de la Belgique ; un trafic patricide était un crime dont il ne nous serait jamais venu de soupçonner le chef que la nation avait placé à la tête de ses forces militaires et dans un excès de confiance nous lui écrivîmes la lettre ci-jointe. Cette lettre, dont les expressions, avaient été dictées par des âmes

pures, nous la retractons hautement, à la face de l'univers. Nous déclarons à tous les despotes et à tous les traîtres à qui une aveugle passion pourrait faire concevoir des espérances mensongères, que notre erreur a eu pour principe un ardent désir de les combattre ; de contribuer, autant qu'il est en nous, à rendre vaine leur ligue contre la liberté et à purger la terre de tous les monstres à couronne. Telle sera toujours, citoyens législateurs, notre profession de foi, bien différente des paroles des rois, car elle est l'expression de la vérité.

«Nous déposons, sur l'autel de la patrie, cent trente-quatre livres huit sols en numéraire, et dix-huit cent quatre-vingt-neuf livres quinze sols en assignats, en tout deux mille vingt-quatre livres trois sols, pour les frais de la guerre.

Les officiers, sous-officiers et volontaires du 3e bataillon de la Gironde.

« *Signé :* GIRARD dit VIEUX, *chef* ; DEREY, *quartier-maître-trésorier* ; CASTELS, *capitaine* ; BERTRAND, *adjudant-major* ; PLANTÉ, *capitaine*; SOL, *sergent-major*; WILLETTE, *sous-lieutenant de grenadiers*, LAFFITTE, *volontaire*; DIEU, *sous-lieutenant*; NICOLAU *aîné, grenadier* ; MAILHOS, *sergent*; J.-B. FENELON ; DUPRAT, *sergent-major*; MORANCY, COURREJOLLES ; MATHIEU, LERICHE, *capitaine*; CASTILLON, *sergent-major*; MARTRE, *lieutenant*; François RAPY; GAUDE, *grenadier*; BONNEVAL, LALIMANT, *volontaire* ; André CARCIER, Pierre CATHERINAUD, AMIGUET, BIERRE, BOUCHÉ, MALLET, BONNET, LABERR DELORDE, SOUTENEAU, *grenadier*; LAS SERRE, FURT, ESCART, DUREL, JOLIBOIS, DARBAS, Joseph HEYDT, *jeune* ; BERTHOMIER, LALANNE, *fils aîné ;* CAILS, DELOR, LARDEL, CAUBOUR, DUTHY, *grenadier*; SIVREY, RIGAL, RAMBAUD, PERRAIN, DUPUY, DUPONT, *caporal;* Pierre TOURON, *caporal;* GUILHEM, GRISARD, Laurent FAURE; MARCOISEAU *aîné;* LASSINE, TEULÈRE, LATOUX, William JOHNSTON, *lieutenant de la 5e compagnie* ; BARASTE, *fils ;* DESORTAUX, CHAPELLE, LALEMAND, GUITTET, GILBERT, LAFFITTE, CLOSIÉ, ROGER, *capitaine;* BEAUVIS, BEAUDIN, GAYOT, THOMAS, *jeune;* NICOLAS MACHAU, GUINOT, DEROCHE, BERNÈDE, *fils ;* POULE, JOSSELIN, SUZERRE, NÉGRIER, CALÈRE, SUCHET, CALUVIN, GARNON, FOURNIER, J.-J. PETINIAUD, BONNEVIE, CHAUDRUE, DUPLIN, MORET, CARIAC, COLMAR, CHOTARD, GENDRE, TRAPEL, DUCOING, ROUBERTIE, Pierre JULLIENNE, JOLIVET, DUBOIS-CRANCÉ, LAROQUE, QUEROY, MÉLINE, SERPÈS, DUCY, AUDIRAC, BARÉA, MARCHAND, ABADIE, LASSALLE, LARROQUETTE, CATALOGNE, *lieutenant;* Mathieu LAFFONT, DUBOSQ, CHASSAINIOT, BROUILLE, Jean FAUCE, RÉGIMON, SILENARD, STERLIN, THOMASSON *aîné,* MAZÈRES, ROULET, VERDIER, LAVAL, *jeune;* MARCHAND *fils;* DROUILLET, PENASSIS, *caporal ;* Jean LAVILLE, CAROUSTEY, BARDE, Raymond BAUDIN, CLÉMENT, POGNET, *sergent;* Pierre LAFFARGUE, LARRUE, P. MATHIEU, *caporal;* L. MEYNEY, SAMONNILLAN, VINAY, Félix, J.-P. SOL, *capitaine;* GARAT, *volontaire;* CAMPIERRE, *volontaire;* DAIGNAN, *sous-lieutenant;* LAFFARGUE, *sergent;* CRÉPON, *lieutenant;* BONNET, *lieutenant;*

(1) *Archives nationales,* Carton CII 252, chemise 436, pièce n° 40.

Bousquet, *sous-lieutenant;* Thévenard; *lieutenant;* Terren, *sergent;* Baptistet, *sergent;* Jircet, *sergent;* Campguillem, Betolle, Tauzin, *sergent;* Bourguille, *sergent;* Lopez, *volontaire;* Coifaz, *sous-lieutenant;* Ossay, *lieutenant;* Imbert, *ainé;* Nalaret, Couturoux, Roux, *fils, volontaire;* Luirteau, *volontaire;* Soulignac, Fournier, Rolland, *sergent;* Arnaud, *sergent;* Dejeux, *sergent-major;* Dessa, *sergent-major;* Cheverry, Mayet, *volontaire;* Carrin, Rateau, *volontaire;* Duverrier, *volontaire;* Bersol, *volontaire;* Borie, *volontaire;* Perin, *volontaire;* Chaperon, *volontaire;* Fagouet, Lagarde, Coutie, Armand, Papon, Desmartys, Perrin, Pust, Delpon, Chevallier, Dupeyron, *volontaire;* Ellin, Faucher, *sergent-major;* Bajan, *volontaire;* Latour, *lieutenant.*

A cette adresse se trouve jointe la pièce qui suit :

Copie de la lettre écrite à Dumouriez, ci-devant général de l'armée de la Belgique (1).

Esche, dans le Porentruy,
le 27 mars 1793.

« Brave Dumouriez,

« Ton armée, toujours triomphante, vient d'éprouver un échec considérable à Nerwingen, mais tu n'en es pas moins grand à nos yeux. Nous voyons toujours en toi le vainqueur d'Argonne et de Jemmapes. Nous vouons à l'infâmie ceux qui ont eu la lâcheté d'abandonner leurs drapeaux que tu guidais au chemin de la gloire. Notre bataillon, le troisième de la Gironde, formé depuis le 8 septembre 1791, bien exercé et bien discipliné, brûle d'envie de combattre avec toi les satellites du despotisme ; nous te prions donc d'appuyer auprès de la Convention nationale et du ministre de la guerre, notre demande de servir dans ton armée ; nous ne redonnons aucune preuve de ce que nous avançons : notre conduite te le prouvera.

Les officiers, sous-officiers et volontaires, du troisième bataillon du département de la Gironde.

Signé : Girard dit Vieux, *chef;* Castels, Planté, Dieu, Sol ; Bertrand, Derey, Laffitte, Willette, Ellin, Faucher, Bajan, Rolland, Carrin, Rateau, Duverrier, Borie, Périn, Latour, Fagouet, Lagarde, Papon, Coutie, Armand, Pust, Delpon, Chevallier, Mayet, Bersol, Chaperon, Desmartys, Perrin, Dupeyron, Faucher, Bajan, Nicolau, Mailhos, J. B. Fenelon, Correjolles, Mathieu, Duprat, Leriche, Castillon, François Rapy, Gaude, Marthe, Bonneval, Lalimant, André Carcier, Amiguet, Pierre Catherinaud,

Bierre ; Bouchr, Mallet, Bonnet, Delord, Labarre, Joseph Heydt, *jeune;* Berthomier, Duthy, Oaubourg, Lardel, Cails, Delor, Lalanne, *fils ainé,* Jolibois, Darbas, Durel, Sivrey, Rigal, Rambaud, Perrain, Dupuy, Dupont, Pierre Touron, Guilhem, Grisaed, Marcoiseau, Lassine, Teulère, Latoux, Laurent Faure, William Johnston, Baraste, Desortaux, Chapelle, Lalemand, Guittet, Gilbert, Laffitte, Closié, Roger, Beauvis, Beaudin, Gayot, Thomas. *jeune;* Nicolas Machau, Deroche, Guinot, Bernède, *fils,* Poulet, Josselin, Suzerre, Néguir, Calère, Suchet, Caluvin, Garnon, Fournier, Bonnevie, Chaudrue, Duphin, J.-J. Petiniaud, Morel, Cariac, Colmar, Chotard, Gendre, Trapel, Ducoing, Roubertie, Pierre Jullienne, Jolivet, Ducy, Audirac, Baréa, Marchand, Méline, Serpès, Dubois-Crancé, Laroque, Queroy, Abadie, Lassalle, Catalogne, Larroquette, Dubosq, Mathieu Laffont, Chassainiot, Brouille, Régimon, Jean Faure, Silenard, Thomasson, *ainé,* Sterlin, Roulet, Mazères, Verdier, Laval, *jeune,* Marchand, *fils,* Drouillet, Penassis, Jean Laville, Caroustey, Barde, Clément, Raymond Baudin, Pognet; Pierre Laffargue, Larrue, P. Mathieu, L. Meyney, Félix Vinay, Samounillau, J.-P. Sol, Garat, Campierre, Daignan, Laffargue, Crépon, Bonnet, Bousquet, Thévenard, Terren, Baptistet, Bourgaille, Ossay, Tauzin, Imbert, *ainé,* Nalaret, Croifaz, Lopez, Jircet, Campguillem, Bétolle, Couturoux, Roux, *fils,* Fournier, Rolland, Dessa, Cheverry, Dejeux, Arnaud, Luirteau, Soulignac.

(La Convention décrète la mention honorable et ordonne l'insertion de ces deux lettres au *Bulletin.*)

13° *Adresse des gendarmes nationaux des départements du Morbihan et des Côtes-du-Nord.* Ils s'affligent des dénonciations multipliées qui ont été faites contre différentes divisions de leurs corps, protestent de leur civisme et de leur attachement à la discipline et font passer un don patriotique de 133 livres, destiné à l'équipement des défenseurs de la patrie ; cette adresse est ainsi conçue (1) :

« Législateurs,

« De toutes parts, les généraux vous dénoncent la gendarmerie nationale composée, disent-ils, de mauvais citoyens dont la conduite scandaleuse et l'indiscipline peuvent devenir d'un funeste exemple aux armées. Profondément affligés de ces inculpations, les gendarmes nationaux des départements des Côtes-du-Nord et du Morbihan qui, dès l'instant de la Révolution, n'ont cessé de donner des preuves de civisme et de dévouement à la chose publique s'empressent de réclamer contre une pareille dénonciation. Ils en appellent aux services qu'ils ont constam-

---

(1) *Archives nationales,* Carton Cii 252, chemise 436, pièce n° 41.

(1) *Archives nationales,* Carton Cii 252, chemise 445, pièce n° 7.

ment rendus dans les deux départements tant de fois agités par des prêtres perturbateurs et par le prétexte de la circulation des grains. Serait-ce donc lorsque la patrie attend d'eux de nouveaux services qu'ils abandonneraient la défense de la belle cause qu'ils ont juré de soutenir et qu'ils ont déjà si efficacement servie? Non, fidèles à leurs serments, ils renouvellent entre vos mains l'engagement solennel de vaincre ou de mourir glorieusement aux postes qui leur seront assignés.

« Indignés de la lâche conduite de quelques individus de la gendarmerie nationale, au moment où les soldats des despotes coalisés préparent le dernier effort de la tyrannie contre la liberté triomphante, ils appellent la vengeance nationale sur ces lâches déserteurs. Que leur mémoire flétric soit en horreur à tous les vrais républicains, à tous les vrais Français !

« Nous joignons ici un don patriotique de cent trente-trois livres. Destiné à l'équipement des défenseurs de la gendarmerie nationale, notre don est modique ; mais il est pris sur notre nécessaire, ur celui de nos femmes et de nos enfants ; nous espérons, législateurs, que vous ne verrez pas sans intérêt cette nouvelle preuve de notre dévouement sans bornes à la liberté et à l'égalité.

« *Les gendarmes nationaux des départements des Côtes-du-Nord et du Morbihan, en garnison à Hagueneau, Weissembourg, et Lauterbourg.*

Signé : GUIJOT, DIGAT, BADAILHE, PAQUETET, MOUTIER, BARRY, *brigadier* ; BOURDIN, *gendarme* ; CHAUDEZAIGUE, BOUVET, RENAULT, CARPENTIER, TILLAUD, LE ROY, *gendarme* ; LE ROUILLÉ, LÉVRIER, CHAPTAL, LECORRE, COLLET, COMÈRE, *gendarme* ; JOANNY, *gendarme* ; BERTAUT, *maréchal des logis* ; LEBRUN, *brigadier* ; DOUBLE, LEMETTRE, MARAUT, GOURCIN, LEFÈVRE, HUE, *capitaine* ; LE FLOCH, MERLIN, CELLINAY ; COURLET, VULLIET, GAVEAU, VILLEMAIN, LAVISSIÈRE, PIAT, THIERRY, MINET, CHAUTTEY, PHILIPPE, DUFAIN, CAILLOT, BARRÉ, LORDENÉ, DURAND, *brigadier* ; MICHEL, CLERMONT, MORICE, LAFOLLIER, *maréchal des logis* ; BLANCHARD, LEROUX, VALIN, LANDOIS, MAROT.

(La Convention décrète la mention honorable et ordonne l'insertion de cette adresse au *Bulletin*.)

14° *Lettre de Bouchotte, ministre de la guerre,* qui annonce l'envoi de l'extrait de celle du général Dampierre ; elle est ainsi conçus (1) :

Paris, le 17 avril, l'an II de la République française

« Citoyen Président,

« Je m'empresse de transmettre à la Convention nationale l'extrait d'une lettre du général Dampierre qu'elle ne lira pas sans intérêt.

« *Le ministre de la guerre.*
« *Signé* : J. BOUCHOTTE. »

(1) *Archives nationales*, Carton CII 252, chemise 433, pièce n° 14.

I

Lettre du général Dampierre au ministre de la guerre (1).

Au quartier général de Valenciennes, le 15 avril 1793, l'an II de la République française.

« Citoyen ministre,

« Je vous rends compte que l'avant-garde s'est conduite de la même manière qu'hier ; elle a même été attaquée beaucoup plus vivement. J'ai porté un léger renfort, ainsi qu'une pièce de seize pour répondre à leurs pièces de dix-sept ; c'est ce qui n'a pas peu contribué à animer les troupes ainsi que la présence de mon brave et loyal ami, le général Lamarche. Le feu a duré dans le bois depuis quatre heures du matin jusqu'à huit heures du soir ; il a été dans beaucoup de moments de la journée, aussi fort qu'à la bataille de Nerwingen.

« Les Autrichiens ont été repoussés jusque dans Saint-Amand : je ne peux trop me louer du courage de l'avant-garde, si ce n'est qu'il est trop impétueux. J'ai cherché souvent à les arrêter, mais leur ardeur les emportait quelquefois au delà du but proposé.

« Je dois aussi faire beaucoup d'éloges de la manière ingénieuse dont le général Laroque a fait retrancher ses postes et, en général, des mesures qu'il a prises pour sa défense.

« *Le général en chef,*
« *Signé* : DAMPIERRE. »

« *Pour copie conforme* :
« *Le ministre de la guerre.*
« *Signé* : BOUCHOTTE. »

15° *Lettre du citoyen Lanoe* (2), *adjudant major du bataillon de Saint-Hilaire, district de Laigle, département de l'Orne,* condamné à mort pour avoir au mois de septembre dernier, dans un mouvement populaire, excité par les fanatiques, tué un prêtre réfractaire, demande un sursis à l'exécution du jugement rendu contre lui.

(La Convention accorde le sursis, et renvoie au comité de législation pour lui être fait incessamment le rapport de cette affaire.)

16° *Lettre du citoyen Laurent, commissaire de la Convention dans le département du Mont-Terrible,* qui demande un congé de quinze jours ; cette lettre est ainsi conçue (3) :

Porentruy, le 11 avril 1793, l'an II de la République française.

« Citoyen Président,

« Comme l'organisation du Mont-Terrible s'avance, et que je touche à l'époque de mon

(1) *Archives nationales*, Carton CII 252, chemise 433, pièce n° 13.
(2) P. V., tome 10, page 53.
(3) *Archives nationales*, Carton CII 252, chemise 438, pièce n° 15.

retour, je vous prie de solliciter pour moi, de la Convention nationale, un congé de quinze jours, pour aller à Strasbourg. J'ai à y terminer des affaires qui périclitent et dont la négligence entraînerait la perte d'une partie de ma fortune.

« *Signé :* Laurent, *député du Bas-Rhin et commissaire dans le département du Mont-Terrible.* »

(La Convention accorde le congé.)

17° *Lettre des citoyens Fouché et Villers, commissaires de la Convention dans les départements de la Mayenne et de la Loire-Inférieure,* par laquelle ils transmettent un arrêté qu'ils ont pris relativement aux biens des condamnés, une proclamation aux habitants des campagnes et la réponse des rebelles à cette proclamation ; ces pièces sont ainsi conçues :

Nantes, 15 avril 1793 (1)

« Citoyens nos collègues,

« Nous ne savons pas si vous recevez toutes nos lettres ; nous vous écrivons presque à chaque courrier, et nous vous donnons avis de toutes nos opérations : nous délibérons peu, nous agissons avec activité. Chaque jour nos espérances s'accroissent, notre inébranlable fermeté déconcerte tous nos ennemis ; c'est en destituant leurs chefs que nous avons rompu le fil des projets de conjuration. La calomnie ne manquera pas de vous donner des inquiétudes sur ces déplacements ; on ne manquera pas de vous faire craindre une désorganisation, mais vous ne vous laisserez pas surprendre : vous nous avez donné votre confiance, et chacune de nos actions la justifiera. Tous les bureaux des finances, dans cette ville, sont remplis d'hommes qui, pour la plupart, n'ont pas de certificats de civisme ; nous nous proposons de les destituer lorsque nous aurons des citoyens capables de les remplacer

« Nous vous envoyons copie de notre dernière proclamation, et d'un arrêté que nous avons pris relativement à l'administration des biens des condamnés ; nous vous prions d'y donner votre approbation.

« Pour vous mettre à portée de juger l'audace des brigands qui nous désolent et ravagent toutes nos campagnes, nous vous faisons passer copie de leur réponse à nos proclamations.

« *Signé :* Villers *et* Fouché. »

Suit le texte des trois pièces annoncées dans cette lettre :

I

Arrêté des commissaires Fouché et Villers tendant à mettre en régie les biens des condamnés pris les armes à la main (2).

Au nom de la République Française.

« Nous, représentants de la nation près le département de la Loire-Inférieure, soussi-

gnés, délibérant sur l'exposé du procureur général syndic, et considérant qu'il est urgent d'adopter une mesure quelconque à l'effet de conserver à la nation la valeur entière des biens des condamnés, et d'empêcher leur dépérissement ;

« Considérant que ces biens étant confisqués au profit de la nation, rentrent dans la classe des domaines nationaux ordinaires, avons arrêté et arrêtons ce qui suit :

« Art. 1er. Les biens des condamnés en exécution et pour les cas prévus dans la loi du 19 mars dernier, seront régis et administrés comme les autres domaines de la République. En conséquence, chargeons les administrations et la régie de prendre, pour la conservation du mobilier, la récolte des fruits, la perception des revenus, et l'administration de ces biens, les moyens conservatoires qui sont prescrits par les lois.

« Art. 2. Le greffier du tribunal criminel extraordinaire sera tenu de délivrer au procureur général syndic, à sa première réquisition, copie en forme du jugement des condamnés, et toutes les pièces qui pourront être utiles, soit pour la connaissance des biens, soit pour l'administration des revenus. Ces pièces ou des ampliations collationnées, seront remises par le procureur général syndic à qui de droit, à l'effet de faire ce qui incombe à chacun pour la sûreté des intérêts de la Nation.

« Art. 3. La présente décision n'étant que provisoire, il en sera, par le premier courrier, adressé une expédition à la Convention nationale, pour être revêtue de son approbation. »

II

Proclamation des représentants du peuple, envoyés par la Convention nationale dans les départements de la Loire-Inférieure et de la Mayenne, aux habitants des campagnes attroupés dans le département de la Loire-Inférieure (1).

Les ennemis de la patrie ont réussi à vous égarer sur les intérêts les plus chers, sur les droits que vous avez reçus de la nature. Ils veulent vous empêcher d'en jouir, parce qu'ils seraient obligés d'en partager avec vous les douceurs. Comme il leur faut des esclaves pour être heureux, ils ne négligent rien pour vous rendre sourds à la voix de la liberté et vous faire refuser tous les bienfaits dont elle veut vous combler.

« Non, une Révolution qui semble n'être faite que pour vous, ne trouvera pas dans vous-mêmes ses plus cruels ennemis. Vous ne serez pas plus longtemps victimes du fanatisme des prêtres et de la tyrannie des despotes. Vous verrez enfin des hommes qui vous exposent aux plus grands dangers se servent de vos vertus pour flatter leurs vices, et vous les abandonnerez tous leurs projets au désespoir qui les accable.

« Nous ne vous rappellerons pas tous les degrés de perfidie par lesquels ils vous ont conduits sur les bords de l'abîme où vous êtes près

---

(1) *Bulletin de la Convention* du 19 avril 1793.
(2) *Bulletin de la Convention* du 19 avril 1793.

(1) *Archives nationales*, Carton C II 252, chemise 423, pièce n° 23.

de tomber. Vous savez que la religion n'était pour eux qu'un vain mot et que leur conduite était bien contraire à la morale qu'elle commande. Ils ont commencé par vous parler d'elle, en vous donnant des inquiétudes sur les réformes salutaires qu'on a faites dans son culte ; ils vous ont portés ensuite à des rassemblements prétendus pieux, mais défendus par la loi, pour vous accoutumer à ceux que vous faites d'aujourd'hui. La crainte de se trahir les empêchait alors de faire valoir leurs intérêts personnels : ils n'en parlaient pas ; mais en demandant actuellemet le rétablissement de l'ancien régime, ils réclament ces droits et ces privilèges, sous lesquels vous gémissiez et qui sont l'unique objet de leurs regrets et de leurs démarches. Ils consentiraient même à transiger sur la religion, si la nation voulait leur rendre les biens dont ils jouissaient.

« N'en doutez pas, cette conspiration est liée avec celle de Dumouriez, ce perfide général qui trahissait sa patrie en combattant pour elle. Ses agents, vos chefs qui vous trompent, ne seront pas plus heureux que lui. Ils comptaient sur le succès de sa perfidie ; mais sa fuite, la fidélité de l'armée, l'énergie de la Convention, la nation entière qui veut la liberté, ne leur laissent plus aucun espoir. Que deviendrez-vous, si vous les écoutez encore ? Vous serez ruinés pour jamais, et forcés d'abandonner vos femmes, vos enfants ; vous n'éviterez que par la fuite la peine qui vous attend, ou vous la subirez d'avance dans les combats. Ils ont voulu vous persuader que toutes les autres parties de la République avaient suivi votre exemple, tandis qu'elles sont toutes soumises à la loi, et qu'elles s'unissent ensemble, pour venir vous forcer de vous y soumettre vous-mêmes. Ils ont grand besoin de vous laisser ignorer tous les dangers qui vous menacent, parce que, n'ayant plus d'espérance, ils veulent que vous partagiez leurs malheurs. Ils ne vous disent pas qu'une armée imposante se dispose à vous attaquer, et que dans peu vous tomberez sous ses coups, parce qu'ils méditent déjà les moyens de s'y soustraire en vous abandonnant. Ils sont eux-mêmes si lâches qu'ils consentiraient à vous livrer si, pour prix de cette perfidie, on voulait leur faire grâce.

« Mais quand nous plaignons votre erreur, ce n'est pas pour les brigands qui vous ont séduits que nous aurons de l'indulgence ; c'est à vous seuls qu'elle est due, citoyens des campagnes, vous que l'habitude de l'esclavage rend encore insensibles au bonheur de la liberté. Mettez bas les armes, rentrez dans vos habitations, et dénoncez aux administrateurs du département les traîtres qui vous ont conduits ou contraints.

« Au nom de la République française et de la Convention nationale, nous promettons paix et amnistie à tous ceux des attroupés qui, vingt-quatre heures après la publication de la présente, rentreront dans l'ordre et se soumettront à la loi.

« Nous promettons la somme de six mille livres à tous ceux qui livreront les chefs de ces attroupements, morts ou vifs, en prouvant que la mort n'est pas la suite d'un combat entre les attroupés et les troupes de la République.

« Nous enjoignons à tous les commandants militaires de veiller avec soin à l'exécution des articles ci-dessus et de traiter comme frères tous ceux qui s'y conformeront, réservant toute la sévérité de la loi pour les brigands qui ne veulent en connaître aucune. »

« *Les représentants du peuple, envoyés par la Convention nationale près les départements de la Loire-Inférieure et de la Mayenne.*

« Signé : FOUCHÉ ; VILLERS.

« Par ordonnance :

« Signé : P. GRELIER, *secrétaire général du département et de la commission.* »

III

Copie de la réponse à la proclamation aux habitants des campagnes par le camp des Sorinières composé d'environ quarante paroisses (1).

« Au nom du seul et vrai Dieu que vous avez abjuré ;

«Forcés de répondre à votre troisième proclamation qui, comme les précédentes, n'a pour unique but que le désarmement auquel le bon sens et la raison ne nous permettent pas de déférer, ainsi que la soumission à vos lois que nous ne reconnaîtrons jamais, dût-il nous en coûter jusqu'à la dernière goutte de notre sang. Votre caractère reconnu trop sanguinaire par vos massacres dont vous avez l'audace de reprocher à nos chefs, ne nous permet pas même de douter de vos promesses artificieuses. Vos déclarations envenimées contre nos chefs ne méritent que le plus profond mépris.

« Nous ne respirons que de livrer un combat à cette armée invincible de patriotes. Notre plus sûr bouclier contre leurs armes est un Dieu vengeur de leurs forfaits, ce qui est constaté par différentes attaques dans lesquelles nous n'avons pas perdu deux hommes ; et loin de craindre leur fureur que vous annoncez ne pouvoir contenir, joignez-y vos forces. Nous sommes trop clairvoyants pour nous laisser séduire par vos discours trop séducteurs ; nous n'en sommes pas à la première épreuve.

« Nous n'avons été ni forcés ni effrayés par aucunes menaces. Le masque est levé, le joug est secoué, et s'il ne l'était pas, nous le ferions dans ce moment. Nous abjurons toute soumission à vos lois et votre protection. Les chefs et soi-disant instigateurs n'ont rien à craindre des dénonciateurs leurs frères ; ils n'en sont que l'organe. Plus de mention des districts, ni départements, ni municipalité dont nous ne redoutons pas la force armée.

« D'après l'abus qu'ont fait nos premiers députés de nos cahiers et de nos pétitions, tant de fois rebutées, comme non conformes à vos lois, nous déclarons à la face de l'univers n'en reconnaître aucune de vous et n'adopter que les anciennes que nous vous proposons de rétablir par le droit canon et l'effusion du sang démocrate, s'il n'abjure ses erreurs. Et pour premier acquiescement à nos dernières volontés, commencez par l'élargissement de notre clergé,

---

(1) *Archives nationales*, Carton Cιι 252, chemise 433, pièce n° 24.

et concourez à relever le trône que vous avez renversé. C'est à tort que vous pensez que l'insurrection du peuple n'a eu pour but que la cause des nobles ; c'est la sienne propre qu'il défend aujourd'hui ; ce sont les vexations sans nombre que les décrets des Assemblées constituante et législative, enfin ceux de la Convention qui l'ont forcé à prendre les armes qu'il est décidé à ne mettre bas que lorsque vous aurez, par une proclamation, dissipé leurs craintes. Pour y parvenir, assurez leur pétition ci-dessus : tel est le vœu de toutes les paroissses réunies.

« Fait au camp des Sorinières, ce 10 avril 1793, l'an Ier du règne de Louis XVII.

« *Pour copie conforme à l'original non signé :*

« *Signé* : Pierre GRELIER, *secrétaire général.* »

(La Convention approuve l'arrêté pris par ses commissaires et renvoie ces pièces au comité de sûreté générale.)

18° *Lettre des représentants du peuple Guermeur et Lemalliaud, commissaires de la Convention nationale dans les départements du Morbihan et du Finistère,* qui transmettent différents arrêtés pris par eux et annoncent que le recrutement se continue avec calme et succès ; cette lettre est ainsi conçue (1) :

Vannes, 11 avril 1793,
l'an II de la République française.

« Citoyens, nos collègues,·

« Nous vous annonçons avec plaisir que le recrutement se continue chaque jour dans le département du Morbihan avec calme et succès. Sarzeau et Grandchamp, deux des paroisses les plus considérables du district de Vannes, viennent de fournir leur contingent. Le district du Faouët a fourni le sien ; celui de la Roche-Bernard a commencé ces jours derniers, et s'il se trouvait quelques communes récalcitrantes nous avons tout lieu d'espérer qu'au moyen des mesures prescrites, par notre arrêté du 5 de ce mois que nous vous avons adressé, on déjouera les manœuvres des scélérats qui les égarent. Nous attendons le décret de confirmation de cet arrêté qui a déjà produit de si bons effets. Mais nous vous répétons qu'on manque absolument d'armes et qu'il est urgent de donner des ordres pour en faire fournir le plus promptement possible au petit nombre d'hommes que nous avons.

« Nous faisons passer à la Convention nationale : 1° un arrêté du 5 de ce mois relatif à la nomination provisoire d'un receveur des droits d'enregistrement au chef-lieu du district de la Roche-Bernard, au lieu et place du patriote Joseph Sauveur, mort en héros en criant : *Vive la nation! vive la République,* au moment où on lui offrait la vie pour un cri de : *Vive le roi!* Nous pensons que la Convention doit immortaliser ce trait héroïque en le consignant dans son procès-verbal et charger

son Président d'écrire une lettre de consolation à son malheureux père, citoyen de Rennes. Le même arrêté a pour objet de faire constater la situation des caisses et l'état des registres et papiers des bureaux qui ont été exposés aux brigandages des rebelles ;

« 2° L'arrêté que nous avons pris le 7 du courant dans l'ignorance de votre décret du 20 mars, pour mettre les troupes du département du Morbihan sur le pied de campagne, savoir : les officiers depuis le 15 mars et les sous-officiers et soldats depuis le 6 avril, époque jusqu'à laquelle ces derniers ont reçu une indemnité de six sous par jour, comme supplément de solde ;

« 3° Notre arrêté du 8, qui met le citoyen Augros, lieutenant au 109e regiment, en état d'arrestation, avec copie de notre arrêté du lendemain qui rend la liberté à cet officier que le numéro de son logement avait seul fait suspecter d'être en relation avec le nommé Jégon, ci-devant comte de Luz, conspirateur ;

« 4° Copie de notre lettre du 9 aux administrateurs du Morbihan et du Finistère, relativement aux lettres et paquets à l'adresse de personnes suspectes, nous avons pensé que, dans ces moments où tant de monstres conspirent contre notre liberté, on ne devait consulter que la loi suprême, le salut du peuple ;

« 5° Notre arrêté du 10, relatif à la translation des administrations civile et judiciaire de Rochefort dans la ville de Malestroit qui, dans les instants de crise, a donné de nouvelles preuves du patriotisme et de l'énergie qui n'ont cessé de caractériser cette commune et ses magistrats depuis le commencement de la révolution.

« Une grande partie des cloches des églises paroissiales est enlevée, mais nous regardons comme une grande mesure de sûreté générale de faire enlever le plus promptement possible, toutes celles non seulement des paroisses, mais des chapelles des communes qui ont pris part aux émeutes et d'en ordonner l'envoi aux hôtels des monnaies. Le désarmement de ces mêmes communes ne tient pas moins au salut public, mais nous pensons qu'on doit excepter les paroisses restées fidèles, ou qui ne se·sont pas révoltées. Cette exception encouragera les paroisses patriotes ou paisibles ; nous observerons à la Convention qu'elle ne saurait décréter trop tôt ces mesures et nous la prévenons que nous pourrons bien les prendre provisoirement. Nous imiterons son zèle et son courage et si nous nous trompons, l'amour de la liberté, et le désir que nous avons de la sauver à quelque prix que ce soit, seront notre excuse.

« Sur les représentations qui nous ont été faites qu'il y aurait du danger à ce que le citoyen Chavannes qui a été nommé lieutenant-colonel ou chef de bataillon du 109me régiment, rejoignît dans ce moment, nous avons écrit le 9 courant au général Chevigné à Rennes, d'y retenir cet officier jusqu'à nouvel ordre.

« Si le courrier de ce jour ne devance pas nos projets, nous partirons demain pour nous rendre à Hennebont, Lorient, Quimperlé et Quimper.

« *Les commissaires députés envoyés dans les départements du Finistère et du Morbihan.* »

« *Signé* : GUERMEUR ; LEMALLIAUD. »

(1) *Archives nationales,* carton Dᵢ § 27, chemise 2, pièce n° 36.

P. S. — Le citoyen Perret, président du tribunal criminel du Morbihan, vient de nous remettre un mémoire que nous vous faisons passer, et sur lequel nous vous engageons à demander un prompt rapport à votre comité de législation. La première partie du mémoire intéresse de malheureux accusés qui, depuis le 24 avril 1792, restent sans jugement, sur le motif que les témoins qui devaient déposer contre eux sont absents pour voyager au long cours, motif qui a pu arrêter le tribunal, parce qu'il lui était défendu d'interpréter les lois, mais qui ne nous paraît pas conforme à la justice. Car à supposer que ce voyage au long cours durât longtemps, faudrait-il que ces accusés, qui même coupables ont peut-être mérité une moindre peine, supportassent une si longue captivité? ou même est-il régulier qu'ils la supportent, sans une condamnation préalable? L'autre partie de ce mémoire est relative aux envois des lois que le tribunal prétend qu'on ne lui fait pas avec exactitude ni en nombre suffisant.

« Signé : GUERMEUR ; LEMALLIAUD. »

Suit le texte des pièces annoncées dans cette lettre.

I

Arrêté en date du 5 avril 1793 relatif à la nomination d'un receveur des droits d'enregistrement à la Roche-Bernard (1).

« Vu par nous, commissaires de la Convention nationale, envoyés dans les départements du Finistère et du Morbihan ;

« La pétition du citoyen Bauny, directeur de la régie de l'enregistrement, domaines et droits réunis, à Vannes, datée du 30 mars dernier, par laquelle il expose qu'il est informé qu'une horde de brigands ou de révoltés s'est emparée de la ville, chef-lieu du district de la Roche-Bernard, département du Morbihan, le 19 de ce mois, ou après avoir pillé la caisse du citoyen Sauveur, receveur de l'enregistrement et incendié la plus grande partie de ses registres et papiers, ils ont eu la barbarie de fusiller ce brave garçon parce qu'il n'a jamais voulu crier : *Vive le roi!* qu'il n'a, en ce moment, aucun employé supérieur à sa disposition et que pas un des receveurs voisins ou surnuméraires n'osent s'y rendre à cause des dangers imminents qu'ils craignent, et demande que, vu les circonstances impérieuses, il nous plaise nommer provisoirement le citoyen Joly, receveur de l'enregistrement et des domaines, au bureau de la Roche-Bernard ; l'avis du département du Morbihan donné sur notre réquisition le premier de ce mois, qui tend à ce que nous prenions en la plus grande considération la demande du citoyen Bauny, et exprimant d'ailleurs son vœu en faveur du citoyen Joly dont il atteste le zèle, les talents et le patriotisme, et une lettre des administrateurs du département d'Ille-et-Vilaine du premier de ce mois, qui accompagne l'envoi de celle du 31 mars, du citoyen Sauveur père, qui

demande que l'on constate l'état et la situation de la gestion de son infortuné fils ; une lettre du citoyen Bauny du 5 de ce mois, par laquelle il nous annonce que le citoyen Cohas, inspecteur de cette ville offre son ministère pour se rendre à la Roche-Bernard à l'effet de constater la régie et la caisse du malheureux Sauveur, mais qu'il ne peut y séjourner que très peu de temps ;

« Nous, commissaires susdits, sentant la nécessité de vérifier le plus promptement possible la situation de ce bureau et de la caisse et voulant seconder les justes sollicitudes du citoyen Bauny pour la conservation des intérêts de la nation, avons arrêté ce qui suit :

« 1° Le citoyen Bauny, directeur, est autorisé à nommer provisoirement tel receveur qu'il jugera convenable, au bureau d'enregistrement du district de la Roche-Bernard ; il en exercera les fonctions jusqu'à ce que la régie y ait autrement pourvu.

« 2° Le citoyen Bauny fera vérifier et constater, dans les formes prescrites par la loi et incessamment, par un employé supérieur ou tel autre citoyen capable qu'il proposera expressément à cet effet, la situation des recettes et dépenses et de la caisse du citoyen Sauveur, dernier receveur au bureau d'enregistrement du district de la Roche-Bernard, ainsi que l'état des actes, registres et autres pièces de ce bureau. Il sera aussi procédé aux mêmes opérations dans les bureaux de Rochefort et de Muzillac qui ont dû avoir été également exposé aux brigandages des rebelles.

3° Le citoyen Bauny enverra au directoire du département du Morbihan, des copies certifiées de tous les procès-verbaux des vérifications qui seront faites dans lesdits bureaux, avec un bordereau du déficit de chaque caisse, pour mettre l'administration en état de faire supporter les vols et dilapidations par qui être devra.

« Fait le 5 avril 1793, l'an II de la République française.

«*Les commissaires de la Convention nationale,*

« *Signé :* GUERMEUR ; LEMALLIAUD. »

II

Arrêté, en date du 7 avril 1793, relatif aux troupes à mettre sur le pied de campagne (1).

« Vu, par nous, commissaires de la Convention nationale envoyés dans les départements du Finistère et du Morbihan,

« La pétition signée par le capitaine commandant le détachement du 77e régiment, Gueydon, lieutenant au 8e régiment d'artillerie, Lavigne, commandant le détachement de Mayenne-et-Loire, Bazin, capitaine commandant le détachement de la Seine-Inférieure, le chef de bataillon commandant le 109e régiment, tendant à ce que les troupes en garnison dans le département du Morbihan soient déclarées sur-le-champ sur le pied de campagne, à compter au moins du 15 mars ou du 5 avril mois courant ; successivement communiquée aux citoyens général de brigade du Petit-Bois, au chef commissaire des guerres et administrateurs composant le conseil général du département du Morbihan, pour sur leurs avis respectifs être, par nous, provisoirement arrêté ce qui sera le plus expédient pour le bien du service et pour que justice soit rendue aux réclamants ; l'avis du commissaire des guerres, en date du même jour, portant, en dernière analyse, que les troupes doivent recevoir le traitement de campagne depuis le 1er mars, et plus bas les mots : *vu et approuvé par nous général de brigade employé dans la 13e division militaire. Signé : du Petit-Bois*, et ensuite l'arrêté du conseil général du département du Morbihan, en date du 7 avril, ainsi conçu : « Estime, après avoir entendu le procureur général syndic, que les troupes employées dans le département du Morbihan et à la défense des côtes, doivent être mises sur le pied de guerre et recevoir le traitement à compter, pour les officiers, depuis le 15 mars dernier et pour les sous-officiers et soldats, depuis le 6 de ce mois », ledit arrêt signé : Aroul, président, Lefébure, du Bodan fils, Georgelin, Boullé cadet, Chaignard, Antoine Laufer, Le-Bouhelec fils, Lucas fils ,Chesnel Gaillard, procureur général syndic ;

« Considérant que le service des troupes employées dans ce département, pour combattre et repousser les rebelles qui y ont fait éclater des attroupements dont le but était d'opérer le renversement du gouvernement républicain et le rétablissement de l'ancien ordre de choses ;

« Nous commissaires susdits arrêtons comme mesure de sûreté essentielle de justice envers des défenseurs de la patrie et de la loi que les troupes employées dans le département du Morbihan seront réputées avoir été mises sur le pied de campagne et, qu'en conséquence, elles recevront le traitement, savoir : les officiers à compter depuis le 15 mars dernier et les sous-officiers et soldats depuis le 6 du présent mois d'avril, attendu que jusqu'alors, ils ont reçu ou dû recevoir un supplément de solde de six sous par jour, en vertu d'arrêt dudit conseil général du département du Morbihan.

Fait à Vannes, ce 7 avril 1793, l'an II de la République nationale.

III

Arrêté en date du 8 avril 1793,
relatif à l'arrestation du lieutenant Augros (1).

« Sur la connaissance qui vient de nous être donnée que le nommé Augros, ci-devant porte-drapeau et actuellement lieutenant au 109e régiment d'infanterie, être de complicité et comploter contre la sûreté de l'Etat et comme tel mis en arrestation par autorité des corps administratifs du département des Côtes-du-Nord, est actuellement en cette ville de Vannes

devant s'embarquer à Brest, à bord d'un des vaisseaux de la République, ainsi qu'on nous l'avait précédemment assuré ;

Nous, commissaires, membres de la Convention nationale, envoyés par elle dans les départements du Morbihan et du Finistère, autorisons le directeur du département du Morbihan à faire mettre sur-le-champ en état d'arrestation ledit Augros sus-indiqué, à le faire transférer, sous bonne et sûre garde, en telle maison d'arrêt que le directoire jugera convenable, après y avoir fait apposer des scellés sur les papiers du prévenu et après l'avoir fait interroger par le juge de paix sur les faits qui lui sont imputés, résultant de pièces officiellement envoyées au directoire du département par les directoires du district de Hennebont et des Côtes-du-Nord.

« Fait à Vannes, ce 8 avril 1793, l'an II de la République française.

« *Les commissaires de la Convention nationale,*

« *Signé :* GUERMEUR ; LEMALLIAUD. »

IV

Arrêté, en date du 9 avril 1793, relatif à l'élargissement du lieutenant Augros (1).

« Nous commissaires membres de la Convention nationale envoyés dans les départements du Finistère et du Morbihan ;

« Ayant eu communication officielle du procès-verbal rapporté ce jour par le citoyen Leclerc, l'un des juges de paix de la ville et canton de Vannes, en présence de commissaires du département du Morbihan, constatant que le citoyen Augros, capitaine au 109e régiment actuellement en garnison en cette ville n'a soutenu de ne pas connaître le nommé Tégon et n'avoir jamais eu aucune liaison ni relation avec ce dernier ; constatant encore qu'il ne s'est rien trouvé de suspect dans les papiers de la correspondance du citoyen Augros, dont les réponses acquièrent ainsi un nouveau degré de véracité ;

« Disposés à sévir contre les personnes réellement suspectes et forcés pour cela d'employer des mesures sévères que commande, dans ces jours de péril, le salut de la patrie ; mais ne voulant point que le soupçon repose sur la tête d'un citoyen plus longtemps qu'il ne faut pour vérifier si oui ou non un soupçon est fondé ;

« Nous commissaires susdits, autorisons le directoire du département, après s'être fait représenter le procès-verbal, à faire mettre sur-le-champ en liberté ledit citoyen Augros, auquel il sera remis une copie de notre présent arrêté, pour lui valoir et servir en ce que de raison.

« A Vannes, ce 9 avril 1793, l'an II de la République française.

« *Les commissaires de la Convention nationale, envoyés dans les départements du Finistère et du Morbihan.*

« *Signé :* GUERMEUR ; LEMALLIAUD. »

---

(1) *Archives nationales*, Carton DI § 27, chemise 2, pièce n° 39.

(1) *Archives nationales*, Carton DI § 27, chemise 2, pièce n° 40.

V.

Lettre, en date du 9 avril 1793, aux adminis-
trateurs du Morbihan et du Finistère (1).

« Citoyens administrateurs,

« Etant à présumer ou à craindre que les
courriers de la Malle, outre les lettres et les
paquets ordinaires dont ils sont régulièrement
chargés, n'en portent d'extraordinaires à
l'adresse de personnes suspectes parmi lesquels il pourrait se trouver des correspondances qu'il est important pour la chose publique de découvrir ou de vérifier, nous vous
indiquons, comme une mesure de sûreté générale, d'autoriser les municipalités à faire
surveiller l'arrivée des différentes brouettes,
de manière que les courriers ne puissent furtivement remettre ou distribuer les lettres ou
paquets extraordinaires qui leur sont personnellement confiés, sans une préalable visite de
leurs voitures et de leurs personnes, et sans
qu'examen n'ait été fait des lettres et paquets
qui se trouveraient adressés à des personnes
suspectes. Une précaution nécessaire ou du
moins utile se sera de rapporter des procès-
verbaux des visites et de leurs résultats. Veuillez bien, en conséquence, donner sur-le-champ
telle autorisation nécessaire à la municipalité
de Vannes.

« Le 9 avril 1793, l'an II de la République
française.

« *Les commissaires de la Convention na-*
tionale dans les départements du
Finistère et du Morbihan.

« *Signé :* GUERMEUR ; LEMALLIAUD. »

VI.

Arrêté, en date du 10 avril 1793, relatif à la
translation des administrations civile et ju-
diciaire de Rochefort à Malestroit (2).

« Vu par nous, commissaires de la Convention nationale dans les départements du Finistère et du Morbihan,

« La délibération du conseil général du département du Morbihan, en date du 31 mars
dernier, par laquelle et pour les motifs avancés dans une lettre du 30, écrite par le citoyen
Jouan, administrateur du district de Rochefort, laquelle y est analysée ;

« Le conseil, considérant que la ville de Malestroit s'est signalée depuis le commencement
de la Révolution avec un patriotisme au-dessus
de tout éloge et que la plupart des communes
de district de Rochefort sont plus voisines de
la ville de Malestroit que de celle de Rochefort ;

« Le conseil arrête, sous le bon plaisir de la
Convention nationale, que l'administration et
le tribunal de Rochefort seront provisoirement transférés à Malestroit et qu'une expédition dudit arrêté nous sera de suite envoyée
pour être revêtue de notre approbation ;

« Nous, commissaires susdits, prenant en
considération les mêmes motifs qui ont déterminé l'arrêté du conseil général du département du Morbihan et regardant la translation
des administrations civile et judiciaire du district de Rochefort dans la ville de Malestroit
comme une mesure de sûreté générale d'une
majeure utilité dans les circonstances actuelles ;

« Déclarons valider provisoirement la
translation du directoire et du tribunal du
district de Rochefort dans la ville de Malestroit, telle qu'elle a été arrêtée par le conseil
général du département, le tout jusqu'à ce
qu'il n'en ait été autrement ordonné par la
Convention nationale, et pour que les administrés et les justiciables en aient une plus
ample connaissance, autorisons le directoire
du département du Morbihan à faire imprimer son arrêté en nombre suffisant d'exemplaires pour être publié et affiché dans tous
les districts et municipalités du ressort.

« Fait à Vannes, le 10 avril 1793, l'an II de
la République française.

« *Les commissaires de la Convention na-*
tionale dans les départements du Fi-
nistère et du Morbihan.

« *Signé :* GUERMEUR ; LEMALLIAUD. »

VII.

Extrait du registre des délibérations du con-
seil général du département du Morbihan,
relatif à la translation des administrations
civile et judiciaire de Rochefort à Males-
troit (1).

Séance du 31 mars 1793, l'an II
de la République française.

« En l'assemblée du conseil général du département du Morbihan où étaient les citoyens Esnoul, président, Lefébure, Lemasson, Lucas
Bonnet, Le Bouhellec, d'Haucourt, Leprêtre,
Bienvenu, Fayet, Poussin, Dubodan, Georgelin, Chaignard, Gaillard, Kerbertin, Roullé
cadet, Lemérer, Lademardais, Chesnel, Per-
rier, Roulle aîné, Laurer, administrateurs et
Gaillard, procureur général syndic ;

« Il a été donné lecture d'une lettre du 30 de
ce mois, par laquelle le citoyen Jouan, administrateur du district de Rochefort, expose
que cette ville n'offre en ce moment que des
murailles ; que les amis de la patrie, victimes
du plus affreux brigandage, couverts pour la
plupart de blessures, ont profité de la liberté
que leur ont procurée les patriotes, le mardi 26
de ce mois, pour se dérober à la fureur des
rebelles pourraient tenter d'exercer de nouveau sur eux ; que les juges, le greffier, les
commis du directoire, tous les patriotes ont
fui ce refuge d'ennemis de la chose publique ;
que le procureur syndic du district y est seul
resté pour procurer à la garnison qui y a
été laissée les besoins du moment ; mais qu'il
a expressément chargé le citoyen Jouan de représenter que, dans les circonstances actuelles,
Rochefort ne pouvait plus être le séjour d'une
administration ni d'un tribunal, que les bons
citoyens du tribunal et du directoire de Ro-

---

(1) *Archives nationales*, carton Dₗ § 27, chemise 2,
pièce n° 41.

(2) *Archives nationales*, Carton Dₗ § 27, chemise 2,
pièce n° 42.

(1) *Archives nationales*, Carton Dₗ § 27, chemise 2,
pièce n° 43.

chefort n'y veulent plus séjourner ; qu'une administration et un tribunal à Rochefort seraient entourés d'ennemis et que la chose publique y serait conséquemment exposée à chaque moment aux mêmes revers que ceux qu'elle y a déjà essuyés ; qu'il ne reste plus qu'un gendarme à Rochefort, qu'il serait même impossible d'y entretenir une garnison ; qu'on ne saurait dans un pays étranger d'où tirer les subsistances et les autres choses nécessaires pour l'entretien de cette garnison.

« Le conseil général, après avoir entendu les conclusions du procureur général syndic ;

« Considérant que les motifs exposés dans cette lettre exigent impérieusement la prompte translation du district de Rochefort ; convaincu qu'il n'existe dans tout ce district aucune ville à laquelle on puisse confier un dépôt si précieux ;

« Considérant que la ville de Malestroit s'est signalée depuis le commencement de la Révolution par son patriotisme au-dessus de tout éloge ; que la plupart des communes du district de Rochefort sont plus voisines de la commune de Malestroit que de la ville même de Rochefort ;

« Arrête, sous le bon plaisir de la Convention nationale, que l'administration et le tribunal de Rochefort seront provisoirement transférés à Malestroit, et qu'une expédition du présent sera de suite envoyée aux commissaires de la Convention nationale, pour être revêtue de leur approbation.

« Fait en conseil général du département du Morbihan à Vannes, le trente et un mars mil sept cent quatre-vingt-treize, l'an second de la République française.

« *Pour extrait conforme au registre.*

« *Signé* : Esnoul, *président* ; Chapaux, *secrétaire général.* »

VIII.

Extrait du registre des délibérations du conseil général du département du Morbihan, relatif à la nomination d'un receveur des droits d'enregistrement à la Roche-Bernard (1).

Séance publique du 1ᵉʳ avril 1793, l'an II de la République française.

« Il a été donné lecture au conseil général d'une pétition adressée aux commissaires de la Convention nationale par le citoyen Bauny, directeur de la régie de l'enregistrement, domaines et droits réunis, à Vannes, par laquelle il est exposé que, lors de l'invasion de la ville de la Roche-Bernard, le 19 du mois dernier, les brigands révoltés ont pillé la caisse du citoyen Sauveur, receveur de l'enregistrement, incendié la plus grande partie de ses registres et papiers et, inhumainement, égorgé ce brave citoyen pour n'avoir pas voulu crier : *Vive le roi!* qu'il est pressant de prendre con-

naissance de l'état de ce bureau et d'agir, sans perdre de temps, pour son rétablissement; que l'usage ordinaire serait de confier cette opération à un employé supérieur, mais que, n'en n'ayant aucun à sa disposition, et les receveurs voisins ou surnuméraires n'osant s'y rendre à cause des dangers qu'ils craignent pour leurs personnes, il a recours à l'autorité et à la sagesse des citoyens commissaires de la Convention pour y pourvoir ; que le citoyen Joly, habitant de cette ville de Vannes, ayant successivement, depuis 1786, fait la recette de divers bureaux d'enregistrement et, devenu premier commis de la direction, aurait, par les connaissances qu'il a acquises dans cette partie, toutes les qualités convenables pour régir et administrer provisoirement le bureau de la Roche-Bernard et conserver ainsi les intérêts de la République ; mais que, n'ayant aucune qualité pour opérer cette nomination qui est déférée aux régisseurs de l'enregistrement par la loi du 27 mai 1791 et ne pouvant, en ce moment, disposer d'aucun employé supérieur, il prie les citoyens commissaires de la Convention, par les pouvoirs qui leur sont donnés, de prononcer en faveur du citoyen Joly pour, par lui, régir et administrer provisoirement le bureau d'enregistrement et droits réunis à la Roche-Bernard, aux mêmes émoluments accordés aux receveurs.

« Expédition au pied dudit exposé par les citoyens commissaires de la Convention national d'un soit-communiqué au conseil général du département du Morbihan, pour avoir son avis dans les vingt-quatre heures, datée à Vannes, le 31 mars 1793, l'an II de la République française.

« *Signé :* Guermeur ; Lemalliaud. »

« L'objet mis en délibération et le procureur général syndic entendu ;

« Le conseil général, frappé des motifs de la demande du citoyen Bauny, et considérant combien l'intérêt de la République souffrirait d'un plus long retard à rétablir le bureau de l'enregistrement de la Roche-Bernard, et sentant combien il est pressant de constater l'état des papiers et de la caisse du citoyen Sauveur, d'après les désordres qui ont été commis pendant l'insurrection du 19 du mois dernier; pouvant d'ailleurs rendre bon témoignage des talents, du zèle et du patriotisme du citoyen Joly, est d'avis que les commissaires de la Convention nationale veuillent bien prendre la demande du citoyen Bauny dans la plus grande considération et se réunir pour solliciter en faveur du sujet proposé la place provisoire de receveur de l'enregistrement à la Roche-Bernard.

« Fait en séance publique du conseil général du département du Morbihan, à Vannes, le 1ᵉʳ avril 1793, l'an II de la République française.

« Le registre dûment signé.

« *Pour extrait conforme.*

« *Signé :* Dubodan, *vice-président ;*

« Chapaux, *secrétaire général.* »

(La Convention approuve les mesures prises par ses commissaires, et renvoie le mémoire

_____

(1) *Archives nationales*, Carton D₁ § 27, chemise 2, pièce n° 44.

du citoyen Perret, au comité de législation) (1).

18° *Lettre de Bouchotte, ministre de la guerre*, par laquelle il transmet à la Convention une lettre que lui a adressée le commissaire ordonnateur Ballias-Laubarède, sur la situation de la Vendée.

Suit la copie de cette lettre (2) :

« J'ai l'honneur de vous envoyer le détail de deux avantages que les troupes de l'armée de la Vendée viennent d'avoir sur les brigands, qui n'ont pas peu contribué à ranimer leur ardeur ; l'impatience où elles étaient de marcher contre eux se manifestait d'une manière sensible. Ces rebelles ont été attaqués aux Sables et à la Châtaigneraie, qui forment les deux extrémités du pays qu'ils occupent. Le général Boulard, qui commande en second dans le premier endroit, et le général Chalbos dans le second, continuent de marcher contre eux ; l'un a 6,000 hommes à ses ordres, et l'autre, 2,000 ; lorsqu'ils seront parvenus à une certaine distance, la garnison du poste de Saint-Hermand fera alors un mouvement pour se rapprocher d'eux et agir de concert. Au moyen de ces dispositions, on ne doute pas qu'en peu de temps, la défaite des ennemis ne soit totale. Le côté de la mer est gardé par trois frégates qui viennent d'y arriver, et qui leur ôteront de ce côté l'espoir de retraite. Dans les tournées que j'ai faites aux différents postes, j'y ai vu les troupes jouissant de la meilleure santé, n'y ayant à l'hôpital qu'un très petit nombre de malades tous en état de convalescence.

« Les vivres ne manqueront pas, citoyen ministre, au moyen des précautions continuelles que je prends, ayant soin de me procurer les ressources que les circonstances exigent pour remplacer les subsistances au fur et à mesure de leur consommation ; j'ai dans ce moment devant moi 4,800 quintaux de grains qu'on convertit journellement en farine, sans que la compagnie des vivres m'ait aidé à cet approvisionnement dans la moindre chose ; la fourniture, tant en foin qu'en avoine, est également assurée.

« Il a été formé à Fontenay-le-Peuple, sous les yeux des représentants de la nation et du général, un hôpital militaire ; on a choisi pour cet établissement la maison des ci-devant Lazaristes, située en bon air : les volontaires trouveront tous les secours dont ils pourront avoir besoin.

« On en établit une autre à Luçon dans la maison des ci-devant religieuses de l'Union pour correspondre avec celui de Fontenay.

« Toutes les mesures sont prises pour faire face et repousser par tous les moyens les brigands. »

« *Signé* : BALLIAS-LAUBARÈDE. »

Robespierre, *le jeune* (3). Citoyen, on vous fait un exposé faux quant aux succès. Il est constant que les patriotes sont égorgés par les rebelles, et il semble, suivant toutes les nouvelles que nous recevons, qu'on agit de manière à accoutumer les rebelles à la guerre, plutôt qu'on ne pense à les détruire. Je demande que la Convention se fasse rendre compte de l'état des forces qu'on emploie pour secourir les départements.

Lehardy (*Morbihan*). Les observations du préopinant sont très justes ; seulement, je lui observerai que le comité de Salut public a déjà pris des mesures à cet égard : il suffira de vous en faire rendre compte.

Taillefer. Je demande qu'on nous explique surtout pourquoi on fait rétrograder des troupes qui devaient aller dans les départements troublés.

Treilhard. Ces troupes qu'on dit rétrograder ne sont arrêtées qu'en vertu d'une délibération de vos commissaires à l'armée de la Moselle. Votre comité est déjà chargé de l'examen ; il vous en rendra compte.

(La Convention décrète que le comité de Salut public fera demain un rapport général sur les mesures à prendre pour réprimer les rebelles des départements maritimes de l'Ouest.)

19° *Lettre des administrateurs composant le directoire du district de Nogent-sur-Seine (1)*, qui annoncent qu'au moment où ils allaient faire procéder à la vente du mobilier de l'émigré Boullongne, le ministre des contributions en a ordonné la suspension, d'après les réclamations des créanciers dudit émigré.

(La Convention renvoie à son comité d'aliénation, et décrète que le ministre sera tenu de rendre compte des motifs qui l'ont déterminé à prononcer cette suspension.)

20° *Lettre de Garat, ministre de l'intérieur* (2), qui prie la Convention de décréter des fonds pour la dépense des enfants trouvés pour l'année 1793 ; il observe que le quartier de janvier vient d'échoir, et que plusieurs hôpitaux lui ont déjà adressé leurs états de dépense, et sollicitent instamment des fonds.

(La Convention renvoie la lettre au comité des finances, pour en faire un rapport le lendemain.)

21° *Lettre des citoyens Voulland et Bonnier, commissaires de la Convention dans les départements du Gard et de l'Hérault*. Ils communiquent un arrêté par lequel ils requièrent l'officier de police du canton de Beaucaire de leur remettre ou faire remettre, dans le délai de vingt-quatre heures, l'extrait certifié de toutes les pièces et informations qui sont en ses mains, relatives aux événements qui ont eu lieu à Beaucaire ; cette lettre est ainsi conçue (3) :

---

(1) Malgré nos recherches, nous n'avons pas retrouvé ce mémoire.

(2) *Bulletin de la Convention* du 17 avril 1793.

(3) Cette discussion, à laquelle prend part Robespierre, le jeune, Lehardy, Taillefer et Treilhard, est empruntée au *Logotachigraphe*, n° 111, page 423 et au *Journal des Débats et des décrets*, n° 214, page 314.

(1) *Mercure universel*, tome 25, page 313.

(2) P. V., tome, 10, page 53.

(3) *Archives nationales*, Carton Cii 252, chemise 433, pièce n° 21.

Beaucaire, ce 10 avril 1793, l'an II
de la République française.

« Citoyens nos collègues,

« Nous nous sommes rendus, hier matin, à
la séance du conseil général de la commune;
nous lui avons demandé compte des événements du premier de ce mois et de la conduite
qu'il a tenue au moment du trouble et jusqu'à
ce jour ; ce rapport a été fait par le procureur de la commune.

« Après l'avoir entendu, nous avons demandé qu'il nous fût remis sans délai des extraits de toutes les pièces qui venaient d'être
lues et du procès-verbal de la séance.

« Hier au soir nous avons pris un arrêté
que nous avons fait signifier sur-le-champ au
juge de paix, officier de police du canton de
Beaucaire ; le besoin de nous éclairer et de préparer les démarches que nous avons à opposer
à la malveillance en a dicté les deux dispositions qui nous ont paru également urgentes;
nous l'adressons à la Convention nationale en
lui demandant son approbation.

« Nous sommes occupés dans ce moment
d'un plan de conduite qui nous paraît commandé par les circonstances qui nous environnent ; nous entrerons, à cet égard, dans les
plus grands détails par le prochain courrier
et nous mettrons sous les yeux de la Convention nationale un tableau digne de toute son
attention.

« *Les commissaires de la Convention
nationale dans les départements du
Gard et de l'Hérault.*

« *Signé :* Voulland ; Bonnier. »

A cette lettre, se trouve joint l'arrêté suivant :

Arrêté des commissaires de la Convention (1).

« Les commissaires de la Convention nationale dans les départements du Gard et de
l'Hérault ;

« Après avoir entendu le rapport qui leur a
été fait le jour d'hier de la part des citoyens
Teste et Meyère, commissaires envoyés en cette
ville de Beaucaire par le directoire du département du Gard, sur les événements arrivés audit Beaucaire, le premier avril courant ; la
lecture qui leur ont fait aussi le jour d'hier
par le greffier du juge de paix, officier de police de ladite ville, en présence de ce dernier ;
des informations par lui faites à l'occasion
desdits événements et des pièces y relatives et
le rapport verbal qui leur a été fait aujour-
d'hui par le procureur de la commune dans la
séance du conseil général de la commune dudit Beaucaire, à la suite de laquelle les commissaires de la Convention nationale ont demandé des extraits certifiés de toutes les pièces
dont il a été parlé dans ce rapport ;

« Considérant que pour s'éclairer sur les
événements arrivés à Beaucaire, le premier
avril courant, et se mettre à portée de pren-

dre à raison de cela les mesures convenables,
ils ont besoin d'avoir sous les yeux toutes les
pièces relatives à cette affaire, qui peuvent se
trouver entre les mains des fonctionnaires publics ;

« Requièrent le citoyen Magreau, juge de
paix, officier de police du canton de Beaucaire, de leur remettre ou faire remettre, dans
le délai de vingt-quatre heures, extraits certifiés de toutes les pièces et informations qui
sont entre ses mains ou celles de son greffier,
relatives auxdits événements, circonstances et
dépendances, lesquelles pièces sont mentionnées dans le procès-verbal, tenu par les commissaires de la Convention nationale, sur la
comparution du juge de paix et arrêtent qu'il
ne sera donné aucune suite aux procédures
commencées par ledit officier de police jusqu'à ce que lesdits commissaires auront déterminé les mesures qu'ils ont à prendre.

« Le présent arrêté sera envoyé à l'instant
à la Convention nationale par ses commissaires.

« Fait à Beaucaire, le 9 avril 1793, l'an II
de la République française.

« *Les commissaires de la Convention et
le secrétaire de la commission.*

« *Signé :* Voulland ; Bonnier ; Suble-
pas, *secrétaire.* »

« Un duplicata du présent arrêté m'a été
remis par le gendarme national, chargé par
les commissaires de la Convention nationale de
me le notifier.

« A Beaucaire, le 10 avril 1793, l'an II de la
République, à une heure du matin.

« *Certifié conforme à l'original par nous,
commissaires de la Convention nationale dans
les départements du Gard et de l'Hérault.*

« *Signé :* Voulland ; Bonnier ; Suble-
pas, *secrétaire.* »

(La Convention approuve la conduite de
ses commissaires et confirme l'arrêté pris par
eux.)

22° *Adresse de la société patriotique de Toul,*
sur la perfidie de Dumouriez ; elle déclare que
l'énergie des citoyens de cette ville s'est augmentée par ce nouvel attentat ; elle demande
que le crime de Dumouriez soit inscrit sur le
seuil de la maison où il est né ; cette adresse
est ainsi conçue (1) :

Toul, le 14 avril 1793, l'an II
de la République française.

« Citoyen président,

« La lâche perfidie de Dumouriez, en jetant
une première consternation dans les esprits,
a donné une nouvelle énergie et une activité
bienveillante aux bons citoyens que le danger
doit rallier près de ses représentants.

« La liberté ne périra pas et la patrie sau-

(1) *Archives nationales*, Carton C₁₁ 167, chemise 423,
pièce n° 22.

(1) *Archives nationales*, Carton C₁₁ 252, chemise 445,
pièce n° 6.

vée va encore devoir sa conservation aux atteintes même qu'on veut lui porter.

« Nous avons applaudi bien sincèrement, législateurs, aux honneurs que vous avez si justement décerné à la mémoire de Michel Lepeletier ; mais si ces qualités civiques, si le généreux sacrifice qu'il a fait à la patrie de ses jours prêts à s'éteindre, ont immortalisé son nom, vous devez vouer à l'infamie et à l'exécration de la postérité la plus reculée, un traître qui a voulu livrer son pays aux ennemis et aux horreurs de la guerre civile.

« Il faut que nos descendants apprennent par une inscription placée sur le sol de la maison où il a pris naissance et sur laquelle doivent croître les ronces et les épines, que le perfide Dumouriez, en qui la nation avait mis sa confiance, a cherché à corrompre l'esprit des soldats, à ébranler leur fidélité en tentant de les rendre complices de ses forfaits et les instruments dont il voulait se servir pour anéantir la Convention nationale et rétablir la royauté ; qu'il a osé violer la souveraineté du peuple, en faisant arrêter, sur le territoire français, les commissaires qu'il a indignement livrés aux satellites des tyrans d'Autriche et de Prusse.

« Par cet exemple, législateurs, vous contiendrez les traîtres et les malveillants, et l'horreur qu'un crime aussi atroce doit inspirer, passant aux générations futures, vous assurera le glorieux titre de défenseurs de la patrie.

« *Les membres composant la Société des Amis de la liberté et de l'égalité séante à Toul.*

« *Signé* : JACOB, *vice-président*; CHAUVENEL ; DONZÉ-BASTIEN, *secrétaire.* »

(La Convention décrète la mention honorable et ordonne l'insertion de cette adresse au *Bulletin.*)

23° *Adresse des membres composant la Société des Amis de la liberté et de l'égalité, séante à Troyes,* qui exprime son indignation contre Dumouriez et qui demande la punition de ses complices ; cette adresse est ainsi conçue (1) :

Le 12 avril 1793, l'an II de la République française.

« Législateurs,

« Notre indignation est à son comble. La noire trahison de l'infâme Dumouriez n'est pas pour nous étonner. Depuis ses entrevues avec les Brunswick et le roi de Prusse, au camp de la Lune, les Français devaient s'y attendre.

« Trois cent mille livres et une couronne civique sont la récompense que vous promettez au généreux Français qui vous apportera sa tête. Cette punition ne suffit pas. Il faut que tout ce qui appartient en France à ce scélérat disparaisse.

« Législateurs, que les maisons de Dumouriez soient rasées, que la charrue trace des sillons sur le terrain qu'elles occupent ; qu'au milieu il s'élève une pyramide et que la postérité y lise : *Ici était une maison du traître Dumouriez.* Que ses autres possessions soient sur-le-champ vendues au profit de la République.

« Législateurs, Dumouriez n'est pas le seul conspirateur. Que la tête de ses complices tombe sous le glaive de la loi. Le salut de la patrie exige un exemple, terrible et prompt. Le peuple l'attend. Il est las de toutes les trahisons dont il est victime. Craignez qu'il ne se fasse justice lui-même. Il a juré de maintenir la République une et indivisible. Que les ambitieux tremblent. Des milliers de Brutus sont là ; qu'ils se montrent et à l'instant ils ne seront plus.

« *Les membres composant la société des Amis de la liberté et de l'égalité séante à Troyes.*

« *Signé* : BRAMAND, *président* ; CHADOT ; ANTOINE ; PARISON, *secrétaire.* »

(La Convention décrète la mention honorable et ordonne l'insertion de cette lettre au *Bulletin.*

24° *Lettre de Bouchotte, ministre de la guerre* (1), qui envoie la liste des six adjoints qu'il a proposés au *Conseil exécutif.*

Ce sont les citoyens :

Bouchotte, commissaire des guerres ; Ronsin, commissaire ordonnateur en chef de l'armée de la Belgique ; Aubert, officier d'artillerie, commandant à Cambrai ;

Sijas, ancien chef des bureaux de la guerre;

François Delille ;

Xavier Audouin, commissaire des guerres, ancien secrétaire général de la guerre.

(La Convention renvoie cette lettre au comité de la guerre.)

Un membre (2) fait la lecture d'un *arrêté du département du Finistère,* pour faire paraître plusieurs jours de la semaine, un bulletin officiel de ce département, qui sera transmis dans chaque chef-lieu de district et aux départements voisins.

A la suite de cet arrêté est joint *la copie d'une lettre écrite par le citoyen Guillou, procureur syndic du district de Quimperlé, au citoyen Brichet, procureur général syndic du département du Finistère,* et relative à la découverte d'une fabrication de faux assignats; elle est ainsi conçue (3) :

Le 6 avril 1793, l'an II de la République française.

« Citoyen procureur général syndic,

« L'été dernier, j'empêchai la conspiration qui a éclaté dans le Morbihan qui avoisine

---

(1) *Archives nationales,* Carton CII 252, chemise 445, pièce n° 5.

(1) P. V., tome 10, page 64.
(2) P. V., tome 10, page 66.
(3) *Archives nationales,* Carton CII 252, chemise 441, pièce n° 6.

notre district, de prendre racine dans ce pays et ses environs. Désormais, je crois pouvoir faire trembler tous les ennemis de ma patrie qui sont dans ce ressort.

« Je viens de faire arrêter deux fabricants de faux assignats, qui ont été saisis en flagrant délit avec tous les instruments de leur crime ; et voici comment :

« Depuis le 10 mars dernier, je surveillais les projets d'une fabrication de faux assignats dans un château d'émigré de ce ressort, où ont été fabriqués et gravés les instruments nécessaires pour cette nouvelle manufacture, d'accord avec deux dénonciateurs ou plutôt avec celui des deux qui pouvait me venir à différentes reprises à la dérobée, en qualité de commissionnaire.

« Quand je me suis cru assuré du fait, j'ai ouvert, in secreto, un procès-verbal. Pour réussir plus sûrement, j'ai tout conduit seul, et de mon mieux. J'ai surpris les deux faussaires dans le crime consommé ; je les ai saisis avec toutes les pièces de leur chef-d'œuvre ; je dis chef-d'œuvre, parce que les assignats de cinq livres signés *Corset*, sous la date du 6 mai 1791, sont parfaitement imités : filigrane, etc., tout se trouve formé de façon à surprendre et tromper les plus connaisseurs.

« Les deux faussaires se nomment, l'un Etienne Le Maître, dit de Beaugrand, originaire des environs de Rennes, individu rempli de talents, et l'autre Dessaux, domicilié de Lorient, déjà renommé par ses hauts faits.

« Le Maître a tout fabriqué lui-même au château de Lannorgard, au Trévou. Il avait commencé son travail dans une chambre haute entourée de pailles, genêts et autres matières combustible, pour tout enflammer et consommer en cas d'alerte.

« J'étais informé de toutes ces dispositions, et je savais qu'il devait travailler de jour.

« Le jeudi, 4 de ce mois, fut son premier jour de travail.

« Le même jour, à environ trois ou quatre heures, je dépose mon procès-verbal : j'appelle le directeur du juré d'accusation, et je le mets au fait.

« Je fais mander les ouvriers de la ville dans mon bureau, sous le prétexte d'une adjudication fixée à six heures. Ils y viennent, et je leur annonce de se trouver prêts à partir à six heures et demie, pour se rendre à la côte avec les instruments convenables et propres à ouvrir portes, fenêtres, serrures, etc.

« J'appelle deux commissaires ; je leur annonce ce voyage intéressant vers la côte, et je charge l'un d'eux de remettre mon réquisitoire au commandant de la troupe de ligne, à l'effet de faire trouver sur la place d'Armes, avant sept heures, cinquante hommes bien armés et munis du pain du déjeuner, tous à pied, attendu le défaut de fourrage. J'annonçai que hors ville les commissaires civils auraient manifesté l'objet de l'expédition projetée.

« Mes réquisitions étant exécutées, je me présente sur la place, et je commande une fausse marche, afin de mieux surprendre et de laisser ignorer la vraie route à prendre à tous les citoyens, même à ceux qui devaient marcher.

« Je fais faire halte à un quart de lieue de la ville ; j'appelle les officiers, sous-officiers, et les ouvriers au nombre de douze, de différents états, qui connaissaient parfaitement l'intérieur du château.

« Je déclare alors aux cinquante militaires armés l'objet de leur mission ; je leur fais plusieurs réquisitions verbales, et je leur donne les instructions nécessaires pour assurer l'exécution de l'entreprise ; elles ne furent point exactement suivies : une fenêtre se trouva mal gardée en dehors. Un des coupables en profite ; il s'évade par cette fenêtre à douze pieds de terre ; il escalade le mur du jardin et gagne les champs environ vers les 9 à 10 heures, dans la nuit du 4 au 5 de ce mois. On le poursuit en vain : soit que les recherches fussent mal dirigées, soit que le coupable évadé ne fût pas assez longtemps poursuivi, l'on revint en ville. J'en fus tellement désespéré qu'à peine pouvais-je parler : je ne faisais que balbutier. Il était dix heures du matin et cet homme pouvait avoir gagné douze ou quinze lieues de terrain. Je prie le citoyen Bienvenu, administrateur du département, de monter à cheval accompagné de gendarmes ; son ardeur l'emporte. Je requiers la garde nationale, qui vole avec la même ardeur à la recherche de cet insigne coupable. A six heures du soir, nous avons le plaisir de voir arriver ce criminel et c'est pour nous un jour de gloire.

« J'appréciai la capture de ce contrefacteur à l'égal d'une victoire gagnée pour la République. Je me félicite, citoyen procureur général syndic, d'avoir si heureusement réussi.

« *Le procureur syndic du district de Quimperlé.*

« *Signé* : GUILLOU. »

« Une lettre du département du Morbihan du 7 avril annonce que la Roche-Bernard a été pris par l'adjudant général Beisser qui marche sur Pontchâteau, et que le général la Bourdonnaye va se réunir à lui avec une armée imposante pour chasser les rebelles des divers postes qu'ils occupent dans le département de la Loire-Inférieure (1).

La commission militaire établie à Brest à la suite des mouvements contre-révolutionnaires a rendu, dans la semaine dernière, deux jugements à mort qui ont été exécutés.

L'administration rappelle aux citoyens qu'un décret du 14 février dernier accorde à titre d'indemnité et de récompense la somme de cent livres à quiconque découvrira et fera arrêter une personne rangée par la loi dans la classe des émigrés, ou dans la classe des prêtres qui doivent être déportés.

Les administrateurs composant le directoire du département du Finistère,

« *Signé :* KERGARIOU, *président;* LEBARON, *vice-président;* POULLAIN, MORVAN, *fils aîné;* LE GOAZRE, BERGEVIN, *fils,* BRICHET, *procureur général syndic;* AYMEZ, *secrétaire général.* »

(La Convention décrète la mention honorable du zèle du citoyen Guillou, l'insertion par extrait au *Bulletin* de la lettre par laquelle il rend compte de sa découverte, enfin le ren-

---

(1) P. V., tome 10, page 53 et *Mercure Universel,* tome 26, page 313.

voi au comité des assignats et monnaies du procès-verbal de dénonciation.)

Doulcet - Pontécoulant, *secrétaire*, reprend la lecture des lettres, adresses et pétitions envoyées à l'Assemblée.

25° *Adresse des citoyens de la société populaire, nouvellement établie à Viverols, district d'Ambert, département du Puy-de-Dôme*, qui envoie à la Convention 75 livres pour les frais de la guerre.

(La Convention décrète la mention honorable et ordonne l'insertion de cette adresse au *Bulletin*.)

26° *Lettre de la sœur du général Dampierre* (1) qui se plaint d'avoir été mise en état d'arrestation ; elle proteste de son civisme et réclame sa liberté.

(La Convention renvoie la lettre au comité de sûreté générale et l'autorise à prononcer son élargissement s'il y a lieu.)

27° *Lettre de Bouchotte, ministre de la guerre (2)*, qui instruit la Convention que le général Dampierre vient de nommer colonel de deux détachements de gendarmerie nationale, le citoyen Virion ; à cette lettre sont joints : un mémoire sur la nécessité d'augmenter la force publique des armées, et d'établir à la suite de chaque armée des tribunaux militaires, pour juger les prévenus de crimes et délits, en supprimant ceux de la police correctionnelle et de cour martiale, reconnus impraticables en temps de guerre ; un projet de décret et un rapport du ministre sur le mémoire et le projet de décret présentés par le citoyen Virion.

(La Convention en ordonne le renvoi au comité de la guerre, pour en faire son rapport sans délai.)

Un membre (3) propose de décréter que le comité des finances fera très incessamment son rapport sur la conduite tenue par le ministre des contributions publiques, relativement à la fabrication des assignats et monnaies, et aux plaintes formées contre lui relativement auxdits objets.

(La Convention adopte cette proposition.)

« *Un autre membre* (4) demande que, pour accélérer le service de son bureau, les secrétaires soient autorisés à employer les commis des comités dont ils sont membres, sans nuire au service des comités.

(La Convention décrète cette nouvelle proposition.)

Lanjuinais donne lecture d'une *lettre du commissaire national près le tribunal de Dol, département d'Ille-et-Vilaine* (5), qui fait part à la Convention du nombre d'enrô-

lements fourni par cette ville et les communes voisines ; cette lettre est ainsi conçue :

Dol, 13 avril 1793, l'an II
de la République française

« Citoyens législateurs,

« De toutes parts on publie, à l'Assemblée et dans les feuilles périodiques, des éloges des diverses communes de la République qui ont bien mérité de la patrie, pour le recrutement. Notre ville de Dol et plusieurs communes de notre district ont également des droits à la reconnaissance nationale. Je vous serai obligé de faire décréter qu'elles ont bien mérité de la patrie. Voici le nom des principales :
« La ville de Dol, qui ne devait fournir pour son contingent que treize hommes, en a fourni volontairement vingt-sept.
« La commune de Saint-Brolade, qui devait en fournir quatorze, en a fourni trente-sept.
« La commune de Boussac, qui devait en fournir quinze, en a fourni quarante.
« La commune de Pleine-Fougères, qui devait en fournir seize, en a fourni cent trente.
« Et ainsi du reste.
« Salut et fraternité !

« Votre concitoyen et ancien collègue,

« *Le commissaire national, près le tribunal de Dol*,

« *Signé :* LEMONNIER. »

« P. S. — Il faut que la Convention fasse sur-le-champ garnir nos côtes, sans quoi nous avons tout à craindre d'une descente des Anglais. Il faut un camp à Paramé et remplir de troupes les villes voisines de Saint-Malo et de Dol.

« *Signé :* LEMONNIER. »

(La Convention décrète la mention honorable et ordonne l'insertion de cette lettre au *Bulletin*.)

Dubois-Bellegarde (1). J'ai l'honneur de déposer sur le bureau de l'Assemblée deux offrandes, qu'au cours de ma mission, deux militaires de l'armée du Nord, m'ont chargé de remettre,
1° L'une est la décoration du *citoyen Mougenot, adjudant général de la place de Valenciennes*, offerte le 13 avril courant ;
2° L'autre émane du *citoyen J.-B. Vauzelle, adjudant-major au 79e régiment*, qui fait don de sa décoration militaire, et en envoie le brevet.

(La Convention décrète la mention honorable et ordonne l'insertion de ces offrandes au *Bulletin*.)

Romme, *secrétaire*, donne lecture du procès-verbal de la séance du jeudi 11 avril 1793, au matin (2).

(La Convention en adopte la rédaction.)

---

(1) P. V., tome 10, page 56 et *Journal des Débats et des décrets*, n° 214, page 345.
(2) P. V., tome 10, page 56.
(3) P. V., tome 10, page 56.
(4) P. V., tome 10, page 57.
(5) *Archives nationales*, Carton C₁₁ 252, chemise 445, pièce n° 4.

(1) *Journal des Débats et des décrets* n° 214, page 314, et P. V., tome 10, page 56.
(2) P. V., tome 10, page 55.

Plusieurs membres demandent qu'on passe à la discussion des Droits de l'homme.

Salle (1). Vous avez ordonné par un décret que le paquet de lettres envoyé par le département de la Meurthe soit connu. J'estime qu'il importe à la Convention, autant qu'à moi, que ce décret reçoive exécution, et c'est pourquoi je demande que vous en fassiez donner lecture à l'Assemblée, ou que vous en ordonniez l'impression.

Charlier. Ces papiers sont sous le cachet ; je demande, en appuyant l'impression, que les pièces soient cotées et paraphées.

(La Convention décrète que les lettres de Salle seront cotées et paraphées par le président et les secrétaires et livrées à l'impression pour être distribuées aux membres.)

Vernier, *au nom du comité des finances*, fait un *rapport* et présente un *projet de décret tendant à mettre à la disposition du ministre de la guerre, et sous sa responsabilité, la somme de 56,800,000 livres, pour être par lui remise aux administrateurs des subsistances militaires.* Le projet de décret est ainsi conçu (2) :

« La Convention nationale, après avoir entendu le rapport de son comité des finances, sur la demande du ministre de la guerre, relative à celles qui lui ont été faites, tant par les administrateurs des subsistances militaires que par ceux des transports et convois des armées, décrète ce qui suit :

Art. 1er.

« La Trésorerie nationale tiendra à la disposition du ministre de la guerre, et sous sa responsabilité, la somme de 52,800,000 livres, pour être par lui remise aux administrateurs des subsistances militaires, et celle de 4,000,000 livres, destinée aux administrateurs des transports et convois militaires, le tout à fur et mesure des besoins ; lesdites sommes imputables sur les fonds qui seront réglés pour les dépenses extraordinaires de la guerre de 1793.

Art. 2.

« Sans préjudice de la responsabilité du ministre, il sera formé un comité de surveillance, composé de cinq membres. Ce comité correspondra, tant avec les administrateurs des subsistances qu'avec ceux des transports et convois militaires. Il vérifiera, arrêtera et signera, toutes les quinzaines et tous les mois, au plus tard, leurs registres. Il tiendra des doubles, qu'il fera contre-signer auxdits administrateurs, aux mêmes époques. Ce comité sera chargé, concurremment avec celui des finances, des rapports relatifs aux demandes de nouveaux fonds qui devront être remis auxdits administrateurs. »

---

(1) La motion de Salle et l'amendement de Charlier sont empruntés au *Journal des Débats*, n° 214, page 314 et au *Logotachigraphe*, n° 111, page 423.
(2) *Collection Baudouin*, tome 28, page 119 et P. V., tome 10, page 57.

(La Convention adopte ce projet de décret.)

Un membre (1) : Je demande à la Convention de vouloir bien décréter que le comité colonial est autorisé à retirer de chez le citoyen *Guillermin, un de ses membres, décédé hier,* un carton de papiers appartenant audit comité.

(La Convention adopte cette proposition.)

Lidon, *au nom du comité de la guerre*, fait un *rapport* (2) et présente un *projet de décret pour proroger jusqu'au 1er mai l'exécution de la loi qui accorde 3 sols par lieue et l'étape aux citoyens en congé, ou qui seraient en route pour rejoindre leur corps.*

Il expose que des congés de deux mois avaient été accordés à des militaires, dont la plupart, soit pour des raisons de santé, soit pour affaires de famille, n'ont pu encore rejoindre leur corps malgré la loi qui a suspendu tous les congés.

Votre comité, dit-il, vous propose de proroger le terme de tous délais jusqu'au premier mai prochain et voici le projet de décret qu'il m'a chargé de vous soumettre :

« Après avoir entendu le rapport du comité de la guerre,

« La Convention nationale proroge jusqu'au 1er mai prochain l'exécution de la loi qui accorde 3 sols par lieue et l'étape aux citoyens en congé, ou qui seraient en route pour rejoindre leurs corps respectifs, soit qu'ils soient en route, soit que, jusqu'au 1er mai prochain, ils se mettent en route. »

(La Convention adopte ce projet de décret.) (3)

INCIDENT.

(Demande de sursis à l'exécution d'un jugement.)

Masuyer (4). Dans ce moment-ci, on prépare le supplice d'une femme, d'une malheureuse cuisinière qui a tenu des propos anticiviques. Cette femme n'était pas à elle-même lorsqu'elle tenait ce langage. On dit qu'elle était dans le vin. Je demande qu'il soit sursis à l'exécution du jugement.

Thuriot. Je m'y oppose, ce sursis est contraire à la loi.

Plusieurs membres demandent la question préalable sur le sursis.

Isnard. Le tribunal extraordinaire s'est conformé à la loi ; mais la loi n'est pas assez précise ; elle est trop générale sans doute. Un citoyen qui tiendra des propos contre-révolutionnaires avec dessein et connaissance, devra être puni ; mais il n'est pas dans votre intention qu'une femme qui ne connaît pas les matières politiques... *(Murmures.)* Je ne parle pas de cette femme ; car lorsqu'une loi est portée, je veux qu'elle soit exécutée ; mais c'est de

---

(1) P. V., tome 10, page 58.
(2) *Mercure universel*, tome 26, page 315.
(3) *Collection Baudouin*, tome 28, page 118 et P. V., tome 10, page 58.
(4) Cette discussion, à laquelle prennent part Masuyer, Thuriot, Isnard, Robespierre jeune et plusieurs autres membres, est empruntée au *Moniteur universel*, 1er semestre de 1793, page 493, 2e colonne, et au *Journal des Débats et des décrets* n° 214, page 315.

l'imperfection de la loi dont je me plains...... (*Nouveaux murmures.*) C'est la loi qui a besoin d'être réformée. Nous sommes tous d'accord que celui qui, malicieusement et à dessein, prononcerait des propos tendant au royalisme, soit puni de mort ; mais une femme, qui ne connaît point les matières politiques... une femme qui n'attache à ce qu'elle dit aucune idée de réforme, c'est une injustice, une tyrannie, de lui appliquer rigoureusement une disposition faite pour imposer silence aux conspirateurs, aux malveillants, aux véritables contre-révolutionnaires.

Robespierre *le jeune.* Nous avons porté une loi contre le royalisme : celui qui parle contre la loi est un royaliste.

Un membre : Oui, c'est vouloir protéger les royalistes. Cette femme est convaincue d'avoir prêché la dissolution de la Convention. La loi est formelle, il faut qu'elle ait son exécution.

(La Convention ferme la discussion et passe à l'ordre du jour sur la demande de sursis.)

Un membre (1) demande le rapport du décret rendu au commencement de la séance, qui accorde un sursis au citoyen Lanoe, du département de l'Orne, condamné comme coupable de meurtre.

(La Convention écarte cette proposition par la question préalable.)

Le Président. (2) Un aide de camp du général Dampierre, qui a apporté la lettre du ministre de la guerre dont vous avez entendu la lecture, demande d'être admis à la barre, pour vous faire part de quelques faits importants.

(La Convention décrète son admission immédiate.)

Le colonel adjudant général Chérin est aussitôt introduit ; il prononce le discours suivant (3) :

« Citoyens,

« J'arrive de l'armée : j'apporte des dépêches des citoyens vos collègues, députés sur la frontière du Nord, adressées au président de cette Assemblée, et aux membres du comité de Salut public. J'apporte aussi une lettre du général Dampierre au citoyen ministre de la guerre, que je lui remettrai en sortant du milieu de vous. L'importance de la lettre de vos collègues aux membres du comité de Salut public, est telle, que le général Dampierre a cru devoir m'en charger, parce que je suis à portée d'y joindre de vive voix les éclaircissements d'un grand intérêt.

« Citoyens, l'armée est dans les dispositions les plus désirables ; depuis le chef jusqu'au dernier soldat, tous sont près à verser jusqu'à la dernière goutte de leur sang pour le maintien de la République.

« L'avant-garde combat sans cesse et avec beaucoup de valeur. Le 14 elle fut obligée de

céder, après un combat de quinze heures, un peu de terrain à l'ennemi, parce qu'il l'accablait par la supériorité des forces et celle de son artillerie. Le 15 elle a vaincu ; depuis, l'ennemi ne s'avance plus qu'avec précaution.

« J'ajouterai, citoyens, que les Autrichiens affectent de vous demander la paix ; Cobourg a manifesté ce désir de vive voix et par écrit ; les officiers de son armée tiennent le même langage ; leurs avant-postes cherchent sans cesse à communiquer avec les nôtres, ayant le mot de paix à la bouche.

« Le général a défendu très sévèrement aux troupes toute communication avec l'ennemi, dans la crainte qu'elles ne tombassent dans ses pièges. (*Applaudissements.*) Il leur a recommandé une grande surveillance, et surtout la haine de la tyrannie. (*Applaudissements.*)

« Je crois, citoyens, pouvoir vous assurer que la mésintelligence règne déjà parmi les puissances coalisées contre nous, et qu'elle ne tardera pas à éclater. (*Applaudissements.*)

« Citoyens, vous avez présentement entre vos mains le sort de la République française, et en même temps celui de l'Europe entière. »

Le Président (1). La Convention nationale s'attendait à des actes de valeur de la part des soldats de la République ; elle savait qu'ils maintiendraient leur honneur et celui du nom français qu'un traître a voulu flétrir ; les mêmes hommes qui ont tapissé de drapeaux la voûte du temple des lois, ne peuvent plus succomber ni fuir lâchement devant les tyrans et leurs esclaves. Nous accorderons un jour à ces tyrans la paix qu'ils demandent, mais ce ne sera qu'après que nous leur aurons bien fait sentir que nous sommes libres, et qu'ils l'auront solennellement reconnu. Les divisions qui règnent entre eux ne nous étonnent point ; les liaisons formées par le crime ne sauraient être durables. La Convention nationale est satisfaite de votre zèle, et vous accorde les honneurs de la séance.

(La Convention ordonne l'impression de ce discours et l'insertion au *Bulletin*, ainsi que de la réponse du président. Elle renvoie ensuite les dépêches dont l'adjudant général est porteur au comité de Salut public.)

Un membre (2) Il faut prendre garde qu'on ne répande dans la République qu'il ne tient qu'à nous de faire la paix, quand ce n'est peut-être qu'une ruse de nos ennemis.

Bréard, *au nom du comité de Salut public*, fait un rapport (3) et présente un *projet de décret pour ordonner que les trois bataillons du Calvados, détachés de l'armée de la Moselle pour se rendre en Bretagne, rejoindront immédiatement le poste qui leur avait été désigné* ; il s'exprime ainsi :

Citoyens, vous avez renvoyé à votre comité de Salut public une lettre du ministre de la guerre et un arrêté des commissaires à l'armée de la Moselle, qui ont suspendu la marche pour la ci-devant province de Bretagne, de trois bataillons du Calvados, marche que vos

---

(1) P. V., tome 10, page 58. —Voy. ci-dessus, p. 690.
(2) *Moniteur universel*, 1er semestre de 1793, page 493, 2e colonne.
(3) P. V., tome 10, page 59.

(1) P. V., tome 10, page 60.
(2) *Journal des Débats et des décrets*, n° 214, p. 317.
(3) *Journal des Débats et des décrets*, n° 214, p. 316.

commissaires regardaient comme une manœuvre perfide de Beurnonville. Vous avez ordonné à votre comité de vous présenter un projet de décret à cet égard ; je suis chargé de vous le soumettre et de vous annoncer que votre comité s'occupe en ce moment de faire marcher toutes les troupes disponibles vers les départements où la révolte a éclaté. Le ministre de la guerre et le général Santerre sont en ce moment en conférence, à ce sujet, avec le comité. Voici le projet de décret :

« La Convention nationale décrète que les trois bataillons du Calvados, qui avaient reçu l'ordre du précédent ministre de la guerre de partir de l'armée de la Moselle pour se rendre dans les départements de la ci-devant province de Bretagne, se rendront de suite en cette destination. La suspension de leur marche, prononcée par les représentants du peuple, commissaires de la Convention nationale près les armées du Rhin et de la Moselle, demeure nulle et comme non-avenue. »

(La Convention adopte ce projet de décret.) (1)

Le Président. L'ordre du jour appelle *la suite de la discussion* (2) *sur la déclaration des Droits de l'homme et du citoyen ;* la parole est au rapporteur.

Barère, *rapporteur* (3). Citoyens, je commence par une observation. La meilleure bataille qu'on puisse gagner à l'ennemi, c'est d'avoir bientôt la Déclaration des droits et une Constitution.

Il relit l'article 1er ainsi conçu :

« Art. 1er. Les droits naturels, civils et politiques des hommes, sont l'égalité, la liberté, la sûreté, la propriété, la garantie sociale et la résistance à l'oppression. »

Thuriot. J'ai une observation à présenter. Le plus précieux des droits c'est la vie. Je suis étonné que sa conservation ne soit pas mise

(1) *Collection Baudouin*, tome 28, page 118, et P. V., tome 10, page 61.

(2) Voy. ci-dessus, séance du mercredi 17 avril 1793, au matin, page 270, la précédente discussion sur cet objet et l'adoption de l'article 1er.

(3) Les articles de la Déclaration des droits, discutés au cours de cette séance, peuvent se diviser en plusieurs parties :

La 1re partie, qui comprend les articles 1 à 6, a trait à ce qui concerne l'égalité et la définition du droit de liberté : nous nous sommes servis, pour cette partie, du seul journal qui en fait mention, le *Journal des Débats et des décrets*, n° 214, page 321.

La 2e partie, formée par l'article 6, concerne la liberté de la presse. C'est au *Logotachigraphe*, n° 111, p. 425, 2e colonne, que nous avons emprunté notre texte; ce journal étant, pour cette partie, de beaucoup le plus exact et le mieux informé.

Pour la 3e partie, c'est-à-dire pour l'article 7, qui s'occupe de la liberté des cultes, nous avons eu recours un peu à tous les journaux, qui contiennent chacun des détails. Notre texte est une coordination des trois principaux, dont la lecture trouvera ci-après le texte original aux annexes de la séance, page 725.

La 4e partie, qui a trait à la liberté civile et individuelle (art. 8 à 16) et la 5e partie qui s'occupe plus spécialement du droit de propriété (art. 17 à 20) ont été prises par nous au *Journal des Débats et des décrets*, n° 217, et au *Mercure Universel*, tome 26, page 317. Ces deux journaux sont les seuls où il soit permis de préciser quelques détails utiles sur cette dernière discussion.

au rang des droits. Le mot de *sûreté* n'est pas assez précis pour consacrer ce droit précieux. Je demande qu'on adopte un des articles présentés par Romme ; il était ainsi conçu :

« L'homme en recevant la vie a reçu le droit imprescriptible de la conserver et de la défendre. »

(La Convention passe à l'ordre du jour.)

Barère, *rapporteur.* Maintenant, puisque l'égalité est le premier des droits, nous allons définir l'égalité. Je passe donc à l'article 7, qui devient le second.

Art. 2 (ancien 7).

« L'égalité consiste en ce que chacun puisse jouir des mêmes droits. »

Féraud. Je demande la parole. Quand nous sommes entrés en société, nous avons fait le sacrifice illimité de nos facultés pour conserver nos droits. Ainsi, nous devons poser la limite passé laquelle l'état social pourrait se dissoudre. Voici l'article que je propose :

« L'exercice des droits de chaque société n'a de bornes que celles qui assurent aux autres membres de la société la jouissance de ces mêmes droits. »

Daunou. Je propose de réunir le septième article au huitième et voici les motifs que j'en donne. Il est des aspects sous lesquels l'égalité est non seulement possible, mais positive, et ce qui l'exprime le mieux, c'est de dire que les hommes sont égaux devant la loi. Je propose, en conséquence, de rédiger ainsi l'article :

« Tous les hommes sont égaux devant la loi ; elle est la même pour tous, soit qu'elle récompense ou qu'elle punisse, soit qu'elle protège ou qu'elle réprime. »

Boissy-d'Anglas propose de définir ainsi l'égalité.

« L'égalité consiste dans l'exercice plein et entier de tous les droits dont jouissent les autres hommes. »

Maximilien Robespierre. Je trouve toutes ces définitions vicieuses. Tous les hommes sont égaux aux yeux de la raison et de la justice. Il ne faut point altérer cette vérité éternelle. L'idée que l'on veut définir me paraît bien exprimée dans l'article du comité ; je demande qu'il soit maintenu.

Barère, *rapporteur.* Il faut empêcher que le défaut de définition des mots ne cause des malheurs. La rédaction proposée ne reconnaissait que l'égalité sociale ; celle du comité étend l'égalité entre les hommes à l'exercice de toutes les facultés et de tous les droits qu'ils ont reçus de la nature.

La Convention adopte l'article en ces termes :

« Art. 2. L'égalité consiste en ce que chacun puisse jouir des mêmes droits. »

Barère, *rapporteur,* fait lecture des articles 8 et 9, concernant l'égalité, qui sont appelés à devenir les articles 3 et 4 de la Déclaration des droits ; ils sont adoptés en ces termes :

« Art. 3. La loi doit être égale pour tous soit qu'elle récompense ou qu'elle punisse, soit qu'elle protège ou qu'elle réprime.

45

« Art. 4. Tous les citoyens sont admissibles à toutes les places, emplois et fonctions publiques. Les peuples libres ne connaissent d'autres motifs de préférence dans leurs choix que les talents et les vertus. »

Barère, *rapporteur*. Je reviens à l'article second du projet, qui contient la définition de la liberté. On a objecté contre cet article, que sa contexture était trop obscure, et l'on a proposé d'y substituer une rédaction qui renferme la base de la morale publique. Ainsi, au lieu de dire que l'exercice des droits naturels de chaque homme n'a de bornes que celles qui assurent aux autres membres de la société la jouissance de ces mêmes droits, votre comité vous propose de dire :

« Art. 5. La liberté consiste à pouvoir faire tout ce qui n'est pas contraire aux droits d'autrui : elle repose sur cette maxime : « Ne fais pas aux autres ce que tu ne voudrais pas qu'on te fît. » (*Applaudissements.*)

Cette rédaction, qui deviendrait l'article 5 du projet, serait appelée à remplacer l'article 2 de l'ancienne Déclaration des droits.

(La Convention adopte la nouvelle rédaction du comité.)

Barère, *rapporteur*. donne lecture de l'ancien article 4, appelé à devenir l'article 6, et qui est conçu en ces termes :

« Art. 6. Tout homme est libre de manifester sa pensée et ses opinions. »

(La Convention adopte cet article.)

Barère, *rapporteur*. Soumet à la discussion l'article 7 (ancien 5) qui est ainsi conçu :

« Art. 7. La liberté de la presse et tout autre moyen de publier ses pensées, ne peut être interdite, suspendue ni limitée. »

Durand-Maillane. Je demande à présenter une observation. Il peut arriver qu'une opinion imprimée ou prononcée publiquement tende à provoquer au crime ou à renverser la Constitution ; en conséquence, je propose que, comme l'Assemblée Constituante, la Convention nationale ajoute à son article ces mots : « si ce n'est dans les cas déterminés par la loi. »

Buzot. J'appelle la question préalable sur cet amendement. Je crois, en effet, que dans un Etat digne de posséder la liberté, hors les temps de la Révolution, la liberté de la presse ne peut être suspendue ni limitée par aucune loi, car elle est garantie de la liberté publique et individuelle. Dans les temps de révolution, il n'est pas étonnant de voir la calomnie s'attacher à quelques citoyens. Le peuple a besoin de quelques objets de haine comme il a besoin de quelques objets d'amour, et il faut avoir le courage de mériter quelquefois la première. Mais, dans un temps de calme, il faut faire des lois différentes ; il faut que la liberté soit indéfinie, il faut qu'il soit permis à tout le monde de dire ce qu'il veut, non pas seulement sur l'ordre social et politique, mais, sur les individus qui concourent ou à la législation ou à l'exécution des lois, ou qui peuvent y prétendre un jour. Ainsi, en Amérique, on a eu soin de dire qu'aucune loi ne pourrait entraver la liberté de la presse ; je crois qu'il faut

ajouter bien textuellement cette partie qui manque à l'article 7 de votre comité.

Citoyens, dans les premiers jours de la Révolution, j'avais demandé moi-même une loi contre les abus de la presse ; je la croyais nécessaire, comme je la crois encore dans les circonstances où nous nous trouvons. Mais nous allons établir un édifice durable pour les temps de calme, et alors je m'oppose à toute limitation de la liberté de la presse. Si le peuple français est, comme je le crois, digne de la liberté, insensiblement les hommes qui aiment à calomnier perdront leur mérite, insensiblement ceux qui auront servi leur pays et qui aiment la vertu, reprendront dans l'opinion publique le degré d'estime qu'ils n'auraient pas dû perdre. Quelques individus seront sacrifiés peut-être aux malheurs du moment ; mais il ne faut pas que pour ces individus on sacrifie un principe qui doit être consacré dans la Déclaration des droits, qui garantit à jamais la liberté en France.

Je demande donc, dans la crainte que la plus légère tache vienne enlaidir un édifice aussi majestueux que celui de la Déclaration des droits de l'homme et du citoyen, je demande que non seulement on adopte la question préalable sur l'amendement, mais qu'on ajoute, en outre, que la liberté de la presse ne pourra être interdite, ni suspendue, ni limitée par aucune loi quelconque.

Salle. Citoyens, la liberté de la presse ne doit être, en effet, ni suspendue, ni limitée. mais dans ce sens seulement, qu'il est permis à tout homme de dire tout ce qu'il veut, et dans le sens encore que quand il a dit ce qu'il a voulu, il doit alors répondre de ce qu'il a dit.

Veuillez considérer que la liberté, telle qu'elle est définie dans le précédent article, est un mot générique qui s'applique à tout ce que l'homme est libre de faire ; que ce mot doit se diviser en autant d'articles qu'il y a d'actions possibles, si on peut parler ainsi. L'article proposé est ainsi conçu : « La liberté consiste dans l'exercice des droits de l'homme de manière pourtant que cet exercice ne nuise pas à l'exercice des mêmes droits dans les autres hommes. » C'est là du moins le sens, sinon la lettre même de l'article. Il est évident que si telle est notre définition, elle est mauvaise, ou il faut qu'elle établisse encore dans quels cas cette liberté peut nuire.

Faites attention, je vous prie, que presque toutes les actions des hommes viennent de leurs opinions ; que d'abord le désir est dans la conscience et qu'ensuite l'action en est le résultat. Eh bien ! lorsque l'action est provoquée, lorsqu'une action a pour effet de diffamer autrui, de lui ôter par la calomnie sa réputation, son honneur ou ses moyens de vivre, certainement cette action nuit au droit le plus sacré, qui est celui de la conservation de la personne. Et faites attention que le calomniateur, qui a dans ses mains des moyens puissants, des moyens de fortune, ôte à la volonté, à celui qu'il a calomnié, tous les moyens de se défendre, lorsque cet homme est faible, lorsqu'il n'a aucune ressource pécuniaire pour repousser les imputations formulées contre lui.

Citoyens, supposons un homme dans un groupe, qui, par des discours artificieux ou des pamphlets mensongers, provoquerait, déterminerait un mouvement à la tête duquel il ne se mettrait pas. Vous ne pouvez pas dire que cet homme, que ce provocateur de sédition ne soit pas coupable de l'avoir conseillé ; il n'y a aucune différence entre parler et écrire, car le résultat est absolument le même.

Je soutiens donc que la restriction, que vous avez mise à la liberté générale, doit s'étendre à cette liberté particulière ; voici comment je voudrais que l'article fût rédigé :

« La liberté de la presse ne peut être interdite, ni suspendue, ni limitée, sauf à répondre devant la loi des abus qui pourraient être commis. »

Maximilien Robespierre. L'article du comité énonce un principe vrai ; les observations que Buzot a faites sont justes en elles-mêmes, mais il me semble qu'il en a fait une fausse application. Il n'y a qu'une seule exception, qui n'est applicable qu'au temps des révolutions et que Buzot paraît avoir méconnues, car les révolutions sont faites pour établir les droits de l'homme. Or, l'intérêt de la Révolution peut exiger certaines mesures qui répriment une conspiration fondée sur la liberté de la presse.

Par exemple, vous avez adopté des lois qui combattent le principe que Buzot a voulu établir absolument et dans tous les temps. Telles sont celles qui prononcent la peine de mort contre quiconque attaquera l'indivisibilité de la République. Telle est cette autre loi, par laquelle vous décernez la même peine contre ceux qui oseront provoquer, soit par écrit, soit par paroles, le rétablissement de la royauté. De semblables mesures, quoique contraires au principe de liberté indéfinie, qui doit régner dans un état de calme, sont cependant nécessaires dans ce moment, et si vous ôtiez tout espèce de frein à la licence des conspirateurs qui pourraient inonder la France entière de libelles liberticides, vous porteriez un coup mortel à la liberté et vous vous mettriez hors d'état d'assurer le maintien des droits de l'homme, qui doivent être la base de notre Constitution. Il est plus nécessaire que jamais de maintenir, dans toute leur sévérité, ces lois révolutionnaires, qui étouffent le germe du royalisme et du fédéralisme, fléaux qui perdraient la République entière. Je déclare que les lois faites évidemment pour la Révolution, quoique contraires à l'exercice ou plutôt à la liberté de la presse, sont nécessaires.

Cela dit, je demande la conservation de l'article du projet du comité ; mais je repousse l'addition proposée par Buzot.

Pétion. La distinction qui a été faite ne peut recevoir ici aucune application : personne ne vous a proposé de rétracter les lois déjà faites ou de les modifier. De quoi s'agit-il ici ? d'une Déclaration des droits. Or, dans une Déclaration des droits, vous ne pouvez, sous aucun rapport et sous aucun prétexte, limiter les droits que l'homme a en société. Vous pouvez d'autant moins y mettre aucune borne, que le droit le plus sacré de tous, celui qui conserve tous les autres, est le droit d'exprimer librement sa pensée. Tous les publicistes ont reconnu que ce droit ne pouvait recevoir aucune espèce d'atteinte, et j'observe que s'il en était autrement, sous le prétexte d'éviter des mouvements, on perdrait tous les avantages qui peuvent résulter de cette liberté. Ne croyez pas que vous puissiez jamais atteindre à des lois parfaites ; mais au moins que la crainte des inconvénients qu'elles peuvent entraîner ne vous en fasse pas perdre les avantages.

Je demande donc que, sans examiner si les lois actuelles seront ou ne seront pas rétractées, l'article du comité soit maintenu tel qu'il est.

Buzot. Il est très essentiel d'avoir des idées bien déterminées sur la question ; c'est là la base de notre gouvernement. C'est pourquoi je me permettrai encore une observation. Je renonce à l'addition que j'avais proposée, d'abord parce qu'elle est implicitement contenue dans l'article, ensuite parce qu'il n'a jamais été dans ma pensée de revenir sur aucune des lois, que la nécessité et les besoins révolutionnaires nous ont fait adopter. Mais il est un autre point que je veux traiter, qui a trait à l'amendement qu'on vous a proposé, par lequel la liberté de la presse ne saurait être interdite, sauf à répondre devant la loi des abus qui pourraient être commis. Nous avons un gouvernement représentatif, et c'est dans cette sorte de gouvernement que la liberté de la presse supplée à la manifestation des volontés particulières. Tous les citoyens ne pouvant tous se faire entendre, ni concourir immédiatement à la confection de la loi, il est bien essentiel que les citoyens aient la faculté de manifester leurs opinions. J'ajoute qu'à l'égard des personnes, jamais la liberté de la presse n'attaquera que des hommes en place ou qui auront l'ambition d'y parvenir. Eh bien ! chaque citoyen devient le jury naturel d'un autre citoyen, et comme le peuple, à mesure que l'instruction se développera en lui, deviendra de moins en moins la dupe de ses faux amis, j'estime que la crainte manifestée dans ce correctif qui vous est proposé deviendra de plus en plus illusoire et qu'il est inutile, sinon dangereux, dès aujourd'hui de le porter dans la loi. Il faut que l'article soit clair et précis, si vous ajoutez ces mots : « Sauf à ne pas nuire à autrui » il faut faire aussitôt mille décrets là-dessus. Je demande que l'on mette purement et simplement aux voix l'article du comité.

Plusieurs membres : La clôture ! la clôture !

Homme. Je propose cette rédaction :

« La liberté absolue de la presse est un droit de tous les hommes ; il ne peut être restreint, suspendu ni limité, sans blesser la souveraineté nationale et compromettre la liberté. »

Un grand nombre de membres : Non, non, votons plutôt l'article présenté par le comité.

La Convention adopte l'article 7 présenté par le comité et conçu en ces termes :

« Art. 7. La liberté de la presse, où tout autre moyen de publier ses pensées, ne peut être interdite, suspendue ni limitée. »

Barère, *rapporteur,* donne lecture de l'article 8 (ancien 6), qui est ainsi conçu :

« Art. 8. Tout homme est libre dans l'exercice de son culte. »

Un membre : Je m'oppose à ce que cet article soit inséré dans la Déclaration des droits.

Jamais le législateur ne doit influencer les rapports qui existent entre l'homme et la divinité. Le culte, dans un État libre, n'est que la manifestation des sentiments que l'homme professe pour la puissance que dans le plus profond de son cœur il considère comme Dieu, et j'estime que personne ici, en temps que législateur et en temps qu'homme, ne doit porter les yeux sur un pareil objet.

J'ajoute que légiférer à cet égard serait une œuvre impolitique et maladroite, car le décret qui voudrait apposer des bornes au culte, en ferait la reconnaissance implicite. Ce serait consacrer la nécessité des prêtres ; or, nous avons trop gémi des maux attachés à leur existence pour chercher à les faire renaître. Pourquoi tenter de nouveau de remettre l'homme dans les liens des préjugés les plus honteux ? (*Murmures sur plusieurs bancs.*)

Au reste, quand vous ne la déclareriez pas, cette liberté, quelle est la puissance assez forte sur la terre pour empêcher l'âme de choisir l'objet de son culte et de sa reconnaissance religieuse, l'arbre, le rocher, l'astre à qui il doit ou croit devoir son bonheur ! Sur quoi légiféreriez-vous d'ailleurs ? Si on entend par culte, le culte intérieur, je viens de montrer qu'à mon sens le législateur ne peut et ne doit pas se mêler des rapports du cœur de l'homme avec Dieu ; si on entend, au contraire, par culte, le culte extérieur, je soutiens, moi, que votre déclaration ne peut en consacrer la liberté, car peut être viendra-t-il un temps où il n'y aura plus d'autre culte que celui de la liberté et de la morale publique.

Il est donc absolument inutile de dire que l'homme est libre sur le culte qu'il voudra choisir. Je propose la suppression de cet article.

Barère, *rapporteur.* Certes la pensée religieuse est libre, comme toutes les autres, et je serais de l'avis du préopinant s'il s'agissait, par l'article 8 du projet, de donner des règles ou d'imposer des limites à la pensée humaine. Je crois trop avec lui qu'il n'y aura bientôt en France, et peut-être en Europe, d'autre culte que celui de la loi basée sur la morale et la liberté, pour rêver d'un culte public. Il ne s'agit ici que de consacrer la liberté de ceux que la même pensée et la même opinion religieuse réunissent pour rendre hommage à la divinité qu'ils reconnaissent. Il est une chose à laquelle il faut bien prendre garde. Tout homme qui a une opinion religieuse, soit qu'il adore un rocher dans les montagnes ou l'herbe qui croît sous ses pieds, a un culte ; c'est là pour lui un droit que personne ne peut lui enlever, et qu'il est libre de pratiquer seul ou en compagnie, si plusieurs personnes, comme lui, partagent sa croyance. On aurait tort de voir en l'espèce un culte public, qui appelle des desservants, ou des prêtres, comme on les a nommés ; ce sont tout simplement des gens qui ont la même idée, ou sur la nature, ou sur un esprit universel, ou sur ce qui leur plaît. Aucune loi ne peut restreindre la liberté de ce culte, et c'est cette liberté que l'article doit assurer.

Plusieurs membres : Aux voix ! aux voix !

Vergniaud. L'article que nous discutons, et qui se trouvait à peu près dans les mêmes termes dans l'ancienne Déclaration des droits,

est un résultat du despotisme et de la superstition, sous lesquels la France a si longtemps gémi. La maxime de l'Église catholique, *hors l'Église point de salut,* n'avait pu établir l'inquisition en France, mais avait garni nos bastilles.

Lorsque l'Assemblée constituante donna la première impulsion à la liberté, il fallut, pour faire cesser l'affreuse intolérance qui s'était établie et détruire les préjugés, consacrer le principe de la tolérance et de la liberté des cultes. C'était déjà un grand pas de fait, car on n'osait pas encore attaquer la superstition de front ; et nous devons être reconnaissants à nos prédécesseurs de l'insertion dans leur déclaration de cet article qui reconnaissait à tout citoyen le droit de choisir pour sa foi la croyance qu'il lui plairait et d'exercer le culte de son goût.

Mais aujourd'hui que les esprits sont dégagés et que les entraves qui ont si longtemps enveloppé l'âme humaine sont enfin brisées, je ne crois pas que, dans une Déclaration des droits sociaux, vous puissiez consacrer des principes absolument étrangers à l'ordre social. L'homme est libre dans sa pensée, libre dans son culte, et qu'il vive en société ou qu'il vive dans les forêts, il est libre de se tourner vers l'Orient ou vers l'Occident pour saluer la divinité. Cette liberté, vous ne pouvez la consacrer par un article sans laisser soupçonner que, sans votre article, cette liberté n'eût pas existé.

Et remarquez, citoyens, que lorsque vous faites une Déclaration des droits, c'est pour poser les bases de l'organisation sociale dont il n'est plus permis de s'écarter. Cependant on sait que ces principes pris rigoureusement seraient inapplicables à l'état de société, et qu'on réduit à faire des lois réglementaires ou des codicilles suivant les circonstances. Eh bien, si dans la Déclaration des droits vous insérez un article qui consacre la liberté du culte, on pourrait penser que par des lois de police vous pourriez ensuite modifier de telle ou telle manière cette liberté. Or ce serait là une grande erreur. La liberté du culte est telle qu'elle est, indéfinie et indépendante de tout pacte social. Je demande la suppression de l'article.

Danton. Rien ne doit plus nous faire présager le salut de la patrie que la disposition actuelle. Dans l'importante question qui nous agite, nous avions paru jusqu'ici divisés, mais ce n'était que sur des mots, car aussitôt que nous nous occupons du bonheur des hommes, nous voilà tous d'accord (*Vifs applaudissements.*)

Vergniaud vient de vous dire de bien grandes et d'éternelles vérités. L'Assemblée constituante, embarrassée par un roi, par les préjugés qui enchaînaient encore la nation, par l'intolérance qui s'était établie, n'a pu heurter de front les principes reçus et a fait encore beaucoup pour la liberté en consacrant celui de la tolérance. Aujourd'hui le terrain de la liberté est déblayé ; nous devons au peuple français de donner à son gouvernement des bases éternelles et pures.

Quoi ! nous leur dirions : Français, vous avez l'autorisation d'adorer la divinité qui vous paraît mériter votre hommage, vous avez la liberté d'avoir un culte !

Remarquez bien, citoyens, comme on vous l'a fait observer, que les rapports de l'homme à Dieu ne peuvent donner nulle prise aux hommes. Le droit d'avoir son culte, le droit de l'exercer, n'est autre chose que le droit de se réunir paisiblement et sans armes. Si vous voulez que votre déclaration ne contienne que le titre des droits de l'humanité, vous ne devez rien y insérer qui sente une opération de police.

Je demande donc la question préalable sur cet article. Tout citoyen aura le droit de se réunir en aggrégation pour honorer la vérité comme il le voudra ; personne ne pourra le troubler à moins que cet individu ou qu'une aggrégation d'individus ne trouble l'ordre public. Ainsi, les règlements seuls de la police qui seront en harmonie avec nos lois fondamentales, assureront à tous les citoyens ce qu'on voudrait consacrer par cet article. Le droit de la liberté du culte, droit sacré entre tous, sera protégé par vos lois, qui, en harmonie avec les principes, n'auront pour but que de les garantir.

La raison humaine, d'ailleurs, ne peut rétrograder, nous sommes trop pour craindre que le peuple puisse croire n'avoir pas la liberté de son culte, parce qu'il ne verra pas le principe de cette liberté gravé sur la table de vos lois. Nous sommes guéris de la manie des prêtres. (Applaudissements.) Si la superstition semble encore avoir quelque part aux mouvements qui agitent la République, c'est que la politique de nos ennemis l'a toujours employée ; mais remarquez que partout le peuple, dégagé des impulsions et de la malveillance, reconnaît que quiconque veut s'imposer entre lui et la divinité est un imposteur, et a demandé, dans presque toute la France, l'exportation du prêtre qui prêchait la guerre civile au nom de Dieu.

Ainsi, gardez-vous bien de mal présumer de vos concitoyens ; la raison nationale fera justice de tous les préjugés. Dispensez-vous de consacrer, dans la Déclaration des droits de l'homme, que la postérité doit lire avec respect, dispensez-vous, dis-je, d'insérer un article qui contiendrait cette présomption injuste. En passant à l'ordre du jour, ce sera une sorte de question préalable sur les prêtres, et la nation vous votera des remerciements.

Gensonné. Les principes que Vergniaud et Danton viennent de développer devant vous me paraissent incontestables, et je conviens très volontiers avec eux qu'il faut ôter de la Déclaration des droits l'article qui concerne la liberté des cultes. Ce n'est pas, en effet, dans la Déclaration des droits que doit venir pareille discussion : vous avez dans le projet de Constitution un chapitre particulier, destiné à poser les bases fondamentales de la liberté civile. C'est à ce chapitre que vous devez renvoyer ce débat. Peut-être vous souviendrez-vous alors que presque tous les gouvernements ont abusé des lois de police pour restreindre ou gêner, empêcher même la liberté des cultes : peut-être trouverez-vous nécessaire également de consacrer cette liberté dans un article de la Constitution. Pour le moment je demande avec les précédents orateurs que l'article 8 du projet soit retiré de la Déclaration des droits et que la discussion en soit renvoyée au moment où vous vous occuperez de cette partie de la Constitution qui doit consacrer la liberté civile.

Guyomar. Je demande la parole contre cette proposition.

Plusieurs membres : Non, non ! aux voix, aux voix !

Durand-Maillane. Écoutons tout le monde. Il faut que chacun ici ait la liberté de parler pour ou contre, afin de nous éviter le reproche qu'on a fait, avec tant de raison, aux réviseurs de l'Assemblée constituante, qui anéantissaient la liberté des opinions.

Danton. Eussions-nous ici un cardinal, je voudrais qu'il fût entendu.

Guyomar. Personne plus que moi n'est convaincu des progrès de la raison et de l'esprit public, mais j'observe que la suppression de cet article nous mène par deux chemins, ou au théisme ou à l'athéisme... (*Interruptions sur plusieurs bancs.*)

Philippeaux. Je demande que la Convention s'interdise des discussions théologiques.

Féraud. Par respect pour la divinité, ne continuons pas cette discussion... (*Nouvelles interruptions.*)

Guyomar. C'est parce que je crains les prêtres ; c'est parce que je crains le fanatisme et tous les maux qu'il entraîne, que je demande qu'on leur arrache la dernière arme qui leur reste, et que l'on consacre par un article la liberté du culte.

Salle. Sans doute, la liberté des cultes doit être maintenue, mais j'observerai, avec J.-J. Rousseau, qu'il peut y avoir des actions indifférentes en apparence, qui influent cependant d'une manière très puissante sur la chose publique. Je demande que l'article soit retiré ; mais j'engage la Convention à rédiger un acte par lequel tout citoyen s'engagera, quel que soit son culte, à se soumettre à la loi de l'État.

(La Convention ferme la discussion et ajourne l'article jusqu'au moment où elle discutera la Constitution.) (1)

Barère, *rapporteur*, donne lecture de l'article suivant (ancien 3), qui est adopté ainsi qu'il suit :

« Art. 8. La conservation de la liberté dépend de la soumission à la loi, qui est l'expression de la volonté générale. Tout ce qui n'est pas défendu par la loi ne peut être empêché ; et nul ne peut être contraint à faire ce qu'elle n'ordonne pas. »

Barère, *rapporteur*, soumet à la discussion l'article 9 (ancien 10), qui est ainsi conçu ;

« Art. 9. La sûreté consiste dans la protection accordée par la société à chaque citoyen, pour la conservation de sa personne, de ses biens et de ses droits. »

(La Convention adopte cet article sans discussion.)

(1) Voyez ci-après, aux annexes de la séance, page 721 l'opinion non prononcée d'Yves Audrein sur le même objet.

Barère, *rapporteur*, donne lecture des articles 10 à 16 (anciens 11, 12, 13, 14, 15, 16 et 17), qui ont pour but de *déterminer les droits de la liberté individuelle et civile ;* ils sont ainsi conçus :

« Art. 10. Nul ne doit être appelé en justice, accusé, arrêté ni détenu que dans les cas déterminés par la loi, et selon les formes qu'elle a prescrites. Tout autre acte exercé contre un citoyen, est arbitraire et nul.

« Art. 11. Ceux qui solliciteraient, expédieraient, signeraient, exécuteraient ou feraient exécuter ces actes arbitraires, sont coupables et doivent être punis.

« Art. 12. Les citoyens contre qui l'on tenterait d'exécuter de pareils actes, ont le droit de repousser la force par la force ; mais tout citoyen appelé ou saisi par l'autorité de la loi, et dans les formes prescrites par elle, doit obéir à l'instant : il se rend coupable par la résistance.

« Art. 13. Tout homme étant présumé innocent jusqu'à ce qu'il ait été déclaré coupable, s'il est jugé indispensable de l'arrêter, toute rigueur qui ne serait pas nécessaire pour s'assurer de sa personne doit être sévèrement réprimée par la loi.

« Art. 14. Nul ne doit être puni qu'en vertu d'une loi établie, promulguée antérieurement au délit, et légalement appliquée.

« Art. 15. La loi qui punirait des délits commis avant qu'elle existât, serait un acte arbitraire : l'effet rétroactif donné à la loi est un crime.

« Art. 16. La loi ne doit décerner que des peines strictement et évidemment nécessaires à la sûreté générale. Les peines doivent être proportionnées aux délits et utiles à la société. »

Ramel-Nogaret présente des articles plus précis que ceux du comité.

Gensonné sollicite, au contraire, le maintien de ces derniers.

Danton. Je ne connais pas d'actes plus punissables que ceux exercés à l'ombre de la loi. C'est véritablement un assassin celui qui, en violation de la loi, exerce des actes arbitraires sur un citoyen et peut dans un moment lui ravir ce qu'il a de plus cher. Sans entrer dans le détail de chaque article, je demande donc qu'avant tout on consacre en principe que celui qui opprime en violation de la loi sera traité comme un assassin, et que celui qu'il opprimera pourra le traiter comme tel et repousser la force par la force.

Génissieu fait observer qu'un homme ne peut pas être juge de la légalité des formes et des actes lancés contre lui.

Lanjuinais pense que c'est semer le germe de la dissolution sociale que de permettre à un citoyen de repousser par la force un officier public chargé d'un mandat du magistrat, alors même que ce mandat contiendrait des nullités.

Danton répond en citant, comme autorité, la législation anglaise, où un simple défaut de forme suffit pour permettre de repousser la force par la force et de refuser l'obéissance. Il ajoute qu'il faut consacrer les principes de la liberté individuelle dans la Déclaration des droits et renvoyer le mode de la résistance et des nullités aux articles constitutionnels.

Barère, *rapporteur*, insiste pour l'adoption du principe développé par Danton. C'est là, dit-il, le point le plus important que vous ayez à traiter. Qu'importe à un citoyen que vous lui garantissiez les droits de voter, de parler, les droits politiques en un mot, si sa vie ou ses propriétés ne sont pas garanties ; s'il peut être visé, opprimé ou sacrifié.

Garnier (*Aube*). Le droit de résister est celui de ne pas obéir et non celui d'assassiner. Si vous me présentez un acte nul par ses formes, alors je ne puis reconnaître ni l'officier, ni le juge et je n'obéis pas. Consacrez donc le grand principe de la résistance à l'oppression pour tout acte nul ou arbitraire, ou ma liberté civile n'est pas en sûreté.

Pétion appuie le principe, sauf à déduire les conséquences dans les articles constitutionnels.

(La Convention adopte ainsi qu'il suit les articles qui ont trait à la *liberté individuelle et civile :*

« Art. 10. Nul ne doit être appelé en justice, accusé, arrêté ni détenu, que dans les cas déterminés par la loi, et selon les formes qu'il a prescrites.

« Tout citoyen appelé ou saisi par l'autorité de la loi, et dans les formes prescrites par elle, doit obéir à l'instant ; il se rend coupable par la résistance.

« Art. 11. Tout acte exercé contre un homme hors les cas déterminés par la loi et contre les formes qu'elle a prescrites, est arbitraire et nul.

« Tout homme contre qui on tenterait de pareils actes a le droit de repousser la force par la force.

« Art. 12. Ceux qui solliciteraient, expédieraient, signeraient, exécuteraient ou feraient exécuter ces actes arbitraires sont coupables et doivent être punis.

« Art. 13. Tout homme étant présumé innocent jusqu'à ce qu'il ait été déclaré coupable, s'il est jugé indispensable de l'arrêter, toute rigueur qui ne serait pas nécessaire pour s'assurer de sa personne, doit être sévèrement réprimée par la loi.

« Art. 14. Nul ne doit être jugé ni puni qu'en vertu d'une loi établie, promulguée antérieurement au délit et légalement appliquée.

« La loi qui punirait des délits commis avant qu'elle existât, serait un acte arbitraire. »

Lanjuinais, avant qu'on ne prononce sur l'article 15, qui a trait à *l'effet rétroactif de la loi*, demande à présenter quelques observations.

S'il en était ainsi, observe-t-il, où irions-nous pour nous sauver ? Mais ce n'est pas par des exemples qu'il faut vous convaincre, ce sont des principes qui doivent vous déterminer. Or, il est de principe que ces lois ne regardent pas en arrière. Cependant il peut arriver, en matière civile, qu'une disposition de loi ait un effet rétroactif.

Barère, *rapporteur*. L'effet rétroactif ne doit pas être souffert ni en matière civile ni en matière criminelle ; et, en effet, comment pourrait-on prétendre qu'un législateur eût le droit, par une loi de demain, de me punir d'une action faite aujourd'hui en vertu d'une loi d'hier. Je demande qu'on laisse à l'article sa forme laconique qui doit effrayer tout législateur injuste.

La Convention adopte les articles 15 et 16, derniers articles qui concernent la *liberté individuelle et civile*, ainsi qu'il suit :

« Art. 15. L'effet rétroactif donné à la loi est un crime.

« Art. 16. La loi ne doit décerner que des peines strictement et évidemment nécessaires. Les peines doivent être proportionnées aux délits et utiles à la société. »

Barère, *rapporteur*, soumet à la discussion l'article 17, ancien 18), qui est ainsi conçu :

« Art. 17. Le droit de propriété consiste en ce que tout homme est le maître de disposer à son gré de ses biens, de ses capitaux, de ses revenus et de son industrie.

Génissieu pense que le mot *disposer* est trop vague. Il paraîtrait permettre, dit-il, d'aliéner les biens par testament, et vous savez que vous-mêmes avez détruit ce droit, qui n'est pas un droit de l'homme, mais une concession de la société. Je demande qu'on mette un mot qui ait moins d'étendue.

Rabaut-Saint-Etienne. Il paraît qu'on oublie que dans une Déclaration des droits il faut poser des principes nus, intacts et simples ; que si quelque modification peut y être faite, c'est dans le contrat social qu'il faudra combiner les moyens que la société emploiera pour empêcher que la disposition des propriétés ne tourne à son détriment.

Gensonné. Je crois que notre embarras ne vient que de ce qu'on a voulu employer de nouveaux mots, pour exprimer ce dont on avait déjà une définition exacte. Les Romains ont défini le droit de propriété, *jus utendi et abutendi*, le droit d'user et d'abuser. Je désirerais qu'on employât les mêmes termes.

Lanjuinais. Cette définition n'est pas admissible, car il est certain que personne ne peut abuser de son bien. Je désirerais qu'on pût trouver une expression qui ne prêtât point à des interprétations fâcheuses.

Louvet (J.-B.). Il me semble que les mots *jouir* et *user* rempliraient le but de la Convention. L'un et l'autre défendent de disposer et permettent au législateur d'apporter toutes les modifications possibles.

Salle. Je crois, moi, que *disposer* est le mot propre et je me fonde sur ce qu'un homme ne peut disposer après sa mort ; donc un homme peut disposer pendant sa vie.

(La Convention adopte l'article 17, tel qu'il est présenté par le comité.)

Barère, *rapporteur*, donne lecture de l'article 18 (ancien 19), qui est ainsi conçu :

« Art. 18. Nul genre de travail, de commerce, de culture, ne peut lui être interdit ; il peut fabriquer, vendre et transporter toute espèce de production. »

Cambon. Je n'insiste pas après le vote de l'article précédent et surtout après la réserve parfaitement formulée par Rabaut, que la Déclaration des droits doit être intacte, pure et débarrassée de tout objet réglementaire. Je tiens néanmoins à faire observer que vous permettez par l'article 18 la liberté de culture et qu'il se pourrait bien, pour l'intérêt universel, que vous fussiez obligés d'y mettre des bornes ; car un homme, une compagnie pourraient, je suppose, faire croître une plante venimeuse ou accaparer une plante utile à la République.

Rabaut-Saint-Etienne. C'est dans la Constitution que vous prendrez les mesures, les lois à la société. Vous avez décrété la liberté de la presse, vous ne vous êtes pas dissimulé que l'on pourrait produire des écrits venimeux. La Déclaration des droits est une échelle que le législateur pourra constamment opposer au législateur, pour lui montrer la gradation ou l'éloignement où il est de la vérité.

(La Convention adopte l'article 18, tel qu'il est présenté par le comité.)

Barère, *rapporteur*, donne lecture de l'article 19 (ancien 20), qui est adopté, sans discussion, dans la forme qui suit :

« Art. 19. Tout homme peut engager ses services, son temps ; mais il ne peut se vendre lui-même : sa personne n'est pas une propriété aliénable. »

Doulcet-Pontécoulant, *secrétaire*, donne lecture d'une *lettre des citoyens Du Bois Du Bais et Briez, commissaires de la Convention à Valenciennes*, par laquelle ils témoignent leur douleur d'avoir vu leur conduite improuvée par la Convention et font passer une lettre du général Beurnonville, adressée au pouvoir exécutif ; cette lettre est ainsi conçue (1) :

« Valenciennes, 18 avril 1793, l'an II de la République française.

« Citoyens nos collègues,

« Ce n'est pas sans la plus vive sensibilité que nous avons été instruits de notre rappel (2). Le motif que la Convention nationale a eu de le décréter est notre réponse à l'adresse de Cobourg ; elle n'a trouvé que des approbateurs ; elle a opéré les meilleurs effets dans le public et l'armée. Voilà les témoignages qui nous en sont rendus journellement. D'ailleurs, citoyens collègues, elle n'a point été écrite à titre de correspondance, comme on l'a conçu à la Convention, mais seulement pour détruire la mauvaise impression qu'avait pu

---

(1) *Archives nationales* : AFII, n° 147.
(2) Voy. ci-dessus, séance du 15 avril 1793, page 141, le décret rappelant ces commissaires.

produire l'adresse de Cobourg, répandue avec profusion.

« La lettre particulière que nous avons adressée à ce général n'avait pour objet que de nous faire rendre nos quatre collègues, et cette correspondance, comme on a dû le voir, a été provoquée par nos prédécesseurs Bellegarde, Lequinio et Cochon. Ce qui nous a bien étonnés, c'est d'avoir été trouvés blâmables par la Convention nationale, lorsque nous comptions, au contraire, qu'elle approuverait notre conduite, ou au moins qu'elle rendrait justice aux vues de bien public qui nous ont dirigés.

« Nous obéirons, citoyens nos collègues, avec résignation au décret de la Convention nationale ; mais nous ne quitterons pas nos travaux pénibles que nos successeurs ne soient arrivés parce qu'ils sont essentiels à la République, quoique dans ce moment ils auront bien moins de succès.

« Ce qui peut nous consoler, c'est que ceux qui nous remplaceront n'auront ni plus de zèle, ni plus de patriotisme, et ne se livreront pas avec un plus grand dévouement à remplir l'objet de leur mission. Ils pourront être plus heureux auprès de la Convention nationale, mais ils ne seront pas plus dignes de sa confiance. Ce qui nous importe, c'est qu'on sache que nous rentrerons purs au milieu d'elle, et sur cela nous provoquons l'examen le plus rigoureux.

« *Signé :* Du Bois du Bais ; Briez. »

(La séance est levée à six heures du soir.)

———

PREMIÈRE ANNEXE (1)

A LA SÉANCE DE LA CONVENTION NATIONALE
DU VENDREDI 19 AVRIL 1793.

Observations *du ministre des contributions publiques sur le décret rendu le 17 avril en faveur du citoyen* Genneau, *ci-devant commissaire du roi à la Monnaie d'Orléans, adressées à la Convention nationale (2).*

Sur une pétition et griefs du citoyen Genneau, ci-devant *commissaire* du roi de l'hôtel des Monnaies d'Orléans, le conseil exécutif provisoire a rendu compte, au comité des finances, des motifs pour lesquels le citoyen Genneau n'avait point été réélu à l'une des places de commissaire de la Monnaie, *toutes* vacantes, en vertu de la loi du 18 septembre 1792 ; et sur le rapport de ce comité, la Convention nationale a rendu, le 17 de ce mois, un décret par lequel *ledit* Genneau *doit être rendu à ses fonctions de commissaire national à la Monnaie d'Orléans, au lieu de celle de Saint-Omer* à laquelle il a été nommé depuis, par la com*mission des monnaies ; et à cet effet renvoyé au pouvoir exécutif.*

Ce décret n'a pu être obtenu que par l'effet d'une surprise. On a persuadé au comité des finances et à la Convention nationale, que le citoyen Genneau avait été arbitrairement et injustement destitué.

Aussi mon devoir, la justice et mon respect pour la Convention elle-même, m'obligent à éclairer sa religion ; afin que, mieux instruite, elle examine, dans sa sagesse, si elle ne doit pas rapporter un décret qui blesse toutes les règles d'administration et enhardit contre le Pouvoir exécutif les tentatives les plus propres à lui ôter toute confiance, et à perpétuer la discorde et l'anarchie.

Il est faux que j'aie destitué le citoyen Genneau ; il est faux, par conséquent, qu'on puisse me reprocher d'avoir été, envers lui, arbitraire ou injuste.

Le citoyen Genneau, dans la revision ordonnée par la loi, n'a pas été réélu commissaire à l'hôtel de la Monnaie d'Orléans. Mais :

Premièrement, j'étais libre dans le choix que j'avais à faire ;

Secondement, il n'était pas rééligible.

PREMIÈRE VÉRITÉ.

Je n'ai pas destitué le citoyen Genneau de la place de commissaire de l'hôtel des Monnaies d'Orléans.

La loi (1) du 18 *septembre dernier, porte (article 1er) : Les commissaires du roi dans les hôtels des monnaies désignés sous le nom de commissaires des hôtels des monnaies par le décret du 7 du présent mois,* SONT DESTITUÉS *et ne pourront être renommés.*

Ce n'est donc pas le ministre des contributions publiques, ce n'est pas *moi*, qui ai destitué le citoyen Genneau ; sa destitution est l'ouvrage de la loi, et avec lui ont été destitués tous les citoyens, sans distinction, qui remplissaient alors des fonctions semblables aux siennes.

SECONDE VÉRITÉ.

Je n'étais pas obligé à réélire le citoyen Genneau.

On a remarqué que la même loi statuait que les destitués ne pourraient pas être renommés.

J'observai, de concert avec la commission générale des monnaies, qu'entre les commissaires destitués et leurs adjoints (2), il devait se trouver des citoyens qui méritaient, par des talents éprouvés et un civisme connu, les uns, d'être conservés dans leurs places, les autres, d'être élus commissaires.

Sur ces observations, l'Assemblée nationale, a fait, le 20 septembre, une nouvelle loi, par laquelle, *considérant qu'il importe de ne pas priver le ministre des contributions publiques de la* FACULTÉ *de préposer à la surveillance des monnaies des hommes exercés et* CONTRE LESQUELS IL N'Y A AUCUN REPROCHE, elle rapporte l'article de son décret du 18 septembre, qui défend de choisir les commissaires des monnaies

———

(1) Voy. ci-dessus même séance, page 686, la lettre du ministre Clavière annonçant l'envoi de ce mémoire.

(2) *Bibliothèque nationale*, Lb⁴¹, n° 633.

(1) Pièce n° 1. Loi du 18 septembre 1792, relative à la nomination des commissaires des hôtels des Monnaies.

(2) Les places d'adjoints ont été définitivement supprimées.

parmi ceux qui ont exercé les fonctions de commissaires du roi, et décrète en conséquence que ceux-ci pourront être conservés par le ministre des contributions publiques (1).

Ce décret, rendant éligibles ceux qui avaient exercé les fonctions de commissaire du roi, offrait à mon choix 40 candidats pour 22 places, indépendamment des autres citoyens qui se présentaient.

J'étais donc, et par la loi, et par la nature des choses, libre de conserver ou de ne pas conserver le citoyen Genneau dans sa place. En ne le conservant pas, je n'ai donc fait que me conformer à la loi qui me rendait juge de ceux qui devaient ou ne devaient pas être *conservés*.

TROISIÈME VÉRITÉ.

Le citoyen Genneau n'était pas rééligible.

Aux termes de la loi du 20 septembre, qui pouvais-je conserver ? *Des hommes exercés*, DES HOMMES CONTRE LESQUELS IL N'Y AURAIT AUCUN REPROCHE.

Or, il existait, à ma connaissance, contre le citoyen Genneau, des *reproches* qui *m'interdisaient* la faculté de le conserver.

Premier reproche.

L'article 2, du titre 3, de la loi qui complète le code monétaire (2), défend aux fonctionnaires des monnaies, de s'absenter, sans un *congé par écrit* de la commission générale des monnaies.

Cette loi est d'autant plus importante, à l'égard des commissaires des monnaies, qu'ils sont chargés :

De la surveillance de la fabrication ;

De la police de l'hôtel ;

De vérifier si les espèces fabriquées sont au titre et au poids, afin de n'en délivrer aucune aux directeurs, pour être mise en circulation ou versée dans le trésor national, dont le titre et le poids ne soient constatés, et les empreintes bien marquées.

De telles fonctions exigent, ou la présence du commissaire, ou son remplacement immédiat, dans le cas où il voudrait s'absenter ; aussi, pour que cette absence ne puisse pas devenir abusive, elle doit être autorisée par un *congé par écrit* de la commission générale des monnaies.

Or, au mépris de cette loi nécessaire, et qui n'est qu'une loi renouvelée, le citoyen Genneau est venu plusieurs fois à Paris, sans en prévenir la commission générale des monnaies, et conséquemment, sans *congé par écrit*. Indépendamment de la notoriété, une de ces absences est prouvée par une lettre du commissaire adjoint, du 21 janvier 1792 (1).

Second reproche.

Il a de même contrevenu à la loi du 2 septembre 1792, qui ordonne aux fonctionnaires

_____

(1) Pièce n° 2. Loi du 20 septembre 1792, *relative aux commissaires des Monnaies*.

(2) Pièce n° 3. La loi du 7 septembre 1792, *relative au complément du Code monétaire*.

(3) Pièce n° 4. Lettre du citoyen Jacquet, adjoint du commissaire de la Monnaie d'Orléans, aux commissaires généraux des monnaies.

publics *de rester à leur poste, tant que la patrie serait en danger*. Il est venu, sans congé, à Paris aux mois de septembre et d'octobre derniers.

Troisième reproche.

Il y avait contre lui des plaintes réitérées, sur des dépenses qu'il faisait à l'hôtel des monnaies, sans y être autorisé par la commission des monnaies, en conformité de l'article 4, du titre 3, de la loi du 27 mai (1).

Quatrième reproche.

Enfin, le citoyen Genneau m'était représenté comme manquant de capacité, et sur la fidélité duquel il s'élevait des doutes; doutes que fortifiait son intimité (2) avec le directeur qui, sur la dénonciation des commissaires de la trésorerie nationale, a été privé de sa place pour abus de confiance, et violation de sa caisse.

Je ne pouvais donc pas mettre le citoyen Genneau au rang des hommes *contre lesquels* IL N'Y AURAIT AUCUN REPROCHE.

Ainsi, en ne conservant pas le citoyen Genneau, ce que je pouvais faire par de simples motifs de préférence, puisqu'en tout état de cause, je ne pouvais pas conserver *tous* ceux que la loi du 18 septembre supprimait; j'ai rempli mon devoir ; j'ai agi conformément aux intentions exprimées dans la loi, et à ce que ma conscience exigeait de moi.

Ces considérations ont été mises, le 22 mars, sous les yeux du comité des finances, par le conseil exécutif provisoire. J'ignore ce qui a pu les atténuer à ses yeux, en faveur du citoyen Genneau ; mais je n'ai pas lu sans surprise, dans une lettre écrite le 1er avril (3), que le citoyen Collot-d'Herbois, commissaire de la Convention nationale à Orléans, avait annoncé, dès lors, au citoyen Lafosse, qu'il serait fait à la Convention nationale un rapport sur le citoyen Genneau, à la suite duquel celui-ci serait réintégré dans la place de commissaire de la Monnaie d'Orléans.

Je vais maintenant rendre compte du résultat des recherches faites par la commission générale des monnaies, à l'occasion des intrigues et des calomnies du citoyen Genneau, contre elle et contre moi.

La Convention verra que cet homme, loin de mériter une place dans la fabrication des monnaies, devrait être, au contraire, DÉNONCÉ à *l'accusateur public ;* et que la commission *actuelle* des monnaies, en lui offrant une place de contrôleur dans une fabrication de sous de cloches, à Saint-Omer (4), place bien moins importante que celle de commissaire à

_____

(1) Pièce n° 8. Loi du 27 mai 1791, relative à l'organisation des monnaies.

(2) Pièce n° 4. Lettre du citoyen Jacquet, du 21 janvier 1792.

(3) Pièce n° 14.

(4) Le citoyen Genneau a prétendu qu'il était nommé commissaire à Saint-Omer. Cela est faux ; la commission cédant à ses pleurs, à ses importunités et à la commisération lui offrit la place de contrôleur monétaire ; c'était un piège que Genneau tendait, pour rentrer à la Monnaie d'Orléans. Il ne m'a jamais été proposé.

la monnaie d'Orléans, s'est laissée aller à une commisération qu'elle eût repoussée, si elle eût connu Genneau, aussi bien que la *précédente* commission pouvait le connaître (1).

On a dit « ou Genneau devait être réintégré dans sa place à Orléans, ou la commission générale des monnaies ne devait pas lui en offrir une à Saint-Omer. » Mais on n'a pas fait attention que la place de Saint-Omer n'existait pas à l'époque des lois des 18 et 20 septembre ; qu'à cette époque, la commission ne connaissait pas tous les reproches que méritait le citoyen Genneau, et qu'ainsi elle pouvait penser que la privation de la place de commissaire à la monnaie d'Orléans, lui ferait sentir la nécessité d'être plus exact à remplir ses devoirs ; et qu'il y avait peu de danger à le faire rentrer dans son état d'employé aux monnaies, par un commissariat temporaire, et d'une beaucoup moindre importance.

Quoi qu'il en soit, les faits suivants prouvent qu'on ne peut plus se faire illusion sur le citoyen Genneau.

Premier fait.

Afin de prévenir toute connivence criminelle, l'article 6, du titre 2, de la loi du 23 mars 1791, exclut, de toute place, dans un hôtel des monnaies, les parents et alliés du directeur, jusqu'au quatrième degré inclusivement (2) : et, pour assurer la fidélité du monnayage l'article 4, du titre 4, de la même loi (3) enjoint au commissaire *de vérifier le poids et les empreintes des pièces, de les examiner et peser.*

Le citoyen Genneau, au mépris de ces deux lois, a laissé faire des vérifications d'espèces, par le directeur de la Monnaie, par la femme, les deux filles, le fils et la bru de ce directeur, dans son appartement, hors de la salle de délivrances (4). Il a, par conséquent, rendu illusoires les lois les plus importantes, celles qui tendent à constater la comptabilité des directeurs et à rassurer le public, sur la fidélité des monnaies, en prévenant la fraude dans leurs fabrications.

Second fait.

L'article 13, du chapitre 4, du titre 3 de la loi du 27 mai, veut que *l'adjoint du commissaire soit tenu de le seconder dans l'exercice de* TOUTES *ses fonctions* (5).

Le citoyen Genneau, ainsi que l'atteste la lettre du citoyen Lafosse (6), n'a jamais été secondé par son adjoint. En effet, celui-ci n'a jamais apposé sa signature sur les procès-verbaux de délivrances faites par le citoyen Genneau (1).

Pourquoi ces vérifications abandonnées à la femme et aux enfants d'un directeur privé de sa place, pour violation de sa caisse ? Pourquoi l'éloignement de l'adjoint, dans les fonctions où il *était tenu de seconder le commissaire?* Pourquoi le citoyen Genneau avait-il soin de tenir les registres renfermés chez lui, au lieu de les laisser en dépôt, dans le bureau des délivrances? (2).

Les faits suivants n'expliqueraient-ils point ces précautions ?

Troisième fait.

Le citoyen Genneau délivrait, au directeur Petit-Bois, les sous de cuivre, au compte de sacs, au lieu de les délivrer au compte de pièces et au poids (3), comme l'exige la régularité des opérations, afin de pouvoir comparer la quantité des matières livrées, avec celle des matières rendues. On pouvait ainsi voler à la République, tout ou partie du bénéfice du remède de poids.

Quatrième fait.

On passait, en délivrance, des pièces non recevables (4) et qui, suivant l'article 5 du titre Ier de la loi du 8 septembre 1791 (5), devaient être refondues.

Cette contravention s'est renouvelée, peut-être, autant de fois qu'il y a eu de délivrances, c'est-à-dire plus de 50 fois dans une année ; car on ne trouve pas de sous d'Orléans, bien monnayés, pendant l'exercice des citoyens Genneau et Petit-Bois. Or, la loi du 8 septembre 1791 prononce la révocation du commissaire qui, dans le cours de deux années, tombera, trois fois, dans la contravention de mettre en circulation des espèces mal monnayées.

Cinquième fait.

Les fonctionnaires des monnaies ne sont payés qu'en assignats, et cependant le citoyen Genneau faisait vendre des sous de bronze à son profit (6). Les moyens de ce trafic se conçoivent quand on observe :

1° Que Brice, chef des ateliers de l'hôtel des Monnaies d'Orléans, déclare qu'il a vu, plusieurs fois, porter chez le citoyen Genneau, des paniers de sous de cloches pris dans le bureau de la délivrance (7) ;

---

(1) Des huit commissaires dont la commission générale des monnaies était composée, au mois de mai 1791, il n'en reste plus que trois, les quatre nouveaux commissaires ne connaissaient pas les prévarications de Genneau.

(2) Pièce n° 8. Loi du 27 mai 1791, relative à l'organisation des monnaies, page 4.

(3) *Ibidem*, page 21.

(4) Pièce n° 4. Lettre du 21 janvier 1792, du citoyen Jacquet, commissaire-adjoint de la Monnaie d'Orléans, aux commissaires généraux des monnaies.

Ibidem. Pièce n° 9, n° 2. Déclaration du citoyen Jacquet, du 9 avril 1793.

(5) Pièce n° 8. Loi relative à l'organisation des monnaies, page 10.

(6) Pièce n° 12. Lettre du citoyen Lafosse du 9 avril 1793.

---

(1) Pièce n° 10. Huit procès-verbaux de délivrances d'espèces à la monnaie d'Orléans.

(2) Pièce n° 9 n° 2. Déclaration du citoyen Jacquet.

(3) Pièce n° 9 n° 1. Déclaration du citoyen Brice, employé à la Monnaie d'Orléans. N° 3 Déclaration du citoyen Delespine, directeur de la Monnaie d'Orléans.

(4) Voir le paquet joint n° 19, contenant des pièces de deux sous prises au hasard, dans un sac de 25 livres.

(5) Pièce 13. Loi additionnelle à celles concernant l'organisation des monnaies.

(6) Pièce n° 14. Lettre du citoyen Lafosse, du 1er avril 1793.

(7) Pièce 9, n°s 1 et 4. Déclarations des citoyens Brice, chef des ateliers de la Monnaie d'Orléans, et Gagneur, doyen des monnayeurs.

2° Que le citoyen Genneau ne livrait pas au directeur Petit-Bois les sous, au marc, mais par sacs ;

3° Quand on se rappelle la complaisance qu'il avait d'abandonner à ce directeur infidèle, le soin d'examiner, lui-même, et de peser les pièces provenant de ses propres fabrications.

Sixième fait.

La manufacture de la Charité-sur-Loire fournissait des flaons, à la Monnaie d'Orléans
On peut voir par le registre des délivrances, que le citoyen Genneau a fait perdre à la nation, sur les sous résultant de ces flaons, 1,039 livres (1), faites du 19 avril au 30 août 1792, constatent cette perte, *en supposant l'impossible*, c'est-à-dire que ces sous avaient le poids sans remède : car la perte serait de 2,682 livres, en supposant que les sous ont été fabriqués avec le remède de la loi.
Peut-on se persuader que la manufacture de la Charité-sur-Loire, en livrant des flaons trop pesants, voulait perdre 1,039 livres (2) ?

Septième fait.

Peut-on aussi se persuader que Petit-Bois fabriquait des sous trop pesants, quand on voit, par la lettre du citoyen Jacquet du 21 janvier 1792 (3), que ce commissaire-adjoint ayant voulu vérifier, en l'absence du citoyen Genneau, le poids d'une livraison de pièces de deux sous, avait reconnu qu'elles se trouvaient *toutes*, à la taille de 11 et plus au marc, c'est-à-dire trop légères de plus d'un sou par marc ?
Comment accorder ces pièces d'un sou qui, au nombre de 22 au marc, étaient encore trop légères, et ces délivrances antérieures et postérieures, dont le poids indiquait des pièces dont 20 et un quart, au plus, paraissent avoir pesé un marc ?
Comment accorder ces pièces trop légères, qui devaient enfler le bénéfice de la nation, avec le peu de bénéfice qu'ont effectivement rendu les fabrications faites par Petit-Bois, et dont la surveillance était confiée au citoyen Genneau ? Car pourquoi, sur 620,970 marcs de délivrances faites par le citoyen Genneau, n'a-t-il été tenu compte, à la nation, que de 10,660 livres de bénéfice, tandis que le remède légal aurait dû donner 32,048 livres 10 sous (4) ?
Pourquoi ce bénéfice écourté, tandis que, si les pièces ont été fabriquées, comme Jacquet les a trouvées, en l'absence du citoyen Genneau, c'est-à-dire de 22 à 23 pièces d'un sou au marc, le bénéfice aurait dû passer 50,000 livres (5).

---

(1) Pièce 9, n° 1.
(2) Pièce 10. Neuf procès-verbaux de délivrances, écrits et signés par Genneau.
(3) Pièce 4. Lettre de Jacquet. Pièce 9, n° 3. Déclaration du même.
(4) Pièce n° 15. Relevé et résultat des procès-verbaux de délivrances de la monnaie d'Orléans, pendant le commissariat de Genneau.
(5) *Ibidem.*

Ne peut-on pas soupçonner une soustraction frauduleuse, masquée par de fausses déclarations de poids et de pièces, au moment des délivrances? Ce crime est-il plus difficile à commettre que celui *d'agioter sur les sous, et de convertir, par là, les fonctions faites pour assurer la confiance publique en une complicité du renchérissement des sous* ?
Et voilà le commissaire qu'on m'accuse d'avoir destitué *arbitrairement et injustement !* Voilà le commissaire qu'un rapport, sorti du comité des finances, a déterminé la Convention à réintégrer, contre tout principe d'administration, dans la place dont la loi l'a privé, en me laissant la liberté, *la faculté* de le replacer, *de le conserver*, si je le jugeais convenable !
Mais comment expliquer ce rapport du comité des finances, après le compte qui lui a été rendu, le 22 mars, par le conseil exécutif, des motifs qui ne m'avaient pas permis de conserver le citoyen Genneau (1) ?
Le compte rendu n'aura certainement pas été remis au comité ; il aura été soustrait ! car il est, de sa nature, absolument irréplicable.
Quel est donc ce Genneau, pour qu'il ait fallu tout violer en sa faveur, la justice, et les règles d'administration ? Serait-ce un de ces patriotes, ardents républicains, auxquels des révolutionnaires égarés, prétendent qu'il faut pardonner les plus grands vices, et même les calomnies, en faveur de la violence de leur patriotisme ?
On le croirait, en voyant que les commissaires de la Convention à Orléans, l'ont pris pour leur secrétaire (2).
Eh bien ! Genneau n'est pas cet homme : c'est un *royaliste déguisé*. En voici la preuve *écrite* de sa main.

EXTRAIT *d'une lettre du citoyen Genneau, commissaire de la Monnaie d'Orléans, en date du 23 août 1792, l'an IV de la liberté.*

(C'est-à-dire, treize jours après la conquête de la liberté et de l'égalité, ou du *vrai républicanisme*.)

« C'est avec *beaucoup* de *douleur*, que je *m'empresse* de vous faire part des détails suivants.
« *L'esprit de républicanisme, si opposé à celui de la Constitution, paraît régner ici, comme dans toutes les villes du premier et second ordre.* Je viens d'apprendre, par M. notre directeur, qu'une section du peuple viendrait, peut-être aujourd'hui, peut-être demain, *détruire le couronnement aux armes du* ROI, qui est au-dessus de la principale porte de cet hôtel des monnaies. S'y opposer, ce serait témérité ; *les autorités constituées ne sont pas respectées généralement. En vain* en porterais-je mes plaintes à messieurs nos officiers municipaux et aux membres du département ; ils seraient dans l'impossibilité de s'y opposer ; *Je vais les voir*, A CE SUJET, *vous priant de*

---

(1) Pièce n° 16. Compte-rendu par le conseil exécutif, sur la pétition et griefs présentés à la Convention nationale, par le citoyen Genneau.
(2) Genneau s'en vante. Voyez aussi n° 19. Lettre du citoyen Lafosse du 28 avril 1793.

me faire connaître, promptement, votre détermination sur ce premier objet (1).

Cette lettre n'a besoin d'aucun commentaire. Un vrai républicain, un ami de la liberté, ne l'eût jamais écrite.

Mais qu'arrêtèrent, sur cette lettre, les commissaires généraux des monnaies, ces citoyens que la licence effrénée des intérêts personnels et les projets désorganisateurs accusent sans cesse ; et dont les vues si nécessaires à nos finances, sont enchaînées, d'un côté par l'ignorance et la malignité (2), et de l'autre par le peu de temps que laisse à la Convention, les événements qui nous agitent ou nous menacent ?

Les commissaires généraux des monnaies arrêtèrent de mander et mandèrent au commissaire Genneau :

« 1° Qu'il était nécessaire qu'il fît ôter, *incessamment, la couronne sus-désignée ;*

2° Que la commission se persuadait que, s'il avait eu lieu de redouter des événements capables de compromettre la sûreté de l'hôtel, les citoyens qui s'y trouvaient réunis, sur les sages observations qu'il leur en aurait faites, auraient pris les moyens de dissiper ses craintes ;

3° *Qu'il devait faire en sorte* QUE TOUTE SA CONDUITE RESPIRAT LE CIVISME LE PLUS PUR ET L'ATTACHEMENT LE PLUS CONSTANT A LA LIBERTÉ ET A L'ÉGALITÉ ;

« 4° Qu'il ne lui appartenait pas d'avoir les clefs des portes de l'hôtel ;

« 5° Qu'il convenait qu'il se renfermât dans l'exercice des fonctions et des pouvoirs qui lui étaient attribués par la loi (3).

RÉSUMÉ.

La loi du 18 septembre 1792 avait supprimé tous les commissaires du roi des hôtels des monnaies, alors en exercice.

La loi du 20 donnait au ministre des contributions, la FACULTÉ de conserver *les hommes exercés et contre lesquels il n'y aurait aucun reproche.*

Cette loi rendait l'éligibilité à quarante commissaires ou adjoints, c'est-à-dire à quarante sujets destitués, dont une partie pouvait être *des hommes exercés et exempts de reproches.*

Le ministre pouvait donc écarter le citoyen Genneau, par sa simple FACULTÉ de juger, entre les quarante sujets DESTITUÉS, lesquels seraient les plus dignes d'être conservés.

Mais le citoyen Genneau avait donné lieu à des REPROCHES, soit d'inconduite, soit d'incapacité ; et c'est pour cela, que le ministre des contributions n'a pas jugé que le citoyen Genneau dût être *conservé.*

La proposition faite au citoyen Genneau par la commission générale des monnaies, d'une place de contrôleur, dans une fabrication de sous de cloches, nouvellement établie à Saint-Omer, et qu'il a refusée, est justifiée par

l'ignorance où était cette commission, de tous les détails de la conduite du citoyen Genneau.

Il est maintenant prouvé qu'il ne mérite aucune confiance, que les faits qui s'élèvent contre lui, sont même de nature à être dénoncés à l'accusateur public, et que son *patriotisme républicain* est, tout au moins, *très suspect*, puisqu'au 23 août 1792, *il se déclarait contre le républicanisme.*

CONCLUSION.

Le citoyen Genneau n'étant point exempt de reproches, dans la manière dont il s'est acquitté de ses devoirs, en qualité de fonctionnaire public, ce ne peut être qu'en trompant la religion de la Convention nationale, sous tous les rapports, qu'il a pu obtenir d'elle, qui n'ait été conforme aux notes qui m'ont été fournies.

P. S. Au surplus, telle est la règle générale que je me suis imposée, dans la nomination des fonctionnaires des monnaies ; et c'est toujours elle qui a guidé mes choix. J'ai demandé à la commission générale des monnaies, un état exact des titres dont chaque aspirant appuyait sa demande, et les renseignements qui, *sous le double rapport de la capacité et du civisme*, devaient me décider à conserver ou à changer ces fonctionnaires. Après deux mois d'un examen scrupuleux, la commission générale m'a présenté le tableau des commissaires nationaux des monnaies, avec les observations des départements ou districts, des députés à la Convention nationale, et des sociétés populaires ; et je n'ai pas fait un choix qui n'ait été conforme aux notes qui m'ont été fournies.

J'ai autorisé un des commissaires généraux des monnaies, à communiquer ces pièces, *toutes authentiques*, au comité des assignats et monnaies ; et je désire que chacune des nominations que j'ai faites dans toutes les parties de mon administration, soit soumise au même examen, pour réduire au silence les personnes qui me calomnient *sciemment*, et m'accusent d'avoir fait un usage arbitraire de l'autorité que la nation m'a confiée.

Nota. Les originaux de toutes les pièces citées et produites, sont déposés, soit dans les bureaux du département des monnaies, soit dans ceux de la commission générale des monnaies.

J'apprends, dans ce moment, que la citoyenne Genneau cherche à obtenir la rétractation des déclarations qui inculpent son mari. Elle a trouvé dans le citoyen Gagneur un homme peu docile. Voici la déclaration qu'il a fait passer à la commission générale des monnaies :

« Je soussigné et déclare que Mme Genneau m'a envoyé chercher chez le citoyen Loyaux, où se sont trouvés deux témoins à l'effet de me faire rétracter de ce que j'avais avancé dans mon premier certificat, pourquoi ladite dame Genneau s'est portée aux sollicitations les plus vives, ainsi qu'aux menaces de me perdre, si je me refusais à me rétracter, en me menaçant de me faire venir au Pouvoir exécutif ; je déclare avoir répondu que je serais devant le Pouvoir exécutif, que je ne

---

(1) Pièce 17. Lettre de Genneau aux commissaires généraux des monnaies.

(2) On aura, dans peu, une nouvelle preuve de cette triste vérité, une nouvelle œuvre d'ignorance, de malignité, et, à coup sûr, de mauvaise foi.

(3) Pièce n° 18. Extrait des registres des délibérations de la commission des monnaies, du 25 août 1792.

pourrais qu'ajouter à ma première déclaration, ne connaissant, en tout, que la vérité.

A Orléans, ce vingt-deux avril mil sept cent quatre-vingt-treize.

GAGNEUR,

« doyen des monnayeurs. »

CLAVIÈRE.

DEUXIÈME ANNEXE (1)

A LA SÉANCE DE LA CONVENTION NATIONALE
DU VENDREDI 19 AVRIL 1793.

*Discussion sur l'article 8 de la Déclaration
des droits. (Liberté des cultes.)*

TEXTE DU MONITEUR (2)

Barère lit l'article IX ainsi conçu : Tout homme est libre dans l'exercice de son culte.

N... Je demande la suppression de cet article. Ce n'est pas à nous à déterminer les relations de l'homme avec Dieu. Quand vous ne déclareriez pas la liberté du culte, croyez-vous qu'il y ait une puissance assez forte sur la terre pour empêcher un homme de rendre hommage à la Divinité? Si on entend par culte, un culte extérieur, je soutiens que votre déclaration ne peut en consacrer la liberté; car peut-être il viendra un temps où il n'y aura d'autre culte extérieur que celui de la liberté et de la morale publique. Je demande la suppression de l'article.

Barère. Il ne s'agit ici que de consacrer la liberté du culte, à ceux que la même pensée et la même opinion religieuse réunissent pour rendre hommage à la divinité qu'ils reconnaissent. Le but de l'article est d'assurer la liberté à celui même qui voudrait prendre pour l'objet de son culte, ou un rocher, ou l'herbe qui serait sous ses pas. Aucune loi ne peut restreindre la liberté de ce culte, et c'est cette liberté que l'article doit assurer.

Vergniaud. L'article que nous discutons est un résultat du despotisme et de la superstition sous lesquels la France a si longtemps gémi. La maxime de l'Eglise catholique : *hors de l'Eglise point de salut*, n'avait pas établi en France l'Inquisition, mais elle avait garni nos Bastilles.

Lorsque l'Assemblée constituante dónna la première impulsion à la liberté, il a fallu pour faire cesser l'affreuse intolérance qui s'était établie, et pour détruire des préjugés qu'on ne pouvait attaquer de front, consacrer le principe de la tolérance ; et déjà c'était un grand pas de fait ; mais aujourd'hui nous ne sommes plus aux mêmes points, les esprits sont dégagés de leurs honteuses entraves, nos

fers sont brisés ; et dans une déclaration des droits sociaux, je ne crois pas que vous puissiez consacrer des principes absolument étrangers à l'ordre social.

Danton. Rien ne doit plus nous faire présager le salut de la patrie, que la disposition actuelle. Nous avons paru divisés entre nous ; mais au moment où nous nous occupons du bonheur des hommes, nous sommes tous d'accord. (*Vifs applaudissements.*) Vergniaud vient de vous dire de bien grandes et d'éternelles vérités. L'Assemblée constituante, embarrassée par un roi, par les préjugés qui enchaînaient encore la nation, par l'intolérance qui s'était établie, n'a pu heurter de front les principes reçus, et a fait encore beaucoup pour la liberté en consacrant celui de la tolérance. Aujourd'hui, le terrain de la liberté est déblayé ; nous devons au peuple français de donner à son gouvernement des bases éternelles et pures. Quoi ! nous leur dirions : Français, vous avez la liberté d'adorer la Divinité qui vous paraît mériter votre hommage, la liberté du culte que vos lois peuvent avoir pour objet, ne peut être que la liberté de la réunion des individus assemblés pour rendre, à leur manière, hommage à la Divinité ! Une telle liberté ne peut être atteinte que par des lois réglementaires et de police ; or, sans doute, vous ne voudrez pas insérer dans une Déclaration des droits une loi réglementaire. Le droit de la liberté du culte, droit sacré, sera protégé par vos lois qui, en harmonie avec les principes, n'auront pour but que de les garantir.

La raison humaine ne peut rétrograder ; nous sommes trop avancés pour craindre que le peuple puisse croire n'avoir pas la liberté de son culte, parce qu'il ne verra pas le principe de cette liberté gravé sur la table de vos lois.

Si la superstition semble encore avoir quelque part aux mouvements qui agitent la République, c'est que la politique des ennemis l'a toujours employée ; mais remarquez que partout le peuple, dégagé des impulsions de la malveillance, reconnaît que quiconque veut s'interposer entre lui et la divinité, est un imposteur. Partout on a demandé la déportation des prêtres fanatiques et rebelles. Gardez-vous de mal présumer de la raison nationale ; gardez-vous d'insérer un article qui contiendrait cette présomption injuste ; et en passant à l'ordre du jour, adoptez une espèce de question préalable sur les prêtres, qui vous honore aux yeux de vos concitoyens et de la postérité.

Gensonné. Les principes développés pour retirer l'article, me paraissent incontestables ; je conviens qu'il ne doit pas se trouver dans la Déclaration des droits ; il trouvera sa place dans le chapitre particulier de la Constitution, destiné à poser les bases fondamentales de la liberté civile.

(On demande à aller aux voix.)

Durand-Maillane. Ecoutons tout le monde.

Danton. Eussions-nous ici un cardinal, je voudrais qu'il fût entendu.

Guyomar. La suppression de l'article nous mène par deux chemins, ou au théisme, ou à l'athéisme...

---

(1) Voy. ci-dessus, même séance, page 705, la coordination que nous avons faite de cette discussion avec l'aide du *Moniteur universel*, du *Journal des Débats et des décrets* et du *Logotachigraphe*.

(2) *Moniteur universel*, 1er semestre de 1793, page 493, 3e colonne.

Philippeaux. Je demande que la Convention s'interdise des discussions théologiques.

Féraud. Par respect pour la Divinité, ne continuons pas cette discussion.

Guyomar. C'est parce que je crains les prêtres, le fanatisme et tous les maux qui nous ont déchirés, que je demande qu'on leur arrache la dernière arme qui leur reste, et qu'on consacre, par un article, la liberté du culte.

Salle. Je demande, et je puis appuyer ma proposition par de nombreux exemples puisés dans l'histoire, que l'article soit retiré ; mais j'engage la Convention à rédiger un acte par lequel tout citoyen s'engagera, quel que soit son culte, à se soumettre à la loi de l'Etat.

(La Convention ferme la discussion, et ajourne l'article au moment où elle discutera la Constitution.)

TEXTE DU « JOURNAL DES DÉBATS » (1).

Barère lit l'article suivant ainsi conçu :
« Tout homme est libre dans l'exercice de son culte. »

Je m'oppose à ce que cet article soit inséré dans la Déclaration des droits, *a dit un membre :* jamais le législateur ne doit influencer les rapports qui existent entre l'homme et la divinité ; et comme la loi ne peut opposer des bornes au culte, elle ne doit pas déclarer que le culte n'en aura pas ; ce serait consacrer la nécessité des prêtres ; et nous avons trop gémi des maux attachés à leur existence, pour chercher à les faire renaître.

Au reste, on vous propose de consacrer la liberté du culte : eh ! quand vous ne la déclareriez pas, quelle est la puissance assez forte sur la terre pour empêcher l'âme de choisir pour l'objet de son culte et de sa reconnaissance religieuse, l'arbre, le rocher, l'astre à qui il doit ou croit devoir son bonheur ? Si on entend par le culte intérieur, à mon sens, le législateur ne peut et ne doit pas se mêler des rapports du cœur de l'homme avec la divinité ; si on entend par culte le culte extérieur, je soutiens, moi, que votre déclaration ne peut en consacrer la liberté ; car peut-être viendra-t-il un temps où il n'y aura plus d'autre culte que celui de liberté et de la morale publique. Je demande donc la suppression de l'article.

Il ne s'agit ici, *a dit Barère,* ni de culte intérieur ni de pensée. Sans doute, la pensée est libre ; et l'objet de l'article du comité n'est pas de consacrer cette liberté. Il ne s'agit ici que de la consécration de la liberté du culte à tels individus que la même opinion religieuse réunit pour rendre hommage à la divinité qu'ils ont choisie ; et c'est de cette liberté que l'article parle.

(On demande que l'article soit mis aux voix.)

Vergniaud. L'article que nous discutons, et qui se trouvait à peu près dans les mêmes termes dans l'ancienne Déclaration des droits, est un résultat du despotisme et de la superstition, sous lesquels la France a si longtemps gémi. La maxime de l'Eglise catholique,

hors *l'Eglise, point de salut,* n'avait pu établir l'inquisition en France ; mais elle avait garni nos Bastilles.

Lorsque l'Assemblée constituante donna la première impulsion à la liberté, il fallait, pour faire cesser l'affreuse intolérance qui s'était établie, et détruire les préjugés, et consacrer le principe de la tolérance ; et c'était déjà un grand pas de fait. Aujourd'hui, que les esprits sont dégagés de leurs entraves, je ne crois pas que, dans une déclaration des droits sociaux, vous puissiez consacrer des principes absolument étrangers à l'ordre social.

L'homme est libre dans sa pensée, libre dans son culte, libre de se tourner vers l'orient ou vers l'occident pour saluer la divinité, et cette liberté vous ne pouvez la consacrer par un article sans laisser soupçonner que, sans votre article, cette liberté n'eût pas existé. Et remarquez, citoyens, que lorsque vous posez les bases de l'organisation sociale, ces bases seraient rigoureusement inexécutables, si elles n'étaient modifiées par des lois réglementaires. Or, après avoir consacré le principe de la liberté du culte, n'aurait-on pas à craindre que les lois réglementaires, en définissant cette liberté, n'y portassent atteinte, ne la restreignissent même ? n'aurait-on pas à craindre que des lois de police ne parvinssent à l'anéantir ? Je demande donc la suppression de l'article.

Rien, *dit Danton,* ne doit plus nous présager le salut de la patrie que la discussion actuelle. Nous avons pu être divisés entre nous sur des mots, mais nous sommes d'accord lorsqu'il s'agit du bonheur des hommes. Vergniaud vous a dit de grandes, d'éternelles vérités : il aurait raison de vous dire que la circonstance était toute autre que celle où l'Assemblée constituante, embarrassée par un roi, par des préjugés qui enchaînaient encore la nation, par l'intolérance qui s'était établie, n'avait osé heurter de front des préjugés reçus et passés en principes, et avait fait encore beaucoup pour la liberté en consacrant celui de la tolérance.

Oui, les temps sont bien changés ; nous devons au peuple français, qui en est digne, de donner à son nouveau gouvernement des bases éternelles et pures.

La raison humaine ne peut rétrograder ; nous sommes trop avancés pour craindre que le peuple puisse croire n'avoir pas la liberté du culte, parce qu'il ne verra pas le principe de cette liberté gravé sur la table de vos lois. Si la superstition semble encore avoir quelque part aux mouvements qui agitent la République, c'est que la politique de nos ennemis de la malveillance reconnaît que quiconque veut s'interposer entre la divinité et lui, est un imposteur. Gardez-vous, citoyens, de mal présumer de la raison nationale ; gardez-vous d'insérer un article qui contiendrait cette présomption injuste, et en passant à l'ordre du jour, adoptez une espèce de question, préalable sur les prêtres, qui vous honore aux yeux de vos concitoyens et de la postérité.

Je demande, *a dit Gensonné,* que vous renvoyiez la discussion de cet article au moment où vous vous occuperez de la Constitution destinée à renfermer les bases fondamentales de la liberté civile.

Guyomard demande la parole contre cette proposition.

(On demande à aller aux voix.)

Evitons, *dit Durand-Maillane*, le reproche fait aux réviseurs de l'Assemblée constituante, qui anéantissaient la liberté des opinions. Ecoutons tout le monde.

Danton. Eussions-nous ici un cardinal, je voudrais qu'il fût entendu.

La suppression de l'article, *a dit Guyomard*, nous mène à deux chemins, au théisme ou à l'athéisme.

Philippeaux : Je demande que la Convention s'interdise les discussions théologiques.

C'est parce que je crains les prêtres, *dit Guyomard*, c'est parce que je crains le fanatisme, et tous les maux qu'il entraîne, que je demande qu'on leur arrache la dernière arme qui leur reste et que l'on consacre par un article la liberté des cultes.

Je demande que l'article soit retiré, *a dit Salle*, mais j'engage la Convention à rédiger un acte par lequel tout citoyen s'engagera, quel que soit son culte, à se soumettre à la loi de l'Etat.

(La Convention ferme la discussion, et ajourne l'article jusqu'au moment où elle discutera la Constitution.)

TEXTE DU « LOGOTACHIGRAPHE » (1).

Barère lit l'article 8, ainsi conçu :

« Tout homme est libre dans l'exercice de son culte. »

N... Je m'oppose à ce que cet article soit mis dans la Déclaration des droits de l'homme. Je ne crois pas que le législateur puisse gêner en aucune manière les rapports qui existent entre l'homme et la société. Le culte dans un Etat libre n'est que le rapport que l'homme entretient dans son cœur avec la divinité, et sur lequel ni l'homme ni le législateur ne peuvent jamais porter les yeux. Ainsi, sous ce rapport, on ne doit pas dire dans la Déclaration des droits que l'homme est libre dans l'exercice de son culte, parce que cela semblerait préjuger que l'exercice public de plusieurs cultes pourra exister encore dans la République, cela semblerait consacrer la nécessité des prêtres.

Eh! citoyens, n'avons-nous pas assez gémi sur les fléaux dont les ministres des cultes ont affligé l'humanité dans tous les siècles! Faudra-t-il laisser encore l'homme entre les mains des prêtres? je vous préviens, citoyens, que si vous adoptez l'article tel qu'il est rédigé, vous consacrerez la nécessité des ministres de tous les cultes, vous laissez l'homme dans les liens des préjugés les plus honteux. (*Interrompu.*)

Citoyens, je dis que, tout ce qui constitue le rapport de l'homme avec la divinité, ne peut faire partie de la Déclaration des droits ; car ce serait un ouvrage de législation, et votre intention n'est pas que votre législation attaquât les rapports du cœur de l'homme avec la divinité. On vous propose de déclarer la liberté du culte : eh! quand vous ne la déclareriez pas, est-il une puissance sur la terre qui

puisse empêcher une âme de s'élever vers la divinité qu'elle a choisie, et d'adresser ses vœux soit à un rocher, s'il a foi, soit à un arbre, ou tel autre objet qu'elle croira digne de son adoration? Il est donc absolument inutile de dire que l'homme est libre sur le culte qu'il voudra choisir. Si l'on entend par les mots exercice du culte un exercice public, je dis que vous ne devez jamais consacrer un tel principe dans la Déclaration des droits de l'homme, parce qu'il viendra, sans doute, un temps, et il n'est peut-être pas éloigné, où il n'y aura d'autre culte public que celui de la loi, de la liberté et de la morale publique. Voilà le seul exercice de culte qui doit exister dans un Etat libre. Je demande donc la suppression de l'article.

Barère. La pensée religieuse est libre sans doute comme toutes les autres pensées : mais il ne s'agit point ici d'un culte public, et j'adopte l'idée du préopinant, qu'il n'y aura en France, ni dans l'Europe, d'autre culte public que celui de la loi ; voilà la religion nationale. Mais il est une autre chose à laquelle il faut bien prendre garde : les hommes peuvent, suivant les divers systèmes, suivant les diverses pensées qu'ils ont, se réunir dans un endroit quelconque, exercer le culte qu'ils adoptent. Ce n'est pas là un culte public; mais ce sont des hommes sur la même idée ou sur la nature, ou sur un esprit universel, ou ce qui leur plaît : ainsi pesons bien notre article; il ne s'agit point ici des prêtres, il s'agit seulement d'un culte en général. Et certes, l'homme qui a une opinion quelconque de religion a un culte qui lui appartient; car, l'homme qui adore un rocher dans les montagnes ou l'herbe qui croît sous ses pieds, a un culte; et certes douze personnes peuvent avoir ce même culte et s'assembler pour l'exercer, sans qu'aucune loi puisse s'y opposer. Je demande que l'article soit conservé.

(On crie : *Aux voix! aux voix!*)

Vergniaud. L'article qui se discute et qui se trouvait dans la déclaration de l'Assemblée constituante est le résultat du despotisme et de la superstition, qui ont longtemps asservi la France. La maxime de la religion catholique, *hors de l'Eglise point de salut*, n'avait point, à la vérité, établi d'inquisition en France; mais cependant elle avait garni nos Bastilles.

Lorsque l'Assemblée constituante a donné la première impulsion vers la liberté, il a bien fallu alors, pour faire cesser le système d'intolérance, lorsqu'on ne pouvait point encore combattre la superstition de front, il a bien fallu se borner à consacrer au moins le principe de la tolérance ou la liberté des cultes : voilà pourquoi l'Assemblée constituante ne put se dispenser d'insérer dans sa Déclaration des droits un article qui consacrait la liberté qu'avaient tous les citoyens d'exercer leur culte.

Mais, aujourd'hui, sommes-nous dans la même position que l'Assemblée constituante! non sans doute ; ces fers qui nous ont longtemps enchaînés sont enfin brisés ; il ne s'agit plus que de savoir; vous avez besoin d'établir dans cette Déclaration un principe qui consacre les relations qui peuvent exister entre vous et la divinité : or, certainement dans cette Déclaration des droits, qui ne tend qu'à l'organisation sociale, je ne crois pas que

---

(1) *Logotachigraphe*, n° 111, page 436, 2ᵉ colonne.

vous ayez besoin de consacrer ce principe. Vos relations entre vous et la divinité sont étrangères à l'ordre même politique : soit que vous viviez dans les forêts, soit que vous viviez dans la société, vous êtes le maître de vous tourner vers l'orient ou vers l'occident pour offrir votre hommage à la divinité; et je ne pense pas que l'on puisse, dans une organisation politique, consacrer par un article cette liberté ; ce serait, en quelque sorte, faire soupçonner que, sans cette consécration, cette liberté même ne vous aurait pas appartenu. Car remarquez, citoyens, que, quand vous faites une Déclaration des droits, c'est pour poser la base de l'organisation sociale, dont il ne soit plus permis de s'écarter. Cependant on sait que ces principes pris rigoureusement seraient inapplicables à l'état de société, et qu'on est réduit à faire des lois ou des codicilles suivant les circonstances. Eh bien! si dans la Déclaration des droits vous insérez un article qui consacre la liberté du culte, on pourrait penser que par les lois de police vous pourriez ensuite modifier de telle et telle manière cette liberté : or, ce serait là une grande erreur. La liberté de culte est qu'elle est indéfinie, indépendante de tout pacte social. Je demande donc la question préalable.

Danton. Rien ne doit plus nous faire présager le salut de la patrie, que le triomphe de la raison. Dans l'importante question qui nous agite, nous avions paru jusqu'ici divisés ; nous traitons les grands intérêts des hommes, et nous allons être tous d'accord. Vergniaud vient de proférer de grandes vérités ; il vous a fait voir que l'Assemblée constituante, forcée de reconquérir graduellement les droits des hommes et du citoyen, avait dû politiquement, lorsqu'il existait un roi, conserver encore la tolérance.

Nous avons déblayé le terrain de la liberté; nous allons poser des bases éternelles ; il faut qu'elles soient pures. Quoi! nous dirions que tous les citoyens auront le droit d'avoir leur culte ! Remarquez bien, comme on vous l'a observé, que les rapports de l'homme à Dieu ne peuvent donner nulle prise aux hommes. Le droit d'avoir son culte, le droit de l'exercer, n'est autre chose que le droit de se réunir paisiblement et sans armes. Si vous voulez que votre Déclaration ne contienne que le titre des droits de l'humanité, vous ne devez rien y insérer, qui se sente d'une opération de police. Je demande donc la question préalable sur cet article.

Tout citoyen aura le droit de se réunir en aggrégation pour honorer la divinité, comme il le voudra; personne ne pourra le troubler à moins que cet individu, ou qu'une aggrégation d'individus ne trouble l'ordre public : ainsi, les règlements seuls de la police qui seront en harmonie avec nos lois fondamentales, assureront à tous les citoyens ce qu'on voudrait consacrer par cet article. Nous avons trop fait de pas vers la liberté, nous avons trop de moyens pour la conserver, pour craindre encore.

Nous sommes guéris de la manie des prêtres. (Applaudissements.)

Si la superstition semble encore avoir quelque part aux maux qui nous ont affligés, et aux troubles des départements, c'est parce que la politique la dirigeait à ses fins; et re-

marquez bien que presque dans toute la France le peuple a demandé l'exportation du prêtre qui prêchait la guerre civile au nom de Dieu; ainsi, gardez-vous bien de mal présumer ; la raison nationale fera justice de tous les préjugés : dispensez-vous de consacrer, dans la Déclaration des droits de l'homme, que la postérité doit lire avec respect, dispensez-vous, dis-je, d'y consacrer un article pareil. En passant à l'ordre du jour, ce sera une sorte de question préalable sur les prêtres ; et la nation vous votera des remerciements.

Gensonné. Je conviens avec le préopinant, qu'il faut ôter de la Déclaration des droits, l'article qui concerne la liberté des cultes. Ce n'est pas dans la Déclaration des droits que doit se trouver un pareil article : vous avez, dans le projet de Constitution, un chapitre particulier, destiné à poser les bases fondamentales de la liberté civile ; c'est à ce chapitre que vous devez renvoyer la discussion dont il s'agit en ce moment, et vous devez vous rappeler, citoyens, que presque tous les gouvernements ont abusé de la nécessité des lois de police, pour restreindre ou gêner, empêcher même la liberté des cultes : peut-être trouverez-vous nécessaire de consacrer cette liberté dans un article de la Constitution. Je demande donc que cet article soit retiré de la Déclaration des droits et que la discussion en soit renvoyée au moment où vous vous occuperez de cette partie de la Constitution qui doit consacrer la liberté civile.

Guyomar. Je demande la parole contre cette proposition. On demande à aller aux voix.

Durand-Maillane. Il faut que chacun ait ici la liberté de parler pour ou contre, afin de nous éviter le reproche qu'on a fait avec tant de raison, aux reviseurs de l'Assemblée constituante, d'avoir anéanti la liberté des opinions ; je demande qu'on écoute tout le monde.

Danton. Eussions-nous ici un cardinal, je voudrais qu'il fût entendu.

Guyomar. Personne n'est plus que moi, convaincu des progrès de la raison et de l'esprit public, mais observez que la suppression de cet article nous mène par deux chemins, ou au théisme, ou à l'athéisme. (Interrompu.)

Philippeaux. Je demande que la Convention s'interdise des discussions théologiques.

Féraud. Par respect pour la divinité, ne continuons pas cette discussion. (Interrompu.)

Guyomar. C'est parce que je crains les prêtres, le fanatisme et tous les maux qu'ils nous ont causés et qu'ils nous causent encore, que je demande qu'on leur arrache la dernière arme qui leur reste, et qu'on consacre par un article la liberté du culte.

Salle. Sans doute la liberté des cultes doit être maintenue : mais j'observerai avec J.-J. Rousseau, qu'il peut y avoir des actions indifférentes en apparence, et qui, influant cependant d'une manière très puissante pour la chose publique, doivent être soumises à la loi; ainsi, en appuyant la proposition de Gensonné, de retirer l'article de la Déclaration, je demande que la Convention rédige un acte par lequel tout citoyen, quel que soit son culte, s'engagera à se soumettre à la loi de l'Etat.

(La Convention ferme la discussion et ajourne l'article au moment où elle discutera la Constitution.)

———

TROISIÈME ANNEXE (1)

A LA SÉANCE DE LA CONVENTION NATIONALE DU VENDREDI 19 AVRIL 1793.

Faut-il parler, oui ou non, de religion dans la Constitution? ou YVES AUDREIN à ceux de *ses collègues qui se sont opposés à ce que l'article proposé par Barère sur la liberté des Cultes, fît partie de la Déclaration des droits de l'homme* (2).

Si Dieu n'existait pas, il faudrait l'inventer.
VOLTAIRE.

L'impie et le libertin riront de ma demande ; l'homme frivole et l'imbécile n'attacheront aucun prix à ma proposition. Le sage, le vrai patriote verra dans cette décision le bonheur ou le malheur de la République.

D'abord, il faut que je m'étonne que le comité de Constitution ait cru son plan assez heureusement combiné, pour n'avoir besoin d'aucune espèce de recommandation, pas même de paraître sous les auspices de l'Etre suprême. A-t-il pensé que le peuple, ayant essentiellement le droit d'émettre par lui-même son vœu sur la religion qu'il veut adopter, l'initiative, dans cette matière, appartenait au souverain seul ? Je lui pardonne son omission, et je cesse de m'étonner.

Maintenant abordons cette importante question ; et tandis que, de toute part, on s'efforce d'égarer le peuple au nom de la philosophie, appelons pour juge entre nous et nos prétendus sages, cette éternelle raison, seul guide impartial de la véritable philosophie.

Faut-il parler de religion dans la Constitution ? Ma réponse est un mot : Qu'est-ce que qu'une Constitution ? sans doute un ensemble de lois fondamentales dont le résultat doit être le bonheur du peuple ; donc toute bonne Constitution doit comprendre tout ce qui est nécessaire pour le bonheur du peuple ; donc si ce peuple tient essentiellement à ses opinions religieuses ; si là et uniquement là est attaché son bonheur; en un mot, si chaque individu s'écrie: « Nous contractons ensemble cette condition. Cette condition, nous en faisons la base première de notre pacte social : autrement nous ne contractons pas ensemble ». Je soutiens que les mandataires d'un tel peuple ne peuvent leur ne pas lui garantir, par la Constitution, le libre exercice de son culte, quel qu'il soit, toutes les facilités, toute la protection dont il a besoin pour l'entier exercice de son culte. Or, le

principe est évident, et l'application est toute faite.

La conséquence nécessaire, c'est que la Convention nationale doit rassurer de toute manière le peuple sur la liberté du culte ; autrement il serait fondé à lui faire ce raisonnement bien simple, mais auquel elle ne répondrait jamais......

« D'après notre manière de voir et suivant nos principes, la croyance de l'Etre suprême est la sauvegarde du bon ordre parmi nous et de la tranquillité publique. Une Constitution qui ne nous garantirait pas notre religion, n'assurerait donc pas assez notre bonheur ; car nous ne pouvons être heureux, si le bon ordre est troublé, si la tranquillité publique ne subsiste pas. Nous avons donc le plus grand intérêt à ce qu'on fasse marcher ensemble, à ce qu'on cimente par les mêmes moyens et avec le même zèle, notre religion et notre Constitution. » Donc, en les séparant, en les mettant en opposition, vous contredisez son attente, vous trahissez son vœu, vous vous rendez indignes de sa confiance.

Eh quoi! me dira-t-on, soutenir qu'une Constitution religieuse puisse s'amalgamer avec une Constitution politique, avec une Constitution républicaine ; exiger qu'on fasse entrer dans le même code, et les principes qui fixent les intérêts sociaux, et les éléments qui établissent les droits du culte, n'est-ce pas fanatiser l'humaine raison ? n'est-ce pas outrager le bon sens? Voilà comment raisonnent nos prétendus sages. La plus révoltante mauvaise foi n'a rien qui les humilie ; mais que peut le sophisme, quand le droit est si fort, lorsque le devoir est si sacré ? Certes, Rousseau, le grand Rousseau n'était pas un fanatique, et cependant il s'exprime ainsi dans son Contrat social... : « Cette raison sublime qui s'élève au-dessus de la portée des hommes vulgaires, est celle dont le législateur met les décisions dans la bouche des immortels, pour entraîner, par l'autorité divine, ceux que ne pourrait ébranler la prudence humaine. »

A l'appui de son opinion, Rousseau rappelle celle d'un grand politique... « Jamais il n'y eut de législateur chez aucun peuple, qui n'eut recours à Dieu, parce qu'autrement ses lois ne seraient pas acceptées. Leur bonté ne peut être appréciée que par un sage, et elle n'est pas assez évidente pour qu'elles puissent persuader d'elles-mêmes. »

Quel législateur, en effet, osa jamais dire aux peuples qu'il fût en son pouvoir de donner à la sagesse humaine une garantie assez forte pour assurer toujours le bonheur public ? N'est-ce pas à travers le mépris des siècles qu'a passé jusqu'à nos jours l'extravagante idée d'une république d'athées ? Quel mortel, s'il ne fût pas écrasé par ses passions, ne s'éleva jamais pour chercher dans les bras de l'Etre suprême de solides consolations? Malheur à celui qui n'éprouva pas quelquefois un besoin si doux ! il était né pour le crime, et le bonheur fut toujours le prix de l'innocence !

Le dix-huitième siècle, au moment de s'écouler, aurait-il produit quelque grande masse de lumières, capables de démontrer que tout ce qu'on avait connu jusqu'alors d'opinions religieuses, ne sont que de grossières illusions contraires au bien du peuple ? Voilà le point décisif. Des hommes célèbres viennent de s'ex-

---

(1) Voy. ci-dessus, même séance, page 707, la discussion de l'article de la Déclaration des droits relatif à la liberté des cultes.

(2) Bibliothèque de la Chambre des Députés: *Collection Portiez de l'Oise*, tome 204, n° 18.

pliquer. Faisons passer au creuset leurs différentes opinions. Si nous fûmes trompés, remercions leur sagesse et cédons à leur zèle ; mais s'ils n'opposent contre nous que leurs vaines pensées, que le résultat pénible de leurs combinaisons orgueilleuses, livrons-les au grand jour, et que le peuple les juge. Qu'importe sous quelle bannière combattent ceux que j'attaque, la vérité ne connaît point de parti ; elle se soutient par son propre poids.

Tout ce que peut produire d'inconséquence l'abus du raisonnement, pour égarer la bonne foi, tout ce que peut feindre de plus captieux une fausse sagesse, pour couvrir les entreprises de l'irréligion, et préparer des excuses à l'impiété ; toutes les ressources les plus cachées du sophisme, toutes les apparences les plus trompeuses du zèle, tout cela, dis-je, se trouve réuni dans les trois opinions que je vais discuter.

Jamais, nous dit un membre (1), *le législateur ne doit influencer les rapports qui existent entre l'homme et la divinité.*

Combien cette proposition est insignifiante, et par là même dangereuse ! Par *influencer*, l'orateur entend-il que le législateur ne doit point exister ou entraver, commander ou proscrire les rapports de l'homme avec Dieu ? Rien de mieux ; je suis de son avis. Entend-il que le législateur ne doit jamais favoriser le libre exercice des religions, jamais protéger les cultes ? Cela est faux et très faux. Suivons l'opinant.

Comme la loi ne peut apporter des bornes au culte, elle ne doit pas déclarer que le culte n'en aura pas.

Voilà bien une singulière logique ! Certes, si la loi ne peut apporter des bornes au culte, c'est que le culte ne doit pas avoir de bornes. Elle doit donc par là même user de tous ses moyens pour qu'il n'en reçoive point ; c'est-à-dire pour que le culte demeure libre et absolument libre : autrement elle ne serait point d'accord avec le droit naturel, ce serait une loi nouvelle et nulle, une loi injuste, et par là même une loi tyrannique. Demandons à l'opinant quel motif peut l'avoir engagé à professer une doctrine aussi étrange : il nous répondra :

Que reconnaître que le culte ne doit recevoir aucune entrave, ce serait admettre la nécessité des prêtres, ce qu'il n'entend point.

Eh ! bien, lui dirai-je à mon tour, plutôt que de faire les frais d'un si misérable raisonnement, que ne déclarait-il tout haut qu'il combattait l'article proposé par Barère, parce qu'il préfère l'athéisme ?... Je me trompe : l'orateur va s'expliquer clairement. Il soutient :

Que la Convention ne peut consacrer la liberté du culte extérieur, parce qu'il viendra peut-être un temps où il n'y aura plus d'autre culte que celui de la liberté et de la morale publique.

Voilà donc, dans cette belle supposition, le culte de l'Etre suprême supprimé ! Nous voilà donc encore une fois rentrés dans les temps

barbares de l'idolâtrie ! Quel homme sensé pourra contenir ici son indignation ?... On se plaint que le fanatisme fait des ravages. Soyons justes : est-ce donc en heurtant toutes les opinions religieuses, en foulant aux pieds toutes les croyances, en provoquant l'avilissement de tous les ministres, même des plus patriotes, même de ceux qui ont le plus de droit à la reconnaissance publique ; est-ce donc ainsi qu'on prétend ramener le peuple aux vrais principes, à une piété raisonnable, à des vertus vraiment civiques ? Si l'homme éclairé ne peut entendre de sang-froid de si choquantes déclarations, si la raison de l'homme le plus sage se révolte nécessairement contre de si perfides propositions, est-il étonnant que des discours aussi malhonnêtement impies, aussi grossièrement scandaleux, portent des impressions fâcheuses dans l'esprit du peuple, de désolantes pensées dans la chaumière du pauvre ? Quand le fanatisme de l'incrédulité ose secouer ses torches jusqu'au milieu de nous, faut-il être surpris que le fanatisme de la piété travaille et porte à tous les excès des hommes d'autant plus ombrageux en matière de religion, que leur foi est plus simple, que leurs intentions sont plus pures ?

Lasource disait dernièrement que l'opinion de Jacob Dupont avait plus nui à la France que la perte d'une bataille ; Lasource n'en disait point assez. Une bataille perdue s'oublie enfin, ou peut être réparée. Le blasphème qui tue la croyance d'un grand peuple, s'accroît et se fortifie de tous les soupçons qu'il enfante, s'éternise par tous les désespoirs qu'il enfante, et finit par rendre le peuple nécessairement malheureux.

On aura beau dire que la Convention nationale est loin d'approuver les extravagantes imaginations de quelques individus. Je le pense aussi ; personne plus que moi ne rend justice aux principes de la Convention nationale, de la majorité surtout de la Convention nationale ; personne ne forme des vœux plus sincères pour sa gloire. Je donnerais ma vie pour son bonheur ; mais c'est mon respect même pour elle qui me force à dire que, lorsqu'un de ses membres, dans l'audace de son opinion, oublie que l'homme faible, que le malheureux villageois l'entend comme le raisonneur profond, alors ne pas l'improuver, ne pas lui imposer silence, c'est enhardir le mensonge, c'est devenir en quelque sorte son complice ; mais avançons.

L'article que nous discutons, s'écrie *Vergniaud, est un résultat du despotisme et de la superstition.*

Qui croirait que l'article était ainsi conçu : *tout homme est libre dans l'exercice de son culte !* Qui croirait que c'est Vergniaud qui s'est ainsi écrié : On conçoit avec peine que la prévention puisse égarer à ce point un homme à vrai talent. Avec quelle complaisance, pour jeter plus de saveur sur son opinion, nous cite-t-il ces paroles : *hors l'Eglise point de salut !* Mais Vergniaud ne nous dit pas que cette même église proclame comme un dogme sacré la fraternité universelle, la charité qui unit plus fortement encore tous les hommes entr'eux ; Vergniaud ne nous dit pas que cette même église commande la liberté de l'âme, sans laquelle les élans patriotiques ne sont que des fougues passagères, de grands mots mensongers ; qu'elle veut l'égalité, qu'elle mau-

---

(1) Malgré toutes mes recherches je n'ai pu me procurer le nom de ce membre : j'en suis fâché ; car je pense que, lorsqu'on veut instruire, il faut dire les choses par leur nom ; et l'homme qui parle en public, n'aurait pas bonne grâce de trouver mauvais qu'on le nommât.

dit l'égoïste ; Vergniaud ne nous dit pas que les prêtres constitutionnels détestent autant que lui le terrible fanatisme, que sans eux, oui je dois le dire (et je ne crains pas qu'aucun homme de bien me donne le démenti), que sans eux, sans leur zèle à toute épreuve, le nombre des fanatiques serait mille fois plus grand, et le moyen de les réduire peut-être impossible. Vergniaud est-il donc de bonne foi ?

Aujourd'hui que les esprits sont dégagés de leurs entraves, Vergniaud ne croit pas que, dans une déclaration des droits sociaux, la Convention puisse consacrer des principes absolument étrangers à l'ordre social.

Où donc Vergniaud a-t-il trouvé que la liberté du culte fût une chose étrangère à l'ordre social ? Ne serait-on pas tenté de croire qu'il n'étudia jamais aucun vrai philosophe ? Bon Dieu ! quels hommes ! Toujours faut-il, par quelqu'endroit, qu'ils nous mènent vers l'athéisme !... Du moins est-il vrai de dire que Vergniaud nous y mène par une pente douce, et sans presque nous en laisser apercevoir.

L'homme est libre, nous assure-t-il, de se tourner vers l'Orient ou vers l'Occident pour saluer la Divinité ; et cette liberté, la Convention ne peut la consacrer par un article, sans laisser soupçonner que, sans son article, cette liberté n'eût pas existé... Après avoir consacré le principe de la liberté du culte, n'aurait-on pas à craindre que les lois réglementaires, en définissant cette liberté, n'y portassent atteinte, ne la restreignissent même ?

Par quelle fatalité, Vergniaud, si conséquent dans ses discours, devient-il faux et ridicule, lorsqu'il veut parler religion ? Est-ce bien l'existence de cet article dans la première Constitution, qui nous a valu cette scandaleuse guerre que n'a cessé d'essuyer la religion sous l'Assemblée législative ? N'est-ce pas au contraire avec cet article que nous avons confondu nos prétendus sages et déjoué nos désorganisateurs politiques ? Il importe donc que cette ressource soit conservée à ceux qui y attachent un si grand prix... Continuons cette discussion.

Rien ne doit plus nous présager le salut de la patrie, nous dit cet homme qui, dernièrement, voulait de si bon cœur qu'on laissât au peuple ses espérances et ses consolations, cet homme qui mérita d'être gourmandé par Jacob Dupont, pour avoir prononcé à la tribune cette douce philosophie de l'humanité, *rien ne présage plus le salut de la patrie que la discussion actuelle...* c'est-à-dire, Vergniaud nous a dit de grandes vérités : Danton va nous en dire de plus grandes encore.

La raison humaine ne peut rétrograder : nous sommes trop avancés pour craindre que le peuple puisse croire n'avoir pas la liberté du culte, parce qu'il ne verra pas le principe de cette liberté gravé sur la table de vos lois.

Je suis loin de blâmer ce plaisir de Danton, d'annoncer à la Convention nationale des choses agréables ; mais je soutiens que lorsqu'il veut juger des progrès de la raison humaine en fait de religion, par les applaudissements de quelques êtres étourdis ou corrompus, il se trompe fort ou il nous en impose beaucoup. J'aime à en convenir : la raison humaine a eu de vrais succès en ce genre, depuis le commencement de la Révolution. Les prêtres constitutionnels, en persuadant au peuple que dégager la religion des souillures de l'opulence et des tentations de la vanité, c'était la rendre à son véritable esprit, à sa splendeur primitive ; les prêtres constitutionnels, dis-je, ont efficacement servi la raison humaine; mais il s'en faut bien que leur zèle ait également réussi partout ; or si, malgré toute cette liberté de culte si fortement gravée sur la table de nos premières lois, le peuple des campagnes a pu se laisser fanatiser au point de repousser l'évidence, je le demande à Danton lui-même, quelle arme toute puissante ne resterait-il pas aux aristocrates contre ce bon peuple, et par conséquent quel obstacle invincible aux progrès de sa raison, lorsqu'ils pourraient lui dire: ... « Malheureux peuple, qu'est devenue ta religion ? En est-il seulement dit un mot dans ta nouvelle Constitution ? Si jusqu'ici, malgré tant de solennelles déclarations de la part de l'Assemblée constituante, on a pu, sous de spécieux prétextes, entraver ton culte et jeter dans l'avilissement tes ministres, à quoi ne dois-tu pas t'attendre désormais, lorsqu'aucune loi bienfaisante ne protégera ta religion ? »

Danton nous a dit encore *que le peuple, dégagé de l'impulsion de la malveillance, reconnaît que quiconque veut s'interposer entre la divinité et lui, est un imposteur.*

Quoi, Danton, une religion sans ministres ne serait plus, aux yeux du peuple, une absurdité sans exemple ? des hommes qui peuvent citer en preuve de leur mission, la foi de tant de siècles, *une nuée de témoins,* une multitude innombrable de merveilles, le peuple, dans de tels hommes, ne verrait plus que des imposteurs ? Sur votre simple parole (vous ne l'avez pas osé dire, mais vous me l'avez que trop fait entendre par votre demande en question préalable sur les prêtres, et ce pitoyable honneur que vous en attendez chez la postérité) sur votre simple parole, le peuple verrait écrouler sans peine cet auguste édifice, à l'ombre duquel repose si longtemps la paix de sa conscience et le bonheur de sa vie ?... Danton, je l'interpelle ici cette humaine raison que vous nous vantez si fort. Ne l'outragez-vous pas, lorsque vous en parlez ainsi ! Ne mentez-vous pas à votre propre conscience, quand vous nous débitez de pareilles chimères ? — Danton, apprenez de moi ceci, et ne l'oubliez jamais : un grand peuple ne peut être longtemps dupe du charlatanisme de ses orateurs : bientôt le faux se montre, de quelques couleurs qu'on le revêtisse et le public se venge par le mépris des louanges éphémères qu'on lui avait arrachées.

Heureusement pour la religion, et je dois le dire pour le peuple lui-même ; car jamais impie ne fut bon citoyen ; heureusement Gensonné a demandé que la Convention renvoyât la discussion de cet article au moment où elle s'occuperait de la partie de la Constitution destinée à renfermer les bases fondamentales de la liberté civile.

Citoyens représentants, Il faudra donc un jour que vous décidiez si vous croyez la religion bonne à quelque chose dans une Constitution libre... Ah ! je vous en conjure, dans cette discussion d'une si haute importance ; montrez-vous dignes de l'auguste caractère dont vous êtes revêtus. Pensez que vous parlez devant le peuple français, devant l'Europe entière, devant l'univers même : pensez que chacune de vos paroles doit être un motif d'encouragement pour la vertu, ou un brevet d'impunité pour le crime : une grande leçon pour les hommes, ou un affreux scandale pour le genre humain : bannissez de vos discours, et l'impure ironie, et l'impudent blasphème. Les païens du moins respectaient leurs faux dieux ! bannissez ces insigniantes expressions, ces mots à double sens qui affligent la bonne foi, et ne laissent de confiance qu'aux ennemis de la vérité. Que tout soit sage, que tout soit grand dans une matière si sublime !... Rappelez à votre mémoire, ah ! je le dis, à votre cœur, le nombre de ceux qui souffrent ! la classe des malheureux ! tant de faibles opprimés qui consentent à tout perdre, pourvu que Dieu leur reste ! tant de victimes du sort pour qui leur Dieu est tout, depuis qu'elles n'ont plus rien ! Un coup d'œil sur le peuple ! songez à nos campagnes ! pleins de ces grandes idées, prononcez, j'y consens. Je compte sur votre conscience, j'attends tout de votre zèle.

Si, comme j'aime à le croire, la Convention dans sa sagesse appelle l'Etre suprême, et met sous la garde du ciel notre Constitution ; si elle assure au peuple la liberté du culte, quel bonheur pour la France ! par cela seul elle tue le fanatisme, elle ôte aux malveillants tous moyens de nous nuire : plus de rebelles à craindre ; l'aristocratie est perdue. Si au contraire, trompée par un faux zèle, égarée par de dangereuses nouveautés, la Convention pouvait se flatter de faire le bonheur du peuple sans recourir à Dieu, quelle longue suite de calamités j'entrevois pour la France !... Non, je vous le proteste, je le jure par tout ce que vous dois, le peuple français n'aura de confiance dans vos lois qu'autant qu'elles seront présentées sous les auspices de l'Etre suprême. Il ne sera content de votre plan de Constitution, qu'autant qu'il aura la certitude de n'être jamais troublé dans l'exercice de son culte.

Législateurs, serait-il possible que, sous prétexte de détruire des préjugés, de propager les lumières, on vous entraînât dans des mesures aussi mauvaises en politique que désastreuses en religion !... Sans doute il resterait toujours au peuple le droit imprescriptible de faire entendre son vœu suprême, et

à moi celui non moins sacré de lui tracer la route qu'il aurait à suivre pour manifester à ses mandataires la volonté du souverain. Certes, je parlerais pour la paix, et au nom de la paix, et tous mes moyens seraient marqués au coin de l'unité républicaine ; mais enfin c'est de vous que le peuple attend l'ouvrage de son bonheur. Vous l'avez promis à sa confiance ; vous le devez à vos serments. Il est dû, ce prix de vos travaux, aux dangers que vous avez courus, à l'intrépidité que vous avez montrée.

Livrez-vous donc avec ardeur à une tâche si glorieuse. Consultez la sagesse et non pas le caprice. Faites taire toutes les passions, laissez-là les chimères. Qu'importe la nouveauté, si elle doit faire notre malheur ! Vous paraîtrez assez grands, si le peuple est heureux ! Que cette vérité soit toujours présente à votre esprit, qu'elle commande toutes vos pensées : point de bonheur pour le peuple, s'il n'a point de religion !

Dites donc à ce bon peuple, avec cette belle franchise qui doit caractériser les représentants d'un peuple libre... : « Français, vous tenez essentiellement à la religion de vos pères. Eh bien ! que chacun de vous soit libre dans l'exercice de son culte ; que la même Constitution qui fixe vos droits de citoyens, vous assure aussi la liberté de vos opinions religieuses. *Adorez votre Dieu, et servez votre patrie !* Voilà les grands principes que nous donnons pour base à votre Constitution... » Parlez ainsi au peuple ; et ces paroles plus redoutables à nos ennemis que toutes vos armées, vont rétablir l'ordre et faire naître partout la confiance. Une tranquillité générale va prendre la place de toutes les inquiétudes. L'homme trompeur se verra forcé d'abandonner sa proie, parce que l'homme trompé ne craindra plus de céder aux lumières de la vérité. Cette heureuse révolution tournera toute au profit des mœurs, et assurera, bien mieux que toutes les terreurs, le saint empire du patriotisme.

Citoyens représentants ! Tel est le vœu que forme dans tous les points de la France, le cœur de ce bon peuple ; et tels en seront les effets pour le bonheur de la République. Représentants, vous le savez : le vœu du peuple fut toujours aux yeux du législateur sage une chose sacrée, et les bénédictions du peuple furent toujours la plus belle récompense pour l'homme public.

FIN DU TOME LXII.

ARCHIVES PARLEMENTAIRES

PREMIÈRE SÉRIE

TABLE CHRONOLOGIQUE

DU TOME LXII

ARCHIVES PARLEMENTAIRES

PREMIÈRE SÉRIE

TABLE CHRONOLOGIQUE

DU TOME LXII

TOME SOIXANTE-DEUXIÈME

(DU 13 AVRIL 1793 AU 19 AVRIL 1793.)

Pages.

Pages.

JEUDI 18 AVRIL 1793, AU MATIN.

FIN DE LA TABLE CHRONOLOGIQUE DU TOME LXII

ARCHIVES PARLEMENTAIRES

PREMIÈRE SÉRIE

TABLE ALPHABÉTIQUE ET ANALYTIQUE

DU TOME SOIXANTE-DEUXIÈME

ARCHIVES PARLEMENTAIRES

PREMIÈRE SÉRIE

TABLE ALPHABÉTIQUE ET ANALYTIQUE

DU

TOME SOIXANTE-DEUXIÈME

DU 13 AVRIL 1793 AU 19 AVRIL 1793.

ont satisfait dans une municipalité de la République à la loi sur le recrutement sont dispensés de concourir à la levée de 300,000 hommes (18 avril 1793, t. LXII, p. 613).

§ 3. — *Subsistances*. Décret portant qu'on pourra faire entrer un quart de mouton dans la ration des troupes (18 avril 1793), t. LXII, p. 613).

Décret mettant une somme de 52,000,000 de livres à la disposition du ministre de la guerre pour être remise aux administrateurs des subsistances militaires (19 avril 1793, t. LXII, p. 703).

§ 4. — *Fourrages*. Projet de décret tendant à empêcher la dilapidation des rations de fourrages (18 avril 1793, t. LXII, p. 613 et suiv.).

§ 5. — *Etapes*. Décret prorogeant jusqu'au 1er mai 1793 l'exécution de la loi qui accorde 3 sols par lieue et l'étape aux citoyens en congé (19 avril 1793, t. LXII, p. 703).

ARMÉES DE TERRE EN PARTICULIER.

Armée du Nord. Lettre des commissaires de la Convention (18 avril 1793, t. LXII, p. 610).

Armée du Rhin. Proclamation du général Custine aux soldats (14 avril 1793, t. LXII, p. 82 et suiv.). — Proclamation du général Houchard aux troupes d'avant-garde (*ibid*. p. 84).

ARMÉES. Voir *Cavalerie*. — *Chevaux*. — *Code pénal militaire*. — *Commissaires des guerres*. — *Infanterie*.

ASSIER PÉRICA. Fait un don patriotique (13 avril 1793. t. LXII, p. 65).

ASSIGNATS. — 1° Brûlement de cinq millions d'assignats, (13 avril 1793, t. LXII, p. 6).

2° Renvoi au bureau de vérification des assignats d'une demande de remboursement faite en faveur d'un malheureux cultivateur à qui des rats ont mangé les assignats qu'il avait reçus en paiement de sa récolte (15 avril 1793, t. LXII, p. 115).

AUBE (Département de l'). Compte rendu de l'empressement des citoyens à marcher à l'ennemi (17 avril 1793, t. LXII, p. 249).

AUBERT, officier d'artillerie. Est proposé comme adjoint au ministre de la guerre (19 avril 1793, t. LXII, p. 700).

AUBRY, député du Gard. — 1793. — Appuie la proposition de suspension du décret rendu contre Miranda (t. LXII, p. 21). — Fait un rapport sur la nouvelle composition des commissaires des guerres (p. 182 et suiv.).

AUDOUIN (Xavier), commissaire des guerres. Est proposé comme adjoint au ministre de la guerre (19 avril 1793, t. LXII, p. 700).

AUDREIN, député du Morbihan. — 1793. — Rend compte de la fête donnée en l'honneur des patriotes liégeois

(t. LXII, p. 168). — Son opinion, non prononcée, sur la question de savoir s'il faut parler de religion dans la Constitution. (p. 721 et suiv.).

AUFRÈRE (Veuve), engagée dans les canonniers. Réclame la pension à laquelle elle a droit pour la perte de son mari tué à la prise de la Bastille (14 avril 1793, t. LXII, p. 94). — La Convention décrète que la pension lui sera accordée (*ibid*.)

AURIGNAC (Commune d'). Décret improuvant la conduite de la municipalité (15 avril 1793, t. LXII, p. 115).

AVRANCHES (District d'). Compte rendu des opérations du recrutement (18 avril 1793, t. XLII, p. 599).

B

BACILLY (Commune de). La Convention décrète qu'elle a bien mérité de la patrie (18 avril 1793, t. LXII, p. 599).

BAIGNEURS. — Voir *Barbiers*, etc.

BAILLEUL, député de la Seine-Inférieure. — 1793. — Demande que les biens d'Orléans soient séquestrés (t. LXII, p. 191).

BAL, député du Mont-Blanc. — 1793. — Est remplacé par Dumaz (t. LXII, p. 615).

BALLIAS-LAURARÈDE, commissaire ordonnateur. Sa lettre sur la situation de la Vendée (19 avril 1793, t. LXII, p. 698).

BANCAL, député du Puy-de-Dôme. — 1793. — Il est donné lecture d'une lettre de lui (t. LXII, p. 270).

BAR-SUR-ORNAIN, CI-DEVANT BAR-LE-DUC (Commune de). Don patriotique du bataillon de saint Antoine (13 avril 1793, t. LXII, p. 65).

BARBAROUX, député des Bouches-du-Rhône. — 1793. — Fait une proposition relative aux négociations avec les puissances étrangères (t. LXII, p. 3) ; — la retire (*ibid*.). — Parle sur l'affaire du général Miranda (p. 21). — Il est insulté par un citoyen des tribunes (p. 30). — Est dénoncé par les sections de Paris (p. 133 et suiv.). — Parle sur les Droits de l'homme (p. 280).

BARBEZIEUX (Commune de).

Société populaire. Dénonce les manœuvres et les entreprises des ennemis de la République (18 avril 1793, t. LXII, p. 617 et suiv.) ; — renvoi de cette dénonciation aux comités de législation et de Salut public réunis (*ibid*. p. 618).

C

COMITÉ DES FINANCES.

Travaux. — 1793. — Rapports sur une avance à faire à la ville de Rennes (16 avril, t. LXII, p. 178), — sur un prêt à faire à la ville de Saint-Denis (*ibid.* p. 179), — sur un emprunt à contracter par la ville de Toulouse (*ibid.*), — sur l'autorisation à accorder au département de Rhône-et-Loire de retenir 200,000 livres su rses contributions (*ibid.*), — sur l'autorisation à accorder au département de la Drôme de retenir une somme de 300,000 livres sur ses contributions (*ibid.*), — sur les dépenses secrètes (*ibid.* p. 192), — sur le paiement des rentes viagères et perpétuelles de la ville de Lille (17 avril, p. 260), — sur un versement à faire à la Trésorerie (18 avril, p. 611), — sur l'acquittement des pensions des élèves des écoles militaires (*ibid.* p. 618), — sur l'indemnité à accorder aux ouvriers des salines (*ibid.*), — sur l'indemnité à accorder au citoyen Persegol (*ibid.* p. 616), — sur le paiement des officiers de la ci-devant chambre des comptes de Lorraine (*ibid.* p. 617), — sur les subsistances militaires (19 avril, p. 703).

COMITÉ DE LA GUERRE.

Travaux. — 1793. — Rapports sur l'affaire des citoyens Harville, Bouchet, Barneville, Montchoisy, Froissac, Quivet et Osselin (15 avril, t. LXII, p. 118), — sur la nouvelle composition des commissaires des guerres (16 avril, p. 182 et suiv.), — sur l'affaire des généraux Longueville et Dailly (17 avril, p. 260 et suiv.), — sur la situation des citoyens qui ont satisfait à la loi sur le recrutement (18 avril, p. 613), — sur la ration des troupes (*ibid.* p. 613), — sur les moyens d'empêcher la dilapidation des fourrages (*ibid.* et p. suiv.), — sur la destitution des officiers nommés par Dumouriez (*ibid.* p. 615), — sur la prorogation de la loi qui accorde l'étape aux citoyens en congé (19 avril, p. 703).

COMITÉ D'INSPECTION.

Travaux. — 1793. — Rapport sur le paiement d'une somme de 19,718 l. 15 s. aux entrepreneurs de la nouvelle salle (18 avril, t. LXII, p. 613).

COMITÉ DE LÉGISLATION.

Travaux. — 1793. — Rapports sur les délits imputés à Marat (13 avril, t. LXII, p. 24 et suiv.), (p. 31 et suiv.), — sur un arrêté du corps électoral du département de la Haute-Garonne (15 avril, p. 115).

COMITÉ DE LIQUIDATION.

Travaux. — 1793. — Rapports sur la liquidation d'offices de barbiers, perruquiers, baigneurs et étuvistes (16 avril, t. LXII, p. 179 et suiv.), — sur la liquidation d'offices de judicature et ministériels (*ibid.* p. 181), — sur la créance du citoyen Alban (*ibid.*), — sur les réclamations de plusieurs procureurs au ci-devant bailliage de Rennes et de plusieurs huissiers au ci-devant Parlement de Nancy (*ibid.* p. 182), — sur les pensions et secours à accorder aux employés des ci-devant administrations supprimées (17 avril, p. 259), — sur la liquidation de divers offices supprimés (18 avril, p. 612).

COMITÉ DE SALUT PUBLIC.

Organisation. — 1793. — Un secrétaire-commis se tiendra constamment au bureau de la Convention pour y expédier, sur-le-champ et séance par séance, tous les décrets de renvoi au comité de Salut public (13 avril, t. LXII, p. 9).

Travaux. — 1793. — Rapport sur une levée de 30,000 hommes de troupes à cheval (16 avril, t. LXII, p. 187), — sur un manifeste à adresser à tous les peuples (*ibid.* et p. suiv.), — sur l'arrestation de Bourbon-Montpensier dit Cadet (*ibid.* p. 291), — sur la conduite du général Kellermann (18 avril, p. 623), — sur la mise en marche des bataillons du Calvados (19 avril, p. 704).

COMITÉ DES SECOURS PUBLICS.

Travaux. — 1793. — Rapport sur l'indemnité à accorder au citoyen Persegol (18 avril, t. LXII, p. 616).

COMMISSAIRES DE LA CONVENTION.

§ 1er. — *Nomination de commissaires.*

§ 2 — *Rappel de commissaires.*

§ 3. — *Correspondance des commissaires avec la Convention et rapports sur leurs missions.*

§ 4. — *Commissaires livrés par Dumouriez.*

§ 1er. — *Nomination de commissaires.* Commissaire envoyé en Vendée (13 avril 1793, t. LXII, p. 23).

§ 2. — *Rappel de commissaires.* Sur la proposition de Poultier, la Convention charge son comité de Salut public de lui présenter la liste des commissaires envoyés dans les départements qui peuvent être rappelés sur-le-champ sans compromettre le Salut public (15 avril 1793, t. LXII, p. 117). — Rappel de Du Bois Du Bais et de Briez (*ibid.* p. 141). — Lettre de Du Bois Du Bais et de Briez témoignant leur douleur d'avoir vu leur conduite improuvée (19 avril, p. 711).

§ 3. — *Correspondance des commissaires avec la Convention et rapports sur leurs missions.* — 1793. — Lettres des commissaires à Valenciennes (13 avril, t. LXII, p. 1 et suiv.), — des armées du Rhin, des Vosges et de la Moselle (*ibid.* p. 7), — des commissaires dans les départements de la Nièvre et du Loiret (*ibid.* p. 12), — des commissaires dans les départements de la Lozère et de l'Ardèche (*ibid.* p. 15), — des commissaires à Valenciennes (*ibid.* p. 16 et suiv.), — des commissaires dans le département du Mont-Blanc (14 avril, p. 76 et suiv.), — des commissaires dans les départements de la Meurthe et de la Moselle (*ibid.* p. 77 et suiv.), — des commissaires à Lyon (*ibid.* p. 89), — des commissaires dans les départements du Mont-Blanc et des Alpes-Maritimes (15 avril, p. 106), — des commissaires aux armées du Nord et des Ardennes (*ibid.* p. 112), — des commissaires dans les départements des Deux-Sèvres et de la Vendée (*ibid.* et p. suiv.), — des commissaires aux côtes de Lorient à Bayonne (*ibid.* p. 113 et suiv.), —

§ **3.** — *Ordre des travaux.* — Décret fixant l'ordre des travaux de la Convention (13 avril 1793, t. LXII, p. 127).

§ **4.** — *Séances du soir.* — La Convention décrète qu'il n'y aura plus de séances du soir que pour la nomination du bureau (15 avril 1793, t. LXII, p. 124).

§ **5.** — *Salle des séances.* — Décret relatif au paiement d'une somme de 19,718 l. 13 s. aux entrepreneurs de la nouvelle salle (18 avril 1793, t. LXII, p. 613).

— Voir *Manifeste.*

CORAN (Commune de). Compte rendu de la prise de cette commune par les patriotes (15 avril 1793, t. LXII, p. 218).

CORBEIL (District de).

Directoire. Demande que le prix du blé soit fixé à 10 livres le quintal (14 avril 1793, t. LXII, p. 97).

CORENFUSTIER, député de l'Ardèche. — 1793. — Demande qu'il soit délivré un passe-port à la jeune Honorate (t. LXII, p. 259).

CÔTES-DU-NORD (Département des).

Directoire. Rend compte des opérations du recrutement et demande des armes (16 avril 1793, t. LXII, p. 170).

Gendarmes nationaux. Protestent de leur civisme et font un don patriotique (19 avril 1793, t. LXII, p. 689).

COUPÉ (Jacques-Nicolas), député de l'Oise. — 1793. — Parle sur les droits de l'homme (t. LXII, p. 279). — Ses observations sur le projet de Constitution (p. 337 et suiv.).

COUPPÉ (Gabriel-Hyacinthe), député des Côtes-du-Nord. — 1793. — Parle sur un incident provoqué par un citoyen des tribunes (t. LXII, p. 30), — sur la défense des côtes de la ci-devant Bretagne (p. 202).

COURVOISIER, attaché à François Bourbon. Demande l'autorisation de lui continuer ses services et un passeport pour se rendre auprès de lui (15 avril 1793, t. LXII, p. 107) ; — la Convention accorde l'autorisation demandée (*ibid.*).

COIRIEU, ci-devant commandant à Lichtemberg. Fait un don patriotique (14 avril 1793, t. LXII, p. 98).

CUSSET, député de Rhône-et-Loire. — 1793. — Parle sur les troubles de Lyon (p. 131), (p. 132). — Son projet relatif aux droits de l'homme (p. 338 et suiv.). — Son projet de Constitution (p. 339 et suiv.).

CUSTINE, général. Envoie à la Convention sa proclamation aux soldats de l'armée du Rhin ainsi qu'une lettre et une proclamation du général Houchard (14 avril 1793, t. LXII, p. 82 et suiv.). — Sa lettre relative aux accusations portées contre lui par le capitaine Natte (16 avril, p. 175 et suiv.). — Se plaint du mauvais état des fournitures de l'armée (16 avril, p. 176 et suiv.). — Se plaint d'une calomnie de Marat (*ibid.* p. 177).

D

DAILLEY (Claude-Etienne), général de brigade. Rapport sur son affaire (17 avril 1793, t. LXII, p. 260) ; — décret ordonnant sa mise en liberté (*ibid.* p. 261).

DALBARADE, ministre de la marine. Voir *Ministre de la marine.*

DAMPIERRE, général. Propose des mesures pour la formation au service des hommes de nouvelle levée (13 avril 1793, t. LXII, p. 12). — Annonce la reprise du camp de Famars (16 avril, p. 202 et suiv.). — Rend compte de ses opérations (19 avril, p. 690). — Renvoi au comité de sûreté générale d'une lettre de sa sœur qui réclame sa mise en liberté (*ibid.* p. 702).

DANTON, député de Paris. — 1793. — Demande que l'on décrète la peine de mort contre quiconque proposerait de transiger avec l'ennemi (t. LXII, p. 3). — Parle sur le projet de déclaration des Droits de l'homme (p. 708 et suiv.), (p. 710).

DANTRAY, ci-devant huissier au parlement de Nancy. Décret portant qu'il n'y a pas lieu à délibérer sur sa réclamation (16 avril 1793, t. LXII, p. 182).

DAUNOU, député du Pas-de-Calais. — 1793. — Ses vues sur l'organisation de la République (t. LXII, p. 343 et suiv.). — Son essai sur la Constitution (p. 350 et et suiv.). — Parle sur le projet de Déclaration des Droits de l'homme (p. 708).

DAVID, lieutenant. La Convention nationale décrète la mention honorable de son dévouement et charge le ministre de la guerre de prendre des informations sur son sort (16 avril 1793, t. LXII, p. 191).

DEBRY (Jean), député de l'Aisne. Obtient un congé (t. LVII, p. 686).

DÉCÈS DE DÉPUTÉS. — 1793. — Communication du décès de Verdollin (*Basses-Alpes*) (15 avril, t. LXII, p. 108). — Communication du décès de Guillermin (*Saône-et-Loire*) (19 avril, p. 703).

DÉCLARATION DES DROITS DE L'HOMME ET DU CITOYEN. Voir *Droits de l'homme et du citoyen.*

DÉCRETS. État des décrets envoyés aux départements (13 avril 1793, t. XLII, p. 110 et suiv.).

DEHOULIÈRE, député de Maine-et-Loire. — 1793. — Donne sa démission motivée sur ce qu'il n'est pas juste de condamner Marat (t. LXII, p. 168).

DELACROIX (Jean-François), député d'Eure-et-Loir. — 1793. — Parle sur les mouvements des troupes (t. XLII, p. 8). — sur le rappel des 800 hommes envoyés au secours du département de la Vendée par le département d'Eure-et-Loir (ibid), — sur l'impression d'une adresse de la société des Amis de la liberté et de l'égalité de Paris (p. 27). — Fait un rapport sur une levée de 30.000 hommes de troupes à cheval (p. 187). — Donne lecture d'une lettre des commissaires de la Convention aux armées du Nord et des Ardennes (p. 610). — Demande que le comité de la guerre fasse un rapport sur le mariage des militaires (p. 611).

DELAGUESNE. Demande que l'on ajourne à jour fixe le rapport sur son affaire (14 avril 1793, t. LXII, p. 92 et suiv.) ; — la Convention ajourne le rapport à trois jours (ibid. p. 93).

DELAPORTE. Voir Laporte.

DELAUNAY, jeune (Pierre-Marie), député de Maine-et-Loire. — 1793. — Fait un rapport sur les délits imputés à Marat (t. LXII, p. 24 et suiv.), (p. 31 et suiv.).

DELLILE (François). Est proposé comme adjoint au ministre de la guerre (19 avril 1793, t. LXII, p. 700).

DELMAS, député de la Haute-Garonne. — 1793. — Fait une motion relative à l'expédition des décrets de renvoi au comité de Salut public (t. LXII, p. 9).

DELPECH. Sa lettre au citoyen Fontanes (18 avril 1793, t. XLII, p. 683). — Sa lettre au citoyen Carrigou (ibid.).

DEMANGEOT, ci-devant huissier au Parlement de Nancy. Décret portant qu'il n'y a pas lieu à délibérer sur sa réclamation (16 avril 1793, t. LXII, p. 182).

DEMENGEON, étudiant, en pays étranger. Fait un don patriotique (13 avril 1793, t. LXII, p. 66).

DÉMISSION DE DÉPUTÉ. — 1793. — Dehoulière (Maine-et-Loire, 16 avril, t. LXII, p. 168).

DÉNONCIATIONS CONTRE DES DÉPUTÉS. Voir Députés n° 2.

DÉPENSES SECRÈTES. Décret accordant au Conseil exécutif une somme de 6 millions pour dépenses secrètes (16 avril 1793, t. LXII, p. 192 et suiv.).

DEPEREY. Vérificateur en chef des assignats. Annonce le brûlement de cinq millions d'assignats (13 avril 1793 t. LXII, p. 6).

DÉPUTÉS. 1° — Lecointre propose d'éliminer de la Convention, par un scrutin épuratoire, une douzaine de membres de chaque côté de l'Assemblée (15 avril 1792, t. LXII, p. 119) ; — ordre du jour (ibid.).

2°. — La Convention décrète qu'elle n'entendra plus aucune dénonciation contre aucun de ses membres à la tribune, que ceux qui en auront à faire seront tenus de les déposer, signées par eux. au comité de Salut public (15 avril 1793, t. LXII, p. 127). — Dénonciation des sections de Paris contre vingt-deux députés (ibid. p. 133 et suiv.); — discussion (ibid. p. 135 et suiv.) ; — (16 avril, p. 193 et suiv.).

DÉPUTÉS. — Voir Décès. — Démission.

DE SACY, député de la Haute-Garonne. — 1793. — Son plan de Constitution (t. LXII, p. 370 et suiv.).

DESFIEUX. Sa lettre au citoyen Grignon (18 avril 1793, t. LXII, p. 682).

DESMOULINS (Camille), député de Paris. — 1793. — Demande que l'on interdise aux généraux de correspondre avec l'ennemi (t. LXII, p. 2). — Accuse la droite de l'Assemblée d'être de complicité avec Dumouriez (p. 30 et suiv.).

DEVAUX, adjudant de Dumouriez. On annonce l'arrestation de sa femme (15 avril 1793, t. LXII, p. 109).

DIEPPE (District de). Demande à emprunter 500,000 livres (16 avril 1793, t. LXI p. 179 ; — renvoi au comité des finances (ibid).

DIJON (Commune de). — Les citoyens demandent que tous les ci-devant nobles et ministres des cultes soient exclus de tous emplois civils et militaires et que tous les états-majors de l'armée soient renouvelés sans délai (15 avril 1793, t. LXII, p. 106).

Société des Amis de la Liberté et de l'Egalité. Transmet un mémoire de la Société républicaine de la Ciotat (15 avril 1793, t. LXII, p. 105).

DIX AOÛT. — Voir. Blessés du dix août.

DOL (Commune de), département d'Ille-et-Vilaine. Compte rendu des opérations du recrutement (19 avril 1793, t. LXII, p. 702).

DONS PATRIOTIQUES. — 1793. — (13 avril, t. LXII, p. 4 et suiv.), (p. 11), (p. 68 et suiv.), (14 avril, p. 82), (p. 86), (p. 94), (p. 97 et suiv.), (15 avril, p. 109), (16 avril, p. 167), (17 avril, p. 263), (18 avril, p. 602), (19 avril, p. 688), (p. 689), (p. 702).

DORCIL, commissaire des guerres. Question du ministre de la guerre relative à ses revues (18 avril 1793,

t. LXII, p. 604) ; — renvoi au comité de la guerre (ibid.).

DOULCET-PONTÉCOULANT, député du Calvados. — 1793. — Est dénoncé par les sections de Paris (t. LXII, p. 133 et suiv.). — Demande que le procès-verbal constate les applaudissements des tribunes à la prédiction du meurtre de députés à la Convention (p. 626). — Secrétaire (p. 685).

DREUX (Commune de). Don patriotique du curé (17 avril 1793, t. LXII, p. 263).

DROITS DE L'HOMME ET DU CITOYEN (Déclaration des). La Convention décrète qu'avant la discussion de la Constitution, il s'ouvrira d'abord une discussion générale sur les Droits de l'homme et du citoyen (15 avril 1793, t. LXII, p. 126). — Analyse par Romme des différents mémoires sur les Droits de l'homme (17 avril, p. 263 et suiv.).

1° — Discussion générale : Harmand, Lehardy, Rouzet, Salle, Isnard, Cambon, Barère (ibid. p. 270 et suiv.). — Discussion des articles. — Art. 1er : Rabaut-Saint-Etienne, Barère rapporteur, Coupé (Oise), Lasource, Garran-Coulon, Barbaroux, Isnard, Romme, Louvet, Vergniaud (ibid. p. 279 et suiv.) ; — adoption (ibid., p. 281) ; — Art. 2 : Thuriot, Féraud, Daunou, Boissy-d'Anglas, Robespierre aîné, Barère, rapporteur (19 avril, p. 705) ; — adoption (ibid.). — Adoption des articles 3, 4, 5 et 6 (ibid. p. 706). — Art. 7 : Durand-Maillane, Buzot, Salle, Robespierre aîné, Pétion, Buzot, Romme (ibid. et p. suiv.) ; — adoption (ibid. p. 707). — Art. 8 (ancien) : un membre, Barère, rapporteur, Vergniaud, Danton, Gensonné, Guyomar, Salle (ibid. et p. suiv.) ; — ajournement jusqu'au moment de la discussion de la Constitution (ibid.). — Adoption de l'ancien article 3 qui devient l'article 8 (ibid.) — Art. 10 : adoption (ibid) — Art. 11 à 14 : Danton, Lanjuinais, Garnier (Aube) (ibid. p. 710) ; adoption (ibid). — Art. 15 et 16 : Lanjuinais ; Barère, rapporteur (ibid. et p. suiv.) ; — adoption (ibid. p. 711). — Art. 17 : Génissieu, Rabaut-Saint-Etienne, Gensonné, Lanjuinais, Louvet, Salle (ibid.) ; — adoption (ibid). — Art. 18 : Cambon, Rabaut-Saint-Etienne (ibid.) ; — adoption (ibid.) — Art. 19 : adoption (ibid).

2° — Projets de Déclaration des Droits de l'homme et du citoyen. Projet de Boissy-d'Anglas (t. LXII, p. 287 et suiv.). — Projet de Carnot (p. 335 et suiv.). — Projet de Cusset (p. 338 et suiv.). — Projet de Daunou (p. 361 et suiv.) — Projet de Durand-Maillane (p. 374 et suiv.). — Projet de Pénières (p. 477 et suiv.). — Plan de Thorillon (p. 582 et suiv.).

DROITS D'ENTRÉE. Voir Chevaux n° 3.

DRÔME (Département de la). Décret autorisant le département à retenir sur ses contributions une somme de 300,000 livres pour le paiement des dépenses administratives (16 avril 1793, t. LXII, p. 179).

DRUOIS, volontaire national. La Convention nationale décrète la mention honorable de son dévouement et charge le ministre de la guerre de prendre des informations sur son sort (16 avril 1793, t. LXII, p. 191).

DUBOIS-CRANCÉ, député des Ardennes. — 1793. — Demande que la Convention se fasse rendre compte du mouvement des troupes (t. LXII, p. 7). — Dénonce Beurnonville (p. 9).

DU BOIS DU BAIS, député du Calvados. — 1793. — Sa correspondance avec Cobourg (t. LXII, p. 138 et suiv.) — La Convention improuve sa conduite et le rappelle dans son sein (p. 141). — Témoigne sa douleur d'avoir vu sa conduite improuvée par la Convention (p. 711).

DUCEY (Commune de). La Convention décrète qu'elle a bien mérité de la patrie (18 avril 1793, t. LXII, p. 599.).

DUCOS fils (Jean-François), député de la Gironde. — 1793. — Parle sur une motion de Robespierre (t. LXII, p. 3), — sur la conduite des commissaires Du Bois-Du Bais et Briez (p. 140).

DUFRICHE-VALAZÉ, député de l'Orne. — 1793. — Est dénoncé par les sections de Paris (t. LXII, p. 133 et suiv.).

DU HOUX, général. Mention honorable de sa conduite (16 avril 1793, t. LXII, p. 172).

DUMAZ, député suppléant du Mont-Blanc. — 1793. — Est admis en remplacement de Bal non acceptant (t. LXII, p. 615).

DUMONT (André), député de la Somme. — 1793. — Ecrit que les formes les plus sacrées de la justice lui paraissent avoir été violées par le décret d'accusation contre Marat (t. LXII, p. 108 et suiv.).

DUMOURIEZ, général. — 1793. — Toutes ses lettres seront imprimées et envoyées aux armées (13 avril, t. LXII, p. 1). — Adresse à lui envoyée par 26 volontaires du 8e bataillon du département de Saône-et-Loire (ibid. p. 17 et suiv.). — Improbation de cette adresse par les autres volontaires du bataillon (ibid. p. 18). — Mention honorable de la conduite de sept volontaires qui tentèrent de l'exterminer (16 avril, p. 191). — Adresse de la Société patriotique de Toul sur sa perfidie (19 avril, p. 699 et suiv.). — Adresse de la société des Amis de la Liberté et de l'Égalité de Troyes (ibid. p. 700).

DUMOURIEZ, femme du général. Rapport sur son arrestation (18 avril 1792, t. LXII, p. 685) ; — renvoi au comité de législation (ibid.).

DURAND-MAILLANE, député des Bouches-du-Rhône. — 1793. — Son projet de Constitution (t. LXII, p. 374 et suiv.). — Parle sur le projet de Déclaration des droits de l'homme (p. 706), (p. 709).

Duroy, député de l'Eure. Demande que la Convention s'occupe de la Constitution (t. LXII, p. 634).

Duval (Charles-François-Marie), député d'Ille-et-Vilaine. 1793. — Demande le rapport du décret d'accusation contre Marat (t. LXII, p. 85).

E

Eblé (Jean-Baptiste), capitaine du 6ᵉ régiment d'artillerie à Bitche. Fait un don patriotique (14 avril 1793, t. LXII, p. 98).

Echarpe tricolore. Les membres des conseils généraux des communes pourront porter, dans l'exercice de leurs fonctions, un ruban tricolore en forme d'écharpe (14 avril 1793, t. LXII, p. 98).

Ecoles militaires. Décret relatif au paiement des pensions des élèves (18 avril 1793, t. LXII, p. 615).

Ecosse (D'), ex-officier. Arrêté relatif à sa mise en état d'arrestation (14 avril 1793, t. LXII, p. 80).

Egalité (Louis-Philippe-Joseph, ci-devant duc d'Orléans dit), député de Paris. — 1793. — Renvoi au comité de législation d'une pétition de ses créanciers (t. LXII, p. 92). — Il sera nommé des commissaires pour prendre des informations au sujet d'un voyage qu'il a fait à Orléans (p. 192). — Décret ordonnant la mise en sequestre de ses biens (*ibid.*).

Ehrmann, député du Bas-Rhin. — 1793. — Ecrit que les formes les plus sacrées de la justice lui paraissent avoir été violées par le décret d'accusation contre Marat (t. LXII, p. 109).

Employés des ci-devant fermes et administrations supprimées. Débat sur les pensions et secours à leur accorder (17 avril 1793, t. LXII, p. 259).

Enfants trouvés. Renvoi au comité des finances d'une lettre du ministre de l'intérieur demandant des fonds pour les dépenses de l'année 1793 (19 avril 1793), t. LXII, p. 698).

Enseignement. — Voir *Instituteurs.*

Espagnac (L'abbé Sahuguet d'). Demande à être gardé à vue comme les adjoints au ministère de la guerre (19 avril 1793, t. LXII, p. 686); — renvoi au comité de sûreté générale (*ibid.*).

Espagne. Compte rendu des vexations qu'éprouvent les Français en Espagne (18 avril 1793, t. LXII, p. 608).

Etuvistes. Voir *Barbiers*, etc.

Eure-et-Loir (Département d').

Administrateurs. Dénoncent des abus qui causent le renchérissement des grains (14 avril 1792, t. LXII, p. 88).

F

Famars (Camp de). On annonce sa reprise par les troupes françaises (16 avril 1793, t. LXII, p. 202 et suiv.).

Fauchet, député du Calvados. — 1793. — Est dénoncé par les sections de Paris (t. LXII, p. 133 et suiv.).

Faussin. Mention honorable de sa conduite (13 avril 1793, t. LXII, p. 9).

Fays-Billot (Commune de). Fait un don patriotique (13 avril 1793, t. LXII. p. 65).

Féraud, député des Hautes-Pyrénées. — 1793. — Parle sur l'affaire du général Miranda (t. LXII, p. 21), — sur le projet de Déclaration des droits de l'homme (p. 705).

Ferme générale (Ci-devant). Pétition des employés qui demandent à se libérer de ce qu'ils doivent à la nation au moyen d'une retenue sur les pensions (16 avril 1793, t. LXIII, p. 178) ; — renvoi au comité de liquidation (*ibid.*).

Fernand-Nuñez, ambassadeur espagnol. Les administrateurs du département du Finistère écrivent qu'ils ont ordonné le séquestre des biens dépendant de la succession de Rohan-Chabot qui lui reviennent (13 avril 1793, t. LXII, p. 12).

Ferru, ci-devant commissaire des guerres près l'armée du Var. Demande l'autorisation de rester en état d'arrestation chez lui (14 avril 1793, t. LXII, p. 76). — La Convention décrète qu'il sera mis en état d'arrestation chez lui (*ibid.*).

Figuet (Antoine), second capitaine au 6ᵉ régiment d'artillerie à Bitche. Fait un don patriotique (14 avril 1793, t. LXII, p. 98).

Finistère (Département du).

Administrateurs. Ecrivent qu'ils ont ordonné le séquestre des biens dépendant de la succession de Rohan-Chabot revenant à l'ambassadeur Fernand-Nuñez (13 avril 1793, t. LXII, p. 12). — Envoient une adresse de dévouement (18 avril, p. 607) ; — mention honorable (*ibid.* p. 608).

FINISTÈRE (Département du). (*Suite*).

Arrêté relatif au Bulletin officiel du département (19 avril, p. 700).

FLAAN (Mathias), ci-devant receveur du comté de Créhange. Demande le remboursement de son cautionnement (14 avril 1793, t. LXII, p. 86); — renvoi aux comités des domaines et des finances réunis (*ibid.*).

FONTENAY, capitaine. Adresse, en sa faveur, des sous-officiers et soldats de la 5ᵉ compagnie des mineurs de l'artillerie (16 avril 1793, t. LXII, p. 169).

FORGES DE LA CHAUSSADE. Le ministre de la marine demande que les employés aux forges soient dispensés de l'enrôlement (14 avril 1793, t. LXII, p. 84); — la Convention décrète cette motion (*ibid.* p. 85).

FOURNITURES MILITAIRES. Plaintes du général Custine au sujet de leur mauvais état (16 avril 1793, t. LXII, p. 176 et suiv.); — renvoi à la commission des marchés (*ibid.* p. 177).

FRANCISQUE. Réclame le paiement de sommes qui lui sont dues (19 avril 1793, t. LXII, p. 687); — renvoi au directoire du département de Paris (*ibid.*).

FRANTZ, huissier à Metz. Arrêté relatif à sa mise en état d'arrestation (14 avril 1793, t. LXII, p. 80).

FROISSAC, adjudant général. Restera en état d'arrestation chez lui jusqu'à ce qu'il ait été entendu par le tribunal révolutionnaire (15 avril 1793, t. LXII, p. 118 et suiv.).

G

GALLET, commissaire du département de la Vendée près le district des Sables. Sa lettre relative aux opérations contre les rebelles (15 avril 1793, t. LXII, p. 113).

GAMON, député de l'Ardèche. — 1793. — Fait une motion d'ordre (t. LXII, p. 119). — Fait un rapport sur le paiement d'une somme de 19,718 l. 15 s. aux entrepreneurs de la nouvelle salle des séances (p. 613).

GARNIER (Antoine-Marie-Charles), député de l'Aube. — 1793. — Parle sur le projet de déclaration des Droits de l'homme (t. LXII, p. 710).

GARONNE (HAUTE-) (Département de la).

Corps électoral. Décret cassant l'arrêté pris par lui (15 avril 1792, t. LXII, p. 115).

GABRAN-COULON, député du Loiret. — 1793. — Donne lecture d'une lettre de Bancal (t. LXII, p. 270). — Parle sur les Droits de l'homme (p. 280).

GAUDIN, député de la Vendée. — 1793. — Est adjoint aux commissaires envoyés dans le département de la Vendée (t. LXII, p. 23).

GÉLIN, député de Saône-et-Loire. — 1793. — Demande la mise en accusation du lieutenant-colonel Chapieux (t. LXII, p. 19).

GENDARMERIE NATIONALE. Envoi par le ministre de la guerre d'un mémoire sur le remplacement à l'armée des gendarmes infirmes et sur les moyens de maintenir l'organisation de ce corps (16 avril 1793, t. LXII, p. 178); — renvoi au comité de la guerre (*ibid.*).

GENEST (Commune de). La Convention décrète qu'elle a bien mérité de la patrie (18 avril 1793, t. LXII, p. 599).

GÉNISSIEU, député de l'Isère. — 1793. — Parle sur la conduite du général Chancel (t. LXII, p. 19). — Fait une motion d'ordre (p. 119). — Parle sur l'affaire du citoyen Genneau (p. 260), — sur les subsistances de Paris (p. 260), — sur la conduite du général Kellermann (p. 624), — sur le projet de Déclaration des droits de l'homme (p. 710), (p. 711).

GENNEAU, commissaire national de la monnaie à Orléans. Demande l'ajournement à jour fixe du rapport qui doit être fait sur son compte (14 avril 1793, t. LXII, p. 87); — jour fixé (*ibid.*); — rapport par Vernier (17 avril, p. 260); — décret (*ibid.*); — réclamation du ministre des contributions publiques contre ce décret (19 avril, p. 686 et suiv.); — renvoi au comité des finances (*ibid.* p. 687).

GENSONNÉ, député de la Gironde. — 1793. — Appuie la proposition de faire imprimer une adresse de la Société des Amis de la liberté et de l'égalité de Paris et demande que l'Assemblée établisse sans délai les bases d'une Constitution républicaine (t. LXII, p. 27 et suiv.), (p. 31). — Est dénoncé par les sections de Paris (p. 132 et suiv.). — Demande la mise sous séquestre des biens d'Égalité (p. 181 et suiv.). — Demande l'admission à la barre de deux députés extraordinaires du département de la Gironde (p. 618). — Parle sur la conspiration dénoncée par ces députés (p. 620), — sur le projet de la Déclaration des droits de l'homme (p. 709), (p. 711).

GENTIL (François), député du Mont-Blanc. — 1793. — Est admis (t. LXII, p. 615).

GERBAULT, inventeur d'une machine à monnayer. Réclame la récompense due à son invention (14 avril 1793, t. LXII, p. 95 et suiv.); — décret lui accordant une somme de 6,000 livres (*ibid.* p. 96).

GILLET, député du Morbihan. — 1793. — Annonce que

les rebelles ont été battus de toutes parts dans le
- Morbihan (t. LXII, p. 202.)

GIRONDE (Département de la). — Deux députés extraordinaires dénoncent une conspiration dont ils ont
surpris les preuves (18 avril 1793, t. LXII, p. 619 et
suiv.) ; — pièces apportées par ces députés (ibid.
p. 624 et suiv.) ; — renvoi aux comités de Salut public
et de législation réunis (ibid. p. 635).

Volontaires nationaux. Adresse de dévouement
et don patriotique du 3e bataillon (19 avril 1793,
t. LXII, p. 688).

GIVET (Commune de). On annonce que la garnison a
juré de rester fidèle aux drapeaux de la République
(13 avril 1793, t. LXII, p. 4) ; — mention honorable
(ibid.).

GLEIZAL, député de l'Ardèche. — 1793. — Son projet
de Constitution (t. LXII, p. 411 et suiv.).

GOHIER, ministre de la Justice. — Voir *Ministre de la
Justice.*

GONNET. — Demande un congé avec gratification et du
service dans la gendarmerie à Paris (15 avril 1793,
t. LXII, p. 106) ; — renvoi au comité de la guerre
(ibid.).

GORSAS, député de Seine-et-Oise. — 1793. — Est dénoncé par les sections de Paris (t. LXII, p. 133 et
suiv.).

GOSSUIN, député du Nord. — 1793. — Annonce que
l'armée de Hollande est rentrée tout entière sur le
territoire français (t. LXII, p. 1). — Fait une motion
d'ordre (p. 110).

GOURDEL, ci-devant procureur au bailliage de Rennes.
Décret portant qu'il n'y a pas lieu à délibérer sur sa
réclamation (16 avril 1793, t. LXII, p. 182).

GRAINS. — Pétition du département de Paris demandant
la fixation du maximum du prix des grains (18 avril
1793, t. LXII, p. 621) ; — renvoi aux comités d'agriculture et de commerce réunis (ibid. p. 622).

GRANET, député des Bouches-du-Rhône. — 1793. — Demande l'impression et l'envoi aux départements d'une
adresse de la Société des Amis de la liberté et de
l'égalité de Paris (t. LXII, p. 27).

GRANGENEUVE, député de la Gironde. — 1793. — Est
dénoncé par les sections de Paris (t. LXII, p. 134).

GRANVILLE (Commune de). — La Convention décrète
qu'elle a bien mérité de la patrie (18 avril 1793,
t. LXII, p. 599).

GRAVERAUD, ci-devant procureur au bailliage de Rennes.
Décret portant qu'il n'y a pas lieu à délibérer sur sa
réclamation (16 avril 1793, t. LXII, p. 182).

GUADET, député de la Gironde. — 1793. — Est dénoncé par les sections de Paris (t. LXII, p. 133
et suiv.)

GUERMEUR, député du Finistère. — 1793. — Annonce
que les communes du district de Pont-Croix n'ont eu
aucune part aux troubles qui ont désolé le département du Finistère (t. LXII, p. 96).

GUERRE (Ministère de la). Liste des six adjoints au ministre proposés au conseil exécutif (19 avril 1793,
t. LXII, p. 700).

GUILLEMARDET, député de Saône-et-Loire. — 1793. —
Signale l'action héroïque de sept volontaires qui ont
essayé d'exterminer le traître Dumouriez (t. LXII,
p. 191).

GUILLERMIN, député de Saône-et-Loire. — 1793. —
Son décès est annoncé à la Convention (t. LXII, p. 703).
— Le comité colonial dont il faisait partie est autorisé
à retirer de chez lui un carton de papiers appartenant audit comité (ibid.).

GUILLON, procureur-syndic du district de Quimperlé.
Annonce la découverte d'une fabrication de faux assignats (19 avril 1793, t. LXII, p. 700), — mention
honorable de son zèle (ibid. p. 701).

GUYOMAR, député des Côtes-du-Nord. — 1793. — Demande que le comité de Salut public se fasse rendre
compte des troupes qui se trouvent dans le département d'Eure-et-Loir (t. LXII, p. 8). — Parle sur
le projet de Déclaration des droits de l'homme
(p. 709).

H

HAILLECOURT, garde des écluses. Est suspendu de ses
fonctions (14 avril 1793, t. LXII, p. 79).

HANSEN, officier prussien. Demande à la Convention de
réparer l'oubli qu'elle a fait des officiers dans son
décret en faveur des soldats déserteurs des armées
ennemies (16 avril 1793, t. LXII, p. 169).

HARDY, député de la Seine-Inférieure. — 1793. — Est
dénoncé par les sections de Paris (t. LXII, p. 133 et
suiv.).

HARMAND, député de la Meuse. — 1793. — Parle sur les
droits de l'homme (t. LXII, p. 270 et suiv.).

HARVILLE (Auguste), général. Est décrété d'accusation
(15 avril 1793, t. LXII, p. 118).

LACATTE (Jean-Marie), officier en retraite. Fait un don patriotique (13 avril 1793, t. LXII, p. 66).

LACOSTE (Jean-Baptiste), député du Cantal. — 1793. — Sa lettre à ses commettants (t. LXII, p. 659 et suiv.).

LAMBERT (De Belon), député de la Côte-d'Or. — 1793. — Son projet de Constitution (t. LXII, p. 429 et suiv.).

LAMOTTE (Alexandre), chasseur. Demande à servir dans les armées de la République et sollicite un secours (14 avril 1793, t. LXII, p. 76); — renvoi au comité exécutif (ibid.).

LANG (François Théodore), lieutenant en 3ᵉ garde d'artillerie à Bitche. Fait un don patriotique (14 avril 1793, t. LXII, p. 98).

LANGUEDOC (Vaisseau le). Voir Naples.

LANJUINAIS, député d'Ille-et-Vilaine. — 1793. — S'oppose à la proposition de Lecointre d'éliminer, par scrutin épuratoire, une douzaine de députés de chaque côtés de l'Assemblée (t. LXII, p. 119). — Demande que la Convention s'occupe tous les lundis, mercredis et samedis de la discussion de la Déclaration des droits et de la Constitution (ibid.). — Parle sur l'ordre de la discussion de la Constitution (p. 120). — Est dénoncé par les sections de Paris (p. 133 et suiv.). — Parle sur le projet de Déclaration des droits de l'homme (p. 710), (p. 711).

LANOE, adjudant-major du bataillon de Saint-Hilaire, Demande un sursis à l'exécution du jugement rendu contre lui (19 avril 1793, t. LXII, p. 690); — renvoi au comité de la législation (ibid.).

LANOUE, général. Demande à rétablir des faits énoncés à la tribune qui sont en contradiction avec son mémoire et son interrogatoire (15 avril 1793, t. LXII, p. 107); — renvoi au tribunal extraordinaire (ibid.).

LANTHENAS, député de Rhône-et-Loire, — 1793. — Parle sur les troubles de Lyon (t. LXII, p. 132). — Est dénoncé par les sections de Paris (p. 133 et suiv.).

LAPORTE, député du Haut-Rhin. — 1793. — Parle sur les mouvements des troupes (t. LXII, p. 7 et suiv.).

LAPOULE, curé de Martigny-les-Gerbonvaux. Fait un don patriotique (16 avril 1793, t. LXII, p. 168).

LARDEMELLE, garde magasin des vivres. Est suspendu de ses fonctions (14 avril 1793, t. LXII, p. 79).

LA REVELLIÈRE-LÉPEAUX, député de Maine-et-Loire. — 1793. — Parle sur la culpabilité de Marat (t. LXII, p. 33).

LARMIRAUX, ci-devant huissier au parlement de Nancy. Décret portant qu'il n'y a pas lieu à délibérer sur sa réclamation (16 avril 1793, t. LXII, p. 182).

LARROCHE, député de Lot-et-Garonne. — 1793. — Obtient un congé (t. LXII, p. 169).

LASOURCE, député du Tarn. — 1793. — Fait une motion d'ordre (t. LXII, p. 120). — Parle sur l'ordre de la discussion de la Constitution (ibid. et p. suiv.). — Est dénoncé par les sections (p. 133 et suiv.). — Sa réponse à cette dénonciation (p. 193 et suiv.). — Parle sur les Droits de l'homme (p. 279 et suiv.). — Président (p. 685).

LAURENT (Claude-Hilaire), député du Bas-Rhin. — 1793. — Obtient un congé (t. LXII, p. 691).

LAUSSEL, procureur de la commune de Lyon. Décret portant qu'il demeurera en état d'arrestation (15 avril 1793, t. LXII, p. 132).

LAUZE-DEPERRET, député des Bouches-du-Rhône.— 1793. — Déclare que s'il avait été présent, il aurait voté pour le décret d'accusation contre Marat (t. LXII, p. 86).

LAVE. Envoi de dénonciations contre lui (16 avril 1793, t. LXII p. 170).

LEBEUFVE, lieutenant-colonel du 1ᵉʳ bataillon des chasseurs francs. Fait un don patriotique (13 avril 1793, t. LXII, p. 66).

LEBLOND, sergent de grenadiers. La Convention nationale décrète la mention honorable de son dévouement et charge le ministre de la guerre de prendre des informations sur son sort (16 avril 1793, t. LXII, p. 191).

LEBRUN, ministre des affaires étrangères. Voir Ministre des affaires étrangères.

LECLAIRE, ci-devant huissier au parlement de Nancy. Décret portant qu'il n'y a pas lieu à délibérer sur sa réclamation (16 avril 1793, t. LXII, p. 182).

LECOINTE-PUYRAVEAU, député des Deux-Sèvres. — 1793. — Demande l'ajournement à trois jours de la discussion du décret contre Marat (t. LXII, p. 34).

LECOINTRE (Laurent), député de Seine-et-Oise.—1793. — Fait un rapport sur l'affaire des citoyens Harville, Bouchet, Barneville, Montchoisy, Froissac, Quivit et Osselin (t. LXII, p. 118). — Demande l'élimination, par un scrutin épuratoire, d'une douzaine de députés de chaque côté de l'Assemblée (p. 119). — Parle sur les plaintes de Custine relatives au manque de cavalerie (p. 177). — Fait un rapport sur l'affaire des généraux Longueville et Dailley (p. 260 et suiv.).

LECOINTRE, capitaine de canonniers du 1ᵉʳ bataillon de Seine-et-Oise, fils de Laurent Lecointre, livré aux

Autrichiens par Dumouriez. Barère réclame l'intérêt de la Convention en sa faveur (16 avril, 1793, t. LXII, p. 189). — Laurent Lecointre fournit des renseignements sur la manière dont son fils a été livré aux Autrichiens (*ibid.* p. 190) ; — décret ordonnant l'insertion au *Bulletin* du discours de Lecointre, renvoyant sa dénonciation au comité de Salut public et chargeant son comité de prendre toutes les mesures pour faire rendre Lecointre fils à la liberté (*ibid.*).

LEFAIVRE (Christophe), ancien officier de cavalerie. Fait un don patriotique (16 avril 1793, t. LXII, p. 167 et suiv.).

LEFEBVRE (Jean-Jacques). Demande un secours et une pension (14 avril 1793, t. LXII, p. 97) ; — renvoi aux comités réunis de la guerre et des secours (*ibid.*).

LEFEBVRE (Louise), épouse du citoyen Barthélemi, directeur de la comptabilité pour les fourrages de l'armée du Nord. Demande si l'Assemblée a entendu comprendre dans un de ses décrets les employés dans l'administration des subsistances militaires (14 avril 1793, t. LXII, p. 98) ; — renvoi au comité de sûreté générale (*ibid.*).

LEFEBVRE (DE CHAILLY), député de la Loire-Inférieure. — 1793. — Signale le danger que court la ville de Nantes et demande que le général Labourdonnaie soit entendu par le comité de Salut public (t. LXII, p. 201). — Parle sur la conspiration de Bretagne (p. 202).

LEFRANC, député des Landes. — 1793. — Fait une motion relative à l'acquisition de chevaux pour la cavalerie (t. LXII, p. 177).

LÉGION DES PYRÉNÉES. Les canonniers et ouvriers d'artillerie attribués à cette légion demandent que les officiers et sous-officiers soient élus par eux (15 avril 1793, t. LXII, p. 117) ; — décret (*ibid.* p. 118).

LEHARDY (Pierre), député du Morbihan. — 1793. — Parle sur la proposition de suspendre le décret rendu contre le général Miranda (t. LXII, p. 20). — Est dénoncé par les sections de Paris (p. 133 et suiv.). — Parle sur les subsistances de Paris (p. 261 et suiv.), — sur le mode de discussion de la Constitution (p. 276). — Secrétaire (p. 685).

LEMAIRE. Se plaint de son arrestation et demande sa mise en liberté (15 avril 1793, t. LXII, p. 107) ; — renvoi au comité de sûreté générale (*ibid.*).

LESCUYER, maréchal de camp, commandant la gendarmerie de l'armée du Nord. Demande à être entendu à la barre (13 avril 1793, t. LXII, p. 11) ; — renvoi aux comités de sûreté générale et de la guerre réunis (*ibid.*).

LE SUEUR (Théodore). Son plan de Constitution (t. LXII, p. 548 et suiv.).

LE TELLIER. Fait un don patriotique (14 avril 1793, t. LXII, p. 82).

LEVASSEUR (René), député de la Sarthe. — 1793. — Demande que le général Labourdonnaie soit entendu par le comité de Salut public (t. LXII, p. 202).

LIDON, député de la Corrèze. — 1793. — Demande que la Convention fixe la date de la discussion du code pénal militaire (t. LXII, p. 2). — Fait une motion en faveur des volontaires nationaux qui ont perdu leurs bagages (p. 96). — Demande une indemnité pour le citoyen Janserin (*ibid.*). — Fait un rapport sur la ration des troupes (p. 613). — Parle sur une conspiration dénoncée par le département de la Gironde (p. 620). — Fait un rapport sur la prolongation de la loi qui accorde l'étape aux citoyens en congé (p. 703).

LIÉGEOIS. Lettre du maire de Paris invitant la Convention à assister à la fête donnée par la municipalité en l'honneur des Liégeois réfugiés à Paris (13 avril 1793, t. LXII, p. 24) ; — la Convention décide qu'elle assistera par députation à cette fête civique (*ibid.*). — Compte rendu de la fête (16 avril, p. 168).

LILLE (Commune de). Décret relatif au paiement des rentes viagères et perpétuelles de la commune (17 avril 1793, t. LXII, p. 260).

LINDET (Robert-Thomas), député de l'Eure. — 1793. — Demande à être inscrit parmi ceux qui n'ont pas voté le décret d'accusation contre Marat (t. LXII, p. 85).

LITS MILITAIRES. Pétition des entrepreneurs des lits militaires dans la ci-devant province d'Alsace (17 avril 1793, t. LXII, p. 257) ; — renvoi au comité de l'examen des marchés. (*ibid.* p. 258).

LOIRE-INFÉRIEURE (Département de la).

Procureur général syndic. Écrit qu'il a fait arrêter la femme de Devaux, adjudant de Dumouriez (15 avril 1793, t. LXII, p. 109).

Troubles. Renseignements sur les troubles (15 avril 1793, t. LXII, p. 114).

— Voir *Ouest (Département de l').*

LOISEAU, député d'Eure-et-Loir. — 1793. — Demande le rappel des 800 hommes envoyés au secours de la Vendée par le département d'Eure-et-Loir (t. LXII, p. 8).

LONGUEVILLE (Philippe-Évrard), général de brigade. Rapport sur son affaire (17 avril 1793, t. LXII, p. 260 et suiv.) ; — décret ordonnant sa mise en liberté (*ibid.* p. 261).

LORRAINE. Décret ordonnant de payer aux officiers de

la ci-devant Chambre des comptes de Lorraine la totalité de ce qui leur revient à raison de leurs services pendant les neuf premiers mois de l'année 1791 (18 avril 1793, t. LXII, p. 617).

Lot (Département du).

Volontaires nationaux. Le deuxième bataillon renouvelle son serment de maintenir la République et de mourir à son poste (14 avril 1793, t. LXII, p. 88).

Loteries (Régie des). Don patriotique des administrateurs et employés (14 avril 1793, t. LXII, p. 86).

Louvet (Jean-Baptiste), député du Loiret. — 1793. — Est dénoncé par les sections de Paris (t. LXII, p. 133 et suiv.) — Parle sur le rappel des troupes de la Bretagne (p. 202), — sur le projet de Déclaration des droits de l'homme (p. 280), (p. 711).

Lozeau, député de la Charente-Inférieure. — 1793. — Sollicite la pitié de la Convention pour un malheureux cultivateur à qui les rats ont mangé les assignats qu'il avait reçus en paiement de sa récolte (t. LXII, p. 115).

Lozère (Département de la). Arrêté pris par les commissaires de la Convention pour accélérer le recrutement et assurer la tranquillité publique (13 avril 1793, t. LXII, p. 13 et suiv.); — renvoi au comité de sûreté général (*ibid.* p. 16). — Lettre des commissaires de la Convention sur les mesures qu'ils ont prises (15 avril, p. 115); — décret approuvant ces mesures (*ibid.* p. 116 et suiv.).

Tribunal criminel. Décret portant que le tribunal transporté provisoirement à Marvejols retournera à Mende (15 avril 1793, t. LXII, p. 116).

Lucas, ci-devant procureur au bailliage de Rennes. Décret portant qu'il n'y a pas lieu à délibérer sur sa réclamation (16 avril 1793, t. LXII, p. 182).

Luquet, volontaire. La Convention nationale décrète la mention honorable de son dévouement et charge le ministre de la guerre de prendre des informations sur son sort (16 avril 1793, t. LXII, p. 191).

Lyon (Commune de).

Troubles. Trois délégués de la commune demandent audience (15 avril 1793, t. LXII, p. 105); — jour fixé (*ibid.*). — Admis, ils rendent compte des troubles et proposent différentes mesures propres à rétablir l'ordre (*ibid.* p. 126 et suiv.); — discussion sur cette pétition (*ibid.* p. 131 et suiv.); — la Convention décrète le maintien en état d'arrestation de Laussel, procureur de la commune et le renvoi de la pétition au comité de législation (*ibid.* p. 132).

M

Machet-Velye. Fait hommage d'un ouvrage relatif à la construction d'un canal de Paris à Dieppe (14 avril 1793, t. LXII, p. 76.)

Madagascar. Voir *Zacca-Vola.*

Magenthies. Envoie des pétitions (18 avril 1793, t. LXII, p. 601).

Maine-et-Loire (Département de). Les administrateurs demandent un secours de 100,000 livres pour les subsistances (16 avril 1793, t. LXII, p. 170); — renvoi aux comités d'agriculture et des finances réunis (*ibid.*).

— Voir *Ouest (Département de l').*

Mallarmé, député de la Meurthe. — 1793. — Demande le rappel des commissaires Du Bois Du Bais et Briez (t. LXII, p. 139). — Fait un rapport sur une avance à faire à la ville de Rennes (p. 178), — un rapport sur un prêt à faire à la Ville de Saint-Denis (p. 179), — un rapport sur un emprunt à contracter par la ville de Toulouse (*ibid.*), — un rapport sur l'autorisation à accorder au département de Rhône-et-Loire de retenir une somme de 200,000 livres sur ses contributions (*ibid.*), — un rapport sur l'autorisation à accorder au département de la Drôme de retenir une somme de 300,000 livres sur ses contributions (*ibid.*), — un rapport sur le paiement des rentes viagères et perpétuelles de la ville de Lille (p. 260), — un rapport sur un versement à faire à la Trésorerie nationale (p. 611). — Parle sur l'affaire de l'évêque Philbert (p. 616 et suiv.).

Malus, commissaire ordonnateur des guerres. Demande à être admis à la barre (15 avril 1793, t. LXII, p.106); — renvoi aux comités de Sûreté générale et de la guerre (*ibid.*).

Manche (Département de la). A bien mérité de la patrie (15 avril 1793, t. LXII, p. 110).

Manifeste de la Convention nationale a tous les peuples et a tous les gouvernements. Projet de manifeste présenté par Barère (16 avril 1793, t. LXII, p. 187 et suiv.); — la Convention décrète l'impression de ce manifeste, et la traduction dans toutes les langues et charge le Conseil exécutif provisoire de le faire parvenir à tous les gouvernements (*ibid.* p. 189).

Manneau, receveur des loteries. Est suspendu de ses fonctions (14 avril 1793, t. LXII, p. 79).

N

de la République « *Le Languedoc* » (13 avril 1793, t. LXII, p. 4 et suiv.) ; — décret relatif à cette souscription (17 avril, p. 260).

NARBONNE (Commune de). La municipalité fait connaître le zèle patriotique des habitants et annonce des dons patriotiques (14 avril 1793, t. LXII, p. 86) ; — mention honorable (*ibid.* p. 87).

Société républicaine. Instruit la Convention des vexations qu'éprouvent les Français en Espagne (18 avril 1793, t. LXII, p. 608).

NEVEU (Jacques-Nicolas et René-Pierre). Envoi de copies des interrogatoires subis par eux (17 avril 1793, t. LXII, p. 255).

NIMES (Commune de).

Société des républicains français. Offre des témoignages des corps administratifs pour repousser les calomnies de ses ennemis (15 avril 1793, t. LXII, p. 106) ; — renvoi au comité de sûreté générale (*ibid.*).

NOGENT-SUR-SEINE (District de).

Administrateurs. Écrivent que le ministre des contributions publiques a fait surseoir à la vente du mobilier de l'émigré Boulongne (19 avril 1793, t. LXII, p. 698).

NORD (Département du).

Administrateurs. Demandent que les officiers des troupes de ligne portent l'uniforme des gardes nationaux (27 avril 1793, t. LXII, p. 249).

NOTAIRE. Demande que l'on ajourne à jour fixe le rapport sur son affaire (14 avril 1793, t. LXII, p. 92 et suiv.) ; — la Convention ajourne le rapport à trois jours (*ibid.* p. 93).

NOTRE-DAME-DE-FONTAINE (Commune de). Fait une pétition pour sa réunion à une autre commune (14 avril 1793, t. LXII, p. 94 et suiv.) ; — renvoi au comité de division (*ibid.*).

O

OFFICES DE JUDICATURE ET MINISTÉRIELS. Décret portant qu'il sera payé une somme de 2,099,133 l. 18 s. 2 d. pour liquidation de ces offices (16 avril 1793, t. LXII, p. 181).

OFFICIERS SUPPRIMÉS. Décret de liquidation (18 avril 1793, t. LXII, p. 612 et suiv.).

OFFICIERS. Décret portant destitution des officiers de tout grade nommés par Dumouriez à qui il n'a pas été expédié de brevet avant le 5 février 1793 (18 avril 1793, t. LXII, p. 615 et suiv.).

OFFICIERS ÉTRANGERS. Présentation de deux officiers prussiens qui réclament l'indemnité promise aux soldats étrangers qui viendront se ranger sous les drapeaux de la liberté (18 avril 1793, t. LXII, p. 685) ; — renvoi au comité de la guerre (*ibid.*).

ORDRE JUDICIAIRE. Observations de Bonguyod sur le projet du comité de Constitution relatif à l'ordre judiciaire (t. LXII, p. 315 et suiv.).

ORLÉANS (Commune d'). Mesures prises par les commissaires de la Convention pour y maintenir l'ordre (17 avril 1793, t. LXII, p. 284 et suiv.).

ORLÉANS (Louise d'). — Voir *Bourbon.*

OSSELIN, commissaire des guerres. Restera en état d'arrestation chez lui jusqu'à ce qu'il ait été entendu par le tribunal révolutionnaire (15 avril 1793, t. LXII, p. 118 et suiv.).

OUEST (Départements de l'). 1° Renseignements sur les troubles et les opérations militaires (13 avril 1793, t. LXII, p. 23), (14 avril, p. 77), (15 avril, p. 112 et suiv.), (p. 118), (16 avril, p. 171 et suiv.), (p. 201), (18 avril, p. 600), (p. 608), (19 avril, p. 691 et suiv.), (p. 698).

2° Le comité de Salut public fera un rapport sur les mesures à prendre pour réprimer les rebelles des départements de l'Ouest (19 avril 1793, t. LXII, p. 698).

OUVRIERS DES SALINES. — Voir *Salines.*

P

PAIMBŒUF (Commune de). Compte rendu sur son état de défense (15 avril 1793, t. LXII, p. 114). — Mention honorable du patriotisme des citoyens (*ibid.*).

PARIS.

§ 1er. — *Commune de Paris.*

§ 2. — *Département de Paris.*

§ 1er. — *Commune de Paris.*

1° — *Sections.*

Q

QUIVIT, commissaire des guerres. Restera en état d'arrestation chez lui jusqu'à ce qu'il ait été entendu par le tribunal révolutionnaire (15 avril 1793, t. LXII. p. 118 et suiv.).

R

RABAUT-POMIER, député du Gard. — 1793. — Parle sur l'ordre de la discussion de la Constitution (t. LXII, p. 121).

RABAUT-SAINT-ÉTIENNE, député de l'Aube. — 1793. — Demande un mode d'organisation des travaux de la Convention (t. LXII, p. 95). — Parle sur les Droits de l'homme (p. 279), (p. 711).

RAMBERVILLERS (District de). On annonce que le recrutement a été plus que complet dans ce district (17 avril 1793, t. LXII, p. 258) ; — mention honorable (*ibid.*).

RAMEL-NOGARET, député de l'Aude. — 1793. — Fait un rapport sur le payement des officiers de la ci-devant Chambre des comptes de Lorraine (t. LXII, p. 617).

RAYMOND, officier au 92e régiment d'infanterie en garnison à Saint-Domingue. Demande à être réintégré dans sa place (14 avril 1793, t. LXII, p. 97); — renvoi au comité colonial et de la guerre réunis (*ibid.*).

RECRUTEMENT. Voir *Armées françaises*, § 2.

REGNAULD-BRETEL, député de la Manche. — 1793. — Parle sur l'affaire du citoyen Genneau (t. LXII, p. 260).

REHM, garde des écluses. Est suspendu de ses fonctions (14 avril 1793, t. LXII, p. 79).

RELIGIEUX. Renvoi aux comités des finances et de législation d'une pétition des citoyens et citoyennes ci-devant liés par des vœux (15 avril 1793, t. LXII, p. 108).

RENNES (Commune de). Décret portant qu'il lui sera avancé une somme de 100,000 livres pour ses approvisionnements (16 avril 1793, t. LXII, p. 178).

RHIN (BAS-) (Département du).

Administrateurs. Demandent des secours (14 avril 1793, t. LXII, p. 98).

RHÔNE-ET-LOIRE (Département de). Décret autorisant le département à retenir sur ses contributions une somme de 200,000 livres pour le payement des dépenses administratives (16 avril 1793, t. LXII, p. 179).

RIBET, député de la Manche. — 1793. — Propose de décréter que le département de la Manche a bien mérité de la patrie (t. LXII, p. 110.)

ROBESPIERRE *aîné* (Maximilien), député de Paris. — 1793. — Demande que l'on décrète la peine de mort contre quiconque proposera de transiger avec les ennemis (t. LXII, p. 2), (p. 3). — Dénonce Beurnonville (p. 8 et suiv.). — Parle sur l'affaire de Marat (p. 34), (p. 35), — sur l'ordre de la discussion de la Constitution (p. 122 et suiv.) (p. 125 et suiv.). — Demande la lecture de pièces relatives à une conspiration envoyées par le département de la Gironde (p. 634). — Parle sur le projet de déclaration des Droits de l'homme (p. 705), (p. 707).

ROBESPIERRE *jeune*, député de Paris. — 1793. — Parle sur les troubles de l'Ouest (t. LXII, p. 698).

RODEZ (Commune de).

Société des Amis de la liberté et de l'égalité. Mention honorable du patriotisme des membres de la Société (17 avril 1793, t. LXII, p. 254).

ROHAN-CHABOT. — Voir *Fernana-Nuñez*.

ROLAND, ex-ministre. Rapport fait à la société des Amis de la liberté et de l'égalité par Collot-d'Herbois sur les accusations à porter contre lui (18 avril 1793, t. LXII, p. 665 et suiv.).

ROMME, député du Puy-de-Dôme. — 1793. — Parle sur l'ordre de la discussion de la Constitution (t. LXII. p. 120). — Fait une analyse des différents mémoires sur les droits de l'homme (p. 263 et suiv.). — Parle sur le projet de Déclaration des droits de l'homme (p. 707).

RONFIN, commissaire ordonnateur en chef de l'armée de la Belgique. Est proposé comme adjoint au ministre de la guerre (19 avril 1793, t. LXII, p. 700).

ROUZET, député de la Haute-Garonne. — 1793. — Parle sur le mode de discussion de la Constitution (t. LXII, p. 276). — Son plan de Constitution (p. 495 et suiv.).

RUBIGNY (Germain). Son projet de Constitution (t. LXII, p. 561 et suiv.).

RUELLE, député d'Indre-et-Loire. — 1793. — Fait un rapport sur la liquidation d'offices de barbiers, perruquiers, baigneurs et étuvistes (t. LXII, p. 179 et suiv.), — un rapport sur la liquidation d'offices de judicature et ministériels (p. 181), — un rapport sur la créance du citoyen Alban (*ibid.*), — un rapport sur les réclamations de plusieurs procureurs au ci-devant bailliage de Rennes et de plusieurs huissiers au ci-devant parlement de Nancy (p. 182), — un rapport sur les pensions et secours à accorder aux employés des ci-devant administrations supprimées (p. 259), — un rapport sur la liquidation de divers offices supprimés (p. 612).

RÜHL, député du Bas-Rhin. — 1793. — Parle sur l'affaire des généraux Steingel et Miranda (t. LXII, p. 22).

S

SABLES (Commune des). Lettre démontant la prise de cette ville par les rebelles (15 avril 1793, t. LXII, p. 112).

SAINT-DENIS (Commune de). Décret portant qu'il lui sera avancé une somme de 100.000 liv. pour ses subsistances (16 avril 1793, t. LXII, p. 179).

SAINT-MARTIN (Commune de), île de Ré. Mention honorable du civisme des citoyens (18 avril 1793, t. LXII, p. 599).

SAINT-PRIX-ENFANTIN (Louis), ci-devant chanoine. Fait un don patriotique (16 avril 1793, t. LXII, p. 168).

SAINT-SULPICE (Séminaire de Paris). Décret suspendant provisoirement la vente de ce séminaire (13 avril 1793, t. LXII, p. 1).

SAINT-VALÉRY (Commune de), département de la Somme Mention honorable du patriotisme des habitants (17 avril 1793, t. LXII, p. 256).

SALINES. Décret accordant une indemnité aux employés et ouvriers des salines de la Meurthe, du Jura et du Doubs (18 avril 1793, t. LXII, p. 615).

SALLE, député de la Meurthe. — 1793. — Est dénoncé par les sections de Paris (t. LXII, p. 133 et suiv.). — Envoi de lettres écrites par lui (p. 254) ; — décret relatif à la lecture de ces lettres (ibid.). — Demande à s'expliquer au sujet de ces lettres (p. 262) ; — jour fixé (ibid.). — Parle sur les droits de l'homme (p. 276 et suiv.).—Texte de ses lettres (p. 282) et suiv.). — Sur sa demande la Convention décrète que ses lettres seront imprimées et distribuées (p. 703). — Parle sur le projet de Déclaration des droits de l'homme (p. 706 et suiv.), (p. 709), (p. 711).

SAÔNE (HAUTE.) (Département de la).

Volontaires nationaux. Adresse de dévouement du 4ᵉ bataillon (19 avril 1793, t. LXII, p. 687 et suiv.).

SAÔNE-ET-LOIRE (Département de).

Directoire. Conjure la Convention de s'occuper du Salut public (14 avril 1793, t. LXII, p. 93).

Volontaires nationaux. Adresse à Dumouriez de 24 volontaires du 5ᵉ bataillon (13 avril 1793, t. LXII, p. 17 et suiv) ; — improbation de cette adresse par les autres volontaires du bataillon (ibid. p. 18) ; — mention honorable de la conduite de ces derniers (ibid. p. 19).

SARRELOUIS (Commune de). On annonce que la société populaire et la garnison ont fait le serment de maintenir l'unité de la République (13 avril 1793, t. LXII, p. 4) ; — mention honorable au Bulletin (ibid.).

SARTHE (Département de la).

Administrateurs. Envoient des copies des interrogatoires subis par les citoyens Neveu (17 avril 1793, (t. LXII, p. 255).

SAXE-COBOURG (Maréchal, prince de). Voir Cobourg.

SAUVEUR, officier au 92ᵉ régiment d'infanterie en garnison à Saint-Domingue. Demande à être réintégré dans sa place (14 avril 1793, t. LXII, p. 97) ; — renvoi au comité colonial et de la guerre réunis (ibid.).

SCHOMBERG (citoyenne). Rapport sur son arrestation (18 avril 1793, t. LXII, p. 685) ; — renvoi au comité de législation (ibid.).

SECONDS (Jean-Louis), député de l'Aveyron. — 1793. — Son mémoire sur l'art social (t. LXII, p. 513 et suiv.).

SECRÉTAIRES DE LA CONVENTION NATIONALE. — 1793. — Doulcet-Pontécoulant, Lehardy, Chambon (18 avril, t. LXII, p. 685).

SEINE-ET-OISE (Département de).

Administrateurs. Réclament des secours en subsistances (19 avril 1793 t. LXII, p. 686).

SEINE-INFÉRIEURE (Département de la).

Directoire. Envoie un don patriotique (14 avril 1793, t. LXII. p. 82).

SÉQUÈRE, ci-devant membre du directoire du département de la Moselle. Arrêté relatif à sa mise en état d'arrestation (14 avril 1793, t. LXII. p. 80.)

SERGENT, député de Paris. — 1793. — Demande que toutes les lettres de Dumouriez soient imprimées et envoyées aux armées (t. LXII, p. 1). — Parle sur une offre de l'administration des charrois des armées (p. 12). — Propose de prononcer la peine de deux années de fer contre ceux qui seront convaincus d'avoir mutilé les chefs-d'œuvre de sculpture du

Jardin des Tuileries (p. 19). — Parle sur l'affaire des généraux Lanoue et Steingel (p. 22). — Propose des mesures en faveur de Lecointre fils (p. 190). — Parle sur les peines à infliger aux évêques qui calomnieront les lois de la République (p. 617).

SERVONAT, député de l'Isère. — 1793. — Fait un rapport sur l'élection des citoyens François Gentil et Dumaz comme députés du Mont-Blanc (t. LXII, p. 613).

SHERLOCK (Louis), officier au 92ᵉ régiment d'infanterie en garnison à Saint-Domingue. Demande à être réintégré dans sa place (14 avril 1793, t. LXII, p. 97) ; — renvoi au comité colonial et de la guerre réunis (*ibid.*)

SIJAS, ancien chef des bureaux de la guerre. Est proposé comme adjoint au ministre de la guerre (19 avril 1793, t. LXII, p. 700).

SMITH (J.) Ses remarques sur la Constitution de 1791 (t. LXII, p. 570 et suiv.)

SOISSONS (District de).

    Conseil général. Envoie des renseignements au sujet du citoyen Lavc (16 avril 1793, t. LXII, p. 170).

SONGIS, lieutenant-colonel d'artillerie. Mention honorable de son zèle patriotique (18 avril 1793, t. LXII, p. 685).

SOLUS, maréchal de camp. Sollicite un secours provisoire (19 avril 1793, t. LXII, p. 687) ; — renvoi au comité de liquidation (*ibid.*)

SOUTERRAINE (District de la).

    Administrateurs. Envoient un don patriotique (16 avril 1793, t. LXII, p. 167)·

SOUTIF (Jacques), taupier. Fait un don patriotique (17 avril 1793, t. LXII, p. 167).

SUBSISTANCES. Pétition du département de Paris, sur les moyens d'assurer les subsistances et demandant la fixation du maximum du prix des grains (18 avril 1793, t. LXII, p. 621. — Voir l'*Erratum*, ci-après, p. 777).

SUBSISTANCES MILITAIRES. Voir *Armées françaises*, § 3.

SUBVRIER, commissaire national de la maîtrise des eaux et forêts. Il est suspendu de ses fonctions (14 avril 1793, t. LXII, p. 77 et suiv.).

T

TANARD. Sa lettre à Marat (18 avril 1793, t. LXII, p. 676 et suiv.).

TAVEAU, député du Calvados. — 1793. — S'oppose à l'impression d'une adresse de la société des Amis de la liberté et de l'égalité de Paris (t. LXII, p. 27).

TÉMOINS MILITAIRES. Les comités de législation et de la guerre présenteront un projet de décret sur le mode de reconnaître les témoins militaires qui seront dans le cas de déposer contre les ministres et les généraux et de les faire entendre par le tribunal révolutionnaire (13 avril 1793, t. LXII, p. 22).

THIRION, député de la Moselle. — 1793. — Parle sur une dénonciation des sections de Paris contre vingt-deux députés (t. LXII, p. 137 et suiv.).

THORILLON (Antoine-Joseph), ancien député à l'Assemblée législative. Ses idées sur une nouvelle Constitution (t. LXII, p. 582 et suiv.).

THURIOT, député de la Marne. — 1793. — Parle sur le projet de Déclaration des droits de l'homme (t. LXII p. 705).

TORCY (Commune de), département de Seine-et-Marne. Renvoi au comité des domaines d'une pétition des officiers municipaux pour obtenir l'autorisation de vendre une coupe de bois dans une réserve (17 avril 1793, t. LXII, p. 256).

TOUL (Commune de).

    Société patriotique. Son adresse sur la perfidie de Dumouriez (19 avril 1793, t. LXII, p. 699 et suiv.).

TOULOUSE (Commune de). Demande un secours de 400.000 livres (14 avril 1793, t. LXII, p. 92) ; — renvoi au comité des finances (*ibid.*) ; — rapport (16 avril, p. 179) ; — projet de décret (*ibid.*) ; — adoption (*ibid.*).

TOUROUAIRE, capitaine au 2ᵉ bataillon de Vaucluse. Fait un don patriotique (13 avril 1793, t. LXII, p. 65).

TOURS (Commune de). Adresse de dévouement des citoyens (14 avril 1793, t. LXII, p. 91 et suiv.).

TOURVILLE, général. Message à lui adressé par le général autrichien Basthel de La Tour (16 avril 1793, t. LXII, p. 174). — Sa réponse à ce message (*ibid.*).

TREILHARD, député de Seine-et-Oise. — **1793**. — Demande qu'il soit rendu compte des mesures prises pour dissiper l'armée des rebelles (t. LXII, p. 686), (p. 698).

TRÉSORERIE NATIONALE.

1° État des recettes et des dépenses pendant le mois de mars (13 avril 1793, t. LXII, p. 11).

2° Décret relatif au versement d'une somme de 258,389,472 livres en assignats à la trésorerie nationale (18 avril 1793, t. LXII, p. 611).

TRIBUNES DE LA CONVENTION. Arrestation d'un citoyen qui avait insulté Barbaroux (13 avril 1793, t. LXII, p. 30).

TROUPES A CHEVAL. Voir *Cavalerie*.

TROYES (Commune de).

Société des Amis de la liberté et de l'égalité. Son adresse d'indignation au sujet de Dumouriez (19 avril 1793, t. LXII, p. 700).

TUILERIES (Jardin des). Décret punissant de deux années de détention ceux qui seront convaincus d'avoir mutilé les chefs-d'œuvre de sculpture de ce jardin (13 avril 1793, t. LXII, p. 19).

TUNIS. Mention honorable de la conduite des Français établis dans cette ville (13 avril 1793, t. LXII, p. 9).

TURMEL. Arrêté relatif à sa mise en état d'arrestation (15 avril, 1793, t. LXII, p. 80).

V

VALADY. Voir *Izarn-Valady*.

VALAZÉ. Voir *Dufriche-Valazé*.

VALDRUCHE, député de la Haute-Marne. — **1793**. — Parle sur l'ordre de la discussion de la Constitution (t. LXII, p. 121 et suiv.).

VALOMBRE, adjudant de la place de Metz. Arrêté relatif à sa mise en état d'arrestation (14 avril 1793, t. XII, p. 80).

VANNES (Commune de). Lettre des officiers municipaux relative à la trahison de Dumouriez et adresse de dévouement (18 avril 1793, t. LXII, p. 600) ; — mention honorable (*ibid.*).

VAR (Département du). Proclamation des commissaires de la Convention aux habitants (18 avril 1793, t. LXII, p. 604 et suiv.).

VAUZELLE, adjudant-major au 79° régiment. Fait un don patriotique (19 avril 1793, t. LXII, p. 702).

VENDÉE (Département de la).

Administrateurs. Demandent des secours (13 avril 1793, t. LXII, p. 11).

VENDÉE (Département de la) Voir *Ouest* (*Départements de l'*).

VERDOLLIN, député des Basses-Alpes. — **1793**. — Son décès est annoncé à la Convention (t. LXII, p. 105).

VERDUN (District de). Compte rendu des opérations du recrutement (18 avril 1793, t. LXII, p. 599) ; — mention honorable (*ibid.* p. 600).

VERGNIAUD, député de la Gironde. — **1793**. — Est dénoncé par les sections de Paris (t. LXII, p. 133 et suiv.). — Parle sur les subsistances de Paris (p. 262), — sur les Droits de l'homme (p. 280 et suiv.), — sur une pétition demandant la fixation du maximum du prix des grains (p. 621 et suiv.). — Demande le renvoi au comité de Salut public des pièces relatives à une conspiration envoyées par le département de la Gironde (p. 635). — Parle sur le projet de Déclaration des Droits de l'homme (p. 708).

VERNIER, député du Jura. — **1793**. — Demande que la Convention s'occupe de la chose publique et du salut de la patrie (t. LXII. p. 29). — Fait un rapport sur l'affaire du citoyen Genneau (p. 260), — un rapport sur les subsistances militaires (p. 703).

VERRIER. Fait un don patriotique (14 avril 1793. t. LXII, p. 94).

VERSAILLES (Commune de). Les citoyens demandent la mise à l'ordre du jour de la loi relative aux dispositions qui doivent établir la proportion entre le prix du blé et celui des journées (15 avril 1793, t. LXII, p. 219).

VETZEL (Jean). Fait un don patriotique (17 avril 1793, t. LXII, p. 263).

VIENNE (HAUTE-) (Département de la).

Administrateurs. Demandent des armes pour 3,000 soldats (15 avril 1793, t. LXII, p. 108).

Procureur général syndic. Envoie des procès-verbaux de levées de scellés (16 avril 1793, t. LXII, p. 170).

VILLAVICENSIO, ex-chanoine. Arrêté relatif à sa mise en état d'arrestation (14 avril 1793, t. LXII, p. 80).

VINCENNES (Château de). On demande que la Convention décrète l'aliénation du château et de ses dépendances (14 avril 1793, t. LXII, p. 93); — renvoi au comité d'aliénation (*ibid*.).

VIRION. Est nommé colonel de gendarmerie (19 avril 1793, t. LXII, p. 702).

VIVEROLS (Commune de.) Fait un don patriotique (13 avril 1793. t. LXII, p. 66).

Société populaire. Fait un don patriotique (19 avril 1793, t. LXII, p. 702).

VOLONTAIRES NATIONAUX. Le ministre de la guerre est autorisé à indemniser ceux qui ont perdu leurs bagages (14 avril 1793, t. LXII, p. 96).

VOSGES (Département des). Décret relatif aux secours à donner aux femmes et aux enfants des citoyens d'un bataillon massacré à Francfort (16 avril 1793, t. LXII,

p. 190 et suiv.). — Mention honorable du patriotisme des habitants (17 avril, p. 258).

Administrateurs. Envoient un exemplaire de l'arrêté qu'ils ont pris à l'égard des parents, femmes et mères des émigrés (17 avril 1793, t. LXII, p. 258).

W

WLRIOT. Son projet de Constitution (t. LXII, p. 574 et suiv.).

Z

ZACA-VOLA, roi de la province de Bettsmesar dans Madagascar. On informe la Convention de l'alliance qu'il a contractée avec la République (13 avril 1793, t. LXII, p. 10 et suiv.) ; — renvoi au comité diplomatique (*ibid*. p. 11).

FIN DE LA TABLE ALPHABÉTIQUE ET ANALYTIQUE DU TOME LXII.

ERRATUM

A LA SÉANCE DE LA CONVENTION NATIONALE DU JEUDI 18 AVRIL 1793, AU MATIN.

Remplacer le texte de la *pétition du département de Paris sur les subsistances,* inséré à la page 621, du tome 62, 1ʳᵉ colonne, par le texte suivant (1) :

Citoyens,

Nous venons, au nom des habitants de tout le département de Paris, vous communiquer nos maux qui sont ceux de la République, et vous proposer le remède à y appliquer.

Lorsqu'en 1789 le peuple français reconquis sa liberté, il espérait jouir de tous les bienfaits qu'elle promet. Depuis quatre années, il n'est pas de sacrifices qu'il n'ait faits : argent, repos, sang, il a tout donné à la Patrie. *Pour prix, il lui demande du pain.*

Les grains sont dans tous les départements à un prix tel que le pauvre ne peut plus y atteindre ; et nous ignorons le terme où il s'arrêtera.

L'agiotage que l'on décore du nom de *commerce,* empêche l'approvisionnement des marchés. Telle est la position de la France.

La mesure que nous vous demandons pose sur des principes d'éternelle justice ; elle a déjà force de loi dans l'opinion des départements. Vous ne serez que les interprètes de la volonté de la classe pauvre ; classe la plus nombreuse, la plus utile ; classe qui est tout dans une République, et pour laquelle le législateur n'a rien fait, quand il n'a pas tout fait.

Cette mesure, vous la devinez déjà à l'assentiment que le peuple lui a donné, au désir qu'il en manifeste hautement. *C'est la fixation du maximum du prix des grains par toute la République. C'est l'anéantissement de toute espèce d'intermédiaire entre le cultivateur et le consommateur, autres que le meunier et le boulanger ;* c'est la peine la plus rigoureuse contre tout individu qui, loin de conduire son grain au marché, le retiendrait dans son grenier, ou le vendrait à ces fléaux

---

(1) Bibliothèque de la Chambre des Députés : *Collection Portiez (de l'Oise), in-4°,* tome 8, n° 8.

de la société, connus sous le nom de *Blatiers* ou *Marchands de blés.*

Qu'on ne vienne plus nous objecter les intérêts du commerce ; le commerce n'est autre chose que le rapport utile et nécessaire de tout être sociable avec son semblable. Dès qu'il devient dangereux, ce n'est plus le commerce.

Qu'on ne nous objecte pas non plus les grands principes de propriété. Le droit de propriété ne peut être celui d'affamer ses concitoyens. Le moyen de faire respecter ses propriétés, c'est de les rendre utiles à la majorité de la nation, et de n'en pas faire une arme contre elle. La loi ne peut permettre que l'usage utile des fruits de la terre. Dès qu'il y a abus, elle doit le réprimer ; sans cela, la loi n'est plus une loi, c'est un acte oppressif.

Les fruits de la terre, comme l'air, appartiennent à tous les hommes. La société doit seulement récompenser celui qui se livre à l'agriculture, parce que cette profession honorable est utile.

Prenez-y garde, citoyens, les circonstances sont pressantes ; craignez qu'au milieu de la guerre civile et du désordre, elles n'amènent, dans quelque portion de la République, une mesure que nous réclamons pour toutes, et qui serait terrible si elle n'était que partielle. Hâtez-vous de réparer les maux extrêmes déjà existants, et d'en prévenir de plus redoutables encore, que la postérité impartiale et sévère ne manquerait pas de vous reprocher. *Ne laissez pas plus longtemps à une classe de citoyens le droit de vie et de mort sur le reste de la société.*

On veut faire la contre-révolution, en mettant la subsistance du pauvre hors de sa portée ; il faut la rapprocher de lui.

Avant de vous apporter ce vœu d'un million de Français représentés ici par leurs magistrats réunis, nous avons consulté des cultivateurs, tous ceux qui ont du patriotisme et de la probité ; tous affirment que la France recèle dans son sein plus de grains que sa consommation n'en exige ; tous conviennent que le *maximum,* pour la tête du blé, peut être fixé, sans inconvénients, de 25 à 30 livres, le setier pesant 240 livres.

Il ne nous manque qu'une bonne loi ; c'est à vous à la faire.

Nous demandons :

1° La fixation du *maximum* du prix des grains et farines dans le plus court délai, par toute la République, en adoptant pour mesure le quintal de 100 livres, poids de marc ;

2° Une peine rigoureuse contre tout fermier ou laboureur qui n'amènerait pas ses grains et farines sur les marchés, ainsi que contre les municipalités qui ne feraient pas exécuter cette loi ;

3° L'anéantissement de tout commerce sur les grains, fait par autre que les approvisionnements naturels, les cultivateurs et les boulangers ; n'entendant pas empêcher les achats pour la consommation individuelle ;

4° Un recensement général après chaque récolte ;

5° Que, dès ce moment, il soit déclaré que le *maximum* de la fixation sera moindre pour l'année prochaine, sauf à revenir sur cette fixation, si des accidents naturels y obligent.

Citoyens, nous avons fait notre devoir en vous présentant le vœu unanime de nos concitoyens ; c'est à vous qu'il appartient de faire le reste.

Signé : Lachevardière, *vice-président du département de Paris.*

Raisson, *secrétaire général.*

ERRATA

Page 371, 2e col., 5e avant-dernière ligne et page 382, 1re col., 31e ligne :

Au lieu de : Genissieux, lire : *Génissieu.*

Page 382, 1re col., 44e ligne :

Au lieu de : *Lecointre*-Puyraveau, lire : *Lecointe*-Puyraveau.

Page 383, 1re col., 20e ligne :

Au lieu de : *Garan*-Coulon, lire : *Garran*-Coulon.

Page 401. — Note au bas de la 1re col.

Au lieu de *Bachelier*, lire : *Battelier ;*

et au lieu de la référence : page 40, lire : *page 401 (2e col.)*

Imp PAUL DUPONT, 4, rue du Bouloi, Paris, 1er Arr^t. — 862.9.1902.